〔梁〕沈約撰

宋書

中華書局

二十四史

梁沈約撰

宋書

第一冊

卷一至卷一三（紀志）

中華書局

出版說明

宋書一百卷，包括本紀十卷，志三十卷，列傳六十卷，梁沈約撰。

宋是繼東晉以後在南方建立的封建王朝。晉安帝元興二年（公元四〇三年），荆州刺史桓玄代晉稱帝。第二年，當時的北府兵將領劉裕在京口（今江蘇鎮江市）和廣陵（今江蘇揚州市）兩地起兵，推翻桓玄，名義上恢復晉朝的統治，實際上掌握了東晉的軍政大權。過了十五年，晉恭帝元熙二年（公元四二〇年），劉裕就建立宋朝，都於建康（今南京）。劉裕以後，一共傳了七代，到宋順帝昇明三年（公元四七九年），又爲蕭齊所滅。

宋朝國史的修撰，在宋文帝元嘉十六年（公元四三九年）就已開始。當時由著名科學家何承天草立紀傳，編寫了天文志和律曆志。此後，又有山謙之、裴松之、蘇寶生等陸續參預編撰。但他們任史職的時間都很短。大明六年（公元四六二年），徐爰領著作郎，他參照前人舊稿，編成「國史」，上自東晉義熙元年（公元四〇五年）劉裕實際掌權開始，下訖大明時止。隋書經籍志著録徐爰宋書六十五卷，可見他的書曾和沈約宋書並行，現在太平御覽等類書中，還保存了徐爰宋書的殘篇零段。但徐爰不久爲宋朝所斥退，宋

朝「國史」的修撰也就停了下來。南齊永明五年（公元四八七年）春，又命沈約修撰宋書。這時沈約爲太子家令，兼著作郎。他依據何承天、徐爰等人的舊作補充修訂，花了將近一年的時間，在永明六年（公元四八八年）二月完成紀傳七十卷。沈約在當時的奏文中說「所撰諸志，須成續上」，可見宋書的八志三十卷，是後來續成的。在八志中，符瑞志改稱鸞鳥爲神鳥，是避齊明帝蕭鸞的諱；律曆志改「順」作「從」字，是避梁武帝父親蕭順之的諱，樂志稱鄒衍爲鄒羨，是避梁武帝蕭衍的諱。可見宋書的最後定稿，當在齊蕭鸞稱帝（公元四九四年）以後，甚至在梁武帝卽位（公元五〇二年）以後了。

與沈約同時或稍後，南齊時有孫嚴著宋書六十五卷，王智深著宋紀三十卷，梁代有裴子野著宋略二十卷，王琰著宋春秋二十卷，鮑衡卿著宋春秋二十卷。但這些著作都已亡佚，關於劉宋一代的史書，比較完整的，現在就只有沈約的這部宋書。

沈約（公元四四一——五一三年），字休文，吳興吳康（今浙江德清縣西）人。他歷仕三朝，宋時爲尚書度支郎，齊代做到五兵尚書、國子祭酒，在齊梁政權交替之際，他力勸梁武帝蕭衍代齊稱帝，因而在梁朝被封爲建昌侯，官至尚書左僕射、尚書令，領中書令。沈約的著作很多，但現在除了宋書一百卷和文集九卷外，其他如晉史、齊紀、梁高祖紀、宋文章志等，都已亡佚。

中華書局

東漢末年以來所形成的門閥制度，到東晉南北朝時期得到了充分的發展。門閥士族擁有政治經濟各方面的特權，他們大量兼併土地，廣泛收羅「蔭户」，用各種手段霸佔勞動力，極端殘酷地剥削和壓迫人民。他們以門第相誇，把持官位，所謂「貴仕素資，皆由門慶，平流進取，坐致公卿」（南齊書褚淵王儉傳論）。梁武帝蕭衍也極力支持士族，他在詔書中還特别提到了要糾正「冠履倒錯，珪甑莫辨」的現象（梁書武帝紀）。沈約先世，本是吳興士族，所謂「江東之豪，莫强周、沈」（晉書周處傳附周札傳）。沈約一門，在宋、齊、梁三代，也都仕宦顯赫。梁蕭統文選載沈約奏彈王源文，對於某些士族地主「婚宦失類」的情況大加抨擊。因此，沈約在齊梁時期撰成的宋書，也就帶有其時代和階級的特點，它的一個突出内容，就是頌揚豪門士族，維護門閥制度。

譬如宋書列傳中，有關地主階級中代表人物高門士族的傳，幾乎佔了半數。僅就王、謝二族來説，宋書裏王氏立傳的達十五六人，謝氏立傳的也近十人之多。像陳郡謝弘微，傳中寫他如何忙於經營謝氏産業，傳末却又吹捧他爲人「簡而不失，淡而不流」。又如琅邪王微，傳中只是連篇累牘收載他給友人的信，却説他「内懷耿介，峻節不可輕干」。這兩個人因爲都是高門士族，所以宋書都爲他們立了「佳傳」。宋書中對於士族中的人物，總説什麼是「前代名家」，風度「簡貴」，「風格高峻」，「世重清談，士推素論」，等等。而對於

像鮑照那樣在作品中表現了對門閥制度反抗的詩人，又由於他出身寒微，就只附見於臨川王子義慶傳中。

但宋書仍有其一定的史料價值。史通書志篇説：「宋氏年唯五紀，地止江淮，書滿百篇，號爲繁富。」宋書百卷，記述六十年間的史事，保存了不少歷史資料，尤其是它收載了當時人的許多奏議、書札和文章，可以從中看出那個時期社會、政治、經濟的一些實際情況。如卷八十二周朗傳載周朗上書，講到貲調的爲害，嚴重阻礙了當時生産力的發展。卷五十六孔琳之傳、卷六十范泰傳、卷六十六何尚之傳所載關於改鑄錢幣的争議，反映了封建統治者如何在錢幣改鑄中加緊對人民的剥削。卷五十四羊玄保傳兄子羊希附傳，收載西陽王子尚上書，提到南朝初期農村兩極化的發展，「富强者兼嶺而佔，貧弱者樵蘇無託，至漁採之地，亦又如兹」。卷六十七謝靈運傳載謝靈運的山居賦全文，提供了研究大地主莊園的材料。

從宋書的記載中，還可以看出那時的農民起義不但人數衆多，而且地域很廣，規模很大。如景平元年（公元四二三年），有富陽孫法光領導的起義（少帝紀、褚叔度傳）。元嘉九年（公元四三二年），有廣漢趙廣領導的起義，人數有十多萬人，起義軍圍困益州治所成都達數月之久（文帝紀、劉粹傳弟道濟附傳）。另外，在元嘉初年，有淅川、丹川的少數族起義，到元嘉末年，荆、雍、豫三州的少數族人民，起義就更加頻繁，參加的人數有發展到百餘萬人以上的（夷蠻傳、張邵傳、沈慶之傳等）。這些記載雖然是極不充分，而且還是經過嚴重歪曲的，但終究爲我們提供了研究當時階級矛盾、階級鬥争的綫索。

此外，宋書的謝靈運傳及傳末的史論，談到了魏晉以來文學的發展和演變，以及沈約自己關於詩歌聲律的主張，是研究六朝文學批評史的重要資料。夷蠻傳對於南朝前期我國和亞洲各國人民之間經濟、文化的友好交往，也作了適當的敍述。

在宋書八志中，有些志是比較可取的，如律曆志收了楊偉的景初曆全文，以及何承天的元嘉曆、祖沖之的大明曆全文，這幾種曆法都是能够反映當時自然科學水平的著作。樂志保存了許多漢魏樂府詩篇。州郡志對南方地區自三國以來的地理沿革，以及東晉以來的僑置州郡分布情況，講得比較詳細。而且在每個州郡名下，都記載着户口數。這些户口數固然不盡準確可信，但多少使人得知當時南方人口分布的一個大概輪廓。

宋書在長期流傳過程中，有不少散失，到北宋時，竟有漏脱數葉或全卷的。據北宋末年人晁説之所説：「沈約宋書一百卷，嘉祐末詔館閣校讐，始列學官。尚多殘脱駢舛，或雜以李延壽南史。」（嵩山集卷十二讀宋書）據前人的考訂和我們整理過程中所考查到

的，宋書卷四少帝紀有闕葉，爲後人所補。卷四十六除到彦之傳闕而未補外，其餘都是後人用南史等書補足。卷六十二張敷傳和卷五十九張暢傳，補闕者没有通檢全書，把南史張邵傳後的張敷、張暢附傳也一起鈔録進去。這樣就出現了宋書有兩篇張敷傳和兩篇張暢傳的情況。卷七十六朱脩之宗慤王玄謨傳，原卷也有闕失，由後人採南史等書補入。又如在卷一百沈約自序中敍沈亮事，於「聯事惟忝，憂同職同」下，各本都注「闕」字，於敍其父沈璞事，「璞有子曰」下也注「闕」字。敍沈伯玉事，「先帝在蕃」下也注「闕」字。書中類似的情況還有不少。

我們這次點校宋書，用北京圖書館所藏宋元明三朝遞修本（簡稱三朝本）、明北監本、毛氏汲古閣本（簡稱毛本）、清乾隆四年武英殿本（簡稱殿本）、金陵書局本（簡稱局本）、商務印書館影印三朝本（簡稱百衲本）互校，擇善而從。紀傳方面，還通校了南史、建康實録、册府元龜、資治通鑑和資治通鑑考異等書的有關部分；志的方面，也參校了晉書、通典等書的有關部分。對於前人的校勘成果，我們利用了張元濟、張森楷的兩種宋書校勘記稿本，成孺宋書州郡志校勘記，李慈銘宋書札記，孫虨宋書考論，以及錢大昕廿二史考異等書。另外，卷二十二樂志四、卷四十六趙倫之傳卷尾，都附有幾行小字，這是宋嘉祐時人鄭穆所作的校語，是三朝本原有的，我們仍予保留。爲了易於尋檢，全書的總目，是我們重

編的。

本書由王仲犖同志點校，傅璇琮同志擔任編輯整理工作。錯誤及不妥之處，敬希讀者指正。

中華書局編輯部

宋書目錄

卷一　本紀第一

武帝劉裕上……一

卷二　本紀第二

武帝中……二七

卷三　本紀第三

武帝下……五一

卷四　本紀第四

少帝義符……六三

卷五　本紀第五

文帝義隆……七一

卷六　本紀第六

孝武帝駿……一〇九

卷七　本紀第七

前廢帝子業……一四一

卷八　本紀第八

明帝彧……一五一

卷九　本紀第九

後廢帝昱……一七七

卷十　本紀第十

順帝準……一九三

卷十一　志第一

志序……二〇三

律曆上……二〇六

卷十二　志第二

律曆中……二二七

卷十三　志第三

律曆下……二七一

卷十四　志第四

禮一……三二七

卷十五　志第五

禮二……三七九

卷十六　志第六

禮三……四一九

卷十七　志第七

禮四……四六一

卷十八　志第八

禮五……四九三

卷十九　志第九

樂一……五三三

卷二十　志第十

樂二……五六五

卷二十一　志第十一

樂三……六〇三

卷二十二　志第十二

樂四……六二五

卷二十三　志第十三

天文一……六七三

卷二十四　志第十四

天文二……六九九

卷二十五　志第十五

天文三……七二一

卷二十六　志第十六

天文四……七四三

卷二十七　志第十七

卷二十八　志第十八
符瑞上……七五九
符瑞中……七九一
卷二十九　志第十九
符瑞下……八二七
卷三十　志第二十
五行一……八七九
卷三十一　志第二十一
五行二……八九七
卷三十二　志第二十二
五行三……九三一
卷三十三　志第二十三
五行四……九四九
卷三十四　志第二十四
五行五……九七九
卷三十五　志第二十五
州郡一……一〇二七
揚州……一〇二九
南徐州……一〇三八
徐州……一〇四七
南兗州……一〇五三
兗州……一〇五九
卷三十六　志第二十六
州郡二……一〇七一
南豫州……一〇七一
豫州……一〇八一
江州……一〇八六
青州……一〇九三
冀州……一〇九八
司州……一一〇三

卷三十七　志第二十七
州郡三……一一一七
荆州……一一一七
郢州……一一二四
湘州……一一二九
雍州……一一三五
梁州……一一四四
秦州……一一五四
卷三十八　志第二十八
州郡四……一一六九
益州……一一六九
寧州……一一八二
廣州……一一八九
交州……一二〇四
越州……一二〇八
卷三十九　志第二十九
百官上……一二一七
卷四十　志第三十
百官下……一二四三
卷四十一　列傳第一
后妃……一二六九
孝穆趙皇后……一二八〇
孝懿蕭皇后……一二八〇
武敬臧皇后……一二八二
武帝張夫人……一二八二
少帝司馬皇后……一二八三
武帝胡婕妤……一二八三
文元袁皇后……一二八三
文帝路淑媛……一二八六
弟子瓊之……一二八七

休之……一二八八
茂之……一二八八
孝武文穆王皇后……一二八九
父偃……一二八九
偃子藻……一二九〇
前廢帝何皇后……一二九三
父瑀……一二九三
瑀子邁……一二九三
瑀兄子亮……一二九四
恢……一二九四
誕……一二九四
文帝沈婕妤……一二九四
明恭王皇后……一二九五
明帝陳貴妃……一二九六
後廢帝江皇后……一二九七
明帝陳昭華……一二九七
順帝謝皇后……一二九八
卷四十二　列傳第二
劉穆之……一三〇三
長子慮之……一三〇八
慮之子邕……一三〇八
穆之中子式之……一三〇九
式之子瑀……一三〇九
穆之少子貞之……一三一〇
穆之女壻蔡祐……一三一一
王弘……一三一一
子錫……一三二三
弘從父弟練……一三二三
練子釗……一三二三
卷四十三　列傳第三

徐羨之……一三二九
兄子佩之……一三三五
傅亮父瑗　兄迪……一三三五
檀道濟薛彤　高進之……一三四一
卷四十四　列傳第四
謝晦……一三四七
商玄石……一三六一
延陵蓋……一三六二
卷四十五　列傳第五
王鎮惡……一三六五
弟康……一三七一
檀韶……一三七二
向靖……一三七三
子柳……一三七四
靖弟劭……一三七五
劉懷慎……一三七五
子德願……一三七六
榮祖……一三七六
懷慎弟懷默……一三七七
懷默子道球……一三七七
道球弟孫登……一三七七
孫登子亮……一三七七
孫登弟道隆……一三七八
王謙之……一三七八
謙之子應之……一三七八
馬文恭……一三七八
劉粹……一三七九
弟道濟……一三八〇
粹族弟損……一三八五
卷四十六　列傳第六

趙倫之……一三八九
子伯符……一三九〇
到彥之闕
王懿兄元德……一三九〇
張邵……一三九三
子敷……一三九五
邵兄子暢……一三九六
暢弟悅……一四〇〇
暢子淹……一四〇〇

卷四十七　列傳第七
劉懷肅……一四〇三
孫道存……一四〇四
懷肅弟懷敬……一四〇四
懷敬子眞道……一四〇五
裴方明……一四〇六
孟懷玉……一四〇七
弟龍符……一四〇八
龍符嗣孫係祖……一四〇九
劉敬宣……一四〇九
檀祗……一四一六

卷四十八　列傳第八
朱齡石父綽……一四二一
弟超石……一四二五
毛脩之……一四二六
傅弘之……一四三〇

卷四十九　列傳第九
孫處……一四三三
蒯恩……一四三六
劉鍾……一四三八
虞丘進……一四四〇

卷五十　列傳第十
胡藩……一四四三
劉康祖伯父簡之　謙之　父虔之……一四四六
垣護之伯父遵　父苗……一四四八
弟詢之……一四五一
從弟閬……一四五二
張興世……一四五二

卷五十一　列傳第十一
宗室……一四六一
長沙景王道憐……一四六一
子義欣……一四六四
義欣子瑾……一四六五
祇……一四六五
韞……一四六六
義欣弟義融……一四六七
義融子覬……一四六七
襲……一四六七
義融弟義宗……一四六八
義宗子玠……一四六八
秉……一四六八
遐……一四六九
義宗弟義賓……一四七〇
義賓弟義綦……一四七〇
臨川烈武王道規……一四七〇
子義慶鮑照……一四七五
營浦侯遵考……一四八〇
從弟思考……一四八三

卷五十二　列傳第十二
庾悅……一四八九
王誕……一四九一

謝景仁……一四九三
弟純……一四九五
述……一四九五
袁湛……一四九七
弟豹……一四九八
褚叔度長兄秀之　秀之弟淡之……一五〇一
弟湛之……一五〇五

卷五十三　列傳第十三
張茂度……一五〇九
陸仲元……一五一〇
仲元弟子眞……一五一〇
茂度子永……一五一一
庾登之……一五一五
弟炳之……一五一六
謝方明……一五二三
子惠連……一五二四
江夷……一五二五

卷五十四　列傳第十四
孔季恭……一五三一
子山士……一五三二
靈符……一五三三
靈符子淵之……一五三四
羊玄保……一五三四
褚胤……一五三六
玄保兄子希……一五三六
沈曇慶……一五三九

卷五十五　列傳第十五
臧燾……一五四三
傅僧祐……一五四七
徐廣……一五四七

傅隆……一五五〇

卷五十六　列傳第十六
謝瞻……一五五七
弟晦……一五五八
孔琳之……一五五九
孫道存……一五六四

卷五十七　列傳第十七
蔡廓……一五六九
子興宗……一五七三

卷五十八　列傳第十八
王惠……一五八九
謝弘微……一五九〇
王球……一五九四

卷五十九　列傳第十九
殷淳……一五九七
子孚……一五九七
淳弟沖……一五九八
淡……一五九八
張暢……一五九八
子淹……一六〇七
暢弟悅……一六〇七
何偃……一六〇七
江智淵……一六〇九

卷六十　列傳第二十
范泰……一六一五
王准之……一六二三
王韶之……一六二五
荀伯子……一六二七
子赤松……一六二九
伯子族弟昶……一六二九

昶子萬秋……一六二九
卷六十一　列傳第二十一
武三王……一六三三
廬陵孝獻王義眞 王脩　段宏……一六三三
義眞嗣子紹……一六三九
紹嗣子敬先……一六三九
子興……一六四〇
德……一六四〇
嵩……一六四〇
江夏文獻王義恭……一六四〇
子朗……一六五二
叡……一六五二
叡嗣子子綏……一六五二
義恭嗣孫曄……一六五三
義恭子伯禽……一六五三

衡陽文王義季……一六五三
卷六十二　列傳第二十二
羊欣……一六六一
弟徽……一六六二
張敷……一六六三
王微……一六六四
卷六十三　列傳第二十三
王華 孔甯子……一六七五
王曇首……一六七八
殷景仁……一六八〇
沈演之 父叔任……一六八四
江邃……一六八六
演之子睦……一六八六
勃……一六八六
統……一六八七

演之兄子暢之……一六八七
卷六十四　列傳第二十四
鄭鮮之……一六九一
裴松之……一六九八
子駰……一七〇一
何承天 謝元……一七〇一
卷六十五　列傳第二十五
吉翰……一七一七
劉道產……一七一八
子延熙……一七一九
道產弟道錫……一七二〇
杜驥 兄坦……一七二〇
子幼文……一七二三
申恬……一七二三
兄子坦……一七二五

坦子令孫……一七二五
崔諲……一七二六
卷六十六　列傳第二十六
王敬弘……一七二九
子恢之……一七三三
瓚之……一七三三
昇之……一七三三
延之……一七三三
何尚之 父叔度　孟顗……一七三三
弟悠之……一七三八
悠之子顒之……一七三八
卷六十七　列傳第二十七
謝靈運 荀雍　羊璿之　何長瑜……一七四三
卷六十八　列傳第二十八
武二王……一七八九

彭城王義康……一七八九
南郡王義宣……一七九八
蔡超……一八〇七
義宣子愃……一八〇七
愷……一八〇八
徐遺寶……一八〇八
夏侯祖權……一八〇九
卷六十九　列傳第二十九
劉湛……一八一五
范曄 孔熙先……一八一九
卷七十　列傳第三十
袁淑……一八三五
卷七十一　列傳第三十一
徐湛之 父逵之　湯惠休……一八四三
江湛……一八四八

王僧綽……一八五〇
卷七十二　列傳第三十二
文九王……一八五五
南平穆王鑠……一八五六
子敬猷……一八五八
敬淵……一八五八
嗣子子產……一八五八
宣曜……一八五八
伯玉……一八五八
建平宣簡王宏……一八五八
子景素……一八六〇
晉熙王昶……一八六八
嗣子燮……一八六九
始安王休仁……一八七一
子伯融……一八七八

伯猷……一八七八
晉平剌王休祐……一八七九
鄱陽哀王休業……一八八一
臨慶沖王休倩……一八八一
新野懷王夷父……一八八二
巴陵哀王休若……一八八二
卷七十三　列傳第三十三
顏延之……一八九一
子測……一九〇四
奐……一九〇四
卷七十四　列傳第三十四
臧質 父熹……一九〇九
任薈之……一九二二
孫沖之……一九二二
魯爽 祖宗之　父軌……一九二三

弟秀……一九二三
沈攸之……一九二七
臧寅……一九四一
邊榮……一九四二
程邕之……一九四二
卷七十五　列傳第三十五
王僧達……一九五一
蘇寶生……一九五八
顏竣……一九五九
卷七十六　列傳第三十六
朱脩之……一九六九
宗慤……一九七一
王玄謨……一九七三
卷七十七　列傳第三十七
柳元景……一九八一

中華書局

弟叔仁……一九九〇
元景從兄元怙……一九九一
元景從父弟先宗……一九九一
元景從祖弟光世……一九九一
顏師伯……一九九二
沈慶之……一九九六
子文叔……二〇〇四
慶之弟劭之……二〇〇五
慶之兄子僧榮……二〇〇五
僧榮子懷明……二〇〇五
慶之從弟法系……二〇〇五
卷七十八　列傳第三十八
蕭思話 父源之　甄法護……二〇一一
子惠明……二〇一六
思話從叔摹之……二〇一七
摹之子斌 龐秀之……二〇一八
劉延孫……二〇一八
卷七十九　列傳第三十九
文五王……二〇三五
竟陵王誕 范義……二〇三五
廬江王禕……二〇三八
武昌王渾 王翼之……二〇四二
海陵王休茂 庾深之……二〇四三
桂陽王休範……二〇四五
卷八十　列傳第四十
孝武十四王……二〇五七
豫章王子尚……二〇五八
山陰公主楚玉……二〇五九
晉安王子勛……二〇五九
松滋侯子房 嚴龍……二〇六一

臨海王子頊……二〇六二
始平孝敬王子鸞……二〇六三
永嘉王子仁……二〇六六
始安王子真……二〇六七
邵陵王子元……二〇六七
齊敬王子羽……二〇六八
淮南王子孟……二〇六八
晉陵孝王子雲……二〇六九
南海哀王子師……二〇六九
淮陽思王子霄……二〇六九
東平王子嗣……二〇六九
武陵王贊……二〇七〇
卷八十一　列傳第四十一
劉秀之……二〇七三
顧琛……二〇七六
丘淵之……二〇七八
顧覬之……二〇七九
弟子愿……二〇八一
卷八十二　列傳第四十二
周朗 兄嶠……二〇八九
沈懷文……二一〇二
弟懷遠……二一〇五
卷八十三　列傳第四十三
宗越 譚金　童太壹……二一〇九
武念……二一一二
佼長生……二一一三
蔡那……二一一三
曹欣之……二一一四
吳喜……二一一四
黃回 王宜興　庾佩玉　任候伯……二一二三

彭文之……二一二五
孫曇瓘……二一二五
任農夫……二一二六
周寧民……二一二六
高道慶……二一二六
卷八十四　列傳第四十四
鄧琬……二一二九
劉胡……二一四七
段佛榮……二一四八
劉靈遺……二一四八
袁顗……二一四八
孔覬 孔璪……二一五三
卷八十五　列傳第四十五
謝莊……二一六七
王景文 伯父智　父僧朗……二一七七
子絢……二一八四
景文兄子蘊……二一八四
卷八十六　列傳第四十六
殷孝祖……二一八九
劉勔……二一九一
卷八十七　列傳第四十七
蕭惠開……二一九九
殷琰……二二〇三
卷八十八　列傳第四十八
薛安都 從子索兒　傅靈越　張讜……二二一五
沈文秀……二二二一
崔道固……二二二五
卷八十九　列傳第四十九
袁粲……二二二九
卷九十　列傳第五十

明四王……二二三七
邵陵殤王友……二二三八
隨陽王翽……二二三八
新興王嵩……二二三八
始建王禧……二二三九
卷九十一　列傳第五十一
孝義……二二四一
龔穎……二二四二
劉瑜……二二四三
賈恩……二二四三
郭世道……二二四三
子原平……二二四四
嚴世期……二二四七
吳逵……二二四七
潘綜……二二四八
張進之 俞僉……二二四九
王彭……二二五〇
蔣恭……二二五〇
徐耕 嚴成　王道蓋……二二五一
孫法宗……二二五二
范叔孫 吳國夫……二二五二
卜天與……二二五三
子伯宗……二二五四
伯興……二二五四
天與弟天生……二二五四
許昭先……二二五五
余齊民……二二五五
孫棘……二二五六
徐元妻許氏……二二五七
奚慶思……二二五七

何子平……二二五七

卷九十二　列傳第五十二

良吏……二二六一

王鎮之……二二六二

杜慧度 父瑗……二二六三

子弘文……二二六五

徐豁……二二六五

陸徽……二二六七

阮長之……二二六八

江秉之……二二六九

王歆之……二二七〇

申季歷……二二七一

郭啓玄……二二七一

陳珉……二二七一

張祐……二二七一

潘詞……二二七一

詞子亮……二二七一

陸法眞……二二七一

王悅……二二七二

卷九十三　列傳第五十三

隱逸……二二七五

戴顒 兄勃……二二七六

宗炳……二二七八

周續之……二二八〇

王弘之……二二八一

子曇生……二二八三

阮萬齡……二二八三

孔淳之……二二八三

劉凝之……二二八四

龔祈……二二八五

翟法賜……二二八六

陶潛……二二八六

宗彧之……二二九一

沈道虔……二二九一

郭希林……二二九二

雷次宗……二二九二

朱百年 姚吟……二二九四

王素……二二九五

劉睦之……二二九六

州韶……二二九六

褚伯玉……二二九六

關康之……二二九六

卷九十四　列傳第五十四

恩倖……二三〇一

戴法興……二三〇二

巢尚之……二三〇四

戴明寶……二三〇五

董元嗣……二三〇六

奚顯度……二三〇六

徐爰……二三〇六

阮佃夫……二三一二

孟次陽……二三一四

朱幼……二三一五

于天寶……二三一六

壽寂之……二三一六

姜產之……二三一六

李道兒……二三一六

王道隆……二三一七

楊運長……二三一七

卷九十五　列傳第五十五

索虜 竺夔 毛德祖 陽瓚 尹沖 陳憲……二三二一

芮芮……二三五七

槃槃……二三五七

趙昌……二三五七

粟特……二三五七

卷九十六　列傳第五十六

鮮卑吐谷渾……二三六九

卷九十七　列傳第五十七

夷蠻……二三七七

林邑國……二三七七

扶南國……二三七九

訶羅陁國……二三八〇

呵羅單國……二三八一

槃皇國……二三八三

槃達國……二三八三

闍婆婆達國……二三八三

師子國……二三八四

天竺迦毗黎國 釋道生 慧琳 慧嚴 慧議……二三八四

蘇摩黎國……二三八六

斤陁利國……二三八六

婆黎國……二三八六

高句驪國……二三九二

百濟國……二三九三

倭國……二三九四

荊雍州蠻……二三九六

豫州蠻……二三九八

卷九十八　列傳第五十八

氐胡……二四〇三

略陽淸水氐楊氏……二四〇三

胡大且渠蒙遜……二四一二

卷九十九　列傳第五十九

二凶……二四二三

元凶劭……二四二三

始興王濬……二四三五

卷一百　列傳第六十

自序……二四四三

沈約高祖警……二四四五

警子穆夫……二四四五

穆夫子淵子……二四四六

淵子子正……二四四六

淵子弟雲子……二四四七

雲子子煥……二四四七

雲子弟田子……二四四七

田子子亮……二四四九

田子弟林子……二四五二

林子子邵……二四五九

邵弟璞……二四六〇

林子弟子伯玉……二四六五

伯玉弟仲玉……二四六六

璞子約……二四六六

宋書卷一

本紀第一

武帝上

高祖武皇帝諱裕，字德輿，小名寄奴，彭城縣綏輿里人，〔一〕漢高帝弟楚元王交之後也。交生紅懿侯富，富生宗正辟彊，辟彊生陽城繆侯德，德生陽城節侯安民，安民生陽城釐侯慶忌，慶忌生陽城肅侯岑，岑生宗正平，平生東武城令某，某生東萊太守景，景生明經洽，洽生博士弘，弘生瑯邪都尉悝，悝生魏定襄太守某，某生邪城令亮，亮生晉北平太守膺，膺生相國掾熙，熙生開封令旭孫。旭孫生混，始過江，居晉陵郡丹徒縣之京口里，官至武原令。混生東安太守靖，靖生郡功曹翹，是爲皇考。高祖以晉哀帝興寧元年歲次癸亥三月壬寅夜生。及長，身長七尺六寸，風骨奇特。家貧，有大志，不治廉隅。事繼母以孝謹稱。

初爲冠軍孫無終司馬。安帝隆安三年十一月，妖賊孫恩作亂於會稽，晉朝衞將軍謝琰、

前將軍劉牢之東討。牢之請高祖參府軍事。十二月，牢之至吳，而賊緣道屯結，牢之命高祖與數十人覘賊遠近。會遇賊至，衆數千人，高祖便進與戰。所將人多死，而戰意方厲，手奮長刀，所殺傷甚衆。牢之子敬宣疑高祖淹久，恐爲賊所困，乃輕騎尋之。既而衆騎並至，賊乃奔退，斬獲千餘人，推鋒而進，平山陰，恩遁還入海。

四年五月，恩復入會稽，殺衞將軍謝琰。十一月，劉牢之復率衆東征，恩退走。牢之屯上虞，使高祖戍句章城。句章城既卑小，戰士不盈數百人，高祖常被堅執鋭，爲士卒先，每戰輒摧鋒陷陣，賊乃退還浹口。于時東伐諸帥，御軍無律，士卒暴掠，甚爲百姓所苦。唯高祖法令明整，所至莫不親賴焉。

五年春，孫恩頻攻句章，高祖屢摧破之，恩復走入海。三月，恩北出海鹽，高祖追而翼之，築城于海鹽故治。賊日來攻城，城內兵力甚弱，高祖乃選敢死之士數百人，咸脱甲冑，執短兵，並鼓噪而出，賊震懼奪氣，因其懼而奔之，並棄甲散走，斬其大帥姚盛。雖連戰剋勝，然衆寡不敵，高祖獨深慮之。一夜，偃旗匿衆，若已遁者。明晨開門，使羸疾數人登城。賊遥問劉裕所在。曰：「夜已走矣。」賊信之，乃率衆大上。高祖乘其懈怠，奮擊，大破之。恩知城不可下，乃進向滬瀆。高祖復棄城追之。海鹽令鮑陋遣子嗣之以吳兵一千，請爲前驅。高祖曰：「賊兵甚精，吳人不習戰，若前驅失利，必敗我軍。可在後爲聲援。」不從。是夜，高祖多設伏兵，兼置旗鼓，然一處不過數人。明日，賊率衆萬餘迎戰。前驅既交，諸伏皆出，舉旗鳴鼓。賊謂四面有軍，乃退。嗣之追奔，爲賊所沒。高祖且戰且退，賊盛，所領死傷且盡。高祖慮不免，至向伏兵處，乃止，令左右脱取死人衣。賊謂當走反停，疑猶有伏。高祖因呼更戰，氣色甚猛，賊衆以爲然，乃引軍去。高祖徐歸，然後散兵稍集。五月，孫恩破滬瀆，殺吳國內史袁山松，死者四千人。是月，高祖復破賊於婁縣。

六月，恩乘勝浮海，奄至丹徒，戰士十餘萬。劉牢之猶屯山陰，京邑震動。高祖倍道兼行，與賊俱至。于時衆力既寡，加以步遠疲勞，而丹徒守軍莫有鬭志。恩率衆數萬，鼓噪登蒜山，居民皆荷擔而立。高祖率所領奔擊，大破之，投巘赴水死者甚衆。恩以彭排音敗自載，〔二〕僅得還船。雖被摧破，猶恃其衆力，徑向京師。樓船高大，值風不得進，旬日乃至白石。尋知劉牢之已還，朝廷有備，遂走向鬱洲。八月，以高祖爲建武將軍、下邳太守，領水軍追討至鬱洲，〔三〕復大破恩。恩南走。十一月，高祖追恩於滬瀆，及海鹽，又破之。三戰並大獲，俘馘以萬數。恩自是饑饉疾疫，死者太半，自浹口奔臨海。

元興元年正月，驃騎將軍司馬元顯西伐荆州刺史桓玄，玄亦率荆楚大衆，下討元顯。元顯遣鎮北將軍劉牢之拒之，高祖參其軍事。次溧洲。玄至，高祖請擊之，不許，將遣子敬宣詣玄請和。高祖與牢之甥東海何無忌並固諫，不從。〔四〕遂遣敬宣詣玄。玄剋京邑，殺元

顯，以牢之爲會稽內史。懼而告高祖曰：「便奪我兵，禍其至矣。今當北就高雅於廣陵舉事，卿能從我去乎？」答曰：「將軍以勁卒數萬，望風降服。彼新得志，威震天下。三軍人情，都已去矣，廣陵豈可得至邪！裕當反服還京口耳。」牢之叛走自縊死。何無忌謂高祖曰：「我將何之？」高祖曰：「鎮北去必不免，卿可隨我還京口。桓玄必能守節北面，我當與卿事之；不然，與卿圖之。今方是玄矯情任算之日，必將用我輩也。」桓玄從兄脩以撫軍鎮丹徒，以高祖爲中兵參軍，軍、郡如故。

孫恩自奔敗之後，徒旅漸散，懼生見獲，乃於臨海投水死。餘衆推恩妹夫盧循爲主。桓玄欲且緝寧東土，以循爲永嘉太守。循雖受命，而寇暴不已。五月，玄復遣高祖東征。時循自臨海入東陽。二年正月，玄復遣高祖破循於東陽。循奔永嘉，復追破之，斬其大帥張士道，追討至于晉安，循浮海南走。六月，加高祖彭城內史。

桓玄爲楚王，將謀篡盜。玄從兄衞將軍謙屏人問高祖曰：「楚王勳德隆重，四海歸懷。朝廷之情，咸謂宜有揖讓，卿意以爲何如？」高祖既志欲圖玄，乃遜辭答曰：「楚王，宣武之子，勳德蓋世。晉室微弱，民望久移，乘運禪代，有何不可。」謙喜曰：「卿謂可爾，便當是眞可爾。」十二月，桓玄篡帝位，遷天子於尋陽。桓脩入朝，高祖從至京邑。玄見高祖，謂司徒王謐曰：「昨見劉裕，風骨不恒，蓋人傑也。」每遊集，輒引接慇懃，贈賜甚厚。高祖愈惡之。

或說玄曰：「劉裕龍行虎步，視瞻不凡，恐不爲人下，宜蚤爲其所。」玄曰：「我方欲平蕩中原，非劉裕莫可付以大事。關、隴平定，然後當別議之耳。」玄乃下詔曰：「劉裕以寡制衆，屢摧妖鋒。汎海窮追，十殄其八。諸將力戰，多被重創。自元帥以下至于將士，並宜論賞，以敍勳烈。」

先是高祖東征盧循，何無忌隨至山陰，勸於會稽舉義。高祖以爲玄未據極位，且會稽遙遠，事濟爲難，俟其篡逆事著，徐於京口圖之，不憂不剋。至是桓脩還京，高祖託以金創疾動，不堪步從，乃與無忌同船共還，建興復之計。於是與弟道規、沛郡劉毅、平昌孟昶、任城魏詠之、高平檀憑之、琅邪諸葛長民、太原王元德、隴西辛扈興、東莞童厚之，並同義謀。時桓脩弟弘爲征虜將軍、青州刺史，鎭廣陵。道規爲弘中兵參軍，昶爲州主簿。乃令毅潛往就昶，聚徒於江北，謀起兵殺弘。長民爲豫州刺史刁逵左軍府參軍，謀據歷陽相應。元德、厚之謀於京邑聚衆攻玄，並剋期齊發。

三年二月己丑朔，乙卯，高祖託以遊獵，與無忌等收集義徒，凡同謀何無忌、魏詠之、詠之弟欣之、順之、檀憑之、憑之從子韶、韶弟祗、隆、道濟、[五]道濟從兄範之、高祖弟道憐、劉毅、毅從弟藩、孟昶、昶族弟懷玉、河內向彌、管義之、陳留周安穆、臨淮劉蔚、從弟珪之、東莞臧熹、[六]從弟寶符、從子穆生、童茂宗、陳郡周道民、漁陽田演、譙國范清等二十七人；願

從者百餘人。丙辰，詰旦，城開，無忌服傳詔服，稱詔居前。義衆馳入，齊聲大呼，吏士驚散，莫敢動，卽斬脩以徇。高祖哭甚慟，厚加殯斂。孟昶勸弘其日出獵。未明開門，出獵人，昶、道規、毅等率壯士五六十人因開門直入。弘方噉粥，卽斬之，因收衆濟江。

義軍初剋京城，脩司馬刁弘率文武佐吏來赴。高祖登城謂之曰：「郭江州已奉乘輿反正於尋陽，我等並被密詔，誅除逆黨，同會今日。賊玄之首，已當梟於大航矣。諸君非大晉之臣乎，今來欲何爲？」弘等信之，收衆而退。毅既至，高祖命誅弘。

毅兄邁先在京師，事未發數日，高祖遣同謀周安穆報之，使爲內應。邁外雖酬許，內甚震懼。安穆見其惶駭，慮事必泄，乃馳歸。時玄以邁爲竟陵太守，邁不知所爲，便下船欲之郡。是夜，玄與邁書曰：「北府人情云何？卿近見劉裕何所道？」邁謂玄已知其謀，晨起白之。玄驚懼，封邁爲重安侯，既而嫌邁不執安穆，使得逃去，[七]乃殺之。誅元德、扈興、厚之等。召桓謙、卞範之等謀拒高祖。謙等曰：「亟遣兵擊之。」玄曰：「不然。彼兵速銳，計出萬死。若行遣水軍，不足相抗，如有蹉跌，則彼氣成而吾事敗矣。不如屯大衆於覆舟山以待之。彼空行二百里，無所措手，銳氣已挫，既至，忽見大軍，必驚懼駭愕。我案兵堅陣，勿與交鋒，彼求戰不得，自然散走。此計之上也。」謙等固請，乃遣頓丘太守吳甫之、右衞將軍皇甫敷北拒義軍。

玄自聞軍起，憂懼無復爲計。或曰：「劉裕等衆力甚弱，豈辦之有成，陛下何慮之甚。」玄曰：「劉裕足爲一世之雄；劉毅家無擔石之儲，樗蒲一擲百萬；何無忌，劉牢之甥，酷似其舅。共舉大事，何謂無成。」

衆推高祖爲盟主，移檄京邑，曰：

夫治亂相因，理不常泰，狡焉肆虐，或値聖明。自我大晉，陽九屢構，隆安以來，難結皇室，忠臣碎於虎口，貞良弊於豺狼。逆臣桓玄，陵虐人鬼，阻兵荆郢，肆暴都邑。天未亡難，凶力繁興，踰年之間，遂傾皇祚。主上播越，流幸非所，神器沉淪，七廟毀墜。夏后之罹浞、豷，有漢之遭莽、卓，方之於玄，未足爲喩。自玄篡逆，于今歷年，亢旱彌時，民無生氣。加以士庶疲於轉輪，文武困於造築，父子乖離，室家分散，豈唯大東有杼軸之悲，摽梅有傾筐之塈而已哉。仰觀天文，俯察人事，此而能久，孰有可亡。凡在有心，誰不扼腕。裕等所以叩心泣血，不遑啓處者也。是故夕寐宵興，援奬忠烈，潛搆崎嶇，險過履虎。輔國將軍劉毅、廣武將軍何無忌、鎭北主簿孟昶、兗州主簿魏詠之、寧遠將軍劉道規、龍驤將軍劉藩、振威將軍檀憑之等，忠烈斷金，精貫白日，荷戈奮袂，志在畢命。益州刺史毛璩，萬里齊契，掃定荆楚。江州刺史郭昶之，奉迎主上，宮于尋陽。鎭北參軍王元德等，並率部曲，保據石頭。揚武將軍諸葛長民，收集義士，已據歷陽。征虜參

軍庾賾之等，潛相連結，以爲內應。同力協規，所在蜂起，卽日斬僞徐州刺史安成王脩、青州刺史弘首。義衆既集，文武爭先，咸謂不有一統，則事無以輯。裕辭不獲已，遂總軍要。庶上憑祖宗之靈，下罄義夫之力，翦馘逋逆，蕩淸京輦。

公侯諸君，或世樹忠貞，或身荷爵寵，而並俛眉猾豎，自効莫由，顧瞻周道，寧不弔乎！今日之舉，良其會也。裕以虛薄，才非古人，勢接於已踐之機，受任於既頹之運。丹誠未宣，感慨憤躍，望霄漢以永懷，眄山川以增厲。授檄之日，神馳賊廷。

以孟昶爲長史，總攝後事；檀憑之爲司馬。百姓願從者千餘人。

三月戊午朔，遇吳甫之於江乘。甫之，玄驍將也，其兵甚銳。高祖躬執長刀，大呼以衝之，衆皆披靡，卽斬甫之。進至羅落橋，皇甫敷率數千人逆戰。寧遠將軍檀憑之與高祖各御一隊，憑之戰敗見殺，其衆退散。高祖進戰彌厲，前後奮擊，應時摧破，卽斬敷首。初高祖與何無忌等共建大謀，有善相者相高祖及無忌等並當大貴，其應甚近，惟云憑之無相。高祖與無忌密相謂曰：「吾等既爲同舟，理無偏異。吾徒咸皆富貴，則檀不應獨殊。」深不解相者之言。至是而憑之戰死，高祖知其事必捷。

玄聞敷等並沒，愈懼。使桓謙屯東陵口，卞範之屯覆舟山西，衆合二萬。己未旦，義軍食畢，棄其餘糧，進至覆舟山東，使丐士張旗幟於山上，以爲疑兵。玄又遣武騎將軍庾禕

之，[八]配以精卒利器，助謙等。高祖躬先士卒以奔之，將士皆殊死戰，無不一當百，呼聲動天地。時東北風急，因命縱火，煙燭張天，鼓噪之音震京邑。謙等諸軍，一時土崩。玄始雖遣軍置陣，而走意已決，別使領軍將軍殷仲文具舟於石頭，仍將子姪浮江南走。

庚申，高祖鎭石頭城，立留臺官，[九]焚桓溫神主於宣陽門外，造晉新主，立于太廟。遣諸將帥追玄，尚書王嘏率百官奉迎乘輿。[一〇]司徒王謐與衆議推高祖領揚州，固辭。乃以謐爲錄尚書事，領揚州刺史。於是推高祖爲使持節、都督揚徐兗豫青冀幽并八州諸軍事、領軍將軍、徐州刺史。[一一]

先是朝廷承晉氏亂政，百司縱弛，桓玄雖欲釐整，而衆莫從之。高祖以身範物，先以威禁內外，百官皆肅然奉職，二三日間，風俗頓改。且桓玄雖以雄豪見推，而一朝便有極位，晉氏四方牧守及在朝大臣，盡心伏事，臣主之分定矣。高祖位微於朝，衆無一旅，奮臂草萊之中，倡大義以復皇祚。由是王謐等諸人時失民望，[一二]莫不愧而憚焉。諸葛長民失期不得發，刁逵執送之，未至而玄敗。

玄經尋陽，江州刺史郭昶之備乘輿法物資之。玄收略得二千餘人，挾天子走江陵。冠軍將軍劉毅、輔國將軍何無忌、振武將軍劉道規率諸軍追討。尚書左僕射王愉、愉子荊州刺史綏等，江左冠族。綏少有重名，以高祖起自布衣，甚相

凌忽。綏，桓氏甥，亦有自疑之志。高祖悉誅之。

四月，奉武陵王遵爲大將軍，承制。大赦天下，唯桓玄一祖後不在赦例。

初高祖家貧，嘗負刁逵社錢三萬，經時無以還。逵執錄甚嚴，王謐造逵見之，密以錢代還，由是得釋。高祖名微位薄，盛流皆不與相知，唯謐交焉。桓玄將篡，謐手解安帝璽紱，爲玄佐命功臣。及義旗建，衆並謂謐宜誅，唯高祖保持之。劉毅嘗因朝會，問謐璽紱所在，謐益懼。及王愉父子誅，謐從弟諶謂謐曰：「王駒無罪，而義旗誅之，此是剪除勝己，以絕民望。兄既桓氏黨附，名位如此，欲求免得乎？」駒，愉小字也。謐懼，奔于曲阿。高祖牋白大將軍，深相保謐，迎還復位。光祿勳卞承之、[一三]左衞將軍褚粲、游擊將軍司馬秀役使官人，爲御史中丞王禎之所糾察，謝牋言辭怨憤。承之造司宜藏。高祖與大將軍牋，白「粲等備位大臣，所懷必盡。執憲不允，自應據理陳訴，而橫興怨忿，歸咎有司。宜加裁當，以清風軌」。並免官。

桓玄兄子歆，[一四]聚衆向歷陽，高祖命輔國將軍諸葛長民擊走之。無忌、道規破玄大將郭銓等于桑落洲，[一五]衆軍進據尋陽。加高祖都督江州諸軍事。玄既還荊郢，大聚兵衆，召水軍造樓船、器械，率衆二萬，挾天子發江陵，浮江東下，與冠軍將軍劉毅等相遇於峥嶸洲，衆軍下擊，大破之。[一六]玄棄衆，復挾天子還復江陵。玄黨殷仲文奉晉二皇后還京師。玄至

江陵，因西走。南郡太守王騰之、荊州別駕王康產奉天子入南郡府。初征虜將軍、益州刺史毛璩，遣從孫祐之與參軍費恬送弟喪下，有衆二百。璩弟子脩之時爲玄屯騎校尉，[一七]誘玄以入蜀。至枚回洲，恬與祐之迎射之。益州督護馮遷斬玄首，傳京師。又斬玄子昇於江陵市。

初玄敗於峥嶸洲，義軍以爲大事已定，追躡不速。玄死幾一旬，衆軍猶不至。玄從子振逃於華容之涌中，[一八]招聚逆黨數千人，晨襲江陵城，居民競出赴之。騰之、康產皆被殺。桓謙先匿於沮川，亦聚衆以應。振爲玄舉哀，立喪廷。謙率衆官奉璽綬于安帝。無忌、道規既至江陵，與桓振戰于靈溪。玄黨馮該又設伏于楊林，義軍奔敗，退還尋陽。

兗州刺史辛禺懷貳。會北青州刺史劉該反，禺求征該，次淮陰，又反。禺長史羊穆之斬禺，傳首京師。十月，高祖領青州刺史。甲仗百人入殿。

劉毅諸軍復進至夏口。毅攻魯城，道規攻偃月壘，皆拔之。十二月，諸軍進平巴陵。

義熙元年正月，毅等至江津，破桓謙、桓振，江陵平，天子反正。三月，天子至自江陵。

詔曰：

古稱大者天地，其次君臣，所以列貫三辰，神人代序，諒理本於造昧，而運周於萬葉。故盈否時襲，四靈通其變，王道或昧，貞賢拯其危，天命所以永固，人心所以攸穆。

雖夏、周中傾，賴靡、申之績，莽、倫載竊，實二代是維。或乘資藉號，或業隆異世，猶詩書以之休詠，記策用爲美談。未有因心撫民，而誠發理應，援神器於已淪，若在今之盛者也。

朕以寡昧，遭家不造，越自遘閔，屬當屯極。逆臣桓玄，乘釁縱慝，窮凶恣虐，滔天猾夏。遂誣罔人神，肆其篡亂。祖宗之基既湮，七廟之饗胥殄，若墜淵谷，未足斯譬。

皇度有晉，天縱英哲，使持節、都督揚徐兗豫青冀幽并江九州諸軍事、鎭軍將軍、徐青二州刺史，忠誠天亮，神武命世，用能貞明協契，義夫響臻。故順聲一唱，二溟卷波，英風振路，宸居清翳。暨冠軍將軍毅、輔國將軍無忌、振武將軍道規，舟旗遄邁，而元凶傳首，回戈疊揮，則荊、漢霧廓。俾宣、元之祚，永固於嵩、岱，傾基重造，再集於朕躬。宗廟歆七百之祜，皇基融載新之命。念功惟德，永言銘懷。固已道冠開闢，獨絕終古，書契以來，未之前聞矣。雖則功高靡尚，理至難文，而崇庸命德，哲王攸先者，將以弘道制治，深關盛衰。故伊、望膺殊命之錫，桓、文饗備物之禮，況宏徵不世，顧邈百代者，宜極名器之隆，以光大國之盛。而鎭軍謙虛自衷，誠旨屢顯，朕重逆仲父，乃所以愈彰德美也。鎭軍可進位侍中、車騎將軍、都督中外諸軍事，使持節、徐青二州刺史如故。顯祚大邦，啓茲疆宇。

高祖固讓。加錄尚書事，又不受，屢請歸藩。天子不許，遣百僚敦勸，又親幸公第。高祖惶懼詣闕陳請，天子不能奪。是月，旋鎮丹徒。天子重遣大使敦勸，又不受。乃改授都督荆、司、梁、益、寧、雍、涼七州，幷前十六州諸軍事，本官如故。於是受命解青州，加領兗州刺史。

盧循浮海破廣州，獲刺史吳隱之。卽以循爲廣州刺史，以其同黨徐道覆爲始興相。

二年三月，督交、廣二州。十月，高祖上言曰：「昔天禍皇室，巨狡縱篡，臣等義惟舊隸，豫蒙國恩，仰契信順之符，俯厲人臣之憤，雖社稷之靈，抑亦事由衆濟。其翼奬忠勳之佐，文武畢力之士，敷執在己之謙，用虧國體之大。輒申攝衆軍先上，[一九]同謀起義，始平京口、廣陵二城，臣及撫軍將軍毅等二百七十二人，幷後赴義出都緣道大戰，所餘一千五百六十六人，又輔國將軍長民、故給事中王元德等十人，合一千八百四十八人，乞正封賞。其西征衆軍，須論集續上。」於是尚書奏封唱義謀主鎮軍將軍裕豫章郡公，食邑萬戶，賜絹三萬匹。其餘封賞各有差。鎮軍府佐吏，降故太傅謝安府一等。

十一月，天子重申前令，加高祖侍中，進號車騎將軍、開府儀同三司。固讓。詔遣百僚敦勸。

三年二月，高祖還京師，將詣廷尉，天子先詔獄官不得受，詣闕陳讓，乃見聽。旋于

丹徒。

閏月，府將駱冰謀作亂，將被執，單騎走，追斬之。誅冰父永嘉太守球。球本東陽郡史，孫恩之亂，起義於長山，故見擢用。初桓玄之敗，以桓沖忠貞，署其孫胤。至是冰謀以胤爲主，與東陽太守殷仲文潛相連結。乃誅仲文及仲文二弟。凡桓玄餘黨，至是皆誅夷。

天子遣兼太常葛籍授公策曰：「有扈滔天，夷羿乘釁，亂節干紀，實橈皇極。賊臣桓玄，怙寵肆逆，乃摧傾華、霍，倒拔嵩、岱，五嶽旣夷，六地易所。公命世英縱，藏器待時，因心資敬，誓雪國恥，慨憤陵夷，誠發宵寐。旣而歲月屢遷，神器已遠，忠孝幽寄，實貫三靈。爾乃介石勝機，宣契畢舉，訴蒼天以爲正，揮義旅而一驅。奔鋒數百，勢烈激電，百萬不能抗限，制路日直植城。[二〇]遂使衝鯨潰流，暴鱗江漢，廟勝遠加，重氛載滌，二儀廓清，三光反照，事遂永代，功高開闢，理微稱謂，義感朕心。若夫道爲身濟，猶靡厥爵，況乃誠德俱深，勳冠天人者乎。是用建茲邦國，永祚山河，言念載懷，匪云足報。往欽哉！俾屏余一人，長弼皇晉，流風垂祚，暉烈無窮。其降承嘉策，對敭朕命。」

十二月，司徒、錄尚書、揚州刺史王謐薨。

四年正月，徵公入輔，授侍中、車騎將軍、開府儀同三司、揚州刺史、錄尚書，徐兗二州刺史如故。表解兗州。先是遣冠軍劉敬宣伐蜀賊譙縱，無功而返。九月，以敬宣挫退，遜

位，不許。乃降爲中軍將軍，開府如故。

初僞燕王鮮卑慕容德僭號於青州，德死，兄子超襲位，前後屢爲邊患。五年二月，大掠淮北，執陽平太守劉千載、濟南太守趙元，驅略千餘家。三月，公抗表北討，以丹陽尹孟昶監中軍留府事。四月，舟師發京都，泝淮入泗。五月，至下邳，留船艦輜重，步軍進琅邪。所過皆築城留守。鮮卑梁父、莒城二戍並奔走。

慕容超聞王師將至，其大將公孫五樓說超：「宜斷據大峴，刈除粟苗，堅壁清野以待之。彼僑軍無資，求戰不得，旬月之間，折棰以笞之耳。」超不從，曰：「彼遠來疲勞，勢不能久，但當引令過峴，我以鐵騎踐之，不憂不破也。豈有預芟苗稼，先自蹙弱邪。」初公將行，議者以爲賊聞大軍遠出，必不敢戰，若不斷大峴，當堅守廣固，刈粟清野，以絕三軍之資，非唯難以有功，將不能自反。公曰：「我揣之熟矣。鮮卑貪，[二一]不及遠計，進利剋獲，退惜粟苗。謂我孤軍遠入，不能持久，不過進據臨朐，退守廣固。我一得入峴，則人無退心，驅必死之衆，向懷貳之虜，何憂不剋。彼不能清野固守，爲諸君保之。」公旣入峴，舉手指天曰：「吾事濟矣！」

六月，慕容超遣五樓及廣寧王賀賴盧先據臨朐城。旣聞大軍至，留羸老守廣固，乃悉出。臨朐有巨蔑水，去城四十里。超告五樓曰：「急往據之，晉軍得水，則難擊也。」五樓馳

進。龍驤將軍孟龍符領騎居前，奔往爭之，五樓乃退。

衆軍步進，有車四千兩，分車爲兩翼，方軌徐行，車悉張幔，御者執矟。又以輕騎爲遊軍。軍令嚴肅，行伍齊整。未及臨朐數里，賊鐵騎萬餘，前後交至。公命兗州刺史劉藩、弟幷州刺史道憐、諮議參軍劉敬宣、陶延壽、參軍劉懷玉、愼仲道、索邈等，齊力擊之。日向昃，公遣諮議參軍檀韶直趨臨朐。韶率建威將軍向彌、參軍胡藩馳往，卽日陷城，斬其牙旗，悉虜超輜重。超聞臨朐已拔，引衆走，公親鼓之，賊乃大奔。超遁還廣固。獲超馬、僞輦、玉璽、豹尾等，送于京師。斬其大將段暉等十餘人，其餘斬獲千計。

明日，大軍進廣固，卽屠大城，超退保小城。於是設長圍守之，圍高三丈，外穿三重塹。停江、淮轉輸，館穀於齊土。撫納降附，華戎歡悅，援才授爵，因而任之。七月，詔加公北青、冀二州刺史。超大將垣遵、遵弟苗並率衆歸順。公方治攻具，城上人曰：「汝不得張綱，何能爲也。」綱者，超僞尚書郎，其人有巧思。會超遣綱稱藩於姚興，乞師請救。興僞許之，而實憚公，不敢遣。綱從長安還，泰山太守申宣執送之。乃升綱於樓車，[二二]以示城內，城內莫不失色。於是使綱大治攻具。超求救不獲，綱反見虜，轉憂懼。乃請稱藩，求割大峴爲界，獻馬千疋。不聽，圍之轉急。河北居民荷戈負糧至者，日以千數。

錄事參軍劉穆之，有經略才具，公以爲謀主，動止必諮焉。時姚興遣使告公云：「慕容見

與隣好，又以窮告急，今當遣鐵騎十萬，逕據洛陽。晉軍若不退者，便當遣鐵騎長驅而進。」公呼興使答曰：「語汝姚興，我定燕之後，息甲三年，當平關、洛。今能自送，便可速來。」穆之聞有羌使，馳入，而公發遣已去。以興所言并答，具語穆之。穆之尤公曰：「常日事無大小，必賜與謀之。此宜善詳之，云何卒爾便答。公所答興言，未能威敵，正足怒彼耳。若燕未可拔，羌救奄至，不審何以待之？」公笑曰：「此是兵機，非卿所解，故不語耳。夫兵貴神速，彼若審能遣救，必畏我知，寧容先遣信命。此是其見我伐燕，內已懷懼，自張之辭耳。」

九月，進公太尉、中書監，固讓。

僞徐州刺史段宏先奔索虜，十月，自河北歸順。[二三]

張綱治攻具成，設諸奇巧，飛樓木幔之屬，莫不畢備。城上火石弓矢，無所用之。六年二月丁亥，屠廣固。超踰城走，征虜賊曹喬胥獲之，殺其王公以下，[二四]納口萬餘，馬二千疋，送超京師，斬于建康市。

公之北伐也，徐道覆仍有闚闟之志，勸盧循乘虛而出，循不從。道覆乃至番禺說循曰：「本住嶺外，豈以理極於此，正以劉公難與爲敵故也。今方頓兵堅城之下，[二五]未有旋日。以此思歸死士，掩襲何、劉之徒，如反掌耳。不乘此機而保一日之安，若平齊之後，小息甲養衆，不過一二年間，必璽書徵君。若劉公自率衆至豫章，遣銳師過嶺，雖復將軍神武，恐必

不能當也。今日之機，萬不可失。既剋都邑，傾其根本，劉公雖還，無能爲也。」循從之，乃率衆過嶺。是月，寇南康、廬陵、豫章，諸郡守皆委任奔走。于時平齊問未至，卽馳使徵公。公之初剋齊也，欲停鎮下邳，清盪河、洛，既而被徵使至，卽日班師。

鎮南將軍何無忌與徐道覆戰于豫章，敗績，無忌被害。內外震駭。朝廷欲奉乘輿北走就公，尋知賊定未至，人情小安。公至下邳，以船運輜重，自率精銳步歸。至山陽，聞無忌被害，則慮京邑失守，乃卷甲兼行，與數十人至淮上，問行旅以朝廷消息。人曰：「賊尚未至，劉公若還，便無所憂也。」公大喜，單船過江，逕至京口，衆乃大安。四月癸未，公至京師，解嚴息甲。

撫軍將軍劉毅抗表南征，公與毅書曰：「吾往習擊妖賊，曉其變態，新獲姦利，其鋒不可輕。宜須裝嚴畢，與弟同舉。」又遣毅從弟藩往止之。毅不從，舟師二萬，發自姑孰。循之初下也，使道覆向尋陽，自寇湘中諸郡。荆州刺史道規遣軍至長沙，爲循所敗。逕至巴陵，將向江陵。道覆聞毅上，馳使報循曰：「毅兵衆甚盛，成敗事係之於此，宜并力摧之。若此克捷，天下無復事矣。根本既定，不憂上面不平也。」循卽日發巴陵，與道覆連旗而下。別有八艚艦九枚，起四層，高十二丈。公以南藩覆沒，表送章綬，詔不聽。五月，劉毅敗績于桑落洲，棄船步走，餘衆不得去者，皆爲賊所擒。

初循至尋陽，聞公已還，不信也。既破毅，乃審凱入之問，並相視失色。循欲退還尋陽，進平江陵，據二州以抗朝廷。道覆謂宜乘勝徑進，固爭之。疑議多日，乃見從。

毅敗問至，內外洶擾。于時北師始還，多創痍疾病。京師戰士，不盈數千。賊既破江、豫二鎮，戰士十餘萬，舟車百里不絕。奔敗還者，並聲其雄盛。孟昶、諸葛長民懼寇漸逼，欲擁天子過江，公不聽，昶固請不止。公曰：「今重鎮外傾，强寇內逼，人情危駭，莫有固志。若一旦遷動，便自瓦解土崩，江北亦豈可得至！設令得至，不過延日月耳。今兵士雖少，自足以一戰。若其克濟，則臣主同休；苟厄運必至，我當以死衞社稷，橫尸廟門，遂其由來以身許國之志，不能遠竄於草間求活也。我計決矣，卿勿復言！」昶恐其不濟，乃爲表曰：「臣裕北討，衆並不同，唯臣贊裕行計，致使强賊乘間，社稷危逼，臣之罪也。今謹引分以謝天下。」封表畢，乃仰藥而死。

於是大開賞募，投身赴義者，一同登京城之科。發居民治石頭城，建牙戒嚴。時議者謂宜分兵守諸津要。公以爲：「賊衆我寡，若分兵屯，則人測虛實。且一處失利，則沮三軍之心。今聚衆石頭，隨宜應赴，既令賊無以測多少，又於衆力不分。若徒旅轉集，徐更論之耳。」移屯石頭，乃柵淮斷查浦。既而羣賊大至，公策之曰：「賊若於新亭直進，其鋒不可當，宜且回避，勝負之事，未可量也。若回泊西岸，此成擒耳。」

道覆欲自新亭、白石焚舟而上。循多疑少決，每欲以萬全爲慮，謂道覆曰：「大軍未至，孟昶便望風自裁，大勢言之，自當計日潰亂。今決勝負於一朝，既非必定之道，且殺傷士卒，不如按兵待之。」公于時登石頭城以望循軍，初見引向新亭，公顧左右失色。既而回泊蔡洲。道覆猶欲上，循禁之。自是衆軍轉集，修治越城，築查浦、藥園、廷尉三壘，皆守以實衆。冠軍將軍劉敬宣屯北郊，輔國將軍孟懷玉屯丹陽郡西，建武將軍王仲德屯越城，廣武將軍劉懷默屯建陽門外。[二六]使寧朔將軍索邈領鮮卑具裝虎班突騎千餘匹，皆被練五色，自淮北至于新亭。賊並聚觀，咸畏憚之；然猶冀京邑及三吳有應之者。遣十餘艦來拔石頭柵，公命神弩射之，發輒摧陷，循乃止不復攻柵。設伏兵於南岸，使羸老悉乘舟艦向白石。公憂其從白石步上，乃率劉毅、諸葛長民北出拒之，留參軍徐赤特戍南岸，命堅守勿動。公既去，賊焚查浦步上，赤特軍戰敗，死沒有百餘人。赤特棄餘衆，單舸濟淮。賊遂率數萬屯丹陽郡。公率諸軍馳歸。衆憂賊過，咸謂公當徑還拒戰。公先分軍還石頭，衆莫之曉。解甲息士，洗浴飲食之，乃出列陳於南塘。以赤特違處分，斬之。命參軍褚叔度、朱齡石率勁勇千餘人過淮。[二七]羣賊數千，皆長刀矛鋋，精甲曜日，奮躍爭進。齡石所領多鮮卑，善步矟，並結陳以待之。賊短兵弗能抗，死傷者數百人，乃退走。會日莫，衆亦歸。

劉毅之敗，豫州主簿袁興國反叛，據歷陽以應賊。琅邪內史魏順之遣將謝寶討斬之。

興國司馬襲寶，順之不救而退，公怒斬之。順之，詠之之弟也。於是功臣震懾，莫敢不用命。

六月，更授公太尉、中書監，加黃鉞。受黃鉞，餘固辭。以司馬庾悅爲建威將軍、江州刺史，自東陽出豫章。

七月庚申，羣賊自蔡洲南走，還屯尋陽。遣輔國將軍王仲德、廣川太守劉鍾、河間太守蒯恩追之。公還東府，大治水軍，皆大艦重樓，高者十餘丈。盧循遣其大將荀林寇江陵，〔二八〕桓謙先於江陵奔羌，又自羌入蜀，僞主譙縱以爲荊州刺史。謙及譙道福率軍二萬，出寇江陵，適與林會，相去百餘里。荊州刺史道規斬謙于枝江，破林於江津，追至竹町斬之。

初循之走也，公知其必寇江陵，登遣淮陵內史索邈領馬軍步道援荊州。又遣建威將軍孫季高率衆三千，自海道襲番禺。江州刺史庾悅至五畝嶠，賊遣千餘人據斷嶠道，悅前驅鄱陽太守虞丘進攻破之。公治兵大辦。十月，率兗州刺史劉藩、寧朔將軍檀韶等舟師南伐。以後將軍劉毅監太尉留守府，後事皆委焉。

是月，徐道覆率衆三萬寇江陵。荊州刺史道規又大破之，斬首萬餘級，道覆走還盆口。初公之遣索邈也，邈在道爲賊所斷，道覆敗後方達。自循東下，江陵斷絕京邑之問，傳者皆云已沒。及邈至，方知循走。

循初自蔡洲南走，留其親黨范崇民五千人，高艦百餘，戍南陵。王仲德等聞大軍且至，乃進攻之。十一月，大破崇民軍，焚其舟艦，收其散卒。

循廣州守兵，不以海道爲防。是月，建威將軍孫季高乘海奄至，而城池峻整，兵猶數千。季高焚賊舟艦，悉力而上，四面攻之，卽日屠其城。循父以輕舟奔始興。季高撫其舊民，戮其親黨，勤兵謹守。初公之遣季高也，衆咸以海道艱遠，必至爲難；且分撤見力，二三非要。公不從。敕季高曰：「大軍十二月之交，必破妖虜。卿今時當至廣州，傾其巢窟，令賊奔走之日，無所歸投。」季高受命而行，如期剋捷。

循方治兵旅舟艦，設諸攻備。公欲御以長算，乃屯軍雷池。賊揚聲不攻雷池，當乘流逕下。公知其欲戰，且慮賊戰敗，或於京江入海，遣王仲德以水艦二百於吉陽下斷之。十二月，循、道覆率衆數萬，方艦而下，前後相抗，莫見舳艫之際。公悉出輕利鬬艦，躬提幡鼓，命衆軍齊力擊之。又上步騎於西岸。右軍參軍庾樂生乘艦不進，斬而徇之。於是衆軍並踊騰爭先。軍中多萬鈞神弩，所至莫不摧陷。公中流蹙之，因風水之勢，賊艦悉泊西岸。岸上軍先備火具，〔二九〕乃投火焚之，煙燄張天，賊衆大敗，追奔至夜乃歸。循等還尋陽。初分遣步軍，莫不疑怪，及燒賊艦，衆乃悅服。召王仲德，請還爲前驅。留輔國將軍孟懷玉守雷池。循聞大軍上，欲走向豫章，乃悉力柵斷左里。大軍至左里，將戰，公所執麾竿折，折幡沈水，衆並怪懼。公歡笑曰：「往年覆舟之戰，幡竿亦折，今者復然，賊必破矣。」卽攻柵而進。循兵雖殊死戰，弗能禁。諸軍乘勝奔之，循單舸走。所殺及投水死，凡萬餘人。納其降附，宥其逼略。遣劉藩、孟懷玉輕軍追之。循收散卒，尚有數千人，逕還廣州。道覆還保始興。公旋自左里。天子遣侍中、黃門勞師于行所。

校勘記

〔一〕彭城縣綏輿里人　各本並奪去「輿」字。御覽一二八引徐爰宋書作「彭城綏輿里人」。符瑞志中附會祥瑞，云：「元嘉二十一年，甘露降彭城綏輿里」。南史亦有「輿」字。今據補。

〔二〕恩以彭排自載　「彭排」各本並作「鼓排」。御覽三五七引晉安帝紀作「彭排」，今據改。王鎮惡傳亦有「見軍人擔彭排戰具」語，釋名：「彭排，彭，旁也。在旁排敵禦攻也。」

〔三〕領水軍追討至鬱洲　「討」各本作「罰」，據元龜一八四改。通鑑亦作「討孫恩於鬱洲」。

〔四〕高祖與牢之甥東海何無忌並固諫不從　「諫」各本並作「請」，據南史改。

〔五〕憑之從子韶韶弟祗隆道濟　各本不疊「韶」字，又「道濟」上有「與叔」二字。孫虨宋書考論云：「祗、隆、道濟並韶弟，依文義當疊『韶』字。」今據孫說補。張熷讀史舉正云：「韶、祗、道濟並兄弟，此云『與叔』，誤。」今據張說刪。

〔六〕東莞臧熹　「熹」各本並作「喜」，據臧質傳改。

〔七〕既而嫌邁不執安穆使得逃去　「嫌」各本並作「廉」，據通鑑晉安帝元興三年改。

〔八〕玄又遣武騎將軍庾禕之　晉書桓玄傳作「武衞將軍庾頤之」。

〔九〕立留臺官　三朝本、毛本作「立留臺官」。北監本、殿本、局本作「立留臺總百官」。通鑑作「立留臺百官」。按時晉安帝尚在尋陽，故建康稱留臺。據下文衆欲推劉裕領揚州，裕固辭，則此時劉裕必無總百官之事。以此知作「總百官」者，誤。

〔一〇〕尚書王嘏率百官奉迎乘輿　「王嘏」各本並作「王假」，據南史及通鑑改。晉書王導傳：「嗣孫嘏，歷領軍、尚書。」

〔一一〕領軍將軍徐州刺史　御覽一二八引徐爰宋書、魏書島夷劉裕傳、建康實錄並作「鎮軍將軍」。孫虨宋書考論云：「領軍與都督刺史異職，晉書及宋本紀同卷後進位侍中詔皆作『鎮軍將軍』，則都督刺史加號也。當從之。然高祖時蓋兼領軍，南史書領軍在徐州刺史下。」

〔一二〕由是王謐等諸人時失民望　「時失民望」，北監本、殿本作「時衆民望」。三朝本、毛本、局本作「時失民望」。李慈銘宋書札記云：「當作時失人望」。今從三朝本、毛本、局本。

〔一三〕光祿勳卞承之　「卞承之」各本並作「丁承之」。據晉書桓玄傳改。按通鑑晉安帝義熙三年殺殷仲文時，並誅卞承之，蓋卽其人。

〔一四〕桓玄兄子歆　「兄子歆」各本並作「兒子韶」。據通鑑晉安帝元興三年改。

〔一五〕道規破玄大將郭銓等于桑落洲　「郭銓」各本作「郯鈐」，舊本臨川王道規傳（新本已改正）及御覽一二八引徐爰宋書作「郭鈐」，本書劉懷肅傳及晉書桓玄傳、通鑑作「郭銓」。按作「郭銓」是，今改正。

〔一六〕衆軍下擊大破之　「衆軍」各本並作「衆驚」，據元龜一八四改。

〔一七〕璩弟子脩之時爲玄屯騎校尉　「脩之」各本並譌「循之」，據南史及通鑑改。

〔一八〕玄從子振逃於華容之涌中　「涌中」各本作「浦中」，據南史及晉書桓彝傳曾孫振附傳改。按杜預左傳莊十八年注：「涌水在南郡華容縣。」水經江水注：「江水又東，涌水注之。水自夏水南通於江，謂之涌口。」

〔一九〕輒申攝衆軍先上　「申」字三朝本空白，各本作「輒攝衆軍」，不空白。今據元龜一八四補。

〔二〇〕制路日直植城　句有譌。

〔二一〕鮮卑貪　南史作「鮮卑性貪」。通鑑作「鮮卑貪婪」。

〔二二〕乃升綱於樓車　「樓車」各本並作「樓上」，據通鑑改。

〔二三〕十月自河北歸順　各本並無「自」字。通鑑晉義熙五年作「段宏自魏奔於裕」。孫虨宋書考論云：「河北上當有自字。」按孫說是，今補。

〔二四〕殺其王公以下　「王公」各本作「亡命」，據南史、元龜一八四、通鑑晉安帝義熙六年改。

〔二五〕今方頓兵堅城之下　「頓」各本並作「領」，據建康實錄、通鑑晉安帝義熙六年改。

〔二六〕廣武將軍劉懷默屯建陽門外　「劉懷默」各本並作「劉默」，據晉書安帝紀、建康實錄補。懷默見劉懷愼傳。

〔二七〕命參軍褚叔度朱齡石率勁勇千餘人過淮　「褚叔度」各本並譌「諸葛叔度」。據通典兵典改。又見本書褚叔度傳，時爲中軍諮議參軍。

〔二八〕盧循遣其大將荀林寇江陵　臨川王道規傳作「荀林」。晉書姚興載記及通鑑作「荀林」。今本書一律作「荀林」。

〔二九〕岸上軍先備火具　各本並奪「岸」字，據南史、通典兵典、通鑑晉安帝義熙六年補。

宋書卷二

本紀第二

武帝中

七年正月己未，振旅于京師。改授大將軍、揚州牧，給班劒二十人，本官悉如故，固辭。凡南北征伐戰亡者，並列上賻贈。尸喪未反，遣主帥迎接，致還本土。

二月，盧循至番禺，爲孫季高所破，收餘衆南走。劉藩、孟懷玉斬徐道覆于始興。晉自中興以來，治綱大弛，權門幷兼，强弱相凌，百姓流離，不得保其產業。桓玄頗欲釐改，竟不能行。公既作輔，大示軌則，豪强肅然，遠近知禁。至是會稽餘姚虞亮復藏匿亡命千餘人。公誅亮，免會稽內史司馬休之。

天子又申前命，公固辭。於是改授太尉、中書監，乃受命。奉送黃鉞，解冀州。交州刺史杜慧度斬盧循，傳首京師。

先是諸州郡所遣秀才、孝廉，多非其人，公表天子，申明舊制，依舊策試。

征西將軍、荆州刺史道規疾患求歸，八年四月，改授豫州刺史，以後將軍、豫州刺史劉毅代之。毅與公俱舉大義，興復晉室，自謂京城、廣陵，功業足以相抗。雖權事推公，而心不服也。毅既有雄才大志，厚自矜許，朝士素望者多歸之。與尚書僕射謝混、丹陽尹郗僧施並深相結。及西鎭江陵，豫州舊府，多割以自隨，請僧施爲南蠻校尉。既知毅不能居下，終爲異端，密圖之。毅至西，稱疾篤，表求從弟兗州刺史藩以爲副貳，僞許焉。九月，藩入朝，公命收藩及謝混，並於獄賜死。自表討毅。又假黃鉞，率諸軍西征。以前鎭軍將軍司馬休之爲平西將軍、荆州刺史，兗州刺史道憐鎭丹徒，豫州刺史諸葛長民監太尉留府事，加太尉司馬、丹陽尹劉穆之建威將軍，配以實力。壬午，發自京師。遣參軍王鎭惡、龍驤將軍蒯恩前襲江陵。十月，鎭惡剋江陵，毅及黨與皆伏誅。

十一月己卯，公至江陵，下書曰：

夫去弊拯民，必存簡恕，捨網修綱，雖煩易理。江、荆凋殘，刑政多闕，頃年事故，綏撫未週。遂令百姓疲匱，歲月滋甚，財傷役困，慮不幸生。凋殘之餘，而不減舊，刻剝徵求，不循政道。宰莅之司，或非良幹，未能菲躬儉，〔一〕苟求盈給，積習生常，漸不知改。

近因戎役，來涉二州，踐境親民，愈見其瘼，思欲振其所急，卹其所苦。凡租稅調役，悉宜以見戶爲正。州郡縣屯田池塞，諸非軍國所資，利入守宰者，今一切除之。州郡縣吏，皆依尚書定制實戶置。臺調癸卯梓材，庚子皮毛，可悉停省，別量所出。巴陵均折度支，依舊兵運。原五歲刑已下。凡所質錄賊家餘口，亦悉原放。

以荆州十郡爲湘州，公乃進督。〔三〕以西陽太守朱齡石爲益州刺史，率衆伐蜀。進公太傅、揚州牧，加羽葆鼓吹，班劍二十人。

九年二月乙丑，公至自江陵。初，諸葛長民貪淫驕橫，爲士民所患苦，公以其同大義，優容之。劉毅既誅，長民謂所親曰：「昔年醢彭越，今年誅韓信，禍其至矣。」將謀作亂。公克期至京邑，而每淹留不進。公卿以下頻日奉候於新亭，長民亦驟出。既而公輕舟密至，已還東府矣。長民到門，引前，卻人閑語，凡平生於長民所不盡者，皆與及之。長民甚說。已密命左右壯士丁旿等自幔後出，於坐拉焉。長民墜牀，又於地毆之，死於牀側。輿尸付廷尉。幷誅其弟黎民。旿驍勇有氣力，時人爲之語曰：「勿跋扈，付丁旿。」

先是山湖川澤，皆爲豪强所專，小民薪採漁釣，皆責稅直，至是禁斷之。時民居未一，公表曰：

臣聞先王制治，九土攸序，分境畫疆，各安其居。在昔盛世，人無遷業，故井田之

制，三代以隆。秦革斯政，漢遂不改，富强兼幷，於是爲弊。然九服弗擾，所託成舊，在漢西京，大遷田、景之族，以實關中，卽以三輔爲鄉閭，不復係之於齊、楚。自永嘉播越，爰託淮、海，朝有匡復之算，民懷思本之心，經略之圖，日不暇給。是以寧民綏治，猶有未遑。及至大司馬桓溫，以民無定本，傷治爲深，庚戌土斷，以一其業。于時財阜國豐，實由於此。自茲迄今，彌歷年載，畫一之制，漸用頽弛。雜居流寓，閭伍弗修，王化所以未純，民瘼所以猶在。

臣荷重任，恥責實深，自非改調解張，無以濟治。夫人情滯常，難與慮始，所謂父母之邦以爲桑梓者，誠以生焉終焉，敬愛所託耳。今所居累世，墳壟成行，敬恭之誠，豈不與事而至。請準庚戌土斷之科，庶子本所弘，稍與事著。然後率之以仁義，鼓之以威武，超大江而跨黃河，撫九州而復舊土，則戀本之志，乃速申於當年，〔四〕在始暫勤，要終所以能易。

伏惟陛下，垂矜萬民，憐其所失，永懷鴻雁之詩，思隆中興之業。既委臣以國重，期臣以寧濟，若所啓合允，請付外施行。

於是依界土斷，唯徐、兗、青三州居晉陵者，不在斷例。諸流寓郡縣，多被併省。以公領鎮西將軍、豫州刺史。公固讓太傅、州牧及班劍，奉還黃鉞。

七月，朱齡石平蜀，斬僞蜀王譙縱，傳首京師。

九月，封公次子義眞爲桂陽縣公，以賞平齊及定盧循也。天子重申前命，授公太傅、揚州牧，加羽葆、鼓吹、班劍二十人。將吏百餘敦勸，乃受羽葆、鼓吹、班劍，餘固辭。

十年，息民簡役。築東府，起府舍。

平西將軍、荆州刺史司馬休之，宗室之重，又得江漢人心，公疑其有異志，而休之兄子譙王文思在京師，招集輕俠，公執文思送還休之，令自爲其所。休之表廢文思，幷與公書陳謝。十一年正月，公收休之子文寶、兄子文祖，並於獄賜死，率衆軍西討。復加黃鉞，〔五〕領荆州刺史。辛巳，發京師，以中軍將軍道憐監留府事。休之上表自陳曰：

臣聞運不常一，治亂代有，陽九既謝，圮終則泰。昔篡臣肆逆，皇綱絕紐，卜世未改，〔六〕鼎祚再隆。太尉臣裕威武明斷，首建義旗，除蕩元凶，皇居反正。布衣匹夫，匡復社稷，南剿盧循，北定廣固，千載以來，功無與等。由是四海歸美，朝野推崇。既位窮台牧，權傾人主，不能以道處功，恃寵驕溢。自以酬賞既極，便情在無上，刑戮逆濫，政用暴苛。問鼎之迹日彰，人臣之禮頓缺。陛下四時膳御，觸事縣空，宮省供奉，十不一在。皇后寢疾之際，湯藥不周，手與家書，多所求告。皆是朝士共所聞見，莫不傷懷憤歎，口不敢言。前揚州刺史元顯第五息法興，桓玄之釁，逃遠於外，王路既開，始得

歸本。太傅之胤，絕而復興，凡在有懷，誰不感慶。裕呑噬之心，不避輕重，以法興聰敏明慧，必爲民望所歸，芳蘭既茂，內懷憎惡，乃妄扇異言，無罪卽戮。大司馬臣德文及王妃公主，情計切逼，並狼狽請命。逆肆禍毒，誓不矜許，冤酷之痛，感動行路。自以地卑位重，荷恩崇大，乃以庶孽與德文嫡婚，致茲非偶，實由威逼。故衞將軍劉毅、右將軍劉藩、前將軍諸葛長民、尚書僕射謝混、南蠻校尉郗僧施，或盛勳德胤，令望在身，皆社稷輔弼，協讚所寄，無罪無辜，一旦夷滅。猜忍之性，終古所希。

臣自惟門戶衰破，賴之獲存，皇家所重，終古難匹。是以公私歸馮，事盡祇順。再授荆州，輒苦陳告，自以才弱位隆，不宜久苟分陝，屢求解任，必不見聽。前經攜侍老母，半家俱西，凡諸子姪，悉留京輦。臣兄子譙王文思，雖年少常人，粗免咎悔，性好交遊，未知防遠，羣醜交構，爲其風聲。裕遂翦戮人士，遠送文思。臣順其此旨，表送章節，請廢文思，改襲大宗，遣息文寶送女東歸。自謂推誠奉順，理不過此。豈意裕苞藏禍心，遂見討伐，加惡文思，構生罪釁。羣小之言，遠近噂𠴲，而臣純愚，闇信必謂不然。尋臣府司馬張茂度狼狽東歸，南平太守檀範之復以此月三日委郡叛逆，尋有審問，東軍已上。裕今此舉，非有怨憎，正以臣王室之幹，位居藩岳，時賢既盡，唯臣獨存，規以翦滅，成其篡殺。鎮北將軍臣宗之、青州刺史臣敬宣，並是裕所深忌憚，欲以

次除蕩，然後傾移天日，於事可易。

今荆、雍義徒，不召而集，子來之衆，其會如林。豈臣無德所能綏致，蓋七廟之靈，理貫幽顯。輒授文思振武將軍、南郡太守，宗之子竟陵太守魯軌進號輔國將軍。臣今與宗之親御大衆，出據江津，案甲抗威，隨宜應赴。今絳旗所指，唯裕兄弟父子而已。須剋蕩寇逆，尋續馳聞。由臣輕弱，致裕凌橫，上慚俯愧，無以厝顏。

休之府錄事參軍韓延之，故吏也，有幹用才能。公未至江陵，密使與之書曰：「文思事源，遠近所知，去秋遣康之送還司馬君者，〔六〕推至公之極也。而了不遜愧，又無表疏。文思經正不反，此是天地之不容。吾受命西討，止其父子而已。彼土僑舊，爲所驅逼，一無所問。往年郗僧施、謝邵、任集之等，交構積歲，專爲劉毅謀主，所以至此。卿等諸人，一時逼迫，本無纖釁。吾處懷期物，自有由來。今在近路，正是諸人歸身之日。若大軍登道，交鋒接刃，蘭艾吾誠不分。故具示意，并示同懷諸人。」延之報曰：

承親率戎馬，遠履西畿，闔境士庶，莫不惶駭。何者？莫知師出之名故也。今辱來疏，始知以譙王前事，良增歎息。司馬平西體國忠貞，款愛待物，當於古人中求耳。以君公有匡復之勳，家國蒙賴，推德委誠，每事詢仰。譙王往以微事見劾，猶自表遜位；況以大過而當默然邪。但康之前言有所不盡，故重使胡道諮白所懷。道未及反，已奏

表廢之，所不盡者命耳。推寄相與之懷，正當如此？有何不可，便興兵戈。自義旗秉權以來，四方方伯，誰敢不先相諮疇，而逕表天子邪。譙王爲宰相所責，又表廢之，經正何歸，表使何因，可謂「欲加之罪，其無辭乎」！

劉裕足下，海內之人，誰不見足下此心，而復欲欺誑國士！天地所不容，在彼不在此矣。來示言「處懷期物，自有由來」。今伐人之君，啗人以利，眞可謂「處懷期物，自有由來」者矣。劉藩死於閶闔之內，諸葛鷩於左右之手，甘言詫方伯，襲之以輕兵，遂使席上靡款懷之士，閫外無自信諸侯，以是爲得算，良可恥也。貴府將佐及朝廷賢德，寄性命以過日，心企太平久矣。吾誠鄙劣，嘗聞道於君子。以平西之至德，寧可無授命之臣乎！未能自投虎口，比迹郗、任之徒明矣。假令天長喪亂，九流渾濁，當與臧洪遊於地下，不復多言。

公視書歎息，以示諸佐曰：「事人當如此。」

三月，軍次江陵。初雍州刺史魯宗之常慮不爲公所容，與休之相結，至是率其子竟陵太守軌會于江陵。江夏太守劉虔之邀之，軍敗見殺。公命彭城內史徐逵之、參軍王允之出江夏口，復爲軌所敗，並沒。時公軍泊馬頭，卽日率衆軍濟江，躬督諸將登岸，莫不奮踊爭先。休之衆潰，與軌等奔襄陽，江陵平。加領南蠻校尉。

將拜，值四廢日，佐史鄭鮮之、褚叔度、王弘、傅亮白遷日，不許。下書曰：「此州積弊，事故相仍，民疲田蕪，杼軸空匱。加以舊章乖昧，事役頻苦，童耄奪養，老稚服戎，空戶從役，或越紼應召。每永懷民瘼，宵分忘寢，誠宜蠲除苛政，弘茲簡惠。庶令凋風弊政，與事而新，寧一之化，成於朞月。荆、雍二州，西局、蠻府吏及軍人年十二以還，六十以上，及扶養孤幼，單丁大艱，悉仰遣之。窮獨不能存者，給其長賑。府州久勤將吏，依勞銓序。并除今年租稅。」

四月，公復率衆進討，至襄陽，休之奔羌。天子復重申前命，授太傅、揚州牧，劍履上殿，入朝不趨，贊拜不名，加前部羽葆、鼓吹，置左右長史、司馬、從事中郎四人。封公第三子義隆爲北彭城縣公。以中軍將軍道憐爲荆州刺史。

八月甲子，公至自江陵，奉還黄鉞，固辭太傅、州牧、前部羽葆、鼓吹，其餘受命。朝議以公道尊勳重，不宜復施敬護軍，既加殊禮，奏事不復稱名。以世子爲兗州刺史。

十二年正月，詔公依舊辟士。加領平北將軍、兗州刺史。增都督南秦，凡二十二州。公以平北文武寡少，不宜別置。於是罷平北府，以併大府。以世子爲豫州刺史。三月，加公中外大都督。

初公平齊，仍有定關、洛之意，值盧循侵逼，故其事不諧。荆、雍既平，方謀外略。會羌

主姚興死，子泓立，兄弟相殺，關中擾亂，公乃戒嚴北討。加領征西將軍、司、豫二州刺史。以世子爲徐、兗二州刺史。下書曰：「吾倡大義，首自本州，克復皇祚，遂建勳烈，外夷勍敵，內清姦軌，皆邦人州黨竭誠盡力之效也。情若風霜，義貫金石。今當奉辭西旆，有事關、河，弱嗣叨蒙，復忝今授，情事纏綿，可謂深矣。頃軍國務殷，刑辟未息，眷言懷之，能不多歎。其犯罪繫五歲以還，可一原遣。文武勞滿未蒙榮轉者，便隨班序報。」

公受中外都督及司州，並辭大司馬琅邪王禮敬，朝議從之。公欲以義聲懷遠，奉琅邪王北伐。五月，羌僞黄門侍郎尹沖率兄弟歸順。又加公北雍州刺史，前部羽葆、鼓吹，增班劍爲四十人。解中書監。八月丁巳，率大衆發京師。以世子爲中軍將軍，監太尉留府事。尚書右僕射劉穆之爲左僕射，領監軍、中軍二府軍司，入居東府，總攝內外。九月，公次于彭城，加領徐州刺史。

先是遣冠軍將軍檀道濟、龍驤將軍王鎮惡步向許、洛，羌緣道屯守，皆望風降服。僞兗州刺史韋華先據倉垣，亦率衆歸順。公又遣北兗州刺史王仲德先以水軍入河。仲德破索虜於東郡涼城，進平滑臺。十月，衆軍至洛陽，圍金墉。泓弟僞平南將軍洸請降，送于京師。修復晉五陵，置守衛。

天子詔曰：

夫嵩、岱配極，則乾道增輝，藩嶽作屏，則帝王成務。是以夏、殷資昆、彭之伯，有周倚齊、晉之輔。鑒諸前典，儀刑萬代，翼治扶危，靡不由此。

太尉公命世天縱，齊聖廣淵，明燭四方，道光宇宙。爰自□□初迪，則投懃王國，妖蠻孔熾，則功存社稷。固以四維是荷，萬邦攸賴者矣。暨桓玄僭逆，傾蕩四海，公深秉大節，靈武霆震，弘濟朕躬，再造王室。每惟勳德，銘于厥心，遂北清海、岱，南夷百越，荆、雍稽服，庸、岷順軌，剋黜方難，式遏寇虐。及阿衡王猷，班序內外，仰興絕風，傍嗣逸業。秉禮以整俗，遵王以垂訓，聲教遠被，無思不洽。爰暨木居海處之酋，被髮彫題之長，莫不忘其陋險，九譯來庭，此蓋播諸徽策，靡究其詳者也。曩者永嘉不綱，諸夏幅裂，終古帝居，淪胥戎虜，永言園陵，率土同慕。公明發遐慨，撫機電征，親董侯伯，稜威致討。旗旝首塗，則八表響震；偏師先路，則多壘雲徹。舊都載清，五陵復禮，百城屈膝，千落影從。自篇籍所載，生民以來，勳德懋功，未有若此之盛者也。

昔周、呂佐叡聖之主，因三分之形，把旄仗鉞，一時指麾，皆大啓疆宇，跨州兼國。其在桓、文，方茲尤儉，然亦顯被寵章，光錫殊品。況乃獨絕百代，顧邈前烈者哉！朕每弘鑒古訓，思遵令圖。以公深秉沖挹，用闕大禮，天人引領，于茲歷載。況今禹迹齊軌，九隩同文，司勳抗策，普天增佇。遂公高挹，大愆國章，三靈眷屬，朕實祇懼。便宜

顯答羣望，允崇盛典。其進位相國，總百揆，揚州牧，封十郡爲宋公，備九錫之禮，加璽綬、遠遊冠，位在諸侯王上，加相國綠綟綬。

策曰：

朕以寡昧，仰贊洪基，夷羿乘釁，蕩覆王室，越在南鄙，遷于九江。宗祀絕饗，人神無位，提挈羣凶，寄命江滸。則我祖宗之業，奄墜于地，七百之祚，翦焉既傾，若涉淵海，罔知攸濟。天未絕晉，誕育英輔，振厥弛維，再造區宇，興亡繼絕，俾昏作明。元勳至德，朕實賴焉。今將授公典策，其敬聽朕命：

乃者桓玄肆僭，滔天泯夏，拔本塞源，顛倒六位，庶僚侻眉，四方莫卹。公精貫朝日，氣凌霄漢，奮其靈武，大殲羣慝，剋復皇邑，奉帝歆神。此公之大節，〔七〕始於勤王者也。授律羣后，泝流長騖，薄伐峥嶸，獻捷南郢，大憝折首，羣逆畢夷，三光旋采，舊物反正。此又公之功也。出藩入輔，弘茲保弼，阜財利用，繁殖生民，編戶歲滋，疆宇日啓，導德明刑，四境有截。此又公之功也。鮮卑負衆，僭盜三齊，狼噬冀、青，虔劉沂、岱，介恃遐阻，仍爲邊毒。公蒐乘秣駟，夐入遠疆，銜櫓四臨，萬雉俱潰，竊號之虜，顯戮司寇，拓土三千，申威龍漠。此又公之功也。盧循妖凶，伺隙五嶺，乘虛肆逆，侵覆江、豫，旍拂寰內，矢及王城，朝野喪沮，莫有固志，家獻徙卜之計，國議遷都之規。公乘轅南濟，義形于色，凝然內湛，覘嶮若夷，攄略運奇，英謨不世，狡寇窮衂，喪旗宵遁，俾我畿甸，拯於將墜。此又公之功也。追奔逐北，揚旍江濆，偏旅浮海，指日遄至。番禺之功，俘級萬數，左里之捷，魚潰鳥散。元凶遠迸，傳首萬里，海南肅清，荒服來款。此又公之功也。劉毅叛換，負釁西夏，凌上罔主，志肆姦暴，附麗協黨，扇蕩王畿。公御軌以刑，消之不日，倉兕電泝，神兵風掃，罪人斯得，荆、衡清晏。此又公之功也。譙縱怙亂，寇竊一隅，王化阻閡，三巴淪溺。公指命偏師，授以良圖，凌波浮湍，致屆井絡，僭豎伏鑕，梁、岷草偃。此又公之功也。馬休、魯宗，阻兵內侮，驅率二方，連旗稱亂。公投袂星言，研其上略，江津之師，勢踰風電，迴旆沔川，實繁震懾，二叛奔迸，荆、雍來蘇，玄澤浸育，溫風潛被。此又公之功也。永嘉不競，四夷擅華，五都幅裂，山陵幽辱，祖宗懷沒世之憤，遺氓有匪風之思。公遠齊伊宰納隍之仁，近同小白滅亡之恥，鞠旅陳師，赫然大號，分命羣帥，北徇司、兗。許、鄭風靡，鞏、洛載清，僞牧逆藩，交臂請罪，百年榛穢，一朝掃滌。〔八〕此又公之功也。

公有康宇內之勳，重之以明德。爰初發迹，則奇謨冠古，電擊强妖，則鋒無前對，聿寧東畿，大造黔首。若乃草昧經綸，化融於歲計，扶危靜亂，道固於苞桑。辯方正位，納之軌度，蠲削煩苛，較若畫一，淳風美化，盈塞宇宙。是以絕域獻琛，遐夷納貢，

王略所宣，九服率從。雖文命之東漸西被，咎繇之邁于種德，何以尚茲。朕聞先王之宰世也，庸勳尊賢，建侯胙土，褒以寵章，崇其徽物，所以協輔皇家，永隆藩屏。故曲阜光啓，遂荒徐宅，營丘表海，四履有聞。其在襄王，亦賴匡霸，又命晉文，備物光錫。惟公道冠前烈，勳高振古，而殊典未加，朕甚懵焉。今進授相國，以徐州之彭城沛蘭陵下邳淮陽山陽廣陵、兗州之高平魯泰山十郡，封公爲宋公。錫茲玄土，苴以白茅，爰定爾居，用建家社。昔晉、鄭啓藩，入作卿士，周、邵保傅，出總二南，內外之重，公實兼之。今命使持節、兼太尉、尚書左僕射、晉寧縣五等男湛授相國印綬，〔九〕宋公璽紱；使持節、兼司空、散騎常侍、尚書、陽遂鄉侯泰授宋公茅土，金虎符第一至第五左，〔一〇〕竹使符第一至第十左。相國位無不總，禮絕朝班，居常之名，宜與事革。其以相國總百揆，〔一一〕去「錄尚書」之號。上送所假節、侍中貂蟬、中外都督太傅太尉印綬，〔一二〕豫章公印策。進揚州牧，領征西將軍、司豫北徐雍四州刺史如故。

公紀綱禮度，萬國是式，乘介蹈方，罔有遷志。是以錫公大輅、戎輅各一，玄牡二駟。公抑末敦本，務農重積，采蘩實殷，稼穡惟阜。是用錫公衮冕之服，赤舄副焉。公閑邪納正，移風改俗，陶鈞品物，如樂之和。是用錫公軒縣之樂，六佾之舞。公宣美王化，導揚休風，華夷企踵，遠人胥萃。是用錫公朱戶以居。公官方任能，網羅幽滯，九

皋辭野，髦士盈朝。是用錫公納陛以登。公當軸處中，率下以義，式遏寇讎，清除苛慝。是用錫公虎賁之士三百人。公明罰恤刑，庶獄詳允，放命干紀，罔有攸縱。是用錫公鈇、鉞各一。公龍驤鳳矯，咫尺八紘，括囊四海，折衝無外。是用錫公彤弓一，彤矢百，盧弓十，盧矢千。公溫恭孝思，致虔禋祀，忠肅之志，儀刑萬方。是用錫公秬鬯一卣，圭瓚副焉。宋國置丞相以下，一遵舊儀。欽哉！其祗服往命，茂對天休，簡恤庶邦，敬敷顯德，以終我高祖之嘉命。

置宋國侍中、黃門侍郎、尚書左丞、郎，隨大使奉迎。[一三]

枹罕虜乞佛熾槃遣使詣公求効力討羌，拜平西將軍、河南公。

十三年正月，公以舟師進討，留彭城公義隆鎮彭城。軍次留城，經張良廟，令曰：「夫盛德不泯，義在祀典，微管之歎，撫事彌深。張子房道亞黃中，照隣殆庶，風雲玄感，[一四]蔚爲帝師，大拯橫流，夷項定漢，固以參軌伊、望，冠德如仁。若乃神交圯上，道契商洛，顯晦之間，窈然難究，源流淵浩，莫測其端矣。塗次舊沛，佇駕留城，靈廟荒殘，遺象陳昧，撫迹懷人，慨然永歎。過大梁者或佇想於夷門，遊九原者亦流連於隨會。可改構榱桷，修飾丹青，蘋蘩行潦，以時致薦。以紓懷古之情，用存不刊之烈。」天子追贈公祖爲太常，父爲左光祿大夫，讓不受。

二月，冠軍將軍檀道濟等次潼關。三月庚辰，大軍入河。索虜步騎十萬，營據河津。公命諸軍濟河擊破之。公至洛陽。七月，至陝城。龍驤將軍王鎮惡伐木爲舟，自河泝渭。八月，扶風太守沈田子大破姚泓於藍田。王鎮惡剋長安，生擒泓。九月，公至長安。長安豐全，帑藏盈積。公先收其彝器、渾儀、土圭之屬，獻于京師；其餘珍寶珠玉，以班賜將帥。執送姚泓，斬于建康市。謁漢高帝陵，大會文武於未央殿。

十月，天子詔曰：

朕聞先王之莅天下也，上則大寶以尊德，下則建侯以褒功。是以成勳告就，文命有玄圭之錫，四海來王，姬旦饗龜、蒙之封。夫翼聖宣績，輔德弘猷，禮窮元賞，寵章希世。況明保沖昧，獨運陶鈞者哉！

朕以不德，遭家多難，雲雷作屯，夷羿竊命，失位京邑，遂播蠻荆，艱難卑約，制命凶醜。相國宋公，天縱睿聖，命世應期，誠貫三靈，大節宏發。拯朕躬於巢幕，迴靈命於已崩，固已道窮北面，暉格八表者矣。及外積全國之勳，內累戡黎之伐，芟夷强妖之始，蘊崇姦猾之源，顯仁藏用之道，六府孔修之績，莫不雲行雨施，能事必舉，諒已方軌於三、五，不容於典策者焉。自永嘉喪師，綿踰十紀，五都分崩，然正朔時暨；唯三秦懸隔，未之暫賓。至令羌虜襲亂，淫虐三世，資百二之易守，恃函谷之可關，廟算韜略，不謀之日久矣。公命世撫運，闡曜威靈，內研諸侯之慮，外致上天之罰。故能倉兕甫訓，則許、鄭風偃，鉦鉞未指，則瀍、洛霧披。俾舊闕之陽，復集萬國之軫，東京父老，重覩司隸之章。俾朕負扆高拱，而保大洪烈。是用遠鑒前典，延卽羣謀，敬授殊錫，光啓疆宇。乘馬之制，有陋舊章；徽稱之美，未窮上爵。豈足以顯報懋功，允塞民望；藩輔王畿，長轡六合者乎。實以公每秉謙德，卑不可踰，難進之道，以寵爲戚。是故降損盛制，且有後命也。自茲迄今，洪勳彌劭，稜威九河，魏、趙底服，迴轅崤、潼，連城冰泮。遂長驅灞、滻，懸旆龍門，逆虜姚泓，係頸就擒。百稔梗穢，滌於崇朝；祖宗遺憤，雪於一旦。涉禹之迹，方行天下，至于海外，罔有不服。功固萬世，其寧惟永，豈金石雅頌所能讚揚，實可以告於神明，勒銘嵩、岱者已。

朕又聞之，周道方遠，則鸑鷟鳴岐，二南播德，則麟騶呈瑞。自公大號初發，爰暨告成，靈祥炳煥，不可勝紀，豈伊素雉遠至，嘉禾近歸而已哉！朕每仰鑒玄應，俯察人謀，進惟道勳，退惟國典，豈得遂公沖挹，而久蘊盛策。便宜敬行大禮，允副幽顯之望。其進宋公爵爲王，以徐州之海陵東安北琅邪北東莞北東海北譙北梁、豫州之汝南北潁川北南頓凡十郡，益宋國。其相國、揚州牧、領征西將軍、司豫北徐雍四州刺史如故。

十一月，前將軍劉穆之卒，以左司馬徐羨之代掌留任。大事昔所決於穆之者，皆悉以

諮。公欲息駕長安，經略趙、魏，會穆之卒，乃歸。十二月庚子，發自長安，以桂陽公義眞爲安西將軍、雍州刺史，留腹心將佐以輔之。閏月，公自洛入河，開汴渠以歸。

十四年正月壬戌，公至彭城，解嚴息甲。以輔國將軍劉遵考爲幷州刺史，領河東太守，鎮蒲坂。公解司州，領徐、冀二州刺史，固讓進爵。

六月，受相國宋公九錫之命。令曰：「孤以寡薄，負荷殊重，守位奉藩，危溢是懼。朝恩隆泰，委美推功，遂方軌齊、晉，擬議國典。雖亮誠守分，十稔于今，而成命弗迴，百辟胥暨內外庶僚，敦勉周至。籍運來之功，參休明之迹，乘菲薄之資，同盛德之事，監寐永言，未知攸託。隆祚之始，思覃斯慶。其赦國內殊死以下，今月二十三日昧爽以前，悉皆原宥。鰥寡孤獨不能自存者，人賜粟五斛。府州刑罪，亦同蕩然。其餘詳依舊準。」詔崇豫章公太夫人爲宋公太妃，世子中軍將軍，副貳相國府。以太尉軍諮祭酒孔季恭爲宋國尚書令，青州刺史檀祗爲領軍將軍，相國左長史王弘爲尚書僕射。其餘百官悉依天朝之制。又詔宋國所封十郡之外，悉得除用。

先是安西中兵參軍沈田子殺安西司馬王鎮惡，諸將軍復殺安西長史王脩。關中亂。十月，公遣右將軍朱齡石代安西將軍桂陽公義眞爲雍州刺史。義眞既還，爲佛佛虜所追，大敗，僅以身免。諸將帥及齡石並沒。領軍檀祗卒，以中軍司馬檀道濟爲中領軍。

十二月，天子崩，大司馬琅邪王卽帝位。

元熙元年正月，詔遣大使徵公入輔。又申前命，進公爵爲王。以徐州之海陵北東海北譙北梁、豫州之新蔡、兗州之北陳留、司州之陳郡汝南潁川滎陽十郡，增宋國。〔一三〕七月，乃受命，赦國內五歲刑以下。遷都壽陽。以尚書劉懷愼爲北徐州刺史，鎭彭城。九月，解揚州。

十二月，天子命王冕十有二旒，建天子旌旗，出警入蹕，乘金根車，駕六馬，備五時副車，置旄頭雲罕，樂舞八佾，設鍾虡宮縣。進王太妃爲太后，王妃爲王后，世子爲太子，王子、王孫爵命之號，一如舊儀。

二年四月，徵王入輔。六月，至京師。晉帝禪位于王，詔曰：

夫天造草昧，樹之司牧，所以陶鈞三極，統天施化。故大道之行，選賢與能，隆替無常期，禪代非一族，貫之百王，由來尙矣。晉道陵遲，仍世多故，爰曁元興，禍難旣積，至三光貿位，冠履易所，安皇播越，宗祀墮泯，則我宣、元之祚，永墜于地，顧瞻區域，巋焉已傾。相國宋王，天縱聖德，靈武秀世，一匡頹運，再造區夏，固以興滅繼絕，舟航淪溺矣。若夫仰在璿璣，旁穆七政，薄伐不庭，開復疆宇。遂乃三俘僞主，開滌五都，雕顏卉服之鄉，龍荒朔漠之長，莫不迴首朝陽，沐浴玄澤。故四靈効瑞，川岳啓圖，

嘉祥雜遝，休應炳著，玄象表革命之期，華裔注樂推之願。代德之符，著乎幽顯，瞻烏爰止，允集明哲，夫豈延康有歸，咸熙告謝而已哉！

昔火德旣微，魏祖底績，黃運不競，三后肆勤。故天之曆數，實有攸在。朕雖庸闇，昧於大道，永鑒廢興，爲日已久。念四代之高義，稽天人之至望，予其遜位別宮，歸禪于宋，一依唐虞、漢魏故事。

詔草旣成，送呈天子使書之，天子卽便操筆，謂左右曰：「桓玄之時，天命已改，重爲劉公所延，將二十載。今日之事，本所甘心。」甲子，策曰：

咨爾宋王：夫玄古權輿，悠哉邈矣，其詳靡得而聞。爰自書契，降逮三、五，莫不以上聖君四海，止戈定大業。然則帝王者，宰物之通器；君道者，天下之至公。昔在上葉，深鑒茲道，是以天祿旣終，唐、虞弗得傳其嗣，符命來格，舜、禹不獲全其謙。所以經緯三才，澄序彝化，作範振古，垂風萬葉，莫尙於茲。自是厥後，歷代彌劭，漢旣嗣德於放勛，魏亦方軌於重華。諒以協謀乎人鬼，而以百姓爲心者也。

昔我祖宗欽明，辰居其極，而明晦代序，盈虧有期。翦商兆禍，非唯一世，曾是弗兢，矧伊在今，天之所廢，有自來矣。惟王體上聖之姿，苞二儀之德，明齊日月，道合四時。乃者社稷傾覆，王拯而存之，中原蕪梗，又濟而復之。自負固不賓，干紀放命，肆逆滔天，竊據萬里。靡不潤之以風雨，震之以雷霆。九伐之道旣敷，八法之化自理。豈伊博施於民，濟斯黔庶；固以義洽四海，道威八荒者矣。至於上天垂象，四靈效徵，圖讖之文旣明，人神之望已改。百工歌於朝，庶民頌于野，億兆抃踊，傾佇惟新。自非百姓樂推，天命攸集，豈伊在予，所得獨專。是用仰祇皇靈，俯順羣議，敬禪神器，授帝位于爾躬。大祚告窮，天祿永終。於戲！王其允執其中，敬遵典訓，副率土之嘉願，恢洪業於無窮，時膺休祐，以答三靈之眷望。

又璽書曰：

蓋聞天生蒸民，樹之以君，帝皇寄世，實公四海，崇替係於勳德，升降存乎其人。故有國必亡，卜年著其數，代謝無常，聖哲握其符。昔在上世，三聖係軌，疇咨四嶽，以弘揖讓。惟先王之有作，永垂範於無窮。及劉氏致禪，實堯是法，有魏告終，亦憲茲典。我世祖所以撫歸運而順人事，乘利見而定天保者也。而道不常泰，戎夷亂華，喪我洛食，蹙國江表，仍遘否運，淪沒相因。逮于元興，遂傾宗祀。幸賴神武光天，大節宏發，匡復我社稷，重造我國家。惟王聖德欽明，則天光大，應期誕載，明保王室。內紓國難，外播宏略，誅大憝於漢陽，逋僭盜於沂渚，澄氛西岷，肅清南越，再靜江、湘，拓定樊、沔。若乃永懷區宇，思一聲教，王師首路，則伊、洛澄流，稜威躋、潼，則華嶽褰

靄，僞會銜璧，咸陽卽序。雖彝器所銘，詩書所詠，庸勳之盛，莫之與二也。遂偃武修文，誕敷德政，八統以馭萬民，九職以刑邦國，思兼三王，以施四事。故能信著幽顯，義感殊方。自歷世所賓，舟車所曁，靡不謳歌仁德，抃舞來庭。

朕每敬惟道勳，永察符運，天之曆數，實在爾躬。是以五緯升度，屢示除舊之迹；三光協數，必昭布新之祥。圖讖禎瑞，皎然斯在。加以龍顏英特，天授殊姿，君人之表，煥如日月。傳稱「惟天爲大，惟堯則之」。詩云：「有命自天，命此文王。」夫「或躍在淵」者，終饗九五之位；「勳格天地」者，必膺大寶之業。昔土德告沴，傳祚于我有晉；今曆運改卜，永終于茲，亦以金德而傳于宋。仰四代之休義，鑒明昏之定期，詢于羣公，爰逮庶尹，咸曰休哉，罔違朕志。今遣使持節、兼太保、散騎常侍、光祿大夫澹，兼太尉，尙書宣範奉皇帝璽綬，受終之禮，一如唐虞、漢魏故事。王其允答人神，君臨萬國，時膺靈祉，酬于上天之眷命。

王奉表陳讓，晉帝已遜琅邪王第，表不獲通。於是陳留王虔嗣等二百七十人，及宋臺羣臣，並上表勸進。上猶不許。太史令駱達陳天文符瑞數十條，羣臣又固請，王乃從之。

校勘記

〔一〕未能菲躬儉　嚴可均云：「儉下疑奪一字。」殿本考證云：「躬下當有節字。或儉下脫一用字。」

〔二〕公乃進督　「乃」南史作「仍」。

〔三〕乃速中於當年　「中」各本並譌「由」，據建康實錄、元龜四八六改。

〔四〕復加黃鉞　錢大昕廿二史考異云：「加當作假。使持節得殺二千石以下，假黃鉞則可專戮節將矣。」

〔五〕卜世未改　「卜世」各本並作「十世」。按自西晉武帝至東晉安帝，已十四世，言十世，無據。「十世」當是「卜世」之誤，今改正。

〔六〕去秋遣康之送還司馬君者　「君」各本並作「軍」，據晉書譙剛王遜傳玄孫休之附傳、元龜七二五改。

〔七〕此公之大節　各本並脫「大」字，據南史、建康實錄補。

〔八〕一朝掃滌　「滌」各本並作「濟」，據南史、建康實錄改。

〔九〕今命使持節兼太尉尚書左僕射晉寧縣五等男湛授相國印綬　各本脫「今」字、「兼」字，並據南史、建康實錄補。

〔一〇〕金虎符第一至第五左　「第五」各本作「第十」，據南史改。

〔一一〕其以相國總百揆　各本並脫「以」字，據南史、建康實錄補。

〔一二〕上送所假節侍中貂蟬中外都督太傅太尉印綬　各本並脫「貂蟬」二字，據南史、建康實錄補。孫彪宋書考論云：「按宋、齊志皆不見侍中印綬，蓋但給朝服武冠貂蟬而已。南史侍中下有貂蟬二字，是。」

〔一三〕置宋國侍中黃門侍郎尚書左丞郎隨大使奉迎　「郎」三朝本、北監本、毛本、局本同。殿本、南史作「相」。李慈銘越縵堂日記補云：「當作卽隨大使奉迎。」

〔一四〕風雲玄感　「玄」各本並作「言」，據局本、文選、建康實錄、元龜二一〇改。

〔一五〕以徐州之海陵北東海北譙北梁豫州之新蔡兗州之北陳留司州之陳郡汝南潁川滎陽十郡增宋國　「北東海」上之「北」字，各本並脫去。據南史、建康實錄補。

宋書卷三

本紀第三

武帝下

永初元年夏六月丁卯，設壇於南郊，卽皇帝位，柴燎告天。策曰：

皇帝臣裕，敢用玄牡，昭告皇天后帝。晉帝以卜世告終，歷數有歸，欽若景運，以命于裕。夫樹君宰世，天下爲公，德充帝王，樂推攸集。越俶唐、虞，降暨漢、魏，靡不以上哲格文祖，元勳陟帝位，故能大拯黔首，垂訓無窮。晉自東遷，四維不振，宰輔焉依，爲日已久。難棘隆安，禍成元興，遂至帝主遷播，宗祀堙滅。裕雖地非齊、晉，衆無一旅，仰憤時難，俯悼橫流，投袂一麾，〔一〕則皇祀克復。及危而能持，顚而能扶，姦宄具殲，僭僞必滅。誠興廢有期，否終有數。至於大造晉室，撥亂濟民，因藉時來，實尸其重。加以殊俗慕義，重譯來庭，正朔所暨，咸服聲敎。至乃三靈垂象，山川告祥，人

神協祉，歲月滋著。是以羣公卿士，億兆夷人，僉曰皇靈降鑒於上，晉朝款誠於下，天命不可以久淹，宸極不可以暫曠。遂逼羣議，恭茲大禮。

猥以寡德，託於兆民之上，雖仰畏天威，略是小節，顧深永懷，〔二〕祗懼若實。敬簡元辰，升壇受禪，告類上帝，用酬萬國之情。克隆天保，永祚于有宋。惟明靈是饗。

禮畢，備法駕幸建康宮，臨太極前殿。詔曰：「夫世代迭興，承天統極，雖遭遇異塗，因革殊事，若乃功濟區宇，道振生民，興廢所階，異世一揆。朕以寡薄，屬當艱運，藉否終之期，因士民之力，用獲拯溺，匡世撥亂，安國寧民，業未半古，功參曩烈。晉氏以多難仍遘，曆運已移，欽若前王，憲章令軌，用集大命于朕躬。惟德匪嗣，辭不獲申，遂祗順三靈，饗茲景祚，燔柴于南郊，受終于文祖。猥當與能之期，爰集樂推之運，嘉祚肇開，隆慶惟始，思俾休嘉，惠茲兆庶。其大赦天下。改晉元熙二年爲永初元年。賜民爵二級。鰥寡孤獨不能自存者，人穀五斛。逋租宿債勿復收。其有犯鄉論清議、贓汙淫盜，一皆蕩滌洗除，與之更始。長徒之身，特皆原遣。亡官失爵，禁錮奪勞，一依舊准。」

封晉帝爲零陵王，全食一郡。載天子旌旗，乘五時副車，行晉正朔，郊祀天地禮樂制度，皆用晉典。上書不爲表，答表勿稱詔。追尊皇考爲孝穆皇帝，皇妣爲穆皇后，尊王太后爲皇太后。詔曰：「夫微禹之感，歎深後昆，盛德必祀，道隆百世。晉氏封爵，咸隨運改，至

於德參微管，勳濟蒼生，愛人懷樹，猶或勿翦，雖在異代，義無泯絕。降殺之宜，一依前典。可降始興公封始興縣公，廬陵公封柴桑縣公，各千戶；始安公封荔浦縣侯，長沙公封醴陵縣侯，康樂公可即封縣侯，各五百戶：以奉晉故丞相王導、太傅謝安、大將軍溫嶠、大司馬陶侃、車騎將軍謝玄之祀。其宣力義熙，豫同艱難者，一仍本秩，無所減降。」封晉臨川王司馬寶爲西豐縣侯，食邑千戶。

庚午，以司空道憐爲太尉，封長沙王。追封司徒道規爲臨川王。尚書僕射徐羨之加鎮軍將軍，右衞將軍謝晦爲中領軍，宋國領軍檀道濟爲護軍將軍，中領軍劉義欣爲青州刺史。立南郡公義慶爲臨川王。又詔曰：「夫銘功紀勞，有國之要典，愼終追舊，在心之所隆。自大業創基，十有七載，世路迍邅，戎車歲動，自東徂西，靡有寧日。實賴將帥竭心，文武盡効，寧內拓外，迄用有成。威靈遠著，寇逆消蕩，遂當揖讓之禮，猥饗天人之祚。念功簡勞，無忘鑒寐，凡厥誠勤，宜同國慶。其酬賞復除之科，以時論舉。戰亡之身，厚加復贈。」乙亥，立桂陽公義眞爲廬陵王，彭城公義隆爲宜都王，第四皇子義康爲彭城王。

丁丑，詔曰：「古之王者，巡狩省方，躬覽民物，搜揚幽隱，拯災卹患，用能風澤遐被，遠至邇安。朕以寡闇，道謝前哲，因受終之期，託兆庶之上，鑒寐屬慮，思求民瘼。才弱事艱，若無津濟，夕惕永念，心馳遐域。可遣大使分行四方，旌賢舉善，問所疾苦。其有獄訟虧

濫，政刑乖愆，傷化擾治，未允民聽者，皆當具以事聞。萬事之宜，無失厥中，暢朝廷乃眷之旨，宣下民壅隔之情。」戊寅，詔曰：「百官事殷俸薄，祿不代耕。雖國儲未豐，要令公私周濟。諸供給昔減半者，〔三〕可悉復舊。六軍見祿粗可，不在此例。其餘官僚，或自本俸素少者，亦疇量增之。」

己卯，改晉泰始曆爲永初曆。

秋七月丁亥，原放劫賊餘口沒在臺府者，諸流徙家並聽還本土。〔四〕又運舟材及運船，不復下諸郡輸出，悉委都水別量。臺府所須，皆別遣主帥與民和市，即時裨直，不復責租民求辦。又停廢虜車牛，不得以官威假借。又以市稅繁苦，優量減降。從征關、洛，殞身戰場，幽沒不反者，贍賜其家。己丑，陳留王曹虔嗣薨。

辛卯，復置五校三將官，增殿中將軍員二十人，餘在員外。戊戌，後將軍、雍州刺史趙倫之進號安北將軍，征虜將軍、北徐州刺史劉懷愼進號平北將軍，征西大將軍、開府儀同三司楊盛進號車騎大將軍。甲辰，鎮西將軍李歆進號征西將軍，〔五〕平西將軍乞佛熾盤進號安西大將軍，征東將軍高句驪王高璉進號征東大將軍，鎮東將軍百濟王扶餘映進號鎮東大將軍。置東宮冗從僕射、旅賁中郎將官。

戊申，遷神主於太廟，車駕親奉。

壬子，詔曰：「往者軍國務殷，事有權制，劫科峻重，施之一時。今王道惟新，政和法簡，可一除之，還遵舊條。反叛淫盜三犯補治士，本謂一事三犯，終無悛革。主者頃多并數衆事，合而爲三，甚違立制之旨，普更申明。」

八月戊午，西中郎將、荊州刺史宜都王義隆進號鎮西將軍。

辛酉，開亡叛赦，限內首出，蠲租布二年。先有資狀、黃籍猶存者，聽復本注。諸舊郡縣以北爲名者，悉除；寓立於南者，聽以南爲號。又制有無故自殘傷者補治士，實由政刑煩苛，民不堪命，可除此條。

罷青州併兗州。

戊辰，詔曰：「彭、沛、下邳三郡，首事所基，情義繾綣，事由情獎，古今所同。彭城桑梓本鄉，加隆攸在，優復之制，宜同豐、沛。其沛郡、下邳可復租布三十年。」

辛未，追諡妃臧氏爲敬皇后。癸酉，立王太子爲皇太子。乙亥，詔曰：「朕承曆受終，猥饗天命。荷積善之祚，藉士民之力，七廟備文，率由令範。先后祗嚴，獲遂宣訓，蒸嘗肇建，〔六〕情敬無違。加以儲宮備禮，皇基彌固，國慶家禮，爰集旬日，豈予一人，獨荷茲慶。其見刑罪無輕重，可悉原赦。限百日，以今爲始。先因軍事所發奴僮，各還本主；若死亡及勳勞破免，亦依限還直。」

閏月壬午朔，詔曰：「晉世帝后及藩王諸陵守衞，宜便置格。其名賢先哲，見優前代，或立德著節，或寧亂庇民，墳塋未遠，並宜洒掃。主者具條以聞。」丁酉，特進、左光祿大夫孔季恭加開府儀同三司。

辛丑，詔曰：「主者處案雖多所諮詳，若衆官命議，宜令明審。自頃或總稱參詳，於文漫略。自今有厝意者，皆當指名其人；所見不同，依舊繼啓。」又詔曰：「諸處冬使，或遣或不，事役宜省，今可悉停。〔七〕唯元正大慶，不在其例。郡縣遣冬使詣州及都督府，亦停之。」

九月壬子朔，置東宮殿中將軍十人，員外二十人。壬申，置都官尚書。

冬十月辛卯，改晉所用王肅祥禫二十六月儀，依鄭玄二十七月而後除。

十二月辛巳朔，車駕臨延賢堂聽訟。

二年春正月辛酉，車駕祠南郊，大赦天下。丙寅，斷金銀塗。以揚州刺史廬陵王義眞爲司徒，以尚書僕射、鎮軍將軍徐羨之爲尚書令、揚州刺史。丙子，南康揭陽蠻反，郡縣討破之。己卯，禁喪事用銅釘。罷會稽郡府。

二月己丑，車駕幸延賢堂策試諸州郡秀才、孝廉。揚州秀才顧練、豫州秀才殷朗所對稱旨，並以爲著作佐郎。戊申，制中二千石加公田一頃。

三月乙丑，初限荆州府置將不得過二千人，吏不得過一萬人；州置將不得過五百人，吏不得過五千人。兵士不在此限。

夏四月己卯朔，詔曰：「淫祠惑民費財，前典所絶，可並下在所除諸房廟。其先賢及以勳德立祠者，不在此例。」戊申，車駕於華林園聽訟。己亥，以左衛將軍王仲德爲冀州刺史。〔八〕

五月己酉，置東宮屯騎、步兵、翊軍三校尉官。甲戌，車駕又幸華林園聽訟。

六月壬寅，詔曰：「杖罰雖有舊科，然職務殷碎，推坐相尋。若皆有其實，則體所不堪；文行而已，又非設罰之意。可籌量觕爲中否之格。」車駕又於華林園聽訟。甲辰，制諸署敕吏四品以下，又府署所得輒罰者，聽統府寺行四十杖。

秋七月己巳，地震。

八月壬辰，車駕又於華林園聽訟。

九月己丑，零陵王薨。〔九〕車駕三朝率百僚舉哀于朝堂，一依魏明帝服山陽公故事。太尉持節監護，葬以晉禮。

冬十月丁酉，詔曰：「兵制峻重，務在得宜。役身死叛，輒考傍親，流遷彌廣，未見其極。遂令冠帶之倫，淪陷非所。宜革以弘泰，去其密科。自今犯罪充兵合舉戶從役者，便付營

押領。其有戶統及謫止一身者，〔一〇〕不得復侵濫服親，以相連染。」己亥，以涼州胡帥大沮渠蒙遜爲鎮軍大將軍、開府儀同三司、涼州刺史。癸卯，車駕於延賢堂聽訟，以員外散騎常侍應襲爲寧州刺史。

三年春正月甲辰朔，詔刑罰無輕重，悉皆原降。壬子，以前冀州刺史王仲德爲徐州刺史。癸丑，以尚書令、揚州刺史徐羨之爲司空、錄尚書事，刺史如故。撫軍將軍、江州刺史王弘進號衞將軍、開府儀同三司，太子詹事傅亮爲尚書僕射，中領軍謝晦爲領軍將軍。乙卯，以輔國將軍毛德祖爲司州刺史。〔一一〕乙丑，詔曰：「古之建國，教學爲先，弘風訓世，莫尚於此；發蒙啓滯，咸必由之。故爰自盛王，迄于近代，莫不敦崇學藝，修建庠序。自昔多故，戎馬在郊，旍旗卷舒，日不暇給。遂令學校荒廢，講誦蔑聞，軍旅日陳，俎豆藏器，訓誘之風，將墜于地。後生大懼於牆面，故老竊歎於子衿。此國風所以永思，小雅所以懷古。今王略遠届，華域載清，仰風之士，日月以冀。便宜博延胄子，陶獎童蒙，選備儒官，弘振國學。主者考詳舊典，以時施行。」

二月丁丑，詔曰：「豫州南臨江滸，北接河、洛，民荒境曠，轉輸艱遠，撫莅之宜，各有其便。淮西諸郡，可立爲豫州，自淮以東，爲南豫州。」以豫州刺史彭城王義康爲南豫州刺史，

征虜將軍劉粹爲豫州刺史。又分荆州十郡還立湘州，左衞將軍張邵爲湘州刺史。〔一二〕戊寅，以徐州之梁，還屬豫州。

三月，上不豫。太尉長沙王道憐、司空徐羨之、尚書僕射傅亮、領軍將軍謝晦、護軍將軍檀道濟並入侍醫藥。羣臣請祈禱神祇，上不許，唯使侍中謝方明以疾告廟而已。丁未，以司徒廬陵王義眞爲車騎將軍、開府儀同三司、南豫州刺史。上疾瘳。己未，大赦天下。時秦雍流戶悉南入梁州。庚申，送絹萬匹，〔一三〕荆、雍州運米，委州刺史隨宜賦給。辛酉，亡命刁彌攻京城，得入，太尉留府司馬陸仲元討斬之。

夏四月乙亥，封仇池公楊盛爲武都王，平南將軍楊撫進號安南將軍。丁亥，以車騎司馬徐琰爲兗州刺史。庚寅，左光祿大夫、開府儀同三司孔季恭薨。

五月，上疾甚，召太子誡之曰：「檀道濟雖有幹略，而無遠志，非如兄韶有難御之氣也。徐羨之、傅亮當無異圖。謝晦數從征伐，頗識機變，若有同異，必此人也。小卻，可以會稽、江州處之。」又爲手詔曰：「朝廷不須復有別府，宰相帶揚州，可置甲士千人。若大臣中任要，宜有爪牙以備不祥人者，可以臺見隊給之。有征討悉配以臺見軍隊，行還復舊。後世若有幼主，朝事一委宰相，母后不煩臨朝。仗既不許入臺殿門，要重人可詳給班劍。」癸亥，上崩于西殿，時年六十。〔一四〕秋七月己酉，葬丹陽建康縣蔣山初寧陵。

上清簡寡欲，嚴整有法度，未嘗視珠玉輿馬之飾，後庭無紈綺絲竹之音。寧州嘗獻虎魄枕，光色甚麗。時將北征，以虎魄治金創，上大悅，命擣碎分付諸將。平關中，得姚興從女，有盛寵，以之廢事。謝晦諫，即時遣出。財帛皆在外府，內無私藏。宋臺既建，有司奏東西堂施局脚牀，銀塗釘，上不許；使用直脚牀，釘用鐵。諸主出適，遣送不過二十萬，無錦繡金玉。內外奉禁，莫不節儉。性尤簡易，常著連齒木屐，好出神虎門逍遙，左右從者不過十餘人。時徐羨之住西州，嘗幸羨之，便步出西掖門，羽儀絡驛追隨，已出西明門矣。諸子旦問起居，入閤脫公服，止著裙帽，如家人之禮。孝武大明中，壞上所居陰室，於其處起玉燭殿，與羣臣觀之。牀頭有土鄣，壁上挂葛燈籠、麻繩拂。〔一五〕侍中袁顗盛稱上儉素之德。孝武不答，獨曰：「田舍公得此，以爲過矣。」故能光有天下，克成大業者焉。

史臣曰：漢氏載祀四百，比祚隆周，雖復四海橫潰，而民繫劉氏，惵惵黔首，未有遷奉之心。魏武直以兵威服衆，故能坐移天曆，鼎運雖改，而民未忘漢。及魏室衰孤，怨非結下。晉藉宰輔之柄，因皇族之微，世擅重權，用基王業。至於宋祖受命，義越前模。晉自社廟南遷，祿去王室，朝權國命，遞歸台輔。君道雖存，主威久謝。桓溫雄才蓋世，勳高一時，移鼎之業已成，天人之望將改。自斯以後，晉道彌昏，道子開其禍端，元顯成其末釁，桓玄藉運

乘時，加以先父之業，因基革命，人無異心。高祖地非桓、文，衆無一旅，曾不浹旬，夷凶翦暴，祀晉配天，不失舊物，誅內清外，功格區宇。至於鍾石變聲，柴天改物，民已去晉，異於延康之初，功實靜亂，又殊咸熙之末。所以恭皇高遜，殆均釋負。若夫樂推所歸，謳歌所集，魏、晉采其名，高祖收其實矣。盛哉！

校勘記

〔一〕投袂一麾　「麾」各本作「援」，南史作「起」，據禮志三改。

〔二〕顧深永懷　「深」各本並作「探」，據禮志三改。

〔三〕諸供給昔減半者　「給」各本並作「納」，據元龜五〇五改。

〔四〕諸流徙家並聽還本土　各本並奪「流」字，據南史補。

〔五〕鎮西將軍李歆進號征西將軍　南史、通鑑作「征西大將軍」。此疑脫「大」字。

〔六〕七廟備文率由令範先后祗嚴獲遂宣訓烝嘗肇建　各本並脫去「七廟備文」及「獲遂」六字，據元龜二〇七補。又「烝嘗」各本並作「七廟」，據元龜二〇七改。

〔七〕今可悉停　各本並脫「今」字，據本書禮志一、元龜一九一補。

〔八〕戊申車駕於華林園聽訟己亥以左衞將軍王仲德爲冀州刺史　按是月己卯朔，二十一日己亥，

三十日戊申。戊申不當在己亥前，當有誤。

〔九〕九月己丑零陵王薨　通鑑考異云：「宋本紀九月己丑，零陵王薨。晉本紀九月丁丑。據長曆，九月丙午朔，無己丑、丁丑，今不書日。」張熷讀史舉正云：「推此九月無己丑日」。

〔一〇〕其有戶統及謫止一身者　「戶統」，元龜二〇九作「科戶絕」。

〔一一〕乙卯以輔國將軍毛德祖爲司州刺史　各本並脫「祖」字。據索虜傳，時有司州刺史毛德祖。晉書毛寶傳宗人德祖附傳：「尋遷督司雍幷三州諸軍事、冠軍將軍、司州刺史。」今據補。

〔一二〕左衞將軍張邵爲湘州刺史　「張邵」各本並作「張紀」，據通鑑宋武帝永初三年改。按張邵傳，宋武帝時，「分荆州立湘州，以邵爲刺史。」

〔一三〕送紵絹萬匹　「紵」各本並作「綜」，據元龜一九五改。

〔一四〕時年六十　各本並作「時年六十七」。據御覽一二八引徐爰宋書及通鑑宋武帝永初三年胡注訂正。洪頤煊諸史考異云：「案高祖以晉哀帝興寧元年歲癸丑生，下距永初三年，止六十歲。『七』字當衍。」

〔一五〕壁上挂葛燈籠麻繩拂　各本並脫「挂」字。據南史、藝文類聚十三引、御覽一二八及四三一引補。

宋書卷四

本紀第四

少帝

少帝諱義符，小字車兵，武帝長子也。〔一〕母曰張夫人。晉義熙二年，生於京口。武帝晚無男，及帝生，甚悅。年十歲，拜豫章公世子。〔二〕帝有旅力，善騎射，解音律。宋臺建，拜宋世子。元熙元年，進爲宋太子。武帝受禪，立爲皇太子。

永初三年五月癸亥，武帝崩，是日，太子卽皇帝位。大赦。尊皇太后曰太皇太后。六月壬申，以尚書僕射傅亮爲中書監，司空徐羨之、領軍將軍謝晦及亮輔政。戊子，太尉長沙王道憐薨。

秋九月丁未，有司奏武皇帝配南郊，武敬皇后配北郊。

冬十一月戊午，有星孛于營室。

十二月庚戌，魏軍克滑臺。

明年春正月己亥朔，大赦，改元爲景平元年。文武進位二等。辛丑，祀南郊。〔三〕虜將達奚卬破金墉，進圍虎牢。〔四〕毛德祖擊虜敗之，虜退而復合。拓跋木末又遣安平公涉歸寇青州。〔五〕癸卯，河南郡失守。乙卯，有星孛于東壁。

二月丁丑，太皇太后崩。沮渠蒙遜、吐谷渾阿犲並遣使朝貢。庚辰，〔六〕爵蒙遜爲驃騎大將軍，〔七〕封河西王。以阿犲爲安西將軍、沙州刺史，封澆河公。辛未，富陽人孫法光反，〔八〕寇山陰，會稽太守褚淡之遣山陰令陸劭討敗之。〔九〕

三月壬寅，孝懿皇后祔葬于興寧陵。是月，高麗國遣使朝貢。甲子，豫州刺史劉粹遣軍襲許昌，殺虜潁川太守庾龍。〔一〇〕乙丑，虜騎寇高平。初虜自河北之敗，請修和親；及聞高祖崩，因復侵擾，河、洛之地騷然矣。

夏四月，檀道濟北征，次臨朐，焚虜攻具。乙未，魏軍克虎牢，執司州刺史毛德祖以歸。

秋七月癸酉，尊所生張夫人爲皇太后。丁丑，以旱，詔赦五歲刑以下罪人。〔一一〕

冬十月己未，有星孛于氐，指尾，貫攝提，向大角，仲月在危，季月掃天倉而後滅。是

中華書局

歲，魏主拓跋嗣薨，子燾立。

十二月丙寅，〔一二〕省寧州之江陽、犍爲、安上三郡，合爲宋昌郡。

二年春二月癸巳朔，日有蝕之。〔一三〕廢南豫州刺史廬陵王義眞爲庶人，徙新安郡。乙未，以皇弟義恭爲冠軍將軍、南豫州刺史。乙巳，大風，〔一四〕天有五色雲，占者以爲有兵。高麗國遣使貢獻。執政使使者誅義眞于新安。

夏五月，江州刺史王弘、南兗州刺史檀道濟入朝。〔一五〕帝居處所爲多過失。乙酉，皇太后令曰：

王室不造，天禍未悔，先帝創業弗永，棄世登遐。義符長嗣，屬當天位，不謂窮凶極悖，一至於此。大行在殯，宇內哀惶，幸災肆於悖詞，喜容表於在慼。至乃徵召樂府，鳩集伶官，優倡管絃，靡不備奏，珍羞甘膳，有加平日。採擇媵御，產子就宮，靦然無怍，醜聲四達。及懿后崩背，重加天罰，親與左右執紼歌呼，推排梓宮，抃掌笑謔，殿省備聞。加復日夜媟狎，羣小慢戲，興造千計，費用萬端，帑藏空虛，人力殫盡。刑罰苛虐，幽囚日增。居帝王之位，好皁隸之役，處萬乘之尊，悅廝養之事。親執鞭撲，毆擊無辜，以爲笑樂。穿池築觀，朝成暮毀，徵發工匠，疲極兆民。遠近歎嗟，人神怨怒，社

稷將墜，豈可復嗣守洪業，君臨萬邦。今廢爲營陽王，一依漢昌邑、晉海西故事。

鎭西將軍宜都王，仁明孝弟，著自幼辰。德業沖粹，識心明允。宜纂洪統，光臨億兆。主者詳依典故，以時奉迎。未亡人嬰此百罹，雖存若隕。永悼情事，撫心摧塞。」〔一六〕

始徐羨之、傅亮將廢帝，諷王弘、檀道濟求赴國討。弘等來朝。使中書舍人邢安泰、潘盛爲內應。是旦，道濟、謝晦領兵居前，羨之等隨後，因東掖門開，入自雲龍門。盛等先戒宿衞，莫有禦者。時帝於華林園爲列肆，親自酤賣。又開瀆聚土，以象破岡埭，與左右引船唱呼，以爲歡樂。夕游天淵池，卽龍舟而寢。其朝未興，兵士進，殺二侍者於帝側，傷帝指。扶出東閤，就收璽紱，羣臣拜辭，送於東宮，遂幽於吳郡。是日，赦死罪以下。太后令奉還璽紱。檀道濟入守朝堂。六月癸丑，徐羨之等使中書舍人邢安泰弒帝於金昌亭。帝有勇力，不卽受制，突走出昌門，追以門關踣之，致殞。時年十九。〔一七〕

上闕則創業之君，自天所啓；守文之主，其難乎哉！〔一八〕

校勘記

〔一〕武帝長子也　廿二史考異云：「按紀傳書諸帝皆稱廟號，獨此紀書武帝者四，而仍有稱高祖者。又它篇例稱魏爲索虜，而此紀一云魏軍克滑臺，一云魏主拓跋嗣薨，全非休文之例。又如義熙十二年正月，以豫章公世子爲西中郎將、豫州刺史。三月，除征虜將軍、徐兗二州刺史，鎭京口。十四年六月，除中軍將軍，副貳相國府。若宜見於本紀，而略不及。卷末無史臣論。其非休文書顯然。蓋此篇久亡，後人雜採它書以補之，故義例乖舛如此。」

〔二〕年十歲拜豫章公世子　按少帝義符生於義熙二年，而據五行志授豫章世子，在義熙七年，則當云六歲，此云十歲，疑有誤。

〔三〕辛丑祀南郊　「辛丑」各本作「辛巳」，據局本及南史改。按是年正月己亥朔，無辛巳，初三日辛丑。

〔四〕虜將達奚印破金墉進圍虎牢　按據魏書奚斤傳，圍虎牢者爲奚斤，斤本姓達奚氏。「印」當是「斤」字之譌。

〔五〕拓跋木末又遣安平公涉歸寇青州　拓跋木末卽魏主拓跋嗣。本卷後又稱嗣。蓋所採雜異，故前後不一致。「安平公」各本作「平安公」，今從局本。按索虜傳：「景平元年，虜遣安平公涉歸幡能健……東擊青州。」涉歸幡能健卽叔孫建，魏書有傳，魏道武時，曾賜爵安平公。

〔六〕庚辰　張熷讀史舉正云：「二月丁丑、庚辰書辛未前，誤。」按張說是。二月戊辰朔，初四日辛未，

初十日丁丑，十三日庚辰，辛未不當在庚辰後。

〔七〕爵蒙遜爲驃騎大將軍　各本皆無「驃騎」二字。按本書文帝紀，元嘉二年，驃騎大將軍涼州牧大沮渠蒙遜改爲車騎大將軍。則各本並奪「驃騎」二字。今據南史補。

〔八〕富陽人孫法光反　「孫法光」，褚叔度傳作「孫法亮」。

〔九〕會稽太守褚淡之遣山陰令陸劭討敗之　「褚淡之」各本並作「褚談」，據褚叔度傳，時會稽太守爲褚淡之，「談」蓋「淡」之形譌。按南北朝人名後之「之」字，有時可以省去。今仍改「談」作「淡」，並補「之」字。

〔一〇〕殺虜潁川太守庾龍　「潁川」各本並作「潁州」，據劉粹傳改。

〔一一〕以旱詔赦五歲刑以下罪人　各本並脫「刑」字，據南史補。

〔一二〕十二月丙寅　按景平元年十二月癸巳朔，無丙寅。

〔一三〕二年春二月癸巳朔日有蝕之　「二月癸巳朔」，局本同，宋本、北監本、毛本、殿本、通鑑考異引宋略、建康實錄作「正月癸巳朔」，南史宋本紀作「二月己卯朔」。按陳垣朔閏表，景平二年正月癸亥朔，二月壬辰朔。查正月無癸巳，癸巳爲二月初二日。然日蝕當在朔日，是年正月祇二十九日，作二月壬辰朔者，蓋後人定朔有誤。宋書五行志作「二月癸巳朔」。今改從局本。

〔一四〕乙未以皇弟義恭爲冠軍將軍南豫州刺史乙巳大風　按陳垣朔閏表景平二年正月癸亥朔，是月

無乙未、乙巳。二月壬辰朔，初三日乙未，十三日乙巳。可證上之春正月應作春二月。

〔一五〕江州刺史王弘南兗州刺史檀道濟入朝　各本並作「江州刺史檀道濟、揚州刺史王弘入朝」。建康實錄作「江州刺史王弘、南兗州刺史檀道濟來朝」，是，今據改。錢大昕廿二史考異云：「按是時道濟爲南兗州刺史，非江州；弘爲江州刺史，非揚州也。揚州治輦下，時以司空徐羨之領之。紀所書皆誤。」

〔一六〕西將軍宜都王至撫心摧塞　各本並脫，今據元龜一八八補。

〔一七〕始徐羨之傳亮將廢帝至時年十九　此段宋本已有脫葉。北監本、毛本、殿本、局本據南史補。今仍錄存。徐羨之、傅亮、檀道濟、謝晦等入雲龍門至華林園廢少帝一段，又見沈約宋書徐羨之傳中。天淵池，各本作天泉池，蓋據李延壽南史，乃避唐諱。今仍據沈約宋書徐羨之傳改爲天淵池。

〔一八〕其難乎哉　各本並脫此一行，僅涵芬樓影印百衲本所據之宋本，有此殘葉。蓋卽本卷史臣曰之殘存結尾語。

宋書卷五

本紀第五

文帝

太祖文皇帝諱義隆，小字車兒，武帝第三子也。晉安帝義熙三年，生於京口。盧循之難，上年四歲，高祖使諮議參軍劉粹輔上鎭京城。十一年，封彭城縣公。高祖伐羌至彭城，將進路，板上行冠軍將軍留守。晉朝加授使持節、監徐兗青冀四州諸軍事、徐州刺史，將軍如故。關中平定，高祖還彭城，又授監司州豫州之淮西兗州之陳留諸軍事、前將軍、司州刺史，持節如故，將鎭洛陽。仍改授都督荆益寧雍梁秦六州豫州之河南廣平揚州之義成松滋四郡諸軍事、西中郎將、荆州刺史，持節如故。永初元年，封宜都王，食邑三千戶。進督北秦，幷前七州。進號鎭西將軍，給鼓吹一部。又進督湘州。是歲入朝。時年十四。長七尺五寸，博涉經史，善隸書。

景平二年七月中，少帝廢。百官備法駕奉迎，入奉皇統。行臺至江陵，進璽紱。侍中臣琇、散騎常侍臣疑之、中書監尙書令護軍將軍建城縣公臣亮、左衞將軍臣景仁、給事中游擊將軍龍鄉縣侯臣隆、越騎校尉都亭侯臣綱、給事黃門侍郎臣孔璩之、散騎侍郎臣劉思考、員外散騎侍郎臣潘盛、中書侍郎臣何尙之、羽林監封陽縣開國侯臣蕭思話、長兼尙書左丞德陽縣侯臣孫康、吏部郎中騎都尉臣張茂度、儀曹郎中臣徐長琳、倉部郎中臣庾俊之、都官郎中臣袁洵等上表曰：「臣聞否泰相革，數窮則變，天道所以不諂，卜世所以靈長。乃者運距陵夷，王室艱晦，九服之命，靡所適歸，高祖之業，將墜于地。賴基厚德深，人神同奬，社稷以寧，有生獲乂。伏惟陛下君德自然，聖明在御，孝悌著於家邦，風猷宣於蕃牧。是以徵祥雜沓，符瑞爠煇。宗廟神靈，乃眷西顧，萬邦黎獻，望景託生。臣等忝荷朝列，豫充將命，復集休明之運，再覩太平之業。行臺至止，瞻望城闕，不勝喜說凫藻之情，謹詣門拜表以聞。」上答曰：「皇運艱弊，數鍾屯夷，仰惟崇基，感尋國故，永慕厥躬，悲慨交集。賴七百祚永，股肱忠賢，故能休否以泰，天人式序。猥以不德，謬降大命，顧己兢悸，何以克堪。輒當暫歸朝庭，展哀陵寢，幷與賢彥申寫所懷。望體其心，勿爲辭費。」府州佐史並稱臣，請題牓諸門，一依宮省，上不許。甲戌，發江陵。八月丙申，車駕至京城。〔一〕丁酉，謁初寧陵，還於中堂卽皇帝位。

元嘉元年秋八月丁酉，大赦天下，改景平二年爲元嘉元年。文武賜位二等，逋租宿債勿復收。庚子，以行撫軍將軍、荆州刺史謝晦爲撫軍將軍、荆州刺史。癸卯，司空、錄尚書事、揚州刺史徐羨之進位司徒，衞將軍、江州刺史王弘進位司空，中書監、護軍將軍傅亮加左光祿大夫、開府儀同三司，撫軍將軍、荆州刺史謝晦進號衞將軍，鎭北將軍、南兗州刺史檀道濟進號征北將軍。甲辰，追尊所生胡婕妤爲皇太后，謚曰章后。衞將軍、南徐州刺史彭城王義康進號驃騎將軍，冠軍將軍、南豫州刺史義恭進號撫軍將軍，封江夏王。立第六皇弟義宣爲竟陵王，第七皇弟義季爲衡陽王。戊申，以豫州刺史劉粹爲雍州刺史，驍騎將軍管義之爲豫州刺史，南蠻校尉到彥之爲中領軍。己酉，減荆、湘二州今年稅布之半。

九月丙子，立妃袁氏爲皇后。

二年春正月丙寅，司徒徐羨之、尚書令傅亮奉表歸政，上始親覽。辛未，車駕祠南郊，〔二〕大赦天下。

三月乙丑，左將軍、徐州刺史王仲德進號安北將軍。

夏五月戊寅，特進謝澹卒。

秋八月甲申，以關中流民出漢川，置京兆、扶風、馮翊等郡。乙酉，驃騎將軍、南徐州刺史彭城王義康爲開府儀同三司，新除司空王弘爲車騎大將軍、開府儀同三司，以右軍長史江恒爲廣州刺史。

冬十一月癸酉，以前將軍楊玄爲征西將軍、北秦州刺史。

三年春正月丙寅，司徒、錄尚書事、揚州刺史徐羨之，尚書令、護軍將軍、左光祿大夫傅亮，有罪伏誅。遣中領軍到彥之、征北將軍檀道濟討荆州刺史謝晦，上親率六師西征。大赦天下。丁卯，以車騎大將軍、江州刺史王弘爲司徒、錄尚書事、揚州刺史，驃騎將軍、南徐州刺史彭城王義康改爲荆州刺史，撫軍將軍、南豫州刺史江夏王義恭改爲南徐州刺史。己巳，以前護軍將軍趙倫之爲鎭軍將軍。

閏月丙戌，皇子劭生。

二月乙卯，繫囚見徒，一皆原赦。戊午，以金紫光祿大夫王敬弘爲尚書左僕射，豫章太守鄭鮮之爲尚書右僕射。建安太守潘盛有罪伏誅。〔三〕庚申，特進范泰加光祿大夫。是日，車駕發京師。戊辰，到彥之、檀道濟大破謝晦於隱磯。丙子，車駕自蕪湖反旆。己卯，擒晦於延頭，送京師伏誅。

三月辛巳，車駕還宮。

夏五月乙未，以征北將軍、南兗州刺史檀道濟爲征南大將軍、江州刺史，中領軍到彥之爲南豫州刺史。戊戌，以後將軍長沙王義欣爲南兗州刺史。乙巳，驃騎大將軍、涼州牧大沮渠蒙遜改爲車騎大將軍。詔曰：「夫哲王宰世，廣達四聰，猶巡嶽省方，採風觀政。所以情僞必審，幽遐罔滯，王澤無擁，九皐有聞者也。朕以寡薄，猥纂洪緒。雖永念治道，志存昧旦，顧言傅巖，發想宵寐，而丘園之秀，藏器未臻，物情民隱，尚隔視聽。乃眷區域，輟寢忘飡。今氛祲袪蕩，宇內寧晏，旌賢弘化，於是乎始。可遣大使巡行四方。其宰守稱職之良，閭蓽一介之善，詳悉列奏，勿或有遺。若刑獄不卹，政治乖謬，傷民害教者，具以事聞。其高年、鰥寡、幼孤、六疾不能自存者，可與郡縣優量賑給。博採輿誦，廣納嘉謀，務盡銜命之旨，俾若朕親覽焉。」丙午，車駕臨延賢堂聽訟。

六月己未，以鎭軍將軍趙倫之爲左光祿大夫、領軍將軍。丙寅，車駕又於延賢堂聽訟。丙子，又聽訟。以右衞王華爲中護軍。

冬十一月戊寅，以梁、南秦二州刺史吉翰爲益州刺史，驃騎參軍劉道產爲梁、南秦二州刺史。己亥，以南蠻校尉劉遵考爲雍州刺史。

十二月癸丑，以中書侍郎蕭思話爲青州刺史。壬戌，前吳郡太守徐佩之謀反，及黨與皆伏誅。

四年春正月乙亥朔，曲赦都邑百里內。辛巳，車駕親祠南郊。

二月乙卯，行幸丹徒，謁京陵。

三月丙子，詔曰：「丹徒桑梓綢繆，大業攸始，踐境永懷，觸感罔極。昔漢章南巡，加恩元氏，況情義二三，有兼曩日。思播遺澤，酬慰士民。其蠲此縣今年租布，五歲刑以下皆悉原遣；登城三戰及大將家，隨宜隱卹。」丁亥，車駕還宮。戊子，尚書右僕射鄭鮮之卒。壬寅，禁斷夏至日五絲命縷之屬，富陽令諸葛闡之之議也。

夏四月庚戌，以廷尉王徽之爲交州刺史。

五月壬午，中護軍王華卒。京師疾疫，甲午，遣使存問，給醫藥；死者若無家屬，賜以棺器。

六月癸卯朔，日有蝕之。庚申，以金紫光祿大夫殷穆爲護軍將軍。

五年春正月乙亥，詔曰：「朕恭承洪業，臨饗四海，風化未弘，治道多昧，求之人事，鑒寐惟憂。加頃陰陽違序，旱疫成患，仰惟災戒，責深在予。思所以側身剋念，議獄詳刑，上答天譴，下恤民瘼。羣后百司，其各獻讜言，指陳得失，勿有所諱。」甲申，車駕臨玄武館閱武。戊子，京邑大火，遣使巡慰賑賜。

夏四月己亥，以南蠻校尉蕭摹之爲湘州刺史。戊午，以始興太守徐豁爲廣州刺史。

五月己卯，以湘州刺史張邵爲雍州刺史。

六月庚戌，司徒王弘降爲衞將軍、開府儀同三司。京邑大水，乙卯，〔四〕遣使檢行賑贍。以江夏內史程道惠爲廣州刺史。

秋八月壬戌，特進、左光祿大夫范泰卒。

冬十月甲辰，車駕於延賢堂聽訟。

閏月癸未，以右軍司馬劉德武爲豫州刺史。辛卯，安陸公相周籍之爲寧州刺史。

十二月庚寅，左光祿大夫、領軍將軍趙倫之卒。

是歲，天竺國遣使獻方物。

六年春正月辛丑，車駕親祠南郊。癸丑，以驃騎將軍、荆州刺史彭城王義康爲司徒、錄尚書事，領平北將軍、南徐州刺史。〔五〕

三月丁巳，立皇子劭爲皇太子。戊午，大赦天下，賜文武位一等。辛酉，以左衞將軍殷

景仁爲中領軍。

夏四月癸亥，以尚書左僕射王敬弘爲尚書令，丹陽尹臨川王義慶爲尚書左僕射，吏部尚書江夷爲尚書右僕射。

五月壬辰朔，日有蝕之。癸巳，以新除尚書令王敬弘爲特進、左光祿大夫。甲午，以撫軍司馬劉道濟爲益州刺史。乙卯，於雍州置馮翊郡。

七月己酉，以尚書左丞孔默之爲廣州刺史。是月，百濟王遣使獻方物。

九月戊午，於秦州置隴西、宋康二郡。

冬十月壬申，中領軍殷景仁丁艱去職。

十一月己丑朔，日有蝕之。

十二月丁亥，河南國、河西王遣使獻方物。〔六〕

七年春正月癸巳，以吐谷渾慕容璝爲征西將軍、沙州刺史。是月，倭國王遣使獻方物。

三月戊子，遣右將軍到彥之北伐，水軍入河。甲午，以前征虜司馬尹沖爲司州刺史。〔七〕甲寅，以前中領軍殷景仁爲領軍將軍。

夏四月癸未，訶羅單國遣使獻方物。

六月己卯，以冠軍將軍氐楊難當爲秦州刺史。

秋七月戊子，索虜滑臺戍棄城走。丙申，以平北諮議參軍甄法護爲梁、南秦二州刺史。戊戌，索虜碻磝戍棄城走。甲寅，林邑國、訶羅陁國、師子國遣使獻方物。

冬十月甲寅，罷南豫州并豫州。以左將軍竟陵王義宣爲徐州刺史。戊午，立錢署，鑄四銖錢。戊寅，金墉城爲索虜所陷。

十一月癸未，虎牢城復爲索虜所陷。壬辰，遣征南大將軍檀道濟北討，右將軍到彥之自滑臺奔退。

十二月辛酉，以南兗州刺史長沙王義欣爲豫州刺史，司徒司馬吉翰爲司州刺史。乙亥，京邑火，延燒太社北牆。兗州刺史竺靈秀有罪伏誅。

八年春正月庚寅，於交州復立珠崖郡。癸巳，以左軍將軍申宣爲兗州刺史。丁酉，征南大將軍檀道濟破索虜於東平壽張。〔八〕

二月乙卯，以平北司馬韋朗爲青州刺史。戊午，以尚書右僕射江夷爲湘州刺史。辛酉，滑臺爲索虜所陷。癸酉，征南大將軍檀道濟引軍還。丁丑，青州刺史蕭思話棄城走。以太子右衞率劉遵考爲南兗州刺史。

三月甲申，車駕於延賢堂聽訟。戊申，詔曰：「自頃軍役殷興，國用增廣，資儲不給，百度尚繁。宜存簡約，以應事實。內外可通共詳思，務令節儉。」

夏四月甲寅，以衡陽王師阮萬齡爲湘州刺史。乙卯，以後軍參軍徐遵之爲兗州刺史。

六月乙丑，大赦天下。己卯，割江南及揚州晉陵郡屬南徐州，江北屬兗州。以徐州刺史竟陵王義宣爲南兗州刺史，司徒司馬吉翰爲徐州刺史。

閏月庚子，詔曰：「自頃農桑惰業，遊食者衆，荒萊不闢，督課無聞。一時水旱，便有罄匱，苟不深存務本，〔九〕豐給靡因。郡守賦政方畿，縣宰親民之主，宜思獎訓，導以良規。咸使肆力，地無遺利，耕蠶樹藝，各盡其力。若有力田殊衆，歲竟條名列上。」揚州旱。乙巳，遣侍御史省獄訟，申調役。丙午，以左軍諮議參軍劉道產爲雍州刺史。

秋八月甲辰，臨川王義慶解尚書僕射。丁未，割豫州秦郡屬南兗州。

冬十二月，罷湘州還幷荆州。

九年春三月庚戌，衞將軍王弘進位太保，加中書監。丁巳，征南大將軍、江州刺史檀道濟進位司空。

夏四月乙亥，以護軍將軍殷穆爲特進、右光祿大夫，建昌縣公到彥之爲護軍將軍。

五月壬申，中書監、錄尚書事、衞將軍、揚州刺史王弘薨。

六月甲戌，以左軍諮議參軍申宣爲青州刺史。分青州置冀州。戊寅，司徒、南徐州刺史彭城王義康改領揚州刺史。己卯，以司徒參軍崔諲爲冀州刺史。壬午，以吐谷渾慕容延爲平東將軍，[10]吐谷渾拾虔爲平北將軍，吐谷渾輝伐爲鎮軍將軍。[11]癸未，詔曰：「益、梁、交、廣，境域幽遐，治宜物情，或多偏擁。可更遣大使，巡求民瘼。」置積射、强弩將軍官。乙未，以征西將軍、沙州刺史吐谷渾慕容璝爲征西大將軍、西秦河二州刺史、隴西王。北秦州刺史氐楊難當加號征西將軍。壬寅，以撫軍將軍、荆州刺史江夏王義恭爲征北將軍、開府儀同三司、南兗州刺史，前將軍臨川王義慶爲平西將軍、荆州刺史，南兗州刺史竟陵王義宣爲中書監、中軍將軍，征虜將軍衡陽王義季爲南徐州刺史。

秋七月戊辰，以尚書王仲德爲鎮北將軍、徐州刺史。庚午，以領軍將軍殷景仁爲尚書僕射，太子詹事劉湛爲領軍將軍。壬申，河南國、河西王遣使獻方物。[12]

九月，妖賊趙廣寇益州，陷沒郡縣，州府討平之。

冬十一月壬子，以少府甄法崇爲益州刺史。癸丑，於廣州立宋康郡。

十二月甲戌，以右軍參軍李秀之爲交州刺史。庚寅，立第五皇子紹爲廬陵王，江夏王義恭子朗爲南豐縣王。

十年春正月甲寅，竟陵王義宣改封南譙王。鎮北將軍、徐州刺史王仲德加領兗州刺史，淮南太守段宏爲青州刺史。己未，大赦天下。孤老、六疾不能自存者，人賜穀五斛。後將軍、豫州刺史長沙王義欣進號鎮軍將軍。

夏四月戊戌，青州刺史段宏加冀州刺史。封陽縣侯蕭思話爲梁、南秦二州刺史。

五月，林邑王遣使獻方物。

六月乙亥，以前青州刺史韋朗爲廣州刺史。闍婆州訶羅單國遣使獻方物。

秋七月戊戌，曲赦益、梁、秦三州。於益州立宋寧、宋興二郡。

八月丁丑，於青州立太原郡。辛巳，護軍將軍到彥之卒。

冬十一月，氐楊難當寇漢川。丁未，梁州刺史甄法護棄城走，難當據有梁州。

十一年春正月，亡命馬大玄羣黨數百人寇泰山，[13]州郡討平之。

二月癸酉，以交阯太守李耽之爲交州刺史。

夏四月，梁、秦二州刺史蕭思話破氐楊難當，梁州平。

五月丁卯，曲赦梁、南秦二州劍閣北。戊寅，以大沮渠茂虔爲征西大將軍、涼州刺史。

是月，京邑大水。

六月丁未，省魏郡。

是歲，林邑國、扶南國、訶羅單國遣使獻方物。

十二年春正月辛酉，大赦天下。辛未，車駕親祠南郊。癸酉，封黃龍國主馮弘爲燕王。

夏四月乙酉，[14]尚書僕射殷景仁加中護軍。丙辰，詔曰：「周宗以寧，實由多士，漢室之隆，亦資得人。朕寤寐樂賢，爲日已久，而則哲難階，明揚莫効。用令遺才在野，管庫虛朝，永懷前載，慚德深矣。夫舉爾所知，宣尼之篤訓，貢士任官，先代之成准。便可宣敕內外，各有薦舉。當依方銓引，以觀厥用。」是夜，京都地震。

六月，丹陽、淮南、吳興、義興大水，京邑乘船。己酉，以徐豫南兗三州、會稽宣城二郡米數百萬斛賜五郡遭水民。是月，斷酒。師子國遣使獻方物。

秋七月辛酉，[15]闍婆娑達國、扶南國並遣使獻方物。

八月壬申，於益州立南晉壽、南新巴、北巴西三郡。[16]乙亥，原遭水郡諸逋負。

九月，蜀郡賊張尋爲寇。

冬十一月，以右軍行參軍荀道覆爲交州刺史。

十三年春正月癸丑，上有疾，不朝會。

三月己未，司空、江州刺史檀道濟有罪伏誅。庚申，大赦天下。以中軍將軍南譙王義宣爲鎮南將軍、江州刺史。

夏五月戊辰，鎮北將軍、徐兗二州刺史王仲德進號鎮北大將軍。庚辰，以征北司馬王方俳爲兗州刺史。

六月，高麗國、武都王遣使獻方物。

秋七月己未，零陵王太妃薨。追崇爲晉皇后，葬以晉禮。

八月庚寅，尚書僕射、中護軍殷景仁改爲護軍將軍。

九月癸丑，立第二皇子濬爲始興王，第三皇子駿爲武陵王。

十四年春正月辛卯，車駕親祠南郊，大赦天下。文武賜位一等；孤老、六疾不能自存者，人賜穀五斛。

二月壬子，以步兵校尉劉眞道爲梁、南秦二州刺史。[17]

夏四月丁未，以輔國將軍周籍之爲益州刺史。

秋八月戊午，以尚書金部郎中徐森之爲交州刺史。

冬十二月辛酉，停賀雪。河南國、河西王、訶羅單國並遣使獻方物。[一八]

十五年春二月丁未，以平東將軍吐谷渾慕容延爲鎮西將軍、秦河二州刺史。

夏四月甲辰，燕王弘遣使獻方物。[一九]立皇太子妃殷氏，賜王公以下各有差。己巳，以倭國王珍爲安東將軍。

五月己丑，特進、右光祿大夫殷穆卒。辛卯，鎮北大將軍、徐州刺史王仲德卒。壬辰，以右衞將軍劉遵考爲徐、兗二州刺史。

秋七月辛未，地震。甲戌，以陳、南頓二郡太守徐循爲寧州刺史。

八月辛丑，以左衞將軍趙伯符爲徐、兗二州刺史。甲寅，以始興內史陸徽爲廣州刺史。丁巳，以兗州刺史王方俳爲青、冀二州刺史。

是歲，武都王、河南國、高麗國、倭國、扶南國、林邑國並遣使獻方物。

十六年春正月戊寅，車駕於北郊閱武。庚寅，司徒、錄尚書事、揚州刺史彭城王義康進位大將軍，領司徒，餘如故。征北將軍、開府儀同三司、南兗州刺史江夏王義恭進位司空，

刺史如故。特進、左光祿大夫王敬弘開府儀同三司。癸巳，復分荆州置湘州。

二月己亥，以南徐州刺史衡陽王義季爲安西將軍、荆州刺史。丁未，以始興王濬爲湘州刺史。癸亥，割梁州之巴西梓潼南宕渠南漢中、南秦州之南安懷寧凡六郡，[二〇]屬益州。分長沙江夏郡立巴陵郡，屬湘州。

夏四月丁巳，以鎮南將軍、江州刺史南譙王義宣爲征北將軍、南徐州刺史。平西將軍臨川王義慶爲衞將軍、江州刺史。

六月己酉，隴西吐谷渾慕容延改封河南王。癸丑，以吐谷渾拾寅爲平西將軍，吐谷渾繁曤爲撫軍將軍。

秋八月庚子，立第四皇子鑠爲南平王。

閏月乙未，鎮軍將軍、豫州刺史長沙王義欣薨。戊戌，復分豫州之淮南爲南豫州。癸卯，以左衞將軍劉遵考爲豫州刺史。戊申，以湘州刺史始興王濬爲南豫州刺史，武陵王駿爲湘州刺史。

冬十二月乙亥，皇太子冠，大赦天下。

是歲，武都王、河南王、林邑國、高麗國並遣使獻方物。

十七年夏四月戊午朔，日有蝕之。

五月癸巳，領軍將軍劉湛母憂去職。

秋七月壬寅，以征虜諮議參軍杜驥爲青州刺史。壬子，皇后袁氏崩。

八月，徐、兗、青、冀四州大水，己未，遣使檢行賑卹。

九月壬子，葬元皇后於長寧陵。

冬十月戊午，前丹陽尹劉湛有罪，及同黨伏誅。大赦天下，文武賜爵一級。以大將軍、領司徒、錄尚書、揚州刺史彭城王義康爲江州刺史，大將軍如故。以司空、南兗州刺史江夏王義恭爲司徒、錄尚書事。戊寅，衞將軍臨川王義慶以本號爲南兗州刺史，尚書僕射、護軍將軍殷景仁爲揚州刺史，僕射如故。

十一月丙戌，以尚書劉義融爲領軍將軍，祕書監徐湛之爲中護軍。丁亥，詔曰：「前所給揚、南徐二州百姓田糧種子，兗、兩豫、青、徐諸州比年所寬租穀應督入者，悉除半。今年有不收處，[二一]都原之。凡諸逋債，優量申減。又州郡估稅，所在市調，多有煩刻。山澤之利，猶或禁斷；役召之品，遂及稚弱。諸如此比，傷治害民。自今咸依法令，務盡優允。如有不便，卽依事別言，不得苟趣一時，以乖隱卹之旨。主者明加宣下，稱朕意焉。」癸丑，尚書僕射、揚州刺史殷景仁卒。

十二月癸亥，以光祿大夫王球爲尚書僕射。[二二]戊辰，以南豫州刺史始興王濬爲揚州刺史，湘州刺史武陵王駿爲南豫州刺史，南平王鑠爲湘州刺史。

是歲，武都王、河南王、百濟國遣使獻方物。

十八年春二月乙卯，以豫章太守庾登之爲江州刺史。

夏五月壬午，[二三]衞將軍南兗州刺史臨川王義慶、征北將軍南徐州刺史南譙王義宣並開府儀同三司。癸巳，於交州置宋熙郡。是月，沔水泛溢。

六月戊辰，遣使巡行賑贍。辛未，領軍將軍劉義融卒。

秋七月戊戌，以徐、兗二州刺史趙伯符爲領軍將軍。

冬十月辛亥，以巴東、建平二郡太守臧質爲徐、兗二州刺史。乙卯，省南徐州之南燕、濮陽、南廣平郡。

十一月戊子，尚書僕射王球卒。[二四]己亥，以丹陽尹孟顗爲尚書僕射。氐楊難當又寇漢川。十二月癸亥，遣龍驤將軍裴方明與梁、秦二州刺史劉眞道討之。

是月，[二五]晉寧太守爨松子反叛，寧州刺史徐循討平之。

是歲，肅特國、高麗國、蘇靡黎國、林邑國並遣使獻方物。

十九年正月乙巳，詔曰：「夫所因者本，聖哲之遠教；本立化成，教學之爲貴。故詔以三德，崇以四術，用能納諸義方，致之軌度。盛王聖世，〔二六〕咸必由之。永初受命，憲章弘遠，將陶鈞庶品，混一殊風，有詔典司，大啓庠序，而頻遘屯夷，未及修建。永瞻前猷，思敷鴻烈。今方隅乂寧，戎夏慕嚮，廣訓胄子，實維時務。便可式遵成規，闡揚景業。」

夏四月甲戌，以久疾愈，始奉祠祠，〔二七〕大赦天下。

五月庚寅，梁秦二州刺史劉眞道、龍驤將軍裴方明破氐楊難當，仇池平。

閏月，京邑雨水，丁巳，遣使巡行賑卹。

六月壬午，以大沮渠無諱爲征西大將軍、涼州刺史。

秋七月，以梁、秦二州刺史劉眞道爲雍州刺史，龍驤將軍裴方明爲梁、南秦二州刺史。甲戌晦，日有蝕之。

冬十月甲申，芮芮國遣使獻方物。己亥，以晉寧太守周萬歲爲寧州刺史。

十二月丙申，詔曰：「胄子始集，學業方興。自微言泯絕，逝將千祀，感事思人，意有慨然。奉聖之胤，可速議繼襲。於先廟地，特爲營造，依舊給祠置令，四時饗祀。闕里往經寇亂，黌校殘毁，并下魯郡修復學舍，採召生徒。昔之賢哲及一介之善，猶或衞其丘壟，禁其芻牧，況尼父德表生民，功被百代，而墳塋荒蕪，荆棘弗翦。可蠲墓側數戶，以掌洒掃。」魯郡上民孔景等五戶居近孔子墓側，蠲其課役，供給洒掃，并種松栢六百株。

是歲，婆皇國遣使獻方物。

二十年春正月，於臺城東西開萬春、千秋二門。

二月甲戌，江州刺史庾登之爲中護軍。庚申，〔二八〕以廬陵王紹爲江州刺史。仇池爲索虜所沒。甲申，車駕於白下閱武。

三月辛亥，安西將軍、荆州刺史衡陽王義季進號征西大將軍。以巴西、梓潼二郡太守申坦爲梁、南秦二州刺史。

夏四月甲午，立第六皇子誕爲廣陵王。

五月癸丑，中護軍庾登之卒。

秋七月癸丑，以楊文德爲征西將軍、北秦州刺史，封武都王。辛酉，以南蠻校尉蕭思話爲雍州刺史。甲子，前雍州刺史劉眞道、梁南秦二州刺史裴方明有罪，下獄死。

八月癸未，以廷尉陶愍祖爲廣州刺史。

冬十二月庚午，以始興內史檀和之爲交州刺史。壬午，詔曰：「國以民爲本，民以食爲天。故一夫輟稼，饑者必及。倉廩既實，禮節以興。自頃在所貧罄，家無宿積。賦役暫偏，則人懷愁墊；歲或不稔，而病乏比室。誠由政德弗孚，以臻斯弊；抑亦耕桑未廣，地利多遺。宰守微化導之方，萌庶忘勤分之義。永言弘濟，明發載懷。雖制令亟下，終莫懲勸，而坐望滋殖，庸可致乎。有司其班宣舊條，務盡敦課。遊食之徒，咸令附業，考覈勤惰，行其誅賞，觀察能殿，嚴加黜陟。古者躬耕帝籍，敬供粢盛，仰瞻前王，思遵令典。便可量處千畝，考卜元辰。朕當親率百辟，致禮郊甸，庶幾誠素，將被斯民。」

是歲，河西國、高麗國、百濟國、倭國並遣使獻方物。

是歲，諸州郡水旱傷稼，民大饑。遣使開倉賑卹，給賜糧種。

二十一年春正月己亥，南徐、南豫州、揚州之浙江西，〔二九〕並禁酒。大赦天下。諸逋債在十九年以前，一切原除。去歲失收者，疇量申減。尤弊之處，遣使就郡縣隨宜賑卹。凡欲附農，而種糧匱乏者，並加給貸。營千畝諸統司役人，賜布各有差。戊午，衞將軍臨川王義慶薨。辛酉，以太子詹事劉義宗爲南兗州刺史。

二月庚午，以領軍將軍趙伯符爲豫州刺史。己丑，司徒、錄尚書事江夏王義恭進位太尉，領司徒。庚寅，以右衞將軍沈演之爲中領軍。辛卯，立第七皇子宏爲建平王。甲午，以廣陵王誕爲南兗州刺史。

夏四月，晉陵延陵民徐耕以米千斛助卹饑民。

五月壬戌，以尙書何尙之爲中護軍，諮議參軍劉道錫爲廣州刺史。

六月，連雨水。丁亥，詔曰：「霖雨彌日，水潦爲患，百姓積儉，易致乏匱。二縣官長及營署部司，各隨統檢實，給其柴米，必使周悉。」

秋七月丁酉，揚州刺史始興王濬加中軍將軍，南豫州刺史武陵王駿加撫軍將軍。〔三〇〕乙巳，詔曰：「比年穀稼傷損，淫亢成災，亦由播殖之宜，尙有未盡。南徐、兗、豫及揚州浙江西屬郡，自今悉督種麥，以助闕乏。速運彭城下邳郡見種，委刺史貸給。徐、豫土多稻田，而民間專務陸作，可符二鎭，履行舊陂，相率修立，并課墾闢，使及來年。凡諸州郡，皆令盡勤地利，勸導播殖，蠶桑麻紵，各盡其方，不得但奉行公文而已。」

八月戊辰，征西大將軍、荆州刺史衡陽王義季爲征北大將軍、開府儀同三司、南兗州刺史，征北將軍、南徐州刺史南譙王義宣爲車騎將軍、荆州刺史。〔三一〕南兗州刺史廣陵王誕爲南徐州刺史。

九月甲辰，以大沮渠安周爲征西將軍、涼州刺史，封河西王。

冬十月己卯，以左軍將軍徐瓊爲兗州刺史，大將軍參軍申恬爲冀州刺史。

二十二年春正月辛卯朔，改用御史中丞何承天元嘉新曆。壬辰，撫軍將軍、南豫州刺史武陵王駿改爲雍州刺史，湘州刺史南平王鑠爲南豫州刺史。

二月辛巳，以侍中王僧朗爲湘州刺史。甲戌，立第八皇子褘爲東海王，第九皇子昶爲義陽王。

夏六月辛亥，以南豫州刺史南平王鑠爲豫州刺史。

秋七月己未，以尚書僕射孟顗爲尚書左僕射，中護軍何尚之爲尚書右僕射。雍州刺史武陵王駿討緣沔蠻，移一萬四千餘口於京師。乙酉，征北大將軍、南兗州刺史衡陽王義季改爲徐州刺史。

九月己未，〔三二〕開酒禁。

冬十月，起湖熟廢田千頃。

十二月乙未，太子詹事范曄謀反，及黨與皆伏誅。丁酉，免大將軍彭城王義康爲庶人。庚戌，以前豫州刺史趙伯符爲護軍將軍。

二十三年春正月丁巳，以長沙內史陸徽爲益州刺史。庚申，尚書左僕射孟顗去職。還

漢川流民於沔次。〔三三〕

二月癸卯，以左衛將軍劉義賓爲南兗州刺史。

三月，索虜寇兗、豫，青、冀刺史申恬破之。

夏四月丁未，大赦天下。

六月癸未朔，日有蝕之。交州刺史檀和之伐林邑國，剋之。

秋七月辛未，以散騎常侍杜坦爲青州刺史。

八月癸卯，揭陽赭賊攻建安郡，燔燒城府。

九月己卯，車駕幸國子學，策試諸生，答問凡五十九人。

冬十月戊子，詔曰：「庠序興立累載，胄子肄業有成。近親策試，覩濟濟之美，緬想洙、泗，永懷在昔。諸生答問，多可採覽。教授之官，並宜沾賚。」賜帛各有差。

十二月丁酉，以龍驤司馬蕭景憲爲交州刺史。

是歲，大有年。築北堤，立玄武湖，築景陽山於華林園。

二十四年春正月甲戌，大赦天下，文武賜位一等。繫囚降宥，諸逋負寬減各有差。孤老、六疾不能自存，人賜穀五斛。蠲建康、秣陵二縣今年田租之半。

三月壬申，護軍將軍趙伯符遷職。

夏五月甲戌，青州刺史杜坦加冀州刺史。

六月，京邑疫癘，丙戌，使郡縣及營署部司，普加履行，給以醫藥。是月，以貨貴，制大錢一當兩。

秋七月乙卯，以林邑所獲金銀寶物，班賚各有差。

八月乙未，征北大將軍、徐州刺史衡陽王義季薨。癸卯，以南兗州刺史劉義賓爲徐州刺史。

九月己未，以中領軍沈演之爲領軍將軍。辛未，以太子詹事徐湛之爲南兗州刺史。

冬十月壬午，豫章胡誕世反，殺太守桓隆之，前交州刺史檀和之南還至豫章，因討平之。壬辰，以建平王宏爲中護軍。

十一月甲寅，立第十皇子渾爲汝陰王。

二十五年春正月戊辰，詔曰：「比者冰雪經旬，薪粒貴踊，貧弊之室，多有窘罄。可檢行京邑二縣及營署，賜以柴米。」

二月庚寅，詔曰：「安不忘虞，經世之所同，治兵教戰，有國之恒典。故服訓明恥，然後

少長知禁。頃戎政雖修，而號令未審。今宜武場始成，便可剋日大習衆軍。當因校獵，肄武講事。」

閏月己酉，大蒐于宣武場。

三月庚辰，車駕校獵。

夏四月乙巳，新作閶闔、廣莫二門，改先廣莫門曰承明，開陽曰津陽。乙卯，以撫軍將軍、雍州刺史武陵王駿爲安北將軍、徐州刺史。癸亥，以右衛將軍蕭思話爲雍州刺史。

五月己卯，罷大錢當兩。

六月庚戌，零陵王司馬元瑜薨。庚申，安北將軍、徐州刺史武陵王駿加兗州刺史。丙寅，車騎將軍、荆州刺史南譙王義宣進位司空。

秋七月壬午，左光祿大夫王敬弘薨。

八月己酉，以撫軍參軍劉秀之爲梁、南秦二州刺史。甲子，立第十一皇子彧爲淮陽王。

九月辛未，以尚書右僕射何尚之爲尚書左僕射，領軍將軍沈演之遷職，吳興太守劉遵考爲領軍將軍。

二十六年春正月辛巳，車駕親祠南郊。

二月己亥，車駕陸道幸丹徒，謁京陵。

三月丁巳，[三四]詔曰：「朕違北京，二十餘載，雖云密邇，瞻塗莫從。今因四表無塵，時和歲稔，復獲拜奉舊塋，展罔極之思，饗讌故老，申追遠之懷。固以義兼於桑梓，情加於過沛，永言慷慨，感慰實深。宜聿宣仁惠，覃被率土。其大赦天下。復丹徒縣僑舊今歲租布之半。行所經縣，蠲田租之半。二千石官長並勤勞王務，宜有沾錫。孤老、鰥寡、六疾不能自存者，人賜穀五斛。」遣使祭晉故司空忠肅公何無忌之墓。乙丑，申南北沛下邳三郡復。又詔曰：「京口肇祥自古，著符近代，衿帶江山，表裏華甸，經塗四達，利盡淮、海，城邑高明，土風淳壹，苞總形勝，實唯名都。故能光宅靈心，克昌帝業。頃年岳牧遷回，軍民徙散，廛里廬宇，不逮往日。皇基舊鄉，地兼蕃重，宜令殷阜，式崇形望。可募諸州樂移者數千家，給以田宅，并蠲復。」

五月丙寅，詔曰：「吾生於此城。及盧循肆亂，害流茲境。先帝以桑梓根本，實同休戚，復以蒙稚，猥同艱難，情義繾綣，夷險兼備，舊物遺蹤，猶存心目。歲月不居，逝踰三紀，時人故老，與運零落。眷惟既往，倍深感歎。可搜訪于時士庶文武今尚存者，具以名聞。人身已亡而子孫見在，優量賜賚之。」車駕水路發丹徒，壬午，至京師。丙戌，婆皇國，壬辰，婆達國，並遣使獻方物。

秋七月辛未，以江州刺史廬陵王紹爲南徐州刺史，廣陵王誕爲雍州刺史。

八月己酉，以中護軍建平王宏爲江州刺史。癸丑，以南豐王朗爲湘州刺史。

冬十月，廣陵王誕改封隨郡王。甲辰，以中軍將軍、揚州刺史始興王濬爲征北將軍、開府儀同三司、南徐兗二州刺史，南徐州刺史廬陵王紹爲揚州刺史。

二十七年春正月辛未，制交、寧二州假板郡縣，俸祿聽依臺除。辛卯，百濟國遣使獻方物。

二月辛丑，右將軍、豫州刺史南平王鑠進號平西將軍。辛亥，[三五]索虜寇汝南諸郡，陳南頓二郡太守鄭琨、汝陽潁川二郡太守郭道隱委守走。索虜攻懸瓠城，行汝南郡事陳憲拒之。以軍興減百官俸三分之一。

三月乙丑，淮南太守諸葛闡求減俸祿同內百官，於是州及郡縣丞尉並悉同減。戊寅，罷國子學。乙酉，以新除吏部尚書蕭思話爲護軍將軍。

夏四月壬子，安北將軍、徐兗二州刺史武陵王駿降號鎮軍將軍。[三六]

六月丁酉，侍中蕭斌爲青、冀二州刺史。

秋七月庚午，遣寧朔將軍王玄謨北伐。太尉江夏王義恭出次彭城，總統諸軍。乙亥，索虜碻磝戍委城走。

冬閏月癸亥，玄謨攻滑臺，不克，爲虜所敗，退還碻磝。辛未，雍州刺史隨王誕遣軍攻弘農城，克之。丙戌，又克關城。

十一月戊子，索虜陷鄒山，魯、陽平二郡太守崔邪利沒。甲午，隨王誕所遣軍又攻陝城，克之。癸卯，左軍將軍劉康祖於壽陽尉武戍與虜戰敗見殺。丁未，大赦天下。

十二月戊午，內外纂嚴。乙丑，冗從僕射胡崇之、太子積弩將軍臧澄之、建威將軍毛熙祚於盱眙與虜戰敗，並見殺。庚午，虜僞主率大衆至瓜步。壬午，內外戒嚴。

二十八年春正月丙戌朔，以寇逼不朝會。丁亥，索虜自瓜步退走。丁酉，攻圍盱眙城。是月，寧朔將軍王玄謨自碻磝退還歷下。

二月丙辰，索虜自盱眙奔走。癸酉，詔曰：「玁狁孔熾，難及數州，眷言念之，鑒寐興悼。凶羯痍挫，迸跡遠奔，彫傷之民，宜時振理。凡遭寇賊郡縣，令還復居業，封屍掩骼，賑贍饑流。東作方始，務盡勸課。貸給之宜，事從優厚。其流寓江、淮者，並聽卽屬，并蠲復稅調。」甲戌，太尉、領司徒江夏王義恭降爲驃騎將軍、開府儀同三司。辛巳，鎮軍將軍、徐兗

二州刺史武陵王駿降號北中郎將。壬午，車駕幸瓜步，是日解嚴。

三月乙酉，車駕還宮。壬辰，征北將軍始興王濬解南兗州。庚子，以輔國將軍臧質爲雍州刺史。戊申，徐州刺史武陵王駿爲南兗州刺史。甲寅，護軍將軍蕭思話爲撫軍將軍、徐兗二州刺史。

夏四月癸酉，婆達國遣使獻方物。索虜僞寧南將軍魯爽、中書郎魯秀歸順。戊寅，以爽爲司州刺史。

五月乙酉，亡命司馬順則自號齊王，據梁鄒城。丁巳，婆皇國，戊戌，河南王，並遣使獻方物。[三七]己巳，驃騎將軍江夏王義恭領南兗州刺史。戊申，以尚書左僕射何尚之爲尚書令，太子詹事徐湛之爲尚書僕射、護軍將軍。壬子，以後將軍隨王誕爲安南將軍、廣州刺史。

六月壬戌，以北中郎將武陵王駿爲江州刺史，以振武將軍、秦郡太守劉興祖爲青、冀二州刺史。

秋七月甲辰，安東將軍倭王倭濟進號安東大將軍。

八月癸亥，梁鄒平，斬司馬順則。

冬十月癸亥，高麗國遣使獻方物。

十一月壬寅，曲赦二兗、徐、豫、青、冀六州。是冬，徙彭城流民於瓜步，淮西流民於姑

孰，合萬許家。

二十九年春正月甲午，詔曰：「經寇六州，居業未立，〔二八〕仍值災澇，饑困荐臻。可速符諸鎮，優量救卹。今農事行興，務盡地利。若須田種，隨宜給之。」

二月庚申，虜帥拓跋燾死。戊午，〔二九〕立第十二皇子休仁爲建安王。

夏四月戊午，訶羅單國遣使獻方物。以驃騎參軍張永爲冀州刺史。

五月甲午，罷湘州幷荆州。以始興、臨賀、始安三郡屬廣州。丙申，詔曰：「惡稔身滅，戎醜常數，虐虜窮凶，著於自昔。未勞資斧，已伏天誅，子孫相殘，親黨離貳，關、洛僞帥，並懷內款，河朔遺民，注誠請効。拯溺蕩穢，今其會也。可符驃騎、司空二府，各部分所統，東西應接。歸義建績者，隨勞酬奬。」是月，京邑雨水。

六月己酉，遣部司巡行，賜樵米，給船。撫軍將軍蕭思話率衆北伐。以征北從事中郎劉瑀爲益州刺史。

秋七月壬辰，汝陰王渾改封武昌王，淮陽王彧改封湘東王。丁酉，省大司農、太子僕、廷尉監官。

八月丁卯，蕭思話攻碻磝，不拔，退還。

九月丁亥，以平西將軍吐谷渾拾寅爲安西將軍、秦河二州刺史。己丑，撫軍將軍、徐兗二州刺史蕭思話加冀州刺史，兗州如故。

冬十月癸亥，司州刺史魯爽攻虎牢不拔，退還。

十一月壬寅，揚州刺史廬陵王紹薨。

十二月辛未，以驃騎將軍、南兗州刺史江夏王義恭爲大將軍、南徐州刺史，錄尚書事如故。

三十年春正月戊寅，以司空、荆州刺史南譙王義宣爲司徒、中軍將軍、揚州刺史。以南兗州幷南徐州。庚辰，以領軍將軍劉遵考爲平西將軍、豫州刺史。壬午，以征北將軍、南徐州刺史始興王濬爲衞將軍、荆州刺史。戊子，江州刺史武陵王駿統衆軍伐西陽蠻。癸巳，以豫州刺史南平王鑠爲撫軍將軍、領軍將軍。

青、徐州饑，二月壬子，遣運部賑卹。

甲子，上崩于含章殿。時年四十七。謚曰景皇帝，廟曰中宗。三月癸巳，葬長寧陵。世祖踐阼，追改謚及廟號。

史臣曰：太祖幼年特秀，顧無保傅之嚴，而天授和敏之姿，自稟君人之德。及正位南面，歷年長久，綱維備舉，條禁明密，罰有恒科，爵無濫品。故能內淸外晏，四海謐如也。昔漢氏東京常稱建武、永平故事，自茲厥後，亦每以元嘉爲言，斯固盛矣。授將遣帥，乖分閫之命，才謝光武，而遙制兵略，至於攻日戰時，莫不仰聽成旨。雖覆師喪旅，將非韓、白，而延寇感境，抑此之由。及至言漏衾衽，難結商豎，雖禍生非慮，蓋亦有以而然也。嗚呼哀哉！

校勘記

〔一〕車駕至京城　孫虨宋書考論云：「當作京邑。京城則京口矣。」按通鑑作建康。宋書京城往往指京口城，此則指建康。

〔二〕辛未車駕祠南郊　各本並脫「辛未」二字，據南史、建康實錄、通鑑補。

〔三〕建安太守潘盛有罪伏誅　「潘盛」各本作「潘城」，據少帝紀、徐羨之傳改。

〔四〕乙卯　各本並作「己卯」，據局本及南史改。按是月丁酉朔，十九日乙卯，無己卯。

〔五〕領平北將軍南徐州刺史　各本並脫「南」字，按彭城王義康傳、建康實錄、通鑑並作南徐州刺史，今據補。

〔六〕十二月丁亥河南國河西王遣使獻方物　「河西王」，各本及南史並作「西河王」，據少帝紀景平元年、大沮渠蒙遜傳、南史宋本紀少帝景平二年改。

〔七〕以前征虜司馬尹沖爲司州刺史　各本並脫「尹」字，按索虜傳，時尹沖爲司州刺史，通鑑同。今據補。

〔八〕征南大將軍檀道濟破索虜於東平壽張　各本並脫「平」字。據檀道濟傳補。洪頤煊諸史考異云：「按檀道濟傳作東平壽張，此『東』下脫『平』字。」

〔九〕苟不深存務本　各本並脫「苟」字，據元龜一九八補。

〔一〇〕以吐谷渾慕容延爲平東將軍　「慕容延」本書吐谷渾傳作「慕延」。魏書作「慕利延」。

〔一一〕吐谷渾輝伐爲鎭軍將軍　各本並脫「谷」字，據前後文例補。「輝伐」魏書作「緯代」。

〔一二〕壬申河南國河西王遣使獻方物　「河西王」各本作「西河王」，據少帝紀景平元年及大沮渠蒙遜傳改。

〔一三〕亡命馬大玄羣黨數百人寇泰山　三朝本作「泰山」，弘治本、北監本、毛本、殿本、局本作「秦梁」。

〔一四〕夏四月乙酉　按是月丁亥朔，無乙酉。二十三日己酉，「乙酉」或是「己酉」之譌。

〔一五〕秋七月辛酉　「辛酉」各本並作「乙酉」，據南史改。按是月庚戌朔，初六日辛酉，無「乙酉」。

〔一六〕於益州立南晉壽南新巴北巴西三郡　各本並作「於益州立南晉壽新巴西三郡」。孫虨宋書考論云：「據州郡志，是南晉壽、南新巴、北巴西三郡。」按孫說是，今訂正。又此條上云「壬申」，下云「乙亥」。按是月丙戌朔，無壬申，亦無乙亥。

〔一七〕以步兵校尉劉眞道爲梁南秦二州刺史　「劉眞道」各本並作「劉道眞」。張森楷校勘記云：「當作劉眞道，見劉懷肅傳，下十八年亦作劉眞道。」按張說是，今改正。

〔一八〕河南國河西王詞羅單國並遣使獻方物　「河西王」各本並作「西河王」，據少帝紀及大沮渠蒙遜傳改。

〔一九〕燕王弘遣使獻方物　「弘」各本並作「年」，據晉書載記改。

〔二〇〕割梁州之巴西梓潼南宕渠南漢中南秦州之南安懷寧凡六郡　洪頤煊諸史考異云：「南安當作安固。張茂度傳，太祖元嘉元年，出爲使持節、督益寧二州梁州之巴西梓潼宕渠南漢中秦州之懷寧安固六郡諸軍事。吉翰傳，元嘉三年，徙督益寧二州梁州之巴西梓潼宕渠南漢中秦州之安固懷寧六郡諸軍事。皆其證。」

〔二一〕今年有不收處　「年」各本並作「半」，據元龜四八九改。

〔二二〕以光祿大夫王球爲尚書僕射　「王球」各本並作「王琳」，據南史、通鑑改。洪頤煊諸史考異云：「王球作王琳，是傳寫之譌。」

〔二三〕夏五月壬午　「壬午」各本作「壬申」。局本作「壬午」。按是月壬午朔，無壬申。今從局本。

〔二四〕尙書僕射王球卒　「球」各本並作「琳」，據南史、通鑑改。

〔二五〕是月　各本並作十二月。按上已有十月，十一月，十二月，不當重出十二月。今改作是月。

〔二六〕盛王聖世　「聖」各本並作「祖」，據元龜一九四改。

〔二七〕始奉礿祠　「礿」各本並作「初」，據元龜二〇七改。

〔二八〕庚申　各本同。按是月壬申朔，初三日甲戌，是月無庚申。下有甲申，爲十三日。甲戌、甲申之間有庚辰。庚申疑庚辰之譌。

〔二九〕南徐南豫州揚州之浙江西　各本同。南史於「南徐」下有「南兗」二字。

〔三〇〕南豫州刺史武陵王駿加撫軍將軍　「駿」各本作「贊」，三朝本作「諱」。按時武陵王駿，卽後之孝武帝。贊爲宋明帝第九子，後亦封武陵王，時尙未生。今改作「駿」。

〔三一〕征北將軍南徐州刺史南譙王義宣爲車騎將軍荆州刺史　「南徐州刺史」各本並脫「南」字，據義宣傳補。

〔三二〕九月己未　「己未」各本並作「乙未」，局本作「己未」。按是月丁巳朔，初三日己未，無乙未。今從局本。

〔三三〕遷漢川流民於沔次　「漢川」各本作「漢州」，按時無「漢州」，據元龜四八六改。

〔三四〕三月丁巳　下有乙丑。各本同。按是月丁卯朔，無丁巳，亦無乙丑。四月丙申朔，二十二日丁巳，三十日乙丑。

〔三五〕辛亥　各本並作「辛巳」。通鑑考異云：「按長曆，二月壬辰朔，十日辛丑，二十日辛亥。辛巳當作辛亥。」今據改。

〔三六〕安北將軍徐兗二州刺史武陵王駿降號鎭軍將軍　「駿」宋本作「諱」。三朝本、北監本、毛本、殿本作「贊」，今據孝武帝紀訂正。說見本卷校勘記第三十條。

〔三七〕五月乙酉亡命司馬順則自號齊王據梁鄒城丁巳婆皇國戊戌河南王並遣使獻方物　按是年五月甲申朔，初二日乙酉，十五日戊戌，無丁巳。丁巳日支當有誤。

〔三八〕居業未立　「立」各本並作「能」，據元龜一九五改。

〔三九〕戊午　各本並作「庚午」，據南史改。按是月庚戌朔，無庚午。初九日戊午。

宋書卷六

本紀第六

孝武帝

世祖孝武皇帝諱駿，字休龍，小字道民，文帝第三子也。元嘉七年秋八月庚午生。十二年，立爲武陵王，食邑二千戶。十六年，都督湘州諸軍事、征虜將軍、湘州刺史，領石頭戍事。十七年，遷使持節、都督南豫豫司雍幷五州諸軍事、南豫州刺史，將軍如故，猶戍石頭。二十一年，加督秦州，進號撫軍將軍。明年，徙都督雍梁南北秦四州荆州之襄陽竟陵南陽順陽新野隨六郡諸軍事、[一]寧蠻校尉、雍州刺史，持節、將軍如故。自晉氏江左以來，襄陽未有皇子重鎭，時太祖欲經略關、河，故有此授。尋給鼓吹一部。

二十五年，改授都督南兗徐兗青冀幽六州豫州之梁郡諸軍事、安北將軍、徐州刺史，持節如故，北鎭彭城。尋領兗州刺史。始興王濬爲南兗州，上解督南兗。二十七年，坐汝陽

戰敗，降號鎭軍將軍。又以索虜南侵，降爲北中郎將。二十八年，進督南兗州、南兗州刺史，當鎭山陽。尋遷都督江州荆州之江夏豫州之西陽晉熙新蔡四郡諸軍事、南中郎將、江州刺史，持節如故。時緣江蠻爲寇，太祖遣太子步兵校尉沈慶之等伐之，使上總統衆軍。

三十年正月，上出次西陽之五洲。會元凶弒逆，以上爲征南將軍，加散騎常侍。上率衆入討，荆州刺史南譙王義宣、雍州刺史臧質並舉義兵。四月辛酉，上次溧洲。癸亥，冠軍將軍柳元景前鋒至新亭，修建營壘。甲子，賊劭親率衆攻元景，大敗退走。丙寅，上次江寧。丁卯，大將軍江夏王義恭來奔，奉表上尊號。戊辰，上至于新亭。

己巳，卽皇帝位。大赦天下，文武賜爵一等，從軍者二等。贓汙淸議，悉皆蕩除。高年、鰥寡、孤幼、六疾不能自存，人賜穀五斛。逋租宿債勿復收。長徒之身，優量降宥。崇改太祖號謚。以大將軍江夏王義恭爲太尉、錄尙書六條事、南徐州刺史。庚午，以荆州刺史南譙王義宣爲中書監、丞相、錄尙書六條事、揚州刺史，安東將軍隨王誕爲衞將軍、開府儀同三司、荆州刺史，雍州刺史臧質爲車騎將軍、開府儀同三司、江州刺史，征虜將軍沈慶之爲領軍將軍，撫軍將軍、兗冀二州刺史蕭思話爲尙書左僕射。壬申，以征虜將軍王僧達爲尙書右僕射。改新亭爲中興亭。

五月甲戌，輔國將軍申坦克京城。乙亥，輔國將軍朱脩之克東府。丙子，克定京邑。[二]劭及始興王濬諸同逆並伏誅。庚辰，詔曰：「天步艱難，國道用否，雖基構永固，而氣數時愆。朕以眇身，奄承皇業，奉尋曆命，鑒寐震懷。萬邦風政，人治之本，感念陵替，若疚在心。可分遣大使巡省方俗。」是日解嚴。辛巳，車駕幸東府城。甲申，尊所生路淑媛爲皇太后。乙酉，立妃王氏爲皇后。戊子，以左衞將軍柳元景爲雍州刺史。壬辰，以太尉江夏王義恭爲太傅，領大司馬。甲午，曲赦京邑二百里內，幷蠲今年租稅。戊戌，以撫軍將軍南平王鑠爲司空，建平王宏爲尙書左僕射，東海王禕爲撫軍將軍，新除尙書左僕射蕭思話遷職。

六月壬寅，以驃騎參軍垣護之爲冀州刺史。甲辰，以山陽太守申恬爲青州刺史。丙午，車駕還宮。初置殿門及上閤屯兵。以江夏內史朱脩之爲平西將軍、雍州刺史，御史中丞王曇生爲廣州刺史。戊申，以新除雍州刺史柳元景爲護軍將軍。己酉，以司州刺史魯爽爲豫州刺史。[三]庚戌，以梁、南秦二州刺史劉秀之爲益州刺史，太尉司馬龐秀之爲梁、南秦二州刺史，衞軍司馬徐遺寶爲兗州刺史，寧朔將軍王玄謨爲徐州刺史，衞將軍隨王誕進號驃騎大將軍。尙書右僕射王僧達遷職，丹陽尹褚湛之爲尙書右僕射。丙辰，以侍中南譙王世子恢爲湘州刺史。丁巳，[四]詔曰：「興王立訓，務弘治節，輔臣佐時，勤獻政要，仰惟聖規，每存茲道。猥以眇躬，屬承景業，闡揚遺澤，無廢厥心。夫量入爲出，邦有恒典，而經給

之宜，多違常度。兵役糜耗，府藏散減，外內衆供，未加損約，非所以聿遵先旨，敬奉遺圖。自今諸可薄己厚民、去煩從簡者，悉宜施行，以稱朕意。」庚申，詔有司論功班賞各有差。辛酉，安西將軍、西秦河二州刺史吐谷渾拾寅進號鎭西大將軍、開府儀同三司。庚午，還分南徐立南兗州。辛未，改封南譙王義宣爲南郡王，隨王誕爲竟陵王，義宣次子宜陽侯愷爲宜陽縣王。

閏月壬申，以領軍將軍沈慶之爲鎭軍將軍、南兗州刺史。癸酉，以護軍將軍柳元景爲領軍將軍。丙子，遣兼散騎常侍樂詢等十五人巡行風俗。甲申，蠲尋陽、西陽郡租布三年。甲午，丞相南郡王義宣改爲荆、湘二州刺史，驃騎大將軍、荆州刺史竟陵王誕改爲揚州刺史，南蠻校尉王僧達爲護軍將軍。是月，置衞尉官。

秋七月辛丑朔，日有蝕之。甲寅，詔曰：「世道未夷，惟憂在國。夫使羣善畢舉，固非一才所議，況以寡德，屬衰薄之期，夙宵寅想，永懷待旦。王公卿士，凡有嘉謀善政，可以維風訓俗，咸達乃誠，無或依隱。」辛酉，詔曰：「百姓勞弊，徭賦尙繁，言念未乂，宜崇約損。凡用非軍國，宜悉停功。可省細作幷尙方，雕文靡巧，金銀塗飾，事不關實，嚴爲之禁。供御服膳，減除遊侈。水陸捕採，各順時月。官私交市，務令優衷。其江海田池公家規固者，詳所開弛。貴戚競利，悉皆禁絕。」戊戌，[五]以右衞將軍宗慤爲廣州刺史。己巳，司空南平王鑠

薨。八月辛未，武皇帝舊役軍身，嘗在齋內，人身猶存者，普賜解戶。乙亥，尚書左僕射建平王宏加中書監，中軍將軍。丁亥，以沛郡太守垣閎爲寧州刺史，撫軍司馬費沈爲梁、南秦二州刺史。甲午，護軍將軍王僧達還職。

九月丁巳，以前尚書劉義綦爲中護軍。壬戌，新亭戰亡者，復同京城。劭黨南海太守蕭簡據廣州反。丁卯，輔國將軍鄧琬討平之。

冬十月癸未，車駕於閱武堂聽訟。

十一月丙午，以左軍將軍魯秀爲司州刺史。丙辰，停臺省衆官朔望問訊。丙寅，高麗國遣使獻方物。

十二月甲戌，省都水臺，罷都水使者官，置水衡令官。癸未，以將置東宮，省太子率更令、步兵、翊軍校尉、旅賁中郎將、宂從僕射、左右積弩將軍官。中庶子、中舍人、庶子、舍人、洗馬，各減舊員之半。

孝建元年春正月己亥朔，車駕親祠南郊，改元，大赦天下。壬寅，以丹陽尹蕭思話爲安北將軍、徐州刺史。甲辰，護軍將軍劉義綦還職，以尚書令何尚之爲左光祿大夫、護軍將軍。戊申，詔曰：「首食尚農，經邦本務，貢士察行，寧朝當道。內難甫康，政訓未洽，衣食有

仍耗之弊，選造無觀國之美。昔衞文勤民，高宗恭默，卒能收賢巖穴，大殷季年。朕每側席疚懷，無忘鑒寐。凡諸守莅親民之官，可詳申舊條，勤盡地利。[六]力田善蓄者，在所具以名聞。褒甄之科，精爲其格。四方秀孝，非才勿舉，獻答允值，即就銓擢。若止無可採，猶賜除署，若有不堪酬奉，虛竊榮薦，遣還田里，加以禁錮。尚書百官之元本，庶績之樞機，丞郎列曹，局司有在。而頃事無巨細，悉歸令僕，非所以衆材成構，羣能濟業者也。可更明體制，咸責厥成，糾覈勤惰，嚴施賞罰。」壬戌，更鑄四銖錢。丙寅，立皇子子業爲皇太子。賜天下爲父後者爵一級。孝子、順孫、義夫、節婦粟帛各有差。是月，起正光殿。

二月庚午，豫州刺史魯爽、車騎將軍江州刺史臧質、丞相荆州刺史南郡王義宣、兗州刺史徐遺寶舉兵反。乙亥，撫軍將軍東海王禕還職。己卯，領軍將軍柳元景加撫軍將軍。壬午，曲赦豫州。辛卯，左衞將軍王玄謨爲豫州刺史。癸巳，玄謨進據梁山。丙申，以安北司馬夏侯祖歡爲兗州刺史。

三月癸亥，[七]內外戒嚴。辛丑，以安北將軍、徐州刺史蕭思話爲安南將軍、江州刺史；撫軍將軍柳元景即本號爲雍州刺史。癸卯，以太子左衞率龐秀之爲徐州刺史。徐遺寶爲夏侯祖歡所破，棄衆走。丙寅，以輔國長史明胤爲冀州刺史。

夏四月戊辰，以後將軍劉義綦爲湘州刺史。甲申，以平西將軍、雍州刺史朱脩之爲安西將軍、荆州刺史。丙戌，鎮軍將軍、南兗州刺史沈慶之大破魯爽於歷陽之小峴，斬爽。癸巳，進慶之號鎮北大將軍。封第十六皇弟休倩爲東平王。未拜，薨。

五月甲寅，義宣等攻梁山，王玄謨大破之。己未，解嚴。癸亥，以吳興太守劉延孫爲尚書右僕射。

六月戊辰，臧質走至武昌，爲人所斬，傳首京師。甲戌，撫軍將軍柳元景進號撫軍大將軍，鎮北大將軍沈慶之並開府儀同三司。丙子，以征西將軍武昌王渾爲雍州刺史。癸未，分揚州立東揚州。分荆、湘、江、豫州立郢州。罷南蠻校尉。戊子，省錄尚書事。庚寅，義宣於江陵賜死。

秋七月丙申朔，日有蝕之。丙辰，大赦天下。文武賜爵一級。逋租宿債勿復收。辛酉，於雍州立建昌郡。以會稽太守義陽王昶爲東揚州刺史。

八月庚午，撫軍大將軍柳元景復爲領軍將軍，本號如故。壬申，以游擊將軍垣護之爲徐州刺史。壬辰，以安西司馬梁坦爲梁、南秦二州刺史。

九月丙申，以强弩將軍尹懷順爲寧州刺史。丁酉，左光祿大夫何尚之解護軍將軍。甲辰，加尚之特進。丙午，以安南將軍、江州刺史蕭思話爲鎮西將軍、郢州刺史。

冬十月戊寅，詔曰：「仲尼體天降德，維周興漢，經緯三極，冠冕百王。爰自前代，咸加

褒述。典司失人，用闕宗祀。先朝遠存遺範，有詔繕立，世故妨道，事未克就。國難頻深，忠勇奮厲，實憑聖義，大教所敦。永惟兼懷，無忘待旦。可開建廟制，同諸侯之禮。詳擇爽塏，厚給祭秩。」丁亥，以祕書監東海王禕爲撫軍將軍、江州刺史。於郢州立安陸郡。

十一月癸卯，復立都水臺，置都水使者官。

是歲，始課南徐州僑民租。

二年正月壬寅，以冠軍將軍湘東王彧爲中護軍。

二月己丑，[八]婆皇國遣使獻方物。丙寅，以鎮北大將軍、南兗州刺史沈慶之爲左光祿大夫、開府儀同三司。辛巳，以尚書右僕射劉延孫爲南兗州刺史。

三月辛亥，以吳興太守劉遵考爲湘州刺史。壬子，以行征西將軍楊文智爲征西將軍、北秦州刺史。

夏四月壬申，河南國遣使獻方物。壬午，以豫章太守檀和之爲豫州刺史。

五月戊戌，以湘州刺史劉遵考爲尚書右僕射，前軍司馬垣閎爲交州刺史。庚子，以輔國將軍申坦爲徐、兗二州刺史。癸卯，以右衞將軍顧覬之爲湘州刺史。丁未，以金紫光祿大夫王偃爲右光祿大夫。

六月甲子，以國哀除釋，大赦天下。庚辰，以曲江縣侯王玄謨爲豫州刺史。

秋七月癸巳，立第十三皇弟休祐爲山陽王，第十四皇弟休茂爲海陵王，第十五皇弟休業爲鄱陽王。戊戌，鎭西將軍蕭思話卒。己酉，以益州刺史劉秀之爲郢州刺史。槃槃國遣使獻方物。甲寅，以義興太守到元度爲益州刺史。

八月庚申，雍州刺史武昌王渾有罪，廢爲庶人，自殺。辛酉，以南兗州刺史劉延孫爲鎭軍將軍、雍州刺史。斤陀利國遣使獻方物。三吳民饑，癸酉，詔所在賑貸。丙子，詔曰：「諸苑禁制綿遠，有妨肆業。〔九〕可詳所開弛，假與貧民。」壬午，以新除豫州刺史王玄謨爲青、冀二州刺史，青州刺史申恬爲豫州刺史。甲申，以右衞將軍檀和之爲南兗州刺史。

九月丁亥，〔一〇〕車駕於宣武場閱武。庚戌，詔曰：「國道再屯，艱虞畢集。朕雖寡德，終膺鴻慶。惟新之祉，實深百王，而惠宥之令，未殊常渥。永言勤慮，寤寐載懷。在朕受命之前，凡以罪徙放，悉聽還本。犯釁之門，尚有存者，子弟可隨才署吏。」

冬十月壬午，太傅江夏王義恭領揚州刺史，驃騎大將軍、揚州刺史竟陵王誕爲司空、南徐州刺史，中書監、尚書左僕射、中軍將軍建平王宏爲尚書令，將軍如故。

十一月戊子，中護軍湘東王彧遷職，鎭軍將軍劉延孫爲護軍將軍。青、冀二州刺史王玄謨爲雍州刺史。甲午，以大司馬垣護之爲青、冀二州刺史。〔一一〕辛亥，高麗國遣使獻方物。

十二月癸亥，以前交州刺史蕭景憲爲交州刺史。

三年春正月庚寅，立第十八皇弟休範爲順陽王，第十九皇弟休若爲巴陵王。戊戌，立第二皇子子尚爲西陽王。辛丑，車駕親祠南郊。壬子，立皇太子妃何氏。甲寅，大赦天下。

二月癸亥，右光祿大夫王偃卒。甲子，以廣州刺史宗慤爲平西將軍、豫州刺史。丁卯，以新除御史中丞王翼爲廣州刺史。〔一二〕丁丑，始制朔望臨西堂接羣下，受奏事。壬午，內外官有田在近道，聽遣所給吏僮附業。

三月癸丑，以西陽王子尚爲南兗州刺史。

閏月戊午，尚書右僕射劉遵考遷職。癸酉，鄱陽王休業薨。庚辰，停元嘉三十年以前兵工考剔。

夏五月辛酉，制荊、徐、兗、豫、雍、青、冀七州統內，家有馬一匹者，蠲復一丁。壬戌，以右衞將軍劉瑀爲益州刺史。

六月，上於華林園聽訟。

秋七月，太傅江夏王義恭解揚州。丙子，以南兗州刺史西陽王子尚爲揚州刺史，祕書監建安王休仁爲南兗州刺史。

八月戊戌，以北中郎諮議參軍費淹爲交州刺史。〔一三〕丁未，以尚書吏部郎王琨爲廣州刺史。〔一四〕

九月壬戌，以丹陽尹劉遵考爲尚書右僕射。〔一五〕

冬十月癸未，以尋陽太守張悅爲益州刺史。丙午，太傅江夏王義恭進位太宰，領司徒。丁未，領軍將軍柳元景加驃騎將軍，尚書令建平王宏加中書監、衞將軍，撫軍將軍、江州刺史東海王禕進號平南將軍。

十一月癸丑，淮南太守袁景有罪棄市。

十二月丙午，以侍中孔靈符爲郢州刺史。

大明元年春正月辛亥朔，改元，大赦天下。賜高年孤疾粟帛各有差。庚午，護軍將軍劉延孫遷職，右衞將軍湘東王彧爲中護軍。京邑雨水，辛未，遣使檢行，賜以樵米。

二月己亥，復親民職公田。索虜寇兗州。

三月壬戌，制大臣加班劍者，不得入宮城門。梁州獠求內屬，立懷漢郡。

夏四月，京邑疾疫，丙申，遣使按行，賜給醫藥。死而無收斂者，官爲斂埋。庚子，省湘州宋建郡幷臨賀。

五月，吳興、義興大水，民饑。乙卯，遣使開倉賑卹。癸酉，於華林園聽訟。乙亥，以左衞將軍沈曇慶爲徐州刺史，輔國將軍梁瑾葱爲河州刺史、宕昌王。

六月己卯，以前太子步兵校尉劉祗子歆繼南豐王朗。辛巳，以長水校尉山陽王休祐爲東揚州刺史。丁亥，休祐改爲湘州刺史。以丹陽尹顏竣爲東揚州刺史。

秋七月辛未，土斷雍州諸僑郡縣。

八月戊戌，於兗州立陽平郡。壬寅，於華林園聽訟。甲辰，司空、南徐州刺史竟陵王誕改爲南兗州刺史，太子詹事劉延孫爲鎭軍將軍、南徐州刺史。

冬十月丙申，詔曰：「旒纊之道，有孚於結繩，日昃之勤，已切於姬后。況世弊教淺，歲月澆季。朕雖勠力宇內，未明求衣，而識狹前王，務廣昔代，永言菲德，其愧良深。朝咨野怨，自達者寡，惠民利公，所昧實衆。自今百辟庶尹，下民賤隸，有懷誠抱志，擁鬱衡閭，失理負謗，未聞朝聽者，皆聽躬自申奏，小大以聞。朕因聽政之日，親對覽焉。」甲辰，以百濟王餘慶爲鎭東大將軍。

十二月丁亥，順陽王休範改封桂陽王。戊戌，於華林園聽訟。

二年春正月辛亥，車駕祀南郊。壬子，詔曰：「去歲東土多經水災。春務已及，宜加優課。糧種所須，以時貸給。」丙辰，復郡縣田秩，幷九親祿俸。壬戌，詔曰：「先帝靈命初興，龍飛西楚，歲紀浸遠，感往纏心。奉迎文武，情深常隸，思弘殊澤，以申永懷。吏身可賜爵一級，軍戶免爲平民。」

二月丙子，詔曰：「政道未著，俗弊尙深，豪侈兼幷，貧弱困窘，存闕衣裳，沒無斂櫬，朕甚傷之。其明敕守宰，勤加存卹。賻贈之科，速爲條品。」乙酉，以金紫光祿大夫褚湛之爲尙書左僕射。丙戌，中書監、尙書令、衞將軍建平王宏以本號開府儀同三司，中書監如故。丁酉，驃騎將軍柳元景以本號開府儀同三司。甲辰，散騎常侍義陽王昶爲中軍將軍。

三月丁未，中書監、尙書令、衞將軍建平王宏薨。乙卯，以田農要月，太官停殺牛。丁卯，上於華林園聽訟。癸酉，以寧朔將軍劉季之爲司州刺史。

夏四月甲申，立皇子子綏爲安陸王。甲午，以海陵王休茂爲雍州刺史。辛丑，地震。

五月戊申，復西陽郡。

六月戊寅，增置吏部尙書一人，省五兵尙書。丁亥，左光祿大夫何尙之加開府儀同三司。戊子，以金紫光祿大夫羊玄保爲右光祿大夫。丙申，詔曰：「往因師旅，多有逋亡。或連山染逆，懼致軍憲，或辭役憚勞，苟免刑罰。雖約法從簡，務思弘宥，恩令驟下，而逃伏猶多。豈習愚爲性，忸惡難反，將在所長吏，宣導乖方。可普加寬申，咸與更始。」

秋七月甲辰，彭城民高闍等謀反伏誅。癸亥，以右衞將軍顏師伯爲青、冀二州刺史。

八月乙酉，河南王遣使獻方物。丙戌，中書令王僧達有罪，下獄死。己丑，以强弩將軍杜叔文爲寧州刺史，交州刺史費淹爲廣州刺史，南海太守垣閎爲交州刺史。甲午，以寧朔將軍沈僧榮爲兗州刺史。

九月癸卯，於華林園聽訟。壬戌，以寧朔將軍劉道隆爲徐州刺史。襄陽大水，遣使巡行賑贍。庚午，置武衞將軍、武騎常侍官。

冬十月甲午，以中軍將軍義陽王昶爲江州刺史。乙未，高麗國遣使獻方物。

十一月壬子，揚州刺史西陽王子尙加撫軍將軍。

十二月己亥，諸王及妃主庶姓位從公者，喪事聽設凶門，餘悉斷。

閏月庚子，詔曰：「夫山處巖居，不以魚鼈爲禮。頃歲多虞，軍調繁切，違方設賦，本濟一時，而主者玩習，遂爲常典。杶榦瑤琨，任土作貢，積羽羣輕，終致深弊。永言弘革，無替朕心。凡寰衞貢職，山淵採捕，皆當詳辨產殖，考順歲時，勿使牽課虛懸，睽忤氣序。庶簡約之風，有孚於品性，惠斂之訓，無漏於幽仄。」庚申，上於華林園聽訟。壬戌，林邑國遣使獻方物。

是冬，索虜寇青州，刺史顏師伯頻大破之。

三年春正月丁亥，割豫州梁郡屬徐州。己丑，以驃騎將軍、領軍將軍柳元景爲尙書令，尙書右僕射劉遵考爲領軍將軍。丙申，婆皇國遣使獻方物。

二月乙卯，以揚州所統六郡爲王畿。以東揚州爲揚州。[六]時欲立司隸校尉，以元凶已立乃止。撫軍將軍、揚州刺史西陽王子尙徙爲揚州刺史。甲子，復置廷尉監官。

荆州饑，三月甲申，原田租布各有差。庚寅，以義興太守垣閬爲兗州刺史。壬辰，中護軍湘東王彧遷職，以中書令東海王褘爲衞將軍、護軍將軍。癸巳，太宰江夏王義恭加中書監。

夏四月癸卯，上於華林園聽訟。丙午，以建寧太守苻仲子爲寧州刺史。乙卯，司空、南兗州刺史竟陵王誕有罪，貶爵。誕不受命，據廣陵城反，殺兗州刺史垣閬。以始興公沈慶之爲車騎大將軍、開府儀同三司、南兗州刺史討誕。甲子，上親御六師，車駕出頓宣武堂。司州刺史劉季之反叛，徐州刺史劉道隆討斬之。

秋七月己巳，剋廣陵城，斬誕。悉誅城內男丁，以女口爲軍賞。是日解嚴。辛未，大赦天下。尙方長徒、奚官奴婢老疾者悉原放。孝子、順孫、義夫、節婦，賜粟帛各有差。王畿下貧之家，與近行頓所由，並蠲租一年。丙子，以丹陽尹劉秀之爲尙書右僕射。丙戌，分淮

南北復置二豫州。以新除車騎大將軍、開府儀同三司、南兗州刺史沈慶之爲司空，刺史如故。戊子，以衞將軍、護軍將軍東海王褘爲南豫州刺史，衞將軍如故。江州刺史義陽王昶爲護軍將軍，冠軍將軍桂陽王休範爲江州刺史。癸巳，以前左衞將軍王玄謨爲郢州刺史。

八月丙申，詔曰：「近北討文武，於軍亡沒，或殞身矢石，或癘疾死亡，並盡勤王事，而斂櫬卑薄。可普更賻給，務令豐厚。」己酉，以車騎長史庾深之爲豫州刺史。甲子，詔曰：「昔姬道方凝，刑法斯厝，漢德初明，犴圄用簡。良由上一其道，下淳其性。今民澆俗薄，誠淺僞深，重以寡德，弗能心化。故知方者尠，趣辟實繁。向因巡覽，見二尙方徒隸，嬰金屨校，旣有矜復。加國慶民和，獨隔凱澤，益以惻焉。可詳所原宥。」

九月己巳，詔曰：「夫五辟三刺，自古所難，巧法深文，在季彌甚。故沿情察訟，魯師致捷，市獄勿擾，漢史飛聲。廷尉遠邇疑讞，平決攸歸，而一蹈幽圄，動逾時歲。民嬰其困，吏容其私。自今囚至辭具，並卽以聞，朕當悉詳斷，庶無留獄。若繁文滯劾，證逮遐廣，必須親察，以盡情狀。自後依舊聽訟。」壬辰，於玄武湖北立上林苑。

冬十月丁酉，詔曰：「古者薦鞠青壇，聿祈多慶，分繭玄郊，以供純服。來歲，可使六宮妃嬪修親桑之禮。」庚子，鎭軍將軍、南徐州刺史劉延孫進號車騎將軍。戊申，河西國遣使獻方物。庚戌，以河西王大沮渠安周爲征虜將軍、涼州刺史。

中華書局

十一月己巳，高麗國遣使獻方物。肅愼國重譯獻楛矢、石砮。西域獻舞馬。

十二月戊午，上於華林園聽訟。辛酉，置謁者僕射官。

四年春正月辛未，車駕祠南郊。甲戌，宕昌王奉表獻方物。乙亥，車駕躬耕藉田。大赦天下。尚方徒繫及逋租宿債，大明元年以前，一皆原除。力田之民，隨才敍用。孝悌義順，賜爵一級。孤老貧疾，人穀十斛。藉田職司，優沾普賚。百姓乏糧種，隨宜貸給。吏宜勸有章者，詳加褒進。壬午，以北中郎司馬柳叔仁爲梁、南秦二州刺史。左將軍、荆州刺史朱脩之進號鎮軍將軍。庚寅，立第三皇子子勛爲晉安王，第六皇子子房爲尋陽王，第七皇子子頊爲歷陽王，第八皇子子鸞爲襄陽王。

二月庚子，侍中建安王休仁爲湘州刺史。己未，以員外散騎侍郎費景緒爲寧州刺史。

三月甲子，以冠軍將軍巴陵王休若爲徐州刺史。丁卯，以安陸王子綏爲郢州刺史。癸酉，以徐州刺史劉道隆爲青、冀二州刺史。索虜寇北陰平孔堤，太守楊歸子擊破之。甲申，皇后親桑于西郊。

夏四月癸卯，以南琅邪隸王畿。丙午，詔曰：「昔紩衣御宇，貶甘示節；土簋臨天，飭儉昭度。朕綈帛之念，無忘于懷。雖深詔有司，省游務實，而歲用兼積，年量虛廣。豈以捐豐

從損，允稱約心。四時供限，可詳減太半。庶裘絺順典，有偃民華，纂組傷工，無競壚市。」辛酉，詔曰：「都邑節氣未調，疫癘猶衆，言念民瘼，情有矜傷。可遣使存問，并給醫藥；其死亡者，隨宜卹贍。」

五月庚辰，於華林園聽訟。乙酉，以徐州之梁郡還屬豫州。丙戌，尚書左僕射褚湛之卒。以撫軍長史劉思考爲益州刺史。庚寅，以南下邳併南彭城郡。

秋七月甲戌，左光祿大夫、開府儀同三司何尚之薨。

八月壬寅，宕昌王遣使獻方物。己酉，以晉安王子勛爲南兗州刺史。雍州大水，甲寅，遣軍部賑給。

九月辛未，以冠軍將軍垣護之爲豫州刺史。甲申，上於華林園聽訟。丁亥，改封襄陽王子鸞爲新安王。

冬十月庚寅，遣新除司空沈慶之討沿江蠻。壬辰，制郡縣減祿，並先充公限。

十一月戊辰，改細作署令爲左右御府令。丙戌，復置大司農官。

十二月乙未，上於華林園聽訟。辛丑，〔一七〕車駕幸廷尉寺，凡囚繫咸悉原遣。索虜遣使請和。丁未，車駕幸建康縣，原放獄囚。倭國遣使獻方物。

五年春正月丁卯，以宕昌王梁唐子爲河州刺史。

二月癸巳，車駕閱武。詔曰：「昔人稱人道何先，於兵爲首，雖淹紀勿用，忘之必危。朕以聽覽餘閒，因時講事，坐作有儀，進退無爽。軍幢以下，普量班錫。頃化弗能孚，而民未知禁，道役違調，起觸刑網。凡諸逃亡，在今昧爽以前，悉皆原赦。已滯囹圄者，釋還本役。其逋負在大明三年以前，一賜原停。自此以還，鰥貧疾老，詳所申減。伐蠻之家，蠲租稅之半。近籍改新制，在所承用，殊謬實多，可普更符下，聽以今爲始。若先已犯制，亦同蕩然。」甲寅，加右光祿大夫羊玄保特進。

夏四月癸巳，改封西陽王子尚爲豫章王。丙申，加尚書令柳元景左光祿大夫、開府儀同三司。戊戌，詔曰：「南徐、兗二州去歲水潦傷年，民多困窶。逋租未入者，可申至秋登。」丙午，雍州刺史海陵王休茂殺司馬庾深之，舉兵反，義成太守薛繼考討斬之。〔一八〕甲寅，以第九皇子子仁爲雍州刺史。

五月癸亥，制帝室期親，朝官非祿官者，月給錢十萬。丙辰，車駕幸閱武堂聽訟。

六月丙午，以護軍將軍義陽王昶爲中軍將軍。壬子，分廣陵置沛郡，省東平郡并廣陵。

秋七月丙辰，詔曰：「雨水猥降，街衢泛溢。可遣使巡行。窮弊之家，賜以薪粟。」丁卯，高麗國遣使獻方物。庚午，曲赦雍州。

八月戊子，立第九皇子子仁爲永嘉王，第十一皇子子眞爲始安王。以北中郎參軍費伯弘爲寧州刺史。己丑，詔曰：「自靈命初基，聖圖重遠。參正樂職，感神明之應；崇殖禮囿，奮至德之光。聲實同和，文以均節，化調其俗，物性其情。故臨經式奠，煥乎炳發，道喪世屯，學落年永。獄訟微衰息之術，百姓忘退素之方。今息警夷嶂，恬波河渚，棧山航海，嚮風慕義，化民成俗，茲焉時矣。〔一九〕來歲可修葺庠序，旌延國胄。」庚寅，制方鎮所假白板縣，年限依臺除，食祿三分之一，不給送故。衞將軍東海王禕以本號開府儀同三司。

九月甲寅朔，日有食之。丁卯，行幸琅邪郡，囚繫悉原遣。甲戌，移南豫州治淮南于湖縣。丁丑，以冠軍將軍尋陽王子房爲南豫州刺史。

閏月戊子，皇太子妃何氏薨。丙申，初立馳道，自閶闔門至于朱雀門，又自承明門至于玄武湖。壬寅，改封歷陽王子頊爲臨海王。

冬十月甲寅，以車騎將軍、南徐州刺史劉延孫爲尚書左僕射、領護軍將軍，尚書右僕射劉秀之爲安北將軍、雍州刺史。以冠軍將軍臨海王子頊爲廣州刺史。乙卯，以東中郎將新安王子鸞爲南徐州刺史。

十一月壬辰，詔曰：「王畿內奉京師，外表衆夏，民殷務廣，宜思簡惠。可遣尚書就加詳檢，并與守宰平治庶獄。其有疑滯，具以狀聞。」丁酉，增置少府丞一人。

中華書局

十二月壬申，以領軍將軍劉遵考爲尚書右僕射。甲戌，制天下民戶歲輸布四疋。庚辰，以太常王玄謨爲平北將軍、徐州刺史。

六年春正月己丑，湘州刺史建安王休仁加平南將軍。辛卯，車駕親祠南郊。是日，又宗祀明堂。大赦天下。孝子、順孫、義夫、悌弟，賜爵一級；慈姑、節婦及孤老、六疾，賜帛五匹，穀十斛。下四方旌賞茂異，其有懷眞抱素，志行淸白，恬退自守，不交當世，或識通古今，才經軍國，奉公廉直，高譽在民，具以名奏。乙未，置五官中郎將、左右中郎將官。

二月乙卯，復百官祿。

三月庚寅，立第十三皇子子元爲邵陵王。壬寅，以倭國王世子興爲安東將軍。乙巳，改豫州南梁郡爲淮南郡，舊淮南郡幷宣城。丁未，輔國將軍、征虜長史、廣陵太守沈懷文有罪，下獄死。

四月庚申，原除南兗州大明三年以前逋租。新作大航門。

五月丙戌，置凌室，修藏冰之禮。壬寅，太宰江夏王義恭解領司徒。

六月辛酉，尚書左僕射、護軍將軍劉延孫卒。〔二〇〕

秋七月庚辰，以荊州刺史朱脩之爲領軍將軍，廣州刺史臨海王子頊爲荊州刺史。甲申，地震。戊子，以輔國將軍王翼之爲廣州刺史。辛卯，以西陽太守檀翼之爲交州刺史。乙未，立第十九皇子子雲爲晉陵王。

八月癸亥，原除雍州大明四年以前逋租。乙亥，置淸臺令。

九月戊寅，制沙門致敬人主。戊子，以前金紫光祿大夫宗慤爲中護軍。乙未，尚書右僕射劉遵考爲尚書左僕射，丹陽尹王僧朗爲尚書右僕射。

冬十月丁巳，以山陽王休祐子士弘繼鄱陽哀王休業。丁卯，詔上林苑內民庶丘墓欲還合葬者，〔二一〕勿禁。

十一月己卯，陳留王曹虔秀薨。辛巳，以尚書令柳元景爲司空，尚書令如故。

七年春正月癸未，詔曰：「春蒐之禮，著自周令；講事之語，書于魯史。所以昭宣德度，示民軌則。今歲稔氣榮，中外寧晏。當因農隙，葺是舊章。可克日於玄武湖大閱水師，幷巡江右，講武校獵。」丁亥，以尚書右僕射王僧朗爲太常，衞將軍顏師伯爲尚書右僕射。己丑，以尚書令柳元景爲驃騎大將軍、開府儀同三司。庚寅，以南兗州刺史晉安王子勛爲江州刺史。癸巳，割吳郡屬南徐州。

二月甲寅，車駕巡南豫、南兗二州。丙辰，詔曰：「江漢楚望，咸秩周禋，禮九疑於盛唐，祀蓬萊於渤海，皆前載流訓，列聖遺式。霍山是曰南嶽，實維國鎭，韞靈呈瑞，肇光宋道。朕駐驆于野，有事岐陽，瞻睇風雲，徘徊以想。可遣使奠祭。」丁巳，車駕校獵于歷陽之烏江。己未，車駕登烏江縣六合山。庚申，割歷陽秦郡置臨江郡。壬戌，〔二二〕詔曰：「朕受天慶命，十一年於玆矣。憑七廟之靈，獲上帝之力，禮横四海，威震八荒。方巡三湘而奠衡嶽，次九河而檢云、岱。今恢覽功成，省風畿表，覲民六合，蒐校長洲。騰沙飛礫，平嶽盪海，姦晉合序，鐃鉦協節，獻旤如禮，餘獸傾郊，敬舉王公之觴，廣納士民之壽。八風循通，卿雲叢聚，盡天罄瑞，率宇竭歡。思散太極之泉，以福無方之外。可大赦天下，行幸所經，無出今歲租布。其逋租餘債，勿復收。賜民爵一級，女子百戶牛酒。刺守邑宰及民夫從蒐者，普加沾賚。」〔二三〕又詔曰：「朕弱年操製，出牧司雍，承政宣風，荐歷年紀。國步中阻，治戎江甸，難夷情義，實縶于懷。今或練蒐訓旅，涉玆境閫，故邑耆舊，在目罕存。年世未遠，殲亡太半，撫迹惟事，傾慨兼著。太宗燕故，晉陽洽恩；世祖流仁，濟畿暢澤。永言往猷，思廣前賚。可蠲歷陽郡租輸三年。遣使巡慰，問民疾苦，鰥寡、孤老、六疾不能自存者，厚賜粟帛。高年加以羊酒。凡一介之善，隨才銓貫；前國名臣及府州佐吏，量所沾錫。人身已往，施及子孫。」壬申，車駕還宮。

夏四月甲寅，以領軍將軍朱脩之爲特進。丙辰，以尚書湘東王彧爲領軍將軍。甲子，詔曰：「自非臨軍戰陳，一不得專殺。其罪甚重辟者，〔二四〕皆如舊先上須報，有司嚴加聽察。犯者以殺人罪論。」

五月乙亥，撫軍將軍、揚州刺史豫章王子尙進號車騎將軍，輔國將軍始安王子眞爲廣州刺史。丙子，詔曰：「自今刺史守宰，動民興軍，皆須手詔施行。唯邊隅外警，及姦釁內發，變起倉卒者，不從此例。」

六月甲辰，以北中郎司馬柳元怙爲梁、南秦二州刺史。戊申，芮芮國、高麗國遣使獻方物。戊辰，以秦郡太守劉德願爲豫州刺史。

七月乙亥，征東大將軍高麗王高璉進號車騎大將軍、開府儀同三司。丙申，〔二五〕詔曰：「前詔江海田池，與民共利。歷歲未久，浸以弛替。名山大川，往往占固。有司嚴加檢糾，申明舊制。」

八月丁巳，詔曰：「昔匹婦含怨，山燋北鄙；孀妻哀慟，臺傾東國。良以誠之所動，在微必著；感之所震，雖厚必崩。朕臨察九野，志深待旦，弗能使爛然成章，各如其節。遂令炎精損河，陽偏不施，歲云不稔，咎實朕由。太官供膳，宜從貶撤。近道刑獄，當親料省。其王畿內及神州所統，可遣尚書與所在共詳；畿外諸州，委之刺史。幷詳省律令，思存利民。其考讁貿襲，在大明七年以前，一切勿治。尤弊之家，開倉賑給。」乙丑，立第十六皇子子孟爲淮南王，第十八皇子子產爲臨賀王。車駕幸建康秣陵縣訊獄囚。

九月己卯，詔曰：「近炎精亢序，苗稼多傷。今二麥未晚，甘澤頻降，可下東境郡，勤課墾殖。尤弊之家，量貸麥種。」戊子，詔曰：「昔周王驥跡，實窮四溟；漢帝鸞軫，夙遍五嶽。皆所以上對幽靈，下理民土。自天昌替馭，臨宮創圖，禮代夭鬱，世貿興毀。皇家造宋，日月重光，琁璣得序，五星順命，而戎車歲動，陳詩義闕。朕聿舍五光，奄一天下，思盡寶戒之規，以塞謀危之路。當沿時省方，觀察風俗。外詳考舊典，以副側席之懷。」庚寅，南徐州刺史新安王子鸞兼司徒。乙未，車駕幸廷尉訊獄囚。丙申，立第十七皇子子嗣爲東平王。

冬十月壬寅，太子冠，賜王公以下帛各有差。戊申，車駕巡南豫州。詔曰：「朕巡幸所經，先見百年者，及孤寡老疾，並賜粟帛。獄繫刑罪，並親聽訟。其士庶或怨鬱危滯，受抑吏司，或隱約潔立，負擯州里，皆聽進朕前，面自陳訴。若忠信孝義，力田殖穀，一介之能，一藝之美，悉加旌賞。雖秋澤頻降，而夏旱嬰弊。可卽開行倉，〔二六〕並加賑賜。」癸丑，行幸江寧縣訊獄囚。車騎將軍、揚州刺史豫章王子尙加開府儀同三司，東海王禕爲司空，中軍將軍義陽王昶加開府儀同三司。丙寅，詔曰：「賞慶刑威，奄國彝軌，黜幽升明，闢宇恒憲。故採言聆風，式觀侈質，貶爵加地，於是乎在。今類帝宜社，親巡江甸，因覲嶽守，躬求民瘼。思弘明試之典，以申考績之義。行幸所經，莅民之職，功

宣於聽，卽加甄賞。若廢務亂民，隨愆議罰。主者詳察以聞。」己巳，車駕校獵於姑孰。

十一月丙子，曲赦南豫州殊死以下。巡幸所經，詳減今歲田租。乙酉，詔遣祭晉大司馬桓溫、征西將軍毛璩墓。上於行所訊溧陽、永世、丹陽縣囚。癸巳，車駕習水軍於梁山，有白爵二集華蓋，有司奏改大明七年爲神爵元年，詔不許。乙未，原放行獄徒繫。東諸郡大旱，〔二七〕壬寅，〔二八〕遣使開倉貸卹，聽受雜物當租。

十二月丙午，行幸歷陽。甲寅，大赦天下。南豫州別署敕繫長徒，一切原散。其兵期考襲謫戍，悉停。歷陽郡女子百戶牛酒；高年孤疾，賜帛十匹，蠲郡租十年。己未，太宰江夏王義恭加尙書令。於博望梁山立雙闕。癸亥，車駕至自歷陽。

八年春正月甲戌，詔曰：「東境去歲不稔，宜廣商貨。遠近販鬻米粟者，〔二九〕可停道中雜稅。其以仗自防，悉勿禁。」癸未，安北將軍、雍州刺史劉秀之卒。戊子，以平南將軍、湘州刺史建安王休仁爲安南將軍、江州刺史，晉安王子勛爲鎮軍將軍、雍州刺史，南徐州刺史新安王子鸞爲撫軍將軍，〔三〇〕領司徒、刺史如故，輔國將軍江夏王世子伯禽爲湘州刺史。

二月辛丑，特進朱脩之卒。壬寅，詔曰：「去歲東境偏旱，田畝失收。使命來者，多至乏絕。或下窮流宂，頓伏街巷，朕甚閔之。可出倉米付建康、秣陵二縣，隨宜贍恤。若濟拯不

時，〔三一〕以至捐棄者，嚴加糾劾。」乙巳，以鎮軍將軍湘東王彧爲鎮北將軍、徐州刺史。平北將軍、徐州刺史王玄謨爲領軍將軍。

夏閏五月辛丑，以前御史中丞蕭惠開爲青、冀二州刺史。壬寅，太宰江夏王義恭領太尉。特進、右光祿大夫羊玄保卒。

庚申，帝崩於玉燭殿，時年三十五。秋七月丙午，葬丹陽秣陵縣巖山景寧陵。

史臣曰：役己以利天下，堯、舜之心也；利己以及萬物，中主之志也；盡民命以自養，桀、紂之行也。觀大明之世，其將盡民命乎！雖有周公之才之美，猶終之以亂，何益哉！

校勘記

〔一〕徙都督雍梁南北秦四州荆州之襄陽竟陵南陽順陽新野隨六郡諸軍事　「南陽」各本作「南陵」。錢大昕廿二史考異云：「南陵當作南陽。」按州郡志，荆州有南陽郡，無「南陵郡」。今從錢說改。

〔二〕丙子克定京邑　「丙子」各本及南史作「丙申」。建康實錄作「丙子」。按是月癸酉朔，初二日甲戌，初三日乙亥，初四日丙子，二十四日丙申。據上文，初二日甲戌克京口城，初三日乙亥克東府，克定京師，當在初四日丙子。元凶傳，四日建康破，則作丙子是。今據建康實錄改。

〔三〕以司州刺史魯爽爲豫州刺史　「豫州」各本並作「南豫州」。廿二史考異云：「案是時無南豫州。『南』蓋衍文也。自元嘉二十二年罷南豫州幷壽陽，至孝武大明三年始復分置，中間無南豫者計十年。」按錢說是，今刪。

〔四〕丁巳　各本並作「丁亥」。孫虨宋書考論云：「丁亥蓋丁巳誤。」按是月壬寅朔，無丁亥，十六日丁巳。孫說是，今改正。

〔五〕戊戌　孫虨宋書考論云：「以前後辛酉己巳推之，戊戌必譌。」按是年七月辛丑朔，二十一日辛酉，二十九日己巳，無戊戌。疑是二十二日壬戌或二十八日戊辰之誤。

〔六〕勤盡地利　「勤」各本並作「勸」，據元龜一九一改。

〔七〕三月癸亥　通鑑考異云：「宋本紀、宋略皆作癸亥，下有辛丑。按長曆，是月戊戌朔，癸亥二十六日，辛丑乃四日也。當作己亥。」

〔八〕二月己丑　下有丙寅。按是月壬戌朔，初四日丙寅，二十八日己丑，己丑不當在丙寅前。疑己丑是乙丑之譌，乙丑爲二月初三日。

〔九〕有妨肄業　「肄」各本並作「肆」，據元龜一九五改。

〔一〇〕九月丁亥　按本月己丑朔，二十二日庚戌，是月無丁亥。

〔一一〕以大司馬垣護之爲青冀二州刺史　孫虨宋書考論云：「護之不得爲大司馬，蓋大司馬僚佐也。」

護之傳並脫。」

〔一二〕以新除御史中丞王翼爲廣州刺史　「王翼」當作「王翼之」。張森楷校勘記云：「下大明六年作王翼之，武昌王渾傳作王翼之，此脫『之』字。」按南北朝人名後之「之」字，有時可省略。

〔一三〕以北中郎諮議參軍費淹爲交州刺史　「北中郎」各本並作「北軍中郎」。張森楷校勘記云：「北軍之廢久矣，當是北中郎諮議參軍，衍『軍』字。」按張說是，今刪「軍」字。

〔一四〕以尚書吏部郎王琨爲廣州刺史　各本並脫「郎」字，據南齊書王琨傳補。

〔一五〕以丹陽尹劉遵考爲尚書右僕射　「右僕射」各本並作「左僕射」，據通鑑改正。按下大明三年春正月己丑，以右僕射劉遵考爲領軍將軍。劉遵考傳，孝建三年，爲尚書右僕射。則作「右僕射」爲是。

〔一六〕以東揚州爲揚州　「爲」各本並作「隸」。按州郡志，「孝建元年，分揚州之會稽、東陽、新安、永嘉、臨海五郡爲東揚州。大明三年，罷州（揚州），以其地爲王畿。而東揚州直云揚州」。豫章王子尚傳亦云，大明二年，「以浙江東爲揚州」。「隸」字顯誤。今據通鑑、元龜一九六改。

〔一七〕辛丑　各本作「辛巳」，據局本及南史改。張熷讀史舉正云：「按上書乙未，下書丁未，不當有辛巳，作辛丑是。」

〔一八〕義成太守薛繼考討斬之　廿二史考異云：「案休茂傳，繼考爲休茂盡力攻城，及休茂死，詐稱立

義，乘驛還都，事泄伏誅。則繼考乃黨於休茂者，紀所書誤。南史云參軍尹玄慶起義斬之，爲得其實。」按休茂傳，言尹玄慶旣斬休茂，繼考以兵脅行府州事劉恭之作啓，言繼考起義，因得封賞，尋事泄伏誅。蓋國史誤仍當日記注，沈約竟不追改，而於休茂傳則詳述其事始末。

〔一九〕茲焉時矣　各本並作「茲時篤矣」，據元龜一九四改。

〔二〇〕尚書左僕射護軍將軍劉延孫卒　「左僕射」各本並作「右僕射」，據南史改。按前五年十月以劉延孫爲尚書左僕射，見同卷。

〔二一〕丁卯詔上林苑內民庶丘墓欲還合葬者　各本並脫「丁卯詔」三字，據南史補。按是月戊申朔，二十日丁卯。

〔二二〕壬戌　各本並作「壬寅」。據南史、建康實錄、元龜二〇七改。按是月丙午朔，無壬寅，十七日壬戌。

〔二三〕普加沾賚　「沾」各本並作「洽」，據元龜一九七改。

〔二四〕其罪甚重辟者　「甚」通鑑作「應」，似是。

〔二五〕丙申　各本「丙申」上有「秋七月」。按是年七月甲戌朔，初二日乙亥，二十三日丙申。上已有「七月乙亥」，此「秋七月」三字衍，今刪。

〔二六〕可卽開行倉　元龜一九五及二〇五無「行」字。

〔二七〕東諸郡大旱　「大旱」各本並作「大獄」，據南史改。洪頤煊諸史考異云：「『大獄』當從南史作大旱。故下文遣使開倉賑恤。」

〔二八〕壬寅　按是月壬申朔，無壬寅，當有誤。

〔二九〕遠近販鬻米粟者　各本並脫「粟」字，據南史補。

〔三〇〕南徐州刺史新安王子鸞爲撫軍將軍　各本並脫「南」字，據子鸞傳補。

〔三一〕若濟拯不時　「濟」各本並作「溫」，據元龜一九五改。

宋書卷七

本紀第七

前廢帝

前廢帝諱子業，小字法師，孝武帝長子也。元嘉二十六年正月甲申生。世祖鎮尋陽，子業留京邑。三十年，世祖入伐元凶，被囚侍中下省，將見害者數矣，卒得無恙。世祖踐阼，立爲皇太子。始未之東宮，中庶子、二率並入直永福省。大明二年，出居東宮。〔一〕四年，講孝經於崇正殿。七年，加元服。

八年閏五月庚申，世祖崩，其日，太子卽皇帝位。大赦天下。太宰江夏王義恭解尚書令，加中書監，驃騎大將軍柳元景加尚書令。甲子，置錄尚書，太宰江夏王義恭錄尚書事。驃騎大將軍柳元景加開府儀同三司。丹陽尹永嘉王子仁爲南豫州刺史。〔二〕

六月辛未，詔曰：「朕以眇身，夙紹洪業，敬御天威，欽對靈命。仰遵凝緒，日鑒前圖，實可以拱默守成，詒風長世。而寶位告始，萬宇改屬，惟德弗明，昧于大道。思宜睿範，引茲簡恤，可具詢執事，詳訪民隱。凡曲令密文，繁而傷治，〔三〕關市僦稅，事施一時，而姦吏舞文，妄興威福，加以氣緯舛互，〔四〕偏頗滋甚。宜其寬徭輕憲，以救民切。御府諸署，事不須廣，雕文篆刻，無施於今。悉宜并省，以酬氓願。藩王貿貨，壹皆禁斷。外便具條以聞。」戊寅，以豫州之淮南郡復爲南梁郡，復分宣城還置淮南郡。庚辰，以南海太守袁曇遠爲廣州刺史。

秋七月己亥，鎮軍將軍、雍州刺史晉安王子勛改爲江州刺史，中護軍宗慤爲安西將軍、雍州刺史，鎮北將軍、徐州刺史湘東王彧爲護軍將軍，中軍將軍義陽王昶爲征北將軍、徐州刺史。庚戌，婆皇國遣使獻方物。崇皇太后曰太皇太后，皇后曰皇太后。乙卯，罷南北二馳道。孝建以來所改制度，還依元嘉。丙辰，追崇獻妃爲獻皇后。乙丑，撫軍將軍、南徐州刺史新安王子鸞解領司徒。

八月丁卯，領軍將軍王玄謨爲鎮北將軍、青冀二州刺史。〔五〕己巳，以青、冀二州刺史蕭惠開爲益州刺史。己丑，〔六〕皇太后崩。京師雨水。庚寅，〔七〕遣御史與官長隨宜賑卹。

九月辛丑，護軍將軍湘東王彧爲領軍將軍。癸卯，以尚書左僕射劉遵考爲特進、右光祿大夫。乙卯，文穆皇后祔葬景寧陵。

冬十月甲戌，太常建安王休仁爲護軍將軍。戊寅，輔國將軍宗越爲司州刺史。〔八〕庚辰，原除揚、南徐州大明七年逋租。

十二月乙酉，以尚書右僕射顏師伯爲尚書僕射。〔九〕壬辰，以王畿諸郡爲揚州，以揚州爲東揚州。癸巳，以車騎將軍、揚州刺史豫章王子尚爲司徒、揚州刺史。

去歲及是歲，東諸郡大旱，甚者米一升數百，京邑亦至百餘，餓死者十有六七。孝建以來，又立錢署鑄錢，百姓因此盜鑄，錢轉僞小，商貨不行。

永光元年春正月乙未朔，改元。大赦天下。乙巳，省諸州臺傳。戊午，以領軍將軍湘東王彧爲衞將軍，南豫州刺史、護軍將軍建安王休仁爲領軍將軍，祕書監山陽王休祐爲豫州刺史，左衞將軍桂陽王休範爲中護軍，南豫州刺史尋陽王子房爲東揚州刺史。

二月乙丑，減州郡縣田祿之半。〔一〇〕庚寅，鑄二銖錢。

三月甲辰，罷臨江郡。

五月己亥，割郢州隨郡屬雍州。丙午，以後軍司馬張牧爲交州刺史。

六月己巳，左軍長史劉道隆爲梁、南秦二州刺史。乙亥，安西將軍、雍州刺史宗慤卒。壬午，衞將軍、南豫州刺史湘東王彧改爲雍州刺史。〔一一〕尚書令、驃騎大將軍柳元景加南豫州刺史。

秋八月辛酉，越騎校尉戴法興有罪，賜死。庚午，以尚書僕射顏師伯爲尚書左僕射，〔一二〕吏部尚書王景文爲尚書右僕射。癸酉，帝自率宿衞兵，誅太宰江夏王義恭、尚書令驃騎大將軍柳元景、尚書左僕射顏師伯，〔一三〕廷尉劉德願。改元爲景和元年。文武賜位二等。以領軍將軍建安王休仁爲安西將軍，雍州刺史、衞將軍湘東王彧還爲南豫州刺史。甲戌，司徒、揚州刺史豫章王子尚領尚書令，射聲校尉沈文秀爲青州刺史，左軍司馬崔道固爲冀州刺史。

乙亥，詔曰：「昔凝神佇逸，磻溪讚道，滋慮思才，傅巖毗化。朕位御三極，風澄萬宇，資鈇電斷，正卯斯戮。思所以仰宣遺烈，俯弘景祚，每結夢庖鼎，瞻言板築，有劬日昃，無忘昧旦。可甄訪郡國，招聘閭部。其有孝性忠節，幽居遯棲，信誠義行，廉正表俗，文敏博識，幹事治民，務加旌舉，隨才引擢。庶官克順，彝倫咸叙。主者精加詳括，稱朕意焉。」以始興公沈慶之爲太尉，鎮北將軍、青冀二州刺史王玄謨爲領軍將軍。庚辰，以石頭城爲長樂宮，東府城爲未央宮。罷東揚州幷揚州。甲申，以北邸爲建章宮，南第爲長楊宮。以冠軍將軍邵陵王子元爲湘州刺史。丙戌，原除吳、吳興、義興、晉陵、琅邪五郡大明八年以前逋租。己丑，復立南北二馳道。

九月癸巳，車駕幸湖熟，奏鼓吹。戊戌，車駕還宮。庚子，以南兗州刺史永嘉王子仁爲南徐州刺史，丹陽尹始安王子真爲南兗州刺史。辛丑，撫軍將軍、南徐州刺史新安王子鸞免爲庶人，賜死。丙午，以兗州刺史薛安都爲平北將軍、徐州刺史。丁未，衞將軍湘東王彧加開府儀同三司，特進、右光祿大夫劉遵考爲安西將軍、南豫州刺史，寧朔將軍殷孝祖爲兗州刺史。戊申，以前梁、南秦二州刺史柳元怙復爲梁、南秦二州刺史。己酉，車駕討征北將軍、徐州刺史義陽王昶，內外戒嚴。昶奔于索虜。辛亥，右將軍、豫州刺史山陽王休祐進號鎮西大將軍。甲寅，以安西長史袁顗爲雍州刺史。戊午，以左民尚書劉思考爲益州刺史。是日解嚴，車駕幸瓜步。開百姓鑄錢。

冬十月癸亥，曲赦徐州。丙寅，車駕還宮。以建安王休仁爲護軍將軍。己卯，東陽太守王藻下獄死。以宮人謝貴嬪爲夫人，加虎賁靸戟，鸞輅龍旂，出警入蹕，實新蔡公主也。乙酉，以鎮西大將軍、豫州刺史山陽王休祐爲鎮軍大將軍、開府儀同三司。〔一四〕

十一月壬辰，寧朔將軍何邁下獄死。新除太尉沈慶之薨。壬寅，立皇后路氏，四廂奏樂。赦揚、南徐二州。護軍將軍建安王休仁加特進、左光祿大夫。中護軍桂陽王休範遷職。丁未，皇子生，少府劉勝之子也。〔一五〕大赦天下。贓汙淫盜，悉皆原除。賜爲父後者爵一級。壬子，以特進、左光祿大夫、護軍將軍建安王休仁爲驃騎大將軍、開府儀同三司。戊午，南平王敬猷、廬陵王敬先、安南侯敬淵並賜死。

時帝凶悖日甚，誅殺相繼，內外百司，不保首領。先是訛言云：「湘中出天子。」帝將南巡荆、湘二州以厭之。先欲誅諸叔，然後發引。太宗與左右阮佃夫、王道隆、李道兒密結帝左右壽寂之、姜產之等十一人，謀共廢帝。戊午夜，帝於華林園竹林堂射鬼。時巫覡云：「此堂有鬼。」故帝自射之。壽寂之懷刀直入，姜產之爲副。帝欲走，寂之追而殞之。時年十七。太皇太后令曰：

司徒領護軍八座：子業雖曰嫡長，少稟凶毒，不仁不孝，著自髫齔。孝武棄世，屬當辰曆。自梓宮在殯，喜容覥然，天罰重離，歡恣滋甚。逼以內外維持，忍虐未露，而凶慘難抑，一旦肆禍，遂縱戮上宰，殄害輔臣。子鸞兄弟，先帝鍾愛，含怨既往，枉加屠酷。昶茂親作扞，橫相徵討。新蔡公主逼離夫族，幽置深宮，詭云薨殞。襄事甫爾，喪禮頓釋，昏酣長夜，庶事傾遺。朝賢舊勳，棄若遺土。管絃不輟，珍羞備膳。詈辱祖考，以爲戲謔。行游莫止，淫縱無度。肆宴園陵，規圖發掘。誅剪無辜，籍略婦女。建樹僞豎，莫知誰息。拜嬪立后，慶過恒典。宗室密戚，遇若婢僕，鞭捶陵曳，無復尊卑。南平一門，特鍾其酷。反天滅理，顯暴萬端。苛罰酷令，終無紀極，夏桀、殷辛，未足以譬。閭朝業業，人不自保，百姓遑遑，手足靡厝。行穢禽獸，罪盈三千。高祖之業將泯，七廟之享幾絕。吾老疾沈篤，每規禍鴆，憂煎漏刻，氣命無幾。開闢以降，所未嘗聞。遠近思奮，十室而九。

衞將軍湘東王體自太祖，天縱英聖，文皇鍾愛，寵冠列蕃。吾早識神睿，特兼常禮。潛運宏規，義士投袂，獨夫既殞，懸首白旗，社稷再興，宗祏永固，人鬼屬心，大命允集。且勳德高邈，大業攸歸，宜遵漢、晉，纂承皇極。主者詳舊典以時奉行。

未亡人餘年不幸嬰此百艱，永尋情事，雖存若殞。當復奈何！當復奈何！

葬廢帝丹陽秣陵縣南郊壇西。

帝幼而狷急，在東宮每爲世祖所責。世祖西巡，子業啓參承起居，書迹不謹，上詰讓之。子業啓事陳謝，上又答曰：「書不長進，此是一條耳。聞汝素都懈怠，狷戾日甚，何以頑固乃爾邪！」初踐阼，受璽紱，悖然無哀容。始猶難諸大臣及戴法興等，既殺法興，諸大臣莫不震懾。於是又誅羣公。元凱以下，皆被毆捶牽曳。內外危懼，殿省騷然。初太后疾篤，遣呼帝。帝曰：「病人間多鬼，可畏，那可往。」太后怒，語侍者：「將刀來，破我腹，那得生如此寧馨兒！」及太后崩後數日，帝夢太后謂之曰：「汝不孝不仁，本無人君之相。子尚愚悖如此，亦非運祚所及。孝武險虐滅道，怨結人神，兒子雖多，並無天命。大運所歸，應還文帝之子。」其後湘東王紹位，果文帝子也。故帝聚諸叔京邑，慮在外爲患。山陰公主淫恣過度，謂帝曰：「妾與陛下，雖男女有殊，俱託體先帝。陛下六宮萬數，而妾唯駙馬一人。事不

均平，一何至此！」帝乃爲主置面首左右三十人，進爵會稽郡長公主，秩同郡王，食湯沐邑二千戶，〔一六〕給鼓吹一部，加班劍二十人。帝每出，與朝臣常共陪輦。主以吏部郎褚淵貌美，就帝請以自侍，帝許之。淵侍主十日，備見逼迫，誓死不回，遂得免。帝所幸閹人華願兒，官至散騎常侍，加將軍帶郡。帝少好讀書，〔一七〕頗識古事，自造世祖誄及雜篇章，往往有辭采。以魏武帝有發丘中郎將、摸金校尉，乃置此二官。以建安王休仁、山陽王休祐領之。〔一八〕其餘事迹，分見諸列傳。

史臣曰：廢帝之事行著于篇。若夫武王數殷紂之釁，不能絓其萬一；霍光書昌邑之過，未足舉其毫釐。假以中才之君，有一于此，足以霣社殘宗，汙宮瀦廟，況總斯惡以萃一人之體乎！其得亡亦爲幸矣。

校勘記

〔一〕出居東宮　各本並脫「居」字，據元龜二五六補。

〔二〕丹陽尹永嘉王子仁爲南豫州刺史　「南豫」子仁傳作「南兗」。

〔三〕繁而傷治　「傷」各本並作「作」，據元龜一九一改。

〔四〕氣緯舛互　「互」各本並作「玄」，蓋形近而譌，今改正。

〔五〕領軍將軍王玄謨爲鎭北將軍青冀二州刺史　各本「鎭北將軍」下並衍「南徐州刺史新安王子鸞爲」十一字。按新安王子鸞傳，不言曾爲青、冀二州刺史，而王玄謨傳，言玄謨時徙爲青、冀二州刺史。今訂正。

〔六〕己丑　各本並作「己未」。按是月丁卯朔，二十三日己丑，無己未、乙丑。今據建康實錄及通鑑改正。

〔七〕庚寅　各本並作「庚子」。按是月丁卯朔，無庚子，二十三日己丑後，二十四日有庚寅。今改正。

〔八〕輔國將軍宗越爲司州刺史　「宗越」書中多誤作「宋越」，今據宗越傳改正。以下類此者皆逕改不具校。

〔九〕以尚書右僕射顏師伯爲尚書僕射　「尚書僕射」各本作「尚書左僕射」，南史無「左」字。李慈銘宋書札記云：「左字衍，當據南史刪。」按是時但置尚書僕射，不分立左右。今據南史刪「左」字。

〔一〇〕減州郡縣田祿之半　宋本、三朝本、北監本、毛本及南史作「田祿」。殿本、局本作「田租」。建康實錄作「祿秩」。按晉滅國內田租之半，非封建統治者所肯爲，此必減州郡縣官吏田祿之半。故建康實錄改稱爲「祿秩」。

〔一一〕衞將軍南豫州刺史湘東王彧改爲雍州刺史　各本並脫「南」字。按明帝紀，永光元年爲南豫州刺

史，鎭姑孰。又按州郡志，此時南豫州鎭姑孰，而豫州則未嘗以姑孰爲州治。今據明帝紀補。

〔一二〕以尚書僕射顏師伯爲尚書左僕射　各本並作「以尚書左僕射顏師伯爲尚書僕射」，據南史改。李慈銘宋書札記云：「當從南史。師伯傳：『大明七年，補尚書右僕射。廢帝即位，遷尚書僕射，領丹陽尹。廢帝欲親朝政，發詔轉師伯爲左僕射，以吏部尚書王景文爲右僕射，奪其京尹，又分臺任，師伯始懼。』南史宋本紀及師伯傳皆不誤。」

〔一三〕尚書左僕射顏師伯　「尚書左僕射」各本並作「尚書僕射」，據南史改，說見前。

〔一四〕以鎭西大將軍豫州刺史山陽王休祐爲鎭軍大將軍開府儀同三司　鎭西大將軍各本並作「鎭北大將軍」。上九月辛亥下作鎭西大將軍，休祐傳亦作鎭西，今改正。

〔一五〕少府劉勝之子也　「劉勝」元龜一九七及二〇七同本紀。符瑞志及始安王休仁傳、宋略、南史帝紀作劉曚，南史休仁傳作劉蒙。

〔一六〕食湯沐邑二千戶　「食」各本並作「侯」。據御覽一五二改。

〔一七〕帝少好讀書　「讀書」各本並作「講書」，據南史、元龜一九二、御覽一二八引改。

〔一八〕以建安王休仁山陽王休祐領之　各本並脫「休仁山陽王」五字，據南史補。張熷讀史舉正云：「按建安王乃休仁，休祐則山陽王也。南史作『以建安王休仁、山陽王休祐領之』爲是。」

宋書卷八

本紀第八

明帝

太宗明皇帝諱彧，字休炳，小字榮期，文帝第十一子也。元嘉十六年十月戊寅生。二十五年，封淮陽王，食邑二千戶。二十九年，改封湘東王。元凶弑立，以爲驍騎將軍，加給事中。世祖踐阼，爲祕書監，遷冠軍將軍、南蘭陵下邳二郡太守，領石頭戍事。孝建元年，徙爲南彭城、東海二郡太守，將軍如故，鎭京口。其年，徵爲中護軍。二年，遷侍中，領游擊將軍。三年，徙衞尉，侍中如故。又爲左衞將軍，衞尉如故。大明元年，轉中護軍，衞尉如故。三年，爲都官尚書，領游擊將軍，衞尉如故。七年，遷領軍將軍。八年，出爲使持節、都督徐兗二州豫州之梁郡諸軍事、鎭北將軍、徐州刺史，給鼓吹一部。其年，徵爲侍中、護軍將軍。未拜，復爲領軍將軍，侍中如故。

永光元年，又出爲使持節、散騎常侍、都督南豫豫司江四州揚州之宣城諸軍事、衞將軍、南豫州刺史，鎭姑孰。又徙爲都督雍梁南北秦四州郢州之竟陵諸軍事、寧蠻校尉、雍州刺史，持節、常侍、將軍如故。未拜，復本位。尋以本號開府儀同三司。

廢帝景和末，上入朝，被留停都。廢帝誅害宰輔，殺戮大臣，恒慮有圖之者，疑畏諸父，並拘之殿內，遇上無禮，事在文諸王傳。遂收上付廷尉，一宿被原。將加禍害者，前後非一。既而害上意定，明旦便應就禍。上先已與腹心阮佃夫、李道兒等密共合謀。于時廢帝左右常慮禍及，人人有異志。唯有直閤將軍宗越、譚金、童太一等數人爲其腹心，並虓虎有幹力，在殿省久，衆並畏服之，故莫敢動。是夕，越等並外宿。佃夫、道兒因結壽寂之等殞廢帝於後堂。十一月二十九日夜也。

事定，上未知所爲。建安王休仁便稱臣奉引升西堂，登御坐，召見諸大臣。于時事起倉卒，上失履，跣至西堂，猶著烏帽。坐定，休仁呼主衣以白帽代之，令備羽儀。雖未即位，凡衆事悉稱令書施行。己未，司徒揚州刺史豫章王子尚、山陰公主並賜死。宗越、譚金、童太一謀反伏誅。

十二月庚申朔，令書以司空東海王禕爲中書監、太尉，鎭軍將軍、江州刺史晉安王子勛進號車騎將軍、開府儀同三司。癸亥，以新除驃騎大將軍建安王休仁爲司徒、尚書令、揚州

刺史，鎮軍將軍、開府儀同三司山陽王休祐進號驃騎大將軍、荆州刺史。崇憲衞尉桂陽王休範爲鎮北將軍、南徐州刺史。乙丑，改封安陸王子綏爲江夏王。

泰始元年冬十二月丙寅，上卽皇帝位。詔曰：

高祖武皇帝德洞四瀛，化綿九服。太祖文皇帝以大明定基，世祖孝武皇帝以下武寧亂。日月所照，梯山航海；風雨所均，削衽襲帶。所以業固盛漢，聲溢隆周。子業凶嚚自天，忍悖成性，人面獸心，見於齠日，反道敗德，著自比年。其狎侮五常，怠棄三正，矯誣上天，毒流下國，實開闢所未有，書契所未聞。再罹遏密，而無一日之哀；齊斬在躬，方深北里之樂。虎兕難匣，憑河必彰，遂誅滅上宰，窮釁逆之酷，虐害國輔，究孥戮之刑。子鸞同生，以昔憾殄殪。敬猷兄弟，以睚眦殲夷。徵逼義陽，將加屠膾。陵辱戚藩，檟楚妃主。奪立左右，竊子置儲，肆酗于朝，宣淫于國。事穢東陵，行汙飛走。積釁罔極，日月滋深。比遂圖犯玄宮，志窺題湊，將肆梟、鏡之禍，騁商、頓之心。又欲鴆毒崇憲，虐加諸父，事均宮閫，聲遍國都。鴟梟小豎，莫不寵暱，朝廷忠誠，必也戮挫。收掩之旨，虓虎結轍；掠奪之使，白刃相望。百僚危氣，首領無有全地；萬姓崩心，妻子不復相保。所以鬼哭山鳴，星鉤血降，神器殆於馭索，景祚危於綴旒。

朕假寐凝憂，泣血待旦，慮大宋之基，於焉而泯，武、文之業，將墜于淵。賴七廟之靈，藉八百之慶，亘猾斯殄，鴻沴時褰。皇綱絕而復紐，天緯缺而更張。猥以寡薄，屬承乾統，上緝三光之重，俯顧庶民之艱。業業矜矜，若履冰谷，思與億兆，同此維新。可大赦天下，改景和元年爲泰始元年。賜民爵二級。鰥寡孤獨不能自存者，人穀五斛。逋租宿債勿復收。犯鄉論淸議，贓汙淫盜，並悉洗除。長徒之身，特賜原遣。亡官失爵，禁錮舊勞，一依舊典。其昏制謬封，並皆刊削。

己巳，以安西將軍、南豫州刺史劉遵考爲特進、右光祿大夫，輔國將軍、歷陽南譙二郡太守建平王景素爲南豫州刺史。庚午，以荆州刺史臨海王子頊爲鎮軍將軍，南徐州刺史永嘉王子仁爲中軍將軍，〔一〕左衞將軍劉道隆爲中護軍。辛未，改封臨賀王子產爲南平王，晉熙王子輿爲廬陵王。壬申，以尙書左僕射王景文爲尙書僕射。新除中護軍劉道隆卒。癸酉，〔二〕詔曰：「朕戢亂寧民，屬膺景祚。鴻制初造，革道惟新。而國故頻罹，仁澤偏壅。每鑒寐疚心，罔識攸濟。巡方問俗，弘政所先，可分遣大使，廣求民瘼，考守宰之良，採衡閭之善。若獄犴淹枉，傷民害教者，具以事聞。鰥寡孤獨，癃殘六疾，不能自存者，郡縣優量賑給。貞婦孝子，高行力田，詳悉條奏。〔三〕務詢輿誦，廣納嘉謀，每盡皇華之旨，俾若朕親覽焉。」乙亥，追尊所生沈婕妤曰宣皇太后。後軍將軍垣閎爲司州刺史，前右將軍長史殷琰爲豫州

刺史。丙子，詔曰：「皇室多故，糜費滋廣，且久歲不登，公私歉弊。方刻意從儉，弘濟時艱，政道未孚，慨愧兼積。太官供膳，可詳所減撤，尙方御府雕文篆刻無益之物，一皆蠲省，務存簡約，以稱朕心。」戊寅，崇太后爲崇憲皇太后。立皇后王氏。鎮軍將軍、江州刺史晉安王子勛舉兵反，鎮軍長史鄧琬爲其謀主，雍州刺史袁顗率衆赴之。辛巳，驃騎大將軍、前荆州刺史山陽王休祐改爲江州刺史，荆州刺史臨海王子頊卽留本任。加領軍將軍王玄謨鎮軍將軍。壬午，車駕謁太廟。甲申，後將軍、郢州刺史安陸王子綏進號征南將軍，右將軍、會稽太守尋陽王子房進號安東將軍，前將軍、荆州刺史臨海王子頊進號平西將軍。子綏、子房、子頊並不受命，舉兵同逆。戊子，新除中軍將軍永嘉王子仁爲護軍將軍。

二年春正月己丑朔，以軍事不朝會。庚寅，以金紫光祿大夫王僧朗爲左光祿大夫、開府儀同三司。壬辰，驃騎大將軍、江州刺史山陽王休祐改爲南豫州刺史，鎮歷陽。鎮軍將軍、領軍將軍王玄謨爲車騎將軍、江州刺史，平北將軍、徐州刺史薛安都進號安北將軍。安都亦不受命。癸巳，以左衞將軍巴陵王休若爲鎮東將軍，新除安東將軍尋陽王子房爲撫軍將軍，司徒左長史袁愍孫爲領軍將軍。甲午，中外戒嚴。司徒建安王休仁都督征討諸軍事，統衆軍南討。以青州刺史劉祗爲南兗州刺史。丙申，以征虜司馬申令孫爲徐州刺史，

義陽內史龐孟虯爲司州刺史。令孫、孟虯及豫州刺史殷琰、青州刺史沈文秀、冀州刺史崔道固、湘州行事何慧文、廣州刺史袁曇遠、益州刺史蕭惠開、梁州刺史柳元怙並同叛逆。兗州刺史殷孝祖入衞京都，仍遣孝祖前鋒南伐。甲辰，加孝祖撫軍將軍。丙午，車駕親御六師，出頓中興堂。辛亥，驃騎大將軍、南豫州刺史山陽王休祐改爲豫州刺史，統衆軍西討。吳郡太守顧琛、吳興太守王曇生、義興太守劉延熙、晉陵太守袁摽、山陽太守程天祚並舉兵反。鎮東將軍巴陵王休若統衆軍東討。壬子，崇憲皇太后崩。是日，軍主任農夫、劉懷珍平定義興。永世縣民史逸宗據縣爲逆，殿中將軍陸攸之討平之。丙辰，以新除左光祿大夫、開府儀同三司王僧朗爲特進，左光祿大夫如故。

二月乙丑，僧朗卒。尙書僕射王景文父憂去職。曲赦吳、吳興、義興、晉陵四郡。吏部尙書蔡興宗爲尙書左僕射，吳興太守張永、右軍將軍齊王東討，平晉陵。癸未，曲赦浙江東五郡。丁亥，鎮東將軍巴陵王休若進號衞將軍。建武將軍吳喜公率諸軍破賊於吳、吳興、會稽，平定三郡，同逆皆伏誅。輔國將軍齊王前鋒北討，輔國將軍劉勔前鋒西討。〔四〕賊劉胡領衆四萬據赭圻。

三月庚寅，撫軍將軍殷孝祖攻赭圻，死之。以輔國將軍沈攸之代爲南討前鋒。〔五〕賊衆稍盛，袁顗頓鵲尾，聯營迄至濃湖，衆十餘萬。壬辰，以新除太子詹事張永爲青、冀二州刺

史。丙申，鎮北將軍、南徐州刺史桂陽王休範總統北討諸軍事。丁酉，以尚書劉思考爲徐州刺史。戊戌，貶尋陽王子房爵爲松滋縣侯。乙巳，以奉朝請鄭黑爲司州刺史。辛亥，鎮北將軍、南徐州刺史桂陽王休範領南兗州刺史。壬子，斷新錢，專用古錢。癸丑，原赦揚、南徐二州囚繫，凡逋亡一無所問。

夏四月壬午，以散騎侍郎明僧暠爲青州刺史。

五月壬辰，以輔國將軍沈攸之爲雍州刺史。丁酉，曲赦豫州。丁未，新除尚書僕射王景文爲中軍將軍，以青、冀二州刺史張永爲鎮軍將軍。庚戌，以寧朔將軍劉乘民爲冀州刺史。甲寅，葬崇憲皇太后於修寧陵。[六]冠軍將軍、益州刺史蕭惠開進號平西將軍。

六月辛酉，鎮軍將軍張永領徐州刺史。京師雨水，丁卯，遣殿中將軍檢行賜卹。以左軍將軍垣恭祖爲梁、南秦二州刺史。

秋七月己丑，鎮北將軍、南徐兗二州刺史桂陽王休範進號征北大將軍。辛卯，鎮軍將軍、徐州刺史張永改爲南兗州刺史。丁酉，以仇池太守楊僧嗣爲北秦州刺史、武都王。壬寅，以男子時朗之爲北豫州刺史。乙巳，龍驤將軍劉道符平山陽。辛亥，又以義軍主鄭叔舉爲北豫州刺史，鎮軍將軍、南兗州刺史張永復領徐州刺史。甲寅，復以冀州刺史崔道固爲徐州刺史。

八月己卯，司徒建安王休仁率衆軍大破賊，斬僞尚書僕射袁顗，進討江、郢、荆、雍、湘五州，平定之。晉安王子勛、安陸王子綏、臨海王子頊、邵陵王子元並賜死，同黨皆伏誅。諸將軍帥封賞各有差。甲申，以護軍將軍、永嘉王子仁爲平南將軍、湘州刺史。

九月乙酉，曲赦江、郢、荆、雍、湘五州；守宰不得離職。壬辰，驃騎大將軍、豫州刺史山陽王休祐改爲荆州刺史。分豫州立南豫州。癸巳，六軍解嚴。大赦天下，賜民爵一級。甲午，以中軍將軍王景文爲安南將軍、江州刺史。戊戌，以車騎將軍、江州刺史王玄謨爲左光祿大夫、開府儀同三司、護軍將軍。庚子，以建安王休仁世子伯融爲豫州刺史。[七]辛丑，衞將軍巴陵王休若卽本號爲雍州刺史。雍州刺史沈攸之爲郢州刺史。庚戌，以太子左衞率建平王景素爲南兗州刺史。

十月乙卯，永嘉王子仁、始安王子眞、淮南王子孟、南平王子產、廬陵王子輿、松滋侯子房並賜死。丁卯，以郢州刺史沈攸之爲中領軍，與張永俱北討。庚午，以吳郡太守顧覬之爲湘州刺史。[八]戊寅，立皇子昱爲皇太子。曲赦揚、南徐二州。[九]以輔國將軍劉勔爲廣州刺史，左軍將軍張世爲豫州刺史。

十一月甲申，以安成太守劉襲爲郢州刺史。壬辰，詔曰：「治崇簡易，化疾繁侈，遠關隆替，明著軌跡者也。朕拯斯墜運，屬此屯極，仍之以凋耗，因之以師旅，而識昧前王，務艱昔代。俾夫舊賦既繁，爲費彌廣，鑒寐萬務，每思弘革。方欲緩繇優調，爰民爲先，有司詳加寬惠，更立科品。其方物職貢，各順土宜，出獻納貢，[一〇]敬依時令。凡諸蠹俗妨民之事，趣末違本之業，雕華靡麗，奇器異技，並嚴加裁斷，務歸要實。左右尚方御府諸署，供御制造，咸存儉約。庶淳風至教，徽遵太古，阜財興讓，少敦季俗。」又詔曰：「夫秉機詢政，[一一]立教之攸本；舉賢聘逸，弘化之所基。故負鼎進策，殷代以康；釋釣作輔，周祚斯乂。朕甫承大業，訓道未敷，雖側席忠規，竚夢巖築，而良圖莫薦，奇士弗聞，永鑒通古，無忘宵寐。今藩隅克晏，敷化維始，屢懷存治，實望箴闕。王公卿尹，羣僚庶官，其有嘉謀直獻，匡俗濟時，咸切事陳奏，無或依隱。若乃林澤貞栖，丘園耿潔，博洽古今，敦崇孝讓，四方在任，可明書搜揚，具卽以聞，隨就褒立。」以建平王景素子延年爲新安王。以新除左光祿大夫、開府儀同三司王玄謨爲車騎將軍、南豫州刺史。丙申，制使東土經荒流散，並各還本，蠲衆調二年。

十二月己未，以尚書金部郎劉善明爲冀州刺史。乙丑，詔曰：「近衆藩稱亂，多染釁科。或誠係本朝，事緣逼迫，混同證錮，良以悵然。夫天道尚仁，德刑並用，雷霆時至，雲雨必解。朕眷言靜念，思弘風澤，凡應禁削，皆從原蕩。其文武堪能，隨才銓用。」辛未，以新除廣州刺史劉勔爲益州刺史，前巴西、梓潼二郡太守費混爲廣州刺史。劉勔克壽陽，豫州平。辛巳，以輔國將軍劉靈遺爲梁、南秦二州刺史。[一二]薛安都要引索虜，張永、沈攸之大敗，於

是遂失淮北四州及豫州淮西地。

三年春正月庚子，以農役將興，太官停宰牛。癸卯，曲赦豫、南豫二州。衞將軍巴陵王休若降號鎮西將軍。

閏月庚午，京師大雨雪，遣使巡行，賑賜各有差。戊寅，以游擊將軍垣閎爲益州刺史。[一三]

二月甲申，以御史中丞羊希爲廣州刺史。[一四]是日，車駕爲戰亡將士舉哀。己丑，以鎮西司馬劉亮爲梁、南秦二州刺史。索虜寇汝陰，太守張景遠擊破之。丙申，曲赦青、冀二州。

三月丙子，以尚書左僕射蔡興宗爲安西將軍、郢州刺史。戊寅，以冠軍將軍王玄載爲徐州刺史，寧朔將軍崔平爲兗州刺史。

夏四月癸巳，以前司州刺史鄭黑爲司州刺史。乙未，冠軍將軍、北秦州刺史楊僧嗣進號征西將軍。庚子，立桂陽王休範第二子德嗣爲廬陵王，立侍中劉韞第二子銑爲南豐王。丙午，安西將軍蔡興宗降號平西將軍。

五月丙辰，宣太后崇寧陵禁內墳屋瘞遷徙者，給葬直，蠲復家丁。戊午，以車騎將軍、

南豫州刺史王玄謨爲左光祿大夫、開府儀同三司。辛酉，罷南豫州幷豫州。壬戌，以太子詹事袁粲爲尚書僕射。

六月乙酉，以侍中劉韞爲湘州刺史。

秋七月壬子，以左光祿大夫、開府儀同三司王玄謨爲特進、左光祿大夫、護軍將軍。薛安都子伯令略據雍州四郡，刺史巴陵王休若討斬之。

八月丁酉，詔曰：「古者衡虞置制，蝝蚳不收；川澤產育，登器進御。所以繁阜民財，養遂生德。頃商販逐末，競早爭新，折未實之菓，收豪家之利，籠非膳之翼，爲戲童之資。豈所以還風尚本，捐華務實。宜修道布仁，以革斯蠹。自今鱗介羽毛，肴核衆品，非時月可採，器味所須，可一皆禁斷，嚴爲科制。」壬寅，以中領軍沈攸之行南兗州刺史，率衆北討。癸卯，詔曰：「法網之用，期世而行，寬惠之道，因時而布。況朕尚德戡亂，依仁馭俗，宜每就弘簡，以隆至治。而頻罹兵革，繇賦未休，軍民巧僞，興事甚多，蹈刑入憲，諒非一科。至乃假名戎伍，竊爵私庭，因戰散亡，託懼逃役。且往諸淪逼，雖經累宥，逋竄之黨，猶爲實繁。宵言永懷，良兼矜疚。思所以重播至澤，覃被區宇。可大赦天下。」加新除左光祿大夫王玄謨車騎將軍。丙午，遣吏部尚書褚淵慰勞緣淮將帥，隨宜量賜。戊申，以新除右衞將軍劉勔爲豫州刺史。

九月癸丑，鎭西將軍、雍州刺史巴陵王休若進號衞將軍，平西將軍、郢州刺史蔡興宗進號安西將軍。乙卯，以越騎校尉周寧民爲兗州刺史。戊午，以皇后六宮以下雜衣千領，金釵千枚，班賜北征將士。庚申，前將軍兼冀州刺史崔道固進號平北將軍。甲子，曲赦徐、兗、青、冀四州。

冬十月壬午，改封新安王延年爲始平王。戊子，芮芮國遣使獻方物。辛丑，復郡縣公田。鎭西大將軍、西秦河二州刺史吐谷渾拾寅進號征西大將軍。

十一月，立建安王休仁第二子伯猷爲江夏王，改封義陽王昶爲晉熙王。乙卯，分徐州置東徐州，以輔國將軍張讜爲刺史。高麗國、百濟國遣使獻方物。

十二月庚辰，以寧朔將軍劉休賓爲兗州刺史。

四年春正月己未，車駕親祠南郊，大赦天下。庚午，衞將軍巴陵王休若降號左將軍。乙亥，零陵王司馬勗薨。

二月辛丑，以前龍驤將軍常珍奇爲平北將軍、司州刺史，珍奇子超越爲北冀州刺史。[一五]乙巳，右光祿大夫、車騎將軍、護軍將軍王玄謨薨。[一六]

三月己未，[一七]以游擊將軍劉懷珍爲東徐州刺史。戊辰，以軍司馬劉靈遺爲梁、南秦二州刺史，[一八]南譙太守孫奉伯爲交州刺史，[一九]交州人李長仁據州叛。妖賊攻廣州，殺刺史羊希，[二〇]龍驤將軍陳伯紹討平之。

夏四月己卯，復減郡縣田祿之半。[二一]丙申，東海王禕改封廬江王，[二二]山陽王休祐改封晉平王，改晉安郡爲晉平郡。辛丑，芮芮國及河南王並遣使獻方物。甲辰，以豫章太守張辯爲廣州刺史。

五月乙巳，[二三]曲赦廣州。癸亥，以行雍州刺史巴陵王休若行湘州刺史，會稽太守張永爲雍州刺史，湘州刺史劉韞爲南兗州刺史。

秋七月乙巳朔，以吳郡太守王琨爲中領軍。丙辰，始平王延年薨。己未，以侍中劉襲爲中護軍。庚申，以驍騎將軍齊王爲南兗州刺史。

八月戊子，以南康相劉勃爲交州刺史。[二四]辛卯，分青州置東青州，以輔國將軍沈文靖爲東青州刺史。[二五]丁酉，安南將軍、江州刺史王景文進號鎭南將軍。

九月丙辰，以驃騎長史張悅爲雍州刺史。戊辰，詔曰：「夫愆有小大，憲隨寬猛，故五刑殊用，三典異施。而降辟次網，便暨鉗撻，求之法科，差品滋遠。朕務存欽卹，每有矜貸。尋劫制科罪，[二六]輕重同之大辟，卽事原情，未爲詳衷。自今凡竊執官仗，拒戰邏司，或攻剽亭寺，及害吏民者，凡此諸條，悉依舊制。五人以下相逼奪者，可特賜黥刖，投畀四遠，仍用代

殺，方古爲優，全命長戶，施同造物。庶簡惠之化，有孚羣萌，好生之德，無漏幽品。」庚午，曲赦揚、南徐、兗、豫四州。

冬十月癸酉朔，日有蝕之。發諸州兵北討。南康、建安、安成、宣城四郡，昔不同南逆，並不在徵發之例。甲戌，割揚州之義興郡屬南徐州。

五年春正月癸亥，車駕躬耕藉田。大赦天下，賜力田爵一級。

二月丙申，分豫州、揚州立南豫州，以太尉廬江王禕爲車騎將軍、開府儀同三司、南豫州刺史。

三月乙卯，於南豫州立南義陽郡。丙寅，車駕幸中堂聽訟。己巳，河南王遣使獻方物。

夏四月辛未，割雍州隨郡屬郢州。乙酉，割豫州義陽郡屬郢州，郢州西陽郡屬豫州。戊子，以寧朔將軍崔公烈爲兗州刺史。戊戌，新除給事黃門侍郎杜幼文爲梁、南秦二州刺史。

六月辛未，立晉平王休祐子宣曜爲南平王。[二七]壬申，以安西將軍、郢州刺史蔡興宗爲鎭東將軍。癸酉，以左衞將軍沈攸之爲郢州刺史。以軍興已來，百官斷俸，並給生食。丁丑，車騎將軍、南豫州刺史廬江王禕免官爵。戊寅，以左將軍、行湘州刺史巴陵王休若爲征南將軍、湘州刺史。壬午，罷南豫州。丙戌，以新除給事黃門侍郎劉亮爲益州刺史。

秋七月己酉，以輔國將軍王亮爲徐州刺史，東莞太守陳伯紹爲交州刺史。甲寅，以山陽太守李靈謙爲兗州刺史。壬戌，改輔國將軍爲輔師將軍。

八月己丑，以右將軍行豫州刺史劉勔爲平西將軍、豫州刺史。壬辰，以海陵太守劉崇智爲冀州刺史。

九月甲寅，立長沙王纂子延之爲始平王。戊午，中領軍王琨遷職。己未，詔曰：「夫箕、潁之操，振古所貴，沖素之風，哲王攸重。朕屬橫流之會，接難晦之辰，龕暴翦亂，日不暇給。今雖關、隴猶靄，區縣澄氛，偃武修文，於是乎在。思崇廉恥，用靜馳薄，固已物色載懷，寢興矜歎。其有貞栖隱約，息事衡樊，〔二八〕鑿坏遺榮，負釣辭聘，志恬江海，行高塵俗者，在所精加搜括，時以名聞。將賁園矜德，茂昭厥禮。羣司各舉所知，以時授爵。」乙丑，以新除平西將軍、豫州刺史劉勔爲中領軍。

冬十月丁卯朔，日有蝕之。

十一月丁未，索虜遣使獻方物。

閏月戊子，驃騎大將軍、荊州刺史晉平王休祐以本號爲南徐州刺史，征南將軍、湘州刺史巴陵王休若爲征西將軍、荊州刺史，輔師將軍孟次陽爲兗州刺史，〔二九〕義陽太守呂安國爲司州刺史。

十二月戊戌，司徒建安王休仁解揚州刺史。己未，以征北大將軍、南徐州刺史桂陽王休範爲中書監、中軍將軍、揚州刺史，〔三〇〕吳興太守建平王景素爲湘州刺史，輔師將軍建安王世子伯融爲廣州刺史。〔三一〕庚申，分荊、益州五郡置三巴校尉。

六年春正月乙亥，初制間二年一祭南郊，間一年一祭明堂。

二月壬寅，司徒建安王休仁爲太尉，領司徒。癸丑，皇太子納妃。甲寅，大赦天下。巧注從軍，不在赦例。班賜各有差。

三月乙亥，中護軍劉襲卒。丁丑，以太子詹事張永爲護軍將軍。

夏四月癸亥，立第六皇子燮爲晉熙王。

五月丁丑，以前軍將軍陳胤宗爲徐州刺史。丁亥，以冠軍將軍吐谷渾拾虔爲平西將軍。戊子，奉朝請孔玉爲寧州刺史。

六月己亥，以第五皇子智井繼東平沖王休倩。庚子，以侍中劉韞爲撫軍將軍、雍州刺史，前將軍、郢州刺史沈攸之進號鎮軍將軍，揚州刺史桂陽王休範爲征南大將軍、江州刺史。癸卯，以鎮南將軍、江州刺史王景文爲尚書左僕射、揚州刺史，尚書僕射袁粲爲尚書右僕射。己未，改臨賀郡爲臨慶郡，追改東平王休倩爲臨慶沖王。

七月丙戌，第五皇子智井薨。

九月乙丑，中領軍劉勔加平北將軍。戊寅，立總明觀，徵學士以充之。置東觀祭酒。癸未，以第八皇子智渙繼臨慶沖王休倩。

冬十月辛卯，立第九皇子贊爲武陵王。乙巳，以前右軍馬詵爲北雍州刺史。己酉，車駕幸東堂聽訟。

十一月己巳，高麗國遣使獻方物。

十二月癸巳，以邊難未息，制父母陷異域，悉使婚宦。戊戌，以始興郡爲宋安郡。丙辰，護軍將軍張永遷職。

七年春正月甲戌，置散騎奏舉郎。

二月癸巳，征西將軍、荊州刺史巴陵王休若進號征西大將軍、〔三二〕開府儀同三司。〔三三〕戊戌，置百梁、隴蘇、永寧、安昌、富昌、南流郡，又分廣、交州三郡，合九郡，立越州。己亥，以前將軍劉康爲平東將軍。妖寇宋逸攻合肥，殺汝陰太守王穆之，郡縣討平之。甲寅，驃騎大將軍、開府儀同三司、南徐州刺史晉平王休祐薨。戊午，以征西大將軍、荊州刺史巴陵王休若爲征北大將軍、南徐州刺史，湘州刺史建平王景素爲荊州刺史。

三月辛酉，索虜遣使獻方物。壬戌，芮芮國遣使奉獻。

夏四月辛丑，減天下死罪一等，凡敕繫悉遣之。甲辰，於南兗州置新平郡。癸丑，金紫光祿大夫張永領護軍。

五月戊午，司徒建安王休仁有罪，自殺。辛酉，以寧朔長史孫超之爲廣州刺史，尚書左僕射、揚州刺史王景文以刺史領中書監。庚午，以尚書右僕射袁粲爲尚書令，新除吏部尚書褚淵爲尚書右僕射。〔三四〕辛未，監吳郡王僧虔行湘州刺史。丙戌，追免晉平王休祐爲庶人。

六月丁酉，以征南大將軍、江州刺史桂陽王休範爲驃騎大將軍、南徐州刺史，征北大將軍巴陵王休若爲車騎大將軍、江州刺史。甲辰，芮芮國遣使獻方物。

秋七月丁巳，罷散騎奏舉郎。乙丑，新除車騎大將軍、江州刺史巴陵王休若薨，桂陽王休範以新除驃騎大將軍，還爲江州。庚午，以第三皇子準爲撫軍將軍。辛未，以太子詹事劉秉爲南徐州刺史。戊寅，以寧朔將軍沈懷明爲南兗州刺史。乙酉，於冀州置西海郡。

八月戊子，第八皇子躋繼江夏文獻王義恭。庚寅，以疾愈大赦天下。冀州刺史劉崇智加青州刺史。戊戌，立第三皇子準爲安成王。

九月辛未，以越騎校尉周寧民爲徐州刺史。

冬十一月戊午，〔三五〕百濟國遣使獻方物。

十二月丁酉，分豫州、南兗州立南豫州，以歷陽太守王玄載爲南豫州刺史。

泰豫元年春正月甲寅朔，上有疾不朝會。以疾患未痊，故改元。賜孤老貧疾粟帛各有差。戊午，皇太子會萬國於東宮，幷受貢計。

二月辛丑，以給事黃門侍郎王瞻爲司州刺史。

三月癸丑朔，林邑國遣使獻方物。己未，中書監、揚州刺史王景文卒。

夏四月辛卯，以撫軍司馬蔡那爲益州刺史。癸巳，以右衞將軍張興世爲雍州刺史。〔三六〕己亥，上大漸。驃騎大將軍、江州刺史桂陽王休範進位司空，尚書右僕射褚淵爲護軍將軍，中領軍劉勔加尚書右僕射，鎮東將軍蔡興宗爲征西將軍、開府儀同三司、荆州刺史，鎮軍將軍、郢州刺史沈攸之進號安西將軍。詔曰：「朕自臨御億兆，仍屬戎寇，雖每存弘化，而惠弗覃遠，軍國凋弊，刑訟未息。今大漸維危，載深矜歎。可緩徭優調，去繁就約。因改之宜，詳有簡衷。務以愛民爲先，以宣朕遺意。」袁粲、褚淵、劉勔、蔡興宗、沈攸之同被顧命。是日，上崩于景福殿，時年三十四。五月戊寅，葬臨沂縣莫府山高寧陵。

帝少而和令，風姿端雅。早失所生，養於太后宮內。大明世，諸弟多被猜忌，唯上見

親，常侍路太后醫藥。好讀書，愛文義，在藩時，撰江左以來文章志，又續衞瓘所注論語二卷，行於世。及卽大位，四方反叛，以寬仁待物，諸軍帥有父兄子弟同逆者，並授以禁兵，委任不易，故衆爲之用，莫不盡力。平定天下，逆黨多被全，其有才能者，並見授用，有如舊臣。才學之士，多蒙引進，參侍文籍，應對左右。於華林園含芳堂講周易，〔三七〕常自臨聽。末年好鬼神，多忌諱，言語文書，有禍敗凶喪及疑似之言應回避者，數百千品，有犯必加罪戮。改「騧」爲馬邊瓜，〔三八〕亦以「騧」字似「禍」字故也。以南苑借張永，云「且給三百年，期訖更啓」。其事類皆如此。宣陽門，民間謂之白門，上以白門之名不祥，甚諱之。尚書右丞江謐嘗誤犯，上變色曰：「白汝家門！」謐稽顙謝，久之方釋。太后停屍漆牀先出東宮，上嘗幸宮，見之怒甚，免中庶子官，職局以之坐者數十人。〔三九〕內外常慮犯觸，人不自保。宮內禁忌尤甚，移牀治壁，必先祭土神，使文士爲文詞祝策，如大祭饗。泰始、泰豫之際，更忍虐好殺，左右失旨忤意，往往有斮刳斷截者。時經略淮、泗，軍旅不息，荒弊積久，府藏空竭。內外百官，並日料祿俸；〔四〇〕而上奢費過度，務爲彫侈。每所造制，必爲正御三十副，御次、副又各三十，須一物輒造九十枚，天下騷然，民不堪命。其餘事迹，列見衆篇。〔四一〕親近讒慝，剪落皇枝，宋氏之業，自此衰矣。

史臣曰：聖人立法垂制，所以必稱先王，蓋由遺訓餘風，足以貽之來世也。太祖負扆南面，實有君人之懿焉，經國之義雖弘，而隆家之道不足。彭城王照不窺古，本無卓爾之資，〔四二〕徒見昆弟之義，未識君臣之禮，冀以此家情，行之國道，主猜而猶犯，恩薄而未悟，致以呵訓之微行，遂成滅親之大禍。開端樹隙，垂之後人。雖天倫之重，義殊凡戚，而中人以下，情由恩變。至於易衣而出，分苦而食，與夫別宮異門，形疎事隔者，宜有降矣。太宗因易隙之情，據已行之典，剪落洪枝，願不待慮。既而本根無庇，幼主孤立，神器以勢弱傾移，靈命隨樂推回改。斯蓋履霜有漸，堅冰自至，所從來遠也。

校勘記

〔一〕南徐州刺史永嘉王子仁爲中軍將軍　各本並脫「南」字，據永嘉王子仁傳補。

〔二〕癸酉　各本並作「壬午」，據建康實錄改。按是月庚申朔，十三日壬申，十六日乙亥。宋書本紀此詔在十三日壬申後，十六日乙亥前，則作壬午誤，作癸酉是。

〔三〕詳悉條奏　「詳」各本並作「許」，據元龜一一三改。

〔四〕輔國將軍劉勔前鋒西討　「西討」各本作「南討」，據南史改。按劉勔時攻壽陽，當云「西討」。

〔五〕撫軍將軍殷孝祖攻赭圻死之以輔國將軍沈攸之代爲南討前鋒　「撫軍」下脫文十三字，據南史

補。時殷孝祖爲撫軍將軍。史事參沈攸之傳、殷孝祖傳。

〔六〕葬崇憲皇太后於修寧陵　「修」各本並譌「攸」，據南史、通鑑改。通鑑胡三省注曰：「修寧陵，在孝武陵東南。」

〔七〕以建安王休仁世子伯融爲豫州刺史　「豫州」建安王休仁傳作「南豫州」。

〔八〕以吳郡太守顧覬之爲湘州刺史　「覬」各本並作「顗」，據覬之傳改。

〔九〕曲赦揚南徐二州　各本並脫「南」字，據建康實錄補。

〔一〇〕出獻納貢　「出」元龜一九八作「來」。

〔一一〕夫秉機詢政　「秉」各本並作「矢」，據元龜二一二改。

〔一二〕以輔國將軍劉靈遺爲梁南秦二州刺史　「劉靈遺」各本並作「劉靈道」。張森楷校勘記云：「當作『劉靈遺』，鄧琬傳可證。下四年亦作『劉靈遺』。」按張說是，今改正。

〔一三〕以游擊將軍垣閎爲益州刺史　「垣閎」各本並作「垣闐」。張森楷校勘記云：「垣闐，大明三年已爲竟陵王誕所殺，見垣護之傳。此爲垣閎之誤。」按張說是，今改正。

〔一四〕以御史中丞羊希爲廣州刺史　「羊希」各本並作「羊南」，據羊玄保傳，兄子希時由御史中丞出爲廣州刺史。「南」字誤，今改正。

〔一五〕珍奇子超越爲北冀州刺史　孫虨宋書考論云：「劉勔傳，超越爲北豫州刺史，非北冀州。」

〔一六〕右光祿大夫車騎將軍王玄謨薨　三朝本、北監本、毛本、殿本作「右光祿大夫」，局本及王玄謨傳作「左光祿大夫」。

〔一七〕三月己未　下有戊辰。按是月丙子朔，無己未、戊辰。二十日乙未，二十三日戊戌。己未或乙未之譌，戊辰或戊戌之譌。

〔一八〕以軍司馬劉靈遺爲梁南秦二州刺史　孫虨宋書考論云：「軍上脫一字。」

〔一九〕南譙太守孫奉伯爲交州刺史　「南譙」各本並作「譙南」，據州郡志訂正。

〔二〇〕殺刺史羊希　「羊希」各本並譌「羊南」，據南史、建康實錄、通鑑及本書羊玄保傳兄子希附傳改正。

〔二一〕復滅郡縣田祿之半　「田祿」各本及通鑑並作「田租」。按晉滅國內田租之半，決非封建統治者所肯爲，當是滅削郡縣官吏田祿之半。建康實錄作「田祿」，是。今據改。

〔二二〕丙申東海王禕改封廬江王　各本並脫去「丙申」二字，據南史、建康實錄補。

〔二三〕五月乙巳　各本並作「乙未」，按是月乙巳朔，無乙未。下有十九日癸亥。此乙未當是乙巳之誤，今改正。

〔二四〕以南康相劉勃爲交州刺史　張森楷校勘記云：「劉勔傳，有弟韍，泰始中，爲寧朔將軍、交州刺史，於道遇病卒。勃、韍形近，當即一人。」

〔二五〕以輔國將軍沈文靖爲東青州刺史　「沈文靖」沈文秀傳及通鑑作「沈文靜」。

〔二六〕尋劫制科罪　「劫」各本並作「刼」。孫虨宋書考論云：「當云劫制，刼字誤。」按孫說是，今改正。

〔二七〕立晉平王休祐子宣曜爲南平王　各本並脫「立」字，據南史、建康實錄補。

〔二八〕息事衡樊　「息」各本並作「自」，據元龜二一三及六四五改正。

〔二九〕輔師將軍孟次陽爲兗州刺史　各本並脫「次」字，據阮佃夫傳、殷琰傳補。

〔三〇〕以征北大將軍南徐州刺史桂陽王休範爲中書監中軍將軍揚州刺史　「中軍將軍」各本並作「中將軍」，據桂陽王休範傳補。

〔三一〕輔師將軍建安王世子伯融爲廣州刺史　各本並脫「伯」字。據始安王休仁傳補。

〔三二〕征西將軍荆州刺史巴陵王休若進號征西大將軍　「征西將軍」各本並譌「征南大將軍」。據南史、建康實錄訂正。孫虨宋書考論云：「荆州不以南爲號，據休若傳，是征西將軍，『大』字衍。」

〔三三〕開府儀同三司　「開府儀同三司」上，南史、建康實錄有「及征南大將軍江州刺史桂陽王休範並」十六字。

〔三四〕新除吏部尚書褚淵爲尚書右僕射　「右僕射」各本及通鑑並作「左僕射」。今據南齊書褚淵傳、南史、建康實錄改。

〔三五〕冬十一月戊午　「十一月」各本並作「十月」。據建康實錄改。按十月丙戌朔，無戊午。十一月乙卯朔，初四日戊午。

〔三六〕以右衞將軍張興世爲雍州刺史　各本並脫「世」字。據張興世傳補。

〔三七〕於華林園含芳堂講周易　各本並脫「含」字，據元龜一九二補。

〔三八〕改騎爲馬邊瓜　三朝本、北監本、毛本、殿本無「馬」字，今據局本及魏書島夷傳、南史補。

〔三九〕職局以之坐者數十人　魏書島夷傳、南史、建康實錄「坐」下有「死」字。

〔四〇〕並日料祿俸　各本並同。魏書島夷傳作「普斷祿奉」。南史及通鑑作「並斷祿奉」。

〔四一〕列見衆篇　三朝本作「列」。北監本、毛本、殿本、局本作「別」。張元濟校勘記云：「所見處不止一篇，故云列見衆篇。」

〔四二〕本無卓爾之資　「資」各本作「姿」，據南史改。

宋書卷九

本紀第九

後廢帝

廢帝諱昱，字德融，小字慧震，明帝長子也。大明七年正月辛丑，生於衞尉府。太宗諸子在孕，皆以周易筮之，即以所得之卦爲小字，故帝字慧震，其餘皇子亦如之。泰始二年，立爲皇太子。三年，始制太子改名昱。安車乘象輅。六年，出東宮。又制太子元正朝賀，服衮冕九章衣。

泰豫元年四月己亥，太宗崩。庚子，太子即皇帝位，大赦天下。尙書令袁粲、護軍將軍褚淵共輔朝政。乙巳，以護軍將軍張永爲右光祿大夫，撫軍將軍安成王爲揚州刺史。己酉，特進、右光祿大夫劉遵考改爲左光祿大夫。

五月丁巳，以吳興太守張岱爲益州刺史。戊辰，緣江戍兵老疾者，悉聽還。班劍依舊入殿。

六月壬辰，詔曰：「夫輿王經制，實先民隱，方求廣敎，刑於四維。朕以煢眇，夙膺寶歷，永言民政，未接聽覽，眷言乃顧，無忘鑒寐。可遣大使分行四方，觀採風謠，問其疾苦。令有咈民，法不便俗者，悉各條奏。若守宰威恩可紀，廉勤允著，依事騰聞。如獄訟誣枉，職事紕繆，惰公存私，害民利己者，無或隱昧。廣納芻輿之議，博求獻藝之規。巡省之道，務令精洽，深簡行識，俾若朕親覽焉。」又詔曰：「夫寢夢期賢，往誥垂美，物色求良，前書稱盛。朕以沖昧，嗣膺寶業，思仰述聖猷，勉弘政道，興言多士，常想得人。可普下牧守，廣加搜採。其有孝友聞族，義讓光閭，或匿名屠釣，隱身耕牧，足以整厲澆風，扶益淳化者，凡厥一善，咸無遺逸。虛輪佇帛，俟聞嘉薦。」京師雨水，詔賑卹二縣貧民。乙巳，尊皇后曰皇太后，立皇后江氏。

秋七月戊辰，崇拜帝所生陳貴妃爲皇太妃。

閏月丁亥，罷宋安郡還屬廣興。己丑，割南豫州南汝陰郡屬西豫州，西豫州廬江郡屬豫州。甲辰，以新除征西將軍、開府儀同三司、荆州刺史蔡興宗爲中書監、光祿大夫，安西將軍、郢州刺史沈攸之爲鎭西將軍、荆州刺史，南徐州刺史劉秉爲平西將軍、郢州刺史，新除太常建平王景素爲鎭軍將軍、南徐州刺史。

八月戊午，新除中書監、左光祿大夫、開府儀同三司蔡興宗薨。

冬十月辛卯，〔一〕撫軍將軍劉韞有罪免官。辛未，護軍將軍褚淵母憂去職。

十一月己亥，新除平西將軍、郢州刺史劉秉爲尙書左僕射。辛丑，護軍將軍褚淵還攝本任。芮芮國、高麗國遣使獻方物。

十二月，索虜寇義陽。丁巳，司州刺史王瞻擊破之。

元徽元年春正月戊寅朔，改元，大赦天下。壬寅，詔曰：「夫緩法昭恩，裁風茂典，蠲憲貸眚，訓俗彝義。朕臨馭宸樞，夤制氓宇，式存寬簡，思孚矜惠。今開元肆宥，萬品惟新，凡茲流斥，宜均弘洗。自元年以前貽罪徙放者，悉聽還本。」

二月乙亥，以晉熙王燮爲郢州刺史。

三月丙申，以撫軍長史何恢爲廣州刺史。婆利國遣使獻方物。戊戌，以前淮南太守劉靈遺爲南豫州刺史。

夏五月辛卯，以輔師將軍李安民爲司州刺史。丙申，河南王遣使獻方物。

六月壬子，以越州刺史陳伯紹爲交州刺史。〔二〕乙卯，特進、左光祿大夫劉遵考卒。壽

陽大水，己未，遣殿中將軍賑卹慰勞。丙寅，以左軍將軍孟次陽爲兗州刺史。

秋七月丁丑，散騎常侍顧長康、長水校尉何翌之表上所撰諫林，上自虞、舜，下及晉武，凡十二卷。

八月辛亥，詔曰：「分方正俗，著自虞册，川谷異制，煥乎姬典。故井遂有辨，閭伍無雜，用能七敎克宣，八政斯序。雖綿代殊軌，沿革異儀，或民懷遷俗，或國尙興徙，漢陽列燕、代之豪，關西爓齊、楚之族，並通籍新邑，即居成舊。洎金行委御，禮樂南移，中州黎庶，襁負揚、越。聖武造運，道一閎區，貽長世之規，申土斷之制。而夷險相因，盈晦遞襲，歲饉凋流，戎役惰散，違鄉寓境，漸至繁積。宜式遵鴻軌，以爲永憲，庶阜俗昌民，反風定保。夷胥山之險，澄瀚海之波，括河圖於九服，振玉輗於五都矣。」祕書丞王儉表上所撰七志三十卷。京師旱。甲寅，詔曰：「比亢序𠎝度，留熏爥晷，有傷秋稼，方貽民瘼。朕以眇疚，未弘政道，囹圄尙繁，枉滯猶積，夕厲晨矜，每惻于懷。尙書令可與執法以下，就訊衆獄，使寃訟洗遂，困弊昭蘇。頒下州郡，咸令無壅。」癸亥，鎭軍將軍、南徐州刺史建平王景素進號鎭北將軍。庚午，陳留王曹銑薨。

九月壬午，詔曰：「國賦氓稅，蓋有恒品，往屬戎難，務先軍實，徵課之宜，或乖昔准。湘、江二州，糧運偏積，調役既繁，庶徒彌擾。因循權政，容有未革，民單力弊，歲月愈甚。

永言矜歎，情兼宵寐。可遣使到所，明加詳察。其輸違舊令，役非公限者，並卽蠲改，具條以聞。」丁亥，立衡陽王嶷子伯玉爲南平王。

冬十月壬子，以撫軍司馬王玄載爲梁、南秦二州刺史。癸酉，割南兗州之鍾離、豫州之馬頭，又分秦郡、梁郡、歷陽置新昌郡，立徐州。

十一月丙子，以散騎常侍垣閎爲徐州刺史。丁丑，尚書令袁粲母喪去職。

十二月癸卯朔，日有蝕之。乙巳，司空、江州刺史桂陽王休範進位太尉，尚書令袁粲還攝本任，加號衞將軍。癸亥，立前建安王世子伯融爲始安縣王。丙寅，河南王遣使獻方物。

二年春正月庚子，以右光祿大夫張永爲征北將軍、南兗州刺史。

二月己巳，加護軍將軍褚淵中軍將軍。

三月癸酉，以左衞將軍王寬爲南豫州刺史。

夏四月癸亥，詔曰：「頃列爵敍勳，銓榮酬義，條流積廣，又各淹闕。歲往事留，理至逋壅，在所參差，多違甄飭。賞未均洽，每疚厥心。可悉依舊准，並下注職。」

五月壬午，[三]太尉、江州刺史桂陽王休範舉兵反。庚寅，內外戒嚴。加中領軍劉勔鎭軍將軍，加右衞將軍齊王平南將軍，前鋒南討，出屯新亭。征北將軍張永屯白下，前南兗州

刺史沈懷明戍石頭，衞將軍袁粲、中軍將軍褚淵入衞殿省。壬辰，賊奄至，攻新亭壘。齊王拒擊，大破之。越騎校尉張敬兒斬休範。賊黨杜黑蠡、丁文豪分軍向朱雀航，[四]劉勔拒賊敗績，力戰死之。右軍將軍王道隆奔走遇害。張永潰於白下，沈懷明自石頭奔散。甲午，[五]撫軍典籤茅恬開東府納賊，[六]賊入屯中堂。羽林監陳顯達擊大破之。丙申，張敬兒等破賊於宣陽門、莊嚴寺、小市，進平東府城，梟擒羣賊。賞賜封爵各有差。丁酉，詔京邑二縣埋藏所殺賊，幷戰亡者，復同京城。是日解嚴，大赦天下，文武賜位一等。戊戌，原除江州逋債，其有課非常調、役爲民蠹者，悉皆蠲停。詔曰：「頃國賦多騫，公儲罕給。近治戎雖淺，而軍費已多，廩藏虛罄，難用馭遠。宜矯革淫長，務在節儉。其供奉服御，悉就減撤，雕文靡麗，廢而勿修。凡諸游費，一皆禁斷，外可詳爲科格。」荊州刺史沈攸之、南徐州刺史建平王景素、郢州刺史晉熙王燮、湘州刺史王僧虔、雍州刺史張興世並舉義兵赴京師。己亥，以第七皇弟友爲江州刺史。芮芮國遣使獻方物。

六月庚子，以平南將軍齊王爲中領軍、鎭軍將軍、南兗州刺史。癸卯，晉熙王燮遣軍剋尋陽，江州平。戊申，以淮南太守任農夫爲豫州刺史，右將軍、南豫州刺史王寬進號平西將軍。壬戌，改輔師將軍還爲輔國。

秋七月庚辰，立第七皇弟友爲邵陵王。辛巳，以撫軍司馬孟次陽爲兗州刺史。乙酉，鎭西將軍、荊州刺史沈攸之進號征西大將軍，鎭北將軍、南徐州刺史建平王景素進號征北將軍，[七]並開府儀同三司。征虜將軍、郢州刺史晉熙王燮進號安西將軍，前將軍、湘州刺史王僧虔進號平南將軍。

八月辛酉，以征虜行參軍劉延祖爲寧州刺史。

九月壬辰，以游擊將軍呂安國爲兗州刺史。丁酉，以尚書令、新除衞將軍袁粲爲中書監，卽本號開府儀同三司，領司徒，加護軍將軍褚淵尚書令，撫軍將軍、揚州刺史安成王進號車騎將軍。

冬十月庚申，以新除侍中王蘊爲湘州刺史。甲子，以游擊將軍陳顯達爲廣州刺史。

十一月丙戌，御加元服，大赦天下。賜民男子爵一級；爲父後及三老孝悌力田者爵二級；鰥寡孤獨篤癃不能自存者，穀人五斛；[八]年八十以上，加帛一匹。大酺五日；賜王公以下各有差。

十二月癸亥，立第八皇弟躋爲江夏王，第九皇弟贊爲武陵王。

三年春正月辛巳，車駕親祠南郊、明堂。

三月丙寅，河南王遣使獻方物。己巳，以車騎將軍張敬兒爲雍州刺史。其日，京師大

水，遣尚書郎官長檢行賑賜。

閏月戊戌，詔曰：「頃民俗滋弊，國度未殷，歲時屢騫，編戶不給。且邊虞尚警，徭費彌繁，永言夕惕，寢興增疚。思弘豐耗之制，以惇約素之風，庶偫蓄拯民，以康治道。太官珍膳，御府麗服，諸所供擬，一皆減撤，可詳爲其格，務從簡衷。」

夏四月，遣尚書郎到諸州檢括民戶，窮老尤貧者，蠲除課調；丁壯猶有生業，隨宜寬申；貲財足以充限者，督令洗畢。丙戌，車駕幸中堂聽訟。

六月癸未，北國使至。兼司徒袁粲、尚書令褚淵並固讓。

秋七月庚戌，以粲爲尚書令。壬戌，以給事黃門侍郎劉懷珍爲豫州刺史。

八月庚子，[九]加護軍將軍褚淵中書監。

九月丙辰，征西大將軍河南王吐谷渾拾寅進號車騎大將軍。

冬十月丙戌，高麗國遣使獻方物。

十二月乙丑，以冠軍將軍姚道和爲司州刺史。

四年春正月己亥，車駕躬耕籍田，大赦天下。賜力田爵一級；貸貧民糧種。壬子，以梁、南秦二州刺史王玄載爲益州刺史。

二月壬戌，以步兵校尉范栢年爲梁、南秦二州刺史。丁卯，加金紫光祿大夫王琨特進。

夏五月，以寧朔將軍武都王楊文度爲北秦州刺史。乙未，尚書右丞虞玩之表陳時事曰：

天府虛散，垂三十年。江、荊諸州，稅調本少，自頃以來，軍募多乏。其穀帛所入，折供文武。豫、兗、司、徐，開口待哺，西北戎將，裸身求衣。委輸京都，蓋爲寡薄。天府所資，唯有淮、海。民荒財單，不及曩日。而國度弘費，〔一〇〕四倍元嘉。二衞臺坊人力，五不餘一；都水材官朽散，十不兩存。備豫都庫，材竹俱盡；東西二堈，塼瓦雙匱。敕令給賜，悉仰交市。尚書省舍，日就傾頹，第宅府署，類多穿毁。視不遑救，知不暇及。尋所入定調，用恒不周，既無儲畜，理至空盡。積弊累耗，鍾於今日。昔歲奉敕，課以揚、徐衆逋，凡入米穀六十萬斛，錢五千餘萬，布絹五萬匹，雜物在外，賴此相贍，故得推移。卽今所懸轉多，興用漸廣，深懼供奉頓闕，軍器輟功，將士飢怨，百官騫祿。署府謝雕麗之器，土木停緹紫之容，國戚無以贍，勳求無以給。如愚管所慮，不月則歲矣。

經國遠謀，臣所不敢言，朝夕祇勤，心存於匪懈。起伏震遽，事屬冒聞。伏願陛下留須臾之鑒，垂永代之計，發不世之詔，施必行之典。則氓隸齊歡，〔一一〕高卑同泰。

帝優詔答之。庚戌，以驍騎將軍曹欣之爲徐州刺史。

六月乙亥，加鎮軍將軍齊王尚書左僕射。

秋七月戊子，征北將軍、南徐州刺史建平王景素據京城反。己丑，內外纂嚴。遣驍騎將軍任農夫、冠軍將軍黃回北討，鎮軍將軍齊王總統衆軍。曲赦南徐州。始安王伯融、都鄉侯伯猷賜死。辛卯，豫州刺史段佛榮統前鋒馬步衆軍。甲午，軍主、左軍將軍張保戰敗見殺。黃回等至京城，與景素諸軍戰，連破之。乙未，剋京城，斬景素，同逆皆伏誅。其日解嚴。丙申，大赦天下，封賞各有差。原京邑二縣元年以前逋調。辛丑，以武陵王贊爲南徐州刺史。

八月丁卯，立第十皇弟翽爲南陽王，第十一皇弟嵩爲新興王，第十二皇弟禧爲始建王。庚午，以給事黃門侍郎阮佃夫爲南豫州刺史。乙酉，以行青、冀二州刺史劉善明爲青、冀二州刺史。

九月丁亥，割郢州之隨郡屬司州。戊子，驍騎將軍高道慶有罪，賜死。己丑，車騎將軍、揚州刺史安成王進號驃騎大將軍、開府儀同三司，安西將軍、郢州刺史晉熙王燮進號鎮西將軍。

冬十月辛酉，以吏部尚書王僧虔爲尚書右僕射。宕昌王梁彌機爲安西將軍、河涼二州刺史。丙寅，中書監、護軍將軍褚淵母憂去職。十一月庚戌，詔攝本任。

五年春二月壬申，以建寧太守柳和爲寧州刺史。

四月甲戌，豫州刺史阮佃夫、步兵校尉申伯宗、朱幼謀廢立，佃夫、幼下獄死，伯宗伏誅。

五月己亥，以左軍將軍沈景德爲交州刺史，驍騎將軍全景文爲南豫州刺史。〔一二〕丙午，以屯騎校尉孫曇瓘爲越州刺史。

六月甲戌，誅司徒左長史沈勃、散騎常侍杜幼文、游擊將軍孫超之、長水校尉杜叔文，大赦天下。

七月戊子夜，帝殞於仁壽殿，時年十五。己丑，皇太后令曰：

衞將軍、領軍、中書監、八座：昱以冢嫡，嗣登皇統，庶其體識日弘，社稷有寄。豈意窮凶極悖，自幼而長，善無細而不違，惡有大而必蹈。前後訓誘，常加隱蔽，險戾難移，日月滋甚。棄冠毁冕，長襲戎衣，犬馬是狎，鷹隼是愛，皁歷軒殿之中，韝緤宸扆之側。至乃單騎遠郊，獨宿深野，手揮矛鋋，躬行刳斮，白刃爲弄器，斬害爲恒務。捨交戟之衞，委天畢之儀，趍步闤闠，酣歌壚肆，宵遊忘反，宴寢營舍，奪人子女，掠人財物，方筴所不書，振古所未聞。沈勃儒士，孫超功臣，幼文兄弟，並豫勳効，四人無罪，一朝

同戮。飛鏃鼓劍，孩稚無遺，屠裂肝腸，以爲戲謔，投骸江流，以爲歡笑。又淫費無度，帑藏空竭，橫賦關河，專充別蓄，黔庶嗷嗷，厝生無所。吾與其所生每厲以義方，遂謀酖毒，將騁凶忿。沈憂假日，慮不終朝。自昔辛、癸，爰及幽、厲，方之於此，未譬萬分。民怨旣深，神怒已積，七廟阽危，四海褫氣。

廢昏立明，前代令範，況洒滅義反道，天人所棄，釁深牧野，理絕桐宮。故密令蕭領軍潛運明略，幽顯協規，普天同泰。驃騎大將軍安成王體自太宗，天挺淹叡，風神凝遠，德映在田。地隆親茂，皇曆攸歸，億兆係心，含生屬望。宜光奉祖宗，臨享萬國。

便依舊典，以時奉行。未亡人追往傷懷，永言感絕。

太后又令曰：「昱窮凶極暴，自取灰滅，雖曰罪招，能無傷悼。棄同品庶，顧所不忍。可特追封蒼梧郡王。」葬丹陽秣陵縣郊壇西。

初昱在東宮，年五六歲時，始就書學，而惰業好嬉戲，主帥不能禁。好緣漆帳竿，去地丈餘，如此者半食久，乃下。年漸長，喜怒乖節，左右有失旨者，輒手加撲打。徒跣蹲踞，以此爲常。主帥以白太宗，上輒敕昱所生，嚴加捶訓。及嗣位，內畏太后，外懼諸大臣，猶未得肆志。自加元服，變態轉興，內外稍無以制。三年秋冬間，便好出遊行，太妃每乘青篾車，隨相檢攝。昱漸自放恣，太妃不復能禁。單將左右，棄部伍，或十里、二十里，或入市

里，或往營署，日暮乃歸。四年春夏，此行彌數。自京城剋定，意志轉驕，於是無日不出。與左右人解僧智、張五兒恒相馳逐，夜出，開承明門，夕去晨反，晨出暮歸。從者並執鋋矛，行人男女，及犬馬牛驢，值無免者。民間擾懼，晝日不敢開門，道上行人殆絕。常著小袴褶，未嘗服衣冠。或有忤意，輒加以虐刑。有白梃數十枚，各有名號，鍼椎鑿鋸之徒，不離左右。嘗以鐵椎椎人陰破，左右人見之有斂眉者，昱大怒，令此人袒胛正立，以矛刺胛洞過。於耀靈殿上養驢數十頭，所自乘馬，養於御牀側。先是民間訛言，謂太宗不男，陳太妃本李道兒妾，道路之言，或云道兒子也。昱每出入去來，常自稱劉統，或自號李將軍。與右衞翼輦營女子私通，每從之遊，持數千錢，供酒肉之費。阮佃夫腹心人張羊為佃夫所委信。佃夫敗，叛走，後捕得，昱自於承明門以車轢殺之。杜延載、沈勃、杜幼文、孫超，皆躬運矛鋋，手自臠割。執幼文兄叔文於玄武湖北，昱馳馬執矟，自往刺之。制露車一乘，其上施篷，乘以出入，從者不過數十人。羽儀追之恒不及，又各慮禍，亦不敢追尋，唯整部伍，別在一處瞻望而已。凡諸鄙事，過目則能，鍛鍊金銀，裁衣作帽，莫不精絕。未嘗吹篪，執管便韻。天性好殺，以此為歡，一日無事，輒慘慘不樂。內外百司，人不自保，殿省憂遑，夕不及旦。

齊王順天人之心，潛圖廢立，與直閤將軍王敬則謀之。七月七日，昱乘露車，從二百許

人，無復鹵簿羽儀，往青園尼寺，晚至新安寺就曇度道人飲酒。醉，夕扶還於仁壽殿東阿氈幄中臥。時昱出入無恒，省內諸閤，夜皆不閉。且羣下畏相逢值，無敢出者。宿衞並逃避，內外無相禁攝。王敬則先結昱左右楊玉夫、楊萬年、呂欣之、湯成之、陳奉伯、張石留、羅僧智、鍾千載、嚴道福、雷道賜、戴昭祖、許啓、戚元寶、盛道泰、鍾千秋、王天寶、公上延孫、俞成、錢道寶、馬敬之、陳寶直、吳璩之、劉印會、唐天寶、俞孫等二十五人，謀共取昱。其夕，敬則出外，玉夫見昱醉熟無所知，乃與萬年同入氈幄內，以昱防身刀斬之。奉伯提昱首，依常行法，稱敕開承明門出，以首與敬則，馳至領軍府，以首呈齊王。王乃戎服，率左右數十人，稱行還，開承明門入。昱他夕每開門，門者震懾不敢視，至是弗之疑。齊王既入，曉，乃奉太后令奉迎安成王。

史臣曰：喪國亡家之主，雖適末同途，發軫或異也。前廢帝卑遊褻幸，皆龍駕帝飾，傳警清路；蒼梧王則藏璽懷紱，魚服忘反，危冠短服，匹馬孤征。至於殞身覆祚，其理若一。姬、夏之隆，質文異尚，亡國之道，其亦然乎。

校勘記

〔一〕冬十月辛卯　下有辛未。按是月庚戌朔，二十二日辛未，無辛卯。

〔二〕以越州刺史陳伯紹為交州刺史　張森楷校勘記云：「按明帝紀，泰始五年，伯紹為交州刺史。七年，置越州。南齊書州郡志云，元徽二年，陳伯紹為越州刺史，當即指此。此當是以交州刺史陳伯紹為越州刺史，刻譌互倒。」

〔三〕五月壬午　「壬午」各本並作「壬子」，據南史、建康實錄、通鑑改。按是月辛未朔，十三日壬午，無壬子。

〔四〕賊黨杜黑蠡丁文豪分軍向朱雀航　「杜黑蠡」魏書作「杜黑騾」。

〔五〕甲午　各本並作「戊午」，據局本及南史、建康實錄改。是月辛未朔，二十四日甲午，無戊午。

〔六〕撫軍典籤茅恬開東府納賊　「撫軍」南史作「車騎」，建康實錄作「護軍」。

〔七〕鎮北將軍南徐州刺史建平王景素進號征北將軍　各本並脫「南」字，據景素傳補。

〔八〕穀人五斛　各本並脫「人」字，據元龜二〇七補。

〔九〕八月庚子　按是月癸亥朔，無庚子，初三日庚午，庚子或是庚午之譌。

〔一〇〕而國度弘費　「弘」各本並作「引」，據元龜四七一改。

〔一一〕則氓隸齊歡　「隸」各本並作「祗」，據元龜四七一改。

〔一二〕驍騎將軍全景文為南豫州刺史　「驍騎」各本並作「驃騎」，據南齊書呂安國傳全景文附傳改。

宋書卷十

本紀第十

順帝

順皇帝諱準，字仲謀，[一]小字智觀，明帝第三子也。泰始五年七月癸丑生。七年，封安成王，食邑三千戶。仍拜撫軍將軍，置佐史。廢帝卽位，爲揚州刺史。元徽二年，進號車騎將軍、都督揚南豫二州諸軍事，給鼓吹一部，刺史如故。四年，又進號驃騎大將軍、開府儀同三司，班劍三十人，都督、刺史如故。

元徽五年七月戊子夜，廢帝殞，奉迎王入居朝堂。壬辰，卽皇帝位。

昇明元年，改元，大赦天下，賜文武位二等。甲午，鎭軍將軍齊王出鎭東城，輔政作相。丙申，詔曰：「露臺息搆，義光漢德，雉裘焚制，事隆晉道。故以儉奢軌化，敦儉馭俗。頃

服未靜，師旅連年，委蓄屢空，勞斂莫偃。而丹艧之飾，糜耗難訾，寶賂之費，徵賦靡計。今軍服儀制，實宜約損，使徽章有序，勿得侈溢。可罷省御府二署。凡工麗彫鏤，傷風毀治，一皆禁斷。庶永昭憲則，弘茲始政。」征西大將軍、荆州刺史沈攸之進號車騎大將軍、開府儀同三司，尚書左僕射、中領軍、鎭軍將軍、南兗州刺史齊王爲司空、錄尚書事、驃騎大將軍，刺史如故，中書令、衞將軍、開府儀同三司，撫軍將軍劉秉爲尚書令，加中軍將軍，[二]安西將軍、郢州刺史晉熙王燮爲撫軍將軍、揚州刺史，南陽王翽爲郢州刺史。辛丑，尚書右僕射王僧虔爲尚書僕射，右衞將軍劉韞爲中領軍，金紫光祿大夫王琨爲右光祿大夫。給司空齊王錢五百萬，布五千匹。癸卯，車駕謁太廟。丙午，以安西參軍明慶符爲青、冀二州刺史，武陵王贊爲郢州刺史，新除郢州刺史南陽王翽爲湘州刺史，司空、南兗州刺史齊王改領南徐州刺史，征虜將軍李安民爲南兗州刺史。

雍州大水，八月壬子，遣使賑卹，蠲除稅調。以驃騎長史劉澄之爲南豫州刺史。山陽太守于天寶、新吳縣子秦立有罪，下獄死。戊午，改平準署。辛酉，以宣城太守李靈謙爲兗州刺史。癸亥，司徒袁粲鎭石頭。[三]丁卯，原除元年以前逋調；復郡縣祿田。戊辰，崇拜帝所生陳昭華爲皇太妃。庚午，司空長史謝朏、衞軍長史江斅、中書侍郎褚炫、武陵王文學劉俟入直殿省，參侍文義。齊王固讓司空，庚辰，以爲驃騎大將軍、開府儀同三司。

九月己丑，詔曰：「昔聖王既沒，淳風已衰，龜書永湮，龍圖長祕。故三代之末，德刑相擾，世淪物競，道陂人諛。然猶正士比轂，奇才接軫。朕襲運金樞，纂靈瑤極，負扆巡政，日晏忘疲，永言興替，望古盈慮。姬、夏典載，猶傳緗帙，漢、魏餘文，布在方冊。故元封興茂才之制，地節栩獨行之品。振維務本，存乎得人。今可宣下州郡，搜揚幽仄，摽采鄉邑，隨名薦上。朕將親覽，甄其茂異。庶野無遺彥，永激遐芬。」己酉，廬陵王暠薨。

冬十一月己酉，[四]倭國遣使獻方物。丙午，員外散騎侍郎胡羨生行越州刺史，以交州刺史沈景德爲廣州刺史。

十二月丁巳，以驍騎將軍王廣之爲徐州刺史。車騎大將軍、荆州刺史沈攸之舉兵反。丁卯，錄公齊王入守朝堂，侍中蕭嶷鎭東府。戊辰，內外纂嚴。己巳，以郢州刺史武陵王贊爲安西將軍、荆州刺史，征虜將軍、雍州刺史張敬兒進號鎭軍將軍。右衞將軍黃回爲平西將軍、郢州刺史，督諸軍前鋒南討。征虜將軍呂安國爲湘州刺史，都官尚書王寬加平西將軍。庚午，新除左衞將軍齊王世子奉新除撫軍將軍、揚州刺史晉熙王燮鎭尋陽之盆城。壬申，以驍騎將軍周盤龍爲廣州刺史。是日，司徒袁粲據石頭反，尚書令劉秉、黃門侍郎劉述、冠軍將軍王蘊率衆赴之。黃回及輔國將軍孫曇瓘、屯騎校尉王宜興、輔國將軍任候伯、左軍將軍彭文之密相響應。中領軍劉韞、直閤將軍卜伯興在殿內同謀。錄公齊王誅韞等於省

內。軍主蘇烈、王天生、薛道淵、戴僧靜等陷石頭，斬粲於城內。秉、述、蘊踰城走，追擒之，並伏誅。其餘無所問。豫州刺史劉懷珍、雍州刺史張敬兒、廣州刺史陳顯達並舉義兵。司州刺史姚道和、梁州刺史范栢年、湘州行事庾佩玉擁衆懷貳。甲戌，大赦天下。乙亥，以尚書僕射王僧虔爲尚書左僕射，新除中書令王延之爲尚書右僕射。吳郡太守劉遐據郡反，輔國將軍張瓌討斬之。

閏月辛巳，屯騎校尉王宜興有罪伏誅。癸巳，沈攸之攻圍郢城，前軍長史柳世隆固守。攸之弟登之作亂於吳興，吳興太守沈文季討斬之。[五]己亥，內外戒嚴，假錄公齊王黃鉞。辛丑，寧朔將軍、北秦州刺史武都王楊文度進號征西將軍。[六]乙巳，錄公齊王出頓新亭。

二年春正月，沈攸之遣將公孫方平據西陽，辛酉，建寧太守張謨擊破之。丁卯，沈攸之自郢城奔散。己巳，華容縣民斬送之。左將軍、豫州刺史劉懷珍進號平南將軍。辛未，鎭軍將軍、雍州刺史張敬兒克江陵，斬攸之子元琰，荆州平，同逆皆伏誅。丙子，解嚴。以新除侍中柳世隆爲尚書右僕射。是日，錄公齊王旋鎭東府。丁丑，以江州刺史邵陵王友爲安南將軍、南豫州刺史。[七]左衞將軍齊王世子爲江州刺史，侍中蕭嶷爲領軍，鎭軍將軍、雍州

刺史張敬兒進號征西將軍，平西將軍、郢州刺史黃回進號鎮西將軍。

二月庚辰，以尚書左僕射王僧虔爲尚書令，尚書右僕射王延之爲尚書左僕射。癸未，錄公齊王加授太尉，衞將軍褚淵爲中書監、司空。甲申，曲赦荆州。丙戌，撫軍將軍、揚州刺史晉熙王燮進號中軍將軍、開府儀同三司。戊子，蠲雍州緣沔居民前被水災者租布三年。辛卯，郢州刺史、新除鎮南將軍黃回爲鎮北將軍、南兗州刺史，南兗州刺史李安民爲郢州刺史。癸巳，以山陰令傅琰爲益州刺史。丙申，左軍將軍彭文之有罪，下獄死。行湘州事任候伯殺前湘州行事庾佩玉，傳首京邑。

三月庚戌，以廣州刺史周盤龍爲司州刺史，輔國將軍劉悛爲廣州刺史。丙子，給太尉齊王羽葆、鼓吹。

夏四月己卯，以游擊將軍垣崇祖爲兗州刺史。辛卯，新除鎮北將軍、南兗州刺史黃回有罪賜死。甲午，輔國將軍、淮南宣城二郡太守蕭映行南兗州刺史。

五月戊午，倭國王武遣使獻方物，以武爲安東大將軍。輔國將軍、行湘州事任候伯有罪伏誅。

六月己丑，以前新會太守趙超民爲交州刺史。丁酉，以輔國將軍楊文弘爲北秦州刺史、武都王。

八月辛卯，太尉齊王表斷奇飾麗服，凡十有四條。〔六〕乙未，以江州刺史齊王世子爲領軍將軍、撫軍將軍。丙申，以領軍蕭嶷爲江州刺史。

九月乙巳朔，日有蝕之。丙午，加太尉齊王黃鉞、都督中外諸軍事、太傅，領揚州牧，劍履上殿，入朝不趨，贊拜不名。置左右長史、司馬、從事中郎、掾、屬各四人。中軍將軍、揚州刺史晉熙王燮爲司徒。戊申，行南兗州刺史蕭映爲南兗州刺史。甲寅，給太傅齊王三望車。己未，芮芮國遣使獻方物。癸酉，武陵內史張澹有罪，下獄死。

冬十月丁丑，寧朔將軍、淮南宣城二郡太守蕭晃爲豫州刺史。孫曇瓘先逃亡，己卯，擒獲，伏誅。壬寅，立皇后謝氏，減死罪一等，五歲刑以下悉原。

十一月壬子，立故武昌太守劉琨息頒爲南豐縣王。癸亥，臨澧侯劉晃謀反，晃及黨與皆伏誅。甲子，改封南陽王翽爲隨郡王，改隨陽郡。

十二月丙戌，皇后見于太廟。戊子，高麗國遣使獻方物。

三年春正月甲辰，以江州刺史蕭嶷爲鎮西將軍、荆州刺史，尚書左僕射王延之爲安南將軍、江州刺史。安西長史蕭順之爲郢州刺史。乙卯，太傅齊王表諸負官物質役者，悉原除。辛亥，以驍騎將軍王玄邈爲梁、南秦二州刺史。領軍將軍、撫軍將軍齊王世子加尚書僕射，進號中軍大將軍、開府儀同三司。丙辰，加太傅齊王前部羽葆、鼓吹。丁巳，詔太傅府依舊辟召。以征西將軍、雍州刺史張敬兒爲護軍將軍，新除給事黃門侍郎蕭長懋爲雍州刺史。

二月丙子，安南將軍、南豫州刺史邵陵王友薨。

三月癸卯朔，日有蝕之。甲辰，崇太傅爲相國，總百揆，封十郡，爲齊公，備九錫之禮，加璽紱遠游冠，位在諸王上，加相國綠綟綬，其驃騎大將軍、揚州牧、南徐州刺史如故。丙午，以中軍大將軍蕭賾爲南豫州刺史、齊公世子，副貳相國，綠綟綬。庚戌，臨川王綽謀反，綽及黨與皆伏誅。丁巳，以齊國初建，給錢五百萬，布五千匹，絹千匹。

夏四月壬申，進齊公爵爲齊王，增封十郡。甲戌，安西將軍武陵王贊薨。丙戌，命齊王冕十有二旒，建天子旌旗，出警入蹕，乘金根車，駕六馬，備五時副車，置旄頭雲罕，樂儛八佾，設鐘簴宮縣。進世子爲太子，王子、王女、王孫爵命之號，壹如舊儀。辛卯，天祿永終，禪位于齊。壬辰，帝遜位于東邸。既而遷居丹陽宮。齊王踐阼，封帝爲汝陰王，待以不臣之禮。行宋正朔，上書不爲表，答表不爲詔。

建元元年五月己未，殂于丹陽宮，時年十三。謚曰順帝。六月乙酉，葬于遂寧陵。

史臣曰：聖王膺籙，自非接亂承微，則天曆不至也。自三、五以來，受命之主，莫不乘淪亡之極，然後符樂推之運。水德遷謝，其來久矣，豈止於區區汝陰揖禪而已哉！

校勘記

〔一〕字仲謀　元龜一八二同。南史、建康實錄、御覽一二八引作「字仲謨」。

〔二〕中書令衞將軍開府儀同三司撫軍將軍劉秉爲尚書令加中軍將軍　按據李慈銘宋書札記、孫虨宋書考論，並參考南史宋本紀、本書袁粲傳、南齊書褚淵傳，「中書令」當作「尚書令」，「衞將軍」下，似脫「袁粲爲中書監，領司徒，中書監褚淵爲衞將軍，並」十九字。

〔三〕司徒袁粲鎮石頭　「司徒」各本作「司空」。按時蕭道成爲司空，袁粲爲司徒，見南齊書高祖紀，及本書袁粲傳。今據南史、建康實錄改正。

〔四〕冬十一月己酉　下有丙午。按是月辛巳朔，初五日乙酉，二十六日丙午，二十九日己酉。己酉不當在丙午前。建康實錄作乙酉，疑己酉是乙酉之譌。

〔五〕吳興太守沈文季討斬之　「沈文季」三朝本作「沈文李」，北監本、毛本、殿本、局本作「沈文秀」。按沈文秀明帝世守青州，已爲北魏所俘。此吳興太守乃沈文季。南齊書沈文季傳可證。

〔六〕寧朔將軍北秦州刺史武都王楊文度進號征西將軍　「楊文度」各本並譌作「楊文慶」，據氏傳改。

〔七〕以江州刺史邵陵王友爲安南將軍南豫州刺史　「南豫州」各本並作「豫州」。孫虨宋書考論云：「豫州上當有『南』字。」按邵陵王友傳　時爲南豫州刺史，孫說是，今補。

〔八〕凡十有四條　南史齊本紀及南齊書高帝紀並作「凡十七條」。

宋書卷十一

志第一

志序　律曆上

左史記言，右史記事，事則春秋是也，言則尚書是也。至於楚書、鄭志、晉乘、楚杌之篇，皆所以昭述前史，俾不泯於後。

司馬遷制一家之言，始區別名題，至乎禮儀刑政，有所不盡，乃於紀傳之外，創立八書，片文隻事，鴻纖備舉。班氏因之，靡違前式，網羅一代，條流遂廣。律曆禮樂，其名不變，以天官爲天文，改封禪爲郊祀，易貨殖、平準之稱，革河渠、溝洫之名，綴孫卿之辭，以述刑法，采孟軻之書，用序食貨。劉向鴻範，始自春秋，劉歆七略，儒墨異部，朱贛博采風謠，尤爲詳洽，固並因仍，以爲三志。而禮樂疏簡，所漏者多，典章事數，百不記一。天文雖爲該舉，而不言天形，致使三天之說，紛然莫辨。是故蔡邕於朔方上書，謂宜載述者也。

漢興，接秦阬儒之後，典墳殘缺，耆生碩老，常以亡逸爲慮。劉歆七略，固之藝文，蓋爲此也。河自龍門東注，橫被中國，每漂決所漸，寄重災深，堤築之功，勞役天下。且關、洛高塏，地少川源，是故鎬、酆、潦、潏，咸入禮典。漳、滏、鄭、白之饒，溝渠沾溉之利，皆民命所祖，國以爲天，溝洫立志，亦其宜也。世殊事改，於今可得而略。

竊以班氏律曆，前事已詳，自楊偉改創景初，而魏書闕志。及元嘉重造新法，大明博議回改，自魏至宋，宜入今書。

班固禮樂、郊祀，馬彪祭祀、禮儀，蔡邕朝會，董巴輿服，並各立志。夫禮之所苞，其用非一，郊祭朝饗，匪云別事，旗章服物，非禮而何？今總而裁之，同謂禮志。刑法、食貨，前說已該，隨流派別，附之紀傳。樂經殘缺，其來已遠，班氏所述，政抄舉樂記，馬彪後書，又不備續。至於八音衆器，並不見書，雖略見世本，所闕猶衆。爰及雅鄭，謳謠之節，一皆屏落，曾無概見。郊廟樂章，每隨世改，雅聲舊典，咸有遺文。又案今鼓吹鐃歌，雖有章曲，樂人傳習，口相師祖，所務者聲，不先訓以義。今樂府鐃歌，校漢、魏舊曲，曲名時同，文字永異，尋文求義，無一可了。不知今之鐃章，何代曲也。今志自郊廟以下，凡諸樂章，非淫哇之辭，並皆詳載。

天文、五行，自馬彪以後，無復記錄。何書自黃初之始，徐志肇義熙之元。今以魏接漢，式遵何氏。然則自漢高帝五年之首冬，暨宋順帝昇明二年之孟夏，二辰六沴，甲子無差。聖帝哲王，咸有瑞命之紀，蓋所以神明寶位，幽贊禎符，欲使逐鹿弭謀，窺覬不作，握河括地，綠文赤字之書，言之詳矣。爰逮道至天而甘露下，德洞地而醴泉出，金芝玄秬之祥，朱草白烏之瑞，斯固不可誣也。若夫衰世德爽，而嘉應不息，斯固天道茫昧，難以數推。亦由明主居上，而震蝕之災不弭；百靈咸順，而懸象之應獨違。今立符瑞志，以補前史之闕。

地理參差，事難該辨，魏晉以來，遷徙百計，一郡分爲四五，一縣割成兩三，或昨屬荆、豫，今隸司、兗，朝爲零、桂之士，夕爲廬、九之民，去來紛擾，無暫止息，版籍爲之渾淆，職方所不能記。自戎狄內侮，有晉東遷，中土遺氓，播徙江外，幽、幷、冀、雍、兗、豫、靑、徐之境，幽淪寇逆。自扶莫而裹足奉首，免身於荆、越者，百郡千城，流寓比室。人佇鴻雁之歌，士蓄懷本之念，莫不各樹邦邑，思復舊井。旣而民單戶約，不可獨建，故魏邦而有韓邑，齊縣而有趙民。且省置交加，日回月徙，寄寓遷流，迄無定託，邦名邑號，難或詳書。大宋受命，重啓邊隙，淮北五州，翦爲寇境，其或奔亡播遷，復立郡縣，斯則元嘉、泰始，同名異實。今以班固、馬彪二志，晉、宋起居，凡諸記註，悉加推討，隨條辨析，使悉該詳。

百官置省，備有前說，尋源討流，於事爲易。

元嘉中，東海何承天受詔纂宋書，其志十五篇，以續馬彪漢志，其證引該博者，卽而因之，亦由班固、馬遷共爲一家者也。其有漏闕，及何氏後事，備加搜采，隨就補綴焉。淵流浩漫，非孤學所盡；足蹇途遙，豈短策能運。雖斟酌前史，備覩姸嗤，而愛嗜異情，取捨殊意，每含毫握簡，杼軸忘飡，終亦不足與班、左並馳，董、南齊轡。庶爲後之君子削藁而已焉。

黃帝使伶倫自大夏之西，阮隃之陰，取竹之嶰谷生，其竅厚均者，斷兩節間而吹之，以爲黃鍾之宮。制十二管，以聽鳳鳴，以定律呂。夫聲有淸濁，故協以宮商；形有長短，故檢以丈尺；器有大小，故定以斛斗；質有輕重，故平以鈞石。故虞書曰：「乃同律、度、量、衡。」然則律呂，宮商之所由生也。

夫樂有器有文，有情有官。鍾鼓干戚，樂之器也；屈伸舒疾，樂之文也；「論倫無患，樂之情也；欣喜歡愛，樂之官也。」「是以君子反情以和志，廣樂以成敎，故能情深而文明，氣盛而化神，和順積中，而英華發外。」故曰：「樂者，心之動也；聲者，樂之象也。」周禮曰：「乃奏黃鍾，歌大呂，舞雲門，以祀天神。乃奏太蔟，歌應鍾，舞咸池，以祭地祇。」四望山川先祖，各有其樂。又曰：「圜鍾爲宮，黃鍾爲角，太蔟爲徵，[一]姑洗爲羽，雷鼓雷鼗，孤竹之管，雲和之琴瑟，雲門之舞，冬日至，於地上之圜丘奏之。若樂六變，則天神皆降，可得而禮矣。」地祇人鬼，禮亦如之。其可以感物興化，若此之深也。

「道始於一，一生二，二生三，三三而九。[二]故黃鍾之數六，分而爲雌雄十二鍾。鍾以三成，故置一而三之，凡積分十七萬七千一百四十七，爲黃鍾之實。故黃鍾位子，主十一月，下生林鍾。林鍾之數五十四，主六月，上生太蔟。太蔟之數七十二，主正月，下生南呂。南呂之數四十八，主八月，上生姑洗。姑洗之數六十四，主三月，下生應鍾。應鍾之數四十三，主十月，上生蕤賓。蕤賓之數五十七，主五月，上生大呂。大呂之數七十六，主十二月，下生夷則。夷則之數五十一，[三]主七月，上生夾鍾。夾鍾之數六十七，主二月，下生無射。無射之數四十五，主九月，上生中呂。中呂之數六十，主四月，極不生。極不生，鍾律不能復相生。宮生徵，徵生商，商生羽，羽生角，角生姑洗，姑洗生應鍾，比於正音，故爲和。[四]姑洗三月，應鍾十月，與正音比，故爲和。和，從聲也。[五]應鍾生蕤賓，蕤賓不比於正音，故爲繆。繆，音相干也。周律故有繆、和，爲武王伐紂七音也。日冬至，音比林鍾浸以濁；日夏至，音比黃鍾浸以淸。以十二月律應二十四時。甲子，中呂之徵也；丙子，夾鍾之羽也；戊子，黃鍾之宮也；庚子，無射之商也；壬子，夷則之角也。」

「古人爲度量輕重，皆生乎天道。黃鍾之律長九寸，物以三生，三三九，三九二十七，故幅廣二尺七寸，古之制也。音以八相生，故人長八尺，尋自倍，故八尺而爲尋。有形卽有聲，音之數五，以五乘八，五八四十尺爲匹。匹者，中人之度也，一匹爲制。秋分而禾穛定，穛，禾穗芒也。穛定而禾孰。律之數十二，故十二穛而當一粟，十二粟而當一寸。[六]律以當辰，音以當日。日之數十，故十寸而爲尺，十尺爲丈。其以爲重，十二粟而當一分，十二分而當一銖，十二銖而當半兩。衡有左右，因而倍之，故二十四銖而當一兩。天有四時，以成一歲，因而四之，四四十六，故十六兩而一斤。三月而一時，三十日一月，故三十斤而爲一鈞。四時而一歲，故四鈞而一石。」「其爲音也，一律而生五音，十二律而爲六十音；因而六之，六六三十六，故三百六十音以當一歲之日。故律曆之數，天地之道也。下生者倍，以三除之；上生者四，以三除之。」

揚子雲曰：「聲生於日，謂甲己爲角，乙庚爲商，丙辛爲徵，丁壬爲羽，戊癸爲宮。律生於辰，謂子爲黃鍾，丑爲大呂之屬。聲以情質，質，正也。各以其行本情爲正也。律以和聲，當以律管鍾均，和其淸濁之聲。聲律相協，而八音生。協，和。宮、商、角、徵、羽，謂之五聲。金、石、匏、革、絲、竹、土、木，謂之八音。聲和音諧，是謂五樂。」

夫陰陽和則景至，律氣應則灰除。是故天子常以冬夏至御前殿，合八能之士，陳八音，聽樂均，度晷景，候鍾律，權土炭，効陰陽。冬至陽氣應，則樂均淸，景長極，黃鍾通，土炭輕而衡仰。〔七〕夏至陰氣應，則樂均濁，景短極，蕤賓通，土炭重而衡低。進退於先後五日之中，八能各以候狀聞。太史令封上。効則和，否則占。候氣之法，爲室三重，戶閉，塗釁周密，布緹幔。室中以木爲案，每律各一，內庳外高，從其方位，加律其上。以葭莩灰布其內端，案曆而候之。氣至者灰動。其爲氣動者其灰散，人及風所動者，其灰聚。〔八〕殿中候，用玉律十二。唯二至乃候靈臺，用竹律六十。〔九〕取弘農宜陽縣金門山竹爲管，河內葭莩爲灰。〔一〇〕

三代陵遲，音律失度。漢興，北平侯張蒼始定律曆。孝武之世，置協律之官。元帝時，郎中京房知五音六十律之數，受學於小黃令焦延壽。其下生、上生，終於中呂，而十二律畢矣。中呂上生執始，執始下生去滅，終於南事，而六十律畢矣。夫十二律之變至於六十，猶八卦之變至於六十四也。宓羲作易，紀陽氣之初，以爲律法。建日冬至之聲，以黃鍾爲宮，太蔟爲商，姑洗爲角，林鍾爲徵，南呂爲羽，應鍾爲變宮，蕤賓爲變徵。此聲氣之元，五音之正也。故各統一日。其餘以次運行，當日者各自爲宮，而商角徵羽以類從焉。禮運篇曰：「五聲、六律、十二管還相爲宮。」此之謂也。以六十律分一朞之日，黃鍾自冬至始，及冬至而復，陰陽寒煖風雨之占於是生焉。房又曰：「竹聲不可以度調，故作準以定數。準之狀如瑟，長丈而十三弦，隱間九尺，以應黃鍾之律九寸；中央一弦，下有畫分寸，以爲六十律清濁

之節。」房言律詳於歆所奏，〔一一〕其術施行於史官，候部用之。續漢志具載其律準度數。

漢章帝元和元年，待詔候鍾律殷肜上言：「官無曉六十律以準調音者，故待詔嚴嵩具以準法教子男宣，願召宣補學官，主調樂器。」詔曰：「嵩子學審曉律，別其族，協其聲者，審試。不得依託父學，以聾爲聰。聲微妙，獨非莫知，獨是莫曉，以律錯吹，能知命十二律不失一，乃爲能傳嵩學耳。」試宣十二律，其二中，其四不中，其六不知何律，宣遂罷。自此律家莫能爲準。靈帝熹平六年，東觀召典律者太子舍人張光等問準意。光等不知。歸閱舊藏，乃得其器，形制如房書，猶不能定其絃緩急。音不可書以曉人，〔一二〕知之者欲教而無從，心達者體知而無師，故史官能辨清濁者遂絕。其可以相傳者，唯候氣而已。

	舊律度	新律度	舊律分	新律分新律小分母三十六〔一三〕
黃鍾	九寸	九寸	十七萬七千一百四十七	十七萬七千一百四十七
林鍾	六寸	六寸一氂	十一萬八千九十八	十一萬八千二百九十六 二十五
太蔟	八寸	八寸二氂	十五萬七千四百六十四	十五萬七千八百六十一 十四
南呂	五寸三分三氂少强〔一四〕	五寸三分大氂少强	十萬四千九百七十六	十萬五千五百七十二 三
姑洗	七寸一分一氂强	七寸一分五氂强〔一五〕	十三萬九千九百六十八	十四萬七百六十二 二十八
應鍾	四寸七分四氂强〔一六〕	四寸七分九氂强	九萬三千三百一十二	九萬四千三百五十七
蕤賓	六寸三分二氂强	六寸三分八氂强〔一七〕	十二萬四千四百一十六〔一八〕	十二萬五千六百八 六〔一九〕
大呂	八寸四分二氂大强	八寸四分九氂大强	十六萬五千八百八十八	十六萬七千二百七十八 三十一
夷則	五寸六分一氂大强	五寸七分弱	十一萬五百九十二	十一萬二千一百八十一 二十
夾鍾	七寸四分九氂少弱〔二〇〕	七寸五分八氂少弱〔二一〕	十四萬七千四百五十六	十四萬九千二百四十四 九
無射	四寸九分九氂半弱〔二二〕	五寸九氂半	九萬八千三百四	十萬二百九十 三十四
中呂	六寸六分六氂弱	六寸七分七氂	十三萬一千七十二	十三萬三千二百五十 七二十五〔二三〕
黃鍾	八寸八分八氂弱	九寸	十七萬四千七百六十二 三分之二，不足二千三百八十四，三分之一〔二四〕	十七萬七千一百四十七

論曰：律呂相生，皆三分而損益之。先儒推十二律，從子至亥，每三之，凡十七萬七千

一百四十七，而三約之，是爲上生。故漢志云：三分損一，下生林鍾，三分益一，上生太蔟。無射既上生中呂，則中呂又當上生黃鍾，然後五聲、六律、十二管還相爲宮。今上生不及黃鍾實二千三百八十四，九約實一千九百六十八爲一分，此則不周九寸之律一分有奇，豈得還爲宮乎？凡三分益一爲上生，三分損一爲下生，此其大略，猶周天斗分四分之一耳。京房不思此意，比十二律微有所增，方引而伸之，中呂上生執始，執始下生去滅，至于南事，爲六十律，竟復不合，彌益其疏。班氏所志，未能通律呂本源，徒訓角爲觸，徵爲祉，陽氣施種於黃鍾，如斯之屬，空煩其文，而爲辭費。又推九六，欲符劉歆三統之數，假託非類，以飾其說，皆孟堅之妄矣。

蔡邕從朔方上書，云前漢志但載十二律，〔二五〕不及六十。六律尺寸相生，司馬彪皆已志之。漢末，亡失雅樂，黃初中，鑄工柴玉巧有意思，形器之中，多所造作。協律都尉杜夔令玉鑄鍾，其聲清濁，多不如法。數毀改作，玉甚厭之，謂夔清濁任意。更相訴白於魏王。魏王取玉所鑄鍾，雜錯更試，然後知夔爲精，於是罪玉及諸子，皆爲養馬士。〔二六〕

晉泰始十年，中書監荀勗、中書令張華，出御府銅竹律二十五具，部太樂郎劉秀等校試，其三具與杜夔及左延年律法同，其二十二具，視其銘題尺寸，是笛律也。問協律中郎將列和，辭：「昔魏明帝時，令和承受笛聲，以作此律，欲使學者別居一坊，歌詠講習，依此律

調。至於都合樂時，但識其尺寸之名，則絲竹歌詠，皆得均合。歌聲濁者，用長笛長律；歌聲清者，用短笛短律。凡絃歌調張清濁之制，不依笛尺寸名之，則不可知也。」

勗等奏：「昔先王之作樂也，以振風蕩俗，饗神佑賢，〔二七〕必協律呂之和，以節八音之中。〔二八〕是故郊祀朝宴，用之有制，歌奏分敍，清濁有宜。故曰『五聲十二律，還相爲宮』。此經傳記籍可得而知者也。如和對辭，笛之長短，無所象則，率意而作，不由曲度。考以正律，皆不相應，吹其聲均，多不諧合。又辭：『先師傳笛，別其清濁，直以長短，工人裁制，舊不依律。』是爲作笛無法。而和寫笛造律，〔二九〕又令琴瑟歌詠，從之爲正，非所以稽古先哲，垂憲于後者也。謹條牒諸律，問和意狀如左。及依典制，用十二律造笛像十二枚，聲均調和，器用便利。講肆彈擊，必合律呂，況乎宴饗萬國，奏之廟堂者哉！雖伶、夔曠遠，至音難精，猶宜儀刑古昔，〔三〇〕以求厥衷，合于經禮，於制爲詳。若可施用，請更部笛工，選竹造作，下太樂、樂府施行。〔三一〕平議諸杜夔、左延年律可皆留。其御府笛正聲下徵各一具，皆銘題作者姓名。其餘無所施用，還付御府毀。」奏可。

勗又問和：「作笛爲可依十二律作十二笛，令一孔依一律，然後乃以爲樂不？」和辭：「太樂東廂長笛正聲已長四尺二寸，今當復取其下徵之聲，於法，聲濁者笛當長，計其尺寸，乃五尺有餘，和昔日作之，不可吹也。又笛諸孔，雖不校試，意謂不能得一孔輒應一律也。」案

太樂，四尺二寸笛正聲均應蕤賓，以十二律還相爲宮，推法下徵之孔，當應律大呂。大呂笛長二尺六寸有奇，不得長五尺餘。令太樂郎劉秀、鄧昊等依律作大呂笛以示和。又吹七律，一孔一校，聲皆相應。然後令郝生鼓箏，宋同吹笛，以爲雜引、相和諸曲。和乃辭曰：「自和父祖漢世以來，笛家相傳，不知此法，而今調均與律相應，實非所及也。」郝生、魯基、种整、朱夏，皆與和同。

又問和：「笛有六孔，及其體中之空爲七。和爲能盡名其宮商角徵不？孔調與不調，以何檢知？」和辭：「先師相傳，吹笛但以作曲相語，爲某曲當擧某指，〔三二〕初不知七孔盡應何聲也。若當作笛，其仰尙方笛工，依案舊像訖，但吹取鳴者，初不復校其諸孔調與不調也。」案周禮調樂金石，有一定之聲，是故造鍾磬者，先依律調之，然後施於廟懸。作樂之時，諸音皆受鍾磬之均，卽爲悉應律也。至於饗宴殿堂之上，無廟懸鍾磬，以笛有一定調，故諸絃歌皆從笛爲正。是爲笛猶鍾磬，宜必合於律呂。如和所對，直以意造，率短一寸，七孔聲均，不知其皆應何律。調與不調，無以檢正。唯取竹之鳴者，爲無法制。輒令部郎劉秀、鄧昊、王豔、魏邵等與笛工參共作笛，〔三三〕工人造其形，律者定其聲，然後器象有制，音均和協。

又問和：「若不知律呂之義，作樂音均高下清濁之調，當以何名之？」和辭：「每合樂時，隨歌者聲之清濁，用笛有長短。假令聲濁者用三尺二笛，因名曰此三尺二調也。聲清者用二尺九笛，因名曰此二尺九調也。漢、魏相傳，施行皆然。」案周禮奏六樂，乃奏黃鍾，歌大呂，乃奏太蔟，歌應鍾。皆以律呂之義，紀歌奏清濁。而和所稱以二尺三尺爲名，雖漢、魏用之，俗而不典。部郎劉秀、鄧昊等以律作笛，三尺二寸者，應無射之律，若宜用長笛，執樂者曰「請奏無射」。周語曰：「無射所以宣布哲人之令德，示民軌儀也。」二尺八寸四分四釐應黃鍾之律，若宜用短笛，執樂者曰「請奏黃鍾」。周語曰：「黃鍾所以宣養六氣九德也。」是則歌奏之義，當合經禮，考之古典，於制爲雅。

書曰：「予欲聞六律五聲八音，在治忽。」〔三四〕周禮載六律六同。禮記又曰：「五聲十二律，還相爲宮。」劉歆、班固纂律曆志，亦紀十二律。唯京房始創六十律，至章帝時，其法已亡，蔡邕雖追紀其言，〔三五〕亦曰「今無能爲者」。依案古典及今音家所用六十律者，無施於樂。謹依典記，以五聲十二律還相爲宮之法，制十二笛象，記注圖側，如別。省圖，不如視笛之了，故復重作蕤賓伏孔笛。其制云：

黃鍾之笛，正聲應黃鍾，下徵應林鍾，長二尺八寸四分四釐有奇。周語曰：「黃鍾所以宣養六氣九德也。」正聲調法，〔三六〕以黃鍾爲宮，則姑洗爲角。翕笛之聲應姑洗，故以四角之長爲黃鍾之笛也。其宮聲正而不倍，故曰正聲。正聲調法，黃鍾爲宮，第一孔。應鍾爲變宮，第二孔。南呂爲羽，第三孔。林鍾爲徵，第四孔。蕤賓爲變徵，第五附孔。姑洗爲角，笛體中聲。太蔟爲商。笛後出孔也。商聲濁於角，當在角下，而角聲以在

體中，故上其商孔，令在宮上，清於宮也。然則宮商正也，餘聲皆倍也。是故從宮以下，孔轉下轉濁也。此章說笛孔上下次第之名也。〔三七〕下章說律呂相生，笛之制也。正聲調法，黃鍾爲宮，作黃鍾之笛，將求宮孔，以姑洗及黃鍾律從笛首下度之，盡二律之長而爲孔，則得宮聲也。宮生徵，黃鍾生林鍾也。以林鍾之律從宮孔下度之，盡律作孔，則得徵聲也。徵生商，林鍾生太蔟也。以太蔟律從徵孔上度之，盡律以爲孔，則得商聲也。商生羽，太蔟生南呂也。以南呂律從商孔下度之，〔三八〕盡律爲孔，則得羽聲也。羽生角，南呂生姑洗也。以姑洗律從羽孔上行度之，盡律而爲孔，則得角聲也。然則出於商孔之上，吹笛者左手所不及也。從羽孔下行度之，盡律而爲孔，亦得角聲，出於變徵附孔之下，〔三九〕則吹者右手所不逮也，故不作角孔。推而下之，復倍其均，是以角聲在笛體中，古之制也。音家舊法，雖一倍再倍，〔四〇〕但令均同。適足爲唱和之聲，無害於曲均故也。周語曰，匏竹利制，議宜，謂便於事用從宜者也。角生變宮，姑洗生應鍾也。上句所謂當爲角孔而出商上者，〔四一〕墨點識之，以應律也。從此點下行度之，盡律爲孔，〔四二〕則得變宮之聲也。變宮生變徵，應鍾生蕤賓也。以蕤賓律從變宮下度之，盡律爲孔，則得變徵之聲。十二笛之制，各以其宮爲主。〔四三〕相生之法，或倍或半，其便事用，〔四四〕例皆一者也。下徵調法，林鍾爲宮，第四孔也。本正聲黃鍾之徵。徵清當在宮上，用笛之宜，倍令濁下，故曰下徵。下徵更爲宮者，記所謂「五聲十二律還相爲宮」也。〔四五〕然則正聲調清，下徵調濁也。南呂爲商，第三孔也。〔四六〕本正聲黃鍾之羽，今爲下徵之商。應鍾爲角，第二孔也。本正聲黃鍾之變宮，今爲下徵之角也。黃鍾爲變徵，下徵之調，林鍾爲宮，大呂當變徵。而黃鍾笛本無大呂之聲，故假用黃鍾以爲變徵也。假用之法，當變徵之聲，則俱發黃鍾及太蔟、應鍾三孔。黃鍾濁而太蔟清，〔四七〕大呂律在二律

之間，俱發三孔而微磑礭之，〔四八〕則得大呂變徵之聲矣。諸笛下徵調求變徵之法，皆如此。太蔟爲徵，笛後出孔，本正聲之商，今爲下徵之徵。姑洗爲羽，笛體中翕聲也。本正聲之角，今爲下徵之羽也。蕤賓爲變宮，附孔是也。本正聲之變徵也，今爲下徵之變宮也。然則正聲之調，孔轉下轉濁；下徵之調，孔轉上轉清也。清角之調：以姑洗爲宮，即是笛體中翕聲也，於正聲爲角，於下徵爲羽。清角之調，乃以爲宮，而哨吹令清，故曰清角。唯得爲宛詩謠俗之曲，不合雅樂也。蕤賓爲商，正也。林鍾爲角，非正也。南呂爲變徵，非正也。應鍾爲徵，正也。黃鍾爲羽，非正也。太蔟爲變宮。非正也。清角之調，唯宮商及徵，與律相應，餘四聲非正者皆濁，一律哨吹令清，假而用之，其例一也。

凡笛體用角律，其長者八之，蕤賓、林鍾也。短者四之，其餘十笛，皆四角也。空中實容，長者十六，短笛竹宜受八律之黍也。〔四九〕若長短大小不合於此，或器用不便聲均法度之齊等也。然笛竹率上大下小，不能均齊，必不得已，取其聲均合。三宮一曰正聲，二曰下徵，三曰清角。二十一變也。宮有七聲，錯綜用之，故二十一變也。諸笛例皆一也。伏孔四，所以便事用也。一曰正角，出於商上者也。二曰倍角，近笛下者也。三曰變宮，近於宮孔，倍令下者也。四曰變徵，遠於徵孔，倍令高者也。〔五〇〕或倍或半，或四分一，取則於琴徵也。四者皆不作其孔而取其度，以應進退上下之法，所以協聲均，便事用也。其本孔隱而不見，故曰伏孔。

大呂之笛：正聲應大呂，下徵應夷則，長二尺六寸六分三氂有奇。周語曰：「元間大呂，助宣物也。」

太蔟之笛：正聲應太蔟，下徵應南呂，長二尺五寸三分八氂有奇。〔五一〕周語曰：「太蔟所以金奏，贊陽出滯也。」

夾鍾之笛：正聲應夾鍾，下徵應無射，長二尺四寸。周語曰：「二間夾鍾，出四隙之細也。」

姑洗之笛：正聲應姑洗，下徵應應鍾，長二尺二〔寸四分七氂有奇。周語曰：「姑洗所以修潔百物，考神納賓也。」

中呂之笛：正聲應中呂，下徵應黃鍾，長二尺一〕寸三分三氂有奇。〔五二〕周語曰：「三間中呂，宣中氣也。」〔五三〕

蕤賓之笛：正聲應蕤賓，下徵應大呂，長三尺九寸九分五氂有奇。周語曰：「蕤賓所以安靜神人，獻酬交酢。」變宮近宮孔，故倍半令下，〔五四〕便於用也。林鍾亦如之。

林鍾之笛：正聲應林鍾，下徵應太蔟，長三尺七寸九分二氂有奇。〔五五〕周語曰：「四間林鍾，和展百事，俾莫不任肅純恪。」

夷則之笛：正聲應夷則，下徵應夾鍾，長三尺六寸。周語曰：「夷則所以詠歌九則，平民無貳也。」〔五六〕變宮之法，亦如蕤賓，體用四角，故四分益一也。

南呂之笛：正聲應南呂，下徵應姑洗，長三尺三寸七分一氂有奇。〔五七〕周語曰：「五間南呂，贊陽秀也。」

無射之笛：正聲應無射，下徵應中呂，長三尺二寸。周語曰：「無射所以宣布哲人之令德，示民軌儀也。」

應鍾之笛：正聲應應鍾，下徵應蕤賓，長二尺九寸九分六氂有奇。〔五八〕周語曰：「六間應鍾，均利器用，俾應復也。」

勗又以魏杜夔所制律呂，檢校太樂、總章、鼓吹八音，與律乖錯。始知後漢至魏，尺度漸長於古四分有餘。夔依爲律呂，故致失韻。乃部佐著作郎劉恭依周禮更積黍起度，〔五九〕以鑄新律。既成，募求古器，〔六〇〕得周時玉律，比之不差毫釐。又漢世故鍾，以律命之，不叩而自應。初勗行道，逢趙郡商人縣鐸於牛，其聲甚韻。至是搜得此鐸，以調律呂焉。晉武帝以勗律與周、漢器合，乃施用之。散騎侍郎阮咸譏其聲高，非興國之音。咸亡後，掘地得古銅尺，果長勗尺四分，時人咸服其妙。元康中，裴頠以爲醫方民命之急，而稱兩不與古同，爲害特重，宜因此改治權衡。不見省。

黃鍾箱笛，晉時三尺八寸，元嘉九年，太樂令鍾宗之減爲三尺七寸。十四年，治書令史奚縱又減五分，爲三尺六寸五分。列和云：「東箱長笛四尺二寸也。」太蔟箱笛，晉時三尺七寸，宗之減爲三尺三寸七分，縱又減一寸一分，爲三尺二寸六分。姑洗箱笛，晉時三尺五寸，宗之減

爲二尺九寸七分，縱又減五分，爲二尺九寸二分。蕤賓箱笛，晉時二尺九寸，宗之減爲二尺六寸，縱又減二分，爲二尺五寸八分。

校勘記

〔一〕黃鍾爲角太蔟爲徵　各本脫「爲角太蔟」四字，據周禮春官大司樂職文補。

〔二〕三三而九　各本並作「三而九」，據淮南子天文訓原文補正。

〔三〕夷則之數五十一　「五十一」宋書各本並作「五十」，據淮南子天文訓及晉書律曆志（以下簡稱晉志）補。錢寶琮宋書律志校勘記云：「夷則之數爲五〇・五七，若舉成數言之，當作五十一。」

〔四〕比於正音故爲和　各本「比」字上並有「不」字，據淮南子天文訓原文刪。小注「與正音比」上各本亦有「不」字，今並刪去。

〔五〕故爲和和從聲也　「故」各本作「效」，「從」各本作「徙」，並據淮南子天文訓原文改正。

〔六〕十二粟而當一寸　各本並作「一粟而當一寸」，據淮南子天文訓原文改正。

〔七〕土炭輕而衡仰　「仰」，各本譌卬，當由卬之形似而譌。卬仰古今字，續漢志、晉志作仰，今改正。

〔八〕氣至者灰動其爲氣動者其灰散人及風所動者其灰聚　三朝本、北監本、毛本、局本原作「氣至者灰去散人及風所動者其灰聚」，殿本但「次」字作「吹」字，其餘文字並同。字句奪譌，義不

可通。今據續漢志、晉志改正。

〔一九〕唯二至乃候靈臺用竹律六十　「靈臺用竹律六十」七字，各本並脫，據續漢志、御覽一六引京房傳補。

〔二〇〕取弘農宜陽縣金門山竹爲管河內葭莩爲灰　各本並脫「爲管河內葭莩」六字，據晉志補。

〔二一〕房言律詳於歆所奏　各本並脫「於歆所奏」四字，據晉志補。

〔二二〕音不可書以曉人　「書以」各本作「以書」，據晉志乙正。

〔二三〕新律小分母三十六　「母」各本並作「十」，據錢寶琮校勘記改。

〔二四〕南呂五寸三分三釐少强　「三分」各本並作「二分」，張文虎舒藝室隨筆云：「當作南呂五寸三分三釐少强。」錢寶琮校勘記云：「太蔟正律度八寸，二乘而三除之，正得五寸三分三釐少强也。」今據張、錢二家說改正。

〔二五〕七寸一分五釐强　「强」各本並作「少强」，據律理校算改正。

〔二六〕應鍾四寸七分四釐强　百衲本、北監本、毛本作「應鍾四寸七」。殿本、局本作「應鍾四寸七分」。據錢寶琮校勘記訂正。

〔二七〕六寸三分八釐强　「强」各本並作「少强」，據律理校算改正。

〔二八〕十二萬四千四百一十六　各本並作「十二萬四千四百三十六」。據續漢志改。

〔二九〕十二萬五千六百八六　各本並作「十二萬五千六八六」。錢寶琮校勘記云：「據術當作十二萬五千六百八・六。」今改正。

〔三〇〕夾鍾七寸四分九釐少弱　「少弱」各本並作「少强」，據錢寶琮校勘記改。

〔三一〕七寸五分八釐少弱　「少」字，各本並脫，據律理校算補正。

〔三二〕無射四寸九分九釐半弱　「半弱」各本並作「半强」，據錢寶琮校勘記改。

〔三三〕十三萬三千二百五十七二十五　「二十五」各本並作「二十三」，據錢寶琮校勘記改正。

〔三四〕三分之二不足二千三百八十四三分之一　各本並作「三分之二分二千四百八十四三分之一」，據錢寶琮校勘記改正。

〔三五〕云前漢志但載十二律　「十二律」各本皆脫「二」字。今據前漢志補。

〔三六〕於是罪玉及諸子皆爲養馬士　「士」各本並作「主」，據三國志魏志杜夔傳改。

〔三七〕饗神佑賢　「佑」各本並作「佐」，據晉志改。

〔三八〕以節八音之中　「中」各本並作「用」，據晉志改。

〔三九〕而和寫笛造律　「和」各本並作「知」，據晉志改。按和指協律中郎將列和。

〔四〇〕猶宜儀刑古昔　各本並奪「儀」字，據晉志補。

〔四一〕下太樂樂府施行　「下」字各本並奪去，據晉志補。

〔四二〕爲某曲當舉某指　「舉」各本並作「與」，據晉志改。

〔四三〕輒令部郎劉秀鄧昊王豔魏邵等與笛工參共作笛　「輒」晉志作「趣」，嚴可均全晉文「趣」下有「令」字，今不改「輒」字，補「令」字。「王豔」二字各本皆空白，據晉志補。

〔四四〕在治忽　三朝本作「在治七始」，北監、毛本、殿本、局本作「在治忽始」。按尚書益稷篇作「在治忽」，今據改。

〔四五〕蔡邕雖追紀其言　「紀」字，百衲本空格一字。北監、毛本、殿本、局本作「古作」二字。今據晉志補。

〔四六〕正聲調法　「正聲」各本並作「主聲」，據晉志改。

〔四七〕此章說笛孔上下次第之名也　「次第」百衲本作「太律」，北監、毛本、殿本、局本作「大律」，今據晉志改。

〔四八〕以南呂律從商孔下度之　「南呂律」下各本有「度」字，據晉志删。「商孔」各本作「角孔」，據晉志改。

〔四九〕出於變徵附孔之下　「變徵附孔」各本並作「附商孔」，晉志作「商附空」。錢寶琮校勘記云：「晉志亦誤。當云出於變徵附孔之下。變徵附孔，卽上文所謂第五孔也。」今據錢說改。

〔五〇〕雖一倍再倍　「一倍」各本並作「一部」，據晉志改。

〔五一〕上句所謂當爲角孔而出商上者　「商上」各本及晉志並作「商下」。張文虎舒藝室隨筆及錢寶琮校勘記並云商下當作商上。今據改。

〔五二〕盡律爲孔　各本只有「爲孔」二字，奪去上二字。晉志作「應律爲孔」。張文虎舒藝室隨筆云：「應律爲孔，當作盡律爲孔。」今據張氏說補。

〔五三〕各以其宮爲主　「各」各本並作「名」，據晉志改。

〔五四〕其便事用　「便」各本並作「使」，據晉志改。

〔五五〕記所謂五聲十二律還相爲宮也　「也」各本並作「者」，據晉志改。

〔五六〕第三孔也　各本奪「也」字，依前後文例，據晉志補。

〔五七〕黃鍾濁而太蔟淸　「濁」字上，各本並有「應」字，錢寶琮校勘記云：「應字是衍文。」今删去。

〔五八〕俱發三孔而微磑硦之　「徵」各本並作「徵」。晉書斠注改作「微」。張文虎舒藝室隨筆云：「徵當作微，晉志亦誤。」按斠注蓋據張氏說改。今改正。

〔五九〕長者十六短笛竹宜受八律之黍也　錢寶琮校勘記云：「注文與正文不相屬，疑有脫誤。」

〔六〇〕四曰變徵遠於徵孔倍令高者也　據錢寶琮校勘記云：「當云四曰變徵，近於徵孔，半令高者也。」

〔六一〕長二尺五寸二分八釐有奇　各本並作「長二尺五寸三分一釐有奇」。據張文虎舒藝室隨筆說改正。

〔五二〕長二尺二寸四分七釐有奇至長二尺一寸三分三釐有奇　各本均奪去「寸四分至二尺一」，據張文虎舒藝室隨筆說補。

〔五三〕三間中呂宣中氣也　「宣」各本譌「宮」，據晉志改。

〔五四〕變宮近宮孔故倍半令下　各本並脫去「近宮孔」之宮字，今據晉志補。「倍」，各本作「陪」，今據晉志改正。

〔五五〕長三尺七寸九分二釐有奇　「二釐」各本並作「七釐」。據錢寶琮校勘記改。

〔五六〕夷則所以詠歌九則平民無貳也　「九則」各本並作「九州」，據國語原文改正。

〔五七〕長三尺三寸七分一釐有奇　「一釐有奇」四字，各本並脫，據錢寶琮校勘記補。

〔五八〕長二尺九寸九分六釐有奇　「二尺」各本作「三尺」，殿本作「五尺」。張文虎舒藝室隨筆、錢寶琮校勘記並云：「三尺當作二尺。」今據張、錢二家說改。

〔五九〕乃部佐著作郎劉恭依周禮更積黍起度　「乃」各本並作「及」，據晉志改。

〔六〇〕慕求古器　「慕」各本並作「慕」，今改正。

宋書卷十二

志第二

律曆中

夫天地之所貴者生也，萬物之所尊者人也，役智窮神，無幽不察，是以動作云爲，皆應天地之象。古先聖哲，擬辰極，制渾儀。夫陰陽二氣，陶育羣品，精象所寄，是爲日月。羣生之性，章爲五才，五才之靈，五星是也。曆所以擬天行而序七耀，紀萬國而授人時。黃帝使大撓造六甲，容成制曆象，羲和占日，常儀占月。少昊氏有鳳鳥之瑞，以鳥名官，而鳳鳥氏司曆。顓頊之代，南正重司天，北正黎司地。堯復育重黎之後，使治舊職，分命羲、和，欽若昊天。故虞書曰：「朞三百有六旬六日，以閏月定四時成歲。」其後授舜，曰：「天之曆數在爾躬。」舜亦以命禹。爰及殷、周二代，皆創業革制，而服色從之。順其時氣，以應天道，萬物羣生，蒙其利澤。三王既謝，史職廢官，故孔子正春秋以明司曆之過。秦兼天下，自以爲

水德，以十月爲正，服色上黑。

漢興，襲秦正朔，北平侯張蒼首言律曆之事，以顓頊曆比於六曆，所失差近。施用至武帝元封七年，太中大夫公孫卿、壺遂、太史令司馬遷等，言曆紀廢壞，宜改正朔，易服色，所以明受之於天也。乃詔遂等造漢曆。選鄧平、長樂司馬可及人間治曆者，二十餘人。方士唐都分天部，落下閎運算轉曆。其法積八十一寸，則一日之分也。閎與鄧平所治同。於是皆觀星度，日月行，更以算推，如閎、平法，一月之日二十九日八十一分日之四十三。詔遷用鄧平所造八十一分律曆，以平爲太史丞。至元鳳三年，太史令張壽王上書，以爲元年用黃帝調曆，「今陰陽不調，更曆之過」。詔下主曆使者鮮于妄人與治曆大司農中丞麻光等二十餘人雜候晦朔弦望二十四氣。又詔丞相、御史、大將軍、右將軍史各一人雜候上林清臺，課諸疏密，凡十一家。起三年盡五年。壽王課疏遠。又漢元年不用黃帝調曆，劾壽王逆天地，〔一〕大不敬。詔勿劾。復候，盡六年，太初曆第一。壽王曆乃太史官殷曆也。壽王再劾不服，竟下吏。至孝成時，劉向總六曆，列是非，作五紀論。向子歆作三統曆以說春秋，屬辭比事，雖盡精巧，非其實也。班固謂之密要，故漢曆志述之。校之何承天等六家之曆，雖六元不同，分章或異，至今所差，或三日，或二日數時，考其遠近，率皆六國及秦時人所造。其術斗分多，上不可檢於春秋，下不驗於漢、魏，雖復假稱帝王，祇足以惑時人耳。

光武建武八年，太僕朱浮上言曆紀不正，宜當改治。時所差尙微，未遑考正。明帝永平中，待詔楊岑、張盛、景防等典治曆，但改易加時弦望，未能綜校曆元也。至元和二年，太初失天益遠，宿度相覺浸多，候者皆知日宿差五度，冬至之日在斗二十一度，晦朔弦望，先天一日。章帝召治曆編訢、李梵等綜校其狀。[二]遂下詔書稱：「春秋保乾圖曰：『三百年斗曆改憲。』史官用太初鄧平術，有餘分一，在三百年之域，行度轉差，浸以繆錯，琁璣不正，文象不稽。冬至之日，日在斗二十一度，[三]先立春一日，則四分之立春日也。而以折獄斷大刑，於氣已逆；用望平和，蓋亦遠矣。今改行四分，以遵堯順孔，奉天之文，同心敬授，儻獲咸熙。」於是四分法施行。黃帝以來諸曆以爲冬至在牽牛初者皆黜焉。

和帝永元十四年，待詔太史霍融上言：「官漏刻率九日增減一刻，不與天相應，或時差至二刻半，不如夏曆密。」其年十一月甲寅，詔曰：「漏所以節時分，定昏明。昏明長短，起於日去極遠近，日道周圜，不可以計率分。官漏九日增減一刻，違失其實，以晷景爲刻，密近有驗。今下晷景漏刻四十八箭。」其二十四氣日所在，幷黃道去極、晷景、漏刻、昏明中星，並列載于續漢律曆志。

安帝延光三年，[四]中謁者亶誦上書言當用甲寅元，河南梁豐云當復用太初。尙書郎張衡、周興皆審曆，數難誦、豐，或不能對，或云失誤。衡等參案儀注，考往校今，以爲九道

法最密。詔下公卿詳議。太尉愷等參議：「太初過天一度，月以晦見西方。元和改從四分，四分雖密於太初，復不正。皆不可用。甲寅元與天相應，合圖讖，可施行。」議者不同。尙書令忠上奏：「天之曆數，不可任疑從虛，以非易是。」亶等遂寢。

靈帝熹平四年，五官郎中馮光、沛相上計掾陳晃等言：「曆元不正，故盜賊爲害。曆當以甲寅爲元，不用庚申，乞本庚申元經緯明文。」詔下三府，與儒林明道術者詳議。羣臣會司徒府集議。議郞蔡邕曰：「曆數精微，術無常是。漢興承秦，曆用顓頊，元用乙卯。百有二歲，孝武皇帝始改太初，元用丁丑。行之百八十九歲，孝章帝改從四分，元用庚申。今光等以庚申爲非，甲寅爲是。按曆法，黃帝、顓頊、夏、殷、周、魯，各自有元。光、晃所援，則殷曆元也。昔始用太初丁丑之後，六家紛錯，爭訟是非。張壽王挾甲寅元以非漢曆，雜候清臺，課在下第。太初效驗，無所漏失。是則雖非圖讖之元，而有效於前者也。及用四分以來，考之行度，密於太初，是又新元有效於今者也。故延光中，亶誦亦非四分，言當用甲寅元，公卿參議，竟不施行。且三光之行，遲速進退，不必若一。故有古今之術。今術之不能上通於古，亦猶古術不能下通於今也。又光、晃以考靈耀爲本，二十八宿度數至日所在，錯異不可參校。元和二年用至今九十二歲，而光、晃言陰陽不和，姦臣盜賊，皆元之咎。元和詔書，文備義著，非羣臣議者所能變易。」三公從邕議，以光、晃不敬，正鬼薪法。詔書勿治

罪。

何承天曰：夫曆數之術，若心所不達，雖復通人前識，無救其爲敝也。是以多歷年歲，未能有定。四分於天，出三百年而盈一日。積代不悟，徒云建曆之本，必先立元，假言讖緯，遂關治亂，此之爲蔽，亦已甚矣。劉歆三統法尤復疏闊，方於四分，六千餘年又益一日。揚雄心惑其說，采爲太玄，班固謂之最密，著于漢志；司彪因曰「自太初元年始用三統曆，施行百有餘年」。曾不憶劉歆之生，不逮太初，二三君子言曆，幾乎不知而妄言歟。

光和中，穀城門候劉洪始悟四分於天疏闊，更以五百八十九爲紀法，百四十五爲斗分，造乾象法，又制遲疾曆以步月行。方於太初、四分，轉精微矣。魏文帝黃初中，太史丞韓翊以爲乾象減斗分太過，後當先天，造黃初曆，以四千八百八十三爲紀法，一千二百五爲斗分。其後尙書令陳羣奏，以爲「曆數難明，前代通儒多共紛爭。黃初之元，以四分曆久遠疏闊，大魏受命，宜正曆明時。韓翊首建黃初，猶恐不審，故以乾象互相參校。歷三年，更相是非，舍本即末，爭長短而疑尺丈，竟無時而決。按三公議，皆綜盡曲理，殊塗同歸，欲使效之璿璣，各盡其法，一年之間，得失足定，合於事宜」。奏可。明帝時，尙書郎楊偉制景初曆，施用至于晉、宋。古之爲曆者，鄧平能修舊制新，劉洪始減四分，又定月行遲疾，楊偉斟酌兩端，以立多少之衷，因朔積分設差，以推合朔月蝕。此三人，漢、魏之善曆者。然而洪之遲

疾，不可以檢春秋，偉之五星，大乖於後代，斯則洪用心尙疏，偉拘於同出上元壬辰故也。

魏明帝景初元年，改定曆數，以建丑之月爲正，改其年三月爲孟夏四月。其孟仲季月，雖與正歲不同，至於郊祀、迎氣、祭祠、烝嘗、巡狩、蒐田、分至啓閉、班宣時令，皆以建寅爲正。三年正月，帝崩，復用夏正。

楊偉表曰：「臣攬載籍，斷考曆數，時以紀農，月以紀事，其所由來，遐而尙矣。乃自少昊，則玄鳥司分，顓頊帝嚳，則重、黎司天，唐帝、虞舜則羲、和掌日。三代因之，則世有日官。日官司曆，則頒之諸侯，諸侯受之，則頒于境內。夏后之代，羲、和湎淫，廢時亂日，則書載胤征。由此觀之，審農時而重人事者，歷代然也。逮至周室既衰，戰國橫騖，告朔之羊，廢而不紹，登臺之禮，滅而不遵。閏分乖次而不識，孟陬失紀而莫悟，大火猶西流，而怪蟄蟲之不藏也。是時也，天子不協時，司曆不書日，諸侯不受職，日御不分朔，人事不恤，廢棄農時。仲尼之撥亂於春秋，託褒貶糾正，司曆失閏，則譏而書之，登臺頒朔，則謂之有禮。自此以降，暨于秦、漢，乃復以孟冬爲歲首，閏爲後九月，中節乖錯，時月紕繆，加時後天，蝕不在朔，累載相襲，[五]久而不革也。至武帝元封七年，始乃寤其繆焉。於是改正朔，更曆數，使大才通人，造太初曆，校中朔所差，以正閏分，課中星得度，以考疏密，以建寅之月爲正

朔，以黄鍾之月爲曆初。其曆斗分太多，後遂疏闊。至元和二年，復用四分曆，施而行之。至于今日，考察日蝕，率常在晦，是則斗分太多，故先密後疏而不可用也。是以臣前以制典餘日，推考天路，稽之前典，驗之食朔，詳而精之，更建密歷，則不先不後，古今中天。以昔在唐帝，協日正時，允釐百工，咸熙庶績也。欲使當今國之典禮，凡百制度，皆韜合往古，郁然備足，乃改正朔，更曆數，以大呂之月爲歲首，以建子之月爲曆初。臣以爲昔在帝代，則法曰顓頊，曩自軒轅，則曆曰黄帝。暨至漢之孝武，革正朔，更曆數，改元曰太初，因名太初曆。今改元爲景初，宜曰景初曆。臣之所建景初曆，法數則約要，施用則近密，治之則省功，學之則易知。雖復使研、桑心算，隸首運籌，重、黎司晷，羲、和察景，以考天路，步驗日月，究極精微，盡術數之極者，皆未如臣如此之妙也。是以累代曆數，皆疏而不密，自黄帝以來，改革不已。

壬辰元以來，至景初元年丁巳，歲積四千四十六，算上。此元以天正建子黄鍾之月爲曆初，元首之歲夜半甲子朔旦冬至。

元法，萬一千五十八。

紀法，千八百四十三。

紀月，二萬二千七百九十五。

章歲，十九。

章月，二百三十五。

章閏，七。

通數，十三萬四千六百三十。

日法，四千五百五十九。

餘數，九千六百七十。

周天，六十七萬三千一百五十。

歲中，〔六〕十二。

氣法，十二。

沒分，六萬七千三百一十五。

沒法，九百六十七。

月周，二萬四千六百三十八。

通法，四十七。

會通，七十九萬一百一十。〔七〕

朔望合數，六萬七千三百一十五。

入交限數，七十二萬二千七百九十五。

通周，十二萬五千六百二十一。

周日日餘，二千五百二十八。

周虚，二千三十一。

斗分，四百五十五。

甲子紀第一：

紀首合朔，月在日道裏。

交會差率，四十一萬二千九百一十九。

遲疾差率，十萬三千九百四十七。

甲戌紀第二：

紀首合朔，月在日道裏。

交會差率，五十一萬六千五百二十九。

遲疾差率，七萬三千七百六十七。

甲申紀第三：

紀首合朔，月在日道裏。

交會差率，六十二萬一百三十九。

遲疾差率，四萬三千五百八十七。

甲午紀第四：

紀首合朔，月在日道裏。

交會差率，七十二萬三千七百四十九。

遲疾差率，一萬三千四百七。

甲辰紀第五：

紀首合朔，月在日道裏。〔八〕

交會差率，三萬七千二百四十九。

遲疾差率，一十萬八千八百四十八。

甲寅紀第六：

紀首合朔，月在日道裏。

交會差率，十四萬八百五十九。

遲疾差率，七萬八千六百六十八。

交會紀差，十萬三千六百一十。求其數之所生者，置一紀積月以通數乘之，會通去之，所去之餘，紀差之數也。以之轉加前紀，則得後紀。加之未滿會通者，則紀首之歲天正合朔，月在日道裏。滿去之，則月在日道表。加表滿在裏，加裏滿在表。

遲疾紀差，三萬一百八十。求其數之所生者，置一紀積月，以通數乘之，通周去之，餘以減通周，所減之餘，紀差之數也。以之轉減前紀，則得後紀。不足減者，加通周。

求次元紀差率，轉減前元甲寅紀差率，餘則次元甲子紀差率也。求次紀，如上法也。

推朔積月術曰：置壬辰元以來，盡所求年，外所求，以紀法除之，所得算外，所入紀第也，餘則入紀年數。年以章月乘之，如章歲而一爲積月，不盡爲閏餘。閏餘十二以上，其年有閏。閏月以無中氣爲正。

推朔術曰：以通數乘積月，爲朔積分，如日法而一爲積日，不盡爲小餘。以六十去積日，餘爲大餘。大餘命以紀，算外，所求年天正十一月朔日也。

求次月，加大餘二十九，小餘二千四百一十九，小餘滿日法從大餘，命如前，次月朔日也。小餘二千一百四十以上，其月大也。

推弦望，加朔大餘七，小餘千七百四十四，小分一，小分滿二從小餘，小餘滿日法從大餘，大餘滿六十去之，餘命以紀，算外，上弦日也。又加得望、下弦、後月朔。其月蝕望者，定小餘，如所近中節間限，限數以下者，[九]算上爲日。望在中節前後各四日以還者，視限

數；望在中節前後各五日以上者，視間限。

推二十四氣術曰：置所入紀年，外所求，以餘數乘之，滿紀法爲大餘，不盡爲小餘。大餘滿六十去之，餘命以紀，算外，天正十一月冬至日也。

求次氣，加大餘十五，小餘四百二，小分十一，小分滿氣法從小餘，小餘滿紀法從大餘，[一〇]命如前，次氣日也。

推閏月術曰：以閏餘減章歲，餘以歲中乘之，滿章閏得一月，餘滿半法以上亦得一月。數從天正十一月起，算外，閏月也。閏有進退，以無中氣御之。

大雪，十一月節。限數千二百四十二。間限千二百四十八。

冬至，十一月中。限數千二百五十四。間限千二百四十五。

小寒，十二月節。限數千二百三十五。間限千二百二十四。

大寒，十二月中。限數千二百一十三。間限千一百九十二。

立春，正月節。限數千一百七十二。間限千一百四十七。[一一]

雨水，正月中。限數千一百二十二。[一二]間限千九十三。

驚蟄，二月節。限數千六十五。間限千三十六。[一三]

春分，二月中。限數千八。間限九百七十九。

清明，三月節。限數九百五十一。間限九百二十五。

穀雨，三月中。限數九百。間限八百七十九。

立夏，四月節。限數八百五十七。間限八百四十。

小滿，四月中。限數八百二十三。[一四]間限八百一十二。[一五]

芒種，五月節。限數八百。間限七百九十九。

夏至，五月中。限數七百九十八。間限八百一。[一六]

小暑，六月節。限數八百五。間限八百一十五。

大暑，六月中。限數八百二十五。間限八百四十二。

立秋，七月節。限數八百五十九。間限八百八十三。

處暑，七月中。限數九百七。間限九百三十五。

白露，八月節。限數九百六十二。間限九百九十二。

秋分，八月中。限數千二十一。間限千五十一。

寒露，九月節。限數千八十。間限千一百七。

霜降，九月中。限數千一百三十三。間限千一百五十七。[一七]

立冬，十月節。限數千一百八十一。[一八]間限千一百九十八。

小雪，十月中。限數千二百一十五。間限千二百二十九。

推沒滅術曰：因冬至積日有小餘者，加積一，以沒分乘之，以沒法除之，所得爲大餘，不盡爲小餘。大餘滿六十去之，餘命以紀，算外，卽去年冬至後沒日也。

求次沒，加大餘六十九，小餘五百九十二，小餘滿沒法得一，從大餘，命如前。小餘盡，爲滅也。

推五行用事日：立春、立夏、立秋、立冬者，卽木、火、金、水始用事日也。各減其大餘十八，小餘四百八十三，小分六，餘命以紀，算外，各四立之前土用事日也。大餘不足減者，加六十；小餘不足減者，減大餘一，加紀法；小分不足減者，減小餘一，加氣法。

推卦用事日：因冬至大餘，六其小餘，坎卦用事日也。加小餘萬九十一，滿元法從大餘，卽中孚用事日也。

求次卦，各加大餘六，小餘九百六十七。其四正各因其中日，六其小餘。

推日度術曰：以紀法乘朔積日，滿周天去之，餘以紀法除之，所得爲度，不盡爲分。命度從牛前五起，宿次除之，不滿宿，則天正十一月朔夜半日所在度及分也。

求次日，日加一度，分不加，經斗除斗分，分少退一度。

推月度術曰：以月周乘朔積日，滿周天去之，餘以紀法除之，所得爲度，不盡爲分，命

如上法，則天正十一月朔夜半月所在度及分也。

求次月，小月加度二十二，分八百六；大月又加一日，度十三，分六百七十九；分滿紀法得一度，則次月朔夜半月所在度及分也。其冬下旬，月在張心署之。[一九]

推合朔度術曰：以章歲乘朔小餘，滿通法爲大分，不盡爲小分。以大分從朔夜半日度分，分滿紀法從度，[二〇]命如前，則天正十一月合朔日月所共合度也。

求次月，加度二十九，大分九百七十七，小分四十二；小分滿通法從大分，大分滿紀法從度。經斗除其分，則次月合朔日月所共合度也。

推弦望日所在度：加合朔度七，大分七百五，小分十，微分一，微分滿二從小分，小分滿通法從大分，大分滿紀法從度，命如前，則上弦日所在度也。又加得望、下弦、後月合也。

推弦望月所在度：加合朔度九十八，大分千二百七十九，小分三十四，數滿命如前，卽上弦月所在度也。又加得望下弦後月合也。

推日月昏明度術曰：日以紀法，月以月周，乘所近節氣夜漏，二百而一，爲明分。日以減紀法，月以減月周，餘爲昏分。各以加夜半，如法爲度。

推合朔交會月蝕術曰：置所入紀朔積分，以所入紀交會差率之數加之，以會通去之，餘則所求年天正十一月合朔去交度分

也。以朔望合數各加其月合朔去交度分，滿會通去之，餘則各其月望去交度分也。朔望去交分如朔望合數以下，[二一]入交限數以上者，朔則交會，望則月蝕。

推合朔交會月蝕月在日道表裏術曰：置所入紀朔積分，以所入紀下交會差率之數加之，倍會通去之，餘不滿會通者，紀首表，天正合朔月在表；紀首裏，天正合朔月在裏。滿會通去之，表在裏，裏在表。

求次月，以通數加之，滿會通去之，加裏滿在表，加表滿在裏。先交會後月蝕者，朔在表則望在表，朔在裏則望在裏。先月蝕後交會者，看食月朔在裏則望在表，朔在表則望在裏。交會月蝕如朔望合數以下，[二二]則前交後會；如入交限數以上，則前會後交。其前交後會近於限數者，則豫伺之前月；前會後交近於限數者，則後伺之後月。

求去交度術曰：其前交後會者，今去交度分如日法而一，[二三]所得則却去交度分也。[二四]其前會後交者，以去交度分減會通，餘如日法而一，所得則前去交度，餘皆度分也。去交度十五以上，雖交不蝕也。十以下是蝕，十以上虧蝕微少，光晷相及而已。虧之多少，以十五爲法。

求日蝕虧起角術曰：其月在外道，先交後會者，虧蝕西南角起；先會後交者，虧蝕東南角起。其月在內道，先交後會者，虧食西北角起；先會後交者，虧食東北角起。虧食分多少，如上以十五爲法。會交中者，蝕盡。月蝕在日之衝，虧角與上反也。

	月行遲疾度	損益率	盈縮積分	月行分
一日	十四度十四分	益二十六	盈初[二五]	二百八十
二日	十四度十一分	益二十三	盈積分一十一萬八千五百三十四	二百七十七
三日	十四度八分	益二十	盈積分二十二萬三千三百九十一	二百七十四
四日	十四度五分	益十七	盈積分三十一萬四千五百七十一	二百七十一[二六]
五日	十四度一分	益十三	盈積分三十九萬二千七十四	二百六十七
六日	十三度十四分	益七	盈積分四十五萬一千三百四十一	二百六十一
七日	十三度七分	損	盈積分四十八萬三千二百五十四	二百五十四
八日	十三度一分	損六	盈積分四十八萬三千二百五十四	二百四十八
九日	十二度十六分	損十	盈積分四十五萬五千九百	二百四十四
十日	十二度十三分	損十三	盈積分四十一萬三百一十	二百四十一
十一日	十二度十一分	損十五	盈積分三十五萬一千四十三	二百三十九
十二日	十二度八分	損十八	盈積分二十八萬二千六百五十八	二百三十六
十三日	十二度五分	損二十一	盈積分二十萬五百九十六	二百三十三
十四日	十二度三分	損二十三	盈積分十萬四千八百五十七	二百三十一
十五日	十二度五分	益二十一	縮初	二百三十三
十六日	十二度七分	益十九	縮積分九萬五千七百三十九	二百三十五
十七日	十二度九分	益十七	縮積分十八萬二千三百六十	二百三十七
十八日	十二度十二分	益十四	縮積分二十五萬九千八百六十三	二百四十
十九日	十二度十五分	益十一	縮積分三十二萬三千六百八十九	二百四十三
二十日	十二度十八分	益八	縮積分三十七萬三千八百三十八	二百四十六
二十一日	十三度三分	益四	縮積分四十一萬三百一十	二百五十
二十二日	十三度七分	損	縮積分四十二萬八千五百四十六	二百五十四
二十三日	十三度十二分	損五	縮積分四十二萬八千五百四十六	二百五十九
二十四日	十三度十八分	損十一	縮積分四十萬五千七百五十一	二百六十五
二十五日	十四度五分	損十七	縮積分三十五萬五千六百二	二百七十一
二十六日	十四度十一分	損二十三	縮積分二十七萬八千九十九[二七]	二百七十七
二十七日	十四度十一分	損二十四	縮積分十七萬三千二百四十二	二百七十八
周日	十四度十三分	損二十五	縮積分六萬三千八百二十六	二百七十九

有小分六百二十六　有小分六百二十六　有小分二百二十六

推合朔交會月蝕入遲疾曆術曰：置所入紀朔積分，以所入紀下遲疾差率之數加之，以通周去之，餘滿日法得一日，不盡爲日餘，命日算外，則所求年天正十一月合朔入曆日也。

求次月，加一日，日餘四千四百五十。〔二八〕求望，加十四日，日餘三千四百八十九。日餘滿日法成日，日滿二十七去之。又除餘如周日餘，日餘不足除者，減一日，加周虛。

推合朔交會月蝕定大小餘：以入曆日餘，〔二九〕乘所入曆損益率，以損益盈縮積分爲定積分。以章歲減所入曆月行分，餘以除之，所得以盈減縮加本小餘。加之滿日法者，交會加時在後日；減之，不足者，交會加時在前日。月蝕者，隨定大小餘爲日加時。入曆在周日者，以周日日餘乘縮積分，爲定積分。以損率乘入曆日餘，〔三〇〕又以周日日餘乘之，以周日度小分幷之，以損定積分，餘爲後定積分。以章歲減周日月行分，餘以周日日餘乘之，以周日度小分幷之，以除後定積分，所得以加本小餘，如上法。

推加時：以十二乘定小餘，滿日法得一辰，數從子起，算外，則朔望加時所在辰也。有餘不盡者四之，如日法而一爲少，二爲半，三爲太。又有餘者三之，如日法而一爲强，半法以上排成之，不滿半法廢棄之。以强幷少爲少强，幷半爲半强，幷太爲太强。得二强者爲

少弱，以之幷少爲半弱，以之幷半爲太弱，以之幷太爲一辰弱。以所在辰命之，則各得其少、太、半及强、弱也。其月蝕望在中節前後四日以還者，視限數；五日以上者，視間限。定小餘如間限、限數以下者，以算上爲日。

斗二十六分四百五十五　牛八　女十二　虛十　危十七　室十六　壁九

北方九十八度分四百五十五

奎十六　婁十二　胃十四　昴十一　畢十六　觜二　參九

西方八十度

井三十三　鬼四　柳十五　星七　張十八　翼十八　軫十七

南方百一十二度

角十二　亢九　氐十五　房五　心五　尾十八　箕十一

東方七十五度

中節	日所在度	日行黃道去極度	日中晷景	晝漏刻	夜漏刻	昏中星	明中星
冬至十一月中	斗二十一少	百一十五度	丈三尺	四十五	五十五	奎六弱	亢二少强
小寒十二月節	女二少	百一十三强	丈二尺三寸	四十五八分	五十四二分	婁六半强〔三一〕	氐七强
大寒十二月中	虛五半弱〔三二〕	百一十太弱	丈一尺	四十六八分	五十三二分	胃十一太强〔三三〕	心半
立春正月節	危十太弱	百六少弱	九尺六寸	四十八六分	五十一四分	畢五少弱	尾七半弱
雨水正月中	室八太强	百一强	七尺九寸五分	五十八分	四十九二分	參六半弱	箕半弱〔三四〕
驚蟄二月節	壁八强	九十五强	六尺五寸	五十三三分	四十六七分	井十七少弱	斗初少
春分二月中	奎十四少强	八十九少强	五尺二寸五分	五十五八分	四十四二分	鬼四	斗十一弱
清明三月節	胃一半	八十三少弱	四尺一寸五分	五十八三分	四十一七分	星四太	斗二十一半
穀雨三月中	昴二太	七十七太强	三尺二寸	六十五分	三十九五分	張十七	牛六半
立夏四月節	畢六太〔三五〕	七十三少弱	二尺五寸二分	六十二四分	三十七六分	翼十七太	女十少弱
小滿四月中	參四少弱	六十九太	尺九寸八分	六十三九分	三十六一分	角太弱	危太弱
芒種五月節	井十半弱	六十七少弱	尺六寸八分	六十四九分	三十五一分	亢五太	危十四强
夏至五月中	井二十五半强	六十七强	尺五寸	六十五	三十五	氐十二少弱	室十二强
小暑六月節	柳三太强	六十七太强	尺七寸	六十四七分	三十五三分	尾一太强	奎二太强
大暑六月中	星四强	七十	二尺	六十三八分	三十六二分	尾十五半强〔三六〕	婁三太
立秋七月節	張十二少	七十三半强	二尺五寸五分	六十二三分	三十七七分	箕九太强	胃九太弱
處暑七月中	翼九半	七十八半强	三尺三寸三分	六十二分	三十九八分	斗十少	畢三太
白露八月節	軫六太	八十四少强	四尺三寸五分	五十七八分	四十二二分	斗二十一强	參五少强
秋分八月中	角五弱	九十半强	五尺五寸〔三七〕	五十五二分	四十四八分	牛五少	井十六少强
寒露九月節	亢八半弱〔三八〕	九十六太强	六尺八寸五分	五十二六分	四十七四分	女七太	鬼三少强
霜降九月中	氐十四少强	百二少强	八尺四寸	五十三分	四十九七分	虛六太	星三太
立冬十月節	尾四半强	百七少强	丈〔三九〕	四十八二分	五十一八分	危八强	張十五太强
小雪十月中	箕一太强	百一十一弱	丈一尺四寸	四十六七分	五十三三分	室三半强〔四〇〕	翼十五太〔四一〕
大雪十一月節	斗六	百一十三太强	丈二尺五寸六分	四十五五分〔四二〕	五十四五分	壁半强	軫十五少强〔四三〕

右中節二十四氣，如術求之，得冬至十一月中也。加之得次月節，加節得其月中。中星以日所在爲正。置所求年二十四氣小餘四之，如法得一爲少，不盡少三之，如法爲强。所得以減其節氣昏明中星各定。〔四四〕

推五星術：

五星者，木曰歲星，火曰熒惑，土曰塡星，金曰太白，水曰辰星。凡五星之行，有遲有疾，有留有逆。曩自開闢，清濁始分，則日月五星聚于星紀。發自星紀，並而行天，遲疾留逆，互相逮及。星與日會，同宿共度，則謂之合。從合至合之日，則謂之終。各以一終之日與一歲之日，通分相約，終而率之，歲數歲則謂之合終歲數，歲終則謂之合終合數。〔四五〕二率

既定，則法數生焉。以章歲乘合數爲合月法，以紀法乘合數爲日度法，以章月乘歲數爲合月分，如合月法爲合月數，合月之餘爲月餘。以通數乘合月數，如日法而一爲大餘，以六十去大餘，餘爲星合朔大餘。大餘之餘爲朔小餘。[四六]以通數乘月餘，以合月法乘朔小餘，并之，以日法乘合月法除之，所得星合入月日數也。餘以通法約之，[四七]爲入月日餘。[四八]以朔小餘減日法，餘爲朔虛分。以曆斗分乘合數，爲星度斗分。木、火、土各以合數減歲數，餘以周天乘之，如日度法而一，所得則行星度數也，餘則度餘。金、水以周天乘歲數，如日度法而一，所得則行星度數也，餘則度餘。

木：合終歲數，千二百五十五。

合終合數，千一百四十九。

合月法，二萬一千八百三十一。

日度法，二百一十一萬七千六百七。

合月數，十三。

月餘，萬一千一百二十二。

朔大餘，二十三。

朔小餘，四千九十三。

入月日，十五。

日餘，百九十九萬五千六百六十四。

朔虛分，四百六十六。

斗分，五十二萬二千七百九十五。

行星度，三十三。

度餘，百四十七萬二千八百六十九。[四九]

火：合終歲數，五千一百五。

合終合數，二千三百八十八。

合月法，四萬五千三百七十二。

日度法，四百四十萬一千八百八十四。

合月數，二十六。

月餘，二萬三。

朔大餘，四十七。

朔小餘，三千六百二十七。

入月日，十三。

日餘，三百五十八萬五千二百三十。

朔虛分，九百三十二。

斗分，百八萬六千五百四十。

行星度，五十。

度餘，百四十一萬二千一百五十。

土：合終歲數，三千九百四十三。

合終合數，三千八百九。

合月法，七萬二千三百七十一。

日度法，七百一萬九千九百八十七。

合月數，十二。

月餘，五萬八千一百五十三。

朔大餘，五十四。

朔小餘，千六百七十四。

入月日，二十四。

日餘，六十七萬五千三百六十四。

朔虛分，二千八百八十五。

斗分，百七十三萬三千九十五。

行星度，十二。

度餘，五百九十六萬二千二百五十六。

金：合終歲數，千九百七。

合終合數，二千三百八十五。

合月法，四萬五千三百一十五。

日度法，四百三十九萬五千五百五十五。

合月數，九。

月餘，四萬三百一十。

朔大餘，二十五。

朔小餘，三千五百三十五。

入月日，二十七。

日餘，十九萬四千九百九十。

朔虛分，千二十四。

斗分，百八萬五千一百七十五。

行星度，二百九十二。

度餘，十九萬四千九百九十。

水：合終歲數，一千八百七十。

合終合數，萬一千七百八十九。

合月法，二十二萬三千九百九十一。

日度法，二千一百七十二萬七千一百二十七。

合月數，一。

月餘，二十一萬五千四百五十九。

朔大餘，二十九。

朔小餘，二千四百一十九。

入月日，二十八。

日餘，二千三十四萬四千二百六十一。〔五〇〕

朔虛分，二千一百四十。

斗分，五百三十六萬三千九百九十五。

行星度，五十七。

度餘，二千三十四萬四千二百六十一。

推五星術曰：置壬辰元以來盡所求年，以合終合數乘之，滿合終歲數得一，名積合，不盡名合餘。以合終合數減合餘，得一者星合往年，得二者合前往年，無所得，合其年。餘以減合終合數，爲度分。金、水積合，偶爲晨，奇爲夕。

推五星合月：以月數月餘各乘積合，餘滿合月法從月，爲積月，不盡爲月餘。以紀月除積月，所得算外，所入紀也，餘爲入紀月。副以章閏乘之，〔五一〕滿章月得一爲閏，以減入紀月，餘以歲中去之，餘爲入歲月，命以天正起，算外，星合月也。其在閏交際，以朔御之。

推合月朔：以通數乘入紀月，滿日法得一爲積日，不盡爲小餘。以六十去積日，餘爲大餘，命以所入紀，算外，星合朔日也。

推入月日：以通數乘月餘，合月法乘朔小餘，并之，通法約之，所得滿日度法得一，則星合入月日也，不滿爲日餘。命日以朔，算外，入月日也。

推星合度：以周天乘度分，滿日度法得一爲度，不盡爲餘，命以牛前五度起，算外，星所合度也。

求後合月：以月數加入歲月，以餘加月餘，餘滿合月法得一月，月不滿歲中，卽在其年；滿去之，有閏計焉，餘爲後年；再滿，在後二年。金、水加晨得夕，加夕得晨也。

求後合朔：以朔大小餘數加合朔月大小餘，其月餘上成月者，又加大餘二十九，小餘二千四百一十九。〔五二〕小餘滿日法從大餘，命如前法。

求後入月日，〔五三〕以入月日、日餘加入月日及餘，〔五四〕餘滿日度法得一。其前合朔小餘滿其虛分者，去一日；後小餘滿二千四百一十九以上，去二十九日；不滿，去三十日，其餘則後合入月日，命以朔。求後合度，以度數及分，如前合宿次命之。

木：晨與日合，伏，順，十六日九十九萬七千八百三十二分，行星二度百七十九萬五千二百三十八分，而晨見東方，在日後。順，疾，日行五十七分之十一，五十七日行十一度。順，遲，日行九分，五十七日行九度而留。不行，二十七日而旋。逆，日行七分之一，八十四日退十二度，而復留二十七日。復遲，日行九分，五十七日行九度而復順。疾，日行十一分，五十七日行十一度，在日前，夕伏西方。順，十六日九十九萬七千八百三十二分，行星二度百七十九萬五千二百三十八分，而與日合。凡一終，三百九十八日百九十九萬五千六百六十四分，行星三十三度百四十七萬二千八百六十九分。

火：晨與日合，伏，七十二日百七十九萬二千六百一十五分，行星五十六度百二十四萬九千三百四十五分，而晨見東方，在日後。順，日行二十三分之十四，百八十四日行百一十二度。更順，遲，日行十二分，九十二日行四十八度而留。不行，十一日而旋。逆，日行六十二分之十七，六十二日退十七度，而復留十一日。復順，遲，日行十二分，九十二日，行四十八度而復疾。日行十四分，百八十四日行百一十二度，在日前，夕伏西方。順，七十二日百七十九萬二千六百一十五分，行星五十六度百二十四萬九千三百四十五分，而與日合。凡一終，七百八十日三百五十八萬五千二百三十分，行星四百一十五度二百四十九萬八千六百九十分。

土：晨與日合，伏，十九日三百八十四萬七千六百七十五分半，行星二度六百四十九萬一千一百二十一分半，而晨見東方，在日後。順，行百七十二分之十三，八十六日行六度半而留。不行，三十二日半而旋。逆，日行十七分之一，百二日退六度而復留。不行，三十二日半復順，日行十三分，八十六日行六度半，在日前，夕伏西方。順，十九日三百八十四萬七千六百七十五分半，行星二度六百四十九萬一千一百二十一分半，而與日合。凡一終，三百七十八日六十七萬五千三百六十四分，行星十二度五百九十六萬二千二百五十六分。

金：晨與日合，伏，六日退四度，而晨見東方，在日後而逆。遲，日行五分之三，十日退六度。留，不行，七日而旋。順，遲，日行四十五分之三十三，四十五日行三十三度而順。益疾，日行一度九十一分之十四，九十一日行百五度而順。益疾，日行一度九十一分之二十一，九十一日行百一十二度，在日後，而晨伏東方。順，四十二日十九萬四千九百九十分，行星五十二度十九萬四千九百九十分，而與日合。一合，二百九十二日十九萬四千九百九十分，行星如之。

金：夕與日合，伏，順，四十二日十九萬四千九百九十分，行星五十二度十九萬四千九百九十分，而夕見西方，在日前。順，疾，日行一度九十一分之二十一，九十一日行百一十二度而更順。遲，日行一度十四分，九十一日行百五度而順。益遲，日行四十五分之三十三，四十五日行三十三度而留。不行，七日而旋。逆，日行五分之三，十日退六度，在日前，夕伏西方。逆，六日，退四度，而與日合。凡再合一終，五百八十四日三十八萬九千九百八十分，行星如之。

水：晨與日合，伏，十一日退七度，而晨見東方，在日後。逆，疾，一日退一度而留。不行，一日而旋。順，遲，日行八分之七，八日行七度而順。疾，日行一度十八分之四，十八日行二十二度，在日後，晨伏東方。順，十八日二千三十四萬四千二百六十一分，行星三十六度二千三十四萬四千二百六十一分，而與日合。凡一合，五十七日二千三十四萬四千二百六十一分，行星如之。

水：夕與日合，伏，十八日二千三十四萬四千二百六十一分，行星三十六度二千三十四

萬四千二百六十一分，而夕見西方，在日前。順，疾，日行一度十八分之四，十八日行二十二度而更順。遲，日行八分之七，八日行七度而留。不行，一日而旋。逆，一日退一度，在日前，夕伏西方。逆，十一日退七度，而與日合。凡再合一終，百一十五日千八百九十六萬一千三百九十五分，行星如之。

五星曆步術：以法伏日度餘，加星合日度餘，餘滿日度法得一從全，命之如前，得星見日及度餘也。以星行分母乘見度分，如日度法得一，分不盡，半法以上，亦得一，而日加所行分，分滿其母得一度。逆順母不同，以當行之母乘故分，如故母而一，當行分也。留者承前，逆則減之，伏不書度，除斗分，〔五五〕以行母爲率。分有損益，前後相御。

凡五星行天，遲疾留逆，雖大率有常，至犯守逆順，難以術推。月之行天，猶有遲疾，況五星乎。唯日之行天有常，進退有率，不遲不疾，不外不內，人君德也。

求木合終歲數法，以木日度法乘一木終之日，內分，周天除之，卽得也。

求木合終合數法，以木日度法乘周天，滿紀法，所得復以周天除之，卽得。五星皆放此也。

魏黃初元年十一月小，己卯蔀首，己亥歲，十一月己卯朔旦冬至，臣偉上。」

劉氏在蜀，不見改曆，當是仍用漢四分法。吳中書令闞澤受劉洪乾象法於東萊徐岳字公河。故孫氏用乾象曆，至于吳亡。

晉武帝泰始元年，有司奏：「王者祖氣而奉其□終，晉於五行之次應尙金，金生於己，事於酉，終於丑，宜祖以酉日，臘以丑日。改景初曆爲泰始曆。」奏可。

史臣按鄒衍五德，周爲火行。衍生在周時，不容不知周氏行運。且周之爲曆年八百，秦氏卽有周之建國也。周之火木，其事易詳。且五德更王，唯有二家之說。鄒衍以相勝立體，劉向以相生爲義。據以爲言，不得出此二家者。假使卽劉向之說，周爲木行，秦氏代周，改其行運。若不相勝，則克木者金；相生則木實生火。秦氏乃稱水德，理非謬然。斯則劉氏所證爲不値矣。臣以爲張蒼雖是漢臣，生與周接，司秦柱下，備覩圖書。且秦雖滅學，不廢術數，則有周遺文雖不畢在，據漢水行，事非虛作。賈誼取秦云：「漢土德。」蓋以是漢代秦。詳論二說，各有其義。張蒼則以漢水勝周火，廢秦不班五德。賈誼則以漢土勝秦水，以秦爲一代。論秦、漢雖殊，而周爲火一也。然則相勝之義，於事爲長。若同蒼黜秦，則漢水、魏土、晉木、宋金；若同賈誼取秦，則漢土、魏木、晉金、宋火也。難者云：「漢高斷蛇而神母夜哭，云赤帝子殺白帝子，然則漢非火而何？」斯又不然矣。漢若爲火，則當云赤帝，不宜云赤帝子也。白帝子又何義況乎？蓋由漢是土德，土生乎火，秦是水德，水生乎金，斯

則漢以土爲赤帝子，秦以水德爲白帝子也。難者又曰：「向云五德相勝，今復云土爲赤帝子，何也？」答曰：「五行自有相勝之義，自有相生之義。不得以相勝廢相生，相生廢相勝也。相勝者，以土勝水耳；相生者，土自火子，義豈相關。」

崔寔四民月令曰：祖者，道神。黃帝之子曰累祖，好遠遊，死道路，故祀以爲道神。嵇含祖道賦序曰：〔五六〕漢用丙午，魏用丁未，晉用孟月之酉。曰莫識祖之所由。說者云祈請道神，謂之祖有事於道者，君子行役，則列之於中路，喪者將遷，則稱名於階庭。或云，百代遠祖，名諡彫滅，墳塋不復存於銘表，游魂不得託於廟祧，故以初歲良辰，建華蓋，揚綵旌，將以招靈爽，庶衆祖之來憑云爾。〔五七〕

晉武帝時，侍中平原劉智，〔五八〕推三百年斗曆改憲，以爲四分法三百年而減一日，以百五十爲度法，三十七爲斗分。飾以浮說，以扶其理。江左中領軍琅邪王朔之以其上元歲在甲子，善其術，欲以九萬七千歲之甲子爲開闢之始，何承天云「悼於立意」者也。景初日中晷景，卽用漢四分法，是以漸就乖差。其推五星，則甚疏闊。晉江左以來，更用乾象五星法以代之，猶有前却。

宋太祖頗好曆數，太子率更令何承天私撰新法。元嘉二十年，上表曰：

臣授性頑惰，少所關解。自昔幼年，頗好曆數，耽情注意，迄于白首。臣亡舅故祕書監徐廣，素善其事，有既往七曜曆，每記其得失。自太和至太元之末，四十許年。臣因比歲考校，至今又四十載。故其疏密差會，皆可知也。

夫圓極常動，七曜運行，離合去來，雖有定勢，以新故相涉，自然有毫末之差，連日累歲，積微成著。是以虞書著欽若之典，周易明治曆之訓，言當順天以求合，非爲合以驗天也。漢代雜候清臺，以昏明中星，課日所在，雖不可見，月盈則蝕，必當其衡，以月推日，則躔次可知焉。捨易而不爲，役心於難事，此臣所不解也。

堯典云「日永星火，以正仲夏」。今季夏則火中。又「宵中星虛，以殷仲秋」。今季秋則虛中。爾來二千七百餘年，以中星檢之，所差二十七八度。則堯令冬至，日在須女十度左右也。漢之太初曆，冬至在牽牛初，後漢四分及魏景初法，同在斗二十一。臣以月蝕檢之，則景初今之冬至，應在斗十七。又史官受詔，以土圭測景，考校二至，差三日有餘。從來積歲及交州所上，檢其增減，亦相符驗。然則今之二至，非天之二至也。天之南至，〔五九〕日在斗十三四矣。此則十九年七閏，數微多差。復改法易章，則用算滋繁，宜當隨時遷革，以取其合。案後漢志，春分日長，秋分日短，差過半刻。尋二分在二至之間，而有長短，因識春分近夏至，故長；秋分近冬至，故短也。楊偉不悟，卽用之，上曆表云：「自古及今，凡諸曆數，皆未能並己之妙。」何此不曉，亦何以云。是故臣更建元嘉曆，以六百八爲一紀，半之爲度法，七十五爲室分，以建寅之月爲歲首，雨水爲氣初，以諸法閏餘一之歲爲章首。冬至從上三日五時。日之所在，移舊四度。又月有遲疾，合朔月蝕，不在朔望，亦非曆意也。故元嘉皆以盈縮定其小餘，以正朔望之日。

伏惟陛下允迪聖哲，先天不違，劬勞庶政，寅亮鴻業，究淵思於往籍，探妙旨於未聞，窮神知化，罔不該覽。是以愚臣欣遇盛明，効其管穴。伏願以臣所上元嘉法下史官考其疏密。若謬有可採，庶或補正闕謬，以備萬分。

詔曰：「何承天所陳，殊有理據。可付外詳之。」

太史令錢樂之、兼丞嚴粲奏曰：

太子率更令領國子博士何承天表更改元嘉曆法，以月蝕檢今冬至日在斗十七，以土圭測影，知冬至已差三日。詔使付外檢署。以元嘉十一年被勑，使考月蝕，土圭測影，檢署由來用偉景初法，冬至之日，日在斗二十一度少。檢十一年七月十六日望月蝕，加時在卯，到十五日四更二唱丑初始蝕，到四唱蝕既，在營室十五度末。景初其日日在軫三度。以月蝕所衡考之，其日日應在翼十五度半。〔六〇〕又到十三年十二月十六日望月蝕，加時在酉，到亥初始食，到一更三唱蝕既，在鬼四度。景初其日日在女三。以衡考之，其日日應在牛六度半。又到十四年十二月十六日望月蝕，〔六一〕加時在戌之半，到二更四唱亥末始蝕，到三更一唱食既，在井三十八度。〔六二〕景初其日日在斗二十五。以衡考之，其日日應在斗二十二度半。〔六三〕到十五年五月十五日望月蝕，加時在戌，其日月始生而已，蝕光已生四分之一格，在斗十六度許。景初其日日在井二十四。考取其衡，其日日應在井二十。又到十七年九月十六日望月蝕，加時在子之少，到十五日未二更一唱始蝕，到三唱蝕十五分之十二格，在昴一度半。景初其日在房二。以衡考之，則其日日在氐十三度半。凡此五蝕，以月衡一百八十二度半考之，冬至之日，日並不在斗二十一度少，並在斗十七度半間，悉如承天所上。

又去十一年起，以土圭測影。其年景初法十一月七日冬至，前後陰不見影。到十二年十一月十八日冬至，其十五日影極長。到十三年十一月二十九日冬至，其二十六日影極長。到十四年十一月十一日冬至，其前後並陰不見。〔六四〕到十五年十一月二十一日冬至，十八日影極長。到十六年十一月二日冬至，其十月二十九日影極長。到十七年十一月十三日冬至，其十日影極長。到十八年十一月二十五日冬至，二十一日影極長。〔六五〕到十九年十一月六日冬至，其三日影極長。到二十年十一月十六日冬至，其前後陰不見影。尋校前後，以影極長爲冬至，並差三日。以月蝕檢日所在，已差四度。土圭測影，冬至又差三日。今之冬至，乃在斗十四間，又如承天所上。

又承天法，每月朔望及弦，皆定大小餘，於推交會時刻雖審，皆用盈縮，則月有頻三大、頻二小，比舊法殊爲異。舊日蝕不唯在朔，亦有在晦及二日。公羊傳所謂「或失之前，或失之後」。愚謂此一條自宜仍舊。

員外散騎郎皮延宗又難承天：「若晦朔定大小餘，紀首值盈，則退一日，便應以故歲之晦，爲新紀之首。」承天乃改新法依舊術，不復每月定大小餘，如延宗所難，太史所上。

有司奏：「治曆改憲，經國盛典，爰及漢、魏，屢有變革。良由術無常是，取協當時。方今皇猷載暉，舊域光被，誠應綜覈晷度，以播維新。承天曆術，合可施用。宋二十二年，普用元嘉曆。」詔可。

校勘記

〔一〕劾壽王逆天地　「劾」字上各本並有「效」字，據漢志刪。「天地」，漢志作「天道」。

〔二〕章帝召治曆編訢李梵等綜校其狀　「綜校其狀」各本並作「綜核意狀」，據續漢志改。

〔三〕日在斗二十一度　「二十一度」各本並作「二十二度」，據後漢書集解引盧文弨說改。

〔四〕安帝延光三年　「三年」續漢志作「二年」。

〔五〕累載相襲　各本並脫「襲」字，據晉志補。

〔六〕歲中　「歲中」上各本並衍「紀日」二字。按古曆無「紀日歲中」之名，開元占經一〇五景初曆條下即作「歲中」，無「紀日」，今據刪。

〔七〕會通七十九萬一百一十　「一十」各本作「二十」，據局本及晉志改。

〔八〕紀首合朔月在日道裏　按下術文謂，以交會紀差轉加前紀，得後紀交會差率。加之滿會通者去之，則月在日道表。本紀及下甲寅紀交會率皆滿會通去之後所得之數。故此紀首合朔俱應作「月在日道表」。

〔九〕如所近中節間限限數以下者　按文義，「如」下應有「在」字。

〔一〇〕小分滿氣法從小餘小餘滿紀法從大餘　「小餘」下各本脫「小餘」二字，據晉志補。

〔一一〕間限千一百四十七　「四十七」各本作「三十七」，據局本及晉志改。

〔一二〕限數千一百二十二　「二十二」各本並作「一十二」，今從局本。

〔一三〕間限千三十六　「三十六」各本並作「二十五」，晉志則誤作「四十六」，今從局本。

〔一四〕限數八百二十三　「二十三」各本並作「二十二」，據局本及晉志改。

〔一五〕間限八百一十二　「一十二」各本及晉志並作「一十三」，今從局本。

〔一六〕間限八百一　各本並脫「一」字，據局本及晉志補。

〔一七〕間限千一百五十七　各本並脫「千」字，據局本及晉志補。

〔一八〕限數千一百八十一　「八十一」各本並作「八十」，據局本及晉志補。

〔一九〕其冬下旬月在張心署之　「月」各本作「夕」，「之」除局本外，各本作「也」，今據續漢志及錢大昕廿二史考異說改。

〔二〇〕以大分從朔夜半日度分分滿紀法從度　各本「度分」下脫「分」字，今據文義補。

〔二一〕朔望去交分如朔望合數以下　「如」各本作「加」，據晉志改。

〔二二〕交會月蝕如朔望合數以下　「合」各本作「會」，據晉志改。

〔二三〕今去交度分如日法而一　「今」依文義當作「令」。

〔二四〕所得則却去交度分也　各本脫去「分」字，據晉志補。

〔二五〕盈初　「盈初」各本作「盈一初」，據局本及晉志改。

〔二六〕二百七十一　各本脫「一」字，據局本及晉志補。

〔二七〕縮積分二十七萬八千九十九　「九十九」各本並作「六十九」。據局本及晉志改。

〔二八〕日餘四千四百五十　「日」字各本並脫，今從局本補。

〔二九〕以入曆日餘　各本並脫「餘」字，據晉志補。

〔三〇〕以損率乘入曆日餘　「損率」各本作「率損」，據局本及晉志乙正。

〔三一〕婁六半强　各本作「婁五半强」，誤，今改正。按景初曆二十四氣各數，基本上沿用四分曆，數字雖間有出入，則由於兩曆斗分微有差異所致。本表數字均據李銳四分術注所述方法，加以推算。以下凡差異較大者，加以改正。如僅尾數有出入，則指出正確之數，不加改正。

〔三二〕虛五半弱　各本並作「虛女半强」，誤，今改正。

〔三三〕胃十一太强　按當作「胃十一半强」。

〔三四〕箕半弱　按當作「箕半強」。

〔三五〕畢六太　按當作「畢七」。

〔三六〕尾十五半强　按當作「尾十五半弱」。

〔三七〕五尺五寸　各本並作「五尺五寸二分」，誤，今刪正。

〔三八〕亢八半弱　按當作「亢八少弱」。

〔三九〕丈　各本並作「丈八寸三分」，誤，今訂正。

〔四〇〕室三半强　按當作「室三太强」。

〔四一〕翼十五太　按當作「翼十五太弱」。

〔四二〕四十五五分　三朝本作「五分」是。各本並誤作「三分」。

〔四三〕軫十五少强　按當作「軫十五少」。

〔四四〕所得以減其節氣昏明中星各定　「所」下各本並脫「得」字，據晉志補。「定」下疑脫「數」字。

〔四五〕歲數歲則謂之合終歲數歲終則謂之合終合數　依文義當作「歲則謂之合終歲數，終則謂之合終合數」。

〔四六〕大餘之餘爲朔小餘　各本並脫「大餘」二字，據晉志補。

〔四七〕餘以通法約之　「以」下，各本並衍「朔」字，據晉志刪。

〔四八〕爲入月日餘　「日」下各本並脫「餘」字，今從局本補。

〔四九〕度餘百四十七萬二千八百六十九　各本脫去「六十九」三字，據局本及晉志補。

〔五〇〕日餘二千三十四萬四千二百六十一　各本「千」上脫「四」字，今補。

〔五一〕副以章閏乘之　依文義，「副」字疑衍。

〔五二〕小餘二千四百一十九　「二千」各本並作「一千」，據局本及晉志改。

〔五三〕求後入月日　按所求者爲後合入月日，「後」下當有「合」字。

〔五四〕以入月日日餘加入月日及餘　按所加者爲一合的入月日及餘，「加」下當有「合」字。

〔五五〕除斗分　按依義當作「經斗除斗分」。

〔五六〕嵇含祖道賦序曰　各本並作「合祖賦序曰」，據沈濤說改。沈濤銅熨斗齋隨筆云：「此乃初學記卷十三禮部嵇含祖道賦序文。『合』乃『舍』字之譌，傳寫又奪『嵇』字『道』字耳。」

〔五七〕崔寔四民月令曰至庶衆祖之來憑云爾　張元濟曰：「與上文不接，是禮志錯簡。」孫彪宋書考論：「此節論祖道，不當入之曆志。」又「四民月令」原作「四人月令」，蓋後人避唐諱追改，今改正。

〔五八〕晉武帝時侍中平原劉智　「晉武帝時」各本並作「晉江左時」，據晉志改正。錢大昕廿二史考異云：「劉智字子房，司空寔之弟也。仕武帝朝，非江左時，志誤。」

〔五九〕天之南至　「至」字各本並脫，據通鑑宋文帝元嘉二十一年補。

〔六〇〕其日日應在翼十五度半　各本並作「翼十五度半」。按蝕既在營室十五度末，以月衝一百八十二度考之，其日日應在「翼十六度半」。

〔六一〕又到十四年十二月十六日望月蝕　各本並作「十二月」。按元嘉十三年十二月望月蝕，至元嘉十四年十二月望，已超過一蝕年，不當有月蝕。今推是年十一月丁亥望（十六日）月蝕，原文有誤。

〔六二〕在井三十八度　各本並作「三十八度」。按井僅有三十三度，原數顯誤。今推元嘉十四年十一月望月蝕應在「井二十六度」。

〔六三〕其日日應在斗二十二度半　各本並作「二十二度半」。按以此處所述各月蝕檢日所在，與景初曆所推者實差三度半，今景初其日日在斗二十五，則實際應在斗二十一度半。今推是月望月

蝕在井二十六度，以衝考之，亦與此數相合。故應作「二十一度半」。

〔六四〕其前後並陰不見　按依上下文例，「見」下應有「影」字。

〔六五〕二十一日影極長　各本並作「二十一日」。按上下各例，以土圭測影，冬至各差三日，二十五日冬至，則應「二十二日影極長」。

宋書卷十三

志第三

律曆下

元嘉曆法

上元庚辰甲子紀首至太甲元年癸亥，三千五百二十三年，至元嘉二十年癸未，五千七百三年，算外。

元法，三千六百四十八。

章歲，十九。

紀法，六百八。

章月，二百三十五。

紀月，七千五百二十。

章閏，七。

紀日，二十二萬二千七十。

度分，七十五。

度法，三百四。

氣法，二十四。

餘數，一千五百九十五。

歲中，十二。

日法，七百五十二。

沒餘，一百九十六。〔一〕

通數，二萬二千二百七。

通法，四十七。

沒法，三百一十九。

月周，四千六十四。

周天，十一萬一千三十五。〔二〕

通周，二萬七百二十一。

周日日餘，四百一十七。

周虛，〔二〕三百三十五。

會數，一百六十。

交限數，八百五十九。

會月，九百三十九。〔三〕

朔望合數，八十。

甲子紀第一　遲疾差一萬七千六百六十三　交會差八百七十七

甲戌紀第二　遲疾差三千四十三　交會差二百七十九

甲申紀第三　遲疾差九千一百四十四　交會差六百二十〔四〕

甲午紀第四　遲疾差一萬五千二百四十五　交會差二十二

甲辰紀第五　遲疾差六百二十五　交會差三百六十三

甲寅紀第六　遲疾差六千七百二十六　交會差七百四

推入紀法：置上元庚辰盡所求年，以元法除之，不滿元法，以紀法除之，餘不滿紀法入紀年也。滿法去之，得後紀。入甲午紀壬辰歲來，至今元嘉二十年歲在癸未，二百三十一年，算外。

推積月術：置入紀年數算外，以章月乘之，如章歲爲積月，不盡爲閏餘。閏餘十二以上，其年閏。

推朔術：以通數乘積月，〔五〕爲朔積分，滿日法爲積日，不盡爲小餘。以六旬去積日，不盡爲大餘，命以紀，算外，所求年正月朔日也。

求次月，加大餘二十九，小餘三百九十九，小餘滿日法從大餘，卽次月朔也。小餘三百五十三以上，其月大也。

推弦望法：加朔大餘七，小餘二百八十七，小分三，小分滿四從小餘，小餘滿日法從大餘，命如前，上弦日也。又加之得望，又加之得下弦。

推二十四氣術：置入紀年算外，以餘數乘之，滿度法三百四爲積沒，不盡爲小餘。六旬去積沒，不盡爲大餘，命以紀，算外，所求年雨水日也。求次氣，加大餘十五，小餘六十六，小分十一，小分滿氣法從小餘，小餘滿度法從大餘，次氣日也。雨水在十六日以後者，如法減之，得立春。

推閏月法：以閏餘減章歲，餘以歲中乘之，滿章閏得一，數從正月起，閏所在也。閏有進退，以無中氣御之。

節氣	限數	間數	中氣	限數	間數
立春正月節	一百九十四	一百九十	雨水正月中	一百八十六	一百八十二
驚蟄二月節	一百七十七	一百七十二	春分二月中	一百六十七	一百六十二
清明三月節	一百五十八	一百五十四	穀雨三月中	一百四十九	一百四十五
立夏四月節	一百四十二	一百三十九	小滿四月中	一百三十六	一百三十四
芒種五月節	一百三十三	一百三十二	夏至五月中	一百三十一	一百三十二
小暑六月節	一百三十三	一百三十四	大暑六月中	一百三十六	一百三十九
立秋七月節	一百四十二	一百四十五	處暑七月中	一百四十九	一百五十三
白露八月節	一百五十七	一百六十二	秋分八月中	一百六十七	一百七十二
寒露九月節	一百七十七	一百八十二	霜降九月中	一百八十六	一百九十
立冬十月節	一百九十四	一百九十七	小雪十月中	二百	二百三
大雪十一月節	二百五	二百六	冬至十一月中	二百七	二百六
小寒十二月節	二百五	二百三	大寒十二月中	二百	一百九十七

推沒滅術：因雨水積，〔六〕以沒餘乘之，滿沒法爲大餘，不盡爲小餘，如前，〔七〕所求年爲雨水前沒日也。雨水前沒多在故歲，常有五沒，宜以沒正之，一年常有五沒或六沒。小餘盡爲滅日也。〔八〕求次沒，加大餘六十九，小餘一百九十六，滿沒法從大餘，命如前，雨水後沒日也。雨水小餘三十九以還，雨水六旬後乃有。〔九〕

推土用事法：置立春大小餘小分之數，減大餘十八，小餘七十九，小分十八，命以紀，算外，立春前土用事日也。大餘不足加六十，小餘不足減，減大餘一，加度法而後減之。立夏、立冬求土用事皆如上法。

推日所在度法：以度法乘朔〔積日，周天去之，餘滿度法爲〕積度，〔一〇〕不盡爲分。命度起室二，次宿除之，算外，正月朔夜半日在度及分也。求次日，日加一度，經室去度分。

推月所在度法：以月周乘朔積日，周天去之，餘滿度法爲積度，不盡爲分，命度如前，正月朔夜半月所在度及分。求次月，小月加度二十二，分一百三十三，大月加度三十五，分二百四十五，分滿度法成一度，命如前，次月朔月所在度及分也。曆先月法：以十六除月行分爲大分，如所入遲疾加之，經室去度分。

推合朔月食術：置所求年積月，以會數一百六十乘之，以所入交會紀差二十二加之，滿會月去之，餘則其年正月朔去交分也。求次月，以會數加之，滿會月去之。求望，加合數。朔望去交分如合數以下，交限數以上，朔則交會，望則月食。

推入遲疾曆法：置所求年朔積分，所入遲疾差一萬五千二百四十五加之，滿通周去之，餘滿日法得一日，〔一一〕不盡爲日餘，命日算外，所求年正月朔入曆。求次月，加一日，日餘七百三十四。求望，加十四日，日餘五百七十五半。餘滿日法成一日，日滿二十七去之，除日餘如周日日餘，不足減，減一日，加周虛。日滿二十七而日餘不滿周日日餘，爲損。周日滿去之，爲入曆一日。

推合朔月食定大小餘法：以入曆日餘乘入曆下損益率，入一日，益二十五是也。以損益盈縮積分，值損則損之，值益則益之。爲定積分。以入曆日餘乘列差，滿日法盈減縮加差法，爲定差法。以除定積分，所得減加本朔望小餘，值盈則減，縮則加之。爲定小餘。加之滿日法，合朔月食進一日；減之不足減者，加日法而後減之，則退一日。值周日者，用周日定數。

推加時：以十二乘定小餘，滿日法得一辰，數從子起，算外，則朔望加時所在辰也。有餘者四之，滿日法得一爲少，二爲半，三爲太。[一二]又有餘者三之，滿日法得一爲强，半法以上排成一，不滿半法棄之。以强幷少爲少强，幷半爲半强，幷太爲太强。得二者爲少弱，[一三]以幷少爲半弱，以幷半爲太弱，以幷太爲一辰弱。以所在辰名之。

推合朔月食加時滿刻法：[一四]各以百刻乘定小餘，如日法而一，不盡什之，求分。先除夜漏之半，卽晝漏加時刻及分也。晝漏盡，又入夜漏。在中節前後四日以還者，視限數。在中節前後五日以上者，視間限數。月食加時定小餘不滿限數、間數者，皆以算上爲日。

	月行遲疾度	損益率	盈縮積分	列差	差法
一日	十四度十三分	益二十五	盈	二	二百六十
二日	十四度十一分	益二十三	盈萬八千八百	三[一五]	二百五十八
三日	十四度八分	益二十	盈三萬六千九十六	四	二百五十五

	月行遲疾度	損益率	盈縮積分	列差	差法
四日	十四度四分	益十六	盈五萬一千一百三十六	五	二百五十一
五日	十三度十八分	益十一	盈六萬三千一百六十八	五	二百四十六
六日	十三度十三分	益六	盈七萬一千四百四十	六	二百四十一
七日	十三度七分	益	盈七萬五千九百五十二	五	二百三十五
八日	十三度二分	損五	盈七萬五千九百五十二	四	二百三十[一六]
九日	十二度十七分	損九	盈七萬二千一百九十二	三	二百二十六
十日	十二度十四分	損十二	盈六萬五千四百二十四	三	二百二十三
十一日	十二度十一分	損十五	盈五萬六千四百	三	二百二十
十二日	十二度八分	損十八	盈四萬五千一百二十	二	二百一十七
十三日	十二度六分	損二十	盈三萬一千五百八十四	二	二百一十五
十四日	十二度四分	損二十二	盈一萬六千五百四十四	二	二百一十三
十五日	十二度二分	益二十四	縮	二[一七]	二百一十一
十六日	十二度四分	益二十二	縮一萬八千四十八	二	二百一十三
十七日	十二度六分	益二十	縮三萬四千五百九十二	三	二百一十五
十八日	十二度九分	益十七	縮四萬九千六百三十二	五	二百一十八
十九日	十二度十四分	益十二	縮六萬二千四百一十六	六	二百二十三
二十日	十三度一分	益六	縮七萬一千四百四十	六	二百二十九
二十一日	十三度七分	益	縮七萬五千九百五十二	五	二百三十五
二十二日	十三度十二分	損五	縮七萬五千九百五十二	四	二百四十
二十三日	十三度十六分	損九	縮七萬二千一百九十二	四	二百四十四
二十四日	十四度一分	損十三	縮六萬五千四百二十四	四	二百四十八
二十五日	十四度五分	損十七	縮五萬五千六百四十八	三	二百五十二
二十六日	十四度八分	損二十	縮四萬二千八百六十四	三	二百五十五
二十七日	十四度十一分	損二十三	縮二萬七千八百二十四	二	二百五十八
周日	十四度十三分 小分一百三	損二十五定 損二百二十四	縮一萬五百二十八定備九萬三 千四百八[一八]		二百六十定意差 法二千三百九[一九]

推合朔度：以章歲乘朔小餘，滿通法爲大分，不盡爲小分。以大分從朔夜半日日分，滿度命如前，正月朔日月合朔所在共合度也。

求次月，加度二十九，大分一百六十一，小分十四，小分滿通法從大分，大分滿度法從度。經室除度分。求望，加十四度，大分二百三十二，小分三十半。求望月所在度，加日度一百八

十二，分一百八十九，小分二十三半。

二十四氣	日所在度[二〇]	日中晷影	晝漏刻	夜漏刻	昏中星	明中星
雨水	室一太强	八尺二寸二分	五十五分	四十九五分	觜一少强	尾十一强
驚蟄	壁一强	六尺七寸二分	五十二九分	四十七一分	井九半强	箕四少弱
春分	奎七少强	五尺三寸九分	五十五五分	四十四五分	井二十九半强	斗四弱
清明	婁六半	四尺二寸五分	五十八	四十二	柳十二太	斗十四半
穀雨	胃九太弱	三尺二寸五分	六十三分	三十九七分	張十	斗二十五半
立夏	昴十一弱	二尺五寸	六十二三分	三十七七分[二一]	翼十太弱	女三少
小滿	畢十五少弱	一尺九寸七分	六十三九分	三十六一分	軫十弱	虛二弱
芒種	井三半弱	一尺六寸九分	六十四八分	三十五二分	角十太弱	危七弱
夏至	井十八	一尺五寸	六十五	三十五	氐五少弱	室五少强
小暑	鬼一弱	一尺六寸九分	六十四八分	三十五二分	房四太弱	壁六太弱
大暑	柳十二弱	一尺九寸七分	六十三九分	三十六一分	尾八太弱	奎十二太弱
立秋	張五半强	二尺五寸	六十二三分	三十七七分	箕三	胃二太弱

處暑	翼二半	三尺二寸五分	六十三分	三十九七分[二二]	斗三半	昴七太弱
白露	翼十七太弱	四尺二寸五分	五十八	四十二	斗十四半弱	畢十六半弱
秋分	軫十五	五尺三寸九分	五十五五分	四十四五分	斗二十五少强	井九少强
寒露	亢一少	六尺七寸二分	五十二九分	四十七一分	牛八半强	井二十九弱
霜降	氐七半	八尺二寸八分	五十五分	四十九五分	女十一半弱	柳十一半强
立冬	心二半弱	九尺九寸一分	四十八四分	五十一六分	危二弱	張八太弱
小雪	尾十二太强	一丈一尺三寸四分	四十六七分	五十三三分	危十三半强	翼八太强
大雪	箕十	一丈二尺四寸八分	四十五六分	五十四四分	室九半强	軫八少强
冬至	斗十四强	一丈三尺	四十五	五十五	壁八太强	角七少强
小寒	牛三半强	一丈二尺四寸八分	四十五六分	五十四四分	奎十五少	亢九
大寒	女十半强	一丈一尺三寸四分	四十六七分	五十三三分	胃四半强	氐十三太强
立春	危四	九尺九寸一分	四十八四分	五十一六分	昴九少	心四强

推五星法：

	合歲	合數	日度法	室分
木	三百四十四	三百一十五	九萬五千七百六十	二萬三千六百二十五

	合歲	合數	日度法	室分
火	四百五十九	二百一十五	六萬五千三百六十	一萬六千一百二十五
土	三百八十三	三百七十	一十一萬二千四百八十	二萬七千七百五十
金	二百六十七	一百六十七	五萬七百六十八	一萬二千五百二十五
水	七十九	二百四十九	七萬五千六百九十六	一萬八千六百七十五

木後元丙戌，晉咸和元年，至元嘉二十年癸未，百十八年算上。

火後元乙亥，元嘉十二年，至元嘉二十年癸未，九年算上。

土後元甲戌，元嘉十一年，至元嘉二十年癸未，十年算上。

金後元甲申，晉太元九年，至元嘉二十年癸未，六十年算上。

水後元乙丑，元嘉二年，至元嘉二十年癸未，十九年算上。

推五星法：各設其元至所求年算上，以合數乘之，滿合歲爲積合，不盡曰合餘，多者以合數除之，得一，星合往年，得二，合前往年，不滿合數，其年。木、土、金則有往年合，火有前往年合，水一年三合或四合也。以合餘減合數爲度分，水度分滿合歲則去之也。以周天十一萬一千三十五乘度分，滿日度法爲積度，不盡曰度餘。命度以室二，算外，星合所在度也。以合數乘其年，內雨水小餘，幷度餘爲日餘，滿日度法從積度爲日，命以雨水，算外，星合日也。求星見日法，以法伏日及餘木則十六日及餘是也。[二三]加星合日及餘，滿日度法成一日，命如前，星見日也。求星見

度法，以法伏度及餘木則二度及餘是也。加星合度及餘，滿日度法成一度，命如前，所見度也。以星行分母木則二十三見也。[二四]乘見度餘，滿日度法得一，分乃日加所行分。木順日行四分。分滿其母成一度，逆順母不同，木逆分母七也。當各乘度餘，留者承前，逆則減之，伏不書度，[二五]經室去分，不足減者，破全度。五星室分各異，若在行分，各依室分去之。

木：初與日合，伏，十六日，日餘四萬一千七百八十，行二度，餘七萬七千八百四十七半，晨見東方。去日十三度半强。順，日行二十三分之四，一百一十五日行二十度。留，不行，二十六日而逆。日行七分之一，八十四日退十二度。又留二十六日。順，一百一十五日行二十度，夕伏西方，日度餘如初，與日合。一終三百九十八日，日餘八萬三千五百六十，行星三十三度，餘五萬九千九百三十五。

火：初與日合，伏，七十一日，日餘二萬四千八百一十二半，[二六]行五十四度，度餘四萬九千四百三十，晨見東方。去日十六度半强。[二七]順，疾，日行七分之五，一百八日半行七十七度半。小遲，日行七分之四，一百二十六日行七十二度而大遲。日行七分之二，四十二日行十二度。留，不行，十二日而逆。[二八]日行十分之三，六十日退十八度。又留十二日。順，遲，四十二日行十二度。小疾，一百二十六日，行七十二度。一百八日半行七十七度半，夕伏西方，日度餘如初，與日合。一終七百七十九日，日餘四萬九千六百二十五，行星四百一十

四，度餘三萬三千五百。除一周，行星定四十九度，度餘一萬七千三百七十五。[二九]

土：初與日合，伏，十八日，日餘四千四百八十二半，行二度，度餘四萬六千八百四十七半，晨見東方。去日十五度半强，順，日行十二分之一，八十四日，行七度。留，不行，三十六日而逆。日行十七分之一，一百二日退六度。又留三十六日。順，八十四日行七度，夕伏西方，日度餘如初，與日合。一終三百七十八日，日餘八千九百六十五，行星十二度，度餘九萬三千六百九十五。

金：初與日合，伏，四十一日，日餘四萬九千六百八十四半，行五十一度，[三〇]度餘四萬九千六百八十四半，見西方。[三一]去日十度。順，疾，日行一度十三分之三，九十一日行一百十二度而小遲。日行一度十三分之二，九十一日行一百五度。又大遲。日行十五分之十一，四十五日行三十三度。留，不行，八日而逆。[三二]日行三分之二，九日退六度，伏西方。伏六日，退四度而與日合。又六日退四度，晨見東方。逆，九日退六度。又留八日。順，四十五日行三十三度。小疾，九十一日行一百五度。大疾，九十一日行百一十二度，晨伏東方，日度餘如初，與日合。一終五百八十三日，日餘四萬八千六百一。[三三]除一周，行星定二百一十八度，度餘三萬六千七十六。一合二百九十一日，餘四萬九千六百八十四半，行星如之。

水：初與日合，伏，十七日，日餘七萬一千二百一十半，行三十四度，度餘七萬一千二百一十半，見西方。〔三四〕去日十七度。順，疾，日行一度三分之一，十八日行二十四度而遲。日行七分之五，七日行五度。留，不行，四日，夕伏西方。伏十一日，退六度，而與日合。又十一日退六度，而晨見東方。留四日。順，遲，七日行五度。疾，十八日行二十四度，晨伏東方，日度餘如初，與日合。一終一百一十五日，日餘六萬六千七百二十五，行星如之。一合五十七日，日餘七萬一千二百一十半，行星亦如之。盈加縮減，十六除月行分，日法除盈縮分，以減度分，盈加縮減。

推卦：因雨水大小餘，加大餘六，小餘三百一十九，小餘滿三千六百四十八成日。日滿二十七日餘不足加減不加周虛。〔三五〕

元嘉二十年，承天奏上尚書：「今既改用元嘉曆，漏刻與先不同，宜應改革。按景初曆春分日長，秋分日短，相承所用漏刻，冬至後晝漏率長於冬至前。且長短增減，進退無漸，非唯先法不精，亦各傳寫謬誤。今二至二分，各據其正。則至之前後，無復差異。更增損舊刻，參以晷影，删定爲經，改用二十五箭。請臺勒漏郎將考驗施用。」從之。

前世諸儒依圖緯云，月行有九道。故畫作九規，更相交錯，檢其行次，遲疾換易，不得順度。劉向論九道云：「青道二出黃道東，白道二出黃道西，黑道二出北，赤道二出南。」又

云：「立春、春分，東從青道；立夏、夏至，南從赤道。秋白冬黑，各隨其方。」按日行黃道，陽路也，月者陰精，不由陽路，故或出其外，或入其內，出入去黃道不得過六度。入十三日有奇而出，出亦十三日有奇而入，凡二十七日而一入一出矣。交於黃道之上，與日相掩，則蝕焉。漢世劉洪推檢月行，作陰陽曆法。元嘉二十年，太祖使著作令史吳癸依洪法，制新術，令太史施用之。

元嘉曆月行陰陽法：

陰陽曆	損益率	兼數
一日	益十七	初
二日 前限餘六百六十五 微分一千七百三十八	益十六	十七
三日	益十五	三十三
四日	益十二	四十八
五日	益八	六十
六日	益四	六十八
七日	益一	七十二
八日	損二	七十三
九日	損六	七十一
十日	損十	六十五
十一日	損十三	五十五
十二日	損十五	四十二
十三日 後限餘二千一十九 微分一千七十九	損十六	二十七
分日 二千六百八十五半	損十六大 大者五千三百七十一分之三千四百七十二	十一

曆周，五萬五千五百一十七半。

差率，一萬一百九十。

微分法，一千八百七十八。

推入陰陽曆術曰：以會月去入紀積月，餘以會數乘之，以所入紀交會差加之，周天乘之，滿微分法爲大分，不盡爲微分。大分滿周天去之，餘不滿曆周者爲入陽曆。〔三六〕餘，皆如月周得一日，算外，所求年正月合朔入曆也。不盡爲日餘。

求次月，加二日，日餘一千三百三十一，微分一千五百九十八，如法成日，日滿十三去之，除日餘如分日。陰陽曆竟互入端，〔三七〕入曆在前限餘前，後限餘後者，月行中道。

求朔弦望定數：各置入遲疾曆盈縮定積分，以章歲乘之，差法除之，所得滿通法爲大

分。不盡，以微分法乘之，如法爲微分。盈減縮加陰陽日餘，盈不足，以月周進退日而定，以定日餘乘損益兼數，〔三八〕爲加時定數。

推夜半入曆：以差率乘朔小餘，〔三九〕如微分法得一，以減入曆餘，不足，加月周而減之，卻一日，卻得分日，加其分，〔四〇〕半微分爲小分，〔四一〕即朔日夜半入曆曆餘小分也。

求次日，加一日，日餘十六，小分三百二十，小分如會月從餘，〔四二〕餘滿月周去之，又加一日。曆竟，下日餘滿分日去之，互入曆初也。〔四三〕不滿分日者，值之，加餘一千三百九十四，小分七百八十九半，〔四四〕爲入次曆。

求夜半定日：以朔小餘減入遲疾曆日餘，不足一日，卻得周日，加餘四百一十七，即月夜半入曆日及餘也。以日餘乘損益率，以損益盈縮積分，〔四五〕爲定積分。滿通法爲大分，不盡以會月乘之，如法爲小分，以盈加縮減入陰陽日餘，盈不足進退日而定也。以定日餘乘損益率，如月周，以損益兼數，爲夜半定數。

求昏明數：以損益率乘所近節氣夜漏，二百而一爲明，以減損益率爲昏，而以損益夜半數爲昏明定數也。

求月去黃道度：置加時若昏明定數，以十二除之爲度，其餘三而一爲少，不盡爲强，二少弱也。所得爲月去黃道度。

大明六年，南徐州從事史祖沖之上表曰：

古曆疏舛，頗不精密，羣氏糾紛，莫審其要。[四六]何承天所奏，意存改革，而置法簡略，今已乖遠。以臣校之，三覩厥謬：日月所在，差覺三度；二至晷影，幾失一日；五星見伏，至差四旬，留逆進退，或移兩宿。分至乖失，則節閏非正；宿度違天，則伺察無準。臣生屬聖辰，逮在昌運，敢率愚瞽，更創新曆。謹立改易之意有二，設法之情有三。

改易者，其一，[四七]以舊法一章十九歲有七閏，閏數爲多，經二百年，輒差一日。節閏既移，則應改法，曆紀屢遷，實由此條。今改章法，三百九十一年有一百四十四閏。令卻合周、漢，則將來永用，無復差動。其二，以堯典云：「日短星昴，以正仲冬。」以此推之，唐代冬至，日在今宿之左五十許度。漢代之初，卽用秦曆，冬至日在牽牛六度。漢武改立太初曆，冬至日在牛初。後漢四分法，冬至日在斗二十一。[四八]晉時姜岌以月蝕檢日，知冬至在斗十七。今參以中星，課以蝕望，冬至之日，在斗十一。通而計之，未盈百載，所差二度。舊法並令冬至日有定處，天數既差，則七曜宿度漸與曆舛。乖謬既著，輒應改制，僅合一時，莫能通遠，遷革不已，又由此條。今令冬至所在，歲歲微

差，卻檢漢注，並皆審密，將來久用，無煩屢改。

又設法者，其一，以子爲辰首，位在正北，爻應初九，斗氣之端，虛爲北方，列宿之中，元氣肇初，宜在此次。前儒虞喜，備論其義。今曆上元日度，發自虛一。其二，以日辰之號，甲子爲先，曆法設元，應在此歲。而黃帝以來，世代所用，凡十一曆，上元之歲，莫值此名。今曆上元，歲在甲子。其三，以上元之歲，曆中衆條，並應以此爲始，而景初曆交會遲疾，〔元首有差。又承天法，日月五星，各自有元，交會遲疾，〕亦並置差，[四九]裁合朔氣而已。條序紛互，不及古意。今設法，日月五緯，交會遲疾，悉以上元歲首爲始。則合璧之曜，信而有徵，連珠之暉，於是乎在，羣流共源，實精古法。

若夫測以定形，據以實效，縣象著明，尺表之驗可推，動氣幽微，寸管之候不忒。今臣所立，易以取信。但深練始終，大存整密，革新變舊，有約有繁。用約之條，理不自懼，用繁之意，顧非謬然。何者？夫紀閏參差，數各有分，分之爲體，非細不密。臣是用深惜毫釐，以全求妙之準，不辭積累，以成永定之制。非爲思而莫悟，知而不改也。竊恐讚有然否，每崇遠而隨近，論有是非，或貴耳而遺目。所以竭其管穴，俯洗同異之嫌，披心日月，仰希葵藿之照。若臣所上，萬一可采，伏願頒宣羣司，賜垂詳究，庶陳錙銖，少增盛典。

曆法

上元甲子至宋大明七年癸卯，五萬一千九百三十九年算外。

元法，五十九萬二千三百六十五。

紀法，三萬九千四百九十一。

章歲，三百九十一。

章月，四千八百三十六。

章閏，一百四十四。

閏法，十二。

月法，十一萬六千三百二十一。

日法，三千九百三十九。

餘數，二十萬七千四十四。

歲餘，九千五百八十九。

沒分，三百六十萬五千九百五十一。

沒法，五萬一千七百六十一。

周天，一千四百四十二萬四千六百六十四。

虛分，萬四百四十九。

行分法，二十三。

小分法，一千七百一十七。

通周，七十二萬六千八百一十。

會周，七十一萬七千七百七十七。

通法，二萬六千三百七十七。

差率，三十九。

推朔術：置入上元年數，算外，以章月乘之，滿章歲爲積月，不盡爲閏餘。閏餘二百四十七以上，其年有閏。以月法乘積月，滿日法爲積日，不盡爲小餘。六旬去積日，不盡爲大餘。大餘命以甲子，算外，所求年天正十一月朔也。小餘千八百四十九以上，其月大。

求次月，加大餘二十九，小餘二千九十，小餘滿日法從大餘，大餘滿六旬去之，命如前，次月朔也。

求弦望：加朔大餘七，小餘千五百七，小分一，小分滿四從小餘，小餘滿日法從大餘，命如前，上弦日也。又加得望，又加得下弦，又加得後月朔也。

推閏術：以閏餘減章歲，餘滿閏法得一月，命以天正，算外，閏所在也。閏有進退，以無

中氣爲正。

推二十四氣術：置入上元年數，算外，以餘數乘之，滿紀法爲積日，不盡爲小餘。六旬去積日，不盡爲大餘。大餘命以甲子，算外，天正十一月冬至日也。

求次氣，加大餘十五，小餘八千六百二十六，小分五，小分滿六從小餘，小餘滿紀法從大餘，命如前，次氣日也。

求土用事：加冬至大餘二十七，小餘萬五千五百二十八，季冬土用事日也。又加大餘九十一，小餘萬二千二百七十，次土用事日也。

推沒術：以九十乘冬至小餘，以減沒分，滿沒法爲日，不盡爲日餘，命日以冬至，算外，沒日也。

求次沒，加日六十九，日餘三萬四千四百四十二，餘滿沒法從日，次沒日也。日餘盡爲滅。

推日所在度術：以紀法乘朔積日爲度實，周天去之，餘滿紀法爲積度，不盡爲度餘，命以虛一，次宿除之，算外，天正十一月朔夜半日所在度也。

求次月，大月加度三十，小月加度二十九，入虛去度分。

求行分，以小分法除度餘，所得爲行分，不盡爲小分。小分滿法從行分，行分滿法

從度。

求次日，加一度。入虛去行分六，小分百四十七。

推月所在度術：以朔小餘乘百二十四爲度餘。又以朔小餘乘八百六十爲微分。微分滿月法從度餘，〔五〇〕度餘滿紀法爲度，以減朔夜半日所在，則月所在度。

求次月，大月加度三十五，度餘三萬一千八百三十四，微分七萬七千九百六十七，小月加度二十二，度餘萬七千二百六十一，微分六萬三千七百三十六，入虛去度分也。〔五一〕

遲疾曆：

	月行度	損益率	盈縮積分	差法
一日	十四行分十三	益七十	盈初	五千三百四
二日	十四十一	益六十五	盈百八十四萬二千三百一十六	五千二百七十
三日	十四八	益五十七	盈三百五十五萬七百六	五千二百一十九
四日	十四四	益四十七	盈五百五萬八千二百八〔五二〕	五千一百五十一
五日	十三二十二〔五三〕	益三十四	盈六百二十九萬七千八百五十七	五千六十六
六日	十三十七	益二十二	盈七百二十萬二千六百九十一	四千九百八十一
七日	十三十一	益六	盈七百七十七萬二千七百一十〔五四〕	四千八百七十九
八日	十三五	損九	盈七百九十四萬九百五十二	四千七百七十七
九日	十二二十二	損二十四	盈七百七十萬七千四百一十五	四千六百七十五
十日	十二十六	損三十九	盈七百七萬二千一百	四千五百七十三
十一日	十二十一	損五十二	盈六百三萬五千七	四千四百八十八
十二日	十二八	損六十	盈四百六十六萬三千一百	四千四百三十七
十三日	十二六	損六十五	盈三百九萬三百二	四千四百三
十四日	十二四	損七十	盈百三十八萬三千五百八十	四千三百六十九
十五日	十二五	益六十七	縮四十五萬七千六十九	四千三百八十六
十六日	十二七	益六十二	縮二百二十三萬七百五十五	四千四百二十
十七日	十二十	益五十五	縮三百八十七萬五百一十四〔五五〕	四千四百七十一
十八日	十二十四	益四十四	縮五百三十萬九千三百八十五〔五六〕	四千五百三十九
十九日	十二十九	益三十二	縮六百四十八萬四百四	四千六百二十四
二十日	十三一	益十九	縮七百三十一萬六千六百八	四千七百九〔五七〕
二十一日	十三七	益四	縮七百八十一萬七千九百九十六	四千八百一十一
二十二日	十三十三	損十一	縮七百九十一萬七千六百七	四千九百一十三

	月行度	損益率	盈縮積分	差法
二十三日	十三十九	損二十七	縮七百六十一萬五千四百四十	五千一十五
二十四日	十四一	損三十九	縮六百九十萬一千四百九十五	五千一百
二十五日	十四六〔五八〕	損五十二	縮五百八十七萬二千七百三十五	五千一百八十五
二十六日	十四十	損六十二	縮四百四十九萬九千一百五十九	五千二百五十三
二十七日	十四十二	損六十七	縮二百八十五萬七千七百三十二	五千二百八十七
二十八日	十四十四	損七十四	縮百八萬二千三百七十九	五千三百二十一〔五九〕

推入遲疾曆術：以通法乘朔積日爲通實，通周去之，餘滿通法爲日，不盡爲日餘。命日算外，天正十一月朔夜半入曆日也。

求次月，大月加二日，小月加一日，日餘皆萬一千七百四十六。曆滿二十七日，日餘萬四千六百三十一，則去之。

求次日，加一日。

求日所在定度：以夜半入曆日餘乘損益率，以損益盈縮積分，如差率而一，所得滿紀法爲度，不盡爲度餘，以盈加縮減平行度及餘爲定度。益之或滿法，損之或不足，以紀法進退。求度行分如上法。求次日，如所入遲疾加之，虛去分如上法。

陰陽曆　　損益率　　兼數

一日	益十六	初
二日	益十五	十六
三日	益十四	三十一
四日	益十二	四十五
五日	益九	五十七
六日	益五	六十六
七日	益一	七十一
八日	損二	七十二
九日	損六	七十
十日	損十	六十四
十一日	損十三	五十四
十二日	損十五	四十一
十三日	損十六	二十六
十四日	損十六	十

推入陰陽曆術：置通實以會周去之，不滿交數三十五萬八千八百八十八半爲朔入陽曆

分，滿去之，爲朔入陰曆分。各滿通法得一日，不盡爲日餘，命日算外，天正十一月朔夜半入曆日也。

求次月，大月加二日，小月加一日，日餘皆二萬七百七十九。曆滿十三日，日餘萬五千九百八十七半則去之。陽竟入陰，陰竟入陽。

求次日，加一日。

求朔望差，以二千二十九乘朔小餘，滿三百三爲日餘，不盡倍之爲小分，則朔差數也。加一十四日，日餘二萬一百八十六，小分百二十五，小分滿六百六從日餘，日餘滿通法爲日，卽望差數也。又加之，後月朔也。

求合朔月食，置朔望夜半入陰陽曆日及餘，有半者去之，置小分三百三，以差數加之，小分滿六百六從日餘，日餘滿通法從日，日滿一曆去之。命日算外，則朔望加時入曆也。朔望加時入曆一日，日餘四千一百九十八，小分四百二十八以下，十二日，日餘萬一千七百八十八，小分四百八十一以上，朔則交會，望則月食。

求合朔月食定大小餘：令差數日餘加夜半入遲疾曆餘，日餘滿通法從日，則朔望加時入曆也。以入曆餘乘損益率，以損益盈縮積分，如差法而一，以盈減縮加本朔望小餘，爲定小餘。益之或滿法，損之或不足，以日法進退日。

求合朔月食加時：以十二乘定小餘，滿日法得一辰，命以子，算外，加時所在辰也。有餘者四之，滿日法得一爲少，二爲半，三爲太。又有餘者三之，滿日法得一爲强，以强幷少爲少强，幷半爲半强，幷太爲太强。得二者爲少弱，以幷太爲一辰弱，〔六〇〕以前辰名之。

求月去日道度：置入陰陽曆餘乘損益率，如通法而一，以損益兼數爲定，定數十二而一爲度，不盡三而一，爲少、半、太。又不盡者，一爲强，二爲少弱，則月去日道數也。陽曆在表，陰曆在裏。

二十四氣	日中影	晝漏刻	夜漏刻	昏中星度	明中星度
冬至	一丈三尺	四十五	五十五	八十二 行分二十一	二百八十三 行分八
小寒	一丈二尺四寸 三分	四十五 六	五十四 四	八十四	二百八十二 六
大寒	一丈一尺二寸	四十六 七	五十三 三	八十六 一	二百八十五〔六一〕
立春	九尺八寸	四十八 四	五十一 六	八十九 三	二百七十七 三
雨水	八尺一寸七分	五十五	四十九 五	九十三	二百七十三 六〔六二〕
驚蟄	六尺六寸七分	五十二 九	四十七 一	九十七 九〔六三〕	二百六十八 二十
春分	五尺三寸七分	五十五 五	四十四 五	百二 三	二百六十四 三
清明	四尺二寸五分	五十八 一	四十一 九	百六 二十一	二百五十九 八
穀雨	三尺二寸六分	六十 四	三十九 六	百一十一 三	二百五十五 三〔六四〕
立夏	二尺五寸三分	六十二 四	三十七 六	百一十四 十八	二百五十一 十一
小滿	一尺九寸九分	六十三 九	三十六 一	百一十七 十二	二百四十八 十七
芒種	一尺六寸九分	六十四 八	三十五 二	百一十九 四	二百四十七 二
夏至	一尺五寸	六十五	三十五	百一十九 十二	二百四十六 十七
小暑	一尺六寸九分	六十四 八	三十五 二	百一十九 四	二百四十七 二
大暑	一尺九寸九分	六十三 九	三十六 一	百一十七 十二	二百四十八 十七
立秋	二尺五寸三分	六十二 四	三十七 六	百一十四 十八	二百五十一 十一
處暑	三尺二寸六分	六十 四	三十九 六	百一十一 三	二百五十五 三〔六五〕
白露	四尺二寸五分	五十八 一	四十一 九	百六 二十一	二百五十九 八
秋分	五尺三寸七分	五十五 五	四十四 五	百二 三	二百六十四 三
寒露	六尺六寸七分	五十二 九	四十七 一	九十七 九	二百六十八 二十
霜降	八尺一寸七分	五十五	四十九 五	九十三	二百七十三 六〔六六〕
立冬	九尺八寸	四十八 四	五十一 六	八十九 三	二百七十七 三
小雪	一丈一尺二寸	四十六 七	五十三 三〔六七〕	八十六 一	二百八十五〔六八〕

大雪　一丈二尺四寸三分　四十五六　五十四四　八十四　二百八十二六

求昏明中星：各以度數加夜半日所在，則中星度也。

推五星術

木率：千五百七十五萬三千八十二。

火率：三千八十萬四千一百九十六。

土率：千四百九十三萬三百五十四。

金率：二千三百六萬一十四。

水率：四百五十七萬六千二百四。

推五星術：置度實各以率去之，餘以減率，其餘如紀法而一，爲入歲日，不盡爲日餘。命以天正朔，算外，星合日。

求星合度：以入歲日及餘從天正朔日積度及餘，滿紀法從度，滿三百六十餘度分則去之，命以虛一，算外，星合所在度也。

求星見日術：以伏日及餘[六九]，加星合日及餘，餘滿紀法從日，命如前，見日也。

求星見度術：以伏度及餘，[七〇]加星合度及餘，餘滿紀法從度，入虛去度分，命如前，星見度也。

行五星法：以小分法除度餘，所得爲行分，不盡爲小分，及日加所行分滿法從度，留者因前，逆則減之，伏不書度。[七一]從行入虛，去行分六，小分百四十七，逆行出虛，則加之。

木：初與日合，伏，十六日，餘萬七千八百三十二，行二度，度餘三萬七千五百四，晨見東方。從，日行四分，百一十二日，行十九度十一分。留二十八日。逆，日行三分，八十六日，退十一度五分。又留二十八日。從，日行四分，百一十二日，夕伏西方。日度餘如初。一終，三百九十八日，日餘三萬五千六百六十四，行三十三度，度餘二萬五千二百一十五。

火：初與日合，伏，七十二日，日餘六百八，行五十五度，度餘二萬八千八百六十五，晨見東方。從，疾，日行十七分，九十二日，行六十八度。小遲，日行十四分，九十二日，行五十六度。大遲，日行九分，九十二日，行三十六度。留十日。逆，日行六分，六十四日，退十六度十六分。[七二]又留十日。從，遲，日行九分，九十二日。小疾，日行十四分，九十二日。大疾，日行十七分，九十二日，夕伏西方，日度餘如初。一終，七百八十日，日餘千二百一十六，行四百一十四度，度餘三萬二百五十八。除一周，定行四十九度，度餘萬九千八百九。

土：初與日合，伏，十七日，日餘千三百七十八，行一度，度餘萬九千三百三十三，晨見東方。行順，日行二分，八十四日，行七度七分。留三十三日。行逆，日行一分，百一十日，退四度十八分。又留三十三日。從，日行二分，八十四日，夕伏西方，日度餘如初。一終，三百七十八日，日餘二千七百五十六，行十二度，度餘三萬一千七百九十八。

金：初與日合，伏，三十九日，餘三萬八千一百二十六，行四十九度，度餘三萬八千一百二十六，夕見西方。從，疾，日行一度五分，九十二日，行百十二度。小遲，日行一度四分，九十二日，行百八度。大遲，日行十七分，四十五日，行三十三度六分。留九日。逆，日行十六分，九日，退六度六分。夕伏西方。伏五日，退五度，而與日合。又五日退五度，而晨見東方。逆，日行十六分，九日。留九日。從，遲，日行十七分，四十五日。小疾，日行一度四分，九十二日。大疾，日行一度五分，九十二日，晨伏東方，日度餘如初。一終，五百八十三日，日餘三萬六千七百六十一，行星如之。除一周，定行二百十八度，度餘二萬六千三百一十二。一合，二百九十一日，日餘三萬八千一百二十六，行星亦如之。

水：初與日合，伏，十四日，日餘三萬七千一百十五，行三十度，度餘三萬七千一百一十五，夕見西方。從，疾，日行一度六分，二十三日，行二十九度。遲，日行二十分，八日，行六度二十二分。留二日。逆，日行十一分，二日，退二十二分。[七三]夕伏西方。伏八日，退八度，而與日合。又八日，退八度，晨見東方。逆，日行十一分，二日。留二日。從，遲，日行二十分，八日。疾，日行一度六分，二十三日，晨伏東方，日度餘如初。一終，百一十五日，日餘三萬四千七百三十九，行星如之。一合，五十七日，日餘三萬七千一百一十五，行星亦如之。

上元之歲，歲在甲子，天正甲子朔夜半冬至，日月五星，聚于虛度之初，陰陽遲疾，並自此始。

世祖下之有司，使內外博議，時人少解曆數，竟無異同之辯。唯太子旅賁中郎將戴法興議，以爲：

三精數微，五緯會始，自非深推測，窮識晷變，豈能刊古革今，轉正圭宿。案沖之所議，每有違舛，竊以愚見，隨事辨問。

案沖之新推曆術，「今冬至所在，歲歲微差」。臣法興議：夫二至發斂，南北之極，日有恒度，而宿無改位。古曆冬至，皆在建星。戰國橫騖，史官喪紀，爰及漢初，格候莫審，後雜覘知在南斗二十一度，[七四]元和所用，卽與古曆相符也。逮至景初，而終無毫忒。書云：「日短星昴，以正仲冬。」直以月維四仲，則中宿常在衞陽，羲、和所以正時，取其萬世不易也。沖之以爲唐代冬至日在今宿之左五十許度，遂虛加度分，空撤天路。其置法所在，近違半次，則四十五年九月，率移一度。在詩「七月流火」，此夏正建申之時也。「定之方中」，又小雪之節也。若冬至審差，則豳公火流，晷長一尺五寸，楚宮之作，晝漏五十三刻，此詭之甚也。仲尼曰：「丘聞之，火伏而後蟄者畢。今火猶西流，司曆過也。」就如沖之所誤，則星無定次，卦有差方。名號之正，古今必殊，典誥之晉，代不通軌，堯之開、閉，今成建、除，今之壽星，乃周之鶉尾，卽時東壁，已非玄武，軫星頓屬蒼龍，誣天背經，乃至於此。

沖之又改章法三百九十一年有一百四十四閏。臣法興議：夫日有緩急，故斗有闊狹，古人制章，立爲中格，年積十九，常有七閏，晷或虛盈，此不可革。沖之削閏壞章，倍減餘數，則一百三十九年二月，於四分之科，頓少一日；七千四百二十九年，輒失一閏。夫日少則先時，閏失則事悖。竊聞時以作事，事以厚生，以此乃生人之大本，曆數之所先，愚恐非沖之淺慮妄可穿鑿。

沖之又命上元日度發自虛一，云虛爲北方列宿之中。臣法興議：沖之既云冬至歲差，又謂虛爲北中，舍形責影，未足爲迷。何者？凡在天非日不明，居地以斗而辨。借令冬至在虛，則黃道彌遠，東北當爲黃鍾之宮，室壁應屬玄枵之位，虛宿豈得復爲北中乎？曲使分至屢遷，而星次不改，招搖易繩，而律呂仍往，則七政不以璣衡致齊，建時亦非攝提所紀，不知五行何居，六屬安託。

沖之又令上元年在甲子。臣法興議：夫置元設紀，各有所尚，或據文於圖讖，或取效於當時。沖之云，「羣氏糾紛，莫審其會」。昔黃帝辛卯，日月不過，顓頊乙卯，四時不忒，景初壬辰，晦無差光，元嘉庚辰，朔無錯景，豈非承天者乎。沖之苟存甲子，可謂爲

合以求天也。

沖之又令日月五緯，交會遲疾，悉以上元爲始。臣法興議：夫交會之元，則食既可求，遲疾之際，非凡夫所測。昔賈逵略見其差，劉洪粗著其術。至於疏密之數，莫究其極。且五緯所居，有時盈縮，卽如歲星在軫，見超七辰，[七五]術家既追算以會今，則往之與來，斷可知矣。景初所以紀首置差，元嘉兼又各設後元者，其並省功於實用，不虛推以爲煩也。沖之既違天於改易，又設法以遂情，愚謂此治曆之大過也。

臣法興議：日有八行，各成一道，月有一道，離爲九行，左交右疾，倍半相違，其一終之理，日數宜同。沖之通周與會周相覺九千四十，[七六]其陰陽七十九周有奇，遲疾不及一帀。此則當縮反盈，應損更益。

沖之隨法興所難辯折之曰：

臣少銳愚尚，專功數術，搜鍊古今，博采沈奧，唐篇夏典，莫不揆量，周正漢朔，咸加該驗。罄策籌之思，究疏密之辨。至若立圓舊誤，張衡述而弗改，漢時斛銘，[七七]劉歆詭謬其數，此則算氏之劇疵也。乾象之弦望定數，景初之交度周日，匪謂測候不精，遂乃乘除翻謬，斯又曆家之甚失也。及鄭玄、闞澤、王蕃、劉徽，並綜數藝，而每多疏舛。臣昔以暇日，撰正衆謬，理據炳然，易可詳密，此臣以俯信偏識，不虛推古人者也。

按何承天曆，二至先天，閏移一月，五星見伏，或違四旬，列差妄設，當益反損，皆前術之乖遠，臣曆所改定也。既沿波以討其源，刪滯以暢其要，能使躔次上通，晷管下合，反以譏詆，不其惜乎。尋法興所議六條，並不造理難之關楗。謹陳其目。

其一，日度歲差，前法所略，臣據經史辨正此數，而法興設難，徵引詩書，三事皆謬。其二，臣校晷景，改舊章法，法興立難，不能有詰，直云「恐非淺慮，所可穿鑿」。其三，次改方移，臣無此法，求術意誤，橫生嫌貶。其四，曆上元年甲子，術體明整，則苟合可疑。其五，臣其曆七曜，咸始上元，無隙可乘，復云「非凡夫所測」。其六，遲疾陰陽，法興所未解，誤謂兩率日數宜同。凡此衆條，或援謬目譏，或空加抑絕，未聞折正之談，厭心之論也。謹隨詰洗釋，依源徵對。仰照天暉，敢罄管穴。

法興議曰：「夫二至發斂，南北之極，日有恒度，而宿無改位。故古曆冬至，皆在建星。」沖之曰：周、漢之際，疇人喪業，曲技競設，圖緯實繁，或借號帝王以崇其大，或假名聖賢以神其說。是以讖記多虛，桓譚知其矯妄；古曆舛雜，杜預疑其非直。按五紀論黃帝曆有四法，顓頊、夏、周並有二術，詭異紛然，則孰識其正，此古曆可疑之據一也。夏曆七曜西行，特違衆法，劉向以爲後人所造，此可疑之據二也。殷曆日法九百四十，而乾鑿度云殷曆以八十一爲日法。若易緯非差，殷曆必妄，此可疑之據三也。顓頊曆

元，歲在乙卯，而命曆序云：「此術設元，歲在甲寅。」此可疑之據四也。春秋書食有日朔者凡二十六，其所據曆，非周則魯。以周曆考之，檢其朔日，失二十五，魯曆校之，又失十三。二曆並乖，則必有一僞，此可疑之據五也。古之六術，並同四分，四分之法，久則後天。以食檢之，經三百年，輒差一日。古曆課今，其甚疏者，朔後天過二日有餘。以此推之，古術之作，皆在漢初周末，理不得遠。且却校春秋，朔並先天，此則非三代以前之明徵矣，此可疑之據六也。尋律曆志，前漢冬至日在斗牛之際，度在建星，其勢相隣，自非帝者有造，則儀漏或闕，豈能窮密盡微，纖毫不失。建星之說，未足證矣。

法興議曰：「戰國橫騖，史官喪紀，爰及漢初，格候莫審，後雜覘知在南斗二十一度，[七八]元和所用，卽與古曆相符也。逮至景初，終無毫忒。」沖之曰：古術詭雜，其詳闕聞，乙卯之曆，秦代所用，必有効於當時，故其言可徵也。漢武改創，檢課詳備，正儀審漏，事在前史，測星辨度，理無乖遠。今議者所是不實見，所非徒爲虛妄，辨彼駭此，既非通談，運今背古，所誣誠多，偏據一說，未若兼今之爲長也。景初之法，實錯五緯，今則在衡口，至曩已移日。蓋略治朔望，無事檢候，是以晷漏昏明，並卽元和，二分異景，尚不知革，日度微差，宜其謬矣。

法興議曰：「書云『日短星昴，以正仲冬』。直以月推四仲，[七九]則中宿常在衞陽，羲、和所以正時，取其萬代不易也。沖之以爲唐代冬至，日在今宿之左五十許度，遂虛加度分，空撤天路。」沖之曰：書以四星昏中審分至者，據人君南面而言也。且南北之正，其詳易準，流見之勢，中天爲極。先儒注述，其義僉同，而法興以爲書說四星，皆在衞陽之位，自在巳地，進失向方，退非始見，迂迴經文，以就所執，違訓詭情，此則甚矣。捨午稱巳，午上非無星也。必據中宿，餘宿豈復不足以正時。若謂舉中語兼七列者，觜參尚隱，則不得言，昴星雖見，當云伏矣。奎婁已見，復不得言伏見□□不得以爲辭，則名將何附。若中宿之通非允，當實謹檢經旨，直云星昴，不自衞陽，衞陽無自顯之義，此談何因而立。苟理無所依，則可愚辭成說，曾泉、桑野，皆爲明證，分至之辨，竟在何日，循復再三，竊深歎息。

法興議曰：「其置法所在，近違半次，則四十五年九月率移一度。」沖之曰：元和日度，法興所是，唯徵古曆在建星，以今考之，臣法冬至亦在此宿，斗二十一了無顯證，[八〇]而虛貶臣曆乖差半次，此愚情之所駭也。又年數之餘有十一月，而議云九月，涉數每乖，皆此類也。月盈則食，必在日衝，以檢日則宿度可辨，請據效以課疏密。按太史註記，元嘉十三年十二月十六日甲夜月蝕盡，[八一]在鬼四度，以衝計之，日當在牛

六。依法興議曰「在女七」。又十四年五月十五日丁夜月蝕盡，在斗二十六度，以衝計之，日當在井三十。依法興議曰：「日在柳二。」又二十八年八月十五日丁夜月蝕，在奎十一度，以衝計之，日當在角二。依法興議曰：「日在角十二。」又大明三年九月十五日乙夜月蝕盡，在胃宿之末，以衝計之，日當在氐十二。依法興議曰：「日在心二。」凡此四蝕，皆與臣法符同，纖豪不爽，而法興所據，頓差十度，違衝移宿，顯然易覩。故知天數漸差，則當式遵以爲典，事驗昭皙，豈得信古而疑今。

法興議曰：「在詩『七月流火』，此夏正建申之時也。『定之方中』，又小雪之節也。若冬至審差，則豳公火流，晷長一尺五寸，楚宮之作，晝漏五十三刻，此詭之甚也。」沖之曰：臣按此議三條皆謬。詩稱流火，蓋略舉西移之中，以爲驚寒之候。流之爲言，非始動之辭也。就如始說，冬至日度在斗二十一，[八二]則火星之中，當在大暑之前，豈鄰建申之限。此專自攻糾，非謂矯失。夏小正：「五月昏，大火中。」此復在衞陽之地乎。又謂臣所立法，楚宮之作，在九月初。按詩傳箋皆謂定之方中者，室辟昏中，形四方也。然則中天之正，當在室之八度。臣曆推之，元年立冬後四日，此度昏中，乃自十月之初，又非寒露之日也。議者之意，蓋誤以周世爲堯時，度差五十，故致此謬。小雪之節，自信之談，非有明文可據也。

法興議曰：「仲尼曰：『丘聞之，火伏而後蟄者畢。今火猶西流，司曆過也。』就如沖之所誤，則星無定次，卦有差方，名號之正，古今必殊，典誥之音，時不通軌。堯之開、閉，今成建、除，今之壽星，乃周之鶉尾也。卽時東壁，已非玄武，軫星頓屬蒼龍，誣天背經，乃至於此。」沖之曰：臣以爲辰極居中，而列曜貞觀，羣像殊體，而陰陽區別，故羽介咸陳，則水火有位，蒼素齊設，則東西可準，非以日之所在，定其名號也。何以明之？夫陽爻初九，氣始正北，玄武七列，虛當子位。若圓儀辨方，以日爲主，冬至所舍，當在玄枵；而今之南極，乃處東維，違體失中，其義何附。若南北以冬夏稟稱，則卯酉以生殺定號，豈得春躔義方，秋麗仁域，名舛理乖，若此之反哉！因茲以言，固知天以列宿分方，而不在於四時，景緯環序，日不獨守故轍矣。至於中星見伏，記籍每以審時者，蓋以曆數難詳，而天驗易顯，各據一代所合，以爲簡易之政也。亦猶夏禮未通商典，濩容豈襲韶節，誠天人之道同差，則藝之興，因代而推移矣。月位稱建，諒以氣之所本，名隨實著，非謂斗杓所指，近校漢時，已差半次，審斗節時，其效安在。或義非經訓，依以成說，將緯候多詭，僞辭間設乎？次隨方名，義合宿體，分至雖遷，而厥位不改，豈謂龍火貿處，金水亂列，名號乖殊之譏，抑未詳究。至如壁非玄武，軫屬蒼龍，瞻度察晷，實效咸然。元嘉曆法，壽星之初，亦在翼限，參校晉注，顯驗甚衆。天數差移，

百有餘載，議者誠能馳辭騁辯，令南極非冬至，望不在衝，則此談乃可守耳。若使日遷次留，則無事屢嫌，乃臣曆之良證，非難者所宜列也。尋臣所執，必據經史，遠考唐典，近徵漢籍，讖記碎言，不敢依述，竊謂循經之論也。月蝕檢日度，事驗昭著，史注詳論，文存禁閣，斯又稽天之說也。堯典四星，並在衞陽，今之日度，遠準元和，誣背之誚，實此之謂。

法興議曰：「夫日有緩急，故斗有闊狹，古人制章，立爲中格，年積十九，常有七閏，晷或盈虛，此不可革。沖之削閏壞章，倍減餘數，則一百三十九年二月，於四分之科，頓少一日；七千四百二十九年，輒失一閏。夫日少則先時，閏失則事悖。竊聞時以作事，事以厚生，此乃生民之所本，曆數之所先。愚恐非沖之淺慮，妄可穿鑿。」沖之曰：按後漢書及乾象說，四分曆法，雖分章設蔀創自元和，而晷儀衆數定於熹平三年。[八三]四分志，立冬中影長一丈，立春中影九尺六寸。尋冬至南極，日晷最長，二氣去至，日數既同，則中影應等，而前長後短，頓差四寸，此曆景冬至後天之驗也。二氣中影，日差九分半弱，進退均調，略無盈縮，以率計之，二氣各退二日十二刻，則晷影之數，立冬更短，立春更長，並差二寸，二氣中影俱長九尺八寸矣。卽立冬、立春之正日也。以此推之，曆置冬至，後天亦二日十二刻也。熹平三年，[八四]時曆丁丑冬至，加時正在日中。

以二日十二刻減之，天定以乙亥冬至，加時在夜半後三十八刻。又臣測景歷紀，躬辨分寸，銅表堅剛，暴潤不動，光晷明潔，纖毫纖然。據大明五年十月十日，影一丈七寸七分半，十一月二十五日，一丈八寸一分太，二十六日，一丈七寸五分强，折取其中，則中天冬至，應在十一月三日。求其蚤晚，令後二日影相減，則一日差率也。倍之爲法，前二日減，以百刻乘之爲實，以法除實，得冬至加時在夜半後三十一刻，在元嘉曆後一日，天數之正也。量檢竟年，則數減均同，異歲相課，則遠近應率。臣因此驗，考正章法。今以臣曆推之，刻如前，竊謂至密，永爲定式。尋古曆法並同四分，四分之數久則後天，經三百年，朔差一日。是以漢載四百，食率在晦。魏代已來，遂革斯法，世莫之非者，誠有效於天也。章歲十九，其疏尤甚，同出前術，非見經典。而議云此法自古，數不可移。若古法雖疏，永當循用，謬論誠立，則法興復欲施四分於當今矣，理容然乎？臣所未譬也。若謂今所革創，違舛失衷者，未聞顯據有以矯奪臣法也。元嘉曆術，減閏餘二，直以襲舊分粗，故進退未合。至於棄盈求正，非爲乖理。就如議意，率不可易，則分無增損，承天置法，復爲違謬。節氣蚤晚，當循景初，二至差三日，曾不覺其非，橫謂臣曆爲失，知日少之先時，未悟增月之甚惑也。誠未覩天驗，豈測曆數之要，生民之本，諒非率意所斷矣。又法興始云窮識晷變，可以刊舊革今，〔八五〕復謂晷數

盈虛，不可爲准，互自違伐，罔識所依。若推步不得准，天功絕於心目，未詳歷紀何因而立。案春秋以來千有餘載，以食檢朔，曾無差失，此則日行有恒之明徵也。且臣考影彌年，窮察毫微，課驗以前，合若符契，孟子以爲千歲之日至，可坐而知，斯言實矣。日有緩急，未見其證，浮辭虛貶，竊非所懼。

法興議曰：「沖之既云冬至歲差，又謂虛爲北中，捨形責影，未足爲迷。何者？凡在天非日不明，居地以斗而辨。借令冬至在虛，則黃道彌遠，東北當爲黃鍾之宮，室壁應屬玄枵之位，虛宿豈得復爲北中乎？曲使分至屢遷，而星次不改，招搖易繩，而律呂仍往，則七政不以璣衡致齊，建時亦非攝提所紀，不知五行何居，六屬安託。」沖之曰：此條所嫌，前牒已詳。次改方移，虛非中位，繁辭廣證，自搆紛惑，皆議者所謬誤，非臣法之違設也。七政致齊，實謂天儀，鄭、王唱述，厥訓明允，雖有異說，蓋非實義。

法興議曰：「夫置元設紀，各有所尚，或據文於圖讖，或取效於當時。沖之云『羣氏糾紛，莫審其會』。昔黃帝辛卯，日月不過，顓頊乙卯，四時不忒，景初壬辰，晦無差光，元嘉庚辰，朔無錯景，豈非承天者乎。沖之苟存甲子，可謂爲合以求天也。」沖之曰：夫曆存效密，不容殊尙，合讖乖說，訓義非所取，雖驗當時，不能通遠，又臣所未安也。元值始名，體明理正。未詳辛卯之說何依，古術詭謬，事在前牒，溺名喪實，殆非索隱之

謂也。若以曆合一時，理無久用，元在所會，非有定歲者，今以效明之。夏、殷以前，載籍淪逸，春秋漢史，咸書日蝕，正朔詳審，顯然可徵。以臣歷檢之，數皆協同，誠無虛設，循密而至，千載無殊，則雖遠可知矣。備閱曩法，疏越實多，或朔差三日，氣移七晨，未聞可以下通於今者也。元在乙丑，前說以爲非正，今值甲子，議者復疑其苟合，無名之歲，自昔無之，則推先者，將何從乎？歷紀之作，幾於息矣。夫爲合必有不合，願聞顯據，以覈理實。

法興曰：「夫交會之元，則蝕既可求，遲疾之際，非凡夫所測。昔賈逵略見其差，劉洪粗著其術，至於疏密之數，莫究其極。且五緯所居，有時盈縮，卽如歲星在軫，見超七辰，術家既追算以會今，則往之與來，斷可知矣。景初所以紀首置差，元嘉兼又各設後元者，其並省功於實用，不虛推以爲煩也。」沖之曰：遲疾之率，非出神怪，有形可檢，有數可推，劉、賈能述，則可累功以求密矣。議又云「五緯所居，有時盈縮」。「歲星在軫，見超七辰」。謂應年移一辰也。案歲星之運，年恒過次，行天七帀，輒超一位。代以求之，曆凡十法，並合一時，此數咸同，史注所記，天驗又符。此則盈次之行，自其定准，非爲衍度濫徙，頓過其衝也。若審由盈縮，豈得常疾無遲。夫甄耀測象者，必料分析度，考往驗來，准以實

見，據以經史。曲辯碎說，類多浮詭，甘、石之書，互爲矛楯。今以一句之經，誣一字之謬，堅執偏論，以罔正理，此愚情之所未厭也。算自近始，衆法可同，但景初之二差，承天之後元，〔八六〕實以奇偶不協，故數無盡同，爲遺前設後，以從省易。夫建言倡論，豈尙矯異，蓋令實以文顯，言勢可極也。稽元曩歲，羣數咸始，斯誠術體，理不可容譏；而譏者以爲過，謬之大者。然則元嘉置元，雖七率舛陳，而猶紀協甲子，氣朔俱終，此又過謬之小者也。必當虛立上元，假稱曆始，歲違名初，日避辰首，閏餘朔分，月緯七率，並不得有盡，乃爲允吏之製乎？設法情實，謂意之所安；改易違天，未覩理之譏者也。

法興曰：「日有八行，合成一道，月有一道，離爲九行，左交右疾，倍半相違，其一終之理，日數宜同。沖之通周與會周相覺九千四十，〔八七〕其陰陽七十九周有奇，遲疾不及一帀，此則當縮反盈，應損更益。」沖之曰：此議雖游漫無據，然言迹可檢。按以日八行譬月九道，此爲月行之軌，當循一轍，環帀於天，理無差動也。然則交會之際，當有定所，豈容或斗或牛，同麗一度。去極應等，安得南北無常。若日月非例，則八行之說是衍文邪？左交右疾，語甚未分，爲交與疾對？爲舍交卽疾？若舍交卽疾，卽交在平率入曆七日及二十一日是也。值交蝕既當在盈縮之極，豈得損益，或多或少。若交與疾對，則在交之衝，當爲遲疾之始，豈得入曆或深或淺，倍半相違，新故所同，復摽此

句，欲以何明。臣覽曆書，古今略備，至如此說，所未前聞，遠乖舊準，近背天數，求之愚情，竊所深惑。尋遲疾陰陽不相生，故交會加時，進退無常，昔術著之久矣，前儒言之詳矣。而法興云日數同。竊謂議者未曉此意，乖謬自著，無假驟辯。既云盈縮失衷，復不備記其數，或自嫌所執，故汎略其說乎？又以全爲率，當互因其分，法興所列二數皆誤，或以八十爲七十九，當縮反盈，應損更益，此條之謂矣。總檢其議，豈但臣曆不密，又謂何承天法乖謬彌甚。若臣曆宜棄，則承天術益不可用。法興所見既審，則應革創。至非景極，望非日衡，凡諸新說，必有妙辯乎？

時法興爲世祖所寵，天下畏其權，既立異議，論者皆附之。唯中書舍人巢尚之是沖之之術，執據宜用。上愛奇慕古，欲用沖之新法，時大明八年也。故須明年改元，因此改曆。未及施用，而宮車晏駕也。

校勘記

〔一〕沒餘一百九十六　「一百九十六」各本並作「三十六」。按以沒法三百一十九去通數二萬二千二百七，不盡爲沒餘一百九十六，今據以改正。

〔二〕周天十一萬一千三十五　「三」各本作「二」，今從局本。

〔三〕會月九百三十九　「三」各本作「二」，今從局本。

〔四〕交會差六百二十　「十」下各本並衍「一」字。按以各紀交會差率五百九十八減前紀交會差二百七十九，不足減，加會月九百三十九而後減，得甲申紀交會差六百二十，今據以删。

〔五〕以通數乘積月　「月」各本作「分」，今從局本。

〔六〕因雨水積　按依文義當作「因雨水積沒」。

〔七〕如前　按依文義當作「命如前」。

〔八〕所求年爲雨水前沒日也　按依文義當作「爲所求年雨水前沒日也」。

〔九〕雨水六旬後乃有　按依文義「有」下當有「沒日」二字。

〔一〇〕以度法乘朔積日周天去之餘滿度法爲積度　「積日至法爲」十一字，今從局本補。

〔一一〕餘滿日法得一日　「日」下各本無「法」字，今從局本補。

〔一二〕三爲太　「太」各本作「太半」，今從局本。

〔一三〕得二者爲少弱　「少」各本並作「小」，按此節上下文均作「少」，此處亦不當作「小」，今改正。

〔一四〕推合朔月食加時滿刻法　按「滿刻」依文義當作「漏刻」。

〔一五〕三　「三」各本作「二」，今從局本。

〔一六〕二百三十　各本並作「一百三十」，今從局本。

〔一七〕二　「二」各本作「一」，今從局本。

〔一八〕定備九萬三千四百八　「定備」依文義當作「定縮」。

〔一九〕定意差法二千三百九　「定意差法」依文義當作「定差法」。

〔二〇〕日所在度　各本「所」下無「在」字，今從局本補。

〔二一〕三十七七分　「三」各本作「四」，今從局本。張元濟校勘記云：「當作『三十七七分』，與晝漏刻『六十二三分』，相加得一百。」

〔二二〕三十九七分　「七分」各本並作「三分」。今從局本。張元濟校勘記云：「三分當作七分。與晝漏刻相加合百分。」

〔二三〕木則十六日及餘是也　「餘」各本作「金」，今從局本。

〔二四〕木則二十三見也　「見」依文義當作「是」。

〔二五〕伏不書度　「書」各本並作「盡」，據續漢志及本志景初曆術文改。

〔二六〕伏七十一日日餘二萬四千八百一十二半　「一十」下各本並奪「二」字。按火僅初伏與後伏日數有日餘，且兩數相等，則當爲一終日餘四萬九千六百二十五之半，卽二萬四千八百一十二半。今據以改正。

〔二七〕去日十六度半强　「六」各本並作「七」。按以火行度五十四度，度餘四萬九千四百三十，減日行度七十一度，度餘二萬四千八百一十二半，得十六度半强。今據以改正。

〔二八〕不行十二日而逆　「逆」各本並作「遲」。按下謂「日行十分之三，六十日退十八度」，顯由留而逆，不當謂遲，今改正。

〔二九〕除一周行星定四十九度度餘一萬七千三百七十五　各本「定」上無「行星」二字，「一萬」上無「度餘」二字，據下金星例補。

〔三〇〕行五十一度　「行」下各本並衍「半」字，按五星行度例，並據金星各行度相加之和與一終總行度核，此處不當有「半」字，今删。

〔三一〕見西方　「見西方」及下「伏西方」，據本志景初曆、大明曆金星例，當作「夕見西方」、「夕伏西方」。

〔三二〕不行八日而逆　「逆」各本並作「遲」。按下謂「日行三分之二，九日退六度」，則星由留而逆，不當謂遲，今改正。

〔三三〕一終五百八十三日日餘四萬八千六百一　按「一終五百十三日，日餘四萬八千六百一」下，依文義當有「行星如之」四字。

〔三四〕見西方　按本志大明曆水星例，當作「夕見西方」。

〔三五〕日滿二十七日餘不足加減不加周虛　按此段文字與推卦術不相涉，或由前推入遲疾曆法末段術文錯脫於此，且又有脫誤，更不成文義。

〔三六〕餘不滿曆周者爲入陽曆　按依曆理，於此下當有「滿去之，餘爲入陰曆」數字。

〔三七〕陰陽曆竟互入端　「互」各本並作「平」，據晉志乾象曆推朔入陰陽曆術文改。

〔三八〕以定日餘乘損益兼數　按依曆理當作「以定日餘乘損益率，如月周得一，以損益兼數」。「乘」字下疑脫「損益率如月周得一以」九字。

〔三九〕以差率乘朔小餘　「差率」下各本脫「乘」字，依曆理補。

〔四〇〕加其分　「加」各本並作「如」，依曆理改。

〔四一〕半微分爲小分　「小分」之「分」字各本並奪去。殿本作「小餘」。晉志作「小分」。今據晉志補。

〔四二〕小分如會月從餘　「會」下各本並脫「月」字，依曆理補。

〔四三〕互入曆初也　「互」各本作「于」。張元濟校勘記云：「『于』當是互字。互古作㸦，與于相似而誤。互入曆初，言互入次曆之初。互卽參錯之意。」今據改。

〔四四〕加餘一千三百九十四小分七百八十九半　「三百」各本並作「二百」。按曆竟，下日餘不滿分日者，以分日日分二千六百八十五半減月周四千六十四，加一日之日餘十六，小分三百二十，得一千三百九十四，小分七百八十九半。今據以改正。

〔四五〕以損益盈縮積分　「盈」上各本並脫「以損益」三字，依曆理補。

〔四六〕莫審其要　下戴法興議沖之曆及沖之駁法興議引，皆作「莫審其會」。

〔四七〕改易者其一　「改」下各本並脫「易」字，據南齊書祖沖之傳補。

〔四八〕冬至日在斗二十一　「一」各本並作「二」，據續漢志改。

〔四九〕而景初曆交會遲疾元首有差又承天法日月五星各自有元交會遲疾亦並置差　按此段文字各本並作「而景初曆交會遲疾，亦置紀差」。今據南齊書祖沖之傳校補改正。

〔五〇〕微分滿月法從度餘　「度」下各本並脫「餘」字，依曆理補。

〔五一〕入虛去度分也　「度」下各本並脫「分」字，依曆理補。

〔五二〕盈五百五萬八千二百八　「二百八」各本並作「三百」。按大明曆月行遲疾曆表中各數之求法爲：（一）損益率：以一日之月平行分五千二百二十七減各日之月實行分，得損益率小分。以日法乘之，約以通法，小數四捨五入，卽得表上之損益率數。（二）盈縮積分：以各日盈縮率小分乘一百一，以三十減之，餘乘三十九，再加三十四或三十五，得各日之盈縮分。以各日前盈縮分累加之，卽得各日之盈縮積分。（三）差法：各日之月實行分減以一日之日行分三百九十一，卽得各日之差法。本表數字均經校算，以下僅指出其校改之處，其具體運算不贅述。

〔五三〕十三二十二　「二十二」各本誤作「二十一」，唯局本是，與校算合，今改正。

〔五四〕盈七百七十七萬二千七百一十　「七百一十」各本並誤作「一百一十一」，今改正。

〔五五〕縮三百八十七萬五百一十四　「五百一十四」各本並誤作「五十四」，今改正。

〔五六〕縮五百三十萬九千三百八十五　「三十萬」各本並誤作「三十一萬」，今改正。

〔五七〕四千七百九　各本並奪此五字，僅局本有，與校算合，今據補。

〔五八〕十四六　各本並誤作「十四十六」，今改正。

〔五九〕五千三百二十一　「二十一」各本並誤作「三十一」，唯局本是，與校算合，今改正。

〔六〇〕得二者爲少弱以幷太爲一辰弱　依文義，此段文字當作「得二者爲少弱，以幷少爲半弱，幷半爲太弱，幷太爲一辰弱」。

〔六一〕二百八十五　行分「五」各本並誤作「六」。按昏中星度與明中星度之和應爲三百六十六度、分六，本表此兩項數字，均據此加以校算改正。

〔六二〕二百七十三六　行分「六」各本並誤作「七」，今改正。

〔六三〕九十七九　各本並奪行分「九」，今補。

〔六四〕二百五十五三　行分「三」各本並誤作「四」，今改正。

〔六五〕二百五十五三　行分「三」各本並誤作「四」，今改正。

〔六六〕二百七十三六　行分「六」各本並誤作「七」，今改正。

〔六七〕五十三三　分「三」各本誤作「二」。張元濟校勘記云：「與大寒比，當作『三』字。」是，今據改。

〔六八〕二百八十五　行分「五」各本並誤作「六」，今改正。

〔六九〕求昏見日術以伏日及餘　「術以」各本並作「以術」，今據前後文例改正。

〔七〇〕求星見度術以伏度及餘　「術以」各本並作「以術」，今從殿本。

〔七一〕伏不書度　「書」各本並作「盡」，據續漢志及本志景初曆術文改。

〔七二〕退十六度十六分　各本並奪「分」字，今據前後文例補。

〔七三〕逆日行十一分二日退二十二分　「逆」各本並作「運」。下旣云「退二十二分」，則顯由留而逆，今改正。

〔七四〕在南斗二十一度　「二十一」各本並作「二十二」，據續漢志改。

〔七五〕見超七辰　「辰」各本並作「晨」，據下沖之駁戴法興議所引文改。

〔七六〕沖之通周與會周相覺九千四十　「周」各本並作「同」，據上大明曆本文改。

〔七七〕漢時解銘　「解」各本並作「觧」。據隋志上及九章算術方田章注改。

〔七八〕後雜覘知在南斗二十一度　「二十一」各本並作「二十二」，據續漢志改。

〔七九〕直以月推四仲　前戴法興議作「月維四仲」。

〔八〇〕斗二十一了無顯證　「二十一」各本並作「二十二」，據續漢志改。

〔八一〕元嘉十三年十二月十六日甲夜月蝕盡　「甲」各本並作「中」。按漢魏以來，自昏至曉分爲五更

二十四史

或五夜。漢舊儀：「夜漏起，省中黃門持五夜，甲夜畢傳乙夜，乙夜畢傳丙夜，丙夜畢傳丁夜 丁夜畢傳戊夜，戊夜畢，是爲五更。」無中夜之名，今推元嘉十三年十二月十六日(癸巳)月蝕，食既約在下午八時，正值甲夜。今改正。

〔八二〕冬至日度在斗二十一 「二十一」各本並作「二十二」，據續漢志改。

〔八三〕而晷儀衆數定於熹平三年 「熹平」各本並作「嘉平」。按四分曆雖創自元和，而晷儀諸數於後逐步制定。續漢志末謂「從上元太歲在庚辰以盡熹平三年歲在甲寅，積九千四百五十五歲也」，此係劉洪撰四分曆經時所記，則衆數之定不當遲於熹平三年。以四分術推是年冬至，爲丁丑，加時近日中。以今術推是年冬至，爲乙亥九時，加時正夜半後三十八刻。更足證非嘉平三年。今改正。

〔八四〕熹平三年 「熹」各本並誤作「嘉」，參閱上條校記。

〔八五〕可以刊舊革今 「舊」下各本奪「革」字，據上戴法興議補。

〔八六〕承天之後元 「元」上各本奪「後」字，據上文補。

〔八七〕沖之通周與會周相覺九千四十 「周」各本並作「同」，據上大明曆本文改。

宋書

梁 沈約 撰

第二冊

卷一四至卷二二(志)

中華書局

中華書局

宋書卷十四

志第四

禮一

夫有國有家者，禮儀之用尚矣。然而歷代損益，每有不同，非務相改，隨時之宜故也。漢文以人情季薄，國喪革三年之紀；光武以中興崇儉，七廟有共堂之制；魏祖以侈惑宜矯，終斂去襲稱之數；晉武以丘郊不異，二至并南北之祀。互相卽襲，以訖于今，豈三代之典不存哉，取其應時之變而已。且閔子譏古禮，退而致事；叔孫創漢制，化流後昆。由此言之，任己而不師古，秦氏以之致亡，師古而不適用，王莽所以身滅。然則漢、魏以來，各揆古今之中，以通一代之儀。司馬彪集後漢衆注，以爲禮儀志，校其行事，已與前漢頗不同矣。況三國鼎峙，歷晉至宋，時代移改，各隨事立。自漢末剝亂，舊章乖弛，魏初則王粲、衞覬典定衆儀；蜀朝則孟光、許慈創理制度；晉始則荀顗、鄭沖詳定晉禮；江左則荀崧、刁協緝理乖

窾。其間名儒通學，諸所論敍，往往新出，非可悉載。今抄魏氏以後經國誕章，以備此志云。

魏文帝雖受禪于漢，而以夏數爲得天，故黃初元年詔曰：「孔子稱『行夏之時，乘殷之輅，服周之冕，樂則韶舞。』此聖人集羣代之美事，爲後王制法也。傳曰『夏數爲得天』。朕承唐、虞之美，至於正朔，當依虞、夏故事。若殊徽號，異器械，制禮樂，易服色，用牲幣，自當隨土德之數。每四時之季月，服黃十八日，臘以丑，牲用白，其飾節旄，自當赤，但節幡黃耳。其餘郊祀天地朝會四時之服，宜如漢制。宗廟所服，一如周禮。」尚書令桓階等奏：「據三正周復之義，國家承漢氏人正之後，當受之以地正，犧牲宜用白，今從漢十三月正，則犧牲不得獨改。今新建皇統，宜稽古典先代，以從天命，而告朔犧牲，壹皆不改，非所以明革命之義也。」詔曰：「服色如所奏。其餘宜如虞承唐，但臘日用丑耳，此亦聖人之制也。」

明帝卽位，便有改正朔之意，朝議多異同，故持疑不決。久乃下詔曰：「黃初以來，諸儒共論正朔，或以改之爲宜，或以不改爲是，意取駁異，于今未決。朕在東宮時聞之，意常以爲夫子作春秋，通三統，爲後王法。正朔各從色，不同因襲。自五帝、三王以下，或父子相繼，同體異德；或納大麓，受終文祖；或尋干戈，從天行誅。雖遭遇異時，步驟不同，然未有

不改正朔，用服色，表明文物，以章受命之符也。由此言之，何必以不改爲是邪。」

於是公卿以下博議。侍中高堂隆議曰：「按自古有文章以來，帝王之興，受禪之與干戈，皆改正朔，所以明天道，定民心也。易曰：『革，元亨利貞。』『有孚改命吉。』『湯武革命，應乎天，從乎人。』其義曰，水火更用事，猶王者必改正朔易服色也。易通卦驗曰：『王者必改正朔，易服色，以應天地三氣三色。』書曰：『若稽古帝舜曰重華，建皇授政改朔。』[一]初『高陽氏以十一月爲正，薦玉以赤繒。高辛氏以十三月爲正，薦玉以白繒。』尚書傳曰：『舜定鍾石，論人聲，乃及鳥獸，咸變於前。故更四時，改堯正。』詩曰：『一之日觱發，二之日栗烈，三之日于耜。』傳曰：『一之日，周正月，二之日，殷正月，三之日，夏正月。』詩推度災曰：『如有繼周而王者，雖百世可知。以前檢後，文質相因，法度相改。三而復者，正色也，二而復者，文質也。』以前檢後，謂軒轅、高辛、夏后氏、漢皆以十三月爲正；少昊、有唐、有殷皆以十二月爲正；高陽、有虞、有周皆以十一月爲正。後雖百世，皆以前代三而復也。禮大傳曰：『聖人南面而治天下，必正度量，考文章，改正朔，易服色，殊徽號。』樂稽曜嘉曰：『禹將受位，天意大變，迅風雷雨，以明將去虞而適夏也。是以舜禹雖繼平受禪，猶制禮樂，改正朔，以應天從民。夏以十三月爲正，法物之始，其色尚黑。殷以十二月爲正，法物之牙，其色尚白。周以十一月爲正，法物之萌，其色尚赤。能察其類，能正其本，則嶽瀆致雲雨，四時和，五稼

成，麟皇翔集。』春秋：『十七年夏六月甲子朔，日有蝕之。』傳曰：『當夏四月，是謂孟夏。』春秋元命苞曰：『王者受命，昭然明於天地之理，故必移居處，更稱號，改正朔，易服色，以明天命聖人之寶，質文再而改，窮則相承，[二]周則復始，正朔改則天命顯。』凡典籍所記，不盡於此，略舉大較，亦足以明也。」

太尉司馬懿、尚書僕射衞臻、尚書薛悌、中書監劉放、中書侍郎刁幹、博士秦靜、趙怡、中候中詔季岐以爲宜改；侍中繆襲、散騎常侍王肅、尚書郎魏衡、太子舍人黃史嗣以爲不宜改。[三]

青龍五年，山茌縣言黃龍見。帝乃詔三公曰：

昔在庖犧，繼天而王，始據木德，爲羣代首。自茲以降，服物氏號，開元著統者，既膺受命曆數之期，握皇靈遷興之運，承天改物，序其綱紀。雖炎、黃、少昊、顓頊、高辛，唐、虞、夏后，世系相襲，同氣共祖，猶豫昭顯所受之運，著明天人去就之符，無不革易制度，更定禮樂，延羣后，班瑞信，使之煥炳可述于後也。至于正朔之事，當明示變改，以彰異代，曷疑其不然哉。

文皇帝踐阼之初，庶事草創，遂襲漢正，不革其統。朕在東宮，及臻在位，每覽書籍之林，總公卿之議。夫言三統相變者，有明文；云虞、夏相因者，無其言也。曆志曰：

「天統之正在子，物萌而赤；地統之正在丑，物化而白；人統之正在寅，物成而黑。」但含生氣，以微成著。故太極運三辰五星於上，元氣轉三統五行於下，登降周旋，終則又始，言天地與人所以相通也。仲尼以大聖之才，祖述堯、舜，範章文、武，制作春秋，論究人事，以貫百王之則。故於三微之月，每月稱王，以明三正迭相爲首。夫祖述堯、舜，以論三正，則其明義，豈使近在殷、周而已乎。朕以眇身，繼承洪緒，既不能紹上聖之遺風，揚先帝之休德，又使王教之弛者不張，帝典之闕者未補，亹亹之德不著，亦惡可已乎。

今推三統之次，魏得地統，當以建丑之月爲正。考之羣藝，厥義彰矣。改青龍五年春三月爲景初元年孟夏四月。服色尚黃，犧牲用白，戎事乘黑首之白馬，建大赤之旗，朝會建大白之旗。春夏秋冬孟仲季月，雖與正歲不同，[四]至於郊祀迎氣，礿、祀、烝、嘗，巡狩，蒐田，分至啓閉，班宣時令，中氣晚早，敬授民事，諸若此者，皆以正歲斗建爲節。此曆數之序，乃上與先聖合符同契，重規疊矩者也。今遵其義，庶可以顯祖考大造之基，崇有魏維新之命。

於戲！王公羣后，百辟卿士，靖康厥職，帥意無怠，以永天休。司徒露布，咸使聞知，稱朕意焉。

案服色尚黃，據土行也。犧牲旂旗，一用殷禮，行殷之時故也。周禮巾車職，「建大赤以朝」，「大白以卽戎」，此則周以正色之旗朝，以先代之旗卽戎。魏用殷禮，變周之制，故建大白朝，大赤卽戎也。明帝又詔曰：「以建寅之月爲正者，其牲用玄；以建丑之月爲正者，其牲用白；以建子之月爲正者，其牲用騂。此爲牲色各從其正，不隨所祀之陰陽也。祭天不嫌於用玄，則祭地不得獨疑於用白也。天地用牲，得無不宜異邪？更議。」於是議者各有引據，無適可從。又詔曰：「諸議所依據各參錯，若陽祀用騂，陰祀用黝，復云祭天用玄，祭地用黃，如此，用牲之義，未爲通也。天地至尊，用牲當同以所尚之色，不得專以陰陽爲別也。今祭皇皇帝天、皇皇后地、天地郊、明堂、宗廟，皆宜用白。[五]其別祭五郊，各隨方色，祭日月星辰之類用騂，社稷山川之屬用玄，此則尊卑方色，陰陽衆義暢矣。」

三年正月，帝崩，齊王卽位。是年十二月，尚書盧毓奏：「烈祖明皇帝以今年正日棄離萬國，禮，忌日不樂，甲乙之謂也。烈祖明皇帝建丑之月棄天下，臣妾之情，於此正日，有甚甲乙。今若以建丑正朝四方，會羣臣，設盛樂，不合於禮。」博士樂祥議：「正日旦受朝貢，羣臣奉贄；後五日，乃大宴會作樂。」太尉屬朱誕議：「今因宜改之際，還修舊則，元首建寅，於制爲便。」大將軍屬劉肇議：「宜過正一日乃朝賀大會，明令天下，知崩亡之日不朝也。」詔曰：「省奏事，五內斷絕，奈何奈何！烈祖明皇帝以正日棄天下，[六]每與皇太后念此日至，心有剝裂。不可以此日朝羣辟，受慶賀也。月二日會，又非故也。聽當還夏正月。雖違先帝通三統之義，斯亦子孫哀慘永懷。又夏正朔得天數者，其以建寅之月爲歲首。」

晉武帝泰始二年九月，羣公奏：「唐堯、舜、禹不以易祚改制；至於湯、武，各推行數。宣尼答爲邦之問，則曰行夏之時，輅冕之制，通爲百代之言。蓋期於從政濟治，不繫於行運也。今大晉繼三皇之蹤，踵舜、禹之迹，應天從民，受禪有魏，宜一用前代正朔服色，皆如有虞遵唐故事，於義爲弘。」奏可。孫盛曰：「仍舊，非也。且晉爲金行，服色尚赤，考之天道，其違甚矣。」及宋受禪，亦如魏、晉故事。

魏明帝初，司空王朗議：「古者有年數，無年號，漢初猶然。或有世而改，有中元、後元。元改彌數，中、後之號不足，故更假取美名，非古也。述春秋之事，曰隱公元年，則簡而易知。載漢世之事，曰建元元年，則後不見。宜若古稱元而已。」明帝不從。乃詔曰：「先帝卽位之元，則有延康之號，受禪之初，亦有黃初之稱。今名年可也。」於是尚書奏：「易曰：『乾道變化，各正性命。保合大和，乃利貞。首出庶物，萬國咸寧。』宜爲太和元年。」詔闕

周之五禮，其五爲嘉。嘉□□春秋左氏傳曰：「晉侯問襄公年，季武子對曰：『會于沙隨

之歲，寡君以生。』晉侯曰：『十二年矣，是謂一終。一星終也。國君十五而生子。冠而生子，禮也。君可以冠矣。大夫盍爲冠具。』武子對曰：『君冠必以祼享之禮行之，以金石之樂節之，以先君之祧處之。今君在行，未可具也。請及兄弟之國而假備焉。』晉侯許諾。還及衞，冠于成公之廟，假鍾磬焉，禮也。」賈、服說皆以爲人君禮十二而冠也。古尚書說武王崩，成王年十三。推武王以庚辰歲崩，周公以壬午歲出居東，以癸未歲反。禮周公冠成王，命史祝辭。辭，告也。是除喪冠也。周公居東未反，成王冠弁以開金縢之書，時十六矣。是成王年十五服除，周公冠之而後出也。按禮、傳之文，則天子諸侯近十二，遠十五，必冠矣。周禮雖有服冕之數，而無天子冠文。儀禮云：「公侯之有冠禮，夏之末造。」王、鄭皆以爲夏末上下相亂，篡弒由生，故作公侯冠禮，則明無天子冠禮之審也。大夫又無冠禮。古者五十而後爵，何大夫冠禮之有？周人年五十而有賢才，則試以大夫之事，猶行士禮也。故筮日筮賓，冠於阼以著代，醮於客位，三加彌尊。皆士禮耳。然漢氏以來，天子諸侯，頗采其議。志曰「儀從冠禮」是也。漢順帝冠，又兼用曹褒新禮。褒新禮今不存。禮儀志又云：「乘輿初加緇布進賢，次爵弁、武弁，次通天，皆於高廟。王公以下，初加進賢而已。」按此文始冠緇布，從古制也，冠於宗廟是也。魏天子冠一加，其說曰，士禮三加，加有成也。至於天子諸侯，無加數之文者，將以踐阼臨民，尊極德備，豈得復與士同？此言非也。夫以聖

人之才，猶三十而立，況十二之年，未及志學，便謂德成，無所勸勉，非理實也。魏氏太子再加，皇子、王公世子乃三加。孫毓以爲一加再加皆非也。禮醮詞曰[七]「令月吉日」，又「以歲之正，以月之令」。魯襄公冠以冬，漢惠帝冠以三月，明無定月也。後漢以來，帝加元服，咸以正月。晉咸寧二年秋閏九月，遣使冠汝南王柬，此則晉禮亦有非必歲首也。禮冠於廟，魏以來不復在廟。然晉武、惠冠太子，皆卽廟見，斯亦擬在廟之儀也。晉穆帝、孝武將冠，先以幣告廟，訖又廟見也。

晉惠帝之爲太子將冠也，武帝臨軒，使兼司徒高陽王珪加冠，兼光祿勳、屯騎校尉華廙贊冠。江左諸帝將冠，金石宿設，百僚陪位。又豫於殿上鋪大牀。御府令奉冕幘簪導袞服，以授侍中、常侍。太尉加幘，太保加冕。將加冕，太尉跪讀祝文曰：「令月吉日，始加元服。皇帝穆穆，思弘袞職。欽若昊天，六合是式。率遵祖考，永永無極。眉壽惟期，介茲景福。」加冕訖，侍中繫玄紞。侍中脫絳紗服，加袞服。冠事畢，太保率羣臣奉觴上壽，王公以下三稱萬歲，乃退。按儀注，一加幘冕而已。

宋冠皇太子及蕃王，亦一加也。官有其注。晉武帝泰始十年，南宮王承年十五，依舊應冠。有司議奏：「禮十五成童。國君十五而生子，以明可冠之宜。又漢、魏遣使冠諸王，非古典。」於是制諸王十五冠，不復加命。元嘉十一年，營道侯義綦可

克日冠。外詳舊施行。」何楨冠儀約制及王堪私撰冠儀，[八]亦皆家人之可遵用者也。

魏齊王正始四年，立皇后甄氏，其儀不存。

晉武帝咸寧二年，臨軒，遣太尉賈充策立后楊氏，納悼后也。因大赦，賜王公以下各有差。百僚上禮。

太康八年，有司奏：「昏禮納徵，大昏用玄纁，束帛加珪，馬二駟；王侯玄纁，束帛加璧，乘馬；大夫用玄纁，束帛加羊。古者以皮馬爲庭實，天子加穀珪，諸侯加大璋。可依周禮改璧用璋，其羊、雁、酒、米、玄纁如故。諸侯昏禮加納采告期親迎各帛五匹，[九]及納徵馬四匹，皆令夫家自備，唯璋官爲具致之。」[一〇]尚書朱整議：「按魏氏故事，王娶妃、公主嫁之禮，天子諸侯以皮馬爲庭實，天子加以穀珪，諸侯加以大璋。漢高后制，聘后黃金二百斤，馬十二匹；夫人金五十斤，馬四匹。魏聘后、王娶妃、公主嫁之禮，用絹百九十匹。晉興，故事用絹三百匹。」詔曰：「公主嫁由夫氏，不宜皆爲備物，賜錢使足而已。唯給璋，餘如故事。」

成帝咸康二年，臨軒，遣使兼太保領軍將軍諸葛恢、兼太尉護軍將軍孔愉六禮備物，拜皇后杜氏。卽日入宮。帝御太極殿，羣臣畢賀，非禮也。王者昏禮，禮無其制。春秋祭公逆王后于紀。穀梁、左氏說與公羊又不同。而漢、魏遺事闕略者衆。晉武、惠納后，江左又

無復儀注，故成帝將納杜后，太常華恒始與博士參定其儀。據杜預左氏傳說主婚，是供其婚禮之幣而已。又周靈王求婚於齊，齊侯問於晏桓子，桓子對曰：「夫婦所生若而人，姑姊妹則稱先守某公之遺女若而人。」此則天子之命，自得下達，臣下之答，徑自上通。先儒以爲丘明詳錄其事，[一一]蓋爲王者婚娶之禮也。故成帝臨軒遣使稱制拜后。然其儀注，又不具存。

康帝建元元年，納后褚氏。而儀注陛者不設旄頭。殿中御史奏：「今迎皇后，依昔成恭皇后入宮御物，而儀注至尊袞冕升殿，旄頭不設，求量處。又案昔迎恭皇后，唯作青龍旂，其餘皆卽御物。今當臨軒遣使，而立五牛旂旗，旄頭畢罕並出。卽用舊制，今闕。」[一二]詔曰：「所以正法服升太極者，以敬其始，故備其禮也。今云何更闕所重而撤法物邪？又恭后神主入廟，先帝詔后禮宜有降，不宜建五牛旗，而今猶復設之邪？既不設五牛旗，則旄頭畢罕之器易具也。」又詔曰：「舊制既難準，且於今而備，亦非宜。府庫之儲，唯當以供軍國之費耳。法服儀飾粗令舉，其餘兼副雜器，停之。」

及至穆帝升平元年，將納皇后何氏，太常王彪之始更大引經傳及諸故事，以正其禮，深非公羊婚禮不稱主人之義。又曰：「王者之於四海，無非臣妾。雖復父兄之親，師友之賢，皆純臣也。夫崇三綱之始，以定乾坤之儀，安有天父之尊，而稱臣下之命，以納伉儷；安有

臣下之卑，而稱天父之名，以行大禮。遠尋古禮，無王者此制；近求史籍，無王者此比。於情不安，於義不通。案咸寧二年，納悼皇后時，弘訓太后母臨天下，而無命戚屬之臣爲武皇父兄主婚之文。又考大晉已行之事，咸寧故事，不稱父兄師友，則咸康華恒所上合於舊也。[一三]臣愚謂今納后儀制，宜一依咸康故事。」於是從之。華恒所定六禮，云宜依漢舊及大晉已行之制，此恒猶識前事，故王彪之多從咸康，由此也。惟以取婦之家，三日不舉樂，而咸康羣臣賀爲失禮；故但依咸寧上禮，不復賀也。其告廟六禮版文等儀，皆彪之所定也。詳推有典制，其納采版文璽書曰：「皇帝咨前太尉參軍何琦，渾元資始，肇經人倫，爰及夫婦，以奉天地宗廟社稷，謀于公卿，咸以爲宜率由舊典。今使使持節太常彪之、宗正綜以禮納采。」主人曰：「皇帝嘉命，訪婚陋族，備數采擇。臣從祖弟故散騎侍郎準之遺女，未閑教訓，衣履若而人，欽承舊章，肅奉典制。前太尉參軍都鄉侯糞土臣何琦稽首再拜承制詔。」次問名版文曰：「皇帝曰，咨某官某姓，兩儀配合，承天統物，正位于內，必俟令族，重章舊典。今使使持節太常某、宗正某，以禮問名。」主人曰：「皇帝嘉命，使者某到，重宣中詔，問臣名族。臣族女父母所生先臣故光祿大夫雩婁侯楨之遺玄孫，[一四]先臣故豫州刺史關中侯惲之曾孫，先臣故安豐太守關中侯叡之孫，[一五]先臣故散騎侍郎準之遺女。外出自先臣故尚書左丞冑之外曾孫，先臣故侍中關內侯夷之外孫女。年十七。欽承舊章，肅奉典制。」

次納吉版文曰：「皇帝曰，咨某官某姓，人謀龜從，僉曰貞吉，敬從典禮。今使持節太常某、宗正某，以禮納吉。」主人曰：「皇帝嘉命，使者某重宣中詔，太卜元吉。臣陋族卑鄙，憂懼不堪。欽承舊章，肅奉典制。」次納徵版文：「皇帝曰，咨某官某姓之女，有母儀之德，窈窕之姿，如山如河，宜奉宗廟，永承天祚。以玄纁皮帛馬羊錢璧，以章典禮。今使使持節司徒某、太常某，以禮納徵。」主人曰：「皇帝嘉命，降婚卑陋，崇以上公，寵以典禮，備物典策。欽承舊章，肅奉典制。」次請期版文：「皇帝曰，咨某官某姓，謀于公卿，大筮元龜，罔有不臧，率遵典禮。今使使持節太常某、宗正某，以禮請期。」主人曰：「皇帝嘉命，使某重宣中詔，吉日惟某可迎。臣欽承舊章，肅奉典制。」次親迎版文：〔一六〕「皇帝曰，咨某官某姓，歲吉月令，吉日惟某，率禮以迎。今使使持節太保某、太尉某以迎。」主人曰：「皇帝嘉命，使者某重宣中詔。令月吉辰，備禮以迎。上公宗卿，兼至副介，近臣百兩。臣蝝蟻之族，猥承大禮，憂懼戰悸，欽承舊章，肅奉典制。」其稽首承詔皆如初答。

孝武納王皇后，其禮亦如之。其納采、問名、納吉、請期、親迎，〔一七〕皆用白雁白羊各一頭，酒米各十二斛。唯納徵羊一頭，玄纁用帛三匹，絳二匹，絹二百匹，虎皮二枚，錢二百萬，玉璧一枚，馬六頭，酒米各十二斛，鄭玄所謂五雁六禮也。其珪馬之制，備物之數，校太康所奏，又有不同，官有其注。

古者昏、冠皆有醮，鄭氏醮文三首具存。

宋文帝元嘉十五年四月，皇太子納妃，六禮文與納后不異。百官上禮。其月壬戌，於太極殿西堂敍宴二宮隊主副、司徒征北鎮南三府佐、揚兗江三州綱、彭城江夏南譙始興武陵廬陵南豐七國侍郎以上，諸二千石在都邑者，並豫會。又詔今小會可停妓樂，時有臨川曹太妃服。

明帝泰始五年十一月，有司奏：「按晉江左以來，太子昏，納徵，禮用玉一，虎皮二，未詳何所準況。或者虎取其威猛有彬炳，玉以象德而有溫潤。尋珪璋既玉之美者，〔一八〕豹皮義兼炳蔚，熊羆亦昏禮吉徵，以類取象，亦宜並用，未詳何以遺文。晉氏江左，禮物多闕，後代因襲，未遑研考。今法章徽儀，方將大備。宜憲範經籍，稽諸舊典。今皇太子昏，納徵，禮合用珪璋豹皮熊羆皮與不？下禮官詳依經記更正。若應用者，為各用一？為應用兩？」博士裴昭明議：「案周禮，納徵，玄纁束帛儷皮。鄭玄注云：『束帛，十端也。儷，兩也。兩皮為庭實，鹿皮也。』晉太子納妃儀注，『以虎皮二』。〔一九〕太元中，公主納徵，以虎豹皮各一具。豈謂婚禮不辨王公之序，故取虎豹皮以尊革其事乎。虎豹雖文，而徵禮所不用。熊羆吉祥，而婚典所不及。珪璋雖美，或為用各異。今帝道弘明，徽則光闡，儲皇聘納，宜準經誥。凡諸僻謬，並合詳裁。雖禮代不同，文質或異，而鄭為儒宗，既有明說，守文淺見，蓋有惟疑。兼太常丞孫詵議以為：『聘幣之典，損益惟義，歷代行事，取制士婚。若珪璋之用，實均璧品，采豹之彰，義齊虎文，熊羆表祥，繁衍攸寄。今儲后崇聘，禮先訓遠，皮玉之美，宜盡暉備。禮稱束帛儷皮，則珪璋數合同璧，熊羆文豹，各應用二。』長兼國子博士虞龢議：『案儀禮納徵，直云玄纁束帛雜皮而已。禮記郊特牲云虎豹皮與玉璧，非虛作也。則虎豹之皮，居然用兩，珪璧宜仍舊各一也。』參詵、龢二議不異，今加珪璋各一，豹熊羆皮各二，以龢議為允。」詔可。

晉武帝泰始十年，將聘拜三夫人九嬪。有司奏：「禮，皇后聘以穀珪，無妾媵禮贄之制。」詔曰：「拜授可依魏氏故事。」於是臨軒使使持節兼太常拜夫人，兼御史中丞拜九嬪。

漢、魏之禮，公主居第，尚公主者來第成婚。司空王朗以為不可，其後乃革。

凡遣大使拜皇后、三公，及冠皇太子，及拜蕃王，帝皆臨軒。其儀，太樂令宿設金石四廂之樂於殿前。漏上二刻，侍中、侍臣、冗從僕射、中謁者、節騎郎、虎賁，旄頭遮列，五牛旗皆入。虎賁中郎將、羽林監分陛端門內。侍御史、謁者各一人監端門。廷尉監、平分陛東、西中華門。漏上三刻，殿中侍御史奏開殿之殿門、南止車門、宣陽城門。軍校、侍中、散騎常侍、給事黃門侍郎、散騎侍郎升殿夾御座。尚書令以下應階者以次入。治禮引大鴻臚人，陳九賓。漏上四刻，侍中奏：「外辦。」皇帝服衮冕之服，升太極殿，臨軒南面。謁者前

北面一拜，跪奏：「大鴻臚臣某稽首言，羣臣就位。謹具。」侍中稱制曰：「可。」謁者贊拜，在位皆再拜。大鴻臚稱臣一拜，仰奏：「請行事。」侍中稱制曰：「可。」鴻臚舉手曰：「可行事。」謁者引護當使者當拜者入就拜位。四廂樂作。將拜，樂止。禮畢出。官有其注。

舊時歲旦，常設葦茭桃梗，磔雞於宮及百寺門，〔二〇〕以禳惡氣。漢儀，則仲夏之月設之，有桃卯，無磔雞。案明帝大修禳禮，〔二一〕故何晏禳祭議據雞牲供禳釁之事，磔雞宜起於魏也。桃卯本漢所以輔，卯金又宜魏所除也，但未詳改仲夏在歲旦之所起耳。宋皆省，而諸郡縣此禮往往猶存。

上代聘享之禮，雖頗見經傳，然首尾不全。叔孫通傳載通所制漢元會儀，綱紀粗舉，施於今，又未周備也。魏國初建，事多兼闕，故黃初三年，始奉璧朝賀。何承天云，魏元會儀無存者。案何楨許都賦曰：〔二二〕「元正大饗，壇彼西南。旗幕峨峨，檐宇弘深。」王沈正會賦又曰：「華幄映於飛雲，朱幕張于前庭。絙青帷於兩階，象紫極之峥嶸。延百辟于和門，等尊卑而奉璋。」此則大饗悉在城外，不在宮內也。臣案魏司空王朗奏事曰：「故事，正月朔，賀。殿下設兩百華鐙，對於二階之間。端門設庭燎火炬，端門外設五尺、三尺鐙。月照星

明，雖夜猶晝矣。」如此，則不在城外也。何、王二賦，本不在洛京。何云許都賦，時在許昌也。王賦又云「朝四國於東巡」，亦賦許昌正會也。

晉武帝世，更定元會注，今有咸寧注是也。傅玄元會賦曰：「考夏后之遺訓，綜殷、周之典藝，採秦、漢之舊儀，定元正之嘉會。」此則兼採眾代可知矣。咸寧注，先正月一日，〔三三〕守宮宿設王公卿校便坐於端門外，大樂鼓吹又宿設四廂樂及牛馬帷閤於殿前。夜漏未盡十刻，羣臣集到，庭燎起火。上賀謁報，又賀皇后。還從雲龍東中華門入謁，詣東閤下便坐。漏未盡七刻，羣司乘車與百官及受贄郎下至計吏，〔三四〕皆入，詣陛部立。其陛衞者，如臨軒儀。漏未盡五刻，謁者僕射、大鴻臚各奏：「羣臣就位定。」漏盡，侍中奏：「外辦。」皇帝出。鍾鼓作，百官皆拜伏。太常導皇帝升御座。鍾鼓止。百官起。大鴻臚跪奏：「請朝賀。」治禮郎讚：「皇帝延王登。」大鴻臚跪讚：「蕃王臣某等奉白璧各一，再拜賀。」太常報：「王悉登。」謁者引上殿，當御座。皇帝興，王再拜。皇帝坐，復再拜，跪置璧御座前，復再拜。成禮訖，謁者引下殿，還故位。治禮郎引公、特進、匈奴南單于子、金紫將軍當大鴻臚西，中二千石、二千石、千石、六百石當大行令西，皆北面伏。大鴻臚跪讚：「太尉、中二千石等奉璧皮帛羔雁雉，再拜賀。」太常讚：「皇帝延君登。」治禮引公至金紫將軍上殿，〔三五〕當御座。皇帝興，皆再拜。皇帝坐，又再拜。跪置璧皮帛御座前，復再拜。成禮訖，讚者引下殿，還故位。

王公置璧成禮時，大行令並讚，殿下中二千石以下同。成禮訖，以贄授受贄郎，〔三六〕郎以璧帛付謁者，羔雁雉付太官。太樂令跪請奏雅樂，〔三七〕以次作樂。乘黃令乃出車。皇帝罷入，百官皆坐。晝漏上水六刻，諸蠻夷胡客以次入，〔三八〕皆再拜訖，坐。御入三刻，又出。鍾鼓作。謁者僕射跪奏：「請羣臣上。」謁者引王公至二千石上殿，〔三九〕千石、六百石停本位。謁者引王詣尊酌壽酒，〔四〇〕跪授侍中。侍中跪置御座前。王還自酌，置位前。謁者跪奏：「蕃王臣某等奉觴再拜，上千萬歲壽。」侍中曰：「觴已上。」百官伏稱萬歲。四廂樂作。百官再拜。已飲，又再拜。謁者引諸王等還本位。陛者傳就席，羣臣皆跪諾。侍中、中書令、尚書令各於殿上上壽酒，登歌樂升，太官令又行御酒。御酒升階，太官令跪授侍郎，侍郎跪進御座前。乃行百官酒。太樂令跪奏：「奏登歌。」三。終，乃降。太官令跪請御飯到陛，羣臣皆起。太官令持羹跪授司徒，持飯跪授大司農，尚食持案並授侍郎，侍郎跪進御座前。〔四一〕羣臣就席。太樂令跪奏：「食。舉樂。」太官行百官飯案遍。食畢，太樂令跪奏：「請進儛。」儛以次作。鼓吹令又前跪奏：「請以次進衆伎。」乃召諸郡計吏前，授敕戒於階下。宴樂畢，謁者一人跪奏：「請罷退。」鍾鼓作，羣臣北面再拜出。江左更隨事立位，大體亦無異也。宋有天下，多仍舊儀，所損益可知矣。

晉江左注，皇太子出會者，則在三恪下、王公上。宋文帝元嘉十一年，升在三恪上。

魏制，蕃王不得朝覲。明帝時有朝者，皆由特恩，不得以為常。晉泰始中，有司奏：「諸侯之國，其王公以下入朝者，四方各為二番，三歲而周，周則更始。若臨時有故，〔四二〕却在明年。來朝之後，更滿三歲乃復，不得從本數。朝禮執璧如舊朝之制。〔四三〕不朝之歲，各遣卿奉聘。」奏可。江左王侯不之國，其有授任居外，則同方伯刺史二千石之禮，亦無朝聘之制，此禮遂廢。

正旦元會，設白虎樽於殿庭。樽蓋上施白虎，若有能獻直言者，則發此樽飲酒。案禮記，知悼子卒，未葬，平公飲酒，師曠、李調侍，鼓鍾。杜蕢自外來，聞鍾聲曰：「安在？」曰：「在寢。」杜蕢入寢，歷階而升，酌曰：「曠飲斯。」又酌曰：「調飲斯。」又酌，堂上北面坐飲之，降，趨而出。平公呼而進之曰：「蕢，曩者爾心或開予，是以不與爾言。爾飲曠，何也？」曰：「子卯不樂，知悼子在堂，斯其為子卯也大矣。曠也，太師也。不以詔，是以飲之也。」「爾飲調，何也？」曰：「調也，君之褻臣也。為一飲一食，忘君之疾，是以飲之也。」「爾飲，何也？」曰：「蕢也宰夫，唯刀匕是供，又敢與知防，是以飲也。」平公曰：「寡人亦有過焉。酌而飲寡人。」杜蕢洗而揚觶。公謂侍者曰：「如我死，則必無廢斯爵。」至于今，既畢獻，斯揚觶，謂之「杜舉」。白虎樽，蓋杜舉之遺式也。畫為虎，宜是後代所加，欲令言者猛如虎，無所忌憚也。

漢以高帝十月定秦旦為歲首，至武帝雖改用夏正，然朔猶常饗會，如元正之儀。魏、晉

則冬至日受萬國及百僚稱賀，因小會。其儀亞於歲旦，晉有其注。宋永初元年八月，詔曰：「慶冬使或遣不，事役宜省，〔四四〕今可悉停。唯元正大慶，不得廢耳。郡縣遣冬使詣州及都督府者，亦宜同停。」

孫權始都武昌及建業，不立郊兆。至末年太元元年十一月，祭南郊，其地今秣陵縣南十餘里郊中是也。晉氏南遷，立南郊於巳地，非禮所謂陽位之義也。宋孝武大明三年九月，〔四五〕尚書右丞徐爰議：「郊祀之位，遠古蔑聞。禮記『燔柴於泰壇，祭天也』。『兆於南郊，就陽位也』。漢初甘泉河東禋埋易位，終亦徙於長安南北。光武紹祚，定二郊洛陽南北。晉氏過江，悉在北。及郊兆之議，紛然不一。又南出道狹，未議開闢，遂於東南巳地創立丘壇。皇宋受命，因而弗改。且居民之中，非邑外之謂。今聖圖重造，舊章畢新，南驛開塗，陽路修遠。謂宜移郊正午，以定天位。」博士司馬興之、傅郁、太常丞陸澄並同爰議。乃移郊兆於秣陵牛頭山西，正在宮之午地。世祖崩，前廢帝即位，以郊舊地為吉祥，移還本處。

北郊，晉成帝世始立，本在覆舟山南。宋太祖以其地為樂游苑，移於山西北。後以其地為北湖，移於湖塘西北。其地卑下泥濕，又移於白石村東。其地又以為湖，乃移於鍾山北原道西，〔四六〕與南郊相對。後罷白石東湖，北郊還舊處。

南郊，皇帝散齋七日，致齋三日。官掌清者亦如之。致齋之朝，御太極殿幄坐。著絳紗袍，黑介幘，通天金博山冠。先郊日未晡五刻，夕牲。公卿京兆尹衆官悉壇東就位，太祝史牽牲入。到榜，稟犧令跪白：「請省牲。」舉手曰：「腯。」太祝令繞牲，舉手曰：「充。」太祝令牽牲詣庖。以二陶豆酌毛血，其一奠皇天神座前，其一奠太祖神座前。郊之日未明八刻，太祝令進饌，郎施饌。牲用繭栗二頭，羣神用牛一頭。醴用秬鬯，藉用白茅。玄酒一器，器用匏陶，以瓦樽盛酒，瓦圩斟酒。璧用蒼玉。蒯席各二，不設茵蓐。古者席藁，晉江左用蒯。車駕出，百官應齋及從駕塡街先置者，各隨申攝從事。上水一刻，御服龍衮，平天冠，升金根車，到壇東門外。博士、太常引入到黑攢。太祝令跪執匏陶，酒以灌地。皇帝再拜，興。羣臣皆再拜伏。治禮曰：「興。」博士、太常引皇帝至南階，脫舄升壇，詣罍盥。黃門侍郎洗爵，跪授皇帝。執樽郎授爵，酌秬鬯授皇帝。跪奠皇天神座前，再拜，興。次詣太祖配天神座前，執爵跪奠，如皇天之禮。南面北向，一拜伏。太祝令各酌福酒，合置一爵中，跪進皇帝，再拜伏。飲福酒訖，博士、太常引帝從東階下，還南階。謁者引太常升壇，亞獻。謁者又引光祿升壇，終獻。訖。各降階還本位。太祝送神，跪執匏陶，酒以灌地。興。直南行出壇門，治禮舉手白，羣臣皆再拜伏。皇帝盤，治禮曰：「興。」博士跪曰：「祠事畢，就

燎。」博士、太常引皇帝就燎位，當壇東階，皇帝南向立。太祝令以案奉玉璧牲體爵酒黍飯諸饌物，登柴壇施設之。治禮舉手曰：「可燎。」三人持火炬上。火發。太祝令等各下壇。壇東西各二十人，以炬投壇，火半柴傾。博士仰白：「事畢。」皇帝出便坐。解嚴。天子有故，則三公行事，而太尉初獻，其亞獻、終獻，猶太常、光祿勳也。北郊齋、夕牲、進熟，及乘輿百官到壇三獻，悉如南郊之禮；唯事訖，太祝令牲玉饌物詣埳置牲上訖，又以一牲覆其上。治禮舉手曰：「可埋。」二十人俱時下土。塡埳欲半，博士仰白：「事畢。」帝出。自魏以來，多使三公行事，乘輿罕出矣。魏及晉初，儀注雖不具存，所損益漢制可知也。江左以後，官有其注。

魏文帝詔曰：「漢氏不拜日於東郊，而旦夕常於殿下東面拜日，煩褻似家人之事，非事天郊神之道也。」黃初二年正月乙亥，朝日于東門之外。按禮，天子以春分朝日於東，秋分夕月於西，今正月，非其時也。漢郊祀志，[三七]帝郊泰畤，平旦出竹宮東向揖日，其夕西向揖月。此爲卽用郊日，不俟二分也。明帝太和元年二月丁亥朔，[三八]朝日于東郊，八月己丑，夕月于西郊，此古禮也。白虎通：「王者父天、母地，兄日、姉月」，此其義也。尚書大傳，迎日之詞曰：「維某年某月上日。明光于上下，勤施于四方，旁作穆穆，維予一人。某敬拜迎日于郊。」吳時郎陳融奏東郊頌，吳時亦行此禮也。晉武帝太康二年，有司奏：「春分依舊請車駕祀朝日，[三九]寒溫未適，可不親出。」詔曰：「禮儀宜有常；如所奏，[四〇]與故太尉所撰不同，復爲無定制。間者方難未平，故每從所奏。今戎事弭息，唯此爲大。」案此詔，帝復爲親朝日也。此後廢。

殷祠，皇帝散齋七日，致齋三日。百官清者亦如之。[四一]致齋之日，御太極殿幄坐，著絳紗袍，黑介幘，通天金博山冠。祠之日，車駕出，百官應齋從駕留守塡街先置者，各依宣攝從事。上水一刻，皇帝著平冕龍衮之服，升金根車，到廟北門訖。治禮、謁者各引太樂、太常、光祿勳、三公等皆入在位。皇帝降車入廟，脫舄，盥及洗爵，訖，升殿。初獻，奠爵，樂奏。太祝令跪讀祝文，訖，進奠神座前，皇帝還本位。博士引太尉亞獻，訖，謁者又引光祿勳終獻。凡禘祫大祭，則神主悉出廟堂，爲昭穆以安坐，不復停室也。晉氏又有陰室四殤，治禮引陰室以次奠爵于饌前。其功臣配饗者，設坐於庭，謁者奠爵于饌前。皇帝不親祠，則三公行事，而太尉初獻，太常亞獻，光祿勳終獻也。四時祭祀，亦皆於將祭必先夕牲，其儀如郊。

晉武帝泰始七年四月，帝將親祠，車駕夕牲，而儀注還不拜。詔問其故。博士奏：「歷

代相承如此。」帝曰：「非致敬宗廟之禮也。」於是實拜而還，遂以爲制。太康中，有司奏議，十一月一日合朔奠、冬烝、夕牲同日，可有司行事。詔曰：「夕牲而令有司行事，非也。改擇上旬他日。」案此則武帝夕牲必躬臨拜，而江左以來復止也。晉元帝建武元年三月辛卯，卽晉王位，[四二]行天子殷祭之禮，非常之事也。孝武太元十一年九月，皇女亡及應烝祠。中書侍郎范甯奏：「案喪服傳，有死宮中者，三月不舉祭，不別長幼之與貴賤也。皇女雖在嬰孩，臣竊以爲疑。」於是尚書奏使三公行事。昔漢靈帝世，立春尚齋迎氣東郊，尚書左丞殿殺陌使於南書寺，於是詔書曰：「議郎蔡邕、博士任敏，問可齋祠不？得無不宜？」邕等對曰：「按上帝之祠，無所爲廢。宮室至大，陌使至微，日又寬，可齋無疑。」甯非不知有此議，然不從也。魏及晉初，祭儀雖不具存，江左則備矣。官有其注。

祠太社、帝社、太稷，常以歲二月八月二社日祠之。太祝令夕牲進熟，如郊廟儀。司空、太常、大司農三獻也。官有其注。周禮王親祭，漢以來，有司行事。

漢安帝元初六年，立六宗祠於國西北戌亥地，[四三]祠儀比泰社。

日月將交會，太史上合朔。尙書先事三日，宣攝內外，戒嚴。摯虞決疑曰：「凡救蝕者，皆著赤幘，以助陽也。日將蝕，天子素服避正殿，內外嚴警，太史登靈臺，伺候日變。更伐鼓於門，聞鼓音，侍臣皆著赤幘，帶劍入侍。三臺令史以上，皆各持劍立其戶前。衞尉卿馳繞宮，伺察守備，周而復始。日復常，乃皆罷。」魯昭公十七年，六月朔，日有蝕之。祝史請所用幣，[四四]叔孫昭子曰：「日有蝕之，天子不舉樂，[四五]伐鼓於社；諸侯用幣於社，伐鼓於朝，禮也。」又以赤絲爲繩繫社，祝史陳辭以責之。社，勾龍之神，天子之上公，故責之。合朔，官有其注。

昔漢建安中，將正會，而太史上言正旦當日蝕，朝士疑會不。共詣尙書令荀文若諮之。時廣平計吏劉劭在坐，曰：「梓愼、裨竈，古之良史，猶占水火，錯失天時。禮諸侯旅見天子，入門不得終禮者四，日蝕在一。然則聖人垂制，不爲變異豫廢朝禮者，或災消異伏，或推術謬誤也。」文若及衆人咸喜而從之，遂朝會如舊，日亦不蝕。劭由此顯名，魏史美而書之。

魏高貴鄉公正元二年三月朔，太史奏日蝕而不蝕。晉文王時爲大將軍，大推史官不驗之負。史官答曰：「合朔之時，或有日掩月，或有月掩日。月掩日，則蔽障日體，使光景有虧，故謂之日蝕。日掩月，則日於月上過，謂之陰不侵陽，雖交無變。日月相掩必食之理，[四六]無術以知，是以嘗禘郊社，日蝕則接祭，是亦前代史官不能審蝕也。自漢故事，以爲

日蝕必當於交。每至其時，申警百官，以備日變。故甲寅詔有備蝕之制，無考負之法。古來黃帝、顓頊、夏、殷、周、魯六歷，皆無推日蝕法，但有考課疏密而已。負坐之條，由本無術可課，非司事之罪。」乃止。

晉武帝咸寧三年、四年，並以正旦合朔却元會，改魏故事也。

晉元帝太興元年四月合朔，中書侍郎孔愉奏曰：「春秋日有蝕之，天子伐鼓于社，攻諸陰也。諸侯伐鼓於朝，臣自攻也。案尙書符，若日有變，便伐鼓於諸門，有違舊典。」詔曰：「所陳有正義，輒敕外改之。」

至康帝建元元年，太史上元日合朔，朝士復疑應却會與否。庾冰輔政，寫劉劭議以示八坐，于時有謂劭爲不得禮意，荀文若從之，是勝人之一失。故蔡謨遂著議非之曰：「劭論災消異伏，又以愼、竈猶有錯失，太史上言亦不必審，其理誠然也。而云聖人垂制，不爲變異豫廢朝禮，此則謬矣。災祥之發，所以譴告人君，王者所重誡。故素服廢樂，退避正寢，百官降物，用幣伐鼓，躬親而救之。夫敬誡之事，與其疑而廢之，寧愼而行之。故孔子、老聃助葬於巷黨，以喪不見星而行，故日蝕而止柩，曰安知其不見星也。今史官言當蝕，亦安知其不蝕乎？夫子、老聃豫行見星之防，而劭廢之，是棄聖賢之成規也。魯桓公壬申有災，而以乙亥嘗祭，春秋譏之。災事既過，猶追懼未已，[四七]故廢宗廟之祭；況聞天眚將至，行慶

樂之會，於禮乖矣。禮記所云『諸侯入門不得終禮者』，謂日官不豫言，諸侯既入，見蝕乃知耳；非先聞當蝕，而朝會不廢也。劭引此，[四八]可謂失其義指。劉劭所執者禮記也；夫子、老聃巷黨之事，亦禮記所言，復違而反之，進退無據。荀令所善，漢朝所從，遂使此言至今見稱，莫知其謬。後來君子，將擬以爲式，故正之云爾。」於是冰從衆議，遂以却會。

至永和中，殷浩輔政，又欲從劉劭議不却會。王彪之據咸寧、建元故事，又曰：「禮云，諸侯旅見天子，不得終禮而廢者四，自謂卒暴有之，非爲先存其事而徼幸史官推術繆錯，[四九]故不豫廢朝禮也。」於是又從彪之，相承至今。

耕籍之禮尙矣，漢文帝修之。及昭帝幼卽大位，耕於鈎盾弄田。明帝永平十五年二月，東巡，耕於下邳。章帝元和三年正月北巡，耕於懷縣。魏三祖皆親耕籍。晉武帝泰始四年，有司奏始耕祠先農，可令有司行事。[五〇]詔曰：「夫民之大事，在祀與農。是以古之聖王，躬耕帝籍，以供郊廟之粢盛，且以訓化天下。近代以來，耕籍止於數步中，空有慕古之名，曾無供祀訓農之實，而有百官車徒之費。今修千畝之制，當與羣公卿士，躬稼穡之艱難，以帥先天下。[五一]主者詳具其制，幷下河南處田地於東郊之南，洛水之北，平良中水者。若無官田，隨宜便換，不得侵民人也。」自此之後，其事便廢。史注載多有闕。江左元、哀二

帝，[五二]將修耕籍，賀循等所上注，及裴憲爲胡中所定儀，又未詳允。

元嘉二十年，太祖將親耕，以其久廢，使何承天撰定儀注。史學生山謙之已私鳩集，因以奏聞。乃下詔曰：「國以民爲本，民以食爲天。一夫輟耕，饑者必及。倉廩既實，禮節以興。自頃在所貧耗，家無宿積，陰陽暫偏，[五三]則人懷愁墊；年或不稔，而病乏比室。誠由政德未孚，以臻斯弊，抑亦耕桑未廣，地利多遺。宰守微化導之方，萌庶忘勤分之義。永言弘濟，明發載懷。雖制令亟下，終莫懲勸，而坐望滋殖，庸可致乎。有司其班宣舊條，務盡敦課。遊食之徒，咸令附業。考覈勤惰，行其誅賞；觀察能殿，嚴加黜陟。古者從時脉土，以訓農功，躬耕帝籍，敬供粢盛。仰瞻前王，思遵令典，便可量處千畝，考卜元辰。朕當親率百辟，致禮郊甸。庶幾誠素，獎被斯民。」於是斟酌衆條，造定圖注。先立春九日，尙書宣攝內外，各使隨局從事。司空、大農、京尹、令、尉，度宮之辰地八里之外，整制千畝，開阡陌。立先農壇於中阡西陌南，御耕壇於中阡東陌北。將耕，宿設青幕于耕壇之上。皇后帥六宮之人出穜稑之種，付籍田令。耕日，太祝以一太牢告祠先農，悉如祠帝社之儀。孟春之月，擇上辛後吉亥日，御乘耕根三蓋車，駕蒼駟，青旂，著通天冠，青幘，朝服青衮，帶佩蒼玉。蕃王以下至六百石皆衣青。唯三臺武衞不耕，不改服章。車駕出，衆事如郊廟之儀。車駕至籍田，侍中跪奏：「尊降車。」臨壇，大司農跪奏：「先農已享，請皇帝親耕。」太史令讚曰：

「皇帝親耕。」三推三反。於是羣臣以次耕，王公五等開國諸侯五推五反，孤卿大夫七推七反，士九推九反。籍田令率其屬耕，竟畝，灑種，即耰，禮畢。

魏氏雖天子耕籍，其蕃鎮諸侯，並闕百畝之禮。晉武帝末，有司奏：「古諸侯耕籍百畝，躬秉耒耜，以奉社稷宗廟，以勸率農功。今諸王治國，宜修耕籍之義。」然未施行。宋太祖東耕後，乃班下州郡縣，悉備其禮焉。

周禮，王后帥內外命婦，蠶於北郊。漢則東郊，非古也。魏則北郊，依周禮也。晉則西郊，宜是與籍田對其方也。魏文帝黃初七年正月，命中宮蠶于北郊。按韋誕后蠶頌，則于時漢注已亡，更考撰其儀也。及至晉氏，先蠶多采魏法。晉武帝太康六年，散騎常侍華嶠奏：「先王之制，天子諸侯親耕千畝，后夫人躬蠶桑宮。〔三四〕今陛下以聖明至仁，修先王之緒，皇后體資生之德，合配乾之義，而教道未先，蠶禮尚闕。以爲宜依古式，備斯盛典。」詔曰：「古者天子親籍以供粢盛，后夫人躬蠶以備祭服。所以聿遵孝敬，明教示訓也。今籍田有制，而蠶禮不修。中間務多，未暇崇備。今天下無事，宜修禮以示四海。其詳依古典及近代故事，以參今宜。明年施行。」於是使侍中成粲草定其儀。〔三五〕皇后采桑壇在蠶室西，帷宮中門之外，桑林在其東，先蠶壇在宮外門之外而東南。取民妻六人爲蠶母。蠶將生，擇吉

日，皇后著十二笄，依漢魏故事，衣青衣，乘油蓋雲母安車，駕六馬。女尚書著貂蟬，佩璽，陪乘，載筐鉤。公主、三夫人、九嬪、世婦、諸太妃、公太夫人、公夫人，及縣鄉君、郡公侯特進夫人、外世婦、命婦，皆步搖，衣青，各載筐鉤從。蠶桑前一日，蠶宮生蠶著薄上。〔三六〕躬桑日，〔三七〕太祝令以一太牢祠先蠶。皇后至西郊，升壇，公主以下陪列壇東。皇后東面躬桑，采三條；諸妃公主各采五條；縣鄉君以下各采九條。悉以桑授蠶母。還蠶室。事訖，皇后還便坐，公主以下以次就位，設饗賜絹各有差。宋孝武大明四年，又修此禮。

漢獻帝建安二十二年，魏國作泮宮于鄴城南。魏文帝黃初五年，立太學於洛陽。齊王正始中，劉馥上疏曰：「黃初以來，崇立太學，二十餘年，而成者蓋寡。由博士選輕，諸生避役，高門子弟，恥非其倫，故無學者。〔三八〕雖有其名，而無其實，雖設其教，而無其功。宜高選博士，取行爲人表，經任人師者，掌教國子。依遵古法，使二千石以上子孫，年從十五，皆入太學。明制黜陟，陳榮辱之路。」不從。晉武帝泰始八年，有司奏：「太學生七千餘人，才任四品，聽留。」詔：「已試經者留之，其餘遣還郡國。大臣子弟堪受教者，令入學。」咸寧二年，起國子學，蓋周禮國之貴遊子弟所謂國子，受教於師氏者也。太康五年，修作明堂、辟雍、靈臺。

孫休永安元年，詔曰：「古者建國，教學爲先。所以導世治性，爲時養器也。自建興以來，時事多故，吏民頗以目前趨務，棄本就末，不循古道。夫所尚不淳，則傷化敗俗。其按舊置學官，立五經博士，覈取應選，加其寵祿。科見吏之中及將吏子弟有志好者，〔三九〕各令就業。一歲課試，差其品第，加以位賞。使見之者樂其榮，聞之者羨其譽。以淳王化，以隆風俗。」於是立學。

元帝爲晉王，建武初，驃騎將軍王導上疏：

夫治化之本，在於正人倫。人倫之正，存乎設庠序。庠序設而五教明，則德化洽通，彝倫攸敍，有恥且格也。父子兄弟夫婦長幼之序順，而君臣之義固矣。易所謂正家而天下定者也。故聖王蒙以養正，少而教之，使化沾肌骨，習以成性，有若自然，日遷善遠罪，而不自知。行成德立，然後裁之以位。雖王之嫡子，猶與國子齒，使知道而後貴。其取才用士，咸先本之于學。故周禮，鄉大夫「獻賢能之書于王，王拜而受之」。所以尊道而貴士也。人知士之所貴，由乎道存。則退而修其身，修其身以及其家，正家以及於鄉，學於鄉以登於朝。反本復始，各求諸己，敦素之業著，浮僞之道息，教使然也。故以之事君則忠，用之莅下則仁，卽孟軻所謂「未有仁而遺其親，義而後其君者也」。

自頃皇綱失統，禮教陵替，頌聲不興，于今二紀。傳曰「三年不爲禮，禮必壞；三年不爲樂，樂必崩」。而況如此其久者乎？先進漸忘揖讓之容，後生唯聞金革之響，干戈日尋，俎豆不設，先王之道彌遠，華僞之風遂滋，非所以習民靖俗，端本抑末之謂也。殿下以命世之資，屬當傾危之運，禮樂征伐，翼成中興，將滌穢蕩瑕，撥亂反正。誠宜經綸稽古，建明學校，闡揚六藝，以訓後生，使文武之道，墜而復興。方今小雅盡廢，戎虜扇熾，節義陵遲，國恥未雪。忠臣義士，所以扼腕拊心，禮樂政刑，當並陳以俱濟者也。苟禮義膠固，純風載洽，則化之所陶者廣，而德之所被者大，義之所屬者深，而威之所震者遠矣。由斯而進，則可朝服濟河，使帝典闕而復補，王綱弛而更張，饕餮改情，獸心革面，揖讓而蠻夷服，緩帶而天下從，得乎其道者，豈難也哉。故有虞舞干戚而三苗化，魯僖作泮宮而淮夷平，桓、文之霸，皆先教而後戰。今若聿遵前典，興復教道，使朝之子弟，並入于學，立德出身者咸習之而後通。德路開而僞塗塞，則其化不肅而成，不嚴而治矣。選明博修禮之士以爲之師，隆教貴道，化成俗定，莫尚於斯也。

散騎常侍戴邈又上表曰：

臣聞天道之所運，莫大於陰陽；帝王之至務，莫重於禮學。是以古之建國，教學爲先。國有明堂辟雍之制，鄉有庠序黌校之儀，皆所以抽導幽滯，啓廣才思。蓋以六四

有困蒙之客，君子大養正之功也。昔仲尼列國之大夫耳，興禮修學於洙、泗之間，四方髦俊，斐然向風，受業身通者七十餘人。自茲以來，千載寂漠，豈天下小於魯國，賢哲乏於曩時，厲與不厲故也。

自頃遭無妄之禍，社稷有綴旒之危，寇羯飲馬於長江，凶狡虎步於萬里，遂使神州蕭條，鞠爲茂草，四海之內，人跡不交。霸主有旰食之憂，黎民懷荼毒之痛，戎首交并于中原，何遽籩豆之事哉！然「三年不爲禮，禮必壞，三年不爲樂，樂必崩」。況曠載累紀，如此之久邪！今末進後生，目不覩揖讓升降之禮，耳不聞鐘鼓管弦之音，文章散滅胡馬之足，圖讖無復孑遺於世。此蓋聖達之所深悼，有識之所咨嗟也。夫治世尚文，遭亂尚武，文武迭用，久長之道。譬之天地，昏明之迭，[六〇]自古以來，未有不由之者也。今或以天下未壹，[六一]非興禮學之時，此言似是而非。夫儒道深奧，不可倉卒而成，古之俊乂，必三年而通一經，比須寇賊清夷，天下平泰，然後修之，則功成事定，誰與制禮作樂者哉！又貴遊之子，未必有斬將搴旗之才，亦未有從軍征戍之役，不及盛年講肄道義，使明珠加瑩磨之功，荆、隨發采琢之美，不亦良可惜乎。[六二]

愚以世喪道久，民情玩於所習，純風日去，華競日彰，猶火之消膏而莫之覺也。今天地造始，萬物權輿，聖朝以神武之德，值革命之運，蕩近世之流弊，繼千載之絕軌，篤

道崇儒，創立大業。明主唱之於上，宰輔篤之於下，夫上之所好，下必有過之者焉。是故雙劍之節崇，而飛白之俗成；挾琴之容飾，而赴曲之和作。君子之德風，小人之德草，實在所以感之而已。臣以闇淺，不能遠識格言，謂宜以三時之隙，漸就經始。

太興初，議欲修立學校，唯周易王氏、尚書鄭氏、古文孔氏、毛詩周官禮記論語孝經鄭氏、春秋左傳杜氏、服氏，各置博士一人。其儀禮公羊穀梁及鄭易，皆省不置博士。太常荀崧上疏曰：

臣聞孔子有云，「才難，不其然乎」。自喪亂以來，經學尤寡。儒有席上之珍，然後能弘明道訓。今處學則闕朝廷之秀，仕朝則廢儒學之美。昔咸寧、太康、元康、永嘉之中，侍中、常侍、黃門之深博道奧，通洽古今，行爲世表者，領國子博士。一則應對殿堂，奉酬顧問；二則參訓門子，以弘儒學；三則祠、儀二曹，及太常之職，以得藉用質疑。今皇朝中興，美隆往初，宜憲章令軌，祖述前典。

世祖武皇帝聖德欽明，應運登禪，受終于魏。崇儒興學，治致升平。經始明堂，營建辟雍，告朔班政，鄉飲大射，西閣東序，圖書禁籍，臺省有宗廟太府金墉故事，太學有石經古文。先儒典訓，賈、馬、鄭、杜、服、孔、王、何、顏、尹之徒，章句傳注衆家之學，置博士十九人。九州之中，師徒相傳，學士如林，猶是選張華、劉寔居太常之官，以重儒教。

傳稱「孔子沒而微言絕，七十子終而大義乖」。自頃中夏殄瘁，講誦遏密，斯文之道，將墜于地。陛下聖哲龍飛，闡弘祖烈，申命儒術，恢崇道教，樂正雅、頌，於是乎在。江、揚二州，先漸聲教，學士遺文，於今爲盛；然方之疇昔，猶千之一也。臣學不章句，才不弘道，階緣光寵，遂忝非服，方之華、寔，儒風邈遠，思竭駑駘，庶增萬分，願斯道隆於百代之上，搢紳詠於千載之下。

伏聞節省之制，皆三分置二，博士舊員十有九人，今五經合九人。準古計今，猶未中半。九人以外，猶宜增四。願陛下萬機餘暇，時垂省覽。周易一經，有鄭玄注，其書根源，誠可深惜，宜爲鄭易博士一人。儀禮一經，所謂曲禮，鄭玄於禮特明，皆有證據，宜置鄭儀禮博士一人。春秋公羊，其書精隱，明於斷獄，宜置博士一人。穀梁簡約隱要，宜存於世，置博士一人。昔周之衰，下陵上替，臣弑其君，子弑其父，上無天子，下無方伯，善者誰賞，惡者誰罰，綱紀亂矣。孔子懼而作春秋，諸侯諱妬，懼犯時禁，是以微辭妙旨，義不顯明，故曰「知我者其唯春秋，罪我者其唯春秋」。時左丘明、子夏造膝親受，無不精究。孔子既沒，微言將絕，於是丘明退撰所聞而爲之傳。其書善禮，多膏腴美辭，張本繼末，以發明經意，信多奇偉，學者好之。儒者稱公羊高親受子夏，立於

漢朝，辭義清俊，斷決明審，多可採用，董仲舒之所善也。穀梁赤師徒相傳，暫立於漢，時劉向父子，漢之名儒，猶執一家，莫肯相從。其書文清義約，[六三]諸所發明，或是左氏、公羊所不載，亦足有所訂正，是以三傳並行於先代，通才未能孤廢。[六四]今去聖久遠，斯文將墜，與其過廢，寧過而立也。臣以爲三傳雖同一春秋，而發端異趣。案如三家異同之說，此乃義則戰爭之場，[六五]辭亦劍戟之鋒，於理不可得共。博士宜各置一人，以傳其學。

元帝詔曰：「崧表如此，皆經國大務，而爲治所由。息馬投戈，猶可講藝。今雖日不暇給，豈忘本而遺存邪。[六六]可共博議之。」有司奏宜如崧表。詔曰：「穀梁膚淺，不足立博士。餘如所奏。」會王敦之難，事不施行。

成帝咸康三年，國子祭酒袁瓌、太常馮懷又上疏曰：

臣聞先王之教也，崇典訓，明禮學，以示後生，道萬物之性，暢爲善之道也。宗周既興，文史載煥，端委治於南蠻，頌聲逸於四海。故延州入聘，聞雅音而嗟咨，韓起適魯，觀易象而歎息。何者？立人之道，於此爲首也。孔子恂恂，道化洙、泗，孟軻皇皇，誨誘無倦。是以仁義之聲，于今猶存，禮讓之風，千載未泯。

嚋昔陵替，[六七]喪亂屢臻，儒林之教暫頹，庠序之禮有闕，國學索然，墳卷莫啓，有

心之徒，抱志無由。昔魏武身親介冑，務在武功，猶尙息鞍披覽，投戈吟詠，以爲世之所須者，治之本宜崇。況今陛下以聖明臨朝，百官以虔恭莅事，朝野無虞，江外靜謐。如之何泱泱之風，漠焉無聞，洋洋之美，墜於聖世乎。古人有言，詩書義之府，禮樂德之則。實宜留心經籍，闡明學義，使諷頌之音，盈於京室，味道之賢，是則是詠，〔六八〕豈不盛哉！

疏奏，帝有感焉。由是議立國學，徵集生徒，而世尙莊、老，莫肯用心儒訓。穆帝永和八年，殷浩西征，以軍興罷遣，由此遂廢。

征西將軍庾亮在武昌，開置學官。教曰：

人情重交而輕財，好逸而惡勞，學業致苦，而祿答未厚，由捷徑者多，故莫肯用心。洙、泗邈遠，風、雅彌替，後生放任，不復憲章典謨。臨官宰政者，務目前之治，不能閑以典誥。遂令詩、書荒塵，頌聲寂漠，仰瞻俯省，能弗歎慨。自胡夷交侵，殆三十年矣。而未革面嚮風者，豈威武之用盡，抑文教未洽，不足綏之邪？昔魯秉周禮，齊不敢侮；范會崇典，晉國以治。楚、魏之君，皆阻帶山河，憑城據漢，國富民殷，而不能保其强大，吳起、屈完所以爲歎也。由此言之，禮義之固，孰與金城湯池？季路稱攝乎大國之間，加之以師旅，因之以饑饉，爲之三年，猶欲行其義方。況今江表晏然，王道隆盛，而

不能弘敷禮樂，敦明庠序，其何以訓彝倫而來遠人乎！魏武帝於馳騖之時，以馬上爲家，逮于建安之末，風塵未弭，然猶留心遠覽，大學興業，所謂顚沛必於是，眞通才也。

今使三時既務，五教並修，軍旅已整，俎豆無廢，豈非兼善者哉！便處分安學校處所，籌量起立講舍。參佐大將子弟，悉令入學，吾家子弟，亦令受業。四府博學識義通涉文學經綸者，建儒林祭酒，使班同三署，厚其供給，皆妙選邦彥，必有其宜者，以充此舉。近臨川、臨賀二郡，並求修復學校，可下聽之。若非束脩之流，禮教所不及，而欲階緣免役者，不得爲生。明爲條制，令法清而人貴。

又繕造禮器俎豆之屬，將行大射之禮。亮尋薨，又廢。

孝武帝太元九年，〔六九〕尙書謝石又陳之曰：

立人之道，曰仁與義。翼善輔性，唯禮與學。雖理出自然，必須誘導。故洙、泗闡弘道之風，詩、書垂軌教之典。敦詩悅禮，王化以斯而隆；甄陶九流，羣生於是乎穆。世不常治，道亦時亡。光武投戈而習誦，魏武息馬以修學，懼墜斯文，若此之至也。大晉受命，值世多阻，雖聖化日融，而王道未備，庠序之業，或廢或興。遂令陶鑄闕日用之功，民性靡素絲之益，亹亹玄緒，翳焉莫抽，臣所以遠尋伏念，寤寐永歎者也。

今皇威遐震，戎車方靜，將灑玄風於四區，導斯民於至德。豈可不弘敷禮樂，使煥乎可觀。請興復國學，以訓冑子；班下州郡，普修鄉校。雕琢琳琅，和寶必至，大啓羣蒙，茂茲成德。匪懈于事，必由之以通，則人競其業，道隆學備矣。

烈宗納其言。其年，選公卿二千石子弟爲生，增造廟屋一百五十五間。而品課無章，士君子恥與其列。國子祭酒殷茂言之曰：

臣聞弘化正俗，存乎禮教，輔性成德，必資於學。先王所以陶鑄天下，津梁萬物，閑邪納善，潛被於日用者也。故能疏通玄理，窮綜幽微，一貫古今，彌綸治化。且夫子稱回，以好學爲本，七十希仰，以善誘歸宗。雅、頌之音，流詠千載，聖賢之淵範，哲王所同風。

自大晉中興，肇基江左，崇明學校，修建庠序，公卿子弟，並入國學。尋値多故，訓業不終。陛下以聖德玄一，思隆前美，順通居方，導達物性，興復儒肆，僉與後生。自學建彌年，而功無可名。憚業避役，就存者無幾，或假託親疾，眞僞難知，聲實渾亂，莫此之甚。臣聞舊制，國子生皆冠族華冑，比列皇儲。而中者混雜蘭艾，遂令人情恥之。子貢去朔之餼羊，仲尼猶愛其禮，況名實兼喪，面牆一世者乎。若以當今急病，未遑斯典，權宜停廢者，別一理也。若其不然，宜依舊準。竊謂羣臣內外，清官子姪，普應入學，制以程課。今者見生，或年在扞格，方圓殊趣，宜聽其去就，各從所安。所上謬合，

乞付外參議。

烈宗下詔褒納，又不施行。朝廷及草萊之人有志於學者，莫不發憤歎息。

清河人李遼又上表曰：「臣聞教者，治化之本，人倫之始，所以誘達羣方，進德興仁，譬諸土石，陶冶成器。雖復百王殊禮，質文參差，至於斯道，其用不爽。自中華湮沒，闕里荒毁，先王之澤寢，聖賢之風絕，自此迄今，將及百年。造化有靈，否終以泰，河、濟夷徙，海、岱清通，黎庶蒙蘇，鳧藻奮化。而典訓弗敷，雅、頌寂蔑，久凋之俗，大弊未改。非演迪斯文，緝熙宏猷，將何以光贊時邕，克隆盛化哉。事有如賒而急，實此之謂也。亡父先臣回，綏集邦邑，歸誠本朝。以太元十年，遣臣奉表。路經闕里，過覲孔廟，庭宇傾頓，軌式頹弛，萬世宗匠，忽焉淪廢，仰瞻俯慨，不覺涕流。既達京輦，表求興復聖祀，修建講學。至十四年十一月十七日，奉被明詔，采臣鄙議，敕下兗州魯郡，準舊營飾。故尙書令謝石令臣所須列上，又出家布，薄助興立。故鎭北將軍譙王恬版臣行北魯縣令，賜許供遣。二臣薨徂，成規不遂。陛下體唐堯文思之美，訪宣尼善誘之勤，矜荒餘之凋昧，愍聲教之未浹。愚謂可重符兗州刺史，遂成舊廟，蠲復數戶，以供掃灑。幷賜給六經，講立庠序，延請宿學，廣集後進，使油然入道，發剖琢之功。運仁義以征伐，敷道德以服遠，何招而不懷，何柔而不從。所爲者微，所弘甚大。臣自致身輦轂，于今八稔，違親轉積，夙夜匪寧。振武將軍何澹之今

震扞三齊，臣當隨反。裴回天邑，感戀罔極。乞臣表付外參議。」又不見省。

宋高祖受命，詔有司立學，未就而崩。太祖元嘉二十年，復立國子學，二十七年廢。

魏高貴鄉公甘露三年，[七〇]車駕親率羣司行養老之禮於太學。於是王祥爲三老，鄭小同爲五更。今無其注，然漢禮具存也。

晉武帝泰始六年十二月，帝臨辟雍，行鄉飲酒之禮。詔曰：「禮儀之廢久矣，乃今復講肄舊典。賜太常絹百匹，丞、博士及學生牛酒。」咸寧三年，惠帝元康九年，復行其禮。

魏齊王正始中，齊王每講經遍，輒使太常釋奠先聖先師於辟雍，[七一]弗躬親。晉惠帝、明帝之爲太子，及愍懷太子講經竟，並親釋奠於太學，太子進爵於先師，中庶子進爵於顏淵。元帝詔曰：「吾識太子此事，祠訖便請王公以下者，昔在洛時，嘗豫清坐也。」成、穆、孝武三帝，亦皆親釋奠。孝武時，以太學在水南懸遠，有司議依升平元年，於中堂權立行太學。于時無復國子生，有司奏：「應須二學生百二十人。太學生取見人六十，國子生權銓大臣子孫六十人，事訖罷。」奏可。釋奠禮畢，會百官六品以上。元嘉二十二年，太子釋奠，采晉故

事，官有其注。祭畢，太祖親臨學宴會，太子以下悉豫。

兵者，守國之備。孔子曰：「以不教民戰，是謂棄之。」兵，凶事，不可空設，因蒐狩而習之。而凡師出曰治兵，入曰振旅，皆戰陳之事，辨鼓鐸鐲鐃之用，以教坐作進退疾徐疏數之節，遂以蒐田。獻禽以祭社。仲夏教茇舍，如振旅之陳，遂以苗田，如蒐之法。獻禽以享礿。仲秋教治兵，如振旅之陳，遂以獮田，如蒐之法。致禽以祀方。仲冬教大閱，遂以狩田。獻禽以享蒸。蒐者，蒐索取其不孕者也。苗者，爲苗除害而已。獮者，殺也。從秋氣所殺多也。狩者，冬物畢成，獲則取之，無所擇也。

漢儀，立秋日，郊禮畢，始揚威武，斬牲於郊，以薦陵廟，名曰貙劉。其儀，乘輿御戎路，白馬朱鬣，躬執弩射牲。太宰令以獲車送陵廟。於是乘輿還宮，遣使以束帛賜武官，肄孫、吳兵法戰陳之儀，率以爲常。至獻帝建安二十一年，魏國有司奏：「古四時講武，皆於農隙。漢西京承秦制，三時不講，唯十月都試。今兵革未偃，士民素習，[七二]可無四時講武。但以立秋擇吉日大朝車騎，號曰治兵。上合禮名，下承漢制。」奏可。是冬，治兵。魏王親金鼓以令進退。

延康元年，魏文帝爲魏王，是年六月立秋，治兵于東郊，公卿相儀。王御華蓋，親令金

鼓之節。

明帝太和元年十月，治兵于東郊。

晉武帝泰始四年、九年、咸寧元年、太康四年、六年冬，皆自臨宣武觀，大習衆軍。然不自令進退也。自惠帝以後，其禮遂廢。

元帝太興四年，詔左右衞及諸營教習，依大習儀作雁羽仗。成帝咸和中，詔內外諸軍戲兵於南郊之場，故其地因名鬭場。自後蕃鎭桓、庾諸方伯，往往閱習，然朝廷無事焉。

太祖在位，依故事肄習衆軍，兼用漢、魏之禮。其後以時講武於宣武堂。元嘉二十五年閏二月，大蒐於宣武場，主司奉詔列奏申攝，[七三]克日校獵，百官備辦。設行宮殿便坐武帳於幕府山南岡。設王公百官便坐幔省如常儀，設南北左右四行旌門。建獲旗以表獲車。殿中郎一人典獲車。主者二人收禽。吏二十四人配獲車。備獲車十二兩。校獵之官著袴褶。有帶武冠者。脫冠者上纓。二品以上擁刀，備槊、麾幡，三品以下帶刀。皆騎乘。將領部曲先獵一日，遣屯布圍。領軍將軍一人督右甄；護軍一人督左甄；大司馬一人居中，董正諸軍，悉受節度。殿中郎率獲車部曲，在司馬之後。尚書僕射、都官尚書、五兵尚書、左右丞、都官諸曹郎、都令史、都官諸曹令史幹、蘭臺治書侍御史令史、諸曹令史幹，督攝糾司，校獵非違。至日，會於宣武場，列爲重圍。設留守填街位於雲龍門外內官道北，外官道

南，以西爲上。設從官位於雲龍門內大官階北，小官階南，以西爲上。設先置官位於行止車門外內官道西，外官道東，以北爲上。設先置官還位於廣莫門外道之東西，以南爲上。校獵日平旦，正直侍中奏嚴。上水一刻，奏：「搥一鼓。」爲一嚴。上水二刻，奏：「搥二鼓。」爲再嚴。殿中侍御史奏開東中華雲龍門，引仗爲小駕鹵簿。百官非校獵之官，著朱服，集列廣莫門外。應還省者還省。留守填街後部從官就位；前部從官依鹵簿；先置官先行。上水三刻，奏：「搥三鼓。」爲三嚴。上水四刻，奏：「外辦。」正次直侍中、散騎常侍、給事黃門侍郎、軍校劍履進夾上閤。正直侍郎負璽，通事令史帶龜印中書之印。上水五刻，皇帝出。著黑介幘單衣，乘輦。正直侍中負璽陪乘，不帶劍。殿中侍御史督攝黃麾以內。次直侍中、次直黃門侍郎護駕在前。又次直侍中佩信璽、行璽，與正直黃門侍郎從護駕在後。不鳴鼓角，不得諠譁，以次引出，警蹕如常儀。車駕出，騶讚，陛者再拜。皇太子入守。車駕將至，威儀唱：「引先置前部從官就位。」再拜。車駕至行殿前回輦，正直侍中跪奏：「降輦。」次直侍中稱制曰：「可。」正直侍中俛伏起。皇帝降輦登御坐，侍臣升殿。直衞鞁戟虎賁，旄頭文衣，鶡尾，以次列階。正直侍中奏：「解嚴。」先置從駕百官還便坐幔省。

帝若躬親射禽，變御戎服，內外從官以及虎賁悉變服，如校獵儀。鞁戟抽鞘，以備武衞。黃麾內官，從入圍裏。列置部曲，廣張甄圍，旗鼓相望，銜枚而進。甄周圍會，督甄令

史奔騎號法施令曰：「春禽懷孕，蒐而不射；鳥獸之肉不登於俎，不射；皮革齒牙骨角毛羽不登於器，不射。」甄會。大司馬鳴鼓蹙圍，衆軍鼓譟讋角，至宣武場止。大司馬屯北旌門；二甄帥屯左右旌門；殿中中郎率獲車部曲入次北旌門內之右。皇帝從南旌門入射禽。謁者以獲車收載，還陳於獲旗北。王公以下以次射禽，各送詣獲旗下，付收禽主者。事畢。大司馬鳴鼓解圍復屯，殿中郎率其屬收禽，以實獲車，充庖厨。列言統曹正厨，置尊酒俎肉于中逵，以犒饗校獵衆軍。至晡，正直侍中量宜奏嚴，從官還著朱服，鞁載復鞘。再嚴，先置官先還。三嚴後二刻，正直侍中奏：「外辦。」皇帝著黑介幘單衣。正次直侍中、散騎常侍、給事黃門侍郎、軍校進夾御坐。正直侍中跪奏：「還宮。」次直侍中稱制曰：「可。」正直侍中俛伏起。乘輿登輦還，衞從如常儀。大司馬鳴鼓散屯，以次就舍。車駕將至，威儀唱：「引留守墳街先置前部從官就位。」再拜。車駕至殿前回輦，正直侍中跪奏：「降輦。」次直侍中稱制曰：「可。」正直侍中俛伏起。乘輿降入。正直次直侍中、散騎常侍、給事黃門侍郎、散騎侍郎、軍校從至閤，亦如常儀。正直侍中奏：「解嚴。」內外百官拜表問訊如常儀，訖，罷。

校勘記

〔一〕建皇授政改朔　錢大昕廿二史考異據李善文選注謂此乃尙書中候之語，作「建黃授政改朔」。

並云：『建皇』文選注作『建黃』。皇甫謐謂以土承火，色尙黃也。此作『皇』，疑誤。」

〔二〕窮則相承　「則」各本並作「明」，據局本及元龜五六三改。

〔三〕太子舍人黃史嗣以爲不宜改　各本並脫「史嗣」二字，據元龜五六三補。

〔四〕雖與正歲不同　各本並脫「正」字，據三國志魏志明帝紀補。

〔五〕皆宜用白　各本並作「皆宜同」，據通典禮典改。

〔六〕烈祖明皇帝以正日棄天下　「明皇帝」各本並作「明帝」，據三國志魏志齊王芳紀訂正。

〔七〕禮醮詞曰　各本並脫「醮」字，據晉書禮志補。

〔八〕何楨冠儀約制及王堪私撰冠儀　「何楨」各本並作「何禎」。按北堂書鈔七二引虞預晉書何楨傳云：「楨字元榦。」則「禎」當作「楨」，今改正。參見本卷校勘記第二二條。

〔九〕諸侯昏禮加納采告期親迎各帛五匹　「告」各本譌「吉」，據元龜五七四改。按儀禮士昏禮，「納采」後有「告期」。又「親迎」之「親」，各本並脫去，據晉書禮志、元龜五七四補。按儀禮士昏禮，「告期」後爲「親迎」。

〔一〇〕唯璋官爲具致之　各本並脫「致」字，據晉書禮志、元龜五七四補。

〔一一〕先儒以爲丘明詳錄其事　「錄」各本並作「錬」，據晉書禮志、通典禮典改。

〔一二〕卽用舊制今闕　各本並作「卽用故至今闕」，據通典禮典改。

〔一三〕則咸康華恒所上合於舊也　「舊」下元龜五七五有「禮」字，文義更明。

〔一四〕臣族女父母所生先臣故光祿大夫雩婁侯楨之遺玄孫　「楨」各本並作「禎」。按「禎」當作「楨」，今改正。參見本卷校勘記第二二條。

〔一五〕先臣故安豐太守關中侯叡之孫　各本並脫「故」字，據通典禮典補。

〔一六〕次親迎版文　各本並脫「親」字，據通典禮典補。

〔一七〕其納采問名納吉請期親迎　各本並脫「親」字，據晉書禮志補。

〔一八〕玉以象德而有溫潤尋珪璋既玉之美者　各本並脫「溫」字，據通典禮典補。「尋」各本譌「栗」，據晉書禮志、通典禮典、元龜五七六改。

〔一九〕鄭玄注云束帛十端也儷兩也兩皮爲庭實鹿皮也晉太子納妃儀注以虎皮二　各本並作「鄭玄注云束帛以儀注以虎皮二」，文譌奪不可通。元龜五七六引此，「束帛」下有「十端也。儷，兩也。皮，鹿皮也」十字。南齊書裴昭明傳作「禮納徵，儷皮爲庭實，鹿皮也。晉太子納妃注以虎皮二」。今據鄭玄注原文及南齊書裴昭明傳，删「以」字，補「十端也至晉太子納妃」十九字。

〔二〇〕礫雞於宮及百寺門　「門」上通典禮典、御覽二九引有「之」字。

〔二一〕案明帝大修禳禮　「明帝」上晉書禮志有「魏」字。

〔二二〕案何楨許都賦曰　「楨」各本作「禎」。按三國志魏志管寧傳注引文士傳：「何楨字元幹，廬江人。

有文學器榦，容貌甚偉。歷幽州刺史、廷尉，入晉爲尙書、光祿大夫。」又御覽五八七引文士傳：「青龍元年，天子特詔曰：『揚州別駕何楨，有文章才，試使作許都賦。成，封上，不得令人見。』楨遂造賦，上甚異之。」當卽其人。古人名字相應，楨字元榦，字當作「楨」，不當作「禎」，今改正。

〔二三〕先正月一日　各本並脫「月」字，據通典禮典補。

〔二四〕羣司乘車與百官及受贄郎下至計吏　「郎」字下，晉書禮志有「官以」二字。

〔二五〕治禮引公至金紫將軍上殿　各本並脫「治」字，通典禮典避唐諱，引此作掌禮。晉武帝咸寧元會注作「治禮」，今於「禮」字上補「治」字。

〔二六〕以贄授受贄郎　各本並脫「受」字，據通典禮典補。按上文有受贄郎。

〔二七〕太樂令跪請奏雅樂　各本並脫「請」字，據通典禮典補。

〔二八〕諸蠻夷胡客以次入　「胡客」通典禮典作「朝客」。

〔二九〕謁者引王公至二千石上殿　「謁者」二字上，各本並有「御」字。晉書禮志、通典禮典無「御」字。按「御」字是衍文，今删去。

〔三〇〕謁者引王詣尊酌壽酒　「酒」各本並作「尊」，據晉書禮志、通典禮典改。按下有跪上壽酒語。

〔三一〕侍郎跪進御座前　「進」各本並作「侍」，據晉書禮志、通典禮典改。

〔三二〕若臨時有故　「故」各本並作「解」，據晉書禮志、通典禮典改。

〔三三〕朝禮執贄如舊朝之制　「執贄」上，晉書禮志有「皆親」二字。

〔三四〕慶冬使或遣不事役宜省　各本並脫「事」字，據本書武帝紀補。

〔三五〕宋孝武大明三年九月　各本並脫「孝」字，據本書孝武帝紀補。按大明爲宋孝武帝年號。

〔三六〕乃移於鍾山北原道西　「原」各本並作「京」，據通典禮典改。

〔三七〕漢郊祀志　按漢書郊祀志無此文。漢書武帝紀注臣瓚曰引漢儀注有此文。

〔三八〕明帝太和元年二月丁亥朔　按是月丁卯朔，丁亥爲二月二十一日，「朔」字疑衍文。三國志魏志明帝紀亦作「丁亥」。

〔三九〕春分依舊請車駕祀朝日　各本並脫「請」字及「祀」字。據晉書禮志、元龜三二下補。

〔四〇〕如所奏　「如」字上晉書禮志、元龜三二下有「若」字。

〔四一〕百官清者亦如之　「清」，通典作「掌事」。又各本並脫「之」字，據通典禮典訂補。

〔四二〕晉元帝建武元年三月辛卯卽晉王位　「三月」三朝本、北監本、毛本、殿本作「十月」。今從局本。按晉元帝於建武元年三月辛卯卽晉王位，見晉書元帝紀。

〔四三〕立六宗祠於國西北戌亥地　各本並脫「六」字，續漢書祭祀志：「安帝元初六年三月庚辰，初立六宗，祀於雒陽西北戌亥之地。」六宗謂上下四方之宗。今據補。又「戌亥」各本並譌「城亥」，據續漢志改。

〔四四〕祝史請所用幣　「用幣」各本並作「由」，據左傳昭十七年改正。

〔四五〕天子不舉樂　左傳原文無「樂」字。杜預釋「不舉」爲「不舉饌」。

〔四六〕日月相掩必食之理　「日月」上，通典禮典有「至於」二字。

〔四七〕猶追懼未已　「追」各本並作「退」，據元龜五七二改。

〔四八〕劭引此　「劭引」二字，三朝本、北監本、毛本、殿本譌作「別」一字。局本作「引」字。通典禮典作「劭引」二字。今據通典訂正。

〔四九〕非爲先存其事而徼幸史官推術繆錯　各本並奪「先」字，據三國志魏志劉劭傳裴注、晉書禮志、通典禮典、元龜一〇七補。

〔五〇〕可令有司行事　各本並脫「令」字，據晉書禮志補。

〔五一〕以帥先天下　各本並脫「先」字，據晉書禮志補。

〔五二〕江左元哀二帝　「江左」各本並作「止」一字，據晉書禮志改。

〔五三〕陰陽暫偏　「陰陽」本書文帝紀作「賦役」。

〔五四〕后夫人躬蠶桑宮　各本並脫「宮」字，據晉書禮志、元龜五七四補。

〔五五〕於是使侍中成粲草定其儀　三朝本「成」字空白。北監本、毛本、殿本、局本作「袁粲」。按袁粲，宋孝武、明帝時人，豈能在晉武帝太康時儀定躬蠶儀，大誤。晉書禮志、元龜五七二作成粲。成粲字伯陽，太康中，爲侍中，轉太常。作成粲是，今據改。

〔五六〕蠶宮生蠶著薄上　「蠶宮」各本並作「蠶官」，據晉書禮志、通典禮典改。

〔五七〕躬桑日　各本並脫「躬」字，據通典禮典補。

〔五八〕故無學者　各本並脫「無」字，據三國志魏志劉馥傳補。

〔五九〕科見吏之中及將吏子弟有志好者　「見吏」各本並作「見史」，據三國志吳志孫休傳改。

〔六〇〕譬之天地昏明之迭　「迭」各本並作「術」，據晉書戴若思傳弟邈附傳改。

〔六一〕今或以天下未壹　各本並脫「或」字，據晉書戴若思傳弟邈附傳補。

〔六二〕不亦良可惜乎　各本並脫「可惜」二字，據晉書戴若思傳弟邈附傳補。

〔六三〕其書文清義約　各本並脫「義」字，據晉書荀崧傳補。

〔六四〕通才未能孤廢　各本並脫「孤」字，據晉書荀崧傳補。

〔六五〕此乃義則戰爭之場　各本並脫「此乃」二字，據晉書荀崧傳補。

〔六六〕豈忘本而遺存邪　「遺」各本並作「道」，據晉書荀崧傳改。

〔六七〕疇昔陵替　「陵替」上晉書袁瓌傳有「皇運」二字。

〔六八〕是則是詠　「是則」二字，三朝本空白，北監本、毛本、殿本、局本作「典謨」。晉書袁瓌傳作「是則」。今據晉書袁瓌傳訂正。

〔六九〕孝武帝太元九年　「九年」各本並作「元年」。通典禮典作「九年」。按晉書謝安傳弟石附傳，石陳此議在淝水戰後。淝水之戰在太元八年，則通典作石陳此議在太元九年爲是，作元年者誤。今據改。

〔七〇〕魏高貴鄉公甘露三年　「三年」各本並作「二年」，據三國志魏志高貴鄉公紀改。

〔七一〕齊王每講經遍輒使太常釋奠先聖先師於辟雍　各本並脫「遍輒」二字，據晉書禮志、通典禮典補。

〔七二〕士民素習　各本並作「士民習素」，據三國志魏志武帝紀裴注引魏書、通典禮典乙正。

〔七三〕主司奉詔列奏申攝　「主司」各本並作「主冑」，據通典禮典改。按主司，卽指主辦之有司。

宋書卷十五

志第五

禮二

古者天子巡狩之禮，布在方策。至秦、漢巡幸，或以厭望氣之祥，或以希神仙之應，煩擾之役，多非舊典。唯後漢諸帝，頗有古禮焉。魏文帝值參分初創，方隅事多，皇輿亟動，略無寧歲。蓋應時之務，又非舊章也。明帝凡三東巡，所過存問高年，恤人疾苦，或賜穀帛，有古巡幸之風焉。齊王正始元年，巡洛陽，賜高年、力田各有差。

晉武帝泰始四年，詔刺史二千石長吏曰：「古之王者，以歲時巡狩方嶽，其次則二伯述職，不然則行人巡省，撢人誦志。故雖幽遐側微，心無壅隔。人情上通，上指遠喻。至于鰥寡，罔不得所。用垂風遺烈，休聲猶存。朕在位累載，如臨深泉，夙興夕惕，明發不寐，坐而待旦。思四方水旱災眚，爲之怛然。勤躬約己，欲令事事當宜。常恐衆吏用情，誠心未著，萬機兼猥，慮有不周，政刑失謬，而弗獲備覽。百姓有過，在予一人。惟歲之不易，未遑卜征巡省之事。人之未乂，其何以恤之。今使使持節侍中、副給事黃門侍郎，銜命四出，周行天下，親見刺史二千石長吏，申喻朕心懇誠至意，訪求得失損益諸宜，觀省政治，問人間患苦。周典有之曰：『其萬民利害爲一書，〔一〕其禮俗政事教治刑禁之逆順爲一書，其悖逆暴亂作慝犯令爲一書，其札喪凶荒厄貧爲一書，其康樂和親安平爲一書。每國辨異之，以反命于王，以周知天下之故。』斯舊章前訓，今率由之。還具條奏，俾朕昭然鑒于幽遠，若親行焉。大夫君子，其各悉乃心，各敬乃事，嘉謀令圖，苦言至戒，與使者盡之，無所隱諱。方將虛心以俟。其勉哉勗之，稱朕意焉。」

摯虞新禮議曰：「魏氏無巡狩故事，新禮則巡狩方岳，柴望告至，設壇宮，如禮諸侯之覲者。擯及執贄皆如朝儀，而不建其旗。臣虞案覲禮，諸侯覲天子，各建其旗章，所以殊爵命，示等威。詩稱『君子至止，言觀其旂』。宜定新禮建旗如舊禮。」然終晉世，巡狩廢矣。

宋武帝永初元年，詔遣大使分行四方，舉善旌賢，問其疾苦。

元嘉四年二月乙卯，〔二〕太祖東巡。丁卯，至丹徒。己巳，告覲園陵。三月甲戌，幸丹徒離宮，升京城北顧。乙亥，饗父老舊勳于丹徒行宮，加賜衣裳各有差。蠲丹徒縣其年租布之半。繫囚見徒五歲刑以下，悉皆原遣。登城三戰及先大將家并青泥關頭敗沒餘口，〔三〕

老疾單孤，又諸戰亡家不能自存者，並隨宜隱恤。二十六年二月己亥，上東巡。辛丑，幸京城。辛亥，謁二陵。丁巳，會舊京故老萬餘人，往還饗勞，孤疾勤勞之家，咸蒙卹賚，發赦令，蠲徭役。

其時皇太子監國，有司奏儀注。

某曹關某事云云。被令，儀宜如是。請爲牋如左。謹關。

右署衆官如常儀。

尚書僕射、尚書左右丞某甲，死罪死罪。某事云云。參議以爲宜如是事諾。奉行。某年月日。某曹上。

右牋儀準於啓事年月右方，關門下位及尚書官署。其言選事者，依舊不經它官。

太常主者寺押。某署令某甲辭。言某事云云。求告報如所稱。詳檢相應。今聽如所上處事諾。明詳旨申勒，〔四〕依承不得有虧。符到奉行。年月日。起尚書某曹。

右符儀。

某曹關太常甲乙啓辭。押。某署令某甲上言。某事云云。請臺告報如所稱。主者詳檢相應。請聽如所上事諾。別符申攝奉行。謹關。

年月日。

右關事儀準於黃案年月日右方，關門下位年月下左方，下附列尚書衆官署。其尚書名下應云奏者，今言關。餘皆如黃案式。

某曹關司徒長史王甲啓辭。押。某州刺史丙丁解騰某郡縣令長李乙書言某事云云。請臺告報如所稱。尚書某甲參議，以爲所論正如法令，告報聽如所上。〔五〕請爲令書如左。謹關。

右關門下位及尚書署，如上儀。

司徒長史王甲啓辭。押。某州刺史丙丁解騰某郡縣令長李乙書言某事云云。州府緣案允值。請臺告報。

年月日。尚書令某甲上。

建康宮無令，稱僕射。

右令日下司徒，〔六〕令報聽如某所上。某宜攝奉行如故事。〔七〕文書如千里驛行。

年月朔日子。〔八〕尚書令某甲下。無令稱僕射。司徒承書從事到上起某曹。

右外上事，內處報，下令書儀。

某曹關某事云云。令如是，請爲令書如右。謹關。

右關署如前式。

令司徒。某事云云。令如是，其下所屬，奉行如故事。文書如千里驛行。

年月日子，下起某曹。

右令書自內出下外儀。

令書前某官某甲。令以甲爲某官，如故事。

年月日。侍御史某甲受。〔九〕

右令書板文準於詔事板文。

尚書下云云。奏行如故事。

右以準尚書勑儀。　起某曹。

右並白紙書。凡內外應關牋之事，一準此爲儀。其經宮臣者，依臣禮。

拜刺史二千石誡敕文曰制詔云云。某動靜屢聞。

右若拜詔書除者如舊文。其拜令書除者，「令」代「制詔」，餘如常儀。辭關板文云：「某官糞土臣某甲臨官。稽首再拜辭。」制曰右除糞土臣及稽首云云。某官某甲再拜辭。以「令曰」代「制曰」。某宮臣者，稱臣。

皇太子夜開諸門，墨令，銀字棨傳令信。

太史每歲上其年曆。〔一〇〕先立春立夏大暑立秋立冬，常讀五時令。皇帝所服，各隨五時之色。帝升御坐，尚書令以下就席位，尚書三公郎以令著錄案上，奉以入，就席伏讀訖，賜酒一巵。官有其注。傅咸曰：「立秋一日，白路光於紫庭，白旂陳於玉階。」然則其日旂、路皆白也。

晉成帝咸和五年六月丁未，〔一一〕有司奏讀秋令。兼侍中散騎侍郎荀弈、兼黃門侍郎散騎侍郎曹宇駁曰：「尚書三公曹奏讀秋令儀注。新荒以來，舊典未備。臣等參議，光祿大夫臣華恒議，武皇帝以秋夏盛暑，常闕不讀令，在春冬不廢也。夫先王所以從時讀令者，〔一二〕蓋後天而奉天時。正服，尊嚴之所重，今服章多闕如。比熱隆赫，臣等謂可如恒議，依故事闕而不讀。」詔可。六年三月，有司奏：「今月十六日立夏。案五年六月三十日門下駁，依武皇夏闕讀令。今正服漸備，四時讀令，是祇述天和隆赫之道。謂今故宜讀夏令。」奏可。

宋文帝元嘉六年六月辛酉朔，駙馬都尉奉朝請徐道娛上表曰：「謹案晉博士曹弘之議，立秋御讀令，上應著緗幘，遂改用素，相承至今。臣淺學管見，竊有惟疑。伏尋禮記月令，王者四時之服正云駕倉龍，〔一三〕載赤旂，衣白衣，服黑玉。季夏則黃，文極於此，無白冠則某履某舄也。且幘又非古服，出自後代。上附於冠，下不屬衣。冠固不革，而幘豈容異色。愚謂應恒與冠同色，不宜隨節變綵。土令在近，謹以上聞。如或可採，乞付外詳議。」太學博士荀萬秋議：「伏尋幘非古者冠冕之服，禮無其文。案蔡邕獨斷云：『幘是古卑賤供事不冠人所服。』又董仲舒止雨書曰：『其執事皆赤幘。』知並不冠之服也。漢元始用，衆臣率從。故司馬彪輿服志曰：『尚書幘名曰納言。迎氣五郊，各如其色，從章服也。』自茲相承，迄于有晉。大宋受命，禮制因循。斯既歷代成準，謂宜仍舊。」有司奏：「謹案道娛啓事，以土令在近，謂幘不宜變。萬秋雖云幘宜仍舊，而不明無讀土令之文。今書舊事于左。魏臺雜訪曰：『前後但見讀春夏秋冬四時令，至於服黃之時，獨闕不讀。今不解其故。』魏明帝景初元年十二月二十一日，散騎常侍領太史令高堂隆上言曰：『黃於五行，中央土也。王四季各十八日。土生於火，故於火用事之末服黃，三季則否。其令則隨四時，不以五行爲分也。是以服黃無令。』」其後太祖常謂土令，三公郎每讀時令，皇帝臨軒，百僚備位，多震悚失常儀。宋唯世祖世劉勰、太宗世謝緯爲三公郎，善於其事，人主及公卿並屬目稱歎。勰見宗室傳。緯，謝綜弟也。

舊說後漢有郭虞者，有三女。以三月上辰產二女，上巳產一女。二日之中，而三女並亡。俗以爲大忌。至此月此日，不敢止家，皆於東流水上爲祈禳，自潔濯，謂之禊祠。分流行觴，遂成曲水。史臣案周禮女巫掌歲時祓除釁浴，如今三月上巳如水上之類也。釁浴謂以香薰草藥沐浴也。韓詩曰：「鄭國之俗，三月上巳，之溱、洧兩水之上，招魂續魄。秉蘭草，拂不祥。」〔一四〕此則其來甚久，非起郭虞之遺風、今世之度水也。月令，暮春，天子始乘舟。蔡邕章句曰：「陽氣和暖，鮪魚時至，將取以薦寢廟，故因是乘舟禊於名川也。論語，暮春浴乎沂。自上及下，古有此禮。今三月上巳，祓於水濱，蓋出此也。」邕之言然。張衡南都賦祓於陽濱又是也。或用秋，漢書八月祓於霸上。劉楨魯都賦：〔一五〕「素秋二七，天漢指隅，人胥祓除，國子水嬉。」又是用七月十四日也。自魏以後但用三日，不以巳也。

魏明帝天淵池南，設流杯石溝，燕羣臣。晉海西鍾山後流杯曲水，延百僚，皆其事也。官人循之至今。

漢文帝始革三年喪制。臨終詔曰：「天下吏民臨三日，皆釋服。無禁取婦、嫁女、祠祀、飲酒、食肉。其當給喪事者，無跣。絰帶無過三寸。當臨者，皆旦夕各十五舉音。服大紅十五日，小紅十四日，纖七日而釋服。」文帝以己亥崩，乙巳葬，其間凡七日。自是之後，天下遵令，無復三年之禮。案尸子，禹治水，爲喪法，曰毀必杖，哀必三年。是則水不救也。

故使死於陵者葬於陵，死於澤者葬於澤。桐棺三寸，制喪三日。然則聖人之於急病，必爲權制也。但漢文治致升平，四海寧晏，廢禮開薄，非也。宣帝地節四年，詔曰：「今百姓或遭衰絰凶災，而吏徭事不得葬，傷孝子心。自今諸有大父母、父母喪者，勿徭事，使得收斂送終，盡其子道。」至成帝時，丞相翟方進事父母孝謹，母終，既葬，三十六日，除服視事。自以爲身備漢相，不敢踰國家典章。然而原涉行父喪三年，顯名天下。河間惠王行母喪三年，詔書襃稱，以爲宗室儀表。薛脩服母喪三年，而兄宣曰：「人少能行之。」遂兄弟不同，宣卒以此獲譏於世。是則喪禮見貴常存矣。至漢平帝崩，王莽欲眩惑天下示忠孝，使六百石以上皆服喪三年。及莽母死，但服天子弔諸侯之服，一弔再會而已。而令子新都侯宇服喪三年。及元后崩，莽乃自服三年之禮。事皆姦妄，天下疾之。漢安帝初，長吏多避事棄官。乃令自非父母服，不得去職。是後吏又守職居官，不行三年喪服。其後又開長吏以下告寧，言事者或以爲刺史二千石宜同此制，帝從之。建光元年，[一六]尚書孟布奏宜復如建武、永平故事，絕刺史二千石告寧及父母喪服，又從之。至桓帝永興二年，復令刺史二千石行三年服。永壽二年，又使中常侍以下行三年服。至延熹元年，又皆絕之。

後漢世，諸帝不豫，並告泰山、弘農、廬江、常山、潁川、南陽、河東、東郡、廣陵太守禱祠五岳四瀆，遣司徒分詣郊廟社稷。

魏武臨終遺令曰：「天下尚未安定，未得遵古。百官臨殿中者，十五舉音。葬畢便除服。其將兵屯戍者，不得離部。」帝以正月庚子崩，辛丑即殯。是月丁卯葬，葬畢反吉，是爲不踰月也。諸葛亮受劉備遺詔，既崩，羣臣發喪，滿三日除服，到葬復如禮。其郡國太守、相、尉、縣令長三日便除服。此則魏、蜀喪制，又並異於漢也。孫權令諸居任遭三年之喪，皆須交代乃去，然多犯者。嘉禾六年，使羣臣議立制，胡綜以爲宜定大辟之科。又使代未至，不得告，告者抵罪。顧雍等同綜議。從之。其後吳令孟仁聞喪輒去，陸遜陳其素行，得減死一等，自此遂絕。

晉宣帝崩，文、景並從權制。及文帝崩，國內行服三日。武帝亦遵漢、魏之典，既葬除喪，然猶深衣素冠，降席撤膳。太宰司馬孚、太傅鄭沖、太保王祥、太尉何曾、司徒領中領軍司馬望、司空荀顗、車騎將軍賈充、尚書令裴秀、尚書僕射武陔、都護大將軍郭建、侍中郭綏、中書監荀勗、中軍將軍羊祜等奏曰：「臣聞禮典軌度，豐殺隨時，虞、夏、商、周，咸不相襲，蓋有由也。大晉紹承漢、魏，有革有因，期於足以興化致治而已。故未皆得返情太素，[一七]同規上古也。陛下既已俯遵漢、魏降喪之典，以濟時務；而躬蹈大孝，情過乎哀，素冠深衣，降席撤膳。雖武丁行之於殷世，曾閔履之於布衣，未足以喻。方今荊蠻未夷，庶政未乂，萬機事殷，動勞神慮。豈遑全遂聖旨，以從至情。加歲時變易，期運忽過，山陵彌遠，攀慕永絕。臣等以爲陛下宜回慮割情，以康時濟治。輒敕御府易服，內省改坐，太官復膳。諸所施行，皆如舊制。」詔曰：「每感念幽冥，而不得終苴絰於草土，以存此痛，況當食稻衣錦，誠使然激切其心，非所以相解也。吾本諸生家，傳禮來久，何心一旦便易此情於所天。相從已多，可試省孔子答宰我之言，無事紛紜也。言及悲剝，奈何奈何！」孚等重奏：「伏讀明詔，感以悲懷。輒思仲尼所以抑宰我之問，聖思所以不能已已，甚深甚篤。然今者干戈未戢，武事未偃，萬機至重，天下至衆。陛下以萬乘之尊，履布衣之禮，服粗席藁，水飲疏食，殷憂內盈，毀悴外表，而躬勤萬機，坐而待旦，降心接下，仄不遑食，所以勞力者如斯之甚。是以臣等悚息不寧，誠懼神氣用損，以疚大事。輒敕有司改坐復常，率由舊典。惟陛下察納愚款，以慰皇太后之心。」又詔曰：「重覽奏議，益以悲剝，不能自勝，奈何奈何！三年之喪，自古達禮，誠聖人稱心立哀，明恕而行也。神靈日遠，無所告訴。雖薄於情，食旨服美，朕更所不堪也。不宜反覆，重傷其心，言用斷絕，奈何奈何！」帝遂以此禮終三年。後居太后之喪，亦如之。

泰始二年八月，詔書曰：「此上旬，先帝棄天下日也。便以周年。吾煢煢，當復何時壹得敘人子情邪？思慕煩毒，欲詣陵瞻侍，以盡哀憤。主者具行備。」[一八]太宰司馬孚、尚書令裴秀、尚書僕射武陔等奏：「陛下至孝蒸蒸，哀思罔極，衰麻雖除，毀頓過禮，疏食粗服，有損

神和。今雖秋節，尚有餘暑，謁見山陵，悲感摧傷，羣下竊用悚息。平議以爲宜惟遠體，降抑聖情，以慰萬國。」詔曰：「孤煢忽爾，日月已周，痛慕摧感，永無逮及。欲奉瞻山陵，以敍哀憤。體氣自佳，其又已涼，便當行，不得如所奏也。主者便具行備。」又詔曰：「昔者哀適三十日，便爲梓宮所棄，遂離衰絰，感痛豈可勝言。顧漢文不使天下盡哀，亦先帝至謙之志，是以自制，不以副諸君子。有三年之愛，而身禮廓然，當見山陵，何心而無服，其以衰絰行。」孚等重奏：「臣聞上古喪期無數，後世乃有年月之漸。漢文帝隨時之義，制爲短喪，傳之于後。陛下以社稷宗廟之重，萬方億兆之故，既從權制，釋降衰麻。羣臣庶僚吉服。今者謁陵，以敍哀慕，若加衰絰，近臣期服，當復受制。進退無當，不敢奉詔。」詔曰：「亦知不在此麻布耳。然人子情思，爲欲令哀喪之物在身，蓋近情也。羣臣自當案舊制。期服之義，非先帝意也。」孚等又奏：「臣聞聖人制作，必從時宜。故五帝殊樂，三王異禮。此古今所以不同，質文所以迭用也。陛下隨時之宜，既降心克己，俯就權制，既除衰麻，而行心喪之禮。今復制服，義無所依。若君服而臣不服，雖先帝厚恩，亦未之敢安也。參量平議，宜如前奏。臣等敢固以請。」詔曰：「患情不能企及耳，衣服何在。諸君勤勤之至，豈苟相違。」

泰始四年，皇太后崩。有司奏：「前代故事，倚廬中施白縑帳蓐，素牀，以布巾裹凷草。軺輦板輿細犢車皆施縑裏。」詔不聽，但令以布衣車而已。其餘居喪之制，一如禮文。有司

二十四史

又奏：「大行皇太后當以四月二十五日安厝。故事，虞著衰服，既虞而除。其內外官僚，皆就朝晡臨位。御除服訖，各還所次除衰服。」詔曰：「夫三年之喪，天下之達禮也。受終身之愛，而無數年之報，奈何葬而便即吉，情所不忍也。」有司又奏：「世有險易，道有洿隆，所遇之時異，誠有由然，非忽禮也。方今戎馬未散，王事至殷，更須聽斷，以熙庶績。昔周康王始登翌室，猶戴冕臨朝。降於漢、魏，既葬除釋，諒闇之禮，自遠代而廢矣。唯陛下割高宗之制，從當時之宜。敢固以請。」詔曰：「攬省奏事，益增感剝。夫三年之喪，所以盡情致禮。葬已便除，所不堪也。當敍吾哀懷，言用斷絕，奈何奈何！」有司又固請。詔曰：「不能篤孝，勿以毀傷爲憂也。誠知衣服末事耳。然今思存草土，率當以吉物奪之，[一九]乃所以重傷至心，非見念也。每代禮典質文皆不同，此身何爲限以近制，使達喪闕然乎。」羣臣又固請，帝流涕久之乃許。

文帝崇陽陵先開一日，遣侍臣侍梓宮。又遣將軍校尉當直尉中監各一人，將殿中將軍以下及先帝時左右常給使詣陵宿衞。文明皇后崩及武元楊后崩，天下將吏發哀三日止。

泰始元年，詔諸將吏二千石以下遭三年喪，聽歸終寧，庶人復除徭役。

太康七年，大鴻臚鄭默母喪，既葬，當依舊攝職，固陳不起。於是始制大臣得終喪三年。然元康中，陳準、傅咸之徒，猶以權奪，不得終禮。自茲至今，往往以爲成比也。

晉文帝之崩也，羊祜謂傅玄曰：「三年之喪，自天子達。漢文除之，毀禮傷義。今上有曾、閔之性，實行喪禮。喪禮實行，何爲除服。若因此守先王之法，不亦善乎？」玄曰：「漢文以末世淺薄，不能復行國君之喪，故因而除之。數百年一旦復古，恐難行也。」祜曰：「且使主上遂服，猶爲善乎？」玄曰：「若上不除而臣下除，此爲但有父子，無復君臣，三綱之道虧矣。」習鑿齒曰：「傅玄知無君臣之傷教，而不知兼無父子爲重，豈不蔽哉。且漢廢君臣之喪，不降父子之服，故四海黎庶，莫不盡情於其親。三綱之道，二服恒用於私室，而王者獨盡廢之，豈所以孝治天下乎。詩云『猷之未遠』，其傅玄之謂也。」

泰始十年，武元楊皇后崩。博士張靖議：「太子宜依漢文權制，割情除服。」博士陳逵議：「太子宜今服重。」尚書僕射盧欽、尚書魏舒、杜預奏：「諒闇之制，乃因自古，是以高宗無服喪之文，唯稱不言而已。漢文限三十六日，魏氏以既虞爲斷。皇太子與國爲體，理宜釋服。」博士段暢承述預旨，推引禮傳以成其說。既卒哭，太子及三夫人以下皆隨御除服。

自漢文用權禮，無復□禁，歷代遵用之。至晉孝武崩，太傅錄尚書會稽王道子議：「山陵之後通婚嫁，不得作樂，以一朞爲限。」宋高祖崩，葬畢，吏民至于宮掖，悉通樂，唯殿內禁。

宋武帝永初元年，黃門侍郎王準之議：[二〇]「鄭玄喪制二十七月而終，學者多云得禮。晉初用王肅議，祥禫共月，遂以爲制。江左以來，唯晉朝施用，搢紳之士，猶多遵玄議。宜使朝野一體。」詔可。

晉惠帝永康元年，愍懷太子薨，帝依禮服長子三年，羣臣服齊衰朞。

晉孝武太元二十一年，孝武帝崩，李太后制三年之服。

宋武帝永初三年，武帝崩，蕭太后制三年之服。

晉惠帝太安元年三月，皇太孫尚薨。有司奏：「御服齊衰朞。」詔通議。散騎常侍謝衡以爲諸侯之太子，誓與未誓，尊卑體殊，喪服云，爲嫡子長殤。謂未誓也。已誓則不殤也。中書令卞粹曰：「太子始生，故已尊重，不待命誓。若衡議已誓不殤，則元服之子，當斬衰三年；未誓而殤，則雖十九，當大功九月。誓與未誓，其爲升降也微；斬與大功，其爲輕重也遠。而今注云，諸侯不降嫡殤，重嫌於無服，[二一]以大功爲重嫡之服。大功爲重嫡之服，則雖誓，無復有三年之理明矣。男能奉衞社稷，女能奉婦道，各以可成之年，而有已成之事，故可無殤，非孩亂之謂也。謂殤後者，尊之如父，猶無所加，而止殤服。況以天子之尊，爲無服之殤，行成人之制邪。凡諸宜重之殤，皆士大夫不加服，而令至尊獨居其重，未之前聞也。」博士蔡克同粹。祕書監摯虞議：「太子初生，舉以成人之禮，則殤理除矣。太孫亦體

君傳重，[二二]由位成而服全，非以年也。天子無服殤之儀，絕朞故也。」於是御史以上皆服齊衰。

晉康帝建元元年正月晦，成恭杜皇后周忌。有司奏：「至尊朞年應改服。」詔曰：「君親，名教之重也。權制出於近代耳。」於是素服如舊。非漢、魏之典。

晉孝武太元九年，[二三]崇德太后褚氏崩。[二四]后於帝爲從嫂，或疑其服。太學博士徐藻議：[二五]「資父事君而敬同。又禮傳，其夫屬乎父道者，妻皆母道也。則夫屬君道，妻亦后道矣。服后宜以資母之義。魯譏逆祀，以明尊尊。今上躬奉康、穆、哀皇及靖后之祀，致敬同於所天。豈可敬之以君道，而服廢於本親。謂應服齊衰朞。」於是帝制朞服。

晉安帝隆安四年，太皇太后李氏崩。尚書祠部郎徐廣議：「太皇太后名位允正，體同皇極，理制備盡，情禮彌申。陽秋之義，母以子貴。既稱夫人，禮服從正。故成風顯夫人之號，文公服三年之喪。[二六]子於父之所生，體尊義重。且禮祖不厭孫，宜遂服無屈。而緣情立制，若嫌明文不存，則疑斯從重。謂應同於爲祖母後齊衰朞。永安皇后無服，但一舉哀。百官亦一朞。」詔可。

宋文帝元嘉十七年七月壬子，元皇后崩。兼司徒給事中劉溫持節監喪。神虎門設凶

門柏歷至西上閤，皇太子於東宮崇正殿及永福省並設廬。諸皇子未有府第者，於西廨設廬。

元嘉十七年，元皇后崩。皇太子心喪三年。禮心喪者，有禫無禫，禮無成文，世或兩行。皇太子心喪畢，詔使博議。有司奏：「喪禮有禫，以祥變有漸，不宜便除即吉，故其間服以綅縞也。心喪已經十三月，大祥十五月，祥禫變除，〔二七〕禮畢餘一朞，不應復有禫。宜下以爲永制。」詔可。

孝武孝建三年三月，有司奏：「故散騎常侍、右光祿大夫、開府儀同三司義陽王師王偃喪逝。至尊爲服緦三月，成服，仍即公除。至三月竟，未詳當除服與不？又皇后依朝制服心喪，行喪三十日公除。至祖葬日，臨喪當著何服？又舊事，皇后心喪，服終除之日，更還著未公除時服，然後就除。未詳今皇后除心制日，當依舊更服？爲但釋心制中所著布素而已？勒禮官處正。」太學博士王膺之議：「尊卑殊制，輕重有級，五服雖同，降厭則異。禮，天子止降旁親，外舅緦麻，本在服例，但衰絰不可以臨朝饗，故有公除之議。雖釋衰襲冕，尚有緦麻之制。愚謂至尊服三月既竟，猶宜除釋。」又議：「吉凶異容，情禮相稱。皇后一月之限雖過，二功之服已釋，哀情所極，〔二八〕莫深於尸柩，親見之重，不可以無服。案周禮，爲

兄弟既除喪已，及其葬也，反服其服。輕喪雖除，猶齊衰以臨葬。舉輕明重，則其理可知也。愚謂王右光祿祖葬之日，皇后宜反齊衰。」又議：「喪禮即遠，變除漸輕，情與日殺，服隨時改。權禮既行，服制已變，豈容終除之日，而更重服乎？案晉泰始三年，武帝以朞除之月，欲反重服拜陵，頻詔勤勤，思申棘心。于時朝議譬執，亦遂不果。愚謂皇后終除之日，不宜還著重服，直當釋除布素而已。」太常丞朱膺之議：「凡云公除，非全除之稱。今朝臣私服，亦有公除，猶自窮其本制。膺之云，晉武拜陵不遂反服，此時是權制，既除衰麻，不可以重制耳。與公除不同。愚謂皇后除心制日，宜如舊反服未公除時服，以申創巨之情。」餘同膺之議。國子助教蘇瑋生議：「案三日成服即除，及皇后行喪三十日，禮無其文。若並謂之公除，則可粗相依准。凡諸公除之設，蓋以王制奪禮。葬及祥除，皆宜反服。未有服之於前，不除於後。雖有齊斬重制，猶爲功緦除喪。夫公除暫奪，豈可遂以即吉邪。愚謂至尊三月服竟，故應依禮除釋。皇后臨祖，及一周祥除，並宜反服齊衰。」尚書令、中軍將軍建平王宏議謂：「至尊緦制終，止舉哀而已。不須釋服。」餘同朱膺之議。前祠部郎中周景遠議：「權事變禮，五服俱革，緦麻輕制，不容獨異。」謂：「至尊既已公除，至三月竟，不復有除釋之義。」其餘同朱膺之議。重加研詳，以宏議爲允。詔可。

大明二年正月，有司奏：「故右光祿大夫王偃喪，依格皇后服朞，心喪三年，應再周來二月晦。檢元嘉十九年舊事，武康公主出適，二十五月心制終盡，從禮即吉。昔國哀再周，孝建二年二月，其月末，諸公主心制終，則應從吉。于時猶心禫素衣，二十七月乃除，二事不同。」領儀曹郎朱膺之議：〔二九〕「詳尋禮文，心喪不應有禫，皇代考檢，〔三〇〕已爲定制。元嘉季年，禍難深酷，聖心天至，喪紀過哀。是以出適公主，還同在室，即情變禮，非革舊章。今皇后二月晦，宜依元嘉十九年制，釋素即吉。以爲永準。」詔可。〔三一〕

文帝元嘉十五年，皇太子妃祖父右光祿大夫殷和喪，變除之禮，儀同皇后。

晉孝武太元十五年，淑媛陳氏卒，皇太子所生也。有司參詳母以子貴，贈淑媛爲夫人，置家令典喪事。太子前衞率徐邈議：「喪服傳稱，與尊者爲體，則不服其私親。又君父所不服，子亦不敢服。故王公妾子服其所生母，練冠麻衣，既葬而除。非五服之常，則謂之無服。」從之。

宋孝武大明五年閏月，皇太子妃薨。樟木爲櫬，號曰樟宮。載以龍輴。造陵於龍山，置大匠卿斷草，司空告后土。謚曰山塋。祔文元皇后廟之陰室，在正堂後壁之外，北向。御服大功九月，設位太極東宮堂殿。中監、黃門侍郎、僕射並從服。從服者，御服衰乃從服，他日則否。宮臣服齊衰三月，其居宮者處寧假。

大明五年閏月，有司奏：「依禮皇太后服太子妃小功五月，皇后大功九月。」右丞徐爰參議：「宮人從服者，若二御哭臨應著衰時，從服者悉著衰，非其日如常儀。太子既有妃朞服，詔見之日，還著公服。若至尊非哭臨日幸東宮，太子見亦如之。宮臣見至尊，皆著朱衣。」

大明五年閏月，有司奏：「皇太子妃薨，至尊、皇后並服大功九月，皇太后小功五月。未詳二御何當得作鼓吹及樂？」博士司馬興之議：「案禮，『齊衰大功之喪，三月不從政』。今臨軒拜授，則人君之大典，今古既異，賒促不同。愚謂皇太子妃祔廟之後，便可臨軒作樂及鼓吹。」右丞徐爰議：「皇太子妃雖未山塋，臨軒拜官，舊不爲礙。樟棺在殯，應縣而不作。祔後三御樂，宜使學官擬禮上。」興之又議：「案禮，大功至則辟琴瑟，誠無自奏之理。但王者體大，理絕凡庶。故漢文既葬，悉皆復吉，唯縣而不樂，以此表哀。今准其輕重，侔其降殺，則下流大功，不容撤樂以終服。〔三二〕夫金石賓饗之禮，簫管警塗之衞，實人君之盛典，當陽之威飾，固亦不可久廢於朝。又禮無天王服嫡婦之文，直後學推貴嫡之義耳。既已制服成喪，虛懸終窆，亦足以甄崇冢正，標明禮歸矣。」爰參議，皇太子朞服內，不合作樂及鼓吹。

明帝泰始中，陳貴妃父金寶卒。貴妃制服三十日滿，公除。晉穆帝時，東海國言哀王薨踰年，嗣王乃來繼，不復追服，羣臣皆已反吉，國妃亦宜同除。詔曰：「朝廷所以從權制者，以王事奪之，非爲變禮也。婦人傳重義大，若從權制，義將安託。」於是國妃終三年之

制。孫盛曰：「廢三年之禮，開偸薄之源，漢、魏失之大者也。今若以丈夫宜奪以王事，婦人可終本服，是爲吉凶之儀，雜陳於宮寢，綵素之制，乖異於內外，無乃情禮俱違，哀樂失所乎。蕃國寡務，宜如聖典，可無疑矣。」

宋文帝元嘉四年八月，太傅長沙景王神主隨子南兗州刺史義欣鎭廣陵，[三三]備所加殊禮下船。及至鎭，入行廟。大司馬臨川烈武王神主隨子荊州刺史義慶江陵，亦如之。

元嘉二十三年七月，白衣領御史中丞何承天奏：

尙書刺：「海鹽公主所生母蔣美人喪。海鹽公主先離婚，今應成服，撰儀注參詳，宜下二學禮官博士議公主所服輕重。太學博士顧雅議：『今既咸用士禮，便宜同齊衰削杖，布帶疏屨，朞，禮畢，心喪三年。』博士周野王議又云：『今諸王公主咸用士禮。譙王、衡陽王爲所生太妃皆居重服，則公主情禮，亦宜家中朞服爲允。』其博士庾邃之、顏測、殷明、王淵之四人同雅議；何惔、王羅雲二人同野王議。」如所上臺案。今之諸王，雖行士禮，是施於傍親及自己以下。至於爲帝王所厭，猶一依古典。又永初三年九月，苻修儀亡，廣德三主以餘尊所厭，猶服大功。海鹽公主體自宸極，當上厭至尊，豈得遂服。臺據經、傳正文，幷引事例，依源責失。而博士顧雅、周野王等捍不肯

怙，方稱「自有宋以來，皇子蕃王，皆無厭降，同之士禮，著於故事。緦功之服，不廢於末戚，顧獨貶於所生，是申其所輕，奪其所重。奪其所重，豈緣情之謂。」臺伏尋聖朝受終于晉，凡所施行，莫不上稽禮文，兼用晉事。又太元中，晉恭帝時爲皇子，服其所生陳氏，練冠緦緣，此則前代施行故事，謹依禮文者也。又廣德三公主爲所生母苻修儀服大功，此先君餘尊之所厭者也。[三四]元嘉十三年，第七皇子不服曹婕妤，止於麻衣，此厭乎至尊者也。博士既不據古，又不依今，背違施行見事，而多作浮辭自衞。乃云五帝之時，三王之季。又言長子去斬衰，除禫杖，皆是古禮，不少今世。博士雖復引此諸條，無救於失。又詰臺云：「蕃國得遂其私情，此義出何經記？」臣案南譙、衡陽太妃並受朝命，爲國小君，是以二王得遂其服，豈可爲美人比例。尋蕃王得遂者，聖朝之所許也。皇子公主不得申者，由有厭而然也。臺登重更責失制不得過十日，而復不酬答。既被催攝二三日，甫輸怗辭。雖理屈事窮，猶闇義恥服。臣聞喪紀有制，禮之大經；降殺攸宜，家國舊典。古之諸侯衆子，猶以尊厭；況在王室，而欲同之士庶。此之僻謬，不俟言而顯。太常統寺，曾不研却，所謂同乎失者，亦未得之。宜加裁正，弘明國典。

謹案太學博士顧雅、國子助教周野王、博士王羅雲、顏測、殷明、何惔、王淵之、前博士還員外散騎侍郎庾邃之等，咸蒙抽飾，備位前疑，既不謹守舊文，又不審據前准，遂上背經典，下違故事，率意妄作，自造禮章。太常臣敬叔位居宗伯，問禮所司，騰述往反，了無研却，混同茲失，亦宜及咎。請以見事並免今所居官，解野王領國子助教。雅、野王初立議乖舛，中執捍愆失，未違十日之限，雖起一事，合成三愆，羅雲掌押捍失，三人加禁固五年。

詔敬叔白衣領職。餘如奏。

元嘉二十九年，南平王鑠所生母吳淑儀薨。依禮無服，麻衣練冠，既葬而除。有司奏：「古者與尊者爲體，不得服其私親。而比世諸侯咸用士禮，五服之內，悉皆成服，於其所生，反不得遂。」於是皇子皆申母服。

孝武帝孝建元年六月己巳，有司奏：「故第十六皇弟休倩薨夭，年始及殤，追贈諡東平沖王。服制未有成准，輒下禮官詳議。」太學博士陸澄議：「案禮有成人道，則不爲殤。今既追胙土宇，遠崇封秩，圭瓛備典，成執大焉。典文式昭，殤名去矣。夫典文垂式，元服表身，猶以免孺子之制，全丈夫之義。安有名頒爵首，而可服以殤禮。」有司尋澄議無明證，却使秉正更上。澄重議：「竊謂贈之爲義，所以追加名器。故贈公者便成公，贈卿者便成卿。贈之以王，得不爲王乎？然則有在生而封，或既沒而爵，俱受帝命，不爲吉凶殊典；同備文物，豈以存亡異數。今璽策咸秩，是成人之禮；羣后臨哀，非下殤之制。若喪用成人，親以殤

服，末學含疑，未之或辨。敢求詳衷如所稱。」左丞臣羊希參議：「尋澄議，既無晝然前例，不合准據。案禮，子不殤父，臣不殤君。君父至尊，臣子恩重，不得以幼年而降。又曰，『尊同則服其親服』，推此文旨，旁親自宜服殤，所不殤者唯施臣子而已。」詔可。

孝建元年六月，湘東國刺稱「國太妃以去三十年閏六月二十八日薨。未詳周忌當在六月？爲取七月？勒禮官議正」。博士丘邁之議：「案吳商議，閏月亡者，應以本正之月爲忌。」左僕射建平王宏謂：「邁之議不可准據。案晉世及皇代以來，閏月亡者，以閏之後月祥。宜以來七月爲祥忌。」及大明元年二月，有司又奏：「太常鄱陽哀王去年閏三月十八日薨。今爲何月末祥除？」下禮官議正。博士傅休議：「尋三禮，喪遇閏，月數者數閏，歲數者沒閏，閏在朞內故也。鄱陽哀王去年閏三月薨，月次節物，則定是四月之分，應以今年四月末爲祥。晉元、明二帝，並以閏一月崩，以閏後月祥，先代成准，則是今比。」太常丞庾蔚之議：「禮，正月存親，故有忌日之感。四時既已變，人情亦已衰，故有二祥之殺。是則祥忌皆以同月爲議，而閏亡者，明年必無其月，不可以無其月而不祥忌，故必宜用閏所附之月。閏月附正，公羊明議，故班固以閏九月爲後九月，月名既不殊，天時亦不異。若用閏之後月，則春夏永革，節候亦舛。設有人以閏臘月亡者，若用閏後月爲祥忌，則祥忌應在後年正月。祥涉三載，既失周朞之義，[三五]冬亡而春

忌，又乖致感之本。譬今年末三十日亡，明年末月小，若以去年二十九日親尚存，則應用後年正朝爲忌，此必不然。則閏亡可知也。」通關並同蔚之議，三月末祥。

大明五年七月，有司奏：「故永陽縣開國侯劉叔子夭喪，年始四歲，傍親服制有疑。」太學博士虞龢、領軍長史周景遠、司馬朱膺之、前太常丞庾蔚之等議，並云「宜同成人之服。東平沖王服殤，實由追贈，異於已受茅土」。博士司馬興之議：「應同東平殤服。」左丞荀萬秋等參議：「南面君國，繼體承家，雖則佩觿，未闕成德，君父名正，臣子不容服殤，[三六]故云『臣不殤君，子不殤父』。推此，則知傍親故依殤制。東平沖王已經前議。若升仕朝列，則爲大成，故鄱陽哀王追贈太常，親戚不降。愚謂下殤以上，身居封爵，宜同成人。年在無服之殤，以登宜爲斷。今永陽國臣，自應全服，至於傍親，宜從殤禮。」詔「景遠議爲允」。

後廢帝元徽二年七月，有司奏：「第七皇弟訓養母鄭修容喪。未詳服制，下禮官正議。」太學博士周山文議：「案庶母慈己者，小功五月。鄭玄云：『其使養之不命爲母子，[三七]亦服庶母慈己之服。』愚謂第七皇弟宜從小功之制。」參議並同。

漢、魏廢帝喪親三年之制，而魏世或爲舊君服三年者。至晉泰始四年，尚書何楨奏：[三八]「故辟舉綱紀吏，不計違適，皆反服舊君齊衰三月。」於是詔書下其奏，所適無貴賤，悉同依

古典。

魏武以正月崩，魏文以其年七月設伎樂百戲，是魏不以喪廢樂也。晉武帝以來，國有大喪未除，正會亦廢樂。太安元年，太子喪未除，正會亦廢樂。穆帝永和中，爲中原山陵未修復，頻年會，輒廢樂。是時太后臨朝，后父褚裒薨，元會又廢樂。

晉世孝武太元六年，爲皇后王氏喪，亦廢樂。宋大喪則廢樂。

漢獻帝建安末，魏武帝作終令曰：「古之葬者，必在瘠薄之地，其規西原上爲壽陵。因高爲基，不封不樹。周禮，冢人掌公墓之地，凡諸侯居左右以前，卿大夫居後。漢制亦謂之陪陵。其公卿大臣列將有功者，宜陪壽陵。其廣爲兆域，使足相容。」魏武以送終制衣服四篋，題識其上，春秋冬夏日有不諱，隨時以斂。金珥珠玉銅鐵之物，一不得送。文帝遵奉，無所增加。及受禪，刻金璽，追加尊號。不敢開埏，乃爲石室，藏璽埏首，示陵中無金銀諸物也。漢禮明器甚多，自是皆省矣。

文帝黃初三年，又自作終制：「禮，國君卽位，爲椑，存不忘亡也。壽陵因山爲體，無封無樹，無立寢殿，造園邑，通神道。夫葬者，藏也。欲人之不能見也。禮不墓祭，欲存亡之

不黷也。皇后及貴人以下，不隨王之國者，有終沒，皆葬澗西，前又已表其處矣。」此詔藏之宗廟，副在尚書、祕書三府，明帝亦遵奉之。明帝性雖崇奢，然未遽營陵墓也。

晉宣帝豫自於首陽山爲土藏，不墳不樹，作顧命終制，斂以時服，不設明器。文、景皆謹奉成命，無所加焉。

景帝崩，喪事制度，又依宣帝故事。

武帝泰始四年，文明王皇后崩，將合葬，開崇陽陵。使太尉司馬望奉祭，進皇帝密璽綬於便房神坐。魏氏金璽，此又儉矣。

泰始二年，詔曰：「昔舜葬蒼梧，農不易畝；禹葬會稽，市不改肆。上惟祖考淸簡之旨，外欲移陵十里內居人，一切停之。」江左元、明崇儉，且百度草創，山陵奉終，省約備矣。

成帝咸康七年，杜后崩。詔外官五日一入臨，內官旦一入而已。過葬虞祭禮畢止。有司奏：「大行皇后陵所作凶門柏歷，門號顯陽端門。」詔曰：「門如所處，[三九]凶門柏歷，大爲煩費，停之。」案蔡謨說，以二瓦器盛死者之祭，繫於木表，裹以葦席，[四〇]置於庭中近南，名爲重。今之凶門，是其遺象也。[四一]禮，既虞而作主。今未葬，未有主，故以重當之。禮稱爲主道，此其義也。范堅又曰：「凶門非古。古有懸重，形似凶門。後人出之門外以表喪，俗遂行之。薄帳，卽古弔幕之類也。」是時又詔曰：「重壤之下，豈宜崇飾無用。陵中唯潔掃而

已。」有司又奏依舊選公卿以下六品子弟六十人爲挽郎。詔又停之。

孝武帝太元四年九月，皇后王氏崩。詔曰：「終事唯從儉速。」又詔：「遠近不得遣山陵使。」有司奏選挽郎二十四人。詔停。

宋文帝元嘉十七年，元皇后崩，詔亦停選挽郎。

漢儀五供畢則上陵，歲歲以爲常。魏則無定禮。齊王在位九載，始一謁高平陵，而曹爽誅。其後遂廢，終魏世。

晉宣帝遺詔：「子弟羣官，皆不得謁陵。」於是景、文遵旨。至武帝猶再謁崇陽陵，一謁峻平陵，然遂不敢謁高原陵。至惠帝復止也。逮江左初，元帝崩後，諸公始有謁陵辭陵之事，蓋由眷同友執，率情而舉，非洛京之舊也。成帝時，中宮亦年年拜陵，議者以爲非禮，於是遂止，以爲永制。至穆帝時，褚太后臨朝，又拜陵，帝幼故也。至孝武崩，驃騎將軍司馬道子命曰：「今雖權制釋服，至於朔望諸節，自應展情陵所，以一周爲斷。」於是至陵變服單衣帢，煩瀆無準，非禮意也。至安帝元興元年，尚書左僕射桓謙奏曰：「百僚拜陵，起於中興，非晉舊典。積習生常，遂爲近法。尋武皇帝詔，乃不使人主諸王拜陵，豈唯百僚。謂宜遵奉。」於是施行。及義熙初，又復江左之舊。

宋明帝又斷羣臣初拜謁陵，而辭如故。自元嘉以來，每歲正月，輿駕必謁初寧陵，復漢儀也。世祖、太宗亦每歲拜初寧、長寧陵。

漢以後，天下送死奢靡，多作石室石獸碑銘等物。建安十年，魏武帝以天下雕弊，下令不得厚葬，又禁立碑。魏高貴鄉公甘露二年，大將軍參軍太原王倫卒，倫兄俊作表德論，以述倫遺美，云「祗畏王典，不得爲銘，乃撰錄行事，就刊於墓之陰云爾」。此則碑禁尚嚴也。此後復弛替。

晉武帝咸寧四年，又詔曰：「此石獸碑表，既私褒美，興長虛僞，傷財害人，莫大於此。一禁斷之。其犯者雖會赦令，皆當毀壞。」至元帝太興元年，有司奏：「故驃騎府主簿故恩營葬舊君顧榮，求立碑。」詔特聽立。自是後，禁又漸頹。大臣長吏，人皆私立。義熙中，尚書祠部郎中裴松之又議禁斷，於是至今。

順帝昇明三年四月壬辰，御臨軒，遣使奉璽綬禪位於齊王，懸而不樂。

宋明帝泰始二年九月，有司奏：「皇太子所生陳貴妃禮秩既同儲宮，未詳宮臣及朝臣並

有敬不？妃主在內相見，又應何儀？」博士王慶緒議：「百僚內外禮敬貴妃，應與皇太子同。其東朝臣隸，理歸臣節。」太常丞虞愿等同慶緒。尚書令建安王休仁議稱：「禮云，妾既不得體君，班秩視子爲序。母以子貴，經著明文。內外致敬貴妃，誠如慶緒議。天子姬嬪，不容通音介於外，雖義可致虔，不應有牋表。」參詳休仁議爲允。詔可。

泰豫元年，後廢帝即位，崇所生陳貴妃爲皇太妃。有司奏：「皇太妃位亞尊極，未詳國親舉哀格當一同皇太后？爲有降異？又於本親朞以下，當猶服與不？」前曹郎王燮之議：「案喪服傳，『妾服君之黨，得與女君同』。如此，皇太妃服宗與太后無異。但太后既以尊降無服，太妃儀不應殊，故悉不服也。計本情舉哀，其禮不異。又禮，『諸侯絕朞』。皇太妃雖云不居尊極，不容輕於諸侯。謂本親朞以下，一無所服。有慘自宜舉哀。親疏二儀，準之太后。」兼太常丞司馬燮之議：「禮，『妾服君之庶子及女君之黨』。皆謂大夫士耳。妾名雖總，而班有貴賤。三夫人九嬪，位視公卿。大夫猶有貴妾，而況天子。諸侯之妾爲他妾之子無服，既不服他妾之子，豈容服君及女君餘親。況皇太后妃貴亞相極，禮絕羣后，崇輝盛典，有踰東儲，尚不服朞，太妃豈應有異。若本親有慘，舉哀之儀，宜仰則太后。」參議以燮之議爲允。太妃於國親無服，故宜緣情爲諸王公主於至尊是朞服者反，其太妃王妃三夫人九嬪各舉哀。

宋孝武帝孝建三年八月戊子，有司奏：「雲杜國解稱國子檀和之所生親王，求除太夫人。檢無國子除太夫人先例，法又無科。下禮官議正。」太學博士孫豁之議：「春秋，『母以子貴』。王雖爲妾，是和之所生。案五等之例，鄭伯許男同號夫人，國子體例，王合如國所生。」太常丞庾蔚之議：「『母以子貴』，雖春秋明義，古今異制，因革不同。自頃代以來，所生蒙榮，唯有諸王。既是王者之嬪御，故宜見尊於蕃國。若功高勳重，列爲公侯，亦有拜太夫人之禮。凡此皆朝恩曲降，非國之所求。子男妾母，未有前比。」祠部郎中朱膺之議以爲：「子不得爵父母，而春秋有『母以子貴』。當謂傳國嗣君母，[四二]本先公嬪媵，所因藉有由故也。始封之身，所不得同。若殊績重勳，恩所特錫，時或有之，不由司存。」所議參議，以蔚之爲允。詔可。

大明二年六月，有司奏：「凡侯伯子男世子喪，無嗣，求進次息爲世子。檢無其例，下禮官議正。」博士孫武議：「案晉濟北侯荀勗長子連卒，以次子輯拜世子。先代成準，宜爲今例。」博士傅郁議：「禮記，微子立衍，商禮斯行。仲子舍孫，姬典攸貶。歷代遵循，靡替于舊。今胙土之君在而世子卒，厥嗣未育，非捨孫之謂。[四三]愚以爲次子有子，自宜紹爲世孫。若其未也，無容遠搜輕屬，承綱繼體，傳之有由。父在立子，允稱情典。」曹郎諸葛雅之議：

「案春秋傳云，『世子死，有母弟則立之，[四四]無則立長，年均擇賢，義均則卜』。古之制也。今長子早卒，無嗣，進立次息以爲世子，取諸左氏，理義無違。又孫武所據晉濟北侯荀勗長子卒，立次子，亦近代成例。依文採比，竊所允安。謂宜開許，以爲永制。」參議爲允。詔可。

大明十二年十一月，[四五]有司奏：「興平國解稱國子袁愍孫母王氏，應除太夫人。檢無國子除太夫人例。下禮官議正。」太學博士司馬興之議：「案禮，下國卿大夫之妻，皆命天子。以斯而推，則子男之母，不容獨異。」博士程彥議以爲：「五等雖差，而承家事等。公侯之母，崇號得從，子男於親，尊秩宜顯。故春秋之義，『母以子貴』。固知從子尊與國均也。彥參議，以興之議爲允。除王氏爲興平縣開國子太夫人。」詔可。

大明四年九月，有司奏：「陳留國王曹虔秀長兄虔嗣早卒，[四六]秀襲封之後，生子銑以繼虔嗣。今依例應拜世子，未詳應以銑爲世子？爲應立次子鍇？」太學博士王溫之、江長議，並爲應以銑爲正嗣。太常陸澄議立鍇。右丞徐爰議謂：「禮後大宗，以其不可乏祀。諸侯世及，春秋成義。虔嗣承家傳爵，身爲國王，雖薨沒無子，猶列昭穆。立後之日，便應即纂國統。于時既無承繼，虔秀以次襲紹[四七]。虔嗣既列廟饗，故自與世數而遷。豈容蒸嘗無闕，橫取他子爲嗣。爲人胤嗣，又應恭祀先父。案禮文，公子不得禰諸侯。虔嗣無緣降廟

就寢。銑本長息，宜還爲虔秀世子。」詔如爰議。

宋文帝元嘉十三年七月，有司奏：「御史中丞劉式之議，『每至出行，未知制與何官分道，應有舊科。法唯稱中丞專道，傳詔荷信，詔喚衆官，應詔者行，得制令無分別他官之文，既無畫然定則，〔四八〕準承有疑。謂皇太子正議東儲，不宜與衆同例，中丞應與分道。揚州刺史、丹陽尹、建康令，並是京輦土地之主，或檢校非違，或赴救水火，事應神速，不宜稽駐，亦合分道。又尋六門則爲行馬之內，且禁衞非違，並由二衞及領軍，未詳京尹、建康令門內之徒及公事，亦得與中丞分道與不？其准參舊儀，告報參詳所宜分道』。聽如臺所上，其六門內，既非州郡縣部界，則不合依門外。其尚書令、二僕射所應分道，亦悉與中丞同。」

孝武帝大明六年五月，詔立凌室藏冰。有司奏，季冬之月，冰壯之時，凌室長率山虞及輿隸取冰於深山窮谷涸陰沍寒之處，以納于凌陰。務令周密，無泄其氣。先以黑牡秬黍祭司寒於凌室之北。〔四九〕仲春之月，春分之日，以黑羔秬黍祭司寒。啓冰室，先薦寢廟。二廟夏祠用鑑盛冰，室一鑑，以禦溫氣蠅蚋。三御殿及太官膳羞，並以鑑供冰。自春分至立秋，〔五〇〕有臣妾喪，詔贈祕器。自立夏至立秋，不限稱數以周喪事。繕制夷盤，隨冰借給。〔五一〕

凌室在樂游苑內，置長一人，保舉吏二人。

三公黃閤，前史無其義。史臣按，禮記「士韠與天子同，公侯大夫則異」。鄭玄注：「士賤，與君同，不嫌也。」夫朱門洞啓，當陽之正色也。三公之與天子，禮秩相亞，故黃其閤，以示謙不敢斥天子，蓋是漢來制也。張超與陳公牋，「拜黃閤將有日月」是也。

史臣按：今朝士詣三公，尚書丞、郎詣令、僕射、尚書，並門外下車，履，度門閫乃納屐。漢世朝臣見三公，並拜。丞、郎見八座，皆持板揖，事在漢儀及漢舊儀，然則並有敬也。陳蕃爲光祿勳，范滂爲主事，以公儀詣蕃，執板入閤，至坐，蕃不奪滂板，滂投板振衣而去。郭泰責蕃曰：「以階級言之，滂宜有敬；以類數推之，至閤宜省。」然後敬止在門，其來久矣。

校勘記

〔一〕其萬民利害爲一書　「民」各本並作「人」，據周禮秋官小行人職文改。

〔二〕元嘉四年二月乙卯　「乙卯」原作「己卯」，據局本及本書文帝紀改。按是年二月乙巳朔，十一日乙卯，是月無己卯。

〔三〕登城三戰及先大將家幷青泥關頭敗沒餘口　「家」各本並作「軍」，據文帝紀改。「青泥」各本並作「貴泥」。孫虨宋書考論云：「當作青泥」。按孫說是，今改正。

〔四〕明詳旨申勒　「勒」各本並作「勤」，孫虨宋書考論云：「勤當作勒」。按孫說是，今改正。

〔五〕告報聽如所上　各本並脫「告」字，據通典禮典補。按下有「請臺告報」之語，蓋告報爲當時公文程式用語。

〔六〕右令日下司徒　各本並脫「右」字，據通典禮典補。

〔七〕某宣攝奉行如故事　各本並脫「奉」字，據通典禮典補。

〔八〕年月朔日子　三朝本、毛本作「年月朔日子」。北監本、殿本、局本作「年月朔日甲子」。按文選四四陳琳檄吳將校部曲文亦作「年月朔日子」。

〔九〕年月日侍御史某甲受　此行各本並在「右令書板文準於詔事板文」一行之下，今據通典禮典，前後對易。

〔一〇〕太史每歲上其年曆　「其」各本並作「某」，據晉書禮志、通典禮典改。

〔一一〕晉成帝咸和五年六月丁未　按是月丙寅朔，無丁未。

〔一二〕夫先王所以從時讀令者　「從」，晉書禮志、通典禮典作「順」，蓋沈約爲梁武帝父蕭順之諱而改。

〔一三〕王者四時之服正云駕倉龍　「云」字三朝本空白。北監本、毛本、殿本、局本作「見」字，元龜五七六作「云」字。今據元龜改。

〔一四〕拂不祥　續漢書禮儀志劉昭注引、通典禮典作「祓除不祥」。

〔一五〕劉楨魯都賦　「楨」各本並作「禎」。按劉楨，字公幹，則「禎」當作「楨」，今改正。

〔一六〕建光元年　「建光」各本並作「建元」，據元龜六〇改。按漢安帝年號有「建光」，無「建元」。

〔一七〕故未皆得返情太素　各本並脫「太」字，據晉書禮志補。

〔一八〕主者具行備　「具」各本並作「奏」。據晉書禮志、元龜二七改。下文亦有「主者便具行備」語。

〔一九〕率常以吉物奪之　各本並奪「物」字，據晉書禮志補。

〔二〇〕黃門侍郎王準之議　各本並脫「王」字，據通典禮典補。

〔二一〕重嫌於無服　各本並脫「服」字，據晉書禮志補。

〔二二〕太孫亦體君傳重　三朝本、北監本、毛本、殿本並脫「傳」字，今從局本。

〔二三〕晉孝武太元九年　「九年」各本並作「元年」。據錢氏考異說改。錢大昕廿二史考異云：「太元元年，當作太元九年。字涉相似而譌。」按晉書康獻褚皇后傳，卒於太元九年。

〔二四〕崇德太后褚氏崩　「崇德」各本並作「崇憲」，據局本及晉書禮志、晉書康獻褚皇后傳改。

〔二五〕太學博士徐藻議　「徐藻」各本並作「徐恭」，據晉書禮志、晉書康獻褚皇后傳、通典禮典、元龜五七五改。

〔二六〕文公服三年之喪　「文公」各本及南史、晉書禮志作「昭公」。宋書徐廣傳作「僖公」。通典禮典作「文公」。錢大昕廿二史考異云：「昭公、徐廣傳作僖公。然成風之薨，不在僖公之世。且安帝於李后爲祖母，非僖公於成風之比。竊謂當是文公之譌也。」按據錢氏考異之說，則通典作「文公」者是，今據改。

〔二七〕祥禫變除　各本並脫「祥」字，據通典禮典補。

〔二八〕哀情所極　「情」各本並作「喪」，據通典禮典改。

〔二九〕領儀曹郎朱膺之議　各本並脫「儀」字，據元龜五七六補。

〔三〇〕皇代考檢　「檢」各本並作「驗」，據通典禮典改。

〔三一〕釋素卽吉以爲永準詔可　各本並脫「爲永準詔可」五字，據通典禮典補。

〔三二〕不容撤樂以終服　各本並脫「以」字，據通典禮典補。

〔三三〕太傅長沙景王神主隨子南兗州刺史義欣鎭廣陵　「義欣」各本並作「義興」。按長沙王道憐子有義欣，無義興。義欣元嘉三年爲南兗州刺史。今據長沙景王傳子義欣附傳改正。

〔三四〕此先君餘尊之所厭者也　「厭」各本並作「廢」，今從局本。

〔三五〕旣失周朞之義　「義」各本並作「議」，據通典禮典改。

〔三六〕雖則佩觿未闕成德君父名正臣子不容服殤　各本並作「雖則佩觿未闕成人得君父名也不容服

殤」，文字舛譌不可通。今據通典禮典改正。

〔三七〕其使養之不命爲母子　各本並作「其使養之命不爲母子」，今據儀禮喪服鄭玄注原文改正。

〔三八〕泰始四年尙書何楨奏　「楨」各本作「禎」。按三國志魏志管寧傳注引文士傳：「楨字元幹，廬江人。入晉爲尙書、光祿大夫。」當卽其人，則「禎」當作「楨」，今改正。參見本書卷一四禮志一校勘記第八、第十四、第二二條。

〔三九〕門如所處　「所」各本並作「何」，據通典禮典改。

〔四〇〕褁以葦席　各本並脫「褁」字，據通典禮典補。

〔四一〕是其遺象也　各本並脫「遺」字，據通典禮典補。

〔四二〕當謂傳國嗣君母　各本並脫「嗣」字，據元龜五七六補。

〔四三〕非捨孫之謂　各本並脫「捨」字，據通典禮典補。

〔四四〕有母弟則立之　「立之」各本作「弟」一字，據左傳襄公三十一年原文改正。

〔四五〕大明十二年十一月　張森楷校勘記云：「大明祇八年，無十二年。據上條稱大明二年，下條稱大明四年，此十二年或是大明三年之誤。」

〔四六〕有司奏陳留國王曹虔秀長兄虔嗣早卒　「曹虔秀」各本並作「曹虔季」，據本紀及通典禮典改。下文又出「曹虔季」，幷改「曹虔秀」。

〔四七〕虔秀以次襲紹　「虔秀」三朝本作「虔嗣」，北監本、毛本、殿本、局本作「虔季」，今據通典禮典改。

〔四八〕旣無晝然定則　「晝」各本並作「盡」，據通典禮典改。

〔四九〕先以黑牡秬黍祭司寒於凌室之北　「秬黍」各本並作「秠黍」，據通典禮典改。

〔五〇〕自春分至立秋　各本並脫「至」字，據通典禮典補。

〔五一〕隨冰借給　「借」局本及通典禮典作「供」。

宋書卷十六

志第六

禮三

「國之大事，在祀與戎」。自書契經典，咸崇其義，而聖人之德，莫大於嚴父者也。故司馬遷著封禪書，班固備郊祀志，上紀皇王正祀，下錄郡國百神。司馬彪又著祭祀志以續終漢。中興以後，其舊制誕章，粲然弘備。自茲以降，又有異同。故復撰次云爾。

漢獻帝延康元年十一月己丑，詔公卿告祠高廟。遣兼御史大夫張音奉皇帝璽綬策書，禪帝位于魏。是時魏文帝繼王位，南巡在潁陰。有司乃爲壇於潁陰之繁陽故城。庚午，登壇。魏相國華歆跪受璽紱以進於王。既受畢，降壇視燎，成禮而返。未有祖配之事。魏文帝黄初二年正月，郊祀天地明堂。是時魏都洛京，而神祇兆域明堂靈臺，皆因漢

舊事。四年七月，帝將東巡，以大軍當出，使太常以一特牛告祠南郊，自後以爲常。及文帝崩，太尉鍾繇告謚南郊，皆是有事於郊也。

明帝太和元年正月丁未，郊祀武皇帝以配天，宗祀文皇帝於明堂以配上帝。是時二漢郊禋之制具存，魏所損益可知也。

四年八月，帝東巡，過繁昌。使執金吾臧霸行太尉事，以特牛祠受禪壇。後漢紀，章帝詔高邑祠卽位壇。此雖前代已行之事，然爲壇以祀天，而壇非神也。今無事於上帝，而致祀於虛壇，未詳所據也。

景初元年十月乙卯，始營洛陽南委粟山爲圓丘。詔曰：「蓋帝王受命，莫不恭承天地，以彰神明，尊祀世統，以昭功德。故先代之典既著，則禘郊祖宗之制備也。昔漢氏之初，承秦滅學之後，採摭殘缺，以備郊祀。自甘泉、后土、雍宮、五時神祇兆位，多不經見，並以興廢無常，一彼一此，四百餘年，廢無禘禮。古代之所更立者，遂有闕焉。曹氏世系，出自有虞氏，今祀圓丘，以始祖帝舜配，號圓丘曰皇皇帝天。方丘所祭曰皇皇后地，以舜妃伊氏配。天郊所祭曰皇天之神，以太祖武皇帝配。地郊所祭曰皇地之祇，以武宣皇后配。宗祀皇考高祖文皇帝於明堂，以配上帝。」十二月壬子冬至，始祀皇皇帝天于圓丘，以始祖有虞帝舜配。自正始以後，終魏世，不復郊祀。

孫權初稱尊號於武昌，祭南郊告天。文曰：「皇帝臣孫權，敢用玄牡，昭告皇皇后帝。漢饗國二十有四世，歷年四百三十有四，〔一〕行氣數終，祿胙運盡，普天弛絕，率土分崩。孽臣曹丕，遂奪神器。丕子叡繼世作慝，竊名亂制。權生於東南，遭值期運，承乾秉戎，志在拯世，奉辭行罰，舉足爲民。羣臣將相州郡百城執事之人，咸以爲天意已去於漢，漢氏已終於天，皇帝位虛，郊祀無主，休徵嘉瑞，前後雜沓，曆數在躬，不得不受。權畏天命，敢不敬從。謹擇元日，登壇柴燎，卽皇帝位。唯爾有神饗之！左右有吳，永綏天極。」其後自以居非中土，不復修設。中年，羣臣奏議，宜修郊祀。權曰：「郊祀當於中土，今非其所。」重奏曰：「普天之下，莫非王土。王者以天下爲家。昔周文、武郊於酆、鎬，非必中土。」權曰：「武王伐紂，卽阼於鎬京，而郊其所也。文王未爲天子，立郊於酆，見何經典？」復奏曰：「伏見漢書郊祀志，匡衡奏徙甘泉河東郊於長安，言文王郊於酆。」權曰：「文王德性謙讓，處諸侯之位，明未郊也。經傳無明文，由匡衡俗儒意說，非典籍正義，不可用也。」虞喜志林曰：「吳主糾駁郊祀，追貶匡衡，凡在見者，莫不慨然稱善也。」何承天曰：「案權建號繼天，而郊享有闕，固非也。末年雖一南郊，而遂無北郊之禮。環氏吳紀：『權思崇嚴父配天之義，追上父堅尊號爲吳始祖。』如此說，則權末年所郊，堅配天也。權卒後，三嗣主終吳世不郊祀，則權不享配帝之禮矣。」

劉備章武元年，卽皇帝位，設壇。「建安二十六年夏四月丙午，皇帝臣備，敢用玄牡，昭告皇天上帝、后土神祇。漢有天下，曆數無疆。曩者王莽篡盜，光武皇帝震怒致誅，社稷復享。今曹操阻兵安忍，子丕載其凶逆，竊居神器。羣臣將士以爲社稷墮廢，備宜修之，嗣武二祖，龔行天罰。備惟否德，懼忝帝位，詢于庶民，外及蠻夷君長，僉曰天命不可以不答，祖業不可以久替，四海不可以無主，率土式望，在備一人。備畏天之威，又懼漢邦將湮于地。謹擇元日，與百僚登壇，受皇帝璽綬。修燔瘞，告類于大神。惟大神尚饗！祚于漢家，永綏四海。」

章武二年十月，詔丞相諸葛亮營南北郊于成都。

魏元帝咸熙二年十二月甲子，使持節侍中太保鄭沖、兼太尉司隸校尉李憙奉皇帝璽綬策書，禪帝位于晉。丙寅，晉設壇場于南郊，柴燎告類，未有祖配。其文曰：「皇帝臣炎，敢用玄牡，明告于皇皇后帝。魏帝稽協皇運，紹天明命，以命炎曰：『昔者唐堯禪位虞舜，虞舜又以禪禹，邁德垂訓，多歷年載。暨漢德既衰，太祖武皇帝撥亂濟民，扶翼劉氏，又用受禪于漢。粵在魏室，仍世多故，幾於顛墜，實賴有晉匡拯之德，用獲保厥肆祀，弘濟于艱難。此則晉之有大造于魏也。誕惟四方之民，罔不祇順，開國建侯，宣禮明刑，廓清梁、岷，苞懷揚、越，函夏興仁，八紘同軌，遐邇馳義，祥瑞屢臻，天人協應，無思不服。肆予憲章三后，

用集大命于茲。』炎惟德不嗣，辭不獲命。於是羣公卿士，百辟庶僚，黎獻陪隸，暨于百蠻君長，僉曰：『皇天鑒下，求民之瘼，既有成命，固非克讓所得距違。』天序不可以無統，人神不可以曠主，炎虔奉皇運，畏天之威，敢不欽承休命，敬簡元辰，升壇受禪，告類上帝，以永答民望，敷佑萬國。惟明德是饗。」

泰始二年正月，詔曰：「有司前奏郊祀權用魏禮。朕不慮改作之難，今便爲永制。衆議紛互，遂不時定，不得以時供饗神祀，配以祖考，日夕歎企，貶食忘安。其便郊祀。」時羣臣又議：「五帝，卽天也，五氣時異，故殊其號。雖名有五，其實一神。明堂南郊，宜除五帝之坐。五郊改五精之號，皆同稱昊天上帝，各設一坐而已。北郊又除先后配祀。」帝悉從之。二月丁丑，郊祀宣皇帝以配天，宗祀文皇帝於明堂，以配上帝。是年十一月，有司又議奏：「古者丘郊不異，宜并圓丘方澤於南北郊，更修治壇兆。其二至之祀，合於二郊。」帝又從之。一如宣帝所用王肅議也。是月庚寅冬至，帝親祠圓丘於南郊。自是後，圓丘方澤不別立至今矣。

太康十年十月，乃更詔曰：「孝經『郊祀后稷以配天，宗祀文王於明堂，以配上帝』。而周官云：『祀天旅上帝。』又曰：『祀地旅四望。』四望非地，則明上帝不得爲天也。〔二〕往者衆議除明堂五帝位，考之禮文正經不通。且詩序曰：『文、武之功，起於后稷。』故推以配天焉。

宣帝以神武創業，既已配天，復以先帝配天，於義亦不安。其復明堂及南郊五帝位。」

晉武帝太康三年正月，帝親郊祀。皇太子、皇弟、皇子悉侍祠，非前典也。

愍帝都長安，未及立郊廟而敗。

元帝中興江南，太興元年，始更立郊兆。其制度皆太常賀循依據漢、晉之舊也。三月辛卯，〔三〕帝親郊祀，饗配之禮，一依武帝始郊故事。初尚書令刁協、國子祭酒杜夷，議宜須旋都洛邑乃修之。司徒荀組據漢獻帝居許，卽便立郊，自宜於此修奉。驃騎王導、僕射荀崧、太常華恒、中書侍郎庾亮皆同組議。事遂施行。按元帝紹命中興，依漢氏故事，宜享明堂宗祀之禮。江左不立明堂，故闕焉。

明帝太寧三年七月，始詔立北郊。未及建而帝崩，故成帝咸和八年正月，追述前旨，於覆舟山南立之。是月辛未，祀北郊，始以宣穆張皇后配地。魏氏故事，非晉舊也。

康帝建元元年正月，將北郊，有疑議。太常顧和表曰：「泰始中，合二至之祀於二郊。北郊之月，古無明文，或以夏至，或同用陽復。漢光武正月辛未，始建北郊。此則與南郊同月。及中興草創，百度從簡，合北郊於一丘。憲章未備，權用斯禮，蓋時宜也。至咸和中，議別立北郊，同用正月。魏承後漢，正月祭天，以地配，而稱周禮，三王之郊，一用夏正。」於是從和議。是月辛未，南郊。辛巳，北郊。帝皆親奉。

安帝元興三年三月，宋高祖討桓玄走之。己卯，告義功于南郊。是年，帝蒙塵江陵未返。其明年應郊。朝議以爲宜依周禮，〔四〕宗伯攝職，三公行事。尚書左丞王訥之獨曰：〔五〕「既殯郊祀，自是天子當陽，有君存焉，稟命而行，何所辨也。齋之與否，豈如今日之比乎。議者又云今宜郊，故是承制所得命三公行事。又郊天極尊，唯一而已，故非天子不祀也。庶人以上，莫不蒸嘗，嫡子居外，庶子執事，禮文炳然。未有不親受命而可祭天者。又武皇受禪，用二月郊，元帝中興，以三月郊。今郊時未過，日望輿駕。無爲欲速而無據，使皇輿旋返，更不得親奉。」遂從訥之議。

晉恭帝元熙二年五月，遣使奉策，禪帝位于宋。永初元年六月丁卯，設壇南郊，受皇帝璽紱，柴燎告類。策曰：「皇帝臣裕，敢用玄牡，昭告皇皇后帝。晉帝以卜世告終，曆數有歸，欽若景運，以命于裕。夫樹君司民，天下爲公，德充帝王，樂推攸集。越俶唐、虞，降暨漢、魏，靡不以上哲格文祖，元勳陟帝位，故能大拯黔黎，垂訓無窮。晉自東遷，四維弗樹，宰輔焉依，爲日已久。難棘隆安，禍成元興，遂至帝王遷播，宗祀湮滅。裕雖地非齊、晉，衆無一旅，仰憤時難，俯悼橫流，投袂一麾，則皇祚剋復。及危而能持，顚而能扶，姦宄具殲，僭僞必滅。誠否終必泰，興廢有期。至於撥亂濟民，大造晉室，因藉時運，以尸其勞。加以殊俗慕義，重譯來款，正朔所暨，咸服聲教。至乃三靈垂象，山川告祥，人神和協，歲月茲

著。是以羣公卿士，億兆夷人，僉曰皇靈降鑒於上，晉朝款誠於下，天命不可以久淹，宸極不可以暫曠。遂逼羣議，恭茲大禮。猥以寡德，託于兆民之上。雖仰畏天威，略是小節，顧深永懷，祗懼若厲。敬簡元日，升壇受禪，告類上帝，用酬萬國之嘉望。克隆天保，永祚于有宋。惟明靈是饗。」

永初元年，皇太子拜告南北郊。

永初二年正月上辛，上親郊祀。

文帝元嘉三年，車駕西征謝晦，幣告二郊。

孝武帝孝建元年六月癸巳，八座奏：「劉義宣、臧質，干時犯順，滔天作戾，連結淮、岱，謀危宗社。質反之始，戒嚴之日，二郊廟社，皆已遍陳。其義宣爲逆，未經同告。輿駕將發，醜徒冰消，質既梟懸，義宣禽獲，二寇俱殄，並宜昭告。檢元嘉三年討謝晦之始，普告二郊、太廟。賊既平蕩，唯告太廟、太社，不告二郊。」禮官博議。太學博士徐宏、孫勃、陸澄議：「禮無不報。始既遍告，今賊已禽，不應不同。」國子助教蘇瑋生議：「案王制，天子巡狩，『歸，假于祖禰』。又曾子問：『諸侯適天子，告于祖，奠于禰，命祝史告于社稷宗廟山川。告用牲幣，反亦如之。諸侯相見，反必告于祖禰，乃命祝史告至于前所告者。』又云：『天子諸侯將出，必以幣帛皮圭，告于祖禰。反必告至。』天子諸侯，雖事有小大，其禮略鈞，告出告

至，理不得殊。鄭云：『出入禮同。』其義甚明。天子出征，類于上帝，推前所告者歸必告至，則宜告郊，不復容疑。元嘉三年，唯告廟社，未詳其義。或當以禮記唯云『歸假祖禰』，而無告郊之辭。果立此義，彌所未達。夫禮記殘缺之書，本無備體，折簡敗字，多所闕略。正應推例求意，不可動必徵文。天子反行告社，亦無成記，何故告郊，獨當致嫌。但出入必告，蓋孝敬之心。既以告歸爲義，本非獻捷之禮。今輿駕竟未出宮，無容有告至之文。若陳告不行之禮，則爲未有前准。愚謂祝史致辭，以昭誠信。苟其義舛於禮，自可從實而闕。臣等參議，以應告爲允，宜並用牲告南北二郊、太廟、太社，依舊公卿行事。」詔可。

孝建二年正月庚寅，〔六〕有司奏：「今月十五日南郊。尋舊儀，廟祠至尊親奉，以太尉亞獻；南郊親奉，以太常亞獻。又廟祠行事之始，以酒灌地；送神則不灌。而郊初灌，同之於廟，送神又灌，議儀不同，於事有疑。輒下禮官詳正。」太學博士王祀之議：「案周禮，大宗伯『佐王保國，以吉禮事鬼神祇，禋祀昊天』。則今太常是也。以郊天，太常亞獻。又周禮外宗云：『王后不與，則贊宗伯。』鄭玄云：『后不與祭，宗伯攝其事。』又說云：『君執圭瓚祼尸，大宗伯執璋瓚亞獻。』中代以來，后不廟祭，則應依禮大宗伯攝亞獻也。而今以太尉亞獻。鄭注禮月令云：『三王有司馬，無太尉。太尉，秦官也。』蓋世代彌久，宗廟崇敬，攝后事重，故以上公亞獻。」又議：「履時之思，情深於霜露；室戶之感，有懷於容聲。不知神之所在，求之不

以一處。鄭注儀禮有司云，天子諸侯祭於祊而繹。繹又祭也。今廟祠闋送神之祼，將移祭於祊繹，明在於留神，未得而殺。禮郊廟祭殊，故灌送有異。」太常丞朱膺之議：「案周禮，大宗伯使掌典禮，以事神爲上，職總祭祀，而昊天爲首。今太常卽宗伯也。又尋袁山松漢百官志云：『郊祀之事，太尉掌亞獻，光祿掌三獻。太常每祭祀，先奏其禮儀及行事，掌贊天子。』無掌獻事。如儀志，漢亞獻之事，專由上司，不由秩宗貴官也。今宗廟太尉亞獻，光祿三獻，則漢儀也。又賀循制太尉由東南道升壇，明此官必預郊祭。古禮雖由宗伯，然世有因革，上司亞獻，漢儀所行。愚謂郊祀禮重，宜同宗廟。且太常既掌贊天子，事不容兼。又尋灌事，禮記曰：『祭求諸陰陽之義也。殷人先求諸陽。』『樂三闋然後迎牲』。則殷人後灌也。『周人先求諸陰』，『灌用鬯。達於淵泉。既灌，然後迎牲』。則周人先灌也。此謂廟祭，非謂郊祠。案周禮天官：『凡祭祀贊王祼將之事。』鄭注云：『祼者，灌也。唯人道宗廟有灌，天地大神至尊不灌。』而郊未始有灌，於禮未詳。淵儒注義，炳然明審。謂今之有灌，相承爲失，則宜無灌。」通關八座丞郎博士，並同膺之議。尚書令建平王宏重參議，謂膺之議爲允。詔可。

大明二年正月丙午朔，有司奏：「今月六日南郊，輿駕親奉。至時或雨。魏世值雨，高堂隆謂應更用後辛。晉時既出遇雨，顧和亦云宜更告。〔七〕徐禪云：『晉武之世，或用丙，或

用己，或用庚。』使禮官議正并詳。若得遷日，應更告廟與不？」博士王燮之議稱：「遇雨遷郊，則先代成議。禮傳所記，辛日有徵。郊特牲曰：『郊之用辛也，周之始郊日以至。』鄭玄注曰：『三王之郊，一用夏正。用辛者，取其齋戒自新也。』又月令曰：『乃擇元日，祈穀于上帝。』注曰：『元日，謂上辛。郊祭天也。』又春秋載郊有二，成十七年九月辛丑，郊。公羊曰：『曷用郊？用正月上辛。』哀元年四月辛巳，郊。穀梁曰：『自正月至于三月，郊之時也。以十二月下辛卜正月上辛。如不從，以正月下辛卜二月上辛。如不從，以二月下辛卜三月上辛。』以斯明之，則郊祭之禮，未有不用辛日者也。晉氏或丙、或己、或庚，並有別議。武帝以十二月丙寅南郊受禪，斯則不得用辛也。又泰始二年十一月己卯，始并圓丘方澤二至之祀合於二郊。三年十一月庚寅冬至祠天，郊于圓丘。是猶用圓丘之禮，非專祈穀之祭，故又不得用辛也。今之郊饗，既行夏時，雖得遷却，謂宜猶必用辛也。徐禪所據，或爲未宜。又案郊特牲曰：『受命于祖廟，作龜于禰宮。』鄭玄注曰：『受命，謂告退而卜也。』則告義在郊，非爲告日。今日雖有遷，而郊祀不異，〔八〕愚謂不宜重告。」曹郎朱膺之議：「案先儒論郊，其議不一。周禮有冬至日圓丘之祭。月令孟春有祈穀于上帝。鄭氏說，圓丘祀昊天上帝，以帝嚳配，所謂禘也。祈穀祀五精之帝，以后稷配，所謂郊也。二祭異時，其神不同。諸儒云，圓丘之祭，以后稷配。取其所在，名之曰郊。以形體言之，謂之圓丘。名雖有二，其實一祭。

晉武捨鄭而從諸儒，是以郊用冬至日。既以至日，理無常辛。然則晉代中原不用辛日郊，如徐禪議也。江左以來，皆用正月，當以傳云三王之郊，各以其正，晉不改正朔，行夏之時，故因以首歲，不以冬日，皆用上辛，近代成典也。夫祭之禮，『過時不舉』。今在孟春，郊時未過，值雨遷日，於禮無違。既已告日，而以事不從，禋祀重敬，謂宜更告。高堂隆云：『九日南郊，十日北郊。』是爲北郊可不以辛也。」尚書何偃議：「鄭玄注禮記，引易說三王之郊，一用夏正。周禮，凡國大事，多用正歲。左傳又啓蟄而郊。則鄭之此說，誠有據矣。衆家異議，或云三王各用其正郊天，此蓋曲學之辯，於禮無取。固知穀梁三春皆可郊之月，眞所謂膚淺也。然用辛之說，莫不必同。晉郊庚己，參差未見前徵。愚謂宜從晉還郊依禮用辛。燮之以受命作龜，知告不在日，學之密也。」右丞徐爰議以爲：「郊祀用辛，〔九〕有礙遷日，禮官祠曹，考詳已備。何偃據禮，不應重告，愚情所同。尋告郊剋辰，於今宜改，告事而已。次辛十日，居然展齋，養牲在滌，無緣三月。謂毛血告牷之後，雖有事礙，便應有司行事，不容還郊。」衆議不同。參議：「宜依經，遇雨遷用後辛，不重告。若殺牲薦血之後值雨，則有司行事。」詔可。

明帝泰始二年十一月辛酉，〔一〇〕詔曰：「朕載新寶命，仍離多難，戎車遄駕，經略務殷，禋告雖備，弗獲親禮。今九服既康，百祀咸秩，宜聿遵前典，郊謁上帝。」有司奏檢，未有先准。

黃門侍郎徐爰議：「虞稱肆類，殷述昭告。蓋以創世成功，德盛業遠，開統肇基，必享上帝。漢、魏以來，聿遵斯典。高祖武皇帝克伐僞楚，晉安帝尚在江陵，即於京師告義功于郊兆。伏惟泰始應符，神武英斷，王赫出討，戎戒淹時，雖司奉弗虧，親謁尚闕。謹尋晉武郊以二月，晉元禋以三月。有非常之慶，必有非常之典，不得拘以常祀，限以正月上辛。愚謂宜下史官，考擇十一月嘉吉，車駕親郊，奉謁昊天上帝，高祖武皇帝配饗。其餘祔食，不關今祭。」尚書令建安王休仁等同爰議。參議爲允。詔可。

泰始六年正月乙亥，〔二〕詔曰：「古禮王者每歲郊享，爰及明堂。自晉以來，間年一郊，明堂同日。質文詳略，疏數有分。自今可間二年一郊，間歲一明堂。外可詳議。」有司奏：「前兼曹郎虞愿議：『郊祭宗祀，俱主天神，而同日殷薦，於義爲黷。明詔使圓丘報功，三載一享。明堂配帝，間歲昭薦。詳辰酌衷，實允懋典。』緣諮參議並同。曹郎王延秀重議：『改革之宜，實如聖旨。前虞愿議，蓋是仰述而已，未顯後例。謹尋自初郊間二載，明堂間一年，第二郊與第三明堂，還復同歲。愿謂自始郊明堂以後，宜各間二年。以斯相推，長得異歲。』通關八座，同延秀議。」

後廢帝元徽二年十月丁巳，有司奏郊祀明堂，還復同日，間年一修。

漢文帝初祭地祇於渭陽，以高帝配，武帝立后土祠於汾陰，亦以高帝配。漢氏以太祖兼配天地，則未以后配地也。王莽作相，引周禮享先妣爲配北郊。夏至祭后土，以高后配，自此始也。光武建武中，不立北郊，故后地之祇，常配食天壇，山川羣望皆在營內，凡一千五百一十四神。中元年，建北郊，使司空馮魴告高廟，以薄后代呂后配地。江左初，未立北壇，地祇衆神，共在天郊也。晉成帝立二郊，天郊則六十二神，五帝之佐、日月五星、二十八宿、文昌、北斗、三台、司命、軒轅、后土、太一、天一、太微、鉤陳、北極、雨師、雷、電、司空、風伯、老人六十二神也。地郊則四十四神，五嶽、四望、四海、四瀆、五湖、五帝之佐、沂山、嶽山、白山、霍山、醫無閭山、蔣山、松江、會稽山、錢唐江、先農凡四十四也。江南諸小山，蓋江左所立，猶如漢西京關中小水，皆有祭秩也。二郊所秩，官有其注。

宋武帝永初三年九月，司空羨之、尚書令亮等奏曰：「臣聞崇德明祀，百王之令典；憲章天人，自昔之所同。雖因革殊時，質文異世，所以本情篤教，其揆一也。伏惟高祖武皇帝允協靈祇，有命自天，弘日靜之勤，立蒸民之極，帝遷明德，光宅八表，太和宣被，玄化遐通。陛下以聖哲嗣徽，道孚萬國。祭禮久廢，思光鴻烈，饗帝嚴親，今實宜之。高祖武皇帝宜配天郊；至於地祇之配，雖禮無明文，先代舊章，每所因循，魏、晉故典，足爲前式。謂武敬皇后宜配北郊。蓋述懷以追孝，躋聖敬於無窮，對越兩儀，允洽幽顯者也。明年孟春，有事於二郊，請宣攝內外，詳依舊典。」詔可。

晉武帝太康二年冬，有司奏：「三年正月立春祠，時日尚寒，可有司行事。」詔曰：「郊祀禮典所重，中間以軍國多事，臨時有所妨廢，故每從奏可。自今方外事簡，唯此爲大，親奉禋享，固常典也。」

成帝祠南郊，遇雨。侍中顧和啓：「宜還。更剋日。」詔可。

漢明帝據月令有五郊迎氣服色之禮，因採元始中故事，兆五郊于洛陽，祭其帝與神，車服各順方色。魏、晉依之。江左以來，未遑修建。

宋孝武大明五年四月庚子，詔曰：「昔文德在周，明堂崇祀；高烈惟漢，汶邑斯尊。所以職祭罔僭，氣令斯正，鴻名稱首，濟世飛聲。朕皇考太祖文皇帝功耀洞元，聖靈昭俗，內穆四門，仁濟羣品，外薄八荒，威憺殊俗，南腦勁越，西髓剛戎。裁禮興稼穡之根，張樂協四氣之紀。匡飾墳序，引無題之外；旌延寶臣，盡盛德之範。訓深劭農，政高刑厝。萬物棣通，百神薦祉。動協天度，下沿地德。故精緯上靈，動殖下瑞，諸侯軌道，河溓海夷。朕仰憑洪

烈，入子萬姓，皇天降祐，迄將一紀。思奉揚休德，永播無窮。便可詳考姬典，經始明堂，宗祀先靈，式配上帝，誠敬克展，幽顯咸秩。惟懷永遠，感慕崩心。」有司奏：「伏尋明堂辟雍，制無定文，經記參差，傳說乖舛。名儒通哲，各事所見，或以爲名異實同，或以爲名實皆異。自漢暨晉，莫之能辨。周書云，清廟明堂路寢同制。鄭玄注禮，義生於斯。諸儒又云明堂在國之陽，丙巳之地，三里之內。至於室宇堂个，戶牖達向，世代湮緬，難得該詳。晉侍中裴頠，西都碩學，考詳前載，未能制定。以爲尊祖配天，其義明著，廟宇之制，理據未分，直可爲殿，以崇嚴祀。其餘雜碎，一皆除之。參詳鄭玄之注，差有準據；裴頠之奏，竊謂可安。國學之南，地實丙巳，爽塏平暢，足以營建。其墻宇規範，宜擬則太廟，唯十有二間，以應朞數。依漢汶上圖儀，設五帝位，太祖文皇帝對饗。祭皇天上帝，雖爲差降，至於三載恭祀，理不容異。自郊徂宮，亦宜共日。禮記郊以特牲，詩稱明堂羊牛，吉蠲雖同，質文殊典。且郊有燔柴，堂無禋燎，則鼎俎彝簋，一依廟禮。班行百司，搜材簡工，權置起部尚書、將作大匠，量物商程，剋今秋繕立。」乃依頠議，但作大殿屋雕畫而已，無古三十六戶七十二牖之制。六年正月，南郊還，世祖親奉明堂，祠祭五時之帝，以文皇帝配，是用鄭玄議也。官有其注。

大明五年九月甲子，有司奏：「南郊祭用三牛。廟四時祠六室用二牛。明堂肇建，祠五帝，太祖文皇帝配，未詳祭用幾牛？」太學博士司馬興之議：「案鄭玄注禮記大傳稱：『孝經郊

祀后稷以配天，配靈威仰也。宗祀文王於明堂，以配上帝，配五帝也。』夫五帝司方，位殊功一，牲牢之用，理無差降。太祖文皇帝躬成天地，則道兼覆載，左右羣生，則化洽四氣。祖、宗之稱，不足彰無窮之美；金石之音，未能播勳烈之盛。故明堂聿修，聖心所以昭玄極；汎配宗廟，先儒所以得禮情。愚管所見，謂宜用六牛。」博士虞龢議：「祀帝之名雖五，而所生之實常一。五德之帝，迭有休王，各有所司，故有五室。宗祀所主，要隨其王而饗焉。主一配一，合用二牛。」祠部郎顏奐議：「祀之爲義，並五帝以爲言。帝雖云五，牲牢之用，謂不應過郊祭廟祀。宜用二牛。」

明帝泰始七年十月庚子，有司奏：「來年正月十八日，祠明堂。尋舊南郊與明堂同日，並告太廟。未審今祀明堂，復告與不？」祠部郎王延秀議：「案鄭玄云：『郊者祭天之名，上帝者，天之別名也。神無二主，故明堂異處，以避后稷。』謹尋郊宗二祀，既名殊實同，至於應告，不容有異。」守尚書令袁粲等並同延秀議。

魏明帝世，中護軍蔣濟奏曰：「夫帝王大禮，巡狩爲先；昭祖揚禰，封禪爲首。是以自古革命受符，未有不蹈梁父，登泰山，刊無竟之名，紀天人之際者也。故司馬相如謂有文以來七十二君，或從所繇於前，謹遺跡於後。太史公曰：『主上有聖明而不宣布，有司之過也。』

然則元功懿德，不刊山、梁之石，[一二]無以顯帝王之功，布生民不朽之觀也。語曰，當君而歎堯、舜之美，譬猶人子對厥所生，譽他人之父。今大魏振百王之弊亂，[一三]拯流遁之艱危，接千載之衰緒，[一四]繼百世之廢治。自武、文至于聖躬，所以參成天地之道，綱維人神之化，上天報應，嘉瑞顯祥，以比往古，其優衍豐隆，無所取喻。至於歷世迄今，未發大禮。雖志在掃盡殘盜，蕩滌餘穢，未遑斯事。若爾，三苗堀强於江海，大舜當廢東巡之儀；徐夷跳梁於淮、泗，周成當止岱嶽之禮也。且昔歲破吳虜於江、漢，今茲屠蜀賊於隴右。其震蕩內潰，在不復淹，就當探其窟穴，無累於封禪之事也。此儀久廢，非倉卒所定。宜下公卿，廣纂其禮，卜年考時，昭告上帝，以副天下之望。臣待罪軍旅，不勝大願，冒死以聞。」詔曰：「聞濟斯言，使吾汗出流足。自開闢以來，封禪者七十餘君爾。故太史公曰：『雖有受命之君，而功有不洽，是以中間曠遠者，千有餘年，近數百載。其儀闕不可得記。』吾何德之修，敢庶茲乎。濟豈謂世無管仲，以吾有桓公登泰山之志乎。吾不敢欺天也。濟之所言，華則華矣，非助我者也。公卿侍中、尚書、常侍省之而已。勿復有所議，亦不須答詔也。」帝雖拒濟議，而實使高堂隆草封禪之儀。以天下未一，不欲便行大禮。會隆卒，故不行。

晉武帝平吳，混一區宇。太康元年九月庚寅，尚書令衞瓘、尚書左僕射山濤、右僕射魏舒、[一五]尚書劉寔、張華等奏曰：「聖德隆茂，光被四表，諸夏乂清，幽荒率從。神策廟算，席

卷吳越，孫皓稽顙，六合爲家，巍巍之功，格于天地。宜同古典，勒封東嶽，告三府太常爲儀制。」瓘等又奏：「臣聞肇自生民，則有后辟，載祀之數，莫之能紀。立德濟世，揮揚仁風，以登封泰山者七十有四家，其諡號可知者，十有四焉。沈淪寂寞，曾無遺聲者，不可勝記。自黃帝以前，古傳昧略，唐、虞以來，典謨炳著。三王代興，體業繼襲，周道既沒，秦氏承之，至于漢、魏，而質文未復。大晉之德，始自重、黎，實佐顓頊，至于夏、商，世序天地，其在于周，不失其緒。金德將升，世濟明聖，外平蜀漢，海內歸心，武功之盛，實由文德。至于陛下受命踐阼，弘建大業，羣生仰流，唯獨江湖沅湘之表，凶桀負固，歷代不賓。神謀獨斷，命將出討，兵威暫加，數旬蕩定，羈其鯨鯢，赦其罪逆。雲覆雨施，八方來同，聲教所被，達于四極。雖黃軒之征，大禹遠略，周之奕世，何以尚今。若夫玄石素文，底號前載，象以姓表，言以事告，河圖、洛書之徵，不是過也。加以騶虞麟趾，衆瑞並臻。昔夏、殷以丕崇爲祥，周武以烏魚爲美，咸曰休哉；然符瑞之應，備物之盛，未有若今之富者也。宜宣大典，禮中嶽，封泰山，禪梁父，發德號，明至尊，享天休，篤黎庶，勒千載之表，播流後之聲，俾百代之下，莫不興起。斯帝王之盛業，天人之至望也。」詔曰：「今逋寇雖殄，外則障塞有警，內則民黎未康，此盛德之事，所未議也。」瓘等又奏：「今東漸于海，西被流沙，大漠之陰，日南北戶，莫不通屬。茫茫禹跡，今實過之，則天人之道已周，巍巍之功已著。宜有事梁父，修禮地祇，登封泰山，

致誠上帝，以答人神之願。乞如前奏。」詔曰：「今陰陽未和，政刑未當，百姓未得其所，豈可以勒功告成邪！」瓘又奏：「臣聞處帝王之位者，必有曆運之期，天命之應；濟生民之大功者，必有盛德之容，告成之典。無不可誣，有不可讓，自古道也。而明詔謙沖，屢辭其禮。雖盛德攸在，推而未居。夫三公職典天地，實掌民物，國之大事，取議於此。漢氏封禪，非是官也，不在其事。臣等前奏，蓋陳祖考之功，天命又應，陛下之德，合同四海，述古考今，宜脩此禮。[一六]至於剋定歲月，須五府上議，然後奏聞。請寫詔及奏，如前下議。」詔曰：「雖蕩清江表，皆臨事者之勞，何足以告成。方望羣后，思隆大化，以寧區夏，百姓獲乂，與之休息，斯朕日夜之望。無所復下諸府矣。勿復爲煩。」瓘等又奏：「臣聞唐、虞二代，濟世弘功之君，莫不仰答天心，俯協民志，登介丘，履梁父，未有辭焉者，蓋不可讓也。今陛下勳高百王，德無與二，茂績宏規，巍巍之業，固非臣等所能究論。而聖旨勞謙，屢自抑損，時至弗應，推美不居，闕皇代之上儀，塞神祇之款望，使大晉之典謨，不同風於三、五。臣等誠不敢奉詔，請如前奏施行。」詔曰：「方當共弘治道，以康庶績。且俟他年，無復紛紜也。」

太康元年冬，王公有司又奏：「自古聖明，光宅四海，封禪名山，著於史籍，作者七十四君矣。舜、禹之有天下，巡狩四嶽，躬行其道。易著『觀民省方』，禮有『升中于天』，詩頌『陟其高山』，皆載在方策。文王爲西伯，以服事殷，周公以魯蕃，列于諸侯，或享于岐山，[一七]或

有事泰山。徒以聖德，猶得爲其事。自是以來，功薄而僭其儀者，〔一八〕不可勝言，號謚不泯，以至于今。況高祖宣皇帝肇開王業，海外有截；〔一九〕世宗景皇帝濟以大功，輯寧區夏；太祖文皇帝受命造晉，蕩定蜀漢；陛下應期龍興，混壹六合，澤被羣生，威震無外。昔漢氏失統，吳、蜀鼎峙，兵興以來，近將百年。地險俗殊，民望絕塞，以爲分外，其日久矣。大業之隆，重光四葉，不羈之寇，二世而平。非聰明神武，先天弗違，孰能巍巍其有成功若茲者歟！臣等幸以千載，得遭運會，親奉大化，目覩太平，至公之美，誰與爲讓。宜祖述先朝，憲章古昔，勒功岱嶽，登封告成，弘禮樂之制，正三雍之典，揚名萬世，以顯祖宗。是以不勝大願，敢昧死以聞。請告太常具禮儀。」上復詔曰：「所議誠前烈之盛事也。方今未可以爾。便報絕之。」

宋太祖在位長久，有意封禪。遣使履行泰山舊道，詔學士山謙之草封禪儀注。其後索虜南寇，六州荒毀，其意乃息。

世祖大明元年十一月戊申，太宰江夏王義恭表曰：「惟皇天崇稱大道，始行揖讓。迄于有晉，雖聿修前緒，而跡淪言廢，蔑記於竹素者，焉可單書。紹乾維，建徽號，流風聲，被絲管，自無懷以來，可傳而不朽者，七十有四君。罔仁厚而道滅，鮮義澆而德宣，鍾律之先，曠世綿絕，難得而聞。丘、索著明者，尚有遺炳。故易稱先天弗違，後天奉時。蓋陶唐姚姒商姬之主，莫不由斯道也。是以風化大洽，光熙于後。炎漢二帝，亦踵曩則，因百姓之心，聽輿

人之頌，龍駕帝服，鏤玉梁甫，昌言明稱，告成上靈。況大宋表祥唐虞，受終素德，山龍啓符，金玉顯瑞，異采騰於軫墟，紫煙藹於邦甸，錫晃兆九五之徵，文豹赴天曆之會。誠二祖之幽慶，聖后之冥休。道冠軒、堯，惠深亭毒，而猶執沖約，未言封禪之事，四海竊以惡焉。臣聞惟皇配極，惟帝祀天，故能上稽乾式，照臨黔首，協和穹昊，膺茲多福。高祖武皇帝明並日月，光振八區，拯已溺之晉，濟橫流之世，撥亂寧民，應天受命，鴻徽洽于海表，威稜震乎沙外。太祖文皇帝體聖履仁，述業興禮，正樂頌，作象曆，明達通於神祇，玄澤被乎上下。仁孝命世，〔二〇〕叡武英挺，遭運屯否，三才湮滅，迺龍飛五洲，鳳翔九江，身先八百之期，斷出人鬼之表，慶煙應高牙之建，風耀符發迹之辰，親翦凶逆，躬清昏壒，天地革始，夫婦更造，豈與彼承業繼緒，拓復禹跡，車一其軌，書罔異文者，同年而議哉！今龍麟已至，鳳皇已儀，比李已實，靈茅已茂，雕氣降霧於宮榭，珍露呈味於禁林，嘉禾積穗於殿甍，連理合幹於園籞，皆耀質離宮，植根蘭囿。至夫霜毫玄文，素翮赬羽，泉河山嶽之瑞，草木金石之祥，方畿懷塗之謁，抗驛絕祖之奏，彪炳雜沓，粵不可勝言。太平之應，茲焉富矣。宜其從天人之誠，遵先王之則，備萬乘，整法駕，修封泰山，瘞玉岱趾，延喬、松於東序，詔韓、岐於西廂，廱天閽，使啓關，謁紫宮，朝太一，奏鈞天，詠雲門，贊揚幽奧，超聲前古，豈不盛哉！伏願時命宗伯，具茲典度。」詔曰：「太宰表如此。昔之盛王，永保鴻名，常爲稱首，由斯道矣。朕遭家

多難，入纂絕業，德薄勳淺，鑒寐崩愧。頃麟鳳表禎，茅禾兼瑞，雖符祥顯見，恧乎猶深，庶仰述先志，拓清中宇，禮祇謁神，朕將試哉。」

四年四月辛亥，有司奏曰：

臣聞崇號建極，必觀俗以樹教；正位居體，必採世以立言。是以重代列聖，咸由厥道。玄勳上烈，融章未分，鳴光委緒，歇而罔藏。若其顯謚騰軌，則系綴聲采，徽略聞聽。爰洎姬、漢，風流尚存，遺芬餘榮，綿映紀緯。雖年絕世祀，代革精華，可得騰金綵，奏玉潤，鏤迹以爋今，鐫德以麗遠。而四望埋禋歌之禮，日觀弛修封之容，豈非神明之業難崇，功基之迹易泯。自茲以降，訖于季末，莫不欲英弘徽位，詳固洪聲。豈徒深默修文，淵幽馭世而已。諒以滕非虛奏，書匪妄埋，擊雨恕神，淳曆復樹，安得紫壇肅祇，竹宮載竚，散火投郊，流星奔座。實緯初基，厭靈命曆，德振弛維，功濟淪象，玄浸紛流，華液幽潤，規存永馭，思詳樹遠。

太祖文皇帝以啓遘泰運，景望震凝，采樂調風，集禮宣度，祖宗相映，軌迹重暉。聖上韞籙蕃河，竚翔衡漢，金波掩照，華耀停明，運動時來，躍飛風舉，澄氛海、岱，開景中區，歇神還靈，頹天重耀，儲正凝位於兼明，衮嶽蕃華於元列。故以祥映昌基，繫發篆素。重以班朝待典，飾令詳儀，纂綜淪蕪，搜騰委逸，奏玉郊宮，禋珪玄時，景集天

廟，豚壤祥農，節至昕陽，川丘夙禮，綱威巡駟，表綏中甸，史流其詠，民挹其風。於是涵迹視陰，振聲威響，歷代之渠，沈□望內，安侯之長，賢王入侍，殊生詭氣，奉俗還鄉，羽族卉儀，懷音革狀，邊帛絕書，權光弛燭。天岱發靈，宗河開寶，祟丘淪鼎，振采泗淵，雲皇王嶽，摛藻□漢，幷角卽音，栖翔禁籞，衮甲霜咮，翾舞川肆，榮泉流鏡，後昭河源，故以波沸外關，雲蒸內澤。若其雪趾青毳，玄文朱綵，日月郊甸，擇木弄音。重以榮露騰軒，蕭雲掩閣，鎬潁孳萌，移華淵禁，山輿竚衡，雲鵜竦翼，海鰈泳流，江茅吐蔭。枝書之列，仰筆以飾辭，濟、代之蕃，獻邑以待禮。豈非神䰟氣昌，物瑞雲照，蒲軒龜軫，□泉淳芳。

太宰江夏王臣義恭咀道遵英，抽奇麗古，該潤圖史，施詳閟載，表以功懋往初，德耀炎、昊，升文中岱，登牒天關，耀冠榮名，摛振聲號。而道謙稱首，禮以虛挹，將使玄祇缺觀，幽瑞乖期，梁甫無盛德之容，介丘靡升聞之響。加窮泉之野，獻八代之駟，交木之鄉，奠絕金之楛，肅靈重表，珍符兼貺。伏惟陛下謨詳淵載，衍屬休章，依徽聖靈，潤色聲業，諏辰稽古，肅齊警列，儒僚展采，禮官相儀，懸蕤動音，洪鍾竦節，陽路整衞，正途清禁。於是績環珮，端玉藻，鳴鳳竚律，騰駕流文，問綵比象之容，昭明紀數之服。徽焯天陣，容藻神行，翠蓋懷陰，羽華列照。乃詔聯事掌祭，賓客贊儀，金支宿縣，鏞石

洞響。命五神以相列，闢九關以集靈，警衞兵而開雲，先雨祇以灑路。霞凝生闕，煙起成宮，臺冠丹光，壇浮素靄。爾乃臨中壇，備盛禮，天降祥錫，壽固皇根，谷動神音，山傳稱響。然後辨年問老，陳詩觀俗，歸薦告神，奉遺清廟。光美之盛，彰乎萬古；淵祥之烈，溢乎無窮。豈不盛歟！

臣等生接昌辰，肅懋明世，束教管聞，未足言道。且章志湮微，代往淪絕，拘採遺文，辯明訓誥□□□□箈訪鄒、魯，草滕書埋玉之禮，具竦石繩金之儀，和芝潤瑛，鐫璽乾封。懼弗軌屬上徽，煇當王則。謹奉儀注以聞。

詔曰：「天生神物，昔王稱愧，況在寡德，敢當鴻貺。今文軌未一，可停此奏。」

漢獻帝建安十八年五月，以河北十郡封魏武帝爲魏公。是年七月，始建宗廟于鄴，自以諸侯禮立五廟也。後雖進爵爲王，無所改易。延康元年，文帝繼王位，七月，追尊皇祖爲太王，丁夫人曰太王后。黃初元年十一月受禪，又追尊太王曰太皇帝，皇考武王曰武皇帝。明帝太和三年六月，又追尊高祖大長秋曰高皇，夫人吳氏曰高皇后，並在鄴廟廟所祠。則文帝之高祖處士、曾祖高皇、祖太皇帝共一廟。考太祖武皇帝特一廟百世不毁，然則所祠止於親廟四室也。至明帝太和三年十一月，[二]洛京廟成，則以親盡遷處士主，置園邑，使

令丞奉薦。而使行太傅太常韓暨、行太廟宗正曹恪持節迎高皇以下神主共一廟，猶爲四室而已。至景初元年六月，羣公有司始更奏定七廟之制，曰：「大魏三聖相承，以成帝業。武皇帝肇建洪基，撥亂夷險，爲魏太祖。文皇帝繼天革命，應期受禪，爲魏高祖。上集成大命，清定華夏，興制禮樂，宜爲魏烈祖。」更於太祖廟北爲二祧，其左爲文帝廟，號曰高祖，昭祧，其右擬明帝號曰烈祖，穆祧。三祖之廟，萬世不毁，其餘四廟，親盡迭遷，一如周后稷、文、武廟祧之禮。孫盛魏氏春秋曰：「夫謚以表行，廟以存容，皆於既殁然後著焉。所以原始要終，以示百世者也。未有當年而逆制祖宗，未終而豫自尊顯。昔華樂以厚斂致譏，周人以豫凶違禮，魏之羣司，於是乎失正矣。」

文帝甄后賜死，故不列廟。明帝卽位，有司奏請追謚曰文昭皇后，使司空王朗持節奉策告祠于陵。三公又奏曰：「自古周人始祖后稷，[三]又特立廟以祀姜嫄。今文昭皇后之於後嗣，聖德至化，豈有量哉。夫以皇家世妃之尊，神靈遷化，而無寢廟以承享祀，非以報顯德，昭孝敬也。稽之古制，宜依周禮，先妣別立寢廟。」奏可。以太和元年二月，立廟于鄴。四月，洛邑初營宗廟，掘地得玉璽方一寸九分，其文曰：「天子羨思慈親。」明帝爲之改容。以太牢告廟。至景初元年十二月己未，有司又奏文昭皇后立廟京師，[三]永傳享祀。樂舞與祖廟同。廢鄴廟。

魏文帝黃初二年六月，以洛京宗廟未成，乃祠武帝於建始殿，親執饋奠如家人禮。何承天曰：「案禮，將營宮室，宗廟爲先。庶人無廟，故祭於寢。帝者行之，非禮甚矣。」

漢獻帝延康元年七月，魏文帝幸譙，親祠譙陵，此漢禮也。漢氏諸陵皆有園寢者，承秦所爲也。說者以爲古前廟後寢，以象人君前有朝後有寢也。廟以藏主，四時祭祀，寢有衣冠象生之具以薦新。秦始出寢起於墓側，漢因弗改。陵上稱寢殿，象生之具，古寢之意也。及魏武帝葬高陵，有司依漢，立陵上祭殿。至文帝黃初三年，乃詔曰：「先帝躬履節儉，遺詔省約。子以述父爲孝，臣以繫事爲忠。古不墓祭，皆設於廟。高陵上殿屋皆毁壞，車馬還廐，衣服藏府，以從先帝儉德之志。」及文帝自作終制，又曰：「壽陵無立寢殿，造園邑。」自後至今，陵寢遂絕。

孫權不立七廟，以父堅嘗爲長沙太守，長沙臨湘縣立堅廟而已。權既不親祠，直是依後漢奉南頓故事，使太守祠也。堅廟又見尊曰始祖廟，而不在京師。又以民人所發吳芮冢材爲屋，未之前聞也。於建鄴立兄長沙桓王策廟於朱爵橋南。權疾，太子所禱，卽策廟也。權卒，子亮代立。明年正月，於宮東立權廟曰太祖廟，既不在宮南，又無昭穆之序。及孫晧初立，追尊父和曰文皇帝。晧先封烏程侯，卽改葬和於烏程西山，號曰明陵，置園邑二百家。於烏程立陵寢，使縣令丞四時奉祠。寶鼎元年，遂於烏程分置吳興郡，使太守執事。

有司尋又言宜立廟京邑。寶鼎二年，遂更營建，號曰清廟。遣守丞相孟仁、太常姚信等備官僚中軍步騎，以靈輿法駕迎神主於明陵，親引仁拜送於庭。比仁還，中吏手詔日夜相繼，奉問神靈起居動止。巫覡言見和被服顏色如平日，晧悲喜，悉召公卿尚書詣閤下受賜。靈輿當至，使丞相陸凱奉三牲祭於近郊。晧於金城外露宿。明日，望拜於東門之外，又拜廟薦饗。比七日，三祭，倡伎晝夜娛樂。有司奏：「『祭不欲數，數則黷』，宜以禮斷情。」然後止。

劉備章武元年四月，建尊號於成都。是月，立宗廟，祫祭高祖已下。備紹世而起，亦未辨繼何帝爲禰，亦無祖宗之號。劉禪面縛，北地王諶哭於昭烈之廟，此則備廟別立也。

魏元帝咸熙元年，增封晉文帝進爵爲王，追命舞陽宣文侯爲晉宣王，忠武侯爲晉景王。是年八月，文帝崩，謚曰文王。武帝泰始元年十二月丙寅，受禪。丁卯，追尊皇祖宣王爲宣皇帝，伯考景王爲景皇帝，考文王爲文皇帝，宣王妃張氏爲宣穆皇后，景王夫人羊氏爲景皇后。二年正月，有司奏天子七廟，宜如禮營建。帝重其役，詔宜權立一廟。於是羣臣奏議：「上古清廟一宮，尊遠神祇，逮至周室，制爲七廟，以辨宗祧。聖旨深弘，遠跡上世，敦崇唐、虞。舍七廟之繁華，遵一宮之尊遠。昔舜承堯禪，受終文祖，遂陟帝位，蓋三十載，月正元日，[四]又格于文祖。此則虞氏不改唐廟，因仍舊宮。可依有虞氏故事，卽用魏廟。」奏可。於是追祭征西將軍、豫章府君、潁川府君、京兆府君，與宣皇帝、景皇帝、文皇帝爲三昭三

穆。是時宣皇未升，太祖虛位，所以祠六世與景帝爲七廟，其禮則據王肅說也。七月，又詔曰：「主者前奏就魏舊廟，誠亦有準。然於祗奉神明，情猶未安。宜更營造，崇正永制。」於是改創宗廟。十一月，追尊景帝夫人夏侯氏爲景懷皇后。

太康元年，靈壽公主修麗祔于太廟，周、漢未有其準。魏明帝則別立廟，晉又異魏也。

八年，〔二五〕因廟陷當改治。羣臣又議奏曰：「古者七廟異所，自宜如禮。」詔又曰：「古雖七廟，自近代以來，皆一廟七室，於禮無廢，於情爲敍，亦隨時之宜也。其便仍舊。」至十年，乃更改築於宣陽門內，窮壯極麗。然坎位之制，猶如初爾。廟成，帝率百官遷神主于新廟，自征西以下，車服導從，皆如帝者之儀。摯虞之議也。至世祖武皇帝崩，則遷征西，及惠帝崩，又遷豫章。而惠帝世，愍懷太子、太子二子哀太孫臧、沖太孫尚並祔廟。元帝世，懷帝殤太子又祔廟，〔二六〕號爲陰室四殤。懷帝初，又策謚武帝楊后曰武悼皇后，改葬峻陽陵側，別立弘訓宮，不列於廟。元帝既卽尊位，上繼武帝，於禮爲禰，如漢光武上繼元帝故事也。是時西京神主堙滅虜庭，江左建廟，皆更新造。尋以登懷帝之主，又遷潁川。位雖七室，其實五世，蓋從刁協，以兄弟爲世數故也。于時百度草創，舊禮未備，三祖毀主，權居別室。太興三年，將登愍帝之主，於是乃定更制，還復豫章、潁川二主于昭穆之位，以同惠帝嗣武帝故事，而惠、懷、愍三帝自從春秋尊尊之義，在廟不替也。至元帝崩，則豫章復遷。然元帝

神位，猶在愍帝之下，故有坎室者十也。至明帝崩，而潁川又遷，猶十室也。于時續廣太廟，故三遷主並還西儲，名之曰祧，以準遠廟。成帝咸和三年，蘇峻覆亂京都，溫嶠等入伐，立行廟於白石，告先帝先后曰：「逆臣蘇峻，傾覆社稷，毀棄三正，汙辱海內。臣亮等手刃戎首，龔行天罰。惟中宗元皇帝、肅祖明皇帝、明穆皇后之靈，降鑒有罪，剿絕其命，翦此羣兇，以安宗廟。臣等雖隕首摧軀，猶生之年。」咸康七年五月，始作武悼皇后神主，祔于廟，配饗世祖。成帝崩而康帝承統，以兄弟一世，故不還京兆，始十一室也。康帝崩，京兆遷入西儲，同謂之祧，如前三祖遷主之禮。故正室猶十一也。穆帝崩而哀帝、海西並爲兄弟，無所登降。咸安之初，簡文皇帝上繼元皇帝，世秩登進。於是潁川、京兆二主，復還昭穆之位。至簡文崩，潁川又遷。孝武皇帝太元十六年，改作太廟，殿正室十六間，東西儲各一間，合十八間。棟高八丈四尺，堂基長三十九丈一尺，廣十丈一尺。堂集方石，庭以塼。尊備法駕，遷神主于行廟。征西至京兆四主，及太子太孫，各用其位之儀服。四主不從帝者之儀，是與太康異也。諸主既入廟，設脯醢之奠。及新廟成，帝主還室，又設脯醢之奠。十九年二月，追尊簡文母會稽太妃鄭氏爲簡文皇帝宣太后，立廟太廟道西。及孝武崩，京兆又遷，如穆帝之世四祧故事。安帝隆安四年，以孝武母簡文李太后、帝母宣德陳太后祔于宣鄭太后之廟。

元興三年三月，宗廟神主在尋陽，已立新主于太廟，權告義事。四月，輔國將軍何無忌奉送神主還。丙子，〔二七〕百官拜迎于石頭。戊寅，入廟。安帝崩，未及禘，而天祿終焉。

宋武帝初受晉命爲宋王，建宗廟於彭城，依魏、晉故事，立一廟。初祠高祖開封府君、曾祖武原府君、皇祖東安府君、皇考處士府君、武敬臧后，從諸侯五廟之禮也。既卽尊位，乃增祠七世右北平府君、六世相國掾府君爲七廟。永初初，追尊皇考處士爲孝穆皇帝，皇妣趙氏爲穆皇后。三年，孝懿蕭皇后崩，又祔廟。高祖崩，神主升廟，猶從昭穆之序，如魏、晉之制，虛太祖之位也。廟殿亦不改構，又如晉初之因魏也。文帝元嘉初，追尊所生胡婕妤爲章皇太后，立廟西晉宣太后地。孝武昭太后、明帝宣太后並祔章太后廟。

晉元帝太興三年正月乙卯，詔曰：「吾雖上繼世祖，然於懷、愍皇帝，皆北面稱臣。今祠太廟，不親執觴酌，而令有司行事，於情禮不安。可依禮更處。」太常華恒議：「今聖上繼武皇帝，宜準漢世祖故事，不親執觴爵。」又曰：「今上承繼武帝，而廟之昭穆，四世而已。前太常賀循、博士傅純以爲惠、懷及愍宜別立廟。然臣愚謂廟室當以容主爲限，〔二八〕無拘常數。殷世有二祖三宗，若拘七室，則當祭禰而已。推此論之，宜還復豫章、潁川，全祠七廟之禮。」驃騎長史溫嶠議：「凡言兄弟不相入廟，既非禮文。且光武奮劍振起，不策名於孝平，

務神其事，〔二九〕以應九世之讖，又古不共廟，故別立焉。今上以策名而言，殊於光武之事，躬奉烝嘗，於經既正，於情又安矣。」太常恒欲還二府君以全七世，嶠謂是宜。驃騎將軍王導從嶠議。嶠又曰：「其非子者，可直言皇帝敢告某皇帝。又若以一帝爲一世，則不祭禰，反不及庶人。」於是帝從嶠議，悉施用之。孫盛晉春秋曰：「陽秋傳云，『臣子一例也』。雖繼君位，不以後尊，降廢前敬。昔魯僖上嗣莊公，以友于長幼而升之，爲逆。準之古義，明詔是也。」

穆帝永和二年七月，有司奏：「十月殷祭，京兆府君當遷祧室。昔征西、豫章、潁川三府君毀主，中興之初，權居天府，在廟門之西。咸康中，太常馮懷表續奉還於西儲夾室，謂之爲祧，疑亦非禮。今晉廟宣皇爲主，而四祖居之，是屈祖就孫也。殷祫在上，是代太祖也。」領司徒蔡謨議：「四府君宜改築別室，若未展者，當入就太廟之室。人莫敢卑其祖，文、武不先不窋。殷祭之日，征西東面，處宣皇之上。其後遷廟之主，藏於征西之祧，祭薦不絕。」護軍將軍馮懷表議：「禮，『無廟者，爲壇以祭』。可別立室藏之，至殷禘，則祭于壇也。」輔國將軍譙王司馬無忌等議：「諸儒謂太王王季遷主藏於文、武之祧，如此，府君遷主，宜在宣皇帝廟中。然今無寢室，宜變通而改築。又殷祫太廟，征西東面。」尚書郎孫綽與無忌議同。曰：「太祖雖位始九五，而道以從暢，替人爵之尊，〔三〇〕篤天倫之道，所以成教本而光百代也。」尚書郎徐禪

議：「禮，『去祧爲壇，去壇爲墠，歲祫則祭之』。今四祖遷主，可藏之石室。有禱則祭於壇墠。」又遣禪至會稽訪處士虞喜。喜答曰：「漢世韋玄成等以毀主瘞於園。魏朝議者云應埋兩階之間。且神主本在太廟，若今別室而祭，則不如永藏。又四君無追號之禮，益明應毀而無祭。」於是撫軍將軍會稽王司馬昱、尚書劉劭等奏：「四祖同居西祧，藏主石室，禘祫乃祭，如先朝舊儀。」時陳留范宣兄子問此禮。宣答曰：「舜廟所祭，皆是庶人。其後世遠而毀，不居舜上，不序昭穆。今四君號猶依本，非以功德致禮也。若依虞主之瘞，則猶藏子孫之所；若依夏主之埋，則又非本廟之階。宜思其變，別築一室，親未盡則禘祫，處宣帝之上；親盡則無緣下就子孫之列。」其後太常劉遐等同蔡謨議。博士張憑議：「或疑陳於太祖者，皆其後毀之主。〔三一〕憑案古義無別前後之文也。禹不先鯀，則遷主居太祖之上，亦可無疑矣。」

安帝義熙九年四月，將殷祭。詔博議遷毀之禮。大司馬琅邪王司馬德文議：「泰始之初，虛太祖之位，而緣情流遠，上及征西，故世盡則宜毀，而宣皇帝正太祖之位。又漢光武帝移十一帝主於洛邑，則毀主不設，理可推矣。宜從范宣之言，築別室以居四府君之主，永藏而不祀也。」大司農徐廣議：「四府君嘗處廟室之首，歆率土之祭。若埋之幽壤，於情理未必咸盡。謂可遷藏西儲，以爲遠祧，而禘饗永絕也。」太尉諮議參軍袁豹議：「仍舊無革。殷祠猶及四府君，情理爲允。」祠部郎臧燾議：「四府君之主，享祀禮廢，則亦神所不依。宜同虞

主之瘞埋矣。」時高祖輔晉，與大司馬議同。須後殷祀行事改制。

晉孝武帝太元十二年五月壬戌，詔曰：「昔建太廟，每事從儉約，思與率土，致力備禮。又太祖虛位，明堂未建。郊祀，國之大事，而稽古之制闕然。便可詳議。」祠部郎徐邈議：「圓丘郊祀，經典無二，宣皇帝嘗辯斯義。而檢以聖典，爰及中興，備加研極，以定南北二郊，誠非異學所可輕改也。謂仍舊爲安。武皇帝建廟，六世三昭三穆，宣皇帝創基之主，實惟太祖，親則王考，四廟在上，未及遷世，故權虛東向之位也。兄弟相及，義非二世，故當今廟祀，世數未足，而欲太祖正位，則違事七之義矣。又禮曰『庶子王亦禘祖立廟』。蓋謂支胤授位，則親近必復。京兆府君於今六世，宜復立此室，則宣皇未在六世之上，須前世既遷，乃太祖位定爾。京兆遷毀，宜藏主於石室。雖禘祫猶弗及。何者，傳稱毀主升合乎太祖，升者自下之名，不謂可降尊就卑也。太子太孫陰室四主，儲嗣之重，升祔皇祖所託之廟，〔三二〕世遠應遷，然後從食之孫，與之俱毀。明堂圓方之制，綱領已舉，不宜闕配帝之祀。且王者以天下爲家，未必一邦，故周平、光武無廢於二京也。周公宗祀文王，漢明配以世祖，自非惟新之考，孰配上帝。」邈又曰：「明堂所配之神，積疑莫辨。按易，『殷薦上帝，以配祖考』。祖考同配，則上帝亦爲天，而嚴父之義顯。周禮，旅上帝者有故，告天與郊祀常禮同用四圭，故並言之。若上帝者是五帝，〔三三〕經文何不言祀天旅五帝，祀地旅四望乎？人帝之

與天帝，雖天人之通謂，然五方不可言上帝，諸侯不可言大君也。書無全證，而義容彼此，故泰始、太康二紀之間，興廢迭用矣。」侍中車胤議同。〔三四〕又曰：「明堂之制，既其難詳。且樂主於和，禮主於敬，故質文不同，音器亦殊。既茅茨廣廈，不一其度，何必守其形範，而不知弘本順民乎。九服咸寧，河朔無塵，然後明堂辟雍，可崇而修之。」中書令王珉意與胤同。太常孔汪議：〔三五〕「泰始開元，所以上祭四府君，誠以世數尚近，可得饗祠，非若殷、周先世，王迹所因也。向使京兆爾時在七世之外，自當不祭此四王。推此知既毀之後，則殷禘所絕矣。」吏部郎王忱議：「明堂則天象地，儀觀之大，宜俟皇居反舊，然後修之。」驃騎將軍會稽王司馬道子、尚書令謝石意同忱議。於是奉行一無所改。

晉安帝義熙二年六月，白衣領尚書左僕射孔安國啓云：「元興三年夏，應殷祠。昔年三月，皇輿旋軫。其年四月，便應殷，而太常博士徐乾等議云：『應用孟秋。』臺尋校自太和四年相承皆用冬夏，乾等既伏應孟冬，回復追明孟秋非失。御史中丞范泰議：『今雖既祔之後，得以烝嘗，而無殷薦之比。太元二十一年十月應殷，烈宗以其年九月崩。至隆安三年，國家大吉，乃修殷事。又禮有喪則廢吉祭，祭新主於寢。今不設別寢，既祔，祭於廟。故四時烝嘗，以寄追遠之思，三年一禘，以習昭穆之序，義本各異。三年喪畢，則合食太祖，遇時則殷，無取於限三十月也。當是內臺常以限月成舊。』就如所言，有喪可殷。隆安之初，果

以喪而廢矣。月數少多，復遲速失中。至於應寢而修，意所未譬。」安國又啓：「范泰云：『今既祔，遂祭於廟，故四時烝嘗。』如泰此言，殷與烝嘗，其本不同。既祔之後，可親烝嘗而不得親殷也。太常劉瑾云：『章后喪未一周，不應祭。』臣尋升平五年五月，穆皇帝崩，其年七月，山陵，十月，殷。興寧三年二月，哀皇帝崩，太和元年五月，海西夫人庾氏薨，時爲皇后，七月，葬，十月，殷。此在哀皇再周之內，庾夫人既葬之後，二殷策文見在廟。又文皇太后以隆安四年七月崩，陛下追述先旨，躬服重制，五年十月，殷。再周之內，不以廢事。今以小君之哀，而泰更謂不得行大禮。臣尋永和十年至今五十餘載，用三十月輒殷，皆見於注記，是依禮，五年再殷。而泰所言，非眞難臣，乃以聖朝所用，遲速失中。泰爲憲司，自應明審是非，若臣所啓不允，〔三六〕即當責失奏彈，而譽墮稽停，遂非忘舊。請免泰、瑾官。」丁巳，詔皆白衣領職。於是博士徐乾皆免官。初元興三年四月，不得殷祠進用十月，若計常限，〔三七〕則義熙三年冬又當殷，若更起端，則應用來年四月。領司徒王謐、丹陽尹孟昶議：「有非常之慶，必有非常之禮。殷祭舊准不差，蓋施於經常爾。至於義熙之慶，經古莫二，雖曰旋幸，理同受命。愚謂理運惟新，於是乎始。宜用四月。」中領軍謝混、太常劉瑾議：「殷無定日，考時致敬，且禮意尚簡。去年十月祠，雖於日有差，而情典允備，宜仍以爲正。」太學博士徐乾議：「三年一祫，五年一禘，經傳記籍，不見補殷之文。」員外散騎侍郎領著作郎

中華書局

徐廣議：「尋先事，海西公太和六年十月，殷祠。孝武皇帝寧康二年十月，殷祠。若依常去前三十月，則應用四月也。于時蓋當有故，而遷在冬，但未詳其事。太元元年十月殷祠，依常三十月，則應用二年四月也。是追計辛未歲十月，未合六十月而再殷。〔三八〕何邵甫注公羊傳云，祫從先君來，積數爲限。『自僖八年至文二年，知爲祫祭』。如此，履端居始，承源成流，領會之節，遠因宗本也。昔年有故推遷，非其常度。寧康、太元前事可依。雖年有曠近之異，然追計之理同矣。愚謂從復常次者，以推歸正之道也。」左丞劉潤之等議：「太元元年四月應殷，而禮官墮失，建用十月。本非正期，不應卽以失爲始也。宜以反初四月爲始。當用三年十月。」尚書奏從王謐議，以元年十月爲始也。

宋孝武帝孝建元年十二月戊子，有司奏：「依舊今元年十月是殷祠之月。領曹郎范泰參議，〔三九〕依永初三年例，須再周之外殷祭。尋祭再周來二年三月，若以四月殷，則猶在禫內。」下禮官議正。國子助教蘇瑋生議：「案禮，三年喪畢，然後祫於太祖。又云『三年不祭，唯天地社稷，越紼行事』。且不禫卽祭，見譏春秋。求之古禮，喪服未終，固無祼享之義。自漢文以來，一從權制，宗廟朝聘，莫不皆吉。雖祥禫空存，無綅縞之變，烝嘗薦祀，不異平日。殷祠禮既弗殊，豈獨以心憂爲礙。」太學博士徐宏議：「三年之喪，雖從權制，再周祥變，猶服縞素，未爲純吉，無容以祭。謂來四月，未宜便殷，十月則允。」太常丞臣朱膺之議：「虞

禮云：『中月而禫，是月也吉祭，猶未配。』謂二十七月既禫祭，當四時之祭日，則未以其妃配，哀未忘也。推此而言，未禫不得祭也。又春秋閔公二年，吉禘于莊公。鄭玄云：『閔公心懼於難，務自尊成以厭其禍，凡二十二月而除喪，又不禫。』云又不禫，明禫內不得禘也。案王肅等言於魏朝云，今權宜存古禮，俟畢三年。舊說三年喪畢，遇禘則禘，遇祫則祫。鄭玄云：『禘以孟夏，祫以孟秋。』今相承用十月。如宏所上公羊之文，如爲有疑，亦以魯閔設服，因言喪之紀制爾。何必全許素冠可吉禘。縱公羊異說，官以禮爲正，亦求量宜。」郎中周景遠參議：「永初三年九月十日奏傅亮議：『權制卽吉，御世宜爾。宗廟大禮，宜依古典。』則是皇宋開代成準。謂博士徐宏、太常丞朱膺之議用來年十月殷祠爲允。」詔可。

宋殷祭皆卽吉乃行。大明七年二月辛亥，有司奏：「四月應殷祠，若事中未得爲，得用孟秋與不？」領軍長史周景遠議：「案禮記云：『天子祫禘祫嘗祫烝。』依如禮文，則夏秋冬三時皆殷，不唯用冬夏也。晉義熙初，僕射孔安國啓議，自太和四年相承殷祭，皆用冬夏。安國又啓，永和十年至今五十餘年，用三十月輒殷祠。博士徐乾據禮難安國。乾又引晉咸康六年七月殷祠，是不專用冬夏。于時晉朝雖不從乾議，然乾據禮及咸康故事，安國無以奪之。今若以來四月未得殷祠，遷用孟秋，於禮無違。」參議據禮有證，謂用孟秋爲允。詔可。

晉武帝咸寧五年十一月己酉，弘訓羊太后崩，宗廟廢一時之祀，天地明堂去樂，且不上胙。升平五年十月己卯，殷祠，以穆帝崩後，不作樂。初永嘉中，散騎常侍江統議曰：「陽秋之義，去樂卒事。」是爲吉祭有廢樂也。故升平末行之。其後太常江逌表：「穆帝山陵之後十月殷祭，從太常丘夷等議，撤樂。逌尋詳今行漢制，無特祀之別。既入廟吉禘，何疑於樂。」

史臣曰：聞樂不怡，故申情於遏密。至於諒闇奪服，慮政事之荒廢，是以乘權通以設變，量輕重而降屈。若夫奏音之與寢聲，非有損益於機務，縱復回疑於兩端，固宜緣恩而從戚矣。

宋世國有故，廟祠皆懸而不樂。

校勘記

〔一〕歷年四百三十有四　各本並脫「有四」二字，據三國志吳志孫權傳注引吳錄補。

〔二〕則明上帝不得爲天也　「明」字下，各本並衍「堂」字，據元龜三二下刪。

〔三〕三月辛卯　按是月丁未朔，無辛卯。

〔四〕朝議以爲宜依周禮　各本並脫「宜」字，據晉書禮志、通典禮典補。

〔五〕尚書左丞王訥之獨曰　「王訥之」各本並作「王納之」。世說新語文學篇劉孝標注引王氏譜曰：

「訥之字永言，琅邪人。歷尚書左丞、御史中丞。」當卽其人。按古人名字相應，訥之字永言，是，今改正。

〔六〕孝建二年正月庚寅　按是月癸巳朔，無庚寅。

〔七〕顧和亦云宜更告　「更告」通典禮典作「更擇吉日」。

〔八〕而郊祀不異　「祀」各本並作「禮」，據通典禮典改。

〔九〕郊祀用辛　「祀」各本並作「禮」，據通典禮典改。

〔一〇〕明帝秦始二年十一月辛酉　按是月甲申朔，無辛酉。

〔一一〕秦始六年正月乙亥　「正月」各本並作「五月」，據明帝紀、元龜一九二改。

〔一二〕不刊山梁之石　「山梁」，局本及晉書禮志、元龜三五作「梁山」，譌。按「山梁」，謂泰山、梁父。作「山梁」不誤。

〔一三〕今大魏振百王之弊亂　「振」晉書禮志、元龜三五作「承」，沈約蓋爲齊諱改。「百」字，百衲本空白，嘉靖本、北監本、毛本、殿本、局本作「前」，今據晉書禮志、元龜三五改。

〔一四〕接千載之衰緒　各本並脫「緒」字，據晉書禮志補。

〔一五〕右僕射魏舒　各本並脫「右僕射」三字，據元龜三五補。晉書魏舒傳，舒太康初爲右僕射。

〔一六〕宜脩此禮　「脩」各本並作「循」，據晉書禮志、元龜三五改。

〔一七〕或享于岐山　「享」各本作「亨」，據元龜三五改。

〔一八〕功薄而僭其儀者　「儀」各本作「義」，據元龜三五改。

〔一九〕海外有截　「外」各本並作「內」，據晉書禮志、元龜三五改。按「海外有截」一語，見詩商頌長發。

〔二〇〕仁孝命世　按上言文帝，此下言孝武帝，故有「龍飛五洲，鳳翔九江」之語。則此句上或脫「陛下」二字。

〔二一〕至明帝太和三年十一月　按上文有「明帝太和三年六月」，此又云「明帝太和三年十一月」，不免重複。通典禮典云「其年十一月」，是。

〔二二〕自古周人始祖后稷　「始」各本作「歸」，據三國志魏志文昭甄皇后傳裴注引魏書、元龜二九改。

〔二三〕有司又奏文昭皇后立廟京師　各本並脫「立」字，據三國志魏志明帝紀、晉書禮志、通典禮典補。

〔二四〕月正元日　「月正」各本並作「正月」，據晉書禮志、通典禮典、元龜二九改。按書堯典「月正元日，舜格於文祖」。

〔二五〕八年　各本作「六月」，晉書禮志、通典禮典作「六年」。按晉書武帝紀，太廟之壞，在太康八年正月，今改作「八年」。

〔二六〕懷帝殤太子又祔廟　「祔」各本並作「被」，據晉書禮志改。

〔二七〕丙子　前有「四月」，下有戊寅。按元興三年四月戊午朔，是月無丙子、戊寅。五月丁巳朔，二十

日丙子，二十五日戊寅。疑丙子上脫「五月」二字。

〔二八〕然臣愚謂廟室當以容主爲限　「容」各本並作「客」，據通典禮典改。

〔二九〕務神其事　「務」各本並作「豫」，據晉書禮志、元龜五七五改。

〔三〇〕替人爵之尊　「替」各本並作「贊」，據晉書禮志、元龜五七五改。

〔三一〕皆其後毀之主　各本並脫「之」字，據元龜五七五補。

〔三二〕升祔皇祖所託之廟　「託」各本並作「配」，據晉書禮志、元龜五七五改。

〔三三〕若上帝者是五帝　各本並脫「是」字，據晉書禮志、元龜五七五補。

〔三四〕侍中車胤議同　各本並脫「同」字，據晉書禮志、元龜五七五改。

〔三五〕太常孔汪議　「孔汪」各本並作「孔注」，據晉書孔愉傳子汪附傳改。按孔汪，東晉孝武帝世，爲太常卿。

〔三六〕若臣所啓不允　「若」三朝本作「君」。北監本、毛本、殿本、局本作「羣」。通典禮典作「若」。今從通典。

〔三七〕若計常限　各本並脫「若」字，據通典禮典補。

〔三八〕未合六十月而再殷　「未」各本並作「來」，據通典禮典改。

〔三九〕領曹郎范泰參議　「范泰」通典禮典作「范義」。按本書范泰傳，泰位侍中、左光祿大夫，死於元嘉五年，此疑作范義爲是。

宋書卷十七

志第七

禮四

宋文帝元嘉三年五月庚午，〔一〕以誅徐羨之等，讎恥已雪，幣告太廟。元嘉三年十二月甲寅，西征謝晦，告太廟、太社。晦平，車駕旋軫，又告。

元嘉六年七月，太學博士徐道娛上議曰：「伏見太廟烝嘗儀注，皇帝行事畢，出便坐，三公已上獻，太祝送神于門，然後至尊還拜，百官贊拜，乃退。謹尋清廟之道，所以肅安神也。禮曰，廟者貌也。神靈所馮依也。事亡如存，若常在也。既不應有送神之文，自陳豆薦俎，車駕至止，並弗奉迎。夫不迎而送，送而後辭，闇短之情，實用未達。按時人私祠，誠皆迎送，由於無廟，庶感降來格。因心立意，非王者之禮也。儀禮雖太祝迎尸于門，此乃延尸之儀，豈是敬神之典。恐於禮有疑。謹以議上。」有司奏下禮官詳判。博士江邃議：「在始不

迎，明在廟也。卒事而送，節孝思也。若不送而辭，是舍親也。辭而後送，是遣神也。故孝子不忍違其親，又不忍遺神。是以祝史送神以成烝嘗之義。」博士賀道期議：「樂以迎來，哀以送往。祭統『迎牲而不迎尸』。詩云：『鐘鼓送尸。』鄭云：『尸，神象也。』與今儀注不迎而後送，若合符契。」博士荀萬秋議：「古之事尸，與今之事神，其義一也。周禮，尸出，送于廟門，拜，尸不顧。詩云：『鐘鼓送尸。』則送神之義，其來久矣。記曰：『迎牲而不迎尸，別嫌也。尸在門外，則疑於臣，入廟中，則全於君。君在門外，則疑於君，入廟，則全於臣。是故不出者，明君臣之義。』」邃等三人謂舊儀爲是，唯博士陳珉同道娛議。參詳「邃等議雖未盡，然皆依擬經禮。道娛、珉所據難從。今衆議不一，宜遵舊體」。詔可。

元嘉六年九月，太學博士徐道娛上議曰：「祠部下十月三日殷祠，十二日烝祀。謹按禘祫之禮，三年一，五年再。公羊所謂五年再殷祭也。在四時之間，周禮所謂凡四時之間祀也。蓋歷歲節月無定，天子諸侯，先後弗同。禮稱『天子祫嘗，諸侯烝祫。有田則祭，無田則薦』。鄭注：『天子先祫然後時祭，諸侯先時祭然後祫。有田者既祭又薦新。祭以首時，薦以仲月。』然則大祭四祀，其月各異。天子以孟月殷，仲月烝，諸侯孟月嘗，仲月祫也。春秋僖公八年秋七月，禘。文公二年八月，大事于太廟。穀梁傳曰：『著祫嘗也。』昭公十五年二月，『有事于武宮』。左傳曰：『禮也。』又周禮『仲冬享烝』。月令『季秋嘗稻』。晉春烝曲沃，

齊十月嘗太公，此並孟仲區別不共之明文矣。凡祭必先卜，日用丁巳，如不從，進卜遠日。卜未吉，豈容二事，推期而往，理尤可知。尋殷烝祀重，祭薦禮輕。輕尙異月，重寧反同。且『祭不欲數，數則瀆』。今隔旬頻享，恐於禮爲煩。自經緯墳誥，都無一月兩獻，先儒舊說，皆云殊朔。晉代相承，未審其原。國事之重，莫大乎祀。愚管膚淺，竊以惟疑。請詳告下議。」寢不報。

元嘉七年四月乙丑，有司奏曰：「禮喪服傳云：『有死於宮中者，則爲之三月不舉祭。』今礿祀既戒，而掖庭有故。下太常依禮詳正。太學博士江邃、袁朗、徐道娛、陳珉等議，參互不同。殿中曹郎中領祠部謝元議以爲：『遵依禮傳，使有司行事，於義爲安。』輒重參詳。宗廟敬重，饗祀精明。雖聖情罔極，必在親奉。然苟曰有疑，則情以禮屈。無所稱述，於義有據。請聽如元所上。」詔可。

元嘉十年十二月癸酉，太祝令徐閏刺署：「典宗廟社稷祠祀薦五牲，牛羊豕雞並用雄。其一種市買，由來送雌。竊聞周景王時，賓起見雄雞自斷其尾，曰：『雞憚犧，不祥。』今何以用雌，求下禮官詳正。」勒太學依禮詳據。博士徐道娛等議稱：「案禮孟春之月，『是月也，犧牲無用牝』。如此，是春月不用雌爾，秋冬無禁。雄雞斷尾，自可是春月。」太常丞司馬操議：「尋月令孟春『命祀山林川澤，犧牲無用牝』。若如學議，春祠三牲以下，便應一時俱改，以

從月令，何以偏在一雞。」重更勒太學議答。博士徐道娛等又議稱：「凡宗祀牲牝不一，前惟月令不用牝者，蓋明在春必雄，秋冬可雌，非以山林同宗廟也。四牲不改，在雞偏異，相承來久，義或有由，誠非末學所能詳究。求詳議告報，如所稱令。」參詳閏所稱粗有證據，宜如所上。自今改用雄雞。

孝武帝孝建三年五月丁巳，詔以第四皇子出紹江夏王太子叡爲後。有司奏：「皇子出後，檢未有告廟先例，輒勒二學禮官議正，應告與不？告者爲告幾室？」太學博士傅休議：「禮無皇子出後告廟明文。晉太康四年，封北海王寔紹廣漢殤王後，告于太廟。漢初帝各異廟，故告不必同。自漢明帝以來，乃共堂各室，魏、晉依之。今既共堂，若獨告一室，而闕諸室，則於情未安。」太常丞庾亮之議：「案禮『大事則告祖禰，小事則特告禰』。今皇子出嗣，宜告禰廟。」祠部朱膺之議以爲：「有事告廟，蓋國之常典。今皇子出紹，事非常均。愚以爲宜告。賀循云，古禮異廟，唯謁一室是也。既皆共廟，而闕於諸帝，於情未安。謂循言爲允，宜在皆告。」兼右丞殿中郎徐爰議以爲：「國之大事，必告祖禰。皇子出嗣，不得謂小。昔第五皇子承統廬陵，備告七廟。」參議以爰議爲允。詔可。

大明元年六月己卯朔，詔以前太子步兵校尉祗男歆紹南豐王朗。有司奏：「朗先嗣營陽，告廟臨軒。檢繼體爲舊，不告廟臨軒。」下禮官議正。太學博士王燮之議：「南豐昔別開土宇，以紹營陽，義同始封，故有臨軒告廟之禮。今歆奉詔出嗣，則成繼體，先爵猶存，事是傳襲，不應告廟臨軒。」祠部郎朱膺之議：「南豐王嗣爵封已絕，聖恩垂矜，特詔繼茅土，復申義同始封，爲之告廟臨軒。」殿中郎徐爰議：「營陽繼體皇基，身亡封絕，恩詔追封，錫以一城。既始啓建茅土，故宜臨軒告廟。今歆繼後南豐，彼此俱爲列國，長沙、南豐，自應各告其祖，豈關太廟。事非始封，不合臨軒。同博士王燮之議。」參詳，爰議爲允。詔可。

大明三年六月乙丑，有司奏：「來七月十五日，嘗祠太廟、章皇太后廟，輿駕親奉。而乘輿辭廟親戎，太子合親祠與不？且今月二十四日，第八皇女夭。案禮『宮中有故，三月不舉祭』。皇太子入住上宮，於事有疑。」下禮官議正。太學博士司馬興之議：「竊惟『國之大事，在祀與戎』。皇太子有撫軍之道，而無專御之義，戎既如之，祀亦宜然。案祭統，『夫祭之道，孫爲王父尸』。又云，『祭有昭穆，所以別父子』。太子監國，雖不攝，至於宗廟，則昭穆實存，謂事不可亂。又云，『有故則使人』。准此二三，太子無奉祀之道。又皇女夭札，則實同宮一體之哀，理不得異。設令得祀，令猶無親奉之義。」博士郁議：〔三〕「案春秋，太子奉社稷之粢盛，長子主器，出可守宗廟，以爲祭主，易象明文。監國之重，居然親祭。皇女夭札，時既同宮，三月廢祭，於禮宜停。」二議不同。尙書參議，宜以郁議爲允。詔可。

大明三年十一月乙丑朔，有司奏：「四時廟祠，吉日已定，遇雨及舉哀，舊停親奉，以有

司行事。先下使禮官博議，於禮爲得還日與不？」博士江長議：「禮記祭統：『君之祭也，有故則使人，而君不失其儀。』鄭玄云：『君雖不親，祭禮無闕，君德不損。』愚以爲有故則必使人者，明無還移之文。苟有司充事，謂不宜改日。」太常丞陸澄議：「案周禮宗伯之職，『若王不與祭祀則攝位』。鄭君曰：『王有故，行其祭事也。』臣以爲此謂在致齋，祭事盡備，神不可瀆，齋不可久，而王有他故，則使有司攝焉。晉泰始七年四月，世祖將親祠于太廟。庚戌，車駕夕牲。辛亥，雨。有司行事。此雖非人故，蓋亦天砅也。求之古禮，未乖周制。案禮記，『孔子答曾子，當祭而日蝕太廟火，如牲至未殺，則廢』。然則祭非無可廢之道也。但權所爲之輕重耳。日蝕廟火，變之甚者，故乃牲至尙猶可廢。推此而降，可以理尋。今散齋之內，未及致齋，而有輕哀甚雨，日時展事，可以延敬。不愆義情，無傷正典，改擇令日，夫何以疑。愚謂散齋而有舉哀若雨，可更還日。唯入致齋及日月逼晚者，乃使有司行事耳。又前代司空顧和啓，南郊車駕已出遇雨，宜還日更郊，事見施用。郊之與廟，其敬可均，至日猶還，況散齋邪。」殿中郎殷淡議：「曾子問『日蝕太廟火，牲未殺則廢』。縱有故則使人。清廟敬重，郊禋禮大，故廟焚日蝕，許以可還；輕哀微故，事不合改。是以鼷鼠食牛，改卜非禮。晉世祖有司行事，顧司空之改郊月，既不見其當時之宜，此不足爲准。愚謂日蝕廟火，天譴之變，廼可還日。至於舉哀小故，不宜改辰。」衆議不同。參議，既有理據，且晉氏還郊，

宋初遷祠，並有成准。謂孟月散齋之中，遇雨及舉輕哀，宜擇吉更遷，無定限數。唯入致齋及侵仲月節者，使有司行事。詔可。

大明五年十月甲寅，有司奏：「今月八日烝祠二廟，公卿行事。有皇太子獻妃服。」前太常丞庾蔚之議：「禮所以有喪廢祭，由祭必有樂。皇太子以元嫡之重，故主上服妃，不以尊降。既正服大功，愚謂不應祭。有故，三公行事，是得祭之辰，非今之比。卿卒猶不繹，況於太子妃乎？」博士司馬興之議：「夫緦則不祭，禮之大經。卿卒不繹，春秋明義。又尋魏代平原公主薨，高堂隆議不應三月廢祠，而猶云殯葬之間，權廢事改吉，芬馥享祠。尋此語意，非使有司。此無服之喪，尚以未葬爲廢，況皇太子妃及大功未祔者邪？上尋禮文，下准前代，不得烝祠。」領軍長史周景遠議：「案禮『緦不祭』。大功廢祠，理不俟言。今皇太子故妃既未山塋，未從權制，則應依禮廢烝嘗。至尊以大功之服，於禮不得親奉，非有故之謂，亦不使公卿行事。」右丞徐爰議以爲：「禮，『緦不祭』，蓋惟通議。大夫以尊貴降絕，及其有服，不容復異。祭統云『君有故使人可』者，謂於禮應祭，君不得齋，祭不可闕，故使臣下攝奉。不謂君不應祭，有司行事也。晉咸寧四年，景獻皇后崩，晉武帝伯母，宗廟廢一時之祀，雖名號尊崇，粗可依准。今太子妃至尊正服大功，非有故之比。既未山塋，謂烝祠宜廢。尋蔚之等議，指歸不殊，闕烝爲允。過卒哭祔廟，一依常典。」詔可。

大明七年二月丙辰，有司奏：「鑾輿巡蒐江左，講武校獵，獲肉先薦太廟、章太后廟，幷設醢酒，公卿行事，及獻妃陰室，室長行事。」太學博士虞龢議：「檢周禮，四時講武獻牲，各有所施。振旅春蒐，則以祭社；茇舍夏苗，則以享礿；治兵秋獮，則以祀祊；〔三〕大閱冬狩，則以享烝。案漢祭祀志：『唯立秋之日，白郊事畢，始揚威武，名曰「貙劉」。乘輿入囿，躬執弩以射，牲以鹿麛。太宰令謁者各一人，載獲車馳送陵廟。』然則春田薦廟，未有先准。」兼太常丞庾蔚之議：「龢所言是蒐狩不失其時，此禮久廢。今時龢表晏，講武教人，又虔供乾豆，先薦二廟，禮情俱允。社主土神，司空土官，故祭社使司空行事。太廟宜使上公。參議蒐狩之禮，四時異議，禮有損益，時代不同。今既無復四方之祭，三殺之儀，曠廢來久，禽獲牲物，面傷翦毛，未成禽不獻。太宰令謁者擇上殺奉送，先薦廟社二廟，依舊以太尉行事。」詔可。

明帝泰豫元年七月庚申，有司奏：「七月嘗祠，至尊諒闇之內，爲親奉與不？使下禮官通議。伏尋三年之制，自天子達。漢文愍秦餘之弊，於是制爲權典。魏、晉以來，卒哭而祔則就吉。案禮記王制『三年不祭，唯祭天地社稷，爲越紼而行事』。鄭玄云：『唯不敢以卑廢尊也。』范宜難杜預、段暢，所以闕宗廟祭者，皆人理所奉，哀戚之情，同於生者。譙周祭志稱：『禮，身有喪，則不爲吉祭。緦麻之喪，於祖考有服者，則亦不祭，爲神不饗也。』尋宮

中有故，雖在無服，亦廢祭三月，有喪不祭。如或非若三年之內必宜親奉者，則應禘序昭穆。而今必須免喪，然後禘祫，故知未祭之意，當似可思。起居注，晉武有二喪，兩朞之中，並不自祠。亦近代前事也。伏惟至尊孝越姬文，情深明發，公服雖釋，純哀內纏。推訪典例，則未應親奉。有司祗應，祭不爲曠。仰思從敬，竊謂爲允。臣等參議，甚有明證，宜如所上。」詔可。

後廢帝元徽二年十月丙寅，有司奏：「至尊親祠太廟文皇帝太后之日，孝武皇帝及昭皇太后，雖親非正統，而嘗經北面，未詳應親執爵與不？」下禮官議。太學博士周山文議：「案禮，尊者尊統上，卑者尊統下。孝武皇帝於至尊雖親非正統，而祖宗之號，列于七廟。愚謂親奉之日，應執觴爵。昭皇太后既親非禮正，宜使三公行事。」博士顏夔等四人同山文。兼太常丞韓賁議：「晉景帝之於世祖，肅祖之於孝武，皆傍尊也，親執觴杓。今孝武皇帝於至尊，親爲伯父，功列祖宗，奉祠之日，謂宜親執。按昭皇太后於主上，親無名秩，情則疏遠，庶母在我，猶子祭孫止，況伯父之庶母。愚謂昭后觴爵，可付之有司。」前左丞孫緬議：「晉世祖宗祠顯宗、烈宗、肅祖，並是晉帝之伯，今朝明準，而初無有司行事之禮。愚謂主上親執孝武皇帝觴爵，有愜情敬。昭皇太后君母之貴，見尊一時，而與章、宜二廟同饗閟宮，非唯不躬奉，廼宜議其毀替。請且依舊，三公行事。」詔緬議爲允。

宋孝武帝孝建元年十月戊辰，有司奏章皇太后廟毀置之禮。二品官議者六百六十三人。太傅江夏王義恭以爲：「經籍殘僞，訓傳異門，諒言之者罔一，故求之者尠究。是以六宗之辯，舛於兼儒，迭毀之論，亂於羣學。章皇太后誕神啓聖，禮備中興，慶流祚胤，德光義遠。宜長代崇芬，奕葉垂則。豈得降侔通倫，反遵常典。夫議者成疑，實傍紀傳，知一爽二，莫窮書旨。按禮記不代祭，爰及慈母，置辭令有所施。穀梁於孫止，別主立祭。則親執虔祀，事異前志。將由大君之宜，其職彌重，人極之貴，其數特中。且漢代鴻風，遂登配祔，晉氏明規，咸留薦祀。遠考史策，近因闇見，未應毀之，於義爲長。所據公羊，祗足堅秉。安可以貴等帝王，祭從士庶，緣情訪制，顚越滋甚。謂應同七廟，六代乃毀。」六百三十六人同義恭不毀。散騎侍郎王法施等二十七人議應毀。領曹郎中周景遠重參議，義恭等不毀議爲允。詔可。

大明二年二月庚寅，有司奏：「皇代殷祭，無事於章后廟。高堂隆議魏文思后依周姜嫄廟禘祫，及徐邈答晉宣太后殷薦舊事，使禮官議正。」博士孫武議：「按禮記祭法，『置都立邑，設廟祧壇墠而祭之，乃爲親疏多少之數。是故王立七廟，遠廟爲祧』。鄭云：『天子遷廟之主，昭穆合藏於二祧之中，〔四〕祫乃祭之。』王制曰：『祫禘。』鄭云：『祫，合也。合先君之主於祖廟而祭之，謂之祫。三年而夏禘，五年而秋祫，謂之五年再殷祭。』又『禘，大祭也』。

春秋文公二年，『大事于太廟』。傳曰：『毁廟之主，陳于太祖；未毁廟之主，皆升合食太祖。』〔五〕傳曰：『合族以食，序以昭穆。』祭統曰：『有事于太廟，則羣昭羣穆咸在，不失其倫。』今殷祠是合食太祖，而序昭穆。章太后既屈於上，不列正廟。若迎主入太廟，既不敢配列於正序，又未聞於昭穆之外別立爲位。若徐邈議，今殷祠就別廟奉薦，則乖禘祫大祭合食序昭穆之義。邈云：『陰室四殤，不同祫就祭。』此亦其義也。喪服小記，『殤與無後，從祖祔食』。祭法，『王下祭殤』。鄭玄云：『祭適殤於廟之奧，謂之陰厭。』既從祖食於廟奧，是殤有位於奧，非就祭別宮之謂。今章太后廟，四時饗薦，雖不於孫止，若太廟禘祫，獨祭別宮，與四時烝嘗不異，則非禘大祭之義，又無取於祫合食之文。謂不宜與太廟同殷祭之禮。高堂隆答魏文思后依姜嫄廟禘祫，又不辨祫之義，而改祫大饗，蓋有由而然耳。守文淺學，懼乖禮衷。」博士王燮之議：「按禘小祫大，禮無正文，求之情例，如有可準。〔六〕推尋祫之爲名，雖在合食，而祭典之重，於此爲大。夫以孝饗親，尊愛罔極，既殷薦太祖，亦致盛祀於小廟。譬有事於尊者，可以及卑。故高堂隆所謂獨以祫故而祭之也。是以魏之文思，晉之宣后，雖並不序於太廟，而猶均禘於姜嫄，其意如此。又徐邈所引四殤不祫，就而祭之，以爲別饗之例，斯其證矣。愚謂章皇太后廟，亦宜殷薦。」太常丞孫緬議以爲：「祫祭之名，義在合食，守經據古，孫武爲詳。竊尋小廟之禮，肇自近魏，晉之所行，足爲前準。高堂隆以祫

而祭，有附情敬。徐邈引就祭四殤，以證別饗。孫武據殤祔於祖，謂廟有殤位。尋事雖同廟，而祭非合食。且七廟同宮，始自後漢，禮之祭殤，各祔厥祖。既豫祫，則必異廟而祭。愚謂章廟殷薦，推此可知。」祠部朱膺之議：「閟宮之祀，高堂隆、趙怡並云周人祫，歲俱祫祭之。魏、晉二代，取則奉薦，名儒達禮，無相譏非，不譽不忘，率由舊章。愚意同王燮之、孫緬議。」詔曰：「章皇太后追尊極號，禮同七廟，豈容獨闕殷薦，隔茲盛祠。閟宮遙祫，既行有周，魏、晉從饗，式範無替。宜述附前典，以宣情敬。」

明帝泰始二年正月，孝武昭太后崩。五月甲寅，有司奏：「晉太元中，始正太后尊號，徐邈議廟制，自是以來，著爲通典。今昭皇太后於至尊無親，上特制義服。〔七〕祔廟之禮，宜下禮官詳議。」博士王略、太常丞虞愿議：「正名存義，有國之徽典；臣子一例，史傳之明文。今昭皇太后正位母儀，尊號允著，祔廟之禮，宜備彝則。母以子貴，事炳聖文，孝武之祀，既百代不毁，則昭后之祔，無緣有虧。愚謂神主應入章后廟。又宜依晉元皇帝之於愍帝，安帝之於永安后，祭祀之日，不親執觴爵，使有司行事。」時太宗宣太后已祔章太后廟，長兼儀曹郎虞龢議以爲：「春秋之義，庶母雖名同崇號，而實異正嫡。是以猶考別宮，而公子主其祀。今昭皇太后既非所生，益無親奉之理。周禮宗伯職云：『若王不與祭，則攝位。』然則宜使有司行其禮事。又婦人無常秩，各以夫氏爲定，夫亡以子爲次。昭皇太后卽正位在前，宣太

后追尊在後，以從序而言，宜躋新禰于上。」參詳，龢議爲允。詔可。

泰始二年六月丁丑，有司奏：「來七月嘗祀二廟，依舊車駕親奉。孝武皇帝室，〔八〕至尊親進觴爵及拜伏。又昭皇太后室應拜，及祝文稱皇帝諱。又皇后今月二十五日虔見於禰，拜孝武皇帝、昭皇太后，並無明文，下禮官議正。」太學博士劉緄議：「尋晉元北面稱臣於愍帝，烝嘗奉薦，亦使有司行事。且兄弟不相爲後，著於魯史。以此而推，孝武之室，至尊無容親進觴爵拜伏。其日親進章皇太后廟，經昭皇太后室過，前議既使有司行事，謂不應進拜。昭皇太后正號久定，登列廟祀，詳尋祝文，宜稱皇帝諱。案禮，婦無見兄之典，昭后位居傍尊，致虔之儀，理不容備。」太常丞虞愿議：「夫烝嘗之禮，事存繼嗣，故傍尊雖近，弟姪弗祀。君道雖高，臣無祭典。按晉景帝之於武帝，屬居伯父，武帝至祭之日，猶進觴爵。今上既纂祠文皇，於孝武室謂宜進拜而已，觴爵使有司行事。按禮『過墓則軾，過祀則下』。凡在神祇，尙或致恭，況昭太后母臨四海，至尊親曾北面，兄母有敬，謂宜進拜，祝文宜稱皇帝諱。尋皇后廟見之禮，本修虔爲義，今於孝武，論其嫂叔，則無通問之典，語其尊卑，亦無相見之義。又皇后登御之初，昭后猶正位在宮，敬謁之道，久已前備。愚謂孝武、昭太后二室，並不復薦告。」參議以愿議爲允。詔可。

後廢帝元徽二年十月壬寅，有司奏昭太后廟毁置。下禮官詳議。太常丞韓賁議：「按

君母之尊，義發春秋，庶後饗薦無間。周典七廟承統，猶親盡則毁。況伯之所生，而無服代祭，稽之前代，未見其準。」都令史殷匪子議：「昭皇太后不係於祖宗，進退宜毁。議者云，『妾祔於妾祖姑』，祔既必告，毁不容異。應告章皇太后一室。按記云：『妾祔於妾祖姑，無妾祖姑，則易牲而祔於女君可也。』始章太后於昭太后，論昭穆而言，則非妾祖姑，又非女君，於義不當。伏尋昭太后名位允極，昔初祔之始，自上祔於趙后，卽安于西廟，並皆幣告諸室。古者大事必告，又云每事必告。禮，牲幣雜用。檢魏、晉以來，互有不同。元嘉十六年，下禮官辨正。太學博士殷靈祚議稱：『吉事用牲，凶事用幣。』自茲而後，吉凶爲判，已是一代之成典。今事雖不全凶，亦未近吉，故宜依舊，以幣徧告二廟。又尋昭太后毁主，無義陳列於太祖，博士欲依虞主埋於廟兩階之間。按階間本以埋告幣埋虞主之所。昔虞喜云，依五經典議，以毁主祔於虞主，埋於廟之北牆，最爲可據。昭太后神主毁之埋之後，上室不可不虛置，太后便應上下升之。既升之頃，又應設脯醢以安神。今禮官所議，謬略未周。遷毁事大，請廣詳訪。」左僕射劉秉等七人同匪子。〔九〕左丞王諶重參議，謂：「以幣徧告二廟，埋毁殷主於北牆。宣太后上室，仍設脯醢以安神，匪子議爲允。」詔可。

魏明帝太和三年，詔曰：「禮，王后無嗣，擇建支子以繼大宗，則當纂正統而奉公義，何

得顧私親哉。漢宣繼昭帝，後加悼考以皇號；哀帝以外蕃援立，而董宏等稱引亡秦，或誤朝議，遂尊恭皇，立廟京師，又寵蕃妾，使比長信，僭差無禮，人神弗佑，非罪師丹忠正之諫，用致丁、傅焚如之禍。自是之後，相踵行之。其令公卿有司，深以前代爲誡。後嗣萬一有由諸侯入奉大統，則當明爲人後之義。敢爲佞邪，導諛君上，妄建非正之號，謂考爲皇，稱妣爲后，則股肱大臣，誅之無赦。其書之金策，〔一〇〕藏之宗廟，著于令典。」是後高貴、常道援立，皆不外尊也。

晉愍帝建興四年，司徒梁芬議追尊之禮，帝既不從，而左僕射索綝等亦稱引魏制，以爲不可。故追贈吳王爲太保而已。元帝太興二年，有司言琅邪恭王宜稱皇考。賀循議云：「禮典之義，子不敢以己爵加其父號。」帝又從之。二漢此典棄矣。

魏明帝有愛女曰淑涉，三月而夭，帝痛之甚，追封諡爲平原懿公主，葬於南陵，立廟京師。無前典，非禮也。

宋孝武帝孝建元年七月辛酉，有司奏：「東平沖王年稚無後，唯殤服五月。雖臣不殤君，〔一一〕應有主祭，而國是追贈，又無其臣。未詳毀靈立廟，爲當它祔與不？輒下禮官詳議。」太學博士臣徐宏議：「王既無後，追贈無臣，殤服既竟，靈便合毀。記曰：『殤與無後者，

從祖祔食。』又曰：『士大夫不得祔於諸侯，祔於祖之爲士大夫者。』按諸侯不得祔於天子。沖王則宜祔諸祖之廟爲王者，應祔長沙景王廟。」詔可。

大明四年丁巳，〔一二〕有司奏：「安陸國土雖建，而奠酹之所，未及營立，四時薦饗，故祔江夏之廟。宣王所生夫人，當應祠不？」太學博士傅郁議：「應廢祭。」右丞徐爰議：「按禮『慈母妾母不世祭』。〔一三〕鄭玄注：『以其非正，故傳曰子祭孫止。』又云：『爲慈母後者，爲祖庶母可也。』注稱：『緣爲慈母後之義，父妾無子，亦可命己庶子爲之後也。』考尋斯義，父母妾之祭，不必唯子。江夏宣王太子，體自元宰，道戚之胤，遭時不幸，聖上矜悼，降出皇愛，嗣承徽緒，光啓大蕃，屬國爲祖。始王夫人載育明懿，則一國之正，上無所厭，哀敬得申。既未獲祔享江夏，又不從祭安陸，即事求情，愚以爲宜依祖母有爲後之義，謂合列祀于廟。」二議不同，參議以爰議爲允。詔可。

大明六年十月丙寅，有司奏：「故晉陵孝王子雲未有嗣，安廟後三日，國臣從權制除釋，朔望周忌，應還臨與不？祭之日，誰爲主？」太常丞庾蔚之議：「既葬三日，國臣從權制除釋。而靈筵猶存，〔一四〕朔望及朞忌，諸臣宜還臨哭，變服衣帢，使上卿主祭。王既未有後，又無三年服者，朞親服除，〔一五〕而國尚存，便宜立廟，爲國之始祖。服除之日，神主暫祔食祖廟。諸王不得祖天子，宜祔從祖國廟，還居新廟之室。未有嗣之前，四時饗薦，常使上卿主之。」

左丞徐爰參議，以蔚之議爲允。詔可。

大明七年正月庚子，有司奏：「故宣貴妃加殊禮，未詳應立廟與不？」太學博士虞龢議：「曲禮云：『天子有后，有夫人。』檀弓云：『舜葬蒼梧，三妃未之從。』昏義云：『后之立六宮，有三夫人。』然則三妃即三夫人也。后之有三妃，猶天子之有三公也。按周禮，三公八命，諸侯七命。三公既尊於列國諸侯，三妃亦貴於庶邦夫人。據春秋傳，仲子非魯惠元嫡，尚得考彼別宮。今貴妃是秩，天之崇班，理應立此新廟。」左丞徐爰議：「宣貴妃既加殊命，禮絕五宮，考之古典，顯有成據。廟堂克構，宜選將作大匠。」參詳以龢、爰議爲允。詔可。

大明七年三月戊戌，有司奏：「新安王服宣貴妃齊衰朞，十一月練，十三月縞，十五月禫，心喪三年。未詳宣貴妃祔廟，應在何時？入廟之日，當先有祔，爲但入新廟而已？〔一六〕若在大祥及禫中入廟者，遇四時便得祭不？〔一七〕新安王在心制中，得親奉祭不？」太學博士虞龢議：「春秋傳云：『祔而作主，烝嘗禘於廟。』嘗爲吉祭之名，大祥及禫，未得入廟，應在禫除之後也。新安王心喪之內，若遇時節，便應吉祭於廟，親奉亦在無嫌。祔之爲言，以後亡者祔於先廟也。小記云：『諸侯不得祔於天子。』今貴妃爵視諸侯，居然不得祔於先后。又別考新宮，無所宜祔。且卒哭之後，益無祔理。」左丞徐爰議以：「禮有損益，古今異儀，雖云卒哭而祔，祔而作主，時之諸侯，皆禫終入廟。且麻衣縓緣，革服於元嘉，苫絰變除，申情於皇

宋。況宣貴妃誕育叡蕃，葬加殊禮，靈筵廬位，皆主之哲王，考宮創祀，不得關之朝廷。謂禫除之後，宜親執奠爵之禮。若有故，三卿行事。貴妃上厭皇姑，下絕列國，無所應祔。」參議，龢議大體與爰不異，宜以爰議爲允。詔可。

大明七年十一月癸未，有司奏：「晉陵國刺：孝王廟依廬陵等國例，〔一八〕一歲五祭。二國以王〔有衡陽王服，今年內不祠。尋國未有嗣王，〕三卿主祭。〔一九〕應同有服之例與不？」博士顏僧道議：「禮記云：『所祭者亡服則祭。』〔二〇〕今晉陵王於衡陽小功，宜依二國同廢。」太常丞庾蔚之議：「緦不祭者，據主爲言也。晉陵雖未有嗣，宜依有嗣致服，依闕祭之限。衡陽爲族伯緦麻，則應祭三月。」〔二一〕兼左丞徐爰議：「嗣王未立，將來承胤未知疏近。豈宜空計服屬，以虧祭敬。」參議以爰議爲允。詔可。

大明八年正月壬辰，有司奏：「故齊敬王子羽將來立後，未詳便應作主立廟？爲須有後之日？未立廟者，爲於何處祭祀？」游擊將軍徐爰議以爲：「國無後，於制除罷。始封之君，宜存繼嗣。〔二二〕皇子追贈，則爲始祖。臣不殤君，事著前準，豈容虛闕烝嘗，以俟有後。謂宜立廟作主，三卿主祭依舊。」通關博議，以爰議爲允。令便立廟。廟成作主，依晉陵王近例，先暫祔廬陵孝獻王廟。祭竟，神主即還新廟。未立後之前，常使國上卿主祭。

禮云：「共工氏之霸九州，其子句龍曰后土，能平九土，故祀以爲社。」周以甲日祭之，用日之始也。「社所以神地之道。地載萬物，天垂象。取財於地，取法於天。是以尊天而親地。故教民美報焉。〔二三〕家主中霤而國主社，示本也。」故言報本反始。烈山氏之有天下，其子曰農，能殖百穀。其裔曰柱，佐顓頊爲稷官，主農事，周棄係之，法施於人，故祀以爲稷。禮：「王爲羣姓立社曰太社，王自爲立社曰王社。」故國有二社，而稷亦有二也。漢、魏則有官社，無稷，故常二社一稷也。晉初仍魏，無所增損。至太康九年，改建宗廟，而社稷壇與廟俱徙。乃詔曰：「社實一神，其并二社之祀。」〔二四〕於是車騎司馬傅咸表曰：「祭法二社各有其義。天子尊事郊廟，故冕而躬耕。躬耕也者，〔二五〕所以重孝享之粢盛，致殷薦於上帝也。穀梁傳曰：『天子親耕以供粢盛。』親耕，謂自報，自爲立社者，爲籍而報也。國以人爲本，人以穀爲命，故又爲百姓立社而祈報焉。事異報殊，此社之所以有二也。王景侯之論王社，亦謂春祈籍田，秋而報之也。其論太社，則曰『王者布下圻內，爲百姓立之，謂之太社，不自立之於京師也』。景侯此論，據祭法『大夫以下，成羣立社，曰置社』。景侯解曰：『今之里社是也。』景侯解祭法，則以置社爲人間之社矣。而別論復以太社爲人間之社，未曉此旨也。太社，天子爲民而祀，〔二六〕故稱天子社。郊特牲曰：『天子太社，必受霜露風雨。』夫以羣姓之衆，王者通爲立社，故稱太社。若夫置社，其數不一，蓋以里所爲名。左氏傳盟于清丘之社

是也。人間之社，既已不稱太矣。若復不立之京都，當安所立乎？祭法又曰：『王爲羣姓立七祀。自爲立七祀。』言自爲者，自爲而祀也。爲羣姓者，爲羣姓而祀也。太社與七祀，其文正等。說者窮此，因云墳籍但有五祀無七祀也。按祭五祀，國之大祀，七者小祀。周禮所云祭凡小祀，則墨冕之屬也。景侯解大厲曰：『如周杜伯，鬼有所歸，乃不爲厲。』今云無二社者，稱景侯祭法不謂無二，則曰口傳無其文也。夫以景侯之明，擬議而後爲解，而欲以口論除明文。如此，非但二社，當是思惟景侯之後解，亦未易除也。前被敕，尚書召誥：『社于新邑，唯一太牢，』不立二社之明義也。〔二七〕按郊特牲曰：『社稷太牢。』必援一牢之文，以明社之無二，則稷無牲矣。說者則曰，舉社以明稷。苟可舉社以明稷，〔二八〕何獨不可舉一以明二。『國之大事，在祀與戎』。若有過而除之，不若過而存之。況存之有義，而除之無據乎。周禮封人『掌設社壝』。無稷字。今帝社無稷，蓋出於此。然國主社稷，故經傳動稱社稷。周禮，王祭稷則絺冕。此王社有稷之文也。封人設壝之無稷字，說者以爲略文，從可知也。謂宜仍舊立二社，而加立帝社之稷。」時成粲議稱：「景侯論太社不立京都，欲破鄭氏學。」咸重表以爲：「如粲之論，景侯之解文以此壞。大雅云：『乃立冢土。』毛公解曰：『冢土，太社也。』景侯解詩，即用此說。禹貢『惟土五色』。景侯解曰：『王者取五色土爲太社，封四方諸侯。各割其方色土者覆四方也。』〔二九〕如此，太社復爲立京都也。不知此論從何出而

與解乖。上違經記明文，下壞景侯之解。臣雖頑蔽，少長學問，不能默已，謹復續上。」劉寔與咸議同。〔三〇〕詔曰：「社實一神，而相襲二位，衆議不同，何必改作，其便仍舊，〔三一〕一如魏制。」

至元帝建武元年，又依洛京立二社一稷。其太社之祝曰：「地德普施，惠存無疆。乃建太社，保佑萬邦。悠悠四海，咸賴嘉祥。」其帝社之祝曰：「坤德厚載，王畿是保。乃建帝社，以神地道。明祀惟辰，〔三二〕景福來造。」禮，左宗廟，右社稷。歷代遵之，故洛京社稷在廟之右，而江左又然也。吳時宮東門雩門，疑吳社亦在宮東，與其廟同所也。宋仍舊，無所改作。

魏氏三祖皆親耕籍，此則先農無廢享也。其禮無異聞，宜從漢儀。執事告祠以太牢。晉元、哀帝並欲籍田而不遂，〔三三〕儀注亦闕略。

宋文帝元嘉二十一年春，親耕，乃立先農壇於籍田中阡西陌南。高四尺，方二丈。爲四出陛。陛廣五尺，外加埒。去阡陌各二十丈。車駕未到，司空、大司農率太祝令及衆執事質明以一太牢告祠。祭器用祭社稷器。祠畢，班餘胙於奉祠者。舊典先農又常列於郊祭云。

漢儀，皇后親桑東郊苑中。蠶室祭蠶神曰：「苑窳婦人，寓氏公主。」祠用少牢。晉武帝太康九年，楊皇后躬桑于西郊，祀先蠶。壇高一丈，方二丈，爲四出陛，陛廣五尺。在採桑壇東南帷宮之外，去帷宮十丈。皇后未到，太祝令質明以一太牢告祠。謁者一人監祠。畢，徹饌，班餘胙於從桑及奉祠者。

魏文帝黃初二年六月庚子，初禮五嶽四瀆，咸秩羣祀，瘞沈珪璋。六年七月，帝以舟軍入淮。九月壬戌，遣使者沈璧于淮，禮也。

魏明帝太和四年八月，帝東巡，遣使者以特牛祠中嶽，禮也。

魏元帝咸熙元年，帝行幸長安，遣使者以璧幣禮華山，禮也。

晉穆帝升平中，何琦論修五嶽祠曰：「唐、虞之制，天子五載一巡狩，省時之方，柴燎五嶽，望于山川，偏于羣神。故曰『因名山升中于天』。所以昭告神祇，饗報功德。是以災厲不作，而風雨寒暑以時。降逮三代，年數雖殊，而其禮不易。五嶽視三公，四瀆視諸侯，著在經記，所謂有其舉之，莫敢廢也。及秦、漢都西京，涇、渭長水，雖不在祀典，以近咸陽，故盡得比大川之祠。而正立之祀，〔三四〕可以闕哉！自永嘉之亂，神州傾覆，茲事替矣。唯灊之天柱，在王略之內，舊臺選百石吏卒，以奉其職。中興之際，未有官守，廬江郡常遣大吏兼

假，四時禱賽，春釋寒而冬請冰。咸和迄今，已復墮替。計今非典之祠，可謂非一。考其正名，則淫昏之鬼；推其糜費，則四民之蠹。［三五］而山川大神，更爲簡闕，禮俗頹紊，人神雜擾，公私奔蹙，［三六］漸以滋繁。良由頃國家多難，日不暇給，草建廢滯，事有未遑。今元憝已殲，宜修舊典。嶽瀆之域，風教所被，來蘇之人，咸蒙德澤，而神祇禋祀，未之或甄，巡狩柴燎，其廢尚矣。崇明前典，將俟皇輿北旋，稽古憲章，大釐制度。其五嶽、四瀆宜遵修之處，但俎豆牲牢，祝嘏文辭，舊章靡記。可令禮官作式，歸諸誠簡，以達明德馨香，如斯而已。其諸妖孽，可粗依法令，［三七］先去其甚。俾邪正不瀆。」不見省。

宋孝武帝大明七年六月丙辰，有司奏：「詔奠祭霍山，未審應奉使何官？用何牲饌？進奠之日，又用何器？」殿中郎丘景先議：「修祀川嶽，道光列代，差秩珪璋，義昭聯册。但業曠中葉，儀漏典文。尋姬典事繼宗伯，漢載持節侍祠，血祭埋沈，經垂明範，酒脯牢具，悉有詳例。又名山著珪幣之異，大冢有嘗禾之加。山海祠霍山，以太牢告玉，此凖酌記傳，其可言者也。今皇風緬暢，輝祀通嶽，愚謂宜使以太常持節，牲以太牢之具，羞用酒脯時穀，禮以赤璋纁幣。又鬯人之職『凡山川四方用蜃』，則盛酒當以蠡杯，其餘器用，無所取說。按郊望山瀆，以質表誠，器尚陶匏，籍以茅席，近可依準。山川以兆，宜爲壇域。」參議景先議爲允。今以兼太常持節奉使，牲用太牢，加以璋幣，器用陶匏，時不復用蜃，宜同郊祀，以爵

獻。凡肴饌種數，一依社祭爲允。詔可。

晉武帝咸寧二年春，久旱。四月丁巳，［三八］詔曰：「諸旱處廣加祈請。」五月庚午，始祈雨于社稷山川。六月戊子，獲澍雨。此雩禜舊典也。

太康三年四月、十年二月，又如之。是後修之至今。

魏文帝黃初二年正月，詔曰：「昔仲尼資大聖之才，懷帝王之器，當衰周之末，無受命之運，乃退考五代之禮，修素王之事，因魯史而制春秋，就太師而正雅、頌，俾千載之後，莫不宗其文以述作，仰其聖以成謀。茲可謂命世大聖，億載之師表者也。以遭天下大亂，百祀墮廢，舊居之廟，毀而不修，褒成之後，絕而莫繼，闕里不聞講頌之聲，四時不覩烝嘗之位，斯豈所謂崇化報功，盛德百世必祀者哉！［三九］其以議郎孔羨爲宗聖侯，邑百戶，奉孔子祀。令魯郡修舊廟，置百戶吏卒，以守衞之。」

晉武帝泰始三年十一月，改封宗聖侯孔震爲奉聖亭侯。又詔太學及魯國四時備三牲以祀孔子。

明帝太寧三年，詔給事奉聖亭侯孔亭四時祠孔子，祭宜如泰始故事。亭五代孫繼之博塞無度，常以祭直顯進，替慢不祀。宋文帝元嘉八年，有司奏奪爵。至十九年，又授孔隱之。兄子熙先謀逆，又失爵。二十八年，更以孔惠雲爲奉聖侯。後有重疾，失爵。孝武大明二年，又以孔邁爲奉聖侯。邁卒，子⿱艹孝嗣，［四〇］有罪，失爵。

魏齊王正始二年三月，帝講論語通，五年五月，講尚書通，七年十二月，講禮記通，［四一］並使太常釋奠，以太牢祀孔子於辟雍，以顏淵配。

晉武帝泰始七年，皇太子講孝經通。咸寧三年，講詩通。太康三年，〔講禮記通。惠帝元康三年，皇太子〕講論語通。［四二］元帝太興三年，皇太子講論語通。太子並親釋奠，以太牢祠孔子，以顏淵配。成帝咸康元年，帝講詩通。穆帝升平元年三月，帝講孝經通。孝武寧康三年七月，帝講孝經通。並釋奠如故事。

穆帝、孝武並權以中堂爲太學。

宋文帝元嘉二十二年四月，皇太子講孝經通，釋奠國子學，如晉故事。

漢東海恭王薨，明帝出幸津門亭發哀。魏時會喪及使者弔祭，用博士杜希議，皆去玄冠，加以布巾。

魏武帝少時，漢太尉橋玄獨先禮異焉。故建安中，遣使祠以太牢。

文帝黃初六年十二月，過梁郡，又以太牢祠之。

黃初二年正月，帝校獵至原陵，遣使者以太牢祠漢世祖。

宋文帝元嘉二十五年四月丙辰，車駕行幸江寧，經司徒劉穆之墓，遣使致祭焉。

孝武帝大明三年二月戊申，行幸籍田，經左光祿大夫袁湛墓，遣使致祭。

大明五年九月庚午，［四三］車駕行幸，經司空殷景仁墓，遣使致祭。

大明七年十一月，南巡。乙酉，遣使祭晉大司馬桓溫、征西將軍毛璩墓。［四四］

劉禪景耀六年，詔爲丞相諸葛亮立廟於沔陽。先是所居各請立廟，不許，百姓遂私祭之。而言事者或以爲可立於京師，乃從人意，皆不納。步兵校尉習隆、中書侍郎向充等言於禪曰：［四五］「昔周人懷邵伯之美，甘棠爲之不伐；越王思范蠡之功，鑄金以存其象。自漢興已來，小善小德，而圖形立廟者多矣，況亮德範遐邇，勳蓋季世，興王室之不壞，實斯人是賴。而烝嘗止於私門，廟象闕而莫立，百姓巷祭，戎夷野祀，非所以存德念功，述追在昔也。今若盡從人心，則瀆而無典；建之京師，又逼宗廟。此聖懷所以惟疑也。愚以爲宜因近其

墓，立之於汭陽，使屬所以時賜祭。凡其故臣欲奉祠者，皆限至廟。斷其私祀，以崇正禮。」於是從之。何承天曰：「周禮：『凡有功者祭於大烝。』故後代遵之，以元勳配饗。充等曾不是式，〔四六〕禪又從之，並非禮也。」

漢時城陽國人以劉章有功於漢，爲之立祠。青州諸郡，轉相放效，濟南尤盛。至魏武帝爲濟南相，皆毀絕之。及秉大政，普加除翦，世之淫祀遂絕。至文帝黄初五年十一月，詔曰：「先王制禮，所以昭孝事祖，大則郊社，其次宗廟，三辰五行，名山川澤，非此族也，不在祀典。叔世衰亂，〔四七〕崇信巫史，至乃宮殿之內，戶牖之間，無不沃酹，甚矣其惑也。自今其敢設非禮之祭，巫祝之言，皆以執左道論，著于令。」明帝青龍元年，又詔：「郡國山川不在祀典者，勿祠。」

晉武帝泰始元年十二月，詔：「昔聖帝明王，修五嶽、四瀆，名山川澤，各有定制。所以報陰陽之功，而當幽明之道故也。然以道莅天下者，其鬼不神，其神不傷人也。故祝史薦而無媿詞，〔四八〕是以其人敬慎幽冥，而淫祀不作。末代信道不篤，僭禮瀆神，縱欲祈請，曾不敬而遠之，徒偷以求幸，妖妄相扇，舍正爲邪，故魏朝疾之。其按舊禮，具爲之制，使功著於人者，必有其報，而妖淫之鬼，不亂其間。」二年正月，有司奏：「春分祠厲殃及禳祠。」詔曰：「不在祀典，除之。」

宋武帝永初二年，普禁淫祀。由是蔣子文祠以下，普皆毀絕。孝武孝建初，更修起蔣山祠，所在山川，漸皆修復。明帝立九州廟於雞籠山，大聚羣神。蔣侯宋代稍加爵，位至相國、大都督、中外諸軍事，加殊禮，鍾山王。蘇侯驃騎大將軍。四方諸神，咸加爵秩。

漢安帝元初四年，詔曰：「月令，『仲秋，養衰老，授几杖，行糜粥』。方今八月案比之時，郡縣多不奉行。雖有糜粥，糠秕泥土相和半，不可飲食。」按此詔，漢時猶依月令施政事也。

校勘記

〔一〕宋文帝元嘉三年五月庚午　按是月己卯朔，無庚午。

〔二〕博士郁議　按時有博士傅郁，嚴可均全宋文收此議在傅郁名下。

〔三〕則以祀祊　「祊」各本並作「方」，據周禮夏官大司馬職文改。

〔四〕昭穆合藏於二祧之中　各本並作「昭穆合藏於祧中」，據禮記祭法鄭玄注原文訂正。

〔五〕皆升合食太祖　「太祖」各本並作「太廟」，據公羊傳原文訂正。

〔六〕如有可準　各本並脫「可準」二字，據通典禮典補。

〔七〕上特制義服　「上」各本作「正」，據通典禮典改。

〔八〕孝武皇帝室　各本並脫「室」字，據通典禮典補。

〔九〕左僕射劉秉等七人同匪子　「劉秉」各本並作「劉康」，按時無左僕射名劉康者。蓋是劉秉之譌。秉爲左僕射見長沙景王道憐傳孫秉附傳。

〔一〇〕其書之金策　各本並脫「之」字，據三國志魏志明帝紀、晉書禮志、元龜六二補。

〔一一〕雖臣不殤君　各本並脫「臣」字，據通典禮典補。

〔一二〕大明四年丁巳　有日無月，各本並同。

〔一三〕慈母妾母不世祭　「世」各本並作「代」，蓋唐人避諱所改，今據禮記喪服小記原文改正。

〔一四〕國臣從權制除釋而靈筵猶存　「釋而」各本並作「而釋」。孫虨宋書考論云：「『而』字疑在『釋』字下，屬下句。」按孫說是，今乙正。

〔一五〕朞親服除　「除」字下各本並衍「之」字，據通典禮典刪。

〔一六〕爲但入新廟而已　各本並脫「爲」字，據通典禮典改。

〔一七〕遇四時便得祭不　各本並脫「得」字，據通典禮典補。

〔一八〕孝王廟依廬陵等國例　「廬陵」下，各本並有「平王」二字，據通典禮典刪。

〔一九〕二國以王有衡陽王服今年內不祠尋國未有嗣王三卿主祭　各本並脫「有衡陽王」以下十六字，據通典禮典補。

〔二〇〕所祭者亡服則祭　「則祭」各本並作「則不祭」。按禮記曾子問原文作「所祭於死者無服則祭」。宋志蓋衍「不」字，今刪去。

〔二一〕則應祭三月　孫虨宋書考論云：「『則應祭三月』，又當云『不祭』，有『不』字。」

〔二二〕宜存繼嗣　各本並作「實存承嗣」，據通典禮典改。

〔二三〕故教民美報焉　各本並作「故教人美報焉」。蓋唐人諱改。據禮記郊特牲原文改正。

〔二四〕其并二社之祀　「祀」各本並作「禮」，據晉書禮志、通典禮典、元龜三二下及五七四改。

〔二五〕躬耕也者　各本並脫「躬耕」二字，據晉書禮志補。

〔二六〕太社天子爲民而祀　「民」各本及通典禮典並作「人」，晉書禮志、元龜五七四作「百姓」。蓋後人爲唐諱所改，沈約原文當作「民」。今復改回。

〔二七〕不立二社之明義也　各本並脫「立」字，據通典禮典、元龜五七四補。

〔二八〕苟可舉社以明稷　此句各本脫去。據晉書禮志、通典禮典、元龜五七四補。

〔二九〕各割其方色土者覆四方也　「土」各本並作「王」，據通典禮典改。

〔三〇〕劉寔與咸議同　各本並脫「議」字，據晉書禮志補。

〔三一〕其便仍舊　「便」各本並作「使」，據晉書禮志、通典禮典改。

〔三二〕明祀惟辰　「祀」各本並作「祝」，據晉書禮志、元龜五七四改。

〔三三〕晉元哀帝並欲籍田而不遂　「晉元」各本作「晉武」，今從局本。據本書禮志一載，晉武帝曾親耕籍田，元帝、哀帝並欲籍田而不遂。

〔三四〕而正立之祀　「祀」各本並作「禮」，據晉書禮志、元龜五七五改。

〔三五〕則四民之蠹　「四民」各本並作「四人」。晉書禮志、通典禮典、元龜五七五作「百姓」。蓋沈約本作「四民」，後人以唐諱追改。今改回。

〔三六〕公私奔鶩　「私」各本並作「以」，今從局本。

〔三七〕可粗依法令　「粗」百衲本作「伹」，嘉靖本、北監本、毛本、殿本、局本作「俱」。通典禮典、元龜五七五作「粗」。按作「粗」是，今據改。

〔三八〕四月丁巳　按是月辛巳朔，無丁巳。

〔三九〕盛德百世必祀者哉　「百世」各本並作「百代」，蓋唐人避諱改追，非沈約原文。今據三國志魏志文帝紀、元龜四九改。

〔四〇〕子夅嗣　「夅」三朝本、北監本、毛本、殿本作「莽」，局本作「夅」。按通典禮典作「夅」，注云：「翊俱反」。當卽「夅」字之異文。今定作「夅」。

〔四一〕講禮記通　各本並脫「記」字，據晉書禮志補。

〔四二〕太康三年講禮記通惠帝元康三年皇太子講論語通　各本脫「講禮記」以下十三字，據晉書禮志補。

〔四三〕大明五年九月庚午　各本並脫「九月」二字。按孝武帝紀，大明五年九月丁卯，行經琅邪郡。當是庚午上脫「九月」二字，今補。是月甲寅朔，十四日丁卯，十七日庚午。

〔四四〕遣使祭晉大司馬桓溫征西將軍毛璩墓　各本並脫「大」字。據晉書桓溫傳補。

〔四五〕步兵校尉習隆中書侍郎向充等言於禪曰　「向充」各本並作「向允」，據三國志蜀志諸葛亮傳裴注引襄陽記、通典禮典、元龜五九六改。

〔四六〕充等曾不是式　「充」各本並作「允」，據通典禮典、元龜五九六改。

〔四七〕叔世衰亂　「世」各本並作「代」，據三國志魏志文帝紀改。

〔四八〕故祝史薦而無媿詞　各本並脫「祝」字，據晉書禮志、通典禮典、元龜一五九補。

宋書卷十八

志第八

禮五

秦滅禮學，事多違古。漢初崇簡，不存改作，車服之儀，多因秦舊。至明帝始乃修復先典，司馬彪輿服志詳之矣。魏代唯作指南車，其餘雖小有改易，〔一〕不足相變。晉立服制令，辨定衆儀，徐廣車服注，略明事目，並行於今者也。故復敍列，以通數代典事。

上古聖人見轉蓬，始爲輪，輪行可載，因爲輿。任重致遠，流運無極。後代聖人觀北斗魁方杓曲攜龍角，爲帝車，曲其輈以便駕。系本云：「奚仲始作車。」案庖羲畫八卦而爲大輿，服牛乘馬，以利天下。奚仲乃夏之車正，安得始造乎。系本之言非也。「車服以庸」，著在唐典。夏建旌旗，以表貴賤。周有六職，百工居其一焉。一器而羣工致其巧，車最居多。

明堂位曰：〔二〕「鸞車，有虞氏之路也。大路，殷路也。乘路，周路也。」殷有山車之瑞，謂桑根車，殷人制爲大路。禮緯曰：「山車垂句。」句，曲也。言不揉治而自曲也。周之五路，則有玉、金、象、革、木。五者之飾，備於考工記。輿方法地，蓋圓象天，輻以象日月，二十八弓以象列宿。玉、金、象者，飾車諸末，因爲名也。革者漆革，木者漆木也。玉路，建大常以祀；金路，建大旂以賓；象路，建大赤以朝；革路，建大白以戎；木路，建大麾以田。黑色，夏所尙也。

秦閱三代之車，獨取殷制。古曰桑根車，秦曰金根車也。漢氏因秦之舊，亦爲乘輿，所謂乘殷之路者也。禮論輿駕議曰：「周則玉輅最尊，漢之金根，亦周之玉路也。」漢制，乘輿金根車，輪皆朱斑，重轂兩轄，飛軨。轂外復有轂，施轄，其外復設轄，施銅貫其中。東京賦曰：「重輪貳轄，疏轂飛軨。」飛軨以赤油爲之，廣八寸，長三尺注地，〔三〕繫兩軸頭，〔四〕謂之飛軨也。以金薄繆龍，〔五〕爲輿倚較。較在箱上。檴文畫藩。藩，箱也。文虎伏軾，龍首銜軛，鸞雀立衡，檴文畫轅，翠羽蓋黃裏，所謂黃屋也。金華施橑末，建大常十二旒，畫日月升龍，駕六黑馬，施十二鸞，金爲叉髦，插以翟尾。又加犛牛尾，大如斗，置左騑馬軛上，所謂左纛輿也。路如周玉路之制。應劭漢官鹵簿圖，乘輿大駕，則御鳳皇車，以金根爲副。又五色安車、五色立車各五乘。建龍旂，駕四馬，施八鸞，餘如金根之制，猶周金路也。其車

各如方色，所謂五時副車，俗謂爲「五帝車」也。江左則闕矣。白馬者，朱其鬣，安車者，坐乘。又有建華蓋九重。甘泉鹵簿者，道車五乘，游車九乘，在乘輿車前。又有象車，最在前，試橋道。晉江左駕猶有之。凡婦人車皆坐乘，故周禮王后有安車而王無也。漢制乘輿乃有之。

天子所御駕六，其餘副車皆駕四。案書稱朽索御六馬。逸禮王度記曰：「天子駕六，諸侯駕五，卿駕四，大夫三，士二，庶人一。」楚平王駕白馬。梁惠王以安車駕三送淳于髡，大夫之儀。周禮，四馬爲乘。毛詩，「天子至大夫同駕四，士駕二」。袁盎諫漢文馳六飛。魏時天子亦駕六。晉先蠶儀，皇后安車駕六，以兩轅安車駕五爲副。江左以來，相承無六，駕四而已。

宋孝武大明三年，使尚書左丞荀萬秋造五路。禮圖，玉路，建赤旂，〔六〕無蓋，改造依擬金根，而赤漆櫳畫，玉飾諸末，建青旂，十有二旒，駕玄馬四，施羽葆蓋，以祀。即以金根爲金路，建大青旂，十有二旒，駕玄馬四，羽葆蓋，以賓。象、革、木路，周官、輿服志、禮圖並不載其形段，並依擬玉路，漆櫳畫，羽葆蓋，象飾諸末，建立赤旂，十有二旒，以視朝。革路，建赤旂，十有二旒，以即戎。木路，建赤麾，以田。象，革駕玄，木駕赤，四馬。舊有大事，法駕出，五路各有所主，不俱出也。大明中，始制五路俱出。親耕籍田，乘三蓋車，一名芝車，又名耕根車，置耒耜於軾上。

戎車立乘，夏曰鉤車，殷曰寅車，周曰元戎。建牙麾，邪注之，載金鼓羽幢，置甲弩於軾上。

獵車，輞轤，輪畫繆龍繞之。一名蹋猪車。魏文帝改曰蹋虎車。

指南車，其始周公所作，以送荒外遠使。地域平漫，迷於東西，造立此車，使常知南北。鬼谷子云：「鄭人取玉，必載司南，爲其不惑也。」至于秦、漢，其制無聞。後漢張衡始復創造。漢末喪亂，其器不存。魏高堂隆、秦朗，皆博聞之士，爭論於朝，云無指南車，記者虛說。明帝青龍中，令博士馬鈞更造之而車成。晉亂復亡。石虎使解飛，姚興使令狐生又造焉。安帝義熙十三年，宋武帝平長安，始得此車。其制如鼓車，設木人於車上，舉手指南。車雖回轉，所指不移。大駕鹵簿，最先啓行。此車戎狄所制，機數不精，雖曰指南，多不審正。回曲步驟，猶須人功正之。范陽人祖沖之，有巧思，常謂宜更構造。宋順帝昇明末，齊王爲相，命造之焉。車成，使撫軍丹陽尹王僧虔、御史中丞劉休試之。其制甚精，百屈千回，未常移變。晉代又有指南舟。索虜拓跋燾使工人郭善明造指南車，彌年不就。扶風人馬岳又造，垂成，善明酖殺之。

記里車，未詳所由來，亦高祖定三秦所獲。制如指南，其上有鼓，車行一里，木人輒擊

一槌。大駕鹵簿，以次指南。

輦車，周禮王后五路之卑者也。後宮中從容所乘，非王車也。漢制乘輿御之，或使人輓，或駕果下馬。漢成帝欲與班婕妤同輦是也。後漢陰就外戚驕貴，亦輦。井丹譏之曰：「昔桀乘人車，豈此邪！」然則輦夏后氏末代所造也。井丹譏陰就乘人，而不云僭上，豈貴臣亦得乘之乎？未知何代去其輪。傅玄子曰：「夏曰余車，殷曰胡奴，周曰輜車。」輜車，即輦也。魏、晉御小出，常乘馬，亦多乘輿車。輿車，今之小輿。

犢車，軿車之流也。漢諸侯貧者乃乘之，其後轉見貴。孫權云「車中八牛」，即犢車也。江左御出，又載儲偫之物。漢代賤軺車而貴輜軿，魏、晉賤輜軿而貴軺車。又有追鋒車，去小平蓋，加通幰，如軺車，而駕馬。又以雲母飾犢車，謂之雲母車，臣下不得乘，時以賜王公。晉氏又有四望車，今制亦存。又漢制，唯賈人不得乘馬車，其餘皆乘之矣。除吏赤蓋杠，餘則青蓋杠云。

周禮王后亦有五路，重翟、厭翟、安車、翟車、輦車，凡五也。漢制，太皇太后、皇太后、皇后法駕乘重翟羽蓋金根車，駕青交絡，〔七〕青帷裳，雲櫳畫轅，黃金塗五末，蓋爪施金華，駕三馬，左右騑。其非法駕則紫罽軿車。按字林，軿車有衣蔽，無後轅。其有後轅者謂之輜。應劭漢官，明帝永平七年，光烈陰皇后葬，魂車，鸞路青羽蓋，駕駟馬，龍旂九旒，前有方相。鳳皇車，大將軍妻參乘，太僕妻、御女騎夾轂，此前漢舊制也。

晉先蠶儀注，皇后乘油畫雲母安車，駕六騩馬。騩，淺黑色也。油畫兩轅安車，駕五騩馬爲副。公主油畫安車，駕三。三夫人青交絡安車，〔八〕駕三。皆以紫絳罽軿車，駕三爲副。九嬪世婦軿車，駕二。宮人輜車，駕一。王妃、公侯特進夫人、封君皁交絡安車，〔九〕駕三。

漢制，貴人、公主、王妃、封君油軿皆駕二，右騑而已。

漢制，太子、皇子皆安車，朱斑輪，倚虎較，伏鹿軾，黑櫳文畫蕃，青蓋，金華施橑末，黑櫳文畫轅，黃金塗五末。〔一〇〕皇子爲王，錫以此乘，故曰王青蓋車。皆左右騑駕，五旂，旂九旒，畫降龍。皇孫乘綠蓋車，〔一一〕亦駕三。魏、晉之制，太子及諸王皆駕四。

晉元帝太興三年，太子釋奠。詔曰：「未有高車，可乘安車。」高車，即立乘車也。公及列侯安車，朱斑輪、倚鹿較、伏熊軾、黑蕃者謂之軒，皁繒蓋，駕二，右騑。王公旂八旒，侯七旒，卿五旒，皆降龍。公卿中二千石二千石郊陵法駕出，皆大車立乘，駕四。後導從大車，駕二，右騑。他出乘安車。其去位致仕，皆賜安車四馬。中二千石皆皁蓋、朱蕃，銅五末，駕二，右騑。晉令，王公之世子攝命治國者，〔一二〕安車，駕三，旂七旒，其侯世子，五旒。傅暢故事，三公安車，駕三。特進駕二。卿一。漢制，公、列侯、中二千石、二千石夫人

會廟及蠶，各乘其夫之安車，右騑，加皁交絡，帷裳皆皁。〔一三〕非公會，則乘漆布輜軿，銅五末。晉武帝太康四年，詔依漢故事，給九卿朝車駕及安車各一乘。傳暢故事，尚書令軺車，黑耳後戶。僕射但後戶無耳。中書監令如僕射。

漢制，乘輿御大駕，公卿奉引，太僕御，〔一四〕大將軍參乘，備千乘萬騎。屬車八十一乘。古者諸侯貳車九乘，秦滅九國，兼其車服，故八十一乘也。漢遵弗改。漢都長安時，祠天於甘泉用之。都洛陽，上原陵，又用之，大喪又用之。法駕則河南尹、洛陽令奉引，奉車郎御，侍中參乘。屬車三十六乘。凡屬車皆皁蓋赤裏。後漢祠天郊用法駕，祠宗廟用小駕。小駕，減損副車也。前驅有九斿雲罕，〔一五〕皮軒鸞旗，車皆大夫載之。鸞旗者，編羽旄列繫幢傍也。金鉦黃鉞，黃門鼓車，乘輿之後有屬車，尚書、御史載之。最後一車懸豹尾。豹尾以前，比於省中。每出警蹕清道，建五旗。太僕奉駕條上鹵簿，尚書郎侍御史令史皆執注以督整車騎，所謂護駕也。春秋上陵，尤省於小駕。直事尚書一人從，其餘令史以下皆從行，所謂先置也。薛綜東京賦注以雲罕九斿爲旌旗別名，亦不辨其形。案魏命晉王建天子旌旗，置旄頭雲罕。是知雲罕非旌旗也。徐廣車服注以爲九斿，斿車九乘。雲罕疑是畢罕。詩敍曰：「齊侯田獵畢弋，百姓苦之。」畢罕本施遊獵，遂爲行飾乎？潘岳籍田賦先敍五路九旗，次言瓊鈒雲罕。若罕爲旗，則岳不應頻句於九旗之下。又以其物匹鈒戟，宜是今畢網

明矣。此說爲得之。皮軒，以虎皮爲軒也。徐又引淮南子「軍正執豹皮以制正其衆。」禮記「前有士師，則載虎皮」。乘輿豹尾，亦其義類乎？五旗者，五色各一旗，以木牛承其下。徐又云：「木牛，蓋取其負重而安穩也。」五旗纏竿，卽禮記德車結旌不盡飾也，戎事乃散之。又武車綏旌，垂舒之也。史臣案：今結旌綏旌同，而德車武車之所不建。又木牛之義，亦未灼然可曉。又案周禮辨載法物，莫不詳究，然無相風、畢網、旄頭之屬，此非古制明矣。何承天謂戰國並爭，師旅數出，懸烏之設，務察風祲，宜是秦矣。晉武嘗問侍臣：「旄頭何義？」彭推對曰：「秦國有奇怪，觸山截水，無不崩潰，唯畏旄頭，故虎士服之，則秦制也。」張華曰：「有是言而事不經。臣謂壯士之怒，髮踊衝冠，義取於此。」摯虞決疑無所是非也。徐爰曰：「彭、張之說，各言意義，無所承據。案天文畢昴之中謂之天街，故車駕以畢罕前引，畢方昴圓，因其象。星經，昴一名旄頭，故使執之者冠皮毛之冠也。」

輕車，古之戰車也。輪輿洞朱，不巾不蓋，建矛戟幢麾，置弩於軾上，駕二。射聲校尉司馬吏士載，以次屬車。

漢儀曰：「出稱警，入稱蹕。」說者云，車駕出則應稱警，入則應稱蹕也，而今俱唱之。史臣以爲警者，警戒也。蹕者，止行也。今從乘輿而出者，並警戒以備非常也。從外而入乘輿相干者，蹕而止之也。董巴、司馬彪云：「諸侯王遮迾出入，稱警設蹕。」

武剛車，有巾有蓋，在前爲先驅。又在輕車之後爲殿也。駕一。史記，衛青征匈奴，以武剛車爲營是也。

漢制，大行載轀輬車，四輪。其飾如金根，加施組連璧，交絡，四角金龍首銜璧，垂五采，析羽流蘇，前後雲氣畫帷裳，楨文畫曲蕃，長與車等。太僕御，駕六白駱馬，以黑藥灼其身爲虎文，謂之布施馬。旣下，馬斥賣，車藏城北祕宮。今則馬不虎文，不斥賣，車則毀也。自漢霍光、晉安平、齊王、賈充、王導、謝安、宋江夏王葬以殊禮者，皆大輅黃屋，載轀輬車。

晉令曰：「乘傳出使，遭喪以上，卽自表聞，聽得白服乘騾車，到副使攝事。」徐廣車服注：「傳聞騾車者，犢車裝而馬車轅也。」又車無蓋者曰科車。

晉武帝時，護軍將軍羊琇乘羊車，司隸校尉劉毅奏彈之。詔曰：「羊車雖無制，猶非素者所服。」江左來無禁也。

舊有充庭之制，臨軒大會，陳乘輿車輦旌鼓於殿庭。張衡東京賦云：「龍路充庭，鸞旗拂霓。」晉江左廢絕。宋孝武大明中修復。

上古寢處皮毛，未有制度。後代聖人見鳥獸毛羽及其文章與草木華采之色，因染絲綵以作衣裳，爲玄黃之服，以法乾坤上下之儀；觀鳥獸冠胡之形，制冠冕纓蕤之飾。虞氏作績，采章彌文，夏后崇約，猶美黻冕。咎繇陳謨，則稱五服五章。皆後王所不得異也。周監二代，典制詳密，故弁師掌六冕，司服掌六服，設擬等差，各有其序。禮記冠義曰：「冠者禮之始，嘉事之重者也。」〔一六〕太古布冠，齊則緇之。夏曰毋追，殷曰章甫，周曰委貌，此皆三代常所□□周之祭冕，繅采備飾，故夫子曰「服周之冕」，以盡美稱之。至秦以戰國卽天子位，滅去古制，郊祭之服，皆以袀玄。至漢明帝始採周官、禮記、尚書諸儒說，還備袞冕之服。魏明帝以公卿袞衣黼黻之文，擬於至尊，復損略之。晉以來無改更也。天子禮郊廟，則黑介幘，平冕，今所謂平天冠也。〔一七〕皁表朱綠裏，廣七寸，長尺二寸，垂珠十二旒。以朱組爲纓，〔一八〕衣皁上絳下，前三幅，後四幅，衣畫而裳繡，爲日、月、星辰、山、龍、華、蟲、藻、火、粉米、黼、黻之象，凡十二章也。素帶廣四寸，朱裏，以朱緣裨飾其側。〔一九〕中衣以絳緣其領袖。赤皮蔽膝。蔽膝，古之韍也。絳袴，絳韈，赤舄。未加元服者，〔二〇〕空頂介幘。其釋奠先聖，則皁紗裙，絳緣中衣，〔二一〕絳袴袜，黑舄。其臨軒亦袞冕也。其朝服，通天冠，高九寸，金博山顏，黑介幘，絳紗裙，皁緣中衣。其拜陵，黑介幘，箋單衣。其雜服，有青赤黃白緗黑色介幘，五色紗裙，五梁進賢冠，遠遊冠，平上幘，武冠。其素服，白帢單衣。漢儀，立秋日獵服緗幘。晉哀帝初，博士曹弘之等儀：「立秋御讀令，不應緗幘。求改用素。」詔從之。宋文帝元嘉六年，奉朝請徐道娛表：「不應素幘。」詔門下詳議，帝執宜如舊。遂不改。

進賢冠，前高七寸，後高三寸，長八寸，梁數隨貴賤，古之緇布冠也。文儒者之所服。上公、卿助祭於郊廟，[二二]皆平冕，王公八旒，卿七旒，以組爲纓，色如其綬。王公衣山龍以下，九章也，卿衣華蟲以下，七章也。行鄉射禮，則公卿委貌冠，以皁絹爲之，形如覆杯，與皮弁同制。長七寸，高四寸。衣黑而裳素。其中衣以皁緣領袖。其執事之人皮弁，以鹿皮爲之。

武冠，昔惠文冠，本趙服也，一名大冠。凡侍臣則加貂蟬。應劭漢官曰：「說者以金取堅剛，百鍊不耗；蟬居高食潔，口在腋下；[二三]貂內勁悍而外溫潤。」此因物生義，非其實也。其實趙武靈王變胡，而秦滅趙，以其君冠賜侍臣，故秦、漢以來，侍臣有貂蟬也。徐廣車服注稱其意曰：「北土寒涼，本以貂皮煖額，附施於冠，因遂變成首飾乎？」侍中左貂，常侍右貂。

法冠，本楚服也。一名柱後，一名獬豸。說者云：「獬豸獸知曲直，以角觸不正者也。」秦滅楚，以其君冠賜法官。

謁者高山冠，本齊服也。一名側注冠。秦滅齊，以其君冠賜謁者。魏明帝以其形似通天、遠遊，乃毀變之。

樊噲冠，廣九寸，制似平冕，殿門衞士服之。漢將樊噲常持鐵盾。鴻門之會，項羽欲害

漢王，乃裂裳以苞盾，戴入見羽。漢承秦制，冠有十三種，魏、晉以來，不盡施用。今志其施用者也。

幘者，古賤人不冠者之服也。漢元帝額有壯髮，始引幘服之。王莽頂禿，又加其屋也。漢注曰：「冠進賢者宜長耳，今介幘也。冠惠文者宜短耳，今平上幘也。[二四]知時各隨所宜，後遂因冠爲別。」介幘服文吏，平上服武官也。童子幘無屋者，示未成人也。又有納言幘，後收，又一重，方三寸。又有赤幘，騎吏、武吏、乘輿鼓吹所服。救日蝕，文武官皆免冠，著赤幘，對朝服，示威武也。宋乘輿鼓吹，黑幘武冠。

漢制，祀事五郊，天子與執事所服各如方色；百官不執事者，自服常服以從。常服，絳衣也。

魏祕書監秦靜曰：「漢氏承秦，改六冕之制，俱玄冠絳衣而已。」晉名曰五時朝服；有四時朝服，又有朝服。

凡兵事，總謂之戎。尚書云：「一戎衣而天下定。」周禮：「革路以即戎。」又曰：「兵事韋弁服。」以韎韋爲弁，又以爲衣裳。春秋左傳：「戎服將事。」又云：「晉郤至衣韎韋之跗。」注，先儒云：「韎，絳色。」今時伍伯衣。說者云，五霸兵戰，猶有綬紱、冠纓、漫胡，則戎服非袴褶之制，未詳所起。近代車駕親戎中外戒嚴之服，無定色，冠黑帽，綴紫褾。褾以繒爲之，長四寸，廣一寸。腰有絡帶，以代鞶革。中官紫褾，外官絳褾。又有纂嚴戎服，而不綴褾。行留文武悉同。其畋獵巡幸，則唯從官戎服，帶鞶革；文官不下纓，武官脫冠。宋文帝元嘉中，巡幸蒐狩皆如之；救宮廟水火，亦如之。

漢制，太后入廟祭神服，紺上皁下，親蠶，青上縹下，皆深衣。深衣，即單衣也。首飾剪氂幗。

漢制，皇后謁廟服，紺上皁下。親蠶，青上縹下。首飾，假髻，步搖，八雀，九華，加以翡翠。晉先蠶儀注，皇后十二鏌，步搖，大手髻，衣純青之衣，帶綬佩。今皇后謁廟服袿襡大衣，謂之禕衣。公主三夫人大手髻，七鏌，蔽髻。九嬪及公夫人五鏌。世婦三鏌。公主會見，大手髻。其長公主得有步搖。公主封君以上皆帶綬，以采組爲緄帶，[二五]各如其綬色。公特進列侯夫人、卿校世婦、二千石命婦年長者，紺繒幗。佐祭則皁絹上下。助蠶則青絹上下。自皇后至二千石命婦，皆以蠶衣爲朝服。

劉向曰：「古者天子至于士，王后至于命婦，必佩玉，尊卑各有其制。」禮記曰：「天子佩白玉而玄組綬，公侯山玄玉而朱組綬，卿大夫水蒼玉而緇組綬，士佩瓀玟而縕組綬。」縕，赤黃色。綬者，所貫佩相承受也。上下施韍如蔽膝，貴賤亦各有殊。五霸之後，戰兵不息，佩非兵器，韍非戰儀，於是解去佩韍，留其繫璲而已。[二六]秦乃以采組連結於璲，轉相結受，謂

之綬。漢承用之。至明帝始復制佩，而漢末又亡絕。魏侍中王粲識其形，乃復造焉。今之佩，粲所制也。皇后至命婦所佩，古制不存，今與外同制，秦組綬，仍又施之。

漢制，自天子至于百官，無不佩刀。司馬彪志具有其制。漢高祖爲泗水亭長，拔劍斬白蛇。雋不疑云：「劍者，君子武備。」張衡東京賦，「紆黃組，腰干將。」然則自人君至士人，又帶劍也。自晉代以來，始以木劍代刃劍。

乘輿六璽，秦制也。漢舊儀曰：「皇帝行璽，皇帝之璽，皇帝信璽，天子行璽，天子之璽，天子信璽。」此則漢遵秦也。初高祖入關，得秦始皇藍田玉璽，螭虎紐，文曰「受天之命，皇帝壽昌」。高祖佩之，後代名曰傳國璽。與斬白蛇劍俱爲乘輿所寶。傳國璽，魏、晉至今不廢；斬白蛇劍，晉惠帝武庫火燒之，今亡。晉懷帝沒胡，傳國璽沒於劉聰，後又屬石勒。及石勒弟石虎死，胡亂，晉穆帝代，乃還天府。虞喜志林曰：「傳國璽，自在六璽之外，天子凡七璽也。」漢注曰：「璽，印也。自秦以前，臣下皆以金玉爲印，龍虎紐，唯所好。秦以來，以璽爲稱，又獨以玉，臣下莫得用。」漢制，皇帝黃赤綬，四采，黃、赤、縹、紺。皇后金璽，綬亦如之。於禮，士綬之色如此，後代變古也。吳無刻玉工，以金爲璽。孫晧造金璽六枚是也。又有麟鳳龜龍璽，馳馬鴨頭雜印，今代則闕也。

皇太子，金璽，龜紐，纁朱綬，四采，赤、黃、縹、紺。給五時朝服，遠遊冠，亦有三梁進賢冠。佩瑜玉。

諸王，金璽，龜紐，纁朱綬，四采，赤、黃、縹、紺。給五時朝服，遠遊冠，亦有三梁進賢冠。佩山玄玉。

郡公，金章，玄朱綬。給五時朝服，進賢三梁冠，佩山玄玉。太宰、太傅、太保、丞相、司徒、司空，金章，紫綬。給五時朝服，進賢三梁冠。佩山玄玉。相國則綠綟綬，三采，綠、紫、紺。綟，草名也，其色綠。大司馬、大將軍、太尉、凡將軍位從公者，金章，紫綬。給五時朝服，武冠。佩山玄玉。郡侯，金章，青朱綬。給五時朝服，進賢三梁冠。佩水蒼玉。

驃騎、車騎將軍、凡諸將軍加大者，征、鎮、安、平、中軍、鎮軍、撫軍、前、左、右、後將軍，征虜、冠軍、輔國、龍驤將軍，金章，紫綬。給五時朝服，武冠。佩水蒼玉。[二七]

貴嬪、夫人、貴人，金章，文曰貴嬪、夫人、貴人之章。紫綬。佩于闐玉。

淑妃、淑媛、淑儀、修華、修容、修儀、婕妤、容華、充華，銀印，文曰淑妃、淑媛、淑儀、修華、修容、修儀、婕妤、容華、充華之印。青綬。佩五采瓊玉。

皇太子妃，金璽，龜紐，纁朱綬。佩瑜玉。

諸王太妃、妃、諸長公主、公主、封君，[二八]金印，紫綬。佩山玄玉。

諸王世子，[二九]金印，紫綬。五時朝服，進賢兩梁冠。佩山玄玉。

郡公侯太夫人、夫人，[三〇]銀印，青綬。佩水蒼玉。

郡公侯世子，[三一]銀印，青綬。給五時朝服，進賢兩梁冠。佩水蒼玉。

侍中、散騎常侍及中常侍，給五時朝服，武冠。貂蟬，侍中左，常侍右。[三二]皆佩水蒼玉。

尚書令、僕射，銅印，墨綬。給五時朝服，納言幘，進賢兩梁冠。佩水蒼玉。

尚書，給五時朝服，納言幘，進賢兩梁冠。佩水蒼玉。

中書監令、祕書監，銅印，墨綟綬。給五時朝服，進賢兩梁冠。佩水蒼玉。

光祿大夫、卿、尹、太子保、傅、大長秋、太子詹事，銀章，青綬。給五時朝服，進賢兩梁冠。佩水蒼玉。

衞尉，則武冠。衞尉，江左不置。宋孝武孝建初始置，不檢晉服制，止以九卿皆文冠及進賢兩梁冠，非舊也。

司隸校尉、武尉、左右衞、中堅、中壘、驍騎、游擊、前軍、左軍、右軍、後軍、寧朔、建威、振威、奮威、揚威、廣威、建武、振武、奮武、揚武、廣武、左右積弩、强弩諸將軍、監軍，銀章，青綬。給五時朝服，武冠。佩水蒼玉。

領軍、護軍、城門五營校尉、東南西北中郎將，銀印，青綬。給五時朝服，武冠。佩水蒼玉。

縣、鄉、亭侯，金印，紫綬。朝服，進賢三梁冠。

鷹揚、折衝、輕車、揚烈、威遠、寧遠、虎威、材官、伏波、淩江諸將軍，銀章，青綬。給五時朝服，武冠。

奮武護軍、安夷撫軍、護軍、軍州郡國都尉、奉車、駙馬、騎都尉、諸護軍將兵助郡都尉、水衡、典虞、牧官、典牧都尉、度支中郎將、校尉、都尉、司鹽都尉、[三三]材官校尉、王國中尉、宜禾伊吾都尉、監淮南津都尉，銀印，青綬。五時朝服，武冠。

州刺史，銅印，墨綬。給絳朝服，進賢兩梁冠。

御史中丞、都水使者，銅印，墨綬。給五時朝服，進賢兩梁冠。佩水蒼玉。

謁者僕射，銅印，墨綬。給四時朝服，高山冠。佩水蒼玉。

諸軍司馬，銀章，青綬。朝服，武冠。

給事中、黃門侍郎、散騎侍郎、太子中庶子、庶子，給五時朝服，武冠。

中書侍郎，給五時朝服，進賢一梁冠。

冗從僕射、太子衞率，銅印，墨綬。給五時朝服，武冠。

虎賁中郎將、羽林監，銅印，墨綬。給四時朝服，武冠。其在陛列及備鹵簿，鶡尾，絳紗縠單衣。鶡鳥似雞，出上黨。爲鳥强猛，鬭不死不止。復著鶡尾。

北軍中候、殿中監，銅印，墨綬。給四時朝服，武冠。

護匈奴中郎將、護羌夷戎蠻越烏丸西域戊己校尉，銅印，青綬。朝服，武冠。

郡國太守、相、內史，銀章，青綬。朝服，進賢兩梁冠。江左止單衣幘。其加中二千石者，依卿、尹。

牙門將，銀章，青綬。朝服，武冠。

騎都督、守，銀印，青綬。朝服，武冠。

尚書左右丞、祕書丞，銅印，黃綬。朝服，進賢一梁冠。

尚書祕書郎、太子中舍人、洗馬、舍人，朝服，進賢一梁冠。

黃沙治書侍御史，銀印，墨綬。朝服，法冠。

侍御史，朝服，法冠。

關內、關中名號侯，金印，紫綬。朝服，進賢兩梁冠。

諸博士，給皁朝服，進賢兩梁冠。佩水蒼玉。

公府長史、諸卿尹丞、諸縣署令秩千石者，銅印，墨綬。朝服，進賢兩梁冠。江左公府

中華書局

長史無朝服，縣令止單衣幘。宋後廢帝元徽四年，司徒右長史王儉議公府長史應服朝服。曰：「春秋國語云：『貌者情之華，服者心之文。』巖廊盛禮，衣冠爲大。是故軍國異容，內外殊序。而自頃承用，每有乖違。府職掌人，教四方是則。臣居毗佐，志在當官，永言先典，載懷夕惕。按晉令，公府長史，官品第六，銅印，墨綬，朝服，進賢兩梁冠。掾、屬，官品第七，朝服，進賢一梁冠。晉官表注，亦與令同。而今長史、掾、屬，但著朱服而已，此則公違明文，積習成謬。謂宜依舊制，長史兩梁冠，掾、屬一梁冠，並同備朝服。中單韋舄，率由舊章。若所上蒙允，幷請班司徒二府及諸儀同三府，通爲永準。又尋舊事，司徒公府領步兵者職僚悉同降朝不領兵者。主簿祭酒，中單韋舄並備，令史以下，唯著玄衣。今府既開公，謹遵此制。其或有署臺位者，玄服爲疑。按令稱諸有兼官，皆從重官之例。尋內官爲重，其署臺位者，悉宜著位之服，不在玄服之例。若署諸卿寺位兼府職者，雖三品，而卿寺爲卑，則宜依公府玄衣之制。服章事重，禮儀所先，請臺詳服。」儀曹郎中沈俁之議曰：[三四]「制珪象德，損替因時；裁服象功，施用隨代。車旗變於商、周，冠佩革於秦、漢，豈必殊代襲容，改尚沿物哉。夫邊貂假幸侍之首，賤幘登尊極之顏，一適時用，便隆後制。況朱裳以朝，緬傾百祀，韋舄不加，浩然惟舊。服爲定章，事成永則。其儉之所秉，會非古訓。青素相因，代有損益，何事棄盛宋之興法，追往晉之頹典。變改空煩，謂不宜革。」儉又上議曰：「自頃

服章多闕，有違前準，近議依令文，被報不宜改革，又稱左丞劉議，『按令文，凡有朝服，今多闕亡。然則文存服損，非唯鉉佐，用捨既久，卽爲舊章』。如下旨。伏尋皇宋受終，每因晉舊制，律令條章，同規在昔。若事有宜，必合懲改，則當上關詔書，下由朝議，縣諸日月，垂則後昆。豈得因外府之乖謬，以爲盛宋之興典，用晉氏之律令，而謂其儀爲頹法哉。順違從失，非所望於高議；申明舊典，何改革之可論。又左丞引令史之闕服，以爲鉉佐之明比。夫名位不同，禮數異等，令史從省，或有權宜；達官簡略，爲失彌重。又主簿、祭酒，備服於王庭，長史、掾、屬，朱衣以就列。於是倫比，自成矛盾。此而可忍，孰不可安。將引令以遵舊，臺據失以爲例，研詳符旨，良所未譬。當官而行，何强之有，制令昭然，守以無貳。」俁之又議：「雲火從物，沿損異儀，帝樂五殊，王禮三變，豈獨大宋造命，必咸仍於晉舊哉！夫宗社疑文，庭廟闕典，或上降制書，下協朝議，何乃鉉府佐屬裳黻，稍改白虎之詔，斷宣室之疇咨乎。又許令史之從省，咎達官之簡略。律苟可遵，固無辨於貴賤；規若必等，亦何關於權宜。一用一舍，彌增其滯。且佐非韋舄之職，吏本朝服之官，凡在班列，罔不如一，此蓋前令違而遂改，今制允而長用也。爵異服殊，寧會矛盾之譬；討論疑制，焉取强弱之辨。府執既革之餘文，臺據永行之成典，良有期於無固，非所望於行迷。」參詳並同儉，議遂寢。

諸軍長史、諸卿尹丞、獄丞、太子保傅詹事丞、郡國太守相內史、丞、長史、諸縣署令長

相、關谷長、王公侯諸署令、長、司理、治書、公主家僕，銅印，墨綬。朝服，進賢一梁冠。江左太子保傅卿尹詹事丞，阜朝服。郡丞、縣令長，止單衣幘。

公車司馬、太史、太醫、太官、御府、內省令、太子諸署令、僕、門大夫、陵令，銅印，墨綬。朝服，進賢一梁冠。

太子率更、家令、僕，銅印，墨綬。給五時朝服，進賢兩梁冠。

黃門諸署令、僕、長，銅印，墨綬。四時朝服，進賢一梁冠。

黃門冗從僕射監、太子寺人監，銅印，墨綬。給四時朝服，武冠。

公府司馬、諸軍城門五營校尉司馬、護匈奴中郎將護羌戎夷蠻越烏丸戊己校尉長史、司馬，銅印，墨綬。朝服，武冠。江左公府司馬無朝服，餘止單衣幘。

廷尉正、監、平，銅印，墨綬。給阜零辟朝服，法冠。

王郡公侯郎中令、大農，銅印，青綬。朝服，進賢兩梁冠。

北軍中候丞，銅印，黃綬。朝服，進賢一梁冠。

太子常從虎賁督、千人督、校督、司馬虎賁督，[三五]銅印，墨綬。朝服，武冠。

殿中將軍，銀章，青綬。四時朝服，武冠。宋末不復給章綬。

水衡、典虞、牧官、典牧、材官、州郡國都尉，司馬，銅印，墨綬。朝服，武冠。

諸謁者，朝服，高山冠。

門下中書通事舍人令史、門下主事令史，給四時朝服，武冠。

尚書典事、都水使者參事、散騎集書中書尚書令史、門下散騎中書尚書令史、錄尚書中書監令僕省事史、祕書著作治書、主書、主璽、主譜令史、蘭臺殿中蘭臺謁者都水使者令史、書令史，朝服，進賢一梁冠。江左凡令史無朝服。

節騎郎，朝服，武冠。其在陛列及備鹵簿，著鶡尾，絳紗縠單衣。

殿中中郎將校尉、都尉、黃門中郎將校尉、殿中太醫校尉、都尉，銀印，青綬。四時朝服，武冠。

關外侯，銀印，青綬。朝服，進賢兩梁冠。

左右都候、閶闔司馬、城門候，銅印，墨綬。朝服，武冠。

王郡公侯中尉，銅印，墨綬。朝服，武冠。

部曲督護、司馬史、部曲將，銅印。朝服，武冠。司馬史，假墨綬。

太中中散諫議大夫、議郎、郎中、舍人，朝服，進賢一梁冠。秩千石者，兩梁。

城門令史，朝服，武冠。江左凡令史無朝服。

諸門僕射佐史、東宮門吏，阜零辟朝服。僕射東宮門吏，卻非冠。佐史，進賢冠。

宮內游徼、亭長，皁零辟朝服，武冠。

太醫校尉、都尉、總章協律中郎將校尉、都尉，銀印，青綬。朝服，武冠。

小黃門，給四時朝服，武冠。

黃門諸署史，給四時朝服，進賢一梁冠。朝賀通謁時，著高山冠。

黃門謁者，給四時朝服，武冠。

中黃門黃門諸署從官寺人，給四時科單衣，武冠。

殿中司馬，及守陵者，殿中太醫司馬，銅印，墨綬。給四時朝服，武冠。

太醫司馬，銅印。朝服，武冠。

總章監鼓吹監司律司馬，銅印，墨綬。朝服。鼓吹監總章協律司馬，武冠。總章監司律司馬，進賢一梁冠。

諸縣署丞、太子諸署丞、王公侯諸署及公主家丞，銅印，黃綬。朝服，進賢一梁冠。

太醫丞，銅印。朝服，進賢一梁冠。

黃門諸署丞，銅印，黃綬。給四時朝服，進賢一梁冠。

黃門稱長、園監，銅印，黃綬。給四時朝服，武冠。

諸縣尉、關谷塞護道尉，銅印，黃綬。朝服，武冠。江左止單衣幘。

洛陽鄉有秩，〔三六〕銅印，青綬。朝服，進賢一梁冠。

宣威將軍以下至裨將軍，銅印。朝服，武冠。其以此官爲刺史、郡守、若萬人司馬虎賁督以上、及司馬史者，皆假青綬。

平虜武猛中郎將、校尉、都尉，〔三七〕銀印。朝服，武冠。其以此官爲千人司馬虎賁督以上、及司馬史者，皆假青綬。

別部司馬，軍假司馬，銀印。朝服，武冠。

圖像都匠行水中郎將、校尉、都尉，銀印，青綬。朝服，武冠。若非以工伎巧能特加此官者，不加綬。羽林郎、羽林長郎，〔三八〕佩武猛都尉以上印者，假青綬。別部司馬以下，假墨綬。朝服，武冠。其長郎壯士，武弁冠。在陛列及鹵簿，服絳縠單衣。

陛下甲僕射主事吏將騎，廷上五牛旗假使虎賁，在陛列及備鹵簿，服錦文衣，武冠，鶡尾。

陛長，假銅印，墨綬。旄頭。

羽林在陛列及備鹵簿，服絳科單衣，上著韋畫要襦。假旄頭。

皁輦跡禽前驅由基强弩司馬，守陵虎賁，佩武猛都尉以上印者，假青綬。別部司馬以下，假墨綬。守陵虎賁，給絳科單衣，武冠。

殿中冗從虎賁、殿中虎賁、及守陵者持鈒戟冗從虎賁，佩武猛都尉以下印者，假青綬。別部司馬以下，假墨綬。絳科單衣，〔三九〕武冠。

持椎斧武騎虎賁、五騎傳詔虎賁、殿中羽林及守陵者太官尙食虎賁、稱飯宰人、諸宮尙食虎賁，佩武猛都尉以上印者，假青綬。別部司馬以下，假墨綬。給絳褠，武冠。其在陛列及備鹵簿，五騎虎賁，服錦文衣，鶡尾。宰人服離支衣。

黃門鼓吹、及釘官僕射、黃門鼓吹史主事、諸官鼓吹、尙書廊下都坐門下守閤、殿中威儀騶、虎賁常直殿黃雲龍門者、門下左右部虎賁羽林騶、給傳事者諸導騶、門下中書守閤，給絳褠，武冠。南書門下虎賁羽林騶、蘭臺五曹節藏射廊下守閤、威儀、發符騶、都水使者黃沙廊下守閤、謁者、錄事、威儀騶、河隄謁者騶、諸官謁者騶，絳褠，武冠。給其衣服，自如故事。大誰士卑科單衣，樊噲冠。衞士墨布褠，却敵冠。凡此前衆職，江左多不備，又多闕朝服。

諸應給朝服佩玉，而不在京都者給朝服，非護烏丸羌夷戎蠻諸校尉以上及刺史、西域戊己校尉，皆不給佩玉。其來朝會，權時假給，會罷輸還。凡應朝服者，而官不給，聽自具之。諸假印綬而官不給鞶囊者，得自具作。其但假印不假綬者，不得佩綬。鞶，古制也。漢代著鞶囊者，側在腰間。或謂之傍囊，或謂之綬囊。然則以此囊盛綬也。或盛或散，各有其時乎。

朝服一具，冠幘各一，絳緋袍、皁緣中單衣領袖各一領，革帶給袴各一，舃、袜各一量，簪導餉自副。四時朝服者，加絳絹黃緋青緋皁緋袍單衣各一領。五時朝服者，加給白絹袍單衣一領。

諸受朝服，單衣七丈二尺，科單衣及褠五丈二尺，中衣絹五丈，緣皁一丈八尺，領袖練一匹一尺，絹七尺五寸。給袴練一丈四尺，縑二丈。袜布三尺。單衣及褠給帶，縑各一段，長七尺。江左止給絹各有差。宋元嘉末，斷不復給，至今。山鹿、豽、杜豽、白豽、施毛狐白領，黃豹、斑白鼲子、渠搜裘、步搖、八鏌、蔽結、多服蟬、明中、櫂白，又諸織成衣帽、錦帳、純金銀器、雲母從廣一寸以上物者，皆爲禁物。

諸在官品令第二品以上，其非禁物，皆得服之。第三品以下，加不得服三鏌以上、蔽結、爵叉、假眞珠翡翠校飾纓佩、雜采衣、杯文綺、齊繡黼、鏑離、袿袍。第六品以下，加不得服金鏌、綾、錦、錦繡、七緣綺、貂豽裘、金叉鐶鉺、及以金校飾器物、張絳帳。第八品以下，加不得服羅、紈、綺、縠，雜色眞文。騎士卒百工人，加不得服大絳紫襈、假結、眞珠璫珥、犀、瑇瑁、越疊，以銀飾器物、張帳、乘犢車，履色無過綠、青、白。奴婢衣食客，加不得服白幘、蒨、絳、金黃銀叉、鐶、鈴、鏑、鉺，履色無過純青。諸去官及薨卒不祿物故，家人所服，皆得從故官之例。諸王皆不得私作禁物，及廚碧校鞍，珠玉金銀錯刻鏤彫飾無用之物。

天子坐漆牀，居朱屋。史臣按左傳，丹桓宮之楹。何休注公羊，亦有朱屋以居。所從來久矣。漆牀亦當是漢代舊儀，而漢儀不載。尋所以必朱必漆者，其理有可言焉。夫珍木嘉樹，其品非一，莫不植根深岨，致之未易。藉地廣之資，因人多之力，則役苦費深，爲敝滋重。是以上古聖王，采椽不斲，斲之則懼刻桷彫楹，莫知其限也。哲人縣鑑微遠，杜漸防萌，知采椽不愜後代之心，不斲不爲將來之用，故加朱施漆，以傳厥後。散木凡材，皆可入用。遠探幽旨，將在斯乎。

殿屋之爲圓淵方井兼植荷華者，以厭火祥也。

古者貴賤皆執笏，其有事則搢之於腰帶，所謂搢紳之士者，搢笏而垂紳帶也。紳垂三尺。笏者有事則書之，故常簪筆，今之白筆，是其遺象。三臺五省二品文官簪之。王公侯伯子男卿尹及武官不簪。加內侍位者，乃簪之。手板，則古笏矣。尚書令、僕射、尚書手板頭復有白筆，以紫皮裹之，名笏。朝服肩上有紫生袷囊，綴之朝服外，俗呼曰紫荷。或云漢代以盛奏事，負荷以行，未詳也。

魏文帝黃初三年，詔賜漢太尉楊彪几杖，待以客禮。延請之日，使挾杖入朝。又令著鹿皮冠。彪辭讓，不聽。乃使服布單衣皮弁以見。傅玄子曰：「漢末王公名士，多委王服，以幅巾爲雅。是以袁紹、崔鈞之徒，雖爲將帥，皆著縑巾。」

魏武以天下凶荒，資財乏匱，擬古皮弁，裁縑帛以爲帢，合乎簡易隨時之義，以色別其貴賤。本施軍飾，非爲國容也。徐爰曰：「俗說帢本未有歧，荀文若巾之，行觸樹枝成歧，謂之爲善，因而弗改。」通以爲慶弔服。巾以葛爲之，形如帢，而橫著之，古尊卑共服也。故漢末妖賊以黃爲巾，時謂之「黃巾賊」。今國子太學生冠之，服單衣以爲朝服，執一卷經以代手板。居士野人，皆服巾焉。

徐爰曰：「帽名猶冠也。義取於蒙覆其首。其本纚也。古者有冠無幘，冠下有纚，以繒爲之。後世施幘於冠，因裁纚爲帽。自乘輿宴居，下至庶人無爵者，皆服之。」史臣案晉成帝咸和九年制，聽尚書八座丞郎、門下三省侍郎乘車白帢低幘出入掖門。又二宮直官著烏紗帢。然則士人宴居，皆著帢矣。而江左時野人已著帽，士人亦往往而然，但其頂圓耳。後乃高其屋云。

古者人君有朝服，有祭服，有宴服，有弔服。弔服皮弁疑衰，今以單衣黑幘爲宴會服，拜陵亦如之。以單衣白帢爲弔服，修敬尊秩亦服之也。單衣，古之深衣也。今單衣裁製與深衣同，唯絹帶爲異。深衣絹帽以居喪。單衣素帢以施吉。

晉武帝泰始三年，詔太宰安平王孚服侍中之服，賜大司馬義陽王望袞冕之服。四年，又詔趙、樂安、燕王服散騎常侍之服。十年，賜彭城王袞冕之服。

僞楚桓玄將篡，亦加安帝母弟太宰瑯邪王袞冕服。

宋興以來，王公貴臣加侍中、散騎常侍，乃得服貂璫也。

宋孝武孝建元年，丞相南郡王義宣，二年，雍州刺史武昌王渾，又有異圖。世祖嫌侯王強盛，欲加減削。其年十月己未，大司馬江夏王義恭、驃騎大將軍竟陵王誕表改革諸王車服制度，凡九條，表在義恭傳。上因諷有司更增廣條目。奏曰：「車服以庸，虞書茂典；名器慎假，春秋明誡。是以尚方所制，禁嚴漢律，諸侯竊服，雖親必罪。自頃以來，下僭彌盛。器服裝飾，樂舞音容，通於王公，達于衆庶。上下無辨，民志靡一。〔四〇〕今表之所陳，實允禮度。九條之格，猶有未盡，謹共附益，凡二十四條。聽事不得南向坐，施帳幷帢。蕃國官正冬不得跣登國殿，及夾侍國師傳令及油戟。公主王妃傳令，不得朱服。輿不得重杠。鄣扇不得雉尾。劍不得鹿盧形。槊毦不得孔雀白鷺。夾轂隊不得絳襖。平乘誕馬不得過二匹。胡伎不得綵衣。舞伎正冬著袿衣，不得莊面蔽花。正冬會不得鐸舞、杯柈舞。長蹻伎、透舒、丸劍、博山伎、緣大橦伎、升五案伎，自非正冬會奏舞曲，不得舞。諸妃主不得著衰帶。

信幡，非臺省官悉用絳。郡縣內史相及封內官長，於其封君，既非在三，罷官則不復追敬，不合稱臣，正宜上下官敬而已。諸鎮常行，車前後不得過六隊，白直夾轂，不在其限。刀不得過銀銅爲裝。〔四一〕諸王女封縣主、諸王子孫襲封王王之妃及封侯者夫人行，〔四二〕並不得鹵簿。諸王子繼體爲王者，婚葬吉凶，〔四三〕悉依諸國公侯之禮，不得同皇弟皇子。車輿不得油幢，軺車不在其限。平乘舫皆平兩頭作露平形，不得擬像龍舟，悉不得朱油。帳鏞不得作五花及豎笱形。若先有器物者，悉輸送臺臧。書到後二十日期，若有竊玩犯禁者，及統司無舉糾，並臨時議罪。」詔可。

車前五百者，卿行旅從，五百人爲一旅。漢氏一統，故去其人，留其名也。

宋孝武孝建二年十一月乙巳，有司奏：「侍中祭酒何偃議：『自今臨軒，乘輿法服，燾華蓋，登殿宜依廟齋以夾御，侍中、常侍夾扶上殿，及應爲王公輿，又夾扶，畢，還本位。』求詳議。」曹郎中徐爰參議：「宜如省所稱，以爲永准。」詔可。

孝建三年五月壬戌，有司奏：「案漢胡廣、蔡邕並云古者諸侯貳車九乘，秦滅六國，兼其車服，故王者大駕屬車八十一乘。尚書、御史乘之。最後一車，懸豹尾。法駕則三十六乘。」尚書令建平王宏參議：「八十一乘，義兼九國，三十六乘無所准，並不出經典。自邕、廣傳說，又是從官所乘，非帝者副車正數。江左五乘，儉不中禮。案周官云：『上公九命，貳車九乘。侯伯七命，車七乘。子男五命，車五乘。』然則帝王十二乘。」詔可。

大明元年九月丁未朔，有司奏：「未有皇太后出行副車定數，下禮官議正。」博士王燮之議：「周禮，后六服五路之數，悉與王同，則副車之制，不應獨異。又記云：『古者后立六宮、三夫人、九嬪、二十七世婦、八十一御妻，以聽天下之內治。』『天子立六官、三公、九卿、二十七大夫、八十一元士，以聽天下之外治。』鄭注云：『后象王立六宮而居之，亦正寢一，燕寢五。』推所立每與王同，禮無降亦明矣。皇太后既禮均至極，彌不應殊。謂並應同十二乘。」通關爲允。詔可。

大明四年正月戊辰，尚書左丞荀萬秋奏：「籍田儀注，『皇帝冠通天冠，朱紘，青介幘，衣青紗袍。侍中陪乘，奉車郎秉轡。』案漢輿服志曰：『通天冠，乘輿常服也。』若斯豈可以常服降千畝邪？禮記曰：『昔者天子爲籍千畝，冕而朱紘，躬秉耒耜。』鄭玄注周官司服曰：『六服同冕』，尊故也。時服雖變，冕制不改。又潘岳籍田賦云：『常伯陪乘，太僕秉轡。』推此，與駕籍田，宜冠冕，璪十二旒，朱紘，黑介幘，衣青紗袍。常伯陪乘，太僕秉轡。宜改儀注，一遵二禮以爲定儀。」詔可。

大明四年正月己卯，有司奏：「南郊親奉儀注，皇帝初著平天冠，火龍黼黻之服。還，變

通天冠，絳紗袍。廟祠親奉，舊儀，皇帝初服與郊不異，而還變著黑介幘，單衣即事，乖體。謂宜同郊還，亦變著通天冠，絳紗袍。又舊儀乘金根車。今五路既備，依禮玉路以祀，亦宜改金根車爲玉路。」詔可。

大明六年八月壬戌，有司奏：「漢儀注〔四四〕『大駕鹵簿，公卿奉引，大將軍參乘，太僕卿御。法駕，侍中參乘，奉車郎御』。晉氏江左，大駕未立，故郊祀用法駕，宗廟以小駕。至於儀服，二駕不異。拜陵，御服單衣幘，百官陪從，朱衣而已，亦謂之小駕，名實乖舛。考尋前記，大駕上陵，北郊。周禮宗廟於昊天有降，宜以大駕郊祀，法駕祠廟，小駕上陵，如爲從序。今改祠廟爲法駕鹵簿，其軍幢多少，臨時配之。至尊乘玉路，以金路象路革路木路小輦輪御軺衣書等車爲副。其餘並如常儀。」詔可。

大明七年二月甲寅，輿駕巡南豫、兗二州，冕服，御玉路，辭二廟。改服通天冠，御木路，建大麾，備春蒐之典。

明帝泰始四年五月甲戌，尚書令建安王休仁參議：「天子之子，與士齒讓，達於辟雍，無生而貴者也。既命而尊，禮同上公。周制五等，車服相涉，公降王者，一等而已。王以金路賜同姓諸侯，象及革木，以賜異姓侯伯，在朝卿士，亦準斯禮。按如此制，則東宮應乘金路。自晉武過江，禮儀疏舛，王公以下，車服卑雜；唯有東宮，禮秩崇異，上次辰極，下絕侯王。

而皇太子乘石山安車，義不見經，事無所出。禮所謂金、玉路者，正以金玉飾輅諸末耳。左右前後，同以漆畫。秦改周輅，制爲金根，通以金薄，周匝四面。漢、魏、二晉，因循莫改。逮于大明，始備五輅。金玉二制，並類金根，造次瞻覩，殆無差別。若錫之東儲，於禮嫌重，非所以崇峻陛級，表示等威。且春秋之義，降下以兩，臣子之義，宜從謙約。謂東宮車服，宜降天子二等，驂駕四馬，乘象輅，降龍碧旂九葉。進不斥尊，退不逼下，沿古酌時，於禮爲衷。」詔可。

泰始四年八月甲寅，〔四五〕詔曰：「車服之飾，象數是遵。故盛皇留範，列聖垂制。朕近改定五路，酌古代今，修成六服，沿時變禮。所施之事，各有條敍。便可付外，載之典章。朕以大冕純玉繅，玄衣黃裳，乘玉輅，郊祀天，宗祀明堂。又以法冕五綵繅，玄衣絳裳，乘金路，祀太廟，元正大會諸侯。又以飾冠冕四綵繅，紫衣紅裳，乘象輅，小會宴饗，餞送諸侯，臨軒會王公。又以繡冕三綵繅，朱衣裳，乘革路，征伐不賓，講武校獵。又以紘冕二綵繅，〔四六〕青衣裳，乘木輅，耕稼，饗國子。又以通天冠，朱紗袍，爲聽政之服。」

泰始六年正月戊辰，有司奏：「被敕皇太子正冬朝賀，〔四七〕合著袞冕九章衣不？」儀曹郎丘仲起議：「案周禮，公自袞冕以下。鄭注：『袞冕以至卿大夫之玄冕，皆其朝聘天子之服也。』伏尋古之上公，尚得服袞以朝。皇太子以儲副之尊，率土瞻仰。愚謂宜式遵盛典，服袞

冕九旒以朝賀。」兼左丞陸澄議：「服冕以朝，實著經典。秦除六冕之制，至漢明帝始與諸儒還備古章。自魏、晉以來，宗廟行禮之外，不欲令臣下服袞冕，故位公者，每加侍官。今皇太子承乾作副，禮絕羣后，宜遵聖王之盛典，革近代之陋制。臣等參議，依禮，皇太子元正朝賀，應服袞冕九章衣。以仲起議爲允。撰載儀注。」詔可。

後廢帝即位，尊所生陳貴妃爲皇太妃，輿服一如晉孝武太妃故事。唯省五牛旗及赤旂。

校勘記

〔一〕其餘雖小有改易　「小」百衲本作「馬」。弘治本、北監本、毛本、殿本、局本作「累」。按百衲本前一行有「司小彪輿服志詳之矣」語。張元濟校勘記云：「按『小』字當與次行『馬』字互易。『馬』字當與前行『小』字互易。」今從張說改正。

〔二〕明堂位曰　「位」各本並作「記」，據禮記明堂位篇名改。按下引文，皆禮記明堂位篇文。

〔三〕長三尺注地　各本並脫「三尺」二字，據晉書輿服志補。

〔四〕繫兩軸頭　各本並脫「兩」字，據晉書輿服志補。

〔五〕以金薄繆龍　「以」各本並作「金」，據初學記二五引改。

〔六〕玉路建赤旂　「玉」字，百衲本空白。弘治本、北監本、毛本、殿本、局本及通典禮典並作「金」。按下有「玉飾諸末」語，則此不當是「金路」，當是「玉路」。晉書輿服志云，玉路以祀天，金路以會萬國之賓，與宋志之玉路以祀，金路以賓正合。今改補「玉」字。又「建」字，各本並作「通」。張元濟校勘記云：「通爲建字之誤。」按張校是，今據改。

〔七〕駕青交絡　「絡」各本並作「路」，據通典禮典改。

〔八〕三夫人青交絡安車　「絡」各本並作「路」，據通典禮典改。

〔九〕王妃公侯特進夫人封君皁交絡安車　「絡」各本並作「路」，據通典禮典改。

〔一〇〕黃金塗五末　各本並脫「黃」字，據續漢書輿服志、晉書輿服志改。

〔一一〕皇孫乘綠蓋車　各本並脫「蓋」字，據晉書輿服志補。

〔一二〕王公之世子攝命治國者　「世子」各本並作「太子」，據通典禮典改。下「其侯世子」，各本亦作「太子」，亦據通典改。

〔一三〕加皁交絡帷裳皆皁　「絡」各本並作「路」，據通典禮典改。又各本並脫「皆皁」二字，據通典禮典補。

〔一四〕太僕御　各本並脫「御」字，據續漢書輿服志補。

〔一五〕前驅有九斿雲罕　「斿」各本作「游」。續漢書輿服志作「斿」，是。東京賦：「雲罕九斿」。顏師古

匡謬正俗云：「斿者，旌旗之斿，字從㫃，訓與旒同。桓二年，臧哀伯云鞶厲斿纓是也。」按下文又有「薛綜東京賦注以雲罕九游爲旌旗別名」，「徐廣車服注以爲九游，游車九乘」。凡「游」字並應作「斿」，今並改正。

〔一六〕嘉事之重者也　各本並脫「嘉」字，據禮記冠義原文補。

〔一七〕今所謂平天冠也　「天」字，三朝本空白。北監本、毛本、殿本、局本作「頂」。通典禮典作「天」。按作「天」是，今據改。

〔一八〕以朱組爲纓　各本並脫「朱」字，據晉書輿服志、通典禮典補。

〔一九〕以朱綠裨飾其側　「綠」各本並作「綠」，據通典禮典改。

〔二〇〕未加元服者　各本並脫「加」字，據晉書輿服志、通典禮典補。

〔二一〕絳緣中衣　各本並脫「緣」字，據晉書輿服志、通典禮典補。按下有「皁緣中衣」，可證此脫「緣」字。

〔二二〕上公卿助祭於郊廟　「助」各本並作「初」，據通典禮典改。

〔二三〕蟬居高食潔口在腋下　「口」各本作「目」，據續漢書輿服志劉昭注引應劭漢官改。「食」漢官作「飲」。

〔二四〕今平上幘也　「上」各本並作「中」，據晉書輿服志改。下文有「平上服武官」。

〔二五〕以采組爲緄帶　各本並脫「組」字，據續漢書輿服志、晉書輿服志、通典禮典補。

〔二六〕留其繫襚而已　「繫襚」，初學記二六、御覽六八二引董巴志作「絲襚」。續漢書輿服志作「繫璲」。劉昭注引徐廣曰：「今名璲爲綖」。按繫襚不誤。

〔二七〕佩水蒼玉　各本並脫「佩」字，據通典禮典補。

〔二八〕諸王太妃妃諸長公主公主封君　各本不疊「妃」字，據晉書輿服志補。

〔二九〕諸王世子　各本並作「諸王太子」，通典禮典作「諸王嗣子」，蓋沈約本作「諸王世子」，後人避唐諱追改。今改回。

〔三〇〕郡公侯太夫人夫人　各本不疊「夫人」二字，據晉書輿服志補。

〔三一〕郡公侯世子　「世子」各本並作「太子」，通典禮典作「嗣子」。蓋沈約本作「世子」，後人避唐諱追改。今改回。

〔三二〕貂蟬侍中左常侍右　各本並作「貂蟬侍中左右常侍」。孫虨宋書考論云：「疑作侍中左，常侍右，謂貂插異左右也。」按孫說是。今乙正。

〔三三〕司鹽都尉　各本並作「司監都尉」。按通典職官典晉官品有「司鹽都尉」。「司監都尉」當是「司鹽都尉」之誤，今改正。

〔三四〕儀曹郎中沈俣之議曰　「儀曹」各本並作「議曹」，按百官志有「儀曹」，無「議曹」。嚴可均全宋

文：「沈俣之，元徽中，爲儀曹郎中。」今改正。

〔三五〕太子常從虎賁督千人督校督司馬虎賁督　各本並脫「千人」二字，據通典禮典補。

〔三六〕洛陽鄉有秩　各本作「洛陽卿有秩十」，據通典禮典删「十」字，「卿」改爲「鄉」。

〔三七〕平虜武猛中郎將校尉都尉　各本並脫「校」字，據通典禮典補。

〔三八〕若非以工伎巧能特加此官者不加綬羽林郎羽林長郎　各本並脫「不加綬羽林郎」六字，據通典禮典補。

〔三九〕絳科單衣　據本志前後文例，「絳科單衣」上當脫「給」字。

〔四〇〕民志靡一　「民」各本並作「人」，蓋後人避唐諱追改，今據江夏王義恭傳改回。

〔四一〕刀不得過銀銅爲裝　各本並脫「銀」字，據江夏王義恭傳補。

〔四二〕諸王女封縣主諸王子孫襲封王王之妃及封侯者夫人行　「襲封王王之妃」，義恭傳及通鑑宋孝武帝孝建二年胡三省注並不疊「王」字，是。按此皆言縣主、襲封王之妃、列侯妻不得用鹵簿，不當疊「王」字。

〔四三〕婚葬吉凶　「葬」各本作「姻」，據江夏王義恭傳改。

〔四四〕漢儀注　各本並譌「漢注儀」。按後漢衞宏撰漢舊儀，隋書經籍志著錄四卷。漢舊儀本有注，故魏、晉人引漢舊儀，亦稱漢儀注。「漢注儀」當是「漢儀注」之誤。今訂正。

〔四五〕泰始四年八月甲寅　按是年八月甲戌朔，無甲寅。

〔四六〕又以紘綖二綵纙　「紘」各本並作「宏」，通典禮典作「紘」，今正作「紘」。「纙」各本作「繒」。孫虨宋書考論云：「繒當爲纙。」按孫說是，今改正。

〔四七〕被敕皇太子正冬朝賀　各本並脫「冬」字，據通典禮典補。又「賀」字各本並作「駕」，據通典禮典改。

宋書卷十九

志第九

樂一

易曰：「先王作樂崇德，殷薦之上帝，以配祖考。」自黃帝至于三代，名稱不同。周衰凋缺，又爲鄭衞所亂。魏文侯雖好古，然猶昏睡於古樂。於是淫聲熾而雅音廢矣。及秦焚典籍，樂經用亡。漢興，樂家有制氏，但能記其鏗鏘鼓舞，而不能言其義。周存六代之樂，至秦唯餘韶、武而已。始皇改周舞曰五行，漢高祖改韶舞曰文始，以示不相襲也。又造武德舞，舞人悉執干戚，以象天下樂己行武以除亂也。故高祖廟奏武德、文始、五行之舞。周又有房中之樂，秦改曰壽人。其聲，楚聲也，漢高好之，孝惠改曰安世。高祖又作昭容樂、禮容樂。昭容生於武德，禮容生於文始、五行也。漢初又有嘉至樂，叔孫通因秦樂人制宗廟迎神之樂也。文帝又自造四時舞，以明天下之安和。蓋樂先王之樂者，明有法

也；樂己所自作者，明有制也。孝景采武德舞作昭德舞，薦之太宗之廟。孝宣采昭德舞爲盛德舞，薦之世宗之廟。漢諸帝奏文始、四時、五行之舞焉。

武帝時，河間獻王與毛生等共采周官及諸子言樂事者，以著樂記，獻八佾之舞，與制氏不相殊。其內史中丞王定傳之，以授常山王禹。禹，成帝時爲謁者，數言其義，獻記二十四卷。劉向校書，得二十三篇，然竟不用也。

至明帝初，東平憲王蒼總定公卿之議，曰：「宗廟宜各奏樂，不應相襲，所以明功德也。承文始、五行、武德爲大武之舞。」又制舞哥一章，薦之光武之廟。

漢末大亂，衆樂淪缺。魏武平荆州，獲杜夔，善八音，嘗爲漢雅樂郎，尤悉樂事，於是以爲軍謀祭酒，使創定雅樂。時又有鄧靜、尹商，善訓雅樂，〔一〕哥師尹胡能哥宗廟郊祀之曲，舞師馮肅、服養曉知先代諸舞，夔悉總領之。遠考經籍，近采故事，魏復先代古樂，自夔始也。而左延年等，妙善鄭聲，惟夔好古存正焉。

文帝黃初二年，改漢巴渝舞曰昭武舞，改宗廟安世樂曰正世樂，嘉至樂曰迎靈樂，武德樂曰武頌樂，昭容樂曰昭業樂，雲翹舞曰鳳翔舞，育命舞曰靈應舞，武德舞曰武頌舞，文始舞曰大韶舞，五行舞曰大武舞。其衆哥詩，多即前代之舊；唯魏國初建，使王粲改作登哥及安世、巴渝詩而已。

明帝太和初，詔曰：「禮樂之作，所以類物表庸而不忘其本者也。凡音樂以舞爲主，自黃帝雲門以下，至於周大武，皆太廟舞名也。然則其所司之官，皆曰太樂，所以總領諸物，不可以一物名。武皇帝廟樂未稱，其議定廟樂及舞，舞者所執，綴兆之制，聲哥之詩，務令詳備。樂官自如故爲太樂。」太樂，漢舊名，後漢依讖改太予樂官，至是改復舊。

於是公卿奏曰：「臣聞德盛而化隆者，則樂舞足以象其形容，音聲足以發其哥詠。故薦之郊廟，而鬼神享其和；用之朝廷，則君臣樂其度。使四海之內，徧知至德之盛，而光煇日新者，禮樂之謂也。故先王殷薦上帝，以配祖考，蓋當其時而制之矣。周之末世，上去唐、虞幾二千年，韶箾、南、籥、武、象之樂，風聲遺烈，皆可得而論也。由斯言之，禮樂之事，弗可以已。今太祖武皇帝樂，宜曰武始之樂。武，神武也。武，又跡也。言神武之始，又王跡所起也。高祖文皇帝樂，宜曰咸熙之舞。咸，皆也。熙，興也。言應受命之運，天下由之皆興也。至於羣臣述德論功，建定烈祖之稱，而未制樂舞，非所以昭德紀功。夫哥以詠德，舞以象事。於文，文武爲斌，兼秉文武，聖德所以章明也。臣等謹制樂舞名章斌之舞。昔簫韶九奏，親於虞帝之庭，武、象、大武，亦振於文、武之阼。特以顯其德教，著其成功，天下被服其光煇，習詠其風聲者也。自漢高祖、文帝各逮其時，而爲武德、四時之舞，上考前代制作之宜，以當今成業之美，播揚弘烈，莫盛於章斌焉。樂志曰：『鐘磬干戚，所以祭先王之廟，又所以獻酬酳酢也。在宗廟之中，君臣莫不致敬；族長之中，長幼無不從和。』故仲尼答賓牟賈之問曰：『周道四達，禮樂交通。』傳云：『魯有禘樂，賓祭用之。』此皆祭禮大享，通用盛樂之明文也。今有事於天地宗廟，則此三舞宜並以爲薦享，及臨朝大享，亦宜舞之。然後乃合古制事神訓民之道，關於萬世，其義益明。又臣等思惟，三舞宜有總名，可名大鈞之樂。鈞，平也。言大魏三世同功，以至隆平也。於名爲美，於義爲當。」尚書奏：「宜如所上。」帝初不許制章斌之樂。三請，乃許之。

於是尚書又奏：「祀圓丘以下，武始舞者，平冕，黑介幘，玄衣裳，白領袖，絳領袖中衣，絳合幅袴，絳袜，黑韋鞮。咸熙舞者，冠委貌，其餘服如前。章斌舞者，與武始、咸熙舞者同服。奏於朝庭，則武始舞者，武冠，赤介幘，生絳袍單衣，絳領袖，皁領袖中衣，虎文畫合幅袴，白布袜，黑韋鞮。咸熙舞者，進賢冠，黑介幘，生黃袍單衣，白合幅袴，其餘服如前。」奏可。史臣案，武始、咸熙二舞，冠制不同，而云章斌與武始、咸熙同服，不知服何冠也？

侍中繆襲又奏：「安世哥本漢時哥名。今詩哥非往時之文，〔二〕則宜變改。案周禮注云：安世樂，猶周房中之樂也。是以往昔議者，以房中哥后妃之德，所以風天下，正夫婦，宜改安世之名曰正始之樂。自魏國初建，故侍中王粲所作登哥安世詩，專以思詠神靈及說神靈鑒享之意。襲後又依哥省讀漢安世哥詠，亦說『高張四縣，神來燕享，嘉薦令儀，永受厥

福』。無有二南后妃風化天下之言。今思惟往者謂房中爲后妃之歌者，恐失其意。方祭祀娛神，登堂哥先祖功德，下堂哥詠燕享，無事哥后妃之化也。自宜依其事以名其樂哥，改安世哥曰享神哥。」奏可。案文帝已改安世爲正始，而襲至是又改安世爲享神，未詳其義。王粲所造安世詩，今亡。

襲又奏曰：「文昭皇后廟，置四縣之樂，當銘顯其均奏次第，依太祖廟之名，號曰昭廟之具樂。」尚書奏曰：「禮，婦人繼夫之爵，同牢配食者，樂不異文。昭皇后今雖別廟，至於宮縣樂器音均，宜如襲議。」奏可。

散騎常侍王肅議曰：「王者各以其禮制事天地，今說者據周官單文爲經國大體，懼其局而不知弘也。漢武帝東巡封禪還，祠太一于甘泉，祭后土于汾陰，皆盡用其樂。言盡用者，爲盡用宮縣之樂也。天地之性貴質者，蓋謂其器之不文爾，不謂庶物當復減之也。禮，天子宮縣，舞八佾。今祀圓丘方澤，宜以天子制，設宮縣之樂，八佾之舞。」衞臻、繆襲、左延年等咸同肅議。奏可。

肅又議曰：「說者以爲周家祀天，唯舞雲門，祭地，唯舞咸池，宗廟，唯舞大武，似失其義矣。周禮賓客皆作備樂。左傳：『王子頹享五大夫，樂及徧舞。』六代之樂也。然則一會之日，具作六代樂矣。天地宗廟，事之大者，賓客燕會，比之爲細。王制曰：『庶羞不踰牲，燕衣不踰祭服。』可以燕樂而踰天地宗廟之樂乎？周官：『以六律、六呂、五聲、八音、六舞大合樂，〔三〕以致鬼神，以和邦國，以諧萬民，以安賓客，以說遠人。』夫六律、六呂、五聲、八音，皆一時而作之，至於六舞獨分擘而用之，所以不厭人心也。又周官：『韎師掌教韎樂，祭祀則帥其屬而舞之，大享亦如之。』韎，東夷之樂也。又：『鞮鞻氏掌四夷之樂與其聲哥，祭祀則吹而哥之，〔四〕燕亦如之。』四夷之樂，乃入宗廟；先代之典，獨不得用。大享及燕日如之者，明古今夷、夏之樂，皆主之於宗廟，而後播及其餘也。夫作先王樂者，貴能包而用之，納四夷之樂者，美德廣之所及也。高皇帝、太皇帝、太祖、高祖、文昭廟，皆宜兼用先代及武始、大鈞之舞。」有司奏：「宜如肅議。」奏可。肅私造宗廟詩頌十二篇，不被哥。晉武帝泰始二年，改制郊廟哥，其樂舞亦仍舊也。

漢光武平隴、蜀，增廣郊祀，高皇帝配食，樂奏青陽、朱明、西皓、玄冥，雲翹、育命之舞。北郊及祀明堂，並奏樂如南郊。迎時氣五郊：春哥青陽，夏哥朱明，並舞雲翹之舞；秋哥西皓，冬哥玄冥，並舞育命之舞；季夏哥朱明，兼舞二舞。章帝元和二年，宗廟樂，故事，食舉有鹿鳴、承元氣二曲。三年，自作詩四篇，一曰思齊皇姚，二曰六騏驎，三曰竭肅雍，四曰陟叱根。合前六曲，以爲宗廟食舉。加宗廟食舉重來、上陵二曲，合八曲爲上陵食舉。減宗廟食舉承元氣一曲，加惟天之命、天之曆數二曲，合七曲爲殿中御食飯舉。又漢太樂食舉

十三曲：一曰鹿鳴，二曰重來，三曰初造，四曰俠安，五曰歸來，六曰遠期，七曰有所思，八曰明星，九曰清涼，十曰涉大海，十一曰大置酒，十二曰承元氣，十三曰海淡淡。魏氏及晉荀勗、傅玄並爲哥辭。魏時以遠期、承元氣、海淡淡三曲多不通利，省之。魏雅樂四曲：一曰鹿鳴，後改曰於赫，詠武帝。二曰騶虞，後改曰巍巍，詠文帝。三曰伐檀，後省除。四曰文王，後改曰洋洋，詠明帝。騶虞、伐檀、文王並左延年改其聲。正旦大會，太尉奉璧，羣后行禮，東箱雅樂郎作者是也。今謂之行禮曲，姑洗箱所奏。按鹿鳴本以宴樂爲體，無當於朝享，往時之失也。

晉武泰始五年，尚書奏使太僕傅玄、中書監荀勗、黃門侍郎張華各造正旦行禮及王公上壽酒食舉樂哥詩。詔又使中書郎成公綏亦作。張華表曰：「按魏上壽食舉詩及漢氏所施用，其文句長短不齊，未皆合古。蓋以依詠弦節，本有因循，而識樂知音，足以制聲，度曲法用，率非凡近所能改。二代三京，襲而不變，雖詩章詞異，興廢隨時，至其韻逗曲折，皆繫於舊，有由然也。是以一皆因就，不敢有所改易。」荀勗則曰：「魏氏哥詩，或二言，或三言，或四言，或五言，與古詩不類。」以問司律中郎將陳頎，頎曰：「被之金石，未必皆當。」故勗造晉哥，皆爲四言，唯王公上壽酒一篇爲三言五言，此則華、勗所明異旨也。九年，荀勗遂典知樂事，使郭瓊、宋識等造正德、大豫之舞，而勗及傅玄、張華又各造此舞哥詩。勗作新律笛

十二枚，散騎常侍阮咸譏新律聲高，高近哀思，不合中和。勗以其異己，出咸爲始平相。

晉又改魏昭武舞曰宣武舞，羽籥舞曰宣文舞。

咸寧元年，詔定祖宗之號，而廟樂同用正德、大豫之舞。

至江左初立宗廟，尚書下太常祭祀所用樂名，太常賀循答云：「魏氏增損漢樂，以爲一代之禮，未審大晉樂名所以爲異。遭離喪亂，舊典不存，然此諸樂，皆和之以鍾律，文之以五聲，詠之於哥詞，陳之於舞列，宮縣在下，琴瑟在堂，八音迭奏，雅樂並作，登哥下管，各有常詠，周人之舊也。自漢氏以來，依放此禮，自造新詩而已。舊京荒廢，今既散亡，音韻曲折，又無識者，則於今難以意言。」于時以無雅樂器及伶人，省太樂并鼓吹令。是後頗得登哥，食舉之樂，猶有未備。明帝太寧末，又詔阮孚等增益之。成帝咸和中，乃復置太樂官，鳩集遺逸，[五]而尚未有金石也。

初，荀勗既以新律造二舞，又更修正鍾磬，事未竟而勗薨。惠帝元康三年，詔其子黃門侍郎藩修定金石，以施郊廟。尋值喪亂，遺聲舊制，莫有記者。庾亮爲荊州，與謝尚共爲朝廷修雅樂，亮尋薨。庾翼、桓溫專事軍旅，樂器在庫，遂至朽壞焉。晉氏之亂也，樂人悉沒戎虜，及胡亡，鄴下樂人，頗有來者。謝尚時爲尚書僕射，因之以具鍾磬。太元中，破苻堅，又獲樂工楊蜀等，閑練舊樂，於是四箱金石始備焉。

宋文帝元嘉九年，太樂令鍾宗之更調金石。十四年，治書令史奚縱又改之。語在律曆志。晉世曹毗、王珣等亦增造宗廟哥詩，然郊祀遂不設樂。

何承天曰：「世咸傳吳朝無雅樂。案孫晧迎父喪明陵，唯云倡伎晝夜不息，則無金石登哥可知矣。」承天曰：「或云今之神絃，孫氏以爲宗廟登哥也。」史臣案陸機孫權誄「肆夏在廟，雲翹承□」，機不容虛設此言。又韋昭孫休世上鼓吹鐃哥十二曲表曰：「當付樂官善哥者習哥。」然則吳朝非無樂官，善哥者乃能以哥辭被絲管，寧容止以神絃爲廟樂而已乎？

宋武帝永初元年七月，有司奏：「皇朝肇建，廟祀應設雅樂，太常鄭鮮之等八十八人各撰立新哥。黃門侍郎王韶之所撰哥辭七首，並合施用。」詔可。十二月，有司又奏：「依舊正旦設樂，參詳屬三省改太樂諸哥舞詩。黃門侍郎王韶之立三十二章，合用教試，日近，宜逆誦習。輒申攝施行。」詔可。又改正德舞曰前舞，大豫舞曰後舞。

元嘉十八年九月，有司奏：「二郊宜奏登哥。」又議宗廟舞事，錄尚書江夏王義恭等十二人立議同，未及列奏，值軍興事寢。二十二年，南郊，始設登哥，詔御史中丞顏延之造哥詩，廟舞猶闕。

孝建二年九月甲午，有司奏：「前殿中曹郎荀萬秋議：按禮，祭天地有樂者，爲降神也。故易曰：『雷出地奮豫。先王以作樂崇德，殷薦之上帝，以配祖考。』周官曰：『作樂於圜丘之

上，天神皆降。作樂於方澤之中，地祇皆出。』又曰：『乃奏黃鍾，哥大呂，舞雲門，以祀天神。乃奏大簇，哥應鍾，舞咸池，以祀地祇。』由斯而言，以樂祭天地，其來尚矣。今郊享闕樂，竊以爲疑。祭統曰：『夫祭有三重焉，獻之屬莫重於祼，[六]聲莫重於升哥，舞莫重於武宿夜，此周道也。』至於秦奏五行，魏舞咸熙，皆以用享。爰逮晉氏，泰始之初，傅玄作晉郊廟哥詩三十二篇。元康中，荀藩受詔成父勗業，金石四縣，用之郊廟。是則相承郊廟有樂之證也。今廟祠登哥雖奏，而象舞未陳，懼闕備禮。夫聖王經世，異代同風，雖損益或殊，降殺迭運，未嘗不執古御今，同規合矩。方茲休明在辰，文物大備，禮儀遺逸，罔不具舉，而況出祇降神，輟樂於郊祭，昭德舞功，有闕於廟享。謂郊廟宜設備樂。」

於是使內外博議。驃騎大將軍竟陵王誕等五十一人並同萬秋議。尚書左僕射建平王宏議以爲：「聖王之德雖同，創制之禮或異，樂不相沿，禮無因襲。自寶命開基，皇符在運，業富前王，風通振古，[七]朝儀國章，並循先代。自後晉東遷，日不暇給，雖大典略備，遺闕尚多。至於樂號廟禮，未該往正。今帝德再昌，大孝御宇，宜討定禮本，以昭來葉。尋舜樂稱韶，漢改文始，周樂大武，秦革五行。眷夫祖有功而宗有德，故漢高祖廟樂稱武德，太宗廟樂曰昭德。魏制武始舞武廟，制咸熙舞文廟。則祖宗之廟，別有樂名。晉氏之樂，正德、大豫，及宋不更名，直爲前後二舞，依據昔代，義舛事乖。今宜釐改權稱，以凱容爲韶舞，宣烈爲武

舞。祖宗廟樂，總以德爲名。若廟非不毁，則樂無別稱，猶漢高、文、武，咸有嘉號，惠、景二主，樂無餘名。章皇太后廟，依諸儒議，唯奏文樂。何休、杜預、范甯注『初獻六羽』，並不言佾者，佾則干在其中，明婦人無武事也。郊祀之樂，無復別名，仍同宗廟而已。尋諸漢志，永至等樂，各有義況，宜仍舊不改。爰及東晉，〔八〕太祝唯送神而不迎神。近議者或云廟以居神，恒如在也，不應有迎送之事，意以爲並乖其衷。立廟居靈，四時致享，以申孝思之情。夫神升降無常，何必恒安所處？故祭義云：『樂以迎來，哀以送往。』鄭注云：『迎來而樂，樂親之來，送往而哀，哀其享否不可知也。』尙書〔曰〕『祖考來格』。漢書安世房中歌曰：『神來宴娭。』詩云：『三后在天。』〔九〕又詩云：『神保遹歸。』注曰：『歸於天地也。』此並言神有去來，則有送迎明矣。即周肆夏之名，備迎送之樂。古以尸象神，故儀禮祝有迎尸送尸，近代雖無尸，豈可闕迎送之禮？又傅玄有迎神送神哥辭，明江左不迎，非舊典也。」

散騎常侍、丹陽尹建城縣開國侯顏竣議以爲：「德業殊稱，則干羽異容，時無沿制，故物有損益。至於禮失道諐，稱習忘反，中興釐運，視聽所革，先代繆章，宜見刊正。郊之有樂，蓋生周易、周官，歷代著議，莫不援准。夫『掃地而祭，器用陶匏』，唯質與誠，以章天德，文物之備，理固不然。周官曰：『國有故，則旅上帝及四望。』又曰：『四圭有邸，以祀天旅上帝。兩圭有邸，以祀地旅四望。』四望非地，則知上帝非天。孝經云：『郊祀后稷以配天，宗

祀文王於明堂，以配上帝。』則豫之作樂，非郊天也。大司樂職，『奏黃鍾，哥大呂，舞雲門，以祀天神』。鄭注：『天神，五帝及日月星辰也。』王者以夏正月祀其所受命之帝於南郊，則二至之祀，又非天地。考之衆經，郊祀有樂，未見明證。宗廟之禮，事炳載籍。爰自漢元，迄乎有晉，雖時或更制，大抵相因，爲不襲名號而已。今樂曲淪滅，知音世希，改作之事，臣聞其語。正德、大豫，禮容具存，宜殊其徽號，飾而用之。以正德爲宣化之舞，大豫爲興和之舞，庶足以光表世烈，悅被後昆。前漢祖宗，廟處各異，主名既革，舞號亦殊。今七廟合食，庭殿共所，舞蹈之容，不得廟有別制。後漢東平王蒼已議之矣。又王肅、韓祇以王者德廣無外，六代四夷之舞，金石絲竹之樂，宜備奏宗廟。愚謂蒼、肅、祇議，合於典禮，適於當今。」

左僕射建平王宏又議：「竣據周禮、孝經，天與上帝，連文重出，故謂上帝非天，則易之作樂，非爲祭天也。按易稱『先王以作樂崇德，殷薦之上帝，以配祖考』。尙書云：『肆類于上帝。』春秋傳曰：『告昊天上帝。』凡上帝之言，無非天也。天尊不可以一稱，故或謂昊天，或謂上帝，或謂昊天上帝，不得以天有數稱，便謂上帝非天。徐邈推周禮『國有故，則旅上帝』，以知禮天，旅上帝，同是祭天。言禮天者，謂常祀也；旅上帝者，有故而祭也。孝經稱『嚴父莫大於配天』，故云『郊祀后稷以配天，宗祀文王於明堂，以配上帝』。既天爲議，則上帝猶天益明也。不欲使二天文同，故變上帝爾。周禮祀天之言再見，故鄭注以前天神爲五帝，後冬至所祭爲昊天。竣又云『二至之祀，又非天地』。未知天地竟應以何時致享？記云：『掃地而祭，器用陶匏。』旨明所用質素，無害以樂降神。萬秋謂郊宜有樂，事有典據。竣又云『東平王蒼以爲前漢諸祖別廟，是以祖宗之廟可得各有舞樂。至於袷祭始祖之廟，則專用始祖之舞。故謂後漢諸祖，共廟同庭，雖有祖宗，不宜入別舞』。此誠一家之意，而未統適時之變也。後漢從儉，故諸祖共廟，猶以異室存別廟之禮。〔一〇〕晉氏以來，登哥誦美，諸室繼作。至於祖宗樂舞，何猶不可迭奏。苟所詠者殊，雖復共庭，亦非嫌也。魏三祖各有舞樂，豈復是異廟邪？」

衆議並同宏：「祠南郊迎神，奏肆夏。皇帝初登壇，奏登哥。初獻，奏凱容、宣烈之舞。送神，奏肆夏。祠廟迎神，奏肆夏。皇帝入廟門，奏永至。皇帝詣東壁，奏登哥。初獻，奏凱容、宣烈之舞。終獻，奏永安。送神奏肆夏。」詔可。

孝建二年十月辛未，有司又奏：「郊廟舞樂，皇帝親奉，初登壇及入廟詣東壁，並奏登哥，不及三公行事。」左僕射建平王宏重參議：「公卿行事，亦宜奏登哥。」

有司又奏：「元會及二廟齋祠，登哥依舊並於殿庭設作。尋廟祠，依新儀注，登哥人上殿，弦管在下；今元會，登哥人亦上殿，弦管在下。」並詔可。

文帝章太后廟未有樂章，孝武大明中使尙書左丞殷淡造新哥，明帝又自造昭太后宣太

后哥詩。

後漢正月旦，天子臨德陽殿受朝賀，舍利從西方來，戲於殿前，激水化成比目魚，跳躍嗽水，作霧翳日；畢，又化成黃龍，長八九丈，出水遊戲，炫燿日光。以兩大絲繩繫兩柱頭，相去數丈，兩倡女對舞，行於繩上，相逢切肩而不傾。

魏晉訖江左，猶有夏育扛鼎、巨象行乳、神龜抃舞、背負靈岳、桂樹白雪、畫地成川之樂焉。

晉成帝咸康七年，散騎侍郎顧臻表曰：「臣聞聖王制樂，贊揚治道，養以仁義，防其邪淫，上享宗廟，下訓黎民，體五行之正音，協八風以陶氣。以宮聲正方而好義，角聲堅齊而率禮，弦哥鍾鼓金石之作備矣。故通神至化，有率舞之感；移風改俗，致和樂之極。末世之伎，設禮外之觀，逆行連倒，頭足入筥之屬，皮膚外剝，肝心內摧。敦彼行葦，猶謂勿踐，矧伊生民，而不惻愴。加以四海朝覲，言觀帝庭，耳聆雅頌之聲，目覩威儀之序，足以蹋天，頭以履地，反兩儀之順，傷彝倫之大。方今夷狄對岸，外御爲急，兵食七升，忘身赴難，過泰之戲，日稟五斗。方掃神州，經略中甸，若此之事，不可示遠。宜下太常，纂備雅樂，簫韶九成，惟新於盛運；功德頌聲，永著于來葉。此乃詩所以『燕及皇天，克昌厥後』者也。雜伎而傷人者，

皆宜除之。流簡儉之德，邁康哉之詠，清風既行，民應如草，此之謂也。愚管之誠，唯垂采察。」於是除高絙、紫鹿、跂行、鼈食及齊王捲衣、笮兒等樂。〔一一〕又減其稟。其後復高絙、紫鹿焉。

宋文帝元嘉十三年，司徒彭城王義康於東府正會，依舊給伎。總章工馮大列：「相承給諸王伎十四種，其舞伎三十六人。」太常傅隆以爲：「未詳此人數所由。唯杜預注左傳佾舞云諸侯六六三十六人，常以爲非。夫舞者所以節八音者也，八音克諧，然後成樂，故必以八人爲列，〔一二〕自天子至士，降殺以兩，兩者，減其二列爾。預以爲一列又減二人，至士止餘四人，豈復成樂。按服虔注傳云：『天子八八，諸侯六八，大夫四八，士二八。』其義甚允。今諸王不復舞佾，其總章舞伎，卽古之女樂也。殿庭八八，諸王則應六八，理例坦然。又春秋，鄭伯納晉悼公女樂二八，晉以一八賜魏絳，此樂以八人爲列之證也。若如議者，唯天子八，則鄭應納晉二六，晉應賜絳一六也。自天子至士，其文物典章，尊卑差級，莫不以兩。未有諸侯既降二列，又一列輒減二人，〔一三〕近降太半，非唯八音不具，於兩義亦乖，杜氏之謬可見矣。國典事大，宜令詳正。」事不施行。

民之生，莫有知其始也。含靈抱智，以生天地之間。夫喜怒哀樂之情，好得惡失之性，不學而能，不知所以然而然者也。怒則爭鬭，喜則詠哥，夫哥者，固樂之始也。詠哥不足，乃手之舞之，足之蹈之，然則舞又哥之次也。詠哥舞蹈，所以宣其喜心，喜而無節，則流淫莫反，故聖人以五聲和其性，以八音節其流，而謂之樂，故能移風易俗，平心正體焉。

昔有娀氏有二女，居九成之臺，天帝使燕夜往，二女覆以玉筐，既而發視之，燕遺二卵，五色，北飛不反。二女作哥，始爲北音。禹省南土，嵞山之女令其妾候禹於嵞山之陽，女乃作哥，始爲南音。夏后孔甲田於東陽萯山，天大風晦冥，迷入民室，主人方乳，或曰：「后來是良日也，必大吉。」或曰：「不勝之子，必有殃。」后乃取以歸，曰：「以爲余子，誰敢殃之？」後析橑，斧破斷其足。孔甲曰：「嗚呼！有命矣。」乃作破斧之哥，始爲東音。周昭王南征，殞於漢中，王右辛餘靡長且多力，振王北濟，周公乃封之西翟，徙宅西河，追思故處作哥，始爲西音。此蓋四方之哥也。

黃帝、帝堯之世，王化下洽，民樂無事，故因擊壤之歡，慶雲之瑞，民因以作哥。其後風衰雅缺，而妖淫靡漫之聲起。周衰，有秦青者，善謳，而薛談學謳於秦青，未窮青之伎而辭歸。青餞之於郊，乃撫節悲歌，聲震林木，響遏行雲。薛談遂留不去，以卒其業。又有韓娥者，東之齊，至雍門，匱糧，乃鬻哥假食，既而去，餘響繞梁，三日不絕。左右謂其人不去也。

過逆旅，逆旅人辱之，韓娥因曼聲哀哭，一里老幼，悲愁垂涕相對，三日不食。遽而追之，韓娥還，復爲曼聲長哥，一里老幼，喜躍抃舞，不能自禁，忘向之悲也。乃厚賂遣之。故雍門之人善哥哭，效韓娥之遺聲。衞人王豹處淇川，善謳，河西之民皆化之。齊人綿駒居高唐，善哥，齊之右地，亦傳其業。前漢有虞公者，善哥，能令梁上塵起。若斯之類，並徒哥也。爾雅曰：「徒哥曰謠。」

凡樂章古詞，今之存者，並漢世街陌謠謳，江南可采蓮、烏生、十五、白頭吟之屬是也。〔一四〕吳哥雜曲，並出江東，晉、宋以來，稍有增廣。

子夜哥者，有女子名子夜，造此聲。晉孝武太元中，琅邪王軻之家有鬼哥子夜。〔一五〕殷允爲豫章時，豫章僑人庾僧度家亦有鬼哥子夜。殷允爲豫章，亦是太元中，則子夜是此時以前人也。

鳳將雛哥者，舊曲也。應璩百一詩云：「爲作陌上桑，反言鳳將雛。」然則鳳將雛其來久矣，將由譌變以至於此乎？

前溪哥者，晉車騎將軍沈充所制。〔一六〕

阿子及歡聞哥者，晉穆帝升平初，哥畢輒呼「阿子！汝聞不？」語在五行志。〔一七〕後人演其聲，以爲二曲。

團扇哥者，晉中書令王珉與嫂婢有情，愛好甚篤，嫂捶撻婢過苦，婢素善哥，而珉好捉白團扇，故制此哥。

督護哥者，彭城內史徐逵之爲魯軌所殺，宋高祖使府內直督護丁旿收斂殯埋之。逵之妻，高祖長女也，呼旿至閤下，自問斂送之事，每問，輒歎息曰：「丁督護！」其聲哀切，後人因其聲，廣其曲焉。

懊憹哥者，晉隆安初，民間譌謠之曲。語在五行志。宋少帝更制新哥，太祖常謂之中朝曲。

六變諸曲，皆因事制哥。

長史變者，司徒左長史王廞臨敗所制。

讀曲哥者，民間爲彭城王義康所作也。其哥云「死罪劉領軍，誤殺劉第四」是也。

凡此諸曲，始皆徒哥，既而被之弦管。又有因弦管金石，造哥以被之，魏世三調哥詞之類是也。

古者天子聽政，使公卿大夫獻詩，耆艾修之，而後王斟酌焉。秦、漢闕采詩之官，哥詠多因前代，與時事既不相應，且無以垂示後昆。漢武帝雖頗造新哥，然不以光揚祖考、崇述正德爲先，但多詠祭祀見事及其祥瑞而已。商周雅頌之體闕焉。

鞞舞，未詳所起，然漢代已施於燕享矣。傅毅、張衡所賦，皆其事也。曹植鞞舞哥序曰：「漢靈帝西園故事，[一八]有李堅者，能鞞舞。遭亂，西隨段煨。先帝聞其舊有技，召之。堅既中廢，兼古曲多謬誤，異代之文，未必相襲，故依前曲改作新哥五篇，不敢充之黃門，近以成下國之陋樂焉。」晉鞞舞哥亦五篇，又鐸舞哥一篇，幡舞哥一篇，鼓舞伎六曲，並陳於元會。今幡、鼓哥詞猶存，舞並闕。鞞舞，卽今之鞞扇舞也。

又云晉初有杯槃舞、公莫舞。史臣按：杯槃，今之齊世寧也。[一九]張衡舞賦云：「歷七槃而縱躡。」王粲七釋云：「七槃陳於廣庭。」近世文士顏延之云：「遞間關於槃扇。」鮑昭云：「七槃起長袖。」皆以七槃爲舞也。搜神記云：「晉太康中，天下爲晉世寧舞，矜手以接杯槃反覆之。」此則漢世唯有槃舞，而晉加之以杯，反覆之也。

公莫舞，今之巾舞也。相傳云項莊劍舞，項伯以袖隔之，使不得害漢高祖。且語莊云：「公莫。」古人相呼曰「公」，云莫害漢王也。今之用巾，蓋像項伯衣袖之遺式。按琴操有公莫渡河曲，然則其聲所從來已久。俗云項伯，非也。

江左初，又有拂舞。舊云拂舞，吳舞。檢其哥，非吳詞也。皆陳於殿庭。揚泓拂舞序曰：「自到江南，見白符舞，或言白鳧鳩舞，云有此來數十年。察其詞旨，乃是吳人患孫晧虐

政，思屬晉也。」

又有白紵舞，按舞詞有巾袍之言，紵本吳地所出，宜是吳舞也。晉俳歌又云：「皎皎白緒，節節爲雙。」吳音呼緒爲紵，疑白紵卽白緒。

鞞舞故二八，桓玄將卽眞，太樂遣衆伎，尚書殿中郎袁明子啓增滿八佾，相承不復革。宋明帝自改舞曲哥詞，幷詔近臣虞龢並作。

又有西、傖、羌、胡諸雜舞。隨王誕在襄陽，造襄陽樂，南平穆王爲豫州，造壽陽樂，荆州刺史沈攸之又造西烏飛哥曲，並列於樂官。哥詞多淫哇不典正。

前世樂飲，酒酣，必起自舞。詩云「屢舞僊僊」是也。宴樂必舞，但不宜屢爾。譏在屢舞，不譏舞也。漢武帝樂飲，長沙定王舞又是也。魏、晉已來，尤重以舞相屬，所屬者代起舞，猶若飲酒以杯相屬也。謝安舞以屬桓嗣是也。近世以來，此風絕矣。

孝武大明中，以鞞、拂、雜舞合之鍾石，施於殿庭。順帝昇明二年，尚書令王僧虔上表言之，幷論三調哥曰：「臣聞風、雅之作，由來尚矣。大者繫乎興衰，其次者著於率舞。在於心而木石感，鏗鏘奏而國俗移。故鄭相出郊，辯聲知戚；延陵入聘，觀樂知風。是則音不妄啓，曲豈徒奏。哥倡既設，休戚已徵，清濁是均，山琴自應。斯乃天地之靈和，升降之明節。今帝道四達，禮樂交通，誠非寡陋所敢裁酌。伏以三古缺聞，六代潛響，舞詠與日月偕湮，精靈與風雲俱滅。追餘操而長懷，撫遺器而太息，此則然矣。夫鍾縣之器，以雅爲用，凱容之制，八佾爲體。故羽籥擊拊，以相諧應，季氏獲誚，將在於此。今總章舊佾二八之流，袿服既殊，曲律亦異，推今校古，皎然可知。又哥鍾一肆，克諧女樂，以哥爲稱，非雅器也。大明中，卽以宮縣合和鞞、拂，節數雖會，慮乖雅體。將來知音，或譏聖世。若謂鍾舞已諧，不欲廢罷，別立哥鍾，以調羽佾，止於別宴，不關朝享，四縣所奏，謹依雅則，斯則舊樂前典，不墜於地。臣昔已制哥磬，猶在樂官，具以副鍾，配成一部，卽義沿理，如或可安。又今之清商，實由銅雀，[二〇]魏氏三祖，風流可懷，京、洛相高，江左彌重。諒以金縣干戚，事絕於斯。而情變聽改，稍復零落，十數年間，亡者將半。自頃家競新哇，人尚謠俗，務在噍危，不顧律紀，流宕無涯，未知所極，排斥典正，崇長煩淫。士有等差，無故不可以去禮；樂有攸序，長幼不可以共聞。故諠醜之製，日盛於廛里，風味之韻，獨盡於衣冠。夫川震社亡，同災異戒，[二一]哀思靡漫，異世齊驩。咎徵不殊，而欣畏並用，竊所未譬也。方今塵靜畿中，波恬海外，雅頌得所，實在茲辰。臣以爲宜命典司，務勤課習，緝理舊聲，迭相開曉，凡所遺漏，悉使補拾。曲全者祿厚，藝敏者位優，利以動之，則人思自勸，風以靡之，可不訓自革，反本還源，庶可跂踵。」詔曰：「僧虔表如此。夫鍾鼓既陳，雅頌斯辨，所以憾感人祇，化動翔泳。頃自金籥弛韻，羽佾未凝，正俗移風，良在茲日。昔阮咸

清識，王度昭奇，樂緒增修，異世同功矣。便可付外遵詳。」

樂器凡八音：曰金，曰石，曰土，曰革，曰絲，曰木，曰匏，曰竹。

八音一曰金。金，鍾也，鎛也，錞也，鐲也，鐃也，鐸也。

鍾者，世本云：「黃帝工人垂所造。」爾雅云大鍾曰鏞，書曰「笙鏞以間」是也。中者曰剽。剽音瓢。小者曰棧。棧音醆。晉江左初所得棧鍾是也。縣鍾磬者曰筍虡，橫曰筍，從曰虡。蔡邕曰：「寫鳥獸之形，大聲有力者以爲鍾虡，清聲無力者以爲磬虡，擊其所縣，知由其虡鳴焉。」

鎛如鍾而大。史臣案：前代有大鍾，若周之無射，非一，皆謂之鍾；鎛之言，近代無聞焉。

錞，錞于也。圜如碓頭，大上小下，今民間猶時有其器。周禮，「以金錞和鼓」。

鐲，鉦也。形如小鍾，軍行鳴之，以爲鼓節。周禮，「以金鐲節鼓」。

鐃，如鈴而無舌，有柄，執而鳴之。周禮，「以金鐃止鼓」。漢鼓吹曲曰鐃哥。

鐸，大鈴也。周禮，「以金鐸通鼓」。

八音二曰石。石，磬也。世本云叔所造，不知叔何代人。爾雅曰：「形似犂錧，以玉爲

之。」大曰毊。毊音囂。

八音三曰土。土，塤也。世本云，暴新公所造，〔二二〕亦不知何代人也。周畿內有暴國，豈其時人乎？燒土爲之，大如鵝卵，鋭上平底，形似稱錘，六孔。爾雅云，大者曰嘂，嘂音叫。「小者如鷄子」。

八音四曰革。革，鼓也，鞉也，節也。大曰鼓，小曰朄。又曰應。應劭風俗通曰：「不知誰所造。」以桴擊之曰鼓，以手搖之曰鞉。鼓及鞉之八面者曰雷鼓、雷鞉。六面者曰靈鼓、靈鞉。四面者曰路鼓、路鞉。周禮：「以雷鼓祀天神，〔二三〕以靈鼓鼓社祭，以路鼓鼓鬼享。」鼓長八尺者曰鼖鼓，以鼓軍事。長丈二尺者曰鼛鼓，凡守備及役事則鼓之。今世謂之下鼛。鼛，周禮音咸，今世音切鼓反。長六尺六寸者曰晉鼓，金奏則鼓之。應鼓在大鼓側，詩云「應朄懸鼓」是也。〔二四〕小鼓有柄曰鞀。大鞀謂之鞞。月令「仲夏修鞀、鞞」是也。然則鞀、鞞卽鞉類也。又有鼉鼓焉。

節，不知誰所造。傅玄節賦云：「黃鍾唱哥，九韶興舞。口非節不詠，手非節不拊。」此則所從來亦遠矣。

八音五曰絲。絲，琴、瑟也，筑也，箏也，琵琶、空侯也。

琴，馬融笛賦云：「宓羲造琴。」世本云：「神農所造。」爾雅「大琴曰離」，二十絃。今無其

器。齊桓曰號鍾，楚莊曰繞梁，相如曰焦尾，伯喈曰綠綺，事出傅玄琴賦。世云焦尾是伯喈琴，伯喈傳亦云爾。以傅氏言之，則非伯喈也。

瑟，馬融笛賦云：「神農造瑟。」世本，「宓羲所造」。爾雅云：「瑟二十七絃者曰灑。」今無其器。

筑，不知誰所造。史籍唯云高漸離善擊筑。

箏，秦聲也。傅玄箏賦序曰：「世以爲蒙恬所造。今觀其體合法度，節究哀樂，乃仁智之器，豈亡國之臣所能關思哉。」風俗通則曰：「筑身而瑟絃。不知誰所改作也。」

琵琶，傅玄琵琶賦曰：「漢遣烏孫公主嫁昆彌，念其行道思慕，故使工人裁箏、筑，爲馬上之樂。欲從方俗語，故名曰琵琶，取其易傳於外國也。」風俗通云：「以手琵琶，因以爲名。」杜摯云：「長城之役，弦鼗而鼓之。」並未詳孰實。其器不列四廂。

空侯，初名坎侯。漢武帝賽滅南越，祠太一后土用樂，令樂人侯暉依琴作坎侯，言其坎坎應節奏也。侯者，因工人姓爾。後言空，音訛也。古施郊廟雅樂，近世來專用於楚聲。宋孝武帝大明中，吳興沈懷遠被徙廣州，造繞梁，其器與空侯相似，懷遠後亡，其器亦絕。

八音六曰木。木，柷也，敔也。並不知誰所造。樂記曰：「聖人作爲椌、楬、塤、篪。」所起亦遠矣。

柷如漆筩，方二尺四寸，深尺八寸，中有椎柄，連底挏之，令左右擊。

敔，狀如伏虎，〔二五〕背上有二十七鉏鋙。以竹長尺名曰籈，〔二六〕橫擽之，以節樂終也。

八音七曰匏。匏，笙也，竽也。

笙，隨所造，不知何代人。列管匏內，施簧管端。宮管在中央，三十六簧曰竽，宮管在左傍。十九簧至十三簧曰笙。其它皆相似也。竽今亡。「大笙謂之巢，小者謂之和」。其笙中之簧，女媧所造也。詩傳云：「吹笙則簧鼓矣。」蓋笙中之簧也。爾雅曰：「笙十九簧者曰巢。」漢章帝時，零陵文學奚景於舜祠得笙，白玉管。後世易之以竹乎。

八音八曰竹。竹，律也，呂也，簫也，管也，篪也，籥也，笛也。律呂在律曆志。〔二七〕

簫，世本云：「舜所造。」爾雅曰：「編二十三管，長尺四寸者曰管，〔二八〕十六管長尺二寸者筊。」筊音交。凡簫一名籟。前世有洞簫，其器今亡。蔡邕曰：「簫，編竹有底。」然則邕時無洞簫矣。

管，爾雅曰：「長尺，圍寸，併漆之，有底。」大者曰簥。簥音驕。中者曰篞。小者曰篎。篎音妙。古者以玉爲管，舜時西王母獻白玉琯是也。月令：「均琴、瑟、管、簫。」蔡邕章句曰：「管者，形長尺，圍寸，有孔無底。」其器今亡。

篪，世本云：「暴新公所造。」〔二九〕舊志云，一曰管。史臣案：非也。雖不知暴新公何代人，

而非舜前人明矣。舜時西王母獻管，則是已有其器，新公安得造篪乎？爾雅曰：「篪，大者尺四寸，圍三寸，曰沂。」沂音銀。一名翹。「小者尺二寸」。今有胡篪，出於胡吹，非雅器也。

籥，不知誰所造。周禮有籥師，掌教國子秋冬吹籥。今凱容、宣烈舞所執羽籥是也。蓋詩所云「左手執籥，右手秉翟」者也。爾雅云：「籥如笛，三孔而短小。」廣雅云，七孔。大者曰產。中者曰仲。小者曰箹。箹音握。

笛，案馬融長笛賦，此器起近世，出於羌中，京房備其五音。又稱丘仲工其事，不言仲所造。風俗通則曰：「丘仲造笛，武帝時人。」其後更有羌笛爾。三說不同，未詳孰實。

笳，杜摯笳賦云：「李伯陽入西戎所造。」漢舊注曰：「箛，號曰吹鞭。」晉先蠶儀注：〔三〇〕「車駕住，吹小箛；發，吹大箛。」箛卽笳也。又有胡笳。漢舊箏笛錄有其曲，不記所出本末。

鼓吹，蓋短簫鐃哥。蔡邕曰：「軍樂也，黃帝岐伯所作，以揚德建武，勸士諷敵也。」周官曰：「師有功則愷樂。」左傳曰，晉文公勝楚，「振旅，凱而入」。司馬法曰：「得意則愷樂愷哥。」雍門周說孟嘗君，「鼓吹于不測之淵」。說者云，鼓自一物，吹自竽、籟之屬，非簫、鼓合奏，別爲一樂之名也。然則短簫鐃哥，此時未名鼓吹矣。應劭漢鹵簿圖，唯有騎執箛。箛卽笳，不云鼓吹。而漢世有黃門鼓吹。漢享宴食舉樂十三曲，與魏世鼓吹長簫同。長簫短簫，伎

錄並云，絲竹合作，執節者哥。又建初錄云，務成、黃爵、玄雲、遠期，皆騎吹曲，非鼓吹曲。此則列於殿庭者爲鼓吹，今之從行鼓吹爲騎吹，二曲異也。又孫權觀魏武軍，作鼓吹而還，此又應是今之鼓吹。魏、晉世，又假諸將帥及牙門曲蓋鼓吹，斯則其時謂之鼓吹矣。魏、晉世給鼓吹甚輕，牙門督將五校，悉有鼓吹。晉江左初，臨川太守謝摛每寢，輒夢聞鼓吹。有人爲其占之曰：「君不得生鼓吹，當得死鼓吹爾。」摛擊杜弢戰沒，追贈長水校尉，葬給鼓吹焉。謝尚爲江夏太守，詣安西將軍庾翼於武昌咨事，翼與尚射，曰：「卿若破的，當以鼓吹相賞。」尚射破的，便以其副鼓吹給之。今則甚重矣。

角，書記所不載。或云出羌胡，以驚中國馬。或云出吳越。舊志云：「古樂有籟、缶。」今並無。史臣按：爾雅，籟自是簫之一名耳。詩云：「坎其擊缶。」毛傳曰：「盎謂之缶。」

築城相杵者，出自梁孝王。孝王築睢陽城，方十二里，造倡聲，以小鼓爲節，築者下杵以和之。後世謂此聲爲睢陽曲，至今傳之。

魏、晉之世，有孫氏善弘舊曲，宋識善擊節倡和，陳左善清哥，列和善吹笛，郝索善彈筝，朱生善琵琶，尤發新聲。傅玄著書曰：「人若欽所聞而忽所見，不亦惑乎！設此六人生於上世，越古今而無儷，何但夔、牙同契哉！」案此說，則自茲以後，皆孫、朱等之遺則也。

校勘記

〔一〕善訓雅樂　「訓」元龜五六五同。三國志魏志杜夔傳作「詠」，通典樂典作「調」。

〔二〕今詩哥非往時之文　「時」各本並作「詩」，據元龜五六五改。

〔三〕周官以六律六呂五聲八音六舞大合樂　「六呂」，周禮春官大司樂職文作「六同」。按六同卽六呂，謂陰聲大呂、應鍾、南呂、函鍾、小呂、夾鍾。故沈約變其文。

〔四〕祭祀則吹而哥之　「吹」各本並作「次」，據周禮春官鞮鞻氏職文改。

〔五〕鳩集遺逸　「集」各本並作「習」，據晉書樂志、通典樂典、元龜五六六改。

〔六〕獻之屬莫重於祼　各本並脫「之」字，據禮記祭統原文及元龜五六六補。

〔七〕風通振古　「通」元龜五六六作「動」。

〔八〕爰及東晉　「爰」各本並作「宋」，據元龜五六六改。

〔九〕尙書曰祖考來格漢書安世房中歌曰神來宴娭詩云三后在天　三朝本、毛本、局本作「尙書有神天」五字。北監本、殿本作「尙書曰祖考來格」七字。今據通典樂典訂補。

〔一〇〕猶以異室存別廟之禮　「廟」各本並作「室」，據通典樂典改。

〔一一〕於是除高絚紫鹿跂行鼈食及齊王捲衣笮兒等樂　「笮兒」，晉書樂志、通典樂典、元龜一五九、五七五並同宋書。南齊書樂志作「笮鼠」。沈濤銅熨斗齋隨筆云：「案笮兒，南齊書樂志作笮鼠，則兒乃鼠字之譌。」

〔一二〕故必以八人爲列　「八人」各本並作「八八」，據通典樂典、元龜五六六改。「列」各本並作「例」，據元龜五六六改。

〔一三〕又一列輒減二人　各本並脫「一」字，據通典樂典補。

〔一四〕江南可采蓮烏生十五白頭吟之屬是也　「烏生十五」各本並作「烏生十五子」。按樂府詩集二六引永嘉伎錄，相和有十五曲，六曰十五，十二曰烏生。蓋烏生與十五，自是二曲。烏生古辭云：「烏生八九子。」宋書樂志以烏生、十五二曲駢連書之，後人又誤加「子」字，合「烏生十五子」爲一曲。今訂正。

〔一五〕豫章僑人庾僧度家亦有鬼歌子夜　「庾僧度」通典樂典、樂府詩集四四作「庾僧虔」。

〔一六〕晉車騎將軍沈充所制　「沈充」各本並作「沈玩」。據晉書樂志、通典樂典改。

〔一七〕語在五行志　通典樂典此句上多「又歌歡聞不」五字。按上云「阿子及歡聞歌者」云云，則此不當但及「阿子汝聞不」，應有「又歌歡聞不」五字，文意始足。

〔一八〕漢靈帝西園故事　「故事」局本及晉書樂志、通典樂典、樂府詩集五三、曹植集、御覽五七四引並作「鼓吹」。

〔一九〕今之齊世寧也　按齊改宋世寧曰齊世昌，則此當作宋世寧。或因沈約此書成於齊世，故改宋世

寧稱齊世寧。

〔二〇〕實由銅雀　「由」各本並作「猶」，據南齊書王僧虔傳、通鑑改。

〔二一〕同災異戒　各本並作「同靈畢戒」，據元龜五六五改。

〔二二〕暴新公所造　各本並脫「公」字，據世本及通典樂典補。按暴新公世本、通典並作暴辛公。

〔二三〕以雷鼓祀天神　周禮地官鼓人職文原文作「以雷鼓鼓神祇」。

〔二四〕詩云應鞞懸鼓是也　按今詩周頌有瞽作「應田懸鼓」。鄭玄注云：「田當作輔。輔，小鼓，在大鼓旁，應鞞之屬也。聲轉字誤，變而爲田。」

〔二五〕敔狀如伏虎　各本並脫「伏」字，據通典樂典補。

〔二六〕以竹長尺名曰籈　「籈」各本並作「止」，據爾雅釋樂改。爾雅釋樂云：「所以鼓柷謂之止，所以鼓敔謂之籈。」

〔二七〕律呂在律曆志　「律曆志」各本並作「律呂志」。按宋書有「律曆志」，無「律呂志」，後人嘗誤分宋書律曆志爲「律志」、「曆志」，上已糾正其失，今並改正。

〔二八〕長尺四寸者曰篙　各本並脫「長」字，又「篙」字各本省文作「言」，今並據通典樂典及爾雅釋樂注文補正。

〔二九〕篪世本云暴新公所造　「篪」各本並作「箎」。按說文竹部，「篪，管樂也。從竹虒聲」。集韻有

「篪」字，「火五切。竹名，高百丈」。則非樂器。然開成石經爾雅已作箎字。蓋假箎爲篪，沿襲已久，今並下箎字，悉改正。又按世本，蘇成公造篪。暴新公爲造塤者，與造篪無關。

〔三〇〕晉先蠶儀注 各本並脫「儀」字，據通典樂典補。

宋書卷二十

志第十

樂二

蔡邕論敍漢樂曰：一曰郊廟神靈，二曰天子享宴，三曰大射辟雍，四曰短簫鐃歌。

晉郊祀歌五篇 傅玄造

天命有晉，穆穆明明。我其夙夜，祗事上靈。常于時假，迄用有成。於薦玄牡，進夕其牲。崇德作樂，神祇是聽。

右祠天地五郊夕牲歌一篇。

宣文烝哉，日靖四方。永言保之，夙夜匪康。光天之命，上帝是皇。嘉樂殷薦，靈祚景祥。神祇降假，享福無疆。

右祠天地五郊迎送神歌一篇。

天祚有晉，其命惟新。受終于魏，奄有兆民。燕及皇天，懷柔百神。不顯遺烈，之德之純。享其玄牡，式用肇禋。神祇來格，福祿是臻。時邁其猶，昊天子之。祐享有晉，兆民戴之。畏天之威，敬授民時。不顯不承，於猶繹思。皇極斯建，庶績咸熙。庶幾夙夜，惟晉之祺。

宣文惟后，克配彼天。撫寧四海，保有康年。於乎緝熙，肆用靖民。爰立典制，爰修禮紀。作民之極，莫匪資始。克昌厥後，永言保之。

右饗天地五郊歌三篇。

前所作天地郊明堂歌五篇 傅玄造

皇矣有晉，時邁其德。受終于天，光濟萬國。萬國既光，神定厥祥。虔于郊祀，祗事上皇。祗事上皇，百祿是臻。巍巍祖考，克配彼天。嘉牲匪歆，德馨惟饗。受天之祚，神和四暢。

右天地郊明堂夕牲歌。

於赫大晉，膺天景祥。二帝邁德，宣茲重光。我皇受命，奄有萬方。郊祀配享，禮樂孔章。神祇嘉饗，祖考是皇。克昌厥後，保祚無疆。

右天地郊明堂降神歌。

整泰壇，祀皇神。精氣感，百靈賓。蘊朱火，燎芳薪。紫煙游，冠青雲。神之體，靡象形。曠無方，幽以清。神之來，光景照。聽無聞，視無兆。神之至，舉歆歆。靈爽協，動余心。神之坐，同歡娛。澤雲翔，化風舒。嘉樂奏，文中聲。八音諧，神是聽。咸潔齋，並芬芳。烹牷牲，享玉觴。神說饗，歆禋祀。祐大晉，降繁祉。祚京邑，行四海。保天年，窮地紀。

右天郊饗神歌。

整泰折，〔二〕娭皇祇。衆神感，羣靈儀。陰祀設，吉禮施。夜將極，時未移。祇之體，無形象。潛泰幽，洞忽荒。祇之出，薆若有。靈無遠，天下母。祇之來，遺光景。照若存，終冥冥。祇之至，舉欣欣。舞象德，歌成文。祇之坐，同歡豫。澤雨施，化雲布。樂八變，聲敎敷。物咸享，祇是娛。齋既潔，侍者肅。玉觴進，咸穆穆。饗嘉慶，歆德馨。祚有晉，暨羣生。溢九壤，格天庭。保萬壽，延億齡。

右地郊饗神歌。

經始明堂，享祀匪懈。於皇烈考，光配上帝。赫赫上帝，既高既崇。聖考是配，明德顯融。率土敬職，萬方來祭。常于時假，保祚永世。

右明堂饗神歌。

宋南郊雅樂登歌三篇　　　　顏延之造

夤威寶命，嚴恭帝祖。表海炳岱，系唐胄楚。靈鑑濬文，民屬叡武。奄受敷錫，宅中拓宇。亘地稱皇，罄天作主。月竁來賓，日際奉土。開元首正，禮交樂舉。六典聯事，九官列序。有牷在滌，有潔在俎。以薦王衷，以答神祜。

右天地郊夕牲歌。

維聖饗帝，維孝饗親。皇乎備矣，有事上春。禮行宗祀，敬達郊禋。金枝中樹，廣樂四陳。陟配在京，降德在民。奔精照夜，高燎煬晨。陰明浮爍，沈禜深淪。告成大報，受釐元神。月御按節，星驅扶輪。遙興遠駕，燿燿振振。

右天地郊迎送神歌。

營泰畤，定天衷。思心叡，謀筮從。建表蕝，設郊宮。田燭置，權火通。曆元旬，律首吉。飾紫壇，坎列室。中星兆，六宗秩。乾宇晏，地區謐。大孝昭，祭禮供。牲日展，盛自躬。具陳器，備禮容。形舞綴，被歌鍾。望帝闇，聳神蹕。靈之來，辰光溢。潔粢酌，娛太一。明煇夜，華晢日。祼既始，獻又終。煙蕭𦎼，報清穹。饗宋德，祚王功。休命永，福履充。

右天地饗神歌。

宋明堂歌　　　　謝莊造

地紐謐，乾樞回。華蓋動，紫微開。旌蔽日，車若雲。駕六氣，乘絪縕。曄帝京，煇天邑。聖祖降，五靈集。構瑤戺，聳珠簾。漢拂幌，月棲檐。舞綴暢，鍾石融。駐飛景，鬱行風。懋粢盛，潔牲牷。百禮肅，羣司虔。皇德遠，大孝昌。貫九幽，洞三光。神之安，解玉鑾。景福至，萬宇歡。

右迎神歌詩。依漢郊祀迎神，三言，四句一轉韻。

雍臺辨朔，澤宮練辰。潔火夕照，明水朝陳。六瑚賁室，八羽華庭。昭事先聖，懷濡上靈。肆夏式敬，升歌發德。永固鴻基，以綏萬國。

右登歌詞。　　　　舊四言。

維天爲大，維聖祖是則。辰居萬宇，綴旒下國。內靈八輔，外光四瀛。蕭宮仰蓋，日館希旌。複殿留景，重檐結風。刮楹接緯，達嚮承虹。設業設虡，在王庭。肇禋祀，克配乎靈。我將我享，維孟之春。以孝以敬，以立我烝民。

右歌太祖文皇帝詞。　　　　依周頌體。

參映夕，駟照晨。靈乘震，司青春。雁將向，桐始蕤。柔風舞，暄光遲。萌動達，萬品新。潤無際，澤無垠。

右歌青帝詞。　　　　三言，依木數。

龍精初見大火中。朱光北至圭景同。帝位在離實司衡。水雨方降木槿榮。庶物盛長咸殷阜。恩覃四溟被九有。

右歌赤帝辭。　　　　七言，依火數。

履建宅中宇。司繩御四方。裁化遍寒燠。布政周炎涼。景麗條可結。霜明冰可折。凱風扇朱辰。白雲流素節。分至乘結晷。啓閉集恒度。帝運緝萬有。皇靈澄國步。

右歌黃帝辭。　　　　五言，依土數。

百川如鏡，天地爽且明。雲沖氣舉，德盛在素精。木葉初下，洞庭始揚波。夜光徹地，翻霜照懸河。庶類收成，歲功行欲寧。浹地奉渥，罄宇承秋靈。

右歌白帝辭。　　　　九言，依金數。

歲既晏，日方馳。靈乘坎，德司規。玄雲合，晦鳥路。白雲繁，亘天涯。雷在地，時未光。飭國典，閉關梁。四節遍，萬物殿。福九域，祚八鄉。晨晷促，夕漏延。太陰極，微陽宣。鵲將巢，冰已解。氣濡水，風動泉。

右歌黑帝辭。　　　　六言，依水數。

蘊禮容，餘樂度。靈方留，景欲暮。開九重，肅五達。鳳參差，龍已秣。雲旣動，河旣梁。萬里照，四空香。神之車，歸淸都。琁庭寂，玉殿虛。睿化凝，孝風熾。顧靈心，結皇思。

右送神歌辭。漢郊祀送神，亦三言。

右天郊饗神歌。

魏俞兒舞歌四篇魏國初建所用，後於太祖廟並作之。　王粲造

漢初建國家，匡九州。蠻荆震服，五刃三革休。安不忘備武樂修。宴我賓師，敬用御天，永樂無憂。子孫受百福，常與松喬遊。蒸庶德，莫不咸歡柔。

右矛俞新福歌。

材官選士，劍弩錯陳。應桴蹈節，俯仰若神。綏我武烈，篤我淳仁。自東自西，莫不來賓。

右弩俞新福歌。

我功旣定，庶士咸綏。樂陳我廣庭，式宴賓與師。昭文德，宣武威。平九有，撫民黎。荷天寵，延壽尸。千載莫我違。

右安臺新福歌曲。

神武用師士素厲。仁恩廣覆，猛節橫逝。自古立功，莫我弘大。桓桓征四國，爰及海裔。漢國保長慶，垂祚延萬世。

右行辭新福歌曲。

晉宣武舞歌四篇　傅玄造

惟聖皇篇　矛俞第一

惟聖皇，德巍巍，光四海。禮樂猶形影，文武爲表裏。乃作巴俞，肆舞士。劍弩齊列，戈矛爲之始。進退疾鷹鷂，龍戰而豹起。如亂不可亂，動作順其理，離合有統紀。

短兵篇　劍俞第二

劍爲短兵，其勢險危。疾踰飛電，回旋應規。武節齊聲，或合或離。電發星騖，若景若差。兵法攸象，軍容是儀。

軍鎮篇　弩俞第三

弩爲遠兵軍之鎮，其發有機。體難動，往必速，重而不遲。銳精分鏄，射遠中微。弩俞之樂，壹何奇！變多姿。退若激，進若飛。五聲協，八音諧。宣武象，讚天威。

窮武篇　安臺行亂第四

窮武者喪，何但敗北。柔弱亡戰，國家亦廢。秦始徐偃，旣已作戒前世。先王鑒其機，修文整武藝。文武足相濟，然後得光大。亂曰：高則亢，滿則盈。亢必危，盈必傾。去危傾，守以平。沖則久，濁能淸。混文武，順天經。

晉宣文舞歌二篇　傅玄造

羽籥舞歌

羲皇之初，天地開元。網罟禽獸，羣黎以安。神農教耕，創業誠難。民得粒食，澹然無所患。黃帝始征伐，萬品造其端。軍駕無常居，是曰軒轅。軒轅旣勤止，堯舜匪荒寧。夏禹治水，湯武又用兵。孰能保安逸，坐致太平？聖皇邁乾乾，天下輿頌聲，穆穆且明明。惟聖皇，道化彰。澂四海，淸三光。萬機理，庶事康。潛龍升，儀鳳翔。風雨時，物繁昌。却走馬，降瑞祥。揚仄陋，簡忠良。百祿是荷，眉壽無疆。

羽鐸舞歌

昔在渾成時，兩儀尙未分。陽升垂淸景，陰降輿浮雲。中和含氛氳，萬物各異羣。人倫得其序，衆生樂聖君。三統繼五行，然後有質文。皇王殊運代，治亂亦繽紛。伊大晉，德兼往古。越犧農，邈舜禹。參天地，陵三五。禮唐周，樂韶武。豈唯簫韶，六代具舉。澤霑地境，化充天宇。聖明臨朝，元凱作輔，普天同樂胥。浩浩元氣，遐哉太淸。五行流邁，日月代征。隨時變化，庶物乃成。聖皇繼天，光濟羣生。化之以道，萬國咸寧。受茲介福，延于億齡。

晉宗廟歌十一篇　傅玄造

我夕我牲，猗歟敬止。嘉豢孔時，供茲享祀。神鑒厥誠，博碩斯歆。祖考降饗，以虞孝孫之心。

右祠廟夕牲歌。

嗚呼悠哉！日鑒在茲。以時享祀，神明降之。神明斯降，旣祐饗之。祚我無疆，受天之祜。赫赫太上，巍巍聖祖。明明烈考，丕承繼序。

右祠廟迎送神歌。

經始宗廟，神明戾止。申錫無疆，祗承享祀。假哉皇祖，綏予孫子。燕及後昆，錫茲繁祉。

右祠征西將軍登歌。

嘉樂肆庭，薦祀在堂。皇皇宗廟，乃祖先皇。濟濟辟公，相予烝嘗。享祀不忒，降福穰穰。

右祠豫章府君登歌。

於邈先后，實司于天。顯矣皇祖，帝祉肇臻。本支克昌，資始開元。惠我無疆，享祚

永年。

右祠潁川府君登歌。

於惟曾皇，顯顯令德。高明清亮，匪競柔克。保乂命祜，基命惟則。篤生聖祖，光濟四國。

右祠京兆府君登歌。

於鑠皇祖，聖德欽明。勤施四方，夙夜敬止。〔三〕載敷文教，載揚武烈。匡定社稷，龔行天罰。經始大業，造創帝基。畏天之命，于時保之。

右祠宣皇帝登歌。

執競景皇，克明克哲。旁作穆穆，惟祗惟畏。纂宣之緒，耆定厥功。登此儁乂，糾彼羣凶。業業在位，帝既勤止。維天之命，於穆不已。

右祠景皇帝登歌。

於皇時晉，允文文皇。聰明叡智，聖敬神武。萬機莫綜，皇斯清之。虎兕放命，皇斯平之。柔遠能邇，簡授英賢。創業垂統，勳格皇天。

右祠文皇帝登歌。

曰晉是常，享祀時序。宗廟致敬，禮樂具舉。惟其來祭，普天率土。犧樽既奠，清酤既載。亦有和羹，薦羞斯備。蒸蒸永慕，感時興思。登歌奏舞，神樂其和。祖考來格，祐我邦家。敷天之下，罔不休嘉。

肅肅在位，濟濟臣工。四海來格，禮儀有容。鍾鼓振，管絃理。舞開元，歌永始。神胥樂兮。肅肅在位，臣工濟濟。小大咸敬，上下有禮。理管絃，振鼓鍾。舞象德，歌詠功。神胥樂兮。肅肅在位，有來雍雍。穆穆天子，相惟辟公。禮有儀，樂有則。舞象功，歌詠德。神胥樂兮。

右祠廟饗神歌二篇。

晉江左宗廟歌十三篇　曹毗造十一首　王珣造二首

歌高祖宣皇帝　曹毗造

於赫高祖，德協靈符。應運撥亂，釐整天衢。勳格宇宙，化動八區。肅以典刑，陶以玄珠。神石吐瑞，靈芝自敷。肇基天命，道均唐虞。

歌世宗景皇帝

景皇承運，纂隆洪緒。皇維重抗，天暉再舉。蠢矣二寇，擾我揚楚。乃整元戎，以膏齊斧。亹亹神算，赫赫王旅。鯨鯢既平，功冠帝宇。

歌太祖文皇帝

太祖齊聖，王猷誕融。仁敎四塞，天基累崇。皇室多難，嚴清紫宮。威厲秋霜，惠過春風。平蜀夷楚，以文以戎。奄有參墟，聲流無窮。

歌世祖武皇帝

於穆武皇，允龔欽明。應期登禪，龍飛紫庭。百揆時序，聽斷以情。殊域既賓，僞吳亦平。晨流甘露，宵映朗星。野有擊壤，路垂頌聲。

歌中宗元皇帝

運屯百六，天羅解貫。元皇勃興，網籠江漢。仰齊七政，俯平禍亂。化若風行，澤猶雨散。淪光更耀，金輝復煥。德冠千載，蔚有餘粲。

歌肅祖明皇帝

明明肅祖，闡弘帝祚。英風夙發，清暉載路。姦逆縱忒，罔式皇度。躬振朱旗，遂豁天步。宏猷淵塞，高羅雲布。品物咸寧，洪基永固。

歌顯宗成皇帝

於休顯宗，道澤玄播。式宣德音，暢物以和。邁德蹈仁，匪禮弗過。〔四〕敷以純風，濯以清波。連理映阜，鳴鳳棲柯。同規放勛，義蓋山河。

歌康皇帝

康皇穆穆，仰嗣洪德。爲而不宰，雅音四塞。閑邪以誠，鎮物以默。威靜區宇，道宣邦國。

歌孝宗穆皇帝

孝宗夙哲，休音允臧。如彼晨離，燿景扶桑。垂訓華幄，流潤八荒。幽贊玄妙，爰該典章。西平僭蜀，北靜舊疆。高猷遠暢，朝有遺芳。

歌哀皇帝

於穆哀皇，聖心虛遠。雅好玄古，大庭是踐。道尚無爲，治存易簡。化若風行，民猶草偃。雖曰登遐，徽音彌闡。愔愔雲韶，盡美盡善。

歌太宗簡文皇帝　王珣造

皇矣簡文，於昭于天。靈明若神，周淡如淵。沖應其來，實與其遷。娓娓心化，日用不言。易而有親，簡而可傳。觀流彌遠，求本愈玄。

歌烈宗孝武皇帝　王珣造

天鑒有晉，欽哉烈宗。同規文考，玄默允龔。威而不猛，約而能通。神鉦一震，九域來同。道積淮海，雅頌自東。氣陶淳露，化協時雍。

四時祠祀歌　曹毗造

肅肅清廟，巍巍聖功。萬國來賓，禮儀有容。鍾鼓振，金石熙。宣兆祚，武開基。神斯樂兮。理管絃，有來斯和。說功德，吐清歌。神斯樂兮。洋洋玄化，潤被九壤。民無不悅，道無不往。禮有儀，樂有式。詠九功，永無極。神斯樂兮。

宋宗廟登歌八篇　　王韶之造

綿綿遐緒，昭明載融。漢德未遠，堯有遺風。於穆皇祖，永世克隆。本枝惟慶，貽厥靡窮。

右祠北平府君登歌。

乃立清廟，清廟肅肅。乃備禮容，禮容穆穆。顯允皇祖，昭是嗣服。錫茲繁祉，聿懷多福。

右祠相國掾府君登歌。

四縣既序，籥管既舉。堂獻六瑚，庭舞八羽。先王有典，克禋皇祖。丕顯洪烈，永介休祜。

右祠開封府君登歌。

鍾鼓喤喤，威儀將將。溫恭禮樂，敬享曾皇。邁德垂仁，保軌重光。天命純嘏，惠我無疆。

右祠武原府君登歌。

鑠矣皇祖，帝度其心。永言配命，播茲徽音。思我茂猷，如玉如金。駿奔在陛，是鑑是歆。

右祠東安府君登歌。

烝哉孝皇，齊聖廣淵。發祥誕慶，景祚自天。德敷金石，道被管弦。有命既集，徽風永宣。

右祠孝皇帝登歌。

惟天有命，睿求上哲。赫矣聖武，撫運桓撥。功並敷土，道均汝墳。止戈曰武，經緯稱文。鳥龍失紀，雲火代名。受終改物，作我宋京。至道惟王，大業有劭。降德兆民，升歌清廟。

右祠高祖武皇帝登歌。

奕奕寢廟，奉璋在庭。笙籥既列，犧象既盈。黍稷匪芳，明祀惟馨。樂具禮充，潔羞薦誠。神之格思，介以休禎。濟濟羣辟，永觀厥成。

右祠七廟享神登歌。并以歌章太后篇。

世祖孝武皇帝歌　　謝莊造

帝錫二祖，長世多祜。於穆叡考，襲聖承矩。玄極弛馭，乾紐墜緒。闢我皇維，締我宋宇。刊定四海，肇構神京。復禮輯樂，散馬墮城。澤牣九有，化浹八瀛。慶雲承掖，甘露飛甍。肅肅清廟，徽徽閟宮。舞蹈象德，笙磬陳風。黍稷非盛，明德惟崇。神其歆止，降福無窮。

宣皇太后廟歌

稟祥月輝，毓德軒光。嗣徽嬀汭，思媚周姜。母臨萬宇，訓藹紫房。朱紘玉籥，式載瓊芳。

晉四箱樂歌三首　　傅玄造

天鑒有晉，世祚聖皇。時齊七政，朝此萬方。其一　鍾鼓斯震，九賓備禮。正位在朝，穆穆濟濟。其二　煌煌三辰，實麗于天。君后是象，威儀孔虔。其三　率禮無愆，莫匪邁德。儀刑聖皇，萬邦惟則。其四

右天鑒四章，章四句。正旦大會行禮歌。

於赫明明，聖德龍興。三朝獻酒，萬壽是膺。敷佑四方，如日之升。自天降祚，元吉有徵。

右於赫一章，八句。上壽酒歌。

天命大晉，載育羣生。於穆上德，隨時化成。其一　自祖配命，皇皇后辟。繼天創業，宣文之績。其二　丕顯宣文，先知稼穡。克恭克儉，足教足食。其三　既教食之，弘濟艱難。上帝是祜，下民所安。其四　天祜聖皇，萬邦來賀。雖安勿安，乾乾匪暇。其五　乃正丘郊，乃定冢社。廙廙作宗，光宅天下。其六　惟敬朝饗，爰奏食舉。盡禮供御，嘉樂有序。其七　樹羽設業，笙鏞以間。琴瑟齊列，亦有篪塤。其八　喤喤鼓鍾，鎗鎗磬管。八音克諧，載夷載簡。其九　既夷既簡，其大不衡。風化潛興，如雲如雨。其十　如雲之覆，如雨之潤。聲教所暨，無思不順。其十一　敎以化之，樂以和之。和而養之，時惟邕熙。其十二　禮慎其儀，樂節其聲。於鑠皇繇，既和且平。其十三

右天命十三章，章四句。食舉東西箱歌。

晉正德大豫二舞歌二篇　　傅玄造

天命有晉，光濟萬國。穆穆聖皇，文武惟則。在天斯正，在地成德。載韜政刑，載崇禮教。我敷玄化，臻于中道。

右正德舞歌。

於鑠皇晉，配天受命。熙帝之光，世德惟聖。嘉樂大豫，保祐萬姓。淵兮不竭，沖而用之。先天弗違，虔奉天時。

右大豫舞歌。

晉四箱樂歌十七篇　荀勗造

正旦大會行禮歌四篇

於皇元首，羣生資始。履端大享，敬御繁祉。肆覲羣后，爰及卿士。欽順則元，允也天子。

於皇一章，八句。當於赫。

明明天子，臨下有赫。四表宅心，惠浹荒貊。柔遠能邇，孔淑不逆。來格祁祁，邦家是若。

明明一章，八句。當巍巍。

光光邦國，天篤其祜。丕顯哲命，顧柔三祖。世德作求，奄有九土。思我皇度，彝倫攸序。

邦國一章，八句。當洋洋。

惟祖惟宗，高朗緝熙。對越在天，駿惠在茲。聿求厥成，我皇崇之。式固其猶，往敬用治。

祖宗一章，八句。當鹿鳴。

正旦大會王公上壽酒歌一篇

踐元辰，延顯融。獻羽觴，祈令終。我皇壽而隆，我皇茂而嵩。本枝奮百世，休祚鍾聖躬。

踐元辰一章，八句。當羽觴行。

食舉樂東西箱歌十二篇

煌煌七燿，重明交暢。我有嘉賓，是應是貺。邦政既圖，接以大饗。人之好我，式遵德讓。

煌煌一章，八句。當鹿鳴。

賓之初筵，藹藹濟濟。既朝乃宴，以洽百禮。頒以位敍，或廷或陛。登儐台叟，亦有兄弟。胥子陪僚，憲茲度楷。覲頤養正，降福孔偕。

賓之初筵一章，十二句。當於穆。

昔我三后，大業是維。今我聖皇，焜燿前暉。奕世重規，明照九畿。思輯用光，時罔有違。陟禹之跡，莫不來威。天被顯祿，福履是綏。

三后一章，十二句。當昭昭。

赫矣太祖，克廣明德。廓開宇宙，正世立則。變化不經，民無瑕慝。創業垂統，兆我晉國。

赫矣一章，八句。當華華。

烈文伯考，時惟帝景。夷險平亂，威而不猛。御衡不迷，皇塗煥炳。七德咸宣，其寧惟永。

烈文一章，八句。當朝宴。

猗歟盛歟，先皇聖文。則天作孚，大哉爲君。愼徽五典，帝載是勳。文武發揮，茂建嘉勳。修己濟治，民用寧殷。懷遠燭幽，玄教氛氳。善世不伐，服事參分。德博化隆，道冒無垠。

猗歟一章，十六句。當盛德。

隆化洋洋，帝命溥將。登我晉道，越惟聖皇。龍飛革運，臨燾八荒。叡哲欽明，配蹤虞唐。封建厥福，駿發其祥。三朝習吉，終然允臧。其臧惟何，總彼萬方。元侯列辟，四嶽蕃王。時見世享，率茲有常。旅揖在庭，嘉客在堂。宋衞既臻，陳留山陽。我有賓使，觀國之光。貢賢納計，獻璧奉璋。保祐命之，申錫無疆。

隆化一章，二十八句。當綏萬邦。

振鷺于飛，鴻漸其翼。京邑穆穆，四方是式。無競惟人，王綱允敕。君子來朝，言觀其極。

振鷺一章，八句。當朝朝。

翼翼大君，民之攸墍。信理天工，惠康不匱。將遠不仁，訓以淳粹。幽明有倫，俊乂在位。九族既睦，庶邦順比。開元布憲，四海鱗萃。協時正統，殊塗同致。厚德載物，靈心隆貴。敷奏讜言，納以無諱。樹之典象，誨之義類。上教如風，下應如卉。一人有慶，羣萌以遂。我后宴喜，令聞不墜。

翼翼一章，二十六句。當順天。

既宴既喜，翕是萬邦。禮儀卒度，物有其容。晳晳庭燎，喤喤鼓鍾。笙磬詠德，萬舞象功。八音克諧，俗易化從。其和如樂，庶品時邕。

既宴一章，十二句。當陟天庭。

時邕份份，六合同塵。往我祖宣，威靜殊鄰。首定荆楚，遂平燕秦。娓娓文皇，邁德流仁。爰造草昧，應乾順民。靈瑞告符，休徵饗震。天地弗違，以和神人。既戡庸蜀，吳會是賓。肅愼率職，楛矢來陳。韓濊進樂，〔四〕均協清鈞。西旅獻獒，扶南效珍。蠻裔重譯，玄齒文身。我皇撫之，景命惟新。

時邕一章，二十六句。當參兩儀。

愔愔嘉會，有聞無聲。清酤旣奠，籩豆旣馨。禮充樂備，簫韶九成。愷樂飲酒，酣而不盈。率土歡豫，邦國以寧。王猷允塞，萬載無傾。

嘉會一章，十二句。

晉正德大豫二舞歌二篇〔五〕　荀勗造

人文垂則，盛德有容。聲以依詠，舞以象功。干戚發揮，節以笙鏞。羽籥雲會，翊宣令蹤。敷美盡善，允協時邕。煥炳其章，光乎萬邦。萬邦洋洋，承我晉道。配天作享，元命有造。上化如風，民應如草。穆穆斌斌，形于綴兆。文武旁作，慶流四表。無競維烈，永世是紹。

右正德舞歌。〔六〕

豫順以動，大哉惟時。時邁其仁，世載邕熙。兆我區夏，宣文是基。大業惟新，我皇隆之。〔七〕重光累曜，欽明文思。迄用有成，惟晉之祺。穆穆聖皇，受命旣固。品物咸寧，芳烈雲布。文教旁通，篤以淳素。玄化洽暢，被之暇豫。作樂崇德，同美韶濩。濬邈幽遐，式遵王度。

右大豫舞歌。

晉四箱樂歌十六篇　張華造

稱元慶，奉壽觴。后皇延遐祚，安樂撫萬方。

右王公上壽詩一章。

明明在上，丕顯厥猷。翼翼三壽，蕃后惟休。羣生漸德，六合承流。

三正元辰，朝慶鱗萃。華夏奉職貢，八荒覲殊類。黻冕充廣庭，鳴玉盈朝位。濟濟朝位，言觀其光。儀序旣以時，禮文渙以彰。思皇享多祜，嘉樂永無央。

九賓在庭，臚讚旣通。升瑞奠贄，乃侯乃公。穆穆天尊，隆禮動容。履端承元吉，介福御萬邦。

朝享，上下咸雍。崇多儀，繁禮容。舞盛德，歌九功。揚芳烈，播休蹤。皇化洽，洞幽明。懷柔百神，輯祥禎。潛龍躍，雕虎仁。儀鳳鳥，屆游麟。枯蠹榮，竭泉流。菌芝茂，枳棘柔。和氣應，休徵滋。協靈符，彰帝期。綏宇宙，萬國和。昊天成命，賓皇家，賓皇家。世資聖哲，三后在天，啓鴻烈。啓鴻烈，隆王基。率土謳吟，欣戴于時。恒文示象，代氣著期。

泰始開元，龍升在位。四隩同風，變寧殊類。五韙來備，嘉生以遂。

凝庶績，臻太康。申繁祉，胤無疆。本枝百世，繼緒不忘。繼緒不忘，休有烈光。永言配命，惟晉之祥。

聖明統世，篤皇仁。廣大配天地，順動若陶鈞。玄化參自然，至德通神明。清風暢八極，流澤被無垠。

於皇時晉，奕世齊聖。惟天降嘏，神祇保定。弘濟區夏，允集大命。有命旣集，光帝猷。大明重耀，鑑六幽。聲教洋溢，惠滂流。惠滂流，移風俗。多士盈朝，賢俊比屋。敦世心，斲彫反素樸。反素樸，懷庶方。干戚舞階庭，疏狄說遐荒。扶南假重譯，肅慎襲衣裳。雲覆雨施，德洽無疆。旁作穆穆，仁化翔。

朝元日，賓王庭。承宸極，當盛明。衍和樂，竭祗誠。仰嘉惠，懷德馨。游淳風，泳淑清。協億兆，同歡榮。建皇極，統天位。運陰陽，御六氣。殷羣生，成性類。王道泱，治功成。人倫序，俗化清。虔明祀，祇三靈。崇禮樂，式儀刑。

慶元吉，宴三朝。播金石，詠洽簫。奏九夏，舞雲韶。邁德音，流英聲。八紘一，六合寧。六合寧，承聖明。王澤洽，道登隆。綏函夏，總華戎。齊德教，混殊風。混殊風，康萬國。崇夷簡，尚敦德。弘王度，表遐則。

右食舉東西箱樂詩十一章。

於赫皇祖，迪哲齊聖。經緯大業，基天之命。克開洪緒，誕篤天慶。旁濟彝倫，仰齊七政。

烈烈景皇，克明克聰，靜封略，定勳功。成民立政，儀刑萬邦。式固崇軌，光紹前蹤。

允文烈考，濬哲應期。參德天地，比功四時。大亨以正，庶績咸熙。肇啓晉宇，遂登皇基。

明明我后，玄德通神。受終正位，協應天人。容民厚下，育物流仁。躋我王道，暉光日新。

右雅樂正旦大會行禮詩四章。

晉正德大豫二舞歌二篇　張華造

正德舞歌詩

曰皇上天，玄鑒惟光。神器周回，五德代章。祚命于晉，世有哲王。弘濟區夏，甄陶萬方。大明垂曜，旁燭無疆。蚩蚩庶類，風德永康。皇道惟清，禮樂斯經。金石在縣，萬舞在庭。象容表慶，協律被聲。軼武超濩，取節六英。同進退讓，化漸無形。太和宣洽，通于幽冥。

大豫舞歌詩

惟天之命，符運有歸。赫赫大晉，三后重暉。繼明紹世，〔八〕光撫九圍。我皇紹期，遂在璿璣。羣生屬命，奄有庶邦。愼徽五典，玄教遐通。萬方同軌，率土咸雍。爰制大豫，宣德舞功。淳化既穆，王道協隆。仁及草木，惠加昆蟲。億兆夷人，說仰皇風。丕顯大業，永世彌崇。

晉四箱歌十六篇　　成公綏造

上壽酒，樂未央。大晉應天慶，皇帝永無疆。

右詩一章，王公上壽酒所用。

穆穆天子，光臨萬國。多士盈朝，莫匪俊德。流化罔極，王猷允塞。嘉會置酒，嘉賓充庭。羽旄曜辰極，鍾鼓振泰清。百辟朝三朝，彧彧明儀刑。濟濟鏘鏘，玉振金聲。〔九〕

禮樂具，宴嘉賓。眉壽祚聖皇，景福惟日新。羣后戾止，有來雍雍。獻酬納贄，崇此禮容。豐肴萬俎，旨酒千鍾。嘉樂盡樂宴，福祿咸攸同。

樂哉！天下安寧。道化行，風俗清。簫韶作，詠九成。年豐穰，世泰平。至治哉！樂無窮。元首聰明，股肱忠。澍豐澤，揚清風。

嘉瑞出，靈應彰。麒麟見，鳳皇翔。醴泉涌，流中唐。嘉禾生，穗盈箱。降繁祉，祚聖皇。承天位，統萬國。受命應期，授聖德。四世重光，宣開洪業，景克昌，文欽明，德彌彰。肇啓晉邦，流祚無疆。

泰始建元，鳳皇龍興。龍興伊何，享祚萬乘。奄有八荒，化育黎蒸。圖書煥炳，金石有徵。德光大，道熙隆。被四表，格皇穹。奕奕萬嗣，明明顯融。高朗令終。保茲永祚，與天比崇。

聖皇君四海，順人應天期。三葉合重光，泰始開洪基。明燿參日月，功化侔四時。宇宙清且泰，黎庶咸雍熙。善哉雍熙。

惟天降命，翼仁祐聖。於穆三皇，載德彌盛。總齊璿璣，光統七政。百揆時序，化若神聖。四海同風，興至仁。濟民育物，擬陶鈞。擬陶鈞，垂惠潤。皇皇羣賢，峨峨英儁。德化宣，芬芳播來胤。播來胤，垂後昆。

清廟何穆穆，皇極闢四門。皇極闢四門，萬機無不綜。娓娓翼翼，樂不及荒，饑不遑食。大禮既行，樂無極。

登崑崙，上增城。乘飛龍，升泰清。冠日月，佩五星。揚虹蜺，建彗旌。披慶雲，蔭繁榮。覽八極，游天庭。順天地，和陰陽。序四氣，燿三光。張帝網，正皇綱。播仁風，流惠康。邁洪化，振靈威。懷萬方，納九夷。朝閶闔，宴紫微。

建五旗，羅鍾虡。列四縣，奏韶武。鏗金石，揚旌羽。縱八佾，巴渝舞。詠雅頌，和律呂。于胥樂，樂聖主。

化蕩蕩，清風泄。總英雄，御俊傑。開宇宙，掃四裔。光緝熙，美聖哲。超百代，揚休烈，流景祚，顯萬世。

皇皇顯祖，翼世佐時。寧濟六合，受命應期。神武鷹揚，大化咸熙。廓開皇衢，用成帝基。

光光景皇，無競維烈。匡時拯俗，休功蓋世。宇宙既康，九域有截。天命降鑒，啓祚明哲。

穆穆烈考，克明克儁。實天生德，誕膺靈運。肇建帝業，開國有晉。載德奕世，垂慶洪胤。

明明聖帝，龍飛在天。與靈合契，通德幽玄。仰化清雲，俯育重淵。受靈之祜，於萬斯年。

右雅樂正旦大會行禮詩十五章。

宋四箱樂歌五篇　　王韶之造

於鑠我皇，禮仁包元。齊明日月，比量乾坤。陶甄百王，稽則黃軒。訏謨定命，辰告四蕃。

將將蕃后，翼翼羣僚。盛服待晨，明發來朝。饗以八珍，樂以九韶。仰祗天顏，厥猷孔昭。

法章既設，初筵長舒。濟濟列辟，端委皇除。飲和無盈，威儀有餘。溫恭在位，敬終如初。

九功既歌，六代惟時。被德在樂，宣道以詩。穆矣太和，品物咸熙。慶積自遠，告成在茲。

右肆夏樂歌四章。客入，於四箱振作於鑠曲。皇帝當陽，四箱振作將將曲。皇帝入變服，四箱振作於鑠、將將二曲。又黃鍾、太簇二箱作法章、九功二曲。

大哉皇宋，長發其祥。纂系在漢，統源伊唐。德之克明，休有烈光。配天作極，辰居四方。

皇矣我后，聖德通靈。有命自天，誕授休禎。龍飛紫極，造我宋京。光宅宇宙，赫赫明明。

右大會行禮歌二章。姑洗箱作。

獻壽爵，慶聖皇。靈祚窮二儀，休明等三光。

右王公上壽歌一章。黃鍾箱作。

明明大宋，緝熙皇道。則天垂化，光定天保。天保既定，肆覲萬方。禮繁樂富，穆穆皇皇。

沔彼流水，朝宗天池。洋洋貢職，抑抑威儀。既習威儀，亦閑禮容。一人有則，作孚萬邦。

烝哉我皇，固天誕聖。履端惟始，對越休慶。如天斯久，如日斯盛。介茲景福，永固駿命。

右殿前登歌三章，別有金石。

晨羲載燿，萬物咸覩。嘉慶三朝，禮樂備舉。元正肇始，典章暉明。萬方畢來賀，華裔充皇庭。多士盈九位，俯仰觀玉聲。恂恂俯仰，載爛其煇。鼓鍾震天區，禮容塞皇闈。思樂窮休慶，福履同所歸。

五玉既獻，三帛是薦。爾公爾侯，鳴玉華殿。皇皇聖后，降禮南面。元首納嘉禮，萬邦同歡願。休哉！君臣嘉燕。建五旗，列四縣。樂有文，禮無倦。融皇風，窮一變。

體至和，感陰陽。德無不柔，繁休祥。瑞徽璧，應嘉鍾。舞靈鳳，躍潛龍。景星見，甘露墜。木連理，禾同穗。玄化洽，仁澤敷。極禎瑞，窮靈符。

懷荒裔，綏齊民。荷天祜，靡不賓。靡不賓，長世弘盛。昭明有融，繁嘉慶。繁嘉慶，熙帝載。合氣成和，〔一〇〕蒼生欣戴。三靈協瑞，惟新皇代。

王道四達，流仁布德。窮理詠乾元，垂訓順帝則。靈化侔四時，幽誠通玄默。德澤被

八紘，乾寧軌萬國。

皇猷緝，咸熙泰。禮儀煥帝庭，要荒服遐外。被髮襲纓冕，左衽回衿帶。天覆地載，流澤汪濊。聲敎布濩，德光大。

開元辰，畢來王。奉貢職，朝后皇。鳴珩佩，觀典章。樂王度，說徽芳。陶盛化，游太康。丕昭明，永克昌。

惟永初，德丕顯。齊七政，敷五典。彝倫序，洪化闡。王澤流，太平始。樹聲敎，明皇紀。和靈祇，恭明祀。衍景祚，膺嘉祉。

禮有容，樂有儀。金石陳，牙羽施。邁武濩，均咸池。歌南風，舞德稱。文武煥，頌聲興。

王道純，德彌淑。寧八表，康九服。道禮讓，移風俗。移風俗，永克融。歌盛美，告成功。〔一一〕詠徽烈，邈無窮。

右食舉歌十章。黃鍾、太簇二箱更作。黃鍾作晨羲、體至和、王道、開元辰、禮有容五曲。太簇作五玉、懷荒裔、皇猷緝、惟永初、王道純五曲。

宋前舞後舞歌二篇　王韶之造

於赫景明，天監是臨。樂來伊陽，禮作惟陰。歌自德富，儛由功深。庭列宮縣，陛羅瑟琴。翻籥繁會，笙磬諧音。簫韶雖古，九成在今。道志和聲，德音孔宣。光我帝基，協靈配乾。儀刑六合，化穆自然。如彼雲漢，爲章于天。熙熙萬類，陶和當年。擊轅中韶，永世弗騫。

右前舞歌一章。晉正德之舞，蕤賓箱作。

假樂聖后，實天誕德。積美自中，王猷四塞。龍飛在天，儀刑萬國。欽明惟神，臨朝淵默。不言之化，品物咸德。告成于天，銘勳是勒。翼翼厥猶，娓娓其仁。順命創制，因定和神。海外有截，九圍無塵。冕旒司契，垂拱臨民。乃舞大豫，欽若天人。純嘏孔休，萬載彌新。

右後舞歌一章。晉大豫之舞，蕤賓箱作。

章廟樂舞歌詞　雜歌悉同用太廟詞，唯三后別撰。　殷淡造

賓出入奏肅成樂歌詞二章

彝承孝典，恭事嚴聖。浹天奉賮，罄壤齊慶。司儀具序，羽容夙彰。芬枝颺烈，〔一二〕黼構周張。助寶奠軒，酎珍充庭。璆縣凝會，涓朱竚聲。〔一三〕先期選禮，肅若有承。祇對靈祉，皇慶昭膺。

尊事威儀，暉容昭敍。迅恭神明，粢盛牲俎。肅肅嚴宮，藹藹崇基。皇靈降祉，百祇具

司。戒誠望夜，端列承朝。依微昭旦，物色輕霄。〔一四〕鴻慶遐鬯，嘉薦令芳。翊帝明德，永祚流光。

牲出入奏引牲樂歌詞

維誠潔饗，維孝奠靈。敬芬黍稷，敬滌犧牲。騂繭在豢，載溢載豐。以承宗祀，以肅皇衷。蕭芳四舉，華火周傳。神監孔昭，嘉是柔牷。

薦豆呈毛血奏嘉薦樂歌詞

肇禋戒祀，禮容咸舉。六典餙文，九司昭序。牲柔既昭，犧剛既陳。〔一五〕恭滌惟清，敬事惟神。加籩再御，兼俎重薦。節動軒越，聲流金縣。奕奕閟幄，娓娓嚴闈。潔誠夕鑑，端服晨暉。聖靈戾止，翊我皇則。上綏四宇，下洋萬國。永言孝饗，孝饗有容。僾僚贊列，肅肅雍雍。

右夕牲歌詞。

迎神奏昭夏樂歌詞

閟宮黝黝，復殿微微。璿除肅炤，釭壁彤煇。黼帝神凝，玉堂嚴馨。圜火夕燿，方水朝清。金枝委樹，翠鐙竚縣。渟波澄宿，華漢浮天。恭事既夙，虔心有慕。仰降皇靈，俯寧休祚。

皇帝入廟北門奏永至樂歌詞

皇明悤矣，孝容以昭。鑾華羽迾，拂漢涵滈。申申嘉夜，翊翊休朝。行金景迖，步玉風韶。師承祀則，肅對禋祧。

太祝祼地奏登歌樂詞二章

帝容承祀，練時涓日。九重徹關，四靈賓室。肅倡函音，庶施委佾。休靈告饗，嘉薦尚芬。玉瑚飾列，桂篕昭陳。具司選禮，翼翼振振。

祼崇祀典，酎恭孝時。禮無爽物，信靡媿詞。精華孚悤，誠監昭通。升歌翊節，下管調風。皇心履變，敬明尊親。大哉孝德，至矣交神。

章皇太后神室奏章德凱容之樂舞歌詞

幽瑞浚靈，表彰嬪聖。翊載徽文，敷光崇慶。上緯纏祥，中維飾詠。永屬煇猷，聯昌景命。

昭皇太后神室奏昭德凱容之樂舞歌詞　明帝造

表靈纏象，纘儀緯風。膺華丹燿，登瑞紫穹。訓形霄宇，武彰宸宮。騰芬金會，寫德聲容。

宣皇太后神室奏宣德凱容之樂舞歌詞　明帝造

天樞凝燿，地紐儷煇。聯光騰世，炳慶翔機。薰藹中宇，景纏上徽。玉頌鏤德，金籥傳徽。

皇帝還東壁受福酒奏嘉時之樂舞詞

禮薦洽，福時昌。皇聖膺嘉祐，帝業凝休祥。居極乘景運，宅德瑞中王。澄明臨四表，精華延八鄉。洞海周聲惠，徹宇麗乾光。靈慶纏世祉，鴻烈永無疆。

送神奏昭夏之樂舞歌詞二章

大孝備，盛禮豐。神安留，嘉樂充。旋駕聳，汎青穹。延八虛，闢四空。藹流景，肅行風。昭融敎，緝風度。戀皇靈，結深慕。解羽縣，輟華樹。背瑤除，端玉輅。流汪濊，慶國步。

皇帝詣便殿奏休成之樂歌詞

釃醴具登，嘉俎咸薦。饗洽誠陳，禮周樂偏。祝詞罷祼，序容輟縣。蹕動端庭，鑾回嚴殿。神儀駐景，華漢亭虛。八靈案衞，三祇解途。翠蓋燿澄，畢奕凝宸。玉鑣息節，金輅懷音。式誠逵孝，底心肅感。追憑皇鑒，思承淵範。神錫懋祉，四緯昭明。仰福帝徽，俯齊庶生。

校勘記

〔一〕整泰折　「泰折」，三朝本同，弘治本、北監本、毛本、殿本作「泰行」，局本作「泰壇」。按泰折卽地壇，三朝本是。

〔二〕於鑠皇祖聖德欽明勤施四方夙夜敬止　沈濤銅熨斗齋隨筆云：「魏、晉音韻，與唐韻不同，而『明』『止』二字，決無相協之理。蓋『勤施四方』『夙夜敬止』二語，傳寫誤倒，本以『方』『明』二字爲韻耳。」

〔三〕匪禮弗過　「禮」各本並作「神」，據晉書樂志、樂府詩集八改。

〔四〕韓濊進樂　「樂」各本並作「藥」，據晉書樂志、樂府詩集一三改。按下有「均協清鈞」語，則作「樂」是。

〔五〕晉正德大豫二舞歌二篇　「二篇」各本作「一篇」。按下正德舞歌一篇，大豫舞歌一篇，實二篇，今改正。

〔六〕右正德舞歌　各本並脫「右」字，據前後文例補。

〔七〕我皇隆之　「隆」各本並作「降」，據樂府詩集五二改。

〔八〕繼明紹世　「紹」各本並作「昭」，據晉書樂志、樂府詩集五二改。

〔九〕玉振金聲　各本並作「金振玉聲」。張森楷校勘記云：「孟子作玉振金聲，此誤倒。」今改正。

〔一〇〕合氣成和　南齊書樂志作「含氣咸和」。樂府詩集一四作「含氣咸和」。

〔一一〕告成功　「告」各本及樂府詩集一四並作「造」，據南齊書樂志改。

〔一二〕芬枝麗烈　「芬」各本並作「分」，據南齊書樂志改。

〔一三〕涓朱竚聲　「涓」南齊書樂志作「埍」。樂府詩集八作「琄」。

〔一四〕物色輕霄　「霄」各本並作「宵」，據南齊書樂志改。

〔一五〕犧剛旣陳　「犧」各本並作「儀」，據南齊書樂志改。

宋書卷二十一

志第十一

樂三

但歌四曲，出自漢世。無弦節，作伎，最先一人倡，三人和。魏武帝尤好之。時有宋容華者，清徹好聲，善倡此曲，當時特妙。自晉以來，不復傳，遂絕。

相和，漢舊歌也。絲竹更相和，執節者歌。本一部，魏明帝分爲二，更遞夜宿。本十七曲，朱生、宋識、列和等復合之爲十三曲。

相和

駕六龍　氣出倡　武帝詞

駕六龍乘風而行，行四海外。路下之八邦，歷登高山，臨谿谷，乘雲而行，行四海外，東到泰山。仙人玉女，下來翱游，驂駕六龍，飲玉漿，河水盡，不東流。解愁腹，飲玉漿。奉持

行，東到蓬萊山。上至天之門。玉闕下，〔二〕引見得入，赤松相對，四面顧望，視正焜煌。開王心正興，其氣百道至，傳告無窮。閉其口，但當愛氣，壽萬年。東到海，與天連。神仙之道，出窈入冥。常當專之，心恬憺無所愓欲，閉門坐自守，天與期氣。願得神之人，乘駕雲車，驂駕白鹿，上到天之門，來賜神之藥。跪受之，敬神齊。當如此，道自來。

華陰山，自以爲大，高百丈，浮雲爲之蓋。仙人欲來，出隨風，列之雨。吹我洞簫鼓瑟琴，何誾誾，酒與歌戲。今日相樂誠爲樂。玉女起，起儛移數時。鼓吹一何嘈嘈，從西北來時，仙道多駕煙，乘雲駕龍，鬱何蓩蓩。遨游八極，乃到崑崙之山，西王母側。神仙金止玉亭，來者爲誰？赤松王喬，乃德旋之門。樂共飲食到黄昏，多駕合坐，萬歲長宜子孫。

游君山，甚爲真，磪硊砟硌，爾自爲神。乃到王母臺，金階玉爲堂，芝草生殿旁。東西廂，客滿堂。主人當行觴，坐者長壽遽何央。長樂甫始宜孫子，常願主人增年，與天相守。

厥初生　精列　武帝詞

厥初生，造化之陶物，莫不有終期。莫不有終期，聖賢不能免，何爲懷此憂。願螭龍之駕，思想崑崙居。思想崑崙居，見期於迂怪，志意在蓬萊。志意在蓬萊，周孔聖徂落，會稽以墳丘。會稽以墳丘，陶陶誰能度，君子以弗憂。年之暮，奈何，過時時來微。

江南可採蓮　江南　古詞

江南可採蓮，蓮葉何田田。魚戲蓮葉間，魚戲蓮葉東，魚戲蓮葉西，魚戲蓮葉南，魚戲蓮葉北。

天地間　度關山　武帝詞

天地間，人爲貴。立君牧民，爲之軌則。車轍馬迹，經緯四極。絀陟幽明，黎庶繁息。於鑠賢聖，總統邦域，封建五爵，井田刑獄。有燔丹書，無普赦贖。皐陶甫刑，何有失職。嗟哉後世，改制易律，勞民爲君，役賦其力。舜漆食器，畔者十國，不及唐堯，採椽不斲。世歎伯夷，欲以厲俗。侈惡之大，儉爲恭德。許由推讓，豈有訟曲。兼愛尚同，疏者爲戚。

東光乎　東光乎　古詞

東光乎！倉梧何不乎！倉梧多腐粟，無益諸軍糧。諸軍游蕩子，蚤行多悲傷。

登山有遠望　十五　文帝詞

登山而遠望，谿谷多所有。楩柟千餘尺，衆草之盛茂。華葉燿人目，五色難可紀。雉雊山雞鳴，虎嘯谷風起。號羆當我道，狂顧動牙齒。

惟漢二十二世　薤露　武帝詞

惟漢二十二世，所任誠不良。沐猴而冠帶，智小而謀彊。猶豫不敢斷，因狩執君王。白虹爲貫日，己亦先受殃。賊臣持國柄，殺主滅宇京。蕩覆帝基業，宗廟以燔喪。播越西遷

移，號泣而且行。瞻彼洛城郭，微子爲哀傷。

關東有義士　蒿里行　武帝詞

關東有義士，興兵討羣凶。初期會盟津，乃心在咸陽。軍合力不齊，躊躇而雁行。勢利使人爭，嗣還自相戕。淮南弟稱號，刻璽於北方。鎧甲生蟣蝨，萬姓以死亡。白骨露於野，千里無雞鳴。生民百遺一，念之絕人腸。

對酒歌太平時　對酒　武帝詞

對酒歌，太平時，吏不呼門。王者賢且明，宰相股肱皆忠良，咸禮讓，民無所爭訟。三年耕有九年儲，倉穀滿盈，斑白不負戴。雨澤如此，五穀用成。卻走馬以糞其土田。爵公侯伯子男，咸愛其民，以黜陟幽明，子養有若父與兄。犯禮法，輕重隨其刑。路無拾遺之私，囹圄空虛，冬節不斷人。耄耋皆得以壽終，恩德廣及草木昆蟲。

雞鳴高樹顛　雞鳴　古詞

雞鳴高樹顛，狗吠深宮中。蕩子何所之，天下方太平。刑法非有貸，柔協正亂名。黄金爲君門，璧玉爲軒闌堂。上有雙尊酒，作使邯鄲倡。劉玉碧青甓，後出郭門王。舍後有方池，池中雙鴛鴦。鴛鴦七十二，羅列自成行。鳴聲何啾啾，聞我殿東箱。兄弟四五人，皆爲侍中郎。五日一時來，觀者滿道傍。黄金絡馬頭，熲熲何煌煌。桃生露井上，李樹生桃傍，蟲

來翳桃根，李樹代桃僵。樹木身相代，兄弟還相忘！

烏生八九子　烏生　古詞

烏生八九子，端坐秦氏桂樹間。唶我秦氏，家有游遨蕩子，工用睢陽强蘇合彈。左手持强彈，兩丸出入烏東西。唶我一丸即發中烏身，烏死魂魄飛揚上天。阿母生烏子時，乃在南山巖石間。唶我人民安知烏子處，蹊徑窈窕安從通。白鹿乃在上林西苑中，射工尙復得白鹿脯哺。唶我黃鵠摩天極高飛，後宮尙復得烹煮之。鯉魚乃在洛水深淵中，釣鉤尙得鯉魚口。唶我人民生各有壽命，死生何須復道前後。

平陵東　平陵　古詞

平陵東，松栢桐，不知何人劫義公。劫義公在高堂下，交錢百萬兩走馬。兩走馬，亦誠難，顧見追吏心中惻。心中惻，血出漉，歸告我家賣黃犢。

棄故鄉亦在瑟調東西門行　陌上桑　文帝詞

棄故鄉，離室宅，遠從軍旅萬里客。披荆棘，求阡陌，側足獨窘步，路局笮。虎豹嗥動，雞驚，禽失羣，鳴相索。登南山，奈何蹈槃石，樹木叢生鬱差錯。寢蒿草，蔭松栢，涕泣雨面霑枕席。伴旅單，稍稍日零落，惆悵竊自憐，相痛惜。

今有人　陌上桑　楚詞鈔

今有人，山之阿，被服薜荔帶女蘿。既含睇，又宜笑，子戀慕予善窈窕。乘赤豹，從文貍，辛夷車駕結桂旗。[二]被石蘭，帶杜衡，折芳拔荃遺所思。處幽室，終不見，天路險艱獨後來。表獨立，山之上，雲何容容而在下。杳冥冥，羌晝晦，東風飄颻神靈雨。風瑟瑟，木搜搜，思念公子徒以憂。

駕虹蜺　陌上桑　武帝詞

駕虹蜺，乘赤雲，登彼九疑歷玉門。濟天漢，至崐崘，見西王母，謁東君。交赤松，及羨門，受要祕道愛精神。食芝英，飲醴泉，柱杖桂枝佩秋蘭。絕人事，游渾元，若疾風游欻飄飄。景未移，行數千，壽如南山不忘愆。

清商三調歌詩　荀勗撰舊詞施用者

平調

周西　短歌行　武帝詞六解

周西伯昌，懷此聖德，參分天下，而有其二。修奉貢獻，臣節不墜。崇侯讒之，是以拘繫。一解 後見赦原，賜之斧鉞，得使征伐。爲仲尼所稱，達及德行，猶奉事殷，論敍其美。二解 齊桓之功，爲霸之首，九合諸侯，一匡天下。一匡天下，不以兵車。正而不譎，其德傳稱。三解 孔子所歎，幷稱夷吾，民受其恩。賜與廟胙，命無下拜。小白不敢爾，天威在顏咫尺。四解 晉文亦霸，躬奉天王。受賜珪瓚、秬鬯、彤弓、盧弓、矢千、虎賁三百人。五解 威服諸侯，師之者尊，八方聞之，名亞齊桓。河陽之會，詐稱周王，是以其名紛葩。六解

秋風　燕歌行　文帝詞七解

秋風蕭瑟天氣涼，草木搖落露爲霜。一解 羣燕辭歸鵠南翔，[三]念君客游多思腸。二解 慊慊思歸戀故鄉，君何淹留寄它方。三解 賤妾煢煢守空房，憂來思君不敢忘。四解 不覺淚下霑衣裳，援瑟鳴弦發清商。五解 短歌微吟不能長，明月皎皎照我牀。六解 星漢西流夜未央，牽牛織女遙相望，爾獨何辜限河梁。七解

仰瞻　短歌行　文帝詞六解

仰瞻帷幕，俯察几筵。其物如故，其人不存。一解 神靈倏忽，棄我遐遷。靡瞻靡恃，泣涕連連。二解 呦呦游鹿，銜草鳴麑。翩翩飛鳥，挾子巢棲。三解 我獨孤煢，懷此百離。憂心孔疚，莫我能知。四解 人亦有言，憂令人老。嗟我白髮，生一何早。五解 長吟永歎，懷我聖考。曰仁者壽，胡不是保。六解

別日　燕歌行　文帝詞六解

別日何易會日難，山川悠遠路漫漫。一解 鬱陶思君未敢言，寄書浮雲往不還。二解 涕零雨面毁形顏，誰能懷憂獨不歎。三解 耿耿伏枕不能眠，披衣出戶步東西。四解 展詩清歌聊自

寬，樂往哀來摧心肝。悲風清厲秋氣寒，羅帷徐動經秦軒。五解 仰戴星月觀雲間，飛鳥晨鳴，聲氣可憐，留連顧懷不自存。六解

對酒　短歌行　武帝詞六解

對酒當歌，人生幾何！譬如朝露，去日苦多。一解 慨當以慷，憂思難忘。以何解愁，唯有杜康。二解 青青子衿，悠悠我心。但爲君故，沈吟至今。三解 明明如月，何時可掇。憂從中來，不可斷絕。四解 呦呦鹿鳴，食野之苹。我有嘉賓，鼓瑟吹笙。五解 山不厭高，水不厭深。周公吐哺，天下歸心。六解

清調

晨上　秋胡行　武帝詞

晨上散關山，此道當何難！晨上散關山，此道當何難！牛頓不起，車墮谷間。坐槃石之上，彈五弦之琴，作爲清角韻，意中迷煩。歌以言志，晨上散關山。一解 有何三老公，卒來在我傍。有何三老公，卒來在我傍。負揜被裘，似非恒人。謂卿云何，困苦以自怨，徨徨所欲，來到此間。歌以言志，有何三老公。二解 我居崐崘山，所謂者眞人。我居崐崘山，所謂者眞人。道深有可得。名山歷觀，遨游八極。枕石漱流飲泉。沈吟不決，遂上升天。歌以言志，我居崐崘山。三解 去去不可追，長恨相牽攀。去去不可追，長恨相牽攀。夜夜安得寐，

惆悵以自憐。正而不譎，辭賦依因。經傳所過，西來所傳。歌以言志，去去不可追。四解。又本：晨=上=散=關=山=，此=道=當=何=難=。有=何=三=老=公=，卒=來=在=傍=。我=居=我=崐=崘=山=，所=謂=眞=人=，去=不=可=追=，長=相=牽=攀=。〔四〕

北上　苦寒行　武帝詞六解

北上太=行=山=，艱=哉=何=巍=巍=。羊腸坂詰屈，車輪爲之摧。一解 樹木何蕭=瑟=，北=風=聲=正=悲=。熊羆對我蹲，虎豹夾道嗁。二解 谿谷少=人=民=，雪=落=何=霏=霏=。延頸長歎息，遠行多所懷。三解 我心何=佛=鬱=，思=欲=一=東=歸=。水深橋梁絕，中道正裴回。四解 迷惑失=徑=路=，暝=無=所=宿=棲=。行行日以遠，人馬同時飢。五解 擔=囊=行=取=薪=，斧=冰=持=作=糜=。悲彼東山詩，悠悠使我哀。六解

願登　秋胡行　武帝詞五解

願=登=泰=華=山=，神=人=共=遠=游=。經歷崐崘山，到蓬萊。飄飖八極，與神人俱。思得神藥，萬歲爲期。歌以言志，願登泰華山。一解 天=地=何=長=久=，人=道=居=之=短=。世言伯陽，殊不知老，赤松王喬，亦云得道。得之未聞，庶以壽考。歌以言志，天地何長久！二解 明=明=日=月=光=，何=所=不=光=昭=。二儀合聖化，貴者獨人不。萬國率土，莫非王臣。仁義爲名，禮樂爲榮。歌以言志，明明日月光。三解 四=時=更=逝=

去=，晝=夜=以=成=歲=。大人先天，而天弗違。不戚年往，世憂不治。存亡有命，慮之爲蚩。歌以言志，四時更逝去。四解 戚=戚=欲=何=念=，歡=笑=意=所=之=。盛壯智惠，殊不再來。愛時進趣，將以惠誰。汎汎放逸，亦同何爲。歌以言志，戚戚欲何念？五解

上謁　董桃行　古詞五解

吾欲上謁從高山，山頭危嶮大難。遙望五嶽端，黃金爲闕，班璘。但見芝草，葉落紛紛。一解 百鳥集，來如煙。山獸紛綸，麟辟邪其端。鵾雞聲鳴，但見山獸援戲相拘攀。二解 小復前行玉堂，未心懷流還。傳教出門來，門外人何求？所言欲從聖道，求一得命延。三解 教敕凡吏受言，采取神藥若木端。白兔長跪擣藥蝦蟆丸，奉上陛下一玉柈，服此藥可得卽仙。四解 服爾神藥，無不歡喜。陛下長生老壽，四面肅肅稽首，天神擁護左右，陛下長與天相保守。五解

蒲生　塘上行　武帝詞〔五〕五解

蒲=生=我=池=中=，其葉何離離。傍能行儀儀，莫能縷自知。衆口鑠黃金，使君生別離。一解 念=君=去=我=時=，獨愁常苦悲。想見君顏色，感結傷心脾。今悉夜夜愁不寐。二解 莫=用=豪=賢=故=，棄捐素所愛；莫用魚肉貴，棄捐葱與薤；莫用麻枲賤，棄捐菅與蒯。三解 倍=恩=者=苦=枯=，蹶船常苦沒。教君安息定，愼莫致倉卒。念與君一共離別，亦當何時共坐復相對。四解 出=亦=復=苦=愁=，入亦復苦愁。邊地多悲風，樹木何蕭蕭。今日樂相樂，延年壽千秋。五解

悠悠　苦寒行　明帝詞五解

悠=悠=發=洛=都=，茾=我=征=東=行=。征行彌二旬，屯吹龍陂城。一解 顧觀故=壘=處=，皇=祖=之=所=營=。屋室若平昔，棟宇無邪傾。二解 奈何我=皇=祖=，潛=德=隱=聖=形=。雖沒而不朽，書貴垂休名。三解 光光我=皇=祖=，軒=燿=同=其=榮=。遺化布四海，八表以肅清。四解 雖有吳=蜀=寇=，春=秋=足=燿=兵=。徒悲我皇祖，不永享百齡。賦詩以寫懷，伏軾淚霑纓。五解

瑟調

朝日　善哉行　文帝詞五解

朝日樂相樂，酣飲不知醉。悲弦激新聲，長笛吐清氣。一解 弦歌感人腸，四坐皆歡說。寥寥高堂上，涼風入我室。二解 持滿如不盈，有德者能卒。君子多苦心，所愁不但一。三解 慊慊下白屋，吐握不可失。衆賓飽滿歸，主人苦不悉。四解 比翼翔雲漢，羅者安所羈。沖靜得自然，榮華何足爲。五解

上山　善哉行　文帝詞六解

上山采薇，薄莫苦饑。溪谷多風，霜露沾衣。一解 野雉羣雊，猿猴相追。還望故鄉，鬱何壘壘。二解 高山有崖，林木有支。憂來無方，人莫之知。三解 人生若寄，多憂何爲。今我不樂，歲月其馳。四解 湯湯川流，中有行舟。隨波轉薄，有似客游。五解 策我良馬，被我輕裘。載馳載驅，聊以忘憂。六解

朝游　善哉行　文帝詞五解

朝游高臺觀，夕宴華池陰。大酋奉甘醪，狩人獻嘉禽。一解 齊倡發東舞，秦箏奏西音。有客從南來，爲我彈清琴。二解 五音紛繁會，拊者激微吟。淫魚乘波聽，踊躍自浮沈。三解 飛鳥翻翔舞，悲鳴集北林。樂極哀情來，憀亮摧肝心。四解 淸角豈不妙，德薄所不任。大哉子野言，弭弦且自禁。五解

古公　善哉行　武帝詞七解

古公亶甫，積德垂仁。思弘一道，哲王於豳。一解 太伯仲雍，王德之仁。行施百世，斷髮文身。二解 伯夷叔齊，古之遺賢。讓國不用，餓殂首山。三解 智哉山甫，相彼宣王。何用杜伯，累我聖賢。四解 齊桓之霸，賴得仲父。後任豎刁，蟲流出戶。五解 晏子平仲，積德兼仁。與世沈德，未必思命。六解 仲尼之世，王國爲君。隨制飲酒，揚波使官。七解

自惜　善哉行　武帝詞六解

自惜身薄祜，夙賤罹孤苦。既無三徙教，不聞過庭語。一解 其窮如抽裂，自以思所怙。雖懷一介志，是時其能與。二解 守窮者貧賤，惋歎淚如雨。泣涕於悲夫，乞活安能覩。三解 我顧於天窮，琅邪傾側左。雖欲竭忠誠，欣公歸其楚。四解 快人曰爲歎，抱情不得敍。顯行天教人，誰知莫不緒。五解 我顧何時隨，此歎亦難處。今我將何照於光耀，釋銜不如雨。六解

我徂　善哉行　明帝詞八解

我徂我征，伐彼蠻虜。練師簡卒，爰正其旅。一解 輕舟竟川，初鴻依浦。桓桓猛毅，如羆如虎。二解 發砲若雷，吐氣成雨。旄旆指麾，進退應矩。三解 百馬齊轡，御由造父。休休六軍，咸同斯武。四解 兼塗星邁，亮茲行阻。行行日遠，西背京許。五解 游弗淹旬，遂屆揚土。奔寇震懼，莫敢當御。六解 虎臣列將，怫鬱充怒。淮泗肅清，奮揚微所。七解 運德燿威，惟鎮惟撫。反旆言歸，告入皇祖。八解

赫赫　善哉行　明帝詞四解

赫赫大魏，王師徂征。冒暑討亂，振耀威靈。一解 汎舟黃河，隨波潺湲。通渠回越，行路綿綿。二解 采旄蔽日，旗旒翳天。淫魚瀺灂，游戲深淵。三解 唯塘泊，從如流。不爲單，握揚楚。心惆悵，歌采薇。心綿綿，在淮肥。願君速捷蚤旋歸。四解

來日　善哉行　古詞六解

來日大難，口燥脣乾。今日相樂，皆當喜歡。一解 經歷名山，芝草翩翩。仙人王喬，奉藥一丸。二解 自惜袖短，內手知寒。慚無靈輒，以報趙宣。三解 月沒參橫，北斗闌干。親交在門，饑不及餐。四解 歡日尚少，戚日苦多。以何忘憂，彈箏酒歌。五解 淮南八公，要道不煩。參駕六龍，游戲雲端。六解

大曲

東門　東門行　古詞四解

出東門，不顧歸，來入門，悵欲悲。盎中無斗儲，還視桁上無縣衣。一解 拔劍出門去，兒女牽衣啼。它家但願富貴，賤妾與君共餔糜。二解 共餔糜，上用倉浪天故，下爲黃口小兒。今時清廉，難犯教言，君復自愛莫爲非。三解 今時清廉，難犯教言，君復自愛莫爲非。行！吾去爲遲，平慎行，望吾歸。四解

西山　折楊柳行　文帝詞四解

西山一何高，高高殊無極。上有兩仙僮，不飲亦不食。與我一丸藥，光耀有五色。一解 服藥四五日，身體生羽翼。輕舉乘浮雲，倏忽行萬億。流覽觀四海，茫茫非所識。二解 彭祖稱七百，悠悠安可原。老聃適西戎，于今竟不還。王喬假虛詞，赤松垂空言。三解 達人識眞僞，愚夫好妄傳。追念往古事，憒憒千萬端。百家多迂怪，聖道我所觀。四解

羅敷　豔歌羅敷行　古詞三解

日出東南隅，照我秦氏樓。秦氏有好女，自名爲羅敷。羅敷喜蠶桑，采桑城南隅。青絲爲籠係，桂枝爲籠鉤。頭上倭墮髻，耳中明月珠。緗綺爲下帬，紫綺爲上襦。行者見羅敷，下擔捋頿須。少年見羅敷，脫帽著帩頭。耕者忘其犂，鋤者忘其鋤。來歸相怒怨，但坐觀羅敷。一解 使君從南來，五馬立踟躕。使君遣吏往，問是誰家姝？秦氏有好女，自名爲羅敷。羅敷年幾何？二十尚不足，十五頗有餘。使君謝羅敷，寧可共載不？羅敷前置詞，使君一何愚！使君自有婦，羅敷自有夫。二解 東方千餘騎，夫壻居上頭。何用識夫壻？白馬從驪駒。青絲繫馬尾，黃金絡馬頭。腰中鹿盧劍，可直千萬餘。十五府小史，二十朝大夫，三十侍中郎，四十專城居。爲人潔白皙，鬑鬑頗有須。盈盈公府步，冉冉府中趨。坐中數千人，皆言夫壻殊。三解。前有豔詞曲，後有趨。

西門　西門行　古詞六解

出西門，步念之。今日不作樂，當待何時。一解 夫爲樂，爲樂當及時。何能坐愁怫鬱，當復待來茲。二解 飲醇酒，炙肥牛。請呼心所歡，可用解愁憂。三解 人生不滿百，常懷千歲憂。晝短而夜長，何不秉燭游。四解 自=非=仙=人=王=子=喬=，計=會=壽=命=難=與=期=。五解 人壽非金石，年命安可期，貪財愛惜費，但爲後世嗤。六解。一本「燭游」後「行去之，如

雲除，弊車羸馬爲自推」，無「自非」以下四十八字。

默默　折楊柳行　古詞四解

默默施行違，厥罰隨事來。末喜殺龍逢，桀放於鳴條。一解 祖伊言不用，紂頭縣白旄。指鹿用爲馬，胡亥以喪軀。二解 夫差臨命絕，乃云負子胥。戎王納女樂，以亡其由余。璧馬禍及虢，二國俱爲墟。三解 三夫成市虎，慈母投杼趨。卞和之刖足，接予歸草廬。四解

園桃　煌煌京洛行　文帝詞五解

夭夭園桃，無子空長。虛美難假，偏輪不行。一解 淮陰五刑，鳥得弓藏。保身全名，獨有子房。大憒不收，褒衣無帶，多言寡誠，祇令事敗。二解 蘇秦之說，六國以亡。傾側賣主，車裂固當。賢矣陳軫，忠而有謀，楚懷不從，禍卒不救。三解 禍夫吳起，智小謀大，西河何健，伏尸何劣。四解 嗟彼郭生，古之雅人，智矣燕昭，可謂得臣。峩峩仲連，齊之高士，北辭千金，東蹈滄海。五解

白鵠　豔歌何嘗一曰飛鵠行　古詞四解

飛來雙白鵠，乃從西北來。十十五五，羅列成行。一解 妻卒被病，行不能相隨。五里一反顧，六里一裴回。二解 吾欲銜汝去，口噤不能開；吾欲負汝去，毛羽何摧頹。三解 樂哉新相知，憂來生別離。躇躊顧羣侶，淚下不自知。四解 念與君離別，氣結不能言。各各重自愛，

道遠歸還難。妾當守空房，閉門下重關。若生當相見，亡者會黃泉。今日樂相樂，延年萬歲期。「念與」下爲趨曲，前有豔。

碣石　步出夏門行　武帝詞四解

雲行雨步，超越九江之皐，臨觀異同。心意懷游豫，不知當復何從。經過至我碣石，心惆悵我東海。「雲行」至此爲豔。東臨碣石，以觀滄海。水何淡淡，山島竦峙。樹木叢生，百草豐茂。秋風蕭瑟，洪濤湧起。日月之行，若出其中；星漢粲爛，若出其裏。幸甚至哉！歌以詠志。觀滄海一解

孟冬十月，北風裴回。天氣肅清，繁霜霏霏。鵾雞晨鳴，鴻雁南飛，鷙鳥潛藏，〔六〕熊羆窟棲。錢鎛停置，農收積場。逆旅整設，〔七〕以通賈商。幸甚至哉！歌以詠志。冬十月二解

鄉土不同，河朔隆寒。流澌浮漂，舟船行難。錐不入地，蘴藾深奧。水竭不流，冰堅可蹈。士隱者貧，勇俠輕非。心常歎怨，戚戚多悲。幸甚至哉！歌以詠志。河朔寒三解

神龜雖壽，猶有竟時；騰蛇乘霧，終爲土灰。驥老伏櫪，志在千里；烈士暮年，壯心不已。盈縮之期，不但在天；養怡之福，可得永年。幸甚至哉！歌以詠志。神龜雖壽四解

何嘗　豔歌何嘗行　古詞五解

何嘗快獨無憂？但當飲醇酒，炙肥牛。一解 長兄爲二千石，中兄被貂裘。二解 小弟雖無官爵，鞍馬馺馺，往來王侯長者遊。三解 但當在王侯殿上，快獨摴蒱六博，對坐彈棊。四解 男兒居世，各當努力；蹙迫日暮，殊不久留。五解 少小相觸抵，寒苦常相隨，忿恚安足諍，吾中道與卿共別離。約身奉事君，禮節不可虧。上慚滄浪之天，下顧黃口小兒。奈何復老心皇皇，獨悲誰能知。「少小」下爲趨曲，前爲豔。

置酒　野田黃雀行空侯引亦用此曲。　東阿王詞四解

置酒高殿上，親交從我游。中廚辦豐膳，烹羊宰肥牛。秦箏何慷慨，齊瑟和且柔。一解 陽阿奏奇舞，京洛出名謳。樂飲過三爵，緩帶傾庶羞，主稱千金壽，賓奉萬年酬。二解 久要不可忘，薄終義所尤。謙謙君子德，磬折欲何求。盛時不再來，百年忽我遒。三解 驚風飄白日，光景馳西流。生存華屋處，零落歸山丘。先民誰不死，知命復何憂！四解

爲樂　滿歌行　古詞四解〔八〕

爲樂未幾時，遭世險巇，逢此百離；伶丁荼毒，愁懣難支。遙望辰極，天曉月移。憂來闐心，誰當我知。一解 戚戚多思慮，耿耿不寧。禍福無形，唯念古人，遜位躬耕。遂我所願，以兹自寧。自鄙山棲，守此一榮。二解 莫秋冽風起。西蹈滄海，心不能安。攬衣起瞻夜，北斗闌干。星漢照我，去去自無它。奉事二親，勞心可言。三解 窮達天所爲，智者不愁，多爲少憂。安貧樂正道，師彼莊周。遺名者貴，子熙同巇。往者二賢，名垂千秋。四解 飲酒歌舞，不樂何須！善哉照觀日月，日月馳驅。轗軻世間，何有何無！貪財惜費，此一何愚！命如鑿石見火，居世竟能幾時？但當歡樂自娛，盡心極所熙怡。安善養君德性，百年保此期頤。「飲酒」下爲趨。

夏門　步出夏門行一曰隴西行　明帝詞二解

步出夏門，東登首陽山。嗟哉夷叔，仲尼稱賢。君子退讓，小人爭先；惟斯二子，于今稱傳。林鍾受謝，節改時遷。日月不居，誰得久存。善哉殊復善，弦歌樂情。一解 商風夕起，悲彼秋蟬，變形易色，隨風東西。乃眷西顧，雲霧相連，丹霞蔽日，采虹帶天。弱水潺潺，落葉翩翩，孤禽失羣，悲鳴其間。善哉殊復善，悲鳴在其間。二解 朝游清冷，日莫嗟歸。「朝游」上爲豔。蹙迫日莫，烏鵲南飛。繞樹三匝，何枝可依。卒逢風雨，樹折枝摧。雄來驚雌，雌獨愁棲。夜失羣侶，悲鳴裴回。芃芃荊棘，葛生綿綿。感彼風人，惆悵自憐。月盈則沖，華不再繁；古來之說，嗟哉一言。「蹙迫」下爲趨。

王者布大化　櫂歌行　明帝詞五解

王者布大化，配乾稽后祇。陽育則陰殺，晷景應度移。一解 文德以時振，武功伐不隨。重華儛干戚，有苗服從嬀。二解 蠢爾吳蜀虜，馮江棲山阻。哀哀王士民，瞻仰靡依怙。三解

皇上悼愍斯，宿昔奮天怒。發我許昌宮，列舟于長浦。四解 翌日乘波揚，棹歌悲且涼。大常拂白日，旗幟紛設張。五解 將抗旄與鉞，燿威於彼方。伐罪以弔民，清我東南疆。「將抗」下爲趨。

洛陽行　雁門太守行　古詞八解

孝和帝在時，洛陽令王君，本自益州廣漢民，少行宦，學通五經論。一解 明知法令，歷世衣冠。從溫補洛陽令，治行致賢，擁護百姓，子養萬民。二解 外行猛政，內懷慈仁。文武備具，料民富貧，移惡子姓名，五篇著里端。三解 傷殺人，比伍同罪對門。禁鍪矛八尺，捕輕薄少年，加笞決罪，詣馬市論。四解 無妄發賦，念在理寃，敕吏正獄，不得苛煩。財用錢三十，買繩禮竿。五解 賢哉賢哉！我縣王君。臣吏衣冠，奉事皇帝。功曹主簿，皆得其人。六解 臨部居職，不敢行恩。清身苦體，夙夜勞勤。治有能名，遠近所聞。七解 天年不遂，蚤就奄昏。爲君作祠，安陽亭西。欲令後世，莫不稱傳。八解

白頭吟　與櫂歌同調　古詞五解

晴如山上雲，〔九〕皎若雲間月。聞君有兩意，故來相決絕。一解 平生共城中，何嘗斗酒會。今日斗酒會，明旦溝水頭。二解 蹀躞御溝上，溝水東西流。郭東亦有樵，郭西亦有樵。兩樵相推與，無親爲誰驕？三解 淒淒重淒淒，嫁娶亦不啼；願得一心人，白頭不相離。四解〔一〇〕

竹竿何嫋嫋，魚尾何離簁，男兒欲相知，何用錢刀爲？齕如五馬噉萁，川上高士嬉。今日相對樂，延年萬歲期。五解〔一一〕一本云：詞曰上有「紫羅咄咄奈何」。

楚調怨詩

明月　東阿王詞七解

明月照高樓，流光正裴回。上有愁思婦，悲歎有餘哀。一解　借問歎者誰？自云客子妻。夫行踰十載，賤妾常獨棲。二解　念君過於渴，思君劇於饑。君爲高山柏，妾爲濁水泥。〔一二〕三解　北風行蕭蕭，烈烈入吾耳。心中念故人，淚墮不能止。四解　沈浮各異路，會合當何諧？願作東北風，吹我入君懷。五解　君懷常不開，賤妾當何依。恩情中道絕，流止任東西。六解　我欲竟此曲，此曲悲且長。今日樂相樂，別後莫相忘！七解

校勘記

〔一〕玉闕下　「玉闕」三朝本作「王闕」，北監本、毛本、殿本、局本作「玉關」，並譌。樂府詩集二六作「玉闕」，是。今據改。

〔二〕辛夷車駕結桂旗　「辛夷」各本並作「新夷」，據楚辭九歌山鬼原文改。

〔三〕羣燕辭歸鵠南翔　「鵠」樂府詩集三二同。文選二七、玉臺新詠、藝文類聚一二作「雁」。

〔四〕長=相=牽=攀=　各本作「長=相=牽=攀=」，局本作「長=長=相=牽=攀=」。按上文作「去去不可追，長恨相牽攀」，則此疑亦當作「長恨相牽攀」。又按古人凡重字，下一字可作=畫。石鼓文凡重字皆作=畫，蓋其濫觴。此篇每一字之下作=畫者，其讀法猶若音樂中之複奏。如本段讀法，自「晨上散關山」至「長恨相牽攀」前後八句，通段複一遍，又非每句或每字一複也。

〔五〕武帝詞　玉臺新詠、藝文類聚四一謂甄后所作。

〔六〕鶩鳥潛藏　「鶩」各本並作「蟄」，據本書樂志四、樂府詩集三七改。

〔七〕逆旅整設　「整」各本並作「正」，據本書樂志四、晉書樂志、樂府詩集三七、五四改。

〔八〕古詞四解　各本並脫「古詞」二字，據前後文例及樂府詩集四三補。「四解」二字，舊在上「滿歌行」三字下，今亦移古詞後。

〔九〕晴如山上雲　「雲」局本、玉臺新詠、御覽一二、樂府詩集四一作「雪」。「晴」玉臺新詠、樂府詩集四一作「皚」，御覽一二作「皓」。

〔一〇〕四解　各本並脫去，據樂府詩集四一補。

〔一一〕五解　各本並脫去，據樂府詩集四一補。

〔一二〕君爲高山柏妾爲濁水泥　文選二三、玉臺新詠、藝文類聚三二作「君若清路塵，妾若濁水泥」。

宋書卷二十二

志第十二

樂四

漢鼙舞歌五篇：

關東有賢女

章和二年中

樂久長

四方皇

殿前生桂樹

魏鼙舞歌五篇：

明明魏皇帝

太和有聖帝

魏曆長

天生烝民

爲君既不易

魏陳思王鼙舞歌五篇

聖皇篇　當章和二年中

聖皇應曆數，正康帝道休。九州咸賓服，威德洞八幽。三公奏諸公，不得久淹留。蕃位任至重，舊章咸率由。侍臣省文奏，陛下體仁慈。沈吟有愛戀，不忍聽可之。迫有官典憲，不得顧恩私。諸王當就國，璽綬何纍縗。便時舍外殿，宮省寂無人。主上增顧念，皇母懷苦辛。何以爲贈賜，傾府竭寶珍。文錢百億萬，采帛若煙雲。乘輿服御物，錦羅與金銀。龍旗垂九旒，羽蓋參斑輪。諸王自計念，無功荷厚德。思一效筋力，糜軀以報國。鴻臚擁節衛，副使隨經營。貴戚並出送，夾道交輜軿。車服齊整設，韡曄燿天精。武騎衛前後，鼓吹簫笳聲。祖道魏東門，淚下霑冠纓。扳蓋因內顧，俛仰慕同生。行行將日莫，何時還闕庭。車輪爲裴回，四馬躊躇鳴。路人尙酸鼻，何況骨肉情。

靈芝篇　當殿前生桂樹

靈芝生玉地，朱草被洛濱。榮華相晃燿，光采曄若神。古時有虞舜，父母頑且嚚。盡孝於田隴，烝烝不違仁。伯瑜年七十，采衣以娛親，慈母笞不痛，歔欷涕沾巾。丁蘭少失母，自傷蚤孤煢，刻木當嚴親，朝夕致三牲。暴子見陵侮，犯罪以亡形，丈人爲泣血，免戾全其名。董永遭家貧，父老財無遺。舉假以供養，傭作致甘肥。責家塡門至，不知何用歸。天靈感至德，神女爲秉機。歲月不安居，烏乎我皇考！生我旣已晚，棄我何期蚤！蓼莪誰所興，念之令人老。退詠南風詩，灑淚滿禕抱。亂曰：聖皇君四海，德敎朝夕宣。萬國咸禮讓，百姓家肅虔。庠序不失儀，孝悌處中田。戶有曾閔子，比屋皆仁賢。髫齔無夭齒，黃髮盡其年。陛下三萬歲，慈母亦復然。

大魏篇　當漢吉昌

大魏應靈符，天祿方甫始。聖德致泰和，神明爲驅使。左右宜供養，中殿宜皇子。陛下長壽考，羣臣拜賀咸說喜。積善有餘慶，榮祿固天常。衆善塡門至，臣子蒙福祥。無患及陽遂，輔翼我聖皇。衆吉咸集會，凶邪姦惡並滅亡。黃鵠游殿前，神鼎周四阿。玉馬充乘輿，芝蓋樹九華。白虎戲西除，舍利從辟邪。騏驎躡足舞，鳳凰拊翼歌。豐年大置酒，玉尊列廣庭。樂飲過三爵，朱顏暴己形。式宴不違禮，君臣歌鹿鳴。樂人舞鼙鼓，百官雷抃贊若驚。儲禮如江海，積善若陵山。皇嗣繁且熾，孫子列曾玄。羣臣咸稱萬歲，陛下長樂

壽年！御酒停未飮，貴戚跪東廂。侍人承顏色，奉進金玉觴。此酒亦眞酒，福祿當聖皇。陛下臨軒笑，左右咸歡康。杯來一何遲，羣僚以次行。賞賜累千億，百官並富昌。

精微篇　當關東有賢女〔一〕

精微爛金石，至心動神明。杞妻哭死夫，梁山爲之傾。子丹西質秦，烏白馬角生。鄒衍囚燕市，〔二〕繁霜爲夏零。關東有賢女，自字蘇來卿。壯年報父仇，身沒垂功名。女休逢赦書，白刃幾在頸。俱上列仙籍，去死獨就生。太倉令有罪，遠徵當就拘。自悲居無男，禍至無與俱。緹縈痛父言，荷擔西上書。槃桓北闕下，泣淚何漣如。乞得幷姊弟，沒身贖父軀。漢文感其義，肉刑法用除。其父得以免，辨義在列圖。多男亦何爲，一女足成居。簡子南渡河，津吏廢舟船。執法將加刑，女娟擁櫂前。「妾父聞君來，將涉不測淵。畏懼風波起，禱祝祭名川。備禮饗神祇，爲君求福先。不勝釂祀誠，至令犯罰艱。君必欲加誅，乞使知罪諐。妾願以身代」，至誠感蒼天。國君高其義，其父用赦原。河激奏中流，簡子知其賢。歸娉爲夫人，榮寵超後先。辯女解父命，何況健少年。黃初發和氣，明堂德教施。治道致太平，禮樂風俗移。刑錯民無枉，怨女復何爲。聖皇長壽考，景福常來儀。

孟冬篇　當狡兎

孟冬十月，陰氣厲清。武官誠田，講旅統兵。元龜襲吉，元光著明。蚩尤蹕路，風弭雨

停。乘輿啓行，鸞鳴幽軋。虎賁采騎，飛象珥鶡。鍾鼓鏗鏘，簫管嘈喝。萬騎齊鑣，千乘等蓋。夷山塡谷，平林滌藪。張羅萬里，盡其飛走。翟翟狡兎，揚白跳翰。獵以青骹，掩以修竿。韓盧宋鵲，呈才騁足。噬不盡緤，牽麋掎鹿。魏氏發機，養基撫弦。都盧尋高，搜索猴猨。慶忌孟賁，蹈谷超巒。張目決眥，髮怒穿冠。頓熊扼虎，蹴豹搏貙。氣有餘勢，負象而趨。獲車旣盈，日側樂終。罷役解徒，大饗離宮。亂曰：聖皇臨飛軒，論功校獵徒。死禽積如京，流血成溝渠。明詔大勞賜，太官供有無。走馬行酒醴，驅車布肉魚。鳴鼓舉觴爵，鍾擊位無餘。〔三〕絕網縱麟麑，弛罩出鳳雛。收功在羽校，威靈振鬼區。陛下長歡樂，永世合天符。

晉鼙舞歌五篇

洪業篇　鼙舞歌，當魏曲明明魏皇帝，古曲關東有賢女。

宣文創洪業，盛德在泰始。聖皇應靈符，受命君四海。萬國何所樂，上有明天子。唐堯禪帝位，虞舜惟恭己。恭己正南面，道化與時移。大赦盪萌漸，文敎被黃支。象天則地，體無爲。聰明配日月，神聖參兩儀。雖有三凶類，靜言無所施。象天則地，體無爲。稷契並佐命，伊呂升王臣。蘭芷登朝肆，下無失宿民。鼙發響自應，表立景來附。虓虎從羈制，潛龍升天路。備物立成器，變通極其數。百事以時敍，萬機有常度。訓之以克讓，納之以

忠恕。羣下仰清風，海外同歡慕。象天則地，化雲布。昔日貴雕飾，今尚儉與素。昔日多纖介，今去情與故。象天則地，化雲布。濟濟大朝士，夙夜綜萬機。萬機無廢理，明明降疇咨。臣譬列星景，君配朝日暉。事業並通濟，功烈何巍巍。五帝繼三皇，三王世所歸。聖德應期運，天地不能違。仰之彌已高，猶天不可階。將復御龍氏，鳳皇在庭棲。

天命篇　鼙舞歌，當魏曲太和有聖帝，古曲章和二年中。

聖祖受天命，應期輔魏皇。入則綜萬機，出則征四方。朝廷無遺理，方表寧且康。道隆舜臣堯，積德踰太王。孟度阻窮險，造亂天一隅。神兵出不意，奉命致天誅。赦善戮有罪，元惡宗爲虛。威風震勁蜀，武烈慴强吳。諸葛不知命，肆逆亂天常。擁徒十餘萬，數來寇邊疆。我皇邁神武，秉鉞鎭雍涼。亮乃畏天威，未戰先仆僵。盈虛自然運，時變固多難。東征陵海表，萬里梟賊淵。受遺齊七政，曹爽又滔天。羣凶受誅殛，百祿咸來臻。黃華應福始，王淩爲禍先。

景皇帝　鼙舞歌，當魏曲魏曆長，古曲樂久長。

景皇帝，聰明命世生，盛德參天地。帝王道，〔四〕創基旣已難，繼世亦未易。外則夏侯玄，內則張與李，三凶稱逆，亂帝紀。從天行誅，窮其姦宄。遏將御其漸，潛謀不得起，罪人咸伏辜，威風震萬里。平衡綜萬機，萬機無不理。召陵桓不君，內外何紛紛，衆小便成羣。

蒙昧恣心，治亂不分。叡聖獨斷，濟武常以文。從天惟廢立，掃霓披浮雲。雲霓既已闢，清和未幾間。羽檄首尾至，變起東南蕃。儉欽爲長蛇，外則馮吳蠻。萬國紛騷擾，戚戚天下懼不安。神武御六軍，我皇秉鉞征。儉欽起壽春，前鋒據項城。〔五〕出其不意，並縱奇兵。奇兵誠難御，廟勝實難支。兩軍不期遇，敵退計無施。虎騎惟武進，大戰沙陽陂。欽乃亡魂走，奔虜若雲披。天恩赦有罪，東土放鯨鯢。

大晉篇

鞞舞歌，當魏曲天生烝民，古曲四方皇。

赫赫大晉，於穆文皇。蕩蕩巍巍，道邁陶唐。世稱三皇五帝，及今重其光。九德克明，文既顯，武又章。恩弘六合，兼濟萬方。內舉元凱，朝政以綱。外簡虎臣，時惟鷹揚。靡從不懷，逆命斯亡。仁配春日，威踰秋霜。濟濟多士，同茲蘭芳。唐虞至治，四凶滔天。致討儉欽，罔不肅虔。化感海外，海外來賓。獻其聲樂，並稱妾臣。西蜀猾夏，僭號方域。命將致討，委國稽服。吳人放命，馮海阻江。飛書告諭，響應來同。先王建萬國，九服爲蕃衞。亡秦壞諸侯，序胙不二世。歷代不能復，忽踰五百歲。我皇邁聖德，應期創典制。分土五等，蕃國正封界。莘莘文武佐，千秋遘嘉會。洪業溢區內，仁風翔海外。

明君篇

鞞舞歌，當魏曲爲君既不易，古曲殿前生桂樹。

明君御四海，聽鑑盡物情。顧望有讒罰，竭忠身必榮。蘭茝出荒野，萬里升紫庭。茨

草穢堂階，掃截不得生。能否莫相蒙，百官正其名。恭己慎有爲，有爲無不成。闇君不自信，羣下執異端。正直罹譖潤，姦臣奪其權。雖欲盡忠誠，結舌不敢言。結舌亦何憚，盡忠爲身患。清流豈不潔，飛塵濁其源。歧路令人迷，未遠勝不還。忠臣立君朝，正色不顧身。邪正不並存，譬若胡與秦。秦胡有合時，邪正各異津。忠臣遇明君，乾乾惟日新。羣目統在綱，衆星拱北辰。設令遭闇主，斥退爲凡民。雖薄供時用，白茅猶可珍。冰霜晝夜結，蘭桂摧爲薪。邪臣多端變，用心何委曲。便辟從情指，動隨君所欲。偷安樂目前，不問清與濁。積僞罔時主，養交以持祿。言行恒相違，難齊甚谿谷。昧死射乾沒，覺露則滅族。

右五篇鞞舞歌行。

鐸舞歌詩二篇

聖人制禮樂篇〔六〕

昔皇文武邪　彌彌舍善　誰吾時吾　行許帝道　銜來治路萬邪　治路萬邪　赫赫意黃運道吾　治路萬邪　善道明邪金邪　善道　明邪金邪帝邪　近帝武武邪邪　聖皇八音　偶邪尊來　聖皇八音　及來義邪同邪　烏及來義邪　善草供國吾　咄等邪烏　近帝邪武邪　近帝武邪武邪　應節合用　武邪尊邪　應節合用　酒期義邪同邪　酒期義邪　善草供國吾　咄等邪烏　近帝邪武邪　近帝武武邪邪　下音足木　上爲鼓義邪　應衆義邪　樂邪邪延否　已邪烏已禮祥　咄等邪烏　素女有絕其聖烏烏武邪

雲門篇

鐸舞歌行，當魏太和時。

黃雲門，唐咸池，虞韶舞，夏夏殷濩。〔七〕列代有五，振鐸鳴金，近大武。清歌發倡，形爲主。〔八〕聲和八音，協律呂。身不虛動，手不徒舉。應節合度，周其敍。時奏宮商，雜之以徵羽。下鬉衆目，上從鍾鼓。樂以移風，與德禮相輔，安有失其所。

右二篇鐸舞歌行。

拂舞歌詩五篇

白鳩篇

翩翩白鳩，再飛再鳴。懷我君德，來集君庭。白雀呈瑞，素羽明鮮。翔庭舞翼，以應仁乾。交交鳴鳩，或丹或黃。樂我君惠，振羽來翔。東壁餘光，魚在江湖。惠而不費，敬我微軀。策我良駟，習我驅馳。與君周旋，樂道亡飢。〔九〕我心虛靜，我志霑濡。彈琴鼓瑟，聊以自娛。陵雲登臺，浮游太清。扳龍附鳳，日望身輕。

濟濟篇

暢飛暢舞，氣流芳。追念三五大綺黃。去失有，時可行。去來同時此未央。時冉冉，近桑榆。但當飲酒爲歡娛。衰老逝，有何期。多憂耿耿內懷思。淵池廣，魚獨希。願得黃浦衆所依。恩感人，世無比。悲歌具舞無極已。

獨祿篇

獨祿獨祿，水深泥濁。泥濁尚可，水深殺我。雍雍雙雁，游戲田畔。我欲射雁，念子孤散。翩翩浮萃，得風遙輕。我心何合，與之同并。空牀低帷，誰知無人。夜衣錦繡，誰別僞眞。刀鳴削中，倚牀無施。父冤不報，欲活何爲。猛虎班班，游戲山間。虎欲嚙人，不避豪賢。

碣石篇

東臨碣石，以觀滄海。水何澹澹，山島竦峙。樹木叢生，百草豐茂。秋風蕭瑟，洪波涌起。日月之行，若出其中。星漢粲爛，若出其裏。幸甚至哉！歌以詠志。觀滄海

孟冬十月，北風裴回。天氣肅清，繁霜霏霏。鵾雞晨鳴，雁過南飛。鷙鳥潛藏，熊羆窟棲。錢鎛停置，農收積場。逆旅整設，以通賈商。幸甚至哉！歌以詠志。冬十月

鄉土不同，河朔隆寒。流澌浮漂，舟船行難。錐不入地，豐籟深奧。水竭不流，冰堅可蹈。士隱者貧，勇俠輕非。心常歎怨，戚戚多悲。幸甚至哉！歌以詠志。土不同

神龜雖壽，猶有竟時；騰蛇乘霧，終爲土灰。老驥伏櫪，志在千里；烈士莫年，壯心不

已。盈縮之期，不但在天，養怡之福，可得永年。幸甚至哉！歌以詠志。龜雖壽

淮南王篇

淮南王，自言尊，百尺高樓與天連。後園鑿井銀作牀，金瓶素綆汲寒漿。汲寒漿，飲少年。少年窈窕何能賢？揚聲悲歌音絕天。我欲度河河無梁，願化雙黃鵠，還故鄉。還故鄉，入故里。徘徊故鄉，苦身不已。[一〇]繁舞寄聲無不泰，徘徊桑梓遊天外。

右五篇拂舞行。[一一]

杯槃舞歌詩一篇

晉世寧，四海平，普天安樂永大寧。四海安，天下歡，樂治興隆舞杯槃。舞杯槃，何翩翩，舉坐翻覆壽萬年。天與日，終與一，左回右轉不相失。筝笛悲，酒舞疲，心中慷慨可健兒。樽酒甘，絲竹清，願令諸君醉復醒。醉復醒，時合同，四坐歡樂皆言工。絲竹音，可不聽，亦舞此槃左右輕。自相當，合坐歡樂人命長。人命長，當結友，千秋萬歲皆老壽。

右杯槃舞歌行。

巾舞歌詩一篇

吾不見公莫時吾何嬰公來嬰姥時吾哺聲何爲茂時爲來嬰當思吾明月之上轉起吾何嬰土來嬰轉去吾哺聲何爲土轉南來嬰當去吾城上羊下食草吾何嬰下來吾食草吾哺聲汝何三

年針縮何來嬰吾亦老吾平平門淫涕下吾何嬰何來嬰涕下吾哺聲昔結吾馬客來嬰吾當行吾度四州洛四海吾何嬰海何來嬰海何來嬰四海吾哺聲熇西馬頭香來嬰吾洛道吾治五丈度汲水吾噫邪哺誰當求兒母何意零邪錢健步哺誰當吾求兒母何吾哺聲三針一發交時還弩心意何零意弩心遙來嬰弩心哺聲復相頭巾意何零何邪相哺頭巾相吾來嬰頭巾母何何吾復來推排意何零相哺推相來嬰推非母何吾復車輪意何零子以邪相哺轉輪吾來嬰轉母何吾使君去時意何零子以邪使君去時母何吾思君去時意何零子以邪思君去時思來嬰吾去時母何何吾吾

右公莫巾舞歌行。

白紵舞歌詩三篇[一二]

高舉兩手白鵠翔。輕軀徐起何洋洋。凝停善睞容儀光。宛若龍轉乍低昂。隨世而變誠無方。如推若引留且行。宋世方昌樂未央。舞以盡神安可忘。愛之遺誰贈佳人。質如輕雲色如銀。袍以光軀巾拂塵。制以爲袍餘作巾。四坐歡樂胡可陳。清歌徐舞降祇神。

右一篇。

雙袂齊舉鸞鳳翔。趨步生姿進流芳。鳴弦清歌及三陽。人生世間如電過。樂時每少苦日多。幸及良辰曜春花。齊倡獻舞趙女歌。羲和馳景逝不停。春露未晞嚴霜零。百草凋索花落英。蟋蟀吟牖寒蟬鳴。百年之命忽若傾。蚤知迅速秉燭行。東造扶桑游紫庭。西至崑崙戲曾城。

右一篇。

陽春白日風花香。趨步明玉舞瑤璫。聲發金石媚笙簧。羅袿徐轉紅袖揚。清歌流響繞鳳梁。如矜若思凝且翔。轉盼遺精豔煇光。將流將引雙雁翔。歡來何晚意何長。明君御世永歌倡。

右一篇。白紵舊新合三篇。

宋泰始歌舞曲詞

皇業頌 歌自堯至楚元王，高祖，世世載聖德。 明帝造

皇業沿德建，帝運資勳融。胤唐重盛軌，冑楚載休風。堯帝兆深祥，元王衍遐慶。積善傳上業，祚福啓英聖。袞數隨金祿，登曆昌水命。[一三]維宋垂光烈，世美流舞咏。

聖祖頌

聖祖惟高德，積勳代晉曆。永建享鴻基，萬古盛音册。叡文纘宸馭，廣運崇帝聲。衍德被仁祉，留化洽民靈。孝建締孝業，允協天人謀。宇內齊政軌，宙表燭威流。鍾管騰列聖，彝銘貴重猷。

明君大雅 虞龢造

明君應乾數，撥亂紐頹基。民慶來蘇日，國頌薰風詩。天步或暫難，列蕃扇迷慝。廟勝敷九伐，[一四]神謨洞七德。文教洗昏俗，武誼清祲埏。英勳冠帝則，萬壽永衍天。

通國風 明帝造

開寶業，資賢昌。謨明盛，弼諧光。烈武惟略，景王勳。南康華容，變政文。猛績爰著，有左軍。三王到氏，文武贊。丞相作輔，屬伊旦。沈柳宗侯，皆殄亂。泰始開運，超百王。司徒驃騎，勳德康。江安謀效，殷誠彰。劉沈承規，功名揚。慶歸我后，祚無疆。[一五]

天符頌 明帝造

天符革運，世誕英皇。在館神炫，既壯龍驤。六鍾集表，四緯騈光。於穆配天，永休厥祥。

明德頌 明帝造

明德孚敎，幽符麗紀。山鼎見奇，醴液涵祉。鵷雛燿儀，騶虞游趾。福延億祚，慶流萬祀。

帝圖頌

帝圖凝遠，瑞美昭宣。濟流月鏡，鹿毳霜鮮。甘露降和，花雪表年。孝德載衍，芳風

永傳。

龍躍大雅

龍躍式符，玉燿蕃宮。歲淹豫野，璽屬嬪中。江波澈映，石柏開文。觀鯍花藥，樓凝景雲。白烏三獲，甘液再呈。嘉穟表沃，連理協成。德充動物，道積通神。宋業允大，靈瑞方臻。

淮祥風

淮祥應，賢彥生。翼贊中興，致太平。

宋世大雅　虞龢造

宋世寧，在泰始。醉酒歡，飽德喜。萬國朝，上壽酒。帝同天，惟長久。

治兵大雅　明帝造

王命治兵，有征無戰。巾拂以淨，醜類革面。王儀振旅，載戢在辰。中虛巾拂，四表靜塵。

白紵篇大雅　明帝造

在心曰志發言詩，聲成于文被管絲。手舞足蹈欣泰時，移風易俗王化基。琴角揮韻白雲舒，簫韶協音神鳳來。拊擊和節詠在初，章曲乍畢情有餘。文同軌壹道德行，國靖民和

禮樂成。四縣庭響美勳英，八列陛倡貴人聲。舞飾麗華樂容工，羅裳皎日袂隨風。金翠列煇蕙麝豐，淑姿委體允帝衷。

漢鼓吹鐃歌十八曲

朱鷺曲

朱鷺，魚以烏路訾邪。鷺何食，食茄下。不之食，不以吐，將以問誅一作諫者。

思悲翁曲

思悲翁，唐思，奪我美人侵以遇，悲翁也，但我思。蓬首一作蕞狗，逐狡兎，食交君，梟子五。梟母六，拉沓高飛莫安宿。

艾如張曲

艾而張羅，夷於何。行成之，四時和。山出黃雀亦有羅，雀以高飛柰雀何？爲此倚欲，誰肯礞室。

上之回曲

上之回，所中益。夏將至，行將北。以承甘泉宮，寒暑德。游石關，望諸國，月支臣，匈奴服。令從百官疾驅馳，千秋萬歲樂無極。

翁離曲

擁離趾中，可築室，何用葺之蕙用蘭。擁離趾中。

戰城南曲

戰城南，死郭北，野死不葬烏可食。爲我謂烏，且爲客豪，野死諒不葬，腐肉安能去子逃？水深激激，蒲葦冥冥。梟騎戰鬭死，駑馬裴回鳴。梁築室，何以南？梁何北？禾黍而穫君何食？願爲忠臣安可得？思子良臣，良臣誠可思，朝行出攻，莫不夜歸。

巫山高曲

巫山高，高以大；淮水深，難以逝。我欲東歸，害梁不爲。我集無高，曳水何梁。湯湯回回，臨水遠望。泣下霑衣，遠道之人心思歸。謂之何？

上陵曲

上陵何美美，下津風以寒。問客從何來，言從水中央。桂樹爲君船，青絲爲君笮，木蘭爲君櫂，黃金錯其間。滄海之雀赤翅鴻，白雁隨，山林乍開乍合，曾不知日月明。醴泉之水，光澤何蔚蔚。芝爲車，龍爲馬。覽遨游，四海外。甘露初二年，芝生銅池中，仙人下來飲，延壽千萬歲。

將進酒曲

將進酒，乘太白。辨加哉，詩審搏。放故歌，心所作。同陰氣，詩悉索。使禹良工，觀者苦。

君馬黃歌

君馬黃，臣馬蒼，三馬同逐臣馬良。易之有騩蔡有赭，美人歸以南，駕車馳馬。美人傷我心！佳人歸以北，駕車馳馬。佳人安終極！

芳樹曲

芳樹，日月君亂，如於風。芳樹不上無心。溫而鵠，三而爲行。臨蘭池，心中懷我悵。心不可匡，目不可顧，妬人之子愁殺人。君有它心，樂不可禁。王將何似？如孫如魚乎？悲矣！

有所思曲

有所思，乃在大海南。何用問遺君，雙珠瑇瑁簪，用玉紹繚之。聞君有它心，拉雜摧燒之！摧燒之，當風揚其灰。從今以往，勿復相思！相思與君絕。雞鳴狗吠，兄嫂當知之。妃呼狶！秋風肅肅晨風颸，東方須臾高知之。

雉子曲

雉子，班如此，之于雉梁，無以吾翁孺。雉子，知得雉子高飛止，黃鵠蜚之以千里，[一六]

王可思。雄來蜚從雌，視子趨一雉。雉子車大駕馬滕，被王送行所中，堯芊蜚從王孫行。

聖人出曲

聖人出，陰陽和。美人出，游九河。佳人來，騑離哉何。駕六飛龍四時和。君之臣明護不道，美人哉，宜天子。免甘星筮樂甫始，美人子，含四海。

上邪曲

上邪，我欲與君相知。長命無絕衰。山無陵，江水爲竭，冬雷震震夏雨雪，天地合，乃敢與君絕。

臨高臺曲

臨高臺以軒，下有清水清且寒。江有香草目以蘭，黄鵠高飛離哉翻。關弓射鵠，令我主壽萬年。收中吾。

遠如期曲

遠如期，益如壽，處天左側，大樂，萬歲與天無極。雅樂陳，佳哉紛，單于自歸，動如驚心。虞心大佳，萬人還來，謁者引，鄉殿陳，累世未嘗聞之。增壽萬年亦誠哉！

石留曲

石留涼陽涼石水流爲沙錫以微河爲香向始䌛冷將風陽北逝肯無敢與于楊心邪懷蘭志

金安薄北方開留離蘭

魏鼓吹曲十二篇　繆襲造

漢第一曲朱鷺，今第一曲初之平，[七]言魏也。

初之平，義兵征。神武奮，金鼓鳴。邁武德，揚洪名。漢室微，社稷傾。皇道失，桓與靈。閹宦熾，羣雄爭。邊韓起，亂金城。中國擾，無紀經。赫武皇，起旗旄。麾天下，天下平。濟九州，九州寧。創武功，武功成。越五帝，邈三王。興禮樂，定紀綱。普日月，齊暉光。

右初之平曲凡三十句，句三字。

漢第二曲思悲翁，今第二曲戰滎陽，言曹公也。

戰滎陽，汴水陂。戎士憤怒，貫甲馳。陳未成，退徐榮，二萬騎，塹壘平。戎馬傷，六軍驚，勢不集，衆幾傾。白日沒，時晦冥，顧中牟，心屏營。同盟疑，計無成，賴我武皇，萬國寧。

右戰滎陽曲凡二十句，其十八句句三字，二句句四字。

漢第三曲艾如張，今第三曲獲呂布，言曹公東圍臨淮，生擒呂布也。

獲呂布，戮陳宮。芟夷鯨鯢，驅騁羣雄。囊括天下，運掌中。

右獲呂布曲凡六句，其三句句三字，三句句四字。

漢第四曲上之回，今第四曲克官渡，言曹公與袁紹戰，破之於官渡也。

克紹官渡，由白馬。僵屍流血，被原野。賊衆如犬羊，王師尙寡。沙塠傍，風飛揚。轉戰不利，士卒傷。今日不勝，後何望！土山地道，不可當。卒勝大捷，震冀方。屠城破邑，神武遂章。

右克官渡曲凡十八句，其八句句三字，一句句五字，九句句四字。

漢第五曲翁離，今第五曲舊邦，言曹公勝袁紹於官渡，還譙收藏士卒死亡也。

舊邦蕭條，心傷悲。孤魂翩翩，當何依。游士戀故，涕如摧。兵起事大，令願違。博求親戚，在者誰。立廟置後，魂來歸。

右舊邦曲凡十二句，其六句句三字，六句句四字。

漢第六曲戰城南，今第六曲定武功，言曹公初破鄴，武功之定，始乎此也。

定武功，濟黄河。河水湯湯，旦莫有橫流波。袁氏欲衰，兄弟尋干戈。決漳水，水流滂沱。嗟城中如流魚，誰能復顧室家！計窮慮盡，求來連和。和不時，心中憂戚。賊衆內潰，君臣奔北。拔鄴城，奄有魏國。王業艱難，覽觀古今，可爲長歎。

右定武功曲凡二十一句，其五句句三字，三句句六字，十二句句四字，一句句五字。

漢第七曲巫山高，今第七曲屠柳城，言曹公越北塞，歷白檀，破三郡烏桓於柳城也。

屠柳城，功誠難。越度隴塞，路漫漫。北踰岡平，[八]但聞悲風正酸。蹋頓授首，遂登白狼山。神武慹海外，永無北顧患。

右屠柳城曲凡十句，其三句句三字，三句句四字，三句句五字，一句六字。

漢第八曲上陵，今第八曲平南荆，言曹公南平荆州也。

南荆何遼遼，江漢濁不清。菁茅久不貢，王師赫南征。劉琮據襄陽，賊備屯樊城。六軍廬新野，金鼓震天庭。劉子面縛至，武皇許其成。許與其成，撫其民。陶陶江漢間，普爲大魏臣。大魏臣，向風思自新。思自新，齊功古人。在昔虞與唐，大魏得與均。多選忠義士，爲喉脣。天下一定，萬世無風塵。

右平南荆曲凡二十四句，其十七句句五字，四句句三字，三句句四字。

漢第九曲將進酒，今第九曲平關中，言曹公征馬超，定關中也。

平關中，路向潼。濟濁水，立高墉。鬬韓馬，離羣凶。選驍騎，縱兩翼，虜崩潰，級萬億。

右平關中曲凡十句，句三字。

漢第十曲有所思，今第十曲應帝期，言曹文帝以聖德受命，應運期也。

應帝期，於昭我文皇，曆數承天序，龍飛自許昌。聰明昭四表，恩德動遐方。星辰爲垂燿，日月爲重光。河洛吐符瑞，草木挺嘉祥。麒麟步郊野，黄龍游津梁。白虎依山林，鳳凰鳴高岡。考圖定篇籍，功配上古羲皇。羲皇無遺文，仁聖相因循。期運三千歲，一生聖明君。堯授舜萬國，萬國皆附親。四門爲穆穆，教化常如神。大魏興盛，與之爲鄰。

右應帝期曲凡二十六句，其一句三字，二句四字，二十二句句五字，一句六字。

漢第十一曲芳樹，今第十一曲邕熙，言魏氏臨其國，君臣邕穆，庶績咸熙也。

邕熙，君臣合德，天下治。隆帝道，獲瑞寶，頌聲並作，洋洋浩浩。吉日臨高堂，置酒列名倡。歌聲一何紆餘，雜笙簧。八音諧，有紀綱。子孫永建萬國，壽考樂無央。

右邕熙曲凡十五句，其六句句三字，三句句四字，一句二字，三句句五字，二句句六字。

漢第十二曲上邪，今第十二曲太和，言魏明帝繼體承統，太和改元，德澤流布。

惟太和元年，皇帝踐阼，聖且仁，德澤爲流布。災蝗一時爲絕息，上天時雨露。五穀溢田疇，四民相率遵軌度。事務澂清，天下獄訟察以情。元首明，魏家如此，那得不太平？

右太和曲凡十三句，其二句句三字，五句句五字，三句句四字，三句句七字。

晉鼓吹歌曲二十二篇　傅玄作

靈之祥　古朱鷺行

靈之祥，言宣皇帝之佐魏，猶虞舜之事堯也。既有石瑞之徵，又能用武以誅孟度之逆命也。〔九〕

靈之祥，石瑞章。旌金德，出西方。天命降，授宣皇。應期運，時龍驤。繼大舜，佐陶唐。贊武文，建帝綱。孟氏叛，據南疆。追有扈，亂五常。吳寇勁，蜀虜強。交誓盟，連遐荒。宣赫怒，奮鷹揚。震乾威，燿電光。陵九天，陷石城。梟逆命，拯有生。萬國安，四海寧。

宣受命　古思悲翁行

宣受命，言宣皇帝禦諸葛亮，養威重，運神兵，亮震怖而死。

宣受命，應天機。風雲時動，神龍飛。禦葛亮，鎮雍涼。邊境安，民夷康。務節事，勤定傾。覽英雄，保持盈。淵穆穆，赫明明。沖而泰，天之經。養威重，運神兵。亮乃震死，天下寧。

征遼東　古艾而張行〔一〇〕

征遼東，言宣皇帝陵大海之表，討滅公孫淵而梟其首也。

征遼東，敵失據。威靈邁日域，淵既授首，羣逆破膽，咸震怖。朔北響應，海表景附。武功赫赫，德雲布。

宣輔政　古上之回行

宣輔政，言宣皇帝聖道深遠，撥亂反正，網羅文武之才，以定二儀之序也。

宣皇輔政，〔一一〕聖烈深。撥亂反正，從天心。網羅文武才，慎厥所生。所生賢，遺教施，安上治民，化風移。肇創帝基，洪業垂。於鑠明明，時赫戲。功濟萬世，定二儀。定二儀，雲澤雨施，海外風馳。

時運多難〔一二〕　古擁離行

時運，言宣皇帝致討吳方，有征無戰也。

時運多難，道教痛。天地變化，有盈虛。蠢爾吳蠻，虎視江湖。我皇赫斯，致天誅。有征無戰，弭其圖。天威橫被，震東隅。

景龍飛　古戰城南行

景龍飛，言景帝克明威教，賞從夷逆，祚隆無疆，崇此洪基也。

景龍飛，御天威。聰鑑玄察，〔一三〕動與神明協機。從之者顯，逆之者滅夷。文教敷，武功巍。普被四海，萬邦望風，莫不來綏。聖德潛斷，先天弗違。弗違祥，享世永長。猛以致寬，道化光。赫明明，祚隆無疆。帝績惟期，有命既集，崇此洪基。

平玉衡　古巫山高行

平玉衡，言景皇帝一萬國之殊風，齊四海之乖心，禮賢養士，而纂洪業也。

平玉衡，糺姦回。萬國殊風，四海乖。禮賢養士，羈御英雄思心齊。纂戎洪業，崇皇階。品物咸亨，聖敬日躋。聰鑑盡下情，明明綜天機。

文皇統百揆　古上陵行

百揆，言文皇帝始統百揆，用人有序，以敷泰平之化也。

文皇統百揆，繼天理萬方。武將鎮四宇，英佐盈朝堂。謀言協秋蘭，清風發其芳。洪澤所漸潤，礫石爲珪璋。大道侔五帝，盛德踰三王。咸光大，上參天與地，至化無內外。無內外，六合並康乂。並康乂，遘茲嘉會。在昔羲與農，大晉德斯邁。鎮征及諸州，爲蕃衞。功濟四海，洪烈流萬世。

因時運　古將進酒行

因時運，言文皇帝因時運變，聖謀潛施，解長蛇之交，離羣桀之黨，以武濟文，審其大計，以邁其德也。

因時運，聖策施。長蛇交解，羣桀離。勢窮奔吳，虎騎厲。惟武進，審大計。時邁其德，清一世。

惟庸蜀　古有所思行

惟庸蜀，言文皇帝既平萬乘之蜀，封建萬國，復五等之爵也。

惟庸蜀，僭號天一隅。劉備逆帝命，禪亮承其餘。擁衆數十萬，闚隙乘我虛。驛騎進羽檄，天下不遑居。姜維屢寇邊，隴上爲荒墟。文皇愍斯民，歷世受罪辜。外謨蕃屏臣，內謀衆士夫。爪牙應指授，腹心獻良圖。良圖協成文，大興百萬軍。雷鼓震地起，猛勢陵浮雲。逋虜畏天誅，面縛造壘門。萬里同風教，逆命稱妾臣。光建五等，紀綱天人。

天序　古芳樹行

天序，言聖皇應曆受禪，弘濟大化，用人各盡其才也。

天序，應曆受禪，承靈祜。御羣龍，勒螭虎。弘濟大化，英儁作輔。明明統萬機，赫赫鎮四方。咎繇稷契之疇，協蘭芳。禮王臣，覆兆民。化之如天與地，誰敢愛其身。

大晉承運期　古上邪行

大晉承運期，言聖皇應籙受圖，化象神明也。

大晉承運期，德隆聖皇。時清晏，白日垂光。應籙圖，陟帝位，繼天正玉衡，化行象神明。至哉道隆虞與唐。元首敷洪化，百僚股肱並忠良，民大康。隆隆赫赫，福祚盈無疆。

金靈運　古君馬黃行

靈運，言聖皇踐阼，致敬宗廟，而孝道施於天下也。

金靈運，天符發。聖徵見，參日月。惟我皇，體神聖。受魏禪，應天命。皇之興，靈有徵。登大麓，御萬乘。皇之輔，若虓虎。爪牙奮，莫之禦。皇之佐，贊清化。百事理，萬邦賀。神祇應，嘉瑞章。恭享祀，薦先皇。樂時奏，磬管鏘。鼓淵淵，鍾喤喤。奠尊俎，實玉觴。神歆饗，咸說康。宴孫子，祐無疆。大孝烝烝，德教被萬方。

於穆我皇　古雉子行

於穆，言聖皇受命，德合神明也。

於穆我皇，盛德聖且明。受禪君世，光濟羣生。普天率土，莫不來庭。顒顒六合內，望風仰泰清。萬國雍雍，興頌聲。大化洽，地平而天成。七政齊，玉衡惟平。峨峨佐命，濟濟羣英。夙夜乾乾，萬機是經。雖治興，匪荒寧。謙道光，沖不盈。天地合德，日月同榮。赫赫煌煌，燿幽冥。三光克從，於顯天垂景星。龍鳳臻，甘露宵零。肅神祇，祗上靈。萬物欣戴，自天效其成。

仲春振旅　古聖人出行

仲春，言大晉申文武之教，田獵以時也。

仲春振旅，大致民，武教於時日新。師執提，工執鼓，坐作從，節有序，盛矣允文允武。蒐田表禡，申法誓，遂圍禁，獻社祭，允矣時明國制。文武並用，禮之經，列車如戰，大教明，古今誰能去兵。大晉繼天，濟羣生。

夏苗田　古臨高臺行

苗田，言大晉田狩從時，爲苗除害也。

夏苗田，運將徂，軍國異容，文武殊。乃命羣吏，選車徒，辯其名號，贊契書。王軍啓八門，行同上帝居。時路建大麾，雲旗翳紫虛。百官象其事，疾則疾，徐則徐。回衡旋軫，罷陳敝車。獻禽享祠，烝烝配有虞。惟大晉，德參兩儀，化雲敷。

仲秋獮田　古遠期行

仲秋，言大晉雖有文德，不廢武事，從時以殺伐也。

仲秋獮田，金德常剛。涼風清且厲，凝露結爲霜。白虎司辰，蒼隼時鷹揚。鷹揚猶周尚父，從天以殺伐。春秋時敍，雷霆震威燿，進退由鉦鼓。致禽祀礿，羽毛之用充軍府。赫赫大晉德，芬烈陵三五，敷化以文，雖治不廢武。光宅四海，永享天之祜。

從天道　古石留行

從天道，言仲冬大閱，用武修文，大晉之德配天也。

從天道，握神契。三時亦講武事，冬大閱。鳴鐲振鼓鐸，旌旗象虹霓。文制其中，武不

窮武，動軍誓衆，禮成而義舉。三驅以崇仁，進止不失其序。兵卒練，將如虎。惟虓虎，氣陵青雲。解圍三面，殺不殄羣。偃旌麾，班六軍。獻享烝，修典文。嘉大晉，德配天。祿報功，爵俟賢。饗燕樂，受茲百祿，嘉萬年。

唐堯　古務成行古曲亡

唐堯，言聖皇陟帝位，德化光四表也。

唐堯咨務成，謙謙德所興。積漸終光大，履霜致堅冰。神明道自然，河海猶可凝。舜禹統百揆，元凱以次升。禪讓應天曆，睿聖世相承。我皇陟帝位，平衡正準繩。德化四表，〔二四〕祥氣見其徵。興王坐俟旦，亡主恬自矜。致遠由近始，覆簣成山陵。披圖按先籍，有其證靈液。〔二五〕

玄雲　古玄雲行古曲亡

玄雲，言聖皇用人，各盡其材也。

玄雲起山嶽，祥氣萬里會。龍飛何蜿蜿，鳳翔何翽翽。昔在唐虞朝，時見青雲際。今親遊方國，〔二六〕流光溢天外。鶴鳴在後園，清音隨風邁。成湯隆顯命，伊摯來如飛。周文獵渭濱，遂載呂望歸。符合如影響，先天天弗違。輟耕綜地綱，解褐衿天維。元功配二主，芬馨世所稀。我皇敍羣才，洪烈何巍巍。桓桓征四表，濟濟理萬機。神化感無方，髦才盈帝

畿。丕顯惟昧旦，日新孔所咨。茂哉聖明德，日月同光輝。

伯益

古黃爵行古曲亡

伯益，言赤烏銜書，有周以興；今聖皇受命，神雀來也。

伯益佐舜禹，職掌山與川。德侔十六相，思心入無間。智理周萬物，下知衆鳥言。黃雀應清化，翔集何翩翩。和鳴棲庭樹，徘徊雲日間。夏桀爲無道，密網施山阿。酷祝振纖網，當柰黃雀何。殷湯崇天德，去其三面羅。逍遙羣飛來，鳴聲乃復和。朱雀作南宿，鳳皇統羽羣。赤烏銜書至，天命瑞周文。神雀今來遊，爲我受命君。嘉祥致天和，膏澤降青雲。蘭風發芳氣，闔世同其芬。

釣竿

古釣竿行漢鐃歌二十二無釣竿。

釣竿，言聖皇德配堯、舜，又有呂望之佐以濟大功致太平也。

釣竿何冉冉，甘餌芳且鮮。臨川運思心，微綸沈九淵。太公寶此術，乃在靈祕篇。機變隨物移，精妙貫未然。游魚驚著釣，潛龍飛戾天。戾天安所至，撫翼翔太清。太清一何異，兩儀出渾成。玉衡正三辰，造化賦羣形。退願輔聖君，與神合其靈。我君弘遠略，天人不足幷。天人初幷時，昧昧何芒芒。日月有徵兆，文象興二皇。蚩尤亂生民，黃帝用兵征萬方。逮夏禹而德衰，三代不及虞與唐。我皇聖德配堯舜，受禪卽阼享天祥。率土蒙祐，

靡不肅，庶事康。庶事康，穆穆明明。荷百祿，保無極，永泰平。

吳鼓吹曲十二篇　韋昭造

炎精缺者，言漢室衰，武烈皇帝奮迅猛志，念在匡救，然而王迹始乎此也。漢曲有朱鷺，此篇當之。第一。

炎精缺，漢道微。皇綱弛，政德違。衆姦熾，民罔依。赫武烈，越龍飛。陟天衢，燿靈威。鳴雷鼓，抗電麾。撫乾衡，鎭地機。厲虎旅，騁熊羆。發神聽，吐英奇。張角破，邊韓羈。宛潁平，南土綏。神武章，渥澤施。金聲震，仁風馳。顯高門，啓皇基。統罔極，垂將來。

右炎精缺曲凡三十句，句三字。

漢之季者，武烈皇帝悼漢之微，痛卓之亂，興兵奮擊，功蓋海內也。漢曲有思悲翁，此篇當之。第二。

漢之季，董卓亂。桓桓武烈，應時運。義兵興，雲旗建。厲六師，羅八陳。飛鳴鏑，接白刃。輕騎發，介士奮。醜虜震，使衆散。劫漢主，遷西館。雄豪怒，元惡僨。赫赫皇祖，功名聞。

右漢之季曲凡二十句，其十八句句三字，二句句四字。

攄武師者，言大皇帝卒武烈之業而奮征也。漢曲有艾如張，此篇當之。第三。

攄武師，斬黃祖。肅夷凶族，革平西夏。炎炎大烈，震天下。

右攄武師曲凡六句，其三句句三字，三句句四字。

烏林者，言曹操既破荆州，從流東下，欲來爭鋒。大皇帝命將周瑜逆擊之於烏林而破走也。漢曲有上之回，此篇當之。第四。

曹操北伐，拔柳城。乘勝席卷，遂南征。劉氏不睦，八郡震驚。〔二七〕衆既降，操屠荆。舟車十萬，揚風聲。議者狐疑，慮無成。賴我大皇，發聖明。虎臣雄烈，周與程。破操烏林，顯章功名。

右伐烏林曲凡十八句，其十句句四字，八句句三字。

秋風者，言大皇帝說以使民，民忘其死。漢曲有擁離，此篇當之。第五。

秋風揚沙塵，寒露霑衣裳。角弓持弦急，鳩鳥化爲鷹。邊垂飛羽檄，寇賊侵界疆。跨馬披介冑，慷慨懷悲傷。辭親向長路，安知存與亡。窮達固有分，志士思立功。邀之戰場，身逸獲高賞，身沒有遺封。

右秋風曲凡十五句，其十四句句五字，一句四字。

克皖城者，言曹操志圖幷兼，而令朱光爲廬江太守。上親征光，破之於皖城也。漢曲有戰城南，此篇當之。第六。

克滅皖城，遏寇賊。惡此凶孽，阻姦慝。王師赫征，衆傾覆。除穢去暴，戢兵革。民得就農，邊境息。誅君弔臣，昭至德。

右克皖城曲凡十二句，其六句句三字，六句句四字。

關背德者，言蜀將關羽背棄吳德，心懷不軌。大皇帝引師浮江而禽之也。漢曲有巫山高，此篇當之。第七。

關背德，作鴟張。割我邑城，圖不祥。稱兵北伐，圍樊襄陽。嗟臂大於股，將受其殃。巍巍吳聖主，叡德與玄通。與玄通，親任呂蒙。泛舟洪氾池，泝涉長江。神武一何桓桓！聲烈正與風翔。歷撫江安城，〔二八〕大據郢邦。虜羽授首，百蠻咸來同，盛哉無比隆。

右關背德曲凡二十一句，其八句句四字，二句句六字，七句句五字，四句句三字。

通荆門者，言大皇帝與蜀交好齊盟，中有關羽自失之愆，戎蠻樂亂，生變作患，蜀疑其眩，吳惡其詐，乃大治兵，終復初好也。漢曲有上陵，此篇當之。第八。

荆門限巫山，高峻與雲連。蠻夷阻其險，歷世懷不賓。漢王據蜀郡，崇好結和親。乖微中情疑，讒夫亂其間。大皇赫斯怒，虎臣勇氣震。蕩滌幽藪，討不恭。觀兵揚炎燿，厲鋒整封疆。整封疆，闡揚威武容。功赫戲，洪烈炳章。邈矣帝皇世，聖吳同厥風。荒裔望清

化，化恢弘。煌煌大吳，延祚永未央。

右通荊門曲凡二十四句，其十七句句五字，四句句三字，三句句四字。

章洪德者，言大皇帝章其大德，而遠方來附也。漢曲有將進酒，此篇當之。第九。

章洪德，邁威神。感殊風，懷遠鄰。平南裔，齊海濱。越裳貢，扶南臣。珍貨充庭，所見日新。

右章洪德曲凡十句，其八句句三字，二句句四字。

從曆數者，言大皇帝從籙圖之符，而建大號也。漢曲有有所思，此篇當之。第十。

從曆數，於穆我皇帝。聖哲受之天，神明表奇異。建號創皇基，聰叡協神思。德澤浸及昆蟲，浩蕩越前代。三光顯精燿，陰陽稱至治。肉角步郊畛，鳳凰棲靈囿。神龜游沼池，圖讖摹文字。黃龍覿鱗，符祥日月記。覽往以察今，我皇多噂事。上欽昊天象，下副萬姓意。光被彌蒼生，家戶蒙惠賚。風教肅以平，頌聲章嘉喜。大吳興隆，綽有餘裕。

右從曆數曲凡二十六句，其一句句三字，三句句四字，二十二句句五字，一句六字。

承天命者，言上以聖德踐位，道化至盛也。[二九]漢曲有芳樹，此篇當之。第十一。

承天命，於昭聖德。三精垂象，符靈表德。巨石立，九穗植。龍金其鱗，烏赤其色。輿

人歌，億夫歎息。超龍升，襲帝服。躬淳懿，體玄默。夙興臨朝，勞謙日昃。易簡以崇仁，放遠讒與慝。舉賢才，親近有德。均田疇，茂稼穡。審法令，定品式。考功能，明黜陟。人思自盡，惟心與力。家國治，王道直。思我帝皇，壽萬億。長保天祿，祚無極。

右承天命曲凡三十四句，其十九句句三字，二句句五字，十三句句四字。

玄化者，言上修文訓武，則天而行，仁澤流洽，天下喜樂也。漢曲有上邪，此篇當之。第十二。

玄化象以天，陛下聖眞。張皇綱，率道以安民。惠澤宣流而雲布，上下睦親。君臣酣宴樂，激發弦歌揚妙新。修文籌廟勝，須時備駕巡洛津。康哉泰，四海歡忻，越與三五鄰。

右玄化曲凡十三句，其五句句五字，二句句三字，三句句四字，三句句七字。

今鼓吹鐃歌詞樂人以音聲相傳，訓詁不可復解。

大竭夜烏自云何來堂吾來聲烏奚姑悟姑尊盧聖子黃尊來餱清嬰烏白日爲隨來郭吾微令吾

應龍夜烏由道何來直子爲烏奚如悟姑尊盧雞子聽烏虎行爲來明吾微令吾

詩則夜烏道祿何來黑洛道烏奚悟如尊爾尊盧起黃華烏伯遼爲國日忠雨令吾

伯遼夜烏若國何來日忠雨烏奚如悟姑尊盧面道康尊錄龍永烏赫赫福胙夜音微令吾

右四解，上邪曲。

幾令吾幾令諸韓亂發正令吾

幾令吾諸韓從聽心令吾若里洛何來韓微令吾

尊盧忌盧文盧子路子路爲路雞如文盧炯烏諸胙微令吾

幾令諸韓或公隨令吾

幾令吾幾諸或言隨令吾黑洛何來諸韓微令吾

尊盧安成隨來兔路路子爲吾路奚如文盧炯烏諸胙微令吾

右九解，晚芝曲。[三〇]漢曲有遠期，疑是。

幾令吾呼曆舍居執來隨咄武子邪令烏銜針相風其右其右

幾令吾呼羣議破葫執來隨吾咄武子邪令烏今烏今朧入海相風及後

幾令吾呼無公赫吾執來隨吾咄武子邪令烏無公赫吾娽立諸布始布

右三解，艾如張曲。[三一]

鼓吹鐃歌十五篇　何承天義熙中私造

朱路篇

朱路揚和鸞，翠蓋燿金華。玄牡飾樊纓，流旌拂飛霞。雄戟闢曠塗，班劍翼高車。三

軍且莫喧，聽我奏鐃歌。清鞞鶩短簫，朗鼓節鳴笳。人心惟愷豫，茲音亮且和。輕風起紅塵，渟瀾發微波。逸韻騰天路，頹響結城阿。仁聲被八表，威震振九遐。嗟嗟介胄士，勗哉念皇家。

思悲公篇

思悲公，懷袞衣。東國何悲，公西歸。公西歸，流二叔，幼主既悟，偃禾復。偃禾復，聖志申。營都新邑，從斯民。從斯民，德惟明。制禮作樂，興頌聲。興頌聲，致嘉祥。鳴鳳爰集，萬國康。萬國康，猶弗已。握髮吐餐，下羣士。惟我君，繼伊周。親覩盛世，復何求。

雍離篇

雍士多離心，荆民懷怨情。二凶不量德，構難稱其兵。王人銜朝命，正辭糾不庭。上宰宣九伐，萬里舉長旌。樓船掩江濆，駟介飛重英。歸德戒後夫，賈勇尚先鳴。逆徒既不濟，愚智亦相傾。霜鋒未及染，鄢郢忽已清。西川無潛鱗，北渚有奔鯨。凌威致天府，一戰夷三城。江漢被美化，宇宙歌太平。惟我東郡民，曾是深推誠。

戰城南篇

戰城南，衝黃塵。丹旌電烻，鼓雷震。勍敵猛，戎馬殷。橫陳亘野，若屯雲。仗大從，[三二]應三靈。義之所感，士忘生。長劍擊，繁弱鳴。飛鏑炫晃，亂奔星。虎騎躍，華毦

旋。朱火延起，騰飛煙。驍雄斬，高旗搴。長角浮叫，響清天。夷羣寇，殪逆徒。餘黎霑惠，詠來蘇。奏愷樂，歸皇都。班爵獻俘，邦國娛。

巫山高篇

巫山高，三峽峻。青壁千尋，深谷萬仞。崇巖冠靈，林冥冥。山禽夜響，晨猿相和鳴。洪波迅澓，載逝載停。悽悽商旅之客，懷苦情。在昔陽九，皇綱微。李氏竊命，宣武燿靈威。蠢爾逆縱，復踐亂機。王旅薄伐，傳首來至京師。古之爲國，惟德是貴。力戰而虛民，〔三三〕鮮不顛墜。矧乃叛戾，伊胡能遂。咨爾巴子，無放肆。

上陵者篇

上陵者，相追攀。被服纖麗，振綺紈。攜童幼，升崇巒。南望城闕，鬱槃桓。王公第，通衢端。高甍華屋，列朱軒。臨濬谷，掇秋蘭。士女悠奕，映隰原。指營丘，感牛山。爽鳩既沒，景君歎。嗟歲聿，游不還。〔三四〕志氣衰沮，玄鬢斑。野莽宿，墳土乾。顧此纍纍，中心酸。生必死，亦何怨。取樂今日，展情歡。

將進酒篇

將進酒，慶三朝。備繁禮，薦嘉肴。榮枯換，霜霧交。緩春帶，命朋僚。車等旗，馬齊鑣。懷溫克，樂林濠。士失志，慍情勞。思旨酒，寄游遨。敗德人，甘醇醪。耽長夜，或淫

妖。興屢舞，厲哇謠。形傞傞，聲號呶。首既濡，志亦荒。性命夭，國家亡。嗟後生，節酣觴。匪酒辜，孰爲殃。

君馬篇

君馬麗且閑，揚鑣騰逸姿。駿足躡流景，高步追輕飛。冉冉六轡柔，奕奕金華暉。輕霄翼羽蓋，長風靡淑旂。願爲范氏驅，雍容步中畿。豈效詭遇子，馳騁趣危機。鉛陵策良駟，造父爲之悲。不怨吳坂峻，但恨伯樂稀。赦彼岐山盜，實濟韓原師。柰何漢魏主，縱情營所私。疲民甘藜藿，廐馬患盈肥。人畜貿厥養，蒼生將焉歸。

芳樹篇

芳樹生北庭，豐隆正裴徊。翠穎陵冬秀，紅葩迎春開。佳人閑幽室，惠心婉以諧。蘭房掩綺幌，綠草被長階。日夕游雲際，歸禽命同棲。皓月盈素景，涼風拂中閨。哀弦理虛堂，要妙清且悽。嘯歌流激楚，傷此碩人懷。梁塵集丹帷，微飆揚羅袿。豈怨嘉時莫，徒惜良願乖。

有所思篇

有所思，思昔人。曾閔二子，善養親。和顏色，奉晨昏。至誠烝烝，通明神。鄒孟軻，爲齊卿。稱身受祿，不貪榮。道不用，獨擁楹。三徙既誶，禮義明。飛鳥集，猛獸附。功成

事畢，乃更娶。哀我生，遘凶旻。幼罹荼毒，備艱辛。慈顏絕，見無因。長懷永思，託丘墳。

雉子游原澤篇

雉子游原澤，幼懷耿介心。飲啄雖勤苦，不願棲園林。古有避世士，抗志清霄岑。浩然寄卜肆，揮櫂通川陰。消搖風塵外，散髮撫鳴琴。卿相非所眄，何況於千金。功名豈不美，寵辱亦相尋。冰炭結六府，憂虞纏胸襟。當世須大度，量己不克任。三復泉流誡，自驚良已深。

上邪篇

上邪下難正，衆枉不可矯。音和響必清，端影緣直表。大化揚仁風，齊人猶偃草。聖王既已沒，誰能弘至道。開春湛柔露，代終肅嚴霜。承平貴孔孟，政敝侯申商。孝公明賞罰，六世猶克昌。李斯肆濫刑，秦氏所以亡。漢宣隆中興，魏祖寧三方。譬彼針與石，效疾故稱良。行葦非不厚，悠悠何詎央。琴瑟時未調，〔三五〕改弦當更張。矧乃治天下，此要安可忘。

臨高臺篇

臨高臺，望天衢。飄然輕舉，陵太虛。攜列子，超帝鄉。雲衣雨帶，乘風翔。肅龍駕，會瑤臺。清暉浮景，溢蓬萊。濟西海，濯洧盤。佇立雲岳，結幽蘭。馳迅風，遊炎州。願言

桑梓，思舊遊。傾霄蓋，靡電旌。降彼天塗，頹窈冥。辭仙族，歸人羣。懷忠抱義，奉明君。任窮達，隨所遭。何爲遠想，令心勞。

遠期篇

遠期千里客，肅駕候良辰。近命城郭友，具爾惟懿親。高門啓雙闈，長筵列嘉賓。中唐儛六佾，三廂羅樂人。簫管激悲音，羽毛揚華文。金石響高宇，絃歌動梁塵。修標多巧捷，丸劍亦入神。遷善自雅調，成化由清均。主人垂隆慶，羣士樂亡身。願我聖明君，邇期保萬春。

石流篇

石上流水，湔湔其波。發源幽岫，永歸長河。瞻彼逝者，歲月其偕。子在川上，惟以增懷。嗟我殷憂，載勞寤寐。遘此百罹，有志不遂。行年倏忽，長勤是嬰。永言沒世，悼茲無成。幸遇開泰，沐浴嘉運。緩帶安寢，亦又何慍。古之爲仁，自求諸己。虛情遙慕，終於徒已。

聖人制禮樂一篇，巾舞歌一篇，桉景祐廣樂記言，〔三六〕字訛謬，聲辭雜書。宋鼓吹鐃歌

辭四篇，舊史言，詁不可解。漢鼓吹鐃歌十八篇，按古今樂録，皆聲、辭、豔相雜，不復可分。

校勘記

〔一〕當關東有賢女　「關東」各本並作「關中」。按本卷首列漢鞞舞歌作「關東有賢女」，不作「關中有賢女」，今改正。

〔二〕鄒羨囚燕市　「鄒羨」樂府詩集五三作「鄒衍」。蓋沈約避梁武帝諱改。

〔三〕鍾擊位無餘　曹植集作「擊鐘爵無餘」。

〔四〕帝王道　「道」下晉書樂志有「大」字，是。

〔五〕前鋒據項城　「城」各本並作「成」，據晉書樂志、樂府詩集五三改。

〔六〕聖人制禮樂篇　樂府詩集五四引古今樂錄云：「古鐸舞曲有聖人制禮樂篇，聲辭雜寫，不復可辨，相傳如此。」

〔七〕夏夏殷澕　各本不疊「夏」字，據南齊書樂志、樂府詩集五四補。

〔八〕形爲主　「形」各本及樂府詩集五四作「刑」，據南齊書樂志改。

〔九〕樂道亡飢　「飢」各本並作「餘」，據晉書樂志、樂府詩集五四改。

〔一〇〕苦身不已　各本並脫「苦」字，據晉書樂志、樂府詩集五四補。

〔一一〕右五篇拂舞行　據前後文例，「拂舞」下當脫「歌」字。

〔一二〕白紵舞歌詩三篇　樂府詩集五五亦有此篇，通篇上下兩句對換，讀之文義似較宋書樂志爲長。

〔一三〕衰數隨金祿登曆昌水命　「水命」北監本、毛本、殿本、局本作「永命」，今據三朝本作「水命」。按五行，晉金德王，宋水德王，故上云「金祿」，下云「水命」。

〔一四〕廟勝敷九伐　「九伐」各本並作「九代」，據樂府詩集五六改。

〔一五〕慶歸我后祚無疆　按此詩宋明帝所製。烈武謂臨川烈武王道規。景王謂長沙景王道憐。南康謂南康郡公劉穆之。華容謂華容縣公王弘。左軍謂贈左將軍王鎮惡。三王謂王華、王曇首、王敬弘等。到謂到彥之。丞相謂江夏文獻王義恭，義恭死後明帝追贈丞相。沈謂沈慶之，柳謂柳元景，宗謂宗慤。司徒謂始安王休仁，驃騎謂晉平王休祐。江安謂江安侯王景文，殷謂殷孝祖。劉謂劉劭，沈謂沈攸之。

〔一六〕黃鵠翥之以千里　「千里」兩字，三朝本、樂府詩集一六作「重」一字，本注云：「一作千里。」今從北監本、毛本、殿本、局本作「千里」。

〔一七〕今第一曲初之平　古今樂錄作「初之平」，同宋書樂志。晉書樂志、樂府詩集一八作「楚之平」。按此曲言曹操平邊章、韓遂於金城事，與楚地無關，疑作「初之平」不誤。

〔一八〕北踰岡平　按三國志魏志武帝紀載曹操北征三郡烏丸，引軍出盧龍塞，「經白檀，歷平岡，涉鮮卑庭，東指柳城」。則此「岡平」當作「平岡」。

〔一九〕又能用武以誅孟度之逆命也　「孟度」晉書樂志、元龜五六六作「孟達」。按孟達字子度，蜀將降魏，後又叛魏，爲司馬懿所攻殺。事見三國志魏志明帝紀及蜀志劉封傳。本卷晉鞞舞歌天命篇亦作「孟度阻窮險」。

〔二〇〕古艾而張行　「艾而張」上漢鼓吹作艾如張。

〔二一〕宣皇輔政　「政」各本並作「正」，據晉書樂志、樂府詩集一九改。

〔二二〕時運多難　各本並脫「難」字，據晉書樂志、樂府詩集一九補。

〔二三〕聰鑑玄察　「察」各本並作「發」，據晉書樂志、樂府詩集一九改。

〔二四〕德化四表　三朝本作「德化四表」。北監本、毛本、殿本、局本、晉書樂志、樂府詩集一九作「德化飛四表」。

〔二五〕有其證靈液　各本並脫「液」字，據晉書樂志、樂府詩集一九改。殿本考證云：「按原文當有『液』字，後人疑此二句韻不諧，故去一『液』字，以『靈』字合於上文繩、徵、矜、陵等字爲一韻。不知古人詩歌，凡今庚、青部之字，皆不與蒸部同用。若存此『液』字，則與上句『籍』字別爲一韻，更合也。」

〔二六〕今親遊方國　「方」樂府詩集一九作「萬」。本注云：「一作方」。

〔二七〕八郡震驚　「八郡」各本並作「八都」，據樂府詩集一八改。按後漢荆州所屬七郡，南陽、南郡、江夏、零陵、桂陽、武陵、長沙。劉表據荆州，又分南郡枝江以西立臨江郡，故此曰八郡。

〔二八〕歷撫江安城　按本書州郡志：「江安侯相，晉武帝太康元年立。」是建安時不得有江安。此「江安城」疑當作「公安城」。孫權欲襲關羽，先遣呂蒙擊取公安城，然後進據江陵，見三國志吳志呂蒙傳。

〔二九〕道化至盛也　「盛」字上，各本並有「德」字，據樂府詩集一八、元龜五六五刪。

〔三〇〕右九解晚芝曲　「曲」字各本並作「田」，據樂府詩集一九改。又按晚芝曲九解，宋志惟收六解，尚漏三解。九解樂府詩集一九全載。

〔三一〕右三解艾如張曲　各本並脫「如」字，據樂府詩集一九補。

〔三二〕仗大從　「從」樂府詩集一九作「順」。蓋何承天原作作「順」，沈約爲梁武帝父蕭順之諱改。

〔三三〕力戰而虛民　「虛」局本、樂府詩集一九作「虐」。

〔三四〕游不還　「游」樂府詩集一九作「逝」。

〔三五〕琴瑟時未調　「未」各本並作「永」，據樂府詩集一九改。

〔三六〕按景祐廣樂記言　「景祐」各本並作「景祹」。按鄭樵通志藝文略樂部著錄景祐廣樂記八十一卷。景祐，宋仁宗年號。今改正。

宋書

梁沈約撰

第三册

卷二三至卷三四（志）

中華書局

宋書卷二十三

志第十三

天文一

言天者有三家，一曰宣夜，二曰蓋天，三曰渾天，而天之正體，經無前說，馬書、班志，又闕其文。漢靈帝議郎蔡邕於朔方上書曰：「論天體者三家，宣夜之學，絕無師法。周髀術數具存，考驗天狀，多所違失。惟渾天僅得其情，今史官所用候臺銅儀，則其法也。立八尺圓體，而具天地之形，以正黃道，占察發斂，以行日月，以步五緯，精微深妙，百世不易之道也。官有其器而無本書，〔一〕前志亦闕而不論，本欲寢伏儀下，思惟微意，按度成數，以著篇章。罪惡無狀，投界有北，灰滅雨絕，勢路無由。宜問羣臣，下及巖穴，知渾天之意者，使述其義。」時閹官用事，邕議不行。

漢末吳人陸績善天文，始推渾天意。王蕃者，廬江人，吳時爲中常侍，善數術，傳劉洪

乾象曆。依乾象法而制渾儀，立論考度曰：

前儒舊說，天地之體，狀如鳥卵，天包地外，猶殼之裹黃也。周旋無端，其形渾渾然，故曰渾天也。周天三百六十五度五百八十九分度之百四十五，半露地上，半在地下。其二端謂之南極、北極。北極出地三十六度，南極入地亦三十六度，兩極相去一百八十二度半强。繞北極徑七十二度，常見不隱，謂之上規；繞南極七十二度，常隱不見，謂之下規。赤道帶天之紘，去兩極各九十一度少强。

黃道，日之所行也。半在赤道外，半在赤道內，與赤道東交於角五少弱，西交於奎十四少强。其出赤道外極遠者，去赤道二十四度，斗二十一度是也。其入赤道內極遠者，亦二十四度，井二十五度是也。

日南至在斗二十一度，去極百一十五度少强是也。日最南，去極最遠，故景最長。黃道斗二十一度，出辰入申，故日亦出辰入申。日晝行地上百四十六度强，故日短；夜行地下二百一十九度少弱，故夜長。自南至之後，日去極稍近，故景稍短。日晝行地上度稍多，故日稍長；夜行地下度稍少，故夜稍短。日所在度稍北，故日稍北，以至於夏至，日在井二十五度，去極六十七度少强，是日最北，去極最近，景最短。黃道井二十五度，出寅入戌，故日亦出寅入戌。日晝行地上二百一十九度少弱，故日長；夜行地

下百四十六度强，故夜短。自夏至之後，日去極稍遠，故景稍長。日晝行地上度稍少，故日稍短；夜行地下度稍多，故夜稍長。日所在度稍南，故日出入稍南，以至於南至而復初焉。斗二十一，井二十五，南北相覺四十八度。

春分日，在奎十四少强，秋分日，在角五少弱，此黃赤二道之交中也。去極俱九十一度少强，南北處斗二十一井二十五之中，故景居二至長短之中。奎十四，角五，出卯入酉，故日亦出卯入酉。日晝行地上，夜行地下，俱百八十二度半强。〔二〕故日見之漏五十刻，不見之漏五十刻，謂之晝夜同。夫天之晝夜，以日出入爲分，人之晝夜，以昏明爲限。日未出二刻半而明，日已入二刻半而昏，故損夜五刻以益晝，是以春秋分之漏晝五十五刻。

三光之行，不必有常，術家以算求之，各有同異，故諸家曆法參差不齊。洛書甄燿度、春秋考異郵皆云周天一百七萬一千里，一度爲二千九百三十二里七十一步二尺七寸四分四百八十七分分之三百六十二。陸績云：「天東西南北徑三十五萬七千里，此言周三徑一也。考之徑一不啻周三，率周百四十二而徑四十五，則天徑三十三萬九千四百一里一百二十二步三尺二寸一分七十一分分之九。〔三〕

周禮：「日至之景，尺有五寸，謂之地中。」鄭衆說「土圭之長，尺有五寸。以夏至之

日，立八尺之表，其景與土圭等，謂之地中，今潁川陽城地也。」鄭玄云：「凡日景於地千里而差一寸，景尺有五寸者，南戴日下萬五千里也。」以此推之，日當去其下地八萬里矣。日邪射陽城，則天徑之半也。天體圓如彈丸，地處天之半，而陽城爲中，則日春秋冬夏，昏明晝夜，去陽城皆等，無盈縮矣。故知從日邪射陽城爲天徑之半也。

以句股法言之，傍萬五千里，句也，立八萬里，股也，從日邪射陽城，弦也。以句股求弦法入之，得八萬一千三百九十四里三十步五尺三寸六分，天徑之半，而地上去天之數也。倍之，得十六萬二千七百八十八里六十一步四尺七寸二分，天徑之數也。以周率乘之，徑率約之，得五十一萬三千六百八十七里六十八步一尺八寸二分，〔四〕周天之數也。減甄耀度、考異郵五十五萬七千三百一十二里有奇。一度凡千四百六里百二十四步六寸四分十萬七千五百六十五分分之萬九千三十九，減舊度千五百二十五里二百五十六步三尺三寸二十一萬五千一百三十分分之十六萬七百三十分。

黃赤二道，相與交錯，其間相去二十四度。以兩儀推之，二道俱三百六十五度有奇，是以知天體圓如彈丸。而陸績造渾象，其形如鳥卵，然則黃道應長於赤道矣。績云天東西南北徑三十五萬七千里，然則績亦以天形正圓也。而渾象爲鳥卵，則爲自相違背。

古舊渾象以二分爲一度，凡周七尺三寸半分。張衡更制，以四分爲一度，凡周一丈四尺六寸。蕃以古制局小，星辰稠穊；衡器傷大，難可轉移。更制渾象，以三分爲一度，凡周天一丈九寸五分四分分之三也。

御史中丞何承天論渾象體曰：「詳尋前說，因觀渾儀，研求其意，有以悟天形正圓，而水周其下。言四方者，東曰暘谷，〔五〕日之所出，西至濛汜，日之所入。莊子又云：『北溟之魚，化而爲鳥，將徙於南溟。』斯亦古之遺記，四方皆水證也。四方皆水，謂之四海。凡五行相生，水生於金。〔六〕是故百川發源，皆自山出，由高趣下，歸注於海。〔七〕日爲陽精，光耀炎熾，一夜入水，所經燋竭，百川歸注，足於補復，故旱不爲減，浸不爲益。徑天之數，蕃說近之。」

太中大夫徐爰曰：「渾儀之制，未詳厥始。王蕃言『虞書稱「在琁璣玉衡，以齊七政」，則今渾天儀日月五星是也。鄭玄說「動運爲機，持正爲衡，皆以玉爲之。視其行度，觀受禪是非也」。渾儀，羲和氏之舊器，歷代相傳，謂之機衡，其所由來，有原統矣。而斯器設在候臺，史官禁密，學者寡得聞見，穿鑿之徒，不解機衡之意，見有七政之言，因以爲北斗七星，構造虛文，託之讖緯，史遷、班固，猶尚惑之。鄭玄有贍雅高遠之才，沈靜精妙之思，超然獨見，改正其說，聖人復出，不易斯言矣』。蕃之所云如此。夫候審七曜，當以運行爲體，設器

擬象，焉得定其盈縮，推斯而言，未爲通論。設使唐、虞之世，已有渾儀，涉歷三代，以爲定準，後世聿遵，孰敢非革。而三天之儀，紛然莫辯，至揚雄方難蓋通渾。張衡爲太史令，乃鑄銅制範，衡傳云：『其作渾天儀，考步陰陽，最爲詳密。』故知自衡以前，未有斯儀矣。蕃又云『渾天遭秦之亂，師徒喪絕，而失其文，惟渾天儀尚在候臺。』案旣非舜之琁玉，又不載今儀所造，以緯書爲穿鑿，鄭玄爲博實，偏信無據，未可承用。夫琁玉，貴美之名，機衡，詳細之目，所以先儒以爲北斗七星，天綱運轉，聖人仰觀俯察，以審時變焉。」

史臣案：設器象，定其恒度，合之則吉，失之則凶，以之占察，有何不可。渾文廢絕，故有宣、蓋之論，其術並疎，故後人莫述。揚雄法言云：「或人問渾天於雄。雄曰：『落下閎營之，鮮于妄人度之，耿中丞象之，幾幾乎莫之違也。』」若問天形定體，渾儀疎密，則雄應以渾義答之，而舉此三人以對者，則知此三人制造渾儀，以圖晷緯。問者蓋渾儀之疎密，非問渾儀之淺深也。以此而推，則西漢長安已有其器矣。將由喪亂亡失，故衡復鑄之乎？王蕃又記古渾儀尺度幷張衡改制之文，則知斯器非衡始造明矣。衡所造渾儀，傳至魏、晉，中華覆敗，沈沒戎虜，績、蕃舊器，亦不復存。晉安帝義熙十四年，高祖平長安，得衡舊器，儀狀雖舉，不綴經星七曜。

文帝元嘉十三年，詔太史令錢樂之更鑄渾儀，徑六尺八分少，周一丈八尺二寸六分少，

地在天內，立黃赤二道，南北二極規二十八宿，北斗極星，五分爲一度，置日月五星於黃道之上，置立漏刻，以水轉儀，昏明中星，與天相應。十七年，又作小渾天，徑二尺二寸，周六尺六寸，以分爲一度，安二十八宿中外宮，以白黑珠及黃三色爲三家星，〔八〕日月五星，悉居黃道。

蓋天之術，云出周公旦訪之殷商，蓋假託之說也。其書號曰周髀。髀者表也。周天之數也。其術云：「天如覆蓋，地如覆盆，地中高而四隤，日月隨天轉運，隱地之高，以爲晝夜也。天地相去凡八萬里，天地之中，高於外衡六萬里，地上之高，高於天之外衡二萬里也。」或問蓋天於揚雄。揚雄曰：「蓋哉！蓋哉！」難其八事。鄭玄又難其二事。爲蓋天之學者，不能通也。劉向五紀說，夏曆以爲列宿日月皆西移，列宿疾而日次之，月最遲。故日與列宿昏俱入西方，後九十一日，是宿在北方；又九十一日，是宿在東方；九十一日，在南方。此明日行遲於列宿也。月生三日，日入而月見西方；至十五日，日入而月見東方，將晦，日未出，乃見東方。以此明月行之遲於日，而皆西行也。向難之以鴻範傳曰：「晦而月見西方，謂之朓。朓，疾也。朔而月見東方，謂之側匿。側匿，遲不敢進也。星辰西行，史官謂之逆行。」此三說，夏曆皆違之，迹其意，好異者之所作也。

晉成帝咸康中，會稽虞喜造安天論，以爲「天高窮於無窮，地深測於不測。地有居靜之

體，天有常安之形。論其大體，當相覆冒，方則俱方，圓則俱圓，無方圓不同之義也」。〔九〕喜族祖河間太守聳又立穹天論云：〔一〇〕「天形穹隆，當如雞子幕，其際周接四海之表，浮乎元氣之上。」而吳太常姚信造昕天論曰：「嘗覽漢書云：冬至日在牽牛，去極遠；夏至日在東井，去極近。欲以推日之長短，信以太極處二十八宿之中央，雖有遠近，不能相倍。」今昕天之說，以爲「冬至極低，而天運近南，故日去人遠，而斗去人近，北天氣至，故冰寒也。夏至極起，而天運近北，而斗去人遠，〔一一〕日去人近，南天氣至，故炎熱也。極之立時，日行地中淺，故夜短，天去地高，故晝長也。極之低時，日行地中深，故夜長，天去地下淺，故晝短也。然則天行寒依於渾，夏依於蓋也」。按此說應作「軒昂」之「軒」，而作「昕」，所未詳也。凡三說皆好異之談，失之遠矣。

凡天文經星，常宿中外宮，前史已詳。今惟記魏文帝黃初以來星變爲天文志，以續司馬彪云。

魏文帝黃初三年九月甲辰，客星見太微左掖門內。占曰：「客星出太微，國有兵喪。」十月，孫權叛命，帝自南征，前驅臨江，破其將呂範等。是後累有征役。七年五月，文帝崩。

黃初四年三月癸卯，〔一二〕月犯心大星。十一月丙子，月又犯心大星。占曰：「心爲天王，

王者惡之。」七年五月，文帝崩。

黃初四年六月甲申，太白晝見。五年十一月辛卯，〔一三〕太白又晝見。案劉向五紀論曰：「太白少陰，弱，不得專行，故以巳未爲界，不得經天而行。經天則晝見，其占爲兵，爲喪，爲不臣，爲更王。强國弱，小國强。」是時孫權受魏爵號，而稱兵距守。七年五月，文帝崩。八月，吳遂圍江夏，寇襄陽，魏江夏太守文聘固守得全。大將軍司馬懿救襄陽，斬吳將張霸。

黃初四年十一月，月暈北斗。占曰：「有大喪，赦天下。」七年五月，文帝崩，明帝卽位，大赦天下。

黃初五年十月，歲星入太微，逆行積百三十九日乃出。占曰：「五星入太微，從右入三十日以上，人主有大憂。」一曰：「有赦至。」七年五月，文帝崩，明帝卽位，大赦天下。

黃初六年五月十六日壬戌，熒惑入太微，至二十六日壬申，與歲星相及，俱犯右執法，至二十七日癸酉，乃出。占曰：「從右入三十日以上，人主有大憂。」又「日月五星犯左右執法，大臣有憂」。一曰：「執法者誅。金火尤甚。」十一月，皇子東武陽王鑒薨。七年正月，驃騎將軍曹洪免爲庶人。四月，征南大將軍夏侯尚薨。五月，文帝崩。蜀記稱：「明帝問黃權曰：『天下鼎立，何地爲正？』對曰：『當驗天文。往熒惑守心，而文皇帝崩，吳、蜀無事，此其徵也。』」案三國史並無熒惑守心之文，宜是入太微。

黃初六年十月乙未，有星孛于少微，歷軒轅。案占，孛、彗異狀，其殃一也。爲兵喪除舊布新之象，餘災不盡，爲旱凶飢暴疾。長大見久災深；短小見速災淺。是時帝軍廣陵，辛丑，親御甲冑，跨馬觀兵。明年五月，文帝崩。

魏明帝太和四年十一月壬戌，〔一四〕太白犯歲星。占曰：「太白犯五星，有大兵。犯列宿，爲小兵。」五年三月，諸葛亮以大衆寇天水，遣大將軍司馬懿距退之。〔一五〕

太和五年五月，〔一六〕熒惑犯房。占曰：「房四星，股肱臣將相位也。月五星犯守之，將相有憂。」七月，車騎將軍張郃追諸葛亮，爲其所害。十二月，太尉華歆薨。

太和五年十一月乙酉，月犯軒轅大星。占曰：「女主憂。」十二月甲辰，月犯鎭星。〔一七〕占曰：「女主當之。」六年三月乙亥，月又犯軒轅大星。青龍二年十一月乙丑，月又犯鎭星。三年正月，太后郭氏崩。

太和六年十一月丙寅，太白晝見南斗，遂歷八十餘日恒見。占曰：「吳有兵。」明年，孫權遣張彌等將兵萬人，錫授公孫淵爲燕王。淵斬彌等，虜其衆。

太和六年十一月丙寅，有星孛于翼，近太微上將星。占曰：「爲兵喪。」甘氏曰：「孛彗所當之國，是受其殃。」翼又楚分，孫權封略也。明年，權有遼東之敗。權又自向合肥新城，遣全琮征六安，皆不克而還。〔一八〕又明年，諸葛亮入秦川，據渭南，司馬懿距之。孫權遣陸議、諸葛瑾等屯江夏口，孫韶、張承等向廣陵淮陽，權以大衆圍新城以應亮。於是帝自東征，權及諸將乃退。太和六年十二月，陳王植薨。青龍元年夏，北海王蕤薨。三年正月，太后郭氏崩。

明帝青龍二年二月乙未，太白犯熒惑。占曰：「大兵起，有大戰。」是年四月，諸葛亮據渭南，吳亦起兵應之，魏東西奔命。九月，亮卒，軍退，將帥分爭，爲魏所破。案占，太白所犯在南，南國敗，在北，北國敗，此宜在熒惑南也。

青龍二年三月辛卯，月犯輿鬼。輿鬼主斬殺。占曰：「民多病，國有憂，又有大臣憂。」是年夏，大疫，冬，又大病，至三年春乃止。正月，太后郭氏崩。四年五月，司徒董昭薨。

青龍二年五月丁亥，太白晝見，積三十餘日。以晷度推之，非秦、魏，則楚也。是時諸葛亮據渭南，司馬懿與相持。孫權寇合肥，又遣陸議、孫韶等入淮、沔，帝親東征。蜀本秦地，則爲秦，晉及楚兵悉起應占。

青龍二年七月己巳，月犯楗閉。占曰：「天子崩，又爲火災。」三年七月，崇華殿災。景初三年正月，明帝崩。

青龍二年十月戊寅，月犯太白。占曰：「人君死，又爲兵。」景初元年七月，公孫淵叛。二年正月，遣司馬懿討之。三年正月，明帝崩。

蜀後主建興十二年，諸葛亮帥大衆伐魏，屯于渭南，有長星赤而芒角，自東北，西南流投亮營，三投再還，往大還小。占曰：「兩軍相當，有大流星來走軍上及墜軍中者，皆破敗之徵也。」九月，亮卒于軍，焚營而退。羣帥交惡，多相誅殘。

魏明帝青龍三年六月丁未，鎭星犯井鉞。四年閏四月乙巳，復犯。戊戌，太白又犯。占曰：「凡月五星犯井鉞，悉爲兵起。」一曰：「斧鉞用，大臣誅。」景初元年，公孫淵叛，司馬懿討滅之。

青龍三年七月己丑，鎭星犯東井。四年三月癸卯，在參，又還犯之。占曰：「塡星入井，大人憂。行近距爲行陰，其占大水，五穀不成。」景初元年夏，大水，傷五穀。九月，皇后毛氏崩。三年正月，明帝崩。

青龍三年十月壬申，太白晝見在尾，歷二百餘日恒見。占曰：「尾爲燕，燕臣强，有兵。」青龍四年三月己巳，太白與月俱加丙，晝見。月犯太白。景初元年七月辛卯，太白又晝見，積二百八十餘日。占悉同上。是時公孫淵自立爲燕王，署置百官，發兵距守，遣司馬懿討滅之。

青龍三年十二月戊辰，月犯鉤鈐。占曰：「王者憂。」景初三年正月，明帝崩。

青龍四年五月壬寅，太白犯畢左股第一星。占曰：「畢爲邊兵，又主刑罰。」九月，涼州塞外胡阿畢師侵犯諸國，西域校尉張就討之，斬首捕虜萬許人。

青龍四年七月甲寅，太白犯軒轅大星。占曰：「女主憂。」景初元年，皇后毛氏崩。

青龍四年十月甲申，有星孛于大辰，長三尺。乙酉，又孛于東方。十一月己亥，彗星見，犯宦者天紀星。占曰：「大辰爲天王，天下有喪。」劉向五紀論曰：「春秋星孛于東方，不言宿者，不加宿也。」宦者在天市爲中外有兵，天紀爲地震。孛彗主兵喪。景初元年六月，地震。九月，吳將朱然圍江夏，荆州刺史胡質擊走之。皇后毛氏崩。二年正月，討公孫淵。三年正月，明帝崩。

魏明帝景初元年二月乙酉，月犯房第二星。占曰：「將相有憂。」七月，司徒陳矯薨。二年四月，司徒韓暨薨。

景初元年十月丁未，月犯熒惑。占曰：「貴人死。」二年四月，司徒韓暨薨。八月，公孫淵滅。

景初二年二月癸丑，月犯心距星，又犯中央大星。五月己亥，又犯心距星及中央大星。閏月癸丑，月又犯心、中央大星。按占，「大星爲天王，前爲太子，後爲皇子。犯大星，王者惡之。犯前星，太子有憂。犯後星，庶子有憂。」三年正月，帝崩，太子立，卒見廢爲齊王。正始四年，秦王詢薨。

景初二年八月彗星見張，長三尺，逆西行，四十一日滅。占曰：「爲兵喪。張，周分野，洛邑惡之。」其十月，斬公孫淵。明年正月，明帝崩。

景初二年十月甲午，月犯箕。占曰：「軍將死。」正始元年四月，車騎將軍黃權薨。

景初二年，司馬懿圍公孫淵於襄平。八月丙寅夜，有大流星長數十丈，色白有芒鬣，從首山北流墜襄平城東南。占曰：「圍城而有流星來走城上及墜城中者破。」又曰：「星墜，當其下有戰場。」又曰：「凡星所墜，國易姓。」九月，淵突圍，走至星墜所被斬，屠城阬其衆。

景初二年十月癸巳，客星見危，逆行在離宮北，騰蛇南。甲辰，犯宗星。己酉滅。占曰：「客星所出有兵喪。虛危爲宗廟，又爲墳墓。客星近離宮，則宮中將有大喪，就先君於宗廟，皆王者崩殞之象也。」三年正月，明帝崩。正始二年五月，吳將朱然圍樊城，司馬懿率衆距卻之。

魏齊王正始元年四月戊午，月犯昴東頭第一星。其年十月庚寅，月又犯昴北頭第四星。占曰：「犯昴，胡不安。」二年六月，鮮卑阿妙兒等寇西方，燉煌太守王延斬之，幷二千餘級。三年，又斬鮮卑大帥及千餘級。

正始元年十月乙酉，彗星見西方，在尾，長三丈，拂牽牛，犯太白。十一月甲子，進犯羽林。占曰：「尾爲燕，又爲吳，牛亦吳、越之分。太白爲上將，羽林中軍兵。吳、越有兵喪，中

軍兵動。」二年五月，吳將全琮寇芍陂，朱然圍樊城，諸葛瑾入沮中。吳太子登卒。六月，司馬懿討諸葛恪於皖，恪焚積聚，棄城走。三年，太尉滿寵薨。

正始二年九月癸酉，月犯輿鬼西北星。西北星主金。三年二月丁未，又犯西南星。西南星主布帛。占曰：「有錢令。」一曰：「大臣憂。」三年三月，太尉滿寵薨。四年正月，帝加元服，賜羣臣錢各有差。

正始四年十月、十一月，月再犯井鉞。是月，司馬懿討諸葛恪，恪棄城走。五年三月，曹爽征蜀。

正始五年十一月癸巳，鎭星犯亢距星。占曰：「諸侯有失國者。」嘉平元年，曹爽兄弟誅。

正始六年八月戊午，彗星見七星，長二尺，色白，進至張，積二十三日滅。七年十一月癸亥，又見軫，長一尺，積百五十六日滅。九年三月，又見昴，長六尺，色青白，芒西南指。七月，又見翼，長二尺，進至軫，積四十二日滅。按占，「七星、張，周分野，翼、軫爲楚，昴爲趙、魏，彗所以除舊布新，主兵喪也。」嘉平元年，司馬懿誅曹爽兄弟及其黨與，皆夷族，京師嚴兵，實始翦魏。三年，誅楚王彪，又襲王淩於淮南。淮南，東楚也。幽魏諸王于鄴。

正始七年七月丁丑，月犯左角。占曰：「天下有兵，將軍死。」九年正月辛亥，月犯亢南

星。占曰：「兵起。」一曰：「軍將死。」七月乙亥，熒惑犯畢距星。占曰：「有邊兵。」一曰：「刑罰用。」嘉平元年，曹爽等誅。三年，王淩等又誅。

正始九年七月癸丑，鎭星犯楗閉。占曰：「王者不宜出宮下殿。」明年，車駕謁陵，司馬懿奏誅曹爽等，天子野宿，於是失勢。

魏齊王嘉平元年六月壬戌，太白犯東井距星。二年三月己未，又犯。占曰：「國失政，大臣爲亂。」四月辛巳，太白犯輿鬼。占曰：「大臣誅。」一曰：「兵起。」三年五月，〔一九〕王淩與楚王彪有謀，皆伏誅。人主遂卑。

吳主孫權赤烏十三年五月，日北至，熒惑逆行入南斗。七月，犯魁第二星而東。漢晉春秋云逆行。按占，熒惑入南斗，三月，吳王死。一曰：「熒惑逆行，其地有死君。」太元二年權薨，是其應也。故國志書於吳而不書於魏也。是時王淩謀立楚王彪，謂斗中有星，當有暴貴者，以問知星人浩詳。詳疑有故，欲說其意，不言吳有死喪，而言淮南楚分，吳、楚同占，當有王者興，故淩計遂定。

魏齊王嘉平二年十月丙申，月犯輿鬼。占曰：「國有憂。」一曰：「大臣憂。」三年四月戊寅，月犯東井。占曰：「軍將死。」一曰：「國有憂。」五月，王淩、楚王彪等誅。七月，皇后甄氏崩。

嘉平三年五月甲寅,月犯亢距星。[二〇]占曰:「將軍死。」一曰:「爲兵。」是月,王淩誅。四年三月,吳將朱然、朱異爲寇,鎭東將軍諸葛誕破走之。

嘉平三年七月己巳,月犯輿鬼。九月乙巳,又犯。四年十一月丁未,又犯鬼積尸。五年七月丙午,月又犯鬼西北星。占曰:「國有憂。」正元元年,李豐等誅,皇后張氏廢。九月,帝廢爲齊王。

齊王嘉平三年十月癸未,熒惑犯亢南星。占曰:「大臣有亂。」正元元年二月,李豐等謀亂誅。

嘉平三年十一月癸未,有星孛于營室,西行積九十日滅。占曰:「有兵喪。室爲後宮,後宮且有亂。」四年二月丁酉,彗星見西方,在胃,長五六丈,色白,芒南指貫參,積二十日滅。五年十一月,彗星又見軫,長五丈,在太微左執法西,東南指,積百九十日滅。按占,「胃,兗州之分,參白虎主兵,太微天子廷,執法爲執政,孛彗爲兵,除舊布新之象。」正元元年二月,李豐、豐弟兗州刺史翼、后父光祿大夫張緝等謀亂,皆誅,皇后亦廢。九月,帝廢爲齊王,高貴鄉公代立。

嘉平五年六月庚辰,月犯箕。占曰:「軍將死。」正元元年正月,鎭東將軍毌丘儉反,兵敗死。

嘉平五年六月戊午,太白犯角。占曰:「羣臣謀不成。」正元元年,李豐等謀泄,悉誅。

嘉平五年七月,月犯井鉞。正元元年二月,李豐等誅。蜀將姜維攻隴西,車騎將軍郭淮討破之。

嘉平五年十一月癸酉,月犯東井距星。占曰:「軍將死。」至六年正月,鎭東將軍豫州刺史毌丘儉、前將軍揚州刺史文欽反,被誅。

魏高貴鄉公正元元年十一月,有白氣出斗側,廣數丈,長竟天。王肅曰:「蚩尤之旗也。東南其有亂乎!」二年正月,毌丘儉等據淮南以叛,大將軍司馬師討平之。案占,「蚩尤旗見,王者征伐四方。」自後又征淮南,西平巴蜀。是歲,吳主孫亮五鳳元年,斗牛,吳、越分。案占,「有兵喪,除舊布新之象也。」太平三年,孫綝盛兵圍宮,廢亮爲會稽王,孫休代立,是其應也。故國志又書於吳。由是淮南江東同揚州地,故于時變見吳、楚之分。則魏之淮南,多與吳同災,是以毌丘儉以孛爲己應,遂起兵而敗,又其應也。後三年,卽魏甘露二年,諸葛誕又反淮南,吳遣朱異救之。及城陷,誕衆吳兵死沒各數萬人,猶前長星之應也。

高貴鄉公正元二年二月戊午,熒惑犯東井北轅西頭第一星。占曰:「羣臣有家坐罪者。」甘露元年,諸葛誕族滅。

吳孫亮太平元年九月壬辰,太白犯南斗,吳志所書也。占曰:「太白犯斗,國有兵,大臣有反者。」其明年,諸葛誕反。又明年,孫綝廢亮,吳、魏並有兵事也。

魏高貴鄉公甘露元年七月乙卯,熒惑犯井鉞。壬戌,月又犯鉞星。二年八月壬子,歲星犯井鉞。九月庚寅,歲星又逆行乘鉞星。三年,諸葛誕夷滅。

甘露元年八月辛亥,月犯箕。占曰:「軍將死。」九月丁巳,月犯東井。占曰:「軍將死。」二年,諸葛誕誅。

甘露二年六月己酉,月犯心中央大星。景元元年五月,高貴鄉公敗。

甘露二年十月丙寅,太白犯亢距星。占曰:「廷臣爲亂,人君憂。」景元元年,有成濟之變。

甘露二年十一月,彗星見角,色白。占曰:「彗見兩角間,色白者,軍起不戰,邦有大喪。」景元元年,高貴鄉公帥左右兵襲晉文王,未交戰,爲成濟所害。

甘露三年三月庚子,太白犯東井。占曰:「國失政,大臣爲亂。」是夜,歲星又犯東井。占曰:「兵起。」至景元元年,高貴鄉公敗。

甘露三年八月壬辰,歲星犯輿鬼質星。占曰:「斧質用,大臣誅。」甘露四年四月甲申,歲星又犯輿鬼東南星。占曰:「鬼東南星主兵。木入鬼,大臣誅。」景元元年,高貴鄉公敗,殺尚書王經。

甘露四年十月丁丑,客星見太微中,轉東南行,[二一]歷軫宿,積七日滅。占曰:「客星出太微,有兵喪。」景元元年,高貴鄉公被害。

魏陳留王景元元年二月,月犯建星。案占,「月五星犯建星,大臣相譖」。是後鍾會、鄧艾破蜀,會譖艾,遂皆夷滅。

景元二年四月,熒惑入太微,犯右執法。占曰:「人主有大憂。」又曰:「大臣憂。」後四年,鄧艾、鍾會皆夷滅。五年,帝遜位。

景元三年十一月壬寅,彗星見亢,色白,長五寸,轉北行,積四十五日滅。占爲兵喪。一曰:「彗見亢,天子失德。」四年,鍾會、鄧艾伐蜀克之。會、艾反亂皆誅,魏遜天下。

景元四年六月,大流星二,並如斗,見西方,分流南北,光照隆隆有聲。案占,流星爲貴使,大者使大。是年,鍾、鄧克蜀,二星蓋二帥之象。二帥相背,又分流南北之應。鍾會旣叛,三軍憤怒,隆隆有聲,兵將怒之徵也。

景元四年十月,歲星守房。占曰:「將相有憂。」一曰:「有大赦。」明年正月,太尉鄧艾、司徒鍾會並誅滅,特赦益土。咸熙二年秋,又大赦。

陳留王咸熙二年五月,彗星見王良,長丈餘,色白,東南指,積十二日滅。占曰:「王良,天子御駟,彗星掃之,禪代之表,除舊布新之象。白色爲喪。王良在東壁宿,又并州之分也。」八月，晉文王薨。十二月，帝遜位于晉。

晉武帝泰始四年正月丙戌，彗星見軫，青白色，西北行，又轉東行。〔二二〕占曰：「爲兵喪。軫又楚分也。」三月，皇太后王氏崩。十月，吳將施績寇江夏，萬彧寇襄陽，後將軍田璋、荊州刺史胡烈等破却之。

泰始四年七月，星隕如雨，皆西流。占曰：「星隕爲民叛，西流，吳民歸晉之象也。」二年，吳夏口督孫秀率部曲二千餘人來降。

泰始五年九月，有星孛于紫宮，占如上。紫宮，天子內宮。十年，武元楊皇后崩。

泰始十年十二月，有星孛于軫。占曰：「天下兵起。軫又楚分也。」咸寧二年六月，星孛于氐。占曰：「天子失德易政。氐又兗州分。」七月，星孛大角。大角爲帝坐。八月，星孛太微，至翼、北斗、三台。占曰：「太微天子廷，大人惡之。」一曰：「有徙王。翼又楚分也。」「北斗主殺罰，三台爲三公。」三年，〔二三〕星孛于胃。胃，徐州分。四月，星孛女御。女御爲後宮。五月，又孛于東方。七月，星孛紫宮。占曰：「天下易主。」五年三月，星孛于柳。占曰：「外臣陵主。柳又三河分也。大角、太微、紫宮、女御，並爲王者。」明年吳亡，是其應也。孛主兵喪，征吳之役，三河、徐、兗之兵悉出，交戰於吳、楚之地。吳丞相都督以下，梟戮十數，偏裨行陣之徒，馘斬萬計，皆其徵也。春秋星孛北方，則齊、魯、晉、鄭、陳、宋、莒之君，並受殺亂

之禍。星孛東方，則楚滅陳，三家、田氏分篡齊、晉。漢文帝末，星孛西方，後吳、楚七國誅滅。案泰始末至太康初，災異數見，而晉氏隆盛，吳實滅，天變在吳可知矣。昔漢三年，星孛大角，項籍以亡，漢氏無事，此項氏主命故也。吳、晉之時，天下橫分，大角孛而吳亡，是與項氏同事。後學皆以咸寧災爲晉室，非也。

晉武帝咸寧四年四月，蚩尤旗見。案星傳，蚩尤旗類彗，而後曲象旗。漢武帝時見，長竟天。獻帝時又見，長十餘丈，皆長星也。魏高貴時則爲白氣。案校衆記，是歲無長星，宜又是異氣。後二年，傾三方伐吳，是其應。至武帝崩，天下兵又起，遂亡諸夏。

咸寧四年九月，太白當見不見。占曰：「是謂失舍，不有破軍，必有死王之墓。又有亡國。」是時羊祜表求伐吳，上許之。五年十一月，兵出，太白始夕見西方。太康元年三月，大破吳軍，孫皓面縛請死，吳國遂亡。

晉武帝太康二年八月，有星孛于張。占曰：「爲兵喪。」周分野，災在洛邑。十一月，星孛軒轅。占曰：「後宮當之。」四年三月戊申，星孛于西南。四年三月癸丑，齊王攸薨。四月戊寅，任城王陵薨。五月己亥，琅邪王伷薨。十一月戊午，新都王該薨。

太康八年三月，熒惑守心。占曰：「王者惡之。」太熙元年四月己酉，武帝崩。〔二四〕

太康八年九月，星孛于南斗，長數十丈，十餘日滅。占曰：「斗主爵祿，國有大憂。」一曰：「孛于斗，王者疾病，臣誅其父，天下易政，大亂兵起。」太熙元年四月，客星在紫宮。占曰：「爲兵喪。」太康末，武帝耽宴遊，多疾病。是月己酉，帝崩。永平元年，賈后誅楊駿及其黨與，皆夷三族。楊太后亦見殺。是年，又誅汝南王亮、太保衞瓘、楚王瑋，王室兵喪之應。

校勘記

〔一〕官有其器而無本書　各本並奪「其」字，據晉書天文志補。

〔二〕俱百八十二度半强　各本皆無「二」字，今從局本。

〔三〕則天徑三十三萬九千四百一里一百二十二步三尺二寸一分七十一分分之九　各本並作「三十二萬九千四百一里一百二十二步二尺二寸一分七十一分分之十」，據錢大昕廿二史考異說改正。

〔四〕得五十一萬三千六百八十七里六十八步一尺八寸二分　「三千」各本並作「二千」，據晉書天文志改。

〔五〕東日暘谷　各本並脫「日」字，據隋書天文志補。

〔六〕凡五行相生水生於金　各本並脫「水生」兩字，據隋書天文志補。

〔七〕歸注於海　各本並作「歸於注海」，據隋書天文志改。

〔八〕以白黑珠及黃三色爲三家星　初學記二十七、御覽八百二引作「以白眞珠及青黃三色珠爲三家星」。

〔九〕無方圓不同之義也　「無方圓」三字，各本並脫。據晉書天文志、隋書天文志補。

〔一〇〕喜族祖河間太守聳又立穹天論云　「河間太守」，晉書天文志隋書天文志皆作「河間相」。張森楷校勘記云：「作相是。三國吳志虞翻傳注亦云聳入晉爲河間相。」

〔一一〕而斗去人遠　各本並脫「而」字，據晉書天文志、隋書天文志補。

〔一二〕黃初四年三月癸卯　「三月癸卯」各本並作「二月癸卯」。按是年二月庚申朔，無癸卯，三月己丑朔，十五日癸卯。今據三國志魏志文帝紀、晉書天文志改。

〔一三〕五年十一月辛卯　「十一月辛卯」，三國志魏志文帝紀、晉書天文志作「十月乙卯」。按是年十月庚戌朔，初六日乙卯。十一月庚辰朔，十二日辛卯。未知孰是。

〔一四〕魏明帝太和四年十一月壬戌　「十一月壬戌」晉書天文志作「七月壬戌」。按是年七月丁未朔，十六日壬戌。十一月乙亥朔，無壬戌。三國志魏志明帝紀：「十一月，太白犯歲星。」月而不日，魏志此前有八月辛巳、乙未，十月乙卯、庚申，此下有十二月辛未、丙寅，則晉志作七月，必有誤。疑宋志作十一月本不誤，而壬戌日干支則有誤。

〔一五〕遣大將軍司馬懿距退之　各本並脫「之」字，據永樂大典七八五七補。

〔二六〕太和五年五月　各本並奪「五月」之「五」字，據晉書天文志補。

〔二七〕月犯鎮星　「鎮星」三國志魏志明帝紀同。晉書天文志作「填星」。按鎮星填星實即一星。沈約修宋志，據各家之作，仍而不改，故或作填星，或作鎮星，前後參錯雜見。今並據百衲本，一仍其舊不改。

〔二八〕皆不克而還　「而還」三朝本作「不吾」，北監本、毛本、殿本、局本作「下吳」，並誤。當是「而還」二字之誤，今改正。

〔二九〕三年五月　「五月」三朝本原譌「一月」，涵芬樓影印時，據北監本、毛本、殿本、局本改作「七月」。按三國志魏志齊王芳紀繫此事於五月，今據以改正。

〔三〇〕月犯亢距星　各本並脫「亢」字，據晉書天文志補。

〔三一〕轉東南行　「轉」各本並作「輔」，據晉書天文志改。

〔三二〕又轉東行　各本並脫「東」字，據晉書天文志補。

〔三三〕三年　晉書武帝紀繫三年正月，晉書天文志作「三年三月」。

〔三四〕太熙元年四月己酉武帝崩　「己酉」各本並作「乙酉」，據晉書武帝紀改。按是年四月庚寅朔，二十日己酉，無乙酉。下「是月己酉」，原亦作「是月乙酉」，今幷改正。

宋書卷二十四

志第十四

天文二

晉惠帝元康二年二月，天西北大裂。按劉向說：「天裂，陽不足；地動，陰有餘。」是時人主拱默，婦后專制。

元康三年四月，熒惑守太微六十日。占曰：「諸侯三公謀其上，必有斬臣。」一曰：「天子亡國。」是春，太白守畢，至是百餘日。占曰：「有急令之憂。」一曰：「相亡。又爲邊境不安。」是年，鎮、歲、太白三星聚于畢昴。占曰：「爲兵喪。畢昴，趙地也。」後賈后陷殺太子，趙王廢后，又殺之，斬張華、裴頠，遂篡位，廢帝爲太上皇。天下從此遘亂連禍。

元康五年四月，有星孛于奎，至軒轅、太微，經三台、大陵。占曰：「奎爲魯，又爲庫兵，軒轅爲後宮，太微天子廷，三台爲三司，大陵有積屍死喪之事。」明年，武庫火，西羌反。後

五年，司空張華遇禍，賈后廢死，魯公賈謐誅。又明年，趙王倫篡位。於是三王興兵討倫，士民戰死十餘萬人。

元康六年六月丙午夜，有枉矢自斗魁東南行。案占曰：「以亂伐亂。北斗主執殺，出斗魁，居中執殺者不直象也。」十月，〔一〕太白晝見。後趙王殺張、裴，廢賈后，以理太子之冤，因自篡盜，以至屠滅。以亂伐亂，兵喪臣强之應也。

元康九年二月，熒惑守心。占曰：「王者惡之。」八月，熒惑入羽林。占曰：「禁兵大起。」後二年，惠帝見廢爲太上皇，俄而三王起兵討倫，倫悉遣中軍兵，相距累月。

晉惠帝永康元年三月，妖星見南方，中台星坼，太白晝見。占曰：「妖星出，天下大兵將起。台星失常，三公憂。太白晝見爲不臣。」是月，賈后殺太子，趙王倫尋廢殺后及司空張華，又廢帝自立。於是三王並起，迭總大權。

永康元年五月，熒惑入南斗。占曰：「宰相死，兵大起。斗又吳分也。」是時趙王倫爲相，明年篡位，三王興師誅之。太安二年，石冰破揚州。

永康元年八月，熒惑入箕。占曰：「人主失位，兵起。」十二月，彗出牽牛之西，指天市。占曰：「牛者七政始，彗出之，改元易號之象也。」天市一名天府，一名天子禖，帝座在其中。明年，趙王篡位，改元，尋爲大兵所滅。

永康二年二月，太白出西方，逆行入東井。占曰：「國失政，臣爲亂。」四月，彗星見齊分。占曰：「齊有兵喪。」是時齊王冏起兵討趙王倫。倫滅，冏擁兵不朝，專權淫奢，明年誅死。

晉惠帝永寧元年，自正月至于閏月，五星互經天。星傳曰：「日陽，君道也。星陰，臣道也。日出則星亡，臣不得專也。晝而星見午上者爲經天，其占爲不臣，爲更王。今五星悉經天，天變所未有也。」石氏說曰：「辰星晝見，其國不亡，則大亂。」是後台鼎方伯，互秉大權，二帝流亡，遂至六夷强，迭據華夏，亦載籍所未有也。

永寧元年五月，太白晝見。占同前條。七月，歲星守虚危。占曰：「木守虚危，有兵憂。」一曰：「守虚飢，守危徭役煩，下屈竭。」辰星入太微。占曰：「爲内亂。」一曰：「羣臣相殺。」太白守右掖門。占曰：「爲兵，爲亂，爲賊。」八月戊午，鎮星犯左執法，又犯上相。占曰：「上相憂。」熒惑守昴。占曰：「趙，魏有災。」辰星守輿鬼。占曰：「秦有災。」九月丁未，月犯左角。占曰：「人主憂。」一曰：「左將軍死，天下有兵。」

二年四月癸酉，歲星晝見。占曰：「爲臣强。」十月，熒惑太白鬬于虚危。占曰：「大兵起，破軍殺將。虚危，又齊分也。」十二月，熒惑襲太白于營室。占曰：「天下兵起，亡君之戒。」一曰：「易相。」初齊王冏定京都，因留輔政，遂專傲無君。是月，成都、河間檄長沙王乂

討之。冏、乂交戰，攻焚宮闕。冏兵敗夷滅，又殺其兄上軍將軍寔以下二十餘人。太安二年，成都攻長沙，於是公私飢困，百姓力屈。

晉惠帝太安二年二月，太白入昴。占曰：「天下擾，兵大起。」三月，彗星見東方，指三台。占曰：「兵喪之象。三台爲三公。」七月，熒惑入東井。占曰：「兵起國亂。」是秋，太白守太微上將。占曰：「上將以兵亡。」是年冬，成都、河間攻洛陽。三年正月，東海王越執長沙王乂，張方又殺之。[二]

太安二年八月，長沙王奉帝出距二王，庚午，舍于玄武館。是日天中裂爲二，有聲如雷。三占同元康，臣下專僭之象也。是時長沙王擅權，後成都、河間、東海又迭專威命，是其應也。

太安二年十一月辛巳，有星晝隕中天，北下有聲如雷。案占，「名曰營首，營首所在，[三]下有大兵流血。」明年，劉淵、石勒攻略并州，多所殘滅。王浚起燕、代，引鮮卑攻掠鄴中，百姓塗地。有聲如雷，怒之象也。

太安二年十一月庚辰，歲星入月中。占曰：「國有逐相。」十二月壬寅，太白犯月。占曰：「天下有兵。」太安三年正月己卯，月犯太白，占同青龍。熒惑入南斗，占同永康。是月，熒惑又犯歲星。占曰：「有大戰。」七月，左衞將軍陳眕率衆奉帝伐成都，[四]六軍敗績，兵逼乘輿。九月，王浚又攻成都于鄴，鄴潰，成都王由是喪亡。帝還洛，張方脅如長安。是時天下盜賊羣起，張昌尤盛。後二年，惠帝崩。

晉惠帝永興元年五月，客星守畢。占曰：「天子絶嗣。」一曰：「大臣有誅。」七月庚申，太白犯角、亢，經房、心，歷尾、箕。九月，入南斗。占曰：「犯角，天下大戰，犯亢，有大兵，人君憂，入房、心，爲兵喪，犯尾，將軍與民人爲變，犯箕，女主憂。」一曰：「天下亂。入南斗，有兵喪。」一曰：「將軍爲亂。」其所犯守，又兗、豫、幽、冀、揚州之分也。是年七月，有蕩陰之役。九月，王浚殺幽州刺史和演，攻鄴，鄴潰。於是兗、豫爲天下兵衝。陳敏又亂揚土，劉淵、石勒、李雄等並起微賤，跨有州郡。皇后羊氏數被幽廢。光熙元年，惠帝崩，終無繼嗣。

永興元年七月乙丑，星隕有聲。二年十月，星又隕有聲。按劉向說，民去其上之象也。是後遂亡中夏。

永興元年十二月壬寅夜，赤氣亘天，砰隱有聲。二年十月丁丑，赤氣見在北方，東西竟天。占曰：「並爲大兵。砰隱有聲，怒之象也。」是後四海雲擾，九服交兵。

永興二年四月丙子，太白犯狼星。占曰：「大兵起。」九月，歲星守東井。占曰：「有兵。井又秦分也。」是年，苟晞破公師藩，[五]張方破范陽王虓，關西諸將攻河間王顒，顒奔走，東海王迎殺之。

永興二年八月，星孛于昴、畢。占曰：「爲兵喪。」昴、畢，又趙、魏分也。十月丁丑，有星孛于北斗。占曰：「璿璣更授，天子出走。」又曰：「强國發兵，諸侯爭權。」是後皆有其應。明年，惠帝崩。

晉惠帝光熙元年四月，太白失行，自翼入尾、箕。占曰：「太白失行而北，是謂返生。不有破軍，必有屠城。」五月，汲桑攻鄴，魏郡太守馮嵩出戰大敗，桑遂害東燕王騰，殺萬餘人，焚燒魏時宮室皆盡。

光熙元年五月，枉矢西南流。占曰：「以亂伐亂之象也。」是時司馬越西破河間，奉迎大駕。尋收繆胤、何綏等，肆其無君之心，天下惡之。死而石勒焚其屍柩，是其應也。

光熙元年九月丁未，熒惑守心。占曰：「王者惡之。」己亥，填星守房、心，又犯歲星。占曰：「土守房，多禍喪。守心，國内亂，天下赦。」又曰：「填與歲合爲内亂。」是時司馬越秉權，終以無禮破滅，内亂之應也。十一月，惠帝崩，懷帝即位，大赦天下。

光熙元年十二月癸未，太白犯填星。占曰：「爲内兵，有大戰。」是後河間王爲東海王越所殺。明年正月，東海王越殺諸葛玫等。五月，汲桑破馮嵩，殺東燕王。八月，苟晞大破汲桑。

光熙元年十一月甲申，有白氣若虹，中天北下至地，夜見五日乃滅。占曰：「大兵起。」

明年，王彌起青、徐，汲桑亂河北，毒流天下。

孝懷帝永嘉元年九月辛亥，有大星自西南流于東北，小者如升相隨，天盡赤，聲如雷。占曰：「流星爲貴使。」是年五月，汲桑殺東燕王騰，遂據河北。十一月，始遣和郁爲征北將軍鎮鄴，而田甄等大破汲桑，斬于樂陵。於是以甄爲汲郡太守，弟蘭鉅鹿太守。小星相隨，小將別帥之象也。司馬越忿魏郡以東，平原以南，皆黨於桑，悉以賞甄等，於是使略赤地，有聲如雷，怒之象也。

永嘉元年十二月丁亥，星流震散。案劉向說：「天官列宿，在位之象，小星無名者，庶民之類。此百官庶民將流散之象也。」是後天下大亂，百官萬民，流移轉死矣。

永嘉二年正月庚午，太白伏不見。二月庚子，始晨見東方。是謂當見不見，占同上條。其後破軍殺將，不可勝數。帝崩虜庭，中夏淪覆。

永嘉三年正月庚子，熒惑犯紫微。占曰：「當有野死之王。又爲火燒宮。」是時太史令高堂沖奏，乘輿宜遷幸，不然必無洛陽。五年六月，劉曜、王彌入京都，燒宮廟，帝崩于平陽。

永嘉三年，鎮星久守南斗。占曰：「鎮星所居者，其國有福。」是時安東琅邪王始有揚土。其年十一月，地動，陳卓以爲是地動應也。

永嘉三年十二月乙亥，有白氣如帶出南北方各二，起地至天，貫參伐。占曰：「天下大兵起。」四年三月，司馬越收繆胤、繆播等；又三方雲擾，攻戰不休。五年三月，司馬越死於甯平城，石勒攻破其衆，死者十餘萬人。六月，京都焚滅，帝劫虜庭。

永嘉五年十月，熒惑守心。後二年，帝崩于虜庭。

永嘉六年七月，熒惑、歲星、鎮星、太白聚牛女之間，裴回進退。按占曰：「牛，揚州分。」是後兩都傾覆，而元帝中興揚土，是其應也。

愍帝建武元年五月癸未，太白熒惑合於東井。占曰：「金火合曰爍，爲喪。」是時帝雖劫于平陽，天下猶未敢居其虛位，災在帝也。六月丁卯，太白犯太微。占曰：「兵入天子廷，王者惡之。」七月，愍帝崩于寇庭，天下行服大臨。

晉元帝太興元年七月，太白犯南斗。占曰：「吳、越有兵，大人憂。」二年二月甲申，熒惑犯東井。占曰：「兵起，貴臣相戮。」八月己卯，太白犯軒轅大星。占曰：「後宮憂。」乙未，太白犯歲星，在翼。占曰：「爲兵亂。」三年四月壬辰，枉矢出虛、危，沒翼、軫。占曰：「枉矢所觸，天下之所伐。翼、軫，荆州之分也。」五月戊子，太白入太微，又犯上將。占曰：「天子自將，上將誅。」六月丙辰，太白與歲星合于房。占曰：「爲兵饑。」九月，太白犯南斗，占同元年。十月己亥，熒惑在東井，居五諸侯南，踟躕留止，積三十日。占曰：「熒惑守井二十日以上，大人憂，守五諸侯，諸侯有誅者。」十二月己未，太白入月，在斗。郭景純曰：「月屬坎，陰府法象也。〔六〕太白金行而來犯之，天意若曰刑理失中，自毁其法也。」四年十二月丁亥，月犯歲星在房。占曰：「其國兵飢，民流亡。」永昌元年三月，王敦率江、荆之衆，來攻京都，六軍距戰，敗績。於是殺護軍將軍周顗、尚書令刁協，驃騎將軍劉隗出奔。四月，又殺湘州刺史譙王承、鎮南將軍甘卓。閏十二月，元帝崩。間一年，敦亦梟夷，枉矢觸翼之應也。十月，石他入豫州，略城父、銍二縣民以北，〔七〕刺史祖約遣軍追之，爲其所沒，遂退守壽春。

明帝太寧三年正月，熒惑逆行入太微。占曰：「爲兵喪，王者惡之。」閏八月，帝崩。咸和二年，蘇峻反，攻宮室，太后以憂逼崩，天子幽劫于石頭，遠近兵亂，至四年乃息。

成帝咸和四年七月，有星孛于西北，二十三日滅。占曰：「爲兵亂。」十二月，郭默殺江州刺史劉胤，荆州刺史陶侃討默，明年，斬之。是時石勒又始僭號。

咸和六年正月丙辰，月入南斗。占曰：「有兵。」一曰：「有大赦。」是月胡賊殺略婁、武進二縣民，於是遣戍中洲。明年，胡賊又略南沙、海虞民。是年正月，大赦，伐淮南，討襄陽，平之。

咸和六年十一月，熒惑守胃、昴。占曰：「趙、魏有兵。」八年七月，石勒死，石虎自立，多所殘滅。是時雖勒、虎僭號，而其强弱常占於昴，不關太微紫宮也。

咸和八年三月己巳，月入南斗，與六年占同。其年七月，石勒死，彭彪以譙，石生以長安，郭權以秦州，並歸從。於是遣督護高球率衆救彪，彪敗球退。又石虎、石斌攻滅生、權。咸康元年正月，大赦。

咸和八年七月，熒惑入昴。占曰：「胡王死。」石虎多所攻滅。八月，月犯昴。占曰：「胡不安。」九年六月，月又犯昴。是時石弘雖襲勒位，而石虎擅威暴横。十月，廢弘自立，遂幽殺之。

咸和九年三月己亥，熒惑入輿鬼，犯積屍。占曰：「兵在西北，有沒軍死將。」四月，鎮西將軍、雍州刺史郭權始以秦州歸從，尋爲石斌所滅，徙其衆於青、徐。

晉成帝咸康元年二月己亥，太白犯昴。占曰：「兵起，歲大旱。」四月，石虎掠騎至歷陽。朝廷慮其衆也，加司徒王導大司馬，治兵動衆。又遣慈湖、牛渚、蕪湖三戍。五月乃罷。是時胡賊又圍襄陽，征西將軍庾亮遣寧距退之。六月，旱。

咸康元年八月戊戌，〔八〕熒惑入東井。占曰：「無兵兵起，有兵兵止。」是年夏，發衆列戍。加王導大司馬，以備胡賊。

咸康元年三月丙戌，月入昴。占曰：「胡王死。」十一月，月犯昴。二年八月，月又犯昴。占同。咸和三年，石虎發衆七萬，四年二月，自襲段遼于薊，遼奔敗。又攻慕容皝於棘城，不剋引退，皝追之，殺數百人。虎留其將麻秋屯令支，皝破秋，幷虜遼殺之。

咸康二年正月辛巳，彗星夕見西方，在奎。占曰：「爲兵喪。奎又爲邊兵。」四年，石虎伐慕容皝不剋，皝追擊之，又破麻秋。時皝稱蕃，邊兵之應也。

咸康二年正月辛卯，月犯房南第二星。占曰：「將相有憂。」五年七月，丞相王導薨。八月，太尉郗鑒薨。六年正月，征西大將軍庾亮薨。

咸康二年九月庚寅，太白犯南斗，因晝見。占曰：「斗爲宰相，又揚州分，金犯之，死喪象。晝見爲不臣，又爲兵喪。」三年，石虎僭稱天王。四年，虎滅段遼而敗於慕容皝。皝，國蕃臣。五年，王導薨。

咸康三年六月辛未，有流星大如二斗魁，色青，赤光耀地，出奎中，沒婁北。案占爲飢，五穀不藏。是月，大旱。

咸康三年八月，熒惑入輿鬼，犯積屍。占曰：「貴人憂。」三年八月甲戌，月犯東井距星。占曰：「國有憂，將死。」三年九月戊子，月犯建星。占曰：「易相。」一曰：「大將死。」五年，丞相王導薨，庾冰代輔政。太尉郗鑒、征西大將軍庾亮薨。

咸康三年十一月乙丑，太白犯歲星。占曰：「爲兵飢。」四年二月，石虎破幽州，遷其人萬餘家。李壽殺李期。五年，胡衆五萬寇沔南，略七千餘家而去。又騎二萬圍陷邾城，殺

略五千餘人。

咸康四年四月己巳，太白晝見在柳。占曰：「爲兵，爲不臣。」七月乙巳，月掩太白。占曰：「王者亡地，大兵起。」明年，胡賊大寇沔南，陷邾城，豫州刺史毛寶、西陽太守樊峻皆棄城投江死。〔九〕於是內外戒嚴，左衞桓監、匡術等諸軍至武昌，乃退。七年，慕容皝自稱爲燕王。

咸康四年五月戊午，熒惑犯右執法。占曰：「大臣死，執政者憂。」九月，太白犯右執法。案占，「五星災同，金火尤甚。」十一月戊子，太白犯房上星。占曰：「上相憂。」五年七月己酉，月犯房上星，亦同占。是月庚申，丞相王導薨。

咸康五年四月辛未，月犯歲星，在胃。占曰：「國飢民流。」乙未，月犯畢距星。占曰：「兵起。」是夜，月又犯歲星，在昴。及冬，有沔南、邾城之敗，百姓流亡萬餘家。

咸康六年二月庚午朔，流星大如斗，光耀地，出天市，西行入太微。占曰：「大人當之。」乙未，太白入月。占曰：「人主死。」四月甲午，〔一〇〕月犯太白。占曰：「人主惡之。」八年六月，成帝崩。

咸康六年三月甲寅，熒惑從行犯太微上將星。占曰：「上將憂。」四月丁丑，熒惑犯右執法。占曰：「執法者憂。」六月乙亥，月犯牽牛中央星。占曰：「大將憂。」是時尚書令何充爲執法，有譴欲避其咎，明年，求爲中書令。建元二年，庾冰薨，皆大將執政之應也。是歲正月，征西將軍庾亮薨。三月，而熒惑犯上將。九月，石虎大將夔安死。庾冰後積年方薨。豈冰能修德，移禍於夔安乎？

咸康六年四月丙午，太白犯畢距星。占曰：「兵革起。」一曰：「女主憂。」六月乙卯，太白犯軒轅大星。占曰：「女主憂。」七年三月，皇后杜氏崩。

咸康七年三月壬午，月犯房。占曰：「將相憂。」八年六月，熒惑犯房上第二星。占曰：「次相憂。」建元二年，車騎將軍江州刺史庾冰薨。是時驃騎將軍何充居內，冰爲次相也。

咸康七年四月己丑，太白入輿鬼。占曰：「兵革起。」五月，太白晝見。以晷度推之，非秦、魏，則楚也。占曰：「爲臣强，爲有兵。」八月辛丑，月犯輿鬼。占曰：「人主憂。」八年六月，成帝崩。

咸康八年八月壬寅，月犯畢赤星。占曰：「下犯上，兵革起。」十月，月又掩畢赤星。占同。己酉，太白犯熒惑。占曰：「大兵起。」其後庾翼大發兵謀伐胡，專制上流，朝廷憚之。

康帝建元元年正月壬午，太白入昴。占曰：「趙地有兵。」又曰：「天下兵起。」四月乙酉，太白晝見。八月丁未，太白犯歲星。占曰：「有大兵。」是年，石虎殺其太子邃及其妻子徒屬二百餘人。又遣將劉寧寇沒狄道，又使將張舉將萬餘人屯薊東，謀慕容皝。

建元元年十一月六日，彗星見亢，長七尺，尾白色。占曰：「亢爲朝廷，主兵喪。」二年九月，康帝崩。

建元元年，歲星犯天關。安西將軍庾翼與兄冰書曰：「歲星犯天關，占云，『關梁當澁。』比來江東無他故，江道亦不艱難，而石虎頻年再閉關不通信使，此復是天公憒憒無皁白之徵也。」

建元二年閏月乙酉，太白犯斗。占曰：「爲喪，天下受爵祿。」九月，康帝崩，太子立，大赦賜爵也。

晉穆帝永和元年正月丁丑，月入畢。占曰：「兵大起。」戊寅，月犯天關。占曰：「有亂臣更天子之法。」五月辛巳，太白晝見，在東井。占曰：「爲臣强，秦有兵。」六月辛丑，入太微，犯屏西南。占曰：「輔臣有免罷者。」七、八月，月皆犯畢。占同正月。己未，月犯輿鬼。占曰：「大臣有誅。」九月庚戌，月又犯畢。是年初，庾翼在襄陽，七月，翼疾將終，輒以子爰之爲荆州刺史，代己任，爰之尋被廢。明年，桓溫又輒率衆伐蜀，執李勢，送至京都。蜀本秦地也。

永和二年二月壬子，月犯房上星。四月丙戌，月又犯房上星。占同前。八月壬申，太白犯左執法。是歲，司徒蔡謨被廢。

永和三年正月壬午，月犯南斗第五星。占曰：「將軍死，近臣去。」五月壬申，月犯南斗第四星，因入魁。占曰：「有兵。」一曰：「有大赦。」六月，月犯東井距星。占曰：「將死，國有憂。」戊戌，月犯五諸侯。占曰：「諸侯有誅。」九月庚寅，太白犯南斗第五星。占曰：「爲喪兵。」四年七月丙申，太白犯左執法。甲寅，月犯房。丁巳，月入南斗犯第二星。乙丑，太白犯左執法。占悉同上。十月甲戌，月犯亢。占曰：「兵起，軍將死。」十一月戊戌，犯上將星。三年六月，大赦。是月，陳逵征壽春，敗而還。七月，氐蜀餘寇反亂益土。九月，石虎伐涼州，不克。

永和四年四月，太白入昴。五月，熒惑入婁，犯鎮星。七月，太白犯軒轅。占在趙，及爲兵喪，女主憂。其年八月，石虎太子宣殺弟韜，宣亦死。五年正月，石虎僭稱皇帝，尋病死。是年，褚裒北伐喪衆，又尋薨，太后素服。六年正月，朝會廢樂。

永和五年四月丁未，太白犯東井。占曰：「秦有兵。」九月戊戌，太白犯左角。占曰：「爲兵。」十月，月犯昴。占曰：「朝廷有憂，軍將死。」十一月乙卯，彗星見于亢，芒西向，色白，〔二〕長一丈。占曰：「爲兵喪。」是年八月，褚裒北征兵敗。十月，關中二十餘壁舉兵歸從，石遵攻沒南陽。十一月，冉閔殺石遵，又盡殺胡十餘萬人，於是中土大亂。十二月，褚裒薨。八年，劉顯、苻健、慕容儁並僭號。殷浩北伐敗，見廢。

永和六年二月辛酉，月犯心大星。占曰：「大人憂。心豫州分也。」丁丑，月犯房。占曰：「將相憂。」三月戊戌，熒惑犯歲星。占曰：「爲戰。」六月己丑，月犯昴。占同上。乙未，月犯五諸侯。占同三年。七月壬寅，月始出西方，犯左角。占曰：「大將軍死。」一曰：「天下有兵。」丁未，月犯箕。占曰：「軍將死。」丙寅，熒惑犯鉞星。占曰：「大臣有誅。」八月辛卯，月犯左角，太白晝見在南斗，月犯右執法。占並同上。七年二月，太白犯昴。占同上。乙卯，熒惑入輿鬼，犯積屍。占曰：「貴人憂。」五月乙未，熒惑犯軒轅大星。占曰：「女主憂。」太白入畢口，犯左股。占曰：「將相當之。」六月乙亥，月犯箕。丙子，月犯斗。丁丑，熒惑入太微，犯右執法。八月庚午，太白犯軒轅。戊子，太白犯右執法。占悉同上。七年，劉顯殺石祗及諸胡帥，中土大亂，戎、晉十萬數，各還舊土，互相侵略及疾疫死亡，能達者十二三。是年，桓溫輒以大衆求浮江入淮北伐，朝廷震懼。八年，豫州刺史謝尚討張遇，爲苻雄所敗。殷浩北伐敗，被廢。十年，桓溫伐苻健，不克而還。

永和八年三月戊戌，月犯軒轅大星。癸丑，月入南斗犯第二星。五月，月犯心星。四月癸酉，月犯房。六月辛巳，日未入，有流星如三斗魁，從辰巳上東南行。晷度推之，在箕、斗之間，蓋燕分也。案占爲營首，營首之下，流血滂沲。七月壬子，歲星犯東井距星。占曰：「忠臣戮死。」丙辰，太白入南斗，犯第四星。占曰：「內亂兵起。」八月戊戌，熒惑入輿鬼。

占曰：「將爲亂。」一曰：「丞相免。」九年二月乙巳，入南斗，犯第三星。三月戊辰，月犯房。八月，歲星犯輿鬼東南星。占，「東南星主兵，兵起」。十二月，月在東井，犯歲星。占曰：「秦飢民流。」是時帝主幼沖，母后稱制，將相有隙，兵革連起。慕容儁僭稱大燕，攻伐無已，故災異數見，殷浩見廢也。

永和十年正月乙卯，月食昴。占曰：「趙、魏有兵。」癸酉，填星奄鉞星。占曰：「斧鉞用。」二月甲申，月犯心大星。占曰：「王者惡之。」四月癸未，流星大如斗，色赤黃，出織女，沒造父，有聲如雷。占曰：「燕、齊有兵，民流。」戊午，月犯心大星。七月庚午，太白晝見。晷度推之，災在秦、鄭。九月辛酉，太白犯左執法。十一月，月奄填星，在輿鬼。占曰：「秦有兵。」十一年三月辛亥，月奄軒轅。占同上。四月庚寅，月犯牛宿南星。占曰：「國有憂。」八月己未，太白犯天江。占曰：「河津不通。」十二年六月庚子，太白晝見，在東井。占如上。己未，月犯鉞星。七月丁卯，太白犯填星，在柳。占曰：「周地有大兵。」八月癸酉，月奄建星。九月戊寅，熒惑入太微，犯西蕃上將星。十一月丁丑，熒惑犯太微東蕃上相。十年四月，桓溫伐苻健，破其嶢柳衆軍。健壁長安，溫退。十二年八月，桓溫破姚襄於伊水，〔三〕定周地。十一月，齊城陷，執段龕，殺三千餘人。永和末，鮮卑侵略河、冀，升平元年，慕容儁遂據臨漳，盡有幽、幷、青、冀之地。緣河諸將漸奔散，河津隔絕矣。

三年，會稽王以郗曇、謝萬敗績，求自貶三等。是時權在方伯，九服交兵，故譴象仍見。

晉穆帝升平元年四月壬子，太白入輿鬼。丁亥，月奄東井南轅西頭第二星。占曰：「秦地有兵。」一曰：「將死。」六月戊戌，太白晝見，在軫。占同上。軫，楚分也。壬子，月犯畢。占曰：「爲邊兵。」七月辛巳，熒惑犯天江。占曰：「河津不通。」十一月，歲星犯房。壬午，月奄歲星，在房。占曰：「民飢。」一曰：「豫州有災。」二年二月辛卯，填星犯軒轅大星。甲午，月犯東井。閏月乙亥，月犯歲星，在房。占悉同上。五月丁亥，彗出天船，在胃度中。彗爲兵喪，除舊布新，出天船，外夷侵。一曰：「爲大水。」六月辛酉，月犯房。八月戊午，熒惑犯填星，在張。占曰：「兵大起。張，三河分。」十月己未，太白犯哭星。十二月，枉矢自東南流于西北，其長半天。三年正月壬辰，熒惑犯楗閉。案占，「人主憂」。三月乙酉，熒惑逆行犯鉤鈐。案占，「王者惡之」。月犯太白，在昴。占曰：「人君死。」一曰：「趙地有兵，朝廷不安。」六月，太白犯東井。七月乙酉，熒惑犯天江。丙戌，太白犯輿鬼。占悉同上。戊子，月犯牽牛中央大星。占曰：「牽牛，天將也。犯中央星，大將軍死。」八月丁未，太白犯軒轅大星。甲子，月犯畢大星。占曰：「爲邊兵。」一曰：「下犯上。」庚午，太白犯填星，在太微中。占曰：「王者惡之。」二年五月，關中氐帥殺苻生立堅。十二月，慕容儁入屯鄴。八月，安西將軍、豫州刺史謝奕薨。三年十月，諸葛攸舟軍入河，敗績。豫州刺史謝萬入潁，衆潰而歸，除名爲民。十一月，司徒會稽王以二鎮敗，求自貶三等。四年正月，慕容儁死，子暐代立。慕容恪殺其尚書令陽騖等。五月，天下大水。五年五月，穆帝崩。

升平四年正月乙亥，月犯牽牛中央大星。占曰：「大將死。」六月辛亥，辰星犯軒轅。占曰：「女主憂。」己未，太白入太微右掖門，從端門出。占曰：「貴奪勢。」一曰：「有兵。」又曰：「出端門，臣不臣。」八月戊申，太白犯氐。占曰：「國有憂。」丙辰，熒惑犯太微西蕃上將。九月壬午，太白入南斗口，犯第四星。占曰：「爲喪，有赦，天下受爵祿。」十月庚戌，天狗見西南。占曰：「有大兵流血。」十二月甲寅，熒惑犯房。丙寅，太白晝見。庚寅，月犯楗閉。占曰：「人君惡之。」五年正月乙巳，塡星逆行犯太微。乙丑辰時，月在危宿奄太白。占曰：「天下民靡散。」三月丁未，月犯塡星在軫。占曰：「爲大喪。」五月壬寅，月犯太微。庚戌，月犯建星。占曰：「大臣相譖。」辛亥，月犯牽牛宿。占曰：「國有憂。」五年正月，北中郎將郗曇薨。五月，穆帝崩，哀帝立，大赦賜爵，褚后失勢。七月，慕容恪攻冀州刺史呂護於野王，拔之，護奔滎陽。是時桓溫以大衆次宛，聞護敗乃退。

升平五年六月癸酉，月奄氐東北星。占曰：「大將當之。」九月乙酉，奄畢。占曰：「有邊兵。」十月丁卯，熒惑犯歲星，在營室。占曰：「大臣有匿謀。」一曰：「衞地有兵。」丁未，月犯畢赤星。占曰：「下犯上。」又曰：「有邊兵。」八月，范汪廢。〔一三〕隆和元年，慕容暐遣傅末波寇

河陰，陳祐危逼。

晉哀帝興寧元年八月，星孛大角亢，入天市。按占，「爲兵喪」。三年正月，皇后王氏崩。二月，哀帝崩。三月，慕容恪攻洛陽，沈勁等戰死。

興寧元年十月丙戌，月奄太白，在須女。占曰：「天下民靡散。」一曰：「災在揚州。」三年，洛陽沒。其後桓溫傾揚州資實，討鮮卑敗績，死亡太半，及征袁眞，淮南殘破。後氐及東胡侵逼，兵役無已。

興寧三年正月乙卯，月奄歲星，在參。參，益州分也。六月，鎭西將軍、益州刺史周撫薨。十月，梁州刺史司馬勳入益州以叛，朱序率衆助刺史周楚討平之。

興寧三年七月庚戌，月犯南斗。占曰：「女主憂。」歲星犯輿鬼。占曰：「人君憂。」十月，太白晝見，在亢。占曰：「亢爲朝廷，有兵喪，爲臣强。」哀帝是年二月崩，其災皆在海西也。明年五月，皇后庾氏崩。

晉海西太和元年二月丙子，月奄熒惑，在參。占曰：「爲內亂。」一曰：「參，魏地。」二年正月，太白入昴。五年，慕容暐爲苻堅所滅，司、冀、幽、幷四州並屬氐。

太和二年八月戊午，太白犯歲星，在太微。三年六月甲寅，太白奄熒惑，在太微端門中。六年，海西公廢。

太和四年二月，客星見紫宮西垣，至七月乃滅。占曰：「客星守紫宮，臣殺主。」閏月乙亥，月暈軫，復有白暈貫月，北暈斗柄三星。占曰：「王者惡之。」六年，桓溫廢帝。

太和四年十月壬申，有大流星西下，聲如雷。案占，「流星爲貴使，星大者使大」。明年，遣使免袁眞爲庶人。桓溫征壽春，眞病死，息瑾代立，求救於苻堅，溫破氐軍。六年，壽春城陷，聲如雷，將士怒之象也。

太和六年閏月，熒惑守太微端門。占曰：「天子亡國。」又曰：「諸侯三公謀其上。」一曰：「有斬臣。」辛卯，月犯心大星。占曰：「王者惡之。」十一月，桓溫廢帝，幷奏誅武陵王，簡文不許，溫乃徙之新安。

校勘記

〔一〕十月　「十月」下永樂大典七八五七有「乙未」二字。按是年十月壬午朔，十四日乙未。

〔二〕三年正月東海王越執長沙王乂張方又殺之　周家祿晉書校勘記云：「太安無三年，是年正月即改元永興。越執乂，乂被殺，在二年，亦不在三年正月。」按永樂大典七八五七作「二年」。

〔三〕名曰營首營首所在　「營首」各本並作「熒首」，據晉書天文志改。

〔四〕左衞將軍陳眕率衆奉帝伐成都　「陳眕」各本並作「陳矖」，據晉書惠帝紀改。蓋陳眕之眕，古

人書作眎，又譌眎爲矖。

〔五〕是年苟晞破公師藩　「藩」各本並作「蕃」，據晉書惠帝紀改。

〔六〕陰府法象也　「象」各本並作「家」，據晉書天文志改。

〔七〕略城父錘二縣民以北　「錘」宋本原作「鋥」，涵芬樓影印百衲本時，從北監本、毛本、殿本、局本誤改作「鉅」。按城父、錘二縣，並屬沛郡，「錘」字不誤，今改回。

〔八〕咸康元年八月戊戌　「戊戌」各本並作「戊辰」，據晉書天文志改。按是年八月丙申朔，初三日戊戌，無戊辰。

〔九〕豫州刺史毛寶西陽太守樊峻皆棄城投江死　「樊峻」各本並作「樊俊」，據晉書庾亮傳、水經注改。按晉書成帝紀又作「樊俊」。

〔一〇〕四月甲午　「甲午」各本並作「甲子」，據晉書天文志改。按是月己巳朔，二十六日甲午，無甲子。

〔一一〕色白　各本並脫「色」字，據晉書天文志補。

〔一二〕桓溫破姚襄於伊水　「姚襄」各本並作「姚萇」，據晉書天文志改。按時與桓溫戰於洛陽者爲姚襄，晉書載記、晉書桓溫傳、通鑑晉太和十二年可證。

〔一三〕八月范汪廢　周家祿晉書校勘記云：「本紀，范汪廢在十月。」

宋書卷二十五

志第十五

天文三

晉簡文咸安元年十二月辛卯，熒惑逆行入太微，二年三月猶不退。占曰：「國不安，有憂。」是時帝有桓溫之逼，恒懷憂慘。七月，帝崩。

咸安二年正月己酉，歲星犯填星，在須女。占曰：「爲內亂。」五月，歲星形色如太白。占曰：「進退如度，姦邪息。變色亂行，主無福。歲星囚於仲夏，當細小而明，此其失常也。又爲臣强。」六月，太白晝見在七星。乙酉，太白犯輿鬼。占曰：「國有憂。」七月，帝疾甚，詔桓溫曰：「少子可輔者輔之；如不可，君自取之。」賴侍中王坦之毁手詔，改使如王導輔政故事。溫聞之大怒，將誅坦之等，內亂之應也。是月，帝崩。

咸安二年五月丁未，太白犯天關。占曰：「兵起。」六月，庾希入京城，十一月，盧悚入

宮，並誅滅。

晉孝武寧康元年正月戊申，月奄心大星。案占，災不在王者，則在豫州。〔一〕一曰：「主命惡之。」三月丙午，月奄南斗第五星。占曰：「大臣有憂，憂死亡。」一曰：「將軍死。」七月，桓溫薨。

寧康二年正月丁巳，〔二〕有星孛于女虛，經氐、亢、角、軫、翼、張。九月丁丑，有星孛于天市。十一月癸酉，太白奄熒惑，在營室。占曰：「金火合爲爍，此災皆爲兵喪。」太元元年五月，氐賊苻堅伐涼州。七月，氐破涼州，虜張天錫。十一月，桓沖發三州軍軍淮、泗，桓豁亦遣軍備境上。

寧康二年閏月己未，月奄牽牛南星。占曰：「左將軍死。」三年五月，北中郎將王坦之薨。

寧康三年六月辛卯，太白犯東井。占曰：「秦地有兵。」九月戊申，熒惑奄左執法。占曰：「執法者死。」太元元年，苻堅破涼州。十月，尚書令王彪之卒。

晉孝武太元元年四月丙戌，熒惑犯南斗第三星。丙申，又奄第四星。占曰：「兵大起，中國饑。」一曰：「有赦。」八月癸酉，太白晝見在氐。氐，兗州分野。九月，熒惑犯哭泣星，遂入羽林。占曰：「天子有哭泣事，中軍兵起。」十一月己未，月奄左角。占曰：「天子有兵。」一曰：「國有憂。」三年六月，熒惑守羽林。占曰：「禁兵大起。」九月壬午，太白晝見在角，兗州分。元年五月，大赦。三年八月，氐賊韋鍾入漢中東下，苻融寇樊、鄧，慕容暐圍襄陽，氐兗州刺史彭超圍彭城。四年二月，襄陽城陷，賊獲朱序。彭超捨彭城，獲吉挹。彭超等聚廣陵三河衆五萬。於是征虜謝石次涂中，右衞毛安之、游擊河間王曇之等次堂邑，發丹陽民丁，使尹張涉屯衞京都。六月，兗州刺史謝玄討賊，大破之，餘燼皆走。是時中外連兵，比年荒儉。是年，又發揚州萬人戍夏口。

太元四年十一月丁巳，太白犯哭星。占曰：「天子有哭泣事。」五年七月丙子，辰星犯軒轅。占曰：「女主當之。」九月癸未，皇后王氏崩。

太元六年十月乙卯，有奔星東南經翼軫，聲如雷。星說曰：「光迹相連曰流，絕迹而去曰奔。」案占，「楚地有兵」。一曰：「軍破民流。」十二月，氐荆州刺史梁成、襄陽太守閻震率衆伐竟陵，桓石虔擊大破之，生禽震，斬首七千，獲生萬人。聲如雷，將帥怒之象也。七年九月，朱綽擊襄陽，拔將六百餘家而還。

太元七年十一月，太白晝見，在斗。占曰：「吳有兵喪。」八年四月甲子，太白又晝見，在參。占曰：「魏有兵喪。」是月，桓沖征沔漢，楊亮伐蜀，並拔城略地。八月，苻堅自將號百萬，九月，攻沒壽陽。十月，劉牢之破堅將梁成，斬之，殺獲萬餘人。謝玄等又破堅於淝水，

斬其弟融，堅大衆奔潰。九年六月，皇太后褚氏崩。八月，謝玄出屯彭城，經略中州。十年八月，苻堅爲其將姚萇所殺。

太元十年十二月己丑，太白犯歲星。占曰：「爲兵饑。」是時河朔未一，兵連在外，冬，大饑。

太元十一年三月戊申，〔三〕太白晝見，在東井。占曰：「秦有兵，臣强。」六月甲午，歲星晝見，在胃。占曰：「魯有兵，臣强。」十二年，慕容垂寇東阿，翟遼寇河上，姚萇假號安定，苻登自立隴上，呂光竊據涼土。

太元十一年三月，客星在南斗，至六月乃沒。占曰：「有兵。」一曰：「有赦。」是後司、雍、兗、冀常有兵役。十一年正月，大赦。八月，又赦。

太元十二年二月戊寅，熒惑入月。占曰：「有亂臣死，相若有戮者。」一曰：「女親爲敗，天下亂。」是時琅邪王輔政，王妃從兄國寶以姻昵受寵。又陳郡人袁悅昧私苟進，交遘主相，扇揚朋黨。十三年，帝殺悅。於是主相有隙，亂階興矣。

太元十二年十月庚午，太白晝見，在斗。十三年閏月戊辰，天狗東北下有聲。十二月戊子，辰星入月，在危。占曰：「賊臣欲殺主，不出三年，必有內惡。」是月，熒惑在角亢，形色猛盛。占曰：「熒惑失其常，吏且棄其法，諸侯亂其政。」自是後慕容垂、翟遼、姚萇、苻登、慕

容永並阻兵爭强。十四年正月，彭城妖賊又稱號於皇丘，劉牢之破滅之。三月，張道破合鄉，圍泰山，向欽之擊走之。是年，翟遼又攻沒滎陽，侵略陳、項。于時政事多弊，治道陵遲矣。

太元十四年十二月，熒惑入羽林。乙未，月犯歲星。占並同上。十五年，翟遼掠司、兗，衆軍累討弗克。鮮卑又跨略并、冀。七月，旱。八月，諸郡大水，兗州又蝗。

太元十五年七月壬申，〔四〕有星孛于北河戒，經太微、三台、文昌，入北斗，長十餘丈。八月戊戌，入紫微，乃滅。占曰：「北河戒，一名胡門。胡門有兵喪。掃太微，入紫微，王者當之。三台爲三公，文昌爲將相，將相三公有災。入北斗，强國發兵，諸侯爭權，大夫憂。」十一月，太白入羽林。占曰：「天子爲軍自守，有反臣。」二十一年九月，孝武帝崩。隆安元年，王恭、殷仲堪、桓玄等並發兵表誅王國寶，朝廷從而殺之，并斬其從弟緒，司馬道子由是失勢，禍亂成矣。

太元十六年十一月癸巳，月奄心前星。占曰：「太子憂。」是時太子常有篤疾。

太元十七年九月丁丑，歲星、熒惑、塡星同在亢氐。占曰：「三星合，是謂驚位絕行，內外有兵喪與飢，改立王公。」

太元十八年正月乙酉，熒惑入月。占曰：「憂在宮中，非賊乃盜也。」一曰：「有亂臣，若

有戮者。」二十一年九月，帝暴崩內殿，兆庶宣言夫人張氏潛行大逆。于時朝政闇緩，不加顯戮，但默責而已。又王國寶邪狡，卒伏其辜。

太元十八年二月，有客星在尾中，至九月乃滅。占曰：「燕有兵喪。」十九年四月己巳，月奄歲星，在尾。占曰：「爲飢，燕國亡。」二十年，慕容垂遣息寶伐什圭，爲圭所破，死者數萬人。二十一年，垂死，國遂衰亡。

太元十九年十月癸丑，太白犯歲星，在斗。占曰：「爲飢，爲內兵。斗，吳、越分。」至隆安元年，王恭等舉兵顯王國寶之罪，朝廷赦之。是後連歲水旱民飢。

太元二十年六月，熒惑入天囷。〔五〕占曰：「天下飢。」七月丁亥，太白入太微。占曰：「太白入太微，國有憂。晝見，爲兵喪。」九月，有蓬星如粉絮，東南行，歷女虛至哭星。占曰：「蓬星見，不出三年，必有亂臣戮死於市。」十二月己巳，月犯楗閉及東西咸。占曰：「楗閉司心腹喉舌，〔六〕東西咸主陰謀。」是時王國寶交構朝政，二十一年九月，帝崩，隆安元年，王恭等舉兵，而朝廷戮王國寶、王緒。又連歲水旱，兼三方動衆，民飢。

太元二十一年三月，太白連晝見，在羽林。占曰：「有强臣，有兵喪，中軍兵起。」四月壬午，太白入天囷。〔七〕占曰：「爲飢。」六月，歲星犯哭星。占曰：「有哭泣事。」是年九月，孝武帝崩。隆安元年，王恭舉兵脅朝廷，於是中外戒嚴，戮王國寶以謝之。

晉安帝隆安元年正月癸亥，熒惑犯哭星。占曰：「有哭泣事。」二月，歲星熒惑皆入羽林。占曰：「軍兵起。」四月丁丑，太白晝見，在東井。秦有兵喪。是月，王恭舉兵，內外戒嚴。尋殺王國寶等。六月，羌賊攻洛陽，郗恢遣兵救之。姚萇死，子略代立。〔八〕什圭自號於中山。

隆安元年六月庚午，月奄太白，在太微端門外。占曰：「國受兵。」乙酉，月奄歲星，在東壁。占曰：「爲飢。衞地有兵。」八月，熒惑守井鉞。占曰：「大臣有誅。」二年六月戊辰，攝提移度失常，歲星晝見在胃。胃，兗州分。是年六月，郗恢遣鄧啓方等以萬人殘虜於滑臺。滑臺，衞地也。啓方等敗而還。九月，王恭、庾楷、殷仲堪、桓玄等並舉兵表誅王愉、司馬尚之兄弟。於是內外戒嚴，大發民衆。仲堪軍至尋陽，禽江州刺史王愉。楷將段方攻尚之於楊湖，爲所敗，方死。王恭司馬劉牢之反恭，恭敗。桓玄至白石，亦奔退。仲堪還江陵。三年冬，荊州刺史殷仲堪爲桓玄所殺。

隆安二年閏月，太白晝見，在羽林。丁丑，月犯東上相。三年五月辛酉，月又奄東上相。〔九〕辛未，辰星犯軒轅星。占悉同上。是年正月，楊佺期破郗恢，奪其任，殷仲堪又殺之。六月，鮮卑攻沒青州。十月，羌賊攻沒洛陽。桓玄破荊、雍，殺殷仲堪、楊佺期。孫恩聚衆攻沒會稽，殺內史王凝之，劉牢之東討走之。四年七月，太皇太后李氏崩。

隆安四年正月乙亥，月犯塡星，在牽牛。占曰：「吳、越有兵喪。女主憂。」二月己丑，有

星孛于奎，長三丈，上至閣道紫宮西蕃，入斗魁，至三台、太微、帝座、端門。占曰：「彗拂天子廷閣，易主之象。」經三台，入北斗，占同上條。六月乙未，月又犯塡星，在牽牛。辛酉，又犯哭星。十月，奄歲星在北河。占曰：「爲飢。」十二月戊寅，有星孛于貫索、天市、天津。占曰：「貴臣獄死，內外有兵喪。天津爲賊斷，王道天下不通。」十二月，太白在斗晝見，至五年正月乙卯。案占，災在吳、越。三月甲寅，流星赤色衆多，西行經牽牛、虛、危、天津、閣道，貫太微、紫宮。占曰：「星者庶民，類衆多西流之象。徑行天子庭，主弱臣强，諸侯兵不制。」七月癸亥，大角星散搖五色。占曰：「王者流散。」丁卯，月犯天關。占曰：「王者憂。」九月庚子，熒惑犯少微，又守之。占曰：「處士誅。」十月戊子，月犯東蕃次相。四年五月，孫恩復破會稽，殺內史謝琰。遣高雅之等討之。七月，太皇太后李氏崩。十月，妖賊大破高雅之於餘姚，死者十七八。五年二月，孫恩攻句章，高祖拒之。五月，吳郡內史袁山松出戰，爲所殺，死者數千人。六月，孫恩至京口，高祖擊破之。恩軍蒲洲，於是內外戒嚴，營陣屯守，柵斷淮口。恩遣別將攻廣陵，殺三千餘人。恩遁據郁洲。是月，高祖又追破之。九月，桓玄表至，逆旨陵上。十月，司馬元顯大治水軍，將以伐玄。元興元年正月，桓玄東下。是月，孫恩在臨海，人衆餓死散亡，恩亦投水死。盧循自稱征虜將軍，領其餘衆，略有永嘉、晉安之地。二月，帝戎服遣西軍。丁卯，桓玄至姑孰，破歷陽，司馬尚之見殺，劉牢之降于玄。

三月，玄剋京都，殺司馬元顯，〔一〇〕放太傅道子。七月，大飢，人相食。浙江東餓死流亡十六七，吳郡、吳興戶口減半。又流奔而西者萬計。十月，桓玄遣將擊劉軌，破走奔青州。四年，玄遂篡位，遷帝尋陽。

晉安帝元興元年三月戊子，〔一一〕太白犯五諸侯，因晝見。四月辛丑，月奄辰星。七月戊寅，熒惑在東井，熒惑犯輿鬼、積尸。占並同上。八月庚子，太白犯歲星，在上將東南。占曰：「楚兵飢。」一曰：「災在上將。」丙寅，太白奄右執法。九月癸未，太白犯進賢。占曰：「賢者誅。」十月，客星色白如粉絮，在太微西，至十二月，入太微。占曰：「兵入天子庭。」二年二月，歲星犯西上將。六月甲辰，奄斗第四星。占曰：「大臣誅，不出三年。」八月癸丑，太白犯房北第二星。九月己丑，歲星犯進賢，熒惑犯西上將。十月甲戌，太白犯泣星。十一月丁丑，熒惑犯填星。辛巳，月犯熒惑。十二月乙巳，月奄軒轅第二星。占悉同上。元年冬，索頭破羌軍。二年十二月，桓玄篡位，放遷帝后於尋陽，以永安何皇后爲零陵君。三年二月，高祖盡誅桓氏。

元興三年正月戊戌，熒惑逆行犯太微西上相。占曰：「天子戰於野，上相死。」二月甲辰，月奄歲星於左角。占曰：「天下兵起。」丙辰，熒惑逆行在左執法西北。占曰：「執法者憂。」四月甲午，月奄軒轅第二星，填星入羽林。十二月，熒惑太白皆犯羽林。占同上。是

年二月丙辰，高祖殺桓脩等。三月己未，破走桓玄，遣軍西討。辛酉，誅左僕射王愉及子荆州刺史綏。桓玄劫帝如江陵。五月，玄下至崢嶸洲，義軍破滅之。桓振又攻沒江陵，幽劫天子。明年正月，衆軍攻之，振走，乘輿乃旋。七月，永安何皇后崩。三月，桓振又襲江陵，荆州刺史司馬休之敗走。是月，劉懷肅擊振滅之。其年二月，巴西人譙縱殺益州刺史毛璩及璩弟西夷校尉瑾，跨有西土，自號蜀王。

晉安帝義熙元年三月壬辰，月奄左執法。占同上。丁酉，月奄心前星。占曰：「豫州有災。」太白犯東井。占曰：「秦有兵。」四月己卯，月犯填星，在東壁。占曰：「其地亡國。」一曰：「貴人死。」七月庚辰，太白比晝見，在翼、軫。占曰：「爲臣强。荆州有兵喪。」己未，月奄填星，在東壁。占曰：「其國以伐亡。」一曰：「民流。」八月丁巳，月犯斗第一星。占曰：「天下有兵。」一曰：「大臣憂。」案江左來，南斗有災，則吳越會稽、丹陽、豫章、廬江各隨其星應之。淮南失土，殆不占耳。史闕其說，故不列焉。九月戊子，熒惑犯少微。占曰：「處士誅。」庚寅，熒惑犯右執法。癸卯，熒惑犯左執法。占並同上。十月丁巳，月奄填星營室。占同七月。十一月丙戌，太白奄鉤鈐。占曰：「喉舌臣憂。」十二月己卯，歲星犯天江。占曰：「有兵亂，河津不通。」是年六月，索頭寇沛土，使僞豫州刺史索度眞戍相縣，太傅長沙景王討破走之。十一月，荆州刺史魏詠之薨。二年二月，司馬國璠等攻沒弋陽。四月，羌伐仇池，仇池

公楊盛擊走之。九月，益州刺史司馬榮期爲其參軍楊承祖所害，時文處茂討蜀屢有功，會榮期死，乃退。三年十二月，司徒揚州刺史王謐薨。四年正月，太保武陵王遵薨。三月，左僕射孔安國卒。五年，高祖討鮮卑，幷定舊兗之地。

義熙二年二月己丑，月犯心後星。占曰：「豫州有災。」四月癸丑，月犯太微西上將。己未，月犯房南第二星。乙丑，歲星犯天江。占悉同上。五月癸未，月犯左角。占曰：「左將軍死，天下有兵。」壬寅，熒惑犯氐。占曰：「氐爲宿宮，人主憂。」六月庚午，熒惑犯房北第二星。八月癸亥，熒惑犯斗第五星。丁巳，犯建星。九月壬午，熒惑犯哭星，又犯泣星。占悉同上。十二月丙午，月奄太白，在危。占曰：「齊亡國。」一曰：「强國君死。」丁未，熒惑、太白皆入羽林。是年二月甲戌，司馬國璠等攻沒弋陽。三年正月，鮮卑寇北徐州，至下邳。八月，遣劉敬宣伐蜀。十二月，司徒王謐薨。四年正月，武陵王遵薨。五年，鮮卑復寇淮北。四月，高祖大軍討之。六月，大戰臨朐城，進圍廣固。十月，什圭爲其子僞清河公所殺。六年二月，拔廣固，禽慕容超，阬斬其衆三千餘人。

義熙三年正月丙子，太白晝見，在奎。二月庚寅，月奄心後星。占悉同上。癸亥，熒惑、填星、太白、辰星聚於奎、婁，從填星也。其說見上九年。〔一二〕五月己丑，太白晝見，在參。占曰：「益州有兵喪，臣强。」六月辛卯，熒惑犯辰星，在翼。占曰：「天下兵起。」八月己卯，太

白奄熒惑，又犯執法。占曰：「奄熒惑，有大兵。」辛卯，熒惑犯左執法。九月壬子，熒惑犯進賢。是年正月丁巳，鮮卑寇北徐，至下邳。八月，劉敬宣伐蜀，不克而旋。四年三月，左僕射孔安國卒。七月，司馬國璠等攻沒鄒山，〔一三〕魯郡太守徐邕破走之。姚略遣衆征佛佛，大爲所破。五年，高祖討鮮卑。六年三月，妖賊徐道覆殺鎭南將軍、江州刺史何無忌於豫章。四月，妖賊盧循寇湘中巴陵。五月丙子，循、道覆敗撫軍將軍、豫州刺史劉毅於桑落洲，毅僅以身免。丁丑，循等至蔡洲，遣別將焚京口。庚辰，賊攻焚查浦，查浦戍將距戰不利，高祖遣軍渡淮擊，大破之。司馬國璠寇陽山，竺夔討破之。七月，妖賊南走據尋陽，高祖遣劉鍾等追之。八月，孫季高乘海伐廣州。桓謙以蜀衆聚枝江，〔一四〕盧循將荀林略華容，相去百里。臨川烈武王討謙之，又討林，林退走。鄱陽太守虞丘進破賊別帥於上饒。〔一五〕九月，烈武王使劉遵擊荀林於巴陵，斬之。桓道兒率蔡猛向大薄，又遣劉基討之，斬猛。十月，高祖以舟師南征。是時徐道覆率二萬餘人攻荆州，烈武王距之。戰於江津，大破之，梟殄其十八九。道覆棄戰船走。十一月，劉鍾破賊軍於南陵。癸丑，益州刺史鮑陋卒于白帝，譙道福攻沒其衆。庚戌，孫季高襲廣州，剋之。十二月，高祖在大雷，與賊交戰，大破之。賊走左里，進擊，又破，死者十八九。賊還廣州，劉藩等追之。七年二月，藩拔始興城，斬徐道覆。盧循還番禺，攻圍孫季高不能剋。走交州，交州刺史杜慧度斬之。四月，到彥之攻譙道福

於白帝，拔之。

義熙四年正月庚子，熒惑犯天江。占同上。五月丁未，月奄斗第二星。占同上。壬子，填星犯天廩。占曰：「天下飢，倉粟少。」六月己丑，太白犯太微西上將。己卯，又犯左執法。十月戊子，熒惑入羽林。占悉同上。五年，高祖討鮮卑。六年，左僕射孟昶仰藥卒。是後南北軍旅，運轉不息。

義熙五年二月甲子，月犯昴。占曰：「胡不安。天子破匈奴。」四月甲戌，熒惑犯辰星，在東井。占同三年。五月戊戌，歲星入羽林。占同上。九月壬寅，月犯昴，占同二月。十月，熒惑犯氐，占同二年。閏月丁酉，月犯昴。占同二月。辛亥，熒惑犯鉤鈐。占同元年。十二月辛丑，太白犯歲星，在奎。占曰：「大兵起。魯有兵。」己酉，月奄心大星。占曰：「王者惡之。」是年四月，高祖討鮮卑。什圭爲其子所殺。十一月，西虜攻安定，姚略自以大衆救之。六年二月，鮮卑滅。皆胡不安之應也。是時鮮卑跨魯地，又魯有兵之應也。五月，盧循逼郊甸，宮衞被甲。

義熙六年三月丁卯，月奄房南第二星。占曰：「災在次相。」己巳，又奄斗第五星。占曰：「斗主兵，兵起。」一曰：「將軍死。」太白犯五諸侯。占曰：「諸侯有誅。」五月甲子，月奄斗第五星。占同三月。己亥，月奄昴。占曰：「國有憂。」一曰：「有白衣之會。」六月己丑，月犯

房南第二星。甲午，太白晝見。占並同上。七月己亥，月犯輿鬼。占曰：「國有憂。」一曰：「秦有兵。」八月壬午，太白犯軒轅大星。甲申，月犯心前星。災在豫州。丙戌，月犯斗第五星。占悉同上五月。丁亥，月奄牛宿南星。占曰：「天下有大誅。」乙未，太白犯少微。丙午，太白在少微而晝見。九月甲寅，太白犯左執法。丁丑，填星犯畢。占曰：「有邊兵。」是年三月，始興太守徐道覆反，江州刺史何無忌討之，大敗於豫章，無忌死之。四月，盧循寇湘中，沒巴陵。五月，循等大破豫州刺史劉毅，毅僅以身免。循率衆逼京畿。是月，左僕射孟昶懼王威不振，仰藥自殺。七年二月，劉藩梟徐道覆首，杜慧度斬盧循，並傳首京都。八年六月，臨川烈武王道規薨，時爲豫州。八月，皇后王氏崩。九月，兗州刺史劉藩、尚書僕射謝混伏誅，高祖西討劉毅，斬之。十二月，遣益州刺史朱齡石伐蜀。九年，諸葛長民伏誅。林邑王范胡達將萬餘人寇九眞，九眞太守杜慧期距破之。七月，朱齡石滅蜀。

義熙七年四月辛丑，熒惑入輿鬼。占曰：「秦有兵。」一曰：「雍州有災。」六月，太白晝見在翼。占同元年。己亥，填星犯天關。占曰：「臣謀主。」庚子，月犯歲星，在畢。占曰：「有邊兵，且飢。」七月丁卯，歲星犯填星，在參。占曰：「歲、填合爲內亂。」一曰：「益州戰不勝，亡地。」五虹見東方。占曰：「天子黜，聖人出。」八月乙未，月犯歲星，在參。占曰：「益州兵飢。」太白犯房南第二星。十一月丙午，太白犯哭泣星。占悉同上。七月，朱齡石剋蜀，蜀民尋又反，又討滅之。八年，誅劉藩、謝混，滅劉毅。皇后王氏崩。九年，誅諸葛長民。十一年，討荊州刺史司馬休之、雍州刺史魯宗之破之也。

義熙八年正月庚戌，月犯歲星，在畢。占同上。七月癸亥，月奄房北第二星。占同上。甲申，太白犯填星，在東井。占曰：「秦有大兵。」己未，月犯井鉞。八月戊申，月犯泣星。十月辛亥，月奄天關。占曰：「有兵。」十月丁丑，填星犯東井。占曰：「大人憂。」十二月癸卯，填星犯井鉞。是年八月，皇后王氏崩。九月，誅劉藩、謝混，滅劉毅。九年三月，誅諸葛長民。西虜攻羌安定戍，剋之。十二月，朱齡石伐蜀。九年七月，朱齡石滅蜀。

義熙九年二月丙午，熒惑、填星皆犯東井。占曰：「秦有兵。」三月壬辰，〔一六〕歲星、熒惑、填星、太白聚于東井，從歲星也。熒惑入輿鬼。太白犯南河。初義熙三年，四星聚奎，奎、婁，徐州分。是時慕容超僭號於齊，侵略徐、兗，連歲寇抄，至于淮、泗。姚興、譙縱僭僞秦、蜀。盧循、木末，南北交侵。五年，高祖北殄鮮卑，是四星聚奎之應也。九年，又聚東井。東井，秦分。十三年，高祖定關中，又其應也。而縱、循羣凶之徒，皆已剪滅，於是天人歸望，建國舊徐，元熙二年，受終納禪，皆其徵也。星傳曰：「四星若合，是謂太陽，其國兵喪並起，君子憂，小人流。五星若合，是謂易行。有德受慶，改立王者，奄有四方；無德受罰，離其國家，滅其宗廟。」今案遺文所存，五星聚者有三：周漢以王齊以霸，周將伐殷，五星聚房。齊

桓將霸，五星聚箕。漢高入秦，五星聚東井。齊則永終侯伯，卒無更紀之事。是則五星聚有不易行者矣。四星聚者有九：漢光武、晉元帝並中興，而魏、宋並更紀。是則四星聚有以易行者矣。昔漢平帝元始四年，四星聚柳、張，各五日。柳、張，三河分。後有王莽、赤眉之亂，而光武興復於洛。晉懷帝永嘉六年，四星聚牛、女，後有劉聰、石勒之亂，而元皇興復揚土。漢獻帝初平元年，四星聚心，又聚箕、尾。心，豫州分。後有董卓、李傕暴亂，黃巾、黑山熾擾，而魏武迎帝都許，遂以兗、豫定，是其應也。一曰：「心爲天王，大兵升殿，天下大亂之兆也。」韓馥以爲尾箕燕興之祥，故奉幽州牧劉虞，虞既距之，又尋滅亡，固已非矣。尾爲燕，又爲吳，此非公孫度，則孫權也。度偏據僻陋，然亦郊祀備物，皆爲改漢矣。建安二十二年，四星又聚。二十五年而魏文受禪，此爲四星三聚而易行矣。蜀臣亦引後聚爲劉備之應。案太元十九年、義熙三年九月，四星各一聚，而宋有天下，與魏同也。魚豢云：「五星聚冀方，而魏有天下。」熒惑入輿鬼。占曰：「兵喪。」太白犯南河。占曰：「兵起。」後皆有應。

五月壬辰，太白犯右執法，晝見。占同上。七月庚午，月奄鉤鈐。占曰：「喉舌臣憂。」九月庚午，歲星犯軒轅大星。己丑，月犯左角。十年正月丁卯，月犯畢。占曰：「將相有以家坐罪者。」二月己酉，月犯房北星。五月壬寅，月犯牽牛南星。乙丑，歲星犯軒轅大星。占悉同上。六月丙申，月奄氐。占曰：「將死之，國有誅者。」七月庚辰，月犯天關。占曰：「兵

起。」熒惑犯井鉞，塡星犯輿鬼，遂守之。占曰：「大人憂，宗廟改。」八月丁酉，月奄牽牛南星。占同上。九月，塡星犯輿鬼。占曰：「人主憂。」丁巳，太白入羽林。十二月己酉，月犯西咸。占曰：「有陰謀。」十一年三月丁巳，〔一七〕月入畢。占曰：「天下兵起。」一曰：「有邊兵。」己卯，塡星入輿鬼。閏月丙午，塡星又入輿鬼。占曰：「爲旱，爲疫，爲亂臣。」五月甲申，彗星出天市，掃帝座，在房、心。房、心，宋之分野。案占，得彗柄者興，除舊布新，宋興之象。癸卯，熒惑從行入太微。甲辰，犯右執法。六月己未，太白犯東井。占曰：「秦有兵。」戊寅，犯輿鬼。占曰：「國有憂。」七月辛丑，月犯畢。占同上。八月壬子，月犯氐。占同上。庚申，太白從行從右掖門入太微。丁卯，奄左執法。十一月癸亥，月入畢。占同上。乙未，月入輿鬼而暈。占曰：「主憂，財寶出。」一曰：「暈，有赦。」十二年五月甲申，月犯歲星，在左角。占曰：「爲飢。留房、心之間，宋之分野，與武王伐紂同，得歲者王。」于時晉始封高祖爲宋公。六月壬子，太白從行入太微右掖門。己巳，月犯畢。占同上。七月，月犯牛宿。占曰：「天下有大誅。」十月丙戌，月入畢。占同上。十三年五月丙子，月犯軒轅。丁亥，犯牽牛。癸巳，熒惑犯右執法。八月己酉，月犯牽牛。丁卯，月犯太微。占曰：「人君憂。」九月壬辰，熒惑犯軒轅。十月戊申，月犯畢。占悉同上。月犯箕。占曰：「國有憂。」甲寅，月犯畢。占同上。乙卯，塡星犯太微，留積七十餘日。占曰：「亡君之戒。」壬戌，月犯太微。占同上。

十一月，月入太微，奄塡星。占曰：「王者惡之。」十四年三月癸丑，太白犯五諸侯。占同上。四月壬申，月犯塡星，於張。占曰：「天下有大喪。」五月庚子，月犯太微。占同上。壬子，有星孛于北斗魁中。占曰：「有聖人受命。」七月甲辰，熒惑犯輿鬼。占曰：「秦有兵。」丁巳，月犯東井。占曰：「軍將死。」癸亥，彗星出太微西，柄起上相星下，芒漸長至十餘丈，進掃北斗紫微中台。占曰：「彗出太微，社稷亡，天下易王。入北斗紫微，帝宮空。」一曰：「天下得聖主。」八月甲子，太白犯軒轅。癸酉，塡星入太微，犯右執法，因留太微中，積二百餘日乃去。占曰：「塡星守太微，亡君之戒，有徙王。」九月乙未，太白入太微，犯左執法。丁巳，月入太微。占曰：「大人憂。」十月癸巳，熒惑入太微，犯西蕃上將，仍從行至左掖門內，留二十日乃逆行。至恭帝元熙元年三月五日，〔一八〕出西蕃上將西三尺許，又從還入太微。時塡星在太微，熒惑繞塡星成鉤己。其年四月二十七日丙戌，從端門出。占曰：「熒惑與塡星鉤己，天下更紀。」甲申，月入太微。占同上。十一年正月，高祖討司馬休之、魯宗之等，潰奔長安。五月，林邑寇交州，交州刺史杜慧度距戰于九眞，大爲所敗。十二年七月，〔一九〕高祖伐羌。十月，前驅定陝、洛。十三年三月，索頭大衆緣河爲寇，高祖討之奔退，其別帥托跋嵩交戰，又大破之，嵩衆殲焉。進復攻關。八月，擒姚泓，〔二〇〕司、兗、秦、雍悉平，索頭兇懼。十四年，高祖還彭城，受宋公。十一月，左僕射前將軍劉穆之卒。明年，西虜寇長安，雍州刺史朱齡石諸軍陷沒，官軍舍而東。〔二一〕十二月，安帝崩，母弟琅邪王踐阼，是曰恭帝。

晉恭帝元熙元年正月丙午，三月壬寅，月犯太微。占悉同上。乙卯，辰星犯軒轅。六月庚辰，太白犯太微。七月，月犯歲星。己卯，月犯太微，太白晝見。占悉同上。自義熙元年至是，太白經天者九，日蝕者四，皆從上始。革代更王，臣民失君之象也。是夜，太白犯哭星。十二月丁巳，月、太白俱入羽林。二年二月庚午，塡星犯太微。占悉同上。元年七月，高祖受宋王。〔二二〕二年六月，晉帝遜位，高祖入宮。

校勘記

〔一〕災不在王者則在豫州　各本並脫「不」字，據晉書天文志補。

〔二〕寧康二年正月丁巳　晉書孝武帝紀作「三月丁巳」。按是年正月癸未朔，三月壬午朔，正月、三月均無丁巳日，疑。

〔三〕太元十一年三月戊申　「三月戊申」各本並作「二月戊申」，據晉書天文志改。按是年二月癸酉朔，無戊申。三月壬寅朔，初七日戊申。宋志誤，晉志是。

〔四〕太元十五年七月壬申　晉書孝武帝紀作「七月丁巳」。按是年七月丁未朔，十一日丁巳，二十六日壬申。未知孰是。

〔五〕熒惑入天囷　「天囷」各本並作「天囤」，據晉書天文志改。

〔六〕犍閉司心腹喉舌　「腹」各本並作「腸」，據晉書天文志改。

〔七〕太白入天囷　「天囷」各本並作「天囤」，據晉書天文志改。

〔八〕姚萇死子略代立　周家祿晉書校勘記云：「姚萇死，在晉孝武太元十八年，不在安帝隆安元年。萇死，子興嗣位，亦無子略代立之文。」

〔九〕丁丑月犯東上相三年五月辛酉月又奄東上相　各本並脫「三年五月辛酉，月又奄東上相」十二字，據晉書天文志補。按隆安二年閏十一月己未朔，十九日丁丑，是月無辛巳，蓋宋志奪去「三年五月」等十二字，今據晉志補入。隆安三年五月丙辰朔，初六日辛酉，十六日辛未，與上年月干支相接正脗合也。

〔一〇〕殺司馬元顯　「殺」字下，各本並有「大」字。按司馬元顯未嘗爲大司馬，「大」字衍文，今刪去。

〔一一〕晉安帝元興元年三月戊子　「三月」各本並作「二月」，據晉書天文志改。按是年二月庚子朔，無戊子。三月己巳朔，二十日戊子。宋志誤，晉志是。

〔一二〕其說見上九年　此敍義熙三年天象及此後四五年間應占人事。所謂「其說見上九年」者，前無義熙九年之文，而後有「義熙九年二月丙午，熒惑、塡星皆犯東井。占曰：『秦有兵。』三月壬辰，歲星、熒惑、塡星、太白聚于東井，從歲星也」之文。疑「上九年」是「下九年」之誤。

〔一三〕司馬國璠等攻沒鄒山　「國璠」各本並作「叔璠」，周家祿晉書校勘記云：「國璠誤叔璠。」按同卷前條有「司馬國璠攻沒弋陽」，本條下有「司馬國璠寇碭山」。今據前後文改正。

〔一四〕桓謙以蜀衆聚枝江　各本並奪「桓」字，「謙」字下又衍「之」字。今據晉書桓玄傳訂正。

〔一五〕鄱陽太守虞丘進破賊別帥於上饒　「虞丘進」各本並作「虞丘延」。張森楷校勘記云：「按武帝紀及虞丘進傳，此是虞丘進事，作『虞丘延』者誤。」按張校是，今改正。

〔一六〕三月壬辰　各本並脫「三月」二字，據晉書天文志補。按義熙九年二月丙申朔，無壬辰。三月丙寅朔，二十七日壬辰。

〔一七〕十一年三月丁巳　「三月」各本並作「二月」，據晉書天文志改。按是年二月乙酉朔，無丁巳。三月甲寅朔，初四日丁巳。

〔一八〕至恭帝元熙元年三月五日　各本並脫「至恭帝元熙」五字，據晉書天文志補。又三朝本、毛本、局本作「三月」。北監本、殿本作「二月」。

〔一九〕十二年七月　「十二年」各本並作「十三年」，據晉書天文志改。「七月」，周家祿晉書校勘記云：「當作八月。」

〔二〇〕八月擒姚泓　周家祿晉書校勘記云：「八月，當作七月。」

〔二一〕十四年高祖還彭城受宋公十一月左僕射前將軍劉穆之卒明年西虜寇長安雍州刺史朱齡石諸

軍陷沒官軍舍而東　周家祿晉書校勘記云：「按穆之卒以十三年十一月，當與十四年劉裕文互易前後。明年當作是年，承十四年文。」

〔二二〕元年七月高祖受宋王　「七月」各本並作「十月」，據宋書武帝紀及晉書天文志改。

宋書卷二十六

志第十六

天文四

宋武帝永初元年十月辛丑，熒惑犯進賢。占曰：「進賢官誅。」十一月乙卯，熒惑犯塡星於角。占曰：「爲喪，大人惡之。」一曰：「兵起。」十二月庚子，月犯熒惑於亢。占曰：「爲內亂。」一曰：「貴人憂。角爲天門，亢爲朝廷。」三年五月，宮車晏駕。七月，太傅長沙景王道憐薨。索頭攻略青、司、兗三州。於是禁兵大出。是後司徒徐羨之、尚書令傅亮、領軍謝晦等廢少帝，內亂之應。

永初元年十二月甲辰，月犯南斗。占曰：「大臣憂。」三年七月，長沙王薨。索虜寇青、司二州，大軍出救。

永初二年六月甲申，太白晝見。占：「爲兵喪，爲臣强。」三年五月，宮車晏駕。尋遣兵

出救青、司。其後徐羨之等秉權，臣强之應也。

永初二年六月乙酉，熒惑犯氐。乙巳，犯房。占曰：「氐爲宿宮，房爲明堂，人主有憂。房又爲將相，將相有憂。氐、房又兗、豫分。」三年五月，宮車晏駕。七月，長沙王薨，王領兗州也。景平元年，廬陵王義眞廢，王領豫州也。

永初二年十月，太白犯塡星於亢。亢，兗州分，又爲鄭。占曰：「大星有大兵，金土合爲內兵。」三年，索頭攻略青、冀、兗三州，禁兵大出，兗州失守，虎牢沒。

永初三年正月丁卯，月犯南斗。占同元年。一曰：「女主當之。」二月辛卯，〔一〕有星孛于虛危，向河津，掃河鼓。占曰：「爲兵喪。」五月，宮車晏駕。明年，遣軍救青、司。二月，太后蕭氏崩。

永初三年二月壬辰，塡星犯亢。占曰：「諸侯有失國者，民多流亡。」一曰：「廷臣爲亂。亢，兗州分，又爲鄭。」其年，索頭攻圍司、兗，兗州刺史徐琰委守奔敗，司州刺史毛德祖距守陷沒，緣河吏民，多被侵略。

永初三年三月壬戌，月犯南斗。占同正月。五月丙午，犯軒轅。占曰：「女主當之。」六月辛巳，月犯房。占曰：「將相有憂，豫州有災。」癸巳，犯歲星於昴。占曰：「趙、魏兵飢。」其年，虜攻略青、兗、司三州。廬陵王義眞廢，王領豫州也。二月，太后蕭氏崩。元嘉三年，司

徒徐羡之等伏誅。

永初三年九月癸卯，熒惑經太微犯左執法。己未，犯右執法。占悉同上。十月癸酉，太白犯南斗。占曰：「國有兵事，大臣有反者。」辛巳，熒惑犯進賢。占曰：「進賢官誅。」明年，師出救青、司。景平二年，徐羡之等廢帝徙王。元嘉三年，羡之及傅亮、謝晦悉誅。

永初三年十一月戊午，有星孛于室壁。占曰：「爲兵喪。」明年，兵救青、司。二月，太后蕭氏崩。營室，內宮象也。

永初三年十一月癸亥，月犯亢、氐。占曰：「國有憂。」十二月戊戌，[三]熒惑犯房。房爲明堂，王者惡之。一曰：「將相憂。」景平二年，羡之等廢帝，因害之。元嘉三年，羡之等伏誅。

少帝景平元年正月乙卯，有星孛于東壁南，白色，長二丈餘，拂天苑，二十日滅。二月，太后蕭氏崩。十月戊午，有星孛于氐北，尾長四丈，西北指，貫攝提，向大角，東行，日長六七尺，十餘日滅。明年五月，羡之等廢帝。

文帝元嘉元年十月，熒惑犯心。元嘉三年正月甲寅夜，天東南有黑氣，廣一丈，長十餘丈。元嘉六年五月，太白晝見經天。元嘉七年三月，太白犯歲星於奎。六月，熒惑犯東井輿鬼，入軒轅。月犯歲星。十一月癸未，西南有氣，上下赤，中央黑，廣三尺，長三十餘丈，

狀如旌旗。十二月丙戌，有流星頭如甕，尾長二十餘丈，大如數十斛船，赤色有光照人面，從西行經奎北大星南過，至東壁止。其年，索虜寇青、司，殺刺史，掠居民。遣征南大將軍檀道濟討伐，經歲乃歸。

元嘉八年四月辛未，太白晝見，在胃。五月，犯天關東井。六月庚午，熒惑入東井。七月壬戌夜，白虹見東方。丁丑，太白犯上將。八月癸未，太白入太微右掖門內，犯左執法。乙未，熒惑犯積尸。九月丙寅，流星大如斗，赤色，發太微西蕃，北行，未至北斗沒，餘光長三丈許。十月丙辰，金土相犯，在須女。月奄天關東井。十二月，月犯房鉤鈐。十年，仇池氐寇漢中，梁州失戍。

元嘉九年正月庚午，熒惑入輿鬼。三月，月犯軒轅。四月，犯左角。歲星入羽林。月犯房鉤鈐。己丑，太白入積尸。五月，犯軒轅。月掩南斗第六星。辛酉，熒惑入太微右掖門，犯右執法。七月丙午，月蝕左角。八月癸未，太白犯心前星。乙酉，犯心明堂星。元嘉十年十月，有流星大如甕，尾長二十餘丈。元嘉十一年二月庚子，月犯畢，入畢口而出，因暈昴、畢，西及五車，東及參。三月丙辰，太白晝見，在參。閏月戊寅，太白犯五諸侯。己丑，月入東井，犯太白。于時司徒彭城王義康專權。

元嘉十二年五月壬戌，月犯右執法。七月壬戌，熒惑犯積尸，奄上將。十月丙午，月犯右執法。十二月甲申，太白犯羽林。十七年，上將執法皆被誅。

元嘉十三年正月庚午，月犯熒惑。二月，月犯太微東蕃第一星。十一月辛亥，歲星犯積尸。十二月戊子，熒惑入羽林。後年廢大將軍彭城王義康及其黨與。凡所收掩，皆羽林兵出。

元嘉十四年正月，有星晡前晝見東北維，在井左右，黃赤色，大如橘。月犯東井。四月丁未，太白犯輿鬼。五月丙子，太白晝見，在太微。七月辛卯，歲星入軒轅。八月庚申，熒惑犯上將。九月丙戌，熒惑犯左執法。其後皇后袁氏崩。丹陽尹劉湛誅。尚書僕射殷景仁薨。

元嘉十五年四月己卯，月犯氐。十月壬戌，流星大如鴨子，出文昌，入紫宮，聲如雷。十一月癸未，熒惑入羽林。丁未，月犯東井鉞星。其後誅丹陽尹劉湛等。

元嘉十六年二月，歲星逆行犯左執法。五月丁卯，太白晝見胃、昴間。月入羽林。太白犯畢。歲星犯左執法。七月，月會填星。八月，太白犯軒轅。明年，皇后袁氏崩。熒惑犯太微西上將。太白晝見，在翼。九月，熒惑同入太微相犯。太白犯左執法。熒惑犯右執法。十月，歲星熒惑相犯，在亢。十一月，熒惑犯房北第一星。明年，大將軍義康出徙豫章，誅其黨與。尚書僕射、揚州刺史殷景仁薨。

元嘉十九年九月，客星見北斗，漸爲彗星，至天苑末滅。元嘉二十年二月二十四日乙未，有流星大如桃，出天津，入紫宮，須臾有細流星或五或三相續，又有一大流星從紫宮出，入北斗魁，須臾又一大流星出，貫索中，經天市垣，諸流星並向北行，至曉不可稱數。流星占並云：「天子之使。」又曰：「庶民惟星。星流，民散之象。」至二十七年，索虜殘破青、冀、徐、兗、南兗、豫六州，民死太半。

元嘉二十二年二月，金火木合東井。四月，月犯心。太白入軒轅。七月，太白晝見。其冬，太子詹事范曄謀反伏誅。

元嘉二十三年正月，金火相爍。其月，索虜寇青州，驅略民戶。

元嘉二十四年正月，月犯心大星。天星並西流，多細，大不過如雞子，尾有長短，當有數百，至旦日光定乃止，有入北斗紫宮者。占：「流星羣趨所之者，兵聚其下，有大急。」又占：「衆星並流，將軍並舉兵。隨星所之，以應天氣。」又占：「流星入紫宮，有喪，水旱不調。」又占：「流星入北斗，大臣有繫者。」又占：「流星爲民，大星大臣流，小星小民流。」四月，太白晝見。八月，征北大將軍衡陽王義季薨。豫章民胡誕世率其宗族破郡縣，殺太守及縣令。

元嘉二十五年正月，火、水入羽林。月犯歲星。太白晝見經天。元嘉二十六年十月，彗星入太微。十一月，白氣貫北斗。二十七年夏，太白晝見經天。九月，太白犯歲星。十月，

熒惑入太微。元嘉二十八年五月，彗星見卷舌，入太微，逼帝座，犯上相，拂屏，出端門，滅翼、軫。翼、軫，荆州分。太白晝見犯哭星。三十年，太子巫蠱呪詛事覺，遂殺害朝臣。孝建元年，荆、江二州反，皆夷滅。卷舌，呪詛之象，彗之所起，是其應也。

元嘉二十九年正月，太白晝見，經天。明年，東宮弑逆。

孝武孝建元年二月，有流星大如月西行。其年，豫州刺史魯爽反誅。

孝建元年九月壬寅，熒惑犯左執法。尚書左僕射建平王宏表解職，不許。

孝建元年十月乙丑，熒惑犯進賢星。吏部尚書謝莊表解職，不許。

孝建二年五月乙未，熒惑入南斗。十月甲辰，又入南斗。大明元年夏，京師疾疫。

孝建三年四月戊戌，太白犯輿鬼。占曰：「民多疾。」明年夏，京邑疫疾。

孝建三年八月甲午，太白入心。占曰：「後九年，大飢至。」大明八年，東土大飢，民死十二三。

大明元年三月癸亥，太白在奎南，犯歲星。占曰：「有滅諸侯。」三年，司空竟陵王誕反誅。

大明元年六月丙申，月在東壁，掩熒惑。占曰：「將軍有憂，期不出三年。」至三年，司空竟陵王誕反。

大明二年三月辛未，熒惑入東井。四月己亥，熒惑在東井北犯軒轅第二星。井，雍州分。其年四月，海陵王休茂爲雍州刺史，五年，休茂反誅。

大明二年七月己巳，月掩軒轅第二星。十月辛卯，月掩軒轅。十一月丙戌，月又掩軒轅。軒轅，女主。時民間喧言人主帷薄不修。

大明二年十一月庚戌，熒惑犯房及鉤鈐。壬子，熒惑又犯鉤鈐。占曰：「有兵。」其年，索虜寇歷下，遣羽林軍討破之。

大明三年春正月夜，通天薄雲，四方生赤氣，長三四尺，乍沒乍見，尋皆消滅。占名隧星，一曰刀星，天下有兵，戰鬬流血。月入太微，犯次將。占曰：「有反臣死，將誅。」三月，月在房，犯鉤鈐，因蝕。占曰：「人主惡之，將軍死。」三月，土守牽牛。占曰：「大人憂疾，兵起，大赦，姦臣賊子謀欲殺主。」四月，犯五諸侯。占曰：「諸侯誅。」金、水合西方。占曰：「兵起。」五月，歲星犯東井鉞。占曰：「斧鉞用，大臣誅。」六月，月入南斗。占曰：「大臣大將軍誅。」南兗州刺史竟陵王誕尋據廣陵反，遣車騎大將軍沈慶之領羽林勁兵及豫州刺史宗慤、徐州刺史劉道隆衆軍攻戰。及屠城，城內男女道俗，梟斬靡遺。將軍宗越偏用虐刑，先刳腸決眼，或笞面鞭腹，苦酒灌創，然後方加以刀鋸。大兵之應也。八月，月犯太白。太白犯房。占曰：「人君有憂，天子惡之。」熒惑守畢。占曰：「萬民饑，有大兵。」九月，太白犯南斗。占曰：「大臣有反者。」九月，月在胃而蝕，既，又於昴犯熒惑。占曰：「兵起，女主當之，人主惡之。」一曰：「女主憂，國王死，民饑。」十月，太白犯哭星。占曰：「人主有哭泣之聲。」自後六宮多喪，公主薨亡，天子舉哀相係。歲大旱，民饑。

大明四年正月，月奄氐。占曰：「大將死。」又犯房北第二星。占曰：「有亂臣謀其主。」二月，有赤氣長一尺餘，在太白帝坐北。占曰：「兵起，臣欲謀其君。」五月，月入太微。占曰：「有反臣，大臣死。」六月，太白犯井鉞。占曰：「兵起，斧鉞用，大臣誅。」月犯心前星。占曰：「有亂臣，太子惡之。」月入南斗魁中。占曰：「大人憂，女主惡之。」七月，歲星犯積尸。占曰：「大臣誅。」十二月，月犯心中央大星。占曰：「大人憂。」十二月，通天有雲，西及東北並生，合八所，並長四尺，乍沒乍見，尋消盡。占曰：「天下有兵。」十二月，月犯箕東北星。女主惡之。明年，雍州刺史海陵王休茂反。太白犯東井。雍州兵亂之應也。

大明五年正月，歲星犯輿鬼積尸。占曰：「大臣誅，主有憂，財寶散。」月入南斗魁中。占曰：「大人憂，天下有兵。」火、土同在須女。占曰：「女主惡之。」三月，月掩軒轅。占曰：「女主惡之。」有流星數千萬，或長或短，或大或小，並西行，至曉而止。占曰：「人君惡之，民流亡。」四月，太白犯東井北轅。占曰：「大臣爲亂，斧鉞用。」太白犯輿鬼。占曰：「大臣誅，斧鉞用，人主憂。」六月，有流星白色，大如甌，出王良，西南行，沒天市中，尾長數十丈，沒後餘光

良久。占曰：「天下亂。」八月，熒惑入東井。占曰：「大臣當之。」十月，歲星犯太微上將星。太白入亢，犯南第二星。占曰：「上將有憂，輔臣有誅者，人君惡之。」十月，太白入氐中。熒惑入井中。占曰：「王者亡地，大赦，兵起，爲飢。」月入太微，掩西蕃上將，犯歲星。占曰：「有反臣死。」大星大如斗，出柳北行，尾十餘丈，入紫宮沒，尾餘光良久乃滅。占曰：「天下凶，有兵喪，天子惡之。」十一月，月掩心前星，又犯大星。占曰：「大人憂，兵起，大旱。」十二月，太白犯西建中央星。占曰：「大臣相譖。」月犯左角。占曰：「天子惡之。」後三年，孝武帝、文穆皇后相係崩，嗣主卽位一年，誅滅宰輔將相，虐戮朝臣，禍及宗室，因自受害。

大明六年正月，月在張，犯歲星。占曰：「民飢流亡。」月犯心後星。占曰：「庶子惡之。」二月，月掩左角。占曰：「天子惡之。」三月，熒惑入輿鬼。占曰：「有兵，大臣誅，天下多疾疫。」五月，月在張，又入太微，犯熒惑。占曰：「國主不安，女主憂。」火犯木在翼。占曰：「爲飢，爲旱，近臣大臣謀主。」有星前赤後白，大如甌，尾長十餘丈，出東壁北，西行沒天市，啾啾有聲。占曰：「其下有兵，天下亂。」月掩昴七星。占曰：「貴臣誅，天子破匈奴，胡主死。」歲星犯上將。占曰：「輔臣誅，上將憂。」六月，月入太微，犯右執法。占曰：「人主不安，天下大驚，主不吉，執法誅。」月犯心後星。占曰：「庶子惡之。」七月，月犯箕。占曰：「女主惡之。」八月，月入南斗魁中。占曰：「大臣誅，斧鉞用，吳、越有憂。」明年，揚、南徐州大旱，田

穀不收，民流死亡。自後三年，帝后仍崩，宰輔及尚書令僕誅戮，索虜主死，新安王兄弟受害，司徒豫章王子尚薨，羽林兵入三吳討叛逆。

大明七年正月夜，通天薄雲，四方合有八氣，蒼白色，長二三丈，乍見乍沒，名刀星。占曰：「天下有兵。」三月，月犯心後星。占曰：「庶子惡之。」四月，火犯金，在婁。占曰：「有喪，有兵，大戰。」六月，月犯箕。占曰：「女主惡之。」太白入東井。占曰：「大臣當之。」太白犯東井。占曰：「大臣爲亂，斧鉞用。」七月，熒惑入東井。占曰：「兵起，大將當之。」月入南斗魁，犯第二星。占曰：「大人憂，吳郡當之。」太白犯輿鬼。占曰：「兵起，大將誅，人主憂，財帛出。」八月，月入哭星中間。太白犯軒轅少微星。占曰：「人主憂，哭泣之聲，民飢流亡。」太白入太微。占曰：「近臣起兵，國不安。」熒惑犯鬼。太白犯右執法。占曰：「大臣誅。」十月，金水相犯。占曰：「天下飢。」熒惑守軒轅第二星。占曰：「宮中憂，有哀。」十一月，歲星入氐。占曰：「諸侯人君有入宮者。」十二月，月犯五車。占曰：「天庫兵動。」後二年，帝后崩，大臣將相誅滅，皇子被害，皇太后崩，四方兵起，分遣諸軍推鋒外討。

大明八年正月，月掩輿鬼。占曰：「大臣誅。」月入南斗魁中，掩第二星。占曰：「大人憂，女主惡之。」二月，月犯南斗第四星，入魁中。占曰：「大人有憂，女主當之。豫章受災。」四月，月入南斗魁中，犯第三星。占曰：「大人有憂，女主惡之。丹陽當之。」太白入東井，入

太微，犯執法。占曰：「執法誅，近臣起兵，國不安。」六月，歲星犯氐。占曰：「歲大飢。」有流星大如五斗甌，赤色有光，照見人面，尾長一丈餘，從參北東行，直下經東井，過南河，沒。占曰：「民飢，吳、越有兵。」七月，歲星入氐。十月，太白守房。占曰：「有兵，大喪。」月掩食房。占曰：「有喪，大飢。」此後國仍有大喪，丹陽尹顏師伯、豫章王子尚死。明年，昭太后崩。四方賊起，王師水陸征伐，義興晉陵縣大戰，殺傷千計。

前廢帝永光元年正月丁酉，太白掩牽牛。牽牛越分。其月庚申，月在虛宿，犯太白。虛，齊地。二月甲申，月入南斗。南斗，揚州分野。又爲貴臣。三月庚子，月入輿鬼，犯積尸。輿鬼主斬戮。六月庚午，熒惑入東井。東井，雍州分。其月壬午，有大流星，前赤後白，入紫宮。景和元年九月丁酉，熒惑入軒轅，在女主大星北。十月，熒惑入太微，犯西上將。十一月丁未，太白犯哭星。其月乙卯，月犯心。心爲天王。其年，太宰江夏王義恭、尚書令柳元景、尚書僕射顏師伯等並誅。太尉沈慶之薨。廬陵王敬先、南平王敬猷、南安侯敬淵並賜死。廢帝殞。明年，會稽太守尋陽王子房、廣州刺史袁曇遠、雍州刺史袁顗、青州刺史沈文秀並反。昭太后崩。

明帝泰始元年十二月己巳，太白入羽林。占曰：「羽林兵動。」乙亥，白氣入紫宮。占曰：「有喪事。」明年，羽林兵出討。昭太后崩。

泰始二年正月甲午，熒惑逆行在屏西南。占曰：「有兵在中。」其月丙申，月暈五車，通畢、昴。占曰：「女主惡之。」其月庚子，月犯輿鬼。占曰：「將軍死。」其月甲寅，流星從五車出，至紫宮西蕃沒。占曰：「有兵。」其月丙辰，黑氣貫宿。[三]占曰：「王侯有歸骨者。」三月乙未，有流星大小西行，不可稱數，至曉乃息。占曰：「民流之象。」四月壬午，熒惑入太微，犯右執法。月在丙子，歲星晝見南斗度中。占曰：「其國有軍容，大敗。」其月己卯，竟夜有流星百餘西南行，一大如甌，尾長丈餘，黑色，從河鼓出。又曰：「有兵。」其月壬午，太白在月南並出東方，爲犯。占曰：「有破軍死將，王者亡地。」七月甲午，月犯心。心爲宋地。其月丙午，月犯南斗。占曰：「大臣誅。」其月乙卯，熒惑犯氐。氐，兗州分野。十月辛巳，太白入氐。占曰：「春穀貴。」十一月癸巳，太白犯房。占曰：「牛多死。」其年，四方反叛，內兵大出，六師親戎。昭太后崩。大將殷孝祖爲南賊所殺。尚書右僕射蔡興宗以熒惑犯右執法，自解，不許。九月，諸方反者皆平，多有歸降者。後失淮北四州地，彭城、兗州並爲虜所沒，民流之驗也。彭城，宋分也。是春，穀貴民飢。明年，牛多疾死，詔太官停宰牛。

泰始三年六月甲辰，月犯東井。占曰：「軍將死。」熒惑犯輿鬼。占曰：「金錢散。」又曰：「不出六十日，必大赦。」八月癸卯，天子以皇后六宮衣服金釵雜物賜北征將士。明年二月，護軍王玄謨薨。

泰始四年六月壬寅，太白犯輿鬼。占曰：「民大疾，死不收。」其年普天大疫。

泰始五年二月丙戌，月犯左角。占曰：「三年天子惡之。」三月庚申，月犯建星。占曰：「易相。」十月壬午，月犯畢。占曰：「天子用法，誅罰急，貴人有死者。」其月丙申，太白犯亢。占曰：「收斂國兵以備北方。」其年冬，建安王休仁解揚州，桂陽王休範爲揚州。揚州牧前後常宰相居之，易相之驗也。七年，晉平王休祐、建安王休仁並見殺。時失淮北，立戍以備防北虜。後三年，宮車晏駕。

泰始六年正月辛巳，月犯左角。同前占。八月壬辰，熒惑犯南斗。南斗，吳分。十一月乙亥，月犯東北轅。占曰：「大人當之。」又曰：「大臣有誅者。」二年，殺揚州刺史王景文。宮車晏駕。

後廢帝元徽三年七月丙申，太白入角，犯歲星。占曰：「角爲天門，國將有兵事。」占，於角太白與木星會，殺軍在外，破軍殺將。其月丁巳，太白入氐。氐爲天子宿宮，太白兵凶之星。八月己巳，太白犯房北頭第二星。占曰：「王失德。」九月癸卯，太白犯南斗第三星。占曰：「大人當之，國易政。」十月丙戌，歲星入氐。占曰：「諸侯人君有來入宮者。」十一月庚戌，月入太微，奄屏西南星。占曰：「貴者失勢。」四年七月，建平王景素據京口反。時廢主凶慝無度，五年七月殞，安成王入纂皇阼。三年，齊受禪。

元徽四年三月乙巳〔四〕，月犯房北頭第一星，進犯鍵閉星。占曰：「有謀伏甲兵在宗廟中，天子不可出宮下堂，多暴事。」九月甲辰，填星犯太微西蕃。占曰：「立王。」一曰：「徙王。」又曰：「大人憂。」時廢帝出入無度，卒以此殞，安成王立。

元徽五年正月戊申，月犯南斗第五星。與前同占。四月丁巳，熒惑犯輿鬼西北星。占曰：「大人憂，近期六十日，遠期六百日。」又曰：「人君惡之。」其月丙子，太白犯輿鬼西北星。占曰：「大赦。」五月戊申，太白晝見午上，光明異常。占曰：「更姓。」六月壬戌，月犯鉤鈐星。占曰：「有大令。」其月乙丑，月犯南斗第四星。與前同占。七月，廢帝殞，大赦天下。後二年，齊受禪。

順帝昇明元年八月庚申，月入南斗，犯第三星。與前同占。九月丁亥，太白在翼，晝見經天。占曰：「更姓。」閏十二月癸卯夜，月奄南斗第四星。與前同占。

校勘記

〔一〕二月辛卯　南史宋本紀作「二月丙戌」。按二月甲戌朔，十三日丙戌，十八日辛卯，未知孰是。

〔二〕十二月戊戌　各本並作「十一月戊戌」。按上有十一月癸亥，此當是十二月戊戌。是年十一月庚子朔，二十四日癸亥，無戊戌。十二月己巳朔，三十日戊戌。

〔三〕黑氣貫宿　殿本考證云：「宿字上當有脫字。」

〔四〕元徽四年三月乙巳　「乙巳」下，各本並有「朔」字。按是年三月庚寅朔，十六日乙巳，「朔」字是衍文，今刪去。

宋書卷二十七

志第十七

符瑞上

夫體睿窮幾，含靈獨秀，謂之聖人，所以能君四海而役萬物，使動植之類，莫不各得其所。百姓仰之，歡若親戚，芬若椒蘭，故爲旗章輿服以崇之，玉璽黃屋以尊之，以神器之重，推之於兆民之上，自中智以降，則萬物之爲役者也。性識殊品，蓋有愚暴之理存焉。見聖人利天下，謂天下可以爲利，見萬物之歸聖人，謂之利萬物。力爭之徒，至以逐鹿方之，亂臣賊子，所以多於世也。夫龍飛九五，配天光宅，有受命之符，天人之應。易曰：「河出圖，洛出書，而聖人則之。」符瑞之義大矣。

赫胥、燧人之前，無聞焉。

太昊帝宓犧氏，母曰華胥。燧人之世，有大迹出雷澤，華胥履之，而生伏犧於成紀。蛇

身人首，有聖德。燧人氏沒，宓犧代之，受龍圖，畫八卦，所謂「河出圖」者也。有景龍之瑞。

炎帝神農氏，母曰女登，遊於華陽，有神龍首感女登於常羊山，生炎帝。人身牛首，有聖德，致大火之瑞。嘉禾生，醴泉出。

黃帝軒轅氏，母曰附寶，見大電光繞北斗樞星，照郊野，感而孕。二十五月而生黃帝於壽丘。弱而能言，龍顏，有聖德，劾百神朝而使之。應龍攻蚩尤，戰虎、豹、熊、羆四獸之力。以女魃止淫雨。天下既定，聖德光被，羣瑞畢臻。有屈軼之草生於庭，佞人入朝，則草指之，是以佞人不敢進。有景雲之瑞，有赤方氣與青方氣相連，赤方中有兩星，青方中有一星，凡三星，皆黃色，以天清明時見於攝提，名曰景星。黃帝黃服齋于中宮，坐于玄扈洛水之上，有鳳皇集，不食生蟲，不履生草，或止帝之東園，或巢于阿閣，或鳴於庭，其雄自歌，其雌自舞。麒麟在囿，神鳥來儀。有大螻如羊，大螾如虹。黃帝以土氣勝，遂以土德王。五十年秋七月庚申，天霧三日三夜，晝昏。黃帝以問天老、力牧、容成曰：「於公何如？」天老曰：「臣聞之，國安，其主好文，則鳳皇居之。國亂，其主好武，則鳳皇去之。今鳳皇翔於東郊而樂之，其鳴音中夷則，與天相副。以是觀之，天有嚴教以賜帝，帝勿犯也。」乃召史卜之，龜燋。史曰：「臣不能占也。其問之聖人。」帝曰：「已問天老、力牧、容成矣。」史北面再拜曰：「龜不違聖智，故燋。」霧除，遊于洛水之上，見大魚，殺五牲以醮之，天乃甚雨，七日七

夜，魚流於海，得圖、書焉。龍圖出河，龜書出洛，赤文篆字，以授軒轅。軒轅接萬神於明庭，今寒門谷口是也。

帝摯少昊氏，母曰女節，見星如虹，下流華渚，既而夢接意感，生少昊。登帝位，有鳳皇之瑞。

帝顓頊高陽氏，母曰女樞，見瑤光之星，貫月如虹，感己於幽房之宮，生顓頊於若水。首戴干戈，有聖德。生十年而佐少昊氏，二十而登帝位。

帝嚳高辛氏，生而騈齒，有聖德，代高陽氏王天下。使鼓人拊鞞鼓，擊鍾磬，鳳皇鼓翼而舞。

帝堯之母曰慶都，生於斗維之野，常有黃雲覆護其上。及長，觀于三河，常有龍隨之。一旦龍負圖而至，其文要曰：「亦受天祐。」眉八彩，鬢髮長七尺二寸，面銳上豐下，足履翼宿。既而陰風四合，赤龍感之。孕十四月而生堯於丹陵，其狀如圖。及長，身長十尺，有聖德，封於唐。夢攀天而上。高辛氏衰，天下歸之。在帝位七十年，景星出翼，鳳皇在庭，朱草生，嘉禾秀，甘露潤，醴泉出，日月如合璧，五星如連珠。廚中自生肉，其薄如箑，搖動則風生，食物寒而不臭，名曰「箑脯」。又有草夾階而生，月朔始生一莢，月半而生十五莢，十六日以後，日落一莢，及晦而盡，月小則一莢焦而不落，名曰「蓂莢」，一曰「曆莢」。歸功於

舜，將以天下禪之，乃潔齋修壇場於河、雒，擇良日，率舜等升首山，遵河渚。有五老游焉，蓋五星之精也。相謂曰：「河圖將來告帝以期，知我者重瞳黃姚。」五老因飛爲流星，上入昴。二月辛丑昧明，禮備，至於日昃，榮光出河，休氣四塞，白雲起，回風搖，乃有龍馬銜甲，赤文綠色，臨壇而止，吐甲圖而去。甲似龜，背廣九尺，其圖以白玉爲檢，赤玉爲字，泥以黃金，約以青繩。檢文曰：「闓色授帝舜。」言虞、夏、殷、周、秦、漢當授天命。帝乃寫其言，藏于東序。後二年二月仲辛，率羣臣沈璧于洛。禮畢，退俟，至于下昃，赤光起，玄龜負書而出，背甲赤文成字，止于壇。其書言當禪舜。遂讓舜。

帝舜有虞氏，母曰握登，見大虹意感，而生舜於姚墟。目重瞳子，故名重華。龍顏大口，黑色，身長六尺一寸。舜父母憎舜，使其塗廩，自下焚之，舜服鳥工衣服飛去。又使浚井，自上填之以石，舜服龍工衣自傍而出。耕於歷山，夢眉長與髮等。及卽帝位，蓂莢生於階，鳳皇巢於庭，擊石拊石，百獸率舞，景星出房，地出乘黃之馬，西王母獻白環、玉玦。舜在位十有四年，奏鍾石笙筦未罷，而天大雷雨，疾風發屋拔木，桴鼓播地，鍾磬亂行，舞人頓伏，樂正狂走。舜乃擁璿持衡而笑曰：「明哉！夫天下非一人之天下也，亦乃見于鍾石笙筦乎。」乃薦禹於天，使行天子事。于時和氣普應，慶雲興焉，若煙非煙，若雲非雲，郁郁紛紛，蕭索輪囷，百工相和而歌慶雲。帝乃倡之曰：「慶雲爛兮，糺縵縵兮。日月光華，旦復旦兮。」羣臣咸進，稽首曰：「明明上天，爛然星陳。日月光華，弘予一人。」帝乃再歌曰：「日月有常，星辰有行。四時從經，萬姓允誠。於予論樂，配天之靈。遷于聖賢，莫不咸聽。鼚乎鼓之，軒乎舞之。精華以竭，褰裳去之。」於是八風修通，慶雲叢聚，蟠龍奮迅於其藏，蛟魚踴躍於其淵，龜鼈咸出其穴，遷虞而事夏。舜乃設壇於河，依堯故事。至于下昃，榮光休氣至，黃龍負圖，長三十二尺，廣九尺，出于壇畔，赤文綠錯，其文言當禪禹。

帝禹有夏氏，母曰脩己，出行，見流星貫昴，夢接意感，既而吞神珠。脩己背剖，而生禹於石紐。虎鼻大口，〔二〕兩耳參鏤，首戴鉤鈐，胸有玉斗，足文履己，故名文命。長有聖德。長九尺九寸，夢自洗於河，以手取水飲之。又有白狐九尾之瑞。當堯之世，舜舉之。禹觀於河，有長人白面魚身，出曰：「吾河精也。」呼禹曰：「文命治淫。」言訖，授禹河圖，言治水之事，乃退入于淵。禹治水既畢，天錫玄珪，以告成功。夏道將興，草木暢茂，青龍止於郊，祝融之神，降于崇山。乃受舜禪，卽天子之位。洛出龜書六十五字，是爲洪範，此謂「洛出書」者也。南巡狩，濟江，中流有二黃龍負舟，舟人皆懼。禹笑曰：「吾受命於天，屈力以養人。生，性也。死，命也。奚憂龍哉！」龍於是曳尾而逝。

高辛氏之世妃曰簡狄，以春分玄鳥至之日，從帝祀郊禖，與其妹浴於玄丘之水。有玄鳥銜卵而墜之，五色甚好，二人競取，覆以玉筐。簡狄先得而吞之，遂孕。胸剖而生契。長

爲堯司徒，成功於民，受封于商。後十三世，生主癸。主癸之妃曰扶都，見白氣貫月，意感，以乙日生湯，號天乙。豐下銳上，晳而有髯，句身而揚聲，身長九尺，臂有四肘，是曰殷湯。湯在亳，能修其德。伊摯將應湯命，夢乘船過日月之傍，湯乃東至于洛，觀帝堯之壇，沈璧退立，黃魚雙踴，黑鳥隨魚止于壇，化爲黑玉。又有黑龜，並赤文成字，言夏桀無道，湯當代之。檮杌之神，見于邳山。有神牽白狼銜鉤而入商朝。金德將盛，銀自山溢。湯將奉天命放桀，夢及天而舓之，遂有天下。商人後改天下之號曰殷。

高辛氏之世妃曰姜嫄，助祭郊禖，見大人迹履之，當時歆如有人道感己，遂有身而生男。以爲不祥，棄之阨巷，羊牛避而不踐；又送之山林之中，會伐林者薦覆之；又取而置寒冰上，大鳥來以一翼藉覆之。姜嫄以爲異，乃收養焉，名之曰棄。枝頤有異相。長爲堯稷官，有功於民。后稷之孫曰公劉，有德，諸侯皆以天子之禮待之。初黃帝之世，讖言曰：「西北爲王，期在甲子，昌制命，發行誅，旦行道。」及公劉之後，十三世而生季歷。季歷之十年，飛龍盈於殷之牧野，此蓋聖人在下位將起之符也。季歷之妃曰太任，夢長人感己，溲于豕牢而生昌，是爲周文王。龍顏虎肩，身長十尺，胸有四乳。太王曰：「吾世當有興者，其在昌乎！」季歷之兄曰太伯，知天命在昌，適越終身不反。弟仲雍從之，故季歷爲嗣以及昌。昌爲西伯，作邑于豐。文王之妃曰太姒，夢商庭生棘，太子發植梓樹於闕間，化爲松柏棫柞。

以告文王，文王幣告羣臣，與發並拜告夢。季秋之甲子，赤爵銜書及豐，止于昌戶，昌拜稽首受之。其文要曰：「姬昌，蒼帝子，亡殷者紂王。」將畋，史褊卜之，曰：「將大獲，非熊非羆，天遺汝師以佐昌。臣太祖史疇爲禹卜畋，得皐陶。其兆如此。」王至于磻谿之水，呂尚釣於涯，王下趨拜曰：「望公七年，乃今見光景于斯。」尚立變名答曰：「望釣得玉璜，其文要曰：『姬受命，昌來提，撰爾雒鈐報在齊。』」尚出游，見赤人自雒出，授尚書曰：「命曰呂，佐昌者子。」文王夢日月著其身，又鸑鷟鳴於岐山。孟春六旬，五緯聚房。後有鳳皇銜書，游文王之都。書又曰：「殷帝無道，虐亂天下，皇命已移，不得復久，靈祇遠離，百神吹去，五星聚房，昭理四海。」文王既沒，太子發代立，是爲武王。武王駢齒望羊。將伐紂，至于孟津，八百諸侯，不期而會。咸曰：「紂可伐矣。」武王不從。及紂殺比干，囚箕子，微子去之，乃伐紂。度孟津，中流，白魚躍入王舟。王俯取魚，長三尺，目下有赤文成字，言紂可伐。王寫以世字，魚文消。燔魚以告天。有火自天止于王屋，流爲赤烏，烏銜穀焉。穀者，紀后稷之德；火者，燔魚以告天，天火流下，應以吉也。遂東伐紂，勝於牧野，兵不血刃，而天下歸之。乃封呂望於齊。周德既隆，草木茂盛，蒿堪爲宮室，因名蒿宮。武王沒，成王少，周公旦攝政七年，制禮作樂，神鳥鳳皇見，蓂莢生。乃與成王觀于河、洛，沈璧。禮畢，王退俟，至于日昧，榮光並出幕河，青雲浮至，青龍臨壇，銜玄甲之圖，坐之而去。禮于洛，亦如之。玄龜青

龍蒼兕止于壇，〔二〕背甲刻書，赤文成字，周公援筆以世文寫之，書成文消，龜墮甲而去。其言自周公訖于秦、漢盛衰之符。麒麟遊苑，鳳皇翔庭，成王援琴而歌曰：「鳳皇翔兮於紫庭，余何德兮以感靈，賴先王兮恩澤臻，于胥樂兮民以寧。」

魯哀公十四年，孔子夜夢三槐之間，豐、沛之邦，有赤煙氣起，乃呼顏淵、子夏往視之。驅車到楚西北范氏街，見芻兒摘麟，傷其左前足，薪而覆之。孔子曰：「兒來，汝姓爲赤誦，名子喬，字受紀。」孔子曰：「汝豈有所見邪？」兒曰：「見一禽，巨如羔羊，頭上有角，其末有肉。」孔子曰：「天下已有主也，爲赤劉，陳、項爲輔，五星入井從歲星。」兒發薪下麟示孔子，孔子趨而往，麟蒙其耳，吐三卷圖，廣三寸，長八寸，每卷二十四字，其言赤劉當起，曰：「周亡，赤氣起，大燿興，玄丘制命，帝卯金。」孔子作春秋，制孝經，既成，使七十二弟子向北辰星磬折而立，使曾子抱河、洛事北向。孔子齋戒向北辰而拜，告備于天曰：「孝經四卷，春秋、河、洛凡八十一卷，謹已備。」天乃洪鬱起白霧摩地，赤虹自上下，化爲黃玉，長三尺，上有刻文。孔子跪受而讀之曰：「寶文出，劉季握。卯金刀，在軫北。字禾子，天下服。」

漢高帝父曰劉執嘉。執嘉之母，夢赤鳥若龍戲己，而生執嘉，是爲太上皇帝。母名含始，是爲昭靈后。昭靈后游於洛池，有玉雞銜赤珠，刻曰玉英，吞此者王。昭靈后取而吞之。又寢於大澤，夢與神遇。是時雷電晦冥，太上皇視之，見蛟龍在其上，遂有身而生季，

是爲高帝。高帝隆準而龍顏，美須髯，左股有七十二黑子。微時，數從王媼、武負貰酒，醉臥，上常有光怪。每留飲，售輒數倍。武負異之，輒折其契。單父人呂公好相人，見高帝，謂曰：「臣少好相人，相人多矣，無如季相，願季自愛。臣有息女，願爲箕箒妾。」呂公妻媪怒呂公曰：「公常奇此女，欲爲貴人。沛令善公，求不與。何妄許劉季。」呂公曰：「非女子所知。」卒與高帝。生惠帝、魯元公主。呂后嘗與兩子居田中，有一老公過，請飲，呂后因饋之食。老父相呂后曰：「夫人，天下貴人也。」令相二子，見惠帝曰：「夫人所以貴者，乃此男。」相魯元公主，亦貴。老父已去，高帝適從傍舍來，呂后具言之。高帝追問老父。老父曰：「向者夫人、兒子之貴，皆以君相。君貴不可言。」高帝被飲，夜行徑澤中。前人反曰：「有大蛇當道，願還。」高帝醉，曰：「壯士行，何畏。」乃前，拔劍斬蛇，蛇分爲兩，道開而過。後人來者，見老嫗守蛇曰：「向者赤帝子過，殺之。」見者疑嫗爲詐，欲笞之，忽然不見。具以狀告高帝，帝心喜。秦始皇帝曰：「東南有天子氣。」於是東遊以厭之。高帝隱於芒、碭山澤之間，呂后常知其處。高帝怪問之，對曰：「季所居，上常有雲氣，故知之。」高帝爲沛公，入秦，五星聚于東井，歲星先至，而四星從之。占曰：「以義取天下。」初，張良遊於下邳沂水之上，〔三〕有老父來，直至良前，而墮其履。顧謂良曰：「孺子下取履。」良愕然，欲毆之，以其老，乃下取跪進。父以足受，笑而去，良殊大驚。父去里所復來，曰：「孺子可教也。後五日平明，與我會

此。」良怪之，跪應曰：「諾。」五日，良往，父已先來，怒曰：「何與長者期而後也？五日，更與我會此。」凡三期而良前至。老父喜曰：「不當如是邪！」即出懷中一卷書與之，曰：「讀之，此爲王者師。後十三年，孺子見我濟北穀城山下，黃石即我也。」旦視其書，乃太公兵法。良以黃石篇爲他人說，皆不省，唯高帝說焉。良曰：「此殆天所授矣。」五年而成帝業。後十三年，張良果得穀城山下黃石，寶而祠之，死與合葬。

文帝之母薄姬，魏豹爲魏王，納之後宮。許負相之，當生天子，魏王豹於是背漢，漢高帝擊虜，而薄姬輸織室。高帝見而美之，內於後宮，歲餘乃得幸。將見幸，薄姬言：「妾昨夢青龍據妾心。」高帝曰：「我是也。吾爲爾成之。」一御而生文帝。

景帝王皇后初嫁爲金王孫妻，母臧兒卜筮曰：「當貴。」乃奪金氏而內太子宮，生男。男方在身，夢日入其懷，以告太子。太子曰：「是貴徵也。」生男，是爲武帝。

武帝趙婕妤，家在河間，生而兩手皆拳，不可開。武帝巡狩過河間，〔四〕望氣者言，此有奇女天子氣。召而見之。武帝自披其手，既時申，得一玉鉤。由是見幸，號曰「拳夫人」。進爲婕妤，居鉤弋宮，大有寵。十四月生男，是爲昭帝，號曰「鉤弋子」。武帝曰：「聞昔堯十四月而生，今鉤弋子亦然。」乃名其門曰堯母門。

昭帝元鳳三年正月，〔五〕泰山、萊蕪山南，民夜聞詾詾有數千人聲，晨往視之，見大石自

立，高丈五尺，大四十八圍，〔六〕入地八尺，三石爲足，立後，白烏數千集其旁。又上林苑中柳樹斷臥地，一朝自起生枝葉，蟲齧其葉成文，曰：「公孫病已立。」陳留襄邑王社忽移至長安。博士眭孟占之曰：「石，陰類。泰山，岱宗，王者禪代之處。將有廢故之家，姓公孫，名病已，從白衣爲天子者。」時昭帝幼少，霍光輔政，以孟妖言誅之。及昭帝崩，昌邑王又廢，光立宣帝，武帝曾孫，本名病已，在民間白衣三世，如孟言焉。

元帝王皇后，齊田氏之苗裔。祖父翁孺，自東平陵徙元城。元城建公曰：「昔春秋沙鹿崩，晉史卜之，陰爲陽雄，土火相乘，故沙鹿崩。後六百四十五年，宜有聖女興，其齊田乎？今翁孺之徙，正值其地，日月當之。元城郭東有五鹿之墟，卽沙鹿地。後八十年，當有貴女興天下。」翁孺生禁。禁妻李氏方任身，夢月入其懷，生女，是爲元后。每許嫁，未行，所許者輒死。卜相者云：「當大貴。」遂爲元帝皇后，生成帝。

初，秦始皇世，有長人十二，身長五丈，足跡六尺，見於隴西臨洮，前史以爲秦亡之徵，史臣以爲漢興之符也。自高帝至于平帝，十二主焉。

光武皇帝，父爲濟陽令。濟陽有武帝行宮，常封閉。哀帝建平元年十二月甲子夜，光武將產，乃開而居之。時有赤光，室中盡明，皇考異焉。使卜者王長卜之。長辟左右曰：「此善事，不可言。」是歲，有嘉禾生產屋景天中，一莖九穗，異於凡禾，縣界大豐，故名光武

曰秀。時又有鳳皇集濟陽，於是畫宮爲鳳皇之象。明年，方士有夏賀良者，上言哀帝云：「漢家歷運中衰，當再受命。」於是改號爲太初元將元年，稱陳聖劉太平皇帝以厭勝之。王莽時，善望氣者蘇伯阿望光武所居縣舂陵城郭，唶曰：「氣佳哉！鬱鬱葱葱然。」莽忌惡漢，而錢文有金，乃改鑄貨泉以易之。既而光武起於舂陵之白水鄉，貨泉之文爲「白水眞人」也。初起兵，望見家南有火光，以爲人持火，呼之而光遂盛，赫然上屬天，有頃不見。及在河北，爲王郎所逼，將南濟滹沱河。導吏還云：「河水流澌，無船可渡。」左右皆恐懼。帝更遣王霸視之。霸往視，如吏言。霸慮還以實對，驚動衆心，乃謬云：「冰堅可渡。」帝馳進。比至，而河冰皆合，其堅可乘。既渡，餘數乘車未畢而冰陷。前至下博城西，疑所之。有一白衣老公在道旁，曰：「努力！信都爲長安城守，去此八十里耳。」言畢，失所在。遂至信都，投太守任光。初光武微時，穰人蔡少公曰：「讖言劉秀發兵捕不道，卯金修德爲天子。」國師公劉子駿名秀。少公曰：「國師公是也。」光武笑曰：「何用知非僕？」道士西門君惠等並云：「劉秀當爲天子。」光武平定河北，還至中山，將軍萬脩得赤伏符，言光武當受命。羣臣上尊號，光武辭。前至鄗縣，諸生彊華又自長安詣鄗，上赤伏符，文與脩合。羣下又請曰：「受命之符，人應爲大。」光武又夢乘赤龍登天，乃卽位，都洛陽，營宮闕。一夕有門材自至，是時琅邪開陽縣城門，一夕無故自亡，檢所得材，卽是也，遂名其門曰開陽門。先是秦穆公時，

陳倉人掘地得物，若羊非羊，若豬非豬，怪，將獻之。道逢二僮子，謂之曰：「子知彼乎，名爲猬，常在地下食死人腦。若欲殺之，以柏東南枝指之，則死矣。」猬因言曰：「此二僮子，名爲寶。得其雄者王，得其雌者霸。」於是陳倉人遂棄猬而逐二僮子，二僮子化爲雉，飛入林。陳倉人以告穆公，穆公發徒大獵，得其雌者，化而爲石，置之汧、渭之間。至文公，爲之立祠，名曰陳寶祠。雄南飛集南陽穰縣，其後光武興於南陽。光武之初興也，隗囂擁衆隴右，招集英俊，而公孫述稱帝於蜀，天下雲擾，大者連州郡，小者據縣邑。囂問扶風人班彪曰：「往者周亡，戰國並爭，天下分裂，數世然後定。縱橫之事，復起於今乎？將承運迭興，在於一人也？願先生論之。」對曰：「周之廢興與漢異。昔周立爵五等，諸侯從政，本根既微，枝葉强大，故其末流有縱橫之事，其勢然也。漢家承秦之制，郡縣治民，主有專己之威，臣無百年之柄。至於成帝，假借外家，哀、平短祚，國嗣三絕，禍自上起，傷不及下。故王氏之貴，傾擅朝廷，能竊號位，而不根於民，是以卽眞之後，天下莫不引領而歎。十餘年間，中外騷擾，遠近俱發，假號雲合，咸稱劉氏，不謀而同辭。方今雄桀帶州域者，皆無七國世業之資。詩云：『皇矣上帝，臨下有赫。鑒觀四方，求民之瘼。』今民皆謳吟思漢，向仰劉氏，已可知矣。」隗囂曰：「先生言周、漢之勢，可也。至於但見愚民習識劉氏姓號之故，而謂漢復興，疎矣。昔秦失其鹿，劉季逐而掎之，時民復知漢乎？」彪既戚囂言，又愍狂狡之不息，乃

著王命論以救時難。辭曰：

昔在帝堯之禪曰：「咨爾舜，天之曆數在爾躬。」舜亦以命禹。洎于稷、契，咸佐唐、虞，光濟四海，奕世載德，至于湯、武，而有天下。雖其遭遇異時，禪代不同，至于應天從民，其揆一焉。是故劉氏承堯之祚，氏族之世，著于春秋。唐據火德，而漢紹之。始起沛澤，則神母夜號，以章赤帝之符。由是言之，帝王之祚，必有明聖顯懿之德，豐功厚利積累之業，然後精誠通于神明，流澤加於生民。故能爲鬼神所福饗，天下所歸往。未見運世無本，功德不紀，而得堀起在此位者也。世俗見高祖興於布衣，不達其故，以爲適遭暴亂，得奮其劍。游說之士，至比天下於逐鹿，幸捷而得之。不知神器有命，不可以智力求也。悲夫！此世之所以多亂臣賊子者也。若然者，豈徒闇於天道哉，又不覩之於人事矣。

夫餓饉流隸，饑寒道路，思有裋褐之褻，儋石之畜，所願不過一金，然終於轉死溝壑。何則？貧窮亦有命也。況乎天子之貴，四海之富，神明之祚，可得而妄據哉！故雖遭罹厄會，竊其權柄，勇如信、布，强如梁、籍，成如王莽，然卒潤鑊伏鑕，烹菹分裂；又況么麽不及數子，而欲闇干天位者乎？是故駑蹇之乘，不騁千里之塗；鷰雀之儔，不奮六翮之用；楶梲之材，不荷棟梁之任；斗筲之子，不秉帝王之重。易曰：「鼎折足，覆

公餗。」不勝其任也。當秦之末，豪桀共推陳嬰而王之。嬰母止嬰曰：「自吾爲子家婦，而世貧賤，卒富貴，不祥。不如以兵屬人，事成，少受其利，不成，禍有所歸。」嬰從其言，而陳氏以寧。王陵之母，亦見項氏之必亡，而劉氏之將興也。是時陵爲漢將，而母獲於楚。有漢使來，陵母見之，謂曰：「願告吾子，漢王長者，必得天下，子謹事之，無有二心。」遂對漢使，伏劍而死，以固勉陵。其後果定於漢，陵爲宰相封侯。夫以匹婦之明，猶能推事理之致，探禍福之機，全宗祀於無窮，垂册書於春秋，而況大丈夫之事乎。是故窮達有命，吉凶由人，嬰母知廢，陵母知興，審此二者，帝王之分決矣。

蓋在高祖，其興也有五：一曰帝堯之苗裔，二曰體貌多奇異，三曰神武有徵應，四曰寬明而仁恕，五曰知人善任使。加之以信誠好謀，達於聽受，見善如不及，用人如由己，從諫如從流，趨時如響赴；當食吐哺，納子房之策；拔足揮洗，揖酈生之說；寤戍卒之言，斷懷土之情；高四皓之名，割肌膚之愛；舉韓信於行陣，收陳平於亡命，英雄陳力，羣才畢舉，此高祖之大略所以成帝業也。若乃靈瑞符應，又可略聞矣。初劉媼任高祖而夢與神遇，震雷晦冥，有龍蛇之怪。及長多靈異，有殊於衆，是以王、武感物而折契，呂公覩貌而進女；秦皇東遊以厭其氣，呂后望雲而知所處；始受命則白蛇分，西入關則五星聚。故淮陰、留侯謂之天授，非人力也。

歷古今之得失，驗行事之成敗，稽帝王之世運，考五者之所謂，取舍不厭斯位，符應不同斯度，而欲昧於權利，越次妄據，[七]外不量力，內不知命，則必喪保家之主，失天年之壽，[八]遇折足之凶，伏鈇鉞之誅。英雄誠知覺寤，畏若禍戒，超然遠覽，淵然深識，收陵、嬰之明分，絕信、布之覬覦，距逐鹿之瞽說，審神器之有授，無貪不可幾，爲二母之所笑，則福祚流于子孫，天祿其永終矣。

隗囂不納，果敗。

漢元、成世，道士言：「讖者云：『赤厄三七。』三七，二百一十年，有外戚之篡。祚極三六，當有龍飛之秀，興復祖宗。」及莽篡漢，漢二百一十年矣。莽十八年而敗，光武興焉。

明帝初生，豐下兌上，赤色似堯，終登帝位。

和帝鄧皇后，祖父禹，佐命光武，常曰：「我將百萬人，未嘗妄殺一人，子孫當大興。」后少時，相者蘇文見后，[九]驚曰：「此成湯之骨法也，貴不可言。」后嘗夢登梯，以手捫天，天體蕩蕩正青而滑，有若鍾乳者，后仰吮之。以訊之占夢。占夢者曰：「堯夢攀天而上，[一〇]湯夢及天而呧之，[一一]此皆非常夢也。」既而入宮，遂登尊位。

安帝未卽大位，在邸，數有神光赤蛇嘉應，照曜室內，磐紆殿屋牀第之間，後遂入承大統。

初桓帝之世，有黃星見於楚、宋之分。遼東殷馗曰：「後五十年，當有眞人起於譙、沛之間，其鋒不可當。」靈帝熹平五年，黃龍見譙。光祿大夫橋玄問太史令單颺曰：[一二]「此何祥也？」颺曰：「其國後當有王者興，不及五十年，亦當復見天事恒象，此其徵也。」內黃殷登默記之。其後曹操起於譙，是爲魏武帝。建安五年，於黃星見之，歲五十年矣。而武帝破袁紹，天下莫敵。

春秋讖曰：「代漢者，當塗高也。」漢有周舒者，善內學。人或問之，舒曰：「當塗高者，魏也。」舒既沒，譙周又問術士杜瓊曰：「周徵君以爲當塗高，魏也。其義何在？」瓊曰：「魏，闕名也。當塗而高，聖人以類言耳。」又問周曰：「寧復有所怪邪？」周曰：「未達也。」瓊曰：「古者名官職不言曹，自漢以來，名官盡言曹，吏言屬曹，卒言侍曹，此殆天意也。」周曰：「魏者，大也。曹者，衆也。衆而且大，天下之所歸乎。」建安十八年，武帝爲公，又進爵爲王。二十五年，武帝薨，太子丕嗣爲魏王，是爲文帝。文帝始生，有雲青色，圓如車蓋，當其上終日。望氣者以爲至貴之祥，非人臣之氣。善相者高元呂曰：「其貴不可言。」延康元年三月，黃龍又見譙，殷登猶存，歎曰：「黃龍見於熹平也，單颺云：『不及五十年，亦當復見。』今四十五年矣，颺之言其驗茲乎。」四月，饒安言白虎見。[一三]八月，石邑言鳳凰集，又有麒麟見。十月，漢帝禪位於魏，魏王辭讓不受，博士蘇林、董巴上言：「臣聞天之去就，固有常分，聖人當之，

昭然不疑。故堯捐骨肉而禪有虞，終無吝色。舜發壟畝而居天下，若固有之。其相授間，不稽漏刻，天下已傳矣。所以急天命，明天下不可一日無君。今漢期運已終，妖異絕之已審。陛下受天之命，符瑞告徵，丁寧詳悉，反覆備至，雖言語相諭，無以代此。今既發詔書，璽綬未御，固執謙讓，上稽天命，下違民情。臣謹按古之典籍，參以圖緯，魏之行運及天道所在，卽尊之驗，在於今年此月，昭晳分明。謹條奏如左。唯陛下遷思易慮，以時卽位，顯告上帝，布詔天下。然後改正朔，易服色，正大號，天下幸甚。」其所陳事曰：

天有十二次，以爲分野，王公之國，各有所屬。周在鶉火，魏在大梁，歲星行歷，凡十二次，所在國天子受命，諸侯以封。周文王始受命，歲星在鶉火，至武王伐紂，十三年，歲星復在鶉火。故春秋傳曰：「武王伐紂，歲在鶉火。」又曰：「歲之所在，則我有周之分野也。」昔光和七年，[一四]歲在大梁，武王始受命爲將，討黃巾。是歲改年爲中平元年。建安元年，歲復在大梁，始拜大將軍。十三年，復在大梁，始拜丞相。今二十五年，歲復在大梁，陛下受命。此魏得歲與周文、武受命相應。

今年青龍在庚子，詩推度災曰：「庚者，更也。子者，茲也。聖人制法天下治。」又曰：「王者布德於子，治成於丑。」此言今年天更命聖人，制法天下，布德於民也。魏以改制天下，[一五]與詩協矣。顓頊受命，歲在豕韋，衞居其地，亦在豕韋。故春秋傳曰：

「衞，顓頊之墟也。」今十月，斗之所建，則顓頊受命之分也。魏以十月受禪，此同符始祖受命之驗也。

魏之氏族，出自顓頊，與舜同祖，見于春秋世家。舜以土德承堯之火，今魏亦以土德承漢之火，其於行運合於堯、舜授受之次。

魏王猶未許。太史丞許芝又上天文祥瑞：

自建安三年十二月戊辰，有新天子氣見於東南，到今積二十三年。建安十年，茀星出庫樓，歷犯氐、房宿，北入天市，犯北斗、紫微。氐爲天子宿宮，路寢所止。房爲天子明堂政教之首。北斗七星，主尊輔象近臣。紫微者，北極最尊。此除掃漢家之大異也。建安十八年秋，歲星、鎭星、熒惑俱入太微，逆行留守帝坐百有餘日。歲星入太微，人主改姓。鎭星入太微，內有兵亂，人主以弱。三者，漢改姓易代之異也。建安十九年正月，白虹貫日。易傳曰：「后妃擅國，白虹貫日。」建安二十一年五月朔己亥，日蝕。建安二十三年三月，茀星晨見東方二十餘日，夕出西方，犯歷五車、東井、五諸侯、文昌、軒轅、太微，鋒炎刺帝坐。茀者除舊布新，亡惡興聖之異也。建安二十四年二月晦壬子，日蝕。日者陽精，月爲侯王，而以亥子日蝕，皆水滅火之異也。延康元年九月十日黃昏時，月蝕熒惑，過人定時，熒惑出營室，宿羽林。月爲大臣侯王之象；熒惑火

精，漢氏之行。占曰：「漢家以兵亡。」延康元年九月二十日，剝卦天子氣不見，皆崩亡之異也。熒惑火精，行縮日一度有餘。故太史令王昱以爲漢家衰亡之極。熒惑大而赤色，光不明，赤而小，與小星無別，皆漢家衰亡之異也。

易傳曰：「上下流通聖賢昌，厥應帝德鳳皇翔，萬民喜樂無咎殃。」易傳又曰：「聖人受命，厥應鳳皇下，天子虜。」易傳又曰：「黃龍見，天災將至，天子絀，聖人出。」黃龍以戊己日見，五色文章皆具，聖人得天受命。黃龍以戊寅見，此帝王受命之符瑞最著明者也。易傳又曰：「聖人淸靜行中正，賢人至，民從命，厥應麒麟來。」春秋玉版讖曰：「代赤者魏公子。」春秋佐助期曰：「漢以許昌失天下。」故白馬令甘陵李雲上事，言許昌氣見，當塗高已萌，欲使漢家防絕萌牙。今漢都許，日以微弱，當居許昌以失天下。當塗高者，魏也；魏者，象魏兩闕之名當道而高大者也。魏當代漢，如李雲之言也。春秋佐助期又曰：「漢以蒙孫亡。」說者以蒙孫直漢二十四帝，童蒙愚惑以弱亡。漢帝少時名爲董侯，名不正，蒙亂荒惑，其子孫以弱亡也。孝經中黃讖曰：「日載東，紀火光。不横一，聖明聰。〔一六〕四百之外，易姓而王。天下歸功致太平。」此魏王之姓諱著見圖讖也。易運期曰：「言居東，西有午，兩日並光日居下。其爲主，反爲輔，〔一七〕五八四十，黃氣受，眞人出。」言午「許」字，兩日「昌」字，漢當以許亡，魏當以許昌。今際會之期在許，是其大效也。易運期又曰：「鬼在山，禾女運，王天下。」

於是魏王受漢禪，柴於繁陽，有黃鳥銜丹書，集于尙書臺，於是改元爲黃初。漢中平二年，洛陽民譌言虎賁寺有黃人，觀者日數萬，道路斷絕。中平元年，黃巾賊起，云：「蒼天已死，黃天當立。」此魏氏依劉向自云土德之符也。先是周敬王之四十七年，宋景公問大夫邢史子臣：「天道何祥？」對曰：「後五年五月丁亥，臣將死。死後五年五月丁卯，吳將亡。亡後五年，君將終。終後四百年，邾王天下。」皆如其言。邾王天下，蓋謂魏國之後。言四百年則錯。疑年代久遠，傳記者謬誤。

高貴鄉公初生，有光氣照耀室屋，其後卽大位。

劉備身長七尺七寸，垂手過膝，顧自見耳。洛書甄耀度曰：「赤三日，德昌九世會備，合爲帝際。」〔一八〕洛書寶予命曰：「天度帝道備稱皇，以統握契，百成不敗。」洛書錄運期曰：「九侯七傑爭民命，炊骸道路，誰使主者玄且來。」〔一九〕備字玄德，故云「玄且來」也。孝經鉤命決曰：「帝三建，九會備。」先是，術士周羣言，西南數有黃氣，直立數丈，如此積年，每有景雲祥風，從璿璣下來應之。〔二〇〕建安二十二年中，屢有氣如旗，從西竟東，中天而行。圖書曰：「必有天子出其方。」太白、熒惑、鎭星從歲星，又黃龍見犍爲武陽之赤水，九日乃去。關羽在襄陽，男子張嘉、王休獻玉璽，備後稱帝於蜀。

孫堅之祖名鍾，家在吳郡富春，獨與母居。性至孝。遭歲荒，以種瓜爲業。忽有三少年詣鍾乞瓜，鍾厚待之。三人謂鍾曰：「此山下善，可作冢，葬之，當出天子。君可下山百步許，顧見我去，卽可葬也。」鍾去三十步，便反顧，見三人並乘白鶴飛去。鍾死，卽葬其地。地在縣城東，冢上數有光怪，雲氣五色上屬天，衍數里。父老相謂此非凡氣，孫氏其興矣。堅母任堅，夢腸出繞吳昌門。以告鄰母，鄰母曰：「安知非吉祥也。」昌門，吳郭門也。堅生而容貌奇異。堅妻吳氏初任子策，夢月入其懷；後孕子權，又夢日入懷。告堅曰：「昔任策，夢月入懷，今又夢日入懷，何也？」堅曰：「日月陰陽之精，極貴之象，吾子孫其興乎。」權方頤大口紫髯，長上短下。漢世有劉琬者，能相人，見權兄弟，曰：「孫氏兄弟，雖各才智明達，然祿胙不終。唯中弟孝廉，形貌奇偉，骨體不恒，有大貴之表，年又最壽。爾其識之。」權時爲孝廉。初，秦始皇東巡，濟江。望氣者云：「五百年後，江東有天子氣出於吳，而金陵之地，有王者之勢。」於是秦始皇乃改金陵曰秣陵，鑿北山以絕其勢。至吳，又令囚徒十餘萬人掘汙其地，表以惡名，故曰囚卷縣，今嘉興縣也。漢世術士言：「黃旗紫蓋，見於斗、牛之間，江東有天子氣。」獻帝興平中，吳中謠言：「黃金車，斑闌耳。開昌門，出天子。」魏文帝黃初三年，夏口、武昌並言黃龍、鳳皇見。〔二一〕其年，權稱尊號。年至七十一而薨。權子休初封琅邪王，夢乘龍上天，顧不見尾。後得大位，其子被廢。

漢元、成之世，先識之士有言曰：「魏年有和，當有開石於西三千餘里，繫五馬，文曰討曹。」及魏之初興也，張掖删丹縣金山柳谷有石生焉，周圍七尋，[二二]中高一仞，蒼質素章，有五馬、麟、鹿、鳳皇、仙人之象。始見於建安，形成於黃初，文備於太和。至青龍三年，柳谷之玄川溢涌，石形改易，狀似雲龜，廣一丈六尺，長一丈七尺一寸，[二三]圍五丈八寸，立于川西。有石馬十二，其一仙人騎之，其一羈靮，[二四]其五有形而不善成，其五成形。又有一牛八卦列宿彗星之象。有玉匣開蓋於前，有玉玦二，玉璜一。又有麒麟、鳳皇、白虎、馬、牛於中布列。有文字曰：「上上三天王述大會討大曹金但取之金立中大金馬一疋中正大吉關壽此馬甲寅述水」凡三十五字。[二五]石色蒼，而物形及字，並白石書之，皆隆起。魏明帝惡其文有「討曹」，鑿去爲「計」，以蒼石塞之，宿昔而白石滿焉。當時稱爲祥瑞，班下天下。處士張掖曰：「夫神兆未然，不追往事，此蓋將來之休徵，當今之怪異也。」既而晉以司馬氏受禪。太尉屬程猗說曰：「夫大者，盛之極也。金者，晉之行也。中者，物之會也。吉者，福之始也。此言司馬氏之王天下，感德而生，應正吉而王之符也。」猗又爲贊曰：「皇德遐通，實降嘉靈。乾生其象，坤育其形。玄石既表，素文以成。瑞虎合仁，白麟燿精。神馬自圖，金言其形。體正而王，中允克明。關壽無疆，於萬斯齡。」

宣帝有狼顧之相，能使面正向後，而身形不異。魏武帝嘗夢有三匹馬在一槽中共食，

其後宣帝及景、文相係爲宰相，遂傾曹氏。文帝未立世子，有意於齊獻王攸。武帝時爲中撫軍，懼不立，以相貌示裴秀，秀言於文帝曰：「中撫軍振髮籍地，垂手過膝，天表如此，非人臣之相也。」由是得立。及嗣晉位，其月，襄武縣言有大人相，長三丈餘，足跡三尺一寸，白髮，黃單衣，黃巾，柱杖呼民王始語云：「今當太平。」頃之，受魏禪。

武帝咸寧元年，大風吹帝社樹折，有青氣出社中。占者以爲東莞有天子氣。時琅邪武王伷封東莞，伷，元帝祖也。元帝以咸寧二年夜生，有光照室，室內盡明，有白毛生於日角之左，眼有精光燿。隨惠帝幸鄴。成都王穎殺東安王繇，繇，元帝叔父也，帝懼，欲出奔，而月明，邀候急，四衢斷絕，不得去。有頃，天陰，風雨大至，候者皆休，乃得去。初，武帝伐吳，琅邪武王伷率衆出涂中，[二六]而王渾逼歷陽，王濬已次近路。孫晧欲降，送天子璽綬，近越二將，而遠送詣伷，識者咸怪之。吳之未亡也，吳郡臨平湖一旦自開，湖邊得石函，中有小青石，刻作皇帝字。舊言臨平湖塞天下亂，開則天下太平。吳人以爲美祥。俄而吳滅。後元帝興於江左。吳亡後，蔣山上常有紫雲，數術者亦云，江東猶有帝王氣。又謠言曰：「五馬游度江，一馬化爲龍。」元帝與西陽、汝南、南頓、彭城五王過江，而元帝升天位。讖書曰：「銅馬入海建業期。」元帝小字銅環。[二七]永嘉初，元帝以安東將軍鎭建業，時歲、鎭星、辰、太白四星聚於牛、女之間，常裴回進退。愍帝建興四年，晉陵武進人陳龍在田中得銅鐸

五枚，柄口皆有龍虎形；又有將雛雞雀集其前，皆驅去復還，至于再三；又有鵝三四頭，高飛且鳴，周回東西，晝夜不下，如此者六七日。會稽剡縣陳清又於井中得棧鐘，長七寸二分，口徑四寸，其器雖小，形制甚精，上有古文書十八字，其四字可識，云：「會稽徽命。」豫章有大樟樹，大三十五圍，枯死積久，永嘉中，忽更榮茂。景純並言是元帝中興之應。初武帝太康三年，建鄴有寇，餘姚人伍振筮之，曰：「寇已滅矣。三十八年，揚州有天子。」至元帝卽天位，果三十八年。先是，宣帝有寵將牛金，屢有功，宣帝作兩口榼，一口盛毒酒，一口盛善酒，自飲善酒，毒酒與金，金飲之卽斃。景帝曰：「金名將，可大用，云何害之？」宣帝曰：「汝忘石瑞，馬後有牛乎？」元帝母夏侯妃與琅邪國小史姓牛私通，而生元帝。愍帝之立也，改毗陵爲晉陵，時元帝始霸江、揚，而戎翟稱制，西都微弱。干寶以爲晉將滅於西而興於東之符也。

宋武帝居在丹徒，始生之夜，有神光照室，其夕，甘露降于墓樹。皇考以高祖生有奇異，名爲奇奴。皇妣既殂，養於舅氏，改爲寄奴焉。少時誕節嗜酒，自京都還，息於逆旅。逆旅嫗曰：「室內有酒，自入取之。」帝入室，飲於盎側，醉臥地。時司徒王謐有門生居在丹徒，還家，亦至此逆旅。逆旅嫗曰：「劉郎在室內，可入共飲酒。」此門生入室，驚出謂嫗曰：「室內那得此異物？」嫗遽入之，見帝已覺矣。嫗密問：「向何所見？」門生曰：「見有一物，五

采如蛟龍，非劉郎。」門生還以白謐，謐戒使勿言，而與結厚。帝嘗行至下邳，遇一沙門，沙門曰：「江表尋當喪亂，拯之必君也。」帝患手創積年，沙門出懷中黃散一裹與帝曰：「此創難治，非此藥不能瘳也。」倏忽不見沙門所在。以散傅創卽愈。餘散帝寶錄之，後征伐屢被傷，通中者數矣，以散傅之，無不立愈。自少至長，目中常見二龍在前，始尙小，及貴轉大。晉陵人韋藪善相人，[二八]相帝曰：「君貴不可言，願無相忘。」晉安帝義熙初，帝始康晉亂，而興霸業焉。廬江霍山常有鐘聲十二。帝將征關、洛，霍山崩，有六鐘出，制度精奇，上有古文書一百六十字。冀州有沙門法稱將死，語其弟子普嚴曰：「嵩皇神告我云，江東有劉將軍，是漢家苗裔，當受天命。吾以三十二璧，鎭金一餅，與將軍爲信。三十二璧者，劉氏卜世之數也。」普嚴以告同學法義。法義以十三年七月，於嵩高廟石壇下得玉璧三十二枚，黃金一餅。漢中城固縣水際，忽有雷聲，俄而岸崩，得銅鐘十二枚。又鞏縣民宋燿得嘉禾九穗。後二年而受晉禪。孔子河雒讖曰：「二口建戈不能方，兩金相刻發神鋒，空穴無主奇入中，女子獨立又爲雙。」二口建戈，「劉」字也。晉氏金行，劉姓又有金，故曰兩金相刻。空穴無主奇入中，爲「寄」字。女子獨立又爲雙，「奴」字。晉既禪宋，太史令駱達奏陳天文符讖曰：「去義熙元年，至元熙元年十月，太白星晝見經天凡七。占曰：『天下革民更王，異姓興。』義熙元年至元熙元年十一月朔，日有蝕之凡四，皆蝕從上始，臣民失君之象也。義熙

十一年五月三日，彗星出天市，其芒掃帝坐。天市在房、心之北，宋之分野。得彗柄者興，此除舊布新之徵。義熙七年七月二十五日，五虹見于東方。占曰：『五虹見，天子黜，聖人出。』義熙七年八月十一日，新天子氣見東南。十二年，北定中原，崇進宋公。歲星裴回房、心之間，大火，宋之分野。與武王克殷同，得歲星之分者應王也。十一年以來至元熙元年，月行失道，恒北入太微中。占：『月入太微廷，王入爲主。』十三年十月，鎮星入太微，積留七十餘日，到十四年八月十日，又入太微不去，到元熙元年，積二百餘日。占：『鎮星守太微，亡君之戒。有立王，有徙王。』十四年五月十七日，茀星出北斗魁中。占曰：『星茀北斗中，聖人受命。』十四年七月二十九日，彗星出太微中，彗柄起上相星下，芒尾漸長至十餘丈，進掃北斗及紫微中。占曰：『彗星出太微，社稷亡，天下易政。入北斗，帝宮空。』一占：『天下得召人。』召人，聖主也。一曰：『彗孛紫微，天下易主。』十四年十月一日，熒惑從入太微鉤己，至元年四月二十七日，從端門出積屍，留二百六日，繞鎮星。熒惑與鎮星鉤己天廷，天下更紀。十四年十二月，歲、太白、辰裴回居斗、牛之間經旬。斗、牛，曆數之起。占曰：『三星合，是謂改立。』元熙元年十二月二十四日，四黑龍登天。易傳曰：『冬龍見，天子亡社稷，大人應天命之符。』金雌詩云：『大火有心水抱之，悠悠百年是其時。』火，宋之分野。水，宋之德也。金雌詩又曰：『云出而兩漸欲舉，短如之何乃相岨，交哉亂也當何所，唯有隱巖殖

禾黍，西南之朋困桓父。』兩云，「玄」字也。短者，云胙短也。巖隱不見，唯應見谷，殖禾谷邊，則聖諱炳明也。易曰：『西南得朋。』故能困桓父也。劉向讖曰：『上五盡寄致太平，草付合成集羣英。』前句則陛下小諱，後句則太子諱也。十一年五月，西明門地陷，水涌出，毀門扉閾。西者，金鄉之門，爲水所毀，此金德將衰，水德方興之象也。太興中，民於井中得棧鐘，上有古文十八字，晉自宣帝至今，數滿十八傳。義熙八年，太社生桑，尤著明者也。夫六，亢位也。漢建安二十五年，一百九十六年而禪魏。魏自黃初至咸熙二年，四十六年而禪晉。晉自泰始至今元熙二年，一百五十六年。三代數窮，咸以六年。」

少帝卽位，景平三年四月，有五色雲見西方。時文帝爲荆州刺史，鎮江陵，尋卽大位。文帝元嘉中，謠言錢唐當出天子，乃於錢唐置戍軍以防之。其後孝武帝卽大位於新亭寺之禪堂。「禪」之與「錢」，音相近也。太宗爲徐州刺史，出鎮彭城，昭太后賜以大珠鹿盧劍，此劍是御服，占者以爲嘉祥。前廢帝永光初，又謠言湘州出天子，幼主欲南幸湘川以厭之，既而湘東王卽尊位，是爲明帝。

史臣謹按，冀州道人法稱所云玉璧三十二枚，宋氏卜世之數者，蓋卜年之數也。謂卜世者，謬其言耳。三十二者，二三十，則六十矣。宋氏受命至於禪齊，凡六十年云。

校勘記

〔一〕虎鼻大口　各本並脫「大」字，據元龜四四、御覽八二引帝王世紀補。

〔二〕玄龜青龍蒼兕止于壇　「蒼兕」各本並譌「蒼光」，據元龜二二改。

〔三〕張良遊於下邳沂水之上　漢書張良傳作下邳圯上。服虔曰：「圯音頤。楚人謂橋曰圯。」應劭曰：「汜水之上也。」文穎曰：「沂水上橋也。」師古曰：「下邳之水，非汜水也，又非沂水。服說是矣。」

〔四〕武帝巡狩過河間　「狩」各本並作「守」，據漢書外戚傳改。

〔五〕昭帝元鳳三年正月　「三年」各本並作「二年」，據漢書眭弘傳、漢書五行志、元龜二一改。

〔六〕大四十八圍　各本並作「大三十八圍」，據漢書眭弘傳、漢書五行志、元龜二一改。

〔七〕越次妄據　「次」各本並作「久」，據漢書序傳及文選卷五二所載改。

〔八〕失天年之壽　「天年」各本並作「大年」，據漢書序傳及文選卷五二所載改。

〔九〕相者蘇文見后　「蘇文」各本並作「蘇大」，據後漢書和熹鄧皇后傳李賢注引續漢書改。

〔一〇〕堯夢攀天而上　各本並作「堯攀天而止」，據後漢書和熹鄧皇后傳補正。

〔一一〕湯夢及天而呧之　「呧」後漢書和熹鄧皇后傳作「咶」。按說文：「𦧟，以舌取食也。从舌易聲。或從也作弛。」段玉裁注云：「呧或作舐，或作狧。」此「呧」字，蓋又「舐」之省文。

〔一二〕光祿大夫橋玄問太史令單颺曰　「橋玄」各本並作「喬玄」，據三國志魏志武帝紀改。

〔一三〕四月饒安言白虎見　「四月」各本並作「十月」，下又出八月，今據符瑞志改。符瑞志中云：「延康元年四月丁巳，饒安縣言白虎見。」

〔一四〕昔光和七年　「七年」各本並作「十七年」。按後漢書靈帝紀，光和止七年，其年十二月，改元中平。「十」字衍文，今删去。

〔一五〕魏以改制天下　「改」各本並作「政」，據三國志魏志文帝紀裴注所引改。

〔一六〕日載東紀火光不橫一聖明聰　殿本考證云：「日載東者，曹也。曹，古文作𣍘。不橫一者，丕也。然則『紀火光』，自應作『絕火光』，言炎漢亡也。」

〔一七〕反爲輔　「反」各本並作「及」，據三國志魏志文帝紀裴注改。

〔一八〕赤三日德昌九世會備合爲帝際　各本並脫「日」字、「爲」字，據三國志蜀志先主傳補。

〔一九〕九侯七傑爭民命炊骸道路誰使主者玄且來　三國志蜀志先主傳載洛書錄運期原文作「九侯七傑爭命，民炊骸，道路籍籍履人頭，誰使主者玄且來」。與宋書文字稍有異同。

〔二〇〕每有景雲祥風從璿璣下來應之　各本並脫「來」字，據三國志蜀志先主傳補。

〔二一〕夏口武昌並言黃龍鳳皇見　「夏口」三朝本作「舉口」，北監本、毛本、殿本作「舉兵」。今據三國志吳志吳主權傳改正。

〔二二〕周圍七尋　各本並脫「七」字，據三國志魏志明帝紀裴注引搜神記補。

〔三三〕廣一丈六尺長一丈七尺一寸　各本脫「一丈六尺長」五字，據三國志魏志明帝紀裴注引魏氏春秋補。

〔三四〕其一羈靽　「羈」各本並作「騎」，據三國志魏志明帝紀裴注引魏氏春秋改。

〔三五〕上上三天王述大會討大曹金但取之金立中大金馬一疋中正大吉關壽此馬甲寅述水凡三十五字　按此白石文三十五字，亦見三國志魏志明帝紀裴注引魏氏春秋。「會」魏氏春秋作「金」。「討大曹」魏氏春秋作「大討曹」。「中正」魏氏春秋作「在中」。「關」魏氏春秋作「開」。

〔三六〕琅邪武王伷率衆出涂中　「涂中」各本並作「塗中」，據晉書琅邪武王伷傳改。

〔三七〕元帝小字銅環　張森楷校勘記云：「晉書后妃傳言元帝母夏侯氏小字銅環，此直以爲元帝。」

〔三八〕晉陵人車䔥善相人　「車䔥」藝文類聚一三引徐爰宋書作「韋䔥」。御覽一二八引徐爰宋書、御覽七三〇引宋書高祖紀作「韋叟」。

宋書卷二十八

志第十八

符瑞中

麒麟者，仁獸也。牡曰麒，牝曰麟。不刳胎剖卵則至。麕身而牛尾，狼項而一角，黃色而馬足。含仁而戴義，音中鍾呂，步中規矩，不踐生蟲，不折生草，不食不義，不飲洿池，不入坑穽，不行羅網。明王動靜有儀則見。牡鳴曰逝聖，牝鳴曰歸和，春鳴曰扶幼，夏鳴曰養綏。

漢武帝元狩元年十月，行幸雍，祠五畤，獲白麟。

漢武帝太始二年三月，獲白麟。

漢章帝元和二年以來，至章和元年，凡三年，麒麟五十一見郡國。

漢安帝延光三年七月，麒麟見潁川陽翟。

延光三年八月戊子，麒麟見潁川陽翟。

延光四年正月壬午，麒麟見東郡濮陽。

漢獻帝延康元年，麒麟十見郡國。

吳孫權赤烏元年八月，武昌言麒麟見。又白麟見建業。

晉武帝泰始元年十二月，麒麟見南郡枝江。

晉武帝咸寧五年二月甲午，白麟見平原鬲縣。

咸寧五年九月甲午，麒麟見河南陽城。

晉武帝太康元年四月，白麟見頓丘。

晉愍帝建興二年九月丙戌，麒麟見襄平，州刺史崔毖以聞。

晉元帝太興元年正月戊子，麒麟見豫章。

晉成帝咸和八年五月己巳，麒麟見遼東。

鳳凰者，仁鳥也。不刳胎剖卵則至。或翔或集。雄曰鳳，雌曰凰。蛇頭燕頷，龜背鼈腹，鶴頸鷄喙，鴻前魚尾，青首駢翼，鷺立而鴛鴦思。首戴德而背負仁，項荷義而膺抱信，足履正而尾繫武。小音中鍾，大音中鼓。延頸奮翼，五光備舉。興八風，降時雨，食有節，飲有儀，往有文，來有嘉，遊必擇地，飮不妄下。其鳴，雄曰「節節」，雌曰「足足」。晨鳴曰發明，晝鳴曰上朔，夕鳴曰歸昌，昏鳴曰固常，夜鳴曰保長。其樂也，徘徘徊徊，雍雍喈喈。唯鳳皇爲能究萬物，通天祉，象百狀，達王道，率五音，成九德，備文武，正下國。故得鳳之象，一則過之，二則翔之，三則集之，四則春秋居之，五則終身居之。

漢昭帝始元三年十月，鳳皇集東海，遣使祠其處。

漢宣帝本始元年五月，鳳皇集膠東。

本始四年五月，鳳皇集北海。

漢宣帝地節二年四月，鳳皇集魯，羣鳥從之。

漢宣帝元康元年三月，鳳皇集泰山、陳留。

元康四年，南郡獲威鳳。

漢宣帝神雀二年二月，鳳皇集京師，羣鳥從之以萬數。

神雀四年春，鳳皇集京師。

神雀四年十月，鳳皇十一集杜陵。

神雀四年十二月，鳳皇集上林。

漢宣帝甘露三年二月，鳳皇集新蔡，羣鳥四面行列，皆向鳳皇立，以萬數。

漢光武建武十七年十月，鳳皇五，高八九尺，毛羽五采，集潁川郡，羣鳥並從行列，蓋地數頃，留十七日乃去。

漢章帝元和二年以來，至章和元年，凡三年，鳳皇百三十九見郡國。

漢安帝延光三年二月，車駕東巡。其月戊子，鳳皇集濟南臺縣丞霍收舍樹上，賜臺長嶷帛十五匹，收二十匹，尉半之，吏卒人三匹；鳳皇所過亭部，無出今年田租；賜男子爵人二級。

延光三年十月壬午，鳳皇集京兆新豐西界槐樹。

漢桓帝建和元年十一月，〔一〕鳳皇見濟陰己氏。

漢靈帝光和四年秋，五色大鳥見新城，羣鳥隨之。民皆謂之鳳皇。

漢獻帝延康元年八月，石邑縣言鳳皇集。又郡國十三言鳳皇見。

吳孫權黃武五年七月，蒼梧言鳳皇見。

孫權黃龍元年四月，夏口、武昌並言鳳皇見。〔二〕

吳孫亮建興二年十一月，大鳥五見于春申。

吳孫晧建衡四年正月，西苑言鳳皇集。〔三〕

晉武帝泰始元年十二月，鳳皇見上黨高都。

泰始元年十二月，鳳皇二見河南山陽。

泰始元年十二月，鳳皇三見馮翊下邽。

晉穆帝升平四年二月辛亥，鳳皇將九子見鄷鄉之豐城。十二月甲子，又見豐城，衆鳥隨從。

升平五年四月己未，鳳皇集沔北，至于辛酉。百姓聚觀之。

宋武帝永初元年七月戊戌，鳳皇見會稽山陰。

文帝元嘉十四年三月丙申，大鳥二集秣陵民王顗園中李樹上，大如孔雀，頭足小高，毛羽鮮明，文采五色，聲音諧從，衆鳥如山雞者隨之，如行三十步頃，東南飛去。揚州刺史彭城王義康以聞。改鳥所集永昌里曰鳳皇里。

孝武帝孝建元年正月庚申，鳳皇見丹徒愒賢亭，雙鵠爲引，衆鳥陪從。征虜將軍武昌王渾以聞。

神鳥者，赤神之精也，知音聲清濁和調者也。雖赤色而備五采，雞身，鳴中五音，肅肅雍雍。喜則鳴舞，樂處幽隱。風俗從則至。

漢宣帝五鳳三年三月辛丑，神鳥集長樂宮東闕樹上，〔四〕又飛下地，五采炳發，留十餘刻。

漢章帝元和中，神鳥見郡國。〔五〕

黃龍者，四龍之長也。不漉池而漁，德至淵泉，則黃龍游於池。能高能下，能細能大，能幽能冥，能短能長，乍存乍亡。

赤龍、河圖者，地之符也。王者德至淵泉，則河出龍圖。

漢惠帝二年正月癸酉，兩龍見蘭陵人家井中。

漢文帝十五年春，黃龍見成紀。

漢宣帝甘露元年四月，黃龍見新豐。

漢成帝鴻嘉元年冬，黃龍見眞定。

漢成帝永始二年二月癸未，〔六〕黃龍見東萊。

漢光武建武十二年六月，黃龍見東阿。

漢章帝元和二年以來，〔七〕至章和元年，凡三年，黃龍四十四見郡國。

元和中，青龍見郡國。

元和中，白龍見郡國。

漢安帝延光元年八月辛卯，黃龍見九眞。

延光三年九月辛亥，黃龍見濟南歷城。

延光三年十二月乙未，黃龍見琅邪諸縣。

延光四年正月壬午，黃龍二見東郡濮陽。

漢桓帝建和元年二月，黃龍見沛國譙。

漢桓帝元嘉二年八月，黃龍見濟陰句陽，又見金城允街。

漢桓帝永康元年八月，黃龍見巴郡。

漢獻帝延康元年三月，黃龍見譙。又郡國十三言黃龍見。

魏明帝青龍元年正月甲申，青龍見郟之摩陂井。帝親與羣臣共觀之，既而詔畫工圖寫，龍潛而不見。

魏明帝景初元年二月壬辰，山茌縣言黃龍見。〔八〕

魏少帝正元元年十月戊戌，黃龍見鄴井中。

魏少帝甘露元年正月辛丑，青龍見軹縣井中凡二。

甘露元年六月，青龍見元城縣界井中。

甘露二年二月，青龍見溫縣井中。

甘露三年八月甲戌，黃龍、青龍仍見頓丘、冠軍、陽夏縣井中。

甘露四年正月，黃龍二見寧陵縣井中。

魏元帝景元元年十二月甲申，黃龍見華縣井中。〔九〕

景元三年二月，青龍見軹縣井中。

劉備未卽位前，黃龍見武陽赤水，九日乃去。

吳孫權黃武元年三月，鄱陽言黃龍見。

吳孫權黃龍元年四月，夏口、武昌並言黃龍見。〔一〇〕權因此改元。作黃龍牙，常在軍中，進退視其所向，命胡綜爲賦。

吳孫權赤烏五年三月，海鹽縣言黃龍見縣井中二。

赤烏十一年，雲陽言黃龍見。黃龍二又見武陵吳壽，光色炫燿。

吳孫休永安四年九月，布山言白龍見。〔一一〕

永安五年七月，始新言黃龍見。

永安六年四月，泉陵言黃龍見。

晉武帝泰始元年十二月，青龍二見濟陰定陶。

泰始元年十二月，青龍見魏郡湯陰。

泰始元年十二月，黃龍見河南洛陽洛濱。

泰始元年十二月，白龍二見太原祁。

泰始二年七月壬午，黃龍見巴西閬中。

泰始三年四月戊午，有司奏：「張掖太守焦勝言，氐池縣大柳谷口青龍見。」〔一二〕

晉武帝咸寧二年六月丙申，白龍二見于新興九原居民井中。

咸寧二年十月庚午，黃龍二見于漢嘉靈關。

咸寧二年十一月癸巳，白龍二見須度支部。〔一三〕

咸寧五年十一月甲寅，青龍見京兆霸城。

晉武帝太康元年八月，白龍三見于永昌。〔一四〕

太康三年閏四月己丑，〔一五〕白龍二見濟南歷城。

太康五年正月癸卯，青龍二見武庫井中，帝親往觀之。

太康六年九月，白龍見京兆陰槃。

太康九年十二月戊申，青龍一見魯國公丘居民井中。

晉惠帝元康七年三月己酉朔，成皐縣獄有龍昇天。

宋武帝永初元年七月，青龍見義興陽羨。

永初元年八月，青龍二見南郡江陵。

文帝元嘉十三年九月己酉，會稽郡西南向曉，忽大光明，有青龍騰躍凌雲，久而後滅。吳興諸處並以其日同見光景。揚州刺史彭城王義康以聞。

元嘉二十一年十月己丑，永嘉永寧見黃龍自雲而下，太守臧藝以聞。

元嘉二十五年五月丁丑，黑龍見玄武湖北，苑丞王世宗以聞。

元嘉二十五年五月戊戌，黑龍見玄武湖東北隈，揚州野吏張立之以聞。

元嘉二十五年八月辛亥，黃龍見會稽，太守孟顗以聞。

元嘉二十五年，廣陵有龍自湖水中升天，百姓皆見。

孝武帝孝建二年七月癸丑，黃龍見石頭城外水濱，中護軍湘東王彧以聞。

孝建三年五月己未，龍見臨川郡，江州刺史東海王禕以聞。

孝武大明元年五月癸亥，黑龍見晉陵占石邨。改邨爲津里。

靈龜者，神龜也。王者德澤湛清，漁獵山川從時則出。五色鮮明，三百歲游於蕖葉之上，三千歲常游於卷耳之上。知存亡，明於吉凶。禹卑宮室，靈龜見。

玄龜書者，天符也。王者德至淵泉，則雒出龜書。

魏文帝初，神龜出於靈池。

吳孫權時，靈龜出會稽章安。

魏元帝咸熙二年二月甲辰，朐䏰縣獲靈龜以獻。

晉長沙王乂坐同產兄楚王瑋事，徙封常山，後還復國。在常山穿井，入地四丈，得白玉方三四尺。玉下有大石，其中有龜長二尺餘，時人以爲復國之祥。

宋文帝元嘉十九年四月戊申，白龜見吳興餘杭，太守文道恩以獻。

元嘉二十年四月辛卯，白龜見吳興餘杭，揚州刺史始興王濬以聞。

元嘉二十四年十月甲午，揚州刺史始興王濬獲白龜以獻。

孝武帝大明三年三月戊子，毛龜見宣城廣德，太守張辯以獻。

大明四年六月壬寅，車駕幸籍田，白龜見于千畝，尚書右僕射劉秀之以獻。

大明七年八月乙未，毛龜見新安王子鸞第，獲以獻。

明帝泰始二年八月丙辰朔，四眼龜見會稽，會稽太守巴陵王休若以獻。

泰始二年八月丙寅，六眼龜見東陽長山，文如爻卦，太守劉勰以獻。

泰始六年九月己巳，八眼龜見吳興故鄣，太守褚淵以獻。

明帝泰豫元年十月壬戌，義興陽羨縣獲毛龜，太守王蘊以獻。

龍馬者，仁馬也，河水之精。高八尺五寸，長頸有翼，傍有垂毛，鳴聲九哀。一作音。

騰黃者，神馬也。其色黃。王者德御四方則出。白馬朱鬣，王者任賢良則見。澤馬者，王者勞來百姓則至。夏馬驪，黑身白鬣尾，殷馬駱，白身黑鬣尾，周馬騂，赤身黑鬣尾。

漢章帝元和中，神馬見郡國。

晉懷帝永嘉六年二月壬子，神馬鳴南城門。

晉孝武帝太元十四年六月甲申朔，寧州刺史費統上言：「所統晉寧之滇池縣，舊有河水，周回二百餘里。六月二十八日辛亥，神馬二匹，一白一黑，忽出於河中，去岸百步。縣民董聰見之。」

白象者，人君自養有節則至。

宋文帝元嘉元年十二月丙辰，白象見零陵洮陽。

元嘉六年三月丁亥，白象見安成安復，江州刺史南譙王義宣以聞。

漢武帝元狩二年三月，南越獻馴象。

白狐，王者仁智則至。

晉成帝咸康八年七月，燕王慕容皝上言白狢見國內。

赤熊，佞人遠，姦猾息，則入國。

宋文帝元嘉二十年十二月，白熊見新安歙縣，太守到元度以獻。

九尾狐，文王得之，東夷歸焉。

漢章帝元和中，九尾狐見郡國。

魏文帝黃初元年十一月甲午，九尾狐見鄄城，又見譙。

白鹿，王者明惠及下則至。

漢章帝建初七年十月，車駕西巡，得白鹿於臨平觀。

漢章帝元和中，白鹿見郡國。

漢安帝延光三年六月辛未，白鹿見右扶風雍。

延光三年七月，白鹿見左馮翊。〔六〕

漢桓帝永興元年二月，白鹿見張掖。

魏文帝黃初元年，郡國十九言白鹿及白麞見。

晉武帝泰始八年十月，白鹿見扶風雍，州刺史嚴詢獲以獻。

晉武帝太康元年三月，白鹿見零陵泉陵。

太康元年五月甲辰，白鹿見天水西縣，太守劉辛獲以獻。

太康三年七月壬子，白鹿見零陵，零陵令蔣微獲以獻。

晉惠帝元康元年九月乙酉，白鹿見交阯武寧。

晉愍帝建武元年五月戊子，白鹿見高山縣。

晉元帝太興三年正月，白鹿二見豫章。

太興三年四月，白鹿見晉陵延陵。

晉元帝永昌元年九月，白鹿見江乘縣。

晉成帝咸和四年五月甲子，白鹿見零陵洮陽，獲以獻。

咸和四年七月壬寅，長沙郡邏吏黃光於南郡道遇白鹿，驅之不去，直來就光，追尋光三百餘步。光遂抱取，遣吏李堅奉獻。

咸和九年八月己未，白鹿見長沙臨湘。

晉成帝咸康二年七月，白鹿見豫章望蔡，太守桓景獲以獻。

晉孝武太元十六年三月癸酉，白鹿見豫章望蔡，獲以獻。

太元十八年五月辛酉，白鹿見江乘，江乘令田熙之獲以獻。

太元二十年九月丁丑，白鹿見巴陵清水山，荆州刺史殷仲堪以獻。

晉安帝隆安五年十一月，白鹿見長沙，荆州刺史桓玄以聞。

宋文帝元嘉五年七月丙戌，白鹿見東莞莒縣岣峨山，太守劉玄以聞。

元嘉九年正月，白鹿見南譙譙縣，豫州刺史長沙王義欣以獻。

元嘉十四年，白鹿見文鄉。

元嘉十七年五月甲午，白鹿見南汝陰宋縣，太守文道恩以獻。

元嘉二十年八月，白鹿見譙郡蘄縣，太守鄧琬以獻。

元嘉二十二年二月，白鹿見建康縣，揚州刺史始興王濬以聞。

元嘉二十二年二月辛未，白鹿見南康灨縣，南康相劉興祖以獻。

元嘉二十三年二月戊戌，白鹿見交州，交州刺史檀和之以獻。

元嘉二十三年六月丙辰，白鹿見彭城彭城縣，征北將軍衡陽王義季獲以獻。

元嘉二十七年二月壬辰朔，白鹿見濟陰，徐州刺史武陵王駿以聞。

元嘉二十九年八月癸酉，白鹿見鄱陽，南中郎將武陵王駿以獻。

元嘉三十年十一月壬午，白鹿見南琅邪，南琅邪太守王僧虔以獻。

元嘉三十年十一月癸亥，白鹿見武建郡，雍州刺史朱脩之以獻。

孝武帝孝建三年三月庚子，白鹿見臨川西豐縣。

孝武帝大明元年四月甲申，白鹿見南平。

大明二年四月己丑，白鹿見桂陽郴縣，湘州刺史山陽王休祐以獻。

大明三年正月癸巳，白鹿見南琅邪江乘，南徐州刺史劉延孫以獻。

大明三年三月辛卯，白鹿見廣陵新市，太守柳光宗以聞。

大明五年五月丙寅，白鹿見南東海丹徒，南徐州刺史劉延孫以獻。

大明八年六月甲子，白鹿見衡陽郡，湘州刺史江夏王世子伯禽以獻。

明帝泰始二年二月乙亥，白鹿見宣城，宣城太守劉韞以聞。

泰始五年二月己亥，白鹿見長沙，湘州刺史劉韞以獻。

泰始六年十二月乙未，白鹿見梁州，梁州刺史杜幼文以聞。

後廢帝元徽三年二月甲子，白鹿見鬱洲，青冀二州刺史、西海太守劉善明以獻。

三角獸，先王法度修則至。闕

一角獸，天下平一則至。闕

六足獸，王者謀及衆庶則至。闕

比肩獸，王者德及矜寡則至。闕

獬豸知曲直，獄訟平則至。闕

白虎，王者不暴虐，則白虎仁，不害物。

漢宣帝元康四年，南郡獲白虎。

漢章帝元和二年以來，至章和元年，凡三年，白虎二十九見郡國。

漢安帝延光三年八月戊子，白虎二見潁川陽翟。

漢獻帝延康元年四月丁巳，饒安縣言白虎見。又郡國二十七言白虎見。

吳孫權赤烏六年正月，新都言白虎仁。

赤烏十一年五月，鄱陽言白虎仁。

晉武帝泰始元年十二月，白虎見河南陽翟。

泰始元年十二月，白虎見弘農陸渾。

泰始二年正月己亥，白虎見遼東樂浪。

泰始二年正月辛丑，白虎見天水西。

晉武帝咸寧三年二月乙丑，白虎見沛國。

太康元年八月，白虎見永昌南罕。〔一七〕

太康四年七月丙辰，白虎見建平北井。

太康十年十月丁酉，白虎見犍爲。

晉成帝咸和八年五月己巳，白虎見新昌縣。

晉簡文帝咸安二年三月，白虎見豫章南昌縣西鄉石馬山前。

晉孝武太元十四年十一月辛亥，白虎見豫章郡。

太元十九年二月，行鞏令劉啓期言白虎頻見。

太元十九年二月，行溫令趙邳言白虎頻見。

晉安帝隆安五年十一月，襄陽言騶虞見於新野。

宋武帝永初元年八月癸巳，白虎見枝江。

少帝景平元年十月，白虎見桂陽耒陽。

文帝元嘉十九年十月，白虎見弋陽、期思二縣，南豫州刺史武陵王駿以聞。

元嘉二十五年二月己亥，白虎見武昌，武昌太守蔡興宗以聞。

元嘉二十五年十一月丁丑，白虎見蜀郡二，赤虎導前，益州刺史陸徽以聞。

元嘉二十六年四月戊戌，白虎見南琅邪半陽山，二虎隨從，太守王僧達以聞。

孝武孝建三年三月壬子，白虎見臨川西豐。

白狼，宣王得之而犬戎服。闕

白麞，王者刑罰理則至。

晉武帝咸寧元年四月丙戌、乙卯，白麞見琅邪，趙王倫以獻。

咸寧三年七月壬辰，白麞見魏郡。

晉武帝太康三年八月，白麞見梁國蒙，梁相解隆獲以獻。

太康五年九月己酉，白麞見義陽。

太康七年五月戊辰，白麞見汲郡。

晉成帝咸和九年五月癸酉，白麞見吳國吳縣，內史虞潭獲以獻。

晉穆帝永和元年八月，白麞見吳國吳縣西界包山，獲以獻。

永和八年十二月，白麞見丹陽永世，永世令徐該獲以獻。

永和十二年十一月庚午，白麞見梁郡，梁郡太守劉遂獲以獻。

晉安帝隆安五年十一月，白麞見荆州，荆州刺史桓玄以聞。

宋少帝景平元年五月癸未，白麞見義興陽羨，太守王準之獲以獻。

景平二年六月，白麞見南郡江陽，太守王華獻之太祖。太祖時入奉大統，以爲休祥。

文帝元嘉五年四月乙巳，白麞見汝陽武津，〔一八〕太守鄭據獲以獻。

元嘉十二年正月，白麞見東萊黃縣，青、冀州刺史王方回以獻。

元嘉十九年五月，山陽張休宗獲白麞，南兗州刺史臨川王義慶以獻。

元嘉二十年八月，白麞見江夏安陸，內史劉思考以獻。

元嘉二十五年二月己丑，白麞見淮南，太守王休獲以獻。

元嘉二十五年四月戊午，白麞見南琅邪，太守王遠獲以獻。

元嘉二十五年五月辛未朔，華林園白麞生二子皆白，園丞梅道念以聞。

元嘉二十六年五月丙戌，白麞見馬頭，豫州刺史南平王鑠以獻。

元嘉二十七年正月己丑，白麞見濟陰，徐州刺史武陵王駿以聞。

元嘉二十七年四月癸丑，華林園白麞生一白子，園丞梅道念以聞。

元嘉二十九年六月壬戌，白麞見晉陵暨陽，南徐州刺史始興王濬以獻。

孝武帝孝建三年六月癸巳，白麞見廣陵，南兗州以獻。

孝武帝大明元年七月丁丑，白麞見東萊曲城縣，獲以獻。

大明二年正月壬戌，白麞見山陽，山陽內史程天祚以獻。

大明二年二月辛丑，白麞見濟北，濟北太守殷孝祖以獻。

大明五年九月己巳，白麞見南陽，雍州刺史永嘉王子仁以獻。

大明六年四月戊辰，白麞見營陽，湘州刺史建安王休仁以獻。

大明七年正月庚寅，白麞見南陽，荆州刺史臨海王子頊以獻。

大明七年六月己巳，白麞見武陵臨沅，太守劉衍以獻。

大明七年九月癸未，白麞見南陽，雍州刺史劉秀之以獻。

明帝泰始三年五月癸酉，白麞見南東海丹徒，南徐州刺史桂陽王休範以獻。

泰始三年五月乙卯，白麞見北海都昌，青州刺史沈文秀以獻。

泰始五年正月癸卯，白麞見汝陰樓煩，豫州刺史劉勔以獻。

明帝泰豫元年十月壬戌，白麞見義興國山，太守王蘊以獻。

後廢帝元徽元年正月甲午，白麞見海陵寧海，海陵太守孫嗣之以獻。〔一九〕

文帝元嘉二十三年五月甲寅，東宮隊白從陳超獲黑麞於肥如縣，皇太子以獻。

元嘉二十三年十月辛巳，東宮將魏榮獲青麞於秣陵。

元嘉十年十二月，營城縣民成公會之於廣陵高郵界獲白麞麂以獻。

孝武帝大明元年二月己亥，白麂見會稽諸暨縣，獲以獻。

銀麂，刑罰得共，〔二〇〕民不爲非則至。闕

赤兔，王者德盛則至。闕

比翼鳥，王者德及高遠則至。闕

赤雀，周文王時銜丹書來至。

晉愍帝建興三年四月癸酉，赤雀見平州府舍。

宋文帝元嘉二十年五月，赤雀集南平郡府，內史臧綽以聞。

孝武帝孝建元年五月己亥，臨沂縣魯尙斯軍人於城上獲赤雀，太傅假黃鉞江夏王義恭以獻。

福草者，宗廟肅，則生宗廟之中。闕

蒼烏者，賢君修行孝慈於萬姓，不好殺生則來。

宋孝武帝大明元年五月丁丑，蒼烏見襄陽縣。

大明二年四月甲申，蒼烏見襄陽，雍州刺史王玄謨以獻。

甘露，王者德至大，和氣盛，則降。

栢受甘露，王者耆老見敬，則栢受甘露。

竹受甘露，王者尊賢愛老，不失細微，則竹葦受甘露。

漢宣帝元康元年三月，甘露降未央宮。

漢宣帝神雀二年二月，甘露降京師。

神雀四年春，甘露降京師。

漢宣帝五鳳二年正月，甘露降京師。

漢成帝元延四年三月，甘露降京師。

漢光武建武中元元年五月，郡國上甘露降。

漢明帝永平十七年正月戊子夜，〔二〕帝夢見光武帝、光烈皇后，夢中喜覺，悲不能寐。明旦上陵，百官、胡客悉會。太常丞上言，其日陵樹葉有甘露，帝令百官采甘露。帝自伏御牀，視太后莊器奩中物，流涕，敕易奩中脂澤之具。

永平十七年春，甘露仍降京師。

漢章帝元和中，甘露降郡國。

漢安帝延光三年四月丙戌，甘露下沛國豐。

延光三年七月，甘露下左馮翊頻陽。

漢桓帝延熹三年四月，甘露降上郡。

漢桓帝永康元年八月，甘露降巴郡。

魏文帝初，郡國三十七言甘露降。

魏少帝甘露元年五月，鄴及上洛並言甘露降。

魏元帝咸熙二年四月，南深澤縣言甘露降。

吳孫權黃武前，建業言甘露降。

黃武二年五月，曲阿言甘露降。

吳孫權嘉禾五年三月，武昌言甘露降於禮賓殿。〔三〕

吳孫權赤烏二年三月，零陵言甘露降。

赤烏九年四月，武昌言甘露降。

吳孫晧甘露元年四月，蔣陵言甘露降。

晉武帝泰始十年四月乙亥，甘露降西河離石。

晉武帝咸寧元年四月丙戌，甘露降張掖。

咸寧元年五月戊午，甘露降清河繹幕。

咸寧元年九月，甘露降太原晉陽。

咸寧二年五月戊子，甘露降玄菟郡治。

咸寧五年六月戊申，甘露降巴郡南充國。

晉武帝太康五年三月乙卯，甘露降東宮。

太康七年四月，甘露降京兆杜陵。

太康七年五月，甘露降魏郡鄴。

晉惠帝元康四年五月，甘露降樂陵郡。

晉愍帝建興元年六月，甘露降西平縣。

建興三年八月己未，甘露降新昌縣。

晉愍帝建武元年六月丁丑，甘露降壽春。

晉元帝太興三年四月，甘露降琅邪費。

晉明帝太寧二年正月，巴郡言甘露降。

晉成帝咸和四年四月，甘露降武昌郡閤前柳樹，太守謝以聞。

咸和六年三月，甘露降寧州城內北園榛桃樹，刺史以聞。

咸和七年四月癸巳，甘露降京邑，揚州刺史王導以聞。

咸和八年四月癸卯，甘露降廬江襄安縣蔣胄家。

咸和八年四月癸卯，甘露降宣城宛陵縣之須里。

咸和九年四月甲寅，甘露降吳國錢唐縣右鄉康巷之柳樹。

咸和九年十二月丙辰，甘露降建平陵。

咸和九年十二月丁巳，甘露降武平陵。

晉成帝咸康元年四月癸卯，甘露降西堂桃樹。

咸康二年三月甲戌，甘露降鬱林城內。

咸康二年四月，甘露降西堂，又降尚書都坐桃樹，又降會稽永興縣，衆官畢賀。戊午，甘露降會稽山陰縣，又降吳興武康縣。庚申，又降武康。

咸康三年四月戊午，甘露降殿後桃李樹。五月，甘露降義興陽羨縣柞樹，東西十四步，南北十五步。

咸康七年四月丙子，甘露降彭城王紘第內，衆官畢賀。

晉穆帝永和元年三月，甘露降廬江郡內桃李樹，太守永以聞。

永和五年十一月，太常劉邵上崇平陵令王昂卽日奉行陵內，甘露降于玄宮前殿。

永和五年十二月己酉，甘露降丹陽湖熟縣西界劉敷墓松樹，縣令王恬以聞，衆官畢賀。

晉簡文帝咸安二年正月，甘露降隨郡灄陽縣界桑木，沾凝十餘里中。

晉孝武帝太元十二年八月，甘露降寧州界內，刺史費統以聞。

太元十五年閏月，甘露降永平陵。

太元十六年十一月庚午，甘露降句陽縣。

太元十七年二月，甘露降南海番禺縣楊樹。

晉安帝元興二年十月，甘露降武昌王成基家竹。

元興三年三月己卯，甘露降丹徒。

元興三年四月己酉，甘露降蘭臺。

宋武帝永初元年九月庚辰，甘露降丹徒峴山。〔三三〕

永初元年十月庚午，甘露降興寧、永寧二陵，彌冠百餘里。

文帝元嘉三年閏正月己丑，甘露降吳興烏程，太守王韶之以聞。

元嘉四年五月辛巳，甘露降齊郡西安臨朐城。

元嘉四年十一月辛未朔，甘露降初寧陵。

元嘉四年十一月己丑，甘露降南海熙安，廣州刺史江桓以聞。

元嘉八年五月，甘露降南海番禺。

元嘉九年十一月壬子，甘露降初寧陵。

元嘉十一年八月甲辰，甘露降費縣之沙里，琅邪太守呂綽以聞。

元嘉十三年二月丁卯，甘露降上明巴山。

元嘉十三年二月，甘露降吳興武康董道益家園樹。〔三四〕

元嘉十三年三月甲午，甘露降初寧陵。

元嘉十六年三月己卯，甘露降廣州城北門楊樹，刺史陸徽以聞。

元嘉十七年四月丁丑，甘露降廣陵永福里梁昌季家樹，南兗州刺史江夏王義恭以聞。

元嘉十七年，甘露降高平金鄉富民邨方三十里中。徐州刺史趙伯符以聞。

元嘉十七年十一月乙酉，甘露降樂游苑。

元嘉十八年五月甲申，甘露降丹陽秣陵衞將軍臨川王義慶園，揚州刺史始興王濬以聞。

元嘉十八年六月，甘露降廣陵廣陵孟玉秀家樹，南兗州刺史臨川王義慶以聞。

元嘉十九年五月丁卯，甘露降建康司徒參軍督護顧儁之宅竹柳。

元嘉十九年五月乙亥，甘露降馬頭濟陽宋慶之園樹，太守荀預以聞。

元嘉二十一年，甘露降益州府內梨李樹，刺史庾俊之以聞。

元嘉二十一年四月，甘露頻降樂遊苑。

元嘉二十一年四月，甘露降彭城綏輿里，徐州刺史臧質以聞。

元嘉二十一年四月，甘露降義陽平陽，太守龐秀之以聞。

元嘉二十二年十一月辛巳，甘露降南郡江陵方城里，荊州刺史南譙王義宣以聞。

元嘉二十二年十二月丁酉，甘露降長寧陵，陵令包誕以聞。

元嘉二十三年二月丁未，甘露降樂遊苑，苑丞張寶以聞。

元嘉二十三年九月丙子，甘露降長寧陵，陵令華林以聞。

元嘉二十三年十二月庚子，甘露降襄陽郡治，雍州刺史武陵王駿以聞。

元嘉二十三年十二月辛丑，甘露頻降樂遊苑，苑丞何道之以聞。

元嘉二十四年二月己亥、庚子，甘露頻降景陽山，山監張績以聞。

元嘉二十四年二月己亥、癸卯、三月丙辰，甘露頻降景陽山，華林園丞陳襲祖以聞。

元嘉二十四年三月甲寅，甘露降尋陽松滋，江州刺史廬陵王紹以聞。

元嘉二十四年四月癸未，甘露降尋陽松滋；丙申，又降江州城內桐樹；丁酉，又降城北數里之中，江州刺史廬陵王紹以聞。

元嘉二十四年七月乙卯，甘露降京師，揚州刺史始興王濬以聞。

元嘉二十四年七月，甘露降襄城治下无量寺，雍州刺史武陵王駿以聞。

元嘉二十四年十月甲午，甘露降魏興郡內，太守韋寧民以聞。

元嘉二十三年至二十四年十二月，甘露頻降，狀如細雪，京都及郡國處處皆然，不可稱紀。

元嘉二十五年十一月庚辰，甘露降南郡，荊州刺史南譙王義宣以聞。

元嘉二十五年十一月乙未，甘露降丹陽秣陵巖山。

元嘉二十六年三月壬午，甘露降景陽山，華林園丞梅道念以聞。

元嘉二十六年三月庚寅、癸巳，甘露頻降武昌，江州刺史廬陵王紹以聞。

元嘉二十六年四月甲辰、丙午、戊申，甘露頻降豫章南昌，太守劉思考以聞。

元嘉二十六年七月，甘露降南郡江陵，荆州刺史南譙王義宣以聞。

元嘉二十七年四月乙卯、丙辰、丁巳，甘露頻降豫章南昌。戊午午時，天氣清明，有綵霧映覆郡邑，甘露又自雲降。太守劉思考以聞。

元嘉二十七年五月甲戌，甘露降東海丹徒，南徐州刺史始興王濬以聞。

元嘉二十八年二月戊辰，甘露降鍾山延賢寺，揚州刺史廬陵王紹以聞。

元嘉二十八年二月壬午，甘露降徽音殿前果樹。

元嘉二十八年二月，甘露降合歡殿後香花諸草。

孝武帝孝建元年三月丙辰，甘露降華林園。

孝建二年三月己酉，甘露降丹陽秣陵中里路輿之墓樹。

孝建二年三月辛亥，甘露降長寧陵松樹。

孝建二年三月，甘露降襄陽民家梨樹。

孝建二年三月戊午，甘露降丹陽秣陵尚書謝莊園竹林，莊以聞。

孝武帝大明元年四月癸卯，甘露降華林園桐樹。

大明三年三月己卯，甘露降樂游苑梅樹。

大明三年三月戊子，甘露降宣城郡舍，太守張辯以聞。

大明四年正月壬辰，甘露降初寧陵松樹。

大明四年二月丙申，甘露降長寧陵松樹。

大明四年二月乙巳，甘露降丹陽秣陵龍山，丹陽尹孔靈符以聞。

大明五年四月辛亥，甘露降吳興安吉，太守歷陽王子頊以聞。

大明五年四月乙卯，甘露降吳興烏程，太守歷陽王子頊以聞。

大明六年二月戊午，甘露降建康靈耀寺及諸苑園，及秣陵龍山，至于婁湖。是日，又降句容、江寧二縣。

大明七年三月丙申，甘露降尋陽松滋，太守劉曚以聞。

大明七年四月己未，甘露降荆州城內，刺史臨海王子頊以聞。

大明七年十二月辛丑朔，甘露降吳興烏程，令苟卞之以聞。

明帝泰始二年四月己未，甘露降上林苑，苑令徐承道以獻。

泰始二年四月庚申，甘露降華林園，園令臧延之以獻。

泰始二年五月己亥，甘露降丹陽秣陵縣舍齋前竹，丹陽尹王景文以獻。

泰始三年十一月庚申，甘露降晉陵，晉陵太守王蘊以聞。

泰始三年十一月癸亥，甘露降南東海丹徒建岡，徐州刺史桂陽王休範以聞。

泰始三年十二月壬午，甘露降崇寧陵，揚州刺史建安王休仁以聞。

後廢帝元徽四年十一月乙巳，甘露降吳興烏程，太守蕭惠明以聞。

順帝昇明二年十二月，甘露降建康禁中里。

昇明二年十一月，甘露降南東海武進彭山，太守謝朏以聞。

昇明二年十一月，甘露降吳興長城卞山，太守王奐以聞。

威香者，王者禮備則常生。闕

校勘記

〔一〕漢桓帝建和元年十一月　「建和元年」各本並作「元嘉元年」，據後漢書桓帝紀改。

〔二〕夏口武昌並言鳳皇見　「夏口」，三朝本作「畢口」，北監本、毛本、殿本、局本作「樊口」。今據三國志吳志吳主權傳、元龜二〇一改。

〔三〕吳孫皓建衡四年正月西苑言鳳皇集　「建衡」各本並作「寶鼎」，據三國志吳志孫皓傳改。皓傳，皓改寶鼎四年爲建衡元年。建衡之三年，西苑言鳳皇見，又改明年爲鳳皇元年。

〔四〕神鳥集長樂宮東闕樹上　「神鳥」漢書宣帝紀作「鸞鳥」。蓋沈約爲齊明帝諱改。

〔五〕神鳥見郡國　「神鳥」後漢書章帝紀作「鸞鳥」。蓋沈約爲齊明帝諱改。

〔六〕漢成帝永始二年二月癸未　各本並脫「二月」二字，據漢書成帝紀補。

〔七〕漢章帝元和二年以來　各本並脫「和二」二字，據後漢書章帝紀補。

〔八〕魏明帝景初元年二月壬辰山在縣言黃龍見　按此條舊在「魏明帝青龍元年正月甲申」條之上。查青龍元年爲公元二三三年，當在前；景初元年爲公元二三七年，當在後。今訂正。

〔九〕黃龍見莘縣井中　「莘縣」三國志魏志陳留王紀作「華陰縣」。

〔一〇〕夏口武昌並言黃龍見　「夏口」三朝本作「畢口」。毛本作「舉兵」。北監本、殿本、局本、藝文類聚九九作「樊口」。今從三國志吳志吳主權傳、元龜二〇一改。

〔一一〕布山言白龍見　「布山」各本並作「市山」，據三國志吳志孫休傳改。按布山，前漢縣，晉尚未廢。即今廣西貴縣治。時無縣名「市山」者。

〔一二〕氐池縣大柳谷口青龍見　「氐池縣」各本並作「玄池縣」，據晉書武帝紀改。按續漢書郡國志，張掖郡有氐池縣。

〔一三〕白龍二見須度支部　「須度支部」四字晉書武帝紀作「于梁國」。

〔一四〕白龍三見于永昌　各本並脫「于永昌」三字，據晉書武帝紀補。

〔一五〕太康三年閏四月己丑　各本並脫「四」字，據晉書武帝紀補。

〔一六〕白鹿見左馮翊　「左馮翊」後漢書安帝紀作「陽翟」。

〔一七〕白虎見永昌南罕　「南罕」疑「南涪」之誤。晉書地理志，益州永昌郡有南涪，無「南罕」。

〔一八〕白麏見汝陽武津　「汝陽」各本並作「汝南」，據本書州郡志，汝陽太守領武津令，今改正。

〔一九〕海陵太守孫嗣之以獻　「海陵」各本並作「寧海」。洪頤煊諸史考異云：「案州郡志，寧海令屬海陵太守，未嘗自立郡。」今據州郡志改。

〔二〇〕刑罰得共　殿本考證云：「共疑作中」。

〔二一〕漢明帝永平十七年正月戊子夜　「正月」各本並作「五月」，據後漢書光烈陰皇后傳改。

〔二二〕吳孫權嘉禾五年三月武昌言甘露降於禮賓殿　按此條舊在「吳孫權赤烏二年」、「赤烏九年」二條之後。考嘉禾五年爲公元二三六年，當在前；赤烏二年爲公元二三九年，赤烏九年爲公元二四六年，當在後。今訂正。

〔二三〕甘露降丹徒峴山　「峴山」各本並作「現山」，據元龜二〇一改。按宋鮑照有從拜陵登京峴詩。

〔二四〕甘露降吳興武康董道益家園樹　「吳興」各本並作「吳縣」。按州郡志，吳興太守領武康令。今改正。

宋書卷二十九

志第十九

符瑞下

嘉禾，五穀之長，王者德盛，則二苗共秀。於周德，三苗共穗；於商德，同本異穟；於夏德，異本同秀。

漢宣帝元康四年，嘉穀玄稷，降于郡國。

漢章帝元和中，嘉禾生郡國。

漢安帝延光二年六月，嘉禾生九眞，百五十六本，七百六十八穗。

漢桓帝建和二年四月，嘉禾生大司農帑藏。

漢桓帝永康元年八月，嘉禾生魏郡。

魏文帝黃初元年，郡國三言嘉禾生。

吳孫權黃龍三年十月，會稽南始平言嘉禾生。〔一〕

孫權赤烏七年秋，宛陵言嘉禾生。

晉武帝泰始八年十月，瀘水胡王彭護獻嘉禾。

晉武帝太康四年十二月，嘉禾生扶風雍。

太康五年七月，嘉禾生豫章南昌。

太康八年閏三月，嘉禾生東夷校尉園。

太康八年九月，嘉禾生東萊掖。

晉愍帝建興元年八月癸亥，嘉禾生襄平縣，一莖七穗。

建興二年六月，嘉禾生平州治，三實同蔕。

建興三年七月，嘉禾生襄平縣，異體同蔕。

宋文帝元嘉二年十月，嘉禾生潁川陽翟，太守垣苗以聞。

元嘉九年三月，嘉禾生義陽，豫州刺史長沙王義欣以獻。

元嘉十年八月，嘉禾生汝南苞信，豫州刺史長沙王義欣以獻。

元嘉十一年八月，嘉禾一莖九穗生北汝陰，太守王玄謨以獻。

元嘉二十年六月，嘉禾一莖九穗生上庸新安，梁州刺史劉眞道以獻。〔二〕

元嘉二十一年，嘉禾生新野鄧縣，雍州刺史蕭思話以獻。

元嘉二十二年六月，嘉禾生籍田，一莖九穗。

元嘉二十二年七月癸酉，嘉禾生平虜陵，徐州刺史臧質以獻。

元嘉二十二年九月，嘉禾生太尉府田，太尉江夏王義恭以聞。

元嘉二十二年九月，嘉禾生揚州東耕田，刺史始興王濬以聞。

元嘉二十二年，嘉禾生華林園，百六十穗，園丞陳襲祖以聞。

元嘉二十二年，嘉禾生潁川曲陽，[三]豫州刺史趙伯符以獻。

元嘉二十三年七月乙丑，嘉禾旅生籍田，籍田令褚熙伯以聞。

元嘉二十三年七月庚午，嘉禾生丹陽秣唐里，揚州刺史始興王濬以聞。

元嘉二十三年七月庚辰，嘉禾生醴湖屯，屯主王世宗以聞。

元嘉二十三年八月己酉，嘉禾生華林園，園丞陳襲祖以聞。

元嘉二十三年九月庚申，嘉禾生沛郡蕭，征北大將軍衡陽王義季以聞。

元嘉二十三年，嘉禾生江夏汝南，荆州刺史南譙王義宣以聞。

元嘉二十四年七月乙卯，嘉禾旅生華林園及景陽山，園丞梅道念以聞。太尉江夏王義恭上表曰：

臣聞居高聽卑，上帝之功；天且弗違，聖王之德。故能影響二儀，甄陶萬有。鑒觀今古，採驗圖緯，未有道闕化虧，而禎物著明者也。自皇運受終，辰曜交和，是以卉木表靈，山淵効寶。伏惟陛下體乾統極，休符襲逮。若乃鳳儀西郊，龍見東邑，海酋獻改緇之羽，河祇開俟清之源。三代象德，不能過也。有幽必闡，無遠弗屆，重譯歲至，休瑞月臻。前者躬籍南畝，嘉穀仍植，神明之應，在斯尤盛。四海既穆，五民樂業，思述汾陽，經始靈囿。蘭林甫樹，嘉露頻流，板築初就，祥穟如積。太平之符，於是乎在。臣以寡立，承乏槐鉉，沐浴芳津，預覩冥慶，不勝抃儛之情。謹上嘉禾甘露頌一篇，不足稱揚美烈，追用悚汗。其頌曰：

二象攸分，三靈樂主。齊應合從，在今猶古。天道誰親，唯仁斯輔。皇功帝績，理冠區宇。四民均極，我后體茲。惟機惟神，敬昭文思。九族既睦，萬邦允釐。德以位敍，道致雍熙。於穆不已，顯允東儲。生知夙叡，嶽茂淵虛。因心則哲，令問弘敷。繼徽下武，儷景辰居。軒制合宮，漢興未央。矧伊聖朝，九有已康。率由舊典，思燭前王。乃造陵霄，遂作景陽。有藹景陽，天淵之涘。清暑爽立，雲堂特起。植類斯育，動類斯止。極望江波，遍對岳峙。化德惟達，休瑞惟懋。誕降嘉種，呈祥初構。甘露春凝，禎穟秋秀。含滋匪烈，[四]嗣歲仍富。昔在放勳，曆荚數朝。降及重華，倚扇清庖。鑠矣皇慶，比物競昭。倫彼典策，被此風謠。資臣六蔽，任兼兩司。既恧仲袞，又慚鄭緇。豈忘衡泌，樂道明時。敢述休祉，愧闕令辭。

中領軍吉陽縣侯沈演之奏上嘉禾頌曰：「煥炳禎圖，昭晰瑞典。運傾方閟，時亨始顯。綈狀既章，鳥文斯辨。於皇聖辟，承物紀遠。明兩辰麗，昌輝天衍。其一　理妙位崇，事神業盛。淵渥德澤，虛寂道政。協化安心，調樂移性。玉衡從體，瑤光得正。巨星垂采，景雲立慶。其二　極仁所被，罔幽不攘。至和所感，靡況弗彰。鴐出丹穴，鸚起西湘。白鹿踰海，素烏越江。結轡穹陰，儀形鍾陽。其三　治人奉天，迺勤迺格。黛耒俶載，高廩已積。嘉禾重穋，甘露流液。擢秀辰畦，揚穎角澤。離穟合豪，榮區蔭斥。其四　盈箱徵殷，貫桑表周。今我大宋，靈貺綢繆。帝終撝謙，繹思勿休。躬薦宗廟，溫恭率由。降福以誠，孝享虔羞。其五　頌趾推功，登徽叡詔。恩覃隱顯，賞延荒徼。河溓海夷，山華岳燿。憬琛賮賨，兼澤委效。日表地外，改服請教。其六　茂對盛時，綏萬屢豐。厭厭歸素，秩秩大同。上蔵諸用，下知所從。仰式王度，俯歌南風。鴻名稱首，永保無窮。其七」

元嘉二十四年八月乙巳，嘉禾生魚城內晉陵，南徐州刺史廣陵王誕以聞。

元嘉二十五年六月壬寅，嘉禾旅生華林園，十株七百穗，園丞梅道念以聞。

元嘉二十五年六月壬子，嘉禾生籍田，籍田令褚熙伯以獻。

元嘉二十五年七月壬辰，嘉禾生北海，青、冀二州刺史杜坦以獻。

元嘉二十五年八月丙午，嘉禾生太尉江夏王義恭果園，江夏國典書令陳穎以聞。

元嘉二十五年八月壬子，嘉禾生建康化義里，令丘珍孫以獻。

元嘉二十五年八月癸丑，嘉禾生華林園，園丞梅道念以獻。

元嘉二十五年十一月，嘉禾生巴東，荆州刺史南譙王義宣以聞。

元嘉二十六年五月癸酉，嘉禾生建康禁中里，揚州刺史始興王濬以獻。

元嘉二十六年六月甲寅，嘉禾生籍田，籍田令褚熙伯以獻。

元嘉二十六年七月，嘉禾生巴東朐䏰，荆州刺史南譙王義宣以獻。

元嘉二十七年十月己丑，嘉禾生北海，青州刺史杜坦以聞。

元嘉二十八年七月戊戌，嘉禾生廣陵邵伯埭，兗州刺史江夏王義恭以聞。

孝武帝孝建二年六月癸巳，嘉禾二株生江夏王義恭東田。

孝建二年九月己丑朔，嘉禾異畝同穎生齊郡廣饒縣。

孝建三年七月庚午，嘉禾生吳興武康。

孝武帝大明元年五月戊午，嘉禾一株五莖生清暑殿鴟尾中。

大明元年八月甲申，嘉禾生青州，異根同穗。

大明三年九月乙亥，嘉禾生北海都昌縣，青州刺史顏師伯以聞。

大明六年八月辛未，嘉禾生樂陵，青、冀二州刺史劉道隆以聞。

明帝泰始二年七月己酉，嘉禾生會稽永興，太守巴陵王休若以獻。

漢章帝元和中，嘉麥生郡國。

晉武帝太康十年六月，嘉麥生扶風郡，〔五〕一莖四穗。是歲收三倍。

宋文帝元嘉二十三年，醴湖屯生嘉粟，一莖九穗，屯主王世宗以聞。

元嘉二十五年六月壬子，嘉黍生籍田，籍田令褚熙伯以獻。

吳孫權黃龍三年，由拳野稻生，改由拳為禾興。

吳孫亮五鳳元年，交阯稗草化為稻。

宋文帝元嘉二十三年，吳郡嘉興鹽官縣野稻自生三十許種，揚州刺史始興王濬以聞。

元嘉二十八年七月癸卯，尋陽柴桑菽粟旅生，彌漫原野，江州刺史建平王宏以聞。

漢章帝元和中，嘉瓜生郡國。

漢安帝元初三年三月，東平陵有瓜異處共生，八瓜同蔕。

漢桓帝建和二年七月，河東有嘉瓜，兩體共蔕。

晉武帝太康三年六月，嘉瓜異體同蔕，生河南洛陽輔國大將軍王濬園。

晉武帝太康元年十二月戊子，嘉瓠生寧州，寧州刺史費統以聞。

宋文帝元嘉二十五年四月戊辰，嘉瓠生京邑新園，園丞徐道興以獻。

孝武帝大明五年五月，嘉瓜生建康蔣陵里，丹陽尹王僧朗以獻。

明帝泰始二年八月戊午，嘉瓜生南豫州，南豫州刺史山陽王休祐以獻。

文帝元嘉七年七月乙酉，建康額檐湖二蓮一蔕。

元嘉十六年七月壬申，華林池雙蓮同榦。

元嘉十年七月己丑，〔六〕華林天淵池芙蓉異花同蔕。

元嘉十九年八月壬子，揚州後池二蓮合華，刺史始興王濬以獻。

元嘉二十年五月，廬陵郡池芙蓉二花一蔕，太守王淵以聞。

元嘉二十年六月壬寅，〔七〕華林天淵池芙蓉二花一蔕，園丞陳襲祖以聞。

元嘉二十年夏，永嘉郡後池芙蓉二花一蔕，太守臧藝以聞。

元嘉二十年七月，吳興郡後池芙蓉二花一蔕，太守孔山士以聞。

元嘉二十年，揚州後池芙蓉二花一蔕，刺史始興王濬以獻。

元嘉二十一年六月丙午，華林園天淵池二蓮同榦，園丞陳襲祖以聞。

元嘉二十二年四月，〔八〕樂游苑池二蓮同榦，苑丞梅道念以聞。

元嘉二十二年七月，東宮玄圃園池二蓮同榦，內監殿守舍人宮勇民以聞。

元嘉二十三年六月壬寅，華林天淵池芙蓉二花一蔕，園丞陳襲祖以聞。

元嘉二十三年六月辛丑，太子西池二蓮共榦，池統胡永祖以聞。

元嘉二十三年八月己酉，魚邑三周池二蓮同榦，園丞徐道興以聞。

孝武帝孝建二年六月庚寅，玄武湖二蓮同榦。

孝武帝大明五年，籍田芙蓉二花同蔕，大司農蕭邃以獻。

明帝泰始二年八月丙辰，五城澳池二蓮同榦，都水使者羅僧愍以獻。

泰始二年八月己未，豫州刺史山陽王休祐獻蓮，二花一蔕。

泰始五年六月甲子，嘉蓮生湖熟，南臺侍御史竺曾度以聞。

泰始六年六月壬子，嘉蓮生東宮玄圃池，皇太子以聞。

晉武帝泰始二年六月壬申，嘉柰一蔕十實，生酒泉。

泰始七年六月己亥，東宮玄圃池芙蓉二花一蔕，皇太子以獻。

晉成帝咸和六年，鎮西將軍庾亮獻嘉橘，一蔕十二實。

晉安帝隆安三年，武陵臨沅獻安石榴，一蔕六實。

雲有五色，太平之應也，曰慶雲。若雲非雲，若煙非煙，五色紛縕，謂之慶雲。

漢宣帝神爵四年春，齋戒之莫，神光顯著。薦鬯之夕，神光交錯，或降于天，或登于地，或從四方，來集于壇上。

漢章帝元和三年正月，車駕北巡，以太牢祠北岳山，見黃白氣。

宋孝武帝大明元年五月壬子，紫氣從景陽樓上層出，狀如煙，回薄良久。

明帝泰始二年三月丙午，黃紫雲從景陽樓出，隨風回，久乃消，華林園令臧延之以聞。

泰始二年六月己卯，日入後，有黃白赤白氣東西竟天，光明潤澤，久乃消。

泰始四年十一月辛未，崇寧陵令上書言，自大明八年至今四年二月，宣太后陵明堂前後數有光及五色雲，又芳香四滿，又五采雲在松下，狀如車蓋。

泰始七年四月戊申夜，京邑崇虛館堂前有黃氣，狀如寶蓋，高十許丈，漸有五色，道士陸脩靜以聞。

白兔，王者敬耆老則見。

漢光武建武十三年九月，南越獻白兔。

章帝元和中，白兔見郡國。

魏文帝黃初中，郡國十九言白兔見。

晉武帝泰始五年七月己亥，白兔見北海卽墨，卽墨長獲以獻。

晉武帝咸寧二年十月癸亥，白兔二見河南陽翟，陽翟令華衍獲以獻。

咸寧四年六月，白兔見天水。

晉武帝太康二年八月壬子，白兔見彭城。

太康二年十月，白兔見趙國平鄉，趙王倫獲以獻。

太康四年十一月癸未，白兔見北地富平。

太康八年十二月庚戌，白兔見陳留酸棗，關內侯成公忠獲以獻。

晉穆帝永和十二年九月甲申，白兔見鄱陽，太守王耆之以獻，幷上頌一篇。

晉穆帝升平三年十二月庚申，北中郎將郗曇獻白兔。

晉海西公太和九年四月，陽穀獻白兔。

晉孝武帝太元十五年三月，白兔見淮南壽陽。

晉安帝義熙二年四月，無錫獻白兔。

義熙二年四月，壽陽獻白兔。

宋文帝元嘉六年九月，長廣昌陽淳于邈獲白兔，青州刺史蕭思話以獻。

元嘉八年閏六月丁亥，司徒府白從伊生於淮南繁昌獲白兔以獻。

元嘉十三年七月甲戌，濟南朝陽王道獲白兔，青州刺史段宏以獻。

元嘉十四年正月丙申，白兔見山陽縣，山陽太守劉懷之以獻。

元嘉十五年七月壬申，山陽師齊獲白兔，南兗州刺史江夏王義恭以獻。

元嘉二十二年三月，白兔見東萊當利，青州刺史杜驥以聞。〔九〕

元嘉二十四年七月丁巳，白兔見兗州，刺史徐瓊以聞。

元嘉二十四年七月己酉，白兔見東莞，太守趙球以獻。

元嘉二十七年二月壬辰，白兔見竟陵，荆州刺史南譙王義宣以獻。

元嘉二十七年六月丙午，白兔見南汝陰，豫州刺史南平王鑠以獻。

孝武帝孝建二年正月庚戌，白兔見淮南，太守申坦以聞。

孝建三年閏三月乙丑，〔一〇〕白兔見平原，獲以獻。

孝武大明元年六月庚子，白兔見卽墨，獲以獻。

大明六年八月辛未，白兔見北海，青、冀二州刺史劉道隆以獻。

大明六年六月乙丑，白兔見，青、冀二州刺史劉道隆以獻。

斗殞精，王者孝行溢則見。闕

赤烏，周武王時銜穀至，兵不血刃而殷服。

漢章帝元和中，赤烏見郡國。

吳孫權赤烏元年，有赤烏集於殿前。

吳孫休永安三年三月，西陵言赤烏見。

晉元帝永昌二年正月，赤烏見曁陽。

宋武帝永初二年二月，赤烏六見北海都昌。

孝武帝大明五年六月戊子，赤烏見蜀郡，益州刺史劉思考以獻。

白燕者，師曠時，銜丹書來至。

漢章帝元和中，白燕見郡國。

晉惠帝元康元年七月，白燕二見酒泉祿福，〔一一〕太守索靖以聞。

宋文帝元嘉元年七月壬戌，白燕集齊郡城，游翔庭宇，經九日乃去，衆燕隨從無數。

元嘉十四年，白燕集荆州府門，刺史臨川王義慶以聞。

元嘉十八年六月，白燕產丹徒縣，南徐州刺史南譙王義宣以聞。

元嘉二十年五月，白燕集南平郡府內，〔一二〕內史臧綽以聞。

元嘉二十一年，白燕見廣陵，南兗州刺史廣陵王誕以獻。

元嘉二十四年五月辛未，白燕集司徒府西園，太尉江夏王義恭以聞。

元嘉二十五年八月壬子，白燕見廣陵城，南兗州刺史徐湛之以聞。

元嘉二十六年五月戊寅，白燕產衡陽王墓亭，郎中令朱曠之獲以聞。

元嘉二十七年五月甲戌，白燕產京口，南徐州刺史始興王濬以聞。

元嘉二十七年六月壬辰，白燕見秣陵，丹陽尹徐湛之以獻。

孝武帝大明二年五月乙巳，白燕產南郡江陵民家，荆州刺史朱脩之以獻。

大明二年五月甲子，白燕二產山陽縣舍，南兗州刺史竟陵王誕以獻。

大明二年六月甲戌，白燕產吳郡城內，太守王翼之以獻。

大明三年五月甲申，白燕產武陵臨沅民家，郢州刺史孔靈符以聞。

大明四年六月乙卯，白燕見平昌，青州刺史劉道隆以獻。

明帝泰始二年六月，白燕見零陵，獲以獻。

金車，王者至孝則出。闕

三足烏，王者慈孝天地則至。

漢章帝元和中，三足烏見郡國。

象車者，山之精也。王者德澤流洽四境則出。闕

白烏，王者宗廟肅敬則至。

漢桓帝永壽元年四月，白烏見齊國。〔一三〕

晉武帝咸寧五年七月戊辰，白烏見濟南隰陰，〔一四〕太守獲以獻。

晉武帝太康元年五月庚午，白烏見襄城。〔一五〕

太康十年五月丁丑，白烏見京兆長安。

晉惠帝元康元年四月，白烏見河南成皋，縣令劉機獲以聞。

元康元年五月戊戌，白烏見梁國睢陽。

元康元年七月辛丑，白烏見陳留，獲以獻。

元康四年十月，白烏見鄱陽。

晉明帝太寧二年十一月，白烏見京都。

太寧三年三月，白烏見吳郡海虞，獲以獻，羣官畢賀。

晉孝武帝太元十一年八月乙酉，白烏集江州寺庭，羣烏翔衞。

太元二十一年五月癸卯，白烏見吳國，獲以獻。

宋武帝永初二年六月丁酉，白烏見吳郡婁縣，太守孟顗以獻。

文帝元嘉二年十一月丙辰，白烏見山陽，太守阮寶以聞。

元嘉三年三月甲戌，丹陽湖熟薛爽之獲白烏以獻。

元嘉十一年六月乙巳，吳郡海鹽王說獲白烏，揚州刺史彭城王義康以獻。

元嘉十三年三月戊辰，義興陽羨令獲白烏，太守劉禎以獻。

元嘉十九年五月，海陵王文秀獲白烏，南兗州刺史臨川王義慶以獻。

元嘉十九年十月，白烏產晉陵暨陽僑民彭城劉原秀宅樹，原秀以聞。

元嘉二十年七月，彭城劉原秀又獲白烏以獻。

元嘉二十四年八月乙巳，白烏見晉陵，南徐州刺史廣陵王誕以獻。

孝武帝大明元年四月甲申，白烏見南郡江陵。

明帝泰始二年六月丁巳，白烏見吳郡海鹽，太守顧覬之以獻。

泰始二年九月壬寅，白烏見吳興烏程，太守郄顒以獻。

白雀者，王者爵祿均則至。

漢章帝元和初，白雀見郡國。

魏文帝初，郡國十九言白雀見。

晉武帝咸寧元年，白雀見梁國，梁王肜獲以獻。

晉武帝太康二年六月丁卯，白雀二見河內南陽，〔一六〕太守阮侃獲以獻。

太康二年六月，白雀二見河南，河南尹向雄獲以獻。

太康七年七月庚午，白雀見豫章。

太康八年八月，白雀見河南洛陽。

太康十年五月丁亥，白雀見宣光北門，華林園令孫邵獲以獻。

晉愍帝建武元年四月，尙書僕射刁協獻白雀於晉王。

晉孝武帝太元十六年十二月，〔一七〕白雀見南海增城縣民吳比屋。

晉安帝隆安五年十一月，白雀見宜都。

晉安帝元興三年六月丙申，白雀見豫章新淦，獲以獻。

宋文帝元嘉元年七月己巳，白雀見齊郡昌國。

元嘉四年七月乙酉，白雀見北海劇。

元嘉八年五月辛丑，白雀集左衞府。

元嘉十一年五月丁丑，齊郡西安宗顯獲白雀，青州刺史段宏以獻。

元嘉十四年五月甲午，白雀集費縣員外散騎侍郎顏敬家，獲以獻。

元嘉十四年，白雀二見荆州府客館。

元嘉十五年五月辛未，白雀集建康都亭里，揚州刺史彭城王義康以聞。

元嘉十五年六月，白雀見建康定陰里，彭城王義康以獻。

元嘉十五年八月，白雀見西陽，江州刺史南譙王義宣以獻。

元嘉十七年五月壬寅，白雀二集荆州後園，刺史衡陽王義季以聞。

元嘉十八年七月，吳郡鹽官于玄獲白雀，太守劉禎以獻。

元嘉二十年五月乙卯，秣陵衞猗之獲白雀，丹陽尹徐湛之以獻。

元嘉二十二年四月丙子，白雀見東安郡，徐州刺史臧質以獻。

元嘉二十二年閏五月丙午，白雀見華林園，員外散騎侍郎長沙王瑾獲以獻。

元嘉二十二年六月庚申，南彭城蕃縣時佛護獲白雀以獻。

元嘉二十四年四月，白雀產吳郡鹽官民家，太守劉禎以獻。

元嘉二十四年六月己亥，白雀五集長沙廟，長沙王瑾以聞。

元嘉二十五年五月丁丑，白雀二見京都，材官吏黃公歡、軍人丁田夫各獲以獻。

元嘉二十七年六月乙卯，白雀見濟南郡，薛榮以獻。

元嘉二十八年八月己巳，崇義軍人獲白雀一雙，太子左率王錫以獻。

元嘉二十九年四月癸丑，白雀見會稽山陰，太守東海王禕獲以獻。

孝武帝孝建元年五月己亥，臨沂縣魯尚期於城上得白雀，太傅假黃鉞江夏王義恭以獻。

孝建二年六月丙子，左衞軍獲白雀以獻。

孝建三年閏三月辛酉，黃門侍郎庾徽之家獲白雀以獻。

孝建三年五月丁卯，白雀見建康，獲以獻。

孝武帝大明元年四月戊申，白雀見尋陽。

大明元年五月甲寅，白雀二見渤海，獲以獻。

大明元年五月甲子，白雀見建康，獲以獻。

大明元年六月丁亥，白雀見零陵祁陽，獲以獻。

大明元年七月辛亥，白雀見南陽宛，獲以獻。

大明二年五月丁未，白雀見建康，揚州刺史西陽王子尚以獻。

大明二年六月丁亥，白雀見河東定襄縣，荆州刺史朱脩之以聞。

大明三年四月庚戌，白雀見秣陵，丹陽尹劉秀之以獻。

大明三年五月壬午，太宰府崇藝軍人獲白雀，太宰江夏王義恭以獻。

大明四年五月辛巳，白雀見廣陵，侍中顏師伯以獻。

大明五年四月庚戌，白雀見晉陵，太守沈文叔以獻。

大明五年五月癸未，白雀二見尋陽，江州刺史桂陽王休範以獻。

大明五年五月癸未，白雀二見濟南，青州刺史劉道隆以獻。

大明五年十月，白雀見太原，青州刺史劉道隆以獻。

大明六年八月辛巳，白雀見齊郡，青、冀二州刺史劉道隆以獻。

大明七年四月乙未，白雀集廬陵王第，廬陵王敬先以獻。

大明七年五月乙丑，白雀見歷陽，太守建平王景素以獻。

大明七年五月辛未，白雀見汝陰，豫州刺史垣護之以獻。

大明七年六月，白雀見寶城，〔一八〕南豫州刺史尋陽王子房以獻。

大明七年十月丁卯，白雀見建康，丹陽尹永嘉王子仁以獻。

大明七年十一月，車駕南巡，肄水師於梁山，〔一九〕中江，白雀二集華蓋。

前廢帝永光元年四月乙亥，白雀見會稽，東揚州刺史尋陽王子房以獻。

永光元年六月丙子，白雀見彭城，徐州刺史義陽王昶以聞。

明帝泰始二年七月戊子，白雀見虎檻洲，都督征討諸軍建安王休仁以聞。

泰始六年七月壬午，白雀二見廬陵吉陽，內史江孜以聞。

明帝泰豫元年六月辛丑，白雀見廣州，刺史孫超以獻。

後廢帝元徽五年四月己巳，白雀二見尋陽柴桑，江州刺史邵陵王友以獻。

孝武帝大明六年三月丙午，青雀見華林園。

明帝泰始二年九月庚寅，青雀見京城內，南徐州刺史桂陽王休範以獻。

玉馬，王者精明，尊賢者則出。闕

根車者，德及山陵則出。闕

白鳩，成湯時來至。

魏文帝黃初初，郡國十九言白鳩見。

吳孫權赤烏十二年八月癸丑，白鳩見章安。

晉武帝泰始八年五月甲辰，白鳩二集太廟南門，議郎董冑獲以獻。

晉武帝太康二年七月，白鳩見太僕寺。

太康四年十二月，白鳩見安定臨涇。

太康十年正月乙亥，白鳩見河南新城。

宋文帝元嘉十八年八月庚午，會稽山陰商世寶獲白鳩，眼足並赤，揚州刺史始興王濬以獻。太子率更令何承天上表曰：

謹考尋先典，稽之前志，王德所覃，物以應顯。是以玄扈之鳳，昭帝軒之鴻烈；酆宮之雀，徽姬文之徽祚。伏惟陛下重光嗣服，永言祖武，洽惠和於地絡，燭皇明於天區。故能九服混心，萬邦含愛，圜神降祥，方祇薦裕，休珍雜沓，景瑞畢臻。去七月上旬，時在昧旦，黃暉洞照，宇宙開朗，徽風協律，甘液灑津。雖朱晃瑰瑋於運衡，榮光圖靈於河紀，蔑以尚茲。臣不量卑懵，竊慕擊壤有作，〔二〇〕相杵成謳。近又豫白鳩之觀，目翫奇偉，心歡盛烈。謹獻頌一篇。野思古拙，意及庸陋，不足以發揮清英，敷讚幽旨，瞻前顧後，亦各其志。謹冒以聞。其白鳩頌曰：

三極協情，五靈會性。理感冥符，道實玄聖。於赫有皇，光天配命。〔二一〕朝景升曜，八維同映。休祥載臻，榮光播慶。宇宙照爛，日月光華。陶山練澤，是生柔嘉。回龍表粹，離穗合柯。翩翩者鳩，亦皎其暉。理翮台領，揚鮮帝畿。匪仁莫集，〔二二〕匪德莫歸。暮從儀鳳，棲閣蔭闈。

烝哉明后，昧旦乾乾。惟德之崇，其峻如山。惟澤之瞻，其潤如淵。禮樂四達，頌聲遐宣。窮髮納貢，九譯導言。伊昔唐萌，愛逮慶祚。余生旣辰，而年之暮。提心命耋，式歌王度。晨晞永風，夕漱甘露。思樂靈臺，〔二三〕不遐有固。

元嘉二十四年九月，白鳩又見。庚戌，中領軍沈演之上表曰：

臣聞貞裕之美，介於盛王，休瑞之臻，罔逢哲后。故鳴鳳表垂衣之化，翔鷁徵解網之仁。陛下道德嗣基，聖明纘世，敎清鳥紀，治昌雲官，禮漸同川，澤浹朱徼。天嘉明懿，民樂薰風，星辰以之炳煥，日月以之光華。神圖祇緯，盈觀闕序，白質黑章，充牣靈囿。應感之符畢臻，而因心之祥未屬。以素鳩自遠，毸翰歸飛，資性閑淑，羽貌鮮麗，旣聞之先說，又親覩嘉祥，不勝藻抃，上頌一首。辭不稽典，文乏采章，〔二四〕愧不足式昭皇慶，崇讚盛美，葢率輿誦，備之篇末。其頌曰：

有哲其儀，時惟皓鳩。性纓五教，名編素丘。殷曆方昌，婉翹來遊。漢籙克韡，爰降爰休。其一　於顯盛宋，叡慶遐傳。聖皇在上，道照鴻軒。稱施旣平，孝思永言。人和於地，神豫于天。其二　禮樂孔秩，靈物咸昭。白雀集苞，丹鳳棲郊。文騶儷跡，嘉穎擢苗。灼灼縞羽，從化馴朝。其三　豈伊赴林，必周之栩。豈伊歸義，必商之所。惟德是依，惟仁是處。育景陽嶽，濯姿帝宇。其四　刑曆頒興，理感迭通。雉飛越常，鷺起西雍。烝然戾止，實兼斯容。壹茲民聽，穆是王風。其五

玉羊，師曠時來至。闕

玉雞，王者至孝則至。闕

璧流離，王者不隱過則至。闕

玉英，五常並修則見。闕

玄圭，水泉流通，四海會同則出。闕

漢桓帝永興二年四月，光祿勳府吏舍，夜壁下有青氣，得玉鉤、玦各一。鉤長七寸三分，玦周五寸四分，身中皆雕鏤。

晉懷帝永嘉六年二月壬子，玉龜出灞水。

晉愍帝建興二年十月，大將軍劉琨掘地得玉璽，使參軍郎碩奉之歸于京師。

建興二年十二月，涼州刺史張寔遣使獻行璽一紐，封送璽使關內侯。

晉愍帝建武元年三月己酉，丹陽江寧民虞由墾土得白麒麟璽一紐，文曰「長壽萬年」。獻晉王。

晉成帝咸康八年九月，廬江春穀縣留珪夜見門內有光，取得玉鼎一枚，外圍四寸。豫州刺史路永以獻。著作郎曹毗上玉鼎頌。

晉安帝義熙十二年六月，左衞兵陳陽於東府前淮水中得玉璽一枚。

宋孝武帝大明元年五月戊寅，江乘縣民朱伯地中得玉璧，徑五寸八分，以獻。

大明四年二月乙巳，徐州刺史劉道隆於汴水得白玉戟，以獻。

明帝泰始五年十月庚辰，郢州獲玄璧，廣八寸五分，安西將軍蔡興宗以獻。

後廢帝元徽四年十一月乙巳，吳興烏程余山道人慧獲蒼玉璧，太守蕭惠開以獻。

金勝，國平盜賊，四夷賓服則出。

晉穆帝永和元年二月，春穀民得金勝一枚，長五寸，狀如織勝。明年，桓溫平蜀。

永和元年三月，廬江太守路永上言，於春穀城北，見水岸邊有紫赤光，取得金狀如印，遣主簿李邁表送。

吳孫晧天璽元年，吳郡言掘地得銀一，長尺，廣三分，刻上有年月字。

丹甑五穀豐熟則出。闕

白魚，武王度孟津，中流入于王舟。

宋明帝泰始二年十月己巳，幸華林天淵池，白魚躍入御舟。

漢章帝元和三年正月，車駕北巡，以太牢具祠北岳，有神魚躍出十數。

金人，王者有盛德則游後池。闕

木連理，王者德澤純洽，八方合爲一，則生。

漢章帝元和中，木連理生郡國。

安帝元初三年正月丁丑，東平陵樹連理。[二五]

漢安帝延光三年七月，左馮翊衙有木連理。

延光三年七月，潁川定陵有木連理。

漢桓帝建和二年七月，河東有木連理。

吳孫權黃武四年六月，皖口言有木連理。

魏文帝黃初初，郡國三言木連理。

晉武帝泰始元年十二月，木連理生遼東力城。[二六]

泰始二年八月，木連理生河南成皋。

泰始八年正月，木連理生東平范。

泰始八年五月甲辰，木連理生東平壽張。

泰始八年十月，木連理生建寧。

晉武帝咸寧元年正月，木連理生汝陰南頓。

咸寧二年四月，木連理生清河靈。

咸寧二年六月，木連理生燕國。

咸寧三年七月壬辰，木連理生始平鄠。

咸寧四年八月，木連理生陳留長垣。

咸寧五年，木連理生義陽。

咸寧五年，木連理生樂安臨濟。

晉武帝太康元年正月，木連理生涪陵永平。

太康元年四月，木連理生頓丘。

太康元年五月，木連理二生濟陰乘氏，沛國。

太康元年七月，木連理生馮翊粟邑。

太康二年正月，木連理生滎陽密。

太康二年十月，木連理十三生南安獂道。

太康三年四月，木連理生琅邪華。

太康三年六月，木連理生廣陵海西。

太康四年正月，木連理生馮翊臨晉，蜀郡成都。

太康四年十二月，木連理生扶風。

太康七年三月，木連理生河南新安。

太康七年六月，木連理生始興中宿，南鄉筑陽。[二七]

太康八年四月，木連理生廬陵東昌。

太康八年九月，木連理生東萊盧鄉。

太康九年九月，木連理生陳留浚儀。

太康十年十一月，木連理生鄱陽鄡陽。[二八]

晉武帝太熙元年二月，木連理生河南梁。

晉惠帝元康元年五月，木連理三生成都臨邛。

元康元年七月辛丑，梁國內史任式上言，武平界有柞櫟二樹，合爲一體，連理。

晉愍帝建興二年三月庚辰，木連理生朱提。

建興二年三月，木連理二生益州雙柏。

建興二年六月，木連理生襄平。

晉愍帝建武元年閏月乙丑，木連理生嵩山。

建武元年八月甲午，木連理生汝陰。

建武元年十一月，木連理生武昌，大將軍王敦以聞晉王。

建武元年十一月癸酉，木連理生汝陰，太守以聞。

晉元帝太興元年七月戊辰，木連理生武昌，大將軍王敦以聞。

太興三年十一月，木連理生零陵永昌。

晉成帝咸和八年五月己巳，木連理生昌黎咸和。

咸康三年三月庚戌，木連理生平州世子府治故園中。

咸康七年十二月，吳國內史王恬上言，木連理生吳縣沙里。

晉穆帝永和五年二月癸丑，臨海太守藍田侯述言郡界木連理。

晉孝武帝寧康三年六月辛卯，江寧縣建興里僑民留康家樹，異本連理。

晉孝武帝太元十一年四月壬申，琅邪費有楡木，異根連理，相去四尺九寸。

太元十八年十月戊午，臨川東興令惠欣之言，縣東南溪傍有白銀樹、芳靈樹、李樹，並連理。

太元十九年正月丁亥，華林園延賢堂西北李樹連理。

太元二十一年正月丙子，木連理生南康寧都縣社後。

晉安帝隆安三年十一月，木連理生汝陽，太守垣苗以聞。

元興元年正月，木連理生泰山武陽。

宋文帝元嘉八年四月乙亥，東莞莒縣松樹連理，太守劉玄以聞。

元嘉八年八月，木連理生東安新泰縣。

元嘉九年六月，木連理生營陽泠道，太守展禽以聞。

元嘉十二年二月丁卯，南郡江陵庾和園甘樹連理，荆州刺史臨川王義慶以獻。

元嘉十二年三月，馬頭濟陽柞樹連理，豫州刺史長沙王義欣以聞。

元嘉十四年二月，宮內螽斯堂前梨樹連理，豫州刺史長沙王義欣以聞。

元嘉十四年，南郡江陵光禕之園甘李二連理。

元嘉十五年二月，太子家令劉徵園中林檎樹連理，徵以聞。

元嘉十七年七月，武昌崇讓鄉程僧愛家候風木連理，江州刺史臨川王義慶以聞。

元嘉十七年十月，尋陽弘農祐幾湖芙蓉連理，臨川王義慶以聞。

元嘉十八年十二月，木連理生歷陽劉成之家，南豫州刺史武陵王駿以聞。

元嘉二十年七月，盱眙考城縣柞樹二株連理，南兗州刺史臨川王義慶以聞。

元嘉二十年八月，木連理生汝陰，豫州刺史劉遵考以聞。

元嘉二十一年，木連理生歷陽烏江，南豫州刺史武陵王駿以聞。

元嘉二十一年，木連理生晉陵無錫，南徐州刺史南譙王義宣以聞。

元嘉二十二年七月辛巳，南頓櫟樹連理，豫州刺史趙伯符以聞。

元嘉二十二年九月，木連理生建康，建康令張永以聞。

元嘉二十二年，木連理生武昌，江州刺史廬陵王紹以聞。

元嘉二十三年二月辛亥，木連理生南陰柔縣，太守以聞。〔二九〕

元嘉二十三年，木連理生淮南當塗，揚州刺史始興王濬以聞。

元嘉二十四年二月壬午，臨川王第梨樹連理，臨川王燁以聞。

元嘉二十四年七月壬子，晉陵無錫穀櫟樹連理，南徐州刺史廣陵王誕以聞。

元嘉二十四年七月乙卯，木連理生會稽諸暨，揚州刺史始興王濬以聞。會稽太守羊玄保上改連理所生處康亭村爲「木連理」。

元嘉二十四年七月乙卯，臨川王第梨樹連理，臨川王燁以聞。

元嘉二十五年四月戊辰，木連理生晉陵，南徐州刺史廣陵王誕以聞。

元嘉二十八年正月戊子，木連理生尋陽柴桑，又生州城內，江州刺史建平王宏以聞。

元嘉二十九年十月丁未，木連理生南琅邪，太守劉成以聞。

孝武帝孝建二年三月己酉，木連理生南郡江陵，荆州刺史朱脩之以聞。

孝建三年五月，木連理生北海都昌，冀州刺史垣護之以聞。

孝建三年七月癸未，木連理生歷陽，歷陽太守袁歆以聞。

孝武帝大明元年正月乙亥，木連理生高平。

大明元年二月壬寅，華林園雙橘樹連理。

大明元年九月乙丑，華林園梨樹連理。

大明元年十月丁丑朔，木連理生豫章南昌。

大明二年四月辛丑，木連理生汝南，豫州刺史宗慤以聞。

大明三年九月甲午，木連理生丹陽秣陵，材官將軍范悅時以聞。

大明四年三月丁亥，木連理生華林園曜靈殿北。

大明四年四月壬子，木連理生華林園日觀臺北。

大明四年六月戊戌，木連理生會稽山陰，揚州刺史西陽王子尚以聞。

大明五年閏九月，木連理生邊城，豫州刺史垣護之以聞。

大明五年十二月戊寅，淮南松木連理，豫州刺史尋陽王子房以聞。

大明六年二月乙丑，木連理生晉陵，南徐州刺史新安王子鸞以聞。

大明六年四月戊辰，木連理生營陽，湘州刺史建安王休仁以聞。

大明六年八月乙丑，木連理生彭城城內，徐州刺史王玄謨以聞。

大明七年正月己酉，珊瑚連理生鬱林，安始太守劉勔以聞。

明帝泰始二年七月，木連理生丹陽秣陵。

泰始四年三月庚戌，太子西池冬生樹連理，園丞周獊猗以獻。

泰始六年四月丙午，〔三〇〕木連理生會稽永興，太守蔡興宗以聞。

泰始六年十二月壬辰，木連理生豫章南昌，太守劉愔之以聞。

泰始七年二月戊寅，木連理生吳郡錢唐，太守王延之以聞。

昇明二年，木連理生豫州界內，刺史劉懷珍以聞。〔三一〕

比目魚，王者德及幽隱則見。闕

珊瑚鉤，王者恭信則見。闕

芝草，王者慈仁則生。食之令人度世。

漢武帝元封二年，甘泉宮內產芝，九莖連葉。
漢宣帝元康四年，金芝九莖，產于函德殿銅池中。
漢明帝永平十七年春，芝生前殿。
漢桓帝建和元年四月，芝草生中黃藏府。
宋從帝昇明二年，宣城山中生紫芝一株，在所獲以獻。

明月珠，王者不盡介鱗之物則出。
漢高后景帝時，會稽人朱仲獻三寸四寸珠。
漢章帝元和中，郡國獻明珠。

巨鬯，三禺之禾，一稃二米，王者宗廟修則出。
黃帝時，南夷乘白鹿來獻鬯。
漢章帝元和中，秬秠生郡國。

華平，其枝正平，王者有德則生。德剛則仰，德弱則低。

漢章帝元和中，華平生郡國。

平露，如蓋，以察四方之政。其國不平，則隨方而傾。闕
蓂莢，一名歷莢，夾階而生，一日生一葉，從朔而生，望而止，十六日，日落一葉，若月小，則一葉萎而不落。堯時生階。闕
蓮甫，一名倚扇，狀如蓬，大枝葉小，根根如絲，轉而成風，殺蠅。堯時生於廚。闕

朱草，草之精也，世有聖人之德則生。
漢光武建武中元元年五月，〔三二〕京師有赤草生水涯。
漢章帝元和中，朱草生郡國。
魏文帝初，朱草生文昌殿側。〔三三〕
宋文帝元嘉十一年，朱草生蜀郡郫縣王之家，益州刺史甄法崇以聞。

景星，大星也。狀如半月，於晦朔助月爲明。闕
賓連闊達，生於房室，王者御后妃有節則生。闕

渠搜，禹時來獻裘。闕
浪井，不鑿自成，王者清靜則應。闕
西王母，舜時來獻白環白琯。闕

越常，周公時來獻白雉、象牙。闕
漢平帝元始元年正月，越常重譯獻白雉一，黑雉二，詔三公薦宗廟。
漢光武建武十三年九月，〔三四〕南越獻白雉。
漢章帝元和中，白雉見郡國。
漢桓帝永康元年十一月，白雉見西河。
漢獻帝延康元年四月丁巳，饒安縣言白雉見；又郡國十九言白雉見。
晉武帝咸寧元年四月丁巳，白雉見安豐松滋。
咸寧元年十二月丙午，白雉見梁國睢陽，梁王肜獲以獻。
咸寧三年十一月，白雉見渤海饒安，相阮溫獲以獻。
晉武帝太康元年九月庚戌，〔三五〕白雉見中山。
晉愍帝建興三年十二月戊午，白雉見襄平。

建興三年十二月戊午，白雉見。
安帝義熙七年五月，白雉見豫章南昌。
宋文帝元嘉五年五月庚辰，白雉見東莞莒縣，太守劉玄以聞。
元嘉十六年二月，白雉見陳郡，豫州刺史長沙王義欣以獻。
元嘉十八年二月癸亥，白雉見南汝陰宋縣，太守文道恩以獻。
元嘉二十年六月，白雉見高平方輿縣，徐州刺史臧質以獻。
元嘉二十六年三月戊寅，白雉見東安、沛郡各一，徐、兗二州刺史武陵王駿以獻。
孝武帝大明二年三月己巳，白雉雌雄各一見海陵，南兗州刺史竟陵王誕以獻。
大明五年十二月，白雉見秦郡，〔三六〕南兗州刺史晉安王子勛以獻。
大明八年二月丁卯，白雉見南郡江陵，荊州刺史臨海王子頊以獻。
前廢帝永光元年正月丙午，白雉見渤海，青州刺史王玄謨以獻。
永光元年三月甲午朔，白雉見新蔡，豫州刺史劉德願以獻。

黃銀紫玉，王者不藏金玉，則黃銀紫玉光見深山。
宋明帝泰始二年八月，於赭圻城南得紫玉一段，圍三尺二寸，長一尺，厚七尺。太宗攻

爲二爵，以獻武、文二廟。

玉女，天賜妾也。禮含文嘉曰：「禹卑宮室，盡力溝洫，百穀用成，神龍女降。」闕

地珠，王者不以財爲寶則生珠。闕

天鹿者，純靈之獸也。五色光耀洞明，王者道備則至。闕

角端者，日行萬八千里，又曉四夷之語，明君聖主在位，明達方外幽遠之事，則奉書而至。闕

周印者，神獸之名也，星宿之變化。王者德盛則至。闕

飛菟者，神馬之名也，日行三萬里。禹治水勤勞歷年，救民之害，天應其德而至。闕

澤獸，黄帝時巡狩至於東濱，澤獸出，能言，達知萬物之精，以戒於民，爲時除害。賢君明德幽遠則來。闕

𪊨者，幽隱之獸也，有明王在位則來，爲時辟除災害。闕

騕褭者，神馬也，與飛菟同，亦各隨其方而至，以明君德也。闕

同心鳥，王者德及遐方，四夷合同則至。闕

趹蹄者，后土之獸，自能言語。王者仁孝於國則來。禹治水而至。闕

紫達，王者仁義行則見。闕

小鳥生大鳥，王者土地開闢則至。闕

河精者，人頭魚身，師曠時所受讖也。闕

延嬉，王者孝道行則至。闕

大貝，王者不貪財寶則出。闕

威蕤，王者禮備則生於殿前。闕

醴泉，水之精也，甘美。王者修理則出。

漢光武建武中元元年五月，醴泉出京師及郡國。飲醴泉者，痼病皆愈，獨眇者蹇者不差。

魏文帝初，郡國二言醴泉出。

宋文帝元嘉十二年，衡陽湘鄉醴泉出縣庭，荆州刺史臨川王義慶以聞。

孝武帝孝建三年九月甲戌，細仗隊省井泉春夏深不盈尺，忽至一丈，有五色，水清澄，醴味，汲引不窮。

孝武帝大明二年三月壬子，北汝陰樓煩平地出醴泉，豫州刺史宗慤以聞。

明帝泰豫元年四月乙酉，會稽山陰思義醴泉出，太守蔡興宗以聞。

日月揚光，日者，人君象也，人君不假臣下之權，則日月揚光明。闕

芝英者，王者親近耆老，養有道，則生。

漢章帝元和中，芝英生郡國。

碧石者，玩好之物棄則至。闕

玉甕者，不汲而滿，王者清廉則出。闕

山車者，山藏之精也。不藏金玉，山澤以時，通山海之饒，以給天下，則山成其車。闕

雞駭犀，王者賤難得之物則出。闕

陵出黑丹，王者修至孝則出。闕

神鼎者，質文之精也。知吉知凶，能重能輕，不炊而沸，五味自生，王者盛德則出。

漢武帝元鼎元年五月五日，得鼎汾水上。

漢明帝永平六年二月，〔二七〕廬江太守獻寶鼎，出王雒山。雒或作雄。

漢章帝建初七年十月，車駕西巡至槐里，右扶風禁上美陽得銅器於岐山，似酒尊。詔在道晨夕以爲百官熱酒。

漢和帝永元元年，竇憲征匈奴，於漢北酒泉得仲山甫鼎，容五斗。

吳孫權赤烏十二年六月戊戌，寶鼎出臨平湖。又出東部酃縣。

吳孫晧寶鼎元年八月，在所言得大鼎。

晉愍帝建興二年十二月，晉陵武進縣民陳龍在田中得銅鐸五枚。

晉成帝咸和元年十月辛卯，宣城春穀縣山岸崩，獲石鼎重二斤，受斛餘。〔二八〕

晉成帝咸康五年，豫章南昌民掘地得銅鍾四枚，太守褚裒以獻。

晉穆帝升平五年二月乙未，南掖門有馬足陷地，得銅鍾一枚。

宋文帝元嘉十三年四月辛丑，武昌縣章山水側自開出神鼎，江州刺史南譙王義宣以獻。

元嘉十九年九月戊申，廣陵肥如石梁澗中出石鍾九口，大小行次，引列南向，南兗州刺史臨川王義慶以獻。

元嘉二十一年十二月，新陽獲古鼎於水側，有篆書四十二字，雍州刺史蕭思話以獻。

元嘉二十二年，豫章豫寧縣出銅鍾，江州刺史廣陵王紹以獻。

孝武帝孝建三年四月丁亥，臨川宜黃縣民田中得銅鍾七口，內史傅徽以獻。

孝建三年四月甲辰，晉陵延陵得古鍾六口，徐州刺史竟陵王誕以獻。

孝武帝大明七年六月，江夏蒲圻獲銅路鼓，四面獨足，郢州刺史安陸王子綏以獻。

明帝泰始四年二月丙申，豫章望蔡獲古銅鍾，高一尺七寸，圍二尺八寸，太守張辯以獻。

泰始五年五月壬戌，豫章南昌獲古銅鼎，容斛七斗，江州刺史王景文以獻。

泰始七年六月甲寅，義陽郡獲銅鼎，受一斛，并蓋並隱起鏤，豫州刺史段佛榮以獻。

從帝昇明二年九月，建寧萬歲山澗中得銅鍾，長二尺一寸，豫州刺史劉懷珍以獻。

漢宣帝元康二年夏，神雀集雍。

元康三年春，神雀集泰山。

宣帝元康三年春，〔三九〕五色雀以萬數，飛過屬縣。

元康四年三月，神雀五采以萬數，飛過集長樂、未央、北宮、高寢、甘泉泰畤殿。元康四年，神雀仍集。

漢宣帝五鳳三年正月，神雀集京師。

漢明帝永平十七年春，神雀五色集京師。

漢章帝元和中，神雀見郡國。

宋文帝元嘉二十二年，白鵲見新野鄧縣，雍州刺史蕭思話以聞。

元嘉二十六年五月癸酉，白鵲見建康崇孝里，揚州刺史始興王濬以獻。

孝武帝大明七年三月辛巳，白鵲見汝南安陽，太守申令孫以獻。

晉惠帝永嘉元年五月，白鼠見東宮，皇太子獲以獻。

宋明帝泰始三年二月壬寅，白鼠見樂安，青州刺史沈文秀以獻。

漢昭帝始元元年二月，黃鵠下建章宮太液池中。

漢章帝元和二年二月，車駕東巡，柴祭岱宗。禮畢，黃鵠三十從西南來，經祠壇上東北過。

漢武帝太初三年二月五日，行幸東海，獲赤雁。

魏文帝初，鑊中生赤魚。

孫權時，神雀集朱雀門。

孫晧天璽元年，臨海郡吏伍曜在海水際得石樹，高三尺餘，枝莖紫色，詰屈傾靡，有光采。山海經所載玉碧樹之類也。

晉武帝泰始二年六月壬申，白鵠見酒泉延壽，延壽長王音以獻。

晉成帝咸和九年五月癸酉，白鵝見吳國錢塘，內史虞潭以獻。

安帝義熙元年，南康雩都嵩山有金雞，青黃色，飛集巖間。

宋文帝元嘉二十二年，湘州刺史南平王鑠獻赤鸚鵡。

孝武帝大明三年正月丙申，嫛皇國獻赤白鸚鵡各一。

宋文帝元嘉二十四年十月甲午，揚州刺史始興王濬獻白鸚鵡。

孝武帝大明五年正月丙子，交州刺史垣閎獻白孔雀。

明帝泰始三年五月乙亥，白鴝鵒見京兆，雍州刺史巴陵王休若以獻。

漢桓帝延熹九年四月，濟陰、東郡、濟北、平原河水清。

宋文帝元嘉二十四年二月戊戌，河、濟俱清，龍驤將軍、青冀二州刺史杜坦以聞。

文帝元嘉二十五年五月，征北長史、廣陵太守范邈上言：「所領輿縣，前有大浦，控引潮流，水常淤濁。自比以來，源流清潔，纖鱗呈形。古老相傳，以爲休瑞。」

孝武帝孝建三年九月，濟、河清，冀州刺史垣護之以聞。

孝武帝大明五年九月庚戌，河、濟俱清，平原太守申纂以聞。

明帝泰始元年二月丙寅，揚、淮水清潔有異於常，州治中從事史張緒以聞。

漢光武建武初，野繭、穀充給百姓。其後耕蠶稍廣，二事漸息。

吳孫權黃龍三年夏，野蠶繭大如卵。

宋文帝元嘉十六年，宣城宛陵廣野蠶成繭，大如雉卵，彌漫林谷，年年轉盛。

孝武帝大明三年五月癸巳，宣城宛陵縣石亭山生野蠶，三百餘里，太守張辯以聞。

孝武帝大明三年十一月己巳，肅慎氏獻楛矢石砮，高麗國譯而至。

大明五年正月戊午元日，花雪降殿庭。時右衞將軍謝莊下殿，雪集衣。還白，上以爲瑞。於是公卿並作花雪詩。史臣按詩云：「先集爲霰。」韓詩曰：「霰，英也。」花葉謂之英。離騷云：「秋菊之落英。」左思云「落英飄颻」是也。然則霰爲花雪矣。草木花多五出，花雪獨六出。

明帝泰始二年五月甲寅，楮中獲石栢長三尺二寸，廣三尺五寸，揚州刺史建安王休仁以獻。

泰始三年十一月乙卯，盱眙獲石栢，寧朔將軍段佛榮以獻。〔四〇〕

漢和帝在位十七年，郡國言瑞應八十餘品，帝讓而不宣。

校勘記

〔一〕會稽南始平言嘉禾生　「南始平」各本並作「南平始」，據三國志吳志吳主權傳改。按本書州郡志：「臨海太守領始豐令，吳立曰始平，晉武帝太康元年更名。」

〔二〕梁州刺史劉眞道以獻　各本並脫「眞」字，據劉懷肅傳弟子眞道附傳補。

〔三〕嘉禾生潁川曲陽　「曲陽」各本並作「陽白」，元龜二〇一作「陽曲」。孫虨宋書考論云：「陽白疑是曲陽。」按州郡志，豫州潁川太守領曲陽令。孫說是，今改正。

〔四〕含滋匪烈　「含滋」二字，三朝本空白，北監本、毛本、殿本、局本作「于今」。元龜一九二作「含滋」。今據元龜訂正。

〔五〕嘉麥生扶風郡　「郡」，御覽八三八引晉起居注作「郿」。

〔六〕元嘉十年七月己丑　按元嘉十年七月戊戌朔，是月無己丑。此條之前爲元嘉十六年，此條之後爲元嘉十九年。元嘉十七年七月丁亥朔，初三日己丑；元嘉十八年七月辛巳朔，初九日己丑。此二年之七月，並有己丑日。則此處之元嘉十年恐爲元嘉十七年或十八年之誤。

〔七〕元嘉二十年六月壬寅　「壬寅」元龜二〇一作「壬子」。按是年六月庚午朔，無壬寅，亦無壬子。日干支當有誤。

〔八〕元嘉二十二年四月　「二十二年」各本並作「二十年」，據元龜二〇一訂正。按上條有「二十一年六月」，下條有「二十二年七月」，此條當是二十二年四月事。

〔九〕青州刺史杜驥以聞　「杜驥」各本並作「杜冀」，按本書卷六五杜驥傳，驥時爲青、冀二州刺史，今據改。

〔一〇〕孝建三年閏三月乙丑　「閏三月」各本並作「閏二月」，據建康實錄改。按是年閏三月丙辰朔，初十日乙丑。

〔一一〕白燕二見酒泉祿福　「祿福」各本並作「祥福」，元龜二二作「福祿」。按漢書地理志酒泉郡有祿福。三國志魏志龐淯傳及皇甫謐列女傳載龐娥事云，祿福趙君安之女，又云祿福長尹嘉。曹全碑亦云拜酒泉祿福長。續漢書郡國志、晉書地理志始作「福祿」。今改從漢書地理志及三國志魏志作「祿福」。

〔一二〕白燕集南平郡府內　「郡」各本並作「鄉」，據元龜二〇一改。

〔一三〕白烏見齊國　「齊國」各本並作「南國」，據後漢書桓帝紀改。

〔一四〕白烏見濟南隰陰　「濟南隰陰」各本並作「齊南隰」。按齊國無南隰縣。晉初濟南郡有隰陰縣，杜預左傳哀五年注云濟南有隰陰縣是也。隰陰，二漢屬平原郡，晉初改隸濟南郡。晉書地理

志已無此縣，蓋旋廢縣。

〔一五〕白烏見襄城　各本並脫「城」字，據元龜二二補。

〔一六〕白雀二見河內南陽　各本同，元龜二二無「南陽」二字。據晉書地理志，河內郡屬縣有河陽、山陽，無南陽。南陽當是河陽或山陽之譌。

〔一七〕晉孝武帝太元十六年十二月　「太元」各本並作「太康」，據元龜二二訂正。按太康爲晉武帝年號，孝武帝年號爲太元。

〔一八〕白雀見寶城　「寶城」各本並作「寶成」，按州郡志司州義陽郡下有寶城令。今據改。

〔一九〕肄水師於梁山　「肄」各本並作「隸」。張森楷校勘記、孫虨宋書考論並云隸當作肄。按張、孫說是，今改正。

〔二〇〕竊慕擊壤有作　「壤」各本並作「轘」，據元龜一九二改。

〔二一〕光天配命　「光」各本並作「先」，據元龜一九二改。

〔二二〕匪仁莫集　四字各本並空白闕文，據元龜一九二補。

〔二三〕思樂靈臺　「靈臺」各本並作「靈基」，據元龜一九二改。按此用文王靈臺事。

〔二四〕文乏采章　「文」各本並作「分」，據元龜一九二改。

〔二五〕東平陵樹連理　「東平陵」後漢書安帝紀作「東平陸」。

中華書局

〔二六〕木連理生遼東力城　「力城」各本並作「方城」。按晉書地理志，遼東國統力城縣。「方城」當是「力城」之譌。今改正。

〔二七〕木連理生始興中宿南鄉筑陽　「筑陽」各本並作「范陽」。按續漢書郡國志，筑陽縣屬南陽郡，晉初筑陽改屬南鄉郡，杜預左傳桓七年注有南鄉筑陽縣可證。晉書地理志，筑陽屬順陽郡，蓋太康中，又改隸順陽。「范陽」當是「筑陽」之誤，今改正。

〔二八〕木連理生鄱陽鄡陽　「鄡陽」各本並作「鄡鄉」，按晉書地理志，鄱陽郡有「鄡陽」，無「鄡鄉」。今據改。

〔二九〕木連理生南陰柔縣太守以聞　按本書州郡志無「南陰柔縣」，此處太守上又無郡名，疑文有譌脫。

〔三〇〕泰始六年四月丙午　「丙午」各本並作「景午」。按沈約不當避唐諱，蓋後人所追改，今改回。

〔三一〕刺史劉懷珍以聞　各本並脫「刺」字，據南齊書劉懷珍傳補。按懷珍傳，懷珍昇明初爲豫州刺史。

〔三二〕漢光武建武中元元年五月　各本並脫「中元」二字，據後漢書光武紀補。

〔三三〕魏文帝初朱草生文昌殿側　本條舊在「漢章帝元和中朱草生郡國」條上。按年代次序，今前後對易。

〔三四〕漢光武建武十三年九月　「建武」各本並作「建元」，據後漢書光武紀改。

〔三五〕晉武帝太康元年九月庚戌　各本並脫「九月」二字，據元龜二二補。按是年九月乙酉朔，二十六日庚戌。

〔三六〕白雉見秦郡　「秦郡」各本並作「泰郡」。按州郡志，南兗州下有秦郡，無「泰郡」，今改正。

〔三七〕漢明帝永平六年二月　「二月」各本並作「三月」，據後漢書明帝紀改。

〔三八〕獲石鼎重二斤受斛餘　「二斤」疑當作「二百斤」。按受斛餘之鼎，豈有僅重二斤之理，文有譌奪無疑。據御覽七五六引晉中興書云：「成帝咸和元年，宣城春穀山崩，得古鼎重三百斤，容可三斛餘。」二斤作三百斤，斛餘作三斛餘，石鼎作古鼎，義皆較宋志爲長。

〔三九〕宣帝元康三年春　「三年」各本並作「二年」，據漢書宣帝紀改。

〔四〇〕寧朔將軍段佛榮以獻　「段佛榮」各本並作「段榮」。按同卷泰始七年六月甲寅義陽郡獲銅鼎條有豫州刺史段佛榮，同書建平王宏傳有南豫州刺史段佛榮，蓋卽其人。今補「佛」字。

宋書卷三十

志第二十

五行一

昔八卦兆而天人之理著，九疇序而帝王之應明。雖可以知從德獲自天之祐，違道陷神聽之罪，然未詳舉徵效，備考幽明，雖時列鼎雉庭穀之異，然而未究者衆矣。至於鑑悟後王，多有所闕。故仲尼作春秋，具書祥眚，以驗行事。是則九疇陳其義於前，春秋列其效於後也。逮至伏生創紀大傳，五行之體始詳；劉向廣演洪範，休咎之文益備。故班固斟酌經、傳，詳紀條流，誠以一王之典，不可獨闕故也。夫天道雖無聲無臭，然而應若影響，天人之驗，理不可誣。司馬彪纂集光武以來，以究漢事；王沈魏書志篇闕，凡厥災異，但編帝紀而已。自黃初以降，二百餘年，覽其災妖，以考之事，常若重規沓矩，不謬前說。又高堂隆、郭景純等，據經立辭，終皆顯應。闕而不序，史體將虧。今自司馬彪以後，皆撰次論序，斯亦

班固遠采春秋，舉遠明近之例也。又按言之不從，有介蟲之孽，劉歆以爲毛蟲；視之不明，有嬴蟲之孽，劉歆以爲羽蟲。按月令，夏蟲羽，秋蟲毛，宜如歆說，是以舊史從之。五行精微，非末學所究。凡已經前議者，並卽其言以釋之；未有舊說者，推準事理，以俟來哲。

五行傳曰：「田獵不宿，飲食不享，出入不節，奪民農時，及有姦謀，則木不曲直，謂木失其性而爲災也。」又曰：「貌之不恭，是謂不肅。厥咎狂，厥罰恒雨，厥極惡。時則有服妖，時則有龜孽，時則有雞禍，時則有下體生上之痾，時則有青眚、青祥。惟金沴木。」班固曰：「蓋工匠爲輪矢者多傷敗，及木爲變怪。」皆爲不曲直也。

木不曲直

魏文帝黃初六年正月，雨，木冰。按劉歆說，木不曲直也。劉向曰：「冰者陰之盛，木者少陽，貴臣象也。此人將有害，則陰氣脅木，木先寒，故得雨而冰也。」是年六月，利成郡兵蔡方等殺太守徐質，據郡反，多所脅略，幷聚亡命。遣二校尉與青州刺史共討平之。太守，古之諸侯，貴臣有害之應也。一說以木冰爲甲兵之象。是歲，旣討蔡方，又八月，天子自將以舟師征吳，戎卒十餘萬，連旍數百里，臨江觀兵。

晉元帝太興三年二月辛未，雨，木冰。後二年，周顗、戴淵、刁協、劉隗皆遇害，與春秋同事，是其應也。一曰，是後王敦攻京師，又其象也。

晉穆帝永和八年正月乙巳，雨，木冰。是年，殷浩北伐，明年，軍敗，十年，廢黜。又曰，荀羨、殷浩北伐，桓溫入關之象也。

晉孝武帝太元十四年十二月乙巳，雨，木冰。明年二月，王恭爲北蕃，八月，庾楷爲西蕃，九月，王國寶爲中書令，尋加領軍將軍；十七年，殷仲堪爲荆州。雖邪正異規，而終同摧滅，是其應也。一曰，苻堅雖敗，關、河未一，丁零鮮卑，侵略司、兗，竇揚勝扇逼梁、雍，兵役不已，又其象也。

吳孫亮建興二年，諸葛恪征淮南，行後，所坐聽事棟中折。恪妄興徵役，奪民農時，作爲邪謀，傷國財力，故木失其性，致毁折也。及旋師而誅滅，於周易又爲棟橈之凶也。

晉武帝太康五年五月，宣帝廟地陷梁折。八年正月，太廟殿又陷，改作廟，築基及泉。其年九月，遂更營新廟，遠致名材，雜以銅柱。陳勰爲匠，作者六萬人。十年四月，乃成。十一月庚寅，梁又折。按地陷者，分離之象，梁折者，木不曲直也。孫盛曰：「于時後宮殿有孽火，又廟梁無故自折。先是帝多不豫，益惡之。明年，帝崩，而王室頻亂，遂亡天下。」

晉惠帝太安二年，成都王穎使陸機率衆向京師，擊長沙王乂。軍始引而牙竿折，俄而

戰敗，機被誅。穎尋奔潰，卒賜死。初，河間王顒謀先誅長沙，廢太子，立穎。長沙知之，誅其黨卞粹等，故穎來伐。機又以穎得遐邇心，將爲漢之代王，遂委質於穎，爲犯從之將。此皆姦謀之罰，木不曲直也。

王敦在武昌，鈴下儀仗生華如蓮花狀，五六日而萎落。此木失其性而爲變也。干寶曰：「鈴閤，尊貴者之儀，鈴下，主威儀之官。今狂花生於枯木，又在鈴閤之間，言威儀之富，榮華之盛，皆如狂花之發，不可久也。」其後終以逆命，沒又加戮，是其應也。一說此花孽也，於周易爲「枯楊生華」。

桓玄始篡，龍旂竿折。玄田獵出入，不絶昏夜，飲食恣奢，土水妨農，又多姦謀，故木失其性也。夫旂所以擬三辰，章著明也。旂竿之折，高明去矣。在位八十日而敗。

宋明帝泰始二年五月丙午，南琅邪臨沂黄城山道士盛道度堂屋一柱自然，夜光照室內。此木失其性也。或云木腐自光。

廢帝昇明元年，吳興餘杭舍亭禾蕈樹生李實。禾蕈樹，民間所謂胡頹樹。

貌不恭

魏文帝居諒闇之始，便數出遊獵，體貌不重，風尚通脫。故戴凌以直諫抵罪，鮑勛以迕

旨極刑。天下化之，咸賤守節，此貌之不恭也。是以享國不永，後祚短促。春秋魯君居喪不哀，在慼而有嘉容，穆叔謂之不度，後終出奔。蓋同事也。

魏尚書鄧颺，行步弛縱，筋不束體，坐起傾倚，若無手足。此貌之不恭也。管輅謂之鬼躁。鬼躁者，凶終之徵。後卒誅死。

晉惠帝元康中，貴遊子弟相與爲散髮倮身之飲，對弄婢妾。逆之者傷好，非之者負譏。希世之士，恥不與焉。蓋胡、翟侵中國之萌也。豈徒伊川之民，一被髮而祭者乎。

晉惠帝元康中，賈謐親貴，數入二宮，與儲君遊戲，无降下心。又嘗同弈棊爭道，成都王穎厲色曰：「皇太子，國之儲貳。賈謐何敢無禮！」謐猶不悛，故及於禍。

齊王冏既誅趙倫，因留輔政，坐拜百官，符敕臺府，淫醟專驕，不一朝覲。此狂恣不肅之容也。天下莫不高其功，而慮其亡也。冏終弗改，遂至夷滅。

太元中，人不復著帩頭。頭者，元首，帩者，令髮不垂，助元首爲儀飾者也。今忽廢之，若人君獨立無輔，以至危亡也。其後桓玄篡位。

舊爲屐者，齒皆達楄上，名曰「露卯」。太元中，忽不徹，名曰「陰卯」。其後多陰謀，遂致大亂。

晉安帝義熙七年，晉朝拜授劉毅世子。毅以王命之重，當設饗宴親，請吏佐臨視。至

日，國僚不重白，默拜於廐中。王人將反命，毅方知，大以爲恨，免郎中令劉敬叔官。識者怪焉。此墮略嘉禮，不肅之妖也。

陳郡謝靈運有逸才，每出入，自扶接者常數人。民間謠曰「四人挈衣裙，三人捉坐席」是也。此蓋不肅之咎，後坐誅。

宋明帝泰始中，幸臣阮佃夫勢傾朝廷，室宇豪麗，車服鮮明，乘車常偏向一邊，違正立執綏之體。時人多慕效。此亦貌不恭之失也。時偏左之化行，方正之道廢矣。

後廢帝常單騎遊遨，出入市里營寺，未嘗御輦。終以殞滅。

恒雨

魏明帝太和元年秋，數大雨，多暴雷電，非常，至殺鳥雀。案楊阜上疏，此恒雨之罰也。時帝居喪不哀，出入弋獵無度，奢侈繁興，奪民農時，故木失其性而恒雨爲災也。

太和四年八月，大雨霖三十餘日，伊、洛、河、漢皆溢，歲以凶饑。

孫亮太平二年二月甲寅，大雨震電；乙卯，雪，大寒。案劉歆說，此時當雨而不當大，大雨，恒雨之罰也。於始震電之明日而雪大寒，又恒寒之罰也。劉向以爲既已震電，則雪不當復降，皆失時之異也。天戒若曰，爲君失時，賊臣將起。先震電而後雪者，陰見間隙，起

而滕陽。逆殺之禍將及也。亮不悟，尋見廢。此與春秋魯隱同也。

晉武帝泰始六年六月，大雨霖，甲辰，河、洛、沁水同時並溢，流四千九百餘家，殺二百餘人，沒秋稼千三百六十餘頃。晉武太康五年七月，任城、梁國暴雨，害豆麥。太康五年九月，南安霖雨暴雪，折樹木，害秋稼；魏郡、淮南、平原雨水，傷秋稼。是秋，魏郡、西平郡九縣霖雨暴水，霜傷秋稼。

晉惠帝永寧元年十月，義陽、南陽、東海霖雨，淹害秋麥。

晉成帝咸康元年八月乙丑，荊州之長沙攸、醴陵、武陵之龍陽三縣，雨水浮漂屋室，殺人，傷損秋稼。

宋文帝元嘉二十一年六月，京邑連雨百餘日，大水。

孝武帝大明元年正月，京邑雨水。

大明五年七月，京邑雨水。

大明八年八月，京邑雨水。

明帝太始二年六月，京邑雨水。

順帝昇明三年四月乙亥，吳郡桐廬縣暴風雷電，揚砂折木，水平地二丈，流漂居民。

服妖

魏武帝以天下凶荒，資財乏匱，始擬古皮弁，裁縑帛爲白帢，以易舊服。傅玄曰：「白乃軍容，非國容也。」干寶以爲縞素，凶喪之象，〔一〕帢，毀辱之言也。蓋革代之後，攻殺之妖也。初爲白帢，橫縫其前以別後，名之曰「顏」，俗傳行之。至晉永嘉之間，稍去其縫，名「無顏帢」。而婦人束髮，其緩彌甚，紒之堅不能自立，髮被于額，目出而已。無顏者，愧之言也；覆額者，慚之貌，其緩彌甚，言天下忘禮與義，放縱情性，及其終極，至乎大恥也。永嘉之後，二帝不反，天下愧焉。魏明帝著繡帽，被縹紈半袖，嘗以見直臣楊阜。阜諫曰：「此於禮何法服邪？」帝默然。近服妖也。縹，非禮之色，褻服不貳。今之人主，親御非法之章，所謂自作孽不可禳也。帝既不享永年，身沒而祿去王室，後嗣不終，遂亡天下。

魏明帝景初元年，發銅鑄爲巨人二，號曰「翁仲」，置之司馬門外。案古長人見，爲國亡；長狄見臨洮，爲秦亡之禍。始皇不悟，反以爲嘉祥，鑄銅人以象之。魏法亡國之器，而於義竟無取焉。蓋服妖也。

魏尚書何晏，好服婦人之服。傅玄曰：「此服妖也。」夫衣裳之制，所以定上下，殊內外也。大雅云：「玄袞赤舄，鉤膺鏤錫。」歌其文也。小雅云：「有嚴有翼，共武之服。」詠其武也。若內外不殊，王制失敍，服妖既作，身隨之亡。末嬉冠男子之冠，桀亡天下；何晏服婦人之服，亦亡其家。其咎均也。

吳婦人之修容者，急束其髮，而劘角過于耳。蓋其俗自操束太急，而廉隅失中之謂也。故吳之風俗，相驅以急，言論彈射，以刻薄相尙。居三年之喪者，往往有致毀以死。諸葛患之，著正交論，雖不可以經訓整亂，蓋亦救時之作也。孫休後，衣服之制，上長下短，又積領五六而裳居一二。干寶曰：「上饒奢，下儉逼，上有餘下不足之妖也。」至孫晧，果奢暴恣情於上，而百姓彫困於下，卒以亡國。是其應也。

晉興後，衣服上儉下豐，著衣者皆厭褄蓋裙。君衰弱，臣放縱，下掩上之象也。陵遲至元康末，婦人出兩襠，加乎脛之上，此內出外也。爲車乘者，苟貴輕細，又數變易其形，皆以白篾爲純，古喪車之遺象。乘者，君子之器，蓋君子立心無恒，事不崇實也。干寶曰：「及晉之禍，天子失柄，權制寵臣，下掩上之應也。永嘉末，六宮才人，流徙戎、翟，內出外之應也。及天下亂擾，宰輔方伯，多負其任，又數改易，不崇實之應也。」

晉武帝泰始後，中國相尙用胡牀、貊盤，及爲羌煑、貊炙。貴人富室，必置其器，吉享嘉會，皆此爲先。太康中，天下又以氈爲絈頭及絡帶、衿口。百姓相戲曰，中國必爲胡所破也。氈産於胡，而天下以爲絈頭、帶身、衿口，胡旣三制之矣，能无敗乎。干寶曰：「元康中，氐、羌反，至于永嘉，劉淵、石勒遂有中都。自後四夷迭據華土，是其應也。」

晉武帝太康後，天下爲家者，移婦人於東方，空萊北庭，以爲園囿。干寶曰：「夫王朝南向，正陽也；后北宮，位太陰也；世子居東宮，位少陽也。今居內於東，是與外俱南面也。亢陽無陰，婦人失位而干少陽之象也。賈后讒戮愍懷，俄而禍敗亦及。」

昔初作屨者，婦人圓頭，男子方頭。圓者，順從之義，所以別男女也。晉太康初，婦人皆履方頭，此去其圓從，與男無別也。

太康之中，天下爲晉世寧之舞，手接杯槃反覆之，歌曰：「晉世寧，舞杯槃。」夫樂生人心，所以觀事。故記曰：「總干山立，武王之事也；發揚蹈厲，太公之志也；武亂皆坐，周、召之治也。」又曰：「其治民勞者，舞行綴遠；其治民逸者，舞行綴近。」今接杯槃於手上而反覆之，至危也。杯槃者，酒食之器也，而名曰晉世寧者，言晉世之士，偸苟於酒食之間，而其知不及遠，晉世之寧，猶杯槃之在手也。」

晉惠帝元康中，婦人之飾有五兵佩，又以金、銀、瑇瑁之屬爲斧、鉞、戈、戟，以當笄□。干寶曰：「男女之別，國之大節，故服物異等，贄幣不同。今婦人而以兵器爲飾，又妖之大也。遂有賈后之事，終以兵亡天下。」

元康中，婦人結髮者，既成，以繒急束其環，名曰擷子紒。始自中宮，天下化之。其後賈后果害太子。

元康中，天下始相倣爲鳩杖，以柱掖其後，稍施其鐏，住則植之。夫木，東方之行，金之臣也。杖者，扶體之器，鳩其頭者，尤便用也。必傍柱掖者，傍救之象也。王室多故，而元帝以蕃臣樹德東方，維持天下，柱掖之應也。至社稷無主，海內歸之，遂承天命，建都江外，獨立之應也。

元康末至太安間，江、淮之域，有敗編自聚于道，〔二〕多者或至四五十量。干寶嘗使人散而去之，或投林草，或投坑谷。明日視之，悉復如故。民或云見狸銜而聚之，亦未察也。寶說曰：「夫編者，人之賤服，最處于下，而當勞辱，下民之象也。敗者，疲斃之象也。道者，地理四方，所以交通王命所由往來也。故今敗編聚於道者，象下民罷病，將相聚爲亂，絕四方而壅王命之象也。在位者莫察。太安中，發壬午兵，百姓嗟怨。江夏男子張昌遂首亂荆楚，從之者如流。於是兵革歲起，天下因之，遂大破壞。此近服妖也。」

晉孝懷永嘉以來，士大夫竟服生箋單衣。遠識者怪之，竊指擿曰：「此則古者總衰之布，諸侯大夫所以服天子也。今無故畢服之，殆有應乎？」其後愍、懷晏駕，不獲厥所。

晉元帝太興以來，兵士以絳囊縛紒。紒在首，莫上焉。周易乾爲首，坤爲囊。坤，臣道也。晉金行，赤火色，金之賊也。以朱囊縛紒，臣道上侵之象也。到永昌元年，大將軍王敦舉兵內攻，六軍散潰。

舊爲羽扇，柄刻木，象其骨形，羽用十，取全數也。晉中興初，王敦南征，始改爲長柄下出，可捉，而減其羽用八。識者尤之曰：「夫羽扇，翼之名也。創爲長柄者，執其柄制羽翼也。以十改八者，〔三〕將以未備奪已備也。」是時爲衣者，又上短，帶至于掖；著帽者，以帶縛項。下逼上，上無地也。下袴者，直幅爲口無殺，下大失裁也。尋有兵亂，三年而再攻京師。

晉海西初嗣位，迎官忘設豹尾。識者以爲不終之象，近服妖也。

晉司馬道子於府北園內爲酒鑪列肆，使姬人酤鬻酒肴，如裨販者，數遊其中，身自買易，因醉寓寢，動連日夜。漢靈帝嘗若此。干寶以爲：「君將失位，降在皁隸之象也。」道子卒見廢徙，以庶人終。

桓玄篡立，殿上施絳綾帳，鏤黃金爲顏，四角金龍，銜五色羽葆流蘇。羣下竊相謂曰：「頗類轜車。」此服妖也。

晉末皆冠小冠，而衣裳博大，風流相倣，輿臺成俗。識者曰：「此禪代之象也。」永初以後，冠還大云。

宋文帝元嘉六年，民間婦人結髮者，三分髮，抽其鬟直向上，謂之「飛天紒」。始自東府，流被民庶。時司徒彭城王義康居東府，其後卒以陵上徙廢。

孝武帝世，豫州刺史劉德願善御車，世祖嘗使之御畫輪，幸太宰江夏王義恭第。德願挾牛杖催世祖云：「日暮宜歸！」又求益僦車。世祖甚歡。此事與漢靈帝西園蓄私錢同也。

孝武世，幸臣戴法興權亞人主，造圓頭履，世人莫不效之。其時圓進之俗大行，方格之風盡矣。

明帝初，司徒建安王休仁統軍赭圻，制烏紗帽，反抽帽裙，民間謂之「司徒狀」，京邑翕然相尚。休仁後果以疑逼致禍。

龜孽

晉惠帝永熙初，衞瓘家人炊飯，墮地，盡化爲螺，出足起行。螺，龜類，近龜孽也。干寶曰：「螺被甲，兵象也。於周易爲離，離爲戈兵。」明年，瓘誅。

雞禍

魏明帝景初二年，廷尉府中有雌雞變爲雄，不鳴不將。干寶曰：「是歲，晉宣帝平遼東，百姓始有與能之議，此其象也。」然晉三后並以人臣終，不鳴不將，又天意也。

晉惠帝元康六年，陳國有雞生雄雞無翅，既大，墜坑而死。王隱曰：「雄，胤嗣象，坑地

事爲母象，賈后誣殺愍懷，殆其應也。」

晉惠帝太安中，周玘家有雌雞逃承霤中，六七日而下，奮翼鳴將，獨毛羽不變。其後有陳敏之事。敏雖控制江表，終無綱紀文章，殆其象也。卒爲玘所滅。雞禍見玘家，又天意也。

晉元帝太興中，王敦鎮武昌，有雌雞化爲雄。天戒若曰：「雌化爲雄，臣陵其上。」其後王敦再攻京師。

晉孝武太元十三年四月，廣陵高平閭嵩家雄雞，生無右翅；彭城到象之家雞，無右足。京房易傳曰：「君用婦人言，則雞生妖。」

晉安帝隆安元年八月，琅邪王道子家青雌雞化爲赤雄，不鳴不將。後有桓玄之事，具如其象。

隆安四年，荆州有雞生角，角尋墮落。是時桓玄始擅西夏，狂慢不肅，故有雞禍。角，兵象；尋墮落者，暫起不終之妖也。

晉安帝元興二年，衡陽有雌雞化爲雄，八十日而冠萎。衡陽，桓玄楚國封略也。後篡位八十日而敗，徐廣以爲玄之象也。

宋文帝元嘉十二年，華林園雌雞漸化爲雄。後孝武即位，皇太后令行于外，亦猶漢宣

帝時，雌雞爲雄，至哀帝時，元后與政也。

明帝泰始中，吳興東遷沈法符家雞有四距。

青眚青祥

晉武帝咸寧元年八月丁酉，大風折太社樹，有青氣出焉。此青祥也。占曰：「東莞當有帝者。」明年，元帝生。是時帝大父武王封東莞，由是徙封琅邪。孫盛以爲中興之表。晉室之亂，武帝子孫無孑遺，社樹折之應，又恒風之罰也。

晉惠帝元康中，洛陽南山有虻作聲曰：「韓屍屍。」識者曰：「韓氏將死也。言屍屍者，盡死意也。」其後韓謐誅而韓族殲焉。此青祥也。

金沴木

魏文帝黃初七年正月，幸許昌。許昌城南門無故自崩，帝心惡之，遂不入，還洛陽。此金沴木，木動也。五月，宮車晏駕。京房易傳曰：「上下咸悖，厥妖城門壞。」

晉元帝太興二年六月，吳郡米廩無故自壞。是歲大饑，死者數千。

晉明帝太寧元年，周筵自歸王敦，〔四〕既立宅宇，而所起五間六架，〔五〕一時躍出墮地，

餘桁猶亘柱頭。此金沴木也。明年五月，錢鳳謀亂，遂族滅筵，而湖熟尋亦爲墟矣。

晉安帝元興元年正月丙子，司馬元顯將西討桓玄，建牙揚州南門，其東者難立，良久乃正。近沴妖也。尋爲桓玄所禽。

元興三年五月，樂賢堂壞。天意若曰，安帝嚚眊，不及有樂賢之心，故此堂見沴也。

晉安帝義熙九年五月乙酉，國子聖堂壞。

宋文帝元嘉十七年，劉斌爲吳郡，郡堂屋西頭鴟尾無故落地，治之未畢，東頭鴟尾復落。頃之，斌誅。

校勘記

〔一〕凶喪之象　「象」各本並作「爲」，據晉書五行志改。

〔二〕有敗編自聚于道　「編」百衲本、北監本、毛本、局本作「編」。殿本作「䩬」。晉書五行志作「屩」。下並同。按廣韻：「屩，草履也」。疑此編、䩬皆指草履言之。

〔三〕以十改八者　各本並作「以八改十者」，據晉書五行志訂正。按上文云「羽用十」，又云「減其羽用八」，則此當作「以十改八」爲是。

〔四〕周筵自歸王敦　「周筵」各本並作「周延」，據晉書五行志改。下「延」字，亦並改作「筵」。晉書周處傳有筵附傳，筵，處之孫。

〔五〕而所起五間六架　「架」晉書周處傳孫筵附傳作「梁」。

宋書卷三十一

志第二十一

五行二

五行傳曰：「好戰攻，輕百姓，飾城郭，侵邊境，則金不從革。謂金失其性而爲災也。」又曰：「言之不從，是謂不乂。厥咎僭，厥罰恒暘，厥極憂。時則有詩妖，時則有介蟲之孽，時則有犬禍，時則有口舌之痾，時則有白眚、白祥。惟木沴金。」介蟲，劉歆傳以爲毛蟲。

金不從革

魏世張掖石瑞，雖是晉氏之符命，而於魏爲妖。好攻戰，輕百姓，飾城郭，侵邊境，魏氏三祖皆有其事。劉歆以爲金石同類，石圖發非常之文，此不從革之異也。晉定大業，多敝曹氏，石瑞文「大討曹」之應也。

魏明帝青龍中，盛修宮室，西取長安金狄，承露槃折，聲聞數十里，金狄泣，於是因留霸城。此金失其性而爲異也。

吳時，歷陽縣有巖穿似印，咸云「石印封發，天下太平」。孫晧天璽元年印發。又陽羨山有石穴，長十餘丈。晧初修武昌宮，有遷都之意。是時武昌爲離宮。班固云：「離宮與城郭同占。」飾城郭之謂也。寶鼎三年，晧出東關，遣丁奉至合肥；建衡三年，晧又大舉出華里。侵邊境之謂也。故令金失其性，卒面縛而吳亡。

晉惠帝永興元年，成都伐長沙，每夜戈戟鋒有火光如縣燭。此輕民命，好攻戰，金失其性而爲變也。天戒若曰，兵猶火也，不戢將自焚。成都不悟，終以敗亡。

晉懷帝永嘉元年，項縣有魏豫州刺史賈逵石碑，生金可采。此金不從革而爲變也。五月，汲桑作亂，羣寇飇起。

晉清河王覃爲世子時，所佩金鈴忽生起如粟者。康王母疑不祥，毀棄之。及後爲惠帝太子，不終于位，卒爲司馬越所殺。

晉元帝永昌元年，甘卓將襲王敦，既而中止。及還家，多變怪，照鏡不見其頭。此金失其性而爲妖也。尋爲敦所襲，遂夷滅。

石虎時，鄴城鳳陽門上金鳳皇二頭，飛入漳河。

晉海西太和中，會稽山陰縣起倉，鑿地得兩大船，滿中錢，錢皆輪文大形。時日向莫，鑿者馳以告官。官夜遣防守甚嚴。至明旦，失錢所在，唯有船存，視其狀，悉有錢處。

晉安帝義熙初，東陽太守殷仲文照鏡不見其頭，尋亦誅翦，占與甘同。

宋後廢帝元徽四年，義熙、晉陵二郡，並有霹靂車墜地，如青石，草木燋死。

言之不從

魏齊王嘉平初，東郡有譌言云，白馬河出妖馬，夜過官牧邊鳴呼，衆馬皆應。明日見其迹，大如斛，行數里，還入河。楚王彪本封白馬，兗州刺史令狐愚以彪有智勇，及聞此言，遂與王淩謀共立之。遣人謂曰：「天下事未可知，願王自愛。」彪答曰：「知厚意。」事泄，淩、愚被誅，〔一〕彪賜死。此言不從之罰也。詩云：「民之譌言，寧莫之懲。」

劉禪嗣位，譙周引晉穆侯、漢靈帝命子事譏之曰：「先主諱備，其訓具也。後主諱禪，其訓授也。若言劉已具矣，當授與人，甚於穆侯、靈帝之祥也。」蜀果亡，此言之不從也。

劉備卒，劉禪即位，未葬，亦未踰月，而改元爲建興。此言之不從也。習鑿齒曰：「禮，國君即位踰年而後改元者，緣臣子之心，不忍一年而有二君也。今可謂亟而不知禮矣。君子是以知蜀之不能東遷也。」後又降晉。吳孫亮、晉惠帝、宋元凶亦然。亮不終其位，惠帝

號令非己，元凶尋誅。言不從也。

魏太和中，姜維歸蜀，失其母。魏人使其母手書呼維令反，并送當歸以譬之。維報書曰：「良田百頃，不計一畝。但見遠志，無有當歸。」維卒不免。

魏明帝景初元年，有司奏帝爲烈祖，與太祖、高祖並爲不毀之廟。從之。按宗廟之制，祖宗之號，皆身沒名成，乃正其禮。故雖功赫天壤，德邁前王，未有豫定之典。此蓋言之不從，失之甚者也。後二年而宮車晏駕，於是統微政逸。

吳孫休世，烏程民有得困疾，及差，能以響言者，言於此而聞於彼。自其所聽之，不覺其聲之大也；自遠聽之，如人對言，不覺聲之自遠來也。聲之所往，隨其所向，遠者不過十數里。其鄰人有責息於外，歷年不還。乃假之使爲責讓，懼以禍福，負物者以爲鬼神，即傾倒畀之。其人亦不自知所以然也。言不從之咎也。

魏世起安世殿，晉武帝後居之。安世，武帝字也。

晉武帝每延羣臣，多說平生常事，未嘗及經國遠圖。此言之不從也。何曾謂子遵曰：「國家無貽厥之謀，及身而已，後嗣其殆乎，此子孫之憂也。」自永熙後，王室漸亂。永嘉中，天下大壞。及何綏以非辜被誅，皆如曾言。

趙王倫廢惠帝於金墉城，改號金墉爲永安宮。帝尋復位而倫誅。

晉惠帝永興元年，詔廢太子覃還爲清河王，立成都王穎爲皇太弟，猶加侍中、大都督，領丞相，備九錫，封二十郡，如魏王故事。案周禮，傳國以胤不以勳，故雖公旦之聖，不易成王之嗣。所以遠絕覬覦，永壹宗祧。後代遵履，改之則亂。今擬非其實，僭差已甚。且既爲國副，則不應復開封土，兼領庶職。此言之不從，進退乖爽。故帝既播越，穎亦不終，是其咎也。後猶不悟，又立懷帝爲皇太弟。懷終流弑，不永厥祚，又其應也。語曰：「變古易常，不亂則亡。」此之謂乎。

晉惠帝太安中，周玘於陽羨起宅，始成，而邊戶有聲如人嘆咤者。玘亡後，家誅滅。此近言不從也。

晉元帝太興四年，吳郡民訛言有大蟲在紵中及樗樹上，噏人即死。晉陵民又言曰，見一老女子居市，被髮從肆人乞飲，自言：「天帝令我從水門出，而我誤由蟲門。若還，天帝必殺我。如何？」於是百姓共相恐動，云死者已十數也。西及京都，諸家有樗紵者，伐去之。無幾自止。

晉元帝永昌元年，寧州刺史王遜遣子澄入質，將渝、濮雜夷數百人。京邑民忽訛言寧州人大食人家小兒，親有見其蒸煮滿釜甑中者。又云失兒皆有主名，婦人尋道，拊心而哭。於是百姓各禁錄小兒，不得出門。尋又言已得食人之主，官當大航頭大杖考竟。而日有四

五百人晨聚航頭，以待觀行刑。朝廷之士相問者，皆曰信然，或言郡縣文書已上。王澄大懼，檢測之，事了無形，民家亦未嘗有失小兒者，然後知其訛言也。此二事，干寶云「未之能論」。

永昌二年，大將軍王敦下據姑孰。百姓訛言行蟲病，食人大孔，數日入腹，入腹則死。治之有方，當得白犬膽以爲藥。自淮、泗遂及京都，數日之間，百姓驚擾，人人皆自云已得蟲病。又云，始在外時，當燒鐵以灼之。於是翕然被燒灼者十七八矣。而白犬暴貴，至相請奪，其價十倍。或有自云能行燒鐵者，賃灼百姓，日得五六萬，憊而後已。四五日漸靜。說曰，夫裸蟲人類，而人爲之主，今云蟲食人，言本同臭類而相殘賊也。自下而上，斯其逆也。必入腹者，言害由中不由外也。犬有守禦之性，白者金色，而膽用武之主也。帝王之運，五霸會於戌，戌主用兵。金者晉行，火燒鐵以治疾者，言必去其類而來，火與金合德，共治蟲害也。案中興之際，大將軍本以腹心受伊、呂之任，而元帝末年，遂攻京邑，明帝諒闇，又有異謀。是以下逆上，腹心內爛也。及錢鳳、沈充等逆兵四合，而爲王師所挫，踰月而不能濟。北中郎將劉遐及淮陵內史蘇峻率淮、泗之衆以救朝廷，故其謠言首作於淮、泗也。朝廷卒以弱制强，罪人授首，是用白犬膽可救之效也。

晉海西時，庾晞四五年中，喜爲挽歌，自搖大鈴爲唱，使左右齊和。又燕會，輒令倡妓作新安人歌儛離別之辭，其聲悲切。時人怪之，後亦果敗。〔二〕

晉海西公太和以來，大家婦女，緩鬢傾髻，以爲盛飾。用髲既多，不恒戴。乃先作假髻，施於木上，呼曰「假頭」。人欲借，名曰「借頭」。遂布天下。自此以來，人士多離事故，或亡失頭首，或以草木爲之。假頭之言，此其先兆也。

晉孝武太元中，立內殿名曰清暑，少時而崩。時人曰，「清暑」者，反言楚聲也。果有哀楚之聲。有人曰：「非此之謂，豈可極言乎。讖云，代晉者楚，其在茲乎？」及桓玄篡逆，自號曰楚。

太元中，小兒以兩鐵相打於土中，名曰「鬬族」。後王國寶、王孝伯一姓之中，自相攻擊也。

桓玄出鎮南州，立齋名曰蟠龍。後劉毅居此齋。蟠龍，毅小字也。

桓玄初改年爲大亨，遐邇讙言曰：「二月了。」故義謀以仲春發也。玄篡立，又改年爲建始，以與趙王倫同，又易爲永始。永始，復是王莽受封之年也。始徙司馬道子于安成，晉主遜位，出永安宮，封晉主爲平固王，琅邪王德文爲石陽公，並使住尋陽城。識者皆以爲言不從之妖也。厥咎僭。

晉興，何曾薄太官御膳，自取私食，子劭又過之，而王愷又過劭。王愷、羊琇之疇，盛致

聲色，窮珍極麗。至元康中，夸恣成俗，轉相高尚，石崇之侈，遂兼王、何而儷人主矣。崇既誅死，天下尋亦淪喪。僭踰之咎也。

恒暘

魏明帝太和二年五月，大旱。元年以來，崇廣宮府之應也。又是春，晉宣帝南禽孟達，置二郡，張郃西破諸葛亮，斃馬謖。亢陽自大，又其應也。京房易傳曰：「欲德不用，茲謂張。厥災荒。其旱陰雲不雨，變而赤煙四際。衆出過時，茲謂廣。其旱不生。上下皆蔽，茲謂隔。其旱天赤三月，時有雹殺飛禽。上緣求妃，茲謂僭。其旱三月大溫亡雲。君高臺府，茲謂犯。陰侵陽。其旱萬物根死，數有火災。庶位踰節，茲謂僭。其旱澤物枯，爲火所傷。」

太和五年三月，自去冬十月至此月不雨，辛巳，大雩。是春，諸葛亮寇天水，晉宣王距卻之，亢陽動衆。又是時三隅分據，衆出多過時也。春秋說曰：「傷二穀，謂之不雨。」

魏齊王正始元年二月，自去冬十二月至此月不雨。去歲正月，明帝崩。二月，曹爽白嗣主，轉晉宣王爲太傅，外示尊崇，內實欲令事先由己。是時宣王功蓋魏朝，欲德不用之應也。

魏高貴鄉公甘露三年正月，自去秋至此月旱。時晉文王圍諸葛誕，衆出過時之應也。初，壽春秋夏常雨潦，常淹城，而此旱踰年，城陷乃大雨。咸以爲天亡。

吳孫亮五鳳二年，大旱，民饑。是歲閏月，魏將文欽以淮南衆數萬口來奔，孫峻又破魏將曹珍于高亭。三月，朱異襲安豐，不克。七月，城廣陵、東海二郡。十二月，以馮朝爲監軍使者，督徐州諸軍，軍士怨叛。此亢陽自大，勞民失衆之罰也。其役彌歲，故旱亦竟年。

吳孫晧寶鼎元年春夏旱。是時晧遷都武昌，勞民動衆之應也。

晉武帝泰始七年五月閏月，旱，大雩。是春，孫晧出華里，大司馬望帥衆次于淮北。四月，北地胡寇金城西平，涼州刺史牽弘出戰，敗沒。

泰始八年五月，旱。是時帝納荀勗邪說，留賈充不復西鎮，而任愷稍疏，上下皆蔽之應也。又李憙、魯芝、李胤等並在散職，近欲德不用之謂也。

泰始九年，自正月旱，至于六月，祈宗廟社稷山川，癸未雨。去年九月，吳西陵督步闡據城來降，遣羊祜統楊肇等衆八萬救迎闡。十二月，陸抗大破肇軍，攻闡滅之。

泰始十年四月，旱。去年秋冬，采擇卿校諸葛沖等女，是春五十餘人入殿簡選。又取小將吏女數十人，母子號哭於宮中，聲聞于外，行人悲酸。是殆積陰生陽之應也。

晉武帝咸寧二年五月，旱，大雩，及社稷山川。至六月，乃澍雨。

晉武帝太康二年，自去冬旱，至此春平吳，亢陽動衆自大之應也。

太康三年四月，旱。乙酉，詔司空齊王攸與尚書、廷尉、河南尹錄訊繫囚，事從蠲宥。

太康五年六月，旱。此年正月，天陰，解而復合。劉毅上疏曰：「必有阿黨之臣，姦以事君者，當誅而不赦也。」帝不答。是時荀勗、馮紞僭作威福，亂朝尤甚。

太康六年三月，青、涼、幽、冀郡國旱。

太康六年六月，濟陰、武陵旱，傷麥。

太康七年夏，郡國十三旱。

太康八年四月，冀州旱。

太康九年夏，郡國三十三旱。

太康九年六月，扶風、始平、京兆、安定旱，傷麥。

太康十年二月，旱。

晉武帝太熙元年二月，旱。自太康以後，雖正人滿朝，不被親仗，而賈充、荀勗、楊駿、馮紞等，迭居要重。所以無年不旱者，欲德不用，上下皆蔽，庶位踰節之罰也。

晉惠帝元康元年七月，雍州大旱，殞霜疾疫。關中飢，米斛萬錢。

元康七年七月，秦雍二州大旱。故其年氐羌反叛，雍州刺史解系敗績。是年正月，周處、盧播等復敗，關西震亂。交兵彌歲，至是飢疫荐臻，戎、晉並困，朝廷不能振，詔聽相賣鬻。

元康七年九月，郡國五旱。

晉惠帝永寧元年，自夏及秋，青、徐、幽、并四州旱。是年春，三王討趙王倫，六旬之中，大小數十戰，死者十餘萬人。十二月，郡國十二又旱。

晉懷帝永嘉三年五月，大旱。襄平縣梁水淡淵竭，河、洛、江、漢皆可涉。是年三月，司馬越歸京都，遣兵入宮，收中書令繆播等九人殺之。此僭踰之罰也。又四方諸侯，多懷無君之心，劉淵、石勒、王彌、李雄之徒，賊害民命，流血成泥，又其應也。

永嘉五年，自去冬旱至此春。去歲十二月，司馬越棄京都，以大衆南出，多將王公朝士，及以行臺自隨，斥黜禁衞，代以國人。宮省蕭然，無復君臣之節矣。

晉陽秋云：「愍帝在西京，旱傷荐臻。」無注記年月也。

晉愍帝建武元年六月，揚州旱。去年十二月，淳于伯寃死，其年即旱，而太興元年六月又旱。干寶曰「殺伯之後旱三年」是也。案前漢殺孝婦則旱，後漢有囚亦旱，見謝見理，並獲雨澍，此其類也。班固曰：「刑罰妄加，羣陰不附，則陽氣勝，故其罰恒暘。」建武元年四月，麴允等悉衆禦寇。五月，祖逖攻譙。其冬，周訪討杜曾。又衆出之應也。

晉元帝太興四年五月，旱。是時王敦强僭之釁漸著。又去歲蔡豹、祖逖等，並有征役。

晉元帝永昌元年，大旱。是年三月，王敦有石頭之變，二宮陵辱，大臣誅死。僭踰無上，故旱尤甚也。

永昌元年閏十一月，京都大旱，川谷並竭。

晉明帝太寧三年，自春不雨，至于六月。去年秋，滅王敦，亢陽動衆自大之應也。

晉成帝咸和元年秋，旱。是時庾太后臨朝稱制，羣臣奏事稱「皇太后陛下」。此婦人專王事，言不從而僭踰之罰也。與漢鄧太后同事。

咸和二年夏，旱。

咸和五年五月，旱。去年殄蘇峻之黨，此春又討郭默滅之。亢陽動衆之應也。

咸和六年四月，旱。去年八月，石勒遣郭敬寇襄陽，南中郎將周撫奔武昌。十月，李雄使李壽寇建平，建平太守楊謙奔宜都。此正月，劉徵略婁縣，於是起衆警備。

咸和八年七月，旱。

咸和九年，自四月不雨，至于八月。

晉成帝咸康元年六月，旱。是時成帝沖弱，不親萬機，內外之政，委之將相。此僭踰之罰，故連歲旱也。至四年，王導固讓太傅，復子明辟，是後不旱，殆其應也。時天下普旱，會稽餘姚特甚，米斗直五百，民有相鬻。

咸康二年三月，旱。

咸康三年六月，旱。

晉康帝建元元年五月，旱。是時宰相專政，方伯擅重兵，又與咸康初同事也。

晉穆帝永和元年五月，旱。有司奏依董仲舒術，徙市開水門，遣謁者祭太社。是時帝在繈抱，褚太后臨朝如明穆太后故事。

永和五年七月，不雨，至于十月。是年二月，征北將軍褚裒遣軍伐沛，納其民以歸。六月，又遣西中郎將陳逵進據壽陽，自以舟師二萬至于下邳，喪其前驅而還，逵亦退。

永和六年閏月，旱。是春，桓溫以大衆出夏口，上疏欲以舟軍北伐，朝廷駭之。蕭敬文丛涪，西蠻校尉采壽敗績。

晉穆帝升平三年十二月，大旱。此冬十月，北中郎將郗曇帥萬餘人出高平，經略河、兗；又遣將軍諸葛悠以舟軍入河，敗績。西中郎將謝萬次下蔡，衆潰而歸。

升平四年十二月，大旱。

晉哀帝隆和元年夏，旱。是時桓溫强恣，權制朝廷，僭踰之罰也。又去年慕容恪圍冀州刺史呂護，桓溫出次宛陵，范汪、袁眞並北伐，衆出過時也。

晉海西太和四年十二月，涼州春旱至夏。

晉簡文帝咸安二年十月，大旱民飢。是時嗣主幼沖，桓溫陵僭。

晉孝武帝寧康元年二月，旱。是時桓溫入覲高平陵，闔朝致拜，踰僭之應也。

寧康三年冬，旱。先是，氐賊破梁、益州，刺史楊亮、周仲孫奔退。明年，威遠將軍桓石虔擊姚萇墊江，破之，退至五城。益州刺史竺瑤帥衆戍巴東。

晉孝武帝太元四年六月，大旱。去歲，氐賊圍南中郎將朱序於襄陽，又圍揚威將軍戴逯於彭城。桓嗣以江州之衆次都援序，北府發三州民配何謙救逯。是春，襄陽、順陽、魏興城皆沒。賊遂略淮南，向廣陵。征虜將軍謝石率水軍次涂中。兗州刺史謝玄督諸將破之。

太元八年六月，旱。夏初，桓沖征襄陽，遣冠軍將軍桓石虔進據樊城。朝廷又遣宣城內史胡彬次峽石爲沖聲勢也。

太元十年七月，旱饑。初八年，破苻堅；九年，諸將略地，有事徐、豫；楊亮、趙統攻討巴、沔。是年正月，謝安又出鎭廣陵，使子琰進次彭城。

太元十三年六月，旱。去歲，北府遣戍胡陸，荆州經略河南。是年，郭銓置戍野王，又遣軍破黃淮。

太元十五年七月，旱。是春，丁零略兗、豫，鮮卑寇河上。朱序、桓不才等北至太行，東至滑臺，踰時攻討，又戍石門。

太元十七年秋，旱，至冬。是時茹千秋爲驃騎諮議，竊弄主相威福，又丘尼乳母親黨及婢僕之子，階緣近習，臨民領衆。又在所多上春竟囚，不以其辜，建康獄吏枉暴尤甚。此僭踰不從，冤濫之罰也。

晉安帝隆安四年五月，旱。去冬桓玄迫殺殷仲堪，而朝廷卽授以荆州之任；司馬元顯又諷百僚悉使敬己。此皆陵僭之罰也。

隆安五年夏秋，大旱，十二月不雨。去年夏，孫恩入會稽，殺內史謝琰；此年夏，略吳，又殺內史袁山松。軍旅東討，衆出過時。

晉安帝元興元年七月，大饑，九月十月不雨。是年正月，司馬元顯以大衆将討桓玄，既而玄至，殺元顯。五月，又遣東征孫恩餘黨，十月，北討劉軌。

元興二年六月，不雨，冬，又旱。是時桓玄奢僭，十二月，遂篡位。

元興三年八月，不雨。是時王旅四伐，西夏未平。

晉安帝義熙六年九月，不雨。是時王師北討廣固，䆉理三州。

義熙八年十月，不雨。是秋，王師西討劉毅；分遣伐蜀。

義熙十年九月，旱，十二月，又旱。井瀆多竭。

宋文帝元嘉二年夏，旱。

元嘉四年秋，京都旱。

元嘉八年五月，揚州諸郡旱。

元嘉十九年、二十年，南兗、豫州旱。

元嘉二十七年八月，不雨，至二十八年三月。時索虜南寇。

孝武帝大明七年、八年，東諸郡大旱，民飢死者十六七。先是江左以來，制度多闕，孝武帝立明堂，造五輅。是時大發徒衆，南巡校獵，盛自矜大，故致旱災。

後廢帝元徽元年八月，京都旱。

詩妖

魏明帝太和中，京師歌兜鈴曹子，其唱曰：「其奈汝曹何。」此詩妖也。其後曹爽見誅，曹氏遂廢。

魏明帝景初中，童謠曰：「阿公阿公駕馬車，不意阿公東渡河。阿公東還當奈何！」及宣王平遼東，歸至白屋，當還鎭長安。會帝疾篤，急召之。乃乘追鋒車東渡河，終翦魏室，如童謠之言也。

魏齊王嘉平中，有謠曰：「白馬素羈西南馳，其誰乘者朱虎騎。」朱虎者，楚王彪小字也。王淩、令狐愚聞此謠，謀立彪。事發，淩等伏誅，彪賜死。

吳孫亮初，童謠曰：「吁汝恪，何若若，蘆葦單衣篾鉤絡，於何相求成子閣。」成子閣者，反語石子堈也。鉤落，鉤帶也。及諸葛恪死，果以葦席裹身，篾束其要，投之石子堈。後聽恪故吏收斂，求之此堈云。

孫亮初，公安有白鼉鳴。童謠曰：「白鼉鳴，龜背平，南郡城中可長生，守死不去義無成。」南郡城可長生者，有急，易以逃也。明年，諸葛恪敗，弟融鎮公安，亦見襲。融刮金印龜，服之而死。鼉有鱗介，甲兵之象。又白兵祥也。

孫休永安二年，將守質子羣聚嬉戲，有異小子忽來，言曰：「三公鋤，司馬如。」又曰：「我非人，熒惑星也。」言畢上升，仰視若曳一匹練，有頃沒。干寶曰，後四年而蜀亡，六年而魏廢，二十一年而吳平，於是九服歸晉。魏與吳、蜀，並爲戰國，「三公鋤，司馬如」之謂也。

孫晧初，童謠曰：「寧飲建業水，不食武昌魚，寧還建業死，不止武昌居。」晧尋還都武昌，民泝流供給，咸怨毒焉。

孫晧遣使者祭石印山下妖祠。使者因以丹書巖曰：「楚九州渚，吳九州都。揚州士，作天子。四世治，太平矣。」[三]晧聞之，意益張，曰：「從大皇帝至朕四世，太平之主，非朕復

誰？」恣虐踰甚，尋以降亡。近詩妖也。

孫晧天紀中，童謠曰：「阿童復阿童，銜刀游渡江。不畏岸上虎，但畏水中龍。」晉武帝聞之，加王濬龍驤將軍。及征吳，江西衆軍無過者，而王濬先定秣陵。

晉武帝太康後，江南童謠曰：「局縮肉，數橫目，中國當敗吳當復。」又曰：「宮門柱，且莫朽，吳當復，在三十年後。」又曰：「雞鳴不拊翼，吳復不用力。」于時吳人皆謂在孫氏子孫，故竊發亂者相繼。按橫目者「四」字，自吳亡至晉元帝興，幾四十年，皆如童謠之言。元帝懦而少斷，局縮肉，直斥之也。干寶云「不知所斥」，諱之也。

太康末，京、洛始爲「折楊柳」之歌，其曲始有兵革苦辛之詞，終以禽獲斬截之事。是時三楊貴盛而族滅，太后廢黜而幽死。

晉惠帝永熙中，河內溫縣有人如狂，造書曰：「光光文長，大戟爲牆。毒藥雖行，戟還自傷。」又曰：「兩火沒地，哀哉秋蘭。歸形街郵，路人爲歎。」及楊駿居內府，以戟爲衞，死時，又爲戟所害。楊太后被廢，賈后絕其膳，八日而崩，葬街郵亭北，百姓哀之。兩火，武帝諱；蘭，楊后字也。

永熙中，童謠曰：「二月末，三月初，荊筆楊版行詔書，宮中大馬幾作驢。」楊駿初專權，楚王瑋用事，故言「荊筆楊版」也。二人不誅，則君臣禮悖，故云「幾作驢」。

晉惠帝元康中，京、洛童謠曰：「南風起，吹白沙，遙望魯國何嵯峨，千歲髑髏生齒牙。」又曰：「城東馬子莫嚨哅，比至三月纏汝鬉。」南風，賈后字也。白，晉行也。沙門，太子小名也。魯，賈謐國也。言賈后將與謐爲亂，以危太子；而趙王因釁咀嚼豪賢，以成篡奪也。是時愍懷頗失衆望，卒以廢黜，不得其死。

元康中，天下商農通著大鄣日，童謠曰：「屠蘇鄣日覆兩耳，當見瞎兒作天子。」及趙王篡位，其目實眇焉。趙王倫既篡，洛中童謠曰：「虎從北來鼻頭汗，龍從南來登城看，水從西來何灌灌。」數月而齊王、成都、河閒義兵同會誅倫。按成都西蕃而在鄴，故曰「虎從北來」；齊東蕃而在許，故曰「龍從南來」；河閒水區而在關中，故曰「水從西來」。齊留輔政，居宮西，有無君之心，故言「登城看」也。

晉惠帝太安中，童謠曰：「五馬游度江，一馬化爲龍。」後中原大亂，宗蕃多絕，唯琅邪、汝南、西陽、南頓、彭城同至江表，而元帝嗣晉矣。

司馬越還洛，有童謠曰：「洛中大鼠長尺二，若不蚤去大狗至。」及苟晞將破汲桑，[四]又謠曰：「元超兄弟大落度，上桑打椹爲苟作。」由是越惡晞，奪其兗州，隙難遂構。

晉愍帝建興中，江南歌謠曰：「訇如白阬破，合集持作甒。揚州破換敗，吳興覆瓿甊。」按白者晉行，阬器有口，屬甕，瓦質剛，亦金之類也。「訇如白阬破」者，言二都傾覆，王室大

壞也。「合集持作甒」者，言元皇帝鳩集遺餘，以主社稷，未能克復中原，偏王江南，故其喻小也。及石頭之事，六軍大潰，兵人抄掠京邑，爰及二宮。其後三年，錢鳳復攻京邑，阻水而守，相持月餘日，焚燒城邑，井堙木刊矣。鳳等敗退，沈充將其黨還吳興，官軍踵之，蹈藉郡縣。充父子授首，黨與誅者以百數。所謂「揚州破換敗，吳興覆瓿甊」。瓿甊，瓦器，又小於甒也。

晉明帝太寧初，童謠歌曰：「惻力惻力，放馬山側。[五]大馬死，小馬餓，高山崩，石自破。」及明帝崩，成帝幼，爲蘇峻所逼，遷于石頭，御膳不足。「高山崩」，言峻尋死；「石」，峻弟蘇石也，峻死後，石據石頭，尋爲諸公所破也。

晉成帝之末，民間謠曰：「礚礚何隆隆，駕車入梓宮。」少日而宮車晏駕。

晉成帝咸康二年十二月，河北謠語曰：「麥入土，殺石虎。」後如謠言。

庾亮初出鎮武昌，出石頭，百姓於岸上歌曰：「庾公上武昌，翩翩如飛鳥。庾公還揚州，白馬牽旒旐。」又曰：「庾公初上時，翩翩如飛鳥。庾公還揚州，白馬牽流蘇。」後連徵不入，及薨，還都葬。

庾羲在吳郡，[六]吳中童謠曰：「寧食下湖荇，不食上湖蓴。庾吳沒命喪，復殺王領軍。」無幾而庾羲、王洽相繼亡。

晉穆帝升平中，童子輩忽歌於道曰「阿子聞」，曲終輒云「阿子汝聞不」。無幾而穆帝崩，太后哭曰：「阿子汝聞不？」

升平末，民間忽作廉歌。有扈謙者聞之，曰：「廉者臨也。歌云『白門廉，宮廷廉』，內外悉臨，國家其大諱乎？」少時而穆帝晏駕。

晉哀帝隆和初，童兒歌曰：「升平不滿斗，隆和那得久！桓公入石頭，陛下徒跣走。」帝聞而惡之，復改年曰興寧。民復歌曰：「雖復改興寧，亦復無聊生。」哀帝尋崩，升平五年，穆帝崩。不滿斗，不至十年也。

晉海西公太和中，民歌曰：「青青御路楊，白馬紫游韁。汝非皇太子，那得甘露漿。」白者金行，馬者國族，紫爲奪正之色，明以紫間朱也。海西公尋廢，三子非海西子，並死，縊以馬韁死之。明日，南方獻甘露。

太和末，童謠云：「犁牛耕御路，白門種小麥。」及海西被廢，處吳，民犁耕其門前，以種小麥，如謠言。

晉海西公生皇子，百姓歌云：「鳳皇生一雛，天下莫不喜。本言是馬駒，今定成龍子。」其歌甚美，其旨甚微。海西公不男，使左右向龍與內侍接，生子以爲己子。

桓石民爲荆州，鎭上明，民忽歌曰「黃曇子」。曲終又曰：「黃曇英，揚州大佛來上明。」頊

之而石民死，王忱爲荆州。「黃曇子」乃是王忱之字也。忱小字佛大，是「大佛來上明」也。

太元末，京口謠曰：「黃雌雞，莫作雄父啼。一旦去毛衣，衣被拉颯栖。」尋王恭起兵誅王國寶，旋爲劉牢之所敗也。

司馬道子於東府造土山，名曰靈秀山。無幾而孫恩作亂，再踐會稽。會稽，道子所封。靈秀，恩之字也。

庾楷鎭歷陽，民歌曰：「重羅犁，重羅犁，使君南上無還時。」後楷南奔桓玄，爲玄所誅。

殷仲堪在荆州，童謠曰：「芒籠目，繩縛腹。殷當敗，桓當復。」無幾而仲堪敗，桓玄有荆州。

王恭鎭京口，舉兵誅王國寶，百姓謠云：「昔年食白飯，今年食麥麩。天公誅譴汝，敎汝捻嚨喉。嚨喉喝復喝，京口敗復敗。」「昔年食白飯」，言得志也。「今年食麥麩」，麩，粗穢，其精已去，明將敗也，天公將加譴謫而誅之也。「捻嚨喉」，氣不通，死之祥也。「敗復敗」，丁寧之辭也。恭尋死，京都大行咳疾，而喉並喝焉。

王恭在京口，民間忽云：「黃頭小人欲作亂，賴得金刀作蕃扞。」「黃」字上，「恭」字頭也。「小人」，「恭」字下也。尋如謠者言焉。

晉安帝隆安中，民忽作懊惱歌，其曲中有「草生可攣結，女兒可攣抱」之言。桓玄既篡居天位，義旗以三月二日掃定京都，玄之宮女及逆黨之家子女伎妾，悉爲軍賞。東及甌、越，北流淮、泗，皆人有所獲焉。時則草可結，事則女可抱，信矣。

桓玄既篡，童謠曰：「草生及馬腹，烏啄桓玄目。」及玄敗走至江陵，五月中誅，如其期焉。

桓玄時，民謠語云：「征鐘落地桓迸走。」征鐘，至穢之服，桓，四體之下稱。玄自下居上，猶征鐘之厠歌謠，下體之詠民口也。而云「落地」，墜地之祥，迸走之言，其驗明矣。

司馬元顯時，民謠詩云：「當有十一口，當爲兵所傷。木亘當北度，走入浩浩鄉。」又云：「金刀既以刻，娓娓金城中。」此詩云襄陽道人竺曇林所作，多所道，行於世。孟顗釋之曰，「十一口」者，玄字象也。「木亘」，桓也。桓氏當悉走入關、洛，故云「浩浩鄉」也。「金刀」，劉也。倡義諸公，皆多姓劉。「娓娓」，美盛貌也。

桓玄得志，童謠曰：「長干巷，巷長干。今年殺郎君，明年斬諸桓。」及玄走而諸桓悉誅焉。郎君，司馬元顯也。

晉安帝義熙初，童謠曰：「官家養蘆化成荻，蘆生不止自成積。」其時官養盧龍，寵以金紫，奉以名州，養之已極，而不能懷我好音，舉兵內伐，遂成讎敵也。「蘆生不止自成積」，及盧龍作亂，時人追思童謠，惡其有成積之言。識者曰：「芟夷蘊崇之，又行火焉，是草之窮

也。伐斫以成積，又以爲薪，亦蘆荻之終也。其盛既極，亦將芟夷而爲積焉。」龍既窮其兵勢，盛其舟艦，卒以滅亡，僵屍如積焉。

盧龍據有廣州，民間謠云：「蘆生漫漫竟天半。」後擁有上流數州之地，內逼京輦，應「天半」之言。

義熙三年中，小兒相逢於道，輒舉其兩手曰「盧健健」，次曰「鬬歎，鬬歎」，末復曰「翁年老，翁年老」。當時莫知所謂。其後盧龍內逼，舟艦蓋川，「健健」之謂也。既至查浦，屢剋期欲與官鬬，「鬬歎」之應也。「翁年老」，羣公有期頤之慶，知妖逆之徒，自然消殄也。其時復有謠言曰：「盧橙橙，逐水流，東風忽如起，那得入石頭。」盧龍果敗，不得入石頭。

昔溫嶠令郭景純卜己與庾亮吉凶。景純云「元吉」。嶠語亮：「景純每筮，當是不敢盡言。吾等與國家同安危而曰元吉，事有成也。」於是協同討滅王敦。〔七〕

苻堅中，童謠曰：「阿堅連牽三十年，後若欲敗時，當在江湖邊。」後堅敗於淝水，在僞位凡三十年。

苻堅中，謠語云：「河水清復清，苻詔死新城。」〔八〕堅爲姚萇所殺，死於新城。

苻堅中，歌云：「魚羊田斗當滅秦。」「魚羊」，鮮也。「田斗」，卑也。堅自號秦，言滅之者鮮卑也。其羣臣諫堅，令盡誅鮮卑。堅不從。及淮南敗還，爲慕容沖所攻，亡奔姚萇，身死

國滅。

毛蟲之孽

晉武帝太康六年，南陽送兩足虎，此毛蟲之孽也。識者爲其文曰：「武形有虧，金虎失儀，聖主應天，斯異何爲。」言非亂也。京房易傳曰：「足少者，下不勝任也。」干寶曰：「虎者陰精，而居于陽。金獸也。南陽，火名也。金精入火，而失其形，王室亂之妖也。六，水數，言水數既極，火慝得作，而金受其敗也。至元康九年，始殺太子，距此十四年。二七十四，火始終相乘之數也。自帝受命，至愍懷之廢，凡三十五年。」

太康九年，荊州獻兩足獸。

太康七年十一月丙辰，四角獸見于河間，河間王顒獲以獻。角，兵象也。董仲舒以四角爲四方之象。後河間王數連四方之兵，作爲亂階，殆其應也。

晉懷帝永嘉五年，偃鼠出延陵，此毛蟲之孽也。郭景純筮之曰：「此郡東之縣，當有妖人欲稱制者，亦尋自死矣。」其後吳興徐馥作亂，殺太守袁琇，馥亦時滅，是其應也。

晉成帝咸和六年正月丁巳，會州郡秀孝於樂賢堂，有麏見於前，獲之。孫盛曰：「夫秀孝，天下之彥士，樂賢堂，所以樂養賢也。晉自喪亂以後，風教凌夷，秀無策試之才，孝乏四

行之實。麏興於前，或斯故乎。」

晉哀帝隆和元年十月甲申，有麏入東海第。百姓謠言曰：「主入東海第。」識者怪之。及海西廢爲東海王，先送此第。

晉孝武太元十三年四月癸巳，祠廟畢，有兔行廟堂上。兔，野物也，而集宗廟之堂，不祥莫甚焉。

宋文帝元嘉二十四年二月，雍州送六足麏，刺史武陵王表爲祥瑞。此毛蟲之孽。

宋順帝昇明元年，象三頭度蔡洲，暴稻穀及園野。

犬禍

公孫淵家有犬冠幘絳衣上屋，此犬禍也。屋上亢陽高危之地。天戒若曰，淵亢陽無上，偷自尊高，狗而冠者也。及自立爲燕王，果爲魏所滅。京房易傳曰：「君不正，臣欲篡，厥妖狗出朝門。」

魏侍中應璩在直廬，欻見一白狗，問衆人無見者。踰年卒。近犬禍也。

諸葛恪征淮南歸，將朝會，犬銜引其衣。恪曰：「犬不欲我行乎？」還坐，有頃復起，犬又銜衣。乃令逐犬。遂升車入而被害。

晉武帝太康九年，幽州有犬，鼻行地三百餘步。

晉惠帝元康中，吳郡婁縣民家聞地中有犬聲，掘視得雌雄各一。還置窟中，覆以磨石，宿昔失所在。元帝太興中，吳郡府舍又得二物頭如此。其後太守張茂爲吳興兵所殺。案夏鼎志曰：「掘地得狗名曰賈。」尸子曰：「地中有犬，名曰地狼。」同實而異名也。

晉惠帝永興元年，丹陽內史朱逵家犬生三子，皆無頭。後逵爲揚州刺史曹武所殺。

晉孝懷帝永嘉五年，吳郡嘉興張林家狗人言云：「天下人餓死。」

晉安帝隆安初，吳郡治下狗恒夜吠，聚高橋上。人家狗有限，而吠聲甚衆。或有夜出覘之者，云一狗假有兩三頭，皆前向亂吠。無幾，孫恩亂於吳會。

桓玄將拜楚王，已設拜席，羣官陪位，玄未及出，有狗來便其席，萬衆睢候，莫不驚怪。玄性猜暴，竟無言者，逐狗改席而已。

宋武帝永初二年，京邑有狗人言。

文帝元嘉二十九年，吳興東遷孟慧度婢蠻與狗通好如夫妻彌年。

孝武孝建初，顏竣爲左衞，於省內聞犬子聲在地中，掘焉得烏犬子。養久之，後自死。

明帝初，晉安王子勛稱僞號於尋陽，柴桑有狗與女人交，三日不分離。

明帝泰始中，秣陵張僧護家犬生豕子。

白眚白祥

晉武帝太康十年，洛陽宮西宜秋里石生地中，始高三尺，如香鑪形，後如偃人，盤薄不可掘。案劉向說，此白眚也。明年，宮車晏駕，王室始騷，卒以亂亡。京房易傳曰：「石立如人，庶人爲天下雄。」此近之矣。

晉成帝咸康初，地生毛，近白眚也。孫盛以爲民勞之異。是後胡滅而中原向化，將相皆甘心焉。於是方鎮屢革，邊戍仍還，皆擁帶部曲，動有萬數，其間征伐徵賦，役無寧歲，天下擾動，民以疲怨。

咸康三年六月，地生毛。

晉孝武太元二年五月，京都地生毛。至四年而氐賊攻襄陽，圍彭城，向廣陵，征戍仍出，兵連不解。

太元十四年四月，京都地生毛。是時苻堅滅後，經略多事。

太元十七年四月，地生毛。

晉安帝隆安四年四月乙未，地生毛，或白或黑。

晉安帝元興三年五月，江陵地生毛。是後江陵見襲，交戰者數矣。

晉安帝義熙三年三月，地生白毛。

義熙十年三月，地生白毛。明年，王旅西討司馬休之。又明年，北掃關、洛。

魏明帝青龍三年正月乙亥，隕石于壽光。按左氏傳，隕石，星也。劉歆說曰：「庶民，惟星隕於宋者，象宋襄公將得諸侯而不終也。」秦始皇時有隕石。班固以爲石陰類，又白祥，臣將危君。是後司馬氏得政。

晉武帝太康五年五月丁巳，隕石于溫及河陽各二。

太康六年正月，隕石于溫三。

晉成帝咸和八年五月，星隕于肥鄉一。

咸和九年正月，隕石于涼州。

吳孫亮五鳳二年五月，陽羨縣離里山大石自立。按京房易傳曰：「庶士爲天子之祥也。」其說曰：「石立於山，同姓。平地，異姓。」干寶以爲孫晧承廢故之家得位，其應也。或曰孫休見立之祥也。

晉惠帝元康五年十二月，有石生于宜年里。

晉惠帝永康元年，襄陽郡上言得鳴石，撞之，聲聞七八里。

晉惠帝太安元年，丹陽湖熟縣夏架湖有大石浮二百步而登岸。民驚譟相告曰：「石來！」

干寶曰：「尋有石冰入建業。」

晉武帝泰始八年五月，蜀地雨白毛。此白祥也。是時益州刺史皇甫晏冒暑伐汶山胡，從事何旅固諫，不從。牙門張弘等因衆之怨，誣晏謀逆，害之。京房易傳曰：「前樂後憂，厥妖天雨羽。」又曰：「邪人進，賢人逃，天雨毛。」其易妖曰：「天雨毛羽，貴人出走。」三占皆應也。

晉惠帝永寧元年，齊王冏舉義軍。軍中有小兒出於襄城繁昌縣，年八歲，髮體悉白，頗能卜。於洪範，則白祥也。

晉車騎大將軍東嬴王騰自并州遷鎮鄴，〔九〕行次真定。時久積雪，而當門前方數尺獨消釋，騰怪而掘之，得玉馬高尺許，口齒缺。騰以馬者國姓，上送之以爲瑞。然論者皆云馬而無齒，則不得食，妖祥之兆，衰亡之徵。案占，此白祥也。是後騰爲汲桑所殺，而晉室遂亡。

宋文帝元嘉中，徐湛之爲丹陽尹。夜西門內有氣如練，西南指，長數十丈。又白光覆屋，良久而轉駛乃消。此白祥也。

前廢帝景和元年，鄧琬在尋陽，種紫花皆白，白眚也。

木沴金

魏齊王正始末，河南尹李勝治聽事，有小材激墮，檛受符吏石虎項斷之。〔一〇〕此木沴金也。勝後旬日而敗。

晉惠帝元康八年三月，〔一一〕郊禖壇石中破爲二。此木沴金也。郊禖壇者，求子之神位，無故而自毁，太子將危之妖也。明年，愍懷廢死。

晉孝武帝太元十年四月，謝安出鎮廣陵，始發石頭，金鼓無故自破。此木沴金之異也。天意若曰，安徒揚經略之聲，終無其實，鉦鼓不用之象也。八月，以疾還，是月薨。

校勘記

〔一〕淩愚被誅　張森楷校勘記云：「案令狐愚先死，非與淩並誅。」

〔二〕晉海西時庾晞四五年中喜爲挽歌至時人怪之後亦果敗　晉書五行志亦以此爲庾晞事。據世說新語黜免篇劉峻注引司馬晞傳：「晞字道升，元帝第四子，初封武陵王，拜太宰。太宗即位，謀逆，徙新安。晞未敗四五年中，喜爲挽歌，自搖大鈴，使左右習和之。又燕會，倡妓作新安人歌舞離別之辭，其聲甚悲。後果徙新安。」則宋書五行志之庾晞，當是武陵王司馬晞，蓋沈約原文之誤，而晉書五行志又襲宋志之誤。

〔三〕太平矣　「矣」三國志吳志孫晧傳作「始」。

〔四〕及苟晞將破汲桑　「苟晞」各本並作「苟希」，據晉書五行志及晉書苟晞傳改。

〔五〕惻力惻力放馬山側　晉書五行志作「惻惻力力，放馬山側」。世說新語容止篇劉峻注引靈鬼志作「側側力，放馬出山側」。

〔六〕庾羲在吳郡　「庾羲」各本並作「庾義」，據晉書庾亮傳子羲附傳改。下「無幾而庾羲、王洽相繼亡」，並同改。

〔七〕昔溫嶠令郭景純卜己與庾亮吉凶至於是協同討滅王敦　按本條五十六字，除局本外，各本均錯簡，插在前條「鬭嘆之應也」句下。今據局本及晉書五行志，仍別爲一條。

〔八〕河水清復清苻詔死新城　三朝本作「苻詔」，北監本、毛本、殿本、局本、晉書五行志並作「苻堅」。按晉書苻堅載記：「初堅强盛之時，國有童謠云，河水清復清，苻詔死新城。」晉書桓玄傳：「玄左右稱玄爲桓詔。桓胤諫曰：『詔者，施於辭令，不以爲稱謂也。漢、魏之主，皆無此言。唯聞北虜以苻堅爲苻詔耳。』」是苻詔之稱不誤。

〔九〕晉車騎大將軍東嬴王騰自并州遷鎮鄴　按晉書高密文獻王泰傳子騰附傳，騰永嘉初，遷車騎將軍，無「大」字。又嬴初封東嬴公，後進爵東燕王，又改封新蔡王。此云「東嬴王」，蓋沈約原文之誤。

〔一〇〕楊受符吏石虎項斷之　各本並脫「吏」字，據三國志魏志曹眞傳裴注引魏略補。

〔一一〕晉惠帝元康八年三月　「三月」晉書惠帝紀及五行志並作「五月」。

宋書卷三十二

志第二十二

五行三

五行傳曰：「棄法律，逐功臣，殺太子，以妾爲妻，則火不炎上。」謂火失其性而爲災也。

又曰：「視之不明，是謂不哲。厥咎舒，厥罰恒燠，厥極疾。時則有草妖，時則有蠃蟲之孽，時則有羊禍，時則有目痾，時則有赤眚、赤祥。惟水沴火。」蠃蟲，劉歆傳以爲羽蟲。

火不炎上

魏明帝太和五年五月，清商殿災。初，帝爲平原王，納河南虞氏爲妃。及即位，不以爲后，更立典虞車工卒毛嘉女，是爲悼皇后。后本仄微，非所宜升。以妾爲妻之罰也。

魏明帝青龍元年六月，〔一〕洛陽宮鞠室災。

二年四月，崇華殿災，延于南閤。繕復之。至三年七月，此殿又災。帝問高堂隆：「此何咎也？於禮寧有祈禳之義乎？」對曰：「夫災變之發，皆所以明教誡也。唯率禮修德，可以勝之。易傳曰：『上不儉，下不節，孽火燒其室。』又曰：『君高其臺，天火爲災。』此人君苟飾宮室，不知百姓空竭，故天應之以旱，火從高殿起也。案舊占，災火之發，皆以臺榭宮室爲誡。今宜罷散民役，務從節約，清掃所災之處，不敢於此有所營造。萐莆嘉禾，必生此地，以報陛下虔恭之德。」不從。遂復崇華殿，改曰九龍。以郡國前後言龍見者九，故以爲名。多棄法度，疲民逞欲，以妾爲妻之應也。

吳孫亮建興元年十二月，武昌端門災。改作端門，又災內殿。案春秋魯雉門及兩觀災。董仲舒以爲天意欲使定公誅季氏，若曰去其高顯而奢僭者也。漢武帝世，遼東高廟災，其說又同。今此與二事頗類也。且門者，號令所出，殿者，聽政之所。是時諸葛恪秉政，而矜慢放肆，孫峻總禁旅，而險害終著。武昌，孫氏尊號所始，天戒若曰，宜除其貴要之首者。恪果喪衆殄民，峻授政於綝，綝廢亮也。或曰孫權毁徹武昌，以增太初宮，諸葛恪有遷都意，更起門殿，事非時宜，故見災也。京房易傳曰：「君不思道，厥妖火燒宮。」

吳孫亮太平元年二月朔，建業火。人火之也。是秋，孫綝始秉政，矯以亮詔殺呂據、滕胤，明年，又輒殺朱異。棄法律，逐功臣之罰也。

吳孫休永安五年二月，白虎門北樓災。六年十月，石頭小城火，燒西南百八十丈。是時嬖人張布專擅國勢，多行無禮，而韋昭、盛沖終斥不用，兼遣察戰等爲使，〔三〕驚擾州郡，致使交阯反亂。是其咎也。

吳孫晧建衡二年三月，大火，燒萬餘家，死者七百人。案春秋，齊火。劉向以爲桓公好內，聽女口，妻妾數更之罰也。晧制令詭暴，蕩棄法度，勞臣名士，誅斥甚衆。後宮萬餘，女謁數行，其中隆寵佩皇后璽者又多矣。故有大火。

晉武帝太康八年三月乙丑，震災西閣、楚王所止坊，及臨商觀窻。

十年四月癸丑，崇賢殿災。十月庚辰，含章鞠室、脩成堂前廡、丙坊東屋、煇章殿南閣火。〔四〕時有上書者曰：「漢王氏五侯兄弟迭任，今楊氏三公並在大位。天變屢見，竊爲陛下憂之。」楊珧由是乞退。是時帝納馮紞之間，廢張華之功，聽楊駿之讒，離衞瓘之寵。此逐功臣之罰也。明年，宮車晏駕。其後楚王承竊發之旨，戮害二公，身亦不免。震災其坊，又天意乎。

晉惠帝元康五年閏月庚寅，武庫火。張華疑有亂，先固守，然後救災。是以累代異寶，王莽頭，孔子履，漢高斷白蛇劍及二百萬人器械，一時蕩盡。是後愍懷見殺，殺太子之罰也。天戒若曰，夫設險擊柝，所以固其國，儲積戎器，所以戒不虞。今冢嗣將傾，社稷將泯，

禁兵無所復施，皇旅又將誰衞。帝后不悟，終喪四海，是其應也。張華、閻纂皆曰，武庫火而氐、羌反，太子見廢，則四海可知矣。

元康八年十一月，高原陵火。是時賈后凶恣，賈謐擅朝，惡積罪稔，宜見誅絕。天戒若曰，臣妾之不可者，雖親貴莫比，猶宜忍而誅之，如吾燔高原陵也。帝既眊弱，而張華又不納裴頠、劉卞之謀，故后遂與謐誣殺太子也。干寶云：「高原陵火，太子廢，其應也。漢武帝世，高園便殿火，董仲舒對與此占同。」

晉惠帝永康元年，帝納皇后羊氏。后將入宮，衣中忽有火，衆咸怪之。太安二年，后父玄之以成都之逼，憂死。永興元年，成都遂廢后，處之金墉城，而殺其叔父同之。是後還立，立而復廢者四，又詔賜死，荀藩表全之。雖末還在位，然憂逼折辱，終古未聞。此孽火之應。

晉惠帝永興二年七月甲午，尚書諸曹火，延崇禮闥及閣道。夫百揆王化之本，王者棄法律之應也。清河王覃入爲晉嗣，不終于位，又殺太子之罰也。

晉孝懷帝永嘉四年十一月，襄陽火，死者三千餘人。是時王如自號大將軍、司雍二州牧，衆四五萬，攻略郡縣，以爲己邑。都督力屈，嬰城自守，賊遂攻逼襄陽。此下陵上，陽失節，火災出也。

晉元帝太興中，王敦鎭武昌。武昌火起，興衆救之。救於此而發於彼，東西南北數十處俱應，數日不絕。班固所謂濫炎妄起，雖興師不能救之之謂也。干寶曰：「此臣而君行，亢陽失節之災也。」

晉元帝永昌二年正月癸巳，京都大火。三月，饒安、東光、安陵三縣火，燒七千餘家，死者萬五千人。

晉明帝太寧元年正月，京都火。是時王敦威侮朝廷，多行無禮，內外臣下，咸懷怨毒。極陰生陽，故有火災。與董仲舒說春秋陳火同事也。

晉穆帝永和五年六月，震災石虎太武殿及兩廂、端門，光燭照天，金石皆盡，火月餘乃滅。是年四月，石虎死矣。其後胡遂滅亡。

晉海西太和中，郗愔爲會稽。六月，大旱災，火燒數千家，延及山陰倉米數百萬斛。炎烟蔽天，不可撲滅。

晉孝武帝寧康元年三月，京都風，火大起。是時桓溫入朝，志在陵上，少主踐位，人懷憂恐。此與太寧火同事。

晉孝武帝太元十年正月，立國子學。學生多頑嚚，因風放火，焚房百餘間。是後考課不厲，賞黜無章，有育才之名，無收賢之實。書云：「知人則哲。」此不哲之罰先兆也。

太元十三年十二月乙未，延賢堂災。丙申，螽斯、則百堂及客館、驃騎庫皆災。于時朝多弊政，衰陵日兆。不哲之罰，皆有象類。主相不悟，終至亂亡云。

晉安帝隆安二年三月，龍舟二乘災。是水沴火也。

晉安帝元興元年八月庚子，尚書下舍曹火。

元興三年，盧循攻略廣州，刺史吳隱之閉城固守。是年十月壬戌夜，大火起。時民人避寇，盈滿城內。隱之懼有應賊，但務嚴兵，不先救火，由是府舍焚燒蕩盡，死者萬餘人，因遂散潰，悉爲賊擒。殆與襄陽火同占也。

晉安帝義熙四年七月丁酉，尚書殿中吏部曹火。

義熙十一年，京都所在大行火災，吳界尤甚。火防甚峻，猶自不絕。王弘時爲吳郡，白日在聽事上，見天上有一赤物下，狀如信幡，逕集路南人家屋上，火即復大發。弘知天爲之災，不罪火主。

宋文帝元嘉五年正月戊子，京邑大火。

元嘉七年十二月乙亥，京邑火，延燒太社北牆。

元嘉二十九年三月壬午，京邑大火，風雷甚壯。

後廢帝元徽三年正月己巳，京邑大火。

元徵三年三月戊辰，京邑大火，燒二岸數千家。

恒燠

庶徵之恒燠，劉向、班固以冬亡冰及霜不殺草應之。京房易傳又曰：「夏則暑殺人，冬則物華實。」

吳孫亮建興元年九月，桃李華。孫權世，政煩賦重，民彫於役。是時諸葛恪始輔政，息校官，原逋責，除關梁，崇寬厚。此舒緩之應也。一說桃李寒華爲草妖，或屬華孽。

魏元帝景元三年十月，桃李華。自高貴弑死之後，晉文王深樹恩德，事崇優緩，此其應也。

晉穆帝永和九年十二月，桃李華。是時簡文輔政，事多弛略，舒緩之應也。

宋順帝昇明元年十月，於潛桃、李、柰結實。

草妖

漢獻帝建安二十五年春正月，魏武帝在洛陽，將起建始殿，伐濯龍祠樹而血出；又掘徙梨，根傷亦血出。帝惡之，遂寢疾，是月崩。蓋草妖，又赤祥也。是歲，魏文帝黃初元年也。

吳孫亮五鳳元年六月，交阯稗草化爲稻。昔三苗將亡，五穀變種。此草妖也。其後亮廢。

蜀劉禪景耀五年，宮中大樹無故自折。譙周憂之，無所與之言，乃書柱曰：「衆而大，其之會，具而授，若何復。」言曹者衆也，魏者大也；衆而大，天下其當會也；具而授，如何復有立者乎。蜀果亡，如周言。此草妖也。

吳孫晧天璽元年，吳郡臨平湖自漢末穢塞，是時一夕忽開除無草。長老相傳，此湖塞，天下亂，此湖開，天下平。吳尋亡，而九服爲一。

吳孫晧天紀三年八月，建業有鬼目菜生工黃狗家，依緣棗樹，長丈餘，莖廣四寸，厚三分。又有蕒菜生工吳平家，高四尺，如枇杷形，上圓徑一尺八寸，下莖廣五寸，〔四〕兩邊生葉綠色。東觀案圖，名鬼目作芝草，蕒菜作平慮。遂以狗爲侍芝郎，平爲平慮郎，皆銀印青綬。干寶曰：「明年晉平吳，王濬止船，正得平渚，姓名顯然，指事之徵也。黃狗者，吳以土運承漢，故初有黃龍之瑞，及其季年，而有鬼目之妖，託黃狗之家，黃稱不改，而貴賤大殊。天道精微之應也。」

晉惠帝元康二年春，巴西郡界竹生花，紫色，結實如麥，外皮青，中赤白，味甘。

元康九年六月庚子，有桑生東宮西廂，日長尺餘；甲辰，枯死。此與殷太戊同妖。太子不能悟，故至廢戮也。班固稱「野木生朝而暴長，小人將暴居大臣之位，危亡國家，象朝將爲墟也」。是後孫秀、張林尋用事，遂至大亂。

晉惠帝永康元年四月丁巳，立皇孫臧爲皇太孫。五月甲子，就東宮。桑又生於西廂。明年，趙倫篡位，鴆殺臧。此與愍懷同妖也。

永康元年四月，壯武國有桑化爲柏。是月，張華遇害。

晉孝懷帝永嘉三年冬，項縣桑樹有聲如解材，民謂之桑林哭。案劉向說，桑者喪也，又爲哭聲，不祥之甚。是時京師虛弱，胡寇交逼，司馬越無衛上國之心，四年冬，委而南出，至五年春，薨于此城，石勒邀其衆，圍而射之，王公以下至庶人，死者十餘萬人，又剖越棺焚其尸。是敗也，中原無所請命，洛京尋沒。桑哭之應也。

永嘉六年五月，無錫縣有四株茱萸樹，相樛而生，狀若連理。先是，郭景純筮延陵偃鼠，遇臨之益，曰：「後當復有妖樹生，若瑞而非，辛螫之木也。儻有此，東南數百里必有作逆者。」其後徐馥作亂。此草妖也，郭以爲木不曲直。

永嘉六年七月，豫章郡有樟樹久枯，是月忽更榮茂。與昌邑枯社復生同占。懷帝不終其祚，元帝由支族興之應也。

晉明帝太寧元年九月，會稽剡縣木生如人面。是後王敦稱兵作逆，禍敗無成。漢哀、

靈之世，並有此妖，而人貌備具，故其禍亦大。今此但人面而已，故其變亦輕。

晉成帝咸和六年五月癸亥，曲阿有柳樹倒地六載，是月忽復起生。咸和九年五月甲戌，吳雄家有死榆樹，是日因風雨起生。與漢上林斷柳起生同象。初，康帝爲吳王，于時雖改封琅邪，而猶食吳郡爲邑。是帝越正體饗國之象也。曲阿先亦吳地，象見吳邑雄舍，又天意也。

晉哀帝興寧三年五月癸卯，廬陵西昌縣脩明家有死栗樹，是日忽起生。時孝武年四歲，而簡文居蕃，四海宅心。及得位垂統，則祚隆孝武。識者竊曰西昌脩明之祥，帝諱實應之矣。是與漢宣帝頗同象也。

晉海西太和元年，涼州楊樹生松。天戒若曰，松不改柯易葉，楊者柔脆之木，此永久之業，將集危亡之地。是後張天錫降氐。

晉孝武太元十四年六月，建寧同樂縣枯木斷折，忽然自立相屬。京房易傳曰：「棄正作淫，厥妖木斷自屬。妃后有專，木仆反立。」是時治道方僻，多失其正。其後張夫人專寵，及帝崩，兆庶歸咎張氏焉。

晉安帝元興三年，荊、江二界生竹實如麥。

晉安帝義熙二年九月，揚州營揚武將軍營士陳蓋家有苦蕒菜，〔五〕莖高四尺六寸，廣三

尺二寸。此殆與吳終同象也。

義熙中，宮城上御道左右皆生蒺蔾。草妖也。蒺蔾有刺，不可踐而行，生宮牆及馳道，天戒若曰，人君拱默不能聽政，雖居宸極，猶若空宮，雖有御道，未嘗馳騁，皆生蒺蔾若空廢也。

義熙八年，太社生薰樹于壇側。薰於文尙黑，宋水德將王之符也。

羽蟲之孽

魏文帝黃初四年五月，有鵜鶘鳥集靈芝池。案劉向說，此羽蟲之孽，又青祥也。詔曰：「此詩人所謂汙澤者也。曹詩刺恭公遠君子，近小人。今豈有賢智之士，處于下位，否則斯鳥胡爲而至哉？其博舉天下儁德茂才，獨行君子，以答曹人之刺。」於是楊彪、管寧之徒，咸見薦舉。此謂覩妖知懼者也。雖然不能優容亮直，而多溺偏私矣。京房易傳曰：「辟退有德，厥妖水鳥集于國井。」

黃初末，宮中有鷰生鷹，口爪俱赤。此與商紂、宋隱同象。

景初元年，又有鷰生鉅鷇於衞國涓桃里李蓋家。形若鷹，吻似燕。案劉向說，此羽蟲之孽，又赤眚也。高堂隆曰：「此魏室之大異，宜防鷹揚之臣於蕭牆之內。」其後晉宣王起，

遂有魏室。

漢獻帝建安二十三年，禿鶖鳥集鄴宮文昌殿後池。明年，魏武王薨。

魏文帝黃初三年，又集雒陽芳林園池。七年，又集。其夏，文帝崩。景初末，又集芳林園池。前世再至，輒有大喪，帝惡之。其年，明帝崩。

蜀劉禪建興九年十月，江陽至江州有鳥從江南飛渡江北，不能達，墮水死者以千餘。是時諸葛亮連年動衆，志吞中夏，而終死渭南，所圖不遂。又諸將分爭，頗喪徒旅。鳥北飛不能達，墮水死，皆有其象也。亮竟不能過渭，又其應乎。此與漢、楚國烏鬭墮泗水悔類矣。

魏明帝青龍三年，戴鵀巢鉅鹿人張琦家。琦博學有高節，不應袁紹、高幹之命，魏太祖辟亦不至，優游嘉遁，門徒數百，太守王肅雅敬焉。時年百餘歲，謂門人曰：「戴鵀陽鳥，而巢于門陰，此凶祥也。」乃援琴歌詠，作詩一首，旬日而卒。按占，羽蟲之孽也。

魏明帝景初元年，陵霄闕始構，有鵲巢其上。鵲體白黑雜色。此羽蟲之孽，又白黑祥也。帝以問高堂隆，對曰：「詩云：『惟鵲有巢，惟鳩居之。』今興起宮室，而鵲來巢，此宮室未成，身不得居之之象。天意若曰，宮室未成，[四]將有它姓制御之，不可不深慮。」於是帝改容動色。

吳孫權赤烏十二年四月，有兩烏銜鵲墮東館。權使領丞相朱據燎鵲以祭。案劉歆說，此羽蟲之孽，又黑祥也。視不明，聽不聰之罰也。是時權意溢德衰，信讒好殺，二子將危，將相俱殆。覩妖不悟，加之以燎，昧道之甚者也。明年，太子和廢，魯王霸賜死，朱據左遷，陸議憂卒，是其應也。東館，典教之府，鵲墮東館，又天意乎。

吳孫權太元二年正月，封前太子和爲南陽王，遣之長沙。有鵲巢其帆檣。和故宮僚聞之，皆憂慘，以爲檣末傾危，非久安之象。是後果不得其死。

吳孫亮建興二年十一月，大鳥五見于春申。吳人以爲鳳皇，明年，改元爲五鳳。漢桓帝時，有五色大鳥。司馬彪云：「政治衰缺，無以致鳳，乃羽蟲孽耳。」孫亮未有德政，孫峻驕暴方甚，此與桓帝同事也。案瑞應圖，大鳥似鳳而爲孽者非一，疑皆是也。

吳孫晧建衡三年，西苑言鳳皇集，以之改元。義同於亮。

晉武帝泰始四年八月，翟雉飛上閶闔門。趙倫旣篡，洛陽得異鳥，莫能名。倫使人持出，周旋城邑匝以問人。積日，宮西有小兒見之，逆自言曰：「服留鳥鷂。」持者卽還白倫。倫使更求小兒。至，又見之，將入宮，密籠鳥，閉兒戶中。明日視，悉不見。此羽蟲之孽，又妖之甚者也。

趙倫纂位，有鶉入太極殿，雉集東堂。按太極、東堂，皆朝享聽政之所，而鶉、雉同日集之者，天意若曰，不當居此位也。詩云「鶉之彊彊，鵲之奔奔。人之無良，我以爲君」。其此

之謂乎。昔殷宗感雉雊，懼而修德，倫覩二物，曾不知戒，故至滅亡也。

晉孝懷帝永嘉元年二月，洛陽東北步廣里地陷，有鵝出，蒼色者飛翔沖天，白者止焉。此羽蟲之孽，又黑白祥也。董養曰：「步廣，周之狄泉，盟會地也。白者金色，蒼爲胡象，其可盡言乎。」是後劉淵、石勒相繼擅華，懷、愍二帝淪滅非所。

晉孝懷帝世，周玘家有鵝在籠中，而頭斷籠外。玘亡後家誅。

晉明帝太寧三年八月庚戌，有鳥二，蒼黑色，翼廣一丈四尺。其一集司徒府，射而殺之；其一集市北家人舍，亦獲焉。此羽蟲之孽，又黑祥也。閏月戊子，帝崩。後有蘇峻、祖約之亂。

晉成帝咸和二年正月，有五鶡鳥集殿庭。此又白祥也。是時庾亮苟違衆謀，將召蘇峻，有言不從之咎，故白祥先見也。三年二月，峻果作亂，宮室焚毀，化爲汙萊，其應也。

晉成帝咸康八年七月，白鷺集殿屋。是時康帝始卽位，此不永之祥也。後涉再朞而帝崩。劉向曰：「野鳥入處，宮室將空。」張瓘在涼州正朝，放隹雀諸鳥，出手便死；左右放者悉飛去。

晉孝武帝太元十六年正月，鵲巢太極東頭鴟尾，又巢國子學堂西頭。十八年，東宮始成，十九年正月，鵲又巢其西門。此殆與魏景初同占。學堂，風教所聚；西門，金行之祥也。

晉安帝義熙三年，龍驤將軍朱猗戍壽陽。婢炊飯，忽有羣烏集竈，競來啄噉，婢驅逐不去。有獵狗咋殺烏鵲，餘者因共啄狗卽死，又噉其肉，唯餘骨存。五年六月，猗死。

宋武帝永初三年，臨軒拜徐羨之爲司空，百僚陪位，有二野鸛集太極鴟尾鳴呼。

少帝景平二年春，鸛巢太廟西鴟尾，驅去復還。

文帝元嘉二年春，有江鷗鳥數百，集太極殿前小階內。明年，誅徐羨之等。

羊禍

晉成帝咸和二年五月，司徒王導廐，羊生無後足。此羊禍也。京房易傳曰：「足少者，下不勝任也。」明年，蘇峻入京都，導與成帝俱幽石頭，僅乃免身。是其應也。

宋孝武帝大明七年，永平郡獻三角羊。羊禍也。

赤眚赤祥

公孫淵時，襄平北市生肉，長圍各數尺，有頭目口喙，無手足，而動搖。此赤眚也。占曰：「有形不成，有體無聲，其國滅亡。」淵尋爲魏所誅。

吳戍將鄧嘉殺猪祠神，治畢縣之，忽見一人頭往食肉，嘉引弓射中之，咋咋作聲，繞屋

三日。近赤祥也。後人白嘉謀北叛，闔門被誅。京房易妖曰：「山見葆，江于邑，邑有兵，狀如人頭赤色。」

吳諸葛恪將見誅，盥洗水血臭，侍者授衣，衣亦臭。此近赤祥也。

晉武帝太康七年十一月，河陰有赤雪二頃。此赤祥也。後涉四載而帝崩，王宮遂亂。〔七〕

晉惠帝元康五年三月，呂縣有流血，東西百餘步。〔八〕此赤祥也。元康末，窮凶極亂，僵尸流血之應也。干寶以爲後八載而封雲亂徐州，殺傷數萬人，是其應也。

晉惠帝永康元年三月，尉氏雨血。夫政刑舒緩，則有常燠赤祥之妖。此歲正月，送愍懷太子幽于許宮。天戒若曰，不宜緩恣姦人，將使太子冤死。惠帝愚眊不悟，是月愍懷遂斃。於是王室釁成，禍流天下。淳齒殺齊閔王日，天雨血沾衣，天以告也，此之謂乎。京房易傳曰：「歸獄不解，茲謂追非，厥咎天雨血，茲謂不親，民有怨心，不出三年，無其宗人。」又曰：「佞人祿，功臣戮，天雨血。」

晉愍帝建興四年十二月丙寅，丞相府斬督運令史淳于伯，血逆流上柱二丈三尺。此赤祥也。是時後將軍褚裒鎮廣陵，〔九〕丞相揚聲北伐，伯以督運稽留及役使臧罪，依征軍法戮之。其息訴稱：「伯督運事訖，無所稽乏，受賕役使，罪不及死。兵家之勢，先聲後實，實是屯戍，非爲征軍。自四年以來，運漕稽停，皆不以軍興法論。」僚佐莫之理。及有此變，司直彈劾衆官，元帝又無所問。於是頻旱三年。干寶以爲冤氣之應也。郭景純曰：「血者水類，同屬於坎，坎爲法家。水平潤下，不宜逆流。此政有咎失之徵也。」

校勘記

〔一〕魏明帝青龍元年六月　「六月」各本並作「九月」，據三國志魏志明帝紀、晉書五行志改。

〔二〕兼遣察戰等爲使　「察戰」三朝本、北監本、毛本、殿本並作「蔡戰」，今據局本及晉書五行志改。按百衲本所據宋本殘葉，原亦作「察戰」，涵芬樓影印時，誤改「蔡戰」。三國志吳志孫休傳永安五年，「是歲，使察戰到交阯調孔雀、大豬」。裴松之注云：「察戰，吳官名號。今揚都有察戰巷。」

〔三〕含章鞠室脩成堂前廡丙坊東屋煇章殿南閤火　「丙坊」各本作「內坊」，晉書五行志作「景坊」。按唐人諱「昺」，「丙」爲兼諱，故唐修晉書襲宋書而改丙坊作「景坊」。是宋書本作「丙坊」，後又譌「丙」爲「內」。今改正。

〔四〕下莖廣五寸　各本並脫「下」字，據三國志吳志孫晧傳補。

〔五〕揚州營揚武將軍營士陳蓋家有苦藚菜　各本並脫「營士」二字，據晉書五行志補。

〔六〕宮室未成　各本並脫「宮」字，據三國志魏志高堂隆傳補。

〔七〕王宮遂亂　張森楷校勘記云：「王宮疑王室之譌。」

〔八〕晉惠帝元康五年三月呂縣有流血東西百餘步　「五年」晉書惠帝紀繫在「六年」下。「呂縣」上，晉書惠帝紀有「彭城」二字。

〔九〕是時後將軍褚裒鎮廣陵　陸錫熊炳燭偶鈔云：「志所云後將軍褚裒鎮廣陵事，必有誤。裒爲康獻皇后父，蘇峻構逆時，始爲郗鑒參軍。其見郭璞筮卜時，年纔總角，何得有建興末鎮廣陵事。元帝子琅邪孝王裒以宣城公拜後將軍，志或以名同致誤。然裒傳無鎮廣陵明文，未敢臆定也。」張森楷校勘記云：「按是時後將軍爲元帝子裒，非褚裒也。『褚』字衍文。」

宋書卷三十三

志第二十三

五行四

五行傳曰：「簡宗廟，不禱祠，廢祭祀，逆天時，則水不潤下。」謂水失其性而爲災也。又曰：「聽之不聽，是謂不謀。厥咎急，厥罰恒寒，厥極貧。時則有鼓妖，時則有魚孽，時則有豕禍，時則有耳痾，時則有黑眚、黑祥。惟火沴水。」魚孽，劉歆傳以爲介蟲之孽，謂蝗屬也。

水不潤下

魏文帝黄初四年六月，大雨霖，伊、洛溢至津陽城門，漂數千家，流殺人。初，帝即位，自鄴遷洛，營造宮室，而不起宗廟，太祖神主猶在鄴。嘗於建始殿饗祭如家人之禮，終黄初不復還鄴，而圓丘、方澤、南北郊、社、稷等神位，未有定所。此簡宗廟，廢祭祀之罰也。京

房易傳曰：「顓事有知，[一]誅罰絶理，厥災水。其水也，雨殺人已隕霜，大風天黄。饑而不損，茲謂泰。厥災水殺人。[二]避遏有德，茲謂狂。厥災水，[三]水流殺人也，已水則地生蟲。歸獄不解，茲謂追非。厥水寒殺人。追誅不解，茲謂不理。厥水五穀不收。大敗不解，茲謂皆陰。厥水流入國邑，隕霜殺穀。」

吳孫權赤烏八年夏，茶陵縣鴻水溢出，流漂二百餘家；十三年秋，丹陽故鄣等縣又鴻水溢。案權稱帝三十年，竟不於建業創七廟，但有父堅一廟，遠在長沙，而郊禋禮闕。嘉禾初，羣臣奏宜郊祀，又弗許。末年雖一南郊，而北郊遂無聞焉。且三江、五湖、衡、霍、會稽，皆吳、楚之望，亦不見秩，反禮羅陽妖神，以求福助。天意若曰，權簡宗廟，不禱祠，廢祭祀，示此罰，欲其感悟也。

太元元年，又有大風涌水之異。是冬，權南郊。疑是鑒咎徵乎。還而寢疾。明年四月，薨。一曰，權時信納譖訴，雖陸議勳重，子和儲貳，猶不得其終。與漢安帝聽讒，免楊震、廢太子同事也。且赤烏中無年不用兵，百姓愁怨。八年秋，將軍馬茂等又圖逆云。

魏明帝景初元年九月，淫雨過常，冀、兗、徐、豫四州水出，沒溺殺人，漂失財產。帝自初即位，便淫奢極欲，多占幼女，或奪士妻，崇飾宮室，妨害農戰，觸情恣欲，至是彌甚，號令逆時，饑不損役。此水不潤下之應也。

吳孫亮五鳳元年夏，大水。亮即位四年，乃立權廟，又終吳世，不上祖宗之號，不修嚴父之禮，昭穆之數有闕。亮及休、晧又並廢二郊，不秩羣神。此簡宗廟，不祭祀之罰也。又是時，孫峻專政，陰勝陽之應乎。

吳孫休永安四年五月，大雨，水泉涌溢。昔歲作浦里塘，功費無數，而田不可成，士卒死叛，或自賊殺，百姓愁怨，陰氣盛也。休又專任張布，退盛沖等，吳人賊之之應也。

吳孫休永安五年八月壬午，大雨震電，[四]水泉涌溢。

晉武帝泰始四年九月，青、徐、兗、豫四州大水；七年六月，大雨霖，河、洛、伊、沁皆溢，殺二百餘人。帝即尊位，不加三后祖宗之號，泰始二年，又除明堂南郊五帝坐，同稱昊天上帝，一位而已。又省先后配地之禮。此簡宗廟，廢祭祀之罰，與漢成帝同事。一曰，昔歲及此年，藥蘭泥、白虎文秦涼殺刺史胡烈、牽弘，遣田璋討泥。又司馬望以大衆次淮北禦孫晧。內外兵役，西州饑亂，百姓愁怨，陰氣盛也。咸寧初，始上祖宗號，太熙初，還復五帝位。

晉武帝咸寧元年九月，徐州水；二年七月癸亥，河南魏郡暴水，殺百餘人；八月，荆州郡國五大水。去年采擇良家子女，露面入殿，帝親簡閱，務在姿色，不訪德行。有蔽匿者，以不敬論。搢紳愁怨，天下非之。陰盛之應也。

咸寧三年六月，益、梁二州郡國八暴水，殺三百餘人；七月，荆州大水；九月，始平郡大

水；十月，青、徐、兗、豫、荆、益、梁七州又水。是時賈充等用事日盛，而正人疏外者多。

咸寧四年七月，司、冀、兗、豫、荆、揚郡國二十大水。

晉武帝太康二年六月，泰山、江夏大水。泰山流三百家，殺六千餘人；江夏亦殺人。是時平吳後，王濬爲元功，而詆劾妄加；荀、賈爲無謀，而並蒙重賞。收吳姬五千，納之後宮。此其應也。

太康四年七月，司、豫、徐、兗、荆、揚郡國二十大水，傷秋稼，壞屋室，有死者。

太康六年三月，青、涼、幽、冀郡國十五大水。

太康七年九月，西方安定等郡國八大水。

太康八年六月，郡國八大水。

晉惠帝元康二年，有水災。

元康五年五月，潁川、淮南大水；六月，城陽、東莞大水殺人；荆、揚、徐、兗、豫五州又大水。是時帝即位已五載，猶未郊祀，烝嘗亦多不身親近。簡宗廟，廢祭祀之罰也。班固曰：「王者即位，必郊祀天地，望秩山川。若乃不敬鬼神，政令違逆，則霧水暴至，百川逆溢，壞鄉邑，溺人民，水不潤下也。」

元康六年五月，荆、揚二州大水。按董仲舒說，水者陰氣盛也。是時賈后亂朝，寵樹

賈、郭。女主專政之應也。

元康八年五月，金墉城井水溢。漢成帝時有此妖，班固以爲王莽之象。及趙倫簒位，卽此應也。倫廢帝於此城，井溢所在，又天意乎。

元康八年九月，荊、揚、徐、兗、冀五州大水。是時賈后暴戾滋甚，韓謐驕猜彌扇，卒害太子，旋亦禍滅。

元康九年四月，宮中井水沸溢。

晉惠帝永寧元年七月，南陽、東海大水。是時齊王冏秉政專恣。陰盛之應。

晉惠帝太安元年七月，兗、豫、徐、冀四州水。時將相力政，無尊主心。

晉孝懷帝永嘉四年四月，江東大水。是時王導等潛懷翼戴之計。陰氣盛也。

晉元帝太興三年六月，大水。是時王敦內懷不臣，傲佷作威。後終夷滅。

太興四年七月，大水。明年有石頭之敗。

晉元帝永昌二年五月，荊州及丹陽、宣城、吳興、壽春大水。

晉明帝太寧元年五月，丹陽、宣城、吳興、壽陽大水。是時王敦疾害忠良，威權震主。尋亦誅滅。

晉成帝咸和元年五月，大水。是時嗣主幼沖，母后稱制，庾亮以元舅民望，決事禁中。

陰勝陽也。

咸和二年五月戊子，京都大水。是冬，蘇峻稱兵，都邑塗炭。

咸和四年七月，丹陽、宣城、吳興、會稽大水。是冬，郭默作亂，荊、豫共討之，半歲乃定。

咸和七年五月，大水。是時帝未親務，政在大臣。陰勝陽也。

晉成帝咸康元年八月，長沙、武陵大水。是年三月，石虎掠騎至歷陽，四月，圍襄陽。於是加王導大司馬，集徒旅，又使趙胤、路永、劉仕、王允之、陳光五將軍，各帥衆戍衞。〔五〕百姓愁怨。陰氣盛也。

晉穆帝永和四年五月，大水。是時幼主沖弱，母后臨朝，又將相大臣，各爭權政。與咸和初同事也。

永和五年五月，大水。

永和六年五月，大水。

永和七年七月甲辰夜，濤水入石頭，死者數百人。去年殷浩以私忿廢蔡謨，遐邇非之。又幼主在上，而殷、桓交惡，選徒聚甲，各崇私權。陰勝陽之應也。一說濤入石頭，江右以爲兵占。是後殷浩、桓溫、謝尚、荀羨連年征伐。

晉穆帝升平二年五月，大水。是時桓溫權制朝廷，征伐是專。

升平五年四月，大水。

晉海西太和六年六月，京都大水，平地數尺，侵及太廟。朱雀大航纜斷，三艘流入大江。丹陽、晉陵、吳國、吳興、臨海五郡又大水，稻稼蕩沒，黎庶饑饉。初四年，桓溫北伐敗績，十喪其九，五年，又征淮南，踰歲乃克。百姓愁怨之應也。

晉簡文帝咸安元年十二月壬午，濤水入石頭。明年，妖賊盧竦率其屬數百人入殿，略取武庫三庫甲仗，游擊將軍毛安之討滅之。

晉孝武帝太元三年六月，大水。是時孝武幼弱，政在將相。

太元五年，大水。去年氐賊攻沒襄陽，又向廣陵。於是逼徙江、淮民悉令南渡，三州失業，道饉相望。謝玄雖破句難等，自後征戍不已。百姓愁怨之應也。

太元六年六月，荊、江、揚三州大水。

太元十年夏，大水。初八年，破苻堅，自後有事中州，役無已歲。兵民愁怨之應也。

太元十三年十二月，濤水入石頭。明年，丁零、鮮卑寇擾司、兗鎮戍，西、北疲於奔命。

太元十五年七月，兗州大水。是時緣河紛爭，征戍勤悴。

太元十七年六月甲寅，濤水入石頭，毁大航，漂船舫，有死者，京口西浦，亦濤入殺人。

永嘉郡潮水涌起，近海四縣人民多死。後四年帝崩，而王恭再攻京師。京師亦發大衆以禦之。

太元十九年七月，荊州、彭城大水傷稼。

太元二十年，荊州、彭城大水。

太元二十一年五月癸卯，大水。是時政事多弊，兆庶非之。

晉安帝隆安三年五月，荊州大水。去年殷仲堪舉兵向京都。是年春，又殺郗恢。陰盛作威之應也。仲堪尋亦敗亡。

隆安五年五月，大水。是時司馬元顯作威陵上，又桓玄擅西夏，孫恩亂東國。陰勝陽之應也。

晉安帝元興二年十二月，桓玄簒位。其明年二月庚寅夜，濤水入石頭。是時貢使商旅，方舟萬計，漂敗流斷，骸胔相望。江左雖有濤變，〔六〕未有若斯之甚。三月，義軍克京都，玄敗走。遂夷滅。

元興三年二月己丑朔夜，濤水入石頭，漂沒殺人，大航流敗。

晉安帝義熙元年十二月己未，濤水入石頭。

義熙二年十二月己未夜，濤水入石頭。明年，駱球父環潛結桓胤、殷仲文等謀作亂，劉雅亦謀反，〔七〕凡所誅滅數十家。

義熙三年五月丙午，大水。

義熙四年十二月戊寅，濤水入石頭。明年，王旅北討鮮卑。

義熙六年五月丁巳，大水。乙丑，盧循至蔡洲。

義熙八年六月，大水。

義熙九年五月辛巳，大水。

義熙十年五月丁丑，大水，戊寅，西明門地穿涌水出，毀門扉及限；七月乙丑，淮北災風大水殺人。

義熙十一年七月丙戌，大水，淹漬太廟，百官赴救。明年，王旅北討關、河。

宋文帝元嘉五年六月，京邑大水。七年，右將軍到彥之率師入河。

元嘉十一年五月，京邑大水。十三年，司空檀道濟誅。

元嘉十二年六月，丹陽、淮南、吳、吳興、義興五郡大水，京邑乘船。

元嘉十八年五月，江水汎溢，沒居民，害苗稼。明年，右軍將軍裴方明率雍、梁之衆伐仇池。

元嘉十九年、二十年，東諸郡大水。〔八〕

元嘉二十九年五月，京邑大水。

孝武帝孝建元年八月，會稽大水，平地八尺。後二年，虜寇青、冀州，遣羽林軍卒討伐。

孝武帝大明元年五月，吳興、義興大水。

大明四年八月，雍州大水。

大明四年，南徐、南兗州大水。

後廢帝元徽元年六月，壽陽大水。

順帝昇明元年七月，雍州大水，甚於關羽樊城時。

昇明二年二月，於潛翼異山一夕五十二處水出，流漂居民。七月丙午朔，濤水入石頭，居民皆漂沒。

恒寒

庶徵之恒寒，劉歆以爲「大雨雪，及未當雨雪而雨雪，及大雨雹，隕霜殺菽草，皆常寒之罰也」。京房易傳曰：「有德遭險，茲謂逆命。厥異寒。誅罰過深，當燠而寒，盡六日，亦爲雹。害正不誅，茲謂養賊。寒七十二日，殺飛禽。道人始去，茲謂傷。其寒物無霜而死，涌水出。戰不量敵，茲謂辱命。其寒雖雨物不茂。」

吳孫權嘉禾三年九月朔，隕霜傷穀。按劉向說，「誅罰不由君出，在臣下之象也」。是時校事呂壹專作威福，與漢元帝時石顯用事隕霜同應。班固書九月二日，陳壽言朔，皆明未可以傷穀也。壹後亦伏誅。京房易傳曰：「興兵妄誅，茲謂亡法。厥災霜，夏殺五穀，冬殺麥。誅不原情，茲謂不仁。其霜夏先大雷風，冬先雨，乃隕霜，有芒角。賢聖遭害，其霜附木不下地。佞人依刑，茲謂私賊。其霜在草根土隙間。不教而誅，茲謂虐。其霜反在草下。」

嘉禾四年七月，雨雹，又隕霜。案劉向說，「雹者陰脅陽」。是時呂壹作威用事，詆毀重臣，排陷無辜。自太子登以下，咸患毒之，而壹反獲封侯寵異。與春秋公子遂專任，雨雹同應也。漢安帝信讒，多殺無辜，亦雨雹。董仲舒曰「凡雹皆爲有所脅，行專壹之政」故也。

吳孫權赤烏四年正月，大雪，平地深三尺，鳥獸死者太半。是年夏，全琮等四將軍攻略淮南、襄陽，戰死者千餘人。其後權以讒邪，數責讓陸議，議憤恚致卒。與漢景、武大雪同事也。

赤烏十一年四月，雨雹。是時權聽讒，將危太子。其後朱據、屈晃以迕意黜辱，陳象以忠諫族誅，而太子終廢。此有德遭險，誅罰過深之應也。

晉武帝泰始六年冬，大雪。

泰始七年十二月，大雪。明年，有步闡、楊肇之敗，死傷甚衆。

泰始九年四月辛未，隕霜。是時賈充親黨比周用事。與魯定公、漢元帝時隕霜同應也。

晉武帝咸寧三年八月，平原、安平、上黨、秦郡霜害三豆。

咸寧三年八月，河間暴風寒冰，郡國五隕霜傷穀。是後大舉征吳，馬隆又帥精勇討涼州。

咸寧五年五月丁亥，鉅鹿、魏郡雨雹傷禾、麥；辛卯，雁門雨雹傷秋稼。

咸寧五年六月庚戌，汲郡、廣平、陳留、滎陽雨雹；丙辰，又雨雹，損傷秋麥千三百餘頃，壞屋百三十餘間；癸亥，安定雨雹；七月丙申，〔九〕魏郡又雨雹；閏月壬子，新興又雨雹；八月庚子，河東、弘農又雨雹，兼傷秋稼三豆。

晉武帝太康元年三月，河東、高平霜雹，傷桑、麥；四月，河南、河內、河東、魏郡、弘農雨雹，傷麥、豆；五月，東平、平陽、上黨、雁門、濟南雨雹，傷禾、麥、三豆。

太康元年四月庚午，畿內縣二及東平范陽縣雨雹；〔一〇〕癸酉，畿內縣五又雨雹。是時王濬有大功，而權戚互加陷抑，帝從容不斷。陰脅陽之應也。

太康二年二月辛酉，殞霜于濟南、琅邪，傷麥；壬申，琅邪雨雪傷麥；三月甲午，河東隕霜害桑。

太康二年五月丙戌，城陽、章武、琅邪傷麥，〔一一〕庚寅，河東、樂安、東平、濟陰、弘農、濮陽、齊國、頓丘、魏郡、河內、汲郡、上黨雨雹，傷禾稼。

太康二年六月，郡國十六雨雹。

太康三年十二月，大雪。

太康五年七月乙卯，中山、東平雨雹，傷秋稼。

太康五年七月甲辰，中山雨雹；九月，南安大雪，折木。

太康六年二月，東海霜傷桑、麥。

太康六年三月戊辰，齊郡臨菑、長廣不其等四縣，樂安梁鄒等八縣，琅邪臨沂等八縣，河間易城等六縣，高陽北新城等四縣，隕霜傷桑、麥。

太康六年六月，滎陽、汲郡、鴈門雨雹。

太康八年四月，齊國、天水二郡隕霜。十二月，大雪。

太康九年正月，京都大風雨雹，發屋拔木；四月，隴西隕霜。

太康十年四月，郡國八隕霜。

晉惠帝元康二年八月，沛及湯陰雨雹。

元康三年四月，滎陽雨雹；弘農湖、華陰又雨雹，深三尺。是時賈后凶淫專恣，與春秋魯桓夫人同事。陰氣盛也。

元康五年六月，東海雨雹，深五寸；十二月，丹陽雨雹。

元康五年十二月，丹陽建業大雪。

元康六年三月，東海隕霜殺桑、麥。

元康七年五月，魯國雨雹；七月，秦、雍二州隕霜殺稼。

元康九年三月旬有八日，河南、滎陽、潁川隕霜傷禾；五月，雨雹。是時賈后凶躁滋甚，是冬遂廢愍懷。

晉惠帝永寧元年七月，襄城雨雹。是時齊王冏專政。十月，襄城、河南、高平、平陽風雹，折木傷稼。

晉惠帝光熙元年閏八月甲申朔，霰雪。劉向曰：「盛陽雨水湯熱，陰氣脅之，則轉而爲雹。盛陰雨雪凝滯，陽氣薄之，則散而爲霰。」今雪非其時，此聽不聰之應也。

晉孝懷帝永嘉元年十二月冬，雪平地三尺。

永嘉七年十月庚午，大雪。

晉愍帝建興元年十一月戊午，會稽大雨震雹。己巳夜，赤氣曜於西北，是夕，大雨震電。庚午，大雪。案劉向說，「雷以二月出，八月入」。此月雷電者，陽不閉藏也。既發泄而明日便大雪，皆失節之異也。是時劉載僭號平陽，李雄稱制於蜀，九州幅裂，西京孤微。爲君失時之象。

晉元帝太興二年三月丁未，成都風雹殺人。

太興三年三月，海鹽郡雨雹。是時王敦陵上。

晉元帝永昌二年十二月，幽、冀、幷三州大雪。〔一二〕

晉明帝太寧元年十二月，幽、冀、幷州大雪。

太寧二年四月庚子，京都大雨雹，燕雀死。

太寧三年三月丁丑，雨雹；癸巳，隕霜；四月，大雨雹。是年帝崩，尋有蘇峻之亂。

晉成帝咸和六年三月癸未，雨雹。是時帝幼弱，政在大臣。

咸和九年八月，成都雪。其日李雄死。

晉成帝咸康二年正月丁巳，皇后見于太廟。其夕雨雹。

晉康帝建元元年八月，大雪。是時政在將相，陰氣盛也。與春秋魯昭公時季孫宿專政同事。劉向曰：「凡雨，陰也，雪又雨之陰也。出非其時，迫近象也。」

晉穆帝永和三年八月，冀方大雪，人馬多凍死。

永和五年六月，臨漳暴風震霆，〔一三〕雨雹大如升。

永和十年五月，涼州雪。明年八月，枹罕護軍張瓘帥宋混等攻滅張祚，〔一四〕更立張曜靈弟玄靚。〔一五〕京房易傳曰：「夏雨雪，〔一六〕戒臣爲亂。」

永和十一年四月壬申朔，雪；十二月戊午，雷；己未，雷。是時帝幼，母后稱制，政在大臣。

晉穆帝升平二年正月，大雪。

晉孝武帝太元二年四月己酉，雨雹；十二月，大雪。是時帝幼弱，政在將相。

太元十二年四月己丑，雨雹。是時有事中州，兵役連歲。

太元二十年五月癸卯，上虞雨雹。

太元二十一年四月丁亥，雨雹。是時張夫人專幸，及帝暴崩，兆庶尤之。

太元二十一年十二月，連雪二十三日。是時嗣主幼沖，冢宰專政。

晉安帝隆安二年三月乙卯，〔一七〕雨雹。是秋，王恭、殷仲堪入伐，〔一八〕終皆誅。

晉安帝元興二年十二月，酷寒過甚。是時桓玄篡位，政事煩苛，是其應也。晉氏失在舒緩，玄則反之。劉向曰：「周衰無寒歲，秦滅無燠年。」此之謂也。

元興三年正月甲申，霰雪，又雷。雷霰不應同日，失節之應也。二月，義兵起，玄敗。

元興三年四月丙午，江陵雨雹。是時安帝蒙塵。

晉安帝義熙元年四月壬申，雨雹。是時四方未一，鉦鼓日戒。

義熙五年三月己亥，雪深數寸。

義熙五年五月癸巳，溧陽雨雹；九月己丑，廣陵雨雹。明年，盧循至蔡洲。

義熙五年九月己丑，廣陵雨雹。

義熙六年正月丙寅，雪，又雷。

義熙六年五月壬申，雨雹。

義熙八年四月辛未朔，雨雹；六月癸亥，雨雹，大風發屋。是秋，誅劉藩等。

義熙十年四月辛卯，雨雹。

宋文帝元嘉九年春，京都雨雹，溧陽、盱眙尤甚，傷牛馬，殺禽獸。

元嘉十八年三月，雨雹。二十五虜寇青州。〔一九〕

元嘉二十五年正月，積雪冰寒。

元嘉二十九年五月，盱眙雨雹，大如鷄卵。三十年，國家禍亂，兵革大起。

孝武帝大明元年十二月庚寅，大雪，平地二尺餘。明年，虜侵冀州，遣羽林軍北討。

明帝泰始五年四月壬辰，京邑雨雹。

後廢帝元徽三年五月乙卯，京邑雨雹。

雷震

魏明帝景初中，洛陽城東橋、洛水浮橋桓楹，同日三處俱震，尋又震西城上候風木飛烏。時勞役大起，帝尋晏駕。

吳孫權赤烏八年夏，〔二〇〕震宮門柱；又擊南津大橋桓楹。

孫亮建興元年十二月朔，大風震電；是月又雷雨。義同前說。亮終廢。

晉武帝太康六年十二月甲申朔，淮南郡震電。

太康七年十二月己亥，毗陵雷電，南沙司鹽都尉戴亮以聞。

太康十年十二月癸卯，廬江、建安雷電大雨。

晉惠帝永康元年六月癸卯，震崇陽陵標西南五百步，標破爲七十片。是時賈后陷害鼎輔，寵樹私戚。與漢桓帝時震憲陵寢同事也。后終誅滅。

晉惠帝永興二年十月丁丑，雷電。

晉懷帝永嘉四年十月，震電。

晉元帝永昌二年七月丙子朔，雷震太極殿柱。〔二一〕

永昌二年十一月，會稽、吳郡雨震電。

晉明帝太寧元年七月丙子朔，震太極殿柱。

晉成帝咸和元年十月己巳，會稽郡大雨震電。

咸和三年六月辛卯，臨海大雷，破郡府內小屋柱十枚，殺人。

咸和三年九月二日立冬，會稽震電。

咸和四年十二月，吳郡、會稽震電。

咸和四年十二月，丹陽震電。

晉穆帝永和七年十月壬午，〔二二〕雷雨，震電。

晉穆帝升平元年十一月庚戌，雷；乙丑，又雷。

升平五年十月庚午，雷發東南。

晉孝武帝太元五年六月甲寅，雷震含章殿四柱。

太元五年十二月，雷聲在南方。

太元十四年七月甲寅，震宣陽門西柱。

晉安帝隆安二年九月壬辰，雨雷。

晉安帝元興三年，永安皇后至自巴陵。將設儀導入宮，天雷，震人馬各一俱殪。

晉安帝義熙四年十一月辛卯朔，西北疾風，癸丑，雷。

義熙五年六月丙寅，震太廟，破東鴟尾，徹壁柱。

義熙六年正月丙寅，雷又雪。〔二三〕

義熙六年十二月壬辰，大雷。

義熙九年十一月甲戌，雷；乙亥，又雷。〔二四〕

宋文帝元嘉四年十一月癸丑，雷。

元嘉五年六月丙寅，震太廟，破東鴟尾，徹壁柱。

元嘉六年正月丙寅，雷且雪。

元嘉七年十月丙子，雷。

元嘉八年十二月庚辰，雷。

元嘉九年十一月甲戌，雷且雪。

元嘉十四年，震初寧陵口標，四破至地。十七年，廢大將軍彭城王義康。骨肉相害，自此始也。

前廢帝景和元年九月甲午，雷震。

明帝泰始二年九月辛巳，雷震。

泰始四年十月辛卯，雷震。

泰始四年十一月癸卯朔，雷震。

泰始五年十一月乙巳，雷震。

泰始六年十一月庚午，雷。

後廢帝元徽三年九月戊戌，雷。

元徽三年九月丁未，雷。

元徽三年九月戊午，雷震。

元徽三年十月辛未，雷；甲戌，又雷。

從帝昇明三年二月二十四日丙申，震建陽門。

鼓妖

晉惠帝元康九年三月，有聲若牛，出許昌城。十二月，廢太子，幽于許宮。按春秋晉文公柩有聲如牛，劉向以爲鼓妖。其說曰：「聲如此，怒象也。將有急怒之謀，以生兵甲之禍。」此其類也。明年，賈后遣黃門孫慮殺太子，擊以藥杵，聲聞于外。

蘇峻在歷陽，外營將軍鼓自鳴，如人弄鼓者。峻手自斫之，曰：「我鄉土時有此，則城空

矣。」俄而作亂夷滅。此聽不聽之罰，鼓妖先作也。

石虎末，洛陽城西北九里石牛在青石趺上，忽鳴喚，聲聞四十里。虎遣人打落兩耳及尾，鐵釘釘四脚。

晉孝武太元十五年三月己酉朔，東北有聲如雷。案劉向說以爲：「雷當託於雲，猶君託於臣。」無雲而雷，此君不恤下，下民將叛之象也。及帝崩而天下漸亂，孫恩、桓玄交陵京邑。

吳興長城縣夏架山有石鼓，長丈餘，面徑三尺所，下有盤石爲足，鳴則聲如金鼓，三吳有兵。晉安帝隆安中大鳴，後有孫靈秀之亂。

魚孽

魏齊王嘉平四年五月，有二魚集于武庫屋上。此魚孽也。王肅曰：「魚生於淵，而亢於屋，介鱗之物，失其所也。邊將其殆有棄甲之變乎。」後果有東關之敗。干寶又以爲高貴鄉公兵禍之應。二說皆與班固旨同。

晉武帝太康中，有鯉魚二見武庫屋上。干寶曰：「武庫兵府，魚有鱗甲，亦兵類也。魚既極陰，屋上太陽，魚見屋上，象至陰以兵革之禍干太陽也。」至惠帝初，誅楊駿，廢太后，矢交館閣。元康末，賈后謗殺太子，尋亦誅廢。十年間，母后之難再興，是其應也。自是禍亂構矣。京房易妖曰：「魚去水，飛入道路，兵且作。」

蝗蟲

魏文帝黃初三年七月，冀州大蝗，民饑。案蔡邕說：「蝗者，在上貪苛之所致也。」是時孫權歸從，帝因其有西陵之役，舉大衆襲之，權遂背叛。

晉武帝泰始十年六月，蝗。是時荀、賈任政，疾害公直。

晉孝懷帝永嘉四年五月，大蝗，自幽、并、司、冀至于秦、雍，草木牛馬毛鬣皆盡。是時天下兵亂，漁獵生民，存亡所繫，唯司馬越、苟晞而已，而競爲暴刻，經略無章。

晉愍帝建興四年六月，大蝗。去歲胡寇頻攻北地，馮翊，麴允等悉衆禦之。是時又禦劉曜，爲曜所破，西京遂潰。

晉元帝太興元年六月，蘭陵合鄉蝗，害禾稼。乙未，東莞蝗蟲縱廣三百里，害苗稼。

太興元年七月，東海、彭城、下邳、臨淮四郡蝗蟲害禾、豆。

太興元年八月，冀、青、徐三州蝗食生草盡，至于二年。是時中州淪喪，暴亂滋甚。

太興二年五月，淮陵、臨淮、淮南、安豐、廬江諸郡蝗食秋麥。

太興三年五月癸丑，徐州及揚州江西諸郡蝗，吳民多餓死。去年，王敦并領荊州，苛暴之釁，自此興矣。又是年初，徐州刺史蔡豹帥衆伐周撫。

晉孝武帝太元十五年八月，兗州蝗。是時丁零寇兗、豫，鮮卑逼河南，征戍不已。

太元十六年五月，飛蝗從南來，集堂邑縣界，害苗稼。是年春，發取江州兵營甲士二千人家口六七千人，配護軍及東宮，後尋散亡殆盡；又邊將連有征役。

豕禍

吳孫晧寶鼎元年，野豕入右大司馬丁奉營。〔二五〕此豕禍也。後奉見遣攻穀陽，無功反，〔二六〕晧怒，斬其導軍。及舉大衆北出，奉及萬彧等相謂曰：「若至華里，不得不各自還也。」此謀泄，奉時雖已死，晧追討穀陽事，殺其子溫，家屬皆遠徙。豕禍之應也。龔遂曰：「山野之獸，來入宮室，宮室將空。」又其象也。

晉孝懷帝永嘉中，壽春城內有豕生兩頭而不活。周馥取而觀之。時通數者竊謂曰：「夫豕，北方之畜，胡、狄象也。兩頭者，無上也。生而死，不遂也。天意若曰，勿生專利之謀，將自致傾覆也。」周馥不悟，遂欲迎天子，令諸侯，俄爲元帝所敗。是其應也。石勒亦尋渡淮，百姓死者十八九。

晉愍帝建武元年，〔二七〕有豕生八足。聽不聰之罰也。京房易傳曰：「凡妖作，各象其類。足多者，所任邪也。」是後有劉隗之變。

晉成帝咸和六年六月，錢塘民家豭豕生兩子，皆人面，如胡人狀，其身猶豕。京房易妖曰：「豕生人頭豕身者，邑且亂亡。」此豭豕而產，異之甚者也。

晉孝武帝太元十年四月，京都有豕，一頭二身八足。十三年，京都民家豕產子，一頭二身八足。並與建武同妖也。是後宰相沈酗，不恤朝政，近習用事，漸亂國綱，至於大壞也。

黑眚黑祥

晉孝懷帝永嘉五年十二月，黑氣四塞。近黑祥也。

宋文帝元嘉二十六年三月，幸京口。有黑氣暴起，占有兵。明年，虜南寇至瓜步，飲馬于江。

火沴水

晉武帝太康五年六月，任城、魯國池水皆赤如血。案劉向說，近火沴水也。聽之不聰之罰也。京房易傳曰：「淫於色，賢人潛，國家危，厥異水流赤。」

晉穆帝升平三年二月，涼州城東池中有火；四年四月，姑臧澤水中又有火。此火沴水之妖也。明年，張天錫殺中護軍張邕。邕，執政臣也。

晉安帝元興二年十月，錢塘臨平湖水赤。桓玄諷吳郡使言開除，以為己瑞。俄而玄敗。

校勘記

〔一〕顓事有知　各本並作「顓事者加」，據漢書五行志改。

〔二〕厥災水殺人　「災」字各本並作「大水」二字，據漢書五行志改。

〔三〕厥災水　各本並脫「災」字，據漢書五行志補。

〔四〕大雨震雹　「雹」各本並作「雹」，據三國志吳志孫休傳、晉書五行志改。

〔五〕又使趙胤路永劉仕王允之陳光五將軍各帥衆戍衛　「趙胤」各本作「趙胤」。「劉仕、王允之」各本作「劉允之」，並據晉書成帝紀訂正。宋志五將軍祇舉四人之名。晉書成帝紀：「咸康元年夏四月癸卯，石季龍寇襄陽。癸丑，帝分命諸將。遣將軍劉仕救歷陽，平西將軍趙胤屯慈湖，龍驤將軍路永戍牛渚，建武將軍王允之戍蕪湖，司空郗鑒使廣陵相陳光帥衆衛京師。」正合宋志五將之數。

〔六〕江左雖有濤變　「江左」各本並作「江右」，據晉書五行志改。按時稱江北為江右，江南為江左。石頭在江南，當作江左。

〔七〕劉雅亦謀反　三朝本、北監本、毛本、殿本、局本、晉書五行志並作「劉稚」。殿本、晉書劉毅傳並作「劉雅」。

〔八〕東諸郡大水　「東」字下，各本並衍「都」字，今刪去。按東諸郡，謂會稽、東陽、臨海、永嘉、新安等郡。

〔九〕七月丙申　百衲本晉書五行志作「七月庚申」。按是年七月壬戌朔，無丙申，亦無庚申，日干支當有誤。

〔一〇〕畿內縣二及東平范陽縣雨雹　「東平范陽縣」晉書五行志作「東平、范陽」。按據杜預左傳莊三十一年注及晉書地理志，東平有范縣，別有范陽國，所屬有范陽縣，未知孰是。

〔一一〕城陽章武琅邪傷麥　各本並脫「傷麥」二字，據晉書五行志補。

〔一二〕晉元帝永昌二年十二月幽冀并三州大雪　下條又有「晉明帝太寧元年十二月，幽、冀、并州大雪」。按永昌元年冬，元帝死，明帝繼位。永昌二年三月朔，始改元太寧。永昌二年即太寧元年。二條實一事，蓋沈約宋志原文之誤。

〔一三〕臨漳暴風震靂　各本並脫「風」字，據晉書五行志補。「靂」晉書五行志作「電」。

〔一四〕枹罕護軍張瓘帥宋混等攻滅張祚　「宋混」各本並作「宗混」，據晉書張軌傳改。

〔一五〕更立張曜靈弟玄靚　「張曜靈」各本並作「張曜」，據晉書張軌傳及晉書五行志補「靈」字。

〔一六〕夏雨雪　各本並脫「雨」字，據漢書五行志補。

〔一七〕晉安帝隆安二年三月乙卯　「乙卯」各本並作「己卯」，據晉書五行志改。按是月癸巳朔，二十三日乙卯，無己卯。

〔一八〕是秋王恭殷仲堪入伐　三朝本、毛本、局本作「入伐」。北監本、殿本作「內侮」。

〔一九〕二十五虜寇青州　「二十五」三字，文義費解，或有譌奪。按本紀，魏攻青州，在二十三年三月。疑「二十五」是「二十三年三月」之譌。

〔二〇〕吳孫權赤烏八年夏　「八年」各本並作「三年」，據三國志吳志吳主權傳、晉書五行志改。

〔二一〕晉元帝永昌二年七月丙子朔雷震太極殿柱　此與又下條「晉明帝太寧元年七月丙子朔，震太極殿柱」實一事。永昌元年冬，元帝死，明帝繼位。永昌二年三月朔，始改元太寧。永昌二年即太寧元年。三月以後，應稱太寧，宋書分為二條，蓋沈約原文之誤。

〔二二〕晉穆帝永和七年十月壬午　「十月」各本並作「七月」，據晉書穆帝紀、晉書五行志改。按是年七月甲午朔，無壬午。十月壬戌朔，二十一日壬午。

〔二三〕雷又雪　三朝本、北監本、毛本作「雷又雷」。殿本、局本作「雷，丁卯，又雷」。晉書五行志作「雷

又雪」。今據晉書改。

〔二四〕義熙九年十一月甲戌雷乙亥又雷　殿本作「乙亥」。三朝本、北監本、毛本、局本作「乙丑」。按是年十一月壬戌朔，十三日甲戌，十四日乙亥。乙丑爲初四日，不當在十三日甲戌之下，故改從殿本。

〔二五〕野豕入右大司馬丁奉營　各本並脫「大」字，據三國志吳志丁奉傳、晉書五行志補。

〔二六〕無功反　「反」各本並作「及」，據晉書五行志改。

〔二七〕晉愍帝建武元年　「晉愍帝」各本並作「晉武帝」。按晉元帝稱晉王，改元建武，時愍帝尚在匈奴庭，元帝亦未正位稱帝，故沈約志例稱晉愍帝建武元年。今仍其例，改作晉愍帝建武元年。

宋書卷三十四

志第二十四

五行五

五行傳曰：「治宮室，飾臺榭，內淫亂，犯親戚，侮父兄，則稼穡不成。」謂土失其性而爲災也。又曰：「思心不叡，是謂不聖。厥咎霿，厥罰恒風，厥極凶短折。時則有脂夜之妖，時則有華孽，時則有牛禍，時則有心腹之痾，時則有黃眚、黃祥，時則有金木水火沴土。」班固曰：「不言『惟』而獨曰『時則有』者，非一衝氣所沴，明其異大也。」華孽，劉歆傳以爲贏蟲之孽，謂螟屬也。

稼穡不成

吳孫晧時，嘗歲無水旱，苗稼豐美，而實不成，百姓以饑，闔境皆然，連歲不已。吳人以爲傷露，非也。按劉向春秋說曰：「水旱當書，不書水旱，而曰大無麥禾者，〔一〕土氣不養，稼穡不成。」此其義也。晧初遷都武昌，尋還建業，又起新館，綴飾珠玉，壯麗過甚，破壞諸宮，增修苑囿，犯暑妨農，官民疲怠。月令，「季夏不可以興土功」。晧皆冒之。此治宮室飾臺榭之罰，與春秋魯莊公三築臺同應也。班固曰：「無水旱之災，而草木百穀不熟，皆爲稼穡不成。」

晉穆帝永和十年，三麥不登，至關西亦然。自去秋至是夏，無水旱，無麥者，如劉向說也。又俗云，「多苗而不實爲傷」，又其義也。

恒風

魏齊王正始九年十一月，大風數十日，發屋折樹；十二月戊子晦，尤甚，動太極東閣。

魏齊王嘉平元年正月壬辰朔，〔二〕西北大風，發屋折木，昏塵蔽天。按管輅說此爲時刑，大風，執政之憂也。是時曹爽區霿自專，驕僭過度，天戒數見，終不改革。此思心不叡，恒風之罰也。後踰旬而爽等滅。京房易傳曰：「衆逆同志，至德乃潛，厥異風。其風也，行不解，物不長，雨小而傷。政悖德隱，茲謂亂。厥風先風不雨，大風暴起，發屋折木。守義不進，茲謂眊。厥風與雲俱起，折五穀莖。臣易上政，茲謂不順。厥風大飇發屋。賦斂不理，茲謂禍。厥風絕經紀，止即溫，溫即蟲。侯專封，茲謂不統。厥風疾而樹不搖，穀不成。辟不思道利，茲謂無澤。厥風不搖木，旱無雲，傷禾。公常於利，茲謂亂。厥風微而溫，生蟲蝗，害五穀。棄正作淫，茲謂惑。厥風溫，螟蟲起，害有益人之物。侯不朝，茲謂叛。厥風無恒，地變赤，雨殺人。」

吳孫權太元元年八月朔，大風，江海涌溢，平地水深八尺，拔高陵樹二株，石碑蹉動，吳城兩門飛落。按華覈對，役繁賦重，區瞀不叙之罰也。明年，權薨。

吳孫亮建興元年十二月丙申，大風震電。是歲，魏遣大衆三道來攻，諸葛恪破其東興軍，二軍亦退。明年，恪又攻新城，喪衆太半，還伏誅。

吳孫休永安元年十一月甲午，風四轉五復，蒙霧連日。是時孫綝一門五侯，權傾吳主，風霧之災，與漢五侯、丁、傅同應也。十二月丁卯夜，又大風，發木揚沙。明日，綝誅。

晉武帝泰始五年五月辛卯朔，廣平大風折木。

晉武帝咸寧元年五月，下邳、廣陵大風，壞千餘家，折樹木。

咸寧元年五月甲申，廣陵、司吾、下邳大風折木。

咸寧三年八月，河間大風折木。

晉武帝太康二年五月，濟南大風，折木傷麥。

太康二年六月，高平大風折木，發壞邸閣四十餘區。

太康八年六月，郡國八大風。

太康九年正月，京都風雹，發屋拔木。後二年，宮車晏駕。

晉惠帝元康四年六月，大風雨拔樹。

元康五年四月庚寅夜，暴風，城東渠波浪，七月，下邳大風，壞廬舍，九月，雁門、新興、太原、上黨災風傷稼。明年，氐、羌反叛，大兵西討。

元康九年六月，飄風吹賈謐朝服飛數百丈。明年，謐誅。

元康九年十一月甲子朔，京都連大風，發屋折木。十二月，太子廢。

晉惠帝永康元年二月，大風拔木。三月，愍懷被害。己卯，喪柩發許還洛，是日，大風雷電，幃蓋飛裂。

永康元年四月，張華第舍飄風折木，飛繒軸六七。是月，華遇害。

永康元年十一月戊午朔，大風從西北來，折木飛石。明年正月，趙王倫篡位。

晉惠帝永興元年正月癸酉，趙王倫祠太廟，〔三〕災風暴起，塵沙四合。其年四月，倫伏辜。

晉元帝永昌元年七月丙寅，大風拔木，屋瓦皆飛。

永昌元年八月，暴風壞屋，拔御道柳樹百餘株。其風縱橫無常，若風自八方來者。十一月，宮車晏駕。

晉成帝咸康四年三月壬辰，成都大風，發屋折木。四月，李壽襲殺李期。

晉康帝建元元年七月庚申，晉陵、吳郡災風。

晉穆帝升平元年八月丁未，策立皇后何氏。是日疾風。

升平五年正月戊戌朔，疾風。

晉海西公太和六年二月，大風迅急。

晉孝武帝寧康元年三月戊申朔，〔四〕暴風迅起，從丑上來，須臾轉從子上來，飛沙揚礫。

晉孝武帝太元元年二月乙丑朔，〔五〕暴風折木。

太元二年閏三月甲子朔，〔六〕暴風疾雨俱至，發屋折木。

太元二年六月，長安大風拔苻堅宮中樹。其後堅再南伐，身戮國亡。

太元四年八月乙未，暴風。

太元十二年正月壬子夜，〔七〕暴風。

太元十二年七月甲辰，〔八〕大風拔木。

太元十七年六月乙卯，〔九〕大風折木。

晉安帝元興二年二月甲辰，大風雨，大航門屋瓦飛落。明年，桓玄篡位，由此門入。

元興三年正月，〔一〇〕桓玄遊大航南，飄風飛其䡟輗蓋。三月，玄敗。

元興三年五月，江陵大風折木。是月，桓玄敗於峥嶸洲，身亦屠裂。

元興三年十一月丁酉，大風，江陵多死者。〔一一〕

晉安帝義熙四年十一月辛卯朔，西北疾風起。

義熙五年閏十月丁亥，大風發屋。明年，盧循至蔡洲。

義熙六年五月壬申，大風拔北郊樹，樹幾百年也。琅邪、揚州二射堂倒壞。是日，盧循大艦漂沒。甲戌，又風，發屋折木。是冬，王師南討。〔一二〕

義熙十年四月己丑朔，大風拔木。

義熙十年六月辛亥，大風拔木。明年，西討司馬休之。

宋少帝景平二年正月癸亥朔旦，暴風發殿庭，會席翻揚數十丈。〔一三〕五月，帝廢。

文帝元嘉二十六年二月庚申，壽陽驟雨，有回風雲霧，廣三十許步，從南來，至城西回散滅。當其衝者，室屋樹木摧倒。

元嘉二十九年三月，大風，拔木飛瓦。

元嘉三十年正月，大風拔木，雨凍殺牛馬，雷電晦冥。二月，宮車晏駕。

孝武帝大明七年，風吹初寧陵隧口左標折。鍾山通天臺新成，飛倒，散落山澗。明年閏五月，帝崩。

前廢帝永光元年正月乙未朔，京邑大風。

明帝泰始二年三月丙申，京邑大風。

泰始二年四月甲子，京邑大風。

泰始二年五月丁未，京邑大風。

泰始二年五月己酉，京邑大風。

泰始二年九月乙巳，京邑大風。

後廢帝元徽二年七月甲子，京邑大風。

元徽三年三月丁卯，京邑大風。

元徽三年六月甲戌，京邑大風。

元徽四年十一月辛卯，京邑大風。

元徽五年三月庚寅，京邑大風，發屋折木。

元徽五年六月甲寅，京邑大風。

夜妖

魏高貴鄉公正元二年閏正月戊戌，[一四]大風晦暝，行者皆頓伏。近夜妖也。劉向曰："正晝而暝，陰爲陽，臣制君也。"時晉景王討毌丘儉，是日始發。

魏元帝景元三年十月，京都大震，晝晦。此夜妖也。班固曰："夜妖者，雲風並起而杳冥，故與常風同象也。"劉向春秋說云："天戒若曰，勿使大夫世官，將令專事，冥晦。明年，魯季友卒，果世官而公室卑矣。"魏見此妖，[一五]晉有天下之應也。

晉孝武帝太元十三年十二月乙未，大風晦暝。其後帝崩，而諸侯違命，干戈內侮，權奪於元顯，禍成於桓玄。是其應也。

蠃蟲之孽

晉孝武咸寧元年七月，郡國螟；九月，青州又螟。

咸寧元年七月，郡國有青蟲食禾稼。

咸寧四年，司、冀、兗、豫、荊、揚郡國皆螟。

晉武帝太康四年，會稽彭蜞及蟹皆化爲鼠，甚衆，覆野，大食稻爲災。

太康九年八月，郡國二十四螟。螟說與蝗同。是時帝聽讒訴。

太康九年九月，蟲傷稼。

晉惠帝元康三年九月，帶方、含資、提奚、南新、長岑、海冥、列口蟲食禾葉蕩盡。

晉惠帝永寧元年七月，梁、益、涼三州螟。是時齊王冏秉政。貪苛之應也。

永寧元年十月，南安、巴西、江陽、太原、新興、北海青蟲食禾葉，甚者十傷五六。

永寧元年十二月，郡國八螟。

牛禍

晉武帝太康九年，幽州塞北有死牛頭語。近牛禍也。是時帝多疾病，深以後事爲念，而託付不以至公，思心瞀亂之應也。師曠曰："怨讟動於民，則有非言之物而言。"又其義也。

晉惠帝太安中，江夏張騁所乘牛言曰："天下方亂，乘我何之！"騁懼而還，犬又言曰："歸何蚤也。"尋後牛又人立而行。騁使善卜者卦之。謂曰："天下將有兵亂，爲禍非止一家。"其年張昌反，先略江夏，騁爲將帥。於是五州殘亂，騁亦族滅。京房易妖曰："牛能言，如其言占吉凶。"易萌氣樞曰："人君不好士，走馬被文繡，犬狠食人食，則有六畜祅言。"時天子諸侯不以惠下爲務，又其應也。

晉愍帝建武元年，曲阿門牛生犢，[一六]一體兩頭。

元帝太興元年，武昌太守王諒牛生子，兩頭八足兩尾共一腹。三年後死。又有牛生一足三尾，皆生而死。按司馬彪說，兩頭者，政在私門，上下無別之象也。京房易傳曰："足多者，所任邪也。足少者，下不勝任也。"其後皆有此應。

晉元帝太興四年十二月，郊牛死。按劉向說春秋郊牛死曰，宣公區瞀昏亂，故天不饗其祀。元帝中興之業，實王導之謀也。劉隗探會主意，以得親幸，導見疏外。此區瞀不叡之禍也。

晉成帝咸和二年五月，護軍牛生犢，兩頭六足。是冬，蘇峻作亂。

咸和七年，九德民袁榮家牛產犢，兩頭八足二尾共身。京房易傳："殺無罪，則牛生妖。"

桓玄之國在荊州，詣刺史殷仲堪，行至鶴穴，逢一老公，驅青牛，形色瓌異。桓玄卽以所乘牛易取。乘至零陵涇溪，駿駛非常，[一七]因息駕飲牛。牛徑入江水不出。玄遣人覘守，經日無所見。

宋文帝元嘉三年，司徒徐羨之大兒喬之行欲入廣莫門。牛徑將入廷尉寺，左右禁捉不能禁。入方得出。明日被收。

元嘉二十九年，晉陵送牛，角生右脅，長八尺。明年二月，東宮爲禍。

孝武帝大明三年，廣州刺史費淹獻三角水牛。

黄眚黄祥

蜀劉備章武二年，東伐。二月，自秭歸進屯夷道。六月，秭歸有黄氣見，長十餘里，廣數十丈。後踰旬，備爲陸議所破。近黄祥也。

魏齊王正始中，中山王周南爲襄邑長。有鼠從穴出，語曰：「王周南，爾以某日死。」南不應。鼠還穴。後至期，更冠幘皁衣出，語曰：「周南，汝日中當死。」又不應。鼠復入，斯須更出，語如向日。適欲日中，鼠入復出，出復入，轉更數語如前。日適中，鼠曰：「周南，汝不應我，復何道。」言絶，顛蹶而死，卽失衣冠。取視，俱如常鼠。案班固說，此黄祥也。是時曹爽秉政，競爲比周，故鼠作變也。

宋孝武大明七年春，太湖邊忽多鼠。其年夏，水至，悉變成鯉魚。民人一日取，轉得三五十斛。明年，大飢。

晉元帝太興四年八月，黄霧四塞，埃氣蔽天。案楊宣對，近土氣，亂之祥也。

晉元帝永昌二年正月癸巳，黄霧四塞。

晉穆帝永和七年三月，涼州大風拔木，黄霧下塵。是時張重華納譖，出謝艾爲酒泉太守，而所任非其人。至九年死，嗣子見弒。是其應也。京房易傳曰：「聞善不予，茲謂不知。厥異黄，厥咎聾，厥災不嗣。黄者，有黄濁氣四塞天下，蔽賢絶道，故災至絶世也。」

晉安帝元興元年十月丙申朔，黄霧昏濁，不雨。

宋文帝元嘉十八年秋七月，天有黄光，洞照于地。太子率更令何承天謂之榮光，太平之祥，上表稱慶。

地震

吳孫權黄武四年，江東地連震。是時權受魏爵命，爲大將軍、吳王，改元專制，不修臣迹。京房易傳曰：「臣事雖正，專必震。」董仲舒、劉向並云「臣下强盛，將動而爲害」之應也。〔一八〕

魏明帝青龍二年十一月，京都地震，從東來，〔一九〕隱隱有聲，屋瓦搖。

魏明帝景初元年六月戊申，京都地震。是秋，吳將朱然圍江夏，荆州刺史胡質擊退之。又公孫淵自立爲燕王，改年，置百官。明年，討平之。

吳孫權嘉禾六年五月，江東地震。

赤烏二年正月，地又再震。是時呂壹專政，步騭上疏曰：「伏聞校事，吹毛求瑕，趣欲陷人，成其威福，無罪無辜，横受重刑，雖有大臣，不見信任。如此，天地焉得無變。故嘉禾六年、赤烏二年，地連震動，臣下專政之應也。冀所以警悟人主，可不深思其意哉。」壹後卒敗。

魏齊王正始二年十一月，〔二〇〕南安郡地震。

正始三年七月甲申，南安郡地震；十二月，魏郡地震。

正始六年二月丁卯，南安郡地震。是時曹爽專政，遷太后于永寧宮，太后與帝相泣而別。連年地震，是其應也。

吳孫權赤烏十一年二月，江東地仍震。是時權聽讒，尋黜朱據，廢太子。

蜀劉禪炎興元年，蜀地震。時宦人黄皓專權。按司馬彪說，奄宦無陽施，猶婦人也。此皓見任之應，與漢和帝時同事也。是冬蜀亡。

晉武帝泰始五年四月辛酉，地震。是年冬，新平氐、羌叛。明年，孫晧大遣衆入渦口。叛虜寇秦、涼，刺史胡烈、蘇愉並爲所害。

泰始七年六月丙申，地震。武帝世，始於賈充，終於楊駿，阿黨昧利，苟專權寵，終喪天下，由是也。末年所任轉敝，故亦一年六震，是其應也。裴叔則曰：「晉德所以不比隆堯、舜

者，以有賈充諸人在朝。」

晉武帝咸寧二年八月庚辰，河南、河東、平陽地震。〔二一〕

咸寧四年六月丁未，陰平、廣武地震；甲子，陰平、廣武地又震。

晉武帝太康二年二月庚申，淮南、丹陽地震。

太康五年二月壬辰，〔二二〕地震。

太康六年七月己丑，地震。

太康七年七月，南安、犍爲地震；八月，京兆地震。

太康八年五月壬子，建安地震；七月，陰平地震；八月，丹陽地震。

太康九年正月，會稽、丹陽、吳興地震；四月辛酉，長沙、南海等郡國八地震；七月至于八月，地又四震，其三有聲如雷。

太康十年十二月己亥，丹陽地震。

晉武帝太熙元年，〔二三〕地震。

晉惠帝元康元年十二月辛酉，京都地震。

元康四年二月，蜀郡山崩殺人；上谷、上庸、遼東地震。五月壬子，壽春山崩，洪水出，城壞，地陷方三十丈。六月，壽春大雷震，山崩地坼，家人陷死，上庸郡亦如之。八月，上谷

地震，水出，殺百餘人。居庸地裂，廣三十六丈，長八十四丈，水出，大饑。上庸四處山崩地陷，廣三十丈，長百三十丈，水出殺人。十月，京都地震；十一月，滎陽、襄城、汝陰、梁國、南陽地皆震；十二月，京都又震。是時賈后亂朝，據權專制，終至禍敗之應也。漢鄧太后攝政時，郡國地震。李固以爲：「地，陰也，法當安靜。今乃越陰之職，專陽之政，故應以震。」此同事也。京房易傳曰：「無德專祿，茲謂不順。厥震動，丘陵涌水出。」又曰：「小人剝廬，厥妖山崩。茲謂陰乘陽，弱勝强。」又曰：「陰背陽，則地裂。父子分離，夷、羌叛去。」

元康五年五月丁丑，地震；六月，金城地震。

元康六年正月丁丑，地震。

元康八年正月丙辰，地震。

晉惠帝太安元年十月，地震。是時齊王冏專政。

太安二年十二月丙辰，地震。是時長沙王乂專政。

晉孝懷帝永嘉三年十月，荆、湘二州地震。時司馬越專政。

永嘉四年四月，兗州地震。

晉愍帝建興二年四月甲辰，地震。是時幼主在上，權傾於下，四方雲擾，兵亂不息。

建興三年六月丁卯，長安地震。

晉元帝太興元年四月，西平地震，涌水出；十二月，廬陵、豫章、武昌、西陵地震，山崩。干寶曰：「王敦陵上之應。」

太興二年五月癸丑，祁山地震，山崩殺人。是時相國南陽王保在祁山稱晉王，不終之象也。

太興三年四月庚寅，丹陽、吳郡、晉陵地震。其年，南平郡山崩，出雄黃數千斤。

晉成帝咸和二年三月，益州地震；四月己未，豫章地震。是年，蘇峻作亂。

咸和九年三月丁酉，會稽地震。是時政在臣下。

晉穆帝永和元年六月癸亥，地震。是時嗣主幼沖，母后稱制，政在臣下，所以連年地震。

永和二年十月，地震。

永和三年正月丙辰，地震。

永和四年十月己未，地震。

永和五年正月庚寅，地震。

永和九年八月丁酉，京都地震，有聲如雷。

永和十年正月丁卯，〔二四〕地震，有聲如雷，雞雉鳴呴。

永和十一年四月乙酉，地震；五月丁未，地震。

晉穆帝升平五年八月，涼州地震。

晉哀帝隆和元年四月甲戌，地震。是時政在將相，人主南面而已。

隆和元年四月丁丑，涼州地震，浩亹山崩。張天錫降亡之象也。

隆和二年二月庚寅，〔二五〕江陵地震。是時桓溫專政。

晉海西太和元年二月，涼州地震水涌。

晉簡文帝咸安二年十月辛未，安成地震。

晉孝武帝寧康元年十月辛未，地震。是時嗣主幼沖，政在將相。

寧康二年七月甲午，涼州地震山崩。

晉孝武帝太元二年閏月壬午，地震；五月丁丑，地震。

太元十一年六月己卯，地震。是後緣河諸將，連歲兵役。

太元十五年三月己酉朔夜，地震。

太元十七年六月癸卯，地震；十二月己未，地又震。是時羣小弄權，天下側目。

太元十八年正月癸亥朔，地震；二月乙未，地震。

晉安帝隆安四年九月癸酉，地震。是時幼主沖昧，政在臣下。

晉安帝義熙四年正月壬子夜，地震有聲；十月癸亥，地震。

義熙五年正月戊戌夜，尋陽地震，有聲如雷。明年，盧循下。

義熙八年，自正月至四月，南康、廬陵地四震。明年，王旅西討荆、益。

宋文帝元嘉七年四月丙辰，地震。時遣軍經略司、兗。

元嘉十二年四月丙辰，京邑地震。

元嘉十五年七月辛未，地震。

元嘉十六年，地震。

孝武帝大明二年四月辛丑，地震。

大明六年七月甲申，地震，有聲自河北來，魯郡山搖地動，彭城城女牆四百八十丈墜落，屋室傾倒，兗州地裂泉涌，二年不已。其後虜主死，兗州刺史夏侯祖權卒。

明帝泰始二年四月，地震。

泰始四年七月己酉，東北有聲如雷，地震。

明帝泰豫元年閏七月甲申，東北有聲如雷，地震。

後廢帝元徽二年四月戊申，地震。

元徽五年五月戊申，地震。七月，帝殞。

宋文帝元嘉二十五年，青州城南地，遠望見地中如水有影，人馬百物皆見影中，積年乃滅。

山崩地陷裂

吳孫權赤烏十三年八月，丹楊、句容及故鄣、寧國諸山崩，鴻水溢。按劉向說，「山，陽，君也；水，陰，民也。天戒若曰，君道崩壞，百姓將失其所也」。與春秋梁山崩，漢齊、楚衆山發水同事也。「夫三代命祀，祭不越望，吉凶禍福，不是過也」。吳雖帝，其實列國，災發丹楊，其天意矣。國主山川，山崩川竭，亡之徵也。後二年而權薨，薨二十六年而吳亡。

魏元帝咸熙二年二月，太行山崩。此魏亡之徵也。其冬，晉有天下。

晉武帝泰始三年三月戊子，太行山崩。

泰始四年七月，泰山崩，墜三里。此晉之咎徵也。至帝晏駕，而祿去王室，懷、愍淪胥於北，元帝中興於南，是其應也。京房易傳曰：「自上下者爲崩，厥應泰山之石顛而下，聖王受命，人君虜。」

晉武帝太康五年丙午，宣帝廟地陷。

太康六年三月，南安新興縣山崩，涌水出。

太康七年七月，朱提之大瀘山崩，震壞郡舍；陰平之仇池崖隕。

太康八年七月，大雨。殿前地陷，方五尺，深數丈。

晉惠帝元康四年五月壬子，地陷，方三十丈，殺人。史闕其處。

元康四年八月，居庸地裂，廣三十丈，長百三十丈，水出殺人。

晉孝懷帝永嘉元年三月，洛陽東北步廣里地陷。

永嘉二年八月乙亥，〔二六〕鄄城城無故自壞七十餘丈，司馬越惡之，遷于濮陽。此見沴之異也。越卒陵上，終亦受禍。

永嘉三年七月戊辰，當陽地裂三所，所廣三丈，長二百餘步。京房易傳曰：「地坼裂者，臣下分離，不肯相從也。」其後司馬越、苟晞交惡，四方牧伯莫不離散，王室遂亡。

永嘉三年十月，宜都夷道山崩。

永嘉四年四月，湘東酃黑石山崩。

晉元帝太興四年八月，常山崩，水出，滹沱盈溢，大木傾拔。

晉成帝咸和四年十月，柴桑廬山西北崖崩。十二月，劉胤爲郭默所殺。

晉惠帝元康九年六月夜，暴雷雨。賈謐齋屋柱陷入地，壓謐牀帳。此木沴土，土失其性，不能載也。明年，謐誅。

晉惠帝光熙元年五月，范陽地然，可以爨。此火沴土也。是時禮樂征伐自諸侯出。

晉安帝義熙八年三月壬寅，山陰有聲如雷，地陷深廣各四尺。

義熙十年五月戊寅，西明門地穿，涌水出，毁門扇及限。〔二七〕此水沴土也。

五行傳曰：「皇之不極，是謂不建。厥咎眊，厥罰恒陰，厥極弱。時則有射妖，時則有龍蛇之孽，時則有馬禍，時則有下人伐上之痾，時則有日月亂行，星辰逆行。」

常陰

吳孫亮太平三年，自八月沈陰不雨，四十餘日。是時將誅孫綝，謀泄。九月戊午，綝以兵圍宮，廢亮爲會稽王。此常陰之罰也。

吳孫晧寶鼎元年十二月，太史奏久陰不雨，將有陰謀。晧深驚懼。時陸凱等謀因其謁廟廢之。及出，留平領兵前驅，凱語平，平不許，是以不果。晧既肆虐，羣下多懷異圖，終至降亡。

宋後廢帝元徽三年四月，連陰不雨。

元徽三年八月，多陰。後二年，廢帝殞。

射妖

蜀車騎將軍鄧芝征涪陵，見玄猿緣山，手射中之。猿拔其箭，卷木葉塞其創。芝曰：「嘻！吾違物之性，其將死矣。」俄而卒。此射妖也。一曰猿母抱子，芝射中之，子爲拔箭，取木葉塞創。芝歎息，投弓水中，自知當死矣。

晉恭帝之爲琅邪王時，好奇戲，嘗閉一馬於門內，令人射之，欲觀幾箭而死。左右有諫者，曰：「馬，國姓也。而今射之，不祥甚矣。」於是乃止，而馬已被十許箭矣。此蓋射妖也。俄而桓玄篡位。

龍蛇之孽

魏明帝青龍元年正月甲申，青龍見郟之摩陂井中。凡瑞興非時，則爲妖孽，況困於井，非嘉祥矣。魏以改年，非也。晉武不賀，是也。干寶曰：「自明帝終魏世，青龍黃龍見者，皆其主廢興之應也。魏土運，青，木色也，而不勝于金，黃得位，青失位之象也。青龍多見者，君德國運內相剋伐也。故高貴鄉公卒敗于兵。案劉向說：『龍貴象，而困井中，諸侯將有幽執之禍也。」魏世龍莫不在井，此居上者逼制之應。高貴鄉公著潛龍詩，卽此旨也。」

魏高貴鄉公正元元年冬十月戊戌，〔二八〕黃龍見于鄴井中。

魏高貴鄉公甘露元年正月辛丑，青龍見軹縣井中；六月乙丑，青龍見元城縣界井中。

甘露二年二月，青龍見溫縣井中。

甘露三年，黃龍青龍仍見頓丘、冠軍、陽夏縣界井中。

景元三年二月，〔二九〕青龍見軹縣井中。

吳孫晧天冊中，龍乳於長沙民家，啖雞雛。京房易妖曰：「龍乳人家，王者爲庶人。」其後晧降。

晉武帝咸寧二年六月丙申，白龍二見于九原井中。

晉武帝太康五年正月癸卯，二龍見于武庫井中。帝見龍，有喜色，百僚將賀。劉毅獨表曰：「昔龍漦夏庭，禍發周室，龍見鄭門，子產不賀。」帝答曰：「朕德政未修，未有以膺受嘉祥。」遂不賀也。孫盛曰：「龍，水物也，何與於人，子產言之當矣。但非其所處，實爲妖災。夫龍以飛翔顯見爲美，則潛伏幽處，非休祥也。漢惠帝二年，兩龍見蘭陵井中，本志以爲其後趙王幽死之象也。武庫者，帝王威御之器所寶藏也，室宇邃密，非龍所處。後七年，藩王相害，二十八年，果有二胡僭竊神器。勒，虎二逆皆字曰龍，此之表異，爲有證矣。」史臣案

龍爲休瑞，而屈於井中，前史言之已詳。但兆幽微，非可臆斷，故五行、符瑞兩存之。

晉愍帝建興二年十一月，枹罕羌妓產一龍子，色似錦文，嘗就母乳，遙見神光，少得就視。

晉武帝咸寧中，司徒府有二大蛇，長十許丈，居聽事平橑上，數年而人不知，但怪府中數失小兒及猪犬之屬。後一蛇夜出，傷於刃，不能去，乃覺之。發徒攻擊，移時乃死。夫司徒五教之府，此皇極不建，故蛇孽見之。漢靈帝時，蛇見御座，楊賜以爲帝溺於色之應也。魏氏宮人猥多，晉又過之，宴游是湎，此其孽也。詩云：「惟虺惟蛇，女子之祥。」

晉惠帝元康五年三月癸巳，臨菑有大蛇長十餘丈，負二小蛇，入城北門，徑從市入漢城陽景王祠中不見。天戒若曰，齊方有劉章定傾之功，若不厲節忠慎，又將蹈章失職奪功之辱也。齊王冏不悟，雖建興復之功，而以驕陵取禍。負二小蛇出朝市，皆有象類也。

晉明帝太寧初，武昌有大蛇，常居故神祠空樹中，每出頭從人受食。京房易妖曰：「蛇見於邑，不出三年，有大兵。國有大憂。」其後討滅王敦及其黨與。

馬禍

晉武帝太熙元年，遼東有馬生角，在兩耳下，長三寸。按劉向說，此兵象也。及帝晏駕

之後，王室毒於兵禍，是其應也。京房易傳曰：「臣易上，政不順，〔三〇〕厥妖馬生角。」又有「天子親伐，馬生角」。呂氏春秋曰：「人君失道，馬有生角。」

晉惠帝元康元年十二月，皇太子將釋奠，太傅趙王倫驂乘，至南城門，馬止，力士推之不能動。倫入軺車，乃進。此馬禍也。天戒若曰，倫不知義方，終爲亂逆，非傅導行禮之人。倫不悟，故亡。

元康九年十一月戊寅冬，有牝騧馬驚奔至廷尉訊堂，悲鳴而死。是殆愍懷冤死之象也。見廷尉訊堂，又天意乎。

晉孝懷帝永嘉六年二月，神馬鳴南城門。

晉元帝太興二年，丹陽郡吏濮陽楊演馬生駒，兩頭自頸前別，生而死。按司馬彪說，政在私門，二頭之象也。是後王敦陵上。

晉成帝咸康八年五月甲戌，有馬色赤如血，自宣陽門直走入于殿前，盤旋走出，尋逐莫知所在。己卯，帝不豫，六月崩。此馬禍，又赤祥也。張重華在涼州，將誅其西河相張祚，廄馬數十匹，同時悉皆無後尾。

晉安帝隆安四年十月，梁州有馬生角，刺史郭銓送示都督桓玄。案劉向說，馬不當生角，由玄不當舉兵向上也。覩災不悟，故至夷滅。

人痾

魏文帝黃初初，清河宋士宗母化爲鼈，入水。

魏明帝太和三年，曹休部曲兵奚農女死復生。時人有開周世冢，得殉葬女子，數日而有氣，數月而能語。郭太后愛養之。又太原民發冢破棺，棺中有一生婦人，問其本事，不知也。視其墓木，可三十歲。案京房易傳，至陰爲陽，下人爲上，晉宣王起之象也。漢平帝、獻帝並有此異，占以爲王莽、曹操之徵。公孫淵炊，有小兒蒸死甑中，其後夷滅。

吳孫亮建興二年，諸葛恪將征淮南，有孝子著衰衣入其閤。詰問，答曰：「不自覺入也。」時中外守備，亦悉不見。衆皆異之。及還，果見殺。恪已被害，妻在室，使婢沃盥，聞婢血臰。又眼目視瞻非常，妻問其故，婢蹷然躍起，頭至棟，攘臂切齒曰：「諸葛公乃爲峻所殺。」

吳孫休永安四年，安吳民陳焦死七日，復穿冢出。干寶曰：「此與漢宣帝同事。烏程侯晧承廢故之家，得位之祥也。」

吳孫晧寶鼎元年，丹陽宣騫母，年八十，因浴化爲黿。兄弟閉戶衞之，掘堂上作大坎，實水其中。黿入坎戲一二日，恒延頸外望，伺戶小開，便輪轉自躍，入于遠潭，遂不復還。

與漢靈帝時黃氏母事同。吳亡之象也。

魏元帝咸熙二年八月，襄武縣言有大人見，長三丈餘，跡長三尺二寸，髮白，著黃巾黃單衣，柱杖，呼民王始語曰：「今當太平。」尋晉代魏。

晉武帝泰始五年，元城人年七十，生角。案漢志說，殆趙王倫篡亂之象也。

晉武帝咸寧二年二月，琅邪人顏畿病死，棺斂已久，家人咸夢畿謂己曰：「我當復生，可急開棺。」遂出之。漸能飲食屈申視瞻，不能行語也。二年復死。其後劉淵、石勒遂亡晉室。

晉惠帝元康中，安豐有女子周世寧，年八歲，漸化爲男，至十七八，而氣性成。此劉淵、石勒蕩覆晉室之妖也。漢哀帝、獻帝時並有此異，皆有易代之兆。京房傳曰：「女子化爲丈夫，茲謂陰昌，賤人爲王。丈夫化爲女子，茲謂陰勝陽，〔三〕厥咎亡。」

晉惠帝永寧初，齊王冏唱義兵，誅除亂逆，乘輿反正。忽有婦人詣大司馬門求寄產。門者詰之，婦人曰：「我截齊便去耳。」是時齊王冏匡復王室，天下歸功。識者爲其惡之。後果斬戮。

永寧元年十二月甲子，有白頭公入齊王冏大司馬府，大呼有大兵起，不出甲子旬。冏殺之。明年十二月戊辰，冏敗，即甲子旬也。

晉惠帝太安元年四月癸酉，有人自雲龍門入殿前，北面再拜曰：「我當作中書監。」即收斬之。干寶曰：「夫禁庭，尊祕之處，今賤人徑入，而門衞不覺者，宮室將虛，而下人踰之之妖也。」是後帝北遷鄴，又西遷長安，盜賊蹈藉宮闕，遂亡天下。

晉惠帝世，梁國女子許嫁，已受禮娉，尋而其夫戍長安，經年不歸。女家更以適人，女不樂行，其父母逼強，不得已而去，尋得病亡。後其夫還，問女所在，其家具說之。其夫徑至女墓，不勝哀情，便發冢開棺，女遂活，因與俱歸。後婿聞之，詣官爭之，所在不能決。祕書郎王導議曰：「此是非常事，不得以常理斷之，宜還前夫。」朝廷從其議。

晉惠帝世，杜錫家葬，而婢誤不得出。後十餘年，開冢祔葬，而婢尚生。其始如瞑，有頃漸覺。問之，自謂當一再宿耳。初婢之埋，年十五六，及開冢更生，猶十五六也。嫁之有子。

晉惠帝光熙元年，會稽謝眞生子，大頭有髮，兩蹠反向上，有男女兩體。生便作丈夫聲，經日死。

晉惠、懷之世，京、洛有兼男女體，亦能兩用人道，而性尤淫。案此亂氣之所生也。自咸寧、太康之後，男寵大興，甚於女色，士大夫莫不尚之，天下皆相放效，或有至夫婦離絕，怨曠妬忌者。故男女氣亂，而妖形作也。

元帝太興初，又有女子陰在腹上，在揚州，性亦淫。京房易妖曰：「人生子，陰在首，天下大亂；在腹，天下有事；在背，天下無後。」

晉孝懷帝永嘉元年，吳郡吳縣萬祥婢生子，鳥頭，兩足馬蹄，一手無毛，黃色，大如枕。

晉愍帝建興四年，新蔡縣吏任僑妻胡，年二十五，產二女，相向，腹心合同，自胸以上，齊以下，各分。此蓋天下未一之妖也。時內史呂會上言：「案瑞應圖，異根同體謂之連理，異苗同穎謂之嘉禾。草木之異，猶以爲瑞，今二人同心，易稱『二人同心，其利斷金』。嘉徵顯見，生於陝東之國，斯蓋四海同心之瑞，不勝喜踊，謹畫圖以上。」時有識者哂之。

晉中興初，有女子，其陰在腹，當齊下。自中國來江東，性甚淫，而不產。京房易妖曰：「人生子，陰在首，天下大亂；在腹，天下有事；在背，天下無後。」

晉元帝太興三年十二月，尚書騶謝平妻生女，墮地濞濞有聲，須臾便死。鼻目皆在頂上，面處如項，口有齒，都連爲一，胸如鼈，手足爪如鳥爪，皆下句。京房易妖曰：「人生他物，非人所見者，皆爲天下大兵。」後二年，有石頭之敗。

晉明帝太寧二年七月，丹陽江寧侯紀妻死，三日復生。

晉成帝咸康四年十一月辛丑，有何一人詣南止車門自列爲聖人所使。錄付光祿外部檢問，是東海郯縣呂暢，辭語落漠，髡鞭三百，遣。

咸康五年四月，下邳民王和僑居暨陽。息女可，年二十，自云：「上天來還，得徵瑞印綬，當母天下。」晉陵太守以爲妖，收付獄。至十一月，有人持柘杖，絳衣，詣止車門口，列爲聖人使，求見天子。門候受辭，列姓呂名錫。云王和女可，右足下有七星，星皆有毛，長七寸，天今命可爲天下母。奏聞，即伏誅。并下晉陵誅可。

晉康帝建元二年十月，衞將軍營督過望所領兵陳瀆女壹，有文在足，曰「天下之母」。灸之逾明。京都諠譁。有司收繫以聞。俄自建康縣獄亡去。

石虎末，大武殿前所圖賢聖人像人頭，忽悉縮入肩中。

晉孝武帝寧康初，南郡州陵女人唐氏，漸化爲丈夫。

晉安帝義熙七年，無錫人趙朱，年八歲，一旦暴長八尺，髭鬢蔚然，三日而死。

義熙中，東陽人黃氏生女不養，埋之。數日於土中啼，取養遂活。

義熙末，豫章吳平人有二陽道，重累生。

晉恭帝元熙元年，建安人陽道無頭正平，本下作女人形體。

宋文帝元嘉十七年，劉斌爲吳郡。婁縣有一女，忽夜乘風雨，恍忽至郡城內。自覺去家正炊，衣不沾濡。曉在門上求通，言：「我天使也。」斌令前，因曰：「府君宜起迎我，當大富貴。不爾，必有凶禍。」斌問所以來，亦不自知也。謂是狂人，以付獄，符其家迎之。數日乃得去。後二十日許，斌誅。

孝武帝大明中，張暢爲會稽郡，妾懷孕，兒於腹中啼，聲聞於外。暢尋死。

大明末，荆州武寧縣人楊始歡妻，於腹中生女兒。此兒至今猶存。

明帝泰豫元年正月，巨人見太子西池水上，跡長三尺餘。

後廢帝元徽中，南東莞徐坦妻懷孕，兒在腹中有聲。

元徽中，暨陽縣女人於黄山穴中得二卵，如斗大，剖視有人形。

魏文帝黄初四年三月，宛、許大疫，死者萬數。

魏明帝青龍二年四月，大疫。

青龍三年正月，京都大疫。

吴孫權赤烏五年，大疫。

吴孫亮建興二年四月，諸葛恪圍新城。大疫，死者太半。

吴孫晧鳳皇二年，疫。

晉武帝泰始十年，大疫。吴土亦同。

晉武帝咸寧元年十一月，大疫，京都死者十萬人。

晉武帝太康三年春，疫。

晉惠帝元康二年十一月，大疫。

元康七年五月，秦、雍二州疾疫。

晉孝懷帝永嘉四年五月，秦、雍州饑疫至秋。

永嘉六年，大疫。

晉元帝永昌元年十一月，大疫，死者十二三。河朔亦同。

晉成帝咸和五年五月，大饑且疫。

晉穆帝永和九年五月，大疫。

晉海西太和四年冬，大疫。

晉孝武帝太元五年五月，自冬大疫，至于此夏。多絶戶者。

晉安帝義熙元年十月，大疫，發赤斑乃愈。

義熙七年春，大疫。

宋文帝元嘉四年五月，京都疾疫。

孝武帝大明元年四月，京邑疾疫。

大明四年四月，京邑疾疫。

日蝕

魏文帝黄初二年六月戊辰晦，日有蝕之。有司奏免太尉。詔曰：「災異之作，以譴元首，而歸過股肱，豈禹、湯罪己之義乎？其令百官各虔厥職。後有天地眚，勿復劾三公。」

黄初三年正月丙寅朔，日有蝕之；十一月庚申晦，又日有蝕之。

黄初五年十一月戊申晦，日有蝕之。後二年，宮車晏駕。

魏明帝太和初，太史令許芝奏日應蝕，與太尉於靈臺祈禳。帝詔曰：「蓋聞人主政有不得，則天懼之以災異，所以譴告使得自修也。故日月薄蝕，明治道有不當者。朕卽位以來，既不能光明先帝聖德，而施化有不合於皇神，故上天有以寤之。宜勵政自修，以報於神明。天之於人，猶父之於子，未有父欲責其子，而可獻盛饌以求免也。今外欲遣上公與太史令具禳祠，於義未聞也。羣公卿士，其各勉修厥職。有可以補朕不逮者，各封上之。」

魏明帝太和五年十一月戊戌晦，日有蝕之。

太和六年正月戊辰朔，日有蝕之。見吳曆。

魏明帝青龍元年閏月庚寅朔，日有蝕之。

魏齊王正始元年七月戊申朔，日有蝕之。紀無。

正始三年四月戊戌朔，日有蝕之。紀無。

正始六年四月壬子，日有蝕之；十月戊寅朔，又日有蝕之。〔三二〕

正始八年二月庚午朔，日有蝕之。是時曹爽專政，丁謐、鄧颺等轉改法度。會有日蝕變，詔羣臣問得失。蔣濟上疏曰：「昔大舜佐治，戒在比周；周公輔政，愼於其朋。齊侯問災，晏子對以布惠；魯君問異，臧孫答以緩役。塞變應天，乃實人事。」濟旨譬甚切，而君臣不悟，終至敗亡矣。

正始九年正月乙未朔，日有蝕之。

魏齊王嘉平元年二月己未，日有蝕之。

魏高貴鄉公甘露四年七月戊子朔，日有蝕之。

甘露五年正月乙酉朔，日有蝕之。按谷永說，正朝，尊者惡之。京房占曰：「日蝕乙酉，君弱臣强。司馬將兵，反征其王。」五月，有成濟之變。

魏元帝景元二年五月丁未朔，日有蝕之。

景元三年三月己亥朔，日有蝕之。〔三三〕

晉武帝泰始二年七月丙午晦，日有蝕之。

泰始七年五月庚辰，日有蝕之。

泰始八年十月辛未朔，日有蝕之。

泰始九年四月戊辰朔，日有蝕之。

泰始十年三月癸亥，日有蝕之。

晉武帝咸寧元年七月甲申晦，日有蝕之。

咸寧三年正月丙子朔，日有蝕之。

晉武帝太康四年三月辛丑朔，日有蝕之。

太康六年八月丙戌朔，日有蝕之。

太康七年正月甲寅朔，日有蝕之。乙亥，詔曰：「比年災異屢發，邦之不臧，實在朕躬。震蝕之異，其咎安在？將何施行，以濟其愆？」太尉亮、司徒舒、司空瓘遜位，弗許。

太康八年正月戊申朔，日有蝕之。

太康九年六月庚子朔，日有蝕之。後二年，宮車晏駕。

晉惠帝元康九年十一月甲子朔，[三四]日有蝕之。

晉惠帝永康元年四月辛卯朔，日有蝕之。

晉惠帝永寧元年閏三月丙戌朔，日有蝕之。

晉惠帝光熙元年正月戊子朔，日有蝕之。尊者惡之。七月乙酉朔，又日有蝕之既。占曰：「日蝕盡，不出三月，國有凶。」十一月，宮車晏駕。十二月壬午朔，又日有蝕之。

晉孝懷帝永嘉元年十一月戊申，日有蝕之。

永嘉二年正月丙午朔，日有蝕之。

永嘉六年二月壬子朔，日有蝕之。明年，帝崩于平陽。

晉愍帝建興四年六月丁巳朔，日有蝕之。十一月，帝爲劉曜所虜。十二月乙卯朔，又日有蝕之。明年，帝崩于平陽。

晉元帝太興元年四月丁丑朔，日有蝕之。

晉明帝太寧三年十一月癸巳朔，日有蝕之。

晉成帝咸和二年五月甲申朔，日有蝕之。

晉成帝咸康元年十月乙未朔，日有蝕之。

咸康七年二月甲子朔，日有蝕之。

咸康八年正月己未朔，日有蝕之。正朔，尊者惡之。六月，宮車晏駕。

晉穆帝永和七年正月丁酉朔，日有蝕之。

永和十二年十月癸巳朔，日有蝕之。

晉穆帝升平四年八月辛丑朔，日有蝕之，不盡如鉤。明年，宮車晏駕。

晉哀帝隆和元年十二月戊午朔，日有蝕之。

晉海西公太和三年三月丁巳朔，日有蝕之。

太和五年七月癸酉朔，日有蝕之。明年，廢爲海西公。

晉孝武帝寧康三年十月癸酉朔，日有蝕之。

晉孝武帝太元四年閏月己酉朔，日有蝕之。

太元六年六月庚子朔，日有蝕之。

太元九年十月辛亥朔，日有蝕之。

太元十七年五月丁卯朔，日有蝕之。

太元二十年三月庚辰朔，日有蝕之。明年，宮車晏駕。海西時有此變。又曰，臣有蔽主明者。[三五]

晉安帝隆安四年六月庚辰朔，日有蝕之。

晉安帝元興二年四月癸巳朔，日有蝕之。

晉安帝義熙三年七月戊戌朔，日有蝕之。

義熙十年九月丁巳朔，日有蝕之。七月辛亥晦，日有蝕之。[三六]

義熙十三年正月甲戌朔，日有蝕之。明年，宮車晏駕。

晉恭帝元熙元年十一月丁亥朔，日有蝕之。

宋少帝景平二年二月癸巳朔，[三七]日有蝕之。

文帝元嘉四年六月癸卯朔，日有蝕之。

元嘉六年五月壬辰朔，日有蝕之。十一月己丑朔，又日有蝕之，不盡如鉤，蝕時星見，晡方沒，河北地闇。

元嘉十二年正月乙未朔，日有蝕之。[三八]

元嘉十七年四月戊午朔，日有蝕之。

元嘉十九年七月甲戌晦，日有蝕之。

元嘉二十三年六月癸未朔，日有蝕之。

元嘉三十年七月辛丑朔，日有蝕之，既，星辰畢見。

孝武帝孝建元年七月丙戌朔，日有蝕之，既，[三九]列宿粲然。

孝武帝大明五年九月甲寅朔，日有蝕之。

明帝泰始四年八月丙子朔，日有蝕之。[四〇]十月癸酉，又日有蝕之。

泰始五年十月丁卯朔，日有蝕之。

後廢帝元徽元年十二月癸卯朔，日有蝕之。

順帝昇明二年九月乙巳朔，日有蝕之。

昇明三年三月癸卯朔，日有蝕之。

吳孫權赤烏十一年二月，白虹貫日，時地又頻震。權發詔深戒懼天眚。

晉武帝泰始五年七月甲寅，日暈再重，白虹貫之。

晉武帝太康元年正月己丑朔，五色氣冠日，自卯至酉。占曰：「君道失明。丑主斗、牛，斗、牛爲吳地。」是時孫晧淫暴，四月降。

晉惠帝元康九年正月，日中有若飛鵲者，數月乃消。王隱以爲愍懷廢死之徵也。

晉惠帝永康元年十月乙未，日鬭，〔四一〕黃霧四塞。占曰：「不及三年，下有拔城大戰。」

晉惠帝永寧元年九月甲申，日有黑子。按京房占：「黑者，陰也。臣不掩君惡，令下見百姓惡君〔則有此變〕。」又曰，臣有蔽主明者。」〔四二〕

晉惠帝永興元年十一月，黑氣分日。〔四三〕

晉惠帝光熙元年五月癸巳，日散，光流如血，所照皆赤。甲午，又如之。占曰：「君道失明。」

晉孝懷帝永嘉元年十一月乙亥，黃黑氣掩日，所炤皆黃。案河圖占曰：「日薄也。」其說曰：「凡日蝕皆於晦朔，有不於晦朔者，爲日薄。雖非日月同宿，時陰氣盛，掩薄日光也。占

類蝕。」

永嘉二年二月癸卯，白虹貫日，青黃暈五重。占曰：「白虹貫日，近臣不亂，則諸侯有兵，破亡其地。」明年，司馬越殺繆播等，暴蔑人主。五年，胡破京都，帝遂見虜。一說王者有兵圍之象。

永嘉五年三月庚申，日散，光如血，下流，所照皆赤，日中有若飛鵲者。

晉愍帝建武元年正月庚子，白虹彌天，三日並照，日有重暈，左右兩珥。占曰：「白虹，兵氣也。三、四、五、六日俱出並爭，天下兵作，王立亦如其數。」又曰：「三日並出，不過三旬，諸侯爭爲帝。〔四四〕日重暈，天下有立王。暈而珥，天下有立侯。」故陳卓曰：「當有大慶，天下其參分乎。」三月而江東改元朔，胡亦改元朔，跨曹、劉疆宇。於是兵連積世。

晉元帝太興四年三月癸亥，日有黑子。四月辛亥，〔四五〕帝親錄訊囚徒。

晉元帝永昌元年十月辛卯，〔四六〕日有黑子。

晉明帝太寧元年正月己丑朔，〔四七〕日暈無光；癸巳，黃霧四塞。占曰：「君道失明，臣有陰謀。」是時王敦陵上，卒伏其辜。

晉成帝咸康元年七月，白虹貫日。〔四八〕

咸康八年正月壬申，日中有黑子。丙子，乃滅。

晉海西公太和四年四月戊辰，日暈厚密，白虹貫日中。

太和六年三月辛未，白虹貫日，日暈五重。十一月，桓溫廢帝。張重華在涼州，日暴赤如火，中有三足烏，形見分明，數旦乃止。

晉安帝元興元年二月甲子，日暈，白虹貫日。明年，桓玄篡位。

晉安帝義熙元年五月庚午，日有采珥。

義熙十一年，日在東井，有白虹十餘丈，在南干日。依司馬彪說，則災在分野，羌亡之象也。

晉恭帝元熙二年正月壬辰，日暈，東西有直珥各一丈，白氣貫之交匝。

晉孝懷帝永嘉五年三月丙申夜，月蝕既；丁酉夜，又蝕既。〔四九〕占曰：「月蝕既盡，夫人憂。」又曰：「其國貴人死。」

安帝義熙九年十二月辛卯朔旦，月猶見東方。〔五〇〕按占謂之「側匿」。

宋文帝元嘉二十九年十一月己卯朔，〔五一〕日始出，色赤如血，外生牙，塊礨不圓。明年二月，宮車晏駕。

孝武帝大明七年十一月，日始出四五丈，色赤如血，未沒四五丈，亦如之，至于八年春，凡三，謂日死。閏五月，帝崩。

後廢帝元徽三年三月乙亥，日未沒數丈，日色紫赤無光。

元徽五年三月庚寅，日暈五重，又重生二直，一抱一背。

文帝元嘉中，有兩白虹見宣陽門外。

後廢帝元徽二年八月壬子夜，白虹見。

元徽四年正月己酉，白虹貫日。

從帝昇明元年九月乙未夜，白虹見東方。

校勘記

〔一〕水旱當書不書水旱而曰大無麥禾者　各本並脫「不書」二字，據漢書五行志、晉書五行志補。

〔二〕魏齊王嘉平元年正月壬辰朔　按是年正月己丑朔，壬辰爲正月初四日。三國志魏志管輅傳作「歲朝」。

〔三〕趙王倫祠太廟　各本並脫「趙王倫」三字，據晉書五行志補。

〔四〕晉孝武帝寧康元年三月戊申朔　按是年三月戊子朔，二十一日戊申，「朔」字疑衍文。

〔五〕晉孝武帝太元元年二月乙丑朔　按是年二月辛未朔，無乙丑。太元二年二月乙丑朔，元年當是二年之譌。

〔六〕太元二年閏三月甲子朔　「二年」各本並作「元年」。按太元元年無閏月，二年閏三月甲子朔，今改正。

〔七〕太元十二年正月壬子夜　「壬子」各本並作「壬午」，據晉書孝武帝紀改。按是年正月戊戌朔，十五日壬子，無壬午。

〔八〕太元十二年七月甲辰　「七月」各本並作「正月」，據晉書五行志改。按是年正月戊戌朔，初七日甲辰。七月乙未朔，初十日甲辰。前條「太元十二年正月壬子」爲太元十二年正月十五日，本條接其下，不容爲正月初七日甲辰。故改從晉書五行志作七月。

〔九〕太元十七年六月乙卯　「乙卯」各本並作「乙未」，據晉書孝武帝紀改。按是年六月丙申朔，二十日乙卯，無乙未。

〔一〇〕元興三年正月　「三年」各本並作「二年」，據晉書五行志改。按桓玄以元興二年冬稱帝，此當是三年正月間事。

〔一一〕江陵多死者　各本作「江川多死者」，據晉書五行志改。

〔一二〕王師南討　「王師」各本並作「三帥」，據晉書五行志改。

〔一三〕會席翻揚數十丈　各本並脫「席」字，據御覽八七六引補。

〔一四〕魏高貴鄉公正元二年閏正月戊戌　各本並脫「閏」字，「戊戌」晉書景帝紀作「正月戊午」。按是

年正月甲寅朔，初五日戊午，是月無戊戌。閏正月甲申朔，十五日戊戌。毌丘儉舉兵在正月十二日乙丑，司馬師決無先在正月初五日出兵討儉之理，疑當是閏正月十五日開始出兵。今補「閏」字。

〔一五〕魏見此妖　各本並脫「見」字，據晉書五行志補。

〔一六〕曲阿門牛生犢　「曲阿門牛」，晉書五行志作「晉陵陳門才牛」，搜神記作「晉陵東門有牛」。

〔一七〕駿駛非常　「駛」三朝本作「駛」，涵芬樓影印百衲本時，修改作「駛」。北監本、毛本、殿本、局本並作「駃」。按說文，駃爲馬父驘母之駃騠本字，後人始借爲「快」字。「駛」，馬行疾也。省文作「駛」，「駛」、「駛」實卽一字。疑作「駛」作「駛」並不誤。

〔一八〕將動而爲害之應也　各本並脫「爲」字，據漢書五行志、晉書五行志補。

〔一九〕從東來　「東」下三國志魏志明帝紀有「南」字。

〔二〇〕魏齊王正始二年十一月　「十一月」，三國志魏志齊王芳紀作「十二月」。

〔二一〕河南河東平陽地震　「平陽」各本並作「平阿」，據晉書武帝紀、晉書五行志改。按平阿，縣名。平陽，郡名。上平列之河南、河東皆郡名，則下亦宜作平陽。

〔二二〕太康五年二月壬辰　「二月」各本並作「正月」，據晉書武帝紀改。按是年正月丙申朔，無壬辰。二月乙丑朔，二十八日壬辰。

〔二三〕晉武帝太熙元年　各本並作「泰始元年」。晉書五行志有記太熙元年正月地震事。按前十一條中，泰始二條，咸寧二條，太康七條，此條在太康之後，不當再見泰始，當是太熙之譌，今改正。

〔二四〕永和十年正月丁卯　「丁卯」各本並作「丁酉」，據晉書穆帝紀、晉書五行志改。按是年正月己酉朔，十九日丁卯，無丁酉。

〔二五〕隆和二年二月庚寅　「隆和二年二月」，晉書五行志作「興寧二年三月」。按隆和二年二月丁巳朔，無庚寅。三月丙戌朔，初五日庚寅。興寧二年三月庚戌朔，亦無庚寅。

〔二六〕永嘉二年八月乙亥　「二年」各本並作「三年」，據晉書孝懷帝紀改。按三年八月丁酉朔，無乙亥。二年八月癸酉朔，初三日乙亥。

〔二七〕毀門扇及限　「扇」各本並作「房」，據晉書五行志改。

〔二八〕魏高貴鄉公正元元年冬十月戊戌　各本並脫「冬十月」三字，據三國志魏志高貴鄉公紀補。

〔二九〕景元三年二月　「三年」各本並作「元年」，據三國志魏志陳留王紀改。

〔三〇〕政不順　各本並脫「不順」二字，據漢書五行志、晉書五行志補。

〔三一〕茲謂陰勝陽　各本並脫「謂」字，據漢書五行志補。

〔三二〕十月戊寅朔又日有蝕之　按正始六年九月戊寅朔，十月戊申朔。

〔三三〕景元三年三月己亥朔日有蝕之　按是年三月壬寅朔，十一月己亥朔。

〔三四〕晉惠帝元康九年十一月甲子朔　「十一月甲子朔」各本並作「十月甲子朔」，據晉書惠帝紀、晉書天文志改。按是年十月爲甲午朔，十一月爲甲子朔，晉書五行志作十一月是。

〔三五〕臣有蔽主明者　本條之下，各本並接「晉惠帝永興元年十一月黑氣分日」條，以晉書天文志對校，知是錯簡。今據晉書五行志校正。

〔三六〕義熙十年九月丁巳朔日有蝕之七月辛亥晦日有蝕之　「丁巳」各本並作「己巳」，按是年九月丁巳朔，據晉書安帝紀改。七月辛亥晦上，脫「義熙十一年」五字，見晉書安帝紀。

〔三七〕宋少帝景平二年二月癸巳朔　「二月癸巳朔」局本宋書少帝紀同。三朝本、北監本、毛本、殿本宋書少帝紀、通鑑考異引宋略、建康實錄並作「正月癸巳朔」，南史宋本紀作「二月己卯朔」。按陳垣朔閏表，景平二年正月癸亥朔，二月壬辰朔。癸巳爲二月初二日。日蝕當在朔日，是年正月祇二十九日，疑二月癸巳朔本不誤，後人定朔有誤。

〔三八〕元嘉十二年正月乙未朔日有蝕之　按元嘉十二年正月己未朔，元嘉十一年正月乙未朔。

〔三九〕孝武帝孝建元年七月丙戌朔日有蝕之既　按是年七月丙申朔，非丙戌朔。

〔四〇〕明帝泰始四年八月丙子朔日有蝕之　按是年八月甲戌朔，丙子爲八月初三日。

〔四一〕日闘　晉書天文志作「日闇」，疑「闘」字有誤。

〔四二〕令下見百姓惡君則有此變又曰臣有蔽主明者　「令下見百姓惡君」之下，各本有奪文錯簡。今

並據晉書天文志訂補。

〔四三〕晉惠帝永興元年十一月黑氣分日　本條各本舊接「太元二十年三月庚辰朔日有蝕之」條下，以晉書天文志對校，知是錯簡，今據晉書天文志訂正。

〔四四〕三日並出不過三旬諸侯爭爲帝　本條下各本並接「晉安帝隆安四年六月庚辰朔日有蝕之」條，以晉書天文志對校，知本條未完，又下有錯簡。今據晉書天文志訂正。

〔四五〕四月辛亥　各本並脫「四月」二字。按上有「三月癸亥」。是年三月庚申朔，初四日癸亥，無辛亥。四月己丑朔，二十三日辛亥。晉書元帝紀：「太興四年夏四月辛亥，帝親覽庶獄。」則此爲四月間事至確。今據晉書元帝紀補「四月」二字。

〔四六〕晉元帝永昌元年十月辛卯　「十月」各本並作「十一月」，據晉書天文志改。按是年十月辛巳朔，十一日辛卯。十一月庚戌朔，無辛卯。

〔四七〕晉明帝太寧元年正月己丑朔　按是年正月己卯朔，非己丑朔。

〔四八〕晉成帝咸康元年七月白虹貫日　「咸康」三朝本、北監本、毛本、殿本作「咸寧」，局本作「咸和」，今據晉書天文志改「咸康」。晉書天文志：「咸康元年七月，白虹貫日。」卽此事。

〔四九〕晉孝懷帝永嘉五年三月丙申夜月蝕既丁酉夜又蝕既　按是年三月戊午朔，無丙申，亦無丁酉。

〔五〇〕月猶見東方　各本並脫「月」字，據晉書五行志補。

〔五一〕宋文帝元嘉二十九年十一月己卯朔　按是年十一月丙子朔，初四日己卯，「朔」字疑衍文。

宋書

梁　沈　約　撰

第　四　册

卷三五至卷四一（志傳）

中　華　書　局

宋書卷三十五

志第二十五

州郡一

揚州　南徐州　徐州　南兗州　兗州

唐堯之世，置十有二牧，及禹平水土，更制九州，冀州堯都，土界廣遠，濟、河爲兗州，海、岱爲青州，海、岱及淮爲徐州，淮、海爲揚州，荆及衡陽爲荆州，荆、河爲豫州，華陽、黑水爲梁州，黑水、西河爲雍州。自虞至殷無所改變。周氏既有天下，以徐幷青，以梁幷雍，分冀州之地以爲幽、幷。漢初又立徐、梁二州。武帝攘卻胡、越，開地斥境，南置交趾，北置朔方，改雍曰涼，改梁曰益，凡爲十三州，而司隸部三輔、三河諸郡。東京無復朔方，改交趾曰交州，凡十二州；司隸所部如故。及三國鼎跱，吳得揚、荆、交三州，蜀得益州，魏氏猶得九焉。吳又分交爲廣。魏末平蜀，又分益爲梁。晉武帝太康元年，天下一統，凡十有六州。後

又分涼、雍爲秦，分荆、揚爲江，分益爲寧，分幽爲平，而爲二十矣。

自夷狄亂華，司、冀、雍、涼、青、幷、兗、豫、幽、平諸州一時淪沒，遺民南渡，並僑置牧司，非舊土也。江左又分荆爲湘，或離或合，凡有揚、荆、湘、江、梁、益、交、廣，其徐州則有過半，豫州唯得譙城而已。及至宋世，分揚州爲南徐，徐州爲南兗，揚州之江西悉屬豫州，分荆爲雍，分荆、湘爲郢，分荆爲司，分廣爲越，分青爲冀，分梁爲南北秦。太宗初，索虜南侵，青、冀、徐、兗及豫州淮西，並皆不守，自淮以北，化成虜庭。於是於鍾離置徐州，淮陰爲北兗，而青、冀二州治贛榆之縣。今志大較以大明八年爲正，其後分派，隨事記列。內史、侯、相，則以昇明末爲定焉。

地理參差，其詳難舉，實由名號驟易，境土屢分，或一郡一縣，割成四五，四五之中，亟有離合，千回百改，巧曆不算，尋校推求，未易精悉。今以班固馬彪二志、太康元康定戶、王隱地道、晉世起居、永初郡國、何徐州郡及地理雜書，互相考覆。且三國無志，事出帝紀，雖立郡時見，而置縣不書。今唯以續漢郡國校太康地志，參伍異同，用相徵驗。自漢至宋，郡縣無移改者，則注云「漢舊」。其有回徙，隨源甄別。若唯云「某無」者，則此前皆有也。若不注置立，史闕也。

揚州刺史，〔一〕前漢刺史未有所治，它州同。後漢治歷陽，魏、晉治壽春，晉平吳治建業。成帝咸康四年，僑立魏郡，別見。領肥鄉、別見。元城漢舊縣，晉屬陽平。二縣，〔二〕後省元城。又僑立廣川郡，別見。領廣川一縣，宋初省爲縣，隸魏郡。江左又立高陽、別見。堂邑二郡，別見。高陽領北新城、別見。博陸博陸縣霍光所封，而二漢無，晉屬高陽。二縣，堂邑，領堂邑一縣，後省堂邑幷高陽，又省高陽幷魏郡，並隸揚州，寄治京邑。文帝元嘉十一年省，以其民併建康。孝建元年，分揚州之會稽、東陽、新安、永嘉、臨海五郡爲東揚州。大明三年罷州，以其地爲王畿，以南臺侍御史部諸郡，如從事之部傳焉，而東揚州直云揚州。八年，罷王畿，復立揚州，揚州還爲東揚州。前廢帝永光元年，省東揚州併揚州。順帝昇明三年，改揚州刺史曰牧。〔三〕領郡十，領縣八十。戶一十四萬三千二百九十六，口一百四十五萬五千六百八十五。

丹陽尹，秦鄣郡，治今吳興之故鄣縣。漢初屬吳國，吳王濞反敗，屬江都國。武帝元封二年，爲丹陽郡，治今宣城之宛陵縣。晉武帝太康二年，分丹陽爲宣城郡，治宛陵，而丹陽移治建業。元帝太興元年，改爲尹。領縣八。戶四萬一千一十，口二十三萬七千三百四十一。

建康令，本秣陵縣。漢獻帝建安十六年置縣，孫權改秣陵爲建業。晉武帝平吳，還爲秣陵。太康三年，分秣陵之水北爲建業。愍帝卽位，避帝諱，改爲建康。

秣陵令，其地本名金陵，秦始皇改。本治去京邑六十里，今故治邨是也。晉安帝義熙九年，移治京邑，在鬬場。恭帝元熙元年，省揚州府禁防參軍，縣移治其處。

丹楊令，漢舊縣。

江寧令，晉武帝太康元年，分秣陵立臨江縣。二年，更名。

永世令，吳分溧陽爲永平縣，晉武帝太康元年更名。惠帝世，度屬義興，尋復舊。義興又有平陵縣，董覽吳地志云：「晉分永世。」〔四〕太康、永寧地志並無，疑是江左立。文帝元嘉九年，以併永世、溧陽二縣。

溧陽令，漢舊縣。吳省爲屯田。晉武帝太康元年復立。

湖熟令，漢舊縣。吳省爲典農都尉。晉武帝太康元年復立。

句容令，漢舊縣。

會稽太守，秦立，治吳。漢順帝永建四年，分會稽爲吳郡，會稽移治山陰。領縣十。戶五萬二千二百二十八，口三十四萬八千一十四。去京都水一千三百五十五，陸同。

山陰令，〔五〕漢舊縣。

永興令，漢舊餘暨縣，吳更名。

上虞令，漢舊縣。
餘姚令，漢舊縣。
剡令，漢舊縣。
諸暨令，漢舊縣。
始寧令，何承天志，漢末分上虞立。賀續會稽記云：「順帝永建四年，分上虞南鄉立。」續漢志無。晉太康三年地志有。
句章令，漢舊縣。
鄮令，漢舊縣。
鄞令，漢舊縣。
吳郡太守，分會稽立。孝武大明七年，度屬南徐，八年，復舊。領縣十二。戶五萬四百八十八，口四十二萬四千八百一十二。去京都水六百七十，陸五百二十。
吳令，漢舊縣。
婁令，漢舊縣。
嘉興令，此地本名長水，秦改曰由拳。吳孫權黃龍四年，[六]由拳縣生嘉禾，改曰禾興。孫晧父名和，又改名曰嘉興。

海虞令，晉武帝太康四年，分吳縣之虞鄉立。
海鹽令，漢舊縣。吳記云：「本名武原鄉，秦以爲海鹽縣。」
鹽官令，漢舊縣。[七]吳記云：「鹽官本屬嘉興，吳立爲海昌都尉治，此後改爲縣。」非也。
錢唐令，漢舊縣。
富陽令，漢舊縣。本曰富春。孫權黃武四年，以爲東安郡，[八]七年，省。晉簡文鄭太后諱「春」，孝武改曰富陽。
新城令，浙江西南名爲桐溪，吳立爲新城縣，後幷桐廬。晉太康地志無。張勃云：「晉末立。」疑是太康末立，尋復省也。晉成帝咸和九年又立。
建德令，吳分富春立。
桐廬令，吳分富春立。
壽昌令，吳分富春立新昌縣，晉武帝太康元年更名。
吳興太守，孫晧寶鼎元年，分吳、丹陽立。領縣十。戶四萬九千六百九，口三十一萬六千一百七十三。去京都水九百五十，陸五百七十。
烏程令，漢舊縣，先屬吳。

東遷令，晉武帝太康三年，分烏程立。後廢帝元徽四年，更名東安。順帝昇明元年復舊。
武康令，吳分烏程、餘杭立永安縣，晉武帝太康元年更名。
長城令，晉武帝太康三年，分烏程立。
原鄉令，漢靈帝中平二年，分故鄣立。
故鄣令，漢舊縣，先屬丹陽。
安吉令，漢靈帝中平二年，分故鄣立。
餘杭令，漢舊縣，先屬吳。
臨安令，吳分餘杭爲臨水縣，晉武帝太康元年更名。
於潛令，漢舊縣，先屬丹陽。
淮南太守，秦立爲九江郡，兼得廬江豫章。漢高帝四年，更名淮南國，分立豫章郡，文帝又分爲廬江郡。武帝元狩元年，復爲九江郡，治壽春縣。後漢徙治陰陵縣。魏復曰淮南，徙治壽春。晉武帝太康元年，復立歷陽，別見。當塗、逡道諸縣，二年，復立鍾離縣，別見。並二漢舊縣也。三國時，江淮爲戰爭之地，其間不居者各數百里，此諸縣並在江北淮南，虛其地，無復民戶。吳平，民各還本，故復立焉。其後中原亂，胡寇屢南侵，淮南民多南度。成

帝初，蘇峻、祖約爲亂於江淮，胡寇又大至，民南度江者轉多，乃於江南僑立淮南郡及諸縣，晉末遂割丹陽之于湖縣爲淮南境。宋孝武大明六年，以淮南郡併宣城，宣城郡徙治于湖。八年，復立淮南郡，屬南豫州。明帝泰始三年，還屬揚州。領縣六。戶五千三百六十二，口二萬五千八百四十。去京都水一百七十，陸一百四十。
于湖令，晉武帝太康二年，分丹楊縣立，本吳督農校尉治。
當塗令，晉成帝世，與逡道俱立爲僑縣，晉末分于湖爲境。
繁昌令，漢舊名，本屬潁川。魏分潁川爲襄城，又屬焉。晉亂，省襄城郡，[九]以此縣屬淮南，割于湖爲境。
襄垣令，其地本蕪湖，蕪湖縣，漢舊縣。至于晉末，立襄垣縣，屬上黨。上黨民南過江，立僑郡縣，寄治蕪湖，後省上黨郡爲縣，屬淮南。文帝元嘉九年，省上黨縣併襄垣。
定陵令，漢舊名，本屬襄城，後割蕪湖爲境。
逡道令，漢作逡遒，晉作逡道，[一〇]後分蕪湖爲境。
宣城太守，晉武帝太康元年，分丹陽立。領縣十。戶一萬一百二十，口四萬七千九百九十二。去京都水五百八十，陸五百。

宛陵令，漢舊縣。

廣德令，何志云：「漢舊縣。」二漢志並無，疑是吳所立。

懷安令，吳立。

寧國令，吳立。

宣城令，漢舊縣。

安吳令，吳立。

涇令，漢舊縣。

臨城令，吳立。

廣陽令，漢舊縣曰陵陽，子明得仙於此縣山，故以爲名。晉成帝杜皇后諱「陵」，咸康四年更名。

石城令，漢舊縣。

東陽太守，本會稽西部都尉，吳孫晧寶鼎元年立。領縣九。戶一萬六千二十二，口一十萬七千九百六十五。[一一]去京都水一千七百，陸同。

長山令，漢獻帝初平二年，分烏傷立。

太末令，漢舊縣。

烏傷令。[一二]

永康令，赤烏八年分烏傷上浦立。

信安令，漢獻帝初平三年，分太末立曰新安。晉武帝太康元年更名。

吳寧令，漢獻帝興平二年，孫氏分諸暨立。

豐安令，漢獻帝興平二年，孫氏分諸暨立。[一三]

定陽令，漢獻帝建安二十三年，孫氏分信安立。

遂昌令，孫權赤烏二年，分太末立曰平昌。晉武帝太康元年更名。

臨海太守，本會稽東部都尉。前漢都尉治鄞，後漢分會稽爲吳郡，疑是都尉徙治章安也。孫亮太平二年立。領縣五。戶三千九百六十一，口二萬四千二百二十六。去京都水二千一十九，陸同。

章安令，續漢志：「故治，閩中地，[一四]光武更名。」晉太康記：「本鄞縣南之回浦鄉，漢章帝章和中立。」未詳孰是。

臨海令，吳分章安立。

始豐令，吳立曰始平，晉武帝太康元年更名。

寧海令，何志，漢舊縣。按二漢志、晉太康地志無。[一五]

樂安令，晉康帝分始豐立。

永嘉太守，晉明帝太寧元年，分臨海立。領縣五。戶六千二百五十，口三萬六千六百八十。去京都水二千八百，陸二千六百四十。

永寧令，漢順帝永建四年，分章安東甌鄉立，或云順帝永和三年立。

安固令，吳立曰羅陽，孫晧改曰安陽。晉武帝太康元年更名。

松陽令，吳立。

樂成令，晉孝武寧康三年，分永寧立。

橫陽令，晉武帝太康四年，以橫嶼船屯爲始陽，仍復更名。

新安太守，漢獻帝建安十三年，孫權分丹陽立曰新都，晉武帝太康元年更名。領縣五。戶一萬二千五十八，口三萬六千六百五十一。去京都水一千八百六十，陸一千八百。

始新令，孫權分歙立。

遂安令，孫權分歙爲新定縣，晉武帝太康元年更名。

歙令，漢舊縣。

海寧令，孫權分歙爲休陽縣，晉武帝太康元年更名。分歙置諸縣之始，又分置黎陽縣，大明八年，省併海寧。

黟令，漢舊縣。

南徐州刺史，晉永嘉大亂，幽、冀、青、并、兗州及徐州之淮北流民，相率過淮，亦有過江在晉陵郡界者。晉成帝咸和四年，司空郗鑒又徙流民之在淮南者於晉陵諸縣，其徙過江南及留在江北者，並立僑郡縣以司牧之。徐、兗二州或治江北，江北又僑立幽、冀、青、并四州。安帝義熙七年，始分淮北爲北徐，淮南猶爲徐州。後又以幽、冀合徐，青、并合兗。武帝永初二年，加徐州曰南徐，而淮北但曰徐。文帝元嘉八年，更以江北爲南兗州，江南爲徐州，治京口，割揚州之晉陵、兗州之九郡僑在江南者屬焉，故南徐州備有徐、兗、幽、冀、青、并、揚七州郡邑。永初二年郡國志又有南沛、南下邳、廣平、廣陵、盱眙、鍾離、海陵、山陽八郡。[一六]南沛、廣陵、海陵、山陽、盱眙、鍾離割屬南兗，南下邳併南彭城，廣平併南泰山。今領郡十七，縣六十三。戶七萬二千四百七十二，口四十二萬六百四十。去京都水二百四十，陸二百。

南東海太守，東海郡別見。晉元帝初，割吳郡海虞縣之北境爲東海郡，立郯、朐、利城三縣，而祝其、襄賁等縣寄治曲阿。穆帝永和中，郡移出京口，郯等三縣亦寄治於京。文帝元嘉八年立南徐，以東海爲治下郡，以丹徒屬焉。郯、利城並爲實土。永初郡國有襄賁，別見。祝其、厚丘、並漢舊名。西隰何江左立。四縣，文帝元嘉十二年，省厚丘併襄賁。何、徐無厚丘，餘與永初郡國同。其襄賁、祝其、西隰，是徐志後所省也。領縣六。戶五千三百四十二，口三萬三千六百五十八。

鄮令，漢舊名。文帝元嘉八年，分丹徒之峴西爲境。

丹徒令，本屬晉陵，古名朱方，後名谷陽，秦改曰丹徒。孫權嘉禾三年，改曰武進。晉武帝太康三年，復曰丹徒。

武進令，晉武帝太康二年，分丹徒、曲阿立。

毗陵令，〔一七〕宋孝武大明末，度屬此。

朐令，漢舊名。晉江左僑立。宋孝武世，分鄮西界爲土。

利城令，漢舊名。晉江左僑立。宋文帝世，與郡俱爲實土。

南琅邪太守，琅邪郡別見。晉亂，琅邪國人隨元帝過江千餘戶，太興三年，立懷德縣。丹陽雖有琅邪相而無土地。〔一八〕成帝咸康元年，桓溫領郡，鎮江乘之蒲洲金城上，求割丹陽之江乘縣境立郡，又分江乘地立臨沂縣。永初郡國有陽都、前漢屬城陽，後漢、晉太康地志屬琅邪。費、卽丘並別見。三縣，並割臨沂及建康爲土。費縣治宮城之北。元嘉八年，省卽丘併陽都。十五年，省費併建康、臨沂。孝武大明五年，省陽都併臨沂。今領縣二。戶二千七百八十九，

口一萬八千六百九十七。去州水二百，陸一百。去京都水一百六十。

臨沂令，漢舊名。前漢屬東海，後漢、晉屬琅邪。

江乘令，漢舊縣。本屬丹陽，吳省爲典農都尉。晉武帝太康元年復立。

晉陵太守，吳時分吳郡無錫以西爲毗陵典農校尉。晉武帝太康二年，省校尉，立以爲毗陵郡，治丹徒，後復還毗陵。東海王越世子名毗，而東海國故食毗陵，永嘉五年，元帝改爲晉陵。〔一九〕始自毗陵徙治丹徒。太興初，郡及丹徒縣悉治京口，郗鑒復徙還丹徒，安帝義熙九年，復還晉陵。本屬揚州，文帝元嘉八年，度屬南徐。領縣六。戶一萬五千三百八十二，口八萬一百一十三。去州水一百七十五，陸同。去京都水四百，陸同。

晉陵令，本名延陵，漢改曰毗陵，後與郡俱改。

延陵令，晉武帝太康二年，分曲阿之延陵鄉立。

無錫令，漢舊縣。吳省，晉武帝太康元年復立。

南沙令，本吳縣司鹽都尉署。吳時名沙中。吳平後，立暨陽縣割屬之。晉成帝咸康七年，罷鹽署，立以爲南沙縣。

曲阿令，本名雲陽，秦始皇改曰曲阿。吳嘉禾三年，復曰雲陽。晉武帝太康二年，復曰曲阿。

暨陽令，晉武帝太康二年，分無錫、毗陵立。

義興太守，晉惠帝永興元年，分吳興之陽羨、丹陽之永世立。永世尋還丹陽。本揚州，明帝泰始四年，度南徐。領縣五。戶一萬三千四百九十六，口八萬九千五百二十五。去州水四百，陸同。去都水四百九十，陸同。

陽羨令，漢舊縣。

臨津令，故屬陽羨，立郡分立。

義鄉令，故屬長城、陽羨，立郡分立。

國山令，故屬陽羨，立郡分立。

綏安令，武帝永初三年，分宣城之廣德、吳興之故鄣、長城及陽羨、義鄉五縣立。

南蘭陵太守，蘭陵郡別見。領縣二。戶一千五百九十三，口一萬六百三十四。

蘭陵令。別見。

承令，別見。文帝元嘉十二年，以合鄉縣併承。永初郡國、何、徐並無合鄉縣。

南東莞太守，東莞郡別見。永初郡國又有蓋縣。別見。領縣三。戶一千四百二十四，口九千八百五十四。

莒令。別見。

東莞令，別見。文帝元嘉十二年，以蓋縣併此。

姑幕令，漢舊名。

臨淮太守，漢武帝元狩六年立。光武以併東海。明帝永平十五年，復分臨淮之故地爲下邳郡。晉武帝太康元年，復分下邳之淮南爲臨淮郡，治盱眙。江左僑立。永初郡國又有盱眙縣，何、徐無。領縣七。戶三千七百一十一，口二萬二千八百八十六。

海西令，前漢屬東海，後漢、晉屬廣陵。

射陽令，前漢屬臨淮，後漢屬廣陵，三國時廢，晉武帝太康元年復立。

淩令，前漢屬泗水，〔二〇〕後漢屬廣陵，三國時廢，晉武帝太康二年又立，屬廣陵。

淮浦令，前漢屬臨淮，後漢屬下邳，晉太康地志屬廣陵。

淮陰令，前漢屬臨淮，後漢屬下邳，晉太康地志屬廣陵。

東陽令，前漢屬臨淮，後漢屬廣陵，晉太康地志屬臨淮。

長樂令，本長樂郡，別見。幷合爲縣。

淮陵太守，本淮陵縣，前漢屬臨淮，後漢屬下邳，晉屬臨淮，惠帝永寧元年，以爲淮陵國。永初郡國又有下相、前漢屬臨淮，後漢屬下邳，晉太康地志屬臨淮。廣陽廣陽，漢高立爲燕國，昭帝更名。光武省併上谷，和帝永元八年復立。魏、晉復爲燕國。前漢廣陽縣，後漢無，晉復有此也。二縣。今領縣三。戶

一千九百五，口一萬六百三十。

司吾令，前漢屬東海，後漢屬下邳，晉太康地志屬臨淮。後廢帝元徽五年五月，改名桐梧，順帝昇明元年復舊。

徐令，前漢屬臨淮，後漢屬下邳，晉太康地志屬臨淮。

陽樂令，漢舊名，本屬遼西。江左僑立。文帝元嘉十三年，以下相併陽樂。

南彭城太守，彭城郡別見。江左僑立。晉明帝又立南下邳郡，成帝又立南沛郡。文帝元嘉中，分南沛爲北沛，屬南兗，而南沛猶屬南徐。孝武大明四年，以二郡並併南彭城。領縣十二。[二一]戶一萬一千七百五十八，口六萬八千一百六十三。

呂令。別見。

武原令，漢舊名。

傅陽令，漢舊名。

蕃令，別見。義旗初，免軍戶立遂誠縣，武帝永初元年，改從舊名。

薛令，別見。義旗初，免軍戶爲建熙縣，永初元年，改從舊名。

開陽令，前漢屬東海，章帝建初五年屬琅邪。晉僑立，猶屬琅邪，安帝度屬彭城。

杼秋令，漢舊名。

洨令，前漢屬梁，後漢、晉屬沛。

下邳令，別見。本屬南下邳。

北淩令，[二二]本屬南下邳，二漢無，晉太康地志屬下邳，本名淩。而廣陵郡舊有淩縣，晉武帝太康二年，以下邳之淩縣非舊土而同名，改爲北淩。

僮令，別見。本屬南下邳。南下邳有良城縣，別見。文帝元嘉十二年併僮。

南清河太守，清河郡別見。領縣四。戶一千八百四十九，口七千四百四。

清河令。別見。

東武城令。別見。

繹幕令。別見。

貝丘令。別見。

南高平太守，高平郡別見。永初郡國又有鉅野、昌邑二縣。並漢舊名。今領縣三。戶一千七百一十八，口九千七百三十一。

金鄉令。別見。

湖陸令，前漢曰湖陵，漢章帝更名。

高平令。別見。文帝元嘉十八年，以鉅野併高平。

南平昌太守，平昌郡別見。領縣四。戶二千一百七十八，口一萬一千七百四十一。

安丘令。別見。

新樂令，二漢無，魏分平原爲樂陵郡，屬冀州，而新樂縣屬焉。晉江左立樂陵郡及諸縣，後省，以新樂縣屬此。

東武令。別見。

高密令，別見。江左立高密國，後爲南高密郡。文帝元嘉十八年，省爲高密縣，屬此。

南濟陰太守，二漢、晉屬兗州，前漢初屬梁國，景帝中六年，[二三]別爲濟陰國，宣帝甘露二年，更名定陶國，後還曰濟陰。永初郡國又有句陽、定陶二縣。並漢舊名。今領縣四。戶一千六百五十五，口八千一百九十三。

城武令。別見。

冤句令，漢舊名。

單父令，前漢屬山陽。

城陽令，漢舊名。

南濮陽太守，本東郡，屬兗州，晉武帝咸寧二年，以封子允，以東不可爲國名，東郡有濮陽縣，故曰濮陽國。濮陽，漢舊名也。允改封淮南，還曰東郡。趙王倫簒位，廢太孫臧爲濮

陽王，王尋廢，郡名遂不改。永初郡國又有鄄城縣。二漢屬濟陰，晉太康地志屬濮陽也。今領縣二。戶二千二十六，口八千二百三十九。

廩丘令，前漢及晉太康地志有廩丘縣，後漢無。文帝元嘉十二年，以鄄城併廩丘。

榆次令，漢舊名，至晉屬太原。

南泰山太守，泰山郡別見。永初郡國有廣平，漢武帝征和二年，立爲平干國。宣帝五鳳二年，改爲廣平。光武建武十三年，省併鉅鹿。魏分鉅鹿、魏郡復爲廣平。江左僑立郡，晉成帝咸康四年省，後又立。[二四]寄治丹徒，領廣平、易陽、易陽，二漢屬趙，晉太康地志屬廣平。曲周前漢屬廣平，作曲周。後漢屬鉅鹿。晉太康地志屬廣平，作曲梁。[二五]三縣。文帝元嘉十八年，[二六]省廣平郡爲廣平縣，屬南泰山。今領縣三。戶二千四百九十九，口一萬三千六百。

南城令。別見。

武陽令。別見。

廣平令，前漢屬廣平，後漢屬鉅鹿，晉太康地志屬廣平。

濟陽太守，晉惠分陳留爲濟陽國。領縣二。戶一千二百三十二，口八千一百九十二。

考城令，前漢曰甾，[二七]屬梁國，章帝更名，屬陳留。太康地志無。

鄄城令。別見。

南魯郡太守，魯郡別見。又有樊縣。前漢屬東平，後漢、晉太康地志屬任城也。今領縣二。戶一千二百一十一，口六千八百一十八。

魯令。別見。

西安令，漢舊名，本屬齊郡。齊郡過江僑立，後省，以西安配此。文帝元嘉十八年，以樊併西安。永初郡國無西安縣。

徐州刺史，後漢治東海郯縣，魏、晉、宋治彭城。明帝世，淮北沒寇，僑立徐州，治鍾離。泰豫元年，移治東海朐。〔二八〕後廢帝元徽元年，分南兗州之鍾離、豫州之馬頭，又分秦郡之頓丘、梁郡之穀熟、歷陽之酇，立新昌郡，置徐州，還治鍾離。今先列徐州舊郡於前，以新割係。舊領郡十二，縣三十四。戶二萬三千四百八十五，口十七萬五千九百六十七。今領郡三，縣九。彭城去京都水一千三百六十，陸一千。

彭城太守，漢高立爲楚國，宣帝地節元年，改爲彭城郡，黃龍元年，又爲楚國，章帝還爲彭城。領縣五。戶八千六百二十七，口四萬一千二百三十一。

彭城令，漢縣。〔二九〕

呂令，漢舊縣。

蕃令，漢舊縣，屬魯。晉惠帝元康中度。蕃音皮。漢末太傅陳蕃子逸爲魯相，改音。

薛令，漢舊縣，屬魯。晉惠帝元康中度。

留令，漢舊縣。

沛郡太守，秦泗水郡，漢高更名。舊屬豫州，江左改配。領縣三。戶五千二百九，口二萬五千一百七十。去州陸六十。去京都一千。

蕭令，漢舊縣。

相令，漢舊縣。

沛令，漢舊縣。

下邳太守，前漢本臨淮郡，武帝立，明帝改爲下邳。晉武帝分下邳之淮南爲臨淮，而下邳如故。領縣三。戶三千九十九，口一萬六千八十八。去州水二百，陸一百八十。去京都水一千一百六十，陸八百。

下邳令，前漢屬東海，後漢、晉太康地志屬下邳。

良成令，前漢屬東海，後漢、晉太康地志屬下邳。

僮令，前漢屬臨淮，後漢、晉太康地志屬下邳。

蘭陵太守，晉惠帝元康元年，分東海立。領縣三。戶三千一百六十四，口一萬四千五百九十七。去州陸二百。去京都水一千六百，陸一千三百。

昌慮令，漢舊縣。

承令，漢舊縣。

合鄉令，漢舊縣。

東海太守，秦郯郡，漢高更名。明帝失淮北，僑立青州於贛榆縣。泰始七年，又立東海縣屬東海郡，又割贛榆置鬱縣，立西海郡，並隸僑青州。領縣二。戶二千四百一十一，口一萬三千九百四十一。去州水一千，陸八百。去京都水一千，陸六百七十。

襄賁令，漢舊縣。

贛榆令，前漢屬琅邪，後漢屬東海。魏省，晉武帝太康元年復立。

東莞太守，晉武帝泰始元年，分琅邪立。咸寧三年，復以合琅邪，太康十年復立。領縣三。戶八百八十七，口七千三百二十。去州陸七百。去京都水二千，陸一千四百。

莒令，前漢屬城陽，後漢屬琅邪。孝武大明五年改爲長。

諸令，前漢屬城陽，後漢屬琅邪，晉太康地志屬城陽。

東莞令，漢舊縣。

東安太守，東安故縣名，前漢屬城陽，後漢屬琅邪，晉太康地志屬東莞，晉惠帝分東莞立。領縣三。戶一千二百八十五，口一萬七百五十五。去州陸七百。去京都陸一千三百。

蓋令，〔三〇〕前漢屬琅邪，後漢屬泰山，晉太康地志屬樂安。孝武大明五年改爲長。

新泰令，魏立，屬泰山。

發干令，漢舊名，屬東郡，太康地志無。江左來配。

琅邪太守，秦立。領縣二。戶一千八百一十八，口八千二百四十三。去州陸四百。去京都水一千五百，陸一千一百。

費令，前漢屬東海，後漢屬泰山，晉太康地志屬琅邪。

即丘令，前漢屬東海，後漢、晉太康地志屬琅邪。

淮陽太守，晉安帝義熙中土斷立。領縣四。戶二千八百五十五，口一萬五千三百六十三。去州水六百，陸五百。去京都水七百，陸五百五十。

角城令，〔三一〕晉安帝義熙中土斷立。

晉寧令，故屬濟岷，流寓來配。

宿預令，晉安帝立。

上黨令，本流寓郡，併省來配。

陽平太守，陽平本縣名，屬東郡。魏分東郡及魏郡爲陽平郡。故屬司州，流寓來配。永初郡國又有稟丘縣。別置。今領縣三。戶一千七百二十五，口一萬三千三百三十。

館陶令，漢舊名。

陽平令，漢舊名。

濮陽令，本流寓郡，併省來配。

濟陰太守，漢景帝立，屬兗州。流寓徐土，因割地爲境。領縣三。戶二千三百五，口一萬一千九百二十八。

睢陵令，前漢屬臨淮，後漢屬下邳。孝武大明元年度。

定陶令，漢舊名。孝武大明五年改爲長。

頓丘令，屬頓丘，流寓割配。

北濟陰太守，孝武孝建元年昇立。領縣三。戶九百二十七，口三千八百十。

城武令，前漢屬山陽，後漢、晉太康地志屬濟陰。

豐令，漢舊名，屬沛。孝武大明元年復立。

離狐令，前漢屬東郡，後漢、晉太康地志屬濟陰。

鍾離太守，本屬南兗州，晉安帝分立。案漢九江郡、晉淮南郡有鍾離縣，卽此地也。領

縣三。戶三千二百七十二，口一萬七千八百三十二。去京都陸六百二十，水一千三十。

燕縣令，別見。故屬東燕。流寓因配。

朝歌令，本屬河內，晉武帝分河內爲汲，又屬焉。流寓因配。

樂平令，前漢曰清，屬東郡，章帝更名，晉太康地志無。流寓因配。

馬頭太守，屬南豫州，故淮南當塗縣地，晉安帝立，因山形立名。領縣三。戶一千三百三十二，口一萬二千三百一十。去京都水一千七百五十，陸六百七十。

虞縣令，漢舊名，屬梁郡。流寓因配。

零縣令，晉安帝立。

濟陽令，故屬濟陽。流寓因配。

新昌太守，後廢帝元徽元年立。

頓丘令，二漢屬東郡，魏屬陽平，晉武帝泰始二年，分淮陽置頓丘郡，頓丘縣又屬焉。江左流寓立，屬秦。先有沛縣，元嘉八年併頓丘，後廢帝元徽元年度屬此。

穀熟令，前漢無，後漢、晉屬梁。永初郡國、何、徐志並屬南梁。後廢帝元徽元年度。

酇令，漢屬沛，晉屬譙。文帝元嘉八年，自南譙度屬歷陽，後廢帝元徽元年度屬此。

南兗州刺史，中原亂，北州流民多南渡，晉成帝立南兗州，寄治京口。時又立南青州及幷州，武帝永初元年，省幷併南兗。〔三二〕文帝元嘉八年，始割江淮間爲境，治廣陵。永初郡國領十四郡。南高平、南平昌、南濟陰、南濮陽、南泰山、濟陽、南魯七郡，〔三三〕今並屬徐州。又有東燕郡，江左分濮陽所立也，領燕縣、前漢曰南燕，後漢曰燕，並屬東郡。太康地志屬濮陽。白馬、平昌、考城凡四縣。文帝元嘉十八年，省考城併燕。十九年，省東燕郡爲東燕縣，屬南濮陽，後又省東燕縣。〔三四〕南東平郡領范、蛇丘、歷城凡三縣。高密郡領淳于、黔陬、營陵、夷安凡四縣。南齊郡領西安、臨菑凡二縣。〔三五〕南平原郡領平原、高唐、茌平並別見。凡三縣。濟岷郡江左立。領營城、晉寧江左立。凡二縣。雁門郡漢舊郡。領樓煩、別見。陰館、前漢作「觀」，後漢、晉作「館」也。廣武、前漢屬太原，後漢、晉太康地志屬雁門也。崞、馬邑並漢舊名。凡五縣。凡七郡，二十三縣，並省屬南徐州。諸僑郡縣何志又有鍾離、雁門、平原、東平、北沛五郡。鍾離今屬徐州。雁門領樓煩、陰館、廣武三縣。平原領茌平、臨菑、營城、平原四縣。東平領范、朝陽、歷城三縣。〔三六〕北沛領符離、蕭、相、沛四縣。〔三七〕符離，漢舊縣。餘並別見。凡十四縣。起居注，元嘉十一年，以南兗州東平之平陸併范，壽張併朝陽，平原之濟岷、晉寧併營城，先是省濟岷郡爲縣。高唐併茌

平。〔三八〕按此五縣，元嘉十一年所省，則平陸、壽張疑在永初郡國志，而無此二縣，未詳。徐志有南東平郡，領范、朝陽、歷城、樓煩、陰觀、廣武、茌平、營城、臨菑、平原十縣，則是雁門、平原併東平也。孝武大明五年，以東平併廣陵。宋又僑立新平、北淮陽、北濟陰、北下邳、東莞五郡。〔三九〕元嘉二十八年，南兗州徙治盱眙。三十年，省南兗州併南徐，其後復立，還治廣陵。徐志領郡九，縣三十九。戶三萬一千一百一十五，口十五萬九千三百六十二。宋末領郡十一，縣四十四。去京都水二百五十，陸一百八十。

廣陵太守，漢高六年立，屬荆國，十一年，更屬吳，景帝四年，更名江都國，武帝元狩三年，更名廣陵。舊屬徐州。晉武帝太康三年，治淮陰故城，後又治射陽，射陽別見。江左治廣陵。永初郡國又有輿、前漢屬臨淮，後漢省臨淮屬廣陵，文帝元嘉十三年幷江都也。肥如、潞、眞定、新市五縣。並二漢舊名。肥如屬遼西，潞屬上黨，眞定前漢屬眞定，後漢省眞定屬常山，晉亦屬常山。新市二漢、晉屬中山。〔四〇〕永初郡國云四縣本屬遼西，則是晉末遼西僑郡省併廣陵也。何有肥如、新市，徐與今同也。今領縣四。戶七千七百四十四，口四萬五千六百一十三。

廣陵令，漢舊縣。

海陵令，前漢屬臨淮，後漢、晉屬廣陵，三國時廢，晉武帝太康元年復立。

高郵令，漢舊縣。三國時廢，晉武帝太康元年復立。

江都令，漢舊縣。三國時廢，晉武帝太康六年復立。江左又省併輿縣，元嘉十三年復立，以併江都。

海陵太守，晉安帝分廣陵立。永初郡國屬徐州。領縣六。戶三千六百二十六，口二萬一千六百六十。去州水一百三十，陸同。去京都水三百九十，陸同。

建陵令，晉安帝立。

臨江令，晉安帝立。

如皋令，晉安帝立。

寧海令，晉安帝立。

蒲濤令，晉安帝立。

臨澤令，明帝泰豫元年立。

山陽太守，晉安帝義熙中土斷分廣陵立。案漢景帝分梁爲山陽，非此郡也。永初郡國屬徐州。領縣四。戶二千八百一十四，口二萬二千四百七十。去州水三百，陸同。去京都水五百，陸同。

山陽令，射陽縣境，地名山陽，與郡俱立。

鹽城令，舊曰鹽瀆，前漢屬臨淮，後漢、晉屬廣陵，三國時廢，晉武帝太康二年復

立。晉安帝更名。

東城令，晉安帝立。

左鄉令，晉安帝立。

盱眙太守，盱眙本縣名，前漢屬臨淮，後漢屬下邳，晉屬臨淮，晉安帝分立。領縣五。戶一千五百一十八，口六千八百二十五。去州水四百九十，陸二百九。去京都水七百，陸五百。

考城令。別見。

陽城令，晉安帝立。

直瀆令，晉安帝立。

信都令，信都雖漢舊名，其地非也。地在河北。宋末立。

睢陵令，前漢屬臨淮，後漢屬下邳，晉太康地志無。宋末立。

秦郡太守，晉武帝分扶風爲秦國，中原亂，其民南流，寄居堂邑。堂邑本爲縣，前漢屬臨淮，後漢屬廣陵，晉又屬臨淮，晉惠帝永興元年，分臨淮淮陵立堂邑郡，安帝改堂邑爲秦郡。永初郡國屬豫州，元嘉八年度南兗。永初郡國又領臨塗、晉、宋立。平丘、漢舊，屬陳留，晉太康地志無。外黃、漢舊名，屬陳留。沛、雍丘、浚儀、頓丘別見。凡七縣。何無雍丘、外黃、平丘、沛，徐又無浚儀。元嘉八年，以沛併頓丘。後廢帝元徽元年，割頓丘屬新昌。領縣四。戶三千三百三十三，口一萬五千二百九十六。去州水二百四十一，陸一百八十。去京都水一百五十，陸一百四十。

秦令，本屬秦國，流寓立。文帝元嘉八年，以臨塗併秦，以外黃併浚儀。孝武孝建元年，以浚儀併秦。

義成令，江左立。

尉氏令，漢舊名，屬陳留。文帝元嘉八年，以平丘併尉氏。

懷德令，孝武大明五年立。又以歷陽之烏江，幷此爲二縣，立臨江郡。前廢帝永光元年，省臨江郡。懷德即住郡治，烏江還本也。

南沛太守，沛郡別見。何志云，北沛新立。徐云南沛。永初郡國又有符離、洨、並別見。竹邑、前漢曰竹。李奇曰，今邑也。後漢曰竹邑。至晉並屬沛。杼秋前漢屬梁，後漢、晉太康地志屬沛。四縣。杼秋治無錫，餘並治廣陵。文帝元嘉十二年，以北沛郡竹邑幷杼秋，何、徐並無此二縣，不詳。起居注，孝武大明五年，分廣陵爲沛郡，治肥如縣。時無復肥如縣，當是肥如故縣處也。二漢、晉太康地志並無肥如縣。〔四一〕沛郡宜是大明五年以前省，其時又立也。今領縣三。戶一千一百九，口一萬二千九百七十。

蕭縣令。別見。

相縣令。別見。

沛縣令。別見。

新平太守，明帝泰始七年立。

江陽令，郡同立。

海安令，郡同立。

北淮陽太守，宋末僑立。

晉寧令。別見。

宿預令。別見。

角城令。〔四二〕別見。

北濟陰太守，濟陰郡別見。宋失淮北僑立。

廣平令，前漢臨淮有廣平縣，後漢以後無。

定陶令。別見。

陽平令。別見。

上黨令。別見。

宛句令。〔四三〕別見。

館陶令。別見。

北下邳太守，下邳郡別見。宋失淮北僑立。

僮縣令。別見。

下邳令。別見。

寧城令。別見。

東莞太守，東莞郡別見。宋失淮北僑立。

莒縣令。別見。

諸縣令。別見。

東莞令。別見。

栢人令，漢舊名，屬趙國。宋失淮北僑立。

兗州刺史，後漢治山陽昌邑，魏、晉治廩丘，武帝平河南，治滑臺，文帝元嘉十三年，治鄒山，又寄治彭城。二十年，省兗州，分郡屬徐、冀州。三十年六月復立，治瑕丘。二漢山陽有瑕丘縣。永初郡國有東郡、陳留、濮陽三郡，而無陽平。東郡領白馬、別見。涼城、二漢東郡有聊城縣，

晉太康地志無，疑此是。東燕別見。三縣。〔四四〕陳留郡領酸棗、漢舊縣。小黃、雍丘、白馬、襄邑、尉氏六縣。郡縣並別見。濮陽郡領濮陽、廩丘並別見。二縣。宋末失淮北，僑立兗州，寄治淮陰。淮陰別見。兗州領郡六，縣三十一。戶二萬九千三百四十，口一十四萬五千五百八十一。

泰山太守，漢高立。永初郡國又有山茌、別見。萊蕪、漢舊名。太原本郡，僑立此縣。三縣，而無鉅平縣。今領縣八。戶八千一百七十七，口四萬五千五百八十一。去州陸八百。去京都陸一千八百。

奉高令，漢舊縣。

鉅平令，漢舊縣。

嬴令，漢舊縣。

牟令，漢舊縣。

南城令，前漢屬東海，後漢、晉屬泰山。

武陽令，漢舊縣。

梁父令，漢舊縣。

博令，漢舊縣。

高平太守，故梁國，漢景帝中六年，分爲山陽國，武帝建元五年爲郡，晉武帝泰始元年更名。永初郡國及徐並又有任城縣，前漢屬東平，章帝元和元年，分東平爲任城，又屬焉。晉亦屬任城。江左省郡爲縣也。後省。今領縣六。戶六千三百五十八，口二萬一千一百一十二。去州陸二百二十。去京都陸一千三百三十。宋明帝泰始五年，僑立於淮南當塗縣界，領高平、金鄉二縣。其年又立睢陵縣。

高平令，前漢名橐，章帝更名。〔四五〕

方與令，漢舊縣。

金鄉令，前漢無，後漢、晉有。

鉅野令，漢舊縣。

平陽令，漢舊縣曰南平陽。

亢父令，漢舊縣。舊屬任城。

魯郡太守，秦薛郡，漢高后更名。本屬徐州，光武改屬豫州，〔四六〕江左屬兗州。領縣六。戶四千六百三十一，口二萬八千三百七。去州陸三百五十。去京都陸一千一百。

鄒令，漢舊縣。

汶陽令，漢舊縣。

魯令，漢舊縣。

陽平令，孝武大明元年立。

新陽令，孝武大明中立。

卞令，明帝泰始二年立。

東平太守，漢景帝分梁爲濟東國，宣帝更名。領縣五。戶四千一百五十九，口一萬七千二百九十五。去州水五百，陸同。去京都水二千，陸一千四百。宋末又僑立於淮陰。

無鹽令，漢舊縣。

平陸令，漢舊縣。

須昌令，前漢屬東郡，後漢、晉太康地志屬東平。

壽昌令，春秋時曰良，前漢曰壽良，屬東郡，光武改曰壽張，屬東平。

范令，漢舊縣。四縣並治郡下。

陽平太守，魏分魏郡立。文帝元嘉中，流寓來屬，後省，孝武大明元年復立。領縣五。戶二千八百五十七，口一萬一千二百七十一。

館陶令，漢舊名。寄治無鹽。

樂平令，魏立，屬陽平。後漢東郡有樂平，非也。寄治下平陸。

元城令，漢舊。〔四七〕寄治無鹽。

平原令，別見。孝武大明中立。

頓丘令，別見。孝武大明中立。

濟北太守，漢和帝永元二年，分泰山立。永初郡國有臨邑、二漢屬東郡，晉太康地志屬濟北。東阿二漢屬東郡，晉無。二縣，孝武大明元年省，應在何志而無，未詳。領縣三。戶三千一百五十八，口一萬七千三。去州陸七百。去京都水二千，陸一千五百。宋末又僑立於淮陽。

蛇丘令，前漢屬泰山，後漢、晉太康地志屬濟北。

盧令，前漢屬泰山，後漢、晉太康地志屬濟北。

穀城令，前漢無，後漢屬東郡，晉太康地志屬濟北。

校勘記

〔一〕揚州刺史　「揚州」之「揚」，有從手，有從木者。下「丹陽尹」之「陽」，亦「陽」「揚」錯見。據王念孫讀書雜志，「揚州」之「揚」，古寫從木，至唐以後，乃多從手。今求全書一致，除丹楊縣之「楊」字，仍舊不改，以存古義外，其他悉從殿本作「揚州」、「丹陽尹」。通書準此，不復別出校記。

〔二〕僑立魏郡領肥鄉元城二縣　各本原無「領」字，「二縣」作「三縣」。成孺宋書州郡志校勘記云：「按魏是郡名，肥鄉、元城是屬縣，不得統稱三縣。肥鄉、元城上有領字，三縣當作二縣。」按成

校是，今據改。

〔三〕順帝昇明三年改揚州刺史曰牧　成孺宋書州郡志校勘記云：「昇明二年九月，加太尉齊王黃鉞、都督中外諸軍事、太傅、領揚州牧。此稱三年，字誤。」

〔四〕晉分永世　王鳴盛十七史商榷云：「下脫『置』字。」

〔五〕山陰令　「山陰」下，各本並有「縣」字，王鳴盛十七史商榷謂「縣」字衍。按本志體例，雙字縣名不加縣字，單字縣名或加縣字，或不加縣字。此「縣」字當删去，王說是。

〔六〕吳孫權黃龍四年　三國志吳志吳主權傳繫三年。

〔七〕鹽官令漢舊縣　按漢書地理志會稽郡海鹽縣下有鹽官，無鹽官縣。

〔八〕孫權黃武四年以爲東安郡　成孺宋書州郡志校勘記云：「三國吳志，黃武五年秋七月，分三郡惡地十縣置東安郡，此作四年，誤。」

〔九〕晉亂省襄城郡　各本並脫「省」字，句不可通。成孺宋書州郡志校勘記云：「疑『晉亂』下奪『省』字。」按成校是，今補。

〔一〇〕晉作逡道　「逡道」漢書地理志、續漢書郡國志、南齊書州郡志、唐初修新晉書地理志並作「逡遒」。杜預左傳哀公十二年會吳於橐皐注：「在淮南逡遒縣東南。」則晉世亦作逡遒。沈約所見，不知何本。

〔一一〕戶一萬六千二十二口一十萬七千九百六十五　張森楷校勘記云：「案戶口數，一戶皆得十口有餘，必無是理。疑一萬當作二萬。」

〔一二〕烏傷令　殿本考證：「此下當有『漢舊縣』三字。」按烏傷，前漢縣，後漢、三國吳因。

〔一三〕豐安令漢獻帝興平二年孫氏分諸暨立　續漢書郡國志劉昭注：「太末，建安四年，孫氏分立豐安縣。」按孫策以興平二年渡江，建安五年死。疑作建安四年是。

〔一四〕章安令續漢志故冶閩中地　「冶」各本並作「治」。成孺宋書州郡志校勘記云：「據江州建安郡下引司馬彪云『章安是故冶』，則此『治』字蓋『冶』之誤文。」按成校是，今改正。

〔一五〕按二漢志晉太康地志無　各本並脫「志無」二字。成孺宋書州郡志校勘記云：「據志例，『二漢志』下當脫『無』字，晉志有寧海，知『晉太康地』下，當脫『志有』二字。」楊守敬亦云：「『二漢志』下脫『無』字，『晉太康地』下脫『志有』二字。」按成、楊二家之說並誤。據寰宇記引臨海記，「晉永和三年，分會稽郡八百戶，於臨海郡章安地立寧海縣」。則寧海縣創置於東晉穆帝之世，晉武帝太康世尙無此縣，不當見於太康地志。今於「太康地」下補「志無」二字。

〔一六〕永初二年郡國志又有南沛南下邳廣平廣陵盱眙鍾離海陵山陽八郡　各本並脫海陵、山陽二郡，據錢氏考異說補。錢大昕廿二史考異云：「今數之，止六郡。蓋脫海陵、山陽二郡。」

〔一七〕毗陵令　楊守敬云：「毗陵令下，脫『漢舊縣屬晉陵』六字。」

〔一八〕丹陽雖有琅邪相而無土地　「土地」各本並作「此地」，據文選二二徐敬業古意酬到長史溉登琅邪城詩注引沈約宋書改。按無土地卽謂僑郡尙無實土。

〔一九〕永嘉五年元帝改爲晉陵　各本並脫「元」字，據通典州郡典補。

〔二〇〕淩令前漢屬泗水　「淩」各本並作「廣陵」，據漢書地理志、南齊書州郡志改。廿二史考異云：「『陵當作淩，廣字衍。』」成孺宋書州郡志校勘記云：「漢志廣陵縣屬廣陵國，不屬泗水，此云前漢屬泗水者，考異云『陵當作淩，廣字衍』是也。南齊志正作淩。」

〔二一〕領縣十二　孫虨宋書考論云：「案下列縣止十一，蓋脫彭城縣。此劉宋桑梓，必無併省之事。南齊與此屬縣盡同，亦有彭城。」按孫說是，疑脫「彭城令別見」五字。

〔二二〕北淩令　「北淩」各本並作「北陵」。按下云「晉太康地志屬下邳本名淩」，卽爲淩縣，蓋彼爲淩，此加北字作北淩。今訂正，下幷同改。

〔二三〕景帝中六年　各本並作「景帝中平六年」。成孺宋書州郡志校勘記云：「漢志景帝中六年，別爲濟陰國。『平』字衍。中平乃漢靈帝紀年。」按成校是，今訂正。

〔二四〕漢武帝征和二年至後又立　三朝本、毛本本段注文，舛譌不可讀，今據殿本訂正。李慈銘宋書札記云：「殿本所改皆是。唯魏分鉅鹿、魏郡之『郡』字不可省。」按殿本脫魏郡之「郡」字，李說是，今補正。

〔二五〕晉太康地志屬廣平作曲梁　「曲梁」各本並作「曲周梁」。按晉書地理志，廣平郡無曲周縣，有曲梁縣。今刪「周」字。

〔二六〕文帝元嘉十八年　各本並脫「元嘉十」三字。宋書文帝紀：「元嘉十八年冬十月乙卯，省南徐州之南燕、濮陽、南廣平郡。」廿二史考異云：「當云文帝元嘉十八年，此脫三字。」按錢氏說是，今補正。

〔二七〕考城令前漢曰甾　「甾」各本並作「留」。按漢書地理志，梁國有甾縣。續漢書郡國志，陳留郡考城，故甾，章帝更名。是「留」爲「甾」字形近之譌。今改正。

〔二八〕移治東海朐　「朐」字下各本並衍「山」字。成孺宋書州郡志校勘記云：「本志南徐州南東海朐令，據此知『朐』下衍『山』字。」按成校是，今刪「山」字。

〔二九〕漢縣　據志前後例，「漢」下脫「舊」字。

〔三〇〕蓋令　「蓋」各本並作「菴」，據續漢書郡國志、魏書地形志改。成孺宋書州郡志校勘記云：「歷代無菴縣，李兆洛云菴乃蓋之譌，案李說是也。」

〔三一〕角城令　「角城」各本並作「甬城」。水經淮水注：「淮、泗之會，卽角城也。」魏書地形志及高閭傳亦作角城，高閭傳：「角城蕞爾，處在淮北，去淮陽十八里。」通典州郡典作角城。通鑑齊建元三年胡注云：「甬城當作角城。」今改作「角城」。

〔三二〕省幷併南兗　孫虨宋書考論云：「當云省併南兗，謂南青州、幷州俱省併也。」按南齊書州郡志：「宋永初元年，罷青幷兗。」則南青時亦併省，孫說是。

〔三三〕南高平南平昌南濟陰南濮陽南泰山濟陽南魯七郡　「七」字各本並作「山」字。成孺宋書州郡志校勘記云：「山當作七，形近之譌。」按成校是，今改正。

〔三四〕省東燕郡爲東燕縣屬南濮陽後又省東燕縣　各本並脫「郡爲東燕」四字。孫虨宋書考論云：「東燕縣既省，以何者屬南濮陽，且上文亦但見燕縣，無東燕縣。此當作省東燕郡爲東燕縣，屬南濮陽，後又省東燕縣。」按孫說是，今訂正。

〔三五〕南齊郡領西安臨菑凡二縣　「西安」各本並作「安西」。孫虨宋書考論云：「安西當作西安，見南魯郡。」按孫說是，今改正。

〔三六〕東平領范朝陽歷城三縣　「東平」各本並作「東平原」。洪頤煊諸史考異云：「東平原當作東平，衍原字。」按洪說是，今刪「原」字。據晉書地理志東平國領范縣，魏書地形志東平郡領范縣，卽此。則此是「東平」，不當作「東平原」。地形志別有東平原郡，治梁鄒，非此郡。

〔三七〕北沛領符離蕭相沛四縣　各本並脫「北」字。成孺宋書州郡志校勘記云：「案上文何志又有北沛郡，卽南沛太守下何志云北沛新立者也。然則此沛字上亦當有北字。」按成校是，今補正。

〔三八〕高唐併茌平　「高唐」各本並作「高康」。孫虨宋書考論云：「康當爲唐。」按孫說是，今改正。

〔三九〕宋又僑立新平北淮陽北濟陰北下邳東莞五郡　「北濟陰」各本並脫「陰」字。孫虨宋書考論云：「北濟下脫陰字。」按孫說是，今補正。

〔四〇〕新市二漢晉屬中山　各本並脫「二漢晉屬中山」六字，據錢氏考異說補。錢大昕廿二史考異云：「新市下有脫文。當云二漢、晉屬中山。」

〔四一〕二漢晉太康地志並無肥如縣　按二漢、西晉遼西郡並有肥如縣，此謂「二漢晉太康地志並無肥如縣」者，據錢大昕廿二史考異云：「沛郡自漢、晉以來，並無肥如一縣，非謂漢無肥如也。肥如本遼西縣名，因晉末僑立遼西郡於廣陵界，後經省併，故廣陵得有肥如縣。」

〔四二〕角城令　各本並作「甬城令」，今訂正，說見本卷校勘記第三一條。

〔四三〕宛句令　「令」各本並作「縣」，據志前後例改。

〔四四〕東郡領白馬涼城東燕三縣　「郡」上各本並脫「東」字。成孺宋書州郡志校勘記云：「據上云永初郡國有東郡，知『郡』字上脫『東』字。」按成校是，今補正。

〔四五〕高平令前漢名橐章帝更名　「橐」三朝本作「槖」，北監本、毛本、殿本作「槖」，局本作「橐」。按漢書地理志：「山陽郡橐，莽曰高平。臣瓚曰，音拓。」續漢書郡國志：「山陽郡高平，侯國，故橐，章帝更名。」後漢書東平王傳作「槖」。又各本並奪「名」字，據續漢書郡國志補。

〔四六〕光武改屬豫州　「豫州」各本並作「任城」，據續漢書郡國志劉昭注改。

〔四七〕漢舊　成孺宋書州郡志校勘記云：「漢舊下脫『名』字，當據前『館陶令漢舊名』例補。」

宋書卷三十六

志第二十六

州郡二

南豫州　豫州　江州　青州　冀州　司州

南豫州刺史，晉江左胡寇强盛，豫部殲覆，元帝永昌元年，刺史祖約始自譙城退還壽春。成帝咸和四年，僑立豫州，庾亮爲刺史，治蕪湖。咸康四年，毛寶爲刺史，治邾城。六年，荆州刺史庾翼鎮武昌，領豫州。八年，庾懌爲刺史，又鎮蕪湖。穆帝永和元年，刺史趙胤鎮牛渚。二年，刺史謝尚鎮蕪湖；四年，進壽春；九年，尚又鎮歷陽；十一年，進馬頭。升平元年，刺史謝奕戍譙。哀帝隆和元年，刺史袁眞自譙退守壽春。簡文咸安元年，刺〔史桓熙戍歷陽。孝武寧康元年，刺〕史桓沖戍姑孰。〔一〕太元十年，刺史朱序戍馬頭。十二年，刺史桓石虔戍歷陽。安帝義熙二年，刺史劉毅戍姑孰。宋武帝欲開拓河南，綏定豫土，〔二〕九

年，割揚州大江以西、大雷以北，悉屬豫州，豫基址因此而立。十三年，刺史劉義慶鎮壽陽。永初三年，〔三〕分淮東爲南豫州，治歷陽；淮西爲豫州。〔四〕文帝元嘉七年〔合二豫州爲一，十六年又分，二十二年又合，孝武大明三年〕又分。〔五〕五年，割揚州之淮南、宣城又屬焉。徙治姑孰。明帝泰始二年又合，而以淮南、宣城還揚州。九月又分，還治歷陽。三年五月，又合。四年，以揚州之淮南、宣城爲南豫州，治宣城，〔六〕五年罷。時自淮以西，悉沒寇矣。七年，復分歷陽、淮陰、南譙、南兗州之臨江立南豫州。泰豫元年，以南汝陰度屬豫州，豫州之廬江度屬南豫州。按淮東自永初至于大明，便爲南豫，雖乍有離合，而分立居多。爰自泰始甫失淮西，復於淮東分立兩豫。今南豫以淮東爲境，不復於此更列二州，覽者按此以淮東爲境，推尋便自得泰始兩豫分域也。徐志領郡十三，縣六十一。戶三萬七千六百二，口二十一萬九千五百。今領郡十九，〔七〕縣九十一。去京都水一百六十。

歷陽太守，晉惠帝永興元年，分淮南立，屬揚州，安帝割屬豫州。永初郡國唯有歷陽、烏江、龍亢三縣，何、徐又有酇、雍丘二縣。今領縣五。戶三千一百五十六，口一萬九千四百七十。

歷陽令，漢舊縣，屬九江。

烏江令，二漢無，晉書有烏江，太康地志屬淮南。

龍亢令，漢舊名，屬沛郡，晉太康地志屬譙。江左流寓立。

雍丘令，漢舊名，屬陳留。流寓立，先屬秦郡，〔八〕文帝元嘉八年度。

酇令，漢屬沛，晉太康地志屬譙。流寓立，文帝元嘉八年度。

南譙太守，譙郡別見。晉孝武太元中，於淮南僑立郡縣，後割地成實土。太康地志、永初郡國又有酇縣，〔九〕何、徐無。今領縣六。戶四千四百三十二，口二萬二千三百五十八。去州水五百四十，陸一百七十。去京都水七百，陸五百。

山桑令，前漢屬沛，後漢屬汝南，晉太康地志屬譙。

譙令，漢屬沛，晉太康地志屬譙。

銍令，漢屬沛，晉太康地志屬譙。

扶陽令，前漢屬沛，後漢、晉太康地志並無。

蘄令。別見。

城父令，前漢屬沛，後漢屬汝南，晉太康地志屬譙。

廬江太守，漢文帝十六年，〔一〇〕分淮南國立。光武建武十三年，又省六安國以併焉。領縣三。戶一千九百九，口一萬一千九百九十七。去州水二千七百二十，陸四百七十。去京都水一千一百，陸六百三十一。

灊令，漢舊縣。

舒令，漢舊縣。

始新令，永初郡國、何並無，徐有始新左縣，明帝泰始三年立。

南汝陰太守，汝陰郡別見。江左立。領縣五。戶二千七百一，口一萬九千五百八十五。去州陸三百。去京都水一千，陸五百三十。

汝陰令，別見。所治卽二漢、晉合肥縣，後省。

愼令，漢屬汝南，太康地志屬汝陰。

宋令。別見。

陽夏令，前漢屬淮陽，後漢屬陳。晉太康地志陳令屬梁，無復此縣。又晉地志，惠帝永康中復立。永初郡國、何並屬南梁，徐志屬此。

安陽令，別見。永初郡國、何並屬南梁，徐屬此。

南梁太守，梁郡別見。晉孝武太元中，僑立於淮南，安帝始有淮南故地，屬徐州。武帝永初二年，還南豫，孝武大明六年廢屬西豫，改名淮南，八年復舊。永初郡國又有虞、陽夏、安豐三縣，〔一一〕並別見。何、徐無安豐，又有義昌而並無寧陵縣。今領縣九。戶六千二百一十二，口四萬二千七百五十四。去州水一千八百，陸五百。去京都水一千七百，陸七百。

睢陽令，漢舊名。孝武大明六年，改名壽春，八年復舊。前廢帝永光有義寧、寧昌二縣併睢陽。所治卽二漢、晉壽春縣，後省。

蒙令。別見。

虞令，漢舊名。

穀熟令，漢舊名。

陳令，前漢屬淮陽，後漢屬陳，晉太康地志屬梁。

義寧長，何無，徐有，宋末又立。

新汲令，漢舊名，屬潁川。

崇義令，永初郡國羌人始立。

寧陵，別見。徐志後所立。

晉熙太守，晉安帝分廬江立。領縣五。戶一千五百二十一，口七千四百九十七。去州陸八百，無水。去京都水一千二百，無陸。

懷寧令，晉安帝立。

新冶令，晉安帝立。

陰安令，漢舊名，屬魏郡，晉太康地志屬頓丘。

南樓煩令，[一二]永初郡國，何、徐志無。

太湖左縣長，文帝元嘉二十五年，以豫部蠻民立太湖、呂亭二縣，屬晉熙，[一三]後省，明帝泰始二年復立。

弋陽太守，本縣名，屬汝南，魏文帝分立。領縣六。[一四]戶三千二百七十五，口二萬四千二百六十二。去州陸一千一百，去京都水闕

期思令，漢舊縣。

弋陽令，漢舊縣。

安豐令，舊郡，晉安帝併爲縣。

樂安令，新立。

茹由令，新立。

安豐太守，魏文帝分廬江立。江左僑立，晉安帝省爲縣，屬弋陽，宋末復立。

安豐令，前漢地理志無，後漢屬廬江。

松滋令。別見。

汝南太守。別見。

上蔡侯相。別見。

平輿令。別見。

北新息令。別見。

眞陽令。別見。

安城令。別見。

南新息令。別見。

臨汝令，漢舊名。

陽安令。別見。

西平令。別見。

瞿陽令。[一五]別見。

安陽令。別見。

新蔡太守。別見。

鮦陽令。別見。

固始令。別見。

新蔡令。別見。

東苞信令。別見。

西苞信令，徐志南豫唯一苞信，疑是後僑立所分。

陳郡太守，[一六]別見。永初郡國無萇平、谷陽而有扶溝，別見。何無陽夏、扶溝，徐無陽夏。

項城令。[一七]別見。

西華令。別見。

陽夏令。別見。

萇平令。別見。

谷陽令。[一八]別見。

南頓太守，[一九]別見。帖治陳郡。

南頓令。別見。

和城令。別見。

潁川太守。別見。

邵陵令。別見。

臨潁令。別見。

曲陽令。別見。

西汝陰太守，永初郡國，何、徐並無此郡。

汝陰令。別見。

安城令。別見。

樓煩令。別見。

宋令。別見。

汝陽太守。別見。

汝陽令。別見。

武津令。

陳留太守，別見。永初郡國無浚儀、封丘而有酸棗，何、徐無封丘、尉氏。

浚儀令。別見。

小黃令。別見。

雍丘令。別見。

白馬令。別見。

襄邑令。別見。

封丘令，漢舊名。

尉氏令。別見。

南陳左郡太守，少帝景平中省此郡，以宋民度屬南梁、汝陰郡，而永初郡國無，未詳。孝建二年以蠻戶復立。分赤亭左縣爲蓼城左縣。領縣二。樂疑大明八年，省郡，即名爲縣，屬陳左縣。〔三〇〕

邊城左郡太守，文帝元嘉二十五年，以豫部蠻民立茹由、樂安、光城、雩婁、史水、開化、邊城七縣，〔三一〕屬弋陽郡。徐志有邊城郡，領雩婁、史水、開化、邊城四縣。〔三二〕大明八年復省爲縣，屬弋陽，後復立。領縣四。戶四百一十七，口二千四百七十九。

雩婁令，二漢屬廬江，晉太康地志云屬安豐。

開化令。

史水令。

邊城令。

光城左郡太守，永初郡國、何、徐並無。按起居注，大明八年，省光城左郡爲縣屬弋陽，〔三三〕疑是大明中分弋陽所立。八年復省，後復立。

樂安令。

茹由令。

光城令。此三縣，徐志屬弋陽。

豫州刺史，後漢治譙，魏治汝南安成，晉平吳後治陳國，晉江左所治，已列於前。永初郡國，何、徐寄治睢陽，而郡縣在淮西。徐又有邊城，別見南豫州。何又有初安、綏城二郡，初安領新懷、懷德二縣，〔三四〕綏城領安昌、招遠二縣，並云新立。徐無，則是徐志前省也。領郡十，縣四十三。戶二萬二千九百一十九，口一十五萬八百三十九。

汝南太守，漢高帝立。領縣十一。戶一萬一千二百九十一，口八萬九千三百四十九。去州水一千，陸七百。去京都水三千，陸一千五百。

上蔡令，漢舊縣。

平樂令，漢舊縣。〔三五〕

北新息令，漢舊縣。

慎陽令，漢舊縣。永初郡國及徐並作眞陽。

安成令，漢舊縣。

南新息令，漢舊縣。

朗陵令，漢舊縣。

陽安令，漢舊縣。

西平令，漢舊縣。

瞿陽令，漢舊縣作灈陽。

安陽令，漢舊縣。晉武太康元年，改爲南安陽。

新蔡太守，晉惠帝分汝陰立，今帖治汝南。領縣四。戶二千七百七十四，口一萬九千八百八十。去州陸六百。去京都水二千五百，陸一千四百。

鮦陽令，漢舊縣。晉成帝咸康二年，省併新蔡，後又立。

固始令，故名寢丘之地也。漢光武更名。晉成帝咸康二年，併新蔡，後又立。

新蔡令，漢舊縣。

苞信令，前漢無，後漢屬汝南，晉太康地志屬汝陰。後漢郡國、晉太康地志並作「褒」。

譙郡太守，何志故屬沛，魏明帝分立。按王粲詩：「既入譙郡界，〔三六〕曠然消人憂。」粲是建安中亡，非明帝時立明矣。永初郡國無長垣縣。今領縣六。戶一千四百二十四，口七千四百四。去州陸道三百五十。去京都水二千，陸一千二百。

蒙令，漢舊縣，屬沛。〔三七〕

蘄令，漢舊縣，屬沛。

中華書局

寧陵令,前漢屬陳留,後漢、晉太康地志屬梁。

魏令,故魏郡,流寓配屬。

襄邑令。

長垣令,漢舊縣,屬陳留。永初郡國無。何故屬陳留,徐新配。

梁郡太守,秦碭郡,漢高更名。孝武大明元年度徐州,二年還豫。〔二八〕領縣二。戶九百六十八,口五千五百。去州陸一百六十。去京都水九百。

下邑令,漢舊縣。何云魏立,非也。

碭令,漢舊縣。

陳郡太守,漢高立爲淮陽國,章帝元和三年更名,〔二九〕晉初併,梁王肜薨,還爲陳。永初郡國有扶溝、前漢屬淮陽,後漢、晉太康地志屬陳留。陽夏,別見。而無谷陽、長平。〔三〇〕領縣四。戶六百九十三,口四千一百一十三。去州陸七百六十。去京都水一千四百五十。

項城令,漢舊縣,屬汝南,晉太康地志屬陳郡。〔三一〕

西華令,漢舊縣,屬汝南,晉初省,惠帝永康元年復立,屬潁川。江左度此。

谷陽令,〔三二〕本苦縣,前漢屬淮陽,後漢屬陳,〔三三〕晉太康地志屬梁,成帝咸康三年更名。

長平令,前漢屬汝南,後漢屬陳,晉太康地志屬潁川。

南頓太守,故屬汝南,晉惠帝分立。領縣二。戶五百二十六,口二千三百六十五。去州七百六十。去京都陸一千四百五十。

南頓令,漢舊縣,何故屬汝陽,晉武帝改屬汝南。按晉太康地志、王隱地道無汝陽郡。

和城令,何江左立。

潁川太守,秦立。魏分潁川爲襄城郡,晉成帝咸康二年,省襄城還併潁川。永初郡國又有許昌、本名許,〔三四〕漢舊縣。魏曰許昌。新汲、別見。隔陵、長社、潁陰、陽翟四縣並漢舊縣。陽翟,魏、晉屬河南。六縣,而無曲陽。領縣三。戶六百四十九,口二千五百七十九。去州一千。去京都陸一千八百。

邵陵令,漢舊縣,屬汝南,晉太康地志屬潁川。

臨潁令,漢舊縣。

曲陽令,前漢屬東海,後漢屬下邳,晉太康地志無。

汝陽太守,晉太康地志、王隱地道無此郡,應是江左分汝南立。晉成帝咸康三年,省併汝南,後又立。領縣二。戶九百四十一,口四千四百九十五。去州二百。去京都陸一千四百,水三千五百。

汝陽令,漢舊縣,屬汝南。何故屬汝陰,晉武改屬汝南。按晉武分汝南爲汝陰,何所言非也。

武津令,何不注置立。

汝陰太守,晉武帝分汝南立,成帝咸康二年,省併新蔡,後復立。領縣四。戶二千七百四十九,口一萬四千三百三十五。

汝陰令,漢舊縣。

宋令,前漢名新郪,章帝建初四年,徙宋公國於此,改曰宋。

宋城令,漢舊縣。

樓煩令,漢舊縣,屬雁門。流寓配屬。

陳留太守,漢武帝元狩元年立,屬兗州,中原亂廢。晉成帝咸康四年復立,永初郡國屬兗州,何、徐屬豫州。永初郡國無浚儀,有酸棗。別見。今領縣四。戶百九十六,口二千四百一十三。寄治譙郡長垣縣界。

浚儀令,漢舊名。

小黃令,漢舊名。

白馬令,漢屬東郡,晉太康地志屬濮陽。

雍丘令,漢舊名。

江州刺史,晉惠帝元康元年,分揚州之豫章、鄱陽、廬陵、臨川、南康、建安、晉安,荆州之武昌、桂陽、安成十郡爲江州。初治豫章,成帝咸康六年,移治尋陽,庾翼又治豫章,〔三五〕尋還尋陽。領郡九,縣六十五。戶五萬二千三十三,口三十七萬七千一百四十七。去京都水一千四百。

尋陽太守,尋陽本縣名,因水名縣,水南注江。二漢屬廬江,吳立蘄春郡,尋陽縣屬焉。晉武帝太康元年,省蘄春郡,以尋陽屬武昌,改蘄春之安豐爲高陵及邾縣,皆屬武昌。二年,以武昌之尋陽復屬廬江郡。惠帝永興元年,分廬江、武昌立尋陽郡。尋陽縣後省。領縣三。戶二千七百二十,口一萬六千八。

柴桑男相,二漢屬豫章,晉屬武昌。郡既立,治此。〔三六〕

彭澤子相,〔三七〕漢、晉太康地志屬豫章,立尋陽郡後,割度。

松滋伯相,前漢屬廬江,後漢無,晉太康地志屬安豐。安豐縣名,前漢無,〔三八〕後漢屬廬江,晉武帝立爲安豐郡。江左流民寓尋陽,僑立安豐、松滋二郡,遙隸揚州，安帝省爲松滋縣。尋陽又有弘農縣流寓。文帝元嘉十八年，省併松滋。

豫章太守，漢高帝立，本屬揚州。永初郡國有海昏，漢舊縣。何志無。今領縣十二。戶一萬六千一百三十九，口一十二萬二千五百七十三。去州水六百，陸三百五十。去京都水一千九百，陸二千一百。

南昌侯相，漢舊縣。

新淦侯相，漢舊縣。

豐城侯相，吳立曰富城，晉武帝太康元年更名。

建城侯相，漢舊縣。

望蔡子相，漢靈帝中平中，汝南上蔡民分徙此地，立縣名曰上蔡，晉武帝太康元年更名。

吳平侯相，漢靈帝中平中立曰漢平，吳更名。[三九]

永脩男相，漢靈帝中平中立。

建昌公相，漢和帝永元十六年，分海昏立。

豫寧侯相，漢獻帝建安中立，吳曰西安，[四〇]晉武帝太康元年更名。

康樂侯相，吳孫權黃武中立曰陽樂，晉武帝太康元年更名。

新吳令，漢靈帝中平中立。

艾侯相，漢舊縣。

鄱陽太守，漢獻帝建安十五年，孫權分豫章立，治鄱陽縣，赤烏八年，徙治吳芮故城。永初郡國有歷陵縣，漢舊縣。何志無。領縣六。戶三千二百四十二，口一萬九百五十。去州水四百四十。去京都水一千八百四十，陸二千六十。

廣晉令，吳立曰廣昌，晉武帝太康元年更名。

鄱陽侯相，漢舊縣。

餘干令，[四一]漢舊縣。

上饒男相，吳立。太康地志有，王隱地道無。

葛陽令，吳立。

樂安男相，吳立。

臨川內史，吳孫亮太平二年，分豫章東部都尉立。領縣九。戶八千九百八十三，口六萬四千八百五。去州水一千一百，陸一千二十。去京都水二千八百三十，陸三千。

臨汝侯相，漢和帝永元八年立。

西豐侯相，吳立曰西平，晉武帝太康元年更名。

新建侯相，吳立。

永城男相，吳立。

宜黃侯相，吳立。

南城男相，漢舊縣，晉武帝太康元年，更曰新南城，江左復舊。

南豐令，吳立。

東興侯相，吳立。

安浦男相，吳立。

廬陵太守，廬陵本縣名，屬豫章，漢獻帝興平元年，孫策分豫章立。領縣九。戶四千四百五十五，口三萬一千二百七十一。去州水二千，陸一千六百。去京都水三千六百。

石陽子相，前漢無，後漢有。

西昌侯相，吳立。

東昌子相，吳立。

吉陽男相，吳立。

巴丘男相，吳立。

興平侯相，吳立。

陽豐男相，吳曰陽城，晉武帝太康元年更名。

高昌男相，吳立。

遂興男相，吳立曰新興，晉武帝太康元年更名。永初郡國無此縣，何、徐並有。

安成太守，孫晧寶鼎二年，分豫章、廬陵、長沙立。晉太康地志屬荊州。領縣七。戶六千一百一十六，口五萬三百二十三。去州水三千三百，陸三千六百。去京都水三千七百，無陸。

平都子相，前漢曰安平，後漢更名，屬豫章。

新喻侯相，吳立。

宜陽子相，漢舊縣，本名宜春，屬豫章，晉孝武改名。

永新男相，吳立。

安復侯相，漢舊縣，本名安成，晉武帝太康元年更名，屬長沙。

萍鄉侯相，吳立。

廣興侯相，晉太康地志有此縣，何云江左立，非也。

南康公相，晉武帝太康三年，以廬陵南部都尉立。領縣七。[四二]戶四千四百九十三，口三萬四千六百八十四。去州水三千七百四十。去京都水三千八十。

中華書局

贛侯相，漢舊縣，屬豫章。

寧都子相，吳立曰楊都，晉武帝太康元年更名。

雩都侯相，漢舊縣，屬豫章。

平固侯相，吳立曰平陽，晉武帝太康元年更名。

南康公相，吳立曰安南，晉武帝太康元年更名。

陂陽男相，吳立曰揭陽，晉武帝太康五年，以西康揭陽移治故陂陽縣，改曰陂縣，

然則陂陽先已爲縣矣。後漢郡國無，疑是吳所立而改曰揭陽也。

南野伯相，漢舊縣，屬豫章。

虔化男相，孝武大明五年，以虔化屯立。

南新蔡太守，江左立。領縣四。戶一千七百三十，口八千八百四十八。去州水二百。去京都水一千三百七十，陸一千八百八十。

苞信令，別見。本作褒信，永初郡國作苞信。

愼令，漢舊名，本屬汝南。

宋令，別見。徐志云宋樂，後復舊。

陽唐左縣令，孝武大明八年立。

建安太守，本閩越，秦立爲閩中郡。漢武帝世，閩越反，滅之，徙其民於江、淮間，虛其地。後有遁逃山谷者頗出，立爲治縣，屬會稽。司馬彪云，章安是故治，然則臨海亦治地也。張勃吳錄云：「閩越王治鑄地，故曰安閩王治。此不應偏以受名，蓋句踐治鑄之所，故謂之冶乎？閩中有山名湛，疑湛山之鑪鑄劍爲湛鑪也。」後分治地爲會稽東、南二部都尉。東部，臨海是也；南部，建安是也。吳孫休永安三年，分南部立爲建安郡。領縣七。[四三]戶三千四十二，口一萬七千六百八十六。去州水二千三百八十。去京都水三千四十，並無陸。

吳興子相，漢末立曰漢興，吳更名。

將樂子相，晉太康地志有。

邵武子相，吳立曰昭武，晉武帝更名。

建陽男相，晉太康地志有。

綏成男相，永初郡國，何、徐並有。何、徐不注置立。

沙村長，永初郡國，何、徐並有。何、徐不注置立。

晉安太守，晉武帝太康三年，分建安立。領縣五。戶二千八百四十三，口一萬九千八百三十八。去州水三千九百九十。去京都水三千五百八十。

侯官□相，前漢無，後漢曰東侯官，屬會稽。

原豐令，晉武帝太康三年，省建安典船校尉立。

晉安男相，吳立曰東安，晉武帝更名。

羅江男相，吳立，屬臨海。晉武帝立晉安郡，度屬。

溫麻令，晉武帝太康四年，以溫麻船屯立。永初郡國無，何、徐並有。

青州刺史，治臨淄。江左僑立，治廣陵。安帝義熙五年，平廣固，北青州刺史治東陽城，而僑立南青州如故。後省南青州，而北青州直曰青州。孝武孝建二年，移治歷城，大明八年，還治東陽。明帝失淮北，於鬱洲僑立青州，立齊、北海、西海郡。舊州領郡九，縣四十六。戶四萬五百四，口四十萬二千七百二十九。去京都陸二千。

齊郡太守，秦立。領縣七。戶七千三百四十六，口萬四千八百八十九。

臨淄令，漢舊縣。

西安令，漢舊縣。

安平令，六國時其地曰安平，二漢、魏、晉曰東安平。前漢屬淄川，後漢屬北海，魏度屬齊。

般陽令，前漢屬濟南，後漢、晉太康地志屬齊。

廣饒令，漢舊縣。

昌國令，漢舊縣。

益都令，魏立。

濟南太守，漢文帝十六年，分齊立。晉世濟岷郡，云魏平蜀，徙蜀豪將家於濟、河，故立此郡。安帝義熙中土斷，幷濟南。案晉太康地志無濟岷郡。永初郡國濟南又有祝阿、二漢屬平原，晉太康地志無。於陵縣，漢舊縣。而無朝陽、平陵二縣。領縣六。戶五千五十六，口三萬八千一百七十五。去州陸四百。去京都二千四百。

歷城令，[四四]漢舊縣。

朝陽令，前漢曰朝陽，後漢、晉曰東朝陽。二漢屬濟南，晉太康地志屬樂安。

著令，漢舊縣。

土鼓令，漢舊縣，晉無。

逢陵令，二漢、晉無，永初郡國，何、徐有。

平陵令，漢舊縣，至晉並曰東平陵。

樂安太守，漢高立，名千乘，和帝永元七年更名。領縣三。戶二千二百五十九，口一萬四千九百九十一。去州陸一百八十。去京都陸一千八百。

千乘令，漢舊縣。

臨濟令，前漢曰狄，安帝永初二年更名。

博昌令，漢舊名。

高密太守，漢文帝分齊爲膠西，宣帝本始元年，更名高密。光武建武十三年，併北海，晉惠帝又分城陽立，〔四五〕城陽郡，前漢有，後漢無，魏復分北海立。宋孝武併北海。領縣六。戶二千三百四，口一萬三千八百二。去州陸二百。去京都陸一千六百。

黔陬令，前漢屬琅邪，後漢屬東萊，晉太康地志屬城陽。

淳于令，二漢屬北海，晉太康地志屬城陽。

高密令，前漢屬高密，後漢屬北海，晉太康地志屬城陽。

夷安令，前漢屬高密，後漢屬北海，晉太康地志屬城陽。

營陵令，二漢屬北海，晉太康地志屬城陽。

昌安令，漢安帝延光元年立，屬高密，後漢屬北海，晉太康地志屬城陽。

平昌太守，故屬城陽，魏文帝分城陽立，後省，晉惠帝又立。領縣五。戶二千二百七十，口一萬五千五十。去州陸二百。去京都陸一千七百。

安丘令，二漢屬北海，晉太康地志屬琅邪。

平昌令，前漢屬琅邪，後漢屬北海，晉太康地志屬城陽。

東武令，二漢屬琅邪，晉太康地志屬東莞。

琅邪令，二漢屬琅邪，晉太康地志無。

朱虛令，前漢屬琅邪，安帝永初元年屬北海，晉太康地志屬城陽。

北海太守，漢景帝中二年立。領縣六。戶三千九百六十八，口三萬五千九百九十五。寄治州下。

都昌令，漢舊縣。寄治州下，餘依本治。

膠東令，本膠東國，後漢、晉太康地志屬北海。

劇令，二漢屬北海，晉太康地志屬琅邪。

卽墨令，前漢屬膠東，後漢、晉太康地志屬北海。

下密令，前漢屬膠東，後漢、晉太康地志屬北海。

平壽令，漢舊縣。

東萊太守，漢高帝立。領縣七。戶一萬一百三十一，口七萬五千一百四十九。去州陸五百。去京都二千一百。

曲城令，漢舊縣。

掖令，漢舊縣。

㡸令，〔四六〕漢舊縣。

盧鄉令，漢舊縣。

牟平令，漢舊縣。

當利令，漢舊縣。

黃令，漢舊縣。

太原太守，秦立，屬并州。文帝元嘉十年，割濟南、泰山立。領縣三。戶二千七百五十七，口二萬四千六百九十四。去州陸五百。去京都一千八百。

山茌令，漢舊縣，屬泰山。孝武孝建元年，度濟北。

太原令，晉安帝義熙中土斷立，屬泰山。

祝阿令。別見。

長廣太守，本長廣縣，前漢屬琅邪，後漢屬東萊，晉太康地志云故屬東萊。起居注，咸寧三年，以齊東部縣爲長廣郡。領縣四。戶二千九百六十六，口二萬二十三。去州五百。去京都一千九百五十。

不其令，前漢屬琅邪，後漢屬東萊，晉太康地志屬長廣。

長廣令，前漢屬琅邪，後漢屬東萊，晉太康地志屬長廣。

昌陽令，晉惠帝元康八年，分長廣縣立。

挺令，前漢屬膠東，後漢屬北海，晉太康地志屬長廣。

冀州刺史，江左立南冀州，後省。義熙中更立，治青州，又省。文帝元嘉九年，又分青州立，治歷城，〔四七〕割土置郡縣。領郡九，縣五十。戶三萬八千七十六，口一十八萬一千一。去京都陸二千四百。

廣川太守，本縣名，屬信都，地理志不言始立。景帝二年，以爲廣川國，宣帝甘露三年復。明帝更名樂安，安帝延光中，改曰安平，晉武帝太康五年，又改爲長樂。廣川縣，前漢屬信都，後漢屬清河，魏屬勃海，晉還清河。何志，廣川江左所立。又有蓨縣前漢屬信都，後漢、晉屬勃海。而無廣川。孝武大明元年，省廣川之棗强、前漢屬清河，後漢、晉江左無。勃海之浮陽、高城並漢舊縣。立廣川縣，非舊廣川縣也。屬廣川郡。領縣四。戶三千二百五十，口二萬三千六百一十四。去州陸一百六十。去京都陸一千九百八十。

廣川令。已見前。

中水令，前漢屬涿，後漢、晉太康地志屬河間。孝武大明七年，自河間割度。

武强令，何江左立。

索盧令，何江左立。

平原太守，漢高帝立。舊屬青州，魏、晉屬冀州。領縣八。戶五千九百一十三，口二萬九千二百六十七。

廣宗令，前漢無，後漢屬鉅鹿，晉太康地志屬安平，永初郡國、何無，孝武大明元年復立。

平原令，漢舊縣。

鬲令，漢舊縣。

安德令，漢舊縣。

平昌令，漢舊縣。後漢無。〔四八〕晉太康地志曰西平昌。

般縣令，漢舊縣。

在平令，前漢屬東郡，後漢屬濟北，晉太康地志屬平原。

高唐令，漢舊縣。

清河太守，漢立，桓帝建和二年，改曰甘陵，魏復舊。何有重合縣。別見。領縣七。戶三千七百九十四，口二萬九千二百七十四。去州一百一十。去京都陸一千八百。

清河令，二漢無，晉太康地志有。

武城令，漢舊縣，並曰東武城。

繹幕令，漢舊縣。

貝丘令，漢舊縣。

零令，漢舊縣作靈。

鄃令，漢舊縣。

安次令，前漢舊縣，屬勃海，後漢屬廣陽，晉太康地志屬燕國。

樂陵太守，晉武帝分平原立。舊屬青州，今來屬。領縣五。戶三千一百三，口一萬六千六百六十一。去州一百四十。去京都陸一千八百。

樂陵令，漢舊縣，故屬平原。

陽信令，二漢屬勃海，晉太康地志屬樂陵。

新樂令。別見。

厭次令，前漢曰富平，明帝更名，屬平原，晉太康地志屬樂陵。

溼沃令，前漢屬千乘，後漢無。何云魏立，當是魏復立也。晉太康地志屬樂陵。

魏郡太守，漢高帝立。二漢屬冀州，魏、晉屬司隸，江左屢省置，宋孝武又僑立，何無。領縣八。戶六千四百五，口三萬三千六百八十二。

魏令，漢舊縣。

安陽令，晉太康地志有。

聊城令，漢屬東郡，晉屬平原。

博平令，漢屬東郡，晉屬平原。

肥鄉令，晉太康地志屬廣平。

蠡吾令，前漢屬涿，後漢屬中山，晉太康地志屬高陽。孝武始立，屬高陽，大明七年度此。

頓丘令，別見。文帝元嘉二十八年，流民歸順，孝武孝建二年立。

臨邑令，漢屬東郡，晉屬濟北。孝武孝建二年，與頓丘同立。

河間太守，漢文帝二年，分趙立。江左屢省置，宋孝武又僑立，何無。領縣六。戶二千七百八十一，口一萬七千七百七。

樂城令，漢舊縣。

城平令，〔四九〕前漢屬勃海，後漢、晉太康地志屬河間。

武垣令，前漢屬涿，後漢、晉太康地志屬河間。

章武令，二漢屬勃海，晉太康地志屬章武。江左立，屬廣川，孝武大明七年度此。

南皮令，漢舊縣，屬勃海。孝武始立，屬勃海，大明七年度此。

阜城令，前漢勃海有阜城縣，續漢安平有阜城縣，注云「故昌成」。漢信都有昌成，未詳孰是。

頓丘太守，別見。江左屢省置，孝武又僑立，何無。領縣四。戶一千二百三十八，口三千八百五十一。

頓丘令。別見。

衛國令，晉太康地志有。

肥陽令，何志以前無。

陰安令，二漢屬魏，魏屬陽平，晉屬頓丘。〔五〇〕

高陽太守，高陽，前漢縣名，屬涿，後漢屬河間。晉武帝泰始元年，分涿爲范陽，又屬焉。後又分范陽爲高陽。江左屢省置，孝武又僑立，何無。領縣五。戶二千二百九十七，口一萬四千七百二十五。

安平令，前漢屬涿，後漢屬安平，晉太康地志屬博陵。

饒陽令，前漢屬涿，續漢安平有饒陽縣，注云「故名饒，屬涿」。按地理涿唯有饒陽縣，無饒縣。

鄴令，漢舊縣，屬魏郡。江左避愍帝諱，改曰臨漳。孝武始立，屬魏郡，大明七年度此。

高陽令。已見。

新城令，前漢屬中山，後漢屬涿，晉太康地志屬高陽，〔五一〕並曰北新城。

勃海太守，漢高帝立，屬幽州，後漢、晉屬冀州。江左省置，孝武又僑立，何無。領縣三。戶一千九百五，口萬二千一百六十六。

長樂令，晉之長樂郡也。疑是江左省爲縣，至是又立。

蓨令。別見。何志屬廣川。徐志屬此。

重合令，漢舊縣。

司州刺史，漢之司隸校尉也。晉江左以來，淪沒戎寇，雖永和、太元王化暫及，太和、隆安還復湮陷。牧司之任，示舉大綱而已。縣邑戶口，不可具知。武帝北平關、洛，河南底定，置司州刺史，治虎牢，領河南、漢舊郡。〔五二〕滎陽、晉武帝泰始元年，分河南立。弘農漢舊郡。實土三郡。河南領洛陽、河南、鞏、緱氏、新城、梁、並漢舊縣。河陰、晉太康地志有。陸渾、漢舊縣，屬弘農，晉太

康地志屬河南。東垣、二漢、晉太康地志河東有垣縣。〔五三〕新安、二漢屬弘農，晉太康地志屬河南。〔五四〕西東垣新立。凡十一縣。滎陽領京、密、滎陽、卷、陽武、苑陵、中牟、開封、成皋並漢舊縣。屬河南。〔五五〕凡九縣。弘農領弘農、陝、宜陽、黽池、盧氏、並漢舊縣。曲陽前漢屬東海，後漢屬下邳，太康地志無。凡七縣。〔五六〕三郡合二十七縣，一萬六千三百六戶。又有河內、漢舊郡。東京兆京兆別見雍州，東京兆新立。二僑郡。河內寄治河南，領溫、野王、軹、河陽、沁水、山陽、懷、平皋、並漢舊名。朝歌二漢屬河內，晉太康地志屬汲郡。晉武太康元年始立。凡十縣。〔五七〕東京兆寄治滎陽，領長安、漢舊縣。萬年、別見。新豐、別見。藍田、別見。蒲阪二漢晉太康地志屬河東。凡六縣。〔五八〕合十六縣，一千九百九十二戶。少帝景平初，司州復沒北虜。文帝元嘉末，僑立於汝南，尋亦省廢。明帝復於南豫州之義陽郡立司州，漸成實土焉。領郡四，縣二十。去京都水二千七百，陸一千七百。

義陽太守，魏文帝立，後省，晉武帝又立。太康地志、永初郡國、何志並屬荆州，徐則南豫也。明帝泰始五年，度郢州，後廢帝元徽四年，屬司州。領縣七。戶八千三百三十一，口四萬一千五百九十七。

平陽侯相，前漢無，後漢屬江夏曰平春，晉太康地志屬義陽，晉孝武改。

鄳令，二漢屬江夏，晉太康地志屬義陽，並作鄳，音盲。永初郡國、何並作鄳。

鍾武令，前漢屬江夏，後漢、晉太康地志無，永初郡國屬義陽。

寶城令，孝武孝建三年，分鄳立。

義陽令，晉太康地志有，後省。孝武孝建三年，分平陽立。

平春令，孝武孝建三年，分平陽立。

環水長，永初郡國、何、徐並無，明帝泰始三年，度屬宋安郡，後省宋安，還此。宋安，本縣名，孝武大明八年，省義陽郡所統東隨二左郡立爲宋安縣，屬義陽。明帝立爲郡。

隨陽太守，晉武帝分南陽義陽立義陽國，太康年，又分義陽爲隨國，屬荆州。孝武孝建元年度屬郢，前廢帝永光元年度屬雍，明帝泰始五年還屬郢，改爲隨陽，〔五九〕後廢帝元徽四年，度屬司州。徐志又有革音縣，今無。領縣四。戶四千六百。去京都三千四百八十。

隨陽子相，漢隨縣屬南陽，晉太康地志屬義陽。後隨國與郡俱改。

永陽男相，〔六〇〕徐志有。

闕西令，〔六一〕別見荆州，作厥西。宋末新立。

西平林令，宋末新立。

安陸太守，孝武孝建元年，分江夏立，屬郢州，後廢帝元徽四年度司州。徐志有安蠻縣，永初郡國、何並無，當是何志後所立。尋爲郡，孝武大明八年，省爲縣，屬安陸，明帝泰

始初，又立爲左郡，宋末又省。領縣二。〔六二〕戶六千四十三，口二萬五千八十四。去京都水二千三百。

安陸公相，漢舊縣，屬江夏。江夏又有曲陵縣，〔六三〕本名石陽，吳立。晉起居注，太康元年，改江夏石陽曰曲陵，〔六四〕明帝泰始六年，併安陸。

南汝南太守。汝南郡別見。

平輿令。

北新息令。

眞陽令。

安城令。

南新息令。

安陽令。並別見。

臨汝令，新立。

校勘記

〔一〕箭文咸安元年刺史桓熙戍歷陽孝武寧康元年刺史桓沖戍姑孰　各本並脫「史桓熙戍歷陽孝武

寧康元年刺」十三字，據通鑑宋大明五年胡三省注引補。按桓沖爲揚州刺史，督揚、豫、江三州諸軍事，鎮姑孰，在寧康元年七月，見晉書孝武帝紀。

〔二〕綏定豫土 「豫」字上各本並有「南」字。通鑑宋永初三年胡注無「南」字，今據刪。孫虨宋書考論亦云：「南字當衍。」

〔三〕永初三年 「三年」各本並作「二年」，據武帝紀改。武帝紀：「永初三年二月丁丑，詔曰：『豫州南臨江滸，北接河、洛，民荒境曠，轉輸艱遠，撫莅之任，各有其便。淮西諸郡，可立爲豫州；自淮以東，爲南豫州。』」

〔四〕淮西爲豫州 錢大昕廿二史考異云：「此下當有『治壽陽』三字。」

〔五〕文帝元嘉七年合二豫州爲一十六年又分二十二年又合孝武大明三年又分 各本並脱「合二豫州爲一至孝武大明三年」凡二十三字，據錢氏考異說補。錢大昕廿二史考異云：「此條當有脱文，以本紀及南平王鑠傳考之，文帝元嘉七年，罷南豫州幷豫州。十六年，復分豫州之淮南爲南豫州。二十二年，復罷南豫州併壽陽。孝武大明三年，分淮南北復置二豫州。五年，移南豫州治淮南于湖縣。于湖卽姑孰也。當云：『文帝元嘉七年，合豫州爲一，十六年又分，二十二年又合，孝武大明三年又分。』則首尾相應矣。」

〔六〕四年以揚州之淮南宣城爲南豫州治宣城 錢大昕廿二史考異云：「案帝紀，泰始五年，分豫州、

揚州立南豫州。蓋分豫州之歷陽，揚州之淮南、宣城也。事見廬江王褘傳。志失書歷陽郡，又誤以爲四年事。」

〔七〕今領郡十九 各本並脱「十」字。據通鑑宋永初三年胡三省注補。

〔八〕先屬秦郡 「秦郡」各本並作「泰山郡」。孫虨宋書考論云：「泰山二字係秦字之譌。雍丘見南兗州秦郡。」按孫說是，今改正。

〔九〕後割地成實土太康地志永初郡國又有酇縣 按各本並作「後割地志咸實土郡國又有酇縣」，文舛奪不可通。今訂正。酇縣，晉太康地志屬南譙，文帝元嘉八年度屬歷陽，故太康地志、永初郡國南譙郡並有酇縣。

〔一〇〕漢文帝十六年 各本並脱「十」字，據漢書地理志補。

〔一一〕永初郡國又有虞陽夏安豐三縣 孫虨宋書考論云：「前南汝陰郡安陽令下云『永初郡國、何並屬南梁』，疑虞陽爲安陽之譌。」按南梁郡有虞，南汝陰郡有陽夏，本屬南梁郡。宋志不誤。

〔一二〕南樓煩令 各本並脱「煩」字，據南齊書州郡志補。按漢志、續漢志雁門郡並有樓煩縣。此蓋渡江後僑置，以別僑立樓煩縣，此又加南字。

〔一三〕屬晉熙 各本並脱「屬」字，據王象之輿地記勝引宋書州郡志補。

〔一四〕領縣六 按下祇五縣，疑有譌奪。

〔一五〕瞿陽令 「瞿陽」漢書地理志、續漢書郡國志、水經灈水注、晉書地理志並作「灈陽」。

〔一六〕陳郡太守 「陳郡」各本並作「東郡」。洪頤煊諸史考異云：「東郡當依豫州下作陳郡。」今改正。

〔一七〕項城令 各本並脱「城」字。楊守敬云：「項城令脱城字。」今據補。

〔一八〕谷陽令 各本並作「父陽令」。洪頤煊諸史考異云：「父陽是谷陽之譌。寰宇記，谷陽，蓋谷水之陽，因以爲名。」按洪說是，今改正。谷陽本漢苦縣，東晉成帝更名谷陽。水經陰溝水注：「渦水又東北屈至賴鄉西，谷水注之。」又云：「谷水又東，逕賴鄉城南。」谷陽蓋以谷水之陽名縣。

〔一九〕南頓太守 「南頓」各本並作「南潁」。楊守敬云：「南頓誤南潁。」楊說是，今改正。按南齊書州郡志，南豫州有南頓郡及西南頓郡。

〔二〇〕卽名爲縣屬陳左縣 按文字譌奪不可解。南齊書州郡志豫州南汝陰郡下有南陳左縣。疑此當作「卽名爲南陳左縣，屬南汝陰郡」。

〔二一〕以豫部蠻民立茹由樂安光城雩婁史水開化邊城七縣 各本「雩婁」下並衍「邊城」二字。廿二史考異云：「邊城字重出，雩婁下邊城兩字當刪。」按錢說是，今據刪。

〔二二〕徐志有邊城郡領雩婁史水開化邊城四縣 「郡」字各本並作「兩」字，「四」字各本並作「兩」字。廿二史考異云：「上下『兩』字皆誤。詳其文義，謂立邊城郡，領雩婁等四縣也。上『兩』字疑『郡』字之譌，下『兩』字疑『四』字之譌。」按錢說是，今改正。

〔二三〕省光城左郡爲縣屬弋陽 各本並脱「屬」字。孫虨宋書考論云：「弋陽上脱屬字。」按孫說是，今補正。

〔二四〕初安領新懷懷德二縣 各本並脱一「懷」字。孫虨宋書考論云：「魏書地形志，豫州有初安郡，領新懷、安昌、懷德、昭越四縣，可證『新』下脱一『懷』字。」按孫說是，今補正。

〔二五〕平樂令漢舊縣 廿二史考異云：「漢志山陽郡平樂侯國，武都郡平樂道，兩平樂並與此平樂別，不得言漢舊縣也。平樂疑是平輿之誤。」

〔二六〕旣入譙郡界 文選作「朝入譙郡界」。

〔二七〕蒙令漢舊縣屬沛 成孺宋書州郡志校勘記云：「兩漢志，蒙並屬梁國，此作沛者，涉左方而誤也。」是「沛」當作「梁」。

〔二八〕孝武大明元年度徐州二年還豫 按本書孝武紀：「大明三年春正月丁亥，割豫州梁郡屬徐州。」「四年五月乙酉，以徐州之梁郡還屬豫州。」此疑有誤。

〔二九〕章帝元和三年更名 「元和三年」續漢書郡國志作「章和二年」。

〔三〇〕而無谷陽長平 「谷陽」各本並譌「父陽」，今改正，說見同卷校勘記第一八條。

〔三一〕晉太康地志屬陳郡 孫虨宋書考論云：「晉太康無陳郡，當云屬梁。」

〔三二〕谷陽令 「谷陽」各本並作「父陽」，今改正，說見同卷校勘記第一八條。

〔三三〕前漢屬淮陽後漢屬陳　各本並脫「屬淮陽後漢」五字，成孺宋書州郡志校勘記云：「苦縣，前漢屬淮陽，後漢屬陳。今本脫『屬淮陽後漢』五字。」按成校是，今補正。

〔三四〕本名許　「名」各本並作「昌」。成孺宋書州郡志校勘記云：「疑昌字爲名字之誤。」按成校是，今改正。

〔三五〕庾翼又治豫章　「庾翼」各本並作「庾悅」，據南齊書州郡志改。成孺宋書州郡志校勘記云：「庾悅蓋庾翼之誤。」

〔三六〕晉屬武昌郡既立治此　「郡既立治此」五字各本並在尋陽郡戶口數後。孫虨宋書考論云：「此五字當謂柴桑，移入後行。」按孫說是，今訂正。

〔三七〕彭澤子相　「彭澤子相」四字，各本並脫，據孫虨說補。孫虨宋書考論云：「宋、齊以來，彭澤並無廢省，南齊書陳顯達封彭澤縣子。當宋時。是彭澤爲子相。當補『彭澤子相』四字。」

〔三八〕安豐縣名前漢無　張森楷校勘記云：「按前漢志六安國有安豐縣，此云前漢無，誤。」

〔三九〕吳更名　水經贛水注：「牽水又東逕吳平縣，舊漢平也。晉太康元年，改爲吳平矣。」此作吳更名，誤。

〔四〇〕吳曰西安　「西安」各本並作「要安」，據錢氏考異說改。廿二史考異云：「要安當爲西安之譌。太平寰宇記，武寧縣，古西安縣也。後漢建安中，分海昏立西安縣。晉太康元年，改爲豫寧。三

國志潘璋傳『遷豫章西安長』，是吳時縣名西安之證。」按水經贛水注：「循水東北逕豫寧縣，故要安也。晉太康元年，更從今名。」趙一清云：「要字誤，當作西。吳書太史慈傳，數爲寇於艾、西安是也。」

〔四一〕餘干令　「餘干」漢書嚴助傳、南齊書州郡志同。漢書地理志、續漢書郡國志、水經贛水注作「餘汗」。楊守敬隋書地理志考證云：「元和志，漢餘汗縣，隋開皇九年，去水存干，名曰餘干。考宋、齊志已均作餘干，當是後人追改。」

〔四二〕領縣七　按下實領八縣，此云七縣，疑誤。

〔四三〕領縣七　按此云領縣七，而下祇吳興、將樂、邵武、建陽、綏成、沙村六縣，蓋脫建安一縣。晉書地理志、南齊書州郡志並有建安縣。蓋本書傳寫時脫之。建安縣，漢獻帝建安初，孫策立。宋書劉粹傳，宋世粹封建安縣侯，傳至孫無子國除。殷孝祖傳，泰始四年，封建安縣侯，齊受禪國除。是宋世有建安縣，且爲侯國，至確。疑吳興子相前一行，當補「建安侯相，漢末立，晉太康地志有」十三字。

〔四四〕歷城令　「歷城」各本並作「廣城」。廿二史考異云：「當作歷城。」按二漢志濟南郡有歷城，錢說是，今改正。

〔四五〕晉惠帝又分城陽立　各本並脫「立」字，據孫虨宋書考論說補。

〔四六〕㧋令　「㧋」漢書地理志、魏書地形志作「𢄼」。續漢書郡國志、晉書地理志作「㤓」。按𢄼，漢東萊郡屬縣，出𢄼布，則字應從巾。作「㤓」作「㧋」者，並「𢄼」之或體。

〔四七〕治歷城　各本並脫「治」字，孫虨宋書考論云：「歷城上當有治字。」按孫說是，今補。

〔四八〕後漢無　各本並脫「無」字。成孺宋書州郡志校勘記云：「續漢志無西平昌，後漢下當是脫『無』字。」按成校是，今補。

〔四九〕城平令　「城平」漢書地理志、續漢書郡國志、晉書地理志、魏書地形志並作「成平」。

〔五〇〕陰安令二漢屬魏魏屬陽平晉屬頓丘　「屬魏」下，各本並脫「魏屬」二字，「陽平」下，毛本、殿本衍「令」字。孫虨宋書考論云：「當云二漢屬魏，魏屬陽平，晉屬頓丘。魏，魏郡也。」按孫說是，今補「魏屬」二字，刪「令」字。

〔五一〕晉太康地志屬高陽　各本並脫「屬」字。孫虨宋書考論云：「地志下脫『屬』字。」按孫說是，今補。

〔五二〕漢舊郡　「郡」各本並作「縣」。張森楷校勘記云：「縣當作郡。」按張說是，今改正。

〔五三〕二漢晉太康地志河東有垣縣　「河東有垣縣」各本並作「河有東垣縣」。孫虨宋書考論云：「當作河東有垣縣。」按二漢、晉河東郡並有垣縣。孫說是，今改正。

〔五四〕晉太康地志屬河南　「河南」各本並作「河東」。成孺宋書州郡志校勘記云：「新安不得屬河東

郡，晉志新安屬河南郡，疑東爲南字之譌。」按成校是，今改正。

〔五五〕並漢舊縣屬河南　「並」各本譌「北」，據成孺宋書州郡志校勘記改。

〔五六〕弘農領弘農陝宜陽黽池盧氏曲陽凡七縣　廿二史考異云：「今數之祇六縣。」

〔五七〕領溫野王軹河陽沁水山陽懷平皐朝歌凡十縣　廿二史考異云：「今數之祇九縣。」

〔五八〕領長安萬年新豐藍田蒲阪凡六縣　廿二史考異云：「今數之祇五縣。」

〔五九〕改爲隨陽　洪頤煊諸史考異云：「順帝昇明二年十一月甲子，改封南陽王翽爲隨郡王，改隨陽郡。志誤。」

〔六〇〕永陽男相　「永陽」各本並作「水陽」，據南齊書州郡志改。楊守敬云：「永陽誤作水陽。」

〔六一〕闕西令　「闕西」各本並作「關西」，據南齊書州郡志改。成孺宋書州郡志校勘記云：「闕爲關字之譌。」楊守敬云：「闕西譌作關西。」

〔六二〕領縣二　按此云領縣二而下實安陸一縣，疑脫去應城縣。南齊書州郡志有應城縣。元和志、寰宇記並云分安陸立。本書孔季恭傳言「大明中安陸應城縣民張江陵」云云，則宋世安陸郡有應城縣至確，今宋志無之，蓋脫去。

〔六三〕江夏又有曲陵縣　楊守敬云：「安陸、江夏二縣平列，誤也。江夏立縣始於隋，故齊志無江夏縣。不知何人遂以江夏爲縣而提行書之。」孫虨宋書考論云：「案江夏與安陸實一條，後人誤分之以

中華書局

足領縣二之數。」按楊、孫二家說是。今訂正爲一條。

〔六四〕改江夏石陽曰曲陵　「曲陵」各本並作「曲陽」。成孺宋書州郡志校勘記云：「陽當作陵，蓋涉石陽而譌，據上文訂正。」按成校是，今改正。

宋書卷三十七

志第二十七

州郡三

荊州　郢州　湘州　雍州　梁州　秦州

荊州刺史，漢治武陵漢壽，魏、晉治江陵，王敦治武昌，陶侃前治沔陽，後治武昌，王廙治江陵，庾亮治武昌，庾翼進襄陽，復還夏口，桓溫治江陵，桓沖治上明，王忱還江陵，〔一〕此後遂治江陵。宋初領郡三十一，後分南陽、順陽、襄陽、新野、竟陵爲雍州，湘川十郡爲湘州，江夏、武陵屬郢州，〔二〕隨郡、義陽屬司州，北義陽省，凡餘十一郡。文帝世，又立宋安左郡，領拓邊、綏慕、樂寧、慕化、仰澤、革音、歸德七縣，後省改。汶陽郡又度屬。今領郡十二，縣四十八。戶六萬五千六百四。去京都水三千三百八十。

南郡太守，秦立。漢高帝元年，爲臨江國，景帝中二年復故。〔三〕晉武帝太康元年改曰

新郡，尋復故。宋初領縣九，後州陵、監利度屬巴陵，旌陽文帝元嘉十八年省併枝江。二漢無旌陽，見晉太康地志，疑是吳所立。凡餘六縣。戶一萬四千五百四十四，口七萬五千八百十七。

江陵公相，漢舊縣。

華容公相，漢舊縣，晉武太康元年省，後復立。

當陽男相，漢舊縣。

臨沮伯相，漢舊縣。晉太康、永寧地志屬襄陽，後度。

編縣男相，漢舊縣。

枝江侯相，漢舊縣。

南平內史，吳南郡治江南，領江陵、華容諸縣。晉武帝太康元年，分南郡江南爲南平郡，治作唐，後治江安。領縣四。戶一萬二千三百九十二，口四萬五千四十九。去州水二百五十。去京都水三千五百，無陸。

江安侯相，晉武帝太康元年立。

孱陵侯相，二漢舊縣，屬武陵，晉太康地志屬南平。

作唐侯相，前漢無，後漢屬武陵，晉太康地志屬南平。

南安令，晉武帝分江安立。[四]

天門太守，吴孫休永安六年，分武陵立。充縣有松梁山，山有石，石開處數十丈，其高以努仰射不至，其上名「天門」，因此名郡。充縣後省。孝武孝建元年，度郢州，明帝泰始三年復舊。領縣四。戶三千一百九十五。去州水一千二百，陸六百。去京都水三千五百。

澧陽令，晉武帝太康四年立。

臨澧令，晉武帝太康四年立。

零陽令，漢舊縣，屬武陵。

漊中令，二漢無，晉太康地志有，疑是吴立。

宜都太守，太康地志、王隱地道、何志並云吴分南郡立；張勃吴錄云劉備立。按吴志，呂蒙平南郡，據江陵，陸遜別取宜都，獲秭歸、枝江、夷道縣。初權與劉備分荆州，而南郡屬備，則是備分南郡立宜都，非吴立也。習鑿齒云，魏武平荆州，分南郡枝江以西爲臨江郡，建安十五年，劉備改爲宜都。領縣四。戶一千八百四十三，口三萬四千二百二十。去州水三百五十，無陸。去京都水三千七百三十。

夷道令，漢舊縣。

佷山男相，前漢屬武陵，後漢屬南郡，晉武帝太康元年改爲興山，後復舊。

宜昌令，何志晉武帝立。按太康、永寧地志並無，疑是此後所立。

夷陵令，漢舊縣，吴改曰西陵，晉武帝太康元年復舊。

巴東公相，譙周巴記云，初平元年，[五]荆州帳下司馬趙韙建議分巴郡諸縣安漢以下爲永寧郡。建安六年，劉璋改永寧爲巴東郡，[六]以涪陵縣分立丹興、漢葭二縣，立巴東屬國都尉，後爲涪陵郡。晉太康地志，巴東屬梁州，惠帝太安二年度益州，穆帝永和初平蜀，度屬荆州。永初郡國志無巴渠、朐陽二縣。領縣七。戶一萬三千七百九十五，口四萬五千二百三十七。去州水一千三百。去京都水四千六百八十。

魚復侯相，漢舊縣，屬巴郡，劉備章武二年，改爲永安，晉武帝太康元年復舊。

朐䏰令，漢舊縣，屬巴郡。

新浦令，何志新立。

南浦令，劉禪建興八年十月，益州牧閻宇表改羊渠立。[七]羊渠不詳，何志吴立。

漢豐令，何志不注置立。[八]太康地志巴東有漢昌縣，疑是。

巴渠令，何志不注置立。

朐陽令，何志不注置立。晉末平吴時，峽中立武陵郡，有朐陽、黚陽縣，咸寧元年並省。

汶陽太守，何志新立。[九]先屬梁州，文帝元嘉十一年度。宋初有四縣，後省汶陽縣。今領三縣。戶九百五十八，口四千九百一十四。去州水七百，陸四百。去京都四千一百。

僮陽令，何志新立。

沮陽令，何志新立。

高安令，何志新立。

南義陽太守，義陽郡別見。晉末以義陽流民僑立。宋初有四縣，孝武孝建二年，以平陽縣併厥西。平陽本爲郡，江左僑立。魏世分河東爲平陽郡，晉末省爲縣。[一〇]今領縣二。戶一千六百七，口九千七百四十一。

厥西令，二漢無，晉太康地志屬義陽。

平氏令，漢舊名，屬南陽。

新興太守，魏志建安二十年，省雲中、定襄、五原、朔方四郡，郡立一縣，合爲此郡，屬并州。晉江左僑立。宋初六縣，後省雲中，漢舊名，屬雲中。孝武孝建二年，又省九原縣漢舊名，屬五原。併定襄，宕渠流寓立。併廣牧。凡今領縣三。戶二千三百一，口九千五百八十四。

定襄令，漢舊名。

廣牧男相，漢舊名，屬朔方。

新豐令，漢舊名，屬京兆。僑流立。

南河東太守，河東郡，秦立。晉成帝咸康三年，征西將軍庾亮以司州僑戶立。宋初八縣，孝武孝建二年，以廣戚前漢屬沛，後漢、晉太康地志屬彭城。江左流寓立。併聞喜，弘農、江左立僑郡，後併省爲縣。臨汾併松滋，安邑併永安。臨汾、安邑漢舊名。臨汾後屬平陽。[一一]今領縣四。戶二千四百二十三，口一萬四百八十七。去州水一百二十。去京都水三千五百。

聞喜令，故曲沃，秦改爲左邑，漢武帝元鼎六年，行幸至此，聞南越破，改名聞喜。

永安令，前漢彘縣，順帝陽嘉二年更名，後屬平陽。

松滋令，前漢屬廬江，後漢無，晉屬安豐。疑是有流民寓荆土，故立。

譙縣令，別見。譙流民寓立。

建平太守，吴孫休永安三年，分宜都立，領信陵、興山、秭歸、沙渠四縣。晉又有建平都尉，領巫、北井、泰昌、建始四縣。晉武帝咸寧元年，改都尉爲郡，於是吴、晉各有建平郡。太康元年吴平，併合。五年，省建始縣，後復立。永初郡國有南陵、建始、信陵、興山、永新、永寧、平樂七縣，今並無。按太康地志無南陵、永新、永寧、平樂、新鄉五縣，疑是江左所立。信陵、興山、沙渠，疑是吴立。建始，晉初所立也。領縣七。戶一千三百二十九，口二萬八百一十四。去州水陸一千。去京都水四千三百八十。

巫令，漢舊縣。

秭歸侯相，漢舊縣。

歸鄉公相，何志，故屬秭歸，吳分。按太康地志云，秭歸有歸鄉，故夔子國，楚滅之，而無歸鄉縣，何志所言非也。〔一二〕

北井令，晉太康地志有。先屬巴東，晉武帝泰始五年度建平。

泰昌令，晉太康地志有。

沙渠令，晉起居注，太康元年立。按沙渠是吳建平郡所領，吳平不應方立，不詳。

新鄉令。

永寧太守，晉安帝僑立爲長寧郡，宋明帝以名與文帝陵同，改爲永寧。宋初五縣，後省綏安。〔一三〕晉安帝立。孝武孝建二年後，以僮陽晉安帝立。併長寧，綏寧晉安帝立。併上黃。今領縣二。戶一千一百五十七，口四千二百七十四。去州陸六十。去京都三千四百三十。

長寧侯相，晉安帝立。

上黃男相，宋初屬襄陽，後度。二漢、晉並無此縣。

武寧太守，晉安帝隆安五年，桓玄以沮、漳降蠻立。領縣二。戶九百五十八，口四千九百一十四。

樂鄉令，晉安帝立。

長林男相，晉安帝立。

郢州刺史，魏文帝黃初三年，以荆州江北諸郡爲郢州，其年罷幷荆，非今地。吳又立郢州。孝武孝建元年，分荆州之江夏、竟陵、隨、武陵、天門，湘州之巴陵，江州之武昌，豫州之西陽，又以南郡之州陵、監利二縣度屬巴陵，立郢州。天門後還荆。領郡六，縣三十九。戶二萬九千四百六十九，口十五萬八千五百八十七。去京都水二千一百。

江夏太守，漢高帝立，本屬荆州。永初郡國及何志並治安陸，此後治夏口。又有安陸、曲陵，曲後別郡。〔一四〕領縣七。戶五千七十二，口二萬三千八百一十。

汝南侯相，本沙羨土，晉末汝南郡民流寓夏口，因立爲汝南縣。沙羨令，漢舊縣，吳省。晉武太康元年復立，治夏口。孝武太元三年，省併沙陽，後以其地爲汝南實土。

沌陽子相，江左立。

孝昌侯相，永初郡國、何志並無，徐志有，疑是孝武世所立。

惠懷子相，江左立。

沙陽男相，二漢舊縣，本名沙羨，屬武昌，晉武帝太康元年更名，又立沙羨，而沙陽徙今所治。文帝元嘉十六年度巴陵，孝武孝建元年度江夏。

羨陽子相，晉惠帝世，安陸人朱伺爲陶侃將，求分安陸東界爲此縣。〔一五〕

蒲圻男相，晉武帝太康元年立。本屬長沙，文帝元嘉十六年度巴陵，孝武孝建元年度江夏。

竟陵太守，晉惠帝元康九年，分江夏西界立。何志又有宋縣，徐無。領縣六。戶八千五百九十一，口四萬四千三百七十五。去州水一千四百。去京都水三千四百。

萇壽令，明帝泰始六年立。

竟陵侯相，漢舊縣，屬江夏。

新市子相，漢舊縣，屬江夏。

霄城侯相，〔一六〕永初郡國有，何、徐不注置立。

新陽男相，永初郡國有，何、徐不注置立。

雲杜侯相，漢舊縣，屬江夏。

武陵太守，前漢地理志，高帝立。續漢郡國志云，秦昭王立，名黔中郡，高帝五年更名。本屬荆州。領縣十。戶五千九十，口三萬七千五百五十五。去州水一千。去京都水三千。

臨沅男相，漢舊縣。

龍陽侯相，晉太康地理志、何志吳立。

漢壽伯相，前漢立，〔一七〕後漢順帝陽嘉三年更名。吳曰吳壽，晉武帝復舊。

沅南令，漢光武建武二十六年立。

遷陵侯相，漢舊縣。

辰陽男相，漢舊縣。

舞陽令，前漢作無陽，後漢無，晉太康地志有。

酉陽長，漢舊縣。

黚陽長，二漢無，晉太康地志有。

沅陵令，漢舊縣。

巴陵太守，文帝元嘉十六年，分長沙之巴陵、蒲圻、下雋，江夏之沙陽四縣立，屬湘州，孝武孝建元年，割南郡之監利、州陵度江夏，〔一八〕屬郢州。二年，又度長寧之綏安屬巴陵。何志訖元嘉二十年，巴陵郡以十六年立，應在何志而闕。領縣四。戶五千一百八十七，口二萬五千三百一十六。去州水五百。去京都水二千五百。

巴陵男相，晉武帝太康元年立，屬長沙。本領度支校尉，立郡省。

下雋侯相，漢舊縣，屬長沙。

監利侯相，按晉起居注，太康四年，復立南郡之監利縣，尋復省之。言由先有而被省也，疑是吳所立，又是吳所省。孝武孝建元年度。

州陵侯相，漢舊縣，屬南郡，晉武帝太康元年復立，疑是吳所省也。孝武孝建元年度。明帝泰始四年，以綏安縣併州陵。

武昌太守，晉起居注，太康元年，改江夏爲武昌郡。領縣三。戶二千五百四十六，口一萬一千四百一十一。去京都水一千一百。

武昌侯相，魏文帝黃初二年，孫權改鄂爲武昌。[一九]

陽新侯相，吳立。

鄂令，漢舊縣，屬江夏。吳改鄂爲武昌，晉武帝太康元年，復立鄂縣，而武昌如故。

西陽太守，本縣名，二漢屬江夏，魏立弋陽郡，又屬焉。晉惠帝又分弋陽爲西陽國，屬豫州，宋孝武孝建元年，度郢州，明帝泰始五年，又度豫，後又還郢。永初郡國、何、徐並有弋陽縣。今領縣十。戶二千九百八十三，口一萬六千一百二十。去州水二百八十。去京都水一千七百二十。

西陽令，漢舊縣，屬江夏，後屬弋陽。

西陵男相，漢舊縣，屬江夏，後屬弋陽。

孝寧侯相，本軑縣，漢舊縣。孝武自此伐逆，即位改名。

蘄陽令，二漢江夏郡有蘄春縣，吳立爲郡，晉武帝太康元年，省蘄春郡，[二〇]而縣屬弋陽，後屬新蔡，孝武大明八年，還西陽。

義安令，明帝泰始二年以來流民立。

蘄水左縣長，文帝元嘉二十五年，以豫部蠻民立建昌、南川、長風、赤亭、魯亭、陽城、彭波、遷溪、東丘、東安、西安、南安、房田、希水、高坡、直水、蘄水、清石十八縣，屬西陽。孝武大明八年，赤亭、彭波併陽城，其餘不詳何時省。

東安左縣長，前廢帝永光元年，復以西陽蘄水、直水、希水三屯爲縣。

建寧左縣長，孝武大明八年省建寧左郡爲縣，屬西陽。徐志有建寧縣，當是此後爲郡。

希水左縣長。

陽城左縣長，本屬建寧左郡，孝武大明八年，省西陽之赤亭、陽城、彭波三縣併建寧之陽城縣，而以縣屬西陽。

湘州刺史，晉懷帝永嘉元年，分荆州之長沙、衡陽、湘東、邵陵、零陵、營陽、建昌，江州之桂陽八郡立，治臨湘。成帝咸和三年省。安帝義熙八年復立，十二年又省。宋武帝永初三年又立，文帝元嘉八年省。十六年又立，[二一]二十九年又省。孝武孝建元年又立。建昌郡，晉惠帝元康九年，分長沙東北下雋諸縣立，成帝咸康元年省。元嘉十六年立巴陵郡屬湘州，後度郢。領郡十，縣六十二。戶四萬五千八十九，口三十五萬七千五百七十二。去京都水三千三百。

長沙內史，秦立。宋初十縣，下雋、蒲圻、巴陵屬巴陵。今領縣七。戶五千六百八十四，口四萬六千二百一十三。

臨湘侯相，漢舊縣。

醴陵侯相，後漢立。

瀏陽侯相，吳立。

吳昌侯相，後漢立曰漢昌，吳更名。

羅縣侯相，漢舊縣。

攸縣子相，漢舊縣。

建寧子相，吳立。

衡陽內史，吳孫亮太平二年，分長沙西部都尉立。領縣七。戶五千七百四十六，口二萬八千九百九十一。去州水二百二十。去京都水三千七百。

湘西令，吳立。

湘南男相，漢舊縣，屬長沙。

益陽侯相，漢舊縣，屬長沙。

湘鄉男相，前漢無，後漢屬零陵。

新康男相，吳曰新陽，晉武帝太康元年更名。

重安侯相，前漢曰鍾武，後漢順帝永建三年更名，屬零陵。

衡山男相，吳立曰衡陽，晉惠帝更名。

桂陽太守，漢高立，屬荆州，晉惠帝元康元年度江州。領縣六。戶二千二百一十九，口二萬二千一百九十二。去州水一千四百。去京都水四千九百四十。

郴縣伯相，漢舊縣。

耒陽子相，漢舊縣。

南平令，漢舊縣。

臨武令，漢舊縣。

汝城令，〔二二〕江左立。

晉寧令，漢順帝永和元年立，曰漢寧，吳改曰陽安，晉武帝太康元年改曰晉寧。

零陵內史，漢武帝元鼎六年立。領縣七。戶三千八百二十八，口六萬四千八百二十八。去州一千四百。去京都水四千八百。

泉陵子相，漢舊縣。

洮陽侯相，漢舊縣。

零陵子相，漢舊縣。

祁陽子相，吳立。明帝泰始初度湘東，五年復舊。

應陽男相，晉惠帝分觀陽立。

觀陽男相，吳立。

永昌令，吳立。

營陽太守，江左分零陵立。領縣四。戶一千六百八，口二萬九百二十七。去州水一千七百一。去京都水五千五百五十。

營浦侯相，漢舊縣，屬零陵。

營道侯相，漢舊縣，屬零陵。

舂陵令，前漢舊縣，舂陵侯徙國南陽，省。吳復立，屬零陵。

泠道令，漢舊縣，屬零陵。

湘東太守，吳孫亮太平二年，分長沙東部都尉立。晉世七縣，孝武太元二十年，省酃、漢舊縣。利陽、新平張勃吳錄有此二縣，利作梨，晉作利音。三縣。今領縣五。戶一千三百九十六，口一萬七千四百五十。去州水陸七百。去京都水三千六百。

臨烝伯相，吳屬衡陽，晉太康地志屬湘東。

新寧令，吳立。

茶陵子相，漢舊縣，屬長沙。

湘陰男相，後廢帝元徽二年，分益陽、羅、湘西及巴、硤流民立。

陰山令，陰山乃是漢舊縣，而屬桂陽。吳湘東郡有此陰山縣，疑是吳所立。

邵陵太守，吳孫皓寶鼎元年，分零陵北部都尉立。領縣七。戶一千九百一十六，口二萬五千五百六十五。去州水七百，陸一千三百。去京都水四千五百。

邵陵子相，何志屬長沙。按二漢無，吳錄屬邵陵。

武剛令，〔二三〕晉武分都梁立。

建興男相，晉武帝分邵陵立。

高平男相，吳立。晉武帝太康元年，改曰南高平，後更曰高平。

都梁令，漢舊縣，屬零陵。

邵陽男相，吳立曰昭陽，晉武改。

扶縣令，漢舊縣，至晉曰夫夷。漢屬零陵，晉屬邵陵。案今云扶者，疑是避桓溫諱去「夷」，「夫」不可爲縣名，故爲「扶」云。

廣興公相，吳孫皓甘露元年，分桂陽南部都尉，〔二四〕立爲始興郡。晉武帝平吳，以屬廣州，成帝度荆州，宋文帝元嘉二十九年，又度廣州，三十年，復度湘州。明帝泰始六年，立岡溪縣，割始興之封陽、陽山、含洭三縣，立宋安郡，〔二五〕屬湘州。泰豫元年復□，〔二六〕省岡溪縣，改始興曰廣興。領縣七。戶一萬一千七百五十六，口七萬六千三百二十八。去州水二千三百九十。去京都水五千。

曲江侯相，漢舊縣，屬桂陽。

桂陽令，〔二七〕漢舊縣，屬桂陽。

陽山侯相，漢舊縣，後漢曰陰山，〔二八〕屬桂陽。吳始興郡無此縣，當是晉後立。

貞陽侯相，漢舊縣，名湞陽，屬桂陽。宋明帝泰始三年，改「湞」爲「貞」。

含洭男相，漢舊縣，屬桂陽。

始興令，吳立。

中宿令，漢舊縣，屬南海，吳度。

臨慶內史，吳分蒼梧立爲臨賀郡，屬廣州，晉成帝度荆州，宋文帝元嘉二十九年，度廣州，三十年，復度湘州。明帝改名。領縣九。戶三千七百一十五，口三萬一千五百八十七。去州水陸二千八百。去京都水陸五千五百七十。

臨賀侯相，漢舊縣。晉太康地志、王隱云屬南海，而二漢屬蒼梧，當是吳所度。

馮乘侯相，漢舊縣，屬蒼梧。

富川令，漢舊縣，屬蒼梧。

封陽侯相，漢舊縣。

興安侯相，吳立曰建興，晉武帝太康元年更名。

謝沐長，漢舊縣，屬蒼梧。

寧新令，二漢無，當是吳所立，屬蒼梧，晉武帝太康元年更名。

開建令，文帝分封陽立宋昌、宋興、開建、武化、徃徃、徃音生。永固、綏南七縣。後又分開建、武化、宋昌三縣立宋建郡，屬廣州。孝武大明元年悉省，唯餘開建縣。

撫寧令，宋末立。

始建內史，吳孫晧甘露元年，分零陵南部都尉立始安郡，屬廣州，晉成帝度荆州，宋文帝元嘉二十九年，度廣州，三十年，復度湘州。明帝改名。領縣七。戶三千八百三十，口二萬二千四百九十。去州水二千八十，陸二千六百三十。去京都水五千五百九十。

始安子相，漢舊縣，屬零陵。

熙平令，吳立爲尚安，晉武改。

永豐男相，吳立。

荔浦令，漢舊縣，屬蒼梧。

平樂侯相，吳立。

建陵男相，吳立，屬蒼梧，宋末度。

樂化左令，宋末立。

雍州刺史，晉江左立。胡亡氐亂，雍、秦流民多南出樊、沔，晉孝武始於襄陽僑立雍州，并立僑郡縣。宋文帝元嘉二十六年，割荆州之襄陽、南陽、新野、順陽、隨五郡爲雍州，而僑郡縣猶寄寓在諸郡界。孝武大明中，又分實土郡縣以爲僑郡縣境。徐志雍州有北上洛、北京兆、義陽三郡。北上洛，晉孝武立，領上洛、北商、酆陽、陽亭、北拒陽五縣。北京兆領北

藍田、霸城、山北三縣。並云景平中立。義陽，云晉安帝立，領平氏、襄鄉二縣。酆陽、陽亭、北拒陽，並云安帝立，餘縣不注置立。今並無此三郡。今領郡十七，縣六十。戶三萬八千九百七十五，口十六萬七千四百六十七。去京都水四千四百，陸二千一百。

襄陽公相，魏武帝平荆州，分南郡編以北及南陽之山都立，屬荆州。魚豢云，魏文帝立。永初郡國、何志並有宜城、漢舊縣，屬南郡。鄀、上黃縣，並別見。徐志無。領縣三。戶四千二十四，口一萬六千四百九十六。

襄陽令，漢舊縣，屬南郡。

中廬令，漢舊縣，屬南郡。

邔縣令，[二九]漢舊縣，屬南郡。

南陽太守，秦立，屬荆州。永初郡國有比陽、魯陽、赭陽、西鄂、犨、葉、雉、博望八縣。並漢舊縣。何志無犨、雉。徐志無比陽、魯陽、赭陽、西鄂、博望，而有葉，餘並同。孝武大明元年，省葉縣。領縣七。戶四千七百二十七，口三萬八千一百三十二。去州三百六十。去京都水四千四百。

宛縣令，漢舊縣。

涅陽令，漢舊縣。

雲陽男相，漢舊縣。故名育陽，晉孝武改。

冠軍令，漢舊縣，武帝分穰立。

酈縣令，漢舊縣。

舞陰令，漢舊縣。

許昌男相，徐志無，此後所立。本屬潁川。

新野太守，何志晉惠帝分南陽立。永初郡國、何志有棘陽、別見。蔡陽、鄧縣。並漢舊縣。徐無。孝武大明元年，省蔡陽。今領縣五。戶四千二百三十五，口一萬四千七百九十三。去州一百八十。去京都水四千五百八十。

新野侯相，漢舊縣，屬南陽。文帝元嘉末省，孝武大明元年復立。

山都男相，漢舊縣，屬南陽，晉太康地志屬襄陽，永初郡國及何、徐屬新野。[三〇]

池陽令，漢舊名，屬馮翊，晉太康地志屬京兆。僑立亦屬京兆。孝武大明中土斷，又屬此。

穰縣令，漢舊縣，屬南陽。

交木令，孝武大明元年立。

順陽太守，魏分南陽立曰南鄉，晉武帝更名。成帝咸康四年，復立南鄉，後復舊。永初

郡國及何志有朝陽、武當、酇、陰、汎陽、筑、並別見。析、前漢屬弘農，後漢屬南陽。脩陽唯見永初郡國。凡八縣。徐志唯增朝陽。朝陽，孝武大明元年省。領縣七。戶四千一百六十三，口二萬三千一百六十三。

南鄉令，前漢無，後漢有，屬南陽。

槐里男相，漢舊名，屬扶風，晉太康地志屬始平。僑立亦屬始平。大明土斷屬此。

順陽侯相，前漢曰博山，後漢明帝更名，屬南陽。

清水令，前漢屬天水，後漢爲天水漢陽，[三一]無此縣。晉太康地志屬略陽。僑立屬始平。大明土斷屬此。

朝陽令，漢舊縣。

丹水令，前漢屬弘農，後漢屬南陽。何志魏立，非也。

鄭縣令，漢舊名，屬京兆。僑立亦屬京兆，後度此。

京兆太守，故秦內史，漢高帝元年，屬塞國，二年，更爲渭南郡，九年罷，復爲內史。武帝建元六年，分爲右內史，太初元年，更爲京兆尹，魏改爲京兆郡。初僑立，寄治襄陽。朱序沒氐。孝武太元十一年復立。大明土斷，割襄陽西界爲實土。雍州僑郡先屬府，武帝永初元年屬州。永初郡國有藍田、漢舊縣。鄠、池陽、並別見。南霸城、本霸陵，漢舊縣。太康地志曰，霸城

何志魏□。新康五縣。何志無新康而有新豐。徐無。孝武大明元年，省京兆之盧氏、藍田、霸城縣。盧氏當是何志後所立，二漢屬弘農，晉太康地志屬上洛。新康疑是晉末所立。領縣三。戶二千三百七，口九千二百二十三。

杜令，二漢曰杜陵，魏改。

鄧縣令，漢舊縣，屬南陽。

新豐令，漢舊縣。

始平太守，晉武帝泰始二年，分京兆、扶風立。後分京兆、扶風僑立，治襄陽。今治武當。永初郡國唯有始平、平陽、清水別見。三縣。何志有槐里、別見。宋寧、宋嘉何志新立。三縣，而清水、始平與永初郡國同。領縣四。戶二千七百九十七，口五千五百十二。

武當侯相，漢舊縣，屬南陽，後屬順陽。

始平令，魏立。

武功令，漢舊名，故屬扶風，晉太康地志屬始平。

平陽子相，江左平陽郡民流寓，立此。

扶風太守，故秦內史。高帝元年，屬雍國，二年，更爲中地郡，九年罷。後爲內史。武帝建元六年，分爲右內史，太初元年更名爲右扶風。僑立，治襄陽，今治筑口。永初郡國及

何志唯有郿、魏昌縣，[三二]魏昌，魏立，屬中山。孝武大明元年省魏昌。領縣三。戶二千一百五十七，口七千二百九十。

筑陽令，漢舊縣，屬南陽，又屬順陽。大明土斷屬此。

郿縣令，漢舊名，屬扶風，晉太康地志屬秦國。

汎陽令，晉武帝太康五年立，屬南鄉，仍屬順陽。大明土斷屬此。

南上洛太守，永初郡國、何志雍州並有南上洛郡，寄治魏興，今梁州之上洛是也。此上洛蓋是何志以後僑立耳。今治臼。何、徐志雍州南上洛，晉武帝立，北上洛云晉孝武立，非也。徐有南北陽亭、陽安縣，不注置立。今領縣二。戶一百四十四，口四百七十七。

上洛男相。別見。

商縣令。別見。

河南太守，故秦三川郡，漢高帝更名。光武都雒陽，建武十五年，改曰河南尹。[三三]僑立，始治襄陽，孝武大明中，分沔北爲境。永初郡國及何志並又有陽城、緱氏縣，漢舊名，並屬河南。徐無此二縣，而有僑洛陽。漢舊名。陽城縣，孝武大明元年省。洛陽，當是何志後立。領縣五。戶三千五百四十一，口一萬三千四百七十。去州陸三十五。

河南令，漢舊名。

新城令，漢舊名。

河陰子相，魏立。

棘陽令，漢縣，故屬南陽，晉太康地志屬義陽，後屬新野。大明土斷屬此。

襄鄉令，前漢無，後漢有，屬南陽。徐志屬義陽。當是大明土斷屬此。

廣平太守，別見。江左僑立，治襄陽，今爲實土。永初郡國及何志並又有易陽、曲周、邯鄲，並見在。無鄴、比陽。徐無復邯鄲縣。易陽、曲周，孝武大明元年省。邯鄲應是土斷省。領縣四。戶二千六百二十七，口六千二百九十三。

廣平令，漢舊名。徐志，南度以朝陽縣境立。

酇縣令，漢舊縣，屬南陽，後屬順陽。

比陽令，漢舊縣，屬南陽。

陰縣令，漢舊縣，屬南陽。

義成太守，晉孝武立，治襄陽，今治均。永初郡國又有下蔡、平阿縣，二縣前漢屬沛，後漢屬九江，晉太康地志屬淮南。何同。孝武大明元年省下蔡，始亦流寓立也。平阿當是何志後省。領縣二。戶一千五百二十一，口五千一百一。

義成侯相，晉孝武立。

萬年令，漢舊名，屬馮翊。

馮翊太守，故秦內史，高帝元年，屬塞國，二年，更名爲河上郡，[三四]九年罷，復爲內史。武帝建元六年，分爲左內史，太初元年，更名。三輔流民出襄陽，文帝元嘉六年立，則何志應有而無。治襄陽。今治都。[三五]領縣三。疑[三六]戶二千七十八，口五千三百二十一。

鄀縣令，漢舊縣，屬南郡，作「若」字。晉太康地志作「鄀」。永初郡國及何志屬襄陽，徐屬此。

高陸令，晉太康地志屬京兆。永初郡國、何志並無，孝武大明元年復立。

南天水太守，天水郡別見。徐志本西戎流寓。今治巖州。永初郡國、何志並無，當是何志後所立。又有冀縣，漢舊名。孝武大明元年省。領縣四。戶六百八十七，口三千一百二十二。

華陰令，前漢屬京兆，後漢、魏、晉屬弘農。

西縣令，前漢屬隴西，後漢屬漢陽，卽天水，魏、晉屬天水。

略陽侯相。別見。

河陽令。別見[三七]。

建昌太守，孝建元年，刺史朱脩之免軍戶爲永興、安寧二縣，立建昌郡，又立永寧爲昌國郡，並寄治襄陽。昌國後省。徐志，建昌又有永寧縣，今無。領縣二。戶七百三十二，口

四千二百六十四。

永興令。

安寧男相。

華山太守，胡人流寓，孝武大明元年立。今治大隄。領縣三。戶一千三百九十九，口五千三百四十二。

華山令，與郡俱立。

藍田令，漢舊名，本屬京兆。

上黄令，本屬襄陽，立郡割度。

北河南太守，晉孝武太元十年立北河南郡，後省。永初郡國、何、徐志並無。明帝泰始末復立。寄治宛中。領縣八。

新蔡令。別見。

汝陰令。別見。

苞信令。別見。

上蔡令。別見。

固始令。別見。

緱氏令。別見。

新安令。別見。

洛陽令。別見。

弘農太守，漢武帝元鼎四年立。[三八]宋明帝末立，寄治五壟。領縣三。

邯鄲令，漢舊名，屬趙國。晉太康地志無此縣。

圉縣令，前漢屬淮陽，後漢屬陳留。晉太康地志無此縣。

盧氏令。別見。

梁州刺史，禹貢舊州，周以梁併雍，漢以梁爲益，治廣漢雒縣。魏元帝景元四年平蜀，復立梁州，治漢中南鄭，而益州治成都。李氏據梁、益，江左於襄陽僑立梁州。李氏滅，復舊。譙縱時，又沒漢中。[三九]刺史治魏興。縱滅，刺史還治漢中之苞中縣，所謂南城也。文帝元嘉十年，刺史甄法護於南城失守，刺史蕭思話還治南鄭。永初郡國又有宕渠郡、北宕渠郡。宋起居注，元嘉十六年，割梁州宕渠郡度益州。今益部宕渠郡曰南宕渠。何、徐並有北宕渠郡，唯領宕渠一縣。何云，本巴西流民。今無。

漢中太守，秦立。漢獻帝建安二十年，魏武平張魯，復漢寧郡爲漢中，疑是此前改漢中曰漢寧也。[四〇]晉地記云，孝武太元十五年，梁州刺史周瓊表立。[四一]又疑是李氏所省，李氏平後復立。永初郡國又有苞中、懷安漢、晉、何、徐並無二縣。二縣。[四二]領縣四。戶一千七百八十六。口一萬三百三十四。

南鄭令，漢舊縣。

城固令，漢舊縣。

沔陽令，漢舊縣。

西鄉令，蜀立曰南鄉，晉武帝太康二年更名。

魏興太守，魏文帝以漢中遺民在東垂者立，屬荆州。江左還本。領縣十三。疑[四三]去州一千二百。去京都水六千七百。

西城令，漢舊縣，屬漢中。

鄖鄉令，本錫縣，[四四]二漢舊縣，屬漢中，後屬魏興，魏、晉世爲郡，後省。武帝太康五年，改爲鄖鄉。何志晉惠帝立，非也。

錫縣令，前漢長利縣，屬漢中，後漢省。晉武帝太康四年復立，屬魏興。五年，改長利爲錫。

廣城令，永初郡國、何、徐並有，不注置立。

興晉令，魏立曰平陽，晉武帝太康元年更名。

旬陽令，前漢有，後漢無，晉武帝太康四年復立。

上廉令，[四五]晉太康地志、永初郡國、何、徐並屬上庸，何無。

長樂令，永初郡國、何、徐並屬晉昌。本蜀郡流民。

廣昌子相，何志屬上庸，晉成帝立。晉地記，武帝太康元年，改上庸之廣昌爲庸昌，二年省。疑是魏所立。

安晉令，永初郡國、何、徐屬晉昌。本蜀郡流民。

延壽令，永初郡國、何、徐屬晉昌。本蜀郡流民。

宣漢令，永初郡國、何、徐屬晉昌。本建平流離民。

新興太守，永初郡國、何、徐云新興、吉陽、東關三縣，屬晉昌郡。何云晉元帝立，本巴、漢流民。宋末省晉昌郡，立新興郡，以晉昌之長樂、安晉、延壽、安樂屬魏興郡，宣漢屬巴渠郡，寧都屬安康郡。永初郡國有永安縣，何、徐無。何云巴東夷人。今亦無復新興縣。領縣二。

吉陽令，本益州流民。

東關令，本建平流民。

新城太守，故屬漢中，魏文帝分立，屬荆州。江左還本。領縣六。戶一千六百六十八，口七千五百九十四。去州陸一千五百。去京都水五千三百。

房陵令，漢舊縣，屬漢中，太康地志、王隱無。

綏陽令，魏立，後改爲秭歸，晉武帝太康二年，復爲綏陽。

昌魏令，魏立。

祁鄉令，何志魏立。晉太康地志作「泝」。晉祁。

閬陽令，何志不注置立。

樂平令，何志不注置立。

上庸太守，魏明帝太和二年，分新城之上庸、武陵、北巫爲上庸郡。景初元年，又分魏興之魏陽，錫郡之安富、上庸爲郡。疑是太和後省，景初又立也。魏屬荆州，江左還本。永初郡國有上庸、廣昌。何有廣昌。領縣七。戶四千五百五十四，口二萬六百五十三。去州陸二千三百。去京都水六千七百。

上庸令，漢舊縣，屬漢中。

安富令，晉太康地志、永初郡國、何、徐並有。

北巫令，何志晉武帝立。按魏所分新城之北巫，應卽是此縣，〔四六〕然則非晉武立

明矣。

微陽令，魏立曰建始，晉武帝改。

武陵令，前漢屬漢中，後漢、晉太康地志、王隱並無。

新安令，永初郡國，何、徐有。何云本建平流民。

吉陽令，永初郡國云北吉陽，何、徐無。

晉壽太守，晉地記云，孝武太元十五年，梁州刺史周瓊表立。〔四七〕何志故屬梓潼。而益州南晉壽郡悉有此諸縣。永初郡國，徐又有南晉壽、南興、樂南、興安縣。何無南興樂，云南晉壽，惠帝立，餘並不注置立。今領縣四。去州陸一千二百。去京都水一萬。

晉壽令，屬梓潼。何志晉惠帝立。按晉起居注，武帝太康元年，改梓潼之漢壽曰晉壽。漢壽之名，疑是蜀立，云惠帝立，非也。

白水令，漢舊縣，屬廣漢，晉太康地志屬梓潼。

邵歡令，永初郡國，何、徐並有，不注置立，疑是蜀立曰昭歡，晉改也。

興安令，永初郡國，何、徐並有，不注置立。

華陽太守，徐志新立。永初郡國、何並無，〔四八〕寄治州下。領縣四。戶二千五百六十一，口萬五千四百九十四。

華陽令。

興宋令。

宕渠令。

嘉昌令，徐不注置立。

新巴太守，晉安帝分巴西立。何、徐又有新歸縣，何云新立，今無。領縣三。戶三百九十三，口二千七百四十九。

新巴令，〔四九〕晉安帝立。

晉城令，晉安帝立。

晉安令，晉安帝立。

北巴西太守，何志不注置立。宋起居注，文帝元嘉十二年，於劍南立北巴西郡，屬益州。今益州無此郡。又永初郡國、何、徐梁州並有北巴西而益州無，疑是益部僑立，尋省；梁州北巴西是晉末所立也。永初郡國領閬中、漢昌二縣。何又有宋昌縣，云新立。徐無宋昌，有宋壽。何、徐並領縣四，今六。疑〔五〇〕去州一千四百。去京都水九千九百。

閬中令。別見。

安漢令。別見。

南國令。卽南充國，別見。

西國令。卽西充國，別見。

平周令，益州巴西有平州縣。

北陰平太守，晉太康地志故廣漢屬國都尉。何志蜀分立。永初郡國曰北陰平，領陰平、綿竹、平武、資中、胄旨五縣。何、徐直曰陰平，領二縣與此同。戶五百六，口二千一百二十四。寄治州下。

陰平令，前漢、後漢屬廣漢屬國，名甸氐。〔五一〕晉太康地志陰平郡陰平縣注云，甸氐。當是故甸氐爲陰平。永初郡國胄旨縣，卽甸氐也。當是後又立此縣，而字誤也。

平武令，蜀立曰廣武，晉武帝太康元年更名。

南陰平太守，永初郡國唯領陰平一縣。徐志無南字，云陰平舊民流寓立，唯領懷舊一縣。何無。今領縣二。戶四百七。

陰平令。

懷舊令，徐志不注置立。

巴渠太守，何志新立。領縣七。戶五百，口二千一百八十三。

宣漢令，別見。與郡新立。

始興令，何志新立。

巴渠令，何志新立。

東關令，何志新立。

始安令，何志新立。

下蒲令，何志無，徐志不注置立。

晉興令，何志晉安帝立。案永初郡國，梁部諸郡，唯巴西有此縣，不容是此晉興。若是晉安帝時立，便應在永初郡國，疑何謬也。

懷安太守，何志新立。領縣二。戶四百七，口二千三百六十六。寄治州下。

懷安令，何志新立。

義存令，何志新立。

宋熙太守，何、徐志新立。領縣五。戶一千三百八十五，口三千一百二十八。去州七百。去京都九千八百。

興樂令。[五三]

歸安令。

宋安令。

嘉昌令，何志五縣並新立。

元壽令。

白水太守，永初郡國，何並無，徐志仇池氐流寓立。有漢昌縣。今領縣六。戶六百五。

新巴令。

漢德令。

晉壽令。

益昌令。

興安令。

平周令，徐志作「平州」。此五縣，徐並不注置立。

南上洛太守，晉太康地志分京兆立上洛郡，屬司隸。永初郡國、何志並屬雍州，僑寄魏興，即此郡也。徐志巴民新立。徐志時已屬梁州矣。永初郡國無豐陽而有陽亭，何、徐有，何不注陽亭置立。領縣六。

上洛令，前漢屬弘農，後漢屬京兆。何云魏立，非也。

商縣令，上洛同。

流民令，何不注置立。

豐陽長，[五四]永初郡國無，何作酆陽，新立。徐作豐。

渠陽令，永初郡國、何、徐並作拒陽。

義縣令，永初郡國、何、徐並無。

北上洛太守，徐志巴民新立。[五五]領縣七。戶二百五十四。

北上洛令。

豐陽令。[五六]

流民令。

陽亭令。

拒陽令，「拒」字與南上洛不同。

商縣令，徐志無。

西豐陽令，[五七]徐志無。

安康太守，宋末分魏興之安康縣及晉昌之寧都縣立。

安康令，二漢安陽縣，屬漢中，漢末省。魏復立，屬魏興。晉武帝太康元年更名。何云魏立，非也。

寧都令，蜀郡流民。

南宕渠太守，永初郡國有宕渠郡，領宕渠、漢興、宣漢三縣，屬梁州，元嘉十六年，度屬益州，非此南宕渠也。何、徐梁並無此郡，疑是徐志後所立。

宕渠令。

漢安令。

宣漢令。

宋康令。三縣並新置。

懷漢太守，孝武孝建二年立。[五八]領縣三。戶四百十九。

永豐長。

綏來長。[五九]

預德長。

秦州刺史，晉武帝泰始五年，分隴右五郡及涼州金城、梁州陰平幷七郡爲秦州，治天水冀縣。太康三年併雍州，惠帝元康七年復立。何志晉孝武復立，寄治襄陽。安帝世在漢中南鄭。領郡十四，縣四十二。戶八千七百三十二，口四萬八百八十八。

武都太守，漢武帝元鼎六年立。永初郡國又有河池、故道縣。並漢舊縣。今領縣三。戶一千二百七十四，口六千一百四十。

下辨令，漢舊縣。

上祿令，漢舊縣，後省，晉武帝太康三年又立。

陳倉令，漢舊縣，屬扶風，晉太康地志屬秦國。

略陽太守，晉太康地志屬天水。〔五九〕何志故曰漢陽，魏分立曰廣魏，武帝更名。永初郡國有清水縣，別見。何、徐無。領縣三。戶一千三百五十九，口五千六百五十七。

略陽令，前漢屬天水，後漢漢陽卽天水，晉太康地志屬略陽。雍州南天水、益州安固郡又有此縣。

臨漢令，何志新立。

上邽令，前漢屬隴西，後漢屬漢陽，晉太康地志屬天水。何志流寓割配。

安固太守，永初郡國志有安固郡，又有南安固郡，元嘉十六年度益州。今領縣二。戶一千五百五，口二千四百四十四。

桓陵令。別見。

南桓陵令，永初郡國及何志安固郡唯領桓陵一縣，徐志又有此縣。

西京兆太守，晉末三輔流民出漢中僑立。領縣三。戶六百九十三，口四千五百五十

二。

藍田令，別見。永初郡國志無。

杜令。別見。

鄠令，二漢屬扶風，晉太康地志屬始平。

南太原太守，太原別見。何志云，故屬幷州，流寓割配。永初郡國又有清河、別見。高堂縣。別見冀州平原郡。〔六〇〕作高唐。領縣一。戶二百三十三，口一千一百五十六。

平陶令，漢舊名。

南安太守，何志云故屬天水，魏分立。永初郡國無。領縣二。戶六百二十，口三千八十九。

桓道令，漢舊名，屬天水，後漢屬漢陽，作「獂」。

中陶令，何志魏立。晉太康地志有。

馮翊太守，三輔流民出漢中，文帝元嘉二年僑立。領縣五。戶一千四百九十，口六千八百五十四。

蓮芍令。別見。

頻陽令，漢舊名。

下辨令，徐志故屬略陽，流寓割配。何無此縣。

高陸令，二漢魏無，晉太康地志有，屬京兆。何志流寓割配。

萬年令。別見。

隴西太守，秦立。文帝元嘉初，關中民三千二百三十六戶歸化，六年立。今領縣六。戶一千五百六十一，口七千五百三十。

襄武令，漢舊名。

臨洮令，漢舊名。

河關令，前漢屬金城，後漢、晉太康地志屬隴西。

狄道令，漢舊名。

大夏令，漢舊名，晉太康地志無。

首陽令。〔六一〕

槐里令。別見。

始平太守，別見。永初郡國無。領縣三。戶八百五十九，口五千四百四十一。

始平令，太康地志有，何志晉武帝立，而雍州始平郡之始平縣何云魏立。按此縣末雖各立，本是一縣，何爲不同？

宋熙令，何無，徐新立。

金城太守，漢昭帝始元六年立。永初郡國無，何、徐領縣二。戶三百七十五，口一千。

金城令，漢舊名。

楡中令，漢舊名。

安定太守，漢武帝元鼎三年立。永初郡國志無。領縣二。戶六百四十，口二千五百一十八。

朝那令，漢舊名。

宋興令，何志新立。

天水太守，漢武元鼎三年立，明帝改曰漢陽。雍州已有此郡。〔六二〕永初郡國無。領縣二。戶八百九十三，口五千二百二十八。

阿陽令，漢舊名，晉太康地志無。

新陽令，〔六三〕晉太康地志有，何志魏立。

西扶風太守，扶風郡別見。晉末三輔流民出漢中僑立。領縣二。戶百四十四。

郿令。別見。

武功令。別見。

北扶風太守，孝武孝建二年，以秦、雍流民立。領縣三。時又有廣長郡，又立成階縣，領氐民，尋省。

武功令。別見。

華陰令。別見。

始平縣。〔六四〕別見。

校勘記

〔一〕王忱還江陵　「王忱」各本並作「王說」，據南齊書州郡志改。洪頤煊諸史考異云：「王說是王忱之譌。晉書忱傳，太元中，出爲荆州刺史。」

〔二〕江夏武陵屬郢州　「武陵」各本並作「武陽」，孫虨宋書考論云：「武陽當是武陵。」按孫說是，今改正。

〔三〕南郡太守秦立漢高帝元年爲臨江國景帝中二年復故　「漢高帝」各本作「漢文帝」，「中二年」各本作「中元年」，並據漢書地理志改。漢書地理志南郡下云：「秦置，高帝元年，更爲臨江郡，五年，復故。景帝二年（當作七年），復爲臨江，中二年復故。」宋志略去高帝五年省臨江國復置南郡，景帝七年復爲臨江國一節，「高帝」又譌「文帝」，「中二年」又譌「中元年」。漢書高帝紀，

元年以懷王柱國共敖爲臨江王，則宋志作臨江國是，漢志作臨江郡者誤。景帝七年復爲臨江國，以廢太子榮爲臨江王，至中二年榮自殺，國除。

〔四〕南安令晉武帝分江安立　「南安」各本並作「安南」，據成孺宋書州郡志校勘記說乙正。按水經油水注：「晉太康元年，分孱陵立南安縣。」

〔五〕初平元年　「元年」各本並作「六年」，據晉書地理志改。成孺宋書州郡志校勘記云：「案獻帝初平紀元僅四年，六年疑有誤。晉志益州下云，獻帝初平元年，劉璋分巴郡立永寧郡。知『六』爲『元』字之誤，當據正。」

〔六〕劉璋改永寧爲巴東郡　廿二史考異云：「據華陽國志，建安六年，乃改固陵爲巴東。若永寧之分，雖與固陵同時，其後改稱巴西，與巴東不相涉。」

〔七〕南浦令劉禪建興八年十月益州牧閻宇表改羊渠立　華陽國志：「南浦縣，晉初置。」

〔八〕漢豐令何志不注置立　華陽國志：「漢豐縣，建安二十一年置。」

〔九〕汶陽太守何志新立　廿二史考異云：「據南齊書蠻傳，汶陽本臨沮西界二百里。桓溫時割以爲郡。然則汶陽郡晉時已有之，何承天以爲新立者，非也。」

〔一〇〕魏世分河東爲平陽郡晉末省爲縣　洪亮吉東晉疆域志云：「平陽本平春，晉太元中，避鄭太后諱乃改，與河東郡之平陽迥別，沈志合以爲一，非是。」

〔一一〕臨汾後屬平陽　「平陽」各本並作「陽平」。成孺宋書州郡志校勘記云：「按晉志，司州平陽郡臨汾，今據乙正。」按成校是，今訂正。

〔一二〕而無歸鄉縣何志所言非也　洪亮吉東晉疆域志云：「考晉書劉弘傳有仇勃爲歸鄉令，是晉有此縣矣。何志所言不誣，沈非之，誤也。」

〔一三〕後省綏安　「綏安」各本並作「經安」。巴陵郡下云，明帝泰始四年，以綏安縣併州陵，即此縣。今改正。

〔一四〕又有安陸曲陵曲後別郡　「曲後別郡」四字費解。按安陸、曲陵二縣，曾屬江夏郡，孝武帝孝建元年，別爲安陸郡。「曲後爲郡」或是「後別爲郡」之誤。

〔一五〕求分安陸東界爲此縣　「安陸」各本並作「安陵」，據洪亮吉東晉疆域志改。孫虨宋書考論亦云：「陵當作陸。」

〔一六〕霄城侯相　「霄城」各本並作「宵城」，魯爽傳、水經沔水注亦作「宵城」。趙倫之傳、南齊書州郡志、梁書范雲傳、隋書地理志並作「霄城」。今改作「霄城」。

〔一七〕前漢立　成孺宋書州郡志校勘記云：「漢志，武陵郡索。續志，武陵郡，故索，陽嘉三年更名。據志例推之，『立』字衍，前漢下脫『曰索』二字。」

〔一八〕孝武孝建元年割南郡之監利州陵度江夏　成孺宋書州郡志校勘記云：「案監利、州陵二縣，歷

代未隸江夏郡。考本志郢州刺史下云，孝武孝建元年，又以南郡之州陵、監利二縣度屬巴陵，立郢州。據此，則江夏二字當爲巴陵之譌。」

〔一九〕魏文帝黄初二年孫權改鄂爲武昌　「黄初二年」各本並作「黄初三年」，據三國志吳志吳主權傳改。

〔二〇〕省蘄春郡　「省」字下各本並有「爲」字，據成校删。成孺宋書州郡志校勘記云：「晉太康省郡，而縣改屬弋陽，故晉志弋陽郡有蘄春縣。『爲』字當衍。」

〔二一〕十六年又立　「十六年」各本並作「十七年」，據文帝紀改。成孺宋書州郡志校勘記云：「文帝紀，元嘉十六年正月，復分荆州爲湘州。二月，以始興王濬爲刺史。七當作六。」

〔二二〕汝城令　「汝城」毛本及晉書地理志作「汝成」。南齊書州郡志、水經耒水注作「汝城」。

〔二三〕武剛令　水經資水注作「武岡」。

〔二四〕分桂陽南部都尉　各本並脱「部」字，據三國志吳志孫晧傳補。成孺宋書州郡志校勘記云：「三國志孫晧傳，甘露元年十一月，以桂陽南部爲始興郡。據此『南』下似脱『部』字。」

〔二五〕割始興之封陽陽山含滙三縣立宋安郡　「三縣」各本並作「四縣」。成孺宋書州郡志校勘記云：「四當作三。」按成校是，今改正。

〔二六〕泰豫元年復□　成孺宋書州郡志校勘記云：「復下所闕，當是『故』字。」

〔二七〕桂陽令　各本並脫「陽」字，據漢志、續漢志、晉書地理志、南齊書州郡志補。水經溱水注：「桂陽縣，本隸桂陽郡，後割隸始興。」成孺宋書州郡志校勘記云：「桂下誤脫『陽』字，當補。」

〔二八〕陽山侯相漢舊縣後漢曰陰山　惠棟云：「前志亦有陰山縣，沈說非也。」按前志桂陽郡有陽山縣，又有陰山縣。應劭陽山下云：「今陰山也。」顏師古駁應云：「下自有陰山，應說非也。」沈志亦從應說而誤。

〔二九〕邔縣令　三朝本、北監本、毛本作「邙」。殿本、局本作邔。按前漢志南郡有邔縣。孟康曰：「音忌。」師古曰：「音其己反。」舊本續漢志譌作「印」。集解引惠棟曰：「前志及本傳皆作邔。章懷音其紀反。」錢大昕曰：「淄川王終子柱，封邔侯。」說文邑部：「邔，南郡縣也。從邑已聲。」水經：「禹貢三澨沱，在南郡邔縣北。」南齊書州郡志、晉書地理志並作「邔」。或謂「邙」字不誤，古漢上之巴國邑此，待考。

〔三〇〕永初郡國及何徐屬新野　「新野」各本並作「新陽」。孫彪宋書考論云：「新陽當作新野。」按孫說是，今改正。

〔三一〕後漢爲天水漢陽　孫彪宋書考論云：「當云後漢天水爲漢陽。」

〔三二〕永初郡國及何志唯有鄀魏昌縣　「鄀」各本並作「郡」，據孫彪說改。孫彪宋書考論云：「『郡』疑『鄀』字之譌。」

〔三三〕建武十五年改曰河南尹　各本並脫「十」字，據續漢書郡國志補。續漢書郡國志：「建武十五年，改曰河南尹。」

〔三四〕二年更名爲河上郡　「二年」各本並作「三年」，據漢書地理志改。

〔三五〕今治郡　「郡」各本並作「郡」，成孺宋書州郡志校勘記據下文正，是，今改正。

〔三六〕領縣三疑　成孺宋書州郡志校勘記云：「三下原注『疑』字。馮翊祇統郡、高陸二縣，而乃曰領縣三，故校者注云疑也。今按南齊志馮翊郡縣三，曰郡，曰蓮勺，曰高陸，疑此志本亦屬縣三，而傳寫者誤脫蓮勺歟？」楊守敬云：「按晉志、齊志、魏志馮翊並有蓮勺縣，是知此脫蓮勺一縣。」按成、楊二家說是。郡縣下，高陸縣上似脫「蓮勺令，漢舊縣，屬馮翊」云云一條。

〔三七〕河陽令別見　「河陽」後天水太守作「阿陽」，疑作阿陽者是。漢志、續漢志、魏書地形志、水經漾水注並作「阿陽」。顏師古漢書高帝紀注云：「阿陽，天水之縣也。今流俗本或作河陽者非。」按阿陽之作河陽，最早見於此志及南齊書州郡志。其後周書獨孤信傳、隋志、元和志、寰宇記並作「河陽」。寰宇記且云：「河陽，漢置縣，在河之西北，故曰河陽。」

〔三八〕弘農太守漢武帝元鼎四年立　「四年」各本並作「六年」，據漢書地理志改。

〔三九〕譙縱時又沒漢中　「沒」各本並作「治」。孫彪宋書考論云：「或卽歿、沒字形譌也。」按南齊書州郡志云：「後爲譙縱所沒。」作「沒」是，今據改。

〔四〇〕魏武平張魯復漢寧郡爲漢中疑是此前改漢中曰漢寧也　各本並脫「曰漢寧也」之「寧」字，據上文補。

〔四一〕梁州刺史周瓊表立　各本並脫「瓊」字。孫彪宋書考論云：「按時梁州刺史周瓊，脫『瓊』字。」今補正。晉書周訪傳會孫瓊附傳，瓊代楊亮爲梁州刺史，在孝武世。

〔四二〕永初郡國又有苞中懷安二縣　「苞」字下各本並衍「縣作」二字，今刪去。上梁州刺史下云：「刺史還治漢中之苞中縣，所謂南城也。」是有苞中無苞縣之證。又三朝本、北監本、毛本作二縣，是；殿本、局本作三縣，誤。

〔四三〕領縣十三疑　成孺宋書州郡志校勘記云：「領縣十三下，原注疑字。魏興所隸祇有十二縣，故校者注云疑也。今案新興太守下云，宋末以晉昌之長樂、安晉、延壽、安樂屬魏興郡。疑沈志此郡本有安樂令而傳寫者失之，故縣數不符。」

〔四四〕鄖鄉令本錫縣　「錫」續漢書郡國志、晉書地理志、南齊書州郡志同宋志。漢書地理志作「鍚」。應劭曰：「音陽。」師古曰：「卽春秋所謂鍚穴。」如應劭音，字本作「鍚」。然左傳文公十一年，至于錫穴。經典釋文：「錫字本作鍚。」則作錫作鍚，魏、晉、南北朝、隋、唐之世，已無定論。

〔四五〕上廉令　「上廉」各本並作「上庸」。楊守敬云：「上廉誤作上庸。晉志、南齊志並有上廉縣。別有上庸縣屬上庸。」按楊說是，今改正。

〔四六〕按魏所分新城之北巫應卽是此縣　各本並脫「北」字，據成校補。成孺宋書州郡志校勘記云：「據上庸太守序云，魏明帝太和二年，分新城之上庸、武陵、北巫爲上庸郡，知此『巫』上脫『北』字。」

〔四七〕孝武太元十五年梁州刺史周瓊表立　「周瓊」各本並作「周馥」。按周馥見晉書周浚傳從弟馥附傳，西晉末爲鎭東將軍、都督揚州諸軍事，未嘗爲梁州刺史。周瓊見晉書周訪傳會孫瓊附傳，孝武世，代楊亮爲梁州刺史。知周馥爲周瓊之誤，今改正。

〔四八〕永初郡國何並無　「何」下各本並有「徐」字，孫彪宋書考論云：「徐字疑衍。」按上云徐志新立，此不當更出「徐」字，孫說是，今刪去。

〔四九〕新巴令　「新巴」各本並作「新安」，據南齊書州郡志改。成孺宋書州郡志校勘記云：「南齊志新巴郡領縣三，新巴、晉城、晉安。疑宋志亦作新巴，寫者涉下晉安，遂譌爲新安耳。」

〔五〇〕何徐並領縣四今六疑　按「今六」下注疑字，本志北巴西祇有五縣，故校者注云疑。孫彪宋書考論云：「南齊志七縣，有漢昌、宋壽，此蓋闕漢昌。」

〔五一〕名宙底　「宙底」漢書地理志廣漢郡、續漢書郡國志廣漢屬國都尉、華陽國志陰平郡作「甸底」。「宙」「甸」形似而譌。然永初郡國作「冑旨」，「冑」與「宙」音近，又似宋志作「宙底」者或有所本。

〔五二〕興樂令　「興樂」南齊書州郡志作「興平」。

〔五三〕豐陽長　「豐陽」各本並作「農陽」。成孺宋書州郡志校勘記云：「疑農卽豐字形近之譌。」按成校是，此縣南齊書州郡志作北豐陽，可證「農陽」是豐陽之譌。今改正。

〔五四〕徐志巴民新立　各本並脫「民」字，據成校補。成孺宋書州郡志校勘記云：「南上洛引徐志云巴民新立，則此新立上亦當有民字。」

〔五五〕豐陽令　「豐陽」各本並作「農陽」，據南齊書州郡志改。南齊志北上洛郡有豐陽縣。

〔五六〕西豐陽令　各本並脫「陽」字，據南齊書州郡志補。成孺宋書州郡志校勘記云：「北上洛、南上洛已有豐陽，故此冠以西。疑宋志本亦作西豐陽。」

〔五七〕懷漢太守孝武孝建二年立　宋書孝武帝紀：「大明元年三月，梁州獠求內屬，立懷漢郡。」此云孝建二年立，未知孰是。

〔五八〕綏來長　「綏來」南齊書州郡志作「綏成」。

〔五九〕略陽太守晉太康地志屬天水　成孺宋書州郡志校勘記云：「略陽、天水各自爲郡，略陽太守何得屬天水邪？疑太康地志下脫『故』字。」

〔六〇〕別見冀州平原郡　「冀州」各本並作「青州」，據成校改。成孺宋書州郡志校勘記云：「平原郡高唐，漢屬青州，晉、宋屬冀州。此當是指本志言之，青當作冀。青州無高唐也。」

〔六一〕首陽令　各本並脫「令」字，據志例補。

〔六二〕雍州已有此郡　「郡」各本並作「縣」。孫彪宋書考論云：「縣當作郡。」按孫說是，今改正。

〔六三〕新陽令　各本並脫「陽」字，據晉書地理志、南齊書州郡志補。成孺宋書州郡志校勘記云：「晉志、南齊志天水郡並有新陽，無新縣。疑『新』下脫『陽』字。」

〔六四〕始平縣　「縣」字據志例當作「令」字。

宋書卷三十八

志第二十八

州郡四

益州　寧州　廣州　交州　越州

益州刺史，漢武帝分梁州立，所治別見梁州，領郡二十九，縣一百二十八。戶五萬三千一百四十一，口二十四萬八千二百九十三。去京都水九千九百七十。

蜀郡太守，秦立。晉武帝太康中，改曰成都國，後復舊。領縣五。戶一萬一千九百二，口六萬八百七十六。

成都令，漢舊縣。

郫令，漢舊縣。

繁縣令，漢舊縣。

犍縣令，二漢、晉太康地志並曰牛鞞，屬犍爲，何志晉穆帝度此。

永昌令，孝建二年，以僑戶立。

廣漢太守，漢高帝六年立。晉太康地志屬梁州。領縣六。戶四千五百八十六，口二萬七千一百四十九。去州陸六百。去京都水九千九百。

雒縣令，漢舊縣。

什邡令，漢舊縣。

郪縣令，漢舊縣。

新都令，漢舊縣，晉武帝爲王國，太康六年省爲縣，屬廣漢。

陽泉令，蜀分綿竹立。

伍城令，晉武帝咸寧四年立，太康六年省，七年又立。何志劉氏立。

巴西太守，譙周巴記，建安六年，劉璋分巴郡墊江以上爲巴西郡。徐志本南陽冠軍流民，寓入蜀漢，晉武帝立。非也。本屬梁州，文帝元嘉十六年度。何志梁、益二州無此郡。領縣九。戶四千九百五十四，口三萬三千三百四十六。

閬中令，漢舊縣，屬巴郡。

西充國令，漢書地理志，巴郡有充國縣。續漢郡國志，和帝永元二年，分閬中立充國縣。二志不同。晉太康地志有西南二充國，屬巴西。

南充國令，譙周巴記，初平四年，〔一〕分充國爲南充國。

安漢令，舊縣，屬巴郡。〔二〕

漢昌令，和帝永元中立。

晉興令，徐志不注置立。

平州令，晉武帝太康元年，以野民歸化立。

懷歸令，徐志不注置立。

益昌令，徐志不注置立。

梓潼太守，晉太康地志劉氏分廣漢立。本屬梁州，文帝元嘉十六年，度益州。永初郡國又有漢德、新興，徐同。徐云，新興，義熙九年立；漢德，舊縣。案二漢並無漢德縣，晉太康地志、王隱並有，疑是劉氏所立。何益、梁二州無此郡。領縣四。戶三千三十四，口二萬一千九百七十六。

涪令，漢舊縣，屬廣漢。

梓潼令，漢舊縣，屬廣漢。

西浦令，徐志義熙九年立。

萬安令，徐志舊縣。二漢晉並無。

巴郡太守，秦立。領縣四。戶三千七百三十四，口一萬三千一百八十三。去州內水一千八百，陸五百，〔三〕外水二千二百。去京都水六千。

江州令，漢舊縣。

臨江令，漢舊縣。

墊江令，漢舊縣，獻帝建安六年度巴西，劉禪建興十五年復舊。

枳令，漢舊縣。

遂寧太守，永初郡國有，何無，徐云舊立。領縣四。戶三千三百二十。

巴興令，徐志不注置立，疑是李氏所立。

德陽令，前漢無，後漢、晉太康地志屬廣漢。

廣漢令，漢舊縣，屬廣漢。寧蜀郡復有此縣，未知孰是。

晉興令，徐志不注置立。

江陽太守，劉璋分犍爲立。中失本土，寄治武陽。領縣四。戶一千五百二十五，口八千二十七。

江陽令，漢舊縣，屬犍爲。

緜水令。別見。

漢安令。別見。

常安令，晉孝武立。

懷寧太守，秦、雍流民，晉安帝立。本屬南秦，文帝元嘉十六年度益州。領縣三。戶一千三百一十五，口五千九百五十。寄治成都。

始平令。〔四〕別見。

西平令，永初郡國直云西。何志故屬天水，名西縣。

萬年令，漢舊名，屬馮翊。

寧蜀太守，永初郡國有而何無，徐云舊立。永初郡國及徐並有西墊江縣，今無。領縣四。戶一千六百四十三。

廣漢令，別見。遂寧郡復有此縣。

廣都令，漢舊縣，屬蜀郡。

升遷令，晉太康地志屬汶山。

西鄉令，本名南鄉，屬漢中，晉武太康三年更名。

越巂太守，漢武帝元鼎六年立，故邛都國。何志無。領縣八。戶一千三百四十九。

邛都令，漢舊縣。

新興令，永初郡國有。

臺登長，漢舊縣。

晉興長，永初郡國有。

會無長，漢舊縣。

卑水長，漢舊縣。

定莋長，漢舊縣。

蘇利長，漢縣曰蘇示，□曰蘇利。

汶山太守，晉太康地志漢武帝立，孝宣地節三年合蜀郡，劉氏又立。領縣二。戶一千一百七，口六千一百五。去州陸一百。去京都水一萬。

都安侯相，蜀立。

晏官令，何志魏平蜀立。晉太康地志無。

南陰平太守陰平郡別見。永嘉流寓來屬，寄治萇陽。領縣二。戶一千二百四十，口七千五百九十七。

陰平令。別見。

縣竹令，漢舊縣，屬廣漢。

犍爲太守，漢武帝建元六年，開夜郎國立。領縣五。戶一千三百九十，口四千五十七。去州陸九十。去京都水一萬。

武陽令，漢舊縣。

南安令，漢舊縣。

資中令，漢舊縣。

僰道令，漢舊縣。

治官令，晉安帝義熙十年立。

始康太守，關隴流民，晉安帝立。領縣四。戶一千六十三，口四千二百二十六。寄治成都。

始康令，晉安帝立。

新城子相，晉安帝立。

談令，晉安帝立。

晉豐令，晉安帝立。

晉熙太守，秦州流民，晉安帝立。領縣二。戶七百八十五，口三千九百二十五。

晉熙令，晉安帝立。

萇陽令，晉安帝立。

晉原太守，李雄分蜀郡爲漢原，晉穆帝更名。領縣五。戶一千二百七十二，口四千九百六十。去州陸一百二十。去京都水一萬。

江原男相，漢舊縣，屬蜀郡。

臨邛令，漢舊縣，屬蜀郡。

晉樂令，何志故屬沈黎。晉太康地志無沈黎郡及晉樂縣。

徙陽令，前漢徙縣屬蜀郡，後漢屬蜀郡屬國都尉。晉太康地志有徙陽縣，屬漢嘉。

漢嘉令，前漢青衣縣屬蜀郡，順帝陽嘉二年更名。劉氏立爲漢嘉郡，晉江右猶爲郡，江左省爲縣。

宋寧太守，文帝元嘉十年，免吳營僑立。領縣三。戶一千三十六，口八千三百四十二。寄治成都。

欣平令，與郡俱立。

宜昌令，與郡俱立。

永安令，與郡俱立。

安固太守，張氏於涼州立。晉哀帝時，民流入蜀，僑立此郡。本屬南秦，文帝元嘉十六年度益州。領縣六。戶一千一百二十，口六千五百五十七。去州一百三十。去京都水一萬。

略陽令。別見。

桓陵令，張氏立。

臨渭令，晉太康地志屬略陽。

清水令。別見。

下邽令，何志漢舊縣。案二漢、晉並無此縣。

興固令，何志新立。

南漢中太守，晉地記，孝武太元十五年，梁州刺史周瓊表立。徐志，北漢中民流寓，孝武大明三年立。起居注，本屬梁州，元嘉十六年度。永初郡國屬梁州，領縣與此同。以永初郡國及起居檢，則是太元所立，而何志無此郡，當是永初以後省，大明三年復立也。領縣五。戶一千八十四，口五千二百四十六。

南長樂令，徐志與郡俱立。

南鄭令，徐志與郡俱立。

南苞中令，徐志與郡俱立。

南沔陽令，徐志與郡俱立。

南城固令，徐志與郡俱立。

北陰平太守，徐志本屬秦州，文帝元嘉二十六年度。永初郡國、何志、秦、梁、益並無。領縣四。戶一千五十三，口六千七百六十四。

陰平令。已見。

南陽令，徐志本南陽白民流寓立。

桓陵令，徐志本安固郡民流寓立。

順陽令，徐志本南陽民流寓立。

武都太守，別見。永初郡國、何志益州並無此郡。徐志本屬秦州，流寓立。領縣五。戶九百八十二，口四千四百一。

武都令，漢舊名。

下辯令。別見。

漢陽令，漢舊名。

略陽令，漢屬略陽郡，流寓配。

安定令，舊安定郡，流寓配。

新城太守，何志新分廣漢立。領縣二。戶七百五十三，口五千九百七十一。去州闕。去京都九千五百三十。

北五城令，何志新分五城立。

懷歸令，何志新立。

南新巴太守，新巴郡別見。起居注新巴民流寓，文帝元嘉十二年，於劍南立。何志新立，新巴民先屬梁州，既立割配。領縣六。戶一千七十，口二千六百八十三。

新巴令，何志晉安帝立。

晉城令，何志晉安帝立。

晉安令，何志晉安帝立。

漢昌令，何志晉安帝立。

桓陵令，何志晉哀帝立。按起居注，南新巴，元嘉十二年立。何云新立，則非先有此郡，而云此諸縣晉哀帝、安帝立，不詳。

綏歸令，何無此。徐有，不注置立。

南晉壽太守，梁州元有晉壽，文帝元嘉十二年，於劍南以僑流立。領縣五。戶一千五十七，口一千九百四十三。去州一百二十。去京都水一萬。

晉壽令。別見。

興安令。別見。

興樂令，二漢、魏無。晉太康地記云：「元年更名。本曰白馬，屬汶山。」何志，漢舊縣。檢二漢益部無白馬縣。

邵歡令。別見。

白馬令。[五]別見。

宋興太守，文帝元嘉十年，免建平營立。領南陵、建昌二縣。何志無復南陵，有南漢、建忠。徐無建忠，有永川。何云建忠新立。領縣三。戶四百九十六，口一千九百四十三。寄治成都。

南漢令，何志晉穆帝立。故屬漢中，流寓來配。

建昌令，何志新立。[六]

永川令，徐志新立。

南宕渠太守，徐志本南中民，蜀立。起居注，本屬梁州，元嘉十六年度。永初郡國梁州有宕渠郡，領縣三，與此同，而無「南」字。何同。若此郡元嘉十六年度益，則何志應在益部，不詳。領縣三。戶五百四，口三千一百二十七。

宕渠令，二漢、晉太康地志屬巴郡。

漢興令，二漢、魏無，晉地志有，屬興古郡。

宣漢令，前漢無，後漢屬巴郡，晉太康地志無。

天水太守，別見。永初郡國、何志益州無此郡。徐志與今同。領縣三。戶四百六十一。

宋興令，徐志不注置立。

上邽令。別見。

西縣長。別見。

東江陽太守，何志晉安帝初，流寓入蜀，今新復舊土爲郡。領縣二。戶一百四十二，口七百四十。去州一千五百八十。去京都水八千九十。

漢安令，前漢無，後漢屬犍爲，晉太康地志屬江陽。

綿水令，何志晉孝武立。

沈黎太守，蜀記云：「漢武元鼎十一年，分蜀西部邛莋爲沈黎郡，十四年罷。」案元鼎至六年，云十一年，非也。又二漢、晉並無此郡，永初郡國有，[七]何無，徐云舊郡。領縣四。戶六十五。

城陽令，徐不注置立。

蘭令，漢舊縣，屬越巂，作「闌」。晉太康地志無。

旄牛令，前漢屬蜀郡，後漢屬蜀郡屬國都尉，晉太康地志屬漢嘉。

寧州刺史，晉武帝泰始七年分益州南中之建寧、興古、雲南、永昌四郡立。太康三年省，立南夷校尉。惠帝太安二年復立，增牂牁、越巂、朱提三郡。成帝咸康四年，分牂牁、夜郎、朱提、越巂四郡爲安州，尋罷并寧州。越巂後還益州。[八]今領郡十五，縣八十一。戶一萬二百五十三。去京都一萬三千三百。

建寧太守，漢益州郡滇王國，劉氏更名。領縣十三。戶二千五百六十二。

味縣令，漢舊縣。

同樂令，晉武帝立。

談稾令，漢舊縣，屬牂牁。晉武帝立。

牧麻令，漢舊縣，作牧靡。[九]

漏江令，漢舊縣，屬牂牁。晉武帝立。

同瀨長，漢舊縣。「同」作「銅」。

昆澤長，漢舊縣。

新定長，晉太康地志有。

存駹□，晉太康地志有。

同並長，漢舊縣，前漢作同並，屬牂牁。晉武帝咸寧五年省，哀帝復立。

萬安長，江左立。

毋單長，漢舊縣，屬牂牁，晉太康地志屬建寧。

新興長，江左立。

晉寧太守，晉惠帝太安二年，分建寧西七縣爲益州郡，〔一〇〕晉懷帝更名。領縣七。戶六百三十七。去州七百三十。去京都水一萬三千七百。

建伶令，漢舊縣，屬益州郡，晉太康地志屬建寧。

連然令，漢舊縣，屬益州郡，晉太康地志屬建寧。

滇池令，漢舊縣，屬益州郡，晉太康地志屬建寧。

穀昌長，漢舊縣，屬益州郡，晉太康地志屬建寧。

秦臧長，漢舊縣，屬益州郡，晉太康地志屬建寧。

〔俞元長，漢舊縣，屬益州郡，晉太康地志〕屬建寧。〔一一〕

雙栢長，漢舊縣，屬益州郡，晉太康地志屬建寧。

牂牁太守，漢武帝元鼎六年立。領縣六。戶一千九百七十。去州一千五百。去京都水一萬二千。

萬壽令，晉武帝立。

故且蘭令，〔一二〕漢舊縣云故且蘭，晉太康地志無。

毋斂令，漢舊縣。

晉樂令，江左立。

丹南長，江左立。

新寧長，何、徐不注置立。

平蠻太守，晉懷帝永嘉五年，寧州刺史王遜分牂牁、朱提、建寧立平夷郡，後避桓溫諱改。領縣二。戶二百四十五。去京都水一萬三千。

平蠻令，漢舊縣，屬牂牁。故名平夷。

鷩令，漢舊縣，屬牂牁。

夜郎太守，晉懷帝永嘉五年，寧州刺史王遜分牂牁、朱提、建寧立。領縣四。戶二百八十八。去州一千。去京都水一萬四千。

夜郎令，漢舊縣，屬牂牁。

廣談長，晉太康地志屬牂牁。

談樂長，江左立。

談栢令，〔一三〕漢舊縣，屬牂牁。

朱提太守，劉氏分犍爲立。領縣五。戶一千一十。去州七百二十。去京都水一萬四千六百。

朱提令，前漢屬犍爲，後漢屬犍爲屬國都尉。

堂狼令，前漢屬犍爲，「狼」作「琅」。後漢、晉太康地志屬朱提。〔一四〕

臨利長，江左立。

漢陽長，前漢屬犍爲，後漢無，〔一五〕晉太康地志屬朱提。

南秦長，本名南昌，晉武帝太康元年更名。

南廣太守，晉懷帝分朱提立。領縣四。戶四百四十。去州水二千三百。去京都水一萬四百。

南廣令，漢舊縣，屬犍爲，晉太康地志屬朱提。

新興令，何志不注置立。

晉昌令，江左立。

常遷長，江左立。

建都太守，晉成帝分建寧立。領縣六。戶一百七。去州二千。去京都水一萬五十。

新安令，晉成帝立。

經雲令，〔一六〕晉成帝立。

永豐令，晉成帝立。

臨江令，晉成帝立。

麻應長，〔一七〕晉成帝立。

遂安長，晉成帝立。

西平太守，晉懷帝永嘉五年，寧州刺史王遜分興古之東立。何志晉成帝立，非也。永初郡國、何志並有西寧縣，何云晉成帝立，今無。領縣五。戶一百七十六。去州二千三百。去京都水一萬五千三百。

西平令，何志晉成帝立。

溫江令，何志晉成帝立。

都陽令，何志晉成帝立。案晉起居注，太康二年置興古之都唐縣。疑是。

晉綏長，何志晉成帝立。

義成長，何志晉成帝立。案此五縣應與郡俱立。

西河陽太守，〔一八〕晉成帝分河陽立。領縣三。戶三百六十九。去州二千五百。去京都水一萬五千五百。

茈蘇令，前漢屬益州郡，後漢、晉太康地志屬永昌。「茈」作「比」。

成昌令，晉成帝立。

建安長，晉成帝立。

東河陽太守，晉懷帝永嘉五年，寧州刺史王遜分永昌、雲南立。永初郡國又有西阿，領楪榆、遂段、新豐三縣，〔一九〕何、徐無。遂段、新豐二縣，二漢、晉並無。領縣二。戶一百五十二。去州二千。去京都水一萬五千。

東河陽令，何不注置立，疑與郡俱立。

楪榆長，前漢屬益州郡，後漢屬永昌，晉太康地志屬雲南。前漢「楪」作「葉」。

雲南太守，晉太康地志云，故屬永昌。何志劉氏分建寧、永昌立。領縣五。疑〔二〇〕戶三百八十一。去州一千五百。去京都水一萬四千五百。

雲南令，前漢屬益州郡，後漢屬永昌，晉太康地志屬雲南。

雲平長，晉武帝咸寧五年立。

東古復長，漢屬越嶲，晉太康地志屬雲南，並云姑復。永初郡國、何並云東古復。何不注置立。

西古復長，永初郡國有。何不注置立。

興寧太守，晉成帝分雲南立。領縣二。戶七百五十三。去州一千五百。去京都水一萬四千五百。

梇棟令，〔二一〕漢舊縣，屬益州，晉太康地志屬雲南。

青蛉令，漢舊縣，屬越嶲，晉太康地志屬雲南。

興古太守，漢舊郡，晉太康地志故牂牁。何志劉氏分建寧、牂牁立，則是後漢末省也。領縣六。戶三百八十六。去州二千三百。去京都水一萬六千。

漏臥令，漢舊縣，屬牂牁。

宛暖令，漢舊，〔二二〕屬牂牁。本名宛溫，爲桓溫改。

律高令，漢舊縣，屬益州郡，後省。晉武帝咸寧元年，分建寧郡脩雲、俞元二縣間流民復立律高縣。脩雲、俞元二縣，二漢無。

西安令，〔二三〕江左立。

句町令，漢舊縣，屬牂牁。

南興長，江左立。

梁水太守，晉成帝分興古立。領縣七。戶四百三十一。去州水三千。去京都水一萬六千。

梁水令，與郡俱立。

騰休長，〔二四〕漢舊縣，屬益州郡，晉太康地志屬興古，何志故屬建寧，晉武帝徙興古治之，遂以屬焉。

西隋令，漢舊縣，屬牂牁，晉太康地志屬興古。並作「隨」。

毋棳令，〔二五〕漢舊縣，屬益州郡，晉太康地志屬興古。劉氏改曰西豐，晉武帝泰始五年，復爲毋棳。

新豐長，何志不注置立。

建安長，何志不注置立。

鐔封長，漢舊縣，屬牂牁，晉太康地志屬興古。

廣州刺史，吳孫休永安七年，分交州立。領郡十七，〔二六〕縣一百三十六。戶四萬九千七百二十六，口二十萬六千六百九十四。去京都水五千二百。

南海太守，秦立。秦敗，尉他王此地，至漢武帝元鼎六年，開屬交州。領縣十。戶八千五百七十四，口四萬九千一百五十七。

番禺男相，漢舊縣。

熙安子相，文帝立。

增城令，前漢無，後漢有。

博羅男相，漢舊縣。二漢皆作「傅」字，〔二七〕晉太康地志作「博」。

酉平令，永初郡國有。

龍川令，舊縣。〔二八〕

懷化令，晉安帝立。

綏寧男相，文帝立。

高要子相，漢舊縣，屬蒼梧，文帝廢。

始昌令，文帝立。

蒼梧太守，漢武帝元鼎六年立。永初郡國又有高要、建陵、寧新、都羅、端溪、撫寧六縣。建陵、寧新，吳立。都羅，晉武分建陵立。晉武帝太康元年，改新寧曰寧新。端溪，別見。撫寧始見永初郡國。高要何志無，餘與永初郡國同。徐志無建陵、寧新、撫寧三縣。何、徐二志並有懷熙一縣。思安、封興、蕩康、僑寧四縣，疑是宋末度此也。今領縣十一。戶六千五百九十三，口萬一千七百五十三。去州水八百。去京都水五千五百九十。

廣信令，漢舊縣。

猛陵令，漢舊縣。

懷熙令，文帝立。

思安令，永初郡國有，及何志並屬晉康，徐志度此。

封興令，永初郡國有，及何志並屬晉康，徐志度此。

蕩康令，永初郡國有，及何志並屬晉康，徐志度此。

僑寧令，永初郡國有，及何志並屬晉康，徐志度此。

遂成令，[二九]永初郡國有。

丁留令，晉武帝太康七年，以蒼梧蠻夷賓服立，□作「丁溜」。溜音留。

廣陵令，永初郡國有。

武化令，徐志以前無，疑是宋末所立。

晉康太守，晉穆帝永和七年分蒼梧立，治元溪。永初郡國治龍鄉。何志無復龍鄉縣，[三〇]當是晉末立，元嘉二十年前，以龍鄉併端溪也。永初郡國又有封興、蕩康、思安、遼

安、開平縣。何志無遼安、開平二縣，餘與永初郡國同。封興、蕩康、思安，別見。遼安、開平，應是晉末立，元嘉二十年前省。今領縣十四。戶四千五百四十七，口一萬七千七百一十。去州水五百。去京都水五千八百。

端溪令，漢舊縣，何志屬蒼梧，徐志屬此。

晉化令，何志不注置立，疑是晉末所立。

都城令，何志晉初分建陵立，今無建陵縣。按太康地志唯有都羅、武城縣。

樂城令，何志無，徐志有。

賓江令，何志無，徐志有。

說城令，何志無，徐志有。

元溪令，晉太康地志屬蒼梧。

夫阮令，永初郡國有。

僑寧令，何志云漢舊縣，檢二漢地理郡國，無。蒼梧又有僑寧縣。

安遂令，文帝立。

永始令，文帝立。

武定令，文帝立。

文招令，何志無，徐志有二文招，一屬綏建，一屬晉康。

熙寧令，何志無，徐志有。

新寧太守，晉穆帝永和七年，分蒼梧立。永初郡國有平興、永城縣，何、徐志有永城，無平興。此二縣當是晉末立。平興當是元嘉二十年以前省，永城當是大明八年以後省。何志又有熙寧縣，云新立，當是文帝所立。徐志無，當是元嘉二十年後省也。今領縣十四。戶二千六百五十三，口一萬五百一十四。去州水六百二十。去京都水五千六百。

南興令，何志漢舊縣。檢二漢地理郡國、晉太康地志並無。永初郡國有。

臨允令，漢舊縣，屬合浦，晉太康地志屬蒼梧。何志，吳度蒼梧。

新興令，永初郡國有，何志不注置立。

博林令，永初郡國有，何志不注置立。

甘東令，[三一]永初郡國有，何志不注置立。

單牒令，永初郡國有，何志不注置立。

威平令，永初郡國有，何志不注置立。

龍潭令，文帝立。

平鄉令，文帝立。

城陽令，文帝立。

威化令，文帝立。

初興令，文帝立。

撫納令，徐志有。

歸順令，徐志有。

永平太守，晉穆帝升平五年，分蒼梧立。永初郡國有雷鄉、盧平、員鄉、逋寧、開城五縣，當是與郡俱立。何、徐志無雷鄉、員鄉，[三二]又有熙平，云新立，疑是文帝所立。雷鄉、員鄉當是元嘉二十年以前省。盧平、逋寧、開城當是大明八年以後省。今領縣七。疑[三三]戶一千六百九，口一萬七千二百二。去州水一千二百。去京都水五千四百。

安沂令，永初郡國有，何志不注置立。

豐城令，吳立，屬蒼梧。永初郡國併安沂，當是宋初併。何志有，當是元嘉中復立。

蘇平令，永初郡國有，何志不注置立。徐曰藉平。

嘝安令，永初郡國有，何志不注置立。

夫寧令，永初郡國有，何志不注置立。

武林令，文帝立。

鬱林太守，秦桂林郡，屬尉他，武帝元鼎六年復，更名。永初郡國有安遠、程安、威定、三縣別見。中胄、歸化五縣。中胄疑卽桂林之中溜。歸化，二漢、晉太康地志無，疑是江左所立。何志無中胄、歸化，餘三縣屬桂林，徐志同。今領縣十七。戶一千一百二十一，口五千七百二十七。去州水一千六百。去京都水七千九百。

布山令，漢舊縣。

領方令，漢舊縣，吳改曰臨浦，晉武復舊。

阿林令，漢舊縣。

鬱平令，吳立曰陰平，晉武太康元年更名。

新邑令，吳立。

建初令，永初郡國有，何志不注置立，徐同。

賓平令，永初郡國有，何志不注置立。

威化令，永初郡國有，何志不注置立。

新林令，永初郡國有，何志不注置立。

龍平令，永初郡國有，何志不注置立。

安始令，吳立曰建始，晉武帝太康元年更名。

懷安令，何志吳改，未知先何名。吳錄地理無懷安縣名，太康地志無，永初郡國有。

晉平令，吳立曰長平，晉武帝太康元年更名。

綏寧令，永初郡國併領方，何無徐有。

歸代令，[三四]徐志有。

中胄令，徐志有。

建安令，永初郡國有，何無，徐有。

桂林太守，本縣名，屬鬱林。吳孫晧鳳皇三年，分鬱林，[三五]治武熙縣，不知何時徙。永初郡國有常安、夾陽二縣。夾陽，晉武帝太康元年分龍岡立。常安，太康地志有而王隱無。何、徐並無此二縣。今領縣七。戶五百五十八，口二千二百五。去州水一千五百七十五。去京都水六千八百。

中溜令，[三六]漢舊縣，屬鬱林，晉太康地志無。

龍定令，晉武帝太康元年立桂林之龍岡，疑是。永初郡國、何、徐並云龍定。

武熙令，本曰武安，應是吳立，晉武帝太康元年更名。故屬鬱林。

陽平令，永初郡國、何、徐並有。何云新置。按晉武帝太康元年，立桂林之洋平縣，疑是。[三七]

安遠令，晉武帝太康六年立，屬鬱林。永初郡國猶屬鬱林，何、徐屬此。

程安令，永初郡國屬鬱林，何、徐屬此。疑是江左立。

威定令，永初郡國屬鬱林，何、徐屬此。疑是江左立。

高涼太守，二漢有高涼縣，屬合浦，漢獻帝建安二十三年，[三八]吳分立，治思平縣，不知何時徙。吳又立高熙郡，太康中省併高涼，宋世又經立，尋省。永初郡國高涼又有石門、廣化、長度、宋康四縣。何、徐並無宋康，當是宋初所立，元嘉二十年以前省，其餘當是江左所立。領縣七。戶一千四百二十九，口八千一百二十三。去州水一千一百，去京都水六千六百。

思平令，晉太康地志有。

莫陽令，晉太康地志有，屬高興。

平定令，何志有，不注置立。

安寧令，吳立。

羅州令，何志新立。

西鞏令，何志新立。

禽鄉令，何志新立。

新會太守，晉恭帝元熙二年，分南海立。廣州記云：「永初元年，分新寧立，治盆允。」未詳孰是。領縣十二，戶一千七百三十九，口萬五百九。去州三百五十。

宋元令，永初郡國無，文帝元嘉九年，割南海、新會、新寧三郡界上新民立宋安、新熙、永昌、始成、招集五縣。二十七年，改宋安爲宋元。

新熙令。

永昌令。

始成令。

招集令。

盆允令，永初郡國故屬南海，何、徐同。

新夷令，吳立曰平夷，晉武帝太康元年更名，故屬南海。

封平令，永初郡國云故屬新寧，何云故屬南海，徐同。

封樂令，文帝元嘉十二年，以盆允、新夷二縣界歸化民立。

初賓令，何志新立。

義寧令，何志新立。

始康令，何志新立。

東官太守，何志故司鹽都尉，[三九]晉成帝立爲郡。廣州記，晉成帝咸和六年，分南海立。領縣六。戶一千三百三十二，口一萬五千六百九十六。去州水三百七十。去京都水五千六百七十。

寶安男相，永初郡國、何、徐並不注置立。

安懷令，[四〇]永初郡國、何、徐並不注置立。

興寧令，江左立。

海豐男相，永初郡國、何、徐並不注置立。

海安男相，吳曰海寧，晉武改名。太康地志屬高興。

欣樂男相，本屬南海，宋末度。

義安太守，晉安帝義熙九年，分東官立。領縣五。戶一千一百一十九，口五千五百二十二。去州三千五百。去京都水八千九百。

海陽令，何志晉初立。晉太康地志無。晉地記故屬東官。

綏安令，何志與郡俱立。晉地記故屬東官。

海寧令，何志與郡俱立。晉地記故屬東官。

潮陽令，何志與郡俱立。晉地記故屬東官。

義招令，晉安帝義熙九年，以東官五營立。

宋康太守，本高涼西營，文帝元嘉九年立。領縣九。戶一千五百一十三，口九千一百三十一。去州水九百五十。去京都水五千九百七十。

廣化令，晉太康地志有，屬高興，永初郡國屬高涼。

單城令，何志新立。

逐度令，[四一]何志新立。

海隣令，何志新立。

化隆令，何志新立。

開寧令，何志新立。

綏定令，何志新立。

石門長，何志故屬高涼。

威覃長，徐志有。

綏建太守，文帝元嘉十三年立。孝武孝建元年，有司奏化注、永固、綏南、宋昌、宋泰五縣，舊屬綏建，中割度臨賀，相去旣遠，疑還綏建。今唯有綏南，餘並無。何、徐又有新招縣，[四二]云本屬蒼梧，元嘉十九年改配。徐志晉康復有此縣，疑誤。今領縣七。疑[四三]戶三千七百六十四，口一萬四千四百九十一。去州闕

新招令，本四會之官細鄉，元嘉十三年分爲縣。

化蒙令，本四會古蒙鄉，元嘉十三年分爲縣。

懷集令，本四會之銀屯鄉，元嘉十三年分爲縣。

四會男相，漢舊縣，屬南海。

化穆令，何志新立。

綏南令，永初郡國、徐並無。

海昌太守，文帝元嘉十六年立。何有覃化縣，徐無。領縣五。戶一千七百二十四，口四千七十四。去州水六百五十。去京都水五千四百九十四。

寧化令，徐志新立。

威寧令，徐志新立。

永建令，徐志新立。

招懷令，徐志新立。

興定令，文帝元嘉九年立，屬新會，後度此。

宋熙太守，文帝元嘉十八年，以交州流寓立昌國、義懷、綏寧、新建四縣爲宋熙郡，今無此四縣。二十七年，更名宋隆。孝武孝建中，復改爲宋熙。領縣七。戶二千八十四，口六千四百五十。去州水三百四十五，去京都水五千二百。

平興令，徐志新立。

初寧令，徐志新立。

建寧令，徐志新立。

招興令，徐志新立。

崇化令，徐志新立。

熙穆令，徐志新立。

崇德令，徐志新立。

寧浦太守，晉太康地志，武帝太康七年改合浦屬國都尉立。廣州記，漢獻帝建安二十三年，吳分鬱林立，治平山縣。吳錄，孫休永安三年，分合浦立爲合浦北部尉，[四四]領平山、興道、寧浦三縣。又云晉分平山爲始定，寧浦爲澗陽，未詳孰是。永初郡國有安廣縣，無始定縣。何、徐並無此郡。領縣六。

澗陽令，晉武帝太康七年立。永初郡國作「簡陽」。

興道令，晉武帝太康元年，以合浦北部營之連道立。吳錄有此縣，未詳。

寧浦令，晉太康地記本名昌平，武帝太康元年更名。吳錄有此縣，未詳。

吳安令，吳錄無。

平山令，晉太康地記有。

始定令，晉太康地記有，永初郡國無。

晉興太守，晉元帝太興元年，分鬱林立。

晉興。

熙注。

桂林。

增翊。

安廣。

廣鬱。

晉城。

鬱陽。

樂昌郡〔四五〕

樂昌令。

始昌令。

宋元令。

樂山令。

義立令。

安樂令。

交州刺史，漢武帝元鼎六年開百越，交趾刺史治龍編。漢獻帝建安八年，改曰交州，治蒼梧廣信縣，十六年，〔四六〕徙治南海番禺縣。及分爲廣州，治番禺，交州還治龍編。領郡八，〔四七〕縣五十三。戶一萬四百五十三。去京都水一萬。

交趾太守，漢武帝元鼎六年開。領縣十二。戶四千二百三十三。

龍編令，漢舊縣。

句漏令，漢舊縣。

朱䳒令，漢舊縣。

吳興令，吳立。

西于令，漢舊縣。

定安令，〔四八〕漢舊縣。

望海令，漢光武建武十九年立。

海平令，吳立曰軍平，晉武改名。

武寧令，吳立。

羸力知反婁令，〔四九〕漢舊縣。

曲易音陽令，漢舊縣。

南定令，吳立曰武安，晉武改。何志無。

武平太守，吳孫晧建衡三年討扶嚴夷，以其地立。領縣六。戶一千四百九十。去州水二百一十，陸下闕。〔五〇〕

上闕吳錄無，晉太康地志有。

吳定長，吳立。

新道長，江左立。

晉化長，江左立。

九眞太守，漢武元鼎六年立。領縣十二。疑戶二千三百二十八。去州水八百。去京都水一萬一百八十。

移風令，漢舊縣。故名居風，吳更名。

胥浦令，漢舊縣。

松原令，晉武帝分建初立。

高安令，何志晉武帝立。太康地志無。吳錄晉分常樂立。

建初令，吳立。

常樂令，吳立。

軍安長，何志晉武帝立。太康地志無此縣，而交趾有軍平縣。

武寧令，吳立，何志武帝立。太康地志無此縣而交趾有。

都龐音龍長，漢舊縣。吳錄有，晉太康地志無。

寧夷長，何志晉武帝立，太康地志無。

津梧長，晉武帝分移風立。

九德太守，故屬九眞，吳分立。何志領縣七，今領縣十一。〔五一〕戶八百九。去州水九百。去京都水一萬九百。

浦陽令，晉武帝分陽遠立。陽遠，吳立曰陽成，太康二年更名，後省。

九德令，何志吳立。

咸驩令，漢舊縣。
都龐長，〔五二〕何志晉武帝分九德立。
西安長，何志晉武帝立。太康地志無，吳錄亦無。
南陵長，何志晉武帝立。太康地志無，王隱有。
越常長，何志吳立，太康地志無。
宋泰令，宋末立。
宋昌令，宋末立。
希平令，宋末立。

日南太守，秦象郡，漢武元鼎六年更名，吳省，晉武帝太康三年復立。領縣七。戶四百二。去州水二千四百。去京都水一萬六百九十。

西卷令，〔五三〕漢舊縣作「捲」。
盧容令，漢舊縣。
象林令，漢舊縣。
壽泠令，晉武太康十年，分西卷立。
朱吾令，漢舊縣。

無勞長，晉武分北景立。
北景長，〔五四〕漢舊縣。

義昌郡，宋末立。
宋平郡，孝武世，分日南立宋平縣，後爲郡。

越州刺史，明帝泰始七年立。
百梁太守，新立。
隴蘇太守，〔五五〕新立。
永寧太守，新立。
安昌太守，新立。
富昌太守，新立。
南流太守，新立。
臨漳太守，〔五六〕先屬廣州。
合浦太守，漢武帝立，孫權黃武七年，更名珠官，孫亮復舊。先屬交州。領縣七。戶九百三十八。去京都水一萬八百。

合浦令，漢舊縣。
徐聞令，故屬朱崖。晉平吳，省朱崖，屬合浦。
朱官長，吳立，「朱」作「珠」。
蕩昌長，晉武分合浦立。
朱盧長，吳立。
晉始長，晉武帝立。
新安長，江左立。

宋壽太守，先屬交州。

校勘記

〔一〕譙周巴記初平四年　「初平四年」各本並作「初平六年」，據續漢書郡國志劉昭注引巴記改。按初平有四年，無六年。

〔二〕安漢令舊縣屬巴郡　成孺宋書州郡志校勘記云：「兩漢志巴郡有安漢縣，『舊』上當是脫『漢』字。」

〔三〕陸五百　張森楷校勘記云：「案今重慶至成都，卽宋志巴郡至益州也。實有一千零二十里。卽

由合州小路，亦有八百餘里。此云陸五百，疑有誤。」

〔四〕始平令　「始平」各本並作「治平」，據南齊書州郡志改。成孺宋書州郡志校勘記云：「治平疑爲始平之誤。南齊志正作始平。」

〔五〕白馬令　成孺宋書州郡志校勘記云：「白馬疑白水之譌。南齊志梁州晉壽郡、益州南晉壽郡並有白水。今本作『白馬』者，涉上文兩白馬而致誤耳。」

〔六〕何志新立　各本並脫「志」字，據成校補。成孺宋書州郡志校勘記云：「何下當有志字。」

〔七〕又二漢晉並無此郡永初郡國有　按晉書地理志：「李雄分漢嘉、蜀二郡立沈黎、漢原二郡。」是沈黎郡李雄所置。又晉志云：「桓溫滅蜀，省沈黎。」今云永初郡國有，蓋宋初復立。

〔八〕尋罷幷寧州越巂後還益州　各本並脫「罷幷寧州」四字，據晉書地理志補。

〔九〕牧靡令漢舊縣作牧靡　今本漢書地理志作牧靡。續漢書郡國志、水經存水注作牧靡。華陽國志、新唐書地理志作升麻。晉書地理志、南齊書州郡志作牧麻同宋志。惠棟云：「麻靡古通用。山海經有壽麻之國，呂覽作壽靡是也。」

〔一〇〕晉惠帝太安二年分建寧西七縣爲益州郡　「太安二年」各本並作「永安二年」，據晉書地理志改。按惠帝永安無二年。

〔一一〕兪元長漢舊縣屬益州郡晉太康地志屬建寧　各本並脫「兪元至晉太康地志」十五字。晉寧太守

領縣七，而下實祇六縣，蓋脫去一縣。成孺宋書州郡志校勘記云：「南齊志晉寧郡有兪元，疑此志所闕，卽兪元也。兩漢志益州郡、晉志建寧郡並有兪元，據志例當補云『兪元長，漢舊縣，屬益州郡，晉太康地志屬建寧』。」按成校是，今訂正。

〔一二〕故且蘭令　各本無「故」字，而下條「毋斂令」上有「故」字。按兩漢皆有故且蘭，而無曰故毋斂，今移「毋斂」上「故」字於「且蘭」之上。

〔一三〕談栢令　「談栢」南齊書州郡志同。漢書地理志、續漢書郡國志、華陽國志作「談指」。晉書地理志作「指談」。

〔一四〕後漢晉太康地志屬朱提　成孺宋書州郡志校勘記云：「案續漢志無堂狼縣，亦無朱提郡。疑『後漢』下脫『無』字。」

〔一五〕後漢無　孫虨宋書考論云：「後漢屬犍爲屬國，沈失檢。」

〔一六〕經雲令　「經雲」南齊書州郡志作「綏雲」。

〔一七〕麻應長　「麻應」南齊書州郡志作「麻雅」。

〔一八〕西河陽太守　各本並脫「陽」字，據南齊書州郡志補。按南齊書州郡志，西河陽郡，領比蘇、建安、成昌三縣。與此領縣並同。

永初郡國又有西阿領楪楡遂段新豐三縣　「西阿」各本並作「西河陽」，據南齊書州郡志改。按南齊志，西阿郡領楪楡、新豐、遂段三縣，與此領縣並同。

〔二〇〕領縣五疑　按此云領縣五，而下祇四縣。成孺宋書州郡志校勘記云：「南齊志雲南郡東古復、西古復、雲平下有邪龍，卽晉志雲南郡之邪龍。疑宋志本有邪龍，而傳寫者失之。」邪龍，漢志屬益州郡，續漢志屬永昌郡，晉志屬雲南郡。疑「西姑復長」一行後奪：「邪龍□，漢舊縣，屬益州郡，後漢屬永昌，晉太康地志屬雲南」二行。

〔二一〕梇棟令　「梇棟」續漢書郡國志、廣韻同。漢書地理志、華陽國志、南齊書州郡志、水經若水注作「弄棟」。

〔二二〕漢舊　據志例，疑「漢舊」下脫「縣」字。

〔二三〕西安令　「西安」南齊書州郡志作「西中」。

〔二四〕騰休長　「騰休」漢書地理志、續漢書郡國志、華陽國志、南齊書州郡志、水經溫水注作「勝休」。晉書地理志作「滕休」。

〔二五〕毋椶令　「毋椶」各本並作「毋掇」，據漢書地理志、水經溫水注改。續漢書郡國志、華陽國志、晉書地理志、舊本南齊書州郡志亦並作毋掇。漢書顏師古注曰：「椶音之悅反。其字從木。」錢大昕廿二史考異云：「說文，椶，從木，此從手誤。前志亦作椶。」

〔二六〕領郡十七　王鳴盛十七史商榷云：「廣州刺史領郡十七，而今數之，實十八，多一郡。」

〔二七〕二漢皆作傅字　洪頤煊諸史考異云：「今本漢書地理志、續漢書郡國志皆作博羅，無作傅字者。」

〔二八〕龍川令舊縣　成孺宋書州郡志校勘記云：「疑舊上脫漢字。」按漢書地理志、續漢書郡國志並有此縣。

〔二九〕遂成令　「遂成」隋書地理志同。南齊書州郡志、元和郡縣志作「遂城」。

〔三〇〕何志無復龍鄉縣　各本並脫「無」字，據成校補。成孺宋書州郡志校勘記云：「據下文元嘉二十年，以龍鄉併端溪，疑何志下脫『無』字。」

〔三一〕甘東令　「甘東」南齊書州郡志作「甘泉」。

〔三二〕何徐志無雷鄉員鄉　「何徐志」各本並作「何志徐」，據孫虨說改。孫虨宋書考論云：「當云何、徐志。」

〔三三〕今領縣七疑　按此云領縣七，而下祇六縣，故校者注云疑。永平太守序中有熙平，疑卽南齊書州郡志中之毗平。此所闕一縣，或卽熙平。

〔三四〕歸代令　「歸代」南齊書州郡志作「歸化」。

〔三五〕分鬱林　孫虨宋書考論云：「鬱林下脫『立』字。」

〔三六〕中溜令　「中溜」續漢書郡國志同。漢書地理志、南齊書州郡志、水經溫水注作「中留」。顏師古

曰：「留音力救反。水名。」

〔三七〕立桂林之洋平縣疑是　各本並脫「平」字，據晉書地理志補。

〔三八〕漢獻帝建安二十三年　「二十三年」續漢書郡國志作「二十五年」。按建安二十五年，卽魏黃初元年。

〔三九〕何志故司鹽都尉　「司鹽都尉」各本並作「司監都尉」。張森楷校勘記云：「司監都尉官不經見，疑是司鹽都尉之誤。」按張校是。通典職官典晉官品有司鹽都尉。今訂正。

〔四〇〕安懷令　「安懷」南齊書州郡志作「懷安」。

〔四一〕逐度令　「逐度」南齊書州郡志作「遂度」。

〔四二〕何徐又有新招縣　各本並脫「有」字，據孫虨說補。孫虨宋書考論云：「『又』下當有『有』字。」

〔四三〕今領縣七疑　按此云領縣七，而下祇有六縣，故校者注云疑。南齊書州郡志綏建郡領縣尙有化注縣，疑宋志奪化注。

〔四四〕分合浦立爲合浦北部尉　成孺宋書州郡志校勘記云：「尉上疑脫都字。」

〔四五〕樂昌郡　王鳴盛十七史商榷云：「凡各州所領之郡，皆書某太守，不言郡。獨此樂昌郡不言太守，未詳。」

〔四六〕十六年　劉昭續漢書郡國志注、晉書地理志並作「十五年」。

〔四七〕領郡八　王鳴盛十七史商榷云：「交州刺史領郡八，而今數之祇七郡，少一郡。」按脫去新昌郡，見校勘記第五〇條。

〔四八〕定安令　「定安」續漢書郡國志同。漢書地理志、水經葉榆水注、晉書地理志作「安定」。

〔四九〕贏𨻻令　「贏𨻻」，漢書地理志、南齊書州郡志、水經葉榆水注作「羸𨻻」。續漢書郡國志作「羸𨻻」。晉書地理志、元和郡縣志、廣韻作「羸𨻻」。孟康曰：「羸音連。」按本字當作「羸𨻻」，此蓋借羸爲贏，省𨻻作𨻻。

〔五〇〕去州水二百一十陸下闕　「陸」字下三朝本蓋脫去一葉。孫彪宋書考論云：「據南齊志，吳定、新道、晉化三縣，並屬新昌郡，而武平郡自領武定、封溪、平道、武興、根寧、南移六縣。此上云交州領郡八，今數之祇七郡，蓋卽脫去新昌一郡。」按孫彪之說極是。晉書地理志武平郡統縣七，武寧、武興、進山、根寧、安吳、扶安、封溪。南齊書州郡志武平郡領武定、封溪、平道、武興、根寧、南移六縣。宋志武平太守領縣六，蓋卽南齊志之武平郡六縣。通鑑梁武帝大同十一年胡三省注云：「沈約志，吳孫晧建衡三年，分交阯立新興郡，並立嘉寧縣。晉武帝太康三年，更郡曰新昌。」此卽宋志此葉脫去之佚文。又據晉書地理志，新昌郡統縣六，麊泠、嘉寧、吳定、封山、臨西、西道。南齊書州郡志，新昌郡領范信、嘉寧、封山、西道、臨西、吳定、新道、晉化八縣。疑宋志新昌郡領縣數當與南齊志相接近。

〔五一〕今領縣十一　孫彪宋書考論云：「疑祇領十縣。」按此云領縣十一，而下祇有十縣，故孫彪疑之。

〔五二〕都龐長　「都龐」晉書地理志、南齊書州郡志作「吉龐」。

〔五三〕西卷令　「西卷」續漢書郡國志、晉書地理志同。漢書地理志、南齊書州郡志作「西捲」。

〔五四〕北景長　「北景」漢書地理志、續漢書郡國志、晉書地理志、南齊書州郡志、水經溫水注、隋書地理志並作「比景」。水經溫水注云：「比景縣，日中頭上，影當身下，與影爲比。如淳曰：『故以比影名縣。』闞駰曰：『比讀蔭庇之庇。影在己下，言爲身所庇也。』」舊唐書地理志作「北景」。吳仁傑考古編云：「舊唐志景州北景縣，晉將灌邃破林邑，五月五日，卽其地立表，表在北，日景在南，故郡名日南，縣名北景。」全祖望云：「斗南以『比景』爲『北景』，豈所見前後漢志有別本歟？宋書州郡志亦作『北景』，後來傳習成譌，立爲異義耳。」熊會貞云：「按文選吳都賦注，漢武帝置北景縣。後漢紀，梁冀更封北景都鄉侯。乃兩漢又作『北景』之據。」

〔五五〕𢤱蘇太守　「𢤱蘇」南齊書州郡志作「龍蘇」，越州序下又作「𪔵蘇」。

〔五六〕臨漳太守　「臨漳」南齊書州郡志、通鑑同。通鑑宋泰始七年胡三省注云：「沈約宋志作臨障。宋白續通典作臨瘴，以臨界內瘴江爲名。瘴江一名合浦江。」

宋書卷三十九

志第二十九

百官上

太宰，一人。周武王時，周公旦始居之，掌邦治，爲六卿之首。秦、漢、魏不常置。晉初依周禮，備置三公。三公之職，太師居首，景帝名師，故置太宰以代之。太宰，蓋古之太師也。殷紂之時，箕子爲太師。周武王時，太公爲太師。周成王時，周公爲太師。周公薨，畢公代之。漢西京初不置，平帝始復置太師官，而孔光居焉。漢東京又廢。獻帝初，董卓爲太師，卓誅又廢。魏世不置。晉旣因太師而置太宰，以安平王孚居焉。

太傅，一人。周成王時，畢公爲太傅。漢高后元年，初用王陵。

太保，一人。殷太甲時，伊尹爲太保。周武王時，召公爲太保。漢平帝元始元年，始用王舜。後漢至魏不置，晉初復置焉。自太師至太保，是爲三公。論道經邦，燮理陰陽，無其

人則闕，所以訓護人主，導以德義者。

相國，一人。漢高帝十一年始置，以蕭何居之，罷丞相；何薨，曹參代之；參薨，罷。魏齊王以晉景帝爲相國。晉惠帝時趙王倫，愍帝時南陽王保，安帝時宋高祖，順帝時齊王，並爲相國。自魏、晉以來，非復人臣之位矣。

丞相，一人。殷湯以伊尹爲右相，仲虺爲左相。秦悼武王二年，始置丞相官。丞，奉。相，助也。悼武王子昭襄王始以樗里疾爲丞相，後又置左右丞相。漢高帝初，置一丞相，十一年，更名相國。孝惠、高后置左右丞相，文帝二年，復置一丞相。哀帝元壽二年，更名大司徒。漢東京不復置。至獻帝建安十三年，復置丞相，魏世及晉初又廢。惠帝世，趙王倫篡位，以梁王肜爲丞相。永興元年，以成都王穎爲丞相。愍帝建興元年，以琅邪王睿爲左丞相，南陽王保爲右丞相；三年，以保爲相國，睿爲丞相。元帝永昌元年，以王敦爲丞相，轉司徒荀組爲太尉，以司徒官屬幷丞相爲留府，敦不受。成帝世，以王導爲丞相，罷司徒府以爲丞相府，導薨，罷丞相，復爲司徒府。宋世祖初，以南郡王義宣爲丞相，而司徒府如故。

太尉，一人。自上安下曰尉。掌兵事，郊祀掌亞獻，大喪則告謚南郊。堯时舜爲太尉官，漢因之。武帝建元二年省。光武建武二十七年，罷大司馬，置太尉以代之。靈帝末，以劉虞爲大司馬，而太尉如故。

司徒，一人。掌民事，郊祀掌省牲視濯，大喪安梓宮。少昊氏以鳥名官，而祝鳩氏爲司徒。堯時舜爲司徒。舜攝帝位，命契爲司徒。契玄孫之孫曰微，亦爲夏司徒。周時司徒爲地官，掌邦教。漢西京初不置。哀帝元壽二年，罷丞相，置大司徒。光武建武二十七年，去大。

司空，一人。掌水土事，郊祀掌掃除陳樂器，大喪掌將校復土。舜攝帝位，以禹爲司空。契玄孫之子曰冥，〔一〕亦爲夏司空。殷湯以咎單爲司空。周時司空爲冬官，掌邦事。漢西京初不置。成帝綏和元年，更名御史大夫爲大司空；哀帝建平二年，復爲御史大夫；元壽二年，復爲大司空；光武建武二十七年去大字。獻帝建安十三年，又罷司空，置御史大夫。御史大夫郗慮免，不復補。魏初又置司空。

大司馬，一人。掌武事。司，主也。馬，武也。堯時棄爲后稷，兼掌司馬。周時司馬爲夏官，掌邦政。項籍以曹無咎、周殷並爲大司馬。〔二〕漢初不置。武帝元狩四年，初置大司馬。始直云司馬，議者以漢有軍候千人司馬官，故加大。及置司空，又以縣道官有獄司空，又加大。王莽居攝，以漢無小司徒，而定司馬、司徒、司空之號並加大。光武建武二十七年，省大司馬，以太尉代之。魏文帝黃初二年，復置大司馬，以曹仁居之，而太尉如故。

大將軍，一人。凡將軍皆掌征伐。周制，王立六軍。晉獻公作二軍，公將上軍。將軍

之名，起於此也。楚懷王遣三將入關，宋義爲上將。漢高帝以韓信爲大將軍。漢西京以大司馬冠之。漢東京大將軍自爲官，位在三司上。魏明帝青龍三年，晉宣帝自大將軍爲太尉，然則大將軍在三司下矣。其後又在三司上。晉景帝爲大將軍，而景帝叔父孚爲太尉，奏改大將軍在太尉下，後還復舊。

晉武帝踐阼，安平王孚爲太宰，鄭沖爲太傅，王祥爲太保，義陽王望爲太尉，何曾爲司徒，荀顗爲司空，石苞爲大司馬，〔三〕陳騫爲大將軍，凡八公同時並置，唯無丞相焉。

有蒼頭字宜祿。至漢，丞相府每有所關白，到閤輒傳呼「宜祿」，以此爲常。

丞相置三長史。丞相有疾，御史大夫率百僚三旦問起居，及瘳，詔遣尚書令若光祿大夫賜養牛，上尊酒。漢景帝三公病，遣中黃門問病。魏、晉則黃門郎，尤重者或侍中也。魏武爲丞相以來，置左右二長史而已。漢東京太傅府置掾、屬十人，御屬一人，令史十二人，不知皆何曹也。自太尉至大將軍、驃騎、車騎、衞將軍，皆有長史一人，將軍又各置司馬一人，太傅不置長史也。〔四〕

太尉府置掾、屬二十四人，西曹主府吏署用事，東曹主二千石長吏遷除事，戶曹主民戶祠祀農桑事，奏曹主奏議事，辭曹主辭訟事，法曹主郵驛科程事，尉曹主卒徒轉運事，賊曹主盜賊事，決曹主罪法事，兵曹主兵事，金曹主貨幣鹽鐵事，倉曹主倉穀事，黃閤主簿省錄

衆事。御屬一人，令史二十二人。御屬主爲公御，令史則有閤下、記室、門下令史，其餘史闕。案掾、屬二十四人，自東西曹凡十二曹，然則曹各置掾、屬一人，合二十四人也。

司徒置掾、屬三十一人，御屬一人，令史三十五人。司空置掾二十九人，御屬一人，令史三十一人。司空別有道橋掾。其餘張減之號，史闕不可得知也。

漢東京大將軍、驃騎將軍從事中郎二人，掾、屬二十九人，御屬一人，令史三十人。騎、衞將軍從事中郎二人，掾、屬二十人，御屬一人，令史二十四人。兵曹掾史主兵事，稟假掾史主稟假，又置外刺姦主罪法。其領兵外討，則營有五部，部有校尉一人，軍司馬一人；部下有曲，曲有軍候一人；曲下有屯，屯有屯長一人。若不置校尉，則部但有軍司馬一人。又有軍假司馬、軍假候，其別營者則爲別部司馬。其餘將軍置以征伐者，府無員職，亦有部曲司馬、軍候以領兵焉。案大將軍以下掾屬與三府張減，史闕不可得知。置令史、御屬者，則是同三府也。其云掾史者，則是有掾而無屬，又無令史、御屬，不同三府也。

魏初公府職僚，史不備書。及晉景帝爲大將軍，置掾十人，西曹、東曹、戶曹、倉曹、賊曹、金曹、水曹、兵曹、騎兵各一人，則無屬矣。魏元帝咸熙中，晉文帝爲相國，相國府置中衞將軍、驍騎將軍、左右長史、司馬、從事中郎四人，主簿四人，舍人十九人，參軍二十二人，參戰十一人，掾、屬三十三人。東曹掾、屬各一人，西曹屬一人，戶曹掾一人，屬二人，賊曹

掾一人，屬二人，金曹掾、屬各一人，兵曹掾、屬各一人，騎兵掾二人，屬一人，車曹掾、屬各一人，鎧曹掾、屬各一人，水曹掾、屬各一人，集曹掾、屬各一人，法曹掾、屬各一人，奏曹掾、屬各一人，倉曹屬二人，戎曹屬一人，馬曹屬一人，媒曹屬一人，合爲三十三人。散屬九人，凡四十二人。

晉初凡位從公以上，置長史、西閤、東閤祭酒、西曹、東曹掾、戶曹、倉曹、賊曹屬各一人；加兵者又置司馬、從事中郎、主簿、記室督各一人，舍人四人；爲持節都督者，置參軍六人。安平獻王孚爲太宰，增掾、屬爲十人，兵、鎧、士、營軍、刺姦五曹皆置屬，并前爲十人也。楊駿爲太傅，增祭酒爲四人，掾、屬爲二十人，兵曹分爲左、右、法、金、田、集、水、戎、車、馬十曹，皆置屬，則爲二十人。趙王倫爲相國，置左右長史、司馬、從事中郎四人，參軍二十人，主簿、記室督、祭酒各四人，掾、屬四十人。東西曹又置屬，〔五〕其餘十八曹皆置掾，則四十人矣。凡諸曹皆置御屬、令史、學幹，御屬職錄事也。

江左以來，諸公置長史、倉曹掾、戶曹屬、東西閤祭酒各一人，主簿、舍人二人，御屬二人，令史無定員。領兵者置司馬一人，從事中郎二人，參軍無定員；加崇者置左右長史、司馬、從事中郎四人，掾、屬四人，則倉曹增置屬，戶曹置掾，江左加崇，極於此也。

長史、司馬、舍人，秦官。從事中郎、掾、屬、主簿、令史，前漢官，陳湯爲大將軍王鳳從

事中郎是也。御屬、參軍，後漢官，孫堅爲車騎參軍事是也。本於府主無敬，晉世太原孫楚爲大司馬石苞參軍，輕慢苞，始制施敬。祭酒，晉官也，漢吳王濞爲劉氏祭酒。夫祭祀以酒爲本，長者主之，故以祭酒爲稱。漢之侍中、魏之散騎常侍高功者，並爲祭酒焉。公府祭酒，蓋因其名也。長史、從事中郎主吏，司馬主將，主簿、祭酒、舍人主閤內事，參軍、掾、屬、令史主諸曹事。司徒若無公，唯省舍人，其府常置，其職僚異於餘府。有左右長史、左西曹掾、屬各一人，餘則同矣。餘府有公則置，無則省。晉元帝爲鎮東大將軍及丞相，置從事中郎，無定員，分掌諸曹，有錄事中郎、度支中郎、三兵中郎。其參軍則有諮議參軍二人，主諷議事，晉江左初置，因軍諮祭酒也，宋高祖爲相，止置諮議參軍，〔六〕無定員。今諸曹則有錄事、記室、戶曹、倉曹、中直兵、外兵、騎兵、長流賊曹、刑獄賊曹、城局賊曹、法曹、田曹、水曹、鎧曹、車曹、士曹、集、右戶、墨曹，凡十八曹參軍。〔七〕參軍不署曹者，無定員。江左初，晉元帝鎮東丞相府有錄事、記室、東曹、西曹、度支、戶曹、法曹、金曹、倉曹、理曹、中兵、外兵、騎兵、典兵、兵曹、賊曹、運曹、禁防、典賓、鎧曹、田曹、士曹、騎士、車曹參軍。其東曹、西曹、度支、金曹、理曹、典兵、兵曹、賊曹、運曹、禁防、典賓、騎士、車曹凡十三曹，〔八〕今闕所餘十二曹也。其後又有直兵、長流、刑獄、城局、水曹、右戶、墨曹七曹。高祖爲相，合中兵、直兵置一參軍，曹則猶二也。今小府不置長流參軍者，置禁防參軍。蜀丞相諸葛亮

府有行參軍，晉太傅司馬越府又有行參軍、兼行參軍，後漸加長兼字。除拜則爲參軍事，府板則爲行參軍。晉末以來，參軍事、行參軍又各有除板。板行參軍下則長兼行參軍。〔九〕參軍督護，江左置，本皆領營，有部曲，今則無矣。公府長史、司馬，秩千石；從事中郎，六百石；東西曹掾，四百石；他掾三百石；屬二百石。

特進，前漢世所置，前後二漢及魏、晉以爲加官，從本官車服，無吏卒。晉惠帝元康中定位令在諸公下，驃騎將軍上。

驃騎將軍，一人。漢武帝元狩二年，始用霍去病爲驃騎將軍。漢西京制，大將軍、驃騎將軍位次丞相。

車騎將軍，一人。漢文帝元年，始用薄昭爲車騎將軍。魚豢曰：「魏世車騎爲都督，儀與四征同。若不爲都督，雖持節屬四征者，與前後左右雜號將軍同。其或散還從文官之例，則位次三司。」晉、宋車騎、衞不復爲四征所督也。

衞將軍，一人。漢文帝元年，始用宋昌爲衞將軍。三號位亞三司。漢章帝建初三年，始使車騎將軍馬防班同三司。班同三司自此始也。漢末奮威將軍，晉江右伏波、輔國將軍，並加大而儀同三司。江左以來，將軍則中、鎮、撫、四鎮以上或加大，餘官則左右光祿大夫以上並得儀同三司，自此以下不得也。

持節都督，無定員。前漢遣使，始有持節。光武建武初，征伐四方，始權時置督軍御史，事竟罷。建安中，魏武帝爲相，始遣大將軍督軍。二十一年，征孫權還，夏侯惇督二十六軍是也。魏文帝黃初二年，始置都督諸州軍事，或領刺史。三年，上軍大將軍曹眞都督中外諸軍事，假黃鉞，則總統外內諸軍矣。明帝太和四年，晉宣帝征蜀，加號大都督。高貴公正元二年，晉文帝都督中外諸軍，尋加大都督。晉世則都督諸軍爲上，監諸軍次之，督諸軍爲下。使持節爲上，持節次之，假節爲下。使持節得殺二千石以下；持節殺無官位人，若軍事得與使持節同；假節唯軍事得殺犯軍令者。晉江左以來，都督中外尤重，唯王導居之。宋氏人臣則無也。江夏王義恭假黃鉞。假黃鉞，則專戮節將，非人臣常器矣。

征東將軍，一人。漢獻帝初平三年，馬騰居之。征南將軍，一人。漢光武建武中，岑彭居之。征西將軍，一人。漢光武建武中，馮異居之。征北將軍，一人。魚豢曰：「四征，魏武帝置，秩二千石。〔一〇〕黃初中，位次三公。漢舊諸征與偏裨雜號同。」

鎮東將軍，一人。後漢末，魏武帝居之。鎮南將軍，一人。後漢末，劉表居之。鎮西將軍，一人。後漢初平三年，韓遂居之。鎮北將軍，一人。

中軍將軍，一人。漢武帝以公孫敖爲之，時爲雜號。鎮軍將軍，一人。魏以陳羣爲之。撫軍將軍，一人。魏以司馬宣王爲之。中、鎮、撫三號比四鎮。

安東將軍，一人。後漢末，陶謙爲之。安南將軍，一人。安西將軍，一人。後漢末，段煨爲之。安北將軍，一人。魚豢曰：「鎮北、四安，魏黃初、太和中置。」平東將軍，一人。平南將軍，一人。平西將軍，一人。平北將軍，一人。四平，魏世置。左將軍。右將軍。前將軍。後將軍。左將軍以下，周末官，秦、漢並因之，光武建武七年省，魏以來復置。

征虜將軍，漢光武建武中，始以祭遵居之。冠軍將軍，楚懷王以宋義爲卿子冠軍。冠軍之名，自此始也。魏正始中，以文欽爲冠軍將軍、揚州刺史。輔國將軍，漢獻帝以伏完居之。宋太宗泰始四年，改爲輔師，後廢帝元徽二年復故。龍驤將軍，晉武帝始以王濬居之。〔一一〕

東中郎將，漢靈帝以董卓居之。南中郎將，漢獻帝建安中，以臨淄侯曹植居之。西中郎將。北中郎將，漢建安中，以鄢陵侯曹彰居之。凡四中郎將，何承天云，並後漢置。

建威將軍，漢光武建武中，以耿弇爲建威大將軍。〔一二〕振威將軍，後漢初，宋登爲之。奮威將軍，前漢世，任千秋爲之。揚威將軍，魏置。廣威將軍，魏置。建武將軍，魏置。振武將軍，前漢末，王況爲之。奮武將軍，後漢末，呂布爲之。揚武將軍，光武建武中，以馬成爲之。廣武將軍，晉江左置。

鷹揚將軍，漢建安中，魏武以曹洪居之。折衝將軍，漢建安中，魏武以樂進居之。輕車將軍，漢武帝以公孫賀爲之。揚烈將軍，建安中，以假公孫淵。寧遠將軍，晉江左置。材官將軍，漢武帝以李息爲之。伏波將軍，漢武帝征南越，始置此號，以路博德爲之。

凌江將軍，魏置。自凌江以下，則有宣威、明威、驤威、厲威、威厲、威寇、威虜、威戎、威武、武烈、武毅、武奮、綏遠、綏邊、綏戎、討寇、討虜、討難、討夷、蕩寇、蕩虜、蕩難、蕩逆、殄寇、殄虜、殄難、掃夷、掃寇、掃虜、掃難、掃逆、厲武、厲鋒、虎威、虎牙、廣野、橫野、偏將軍、裨將軍，凡四十號。其威虜，漢光武以馮俊居之。[一三]虎牙，以蓋延居之，爲虎牙大將軍。橫野，以耿純居之。蕩寇，漢建安中，滿寵居之。虎威，于禁居之。其餘或是後漢及魏所置，今則或置或不。自左右前後將軍以下至此四十號，唯四中郎將各一人，餘皆無定員。自車騎以下爲刺史又都督及儀同三司者，置官如領兵，但云都督不儀同三司者，不置從事中郎，置功曹一人，主吏，在主簿上，漢末官也。漢東京司隸有功曹從事史，如諸州治中，因其名也。功曹參軍一人，主佐□□記室下，戶曹上。監以下不置諮議、記室，餘則同矣。宋太宗已來，皇子、皇弟雖非都督，亦置記室參軍。小號將軍爲大郡邊守置佐吏者，又置長史，餘則同也。

太常，一人。舜攝帝位，命伯夷作秩宗，掌三禮，即其任也。周時曰宗伯，是爲春官，掌邦禮。秦改曰奉常，漢因之。景帝中六年，更名曰太常。應劭曰：「欲令國家盛大常存，故稱太常。」前漢常以列侯忠孝敬慎者居之，後漢不必列侯也。

博士，班固云，秦官。史臣案，六國時往往有博士，掌通古今。漢武建元五年，初置五經博士。宣、成之世，五經家法稍增，經置博士一人。至東京凡十四人。易，施、孟、梁丘、京氏；尚書，歐陽、大小夏侯；詩，齊、魯、韓；禮，大小戴；春秋，嚴、顏。各一博士。而聰明有威重者一人爲祭酒。魏及晉西朝置十九人，江左初減爲九人，皆不知掌何經。元帝末，增儀禮、春秋公羊博士各一人，合爲十一人。後又增爲十六人，不復分掌五經，而謂之太學博士也。秩六百石。

國子祭酒一人，國子博士二人，國子助教十人。周易、尚書、毛詩、禮記、周官、儀禮、春秋左氏傳、公羊、穀梁各爲一經，論語、孝經爲一經，合十經。助教分掌。國子，周舊名，周有師氏之職，卽今國子祭酒也。晉初復置國子學，以教生徒，而隸屬太學焉。晉初助教十五人，江左以來，損其員。自宋世若不置學，則助教唯置一人，而祭酒、博士常置也。

太廟令，一人。丞一人。並前漢置。西京曰長，東京曰令。領齋郎二十四人。

明堂令，一人。丞一人。丞，漢東京初置，令，宋世祖大明中置。

太祝令，一人。丞一人。掌祭祀讀祝迎送神。太祝，周舊官也。漢西京置太祝令、丞，武帝太初元年，更名曰廟祀。漢東京改曰太祝。

太史令，一人。丞一人。掌三辰時日祥瑞妖災，歲終則奏新曆。太史，三代舊官，周世掌建邦之六典，正歲年，以序事頒朔于邦國。又有馮相氏，掌天文次序；保章氏，掌天文。今之太史，則并周之太史、馮相、保章三職也。漢西京曰太史令。漢東京有二丞，其一在靈臺。

太樂令，一人。丞一人。掌凡諸樂事。周時爲大司樂。漢西京曰太樂令。漢東京曰大予樂令。魏復爲太樂令。

陵令，每陵各一人。漢舊官也。

乘黃令，一人。掌乘輿車及安車諸馬。魏世置。自博士至乘黃令，並屬太常。

光祿勳，一人。丞一人。光，明也。祿，爵也。勳，功也。秦曰郎中令，漢因之。漢武太初元年，更名光祿勳。掌三署郎，郎執戟衞宮殿門戶。光祿勳居禁中如御史，有獄在殿門外，謂之光祿外部。光祿勳郊祀掌三獻。魏、晉以來，光祿勳不復居禁中，又無復三署郎，唯外宮朝會，則以名到焉。[一四]二臺奏劾，則符光祿加禁止，解禁止亦如之。禁止，身不得入殿省，光祿主殿門故也。宮殿門戶，至今猶屬。晉哀帝興寧二年，省光祿勳，并司徒。

孝武寧康元年，復置。漢東京三署郎有行應四科者，歲舉茂才二人，四行二人，及三署郎罷省，光祿勳猶依舊舉四行，衣冠子弟充之。三署者，五官署、左署、右署也，各置中郎將以司之。郡舉孝廉以補三署郎，年五十以上，屬五官，其次分在左右署。凡有中郎、議郎、侍郎、郎中四等，無員，多至萬人。

左光祿大夫，右光祿大夫。二大夫，晉初置。光祿大夫，秦時爲中大夫，漢武太初元年，更名光祿大夫。晉初又置左右光祿大夫，而光祿大夫如故。光祿大夫銀章青綬，其重者加金章紫綬，則謂之金紫光祿大夫。舊秩比二千石。

中散大夫，王莽所置，後漢因之。前漢大夫皆無員，掌論議。後漢光祿大夫三人，中大夫二十人，中散大夫三十人。魏以來復無員。自左光祿大夫以下，養老疾，無職事。中散，六百石。

衞尉，一人。丞二人。掌宮門屯兵，秦官也。漢景初，改爲中大夫令。後元年，復爲衞尉。晉江右掌冶鑄，領冶令三十九，戶五千三百五十。冶皆在江北，而江南唯有梅根及冶塘二冶，皆屬揚州，不屬衞尉。衞尉，江左不置，宋世祖孝建元年復置。舊一丞，世祖增置一丞。

廷尉，一人。丞一人。掌刑辟。凡獄必質之朝廷，與衆共之之義。兵獄同制，故曰廷尉。舜攝帝位，咎繇作士，卽其任也。周時大司寇爲秋官，掌邦刑。秦爲廷尉。漢景帝中六年，更名大理。武帝建元四年，復爲廷尉。哀帝元壽二年，復爲大理。漢東京初，復爲廷尉。

廷尉正，一人。廷尉監，一人。正、監並秦官。本有左右監，漢光武省右，猶云左監；魏、晉以來，直云監。廷尉評，一人。漢宣帝地節三年，初置左右評。漢光武省右，猶云左評。魏、晉以來，直云評。正、監、評並以下官禮敬廷尉卿。正、監秩千石，評六百石。廷尉律博士，一人。魏武初建魏國置。

大司農，一人。丞一人。掌九穀六畜之供膳羞者。舜攝帝位，命棄爲后稷，卽其任也。周則爲太府，秦治粟內史，漢景帝後元年，更名大農令，武帝太初元年，更名曰大司農。晉哀帝末，省幷都水，孝武世復置。漢世丞二人，魏以來一人。

太倉令，一人。丞一人。秦官也。晉江左以來，又有東倉、石頭倉丞各一人。

㯼官令，一人。丞一人。掌舂御米。漢東京置。㯼，擇也。擇米令精也。司馬相如封禪書云，㯼一莖六穗於庖。

籍田令，一人。丞一人。掌耕宗廟社稷之田，於周爲甸師。漢文帝初立籍田，置令、丞各一人。漢東京及魏並不置。晉武泰始十年復置。江左省。宋太祖元嘉中又置。自太倉

至籍田令，並屬司農。

少府，一人。丞一人。掌中服御之物。秦官也，漢因之。掌禁錢以給私養，故曰少府。晉哀帝末，省幷丹陽尹。孝武世復置。

左尚方令、丞各一人。右尚方令、丞各一人。並掌造軍器。秦官也，漢因之。於周則爲玉府。晉江右有中尚方、左尚方、右尚方，江左以來，唯一尚方。宋高祖踐阼，以相府作部配臺，〔一五〕謂之左尚方，而本署謂之右尚方焉。又以相府細作配臺，卽其名置令一人，丞二人，隸門下。世祖大明中，改曰御府，置令一人，丞一人。御府，二漢世典官婢作褻衣服補浣之事，魏、晉猶置其職，江左乃省焉。後廢帝初，省御府，置中署，隸右尚方。漢東京太僕屬官有考工令，主兵器弓弩刀鎧之屬，成則傳執金吾入武庫，及主織綬諸雜工。〔一六〕尚方令唯主作御刀綬劍諸玩好器物而已。然則考工令如今尚方，尚方令如今中署矣。

東冶令，一人。丞一人。南冶令，一人。丞一人。漢有鐵官，晉置令，掌工徒鼓鑄，隸衞尉。江左以來，省衞尉，度隸少府。宋世雖置衞尉，冶隸少府如故。江南諸郡縣有鐵者或置冶令，或置丞，多是吳所置。

平准令，一人。丞一人。掌染。秦官也，漢因之。漢隸司農，不知何世隸少府。宋順帝卽位，避帝諱，改曰染署。

將作大匠，一人。丞一人。掌土木之役。秦世置將作少府，漢因之。景帝中六年，更名將作大匠。光武建武中元二年省，〔一七〕以謁者領之。章帝建初元年復置。晉氏以來，有事則置，無則省。

大鴻臚，掌贊導拜授諸王。秦世爲典客，漢景帝中六年，更名大行令，武帝太初元年，更名大鴻臚。鴻，大也。臚，陳也。晉江左初省。有事則權置，事畢卽省。

太僕，掌輿馬。周穆王所置，秦因之。周官則校人掌馬，巾車掌車，及置太僕，兼其任也。晉江左或置或省，宋以來不置。郊祀則權置太僕執轡，事畢卽省。

太后三卿，各一人。應氏漢官曰：「衞尉、少府，秦官；太僕，漢成帝置。皆隨太后宮爲號，在正卿上，無太后乃闕。」魏改漢制，在九卿下。晉復舊，在同號卿上。

大長秋，皇后卿也。有后則置，無則省。秦時爲將行，漢景帝中六年，更名大長秋。韋曜曰：「長秋者，以皇后陰官，秋者陰之始，取其終而長，欲其久也。」自太常至長秋，皆置功曹、主簿、五官。漢東京諸郡有五官掾，因其名也。漢制卿尹秩皆中二千石，丞一千石。

尚書，古官也。舜攝帝位，命龍作納言，卽其任也。周官司會，鄭玄云，若今尚書矣。秦世少府遣吏四人在殿中主發書，故謂之尚書。尚猶主也。漢初有尚冠、尚衣、尚食、尚

浴、尚席、尚書，謂之六尚。戰國時已有尚冠、尚衣之屬矣。秦時有尚書令、尚書僕射、尚書丞。至漢初並隸少府，漢東京猶文屬焉。古者重武官，以善射者掌事，故曰僕射。僕射者，僕役於射事也。秦世有左右曹諸吏，官無職事，將軍大夫以下皆得加此官。漢武帝世，使左右曹諸吏分平尚書奏事。〔一八〕昭帝卽位，霍光領尚書事；成帝初，王鳳錄尚書事。漢東京每帝卽位，輒置太傅，錄尚書事，薨輒省。晉康帝世，何充讓錄表曰：「咸康中，分置三錄，王導錄其一，荀崧、陸曄各錄六條事。」然則似有二十四條，若止有十二條，則荀、陸各錄六條，導又何所司乎？若導總錄，荀、陸分掌，則不得復云導錄其一也。其後每置二錄，輒云各掌六條事，又是止有十二條也。十二條者，不知悉何條。晉江右有四錄，則四人參錄也。江右張華、江左庾亮並經關尚書七條，則亦不知皆何事也。後何充解錄，又參關尚書。錄尚書職無不總，王肅注尚書「納于大麓」曰：「堯納舜於尊顯之官，使大錄萬機之政也。」〔一九〕凡重號將軍刺史，皆得命曹授用，唯不得施除及加節。宋世祖孝建中，不欲威權外假，省錄。大明末復置。此後或置或省。漢獻帝建安四年，以執金吾滎部爲尚書左僕射，衞臻爲右僕射。二僕射分置，自此始也。漢成帝建始四年，初置尚書，員四人，增丞亦爲四人。曹尚書其一曰常侍曹，主公卿事；其二曰二千石曹，主郡國二千石事；其三曰民曹，主吏民上書事；其四曰客曹，主外國夷狄事。光武分二千石曹爲二，又分客曹爲南主客曹、北主客曹，改常

侍曹爲吏曹，凡六尚書。減二丞，唯置左右二丞而已。應劭漢官云：「尚書令、左丞，總領綱紀，無所不統。僕射、右丞，掌稟假錢穀。三公尚書二人，掌天下歲盡集課；吏曹掌選舉、齋祠；二千石曹掌水、火、盜賊、詞訟、罪法；客曹掌羌、胡朝會，法駕出，護駕；民曹掌繕治、功作、鹽池、苑囿。吏曹任要，多得超遷。」則漢末曹名及職司又與光武時異也。魏世有吏部、左民、客曹、五兵、度支五曹尚書。晉初有吏部、三公、客曹、駕部、屯田、度支六曹尚書。武帝咸寧二年，省駕部尚書，四年又置。太康中，有吏部、殿中、五兵、田曹、度支、左民六尚書。惠帝世，又有右民尚書。尚書止於六曹，不知此時省何曹也。江左則有祠部、吏部、左民、度支、五兵，合爲五曹尚書。宋高祖初，又增都官尚書。若有右僕射，則不置祠部尚書。世祖大明二年，置二吏部尚書，而省五兵尚書，〔二〇〕後還置一吏部尚書。順帝昇明元年，又置五兵尚書。

尚書令，任總機衡；僕射、尚書，分領諸曹。左僕射領殿中、主客二曹；吏部尚書領吏部、刪定、三公、比部四曹；祠部尚書領祠部、儀曹二曹；度支尚書領度支、金部、倉部、起部四曹；左民尚書領左民、駕部二曹；都官尚書領都官、水部、庫部、功論四曹；〔二一〕五兵尚書領中兵、外兵二曹。昔有騎兵、別兵、都兵，故謂之五兵也。五尚書、二僕射、一令，謂之八坐。若營宗廟宮室，則置起部尚書，事畢省。

漢成帝之置四尚書也，無置郎之文。漢儀，尚書郎四人，一人主匈奴單于營部，一人主羌夷吏民，一人主戶口墾田，一人主財帛委輸。匈奴單于，宣帝之世，保塞內附，成帝世，單于還北庭矣。一郎主匈奴單于營部，〔二二〕則置郎疑是光武時，所主匈奴，是南單于也。漢官云，置郎三十六人，不知是何帝增員。然則一尚書則領六郎也。主作文書，起立事草。初爲郎中，滿歲則爲侍郎。尚書寺居建禮門內。尚書郎入直，官供青縑白綾被，或以錦綵爲之。給帷帳、氈褥，通中枕，太官供食物，湯官供餅餌及五熟果實之屬，給尚書伯使一人，女侍二人，皆選端正妖麗，執香爐，護衣服，奏事明光殿。殿以胡粉塗壁，畫古賢烈士。以丹朱色地，謂之丹墀。尚書郎口含雞舌香，以其奏事答對，欲使氣息芬芳也。奏事則與黃門侍郎對揖。黃門侍郎稱已聞，乃出。天子所服五時衣以賜尚書令僕，而丞、郎月賜赤管大筆一雙，隃麋墨一丸。魏世有殿中、吏部、駕部、金部、虞曹、比部、南主客、祠部、度支、庫部、農部、水部、儀曹、三公、倉部、民曹、二千石、中兵、外兵、別兵、都兵、考功、定科，凡二十三郎。青龍二年有軍事，尚書令陳矯奏置都官、騎兵二曹郎，合爲二十五曹。晉西朝則直事、殿中、祠部、儀曹、吏部、三公、比部、金部、倉部、度支、都官、二千石、左民、右民、虞曹、屯田、起部、水部、左主客、右主客、駕部、車部、庫部、左中兵、右中兵、左外兵、右外兵、別兵、都兵、騎兵、左士、右士、北主客、南主客爲三十四曹郎；後又置運曹，凡三十五曹。晉江左初，無直事、右民、屯田、車部、別兵、都兵、騎兵、左士、右士、運曹十曹郎，而主客、中外兵各置一郎而已，所餘十七曹也。〔二三〕康、穆以來，又無虞曹、二千石二郎，猶有殿中、祠部、吏部、儀曹、三公、比部、金部、倉部、度支、都官、左民、起部、水部、主客、駕部、庫部、中兵、外兵十八曹郎。後又省主客、起部、水部，餘十五曹。宋高祖初，加置騎兵、主客、起部、水部四曹郎，合爲十九曹。太祖元嘉十年，又省儀曹、主客、比部、騎兵四曹郎。十一年，又並置。十八年，增刪定曹郎，次在左民曹上，蓋魏世之定科郎也。三十年，又置功論郎，次都官之下，在刪定之上。太宗世，省騎兵。今凡二十曹郎。以三公、比部主法制。度支主算。支，派也。度，景也。都官主軍事刑獄。其餘曹所掌，各如其名。

漢制，公卿御史中丞以下，遇尚書令、僕、丞、郎，皆辟車豫相回避，臺官過，乃得去。今尚書官上朝及下，禁斷行人，猶其制也。漢又制，丞、郎見尚書，呼曰明時。郎見二丞，呼曰左君、右君。

郎以下則有都令史、令史、書令史、書吏幹。漢東京尚書令史十八人，晉初正令史百二十人，書令史百三十人。自晉至今，或減或益，難以定言。漢儀有丞相令史。令史蓋前漢官也。晉西朝有尚書都令史朱誕，則都令史其來久矣。分曹所掌如尚書也。

晉西朝八坐丞郎，朝晡詣都坐朝，江左唯旦朝而已。八坐丞郎初拜，並集都坐，交禮。

遷，又解交。漢舊制也。今唯八坐解交，丞郎不復解交也。尚書令千石，僕射尚書六百石，丞郎四百石。

武庫令，一人。掌軍器。秦官。至二漢，屬執金吾。晉初罷執金吾，至今隸尚書庫部。

車府令，一人。丞一人。秦官也。二漢、魏、晉並隸太僕。太僕既省，隸尚書駕部。

上林令，一人。丞一人。漢西京上林中有八丞、十二尉、十池監。丞、尉屬水衡都尉。〔二四〕池監隸少府。漢東京曰上林苑令及丞各一人，隸少府。晉江左闕。宋世祖大明三年復置，隸尚書殿中曹及少府。

材官將軍，一人。司馬一人。主工匠土木之事。漢左右校令，其任也。魏右校又置材官校尉，主天下材木事。晉江左改材官校尉曰材官將軍，又罷左校令。今材官隸尚書起部及領軍。

侍中，四人。掌奏事，直侍左右，應對獻替。法駕出，則正直一人負璽陪乘。殿內門下衆事皆掌之。周公戒成王立政之篇所云「常伯」，卽其任也。侍中本秦丞相史也，使五人往來殿內東廂奏事，故謂之侍中。漢西京無員，多至數十人，入侍禁中，分掌乘輿服物，下至褻器虎子之屬。武帝世，孔安國爲侍中，以其儒者，特聽掌御唾壺，朝廷榮之。久次者爲僕

射。漢東京又屬少府，猶無員。掌侍左右，贊導衆事，顧問應答。法駕出，則多識者一人負傳國璽，操斬白蛇劍，參乘，餘皆騎，在乘輿車後。光武世，改僕射爲祭酒焉。漢世，與中官俱止禁中。武帝時，侍中莽何羅挾刃謀逆，由是侍中出禁外，有事乃入，事畢卽出。王莽秉政，侍中復入，與中官共止。章帝元和中，侍中郭舉與後宮通，拔佩刀驚御，舉伏誅，侍中由是復出外。魏、晉以來，置四人，別加官不主數。秩比二千石。

校勘記

〔一〕契玄孫之子曰冥　各本並脫「玄孫」二字，據通典職官典補。

〔二〕項籍以曹無咎周殷並爲大司馬　「曹無咎」各本並作「曹咎」，據史記項羽本紀訂正。

〔三〕石苞爲大司馬　各本並脫「大」字，據晉書武帝紀補。

〔四〕太傅不置長史也　據藝文類聚四六引宋書，御覽二〇六引宋書有「晉宣帝爲魏太傅，誅曹爽後，置左右長史、掾、屬，舍人各十人。事既非常，加又領兵，非准例也」。疑是此下逸文。

〔五〕東西曹又置屬　各本並脫「又置」二字，據元龜七一六補。

〔六〕宋高祖爲相止置諮議參軍　各本並脫「相止置」三字，據元龜七一六補。

〔七〕今諸曹則有錄事記室戶曹至車曹士曹集右戶墨曹凡十八曹參軍　「集」字下據職官分紀所載有

「曹」字，作「集曹」，則爲十九曹，與十八曹之數不合。孫彪宋書考論云：「十八曹無集曹，右戶上集字衍。」似是。

〔八〕晉元帝鎭東丞相府至其東曹西曹度支金曹理曹典兵兵曹賊曹運曹禁防典賓騎士車曹凡十三曹　「理曹」之「曹」字各本並脫，據志例補。

〔九〕板行參軍下則長兼行參軍　「下」各本並作「不」，據通典職官典改。

〔一〇〕秩二千石　各本並脫「石」字，據職官分紀補。

〔一一〕龍驤將軍晉武帝始以王濬居之　廿二史考異於宋書百官志下寧朔至五威、五武將軍條云：「寧朔將軍，班在五威、五武之上，而前卷敍列將軍獨遺之，此傳寫偶脫一行耳。南齊志，寧朔將軍列於輔國之後。據此志官品先後次之，似寧朔當在龍驤之後矣。」

〔一二〕以耿弇爲建威大將軍　「建威」各本並作「建武」，據後漢書耿弇傳改正。

〔一三〕其威虜漢光武以馮俊居之　「馮俊」各本並作「馬俊」。張森楷校勘記云：「當是馮俊之譌，見後漢書岑彭傳。」按張校是，今改正。

〔一四〕則以名到焉　「到」通典職官典同宋書。職官分紀作「列」。疑作「列」是。

〔一五〕以相府作部配臺　各本並脫「作」字，據通典職官典補。

〔一六〕及主織綬諸雜工　各本並脫「主」字，據通典職官典補。

〔一七〕光武建武中元二年省　各本並脫「建武中元」四字，據續漢書郡國志補。

〔一八〕使左右曹諸吏分平尙書奏事　各本並脫「奏」字，據藝文類聚四八引、初學記一二引、晉書職官志、通典職官典補。

〔一九〕使大錄萬機之政也　各本並脫「使」字，據藝文類聚四八引、御覽二一〇引補。

〔二〇〕而省五兵尙書　各本並脫「而省」二字，據通典職官典補。通典云：「大明二年，分吏部尙書置二人而省五兵。」

〔二一〕都官尙書領都官水部庫部功論四曹　「功論」各本並作「功部」，據南齊書百官志、通典職官典改。

〔二二〕一郎主匈奴單于營部　「營部」上各本並衍「也」字，今删去。

〔二三〕所餘十七曹也　下云東晉康帝、穆帝以後，又無虞曹，二千石二郎，猶有十八曹郎，而此云十七曹郎，疑曹數有誤。

〔二四〕丞尉屬水衡都尉　各本並脫「尉」字，據通典職官典補。

宋書卷四十

志第三十

百官下

給事黃門侍郎，四人。與侍中俱掌門下衆事。[一]郊廟臨軒，則一人執麾。[二]漢百官表秦曰給事黃門，無員，掌侍從左右，漢因之。漢東京曰給事黃門侍郎，亦無員，掌侍從左右，關通中外，諸王朝見，則引王就坐。應劭曰：「每日莫向青瑣門拜，謂之夕郎。」史臣按劉向與子歆書曰：「黃門郎，顯處也。」然則前漢世已爲黃門侍郎矣。董巴漢書曰：「禁門曰黃闥，中人主之，故號曰黃門令。」然則黃門郎給事黃闥之內，故曰黃門郎也。魏、晉以來員四人，秩六百石。

公車令，一人。掌受章奏。秦有公車司馬令，屬衞尉，漢因之，掌宮南闕門。凡吏民上章，四方貢獻，及徵詣公車者，皆掌之。晉江左以來，直云公車令。

太醫令，一人。丞一人。周官爲醫師，秦爲太醫令，至二漢屬少府。

太官令，一人。丞一人。周官爲膳夫，秦爲太官令，至漢屬少府。

驊騮廄丞，一人。漢西京爲龍馬長，漢東京爲未央廄令，魏爲驊騮令。自公車令至此，隸侍中。

散騎常侍，四人。掌侍左右。秦置散騎，又置中常侍，[一]散騎並乘輿車後。中常侍得入禁中。皆無員，並爲加官。漢東京初省散騎，而中常侍因用宦者。魏文帝黃初初，置散騎，合於中常侍，謂之散騎常侍，始以孟達補之。久次者爲祭酒散騎常侍，秩比二千石。

通直散騎常侍，四人。魏末散騎常侍又有在員外者，晉武帝使二人與散騎常侍通直，故謂之通直散騎常侍。晉江左置五人。

員外散騎常侍，魏末置，無員。

散騎侍郎，四人。魏初與散騎常侍同置。魏、晉散騎常侍、侍郎，與侍中、黃門侍郎共平尚書奏事，江左乃罷。

通直散騎侍郎，四人。初晉武帝置員外散騎侍郎四人，元帝使二人與散騎侍郎通直，故謂之通直散騎侍郎，後增爲四人。

員外散騎侍郎，晉武帝置，無員。

給事中，無員。漢西京置。掌顧問應對，位次中常侍。漢東京省，魏世復置。

奉朝請，無員，亦不爲官。漢東京罷省三公、外戚、宗室、諸侯，多奉朝請。奉朝請者，奉朝會請召而已。晉武帝亦以宗室外戚爲奉車、駙馬、騎都尉，而奉朝請焉。元帝爲晉王，以參軍爲奉車都尉，掾、屬爲駙馬都尉，行參軍、舍人爲騎都尉，皆奉朝請。後省奉車、騎都尉，唯留駙馬都尉、奉朝請。永初已來，以奉朝請選雜，其尚主者唯拜駙馬都尉。三都尉並漢武帝置。孝建初，奉朝請省。駙馬都尉、三都尉秩比二千石。

中書令，一人。中書監，一人。[三]中書侍郎，四人。中書通事舍人，四人。漢武帝游宴後廷，[四]始使宦者典尚書事，謂之中書謁者，置令、僕射。元帝時，令弘恭，僕射石顯，秉勢用事，權傾內外。成帝改中書謁者令曰中謁者令，罷僕射。[五]漢東京省中謁者令，而有中宮謁者令，非其職也。魏武帝爲王，置祕書令，典尚書奏事，又其任也。文帝黃初初，改爲中書令，又置監，及通事郎，次黃門郎。黃門郎已署事過，通事乃奉以入，爲帝省讀書可。晉改曰中書侍郎，員四人。晉江左初，改中書侍郎曰通事郎，尋復爲中書侍郎。晉初置舍人一人，通事一人。江左初，合舍人通事謂之通事舍人，掌呈奏案章。後省通事，中書差侍

郎一人直西省，又掌詔命。宋初又置通事舍人，而侍郎之任輕矣。舍人直閤內，隸中書。其下有主事，本用武官，宋改用文吏。

祕書監，一人。祕書丞，一人。祕書郎，四人。漢桓帝延熹二年，置祕書監。皇甫規與張奐書云「從兄祕書它何動靜」是也。應劭漢官曰：「祕書監一人，六百石。」後省。魏武帝爲魏王，置祕書令、祕書丞。祕書典尚書奏事。文帝黃初初，置中書令，典尚書奏事，而祕書改令爲監。後欲以何楨爲祕書丞，而祕書先自有丞，乃以楨爲祕書右丞。[六]後省。掌藝文圖籍。周官外史掌四方之志、三皇五帝之書，卽其任也。漢西京圖籍所藏，有天祿、石渠、蘭臺、石室、延閣、廣內之府是也。[七]東京圖書在東觀。晉武帝以祕書并中書，省監，謂丞爲中書祕書丞。惠帝復置著作郎一人，佐郎八人，掌國史。周世左史記事，右史記言，卽其任也。漢東京圖籍在東觀，故使名儒碩學，著作東觀，撰述國史。著作之名，自此始也。魏世隸中書。晉武世，繆徵爲中書著作郎。元康中，改隸祕書，後別自爲省，而猶隸祕書。著作郎謂之大著作，專掌史任。晉制，著作佐郎始到職，必撰名臣傳一人。宋氏初，國朝始建，未有合撰者，此制遂替矣。

領軍將軍，一人。掌內軍。漢有南北軍，衞京師。武帝置中壘校尉，掌北軍營。光武省中壘校尉，置北軍中候，監五校營。魏武爲丞相，相府自置領軍，非漢官也。文帝卽魏王位，魏始置領軍，主五校、中壘、武衞三營。晉武帝初省，使中軍將軍羊祜統二衞前後左右驍騎七軍營兵，卽領軍之任也。祜遷罷，復置北軍中候。北軍中候置丞一人。懷帝永嘉中，改曰中領軍。元帝永昌元年，復改曰北軍中候。尋復爲領軍。成帝世，復以爲中候，而陶回居之。尋復爲領軍。領軍今猶有南軍都督。

護軍將軍，一人。掌外軍。秦時護軍都尉，漢因之。陳平爲護軍中尉，盡護諸將。然則復以都尉爲中尉矣。武帝元狩四年，以護軍都尉屬大司馬，于時復爲都尉矣。漢書李廣傳，廣爲驍騎將軍，屬護軍將軍。蓋護軍護諸將軍。哀帝元壽元年，更名護軍都尉曰司寇。平帝元始元年，更名護軍都尉。東京省，班固爲大將軍中護軍，隸將軍莫府，非漢朝列職。魏武爲相，以韓浩爲護軍，史奐爲領軍，非漢官也。建安十二年，改護軍爲中護軍，領軍爲中領軍，置長史、司馬。魏初因置護軍，主武官選，隸領軍，晉世則不隸也。晉元帝永昌元年，省護軍并領軍。明帝太寧二年，復置。魏、晉江右領、護各領營兵，江左以來，領軍不復別置營，〔八〕總統二衞驍騎材官諸營，護軍猶別有營也。〔九〕領、護資重者爲領軍、護軍，資輕者爲中領軍、中護軍。官屬有長史、司馬、功曹、主簿、五官。受命出征，則置參軍。

左衞將軍，一人。右衞將軍，一人。二衞將軍掌宿衞營兵。二漢、魏不置。晉文帝爲相國，相國府置中衞將軍。武帝初，分中衞置左右衞將軍，以羊琇爲左衞，趙序爲右衞。二衞江右有長史、司馬、功曹、主簿，江左無長史。

驍騎將軍，漢武帝元光六年，李廣爲驍騎將軍。魏世置爲內軍，有營兵，高功者主之。先有司馬、功曹、主簿，後省。

游擊將軍，漢武時，韓說爲游擊。是爲六軍。

左軍將軍。右軍將軍。前軍將軍。後軍將軍。魏明帝時，有左軍將軍，然則左軍魏官也。晉武帝初，置前軍、右軍，泰始八年，又置後軍。是爲四軍。

左中郎將。右中郎將。秦官，漢因之。與五官中郎將領三署郎，魏無三署郎，猶置其職。晉武帝省。宋世祖大明中又置。

屯騎校尉。步兵校尉。越騎校尉。長水校尉。射聲校尉。五校並漢武帝置。屯騎、步兵掌上林苑門屯兵；越騎掌越人來降，因以爲騎也；一說取其材力超越也。長水掌長水宣曲胡騎。長水，胡部落名也。胡騎屯宣曲觀下。韋曜曰：「長水校尉，典胡騎，廐近長水，故以爲名。長水，蓋關中小水名也。」射聲掌射聲士，聞聲則射之，故以爲名。漢光武初改屯騎爲驍騎，越騎爲青巾。建武十五年，復舊。漢東京五校，典宿衞士。自游擊至五校，魏、晉逮于江左，初猶領營兵，並置司馬、功曹、主簿，後省。二中郎將本不領營也。五營校尉，秩二千石。

虎賁中郎將，周官有虎賁氏。漢武帝建元三年，始微行出遊，選材力之士執兵從送，期之諸門，故名期門。無員，多至千人。平帝元始元年，更名曰虎賁郎，置中郎將領之。虎賁舊作虎奔，言如虎之奔走也。王莽輔政，以古有勇士孟賁，故以奔爲賁。比二千石。

宂從僕射，漢東京有中黃門宂從僕射，非其職也。魏世因其名而置宂從僕射。

羽林監，漢武帝太初元年，初置建章營騎，亦掌從送次期門，後更名羽林騎，置令、丞。宣帝令中郎將騎都尉監羽林，謂之羽林中郎將。漢東京又置羽林左監、羽林右監，至魏世不改。晉罷羽林中郎將，又省一監，置一監而已。自虎賁至羽林，是爲三將。哀帝省。宋高祖永初初，復置。江右領營兵，江左無復營兵。羽林監六百石。

積射將軍。强弩將軍。漢武帝以路博德爲强弩校尉，李沮爲强弩將軍。宣帝以許延壽爲强弩將軍。强弩將軍至東漢爲雜號。前漢至魏無積射。晉太康十年，立射營、弩營，置積射、强弩將軍主之。自驍騎至强弩將軍，先並各置一人；宋太宗泰始以來，多以軍功得此官，今並無復員。

殿中將軍。殿中司馬督。晉武帝時，殿內宿衞，號曰三部司馬，置此二官，分隸左右二

衞。江右初，員十人。朝會宴饗，則將軍戎服，直侍左右，夜開城諸門，則執白虎幡監之。晉孝武太元中，改選，以門閥居之。宋高祖永初初，增爲二十人。其後過員者，謂之殿中員外將軍、員外司馬督。其後並無復員。

武衞將軍，無員。初魏王始置武衞中郎將，文帝踐阼，改爲衞將軍，主禁旅，如今二衞，非其任也。晉氏不常置。宋世祖大明中，復置，代殿中將軍之任，比員外散騎侍郎。

武騎常侍，無員。漢西京官。車駕游獵，常從射猛獸。後漢、魏、晉不置。宋世祖大明中，復置。比奉朝請。

御史中丞，一人。〔一〇〕掌奏劾不法。秦時御史大夫有二丞，〔一一〕其一曰御史丞，其二曰御史中丞。殿中蘭臺祕書圖籍在焉，而中丞居之。外督部刺史，內領侍御史，受公卿奏事，舉劾按章。時中丞亦受奏事，然則分有所掌也。成帝綏和元年，更名御史大夫爲大司空，置長史，而中丞官職如故。哀帝建平二年，復爲御史大夫。元壽二年，復爲大司空。而中丞出外爲御史臺主，名御史長史。光武還曰中丞，又屬少府。獻帝時，更置御史大夫，自置長史一人，不復領中丞也。漢東京御史中丞遇尚書丞郎，則中丞止車執版揖，而丞郎坐車舉手禮之而已。不知此制何時省。中丞每月二十五日，繞行宮垣白壁。史臣按漢志執金吾

每月三繞行宮城，疑是省金吾，以此事併中丞。中丞秩千石。

治書侍御史，掌舉劾官品第六已上。漢宣帝齋居決事，令御史二人治書，因謂之治書御史。漢東京使明法律者爲之，天下讞疑事，則以法律當其是非。魏、晉以來，則分掌侍御史所掌諸曹，若尚書二丞也。

侍御史，於周爲柱下史。周官有御史，掌治令，亦其任也。秦置侍御史，漢因之。二漢員並十五人。掌察舉非法，受公卿奏事，有違失者舉劾之。凡有五曹，一曰令曹，掌律令；二曰印曹，掌刻印；三曰供曹，掌齋祠；四曰尉馬曹，掌官廄馬；五曰乘曹，掌護駕。魏置御史八人，有治書曹，掌度支運，課第曹，掌考課，不知其餘曹也。晉西朝凡有吏曹、課第曹、直事曹、印曹、中都督曹、外都督曹、媒曹、符節曹、水曹、中壘曹、營軍曹、算曹、法曹，凡十三曹，〔一二〕而置御史九人。晉江左初，省課第曹，置庫曹，掌廄牧牛馬市租。後復分庫曹，置外左庫、內左庫二曹。宋太祖元嘉中，省外左庫，而內左庫直云左庫。世祖大明中，復置。廢帝景和元年又省。〔一三〕順帝初，省營軍併水曹，省算曹併法曹，吏曹不置御史，凡十御史焉。魏又有殿中侍御史二人，蓋是蘭臺遣二御史居殿內察非法也。晉西朝四人，江左二人。秦、漢有符節令，隸少府，領符璽郎、符節令史，蓋周禮典瑞、掌節之任也。漢至魏別爲一臺，位次御史中丞，掌授節、銅虎符、竹使符。晉武帝泰始九年，省并蘭臺，置符節御史掌

其事焉。〔一四〕

謁者僕射，一人。掌大拜授及百官班次。領謁者十人。謁者掌小拜授及報章。蓋秦官也。謁，請也。應氏漢官曰，堯以試舜，賓于四門，是其職也。秦世謁者七十人，漢因之。後漢百官志，謁者僕射掌奉引。和帝世，陳郡何熙爲謁者僕射，〔一五〕贊拜殿中，音動左右。然則又掌唱贊。〔一六〕有常侍謁者五人，謁者則置三十五人，半減西京也。二漢並隸光祿勳。魏世置謁者十人。晉武帝省僕射，以謁者隸蘭臺。江左復置僕射，後又省。宋世祖大明中，復置。秩比千石。

都水使者，一人。掌舟航及運部。秦、漢有都水長、丞，主陂池灌溉，保守河渠，屬太常。漢東京省都水，置河隄謁者，魏因之。漢世水衡都尉主上林苑，魏世主天下水軍舟船器械。晉武帝省水衡，置都水使者，而河隄爲都水官屬。有參軍二人，謁者一人，令史減置無常員。晉西朝有參軍而無謁者，謁者則江左置也。懷帝永嘉六年，胡入洛陽，都水使者爰濬先出督運得免。然則武帝置職，便掌運矣。江左省河隄。

太子太傅，一人。丞一人。太子少傅，一人。丞一人。傅，古官也。文王世子曰：「凡

三王教世子，太傅在前，少傅在後，並以輔導爲職。」漢高帝九年，以叔孫通爲太子太傅，位次太常。二漢並無丞。魏世無東宮，然則晉氏置丞也。晉武帝泰始五年，詔太子拜太傅、少傅，如弟子事師之禮；二傅不得上疏曲敬。二傅並有功曹、主簿、五官。太傅中二千石，少傅二千石。

太子詹事，一人。丞一人。職比臺尚書令、領軍將軍。詹，省也。漢西京則太子門大夫、庶子、洗馬、舍人屬二傅，率更令、家令、僕、衞率屬詹事。皆秦官也。後漢省詹事，太子官屬悉屬少傅，而太傅不復領官屬。晉初太子官屬通屬二傅。咸寧元年，復置詹事，二傅不復領官屬。詹事二千石。〔一七〕

家令，一人。丞一人。晉世置。漢世太子食湯沐邑十縣，家令主之。又主刑獄飲食，職比廷尉、司農、少府。漢東京主食官令。食官令，晉世自爲官，不復屬家令。

率更令，一人。主宮殿門戶及賞罰事，職如光祿勳、衞尉。漢東京掌庶子、舍人，晉世則不也。自漢至晉，家令在率更下；宋則居上。

僕，一人。漢世太子五日一朝，非入朝日，遣僕及中允旦入請問起居，主車馬、親族，職如太僕、宗正。自家令至僕，爲太子三卿。三卿秩千石。

門大夫，二人。漢東京置，職如中郎將，分掌遠近表牋。秩六百石。

中庶子，四人。職如侍中。漢東京員五人，晉減爲四人。秩六百石。

中舍人，四人。漢東京太子官屬有中允之職，在中庶子下，洗馬上，疑若今中書舍人矣。中舍人，晉初置，職如黃門侍郎。

食官令，一人。職如太官令。漢東京官也。今屬中庶子。

庶子四人，職比散騎常侍、中書監令。晉制也。漢西京員五人，漢東京無員，職如三署中郎。古者諸侯世〔祿，卿大夫之子卽爲副倅，謂之國子，天子諸侯〕子有庶子之官，〔以掌教之〕〔一八〕秦因其名也。秩四百石。

舍人，十六人。職如散騎、中書侍郎。晉制也。二漢無員，掌宿衞如三署中郎。

洗馬，八人。職如謁者、祕書郎也。二漢員十六人。太子出，則當直者前驅導威儀。秩比六百石。

太子左衞率，七人。太子右衞率，二人。二率職如二衞。秦時直云衞率，漢因之，主門衞。晉初曰中衞率，泰始分爲左右，各領一軍。惠帝時，愍懷太子在東宮，加置前後二率。成都王穎爲太弟，又置中衞，是爲五率。江左初，省前後二率。孝武太元中又置。皆有丞，晉初置。宋世止置左右二率。秩舊四百石。

太子屯騎校尉。太子步兵校尉。太子翊軍校尉。三校尉各七人，並宋初置。屯騎、步

兵，因臺校尉；翊軍，晉武帝太康初置，始爲臺校尉，而以唐彬居之，江左省。

太子宂從僕射，七人。宋初置。

太子旅賁中郎將，十人。職如虎賁中郎將。宋初置。周官有旅賁氏。漢制，天子有虎賁，王侯有旅賁。旅，衆也。

太子左積弩將軍，十人。太子右積弩將軍，二人。漢東京積弩將軍，雜號也，無左右之積弩。魏世至晉江左，左右積弩爲臺職，領營兵。宋世度東宮，無復營矣。

殿中將軍，十人。殿中員外將軍，二十人。宋初置。

平越中郎將，晉武帝置，治廣州，主護南越。[一九]

南蠻校尉，晉武帝置，治襄陽。江左初省。尋又置，治江陵。宋世祖孝建中省。

西戎校尉，晉初置，治長安。安帝義熙中又置，治漢中。

寧蠻校尉，晉安帝置，[二〇]治襄陽，以授魯宗之。

南夷校尉，晉武帝置，治寧州。江左改曰鎮蠻校尉。四夷中郎校尉，皆有長史、司馬、參軍。魏、晉有雜號護軍，如將軍，今猶有鎮蠻、安遠等護軍。鎮蠻以加廬江、晉熙、西陽太守。安遠以加武陵內史。

刺史，每州各一人。黃帝立四監以治萬國，唐、虞世十二牧，是其職也。周改曰典，秦曰監御史，而更遣丞相史分刺諸州，謂之刺史。刺之爲言猶參覘也。寫書亦謂之刺。漢制不得刺尚書事是也。刺史班行六條詔書，其一條曰，强宗豪右，田宅踰制，以强陵弱，以衆暴寡；其二條曰，二千石不奉詔書，遵承典制，背公向私，旁詔守利，侵漁百姓，聚斂爲姦；其三條曰，二千石不恤疑獄，風厲殺人，怒則加罰，喜則任賞，煩擾苛暴，剝戮黎元，爲百姓所疾，山崩石裂，妖祥譌言；其四條曰，二千石選署不平，苟阿所愛，蔽賢寵頑；其五條曰，二千石子弟恃怙榮勢，請託所監；其六條曰，二千石違公下比，阿附豪强，通行貨賂，割損正令。歲終則乘傳詣京師奏事。成帝綏和元年，改爲牧。哀帝建平二年，復爲刺史。前漢世，刺史乘傳周行郡國，無適所治。後漢世，所治始有定處，止八月行部，不復奏事京師。晉江左猶行郡縣詔，[二一]棗據追遠詩曰：「先君爲鉅鹿太守，迄今三紀。忝私爲冀州刺史，班詔次于郡傳」是也。靈帝世，天下漸亂，豪桀各據有州郡，而劉焉、劉虞並自九卿出爲益州、幽州牧，其任漸重矣。官屬有別駕從事史一人，從刺史行部；治中從事史一人，主財穀簿書；兵曹從事史一人，主兵事；部從事史每郡各一人，主察非法；主簿一人，錄閤下衆事，省署文書；門亭長一人，主州正門；功曹書佐一人，主選用；孝經師一人，主試經；月令師一人，主時節祠祀；律令師一人，平律；簿曹書佐一人，主簿書；典郡書佐每郡各一人，主一郡文書：漢制也。

今有別駕從事史、治中從事史、主簿、西曹書佐、祭酒從事史、議曹從事史、部郡從事史，自主簿以下，置人多少，各隨州，舊無定制也。晉成帝咸康中，江州又有別駕祭酒，居僚職之上，而別駕從事史如故，今則無也。別駕、西曹主吏及選舉事，治中主衆曹文書事。西曹，即漢之功曹書佐也。祭酒分掌諸曹兵、賊、倉、戶、水、鎧之屬。揚州無祭酒，而主簿治事。荊州有從事史，在議曹從事史下，大較應是魏、晉以來置也。今廣州、徐州有月令從事，若諸州之曹史，漢舊名也。漢武元封四年，令諸州歲各舉秀才一人。後漢避光武諱，改茂才。魏復曰秀才。晉江左揚州歲舉二人，諸州舉一人，或三歲一人，隨州大小，並對策問。晉東海王越爲豫州牧，牧置長史、參軍，庾敳爲長史，[二二]謝鯤爲參軍，此爲牧者則無也。牧二千石，刺史六百石。

郡守，秦官。秦滅諸侯，隨以其地爲郡，置守、丞、尉各一人。守治民，丞佐之。郡當邊戍者，丞爲長史。晉江左皆謂之丞。尉典兵，備盜賊。漢景帝中二年，更名守曰太守，尉爲都尉。光武省都尉，後又往往置東部、西部都尉。有蠻夷者，又有屬國都尉。漢末及三國，多以諸部都尉爲郡。晉成帝咸康七年，又省諸郡丞。宋太祖元嘉四年，復置。郡官屬略如公府，無東西曹，有功曹史，主選舉，五官掾，主諸曹事，部縣有都郵、門亭長，又有主記史，催督期會，漢制也，今略如之。諸郡各有舊俗，諸曹名號，往往不同。漢武帝納董仲舒之

言，元光元年，始令郡國舉孝廉，制郡口二十萬以上，歲察一人；四十萬以上，二人；六十萬，三人；八十萬，四人；百萬，五人；百二十萬，六人；不滿二十萬，二歲一人；不滿十萬，三歲一人。限以四科，一曰德行高妙，志節清白；二曰學通行修，經中博士；三曰明習法令，足以決疑，能案章覆問，文中御史；四曰剛毅多略，遭事不惑，明足決斷，材任三輔縣令。魏初，更制口十萬以上，歲一人，有秀異，不拘戶口。江左以丹陽、吳、會稽、吳興並大郡，歲各舉二人。漢制歲遣上計掾史各一人，條上郡內衆事，謂之階簿，至今行之。太守二千石，丞六百石。

縣令、長，秦官也。大者爲令，小者爲長，侯國爲相。漢制，置丞一人，尉大縣二人，小縣一人。五家爲伍，伍長主之；二五爲什，什長主之；十什爲里，里魁主之；十里爲亭，亭長主之；十亭爲鄉，鄉有鄉佐、三老、有秩、嗇夫、游徼各一人。鄉佐、有秩主賦稅，三老主教化，嗇夫主爭訟，游徼主姦非。其餘諸曹，略同郡職。以五官爲廷掾，後則無復丞，唯建康有獄丞，其餘衆職，或此縣有而彼縣無，各有舊俗，無定制也。晉江右洛陽縣置六部都尉，餘大縣置二人，次縣、小縣各一人。宋太祖元嘉十五年，縣小者又省之。

諸官府至郡，各置五百者，舊說古君行師從，卿行旅從。旅，五百人也。今縣令以上，古之諸侯，故立四五百以象師從旅從，依古義也。韋曜曰，五百字本爲伍伯。伍，當也。伯，道也。使之導引當道伯中以驅除也。周制五百爲旅，帥皆大夫，不得卑之如此說也。又周

禮秋官有條狼氏，掌執鞭以趨辟，王出入則八人夾道，公則六人，侯伯則四人，子男則二人，近之矣，名之異爾。又漢官中有伯使，主爲諸官驅使辟路於道伯中，故言伯使，此其比也。

縣令千石至六百石，長五百石。

漢初王國置太傅，掌輔導；內史主治民；丞相統衆官；中尉掌武職。分官置職，略同京師。至景帝懲七國之亂，更制諸王不得治國，漢爲置吏，改丞相曰相，省御史大夫、廷尉、少府、宗正、博士官，其大夫、謁者、諸官長丞，皆損其員數。後改漢內史爲京兆尹，中尉爲執金吾，郎中令爲光祿勳，而王國如故，又太僕爲僕，司農爲大農。成帝更令相治民如郡太守，省內史。其中尉如郡尉，太傅但曰傅。漢東京亦置傅一人，王師事之；相一人，主治民；中尉一人，主盜賊；郎中令一人，掌郎中宿衞；僕一人；治書一人，治書本曰尚書，後更名治書；中大夫，無員，掌奉使京師及諸國；謁者及禮樂、衞士、醫工、永巷、祀禮長各一人；[三]郎中，無員。魏氏謁者官屬，史闕不知次第。晉武帝初置師、友、文學各一人。師卽傅也，景帝諱師，改爲傅。宋世復改曰師。其文學，前漢已置也。友者因文王、仲尼四友之名也。改太守爲內史，省相及僕。有郎中令、中尉、大農爲三卿。大國置左右常侍各三人，省郎中，置侍郎二人。大國又置上軍、中軍、下軍三將軍；次國上軍將軍、下軍將軍各一人；小國上軍而已。典書、典祠、典衞、學官令、典書令丞各一人，治書四人，中尉、司馬、世子庶子陵

廟、牧長各一人，謁者四人，中大夫六人，舍人十人，典醫丞、典府丞各一人。宋氏以來，一用晉制，雖大小國，皆有三軍。晉制，典書令在常侍下，侍郎上；江左則侍郎次常侍，而典書令居三軍下矣。江左以來，公國則無中尉、常侍、三軍，侯國又無大農、侍郎，伯子男唯典書以下，又無學官令矣。吏職皆以次損省焉。晉江右公侯以下置官屬，隨國小大，無定制也。晉江左諸國，並三分食一。元帝太興元年，始制九分食一。

太傅。太保。太宰。

太尉。司徒。司空。

大司馬。大將軍。

諸位從公。

右第一品

特進。

驃騎，車騎，衞將軍。

諸大將軍。

諸持節都督。

右第二品

侍中，散騎常侍。

尚書令，僕射，尚書。

中書監，令。祕書監。

諸征、鎮至龍驤將軍。

光祿大夫。

諸卿，尹。

太子二傅。

大長秋。

太子詹事。

領、護軍。

縣侯。

右第三品

二衞至五校尉。

寧朔至五威、五武將軍。

四中郎將。

刺史領兵者。

戎蠻校尉。

御史中丞。都水使者。

鄉侯。

右第四品

給事中。黃門，散騎，中書侍郎。

謁者僕射。

三將，積射，強弩將軍。

太子中庶子，庶子，三卿，率。

鷹揚至陵江將軍。

刺史不領兵者。

郡國太守，內史，相。

亭侯。

右第五品

尙書丞，郎。
治書侍御史，侍御史。
三都尉。
博士。
撫軍以上及持節都督領護長史，司馬。
公府從事中郎將。
廷尉正，監，評。
諸縣署令千石者。
王國公三卿，師，友，文學。
祕書著作丞，郎。
太子門大夫。
殿中將軍，司馬督。
雜號護軍。
關內侯。

右第六品

謁者。
殿中監。
諸卿尹丞。
太子傅詹事率丞。
諸軍長史，司馬六百石者。
諸府參軍。
戎蠻府長史，司馬。
公府掾，屬。
太子洗馬，舍人，食官令。
諸縣令六百石者。

右第七品

內臺正令史。
郡丞。
諸縣署長。
雜號宣威將軍以下。

右第八品

內臺書令史。
外臺正令史。
諸縣署丞，尉。

右第九品。凡新置不見此諸條者，隨秩位所視，蓋□□右所定也。〔一四〕

校勘記

〔一〕與侍中俱掌門下衆事　各本並脫「門下」二字，據晉書職官志、通典職官典、藝文類聚四八引補。

〔二〕郊廟臨軒則一人執麾　通典職官典作「郊廟則一人執蓋，臨軒朝會則一人執麾」。疑此有脫文。

〔三〕中書監一人　「中書監」各本並作「中書舍人」，據晉書職官志改。李慈銘宋書札記云：「中書舍人一人，當據晉志改作中書監一人。今各本皆誤。六朝止有中書通事舍人，無單稱中書舍人者，晉宋兩志所敍皆甚明。史有徑曰中書舍人者省文耳。至中書有令有監，自魏文帝始置，並管機密。至晉彌重，權在尙書令上。東渡以後，任專尙書，於是中書監、令或止設一人。至宋世而中書監或特以爲重臣之加官。」

〔四〕漢武帝游宴後廷　各本並脫「宴」字，據晉書職官志、唐六典、通典職官典補。

〔五〕罷僕射　「僕射」各本並作「謁者」，據晉書職官志改。李慈銘宋書札記云：「謁者當作僕射，各本俱誤，當據晉志改。」

〔六〕後欲以何楨爲祕書丞而祕書先自有丞乃以楨爲祕書右丞　何楨，前一「楨」字各本作「禎」，後一「禎」字各本作「禎」。按三國志魏志管寧傳注引文士傳：「楨字元幹，廬江人，有文學器幹。」據楨字元幹，則字當作「楨」。今改正。

〔七〕有天祿石渠蘭臺石室延閣廣內之府是也　「天祿」各本並作「天府」，據職官分紀改。按麒麟、天祿二閣，西漢宮廷內藏書之所。

〔八〕領軍不復別置營　各本並脫「置」字，據通典職官典補。

〔九〕總統二衞驍騎材官諸營護軍猶別有營也　各本並脫「營護」二字，據晉書職官志、通典職官典補。

〔一〇〕御史中丞一人　各本並脫「中」字，據元龜四五七補。

〔一一〕秦時御史大夫有二丞　各本並脫「秦」字，據晉書職官志補。

〔一二〕晉西朝凡有吏曹至中壘曹營軍曹算曹法曹凡十三曹　「中壘曹」各本並作「中堅曹」，據晉書職官志、唐六典、通典職官典改。

〔一三〕廢帝景和元年又省　「省」各本並作「置」，據唐六典、元龜五一二改。

〔一四〕置符節御史掌其事焉 「置」各本並作「署」，據晉書職官志、唐六典改。

〔一五〕陳郡何熙爲謁者僕射 「何熙」各本並作「向熙」，據後漢書梁瑾傳何熙附傳改正。

〔一六〕然則又掌唱贊 各本並脫「掌唱贊」三字，據通典職官典補。

〔一七〕詹事二千石 「二千石」各本並作「一千石」。據職官分紀改。按應劭漢官儀、唐六典並作二千石。

〔一八〕古者諸侯世祿卿大夫之子卽爲副倅謂之國子天子諸侯子有庶子之官以掌敎之 各本並脫「祿卿大夫至天子諸侯」，及「以掌敎之」共二十二字，今據藝文類聚四九引、御覽二四五引補。

〔一九〕主護南越 各本並脫「護」字，據晉書職官志、通典職官典補。

〔二〇〕晉安帝置 「安帝」各本並作「武帝」，據晉書職官志改。按魯宗之，東晉安帝時人，作安帝置是。

〔二一〕晉江左猶行郡縣詔 據下稟據追遠詩敍「班詔次于郡傳」語，疑「郡縣」下脫「班」字。

〔二二〕庾敳爲長史 庾敳各本並作「庾凱」，據晉書庾峻傳子敳附傳改。

〔二三〕謁者及禮樂衞士醫工永巷祀禮長各一人 各本並脫「謁」字，據通典職官典補。

〔二四〕蓋□□右所定也 「蓋」字下各本空闕二字。按岳珂愧郯錄卷十人品明證條云：「宋書志所載九品，明指言晉江右所定。」則所闕似卽爲「晉江」二字。

宋書卷四十一

列傳第一

后妃

帝祖母號太皇太后，母號皇太后，妃號皇后，漢舊制也。

晉武帝採漢、魏之制，置貴嬪、夫人、貴人，是爲三夫人，位視三公。淑妃、淑媛、淑儀、修華、修容、修儀、婕妤、容華、充華，是爲九嬪，位視九卿。其餘有美人、才人、中才人，爵視千石以下。高祖受命，省二才人，其餘仍用晉制。貴嬪，魏文帝所制。夫人，魏武帝初建魏國所制。貴人，漢光武所制。淑妃，魏明帝所制。淑媛，魏文帝所制。淑儀、修華，晉武帝所制。修容，魏文帝所制。修儀，魏明帝所制。婕妤，容華，前漢舊號。充華，晉武帝所制。美人，漢光武所制。世祖孝建三年，省夫人、修華、修容，置貴妃，位比相國，進貴嬪，位比丞相，貴人位比三司，以爲三夫人。又置昭儀、昭容、昭華，以代修華、修儀、修容。又置中才

人、充衣，以爲散位。昭儀，漢元帝所制。昭容，世祖所制。昭華，魏明帝所制。中才人，晉武帝所制。充衣，前漢舊制。太宗泰始元年，省淑妃、昭華、中才人、充衣，復置修華、修儀、修容、才人、良人。三年，又省貴人，置貴姬，以備三夫人之數。又置昭華，增淑容、承徽、列榮。以淑媛、淑儀、淑容、昭華、昭儀、昭容、修華、修儀、修容爲九嬪。婕妤、容華、充華、承徽、列榮凡五職，班亞九嬪。美人、中才人、才人三職爲散役。其後太宗留心後房，擬外百官，備位置內職。列其名品于後。

官品第一 各置一人，並銓六宮。

後宮列敍，準尙書令，銓六宮。

紫極中監尹，銓六宮。

光興中監尹，銓六宮。

宣融戶主，銓六宮。

紫極房帥，置一人。

後宮通尹，準錄尙書。

紫極戶主。

光興戶主。

光興房帥，置一人。

官品第二各置一人。

後宮司儀，準左僕射，銓人士。
後宮司政，準右僕射，銓人士。
參議女林，準銀青光祿，銓人士。
中臺侍御尹，銓六宮。
宣融便殿中監尹，銓六宮。
采蓺房主，銓六宮。
南房主，銓六宮。
中藏女典，銓六宮。
典坊，銓六宮。
樂正，銓六宮。
內保，銓人士。
學林祭酒，銓人士。
昭陽房帥，置一人。

徽音房帥，置一人。
宣融房帥，置一人。

官品第三各置一人。

後宮都掌治職，置二人。準左右丞，位比尚書，銓人士。
後宮殿中治職，置一人。準左民尚書，銓人士。
後宮源典治職，置一人。準祠部尚書，銓人士。
後宮穀帛治職，置一人。準度支尚書。
中傅，置一人。銓人士。
後宮校事女史，置一人。銓人士。
紫極中監女史，置一人。銓人士。
光興中監女史，置一人。銓人士。
紫極房參事，置人無定數。銓人士。有限外。
宣融房參事，置人無定數。銓人士。有限外。
中臺侍御奏案女史，置一人。銓人士。
贊樂女史，置一人。銓人士。

中訓女史，置一人。銓人士。
女祝史，置一人。
紫極中監典，置一人。
光興中監典，置一人。
典樂帥，置人無定數。有限外。
紫極房廉帥祭酒，置一人。
光興房廉帥祭酒，置一人。
宣融房廉帥祭酒，置一人。

官品第四

後宮通關參事，置一人。
景德房參事，置人無定數。銓人士。
采蓺房參事，置人無定數。銓人士。
南房參事，置人無定數。銓人士。」
內房參事，置一人。銓人士。
校學女史，置一人。銓人士。

後宮中房帥，置二人。
後宮源典帥，置二人。
後宮穀帛帥，置二人。
中臺帥，置一人。
中臺侍御起居帥，置二人。
中臺侍御詔誥帥，置二人。
斯男房帥，置一人。
宣豫房帥，置一人。
景德房帥，置一人。
采蓺房帥，置一人。
中藏帥，置一人。
內坊帥，置一人。
南房帥，置一人。
外華房帥，置一人。
招慶房帥，置一人。

紫極諸房廉帥，置人無定數。有限外。
紫極中監省帥，置一人。
紫極殿帥，置六人。
光興殿帥，置四人。
徽音監帥，置一人。
徽章監帥，置一人。
宣融便殿中監典，置一人。
清商帥，置人無定數。
總章帥，置人無定數。
左西章帥，置人無定數。
右西章帥，置人無定數。
中廚帥，置一人。

官品第五

中臺侍御執衞，置人無定數。
中臺侍御監閨帥，置二人。

中臺侍御監司帥，置二人。
宣融便殿帥，置一人。
永巷帥，置一人。
後宮都掌內史，置二人。
後宮殿中內史，置一人。
後宮源典內史，置一人。
後宮穀帛內史，置二人。
後宮監臨內史，置二人。
中臺侍御執法內史，置一人。
中臺侍御典內史，置二人。
中臺侍御節度內史，置二人。
中臺侍御應內史，置六人。
紫極房內史，置一人。
光興房內史，置一人。
助教，置一人。

綵製帥，置人無定數。
裝飾帥，置人無定數。
繡帥，置人無定數。
織帥，置人無定數。
學林館帥，置一人。
宮閨帥，置一人。
教堂帥，置人無定數。有限外。
監解帥，置人無定數。
累室帥，置人無定數。
行病帥，置人無定數。

官品第六

合堂帥，置二人。
御清帥，置一人。
監夜帥，置一人。
諸房禁防，置人無定數。

三廂禁防，置三人。
諸房廚帥，各置一人。
中廚廉，置三人。
應閨，置六人。
諸應閤，置人無定數。
宮閨史，置一人。

官品第七

諸房中掾，各置一人。
中藏掾，各置二人。

比五品敕吏

紫極供殿直倀。
光興供殿直倀。
總章仗倀。
侍御扶侍。
主衣。

準二衛五品，敕吏比六品。

供殿左右。紫極置二十人。光興置十人。

左右守藏，置四人。

典樂人。

比諸房禁防

作倀。

比王官

供殿給使。紫極置二十人。光興置十人。

典殿，置人無定數。

比官人

紫極三廂給事，置十人。

全堂給使，置五人。

宮閳給使，置六人。

比房〔一〕

孝穆趙皇后諱安宗，下邳僮人也。祖彪字世範，治書侍御史。父裔字彥胄，平原太守。后以晉穆帝升平四年嬪孝皇，晉哀帝興寧元年四月二日生高祖。其日，后以產疾殂于丹徒官舍，時年二十一。葬晉陵丹徒縣東鄉練壁里雩山。宋初追崇號諡，陵曰興寧。

永初二年，有司奏曰：「大孝之德，盛於榮親。一人有慶，光被萬國。是以靈文寵於西京，壽張顯於隆漢。故平原太守趙裔、故洮陽令蕭卓，並外屬尊戚，不逮休寵。臣等仰述聖思，遠稽舊章，並可追贈光祿大夫，加金章紫綬。裔命婦孫可豫章郡建昌縣君，卓命婦趙可吳郡壽昌縣君。」孫氏，東莞人也。其年，又詔曰：「推恩之禮，在情所同。故內樹宗子，外崇后屬，爰自漢、魏，咸遵斯典。外祖趙光祿、蕭光祿，名器雖隆，茅土未建，並宜追封開國縣侯，食邑五百戶。」於是追封裔臨賀縣侯。裔長子宣之，仕至江乘令。蚤卒，無子，以弟孫襲之繼宣之紹封。襲之卒，子祖憐嗣。齊受禪，國除。宣之弟倫之，自有傳。

孝懿蕭皇后諱文壽，蘭陵蘭陵人也。祖亮字保祚，侍御史。父卓字子略，洮陽令。孝穆后殂，孝皇帝娉后爲繼室，生長沙景王道憐、臨川烈武王道規。義熙七年，拜豫章公太夫人。高祖爲宋王，又加太妃之號。高祖以十二年北伐，仍停彭城、壽陽，至元熙二年入朝，因受晉禪，在外凡五年，后常留東府。高祖踐阼，有司奏曰：「臣聞道積者慶流，德洽者禮備。故祇敬表於崇高，嘉號彰於盛典。伏惟太妃母儀之德，化穆不言，保翼之訓，光被洪業。雖幽明同慶，而稱謂未窮。稽之前代，禮有恒準，宜式遵舊章，允副羣望。臣等請上宋王太后號皇太后。」〔二〕故有司奏猶稱太妃也。

上以恭孝爲行，奉太后素謹，及即大位，春秋已高，每旦入朝太后，未嘗失時刻。少帝卽位，加崇曰太皇太后。景平元年，崩于顯陽殿，時年八十一。遺令曰：「孝皇背世五十餘年，古不祔葬。且漢世帝后陵皆異處，今可於塋域之內別爲一壙。孝皇陵墳本用素門之禮，與王者制度奢儉不同，婦人禮有所從，可一遵往式。」乃開別壙，與興寧陵合墳。初，高祖微時，貧約過甚，孝皇之殂，葬禮多闕，高祖遺旨，太后百歲後不須祔葬。至是故稱后遺旨施行。

卓初與趙裔俱贈金紫光祿大夫，又追封封陽縣侯，妻下邳趙氏封吳郡壽昌縣君。卓子源之襲爵，源之見子思話傳。

武敬臧皇后諱愛親，東莞人也。祖汪字山甫，尚書郎。父儁字宣乂，郡功曹。后適高祖，生會稽宣長公主興弟。高祖以儉正率下，后恭謹不違。及高祖興復晉室，居上相之重，而后器服粗素，不爲親屬請謁。義熙四年正月甲午，殂於東城，時年四十八，追贈豫章公夫人，還葬丹徒。高祖臨崩，遺詔留葬京師，於是備法駕，迎梓宮祔葬初寧陵。宋初追贈儁金紫光祿大夫，妻高密叔孫氏封邅陵永平鄉君。〔三〕儁子燾，燾弟熹，熹子質，自有傳。

武帝張夫人諱闕，不知何郡縣人也。義熙初，得幸高祖，生少帝，又生義興恭長公主惠媛。永初元年，拜爲夫人。少帝卽位，有司奏曰：「臣聞嚴親敬始，所因者本，克孝之道，由中被外。伏惟夫人德並坤元，徽音光劭，發祥兆慶，誕啓聖明。宜崇極徽號，允備盛則。從春秋母以子貴之義，遵漢、晉推愛之典，謹上尊號爲皇太后，宮曰永樂。」少帝旣廢，太后還璽紱，隨居吳縣。太祖元嘉元年，拜營陽王太妃。三年，薨。

少帝司馬皇后諱茂英，[四]河內溫人，晉恭帝女也。初封海鹽公主，少帝以公子尙焉。宋初，拜皇太子妃。少帝卽位，立爲皇后。元嘉元年，降爲營陽王妃，又爲南豐王太妃。十六年薨，時年四十七。[五]

武帝胡婕妤諱道安，[六]淮南人。義熙初，爲高祖所納，生文帝。五年，被譴賜死，時年四十二。葬丹徒。高祖踐阼，追贈婕妤。

太祖卽位，有司奏曰：「臣聞德厚者禮尊，慶深者位極。故閟宮既構，咏歌先妣；園陵崇衞，聿追來孝。伏惟先婕妤柔明塞淵，光備六列，德昭坤範，訓洽母儀。用能啓祚聖明，奄宅四海。嚴親莫逮，天祿永違。臣等遠準春秋，近稽漢、晉。謹上尊號曰章皇太后，陵曰熙寧。」立廟於京師。

太后兄子元慶，位至奉朝請。

文帝袁皇后諱齊嬀，陳郡陽夏人，左光祿大夫敬公湛之庶女也。母本卑賤，后年五六

歲，方見舉。後適太祖，初拜宜都王妃。生子劭、東陽獻公主英娥。上待后恩禮甚篤，袁氏貧薄，后每就上求錢帛以贍與之，上性節儉，所得不過三五萬、三五十匹。後潘淑妃有寵，愛傾後宮，咸言所求無不得，后聞之，欲知信否，乃因潘求三十萬錢與家，以觀上意，信宿便得。因此恚恨甚深，稱疾不復見上。上每入，必他處回避。上數掩伺之，不能得。始興王濬諸庶子問訊，后未嘗視也。后遂憤恚成疾。元嘉十七年，疾篤，上執手流涕問所欲言，[七]后視上良久，乃引被覆面。崩于顯陽殿，時年三十六。上甚相悼痛，詔前永嘉太守顏延之爲哀策，文甚麗。其辭曰：

龍輴纚綍，容翟結驂。皇塗昭列，神路幽嚴。皇帝親臨祖饋，躬瞻宵載。飾遺儀於組旒，想徂音乎珩珮。悲黼筵之移御，痛翬褕之重晦。降輿客位，撤奠殯階。乃命史臣，誄德述懷。其辭曰：

倫昭儷昇，有物有憑。圓精初鑠，方祇始凝。昭哉世族，祥發慶膺。祕儀景冑，圖光玉繩。昌輝在陰，柔明將進。率禮蹈和，稱詩納順。爰自待年，金聲夙振。亦既有行，素章增絢。

象服是加，言觀惟則。俾我王風，始基嬪德。蕙問川流，芳猷淵塞。方江泳漢，再謠南國。伊昔不造，洪化中微。用集寶命，仰陟天機。釋位公宮，登耀紫闈。欽若皇姑，允迪前徽。孝達寧親，敬行宗祀。進思才淑，傍綜圖史。發音在咏，動容成紀。壼政穆宣，房樂昭理。[八]坤則順成，星軒潤飾。德之所屆，惟深必測。下節震騰，上清眺側。有來斯雍，無思不極。謂道輔仁，司化莫晰。

象物方臻，眂祲告沴。太和既融，收華委世。蘭殿長陰，椒塗弛衞。嗚呼哀哉！

戒涼在肂，[九]杪秋卽穸。霜夜流唱，曉月升魄。八神警引，五輅遷迹。噭噭儲嗣，哀哀列辟。灑零玉墀，雨泗丹掖，撫存悼亡，感今懷昔。嗚呼哀哉！

南背國門，北首山園。僕人案節，服馬顧轅。遙酸紫蓋，眇泣素軒。滅綵清都，夷體壽原。邑野淪藹，戎夏悲讙。來芳可述，往駕弗援。嗚呼哀哉！

策既奏，上自益「撫存悼亡，感今懷昔」八字，以致其意焉。有司奏謚宣皇后，上特詔曰「元」。

初，后生劭，自詳視之，馳白太祖：「此兒形貌異常，必破國亡家，不可舉。」便欲殺之。太祖狼狽至后殿戶外，手撥幔禁之，乃止。

后亡後，常有小小靈應。沈美人者，太祖所幸也。[一〇]嘗以非罪見責，應賜死。從后昔所住徽音殿前度。此殿有五間，自后崩後常閉。美人至殿前，流涕大言曰：「今日無罪就死，先后若有靈，當知之！」殿諸窗戶應聲豁然開。職掌遽白太祖，太祖驚往視之，美人乃得釋。

大明五年，世祖詔曰：「昔漢道既靈，博平煇絕，魏國方安，嘉憲啓策，皆因心所弘，酌典沿誥。亡外祖親王夫人柔德淑範，光啓坤載。屬內位闕正，攝饋閨庭，儀被芳闈，聞宣戚里。永言感遠，思追榮秩，宜式傍鴻則，敬登徽序。」乃追贈豫章郡新淦縣平樂鄉君。后之所生母也。又詔：「趙、蕭、臧光祿、袁敬公、平樂鄉君墓，[一一]先未給塋戶。加世數已遠，胤嗣衰陵。外戚尊屬，不宜使墳塋蕪穢。可各給蠻戶三，以供灑掃。」

后父湛，自有傳。[一二]

文帝路淑媛諱惠男，丹陽建康人也。以色貌選入後宮，生孝武帝，拜爲淑媛。年既長，無寵，常隨世祖出蕃。世祖入討元凶，淑媛留尋陽。上卽位，遣建平王宏奉迎。有司奏曰：「臣聞曆集周邦，徽音克嗣，[一三]氣淳漢國，沙麓發祥。昔在上代，業隆祚遠，未有不敷陰敎以闡洪基，膺淑慶以載聖哲者也。伏惟淑媛柔明內昭，徽儀外範，合靈初迪，則庶姬仰燿；引訓蕃闈，則家邦被德。民應惟和，神屬惟祉，故能誕鍾叡躬，用集大命，固靈根於既殞，融盛烈乎中興。載厚化深，聲詠允緝，宜式諧舊典，恭享極號。謹奉尊號曰皇太后，[一四]宮曰

崇憲。」太后居顯陽殿。

上於閨房之內，禮敬甚寡，有所御幸，或留止太后房內，故民間諠然，咸有醜聲。宮掖事祕，莫能辨也。

孝建二年，追贈太后父興之散騎常侍，興之妻徐氏餘杭縣廣昌鄉君。大明四年，太后弟子撫軍參軍瓊之上表曰：「先臣故懷安令道慶賦命乖辰，自達明世。敢緣衞戍請名之典，特乞雲雨，微垂灑潤。」詔付門下。有司承旨奏贈給事中。瓊之及弟休之、茂之並超顯職。太后頗豫政事，賜與瓊之等財物，家累千金，居處服器，與帝子相侔。瓊之宅與太常王僧達並門。嘗盛車服衞從造僧達，僧達不爲之禮。瓊之以訴太后，太后大怒，告上曰：「我尚在，而人皆陵我家，死後乞食矣。」欲罪僧達。上曰：「瓊之年少，自不宜輕造詣。王僧達貴公子，豈可以此事加罪。」

大明五年，太后隨上巡南豫州，妃主以下並從。廢帝卽位，號太皇太后。

太宗踐阼，號崇憲太后。初太宗少失所生，爲太后所攝養，太宗盡心祇事，〔一五〕而太后撫愛亦篤。及上卽位，供奉禮儀，不異舊日。有司奏曰：「夫德敷於內，典章必遠；化覃于外，徽號宜宣。伏惟皇太后懿聖自天，母儀允著，義明八遠，道變九圍。聖明登御，景胙攸改，皇太后宜卽前號，別居外宮。」詔曰：「朕備丁艱罰，蚤嬰孤苦，特蒙崇憲太后聖訓撫育。

昔在蕃閫，常奉藥膳，中迫凶威，抱懷莫遂。今泰運初啓，情典獲申，方欲親奉晨昏，盡歡閨禁。不得如所奏。」尋崩，時年五十五。遷殯東宮，門題曰崇憲宮。上又詔曰：「朕幼集荼蓼，夙憑德訓，龕戡定業，實資仁範，恩著屯夷，有兼常慕。夫禮沿情施，義循事立，可特齊衰三月，以申追仰之心。」謚曰昭皇太后，葬世祖陵東南，號曰修寧陵。

先是晉安王子勛未平，巫者謂宜開昭太后陵以爲厭勝。修復倉卒，不得如禮。上性忌，慮將來致災。泰始四年夏，詔有司曰：「崇憲昭太后修寧陵地，大明之世，久所考卜。前歲遭諸蕃之難，禮從權宜。奉營倉卒，未暇營改。而塋隧之所，山原卑陋。頃年頹壞，日有滋甚，恒費修整，終無永固。且詳考地形，殊乖相勢。朕蚤蒙慈遇，情禮兼常，思使終始之義，載彰幽顯。史官可就巖山左右，更宅吉地。明審龜筮，須選令辰，式遵舊典，以禮創制。今中宇雖寧，邊虜未息，營就之功，務在從簡。舉言尋悲，情如切割。」有司奏：「北疆未緝，戎役是務，禮之詳略，各沿時宜。臣等參議，修寧陵玄宮補治毀壞，權施油殿，暫出梓宮，事畢卽窆，於事爲允。」詔可。

瓊之爲衡陽內史，先后卒。廢帝景和中，以休之爲黃門侍郎，茂之左軍將軍，並封開國縣侯，邑千戶。又追贈興之侍中、金紫光祿大夫，謚曰孝侯；道慶散騎常侍、光祿大夫、開府儀同三司，謚曰敬侯。立道慶女爲皇后，以休之爲侍中，茂之黃門郎。太宗廢幼主，欲說太后之心，乃下令書曰：「太皇太后蚤垂愛遇，沿情卽事，同於天屬。前車騎諮議參軍路休之、前丹陽丞路茂之，崇憲密戚，蚤延榮貫，並懷所勳，宜殊恒飾。休之可黃門侍郎，領步兵校尉；茂之可中書侍郎。」太宗未卽位，故稱令書。茂之又遷司徒從事中郎，休之桂陽王休範鎭北諮議參軍。太宗殺世祖諸子，因此陷休之等，宥其諸子。

孝武文穆王皇后諱憲嫄，琅邪臨沂人。元嘉二十年，拜武陵王妃。生廢帝、豫章王子尚、山陰公主楚玉、臨淮康哀公主楚佩、皇女楚琇、康樂公主脩明。世祖在蕃，后甚有寵。上入伐凶逆，后留尋陽，與太后同還京都，立爲皇后。

大明四年，后率六宮躬桑于西郊，皇太后觀禮。上下詔曰：「朕卜祥大昕，測辰拂羽，爰詔六宮，親蠶川室。皇太后降蹕從御，佇蹕觀禮。綠蘧既具，玄紞方修，庶儀發椒，闈化動中。縣妃主以下，可量加班錫。」

廢帝卽位，尊曰皇太后，宮曰永訓。其年，崩于含章殿，時年三十八。祔葬景寧陵。

后父偃，字子游，晉丞相導玄孫，尚書嘏之子也。〔一六〕母晉孝武帝女鄱陽公主，〔一七〕宋受禪，封永成君。偃尚高祖第二女吳興長公主諱榮男，少歷顯官，黃門侍郎，祕書監，侍中。

元嘉末，爲散騎常侍、右衞將軍。世祖卽位，以后父，授金紫光祿大夫，領義陽王師，常侍如故。遷右光祿大夫，常侍、王師如故。偃謙虛恭謹，不以世事關懷。孝建二年卒，時年五十四。追贈開府儀同三司，本官如故，謚曰恭公。

長子藻，位至東陽太守。尚太祖第六女臨川長公主諱英媛。公主性妒，而藻別愛左右人吳崇祖，前廢帝景和中，主讒之於廢帝，藻坐下獄死，主與王氏離婚。泰始初，以主適豫章太守庾沖遠，未及成禮而沖遠卒。

宋世諸主，莫不嚴妒，太宗每疾之。湖熟令袁慆妻以妒忌賜死，使近臣虞通之撰妒婦記。左光祿大夫江湛孫斆當尚世祖女，上乃使人爲斆作表讓婚，曰：

伏承詔旨，當以臨汝公主降嬪，〔一八〕榮出望表，恩加典外。顧審輶蔽，伏用憂惶。臣寒門賴族，人凡質陋，閭閻有對，本隔天姻。如臣素流，室貧業寡，年近將冠，皆已有室，荆釵布裙，足得成禮。每不自解，無偶迄茲，媒訪莫尋，〔一九〕素族弗問。自惟門慶，屬降公主，天恩所覃，容及醜末。懷憂抱惕，慮不獲免，徵命所當，果膺茲舉。雖門泰宗榮，於臣非幸，仰緣聖貸，冒陳愚實。

自晉氏以來，配尚王姬者，雖累經美冑，亟有名才，至如王敦懾氣，桓溫斂威，眞長佯愚以求免，子敬灸足以違詔，王偃無仲都之質，而倮露於北階，何瑀闕龍工之姿，而投軀於深井，謝莊殆自同於矇叟，〔三〇〕殷沖幾不免於强鉏。彼數人者，〔三一〕非無才意，而勢屈於崇貴，事隔於聞覽，吞悲茹氣，無所逃訴。制勒甚於僕隸，防閑過於婢妾。往來出入，人理之常，當賓待客，朋從之義。而令掃轍息駕，無闚門之期；廢筵抽席，絕接對之理。非唯交友離異，乃亦兄弟疏闊。第令受酒肉之賜，制以動靜；監子荷錢帛之私，節其言笑。姆嬭爭媚，相勸以嚴；妮媼競前，相諂以急。第令必凡庸下才，監子皆葭萌愚豎，議舉止則未閑是非，聽言語則謬於虛實。姆嬭敢恃耆舊，唯贊妒忌，尼媼自倡多知，務檢口舌。其間又有應答問訊，卜筮師母，乃至殘餘飲食，詰辯與誰，衣被故敝，必責頭領。又出入之宜，繁省難衷，或進不獲前，或入不聽出。不入則嫌於欲疏，求出則疑有別意，召必以三晡爲期，遣必以日出爲限，夕不見晚魄，朝不識曙星。至於夜步月而弄琴，晝拱袂而披卷，一生之內，與此長乖。又聲影裁聞，則少婢奔迸；裾袂向席，則老醜叢來。左右整刷，以疑寵見嫌；賓客未冠，以少容致斥。禮則有列媵，象則有貫魚，本無嫚嫡之嫌，豈有輕婦之誚。況今義絕傍私，虔恭正匹，而每事必言無儀適，設辭輒言輕易我。又竊聞諸主集聚，唯論夫族。緩不足爲急者法，急則可爲緩者師，更相扇誘，本其恒意，不可貸借，固實常辭。或言野敗去，或言人笑我，雖家曰私理，有甚王憲，發口所言，恒同科律。王藻雖復强佷，頗經學涉，戲笑之事，遂爲冤魂。褚曖憂

憤，用致天絕。傷理害義，難以具聞。

夫螽斯之德，實致克昌；專妒之行，有妨繁衍。是以尚主之門，往往絕嗣；駙馬之身，通離釁咎。以臣凡弱，何以克堪。必將毀族淪門，豈伊身眚。前後嬰此，其人雖衆，然皆患彰遐邇，事隔天朝，故吞言咽理，無敢論訴。臣幸屬聖明，矜照由道，弘物以典，處親以公，臣之鄙懷，可得自盡。如臣門分，世荷殊榮，足守前基，便預提拂，清官顯宦，或由才升，一叨婚戚，咸成恩假。〔三二〕是以仰冒非宜，披露丹實。非唯止陳一己，規全身願；實乃廣申諸門憂患之切。伏願天慈照察，特賜蠲停，使燕雀微羣，得保叢蔚，蠢物含生，自己彌篤。若恩詔難降，披請不申，便當刊膚剪髮，投山竄海。

太宗以此表偏示諸主。於是臨川長公主上表曰：「妾遭隨奇薄，絕於王氏，私庭嚚戾，致此分異。今孤疾煢然，假息朝夕，情寄所鍾，唯在一子。契闊荼炭，持兼憐愍，否泰枯榮，繫以爲命。實願申其門釁，還爲母子。推遷僶俛，未及自聞。先朝慈愛，鑑妾丹衷。若賜使息徽歸第定省，仰揆天旨，或有可尋。今事迫誠切，不顧典憲，敢緣恩燾，觸冒披聞。特乞還身王族，守養弱嗣。雖死之日，實甘於生。」許之。

藻弟懋，昇明末貴達。懋弟攸，太宰從事中郎。蚤卒，追贈黃門侍郎。弟臻，昇明末顯官。

前廢帝何皇后諱令婉，廬江灊人也。孝建三年，納爲皇太子妃，大明五年，薨于東宮徽光殿，時年十七。葬□□，諡曰獻妃。上更爲太子置內職二等，曰保林，曰良娣。納南中郎長史太山羊瞻女爲良娣，宜都太守袁僧惠女爲保林。廢帝卽位，追崇獻妃曰獻皇后。太宗踐阼，遷后與廢帝合葬龍山北。

后父瑀，字稚玉，晉尚書左僕射澄曾孫也。祖融，大司農。瑀尚高祖少女豫章康長公主諱欣男。公主先適徐喬，美容色，聰敏有智數，太祖世，禮待特隆。瑀豪競於時，與平昌孟靈休、東海何勗等，並以輿馬驕奢相尚。公主與瑀情愛隆密，何氏外姻疏戚，莫不沾被恩紀。瑀歷位清顯，至衞將軍。〔三三〕大明八年，公主薨，瑀墓開，世祖追贈金紫光祿大夫，加散騎常侍。

子邁，尚太祖第十女新蔡公主諱英媚。邁少以貴戚居顯宦，好犬馬馳逐，多聚才力之士。有墅在江乘縣界，去京師三十里。邁每游履，輒結駟連騎，武士成羣。大明末，爲豫章王子尚撫軍諮議參軍，加寧朔將軍、南濟陰太守。廢帝納公主於後宮，僞言薨殞，殺一婢送

出邁第殯葬行喪禮。常疑邁有異圖，邁亦招聚同志，欲因行幸廢立。事覺，廢帝自出討邁誅之。太宗卽位，追封建寧縣侯，食邑五百戶。子曼倩嗣，齊受禪，國除。

瑀兄子亮，孝建初，爲桂陽太守。丞相南郡王義宣爲逆，遣參軍王師壽斷桂陽道，以防廣州刺史宗慤，亮收斬之。〔三四〕官至新安內史。亮弟恢，廢帝元徽初，爲廣州刺史，未之鎭，坐國哀朞晦不到，免官。復起爲都官尚書，未拜，卒。恢弟誕，司徒右長史。誕弟衍，最知名。性躁動。太宗初，爲建安王休仁司徒從事中郎，仍除黃門郎。未拜竟，求轉司徒司馬。得司馬，復求太子右率。拜右率一二日，復求侍中。旬日之間，求進無已。不得侍中，以怨詈賜死。

文帝沈婕妤諱容姬，〔三五〕不知何許人也。納於後宮，爲美人。生明帝，拜爲婕妤。元嘉三十年卒，時四十。葬建康之莫府山。世祖卽位，追贈湘東國太妃。太宗卽位，有司奏曰：「昔豳都追遠，正邑纏哀，緬慕德義，敬奉園陵。先太妃德履端華，徽景明峻，風光宸掖，訓流國闈，鞠聖誕靈，蚤捐鴻祚。臣等遠模漢册，近儀晉典，謹上尊號爲皇太后。」下禮官議諡，諡曰宣太后，陵號曰崇寧。

以太后弟道慶爲給事中。泰始三年卒，追贈通直散騎常侍，賜爵縣侯。又追贈太后父散騎常侍，母王氏成樂鄉君。

明恭王皇后諱貞風，琅邪臨沂人也。元嘉二十五年，拜淮陽王妃。太宗改封，又爲湘東王妃。[二六]生晉陵長公主伯姒、建安長公主伯媛。太宗卽位，立爲皇后。

上嘗宮內大集，而臝婦人觀之，以爲歡笑。后以扇障面，獨無所言。帝怒曰：「外舍家寒乞，今共爲笑樂，何獨不視？」后曰：「爲樂之事，其方自多。豈有姑姊妹集聚，而臝婦人形體。以此爲樂，外舍之爲歡適，實與此不同。」帝大怒，遣后令起。后兄揚州刺史景文以此事語從舅陳郡謝緯曰：「后在家爲儜弱婦人，不知今段遂能剛正如此。」

廢帝卽位，尊爲皇太后，宮曰弘訓。廢帝失德，太后每加勗譬，始者猶見順從，後狂慝轉甚，漸不悅。元徽五年五月五日，太后賜帝玉柄毛扇，帝嫌其毛柄不華，因此欲加酖害，已令太醫煑藥，左右人止之曰：「若行此事，官便應作孝子，豈復得出入狡獪。」帝曰：「汝語大有理。」乃止。

順帝卽位，齊王秉權，宗室劉晃、劉綽、卜伯興等有異志，太后頗與相關。順帝禪位，太

后與帝遜于東邸，因還居丹陽宮，拜汝陰王太妃。順帝殂於丹陽，更立第京邑。建元元年，薨于第，時年四十四。追加號謚，葬以宋后禮。父僧朗，事別見景文傳。

明帝陳貴妃諱妙登，丹陽建康人，屠家女也。世祖常使尉司採訪民閒子女有姿色者。太妃家在建康縣界，家貧，有草屋兩三閒。上出行，問尉曰：「御道邊那得此草屋，當由家貧。」賜錢三萬，令起瓦屋。尉自送錢與之，家人並不在，唯太妃在家，時年十二三。尉見其容質甚美，卽以白世祖，於是迎入宮。在路太后房內，經二三年，再呼，不見幸。太后因言於上，以賜太宗。始有寵，一年許衰歇，以乞李道兒。尋又迎還，生廢帝，故民中皆呼廢帝爲李氏子。廢帝後每自稱李將軍，或自謂李統。

太宗卽位，拜貴妃，禮秩同皇太子妃。廢帝踐阼，有司奏曰：「臣聞河龍啓聖，理浹民神；郊電基皇，慶爍天地。故資敬之道，粹古銘風；沿貴之誼，眇代凝則。伏惟貴妃含和日晷，表淑星樞，徽音峻古，柔光照世，聲華帝掖，軌秀天嬪，景發皇明，祚昌睿命。而備物之章，未煥彝策。遠酌前王，允陟鴻典。臣等參議，謹上尊號曰皇太妃。輿服一如晉孝武帝太后故事。置家令一人。改諸國太妃曰太妃。妃音怡。[二七]宮曰弘化。」追贈太妃父金寶散騎常侍，金寶妻王氏永世縣成樂鄉君。昇明初，降爲蒼梧王太妃。

伯父照宗，中書通事舍人。叔佛念，步兵校尉。兄敬元，通直郎，南魯郡太守。佛念大通貨賄，侵亂朝政。昇明初，賜死。

後廢帝江皇后諱簡珪，濟陽考城人，北中郎長史智淵孫女。泰始五年，太宗訪求太子妃，而雅信小數，名家女多不合。后弱小，門無強蔭，以卜筮最吉，故爲太子納之。諷朝士州郡令獻物，多者將直百金。始興太守孫奉伯止獻琴書，其外無餘物。上大怒，封藥賜死，旣而原之。太子卽位，立爲皇后。帝旣廢，降爲蒼梧王妃。智淵自有傳。

明帝陳昭華諱法容，丹陽建康人也。太宗晚年，痿疾不能內御，諸弟姬人有懷孕者，輒取以入宮，及生男，皆殺其母，而以與六宮所愛者養之。順帝，桂陽王休範子也，以昭華爲母焉。明帝崩，昭華拜安成王太妃。順帝卽位，進爲皇太妃。順帝禪位，去皇太妃之號。

順帝謝皇后諱梵境，陳郡陽夏人，右光祿大夫莊孫女也。昇明二年，立爲皇后。順帝禪位，降爲汝陰王妃。莊自有傳。

史臣曰：飲食男女，人之大欲存焉。[二八]故聖人順民情而爲之度，王宮六列，士室二等，皆司事設防，典文曲立。若夫義篤閨闈，化形邦國，古先哲王有以之致治者矣。夫后妃專夕，配以德升；姬嬙並御，進非色幸。欲使情有覃被，愛罔偏流，專貞內表，妖蠱外息。至於降班在四，簪珥成行，同列者三，環珮係響，乃可以變理陰教，輔佐君德。宋氏藉晉世令典，媯納有章，倪天作儷，必四岳之後。雖正位天閫，禮亢尊極，而袞厭易兆，恩宴難留，一謝屬車之塵，永隔青蒲之地。是故元后憤終，良有以也。自元嘉以降，內職稍繁，椒庭綺觀，千門萬戶，而淫粧怪飾，變炫無窮。自漢氏昭陽之輪奐，魏室九華之照曜，曾不能概其萬一。徒以所選止於軍署之內，徵引極乎厮皁之閒，非若晉氏採擇濫及冠冕也。[二九]且愛止帷房，權無外授，戚屬餼賚，歲時不過肴漿，斯爲美矣。及太祖之傾惑潘嬀，謀及婦人，大明之淪溺殷姬，並后匹嫡，至使多難起於肌膚，幷命行於同產，又況進於此者乎。以斯言之，三代、二漢之亡於淫嬖，非不幸也。

校勘記

〔一〕比房　「房」下疑有奪字。

〔二〕臣等請上宋王太后號皇太后　各本並作「臣等參受宋王太后號」，據元龜一八九訂正。

〔三〕妻高密叔孫氏封遷陵永平鄉君　各本並作「封永陵平鄉君」，據南史改。州郡志郢州武陵太守領遷陵侯相。永平蓋卽遷陵縣之鄉名。

〔四〕少帝司馬皇后諱茂英　「皇后」各本並作「皇太妃」，據南史、御覽一四九引改。

〔五〕時年四十七　張森楷校勘記云：「按少帝死年十九，則妃于時亦當二十左右。後十六七年至元嘉十六年卒，應年三十六七，不應四十七，疑有誤。」

〔六〕武帝胡婕妤諱道安　「道安」各本並作「道女」，據南史、御覽一四二引改。

〔七〕上執手流涕問所欲言　「言」字上，各本並有「不」字，據南史删。

〔八〕房樂昭理　「昭」文選作「韶」。李善注引禮記注曰：「韶，繼也。」

〔九〕戒涼在肂　「肂」各本並作「律」，據文選改。李善注引儀禮注曰：「死三日而肂，三月而葬。」說文曰：「肂，瘞也。」

〔一〇〕沈美人者太祖所幸也　「太祖」各本並作「太宗」。按太宗卽明帝，沈美人爲明帝生母沈婕妤，此太宗當作太祖，今改正。

〔一一〕追蕭臧光祿袁敬公平樂鄉君墓　「鄉君」各本並作「郡君」，據南史改正。按上云追贈豫章郡新淦縣平樂鄉君，則此不當稱平樂郡君，疑誤。

〔一二〕后父湛自有傳　「湛」各本並作「湛之」，據本傳删「之」字。

〔一三〕徽音克嗣　「克」各本並作「充」，據元龜一八九改。

〔一四〕謹奉尊號曰皇太后　各本並脫「謹」字，據元龜一八九補。

〔一五〕太宗盡心祇事　「太宗」各本並作「世祖」。孫虨宋書考論云：「案文義，當云『太宗盡心祇事』，『世祖』誤。」按孫說是，今改正。

〔一六〕尙書嘏之子也　各本並脫「書」字。孫虨宋書考論云：「當作尙書嘏之子。」按孫說是，今補正。

〔一七〕母晉孝武帝女鄱陽公主　張森楷校勘記云：「據晉書王導傳，公主是簡文帝女，孝武帝妹。此女字疑是妹字之誤。」

〔一八〕當以臨汝公主降嬪　「臨汝公主」各本並作「臨海公主」，據南齊書江斅傳改正。洪頤煊諸史考異云：「按何尙之傳，顒之尙太祖第四女臨海惠公主，封號不應同名。南齊書江斅傳，尙孝武帝女臨汝公主。『臨海』當是『臨汝』之譌。」

〔一九〕媒訪莫尋　「媒」各本並作「謀」，據南史改。

〔二〇〕謝莊殆自同於矇叟　「矇叟」各本並作「矇室」，據南史改。錢大昕廿二史考異云：「案謝莊傳，無尙主事，疑以目疾辭，遂停尙主也。」

〔二一〕彼數人者　各本並脫「彼」字，據南史補。

〔二二〕咸成恩假　「成」各本並作「有」，據南史、初學記一〇引、藝文類聚一六引、御覽一五三引改。

〔二三〕至衞將軍　「衞將軍」南史作「右衞將軍」。

〔二四〕亮收靳之　各本並作「收亮靳之」，孫虨宋書考論云：「案文義當爲『亮收靳之』。」按孫說是，今改正。

〔二五〕文帝沈婕妤諱容姬　各本並脫「姬」字，據南史補。

〔二六〕太宗改封又爲湘東王妃　各本並脫「又爲」二字，據南史補。按太宗卽明帝，初封淮陽王，元嘉二十九年，改封湘東王，故其妃亦改稱湘東王妃。

〔二七〕改諸國太妃曰太妃妃音怡　「太妃」南史、御覽一四二引作「太姬」。孫虨宋書考論云：「姬字是。」

〔二八〕飲食男女人之大欲存焉　「人」各本並作「民」，據禮記禮運原文改正。

〔二九〕非若晉氏採擇濫及冠冕也　各本並脫「若」字，據南史補。

二十四史

宋書

梁 沈約 撰

第 五 册

卷四二至卷五八（傳）

中華書局

宋書卷四十二

列傳第二

劉穆之 王弘

劉穆之，字道和，小字道民，東莞莒人，漢齊悼惠王肥後也。世居京口。少好書、傳，博覽多通，爲濟陽江敳所知。敳爲建武將軍、琅邪內史，以爲府主簿。

初，穆之嘗夢與高祖俱泛海，忽值大風，驚懼。俯視船下，見有二白龍夾舫。既而至一山，峯崿聳秀，林樹繁密，意甚悅之。及高祖克京城，問何無忌曰：「急須一府主簿，何由得之？」無忌曰：「無過劉道民。」高祖曰：「吾亦識之。」卽馳信召焉。時穆之聞京城有叫譟之聲，晨起出陌頭，屬與信會。穆之直視不言者久之。既而反室，壞布裳爲袴，往見高祖。高祖謂之曰：「我始舉大義，方造艱難，須一軍吏甚急，卿謂誰堪其選？」穆之曰：「貴府始建，軍吏實須其才，倉卒之際，當略無見踰者。」高祖笑曰：「卿能自屈，吾事濟矣。」卽於坐受署。

從平京邑，高祖始至，諸大處分，皆倉卒立定，並穆之所建也。遂委以腹心之任，動止咨焉。穆之亦竭節盡誠，無所遺隱。時晉綱寬弛，威禁不行，盛族豪右，負勢陵縱，小民窮蹙，自立無所。重以司馬元顯政令違舛，桓玄科條繁密。穆之斟酌時宜，隨方矯正，不盈旬日，風俗頓改。遷尚書祠部郎，復爲府主簿，記室錄事參軍，領堂邑太守。以平桓玄功，封西華縣五等子。

義熙三年，揚州刺史王謐薨，高祖次應入輔，劉毅等不欲高祖入，議以中領軍謝混爲揚州。或欲令高祖於丹徒領州，以內事付尚書僕射孟昶。遣尚書右丞皮沈以二議咨高祖。沈先見穆之，具說朝議。穆之僞起如廁，卽密疏白高祖曰：「皮沈始至，其言不可從。」高祖既見沈，且令出外，呼穆之問曰：「卿云沈言不可從，其意何也？」穆之曰：「昔晉朝失政，非復一日，加以桓玄篡奪，天命已移。公興復皇祚，勳高萬古。既有大功，便有大位。位大勳高，非可持久。公今日形勢，豈得居謙自弱，遂爲守藩之將邪？劉、孟諸公，與公俱起布衣，共立大義，本欲匡主成勳，以取富貴耳。事有前後，故一時推功，非爲委體心服，宿定臣主之分也。力敵勢均，終相吞咀。揚州根本所係，不可假人。前者以授王謐，事出權道，豈是始終大計必宜若此而已哉。今若復以他授，便應受制於人。一失權柄，無由可得。而公功高勳重，不可直置，疑畏交加，異端互起，將來之危難，可不熟念。今朝議如此，宜相酬答，必云在我，厝辭又難。唯應云『神州治本，宰輔崇要，興喪所階，宜加詳擇。此事既大，非可懸論，便暫入朝，共盡同異』。公至京，彼必不敢越公更授餘人明矣。」高祖從其言，由是入輔。

從征廣固，還拒盧循，常居幙中畫策，決斷衆事。劉毅等疾穆之見親，每從容言其權重，高祖愈信仗之。穆之外所聞見，莫不大小必白，雖復閭里言謔，塗陌細事，皆一二以聞。高祖每得民間委密消息以示聰明，皆由穆之也。又愛好賓遊，坐客恒滿，布耳目以爲視聽，故朝野同異，穆之莫不必知。雖復親暱短長，皆陳奏無隱。人或譏之，穆之曰：「以公之明，將來會自聞達。我蒙公恩，義無隱諱，此張遼所以告關羽欲叛也。」高祖舉止施爲，穆之皆下節度。高祖書素拙，穆之曰：「此雖小事，然宜彼四遠，願公小復留意。」高祖既不能厝意，又稟分有在。穆之乃曰：「但縱筆爲大字，一字徑尺，無嫌。大既足有所包，且其勢亦美。」〔一〕高祖從之，一紙不過六七字便滿。凡所薦達，不進不止，常云：「我雖不及荀令君之舉善，然不舉不善。」穆之與朱齡石並便尺牘，嘗於高祖坐與齡石答書。自旦至日中，〔二〕穆之得百函，齡石得八十函，而穆之應對無廢也。轉中軍太尉司馬。八年，加丹陽尹。

高祖西討劉毅，以諸葛長民監留府，總攝後事。高祖疑長民難獨任，留穆之以輔之。加建威將軍，置佐吏，配給實力。長民果有異謀，而猶豫不能發，乃屏人謂穆之曰：「悠悠之言，皆云太尉與我不平，何以至此？」穆之曰：「公泝流遠伐，而以老母稚子委節下，若一毫不

盡，豈容如此邪？」意乃小安。高祖還，長民伏誅。十年，進穆之前將軍，給前軍府年布萬匹，錢三百萬。十一年，高祖西伐司馬休之，中軍將軍道憐知留任，而事無大小，一決穆之。遷尚書右僕射，領選，將軍、尹如故。十二年，高祖北伐，留世子爲中軍將軍，監太尉留府；轉穆之左僕射，領監軍、中軍二府軍司，將軍、尹、領選如故。〔三〕甲仗五十人，入殿。〔四〕入居東城。

穆之內總朝政，外供軍旅，決斷如流，事無擁滯。賓客輻輳，求訴百端，內外諮稟，盈堦滿室，目覽辭訟，手答牋書，耳行聽受，口並酬應，不相參涉，皆悉贍舉。又數客暱賓，言談賞笑，引日亘時，未嘗倦苦。裁有閑暇，自手寫書，尋覽篇章，校定墳籍。性奢豪，食必方丈，旦輒爲十人饌。穆之既好賓客，未嘗獨餐，每至食時，客止十人以還者，帳下依常下食，以此爲常。嘗白高祖曰：「穆之家本貧賤，贍生多闕。自叨忝以來，雖每存約損，而朝夕所須，微爲過豐。自此以外，一毫不以負公。」

十三年，疾篤，詔遣正直黃門郎問疾。十一月卒，時年五十八。

高祖在長安，聞問驚慟，哀惋者數日。本欲頓駕關中，經略趙、魏。穆之既卒，京邑任虛，乃馳還彭城，以司馬徐羨之代管留任，而朝廷大事常決穆之者，並悉北諮。穆之前軍府文武二萬人，以三千配羨之建威府，餘悉配世子中軍府。追贈穆之散騎常侍、衞將軍、開府

儀同三司。

高祖又表天子曰：「臣聞崇賢旌善，王教所先；念功簡勞，義深追遠。故司勳秉策，在勤必書；德之休明，沒而彌著。故尚書左僕射、前將軍臣穆之，〔五〕爰自布衣，協佐義始，內端謀猷，外勤庶政，密勿軍國，心力俱盡。及登庸朝右，尹司京畿，翼新王化，敷讚百揆。頃戎車遠役，居中作扞，撫寄之勳，實洽朝野。方宣讚盛猷，緝隆聖世，志績未究，遠邇悼心。皇恩褒述，班同三事，榮哀兼備，寵靈已厚。臣伏思尋，自義熙草創，艱患未弭，外虞既殷，內難彌結，時屯世故，靡歲暫寧。豈臣以寡乏，負荷國重，實賴穆之匡翼之益。豈唯讜言嘉謀，溢于民聽；若乃忠規遠畫，潛慮密謨，造膝詭辭，莫見其際。功隱於視聽，事隔於皇朝者，〔六〕不可稱記。所以陳力一紀，克遂有成，出征入輔，幸不辱命，微夫人之左右，未有寧濟其事者矣。履謙居寡，守之彌固，每議及封賞，輒深自抑絕。所以勳高當年，而未沾茅社，撫事永傷，胡寧可昧。謂宜加贈正司，追甄土宇，俾大賚所及，永秩於善人，忠正之烈，不泯於身後。臣契闊屯泰，旋觀始終，金蘭之分，義深情密。是以獻其乃懷，布之朝聽。」於是重贈侍中、司徒，封南昌縣侯，食邑千五百戶。

高祖受禪，思佐命元勳，詔曰：「故侍中、司徒南昌侯劉穆之，深謀遠猷，肇基王跡，勳造大業，誠實匪躬。今理運惟新，蕃屏並肇，感事懷人，實深悽悼。可進南康郡公，邑三千

戶。故左將軍、青州刺史王鎮惡，荆、郢之捷，剋翦放命，北伐之勳，參跡方叔。念勤惟績，無忘厥心。可進龍陽縣侯，增邑千五百戶。」謚穆之曰文宣公。太祖元嘉九年，配食高祖廟庭。二十五年四月，車駕行幸江寧，經穆之墓，詔曰：「故侍中、司徒、南康文宣公穆之，秉德佐命，翼亮景業，謀猷經遠，元勳克茂，功銘鼎彝，義彰典策，故已嗣徽前哲，宣風後代者矣。近因遊踐，瞻其塋域，九原之想，情深悼歎。可致祭墓所，以申永懷。」

穆之三子，長子慮之嗣，仕至員外散騎常侍卒。子邕嗣。先是郡縣爲封國者，內史、相並於國主稱臣，去任便止。至世祖孝建中，始革此制，爲下官致敬。河東王歆之嘗爲南康相，素輕邕。後歆之與邕俱豫元會，並坐。邕性嗜酒，謂歆之曰：「卿昔嘗見臣，今不能見勸一盃酒乎？」歆之因斆孫晧歌答之曰：「昔爲汝作臣，今與汝比肩。既不勸汝酒，亦不願汝年。」邕所至嗜食瘡痂，以爲味似鰒魚。嘗詣孟靈休，靈休先患灸瘡，瘡痂落牀上，因取食之。靈休大驚。答曰：「性之所嗜。」靈休瘡痂未落者，悉褫取以飴邕。邕既去，靈休與何勗書曰：「劉邕向顧見噉，遂舉體流血。」南康國吏二百許人，〔七〕不問有罪無罪，遞互與鞭，鞭瘡痂常以給膳。卒，子彤嗣。大明四年，坐刀斫妻，奪爵土，以弟彪紹封。齊受禪，降爲南康縣侯，食邑千戶。

穆之中子式之字延叔，通易好士。累遷相國中兵參軍，太子中舍人，黃門侍郎，寧朔將軍、宣城淮南二郡太守。在任贓貨狼藉，揚州刺史王弘遣從事檢校。從事呼攝吏民，欲加辯覆。式之召從事謂曰：「治所還白使君，劉式之於國家粗有微分，偷數百萬錢何有，況不偷邪！吏民及文書不可得。」從事還具白弘，弘曰：「劉式之辯如此奔！」亦由此得停。還爲太子右率，左衞將軍，吳郡太守。卒，追贈征虜將軍。從征關、洛有功，封德陽縣五等侯，謚曰恭侯。長子敳，世祖初，黃門侍郎。敳弟衍，大明末，以爲黃門郎，出爲豫章內史。晉安王子勛稱僞號，以爲中護軍。事敗伏誅。

衍弟瑀字茂琳，少有才氣，爲太祖所知。始興王濬爲南徐州，以瑀補別駕從事史，爲濬所遇。瑀性陵物護前，不欲人居己上。時濬征北府行參軍吳郡顧邁輕薄而有才能，濬待之甚厚，深言密事，皆與參之。瑀乃折節事邁，深布情款，家內婦女閒事，言語所不得至者，莫不倒寫備說。邁以瑀與之款盡，深相感信。濬所言密事，悉以語瑀。瑀與邁共進射堂下，瑀忽顧左右索單衣幘，邁問其所以，瑀曰：「公以家人待卿，相與言無所隱，而卿於外宣泄，致使人無不知。我是公吏，何得不啓。」因而白之。濬大怒，啓太祖從邁廣州。邁在廣州，值蕭簡爲亂，爲之盡力，與簡俱死。

瑀遷從事中郎，領淮南太守。元嘉二十九年，出爲寧遠將軍、益州刺史。元凶弑立，以爲青州刺史。瑀聞問，卽起義遣軍，幷送資實於荆州。世祖卽位，召爲御史中丞。還至江陵，值南郡王義宣爲逆，瑀陳其不可，言甚切至。義宣以爲丞相左司馬，俱至梁山。瑀猶乘其蜀中船舫，又有義宣故部曲潛於梁山洲外下投官軍。〔八〕除司徒左長史。明年，還御史中丞。瑀使氣尙人，爲憲司甚得志。彈王僧達云：「廕籍高華，人品冗末。」朝士莫不畏其筆端。尋轉右衞將軍。瑀願爲侍中，不得，謂所親曰：「人仕宦不出當入，不入當出，安能長居戶限上。」因求益州。世祖知其此意，許之。孝建三年，除輔國將軍、益州刺史。旣行，甚不得意。至江陵，與顏竣書曰：「朱脩之三世叛兵，一旦居荆州，青油幙下，作謝宣明面見向，使齋帥以長刀引吾下席。於吾何有，政恐匈奴輕漢耳。」其年，坐奪人妻爲妾，免官。大明元年，起爲東陽太守。明年，遷吳興太守。侍中何偃嘗案云：「參伍時望。」瑀大怒曰：「我於時望何參伍之有！」遂與偃絕。及爲吏部尙書，意彌憤憤。族叔秀之爲丹陽尹，瑀又與親故書曰：「吾家黑面阿秀，遂居劉安衆處，〔九〕朝廷不爲多士。」其年疽發背，何偃亦發背癰。瑀疾已篤，聞偃亡，歡躍叫呼，於是亦卒。謚曰剛子。子卷，南徐州別駕。卷弟藏，尙書左丞。

穆之少子貞之，中書黃門侍郎，太子右衞率，寧朔將軍、江夏內史。卒官。子裒，始興

相，以贓貨繫東冶內。

穆之女適濟陽蔡祐，年老貧窮。世祖以祐子平南參軍孫爲始安太守。

王弘字休元，琅邪臨沂人也。曾祖導，晉丞相。祖洽，中領軍。父珣，司徒。

弘少好學，以清恬知名，與尙書僕射謝混善。弱冠，爲會稽王司馬道子驃騎參軍主簿。時農務頓息，末役繁興，弘以爲宜建屯田，陳之曰：「近面所諮立屯田事，已具簡聖懷。南畝事興，時不可失，宜早督田畯，以要歲功。而府資役單刻，〔一〇〕控引無所，雖復厲以重勸，肅以嚴威，適足令囹圄充積，而無救於事實也。伏見南局諸冶，募吏數百，雖資以廩贍，收入甚微。愚謂若回以配農，必功利百倍矣。然軍器所須，不可都廢，今欲留銅官大冶及都邑小冶各一所，重其功課，一准揚州，州之求取，亦當無乏，餘者罷之，以充東作之要。又欲二局田曹，各立典軍募吏，依冶募比例，幷聽取山湖人，此皆無損於私，有益於公者也。其中亦應疇量，分判番假，及給廩多少，自可一以委之本曹。親局所統，必當練悉，且近東曹板水曹參軍納之領此任，其人頗有幹能，自足了其事耳。頃年以來，斯務弛廢，田蕪廩虛，實亦由此。弘過蒙飾擢，志輸短効，豈可相與寢默，有懷弗聞邪！至於當否，尊自當裁以遠

鑒。若所啓謬允者，伏願便以時施行，庶歲有務農之勤，倉有盈廩之實，禮節之興，可以垂拱待也。」道子欲以爲黃門侍郎，珣以其年少固辭。

珣頗好積聚，財物布在民間。珣薨，弘悉燔燒券書，一不收責，餘舊業悉以委付諸弟。未免喪，後將軍司馬元顯以爲諮議參軍，加寧遠將軍，知記室事，固辭不就。道子復以爲諮議參軍，加建威將軍，領中兵，又固辭。時內外多難，在喪者皆不終其哀，唯弘固執得免。桓玄剋京邑，收道子付廷尉，臣吏畏恐，莫敢瞻送。弘時尙在喪，獨於道側拜，攀車涕泣，論者稱焉。

高祖爲鎭軍，召補諮議參軍。以功封華容縣五等侯。遷琅邪王大司馬從事中郎。出爲寧遠將軍、琅邪內史，尙書吏部郎中，豫章相。盧循寇南康諸郡，弘奔尋陽。高祖復命爲中軍諮議參軍，遷大司馬右長史，轉吳國內史。義熙十一年，徵爲太尉長史，轉左長史。從北征，前鋒已平洛陽，而未遣九錫，弘銜使還京師，諷旨朝廷。時劉穆之掌留任，而旨反從北來，穆之愧懼，發病遂卒。而高祖還彭城，弘領彭城太守。

宋國初建，遷尙書僕射領選，太守如故。奏彈謝靈運曰：「臣聞閑厥有家，垂訓大易，作威專戮，致誡周書。斯典或違，刑茲無赦。世子左衞率康樂縣公謝靈運，力人桂興淫其嬖妾，殺興江涘，棄尸洪流。事發京畿，播聞遐邇。宜加重劾，肅正朝風。案世子左衞率康樂

縣公謝靈運過蒙恩奬，頻叨榮授，聞禮知禁，爲日已久。而不能防閑閫闈，致茲紛穢，罔顧憲軌，忿殺自由。此而勿治，典刑將替。請以見事免靈運所居官，上臺削爵土，收付大理治罪。御史中丞都亭侯王准之，〔一一〕顯居要任，邦之司直，風聲噂喈，曾不彈舉。若知而弗糾，則情法斯撓；如其不知，則尸昧已甚。豈可復預班清階，式是國憲。請免所居官，以侯還散輩中。內臺舊體，不得用風聲舉彈，此事彰赫，曝之朝野，執憲蔑聞，羣司循舊，國典既頽，所虧者重。臣弘忝承人乏，位副朝端，若復謹守常科，則終莫之糾正。所以不敢拱默，自同秉彝。違舊之愆，伏須准裁。」高祖令曰：「靈運免官而已，餘如奏。端右肅正風軌，誠副所期，豈拘常儀。自今爲永制。」

十四年，遷監江州豫州之西陽新蔡二郡諸軍事、撫軍將軍、江州刺史。至州，省賦簡役，百姓安之。永初元年，加散騎常侍。以佐命功，封華容縣公，食邑二千戶。三年，入朝，進號衞將軍、開府儀同三司。

高祖因宴集，謂羣公曰：「我布衣，始望不至此。」傅亮之徒並撰辭欲盛稱功德。弘率爾對曰：「此所謂天命，求之不可得，推之不可去。」時人稱其簡舉。

少帝景平二年，徐羨之等謀廢立，召弘入朝。太祖卽位，以定策安社稷，進位司空，封建安郡公，食邑千戶。上表固辭曰：「臣聞趙武稱隨會夫子之家事治，言於晉國無隱情。臣

千載幸會，謬荷榮遇，雖以智能虛薄，政績蔑聞，而言無隱情，竊所庶幾。向令天啓其心，預定大策，而名編司勳，功不見紀，固將請不賞之罪，懸龍蛇之書，豈當稽違成命，苟修小節。但無功勳，暴之四海，進闕君子勞心之謀，退微小人勞力之効，而聖朝僭賞於上，愚臣苟忝於下，則爲厚誣當時，永貽口實。竊財之誚，比此爲輕，惟塵盛猷，虧玷爲大。微躬所惜，一朝亦盡，非唯仰塵國紀，實亦俯畏友朋。憂心彌疹，胡顏靡託。且凡人之交，尙中知己，況在明主，可用理干。所以敢遂愚狷，守之以死。」乃見許。加使持節、侍中，改監爲都督，進號車騎大將軍，開府、刺史如故。

徐羨之等以廢弒之罪將見誅，弘既非首謀，弟曇首又爲上所親委，事將發，密使報弘。羨之等誅，徵弘爲侍中、司徒、揚州刺史，錄尙書。給班劍三十人。上西征謝晦，弘與驃騎彭城王義康居守，入住中書下省，引隊仗出入。司徒府權置參軍。

五年春，大旱，弘引咎遜位，曰：「臣聞三才雖殊，其致則一。故世道休明，五福攸應；政有失德，咎徵必顯。臣抑又聞之，台輔之職，論道讚契，上佐人主，燮理陰陽。位以德授，則和氣淳穆；寇竊非據，則譴見于天。是以陳平有辭，不濫主者之局；邴吉停駕，大懼牛喘之由。斯固有國之所同，天人之遠旨。陛下聖哲御世，光隆中興，〔一二〕宜休徵表祥，醴泉崧涌。而頃陰陽隔并，亢旱成災，秋無嚴霜，冬無積雪，疾厲之氣，彌歷四時。此豈非任失其

人，覆餗之咎。臣以庸短，自輩凡流，謬逢嘉運，叨恩在昔。陛下忘其不腆，又重之以今任。正位槐鼎，統理神州，珥貂衣袞，總錄朝端，內外要重，頓萃微躬，窮極寵貴，人臣莫比。令德居之，猶或難稱，矧伊陋昧，何以克任。此之易了，不俟明識。但受命之始，屬値時艱，六戎親戒，憂及社稷，誠是臣下致節忘身之時，當有何心，塵撓聖聽。所以僶俛從事，循牆馳驅，志在宣力，慮不及遠。既鯨鯢折首，西夏底定，便宜訴其本懷，避賢謝拙。而常人偸安，日甘一日，實亦仰佩天眷，未能自已。荏苒推遷，忽及三載。遂令負乘之釁，彰著幽明；愆伏之災，患纏氓庶。上缺皇朝緝熙之美，下增官謗覆折之災。伏念惶赧，五情飛散，雖曰厚顏，何以寧處。不遠而復，大易攸稱，小懲大戒，細人之福。近復之美，非所敢觖，懲戒之幸，竊懷庶幾。今履端惟始，朝慶禮畢，輒還私門，思愆家巷，庶微塞天譴，少弭謗讟。伏願鑑其所守，卽而許之。臨啓愧塞，不自宣盡。」

先是彭城王義康爲荊州刺史，鎭江陵。平陸令河南成粲與弘書曰：「僕聞軌物設教，必隨時制宜；世代盈虛，亦與之消息。夫勢之所處，非親不居。是以周之宗盟，異姓爲後。權軸之要，任歸二南，斯前代之明謨，當今之顯轍。明公位極台鼎，四海具瞻，劬勞夙夜，義同吐握。而總錄百揆，兼牧畿甸，功實盛大，莫之與儔。天道福謙，宜存挹損。驃騎彭城王道德昭備，上之懿弟，宗本歸源，所應推先，〔宜入秉朝政，翊贊皇猷。竟陵、衡陽春秋已長，又〕

宜出據列蕃，齊光魯、衞。〔一三〕明公高枕論道，燮理陰陽，則天下和平，災害不作，福慶與大宋升降，享年與松、喬齊久，名垂萬代，豈不美歟！」弘本有退志，挾粲言，由是固自陳請，乃降爲衞將軍、開府儀同三司。

六年，弘又上表曰：「臣聞異姓爲後，宗周之明義；親不在外，有國之所先。故魯長滕君，春秋所美，楚出秦疾，前史垂誡。矧乃茂親明德，道光一時，述職侯甸，朝政弗及，而以庶族庸陋浮華之臣，超踰先典，居中贊契，豈所以憲章古式，緝熙治道？驃騎將軍臣義康，徽猷淵邈，明德彌劭，敷政江漢，化被荊南，搢紳屬情，想樂當務，周旦之寄，不謀同詞，分陝雖重，比此爲輕。臣實空闇，階恩踰越，俯積素餐，仰玷盛化，公私二三，無一而可。昔孫叔未進，優孟見攷；展季在下，臧文貽譏。況道隆地昵，義兼前禮。臣於古人，無能爲役，負乘竊位，萬物謂何，雖曰厚顏，胡寧以處。斯亡之懼，實疚其心。乞解州錄，以允民望。伏願陛下遠存至公，近鑑丹款，俯順朝野，改授親賢。豈唯下臣，獲免大戾，凡厥衆隸，孰不慶幸。若天眷罔已，脫復遲回，請出臣表，逮聞外內，朝議輿誦，或有可擇。」詔曰：「省表，遠擬隆周經國之體，近述大易卑牧之志，三復沖旨，良用憮然。公體道淵虛，明識經遠，毗翼艱難，勳猷光茂，俾朕獲辰居垂拱，司契委成。豈容高遜總錄，固辭神州，使成務有虧，以重朕之不德邪！深存體國，所望斎亮。驃騎親賢之寄，地均旦、奭，還入內輔，參讚機務，輒敬從

所執。」義康由是代弘爲司徒，與之分錄。

弘又表曰：「近冒表聞，披陳愚管，實冀天鑒，體其至誠。而奉被還詔，未蒙酬察，徒塵聖覽，仰延優旨，顧影慚惶，罔識攸厝。臣忝荷要重，四載于今，既違前史量力之誡，又微古人進賢之美，尸位固寵，日積官謗，旋觀周行，興愧已厚。況在親賢，朝野歸德，甫思引身，曷云能補，惟塵大典，虧喪已多。不悟天眷之隆，復垂恩獎，名器弗改，蒙寵如舊，愚惑自揆，[一四]茫若無涯。臣義康既總錄百揆，毗讚盛化，忝廁下風，諮憑有所。內朝細務，庶可免竭，神州任重，望實兼該，臣何人斯，寇竊不已。爲尒推遷，覆敗將及，就無人事之愆，必有陰陽之患。伏念惟憂，疢如疾首，不知何理，可以自安。但成旨已決，渙汗難反，加臣懦劣，少無此志，進不能抗言陳辭，以死自固，退不能重繭置冰，鮮食爲瘠，祇畏天威，遂復俛仰。至於攝督所部，料綜文案，曹局吏役，所須不多，其餘文武，皆爲宂長。相府初建，或有未充，請留職僚同事而已，自此以外，及諸資實，一送司徒。臣受恩深重，休戚是預，義無虛飾，苟自貶損。伏願聖察，特垂許順，不令誠訴，見其抑奪。」[一五]上又詔曰：「衞軍表如此，司徒宜須事力，可順公雅懷，割二千人配府。資儲不煩事送。」

弘博練治體，留心庶事，斟酌時宜，每存優允。與八座丞郎疏曰：「同伍犯法，無士人不罪之科，然每至詰譎，輒有請訴。若垂恩宥，則法廢不可行，依事糾責，則物以爲苦怨。宜

更爲其制，使得優苦之衷也。[一六]又主守偷五匹，常偷四十匹，並加大辟，議者咸以爲重，宜進主守偷十匹、常偷五十匹死，四十匹降以補兵。既得小寬民命，亦足以有懲也。想各言所懷。」

左丞江奥議：「士人犯盜贓不及棄市者，刑竟，自在贓汙淫盜之目，淸議終身，經赦不原。當之者足以塞愆，聞之者足以鑒誡。若復雷同羣小，謫以兵役，愚謂爲苦。符伍雖比屋鄰居，至於士庶之際，實自天隔，舍藏之罪，無以相關。奴客與符伍交接，有所藏蔽，可以得知，是以罪及奴客。自是客身犯愆，非代郎主受罪也。如其無奴，則不應坐。」

右丞孔默之議：「君子小人，既雜爲符伍，不得不以相檢爲義。士庶雖殊，而理有聞察，譬百司居上，所以下不必躬親而後同坐。是故犯違之日，理自相關。[一七]今罪其養子、典計者，蓋義存戮僕。如此，則無奴之室，豈得宴安。但既云復士，宜令輸贖。常盜四十匹，主守五匹，降死補兵。雖大存寬惠，以紓民命，然官及二千石及失節士大夫，時有犯者，罪乃可戮，恐不可以補兵也。謂此制可施小人，士人自還用舊律。」

尚書王准之議：「昔爲山陰令，士人在伍，謂之押符。同伍有愆，得不及坐，士人有罪，符伍糾之。此非士庶殊制，實使卽刑當罪耳。夫束脩之冑，與小人隔絕，防檢無方，宜及不逞之士，事接羣細，既同符伍，故使糾之。于時行此，非唯一處。左丞議奴客與鄰伍相關，可得檢察，符中有犯，使及刑坐。卽事而求，有乖實理。有奴客者，類多使役，東西分散，住家者少。其有停者，左右驅馳，動止所須，出門甚寡，典計者在家十無其一。奴客坐伍，濫刑必衆，恐非立法當罪本旨。右丞議士人犯偷，不及大辟者，宥補兵。雖欲弘士，懼無以懲邪。乘理則君子，違之則小人。制嚴於上，猶冒犯之，以其宥科，犯者或衆。使畏法革心，[一八]乃所以大宥也。且士庶異制，意所不同。」

殿中郎謝元議謂：「事必先正其本，[一九]然後其末可理。本所以押士大夫於符伍者，所以檢小人邪？[二〇]爲使受檢於小人邪？[二一]案左丞稱士庶天隔，[二二]則士無弘庶之由，以不知而押之於伍，則是受檢於小人也。然則小人有罪，士人無事，僕隸何罪，而令坐之。若以實相交關，責其聞察，[二三]則意有未因。何者？名實殊章，公私異令，奴不押符，是無名也，民乏貲財，是私賤也。以私賤無名之人，豫公家有實之任，公私混淆，名實非允。由此而言，謂不宜坐。還從其主，於事爲宜。無奴之士，不在此例。若士人本檢小人，則小人有過，已應獲罪，而其奴則義歸戮僕，然則無奴之士，未合宴安，使之輸贖，於事非謬。二科所附，惟制之本耳。此自是辯章二本，欲使各從其分。至於求之管見，宜附前科，區別士庶，於義爲美。盜制，按左丞議，士人既終不爲兵革，幸可同寬宥之惠，不必依舊律，於議咸允。」

吏部郎何尚之議：「按孔右丞議，士人坐符伍爲罪，有奴罪奴，無奴輸贖。既許士庶緬隔，則聞察自難，不宜以難知之事，定以必知之法。夫有奴不賢，無奴不必不賢。今多僮者傲然於王憲，無僕者怵迫於時網，是爲恩之所霑，恒在程、卓，法之所設，必加顏、原，求之鄙懷，竊所未愜。謝殿中謂奴不隨主，於名分不明，誠是有理。然奴僕實與閭里相關，今都不問，恐有所失。意同左丞議。」

弘議曰：「尋律令既不分別士庶，又士人坐同伍罹謫者，無處無之，多爲時恩所宥，故不盡親謫耳。吳及義興適有許、陸之徒，以同符合給，二千石論啓丹書。己未間，會稽士人云十數年前，亦有四族坐此被責，以時恩獲停。而王尚書云人舊無同伍坐，所未之解。恐莅任之日，偶不值此事故邪。聖明御世，士人誠不憂至苦，然要須臨事論通，上干天聽爲紛擾，不如近爲定科，使輕重有節也。又尋甲符制，蠲士人不傳符耳，令史復除，亦得如之。共相押領，有違糾列，了無等衰，非許士人閭里之外也。諸議云士庶緬絕，不相參知，則士人犯法，庶民得不知。若庶民不許不知，何許士人不知。小民自非超然簡獨，永絕塵秕者，比門接棟，小以爲意，終自聞知，不必須日夕來往也。右丞百司之言，粗是其況。如衰陵士人，實與里巷關接，[二四]相知情狀，乃當於冠帶小民。今謂之士人，便無小人之坐；署爲小民，輒受士人之罰。於情於法，不其頗歟？且都令不及士流，士流爲輕，則小人令使徵預其

罰，便事至相糾，閭伍之防，亦爲不同。謂士人可不受同伍之讁耳，罪其奴客，庸何傷邪？無奴客，可令輸贖，又或無奴僮爲衆所明者，官長二千石便當親臨列上，依事遣判。又主偸五匹，常偸四十匹，〔二五〕謂應見優量者，實以小吏無知，臨財易昧，或由疏慢，事蹈重科，求之於心，常有可愍，故欲小進匹數，寬其性命耳。至於官長以上，荷蒙祿榮，付以局任，當正己明憲，檢下防非，而親犯科律，亂法冒利，五匹乃已爲弘矣。士人無私相偸四十匹理，就使至此，致以明罰，固其宜耳，並何容復加哀矜。且此輩士人，可殺不可讁，有如諸論，本意自不在此也。近聞之道路，聊欲共論，不呼乃爾難精。旣衆議糾紛，將不如其已。若呼不應停寢，謂宜集議奏聞，決之聖旨。」太祖詔：「衛軍議爲允。」

弘又上言：「舊制，民年十三半役，十六全役。當以十三以上，能自營私及公，故以充役。而考之見事，猶或未盡。體有强弱，不皆稱年。且在家自隨，力所能堪，不容過苦。移之公役，動有定科，循吏隱恤，可無其患，庸宰守常，已有勤劇，況值苛政，豈可稱言。乃有務在豐役，增進年齒，孤遠貧弱，其敝尤深。至令依寄無所，生死靡告，一身之切，逃竄求免，家人遠討，胎孕不育，巧避羅憲，實亦由之。今皇化惟新，四方無事，役召之宜，〔二六〕應存乎消息。十五至十六，宜爲半丁，十七爲全丁。」〔二七〕從之。

其後弘寢疾，弘表屢乞骸骨，上輒優詔不許。九年，進位太保，領中書監，餘如故。其

年，薨。時年五十四。卽贈太保、中書監，給節，加羽葆、鼓吹，增班劍爲六十人，侍中、錄尙書、刺史如故。謚曰文昭公。配食高祖廟廷。其年，詔曰：「乃者三逆煽禍，實繁有徒，爰初遵養，曁于明罰，外虞內慮，實惟艱難。故太保華容縣公弘、故衛將軍華、故左光祿大夫曇首，抱義懷忠，乃情同至，籌謀廟堂，竭盡智力，經綸夷險，〔二八〕簡自朕心。國恥旣雪，允膺茅土，而並執謙挹，志不命踰，故用佇朝典，將有後命。盛業不究，相係殞落，永懷傷歎，痛恨無已。弘可增封千戶，華、曇首封開國縣侯，食邑各千戶。護軍將軍建昌公彥之，深誠密謨，比蹤齊望，其復先食邑，以酬忠勳。」又詔：「閒王太保家便已匱乏，清約之美，同規古人。言念始終，情增悽歎。可賜錢百萬，米千斛。」

世祖大明五年，車駕遊幸，經弘墓。下詔曰：「故侍中、中書監、太保、錄尙書事、揚州刺史華容文昭公弘，德猷光劭，鑒識明遠。故散騎常侍、左光祿大夫、太子詹事豫寧文侯曇首，〔二九〕夙尙恬素，理心貞正。並綢繆先眷，契闊屯夷，內亮王道，外流徽譽。以國圖令勳，民思茂惠。朕薄巡都外，瞻覽墳塋，永言想慨，良深于懷。便可遣使致祭墓所。」

弘明敏有思致，旣以民望所宗，造次必存禮法，凡動止施爲，及書翰儀體，後人皆依倣之，謂爲王太保家法。雖歷任藩輔，〔三〇〕不營財利，薨亡之後，家無餘業。而輕率少威儀，性又褊隘，人忤意者，輒面加責辱。少時嘗摴蒲公城子野舍，及後當權，有人就弘求縣，辭訴

頗切。此人嘗以蒱戲得罪，弘詰之曰：「君得錢會戲，何用祿爲！」答曰：「不審公城子野何在？」弘默然。

子錫嗣。少以宰相子，起家爲員外散騎，歷清職，中書郎，太子左衛率，江夏內史。高自位遇。太尉江夏王義恭當朝，錫箕踞大坐，殆無推敬。卒官。子僧亮嗣。齊受禪，降爵爲侯，食邑五百戶。弘少子僧達，別有傳。

弘弟虞，廷尉卿。虞子深，有美名，官至新安太守。虞弟抑，光祿大夫。抑弟孺，侍中。孺弟曇首，別有傳。

弘從父弟練，晉中書令珉子也。元嘉中，歷顯官，侍中，度支尙書。練子釗，世祖大明中，亦經清職，黃門郎，臨海王子頊晉安王子勛征虜、前軍長史，左民尙書。太宗初，爲司徒左長史。隨司徒建安王休仁出赭圻，時居母憂，加冠軍將軍。忤犯休仁，出爲始興相。休仁恚之不已，太宗乃收付廷尉，賜死。

史臣曰：晉綱弛紊，其漸有由，孝武守文於上，化不下及，道子昏德居宗，憲章墜矣。重

之以國寶啓亂，加之以元顯嗣虐，而祖宗之遺典，羣公之舊章，莫不葉散冰離，掃地盡矣。主威不樹，臣道專行，國典人殊，朝綱家異，編戶之命，竭於豪門，王府之蓄，變爲私藏。由是禍基東妖，難結天下，蕩蕩然王道不絕者若綖。高祖一朝創義，事屬橫流，改亂章，布平道，尊主卑臣之義，定於馬棰之間。威令一施，內外從禁，以建武、永平之風，變太元、隆安之俗，此蓋文宣公之爲也。爲一代宗臣，配饗清廟，豈徒然哉！

校勘記

〔一〕且其勢亦美　「勢」各本並作「名」，據南史、元龜七二二改。

〔二〕自旦至日中　各本並脫「日」字，據南史、藝文類聚五八引、建康實錄、元龜三八八、七一八、八五〇、御覽五九五引補。

〔三〕將軍尹領選如故　各本並脫「軍」字，據南史補。

〔四〕甲仗五十人入殿　各本並脫「入殿」二字，據南史補。

〔五〕故尙書左僕射前將軍臣穆之　「前將軍」各本並作「前軍將軍」，據南史刪「軍」字。孫虨宋書考論云：「是前將軍，誤多軍字。」

〔六〕事隔於皇朝者　各本並脫「者」字，據南史補。

〔七〕南康國吏二百許人　「吏」各本並作「史」，據南史、元龜九二八、御覽七四二引改。

〔八〕又有義宜故部曲潛於梁山洲外下投官軍　「有」疑當作「與」，或文有譌奪。

〔九〕遂居劉安衆處　「劉」各本並作「留」，據南史、元龜九四四改。孫虨宋書考論云：「留當爲劉，謂劉湛也。湛父柳，晉時封，湛襲封安衆男爵。」按劉湛出繼伯父淡，襲封安衆縣五等男。

〔一〇〕而府資役單刻　各本並脫「役」字，據元龜五〇三補。按府資單刻，謂軍府資望不足。府資役單刻，謂軍府役力不足。驃騎府不得謂資望不足，故當加「役」字。

〔一一〕御史中丞都亭侯王淮之　「王淮之」三朝本、北監本、毛本、殿本、局本並作「王淮之」。按三朝本所據宋本殘葉，本作「王淮之」。張元濟校勘記云：「當作王淮之，見傳二十。」及影印百衲本時，襄校事者又據誤本改成「王淮之」。今改正。元龜五一八亦作「王淮之」不誤。「淮」本作「準」，以宋順帝諱，改作「淮」。

〔一二〕光隆中興　各本並脫「中興」二字，據元龜三三二補。

〔一三〕宜入秉朝政翊贊皇猷覽陵衡陽春秋已長又宜出據列蕃齊光魯衛　各本並脫「宜入秉朝政至春秋已長又」共十八字，據建康實錄補。

〔一四〕愚惑自揆　「愚惑」各本並作「感愚」，永樂大典卷六八三一作「感恩」，元龜三三一作「愚惑」。今據元龜改。

〔一五〕見其抑奪　「見其」各本並作「其見」，據元龜三三一改正。

〔一六〕使得優苦之吏也　「優」各本並作「憂」，據元龜六一五改。

〔一七〕理自相關　各本並脫「相」字，據元龜六一五補。

〔一八〕使畏法革心　「革」各本並作「共」，據元龜六一五改。

〔一九〕事必先正其本　「事必先正」四字，宋本空格，弘治本、北監本、毛本、殿本、局本作「宜先治」三字，今據元龜六一五補。

〔二〇〕本所以押士大夫於符伍者所以檢小人邪　「押」各本並作「探」，據元龜六一五改。「伍者所」三字，宋本殘葉空白，弘治本、北監本、毛本、殿本、局本作「而末所」三字，今據元龜六一五補。

〔二一〕爲使受檢於小人邪　「爲」字，宋本殘葉空白，弘治本、北監本、毛本、殿本、局本作「可」字，元龜六一五作「爲」字。今據元龜補。

〔二二〕案左丞稱士庶天隔　「案左丞稱」四字，宋本殘葉空白，弘治本、北監本、毛本、殿本、局本作「士犯坐奴是」五字，今據元龜六一五補。

〔二三〕責其闕察　「責」各本並作「貴」，據元龜六一五改。

〔二四〕實與里巷關接　「接」宋本殘葉空白，弘治本、北監本、毛本、殿本、局本作「通」，今據元龜六一五補。

〔二五〕又主偸五匹常偸四十匹　各本並作「偸五匹，四十匹」，據南史訂補。

〔二六〕役召之宜　各本並脫「宜」字，據通典食貨典、元龜四八六補。

〔二七〕十七爲全丁　各本並脫「丁」字，據南史、通典食貨典、元龜四八六補。

〔二八〕經綸夷險　宋本殘葉作「經□□險」，弘治本、北監本、毛本、殿本、局本作「經營艱險」，元龜二一八作「經綸夷險」。今據元龜補。

〔二九〕豫寧文侯曇首　「豫寧」各本並作「豫章」，據王曇首傳改正。按州郡志，豫章郡有豫寧縣，無豫章縣，作豫寧是。

〔三〇〕雖歷任藩輔　「藩輔」各本並作「藩翰」，據南史改。

宋書卷四十三

列傳第三

徐羨之　傅亮　檀道濟

徐羨之字宗文，東海郯人也。祖寧，尚書吏部郎，江州刺史，未拜卒。父祚之，上虞令。

羨之少爲王雅太子少傅主簿，劉牢之鎭北功曹，尚書祠部郎，不拜，桓脩撫軍中兵曹參軍。與高祖同府，深相親結。義旗建，高祖版爲鎭軍參軍，尚書庫部郎，領軍司馬。與謝混共事，混甚知之。補琅邪王大司馬參軍，司徒左西屬，徐州別駕從事史，太尉諮議參軍。義熙十一年，除鷹揚將軍、琅邪內史，仍爲大司馬從事中郎，將軍如故。[一]高祖北伐，轉太尉左司馬，掌留任，以副貳劉穆之。

初，高祖議欲北伐，朝士多諫，唯羨之默然。或問何獨不言，羨之曰：「吾位至二品，[二]官爲二千石，志願久充。今二方已平，拓地萬里，唯有小羌未定，而公寢食不忘。意量乖殊，

何可輕豫。」劉穆之卒，高祖命以羨之爲吏部尚書、建威將軍、丹陽尹，總知留任，甲仗二十人出入。轉尚書僕射，將軍、尹如故。

十四年，大司馬府軍人朱興妻周坐息男道扶年三歲，先得癇病，周因其病發，掘地生埋之，爲道扶姑女所告，正周棄市刑。羨之議曰：「自然之愛，虎狼猶仁。周之凶忍，宜加顯戮。臣以爲法律之外，故尚弘物之理。母之卽刑，由子明法，爲子之道，焉有自容之地。雖伏法者當罪，而在宥者靡容。愚謂可特申之遐裔。」從之。

高祖踐阼，進號鎭軍將軍，加散騎常侍。上初卽位，思佐命之功，詔曰：「散騎常侍、尚書僕射、鎭軍將軍、丹陽尹徐羨之，監江州豫州之西陽新蔡諸軍事、撫軍將軍、江州刺史華容侯王弘，散騎常侍、護軍將軍作唐男檀道濟，中書令、領太子詹事傅亮，侍中、中領軍謝晦，前左將軍、江州刺史宜陽侯檀韶，使持節、雍梁南北秦四州荆州之河北諸軍事、後將軍、雍州刺史關中侯趙倫之，使持節、督北徐兗青三州諸軍事、征虜將軍、北徐州刺史南城男劉懷慎，散騎常侍、領太子左衞率新淦侯王仲德，前冠軍將軍、北青州刺史安南男向彌，左衞將軍灄陽男劉粹，使持節、南蠻校尉佷山子到彥之，西中郎司馬南郡相宜陽侯張邵，[三]參西中郎將軍事、建威將軍、河東太守資中侯沈林子等，或忠規遠謀，扶讚洪業；或肆勤樹績，弘濟艱難。經始圖終，勳烈惟茂，並宜與國同休，饗茲大賚。羨之可封南昌縣公，弘可華容縣公，道濟可改封永脩縣公，亮可建城縣公，晦可武昌縣公，食邑各二千戶；韶可更增邑二千五百戶，仲德可增邑二千二百戶；懷慎、彥之各進爵爲侯，粹改封建安縣侯，並增邑爲千戶；倫之可封霄城縣侯，食邑千戶；邵可封臨沮縣伯，林子可封漢壽縣伯，食邑六百戶。開國之制，率遵舊章。」

羨之遷尚書令、揚州刺史，加散騎常侍。進位司空、錄尚書事，常侍、刺史如故。羨之起自布衣，又無術學，直以志力局度，一旦居廊廟，朝野推服，咸謂有宰臣之望。沈密寡言，不以憂喜見色。頗工弈棊，觀戲常若未解，當世倍以此推之。傅亮、蔡廓常言：「徐公曉萬事，安異同。」

高祖不豫，加班劍三十人。宮車晏駕，與中書令傅亮、領軍將軍謝晦、鎭北將軍檀道濟同被顧命。少帝詔曰：「平理獄訟，政道所先。朕哀荒在疚，未堪親覽。司空、尚書令可率衆官月一決獄。」

帝後失德，羨之等將謀廢立，而廬陵王義眞輕動多過，不任四海，乃先廢義眞，然後廢帝。時謝晦爲領軍，以府舍內屋敗應治，悉移家人出宅，聚將士於府內。鎭北將軍、南兗州刺史檀道濟先朝舊將，威服殿省，且有兵衆，召使入朝，告之以謀。事將發，道濟入宿領軍府。中書舍人邢安泰、潘盛爲內應，其日守關。道濟領兵居前，羨之等繼其後，由東掖門雲

龍門入，宿衞先受處分，莫有動者。先是帝於華林園爲列肆，親自酤賣，又開瀆聚土，以像破崗，率左右唱呼引船爲樂。是夕，寢於龍舟，在天淵池。兵士進殺二人，又傷帝指。扶帝出東閤，收璽綬。羣臣拜辭，衞送故太子宮，遷於吳郡。侍中程道惠勸立第五皇弟義恭，羨之不許。遣使殺義眞於新安，殺帝於吳縣。時爲帝築宮未成，權居金昌亭，帝突走出昌門，追者以門關擊之倒地，然後加害。

太祖卽阼，進羨之司徒，餘如故，改封南平郡公，食邑四千戶，固讓加封。有司奏車駕依舊臨華林園聽訟，詔曰：「政刑多所未悉，可如先二公推訊。」

元嘉二年，羨之與左光祿大夫傅亮上表歸政，曰：「臣聞元首司契，運樞成務；臣道代終，事盡宣翼。冕旒之道，理絕於上皇；拱己之事，不行於中古。故高宗不言，以三齡爲斷；冢宰聽政，以再朞爲節。百王以降，罔或不然。陛下聖德紹興，負荷洪業，億兆顒顒，思陶盛化。而聖旨謙挹，委成羣司。自大禮告終，鑽燧三改，大明佇照，遠邇傾屬。臣等雖率誠屢聞，未能仰感，敢藉品物之情，謹因蒼生之志。伏願陛下遠存周文日昃之道，近思皇室締構之艱，時攬萬機，躬親朝政，廣闢四聰，博詢庶業，則雍熙可臻，有生幸甚。」上未許。羨之等重奏曰：「近陳寫下情，言爲心聲，奉被還詔，鑒許未回。豈惟愚臣，秉心有在，詢之朝野，人無異議。何者？形風四方，實繫王德，一國之事，本之一人。雖世代不同，時殊風異，至

於主運臣贊，古今一揆。未有渾心委任，而休明可期，此之非宜，布自遐邇。臣等荷遇二世，休慼以均，情爲國至，豈容順默。重披丹心，冒昧以請。」上猶辭。羨之等又固陳曰：「比表披陳，辭誠俱盡，詔旨沖遠，未垂聽納，三復屛營，伏增憂歎。臣聞克隆先構，幹蠱之盛業；昧旦丕顯，帝王之高義。自皇宋創運，英聖有造，殷憂未闕，艱患仍纏。賴天命有底，聖明承業，時屯國故，猶在民心。泰山之安，未易可保，昏明隆替，繫在聖躬。斯誠周詩夙興之辰，殷王待旦之日，豈得無爲拱己，復玄古之風，逡巡虛挹，徇匹夫之事。伏願以宗廟爲重，百姓爲心，弘大業以嗣先軌，隆聖道以增前烈。愚瞽所獻，情盡於此。」上乃許之。羨之仍遜位退還私第，兄子佩之及侍中程道惠、吳興太守王韶之等並謂非宜，敦勸甚苦，復奉詔攝任。

三年正月，詔曰：「民生於三，事之如一，愛敬同極，豈惟名教，況乃施侔造物，義在加隆者乎。徐羨之、傅亮、謝晦，皆因緣之才，荷恩在昔，擢自無聞，超居要重，卵翼而長，未足以譬。永初之季，天禍橫流，大明傾曜，四海遏密，實受顧託，任同負圖。而不能竭其股肱，盡其心力，送往無復言之節，事居闕忠貞之効，將順靡記，匡救蔑聞，懷寵取容，順成失德。雖末因懼禍，以建大策，而逞其悖心，不畏不義。播遷之始，謀肆酖毒，至止未幾，顯行怨殺，窮凶極虐，荼酷備加，顚沛皁隸之手，告盡逆旅之館，都鄙哀愕，行路飲涕。故廬陵王英秀明遠，徽風夙播，魯衞之寄，朝野屬情。羨之等暴蔑求專，忌賢畏逼，造構貝錦，成此無端，罔

主蒙上，橫加流屛，矯誣朝旨，致茲禍害。寄以國命，而翦爲仇讎，旬月之間，再肆酖毒，痛感三靈，怨結人鬼。自書契以來，棄常安忍，反易天明，未有如斯之甚者也。昔子家從弒，鄭人致討；宋肥無辜，蕩澤爲戮。況逆亂倍於往釁，情痛深於國家，此而可容，孰不可忍。卽宜誅殛，告謝存亡。而于時大事甫爾，異同紛結，匡國之勳實著，莫大之罪未彰。是以遠酌民心，近聽輿訟，雖欲討亂，慮或難圖，故忍戚含哀，懷恥累載。每念人生實難，情事未展，何嘗不顧影慟心，伏枕泣血。今逆臣之釁，彰暴遐邇，君子悲情，義徒思奮，家讎國恥，可得而雪，便命司寇，肅明典刑。晦據有上流，或不卽罪，朕當親率六師，爲其遏防。可遣中領軍到彥之卽日電發，征北將軍檀道濟絡驛繼路，符衞軍府州以時收翦。已命征虜將軍劉粹斷其走伏。罪止元凶，餘無所問。感惟永往，心情崩絕。氛霧既袪，庶幾治道。」

爾日詔召羨之。行至西明門外，時謝晦弟皭子肖反爲黃門郎，正直，報亮云：「殿內有異處分。」亮馳報羨之。羨之回還西州，乘內人問訊車出郭，步走至新林，入陶竈中自剄死，時年六十三。羨之初不應召，上遣中領軍到彥之、右衞將軍王華追討。羨之死，野人以告，載尸付廷尉。子喬之，尙高祖第六女富陽公主，官至竟陵王文學。喬之及弟乞奴從誅。

初，羨之年少時，嘗有一人來，謂之曰：「我是汝祖。」羨之因起拜之。此人曰：「汝有貴相，而有大厄，可以錢二十八文埋宅四角，可以免災。過此可位極人臣。」後羨之隨親之縣，住在縣內，嘗暫出，而賊自後破縣，縣內人無免者，雞犬亦盡，唯羨之在外獲全。隨從兄履之爲臨海樂安縣，嘗行經山中，見黑龍長丈餘，頭有角，前兩足皆具，無後足，曳尾而行。及拜司空，守闕將入，彗星晨見危南。又當拜時，雙鶴集太極東鴟尾鳴喚。〔四〕

兄子佩之，輕薄好利，高祖以其姻戚，累加寵任，爲丹陽尹，吳郡太守。景平初，以羨之秉權，頗豫政事。與王韶之、程道惠、中書舍人邢安泰、潘盛相結黨與。時謝晦久病，連灸，不堪見客。佩之等疑其託疾有異圖，與韶之、道惠同載詣傅亮，稱羨之意，欲令亮作詔誅之。亮答以爲：「已等三人，同受顧命，豈可相殘戮。若諸君果行此事，便當角巾步出掖門耳。」佩之等乃止。羨之既誅，太祖特宥佩之，免官而已。其年冬，佩之又結殿中監茅亨謀反，并告前寧州刺史應襲，以亨爲兗州，襲爲豫州。亨密以聞，襲亦告司徒王弘。佩之聚黨百餘人，殺牛犒賜，條牒時人，並相署置，期明年正會，於殿中作亂。未及數日，收斬之。

傅亮字季友，北地靈州人也。高祖咸，〔五〕司隸校尉。父瑗，以學業知名，位至安成太守。瑗與郗超善，超嘗造瑗，瑗見其二子迪及亮。亮年四五歲，超令人解亮衣，使左右持

去，初無吝色。超謂瑗曰：「卿小兒才名位宦，當遠踰於兄。然保家傳祚，終在大者。」迪字長猷，亦儒學，官至五兵尙書。永初二年卒，追贈太常。

亮博涉經史，尤善文詞。初爲建威參軍，桓謙中軍行參軍。桓玄篡位，聞其博學有文采，選爲祕書郎，欲令整正祕閣，未及拜而玄敗。義旗初，丹陽尹孟昶以爲建威參軍。義熙元年，除員外散騎侍郎，直西省，典掌詔命。轉領軍長史，以中書郎滕演代之。亮未拜，遭母憂，服闋，爲劉毅撫軍記室參軍，又補領軍司馬。七年，遷散騎侍郎，復代演直西省。仍轉中書黃門侍郎，直西省如故。高祖以其久直勤勞，欲以爲東陽郡，先以語迪，迪大喜告亮。亮不答，卽馳見高祖曰：「伏聞恩旨，賜擬東陽，家貧忝祿，私計爲幸。但憑廕之願，實結本心，乞歸天宇，不樂外出。」高祖笑曰：「謂卿之須祿耳，若能如此，甚協所望。」會西討司馬休之，以爲太尉從事中郎，掌記室。以太尉參軍羊徽爲中書郎，代直西省。

亮從征關、洛，還至彭城。宋國初建，令書除侍中，領世子中庶子。徙中書令，領中庶子如故。從還壽陽。高祖有受禪意，而難於發言，乃集朝臣宴飲，從容言曰：「桓玄暴篡，鼎命已移，我首唱大義，復興皇室，南征北伐，平定四海，功成業著，遂荷九錫。今年將衰暮，崇極如此，物戒盛滿，非可久安。今欲奉還爵位，歸老京師。」羣臣唯盛稱功德，莫曉此意。日晚坐散，亮還外，乃悟旨，而宮門已閉，亮於是叩扉請見，高祖卽開門見之。亮入便曰：「臣

暫宜還都。」高祖達解此意，無復他言，直云：「須幾人自送？」亮曰：「須數十人便足。」於是卽便奉辭。亮既出，已夜，見長星竟天。亮拊髀曰：「我常不信天文，今始驗矣。」至都，卽徵高祖入輔。

永初元年，遷太子詹事，中書令如故。以佐命功，封建城縣公，食邑二千戶。入直中書省，專典詔命。以亮任總國權，聽於省見客。神虎門外，每旦車常數百兩。高祖登庸之始，文筆皆是記室參軍滕演，北征廣固，悉委長史王誕，自此後至于受命，表策文誥，皆亮辭也。演字彥將，南陽西鄂人，官至黃門郎，祕書監。義熙八年卒。二年，亮轉尚書僕射，中書令、詹事如故。明年，高祖不豫，與徐羨之、謝晦並受顧命，給班劍二十人。

少帝卽位，進爲中書監，尚書令。景平二年，領護軍將軍。少帝廢，亮率行臺至江陵奉迎太祖。既至，立行門於江陵城南，題曰「大司馬門」。率行臺百僚詣門拜表，威儀禮容甚盛。太祖將下，引見亮，哭慟甚，哀動左右。既而問義眞及少帝薨廢本末，悲號嗚咽，侍側者莫能仰視。亮流汗沾背，不能答。於是布腹心於到彥之、王華等，深自結納。太祖登阼，加散騎常侍、左光祿大夫、開府儀同三司，本官悉如故。司空府文武卽爲左光祿府。又進爵始興郡公，食邑四千戶，固讓進封。

元嘉三年，太祖欲誅亮，先呼入見，省內密有報之者，亮辭以嫂病篤，求暫還家。遣信

報徐羨之，因乘車出郭門，騎馬奔兄迪墓。屯騎校尉郭泓收付廷尉，伏誅。時年五十三。初至廣莫門，上遣中書舍人以詔書示亮，幷謂曰：「以公江陵之誠，當使諸子無恙。」

初，亮見世路屯險，著論名曰演愼，曰：

大道有言，愼終如始，則無敗事矣。易曰：「括囊無咎。」愼不害也。又曰：「藉之用茅，何咎之有。」愼之至也。文王小心，大雅詠其多福；仲由好勇，馮河貽其苦箴。虞書著愼身之譽，周廟銘陛坐之側。因斯以談，所以保身全德，其莫尚於愼乎。

夫四道好謙，三材忌滿，祥萃虛室，鬼瞰高屋，豐屋有蔀家之災，鼎食無百年之貴。然而徇欲厚生者，忽而不戒，知進忘退者，曾莫之懲。前車已摧，後鑾不息，乘危以庶安，行險而徼幸，於是有顚墜覆亡之禍，殘生夭命之釁。其故何哉？流溺忘反，而以身輕於物也。

故昔之君子，同名爵於香餌，故傾危不及；思憂患而豫防，則針石無用。洪流壅於涓涓，合拱挫於纖蘖，介焉是式，色斯而舉，悟高鳥以風逝，鑒醴酒而投紱。夫豈敝著而後謀通，患結而後思復云爾而已哉！故詩曰：「愼爾侯度，用戒不虞。」言防萌也。

夫單以營內喪表，張以治外失中，齊、秦有守一之敗，偏恃無兼濟之功，冰炭滌於胸心，巖牆絕於四體。夫然，故形神偕全，表裏寧一，營魄內澄，百骸外固，邪氣不能襲，憂患不能及，然可以語至而言極矣。

夫以嵇子之抗心希古，絕羈獨放，五難之根既拔，立生之道無累，人患殆乎盡矣。徒以忽防於鍾、呂，肆言於禹、湯，禍機發於豪端，逸翮鎩於垂舉。覩夫貽書良友，則匹厚味於甘酖，□□□□□□其懼患也，若無轡而乘奔，其愼禍也，猶履冰而臨谷。或振褐高棲，揭竿獨往，或保約違豐，安于卑位。故漆園外楚，忌在龜犧，商洛遐遯，畏此駟馬。平仲辭邑，殷鑒於崔、慶，張臨挹滿，灼戒乎桑、霍。若君子覽茲二塗，則賢鄙之分既明，全喪之實又顯。非知之難，愼之惟艱，愼也者，言行之樞管乎。

夫據圖揮刃，愚夫弗爲，臨淵登峭，莫不惴慄。何則？害交故慮篤，患切而懼深。故詩曰：「不敢暴虎，不敢馮河。」愼微之謂也。故庖子涉族，怵然爲戒，差之一毫，弊猶如此。況乎觸害犯機，自投死地。禍福之具，內充外斥，陵九折於卭僰，泛衝波於呂梁，傾側成於俄頃，性命哀而莫救。嗚呼！嗚呼！故語有之曰，誠能愼之，福之根也。曰是何傷，禍之門爾。言愼而已矣。

亮布衣儒生，僥幸際會，既居宰輔，兼總重權，少帝失德，內懷憂懼，作感物賦以寄意焉。其辭曰：

余以暮秋之月，述職內禁，夜清務隙，游目藝苑。于時風霜初戒，蟄類尙繁，飛蛾

翔羽，翩翾滿室，赴軒幌，集明燭者，必以燋滅爲度。雖則微物，矜懷者久之。退感莊生異鵲之事，與彼同迷而忘反鑒之道，此先師所以鄙智，及齊客所以難日論也。〔六〕悵然有懷，感物興思，遂賦之云爾。

在西成之暮晷，肅皇命於禁中。聆蜻蛚於前廡，鑒朗月於房櫳。風蕭瑟以陵幌，霜皚皚而被墉。憐鳴蜩之應節，惜落景之懷東。嗟勞人之萃感，何夕永而慮充。眇今古以遐念，若循環之無終。詠倚相之遺矩，希董生之方融。鑽光燈而散袠，溫聖哲之遺蹤。墳素杳以難暨，九流紛其異封。領三百於無邪，貫五千於有宗。考舊聞於前史，訪心跡於汙隆。豈夷阻之在運，將全喪之由躬。遊翰林之彪炳，嘉美手於良工。辭存麗而去穢，旨既雅而能通。雖源流之深浩，且揚搉而發蒙。

習習飛蚋，飄飄纖蠅，緣幌求隙，望爓思陵。糜蘭膏而無悔，赴朗燭而未懲。瞻前軌之既覆，忘改轍於後乘。匪微物之足悼，悵永念而捬膺。彼人道之爲貴，參二儀而比靈。稟清曠以授氣，修緣督而爲經。照安危於心術，鏡纖兆於未形。有徇末而捨本，或耽欲而忘生。碎隨侯於微爵，捐所重而要輕。矧昆蟲之所昧，在智士其猶嬰。悟雕陵於莊氏，幾鑒濁而迷清。仰前修之懿軌，知吾跡之未并。雖宋元之外占，曷在予之克明。豈知反之徒爾，喟投翰以增情。

中華書局

初，奉迎大駕，道路賦詩三首，共一篇有悔懼之辭，曰：「夙櫂發皇邑，有人祖我舟。餞離不以幣，贈言重琳球。知止道攸貴，懷祿義所尤。四牡倦長路，君轡可以收。張邴結晨軌，疏董頓夕輈。東隅誠已謝，西景逝不留。性命安可圖，懷此作前修。敷衽銘篤誨，引帶佩嘉謀。迷寵非予志，厚德良未酬。撫躬愧疲朽，三省慚爵浮。重明照蓬艾，萬品同率由。忠誥豈假知，式微發直謳。」亮自知傾覆，求退無由，又作辛有、穆生、董仲道讚，稱其見微之美。

長子演，祕書郎，先亮卒。演弟悝、湛逃亡，湛弟都，徙建安郡；世祖孝建之中，並還京師。

檀道濟，高平金鄉人，左將軍韶少弟也。少孤，居喪備禮。奉姊事兄，以和謹致稱。高祖創義，道濟從入京城，參高祖建武軍事，轉征西。討平魯山，禽桓振，除輔國參軍、南陽太守。以建義勳，封吳興縣五等侯。盧循寇逆，羣盜互起，郭寄生等聚作唐，以道濟爲揚武將軍、天門太守討平之。又從劉道規討桓謙、苟林等，率厲文武，身先士卒，所向摧破。及徐道覆來逼，道規親出拒戰，道濟戰功居多。遷安遠護軍、武陵內史。復爲太尉參軍，拜

中書侍郎，轉寧朔將軍，參太尉軍事。以前後功封作唐縣男，食邑四百戶。補太尉主簿、諮議參軍。豫章公世子爲征虜將軍鎮京口，道濟爲司馬、臨淮太守。又爲世子西中郎司馬、梁國內史。復爲世子征虜將軍司馬，加冠軍將軍。

義熙十二年，高祖北伐，以道濟爲前鋒出淮、肥，所至諸城戍望風降服。進剋許昌，獲僞寧朔將軍、潁川太守姚坦，〔七〕及大將楊業。至成皋，僞兗州刺史韋華降。逕進洛陽，僞平南將軍陳留公姚洸歸順。〔八〕凡拔城破壘，俘四千餘人。議者謂應悉戮以爲京觀。道濟曰：「伐罪弔民，正在今日。」皆釋而遣之。於是戎夷感悅，相率歸之者甚衆。進據潼關，與諸軍共破姚紹。長安既平，以爲征虜將軍、琅邪內史。世子當鎮江陵，復以道濟爲西中郎司馬、持節、南蠻校尉。又加征虜將軍。遷宋國侍中，領世子中庶子，兗州大中正。

高祖受命，轉護軍，加散騎常侍，領石頭戍事。聽直入殿省。以佐命功，改封永脩縣公，食邑二千戶。徙爲丹陽尹，護軍如故。高祖不豫，給班劍二十人。

出監南徐兗之江北淮南諸郡軍事、鎮北將軍、南兗州刺史。景平元年，虜圍青州刺史竺夔於東陽城，夔告急。加道濟使持節、監征討諸軍事，與王仲德救東陽。未及至，虜燒營，焚攻具遁走。將追之，城內無食，乃開窖取久穀，窖深數丈，出穀作米，已經再宿，虜去已遠，不復可追，乃止。還鎮廣陵。

徐羨之將廢廬陵王義眞，以告道濟，道濟意不同，屢陳不可，不見納。羨之等謀欲廢立，諷道濟入朝，既至，以謀告之。將廢之夜，道濟入領軍府就謝晦宿。晦其夕竦動不得眠，道濟就寢便熟，晦以此服之。太祖未至，道濟入守朝堂。上卽位，進號征北將軍，加散騎常侍，給鼓吹一部。進封武陵郡公，食邑四千戶。固辭進封。又增督青州、徐州之淮陽下邳琅邪東莞五郡諸軍事。〔九〕

及討謝晦，道濟率軍繼到彥之。彥之戰敗，退保隱圻，會道濟至。晦本謂道濟與羨之等同誅，忽聞來上，人情兇懼，遂不戰自潰。事平，遷都督江州荊州之江夏豫州之西陽新蔡晉熙四郡諸軍事、征南大將軍、開府儀同三司、江州刺史，〔一〇〕持節、常侍如故。增封千戶。

元嘉八年，到彥之伐索虜，已平河南，尋復失之，金墉、虎牢並沒，虜逼滑臺。加道濟都督征討諸軍事，率衆北討。軍至東平壽張縣，值虜安平公乙旃眷。道濟率寧朔將軍王仲德、驍騎將軍段宏奮擊，大破之。轉戰至高梁亭，虜寧南將軍、濟州刺史壽昌公悉頰庫結前後邀戰，道濟分遣段宏及臺隊主沈虔之等奇兵擊之，卽斬悉頰庫結。道濟進至濟上，連戰二十餘日，前後數十交，虜衆盛，遂陷滑臺。道濟於歷城全軍而反。進位司空，持節、常侍、都督、刺史並如故。還鎮尋陽。

道濟立功前朝，威名甚重，左右腹心，並經百戰，諸子又有才氣，朝廷疑畏之。太祖寢

疾累年，屢經危殆，彭城王義康慮宮車晏駕，道濟不可復制。十二年，上疾篤，會索虜爲邊寇，召道濟入朝。既至，上間。十三年春，將遣道濟還鎮，已下船矣，會上疾動，召入祖道，收付廷尉。詔曰：「檀道濟階緣時幸，荷恩在昔，寵靈優渥，莫與爲比。曾不感佩殊遇，思答萬分，乃空懷疑貳，履霜日久。元嘉以來，猜阻滋結，不義不昵之心，附下罔上之事，固已暴之民聽，彰於遐邇。謝靈運志凶辭醜，不臣顯著，納受邪說，每相容隱。又潛散金貨，招誘剽猾，逋逃必至，實繁彌廣，日夜伺隙，希冀非望。鎮軍將軍仲德往年入朝，屢陳此迹。朕以其位居台鉉，豫班河岳，彌縫容養，庶或能革。而長惡不悛，凶慝遂遘，因朕寢疾，規肆禍心。前南蠻行參軍龐延祖具悉奸狀，密以啓聞。夫君親無將，刑茲罔赦。況罪釁深重，若斯之甚。便可收付廷尉，肅正刑書。事止元惡，餘無所問。」於是收道濟及其子給事黃門侍郎植、司徒從事中郎粲、太子舍人隰、征北主簿承伯、祕書郎遵等八人，並於廷尉伏誅。又收司空參軍薛彤，〔一一〕付建康伏法。又遣尚書庫部郎顧仲文、建武將軍茅亭至尋陽，收道濟子夷、邕、演及司空參軍高進之誅之。薛彤、進之並道濟腹心，有勇力，時以比張飛、關羽。初，道濟見收，脫幘投地曰：「乃復壞汝萬里之長城！」邕子孺乃被宥，世祖世，爲奉朝請。

史臣曰：夫彈冠出里，結組登朝，道申於夷路，運艱於險轍，是以古人裴回於出處，交戰乎臨岐。若其任重於身，恩結自主，雖復據鼎承劍，悠然不以存歿爲懷。當二公受言西殿，跪承顧託，若使死而可再，固以赴蹈爲期也。及逢權定之機，當震主之地，甫欲攘抑後禍，御敵身災，使桐宮有卒迫之痛，淮王非中霧之疾。若以社稷爲存亡，則義異於此。但彭城無燕剌之釁，而有楚英之戮。若使一昆延曆，亦未知定終所在也。謝晦言不以賊遺君父，豈徒言哉。

校勘記

〔一〕將軍如故　各本並脫「軍」字，孫虨宋書考論云：「將下當有軍字。」按孫說是，今補正。

〔二〕吾位至二品　張森楷校勘記云：「案羨之時以鷹揚將軍、琅邪內史，仍爲大司馬從事中郎，轉太尉左司馬。據百官志，無一官在二品者，而鷹揚之號及內史並第五品，疑二品是五品之誤。」

〔三〕西中郎司馬南郡相宜陽侯張邵　各本並脫「相」字。孫虨宋書考論云：「南郡下脫相字。」按張邵傳，邵曾爲南郡相。孫說是，今補正。

〔四〕雙鸛集太極東鴟尾鳴喚　「鸛」各本並作「鶴」，據五行志改正。

〔五〕高祖咸　各本並脫「高」字，孫虨宋書考論云：「南史，傅亮晉司隸校尉咸之玄孫也，此當脫『高』

字。傅隆傳曰高祖咸，又曰族弟亮。」按孫說是，今補正。

〔六〕及齊客所以難日論也　張森楷校勘記云：「日疑當作目。」孫虨宋書考論云：「當作目論。齊使者對越王，目見豪毛而不自見睫。」

〔七〕獲僞寧朔將軍潁川太守姚坦　「姚坦」通鑑晉安帝義熙十二年作「姚垣」。

〔八〕僞平南將軍陳留公姚洸歸順　「姚洸」各本並作「姚沈」，據王鎮惡傳及晉書載記改。

〔九〕又增督青州徐州之淮陽下邳琅邪東莞五郡諸軍事　廿二史考異云：「文云五郡而實四郡，當有脫誤。」

〔一〇〕遷都督江州荆州之江夏豫州之西陽新蔡晉熙四郡諸軍事征南大將軍開府儀同三司江州刺史　各本並脫「荆州」二字，據錢氏考異說補。廿二史考異云：「江州下當有荆州二字。是時江夏屬荆州。」

〔一一〕又收司空參軍薛彤　「薛彤」南史作「薛肜」。

宋書卷四十四

列傳第四

謝晦

謝晦字宣明，陳郡陽夏人也。祖朗，東陽太守。父重，會稽王道子驃騎長史。兄絢，高祖鎮軍長史，蚤卒。

晦初爲孟昶建威府中兵參軍。昶死，高祖問劉穆之：「孟昶參佐，誰堪入我府？」穆之舉晦，卽命爲太尉參軍。高祖嘗訊囚，其旦刑獄參軍有疾，札晦代之，於車中一覽訊牒，〔一〕催促便下。相府多事，獄繫殷積，晦隨問酬辯，曾無違謬。高祖奇之，卽日署刑獄賊曹，轉豫州治中從事。義熙八年，土斷僑流郡縣，使晦分判揚、豫民戶，以平允見稱。入爲太尉主簿。從征司馬休之。時徐逵之戰敗見殺，高祖怒，將自被甲登岸，諸將諫，不從，怒愈甚。晦前抱持高祖，高祖曰：「我斬卿！」晦曰：「天下可無晦，不可無公，晦死何有！」會胡藩已得

登岸，賊退走，乃止。

晦美風姿，善言笑，眉目分明，鬢髮如點漆。涉獵文義，朗贍多通。高祖深加愛賞，羣僚莫及。從征關、洛，內外要任悉委之。劉穆之遣使陳事，晦往往措異同，穆之怒曰：「公復有還時不？」高祖欲以爲從事中郎，以訪穆之，堅執不與。終穆之世不遷。穆之喪問至，高祖哭之甚慟。晦時正直，喜甚，自入閤內參審穆之死問。其日敎出，轉晦從事中郎。

宋臺初建，爲右衞將軍，尋加侍中。高祖受命，於石頭登壇，備法駕入宮。晦領游軍爲警備，遷中領軍，侍中如故。以佐命功，封武昌縣公，食邑二千戶。二年，坐行璽封鎮西司馬、南郡太守王華大封，而誤封北海太守球，版免晦侍中。

尋轉領軍將軍、散騎常侍，依晉中軍羊祜故事，入直殿省，總統宿衞。三月，高祖不豫，給班劍二十人，與徐羨之、傅亮、檀道濟並侍醫藥。少帝卽位，加領中書令，與羨之、亮共輔朝政。少帝既廢，司空徐羨之錄詔命，以晦行都督荆湘雍益寧南北秦七州諸軍事、撫軍將軍、領護南蠻校尉、荆州刺史，欲令居外爲援，慮太祖至或別用人，故遽有此授。精兵舊將，悉以配之，器仗軍資甚盛。太祖卽位，加使持節，依本位除授。晦慮不得去，甚憂惶，及發新亭，顧望石頭城，喜曰：「今得脫矣。」尋進號衞將軍，加散騎常侍，進封建平郡公，食邑四千戶，固讓進封。又給鼓吹一部。

初爲荆州，甚有自矜之色，將之鎭，詣從叔光祿大夫澹別。澹問晦年，晦答曰：「三十五。」〔二〕澹笑曰：「昔荀中郎年二十七爲北府都督，〔三〕卿比之，已爲老矣。」晦有愧色。

至江陵，深結侍中王華，冀以免禍。二女當配彭城王義康、新野侯義賓，元嘉二年，遣妻曹及長子世休送女還京邑。先是景平中，索虜爲寇，覆沒河南。至是上欲誅羨之等，并討晦。聲言北伐，又言拜京陵，〔四〕治裝舟艦。傅亮與晦書曰：「薄伐河朔，事猶未已，朝野之慮，憂懼者多。」又言：「朝士多諫北征，上當遣外監萬幼宗往相諮訪。」時朝廷處分異常，其謀頗泄。三年正月，晦弟黃門侍郎嚼馳使告晦，晦猶謂不然，呼諮議參軍何承天，示以亮書，曰：「計幼宗一二日必至，傅公慮我好事，故先遣此書。」承天曰：「外間所聞，咸謂西討已定，幼宗豈有上理。」晦尙謂虛妄，使承天豫立答詔啓草，言伐虜宜須明年。〔五〕江夏內史程道惠得尋陽人書，言「朝廷將有大處分，其事已審」，使其輔國府中兵參軍樂冏封以示晦。晦又謂承天曰：「幼宗尙未至，若復二三日無消息，便是不復來邪？」承天答曰：「詔使本無來理，如程所說，其事已判，豈容復疑。」

晦欲焚南蠻兵籍，率見力決戰。士人多勸發兵，乃立幡戒嚴，謂司馬庾登之曰：「今當自下，欲屈卿以三千人守城，備禦劉粹。」登之曰：「下官親老在都，又素無旅，〔六〕情計二三，不敢受此旨。」晦仍問諸佐：「戰士三千，足守城不？」南蠻司馬周超對曰：「非徒守城而已，若

有外寇，可以立勳。」登之乃曰：「超必能辦，下官請解司馬、南郡以授。」卽於坐命超爲司馬、建威將軍、南義陽太守，轉登之爲長史，南郡如故。

太祖誅羨之等及晦子新除祕書郎世休，收嚼、嚼子世平、兄子著作佐郎紹等。樂冏又遣使告晦：「徐、傅二公及嚼等並已誅。」晦先舉羨之、亮哀，次發子弟凶問。既而自出射堂，配衣軍旅。數從高祖征討，備覩經略，至是指麾處分，莫不曲盡其宜。二三日中，四遠投集，得精兵三萬人。乃奉表曰：

臣階緣幸會，蒙武皇帝殊常之眷，外聞政事，內謀帷幄，經綸夷險，毗贊王業，預佐命之勳，膺河山之賞。及先帝不豫，導揚末命，臣與故司徒臣羨之、左光祿大夫臣亮、征北將軍臣道濟等，並升御牀，跪受遺詔，載貽話言，託以後事。臣雖凡淺，感恩自厲，送往事居，誠貫幽顯。逮營陽失德，自絕宗廟，朝野岌岌，憂及禍難，忠謀協契，徇國忘己，援登聖朝，惟新皇祚。陛下馳傳乘流，曾不惟疑，臨朝殷勲，增崇封爵。此則臣等赤心已亮於天鑒，遠近萬邦咸達於聖旨。若臣等志欲專權，不顧國典，便當協翼幼主，孤背天日，豈復虛館七旬，仰望鸞旗者哉？故廬陵王於營陽之世，屢被猜嫌，積怨犯上，自貽非命。天祚明德，屬當昌運，不有所廢，將何以興？成人之美，春秋之高義，立帝清館，臣節之所司。耿弇不以賊遺君父，臣亦何負於宋室邪？況釁結閱牆，禍成畏逼，天下耳目，豈伊可誣。

臣忝居蕃任，乃誠匪懈，爲政小大，必先啓聞。糾剔羣蠻，清夷境內，分留弟姪，並侍殿省。陛下聿遵先志，申以婚姻，童稚之目，猥荷齒召，薦女遷子，合門相送。事君之道，義盡於斯。臣羨之總錄百揆，翼亮三世，年耆乞退，屢抗表疏，優旨綢繆，未垂順許。臣亮管司喉舌，恪虔夙夜，恭謹一心，守死善道。此皆皇宋之宗臣，社稷之鎭衞，而讒人傾覆，妄生國釁，天威震怒，加以極刑，并及臣門，同被孥戮。雖未知臣道濟問，推理卽事，不容獨存。先帝顧託元臣翼命之佐，勦於佞邪之手，忠貞匪躬之輔，不免夷滅之誅。陛下春秋方富，始覽萬機，民之情僞，未能鑒悉。王弘兄弟，輕躁昧進，王華猜忌忍害，規弄威權，先除執政，以逞其欲。天下之人，知與不知，孰不爲之痛心憤怨者哉！

臣等見任先帝，垂二十載，小心謹愼，無纖介之愆，伏事甫爾，而嬰若斯之罪。若非先帝謬於知人，則爲陛下未察愚款。臣去歲末使反，得朝士及殿省諸將書，並言嫌隙已成，必有今日之事。臣推誠仰期，罔有二心，不圖姦回潛遘，理順難恃，忠賢隕朝，愚臣見襲。到彥之、蕭欣等在近路。昔白公稱亂，諸梁嬰冑，惡人在朝，趙鞅入伐。臣義均休戚，任居分陝，豈可顚而不扶，以負先帝遺旨。輒率將士，繕治舟甲，須其自送，

投袂撲討。若天祚大宋，卜世靈長，義師克振，中流清蕩，便當浮舟東下，戮此三豎，申理寃恥，謝罪闕庭，雖伏鑕赴鑊，無恨於心。伏願陛下遠尋永初託付之旨，近存元嘉奉戴之誠，則微臣丹款，猶有可察。臨表哽慨，言不自盡。

太祖時已戒嚴，諸軍相次進路。尙書符荆州曰：

禍福無門，逆順有數，天道微於影響，人事鑒於前圖，未有蹈義而福不延，從惡而禍不至也。故智計之士，審敗以立功，守正之臣，臨難以全節。徐羨之、傅亮、謝晦，安忍鴆殺，獲罪於天，名教所極，政刑所取，已遠暴四海，宣於聖詔。羨之父子、亮及晦息，電斷之初，並卽大憲。復王室之讎，攄義夫之憤，國典澄明，人神感悅。三姓同罪，既擒其二，晦之室屬，縲仆獄戶，苟幽明所怨，孤根易拔，以順討逆，雖厚必崩。然歸死難圖，獸困則噬，是以爰整其旅，用爲過防。京師之衆，天下雲集，士練兵精，大號響震。

使持節、中領軍佷山縣開國侯到彥之率羽林選士果勁二萬，雲旆首路，組甲曜川。使持節、散騎常侍、都督南徐兗之江北淮南青州徐州之淮陽下邳琅邪東莞七郡諸軍事、〔七〕征北將軍、南兗州刺史、永脩縣開國公檀道濟統勁銳武卒三萬，戈船蔽江，星言繼發，千帆俱舉，萬棹遄征。散騎常侍、驍騎將軍段宏鐵馬二千，風驅電擊，步自竟陵，直至鄢郢。又命征虜將軍、雍州刺史劉粹控河陰之師，衡其巢窟。湘州刺史張邵

提湘川之衆，直據要害。巴、蜀杜荆門之險，秦、梁絕丹圻之逕，雲網四合，走伏路盡。然後鑾輿効駕，六軍鵬翔，警蹕前臨，五牛整旆。雖以英布之氣，彭寵之資，登陣無名，授兵誰御？加以西士之人，咸沐皇澤，東吳將士，懷本首丘，必不自陷罪人之黨，横爲亂亡之役。置軍則魚潰，嬰城則鳥散，其勢然矣。聖上慇懃哀愍，其罪由晦，士民何辜。是用一分前麾，宣示朝旨。符到，其卽共收擒晦身，輕舟護送。若已猖蹶，先事阻衞，宜翻然背亂，相率歸朝。頃大刑所加，洪恩曠洽，傅亮三息，特蒙全宥，晦同產以下，羨之諸姪，咸無所染。況彼府州文武，並列王職，荷國榮任，身雖在外，乃心辰極。夫轉禍貴速，後機則凶，遂使王師臨郊，雷電皆至，噬臍之恨，亦將何及。

時益州刺史蕭摹之、巴西太守劉道產被徵還，始至江陵，晦並繫縶，沒其財貨，以充軍資。竟陵內史殷道鸞未之郡，以爲諮議參軍。以弟遯爲冠軍、竟陵內史，總留任，兄子世猷爲建威將軍、南平太守。劉粹若至，周超能破之者，卽以爲龍驤將軍、雍州刺史。晦率衆二萬，〔八〕發自江陵，舟艦列自江津至于破冢，旍旆相照，蔽奪日光。晦乃歎曰：「恨不得以此爲勤王之師！」自領湘州刺史，以張邵爲輔國將軍，邵不受命。

晦檄京邑曰：

王室多故，禍難荐臻。營陽失德，自絕宗廟。廬陵王構閱有本，屢被猜嫌，且居喪失禮，遐邇所具，積怨犯上，自貽非道。羣后釋位，爰登聖明，亂之未乂，職有所係。按車騎大將軍王弘、侍中王曇首，謬蒙時私，叨竊權要。弘於永初之始，實荷不世之恩，元嘉之讓，自謂任遇浮淺，進誣先皇委誠之寄，退長嫌隙異同之端。曇首往因使下，訪以今上起居，不能光揚令德，彰於朝聽，其言多誣，故不具說。王華賊亡之餘，賞擢之次，先帝常見訪逮，庶有一分可取，而華稟性凶猜，多所忍害，曩者縱人入城，託疾辭事，此都士庶，咸所聞知。以其所啓及上手答示宗叔獻，又令宣告徐、傅二公。及周糾使下，又令見咨，云：「欲自攬政事，求離任還都，幷令曇首具述此意。」又惠觀道人說，外人告華及到彥之謀反，不謂無之。城內東將，數日之內，操戈相待。華說數爲秋當所譖，〔九〕常不自安。凡此諸事，豈有忠誠冥契若此者邪。自以父亡道側，情事異人，外絕酒醴，而胥飲是恣。靦貌□□□□□□凡厥士庶，誰不側目。又常歎宰相頓有數人，是何憒憒，規總威權，不顧國典。保祐皇家者，罹屠戮之誅，效勤社稷者，致殲夷之禍。搢紳之徒，孰不慷慨。遂矯違詔旨，遣到彥之、蕭欣之輕舟見襲。卽日監利左尉露檄衆軍已至揚子。

雖以不武，忝荷蕃任，國家艱難，悲憤兼集。若使小人得志，君子道消，凡百有殄瘁之哀，蒼生深横流之懼。輒糾勒義徒，繕治舟甲，舳艫亘川，駟介蔽野，武夫鷙勇，人百其誠。今遣南蠻司馬寧遠將軍庾登之統參軍事建武將軍建平太守安泰、宣威將軍昭弘宗、參軍事宣威將軍王紹之等，精銳一萬，前鋒致討。南蠻參軍、振武將軍魏像統參軍事、宣威將軍陳珍虎旅二千，參軍事、建威將軍、新興太守賀愔甲卒三千，相係取道。南蠻參軍、振威將軍郭卓鐵騎二千，水步齊舉。大軍三萬，駱驛電邁。行冠軍將軍竟陵內史河東太守謝遯、建威將軍南平太守謝世猷驍勇一萬，留守江陵。分命參軍、長寧太守竇應期步騎五千，直出義陽。司馬、建威將軍、行南義陽太守周超之統軍司馬、振武將軍胡崇之精悍一萬，〔一〇〕北出高陽。長兼行參軍、寧遠將軍朱澹之步騎五千，西出雁塞，同討劉粹，並趨襄陽。奇兵尚速，指景齊奮。諸賢並同國恩，情兼義烈，今誠志士忘身之日，義夫著績之秋，見機而動，望風而不待勗。

晦至江口，到彥之已到彭城洲。庾登之據巴陵，畏懦不敢進。會霖雨連日，參軍劉和之曰：「彼此共有雨耳，檀征北尋至，東軍方强，唯宜速戰。」登之恇怯，使小將陳祐作大囊，貯茅數千斛，縣於颿檣，云可以焚艦，用火宜須晴，以緩戰期。晦然之，遂停軍十五日。乃攻蕭欣於彭城洲，中兵參軍孔延秀率三千人進戰，甚力。欣於陳後擁楯自衞，又委軍還船，於是大敗。延秀又攻洲口柵陷之，彥之退保隱圻。

晦又上表曰：

臣聞凶邪敗國，先代成患；讒豎亂朝，異世齊禍。故趙高矯逼，秦氏用傾，董卓階亂，漢祚伊覆。雖哲王宰世，大明照臨，未能使其漸弗興，茲害不作。姦臣王弘等竊弄威權，興造禍亂，遂與弟華內外影響，同惡相成，忌害忠賢，圖希非望。故司徒臣羨之、左光祿大夫臣亮横被酷害，幷及臣門。雖未知征北將軍臣道濟存亡，不容獨免。遂遣蕭欣、到彥之等輕舟見襲，姦僞之甚，一至於斯。羨之及亮，或宿德元臣，姻婭皇極，或任總文武，位班三事，道濟職惟上將，扞城是司，皆受遇先朝，棟梁一代。臣昔因時幸，過蒙先眷，內聞政事，外經戎旅，與羨之、亮等同被齒盼。既經啓王基，協濟大業，爰自權輿，暨于揖讓，誠積雖微，仍見紀錄，並蒙丹書之誓，各受山河之賞，欲使與宋升降，傳之無窮。及聖體不預，穆卜無吉，召臣等四人，同升御牀，顧命領遺，委以家國。仰奉成旨，俯竭股肱，忠貞不效，期之以死。但營陽悖德，自絕於天，社稷之危，憂在託付，不有所廢，將焉以興。乃遠稽殷、漢，用升聖德。陛下順流乘傳，不聽張武之疑，入邸龍飛，非俟宋昌之議，斯乃主臣相信，天人合契，九五當陽，化形四海。羨之及亮，內贊皇猷，臣與道濟，分翰于外，普天之下，孰曰不宜。遂蒙寵授，來鎮此方，分留弟姪，以侍臺省。到任以來，首尾三載，雖形在遠外，心係本朝，事無大小，動皆咨啓，八州之政，罔一專輒，尊上之心，足貫幽顯。陛下遠述先旨，申以婚姻，大息世休，復蒙引召，是以去年送女遺兒，闔家俱下，血誠如此，未知所愧。而凶狡無端，妄生釁禍，羨之內誅，臣受外伐，顧省諸懷，不識何罪？天聽遐邈，陳訴靡由。弘等既蒙寵任，得侍左右，自謂勢擅狐鼠，理隔熏掘。又以陛下富於春秋，始覽政事，欲馮陵恩幸，闚望國權，親從磐跱，規自封殖。不除臣等，罔得專權，所以交結讒慝，成是亂階。又惟弘等所構，當以營陽爲言，廬陵爲罪。又以臣等位高功同，內外膠固。陛下信其厚貌，忘厥左道，三至下機，能不暫惑。

伏自尋省，廢昏立明，事非爲己。廬陵之事，不由傍人，內積蕭牆之釁，外行叔段之罰，既制之有主，臣何預焉。然廬陵爲性輕險，悌順不足，武皇臨崩，亦有口詔，比雖發自營陽，實非國禍。至於羨之、亮等，周旋同體，心腹內外，政欲戮力皇家，盡忠報主。若令臣等顛欲執權，不專爲國，初廢營陽，陛下在遠，武皇之子，尙有童幼，擁以號令，誰敢非之。而泝流三千，虛館三月，奉迎鑾駕，以遵下武，血心若斯，易爲可鑒。且臣等奉事先朝，十有七年，並居顯要，世稱恭謹，不圖一旦致茲釁罰。夫周公大賢，尙有流言之謗，伯奇至孝，不免譖愬之禍。慈父非無情於仁子，明君豈有志於貞臣。姦讒所移，勢回山岳，況乃精誠微淺，而望求信者哉。詩不云乎：「讒人罔極，交亂四國。愷悌君子，無信讒言。」陛下躬覽篇籍，研覈是非，釁兆之萌，宜應深察。臣竊懼王室小

有皇甫之患，大有闔樂之禍，夙夜殷憂，若無首領。夫周道浸微，桓、文稱伐，君側亂國，趙鞅入誅。況今凶禍滔天，辰極危逼，台輔孥戮，岳牧傾陷。臣才非絳侯，安漢是職，人愧博陸，廁奉遺旨。國難既深，家痛亦切。輒簡徒繕甲，軍次巴陵，蕭欣窘懾，望風奔迸。臣誠短劣，在國忘身，仰憑社稷之靈，俯厲義勇之氣，將長驅電掃，直入石頭，梟翦元凶，誅夷首惡，弔二公之寃魂，寫私門之禍痛。然後分歸司寇，甘赴鼎鑊，雖死之日，猶生之年。

伏惟陛下德合乾元，道侔玄極，鑒凶禍之無端，察貞亮之有本，回日月之照，發霜電之威，梟四凶於廟庭，懸三監於絳闕，申二台之匪辜，明兩蕃之無罪，上謝祖宗，下告百姓，遣一乘之使，賜咫尺之書，臣便勒衆旋旗，還保所任。須次近路，尋復表聞。

初，晦與徐羨之、傅亮謀爲自全之計，晦據上流，而檀道濟鎭廣陵，各有强兵，以制持朝廷；羨之、亮於中秉權，可得持久。及太祖將行誅，王華之徒咸云：「道濟不可信。」太祖曰：「道濟止於脅從，本非事主。殺害之事，又所不關。吾召而問之，必異。」於是詔道濟入朝，授之以衆，委之西討。晦聞羨之等死，謂道濟必不獨全，及聞率衆來上，惶懼無計。

道濟既至，與彥之軍合，牽艦緣岸。〔一一〕晦始見艦數不多，輕之，不即出戰。至晚，因風帆上，前後連咽，西人離阻，無復鬬心。臺軍至忌置洲尾，列艦過江，晦大軍一時潰散。晦夜出，投巴陵，得小船還江陵。初，雍州刺史劉粹遣弟竟陵太守道濟與臺軍主沈敞之襲江陵，至沙橋，周超率萬餘人與戰，大破之。俄而晦敗問至。晦至江陵，無它處分，唯愧謝周超而已。超其夜舍軍單舸詣到彥之降。衆散略盡，乃攜其弟遯、兄子世基等七騎北走。遯肥壯不能騎馬，晦每待之，行不得速。至安陸延頭，爲戍主光順之所執。順之，晦故吏也。檻送京師，於路作悲人道，其詞曰：

悲人道兮，悲人道之實難。哀人道之多險，傷人道之寡安。懿華宗之冠冑，固清流而遠源。樹文德於庭戶，立操學於衡門。應積善之餘祜，當履福之所延。何小子之凶放，實招禍而作愆。

值革變之大運，遭一顧於聖皇。參謀猷於創物，贊帝制於宏綱。出治戎於禁衞，入關言於帷房。分河山之珪組，繼文武之龜章。稟顧命於西殿，受遺寄於御牀。伊懦劣其無節，實懷此而不忘。荷隆遇於先主，欲報之於後王。憂託付之無効，懼愧言於存亡。謂繼體其嗣業，能增輝於前光。居遏密之未幾，越禮度而湎荒。普天壤而殞氣，必社稷之淪喪。矧吾儕之體國，實啓處而匪遑。藉億兆之一志，固昏極而明彰。諒主尊而民晏，信卜祚之無疆。國既危而重構，家已衰而載昌。獲扶顚而休否，冀世道之方康。

朝褒功以疏爵，祇命服於西蕃。奏簫管之嘈囋，擁朱旄之赫煌。〔一二〕臨八方以作鎭，響文武之桓桓。厲薄弱以爲政，實忘食於日旰。豈申甫之敢慕，庶惟宋之屛翰。甫逾歷其三稔，實周回其未再。豈有慮於內□□□□其云哉。痛夾輔之二宰，並加辟而靡貸。哀弱息之從禍，悲發中而心痗。

伊荆漢之良彥，逮文武之子民。見忠貞而弗亮，覩理屈而莫申。皆義概而同憤，咸荷戈而競臻。浮舳艫之弈弈，陳車騎之轔轔。觀人和與師整，謂茲兵其誰陳。庶亡魂之雪怨，反涇、渭於彝倫。齊輕舟於江曲，殄銳敵其皆湮。勒陸徒於白水，寇無反於隻輪。氣有捷而益壯，威既肅而彌振。嗟時哉之不與，迕風雨以踰旬。我謀戰而不克，彼繼奔其躡塵。乏智勇之奇正，忽孟明而是遵。苟成敗其有數，豈怨天而尤人。恨矢石之未竭，遂摧師而覆陳。誠得喪之所遭，固當之其無吝。痛同懷之弱子，橫遭罹之殃釁。智未窮而事傾，力未極而莫振。誓同盡於鋒鏑，我怯劣而愆信。愍弟姪之何辜，實吾咎之所嬰。謂九夷其可處，思致免以全生。嗟性命之難遂，乃窘紲於邊亭。亦何忤於天地，備艱危而是丁。

我聞之於昔誥，功彌高而身蹙。霍芒刺而幸免，卒傾宗而滅族。周嘆貴於獄吏，終下蕃而靡鞠。雖明德之大賢，亦不免於殘戮。懷今憚而忍人，忘向惠而莫復。績無

實而震主，〔一二〕將何方以自牧。非砳石之圜照，孰違禍以取福。著殷鑑於自古，豈獨嘆於季叔。能安親而揚名，諒見稱於先哲。保歸全而終孝，傷在余而皆缺。辱歷世之平素，忽盛滿而傾滅。惟烝嘗與灑掃，痛一朝而永絕。問其誰而爲之，實孤人之險戾。罪有踰於丘山，雖百死其何雪。

羈角偃兮衡閭，親朋交兮平義。雖履尚兮不一，隆分好兮情寄。俱憚耕兮從祿，覩世道兮艱詖。規志局兮功名，每謂之兮爲易。今定謚兮闔棺，慚明智兮昔議。雖待盡兮爲恥，嗟厚顏兮靡置。長揖兮數子，謝爾兮明智。百齡兮浮促，終焉兮斟克。卧盡兮斧斤，理命兮同得。世安彼兮非此，豈曉分兮辨惑。御莊生之達言，請承風以爲則。

周超既降，到彥之以參府事，劉粹遣參軍沈敞之告彥之沙橋之敗，事由周超，彥之乃執之。先繫嚼等，猶未即戮，於是與晦、遯、兄子世基、世猷及同黨孔延秀、周超、費愔、竇應期、蔣虔、嚴千斯等並伏誅。〔一四〕世基，絢之子也，有才氣。臨死爲連句詩曰：「偉哉橫海鱗，壯矣垂天翼。一旦失風水，翻爲螻蟻食。」晦續之曰：「功遂侔昔人，保退無智力。既涉太行險，斯路信難陟。」晦死時，年三十七。庾登之、殷道鸞、何承天並皆原免。

初，河東人商玄石爲晦參軍，晦爲逆，玄石密欲推西人庾田夫及到彥之從弟爲主，田夫

等不敢許。玄石知獨謀不立，〔一五〕遂爲晦領幢。事既平，恨本心之不遂，投水死。太祖嘉之，以其子懷福爲衡陽王義季右軍參軍督護。晦走，左右皆棄之，唯有延陵蓋追隨不舍。太祖嘉之，後以蓋爲長沙王義欣鎮軍功曹督護。

史臣曰：謝晦坐璽封違謬，遂免侍中，斯有以見高祖之識治，宰臣之稱職也。夫拏戮所施，事行重釁，左黜或用，義止輕愆。輕愆，物之所輕，重釁，人之所重。故斧鉞希行於世，徽簡日用於朝，雖貴臣細故，不以任隆弛法，至乎下肅上尊，用此道也。自太祖臨務，茲典稍違，網以疏行，法爲恩息，妨德害美，抑此之由。降及大明，傾詖愈甚，自非訐竊深私，陵犯密諱，則左降之科，不行於權戚。若有身觸盛旨，釁非國刑，免書裁至，弔客固望其門矣。由是律無恒條，上多弛行，綱維不舉，而網目隨之。所以吉人防著在微，愼大由小，蓋爲此云。

校勘記

〔一〕於車中一覽訊牒　「覽」各本並作「鑑」，據南史、元龜七九九、御覽六三一引、通鑑晉安帝義熙七年改。

〔二〕晦答曰三十五　三朝本、北監本、毛本、局本作「三十三」。殿本、南史、建康實錄、御覽四九一引、元龜四五一作「三十五」。按晦死時年三十七，其爲荆州刺史在死前二年，則作三十五爲是。

〔三〕昔荀中郎年二十七爲北府都督　「二十七」晉書荀羨傳作「二十八」。

〔四〕又言拜京陵　「京陵」各本並作「景陵」，據南史、通鑑改。胡三省通鑑注曰：「京陵，興寧陵也。」

〔五〕言伐虜宜須明年　各本並脫「言」字，據通鑑宋文帝元嘉三年補。

〔六〕又素無旅　孫虨宋書考論云：「旅上脫部字。通鑑云素無部衆，情計二三。」

〔七〕都督南徐兗之江北淮南青州徐州之淮陽下邳琅邪東莞七郡諸軍事　廿二史考異云：「實四郡，七字誤。」

〔八〕晦率衆二萬　各本並脫「衆」字，據南史補。

〔九〕華說數爲秋當所譖　宋本、弘治本、毛本作「秋當」，北監本、殿本、局本作「狄當」。按舊本宋書蔡廓傳子興宗附傳、舊本宋書張茂度傳、舊本宋書張敷傳、舊本南史張邵傳子敷附傳並作「狄當」。新本并已校正。南史蔡廓傳子興宗附傳、南齊書陸慧曉傳、南史陸慧曉傳、南齊書倖臣傳、南史恩倖傳並作「秋當」。據廣韻，「秋，又姓，宋中書舍人秋當」。胡三省通鑑注云：「秋當，人姓名。姓譜，秋姓，秋胡之後。」則作秋當者是，作「狄當」者誤。今並校正。

〔一〇〕司馬建威將軍行南義陽太守周超之統軍司馬振武將軍胡崇之精悍一萬　「周超之」卽前後文

之周超，南北朝人名後之「之」字，有時可省去。此檄文則仍存「之」字。

〔一一〕牽艦緣岸　「艦」各本並作「盤」，據通鑑宋文帝元嘉三年改。

〔一二〕擁朱旄之赫煌　張森楷校勘記云：「煌字與上『蕃』，下『桓』、『旰』、『翰』等不叶韻，疑當作烜。廣韻，烜，光明也。」孫虨宋書考論云：「煌字非韻，蓋烜字誤也。」

〔一三〕續無賞而震主　「續」各本並作「績」。張森楷校勘記云：「績疑當作續。」按作「績」不可通，張校是，今改正。

〔一四〕於是與晦遯兄子世基世猷及同黨孔延秀周超費愔竇應期蔣虔嚴千斯等並伏誅　「孔延秀」上，各本並有「庾登之」三字。廿二史考異云：「案下文云庾登之、殷道鸞、何承天并皆原免，則登之實未誅也。」按錢氏考異說是。庾登之宋書有傳，云「晦敗，登之以無任免罪，禁錮還家」。今訂正。又張森楷校勘記云：「費愔，當卽前之賀愔，作『費』者蓋形似之譌。」

〔一五〕玄石知獨謀不立　「玄石知」各本並作「知玄石」，孫虨宋書考論云：「當云玄石知獨謀不立。」按孫說是，今訂正。

宋書卷四十五

列傳第五

王鎮惡　檀韶　向靖　劉懷慎　劉粹

王鎮惡，北海劇人也。祖猛，字景略，苻堅僭號關中，猛爲將相，有文武才，北土重之。父休，僞河東太守。

鎮惡以五月五日生，家人以俗忌，欲令出繼疎宗。猛見奇之，曰：「此非常兒，昔孟嘗君惡月生而相齊，是兒亦將興吾門矣。」故名之爲鎮惡。年十三而苻氏敗亡，關中擾亂，流寓崤、澠之間。嘗寄食澠池人李方家，方善遇之。謂方曰：「若遭遇英雄主，要取萬戶侯，當厚相報。」方答曰：「君丞相孫，人才如此，何患不富貴。至時願見用爲本縣令足矣。」後隨叔父曜歸晉，客居荆州。頗讀諸子兵書，論軍國大事，騎乘非所長，關弓亦甚弱，而意略縱橫，果決能斷。

廣固之役，或薦鎮惡於高祖，時鎮惡爲天門臨澧令，卽遣召之。旣至與語，甚異焉。因留宿。明旦謂諸佐曰：「鎮惡，王猛之孫，所謂將門有將也。」卽以爲青州治中從事史，行參中軍太尉軍事，署前部賊曹。拒盧循於查浦，屢戰有功，封博陸縣五等子。

高祖謀討劉毅，鎮惡曰：「公若有事西楚，請賜給百舸爲前驅。」義熙八年，劉毅有疾，求遣從弟兗州刺史藩爲副貳，高祖僞許之。九月，大軍西討，轉鎮惡參軍事，加振武將軍。高祖至姑孰，遣鎮惡率龍驤將軍蒯恩百舸前發，其月二十九日也。戒之曰：「若賊知吾上，比軍至，亦當少日耳。政當岸上作軍，未辦便下船也。卿至彼，深加籌量，可擊，便燒其船艦，且浮舸水側，以待吾至。慰勞百姓，宣揚詔旨幷赦文、及吾與衞軍府文武書。罪止一人，其餘一無所問。若賊都不知消息，未有備防，可襲便襲。今去，但云劉兗州上。」鎮惡受命，便晝夜兼行，於鵲洲、尋陽、河口、巴陵守風凡四日，[一]十月二十二日，至豫章口，去江陵城二十里。

自鎮惡進路，揚聲劉兗州上，毅謂爲信然，不知見襲。鎮惡自豫章口捨船步上，蒯恩軍在前，鎮惡次之。舸留一二人，對舸岸上豎六七旗，下輒安一鼓。語所留人：「計我將至城，便長嚴，令如後有大軍狀。」[二]又分隊在後，令燒江津船艦。鎮惡逕前襲城，語前軍：「若有問者，但云劉兗州至。」津戍及百姓皆言劉藩實上，晏然不疑。

未至城五六里，逢毅要將朱顯之，與十許騎，步從者數十，欲出江津。問是何人，答云：「劉兗州至。」顯之馳前問藩在所，答云：「在後。」顯之旣見軍不見藩，而見軍人擔彭排戰具，望見江津船艦已被燒，烟焰張天，而鼓嚴之聲甚盛，知非藩上，便躍馬馳去告毅：「外有大軍，似從下上，垂已至城，江津船悉被火燒矣。」行令閉諸城門。鎮惡亦馳進，軍人緣城得入，門猶未及下關，因得開大城東門。大城內，毅凡有八隊，帶甲千餘，已得戒嚴。蒯恩入東門，便北回擊射堂，前攻金城東門。鎮惡入東門，便直擊金城西門。軍分攻金城南門。毅金城內東從舊將，猶有六隊千餘人，[三]西將及能細直吏快手，復有二千餘人。食時就鬬，至中晡，西人退散及歸降略盡。鎮惡入城，便因風放火，燒大城南門及東門。又遣人以詔及赦文幷高祖手書凡三函示毅，毅皆燒不視。金城內亦未信高祖自來。有王桓者，家在江陵，昔手斬桓謙，爲高祖所賞拔，常在左右。求還西迎家，至是率十餘人助鎮惡戰。下晡間，於金城東門北三十步鑿城作一穴，桓便先衆入穴，鎮惡自後繼之，隨者稍多，因短兵接戰。鎮惡軍人與毅東來將士，[四]或有是父兄子弟中表親親者，鎮惡令且鬬且共語，衆並知高祖自來，人情離懈。一更許，聽事前陣散潰，斬毅勇將趙蔡。毅左右兵猶閉東西閤拒戰，鎮惡慮闇夜自相傷犯，乃引軍出，繞金城，開其南面，以爲退路。毅慮南有伏兵，三更中，率左右三百許人開北門突出。初，毅常所乘馬在城外不得入，倉卒無馬，毅便就子肅民取馬，

肅民不與。朱顯之謂曰：「人取汝父，而惜馬不與，汝今自走，欲何之？」奪馬以授毅。初出，政値鎮惡軍，衞之不得去；回衝蒯恩軍，軍人鬬已一日，疲倦，毅得從大城東門出奔牛牧佛寺，自縊死。鎮惡身被五箭，射鎮惡手所執矟，於手中破折。江陵平後二十日，大軍方至。

署中兵，出爲安遠護軍、武陵內史。以討劉毅功，封漢壽縣子，食邑五百戶。蠻帥向博抵根據阮頭，屢爲凶暴，鎮惡討平之。初行，告刺史司馬休之，求遣軍以爲聲援，休之遣其將朱襄領衆助鎮惡。會高祖西討休之，鎮惡乃告諸將曰：「百姓皆知官軍已上，朱襄等復是一賊，表裏受敵，吾事敗矣。」乃率軍夜下，江水迅急，倏忽行數百里，直據都尉治。旣至，乃以竹籠盛石，堙塞水道，襄軍下，夾岸擊之，斬襄首，殺千餘人。鎮惡性貪，旣破襄，因停軍抄掠諸蠻，不時反。及至江陵，休之已平，高祖怒，不時見之。鎮惡笑曰：「但令我一見公，無憂矣。」高祖尋登城喚鎮惡，鎮惡爲人强辯，有口機，隨宜酬應，高祖乃釋。休之及魯宗之奔襄陽，鎮惡統蒯恩諸軍水路追之，休之等奔羌，鎮惡追躡，盡境而還。除游擊將軍。

十二年，高祖將北伐，轉鎮惡爲諮議參軍，行龍驤將軍，領前鋒。將發，前將軍劉穆之見鎮惡於積弩堂，謂之曰：「公慼此遺黎，志蕩逋逆。昔晉文王委伐蜀於鄧艾，今亦委卿以關中，想勉建大功，勿孤此授。」鎮惡曰：「不剋咸陽，誓不復濟江而還也！」

鎮惡入賊境，戰無不捷，邵陵、許昌，望風奔散，破虎牢及柏谷塢，斬賊帥趙玄。軍次洛

陽，僞陳留公姚洸歸順。進次澠池，造故人李方家，升堂見母，厚加酬賚，卽版授方爲澠池令。遣司馬毛德祖攻僞弘農太守尹雅於蠡城，生擒之。仍行弘農太守。方軌長驅，徑據潼關。僞大將軍姚紹率大衆拒嶮，深溝高壘以自固。鎮惡懸軍遠入，轉輸不充，與賊相持久，將士乏食，乃親到弘農督上民租，百姓競送義粟，軍食復振。初，高祖與鎮惡等期，若剋洛陽，須大軍至，未可輕前。既而鎮惡等逕向潼關，爲紹所拒不得進，而軍又乏食，馳告高祖，求遣糧援。時高祖沿河，索虜屯據河岸，軍不得前。高祖呼所遣人開舫北戶，指河上虜示之曰：「我語令勿進，而輕佻深入。岸上如此，何由得遣軍？」鎮惡既得義租，紹又病死，僞撫軍姚讚代紹守險，衆力猶盛。高祖至湖城，讚引退。

大軍次潼關，謀進取之計，鎮惡請率水軍自河入渭。僞鎮北將軍姚强屯兵涇上，鎮惡遣毛德祖擊破之，直至渭橋。鎮惡所乘皆蒙衝小艦，行船者悉在艦內，羌見艦泝渭而進，艦外不見有乘行船人，北土素無舟檝，〔五〕莫不驚惋，咸謂爲神。鎮惡既至，令將士食畢，便棄船登岸。渭水流急，倏忽間，諸艦悉逐流去。時姚泓屯軍在長安城下，猶數萬人。鎮惡撫慰士卒曰：「卿諸人並家在江南，此是長安城北門外，去家萬里，而舫乘衣糧，並已逐流去，豈復有求生之計邪！唯宜死戰，可以立大功，不然，則無遺類矣。」乃身先士卒，衆亦知無復退路，莫不騰踊爭先，泓衆一時奔潰，卽陷長安城。泓挺身逃走，明日，率妻子歸降。城內

夷、晉六萬餘戶，鎮惡宣揚國恩，撫慰初附，號令嚴肅，百姓安堵。

高祖將至，鎮惡於灞上奉迎，高祖勞之曰：「成吾霸業者，眞卿也。」鎮惡再拜謝曰：「此明公之威，諸將之力，鎮惡何功之有焉！」高祖笑曰：「卿欲學馮異也。」是時關中豐全，倉庫殷積，鎮惡極意收斂，子女玉帛，不可勝計。高祖以其功大，不問也。進號征虜將軍。時有白高祖以鎮惡既克長安，藏姚泓僞輦，爲有異志。高祖密遣人覘輦所在，泓輦飾以金銀，鎮惡悉剔取，而棄輦於垣側。高祖聞之，乃安。

高祖留第二子桂陽公義眞爲安西將軍、雍秦二州刺史，鎮長安。鎮惡以本號領安西司馬、馮翊太守，委以扞禦之任。時西虜佛佛强盛，姚興世侵擾北邊，破軍殺將非一。高祖既至長安，佛佛畏憚不敢動。及大軍東還，便寇逼北地。義眞遣中兵參軍沈田子距之。虜甚盛，田子屯劉回堡，遣使還報鎮惡。鎮惡對田子使，謂長史王脩曰：「公以十歲兒付吾等，當各思竭力，而擁兵不進，寇虜何由得平。」使還，具說鎮惡言，田子素與鎮惡不協，至是益激怒。二人常有相圖志，彼此每相防疑。鎮惡率軍出北地，爲田子所殺，事在序傳。時年四十六。田子又於鎮惡營內，殺鎮惡兄基、弟鴻、遵、淵及從弟昭、朗、弘，凡七人。是歲，十四年正月十五日也。

高祖表曰：「故安西司馬、征虜將軍王鎮惡，志節亮直，機略明舉。自策名州府，屢著誠績。荆南遘釁，勢據上流，難興强蕃，憂兼內侮。鎮惡輕舟先邁，神兵電臨，旰食之虞，一朝霧散。及王師西伐，有事中原，長驅洛陽，肅清湖、陝。入渭之捷，指麾無前，遂廓定咸陽，俘執僞后，克成之效，莫與爲疇，實扞城所寄，國之方邵也。近北虜遊魂，寇掠渭北，統率衆軍，曜威撲討。賊旣還奔，還次涇上，故龍驤將軍沈田子忽發狂易，奄加刃害，忠勳未究，受禍不圖，痛惜兼至，惋悼無已，伏惟聖懷，爲之傷惻。田子狂悖，卽已備憲。鎮惡誠著艱難，勳參前烈，殊績未酬，宜蒙追寵，願敕有司，議其褒贈。」於是追贈左將軍、青州刺史。高祖受命，追封龍陽縣侯，食邑千五百戶，謚曰壯侯。配食高祖廟廷。

子靈福嗣，位至南平王鑠右軍諮議參軍。靈福卒，子述祖嗣。述祖卒，子叡嗣。齊受禪，國除。

鎮惡弟康，留關中，及高祖北伐，鎮惡爲前鋒，康逃匿田舍。鎮惡次潼關，康將家奔之，高祖板爲彭城公前將軍行參軍。鎮惡被害，康逃藏得免，攜家出洛陽，到彭城，歸高祖。卽以康爲相國行參軍。求還洛陽視母，尋值關、陝不守，康與長安徙民張旰醜、劉雲等唱集義徒，得百許人，驅率邑郭僑戶七百餘家，共保金墉城，爲守戰之備。時有一人邵平，率部曲及幷州乞活一千餘戶屯城南，迎亡命司馬文榮爲主。又有亡命司馬道恭自東垣率三千人

屯城西，亡命司馬順明五千人屯陵雲臺。順明遣刺殺文榮，平復推順明爲主。又有司馬楚之屯柏谷塢，索虜野坂戍主黑弰公遊騎在芒上，〔六〕攻逼交至，康堅守六旬。宋臺建，除康寧朔將軍、河東太守。遣龍驤將軍姜□率軍救之，諸亡命並各奔散。高祖嘉康節，封西平縣男，食邑三百戶，進號龍驤將軍。迎康家還京邑。勸課農桑，百姓甚親賴之。永初元年卒金墉，時年四十九，葬於偃師城西。追贈輔國將軍。無子，以兄河西太守基子天祐嗣。當太祖元嘉二十七年，隨劉康祖伐索虜敗沒，子懷祖嗣。

檀韶字令孫，高平金鄉人也。世居京口。初辟本州從事，西曹主簿，輔國司馬。高祖建義，韶及弟祗、道濟等從平京城，行參高祖建武將軍事。都邑既平，爲鎮軍參軍，〔七〕加寧遠將軍、東海太守，進號建武將軍，遷龍驤將軍、秦郡太守，北陳留內史。以平桓玄功，封巴丘縣侯，食邑五百戶。復參車騎將軍事，加龍驤將軍，遷驍騎將軍，〔八〕中軍諮議參軍，加寧朔將軍。

從征廣固，率向彌、胡藩等五十人攻臨朐城，克之。及圍廣固，慕容超夜燒樓當韶圍分，降號橫野將軍。城陷之日，韶率所領先登，領北琅邪太守，進號寧朔將軍、琅邪內史。

從討盧循於左里，又有戰功，并論廣固功，更封宜陽縣侯，食邑七百戶，降先封一等爲伯，減戶之半二百五十戶，賜祇子臻。坐六門內乘輿，白衣領職。義熙七年，號輔國將軍。八年，丁母憂，起爲冠軍將軍。明年，復爲琅邪內史，淮南太守，將軍如故。鎭姑孰。尋進號左將軍，領本州大中正。十二年，遷督江州豫州之西陽新蔡二郡諸軍事、江州刺史，將軍如故。有罪，免官。高祖受命，以佐命功，增八百戶，并前千五百戶。韶嗜酒貪橫，所莅無績，上嘉其合門從義，弟道濟又有大功，故特見寵授。永初二年，卒於京邑，時年五十六。追贈安南將軍，加散騎常侍。

子緒嗣。緒卒，無子，國除。祇子臻。臻卒，子遐嗣，齊受禪，國除。祇、弟道濟並別有傳。

向靖字奉仁，小字彌，河內山陽人也。名與高祖祖諱同，〔九〕改稱小字。世居京口，與高祖少舊。從平京城，參建武軍事。進平京邑，板參鎭軍軍事，加寧遠將軍。京邑雖平，而羣寇互起，彌與劉藩、孟龍符征破桓歆、桓石康、石綏於白茅，攻壽陽剋之。義熙三年，遷建武將軍、秦郡太守，北陳留內史，戍堂邑。以平京城功，封山陽縣五等侯。

從征鮮卑，大戰於臨朐，累月不決。彌與檀韶等分軍自間道攻臨朐城。彌擐甲先登，即時潰陷，斬其牙旗，賊遂奔走。攻拔廣固，彌又先登。盧循屯據蔡洲，以親黨阮賜爲豫州刺史，攻逼姑孰。彌率譙國內史趙恢討之。時輔國將軍毛脩之戍姑孰，告急續至，彌兼行進討，破賜，收其輜重。除中軍諮議參軍，將軍如故。盧循退走，高祖南征，彌爲前鋒，於南陵、雷池、左里三戰，〔一〇〕並大捷。軍還，除太尉諮議參軍、下邳太守，將軍如故。八年，轉游擊將軍，尋督馬頭淮西諸郡軍事、龍驤將軍、鎭蠻護軍、安豐汝陰二郡太守、梁國內史，戍壽陽。以平廣固、盧循功，封安南縣男，食邑五百戶。十年，遷冠軍將軍、高陽內史，臨淮太守，領石頭戍事。高祖西伐司馬休之，以彌爲吳興太守，將軍如故。明年，高祖北伐，彌以本號侍從，留戍碻磝，進屯石門、栢谷。遷督北青州諸軍事、北青州刺史，將軍如故。高祖受命，以佐命功，封曲江縣侯，食邑千戶。遷太子左衞率，加散騎常侍。二年，卒官。時年五十九。追贈前將軍。彌治身儉約，不營室宇，無園田商貨之業，時人稱之。

子植嗣，多過失，不受母訓，奪爵。更以植次弟楨紹封，又坐殺人，國除。

植弟柳，字玄季，有學義才能，立身方雅，無所推先，諸盛流並容之。太尉袁淑、司空徐湛之、東揚州刺史顏竣皆與友善。歷始興王濬征北中兵參軍，始興內史，南康相。臧質爲逆，召柳至尋陽，與之俱下。質敗歸降，下獄死。

彌弟劭，永初中，爲宣城太守。劭弟子亮，以私忿殺彌妻施氏，託云奴客所殺，劭輒於墓所殺亮及彌妾并奴婢七八人，匿不聞官，爲有司所奏，詔無所問。元嘉初，卒於義興太守。

劉懷愼，彭城人，左將軍懷肅弟也。少謹愼質直。始參高祖鎭軍將軍事，〔一一〕振威將軍、彭城內史。從征鮮卑，每戰必身先士卒，及克廣固，懷愼率所領先登。從高祖距盧循於石頭，屢戰克捷，加輔國將軍。義熙八年，以本號監北徐州諸軍事，鎭彭城。尋加徐州刺史。爲政嚴猛，境內震肅。九年，亡命王靈秀爲寇，討平之。十一年，進北中郎將。以平廣固、盧循功，封南城縣男，食邑五百戶。十三年，高祖北伐，以爲中領軍、征虜將軍，衞輦轂。坐府中相殺，免官。雖名位轉優，而恭恪愈至，每所之造位任不踰己者，皆束帶門外下車，其謹退類如此。宋臺立，召爲五兵尚書，仍督江北淮南諸軍、前將軍、南青州刺史。復徵爲度支尚書，加散騎常侍。高祖遷都壽春，留懷愼督北徐兗青淮北諸軍事、中軍將軍、徐州刺史。以亡命入廣陵城，降號征虜將軍。永初元年，以佐命功，進爵爲侯，增邑千戶。進號平北將軍。徵爲五兵尚書，加散騎常侍，光祿大夫。景平元年，遷護軍將軍，常侍如故。祿賜班於宗族，〔一二〕家無餘財。二年卒，時年六十一。追贈撫軍，謚曰肅侯。

子德願嗣。世祖大明初，爲游擊將軍，領石頭戍事。坐受賈客韓佛智貨，下獄，奪爵土。後復爲秦郡太守。德願性粗率，爲世祖所狎侮。上寵姬殷貴妃薨，葬畢，數與羣臣至殷墓。謂德願曰：「卿哭貴妃若悲，當加厚賞。」德願應聲便號慟，撫膺擗踊，涕泗交流。上甚悅，以爲豫州刺史。又令醫術人羊志哭殷氏，志亦嗚咽。他日有問志：「卿那得此副急淚？」志時新喪愛姬，答曰：「我爾日自哭亡妾耳。」〔一三〕志滑稽善爲諧謔，上亦愛狎之。德願善御車，嘗立兩柱，使其中劣通車軸，乃於百餘步上振轡長驅，未至數尺，打牛奔從柱間直過，其精如此。世祖聞其能，〔一四〕爲之乘畫輪車，幸太宰江夏王義恭第。德願岸著籠冠，短朱衣，執轡進止，甚有容狀。永光中，爲廷尉，與柳元景厚善。元景敗，下獄誅。

懷愼庶長子榮祖，少好騎射，爲高祖所知。〔一五〕及盧循攻逼，時賊乘小艦，入淮拔柵。高祖宣令三軍，不得輒射賊，榮祖不勝憤怒，冒禁射之，所中應弦而倒，帝益奇焉。以戰功參太尉軍事。從討司馬休之，彭城內史徐逵之敗沒，諸將意沮，榮祖請戰愈厲，高祖乃解所著鎧以授之。榮祖率所領陷陣，身被數創，會賊破走。加振威將軍，尋參世子征虜軍事，領遂成令。〔一六〕高祖北伐，轉鎭西中兵參軍，寧遠將軍。水軍入河，與朱超石大破索虜於半城，又

中華書局

攻劉度壘克之。高祖大饗戰士，謂榮祖曰：「卿以寡克衆，攻無堅城，雖古名將，何以過此。」轉爲太尉中兵參軍，加建威將軍。既破長安，姚泓女婿徐衆率其餘衆連營叛走，榮祖與檀道濟等攻營破之，斬首擒馘，不可稱計。十四年，除彭城內史，又補相國參軍。其年，遣榮祖還都，爲世子中兵參軍。永初元年，除越騎校尉，尋轉右軍將軍。索虜南寇，司州刺史毛德祖陷沒，榮祖時居父艱，起爲輔國將軍。追論半城之功，賜爵都鄉侯。榮祖爲人輕財貴義，善撫將士，然性偏險褊隘，頗失士君子之心。領軍將軍謝晦深接待之，廢立之際，要榮祖，固辭獲免。及晦出鎮荆楚，欲請爲南蠻校尉，榮祖又固止之。其年冬卒。德願弟興祖，青州刺史。

懷愼弟懷默，冠軍將軍、江夏內史、太中大夫。懷默子道球，巴東、建平二郡太守。道球弟孫登，武陵內史。孫登子亮，世祖大明中，爲武康令。時境內多盜鑄錢，亮掩討無不禽，所殺以千數。太宗泰始初，爲巴陵王休若鎮東中兵參軍，北伐南討，功冠諸將，封順陽縣侯，食邑六百戶。歷黃門郎，梁、益二州刺史。在任廉儉，不營財貨，所餘公祿，悉以還官。太宗嘉之，下詔褒美。亮在梁州，忽服食修道，欲致長生。迎武當山道士孫道胤，令合仙藥。至益州，泰豫元年藥始成，而未出火毒。孫不聽亮服，亮苦欲服，平旦開城門取井

華水服，至食鼓後，心動如刺，中間便絕。後人逢見，乘白馬，將數十人，出關西行，共語分明，此乃道家所謂尸解者也。追贈冠軍將軍，謚曰剛侯。

孫登弟道隆，元嘉二十二年，爲廬江太守。世祖舉義，棄郡來奔，以補南中郎參軍事，加龍驤將軍。時世祖分麾下以爲三幢，道隆與中兵參軍王謙之、馬文恭各領其一。大明中，歷黃門侍郎，徐、青、冀三州刺史。前廢帝景和中，以爲右衞將軍，永昌縣侯，食邑五百戶，委以腹心之任。泰始初，爲太宗盡力，遷左衞將軍，[七]中護軍，尋賜死，事在建安王休仁傳。

王謙之字休光，琅邪臨沂人。晉司州刺史胡之曾孫也。世祖初，歷驍騎將軍，御史中丞，吳興太守。以南下之功，封石陽縣子，食邑五百戶。大明三年卒，贈前將軍，謚曰肅。子應之嗣。大明末，爲衡陽內史。晉安王子勛反，應之起義拒湘州行事何慧文，爲慧文所殺，事在鄧琬傳，追贈侍中。應之弟雲之，順帝昇明中貴達。

馬文恭，扶風人也。亦以功封泉陵縣子，食邑五百戶。世祖卽位，爲游擊將軍。頃之卒。

劉粹字道沖，沛郡蕭人也。祖恢，持節、監河中軍事，征虜將軍。粹家在京口。少有志幹，初爲州從事，高祖克京城，參建武軍事。從平京邑，轉參鎭軍事，尋加建武將軍、沛郡太守，又領下邳太守。復爲車騎中軍參軍。從征廣固，戰功居多。以建義功，[八]封西安縣五等侯。軍還，轉中軍諮議參軍。盧循逼京邑，京口任重，太祖時年四歲，高祖使粹奉太祖鎭京城。轉游擊將軍。

還建威將軍、江夏相。衞將軍毅，粹族兄也，粹盡心高祖，不與毅同。高祖欲謀毅，衆並疑粹在夏口，高祖愈信之。及大軍至，粹竭其誠力。事平，封灄陽縣男，[九]食邑五百戶。母憂去職。俄而高祖討司馬休之，起粹爲寧朔將軍、竟陵太守，統水軍入河。明年，進號輔國將軍，還相國右司馬、侍中、中軍司馬、冠軍將軍，遷左衞將軍。永初元年，以佐命功，改封建安縣侯，食邑千戶。二年，以役使監吏，免官。尋督江北淮南郡事、征虜將軍、廣陵太守。三年，以本號督豫司雍幷四州南豫州之梁郡弋陽馬頭三郡諸軍事、豫州刺史，領梁郡太守，鎭壽陽，治有政績。

少帝景平二年，譙郡流離六十餘家叛沒虜，趙炅、秦剛等六家悔倍還投陳留襄邑縣，頓謀等村，粹遣將苑縱夫討叛戶不及，因誅殺謀等三十家，男丁一百三十七人，女弱一百六十二口，收付作部。粹坐貶號爲寧朔將軍。時索虜南寇，粹遣將軍李元德襲許昌，殺僞潁川

太守庾龍，於是陳留人董邈自稱小黃盟主，斬僞征虜將軍、廣州刺史司馬世賢，傳首京都。

太祖卽位，還使持節、督雍梁南北秦四州荆州之南陽竟陵順陽襄陽新野隨六郡諸軍事、征虜將軍、領寧蠻校尉、雍州刺史、襄陽新野二郡太守。在任簡役愛民，罷諸沙門二千餘人，以補府史。元嘉三年討謝晦，遣粹弟車騎從事中郎道濟、龍驤將軍沈敞之就粹，自陸道向江陵。粹以道濟行竟陵內史，與敞之及南陽太守沈道興步騎至沙橋，爲晦司馬周超所敗，士衆傷死者過半，降號寧朔將軍。初，晦與粹厚善，以粹子曠之爲參軍，粹受命南討，一無所顧，太祖以此嘉之。晦遣送曠之還粹，亦不害也。明年，粹卒，時年五十三。追贈安北將軍，持節、本官如故。

曠之嗣，官至晉熙太守。曠之卒，子琛嗣。琛卒，無子，國除。琛弟亮，順帝昇明末，尚書駕部郎。粹庶長子懷之，爲臨川內史，與臧質同逆，伏誅。

粹弟道濟，尚書起部郎，王弘車騎從事中郎，江夏王義恭撫軍司馬，河東太守，仍遷振武將軍、益州刺史。長史費謙、別駕張熙、參軍楊德年等，並聚斂興利，而道濟委任之，傷政害民，民皆怨毒。太祖聞之，與道濟詔，戒之曰：「聞卿在任，未盡清省，又頗爲殖貨，若萬一有此，必宜改之。比傳人情不甚緝諧，[一〇]當以法御下，深思自警，以副本望。」道濟雖奉此

旨，政化如初。

有司馬飛龍者，自稱晉之宗室，晉末走仇池。元嘉九年，聞道濟綏撫失和，遂自仇池入綿竹，崩動羣小，得千餘人，破巴興縣，殺令王貞之。進攻陰平，陰平太守沈法興焚城遁走。道濟遣軍擊飛龍斬之。初，道濟以五城人帛氐奴、梁顯爲參軍督護，費謙固執不與。遠方商人多至蜀土資貨，或有直數百萬者，謙等限布絲綿各不得過五十斤，馬無善惡，限蜀錢二萬。府又立治，一斷民私鼓鑄，〔二〕而貴賣鐵器，商旅吁嗟，百姓咸欲爲亂。氐奴既懷恚忿，因聚黨爲盜賊。其年七月，道濟遣羅習爲五城令，氐奴等謀曰：「羅令是使君腹心，而卿猶有作賊盜不止者，一旦發露，則爲禍不測。宜結要誓，共相禁檢。」乃殺牛盟誓。俄而氐奴及趙廣等唱曰：「官禁殺牛，而村中公違法禁，脫使羅令白使君，疑吾徒更欲作賊，則無餘類矣。」因詐言司馬殿下猶在陽泉山中，若能共建大事，則功名可立；不然，立滅不久。衆既樂亂，因相率從之，得數千人，復向廣漢。道濟遣參軍程展會、治中李抗之五百人擊之，並爲所殺。賊於是逕向涪城，巴西人唐頻聚衆應之，寧遠將軍、巴西梓潼二郡太守王懷業再遣軍拒之，戰敗失利。懷業及司馬、南漢中太守韋處伯並棄城走。涪陵太守阮惠、江陽太守杜玄起、遂寧太守馮遷聞涪城不守，並委郡出奔。蜀土僑舊，翕然並反。道濟惶懼，乃免吳兵三十六營以爲平民，分立宋興、宋寧二郡，又招集商賈及免道俗奴僮，東西勝兵可有四千

人。賊衆數萬屯城西及城北，道濟嬰城自守。

趙廣本以譎詐聚兵，頓兵城下，不見飛龍，各欲分散。廣懼，乃將三千人及羽儀，詐其衆云迎飛龍。至陽泉寺中，謂道人程道養曰：「但自言是飛龍，則坐享富貴；若不從，卽日便斬頭。」道養惶怖許諾。道養，枹罕人也。廣改名爲龍興，號爲蜀王、車騎大將軍、益梁二州牧，建號泰始元年，備置百官。以道養弟道助爲驃騎將軍、長沙王，鎭涪城。廣自號鎭軍，帛氐奴征虜將軍，梁顯鎭北將軍，同黨大帥張寧秦州刺史，嚴遐前將軍。奉道養還成都，衆十餘萬，四面圍城。就道濟索費謙、張熙，曰：「但送此人來，我等自不復作賊。」

道濟遣中兵參軍裴方明、任浪之各將千餘人出西門戰，皆失利。十一月，方明等復出戰，破賊營，焚其積聚。賊黨江陽人楊孟子領千餘人屯城南，道濟參軍梁儁之統南樓，屢與孟子交言，因投書曉以禍福，要使入城。孟子許諾，入見道濟，道濟大喜，卽板爲主簿，遣子爲任，克期討賊。趙廣知其謀，孟子懼，將所領奔晉原。晉原太守文仲興拾合得二千餘人，與孟子幷力自固。廣遣同黨袁玄子攻晉原，爲仲興所殺。廣又遣帛氐奴攻之，連戰，仲興軍敗，及孟子並死。

方明復出東門，破賊三營，斬首數百級。賊雖敗，已復還合。方明復僞出北門，仍回軍擊城東大營，殺千餘人，斬僞僕射蔡滔。時天大霧，方明等復揚聲出東門，而潛自北門出攻

城北城西諸營，賊衆大潰，於是奔散。道養收合得七千人還廣漢，趙廣以別卒五千餘人還涪城。

初，別駕張熙說道濟令糶太倉穀，賊以九月末圍城，至十二月末，廩糧便盡。方明將二千人出城求食，爲賊所敗，匹馬獨還。賊因追之，衆復大集。方明夜於城西縋上，道濟爲設食，饐不能飡，唯泣涕而已。道濟時有疾已篤，自力慰勉之曰：「卿非大丈夫，小敗何苦。賊勢既衰，臺兵垂至，但令卿還，何憂於賊。」卽減左右數十人配之。賊城外云：「方明已死，可來取喪。」城中大恐。道濟夜列炬火，方明自出，衆見之乃安。道濟悉出財物於北射堂，令方明募人。時城中或傳道濟已亡，莫有至者。梁儁之說道濟曰：「將軍氣息綿綿，而外論互有同異。今軍師屢敗，妖寇未殄，若一旦不虞，則危禍立至。宜稱小損，聽左右給使暫出，不然敗矣。」道濟從之，卽喚左右三十餘人告之曰：「吾疾久，汝等扶侍疲勞。今既小損，各聽歸家休息，喚復還。」給使既出，其父兄皆問：「使君亡來幾日？」子弟皆言：「君漸差，誰言亡者！」傳相告語，城內乃安，由是應募者一日千餘人。十年正月，賊衆大至，攻逼成都。道濟卒，梁儁之與方明等，及其故舊門生數人，共埋尸於後齋。使書與道濟相似者爲教命，酬答籤疏，不異常日，故雖母妻，不知也。

二月，道養於毀金橋升壇郊天，方就柴燎，方明將三千人出擊之。賊列陣營前死戰，日

夕乃大敗。臨陣斬僞征虜將軍趙石之等八百餘級，道養等退保廣漢。是月，平西將軍臨川王義慶，以揚武將軍、巴東太守周籍之卽本號督巴西梓潼宕渠遂寧巴郡五郡諸軍事、巴西梓潼二郡太守，率平西參軍費淡、龍驤將軍羅猛二千人援成都。廣等屯據廣漢，分守郫川，連營百數，處處屯結。籍之與方明及費淡等攻郫，剋之。廣等退據郡城，傍竹自固。羅猛率隊主王旰等幷力追討。張尋自涪城率衆二萬來助廣等，方明、淡斬竹開逕邀之，戰敗，退還郫縣。廣等又移營屯箭竿橋，方明等破其六營，乘勝追奔，逕至廣漢。廣等走還涪及五城。四月十日，發道濟喪。五月，方明進軍向涪城。〔三〕張尋、唐頻渡水拒戰，方明擊破之，生擒僞驃騎將軍、雍秦二州刺史司馬龍伸斬之。龍伸，道助也。州吏嚴道度斬嚴遐首，廣等並奔散，涪、蜀皆平。俄而張尋攻破陰平，復與道養合。帛氐奴攻廣漢，費淡督將軍种松等與戰，斬其梁州刺史杜承等百餘級。

九月，益州刺史甄法崇至成都，誅費謙之，〔三〕道濟喪及方明等並東反。道養等領二千餘家逃于郪山，其餘羣賊，亦各擁戶藏竄，出爲寇盜不絕。

十三年六月，太祖遣寧朔將軍蕭汪之統軍討之。軍次郪口，帛氐奴斬僞衞將軍司馬飛燕歸降。汪之擊破道養，道養還入郪山。十四年四月，趙廣、張尋、梁顯各率部曲歸降，僞輔國將軍王道恩斬道養，送首，餘黨悉平。還趙廣、張尋等於京師。十六年，廣、尋復與國

山令司馬敬琳謀反，伏誅。

先是，道濟振武司馬、蜀郡太守任薈之雖不任軍事，事寧，以爲正員郎。裴方明虎賁中郎將，仍爲義慶平西中兵參軍、龍驤將軍、河東太守。費淡，太子屯騎校尉。周籍之後爲益州刺史。

粹族弟損，字子騫，衞將軍毅從父弟也。父鎮之字仲德，以毅貴，歷顯位，閑居京口，未嘗應召。常謂毅：「汝必破我家。」毅甚憚之，每還京，〔二四〕未嘗敢以羽儀人從入鎮之門。左光祿大夫徵，不就。元嘉二年，年九十餘，卒於家。損，元嘉中歷職義興太守。東土殘饑，太祖遣揚州治中沈演之東入賑卹，以損綏撫有方，稱爲良守。官至吳郡太守，追贈太常。

史臣曰：帝王受命，自非以功靜亂，以德濟民，則其道莫由也。自三代以來，醇風稍薄，成功濟務，專出權道，雖復負扆南面，比號軒、犧，莫不自謝王風，率由霸德。高祖崛起布衣，非藉民譽，義無曹公英傑之響，又闕晉氏輔魏之基，一旦驅烏合，不崇朝而制國命，功雖有餘，而德未足也。是故王謐以內懼流奔，王綏以外侮成釁，若非樹奇功於難立，震大威於

四海，則不能承配天之業，一異同之心。義熙以後，大功仍建，自桓溫旃旆所臨，莫不獻珍受朔。及金墉請吏，元勳將舉，九命之禮既行，代終之符已及，方復觀兵函、渭，用師天險，獨克之擧，振古難稱。若使閉門反政，置兵散地，後敗責其前功，一眚虧其盛業，豈復得以黃屋朱戶，爲衰晉之貞臣乎。及其靈威薄震，重關莫守，故知英算所苞，先勝而後戰也。王鎮惡推鋒直指，前無强陳，爲宋方叔，壯矣哉！

校勘記

〔一〕於鵲洲尋陽河口巴陵守風凡四日　「河口」，元龜四二〇作「江口」。孫彪宋書考論云：「河疑㴑譌。」

〔二〕令如後有大軍狀　各本並脫「如」字，據御覽三一六引、元龜四二〇補。通鑑晉安帝義熙八年作「若」字。

〔三〕軍分攻金城南門毅金城內東從舊將猶有六隊千餘人　各本並脫「南門毅金城」五字，今據御覽三一六引補。

〔四〕鎮惡軍人與毅東來將士　「東來將士」各本並作「東將」二字，南史作「下將」二字，今據通典兵典、御覽三一六引訂補。

〔五〕北土素無舟檝　「土」各本並作「士」，據南史、建康實錄、元龜三四四改。

〔六〕索虜野坂戍主黑矟公遊騎在芒上　「黑」各本並作「異」，據元龜七六一改。廿二史考異云：「異當作黑。黑弰公于栗磾也。栗磾爲河內鎮將，好操黑矟，宋武帝與之書，題曰黑矟公麾下，魏因拜爲黑矟將軍。弰、矟聲相近，亦卽槊字。」

〔七〕爲鎮軍參軍　「參軍」各本並作「將軍」，廿二史考異云：「是時宋武帝爲鎮軍將軍，韶爲其府參軍，不當云爲鎮軍將軍也。依史例，當云轉鎮軍參軍。此傳寫之譌，非史本文之誤。」

〔八〕還驍騎將軍　各本並作「還騎將」，不可通。孫彪宋書考論云：「騎將二字脫誤，當云驍騎將軍。」按孫說是，今改正。

〔九〕名與高祖祖諱同　各本並脫「祖諱」二字，據南史補。廿二史考異云：「宋武帝王父名靖，當云名與高祖祖諱同。」

〔一〇〕於南陵雷池左里三戰　「雷池」各本並作「電池」，據元龜三四四改。

〔一一〕始參高祖鎮軍將軍事　「鎮軍」下各本並有「騎」字，據元龜三四四刪。

〔一二〕祿賜班於宗族　「祿」各本並作「特」，據南史、元龜四〇六、八一二改。

〔一三〕我爾日自哭亡妾耳　「爾日」三朝本作「爾白」，北監本、毛本、殿本、局本作「爾時」，南史、御覽四八三引作「爾日」。今據南史、御覽改正。

〔一四〕世祖聞其能　「世祖」各本並作「孝武」，據元龜八四五改。按宋書於宋有廟號諸帝，多稱廟號，鮮擧謚法。

〔一五〕爲高祖所知　「高祖」各本並作「武帝」，據元龜八八六改。下「高祖宣令三軍」，各本亦並作「武帝」，並據元龜改。

〔一六〕領遂成令　孫彪宋書考論云：「遂成屬廣州蒼梧郡，不得遠領此縣。南徐州南彭城蕃縣，志云義旗初，免軍戶立遂誠縣，永初元年改從舊名。是晉末徐州有遂誠縣，世子時爲徐、兗二州刺史，榮祖以府僚帶本州令祿也。」

〔一七〕遷左衞將軍　各本並脫「左」字，據南史補。

〔一八〕以建義功　各本並脫「建」字，據元龜三七九補。

〔一九〕封灄陽縣男　各本並脫「陽」字，據徐羨之傳補正。廿二史考異云：「灄下脫陽字。宋州郡志，江夏郡有灄陽縣。徐羨之傳作灄陽縣男。」

〔二〇〕比傳人情不甚緝諧　「甚」各本並作「政」，據元龜一九六改。

〔二一〕一斷民私鼓鑄　「民私」各本並作「私民」，據元龜六九七改。

〔二二〕方明進軍向涪城　各本並脫「明」字，據通鑑宋文帝元嘉十年補。

〔二三〕誅費謙之　「費謙之」卽上文之「費謙」，南北朝人名下之「之」字，有時可省去。

〔二四〕每還京　南史「京」下有「口」字。按上文云鎮之居京口，則似以作「京口」爲是。

宋書卷四十六

列傳第六〔一〕

趙倫之　到彥之 闕　王懿　張邵

趙倫之字幼成，下邳僮人也。孝穆皇后之弟。〔二〕幼孤貧，事母以孝稱。武帝起兵，以軍功封閬中縣五等侯，累遷雍州刺史。武帝北伐，倫之遣順陽太守傅弘之、扶風太守沈田子出嶢柳，大破姚泓於藍田。及武帝受命，以佐命功，封霄城縣侯，安北將軍，鎮襄陽。少帝卽位，徵拜護軍。元嘉三年，拜鎮軍將軍，尋還左光祿大夫，領軍將軍。

倫之雖外戚貴盛，而以儉素自處。性野拙，人情世務，多所不解。久居方伯，頗覺富盛，入爲護軍，資力不稱，以爲見貶。光祿大夫范泰好戲謂曰：「司徒公缺，必用汝老奴。我不言汝資地所任，要是外戚高秩次第所至耳。」倫之大喜，每載酒肴詣泰。五年，卒。子伯符嗣。

伯符字潤遠。少好弓馬。倫之在襄陽，伯符爲竟陵太守。時竟陵蠻屢爲寇，伯符征討，悉破之，由是有將帥之稱。後爲寧遠將軍，總領義徒，以居宮城北，每有火起及賊盜，輒身貫甲冑，助郡縣赴討，武帝甚嘉之。文帝卽位，累遷徐、兗二州刺史，爲政苛暴，吏人畏之若豺虎，然而寇盜遠竄，無敢犯境。元嘉十八年，徵爲領軍將軍。先是，外監不隸領軍，宜相統攝者，自有別詔，至此始統領焉。二十一年，轉豫州刺史。明年，爲護軍將軍，復爲丹陽尹。在郡嚴酷，吏人苦之，或至委叛被錄赴水而死。典筆吏取筆不如意，鞭五十。子倩，尚文帝第四女海鹽公主。初，始興王濬以潘妃之寵，故得出入後宮，遂與公主私通。及適倩，倩入宮而怒，肆詈搏擊，引絕帳帶。事上聞，有詔離婚，殺主所生蔣美人，伯符慚懼發病卒。諡曰肅。傳國至孫勗，齊受禪，國除。

王懿字仲德，〔三〕太原祁人。自言漢司徒允弟幽州刺史懋七世孫也。祖宏，事石季龍，父苗，事苻堅，皆爲二千石。

仲德少沈審，有意略，通陰陽，解聲律。苻氏之敗，仲德年十七，與兄叡同起義兵，與慕容垂戰，敗，仲德被重創走，與家屬相失。路經大澤，不能前，困臥林中。忽有青衣童兒騎牛行，見仲德，問曰：「食未？」仲德告飢。兒去，頃之復來，擕食與之。仲德食畢欲行，會水潦暴至，莫知所如。有一白狼至前，仰天而號，號訖銜仲德衣，因渡水，仲德隨之，獲濟，與叡相及。渡河至滑臺，復爲翟遼所留，使爲將帥。積年，仲德欲南歸，乃奔泰山，遼遣騎追之急，夜行，忽有炬火前導，仲德隨之，行百許里，乃免。

晉太元末，徙居彭城。兄弟名犯晉宣、元二帝諱，並以字稱。叡字元德。北土重同姓，謂之骨肉，有遠來相投者，莫不竭力營贍，若不至者，以爲不義，不爲鄉里所容。仲德聞王愉在江南，是太原人，乃往依之，愉禮之甚薄，因至姑孰投桓玄。值玄篡，見輔國將軍張暢，〔四〕言及世事，仲德曰：「自古革命，誠非一族，然今之起者，恐不足以成大事。」

元德果敢有智略，武帝甚知之，告以義舉，使於都下襲玄。仲德聞其謀，謂元德曰：「天下之事，不可不密，應機務速，不在巧遲。玄每冒夜出入，今若圖之，正須一夫力耳。」事泄，元德爲玄所誅，仲德奔竄。會義軍剋建業，仲德抱元德子方回出候武帝，帝於馬上抱方回與仲德相對號泣，追贈元德給事中，封安復縣侯，以仲德爲中兵參軍。

武帝伐廣固，仲德爲前鋒，大小二十餘戰，每戰輒剋。及盧循寇逼，敗劉毅於桑落，帝北伐始還，士卒創痍，堪戰者可數千人。賊衆十萬，舳艫百里，奔敗而歸者，咸稱其雄。衆

議並欲遷都，仲德正色曰：「今天子當陽而治，明公命世作輔，新建大功，威震六合。妖賊豕突，乘我遠征，〔五〕旣聞凱入，將自奔散。今自投草間，則同之匹夫，匹夫號令，何以威物？義士英豪，當自求其主爾。此謀若行，請自此辭矣。」帝悅之，以仲德屯越城。及賊自蔡洲南走，遣仲德追之。賊留親黨范崇民五千人，高艦百餘，城南陵。仲德攻之，大破崇民，焚其舟艦，收其散卒，功冠諸將，封新淦縣侯。

義熙十二年北伐，進仲德征虜將軍，加冀州刺史，爲前鋒諸軍事。冠軍將軍檀道濟、龍驤將軍王鎮惡向洛陽，寧朔將軍劉遵考、建武將軍沈林子出石門，寧朔將軍朱超石、胡藩向半城，咸受統於仲德。仲德率龍驤將軍朱牧、寧遠將軍竺靈秀、嚴綱等開鉅野入河，乃總衆軍，進據潼關。長安平，以仲德爲太尉諮議參軍。

武帝欲遷都洛陽，衆議咸以爲宜。仲德曰：「非常之事，常人所駭。今暴師日久，士有歸心，固當以建業爲王基，俟文軌大同，然後議之可也。」帝深納之，使衞送姚泓先還彭城。武帝受命，累遷徐州刺史，加都督。

元嘉三年，進號安北將軍，與到彥之北伐，大破虜軍。諸軍進屯靈昌津。司、兗既定，三軍咸喜，仲德獨有憂色，曰：「胡虜雖仁義不足，而凶狡有餘，今斂戈北歸，幷力完聚，若河冰冬合，豈不能爲三軍之憂。」十月，虜於委粟津渡河，進逼金墉，虎牢、洛陽諸軍，相繼奔

走。彥之聞二城不守，欲焚舟步走，仲德曰：「洛陽既陷，則虎牢不能獨全，勢使然也。今賊去我千里，滑臺猶有強兵，若便舍舟奔走，士卒必散。且當入濟至馬耳谷口，更詳所宜。」乃回軍沿濟南歷城步上，焚舟棄甲，還至彭城。仲德與彥之並免官。尋與檀道濟救滑臺，糧盡而歸。

九年，又爲鎮北將軍、徐州刺史。明年，加領兗州刺史。仲德三臨徐州，威德著於彭城，立佛寺作白狼、童子像於塔中，以河北所遇也。十三年，進號鎮北大將軍。十五年，卒，謚曰桓侯。亦於廟立白狼、童子壇，每祭必祠之。子正脩嗣，爲家僮所殺。

張邵字茂宗，〔六〕會稽太守裕之弟也。初爲晉琅邪內史王誕龍驤府功曹，桓玄徙誕於廣州，親故咸離棄之，惟邵情意彌謹，流涕追送。時變亂饑饉，又饋送其妻子。

桓玄篡位，父敞先爲尚書，以答事微謬，降爲廷尉卿。及武帝討玄，邵白敞表獻誠欵，帝大說，命署其門曰：「有犯張廷尉者，以軍法論。」後以敞爲吳郡太守。王謐爲揚州，召邵爲主簿。劉毅爲亞相，愛才好士，當世莫不輻湊，獨邵不往。或問之，邵曰：「主公命世人傑，何煩多問。」劉穆之聞以白，帝益親之，轉太尉參軍，署長流賊曹。盧循寇迫京師，使邵守南

城，時百姓臨水望賊，帝怪而問邵，邵曰：「若節鉞未反，奔散之不暇，亦何能觀望。今當無復恐耳。」尋補州主簿。

邵悉心政事，精力絕人。及誅劉藩，邵時在西州直廬，卽夜誡衆曹曰：「大軍當大討，可各修舟船倉庫，及曉取辦。」旦日，帝求諸簿署，應時卽至，怪問其速，諸曹答曰：「昨夜受張主簿處分。」帝曰：「張邵可謂同我憂慮矣。」九年，世子始開征虜府，補邵錄事參軍，轉號中軍，遷諮議參軍，領記室。

十二年，武帝北伐，邵請見，曰：「人生危脆，必當遠慮。穆之若邂逅不幸，誰可代之？尊業如此，苟有不諱，事將如何？」帝曰：「此自委穆之及卿耳。」青州刺史檀祗鎮廣陵，時滁中結聚亡命，〔七〕祗率衆掩之，劉穆之恐以爲變，將發軍。邵曰：「檀韶據中流，道濟爲軍首，若疑狀發露，恐生大變。宜且遣慰勞，以觀其意。」既而祗果不動。及穆之卒，朝廷恇懼，便欲發詔以司馬徐羨之代之，邵對曰：「今誠急病，任終在徐，且世子無專命，宜須北咨。」信反，方使世子出命曰：「朝廷及大府事，悉咨徐司馬，其餘啓還。」武帝重其臨事不撓，有大臣體。十四年，以世子鎮荆州，邵諫曰：「儲貳之重，四海所繫，不宜處外，敢以死請。」從之。

文帝爲中郎將、荆州刺史，以邵爲司馬，領南郡相，衆事悉決於邵。武帝受命，以佐命功，封臨沮伯。分荆州立湘州，以邵爲刺史。將署府，邵以爲長沙內地，非用武之國，置署

妨人，乖爲政要。帝從之。謝晦反，遺書要邵，邵不發函，馳使呈帝。

元嘉五年，轉征虜將軍，領寧蠻校尉、雍州刺史，加都督。初，王華與邵有隙，及華參要，親舊爲之危心。邵曰：「子陵方弘至公，必不以私讎害正義。」是任也，華實舉之。及至襄陽，築長圍，修立隄堰，開田數千頃，郡人賴之富贍。丹、淅二川蠻屢爲寇，〔八〕邵誘其帥，因大會誅之，悉掩其徒黨。既失信羣蠻，所在並起，水陸斷絕。子敷至襄陽定省，當還都，羣蠻伺欲取之。會蠕蠕國遣使朝貢，賊以爲敷，遂執之，邵坐降號揚烈將軍。

江夏王義恭鎮江陵，以邵爲撫軍長史，持節、南蠻校尉。坐在雍州營私畜聚，〔九〕贓貨二百四十五萬，下廷尉，免官，削爵土。後爲吳興太守，卒，追復爵邑，謚曰簡伯。邵臨終，遺命祭以菜果，葦席爲輴車，諸子從焉。子敷、演、敬，有名於世。

敷字景胤。生而母亡，年數歲，問知之，雖童蒙，便有感慕之色。至十歲許，求母遺物，而散施已盡，唯得一扇，乃緘錄之。每至感思，輒開笥流涕。見從母，悲感嗚咽。性整貴，風韻端雅，好玄言，善屬文。初，父邵使與南陽宗少文談繫象，往復數番，少文每欲屈，握麈尾歎曰：「吾道東矣。」於是名價日重。武帝聞其美，召見奇之，曰：「眞千里駒也。」以爲世子中軍參軍，數見接引。累遷江夏王義恭撫軍記室參軍。義恭就文帝求一學義沙門，會敷赴

假江陵，入辭，文帝令以後車載沙門往，謂曰：「道中可得言晤。」敷不奉詔，上甚不說。遷正員中書郎。敷小名查，父邵小名梨，文帝戲之曰：「查何如梨？」敷曰：「梨爲百果之宗，查何可比。」

中書舍人秋當、周赳並管要務，〔一〇〕以敷同省名家，欲詣之。赳曰：「彼恐不相容接，不如勿往。」當曰：「吾等並已員外郎矣，何憂不得共坐。」敷先設二牀，去壁三四尺，二客就席，敷呼左右曰：「移我遠客！」赳等失色而去。其自標遇如此。善持音儀，盡詳緩之致，與人別，執手曰：「念相聞。」餘響久之不絕。張氏後進皆慕之，其源起自敷也。

遷黃門侍郎、始興王濬後將軍司徒左長史。未拜，父在吳興亡，成服凡十餘日，方進水漿，葬畢，不進鹽菜，遂毀瘠成疾。伯父茂度每譬止之，敷益更感慟，絕而復續。茂度曰：「我比止汝，而乃益甚。」自是不復往，未朞年而卒。〔一一〕孝武卽位，旌其孝道，追贈侍中，改其所居爲孝張里。

敷弟柬，襲父封，位通直郎。柬有勇力，手格猛獸，元凶以爲輔國將軍。孝武至新亭，柬出奔，墜淮死。子式嗣。

暢字少微，邵兄偉之子也。偉少有操行，爲晉琅邪王國郎中令，從王至洛，還京都，武

帝封藥酒一甖付偉，令密加鴆毒，受命於道自飲而卒。

暢少與從兄敷、演、敬齊名，爲後進之秀。起家爲太守徐佩之主簿，佩之被誅，暢馳出奔赴，制服盡哀，時論美之。弟枚嘗爲猘犬所傷，醫者云食蝦蟇可療，枚難之。暢含笑先嘗，枚因此乃食，由是遂愈。累遷太子中庶子。

孝武鎭彭城，暢爲安北長史、沛郡太守。元嘉二十七年，魏主托跋燾南征，太尉江夏王義恭統諸軍出鎭彭城。虜衆近城數十里，彭城衆力雖多，而軍食不足，義恭欲棄彭城南歸，計議彌日不定。時歷城衆少食多，安北中兵參軍沈慶之議欲以車營爲函箱陣，精兵爲外翼，奉二王及妃媛直趨歷城，分城兵配護軍將軍蕭思話留守。太尉長史何勗不同，欲席卷奔鬱洲，自海道還都。二議未決，更集羣僚議之。暢曰：「若歷城、鬱洲可至，下官敢不高讚。今城內乏食，人無固心，但以關扃嚴密，不獲走耳。若一搖動，則潰然奔散，雖欲至所在，其可得乎！今食雖寡，然朝夕未至窘乏，豈可捨萬全之術，而卽危亡之道。此計必行，下官請以頸血汙君馬跡！」孝武聞暢議，謂義恭曰：「張長史言，不可違也。」義恭乃止。

魏主既至，登城南亞父塚，於戲馬臺立氈屋。先是，隊主蒯應見執，其日晡時，遣送應至小市門，致意求甘蔗及酒。孝武遣送酒二器，甘蔗百挺。求駱駝。明日，魏主又自上戲馬臺，復遣使至小市門，求與孝武相見，遣送駱駝，幷致雜物，使於南門受之。暢於城上與

魏尚書李孝伯語，孝伯問：「君何姓？」答曰：「姓張。」孝伯曰：「張長史乎？」暢曰：「君何得見識？」孝伯曰：「君名聲遠聞，足使我知。」城內有具思者，嘗在魏，義恭使視，知是孝伯，乃開門餉物。魏主又求酒及甘橘，孝武又致螺盃雜物，南土所珍。魏主復令孝伯傳語曰：「魏主有詔借博具。」暢曰：「博具當爲申致，有詔之言，正可施於彼國，何得施之於此？」孝伯曰：「以隣國之臣耳。」孝伯又言：「太尉、鎭軍，久闕南信，殊當憂邑。若遣信，當爲護送。」暢曰：「此中間道甚多，亦不須煩魏。」孝伯曰：「亦知有水路，似爲白賊所斷。」暢曰：「君著白衣，故號白賊也。」孝伯笑曰：「今之白賊，亦不異黃巾、赤眉，但不在江南耳。」又求博具，俄送與。魏主又遣送氈及九種鹽幷胡豉，云：「此諸鹽，各有宜。白鹽是魏主所食。〔一二〕黑者療腹脹氣滿，刮取六銖，以酒服之。胡鹽療目痛。柔鹽不用食，療馬脊創。赤鹽、駮鹽、臭鹽、馬齒鹽四種，並不中食。胡豉亦中噉。」又求黃甘，幷云：「魏主致意太尉、安北，何不遣人來問，觀我儀貌，察我爲人。」暢又宣旨答曰：「魏主形狀才力，久爲來往所見。李尚書親自銜命，不患彼此不盡，〔一三〕故不復遣。」又云：「魏主恨向所送馬殊不稱意，安北若須大馬，當送之，脫須蜀馬，亦有佳者。」暢曰：「安北不乏良駟，送在彼意，此非所求。」義恭又送炬燭十挺，孝武亦致錦一匹。又曰：「知更須黃甘，若給彼軍，卽不能足；若供魏主，未當乏絕，故不復致。」孝伯又曰：「君南土膏粱，何爲著屩？君且如此，將士云何？」暢曰：「膏粱之言，誠以爲愧。

但以不武，受命統軍，戎陣之間，不容緩服。」魏主又遣就二王借箜篌、琵琶等器及棊子。孝伯足詞辯，亦北土之美。暢隨宜應答，甚爲敏捷，音韻詳雅，魏人美之。

時魏聲云當出襄陽，故以暢爲南譙王義宣司空長史、南郡太守。元凶弒逆，義宣發哀之日，卽便舉兵。暢爲元佐，舉哀畢，改服著黃袴褶，出射堂簡人，音儀容止，衆皆矚目，見者皆爲盡命。事平，徵爲吏部尚書，封夷道縣侯。

及義宣有異圖，蔡超等以暢人望，勸義宣留之，乃解南蠻校尉以授暢，加冠軍將軍，領丞相長史。暢遣門生荀僧寶下都，〔一四〕因顏竣陳義宣釁狀。僧寶有私貨，止巴陵不時下。會義宣起兵，津路斷絕，遂不得前。義宣將爲逆，使嬖人翟靈寶告暢，暢陳必無此理，請以死保之。靈寶還白義宣，云暢必不可回，請殺以徇衆，賴丞相司馬竺超民得免。進號撫軍，別立軍部，以收人望。暢雖署文檄，飲酒常醉，不省其事。及義宣敗於梁山，暢爲軍人所掠，衣服都盡。遇右將軍王玄謨乘輿出營，暢已得敗衣，遂排玄謨上輿，玄謨甚不悅。諸將請殺之，隊主張世救之得免。〔一五〕執送都下，付廷尉，見原。

起爲都官尚書，轉侍中。孝武宴朝賢，暢亦在坐。何偃因醉曰：「張暢信奇才也，與義宣作賊，而卒無咎。苟非奇才，安能致此！」暢曰：「太初之時，誰黃其閤？」帝曰：「何事相苦。」初，尚之爲元凶司空，及義師至新林門，人皆逃，尚之父子共洗黃閤，故暢以此譏之。

孝建二年，出爲會稽太守，卒，諡曰宣。暢愛弟子輯，〔一六〕臨終遺命與輯合墳，時議非之。

弟悅，亦有美稱，歷侍中、臨海王子頊前將軍長史、南郡太守。晉安王子勛建僞號，召拜爲吏部尚書，與鄧琬共輔僞政。及事敗，悅殺琬歸降，復爲太子中庶子。後拜雍州刺史。泰始六年，明帝於巴郡置三巴校尉，以悅補之，加持節、輔師將軍，領巴郡太守。未拜，卒。

暢子浩，官至義陽王昶征北諮議參軍。浩弟淹，黃門郎，封廣晉縣子，太子左衞率，東陽太守。逼郡吏燒臂照佛，百姓有罪，使禮佛贖刑，動至數千拜。免官禁錮。起爲光祿勳，與晉安王子勛同逆，軍敗見殺焉。

臣穆等案高氏小史，趙倫之傳下有到彥之傳，而此書獨闕。約之史法，諸帝稱廟號，而謂魏爲虜。今帝稱帝號，魏稱魏主，與南史體同，而傳末又無史臣論，疑非約書。然其辭差與南史異，故特存焉。

校勘記

〔一〕列傳第六　崇文總目：「此一卷闕。」按宋書此卷北宋初已闕失，後人以南史及高氏小史補之，

說見卷後鄭穆校語。今一仍其舊。

〔二〕孝穆皇后之弟　「孝穆」各本並作「武穆」，據后妃傳及南史趙倫之傳改。按此謂武帝母孝穆皇后，不當簡稱「武穆皇后」。

〔三〕王懿字仲德　通鑑考異云：「宋書仲德傳闕。」是此篇亦爲後人所補。

〔四〕見輔國將軍張暢　孫虨宋書考論云：「此別一張暢，非張邵兄子也。劉懷肅傳有江夏相張暢之，蓋其人。」

〔五〕乘我遠征　「征」各本作「往」，據南史、元龜七一七改。

〔六〕張邵字茂宗　李慈銘宋書札記云：「宋書張邵傳本亡，後人雜取南史等書補之，故邵子敷，兄子暢，皆別有傳，而此卷邵傳後復重出敷傳。」

〔七〕時滁中結聚亡命　「滁中」各本並作「滁州」，據南史改。按時無「滁州」，當作「滁中」。

〔八〕丹淅二川蠻屢爲寇　「川」各本並作「州」，按時無丹州及淅州，有丹水、淅水，「州」當作「川」，今訂正。

〔九〕坐在雍州營私蓄聚　「聚」各本並作「取」。「蓄取」義不可通，今據通鑑宋文帝元嘉八年改。

〔一〇〕中書舍人秋當周赳並管要務　「秋當」各本並作「狄當」，據廣韻改正，說見本書卷四十四謝晦傳校勘記第九條。

〔一一〕未朞年而卒　「未」各本並譌「來」，據本書卷六十二張敷傳及南史改正。

〔一二〕白鹽是魏主所食　魏書李孝伯傳於「白鹽」下尚有「食鹽」二字，正合九種鹽之數。此處「白鹽」下似脫「食鹽」二字。又下「柔鹽」，魏書李孝伯傳作「戎鹽」。

〔一三〕不患彼此不盡　「患」各本並作「忍」，據本書卷五十九張暢傳及南史改正。

〔一四〕暢遣門生荀僧寶下都　「荀僧寶」，南史、元龜七一九同。本書卷五十九張暢傳作「苟僧寶」。

〔一五〕隊主張世救之得免　「張世」各本並作「張榮」，據本書卷五十九張暢傳及南史改正。廿二史考異：「卽張興世也，本單名世。」南齊書張融傳：「欣時父興世，宋世討南郡王義宣，官軍欲殺融父暢，興世以袍覆暢而坐之，以此得免。」卽言其事。

〔一六〕暢愛弟子輯　各本並脫「子」字，據本書卷五十九張暢傳補。

宋書卷四十七

列傳第七

劉懷肅　孟懷玉 弟龍符　劉敬宣　檀祗

劉懷肅，彭城人，高祖從母兄也。家世貧窶，而躬耕好學。初爲劉敬宣寧朔府司馬，東征孫恩，有戰功，又爲龍驤司馬、費令。聞高祖起義，棄縣來奔。京邑平定，振武將軍道規追桓玄，以懷肅爲司馬。玄留何澹之、郭銓等戍桑落洲，進擊破之。潁川太守劉統平，除高平太守。玄旣死，從子振大破義軍於楊林，義軍退尋陽。懷肅與江夏相張暢之攻澹之於西塞，破之。僞鎭東將軍馮該戍夏口東岸，孟山圖據魯山城，桓仙客守偃月壘，皆連壁相望。懷肅與道規攻之，躬擐甲冑，陷二城，馮該走石城，生擒仙客。義熙元年正月，振敗走，道規遣懷肅平石城，斬馮該及其子山靖。三月，桓振復襲江陵，〔一〕荆州刺史司馬休之出奔，懷肅自雲杜馳赴，日夜兼行，七日而至。振勒兵三萬，旗幟

蔽野，躍馬橫矛，躬自突陳。流矢傷懷肅額，衆懼欲奔，懷肅瞋目奮戰，士氣益壯。於是士卒爭先，臨陣斬振首。江陵旣平，休之反鎭，執懷肅手曰：「微子之力，吾無所歸矣。」僞輔國將軍符嗣、馬孫、僞龍驤將軍金符青、樂志等屯結江夏，懷肅又討之，梟樂志等。道規加懷肅督江夏九郡，權鎭夏口。

除通直郎，仍爲輔國將軍、淮南歷陽二郡太守。二年，又領劉毅撫軍司馬，軍、郡如故。以義功封東興縣侯，食邑千戶。其冬，桓石綏、司馬國璠、陳襲於胡桃山聚衆爲寇，懷肅率步騎討破之。江淮間羣蠻及桓氏餘黨爲亂，自請出討，旣行失旨，毅上表免懷肅官。三年，卒，時年四十一。追贈左將軍。無子，弟懷愼以子蔚祖嗣封，官至江夏內史。

蔚祖卒，子道存嗣。太祖元嘉末，爲太尉江夏王義恭諮議參軍。世祖伐元凶，義軍至新亭，道存出奔，元凶殺其母以徇。前廢帝景和中，爲義恭太宰從事中郎，義恭敗，以黨與下獄死。

懷肅次弟懷敬，澀訥無才能。初，高祖產而皇妣殂，孝皇帝貧薄，無由得乳人，議欲不舉高祖。高祖從母生懷敬，未朞，乃斷懷敬乳，而自養高祖。高祖以舊恩，懷敬累見寵授，至會稽太守，尚書，金紫光祿大夫。

懷敬子眞道，爲錢唐令。元嘉十三年，東土饑，上遣揚州治中從事史沈演之巡行在所，演之上表曰：「宰邑敷政，必以簡惠成能，莅職闡治，務以利民著績。故王奐見紀於前，叔卿流稱於後。竊見錢唐令劉眞道、餘杭令劉道錫，皆奉公卹民，恪勤匪懈，百姓稱詠，訟訴希簡。又寡蕩凶非，屢能擒獲。災水之初，餘杭高堤崩潰，洪流迅激，勢不可量，道錫躬先吏民，親執板築，塘既還立，縣邑獲全。經歷諸縣，訪覈名實，並爲二邦之首最，治民之良宰。」上嘉之，各賜穀千斛，以眞道爲步兵校尉。

十四年，出爲梁、南秦二州刺史。十八年，氐賊楊難當侵寇漢中，眞道率軍討破之。而難當寇盜猶不已，太祖遣龍驤將軍裴方明率禁兵五千，受眞道節度。十九年，方明至武興，率太子積弩將軍劉康祖、後軍參軍梁坦、陳爾、裴肅之、安西參軍段叔文、魯尚期、始興王國常侍劉僧秀、綏遠將軍馬洗、振武將軍王奐之等，進次潭谷，去蘭臯數里。〔二〕難當遣其建節將軍苻弘祖、啖元等固守蘭臯，鎭北將軍苻德義於外爲游軍，〔三〕難當子撫軍大將軍和重兵繼其後。方明進擊，大破之於濁水，斬弘祖并三千餘級。遣康祖追之，過蘭臯二千餘里。和又遣德義助戰，康祖又大破之，和退保脩城。難當遣建忠將軍楊林、振威將軍姚憲領二千騎就和，方明又率諸將攻之，和敗走，追至赤亭，難當席卷奔叛。方明遣康祖直趣百頃，僞丞相楊萬壽等一時歸降。難當第三息虎先戍陰平，難當既走，虎逃竄民間，生禽之，送京

都，斬于建康市。

秦州刺史胡崇之西鎭百頃，行至濁水，爲索虜所邀擊，敗沒。以眞道爲建威將軍、雍州刺史，方明輔國將軍、梁南秦二州刺史。方明辭不拜。詔曰：「往年氐豎楊難當造爲叛亂，侻首者衆。其長史楊萬壽、建節將軍姚憲，情不違順，屢進矢言。及凶醜背遁，闔境崩擾，建忠將軍呂訓衞倉儲以候王師。寧朔將軍姜檀果烈懇到，志在宣力，濁水之捷，厥庸顯然，近者協贊義奮，乃心無替。略陽苻昭，〔四〕誠係本朝，亦同斯舉，俘擒僞將，獨克武興，推鋒致效，隕命寇手。並事著屯險，感于予懷，宜蒙旌敍，榮慰存亡。可贈萬壽龍驤將軍，昭武都太守，憲補員外散騎侍郎，訓駙馬都尉、奉朝請，檀征西大將軍司馬、仇池太守，宜並內徙。可符雍、梁二州，厚加贍卹。」呂訓，略陽氐人呂先子也。〔五〕又詔曰：「故晉壽太守姜道盛，前討仇池，志輸誠力，卽戎著效，臨財能清。近先登濁水，殞身鋒鏑，誠節俱亮，矜悼于懷。可贈給事中，賜錢十萬。」〔六〕道盛注古文尙書，行於世。

眞道、方明並坐破仇池，斷割金銀諸雜寶貨，又藏難當善馬，下獄死。劉康祖等繫免各有差。方明，河東人，爲劉道濟振武中兵參軍，立功蜀土，歷潁川南平昌太守，皆坐贓私免官。

孟懷玉，平昌安丘人也。高祖珩，晉河南尹。祖淵，右光祿大夫。父綽，義旗後爲給事中，光祿勳，追贈金紫光祿大夫。世居京口。

高祖東伐孫恩，以懷玉爲建武司馬。豫義旗，從平京城，進定京邑。以功封鄱陽縣侯，食邑千戶。高祖鎭京口，以懷玉爲鎭軍參軍、下邳太守。義熙三年，出爲寧朔將軍、西陽太守、新蔡內史，除中書侍郎，轉輔國將軍，領丹陽府兵，戍石頭。

盧循逼京邑，懷玉於石頭岸連戰有功，爲中軍諮議參軍。賊帥徐道覆屢欲以精銳登岸，畏懷玉不敢上。及循南走，懷玉與衆軍追躡，直至嶺表。徐道覆屯結始興，懷玉攻圍之，身當矢石，旬月乃陷。仍南追循，循平，又封陽豐縣男，食邑二百五十戶。復爲太尉諮議參軍，征虜將軍。八年，遷江州刺史，尋督江州豫州之西陽新蔡汝南潁川司州之恒農揚州之松滋六郡諸軍事、南中郎將，刺史如故。〔七〕時荊州刺史司馬休之居上流，有異志，故授懷玉此任以防之。十一年，加持節。丁父艱，懷玉有孝性，因抱篤疾，上表陳解，不許。又自陳弟仙客出繼，喪主唯己，乃見聽。未去任，其年卒官。時年三十一。追贈平南將軍。子元卒，無子，國除。懷玉別封陽豐男，子慧熙嗣，坐廢祭祀奪爵。慧熙子宗嗣，〔八〕竟陵太守，中大夫。

龍符，懷玉弟也。驍果有膽氣，幹力絕人。少好游俠，結客於閭里。早爲高祖所知，既克京城，以龍符爲建武參軍。江乘、羅落、覆舟三戰，並有功。參鎭軍軍事，封平昌縣五等子，加寧遠將軍、淮陵太守。與劉藩、向彌征桓歆、桓石康，破斬之。除建威將軍、東海太守。索虜斛蘭、索度眞侵邊，彭、沛騷擾，高祖遣龍符、建威將軍道憐北討，一戰破之。追斛蘭至光水溝邊，被創奔走。

高祖伐廣固，以龍符爲車騎參軍，〔九〕加龍驤將軍、廣川太守，統步騎爲前鋒。軍達臨胊，與賊爭水，龍符單騎衝突，應手破散，卽據水源，賊遂退走。龍符乘勝奔逐，後騎不及，賊數千騎圍繞攻之，龍符奮矟接戰，每一合輒殺數人，衆寡不敵，遂見害，時年三十三。〔一〇〕高祖深加痛悼，追贈青州刺史。又表曰：「故龍驤將軍、廣川太守孟龍符，忠勇果毅，隕身王事，宜蒙甄表，以顯貞節，聖恩嘉悼，寵贈方州。龍符投袂義初，前驅效命，推鋒三捷，每爲衆先。及西剿桓歆，北殄索虜，朝議爵賞，未及施行。會今北伐，復統前旅，臨胊之戰，氣冠三軍。于時逆徒實繁，控弦掩澤，龍符匹馬電躍，所向摧靡，奮戈深入，知死弗吝。賊超奔遁，依險鳥聚，大軍因勢，方軌長驅。考其庸績，豫參濟不，竊謂宜班爵土，以褒勳烈。」乃追封臨沅縣男，食邑五百戶。無子，弟仙客以子微生嗣封。太祖元嘉中，有罪奪爵，徙廣州。

以徵生弟彥祖子佛護襲爵。齊受禪，國除。

孝武大明初，諸流徙者悉聽還本，徵生已死，子係祖歸京都，有筋幹異力，能儋負數人。入隸羽林，爲殿中將軍。二年，索虜寇青、冀，世祖遣軍援之，係祖自占求行。戰於杜梁，挺身入陳，所殺狠籍，遂見殺。詔書追贈潁川郡太守。

劉敬宣字萬壽，彭城人，漢楚元王交後也。祖建，征虜將軍。父牢之，鎮北將軍。敬宣八歲喪母，晝夜號泣，中表異之。輔國將軍桓序鎮蕪湖，牢之參序軍事。四月八日，敬宣見衆人灌佛，乃下頭上金鏡以爲母灌，因悲泣不自勝。序歎息，謂牢之曰：「卿此兒既爲家之孝子，必爲國之忠臣。」起家爲王恭前軍參軍，又參會稽世子元顯征虜軍事。

隆安二年，王恭起兵於京口，以誅司馬尚之兄弟爲名。牢之時爲恭前軍司馬、輔國將軍、晉陵太守，置佐領兵。而恭以豪戚自居，甚相陵忽，牢之心不能平。及恭此舉，使牢之爲前鋒。太傅會稽王道子與牢之書，備言禍福，使以兵反恭。牢之呼敬宣謂曰：「王恭昔蒙先帝殊恩，今居伯舅之重，義心未彰，唯兵是縱。吾不能審恭事捷之日，必能奉戴天子，緝穆宰相與不。今欲奉國威靈，以明逆順，汝以爲何如？」敬宣曰：「朝廷雖無成、康之隆，未有

桓、靈之亂，而恭怙亂阻兵，志陵京邑。大人與恭親無骨肉，分非君臣，雖共事少時，意好不協。今日討之，於情何有。」牢之至竹里，斬恭大將顏延，遣敬宣率高雅之等還京襲恭，恭方出城耀軍，馳騎橫擊之，一時散潰。元顯進號後將軍，以敬宣爲諮議參軍，加寧朔將軍。

三年，孫恩爲亂，東土騷擾，牢之自表東討，軍次虎疁。賊皆死戰，敬宣請以騎傍南山趣其後，吳賊畏馬，又懼首尾受敵，遂大敗。進平會稽。尋加臨淮太守，遷後軍從事中郎。五年，孫恩又入浹口，高祖戍句章，賊頻攻不能拔，敬宣請往爲援，賊恩於是退遠入海。

是時四方雲擾，朝廷微弱，敬宣每慮艱難未已。高祖既累破妖賊，功名日盛，故敬宣深相憑結，情好甚隆。元顯進號驃騎，敬宣仍隨府轉，軍、郡如故。元顯驕淫縱肆，羣下化之，敬宣每預燕會，未嘗飲酒，調戲之來，無所酬答，元顯甚不說。尋進號輔國將軍，餘如故。

元興元年，牢之南討桓玄，元顯爲征討大都督，日夜昏酣，牢之驟詣門，不得相見，帝出餞行，方遇公坐而已。桓玄既至溧洲，遣信說牢之，牢之以道子昏闇，元顯淫凶，慮平玄之日，亂政方始，假手於玄，誅除執政，然後乘玄之隙，可以得志於天下，將許玄降。敬宣諫曰：「方今國家亂擾，四海鼎沸，天下之重，在大人與玄。玄藉先父之基，據荊南之勢，雖無姬文之德，實爲參分之形。一朝縱之，使陵朝廷，威望既成，則難圖也。董卓之變，將生於今。」牢之怒曰：「吾豈不知今日取玄如反覆手，但平玄之後，令我那驃騎何？」遣敬宣爲任。〔一〇〕玄板爲其府諮議參軍。

玄既得志，害元顯，廢道子，以牢之爲征東將軍、會稽太守。牢之與敬宣謀共襲玄，期以明旦。值爾日大霧，府門晚開，日旰，敬宣不至，牢之謂所謀已泄，率部曲向白洲，欲奔廣陵。而敬宣還京口迎家，牢之尋求不得，謂已爲玄所擒，乃自縊死。敬宣奔喪，哭畢，卽渡江就司馬休之、高雅之等，俱奔洛陽，往來長安，各以子弟爲質，求救於姚興。興與之符信，令關東募兵，得數千人，復還至彭城間，收聚義故。玄遣孫無終討冀州刺史劉軌，軌要敬宣、雅之等共據山陽，破之，不剋。又進昌平澗，戰不利，衆各離散，乃俱奔鮮卑慕容德。

敬宣素曉天文，知必有興復晉室者。尋夢丸土服之，既覺，喜曰：「丸者桓也，桓既吞矣，吾復本土乎。」乃結青州大姓諸崔、封，〔一一〕并要鮮卑大帥免逵，謀滅德，推休之爲主，剋日垂發。時劉軌爲德司空，大被委任，雅之又欲要軌，敬宣曰：「此公年老，吾觀其有安齊志，必不動，不可告也。」雅之以爲不然，遂告軌，軌果不從。謀頗泄，相與殺軌而去。至淮、泗間，會高祖平京口，手書召敬宣，左右疑其詐，敬宣曰：「吾固知其然矣。下邳不誘我也。」卽便馳還。既至京師，以敬宣爲輔國將軍、晉陵太守，襲封武岡縣男。是歲，安帝元興三年也。

桓歆率氐賊楊秋寇歷陽，敬宣與建威將軍諸葛長民大破之，歆單騎走渡淮，斬楊秋於

練固而還。遷建威將軍、江州刺史。敬宣固辭，言於高祖曰：「讎恥既雪，四海清蕩，所願反身草澤，以終餘年。恩遇不遺，〔一三〕遂復僶俛，卽目所忝，〔一四〕已爲優渥。且盤龍、無忌猶未遇寵，賢二弟位任尚卑，一朝先之，必貽朝野之責。」不許。敬宣既至江州，課集軍糧，搜召舟乘，軍戎要用，常有儲擬。故西征諸軍雖失利退據，〔一五〕因之每卽振復。其年，桓玄兄子亮自號江州刺史，寇豫章，亮又遣苻宏寇廬陵，敬宣並討破之。

初，劉毅之少也，爲敬宣寧朔參軍。時人或以雄傑許之，敬宣曰：「夫非常之才，〔一六〕當別有調度，豈得便謂此君爲人豪邪？其性外寬而內忌，自伐而尚人，若一旦遭逢，亦當以陵上取禍耳。」毅聞之，深以爲恨。及在江陵，知敬宣還，乃使人言於高祖曰：「劉敬宣父子，忠國既昧，今又不豫義始。猛將勞臣，方須敍報，如敬宣之比，宜令在後。若使君不忘平生，欲相申起者，論資語事，正可爲員外常侍耳。聞已授其郡，實爲過優；尋知復爲江州，尤所駭惋。」敬宣愈不自安。安帝反正，自表解職。於是散徹，賜給宅宇，月給錢三十萬。高祖數引與游宴，恩款周洽，所賜錢帛車馬及器服玩好，莫與比焉。

尋除冠軍將軍、宣城內史、襄城太守。宣城多山縣，郡舊立屯以供府郡費用，前人多發調工巧，造作器物，敬宣到郡，悉罷私屯，唯伐竹木，治府舍而已。亡叛多首出，遂得三千餘戶。

高祖方大相寵任，欲先令立功，義熙三年，表遣敬宜率衆五千伐蜀。國子博士周祇書諫高祖曰：「自義旗之建，所征無不必克，此可謂天人交助，信順之徵也。今大難已夷，君臣俱泰。頃五穀轉豐，民無饑苦，劫盜之患，亦爲弭息，此誠漸足無事，宜大寧治本。蜀賊宜平，六合宜一，非爲不爾也。古人有言，天時不如地利，地利不如人和。今往伐蜀，萬有餘里，泝流天險，動經時歲。若此軍直指成都，徑禽譙氏者，復是將帥奮威，一快之舉耳。然益土荒殘，野無青草，成都之內，殆無孑遺。計得彼利，與今行軍之費，不足相補也。而今往艱險，雨雪方降，驅三州三吳之人，投之三巴三蜀之土，其中疾病死亡，豈可稱計。此一疑也。賊必不守窮城，將決力戰。今我往勞困，彼來甚逸。若忽使師行不利，人情波駭，大勢挫衄。此二疑也。且千里饋糧，士有饑色。況今泝險萬里，所在無儲。若運兵不解，〔一七〕運漕不繼，雖韓、白之將，何以成功。此三疑也。今云可征者皆云：〔一八〕『彼親離衆叛。』愚謂不然。彼以一匹夫，而能致今日之事，若衆力離散，亦何以至此。宜所遣兵皆烏合受募之人，亦必無千人一心，有前無退矣。爲治者固先定其內而理其外，先安其近而懷其遠。自頃狂狡不息，誅戮相繼，未可謂人和也。天險如彼，未可謂地利也。毛脩之家讎不雪，不應以得死爲恨，劉敬宜蒙生存之恩，亦宜性命仰報，今將軍欲驅二死之甘心，而忘國家之重計，愚情竊所未安。闕門之外，非所宜豫，苟其有心，不覺披盡。」不從。

假敬宜節，監征蜀諸軍事，郡如故。既入峽，分遣振武將軍、巴東太守溫祚以二千人揚聲外水，自率益州刺史鮑陋、輔國將軍文處茂、龍驤將軍時延祖由墊江而進。敬宜率先士卒，轉戰而前，達遂寧郡之黃虎，去成都五百里。僞輔國將軍譙道福等悉衆距險，相持六十餘日，大小十餘戰，賊固守不敢出。敬宜不得進，食糧盡，軍中多疾疫，死者太半，引軍還。爲譙縱送毛璩一門諸喪，其妻女、文處茂母何，并諸士人喪柩，浮之中流，敬宜皆拯接致歸。爲有司所奏，免官，削封三分之一。

五年，高祖伐鮮卑，除中軍諮議參軍，加冠軍將軍。從至臨朐，慕容超出軍距戰，敬宜與兗州刺史劉藩等奮擊，大破之。龍驤將軍孟龍符戰沒，敬宜并領其衆，圍廣固，屢獻規略。

盧循逼京師，敬宜分領鮮卑虎班突騎，置陣甚整，循等望而畏之。遷使持節、督馬頭淮西諸軍郡事、鎮蠻護軍、淮南安豐二郡太守、梁國內史，將軍如故。循既走，仍從高祖南討，轉左衞將軍，加散騎常侍。

敬宜寬厚善待士，多伎藝，弓馬音律，無事不善。時尚書僕射謝混自負才地，少所交納，與敬宜相遇，便盡禮著歡。或問混曰：「卿未嘗輕交於人，而傾蓋於萬壽，何也？」混曰：「人之相知，豈可以一塗限，孔文舉禮太史子義，夫豈有非之者邪！」

初，敬宜回師於蜀，劉毅欲以重法繩之，高祖既相任待，又何無忌明言於毅，謂不宜以私憾傷至公，若必文致爲戮，己當入朝以廷議決之。毅雖止，猶謂高祖曰：「夫生平之舊，豈可孤信。光武悔之於龐萌，曹公失之於孟卓，公宜深慮之。」毅出爲荆州，謂敬宜曰：「吾忝西任，欲屈卿爲長史、南蠻，豈有見輔意乎？」敬宜懼禍及，以告高祖。高祖笑曰：「但令老兄平安，必無過慮。」出爲使持節、督北青州軍郡事、征虜將軍、北青州刺史，領清河太守，尋領冀州刺史。

時高祖西討劉毅，豫州刺史諸葛長民監太尉軍事，貽敬宜書曰：「盤龍狠戾專恣，自取夷滅，異端將盡，世路方夷，富貴之事，相與共之。」敬宜報曰：「下官自義熙以來，首尾十載，遂忝三州七郡。今此杖節，常懼福過禍生，實思避盈居損，富貴之旨，非所敢當。」遣使呈長民書，高祖謂王誕曰：「阿壽故爲不負我也。」十一年正月，進號右將軍。

司馬道賜者，晉宗室之賤屬也，爲敬宜參軍。至高祖西征司馬休之，道賜乃陰結同府辟閭道秀及左右小將王猛子等謀反。道賜自號齊王，以道秀爲青州刺史，規據廣固，舉兵應休之。敬宜召道秀有所論，因屏人，左右悉出戶，猛子逡巡在後，取敬宜備身刀殺敬宜，時年四十五。文武佐吏卽討道賜、猛子等，皆斬之。先是敬宜未死，嘗夜與僚佐宴集，空中有放一隻芒屩於坐中，〔一九〕墜敬宜食槃上，長三尺五寸，已經人著，耳鼻間並欲壞。頃之而

敗。喪至，高祖臨哭甚哀。子祖嗣。〔二〇〕宋受禪，國除。

檀祇字恭叔，高平金鄉人，左將軍韶第二弟也。〔二一〕少爲孫無終輔國參軍，隨無終東征孫恩，屢有戰功。復爲王誕龍驤參軍。從高祖克京城，參建武軍事。至羅落，檀憑之戰沒之後，仍以憑之所領兵配祇。京邑既平，參鎮軍事，加振武將軍，隸振武大將軍道規追討桓玄，〔二二〕每戰克捷。江陵平定，道規遣祇征溳、沔亡命桓道兒、張靖、苻嗣等，皆悉平之。除龍驤將軍、秦郡太守、北陳留內史，又爲寧朔將軍、竟陵太守，不拜。破桓亮於長沙，苻宏於湘東。武陵內史庾悅疾病，道規以祇代悅，加寧朔將軍，封西昌縣侯，食邑千戶。五年，入爲中書侍郎。

盧循逼京邑，加輔國將軍，領兵屯西明門外。循退走，祇率所領，步道援江陵，未發，遇疾停。八年，遷右衞將軍，出爲輔國將軍、宣城內史，卽本號督江北淮南軍郡事、青州刺史、廣陵相。進號征虜將軍，加節。

十年，亡命司馬國璠兄弟自北徐州界聚衆數百，潛得過淮，因天夜陰闇，率百許人緣廣陵城得入，叫喚直上聽事。祇驚起，出門將處分，賊射之，傷股，乃入。祇語左右：「賊乘闇

得入，欲掩我不備。但打五鼓，懼曉，必走矣。」賊聞鼓鳴，謂爲曉，於是奔散，追討殺百餘人。祗降號建武將軍。十一年，進號右將軍。〔二二〕十二年，高祖北伐，而亡命司馬□寇涂中，秦郡太守劉基求救，分軍掩討，卽破斬之。

十四年，宋國初建，天子詔曰：「宋國始立，內外草創，禁旅王要，總司須才。右將軍祗可爲宋領軍將軍，加散騎常侍。」祗性矜豪，樂在外放恣，不願內遷，甚不得志。發疾不自治，其年卒廣陵，時年五十一。贈散騎常侍、撫軍將軍，謚曰威侯。

子獻嗣，元熙中卒，無子，祗次子朗紹封。朗卒，子宣明嗣。宣明卒，子逸嗣。齊受禪，國除。

史臣曰：劉敬宣與高祖恩結龍潛，義分早合，雖興復之始，事隔逢迎，而深期久要，未之或爽。隆赫之任，義止於人存，飾終之數，無聞於身後，恩禮之有厚薄者，將有以乎。

校勘記

〔一〕三月桓振復襲江陵　「三月桓振」各本並作「子月神振」，據元龜三四四、七二四改。

列傳第七　檀祗　校勘記　一四一七

宋書卷四十七　一四一八

〔二〕去蘭皐數里　「蘭皐」各本並作「皐蘭」，據氏傳改正。南齊書高帝紀謂「武興西北有蘭皐戍，去仇池二百里」。元豐九域志：「階州將利縣有蘭皐鎮。」下出「皐蘭」，並改正。

〔三〕難當遣其建節將軍苻弘祖啖元等固守蘭皐鎮北將軍苻德義於外爲游軍　「苻弘祖」各本作「符弘祖」，「苻德義」各本作「符德義」，今並改正。通鑑胡三省注云：「符恐當作苻。楊氏、苻氏，皆氐種也。」

〔四〕略陽苻昭　「略陽」各本並作「洛陽」。張森楷校勘記云：「洛陽當作略陽。」按張說是，略陽爲氐族聚居之地，今改正。又「苻昭」各本並作「符昭」，亦改正。

〔五〕呂訓略陽氏人呂先子也　各本並脫「陽」字，張森楷校勘記云：「略下當有陽字。呂先當是呂光。」按呂光，爲後涼主。

〔六〕賜錢十萬　「十萬」各本並作「千萬」，據南史改。

〔七〕尋督江州豫州之西陽新蔡汝南潁川司州之恒農揚州之松滋六郡諸軍事　各本並脫「恒農揚州之」五字，據錢氏考異說補。廿二史考異云：「庾悅傳亦云六郡，今數之，止五郡，且松滋郡屬揚州，不屬司州，蓋有脫文也。」又云：「傳文當云司州之恒農、揚州之松滋，今本脫去五字耳。」

〔八〕慧熙子宗嗣　「子」各本作「己」。孫彪宋書考論云：「己字誤，蓋子字或弟字。」今改作子。

〔九〕以龍符爲車騎參軍　「參軍」各本及南史並作「將軍」，孫彪宋書考論云：「當是爲車騎參軍。」按孫說是，今改正。

〔一〇〕時年三十三　張森楷校勘記云：「龍符是懷玉弟，懷玉以義熙十一年卒，年三十一。龍符卒於伐南燕，則更在前六年，不應年三十三，疑當是二十三之譌。」

〔一一〕遣敬宣爲任　「遣」各本並作「遺」，據南史改。

〔一二〕乃結青州大姓諸崔封　「崔」各本並作「省」，據元龜七五八改。按青州大姓有崔氏、封氏，無省氏。

〔一三〕恩遇不遣　「遣」各本並作「遺」，據元龜四〇八改。

〔一四〕卽目所忝　三朝本、毛本作「卽目」，殿本、局本作「卽日」。張元濟校勘記云：「卽目見唐書，不誤。」

〔一五〕故西征諸軍雖失利退據　各本「西」字並空闕，據元龜六九六補。

〔一六〕夫非常之才　「夫」各本並作「人」，據通鑑晉安帝義熙元年改。

〔一七〕若連兵不解　各本並脫「連」字，據建康實錄補。

〔一八〕今云可征者皆云　各本並脫「皆」字，據建康實錄補。

〔一九〕空中有放一隻芒屩於坐中　「放」南史、御覽六八九、八八五引作「投」。

〔二〇〕子祖嗣　「祖」南史作「光祖」，疑宋書脫「光」字。

列傳第七　校勘記　一四一九

宋書卷四十七　一四二〇

〔二一〕左將軍韶第二弟也　「韶」各本並作「歆」，據檀韶傳改。

〔二二〕加振武將軍隸振武大將軍道規追討桓玄　按臨川烈武王道規傳，道規但爲振武將軍，此云振武大將軍，疑有誤。

〔二三〕進號右將軍　「右」字下，各本並衍「衛」字。孫彪宋書考論云：「右衛非號，衛字衍也。下文右將軍祗可證。」按孫說是，今訂正。

宋書卷四十八

列傳第八

朱齡石 弟超石 毛脩之 傅弘之

朱齡石字伯兒，沛郡沛人也。家世將帥。祖騰，建威將軍、吳國內史。伯父憲及斌，並爲西中郎袁眞將佐，憲爲梁國內史，斌爲汝南內史。大司馬桓溫伐眞於壽陽，眞以憲兄弟與溫潛通，並殺之。齡石父綽逃走歸溫，攻戰常居先，不避矢石。壽陽平，眞已死，綽輒發棺戮尸，溫怒，將斬之，溫弟沖苦請得免。綽爲人忠烈，受沖更生之恩，事沖如父。參沖車騎軍事、西陽廣平太守。及沖薨，綽歐血死。沖諸子遇齡石如兄弟。

齡石少好武事，頗輕佻，不治崖檢。舅淮南蔣氏，人才儜劣，齡石使舅臥於聽事一頭，剪紙方一寸，帖著舅枕，自以刀子懸擲之，相去八九尺，百擲百中。舅雖危懼戰慄，爲畏齡石，終不敢動。舅頭有大瘤，齡石伺舅眠，密往割之，舅卽死。

初爲殿中將軍，常追隨桓脩兄弟，爲脩撫軍參軍，在京口。高祖克京城，以爲建武參軍。從至江乘，將戰，齡石言於高祖曰：「世受桓氏厚恩，不容以兵刃相向，乞在軍後。」高祖義而許之。事定，以爲鎭軍參軍，[一]遷武康令，加寧遠將軍。

喪亂之後，武康人姚係祖招聚亡命，專爲劫盜，所居險阻，郡縣畏憚不能討。齡石至縣，僞與係祖親厚，召爲參軍。係祖恃其兄弟徒黨强盛，謂齡石必不敢圖己，乃出應召。齡石潛結腹心，知其居處塗徑，[二]乃要係祖宴會，叱左右斬之。乃率吏人馳至其家，掩其不備，莫有得舉手者，悉斬係祖兄弟，殺數十人，自是一郡得淸。

高祖又召爲參軍，補徐州主簿，遷尙書都官郎，尋復爲參軍。從征鮮卑，坐事免官。廣固平，復爲參軍。盧循至石頭，領中軍。循選敢死之士數千人上南岸，高祖遣齡石領鮮卑步矟，過淮擊之。率厲將士，皆殊死戰，殺數百人，賊乃退。齡石既有武幹，又練吏職，高祖甚親委之。盧循平，以爲寧遠將軍、寧蠻護軍、西陽太守。義熙八年，高祖西伐劉毅，齡石從至江陵。

九年，遣諸軍伐蜀，令齡石爲元帥，以爲建威將軍、益州刺史，率寧朔將軍臧熹、河間太守蒯恩、下邳太守劉鍾、龍驤將軍朱林等，[三]凡二萬人，發自江陵。尋加節益州諸軍事。初，高祖與齡石密謀進取，曰：「劉敬宣往年出黃虎，無功而退。賊謂我今應從外水往，而料

我當出其不意，猶從內水來也。如此，必以重兵守涪城，以備內道。若向黃虎，正陊其計。今以大衆自外水取成都，疑兵出內水，此制敵之奇也。」而慮此聲先馳，賊審虛實，別有函書，全封付齡石，[四]署函邊曰：「至白帝乃開。」諸軍雖進，未知處分所由。至白帝，發書，曰：「衆軍悉從外水取成都，臧熹、朱林於中水取廣漢，使羸弱乘高艦十餘，由內水向黃虎。」衆軍乃倍道兼行，譙縱果備內水，使其大將譙道福以重兵戍涪城，遣其前將軍秦州刺史侯輝、尙書僕射蜀郡太守譙詵等率衆萬餘屯彭模，夾水爲城。

十年六月，齡石至彭模，諸將以賊水北城險阻衆多，咸欲先攻其南城，齡石曰：「不然。雖寇在北，今屠南城，不足以破北；若盡銳以拔北壘，南城不麾而自散也。」七月，齡石率劉鍾、蒯恩等攻城，詰朝戰，至日昃，焚其樓櫓，四面並登，斬侯輝、譙詵，仍回軍以麾，南城卽時散潰。凡斬大將十五級，諸營守以次土崩，衆軍乃舍船步進。

龍驤將軍臧熹至廣漢，病卒。朱林至廣漢，復破譙道福，別軍乘船陷牛脾城，[五]斬其大將譙撫。譙縱聞諸處盡敗，奔于涪城，巴西人王志斬送。僞尙書令馬耽封府庫以待王師。道福聞彭模不守，率精銳五千兼行來赴，聞縱已走，道福衆亦散，乃逃于獠中，巴西民杜瑤縛送之，[六]斬于軍門。桓謙弟恬隨謙入蜀，爲寧蜀太守，至是亦斬焉。

高祖之伐蜀也，將謀元帥而難其人，乃舉齡石。衆咸謂自古平蜀，皆雄傑重將，齡石資

名尙輕，慮不克辦，[七]諫者甚衆，高祖不從。乃分大軍之半，猛將勁卒，悉以配之。臧熹，敬皇后弟〔也〕。資位在齡石之右，亦令受其節度。是行亦不淹時，一戰克捷，衆咸服高祖之知人，[八]又美齡石之善於其事。

齡石遣司馬沈叔任戍涪，蜀人侯產德作亂，攻涪城，叔任擊破之，斬產德。初，齡石平蜀，所戮止縱一祖之後，產德事起，多所連結，乃窮加誅剪，死者甚衆。進號輔國將軍，尋進監梁州之巴西梓潼宕渠南漢中、秦州之安固懷寧六郡諸軍事，以平蜀功，封豐城縣侯，食邑千戶。

十一年，徵爲太尉諮議參軍，加冠軍將軍。十二年北伐，遷左將軍，本號如故，配以兵力，守衞殿省，劉穆之甚加信仗，內外諸事，皆與謀焉。

高祖還彭城，以齡石爲相國右司馬。十四年，安西將軍桂陽公義眞被徵，以齡石持節督關中諸軍事、右將軍、雍州刺史。敕齡石，若關右必不可守，可與義眞俱歸。齡石亦舉城奔走。龍驤將軍王敬先戍曹公壘，齡石自潼關率餘衆就敬先，虜斷其水道，衆渴不能戰，城陷，虜執齡石及敬先還長安，見殺，時年四十。

子景符嗣。景符卒，子祖宣嗣，坐輒之封，八年不反，及不分姑國秩，奪爵。更以祖宣弟隆紹封。齊受禪，國除。

齡石弟超石，亦果銳善騎乘，雖出自將家，兄弟並閑尺牘。桓謙爲衛將軍，以補行參軍。又參何無忌輔國右軍軍事。徐道覆破無忌，得超石，以爲參軍。至石頭，超石說其同舟人乘單舸走歸高祖，高祖甚喜之，以爲徐州主簿。超石收迎桓謙身首，躬營殯葬。還車騎參軍事，尚書都官郎，尋復補中兵參軍、寧朔將軍、沛郡太守。

西伐劉毅，使超石率步騎出江陵，未至而毅平。及討司馬休之，遣冠軍將軍檀道濟及超石步軍出大薄，魯宗之聞超石且至，自率軍逆之，未戰而江陵平。從至襄陽，領新野太守，追宗之至南陽而還。

義熙十二年北伐，超石爲前鋒入河，〔九〕索虜托跋嗣，姚興之壻也，遣弟黃門郎鵞青、冀州刺史安平公乙旃眷、襄州刺史托跋道生、青州刺史阿薄干，〔一〇〕步騎十萬，屯河北，常有數千騎，緣河隨大軍進止。時軍人緣河南岸，牽百丈，河流迅急，有漂渡北岸者，輒爲虜所殺略。遣軍裁過岸，虜便退走，軍還，卽復東來。高祖乃遣白直隊主丁旿，率七百人，及車百乘，於河北岸上，去水百餘步，爲却月陣，兩頭抱河，車置七仗士，事畢，使豎一白毦。虜見數百人步牽車上，不解其意，並未動。高祖先命超石〔戒嚴二千人。白毦既舉，超石〕馳往赴之，〔一一〕幷齎大弩百張，一車益二十人，設彭排於轅上。虜見營陣既立，乃進圍營，超石先

以軟弓小箭射虜，虜以衆少兵弱，四面俱至。嗣又遣南平公托跋嵩三萬騎至，遂肉薄攻營。於是百弩俱發，又選善射者叢箭射之，虜衆既多，弩不能制。〔一二〕超石初行，別齎大鎚幷千餘張矟，乃斷矟長三四尺，以鎚鎚之，一矟輒洞貫三四虜。虜衆不能當，一時奔潰，臨陣斬阿薄干首，虜退還半城。〔一三〕超石率胡藩、劉榮祖等追之，復爲虜所圍，奮擊盡日，殺虜千計，虜乃退走。高祖又遣振武將軍徐猗之五千人向越騎城，虜圍猗之，以長戟結陣，超石赴之，未至悉奔走。大軍進克蒲坂，以超石爲河東太守，戍守之。賊以超石衆少，復還攻城，超石戰敗退走，數日乃及大軍。

高祖自長安東還，超石常令人水道至彭城，除中書侍郎，封興平縣五等侯。關中擾亂，高祖遣超石慰勞河、洛。始至蒲坂，值齡石自長安東走至曹公壘，超石濟河就之，與齡石俱沒，爲佛佛所殺，時年三十七。

毛脩之字敬文，滎陽陽武人也。祖虎生，伯父璩，並益州刺史。父瑾，梁、秦二州刺史。脩之有大志，頗讀史籍。荆州刺史殷仲堪以爲寧遠參軍。桓玄克荆州，仍爲玄佐，歷後軍、太尉、相國參軍。解音律，能騎射，玄甚遇之。及篡位，以爲屯騎校尉。隨玄西奔，玄

敗於崢嶸洲，復還江陵，人情離散，議欲西奔漢川，脩之誘令入蜀，馮遷斬玄於枚回洲，脩之力也。

晉安帝反正於江陵，除驍騎將軍。下至京師，高祖以爲鎮軍諮議參軍，加寧朔將軍。旬月，遷右衛將軍。〔一四〕既有斬玄之謀，又伯、父並在蜀土，高祖欲引爲外助，故頻加榮爵。〔一五〕及父瑾爲譙縱所殺，高祖表爲龍驤將軍，配給兵力，遣令奔赴。又遣益州刺史司馬榮期及文處茂、時延祖等西討。脩之至宕渠，榮期爲參軍楊承祖所殺，承祖自稱鎮軍將軍、巴州刺史。脩之退還白帝，承祖自下攻之，不拔。脩之使參軍嚴綱等收合兵衆，漢嘉太守馮遷率兵來會，討承祖斬之。時文處茂猶在巴郡，脩之遣振武將軍張季仁五百兵係處茂等。荆州刺史道規又遣奮武將軍原導之領千人，受脩之節度。脩之遣原導之與季仁俱進。

時益州刺史鮑陋不肯進討，脩之下都上表曰：「臣聞在生所以重生，實有生理可保。臣之情地，生途已竭，所以未淪於泉壤，借命於朝露者，以日月貞照，有兼映之輝，庶憑天威，誅夷讎逆。自提戈西赴，備嘗時難，遂使齊斧停柯，狡豎假息。誠由經路有壅，亦緣制不自己。撫影窮號，泣望西路。益州刺史陋始以四月二十九日達巴東，頓白帝，以俟廟略。可乘之機宜踐，投袂之會屢愆。臣雖効死寇庭，而理絕救援，是以束骸載馳，訴冤象魏。昔宋害申丹，楚莊有遺履之憤，況忘家殉國，尠有臣門，節冠風霜，人所矜悼。伍員不虧君義，而

申包不忘國艱，俟會佇鋒，因時乃發。今臣庸蹤在昔，未蒙宵邁之旗，是以仰辰極以希照，眷西土以灑淚也。公私懷恥，仰望洪恩，豈宜遂享名器，比肩人伍。求情旣所不容，卽實又非所繼，但以方仗威靈，要須綜攝，乞解金紫寵私之榮，賜以鷹揚折衝之號。臣之於國，理無虛請。自臣涉道，情慮荒越，疹毒交纏，常慮性命隕越，要當躬先士卒，身馳賊庭，手斬凶醜，以攄莫大之釁。然後就死之日，卽化如歸，闔門靈爽，豈不謝先帝於玄宮。」

高祖哀其情事，乃命冠軍將軍劉敬宣率文處茂、時延祖諸軍伐蜀。軍次黃虎，無功而退。譙縱由此送脩之父、伯及中表喪，口累並得俱還。

盧循逼京邑，脩之服未除，起爲輔國將軍，尋加宣城內史，戍姑孰。爲循黨阮賜所攻，擊破之。循走，劉毅還姑孰，脩之領毅後軍司馬，坐長置吏僮，免將軍、內史官。毅西鎮江陵，以爲衛軍司馬、輔國將軍、南郡太守。脩之雖爲毅將佐，而深自結高祖。高祖討毅，先遣王鎮惡襲江陵，脩之與諮議參軍任集之等並力戰，高祖宥之。

時遣朱齡石伐蜀，脩之固求行，高祖慮脩之至蜀，必多所誅殘，士人旣與毛氏有嫌，亦當以死自固，故不許。還都，除黃門侍郎，復爲右衛將軍。

脩之不信鬼神，所至必焚除房廟。時蔣山廟中有佳牛好馬，脩之並奪取之。高祖討司馬休之，以爲諮議參軍、冠軍將軍、領南郡相。

高祖將伐羌，先遣脩之復芍陂，起田數千頃。及至彭城，又使營立府舍，轉相國右司馬，將軍如故。時洛陽已平，卽本號爲河南、河內二郡太守，行司州事，〔一六〕戍洛陽，修治城壘。高祖既至，案行善之，賜衣服玩好，當時計直二千萬。先是，劉敬宣女嫁，高祖賜錢三百萬，雜綵千匹，時人並以爲厚賜。王鎭惡死，脩之代爲安西司馬，將軍如故。値桂陽公義眞已發長安，爲佛佛虜所邀，軍敗。脩之與義眞相失，走將免矣。始登一岅，岅甚高峻，右衞軍人叛走，已上岅，嘗爲脩之所罰者，以戟擲之，傷額，因墜岅，遂爲佛佛所擒。佛佛死，其子赫連昌爲索虜托跋燾所獲，脩之幷沒。

初，脩之在洛，敬事嵩高山寇道士，道士爲燾所信敬，營護之，故得不死，遷于平城。脩之嘗爲羊羹，以薦虜尙書，尙書以爲絕味，獻之於燾，燾大喜，以脩之爲太官令。稍被親寵，遂爲尙書、光祿大夫、南郡公，太官令、尙書如故。其後朱脩之沒虜，亦爲燾所寵。脩之相得甚歡。脩之問南國當權者爲誰？朱脩之答云：「殷景仁。」脩之笑曰：「吾昔在南，殷尙幼少，我得歸罪之日，便應巾韝到門邪！」經年不忍問家消息，久之乃訊訪，脩之具答，幷云：「賢子元矯，甚能自處，爲時人所稱。」脩之悲不得言，直視良久，乃長歎曰：「嗚呼！」自此一不復及。〔一七〕初，荒人去來，言脩之勸誘燾侵邊，幷教燾以中國禮制，太祖甚疑責之。脩之後得還，〔一八〕具相申理，上意乃釋。脩之在虜中，多畜妻妾，男女甚多。元嘉二十三年，死於

虜中，時年七十二。元矯歷宛陵、江乘、溧陽令。

傅弘之字仲度，北地泥陽人。傅氏舊屬靈州，漢末郡境爲虜所侵，失土寄寓馮翊，置泥陽、富平二縣，靈州廢不立，故傅氏悉屬泥陽。晉武帝太康三年，復立靈州縣，傅氏還屬靈州。弘之高祖晉司徒祗，後封靈州公，不欲封本縣，故祗一門還復泥陽。曾祖暢，祕書丞，沒胡，生子洪，晉穆帝永和中，胡亂得還。洪生韶，〔一九〕梁州刺史，散騎常侍。韶生弘之。

少倜儻有大志，爲本州主簿，舉秀才，不行。桓玄將簒，新野人庾仄起兵於南陽，襲雍州刺史馮該，該走。弘之時在江陵，與仄兄子彬謀殺荆州刺史桓石康，以荆州刺史應仄。彬從弟宏知其謀，以告石康，石康收彬殺之，繫弘之於獄。桓玄以弘之非造謀，又白衣無兵衆，原不罪。

義旗建，輔國將軍道規以爲參軍、寧遠將軍、魏興太守。盧循作亂，桓石綏自上洛甲口自號荆州刺史，〔二〇〕徵陽令王天恩自號梁州刺史，〔二一〕襲西城。時韶爲梁州，遣弘之討石綏等，並斬之。除太尉行參軍。從征司馬休之，署後部賊曹，仍爲建威將軍、順陽太守。

高祖北伐，弘之與扶風太守沈田子等七軍自武關入，僞上洛太守脫身奔走，〔二二〕進據藍田，招懷戎、晉。晉人龐斌之、戴養、胡人康橫等各率部落歸化。弘之素善騎乘，高祖至長安，弘之於姚泓馳道內，緩服戲馬，或馳或驟，往反二十里中，甚有姿制，羌胡聚觀者數千人，並驚惋歎息。初上馬，以馬鞭柄策，挽致兩股內，及下馬，柄孔猶存。

進爲桂陽公義眞雍州治中從事史，除西戎司馬、寧朔將軍。略陽太守徐師高反叛，弘之討平之。高祖歸後，佛佛僞太子赫連璝率衆三萬襲長安，〔二三〕弘之又領步騎五千，於池陽大破之，殺傷甚衆。璝又抄掠渭南，弘之又於寡婦人渡破璝，獲賊三百，掠七千餘口。及義眞東歸，〔二四〕佛佛傾國追躡，於青泥大戰，弘之身貫甲胄，氣冠三軍。軍敗陷沒，佛佛逼令降，弘之不爲屈，時天寒，裸弘之，弘之叫罵見殺。時年四十二。

史臣曰：三代之隆，畿服有品，東漸西被，無遺遐荒。及漢氏闢土，通譯四方，風教淺深，優劣已遠。晉室播遷，來宅揚、越，關、朔遙阻，隴、汧遐荒，區甸分其內外，山河判其表裏，而羌、戎雜合，久絕聲教，固宜待以荒服，羈縻而已也。若負其岨遠，屈强邊垂，則距險閉關，禦其寇暴。若其懷道畏威，奉王受職，則通以書軌，班以王規。桓溫一世英人，志移晉鼎，自非兵屈霸上，〔二五〕戰衂枋頭，則光宅之運，中年允集。高祖無周世累仁之基，欲力征

以君四海，實須外積武功，以收天下人望。止欲挂旆龍門，折衝冀、趙，跨功桓氏，取高昔人，地未闢於東晉，威獨振於江南，然後可以變國情，愜民志，撫歸運而膺寶策。豈不知秦川不足供養，百二難以傳後哉！至舉咸陽而棄之，非失算也。此四將藉歸衆難固之情，已至於俱陷，爲不幸矣。

校勘記

〔一〕以爲鎭軍參軍　各本並脫「爲」字，據南史補。

〔二〕知其居處塗徑　「處」各本並作「北」，據元龜七〇五改。

〔三〕率寧朔將軍臧熹河間太守蒯恩下邳太守劉鍾龍驤將軍朱林等　「河間」，蒯恩傳、元龜一九九作「蘭陵」，似是。「朱林」南史朱齡石傳作「朱枚」，本書及南史王懿傳作「朱牧」，林枚牧字形相似，未知孰是。

〔四〕至封付齡石　各本並脫「付」字，據南史、通典兵典、通鑑晉安帝義熙八年、御覽二八七引補。

〔五〕別軍乘船陷牛脾城　通鑑晉安帝義熙九年胡三省注曰：「『牛脾』當作『牛鞞』。」

〔六〕巴西民杜瑤縛送之　「杜瑤」晉書譙縱傳作「杜瑾」。

〔七〕慮不克辦　「克辦」各本並作「辦克」，據元龜二〇四乙正。

中華書局

〔八〕臧熹敬皇后弟也資位在齡石之右亦令受其節度是行亦不淹時一戰克捷衆咸服高祖之知人　各本並脫「也資位至一戰克捷衆」二十五字，據元龜二〇四補。

〔九〕超石爲前鋒入河　各本並脫「爲」字，據元龜三四四補。

〔一〇〕遣弟黄門郎鶩青冀州刺史安平公乙旃眷襄州刺史托跋道生青州刺史阿薄干　按「鶩青」魏書作「娥青」，又青非明元帝之弟。乙旃眷卽魏書之叔孫建。托跋道生卽魏書之長孫道生。時無襄州，或是相州之誤，然此時任相州刺史者爲尉古眞，尉古眞之前爲長孫嵩，嵩時鎭𦙶城，長孫道生雖豫此役，未嘗爲相州刺史。蓋鄰國傳聞之詞，不可爲準。

〔一一〕高祖先命超石戒嚴二千人白毦旣舉超石馳往赴之　各本並脫「戒嚴二千人白毦旣舉超石」十一字，據通典兵典、元龜七二四、御覽三一八引補。按下云一車益二十人，合之正二千人。

〔一二〕弩不能制　各本並脫「弩」字，據南史、通典兵典、御覽三一八引補。

〔一三〕虜退還𦙶城　「𦙶城」各本並作「平城」，今從局本。通鑑晉安帝義熙十三年作「畔城」，𦙶城卽畔城，在今山東聊城縣界。時長孫嵩大軍駐畔城。

〔一四〕還右衞將軍　各本並脫「衞」字，據南史補。按下文云「復爲右衞將軍」，則此脫「衞」字無疑。

〔一五〕故頻加榮爵　「榮爵」各本並作「策爵」，據南史改。

〔一六〕行司州事　「司州」各本並作「西州」，據南史、通鑑晉安帝義熙十二年改。

〔一七〕自此一不復及　「及」各本並作「反」，據南史、元龜九〇九改。

〔一八〕脩之後得還　張熷讀史舉正云：「脩之上當有『朱』字。」按張說是。無「朱」字，易使人誤解是毛脩之。

〔一九〕洪生韶　「韶」南史作「歆」，晉書桓石綏傳亦言石綏爲傳歆之所殺。「歆」卽「歆之」之省略。

〔二〇〕桓石綏自上洛甲口自號荆州刺史　各本並脫「上」字，據元龜三四四補。按漢書地理志，上洛縣，甲水出秦嶺山東南，至鍚入沔。

〔二一〕徽陽令王天恩自號梁州刺史　通鑑晉安帝義熙六年胡三省注曰：「徽陽當作微陽。晉地理志，微陽縣屬上庸郡。沈約曰：魏立建始縣，晉武帝改曰微陽。」

〔二二〕僞上洛太守脫身奔走　各本並作「僞上洛太守□脫奔走」。據元龜三四四訂正。

〔二三〕佛佛僞太子赫連瓌率衆三萬襲長安　「赫連瓌」魏書作「赫連璝」。通鑑從魏書。

〔二四〕及義眞東歸　「及」各本並作「又」，據南史、御覽三一二引改。

〔二五〕自非兵屈霸上　「霸上」各本並作「西湖」，蓋「霸」訛爲「西湖」二字，而又脫「上」字，當爲傳刻之誤，今據南史改。按桓溫伐前秦，兵至霸上，以糧盡退軍，見晉書桓溫傳。

宋書卷四十九

列傳第九

孫處　蒯恩　劉鍾　虞丘進

孫處字季高，會稽永興人也。籍注季高，故字行於世。少任氣。高祖東征孫恩，季高義樂隨，高祖平定京邑，以爲振武將軍，封新夷縣五等侯。廣固之役，先登有功。

盧循之難，於石頭扞栅，戍越城、查浦，破賊於新亭。高祖謂季高曰：「此賊行破。應先傾其巢窟，令奔走之日，無所歸投，非卿莫能濟事。」遣季高率衆三千，汎海襲番禺。初，賊不以海道爲防，季高至東衝，去城十餘里，城內猶未知。循守戰士猶有數千人，城池甚固。季高先焚舟艦，悉力登岸，會天大霧，四面陵城，卽日克拔。循父嘏、長史孫建之、司馬虞尪夫等，輕舟奔始興。卽分遣振武將軍沈田子等討平始興、南康、臨賀、始安嶺表諸郡。循於左里奔走，而衆力猶盛，自嶺道還襲廣州。季高距戰二十餘日，循乃破走，所殺萬餘人，追奔

至鬱林，會病，不得窮討，循遂得走向交州。

義熙七年四月，季高卒於晉康，時年五十三。追贈龍驤將軍、南海太守，封候官縣侯，食邑千戶。九年，高祖念季高之功，乃表曰：「孫季高嶺南之勳，已蒙褒贈。臣更思惟盧循稔惡一紀，據有全域。〔一〕若令根本未拔，投奔有所，招合餘燼，猶能爲虞，縣師遠討，方勤廟算。而季高汎海萬里，投命洪流，波激電邁，指日遄至，遂奄定南海，覆其巢窟，使循進退靡依，輕舟遠迸。曾不旬月，妖凶殲殄。蕩滌之功，實庸爲大。〔二〕往年所贈，猶爲未優。愚謂宜更贈一州，卽其本號，庶令忠勳不湮，勞臣增厲。」重贈交州刺史，將軍如故。子宗世卒，子欽公嗣。欽公卒，子彥祖嗣。齊受禪，國除。

蒯恩字道恩，蘭陵承人也。高祖征孫恩，縣差爲征民，充乙士，使伐馬芻。恩常負大束，兼倍餘人，每捨芻於地，歎曰：「大丈夫彎弓三石，柰何充馬士！」高祖聞之，卽給器仗，恩大喜。自征妖賊，常爲先登，多斬首級。旣習戰陣，膽力過人，誠心忠謹，未嘗有過失，甚見愛信。於婁縣戰，箭中左目。

從平京城，進定京邑，以寧遠將軍領幢。隨振武將軍道規西討，虜桓仙客，克偃月壘，

遂平江陵。義熙二年，賊張堅據應城反，恩擊破之，封都鄉侯。從伐廣固，又有戰功。盧循逼京邑，恩戰于查浦，賊退走。與王仲德等追破循別將范崇民於南陵。循既走還廣州，恩又領千餘人隨劉藩追徐道覆於始興，斬之。遷龍驤將軍、蘭陵太守。

高祖西征劉毅，恩與王鎭惡輕軍襲江陵，事在鎭惡傳。以本官爲太尉長兼行參軍，領衆二千，隨益州刺史朱齡石伐蜀。至彭模，恩所領居前，大戰，自朝至日昃，勇氣益奮，賊破走。進平成都，擢爲行參軍，改封北至縣五等男。高祖伐司馬休之及魯宗之，恩與建威將軍徐逵之前進。逵之敗沒，恩陳于隄下，宗之子軌乘勝擊恩，矢下如雨，呼聲震地，恩整厲將士，置陣堅嚴。軌屢衝之不動，知不可攻，乃退。高祖善其能將軍持重。江陵平定，復追魯軌於石城。軌棄城走，恩追至襄陽，宗之奔羌，恩與諸將追討至魯陽關乃還。

恩自從征討，每有危急，輒率先諸將，常陷堅破陣，不避艱嶮。凡百餘戰，身被重創。高祖錄其前後功勞，封新寧縣男，食邑五百戶。高祖世子爲征虜將軍，恩以大府佐領中兵參軍，隨府轉中兵參軍。高祖北伐，留恩侍衞世子，命朝士與之交。恩益自謙損，與人語常呼官位，[三]而自稱爲鄙人。撫待士卒，甚有紀綱，衆咸親附之。還諮議參軍，轉輔國將軍、淮陵太守。世子開府，又爲從事中郎，轉司馬，將軍、太守如故。

入關迎桂陽公義眞。義眞還至青泥，爲佛佛虜所追，恩斷後，力戰連日。義眞前軍奔

散，恩軍人亦盡，爲虜所執，死於虜中。子國才嗣。國才卒，子慧度嗣。慧度卒，無子，國除。

劉鍾字世之，彭城彭城人也。少孤，依鄉人中山太守劉回共居。幼有志力，常慷慨於貧賤。隆安四年，高祖伐孫恩，鍾願從餘姚、浹口攻句章、海鹽、婁縣，皆摧堅陷陣，每有戰功。爲劉牢之鎭北參軍督護。高祖每有戎事，鍾不辭艱劇，專心盡力，甚見愛信。

義旗將建，高祖版鍾爲郡主簿。明日，從入京城。將向京邑，高祖命曰：「預是彭沛鄉人赴義者，並可依劉主簿。」於是立爲義隊，恒在左右，連戰皆捷。明日，桓謙屯于東陵，卞範之屯覆舟山西，高祖疑賊有伏兵，顧視左右，正見鍾，謂之曰：「此山下當有伏兵，卿可率部下稍往撲之。」鍾應聲馳進，果有伏兵數百，一時奔走。桓玄西奔，其夕，高祖止桓謙故營，遣鍾宿據東府，轉鎭軍參軍督護。桓歆寇歷陽，遣鍾助豫州刺史魏詠之討之，歆即奔迸。除南齊國內史，封安丘縣五等侯。自陳情事，改葬父祖及親屬十喪，高祖厚加資給。轉車騎長史，[四]兼行參軍。司馬叔璠與彭城劉謐、劉懷玉等自蕃城攻鄒山，魯郡太守徐邕失守，鍾率軍討平之。

從征廣固。孟龍符陷沒，鍾率左右直入，取其尸而反。除振武將軍、中兵參軍，代龍符領廣川太守。盧循逼京邑，徐赤特軍違處分，敗于南岸，鍾率麾下距柵，身被重創，賊不得入。循南走，鍾與輔國將軍王仲德追之。循先留別帥范崇民以精兵高艦據南陵，夾屯兩岸。鍾自行覘賊，天霧，賊鉤得其舸，鍾因率左右攻艦戶，[五]賊遽閉戶距之，鍾乃徐還。與仲德攻崇民，崇民敗走，鍾追討百里，燒其船乘。又隨劉藩追徐道覆於始興，斬之。補太尉行參軍、寧朔將軍、下邳太守。代孟懷玉領石頭戍事。

高祖討劉毅，鍾率軍繼王鎭惡。江陵平定，仍隨朱齡石伐蜀，爲前鋒，由外水，至于彭模，去成都二百里。僞冠軍征討督護譙亢等兩岸連營，層樓重柵，衆號三萬。鍾于時脚疾不能行，齡石乃詣鍾謀曰：「今天時盛熱，而賊嚴兵固險，攻之未必可拔，祇增疲困。計其人情恇撓，必不久安，且欲養銳息兵，以伺其隙。隙而乘之，乃可捷事。然決機兩陳，公本有所委，卿意謂何？」鍾曰：「不然。前揚聲言大衆向內水，譙道福不敢舍涪城。今重軍卒至，出其不意，蜀人已破膽矣。賊今阻兵守險，是其懼不敢戰，非能持久堅守也。因其兇懼，盡銳攻之，其勢必克。鼓行而進，成都必不能守矣。今若緩兵相守，彼將知人虛實，涪軍忽并來力距我，[六]人情既安，良將又集，此求戰不獲，軍食無資，當爲蜀子虜耳。」齡石從之。明日進攻，陷其二城，斬其大將侯輝、譙詵，遂平成都。

以廣固功，封永新縣男，食邑五百戶。遷給事中、太尉參軍事、龍驤將軍、高陽內史，領石頭戍事。高祖討司馬休之，前軍將軍道憐留鎭東府，領屯兵。冶亭羣盜數百夜襲鍾壘，鍾距擊破之。時大軍外討，京邑擾懼，鍾以不能鎭遏，降號建威將軍。平蜀功，應封四百戶男，以先有封爵，減戶以賜次子敬順高昌縣男，食邑百戶。尋復本號龍驤將軍。十二年，高祖北伐，復留鎭居守，增其兵力，又命府置佐史。荆州刺史道憐獻名馬三匹，幷精麗乘具，高祖悉以賜鍾三子。十四年，遷右衞將軍，龍驤將軍如故。元熙元年卒，時年四十三。

子敬義嗣。敬義官至馬頭太守，卒。子國重嗣，齊受禪，國除。鍾次子高昌男敬順，卒，子國須嗣。須卒，無子，國除。

虞丘進字豫之，東海郯人也。少時隨謝玄討苻堅，有功，封關內侯。隆安中，從高祖征孫恩，戍句章城，被圍數十日，無日不戰，身被數創。至餘姚呴浦，破賊張驃，追至海鹽故治及婁縣。於蒲濤口與孫恩水戰，又被重創。追恩至鬱洲，又至石鹿頭，還海鹽大柱，頻戰有功。元興元年，又從高祖東征臨海，於石步固與盧循相守二十餘日。二年，又從高祖至東陽，破徐道覆。其年，又至臨松穴破賊，追至永嘉千江，又至安固，累戰皆有功。

三年，從平京城，定京邑，除燕國內史。義熙二年，除龍驤將軍，封龍川縣五等侯。從高祖伐廣固，於臨朐破賊。盧循逼京邑，孟昶、諸葛長民等建議奉天子過江，廷議不可，面折昶等，高祖甚嘉之。獻計伐樹，樹柵石頭。除鄱陽太守，將軍如故。統馬步十八隊，於東道出鄱陽，至五畝嶠。循遣將英糾爲上饒令，千餘人守故城，進攻破之。循又遣童斂之爲鄱陽太守，據郡，進從餘干步道趣鄱陽，斂之退走，追破之，斬首數百。復隨劉藩至始興，討斬徐道覆。

八年，除寧蠻護軍、尋陽太守，領文武二千從征劉毅。〔七〕事平，補太尉行參軍，尋加振威將軍。九年，以前後功封望蔡縣男，食邑五百戶，加龍驤將軍。討司馬休之，又有戰功。軍還，除輔國將軍、山陽太守。宋臺令書除秦郡太守，督陳留郡事，將軍如故。元熙二年，宋王令書以爲高祖第四子義康右將軍司馬。永初二年，遷太子右衞率。明年，卒官，時年六十。追論討司馬休之功，進爵爲子，增邑三百戶。

子耕嗣。耕卒，子襲祖嗣。襲祖卒，世寶嗣。齊受禪，國除。

史臣曰：詩云：「無言不酬，無德不報」。此諸將並起自豎夫，出於皁隸芻牧之下，徒以心一乎主，故能奮其鱗翼。至於推鋒轉戰，百死而不顧一生，蓋由其心一也。遂饗封侯之報，詩人之言信矣。

校勘記

〔一〕據有全域 「域」三朝本作「成」，元龜一三七作「城」，北監本、毛本、殿本、局本作「域」。嚴可均全宋文云：「疑當作越。」

〔二〕實庸爲大 「庸」元龜一三七作「此」，義更明確。

〔三〕與人語常呼官位 「官位」各本並作「位官」，據元龜八六四、御覽四二三引改。

〔四〕轉車騎長史 各本並脫「車」字，據晉書譙縱傳補。

〔五〕鍾因率左右攻艦戶 「攻艦戶」各本並作「艦攻戶」，據通鑑晉安帝義熙六年、元龜三四四改。胡三省注曰：「艦戶，今舟人謂之馬門。」

〔六〕涪軍忽幷來力距我 「幷來」通鑑晉安帝義熙九年作「來幷」，義更明確。

〔七〕領文武二千從征劉毅 「二千」各本並作「二年」，按上有「八年」，下有九年，此不得云二年。孫虨宋書考論云：「二年誤，疑是二千。」孫說是，今改正。

宋書卷五十

列傳第十

胡藩 劉康祖 垣護之 張興世

胡藩字道序，豫章南昌人也。祖隨，散騎常侍。父仲任，治書侍御史。

藩少孤，居喪以毁稱。太守韓伯見之，〔一〕謂藩叔尚書少廣曰：「卿此姪當以義烈成名。」州府辟召，不就。須二弟冠婚畢，乃參郗恢征虜軍事。時殷仲堪爲荆州刺史，藩外兄羅企生爲仲堪參軍，藩請假還，過江陵省企生。仲堪要藩相見，接待甚厚。藩因說仲堪曰：「桓玄意趣不常，每怏怏於失職。節下崇待太過，非將來之計也。」仲堪色不悅。藩退而謂企生曰：「倒戈授人，必至之禍。若不早規去就，後悔無及。」玄自夏口襲仲堪，藩參玄後軍事。仲堪敗，企生果以附從及禍。藩轉參太尉、大將軍、相國軍事。〔二〕

義旗起，玄戰敗將出奔，藩於南掖門捉玄馬控，曰：「今羽林射手猶有八百，皆是義故西

人，一旦捨此，欲歸可復得乎？」玄直以馬鞭指天而已，於是奔散相失。追及玄於蕪湖，玄見藩，喜謂張須無曰：「卿州故爲多士，今乃復見王叔治。」桑落之戰，藩艦被燒，全鎧入水潛行三十許步，方得登岸。義軍既迫，不復得西，乃還家。高祖素聞藩直言於殷氏，又爲玄盡節，召爲員外散騎侍郎，參鎮軍軍事。

從征鮮卑，賊屯聚臨朐，藩言於高祖曰：「賊屯軍城外，留守必寡，今往取其城，而斬其旗幟，此韓信所以克趙也。」高祖乃遣檀韶與藩等潛往，既至，卽克其城。賊見城陷，一時奔走，還保廣固累月。將拔之夜，佐史並集，忽有鳥大如鵝，蒼黑色，飛入高祖帳裏，衆皆駭愕，以爲不祥。〔三〕藩起賀曰：「蒼黑者，胡虜之色，胡虜歸我，大吉之祥也。」明旦，攻城，陷之。從討盧循於左里，頻戰有功，封吳平縣五等子，除正員郎。尋轉寧遠將軍、鄱陽太守。

從伐劉毅。毅初當之荆州，表求東道還京辭墓，去都數十里，不過拜闕。高祖出倪塘會之。藩勸於坐殺毅，高祖不從。至是謂藩曰：「昔從卿倪塘之謀，無今舉也。」又從征司馬休之，復爲參軍，加建武將軍，領游軍於江津。徐逵之敗沒，高祖怒甚，卽日於馬頭岸渡江，而江津岸峭，壁立數丈，休之臨岸置陣，無由可登。高祖呼藩令上，藩有疑色，高祖奮怒，命左右錄來，欲斬之。藩不受命，顧曰：「藩寧前死耳！」以刀頭穿岸，劣容脚指，於是徑上，隨之者稍多。既得登岸，殊死戰，賊不能當，引退。因而乘之，一時奔散。

高祖伐羌，假藩寧朔將軍，參太尉軍事，統別軍。至河東，暴風漂藩重艦渡北岸，[四]索虜牽得此艦，取其器物。藩氣厲心憤，率左右十二人，乘小船逕往河北。賊騎五六百見藩來，並笑之。藩素善射，登岸射，賊應弦而倒者十許人，賊皆奔退，悉收所失而反。又遣藩及朱超石等追索虜於半城，虜騎數重，藩及超石所領皆割配新軍，不盈五千，率厲力戰，大破之。又與超石等擊姚業於蒲坂，超石失利退還，藩收超石所捨資實，徐行而反，業不敢追。

高祖還彭城，參相國軍事。時盧循餘黨與蘇淫賊大相聚結，[五]以爲始興相。論平司馬休之及廣固功，封陽山縣男，食邑五百戶。少帝景平元年，坐守東府，開掖門，免官，尋復其職。元嘉四年，[六]遷建武將軍、江夏內史。七年，徵爲游擊將軍。到彥之北伐，南兗州刺史長沙王義欣進據彭城，藩出戍廣陵，行府州事。轉太子左衞率。十年，卒，時年六十二，謚曰壯侯。

子隆世嗣，官至西陽太守。隆世卒，子乾秀嗣。藩庶子六十人，多不遵法度。藩第十四子遵世，爲臧質寧遠參軍，去職還家，與孔熙先同逆謀，太祖以藩功臣，不欲顯其事，使江州以他事收殺之。二十四年，藩第十六子誕世、第十七子茂世率羣從二百餘人攻破郡縣，殺太守桓隆之、令諸葛和之，欲奉庶人義康。值交州刺史檀和之至豫章，討平之。誕世兄

車騎參軍新興太守景世、景世弟寶世，詣廷尉歸罪，並徙遠州。乾秀奪國。世祖初，徙者並得還。

劉康祖，彭城呂人。世居京口。伯父簡之，有志榦，爲高祖所知。高祖將謀興復，收集才力之士，嘗再造簡之，值有賓客。簡之悟其意，謂弟虔之曰：「劉下邳頻再來，必當有意。既不得共語，汝可試往見之。」既至，高祖已克京城，虔之卽便投義。簡之聞之，殺耕牛，會聚徒衆，率以赴高祖。簡之歷官至通直常侍，少府，太尉諮議參軍。簡之弟謙之，好學，撰晉紀二十卷，義熙末，爲始興相。東海人徐道期流寓廣州，無士行，爲僑舊所陵侮。因刺史謝欣死，合率羣不逞之徒作亂，攻沒州城，殺士庶素憾者百餘，傾府庫，招集亡命，出攻始興。謙之破走之，進平廣州，誅其黨與，仍行州事。卽以爲振威將軍、廣州刺史。後爲太中大夫。虔之誕節，不營產業，輕財好施。高祖西征司馬休之，魯宗之等，遣參軍檀道濟、朱超石步騎出襄陽，虔之時爲江夏相，率府郡兵力出涓城，屯三連，立橋聚糧以待。道濟等積日不至，爲宗之子軌所襲，衆寡不敵。參軍孫長庸流涕勸退軍，虔之厲色曰：「我仗順伐罪，理無不克。如其不幸，命也。」戰敗見殺，追贈梁、秦二州刺史，封新康縣男，食邑五百戶。

康祖，虔之子也，襲封，爲長沙王義欣鎮軍參軍，轉員外散騎侍郎。便弓馬，膂力絕人，在閭里不治士業，以浮蕩蒱酒爲事。每犯法，爲郡縣所錄，輒越屋踰牆，莫之能禽。夜入人家，爲有司所圍守，康祖突圍而去，並莫敢追。因夜還京口，半夕便至，明旦，守門詣府州要職。俄而建康移書錄之，府州執事者並證康祖其夕在京口，遂見無恙。前後屢被糾劾，太祖以勳臣子，每原貸之。爲員外郎十年，再坐摴蒱戲免。

轉太子左積弩將軍，隨射聲校尉裴方明西征仇池，與方明同下廷尉，康祖免官。頃之，世祖爲豫州刺史，鎮歷陽，以康祖爲征虜中兵參軍，既被委任，折節自修。轉太子翊軍校尉。久之，遷南平王鑠安蠻府司馬。

元嘉二十七年春，索虜托拔燾親率大衆攻圍汝南，太祖遣諸軍救援，康祖總統爲前驅。軍次新蔡，與虜戰，俱前百餘里，濟融水。虜衆大至，奮擊破之，斬僞殿中尚書任城公乞地眞，去縣瓠四十里，燾燒營退走。轉左軍將軍。太祖欲大舉北伐，康祖以歲月已晚，請待明年，上以河北義徒並起，若頓兵一周，沮向義之志，不許。其年秋，蕭斌、王玄謨、沈慶之等入河，康祖率豫州軍出許、洛。玄謨等敗歸，虜引大衆南度。南平王鑠在壽陽，上慮爲所圍，召康祖速反。康祖回軍，未至壽陽數十里，會虜永昌王庫仁眞以長安之衆八萬騎，與康祖相及於尉武。康祖凡有八千人，軍副胡盛之欲附山依險，間行取至。康祖怒曰：「吾受命

本朝，清蕩河洛。寇今自送，不復遠勞王師，犬羊雖多，實易摧滅。吾兵精器練，去壽陽裁數十里，援軍尋至，亦何患乎。」乃結車營而進。虜四面來攻，大戰一日一夜，殺虜塡積。虜分衆爲三，且休且戰，以騎負草燒車營。康祖率厲將士，無不一當百，虜死者太半。會矢中頸死，於是大敗，舉營淪覆，爲虜所殺盡，自免者裁數十人。虜傳康祖首示彭城，面如生。

胡盛之爲虜生禽，托跋燾寵之，常在左右。盛之有勇力，初爲長沙王義欣鎮軍參軍督護，討劫譙郡，縣西劫有馬步七十，逃隱深榛，盛之挺身獨進，手斬五十八級。

二十八年，詔曰：「康祖班師尉武，戎律靡忒。對衆以寡，殲殄太半。猛氣雲騰，志中力屈，沒世徇節，良可嘉悼。宜加甄寵，以旌忠烈。可贈益州刺史，謚曰壯男。」傳國至齊受禪，國除。

垣護之字彥宗，略陽桓道人也。祖敞，仕苻氏，爲長樂國郎中令。慕容德入青州，以敞爲車騎長史。德兄子超襲僞位，伯父遵、父苗復見委任。遵爲尚書，苗京兆太守。高祖圍廣固，遵、苗踰城歸降，並以爲太尉行參軍。太祖元嘉中，遵爲員外散騎常侍，苗屯騎校尉。護之少倜儻，不拘小節，形狀短陋，而氣榦强果。從高祖征司馬休之，爲世子中軍府長

史，兼行參軍。永初中，補奉朝請。元嘉初，爲殿中將軍。隨到彥之北伐，彥之將回師，護之爲書諫曰：「外聞節下欲回師反旆，竊所不同。何者？殘虜畏威，望風奔迸，八載侵地，不戰克復。方當長驅朔漠，窮掃遺醜，況乃自送，無假遠勞。宜使竺靈秀速進滑臺助朱脩之固守，節下大軍進擬河北，則牢、洛遊魂，[七]自然奔退。且昔人有連年攻戰，失衆乏糧者，猶張膽爭前，莫肯輕退。況今青州豐穰，濟漕流通，士馬飽逸，威力無損。若空棄滑臺，坐喪成業，豈是朝廷受任之旨。」彥之不納，散敗而歸。太祖聞而善之，以補江夏王義恭征北行參軍、北高平太守。以載禁物繫尚方，久之蒙宥。又補衡陽王義季征北長流參軍，遷宣威將軍、鍾離太守。

隨王玄謨入河，玄謨攻滑臺，護之百舸爲前鋒，進據石濟。石濟在滑臺西南百二十里。及虜救至，又馳書勸玄謨急攻，曰：「昔武皇攻廣固，死沒者亦衆。況事殊曩日，豈得計士衆傷疲，願以屠城爲急。」不從。玄謨敗退，不暇報護之。護之聞知，而虜悉已牽玄謨水軍大艚，連以鐵鏁三重斷河，欲以絕護之還路。[八]河水迅急，護之中流而下，每至鐵鏁，以長柯斧斷之，虜不能禁。唯失一舸，餘舸並全。留戍靡溝城。

還爲江夏王義恭驃騎戶曹參軍，戍淮陰。加建武將軍，領濟北太守。率二千人復隨張永攻碻磝，先據委粟津。虜杜道儁與僞尚書伏連來援碻磝，[九]護之拒之，賊因引軍東去。

蕭思話遣護之迎軍至梁山，僞尚書韓元興率精騎卒至，護之依險拒戰，斬其都軍長史，甲首數十，賊乃退。思話將引還，誑護之云：「沈慶之救軍垂至，可急於濟口立橋。」護之揣知其意，卽分遣白丁。思話復令度河戍乞活堡以防追軍。[一〇]三十年春，太祖崩，還屯歷下。聞世祖入討，率所領馳赴，上嘉之，以爲督冀州青州之濟南樂安太原三郡諸軍事、寧遠將軍、冀州刺史。[一一]

孝建元年，南郡王義宣反，兗州刺史徐遺寶，護之妻弟也，遠相連結，與護之書，勸使同逆。護之馳使以聞。遺寶時戍湖陸，護之留子恭祖守歷城，自率步騎襲遺寶。道經鄒山，破其別戍。未至湖陸六十里，遺寶焚城西走。

兗土既定，徵爲游擊將軍。隨沈慶之等擊魯爽，加輔國將軍。義宣率大衆至梁山，與王玄謨相持。柳元景率護之及護之弟詢之、柳叔仁、鄭琨等諸軍，出鎭新亭。玄謨見賊强盛，遣司馬管法濟求救甚急。上遣元景等進據南州，護之水軍先發。賊遣將龐法起率衆襲姑孰，適値護之、鄭琨等至，奮擊，大破之，斬獲及投水死略盡。玄謨馳信告元景曰：「西城不守，唯餘東城，衆寡相懸，請退還姑孰，更議進取。」元景不許，將悉衆赴救，護之勸分軍援之。元景然其計，乃以精兵配護之赴梁山。及戰，護之見賊舟艦累沓，[一二]謂玄謨曰：「今當以火平之。」卽使隊主張談等燒賊艦，風猛水急，賊軍以此奔散。梁山平，護之率軍追討，會朱脩之已平江陵，至尋陽而還。遷督徐兗二州豫州之梁郡諸軍事、寧朔將軍、徐州刺史，封益陽縣侯，食邑千戶。

弟詢之，驍敢有氣力，元凶夙聞其名，以副輔國將軍張柬。時張超首行大逆，[一三]亦領軍隸柬。詢之規殺之，慮柬不同，[一四]柬宿有此志，又未測詢之同否，[一五]互相觀察。會超來論事，柬色動，詢之覺之，卽共定謀，遣信召超。超疑之不至，改宿他所。詢之不知其移，逕斫之，殺其僕於牀，因與柬南奔。柬溺淮死，詢之得至。時世祖已卽位，以爲積弩將軍。梁山之役力戰，爲流矢所中，死，追贈冀州刺史。

二年，護之坐論功挾私，免官。復爲游擊將軍。俄遷大司馬，[一六]輔國將軍，領南東海太守。未拜，復督青冀二州諸軍事、寧遠將軍、青冀二州刺史，鎭歷城。明年，進號寧朔將軍，進督徐州之東莞東安二郡軍事。[一七]世祖以歷下要害，欲移青州幷鎭歷城，議者多異。護之曰：「青州北有河、濟，又多陂澤，非虜所向。每來寇掠，必由歷城，二州幷鎭，此經遠之略也。北又近河，歸順者易，近息民患，遠申王威，安邊之上計也。」由是遂定。

大明三年，徵爲右衞將軍。還，於道聞司空竟陵王誕於廣陵反叛，護之卽率部曲受車騎大將軍沈慶之節度。事平，轉西陽王子尙撫軍司馬、臨淮太守。明年，出爲使持節、督豫司二州諸軍事、輔國將軍、豫州刺史、淮南太守。復隸沈慶之伐西陽蠻。護之所莅多聚斂，

賄貨充積。七年，坐下獄，免官。明年，復起爲太中大夫，未拜，其年卒，時年七十，諡曰壯侯。前廢帝永光元年，追贈冠軍將軍、豫州刺史。

子承祖嗣。承祖卒，子顯宗嗣。齊受禪，國除。護之次子恭祖，勇果有父風。太宗泰始初，以軍功爲梁、南秦二州刺史。

遵子閎，元嘉中，爲員外散騎侍郎。母墓爲東阿寺道人曇洛等所發，閎與弟殿中將軍閦共殺曇洛等五人，詣官歸罪，見原。閎，大明三年，自義興太守爲寧朔將軍、兗州刺史，爲竟陵王誕所殺。追贈征虜將軍，刺史如故。

閦，順帝昇明末，右衞將軍。

張興世字文德，竟陵竟陵人也。本單名世，太宗益爲興世。少時家貧，南郡宗珍之爲竟陵郡，興世依之爲客。竟陵舊置軍府，以補參軍督護，不就。白衣隨王玄謨伐蠻，每戰，輒有禽獲，玄謨舊部曲諸將不及也，甚奇之。還都，白太祖，稱其膽力。[一八]

後隨世祖鎭尋陽，以補南中郎參軍督護。入討元凶，隸柳元景爲前鋒，事定，轉員外將軍，領從隊。南郡王義宣反，又隨玄謨出梁山，有戰功。除建平王宏中軍行參軍，領長刀。

又隸西平王子尚爲直衞。坐從子尚入臺，棄仗游走，下獄免官。復以白衣充直衞。

大明末，除員外散騎侍郎，仍除宣威將軍、隨郡太守。未行，太宗卽位，四方反叛。進興世號龍驤將軍，領水軍，距南賊於赭圻。築二城於湖口，〔一九〕僞龍驤將軍陳慶領舸於前爲游軍。興世率龍驤將軍佼長生、董凱之攻克二城，因擊慶，慶戰大敗，投水死者數千人。時臺軍據赭圻，南賊屯鵲尾，相持久不決。興世建議曰：「賊據上流，兵强地勝。我今雖相持有餘，而制敵不足。今若以兵數千，潛出其上，因險自固，隨宜斷截，使其首尾周遑，進退疑沮，中流一梗，糧運自艱。制賊之奇，莫過於此。」沈攸之、吳喜並贊其計。時豫州刺史殷琰據壽陽同逆，〔二〇〕爲劉勔所攻，南賊遣龐孟虯率軍助琰，劉勔遣信求援甚急。建安王休仁欲遣興世救之，問沈攸之。攸之曰：「孟虯蟻寇，必無能爲。遣別將馬步數千，足以相制。若有意外，且以江西餌之。上流若捷，〔二一〕不憂不殄。興世之行，是安危大機，必不可輟。」乃遣段佛榮等援勔。

興世欲率所領直取大雷，而軍旅未集，不足分張。會薛索兒平定，太宗使張永以步騎五千留戍盱眙，餘衆二萬人悉遣南討。山陽又尋平，徵阮佃夫所領諸軍，悉還南伐，衆軍大集。乃分戰士七千配興世，興世乃令輕舸泝流而上，旋復回還，一二日中，輒復如此，使賊不爲之備。劉胡聞興世欲上，笑之曰：「我尚不敢越彼下取揚州，張興世何物人，欲輕據我

上！」興世謂攸之等曰：「上流唯有錢谿可據，地旣險要，江又甚狹，去大衆不遠，應赴無難。江有洄洑，船下必來泊，岸有横浦，可以藏船舸，二三爲宜。」乃夜渡湖口，至鵲頭，〔二二〕因復回下疑之。其夜四更，值風，仍舉颿直前。賊亦遣胡靈秀諸軍，於東岸相翼而上。興世夕住景江浦宿，賊亦不進。夜潛遣黃道標領七十舸，徑據錢谿，營立城柴。明旦，興世與軍齊集。停一宿，劉胡自領水步二十六軍平旦來攻。將士欲迎擊之，興世禁曰：〔二三〕「賊來尚遠，而氣盛矢驟，驟旣力盡，盛亦易衰，此曹劌之所以破齊也。」令將士不得妄動，治城如故。俄而賊來轉近，舫入洄洑，興世乃命壽寂之、任農夫率壯士數百擊之，衆軍相繼進，胡於是敗走。斬級數百，投水者甚衆，胡收軍而下。

時興世城壘未固，司徒建安王休仁慮賊并力更攻錢谿，欲分其形勢，命沈攸之、吳喜、佼長生、劉靈遺等以皮艦二十，攻賊濃湖，苦戰連日，斬獲千數。是日，劉胡果率衆軍，欲更攻興世。未至錢谿數十里，袁顗以濃湖之急遽追之，錢溪城柴由此得立。賊連戰轉敗，興世又遏其糧道，尋陽遣運至南陵，不敢下，賊衆漸饑。劉胡乃遣顗安北府司馬、僞右軍沈仲玉領千人步取南陵，迎接糧運。仲玉至南陵，領米三十萬斛，錢布數十舫，豎榜爲城，規欲突過。行至貴口，不敢進，遣間信報胡，令遣重軍援接。興世、壽寂之、任農夫、李安民等三千人至貴口擊之，與仲玉相値。交戰盡日，仲玉走還顗營，悉虜其資實，賊衆大敗，胡棄軍

遁走，顗仍亦奔散。興世率軍追討，與吳喜共平江陵。還左軍將軍，尋爲督豫司二州南豫州之梁郡諸軍事，〔二四〕封作唐縣侯，食邑千戶。

徵爲游擊將軍。海道北伐，假輔國將軍，加節置佐，無功而還。四年，遷太子右衞率，又以本官領驍騎將軍，與左衞將軍沈攸之參員置。五年，轉左衞將軍。六年，中領軍劉勔當鎭廣陵，興世權兼領軍。泰豫元年，爲持節、督雍梁南北秦郢州之竟陵隨二郡諸軍事、冠軍將軍、雍州刺史，尋加寧蠻校尉。桂陽王休範反，興世遣軍赴朝廷，未發而事平，進號征虜將軍。廢帝元徽三年，徵爲通直散騎常侍、左衞將軍。五年，以疾病徙光祿大夫，常侍如故。順帝昇明二年，卒，時年五十九。追贈本官。

興世居臨沔水，沔水自襄陽以下，至于九江，二千里中，先無洲嶼。興世初生，當其門前水中，一旦忽生洲，年年漸大，及至興世爲方伯，而洲上遂十餘頃。父仲子，由興世致位給事中。〔二五〕興世欲將往襄陽，愛戀鄉里，不肯去。嘗謂興世：「我雖田舍老公，樂聞鼓角，可送一部，行田時吹之。」興世素恭謹畏法憲，譬之曰：「此是天子鼓角，非田舍老公所吹。」興世欲拜墓，仲子謂曰：「汝衞從太多，先人必當驚怖。」興世減撤而後行。

興世子欣業，〔二六〕當嗣封，會齊受禪，國除。

史臣曰：兵固詭道，勝在用奇。當二帝爭雄，天人之分未決，南北連兵，相阨而不得進者，半歲矣。蓋乃趙壁拔幟之機，官渡燔師之日，〔二七〕至於鵲浦投戈，實興世用奇之力也。建旆垂組，豈徒然哉！

校勘記

〔一〕太守韓伯見之　各本並脫「之」字，據南史補。

〔二〕藩轉參太尉大將軍相國軍事　「大將軍」各本並作「將軍」，脫「大」字，據南史補。按玄時自加大將軍。

〔三〕衆皆駭愕以爲不祥　各本並脫「衆」字，據元龜七一六、御覽九一九引補。

〔四〕暴風漂藩重艦渡北岸　「藩」各本及元龜七二四同，元龜三四四作「輜」，疑是。

〔五〕時盧循餘黨與蘇淫賊大相聚結　「蘇淫」元龜六七一作「蘇溪」。

〔六〕元嘉四年　各本並脫「元嘉」二字，按上有少帝景平元年，下有七年，景平無四年，當爲文帝元嘉四年，今補「元嘉」二字。

〔七〕則牢洛遊魂　三朝本作「牢洛」，北監本、毛本、殿本、局本作「牢落」。按三朝本是。牢謂虎牢，

中華書局

洛謂洛陽。「牢洛」本書屢見。

〔八〕欲以紹護之還路　各本並脫「還」字，據南史、藝文類聚七一引、御覽七七〇引、元龜四一四、通鑑宋文帝元嘉二十七年補。

〔九〕齎杜道儁與僞尙書伏連來援碻磝　「杜」各本並作「壯」，據元龜三六三改。孫虨宋書考論云：「壯當作杜。魏平南將軍南康公杜道儁也。」

〔一〇〕以防追軍　「追」各本並作「衆」，據元龜三六三改。

〔一一〕以爲督冀州青州之濟南樂安太原三郡諸軍事寧遠將軍冀州刺史　各本並無「青州」二字。廿二史考異云：「是時冀州寄治歷城。而濟南、樂安、太原三郡，乃在青州管內，當以冀州刺史兼督之。張永、申恬傳並云『督冀州青州之濟南樂安太原三郡諸軍事、冀州刺史』，可證也。此冀州下，當有『青州』二字。」按錢說是，今據補。

〔一二〕護之見賊舟艦累沓　「累沓」各本並作「累水」，據元龜三六三改。

〔一三〕時張超首行大逆　「張超」二凶傳作「張超之」。南北朝人名後之「之」字，有時可省去。

〔一四〕慮東不同　各本並脫「東不同」三字，據南史、元龜三七一補。

〔一五〕又未測詢之同否　各本並脫「未」字，據元龜三七一補。

〔一六〕俄遷大司馬　廿二史考異云：「大司馬下，當有脫文，是時江夏王義恭以大司馬領南徐州刺史，

除護之爲大司馬僚佐兼郡守，非遷大司馬也。」

〔一七〕進督徐州之東莞東安二郡軍事　各本「東安」二字並空白，據錢氏考異說補。廿二史考異云：「時垣護之以青、冀二州刺史鎭歷城。故事，青州刺史常兼督徐州之東安、東莞二郡，則此闕文，當爲『東安』二字。」孫虨宋書考論亦云：「闕處是『東安』二字，杜驥、顏師伯傳可證。」

〔一八〕還都白太祖稱其膽力　「還都」上，各本並有「興世」二字，據元龜七二四刪。張森楷校勘記云：「『興世』二字衍文。此言王玄謨稱興世膽力於文帝之前也。」

〔一九〕築二城於湖口　按下文云興世攻克二城，則此二城乃非興世所築。孫虨宋書考論云：「築上當云賊。鄧琬傳曰，孫冲之等於湖白口築二城。」

〔二〇〕時豫州刺史殷琰據壽陽同逆　「殷琰」下各本並衍「之」字，今刪去。

〔二一〕上流若捷　「捷」各本並作「據」，據元龜四〇三改。

〔二二〕至鵲頭　「鵲頭」各本並作「散頭」，據元龜二一六改。

〔二三〕興世禁曰　「禁」字下，元龜二一六、通鑑宋明帝泰始二年有「之」字，是。

〔二四〕尋爲督豫司二州南豫州之梁郡諸軍事　「之梁」二字，各本並作「六」一字。孫虨宋書考論云：「六字當作之梁二字。據殷琰及山陽王休祐傳，豫州刺史必帶督南豫州之梁郡。梁郡卽壽春，爲豫州治，而又屬南豫不屬豫州故也。」按孫說是，今改正。

〔二五〕由興世致位給事中　各本並脫「中」字，據南史、御覽五一一引補。

〔二六〕興世子欣業　張熷讀史舉正云：「欣業當從南史作欣泰。」張森楷校勘記云：「欣業當作欣華，欣華見南齊書張欣泰傳。」按張興世諸子，欣業見此，欣華、欣泰、欣時見南齊書及南史。疑有欣業其人，不必改欣華、欣泰。

〔二七〕官渡熸師之日　「熸師」各本並作「濳師」，張元濟校勘記云：「濳師當作熸師，見三國志。」按張說是，今改正。熸師，卽殲師。左傳襄公二十六年，「王夷師熸」。杜預注：「吳、楚之間，謂火滅爲熸。」孔穎達疏云：「言軍師之敗，若火滅然。」

宋書卷五十一

列傳第十一

宗室

長沙景王道憐　臨川烈武王道規　營浦侯遵考

長沙景王道憐，[一]高祖中弟也。初爲國子學生。謝琰爲徐州，命爲從事史。高祖克京城，進平京邑，道憐常留家侍慰太后。桓玄走，大將軍武陵王遵承制，除員外散騎侍郎。

尋遷建威將軍、南彭城內史。時北青州刺史劉該反，引索虜爲援，清河、陽平二郡太守孫全聚衆應之。義熙元年，索虜托跋開遣僞豫州刺史索度眞、大將軍斛斯蘭寇徐州，攻相縣，執鉅鹿太守賀申，進圍寧朔將軍羊穆之於彭城，穆之告急，道憐率衆救之。軍次陵柵，斬全。進至彭城，眞、蘭退走。道憐率寧遠將軍孟龍符、龍驤將軍孔隆及穆之等追，[二]眞、蘭走奔相城，又追躡至光水溝，斬劉該，虜衆見殺及赴水死略盡。

高祖鎭京口，進道憐號龍驤將軍，又領堂邑太守，戍石頭。明年，加使持節、監征蜀諸軍事，率冠軍將軍劉敬宣等伐譙縱，而文處茂、溫祚據險不得進，故不果行。以義勳封新興縣五等侯。四年，代諸葛長民爲幷州刺史、義昌太守，將軍、內史如故，猶戍石頭。

時鮮卑侵逼，自彭城以南，民皆保聚，山陽、淮陰諸戍，並不復立。道憐請據彭城，以漸修創，朝議以彭城縣遠，使鎭山陽。進號征虜將軍、督淮北軍郡事、北東海太守，幷州刺史、義昌太守如故。以破索度眞功，封新淦縣男，[三]食邑五百戶。從高祖征廣固，常爲軍鋒。及城陷，慕容超將親兵突圍走，道憐所部獲之。加使持節，進號左將軍。七年，解幷州，加北徐州刺史，移鎭彭城。

八年，高祖伐劉毅，徵爲都督兗青二州晉陵京口淮南諸郡軍事、兗青州刺史，[四]持節、將軍、太守如故，還鎭京口。九年，甲仗五十人入殿。以廣固功，改封竟陵縣公，食邑千戶。減先封戶邑之半，以賜次子義宗。十年，[五]進號中軍將軍，加散騎常侍，給鼓吹一部。明年討司馬休之，道憐監留府事，甲仗百人入殿。江陵平，以爲都督荆湘益秦寧梁雍七州諸軍事、驃騎將軍、開府儀同三司、領護南蠻校尉、荆州刺史，[六]持節、常侍如故。北府文武悉配之。道憐素無才能，言音甚楚，舉止施爲，多諸鄙拙。高祖雖遣將軍佐輔之，而貪縱過甚，畜聚財貨，常若不足，去鎭之日，府庫爲之空虛。

高祖平定三秦，方思外略，徵道憐還爲侍中、都督徐兗青三州揚州之晉陵諸軍事、守尚書令、徐兗二州刺史，持節、將軍如故。元熙元年，解尚書令，進位司空，出鎭京口。高祖受命，進位太尉，封長沙王，食邑五千戶，持節、侍中、都督、刺史如故。永初二年朝正，入住殿省。先是，廬陵王義眞爲揚州刺史，太后謂上曰：「道憐汝布衣兄弟，故宜爲揚州。」上曰：「寄奴於道憐豈有所惜。揚州根本所寄，事務至多，非道憐所了。」太后曰：「道憐年出五十，豈當不如汝十歲兒邪？」上曰：「車士雖爲刺史，事無大小，悉由寄奴。道憐年長，不親其事，於聽望不足。」太后乃無言。車士，義眞小字也。

三年春，高祖不豫，加班劍三十人。時道憐入朝，留司馬陸仲元居守，刁逵子彌爲亡命，率數十人入京城，仲元擊斬之。先是，府史陳𤞤告彌有異謀，至是賜錢二十萬，除縣令。五月，宮車晏駕，道憐疾患不堪臨喪。六月，薨，年五十五。追贈太傅，持節、侍中、都督、刺史如故。祭禮依晉太宰安平王故事，鸞輅九旒，黃屋左纛，轀輬，挽歌二部，前後部羽葆、鼓吹，虎賁班劍百人。

太祖元嘉九年，詔曰：「古者明王經國，司勳有典，平章以馭德刑，班瑞以疇功烈，銘徽庸於鼎彝，配祫祀於淸廟。是以從饗先王，義存商誥，祭於大蒸，禮著周典。自漢迄晉，世崇其文，王猷旣昭，幽顯咸秩。先皇經緯天地，撥亂受終，駿命爰集，光宅區宇，雖聖明淵

運，三靈允協，抑亦股肱翼亮之勤，祈父宣力之効。故使持節、侍中、都督南徐兗二州揚州之晉陵京口諸軍事、太傅、南徐兗二州刺史長沙景王，故侍中、大司馬臨川烈武王，故司徒南康文宣公穆之，侍中、衞將軍、開府儀同三司、錄尚書事、揚州刺史華容縣開國公弘，使持節、散騎常侍、都督江州豫州西陽新蔡晉熙四郡軍事、征南大將軍、開府儀同三司、江州刺史永脩縣開國公道濟，[七]故左將軍、青州刺史龍陽縣開國侯鎭惡，[八]或履道廣流，秉德沖邈，或雅量高劭，風鑒明遠，或識唯知正，才略開邁，咸文德以熙帝載，武功以隆景業，固以侔蹤姬旦，方軌伊、邵者矣。朕以寡德，纂戎鴻緒，每惟道勳，思遵令典，而大常未銘，從祀尚闕，鑒寐欽屬，永言深懷。便宜敬是前式，憲茲嘉禮，勒功天府，配祭廟庭，俾示徽章，垂美長世，茂績遠猷，永傳不朽。」

道憐六子：義欣、義慶、義融、義宗、義賓、義綦。

義欣嗣，爲員外散騎侍郎，不拜。歷中領軍，征虜將軍、青州刺史、魏郡太守，將軍如故，戍石頭。元嘉元年，進號後將軍，加散騎常侍。三年，以本號爲南兗州刺史。七年，到彥之率大衆入河，義欣進彭城，爲衆軍聲援。彥之退敗，青、齊搔擾，將佐慮寇大至，勸義欣委鎭還都，義欣堅志不動。遷使持節、監豫司雍幷四州諸軍事、豫州刺史，[九]將軍如故。

給鼓吹一部。鎮壽陽。

于時土境荒毁，人民彫散，城郭穨敗，盜賊公行。義欣綱維補緝，隨宜經理，劫盜所經，立討誅之制。境內畏服，道不拾遺，城府庫藏，並皆完實，遂爲盛藩强鎮。時淮西、江北長吏，悉敍勞人武夫，多無政術。義欣陳之曰：「江淮左右，土瘠民疎，頃年以來，荐饑相襲，百城彫弊，於今爲甚。綏牧之宜，必俟良吏。勞人武夫，不經政術，統內官長，多非才授。東南殷實，猶或簡能，況賓接荒垂，而可輯柔頓闕。〔一〇〕願勅選部，必使任得其人，庶得不勞而治。」芍陂良田萬餘頃，堤堨久壞，秋夏常苦旱。義欣遣諮議參軍殷肅循行修理。有舊溝引淠水入陂，不治積久，樹木榛塞。肅伐木開榛，水得通注，旱患由是得除。十年，進號鎮軍將軍，進監爲都督。十一年夏，入朝，太祖厚加恩禮。十六年，薨，時年三十六。追贈散騎常侍、征西將軍、開府儀同三司，持節、都督、刺史如故。謚曰成王。

子悼王瑾字彥瑜，官至太子屯騎校尉，三十年，爲元凶所殺。世祖即位，追贈散騎常侍。子粲早夭，粲弟纂字元績嗣，官至步兵校尉。順帝昇明三年薨，會齊受禪，國除。

瑾弟祇字彥期，大明中爲中書郎。太宰江夏王義恭領中書監，服親不得相臨，表求解職。世祖詔曰：「昔二王兩謝，俱至崇禮，自今三臺五省，悉同此例。」太宗初，爲南兗州刺史、都官尚書，謀應晉安王子勛爲逆，伏誅。

祇弟楷祕書郎，爲元凶所殺，追贈通直郎。

楷弟瞻，晉安太守，與子勛同逆，伏誅。

瞻弟韞字彥文，步兵校尉，宣城太守。子勛爲亂，大衆屯據鵲尾，攻逼宣城。于時四方牧守，莫不同逆，唯韞棄郡赴朝廷，太宗嘉其誠，以爲黃門郎，太子中庶子，侍中，加荆、湘州，南兗州刺史，吳興太守。侍中，領左軍將軍。又改領驍騎將軍，撫軍將軍，雍州刺史。侍中，領右衞將軍。改領左衞將軍、散騎常侍、中領軍。昇明元年，謀反伏誅。〔一一〕韞人才凡鄙，以有宣城之勳，特爲太宗所寵。在湘州及雍州，使善畫者圖其出行鹵簿羽儀，常自披玩。嘗以此圖示征西將軍蔡興宗，興宗戲之，陽若不解畫者，指韞形像問曰：「此何人而在轝上？」韞曰：「此正是我。」其庸鄙如此。

韞弟弼，武昌太守，亦與子勛同逆，伏誅。

弼弟鑒，員外散騎侍郎，蚤卒。

鑒弟緦字彥穌，侍中，吳興太守，後廢帝元徽元年卒。

緦弟顒字彥明，侍中、左衞將軍，冠軍將軍、吳興太守，未拜，元徽四年卒，追贈右將軍。

顒弟述，東陽太守，黃門郎，與從弟秉同逆，事敗走白山，追禽伏誅。

義欣弟義慶，出繼臨川烈武王道規。

義慶弟義融，永初元年，封桂陽縣侯，食邑千戶。凡王子爲侯者，食邑皆千戶。義融歷侍中，左衞將軍，〔一二〕領太子中庶子，五兵尚書，領軍。有質榦，善於用短楯。元嘉十八年，卒，追贈車騎將軍，謚曰恭侯。

子孝侯覬嗣，官至太子翊軍校尉，爲元凶所殺。世祖即位，追贈散騎常侍。無子，弟襲以子晃繼封。昇明二年，與員外散騎侍郎安成戢仁祖、荒人王武連、羽林副彭元儁等謀反，國除。

襲字茂德，太子舍人，安成太守。晉安王子勛爲逆，襲據郡距之，子勛遣軍攻圍不能下。太宗嘉之，以爲郢州刺史，封建陵縣侯，食邑五百戶。建陵縣屬蒼梧郡，以道遠，改封臨澧縣侯。泰始六年，卒於中護軍。追贈護軍將軍，加散騎常侍，謚曰忠侯。襲亦庸鄙，在郢州，暑月露幝上聽事，綱紀正伏閤，怪之，訪問，乃知是襲。〔一三〕子旻嗣，昇明二年，改封東昌縣侯，與兄晃俱伏誅。

襲弟彪，祕書郎，弟寔，太子舍人，並蚤卒。寔弟爽，海陵太守。

義融弟義宗，幼爲高祖所愛，字曰伯奴，賜爵新渝縣男。永初元年，進爵爲侯，歷黃門侍郎，太子左衞率。元嘉八年，坐門生杜德靈放橫打人，還第內藏，義宗隱蔽之，免官。德靈雅有姿色，爲義宗所愛寵，本會稽郡吏。謝方明爲郡，方明子惠連愛幸之，爲之賦詩十餘首，乘流遵歸渚篇是也。又爲侍中、太子詹事，加散騎常侍、征虜將軍、南兗州刺史。二十一年，卒，追贈散騎常侍、平北將軍，謚曰惠侯。愛士樂施，兼好文籍，世以此稱之。

子懷侯玠嗣，琅邪、秦郡太守。爲元凶所殺，追贈散騎常侍。無子，弟秉以子承繼封。

秉字彥節，初爲著作郎，歷羽林監，越騎校尉，中書、黃門侍郎。太宗泰始初，爲侍中，頻從左衞將軍，丹陽尹，太子詹事，吏部尚書。時宗室雖多，材能甚寡。秉少自砥束，甚得朝野之譽，故爲太宗所委。五年，出爲前將軍、淮南宣城二郡太守，不拜，還復本任。復爲侍中，守祕書監，領太子詹事。未拜，還使持節、都督南徐徐兗豫青冀六州諸軍事、後將軍、南徐州刺史，加散騎常侍。後廢帝即位，改都督郢州豫州之西陽司州之義陽二郡諸軍事、郢州刺史，持節、常侍如故。未拜，留爲尚書左僕射，參選。元徽元年，領吏部，加兵五百人。尋領衞尉，辭不拜。桂陽王休範爲逆，中領軍劉勔出守石頭，秉權兼領軍將軍，所給加兵，自隨入殿。二年，加散騎常侍、丹陽尹，解吏部。封當陽縣侯，食邑千戶。與齊王、袁粲、褚淵分日入直決機事。四年，遷中書令，加撫軍將軍，常侍、尹如故。順帝即位，轉尚書令、中領軍，將軍如故。

時齊王輔政，四海屬心，秉知鼎命有在，密懷異圖。袁粲鎮石頭，不識天命，沈攸之舉兵反，齊王入屯朝堂，粲潛與秉及諸大將黃回等謀欲作亂。本期夜會石頭，旦乃舉兵。秉素恇怯騷動，擾不自安，再餔後，便自丹陽郡車載婦女，盡室奔石頭，部曲數百，赫奕滿道。既至見粲，粲驚曰：「何遽便來，事今敗矣。」秉曰：「今得見公，萬死亦何恨。」從弟中領軍韞，直在省內，與直閤將軍卜伯興謀，其夜共攻齊王。會秉去事覺，齊王夜使驍騎將軍王敬則收韞。韞已戒嚴，敬則率壯士直前，韞左右皆披靡，因殺之，伯興亦伏誅。粲敗，秉踰城出走，於領檐湖見擒，〔一四〕與二子承、俁並死。秉時年四十五。秉妻蕭氏，思話女也。元徽中，朝廷危殆，妻常懼禍敗，每謂秉曰：「君富貴已足，故應爲兒子作計。年垂五十，殘生何足吝邪。」秉不能從。

秉弟諶，奉朝請。

諶弟遐字彥道，亦奉朝請、員外散騎侍郎。與嫡母殷養女雲敷私通，殷每禁之。殷暴病卒，未大殮，口鼻流血，疑遐潛加毒害，爲有司所糾。世祖徙之始安郡。永光中得還。太宗世，歷黃門侍郎，都官尚書，吳郡太守。兄秉既死，齊王遣誅之。遐人才甚凡，自諱名，常對賓客曰：「孝武無道，枉我殺母。」其頑騃若此。秉當權，遐累求方伯，秉曰：「我在，用汝作

州，於聽望不足。」遐曰：「富貴時則云不可相關，從坐之日，爲得免不？」至是果死焉。

義宗弟義賓，元嘉二年，封新野縣侯。六年，以新野荒敝，改封興安縣侯。黃門郎，祕書監，左衞將軍，位至輔國將軍、徐州刺史。二十五年，卒，追贈後將軍，謚曰肅侯。

子惠侯綜嗣。卒，子憲嗣。昇明三年，齊受禪，國除。綜弟琨，晉平太守。

義賓弟義綦，元嘉六年，封營道縣侯。凡鄙無識知，每爲始興王濬兄弟所戲弄。濬嘗謂義綦曰：「陸士衡詩云：『營道無烈心。』其何意苦阿父如此？」義綦曰：「下官初不識，何忽見苦。」其庸塞可笑類若此。歷右衞將軍，湘州刺史。孝建二年，卒，贈平南將軍，謚曰僖侯。

子長猷嗣，官至步兵校尉。昇平三年，卒，齊受禪，國除。

臨川烈武王道規，字道則，高祖少弟也。少倜儻有大志，高祖奇之，與謀誅桓玄。時桓弘鎮廣陵，以爲征虜中兵參軍。高祖克京城，道規亦以其日與劉毅、孟昶共斬弘，收衆濟

江。進平京邑，玄敗走，晉大將軍武陵王遵承制，以道規爲振武將軍、義昌太守。

與劉毅、何無忌追玄。玄西走江陵，留郭銓、何澹之等固守湓口，〔一五〕義軍既至，賊列艦距之。澹之空設羽儀旗幟於一舫，而別在它船，無忌欲攻羽儀所在，衆悉不同，曰：「澹之必不在此舫，雖得無益也。」無忌曰：「澹之不在此舫，固不須言也。既不在此，則戰士必弱，我以勁兵攻之，必可禽也。禽之之日，彼必以爲失其軍主，我徒咸謂已得賊帥，我勇而彼懼，懼而薄之，破之必矣。」道規喜曰：「此名計也。」因往彼攻之，卽禽此舫。因鼓譟倡曰：「已斬何澹之！」賊徒及義軍並以爲然。因縱兵，賊衆奔敗，卽克湓口，進平尋陽。因復馳進，遇玄於崢嶸洲。道規等兵不滿萬人，而玄戰士數萬，衆並憚之，欲退還尋陽。道規曰：「不可。彼衆我寡，强弱異勢。今若畏懦不進，必爲所乘，雖至尋陽，豈能自固。玄雖竊名雄豪，內實恇怯，加已經奔敗，衆無固心。決機兩陳，將雄者克。昔光武昆陽之戰，曹操官渡之師，皆以少制多，共所聞也。今雖才謝古人，豈可先爲之弱。」因麾衆而進，毅等從之，大破玄軍。郭銓與玄單舸走，江陵不復能守，欲入蜀，爲馮遷所斬。

義軍遇風不進，桓謙、桓振復據江陵，毅留巴陵，道規與無忌俱進攻桓謐於馬頭，桓蔚於寵洲，皆破之。無忌欲乘勝直造江陵，道規曰：「兵法屈申有時，不可苟進。諸桓世居西楚，羣小皆爲竭力，振勇冠三軍，難與爭勝。且可頓兵養銳，〔一六〕徐以計策縻之，不憂不克

也。」無忌不從，果爲振所敗。乃退還尋陽，繕治舟甲，復進軍夏口。僞鎮軍將軍馮該戍夏口東岸，揚武將軍孟山圖據魯山城，輔國將軍桓仙客守偃月壘。於是毅攻魯山城，〔一七〕道規、無忌攻偃月，並克之，生禽仙客、山圖。其夕，該遁走，進平巴陵。謙、振遣使求割荆、江二州，奉歸晉帝，不許。會南陽太守魯宗之起義攻襄陽，僞雍州刺史桓蔚走江陵。宗之進至紀南，振自往距之，使桓謙留守。時毅、道規已次馬頭，馳往襲，謙奔走，卽日克江陵城。振大破宗之而歸，聞城已陷，亦走。無忌翼衞天子還京師，道規留夏口。江陵之平也，道規推毅爲元功，無忌爲次功，自居其末。進號輔國將軍、督淮北諸軍事、幷州刺史，義昌太守如故。

時荆州、湘、江、豫猶多桓氏餘燼，往往屯結。復以本官進督江州之武昌、荆州之江夏隨郡義陽綏安、豫州之西陽汝南潁川新蔡九郡諸軍事，隨宜剪撲，皆悉平之。以義動封華容縣公，食邑三千戶。遷使持節、都督荆寧秦梁雍六州司州之河南諸軍事、領護南蠻校尉、荆州刺史，〔一八〕將軍如故。辭南蠻以授殷叔文。叔文被誅，乃復還領。善於爲治，刑政明理，士民莫不畏而愛之。劉敬宣征蜀不克，道規以督統降爲建威將軍。

盧循寇逼京邑，道規遣司馬王鎮之及揚武將軍檀道濟、廣武將軍到彥之等赴援朝廷，至尋陽，爲賊黨荀林所破。〔一九〕循卽以林爲南蠻校尉，分兵配之，使乘勝伐江陵，揚聲云徐道

覆已克京邑。而桓謙自長安入蜀，譙縱以謙爲荆州刺史，厚加資給，與其大將譙道福俱寇江陵，正與林會。林屯江津，謙軍枝江，二寇交逼，分絕都邑之問。荆楚既桓氏義舊，並懷異心。道規乃會將士，告之曰：「桓謙今在近畿，聞者頗有去就之計。〔二〇〕吾東來文武，足以濟事。若欲去者，本不相禁。」因夜開城門，達曉不閉，衆咸憚服，莫有去者。

雍州刺史魯宗之率衆數千自襄陽來赴。或謂宗之未可測，道規乃單馬迎之，宗之感悅。衆議欲使檀道濟、到彥之與宗之共擊，道規曰：「盧循擁隔中流，扇張同異，桓謙、苟林更相首尾。人懷危懼，莫有固心，成敗之機，在此一舉。非吾自行，其事不決。」乃使宗之居守，委以腹心，率諸軍攻謙。諸將佐皆固諫曰：「今遠出討謙，其勝難必。苟林近在江津，伺人動靜。若來攻城，宗之未必能固，脫有差跌，大事去矣。」道規曰：「諸君不識兵機耳。苟林愚豎，無它奇計，以吾去未遠，必不敢向城。吾今取謙，往至便克，沈疑之間，已自還反。謙敗則林破膽，豈暇得來。且宗之獨守，何爲不支數日。」解南蠻校尉印以授諮議參軍劉遵。馳往攻謙，水陸齊進，謙大敗，單舸走，欲下就林，追斬之。還至涌口，林又奔散。劉遵率軍追林，至巴陵，斬之。初，謙至枝江，江陵士庶皆與謙書，言城內虛實，咸欲謀爲內應。至是參軍曹仲宗檢得之，道規悉焚不視，衆於是大安。進號征西將軍。先是，桓歆子道兒逃于江西，出擊義陽郡，與盧循相連結，循使蔡猛助之。道規遣參軍劉基破道兒於大薄，臨陳斬猛。

徐道覆率衆三萬，奄至破冢，魯宗之已還襄陽，追召不及，人情大震。或傳循已平京師，遣道覆上爲刺史，江漢士庶感焚書之恩，無復貳志。道規使劉遵爲游軍，自距道覆於豫章口。前驅失利，道規壯氣愈厲，激揚三軍，遵自外橫擊，大破之。斬首萬餘級，赴水死者殆盡，道覆單舸走還湓口。初使遵爲游軍，衆咸云：「今强敵在前，唯患衆少，不應割削見力，置無用之地。」及破道覆，果得游軍之力，衆乃服焉。

遵字慧明，臨淮海西人，道規從母兄蕭氏舅也。官至右將軍、宣城內史、淮南太守。義熙十年，卒，追贈撫軍將軍。追封監利縣侯，食邑七百戶。

道規進號征西大將軍、開府儀同三司，加散騎常侍，固辭。俄而寢疾，改授都督豫江二州揚州之宣城淮南廬江歷陽安豐堂邑六郡諸軍事、豫州刺史，持節、常侍、將軍如故。以疾不拜。八年閏月，薨于京師，時年四十三。追贈侍中、司徒。加班劍二十人。謚曰烈武公。平桓謙功，進封南郡公，邑五千戶。高祖受命，贈大司馬，追封臨川王，食邑如先。道規無子，以長沙景王第二子義慶爲嗣。

初，太祖少爲道規所養，高祖命紹焉，咸以禮無二繼，太祖還本，而定義慶爲後。〔二一〕義慶爲荆州，廟主當隨往江陵，太祖詔曰：「褒崇道勳，經國之盛典；尊親追遠，因心之所隆。故侍中、大司馬臨川烈武王，體道欽明，至德淵邈，叡哲自天，孝友光備。爰始協規，則翼贊景業；陵威致討，則克剪梟鯨。逮妖逆交侵，方難孔棘，勢踰累棊，人無固志。王神謨獨運，靈武宏發，輯寧內外，誅覆羣凶，固已化被江漢，勳高微管，遠猷侔於二南，英雄邁於兩獻者矣。朕幼蒙殊愛，德廕特隆，豐恩慈訓，義深情戚，永惟仁範，感慕纏懷。今當擁移寢祏，初祀西夏，思崇嘉禮，式備徽章，庶以昭宣風度，允副幽顯。其追崇丞相，加殊禮，鸞輅九旒，黃屋左纛，給節鉞、前後部羽葆、鼓吹、虎賁班劍百人，侍中如故。」及長沙太妃檀氏、臨川太妃曹氏後薨，祭皆給鸞輅九旒，黃屋左纛，轀輬車，挽歌一部，前後部羽葆、鼓吹，虎賁班劍百人。

義慶幼爲高祖所知，常曰：「此我家豐城也。」年十三，襲封南郡公。除給事，不拜。義熙十二年，從伐長安，還拜輔國將軍、北青州刺史，〔二二〕未之任，徙督豫州諸軍事、豫州刺史，〔二三〕復督淮北諸軍事，豫州刺史、將軍並如故。永初元年，襲封臨川王。徵爲侍中。元嘉元年，轉散騎常侍，祕書監，徙度支尚書，遷丹陽尹，加輔國將軍、常侍並如故。

時有民黃初妻趙殺子婦，遇赦應徙送避孫讎，義慶曰：「案周禮父母之仇，避之海外，雖遇市朝，鬬不反兵。蓋以莫大之宽，理不可奪，含戚枕戈，義許必報。至於親戚爲戮，骨肉相殘，故道乖常憲，記無定准，求之法外，裁以人情。且禮有過失之宥，律無讎祖之文。況趙之縱暴，本由於酒，論心即實，事盡荒耄。豈得以荒耄之王母，〔二四〕等行路之深讎。臣謂此孫忍愧銜悲，不違子義，共天同域，無虧孝道。」

六年，加尚書左僕射。八年，太白星犯右執法，義慶懼有災禍，乞求外鎮。太祖詔譬之曰：「玄象茫昧，既難可了。且史家諸占，各有異同，兵星王時，有所干犯，乃主當誅。以此言之，益無懼也。鄭僕射亡後，左執法嘗有變，王光祿至今平安。日蝕三朝，天下之至忌，晉孝武初有此異，彼庸主耳，猶竟無他。天道輔仁福善，謂不足橫生憂懼。兄與後軍，各受內外之任，本以維城，表裏經之，盛衰此懷，實有由來之事。設若天必降災，寧可千里逃避邪？既非遠者之事，又不知吉凶定所，若在都則有不測，去此必保利貞者，豈敢苟違天邪。」義慶固求解僕射，乃許之，加中書令，進號前將軍，常侍、尹如故。

在京尹九年，出爲使持節、都督荆雍益寧梁南北秦七州諸軍事、平西將軍、荆州刺史。〔二五〕荆州居上流之重，地廣兵强，資實兵甲，居朝廷之半，故高祖使諸子居之。義慶以宗室令美，故特有此授。性謙虛，始至及去鎮，迎送物並不受。

十二年，普使內外羣官舉士，義慶上表曰：「詔書疇咨羣司，延及連牧，旌賢仄陋，拔善幽遐。伏惟陛下惠哲光宣，經緯明遠，皇階藻曜，風猷日昇，而猶詢衢室之令典，遵明臺之叙訓，降淵慮於管庫，紆聖思乎版築，故以道邈往載，德高前王。臣敢竭虛闇，祇承明旨。伏見前臨沮令新野庾寔，秉眞履約，愛敬淳深。昔在母憂，毁瘠過禮，今罹父疚，泣血有聞。行成閨庭，孝著隣黨，足以敦化率民，齊教軌俗。前徵奉朝請武陵龔祈，恬和平簡，貞潔純素，潛居研志，耽情墳籍，亦足鎭息頽競，奬勗浮動。處士南郡師覺，才學明敏，操介清修，業均井渫，志固冰霜。臣往年辟爲州祭酒，未汙其慮。若朝命遠暨，玉帛遐臻，異人間出，何遠之有。」義慶留心撫物，州統內官長親老，不隨在官舍者，年聽遣五吏餉家。〔二六〕先是，王弘爲江州，亦有此制。在州八年，爲西土所安。撰徐州先賢傳十卷，奏上之。又擬班固典引爲典叙，以述皇代之美。十六年，改授散騎常侍、都督江州豫州之西陽晉熙新蔡三郡諸軍事、衞將軍、江州刺史，〔二七〕持節如故。十七年，即本號都督南兗徐兗青冀幽六州諸軍事、南兗州刺史。〔二八〕尋加開府儀同三司。

爲性簡素，寡嗜欲，愛好文義，才詞雖不多，然足爲宗室之表。受任歷藩，無浮淫之過，唯晚節奉養沙門，頗致費損。少善騎乘，及長以世路艱難，不復跨馬。招聚文學之士，近遠必至。太尉袁淑，文冠當時，義慶在江州，請爲衞軍諮議參軍；其餘吳郡陸展、東海何長瑜、鮑照等，並爲辭章之美，引爲佐史國臣。太祖與義慶書，常加意斟酌。

鮑照字明遠，文辭贍逸，嘗爲古樂府，文甚遒麗。元嘉中，河、濟俱清，當時以爲美瑞，

照爲河清頌，其序甚工。其辭曰：

臣聞善談天者，必徵象於人；工言古者，先考績於今。鴻、犧以降，遐哉邈乎，鏤山岳，彫篆素，昭德垂勳，可謂多矣。而史編唐堯之功，載「格于上下」，樂登文王之操，稱「於昭于天」。素狐玄玉，聿彰符命，朴牛大螾，爰定祥曆，魚鳥動色，禾雉興讓，皆物不盈眥，而美溢金石，詩人於是不作，頌聲爲之而寢，庸非惑歟。

自我皇宋之承天命也，仰符應龍之精，俯協河龜之靈，君圖帝寶，粲爛瑰英，固業光曩代，事華前德矣。聖上天飛踐極，迄兹二十四載。道化周流，玄澤汪濊。地平天成，上下含熙；文同軌通，表裏禔福。燿德中區，黎庶知讓；覲英遐表，夷貉懷惠。卹勤秩禮，罷露臺之金；紓國振民，傾鉅橋之粟。約違迫脅，奢去泰甚。燕無留飲，畋不盤樂。物色異人，優游據正。顯不失心，幽無怨氣。精炤日月，事洞天情。故不勞杖斧之臣，號令不嚴而自肅，無辱鳳舉之使，靈怪不召而自彰。萬里神行，飆塵不起。農商野廬，邊城偃柝。冀馬南金，塡委內府；馴象西爵，充羅外囿。阿紈綦組之饒，衣覆宗國；漁鹽杞梓之利，傍贍荒遐。士民殷富，五陵既有慚德；宮宇宏麗，三川莫之能比。閭閈有盈，歌吹無絕。朱輪疊轍，華冕重肩。豈徒世無窮人，民獲休息，朝呼韓、罷酤鐵而已哉。是以嘉祥累仍，福應尤盛，青丘之狐，丹穴之鳥，栖阿閣，遊禁園。金芝九莖，木禾六刃，秀銅池，發膏畝。〔二九〕宜以協調律呂，謁薦郊廟，煙霏霧集，不可勝紀。然而聖上猶昧旦夙興，若有望而未至，閎規遠圖，如有追而莫及，神明之貺，推而弗居也。是以琬碑鏐檢，盛典蕪而不治；朝神省方，大化抑而未許。崇文協律之士，蘊儛頌於外，坐朝陪宴之臣，懷揄揚於內，三靈佇眷，九壤注心，旣有日矣。

歲宮乾維，月躔蒼陸，長河巨濟，異源同清，澄波萬壑，潔瀾千里。斯誠曠世偉觀，昭啓皇明者也。語曰：「影從表，瑞從德。」此其効焉。宣尼稱「鳳鳥不至，河不出圖」。孟軻傳曰：「俟河之清，人壽幾何！」皆傷不可見也。然則古人所不見者，今殫見之矣。孟軻曰：「千載一聖，是旦暮也。」〔三〇〕豈不大哉。夫四皇六帝，樹聲長世，大寶也。澤浸羣生，國富刑淸，鴻德也。制禮裁樂，惇風遷俗，文教也。誅篡遣羯，束顙絳闕，武功也。鳴鳥躍魚，滌穢河渠，至祥也。大寶鴻德，文教武功，其崇如此；幽明協贊，民祇與能，厥應如彼。唯天爲大，堯實則之，皇哉唐哉，疇與爲讓。抑又聞之，勢之所覃者淺，則美之所傳者近；道之所感者深，則慶之所流者遠。是以豐功韙命，潤色縢策，盛德形容，藻被歌頌。察之上代，則奚斯、吉甫之徒，鳴玉鑾於前；視之中古，則相如、王褒之屬，施金羈於後。〔三一〕絕景揚光，清埃繼路，班固稱漢成之世，奏御者千有餘篇，文章之盛，與三代同風。由是言之，斯迺臣子舊職，國家通義，不可輟也。臣雖不敏，寧不

勉乎。

世祖以照爲中書舍人。上好爲文章，自謂物莫能及，照悟其旨，爲文多鄙言累句，當時咸謂照才盡，實不然也。臨海王子頊爲荆州，照爲前軍參軍，掌書記之任。子頊敗，爲亂兵所殺。

義慶在廣陵，有疾，而白虹貫城，野麕入府，心甚惡之，固陳求還。太祖許解州，以本號還朝。二十一年，薨於京邑，時年四十二。追贈侍中、司空，謚曰康王。

子哀王燁字景舒嗣，官至通直郎，爲元凶所殺。追贈散騎常侍。子綽字子流嗣，官至步兵校尉。昇明三年反，伏誅，國除。綽弟綰，早卒。

燁弟衍，太子舍人。衍弟鏡，宣城太守。鏡弟穎，前將軍。穎弟倩，南新蔡太守。

遵考，高祖族弟也。曾祖淳，皇曾祖武原令混之弟，官至正員郎。祖巖，海西令。父涓子，彭城內史。

遵考始爲將軍振武參軍，預討盧循，封鄉侯。自建威將軍、彭城內史隨高祖北伐。時高祖諸子並弱，宗室唯有遵考。長安平定，以督并州司州之北河東北平陽北雍州之新平安

定五郡諸軍事、輔國將軍、幷州刺史，〔三二〕領河東太守，鎭蒲坂。關中失守，南還，除游擊將軍，還冠軍將軍。晉帝遜位居秣陵宮，遵考領兵防衞。高祖初卽大位，下推恩之詔，曰：「遵考服屬之親，國戚未遠，宗室無多，宜蒙寵爵。可封營浦縣侯，食邑五百戶。」以本號爲彭城、沛二郡太守。

景平元年，遷右衞將軍。元嘉二年，出爲征虜將軍、淮南太守。明年，轉使持節，領護軍，入直殿省。出爲使持節、督雍梁南北秦四州荆州之南陽竟陵順陽襄陽新野隨六郡諸軍事、征虜將軍、寧蠻校尉、雍州刺史，襄陽新野二郡太守。〔三三〕遵考爲政嚴暴，聚斂無節。五年，爲有司所糾，上不問，赦還都。七年，除太子右衞率，加給事中。明年，督南徐兗州之江北淮南諸軍事、征虜將軍、南兗州刺史，領廣陵太守。又徵爲侍中，領後軍將軍，徙太常。九年，遷右衞將軍，加散騎常侍。十二年，坐厲疾不待對，免常侍，以侯領右衞。明年，復本官。十五年，又領徐州大中正、太子中庶子，本官如故。其年，監徐兗二州豫州之梁郡諸軍事、前將軍、徐兗二州刺史。未之鎭，留爲侍中，領左衞將軍。明年，出爲使持節、監豫司雍幷四州南豫州之梁郡弋陽馬頭荆州之義陽四郡諸軍事、前將軍、豫州刺史，領南梁郡太守。二十一年，坐統內旱，百姓饑，詔加賑給，而遵考不奉符旨，免官。起爲散騎常侍、五兵尙書，還吳興太守，秩中二千石。二十五年，徵爲領軍。二十七年，索虜南至瓜步，率軍出江

上，假節蓋。〔三四〕

三十年，復出爲使持節、監豫州刺史。元凶弒立，進號安西將軍，遣外監徐安期、仰捷祖防守之。遵考斬安期等，起義兵應南譙王義宣，義宣加遵考鎭西將軍。夏侯獻率衆至瓜步承候世祖，又坐免官。孝建元年，魯爽、臧質反，起爲征虜將軍，率衆屯臨沂縣，仍除吳興太守。明年，徵爲湘州刺史，未行，遷尙書左僕射。三年，轉丹陽尹，加散騎常侍。復爲尙書右僕射，領太子右衞率。明年，又除領軍將軍，加散騎常侍。五年，復遷尙書右僕射、金紫光祿大夫，常侍如故。明年，轉左僕射，常侍如故。又領徐州刺史、大中正、崇憲太僕。前廢帝卽位，遷特進、右光祿大夫，常侍、太僕如故。景和元年，出督南豫州諸軍事、安西將軍、南豫州刺史。太宗卽位，以爲侍中、特進、右光祿大夫，領崇憲太僕。崇憲太后崩，太僕解，餘如故。泰始五年，賜几杖，太官四時賜珍味，疾病太醫給藥，固辭几杖。後廢帝卽位，進左光祿大夫，餘如故。元徽元年卒，時年八十二。追贈左光祿大夫、開府儀同三司，侍中如故。謚曰元公。遵考無才能，直以宗室不遠，故歷朝顯遇。年老有疾失明。

子澄之，順帝昇明末貴達。澄之弟琨之，爲竟陵王誕司空主簿，誕作亂，以爲中兵參軍，不就，繫繫數十日，終不受，乃殺之。追贈黃門郎。詔吏部尙書謝莊爲之誄。

遵考從弟思考，亦被遇，歷朝宦，極清顯，爲豫章、會稽太守，益、徐州刺史，凡經十郡三州。泰始元年，卒於散騎常侍、金紫光祿大夫，〔三五〕時年七十五。追贈特進，常侍、光祿如故。

史臣曰：餘妖內侮，偏衆西臨，荀、桓交逼，荆楚之勢危矣。必使上略未盡，一算或遺，則城壞壓境，上流之難方結。敵資三分有二之形，北向而爭天下，則我全勝之道，未可或知。烈武王覽羣才，揚盛策，一舉磔勍寇，非曰天時，抑亦人謀也。降年不永，遂不得與大業始終，惜矣哉！

校勘記

〔一〕長沙景王道憐　按嚴可均輯全宋文收錄宋故散騎常侍護軍將軍臨澧侯劉使君墓誌云：「曾祖宋孝皇帝。祖諱道鄰字道鄰，侍中、太傅、長沙景王。」是道憐本作道鄰。顏師古匡謬正俗亦云：「宋高祖弟道鄰，史牒誤爲憐字，讀者就而呼之，莫有知其本實。余家嘗得宋高祖集十卷，是宋

元嘉時祕閣官書，所載道鄰字，始知道憐者是錯。」

〔二〕道憐率寧遠將軍孟龍符龍驤將軍孔隆及穆之等追　「寧遠將軍孟龍符」七字，各本並作「寧孟」二字。洪頤煊諸史考異云：「寧孟文有脫誤。當云率寧遠將軍孟龍符，因涉下文而譌。」孫虨宋書考論云：「孟當爲孟龍符，時龍符方由寧遠將軍遷建威將軍，寧當爲寧遠將軍，史文脫耳。」按洪、孫說是，今訂正。

〔三〕封新渝縣男　北監本、毛本、殿本、局本、南史作「新渝」，三朝本作「新淦」，下文道憐子義宗亦爵新渝縣侯，則作新渝爲是。按州郡志，江州豫章郡有新淦縣，安成郡有新喩縣，新渝卽新喩。元和郡縣志：「新喩縣，吳孫晧分宜春縣置新渝縣，以渝水爲名。今曰新喩，因聲變也。」本書新喩、新渝互見，彭城王義康傳作新喩侯義宗。

〔四〕徵爲都督兗青二州晉陵京口淮南諸郡軍事兗青州刺史　「諸郡軍事」各本並作「諸軍郡事」，張元濟校勘記云：「當作諸郡軍事，各本並譌。」按張校是，今乙正。又「兗青州刺史」，孫虨宋書考論云：「此青字涉上文衍。是年青州刺史命檀祗。」

〔五〕十年　各本並作「十一年」，孫虨宋書考論云：「下文『明年討司馬休之』，十一年當爲十年。」按討司馬休之在義熙十一年，則前一年當作十年，孫說是，今改正。

〔六〕以爲都督荆湘益秦寧梁雍七州諸軍事驃騎將軍開府儀同三司領護南蠻校尉荆州刺史　「諸軍

事」之「事」字，各本並脫，據元龜四五五、通鑑晉安帝義熙十一年補。「領」各本並作「鎮」，今改正。

〔七〕使持節散騎常侍都督江州豫州西陽新蔡晉熙四郡軍事征南大將軍開府儀同三司江州刺史永脩縣開國公道濟　三郡而云四郡，當有誤。

〔八〕故左將軍青州刺史龍陽縣開國侯鎮惡　各本並脫「左」字，據王鎮惡傳補。

〔九〕還使持節監豫司雍幷四州諸軍事豫州刺史　各本並脫「事」字，據元龜二七八補。

〔一〇〕而可輯柔頓闕　「柔」各本並作「桑」，據元龜二七三改。

〔一一〕昇明元年謀反伏誅　「元年」各本並作「二年」，據順帝紀改。

〔一二〕義融歷侍中左衞將軍　各本並脫「將」字，今補。

〔一三〕訪問乃知是襲　各本並脫「是」字，據南史補。

〔一四〕於領檐湖見擒　「領檐湖」南齊書作「雒檐湖」。

〔一五〕留郭銓何濟之等固守盆口　「郭銓」各本並作「郭鈴」，據本書劉懷肅傳及晉書桓玄傳、通鑑改。說見本書卷一校勘記第十五條。

〔一六〕且可頓兵養銳　各本原作「頓兵銳」，文不可通，今據通鑑晉安帝元興三年補「養」字。

〔一七〕揚武將軍孟山圖據魯山城至於是毅攻魯山城　「魯山城」各本並作「魯城」，據本書劉懷肅傳、通

鑑晉安帝元興三年訂正。

〔一八〕還使持節都督荆寧秦梁雍六州司州之河南諸軍事領護南蠻校尉荆州刺史　按荆、寧、秦、梁、雍只五州，尚缺一州，疑有脫譌。

〔一九〕爲賊黨苟林所破　本書武帝紀、南史、元龜三六三、四六一作「荀林」。晉書姚興載記、通鑑作「苟林」。

〔二〇〕聞者頗有去就之計　「者」，御覽二七九引、元龜四二二、四三一作「諸君」，通典兵典作「諸軍」，建康實錄作「爾等」，通鑑作「諸長者」。

〔二一〕太祖還本而定義慶爲後　各本並脫「義慶爲後」四字，據南史補。

〔二二〕還拜輔國將軍北青州刺史　各本並脫「拜」字，據元龜二七八補。

〔二三〕徙督豫州諸軍事豫州刺史　各本並脫「事」字，據元龜二七八補。

〔二四〕豈得以荒耄之王母　各本並脫「豈得以荒耄」五字，據南史、元龜六一五補。

〔二五〕出爲使持節都督荆雍益寧梁南北秦七州諸軍事平西將軍荆州刺史　各本並脫「事」字，據元龜二七八補。

〔二六〕年聽遣五吏餉家　「五吏」，元龜六七五同。南史作「三吏」。

〔二七〕改授散騎常侍都督江州豫州之西陽晉熙新蔡三郡諸軍事衞將軍江州刺史　各本並脫「豫州」二字，錢大昕廿二史考異云：「當云豫州之西陽、晉熙、新蔡，史脫豫州二字。」按錢說是，今補正。

〔二八〕即本號都督南兗徐兗青冀幽六州諸軍事南兗州刺史　「南兗」下各本並衍「州」字，張森楷校勘記云：「州字衍文。」按張校是，今刪正。

〔二九〕金芝九莖木禾六刃秀銅池發膏畝　鮑照集作「金芝九莖，木禾九秀，銅池發，膏畝腴」。

〔三〇〕孟軻曰千載一聖是旦暮也　按今孟子無此語。

〔三一〕施金羈於後　「施」，鮑照集作「馳」。

〔三二〕以督幷州司州之北河東北平陽北雍州之新平安定五郡諸軍事輔國將軍幷州刺史　廿二史考異云：「云五郡而數之止四郡，以廬陵王義眞傳前後文參證之，則所脫者即河北郡也。」

〔三三〕出爲使持節督雍梁南北秦四州荆州之南陽竟陵順陽襄陽新野隨六郡諸軍事征虜將軍寧蠻校尉雍州刺史襄陽新野二郡太守　各本並脫「南陽」之「陽」字，據孫虨宋書考論說補。又各本並脫「諸軍事」之「事」字，今訂補。

〔三四〕假節蓋　「蓋」各本並作「置」，據元龜二七八改。

〔三五〕泰始元年卒於散騎常侍金紫光祿大夫　孫虨宋書考論云：「思考泰始二年三月命徐州，必非元年卒，此有誤。」按思考泰始二年三月爲徐州刺史，見本書明帝紀。

宋書卷五十二

列傳第十二

庾悅　王誕　謝景仁弟述　袁湛弟豹　褚叔度

庾悅字仲豫，潁川陽陵人也。曾祖亮，晉太尉。祖羲，〔一〕吳國內史。父准，〔二〕西中郎將、豫州刺史。

悅少為衞將軍琅邪王行參軍，司馬，從主簿，轉右長史。桓玄輔政，領豫州，以悅為別駕從事史。遷驍騎將軍。玄篡位，從中書侍郎。高祖定京邑，武陵王遵承制，以悅為寧遠將軍、安遠護軍、武陵內史。以病去職。

鎮軍府版諮議參軍，轉車騎從事中郎。劉毅請為撫軍司馬，不就。遷車騎中軍司馬。從征廣固，竭其誠力。盧循逼京都，以為督江州豫州之西陽新蔡汝南潁川司州之恒農揚州之松滋六郡諸軍事、建威將軍、江州刺史，〔三〕從東道出鄱陽。循遣將英糾千餘人斷五畝嶠，悅破之，進據豫章，絕循糧援。

初，毅家在京口，貧約過常，嘗與鄉曲士大夫往東堂共射。時悅為司徒右長史，暫至京，要府州僚佐共出東堂。毅已先至，遣與悅相聞，曰：「身久躓頓，營一遊集甚難。君如意人，無處不可為適，豈能以此堂見讓。」悅素豪，徑前，不答毅語。衆人並避之，唯毅留射如故。悅廚饌甚盛，不以及毅。毅既不去，悅甚不歡，俄頃亦退。〔四〕毅又相聞曰：「身今年未得子鵝，豈能以殘炙見惠。」悅又不答。盧循平後，毅求都督江州，以江州內地，治民為職，不宜置軍府，上表陳之曰：「臣聞天以盈虛為道，治以損益為義。時否而政不革，民凋而事不損，則無以救急病於已危，拯塗炭於將絕。自頃戎車屢駕，干戈溢境，江州以一隅之地，當逆順之衝，力弱民慢，而器運所繼。自桓玄以來，驅蹙殘毀，至乃男不被養，女無對匹，逃亡去就，不避幽深，自非財單力竭，無以至此。若不曲心矜理，有所改移，則靡遺之歎，奄焉必及。臣謬荷增統，傷慨兼懷。夫設官分職，軍國殊用，牧民以息務為大，武略以濟事為先。今兼而領之，蓋出於權事，因藉既久，遂為常則。江州在腹心之中，憑接揚、豫，藩屏所倚，實為重複。昔胡寇縱逸，朔馬臨江，抗禦之宜，蓋出權計。以溫嶠明達，事由一己，猶覺其弊，論之備悉。今江右區區，戶不盈數十萬，地不踰數千里，而統司鱗次，未獲減息，大而言之，足為國恥。況乃地在無軍，而軍府猶置，文武將佐，資費非一，豈所謂經國大情，揚湯

去火者哉。其州郡邊江，民戶遼落，加以郵亭嶮闊，畏阻風波，轉輸往還，常有淹廢，又非所謂因其所利，以濟其弊者也。愚謂宜解軍府，移治豫章，處十郡之中，厲簡惠之政，比及數年，可有生氣。且屬縣凋散，亦有所存，而役調送迎，不得休止，亦謂應隨宜并滅，以簡衆費。刺史庾悅，自臨州部，甚有恤民之誠，但綱維不革，自非綱目所理。尋陽接蠻，宜有防遏，可即州府千兵，以助郡戍。」於是解悅都督、將軍官，以刺史移鎮豫章。毅以親將趙恢領千兵守尋陽，建威府文武三千悉入毅府，符攝嚴峻，數相挫辱。悅不得志，疽發背，到豫章少日卒。時年三十八。追贈征虜將軍。以廣固之功，追封新陽縣五等男。

王誕字茂世，琅邪臨沂人，太保弘從兄也。祖恬，中軍將軍。父混，太常。

誕少有才藻，晉孝武帝崩，從叔尚書令珣為哀策文，久而未就，謂誕曰：「猶少序節物一句。」因出本示誕。誕攬筆便益之，接其秋冬代變後云，「霜繁廣除，風回高殿」。珣嗟歎清拔，因而用之。襲爵雉鄉侯，拜祕書郎，琅邪王文學，中軍功曹。

隆安四年，會稽王世子元顯開後軍府，又以誕補功曹。尋除尚書吏部郎，仍為後軍長史，領廬江太守，加鎮蠻護軍。轉龍驤將軍、琅邪內史，長史如故。誕結事元顯嬖人張法

順，故為元顯所寵。元顯納妾，誕為之親迎。隨府轉驃騎長史，將軍、內史如故。元顯討桓玄，欲悉誅桓氏，誕固陳脩等與玄志趣不同，由此得免。脩，誕甥也。及玄得志，誕將見誅，脩為之陳請，又言脩等得免之由，乃徙誕廣州。盧循據廣州，以誕為其平南府長史，甚賓禮之。誕久客思歸，乃說循曰：「下官流遠在此，被蒙殊眷，士感知己，實思報答。本非戎旅，在此無用。素為劉鎮軍所識，情味不淺，若得北歸，必蒙任寄，公私際會，思報厚恩，愈於停此，空移歲月。」循甚然之。時廣州刺史吳隱之亦為循所拘留，誕又曰：「將軍今留吳公，公私非計。孫伯符豈不欲留華子魚，但以一境不容二君耳。」於是誕及隱之並得還。

除員外散騎常侍，未拜，高祖請為太尉諮議參軍，轉長史。盡心歸奉，日夜不懈，高祖甚委仗之。北伐廣固，領齊郡太守。盧循自蔡洲南走，劉毅固求追討，高祖持疑未決，誕密白曰：「公既平廣固，復滅盧循，則功蓋終古，勳無與二，如此大威，豈可餘人分之。毅與公同起布衣，一時相推耳，今既已喪敗，不宜復使立功。」高祖從其說。七年，以誕為吳國內史。母憂去職。高祖征劉毅，起為輔國將軍，誕固辭軍號，墨絰從行。時諸葛長民行太尉留府事，心不自安，高祖甚慮之。毅既平，誕求先下，高祖曰：「長民似有自疑心，卿詎宜便去。」誕曰：「長民知我蒙公垂眄，今輕身單下，必當以為無虞，乃可以少安其意。」高祖笑曰：「卿勇過賁、育矣。」於是先還。

九年，卒，時年三十九。以南北從征，追封作唐縣五等侯。子詡，宋世子舍人，早卒。

謝景仁，陳郡陽夏人，衞將軍晦從叔父也。名與高祖同諱，故稱字。祖據，太傅安第二弟。父允，宣城內史。

景仁幼時與安相及，爲安所知。始爲前軍行參軍、輔國參軍事。會稽王世子元顯嬖人張法順，權傾一時，內外無不造門者，唯景仁不至。年三十，方爲著作佐郎。桓玄誅元顯，見景仁，甚知之，謂四坐曰：「司馬庶人父子云何不敗，遂令謝景仁三十方作著作佐郎。」[五]玄爲太尉，以補行參軍，府轉大將軍，仍參軍事。玄建楚臺，以補黃門侍郎。及篡位，領驍騎將軍。景仁博聞强識，善敍前言往行，玄每與之言，不倦也。玄出行，殷仲文、卞範之之徒，皆騎馬散從，而使景仁陪輦。

高祖爲桓脩撫軍中兵參軍，嘗詣景仁諮事，景仁與語悅之，因留高祖共食。食未辦，而景仁爲玄所召。玄性促急，俄頃之間，騎詔續至。高祖屢求去，景仁不許，曰：「主上見待，要應有方。我欲與客共食，豈當不得待。」竟安坐飽食，然後應召。高祖甚感之，常謂景仁是太傅安孫。及平京邑，入鎭石頭，景仁與百僚同見高祖，高祖目之曰：「此名公孫也。」謂

景仁曰：「承制府須記室參軍，今當相屈。」以爲大將軍武陵王遵記室參軍，仍爲從事中郎，遷司徒左長史。出爲高祖鎭軍司馬，領晉陵太守，復爲車騎司馬。

義熙五年，高祖以內難既寧，思弘外略，將伐鮮卑。朝議皆謂不可。劉毅時鎭姑孰，固止高祖，以爲：「苻堅侵境，謝太傅猶不自行。宰相遠出，傾動根本。」景仁獨曰：「公建桓、文之烈，應天人之心，匡復皇祚，芟夷姦逆，雖業高振古，而德刑未孚，宜推亡固存，廣樹威略。鮮卑密邇疆甸，屢犯邊垂，伐罪弔民，於是乎在。平定之後，養銳息徒，然後觀兵洛汭，修復園寢，豈有坐長寇虜，縱敵貽患者哉！」高祖納之。及北伐，大司馬琅邪王，天子母弟，屬當儲副，高祖深以根本爲憂，轉景仁爲大司馬左司馬，專總府任，右衞將軍，加給事中，又遷吏部尚書。時從兄混爲左僕射，依制不得相臨，高祖啓依僕射王彪之、尚書王劭前例，不解職。

坐選吏部令史邢安泰爲都令史、平原太守，二官共除，安泰以令史職拜謁陵廟，爲御史中丞鄭鮮之所糾，白衣領職。八年，遷領軍將軍。十一年，轉右僕射，仍轉左僕射。

景仁性矜嚴整潔，居宇淨麗，每唾，轉唾左右人衣，事畢，即聽一日澣濯。每欲唾，左右爭來受。高祖雅相重，申以婚姻，廬陵王義眞妃，景仁女也。十二年，卒，[六]時年四十七。追贈金紫光祿大夫，加散騎常侍。葬日，高祖親臨，哭之甚慟。與驃騎將軍道憐書曰：「謝

景仁殞逝，悲痛摧割，不能自勝。汝聞問惋愕，亦不可堪。其器體淹中，情寄實重，方欲與之共康時務，一旦至此，痛惜兼深。往矣柰何！當復柰何！」

子恂，鄱陽太守。恂子稚，善吹笙，官至西陽太守。

景仁弟純字景懋，初爲劉毅豫州別駕。毅鎭江陵，以爲衞軍長史、南平相。王鎭惡率軍襲毅，已至城下，時毅疾病，佐吏皆入參承。純參承畢，已出，聞兵至，馳還入府。左右引車欲還外解，純叱之曰：「我人吏也，逃欲何之！」乃入。及毅兵敗衆散，時已暗夜，司馬毛脩之謂純曰：「君但隨僕。」純不從，扶兩人出，火光中爲人所殺。純孫沈，太宗泰始初，爲巴陵王休若衞軍錄事參軍、山陰令，坐事誅。

述字景先，少有志行，隨兄純在江陵。純遇害，述奉純喪還都。行至西塞，值暴風，純喪舫流漂，不知所在，述乘小船尋求之。經純妻庾舫過，庾遣人謂述曰：「喪舫存沒，已應有在，風波如此，豈可小船所冒？小郎去必無及，寧可存亡俱盡邪。」述號泣答曰：「若安全至岸，當須營理。如其已致意外，述亦無心獨存。」因冒浪而進，見純喪幾沒，述號叫呼天，幸而獲免，咸以爲精誠所致也。高祖聞而嘉之，及臨豫州，[七]諷中正以述爲主簿，[八]甚被知

器。景仁愛其第三弟甝而憎述，嘗設饌請高祖，希命甝豫坐，而高祖召述。述知非景仁夙意，又慮高祖命之，請急不從。高祖馳遣呼述，須至乃歡。及景仁有疾，述盡心營視，湯藥飲食，必嘗而後進，不解帶、不盥櫛者累旬，景仁深懷感愧。

轉太尉參軍，從征司馬休之，封吉陽縣五等侯。世子征虜參軍，轉主簿，宋臺尚書祠部郎，世子中軍主簿，轉太子中舍人，出補長沙內史，有惠政。

元嘉二年，徵拜中書侍郎。明年，出爲武陵太守，彭城王義康驃騎長史，領南郡太守。先是，述從兄曜爲義康長史，喪官，述代之。太祖與義康書曰：「今以謝述代曜。其才應詳練，著於歷職，故以佐汝。汝始親庶務，而任重事殷，宜寄懷羣賢，以盡弼諧之美，想自得之，不俟吾言也。」義康入相，述又爲司徒左長史，轉左衞將軍。莅官清約，私無宅舍。義康遇之甚厚。尚書僕射殷景仁、領軍將軍劉湛並與述爲異常之交。美風姿，善舉止，湛每謂人曰：「我見謝道兒，未嘗足。」道兒，述小字也。

雍州刺史張邵以黷貨下廷尉，將致大辟，述上表陳邵先朝舊勳，宜蒙優貸，太祖手詔酬納焉。述語子綜曰：「主上矜邵夙誠，將加曲恕，吾所啓謬會，故特見酬納耳。若此疏迹宣布，則爲侵奪主恩，不可之大者也。」使綜對前焚之。太祖後謂邵曰：「卿之獲免，謝述有力焉。」

述有心虛疾，性理時或乖謬。除吳郡太守，以疾不之官。病差，補吳興太守，在郡清省，爲吏民所懷。十二年，卒，時年四十六。喪還京師，未至數十里，殷景仁、劉湛同乘迎赴，望船流涕。十七年，劉湛誅，義康外鎮，將行，歎曰：「謝述唯勸吾退，劉湛唯勸吾進，今述亡而湛存，吾所以得罪也。」太祖亦曰：「謝述若存，義康必不至此。」

三子：綜、約、緯。綜有才藝，善隸書，爲太子中舍人，與舅范曄謀反，伏誅。約亦坐死。緯尚太祖第五女長城公主，素爲約所憎，免死徙廣州。孝建中，還京師。方雅有父風。太宗泰始中，至正員郎中。

袁湛字士深，陳郡陽夏人也。祖耽，晉歷陽太守，父質，琅邪內史，並知名。湛少爲從外祖謝安所知，以其兄子玄之女妻之。初爲衞軍行參軍，員外散騎，通直正員郎，中軍功曹，桓玄太尉參軍事。入爲中書黃門侍郎，出補桓脩撫軍長史。義旗建，高祖以爲鎮軍諮議參軍。明年，轉尚書吏部郎，司徒左長史，侍中。以從征功，封晉寧縣五等男。出爲高祖太尉長史，遷左民尚書，徙掌吏部。出爲吳興太守，秩中二千石，莅政和理，爲吏民所稱。入補中書令，又出爲吳國內史，秩中二千石。義熙十二年，

轉尚書右僕射，本州大中正。時高祖北伐，湛兼太尉，與兼司空、散騎常侍、尚書范泰奉九命禮物，拜授高祖。高祖沖讓，湛等隨軍至洛陽，住柏谷塢。泰議受使未畢，不拜晉帝陵，湛獨至五陵致敬，時人美之。

初，陳郡謝重，王胡之外孫，於諸舅禮敬多闕。重子絢，湛之甥也，嘗於公座陵湛，湛正色謂曰：「汝便是兩世無渭陽之情。」絢有愧色。

十四年，卒官，時年四十。追贈左光祿大夫，加散騎常侍。太祖即位，以后父，追贈侍中、左光祿大夫、開府儀同三司。[九]謚曰敬公。世祖大明三年，幸籍田，行經湛墓。下詔曰：「故侍中、左光祿大夫、開府儀同三司晉寧敬公，外氏尊戚，素風簡正，歲紀稍積，墳塋浸遠。朕近巡覽千畝，遙瞻松隧，緬惟徽塵，感慕增結。可遣使祭，少申永懷。」又增守墓五戶。子淳，淳子桓卒。

湛弟豹字士蔚，亦爲謝安所知，好學博聞，多覽典籍。初爲著作佐郎，衞軍桓謙記室參軍。大將軍武陵王遵承制，復爲記室參軍。其年，丹陽尹孟昶以爲建威司馬。歲餘，轉司徒左西屬，還劉毅撫軍諮議參軍，領記室。毅時建議大田，豹上議曰：

國因民以爲本，民資食以爲天，修其業則教興，崇其本則末理，實爲治之要道，致

化之所階也。不敦其本，則末業滋章，飢寒交湊，則廉恥不立。當今接篡僞之末，值凶荒之餘，爭源既開，彫薄彌啓，榮利蕩其正性，賦斂罄其所資，良疇無側趾之耦，比屋有困餒之患，中間多故，日不暇給。自卷甲郤馬，甫一二年，積弊之黎，難用克振，實仁懷之所矜恤，明教之所爰發也。

然斯業不修，有自來矣。司牧之官，莫或爲務，俗吏庸近，猶秉常科，依勸督之故典，迷民情之屢變。譬猶修隄以防川，忘淵丘之改易，膠柱於昔弦，忽宮商之乖調，徒有考課之條，而無毫分之益。不悟清流在於澄源，止輪由乎高閎，[一〇]患生於本，治之於末故也。夫設位以崇賢，疏爵以命士，上量能以審官，不取人於浮譽，則比周道息，游者言歸，游子旣歸，則南畝闢矣。分職以任務，置吏以周役，職不以無任立，吏必以非用省，宂散者廢，則萊荒墾矣。器以應用，商以通財，勸靡麗之巧，棄難得之貨，則彫僞者賤，穀稼重矣。耕耨勤悴，力殷收寡，工商逸豫，用淺利深，增賈販之稅，薄疇畝之賦，則末技抑而田畯喜矣。居位無義從之徒，在野靡幷兼之黨，給賜非可恩致，力役不入私門，則游食者反本，肆勤自勸，游食省而肆勤衆，則東作繁矣。密勿者甄異，怠慢者顯罰，明勸課之令，峻糾違之官，則孏惰無所容，力田有所望，力者欣而惰者懼，則穡人勸矣。凡此數事，亦務田之端趣也。莅之以清心，鎮之以無欲，勗之以弗倦，翼之以

廉謹，舍日計之小成，期遠致於莫歲，則澆薄自淳，心化有漸矣。

豹善言雅俗，每商較古今，兼以誦詠，聽者忘疲。尋轉撫軍司馬，遷御史中丞。鄱陽縣侯孟懷玉上母檀氏拜國太夫人，有司奏許。豹以爲婦人從夫之爵，懷玉父大司農綽見居列卿，妻不宜從子，奏免尚書右僕射劉柳、左丞徐羨之、郎何邵之官，詔並贖論。孟昶卒，豹代爲丹陽尹。義熙七年，坐使徒上錢，降爲太尉諮議參軍，仍轉長史。

從討劉毅。高祖遣益州刺史朱齡石伐蜀，使豹爲檄文，曰：

夫順德者昌，逆德者亡，失仁與義，難以求安，馮阻負釁，鮮克有成。詳觀自古，隆替有數，故成都不世祀，華陽無興國。

日者王室多故，夷羿遘紛，波振塵駭，覃及遐裔。蕞爾譙縱，編戶黔首，同惡相求，是崇是長，肆反噬於州相，播毒害於民黎，俾我西服，隔閡皇澤。自義風電靡，天光反輝，昭哲舊物，烟熅區宇。以庶務草創，未遑九伐，自爾以來，奄延十載。而野心不革，伺隙乘間，招聚逋叛，共相封殖，侵擾我蠻獠，搖蕩我疆垂。我是以有治洲之役，醜類盡殪，匹馬無遺，桓謙折首，譙福鳥逝，奔伏窠穴，引頸待戮。

當今北狄露晞，南寇埃掃，朝風載韙，庶績其凝，康哉之歌日熙，比屋之隆可詠。孤

職是經略，思一九有，眷彼禹跡，願言載懷，奉命西行，途戾荆、郢，瞻望巴、漢，憤慨交深。淸江源於濫觴，澄氛祲於井絡，誅叛柔遠，今也其時。卽命河間太守蒯恩、下邳太守劉鍾，精勇二萬，直指成都。龍驤將軍臧熹，戎卒二萬，進自墊江。益州刺史朱齡石，舟師三萬，電曜外水。分遣輔國將軍索邈，總漢中之衆，[一一]濟自劍道。振威將軍朱客子，提寧州之鋭，渡瀘而入。神兵四臨，天綱宏掩，衝翼千里，金鼓萬張，組甲貝冑，景焕波屬，華夷百濮，雲會霧臻，以此攻戰，誰與爲敵，況又奉義而行，以順而動者哉！

今三陝之隘，在我境內，非有岑彭荆門之險。彌入其阻，平衢四達，實無鄧艾緜竹之艱。山川之形，抑非曩日，攻守難易，居然百倍。當全蜀之强，士民之富，子陽不能自安於庸、僰，劉禪不敢竄命於南中，荆邯折謀，伯約挫鋭。故知成敗有數，非可智延，此皆益土前事，當今元龜也。盛如盧循，强如容超，陵威南海，跨制北岱，樓船萬艘，掩江蓋汜，鐵馬千羣，充原塞隰。然廣固之攻，陸無完雉，左里之戰，水靡全舟，或顯戮京畿，或傳首萬里。故知逆順有勢，難以力抗，斯又目前殷鑑，深切著明者也。

梁益人士，咸明王化，雖驅迫一時，本非奧主。縱之淫虐，[一二]日月增播，刑殺非罪，死以澤量。而待命寇讎之戮，斂隔豺狼之吻，豈不遡誠南凱，延首東雲，普天有來蘇之

幸，而一方懷後予之怨。王者之師，以仁爲本，舍逆取順，爰自三驅，齊斧所加，縱身而已。其有衿甲反接，自投軍門者，一無所問。士子百姓，列肆安堵，審擇吉凶，自求多祐。大信之明，皦若朝日，如其迷復姦邪，守愚不改，火燎孟諸，芝艾同爛，河決金隄，淵丘同體，雖欲悔之，亦將何及！

九年，卒官，時年四十一。次年，以參伐蜀之謀，追封南昌縣五等子。子洵，元嘉中，歷顯官，廬陵王紹爲南中郎將、江州刺史，年少未親政，洵爲長史、尋陽太守，行府州事。元嘉末，爲吳郡太守。元凶弒立，加洵建威將軍，置佐史。會安東將軍隨王誕起義，檄洵爲前鋒，加輔國將軍。事平，頃之卒，追贈征虜將軍，謚曰貞子。長子顗，別有傳。少子覬，好學善屬文，有淸譽於世。官至司徒從事中郎、武陵內史，蚤卒。洵弟濯，揚州秀才，蚤卒。濯弟淑，濯子粲，並有別傳。[一三]

褚叔度，河南陽翟人也。曾祖裒，晉太傅。祖歆，祕書監。父爽，金紫光祿大夫。長兄秀之，字長倩，歷大司馬琅邪王從事中郎，黃門侍郎，高祖鎭西長史。秀之妹，恭帝后也，雖晉氏姻戚，而盡心於高祖。遷侍中，出補大司馬右司馬。恭帝卽位，爲祠部尚

書、本州大中正。高祖受命，徙爲太常。元嘉元年卒官，時年四十七。

秀之弟淡之，字仲源，亦歷顯官，爲高祖車騎從事中郎，尚書吏部郎，廷尉卿，左衞將軍。高祖受命，爲侍中。淡之兄弟並盡忠事高祖，恭帝每生男，輒令方便殺焉，或誘賂內人，或密加毒害，前後非一。及恭帝遜位，居秣陵宮，常懼見禍，與褚后共止一室，慮有酖毒，自煮食於牀前。高祖將殺之，[一四]不欲遣人入內，令淡之兄弟視褚后，褚后出別室相見，兵人乃踰垣而入，進藥於恭帝。帝不肯飲，曰：「佛教自殺者不得復人身。」乃以被掩殺之。後會稽郡缺，朝議欲用蔡廓，高祖曰：「彼自是蔡家佳兒，何關人事，可用佛。」佛，淡之小字也。乃以淡之爲會稽太守。

景平二年，[一五]富陽縣孫氏聚合門宗，謀爲逆亂，其支黨在永興縣，潛相影響。永興令羊恂覺其姦謀，以告淡之，淡之不信，乃以誣人之罪，收縣職局。於是孫法亮號冠軍大將軍，[一六]與孫道慶等攻沒縣邑，卽用富陽令顧粲爲令，加輔國將軍。遣僞建威將軍孫道仲、孫公喜、法殺攻永興。永興民濶恭期初與賊同，後反善就羊恂，率吏民拒戰，力少退敗。賊用縣人許祖爲令，恂逃伏江唐山中，尋復爲賊所得，使還行縣事。賊遂磐據，更相樹立，遙以鄮令司馬文寅爲征西大將軍，[一七]孫道仲爲征西長史，孫道覆爲左司馬，與公喜、法殺等建旗鳴鼓，直攻山陰。

淡之自假凌江將軍，以山陰令陸邵領司馬，加振武將軍，前員外散騎常侍王茂之爲長史，前國子博士孔欣、前員外散騎常侍謝苓之並參軍事，召行參軍七十餘人。前鎭西諮議參軍孔甯子、左光祿大夫孔季恭子山士在艱中，皆起爲將軍。遣隊主陳願、郡議曹掾虞道納二軍過浦陽江。願等戰敗，賊遂摧鋒而前，去城二十餘里。淡之遣陸邵督帶戟公石綝、廣武將軍陸允以水軍拒之，又別遣行參軍濶恭期率步軍與邵合力。淡之率所領出次近郊。恭期等與賊戰於柯亭，大破之，賊走還永興。遣僞寧朔將軍孫倫領五百人攻錢唐，與縣戍軍建武將軍戰於琦，[一八]倫敗走還富陽。倫因反善，殺法步帥等十餘人，送首京都。詔遣殿中員外將軍徐卓領千人，右將軍彭城王義康遣龍驤將軍丘顯率衆五百東討，司空徐羨之版揚州主簿沈嗣之爲富陽令領五百人，於吳興道東出，並未至而賊平。吳郡太守江夷輕行之職，停吳一宿，進至富陽，分別善惡，執送願從賊餘黨數百家於彭城、壽陽、青州諸處。二年，淡之卒，時年四十五。謚曰質子。

叔度名與高祖同，故以字行。初爲太宰琅邪王參軍，高祖車騎參軍事，司徒左西屬，中軍諮議參軍，署中兵，加建威將軍。從伐鮮卑，盡其誠力。盧循攻查浦，叔度力戰有功。循南走，高祖版行廣州刺史，仍除都督交廣二州諸軍事、建威將軍、領平越中郎將、廣州刺史。桓玄族人開山聚衆，謀掩廣州，事覺，叔度悉平之。義熙八年，盧循餘黨劉敬道窘迫，詣交

州歸降。交州刺史杜慧度以事言統府，叔度以敬道等路窮請命，事非款誠，報使誅之。慧度不加防錄，敬道招集亡命，攻破九眞，殺太守杜章民，慧度討平之。叔度輒貶慧度號爲奮揚將軍，惡不先上，爲有司所糾，詔原之。

高祖征劉毅，叔度遣三千人過嶠，荆州平乃還。在任四年，廣營賄貨，家財豐積，坐免官，禁錮終身。還至都，凡諸舊及有一面之款，無不厚加贈遺。尋除太尉諮議參軍、相國右司馬。高祖受命，爲右衞將軍。高祖以其名家，而能竭盡心力，甚嘉之，乃下詔曰：「夫賞不遺勤，則勞臣增勸，爵必疇庸，故在功咸遂。叔度南北征討，常管戎要，西夏不虔，誠著嶺表，可封番禺縣男，食邑四百戶。」尋加散騎常侍。永初三年，出爲使持節、監雍梁南北秦四州荆州之南陽竟陵順陽義陽新野隨六郡諸軍事、征虜將軍、雍州刺史，〔一九〕領寧蠻校尉、襄陽義成太守。在任每以清簡致稱。景平二年，卒，時年四十四。

子恬之嗣，官至南琅邪太守。恬之卒，子昭嗣。昭卒，子瑄嗣。齊受禪，國除。叔度第二子寂之，著作佐郎，早卒。子曖，尚太祖第六女琅邪貞長公主，太宰參軍，亦早卒。

秀之弟湛之字休玄，尚高祖第七女始安哀公主，拜駙馬都尉、著作郎。哀公主薨，復尚高祖第五女吳郡宣公主。諸尚公主者，並用世胄，不必皆有才能。湛之謹實有意幹，故爲

太祖所知。歷顯位，揚武將軍、南彭城沛二郡太守，太子中庶子，司徒左長史，侍中，左衞將軍，左民尚書，丹陽尹。元凶弒逆，以爲吏部尚書，復出爲輔國將軍、丹陽尹，統石頭戍事。世祖入伐，劭自攻新亭壘，使湛之率水師俱進。湛之因攜二息淵、澄輕船南奔。淵有一男始生，爲劭所殺。世祖卽位，以爲尚書右僕射。孝建元年，爲中書令，丹陽尹。坐南郡王義宣諸子逃藏郡堺，建康令王興之、江寧令沈道源下獄，湛之免官禁錮。其年，復爲散騎常侍，左衞將軍，俄還侍中，左衞如故。以久疾，拜散騎常侍、光祿大夫，加金章紫綬。頃之，復爲丹陽尹，光祿如故。尋爲尚書左僕射。以南奔賜爵都鄉侯。大明四年，卒，時年五十。追贈侍中、特進、驃騎將軍，給鼓吹一部，左僕射如故。謚曰敬侯。

子淵庶生，宣公主以淵有才，表爲嫡嗣。淵，昇明末爲司空。

史臣曰：高祖雖累葉江南，楚言未變，雅道風流，無聞焉爾。凡此諸子，並前代名家，莫不望塵請職，負羈先路，將由庇民之道邪。

校勘記

〔一〕祖羲　「羲」各本並作「義」，據晉書庾亮傳改。按劉峻世說新語注：「道恩，庾羲小字。徐廣晉紀曰：『羲字叔和，亮第三子，位建威將軍、吳國內史。』」

〔二〕父淮　「淮」各本並作「準」，據晉書庾亮傳改。按晉書作「準」，宋順帝諱準，凡「準」均改作「淮」。

〔三〕以爲督江州豫州之西陽新蔡汝南潁川司州之恒農揚州之松滋六郡諸軍事建威將軍江州刺史　各本並脫「恒農揚州之」五字，殿本改六郡爲五郡。錢大昕廿二史考異云：「司州下有脫文，當云司州之恒農，揚州之松滋也。一本六郡作五郡，蓋校書者不知史有脫字，而以意改之耳。」

〔四〕俄頃亦退　「亦」，三朝本作「赤」，北監本、毛本、殿本、局本作「不」。按此處言俄頃庾悅等宴畢，亦將散退，故下文又敍劉毅求庾悅以子鵝殘炙見惠事。

〔五〕年三十方爲著作佐郎至遂命謝景仁三十方作著作佐郎　兩「佐」字，各本並脫，據御覽二三四著作佐郎條引補。

〔六〕十二年卒　按晉書安帝紀，義熙十年，謝裕卒。此云十二年，又上有「十一年」，當別有據。

〔七〕及臨豫州　各本並脫「及」字，據南史補。

〔八〕諷中正以述爲主簿　「主簿」上南史有「迎」字。

〔九〕追贈侍中左光祿大夫開府儀同三司　「左」字上，各本並衍「以」字，今刪。

〔一〇〕止輪由乎高閎　三朝本、北監本、毛本作「閎」，殿本、局本作「閫」。

〔一一〕總漢中之衆　「總」字三朝本脫，北監本、毛本、殿本、局本作「率」，元龜四一五作「總」，今據元龜補。

〔一二〕縱之淫虐　「縱」各本並作「從」。龔道耕蛛隱廬日箋稿本云：「『從』當作『縱』，謂譙縱也。」按龔說是，今改正。

〔一三〕並有別傳　當作「並別有傳」。

〔一四〕高祖將殺之　各本並脫「之」字，據南史、御覽一〇〇引補。

〔一五〕景平二年　孫虨宋書考論云：「本紀書此事在景平元年二月，此二年字誤。」

〔一六〕於是孫法亮號冠軍大將軍　「孫法亮」少帝紀、元龜六九三作「孫法光」，南史作「孫法先」。

〔一七〕遙以鄭令司馬文寅爲征西大將軍　「司馬文寅」南史作「司馬文宣」。按本書謝弘微傳有司馬文宣。

〔一八〕與縣戍軍建武將軍戰於琦　「琦」字上或「琦」字下，當有奪文。

〔一九〕出爲使持節監雍梁南北秦四州荆州之南陽竟陵順陽義陽新野隨六郡諸軍事征虜將軍雍州刺史　各本並脫「荆州」二字，據錢大昕考異說補。廿二史考異云：「是時南陽六郡，皆屬荆州，此於四州下脫去荆州二字。」

宋書卷五十三

列傳第十三

張茂度 子永　庾登之 弟炳之　謝方明　江夷

張茂度，吳郡吳人，張良後也。名與高祖諱同，[一]故稱字。良七世孫爲長沙太守，始遷於吳。高祖嘉，曾祖澄，晉光祿大夫。祖彭祖，廣州刺史。父敞，侍中、尚書、吳國內史。

茂度郡上計吏，主簿，功曹，州命從事史，並不就。除琅邪王衞軍參軍，員外散騎侍郎，尚書度支郎，父憂不拜。服闋，爲何無忌鎭南參軍。頃之，出補晉安太守。盧循爲寇，覆沒江州，茂度及建安太守孫蚪之並受其符書，供其調役。循走，俱坐免官。復以爲始興相，郡經賊寇，廨宇焚燒，民物凋散，百不存一。茂度創立城寺，弔死撫傷，收集離散，民戶漸復。在郡一周，徵爲太尉參軍，尋轉主簿、揚州治中從事史。高祖西伐劉毅，茂度居守，留州事悉委之。軍還，遷中書侍郎。出爲司馬休之平西司馬、河南太守。高祖將討休之，茂度聞

知，乘輕船逃下，逢高祖於中路，以爲錄事參軍，太守如故。江陵平，驃騎將軍道憐爲荆州，茂度仍爲諮議參軍，太守如故。還爲揚州別駕從事史。高祖北伐關洛，復任留州事。出爲使持節、督廣交二州諸軍事、建武將軍、平越中郎將、廣州刺史。綏靜百越，嶺外安之。以疾求還，復爲道憐司馬。丁繼母憂，服闋，除廷尉，轉尚書吏部郎。

太祖元嘉元年，出爲使持節、督益寧二州梁州之巴西梓潼宕渠南漢中秦州之懷寧安固六郡諸軍事、冠軍將軍、益州刺史。三年，太祖討荆州刺史謝晦，詔益州遣軍襲江陵，晦已平而軍始至白帝。茂度與晦素善，議者疑其出軍遲留，時茂度弟邵爲湘州刺史，起兵應大駕，上以邵誠節，故不加罪，被代還京師。七年，起爲廷尉，加奉車都尉，領本州中正。入爲五兵尚書，徙太常。以脚疾出爲義興太守，加秩中二千石。上從容謂茂度曰：「勿復以西蜀介懷。」對曰：「臣若不遭陛下之明，墓木拱矣。」

頃之，解職還家。徵爲都官尚書，加散騎常侍，固辭以疾。就拜光祿大夫，加金章紫綬。茂度內足於財，自絕人事，經始本縣之華山以爲居止，優遊野澤，如此者七年。十八年，除會稽太守。素有吏能，在郡縣，職事甚理。明年，卒官。時年六十七。謚曰恭子。

茂度同郡陸仲元者，晉太尉玩曾孫也。以事用見知，歷清資，吏部郎，右衞將軍，侍中，吳郡太守。自玩洎仲元，四世爲侍中，時人方之金、張二族。弟子眞，元嘉十年，爲海陵太

守。中書舍人秋當爲太祖所信委，[二]家在海陵，父死還葬，[三]橋路毀壞，不通喪車，縣求發民修治，子眞不許。司徒彭城王義康聞而善之，召爲國子博士，司徒左西掾，州治中，臨海東陽太守。

茂度子演，太子中舍人，演弟鏡，新安太守，皆有盛名，並早卒。鏡弟永。

永字景雲，初爲郡主簿，州從事，轉司徒士曹參軍，出補餘姚令，入爲尚書中兵郎。先是，尚書中條制繁雜，元嘉十八年，欲加治撰，徙永爲删定郎，掌其任。二十二年，除建康令，所居皆有稱績。又除廣陵王誕北中郎錄事參軍。永涉獵書史，能爲文章，善隸書，曉音律，騎射雜藝，觸類兼善，又有巧思，益爲太祖所知。紙及墨皆自營造，上每得永表啓，輒執玩咨嗟，自歎供御者了不及也。二十三年，造華林園、玄武湖，並使永監統。凡諸制置，[四]皆受則於永。徙爲江夏王義恭太尉中兵參軍、越騎校尉、振武將軍、廣陵南沛二郡太守。二十八年，又除江夏王義恭驃騎中兵參軍，沛郡如故。

永既有才能，所在每盡心力，太祖謂堪爲將。二十九年，以永督冀州青州之濟南樂安太原三郡諸軍事、揚威將軍、冀州刺史，督王玄謨、申坦等諸將，經略河南。攻碻磝城，累旬不能拔。其年八月七日夜，虜開門燒樓及攻車，士卒燒死及爲虜所殺甚衆，永卽夜撤圍退

軍，不報告諸將，衆軍驚擾，爲虜所乘，死敗塗地。永及申坦並爲統府撫軍將軍蕭思話所收，繫於歷城獄。太祖以屢征無功，諸將不可任，責永等與思話詔曰：「虜既乘利，方向盛冬，若脫敢送死，兄弟父子，自共當之耳。言及增憤，可以示張永、申坦。」又與江夏王義恭書曰：「早知諸將輩如此，恨不以白刃驅之，今者悔何所及。」

三十年，元凶弑立，起永督青州徐州之東安東莞二郡諸軍事、輔國將軍、青州刺史。[五]司空南譙王義宣起義，又板永爲督冀州青州之濟南樂安太原三郡諸軍事、輔國將軍、冀州刺史。永遣司馬崔勳之、中兵參軍劉則二軍馳赴國難。時蕭思話在彭城，義宣慮二人不相諧緝，與思話書，勸與永坦懷。又使永從兄長史張暢與永書曰：「近有都信，具汝刑網之原，可謂雖在縲紲，而腹心無愧矣。[六]蕭公平厚，先無嫌隙，見汝翰迹，言不相傷，何其滔滔稱人意邪。當今世故艱迫，義旗雲起，[七]方藉羣賢，共康時難。當遠慕廉、藺在公之德，近效平、勃忘私之美，忽此蔕芥，刻申舊情。公亦命蕭示以疏達，兼令相報，[八]共遵此旨。」事平，召爲江夏王義恭大司馬從事中郎，領中兵。

時使百僚獻讜言，永以爲宜立諫官，開不諱之路，講師旅，示安不忘危。世祖孝建元年，臧質反，遣永輔武昌王渾鎭京口。其年，出爲揚州別駕從事史。明年，召入爲尚書左丞。時將士休假，年開三番，紛紜道路。永建議曰：「臣聞開兵從稼，前王以之兼隙，耕戰遞

勞，先代以之經遠。當今化寧萬里，文同九服，捐金走驥，於焉自始。伏見將士休假，多蒙三番，程會既促，裝赴在早。故一歲之間，四馳遙路，或失遽春耜，或違要秋登，致使公替常儲，家闕舊粟，考定利害，宜加詳改。愚謂交代之限，以一年爲制，使征士之念，勞未及積，遊農之望，收功歲成。斯則王度無騫，民業斯植矣。」從之。

大明元年，遷黃門侍郎，尋領虎賁中郎將、本郡中正。三年，遷廷尉。上謂之曰：「卿既與釋之同姓，欲使天下須無冤民。」加寧朔將軍、尚書吏部郎，司徒右長史、尋陽王子房冠軍長史。四年，立明堂，永以本官兼將作大匠。事畢，遷太子右衞率。七年，爲宣貴妃殷氏立廟，復兼將作大匠。轉右衞將軍。其年，世祖南巡，自宣城候道東入，使永循行水路。是歲旱，塗逕不通，上大怒，免。時上寵子新安王子鸞爲南徐州刺史，割吳郡度屬徐州，八年，起永爲別駕從事史。

太宗卽位，除吏部尚書。未拜，會四方反叛，復以爲吳興太守，加冠軍將軍，假節。未拜，以將軍假節，徙爲吳郡太守，率軍東討。又爲散騎常侍、太子詹事。未拜，遷使持節、監青冀幽幷四州諸軍事、前將軍、青冀二州刺史，統諸將討徐州刺史薛安都，累戰剋捷，破薛索兒等，事在安都傳。又遷散騎常侍、鎭軍將軍、太子詹事，權領徐州刺史。又都督徐、兗、青、冀四州諸軍事，又爲使持節、都督南兗徐二州諸軍事、南兗州刺史，常侍、將軍如故。時

薛安都據彭城請降，而誠心不款，太宗遣永與沈攸之以重兵迎之，加督前鋒軍事，進軍彭城。安都招引索虜之兵既至，士卒離散，永狼狽引軍還，爲虜所追，大敗。復値寒雪，士卒離散，永脚指斷落，僅以身免，失其第四子。

三年，徙都督會稽東陽臨海永嘉新安五郡諸軍事、會稽太守，將軍如故。以北討失律，固求自貶，降號左將軍。永痛悼所失之子，有兼常哀，服制雖除，猶立靈座，飲食衣服，待之如生。每出行，常別具名車好馬，號曰侍從，有事輒語左右報郎君。以破薛索兒功，封孝昌縣侯，食邑千戶。在會稽，賓客有謝方童等，坐贓下獄死，永又降號冠軍將軍。四年，還使持節、督雍梁南北秦四州郢州之竟陵隨二郡諸軍事、右將軍、雍州刺史。未拜，停爲太子詹事，加散騎常侍、本州大中正。六年，又加護軍將軍，領石頭戍事。給鼓吹一部。七年，遷金紫光祿大夫，尋復領護軍。後廢帝卽位，進右光祿大夫，加侍中，領安成王師，加親信二十人。又領本州中正，出爲吳郡太守，秩中二千石，侍中、右光祿如故。

元徽二年，還使持節、都督南兗徐青冀益五州諸軍事、征北將軍、南兗州刺史，〔九〕侍中如故。永少便驅馳，志在宣力，年雖已老，志氣未衰，優遊閑任，意甚不樂，及有此授，喜悅非常，卽日命駕還都。未之鎭，値桂陽王休範作亂，永率所領出屯白下。休範至新亭，大桁不守，前鋒遂攻南掖門。永遣人覘賊，既返，唱云「臺城陷矣」。永衆於此潰散，永亦棄軍奔

走，還先所住南苑。以永舊臣不加罪，止免官削爵，永亦愧歎發病。三年，卒，時年六十六。順帝昇明二年，追贈侍中、右光祿大夫。子瓌，昇明末，達官。

永弟辯，太宗亦見任遇，歷尚書吏部郎，廣州刺史，大司農。辯弟岱，昇明末，吏部尚書。

庾登之字元龍，潁川鄢陵人也。曾祖冰，晉司空。祖蘊，廣州刺史。父廓，〔一〇〕東陽太守。

登之少以强濟自立。初爲晉會稽王道子太傅參軍。義旗初，又爲高祖鎭軍參軍。以預討桓玄功，封曲江縣五等男。參大司馬琅邪王軍事，豫州別駕從事史，大司馬主簿，司徒左西曹屬。登之雖不涉學，善於世事，王弘、謝晦、江夷之徒，皆相知友。轉太尉主簿。義熙十二年，高祖北伐，登之擊節驅馳，退告劉穆之，以母老求郡。于時士庶咸憚遠役，而登之二三其心，高祖大怒，除吏名。大軍發後，乃以補鎭蠻護軍、西陽太守。入爲太子庶子，尚書左丞。出爲新安太守。

謝晦爲撫軍將軍、荆州刺史，請爲長史、南郡太守，仍爲衞軍長史，太守如故。登之與

晦俱曹氏壻，名位本同，一旦爲之佐，意甚不愜。到廳牋，唯云「卽日恭到」，初無感謝之言。每入覲見，備持箱囊几席之屬，一物不具不坐。晦常優容之。晦拒王師，欲使登之留守，登之不許，語在晦傳。晦敗，登之以無任免罪，禁錮還家。

元嘉五年，起爲衡陽王義季征虜長史。義季年少，未親政，衆事一以委之。尋加南東海太守。入爲司徒右長史，尚書吏部郎，司徒左長史，南東海太守。府公彭城王義康專覽政事，不欲自下厝懷，而登之性剛，每陳己意，義康甚不悅，出爲吳郡太守。州郡相臨，執意無改，因其莅任贓貨，以事免官。弟炳之時爲臨川內史，登之隨弟之郡，優游自適。俄而除豫章太守，便道之官。登之初至臨川，吏民咸相輕侮，豫章與臨川接境，郡又華大，儀迸光赫，士人並驚歎焉。十八年，還江州刺史。疾篤，徵爲中護軍，未拜。二十年，卒，時年六十二。卽以爲贈。

子沖遠，〔一一〕太宗鎭姑孰，爲衞軍長史，卒於豫章太守，追贈侍中。

炳之字仲文，初爲祕書、太子舍人，劉粹征北長史、廣平太守。兄登之爲謝晦長史，炳之往省之。晦時位高權重，朝士莫不加敬，炳之獨與抗禮，時論健之。爲尚書度支郎，不拜。出補錢唐令，治民有績。轉彭城王義康驃騎主簿，未就，徙爲丹陽丞。炳之既未到府，

疑於府公禮敬，下禮官博議。中書侍郎裴松之議曰：「案春秋桓八年，祭公逆王后于紀。公羊傳曰：『女在國稱女，此其稱王后何？王者無外，其辭成矣。』推此而言，則炳之爲吏之道，定於受命之日矣，其辭已成，在官無外，名器既正，則禮亦從之。且今宰牧之官，拜不之職，未接之民，必有其敬者，以既受王命，則成君民之義故也。吏之被勑，猶除者受拜，民不以未見闕其被禮，吏安可以未到廢其節乎？愚懷所見，宜執吏禮。」從之。遷司徒左西屬。左將軍竟陵王義宣未親府板炳之爲諮議參軍，[一二]衆務悉委焉。後將軍長沙王義欣鎮壽陽，炳之爲長史，南梁郡太守，轉鎮軍長史，太守如故。出爲臨川內史。後將軍始興王濬鎮湘州，以炳之爲司馬，領長沙內史。濬不之任，除南泰山太守，[一三]司馬如故。

于時領軍將軍劉湛協附大將軍彭城王義康，而與僕射殷景仁有隙，凡朝士遊殷氏者，不得入劉氏之門，獨炳之遊二人之間，密盡忠於朝廷。景仁稱疾不朝見者歷年，太祖常令炳之銜命去來，湛不疑也。義康出藩，湛伏誅，以炳之爲尚書吏部郎，與右衞將軍沈演之俱參機密。頃之，轉侍中，本州大中正。遷吏部尚書，領義陽王師。內外歸附，勢傾朝野。

炳之爲人強急而不耐煩，賓客干訴非理者，忿詈形於辭色。素無術學，不爲衆望所推。性好潔，士大夫造之者，去未出戶，輒令人拭席洗牀。時陳郡殷沖亦好淨，小史非淨浴新衣，不得近左右。士大夫小不整潔，每容接之。炳之好潔反是，[一四]沖每以此譏焉。領選既

不緝衆論，又頗通貨賄。炳之請急還家，吏部令史錢泰、主客令史周伯齊出炳之宅諮事。[一五]泰能彈琵琶，伯齊善歌，炳之因留停宿。尚書舊制，令史諮事，不得宿停外，雖有八座命，亦不許。爲有司所奏。上於炳之素厚，將恕之，召問尚書右僕射何尚之，尚之具陳炳之得失。又密奏曰：「夫爲國爲家，何嘗不謹用前典，今苟欲通一人，慮非哲王御世之長術。炳之所行，非曖昧而已，臣所聞既非一旦，又往往眼見，事如丘山，彰彰若此，遂縱而不糾，不知復何以爲治。晉武不曰明主，斷鬲令事，遂能奮發，華廙見待不輕，廢錮累年，後起，止作城門校尉耳。若言炳之有誠於國，未知的是何事？政當云與殷景仁不失其舊，與劉湛亦復不疎。且景仁當時事意，豈復可蔑，朝士兩邊相推，亦復何限，縱有微誠，復何足掩其惡。今賈充勳烈，[一六]晉之重臣，雖事業不勝，不聞有大罪，諸臣進說，便遠出之。陛下聖叡，反更遲遲於此。炳之身上之釁，既自藉藉，交結朋黨，構扇是非，實足亂俗傷風。諸惡紛紜，過於范曄，所少賊一事耳。伏願深加三思，試以諸聲傳，普訪諸可顧問者。羣下見陛下顧遇既重，恐不敢苦相侵傷，顧問之日，宜布嫌責之旨。若不如此，亦當不辯有所得失。臣惷，既有所啓，要欲盡其心，如無可納，伏願宥其觸忤之罪。」

時炳之自理：「不諳臺制，令史並言停外非嫌。」太祖以炳之信受失所，小事不足傷大臣。尚之又陳曰：「炳之呼二令史出宿，令史諮都令史駱宰，宰云不通，吏部曹亦咸知不可，令史具向炳之說不得停之意，炳之了不聽納。此非爲不解，直是苟相留耳。由外悉知此，[一七]而誣於信受，羣情豈了，陛下不假爲之辭。雖是令史，出乃遠虧朝典，又不得謂之小事。謝晦望實，非今者之疇，一事錯誤，免侍中官。王珣時賢小失，桓胤春蒐之謬，皆白衣領職。況公犯憲制者邪？不審可有同王、桓白衣例不？於任使無損，兼可得以爲肅戒。孔萬祀居左丞之局，不念相當，語駱宰云：『炳之貴要，異他尚書身，政可得無言耳。』又云：『不癡不聾，不成姑公。』敢作此言，亦爲異也。」

太祖猶優游之，使尚之更陳其意。尚之乃備言炳之愆過，曰：「尚書舊有增置幹二十人，以元、凱丞郎幹之假疾病，炳之常取十人私使，詢處幹闕，不得時補。[一八]近得王師，猶不遣還，臣令人語之：『先取人使，意常未安，今既有手力，不宜復留』。得臣此信，方復遣耳。大都爲人好率懷行事，有諸紜紜，不悉可曉。臣思張遼之言，關羽雖兄弟，曹公父子，豈得不言。觀今人憂國實寡，臣復結舌，日月之明，或有所蔽。然不知臣者，豈不謂臣有爭競之迹，追以悵悵。臣與炳之周旋，俱被恩接，不宜復生厚薄。太尉昨與臣言，說炳之有諸不可，非唯一條，遠近相崇畏，震動四海，凡短人辦得致此，更復可嘉。虞秀之門生事之，累味珍肴，未嘗有乏，其外別貢，豈可具詳。炳之門中不問大小，誅求張幼緒，幼緒轉無以堪命。炳之先與劉德願殊惡，德願自持琵琶甚精麗。遣之，便復款然。市令盛馥進數百口材助營

宅，恐人知，作虛買券。劉道錫驟有所輸，傾南俸之半。劉雍自謂得其力助，事之如父，夏中送甘蔗，若新發於州。國吏運載樵荻，無輟於道。諸見人有物，鮮或不求，聞劉遵考有材，便乞材，見好燭盤，便復乞之。選用不平，不可一二。太尉又云，炳之都無共事之體，凡所選舉，悉是其意，政令太尉知耳。論虞秀之作黃門，太尉不正答和，故得停。太尉近與炳之疏，欲用德願兒作州西曹，炳之乃啓用爲主簿，即語德願，德願謝太尉。前後漏泄賣恩，亦復何極，縱不加罪，故宜出之。士庶忿疾之，非直項羽楚歌而已也。自從裴、劉刑罰以來，諸將陳力百倍，今日事實好惡可問。若赫然發憤，顯明法憲，陛下便可閑臥紫闥，無復一事也。」

太祖欲出炳之爲丹陽，又以問尚之，尚之答曰：「臣既乏賈生應對之才，又謝汲公犯顏之直，至於侍坐仰酬，每不能盡。昨出伏復深思，祇有愚滯，今之事跡，異口同音，便是彰著，政未測得物之數耳。可爲蹈罪負恩，無所復少。且居官失和，未有此比。陛下遲遲舊恩，未忍窮法，爲弘之大，莫復過此。方復有尹京赫赫之授，恐悉心奉國之人，於此而息；貪狠恣意者，歲月滋甚。非但虧點王化，乃治亂所由。如臣所聞天下論議，炳之常塵累日月，未見一豪增輝。今曲阿在水南，恩寵無異，而協首郡之榮，乃更成其形勢，便是老王雅也。古人云：『無賞罰，雖堯、舜不能爲治也。』陛下豈可坐損皇家之重，迷一凡人。事若復在可

否之閒，亦不敢苟陳穴管。今之枉直，明白灼然，而叡王令王，反更不悟，令賈誼、劉向重生，豈不慷慨流涕於聖世邪。臣昔啓范曄，當時亦懼犯觸之尤，苟是愚懷所挹，政自不能不舒達。〔二九〕所謂雖九死而不悔者也。謂炳之且外出，若能修改，在職著稱，還亦不難，而可得少明國典，粗酬四海之誚。今愆釁如山，榮任不損，炳之若復有彰大之罪，誰復敢以聞述。且自非殊勳異績，亦何足塞今日之尤。歷觀古今，未有衆過藉藉，受貨數百萬，更得高官厚祿如今者也。臣每念聖化中有此事，未嘗不痛心疾首。設令臣等數人縱橫狼藉復如此，不審當復云何處之。近啓賈充遠鎮，今亦何足分，外出恐是策之良者。臣知陛下不能採臣言，故是臣不能盡己之愚至耳。今蒙恩榮者不少，臣何爲獨懇懇於斯，實是尊主樂治之意。伏願試更垂察。」

又曰：「臣見劉伯寵大慷慨炳之所行，〔三〇〕云有人送張幼緒，幼緒語人，吾雖得一縣，負三十萬錢，庾沖遠乃當送至新林，見縛束，猶未得解手。荀萬秋嘗詣炳之，值一客姓夏侯，主人問：『有好牛不？』云：『無。』問：『有好馬不？』又云：『無。政有佳驢耳。』炳之便答：『甚是所欲。』客出門，遂與相聞索之。劉道錫云是炳之所舉，就道錫索嫁女具及祠器，乃當百萬數。猶謂不然。選令史章龍向臣說，亦歎其受納之過，言『實得嫁女具，銅鑪四人舉乃勝，細葛斗帳等物，不可稱數』。在尚書中，令奴酤酃酒，利其百十，亦是立臺閣所無，不審少

簡聖聽不？恐仰傷日月之明，臣竊爲之歎息。」

太祖乃可有司之奏，免炳之官。是歲，元嘉二十五年也。二十七年，卒於家。時年六十三。太祖錄其宿誠，追復本官。二子季遠，弘遠。

謝方明，陳郡陽夏人，尚書僕射景仁從祖弟也。祖鐵，永嘉太守。父沖，中書侍郎。家在會稽，謝病歸，除黃門侍郎，不就。爲孫恩所殺，追贈散騎常侍。

方明隨伯父吳興太守邈在郡，孫恩寇會稽，東土諸郡皆響應，吳興民胡桀、郜驃破東遷縣，方明勸邈避之，不從，賊至被害，方明逃竄遂免。初，邈舅子長樂馮嗣之及北方學士馮翊仇玄達，俱往吳興投邈，並舍之郡學，禮待甚簡。二人並忿慍，遂與恩通謀。恩嘗爲嗣之等從者，夜入郡，見邈衆，遁，不悟。本欲於吳興起兵，事趣不果，乃還於會稽。及郜等攻郡，嗣之、玄達並豫其謀。劉牢之、謝琰等討恩，恩走入海，嗣之等不得同去，方更聚合。方明結邈門生義故得百餘人，掩討嗣之等，悉禽而手刃之。

于時荒亂之後，吉凶禮廢，方明合門遇禍，資產無遺，而營舉凶事，盡其力用，數月之閒，葬送並畢，平世備禮，無以加也。頃之，孫恩重沒會稽，謝琰見害。恩購求方明甚急。

方明於上虞載母妹奔東陽，由黃蘗嶠出鄱陽，附載還都，寄居國子學。流離險厄，屯苦備經，而貞立之操，在約無改。元興元年，桓玄剋京邑，丹陽尹卞範之勢傾朝野，欲以女嫁方明，使尚書吏部郎王騰譬說備至，方明終不回。桓玄聞而賞之，即除著作佐郎，補司徒王謐主簿。

從兄景仁舉爲高祖中兵主簿。〔三一〕方明事思忠益，知無不爲。高祖謂之曰：「愧未有瓜衍之賞，且當與卿共豫章國祿。」屢加賞賜。方明嚴恪，善自居遇，雖處闇室，未嘗有惰容。無他伎能，自然有雅韻。從兄混有重名，唯歲節朝宗而已。丹陽尹劉穆之權重當時，朝野輻輳，不與穆之相識者，唯有混、方明、郗僧施、蔡廓四人而已，穆之甚以爲恨。方明、廓後往造之，大悅，白高祖曰：「謝方明可謂名家駒。直置便自是台鼎人，無論復有才用。」

頃之，轉從事中郎，仍爲左將軍道憐長史，高祖命府內衆事，皆諮決之。隨府轉中軍長史。尋更加晉陵太守，復爲驃騎長史、南郡相，委任如初。嘗年終，江陵縣獄囚事無輕重，悉散聽歸家，使過正三日還到。罪應入重者有二十餘人，綱紀以下，莫不疑懼。時晉陵郡送故主簿弘季盛、徐壽之並隨在西，〔三二〕固諫以爲：「昔人雖有其事，或是記籍過言。且當今民情僞薄，不可以古義相許。」方明不納，一時遣之。囚及父兄皆驚喜涕泣，以爲就死無恨。至期，有重罪二人不還，方明不聽討捕。其一人醉不能歸，逮二日乃反，餘一囚十日不至，

五官朱千期請見欲白討之，方明知爲囚事，使左右謝五官不須入，囚自當反。囚逡巡墟里，不能自歸，鄉村責讓之，率領將送，遂竟無逃亡者。遠近咸歎服焉。遭母憂，去職。服闋，爲宋臺尚書吏部郎。

高祖受命，遷侍中。永初三年，出爲丹陽尹，有能名。轉會稽太守。江東民戶殷盛，風俗峻刻，強弱相陵，姦吏蜂起，符書一下，文攝相續。又罪及比伍，動相連坐，一人犯吏，則一村廢業，邑里驚擾，狗吠達旦。方明深達治體，不拘文法，闊略苛細，務存綱領。州臺符攝，即時宜下，緩民期會，展其辦舉，郡縣監司，不得妄出，貴族豪士，莫敢犯禁，除比伍之坐，判久繫之獄。前後征伐，每兵運不充，悉發倩士庶，事既寧息，皆使還本。而屬所刻害，或即以補吏。守宰不明，與奪乖舛，人事不至，必被抑塞。方明簡汰精當，各慎所宜，雖服役十載，亦一朝從理，東土至今稱詠之。性尤愛惜，未嘗有所是非，承代前人，不易其政。有必宜改者，則以漸移變，使無迹可尋。元嘉三年，卒官，年四十七。

子惠連，幼而聰敏，年十歲，能屬文，族兄靈運深相知賞，事在靈運傳。本州辟主簿，不就。惠連先愛會稽郡吏杜德靈，及居父憂，贈以五言詩十餘首，文行於世。坐被徙廢塞，不豫榮伍。尚書僕射殷景仁愛其才，因言次白太祖：「臣小兒時，便見世中有此文，而論者云

是謝惠連，其實非也。」太祖曰：「若如此，便應通之。」元嘉七年，方爲司徒彭城王義康法曹參軍。是時義康治東府城，城塹中得古冢，爲之改葬，使惠連爲祭文，留信待成，其文甚美。又爲雪賦，亦以高麗見奇。文章並傳於世。十年，卒，時年二十七。[二三]既早亡，且輕薄多尤累，故官位不顯。無子。

弟惠宣，竟陵王誕司徒從事中郎，臨川內史。

江夷字茂遠，濟陽考城人也。祖彪，[二四]晉護軍將軍。父歆，驃騎諮議參軍。夷少自藻厲，爲後進之美。州辟主簿，不就。桓玄篡位，以爲豫章王文學。義旗建，高祖板爲鎮軍行參軍，尋參大司馬琅邪王軍事，[二五]轉以公事免。[二六]頃之，復補主簿。豫討桓玄功，封南郡州陵縣五等侯。孟昶建威府司馬，中書侍郎，中軍太尉從事中郎，征西大將軍道規長史、南郡太守，尋轉太尉諮議參軍，領錄事，還長史，入爲侍中，大司馬，[二七]從府公北伐，[二八]拜洛陽園陵，進至潼關。還領寧遠將軍、琅邪內史、本州大中正。高祖命大司馬府、琅邪國事，一以委焉。[二九]宋臺初建，爲五兵尚書。高祖受命，轉掌度支。出爲義興太守，加秩中二千石，以疾去

職。尋拜吏部尚書，爲吳郡太守。營陽王於吳縣見害，夷臨哭盡禮。又以兄疾去官。復爲丹陽尹，吏部尚書，加散騎常侍，遷右僕射。夷美風儀，善舉止，歷任以和簡著稱。出爲湘州刺史，加散騎常侍，未之職，病卒，時年四十八。遺命薄斂蔬奠，務存儉約。追贈前將軍，本官如故。子湛，別有傳。

史臣曰：爲國之道，食不如信，立人之要，先質後文。士君子當以體正爲基，蹈義爲本，然後飾以藝能，文以禮樂，苟或難備，不若文不足而質有餘也。是以小心翼翼，可祇事於上帝，嗇夫喋喋，終不離於虎圈。江夷、謝方明、謝弘微、王惠、王球，學義之美，未足以成名，而貞心雅體，廷臣所罕及。詩云「溫溫恭人，惟德之基」，信矣。

校勘記

〔一〕名與高祖諱同　「高祖」各本並作「高帝」，今改正。張茂度名裕，與劉裕同名，故改稱字。

〔二〕中書舍人秋當爲太祖所信委　「秋當」各本並作「狄當」，據南齊書陸慧曉傳及倖臣傳改正。參見本書卷四十四謝晦傳校勘記第九條。

〔三〕父死還葬　各本並脫「父」字，南史陸慧曉傳作「假還葬父」。今據補。

〔四〕凡諸制置　「置」各本並作「署」，據南史改。

〔五〕起永督青州徐州之東安東莞二郡諸軍事輔國將軍青州刺史　三朝本、北監本、毛本作「東安東莞二郡」，殿本、局本作「樂安東萊二郡」，又各本並脫「徐州」二字，今從錢大昕考異說訂正。廿二史考異云：「按東安、東莞二郡屬徐州，不屬青州。當云督青州徐州之東安、東莞二郡，史脫徐州二字，以杜驥、顏師伯傳證之，可知也。一本作『樂安、東萊』，兩郡元在青州管內，何須更書，此校書者以意妄改耳。」

〔六〕而腹心無愧矣　「腹」各本並作「復」，據元龜八八五改。

〔七〕義旗雲起　「義旗」各本並作「義氣」，據元龜八八五改。

〔八〕兼令相報　「報」各本並作「執」，據元龜八八五改。此言義宣亦命蕭思話報書修好。

〔九〕元徽二年遷使持節都督南兗徐青冀益五州諸軍事征北將軍南兗州刺史　按益州與南兗疆境不接，不當受南兗州大府所統。本書黃回傳，元徽中，「改都督南兗徐兗青冀五州諸軍事、征北將軍、南兗州刺史」。是「益」字爲衍文，「徐」字下當有「兗」字。疑張永所督亦爲南兗、徐、兗、青、冀五州，與黃回同。

〔一〇〕父廓　「廓」晉書作「廓之」。東晉南北朝人名後之「之」字，有時可省去。

〔一一〕子沖遠　「沖遠」南史作「仲遠」。

〔一二〕左將軍竟陵王義宣未親府板炳之爲諮議參軍　疑「未親」下脫「政」字，「府」字屬下句。

〔一三〕除南泰山太守　南史作「南梁太守」。

〔一四〕炳之好潔反是　局本作「炳之好潔反是」，三朝本、北監本、毛本作「炳之潔反是」。殿本作「炳之反是」。今從局本。

〔一五〕吏部令史錢泰主客令史周伯齊出炳之宅諮事　「出」元龜四六〇同宋書。通典職官典作「詣」。按六朝人云「出都」，意卽至都。此云「出炳之宅」，謂自省出至炳之宅。出字本不誤，或杜佑恐後人不解此字義，遂改作「詣」。

〔一六〕今賈充勳烈　孫虨宋書考論云：「今字疑誤。」

〔一七〕由外悉知此　「由」嚴可均全宋文改作「內」，疑是。

〔一八〕詢處幹闕不得時補　孫虨宋書考論云：「詢蓋當時爲尚書者名也。北堂書鈔歲時部引元嘉起居注有尚書郎樂詢。」

〔一九〕政自不能不舒達　下一「不」字，各本並脫，據南史補。

〔二〇〕臣見劉伯寵大慷慨炳之所行　「劉伯寵」南史作「劉伯龍」。張森楷校勘記云：「劉伯寵見王僧虔帖，劉伯龍有鬼笑嘗利事，未知此處當是何人。」

〔二一〕從兄景仁舉爲高祖中兵主簿 「中兵」御覽六三三引作「中軍」，疑是。

〔二二〕時晉陵郡送故主簿弘季盛徐壽之並隨在西 「弘季盛」南史作「弘季咸」。

〔二三〕十年卒時年二十七 「二十七」各本並作「三十七」，據文選雪賦注引宋書改。按惠連父謝方明任會稽郡在景平末，以元嘉三年卒官。又謝靈運傳載元嘉初何長瑜在會稽教惠連讀書，則惠連是時當不出二十歲。至元嘉十年，惠連卒，時年當二十七歲，故稱「早亡」。

〔二四〕祖彪 各本並脫「彪」字，張森楷校勘記云：「祖下當脫『彪』字，晉書江彪傳可證。」按張校是，今補正。

〔二五〕尋參大司馬琅邪王軍事 「參」各本並作「行」，因上文「行參軍」而譌，今改正。

〔二六〕轉以公事免 「轉」字疑是衍文。

〔二七〕入爲侍中大司馬 當是爲大司馬之僚佐長史或司馬之屬，史此處有缺文。時琅邪王爲大司馬。

〔二八〕從府公北伐 「北伐」各本並作「北辟」，今改正。府公謂琅邪王，時劉裕奉以北伐。

〔二九〕高祖命大司馬府琅邪國事一以委焉 「命」字上各本並有「受」字，據南史刪。孫虨宋書考論云：「如高祖受命，則琅邪國早廢矣。且下方見宋臺初建，此當去受字。」

宋書卷五十四

列傳第十四

孔季恭 羊玄保 沈曇慶

孔靖字季恭，會稽山陰人也。名與高祖祖諱同，故稱字。祖愉，晉車騎將軍。父誾，散騎常侍。

季恭始察郡孝廉，功曹史，著作佐郎，太子舍人，鎭軍司馬，司徒左西掾。未拜，遭母憂。隆安五年，於喪中被起建威將軍、山陰令，不就。高祖東征孫恩，屢至會稽，季恭曲意禮接，贍給甚厚。高祖後討孫恩，時桓玄篡形已著，欲於山陰建義討之。季恭以爲山陰去京邑路遠，且玄未居極位，不如待其篡逆事彰，釁成惡稔，徐於京口圖之，不憂不剋。高祖亦謂爲然。虞嘯父爲征東將軍、會稽內史，季恭初求爲府司馬，不得。及帝定桓玄，以季恭爲內史，使齎封板拜授，正與季恭相値，季恭便回舟夜還。〔一〕至卽叩扉告嘯父，并令掃拂別

齋，卽便入郡。嘯父本爲桓玄所授，聞玄敗，震懼，開門請罪。季恭慰勉，使且安所住，明旦乃移。季恭到任，務存治實，敕止浮華，〔二〕翦罰遊惰，由是寇盜衰止，境內肅清。

徵爲右衞將軍，加給事中，不拜。尋除侍中，領本國中正，徙琅邪王大司馬司馬。尋出爲吳興太守，加冠軍。〔三〕先是，吳興頻喪太守，云項羽神爲卞山王，居郡聽事，二千石至，常避之，季恭居聽事，竟無害也。還尚書右僕射，固讓。義熙八年，復督五郡諸軍、征虜、會稽內史。修飾學校，督課誦習。〔四〕十年，復爲尚書右僕射，加散騎常侍，又讓不拜。頃之，除領軍將軍，加散騎常侍，本州大中正。十二年，致仕，拜金紫光祿大夫，常侍如故。是歲，高祖北伐，季恭求從，以爲太尉軍諮祭酒、後將軍。從平關、洛。高祖爲相國，又隨府還。宋臺初建，令書以爲尚書令，加散騎常侍，又讓不受，乃拜侍中、特進、左光祿大夫。辭事東歸，高祖餞之戲馬臺，百僚咸賦詩以述其美。及受命，加開府儀同三司，辭讓累年，終以不受。永初三年，薨，時年七十六。追贈侍中、左光祿大夫、開府儀同三司。

子山士，〔五〕歷顯位，侍中，會稽太守，坐小弟駕部郎道穰逼略良家子女，白衣領郡。元嘉二十七年，卒官。

弟靈符，元嘉末，爲南譙王義宣司空長史、南郡太守，尚書吏部郎。世祖大明初，自侍

中爲輔國將軍、郢州刺史。入爲丹陽尹。山陰縣土境褊狹，民多田少，靈符表徙無貲之家於餘姚、鄞、鄮三縣界，墾起湖田。上使公卿博議，太宰江夏王義恭議曰：「夫訓農修本，有國所同，土著之民，習翫日久，如京師無田，不聞徙居他縣。尋山陰豪族富室，頃畝不少，貧者肆力，非爲無處，耕起空荒，無救災歉。又緣湖居民，魚鴨爲業，及有居肆，理無樂徙。」尚書令柳元景、右僕射劉秀之、尚書王瓚之、顧凱之、顏師伯、嗣湘東王彧議曰：〔六〕「富戶溫房，無假遷業；窮身寒室，必應徙居。葺宇疏皐，產粒無待，資公則公未易充，課私則私卒難具。生計既完，畬功自息，宜募亡叛通卹及與樂田者，其往經創，須粗修立，然後徙居。」侍中沈懷文、王景文、黃門侍郎劉歆、郄顒議曰：「百姓雖不親農，不無資生之路，若驅以就田，則坐相違奪。且鄞等三縣，去治並遠，既安之民，忽徙他邑，新垣未立，舊居已毀，去留兩困，無以自資。謂宜適任民情，從其所樂，開宥逋亡，且令就業，若審成腴壤，然後議遷。」太常王玄謨議曰：「小民貧匱，遠就荒疇，去舊即新，糧種俱闕，習之既難，勸之未易。謂宜微加資給，使得肆勤，明力田之賞，申怠惰之罰。」光祿勳王昇之議曰：「遠廢之疇，方翦荊棘，率課窮乏，其事彌難，資徙粗立，〔七〕徐行無晚。」上違議，從其徙民，並成良業。

靈符自丹陽出爲會稽太守，尋加豫章王子尚撫軍長史。靈符家本豐，產業甚廣，又於永興立墅，周回三十三里，水陸地二百六十五頃，含帶二山，又有果園九處。爲有司所糾，

詔原之，而靈符答對不實，坐以免官。後復舊官，又爲尋陽王子房右軍長史，太守如故。愍實有材幹，不存華飾，每所涖官，政績修理。前廢帝景和中，犯忤近臣，爲所讒搆，遣鞭殺之。二子湛之、淵之，於都賜死。太宗即位，追贈靈符金紫光祿大夫。

淵之大明中爲尚書比部郎。時安陸應城縣民張江陵與妻吳共罵母黃令死，黃忿恨自經死，值赦。律文，子賊殺傷毆父母，梟首，罵詈，棄市，謀殺夫之父母，亦棄市。值赦，免刑補治。〔八〕江陵罵母，母以之自裁，重於傷毆。若同殺科，則疑重，用毆傷及罵科，則疑輕。制唯有打母，遇赦猶梟首，無罵母致死值赦之科。淵之議曰：「夫題里逆心，而仁者不入，名且惡之，況乃人事。故毆傷呪詛，法所不原，詈之致盡，則理無可宥。罰有從輕，蓋疑失善，求之文旨，非此之謂。江陵雖值赦恩，故合梟首。婦本以義，愛非天屬，黃之所恨，情不在吳，原死補治，〔九〕有允正法。」詔如淵之議，吳免棄市。

羊玄保，太山南城人也。祖楷，尚書都官郎。父綏，中書侍郎。

玄保起家楚臺太常博士，遭母憂，服闋，右將軍何無忌、前將軍諸葛長民俱板爲參軍，並不就。除臨安令。劉穆之舉爲高祖鎮軍參軍，庫部郎，永世令。復爲高祖太尉參軍，轉主簿，丹陽丞。少帝景平二年，入爲尚書右丞，轉左丞，司徒右長史。〔一〇〕府公王弘甚知重之，謂左長史庾登之、吏部尚書王淮之曰：〔一一〕「卿二賢明美朗識，會悟多通，然弘懿之望，故當共推羊也。」頃之，入爲黃門侍郎。

善弈棊，棊品第三，太祖與賭郡戲，勝，以補宣城太守。先是，劉式之爲宣城，立吏民亡叛制，一人不禽，符伍里吏送州作部，若獲者賞位二階。玄保以爲非宜，陳之曰：「臣伏尋亡叛之由，皆出於窮逼，未有足以推存而樂爲此者也。今立殊制，於事爲苦。臣聞苦節不可貞，懼致流弊。昔龔遂譬民於亂繩，緩之然後可理，黃霸以寬和爲用，不以嚴刻爲先。臣愚以謂單身逃役，便爲盡戶。今一人不測，坐者甚多，既憚重負，各爲身計，牽挽逃竄，必致繁滋。又能禽獲叛身，類非謹惜，既無堪能，坐陵勞吏，名器虛假，所妨實多，將階級不足供賞，服勤無以自勸。又尋此制，施一邦而已，若其是邪，則應與天下爲一，若其非邪，亦不宜獨行一郡。民離憂患，其弊將甚。臣忝守所職，懼難遵用，致率管穴，冒以陳聞。」由此此制得停。

玄保在郡一年，爲廷尉。數月，遷尚書吏部郎，御史中丞，衡陽王義季右軍長史、南東海太守，加輔國將軍。入爲都官尚書、左衞將軍，加給事中，丹陽尹，會稽太守。又徙吳郡太守，加秩中二千石。太祖以玄保廉素寡欲，故頻授名郡。爲政雖無幹績，而去後常見思。

不營財利，處家儉薄。太祖嘗曰：「人仕宦非唯須才，然亦須運命，每有好官缺，我未嘗不先憶羊玄保。」

元凶弑立，爲吏部尚書，領國子祭酒，尋加光祿大夫。及世祖入討，朝野多南奔，劭集羣僚，橫刀怒曰：「卿等便可去矣！」衆戰懼莫敢言，玄保容色不異，徐曰：「臣以死奉朝。」劭乃解。世祖即位，以爲散騎常侍，領崇憲衞尉。尋還金紫光祿大夫。又以謹敬見知，賜賚甚厚。大明初，進位光祿大夫。五年，遷散騎常侍，特進。玄保自少至老，謹於祭奠，四時珍新，未得祠薦者，口不妄嘗。八年，卒，時年九十四。謚曰定子。

子戎，有才氣，而輕薄少行檢，玄保嘗云：「此兒必亡我家。」官至通直郎。與王僧達謗議時政，賜死。死後世祖引見玄保，玄保謝曰：「臣無日磾之明，以此上負。」上美其言。戎二弟，太祖並賜名，曰咸，曰粲。謂玄保曰：「欲令卿二子有林下正始餘風。」

玄保既善棊，而何尚之亦雅好棊。吳郡褚胤，年七歲，入高品。及長，冠絕當時。胤父榮期與臧質同逆，胤應從誅，何尚之請曰：「胤弈棊之妙，超古冠今。魏犨犯令，以才獲免。父戮子宥，其例甚多。特乞與其微命，使異術不絕。」不許。時人痛惜之。

玄保兄子希字泰聞，少有才氣。大明初，爲尚書左丞。時揚州刺史西陽王子尚上言：

「山湖之禁，雖有舊科，民俗相因，替而不奉，熂山封水，保爲家利。自頃以來，頹弛日甚，富强者兼嶺而占，貧弱者薪蘇無託，至漁採之地，亦又如茲。斯實害治之深弊，爲政所宜去絕，損益舊條，更申恒制。」有司撿壬辰詔書：「占山護澤，强盜律論，贓一丈以上，皆棄市。」希以「壬辰之制，其禁嚴刻，事既難遵，理與時弛。而占山封水，漸染復滋，更相因仍，便成先業，一朝頓去，易致嗟怨。今更刊革，立制五條。凡是山澤，先常熂爈種養竹木雜果爲林芿，[三]及陂湖江海魚梁鰌鮆場，常加功修作者，聽不追奪。官品第一、第二，聽占山三頃；第三、第四品，二頃五十畝；第五、第六品，二頃；第七、第八品，一頃五十畝；第九品及百姓，一頃。皆依定格，條上貲簿。若先已占山，不得更占；先占闕少，依限占足。若非前條舊業，一不得禁。有犯者，水土一尺以上，並計贓，依常盜律論。停除咸康二年壬辰之科。」從之。

益州刺史劉瑀，先爲右衞將軍，與府司馬何季穆共事不平。季穆爲尚書令建平王宏所親待，屢毁瑀於宏。會瑀出爲益州，奪士人妻爲妾，宏使羊希彈之，瑀坐免官，瑀恨希切齒。有門生謝元伯往來希間，瑀令訪訊被免之由。希曰：「此奏非我意。」瑀卽日到宏門奉牋陳謝，云聞之羊希。希坐漏泄免官。

大明末，爲始安王子眞征虜司馬，黃門郎，御史中丞。泰始三年，出爲寧朔將軍、廣州

刺史。希初請女夫鎭北中兵參軍蕭惠徽爲長史，帶南海太守，太宗不許。又請爲東莞太守。希既到鎭，長史、南海太守陸法眞喪官，希又請惠徽補任。詔曰：「希卑門寒士，累世無聞，輕薄多釁，備彰歷職。徒以清刻一介，擢授嶺南，干上逞欲，求訴不已，可降號橫野將軍。」

初，李萬周、劉嗣祖籍略廣州，事在鄧琬傳。太宗以萬周爲步兵校尉，加寧朔將軍，權行廣州事。希既至，而萬周等並有異圖，希誅之。希以沛郡劉思道行晉康太守，領軍伐俚。思道違節度，失利，希遣收之。思道不受命，率所領攻州，希遣平越長史鄒琰於朝亭拒戰，軍敗見殺。思道進攻州城，司馬鄒嗣之拒之西門，戰敗又死。希踰城走，思道獲而殺之。府參軍鄒曼率數十人襲思道，已得入城，力不敵，又敗。東莞太守蕭惠徽率郡文武千餘人攻思道，戰敗，又見殺。時龍驤將軍陳伯紹率軍伐俚，還擊思道，定之。贈希輔國將軍，惠徽中書郎，嗣之越騎校尉。

希子崇字伯遠，尚書主客郎。丁母憂，哀毁過禮。及聞廣州亂，卽日便徒跣出新亭，不能步涉，頓伏江渚。門義以小船致之，於是進路。父葬畢，不勝哀，卒。

沈曇慶，吳興武康人，侍中懷文從父兄也。父發，員外散騎侍郎，早卒，吳興太守王韶之爲之誄焉。

曇慶初辟主簿，州從事，西曹主簿，長沙王義欣後軍鎭軍主簿。遭母憂，哀毁致稱，本縣令諸葛闡之公解言上。服釋，復爲主簿。義欣又請爲鎭軍記室參軍。出爲餘杭令，遷司徒主簿，江夏王義恭太尉錄事參軍，尚書右丞。時歲有水旱，曇慶議立常平倉以救民急，太祖納其言，而事不行。領本邑中正，少府，揚州治中從事史，始興王濬衞軍長史。元凶弑立，世祖入討，劭遣曇慶還東募人，安東將軍隨王誕收付永興縣獄，久之，被原。

世祖踐阼，除東海王禕撫軍長史，入爲尚書吏部郎，江夏王義恭大司馬長史，南東海太守，左衞將軍。大明元年，督徐兗二州及梁郡諸軍事、輔國將軍、徐州刺史。時殿中員外將軍裴景仁助戍彭城，本傖人，多悉戎荒事。曇慶使撰秦記十卷，敍苻氏僭僞本末，其書傳於世。明年，復徵爲左衞將軍，加給事中，領本州大中正。三年，遷祠部尚書。其年，卒。時年五十七。追贈本官。曇慶謹實清正，所莅有稱績。常謂子弟曰：「吾處世無才能，政圖作大老子耳。」世以長者稱之。

史臣曰：江南之爲國盛矣，雖南包象浦，西括邛山，至於外奉貢賦，內充府實，止於荆、揚二州。自漢氏以來，民戶彫耗，荆楚四戰之地，五達之郊，井邑殘亡，萬不餘一也。自義熙十一年司馬休之外奔，[一三]至于元嘉末，三十有九載，兵車勿用，民不外勞，役寬務簡，氓庶繁息，至餘糧栖畝，戶不夜扃，蓋東西之極盛也。既揚部分析，境極江南，考之漢域，惟丹陽會稽而已。自晉氏遷流，迄於太元之世，百許年中，無風塵之警，區域之內，晏如也。及孫恩寇亂，殲亡事極，自此以至大明之季，年踰六紀，民戶繁育，將曩時一矣。地廣野豐，民勤本業，一歲或稔，則數郡忘飢。會土帶海傍湖，良疇亦數十萬頃，膏腴上地，畝直一金，鄠、杜之間，不能比也。荆城跨南楚之富，揚部有全吳之沃，魚鹽杞梓之利，充仞八方，絲綿布帛之饒，覆衣天下。而田家作苦，役難利薄，亘歲從務，無或一日非農，而經稅橫賦之資，養生送死之具，莫不咸出於此。穰歲糶賤，糶賤則稼苦；饑年糴貴，糴貴則商倍。常平之議，行於漢世。元嘉十三年，東土潦浸，民命棘矣。太祖省費減用，開倉廩以振之，病而不凶，蓋此力也。大明之末，積旱成災，雖敝同往困，而救非昔主，所以病未半古，死已倍之，幷命比室，口減過半。若常平之計，興於中年，遂切扶患，或不至是。若籠以平價，則官苦民優，議屈當時，蓋由於此。

校勘記

〔一〕正與季恭相値季恭便回舟夜還　各本並脫「正與」、「回」三字，據南史補。

〔二〕敕止浮華　南史作「釐整浮華」。

〔三〕加冠軍　錢大昕廿二史考異云：「冠軍下當有將軍二字。」

〔四〕修飾學校督課誦習　「督課誦習」各本作「計課調習」，據南史改。按上句云「修飾學校」，下句接「督課誦習」，皆言學校事，南史是。

〔五〕子山士　「山士」殿本作「坣」，各本作「𡎸」，不成字。本書褚叔度傳：「孔季恭子山士。」符瑞志下，元嘉二十年，吳興太守孔山士。二凶傳有吳興太守孔山士。此山士二字，誤併成「𡎸」。今改正。

〔六〕尚書令柳元景𡸁嗣湘東王或議曰　孫虨宋書考論云：「嗣字不瞭，疑衞尉字之誤。時太宗正爲衞尉。」

〔七〕貲徙粗立　「徙」各本並作「徒」，據通典食貨典、元龜四八六改。

〔八〕免刑補治　「治」各本並作「冶」，據南史改。

〔九〕原死補治　「治」各本及南史作「冶」，涵芬樓所據三朝本作「治」，本不誤，後影印時又從誤本改作「冶」，今改回。通典刑典作「兵」，時治士亦得稱兵。

〔一〇〕司徒右長史　各本並脫「右」字，據南史補。按下有左長史庾登之，則此當有「右」字。

〔一一〕謂左長史庾登之吏部尚書王准之曰　「准之」各本並作「淮之」，據本書卷六十王准之傳改。

〔一二〕先常熂爐種養竹木雜果爲林芿　「雜果」通典食貨典作「薪果」。又各本並脫「芿」字，據南史「芿」字，通典食貨典及元龜四九五作「仍」字。按仍芿古今字。「芿」，意卽草不剪。謂陳根草不芟，新草又生，相因仍。列子黃帝篇：「藉芿燔林。」新唐書杜佑傳：「朱陂樊川，頗治亭觀林芿，鑿山股泉。」

〔一三〕自義熙十一年司馬休之外奔　「義熙」各本並作「元熙」。按晉恭帝元熙止二年，無十一年。司馬休之外奔在義熙十一年，今據武帝紀改正。又「司馬休之」之「司」字，各本並脫，今據晉書譙剛王遜傳玄孫休之附傳訂補。

宋書卷五十五

列傳第十五

臧燾　徐廣　傅隆

臧燾字德仁，東莞莒人，武敬皇后兄也。少好學，善三禮。貧約自立，操行爲鄉里所稱。晉孝武帝太元中，衞將軍謝安始立國學，徐、兗二州刺史謝玄舉燾爲助教。

孝武帝追崇庶祖母宣太后，議者或謂宜配食中宗。燾議曰：「陽秋之義，母以子貴，故仲子、成風，咸稱夫人。經云『考仲子之宮』。若配食惠廟，則宮無緣別築。前漢孝文、孝昭太后，並繫子爲號，祭於寢園，不配於高祖、孝武之廟。後漢和帝之母曰恭懷皇后，安帝祖母曰〔敬隱皇后，順帝之母曰〕恭愍皇后，〔一〕雖不繫子爲號，亦祭於陵寢，不配章、安二帝。此則二漢雖有太后、皇后之異，至於並不配食，義同陽秋。唯光武追廢呂后，故以薄后配高祖廟。又衞后既廢，霍光追尊李夫人爲皇后，配孝武廟，此非母以子貴之例，直以高、武二

廟無配故耳。夫漢立寢於陵，自是晉制所異。謂宜遠准陽秋考宮之義，近摹二漢不配之典，尊號既正，則罔極之情申，別建寢廟，則嚴禰之義顯，繫子爲稱，兼明母貴之所由，一舉而允三義，固哲王之高致也。」議者從之。

頃之，去官。以母老家貧，與弟熹俱棄人事，躬耕自業，約己養親者十餘載。父母喪亡，居喪六年，以毁瘠著稱。服闋，除臨沂令。

義旗建，爲太學博士，參右將軍何無忌軍事，隨府轉鎭南參軍。〔二〕高祖鎭京口，與燾書曰：「頃學尙廢弛，後進頹業，衡門之內，淸風輟響。良由戎車屢警，禮樂中息，浮夫恣志，〔三〕情與事染，豈可不敷崇墳籍，敦厲風尙。此境人士，子姪如林，明發搜訪，想聞令軌。然荆玉含寶，要俟開瑩，幽蘭懷馨，事資扇發，獨習寡悟，義著周典。今經師不遠，而赴業無聞，非唯志學者鮮，或是勸誘未至邪。想復弘之。」參高祖中軍軍事，入補尙書度支郎，改掌祠部。襲封高陵亭侯。〔四〕

時太廟鴟尾災，燾謂著作郎徐廣曰：「昔孔子在齊，聞魯廟災，曰必桓、僖也。今征西、京兆四府君，宜在毁落，而猶列廟饗，此其徵乎。」乃上議曰：「臣聞國之大事，在祀與戎，將營宮室，宗廟爲首。古先哲王，莫不致肅恭之誠心，盡崇嚴乎祖考，然後能流淳化於四海，通幽感於神明，固宜詳廢興於古典，循情禮以求中者也。禮，天子七廟，三昭三穆，與太祖

而七。自考廟以至祖考五廟，皆月祭之，遠廟爲祧，有二祧，享嘗乃止。去祧爲壇，去壇爲墠，有禱然後祭之。此宗廟之次，親疏之序也。鄭玄以爲祧者文王、武王之廟，王肅以爲五世六世之祖。尋去祧之言，則祧非文、武之廟矣。文、武周之祖宗，[五]何云去祧爲壇乎？明遠廟爲祧者，無服之祖也。又遠廟則有享嘗之禮，去祧則有壇墠之殊，明世遠者，其義彌疏也。若祧是文、武之廟，宜同月祭於太祖，雖推后稷以配天，由功德之所始，非尊崇之義每有差降也。又禮有以多貴者，故傳稱德厚者流光，德薄者流卑。又云自上以下，降殺以兩，禮也。此則尊卑等級之典，上下殊異之文。而云天子諸侯俱祭五廟，何哉？又王祭嫡殤，下及來孫，而上祀之禮，不過高祖。推隆恩於下流，替誠敬於尊屬，亦非聖人制禮之意也。是以秦始建廟，從王氏議，以禮父爲士，子爲天子諸侯，祭以天子諸侯，其尸服以士服。故上及征西，以備六世之數，宣皇雖爲太祖，尙在子孫之位，至於殷祭之日，[六]未申東向之禮，所謂子雖齊聖，不先父食者矣。今京兆以上既遷，太祖始得居正，議者以昭穆未足，欲屈太祖於卑坐，臣以爲非禮典之旨。所謂與太祖而七，[七]自是昭穆既足，太祖在六世之外，非爲須滿七廟，乃得居太祖也。議者又以四府君神主宜永同於殷祫，臣又以爲不然。傳所謂毁廟之主，陳乎太祖，謂太祖以下先君之主也。故白虎通云：『禘祫祭遷廟者，以其繼君之體，持其統而不絶也。』豈如四府君在太祖之前乎。[八]非繼統之主，無靈命之瑞，非

王業之基，昔以世近而及，今則情禮已遠，而當長饗殷祫，永虛太祖之位，求之禮籍，未見其可。昔永和之初，大議斯禮，于時虞喜、范宣並以淵儒碩學，咸謂四府君神主，無緣永存於百世，或欲瘞之兩階，或欲藏之石室，或欲爲之改築，雖所秉小異，而大歸是同。若宣皇既居羣廟之上，而四主禘祫不已，則大晉殷祭，長無太祖之位矣。夫理貴有中，不必過厚，禮與世遷，豈可順而不斷。故臣子之情雖篤，而靈厲之謚彌彰；追遠之懷雖切，而遷毁之禮爲用。豈不有心於加厚，顧禮制不可踰爾。石室則藏於廟北，改築則未知所處，虞主所以依神，神移則有瘞埋之禮。四主若饗祀宜廢，亦神之所不依也，准傍事例，宜同虞主之瘞埋。然經典難詳，羣言紛錯，非臣卑淺所能折中。」時學者多從燾議，竟未施行。

遷通直郎，高祖鎭軍、車騎、中軍、太尉諮議參軍。高祖北伐關、洛，大司馬琅邪王同行，除大司馬從事中郎，總留府事。義熙十四年，除侍中。元熙元年，以脚疾去職。高祖受命，徵拜太常，雖外戚貴顯，而彌自沖約，茅屋蔬飡，不改其舊，所得奉祿，與親戚共之。永初三年，致仕，拜光祿大夫，加金章紫綬。其年卒，時年七十。少帝追贈左光祿大夫，加散騎常侍。

長子邃，護軍司馬，宜都太守。少子綽，太子中舍人，新安太守。邃長子諶之，尙書都官郎，烏程令。諶之弟凝之，學涉有當世才具，與司空徐湛之爲異常之交。年少時與北地傅

僧祐俱以通家子始爲太祖所引見，時上與何尙之論鑄錢事，凝之便干其語，上因回與論之。僧祐引凝之衣令止，凝之大言謂僧祐曰：「明主難再遇，便應正盡所懷。」上與往復十餘反，凝之詞韻銓序，兼有理證，上甚賞焉。歷隨王誕後軍記室錄事，欲以爲青州，其事不果。遷尙書右丞，以徐湛之黨，爲元凶所殺。子夤，尙書主客郎，沈攸之征西功曹，爲攸之盡節，事在攸之傳。凝之弟潭之，亦有美譽。太宗世，歷尙書吏部郎，御史中丞。後廢帝元徽中，爲左民尙書，卒官。潭之弟澄之，太子左積弩將軍。元嘉二十七年，領軍於盱眙，爲索虜所破，見殺，追贈通直郎。綽子煥，順帝昇明中，爲武昌太守。沈攸之攻郢城，煥棄郡赴之，攸之敗，伏誅。

傅僧祐，祖父弘仁，高祖外弟也。以中表歷顯官，征虜將軍、南譙太守，太常卿。子邵，員外散騎侍郎，妻燾女也，生僧祐，有吏才，再爲山陰令，甚有能名，末世令長莫及。亦以徐湛之黨，爲元凶所殺。

徐廣字野民，東莞姑幕人也。父藻，都水使者。兄邈，太子前衛率。家世好學，至廣尤精，百家數術，無不研覽。謝玄爲州，[九]辟廣從事西曹。又譙王司

馬恬鎭北參軍。晉孝武帝以廣博學，除爲祕書郎，校書祕閣，增置職僚。轉員外散騎侍郎，領校書如故。隆安中，尙書令王珣舉爲祠部郎。

李太后薨，廣議服曰：「太皇太后名位允正，體同皇極，理制備盡，情禮彌申。陽秋之義，母以子貴，既稱夫人，禮服從正，故成風顯夫人之號，文公服三年之喪。[一〇]子於父之所生，體尊義重。且禮祖不厭孫，[一一]固宜遂服無屈。而緣情立制，若嫌明文不存，則疑斯從重。謂應同於爲祖母後，齊衰三年。」時從其議。[一二]

時會稽王世子元顯錄尙書，欲使百僚致敬，臺內使廣立議，由是內外並執下官禮，廣常爲愧恨焉。元顯引爲中軍參軍，遷領軍長史。桓玄輔政，以爲大將軍文學祭酒。

義熙初，高祖使撰車服儀注，[一三]乃除鎭軍諮議參軍，領記室。封樂成縣五等侯。轉員外散騎常侍，領著作郎。二年，尙書奏曰：「臣聞左史述言，右官書事，乘、志顯於晉、鄭，陽秋著乎魯史。自皇代有造，中興晉祀，道風帝典，煥乎史策。而太和以降，世歷三朝，玄風聖迹，倐爲疇古。臣等參詳，宜敕著作郎徐廣撰成國史。」詔曰：「先朝至德光被，未著方策，宜流風緬代，永貽將來者也。便敕撰集。」

六年，遷散騎常侍，[一四]又領徐州大中正，轉正員常侍。時有風雹爲災，廣獻書高祖曰：「風雹變未必爲災，古之聖賢輒懼而修己，所以興政化而隆德教也。嘗忝服事，宿眷未忘，

思竭塵露，率誠于習。明公初建義旗，匡復宗社，神武應運，信宿平夷。且恭謙儉約，虛心匪懈，來蘇之化，功用若神。頃事故既多，刑德並用，戰功殷積，報敘難盡，萬機繁湊，固應難速，且小細煩密，羣下多懼。又穀帛豐賤，而民情不勸，禁司互設，而劫盜多有，誠由俗弊未易整，而望深未易炳。追思義熙之始，如有不同，何者？好安願逸，萬物之大趣，習舊駭新，凡識所不免。要當俯順羣情，抑揚隨俗，則朝野歡泰，具瞻允康矣。言無可採，願矜其愚款之志。」又轉大司農，領著作郎皆如故。十二年，晉紀成，凡四十六卷，表上之。遷祕書監。

初，桓玄篡位，安帝出宮，廣陪列悲慟，哀動左右。及高祖受禪，恭帝遜位，廣又哀感，涕泗交流。謝晦見之，謂之曰：「徐公將無小過？」廣收淚答曰：「身與君不同。君佐命興王，逢千載嘉運；身世荷晉德，實眷戀故主。」因更歔欷。

永初元年，詔曰：「祕書監徐廣，學優行謹，歷位恭肅，可中散大夫。」廣上表曰：「臣年時衰耄，朝敬永闕，端居都邑，徒增替怠。臣墳墓在晉陵，臣又生長京口，戀舊懷遠，每感暮心。息道玄謬荷朝恩，忝宰此邑，乞相隨之官，歸終桑梓，微志獲申，殞沒無恨。」許之，贈賜甚厚。性好讀書，老猶不倦。元嘉二年，卒，時年七十四。答禮問百餘條，用於今世。廣兄子豁，〔一五〕在良吏傳。

傅隆字伯祚，北地靈州人也。高祖咸，晉司隸校尉。曾祖晞，司徒屬。父祖早亡。

隆少孤，又無近屬，單貧有學行，不好交游。義熙初，年四十，始爲孟昶建威參軍，〔一六〕員外散騎侍郎。坐辭兼，免。復爲會稽征虜參軍。家在上虞，及東歸，便有終焉之志。歷佐三軍，首尾八年。除給事中。尚書僕射、丹陽尹徐羨之置建威府，以爲錄事參軍，尋轉尚書祠部郎、丹陽丞，入爲尚書左丞。〔一七〕以族弟亮爲僕射，緦服不得相臨，徙太子率更令，廬陵王義眞車騎諮議參軍，出補山陰令。太祖元嘉初，除司徒右長史，遷御史中丞，當官而行，甚得司直之體。轉司徒左長史。〔一八〕

時會稽剡縣民黃初妻趙打息載妻王死亡。遇赦，王有父母及息男稱、息女葉，依法徙趙二千里外。隆議之曰：「原夫禮律之興，蓋本之自然，求之情理，非從天墮，非從地出也。父子至親，分形同氣，稱之於載，卽載之於趙，雖云三世，爲體猶一，未有能分之者也。稱雖創巨痛深，固無讎祖之義。若稱可以殺趙，趙當何以處載？將父子孫祖，互相殘戮，懼非先王明罰，咎繇立法之本旨也。向使石厚之子、日磾之孫，砥鋒挺鍔，不與二祖同戴天日，則石碏、秺侯何得流名百代，以爲美談者哉。舊令云，『殺人父母，徙之二千里外』。不施父子孫祖明矣。趙當避王朞功千里外耳。令亦云，『凡流徙者，同籍親近欲相隨者，聽之』。此又大通情體，因親以教愛者也。趙既流移，載爲人子，何得不從，載從而稱不行，豈名教所許？如此，稱、趙竟不可分。趙雖內愧終身，稱當沈痛沒齒，孫祖之義，自不得永絕，事理固然也。」從之。

又出爲義興太守，在郡有能名。徵拜左民尚書，坐正直受節假，對人未至，委出，白衣領職。尋轉太常。

十四年，太祖以新撰禮論付隆使下意，隆上表曰：「臣以下愚，不涉師訓，孤陋閭閻，面牆靡識，謬蒙詢逮，愧懼流汗。原夫禮者，三千之本，人倫之至道。故用之家國，君臣以之尊，父子以之親。用之婚冠，少長以之仁愛，夫妻以之義順。用之鄉人，友朋以之三益，賓主以之敬讓。所謂極乎天，播乎地，窮高遠，測深厚，莫尙於禮也。其樂之五聲，易之八象，詩之風雅，書之典誥，春秋之微婉勸懲，無不本乎禮而後立也。〔一九〕其源遠，其流廣，〔二〇〕其體大，其義精，〔二一〕非夫叡哲大賢，孰能明乎此哉。況遭暴秦焚亡，百不存一。漢興，始徵召故老，搜集殘文，其體例紕繆，首尾脫落，難可詳論。幸高堂生頗識舊義，諸儒各爲章句之說，既明不獨達，所見不同，或師資相傳，共枝別幹。故聞人、二戴，俱事后蒼，俄已分異；盧植、鄭玄，偕學馬融，人各名家。又後之學者，未逮曩時，而問難星繁，充斥兼兩，摛文列錦，煥

爛可觀。然而五服之本或差，哀敬之制舛雜，國典未一於四海，家法參駁於縉紳，誠宜考詳遠慮，以定皇代之盛禮者也。伏惟陛下欽明玄聖，同規唐、虞，疇咨四岳，興言三禮，而伯夷未登，微臣竊位，所以大懼負乘，形神交惡者，無忘夙夜矣。而復猥充博採之數，與聞爰發之求，實無以仰酬聖旨萬分之一。不敢廢默，謹率管穴所見五十二事上呈。豈鄙茫浪，伏用竦赧。」

明年，致仕，拜光祿大夫。歸老在家，手不釋卷，博學多通，特精三禮。謹於奉公，常手抄書籍。二十八年，卒，時年八十三。

史臣曰：選賢於野，則治身業弘；求士於朝，則飾智風起。六經奧遠，方軌之正路；百家淺末，捷至之偏道。漢世登士，閭黨爲先，崇本務學，不尙浮詭，然後可以俯拾青組，顧蔑籯金。於是人厲從師之志，家競專門之術，藝重當時，所居一旦成市，黌舍暫啓，著錄或至萬人。是故仕以學成，身由義立。自魏氏膺命，主愛雕蟲，家棄章句，人重異術。又選賢進士，不本鄉閭，銓衡之寄，任歸臺閣。以一人之耳目，究山川之險情，賢否臆斷，萬不值一。由是仕憑借譽，學非爲己，崇詭遇之巧速，鄙稅駕之遲難，士自此委笥植經，各從所務，早往

晏退，以取世資。庠序黌校之士，傳經聚徒之業，自黃初至于晉末，百餘年中，儒教盡矣。高祖受命，議創國學，宮車早晏，道未及行。迄于元嘉，甫獲克就，雅風盛烈，未及曩時，而濟濟焉，頗有前王之遺典。天子鸞旗警蹕，清道而臨學館，儲后冕旒黼黻，北面而禮先師，後生所不嘗聞，黃髮未之前覩，亦一代之盛也。臧燾、徐廣、傅隆、裴松之、何承天、雷次宗，並服膺聖哲，不爲雅俗推移，立名於世，宜矣。潁川庾蔚之、鴈門周野王、汝南周王子、河內向琰、會稽賀道養，皆託志經書，見稱於後學。蔚之略解禮記，并注賀循喪服行於世云。

校勘記

〔一〕後漢和帝之母曰恭懷皇后安帝祖母曰敬隱皇后順帝之母曰恭愍皇后　各本並脫「敬隱皇后順帝之母曰」九字，據元龜五七六補。按據後漢書皇后紀及清河孝王慶傳，和帝生母梁貴人，追謚恭懷皇后。安帝祖母宋貴人，追謚敬隱皇后。順帝生母李氏，追謚恭愍皇后。

〔二〕隨府轉鎭南參軍　「參軍」各本並作「將軍」，據南史改。時何無忌爲鎭南將軍。

〔三〕浮夫忞志　「忞」各本並作「近」，據元龜一九三改。

〔四〕襲封高陵亭侯　各本並脫「亭」字，據南史補。

〔五〕文武周之祖宗　各本並脫「文武」二字，據南史補。

〔六〕至於殷祭之日　「殷祭」各本並作「敬祭」，據南史改。孫虨宋書考論云：「敬祭是殷祭之誤。」

〔七〕所謂與太祖而七　各本並脫「謂」字，據南史補。

〔八〕豈如四府君在太祖之前乎　各本並脫「乎」字，據元龜五七六補。

〔九〕謝玄爲州　據晉書徐廣傳，謝玄時爲兗州刺史。

〔一〇〕故成風顯夫人之號文公服三年之喪　「文公」各本及元龜五七六作「僖公」，舊本宋書禮志、新校本已訂正。南史及晉書禮志作「昭公」，通典禮典作「文公」。錢大昕廿二史考異云：「『昭公』，徐廣傳作僖公。然成風之薨，不在僖公之世。且安帝於李后爲祖母，非僖公於成風之比。竊謂當是文公之誤也。」按錢說是，今據通典改。參見本書卷十五禮志二校勘記第二六條。

〔一一〕且禮祖不厭孫　各本並脫「禮」字，據本書禮志二、南史補。

〔一二〕時從其議　「時」各本並作「服」，屬上句，今據南史改正。

〔一三〕高祖使撰車服儀注　「車服」各本並作「軍服」，據晉書、南史廣傳、建康實錄、元龜五六四改。

〔一四〕遷散騎常侍　「散騎常侍」，晉書、南史廣傳作「驍騎將軍」。按下又云「轉正員常侍」，正員常侍即散騎常侍。則此當從晉書、南史改作「驍騎將軍」爲是。

〔一五〕廣兄子豁　各本並脫「兄」字，據本書良吏徐豁傳補。錢大昕廿二史考異云：「按良吏傳，豁乃廣兄子，晉太子右衛率邈之子也。史脫兄字。」

〔一六〕始爲孟昶建威參軍　「參軍」各本並作「將軍」，據南史改。張熷讀史舉正云：「將軍當從南史作參軍。」

〔一七〕入爲尚書左丞　各本並作「入爲尚書左右丞」，據南史刪「右」字。

〔一八〕轉司徒左長史　「左」各本並作「右」，據南史改。按上文有「除司徒右長史，遷御史中丞」，此當是轉司徒左長史，南史作「左」，是。

〔一九〕無不本乎禮而後立也　「立也」上，元龜五七六有「成由乎禮而後」六字。

〔二〇〕其流廣　各本並脫「其」字，據元龜五七六補。

〔二一〕其體大其義精　「其義精」各本作「而義精」，據元龜五七六改。

宋書卷五十六

列傳第十六

謝瞻　孔琳之

謝瞻字宣遠，一名檐字通遠，陳郡陽夏人，衞將軍晦第三兄也。年六歲，能屬文，爲紫石英讚、果然詩，當時才士，莫不歎異。初爲桓偉安西參軍，楚臺祕書郎。瞻幼孤，叔母劉撫養有恩紀，兄弟事之，同於至親。劉弟柳爲吳郡，將姊俱行，瞻不能違，解職隨從，爲柳建威長史。尋爲高祖鎭軍、琅邪王大司馬參軍，轉主簿，安成相，中書侍郎，宋國中書、黃門侍郎，相國從事中郎。弟晦時爲宋臺右衞，權遇已重，於彭城還都迎家，賓客輻輳，門巷塡咽。時瞻在家，驚駭謂晦曰：「汝名位未多，而人歸趣乃爾。吾家以素退爲業，〔一〕不願干豫時事，交遊不過親朋，而汝遂勢傾朝野，此豈門戶之福邪？」乃籬隔門庭，〔二〕曰：「吾不忍見此。」及

還彭城，言於高祖曰：「臣本素士，父、祖位不過二千石。弟年始三十，志用凡近，榮冠臺府，位任顯密，福過災生，其應無遠。特乞降黜，以保衰門。」前後屢陳。高祖以瞻爲吳興郡，又自陳請，乃爲豫章太守。晦或以朝廷密事語瞻，瞻輒向親舊陳說，以爲笑戲，以絕其言。晦遂建佐命之功，任寄隆重，瞻愈憂懼。

永初二年，在郡遇疾，不肯自治，幸於不永。晦聞疾奔往，瞻見之，曰：「汝爲國大臣，又總戎重，萬里遠出，必生疑謗。」時果有訴告晦反者。瞻疾篤還都，高祖以晦禁旅，不得出宿，使瞻居于晉南郡公主婿羊賁故第，在領軍府東門。瞻曰：「吾有先人弊廬，何爲於此！」臨終，遺晦書曰：「吾得啓體幸全，歸骨山足，亦何所多恨。弟思自勉厲，爲國爲家。」遂卒，時年三十五。

瞻善於文章，辭采之美，與族叔混、族弟靈運相抗。〔三〕靈運父瑍，無才能，爲祕書郎，早年而亡。靈運好臧否人物，混患之，欲加裁折，未有方也，謂瞻曰：「非汝莫能。」乃與晦、曜、弘微等共遊戲，使瞻與靈運共車，靈運登車，〔四〕便商較人物，瞻謂之曰：「祕書早亡，談者亦互有同異。」靈運默然，言論自此衰止。

弟曜字宣鏡，幼有殊行。年數歲，所生母郭氏，久嬰痼疾，晨昏溫凊，嘗藥捧膳，〔五〕不闕一時，勤容戚顏，未嘗暫改，恐僕役營疾懈倦，躬自執勞。母爲病畏驚，微踐過甚，〔六〕一家尊卑，感曜至性，咸納屨而行，屛氣而語，如此者十餘年。初爲州主簿，中軍行參軍，太子舍人，俄遷祕書丞。自以兄居權貴，己蒙超擢，固辭不就。徐羨之請爲司空長史，黃門郎。元嘉三年，從坐伏誅，時年三十一。有詔宥其子世平，又早卒，無後。

孔琳之字彥琳，會稽山陰人。祖沈，晉丞相掾。父廞，〔七〕光祿大夫。

琳之强正有志力，好文義，解音律，能彈棊，妙善草隸。郡命主簿，不就，後辟本國常侍。桓玄輔政爲太尉，以爲西閤祭酒。〔八〕桓玄時議欲廢錢用穀帛，琳之議曰：「洪範八政，以貨次食，豈不以交易之所資，〔九〕爲用之至要者乎。若使不以交易，百姓用力於爲錢，則是妨其爲生之業，禁之可也。今農自務穀，工自務器，四民各肆其業，何嘗致勤於錢。故聖王制無用之貨，以通有用之財，既無毀敗之費，又省運置之苦，此錢所以嗣功龜貝，歷代不廢者也。穀帛爲寶，本充衣食，今分以爲貨，則致損甚多。又勞毀於商販之手，耗棄於割截之用，此之爲敝，著於自曩。故鍾繇曰：『巧僞之民，競蘊濕穀以要利，制薄絹以充資。』魏世制以嚴刑，弗能禁也。是以司馬芝以爲用錢非徒豐國，亦所以省刑。錢之不用，由於兵亂積久，自至於廢，有由而然，漢末是也。今既用而廢之，則百姓頓亡其財。〔一〇〕今括囊天下之

穀，〔一一〕以周天下之食，或倉庾充衍，或糧靡斗儲，以相資通，則貧者仰富，致之之道，實假於錢。一朝斷之，便爲棄物，是有錢無糧之民，皆坐而饑困，此斷錢之立敝也。且據今用錢之處不爲貧，用穀之處不爲富。又民習來久，革之必惑。語曰：『利不百，不易業。』況又錢便於穀邪？魏明帝時，錢廢穀用，三十年矣。以不便於民，乃舉朝大議。精才達治之士，〔一二〕莫不以爲宜復用錢，〔一三〕民無異情，朝無異論。彼尚舍穀帛而用錢，足以明穀帛之弊，著於已試。世或謂魏氏不用錢久，〔一四〕積累巨萬，故欲行之，利公富國。斯殆不然。昔晉文後舅犯之謀，而先成季之信，以爲雖有一時之勳，不如萬世之益。于時名賢在列，君子盈朝，大謀天下之利害，將定經國之要術。若穀實便錢，義不昧當時之近利，而廢永用之通業，斷可知矣。斯實由困而思革，改而更張耳。近孝武之末，天下無事，時和年豐，百姓樂業，便自穀帛殷阜，幾乎家給人足，驗之事實，錢又不妨民也。頃兵革屢興，荒饉荐及，飢寒未振，實此之由。公既援而拯之，大革視聽，弘敦本之教，明廣農之科，敬授民時，各順其業，遊蕩知反，務末自休，固以南畝競力，野無遺壤矣。於是以往，升平必至，何衣食之足卹。愚謂救弊之術，無取於廢錢。」

玄又議復肉刑，琳之以爲：「唐、虞象刑，夏禹立辟，蓋淳薄既異，致化實同，寬猛相濟，惟變所適。書曰『刑罰世輕世重』，言隨時也。夫三代風純而事簡，故罕蹈刑辟；季末俗巧

而務殷，故動陷憲網。若三千行於叔世，必有踊貴之尤，〔一五〕此五帝不相循法，肉刑不可悉復者也。漢文發仁惻之意，傷自新之路莫由，革古創制，號稱刑厝，然名輕而實重，反更傷民。故孝景嗣位，輕之以緩。緩而民慢，又不禁邪，期于刑罰之中，所以見美在昔，歷代詳論而未獲厥中者也。兵荒後，罹法更多。棄市之刑，本斬右趾，漢文一謬，承而弗革，所以前賢恨恨，議之而未辯。鍾繇、陳羣之意，雖小有不同，而欲右趾代棄市。若從其言，則所活者衆矣。降死之生，誠爲輕法，然人情慎顯而輕昧，忽遠而驚近，是以盤盂有銘，韋弦作佩，況在小人，尤其所惑，或目所不覩，則忽而不戒，日陳于前，則驚心駭矚。由此言之，重之不必不傷，輕之不必不懼，而可以全其性命，蕃其產育，仁既濟物，功亦益衆。又今之所患，逋逃爲先，屢叛不革，宜令逃身靡所，〔一六〕亦以肅戒未犯，永絕惡原。至於餘條，宜依舊制。豈曰允中，貴獻管穴。」

玄好人附悅，而琳之不能順旨，是以不見知。遷楚臺員外散騎侍郎。遭母憂，去職。服闋，除司徒左西掾，以父致仕自解。時司馬休之爲會稽內史、後將軍，仍以琳之爲長史。父憂，去官。服闋，補太尉主簿，尚書左丞，揚州治中從事史，所居著績。

時責衆官獻便宜，〔一七〕議者以爲宜修庠序，卹典刑，審官方，明黜陟，舉逸拔才，務農簡調。琳之於衆議之外，別建言曰：「夫璽印者，所以辯章官爵，立契符信。官莫大於皇帝，爵

莫尊於公侯。而傳國之璽，歷代迭用，襲封之印，奕世相傳，貴在仍舊，無取改作。今世唯尉一職，獨用一印，至於內外羣官，每遷悉改，討尋其義，私所未達。若謂官各異姓，與傳襲不同，則未若異代之爲殊也。若論其名器，雖有公卿之貴，未若帝王之重。若以或有誅夷之臣，忌其凶穢，則漢用秦璽，延祚四百，未聞以子嬰身戮國亡，而棄之不佩。帝王公侯之尊，不疑於傳璽，人臣衆僚之卑，何嫌於即印。載籍未聞其說，推例自乖其准。而終年刻鑄，喪功消實，金銀銅炭之費，不可稱言，非所以因循舊貫易簡之道。愚謂衆官即用一印，無煩改作。若有新置官，又官多印少，文或零失，然後乃鑄，則仰裨天府，非唯小益。」

又曰：「凶門柏裝，不出禮典，起自末代，積習生常，遂成舊俗。爰自天子，達于庶人，誠行之有由，卒革必駭。然苟無關於情，而有愆禮度，存之未有所明，去之未有所失，固當式遵先典，釐革後謬，況復兼以游費，實爲民患者乎。凡人士喪儀，多出閭里，每有此須，動十數萬，損民財力，而義無所取。至於寒庶，則人思自竭，雖復室如懸磬，莫不傾產殫財，所謂葬之以禮，其若此乎。謂宜謹遵先典，一罷凶門之式，表以素扇，足以示凶。」

又曰：「昔事故飢荒，米穀綿絹皆貴，其後米價登復，而絹于今一倍。綿絹既貴，蠶業者滋，雖懃厲兼倍，而貴猶不息。愚謂致此，良有其由。昔事故之前，軍器正用鎧而已，至於袍襖裲襠，必俟戰陣，實在庫藏，永無損毀。今儀從直衞及邀羅使命，或有防衞送迎，〔一八〕悉

用袍襖之屬，非唯一府，衆軍皆然。綿帛易敗，勢不支久。又晝以禦寒，夜以寢臥，曾未周年，便自敗裂。每絲緜新登，易折租以市，又諸府競收，動有千萬，〔一九〕積貴不已，實由於斯。私服爲之艱匱，〔二〇〕官庫爲之空盡。愚謂若侍衞所須，固不可廢，其餘則依舊用鎧。小小使命送迎之屬，止宜給仗，不煩鎧襖。用之既簡，則其價自降。」

又曰：「夫不恥惡食，唯君子能之。肴饌尚奢，爲日久矣。今雖改張是弘，而此風未革。所甘不過一味，而陳必方丈，適口之外，皆爲悅目之費，富者以之示夸，貧者爲之殫產，衆所同鄙，而莫能獨異。愚謂宜粗爲其品，使奢儉有中，若有不改，加以貶黜，則德儉之化，不日而流。」

遷尚書吏部郎。義熙六年，高祖領平西將軍，以爲長史，大司馬琅邪王從事中郎，又除高祖平北、征西長史，遷侍中。宋臺初建，除宋國侍中。出爲吳興太守，公事免。

永初二年，爲御史中丞，明憲直法，無所屈撓。奏劾尚書令徐羨之曰：「臣聞事上以奉憲爲恭，臨下以威嚴爲整。然後朝典惟明，莅衆必肅。斯道或替，則憲綱其頹。臣以今月七日，預皇太子正會。會畢車去，并猥臣停門待闕。有何人乘馬，當臣車前，收捕驅遣命去。何人罵詈收捕，諮審欲錄。每有公事，臣常慮有紛紜，語令勿問，而何人獨罵不止，臣乃使錄。何人不肯下馬，連叫大喚，有兩威儀走來，擊臣收捕。尚書令省事倪宗又牽威儀手力，

擊臣下人。宗云：『中丞何得行凶，敢錄令公人。凡是中丞收捕，威儀悉皆縛取。』臣勑下人一不得鬬，凶勢輷張，有頃乃散。又有羣人就臣車側，錄收捕樊馬子，互行築馬子頓伏，不能還臺。臣自錄非，本無對校，而宗敢乘勢凶恣，篡奪罪身。尚書令臣羨之，與臣列車，紛紜若此，或云羨之不禁，或云羨之禁而不止。縱而不禁，既乖國憲；禁而不止，又不經通。陵犯監司，凶聲彰赫，容縱宗等，曾無糾問，虧損國威，無大臣之體，不有準繩，風裁何寄。羨之內居朝右，外司輦轂，位任隆重，百辟所瞻。而不能弘惜朝章，肅是風軌。致使宇下縱肆，凌暴憲司，凶赫之聲，起自京邑，所謂己有短垣，而自踰之。又宗爲篡奪之主，縱不糾問，二三虧違，宜有裁貶。請免羨之所居官，以公還第。宗等篡奪之愆，已屬掌故御史隨事檢處。」詔曰：「小人難可檢御，司空無所問，餘如奏。」羨之任居朝端，不欲以犯憲示物。時羨之領揚州刺史，琳之弟璩之爲治中，羨之使璩之解釋琳之，停寢其事。琳之不許。璩之固陳，琳之謂曰：「我觸忤宰相，正當罪止一身爾，汝必不應從坐，何須勤勤邪！」自是百僚震肅，莫敢犯禁。高祖甚嘉之，行經蘭臺，親加臨幸。又領本州大中正，遷祠部尚書。不治產業，家尤貧素。

景平元年，卒，時年五十五。追贈太常。子邈，有父風，官至揚州治中從事史。邈子覬，別有傳。覬弟道存，世祖大明中，歷黃

門吏部郎，臨海王子項前軍長史、南郡太守。晉安王子勛建僞號，爲侍中，行雍州事。事敗自殺。

史臣曰：民生所貴，曰食與貨。貨以通幣，食爲民天。是以九棘播於農皇，十朋興於上代。昔醇民未離，情嗜疎寡，奉生贍己，事有易周。一夫躬稼，則餘食委室；匹婦務織，則兼衣被體。雖懋遷之道，通用濟乏，龜貝之益，爲功蓋輕。而事有譌變，隆敝代起，昏作役苦，故穡人去而從商，商子事逸，〔二一〕末業流而浸廣，泉貨所通，非復始造之意。於是競收罕至之珍，遠蓄未名之貨，明珠翠羽，無足而馳，絲罽文犀，飛不待翼，天下蕩蕩，咸以棄本爲事。豐衍則同多稌之資，饑凶又減田家之蓄。錢雖盈尺，既不療饑於堯年，〔二二〕貝或如輪，信無救渴於湯世，〔二三〕其蠹病亦已深矣。固宜一罷錢貨，專用穀帛，使民知役生之路，非此莫由。夫千匹爲貨，事難於懷璧，萬斛爲市，未易於越鄉，斯可使末伎自禁，游食知反。而年世推移，民與事習，或庫盈朽貫，而高廩未充，或家有藏鏹，而良疇罕闢。若事改一朝，廢而莫用，交易所寄，旦夕無待，雖致乎要術，而非可卒行。先宜削華止僞，還淳反古，抵璧幽峯，捐珠清壑。然後驅一世之民，反耕桑之路，使縑粟羨溢，同於水火。既而蕩滌圜法，銷鑄勿

遺，立制垂統，永傳于後，比屋稱仁，豈伊唐世。桓玄知其始而不覽其終，孔琳之覩其末而不統其本，豈慮有開塞，將一往之談可然乎。

校勘記

〔一〕吾家以素退爲業　各本並作「吾家素以退爲業」，據南史、元龜八四九訂正。通鑑宋武帝永初二年作「吾家素以恬退爲業」。

〔二〕乃籬隔門庭　「乃」下通鑑有「以」字。

〔三〕與族叔混族弟靈運相抗　「族弟」之「族」，各本並脫，據南史補。

〔四〕使瞻與靈運共車靈運登車　各本並脫「共車靈運」四字，據南史補。

〔五〕嘗藥捧膳　「嘗」三朝本作「河」，顯誤。北監本、毛本、殿本、局本作「和」，元龜七五二作「嘗」，義並可通，今從元龜。

〔六〕母爲病畏驚微踐過甚　三朝本、北監本、毛本作「微踐」，殿本、局本、南史作「微賤」，今作「微踐」。李慈銘宋書札記云：「案微踐過甚者，謂踐履甚微，恐以行步聲驚其母也。」張元濟校勘記云：「下文云納履而行，作踐文義較長。」

〔七〕父廞　「廞」各本並作「殿」，據南史、晉書孔沈傳改。

〔八〕桓玄輔政爲太尉以爲西閤祭酒　「桓玄至西閤祭酒」十三字，各本並作「輕之尉」三字，據南史訂補。

〔九〕豈不以交易之所資　各本並脫「所」字，據南史、通典食貨典補。

〔一〇〕則百姓頓亡其財　「財」，各本同，通典食貨典、元龜四九九作「利」。

〔一一〕今括囊天下之穀　各本並脫「之」字，據通典食貨典、元龜四九九補。

〔一二〕精才達治之士　「才」各本並作「力」，據南史、通典食貨典、元龜四九九改。

〔一三〕莫不以爲宜復用錢　各本並脫「爲」字，據通典食貨典補。

〔一四〕世或謂魏氏不用錢久　各本並脫「或」字，據元龜四九九補。

〔一五〕必有踊貴之尤　「有」各本並作「省」，據南史改。

〔一六〕宜令逃身靡所　各本並脫「宜令」二字，據南史補。

〔一七〕時責衆官獻便宜　各本並脫「時責」二字，據御覽六八三引補。

〔一八〕或有防衞送迎　各本並脫「或」字，據元龜四七一補。

〔一九〕動有千萬　「動」各本並作「勳」。張元濟、張森楷校勘記云：「勳當作動。」按二張校是，今改正。

〔二〇〕私服爲之艱匱　「艱匱」各本並作「難貴」，據元龜四七一改。

〔二一〕商子事逸　「商子」通典食貨典作「商工」，義似更長。

〔二二〕既不療饑於堯年　各本並脫「饑」字，據通典食貨典補。

〔二三〕信無救渴於湯世　各本並脫「渴」字，據通典食貨典補。

宋書卷五十七

列傳第十七

蔡廓 子興宗

蔡廓字子度，濟陽考城人也。曾祖謨，晉司徒。祖系，撫軍長史。父綝，司徒左西屬。

廓博涉羣書，言行以禮。起家著作佐郎。時桓玄輔晉，議復肉刑，廓上議曰：「夫建封立法，弘治稽化，必隨時置制，德刑兼施。貞一以閑其邪，教禁以檢其慢，灑湛露以膏潤，厲嚴霜以肅威，晞風者陶和而安恬，畏戾者聞憲而警慮。雖復質文迭用，而斯道莫革。肉刑之設，肇自哲王。蓋由曩世風淳，民多惇謹，圖像既陳，則機心冥戢，刑人在塗，則不逞改操，故能勝殘去殺，化隆無爲。季末澆僞，法網彌密，利巧之懷日滋，恥畏之情轉寡，終身劇役，不足止其姦，況乎黥劓，豈能反其善，徒有酸慘之聲，而無濟治之益。至於棄市之條，實非不赦之罪，事非手殺，[一]考律同歸，輕重均科，減降路塞，鍾、陳以之抗言，元皇所爲留

愍。今英輔翼讚，道邈伊、周，雖閉否之運甫開，而遐遺之難未已。誠宜明慎用刑，愛民弘育，申哀矜以革濫，移大辟於支體，全性命之至重，恢繁息於將來。使將斷之骨，荷更櫱於三陽，干時之華，監商飆而知懼。威惠俱宣，感畏偕設，全生拯暴，於是乎在。」

遷司徒主簿，尚書度支殿中郎，通直郎，高祖太尉參軍，司徒屬，中書、黃門郎。以方鯁閑素，爲高祖所知。及高祖領兗州，廓爲別駕從事史，委以州任。尋除中軍諮議參軍，太尉從事中郎。未拜，遭母憂。性至孝，三年不櫛沐，殆不勝喪。服闋，相國府復板爲從事中郎，領記室。宋臺建，爲侍中，建議以爲：「鞫獄不宜令子孫下辭明言父祖之罪，虧教傷情，莫此爲大。自今但令家人與囚相見，無乞鞫之訴，便足以明伏罪，不須責家人下辭。」朝議咸以爲允，從之。

世子左衞率謝靈運輒殺人，御史中丞王准之坐不糾免官，高祖以廓剛直，不容邪枉，補御史中丞。多所糾奏，百僚震肅。時中書令傅亮任寄隆重，學冠當時，朝廷儀典，皆取定於亮，每諮廓然後施行。亮意若有不同，廓終不爲屈。時疑揚州刺史盧陵王義眞朝堂班次，亮與廓書曰：「揚州自應著刺史服耳。然謂坐起班次，應在朝堂諸官上，不應依官次坐下。足下試更尋之。詩序云：『王姬下嫁於諸侯，衣服禮秩，不係其夫，下王后一等。』推王姬下王后一等，則皇子居然在王公之上。陸士衡起居注，式乾殿集，諸皇子悉在三司上。今抄疏如別。又海西即位赦文，太宰武陵王第一，撫軍將軍會稽王第二，大司馬第三。大司馬位既最高，又都督中外，而次在二王之下，豈非下皇子邪。此文今具在也。永和中，蔡公爲司徒，[二]簡文爲撫軍開府，對錄朝政。蔡爲正司，不應反在儀同之下，而于時位次，相王在前，蔡公次之耳。諸例甚多，不能復具疏。揚州反乃居卿君之下，恐此失禮，宜改之邪。」

廓答曰：「揚州位居卿君之下，常亦惟疑。然朝廷以位相次，不以本封，復無明文云皇子加殊禮。齊獻王爲驃騎，孫秀來降，武帝欲優異之，以秀爲驃騎，轉齊王爲鎮軍，在驃騎上。若如足下言，皇子便在公右，[三]則齊王本次自尊，何改鎮軍，令在驃騎上，明知故依見位爲次也。又齊王爲司空，賈充爲太尉，俱錄尚書署事，常在充後。潘正叔奏公羊事，于時三錄，梁王肜爲衞將軍，署在太尉隴西王泰、司徒王玄沖下。近太元初，賀新宮成，司馬太傅爲中軍，而以齊王柔之爲賀首。立安帝爲太子，上禮，[四]徐邈爲郎，位次亦以太傅在諸王下。又謁李太后，宗正尚書符令以高密王爲首，時王東亭爲僕射。王、徐皆是近世識古今者。足下引式乾公王，吾謂未可爲據。其云上出式乾，召侍中彭城王植、荀組、潘岳、嵇紹、杜斌，[五]然後道足下所疏四王，在三司之上，反在黃門郎下，有何義？且四王之下則云大將軍梁王肜、車騎趙王倫，然後云司徒王戎耳。梁、趙二王亦是皇子，屬尊位齊，在豫章王常侍之下，又復不通。蓋書家指疏時事，不必存其班次，式乾亦是私宴，異於朝堂。如今含

章西堂，足下在僕射下，侍中在尚書下耳。來示又云曾祖與簡文對錄，位在簡文下。吾家故事則不然，今寫如別。王姬身無爵位，故可得不從夫而以王女爲尊。皇子出任則有位，有位則依朝，復示之班序。唯引泰和赦文，差可爲言。然赦文前後，亦參差不同。太宰上公，自應在大司馬前耳。簡文雖撫軍，時已授丞相殊禮，又中外都督，故以本任爲班，不以督中外便在公右也。今護軍總方伯，而位次故在持節都督下，足下復思之。」

遷司徒左長史，出爲豫章太守，徵爲吏部尚書。廓因北地傅隆問亮：「選事若悉以見付，不論；不然，不能拜也。」亮以語錄尚書徐羨之，羨之曰：「黃門郎以下，悉以委蔡，吾徒不復厝懷；自此以上，故宜共參同異。」廓曰：「我不能爲徐干木署紙尾也。」遂不拜。干木，羨之小字也。選案黃紙，錄尚書與吏部尚書連名，故廓云「署紙尾」也。羨之亦以廓正直，不欲使居權要，徙爲祠部尚書。

太祖入奉大統，尚書令傅亮率百僚奉迎，廓亦俱行。至尋陽，遇疾，不堪前。亮將進路，詣廓別，廓謂曰：「營陽在吳，宜厚加供奉。營陽不幸，卿諸人有弒主之名，欲立於世，將可得邪。」亮已與羨之議害少帝，乃馳信止之，信至，已不及。羨之大怒曰：「與人共計議，云何裁轉背，便賣惡於人。」及太祖即位，謝晦將之荆州，與廓別，屏人問曰：「吾其免乎？」廓曰：「卿受先帝顧命，任以社稷，廢昏立明，義無不可。但殺人二昆，而以之北面，[六]挾震主

之威，據上流之重，以古推今，自免爲難也。」

廓年位並輕，而爲時流所推重，每至歲時，皆束帶到門。奉兄軌如父，家事小大，皆諮而後行，公祿賞賜，一皆入軌，有所資須，悉就典者請焉。從高祖在彭城，妻郗氏書求夏服，廓答書曰：「知須夏服，計給事自應相供，無容別寄。」時軌爲給事中。元嘉二年，廓卒，時年四十七。高祖嘗云：「羊徽、蔡廓，可平世三公。」少子興宗。

興宗年十歲失父，哀毀有異凡童。廓罷豫章郡還，起二宅。先成東宅，與軌，廓亡而館宇未立，軌罷長沙郡還，送錢五十萬以補宅直。興宗年十歲，白母曰：「一家由來豐儉必共，今日宅價不宜受也。」母悅而從焉。軌有愧色，謂其子淡曰：「我年六十，行事不及十歲小兒。」尋喪母。

少好學，以業尚素立見稱。初爲彭城王義康司徒行參軍，太子舍人，南平穆王冠軍參軍，武昌太守。又爲太子洗馬，義陽王友，中書侍郎。中書令建平王宏、侍中王僧綽並與興宗厚善。元凶弒立，僧綽被誅，凶威方盛，親故莫敢往，興宗獨臨哭盡哀。出爲司空何尚之長史，又還太子中庶子。

世祖踐阼，還先職，遷臨海太守，徵爲黃門郎，太子中庶子，轉游擊將軍，俄還尚書吏部

郎。時尚書何偃疾患，上謂興宗曰：「卿詳練清濁，今以選事相付，便可開門當之，無所讓也。」轉司徒左長史，復爲中庶子，領前軍將軍，遷侍中。每正言得失，無所顧憚，由是失旨。竟陵王誕據廣陵城爲逆，事平，興宗奉旨慰勞。州別駕范義與興宗素善，在城內同誅。興宗至廣陵，躬自收殯，致喪還豫章舊墓，上聞之，甚不悅。廬陵內史周朗以正言得罪，鎖付寧州，親戚故人，無敢瞻送，〔七〕興宗在直，請急，詣朗別。上知尤怒。坐屬疾多日，白衣領職。尋左遷司空沈慶之長史，行兗州事，還爲廷尉卿。

有解士先者，告申坦昔與丞相義宣同謀。時坦已死，子令孫時作山陽郡，自繫廷尉。興宗議曰：「若坦昔爲戎首，身今尚存，累經肆眚，猶應蒙宥。令孫天屬，理相爲隱。況人亡事遠，追相誣訐，斷以禮律，義不合關。若士先審知逆謀，當時卽應聞啓，苞藏積年，發因私怨，況稱風聲路傳，實無定主，而干黷欺罔，罪合極法。」又有訟民嚴道恩等二十二人，事未洗正，敕以當訊，權繫尚方。興宗以訟民本在求理，故不加械，卽若繫尚方，於事爲苦。又司徒前劾送武康令謝沈及郡縣尉還職司十一人，坐仲良鑄錢不禽，久已判結。又送郡主簿丘元敬等九人，或下疾假，或去職已久。又加執啓，事悉見從。

出爲東陽太守，遷安陸王子綏後軍長史、江夏內史，行郢州事。徵還，未拜，留爲左民尚書。頃之，轉掌吏部。時上方盛淫宴，虐侮羣臣，自江夏王義恭以下，咸加穢辱，唯興宗以

方直見憚，不被侵媟。尚書僕射顏師伯謂議曹郎王耽之曰：「蔡尚書常免昵戲，去人實遠。」耽之曰：「蔡豫章昔在相府，亦以方嚴不狎，武帝宴私之日，未嘗相召，每至官賭，常在勝朋。蔡尚書今日可謂能負荷矣。」

大明末，前廢帝卽位，興宗告太宰江夏王義恭，應須策文，義恭曰：「建立儲副，本爲今日，復安用此。」興宗曰：「累朝故事，莫不皆然。近永初之末，營陽王卽位，亦有文策，今在尚書，可檢視也。」不從。興宗時親奉璽綬，嗣主容色自若，了無哀貌。興宗出謂親故曰：「魯昭在戚而有嘉容，終之以釁結大臣，昭子請死。國家之禍，其在此乎。」時義恭錄尚書事，受遺輔政，阿衡幼主，而引身避事，政歸近習。越騎校尉戴法興、中書舍人巢尚之專制朝權，威行近遠。興宗職管九流，銓衡所寄，每至上朝，輒與令錄以下，陳欲登賢進士之意，又箴規得失，博論朝政。義恭素性恇橈，阿順法興，常慮失旨，聞興宗言，輒戰懼無計。先是大明世，奢侈無度，多所造立，賦調煩嚴，徵役過苦。至是發詔，悉皆削除，由此紫極殿南北馳道之屬，皆被毀壞，自孝建以來至大明末，凡諸制度，無或存者。興宗於都坐慨然謂顏師伯曰：「先帝雖非盛德主，要以道始終。三年無改，古典所貴。今殯宮始徹，山陵未遠，而凡諸制度興造，不論是非，一皆刊削。雖復禪代，亦不至爾。天下有識，當以此窺人。」師伯不能用。

興宗每陳選事，法興、尚之等輒點定回換，僅有在者。興宗於朝堂謂義恭及師伯曰：「主上諒闇，不親萬機，而選舉密事，多被刪改，復非公筆，亦不知是何天子意。」王景文、謝莊等遷授失序，〔八〕興宗又欲爲美選。時薛安都爲散騎常侍、征虜將軍，太子左率殷恒爲中庶子。〔九〕興宗先選安都爲左衞將軍，常侍如故；殷恒爲黃門，領校。太宰嫌安都爲多，欲單爲左衞，興宗曰：「率衞相去，唯阿之間。且已失征虜，非乃超越，復奪常侍，頓爲降貶。若謂安都晚達微人，本宜裁抑，令名器不輕，宜有貫序。謹依選體，非私安都。」義恭曰：「若宮官宜加超授者，〔一〇〕殷恒便應侍中，那得爲黃門而已。」興宗又曰：「中庶、侍中，相去實遠。且安都作率十年，殷恒中庶百日，今又領校，不爲少也。」使選令史顏禕之、薛慶先等往復論執，義恭然後署案。

既中旨以安都爲右衞，加給事中，由是大忤義恭及法興等，出興宗吳郡太守。固辭郡，執政愈怒，又轉爲新安王子鸞撫軍司馬、輔國將軍、南東海太守，行南徐州事。又不拜，苦求益州。義恭於是大怒，上表曰：「臣聞愼節言語，大易有規，銓序九流，無取裁□。若乃結黨連羣，譏訴互起，街談巷議，罔顧聽聞，乃撤實憲制所宜禁經之巨蠹。〔一一〕侍中祕書監臣彧自表父疾，必求侍養，聖旨矜體，特順所陳，改授臣府元僚，兼帶軍郡。雖臣駑劣，府任非輕，准之前人，不爲屈後。京郡本以爲祿，不計戶之少多，遇缺便用，無關高下。撫軍

長史莊滯府累朝，每陳危苦，內職外守，稱未堪依。唯王球昔比，賜以優養，恩慈之厚，不近於薄。前新除吳郡太守興宗，前居選曹，多不平允，鴻渥含宥，恕其不閑，改任大都，寵均阿輔，仍苦請益州，雅違成命。伏尋揚州刺史子尙、吳興太守休若，並國之茂戚，魯、衞攸在，猶牧守東山，竭誠撫莅，而辭擇適情，起自庶族，〔一二〕逮佐北藩，尤無欣荷。御史中丞永，昔歲餘愆，從恩今授。光祿勳臣淹，雖曰代臣，累經降黜，後效未申，以何取進。司徒左長史孔覬，前除右衞，尋徙今職，回換之宜，不爲乃少。竊外談謂彧等咸爲失分，又聞興宗躬自怨懟，與尙書右僕射師伯疏，辭旨甚苦，臣雖不見，所聞不虛。臣以凡才，不應機務，謬自幸會，受任三朝，進無古人舉賢之美，退無在下獻替之績，致茲紛紜，伏增慚悚。然此源不塞，此風弗變，將虧正道，塵穢盛猷。伏願聖聽，賜垂覽察。」詔曰：「太宰表如此，省以憮然。朕恭承洪緒，思弘盛烈，而在朝僥競，驅扇成風，將何以式揚先德，克隆至化。公體國情深，保釐攸託，便可付外詳議。」義恭因使尙書令柳元景奏曰：「臣義恭表、詔書如右。攝曹辨覈尙書袁愍孫牒：『此月十七日，詣僕射顏師伯，語次，因及尙書蔡興宗有書固辭今授，仍出疏見示，〔一三〕乃者數紙，不意悉何所道，緣此因及朝士。當今聖世，不可使人以爲少。今牒。』數之，朝廷處之實得所，臣等亦自謂得分，常多在門，袁愍孫無或措多，而愚意欲啓更量出內之宜，芻蕘管見，願在聞徹。選令史宣傳密事，故因附上聞，亦外人言此。今薛慶先列：〔一四〕

『今月十八日，往尙書袁愍孫論選事。愍孫云，昨詣顏僕射，出蔡尙書疏見示，言辭甚苦。又云所得亦少。主上踐阼始爾，朝士有此人不多，物議謂應美用，乃更恨少，使咨事便啓錄公。又謝莊□時未老，其疾以轉差，今居此任，復爲非宜，謂宜中書令才望爲允。又孔覬南士之美，所歷已多，近頻授卽復回改，於理爲屈，門下無人，此是名選。又張永人地可論，其去歲愆戾，非爲深罪，依其望復門下一人。張淹昔忝南下，預同休戚，〔一五〕雖屢經愆黜，事亦已久，謂應祕書監。』帶授興宗手跡數紙，文翰炳然，事證明白，不假覈辨。愍孫任居官人，職掌銓裁，若有未允，〔一六〕則宜顯言，而私加許與，自相選署，託云物論，終成虛詭，隱末出端，還爲矛楯。臣聞九官成讓，虞風垂則，誹主怨時，漢罪夙斷。況義爲身發，言謗朝序，亂辟害政，混穢大猷，紛紜彰謬，上延詔旨，不有霜准，軌憲斯淪。請解興宗新附官，須事御，收付廷尉法獄治罪，免愍孫所居官。」詔曰：「興宗首亂朝典，允當明憲，以其昔經近侍，未忍盡法，可令思愆遠封。愍孫竊評自己，委咎物議，可以子領職。」

除興宗新昌太守，郡屬交州。朝廷莫不嗟駭。先是，興宗納何后寺尼智妃爲妾，姿貌甚美，有名京師，迎車已去，而師伯密遣人誘之，潛往載取，興宗迎人不覺。及興宗被徙，論者並云由師伯，師伯甚病之。法興等既不欲以徙大臣爲名，師伯又欲止息物議，由此停行。頃之，法興見殺，尙之被繫，義恭、師伯誅，復起興宗爲臨海王子頊前軍長史、輔國將軍、南

郡太守，行荆州事，不行。

時前廢帝凶暴，興宗外甥袁顗爲雍州刺史，勸興宗行，曰：「朝廷形勢，人所共見，在內大臣，朝夕難保。舅今出居陝西，爲八州行事，〔一七〕顗在襄、沔，地勝兵强，去江陵咫尺，水陸通便。若朝廷有事，可共立桓、文之功，豈與受制凶狂，禍難不測，同年而語乎。今不去虎口，而守此危逼，後求復出，豈得哉。」興宗曰：「吾素門平進，與主上甚疏，未容有患。宮省內外，人不自保，會應有變。若內難得弭，外釁未必可量。汝欲在外求全，我欲居內免禍，各行所見，不亦善乎。」時京城危懼，衣冠咸欲遠徙，後皆流離外難，百不一存。

重除吏部尙書。太尉沈慶之深慮危禍，閉門不通賓客，嘗遣左右范羨詣興宗屬事。興宗謂羨曰：「公閉門絕客，以避悠悠請託耳，身非有求，何爲見拒。」還造慶之，慶之遣羨報命，要興宗令往。興宗因說之曰：「先帝雖無功於天下，要能定平凶逆，在位十一年，以道晏駕。主上紹臨，四海清謐，卽位正是舉止違衷，小小得失耳，亦謂春秋尙富，進德可期。而比者所行，人倫道盡。今所忌憚，唯在於公，百姓喁喁，無復假息之望，所冀正在公一人而已。若復坐視成敗者，非唯身禍不測，四海重責，將有所歸。公威名素著，天下所服，今舉朝遑遑，人人危怖，指麾之日，誰不景從，如其不斷，旦暮禍及。僕昔佐貴府，蒙眷異常，故敢盡言，願公思爲其計。」慶之曰：「僕比日前，慮不復自保，〔一八〕但盡忠奉國，始終以之，正當

委天任命耳。加老罷私門，兵力頓闕，雖有其意，事亦無從。」興宗曰：「當今懷謀思奮者，非要富貴，求功賞，各欲免死朝夕耳。殿內將帥，正聽外間消息，若一人唱首，則俯仰可定。況公威風先著，統戎累朝，諸舊部曲，布在宮省，宗越、譚金之徒，〔一九〕出公宇下，並受生成，攸之、恩仁，公家口子弟耳，〔二〇〕誰敢不從。且公門徒義附，並三吳勇士，宅內奴僮，人有數百。陸攸之今入東討賊，又大送鎧仗，在青溪未發。攸之公之鄉人，驍勇有膽力，取其器仗，以配衣宇下，使攸之率以前驅，天下之事定矣。僕在尙書中，自當率百僚案前世故事，更簡賢明，以奉社稷。昔太甲罪不加民，昌邑虐不及下，伊尹、霍光猶成大事，況今蒼生窘急，禍百往代乎。又朝廷諸所行造，民間皆云公悉豫之。今若沈疑不決，當有先公起事者，公亦不免附從之禍。車駕屢幸貴第，醉酣彌留，又聞屏左右獨入閤內，此萬世一時，機不可失。僕荷眷深重，〔二一〕故吐去梯之言，宜詳其禍福。」慶之曰：「深感君無已。意此事大，非僕所能行，事至故當抱忠以沒耳。」頃之，慶之果以見忌致禍。

時領軍王玄謨大將有威名，邑里訛言云已見誅，市道喧擾。玄謨典籤包法榮者，家在東陽，興宗故郡民也，爲玄謨所信，見使至，興宗因謂曰：「領軍殊當憂懼。」法榮曰：「領軍比日殆不復食，〔二二〕夜亦不眠，常言收已在門，不保俄頃。」興宗曰：「領軍憂懼，當爲方略，那得坐待禍至。」初，玄謨舊部曲猶有三千人，廢帝頗疑之，徹配監者。玄謨太息深怨，啓留五百

人巖山營墓，事猶未畢，少帝欲獵，又悉喚還城。巖兵在中堂，興宗勸以此衆舉事，曰：「當今以領軍威名，率此爲朝廷唱始，事便立剋。領軍雖復失脚，自可乘轝處分。禍殆不測，勿失事機。君還，可白領軍如此。」玄謨遣法榮報曰：「此亦未易可行，期當不泄君言。」太宗踐祚，玄謨責所親故吏郭季產、女壻韋希眞等曰：「當艱難時，周旋輩無一言相扣發者。」季產曰：「蔡尚書令包法榮所道，非不會機，但大事難行爾，季產言亦何益。」玄謨有慚色。

右衞將軍劉道隆爲帝所寵信，專統禁兵，乘輿嘗夜幸著作佐郎江斅宅，興宗馬車從道隆從車後過，興宗謂曰：「劉公！比日思一閑寫。」道隆深達此旨，掐興宗手曰：「蔡公！勿多言。」帝每因朝宴，捶毆羣臣，自驃騎大將軍建安王休仁以下侍中袁愍孫等，咸見陵曳，唯興宗得免。

頃之，太宗定大事。是夜，廢帝橫尸在太醫閤口，興宗謂尚書右僕射王景文曰：「此雖凶悖，要是天下之主，宜使喪禮粗足。若直如此，四海必將乘人。」

時諸方並舉兵反，國家所保，唯丹陽、淮南數郡，其閒諸縣，或已應賊。東兵已至永世，宮省危懼，上集羣臣以謀成敗。興宗曰：「今普天圖逆，人有異志，宜鎭之以靜，[二三]以至信待人。比者逆徒親戚，布在宮省，若繩之以法，則土崩立至，宜明罪不相及之義。物情既定，人有戰心，六軍精勇，器甲犀利，以待不習之兵，其勢相萬耳。願陛下勿憂。」上從之。

加游擊將軍，未拜，遷尚書右僕射，[二四]尋領衞尉，又領兗州大中正。太宗謂興宗曰：「諸處未定，殷琰已復同逆。頃日人情云何？事當濟不？」興宗曰：「逆之與順，臣無以辨。今商旅斷絕，而米甚豐賤，四方雲合，而人情更安，以此卜之，清蕩可必。但臣之所憂，更在事後，猶羊公言既平之後，方當勞聖慮耳。」尚書褚淵以手板築興宗，興宗言之不已，上曰：「如卿言。」赭圻平，函送袁顗首，勑從登南掖門樓觀之，[二五]興宗潸然流涕，上不悅。事平，封興宗始昌縣伯，食邑五百戶，固讓不許，封樂安縣伯，邑三百戶，國秩吏力，終以不受。

時殷琰據壽陽爲逆，遣輔國將軍劉勔攻圍。四方既平，琰嬰城固守，上使中書爲詔譬琰，興宗曰：「天下既定，是琰思過之日，陛下宜賜手詔數行以相弘慰。今直中書爲詔，彼必疑謂非眞，未是所以速清方難也。」不從。琰得詔，謂劉勔詐造，果不敢降。攻戰經時，久乃歸順。

先徐州刺史薛安都據彭城反，後遣使歸順。泰始二年冬，[二六]遣張永率軍迎之。興宗曰：「安都遣使歸順，此誠不虛。今宜撫之以和，卽安所莅，不過須單使及咫尺書耳。[二七]若以重兵迎之，勢必疑懼，或能招引北虜，爲患不測。叛臣釁重，必宜翦戮，則比者所宥，亦已弘矣。況安都外據强地，密邇邊關，考之國計，尤宜馴養。如其遂叛，將生旰食之憂。彭城嶮固，兵强將勇，圍之既難，攻不可拔，疆塞之虞，二三宜慮，臣爲朝廷憂之。」時張永已行，不見從。安都聞大軍過淮，嬰城自守，要取索虜。永戰大敗，又值寒雪，死者十八九，遂失淮北四州。其先見如此。初，永敗問至，上在乾明殿，[二八]先召司徒建安王休仁，又召興宗，謂休仁曰：「吾慚蔡僕射。」以敗書示興宗，曰：「我愧卿。」

三年春，出爲使持節、都督郢州諸軍事、安西將軍、郢州刺史。坐詣尚書切論以何始眞爲諮議參軍，初不被許，後又重陳，上怒，貶號平西將軍，尋又復號。初，吳興丘珍孫言論常侵興宗。珍孫子景先，人才甚美，興宗與之周旋。及景先爲鄱陽郡，值晉安王子勛爲逆，轉在竟陵，爲吳喜所殺。母老女稚，流離夏口。興宗至郢州，親自臨哭，致其喪柩家累，令得東還。在任三年，遷鎭東將軍、會稽太守，加散騎常侍，尋領兵置佐，加都督會稽、東陽、新安、永嘉、臨海五郡諸軍事，給鼓吹一部。會稽多諸豪右，不遵王憲。又幸臣近習，參半宮省，封略山湖，妨民害治。興宗皆以法繩之。會土全實，民物殷阜，王公妃主，邸舍相望，橈亂在所，大爲民患，子息滋長，督責無窮。興宗悉啓罷省。又陳原諸逋負，解遣雜役，並見從。三吳舊有鄉射禮，久不復修，興宗行之，禮儀甚整。先是元嘉中，羊玄保爲郡，亦行鄉射。

太宗崩，興宗與尚書令袁粲、右僕射褚淵、中領軍劉勔、鎭軍將軍沈攸之同被顧命。以興宗爲使持節、都督荊湘雍益梁寧南北秦八州諸軍事、征西將軍、開府儀同三司、荊州刺

史，加班劍二十人，常侍如故。被徵還都。時右軍將軍王道隆任參內政，權重一時，躡履到前，不敢就席，良久方去，竟不呼坐。元嘉初，中書舍人秋當詣太子詹事王曇首，[二九]不敢坐。其後中書舍人王弘爲太祖所愛遇，[三〇]上謂曰：「卿欲作士人，得就王球坐，乃當判耳。殷、劉並雜，無所知也。若往詣球，可稱旨就席。」球舉扇曰：「若不得爾。」弘還，依事啓聞，帝曰：「我便無如此何。」五十年中，有此三事。道隆等以興宗强正，不欲使擁兵上流，改爲中書監、左光祿大夫，開府儀同三司，常侍如故，固辭不拜。

興宗幼立風概，家行尤謹，奉宗姑，事寡嫂，養孤兄子，有聞於世。太子左率王錫妻范，聰明婦人也，有才藻學見，與錫弟僧達書，詰讓之曰：「昔謝太傅奉嫂王夫人如慈母，今蔡興宗亦有恭和之稱。」其爲世所重如此。妻劉氏早卒，一女甚幼，外甥袁顗始生彖而妻劉氏亦亡。興宗姊，卽顗母也，[三一]一孫一姪，躬自撫養，年齒相比，欲爲婚姻，每見興宗，輒言此意。大明初，詔興宗女與南平王敬猷婚，興宗以姊生平之懷，屢經陳啓，答曰：「卿諸人欲各行己意，則國家何由得婚？且姊言豈是不可違之處邪。」舊意既乖，彖亦他娶。其後彖家好不終，顗又禍敗，彖等淪廢當時，孤微理盡。敬猷遇害，興宗女無子孀居，名門高胄，多欲結姻，明帝亦勑適謝氏，興宗並不許，以女適彖。北地傅隆與廓相善，興宗修父友敬。

泰豫元年，薨，時年五十八。遺令薄葬，奏還封爵。追贈後授，子景玄固辭不受，[三二]又

奏還封，表疏十餘上，見許。詔曰：「景玄表如此。故散騎常侍、中書監、左光祿大夫、開府儀同三司、樂安縣開國伯興宗，忠恪立朝，謀猷宣著，往屬時難，勳亮帷幄，錫珪分壤，實允通誥。而懇誠慊訴，備彰存沒，廉概素情，有絜聲軌。景玄固陳先志，良以惻然。雖彝典宜全，而哀款難奪，可特申不瞑之請，永矜克讓之風。」初，興宗爲郢州府參軍，彭城顏敬以式卜曰：「亥年當作公，官有大字者，不可受也。」及有開府之授，而太歲在亥，果薨於光祿大夫之號焉。文集傳於世。

景玄雅有父風，爲中書郎，晉陵太守，太尉從事中郎。昇明末卒。

史臣曰：世重清談，士推素論，蔡廓雖業力弘正，而年位未高，一世名臣，風格皆出其下。及其固辭銓衡，恥爲志屈，豈不知選錄同體，義無偏斷乎。良以主闇時難，不欲居通塞之任也。遠矣哉！

校勘記

〔一〕事非手殺　「手殺」三朝本作「王殺」，北監本、毛本、殿本、局本作「三殺」，通典刑典、元龜六一五作「手殺」。今據通典、元龜改。

〔二〕蔡公爲司徒　「司徒」下，各本並有「司馬」二字，李慈銘宋書札記云：「蔡公，謂蔡謨也。此司馬二字當衍。」按晉書蔡謨傳，謨曾爲司徒，卒贈司空，無爲司馬事。李說是，今删。

〔三〕皇子便在公右　「便」各本並作「使」，據元龜五七二改。孫虨宋書考論云：「使當爲便。」

〔四〕上禮　「上」各本並作「止」，據元龜五七二改。

〔五〕召侍中彭城王植荀組潘岳嵇紹杜斌　「召侍中」各本並作「古傳中」。孫虨宋書考論云：「古傳中疑是召侍中之譌。晉書彭城王植傳，爲侍中、尚書，當是時。」按孫說是，今改正。

〔六〕而以之北面　各本並脫「之」字，據南史、通鑑宋文帝元嘉元年、元龜四六五補。

〔七〕親戚故人無敢瞻送　「瞻送」各本並作「贍送」。按「贍送」不辭，世說新語排調篇言謝安「後出爲桓宣武司馬，將發新亭，朝士咸出瞻送」。贍送當卽瞻送之譌，今改正。

〔八〕王景文謝莊等遷授失序　「謝莊」各本並作「謝章」，據南史改。

〔九〕太子左率殷恒爲中庶子　「殷恒」各本並作「殷常」，據南史改。李慈銘宋書札記云：「殷常當作殷恒，趙宋諱改，應據南史正。」下三出「殷常」，並改正。

〔一〇〕若宮官宜加超授者　各本並脫「若宮」二字，據南史補。

〔一一〕乃撤實憲制所宜禁經之巨蠹　句有譌奪，不可解。

〔一二〕而辭擇適情起自庶族　李慈銘宋書札記云：「當作『而興宗起自庶族，辭擇適情』，兩句互倒，又脫興宗二字耳。」

〔一三〕仍出疏見示　「示」各本並作「公」，據李慈銘說改。李慈銘宋書札記云：「見公當作見示。」

〔一四〕今薛慶先列　「薛」各本並作「辥」，據嚴輯全宋文改。按前有選令史薛慶先，當卽其人。列猶供詞。

〔一五〕張淹昔忝南下預同休戚　「昔」各本並作「替」，「同」各本並作「因」，據李慈銘說改。李慈銘宋書札記云：「替當作昔，因當作同。」

〔一六〕若有未允　「允」各本並作「久」，李慈銘宋書札記云：「久當作允。」按李說是，今改正。

〔一七〕爲八州行事　各本並脫「行」字，據南史、通鑑宋景和元年補。

〔一八〕僕比日前慮不復自保　「比日」二字各本並作「皆」一字，據南史改。

〔一九〕宗越譚金之徒　「宗」各本並作「宋」，據本書卷八十三宗越傳訂正。

〔二〇〕攸之恩仁公家口子弟耳　「恩仁」疑當作「思仁」，沈思仁見本書卷八十四孔覬傳。

〔二一〕僕荷眷深重　「眷」各本並作「養」，據南史改。

〔二二〕領軍比日殆不復食　「比日」各本並作「此日」，據南史改。

〔二三〕宜鎭之以靜　各本並脫「之」字，據元龜四七七、通鑑宋泰始二年補。

〔二四〕遷尚書右僕射　明帝紀、通鑑宋泰始二年作「尚書左僕射」。南史、建康實錄作「尚書右僕射」。

〔二五〕勑從登南掖門樓觀之　「南掖門樓」各本並作「高掖門樓」，據南史改。

〔二六〕泰始二年冬　「二年」各本並作「元年」，據南史改。按明帝紀，薛安都引北魏軍在泰始二年冬。

〔二七〕不過須單使及咫尺書耳　「不過」各本並作「乃遣」，據元龜四六五改。

〔二八〕上在乾明殿　「殿」各本並作「欲」，據元龜四六五改。

〔二九〕中書舍人秋當詣太子詹事王曇首　「秋當」各本並作「狄當」，據元大德本、毛本南史改。廣韻：「秋，又姓，宋中書舍人秋當。」參見本書卷四十四謝晦傳校勘記第九條。

〔三〇〕其後中書舍人王弘爲太祖所愛遇　錢大昕廿二史考異云：「按球傳云中書舍人徐爰，不言興宗。」李慈銘宋書札記云：「南史王球傳作徐爰，差爲得之。」

〔三一〕外甥袁覬始生象而妻劉氏亦亡興宗姉卽覬母也　兩「覬」字，各本並作「顗」，據錢氏考異說改正。廿二史考異云：「此兩『顗』字當作『覬』，因前文有外甥袁顗，相涉而譌耳。覬與顗爲親兄弟，則顗母卽覬母。顗、覬皆爲興宗甥，無可疑者。此後人傳寫之譌，非史家之失也。」

〔三二〕子景玄固辭不受　「景玄」南史作「子順字景玄」，蓋景玄本名順，沈約避梁武帝父諱，單稱其字。

宋書卷五十八

列傳第十八

王惠　謝弘微　王球

王惠字令明，琅邪臨沂人，太保弘從祖弟也。祖劭，車騎將軍。父默，左光祿大夫。

惠幼而夷簡，爲叔父司徒謐所知。恬靜不交遊，未嘗有雜事。陳郡謝瞻才辯有風氣，嘗與兄弟羣從造惠，談論鋒起，文史間發，惠時相酬應，言清理遠，瞻等慚而退。高祖聞其名，以問其從兄誕，〔一〕誕曰：「惠後來秀令，鄙宗之美也。」卽以爲行太尉參軍事，府主簿，從事中郎。世子建府，以爲征虜長史，仍轉中軍長史。時會稽內史劉懷敬之郡，送者傾京師，惠亦造別，還過從弟球。球問：「向何所見？」惠曰：「惟覺卽時逢人耳。」常臨曲水，風雨暴至，座者皆馳散，惠徐起，姿制不異常日。世子爲荆州，惠長史如故，領南郡太守，不拜。宋國初建，當置郎中令，高祖難其人，謂傅亮曰：「今用郎中令，不可令減袁曜卿也。」既而曰：

「吾得其人矣。」乃以惠居之。遷世子詹事，轉尚書，吳興太守。

少帝卽位，以蔡廓爲吏部尚書，不肯拜，乃以惠代焉。惠被召卽拜，未嘗接客，人有與書求官者，得輒聚置閣上，及去職，印封如初時。談者以廓之不拜，惠之卽拜，雖事異而意同也。兄鑒，頗好聚斂，廣營田業，惠意甚不同，謂鑒曰：「何用田爲？」鑒怒曰：「無田何由得食！」惠又曰：「亦復何用食爲。」其標寄如此。元嘉三年，卒，時年四十二。追贈太常。無子。

謝弘微，陳郡陽夏人也。祖韶，車騎司馬。父思，〔二〕武昌太守。從叔峻，司空琰第二子也，無後，以弘微爲嗣。弘微本名密，犯所繼內諱，故以字行。

童幼時，精神端審，時然後言。所繼叔父混名知人，見而異之，謂思曰：「此兒深中夙敏，方成佳器。有子如此，足矣。」年十歲出繼。所繼父於弘微本緦麻，親戚中表，素不相識，率意承接，皆合禮衷。義熙初，襲峻爵建昌縣侯。弘微家素貧儉，而所繼豐泰，唯受書數千卷，國吏數人而已，遺財祿秩，一不關豫。混聞而驚歎，謂國郎中令漆凱之曰：「建昌國祿，本應與北舍共之，國侯既不措意，今可依常分送。」弘微重違混言，乃少有所受。

混風格高峻，少所交納，唯與族子靈運、瞻、曜、弘微並以文義賞會。嘗共宴處，居在烏衣巷，故謂之烏衣之遊，混五言詩所云「昔爲烏衣遊，戚戚皆親姪」者也。〔三〕其外雖復高流時譽，莫敢造門。瞻等才辭辯富，弘微每以約言服之，混特所敬貴，號曰微子。謂瞻等曰：「汝諸人雖才義豐辯，未必皆愜衆心，至於領會機賞，言約理要，故當與我共推微子。」常云：「阿遠剛躁負氣；阿客博而無檢；曜恃才而持操不篤；晦自知而納善不周，設復功濟三才，終亦以此爲恨；至如微子，吾無間然。」又云：「微子異不傷物，同不害正，若年迨六十，必至公輔。」嘗因酣宴之餘，爲韻語以奬勸靈運、瞻等曰：「康樂誕通度，實有名家韻，若加繩染功，剖瑩乃瓊瑾。宣明體遠識，穎達且沈儁，若能去方執，穆穆三才順。阿多標獨解，弱冠纂華胤，質勝誠無文，其尚又能峻。通遠懷清悟，采采摽蘭訊，直轡鮮不躓，抑用解偏吝。微子基微尚，無勸由慕藺，勿輕一簣少，進往將千仞。數子勉之哉，風流由爾振，如不犯所知，此外無所慎。」靈運等並有誠厲之言，唯弘微獨盡褒美。曜，弘微兄，多，其小字也。遠卽瞻字。靈運小名客兒。

晉世名家身有國封者，起家多拜員外散騎侍郎，弘微亦拜員外散騎，琅邪王大司馬參軍。

義熙八年，混以劉毅黨見誅，妻晉陵公主改適琅邪王練，公主雖執意不行，而詔其與謝氏離絕，公主以混家事委之弘微。混仍世宰輔，一門兩封，田業十餘處，僮僕千人，唯有二

女，年數歲。弘微經紀生業，事若在公，一錢尺帛出入，皆有文簿。遷通直郎。高祖受命，晉陵公主降爲東鄉君，以混得罪前代，東鄉君節義可嘉，聽還謝氏。自混亡，至是九載，而室宇修整，倉廩充盈，門徒業使，不異平日，田疇墾闢，有加於舊。東鄉君嘆曰：「僕射平生重此子，可謂知人。僕射爲不亡矣。」中外姻親，道俗義舊，見東鄉之歸者，入門莫不歎息，或爲之涕流，感弘微之義也。性嚴正，舉止必循禮度，事繼親之黨，恭謹過常。伯叔二母，歸宗兩姑，晨夕瞻奉，盡其誠敬。內或傳語通訊，輒正其衣冠。婢僕之前，不妄言笑，由是尊卑小大，敬之若神。

太祖鎮江陵，宋初封宜都王，以琅邪王球爲友，弘微爲文學。母憂去職，居喪以孝稱，服闋踰年，菜蔬不改。除鎮西諮議參軍。太祖卽位，爲黃門侍郎，與王華、王曇首、殷景仁、劉湛等號曰五臣。遷尚書吏部郎，參預機密。尋轉右衞將軍。諸故吏臣佐，並委弘微選擬。居身清約，器服不華，而飲食滋味，盡其豐美。

兄曜歷御史中丞，彭城王義康驃騎長史，元嘉四年卒。弘微蔬食積時，哀戚過禮，服雖除，猶不噉魚肉。沙門釋慧琳詣弘微，弘微與之共食，猶獨蔬素。慧琳曰：「檀越素既多疾，頃者肌色微損，卽吉之後，猶未復膳。若以無益傷生，豈所望於得理。」弘微答曰：「衣冠之變，禮不可踰。在心之哀，實未能已。」遂廢食感咽，歔欷不自勝。弘微少孤，事兄如父，兄

弟友穆之至，舉世莫及也。弘微口不言人短長，而曜好臧否人物，曜每言論，弘微常以它語亂之。

六年，東宮始建，領中庶子，又尋加侍中。弘微志在素宦，畏忌權寵，固讓不拜，乃聽解中庶子。每有獻替及論時事，必手書焚草，人莫之知。上以弘微能營膳羞，嘗就求食。弘微與親故經營，既進之後，親人問上所御，弘微不答，別以餘語酬之，時人比漢世孔光。八年秋，有疾，解右衞，領太子右衞率，還家。議欲解弘微侍中，以率加吏部尚書，固陳疾篤，得免。

九年，東鄉君薨，資財鉅萬，園宅十餘所，又會稽、吳興、琅邪諸處，太傅、司空琰時事業，奴僮猶有數百人。公私咸謂室內資財，宜歸二女，田宅僮僕，應屬弘微。弘微一無所取，自以私祿營葬。混女夫殷叡素好摴蒱，聞弘微不取財物，乃濫奪其妻妹及伯母兩姑之分以還戲責，內人皆化弘微之讓，一無所爭。弘微舅子領軍將軍劉湛性不堪其非，謂弘微曰：「天下事宜有裁衷。卿此不治，何以治官。」弘微笑而不答。或有譏之曰：「謝氏累世財產，充殷君一朝戲責，理之不允，莫此爲大。卿親而不言，〔四〕譬棄物江海以爲廉耳。設使立清名，而令家內不足，亦吾所不取也。」弘微曰：「親戚爭財，爲鄙之甚。今內人尚能無言，豈可導之使爭。今分多共少，不至有乏，身死之後，豈復見關。」東鄉君葬，混墓開，弘微牽

疾臨赴，病遂甚。十年，卒，時年四十二。時有一長鬼寄司馬文宣家，云受遣殺弘微，弘微疾增劇，輒豫告文宣。弘微既死，與文宣分別而去。弘微臨終，語左右曰：「有二封書，〔五〕須劉領軍至，可於前燒之，慎勿開也。」書皆是太祖手勑。上甚痛惜之，使二衞千人營畢葬事。追贈太常。子莊，別有傳。

王球字倩玉，琅邪臨沂人，太常惠從父弟也。父謐，司徒。

球少與惠齊名。美容止。除著作佐郎，不拜。尋除琅邪王大司馬行參軍，轉主簿，豫章公世子中軍功曹。宋國建，初拜世子中舍人。高祖受命，仍爲太子中舍人，宜都王友，轉諮議參軍，以疾去職。元嘉四年，起爲義興太守。從兄弘爲揚州，服親不得相臨，加宣威將軍，在郡有寬惠之美，徙太子右衞率。入爲侍中，領冠軍將軍，又領本州大中正，徙中書令，侍中如故。

遷吏部尚書。球公子簡貴，素不交遊，筵席虛靜，門無異客。尚書僕射殷景仁、領軍劉湛並執重權，傾動內外，球雖通家姻戚，未嘗往來。頗好文義，唯與琅邪顏延之相善。居選職，接客甚希，不視求官書疏，而銓衡有序，朝野稱之。本多羸疾，屢自陳解。遷光祿大夫，加金章紫綬，領廬陵王師。

兄子履進利爲行，深結劉湛，委誠大將軍彭城王義康，與劉斌、孔胤秀等並有異志，〔六〕球每訓厲，不納。自大將軍從事中郎，轉太子中庶子，流涕訴義康不願違離，以此復爲從事中郎。太祖甚銜之。及湛誅之夕，履徒跣告球。球命爲取履，先溫酒與之，謂曰：「常日語汝，何如？」履怖懼不得答，球徐曰：「阿父在，汝亦何憂。」命左右：「扶郎還齋。」〔七〕上以球故，履得免死，廢於家。

十七年，球復爲太子詹事，大夫、王師如故。未拜，會殷景仁卒，因除尚書僕射，王師如故。素有脚疾。錄尚書江夏王義恭謂尚書何尚之曰：「當今乏才，羣下宜加勠力，而王球放恣如此，恐宜以法糾之。」尚之曰：「球有素尚，加又多疾，應以淡退求之，未可以文案責也。」〔八〕猶坐白衣領職。時羣臣詔見，多不即前，卑疎者或至數十日，大臣亦有十餘日不被見者。唯球輒去，未嘗肯停。十八年，卒，時年四十九。追贈特進、金紫光祿大夫，加散騎常侍。無子，從孫奐爲後。大明末，吳興太守。

或人問史臣曰：「王惠何如？」答之曰：「令明簡。」又問：「王球何如？」答曰：「倩玉淡。」又問：「謝弘微何如？」曰：「簡而不失，淡而不流，古之所謂名臣，弘微當之矣。」

校勘記

〔一〕以問其從兄謐　各本並脫「其」字，據南史補。

〔二〕父思　「思」南史同。晉書謝萬傳作「恩」。

〔三〕昔爲烏衣遊戚戚皆親姪　「姪」南史作「姓」。

〔四〕卿親而不言　「親」南史作「覩」。

〔五〕有二封書　「二封」南史作「二尉」。

〔六〕與劉斌孔胤秀等並有異志　「孔胤秀」各本並作「孔胤季」，據本書卷六八彭城王義康傳改正。

〔七〕扶郎還齋　「郎」各本並作「卽」，據南史改。

〔八〕未可以文案責也　「責」各本並作「索」，據南史、元龜四七八改。

宋書

梁 沈約 撰

第六册

卷五九至卷七二(傳)

中華書局

宋書卷五十九

列傳第十九

殷淳 子孚 弟沖 淡 張暢 何偃 江智淵

殷淳字粹遠，陳郡長平人也。曾祖融，祖允，並晉太常。父穆，以和謹致稱，歷顯官，自五兵尚書爲高祖相國左長史。及受禪，轉散騎常侍，國子祭酒，復爲五兵尚書，吳郡太守。太祖卽位，爲金紫光祿大夫，領竟陵王師，遷護軍，又遷特進、右光祿大夫，領始興王師。元嘉十五年卒官，時年六十，謚曰元子。

淳少好學，有美名。少帝景平初，爲祕書郎，衡陽王文學，祕書丞，中書黃門侍郎。淳居黃門爲清切，下直應留下省，以父老特聽還家。高簡寡慾，早有淸尙，愛好文義，未嘗違捨。在祕書閣撰四部書目凡四十卷，行於世。元嘉十一年卒，時年三十二，朝廷痛惜之。子孚，有父風。世祖大明末，爲始興相。官至尙書吏部郎，順帝撫軍長史。

淳弟沖字希遠，歷中書黃門郎，坐議事不當免。復爲太子中庶子，尙書吏部郎，御史中丞，有司直之稱。出爲吳興太守，入爲度支尙書。元凶妃卽淳女，而沖在東宮爲劭所知遇，劭弑立，以爲侍中、護軍，遷司隸校尉。沖有學義文辭，劭使爲尙書符，罪狀世祖，亦爲劭盡力。世祖剋京邑，賜死。

沖弟淡字夷遠，亦歷黃門吏部郎，太子中庶子，領步兵校尉。大明世，以文章見知，爲當時才士。

張暢字少微，吳郡吳人，吳興太守邵兄子也。父禕，少有孝行，歷宦州府，爲琅邪王國郎中令。從琅邪王至洛。還京都，高祖封藥酒一甖付禕，使密加酖毒。禕受命，旣還，於道自飮而卒。

暢少與從兄敷、演、敬齊名，〔一〕爲後進之秀。起家爲太守徐佩之主簿，佩之被誅，暢馳出奔赴，制服盡哀，爲論者所美。弟牧嘗爲猘犬所傷，醫云宜食蝦蟆膾，牧甚難之，暢含笑先嘗，牧因此乃食，創亦卽愈。州辟從事，衡陽王義季征虜行參軍，彭城王義康平北主簿，司徒祭酒，尚書主客郎。未拜，又除度支左民郎，江夏王義恭征北記室參軍，晉安太守。又爲義季安西記室參軍，南義陽太守，臨川王義慶衞軍從事中郎，揚州治中別駕從事史，太子中庶子。

世祖鎭彭城，暢爲安北長史、沛郡太守。元嘉二十七年，索虜托跋燾南侵，太尉江夏王義恭總統諸軍，出鎭彭、泗。時燾親率大衆，已至蕭城，去彭城十數里。彭城衆力雖多，而軍食不足，義恭欲棄彭城南歸，計議彌日不定。時歷城衆少食多，安北中兵參軍沈慶之建議，欲以車營爲函箱陣，精兵爲外翼，奉二王及妃媛直趨歷城；分兵配護軍蕭思話留守。太尉長史何勗不同，欲席卷奔鬱洲，自海道還京都。義恭去意已判，唯二議未決，更集羣僚謀之。衆咸遑擾，莫有異議。暢曰：「若歷城、鬱洲有可致之理，下官敢不高讚。今城內乏食，百姓咸有走情，但以關扃嚴固，欲去莫從耳。若一旦動脚，則各自散走，欲至所在，何由可得。今軍食雖寡，朝夕猶未窘罄，量其欲盡，臨時更爲諸宜，豈有捨萬安之術，而就危亡之道。若此計必用，下官請以頸血汙公馬蹄！」世祖既聞暢議，謂義恭曰：「阿父既爲總統，去留非所敢干。道民忝爲城主，而損威延寇，其爲愧恧，亦已深矣。委鎭奔逃，實無顏復奉朝廷，〔二〕期與此城共其存沒，張長史言不可異也。」暢言既堅，世祖又贊成其議，義恭乃止。

時太祖遣員外散騎侍郎徐爰乘驛至彭城取米穀定最，爰既去，城內遣騎送之。燾聞

知，卽遣數百騎急追，爰已過淮，僅得免。初爰去，城內聞虜遣追，慮爰見禽，失米最，虜知城內食少，〔三〕義恭憂懼無計，猶欲奔走。爰既免，其日虜大衆亦至彭城。

燾始至，仍登城南亞父冢，於戲馬臺立氈屋。先是，燾未至，世祖遣將馬文恭向蕭城，爲虜所破，文恭走得免，隊主蒯應見執。至小市門曰：「魏主致意安北，遠來疲乏，若有甘蔗及酒，可見分。」時防城隊主梁法念答曰：「當爲啓聞。」應乃自陳蕭城之敗。又問應：「虜主自來不？」曰：「來。」問：「今何在？」應舉手指西南。又曰：「士馬多少？」答云：「四十餘萬。」法念以燾語白世祖，世祖遣人答曰：「知行路多乏，今付酒二器，甘蔗百挺。聞彼有駱駝，可遣送。」

明旦，燾又自上戲馬臺，復遣使至小市門曰：「魏主致意安北，安北可暫出門，欲與安北相見。我亦不攻此城，安北何勞苦將士在城上。又騾、驢、駱駝，是北國所出，今遣送，幷致雜物。」又語小市門隊主曰：「既有餉物，君可移度南門受之。」燾送駱駝、騾、馬及貂裘、雜飲食，既至南門，門先閉，請籥未出。暢於城上視之，虜使問：「是張長史邪？」暢曰：「君何得見識？」虜使答云：「君聲名遠聞，足使我知。」暢因問虜使姓，答云：「我是鮮卑，無姓。且道亦不可。」暢又問：「君居何任？」答云：「鮮卑官位不同，不可輒道，然亦足與君相敵耳。」虜使復問：「何爲怱怱杜門絕橋？」暢答曰：「二王以魏主營壘未立，將士疲勞，此精甲十萬，人思致

命，恐輕相淩踐，故且閉城耳。待彼休息士馬，然後共治戰場，刻日交戲。」虜使曰：「君當以法令裁物，何用發橋，復何足以十萬誇人。我亦有良馬逸足，若雲騎四集，亦可以相拒。」暢曰：「侯王設嶮，何但法令而已邪。我若誇君，當言百萬。所以言十萬者，政二王左右素所畜養者耳。此城內有數州士庶，二徒營伍，〔四〕猶所未論。我本鬬智，不鬬馬足。且冀之北土，馬之所生，君復何以逸足見誇邪。」虜使曰：「不爾。城守，君之所長；野戰，我之所長。我之恃馬，猶如君之恃城耳。」城內有具思者，嘗在北國，義恭遣視之，思識是虜尚書李孝伯。思因問：「李尚書，若行塗有勞。」孝伯曰：「此事應相與共知。」思答：「緣共知，所以有勞。」孝伯曰：「感君至意。」

既開門，暢屏却人仗，出對孝伯，幷進餉物。虜使云：「貂裘與太尉，駱駝、騾與安北，蒲陶酒雜飲，叔姪共嘗。」燾又乞酒幷甘橘。暢宣世祖問：「致意魏主，知欲相見，常遲面寫。但受命本朝，過蒙藩任，人臣無境外之交，恨不暫悉。且城守備防，邊鎭之常，但悅以使之，故勞而無怨耳。太尉、鎭軍得所送物，魏主意，知復須甘橘，今並付如別。太尉以北土寒鄉，皮袴褶脫是所須，今致魏主。螺杯、雜粽，南土所珍，鎭軍今以相致。」此信未去，燾復遣使令孝伯傳語曰：「魏主有詔語太尉、安北，近以騎至，車兩在後，今端坐無爲，有博具可見借。」暢曰：「博具當爲申啓。但向語二王，已非遜辭，且有詔之言，政可施於彼國，何得稱之

於此。」孝伯曰：「詔之與語，朕之與我，並有何異。」暢曰：「若辭以通，可如來談；既言有施，則貴賤有等。向所稱詔，非所敢聞。」孝伯又曰：「太尉、安北是人臣與非？」暢曰：「是也。」孝伯曰：「鄰國之君，何爲不稱詔於鄰國之臣？」暢曰：「君之此稱，尚不可聞於中華，況在諸王之貴，而猶曰鄰國之君邪。」孝伯曰：「魏主言太尉、鎭軍並皆年少，分闊南信，〔五〕殊當憂邑。若欲遣信者，當爲護送；脫須騎者，亦當以馬送之。」暢曰：「此方間路甚多，使命日夕往來，不復以此勞魏主。」孝伯曰：「亦知有水路，似爲白賊所斷。」暢曰：「君著白衣，故稱白賊邪？」孝伯大笑曰：「今之白賊，亦不異黃巾、赤眉。」暢曰：「黃巾、赤眉，似不在江南。」孝伯曰：「雖不在江南，亦不在青、徐也。」暢曰：「今者青、徐，實爲有賊，但非白賊耳。」虜使云：「向借博具，何故不出？」暢曰：「二王貴遠，啓聞難徹。」孝伯曰：「周公握髮吐哺，二王何獨貴遠？」暢曰：「握髮吐飡，本施中國耳。」孝伯曰：「賓有禮，主則擇之。」暢曰：「昨見衆賓至門，未爲有禮。」俄頃送博具出，因以與之。

燾又遣人云：「魏主致意安北，程天祚一介常人，誠知非宋朝之美，近於汝陽身被九創，落在溵水，〔六〕我手牽而出之。凡人骨肉分張，並思集聚，輒已語之，但其弟苦辭。今令與來使相見。」程天福謂使人曰：「兄受命汝陽，不能死節，各在一國，何煩相見。」燾又送氈各一領，鹽各九種，幷胡豉：「凡此諸鹽，各有所宜。白鹽是魏主自所食。〔七〕黑鹽治腹脹氣滿，

細刮取六銖，以酒服之。胡鹽治目痛。柔鹽不食，治馬脊創。赤鹽、駮鹽、臭鹽、馬齒鹽四種，並不中食。胡豉亦中噉。黃甘幸彼所豐，可更見分。」又云：「魏主致意太尉、安北，何不遣人來至我間。彼此之情，雖不可盡，要須見我小大，知我老少，觀我爲人。若諸佐不可遣，亦可使僮幹來。」暢又宣旨答曰：「魏主形狀才力，久爲來往所具。〔八〕李尚書親自銜命，不患彼此不盡，故不復遣使信。」又云：「魏主恨向所送馬，殊不稱意。安北若須大馬，當更送之，脫須蜀馬，亦有佳者。」暢曰：「安北不乏良駟，送自彼意，非此所求。」義恭餉燾炬燭十挺，世祖亦致錦一匹，曰：「知更須黃甘，誠非所吝。但送不足周彼一軍，向給魏主，未應便乏，故不復重付。」燾復求甘蔗、安石留，暢曰：「石留出自鄴下，亦當非彼所乏。」孝伯又曰：「君南土膏粱，何爲著屩。君而著此，使將士云何？」暢曰：「膏粱之言，誠爲多愧。但以不武，受命統軍，戎陣之間，不容緩服。」孝伯又曰：「長史，我是中州人，久處北國，自隔華風，相去步武，不得致盡，邊皆是北人聽我語者，長史當深得我。」孝伯又曰：「永昌王，魏主從弟，自頃常鎮長安，〔九〕今領精騎八萬，直造淮南，壽春久閉門自固，不敢相禦。向送劉康祖頭，彼之所見。王玄謨甚是所悉，亦是常才耳。南國何意作如此任使，以致奔敗。自入此境七百餘里，主人竟不能一相拒逆。鄒山之險，君家所憑，前鋒始得接手，崔邪利便藏入穴，我間諸將倒曳脚而出之，魏主賜其生命，今從在此。復何以輕脫遣馬文恭至蕭縣，使望風

退撓邪。君家民人甚相忿怨，云清平之時，賦我租帛，至有急難，不能相拯。」暢曰：「知永昌已過淮南，康祖爲其所破，比有信使，無此消息。王玄謨南土偏將，不謂爲才，但以其北人，故爲前驅引導耳。〔一〇〕大軍未至而河冰向合，玄謨量宜反旆，未爲失機，但因夜回師，致戎馬小亂耳。我家懸瓠斗城，〔一一〕陳憲小將，魏主傾國，累旬不剋。胡盛之偏裨小帥，衆無一旅，始濟融水，〔一二〕魏國君臣奔迸，僅得免脫，滑臺之師，無所多愧。鄒山小戍，雖有微險，河畔之民，多是新附，始慕聖化，姦盜未息，亦使崔邪利撫之而已，今沒虜手，何損於國。魏主自以十萬師而制一崔邪利，乃復足言邪。〔一三〕聞蕭、相百姓，並依山險，聊遣馬文恭以十隊示之耳。文恭謂前以三隊出，還走後，大營嵇玄敬以百騎至留城，魏軍奔敗。輕敵致此，亦非所䘏。王境人民，列居河畔，二國交兵，當互加撫養，〔一四〕而魏師入境，肆行殘虐，事生意外，由彼無道。官不負民，民何怨人。知入境七百，無復相拒，〔一五〕此自上由太尉神算，次在鎮軍聖略。經國之要，雖不豫聞，然用兵有機，間亦不容相語。」孝伯曰：「魏主當不圍此城，自率衆軍，直造瓜步。南事若辦，彭城不待攻圍；〔一六〕若不捷，彭城亦非所須也。我今當南飲江湖以療渴耳。」暢曰：「去留之事，自適彼懷。若虜馬遂得飲江，便爲無復天道。各應反命，遲復更悉。」暢便回還，孝伯追曰：「長史深自愛敬，相去步武，恨不執手。」暢因復謂曰：「善將愛，冀蕩定有期，相見無遠。君若得還宋朝，今爲相識之始。」孝伯曰：「待此未期。」燾

又遣就二王借箜篌、琵琶、箏、笛等器及棊子，義恭答曰：「受任戎行，不齎樂具。在此燕會，政使鎮府命妓，有弦百條，是江南之美，今以相致。」世祖曰：「任居方岳，初不此經慮，且樂人常器，又觀前來諸王贈別，有此琵琶，今以相與。棊子亦付。」孝伯言辭辯贍，亦北土之美也。暢隨宜應答，吐屬如流，音韻詳雅，風儀華潤，孝伯及左右人並相視歎息。

虜尋攻彭城南門，幷放火，暢躬自前戰，身先士卒。及燾自瓜步北走，經彭城下過，遣人語城內：「食盡且去，須麥熟更來。」義恭大懼，閉門不敢追。虜期又至，議欲芟麥剪苗，〔一七〕移民堡聚，衆論並不同，復更會議。鎮軍錄事參軍王孝孫獨曰：「虜不能復來，既自可保，如其更至，此議亦不可立。百姓閉在內城，饑饉日久，方春之月，野採自資，一入堡聚，餓死立至。民知必死，何可制邪？虜若必來，芟麥無晚。」四坐默然，莫之敢對。暢曰：「孝孫之議，實有可尋。」鎮軍府典籤董元嗣侍世祖側，進曰：「王錄事議不可奪，實如來論。」別駕王子夏因曰：「此論誠然。」暢斂板白世祖曰：「下官欲命孝孫彈子夏。」世祖曰：「王別駕有何事邪？」暢曰：「芟麥移民，可謂大議，一方安危，事係於此。子夏親爲州端，曾無同異，及聞元嗣之言，則歡笑酬答，阿意左右，何以事君。」子夏大慚，元嗣亦有慚色。義恭之議遂寢。太祖聞暢屢有正議，甚嘉之。

時虜聲云當出襄陽，故以暢爲南譙王義宣司空長史、南郡太守。又欲暢代劉興祖爲青

州及彭城都督，並不果。

三十年，元凶弒逆，義宣發哀之日，卽便舉兵，暢爲元佐，位居僚首，〔一八〕哀容俯仰，蔭映當時。舉哀畢，改服，著黃韋袴褶，出射堂簡人，音姿容止，莫不矚目，見之者皆願爲盡命。事平，徵爲吏部尚書，夷道縣侯，食邑千戶。義宣既有異圖，蔡超等以暢民望，勸義宣留之，乃解南蠻校尉以授暢，加冠軍將軍，領丞相長史。暢遣門生荀僧寶下都，〔一九〕因顏竣陳義宣釁狀。僧寶有私貨停巴陵，不時下，會義宣起兵，津逕斷絕，僧寶遂不得去。義宣將爲逆，遣嬖人翟靈寶謂暢：「朝廷簡練舟甲，意在西討，今欲發兵自衞。」暢曰：「必無此理，請以死保之。」靈寶知暢不回，勸義宣殺以徇衆。卽遣召暢，止于東齋，彌日不與相見，賴司馬竺超民保持，故獲全免。既而進號撫軍，別立軍部，以收民望。暢雖署文檄，而飲酒常醉，不省文書。隨義宣東下，梁山戰敗，義宣奔走，暢於兵亂自歸，爲軍人所掠，衣服都盡。値右將軍王玄謨乘輿出營，暢已得敗衣，排玄謨上轝，玄謨意甚不說，諸將欲殺之，隊主張世營救得免。送京師，下廷尉，削爵土，配左右尚方。尋見原。

復起爲都官尚書，轉侍中，代子淹領太子右衞率。孝建二年，出爲會稽太守。大明元年，卒官，時年五十。顏竣表世祖：「張暢遂不救疾。東南之秀，蚤樹風範，聞問悽愴，深切常懷。」謚曰宣子。暢愛弟子輯，臨終遺命與輯合墳。

子浩，官至義陽王昶征北諮議參軍。

浩弟淹，世祖南中郎主簿。世祖卽位，爲黄門郎，封廣晉縣子，食邑五百戶。太子右衞率，東陽太守。逼郡吏燒臂照佛，民有罪使禮佛，動至數千拜。免官禁錮。起爲光祿勳，臨川內史。太宗泰始初，與晉安王子勛同逆，率衆至鄱陽，軍敗見殺。

暢弟悅，亦有美稱。歷中書吏部郎，侍中，臨海王子頊前軍長史、南郡太守。晉安王子勛建僞號於尋陽，召爲吏部尚書，與鄧琬共輔僞政。事敗，殺琬歸降，事在琬傳。復爲太子庶子，仍除巴陵王休若衞軍長史、襄陽太守。四年，卽代休若爲雍州刺史、寧遠將軍。復爲休若征西長史、南郡太守。六年，太宗於巴郡置三巴校尉，以悅補之，加持節、輔師將軍，領巴郡太守。未拜，卒。

何偃字仲弘，廬江灊人，司空尚之中子也。州辟議曹從事，舉秀才，除中軍參軍，臨川王義慶平西府主簿。召爲太子洗馬，不拜。元嘉十九年，爲丹陽丞，除廬陵王友，太子中舍人，中書郎，太子中庶子。時義陽王昶任東官，使偃行義陽國事。

二十九年，太祖欲更北伐，訪之羣臣，偃議曰：「內幹胡法宗宣詔，逮問北伐。伏計賊審有殘禍，犬羊易亂，殲殄非難，誠如天旨。今雖廟算無遺，而士未精習。緣邊鎮戍，充實者寡，邊民流散，多未附業。控引所資，取給根本。虧根本以殉邊患，宜動必不剋。〔二〇〕無慮往歲挫傷，〔二一〕續以內釁，侮亡取亂，誠爲沛然。然淮、泗數州，實亦彫耗，流傭未歸，創痍未起。且攻守不等，客主形異，薄之則勢艱，圍之則曠日，進退之間，姦虞互起。竊謂當今之弊易衂，方來之寇不深，宜含垢藏疾，以齊天道。」遷始興王濬征北長史、南東海太守。

元凶弑立，以偃爲侍中，掌詔誥。時尚之爲司空、尚書令，偃居門下，父子並處權要，時爲寒心，而尚之及偃善攝機宜，曲得時譽。會世祖卽位，任遇無改，除大司馬長史，遷侍中，領太子中庶子。時責百官讜言，偃以爲：「宜重農卹本，幷官省事，考課以知能否，增俸以除吏姦。責成良守，久於其職。都督刺史，宜別其任。」

改領驍騎將軍，親遇隆密，有加舊臣。轉吏部尚書。尚之去選未五載，偃復襲其迹，世以爲榮。侍中顏竣至是始貴，與偃俱在門下，以文義賞會，相得甚歡。竣自謂任遇隆密，宜居重大，而位次與偃等未殊，意稍不悅。及偃代竣領選，竣愈憤懣，與偃遂有隙。竣時勢傾朝野，偃不自安，遂發心悸病，意慮乖僻，上表解職，告醫不仕。〔二二〕世祖遇偃既深，備加治療，名醫上藥，隨所宜須，乃得瘥。

時上長女山陰公主愛傾一時，配偃子戢。素好談玄，注莊子消搖篇傳於世。

大明二年，卒官，時年四十六。世祖與顏竣詔曰：「何偃遂成異世，美志長往。與之周旋，重以姻媾，臨哭傷怨，良不能已。往矣如何！宜贈散騎常侍、金紫光祿大夫，本官如故。」謚曰靖子。子戢，昇明末，爲相國左長史。

江智淵，濟陽考城人，湘州刺史夷弟子。父僧安，太子中庶子。

智淵初爲著作郎，江夏王義恭太尉行參軍，太子太傅主簿，隨王誕後軍參軍。世父夷有盛名，夷子湛又有清譽，父子並貴達，智淵父少無名問，湛禮敬甚簡，智淵常以爲恨，自非節歲，不入湛門。及爲隨王誕佐，在襄陽，誕待之甚厚。時諮議參軍謝莊、府主簿沈懷文並與智淵友善。懷文每稱之曰：「人所應有盡有，人所應無盡無者，其江智淵乎。」元嘉末，除尚書庫部郎。時高流官序，不爲臺郎，智淵門孤援寡，獨有此選，意甚不說，固辭不肯拜。竟陵王誕復版爲驃騎參軍，〔二三〕轉主簿，隨府轉司空主簿，記室參軍，領南濮陽太守，遷從事中郎。誕將爲逆，智淵悟其機，請假先反。誕事發，卽除中書侍郎。

智淵愛好文雅，詞采清贍，世祖深相知待，恩禮冠朝。上燕私甚數，多命羣臣五三人游

集，智淵常爲其首。同侶未及前，輒獨蒙引進，智淵每以越衆爲慚，未嘗有喜色。每從游幸，與羣僚相隨，見傳詔馳來，知當呼己，聳動愧恧，形於容貌，論者以此多之。

遷驍騎將軍，尚書吏部郎。上每酣宴，輒詬辱羣臣，幷使自相嘲訐，以爲歡笑。智淵素方退，漸不會旨。嘗使以王僧朗嘲戲其子景文，智淵正色曰：「恐不宜有此戲。」上怒曰：「江僧安癡人，癡人自相惜。」智淵伏席流涕，由此恩寵大衰。出爲新安王子鸞北中郎長史、南東海太守，加拜寧朔將軍，行南徐州事。初，上寵姬宣貴妃殷氏卒，使羣臣議謚，智淵上議曰「懷」。上以不盡嘉號，甚銜之。後車駕幸南山，乘馬至殷氏墓，羣臣皆騎從，上以馬鞭指墓石柱謂智淵曰：「此上不容有懷字！」智淵益惶懼。大明七年，以憂卒，時年四十六。

子季筠，太子洗馬，早卒。後廢帝卽位，以后父，追贈金紫光祿大夫。季筠妻王，平望鄉君。

智淵兄子槪早孤，養之如子。槪歷黃門吏部郎，侍中，武陵王北中郎長史、南東海太守，行南徐州事。後廢帝元徽中卒。

史臣曰：夫將帥者，御衆之名；士卒者，一夫之用。坐談兵機，制勝千里，安在乎蒙楯前

驅，履腸涉血而已哉。山濤之稱羊祜曰：「大將雖不須筋力，軍中猶宜强健。」以此爲言，則叔子之幹力弱矣。杜預文士儒生，射不能穿札，身未嘗跨馬，一朝統大衆二十餘萬，爲平吳都督。〔二四〕王戎把臂入林，亦受專征之寄。何必山西猛士，六郡良家，然後可受脤於朝堂，荷推轂之重。及虜兵深入，徐服恇震，非張暢正言，則彭、汴危矣。豈其身扞飛鏑，手折雲衝，方足使窮堞假命，危城載安乎。仁者之有勇，非爲臆說。

校勘記

〔一〕暢少與從兄敷演敬齊名　「敬」各本並作「鏡」，據本書張邵傳兄子暢附傳改正。李慈銘宋書札記云：「蓋趙宋避諱，故『敬』改爲『鏡』。」

〔二〕實無顏復奉朝廷　「奉」各本並作「奏」，據通鑑宋元嘉二十七年改。

〔三〕虜知城內食少　「虜」各本並作「慮」。孫彪宋書考論云：「慮當作虜。」按孫說是，今改正。

〔四〕二徙營伍　「二徙」魏書李孝伯傳、元龜八三四作「工徒」。

〔五〕分闔南信　三朝本、毛本、元龜八三四作「分闔」，北監本、殿本、局本作「久闔」，南史作「久闕」，魏書李孝伯傳作「久絕」。按「分闔」不誤。

〔六〕落在激水　「激水」各本並作「殿外」，據魏書李孝伯傳改。

〔七〕白鹽是魏主自所食　「白鹽」下，據魏書李孝伯傳有「食鹽」二字。按上云「鹽各九種」，數之祇有八種，似脫「食鹽」二字。

〔八〕久爲來往所具　「具」北監本、毛本、殿本、局本作「見」，百衲本所據底本原作「具」，涵芬樓影印時，又改從誤本作「見」。按元龜八三四、通鑑宋元嘉二十七年並作「具」。作「具」是，今改正。

〔九〕自頃常鎮長安　「頃」各本並作「復」，據魏書李孝伯傳改。

〔一〇〕但以其北人故爲前驅引導耳　各本並脫「其北」及「故」三字，義不可通，今據魏書李孝伯傳補。

〔一一〕我家懸瓠斗城　「懸瓠」各本並作「玄謨」，據魏書李孝伯傳改。按李孝伯傳作「我家懸瓠小戍」。懸瓠，汝南郡治，陳憲所守。

〔一二〕始濟融水　「融水」魏書李孝伯傳作「翮水」。孫彪宋書考論云：「案水經，其地唯有濦水，則作『翮』爲是。」

〔一三〕乃復足言邪　「乃」各本並作「方」，據魏書李孝伯傳、通鑑宋元嘉二十七年改。

〔一四〕當互加撫養　「互」各本作「平」，據魏書李孝伯傳改。

〔一五〕知入境七百無復相拒　「七」三朝本作「士」，毛本、殿本、局本作「土」，並誤。北監本、魏書李孝伯傳、元龜八三四、通鑑宋元嘉二十七年作「七」，是。又各本並脫「復」字，據元龜八三四補。

〔一六〕彭城不待攻圍　各本並脫「攻」字，據魏書李孝伯傳補。

〔一七〕議欲芟麥翦苗　三朝本作「議欲芟翦苗」。北監本、毛本、殿本、局本作「議欲芟翦麥苗」，今據元龜四五三、七一七、通鑑宋元嘉二十八年改。

〔一八〕位居僚首　各本並脫「位」字，據南史、御覽三八九、六九五引補。

〔一九〕暢遣門生苟僧寶下都　「苟僧寶」本書張邵傳兄子暢附傳、南史、元龜七一九作「荀僧寶」。

〔二〇〕宜動必不剋　各本並作「宜動必萬剋」，據元龜五二九訂正。

〔二一〕無慮往歲挫傷　「無慮」疑「索虜」之誤。

〔二二〕告醫不仕　南史作「告靈不仕」，似是。

〔二三〕竟陵王誕復版爲驃騎參軍　「驃騎參軍」各本並作「騎軍」。孫彪宋書考論云：「誕時爲驃騎大將軍，當云復版爲驃騎參軍。」按孫說是，今訂補。

〔二四〕爲平吳都督　「平吳」各本並作「平原」，李慈銘宋書札記云：「平原當作平吳。」按李說是，今據改。

宋書卷六十

列傳第二十

范泰　王准之　王韶之　荀伯子

范泰字伯倫，順陽山陰人也。〔一〕祖汪，晉安北將軍、徐兗二州刺史。父甯，豫章太守。泰初爲太學博士，衞將軍謝安、驃騎將軍會稽王道子二府參軍。荆州刺史王忱，泰外弟也，請爲天門太守。忱嗜酒，醉輒累旬，及醒，則儼然端肅。泰謂忱曰：「酒雖會性，亦所以傷生。游處以來，常欲有以相戒，當卿沈湎，措言莫由，及今之遇，又無假陳說。」忱嗟嘆久之，曰：「見規者衆矣，未有若此者也。」或問忱曰：「范泰何如謝邈？」忱曰：「茂度慢。」又問：「何如殷覬？」忱曰：「伯通易。」〔二〕忱常有意立功，謂泰曰：「今城池既立，軍甲亦充，將欲掃除中原，以申宿昔之志。伯通意銳，當令擁戈前驅。以君持重，欲相委留事，何如？」泰曰：「百年逋寇，前賢挫屈者多矣。功名雖貴，鄙生所不敢謀。」會忱病卒。召泰爲驃騎諮議

參軍，遷中書侍郎。時會稽王世子元顯專權，內外百官請假，不復表聞，唯籤元顯而已。泰建言以爲非宜，元顯不納。父憂去職，襲爵陽遂鄉侯。桓玄輔晉，使御史中丞祖台之奏泰及前司徒左長史王準之、輔國將軍司馬珣之並居喪無禮，泰坐廢徙丹徒。

義旗建，國子博士。司馬休之爲冠軍將軍、荆州刺史，以泰爲長史、南郡太守。又除長沙相，散騎常侍，並不拜。入爲黃門郎，御史中丞。坐議殷祠事謬，白衣領職。出爲東陽太守。盧循之難，泰預發兵千人，開倉給稟，高祖加泰振武將軍。明年，遷侍中，尋轉度支尚書。時僕射陳郡謝混，後進知名，高祖嘗從容問混：「泰名輩可以比誰？」對曰：「王元太一流人也。」徙爲太常。初，司徒道規無子，養太祖，及薨，以兄道憐第二子義慶爲嗣。高祖以道規素愛太祖，又令居重。道規追封南郡公，應以先華容縣公賜太祖。泰議曰：「公之友愛，即心過厚。禮無二嗣，義隆宜還本屬。」從之。轉大司馬左長史，右衞將軍，加散騎常侍。復爲尚書，常侍如故。兼司空，與右僕射袁湛授宋公九錫，隨軍到洛陽。高祖還彭城，與共登城，泰有足疾，特命乘轝。泰好酒，不拘小節，通率任心，雖在公坐，〔三〕不異私室，高祖甚賞愛之。然拙於爲治，故不得在政事之官。遷護軍將軍，以公事免。

高祖受命，拜金紫光祿大夫，加散騎常侍。明年，議建國學，以泰領國子祭酒。泰上表曰：

臣聞風化興於哲王，教訓表於至世。至說莫先講習，甚樂必寄朋來。古人成童入學，易子而教，尋師無遠，負糧忘艱，安親光國，莫不由此。若能出不由戶，則斯道莫從。是以明詔爰發，已成渙汗，學制既下，遠近遵承。臣之愚懷，少有未達。今惟新告始，盛業初基，天下改觀，有志景慕。而置生之制，取少停多，開不來之端，非一塗而已。臣以家推國，則知所聚不多，恐不足以宣大宋之風，弘濟濟之美。臣謂合選之家，雖制所未達，父兄欲其入學，理合開通，雖小違晨昏，所以大弘孝道。不知春秋，則所陷或大，故趙盾忠而書弒，許子孝而得罪，以斯爲戒，可不懼哉。十五志學，誠有其文，若年降無幾，而深有志尚者，何必限以一格，而不許其進邪。揚烏豫玄，實在弱齒；五十學易，乃無大過。

昔中朝助教，亦用二品。潁川陳載已辟太保掾，而國子取爲助教，即太尉准之弟。〔四〕所貴在於得才，無繫於定品。教學不明，奬厲不著，今有職閑而學優者，可以本官領之，門地二品，〔五〕宜以朝請領助教，既可以甄其名品，斯亦敎學之一隅。其二品才堪，自依舊從事。

會今生到有期，而學校未立。覆簣實望其速，回轍已淹其遲。事有似賒而宜急者，殆此之謂。古人重寸陰而賤尺璧，其道然也。

時學竟不立。

時言事者多以錢貨減少，國用不足，欲悉市民銅，更造五銖錢。泰又諫曰：

流聞將禁私銅，以充官銅，民雖失器，終於獲直，國用不足，其利實多。臣愚意異，不寧寢默。臣聞治國若烹小鮮，拯敝莫若務本。百姓不足，君孰與足。未有民貧而國富，本不足而末有餘者也。故囊漏貯中，識者不吝；反裘負薪，存毛實難。王者不言有無，諸侯不言多少，食祿之家，不與百姓爭利。故拔葵所以明治，織蒲謂之不仁，是以貴賤有章，職分無爽。

今之所憂，在農民尚寡，倉廩未充，轉運無已，資食者衆，家無私積，難以禦荒耳。夫貨存貿易，不在少多，昔日之貴，今者之賤，彼此共之，其揆一也。但令官民均通，則無患不足。若使必資貨廣以收國用者，則龜貝之屬，自古所行。尋銅之爲器，在用也博矣。鍾律所通者遠，機衡所揆者大。夏鼎負圖，實冠衆瑞，晉鐸呈象，亦啓休徵。器有要用，則貴賤同資；物有適宜，則家國共急。今毀必資之器，而爲無施之錢，於貨則功不補勞，在用則君民俱困，校之以實，損多益少。陛下勞謙終日，無倦庶務，以身率物，勤素成風，而頌聲不作，版、渭不至者，良由基根未固，意在遠略。伏願思可久之道，賒欲速之情，弘山海之納，擇芻收之說，則嘉謀日陳，聖慮可廣。其亡存心，然後苞

桑可繫。愚誠一至，用忘寢食。

景平初，加位特進。明年致仕，解國子祭酒。少帝在位，多諸愆失，上封事極諫，曰：

伏聞陛下時在後園，頗習武備，鼓鞞在宮，聲聞于外，黷武掖庭之內，諠譁省闥之間，不聞將帥之臣，統御之主，非徒不足以威四夷，祗生遠近之怪。近者東寇紛擾，皆欲伺國瑕隙，今之吳會，寧過二漢關、河，根本既搖，于何不有。如水旱成災，役夫不息，無寇而戒，爲費漸多。河南非復國有，羯虜難以理期，此臣所以用忘寢食，而干非其位者也。陛下踐阼，委政宰臣，實同高宗諒闇之美。而更親狎小人，不免近習，懼非社稷至計，經世之道。王言如絲，其出如綸，下觀而化，疾於影響。伏願陛下思弘古道，式遵遺訓，從理無滯，任賢勿疑，如此則天下歸德，宗社惟永。書云：「一人有慶，兆民賴之。」〔六〕天高聽卑，無幽不察，興衰在人，成敗易曉，未有政治在於上而人亂於下者也。

臣蒙先朝過遇，陛下殊私，實欲盡心竭誠，少報萬分，而惛耄已及，百疾互生，便爲永違聖顏，無復自盡之路，貪及視息，陳其狂瞽。陛下若能哀其所請，留心覽察，則臣夕殞于地，無恨九泉。

少帝雖不能納，亦不加譴。

徐羨之、傅亮等與泰素不平，及廬陵王義眞、少帝見害，泰謂所親曰：「吾觀古今多矣，未有受遺顧託，而嗣君見殺，賢王嬰戮者也。」

元嘉二年，表賀元正，并陳旱災，曰：

元正改律，品物惟新。陛下藉日新以畜德，仰乾元以履祚，吉祥集室，百福來庭。頃旱魃爲虐，亢陽愆度，通川燥流，異井同竭。老弱不堪遠汲，貧寡單於負水。租輸既重，賦稅無降，百姓怨咨。臣年過七十，未見此旱。陰陽并隔，則和氣不交，豈惟凶荒，必生疾疫，其爲憂虞，不可備序。

雩禜之典，以誠會事，巫祝常祈，罕能有感，上天之譴，不可不察。漢東海枉殺孝婦，亢旱三年，及祭其墓，澍雨立降，歲以有年。是以衞人伐邢，師興而雨。伏願陛下式遵遠猷，思隆高構，推忠恕之愛，矜寃枉之獄，遊心下民之瘼，厝思幽冥之紀。令謗木警闕，諫鼓鳴朝，察芻牧之言，總統御之要。如此，則苞桑可繫，危幾無兆。斯而災害不消，未之有也。故夏禹引百姓之罪，殷湯甘萬方之過，太戊資桑穀以進德，宋景藉熒惑以修善，斯皆因敗以轉成，往事之昭晰也。循末俗者難爲風，就正路者易爲雅。臣疾患日篤，夕不謀朝，會及歲慶，得一聞達，微誠少亮，無恨泉壤，永違聖顏，拜表悲咽。

遂輕舟遊東陽，任心行止，不關朝廷。有司劾奏之，太祖不問也。

時太祖雖當陽親覽，而羨之等猶秉重權，復上表曰：「伏承廬陵王已復封爵，猶未加贈。陛下孝慈天至，友于過隆，伏揆聖心，已自有在。但司契以不唱爲高，冕旒以因寄成用。臣雖言不足採，誠不亮時，但猥蒙先朝忘醜之眷，復沾廬陵矜顧之末，息晏委質，有兼常款，契闊戎陣，顚狽艱危，厚德無報，授命路絕，此老臣兼不能自已者也。朽謝越局，無所逃刑。」泰諸子禁之，表竟不奏。

三年，羨之等伏誅，進位侍中、左光祿大夫、國子祭酒，領江夏王師，特進如故。上以泰先朝舊臣，恩禮甚重，以有脚疾，起居艱難，宴見之日，特聽乘輿到坐。累陳時事，上每優容之。

其年秋旱蝗，又上表曰：

陛下昧旦丕顯，求民之瘼，明斷庶獄，無倦政事，理出羣心，澤謠民口，百姓翕然，皆自以爲遇其時也。災變雖小，要有以致之。守宰之失，臣所不能究，上天之譴，臣所不敢誣。有蝗之處，縣官多課民捕之，無益於枯苗，有傷於殺害。臣聞桑穀時亡，無假斤斧，楚昭仁愛，不禁自瘳，卓茂去無知之蟲，宋均囚有異之虎，蝗生有由，非所宜殺。石不能言，星不自隕，春秋之旨，所宜詳察。

禮婦人有三從之義，而無自專之道，周書父子兄弟，罪不相及，女人被宥，由來尚

矣。〔七〕謝晦婦女，猶在尚方，始貴後賤，物情之所甚苦，匹婦一至，亦能有所感激。臣於謝氏，不容有情，蒙國重恩，寢處思報，伏度聖心，已當有在。

禮春夏教詩，無一而闕也。臣近侍坐，聞立學當在入年。陛下經略粗建，意存民食，入年則農功興，農功興則田里闢，入秋治庠序，入冬集遠生，二塗並行，事不相害。夫事多以淹稽爲戒，不遠爲患，任臣學官，竟無微績，徒墜天施，無情自處。臣之區區，不望目覩盛化，竊慕子囊城郢之心，庶免荀偃不瞑之恨。臣比陳愚見，便是都無可採，徒煩天聽，愧怍反側。

書奏，上乃原謝晦婦女。

時司徒王弘輔政，泰謂弘曰：「天下務廣，而權要難居，卿兄弟盛滿，當深存降挹。彭城王，帝之次弟，宜徵還入朝，共參朝政。」弘納其言。

時旱災未已，加以疾疫，泰又上表曰：「頃亢旱歷時，疾疫未已，方之常災，實爲過差，古以爲王澤不流之徵。陛下昧旦臨朝，無懈治道，躬自菲薄，勞心民庶，以理而言，不應致此。意以爲上天之於賢君，正自殷勤無已。陛下同規禹、湯引百姓之過，言動于心，道敷自遠。桑穀生朝而殞，熒惑犯心而退，非唯消災弭患，乃所以大啓聖明，靈雨立降，百姓改瞻，應感之來，有同影響。陛下近當仰推天意，俯察人謀，升平之化，尙存舊典，顧思與不思，行與不

行耳。大宋雖揖讓受終，未積有虞之道，先帝登遐之日，便是道消之初。至乃嗣主被殺，哲藩嬰禍，九服徘徊，有心喪氣，佐命託孤之臣，俄爲戎首。天下蕩蕩，王道已淪，自非神英，撥亂反正，則宗社非復宋有。革命之與隨時，其義尤大。是以古今異用，循方必壅，大道隱於小成，欲速或未必達。深根固蔕之術，未洽於愚心，是用猖狂妄作而不能緘默者也。臣既頑且鄙，不達治宜，加之以篤疾，重之以惛耄，言或非言而復不能無言，陛下錄其一毫之誠，則臣不知厝身之所。」

泰博覽篇籍，好爲文章，愛奬後生，孜孜無倦。撰古今善言二十四篇及文集傳於世。暮年事佛甚精，於宅西立祇洹精舍。五年，卒，時年七十四。追贈車騎將軍，侍中、特進、王師如故。謚曰宣侯。

長子昂，早卒。次子羼，宜都太守。次晏，侍中、光祿大夫。次曄，太子詹事，謀反伏誅，自有傳。少子廣淵，善屬文，世祖撫軍諮議參軍，領記室，坐曄事從誅。

王准之字元曾，[八]琅邪臨沂人。高祖彬，尚書僕射。曾祖彪之，尚書令。祖臨之，父訥之，[九]並御史中丞。彪之博聞多識，練悉朝儀，自是家世相傳，並諳江左舊事，緘之青

箱，世人謂之「王氏青箱學」。

准之兼明禮傳，贍於文辭。起家爲本國右常侍，桓玄大將軍行參軍。玄篡位，以爲尚書祠部郎。義熙初，又爲尚書中兵郎，遷參高祖車騎中軍軍事，丹陽丞，中軍太尉主簿，出爲山陰令，有能名。預討盧循功，封都亭侯。又爲高祖鎮西、平北、太尉參軍，尚書左丞，本郡大中正。宋臺建，除御史中丞，爲僚友所憚。准之父訥之、祖臨之、曾祖彪之至准之，四世居此職。准之嘗作五言，范泰嘲之曰：「卿唯解彈事耳。」准之正色答：「猶差卿世載雄狐。」坐世子右衞率謝靈運殺人不舉免官。

高祖受命，拜黃門侍郎。永初二年，[一〇]奏曰：「鄭玄注禮，三年之喪，二十七月而吉，古今學者多謂得禮之宜。晉初用王肅議，祥禫共月，故二十五月而除，遂以爲制。江左以來，唯晉朝施用；縉紳之士，多遵玄義。夫先王制禮，以大順羣心。喪也寧戚，著自前訓。今大宋開泰，品物遂理。愚謂宜同卽物情，以玄義爲制，朝野一禮，則家無殊俗。」從之。

遷司徒左長史，出爲始興太守。元嘉二年，爲江夏王義恭撫軍長史、歷陽太守，行州府之任，綏懷得理，軍民便之。尋入爲侍中。明年，徙爲都官尚書，改領吏部。性峭急，頗失縉紳之望。出爲丹陽尹。准之究識舊儀，問無不對，時大將軍彭城王義康錄尚書事，每歎曰：「何須高論玄虛，正得如王准之兩三人，天下便治矣。」然寡乏風素，不爲時流所重。撰儀注，朝廷至今遵用之。十年，卒，時年五十六。追贈太常。子興之，[一一]征虜主簿。

王韶之字休泰，琅邪臨沂人也。曾祖廙，晉驃騎將軍。祖羨之，鎮軍掾。父偉之，本國郎中令。

韶之家貧，父爲烏程令，因居縣境。好史籍，博涉多聞。初爲衞將軍謝琰行參軍。偉之少有志尚，當世詔命表奏，輒自書寫，太元、隆安時事，[一二]小大悉撰錄之，韶之因此私撰晉安帝陽秋。既成，時人謂宜居史職，卽除著作佐郎，使續後事，訖義熙九年。善敍事，辭論可觀，爲後代佳史。遷尚書祠部郎。晉帝自孝武以來，常居內殿，武官主書於中通呈，以省官一人管司詔誥，任在西省，[一三]因謂之西省郎。傅亮、羊徽相代〔在職，義熙十一年，高祖以韶之博學有文詞，補通直郎，〕領西省事。[一四]轉中書侍郎。安帝之崩也，高祖使韶之與帝左右密加酖毒。恭帝卽位，遷黃門侍郎，領著作郎，西省如故。凡諸詔黃，[一五]皆其辭也。

高祖受禪，加驍騎將軍，本郡中正，黃門如故，西省職解，復掌宋書。有司奏東冶士朱道民禽三叛士，依例放遣，韶之啓曰：「尚書金部奏事如右，斯誠檢忘一時權制，[一六]懼非經國弘本之令典。臣尋舊制，以罪補士，凡有十餘條，雖同異不紊，而輕重實殊。至於詐列父

母死，誣罔父母淫亂，破義反逆，此四條，實窮亂抵逆，人理必盡，雖復殊刑過制，猶不足以塞莫大之罪。既獲全首領，大造已隆，寧可復遂拔徒隸，緩帶當年，自同編戶，列齒齊民乎。臣懼此制永行，所虧實大。方今聖化惟新，崇本棄末，一切之令，宜加詳改。愚謂此四條不合加贖罪之恩。」侍中褚淡之同韶之三條，却宜仍舊。詔可。又駁員外散騎侍郎王寔之請假事曰：「伏尋舊制，羣臣家有情事，聽併急六十日。太元中改制，年賜假百日。又居在千里外，聽併請來年限，合爲二百日。此蓋一時之令，非經通之旨。會稽雖塗盈千里，未足爲難，百日歸休，於事自足。若私理不同，便應自表陳解，豈宜名班朝列，而久淹私門。臣等參議，謂不合開許。或家在河、洛及嶺、沔、漢者，道阻且長，猶宜別有條品，請付尚書詳爲其制。」從之。坐璽封謬誤，免黃門，事在謝晦傳。

韶之爲晉史，序王珣貨殖，王廞作亂。珣子弘，廞子華，並貴顯，韶之懼爲所陷，深結徐羨之、傅亮等。少帝卽位，遷侍中，驍騎如故。景平元年，[一七]出爲吳興太守。羨之被誅，王弘入爲相，領揚州刺史。弘雖與韶之不絕，諸弟未相識者，皆不復往來。韶之在郡，常慮爲弘所繩，夙夜勤厲，政績甚美，弘亦抑其私憾。太祖兩嘉之。在任積年，稱爲良守，加秩中二千石。十年，徵爲祠部尚書，加給事中。坐去郡長取送故，免官。十二年，又出爲吳興太守。其年卒，時年五十六。七廟歌辭，韶之制也。文集行於世。子曄，尚書駕部外兵郎，臨

賀太守。

荀伯子，潁川潁陰人也。祖羨，驃騎將軍。父猗，祕書郎。

伯子少好學，博覽經傳，而通率好爲雜戲，遨遊閭里，故以此失清塗。解褐爲駙馬都尉，奉朝請，員外散騎侍郎。著作郎徐廣重其才學，舉伯子及王韶之並爲佐郎，助撰晉史及著桓玄等傳。遷尚書祠部郎。

義熙九年，上表曰：「臣聞咎繇亡後，臧文以爲深歎；伯氏奪邑，管仲所以稱仁。功高可百世不泯，濫賞無崇朝宜許。故太傅鉅平侯祜，明德通賢，宗臣莫二，勳參佐命，功成平吳，而後嗣闕然，烝嘗莫寄。漢以蕭何元功，故絕世輒紹。愚謂鉅平之封，宜同酇國。故太尉廣陵公陳準，黨翼孫秀，禍加淮南，竊饗大國，因罪爲利。值西朝政刑失裁，中興復因而不奪。今王道惟新，豈可不大判臧否。謂廣陵之國，宜在削除。故太保衞瓘本爵菑陽縣公，〔一八〕既被橫禍，及進第秩，始贈蘭陵，又轉江夏。中朝公輔，多非理終，瓘功德不殊，亦無緣獨受偏賞，宜復本封，以正國章。」詔付門下。

前散騎常侍江夏公衞璵上表自陳曰：「臣乃祖故太保瓘，於魏咸熙之中，太祖文皇帝爲

元輔之日，封菑陽侯，大晉受禪，進爵爲公，歷位太保，總錄朝政。于時賈庶人及諸王用事，忌瓘忠節，故楚王瑋矯詔致禍。前朝以瓘秉心忠正，加以伐蜀之勳，故追封蘭陵郡公。永嘉之中，東海王越食蘭陵，換封江夏，戶邑如舊。臣高祖散騎侍郎璪，瓘之嫡孫，〔一九〕纂承封爵。中宗元皇帝以曾祖故右衞將軍崇承襲，逮于臣身。伏聞祠部郎荀伯子表，欲貶降復封菑陽。夫趙氏之忠，寵延累葉，漢祖開封，誓以山河。伏願陛下錄既往之勳，垂罔極之施，乞出臣表，付外參詳。」潁川陳茂先亦上表曰：「祠部郎荀伯子表臣七世祖太尉淮禍加淮南，不應濫賞。尋先臣以剪除賈謐，封海陵公，事在淮南遇禍之前。後廣陵雖在擾攘之際，臣祖乃始蒙殊遇，歷位元、凱。後被遠外，乃作平州，而猶不至除國，良以先勳深重，百世不泯故也。聖明御世，英輔係興，曾無疑議，以爲濫賞。臣以微弱，未齒人倫，加始勉視息，封爵兼嗣。伏願陛下遠錄舊勳，特垂矜察。」詔皆付門下，並不施行。

伯子爲世子征虜功曹，國子博士。妻弟謝晦薦達之，入爲尚書左丞，出補臨川內史。車騎將軍王弘稱之曰：「沈重不華，有平陽侯之風。」伯子常自矜蔭籍之美，謂弘曰：「天下膏粱，唯使君與下官耳。宣明之徒，不足數也。」遷散騎常侍，本邑大中正。又上表曰：「伏見百官位次，陳留王在零陵王上，臣愚竊以爲疑。昔武王剋殷，封神農之後於焦，黃帝之後於祝，帝堯之後於薊，帝舜之後於陳，夏後於杞，殷後於宋。杞、陳並爲列國，而薊、祝、焦無聞焉。斯則襃崇所承，優於遠代之顯驗也。是以春秋次序諸侯，宋居杞、陳之上。考之近世，事亦有徵。晉泰始元年，詔賜山陽公劉康子弟一人爵關內侯，衞公姬署、宋侯孔紹子一人駙馬都尉。又泰始三年，太常上博士劉憙等議，稱衞公署於大晉在三恪之數，應降稱侯。臣以零陵王位宜在陳留之上。」從之。

遷太子僕，御史中丞，莅職勤恪，有匪躬之稱，立朝正色，外內憚之。凡所奏劾，莫不深相謗毀，或延及祖禰，示其切直，又頗雜嘲戲，故世人以此非之。出補司徒左長史，東陽太守。元嘉十五年，卒官，時年六十一。文集傳於世。

子赤松，爲尚書左丞，〔二〇〕以徐湛之黨，爲元凶所殺。

伯子族弟昶字茂祖，與伯子絕服五世。元嘉初，以文義至中書郎。昶子萬秋字元寶，亦用才學自顯。世祖初，爲晉陵太守。坐於郡立華林閣，置主書、主衣，下獄免。前廢帝末，爲御史中丞，卒官。

史臣曰：夫令問令望，詩人所以作詠；有禮有法，前誥以之垂美。荀、范、二王，雖以學義自顯，而在朝之譽不弘，蓋由才有餘而智未足也，惜矣哉。

校勘記

〔一〕順陽山陰人也　廿二史考異云：「按州郡志，順陽無山陰縣。梁書范雲、范縝傳並云南鄉舞陰人。南鄉與順陽本一郡，似山陰當爲舞陰之譌。而州郡志舞陰屬南陽，未詳其故。」李慈銘宋書札記云：「山陰字有誤。晉書范晷傳，南陽順陽人。南史泰傳但作順陽人。」

〔二〕伯通易　「伯通」各本並作「伯道」，據元龜七八八改。晉書殷覬傳，覬字伯通。下「伯道意銳」，亦並改伯通。

〔三〕雖在公坐　「坐」各本並作「言」，據南史改。

〔四〕卽太尉准之弟　「准」各本並作「淮」，據錢氏考異說改正。廿二史考異云：「淮當作準。史家避順帝諱，改準爲准，因譌爲淮耳。」孫虨宋書考論云：「太尉陳準也。今世通行准字，說者以爲自寇萊公作相始。錢氏謂自宋順帝，皆非也。魏書長孫肥傳，中山太守仇儒推羣盜趙准爲主，造妖言云：『燕東傾，趙當續。欲知其名，淮水不足。』時晉安帝隆安間也。則知此字俗用已久。」

〔五〕門地二品　「門地」下元龜六〇三有「堪」字。

〔六〕書云一人有慶兆民賴之　「書云」各本並作「詩云」，據元龜五四一改。按「一人有慶，兆民賴之」，語見書呂刑。

〔七〕由來尙矣　「尙」各本並作「上」，據南史改。

〔八〕王淮之字元曾　三朝本作「王淮之」，北監本、毛本、殿本、局本作「王滙之」。元大德本南史作「王準之」，殿本南史作「王淮之，字元魯」。太平廣記九九引冥祥記作「王滙之，字元曾」。殿本考證謂「淮卽準之減畫，實一字也。范泰傳前司徒長史王準之，當是一人」。按殿本考證誤，范泰傳之王準之，爲王雅之子。晉書王雅傳：「長子準之，散騎侍郎。」與此王淮之非一人。

〔九〕父訥之　「訥之」各本並作「納之」，據世說新語文學篇注改。劉峻世說新語注引王氏譜曰：「訥之字永言，琅邪人。祖彪之，光祿大夫。父臨之，東陽太守。訥之歷尙書左丞，御史中丞。」古人名字相應，旣字永言，則作「訥之」是，作「納之」誤。

〔一〇〕永初二年　此事禮志繫元年。晉宋書故謂作元年是。

〔一一〕子興之　「興之」南史作「輿之」。

〔一二〕太元隆安時事　「太元」各本並作「泰元」，按東晉孝武帝年號太元，今改正。

〔一三〕任在西省　「任」南史作「仕」。

〔一四〕傅亮羊徽相代在職義熙十一年高祖以韶之博學有文詞補通直郎領西省事　各本並脫「在職至補通直郎」二十一字，據南史補。「高祖」南史作「宋武帝」，今據宋書史例改正。

〔一五〕凡諸詔黃　「詔黃」各本並作「詔奏」，據南史改。按古時帝命不稱奏，作「黃」是。

〔一六〕斯誠檢忘一時權制　張森楷校勘記云：「檢忘當作檢亡，猶捕亡也。正謂上文禽三叛上耳。」

〔一七〕景平元年　「元」各本並作「之」。孫虨宋書考論云：「當爲景平元年。」按孫說是，今改正。

〔一八〕故太保衞瓘本爵蕭陽縣公　「蕭陽」南史、晉書衞瓘傳、羊祜傳並作「菑陽」。錢大昕廿二史考異云：「蕭陽，晉書作菑陽。考晉書地理志不見此二縣名。」

〔一九〕瓘之嫡孫　各本並脫「瓘」字。孫虨宋書考論云：「璪下當脫瓘字。」按晉書衞瓘傳，璪爲瓘之孫。孫說是，今訂補。

〔二〇〕子赤松爲尙書左丞　宋本作「左丞」，弘治本、北監本、毛本、殿本、局本作「右丞」，本書顏延之傳亦作「尙書左丞荀赤松」，未知孰是。今姑從宋本及顏延之傳作「左丞」。

宋書卷六十一

列傳第二十一

武三王

廬陵孝獻王義眞　江夏文獻王義恭　衡陽文王義季

武帝七男：張夫人生少帝，孫修華生廬陵孝獻王義眞，胡婕妤生文皇帝，王修容生彭城王義康，袁美人生江夏文獻王義恭，孫美人生南郡王義宣，呂美人生衡陽文王義季。義康、義宣別有傳。〔一〕

廬陵孝獻王義眞，美儀貌，神情秀徹。初封桂陽縣公，食邑千戶。年十二，從北征大軍進長安，留守栢谷塢，除員外散騎常侍，不拜。及關中平定，高祖議欲東還，而諸將行役既

久，咸有歸願，止留偏將，不足鎭固人心，乃以義眞行都督雍涼秦三州司州之河東平陽河北三郡諸軍事、安西將軍、領護西戎校尉、雍州刺史。〔二〕太尉諮議參軍京兆王脩爲長史，委以關中之任。高祖將還，三秦父老詣門流涕訴曰：「殘民不沾王化，於今百年矣。始覩衣冠，方仰聖澤。長安十陵，是公家墳墓，咸陽宮殿數千間，是公家屋宅，捨此欲何之？」高祖爲之愍然，慰譬曰：「受命朝廷，不得擅留。感諸君戀本之意，今留第二兒，令文武賢才共鎭此境。」臨還，自執義眞手以授王脩，令脩執其子孝孫手以授高祖。義眞尋除正，加節，又進督幷東秦二州、司州之東安定新平二郡諸軍事，領東秦州刺史。〔三〕時隴上流人，多在關中，望因大威，復得歸本。及置東秦州，父老知無復經略隴右、固關中之意，咸共歎息。而佛佛虜寇逼交至。

沈田子旣殺王鎭惡，王脩又殺田子。義眞年少，賜與左右不節，脩常裁減之，左右並怨。因是白義眞曰：「鎭惡欲反，故田子殺之。脩今殺田子，是又欲反也。」義眞乃使左右劉乞等殺脩。脩字叔治，京兆灞城人也。初南渡見桓玄，玄知之，謂曰：「君平世吏部郎才。」脩旣死，人情離駭，無相統一。高祖遣將軍朱齡石替義眞鎭關中，使義眞輕兵疾歸。諸將競斂財貨，多載子女，方軌徐行。虜追騎且至，建威將軍傅弘之曰：「公處分亟進，恐虜追擊人也。今多將輜重，一日行不過十里，虜騎追至，何以待之。宜棄車輕行，乃可以免。」不

從。賊追兵果至，騎數萬匹。輔國將軍蒯恩斷後不能禁，至青泥，後軍大敗，諸將及府功曹王賜悉被俘虜。義眞在前，故得與數百人奔散，日暮，虜不復窮追。義眞與左右相失，獨逃草中。中兵參軍段宏單騎追尋，緣道叫喚，義眞識其聲，出就之，曰：「君非段中兵邪？身在此。」宏大喜，負之而歸。義眞謂宏曰：「今日之事，誠無算略。然丈夫不經此，何以知艱難。」初，高祖聞青泥敗，未得義眞審問，有前至者訪之，並云「闇夜奔敗，無以知存亡」。高祖怒甚，剋日北伐，謝晦諫不從。及得宏啓事，知義眞已免，乃止。

義眞尋都督司雍秦并涼五州諸軍、建威將軍、司州刺史，持節如故。以段宏爲義眞諮議參軍，尋還宋臺黃門郎，領太子右衞率。宏，鮮卑人也，爲慕容超尚書左僕射、徐州刺史，高祖伐廣固，歸降。太祖元嘉中，爲征虜將軍、青冀二州刺史。追贈左將軍。時義眞將鎭洛陽，而河南蕭條，未及修理，改除揚州刺史，鎭石頭。

永初元年，封廬陵王，食邑三千戶，移鎭東城。高祖始踐阼，義眞意色不悅，侍讀博士蔡茂之問其故，[四]義眞曰：「安不忘危，休泰何可恃。」明年，遷司徒。高祖不豫，以爲使持節、侍中、都督南豫豫雍司秦并六州諸軍事、車騎將軍、開府儀同三司、南豫州刺史，出鎭歷陽。未之任而高祖崩。

義眞聰明愛文義，而輕動無德業。與陳郡謝靈運、琅邪顏延之、慧琳道人並周旋異常，

云得志之日，以靈運、延之爲宰相，慧琳爲西豫州都督。徐羨之等嫌義眞與靈運、延之暱狎過甚，故使范晏從容戒之，義眞曰：「靈運空疎，延之隘薄，魏文帝云鮮能以名節自立者。但性情所得，未能忘言於悟賞，故與之遊耳。」將之鎭，列部伍於東府前，既有國哀，義眞所乘舫單素，不及母孫修儀所乘者。[五]義眞與靈運、延之、慧琳等共視部伍，因宴舫內，使左右剔母舫函道以施己舫，而取其勝者。及至歷陽，多所求索，羨之等每裁量不盡與，深怨執政，表求還都。而少帝失德，羨之等密謀廢立，則次第應在義眞，以義眞輕訬，不任主社稷，因其與少帝不協，乃奏廢之，曰：

臣聞二叔不咸，難結隆周，淮南悖縱，禍興盛漢，莫不義以斷恩，情爲法屈。二代之事，殷鑒無遠，仁厚之主，行之不疑。故共叔不斷，幾傾鄭國，劉英容養，釁廣難深，前事之不忘，後王之成鑒也。

案車騎將軍義眞，凶忍之性，爰自稚弱，咸陽之酷，醜聲遠播。先朝猶以年在紈綺，冀能改厲，天屬之愛，想聞革心。自聖體不豫，以及大漸，臣庶憂惶，內外屏氣。而縱博酣酒，日夜無輟，肆口縱言，多行無禮。先帝貽厥之謀，圖慮經固，親敕陛下，面詔臣等，若遂不悛，必加放黜，至言苦厲，猶在紙翰。而自茲迄今，日月增甚，至乃委棄藩屏，志還京邑，潛懷異圖，希幸非冀，轉聚甲卒，徵召車馬。陵墳未乾，情事猶昨，遂蔑棄遺旨，顯違成規，整棹浮舟，以示歸志，肆心專己，無復諮承。聖恩低佪，深垂隱忍，屢遣中使，苦相敎釋。而親對散騎侍郎邢安泰、廣武將軍茅仲思，縱其悖罵，訕主謗朝，此久播于遠近，暴於人聽。

臣聞原火不撲，蔓草難除，青青不伐，終致尋斧，況憂深患著，社稷慮切。請一遵晉朝武陵舊典，使顧懷之旨，不墜於武廟，全宥之德，獲申於昵親。仰尋感慟，臨啓悲咽。

乃廢義眞爲庶人，徙新安郡。前吉陽令堂邑張約之上疏諫曰：

臣聞仁義之在天下，若中原之有菽，理感之被萬物，故不繫於貴賤。是以考叔反悔誓於及泉，壺關復寃魂於湖邑。當斯之時，豈無尊卿賢輔，或以事迫心違，或以道壅謀屈，何嘗不願聞善於輿隸，藥石於阿氏哉。[六]臣雖草芥，備充黔首，少不量力，頗高殉義之風，謂蹈善於朝聞，愈徒生於白首。用敢干禁忘戮，披敍丹愚。

伏惟高祖武皇帝誕茲神武，撫運龍興，仰淸天步，則齊德有虞，俯廓九州，則侔功大夏，故虞順天人，享有萬國。雖靈祚修長，聖躬弗永，陛下繼明紹統，遐邇一心，藩王哲茂，四維寧謐，傾耳康哉之詠，企踵升平之風。

竊念廬陵王少蒙先皇優慈之遇，長受陛下睦愛之恩。故在心必言，所懷必亮，容

犯臣子之道，致招驕恣之愆。至於天姿夙成，實有卓然之美，宜在容養，錄善掩瑕，訓盡義方，進退以漸。今猥加剝辱，幽徙遠郡，上傷陛下棠棣之篤，下令遠近恇然失圖，士庶杜口，人爲身計。臣伏思大宋之興，雖協應符緯，而開基造次，根條未繁，宜廣樹藩戚，敦睦以道，使兄弟之美，比煇魯、衞，龜策告同，祚均七百，豈不善哉！陛下富於春秋，慮未重複，忽安危之遠算，肆不忍於一朝。特願留神允思，重加詢采。上考前代興亡之由，中存武皇締構之業，下顧蒼生顒顒之望，時開曲宥，[七]反王都邑。選保傅於舊老，求四友於髦俊，引誘情性，導達聰明。凡人在苦，皆能自厲，況王質朗心聰，易加訓範。且中賢之人，未能無過，過貴自改，罪願自新。以武皇之愛子，陛下之懿弟，豈可以其一眚，長致淪棄哉。謹昧死詣闕，伏地以聞，惟願丹誠，一經天聽，退就斧鑕，無愧地下矣。

書奏，以約之爲梁州府參軍，尋又見殺。

景平二年六月癸未，[八]羨之等遣使殺義眞於徙所，時年十八。元嘉元年八月，詔曰：「前廬陵王靈柩在遠，國封墮替，感惟摧慟，[九]情若貫割。王體自至極，地戚屬尊，豈可令情禮永淪，終始無寄。可追復先封，特遣奉迎，并孫修華、謝妃一時俱還。言增摧哽。」三年正月誅徐羨之、傅亮等，是日詔曰：「故廬陵王含章履正，英哲自

然，道心內昭，徽風遐被。遭時多難，志匡權逼，天未悔禍，運鍾屯險，羣凶肆醜，專竊國柄，禍心潛搆，釁生不圖。朕每永念讎恥，含痛內結，遵養蠢慝，情禮未申。今王道既亨，政刑始判，宜昭國體，於是乎在。可追崇侍中、大將軍，王如故。爲慰冤魂，少申悲憤。」又詔曰：「乃者權臣陵縱，兆亂基禍，故吉陽令張約之抗疏矢言，至誠慷慨，遂事屈羣醜，殞命遐疆，志節不申，感焉兼至。昔關老奏書，見紀漢策，閻纂獻規，荷榮晉代。考其忠概，參迹前蹤，宜加旌顯，式揚義烈。可贈以一郡，賜錢十萬，布百匹。」

義眞無子，太祖以第五子紹字休胤爲嗣。元嘉九年，襲封廬陵王。少而寬雅，太祖甚愛之。二十年，出爲南中郎將、江州刺史，時年十二。二十二年，入朝，加棨戟，進都督江州、豫州之西陽晉熙新蔡三郡諸軍事。在任七年，改授左將軍、南徐州刺史，給鼓吹一部。未之鎮，仍遷揚州刺史，將軍如故。索虜至瓜步，紹從太子鎮石頭。二十九年，疾患解職。其年薨，時年二十一。遺令斂以時服，素棺周身，太祖從之。追贈散騎常侍、鎮軍將軍、開府儀同三司，刺史如故。

無子，南平王鑠第三子敬先爲嗣。本名敬秀，既出繼而紹妃褚秀之孫女，故改焉。景和二年，爲前廢帝所害。追贈中書侍郎，謚曰恭王。無子，太宗泰始元年，以世祖第二十一

子晉熙王子輿字孝文爲紹嗣，封廬陵王。爲輔國將軍、南高平臨淮二郡太守，並未拜，爲太宗所殺。三年，更以桂陽王休範第二子德嗣紹。爲建威將軍、淮陵南彭城二郡太守。後廢帝元徽二年，與休範俱伏誅。國復絕。三年，復以臨澧忠侯襲第三子禺字淵華繼紹。爲給事中。順帝昇明元年，薨，謚曰元王。又無子，國除。

江夏文獻王義恭，幼而明穎，姿顏美麗，高祖特所鍾愛，諸子莫及也。飲食寢臥，常不離於側。高祖爲性儉約，諸子食不過五醆盤，而義恭愛寵異常，求須菓食，日中無算，得未嘗噉，悉以乞與傍人。廬陵諸王未嘗敢求，求亦不得。

景平二年，監南豫豫司雍秦并六州諸軍事、冠軍將軍、南豫州刺史，〔一〇〕代廬陵王義眞鎮歷陽，時年十二。元嘉元年，封江夏王，食邑五千戶。加使持節，進號撫軍將軍，給鼓吹一部。三年，監南徐兗二州揚州之晉陵諸軍事、徐州刺史，持節、將軍如故。進監爲都督，未之任。太祖征謝晦，義恭還鎮京口。

六年，改授散騎常侍、都督荊湘雍益梁寧南北秦八州諸軍事、荊州刺史，持節、將軍如故。義恭涉獵文義，而驕奢不節，既出鎮，太祖與書誡之曰：

汝以弱冠，便親方任。天下艱難，家國事重，雖曰守成，實亦未易。隆替安危，在吾曹耳，豈可不感尋王業，大懼負荷。今既分張，言集無日，〔一一〕無由復得動相規誨，宜深自砥礪，思而後行。開布誠心，厝懷平當，親禮國士，友接佳流，識別賢愚，鑒察邪正，然後能盡君子之心，收小人之力。

汝神意爽悟，有日新之美，而進德修業，未有可稱，吾所以恨之而不能已已者也。汝性褊急，袁太妃亦說如此。性之所滯，其欲必行，意所不在，〔一二〕從物回改，此最弊事。宜應慨然立志，念自裁抑。何至丈夫方欲贊世成名而無斷者哉。今粗疏十數事，汝別時可省也。遠大者豈可具言，細碎復非筆可盡。

禮賢下士，聖人垂訓；驕侈矜尚，先哲所去。豁達大度，漢祖之德；猜忌褊急，魏武之累。漢書稱衞青云：「大將軍遇士大夫以禮，與小人有恩。」西門、安于，矯性齊美；關羽、張飛，任偏同弊。行己舉事，深宜鑒此。

若事異今日，嗣子幼蒙，司徒便當周公之事，汝不可不盡祇順之理。苟有所懷，密自書陳。若形迹之間，深宜慎護。至於爾時安危，天下決汝二人耳，勿忘吾言。

今既進袁太妃供給，計足充諸用，此外一不須復有求取，近亦具白此意。唯脫應大餉致，而當時遇有所乏，汝自可少多供奉耳。汝一月日自用不可過三十萬，若能省

此，益美。

西楚殷曠，常宜早起，接對賓侶，勿使留滯。判急務訖，然後可入問訊，既覩顏色，審起居，便應即出，不須久停，以廢庶事也。下日及夜，自有餘閑。

府舍住止，園池堂觀，略所諳究，計當無須改作。司徒亦云爾。若脫於左右之宜，須小小回易，當以始至一治爲限，不煩紛紜，日求新異。

凡訊獄多決，當時難可逆慮，此實爲難，汝復不習，殊當未有次第。訊前一二日，取訊簿密與劉湛輩共詳，大不同也。至訊日，虛懷博盡，慎無以喜怒加人。能擇善者而從之，美自歸己。不可專意自決，以矜獨斷之明也。萬一如此，必有大吝，非唯訊獄，君子用心，自不應爾。刑獄不可擁滯，一月可再訊。

凡事皆應慎密，亦宜豫敕左右，人有至誠，所陳不可漏泄，以負忠信之款也。古人言「君不密則失臣，臣不密則失身」。或相讒搆，勿輕信受，每有此事，當善察之。

名器深宜慎惜，不可妄以假人。昵近爵賜，尤應裁量。吾於左右雖爲少恩，如聞外論，不以爲非也。

以貴陵物物不服，以威加人人不厭，此易達事耳。

聲樂嬉游，不宜令過，蒱酒漁獵，〔一三〕一切勿爲。供用奉身，皆有節度，奇服異器，

不宜興長。汝嬪侍左右，已有數人，既始至西，未可忽忽復有所納。又誡之曰：

宜數引見佐史，[一四]非唯臣主自應相見，不數則彼我不親，不親則無因得盡人，人不盡，[一五]復何由知其衆事。廣引視聽，既益開博，於言事者，又差有地也。

九年，徵爲都督南兗徐兗青冀幽六州豫州之梁郡諸軍事、征北將軍、開府儀同三司、南兗州刺史，鎮廣陵。時詔內外百官舉才，義恭上表曰：

臣聞雲和備樂，則繁會克諧，驊騮驂服，則致遠斯效。陛下順簡賁化，文明在躬，玉衡既正，泰階載一，而猶發慮英髦，垂情仄陋，幽谷空同，顯著揚歷。是以潛虬聳鱗，佇利見之期；翔鳳弭翼，應來儀之感。

竊見南陽宗炳，操履閑遠，思業貞純，砥節丘園，息賓盛世，貧約而苦，內無改情，軒冕屢招，確爾不拔。若以蒲帛之聘，感以大倫之美，庶投竿釋褐，翻然來儀，必能毗燮九官，宣贊百揆。尚書金部郎臣徐森之，臣府中直兵參軍事臣王天寶，並局力允濟，忠諒款誠。往年逆臣叛逸，華陽失守，森之全境寧民，績章危棘。前者經略伊、瀍，元戎喪旅，天寶北勤河朔，東據營丘，勳勇既昭，心事兼竭。雖蒙褒敍，未盡才宜，並可授以邊藩，展其志力。交阯遼邈，累喪藩將，政刑每闕，撫莅惟艱。南中敻遠，風謠迥隔，蠻獠狡竊，邊氓荼炭，實須練實，以綏其難。謂森之可交州刺史，天寶可寧州刺史，庶足威懷荒表，肅清遐服。昔魏戊之賢，功存薦士；趙武之明，事彰管庫。臣識愧前良，理謝先哲，率舉所知，仰酬採訪，退懼瞽言，無足甄獎。

十六年，進位司空。明年，大將軍彭城王義康有罪出藩，徵義恭爲侍中、都督揚南徐兗三州諸軍事、司徒、錄尚書，領太子太傅，持節如故，給班劍二十人，置仗加兵。明年，解督南兗。二十一年，進太尉，領司徒，餘如故。義恭既小心恭慎，且戒義康之失，雖爲總錄，奉行文書而已，故太祖安之。相府年給錢二千萬，它物倍此，而義恭性奢，用常不足，太祖又別給錢年千萬。二十六年，[一六]領國子祭酒。時有獻五百里馬者，以賜義恭。

二十七年春，索虜寇豫州，太祖因此欲開定河、洛。其秋，以義恭總統羣帥，出鎮彭城。解國子祭酒。虜遂深入，徑至瓜步，義恭與世祖閉彭城自守。二十八年春，虜退走，自彭城北過，義恭震懼不敢追。其日，民有告：「虜驅廣陵民萬餘口，夕應宿安王陂，去城數十里。今追之，可悉得。」諸將並請，義恭又禁不許。經宿，太祖遣驛至，使悉力急追。義恭乃遣鎮軍司馬檀和之向蕭城。虜先已聞知，乃盡殺所驅廣陵民，輕騎引去。初虜深入，上慮義恭不能固彭城，備加誡勒，義恭答曰：「臣未能臨瀚海，濟居延，庶免劉仲奔逃之恥。」及虜至，義恭果欲走，[一七]賴衆議得停，事在張暢傳。降義恭號驃騎將軍、開府儀同三司，餘悉如故。

魯郡孔子舊庭有栢樹二十四株，[一八]經歷漢、晉，其大連抱。有二株先折倒，士人崇敬，莫之敢犯，義恭悉遣人伐取，父老莫不歎息。又以本官領南兗州刺史，增督南兗、豫、徐、兗、青、冀、司、雍、秦、幽、幷十一州諸軍事，幷前十三州，移鎮盱眙。修治館宇，擬制東城。

二十九年冬，還朝，上以御所乘蒼鷹船上迎之。遭太妃憂，改授大將軍、都督揚南徐二州諸軍事、南徐州刺史，持節、侍中、錄尚書、太子太傅如故，還鎮東府。辭侍中未拜。值元凶肆逆，其日劭召義恭。先是，詔召太子及諸王，各有常人，慮有詐妄致害者。至是義恭求常所遣傳詔，劭遣之而後入。義恭請罷兵，凡府內兵仗，並送還臺。進位太保，進督會州諸軍事，服侍中服，又領大宗師。

世祖入討，劭疑義恭有異志，使入住尚書下省，分諸子並住神虎門外侍中下省。劭聞世祖已次近路，欲悉力逆之，決戰中道。義恭慮世祖船乘陋小，劭豕突中流，容能爲患，乃進說曰：「割棄南岸，柵斷石頭，此先朝舊法，以逸待勞，不憂不破也。」劭從之。世祖前鋒至新亭，劭挾義恭出戰，恒錄在左右，故不能自拔。戰敗，使義恭於東堂簡將。義恭先使人具船於東冶渚，因單馬南奔。始濟淮，追騎已至北岸，僅然得免。劭大怒，遣始興王濬就西省殺義恭十二子。

世祖時在新林浦，義恭既至，上表勸世祖即位，曰：「臣聞治亂無兆，倚伏相因，乾靈降禍，二凶極逆，深酷巨痛，終古未有。陛下忠孝自天，赫然電發，投袂泣血，四海順軌，是以諸侯雲赴，數均八百，義奮之旅，其會如林。神祚明德，有所底止，而沖居或躍，未登天祚，非所以嚴重宗社，紹延七百。昔張武抗辭，代王順請；耿純陳款，光武正位。況今罪逆無親，惡盈釁滿，阻兵安忍，戮善崇姦，履地戴天，畢命俄頃，宜早定尊號，以固社稷。景平之季，實惟樂推，王室之亂，天命有在，故抱拜兆於壓璧，赤龍表於霄徵。伏惟大明無私，遠存家國七廟之靈，近哀黔首荼炭之切，時陟帝祚，永慰羣心。臣負釁嬰罰，偷生人壤，幸及寬政，待罪有司，敢以漏刻視息，披露肝膽。」世祖即祚，授使持節、侍中、都督揚南徐二州諸軍事、太尉、錄尚書六條事、南徐二州刺史，給鼓吹一部，班劍二十人，又假黃鉞。事寧，進位太傅，領大司馬，增班劍爲三十人。以在藩所服玉環大綬賜之。增封二千戶。

上不欲致禮太傅，諷有司奏曰：「聖旨謙光，尊師重道，欲致拜太傅，斯誠弘茲遠風，敦闡盛則。然周之師保，實稱三吏，晉因於魏，特加其禮。帝道嚴極，既有常尊，考之史載，未見茲典。故卞壼、孫楚並謂人君無降尊之禮。遠稽聖典，近即羣心，臣等參議謂不應有加拜之禮。」詔曰：「闇薄纂統，實憑師範，思盡虔恭，以承道訓。所奏稽諸往代，謂無拜禮，據文既明，便從所執。」世祖立太子，東宮文案，使先經義恭。

孝建元年，南郡王義宣、臧質、魯爽等反，加黃鉞，白直百人入六門。事平，以臧質七百里馬賜義恭，又增封二千戶。世祖以義宣亂逆，由於强盛，至是欲削弱王侯。義恭希旨，乃上表省錄尚書，曰：「臣聞天地設位，三極同序，皇王化則，九官咸事。台輔之設，坐調陰陽，元、凱之置，起釐百揆。所以欒鍼矢言，侵官是誡，陳平抗辭，匪職罔答。漢承秦後，庶僚稍改。爵因時變，任與世移，總錄之制，本非舊體，列代相沿，茲仍未革。今皇家中造，事遵前文，宜憲章先代，證文古則，停省條錄，以依昔典。使物競思存，人懷勤壹，則名實靡忒，庸節必紀。臣謬典國重，虛荷崇位，興替宜知，敢不輸盡。」上從其議。

又與驃騎大將軍竟陵王誕奏曰：「臣聞佾懸有數，等級異儀，珮笏有制，卑高殊序。斯蓋上哲之洪謨，範世之明訓。而時至彌流，物無不弊，僭侈由俗，軌度非古。晉代東徙，舊法淪落，侯牧典章，稍與事廣，名實一差，難以卒變，章服崇濫，多歷年所。今樞機更造，皇風載新，耗弊未充，百用思約，宜備品式之律，以定損厭之條。臣等地居枝昵，位參台輔，遵正之首，請以爵先，致貶之端，宜從戚始。輒因暇日，共參愚懷，應加省易，謹陳九事。雖懼匪衷，庶竭微欸。伏願陛下聽覽之餘，薄垂昭納，則上下相安，表裏和穆矣。」詔付外詳。有司奏曰：

車服以庸，虞書茂典；名器慎假，春秋明誡。是以尙方所制，漢有嚴律，諸侯竊服，

雖親必罪。降于頃世，下僭滋極。器服裝飾，樂舞音容，通於王公，達于衆庶。上下無辨，民志靡壹。義恭所陳，實允禮度。九條之格，猶有未盡，謹共附益，凡二十四條。

聽事不得南向坐，施帳幷幘。蕃國官，正冬不得跣登國殿，及夾侍國師傳令及油戟。公主王妃傳令，不得朱服。轝不得重欄。鄣扇不得雉尾。劍不得鹿盧形。槊毦不得孔雀白氅。夾轂隊不得絳襖。平乘誕馬不得過二匹。胡伎不得綵衣。舞伎正冬著袿衣，不得裝面蔽花。〔一九〕正冬會不得鐸舞、杯柈舞。〔二〇〕長蹻、透狹、舒丸劍、博山、緣大橦、升五案，〔二一〕自非正冬會奏舞曲，不得舞。諸妃主不得著緄帶。〔二二〕信幡非臺省官悉用絳。郡縣內史相及封內官長，於其封君，既非在三，罷官則不復追敬，不合稱臣，宜止下官而已。〔二三〕諸鎭常行，車前後不得過六隊，白直夾轂，不在其限。刀不得過銀銅爲飾。諸王女封縣主，諸王子孫襲封之王妃及封侯者夫人行，並不得鹵簿。諸王子繼體爲王者，婚葬吉凶，悉依諸國公侯之禮，不得同皇弟皇子。車非輅車，不得油幢。平乘船皆下兩頭作露平形，不得擬象龍舟，悉不得朱油。帳鏤不得作五花及豎筍形。

詔可。

是歲十一月，還鎭京口。二年春，進督東南兗二州。其冬，徵爲揚州刺史，餘如故。加入朝不趨，贊拜不名，劍履上殿，固辭殊禮。又解持節、都督幷侍中。

義恭撰要記五卷，起前漢訖晉太元，表上之，詔付祕閣。時西陽王子尙有盛寵，義恭解揚州以避之，乃進位太宰，領司徒。義恭常慮爲世祖所疑，及海陵王休茂於襄陽爲亂，乃上表曰：

古先哲王，莫不廣植周親，以屛帝宇，諸侯受爵，亦願永固邦家。至有管蔡、梁燕，致禍周、漢，上乖顯授之恩，下亡血食之業。夫善積慶深，宜享長久，而歷代侯王，甚乎匹庶。豈異姓皆賢，宗室悉不賢。由生於深宮，不覩稼穡，左右近習，未値田蘇，富貴驕奢，自然而至，〔二四〕聚毛折軸，遂乃危禍。〔二五〕漢之諸王，並置傅相，猶不得禁逆，七國連謀，實由强盛，晉氏列封，正足成永嘉之禍。尾大不掉，終古同疾，不有更張，則其源莫救。

日者庶人恃親，殆傾王業。去歲西寇藉寵，幾敗皇基。不圖襄楚，復生今釁，良以地勝兵勇，獎成凶惡。前事之不忘，後事之明兆。陛下大明紹祚，垂法萬葉。臣年衰意塞，無所知解，忝皇族耆長，惭慨內深，思表管見，裨崇萬一。竊謂諸王貴重，不應居邊，至於華州優地，時可暫出。既以有州，不須置府。若位登三事，止乎長史掾屬。若宜鎭御，別差扞城大將。若情樂沖虛，不宜逼以戎事。若捨文好武，尤宜禁塞。僚佐文學，足充話言，遊梁之徒，一皆勿許。文武從鎭，以時休止，妻子室累，不煩自隨。百

僚修詣，宜遵晉令，悉須宣令齊到，備列賓主之則。衡泌之士，亦無煩干候貴王。器甲於私，爲用蓋寡，自金銀裝刀劍戰具之服，皆應輸送還本。曲突徙薪，防之有素，庶善者無懼，惡者止姦。

時世祖嚴暴，義恭慮不見容，乃卑辭曲意，盡禮祗奉，且便辯善附會，俯仰承接，皆有容儀。每有符瑞，輒獻上賦頌，陳詠美德。大明元年，有三脊茅生石頭西岸，累表勸封禪，上大悅。三年，省兵佐，加領中書監，以崇藝、昭武、永化三營合四百三十七戶給府，更增吏僮千七百人，合爲二千九百人。六年，解司徒府太宰府依舊辟召。又年給三千匹布。

七年，從巡，兼尙書令，解中書監。八年閏月，又領太尉。其月，世祖崩，遺詔：「義恭解尙書令，加中書監，柳元景領尙書令，入住城內。事無巨細，悉關二公。大事與沈慶之參決，若有軍旅，可爲總統。尙書中事委顏師伯。外監所統委王玄謨。」前廢帝卽位，詔曰：「總錄之典，著自前代。孝建始年，雖暫幷省，而因革有宜，理存濟務。朕煢獨在躬，未涉政道，百揆庶務，允歸尊德。太宰江夏王義恭新除中書監、太尉，地居宗重，受遺阿衡，實深憑倚，用康庶績，可錄尙書事，本官監、太宰、王如故。侍中、驃騎大將軍、南兗州刺史、巴東郡開國公、新除尙書令元景，同稟顧誓，翼輔皇家，贊業宣風，繄公是賴。可卽本號開府儀同三司，領兵置佐，一依舊准，領丹陽尹、侍中、領公如故。」又增義恭班劍爲四十人，更申殊禮

之命。固辭殊禮。

義恭性嗜不恒，日時移變，自始至終，屢遷第宅。與人遊欵，意好亦多不終。而奢侈無度，不愛財寶，左右親幸者，一日乞與，或至一二百萬，小有忤意，輙追奪之。大明時，資供豐厚，而用常不足，賒市百姓物，無錢可還，民有通辭求錢者，輒題後作「原」字。善騎馬，解音律，游行或三五百里，世祖恣其所之。東至吳郡，登虎丘山，又登無錫縣烏山以望太湖。大明中撰國史，世祖自爲義恭作傳。及永光中，雖任宰輔，而承事近臣戴法興等，常若不及。

前廢帝狂悖無道，義恭、元景等謀欲廢立。永光元年八月，廢帝率羽林兵於第害之，并其四子，[二六]時年五十三。斷析義恭支體，分裂腸胃，挑取眼精，[二七]以蜜漬之，以爲鬼目粽。太宗定亂，令書曰：「故中書監、太宰、領太尉、錄尚書事江夏王道性淵深，睿鑒通遠，樹聲列藩，宣風鉉德，位隆姬輔，任屬負圖，勤勞國家，方熙託付之重，盡心毗導，永融雍穆之化。而凶醜忌威，奄加冤害，夷戮有暴，殯穸無聞，憤達幽明，痛貫朝野。朕蒙險在難，含哀莫申，幸賴宗祏之靈，克纂祈天之祚，仰惟勳戚，震慟于厥心。昔梁王徵庸，警蹕備禮；東平好善，黃屋在廷。況公德猷弘懋，彝典未殊者哉。可追崇使持節、侍中、都督中外諸軍事、丞相、領太尉，中書監、錄尚書事、王如故。給九旒鸞輅，虎賁班劍百人，前後部羽葆、鼓吹，

輼輬車。」

泰始三年，又下詔曰：「皇基崇建，屯、剝維難，弘啓熙載，底績忠果，故從饗世祀，勒勳宗彝。世祖寧亂定業，實資翼亮。故使持節、侍中、都督中外諸軍事、丞相、領太尉、中書監、錄尚書事江夏文獻王義恭，故使持節、侍中、都督南豫江豫三州軍事、太尉、南豫州刺史巴東郡開國忠烈公元景，故侍中、司空始興郡開國襄公慶之，故持節、征西將軍、雍州刺史洮陽縣開國肅侯慤，或體道沖玄，變化康世，或盡誠致効，庚難龕逆，宜式遵國典，陪祭廟庭。」

義恭長子朗字元明，出繼少帝，封南豐縣王，食邑千戶。爲湘州刺史、持節、侍中，領射聲校尉。爲元凶所殺。世祖卽位，追贈前將軍、江州刺史。孝建元年，以宗室祗長子歆繼封。祗伏誅，歆還本。泰始三年，更以宗室韞第二子銑繼封。爲祕書郎，與韞俱死。順帝昇明二年，復以宗室琨子績繼封。三年，薨。會齊受禪，國除。

朗弟叡字元秀，太子舍人。爲元凶所害。追贈侍中，謚宣世子。大明二年，追封安陸王。[二八]以第四皇子子綏字寶孫繼封，食邑二千戶。追謚叡曰宣王。以子綏爲都督郢州諸軍事、冠軍將軍、郢州刺史。進號後軍將軍，加持節。太宗泰始元年，進號征南將軍，改封江夏王，食邑五千戶。改叡爲江夏宣王。子綏未受命，與晉安王子勛同逆，賜死。七年，太宗以第八子躋字仲升，繼義恭爲孫，封江夏王，食邑五千戶。後廢帝卽位，督會稽東陽新安臨海永嘉五郡諸軍事、東中郎將、會稽太守，進號左將軍。齊受禪，降爲沙陽縣公，食邑一千五百戶。謀反，賜死。

叡弟韶字元和，封新吳縣侯，官至步兵校尉。追贈中書侍郎，謚曰烈侯。韶弟坦字元度，平都懷侯。坦弟元諒，江安愍侯。元諒弟元粹，興平悼侯。坦、元諒、元粹並追贈散騎侍郎。元粹弟元仁、元方、元旒、元淑、元胤與朗等凡十二人，並爲元凶所殺。

元胤弟伯禽，孝建三年生。義恭諸子既遇害，爲朝廷所哀，至是世祖名之曰伯禽，以擬魯公伯禽，周公旦之子也。官至輔國將軍、湘州刺史。又爲前廢帝所殺。謚曰哀世子。又追贈江夏王，改謚曰愍。

伯禽弟仲容，封永脩縣侯。爲寧朔將軍、臨淮濟陽二郡太守。仲容弟叔子，封永陽縣侯。叔子弟叔寶，及仲容、叔子，並爲前廢帝所殺。謚仲容、叔子並曰殤侯。

衡陽文王義季，幼而夷簡，無鄙近之累。太祖爲荊州，高祖使隨往江陵，由是特爲太祖所愛。元嘉元年，封衡陽王，食邑五千戶。五年，爲征虜將軍。八年，領石頭戍事。九年，

遷使持節、都督南徐州諸軍事、右將軍、南徐州刺史。

十六年，代臨川王義慶都督荊湘雍益梁寧南北秦八州諸軍事、安西將軍、荊州刺史，持節如故，給鼓吹一部。先是義慶在任，值巴蜀亂擾，師旅應接，府庫空虛，義季躬行節儉，畜財省用，數年間，還復充實。隊主續豐母老家貧，無以充養，遂斷不食肉。義季哀其志，給豐母月白米二斛，[二九]錢一千，并制豐噉肉。義季素拙書，上聽使餘人書啓事，唯自署名而已。二十年，加散騎常侍，進號征西大將軍，領南蠻校尉。

義季素嗜酒，自彭城王義康廢後，遂爲長夜之飲，略少醒日。太祖累加詰責，義季引愆陳謝。上詔報之曰：「誰能無過，改之爲貴耳。此非唯傷事業，亦自損性命，世中比比，皆汝所諳。近長沙兄弟，皆緣此致故。將軍蘇徽，耽酒成疾，旦夕待盡，吾試禁斷，并給藥膳，至今能立。此自是可節之物，但嗜者不能立志裁割耳。晉元帝人主，尚能感王導之諫，終身不復飲酒。汝既有美尚，加以吾意殷勤，何至不能慨然深自勉厲，乃復須嚴相割裁，坐諸紜紜，然後少止者。幸可不至此，一門無此酣酒，[三〇]汝於何得之？臨書歎塞。」義季雖奉此旨，酣縱如初，遂以成疾。上又詔之曰：「汝飲積食少，而素羸多風，常慮至此，今果委頓。縱不能以家國爲懷，近不復顧性命之重，可歎可恨，豈復一條。本望能以理自厲，未欲相苦耳。今遣孫道胤就楊佛等令晨夕視汝，并進止湯食，可開懷虛受，慎勿隱避。吾飽嘗見人

斷酒，無它慊吸，蓋是當時甘嗜罔已之意耳。今者憂怛，政在性命，未暇及美業，復何爲吾煎毒至此邪。」義季終不改，以至於終。

二十一年，爲都督南兗徐青冀幽六州諸軍事、征北大將軍、開府儀同三司、南兗州刺史，[三]持節、常侍如故。登舟之日，帷帳器服，諸應隨刺史者，悉留之，荆楚以爲美談。二十二年，進督豫州之梁郡。還徐州刺史，持節、常侍、都督如故。明年，索虜侵逼，北境擾動，義季懲義康禍難，不欲以功勳自業，無它經略，唯飲酒而已。太祖又詔之曰：「杜驥、申恬，倉卒之際，尚以弱甲瑣卒，徼寇作援。彼爲元統，士馬桓桓，既不懷奮發，連被意旨，猶復逡巡。豈唯大乖應赴之宜，實孤百姓之望。且匈奴輕漢，將自此而始。賊初起逸，未知指趣，故且裝束，兼存觀察耳。少日勢漸可見，便應大有經略，何合安然，遂不敢動。遣軍政欲乘際會，拯危急，以申威援，本無驅馳平原方幅爭鋒理。又山路易憑，何以畏首尾迴弱。若謂事理政應如此者，進大鎮，聚甲兵，徒爲煩耳。」

二十四年，義季病篤，上遣中書令徐湛之省疾，召還京師。未及發，薨於彭城，時年三十三。太尉江夏王義恭表解職迎喪，不許。上遣東海王禕北迎義季喪。追贈侍中、司空，持節、都督、刺史如故。

子恭王嶷字子岐嗣。中書侍郎，太子中庶子。世祖大明七年，薨，追贈冠軍將軍、豫州

刺史。子伯道嗣。順帝昇明三年，薨。其年，齊受禪，國除。

史臣曰：戒懼乎其所不睹，恐畏乎其所不聞，在於慎所忽也。江夏王，高祖寵子，位居上相，大明之世，親典冠朝。屈體降情，槃辟於軒檻之上，明其爲卑約亦已至矣。得使虐朝暴主，顧無猜色，歷載踰十，以尊戚自保。及在永光，幼主南面，公旦之重，屬有所歸。自謂踐冰之慮已除，泰山之安可恃，曾未云幾，而磔體分肌。古人以隱微致戒，斯爲篤矣。

校勘記

〔一〕義康義宣別有傳　各本並脫「義康」二字，據錢氏考異說補。錢大昕廿二史考異云：「義宣上，當有義康二字。」

〔二〕乃以義眞行都督雍涼秦三州司州之河東平陽河北三郡諸軍事安西將軍領護西戎校尉雍州刺史　各本並脫「司州」二字，據錢氏考異說補。廿二史考異云：「案晉志，河東、平陽二郡屬司州。河北縣本屬河東郡，蓋是時析置爲郡也。『三州』下，當有『司州』二字。毛德祖督司州之河東、平陽、河北，見索虜傳。」

〔三〕又進督幷東秦二州司州之東安定新平二郡諸軍事領東秦州刺史　錢大昕廿二史考異云：「考晉志，安定、新平，皆雍州屬郡。而營浦侯遵考傳云，長安平定，以督幷州、司州之北河東、北平陽、北雍州之新平、安定五郡諸軍事。則此二郡，當屬雍州非司州矣。」

〔四〕侍讀博士蔡茂之問其故　「侍讀博士」各本並作「侍讀學士」，據南史改。殿本考證云：「是時無侍讀學士官名，當從南史作侍讀博士。」李慈銘宋書札記云：「海陵王休茂傳有侍讀博士荀詵。」

〔五〕不及母孫修儀所乘者　「孫修儀」上文作「孫修華」。

〔六〕藥石於阿氏哉　各本並脫「於」字，據元龜五四一補。

〔七〕時開曲宥　「時」元龜五四一作「特」。

〔八〕景平二年六月癸未　通鑑考異云：「按長曆，六月庚寅朔，無癸未，蓋癸丑也。」

〔九〕戚惟擢慟　「擢」各本並作「拱」。「拱慟」義不可通，今據元龜二九五改。

〔一〇〕監南豫豫司雍秦幷六州諸軍事冠軍將軍南豫州刺史　各本並脫「六」字，據元龜二七八補。

〔一一〕言集無日　「無」各本並作「未」，據元龜一九六改。

〔一二〕意所不在　「在」元龜一九六、通鑑宋元嘉六年作「存」。

〔一三〕蒲酒漁獵　三朝本、北監本、毛本脫「酒」字。殿本、局本作「摴蒱漁獵」。元龜一九六、通鑑宋元嘉六年作「蒲酒漁獵」。今據元龜、通鑑補。

〔一四〕宜數引見佐史　胡三省通鑑注曰：「佐史當作佐吏。晉、宋之間，藩府率謂參佐爲佐吏。」

〔一五〕不親則無因得盡人人不盡　兩「人」字下，通鑑宋元嘉六年並有「情」字。

〔一六〕二十六年　各本並脫「六」字，據元龜二七六補。按上文云「二十一年，進太尉」，下文又云「二十七年春」，則此當是二十六年。

〔一七〕義恭果欲走　各本並脫「欲」字，據南史補。

〔一八〕魯郡孔子舊庭有栢樹二十四株　弘治本、北監本、毛本、殿本、局本作「舊庭」；元龜二九九作「舊廟」。

〔一九〕不得裝面蔽花　各本並脫「蔽花」二字，據本書禮志五引此奏補。

〔二〇〕正冬會不得鐸舞杯柈舞　各本並脫「正」字，據禮志五補。正謂正旦，冬謂冬至。

〔二一〕長蹻透狹舒丸劍博山緣大橦升五案　「透狹舒」禮志五作「透舒」。又各本並脫「丸」字，據禮志五補。

〔二二〕諸妃主不得著緄帶　「緄帶」禮志五作「袞帶」。

〔二三〕宜止下官而已　禮志五作「正宜上下官敬而已」。

〔二四〕自然而至　「自然」各本作「自往」，據元龜二七三改。

〔二五〕遂乃危禍　「乃」元龜二七三作「及」。

中華書局

〔二六〕并其四子　各本並脫「其」字，據御覽一五一引宋書、通鑑宋永光元年補。

〔二七〕挑取眼精　「眼精」南史、御覽一五一引、通鑑作「眼睛」。

〔二八〕追封安陸王　「安陸」各本並作「安隆」，孫虨宋書考論云：「隆當作陸。」按孫說是，今改正。

〔二九〕給豐母月白米二斛　「母」各本並作「毎」，據南史、御覽一五一引、元龜四一二改。

〔三〇〕一門無此酣酒　三朝本、毛本、元龜一九六、九一四並作「酣酒」。北監本、殿本、局本、南史、御覽八四四引、元龜二九八作「酣法」。張元濟校勘記云：「作酒是，作法誤。」

〔三一〕二十一年爲都督南兗徐青冀幽六州諸軍事征北大將軍開府儀同三司南兗州刺史　六州數之祇五州，缺一州。據江夏文獻王義恭傳：「元嘉九年，徵爲都督南兗徐兗青冀幽六州豫州之梁郡諸軍事、征北將軍、開府儀同三司、南兗州刺史。」臨川烈武王道規傳子義慶附傳：「元嘉十七年，即本號都督南兗徐兗青冀幽六州諸軍事、南兗州刺史。」南平穆王鑠傳：「元凶弒立，以鑠爲使持節、都督南兗徐兗青冀幽六州諸軍事、征虜將軍、開府儀同三司、南兗州刺史。」疑此「徐」字下脫「兗」字。

宋書卷六十二

列傳第二十二

羊欣　張敷　王微

羊欣字敬元，泰山南城人也。曾祖忱，晉徐州刺史。祖權，黃門郎。父不疑，桂陽太守。

欣少靖默，無競於人，美言笑，善容止。汎覽經籍，尤長隸書。不疑初爲烏程令，欣時年十二，時王獻之爲吳興太守，甚知愛之。獻之嘗夏月入縣，欣著新絹帬晝寢，獻之書帬數幅而去。欣本工書，因此彌善。起家輔國參軍，府解還家。隆安中，朝廷漸亂，欣優游私門，不復進仕。會稽王世子元顯每使欣書，常辭不奉命，元顯怒，乃以爲其後軍府舍人。此職本用寒人，欣意貌恬然，不以高卑見色，論者稱焉。欣嘗詣領軍將軍謝混，混拂席改服，然後見之。時混族子靈運在坐，退告族兄瞻曰：「望蔡見羊欣，遂易衣改席。」欣由此益知

名。桓玄輔政，領平西將軍，以欣爲平西參軍，仍轉主簿，參預機要。欣欲自疏，時漏密事，玄覺其此意，愈重之，以爲楚臺殿中郎。謂曰：「尚書政事之本，殿中禮樂所出。卿昔處股肱，方此爲輕也。」欣拜職少日，稱病自免，屏居里巷，十餘年不出。

義熙中，弟徽被遇於高祖，高祖謂諮議參軍鄭鮮之曰：「羊徽一時美器，世論猶在兄後，恨不識之。」即板欣補右將軍劉藩司馬，轉長史，中軍將軍道憐諮議參軍。出爲新安太守。在郡四年，簡惠著稱。除臨川王義慶輔國長史，廬陵王義眞車騎諮議參軍，並不就。太祖重之，以爲新安太守，前後凡十三年，游玩山水，甚得適性。轉在義興，非其好也。頃之，又稱病篤自免歸。除中散大夫。

素好黃老，常手自書章，有病不服藥，飲符水而已。兼善醫術，撰藥方十卷。〔一〕欣以不堪拜伏，辭不朝覲，高祖、太祖並恨不識之。自非尋省近親，不妄行詣，行必由城外，未嘗入六關。元嘉十九年，卒，〔二〕時年七十三。子俊，早卒。

弟徽字敬猷，世譽多欣。高祖鎭京口，以爲記室參軍掌事。八年，遷中書郎，直西省。後爲太祖西中郎長史、河東太守。子瞻，元嘉末爲世祖南中郎長史、尋陽太守，卒官。

張敷字景胤，吳郡人，吳興太守邵子也。生而母沒。年數歲，問母所在，家人告以死生之分，敷雖童蒙，便有思慕之色。年十許歲，求母遺物，而散施已盡，唯得一畫扇，乃緘錄之，每至感思，輒開笥流涕。見從母，常悲感哽咽。

性整貴，風韻甚高，好讀玄書，兼屬文論。少有盛名。高祖見而愛之，以爲世子中軍參軍，數見接引。永初初，遷祕書郎。嘗在省直，中書令傅亮貴宿權要，聞其好學，過候之，敷臥不卽起，亮怪而去。

父邵爲湘州，去官侍從。太祖版爲西中郎參軍。元嘉初，爲員外散騎侍郎，祕書丞。江夏王義恭鎭江陵，以爲撫軍功曹，轉記室參軍。時義恭就太祖求一學義沙門，比沙門求見發遣，會敷赴假還江陵，太祖謂沙門曰：「張敷應西，當令相載。」及敷辭，上謂曰：「撫軍須一意懷道人，卿可以後編載之，道中可得言晤。」敷不奉旨，曰：「臣性不耐雜。」上甚不說。遷正員郎。中書舍人秋當、周赳並管要務，〔三〕以敷同省名家，欲詣之。赳曰：「彼若不相容，便不如不往。詎可輕往邪？」當曰：「吾等並已員外郎矣，何憂不得共坐。」敷先設二牀，去壁三四尺，二客就席，酬接甚歡，既而呼左右曰：「移我遠客。」赳等失色而去。其自摽遇如此。善持音儀，盡詳緩之致，與人別，執手曰：「念相聞。」餘響久之不絕。張氏後進至

今慕之，其源流起自敷也。

遷黃門侍郎，始興王濬後軍長史，司徒左長史。未拜，父在吳興亡，報以疾篤，敷往奔省，自發都至吳興成服，凡十餘日，始進水漿。葬畢不進鹽菜，遂毀瘠成疾。世父茂度每止譬之，輒更感慟，絕而復續。茂度曰：「我冀譬汝有益，但更甚耳。」自是不復往。未朞而卒，時年四十一。琅邪顏延之書弔茂度曰：「賢弟子少履貞規，長懷理要，淸風素氣，得之天然。言面以來，便申忘年之好，比雖艱隔成阻，而情問無睽。薄莫之人，冀其方見慰說，豈謂中年，奄爲長往，聞問悼心，有兼恒痛。足下門教敦至，兼實家寶，一旦喪失，何可爲懷。」其見重如此。

世祖卽位，詔曰：「司徒故左長史張敷，貞心簡立，幼樹風規。居哀毀滅，孝道淳至，宜在追甄，於以報美。可追贈侍中。」於是改其所居稱爲孝張里。無子。

王微字景玄，琅邪臨沂人，太保弘弟子也。父孺，光祿大夫。

微少好學，無不通覽，善屬文，能書畫，兼解音律、醫方、陰陽術數。年十六，州舉秀才，衡陽王義季右軍參軍，並不就。起家司徒祭酒，轉主簿，始興王濬後軍功曹記室參軍，太子

中舍人，始興王友。父憂去官。服闋，除南平王鑠右軍諮議參軍。微素無宦情，稱疾不就。仍除中書侍郎，又擬南琅邪、義興太守，並固辭。吏部尙書江湛舉微爲吏部郎，微與湛書曰：

弟心病亂度，非但蹇躄而已，此處朝野所共知。騶騎忽扣華門，〔四〕閭里咸以爲祥怪，君多識前世之載籍，〔五〕天植何其易傾。〔六〕弟受海內駭笑，不過如燕石禿鶖邪，未知君何以自解於良史邪。今雖王道鴻鬯，或有激朗於天表，必欲潛淵探寶，〔七〕傾海求珠，自可卜肆巫祠之間，馬棧牛口之下，賞劇孟於博徒，拔卜式於芻牧。亦有西戎孤臣，東都賤士，〔八〕上窮範馳之御，下盡詭遇之能，兼鱗雜襲者，必不乏於世矣。且廬於承明，署乎金馬，皆明察之官，又賢於管庫之末。何爲刼勤通家疾病人，塵穢難堪之選，將以靖國，不亦益囂乎。書云「任官維賢才」。而君擢士先瘮廢，芃芃棫樸，似不如此。且弟曠達兄姊，迄將十載，姊時歸來，終不任輿曳入閤，兄守金城，永不堪扶抱就路，若不癒疾，非性僻而何。比君曰表裏，無假長目飛耳也。〔九〕

常謂生遭太公，將卽華士之戮，幸遇管叔，必蒙僻儒之養。〔一〇〕光武以馮衍才浮其實，故棄而不齒。諸葛孔明云：「來敏亂郡，過於孔文舉。」況無古人之才概，敢干周、漢之常刑。彼二三英賢，足爲曉治與否？恐君逢此時，或亦不免高閣，乃復假名不知己者，豈欲自比衞賜邪？君欲高斆山公，而以仲容見處，徒以搥提禮學，本不參選，鄙夫

瞻彼，固不任下走，未知新沓何如州陵耳。而作不師古，坐亂官政，誣飾蚯蚓，冀招神龍，如復託以眞素者，又不宜居華留名，有害風俗。君亦不至期人如此，若交以爲人賜，舉未以己勞，則商販之事，又連所不忍聞也。豈謂不肖易擢，貪者可誘，〔一一〕凡此數者，君必居一焉。雖假天口於齊駢，藉鬼說於周季，公孫碎毛髮之文，莊生縱漭瀁之極，終不能舉其契，爲之辭矣。子將明魂，必靈咍於蒿里，〔一二〕汝、潁餘彥，將拂衣而不朝。浮華一開，風俗或從此而爽。鬼谷以揣情爲最難，何君忖度之輕謬。

今有此書，非敢叨擬中散，誠不能顧影負心，純盜虛聲，所以綿絡累紙，本不營尙書虎爪板也。成童便往來居舍，晨省復經周旋，加有諸甥，亦何得頓絕慶弔。然生平之意，自於此都盡。君平公云：「生我名者殺我身。」天爵且猶滅名，安用吏部郎哉！其舉可陋，其事不經，非獨搢紳者不道，僕妾皆將笑之。忽忽不樂，自知壽不得長，且使千載知弟不詐諼耳。

微既爲始興王濬府吏，濬數相存慰，微奉答牋書，輒飾以辭采。微爲文古甚，頗抑揚，袁淑見之，謂爲訴屈，微因此又與從弟僧綽書曰：

吾雖無人鑒，要是旱知弟，每共宴語，前言何嘗不以止足爲貴。且持盈畏滿，自是家門舊風，何爲一旦落漠至此，當局苦迷，將不然邪！詎容都不先聞，或可不知耳。衣

冠胄胤，如吾者甚多，才能固不足道，唯不傾側溢詐，士頗以此容之。至於規矩細行，難可詳料。疹疾日滋，縱恣益甚，人道所貴，廢不復修。幸值聖明兼容，置之教外，且舊恩所及，每蒙寬假。吾亦自揆疾疹重侵，難復支振，民生安樂之事，心死久矣。所以視日偷存，[二三]盡於大布糲粟，牛夕安寢，便以自度，血氣盈虛，不復稍道，[二四]長以大散爲和羹，弟爲不見之邪？疾廢居然，且事一已，上不足敗俗傷化，下不至毀辱家門，泊爾尸居，無方待化。凡此二三，皆是事實。吾與弟書，不得家中相欺也。州陵此舉，爲無所因，反覆思之，了不能解。豈見吾近者諸牋邪，良可怪笑。

吾少學作文，又晚節如小進，使君公欲民不偷，每加存飾，酬對尊貴，不厭敬恭。且文詞不怨思抑揚，則流澹無味。文好古，貴能連類可悲，一往視之，如似多意。當見居非求志，淸論所排，便是通辭訴屈邪。爾者眞可謂眞素寡矣。其數旦見客小防，自來盈門，亦不煩獨舉吉也。此輩乃云語勢所至，非其要也。弟無懷居今地，萬物初不以相非，然魯器齊虛，實宜書紳。今三署六府之人，誰表裏此內，儻疑弟豫有力，於素論何如哉。則吾長阨不死，終誤盛壯也。

江不過强吹拂吾，云是巖穴人。巖穴人情所高，吾得當此，則雞鶩變作鳳皇，何爲于飾廉隅，秩秩見於面目，所惜者大耳。諸舍閽門皆蒙時私，此既未易陳道，故常因含

聲不言。至兄弟尤爲叨竊，臨海頻煩二郡，謙亦越進淸階，吾高枕家巷，遂至中書郎，此足以闔棺矣。又前年優旨，自弟所宜，雖夏后撫辜人，周宣及鰥寡，不足過也。語皆循檢校迹，不爲虛飾也。作人不阿諛，無緣頭髮見白，稍學諂詐。且吾何以爲，足不能行，自不得出戶，頭不耐風，故不可扶曳。家本貧餒，至於惡衣蔬食，設使盜跖居此，亦不能兩展其足，妄意珍藏也。正令選官設作此舉，於吾亦無劍戟之傷，所以懃懃畏人之多言也。管子晉賢，乃關人主之輕重，此何容易哉。州陵亦自言視明聽聰，而返區區飾吾，何辯致而下英俊。夫奇士必龍居深藏，與蛙蝦爲伍，放勳其猶難之，林宗輩不足識也。似不肯曉曉奉牋記，彫琢獻文章，居家近市廛，親戚滿城府，吾猶自知袁陽源輩當平此不？飾詐之與直獨，兩不關吾心，又何所耿介。弟自宜以解塞羣賢矣，兼悉怒此言自爾家任兄故能也。

日日望弟來，屬病終不起，何意向與江書，粗布胸心，無人可寫，比面乃具與弟。書便覺成，本以當半日相見，吾既惡勞，不得多語，樞機幸非所長，相見亦不勝讀此書也。親屬欲見自可示，無急付手。

時論者或云微之見舉，廬江何偃亦豫其議，慮爲微所咎，與書自陳。微報之曰：

卿昔稱吾於義興，吾常謂之見知，然復自怪鄙野，不參風流，未有一介熟悉於事，何用獨識之也。近日何見綽送卿書，雖知如戲，知卿固不能相哀。苟相哀之未知，何相期之可論。

卿少陶玄風，淹雅修暢，自是正始中人。吾眞庸性人耳，自然志操不倍王、樂。小兒時尤粗笨無好，常從博士讀小小章句，竟無可得，口吃不能劇讀，遂絕意於尋求。至二十左右，方復就觀小說，往來者見牀頭有數帙書，便言學問，試就檢，當何有哉。乃復持此擬議人邪。尙獨愧笑揚子之褒贍，猶恥辭賦爲君子，若吾篆刻，菲亦甚矣。卿諸人亦當尤以此見議。或謂言深博，作一段意氣，鄙薄人世，初不敢然。是以每見世人文賦書論，無所是非，不解處卽日借問，此其本心也。

至於生平好服上藥，起年十二時病虛耳。所撰服食方中，粗言之矣。自此始信攝養有徵，故門冬昌朮，隨時參進。寒溫相補，欲以扶護危羸，見冀白首。家貧乏役，至於春秋令節，輒自將兩三門生，入草采之。吾實倦遊醫部，頗曉和藥，尤信本草，欲其必行，是以躬親，意在取精。世人便言希仙好異，矯慕不羈，不同家頗有罵之者。又性知畫繢，蓋亦鳴鵠識夜之機，盤紆糾紛，或記心目，故兼山水之愛，一往跡求，皆仿像也。不好詣人，能忘榮以避權右，宜自密應對舉止，因卷慚自保，不能勉其所短耳。由來有此數條，二三諸賢，因復架累，致之高塵，詠之淸壑。瓦礫有資，不敢輕厠金銀也。

而頃年嬰疾，沉淪無已，區區之情，悒於生存，自恐難復，而先命猥加，魂氣褰蘮，常人不得作常自處疾苦，正亦臥思已熟，謂有記自論。既仰天光，不夭庶類，兼望諸賢，共相哀體，而卿首唱誕言，布之翰墨，萬石之愼，或未然邪。好盡之累，豈其如此。綽大駭歎，便是闔朝見病者。吾本傺人，加疹意惛，一旦聞此，便惶怖矣。五六日來，復苦心痛，引喉狀如胸中悉腫，甚自憂。力作此答，無復條貫，貴布所懷，落漠不舉。卿既不可解，立欲便別，且當笑。

微常住門屋一間，尋書玩古，如此者十餘年。太祖以其善筮，賜以名蓍。弟僧謙，亦有才譽，爲太子舍人，遇疾，微躬自處治，而僧謙服藥失度，遂卒。微深自咎恨，發病不復自治，哀痛僧謙不能已，[二五]以書告靈曰：

弟年十五，始居宿於外，不爲察慧之譽，獨沉浮好書，聆琴聞操，輒有過目之能。討測文典，斟酌傳記，寒暑未交，便卓然可述。吾長病，或有小間，輒稱引前載，不異舊學。自爾日就月將，著名邦黨，方隆夙志，嗣美前賢，何圖一旦冥然長往，酷痛煩冤，心如焚裂。

尋念平生，裁十年中耳，然非公事，無不相對，一字之書，必共詠讀，一句之文，無不研賞，濁酒忘愁，圖籍相慰，吾所以窮而不憂，實賴此耳。奈何罪酷，煢然獨坐。憶

往年散發，極目流涕，吾不舍日夜，又恒慮吾羸病，豈圖奄忽，先歸冥冥。反覆萬慮，無復一期，音顏髣髴，觸事歷然，弟今何在，令吾悲窮。昔仕京師，分張六旬耳，其中三過，誤云今日何意不來，鍾念懸心，無物能譬。方欲共營林澤，以送餘年，念茲有何罪戾，見此夭酷，沒於吾手，觸事痛恨。吾素好醫術，不使弟子得全，又尋思不精，致有枉過，念此一條，特復痛酷。痛酷奈何！吾罪奈何！

弟爲志，奉親孝，事兄順，雖僮僕無所叱咄，可謂君子不失色於人，不失口於人。沖和淹通，內有皁白，舉動尺寸，吾每咨之。常云：「兄文骨氣，可推英麗以自許。」又兄爲人矯介欲過，宜每中和。」道此猶在耳，萬世不復一見，奈何！唯十紙手迹，封拆儼然，至於思戀不可懷。及聞吾病，肝心寸絕，謂當以幅巾薄葬之事累汝，奈何反相殯送！

弟由來意，謂「婦人雖無子，不宜踐二庭。此風若行，便可家有孝婦」。仲長昌言，亦其大要。劉新婦以刑傷自誓，必留供養，殷太妃感栢舟之節，不奪其志。僕射篤順，范夫人知禮，求得左率第五兒，〔一六〕廬位有主。此亦何益冥然之痛，爲是存者意耳。

吾窮疾之人，平生意志，弟實知之，端坐向窗，有何慰適，正賴弟耳。過中未來，已自悵望，今云何得立，自省惛毒，無復人理。比煩宛困憊，不能作刻石文，若靈響有識，

不得吾文，豈不爲恨。儻意慮不遂謝能思之如狂，〔一七〕不知所告訴，明書此數紙，無復詞理，略道阡陌，萬不寫一。阿謙！何圖至此！誰復視我，誰復憂我。他日寶惜三光，割嗜好以祈年，今也唯速化耳。吾豈復支，冥冥中竟復云何。弟懷隨、和之寶，未及光諸文章，欲收作一集，不知忽忽當辦此不？今已成服，吾臨靈，取常共飲杯，酌自釀酒，寧有仿像不？宛痛！宛痛！

元嘉三十年，卒，時年三十九。〔一八〕僧謙卒後四旬而微終。遺令薄葬，不設輤旐鼓挽之屬，施五尺牀，爲靈二宿便毀。以嘗所彈琴置牀上，何長史來，以琴與之。何長史者，偃也。無子。家人遵之。所著文集，傳於世。世祖卽位，詔曰：「微棲志貞深，文行惇洽，生自華宗，身安隱素，足以賁茲丘園，惇是薄俗。不幸蚤世，朕甚悼之。可追贈祕書監。」

史臣曰：燕太子吐一言，田先生呑舌而死，安邑令戒屠者，閔仲叔去而之沛。良由內懷耿介，峻節不可輕干。袁淑笑謔之間，而王微弔詞連牘，斯蓋好名之士，欲以身爲珪璋，皦皦然使塵玷之累，不能加也。

校勘記

〔一〕撰藥方十卷　御覽七二二作三十卷。隋書經籍志著錄羊中散藥方三十卷。南史作數十卷。

〔二〕元嘉十九年卒　各本並作「元嘉九年卒」，脫「十」字，據南史補。建康實錄：「元嘉十九年正月乙未，中散大夫羊欣卒。」

〔三〕中書舍人秋當周赳並管要務　「秋當」各本並作「狄當」，據南齊書陸慧曉傳、南齊書倖臣傳改。廣韻：「秋，又姓，宋中書舍人秋當。」說詳本書卷四十四謝晦傳校勘記第九條。

〔四〕騶騎忽扣蓽門　「騎」各本並作「會」，據元龜八一三改。

〔五〕君多識前世之載籍　各本並脫「籍」字，據元龜八一三補。

〔六〕天植何其易傾　「天植」各本並作「天値」，據元龜八一三改。孫虨宋書考論云：「當作天植。管子曰：『天植者，心也。天植正，則不私近親。』」

〔七〕必欲潛淵探寶　各本並作「探援潛寶」，元龜八一三作「潛淵探寶」。按「潛淵探寶」與下句「傾海求珠」相對成文，元龜是，今據改。

〔八〕東都賤士　「賤士」各本並作「戒士」，據元龜八一三改。

〔九〕比君曰表裏無假長目飛耳也　「目」各本並作「因」，據元龜八一三、九〇五改。「比」元龜作「此」。

〔一〇〕幸遇管叔必蒙倂儒之養　元龜八一三作「幸遇鮑叔，必蒙管仲之養」。

〔一一〕貪者可誘　「可」永樂大典六八三一、元龜八一三、九〇五作「易」。

〔一二〕必靈咍於蒿里　「蒿里」各本並作「萬里」，據元龜九〇五改。

〔一三〕所以覗日偷存　「覗」各本並作「解」，據元龜九〇五改。

〔一四〕不復稍道　三朝本、北監本、殿本「不」字空白，毛本、局本作「冀」。今據元龜九〇五作「不」。道謂導引。

〔一五〕哀痛僧謙不能已　各本並脫「僧」字，據御覽五五五引補。

〔一六〕僕射篤順范夫人知禮求得左率第五兒　「范夫人」各本並作「范夫」，脫「人」字，據孫虨宋書考論說補。孫虨宋書考論謂僕射卽王僧達。元嘉三十年，爲尚書左僕射。左率爲王錫，時官太子左衞率。錫妻范，見蔡興宗傳。「范夫」疑卽范夫人，脫「人」字。

〔一七〕儻意慮不遂謝能思之如狂　句有脫譌，不可解。

〔一八〕元嘉三十年卒時年三十九　「三十年」、「三十九」各本並作「二十年」、「二十九」。孫虨宋書考論云：「以江湛爲尚書及下文何偃稱長史參勘之，蓋元嘉三十年卒也。王僧綽二十八爲侍中，年二十九，亦三十年卒，年三十一。微爲其兄，年二十九當作年三十九」。按孫說是，今改正。

宋書卷六十三

列傳第二十三

王華　王曇首　殷景仁　沈演之

王華字子陵，琅邪臨沂人，太保弘從祖弟也。祖薈，衞將軍，會稽內史。父廞，太子中庶子，司徒左長史。居在吳，晉隆安初，王恭起兵討王國寶，時廞丁母憂在家，恭檄令起兵，廞卽聚衆應之，以女爲貞烈將軍，以女人爲官屬。國寶旣死，恭檄廞罷兵。〔一〕廞起兵之際，多所誅戮，至是不復得已，因舉兵以討恭爲名。恭遣劉牢之擊廞，廞敗走，不知所在。長子泰爲恭所殺。華時年十三，〔二〕在軍中，與廞相失，隨沙門釋曇永逃竄。時牢之搜檢覓華甚急，曇永使華提衣幞隨後，津邏咸疑焉。華行遲，永呵罵云：「奴子怠懈，行不及我！」以杖捶華數十，衆乃不疑，由此得免。

遇赦還吳。少有志行，以父存亡不測，布衣蔬食不交游，如此十餘年，爲時人所稱美。

高祖欲收其才用，乃發廞喪問，使華制服。

服闋，高祖北伐長安，領鎭西將軍、北徐州刺史，辟華爲州主簿，仍轉鎭西主簿，治中從事史，歷職著稱。太祖鎭江陵，〔三〕以爲西中郎主簿，遷諮議參軍，領錄事。太祖進號鎭西，復隨府轉。太祖未親政，政事悉委司馬張邵。華性尙物，不欲人在己前，邵性豪，每行來常引夾轂，華出入乘牽車，從者不過一二三以矯之。嘗於城內相逢，華陽不知是邵，謂左右：「此鹵簿甚盛，必是殿下出行。」乃下牽車，立於道側，及邵至乃驚。邵白服登城，爲華所糾，坐被徵，華代爲司馬、南郡太守，行府州事。

太祖入奉大統，以少帝見害，疑不敢下。華建議曰：「羨之等受寄崇重，未容便敢背德，廢主若存，慮其將來受禍，致此殺害。蓋由每生情多，〔四〕寧敢一朝頓懷逆志。且三人勢均，莫相推伏，不過欲握權自固，以少主仰待耳。今日就徵，萬無所慮。」太祖從之，留華總後任。上卽位，以華爲侍中，領驍騎將軍，未拜，轉右衞將軍，侍中如故。

先是，會稽孔甯子爲太祖鎭西諮議參軍，以文義見賞，至是爲黃門侍郎，領步兵校尉。甯子先爲高祖太尉主簿，陳損益曰：「隆化之道，莫先於官得其才；枚卜之方，莫若人愼其舉。雖復因革不同，損益有物，求賢審官，未之或改。師錫僉曰，煥乎欽明之誥，拔茅征吉，著於幽賁之爻。晉師有成，瓜衍作賞，楚乘無入，蔿賈不賀。今舊命惟新，幽人引領，詔之盡美，已備於振綱，武之未盡，或存於理目。雖九官之職，未可備舉，親民之選，尤宜在先。愚欲使天朝四品官，外及守牧，各舉一人堪爲二千石長吏者，以付選官，隨缺敍用，得賢受賞，失舉任罰。夫惟帝之難，豈庸識所易，然舉爾所知，非求多人，因百官之明，孰與一識之見，執咎在己，豈容徇物之私。今非以選曹所銓，果於乖謬，衆職所舉，必也惟良，蓋宜使求賢闢其廣塗，考績取其少殿。若才實拔羣，進宜尙德，治阿之宰，不必計年，免徒之守，豈限資秩。自此以還，故當才均以資，資均以地。宰莅之官，誠曰吏職，然監觀民瘼，翼化宣風，則隱厚之求，急於刀筆，能事之功，接於德心，以此論才，行之年歲，豈惟政無秕蠹，民庇手足而已，將使公路日清，私請漸塞。士多心競，仁必由己，處士砥自求之節，仕子藏交馳之情。甯子庸微，不識治體，冒昧陳愚，退懼違謬。」

甯子與華並有富貴之願，自羨之等秉權，日夜構之於太祖。甯子嘗東歸，至金昌亭，左右欲泊船，甯子命去之，曰：「此弑君亭，不可泊也。」華每閑居諷詠，常誦王粲登樓賦曰：「冀王道之一平，假高衢而騁力。」出入逢羨之等，每切齒憤咤，歎曰：「當見太平時不？」元嘉二年，甯子病卒。三年，誅羨之等，華遷護軍，侍中如故。

宋世惟華與南陽劉湛不爲飾讓，得官卽拜，以此爲常。華以情事異人，未嘗預宴集，終身不飮酒，有燕不之詣。若宜有論事者，乘車造門，主人出車就之。及王弘輔政，而弟曇首

爲太祖所任，與華相埒，華嘗謂己力用不盡，每歎息曰：「宰相頓有數人，天下何由得治！」四年，卒，時年四十三。追贈散騎常侍、衞將軍。九年，上思誅羨之之功，追封新建縣侯，食邑千戶，謚曰宣侯。世祖卽位，配饗太祖廟庭。

子定侯嗣，〔五〕官至左衞將軍，卒。子長嗣，太宗泰始二年，坐罵母奪爵，以長弟終紹封。〔六〕後廢帝元徽三年，終上表乞以封還長，許之。齊受禪，國除。

華從父弟鴻，五兵尙書，會稽太守。

王曇首，琅邪臨沂人，太保弘少弟也。

幼有業尙，除著作郎，不就。兄弟分財，曇首唯取圖書而已。辟琅邪王大司馬屬，從府公修復洛陽園陵。與從弟球俱詣高祖，時謝晦在坐，高祖曰：「此君並膏粱盛德，乃能屈志戎旅。」曇首答曰：「旣從神武之師，自使懦夫有立志。」晦曰：「仁者果有勇。」高祖悅。行至彭城，高祖大會戲馬臺，豫坐者皆賦詩，曇首文先成，高祖覽讀，因問弘曰：「卿弟何如卿？」弘答曰：「若但如民，〔七〕門戶何寄。」高祖大笑。曇首有識局智度，喜愠不見於色，閨門之內，雍雍如也。手不執金玉，婦女不得爲飾玩，自非祿賜所及，一毫不受於人。

太祖爲冠軍、徐州刺史，留鎮彭城，以曇首爲府功曹。太祖鎮江陵，自功曹爲長史，隨府轉鎮西長史。高祖甚知之，謂太祖曰：「王曇首，沈毅有器度，宰相才也。汝每事咨之。」景平中，有龍見西方，半天騰上，廕五綵雲，京都遠近聚觀，太史奏曰：「西方有天子氣。」太祖入奉大統，上及議者皆疑不敢下，曇首與到彥之、從兄華固勸，上猶未許。曇首又固陳，并言天人符應，上乃下。率府州文武嚴兵自衞，臺所遣百官衆力，不得近部伍，中兵參軍朱容子抱刀在平乘戶外，不解帶者數旬。既下在道，有黃龍出負上所乘舟，左右皆失色，上謂曇首曰：「此乃夏禹所以受天命，我何德以堪之。」〔八〕及卽位，又謂曇首曰：「非宋昌獨見，無以致此。」以曇首爲侍中，尋領右衞將軍，領驍騎將軍。以朱容子爲右軍將軍。誅徐羨之等，平謝晦，曇首及華之力也。

元嘉四年，車駕出北堂，嘗使三更竟開廣莫門，南臺云：「應須白虎幡，銀字棨。」不肯開門。尚書左丞羊玄保奏免御史中丞傅隆以下，曇首繼啓曰：「既無墨敕，又闕幡棨，雖稱上旨，不異單刺。元嘉元年、二年，雖有再開門例，〔九〕此乃前事之違。今之守舊，未爲非禮。但既據舊史，〔一〇〕應有疑却本末，曾無此狀，猶宜反咎其不請白虎幡、銀字棨，致門不時開，由尙書相承之失，亦合糾正。」上特無所問，更立科條。遷太子詹事，侍中如故。

晦平後，上欲封曇首等，會讌集，舉酒勸之，因拊御牀曰：「此坐非卿兄弟，無復今日。」

時封詔已成，出以示曇首，曇首曰：「近日之事，釁難將成，賴陛下英明速斷，故罪人斯戮。臣等雖得仰憑天光，効其毫露，豈可因國之災，以爲身幸。陛下雖欲私臣，當如直史何。」上不能奪，故封事遂寢。時兄弘錄尙書事，又爲揚州刺史，曇首爲上所親委，任兼兩宮。彭城王義康與弘並錄，意常怏怏，又欲得揚州，形於辭旨。以曇首居中，分其權任，愈不悅。曇首固乞吳郡，太祖曰：「豈有欲建大厦而遺其棟梁者哉。賢兄比屢稱疾，固辭州任，將來若相申許者，此處非卿而誰？亦何吳郡之有。」時弘久疾，屢遜位，不許。義康謂賓客曰：「王公久疾不起，神州詎合臥治。」曇首勸弘減府兵力之半以配義康，〔一一〕義康乃悅。

七年，卒。太祖爲之慟，中書舍人周赳侍側，〔一二〕曰：「王家欲衰，賢者先殞。」上曰：「直是我家衰耳。」追贈左光祿大夫，加散騎常侍，詹事如故。九年，以預誅羨之等謀，追封豫寧縣侯，邑千戶，謚曰文侯。世祖卽位，配饗太祖廟庭。子僧綽嗣，別有傳。少子僧虔，昇明末，爲尙書令。

殷景仁，陳郡長平人也。曾祖融，晉太常。祖茂，〔一三〕散騎常侍、特進、左光祿大夫。父道裕，蚤亡。

景仁少有大成之量，司徒王謐見而以女妻之。初爲劉毅後軍參軍，高祖太尉行參軍。建議宜令百官舉才，以所薦能否爲黜陟。遷宋臺祕書郎，世子中軍參軍，轉主簿，又爲驃騎將軍道憐主簿。出補衡陽太守，入爲宋世子洗馬，仍轉中書侍郎。景仁學不爲文，敏有思致，口不談義，深達理體，至於國典朝儀，舊章記注，莫不撰錄，識者知其有當世之志也。高祖甚知之，遷太子中庶子。

少帝卽位，入補侍中，累表辭讓，又固陳曰：「臣志幹短弱，歷著出處。值皇塗隆泰，身荷恩榮，階牒推遷，日月頻積，失在饕餮，患不自量。而奉聞今授，固守愚心者，竊惟殊次之寵，必歸器望；喉脣之任，非才莫居。三省諸躬，無以克荷，豈可苟順甘榮，不知進退，上虧朝舉，下貽身咎，求之公私，未見其可。顧涯審分，誠難庶幾，踰方越序，易以誡懼。所以俯仰周偟，無地寧處。若惠澤廣流，蘭艾同潤，回改前旨，賜以降階，雖實不敏，敢忘循命。臣迮違之愆，既已屢積，寧當徒尙浮采，塵黷天聽。丹情悾款，仰希照察。」詔曰：「景仁退挹之懷，有不可改，除黃門侍郎，以申君子之請。」尋領射聲。頃之，轉左衞將軍。

太祖卽位，委遇彌厚，俄遷侍中，左衞如故。時與侍中右衞將軍王華、侍中驍騎將軍王曇首、侍中劉湛四人，並時爲侍中，俱居門下，皆以風力局幹，冠冕一時，同升之美，近代莫及。元嘉三年，車駕征謝晦，司徒王弘入居中書下省，景仁長直，共掌留任。晦平，代到彥

之爲中領軍，侍中如故。

太祖所生章太后早亡，上奉太后所生蘇氏甚謹。六年，蘇氏卒，車駕親往臨哭，下詔曰：「朕夙罹偏罰，情事兼常，每思有以光隆懿戚，少申罔極之懷。而禮文遺逸，取正無所，監之前代，用否又殊，故惟疑累年，在心未遂。蘇夫人奄至傾殂，情禮莫寄，追思遠恨，與事而深。日月有期，將卜窀穸，便欲粗依春秋以貴之義，式遵二漢推恩之典。但動藉史筆，傳之後昆，稱心而行，或容未允。可時共詳論，以求其中。執筆永懷，益增感塞。」景仁議曰：「至德之感，靈啓厥祥，文母俔天，實熙皇祚。主上聿遵先典，號極徽崇，以貴之義，禮盡於此。蘇夫人階緣戚屬，情以事深，寒泉之思，實感聖懷，明詔爰發，詢求厥中。謹尋漢氏推恩加爵，于時承秦之弊，儒術蔑如，自君作故，罔或前典，懼非盛明所宜軌蹈。晉監二代，朝政之所因，君舉必書，哲王之所愼。體至公者，懸爵賞於無私，奉天統者，每屈情以申制。所以作孚萬國，貽則後昆。臣豫蒙博逮，謹露庸短。」上從之。

丁母憂，葬竟，起爲領軍將軍，固辭。上使綱紀代拜，遣中書舍人周赳輿載還府。九年，服闋，還尙書僕射。太子詹事劉湛代爲領軍，與景仁素善，皆被遇於高祖，俱以宰相許之。湛尙居外任，會王弘、華、曇首相係亡，景仁引湛還朝，共參政事。湛既入，以景仁位遇本不踰己，而一旦居前，意甚憤憤。知太祖信仗景仁，不可移奪，乃深結司徒彭城王義康，欲倚

宰相之重以傾之。十二年，景仁復遷中書令，護軍、僕射如故。尋復以僕射領吏部，護軍如故。湛愈忿怒。義康納湛言，毁景仁於太祖。太祖遇之益隆。景仁對親舊歎曰：「引之令入，入便噬人。」乃稱疾解職，表疏累上，不見許，使停家養病。發詔遣黄門侍郎省疾。湛議遣人若劫盗者於外殺之，以爲太祖雖知，當有以，終不能傷至親之愛。上微聞之，遷景仁於西掖門外晉鄱陽主第，以爲護軍府，密邇宫禁，故其計不行。

景仁臥疾者五年，雖不見上，而密表去來，日中以十數，朝政大小，必以問焉，影迹周密，莫有窺其際者。收湛之日，景仁使拂拭衣冠，寢疾既久，左右皆不曉其意。其夜，上出華林園延賢堂召景仁，猶稱脚疾，小牀輿以就坐，誅討處分，一皆委之。

代義康爲揚州刺史，僕射領吏部如故。遣使者授印綬，主簿代拜，拜畢，便覺其情理乖錯。性本寬厚，而忽更苛暴，問左右曰：「今年男婚多？女嫁多？」是冬大雪，景仁乘輿出聽事觀望，忽驚曰：「當閤何得有大樹？」既而曰：「我誤邪？」疾轉篤。太祖謂不利在州司，使還住僕射下省，爲州凡月餘卒。或云見劉湛爲祟。時年五十一，追贈侍中、司空，本官如故。謚曰文成公。

上與荆州刺史衡陽王義季書曰：「殷僕射疾患少日，奄忽不救。其識具經遠，奉國竭誠，周游繾綣，情兼常痛。民望國器，遇之爲難，惋歎之深，不能已已。汝亦同不？往矣如

何！」世祖大明五年，行幸經景仁墓，詔曰：「司空文成公景仁德量淹正，風識明允，徽績忠謨，夙達先照，惠政茂譽，實留民屬。近瞻丘墳，感往興悼，可遣使致祭。」

子道矜，幼而不慧，官至太中大夫。道矜子恒，太宗世爲侍中，度支尚書，屬父疾積久，爲有司所奏。詔曰：「道矜生便有病，無更横疾。恒因愚習惰，久妨清序，可降爲散騎常侍。」

沈演之字臺眞，吳興武康人也。高祖充，晉車騎將軍，吳國内史。曾祖勁，冠軍陳祐長史，戍金墉城，爲鮮卑慕容恪所陷，不屈節見殺，追贈東陽太守。祖赤黔，廷尉卿。父叔任，少有幹質，初爲揚州主簿，高祖太尉參軍，吳、山陰令，治皆有聲。朱齡石伐蜀，爲齡石建威府司馬，加建威將軍。平蜀之功，亞於元帥，卽本號爲西夷校尉、巴西梓潼郡太守，戍涪城。東軍既反，二郡强宗侯勳、羅奥聚衆作亂，四面雲合，遂至萬餘人，攻城急。叔任東兵不滿五百，推布腹心，衆莫不爲用，出擊大破之，逆黨皆平。高祖討司馬休之，齡石遣叔任率軍來會。時高祖領鎭西將軍，命爲司馬。及軍還，以爲揚州別駕從事史。以平蜀全涪之功，封寧新縣男，食邑四百四十戶。出爲建威將軍、益州刺史，以疾還都。義熙十四年，卒，時

年五十。長子融之，蚤卒。

演之年十一，尚書僕射劉柳見而知之，曰：「此童終爲令器。」家世爲將，而演之折節好學，讀老子日百遍，以義理業尚知名。襲父別爵吉陽縣五等侯。郡命主簿，州辟從事史，西曹主簿，舉秀才，嘉興令，有能名。入爲司徒祭酒，南譙王義宣左軍主簿，錢唐令，復有政績。復爲司徒主簿。丁母憂。起爲武康令，固辭不免，到縣百許日，稱疾去官。服闋，除司徒左西掾，[一四]州治中從事史。元嘉十二年，東諸郡大水，民人饑饉，吳義興及吳郡之錢唐，升米三百。以演之及尚書祠部郎江邃並兼散騎常侍，巡行拯卹，許以便宜從事。演之乃開倉廩以賑饑民，民有生子者，口賜米一斗，刑獄有疑枉，悉制遣之，百姓蒙賴。

轉別駕從事史，領本郡中正，深爲義康所待，故在府州前後十餘年。後劉湛、劉斌等結黨，[一五]欲排廢尚書僕射殷景仁，演之雅仗正義，與湛等不同，湛因此讒之於義康。嘗因論事不合旨，義康變色曰：「自今而後，我不復相信！」演之與景仁素善，盡心於朝庭，太祖甚嘉之，以爲尚書吏部郎。

十七年，義康出藩，誅湛等，以演之爲右衞將軍。景仁尋卒，乃以後軍長史范曄爲左衞將軍，與演之對掌禁旅，同參機密。二十年，遷侍中，右衞將軍如故。太祖謂之曰：「侍中領衞，望實優顯，此蓋宰相便坐，卿其勉之。」上欲伐林邑，朝臣不同，唯廣州刺史陸徽與演之

贊成上意。及平，賜羣臣黄金、生口、銅器等物，演之所得偏多。上謂之曰：「廟堂之謀，卿參其力，平此遠夷，未足多建茅土。俟廓清京都，[一六]鳴鸞東岱，不憂河山不開也。」二十一年，詔曰：「總司戎政，翼贊東朝，惟允之舉，匪賢莫授。侍中領右衞將軍演之，清業貞審，器思沈濟。右衞將軍曄，才應通敏，理懷清要。並美彰出内，誠亮在公，能克懋厥猷，樹績所莅。演之可中領軍，曄可太子詹事。」曄懷逆謀，演之覺其有異，言之太祖，曄尋事發伏誅。遷領國子祭酒，本州大中正，轉吏部尚書，領太子右衞率。雖未爲宰相，任寄不異也。

素有心氣，疾病歷年，上使臥疾治事。性好舉才，申濟屈滯，而謙約自持，上賜女伎，不受。二十六年，車駕拜京陵，演之以疾不從。上還宫，召見，自勉到坐，出至尚書下省，暴卒，時年五十三。太祖痛惜之，追贈散騎常侍、金紫光祿大夫，謚曰貞侯。

演之昔與同使江邃字玄遠，濟陽考城人。頗有文義。官至司徒記室參軍，撰文釋，傳於世。

演之子睦，至黄門郎，通直散騎常侍。世祖大明初，坐要引上左右俞欣之訪評殿省内事，又與弟西陽王文學勃忿鬩不睦，坐徙始興郡，勃免官禁錮。

勃好爲文章，善彈琴，能圍棊，而輕薄逐利。歷尚書殿中郎。太宗泰始中，爲太子右衞率，加給事中。時欲北討，使勃還鄉里募人，多受貨賄。上怒，下詔曰：「沈勃琴書藝業，口

有美稱，而輕躁耽酒，幼多罪愆。比奢淫過度，妓女數十，聲酣放縱，無復劑限。自恃吳興土豪，比門義故，脅說士庶，告索無已。又輒聽募將，委役還私，託注病叛，遂有數百。周旋門生，競受財貨，少者至萬，多者千金，考計贓物，二百餘萬，便宜明罰敕法，以正典刑。故光祿大夫演之昔受深遇，忠績在朝，尋遠矜懷，能無弘律，可徙勃西垂，令一思愆悔。」於是徙付梁州。廢帝元徽初，以例得還。結事阮佃夫、王道隆等，復爲司徒左長史。爲廢帝所誅。順帝即位，追贈本官。

勃弟統，大明中爲著作佐郎。先是，五省官所給幹僮，不得雜役，太祖世，坐以免官者，前後百人。〔一七〕統輒役過差，有司奏免。世祖詔曰：「自頃幹僮，多不祗給，主可量聽行杖。」得行幹杖，自此始也。

演之兄融之子暢之，襲寧新縣男。大明中，爲海陵王休茂北中郎諮議參軍，爲休茂所殺，追贈黃門郎。子曄嗣，齊受禪，國除。

史臣曰：元嘉初，誅滅宰相，蓋王華、孔甯子之力也。彼羣公義雖往結，恩實今疎，而任即釁權，意非昔主，居上六之窮爻，當來寵之要轍，顛覆所基，非待他釁，況於廢殺之重，其隙易乘乎。夫殺人而取其璧，不知在己興累；傾物而移其寵，不忌自我難持。若二子永年，亦未知來禍所止也。有能戒彼而悟此，則所望於來哲。

校勘記

〔一〕恭懷廞罷兵　各本並脫「廞罷兵」三字，義不可通，今據南史補，又參校晉書王導傳孫廞附傳。

〔二〕年十三　「十三」各本並作「十二」，據南史改。張森楷校勘記云：「華以元嘉四年卒，年四十三，逆數至隆安元年，凡三十年。作年十三是。」

〔三〕太祖鎮江陵　「鎮」各本並作「征」，按文帝未即位前，未嘗征江陵，「征」當是「鎮」之譌，今改正。

〔四〕蓋由每生情多　「每」通鑑宋元嘉元年作「貪」。元龜七一七此句下注云：「每，貪也。」按漢書賈誼傳所載鵩鳥賦有「品庶每生」語。孟康云：「每，貪也。」

〔五〕子定侯嗣　「定侯」各本並作「宣侯」，據南史改。按王華諡宣侯，子不當復諡宣侯。「嗣」，王華子之名。錢大昕廿二史考異云：「王僧綽傳云，王華子新建侯嗣，才劣，位遇亦輕。則嗣乃華子之名。」

〔六〕以長弟終紹封　「終」南史作「佟」。

〔七〕若但如民　「民」宋本殘葉作「民」，弘治本、北監本、毛本、殿本、局本作「臣」；南史、元龜九一七作「下官」。涵芬樓影印百衲本宋書時，以各本並作「臣」，謂宋本殘葉作「民」爲誤，謬改爲「臣」。按時劉裕尚未稱帝，王弘不當稱臣，宋書殘葉稱「民」，南史稱下官，並不誤。今改回。

〔八〕我何德以堪之　各本並脫「德以」二字，據藝文類聚九八引、建康實錄補。

〔九〕元嘉元年二年雖有再開門例　宋本殘葉脫「元」字，弘治本、北監本、毛本、殿本、局本脫「元年」二字，據南史、元龜四六〇、御覽三四一引訂補。

〔一〇〕但既據舊史　「史」各本並作「使」，據元龜四六〇改。

〔一一〕晏首勸弘減府兵力之半以配義康　各本並脫「力」字，據南史補。

〔一二〕中書舍人周赳侍側　「周赳」各本並作「周起」，據南史、元龜二〇四、四六一改。按本書殷景仁傳、張敷傳均作「周赳」。

〔一三〕祖茂　「茂」南史作「茂之」，東晉南北朝人名後之「之」字，有時可省去。

〔一四〕除司徒左西掾　「西」字，三朝本空白，北監本、毛本、殿本、局本作「司」，元龜二一三、六六二作「西」。今據元龜補。

〔一五〕後劉湛劉斌等結黨　「劉斌」各本並作「劉威」，據南史改。張森楷校勘記、孫虨宋書考論並云：「劉威當作劉斌。」按彭城王義康傳有南陽劉斌，劉湛之族人，時以爲吳郡太守，以黨附義康被殺。

〔一六〕侯鄺清京都　各本並脫「侯」字，據元龜四六一補。

〔一七〕坐以免官者前後百人　「百人」上，元龜一九一有「數」字。

宋書卷六十四

列傳第二十四

鄭鮮之　裴松之　何承天

鄭鮮之字道子，滎陽開封人也。高祖渾，[一]魏將作大匠。祖襲，[二]大司農。父遵，尚書郎。襲初爲江乘令，因居縣境。

鮮之下帷讀書，絕交游之務。初爲桓偉輔國主簿。先是，兗州刺史滕恬爲丁零翟遼所沒，屍喪不反，恬子羨仕宦不廢，議者嫌之。桓玄在荆州，使羣僚博議，鮮之議曰：

名教大極，忠孝而已，至乎變通抑引，每事輒殊，本而尋之，皆是求心而遺跡。跡之所乘，遭遇或異。故聖人或就跡以助教，或因跡以成罪，屈申與奪，難可等齊，舉其阡陌，皆可略言矣。天可逃乎？而伊尹廢君；君可脅乎？而鬻權見善；忠可愚乎？而箕子同仁。自此以還，殊實而齊聲，異譽而等美者，不可勝言。而欲令百代之下，聖典

所闕，正斯事於一朝，豈可易哉。

然立言明理，以古證今，當使理厭人情。如滕羨情事者，或終身隱處，不關人事，或昇朝理務，無譏前哲。通滕者則以無譏爲證，塞滕者則以隱處爲美。折其兩中，則異同之情可見矣。然無譏前哲者，厭情之謂也。若王陵之母，見烹於楚，陵不退身窮居，終爲社稷之臣，非爲榮也。鮑勛蹇諤魏朝，亡身爲效，觀其志非貪爵也。凡此二賢，非滕之諭。夫聖人立教，猶云「有禮無時，君子不行」。有禮無時，政以事有變通，不可守一故耳。若滕以此二賢爲證，則恐人人自賢矣。若不可人人自賢，何可獨許其證。譏者兼在於人，不但獨證其事。漢、魏以來，記闕其典，尋而得者無幾人。至乎大晉中朝及中興之後，楊臻則七年不除喪，三十餘年不關人事，溫公則見逼於王命，庾左丞則終身不著袷，高世遠則爲王右軍、何驃騎所勸割，無有如滕之易者也。若以縗麻非爲哀之主，無所復言矣。文皇帝以東關之役，尸骸不反者，制其子弟，不廢婚宦。明此，孝子已不自同於人倫，有識已審其可否矣。若其不爾，居宗輔物者，但當卽聖人之教，何所復明制於其間哉。及至永嘉大亂之後，王敦復申東關之制於中興，原此是爲國之大計，非謂訓範人倫，盡於此也。

何以言之？父讎明不同戴天日，而爲國不可許復讎，此自以法奪情，卽是東關、永嘉之喻也。何妨綜理王務者，布衣以處之。明教者自謂世非橫流，凡士君子之徒，無不可仕之理，而雜以情譏，謂宜在貶裁耳。若多引前事以爲通證，則孝子可顧法而不復讎矣。文皇帝無所立制於東關，王敦無所明之於中興。每至斯會，輒發之於宰物，是心可不喻乎。

且夫求理當先以遠大，若滄海橫流，家國同其淪溺，若不仕也，則人有餘力，則國可至乎亡，家可至乎滅。當斯時也，匹婦猶亡其身，況大丈夫哉。既其不然，天下之才，將無所理。滕但當盡陟岵之哀，擬不仕者之心，何爲證喻前人，以自通乎。且名爲大才之所假，而小才之所榮，榮與假乘常，已有慚德，無欣工進，何有情事乎。若其不然，則工進無欣，何足貴於千載之上邪。苟許小才榮其位，則滕不當顧常疑以自居乎。所謂柳下惠則可，我則不可也。

且有生之所宗者聖人，聖人之爲教者禮法，卽心而言，則聖人之法，不可改也。而秦以郡縣治天下，莫之能變；漢文除肉刑，莫之能復。彼聖人之爲法，猶見改於後王，況滕賴前人，而當必通乎？若人皆仕，未知斯事可俟後聖與不？況仕與不仕，各有其人，而不仕之所引，每感三年之下。見議者弘通情紀，每傍中庸，又云若許譏滕，則恐亡身致命之仕，以此而不盡。何斯言之過與。夫忠烈之情，初無計而後動。若計而後

動，則懼法不盡命。若有不盡，則國有常法。故古人軍敗於外，而家誅於內。苟忠發自內，或懼法於外，復有踟躕顧望之地邪！若有功不賞，有罪不誅，可致斯喻耳。無有名教翼其子弟，而子弟不致力於所天。不致力於所天，則王經忠不能救主，孝不顧其親，是家國之罪人耳，何所而稱乎。夫恩宥十世，非不隆也。功高賞厚，非不報也。若國憲無負於滕恬，則羨之通塞，自是名教之所及，豈是勸沮之本乎？

議者又以唐虞邈矣，孰知所歸，尋言求意，將所負者多乎。後漢亂而不亡，前史猶謂數公之力。魏國將建，荀令君正色異議，董昭不得枕蘇則之膝，賈充受辱於庾純。以此而推，天下之正義，終自傳而不沒，何爲發斯歎哉。若以時非上皇，便不足復言多者，則夷齊於爽、望，子房於四人，亦無所復措其言矣。至於陳平默順避禍，以權濟屈，皆是衞生免害，非爲榮也。滕今生無所衞，鞭塞已冥，義安在乎。昔陳壽在喪，使婢丸藥，見責鄉閭；阮咸居哀，騎驢偷婢，身處王朝。豈可以阮獲通於前世，便無疑於後乎。且賢聖抑引，皆是究其始終，定其才行。故雖事有驚俗，而理必獲申。郤詵葬母後園，[三]而身登宦，所以免責，以其孝也。日磾殺兒無譏，以其忠也。今豈可以二事是忠孝之所爲，便可許殺兒葬母後園乎？不可明矣。既其不可，便當究定滕之才行，無所多辯也。

滕非下官鄉親，又不周旋，才能非所能悉。若以滕謀能決敵，才能周用，此自追蹤古人，非議所及。若是士流，故謂宜如子夏受曾參之詞，可謂善矣，而子夏無不孝之稱也。意之所懷，都盡於此，自非名理，何緣多其往復；如其折中，裁之居宗。

桓偉進號安西，轉補功曹，舉陳郡謝絢自代，曰：「蓋聞知賢弗推，臧文所以竊位；宣子能讓，晉國以之獲寧。鮮之猥承人乏，謬蒙過眷，既恩以義隆，遂再叨非服。知進之難，屢以上請，然自退之志，未獲暫申，夙夜懷冰，敢忘其懼。伏見行參軍謝絢，清悟審正，理懷通美，居以端右，[四]雖未足舒其采章，升庸以漸，差可以位擬人。請乞愚短，甘充下列，授爲賢牧，實副羣望。」

入爲員外散騎侍郎，司徒左西屬，大司馬琅邪王錄事參軍，仍遷御史中丞。性剛直，不阿强貴，明憲直繩，甚得司直之體。外甥劉毅，權重當時，朝野莫不歸附，鮮之盡心高祖，獨不屈意於毅，毅甚恨焉。義熙六年，鮮之使治書侍御史丘洹奏彈毅曰：「上言傳詔羅道盛輒開箴，遂盜發密事，依法棄市，奏報行刑，而毅以道盛身有侯爵，輒復停宥。桉毅勳德光重，任居次相，既殺之非己，無緣生之自由。又奏之於先，而弗請於後，閫外出疆，非此之謂。中丞鮮之於毅舅甥，制不相糾，臣請免毅官。」詔無所問。

時新制長吏以父母疾去官，禁錮三年。山陰令沈叔任父疾去職，鮮之因此上議曰：「夫

事有相權，故制有與奪，此有所屈，而彼有所申。未有理無所明，事無所獲，而爲永制者也。當以去官之人，或容詭託之事。詭託之事，誠或有之，豈可虧天下之大教，以末傷本者乎。且設法蓋以衆苞寡，而不以寡違衆，況防杜去官而塞孝愛之實。且人情趨於榮利，辭官本非所防，所以爲其制者，莅官不久，則奔競互生，故杜其欲速之情，以申考績之實。今省父母之疾，[五]而加以罪名，悖義疾理，莫此爲大。謂宜從舊，於義爲允。」從之。於是自二品以上父母沒者，墳墓崩毀及疾病族屬輒去，並不禁錮。

劉毅當鎮江陵，高祖會於江寧，朝士畢集。毅素好摴蒱，於是會戲。高祖與毅歛局，各得其半，積錢隱人，毅呼高祖併之。先擲得雉，高祖甚不說，良久乃答之。四坐傾矚，既擲，五子盡黑，毅意色大惡，謂高祖曰：「知公不以大坐席與人！」鮮之大喜，徒跣繞牀大叫，聲聲相續。毅甚不平，謂之曰：「此鄭君何爲者！」無復甥舅之禮。高祖少事戎旅，不經涉學，及爲宰相，頗慕風流，時或言論，人皆依違之，不敢難也。鮮之難必切至，未嘗寬假，要須高祖辭窮理屈，然後置之。高祖或有時慚恧，變色動容，既而謂人曰：「我本無術學，言義尤淺。比時言論，諸賢多見寬容，唯鄭不爾，獨能盡人之意，甚以此感之。」時人謂爲「格佞」。

自中丞轉司徒左長史，太尉諮議參軍，俄而補侍中，復爲太尉諮議。十二年，高祖北伐，以爲右長史。鮮之曾祖墓在開封，相去三百里，乞求拜省，高祖以騎送之。宋國初建，轉奉常。

佛佛虜陷關中，高祖復欲北討，行意甚盛。鮮之上表諫曰：「伏思聖略深遠，臣之愚管無所措其意。然臣愚見，竊有所懷。虜凶狡情狀可見，自關中再敗，皆是帥師違律，非是內有事故，致外有敗傷。虜聞殿下親御六軍，必謂見伐，當重兵守潼關，[六]其勢然也。若陵威長驅，臣實見其未易；若輿駕頓洛，則不足上勞聖躬。如此，則進退之機，宜在熟慮。賊不敢乘勝過陝，遠慴大威故也。今盡用兵之算，事從屈申，遣師撲討，而南夏清晏，賊方懼將來，永不敢動。若輿駕造洛而反，凶醜更生揣量之心，必啓邊戎之患，此既必然。江南顒顒，傾注輿駕，忽聞遠伐，不測師之深淺，必以殿下大申威靈，未還，人情恐懼，事又可推。往年西征，劉鍾危殆，前年劫盜破廣州，人士都盡。三吳心腹之內，諸縣屢敗，皆由勞役所致。又聞處處大水，加遠師民斂，敗散，自然之理。殿下在彭城，劫盜破諸縣，事非偶爾，皆是無賴凶慝。凡順而撫之，則百姓思安；違其所願，必爲亂矣。古人所以救其煩穢，正在於斯。漢高身困平城，呂后受匈奴之辱，魏武軍敗赤壁，宣武喪師枋頭，神武之功，一無所損。況偏師失律，無虧於廟堂之上者邪。卽之事實，非敗之謂，唯齡石等可念耳。若行也，或速其禍。反覆思惟，愚謂不煩殿下親征小劫。西虜或爲河、洛之患，今正宜通好北虜，則河南安。河南安，則濟、泗靜。伏願聖鑑察臣愚懷。」

高祖踐阼，遷太常，都官尚書。鮮之爲人通率，在高祖坐，言無所隱，時人甚憚焉。而隱厚篤實，贍卹親故。性好游行，命駕或不知所適，隨御者所之。尤爲高祖所狎，上嘗於內殿宴飲，朝貴畢至，唯不召鮮之。坐定，謂羣臣曰：「鄭鮮之必當自來。」俄而外啓：「尚書鮮之詣神虎門求啓事。」[七]高祖大笑引入，其被親遇如此。

永初二年，出爲丹陽尹，復入爲都官尚書，加散騎常侍。以從征功，封龍陽縣五等子。出爲豫章太守，秩中二千石。元嘉三年，王弘入爲相，舉鮮之爲尚書右僕射。四年，卒，時年六十四。追贈散騎常侍、金紫光祿大夫。文集傳於世。

子愔，位至尚書郎，始興太守。[八]

裴松之字世期，河東聞喜人也。祖昧，光祿大夫。父珪，正員外郎。

松之年八歲，學通論語、毛詩。博覽墳籍，立身簡素。年二十，拜殿中將軍。此官直衞左右，晉孝武太元中革選名家以參顧問，始用琅邪王茂之、會稽謝輶，皆南北之望。舅庾楷在江陵，欲得松之西上，除新野太守，以事難不行。拜員外散騎侍郎。義熙初，爲吳興故鄣令，在縣有績。入爲尚書祠部郎。

松之以世立私碑，有乖事實，上表陳之曰：「碑銘之作，以明示後昆，自非殊功異德，無以允應茲典。大者道勳光遠，〔九〕世所宗推，其次節行高妙，遺烈可紀。若乃亮采登庸，績用顯著，敷化所莅，惠訓融遠，述詠所寄，有賴鐫勒，非斯族也，則幾乎僭黷矣。俗敝僞興，華煩已久，是以孔悝之銘，行是人非；蔡邕制文，每有愧色。而自時厥後，其流彌多，預有臣吏，必爲建立，勒銘寡取信之實，刊石成虛僞之常，眞假相蒙，殆使合美者不貴，但論其功費，又不可稱。不加禁裁，其敝無已。」以爲「諸欲立碑者，宜悉令言上，爲朝議所許，然後聽之。庶可以防遏無徵，顯彰茂實，使百世之下，知其不虛，則義信於仰止，道孚於來葉」。由是並斷。〔一〇〕

高祖北伐，領司州刺史，以松之爲州主簿，轉治中從事史。既克洛陽，〔松之居州行事。宋國初建，毛德祖使洛陽。〕高祖敕之曰：〔一一〕「裴松之廊廟之才，不宜久尸邊務，今召爲世子洗馬，與殷景仁同，可令知之。」于時議立五廟樂，松之以妃臧氏廟樂亦宜與四廟同。除零陵內史，徵爲國子博士。

太祖元嘉三年，誅司徒徐羨之等，分遣大使，巡行天下。通直散騎常侍袁渝、司徒左西掾孔邈使揚州，〔一二〕尚書三公郎陸子眞、〔一三〕起部甄法崇使荆州，員外散騎常侍范雍、〔一四〕司徒主簿龐遵使南兗州，前尚書右丞孔默使南北二豫州，〔一五〕撫軍參軍王歆之使徐州，冗從僕

射車宗使青、兗州，松之使湘州，尚書殿中郎阮長之使雍州，前竟陵太守殷道鸞使益州，員外散騎常侍李耽之使廣州，郎中殷斌使梁州、南秦州，前員外散騎侍郎阮園客使交州，駙馬都尉、奉朝請潘思先使寧州，並兼散騎常侍。班宣詔書曰：「昔王者巡功，羣后述職，不然則有存省之禮，聘覜之規。所以觀民立政，命事考績，上下偕通，遐邇咸被，故能功昭長世，道歷遠年。朕以寡闇，屬承洪業，夤畏在位，昧于治道，夕惕惟憂，如臨淵谷。懼國俗陵頹，民風凋僞，眚厲違和，水旱傷業。雖躬勤庶事，〔一六〕思弘攸宜，而機務惟殷，顧循多闕，政刑乖謬，未獲具聞。豈誠素弗孚，使羣心莫盡，納隍之愧，在予一人。以歲時多難，王道未壹，卜征之禮，廢而未修，眷彼氓庶，〔一七〕無忘攸恤。〔一八〕今使兼散騎常侍渝等申令四方，周行郡邑，親見刺史二千石官長，申述至誠，廣詢治要，觀察吏政，訪求民隱，旌舉操行，存問所疾。禮俗得失，一依周典，每各爲書，還具條奏，俾朕昭然，若親覽焉。大夫君子，其各悉心敬事，無惰乃力。其有咨謀遠圖，謹言中誠，陳之使者，無或隱遺。方將敬納良規，以補其闕。勉哉勗之，稱朕意焉。」

松之反使奏曰：「臣聞天道以下濟光明，君德以廣運爲極。古先哲后，因心溥被，是以文思在躬，則時雍自洽，禮行江漢，而美化斯遠。故能垂大哉之休詠，廓造周之盛則。伏惟陛下神叡玄通，道契曠代，冕旒華堂，垂心八表。咨敬敷之未純，慮明揚之靡暢。清問下民，哀此鰥寡，渙焉大號，周爰四達。遠猷形於雅、誥，惠訓播乎遐陬。是故率土仰詠，重譯咸說，莫不謳吟踊躍，式銘皇風。或有扶老攜幼，稱歡路左，誠由亭毒既流，故忘其自至，千載一時，於是乎在。臣謬蒙銓任，忝厠顯列，猥以短乏，思純八表，無以宣暢聖旨，肅明風化，黜陟無序，搜揚寡聞，慚懼屏營，不知所措。奉二十四條，謹隨事爲牒。伏見癸卯詔書，禮俗得失，一依周典，每各爲書，還具條奏。謹依事爲書以繫之後。」松之甚得奉使之義，論者美之。

轉中書侍郎、司冀二州大中正。上使注陳壽三國志，松之鳩集傳記，增廣異聞，既成奏上。上善之，曰：「此爲不朽矣。」出爲永嘉太守，勤恤百姓，吏民便之。入補通直爲常侍，〔一九〕復領二州大中正。尋出爲南琅邪太守。十四年致仕，拜中散大夫，尋領國子博士，進太中大夫，博士如故。續何承天國史，未及撰述，二十八年，卒，時年八十。子駰，南中郎參軍。松之所著文論及晉紀，駰注司馬遷史記，並行於世。

何承天，東海郯人也。從祖倫，晉右衞將軍。承天五歲失父，母徐氏，廣之姊也，聰明博學，故承天幼漸訓義，儒史百家，莫不該覽。叔父肹爲益陽令，隨肹之官。

隆安四年，南蠻校尉桓偉命爲參軍。時殷仲堪、桓玄等互舉兵以向朝廷，承天懼禍難未已，解職還益陽。義旗初，長沙公陶延壽以爲其輔國府參軍，遣通敬於高祖，因除瀏陽令，尋去職還都。撫軍將軍劉毅鎮姑孰，版爲行參軍。毅嘗出行，而鄢陵縣史陳滿射鳥，箭誤中直帥，雖不傷人，處法棄市。承天議曰：「獄貴情斷，疑則從輕。昔驚漢文帝乘輿馬者，張釋之劾以犯蹕，罪止罰金。何者？明其無心於驚馬也。故不以乘輿之重，加以異制。今滿意在射鳥，非有心於中人。按律過誤傷人，三歲刑，況不傷乎？微罰可也。」出補宛陵令。趙惔爲寧蠻校尉、尋陽太守，請爲司馬。尋去職。

高祖以爲太尉行參軍。高祖討劉毅，留諸葛長民爲監軍。長民密懷異志，劉穆之屏人問承天曰：「公今行濟否云何？」承天曰：「不憂西不時判，〔二〇〕別有一慮耳。公昔年自左里還入石頭，甚脫爾，今還，宜加重複。」穆之曰：「非君不聞此言。」頃日顧丹徒劉郎，恐不復可得也。」除太學博士。義熙十一年，爲世子征虜參軍，轉西中郎中軍參軍，錢唐令。高祖在壽陽，宋臺建，召爲尚書祠部郎，與傅亮共撰朝儀。永初末，補南臺治書侍御史。

謝晦鎮江陵，請爲南蠻長史。時有尹嘉者，家貧，母熊自以身貼錢，爲嘉償責。坐不孝當死。承天議曰：「被府宣令，普議尹嘉大辟事，稱法吏葛滕籤，母告子不孝，欲殺者許之。法云，謂違犯教令，敬恭有虧，父母欲殺，皆許之。其所告惟取信於所求而許之。謹尋事原

心，嘉母辭自求質錢，爲子還責。嘉雖虧犯教義，而熊無請殺之辭。熊求所以生之而今殺之，非隨所求之謂。始以不孝爲劾，終於和賣結刑，倚旁兩端，母子俱罪，滕籤法文，爲非其條。嘉所存者大，理在難申，但明教爰發，矜其愚蔽。夫明德慎罰，文王所以恤下；議獄緩死，中孚所以垂化。言情則母爲子隱，語敬則禮所不及。今捨乞宥之評，依請殺之條，責敬恭之節，於飢寒之隸，誠非罰疑從輕，寧失有罪之謂也。愚以謂降嘉之死，以普春澤之恩；赦熊之愆，以明子隱之宜。則蒲亭雖陋，可比德於盛明；豚魚微物，不獨遺於今化。」事未判，值赦並免。

晦進號衞將軍，轉諮議參軍，領記室。元嘉三年，晦將見討，其弟黃門郎皭密信報之，晦問承天曰：「若果爾，卿令我云何？」承天曰：「以王者之重，舉天下以攻一州，大小既殊，逆順又異，境外求全，上計也。其次以腹心領兵戍於義陽，將軍率衆於夏口一戰，若敗，卽趨義陽以出北境，其次也。」晦良久曰：「荆楚用武之國，兵力有餘，且當決戰，走不晚也。」使承天造立表檄。晦以湘州刺史張邵必不同己，欲遣千人襲之，承天以爲邵意趨未可知，不宜便討。時邵兄茂度爲益州，與晦素善，故晦止不遣兵。前益州刺史蕭摹之、前巴西太守劉道產去職還江陵，晦將殺之，承天盡力營救，皆得全免。晦旣下，承天留府不從。及到彥之至馬頭，承天自詣歸罪，彥之以其有誠，宥之，使行南蠻府事。

七年，彥之北伐，請爲右軍錄事。及彥之敗退，承天以才非軍旅，得免刑責。以補尚書殿中郎，兼左丞。吳興餘杭民薄道舉爲劫。制同籍朞親補兵。道舉從弟代公、道生等並爲大功親，非應在補讁之例，法以代公等母存爲朞親，則子宜隨母補兵。承天議曰：「尋劫制，同籍朞親補兵，大功不在此例。〔二一〕婦人三從，旣嫁從夫，夫死從子。今道舉爲劫，若其叔尚存，制應補讁，妻子營居，固其宜也。但爲劫之時，叔父已沒，代公、道生並是從弟，大功之親，不合補讁。今若以叔母爲朞親，令代公隨母補兵，旣違大功不讁之制，又失婦人三從之道。由於主者守朞親之文，不辨男女之異，遠嫌畏負，以生此疑，〔二二〕懼非聖朝恤刑之旨。謂代公等母子並宜見原。」故司徒掾孔邈奏事未御，邈已喪殯，議者謂不宜仍用邈名，更以見官奏之。承天又議曰：「旣沒之名不合奏者，非有它義，正嫌於近不祥耳。奏事一郤，動經歲時，盛明之世，事從簡易，曲嫌細忌，皆應蕩除。」

承天爲性剛愎，不能屈意朝右，頗以所長侮同列，不爲僕射殷景仁所平，出爲衡陽內史。昔在西與士人多不協，在郡又不公清，爲州司所糾，被收繫獄，值赦免。十六年，除著作佐郎，撰國史。承天年已老，而諸佐郎並名家年少，〔二三〕潁川荀伯子嘲之，常呼爲嬭母。承天曰：「卿當云鳳凰將九子，嬭母何言邪！」尋轉太子率更令，著作如故。

時丹陽丁況等久喪不葬，承天議曰：「禮所云還葬，當謂荒儉一時，故許其稱財而不求

備。丁況三家，數十年中，〔二四〕葬輒無棺櫬，實由淺情薄恩，同於禽獸者耳。竊以爲丁寶等同伍積年，未嘗勸之以義，繩之以法。十六年冬，旣無新科，又未申明舊制，有何嚴切，欻然相糾。或由鄰曲分爭，以興此言。如聞在東諸處，此例旣多，〔二五〕江西淮北尤爲不少。若但讁此三人，殆無整肅。開其一端，則互相恐動，里伍縣司，競爲姦利。財賂旣逞，獄訟必繁，懼虧聖明烹鮮之美。臣愚謂況等三家，且可勿問，因此附定制旨，若民人葬不如法，同伍當卽糾言，三年除服之後，不得追相告列，於事爲宜。」

十九年，立國子學，以本官領國子博士。皇太子講孝經，承天與中庶子顏延之同爲執經。頃之，遷御史中丞。時索虜侵邊，太祖訪羣臣威戎御遠之略，承天上表曰：

伏見北藩上事，虜犯青、兗，天慈降鑒，矜此黎元，博逮羣策，經綸戎政，臣以愚陋，預聞訪及。竊尋獫狁告難，爰自上古，有周之盛，南仲出車，漢氏方隆，衞、霍宣力。雖飲馬瀚海，揚旍祁連，事難役繁，天下騷動，委輸負海，〔二六〕貲及舟車。凶狡倔强，未肯受弱，得失報復，裁不相補。宣帝末年，値其乖亂，推亡固存，始獲稽服。自晉喪中原，戎狄侵擾，百餘年間，未暇以北虜爲念。大宋啓祚，兩燿靈武，而懷德畏威，用自款納。陛下臨御以來，羈縻遵養，十餘年中，貢譯不絕。去歲三王出鎭，思振遠圖，獸心易駭，遂生猜懼，背違信約，深搆攜隙。貪禍恣毒，無因自反，恐烽燧之警，必自此始。臣素

庸懦，才不經武，率其管窺，謹撰安邊論。意及淺末，〔二七〕懼無可採。若得詢之朝列，辨覈同異，庶或開引羣慮，研盡衆謀，短長畢陳，當否可見。其論曰

漢世言備匈奴之策，不過二科，武夫盡征伐之謀，儒生講和親之約，課其所言，互有遠志。加塞漠之外，胡敵掣肘，必未能摧鋒引日，規自開張。當由往年冀土之民，附化者衆，二州臨境，三王出藩，經略旣張，宏圖將舉，士女延望，華、夷慕義。故昧於小利，且自矜侈，外示餘力，內堅僞衆。今若務存遵養，許其自新，雖未可羈致北闕，猶足鎭靜邊境。然和親事重，當盡廟算，誠非愚短，所能究言。若追蹤衞、霍瀚海之志，時事不等，致功亦殊。寇雖習戰來久，〔二八〕又全據燕、趙，跨帶秦、魏，山河之險，終古如一。自非大田淮、泗，內實青、徐，使民有贏儲，野有積穀，然後分命方、召，總率虎旅，精卒十萬，使一舉盪夷，則不足稍勤王師，以勞天下。何以言之？今遺黎習亂，志在偸安，非皆恥爲左衽，遠慕冠冕，徒以殘害剝辱，視息無寄，故繈負歸國，先後相尋。虜旣不能校勝循理，攻城略地，而輕兵掩襲，急在驅殘，是其所以速怨召禍，滅亡之日。今若遣軍追討，報其侵暴，大翦幽、冀，屠城破邑，則聖朝愛育黎元，方濟之以道。若但欲撫其歸附，伐罪弔民，則駿馬奔走，不肯來征，徒興巨費，無損於彼。復奇兵深入，殺敵破軍，苟陵患未盡，則困獸思鬬，報復之役，將遂無已。斯秦、漢之末策，輪臺之所悔也。

安邊固守，於計爲長。臣以安邊之計，備在史策，李牧言其端，嚴尤申其要，大略舉矣。曹、孫之霸，才均智敵，江、淮之間，不居各數百里。魏捨合肥，退保新城，吳城江陵，[二九]移民南涘，濡須之戍，家停羨溪。及襄陽之屯，[三〇]民夷散雜，晉宣王以爲宜徙沔南，以實水北，[三一]曹爽不許，果亡柤中，此皆前代之殷鑒也。何者？斥候之郊，非畜牧之所；轉戰之地，非耕桑之邑。[三二]故堅壁清野，以俟其來，整甲繕兵，以乘其敝。雖時有古今，勢有强弱，保民全境，不出此塗。要而歸之有四：一曰移遠就近，二曰浚復城隍，三曰纂偶車牛，四曰計丁課仗。良守疆其土田，驍帥振其風略。蒐獵宜其號令，俎豆訓其廉恥。縣爵以縻之，設禁以威之。徭稅有程，寬猛相濟。比及十載，民知義方。然後簡將授奇，揚旌雲朔，風卷河冀，電埽嵩恒，燕弧折卻，代馬摧足，秦首斬其右臂，吳蹄絕其左肩，銘功於燕然之阿，饗徒於金微之曲。

寇雖亂亡有徵，昧弱易取，若天時人事，或未盡符，抑銳俟機，宜審其算。若邊戍未增，星居布野，勤惰異教，貧富殊資，疆場之民，多懷彼此，虜在去就，不根本業，難可驅率，易在振蕩。又狡虜之性，食肉衣皮，以馳騁爲儀容，以游獵爲南畝，非有車輿之安，宮室之衞，櫛風沐雨，不以爲勞，露宿草寢，維其常性，勝則競利，敗不羞走，彼來或驟，而此已奔疲。且今春踰濟，既獲其利，乘勝忸忕，未虞天誅，比及秋末，容更送死。

猋騎蟻聚，輕兵鳥集，並踐禾稼，焚爇閭井，雖邊將多略，未審何以禦之。若盛師連屯，廢農必衆，馳車奔駟，起役必遲，散金行賞，損費必大，換土客戍，怨曠必繁。孰若因民所居，並修農戰，無動衆之勞，有扞衞之實，其爲利害，優劣相縣也。

一曰移遠就近，以實內地。今青、兗舊民，冀州新附，在界首者二萬家，[三三]此寇之資也。今悉可內徙，青州民移東萊、平昌、北海諸郡，兗州、冀州移泰山以南，南至下邳，[三四]左沭右沂，田良野沃，西阻蘭陵，北阨大峴，四塞之內，其號險固。民性重遷，闇於圖始，無虜之時，喜生咨怨。今新被鈔掠，餘懼未息，若曉示安危，居以樂土，宜其歌抃就路，視遷如歸。

二曰浚復城隍，以增阻防。舊秋冬收斂，民人入保，所以警備暴客，使防衞有素也。古之城池，處處皆有，今雖頹毀，猶可修治。粗計戶數，量其所容，新徙之家，悉著城內，假其經用，爲之閭伍，納稼築場，還在一處。婦子守家，長吏爲師，丁夫匹婦，春夏佃牧，秋冬入保。[三五]寇至之時，一城千室，堪戰之士，不下二千，其餘羸弱，猶能登陴鼓譟。十則圍之，兵家舊說，戰士二千，足抗羣虜三萬矣。

三曰纂偶車牛，以飾戎械。計千家之資，不下五百耦牛，爲車伍伯兩。參合鉤連，以衞其衆。設使城不可固，平行趨險，賊所不能干。既已族居，易可檢括。號令先明，

民知夙戒。有急徵發，信宿可聚。

四曰計丁課仗，勿使有闕。千家之邑，戰士二千，隨其便能，各自有仗，素所服習，銘刻由己，還保輸之於庫，出行請以自衞。弓簳利鐵，民不辦得者，宜以漸充之，數年之內，軍用粗備矣。

臣聞軍國異容，施於封畿之內；兵農並修，在於疆場之表。攻守之宜，皆因其習，任其怯勇。山陵川陸之形，寒暑溫涼之氣，各由本性，易則害生。是故戍申作〔刺〕，怨起及瓜，今若以荆、吳銳〕師遠屯清濟，[三六]功費既重，嗟怨亦深。以臣料之，未若卽用彼衆之易也。管子治齊，寄令在民；商君爲秦，設以耕戰。終申威定霸，行其志業，非苟任强，實由有數。梁用走卒，其邦自滅；齊用技擊，厥衆亦離。漢、魏以來，茲制漸絕，蒐田非復先王之禮，治兵徒逞耳目之欲，有急之日，民不知戰，至乃廣延賞募，奉以厚秩，發遽奔救，天下騷然。方伯刺史，拱手坐聽，自無經略，唯望朝廷遣軍，此皆忘戰之害，不教之失也。今移民實內，浚治城隍，族居聚處，課其騎射，長吏簡試，差品能不，甲科上第，漸就優別，明其勳才，表言州郡。如此則屯部有常，不遷其業，內護老弱，外通宦塗，[三七]朋曹素定，同憂等樂，情由習親，藝因事著，晝戰見貌足相識，夜戰聞聲足相救，斯教戰之一隅，先哲之遺術。論者必以古城荒毀，難可修復。今不謂頓便

加功，整麗如舊，但欲先定民居，[三八]營其閭術，墉壑存者，因而卽之，其有毀缺，權時柵斷。足以禦彼輕兵，防遏游騎，假以方將，漸就完立。[三九]車牛之賦，課仗之宜，攻守所資，軍國之要，今因民所利，導而率之。耕農之器，爲府庫之寶，田蠶之氓，兼捍城之用，[四〇]千家總倍旅之兵，萬戶具全軍之衆，兵强而敵不戒，國富而民不勞，比於優復隊伍，坐食廩糧者，不可同年而校矣。

今承平來久，邊令弛縱，弓簳利鐵，既不都斷，往歲棄甲，垂二十年，課其所住，理應消壞。謂宜申明舊科，嚴加禁塞，諸商賈往來，幢隊挾藏者，皆以軍法治之。又界上嚴立關候，杜廢間蹊。城保之境，諸所課仗，並加雕鐫，別造程式。若有遺鏃亡刃，及私爲竊盜者，皆可立驗，於事爲長。又鉅野湖澤廣大，南通洙、泗，北連青、齊，有舊縣城，正在澤內。宜立式修復舊堵，利其埭遏，給輕艦百艘。寇若入境，引艦出戰，左右隨宜應接，據其師津，毀其航漕。此以利制車，運我所長，亦禦敵之要也。[四一]

承天素好弈棊，頗用廢事。太祖賜以局子，承天奉表陳謝，上答：「局子之賜，何必非張武之金邪。」承天又能彈箏，上又賜銀裝箏一面。承天與尚書左丞謝元素不相善，二人競伺二臺之違，累相糾奏。太尉江夏王義恭歲給資費錢三千萬，布五萬匹，米七萬斛。義恭素奢侈，用常不充，二十一年，逆就尚書換明年資費。而舊制出錢二十萬，布五百匹以上，並

應奏聞，元輒命議以錢二百萬給太尉。事發覺，元乃使令史取僕射孟顗命。元時新除太尉諮議參軍，未拜，爲承天所糾。上大怒，遣元長歸田里，禁錮終身。元時又舉承天賣茭四百七十束與官屬，求貴價，承天坐白衣領職。元字有宗，陳郡陽夏人，臨川內史靈運從祖弟也。以才學見知，卒於禁錮。

二十四年，承天遷廷尉，未拜，上欲以爲吏部，已受密旨，承天宣漏之，坐免官，卒於家，年七十八。先是，禮論有八百卷，承天刪減并合，以類相從，凡爲三百卷，并前傳、雜語、纂文、論並傳於世。〔四二〕又改定元嘉歷，語在律歷志。

史臣曰：治邊之術，前世言之詳矣。夫戎夷狡黠，飄迅難虞，必宜完其障塞，謹其烽柝，使來遝可防，去塗易梗，然後乃能禁暴止姦，養威攘寇。漢世案秦舊迹，嚴塞以限外夷，吳、魏交戰，亦以江、淮爲疆埸，莫不先憑地險，却保民和，且守且耕，伺隙乘釁。高祖受命，王略未遠，雖綿河作守，而兵孤援闊，盛衰既兆，用啓戎心。蓋由王業始基，經創多闕，先內後外，以至於此乎。自茲以降，分靑置境，無圍守之宜，闕耕戰之略，恃寇不來，遂無其備。周、漢二策，在宋頓亡，遂致胡馬橫行，曾無藩落之固，使士民蹐蒼天，踏厚地，繫虜俘囚，而

無所控告，哀哉！承天安邊論，博而篤矣，載之云爾。

校勘記

〔一〕高祖渾　張森楷校勘記云：「鮮之去鄭渾且二百年，以尋常世數計之，當在六世之外。此云高祖，於事不合。」

〔二〕祖襲　各本「祖」上並有「曾」字，據南史、元龜九九八刪。孫虨宋書考論云：「南史無曾字。下文求省曾祖墓，南史云曾祖江州長史哲墓。」

〔三〕郤詵葬母後園　「郤詵」各本並作「郗詵」，據孫虨宋書考論說改。按晉書郤詵傳：「詵母病，苦無車。及亡，不欲車載柩，家貧無以市馬，乃於所住堂北假葬。」

〔四〕居以端右　「端右」各本並作「端石」，據元龜八二八改。張森楷校勘記云：「端石當作端右，各本並誤。」

〔五〕今省父母之疾　各本並脫「今」字，據通典職官典補。

〔六〕當重兵守潼關　各本並脫「守」字，據通鑑晉安帝義熙十四年補。通鑑原文作「必併力守潼關」。

〔七〕尚書鮮之詣神虎門求啓事　「神虎門」各本並作「神獸門」，係唐人所諱改，今改回。

〔八〕始興太守　南史作始安太守。

〔九〕大者道勳光遠　「勳」各本並作「動」，據元龜四七一改。

〔一〇〕由是並斷　「並斷」南史作「普斷」。

〔一一〕既克洛陽松之居州行事宋國初建毛德祖使洛陽高祖敕之曰　「松之居州至使洛陽」十六字各本並脫，據南史補。

〔一二〕司徒左西掾孔邈使揚州　「左西掾」各本並作「左司掾」，張森楷校勘記云：「司當作西。」按張校是，今改正。

〔一三〕尚書三公郎陸子眞　孫虨宋書考論云：「所使諸州無江州、南徐州，蓋陸子眞使江州，范雍使南徐州，而史文脫去。建康實錄，元嘉四年，散騎常侍陸子眞薦豫章雷次宗、尋陽陶潛。二郡並江州屬，可證也。」

〔一四〕員外散騎常侍范雍　孫虨宋書考論云范雍使南徐州，說見前條。

〔一五〕前尚書右丞孔默使南北二豫州　孔默即文帝紀及范曄傳之孔默之。東晉南北朝人名後之「之」字，有時可省去。

〔一六〕雖躬勤庶事　「躬勤」各本並作「勤躬」，據元龜二一三乙正。

〔一七〕眷彼氓庶　「彼」各本並作「被」。張元濟、張森楷校勘記云：「被當作彼。」按二張校是，今改正。

〔一八〕無忘攸恤　「攸」各本並作「欽」，據元龜二一三改。

〔一九〕入補通直爲常侍　張森楷校勘記云：「爲字爲散騎二字之譌。」

〔二〇〕不憂西不時判　各本並脫「判」字，義不可通。通鑑晉安帝義熙八年作「荆州不憂不時判」。胡三省注：「判，決也。」今據補。

〔二一〕大功不在此例　各本並脫「此」字，據通典刑典補。

〔二二〕以生此疑　各本並脫「此」字，據通典刑典補。

〔二三〕而諸佐郎並名家年少　各本並脫「郎」字，據南史、藝文類聚二五引、御覽二三四引補。

〔二四〕數十年中　北監本、毛本、殿本、局本脫「十」字，三朝本作「一」字，今據南史、元龜五七六補。

〔二五〕此例既多　「此」各本並作「比」，據元龜五七六改。王鳴盛十七史商榷云：「比例當作此例。」王鳴盛十七史商榷謂「十」字衍文。

〔二六〕委輸負海　「輸」各本並作「輿」，據元龜四七一改。

〔二七〕意及淺末　「及」元龜四七一作「乃」。

〔二八〕寇雖習戰來久　「來」弘治本、北監本、毛本、殿本、局本作「未」，百衲本所據宋本殘葉本作「來」。涵芬樓影印百衲本時，誤改成「未」，今改回。

〔二九〕吳城江陵　各本並脫「吳城」二字，據通典邊防典補。

〔三〇〕及襄陽之屯　「襄陽」各本並作「表陵」，據通典邊防典改。

〔三一〕晉宣王以爲宜徙沔南以實水北　各本並作「晉宣王以爲宜從江南以北岸」，句譌奪不可通，今據通典邊防典訂正。

〔三二〕斥候之郊非畜牧之所轉戰之地非耕桑之邑　各本並脱「所轉戰之」四字，據通典邊防典補。

〔三三〕在界首者二萬家　「二萬家」元龜四七一作「三萬家」，通典邊防典作「二三萬家」。

〔三四〕兗州冀州移泰山以南南至下邳　各本並脱「兗州冀州移」五字，據通典邊防典補。

〔三五〕春夏佃牧秋冬入保　各本並脱「秋冬入保」四字，據通鑑宋文帝元嘉二十三年補。

〔三六〕是故戍申作刺怨起及瓜今若以荆吴鋭師遠屯清濟　各本並脱「刺怨起及瓜今若以荆吴鋭」十一字，據通典邊防典補。按「戍申作刺，怨起及瓜」，用詩王風揚之水「彼己之子，不與我戍申」及左傳莊公八年「及瓜而代」事。

〔三七〕外通宦塗　「宦塗」，三朝本、北監本、毛本、殿本、局本並作「官塗」，據通典邊防典改。

〔三八〕但欲先定民居　各本並脱「居」字，據通典邊防典補。

〔三九〕漸就完立　「完」各本並作「只」，據通典邊防典改。

〔四〇〕兼捍城之用　各本並脱「捍」字，據通典職官典、元龜四七一補。「捍」字元龜作「扞」字，扞捍通用。

〔四一〕亦禦敵之要也　「禦」各本並作「微徹」二字，據通典邊防典改。

〔四二〕幷前傳雜語纂文論並傳於世　「雜語」各本並作「雜論」，據南史改。按隋書經籍志著錄何承天所撰春秋前傳、春秋前傳雜語、纂文。南史無「纂文」下之「論」字，有「及文集」三字。此無文集，而云論，或卽謂安邊論。

宋書卷六十五

列傳第二十五

吉翰　劉道產　杜驥　申恬

吉翰字休文，馮翊池陽人也。初爲龍驤將軍道憐參軍，隨府轉征虜左軍參軍，員外散騎侍郎。隨道憐北征廣固，賜爵建城縣五等男。轉道憐驃騎中兵參軍，從事中郎。爲將佐十餘年，清謹剛正，甚爲高祖所知賞。永初三年，轉道憐太尉司馬。

太祖元嘉元年，出督梁南秦二州諸軍事、龍驤將軍、西戎校尉、梁南秦二州刺史。三年，仇池氐楊興平遣使歸順，幷兒弟爲質，翰遣始平太守龐諮據武興。仇池大帥楊玄遣弟難當率衆拒諮，又遣將强鹿皮向白水。諮擊破，〔一〕難當等並退走。其年，徙督益寧二州梁州之巴西梓潼宕渠南漢中秦州之安固懷寧六郡諸軍事、益州刺史，〔二〕將軍如故。在益州著美績，甚得方伯之體，論者稱之。

六年，以老疾徵還，除彭城王義康司徒司馬，加輔國將軍。時太祖經略河南，以翰爲持節、監司雍幷三州諸軍事、司州刺史，將軍如故。〔三〕會前鋒諸軍到彥之等敗退，明年，復爲司徒司馬，將軍如故。其年，又假節、監徐兗二州豫州之梁郡諸軍事、徐州刺史，將軍如故。時有死罪囚，典籤意欲活之，因翰八關齋呈其事。〔四〕翰省訖，語「今且去，明可便呈」。明旦，典籤不敢復入，呼之乃來，取昨所呈事視訖，謂之曰：「卿意當欲宥此囚死命。昨於齋坐見其事，亦有心活之。但此囚罪重，不可全貸，既欲加恩，卿便當代任其罪。」因命左右收典籤付獄殺之，原此囚生命。其刑政如此，其下畏服，莫敢犯禁。明年卒官，時年六十。追贈征虜將軍，持節、監、刺史如故。

劉道產，彭城呂人，太尉諮議參軍簡之子也。簡之事在弟子康祖傳。

道產初爲輔國參軍，無錫令，在縣有能名。高祖版爲中軍行參軍，又爲道憐驃騎參軍，襲父爵晉安縣五等侯。廣州羣盜因刺史謝道欣死爲寇，〔五〕攻沒州城，道憐加道產振武將軍南討，會始興相劉謙之已平廣州，〔六〕道產未至而反。

元年，〔七〕除寧遠將軍、巴西梓潼二郡太守。郡人黃公生、任肅之、張石之等並譙縱餘爐，與姻親侯攬、羅奧等招引白水氐，規欲爲亂。道產誅公生等二十一家，宥其餘黨。還爲彭城王義康驃騎中兵參軍。元嘉三年，督梁南秦二州諸軍事、寧遠將軍、西戎校尉、梁南秦二州刺史。在州有惠化，關中流民，前後出漢川歸之者甚多。六年，道產表置隴西、宋康二郡以領之。

七年，徵爲後軍將軍。明年，還竟陵王義宣左將軍諮議參軍，仍爲持節、督雍梁南秦三州荊州之南陽竟陵順陽襄陽新野隨六郡諸軍事、寧遠將軍、寧蠻校尉、雍州刺史、襄陽太守。善於臨民，在雍部政績尤著，蠻夷前後叛戾不受化者，並皆順服，悉出緣沔爲居。百姓樂業，民戶豐贍，由此有襄陽樂歌，自道產始也。十三年，進號輔國將軍。十九年卒，追贈征虜將軍，謚曰襄侯。道產惠澤被於西土，及喪還，諸蠻皆備衰絰，號哭追送，至于沔口。荊州刺史衡陽王義季啓太祖曰：「故輔國將軍劉道產患背癰，疾遂不救。道產自鎮漢南，境接凶寇，政績既著，威懷兼舉。年時猶可，方宜其用，奄至殞沒，傷怨特深。伏惟聖懷，愍惜兼至。」

長子延孫，別有傳。延孫弟延熙，因延孫之廕，大明中，爲司徒右長史，黃門郎，臨海、義興太守。泰始初，與四方同反，伏誅。

道產弟道錫，巴西、梓潼二郡太守。元嘉十八年，爲氐寇所攻，道錫保城退敵，太祖嘉之，下詔曰：「前者兵寇攻逼，邊情波駭，廣威將軍、巴西梓潼二郡太守劉道錫，獎率文武，〔八〕盡心固守，保全之績，厥效可書。可冠軍。諮議參軍、前建威將軍、晉壽太守申坦，孤城弱衆，厲志致果，死傷參半，壯氣不衰，雖力屈陷沒，在誠宜甄。可建威將軍、巴西梓潼二郡太守。」初，氐寇至，城內衆寡，道錫募吏民守城，復租布二十年。及賊退，朝議：「賊雖攻城，一戰便走，聽依本要，於事爲優。」右衞將軍沈演之、丹陽尹羊玄保、後軍長史范曄並謂：「宜隨功勞裁量，不可全用本誓，多者不得過十年。」從之。二十一年，還揚烈將軍、廣州刺史。二十七年，坐貪縱過度，自杖治中荀齊文垂死，乘轝出城行，與阿尼同載，爲有司所糾。值赦，明年散徵，又以赦後餘贓，收下廷尉，被宥病卒。

杜驥字度世，京兆杜陵人也。高祖預，晉征南將軍。曾祖耽，避難河西，因仕張氏。苻堅平涼州，父祖始還關中。

兄坦，頗涉史傳。高祖征長安，席卷隨從南還。太祖元嘉中，任遇甚厚，歷後軍將軍，龍驤將軍，青、冀二州刺史，南平王鑠右將軍司馬。晚渡北人，朝廷常以傖荒遇之，雖復人

才可施，每爲清塗所隔，坦以此慨然。嘗與太祖言及史籍，上曰：「金日磾忠孝淳深，漢朝莫及，恨今世無復如此輩人。」坦曰：「日磾之美，誠如聖詔。假使生乎今世，養馬不暇，豈辦見知。」上變色曰：「卿何量朝廷之薄也。」坦曰：「請以臣言之。臣本中華高族，亡曾祖晉氏喪亂，播遷涼土，世葉相承，不殞其舊。直以南度不早，便以荒傖賜隔。日磾胡人，身爲牧圉，便超入內侍，齒列名賢。聖朝雖復拔才，臣恐未必能也。」上默然。

北土舊法，問疾必遣子弟。驥年十三，父使候同郡韋華。華子玄有高名，見而異之，以女妻焉。桂陽公義眞鎮長安，辟爲州主簿，後爲義眞車騎行參軍，員外散騎侍郎，江夏王義恭撫軍刑獄參軍，尙書都官郎，長沙王義欣後軍錄事參軍。

元嘉七年，隨到彥之入河南，加建武將軍。索虜撤河南戍悉歸河北，彥之使驥守洛陽。洛陽城不治既久，又無糧食，及彥之敗退，驥欲棄城走，慮爲太祖所誅。初，高祖平關洛，〔九〕致鍾虡舊器南還，一大鍾墜洛水。至是太祖遣將姚聳夫領千五百人迎致之。時聳夫政率所領牽鍾於洛水，驥乃誑之曰：「虜既南渡，洛城勢弱，今修理城池，並已堅固，軍糧又足，所乏者人耳。君率衆見就，共守此城，大功既立，取鍾無晚。」聳夫信之，率所領就驥。既至見城不可守，又無糧食，於是引衆去。驥亦委城南奔，白太祖曰：「本欲以死固守，姚聳夫及城便走，人情沮敗，不可復禁。」上大怒，使建威將軍鄭順之殺聳夫於壽陽。聳夫，吳興武康

人。勇果有氣力，宋世偏裨小將莫及。始隨到彥之北伐，與虜遇，聳夫手斬託跋燾叔父英文特勤首，〔一〇〕燾以馬百匹贖之。

以驥爲通直郎，射聲校尉，世祖征虜諮議參軍。十七年，出督青冀二州徐州之東莞東安二郡諸軍事、寧遠將軍、青冀二州刺史。在任八年，惠化著於齊土。自義熙至于宋末，刺史唯羊穆之及驥，爲吏民所稱詠。二十四年，徵左軍將軍，兄坦代爲刺史，北土以爲榮焉。坦長子琬爲員外散騎侍郎，太祖嘗有函詔敕坦，琬輒開視。信未發又追取之，敕函已發，大相推檢。丞都答云：「諸郎開視。」上遣主書詰責，驥答曰：「開函是臣第四子季文，伏待刑坐。」上特原不問。二十七年，卒，時年六十四。

長子長文，早卒。

第五子幼文，薄於行。太宗初，以軍功爲驍騎將軍，封邵陽縣男，食邑三百戶。尋坐巧佞奪爵。後以發太尉廬江王褘謀反事，拜黃門侍郎。出爲輔國將軍，梁南秦二州刺史。廢帝元徽中，爲散騎常侍。幼文所莅貪橫，家累千金，女伎數十人，絲竹晝夜不絕，與沈勃、孫超之居止接近，常相從，又並與阮佃夫厚善。佃夫死，廢帝深疾之。帝微行夜出，輒在幼文門牆之間，聽其弦管，積久轉不能平，於是自率宿衞兵誅幼文、勃、超之等。幼文兄叔文爲

長水校尉，及諸子姪在京邑方鎮者並誅。唯幼文兄季文、弟希文等數人，逃亡得免。

申恬字公休，魏郡魏人也。曾祖鍾，爲石虎司徒。高祖平廣固，恬父宣、宣從父兄永皆得歸國，並以幹用見知。永歷青、兗二州刺史。高祖踐阼，拜太中大夫。宣，太祖元嘉初，亦歷兗、青二州刺史。恬兄謨，與朱脩之守滑臺，爲虜所沒，後得叛還。元嘉中，爲竟陵太守。

恬初爲驃騎道憐長兼行參軍。[二]高祖踐阼，拜東宮殿中將軍，度還臺。直省十載，不請休息。轉員外散騎侍郎，出爲綏遠將軍、下邳太守。轉在北海，加寧遠將軍。所至皆有政績。又爲北譙、梁二郡太守，將軍如故。郡境邊接任榛，屢被寇抄。恬到，密知賊來，仍伏兵要害，出其不意，悉皆禽殄。元嘉十二年，遷督魯東平濟北三郡軍事、泰山太守，將軍如故，威惠兼著，吏民便之。臨川王義慶鎮江陵，爲平西中兵參軍、河東太守。衡陽王義季代義慶，又度安西府，加寧朔將軍。召拜太子屯騎校尉，母憂去職。

二十一年，冀州移鎮歷下，以恬督冀州青州之濟南樂安太原三郡諸軍事、揚烈將軍、冀州刺史，明年，加濟南太守。時又還換諸郡守，恬上表曰：「伏聞朝恩當加臣濟南太守，仰

優旨，荒心散越。臣殃咎之餘，遭蒙踰忝，寵私罔已，復兼今授，豈其愚迷，所能上答。臣近至止，卽履行所統，究其形宜。河、濟之間，應置戍扞，其中四處，急須修立，瓮口故城，又是要所，宜移太原，委以邊事。緣山諸邏，並得除省，防衞綏懷，利便非一。呂綽誠效益著，深同臣意，百姓聞者，咸皆附說，急有同異，一二三未宜。但房紹之莅郡經年，軍民粗狎，改帶臣，有乖舊事。[三]遠牽太原，於民爲苦。而瓮口之計，復成交互，人情非樂，容有不安。疆埸威刑，患不開廣，若得依先處分，公私允緝。」上從之。詔有司曰：「恬所陳當是事宜，近諸除授可悉停。」

北虜入寇，恬摧擊之，爲虜所破，被徵還都。二十七年，起爲通直常侍。是歲，索虜南寇，其武昌王向青州。遣恬援東陽，因與輔國司馬、齊郡太守龐秀之保城固守。蕭斌遣青州別駕解榮之率垣護之還援恬等，仍傍南山得入。賊朝來脅城，日晚輒退。城內乃出東門外，環塹爲營，欲挑戰，賊不敢逼。停五日，東過抄略清河郡及驛道南數千家，從東安、東莞出下邳。下邳太守垣閬閉城距守，保全二千餘家。虜退，以恬爲寧朔將軍、山陽太守。善於治民，所莅有績。世祖踐阼，遷青州刺史，將軍如故。尋加督徐州之東莞東安二郡諸軍事。明年，又督冀州。齊地連歲興兵，百姓凋弊，恬初防衞邊境，勸課農桑，二三年間，遂皆優實。性清約，頻處州郡，妻子不免飢寒，世以此稱之。進號輔國將軍。

孝建二年，遷督豫州軍事、寧朔將軍、豫州刺史。明年，疾病徵還，於道卒，時年六十九。死之日，家無遺財。子寔，南譙郡太守，早卒。[一三]

謨子元嗣，海陵、廣陵太守。元嗣弟謙，泰始初，以軍功歷軍校，官至輔國將軍、臨川內史。

永子坦，自巴西、梓潼太守遷梁、南秦二州刺史。[一四]元嘉二十六年，爲世祖鎮軍諮議參軍，與王玄謨圍滑臺不剋，免官。青州刺史蕭斌板行建威將軍、濟南平原二郡太守，復攻碻磝，敗退，下歷城。蕭思話起義討元凶，假坦輔國將軍，爲前鋒。世祖至新亭，坦亦進剋京城。孝建初，爲太子右衞率，寧朔將軍、徐州刺史。大明元年，虜寇兗州，世祖遣太子左衞率薛安都、新除東陽太守沈法系北討，[一五]至兗州，虜已去。坦建議：「任榛亡命，屢犯邊民，軍出無功，宜因此翦撲。」上從之。亡命先已聞知，舉村逃走，安都與法系坐白衣領職，坦棄市。羣臣爲之請，莫能得。將行刑，始興公沈慶之入市抱坦慟哭曰：「卿無罪，爲朝廷所枉誅，我入市亦當不久。」市官以白上，乃原生命，繫尚方。尋被宥，復爲驍騎將軍，病卒。

子令孫，前廢帝景和中，爲永嘉王子仁左軍司馬、廣陵太守。太宗以爲寧朔將軍、徐州刺史，討薛安都。行至淮陽，卽與安都合。弟闡，時爲濟陰太守，戍睢陵城，奉順不同安都，

安都攻圍不能克。會令孫至，遣往睢陵令說闡降，闡既降，殺之，令孫亦見殺。

先是，清河崔諲亦以將吏見知高祖，永初末，爲振威將軍、東萊太守。少帝初，亡命司馬靈期、司馬順之千餘人圍東萊，諲擊之，斬靈期等三十級。太祖元嘉中，至青州刺史。

史臣曰：漢之良吏，居官者或長子孫，孫、曹之世，善職者亦二三十載，皆敷政以盡民和，興讓以存簡久。及晚代風烈漸衰，非才有起伏，蓋所遭之時異也。劉道產之在漢南，歷年踰十，惠化流於樊沔，頗有前世遺風，故能樹績垂名，斯爲美矣。

校勘記

[一] 諮擊破　張森楷校勘記云：「破下當有之字，誤脫文。」

[二] 徙督益寧二州梁州之巴西梓潼宕渠南漢中秦州之安固懷寧六郡諸軍事益州刺史　各本並脫「梁州之」「州」字。孫彪宋書考論云：「梁下脫州字。」按孫說是，今訂補。

[三] 將軍如故　「將軍」上各本並有「持節」二字，按上文已云持節，此持節二字當是衍文，今删去。

[四] 因翰八關齋呈其事　「八關齋」各本作「入關齋」，按歲時記：「二月八日，釋氏下生之日，迦文成

道之時，信捨之家，建八關齋。」本書袁粲傳：「孝建元年，世祖率羣臣並於中興寺八關齋。」是「入關齋」當作「八關齋」。今據改。

〔五〕廣州羣盜因刺史謝道欣死爲寇　「謝道欣」，劉康祖傳作「謝欣」。

〔六〕會始興相劉謙之已平廣州　各本並脫「相劉」二字。據通鑑晉安帝義熙十三年訂補。

〔七〕元年　下有元嘉三年，疑此是景平元年。

〔八〕獎率文武　「獎」，各本並作「將」，據元龜三七九改。

〔九〕初高祖平關洛　「關洛」，各本並作「西洛」，據南史改。

〔一〇〕斧夫手斬託跋燾叔父英文特勤首　「特勤」，各本並作「特勒」。按「特勒」當作「特勤」，唐突厥闕特勤碑可證。索虜傳作「直懃」，近年出土北魏司馬金龍妻源氏墓誌亦作「直懃」，卽特勤之異譯。勤勒形似而譌，今改正。

〔一一〕恬初爲驃騎道憐長兼行參軍　各本並脫「行」字，據南史補。

〔一二〕有乖舊事　「舊」，各本並作「永」，據元龜六九一改。

〔一三〕早卒　「早卒」上各本並有「子謨」二字。殿本考證云：「此子字當是兄字之誤。」孫虨宋書考論云：「早卒謂恬子寔也。」按申謨事已見前，不當復云兄謨。「子謨」二字蓋涉下文「謨子元嗣」而衍，今删去。

〔一四〕永子坦自巴西梓潼太守遷梁南秦二州刺史　各本脫「太守」二字。孫虨宋書考論云：「梓潼下當脫太守二字。」按孫說是，今補正。

〔一五〕世祖遣太子左衞率薛安都新除東陽太守沈法系北討　各本並無「左」字，據南史補。按本書薛安都傳，安都時爲太子左衞率。

宋書卷六十六

列傳第二十六

王敬弘　何尚之

王敬弘，琅邪臨沂人也。與高祖諱同，〔一〕故稱字。曾祖廙，晉驃騎將軍。祖胡之，司州刺史。父茂之，晉陵太守。

敬弘少有清尚，起家本國左常侍，衞軍參軍。性恬靜，樂山水。爲天門太守。敬弘妻，桓玄姊也。敬弘之郡，玄時爲荆州，遣信要令過。敬弘至巴陵，謂人曰：「靈寶見要，正當欲與其姊集聚耳，我不能爲桓氏贅壻。」乃遣別船送妻往江陵。妻在桓氏，彌年不迎。山郡無事，恣其遊適，累日不回，意甚好之。轉桓偉安西長史、南平太守。去官，居作唐縣界。玄輔政及篡位，屢召不下。

高祖以爲車騎從事中郎，徐州治中從事史，征西將軍道規諮議參軍。時府主簿宗協亦

有高趣，道規並以事外相期。嘗共酣飲致醉，敬弘因醉失禮，爲外司所白，道規卽更引還，重申初讌。召爲中書侍郎，始攜家累自作唐還京邑。久之，轉黃門侍郎，不拜。仍除太尉從事中郎，出爲吳興太守。舊居餘杭縣，悅是舉也。尋徵爲侍中。高祖西討司馬休之，敬弘奉使慰勞，通事令史潘尚於道疾病，敬弘單船送還都，存亡不測，有司奏免官，詔可。未及釋朝服，值赦復官。宋國初建，爲度支尚書，遷太常。

高祖受命，補宣訓衞尉，加散騎常侍。永初三年，轉吏部尚書，常侍如故。敬弘每被除召，卽便祗奉，既到宜退，旋復解官，高祖嘉其志，不苟違也。復除廬陵王師，加散騎常侍，自陳無德，不可師範令王，固讓不拜。又除祕書監，金紫光祿大夫，加散騎常侍，本州中正，又不就。太祖卽位，又以爲散騎常侍、金紫光祿大夫，領江夏王師。

元嘉三年，爲尚書僕射。關署文案，初不省讀。嘗豫聽訟，上問以疑獄，敬弘不對。上變色，問左右：「何故不以訊牒副僕射？」敬弘曰：「臣乃得訊牒讀之，政自不解。」上甚不悅。六年，遷尚書令，敬弘固讓，表求還東，上不能奪。改授侍中、特進、左光祿大夫，給親信二十人。讓侍中、特進，求減親信之半，不許。及東歸，車駕幸冶亭餞送。

十二年，徵爲太子少傅。敬弘詣京師上表曰：「伏見詔書，以臣爲太子少傅，承命震惶，喜懼交悸。臣抱疾東荒，志絕榮觀，不悟聖恩，猥復加寵。東宮之重，四海瞻望，非臣薄德，

所可居之。今內外英秀，應選者多，且版築之下，豈無高逸，而近私愚朽，汚辱清朝。嗚呼微臣，永非復大之一物矣。所以牽曳闕下者，實瞻望聖顏，貪繫表之旨。臣如此而歸，夕死無恨。」詔不許，表疏屢上，終以不拜。東歸，上時不豫，自力見焉。十六年，以爲左光祿大夫、開府儀同三司，侍中如故，又詣京師上表曰：「臣比自啓聞，謂誠心已達，天鑒玄邈，未蒙在宥，不敢宴處，牽曳載馳。臣聞君子行道，忘其爲身，三復斯言，若可庶勉，顧惜惛耄，志與願違。禮年七十，老而傳家，家道猶然，況於在國。伏願陛下矜臣西夕，愍臣一至，特迴聖恩，賜反其所，則天道下濟，愚心盡矣。」竟不拜東歸。二十三年，重申前命，又表曰：「臣躬耕南澧，不求聞達。先帝拔臣於蠻荆之域，賜以國士之遇。陛下嗣徽，特蒙眷齒，由是感激，委質聖朝。雖懷犬馬之誠，遂無塵露之益。年向九十，生理殆盡，永絕天光，淪沒丘壑。謹冒奉表，傷心久之。」

明年，薨於餘杭之舍亭山，時年八十八。〔二〕追贈本官。順帝昇明二年詔曰：「夫塗祕蘭幽，貞芳載越，徽猷沈遠，懋禮彌昭。故侍中、左光祿大夫、開府儀同三司敬弘，神韻沖簡，識宇標峻，德敷象魏，道藹丘園。高挹榮冕，凝心塵外，清光粹範，振俗淳風。兼以累朝延賞，聲華在詠，而嘉篆闕文，猷策韜采，〔三〕尚想遙芬，興懷寢寤。便可詳定輝謚，式旌追典。」於是謚爲文貞公。

敬弘形狀短小，而坐起端方，桓玄謂之「彈棊八勢」。所居舍亭山，林澗環周，備登臨之美，時人謂之王東山。太祖嘗問爲政得失，敬弘對曰：「天下有道，庶人不議。」上高其言。左右常使二老婢，戴五條五辮，著青紋袴襦，飾以朱粉。女適尚書僕射何尚之弟述之，敬弘嘗往何氏看女，值尚之不在，寄齋中臥。俄頃尚之還，敬弘使二婢守閤不聽尚之入，云「正熱，不堪相見，君可且去」。尚之於是移於它室。子恢之被召爲祕書郎，敬弘爲求奉朝請，與恢之書曰：「祕書有限，故有競。朝請無限，故無競。吾欲使汝處於不競之地。」太祖嘉而許之。敬弘見兒孫歲中不過一再相見，見輒克日。恢之嘗請假還東定省，敬弘克日見之，至日輒不果，假日將盡，恢之乞求奉辭，敬弘呼前，既至閤，復不見。恢之於閤外拜辭，流涕而去。

恢之至新安太守，中大夫。恢之弟瓚之，世祖大明中，吏部尚書，金紫光祿大夫，謚曰貞子。瓚之弟昇之，都官尚書。昇之子延之，昇明末，爲尚書左僕射，江州刺史。

何尚之字彥德，廬江灊人也。曾祖準，高尚不應徵辟。祖恢，〔四〕南康太守。父叔度，恭謹有行業，姨適沛郡劉璩，與叔度母情愛甚篤，叔度母蚤卒，奉姨有若所生。姨亡，朔望必往致哀，幷設祭奠，食並珍新，躬自臨視。若朔望應有公事，則先遣送祭，皆手自料簡，流涕對之，公事畢，卽往致哀，以此爲常，至三年服竟。義熙五年，吳興武康縣民王延祖爲劫，父睦以告官。新制，凡劫身斬刑，家人棄市。睦既自告，於法有疑。時叔度爲尚書，議曰：「設法止姦，本於情理，非謂一人爲劫，〔五〕闔門應刑。所以罪及同產，欲開其相告，以出爲惡之身。睦父子之至，容可悉共逃亡，而割其天屬，還相縛送，螫毒在手，解腕求全，於情可愍，理亦宜宥。使凶人不容於家，逃刑無所，乃大絕根源也。睦既糾送，則餘人無應復告，並合從原。」從之。〔六〕後爲金紫光祿大夫，吳郡太守，加秩中二千石。太保王弘稱其清身潔己。元嘉八年，卒。

尚之少時頗輕薄，好摴蒲，既長折節蹈道，以操立見稱。爲陳郡謝混所知，與之遊處。家貧，起爲臨津令。高祖領征西將軍，〔七〕補府主簿。從征長安，以公事免，還都。因患勞疾積年，飲婦人乳，乃得差。以從征之勞，賜爵都鄉侯。少帝卽位，爲廬陵王義眞車騎諮議參軍。義眞與司徒徐羨之、尚書令傅亮等不協，每有不平之言，尚之諫戒，不納。義眞被廢，入爲中書侍郎。太祖卽位，出爲臨川內史，入爲黃門侍郎，尚書吏部郎，左衞將軍，父憂去職。服闋，復爲左衞，領太子中庶子。尚之雅好文義，從容賞會，甚爲太祖所知。十二年，遷侍中，中庶子如故。尋改領游擊將軍。

十三年，彭城王義康欲以司徒左長史劉斌爲丹陽尹，上不許。乃以尚之爲尹，立宅南郭外，置玄學，聚生徒。東海徐秀、廬江何曇、黃回、潁川荀子華、太原孫宗昌、王延秀、魯郡孔惠宣，並慕道來遊，謂之南學。女適劉湛子黯，而湛與尚之意好不篤。湛欲領丹陽，乃徙尚之爲祠部尚書，領國子祭酒。尚之甚不平。湛誅，遷吏部尚書。時左衞將軍范曄任參機密，尚之察其意趣異常，白太祖宜出爲廣州，若在內釁成，不得不加以鈇鉞，屢誅大臣，有虧皇化。上曰：「始誅劉湛等，方欲超昇後進。曄事跡未彰，便豫相黜斥，萬方將謂卿等不能容才，以我爲信受讒說。但使共知如此，不憂致大變也。」曄後謀反伏誅，上嘉其先見。國子學建，領國子祭酒。又領建平王師，乃徙中書令，〔八〕中護軍。

二十二年，遷尚書右僕射，〔九〕加散騎常侍。是歲造玄武湖，上欲於湖中立方丈、蓬萊、瀛洲三神山，尚之固諫乃止。時又造華林園，並盛暑役人工，尚之又諫，宜加休息，上不許，曰：「小人常自暴背，此不足爲勞。」時上行幸，還多侵夕，尚之又表諫曰：「萬乘宜重，尊不可輕，此聖心所鑒，豈假臣啓。輿駕比出，還多冒夜，羣情傾側，實有未寧。清道而動，帝王成則，古今深誡，安不忘危。若值汲黯、辛毗，必將犯顏切諫，但臣等碌碌，每存順默耳。伏願少採愚誠，思垂省察，不以人廢，適可以慰四海之望。」亦優詔納之。

先是患貨重，鑄四銖錢，民間頗盜鑄，多翦鑿古錢以取銅，上患之。二十四年，錄尚書

中華書局

江夏王義恭建議，以一大錢當兩，以防翦鑿，議者多同。尚之議曰：「伏覽明命，欲改錢制，不勞採鑄，其利自倍，實救弊之弘算，增貨之良術。求之管淺，猶有未譬。夫泉貝之興，以估貨爲本，事存交易，豈假數多。數少則幣重，[一〇]數多則物重，多少雖異，濟用不殊。況復以一當兩，徒崇虛價者邪。凡創制改法，宜從民情，未有違衆矯物而可久也。泉布廢興，未容驟議，[一一]前代赤仄白金，俄而罷息，六貨憒亂，民泣於市。良由事不畫一，難用遵行，自非急病權時，宜守久長之業。煩政曲雜，致遠常泥。且貨偏則民病，故先王立井田以一之，使富不淫侈，貧不過匱。雖茲法久廢，不可頓施，要宜而近，粗相放擬。若今制遂行，富人貲貨自倍，貧者彌增其困，懼非所以欲均之意。又錢之形式，大小多品，直云大錢，則未知其格。若止於四銖五銖，則文皆古篆，既非下走所識，加或漫滅，尤難分明，公私交亂，爭訟必起，此最是其深疑者也。命旨兼慮翦鑿日多，以至消盡；鄙意復謂殆無此嫌。民巧雖密，要有蹤跡，且用錢貨銅，事可尋檢，直由屬所怠縱，糾察不精，致使立制以來，發覺者寡。今雖有懸金之名，竟無酬與之實，若申明舊科，禽獲即報，畏法希賞，不日自定矣。愚者之議，智者擇焉，猥參訪逮，敢不輸盡。」

吏部尚書庾炳之、侍中太子左衞率蕭思話、中護軍趙伯符、御史中丞何承天、太常郗敬叔並同尚之議。中領軍沈演之以爲：「龜貝行於上古，泉刀興自有周，皆所以阜財通利，實

國富民者也。歷代雖遠，資用彌便，但採鑄久廢，兼喪亂累仍，糜散湮滅，何可勝計。晉遷江南，疆境未廓，或土習其風，錢不普用，其數本少，爲患尚輕。今王略開廣，聲教遐曁，金鏹所布，爰逮荒服，昔所不及，悉已流行之矣。用彌廣而貨愈狹，[一二]加復競竊翦鑿，銷毀滋繁，刑禁雖重，姦避方密，遂使歲月增貴，貧室日虛，[一三]嘗作肆力之氓，徒勤不足以供贍。[一四]誠由貨貴物賤，常調未革，弗思釐改，爲弊轉深，斯實親教之良時，通變之嘉會。愚謂若以大錢當兩，則國傳難朽之寶，家贏一倍之利，不俟加憲，巧源自絕，施一令而衆美兼，無興造之費，莫盛於茲矣。」上從演之議，遂以一錢當兩，行之經時，公私非便，乃罷。

二十五年，[一五]遷左僕射，領汝陰王師，常侍如故。二十八年，轉尚書令，領太子詹事。二十九年，致仕，於方山著退居賦以明所守，而議者咸謂尚之不能固志，太子左衞率袁淑與尚之書曰：「昨遣修問，承丈人已晦志山田，雖曰年禮宜遵，亦事難斯貴，俾疎、班、邴、魏，通美於前策，龔、貢、山、衞，淪慚乎曩篇。規追休告，雪滌素懷，冀尋幽之歡，畢棲玄之適。[一六]但淑逸操偏迴，[一七]野性曹滯，果茲沖寂，必沈樂忘歸。然而已議塗聞者，謂丈人徽明未耗，譽業方籍，儻能屈事康道，降節殉務，舍南瀨之操，淑此行永決矣。[一八]望眷有積，約日無誤。」尚之宅在南澗寺側，故書云「南瀨」，毛詩所謂「于以採蘋，南澗之瀕」也。詔書敦勸，上又與江夏王義恭詔曰：「今朝賢無多，且羊、孟尚不得告謝，尚之任遇有殊，便未宜申許邪。」

義恭答曰：「尚之清忠貞固，歷事唯允，雖年在懸車，而體獨充壯，未相申許，下情所同。」尚之復攝職。羊即羊玄保，孟即孟顗，字彥重，平昌安丘人。[一九]兄昶貴盛，顗不就徵辟。昶死後，起家爲東陽太守，遂歷吳郡、會稽、丹陽三郡，侍中，僕射，太子詹事，復爲會稽太守，卒官，贈左光祿大夫。子劭，尚太祖第十六女南郡公主，女適彭城王義康、巴陵哀王休若。

尚之既還任事，上待之愈隆。是時復遣軍北伐，資給戎旅，悉以委之。元凶弒立，進位司空，領尚書令。時三方興義，將佐家在都邑，劭悉欲誅之，尚之誘說百端，並得免。世祖即位，復爲尚書令，領吏部，遷侍中、左光祿大夫，領護軍將軍。尋辭護軍，加特進。復以本官領尚書令。丞相南郡王義宣、車騎將軍臧質反，義宣司馬竺超民、臧質長史陸展兄弟並應從誅，尚之上言曰：「刑罰得失，治亂所由，聖賢留心，不可不慎。竺超民爲義宣司馬，[二〇]賊既遁走，一夫可禽，若反覆昧利，即當取之，非唯免愆，亦可要不義之賞，而超民曾無此意，微足觀過知仁。且爲官保全城府，謹守庫藏，端坐待縛。今戮及兄弟，與向始末無論者復成何異。陸展盡質復灼然，便同之巨逆，於事爲重。臣豫蒙顧待，自殊凡隸，苟有所懷，不敢自默。」超民坐者由此得原。

時欲分荊州置郢州，議其所居。江夏王義恭以爲宜在巴陵，尚之議曰：「夏口在荊、江之中，正對沔口，通接雍、梁，實爲津要，由來舊鎮，根基不易。今分取江夏、武陵、天門、竟

陵、隨五郡爲一州，鎮在夏口，既有見城，浦大容舫。竟陵出道取荊州，雖水路，與去江夏不異，諸郡至夏口皆從流，並爲利便。湘州所領十一郡，其巴陵邊帶長江，去夏口密邇，既分湘中，乃更成大，亦可割巴陵屬新州，於事爲允。」上從其議。荊、揚二州，戶口半天下，江左以來，揚州根本，委荊以閫外，至是並分，欲以削臣下之權，而荊、揚並因此虛耗。尚之建言復合二州，上不許。

大明二年，以爲左光祿、開府儀同三司，侍中如故。尚之在家常著鹿皮帽，及拜開府，天子臨軒，百僚陪位，沈慶之於殿廷戲之曰：「今日何不著鹿皮冠？」慶之累辭爵命，朝廷敦勸甚篤，尚之謂曰：「主上虛懷側席，詎宜固辭。」慶之曰：「沈公不効何公，去而復還也。」尚之有愧色。愛尚文義，老而不休，與太常顏延之論議往反，傳於世。立身簡約，車服率素，妻亡不娶，又無姬妾。秉衡當朝，畏遠權柄，親戚故舊，一無薦舉，既以致怨，亦以此見稱。復以本官領中書令。四年，疾篤，詔遣侍中沈懷文、黃門侍郎王釗問疾。薨于位，時年七十九。追贈司空，侍中、中書令如故。謚曰簡穆公。子偃，別有傳。

尚之弟悠之，義興太守，侍中，太常。與琅邪王微相善，悠之卒，微與偃書曰：[二一]「吾與義興，直恨相知之晚，每惟君子知我。若夫嘉我小善，矜余不能，唯賢叔耳。」悠之弟愉之，新安太守。愉之弟翌之，都官尚書。悠之子顒之，尚太祖第四女臨海惠公主。太宗世，官

至通直常侍。

史臣曰：江左以來，樹根本於揚越，任推轂於荆楚。揚土自廬、蠡以北，臨海而極大江；荆部則包括湘、沅，跨巫山而掩鄧塞。民戶境域，過半於天下。晉世幼主在位，政歸輔臣，荆、揚司牧，事同二陝。宋室受命，權不能移，二州之重，咸歸密戚。是以義宣藉西楚强富，因十載之基，嫌隙既樹，遂規問鼎。而建郢分揚，矯枉過直，藩城既剖，盜實人單，閫外之寄，於斯而盡。若長君南面，威刑自出，至親在外，事不患强。若運經盛衰，時艱主弱，雖近臣懷禍，止有外憚，呂宗不競，實由齊、楚，興喪之源，於斯尤著。尚之言幷合，可謂識治也矣。

校勘記

〔一〕與高祖諱同　百衲本作「與高祖□□」，兩字空白。毛本、殿本作「同高祖諱」，今據南史、元龜八二四補。

〔二〕時年八十八　「八十八」各本並作「八十」，據南史訂正。張森楷校勘記云：「按敬弘表自云年向

九十，當以南史爲正。」

〔三〕歃策韜采　「采」三朝本、北監本、毛本作「褱」，殿本作「褢」，今據元龜五九五改。

〔四〕祖惔　「惔」各本並作「恢」，據晉書何準傳改。洪頤煊諸史考異云：「案晉書何準傳，準三子放、惔、澄。惔官至南康太守。『恢』乃『惔』字之譌。」

〔五〕非謂一人爲劫　各本並脫「謂」字，據南史補。

〔六〕並合從原從之　各本作「並全之」三字，據南史訂正。

〔七〕高祖領征西將軍　「征西」各本並作「征南」，據南史改。按時在義熙九年，劉裕兼領荆州。

〔八〕乃徙中書令　張森楷校勘記云：「乃係仍字之譌。」

〔九〕二十二年遷尚書右僕射　「二十二年」各本並作「二十三年」，據文帝紀改正。

〔一〇〕斆少則幣重　「重」各本並作「輕」，據通鑑宋元嘉二十四年改。

〔一一〕未容驟議　各本並脫「未容」二字，據通志一三四何尚之傳補。

〔一二〕用彌廣而貨愈狹　「廣」各本並作「曠」，據通典食貨典、元龜五〇〇改。

〔一三〕貧室日虛　「虛」三朝本、北監本、毛本作「處」，殿本、局本作「劇」，今據元龜五〇〇改。

〔一四〕徒勤不足以供贍　各本並脫「供」字，據元龜五〇〇補。

〔一五〕二十五年　各本並脫「二十」二字。孫虨宋書考論云：「上已見二十四年，此當是二十五年。」按孫說是，今訂正。

〔一六〕畢棲玄之適　「棲」三朝本、殿本空白，毛本作「談」，今據元龜九〇五補。

〔一七〕但淑逸操偏迥　「迥」各本並作「廻」，據元龜九〇五改。

〔一八〕淑此行永決矣　「永」各本並作「求」，據元龜九〇五改。

〔一九〕平昌安丘人　各本並作「本昌安人」，據錢氏考異說改。廿二史考異云：「按武帝紀稱平昌孟昶。昶族弟懷玉傳云平昌安丘人。南史謝靈運傳附見孟顗事，亦云平昌安丘人。此『本』字，當爲『平』之譌，『安』下又脫『丘』字。」

〔二〇〕竺超民爲義宣司馬　各本並脫「義宣司馬」四字，據元龜六一五補。

〔二一〕與琅邪王微相善悠之卒微與偃書曰　兩「微」字各本並作「徽」字，據本書王微傳改。孫虨宋書考論云：「按卽王微也。徽字誤。」

宋書卷六十七

列傳第二十七

謝靈運

謝靈運，陳郡陽夏人也。祖玄，晉車騎將軍。父瑍，生而不慧，爲祕書郎，蚤亡。靈運幼便穎悟，玄甚異之，謂親知曰：「我乃生瑍，瑍那得生靈運！」

靈運少好學，博覽羣書，文章之美，江左莫逮。從叔混特知愛之。襲封康樂公，食邑二千戶。以國公例，除員外散騎侍郎，不就。爲琅邪王大司馬行參軍。性奢豪，車服鮮麗，衣裳器物，多改舊制，世共宗之，咸稱謝康樂也。撫軍將軍劉毅鎭姑孰，以爲記室參軍。毅鎭江陵，又以爲衞軍從事中郎。毅伏誅，高祖版爲太尉參軍，入爲祕書丞，坐事免。

高祖伐長安，驃騎將軍道憐居守，版爲諮議參軍，轉中書侍郎，又爲世子中軍諮議，黃門侍郎。奉使慰勞高祖於彭城，作撰征賦。其序曰：

蓋聞昏明殊位，貞晦異道，雖景度回革，亂多治寡，是故升平難於恒運，剝喪易以橫流。皇晉□□河汾，〔一〕來遷吳楚，數歷九世，年踰十紀，西秦無一援之望，東周有三辱之憤，可謂積禍纏釁，固以久矣。況迺陵塋幽翳，情敬莫遂，日月推薄，帝心彌遠。慶靈將升，時來不爽，相國宋公，得一居貞，回乾運軸，內匡寰表，外清遐陬。每以區宇未統，側席盈慮。値天祚攸興，昧弱授機，龜筮元謀，符瑞景徵。於是仰祇俯協，順天從兆，興止戈之師，躬暫勞之討。以義熙十有二年五月丁酉，敬戒九伐，申命六軍，治兵于京畿，次師于泲上。靈檣千艘，雷輜萬乘，羽騎盈塗，飛旍蔽日。別命羣帥，誨謨惠策，法奇於三略，義祕於六韜。所以鉤棘未曜，殞前禽於金墉，威弧始彀，走鈒隼於滑臺。曾不踰月，二方獻捷。宏功懋德，獨絕古今。天子感東山之劬勞，慶格天之光大，明發興於鑒寐，使臣遵于原隰。余攝官承乏，謬充殊役，皇華愧於先雅，靡臨顉於征人。以仲冬就行，分春反命。塗經九守，路踰千里。沿江亂淮，遡薄泗、汳，詳觀城邑，周覽丘墳，眷言古迹，其懷已多。昔皇祖作藩，受命淮、徐，道固苞桑，勳由仁積。年月多歷，市朝已改，永爲洪業，纏懷清曆。於是采訪故老，尋履往迹，而遠感深慨，痛心殞涕。遂寫集聞見，作賦撰征，俾事運遷謝，託此不朽。其詞曰：

系烈山之洪緒，承火正之明光。立熙載於唐后，〔二〕申讚事於周王。疇庸命而順

位，錫寶珪以徹疆。歷尙代而平顯，降中葉以繁昌。業服道而德徽，風行世而化揚。拔前蹤以永冀，省輶質以遠傷。睽謀始于蓍蔡，違用舍於行藏。

庇常善之罔棄，憑曲成之不遺。昭在幽而偕煦，賞彌久而愈私。顧晩草之薄弱，仰青春之葳蕤。引蔓穎於松上，擢纖枝於蘭逵。施隆貸而有渥，報涓塵而無期。歡太階之休明，穆皇道之緝熙。

惟王建國，辨方定隅，內外旣正，華夷有殊。惟昔小雅，逮于班書，戎蠻孔熾，是殛是誅。所以宣王用棘於獫狁，高帝方事於匈奴。然侵鎬至涇，自塞及平。闚郊伺鄙，雄嶓、澠□□□□〔三〕嘉攜王之矯虔，階喪亂之未寧。竊强秦之三輔，陷隆周之兩京。以制險，據繞雷而作扃。家永懷於故壤，國願言於先塋。俟太平之曠期，屬應運之聖明。坤寄通於四瀆，乾假照於三辰。水潤土以顯比，火炎天而同人。惟上相之叡哲，當草昧而經綸。總九流以貞觀，協五才而平分。時來之機，悟先於介石，納隍之誠，一援於生民。龜筮允臧，人鬼同情。順天行誅，司典詳刑。樹牙選徒，秉鉞抗旍。弧矢罄楚孝之心智，戈棘單吳子之精靈。

迅三翼以魚麗，襄兩服以雁逝。陣未列於都甸，威已振於秦、薊。灑嚴霜於渭城，被和風於洛汭。就終古以比猷，考墳册而莫契。昔西怨於東徂，今北伐而南悲。豈朝

野之恒情，動萬乘之幽思。歌零雨於豳風，興採薇於周詩。慶金墉之凱定，眷戎車之遷時。佇千里而感遠，涉弦望而懷期。詔微臣以勞問，奉王命於河湄。夕飲餞以假裝，旦出宿而言辭。歲旣晏而繁慮，日將邁而戀乖。闕敬恭於桑梓，謝履長於庭階。〔四〕冒沈雲之晻藹，迎素雪之紛霏。凌結湍而凝淸，風矜籟以揚哀。情在本而易阜，物雖末而難懷。眷余勤以就路，苦憂來其城頹。

爾乃經雉門，啓浮梁，眺鍾巖，越查塘。覽永嘉之紊維，尋建武之緝綱。于時內慢神器，外侮戎狄。君子橫流，庶萌分析。主晉有祀，福祿來格。明兩降覽，三七辭厄。元誕德以膺緯，肇回光於陽宅。明思服於下武，興繼代以消逆。簡文因心以秉道，故沖用而刑廢。孝武捨己以杖賢，亦寧外而治內。覩日化而就損，庶雍熙之可對。閔隆安之致寇，傷龜玉之毁碎。漏妖凶於滄洲，纏釁難而盈紀。時焉依於晉、鄭，國有蹙於百里。賴英謨之經營，弘兼濟以忘己。主寰內而綏虞，澄海外以濆滓。至如昏祲蔽景，鼎祚傾基。黍離有歎，鴻雁無期。瞻天命之貞符，秉順動而履機。率駿民之思効，普邦國而同歸。盪積霾之穢氛，啓披陰之光暉。反平陵之杳藹，復七廟之依稀。務役簡而農勸，每勞賞而忠甄。變時雍於祖宗，□□□□□〔五〕掃逋醜於漢渚，滌僭逆於岷山。覊巢處於西木，引鼻飮於源淵。惠要䒹而思韙，援冠弁而來虔。

視冶城而北屬，懷文獻之收揚。匪元首之康哉，孰股肱之惟良。譬觀曲而識節，似綴組以成章。業彌纏而彌微，事愈有而莫傷。

次石頭之雙岸，究孫氏之初基。幸漢庶之漏網，憑江介以抗維。初鵠起於富春，果鯨躍於川湄。匝三世而國盛，歷五僞而宗夷。察成敗之相仍，猶脣亡而齒寒。載十二而謂紀，豈蜀滅而吳安。衆咸昧於謀兆，羊獨悟於理端。請廣武以誨情，樹襄陽以作藩。拾建業其如遺，沿萬里而誰難。疾魯荒之詖辭，惡京陵之譖言。責當朝之憚貶，對纍籍而興歎。

敦怙寵而判違，敵旣勍而國圮。彼問鼎而何階，必先賊於君子。原性分之異託，雖殊塗而歸美。或卷舒以愚智，或治亂其如矢。謝昧迹而託規，卒安身以全里。周顗節而犯逆，抱正情而喪己。

薄四望而尤眄，歎王路之中鯁。蠢于越之妖燼，敢淩蹈於五嶺。崩雙嶽於中流，擬凶威於荆郢。隱雷霆於帝坐，飛芒鏃於宮省。于時朝有遷都之議，人無守死之志。師旅痛於久勤，城墉闕於素備。安危勢在不侔，衆寡形於見事。於赫淵謀，研其神策。緩轡待機，追奔躡迹。遇雷池而振曜，次彭蠡而殲滌。穆京甸以清晏，撤多壘而寧役。

造白石之祠壇，懟二豎之無君。踐掖庭以幽辱，凌祧社而火焚。愍文康之罪己，

嘉忠武之立勳。道有屈於災蝕，功無謝於如仁。

訊落星之饗旅，索舊棲於吳餘。迹階圮而不見，橫榛卉以荒除。彼生成之樂辰，亦猶今之在余。慨齊吟於爽鳩，悲唐歌於山樞。

弔僞孫於涂首，〔六〕率君臣以奉疆。時運師以伐罪，偏投書於武王。迄西北之落紐，乏東南以振綱。誠鉅平之先覺，實中興之後祥。據左史之攸徵，胡影迹之可量。

過江乘而責始，〔七〕知遇雄之無謀。厭紫微之宏凱，甘陵波而遠遊。越雲夢而南泝，臨浙河而東浮。彀連弩於川上，候蛟龍於中流。

爰薄方輿，迺屆歐陽。入夫江都之域，次乎廣陵之鄉。易千里之曼曼，泝江流之湯湯。洊赤圻以經復，越二門而起漲。眷北路以興思，看東山而怡目。林叢薄，路逶迤，石參差，山盤曲。水激瀨而駿奔，日映石而知旭。審兼照之無偏，怨歸流之難濯。羨輕魵之涵泳，觀翔鷗之落啄。在飛沈其順從，顧微躬而緬邈。

於是抑懷蕩慮，揚搉易難。利涉以吉，天險以艱。于敵伊阻，在國斯便。勾踐行霸於琅邪，夫差爭長於黃川。葛相發歎而思正，曹后愧心於千魂。登高堞以詳覽，知吳濞之衰盛。戒東南之逆氣，成劉后之馭聖。藉鹽鐵之殷阜，臨淮楚之剽輕。盛几杖而弭心，怒抵局而遂爭。忿爰盎之扶禍，惜徒傷於家令。匪條侯之忠毅，將七國之陵

正。褒漢藩之治民，並訪賢以招明。侯文辯其誰在，曰鄒陽與枚生。據忠辭於吳朝，執義說於梁庭。敷高才於兔園，雖正言而免刑。闕里既已千載，深儒流於末學。欽仲舒之睟容，遵縫掖於前躅。對園囿而不闚，下帷幙而論屬。相端、非之兩驕，遭弘、偃之雙慝。恨有道之無時，步險塗以側足。

閒宣武之大閱，反師旅於此廛。自皇運之都東，始昌業以濟難。抗素旄於秦嶺，揚朱旗於巴川。懼帝系之墜緒，故黜昏而崇賢。嘉收功以垂世，嗟在嗣而覆旟。德非陟而繼宰，釁踰禹其必顛。

造步丘而長想，〔八〕欽太傅之遺武。思嘉遁之餘風，紹素履之落緒。民志應而願稅，國屯難而思撫。譬乘舟之待楫，象提釣之假縷。總出入於和就，兼仁用於默語。弘九流以擦四維，復先陵而清舊宇。却西州之成功，指東山之歸予。惜圖南之啓運，恨鵬翼之未舉。

發津潭而迴邁，逗白馬以憇舲。貫射陽而望邗溝，濟通淮而薄角城。〔九〕城坡陁兮淮驚波，平原遠兮路交過。面艽野兮悲橋梓，遡急流兮苦磧沙。負千里而無山，緬百谷而有居。被宿莽以迷徑，覩生煙而知墟。□□□□□□謂信美其可娛。身少長於樂土，實長歎於荒餘。

□□□□具瘁，〔一〇〕值歲寒之窮節。視層雲之崔巍，聆悲飇之掩屑。彌晝夜以滯淫，怨凝陰之方結。望新晴於落日，起明光於躋月。眷轉蓬之辭根，悼朔雁之赴越。披微物而疚情，此思心其可說。問傜役其幾時，駭閔景於輿沒。感曰歸於采薇，予來思於雨雪。豈初征之懼對，冀鸛鳴之在垤。

□□□□踰宿，〔一一〕驚吾楫於邳鄉。奚車正以事夏，虺左相以輔湯。綿三代而享邑，厠踐土之一匡。嗟仲幾之寵侮，遂捨存以徵亡。喜薛宰之善對，美士彌之能綱。升曲垣之逶迤，訪淮陰之所都。原入跨之達恥，俟遭時以遠圖。捨西楚以擇木，迨南漢以定謨。亂孟津而魏滅，攀井陘而趙徂。播靈威於齊橫，振餘猛於龍且。覩讓通而告狶，曷始智而終愚。

迄沂上而停枻，登高圯而不進。石幽期而知賢，張揣景而示信。本文成之素心，要王子於雲仞。豈無累於清霄，直有概於貞吝。始熙績於武關，卒敷功於皇胤。處夷險以解挫，弘憂虞以時順。矜若華之翳晷，哀飛驂之落駿。傷粒食而興念，眷逸翮而思振。

戾臣山而東顧，美相公之前代。嗟殘虜之將糜，熾餘焱於海濟。驅鮐稚於淮曲，暴鰥孤於泗澨。託末命□□雲，〔一二〕冀靈武之北閔。惟授首之在晨，當盛暑而選徒。肅

嚴威以振轡，漸溫澤而沾腴。既雲撤於朐城，遂席卷於齊都。曩四關其奚阻，道一變而是孚。

傷炎季之崩弛，長逆布以滔天。假父子以詐愛，借兄弟以僞恩。相魏武以譎狂，宄謨奮於東藩。桴未譟於東郭，身已馘於樓門。

審貢牧於前說，證所作於舊徐。聆泗川之浮磬，翫夷水之蠙珠。草漸苞於熾壤，桐孤榦於嶧隅。慨禹迹於尚世，惠遺文於夏書。

紛征邁之淹留，彌懷古於舊章。商伯文於故服，咸徵名於彭、殤。眺靈壁之會峯，投呂縣之迅梁。想蹈水之行歌，雖齊汨其何傷。啓仲尼之嘉問，告性命以依方。豈苟然於迂論，聆寓言於達莊。

於是濫石橋，登戲臺。策馬釣渚，息轡城隅。永感四山，零淚雙渠。怨物華之推驛，慨舟壑之遞遷。謂徂歲之悠闊，結幽思之方根。感皇祖之徽德，爰識沖而量淵。降俊明以鏡鑒，迴風猷以昭宣。道既底於國難，惠有覃於黎元。士頌歌於政教，民謠詠於渥恩。兼採芑之致美，協漢廣之發言。強虎氏之搏翼，濕雲網於所禁。驅黔萌以蘊崇，取園陵而湮沈。錫殘落於河西，序淪胥於漢陰。攻方城而折局，擾譙潁其誰任。世闕才而貽亂，時得賢而與治。救祖考之邦壤，在幽人而枉志。體飛書之遠情，悟犒師

之通識。追明達之高覽，契古今而同事。拔淵謨於潛機，騁神鋒於雲旆。驅斥澤而風靡，蹙坑谷而鳥竄。中華免夫左衽，江表此焉緩帶。既剋黜於肥六，又作鎮於彭沛。晏皇塗於國內，震天威於河外。掃東齊而已寧，指西崤而將泰。值秉均而代謝，實大業之興廢。心無忝於樂生，事有像於燕惠。抱明哲之不伐，奉宏勳而是稅。捐七州以爰來，歸五湖以投袂。屈盛績於平生，申遠期於暮歲。

訪曩載於宋鄙，採陽秋於魯經。晉申好於東吳，鄭憑威於南荆。故反師於曹門，將以塞於夷庚。納五叛以長寇，伐三邑以侵彭。美西鉏之忠辭，快韓厥之奇兵。

追項王之故臺，迹霸楚之遺端。挺宏志於總角，奮英勢於弱冠。氣蓋天而倒日，力拔山而傾湍。始飇起於勾越，中電激於衡關。與偏慮於攸客，忘卽易於所難。忌陳錦而莫照，思反鄉而有歎。且夫殺義害嬰，而慢豐疑，[一三]緤賢不策，失位誰持。迫理屈而愈閉，方怨天而懷悲。對駿騅以發憤，傷虞姝於末詞。

陟亞父之故營，諒謀始之非託。遭衰嬴之崩綱，值威炎之結絡。迄皓首於阜陵，猶謬覺於然諾。視一人於三傑，豈在己之庸弱。置豐沛而不舉，故自同於俎鑊。

發卞口而游歷，迄西山而弭轡。觀終古之幽憤，懷元王之沖粹。丁戰國之權爭，方恬心於道肆。學浮丘以就德，友三儒以成類。潔流始於初源，累仁基於前美。撥楚

族之休烈，傳芳素於來祀。彊見譽於清虛，德致稱於千里。或避寵以辭姻，或遺榮而不仕。政直言以安身，駿絶才以喪己。驅信道之成終，表昧世之虧始。悟介焉之已差，則不俟於終日。既防萌於未著，雖念德其何益。

爾乃孟陬發節，雷隱蟄驚。散葉荑柯，芳藹飾萌。麥萋萋於旄丘，柳依依於高城。相睢鳩之集河，觀鳴鹿之食苹。沂泗遠兮清川急，秋冬近兮緒風襲。風流蕙兮水增瀾，訴愁衿兮鑑戚顏。愁盈根而濫際，戚發條而成端。嗟我行之彌日，待征邁而言旋。荷慶雲之優渥，周雙七於此年。陶逸豫於京甸，違險難於行川。轉歸舷而眷戀，[一四]望修檣而流漣。願關鄴之遄清，遲華鑾之凱旋。穆淳風於六合，溥洪澤於八埏。頒賢愚於大小，順規矩於方圓。固四民之獲所，宜稅稷於萊田。苦邯鄲之難步，庶行迷之易痊。長守朴以終稔，亦拙者之政焉。

仍除宋國黃門侍郎，遷相國從事中郎，世子左衞率。坐輒殺門生，免官。高祖受命，降公爵爲侯，食邑五百戶。起爲散騎常侍，轉太子左衞率。靈運爲性褊激，多愆禮度，朝廷唯以文義處之，不以應實相許。自謂才能宜參權要，既不見知，常懷憤憤。廬陵王義眞少好文籍，與靈運情款異常。少帝卽位，權在大臣，靈運構扇異同，非毀執政，司徒徐羨之等患之，出爲永嘉太守。郡有名山水，靈運素所愛好，出守既不得志，遂肆意游遨，偏歷諸縣，動

踰旬朔，民間聽訟，不復關懷。所至輒爲詩詠，以致其意焉。在郡一周，稱疾去職，從弟晦、曜、弘微等並與書止之，不從。

靈運父祖並葬始寧縣，幷有故宅及墅，遂移籍會稽，修營別業，傍山帶江，盡幽居之美。與隱士王弘之、孔淳之等縱放爲娛，有終焉之志。每有一詩至都邑，貴賤莫不競寫，宿昔之間，士庶皆徧，遠近欽慕，名動京師。作山居賦幷自注，以言其事。曰：

古巢居穴處曰巖棲，棟宇居山曰山居，在林野曰丘園，在郊郭曰城傍，四者不同，可以理推。言心也，黃屋實不殊於汾陽。卽事也，山居良有異乎市廛。抱疾就閑，順從性情，敢率所樂，而以作賦。揚子雲云：「詩人之賦麗以則。」文體宜兼，以成其美。今所賦既非京都宮觀遊獵聲色之盛，而敍山野草木水石穀稼之事，才乏昔人，心放俗外，詠於文則可勉而就之，求麗，邈以遠矣。覽者廢張、左之艷辭，尋臺、皓之深意，去飾取素，儻值其心耳。意實言表，而書不盡，遺迹索意，託之有賞。其辭曰：

謝子臥疾山頂，覽古人遺書，與其意合，悠然而笑曰：夫道可重，故物爲輕；理宜存，故事斯忘。古今不能革，質文咸其常。合宮非縉雲之館，衢室豈放勛之堂。邁深心於鼎湖，送高情於汾陽。嗟文成之却粒，願追松以遠遊。嘉陶朱之鼓棹，迺語種以免憂。判身名之有辨，權榮素其無留。孰如牽犬之路既寡，聽鶴之塗何由哉。理以相得

爲適，古人遺書，與其意合，所以爲笑。孫權亦謂周瑜「公瑾與孤意合」。夫能重道則輕物，存理則忘事，古今質文可謂不同，而此處不異。縉雲、放勛不以天居爲所樂，故合宮、衢室，皆非淹留，鼎湖、汾陽，乃是所居。□文成、張良，却粒棄人間事，從赤松子遊。陶朱、范蠡，臨去之際，亦語文種云云。謂二賢旣權榮素，故身名有判也。牽犬，李斯之歎。聽鶴，陸機領成都衆大敗後，云「思聞華亭鶴唳，不可復得」。

若夫巢穴以風露貽患，則大壯以棟宇袪弊；宮室以瑤琁致美，則白賁以丘園殊世。惟上託於巖壑，〔一五〕幸兼善而罔滯。雖非市朝而寒暑均也，雖是築構而飾朴兩逝。易云，上古穴居野處，後世聖人易之以宮室，上棟下宇，以蔽風雨，蓋取諸大壯。琁堂自是素，故曰白賁最是上爻也。此堂世異矣。謂巖壑道深於丘園，而不爲巢穴，斯免□□得寒暑之適，〔一六〕雖是築構，無妨非朝市云云。

昔仲長願言，流水高山；應璩作書，邙阜洛川。勢有偏側，地闕周員。銅陵之奧，卓氏充鉞摫之端；〔一七〕金谷之麗，石子致音徽之觀。徒形域之薈蔚，惜事異於栖盤。至若鳳、叢二臺，雲夢、青丘，漳渠、淇園，橘林、長洲，雖千乘之珍苑，孰嘉遁之所遊。且山川之未備，亦何議於兼求。仲長子云：「欲使居有良田廣宅，在高山流川之畔。溝池自環，竹木周布，場圃在前，果園在後。」應璩與程文信書云：〔一八〕「故求道田，在關之西，南臨洛水，北據邙山，託崇岫以爲宅，因茂林以爲蔭。」謂二家山居，不得周員之美。揚雄蜀都賦云：「銅陵衍。」卓王孫採山鑄銅，故漢書貨殖傳云：「卓氏之臨邛，公擅山川。」揚雄方言：「梁、益之間裁木爲器曰鉞，裂帛爲衣曰摫。」金谷，石季倫之別廬，在河南界，有山川

林木池沼水碓。其鎮下邳時，過遊賦詩，一代盛集。謂二地雖珍麗，然制作非栖盤之意也。鳳臺，秦穆公時秦女所居，以致簫史。叢臺，趙之崇館。張衡謂趙築叢臺於前，楚建章華於後。楚之雲夢，大中□居長歈賦：〔一九〕楚靈王遊雲夢之中，息於荆臺之上。前方淮之水，左洞庭之波，右顧彭蠡之濤，南望巫山之阿，遂造章華之臺。亦見諸史。淮南青丘，齊之海外，皆獵所。司馬相如云：「秋田乎青丘，彷徨乎海外。」漳渠，史起爲魏文侯所起，溉水之所。淇園，衞之竹園，在淇水之澳，詩人所載。橘林，蜀之園林，揚子雲蜀都賦亦云橘林。左太沖謂戶有橘柚之園。長洲，吳之苑囿，左亦謂長洲之茂苑，因江海洲渚以爲苑囿□。□□□□□□□□〔二〇〕故□表此園之珍靜。〔二一〕千乘讌嬉之所，非幽人憩止之鄉，〔二二〕且山川亦不能兼茂，隨地勢所遇耳。

覽明達之撫運，乘機緘而理默。指歲暮而歸休，詠宏徽於刊勒。狹三閭之喪江，〔二三〕矜望諸之去國。選自然之神麗，盡高棲之意得。余祖車騎建大功淮、肥，江左得免橫流之禍。後及太傅旣薨，遠圖已輟，〔二四〕於是便求解駕東歸，以避君側之亂。廢興隱顯，當是賢達之心，故選神麗之所，以申高棲之意。經始山川，實基於此。

仰前哲之遺訓，俯性情之所便。奉微軀以宴息，保自事以乘閑。愧班生之夙悟，慚尚子之晚研。年與疾而偕來，志乘拙而俱旋。謝平生於知遊，棲清曠於山川。謂經始此山，遺訓於後也。性情各有所便，山居是其宜也。易云：「向晦入宴息。」莊周云：「自事其心。」此二是其所處。班嗣本不染世，故曰夙悟；尚平未能去累，故曰晚研。想遲二人，更以年衰疾至。志寡求拙曰乘，并可山居。曰與知遊別，故曰謝平生；就山川，故曰棲清曠。

其居也，左湖右江，往渚還汀。面山背阜，東阻西傾。抱含吸吐，款跨紆縈。綿聯邪亘，側直齊平。枚乘曰：「左江右湖，其樂無有。」此吳客說楚公子之詞。當謂江都之野，彼雖有江湖而乏山巖，此憶江湖左右與之同，而山巘形勢，池城所無也。往渚還汀，謂四面有水；面山背阜，亦謂東西有山，便是四水之裏也。抱含吸吐，謂中央復有川。款跨紆縈，謂邊背相連帶。迂回處謂之邪亘；平正處謂之側直。

近東則上田、下湖，西谿、南谷，石堘、石滂，閔硎、黃竹。決飛泉於百仞，森高薄於千麓。寫長源於遠江，派深毖於近瀆。上田在下湖之水口，名爲田口。下湖在田之下下處，並有名山川。西谿、南谷分流，谷鄣水吠入田口。西谿水出始寧縣西谷鄣，是近山之最高峯者，西溪便是□之背。〔二五〕入西谿之裏，得石堘，以石爲阻，故謂爲堘。石滂在西谿之東，從縣南入九里，兩面峻峭數十丈，水自上飛下。比至外谿，封壃十數里，皆飛流迅激，左右巖壁綠竹。閔硎，在石滂之東谿，逶迤下注良田。黃竹與其連，南界莆中也。

近南則會以雙流，縈以三洲。表裏回游，離合山川。崿崩飛於東峭，槃傍薄於西阡。拂青林而激波，揮白沙而生漣。雙流，謂剡江及小江，此二水同會於山南，便合流注下。三洲在二水之口，排沙積岸，成此洲漲。表裏離合，〔二六〕是其貌狀也。崿者謂回江岑，在其山居之南界，有石跳出，將崩江中，行者莫不駭慄。槃者是縣故治之所，在江之□□用槃石竟渚，〔二七〕並帶青林而連白沙也。

近西則楊、賓接峯，唐皇連縱。室、壁帶谿，曾、孤臨江。竹緣浦以被綠，石照澗而映紅。月隱山而成陰，木鳴柯以起風。楊中、元賓，並小江之近處，與山相接也。唐皇便從北出。室，石室，在小江口南岸。壁，小江北岸。並在楊中之下。壁高四十丈，色赤，故曰照澗而映紅。曾山之西，孤山之南，王子所經始，並臨江，皆被以綠竹。山高月隱，便謂爲陰；鳥集柯鳴，便謂爲風也。

近北則二巫結湖，兩智通沼。〔二八〕橫、石判盡，休、周分表。引修隄之逶迤，吐泉流之浩溔。〔二九〕山巘下而回澤，瀨石上而開道。大小巫湖，中隔一山。外智周回，在圻西北。〔三〇〕邊浦出江，並是美處。義熙中，王穆之居大巫湖，經始處所猶在。兩智皆長溪，外智出山之後四五里許，裏智亦隔一山，出新堘。橫山，野舍之北面。常石，野舍之西北。巫湖舊唐，故曰修隄。長谿甚遠，故曰泉流。常石巘□□□□故曰山巘下而回澤。〔三一〕裏智漫石數里，水從上過，故曰瀨石上而開道。休山東北，周里山在休之南，並是北邊。

遠東則天台、桐栢，方石、太平，二韭、四明，五奧、三菁。表神異於緯牒，驗感應於慶靈。凌石橋之莓苔，越楢谿之紆縈。天台、桐栢，七縣餘地，南帶海。二韭、四明、五奧，皆相連接，奇地所無，高於五嶽，便是海中三山之流。韭以菜爲名。四明、方石，四面自然開窗也。五奧者，曇濟道人、蔡氏、郗氏、謝氏、陳氏各有一奧，皆相掎角，並是奇地。三菁，太平之北。太平，天台之始。方石，直上萬丈，下有長谿，亦是縉雲之流云。此諸山並見圖緯，神仙所居。往來要徑石橋，過楢谿，人跡之艱，不復過此也。

遠南則松箴、棲雞，唐嵫、漫石。崪、嵊對嶺，[illegible]、孟分隔。入極浦而邅回，迷不知

其所適。上嶔崎而蒙籠,下深沈而澆激。樓雞,在保口之上,別浦入其中,周回甚深,四山之裏。松箴在樓雞之上,緣江。唐嵫入太平水路,上有瀑布數百丈。漫石在唐嵫下,鄱景興經始精舍,亦是名山之流。崪、嵊與分界,去山八十里,故曰遠南。前嶺鳥道,正當五十里高,左右所無,就下地形高,乃當不稱。遠望嶰山甚奇,謂白皪尖者最高,下有良田,王敬弘經始精舍。曇濟道人住孟山,名曰孟埭,芋薴之嘐田。清溪秀竹,迴開巨石,有趣之極。此中多諸浦澗,傍依茂林,迷不知所通,嶔崎深沈,處處皆然,不但一處。

遠西則下闕。[三二]

遠北則長江永歸,巨海延納。崐漲緬曠,島嶼綢沓。山縱橫以布護,水迴沈而縈浥。信荒極之綿眇,究風波之睽合。江從山北流,窮上虞界,謂之三江口,便是大海。老子謂海爲百谷王,以其善處下也。海人謂孤山爲崐。薄洲有山,謂之島嶼,即洲也。漲者,沙始起將欲成嶼,縱橫無常,於一處迴沈相縈擾也。大荒東極,故爲荒極。風波不恒,爲睽合也。

徒觀其南術之□□□□□□□岸測深,相渚知淺。[三三]洪濤滿則曾石沒,清瀾減則沈沙顯。及風興濤作,水勢奔壯。于歲春秋,在月朔望。湯湯驚波,滔滔駭浪。電激雷崩,飛流灑漾。凌絕壁而起岑,橫中流而連薄。始迅轉而騰天,終倒底而見壑。此楚貳心醉於吳客,河靈懷慚於海若。南術是其臨江舊宅,門前對江,三轉曾山,路窮四江,對岸西面常石。此二山之間,西南角岸孤山,此二山皆是狹處,故曰生巇。勇門以南上便大闔,故曰成衍。岸高測深,渚

下知淺也。江中有孤石沈沙,隨水增減,春秋朔望,是其盛時。故枚乘云,楚太子有疾,吳客問之,舉秋濤之美,得以瘳病。太子,國之儲貳,故曰楚貳。河靈,河伯居河,所謂河靈。懼於海若,事見莊周秋水篇。

爾其舊居,曩宅今園,枌槿尙援,基井具存。[三四]曲術周乎前後,直陌矗其東西。豈伊臨谿而傍沼,迺抱阜而帶山。考封域之靈異,實茲境之最然。葺駢梁於巖麓,棲孤棟於江源。敞南戶以對遠嶺,闢東窗以矚近田。田連岡而盈疇,嶺枕水而通阡。葺室在宅裏山之東麓。東窗矚田,兼見江山之美。三間故謂之駢梁。門前一棟,枕巇上,存江之嶺,南對江上遠嶺。此二館屬望,殆無優劣也。

阡陌縱橫,塍埒交經。導渠引流,脉散溝并。蔚蔚豐秫,苾苾香秔。[三五]送夏蚤秀,迎秋晚成。兼有陵陸,麻麥粟菽。候時覘節,遞藝遞熟。供粒食與漿飲,謝工商與衡牧。生何待於多資,理取足於滿腹。許由云:「偃鼠飲河,不過滿腹。」謂人生食足,則歡有餘,何待多須邪。工商衡牧,似多須者,若少私寡欲,充命則足。但非田無以立耳。

自園之田,自田之湖。泛濫川上,緬邈水區。濬潭澗而窈窕,除菰洲之紆餘。毖溫泉於春流,馳寒波而秋徂。風生浪於蘭渚,日倒景於椒塗。飛漸榭於中沚,取水月之歡娛。旦延陰而物清,夕棲芬而氣敷。顧情交之永絕,覲雲客之暫如。此皆湖中之美,但患言不盡意,萬不寫一耳。諸澗出源入湖,故曰濬潭澗。澗長是以窈窕。除菰以作洲,言所以紆餘也。

水草則萍藻薀菼,雚蒲芹蓀,蒹菰蘋蘩,蕝荇菱蓮。雖備物之偕美,獨扶渠之華鮮。播綠葉之鬱茂,含紅敷之繽翻。怨清香之難留,矜盛容之易闌。必充給而後搴,豈蕙草之空殘。卷敂弦之逸曲,感江南之哀歎。秦箏倡而溯游往,唐上奏而舊愛還。搴出離騷。敂弦是采菱歌。江南是相和曲,云江南采蓮。秦箏倡蒹茄篇,唐上奏蒲生詩,皆感物致賦。魚藻蘋蘩荇亦有詩人之詠,不復具敍。

本草所載,山澤不一。雷、桐是別,和、緩是悉。參核六根,五華九實。二冬並稱而殊性,三建異形而同出。水香送秋而擢蒨,林蘭近雪而揚猗。卷栢萬代而不殞,伏苓千歲而方知。映紅葩於綠蔕,茂素蕤於紫枝。既住年而增靈,亦驅妖而斥疵。本草所出藥處,於今不復依,隨土所生耳。此境出藥甚多,雷公、桐君,古之采藥。醫緩,古之良工,故曰別悉。參核者,雙核桃杏人也。六根者,茍七根、五茄根、葛根、野葛根、□□根也。[三六]五華者,堇華、芫華、樬華、菊華、旋覆華也。九實者,連前實、槐實、栢實、兔絲實、女貞實、蛇床實、蔓荆實、蓼實、□□也。[三七]二冬者,天門、麥門冬。三建者,附子、天雄、烏頭。水香,蘭草。林蘭,支子。卷栢、伏苓,並皆仙物。凡此衆藥,事悉見於神農。

其竹則二箭殊葉,四苦齊味。水石別谷,巨細各彙。既修竦而便娟,亦蕭森而蓊蔚。露夕沾而悽陰,風朝振而清氣。捎玄雲以拂杪,臨碧潭而挺翠。蔑上林與淇澳,驗東南之所遺。企山陽之游踐,遲鸞鷖之棲託。憶崑園之悲調,慨伶倫之哀籥。衞女

行而思歸詠,楚客放而防露作。二箭,一者苦箭,大葉;一者筓箭,細葉。四苦,青苦、白苦、紫苦、黃苦。水竹,依水生,甚細密,吳中以爲宅援。石竹,本科叢大,以充屋榱,巨者竿挺之屬,細者無箐之流也。修竦、便娟、蕭森、蓊蔚,皆竹貌也。上林,關中之禁苑,淇澳,衞地之竹園,方此皆不如。東南會稽之竹箭,唯此地最富焉。山陽,竹林之游;鸞鷖,棲食之所。崑山之竹任爲笛,黃帝時,伶倫斬其厚均者吹之,爲黃鍾之宮。衞女思歸,作竹竿之詩,楚人放逐,東方朔感江潭而作七諫。

其木則松栢檀櫟,□□桐楡。[三八]檿柘穀棟,楸梓檉樗。剛柔性異,貞脆質殊。卑高沃堉,各隨所如。榦合抱以隱岑,杪千仞而排虛。凌岡上而喬竦,蔭澗下而扶疏。沿長谷以傾柯,攅積石以插衢。華映水而增光,氣結風而回敷。當嚴勁而葱倩,承和煦而芬腴。送墜葉於秋晏,遲含蕚於春初。皆木之類,選其美者載之。山脊曰岡。岡上澗下,長谷積石,各隨其方。離騷云:「青春受謝,白日昭只。」詩云「蕚不韡韡」也。

植物既載,動類亦繁。飛泳騁透,胡可根源。觀貌相音,備列山川。寒燠順節,隨宜匪敦。草、木、竹,植物。魚、鳥、獸,動物。獸有數種,有騰者,有走者。走者騁,騰者透。謂種類既繁,不可根源,但觀其貌狀,相其音聲,則知山川之好。與節隨宜,自然之數,非可敦戒也。

魚則鱫鱧鮒鱮,鱒鯇鰱鯿,魴鮪魦鱖,鱨鯉鯔鱣。輯采雜色,錦爛雲鮮。唼藻戲浪,汎苻流淵。或鼓鰓而湍躍,或掉尾而波旋。鱸鮆乘時以入浦,鱤鮿沿瀨以出泉。鱫

音優。鱧音禮。鮒音附。鱮音敍。鱒音寸袞反。鯇音晥。鰱音連。鯿音毖仙反。魴音房。鮪音痏。魦音沙。鱖音居綴反。鱨音上羊反。鯔音比之反。鱣音竹仚反。皆說文、字林音。詩云：「錦衾有爛。」故云錦爛。鱸鯊一時魚。鰔音感。鮅音迅。皆出谿中石上，恒以爲翫。

鳥則鵾鴻鶂鵠，鶖鷺鴇鸘。雞鵲繡質，鶾鸐綬章。晨鳧朝集，時鷮山梁。海鳥違風，朔禽避涼。荑生歸北，霜降客南。接響雲漢，侶宿江潭。聆清哇以下聽，載王子而上參。薄回涉以弁翰，映明壑而自耽。鵾音昆。鴻音洪。鶂音溢。左傳云：「六鶂退飛」，字如此。鵠音下竺反。鶖音秋。鷺音路。鴇音保。鸘音相。唐公之馬，與此鳥色同，故謂爲鸘，音相。鷄鶡鸐，見張茂先博物志。鸐音翟，亦雉之美者，此四鳥並美采質。鳧音符，野鴨也，常待晨而飛。鷮音巳消反，長尾雉也。論語云：「山梁雌雉，時哉時哉。」海鳥爰居，臧文仲不知其鳥，以爲神也。事見左傳。朔禽，雁也，寒月轉往衡陽。禮記，霜始降，雁來賓。歲莫云，雁北向。政是陽初生時，荑生歸北，霜降客南。山雞映水自翫其羽儀者。

山上則猨猑貍獾，犴獌猰猛。山下則熊羆豺虎，羱鹿麕麖。擲飛枝於窮崖，踔空絕於深硎。蹲谷底而長嘯，攀木杪而哀鳴。猨音袁。猑音魂。貍音力之反。獾音火丸反。犴音五懸反。獌音曼，似貙而長，狼之屬，一曰貙。猰音安黠反。猛音弋生反，貍之黃黑者，一曰似豻。豺音在皆反。羱音元，野羊大角。麕音鬼珉反。麖音京，能踔擲。虎長嘯，猨哀鳴，鳴聲可翫。

緡綸不投，置羅不披。磻弋靡用，蹄筌誰施。鑑虎狼之有仁，傷遂欲之無崖。顧

弱齡而涉道，悟好生之咸宜。率所由以及物，諒不遠之在斯。撫鷗鯈而悅豫，杜機心於林池。八種皆是魚獵之具。自少不殺，至乎白首，故在山中，而此歡永廢。莊周云，虎狼仁獸，豈不父子相親。世云虎狼暴虐者，政以其如禽獸，而人物不自悟其毒害，而言虎狼可疾之甚，苟其遂欲，豈復崖限。自弱齡奉法，故得免殺生之事。苟此悟萬物好生之理。易云：「不遠復，無祇悔。」庶乘此得以入道。莊周云，海人有機心，鷗鳥舞而不下。今無害彼之心，各說豫於林池也。

敬承聖誥，恭窺前經。山野昭曠，聚落羶腥。故大慈之弘誓，拯羣物之淪傾。豈寓地而空言，必有貸以善成。欽鹿野之華苑，羨靈鷲之名山。企堅固之貞林，希菴羅之芳園。雖綷容之緬邈，謂哀音之恒存。建招提於幽峯，冀振錫之息肩。庶鐙王之贈席，想香積之惠餐。事在微而思通，理匪絕而可溫。賈誼弔屈云：「恭承嘉惠。」敬承，亦此之流。聚落是墟邑，謂歌哭諍訟，有諸諠譁，不及山野爲僧居止也。經教欲令在山中，皆有成文。老子云：「善貸且善成。」此道惠物也。鹿苑，說四眞諦處。靈鷲山，說般若法華處。堅固林，說泥洹處。菴羅園，說不思議處。今旁林蓺園制苑，仿佛在昔，依然託想，雖綷容緬邈，哀音若存也。招提，謂僧不能常住者，可持作坐處也。所謂息肩。鐙王、香積，事出維摩經。論語云：「溫故知新。」理既不絕，更宜復溫，則可待爲己之日用也。〔三九〕

爰初經略，杖策孤征。入澗水涉，登嶺山行。陵頂不息，窮泉不停。櫛風沐雨，犯露乘星。研其淺思，罄其短規。非龜非筮，擇良選奇。翦榛開逕，尋石覓崖。四山周回，雙流逶迤。面南嶺，建經臺；倚北阜，築講堂。傍危峯，立禪室；臨浚流，列僧房。對百年之高木，〔四〇〕納萬代之芬芳。抱終古之泉源，美膏液之清長。謝麗塔於郊郭，殊世間於城傍。欣見素以抱樸，果甘露於道場。云初經略，躬自履行，備諸苦辛也。罄其淺短，無假於龜筮，貧者既不以麗爲美，所以卽安茅茨而已。是以謝郊郭而殊城傍。然清虛寂漠，實是得道之所也。

苦節之僧，明發懷抱。事紹人徒，心通世表。是遊是憩，倚石構草。寒暑有移，至業莫矯。觀三世以其夢，撫六度以取道。乘恬知以寂泊，含和理之窈窕。指東山以冥期，實西方之潛兆。雖一日以千載，猶恨相遇之不早。謂曇隆、法流二法師也。二公辭恩愛，棄妻子，輕舉入山，外緣都絕，魚肉不入口，糞掃必在體，物見之絕歎，而法師處之夷然。詩人西發不勝造道者，其亦如此。往石門瀑布中路高棲之游，昔告離之始，期生東山，沒存西方。相遇之欣，實以一日爲千載，猶慨恨不早。

賤物重己，棄世希靈。駭彼促年，愛是長生。冀浮丘之誘接，望安期之招迎。甘松桂之苦味，夷皮褐以頹形。羨蟬蛻之匪日，撫雲蜺其若驚。陵名山而屢憩，過巖室而披情。雖未階於至道，且緬絕於世纓。指松菌而興言，良未齊於殤彭。此一章敍仙學者雖未及佛道之高，然出於世表矣。浮丘公是王子喬師，安期先生是馬明生師，二事出列仙傳。洞眞經云：「今學仙者亦明師以自發悟，故不辭苦味顏形也。」莊周云：「和以天倪。」倪者，崖也。數經歷名山，遇余巖室，披露其情性，且獲長生。方之松菌殤彭，邈然有間也。

山作水役，不以一牧。資待各徒，隨節競逐。陟嶺刊木，除榛伐竹。抽笋自篁，擿蒻于谷。楊勝所拮，秋冬藟獲。野有蔓草，獵涉蘡薁。亦醞山清，介爾景福。苦以朮成，甘以播熟。慕椹高林，剝芨巖椒。掘蒨陽崖，擿擗陰摽。晝見搴茅，宵見索綯。芟菰翦蒲，以薦以茭。既坭既埏，品收不一。其灰其炭，咸各有律。六月採蜜，八月樸栗。備物爲繁，略載靡悉。此一章謂是山作及水役採拾諸事也。然漁獵之事皆不載。楊，楊桃也。山間謂之木子。藟音覆，字出字林。詩人云：「六月食鬱及薁。」獵涉字出爾雅。朮，朮酒，味苦。播，播酒，味甘，並至美，兼以療病。播治癰核，朮治痰冷。椹音甚，味似菰菜而勝，刊木而作之，謂之慕。芨音及，採以爲紙。蒨音倩，採以爲渫。擗音鈔，採以爲飲。採蜜樸栗，各隨其月也。

若迺南北兩居，水通陸阻。觀風瞻雲，方知厥所。兩居謂南北兩處，各有居止。峯崿阻絕，水道通耳。觀風瞻雲，然後方知其處所。南山則夾渠二田，周嶺三苑。九泉別澗，五谷異巘。羣峯參差出其間，連岫複陸成其坂。衆流溉灌以環近，諸堤擁抑以接遠。遠堤兼陌，近流開湍。淩皐泛波，水往步還。還回往匝，枉渚員巒。呈美表趣，胡可勝單。抗北頂以葺館，瞰南峯以啓軒。〔四一〕羅曾崖於戶裏，列鏡瀾於窗前。因丹霞以赬楣，附碧雲以翠椽。視奔星之俯馳，顧□□之未牽。〔四二〕鵾鴻翻翥而莫及，何但鷰雀之翩翾。氿泉傍出，潺湲於東檐；桀壁對跱，硿礲於西霤。修竹葳蕤以翳薈，灌木森沈以蒙茂。蘿曼延

以攀援，花芬薰而媚秀。日月投光於柯間，風露披清於嵈岫。夏涼寒燠，隨時取適。階基回互，橑櫺乘隔。此焉卜寢，翫水弄石。邇卽回眺，終歲罔斁。傷美物之遂化，怨浮齡之如借。眇遁逸於人羣，長寄心於雲霓。南山是開創卜居之處也。從江樓步路，跨越山嶺，綿亘田野，或升或降，當三里許。塗路所經見也，則喬木茂竹，緣畛彌皐，橫波疎石，側道飛流，以爲寓目之美觀。及至所居之處，自西山開道，迄于東山，二里有餘。南悉連嶺疊鄣，青翠相接，雲煙霄路，殆無倪際。從逕入谷，凡有三口。方壁西南石門世□南□池東南，〔四三〕皆別載其事。緣路初入，行於竹逕，半路闊，以竹渠澗。既入東南傍山渠，展轉幽奇，異處同美。路北東西路，因山爲鄣。正北狹處，踐湖爲池。南山相對，皆有崖巖。東北枕壑，下則清川如鏡，傾柯盤石，被隩映渚。西巖帶林，去潭可二十丈許，葺基構宇，在巖林之中，水衛石階，開窗對山，仰眺曾峯，俯鏡濬壑。去巖半嶺，復有一樓。迴望周眺，既得遠趣，還顧西館，望對窗戶。緣崖下者，密竹蒙逕，從北直南，悉是竹園。東西百丈，南北百五十五丈。北倚近峯，南眺遠嶺，四山周回，溪澗交過，水石林竹之美，巖岫隈曲之好，備盡之矣。刊翦開築，此焉居處，細趣密翫，非可具記，故較言大勢耳。越山列其表側傍緬□□爲異觀也。〔四四〕

因以小湖，鄰於其隈。衆流所湊，萬泉所回。氿濫異形，首毖終肥。別有山水，路邈緬歸。氿濫、肥毖，皆是泉名，事見於詩。云此萬泉所湊，各有形勢。

求歸其路，迺界北山。棧道傾虧，蹬閣連卷。復有水逕，繚繞回圓。瀰瀰平湖，泓

泓澄淵。孤岸竦秀，長洲芊綿。既瞻既眺，曠矣悠然。及其二川合流，異源同口。赴隘入險，俱會山首。瀨排沙以積丘，峯倚渚以起阜。石傾瀾而捎巖，木映波而結藪。逕南漘以橫前，轉北崖而掩後。隱叢灌故悉晨暮，託星宿以知左右。往反經過，自非巖澗，便是水逕，洲島相對，皆有趣也。

山川澗石，州岸草木。既標異於前章，亦列同於後牘。山匪砠而是岵，川有清而無濁。石傍林而插巖，泉協澗而下谷。淵轉渚而散芳，岸靡沙而映竹。草迎冬而結葩，樹凌霜而振綠。向陽則在寒而納煦，面陰則當暑而含雪。連岡則積嶺以隱嶙，舉峯則羣竦以嶻嶭。浮泉飛流以寫空，沈波潛溢於洞穴。凡此皆異所而咸善，殊節而俱悅。土山戴石曰砠。山有林曰岵。此章謂山川衆美，亦不必有，故總敍其最。居山之後事，亦皆有尋求也。

春秋有待，朝夕須資。既耕以飯，亦桑貿衣。藝菜當肴，採藥救頹。自外何事，順性靡違。法音晨聽，放生夕歸。研書賞理，敷文奏懷。凡厥意謂，揚較以揮。且列于言，誡特此推。〔四五〕謂寒待綿纊，暑待絺綌，朝夕飡飲，設此諸業以待之。藥以療疾，又在其外，事之相推，自不得不然。至於聽講放生，研書敷文，皆其所好。韓非有揚較，班固亦云「揚較古今」，其義一也。左思曰：「爲左右揚較而陳之。」

北山二園，南山三苑。百果備列，乍近乍遠。羅行布株，迎早候晚。猗蔚溪澗，森疎崖巘。杏壇、㮏園，橘林、栗圃。桃李多品，梨棗殊所。枇杷林檎，帶谷映渚。椹梅流芬於回巒，椑柹被實於長浦。莊周云：「漁父見孔子杏壇之上。」維摩詰經㮏樹園。揚雄蜀都賦云橘林。左太沖亦云：「戶有橘柚之園。」桃李所殖甚多，棗梨事出北河、濟之間，淮、潁諸處，故云殊所也。

畦町所藝，含蘂藉芳，蓼蕺葼薺，葑菲蘇薑。綠葵眷節以懷露，白薤感時而負霜。寒葱摽倩以陵陰，春藿吐苕以近陽。葑菲見詩栢舟中。管子曰：「北伐山戎，得寒葱。」庾闡云，寒葱挺園。灌蔬自供，不待外求者也。

弱質難恒，頹齡易喪。撫鬢生悲，視顏自傷。承清府之有術，冀在衰之可壯。尋名山之奇藥，越靈波而憩轅。採石上之地黃，摘竹下之天門。摭曾嶺之細辛，拔幽澗之溪蓀。訪鍾乳於洞穴，訊丹陽於紅泉。此皆住年之藥，卽近山之所出，有采拾，欲以消病也。

安居二時，冬夏三月。遠僧有來，近衆無闕。法鼓朗響，頌偈清發。散華霏蕤，流香飛越。析曠劫之微言，說像法之遺旨。乘此心之一豪，濟彼生之萬理。啓善趣於南倡，歸清暢於北机。非獨愜於予情，諒僉感於君子。山中兮清寂，羣紛兮自絕。周聽兮匪多，得理兮俱悅。寒風兮搔屑，面陽兮常熱。炎光兮隆熾，對陰兮霜雪。愒曾臺兮陟雲根，坐澗下兮越風穴。在茲城而諧賞，傳古今之不滅。衆僧冬夏二時坐，謂之安居，輒九十日。衆遠近聚萃，法鼓、頌偈、華、香四種，是齋講之事。析說是齋講之議。乘此之心，可濟彼之生。南倡者都

講，北机者法師。山中靜寂，實是講說之處。兼有林木，可隨寒暑，恒得清和，以爲適也。

好生之篤，以我而觀。懼命之盡，吝景之歡。分一往之仁心，拔萬族之險難。招驚魂於殆化，收危形於將闌。漾水性於江流，吸雲物於天端。覩騰翰之頡頏，視鼓鰓之往還。馳騁者儻能狂愈，猜害者或可理攀。云物皆好生，但以我而觀，便可知彼之情。吝景懼命，是好生事也。能放生者，但有一往之仁心，便可拔萬族之險難。水性雲物，各尋其生。老子云，馳騁田獵，令人心發狂。猜害者恒以忍害爲心，見放生之理，或可得悟也。

哲人不存，懷抱誰質。糟粕猶在，啓縢剖袠。見柱下之經二，覩濠上之篇七。承未散之全樸，救已頹於道術。嗟夫！六藝以宣聖教，九流以判賢徒。國史以載前紀，家傳以申世模。篇章以陳美刺，論難以覈有無。兵技醫日，龜筴筮夢之法，風角冢宅，算數律曆之書。或平生之所流覽，並於今而棄諸。驗前識之喪道，抱一德而不渝。莊周云「輪扁語齊桓公，公之所讀書，聖人之糟粕」。縢者，金縢之流也。柱下，老子。濠上，莊子。二、七，是篇數也。云此二書，最有理，過此以往，皆是聖人之教，獨往者所棄。

伊昔齠齔，實愛斯文。援紙握管，會性通神。詩以言志，賦以敷陳。箴銘誄頌，咸各有倫。爰暨山棲，彌歷年紀。幸多暇日，自求諸己。研精靜慮，貞觀厥美。懷秋成章，含笑奏理。謂少好文章，及山棲以來，別緣既闌，尋慮文詠，以盡暇日之適。便可得通神會性，以永終朝。

若迺乘攝持之告，評養達之篇。畏絕迹之不遠，懼行地之多艱。均上皇之自昔，忌下衰之在旃。投吾心於高人，落賓名於聖賢。廣滅景於崆峒，許遁音於箕山。愚假駒以表谷，消隱巖以搴芳。□□□□□□□□□□□□□□□□□□萊庇蒙以織畚。〔四六〕皓棲商而頤志，卿寢茂而敷詞。□□□□□□，〔四七〕鄭別谷而永逝。梁去霸而之會，□□□□□。〔四八〕高居唐而胥宇，臺依崖而穴墀。咸自得以窮年，眇貞思於所遺。老子云：「善攝生者。」莊子云，謂之不善持生。又云，養生有無崖，達生者不務生之所無柰何。絕迹，上皇，下衰，賓名，義亦皆出莊周。廣成子在崆峒之上，黃帝之師也。許由隱於箕山，堯以天下讓而不取。愚公居于駒阜，齊桓公逐鹿入山，見之。涓子隱於宕山，好餌术，告伯陽琴心三篇。庚桑楚得老子之道，〔四九〕居畏壘之山。楚狂接輿，楚王聞其賢，使使者聘之，於是遂游諸名山，在蜀峨眉山上。徐無鬼巖棲，魏侯勞之，問：「先生苦山林矣，乃肯見寡人。」無鬼問：「君絀嗜欲，屏好惡，則耳目窮矣。」常采芧栗。老萊子耕於蒙山之陽，著書十五篇，言道家之事，織畚爲業。四皓避秦亂，入商洛深山，漢祖召不能出。司馬長卿高才，而處世不樂預公卿大事，〔病免，家居茂陵。鄭子眞耕隱谷口，大將軍王鳳禮聘不屈，〕〔五〇〕遂與弟子別於山阿，終身不反。梁伯鸞隱霸陵山中，耕織以自娛，後復入會稽山。臺孝威居武安山下，依崖爲土室，采藥自給。高文通居西唐山，從容自娛也。

暨其窈窕幽深，寂漠虛遠。事與情乖，理與形反。既耳目之靡端，豈足跡之所踐。蘊終古於三季，俟通明於五眼。權近慮以停筆，抑淺知而絕簡。謂此既非人跡所求，更待

三明五通，然後可踐履耳。故停筆絕簡，不復多云，冀夫賞音悟夫此旨也。

太祖登祚，誅徐羡之等，徵爲祕書監，再召不起，上使光祿大夫范泰與靈運書敦獎之，乃出就職。使整理祕閣書，補足遺闕。〔五一〕又以晉氏一代，自始至終，竟無一家之史，令靈運撰晉書，粗立條流。書〔竟不就。尋遷侍中，日夕引見，賞遇甚厚。靈運詩書皆兼獨絕，每文竟，手自寫之，文帝稱爲二寶。既自以名輩，才能應參時政，初被召，便以此自許，既至，文帝唯以文義見接，每侍上宴，談賞而已。王曇首、王華、殷景仁等，名位素不踰之，並〕見任遇，〔五二〕靈運意不平，多稱疾不朝直。穿池植援，種竹樹堇，驅課公役，無復期度。出郭游行，或一日百六七十里，經旬不歸，既無表聞，又不請急。上不欲傷大臣，諷旨令自解。靈運乃上表陳疾，上賜假東歸。將行，上書勸伐河北曰：

自中原喪亂，百有餘年，流離寇戎，湮沒殊類。先帝聰明神武，哀濟羣生，將欲盪定趙魏，大同文軌，使久凋反於正化，偏俗歸於華風。運謝事乖，理違願絕，仰德抱悲，恨存生盡。況陵塋未幾，凶虜伺隙，預在有識，誰不憤歎。而景平執事，並非其才，且遘紛京師，豈慮託付。遂使孤城窮陷，莫肯拯赴。〔五三〕忠烈囚朔漠，緜河三千，翻爲寇有。晚遣鎭戍，皆先朝之所開拓，一旦淪亡，此國恥宜雪，被於近事者也。又北境自染逆虜，窮苦備罹，徵調賦斂，靡有止已，所求不獲，輒致誅殞，身禍家破，闔門比屋，此亦仁者所爲傷心者也。

咸云西虜舍末，遠師隴外，東虜乘虛，呼可掩襲。西軍既反，得據關中，長圍咸陽，還路已絕，雖遣救援，停住河東，遂乃遠討大城，欲爲首尾。而西寇深山重阻，根本自固，徒棄巢窟，未足相拯。師老於外，國虛於內，時來之會，莫復過此。觀兵燿威，實在茲日。若相持未已，或生事變，忽值新起之衆，則異於今，苟乖其時，難爲經略，雖兵食倍多，則萬全無必矣。又歷觀前代，類以兼弱爲本，古今聖德，未之或殊。豈不以天時人事，理數相得，興亡之度，定期居然。故古人云：「既見天殃，又見人災，乃可以謀。」昔魏氏之强，平定荆、冀，乃乘袁、劉之弱；晉世之盛，拓開吳、蜀，亦因葛、陸之衰。此皆前世成事，著於史策者也。自羌平之後，天下亦謂虜當俱滅，長驅滑臺，席卷下城，奪氣喪魄，指日就盡。但長安違律，潼關失守，用緩天誅，假延歲月，日來至今，十有二載，是謂一紀，曩有前言。況五胡代數齊世，虜期餘命，盡於來年。自相攻伐，兩取其困，卞莊之形，驗之今役。仰望聖澤，有若渴飢，注心南雲，爲日已久。來蘇之冀，實歸聖明，此而弗乘，後則未兆。卽日府藏，誠無兼儲，然凡造大事，待國富兵强，不必乘會，於我爲易，貴在得時。器械既充，衆力粗足，方於前後，乃當有優。常議損益，久證冀州口數，百萬有餘，田賦之沃，著自貢典，先才經創，基趾猶存，澄流引源，桑麻蔽野，

强富之實，昭然可知。爲國長久之計，孰若一往之費邪。

或懲關西之敗，而謂河北難守。二境形勢，表裏不同，關西雜居，種類不一，昔在前漢，屯軍霸上，通火甘泉。況乃遠戍之軍，值新故交代之際者乎。河北悉是舊戶，差無雜人，連嶺判阻，三關作隘。若遊騎長驅，則沙漠風靡；若嚴兵守塞，則冀方山固。昔隴西傷破，鼂錯興言；匈奴慢侮，賈誼憤歎。方於今日，皆爲賒矣。晉武中主耳，值孫晧虐亂，天祚其德，亦由鉅平奉策，荀、賈折謀，故能業崇當年，區宇一統。況今陛下聰明聖哲，天下歸仁，文德與武功並震，霜威共素風俱舉，協以宰輔賢明，諸王美令，岳牧宣烈，虎臣盈朝，而天威遠命，亦何敵不滅，〔五四〕剏伊頑虜，假日而已哉。伏惟深機志務，久定神謨。臣卑賤側陋，竄景巖穴，實仰希太平之道，傾覩岱宗之封，雖乏相如之筆，庶免史談之憤，以此謝病京師，萬無恨矣。久欲上陳，懼在觸罝，〔五五〕蒙賜恩假，暫違禁省，消渴十年，常慮朝露，抱此愚志，昧死以聞。

靈運以疾東歸，而遊娛宴集，以夜續晝，復爲御史中丞傅隆所奏，坐以免官。是歲，元嘉五年。

靈運既東還，與族弟惠連、東海何長瑜、潁川荀雍、泰山羊璿之，以文章賞會，共爲山澤之游，時人謂之四友。惠連幼有才悟，而輕薄不爲父方明所知。靈運去永嘉還始寧，時方

明爲會稽郡。靈運嘗自始寧至會稽造方明，過視惠連，大相知賞。時長瑜教惠連讀書，亦在郡內，靈運又以爲絕倫，謂方明曰：「阿連才悟如此，而尊作常兒遇之。何長瑜當今仲宣，而飴以下客之食。尊既不能禮賢，宜以長瑜還靈運。」靈運載之而去。荀雍字道雍，官至員外散騎郎。璿之字曜璠，臨川內史，爲司空竟陵王誕所遇，誕敗坐誅。長瑜文才之美，亞於惠連，雍、璿之不及也。臨川王義慶招集文士，長瑜自國侍郎至平西記室參軍。嘗於江陵寄書與宗人何勗，以韻語序義慶州府僚佐云：「陸展染鬢髮，欲以媚側室。青青不解久，星星行復出。」如此者五六句，而輕薄少年遂演而廣之，凡厥人士，並爲題目，皆加劇言苦句，其文流行。義慶大怒，白太祖除爲廣州所統曾城令。及義慶薨，朝士詣第敍哀，何勗謂袁淑曰：「長瑜便可還也。」淑曰：「國新喪宗英，未宜便以流人爲念。」廬陵王紹鎮尋陽，以長瑜爲南中郎行參軍，掌書記之任。〔五六〕行至板橋，遇暴風溺死。

靈運因父祖之資，生業甚厚。奴僮既衆，義故門生數百，鑿山浚湖，功役無已。尋山陟嶺，必造幽峻，巖嶂千重，莫不備盡。登躡常著木履，〔五七〕上山則去前齒，下山去其後齒。嘗自始寧南山伐木開逕，直至臨海，從者數百人。臨海太守王琇驚駭，謂爲山賊，徐知是靈運乃安。又要琇更進，琇不肯，靈運贈琇詩曰：「邦君難地嶮，旅客易山行。」在會稽亦多徒衆，驚動縣邑。太守孟顗事佛精懇，而爲靈運所輕，嘗謂顗曰：「得道應須慧業文人，〔五八〕生天當

在靈運前，成佛必在靈運後。」顗深恨此言。

會稽東郭有回踵湖，靈運求決以爲田，太祖令州郡履行。此湖去郭近，水物所出，百姓惜之，顗堅執不與。靈運既不得回踵，又求始寧岯崲湖爲田，顗又固執。靈運謂顗非存利民，正慮決湖多害生命，言論毀傷之，與顗遂構讎隙。因靈運橫恣，百姓驚擾，乃表其異志，發兵自防，露板上言。靈運馳出京都，詣闕上表曰：「臣自抱疾歸山，于今三載，居非郊郭，事乖人間，幽棲窮巖，外緣兩絕，守分養命，庶畢餘年。忽以去月二十八日得會稽太守臣顗二十七日疏云：『比日異論噂嗒，此雖相了，百姓不許寂默，今微爲其防。』披疏駭惋，不解所由，便星言奔馳，歸骨陛下。及經山陰，防衞彰赫，彭排馬槍，斷截衢巷，偵邏縱橫，戈甲竟道。不知微臣罪爲何事。及見顗，雖曰見亮，而裝防如此，唯有罔懼。臣昔忝近侍，豫蒙天恩，若其罪迹炳明，文字有證，非但顯戮司敗，以正國典，普天之下，自無容身之地。今虛聲爲罪，何酷如之。夫自古讒謗，聖賢不免，然致謗之來，要有由趣。或輕死重氣，結黨聚羣，或勇冠鄉邦，劍客馳逐。未聞俎豆之學，欲爲逆節之罪；山棲之士，而構陵上之釁。今影迹無端，假謗空設，終古之酷，未之或有。匪客其生，實悲其痛。誠復內省不疚，而抱理莫申。是以牽曳疾病，束骸歸款。仰憑陛下天鑒曲臨，則死之日，猶生之年也。臣憂怖彌日，羸疾發動，尸存恍惚，不知所陳。」

太祖知其見誣，不罪也。不欲使東歸，以爲臨川內史，加秩中二千石。〔五九〕在郡遊放，不異永嘉，爲有司所糾。司徒遣使隨州從事鄭望生收靈運，靈運執錄望生，興兵叛逸，遂有逆志，爲詩曰：「韓亡子房奮，秦帝魯連恥。本自江海人，忠義感君子。」追討禽之，送廷尉治罪。廷尉奏靈運率部衆反叛，論正斬刑，上愛其才，欲免官而已，彭城王義康堅執謂不宜恕，乃詔曰：「靈運罪釁累仍，誠合盡法。但謝玄勳參微管，宜有及後嗣，可降死一等，徙付廣州。」

其後秦郡府將宗齊受至涂口，〔六〇〕行達桃墟村，見有七人下路亂語，疑非常人，還告郡縣，遣兵隨齊受掩討，遂共格戰，悉禽付獄。其一人姓趙名欽，山陽縣人，云：「同村薛道雙先與謝康樂共事，以去九月初，道雙因同村成國報欽云：『先作臨川郡，犯事徙送廣州謝，給錢令買弓箭刀楯等物，使道雙要合鄉里健兒，於三江口篡取謝。若得者，如意之後，功勞是同。』遂合部黨要謝，不及。既還飢饉，緣路爲劫盜。」有司又奏依法收治，太祖詔於廣州行棄市刑。臨死作詩曰：「龔勝無餘生，李業有終盡。嵇公理既迫，霍生命亦殞。悽悽凌霜葉，網網衝風菌。邂逅竟幾何，修短非所愍。送心自覺前，斯痛久已忍。恨我君子志，不獲巖上泯。」詩所稱龔勝、李業，猶前詩子房、魯連之意也。時元嘉十年，年四十九。所著文章傳於世。子鳳蚤卒。

史臣曰：民禀天地之靈，含五常之德，剛柔迭用，喜慍分情。夫志動於中，則歌詠外發。六義所因，四始攸繫，升降謳謠，紛披風什。雖虞夏以前，遺文不覩，禀氣懷靈，理無或異。然則歌詠所興，宜自生民始也。周室既衰，風流彌著，屈平、宋玉，導清源於前，賈誼、相如，振芳塵於後，英辭潤金石，高義薄雲天。自茲以降，情志愈廣。王襃、劉向、揚、班、崔、蔡之徒，異軌同奔，遞相師祖。雖清辭麗曲，時發乎篇，而蕪音累氣，固亦多矣。若夫平子艷發，文以情變，絕唱高蹤，久無嗣響。至于建安，曹氏基命，二祖陳王，〔六一〕咸蓄盛藻，甫乃以情緯文，以文被質。自漢至魏，四百餘年，辭人才子，文體三變。相如巧爲形似之言，班固長於情理之說，子建、仲宣以氣質爲體，並標能擅美，獨映當時。是以一世之士，各相慕習，原其飈流所始，莫不同祖風、騷。徒以賞好異情，故意製相詭。降及元康，潘、陸特秀，律異班、賈，體變曹、王，縟旨星稠，繁文綺合。綴平臺之逸響，採南皮之高韻，遺風餘烈，事極江右。有晉中興，玄風獨振，爲學窮於柱下，博物止乎七篇，馳騁文辭，義單乎此。自建武暨乎義熙，歷載將百，雖綴響聯辭，波屬雲委，莫不寄言上德，託意玄珠，遒麗之辭，無聞焉爾。仲文始革孫、許之風，叔源大變太元之氣。爰逮宋氏，顏、謝騰聲。靈運之興會標舉，延年

之體裁明密，並方軌前秀，垂範後昆。若夫敷衽論心，商榷前藻，工拙之數，如有可言。夫五色相宜，八音協暢，由乎玄黄律吕，各適物宜。欲使宫羽相變，低昂互節，〔六二〕若前有浮聲，則後須切響。一簡之内，音韻盡殊；兩句之中，輕重悉異。妙達此旨，始可言文。至於先士茂製，諷高歷賞，子建函京之作，仲宣霸岸之篇，子荆零雨之章，正長朔風之句，並直舉胸情，非傍詩史，正以音律調韻，取高前式。自騷人以來，多歷年代，雖文體稍精，而此祕未覩。〔六三〕至於高言妙句，音韻天成，皆闇與理合，匪由思至。張、蔡、曹、王，曾無先覺，潘、陸、謝、顔，去之彌遠。世之知音者，有以得之，知此言之非謬。如曰不然，請待來哲。

校勘記

〔一〕皇晉□□河汾　三朝本、北監本、毛本、殿本、局本及明萬曆十一年焦竑刻謝康樂集並闕二字，張溥漢魏六朝一百三家集本謝康樂集作「受命」二字，一本作「鼎移」二字。

〔二〕立熙載於唐后　孫虨宋書考論云：「經傳皆言申祖四岳。立字疑岳字之譌。」

〔三〕闕郊伺鄗□□□□　三朝本、北監本、毛本、殿本、局本及謝康樂集並闕四字，一本作「圍郭攻城」四字。

〔四〕謝履長於庭階　孫虨宋書考論云：「履長疑履綦之誤。」

〔五〕變時雍於祖宗□□□□□□　三朝本、北監本、毛本、殿本、局本及謝康樂集並闕六字，一本作「布乂安於海甸」六字。

〔六〕弔僞孫於涂首　「涂首」各本並作「徐首」，孫虨宋書考論云：「按吳志，晧致印綬於琅邪王伷。武，伷謚也。時伷軍向涂中，徐首當作涂首。」按孫説是，今改正。

〔七〕過江乘而責始　孫虨宋書考論云：「始謂秦始皇。始皇三十七年，登會稽，還過吳，從江乘渡。」

〔八〕造步丘而長想　「步丘」各本並作「步兵」。錢大昕廿二史考異云：「步兵當作步丘。」按步丘在廣陵，見晉書謝安傳。今改正。

〔九〕濟通淮而薄角城　「角城」各本並作「甬城」，史書中「角城」、「甬城」互見，今據水經淮水注及魏書地形志、魏書高閭傳改作角城，説見本書卷三十五州郡志一校勘記第三十一條。

〔一〇〕□□□□具瘁　三朝本、北監本、毛本、殿本、局本及謝康樂集並闕四字。一本作「哀神形之具瘁」。

〔一一〕□□□□踰宿　三朝本、北監本、毛本、殿本、局本及謝康樂集並闕四字。一本作「停驂騑于踰宿」。

〔一二〕託末命□□雲　「末命」各本並作「未命」，據謝康樂集改正。又三朝本、北監本、毛本、殿本、局本及謝康樂集並闕二字，一本作「託末命于風雲」。

〔一三〕而慢豐疑　疑句有奪誤。

〔一四〕轉歸舷而眷戀　「舷」各本並作「弦」，孫虨宋書考論云：「弦蓋舷誤文。」按孫説是，今改正。

〔一五〕惟上託於巖壑　「託」字，三朝本、北監本、毛本、殿本、局本空白。錢大昕諸史拾遺云：「闕處一本是託字。」錢氏所指一本者即謝康樂集。今據補。按又一本空白處作「棲」字。

〔一六〕斯免□□得寒暑之適　三朝本、北監本、毛本、殿本、局本及謝康樂集並闕二字，一本作「拘滯」二字。

〔一七〕卓氏充鎩摫之端　「鎩摫」各本並作「鎩槻」，據文選左思蜀都賦改，下注文同改。蜀都賦云：「藏鏹巨萬，鎩摫兼呈。」揚雄方言：「梁、益之間，裁木爲器曰鎩，裂帛爲衣曰摫。」

〔一八〕應璩與程文信書云　「應璩」各本並作「應據」。據謝康樂集改。張元濟校勘記云：「應據當作應璩。」

〔一九〕楚之雲夢大中□居長飲賦　三朝本、北監本、毛本、殿本、局本及謝康樂集並闕一字。一本作「山」字。孫虨宋書考論云：「居長飲賦有脱誤。此蓋引邊文禮章華臺賦也。」

〔二〇〕因江海洲渚以爲苑囿□□□□□□□□　三朝本、謝康樂集並闕九字，北監本、毛本、殿本、局本八字空白，一本補「也長洲亦珍靈之所產」九字。

〔二一〕故□表此園之珍靜　三朝本、北監本、毛本、殿本、局本及謝康樂集並闕一字。一本作「特」字。

〔二二〕非幽人憩止之鄉　三朝本、北監本、毛本、殿本、局本及萬曆本謝康樂集作「非□□憩止之□」。據漢魏六朝一百三家集本謝康樂集、嚴輯全宋文補。一本作「非隱逸憩止之地」。

〔二三〕狹三閭之喪江　藝文類聚六四作「悼三閭之浮江。」

〔二四〕遠圖已輟　「遠圖」各本並作「建圖」，據文選一九謝靈運述祖德詩注引改。靈運述祖德詩亦云「遠圖因事止」。

〔二五〕西溪便是□之背　三朝本、北監本、毛本、局本及謝康樂集並闕一字。一本作「山」字。

〔二六〕表裏離合　各本及萬曆本謝康樂集並脱「離」字，據漢魏六朝一百三家集本謝康樂集補。按山居賦正文有「表裏回游，離合山川」。

〔二七〕在江之□□用槃石竟渚　三朝本、北監本、毛本、殿本、局本及謝康樂集並闕二字，一本作「東西」二字。按原注句有譌奪，一本補「東西」二字，文義亦不可通。

〔二八〕兩智通沼　錢大昕廿二史考異云：「智字不見字書，訪之通人，亦無知者。」李慈銘宋書札記云：「智，必非誤字。蓋當時吾越方言也。」

〔二九〕吐泉流之浩漾　「浩漾」漢魏六朝一百三家集本謝康樂集作「浩漾」。

〔三〇〕在圻西北　各本及萬曆本謝康樂集並作「在西圻北」，據漢魏六朝一百三家集本謝康樂集、嚴輯全宋文改。

〔三一〕常石巇□□□□故曰山巇下而回澤　三朝本、北監本、毛本、殿本、局本及謝康樂集並闕四字，一本作「低而水曲」四字。又「山巇下而回澤」，各本並作「下巇而回澤」，據正文改正。

〔三二〕遠西則下闕　三朝本闕四十字，殿本及謝康樂集闕四十四字，全宋文闕四十三字。以上字數，各本皆據山居賦正文行數計算。一本補「邛州綠嶺，菌桂臨巖。旁挺龍目，側生荔枝。布綠葉之萋萋，結朱實之離離。迊隆冬而不凋，常蔚鬱以依依」。本注云：「本左太沖蜀都賦也。」按龍目、荔枝，越中所不植，此正文及注文四十八字，顯係後人所補，非靈運原作。

〔三三〕徒觀其南術之□□□□□□□□□□岸測深相渚知淺　三朝本、北監本、毛本、殿本、局本及謝康樂集作「徒觀其南術之□□□生巇□□成衍□岸測深相渚知淺」。蓋注文中有「故曰生巇」，「故曰成衍」語，後人採之以補正文，中空二、三字以示其間有奪文，非靈運原賦句法如此。一本作「徒觀其南術之臨池生巇望遠成衍窺岸測深相渚知淺」，亦不足據。今十字並空白，以示其慎。

〔三四〕爾其舊居曩宅今園枌槿尙援基井具存　三朝本、北監本、毛本、殿本、局本「枌」字下空白二字，一本補以「榆木」二字。謝康樂集無闕字。孫虨宋書考論亦云：「此處無闕字。」李慈銘宋書札記云：「此處所闕二字，當在曩宅之下。園與存爲韻。」今從本集，「枌」字下不空白，卽接「槿」字。

〔三五〕蔚蔚豐秫苾苾香秔　「秫」各本及謝康樂集並作「秋」，孫虨宋書考論云：「秋疑秫字誤。」按孫說

是，今改正。

〔三六〕六根者苟七根五茄根葛根野葛根□□根也　按六根今數之止五根，疑有脫誤。□□根，三朝本、北監本、毛本、殿本、局本及謝康樂集並闕二字。一本作「白芽」二字。

〔三七〕九實者連前實槐實栢實兔絲實女貞實蛇床實蔓荆實蓼實□□也　三朝本、北監本、毛本、殿本、局本及謝康樂集並闕二字。一本作「黃實」二字。

〔三八〕其木則松栢檀櫟□□桐榆　三朝本、北監本、毛本、殿本、局本及謝康樂集並闕二字。一本作「楩楠」二字。

〔三九〕則可待爲己之日用也　「待」萬曆本謝康樂集作「恃」。

〔四〇〕對百年之高木　「高木」萬曆本謝康樂集作「喬木」。

〔四一〕瞰南峯以啓軒　「瞰」各本並作「殷」，據藝文類聚六四引、萬曆本謝康樂集改。

〔四二〕顧□□之未牽　三朝本、北監本、毛本、殿本、局本及謝康樂集並闕二字。一本作「飛埃」二字。

〔四三〕方壁西南石門世□南□池東南　三朝本、北監本、毛本、殿本、局本及謝康樂集「世」下並闕一字，「南」下亦闕一字。一本世下有「稱」字，「南」下有「有」字。

〔四四〕越山列其表側傍緬□□爲異觀也　三朝本、北監本、毛本、殿本、局本及謝康樂集並闕二字。一本作「雲霓」二字。

〔四五〕且列于言誡特此推　李慈銘宋書札記云：「誡特疑試待之誤。」

〔四六〕□□□□□□□□□□□□□□□□□□萊庇蒙以織畚　三朝本、北監本、毛本、殿本、局本及萬曆本謝康樂集並闕十八字。漢魏六朝一百三家集本謝康樂集有「庚作壘以葆和，輿涉莪而善狂」十二字，又「萊庇蒙以織畚」下，有「徐韜魏而採芋」六字。「庚作壘以葆和，輿涉莪而善狂」十二字，一本又作「庚依峴以入道，輿却聘以徜徉」。疑皆後人據注文補入者，非靈運原文。

〔四七〕卿寢茂而敷詞□□□□□□　三朝本、北監本、毛本、殿本、局本六字空白。謝康樂集連寫，不云有闕文。錢大昕諸史拾遺云：「一本連寫，不云有闕，然以韻求之，亦不甚叶。」又一本作「籍嗜酒以長嘯」。亦後人所補，非靈運原文。

〔四八〕梁去霸而之會□□□□□□　三朝本、北監本、毛本、殿本、局本六字空白。謝康樂集連寫，不云有闕文。錢大昕諸史拾遺云：「一本連寫，不云有闕，然以韻求之，亦不甚叶。」

〔四九〕庚桑楚得老子之道　「楚」各本作「偏」，據謝康樂集改。按庚桑楚見莊子。

〔五〇〕病免家居茂陵鄭子眞耕隱谷口大將軍王鳳禮聘不屈　此二十二字，三朝本、北監本、毛本、殿本、局本並空白。據謝康樂集補。又一本作「嘗著子虛賦。阮籍嗜酒，能嘯，聲若鳳音。鄭生好隱居，入山中」二十三字，蓋後人既妄補正文於前，又妄補注文於後，皆非靈運原文。

〔五一〕補足遺闕　各本並脫「遺」字，據元龜六四八補。

〔五二〕書竟不就尋遷侍中至名位素不踰之並見任遇　「竟不就至名位素不踰之並」八十九字，三朝本、北監本、毛本並脫，今從殿本補，並參校南史、元龜八三八、御覽六三四引宋書。按殿本實據南史補，宋書於劉義隆稱廟號作太祖，南史舉諡法稱文帝，本段兩見「文帝」，此是殿本用南史補宋書之明證。

〔五三〕莫肯拯赴　「拯赴」各本並作「極」一字，萬曆本謝靈運集作「拯」一字，元龜四七七作「拯赴」二字。今從元龜補正。

〔五四〕而天威遠命亦何敵不滅　「威」各本並作「或」，據元龜四七七、萬曆本謝康樂集改。

〔五五〕懼在觸罝　「罝」各本並作「置」，按觸置無義，當是「觸罝」之誤。詩周南兔罝，肅肅兔罝。罝，罟也，網也。蓋借罝罟以喻法網，今改正。

〔五六〕掌書記之任　各本並脫「書」字，據南史、元龜七二七、八九五補。

〔五七〕登躡常著木履　「履」南史、元龜八五五、御覽三八引、六九八引作「屐」。疑作「屐」是。

〔五八〕得道應須慧業文人　御覽六六引同宋書，南史、御覽四九八、六五四引「文人」作「丈人」。蓋南史慧業句絕，丈人以稱孟顗，文義自較宋書爲勝。然慧業文人之語，已多見古人引用，故今因仍不改。

〔五九〕加秩中二千石　「加」字三朝本空白，北監本、毛本、殿本、局本作「賜」，元龜一九〇、九三二作

「加」。今據元龜補。

〔六〇〕其後秦郡府將宗齊受至涂口　「涂口」各本並作「除口」，據南史改。按涂口，今江蘇六合縣瓜埠口。「宗齊受」南史作「宋齊受」。

〔六一〕二祖陳王　「二祖」文選所載作「三祖」。二祖謂操、丕，三祖謂操、丕、叡。

〔六二〕低昂互節　文選所載作「低昂舛節」。

〔六三〕自騷人以來多歷年代雖文體稍精而此秘未覩　各本並脫「多歷年代雖文體稍精而」十字，據文選補。

宋書卷六十八

列傳第二十八

武二王

彭城王義康　南郡王義宣

彭城王義康，年十二，宋臺除督豫司雍幷四州諸軍事、冠軍將軍、豫州刺史。時高祖自壽陽被徵入輔，留義康代鎮壽陽。又領司州刺史，進督徐州之鍾離、荆州之義陽諸軍事。永初元年，封彭城王，食邑三千戶，進號右將軍。二年，徙監南豫豫司雍幷五州諸軍事、南豫州刺史，將軍如故。三年，遷使持節、都督南徐兗二州揚州之晉陵諸軍事、南徐州刺史，〔一〕將軍如故。太祖卽位，增邑二千戶，進號驃騎將軍，加散騎常侍，給鼓吹一部。尋加開府儀同三司。元嘉三年，改授都督荆湘雍梁益寧南北秦八州諸軍事、荆州刺史，〔二〕給班劍三十人，持節、常侍、將軍如故。義康少而聰察，及居方任，職事修理。

六年，司徒王弘表義康宜還入輔，徵侍中、都督揚南徐兗三州諸軍事、司徒、錄尚書事，領平北將軍、南徐州刺史，持節如故。二府並置佐領兵，與王弘共輔朝政。弘既多疾，且每事推謙，自是內外衆務，一斷之義康。太子詹事劉湛有經國才，義康昔在豫州，湛爲長史，旣素經情款，至是意委特隆，人物雅俗，舉動事宜，莫不咨訪之，故前後在藩，多有善政，爲遠近所稱。九年，弘薨，又領揚州刺史。其年太妃薨，解侍中，辭班劍。十二年，又領太子太傅，復加侍中、班劍。

義康性好吏職，銳意文案，糾剔是非，莫不精盡。既專總朝權，事決自己，生殺大事，以錄命斷之。凡所陳奏，入無不可，方伯以下，並委義康授用，由是朝野輻湊，勢傾天下。義康亦自强不息，無有懈倦。府門每旦常有數百乘車，雖復位卑人微，皆被引接。又聰識過人，一聞必記，常所暫遇，終生不忘，稠人廣席，每標所憶以示聰明，人物益以此推服之。愛惜官爵，未嘗以階級私人，凡朝士有才用者，皆引入己府，無施及忤旨，卽度爲臺官。自下樂爲竭力，不敢欺負。太祖有虛勞疾，寢頓積年，每意有所想，〔三〕便覺心中痛裂，屬纊者相係。義康入侍醫藥，〔四〕盡心衛奉，湯藥飲食，非口所嘗不進，或連夕不寐，彌日不解衣，內外衆事，皆專決施行。十六年，進位大將軍，領司徒，辟召掾屬。

義康素無術學，闇於大體，自謂兄弟至親，不復存君臣形迹，率心逕行，曾無猜防。私置僮部六千餘人，不以言臺。四方獻饋，皆以上品薦義康，而以次者供御。上嘗冬月噉甘，歎其形味並劣，義康在坐曰：「今年甘殊有佳者。」遣人還東府取甘，大供御者三寸。尚書僕射殷景仁爲太祖所寵，與太子詹事劉湛素善，而意好晚衰。湛常欲因宰輔之權以傾之，景仁爲太祖所保持，義康屢言不見用，湛愈憤。南陽劉斌，湛之宗也，有涉俗才用，爲義康所知，自司徒右長史擢爲左長史。從事中郎琅邪王履、主簿沛郡劉敬文、祭酒魯郡孔胤秀，並以傾側自入，見太祖疾篤，皆謂宜立長君。上疾嘗危殆，使義康具顧命詔。義康還省，流涕以告湛及殷景仁，湛曰：「天下艱難，詎是幼主所御。」義康、景仁並不答。而胤秀等輒就尚書儀曹索晉咸康末立康帝舊事，[五]義康不知也。及太祖疾豫，微聞之。而斌等既爲義康所寵，又威權盡在宰相，常欲傾移朝廷，使神器有歸。遂結爲朋黨，伺察省禁，若有盡忠奉國，不與己同志者，必構造愆釁，加以罪黜。每採拾景仁短長，或虛造異同以告湛。自是主相之勢分，內外之難結矣。

義康欲以斌爲丹陽尹，言次啓太祖，陳其家貧。上覺其旨，義康言未卒，上曰：「以爲吳郡。」後會稽太守羊玄保求還，義康又欲以斌代之，又啓太祖曰：「羊玄保欲還，不審以誰爲會稽？」上時未有所擬，[六]倉卒曰：「我已用王鴻。」自十六年秋，不復幸東府。上以嫌隙既成，將致大禍。十七年十月，乃收劉湛付廷尉，伏誅。又誅斌及大將軍錄事參軍劉敬文、賊曹參軍孔邵秀、中兵參軍邢懷明、主簿孔胤秀、丹陽丞孔文秀、司空從事中郎司馬亮、烏程令盛曇泰等。徙尚書庫部郎何默子、餘姚令韓景之、永興令顏遙之、湛弟黃門侍郎素、斌弟給事中溫於廣州，王履廢於家。胤秀始以書記見任，漸預機密，文秀、邵秀，皆其兄也。司馬亮，孔氏中表，並由胤秀而進。懷明、曇泰爲義康所遇。默子、景之、遙之，劉湛黨也。

其日刺義康入宿，[七]留止中書省，其夕分收湛等，青州刺史杜驥勒兵殿內，以備非常。遣人宣旨告以湛等罪釁，義康上表遜位曰：「臣幼荷國靈，爵遇踰等。陛下推恩睦親，以隆棠棣，愛忘其鄙，寵授遂崇，任總內外，位兼台輔。不能正身率下，以肅庶僚，暱近失所，漸不自覺，致令毀譽違實，賞罰謬加，由臣才弱任重，以及傾撓。今雖罪人即戮，王猷載靜，養釁貽垢，實由於臣。鞠躬慄悚，若墮谿壑，有何心顏，而安斯寵，輒解所職，待罪私第。」改授都督江州諸軍事、江州刺史，持節、侍中、將軍如故，出鎮豫章。停省十餘日，桂陽侯義融、新喻侯義宗、祕書監徐湛之往來慰視。於省奉辭，便下渚。上唯對之慟哭，餘無所言。上又遣沙門釋慧琳視之，義康曰：「弟子有還理不？」慧琳曰：「恨公不讀數百卷書。」征虜司馬蕭斌，昔爲義康所暱，劉斌等害其寵，讒斥之。乃以斌爲諮議參軍，領豫章太守，事無大小，皆以委之。司徒主簿謝綜，素爲義康所狎，以爲記室參軍，左右愛念者，並聽隨從至豫章。辭州，見許，增督廣交二州湘州之始興諸軍事。資奉優厚，信賜相係，朝廷大事，皆報示之。

義康未敗，東府聽事前井水忽涌溢，野雉江鷗並飛入所住齋前。

龍驤參軍巴東扶令育詣闕上表曰：[八]

蓋聞哲王不逆切旨之諫，以博聞爲道；人臣不忌殲夷之罰，以盡言爲忠。是故周昌極諫，馮唐面折，孝惠所以克固儲嗣，魏尚所以復任雲中。彼二臣豈好逆主干時，犯顏違色者哉。又爰盎之諫孝文曰：「淮南王若道遇疾死，[九]則陛下有殺弟之名。奈何？」文帝不用，追悔無及。臣草莽微臣，竊不自揆，敢抱葵藿傾陽之心，仰慕周易匪躬之志，故不遠六千里，願言命侶，謹貢丹愚，希垂察納。

伏惟陛下躬執大象，首出萬物，王化咸通，三才必理，闢天人之路，[一〇]開大道之門，搜殊逸于巖穴，招奇英於側陋，窮谷無白駒之倡，喬岳無遺寶之嗟，豈特羅飛翮于垂天，網沈鱗於溟海。況於彭城王義康，先朝之愛子，陛下之次弟哉。一旦黜削，遠送南垂，恩絕于內，形隔於遠，躬離明主，身放聖世，草萊黔首，皆爲陛下痛之。臣追惟景平、元嘉之釁，幾於危殆，三公託以興廢之宜，密懷不臣之計，台輔伺隙於京甸，強楚窺窬於上流，或苞惡而窺國，[一一]或顯逆而陵主，有生之所惴恐，神祇之所忿忌也。賴宗社靈長，廟算流遠，灑滌塵埃，殲馘醜類，氛霧時靖，四門載清。當爾之時，義康豈不預參皇謀，均此休否哉。且陛下舊楚形勝，非親勿居，遂以驃騎之號，任以藩夏之重，撫政南郢，綏民遏寇，播皇宋之澤，以洽幽荒。陛下之潤，被之九有，豈直南荆之民沾渥而已焉。遂召之以宰輔，又寄之以和味，既居三事，又牧徐、揚，所以幽顯齊歡，人神同抃。莫不言陛下授之爲得，義康受之爲是也。今如何信疑似之嫌，[一二]闕兄弟之恩乎。若有迷謬之愆，可責之罪，正可數之以善惡，導之以義方。且廬陵王往事，足以知今，此乃陛下前車之殷鑒，後乘之靈龜也。夫曾子之不殺，忠臣之篤譬；二告而猶織，仁王之令範。故詩云「無信人之言，人實不信」。又云兄弟雖鬩，不廢親也。尚書曰：「克明俊德，以親九族。」九族既睦，可以親百姓。兄弟安可棄乎。

臣伏願陛下上尋往代黜廢之禍，下惟近者讒言之釁。廬陵王既申寃魂於后土，彭城王亦弭疑愆於宋京，豈徒皇代當今之計，蓋乃良史萬代之美也。且諂諛難辨，是非易驗，福始禍先，古人所畏。故愛身之士，自爲己計，莫不結舌杜口，孰肯冒忌干主哉。臣以頑昧，獨獻微管，所以勤勤懇懇，必訴丹誠者，實恐義康年窮命盡，奄忽于南，遂令陛下有棄弟之責。臣雖微賤，竊爲陛下羞之。況書言記事，史豈能屈典謨而諱哉。脫如臣慮，陛下恨之何益。揚子雲曰：「獲福之大，莫先於和穆；遘禍之深，莫過於內難。」每服斯言，以爲警戒。矧今覩王室大事，豈得韜筆默爾而已哉。臣將恐天下風靡，離間是懼，遂令宇內遷觀，民庶革心，欲致康哉，實爲難也。陛下徒云惡枝之宜伐，豈悟伐柯之傷樹，乃往古之所悲，當今所宜改也。陛下若蕩以平聽，屛此猜情，垂訊芻蕘之謀，曲察狂瞽之計，一發非意之詔，逮訪博古之士，速召義康返于京甸，兄弟協和，君臣緝穆，息宇內之譏，絕多言之路，如是則四海之望塞，讒說之道消矣。何必司徒公、揚州牧，然後可以安彭城王哉。若臣所啓違憲，於國爲非，請卽伏誅，以謝陛下。雖復分形赴鑊，賫體烹屍，始願所甘，豈不幸甚。

表奏，卽收付建康獄，賜死。

會稽長公主，於兄弟爲長，太祖至所親敬。義康南上後，久之，上嘗就主宴集甚歡，主起再拜稽顙，悲不自勝。上不曉其意，自起扶之。主曰：「車子歲暮，必不爲陛下所容，今特請其生命。」因慟哭。上流涕，舉手指蔣山曰：「必無此慮。若違今誓，便是負初寧陵。」[一三]卽封所飲酒賜義康，幷書曰：「會稽姊飲宴憶弟，所餘酒今封送。」車子，義康小字也。

二十二年，太子詹事范曄等謀反，事逮義康，事在曄傳。有司上曰：「義康昔擅國權，恣心淩上，結朋樹黨，苞納凶邪。重釁彰著，事合明罰。特遭陛下仁愛深至，敦惜周親，封社不削，爵寵無貶。四海之心，朝野之議，咸謂皇德雖厚，實橈典刑。而義康曾不思此大造之德，自出南服，詭飾情貌，外示知懼，內實不悛。窮好極欲，干請無度。聖慈含弘，每不折舊，矜釋屢加，恩疇已往。而陰敦行李，方啓交通之謀，潛資左右，以要死士之命。崎嶇伺

隙，不忘窺窬。時猶隱忍，罰止僕侍。狂疾之性，永不懲革，兇心遂成，悖謀仍構。遠投羣醜，千里相結，再議宗社，重闚鼎祚。賴陛下至誠感神，宋曆方永，故姦事昭露，罪人斯得。周公上聖，不辭同氣之刑；漢文仁明，無隱從兄之惡。況義康釁深二叔，謀過淮南，背親反道，自棄天地。臣等參議，請下有司削義康王爵，收付廷尉法獄治罪。」詔特宥大辟。於是免義康及子泉陵侯允、女始寧豐城益陽興平四縣主爲庶人，絕屬籍，徙付安成郡。以寧朔將軍沈邵爲安成公相，領兵防守。義康在安成讀書，見淮南厲王長事，廢書歎曰：「前代乃有此，我得罪爲宜也。」

二十四年，豫章胡誕世、前吳平令袁惲等謀反，襲殺豫章太守桓隆、南昌令諸葛智之，[一四]聚衆據郡，復欲奉戴義康。太尉錄尚書江夏王義恭等奏曰：「投畀之言，義著雅篇，流殛之敎，事在書典。庶人義康負釁深重，罪不容戮。聖仁不忍，屢加遲回，宥其大辟，賜還近甸，斯乃至愛發天，超邈終古。曾不遇愆甘引，而讒言同衆，佷悖徼幸，每形辭色，內宣家人，外動民聽，不逞之族，因以生心。胡誕世假竊名號，搆成凶逆。杜漸除微，古今所務，況禍機驟發，庸可忽乎。臣等參議，宜徙廣州遠郡，放之邊表，庶有防絕。」奏可，仍以安成公相沈邵爲廣州事。未行，值邵病卒，索虜來寇瓜步，天下擾動。上慮異志者或奉義康爲亂，世祖時鎭彭城，累啓宜爲之所，太子及尚書左僕射何尚之並以爲言。二十八年正月，遣

中書舍人嚴龍齎藥賜死。[一五]義康不肯服藥，曰：「佛敎自殺不復得人身，便隨宜見處分。」乃以被揜殺之，時年四十三，以侯禮葬安成。

六子：允、肱、珣、昭、方、曇辯。允初封泉陵縣侯，食邑七百戶。昭、方並早夭。允等留安成，元凶得志，遣殺之。

世祖大明四年，義康女玉秀等露板辭曰：「父凶滅無狀，孤負天明，存荷優養，沒蒙加禮，明罰羽山，未足勑法。烏鳥微心，昧死上訴，乞反葬舊塋，糜骨鄉壤。」詔聽，幷加資給。前廢帝永光元年，太宰江夏王義恭表曰：「臣聞忝祖遠支，猶或慮親，降霍省序，義重令戚。故嚴道疾終，嗣啓方宇，阜陵愆屛，身遝晚恩。竊惟故庶人劉義康昔昧姦回，自貽非命，沈魂漏籍，垂誡來典。運革三朝，歲盈三紀，天地改朔，日月再升，陶形賦氣，咸蒙更始。義康妻息漂沒，早違盛化，衆女孤弱，永淪黔首。卽情原釁，本非己招，感事哀焭，俯增傷咽。敢緣陛下聖化融泰，春澤覃被，慈育羣生，仁被泉草。實希洗宥，還齒帝宗，則施及陳荄，榮施朽壤。臣特憑國私，冒以誠表，塵觸靈威，伏紙悲悸。」詔曰：「太宰表如此，公緣情追遠，覽以憯慨。昔淮、楚推恩，胙流支胤，抑法弘親，古今成準。使以公表付外，[一六]依旨奉行。故泉陵侯允橫罹凶虐，可特爲置後。」太宗泰始四年，復絕屬籍，還爲庶人。

南郡王義宣，生而舌短，澀於言論。元嘉元年，年十二，封竟陵王，食邑五千戶。仍拜左將軍，[一七]鎭石頭。七年，遷使持節、都督徐兗青冀幽五州諸軍事、徐州刺史，將軍如故，猶戍石頭。八年，又改都督南兗、兗州刺史，當鎭山陽，未行。明年，遷中書監，進號中軍將軍，加散騎常侍，給鼓吹一部。時竟陵羣蠻充斥，役刻民散，改封南譙王，又領石頭戍事。十三年，出都督江州豫州之西陽晉熙新蔡三郡諸軍事、鎭南將軍、江州刺史。[一八]

初，高祖以荊州上流形勝，地廣兵強，遺詔諸子次第居之。謝晦平後，以授彭城王義康。義康入相，次江夏王義恭。又以臨川王義慶宗室令望，且臨川武烈王有大功於社稷，義慶又居之。其後應在義宣。上以義宣人才素短，不堪居上流。十六年，以衡陽王義季代義慶，而以義宣代義季爲南徐州刺史，都督南徐州軍事、征北將軍，持節如故。加散騎常侍。而會稽公主每以爲言，上遲回久之，二十一年，乃以義宣都督荊雍益梁寧南北秦七州諸軍事、車騎將軍、荊州刺史，持節、常侍如故。先賜中詔曰：「師護以在西久，比表求還，出內左右，自是經國常理，亦何必其應於一往。今欲聽許，以汝代之。師護雖無殊績，[一九]潔己節用，通懷期物，不恣羣下。此信未易，非唯聲著西土，朝野以爲美談。在彼已有次第，爲士庶所安，論者乃謂未議遷之，今之回換，更在欲爲汝耳。汝與師護年時一輩，[二〇]各有

其美，物議亦互有少劣。若今向事脫一減之者，既於西夏交有巨礙，遷代之譏，必歸責於吾矣。復當爲師護怨，〔二〕非但一誚而已也。如此則公私俱損，爲不可不先共善詳。此事亦易勉耳，無爲使人動生評論也。」師護，義季小字也。

義宣至鎮，勤自課厲，政事修理。白皙，美鬚眉，長七尺五寸，腰帶十圍，多畜嬪媵，後房千餘，尼媼數百，男女三十人。崇飾綺麗，費用殷廣。進位司空，改侍中，領南蠻校尉。二十七年，索虜南侵，義宣慮寇至，欲奔上明。及虜退，太祖詔之曰：「善修民務，不須營潛逃計也。」

三十年，遷司徒、中軍將軍、揚州刺史，侍中如故。未及就徵，值元凶弒立，以義宣爲中書監、太尉，領司徒，侍中如故。義宣聞之，卽時起兵，徵聚甲卒，傳檄近遠。會世祖入討，義宣遣參軍徐遺寶率衆三千，助爲前鋒。世祖卽位，以義宣爲中書監，都督揚豫二州，〔丞相，錄尚書六條事，揚州〕刺史，〔三〕加羽葆、鼓吹，給班劍四十人，持節、侍中如故。改封南郡王，食邑萬戶。進諡義宣所生爲獻太妃。封次子宜陽侯愷爲南譙王，食邑千戶。義宣固辭內任，及愷王爵。於是改授都督荆湘雍益梁寧南北秦八州諸軍事、荆湘二州刺史，持節、侍中、丞相如故。降愷爲宜陽縣王。義宣將佐以下，並加賞秩。長史張暢，事在本傳。諮議參軍蔡超專掌書記幷參謀，除尚書吏部郎，仍爲丞相諮議參軍、南郡內史，封汝南縣侯，

食邑千戶。司馬竺超民爲黃門侍郎，仍除丞相司馬、南平內史。其餘各有差。

義宣在鎮十年，兵强財富，既首創大義，威名著天下，凡所求欲，無不必從。朝廷所下制度，意所不同者，一不遵承。嘗獻世祖酒，先自酌飲，封送所餘，其不識大體如此。初，臧質陰有異志，以義宣凡弱，易可傾移，欲假手爲亂，以成其姦。自襄陽往江陵見義宣，便盡禮，事在質傳。及至江州，每密信說義宣，以爲「有大才，負大功，挾震主之威，自古尠有全者，宜在人前，蚤有處分。且萬姓莫不係心於公，整衆入朝，內外孰不欣戴。不爾一旦受禍，悔無所及。」義宣陰納質言，而世祖閨庭無禮，與義宣諸女淫亂，義宣因此發怒，密治舟甲，克孝建元年秋冬擧兵。報豫州刺史魯爽、兗州刺史徐遺寶使同。爽狂酒失旨，其年正月便反。遣府戶曹送版，以義宣補天子，幷送天子羽儀。遺寶亦勒兵向彭城。義宣及質狼狽起兵。二月二十六日，加都督中外諸軍事，置左右長史、司馬，使僚佐悉稱名。遣傳奉表曰：

臣聞博陸毗漢，獲疑宣后；昌國翼燕，見猜惠王。常謂異姓震主，嫌隙易構；葭莩淳戚，昭亮可期。臣雖庸懦，少希忠謹。值亘逆滔天，忘家殉國，雖曆算有歸，微績不樹，竭誠盡愚，貫之幽顯。而微疑莫監，積毀日聞；投杼之聲，紛紜溢聽。諒緣姦臣交亂，成是貝錦。夫澆俗之季，少貞節之臣；冰霜競至，靡後彫之木。並寢處凶世，甘榮僞朝，皆纓冕之所棄，投畀之所取。至乃位超昔寵，任參大政，惡直醜勳，妄生邪說，疑惑明主，誣罔視聽。又南從郡僚，勞不足紀，橫叨天功，以爲己力，同弊相扇，圖傾宗社。臧質去歲忠節，勳高古賢，魯爽協同大義，志契金石，此等猜毀，必欲禍陷。昔汲黯尚存，劉安寢志；孔父既逝，華督縱逆。臣雖不武，績著艱難，復肆讒狡，規見誘召。宗祀之危，綴旒非所。

臣託體皇基，連暉日月，王室顚墜，咎在微躬，敢忘抵鼠之忌，甘受犯墉之責。輒徵召甲卒，分命衆藩，使忠勤申憤，義夫効力，戮此凶醜，謝愆闕廷，則進不負七廟之靈，退無愧二朝之遇。臨表感愧，辭不自宣。

上詔答曰：

皇帝敬問。朕以不天，招罹屯難，家國阽危，剪焉將及。所以身先八百，雪清寃恥，遠憑高算，共濟艱難。遂登寡闇，嗣奉洪祀，尊戚酬勳，實表心事，粃政闕職，所願匡拯。而嘉言蔑聞，末德先著，勤王之績未終，毀冕之圖已及。臧質嶮躁無行，見棄人倫，以此不識，志在問鼎，凶意將逞，先借附從，扇誘欺熾，成此亂階。如使羣逆並濟，衆邪競逐，將恐瞻烏之命，未識所止，搆怨連禍，孰知其極。公明有不照，背本崇姦，迷昵讒醜，還謀社稷，雖履霜有日，諠議糾紛。朕以至道無私，杜遏疑議，信理推誠，暴於遐邇。不虞物變難籌，醜言遂驗，是用悼心失圖，忽忘寢食。

今便親御六師，廣命羣牧，告靈誓衆，直造柴桑，梟轘元惡，以謝天下。然後警蹕清江，鳴鑾郢路，投戈襲衮，面稟規勗。有宋不造，家禍仍纏，昔歲事寧，方承遠訓，冀以虛薄，永弭厥艱。豈謂曾未朞稔，復覩斯釁，二祖之業，將墜于淵，仰瞻鴻基，但深感慟。

太傅江夏王義恭又與義宣書曰：

頃聞之道路云，二魯背叛，致之有由，謂不然之言，絕於智者之耳。忽見來表，將興晉陽之甲，驚愕駭惋，未譬所由。若主幼臣强，政移冢宰，或時昏下縱，在上畏逼，然後賢藩忠構，覩難赴機。未聞聖主御世，百辟順軌，稱兵於言興之初，扶危於既安之日，以此取濟，竊爲大弟憂之。昔歲二凶構逆，四海同奮，弟協宣忠孝，奉戴明主，元功盛德，既已昭著，皇朝欽嘉，又亦優渥。丞相位極人臣，江左罕授，一門兩王，擧世希有。表倍推誠，彰於見事，出納之宜，唯意所欲。裒升進益，方省後命，一旦棄之，可謂運也。吾等荷先帝慈育，得及人羣，思報厚恩，昊天罔極，竭力盡誠，猶懼無補。奈何妄聽邪說，輕造禍難。國靡流言，遽歸愆於二叔；世無鼂錯，仍襲轍於七藩。棄漢蒼之令範，遵齊冏之敗跡。

往時仲堪假兵靈寶，旋害其族；孝伯授之劉牢，忠誠逝踵。皆曩代之成事，當今之

殷鑒也。臧質少無美行，弟所具悉，憑恃末戚，並有微勤，承乏推遷，遂超倫伍，藉西楚强力，圖濟其私。凶謀若果，恐非復池中物。魯宗父子，世爲國寃，太祖方弘遐略，故爽等均雍齒之封。令據有五州，虎兕出於匣，是須爲劉淵耳。徐遺寶是垣護之婦弟，前因護之歸於吾，苦求北出，不樂遠西。近磐桓湖陸，示遣劉雍，其意見可。雍是徐沖舅，適有密信，誓倒戈。自虜侵境以來，公私彫弊，安以撫之，庶可寧靜，弟復隨而擾亂，吾恐邊鄙皆爲禾黍。宜遠尋高祖創業艱難，近念家國比者禍釁，時息兵戈，共安社稷。責躬謝過，誅除險佞，追保前勳，傳美竹帛。昔梁孝悔罪，景帝垂恩，阜、質改過，肅宗降澤。忠焉之誨，聊希往言，禍福之機，明者是察。

主上神武英斷，羣策如林，忠臣發憤，虎士投袂，雄騎布野，舳艫蓋川。吾以不才，忝權節鉞，總督羣帥，首戒戎先，指晨電舉，式清南服。所以積行緩期，冀弟不遠而悟。如其遂溺姦說者，天實爲之。臨書慨憹，不識次第。

義宣移檄諸州郡，加進號位。遣參軍劉諶之、尹周之等率軍下就臧質。雍州刺史朱脩之起兵奉順。義宣二月十一日率衆十萬發自江津，舳艫數百里。是日大風，船垂覆沒，僅得入中夏口。以第八子慆爲輔國將軍，留鎮江陵。遣魯秀、朱曇韶萬餘人北討朱脩之。秀初至江陵，見義宣，既出，拊膺曰：「阿兄誤人事，乃與癡人共作賊，今年敗矣。」義宣至尋陽，

與質俱下，質爲前鋒。至鵲頭，聞徐遺寶敗，魯爽於小峴授首，相視失色。世祖使鎮北大將軍沈慶之送爽首示義宣，幷與書：「僕荷任一方，而釁生所統。近聊率輕師，指往翦撲，軍鋒裁交，賊爽授首。公情契異常，或欲相見，及其可識，指送相呈。」義宣、質並駭懼。

上先遣豫州刺史王玄謨舟師頓梁山洲內，東西兩岸爲卻月城，營柵甚固。義宣屢與玄謨書，要令降，玄謨書報曰：

頻奉二誨，伏對戰駭。先在彭、泗，聞諸將皆云必有今日之事，以鄙意量，謂無此理。去年九月，故遣參軍先僧瑗修書表心，幷密陳入相之計，欲使周旦之美，復見於今。豈意理數難推，果至於此。昔因幸會，蒙國士之顧，思報厚德，甘起泉壤，豈謂一旦事與願違。公崇長姦回，自放西服，信邪細之說，忘大節之重，溺流狡之志，滅君親之恩，狎玩極寵，越希非覬，祖宗世祀，自圖顛覆，瞑目行事，未有如斯之甚者也，乃復枉覃書檄，遠示見招。此則丹心微款，未亮於高鑑，赤誠幽志，[二三]虛感於平日，環念周回，始悟知己之爲難也。公但念提職在昔，不思善教有本，徒見徐、魯去就，未知仗義有人，豈不惜哉！有臣則欲其忠，誘人而導諸逆，君子忠恕，其如是乎？苟不忠恕，則擇木之翰，有所不集矣。夫挑妾者愛其易，求妻則敬其難。若承命如響，將焉用之。公雖心原轂存輿，無禮必及，竊恐荆郢之士，已當潛貳其懷，非皇都陋臣，秉義不徙。

迷迹往，猶願勉建良圖。柳撫軍忠壯慷慨，[二四]亮誠有素，新亭之勳，莫與爲等，而妄信姦虛，坐相貶謗，不亦惑哉。

幸承人乏，夙誠前驅，精甲已次近路；鎮軍駱驛繼發，太傅、驃騎嗣董元戎；乘輿親御六師，威靈遐振。人百其氣，慕義如林，舟騎雲回，赫弈千里。輒屬鞬秉鋭，與執事周旋，授命當仁，理無所讓。夫君道既盡，民禮亦絶，執筆裁答，感慨交懷。

撫軍柳元景據姑孰爲大統，偏帥鄭琨、武念戍南浦。質逕入梁山，去玄謨一里許結營，義宣屯蕪湖。五月十九日，西南風猛，[二五]質乘風順流攻玄謨西壘，冗從僕射胡子友等戰失利，棄壘渡就玄謨。質又遣將龐法起數千兵從洲外趨南浦，仍使自後掩玄謨。與琨、念相遇，法起戰大敗，赴水死略盡。二十一日，義宣至梁山，質上出軍東岸攻玄謨。玄謨分遣游擊將軍垣護之、竟陵太守薛安都等出壘奮擊，大敗質軍，軍人一時投水。護之等因風縱火，焚其舟乘，風勢猛盛，烟燄覆江。義宣時屯西岸，延火燒營殆盡。諸將乘風火之勢，縱兵攻之，衆一時奔潰。

義宣與質相失，各單舸迸走，東人士庶並歸順，西人與義宣相隨者，船舸猶有百餘。女先適臧質子，過尋陽，入城取女，載以西奔。至江夏，聞巴陵有軍，被抄斷，回入逕口，步向江陵。衆散且盡，左右唯十許人，脚痛不復能行，就民僦露車自載。無復食，緣道求告。至

江陵郭外，遣人報竺超民，超民具羽儀兵衆迎之。時外猶自如舊，帶甲尚萬餘人。義宣既入城，仍出聽事見客，左右翟靈寶誡使撫慰衆賓，以「臧質違指授之宜，用致失利，今治兵繕甲，更爲後圖，昔漢高百敗，終成大業」。而義宣忘靈寶之言，誤云「項羽千敗」。衆咸掩口而笑。魯秀、竺超民等猶爲之爪牙，欲收合餘燼，更圖一決，而義宣惛墊無復神守，入內不復出。左右腹心，相率奔叛。魯秀北走，義宣不復自立，欲隨秀去，乃於內戎服，滕囊盛糧，帶佩刀，攜息慆及所愛妾五人，皆著男子服相隨。城內擾亂，白刃交橫，義宣大懼落馬，仍便步進，[二六]超民送城外，更以馬與之，超民因還守城。義宣冀及秀，望諸將送北入虜。既失秀所在，未出郭，將士逃散盡，唯餘慆及五妾兩黃門而已。夜還向城，入南郡空廨，無牀，席地至旦。遣黃門報超民，超民遣故車一乘，載送刺姦。義宣送止獄戶，坐地歎曰：「臧質老奴誤我。」始與五妾俱入獄，五妾尋被遣出，義宣號泣語獄吏曰：「常日非苦，今日分別始是苦。」

大司馬江夏王義恭諸公王八座與荆州刺史朱脩之書曰：「義宣反道叛恩，自陷極逆。大義滅親，古今同准。無將之誅，猶或囚殺，況醜文悖志，宣灼遐邇，鋒指絳闕，兵纏近郊，釁逼憂深，臣主旰食。賴朝略震明，祖宗靈慶，罪人斯得，七廟弗墮。司刑定罰，典辟攸在。而皇慈逮下，愍其愚迷，抑法申情，屢奏不省，人神悚遑，省心震惕。義宣自絶於天，理無容

受。社稷之慮，臣子責深。便宜專行大戮，以紓國難。但加諸斧鉞，有傷聖仁，示以弘恩，使自爲所，上全天德，下一洪憲。臨書悲慨，不復多云。」書未達，脩之至江陵，已於獄盡焉。時年四十。世祖聽還葬。

義宣子悰、愷、恢、憬、惔、恔、惇、慆、伯實、業、悉達、法導、僧喜、慧正、慧知、明彌虜、妙覺、寶明凡十八人，〔二七〕愷、恢、惔、惇並於江寧墓所賜死，恔、悉達早卒，餘並與義宣俱爲朱脩之所殺。蔡超及諮議參軍顏樂之、徐壽之等諸同惡，並伏誅。超，濟陽考城人。父茂之，侍廬陵王義眞讀書，官至彭城王義康驃騎從事中郎，始興太守。超少有才學，初爲兗州主簿，時令百官舉才，超與前始寧令同郡江淳之、前征南參軍會稽賀道養並爲興安侯義賓所表薦。竺超民，青州刺史竺夔子也。

恢字景度，既嫡長，少而辯慧，義宣甚愛重之。年十一，拜南譙王世子，除給事中。義宣爲荆州，常停都邑。太祖欲令還西，乃以爲河東太守，加寧朔將軍。頃之，徵爲黃門侍郎。元凶弒立，恢爲侍中。義宣起義，劭收恢及弟愷、惔、悰、憬、恔繫于外，散騎郎沈煥防守之。煥密有歸順意，謂恢等曰：「禍福與諸郎同之，願勿憂。」及臧質自白下上趨廣莫門，劭令煥殺恢等。煥乃解其桎梏，率所領數十人與恢等向廣莫門欲出。門者拒之，煥曰：「臧

公已至，凶人走矣。此司空諸郎，並能爲諸君得富貴，非徒免禍而已，勿相留。」亦值質至，因以得出。恢至新亭，卽除侍中。俄遷侍中、散騎常侍、西中郎將、湘州刺史。義宣并領湘州，轉恢侍中，領衞尉。晉氏過江，不置城門校尉及衞尉官，世祖欲重城禁，〔二八〕故復置衞尉卿。衞尉之置，自恢始也。轉右衞將軍，侍中如故。義宣舉兵反，恢與兄弟姊妹一時逃亡。恢藏江寧民陳銑家，有告之者，錄付廷尉。恢子善藏，與恢俱死。

愷字景穆，生而養於宮內，寵均皇子。十歲，封宜陽縣侯。仍爲建威將軍、南彭城沛二郡太守。遷步兵校尉，轉黃門侍郎，太子中庶子，領長水校尉。元凶以愷爲散騎常侍。世祖以爲祕書監。未拜，遷輔國將軍、南彭城下邳二郡太守。其年，轉五兵尚書，進爵爲王。義宣反問至，愷於尚書寺內，著婦人衣，乘問訊車，投臨汝公孟詡。〔二九〕詡於妻室內爲地窟藏之，事覺，收付廷尉，幷詡伏誅。〔三〇〕恔封臨武縣侯，〔三一〕年十八卒，謚曰悼侯。悰封湘南縣侯。憬封祁陽縣侯。

徐遺寶字石儁，高平金鄉人。初以新亭戰功，爲輔國將軍、衞軍司馬、河東太守，不之官。遷兗州刺史，將軍如故，戍湖陸。封益陽縣侯，食邑二千五百戶。義宣既叛，遣使以遺寶爲征虜將軍、徐州刺史，率軍出瓜步。遺寶遣長史劉雍之襲彭城，寧朔司馬明胤擊破之。更遣高平太守王玄楷與雍之復逼彭城。時徐州刺史蕭思話未之鎭，因詔安北司馬夏侯祖權率五百人馳往助胤，既至，擊玄楷斬之，雍之還湖陸。遺寶復遣土人檀休祖應玄楷，〔三二〕聞敗，亦潰散。遺寶棄城奔魯爽，爽敗，逃東海郡界，土人斬送之，傳首京邑。

夏侯祖權，譙人也。以功封祁陽縣子，食邑四百戶。大明中，爲建武將軍、兗州刺史，卒官。謚曰烈子。

史臣曰：襄陽龐公謂劉表曰：「若使周公與管、蔡處茅屋之下，食藜藿之羹，豈有若斯之難。」夫天倫由子，共氣分形，寵愛之分雖同，富貴之情則異也。追味尙長之言，以爲太息。

校勘記

〔一〕遷使持節都督南徐兗二州揚州之晉陵諸軍事南徐州刺史　「遷」字三朝本空白，北監本、毛本、殿本、局本作「授」，元龜二七八作「遷」。今據元龜補。

〔二〕改授都督荆湘雍梁益寧南北秦八州諸軍事荆州刺史　各本並脫「寧」字，據元龜二七八補。

〔三〕每意有所想　各本並脫「有」字，據元龜二八五補。

〔四〕義康入侍醫藥　各本並脫「入侍」二字，據南史、元龜二八五補。

〔五〕而胤秀等輒就尙書儀曹索晉咸康末立康帝舊事　「儀曹」各本及通鑑並作「議曹」，據南史改。按尙書有儀曹無議曹。

〔六〕上時未有所擬　三朝本、北監本、毛本脫「擬」字，殿本、局本有「屬」字，南史、通鑑有「擬」字。今據南史、通鑑補。

〔七〕其日刺義康入宿　孫彪宋書考論云：「刺字疑是敕字。」

〔八〕龍驤參軍巴東扶令育詣闕上表曰　「巴東扶令育」南史作「巴東令扶育」。通鑑胡注：「扶，姓也。」嚴可均云：「巴東郡無巴東縣，亦無扶縣。廣韻，扶，又姓，知姓扶，名令育也。」按魏書島夷傳、建康實錄、元龜五四一並作龍驤參軍扶令育。

〔九〕淮南王若道遇疾死　各本並脫「疾」字，據元龜五四一補。

〔一〇〕闢天人之路　「天人」各本並作「大人」，據元龜五四一改。

〔一一〕或苞惡而窺國　各本並脫此句，據元龜五四一補。

〔一二〕今如何信疑似之嫌　「疑似之嫌」各本作「疑貌之似」，據通鑑宋元嘉十八年改。

〔一三〕便是負初寧陵　各本並脫「是」字，據南史、通鑑宋元嘉十七年、御覽三四四引補。

〔一四〕襲殺豫章太守桓隆南昌令諸葛智之　「桓隆」文帝紀作「桓隆之」。六朝人人名後之「之」字，有時可省去。「諸葛智之」胡藩傳作「諸葛和之」。

〔一五〕遣中書舍人嚴龍齎藥賜死　「嚴龍」南史作「嚴曆」。

〔一六〕使以公表付外　張元濟、張森楷校勘記云：「使當作便。」

〔一七〕仍拜左將軍　三朝本作「左將軍」，北監本、毛本、殿本、局本作「右將軍」。

〔一八〕十三年出都督江州豫州之西陽晉熙新蔡三郡諸軍事鎮南將軍江州刺史　「西陽」各本並作「西陵」，據錢氏考異說改。廿二史考異云：「『西陵』蓋西陽之譌。州郡志，西陽本屬豫州，孝武孝建元年度郢州，明帝泰始五年又度豫，後又還郢。考漢之西陽，在淮水之南，卽今光山縣地。晉南渡後，荆州刺史庾翼表移西陽、新蔡二郡荒民就陂田於尋陽，而江州界內遂有僑立之西陽郡矣。自後西陽與新蔡、汝南、潁川，謂之豫州四郡。江州刺史常兼督之。義熙土斷，省汝南、潁川兩郡，又分廬江立晉熙郡。故自義熙十二年迄元嘉之末，除江州督者，必兼督豫州之西陽、新蔡、晉熙三郡也。」

〔一九〕師護雖無殊績　各本並脫「師」字，據通鑑宋元嘉二十一年補。師護，義季小字。

〔二〇〕汝與師護年時一輩　各本並脫「師」字，據元龜一九六、通鑑補。

〔二一〕復當爲師護怨　各本並脫「師」字，據元龜一九六補。

〔二二〕以義宜爲中書監都督揚豫二州丞相錄尚書六條事揚州刺史　「丞相錄尚書六條事揚州」十字，各本並脫，據元龜二六八、二七六、二七八、二九四補。南史有「丞相錄六條事揚州」八字。

〔二三〕赤誠幽志　「赤誠」各本並作「赤城」，張元濟校勘記、孫虨宋書考論並云赤城疑作赤誠。按張、孫說是，今改正。

〔二四〕柳撫軍忠壯慷慨　「柳」各本並作「抑」，張森楷校勘記、孫虨宋書考論並云抑當作柳。時柳元景爲撫軍將軍。

〔二五〕五月十九日西南風猛　通鑑考異云：「義宣傳：『五月十九日，西南風猛。』宋略曰：『己亥，質遣尹周之攻梁山西壘，陷之。』按長歷，是月丁酉朔，三日己亥，八日甲辰，十八日甲寅。宋略於己亥上有甲辰，下有甲寅，然則決非十九日與己亥。或者是己酉與辛亥也。」

〔二六〕仍便步進　「步進」各本並作「步地」，據通鑑改。

〔二七〕義宣子悰慆恢慓㥠恔惇慆伯實至寶明凡十八人　殿本考證云：「下文稱恢爲嫡長，又云劭收㥠及弟慆、㥠、悰、慓、恔繫於外，是悰、慆皆㥠之弟也。南史亦云長子㥠，此傳敍㥠於悰、慆之後，恐誤。」

〔二八〕世祖欲重城禁　「世祖」各本並作「孝武」，據藝文類聚四九引改。按宋書史例多稱廟號。

〔二九〕投臨汝公孟詡　「孟」各本並作「蓋」，據南史、元龜八〇三改正。孟詡爲孟昶之孫。孟昶子靈休封臨汝公，見晉書本傳，孟詡時當襲爵爲臨汝公。

〔三〇〕幷詡伏誅　各本並脫「幷」字，據南史補。

〔三一〕恔封臨武縣侯　「恔」各本並作「恢」，孫虨宋書考論云：「恢字譌。上云恔早卒，蓋『恔』字也。」

〔三二〕遺寶復遣土人檀休祖應玄楷　「土人」三朝本作「士人」，北監本、毛本、殿本、局本作「使人」。按「士人」蓋「土人」之譌。今改正。

宋書卷六十九

列傳第二十九

劉湛　范曄

劉湛字弘仁，南陽涅陽人也。祖耽，父柳，並晉左光祿大夫、開府儀同三司。湛出繼伯父淡，襲封安衆縣五等男。少有局力，不尚浮華。博涉史傳，諳前世舊典，弱年便有宰世情，常自比管夷吾、諸葛亮，不爲文章，不喜談議。本州辟主簿，不就，除著作佐郎，又不拜。高祖以爲太尉行參軍，〔一〕賞遇甚厚。高祖領鎮西將軍、荆州刺史，以湛爲功曹，仍補治中別駕從事史，復爲太尉參軍，世子征虜西中郎主簿。父柳亡於江州，州府送故甚豐，一無所受，時論稱之。服終，除祕書丞，出爲相國參軍。謝晦、王弘並稱其有器幹。高祖入受晉命，以第四子義康爲冠軍將軍、豫州刺史，留鎮壽陽。以湛爲長史、梁郡太守。義康弱年未親政，府州軍事悉委湛。府進號右將軍，仍隨府轉。義康以本號徙爲南豫

州，湛改領歷陽太守。爲人剛嚴用法，姦吏犯贓百錢以上，皆殺之，自下莫不震肅。廬陵王義眞出爲車騎將軍、南豫州刺史，湛又爲長史，太守如故。義眞時居高祖憂，使帳下備膳，湛禁之，義眞乃使左右索魚肉珍羞，於齋內別立廚帳。會湛入，因命臑酒炙車螯，湛正色曰：「公當今不宜有此設。」義眞曰：「旦甚寒，一盌酒亦何傷。長史事同一家，望不爲異。」酒既至，湛因起曰：「既不能以禮自處，又不能以禮處人。」

景平元年，召入，拜尚書吏部郎，遷右衞將軍。出督廣交二州諸軍事、建威將軍、平越中郎將、廣州刺史。嫡母憂去職。服闋，爲侍中。撫軍將軍江夏王義恭鎮江陵，以湛爲使持節、南蠻校尉、領撫軍長史，行府州事。時王弘輔政，而王華、王曇首任事居中，湛自謂才能不後之，不願外出，是行也，謂爲弘等所斥，意甚不平，常曰：「二王若非代邸之舊，無以至此，可謂遭遇風雲。」湛負其志氣，常慕汲黯、崔琰爲人，故名長子曰黯字長孺，第二子曰琰字季珪。琰於江陵病卒，湛求自送喪還都，義恭亦爲之陳請，太祖答義恭曰：「吾亦得湛啓事，爲之酸懷，乃不欲苟違所請。但汝弱年，新涉庶務，八州殷曠，專斷事重，疇諮委仗，不可不得其人，量算二三，未獲便相順許。今答湛啓，權停彼葬。頃朝臣零落相係，寄懷轉寡，湛實國器，吾乃欲引其令還，直以西夏任重，要且停此事耳。汝慶賞黜罰，豫關失得者，必宜悉相委寄。」

義恭性甚狷隘，年又漸長，欲專政事，每爲湛所裁，主佐之間，嫌隙遂構。太祖聞之，密遣使詰讓義恭，幷使深加諧緝。義恭具陳湛無居下之禮，又自以年長，未得行意，雖奉詔旨，頗有怨言。上友于素篤，欲加酬順，乃詔之曰：「事至於此，甚爲可歎。當今乏才，〔二〕委授已爾，宜盡相彌縫，取其可取，棄其可棄。汝疏云『泯然無際』，如此甚佳。彼多猜，不可令萬一覺也。汝年已長，漸更事物，且羣情矚望，不以幼昧相期，何由故如十歲時，動止諮問。但當今所事，必是小事耳。亦恐量此輕重，未必盡得，彼之疑怨，兼或由此邪。」

先是，王華既亡，曇首又卒，領軍將軍殷景仁以時賢零落，白太祖徵湛。八年，召爲太子詹事，加給事中、本州大中正，與景仁並被任遇。湛常云：「今世宰相何難，此政可當我南陽郡漢世功曹耳。」明年，景仁轉尚書僕射，領選護軍將軍，湛代爲領軍將軍。十二年，又領詹事。湛與景仁素欵，又以其建議徵之，甚相感說。及俱被時遇，猜隙漸生，以景仁專管內任，謂爲間己。時彭城王義康專秉朝權，而湛昔爲上佐，遂以舊情委心自結，欲因宰相之力以回主心，傾黜景仁，獨當時務。義康屢構之於太祖，其事不行。義康僚屬及湛諸附隸潛相約勒，無敢歷殷氏門者。湛黨劉敬文父成未悟其機，詣景仁求郡，敬文遽往謝湛曰：「老父悖耄，遂就殷鐵干祿。由敬文闇淺，上負生成，合門慚懼，無地自處。」敬文之姦諂無愧如此。

義康擅勢專朝，威傾內外，湛愈推崇之，無復人臣之禮，上稍不能平。湛初入朝，委任甚重，日夕引接，恩禮綢繆。善論治道，幷諳前世故事，敍致銓理，聽者忘疲。每入雲龍門，御者便解駕，左右及羽儀隨意分散，不夕不出，以此爲常。及至晚節，驅煽義康，凌轢朝廷，上意雖內離，而接遇不改。上嘗謂所親曰：「劉班初自西還，吾與語，常看日早晚，慮其當去。比入，吾亦看日早晚，慮其不去。」湛小字班虎，故云班也。遷丹陽尹，金紫光祿大夫，加散騎常侍，詹事如故。

十七年，所生母亡。時上與義康形迹既乖，釁難將結，湛亦知無復全地。及至丁艱，謂所親曰：「今年必敗。常日正賴口舌爭之，故得推遷耳。今既窮毒，無復此望，禍至其能久乎！」

十月，詔曰：「劉湛階藉門廕，少叨榮位，往佐歷陽，姦詖夙著。謝晦之難，潛使密告，求心卽事，久宜誅屛。朕所以棄罪略瑕，庶收後効，寵秩優忝，踰越倫匹。而凶忍忌克，剛愎靡厭，無君之心，觸遇斯發。遂乃合黨連羣，構扇同異，附下蔽上，專弄威權，薦子樹親，互爲表裏，邪附者榮曜九族，秉理者推陷必至。旋觀姦慝，爲日已久，猶欲弘納遵養，冀或悛革。自邇以來，淩縱滋甚，悖言慰容，罔所顧忌，陰謀潛計，睥睨兩宮。豈唯彰暴國都，固亦達于四海。比年七曜違度，震蝕表災，侵陽之徵，事符幽顯。搢紳含憤，義夫興歎。昔齊、

魯不綱，禍傾邦國；昭、宣電斷，漢祚方延。便收付廷尉，肅明刑典。」於獄伏誅，時年四十九。

子黯，大將軍從事中郎。黯及二弟亮、儼並從誅。湛弟素，黄門侍郎，徙廣州。湛初被收，歎曰：「便是亂邪。」仍又曰：「不言無我應亂，殺我自是亂法耳。」入獄見素，曰：「乃復及汝邪？相勸爲惡，惡不可爲；相勸爲善，正見今日。如何！」湛生女輒殺之，爲士流所怪。

范曄字蔚宗，順陽人，車騎將軍泰少子也。母如厠產之，額爲塼所傷，故以塼爲小字。出繼從伯弘之，襲封武興縣五等侯。

少好學，博涉經史，善爲文章，能隸書，曉音律。年十七，州辟主簿，不就。高祖相國掾，彭城王義康冠軍參軍，隨府轉右軍參軍，入補尚書外兵郎，出爲荆州別駕從事史。尋召爲祕書丞，父憂去職。服終，爲征南大將軍檀道濟司馬，領新蔡太守。道濟北征，曄憚行，辭以脚疾，上不許，使由水道統載器仗部伍。軍還，爲司徒從事中郎。頃之，遷尚書吏部郎。

元嘉九年冬，彭城太妃薨，〔三〕將葬，祖夕，僚故並集東府。曄弟廣淵，時爲司徒祭酒，

其日在直。曄與司徒左西屬王深宿廣淵許，夜中酣飲，開北牖聽挽歌爲樂。義康大怒，左遷曄宣城太守。不得志，乃删衆家後漢書爲一家之作。在郡數年，遷長沙王義欣鎮軍長史，加寧朔將軍。兄暠爲宜都太守，嫡母隨暠在官。十六年，母亡，報之以疾，曄不時奔赴，及行，又攜妓妾自隨，爲御史中丞劉損所奏，太祖愛其才，不罪也。服闋，爲始興王濬後軍長史，領南下邳太守。及濬爲揚州，未親政事，悉以委曄。尋遷左衞將軍、太子詹事。

曄長不滿七尺，肥黑，禿眉鬚。善彈琵琶，能爲新聲，上欲聞之，屢諷以微旨，曄僞若不曉，終不肯爲上彈。上嘗宴飲歡適，謂曄曰：「我欲歌，卿可彈。」曄乃奉旨。上歌既畢，曄亦止弦。

初，魯國孔熙先博學有縱横才志，文史星算，無不兼善。爲員外散騎侍郎，不爲時所知，久不得調。初熙先父默之爲廣州刺史，以贓貨得罪下廷尉，大將軍彭城王義康保持之，故得免。及義康被黜，熙先密懷報效，欲要朝廷大臣，未知誰可動者，以曄意志不滿，欲引之。而熙先素不爲曄所重，無因進說。曄外甥謝綜，雅爲曄所知，熙先嘗經相識，乃傾身事綜，與之結厚。熙先藉嶺南遺財，家甚富足，始與綜諸弟共博，故爲拙行，以物輸之。綜等諸年少，既屢得物，遂日夕往來，情意稍款。綜乃引熙先與曄爲數，曄又與戲，熙先故爲不敵，前後輸曄物甚多。曄既利其財寶，又愛其文藝。熙先素有詞辯，盡心事之，曄遂相與異常，申莫逆之好。始以微言動曄，曄不回，熙先乃極辭譬說。曄素有閨庭論議，朝野所知，故門胄雖華，而國家不與姻娶。熙先因以此激之曰：「丈人若謂朝廷相待厚者，何故不與丈人婚，爲是門戶不得邪？人作犬豕相遇，而丈人欲爲之死，不亦惑乎？」曄默然不答，其意乃定。

時曄與沈演之並爲上所知待，每被見多同。曄若先至，必待演之俱入，演之先至，嘗獨被引，曄又以此爲怨。曄累經義康府佐，見待素厚。及宣城之授，意好乖離。綜爲義康大將軍記室參軍，隨鎮豫章。綜還，申義康意於曄，求解晚隙，復敦往好。曄既有逆謀，欲探時旨，乃言於上曰：「臣歷觀前史二漢故事，諸蕃王政以訞詛幸災，便正大逆之罰。況義康姦心釁跡，彰著遐邇，而至今無恙，臣竊惑焉。且大梗常存，將重階亂，骨肉之際，人所難言。臣受恩深重，故冒犯披露。」上不納。

熙先素善天文，云：「太祖必以非道晏駕，當由骨肉相殘。江州應出天子。」以爲義康當之。綜父述亦爲義康所遇，綜弟約又是義康女夫，故太祖使綜隨從南上，既爲熙先所獎說，亦有酬報之心。廣州人周靈甫有家兵部曲，熙先以六十萬錢與之，使於廣州合兵。靈甫一去不反。大將軍府史仲承祖，義康舊所信念，屢銜命下都，亦潛結腹心，規有異志。聞熙先有誠，密相結納。丹陽尹徐湛之，素爲義康所愛，雖爲舅甥，恩過子弟，承祖因此結事湛之，

告以密計。承祖南下，申義康意於蕭思話及曄，云：「本欲與蕭結婚，恨始意不果。與范本情不薄，中間相失，傍人爲之耳。」

有法略道人，先爲義康所供養，粗被知待，又有王國寺法靜尼亦出入義康家內，皆感激舊恩，規相拯拔，並與熙先往來。使法略罷道，本姓孫，改名景玄，以爲臧質寧遠參軍。熙先善於治病，兼能診脉。法靜尼妹夫許耀，領隊在臺，宿衞殿省。嘗有病，因法靜尼就熙先乞治，爲合湯一劑，耀疾卽損。耀自往酬謝，因成周旋。熙先以耀膽幹可施，深相待結，因告逆謀，耀許爲內應。豫章胡遵世，藩之子也，與法略甚款，亦密相酬和。法靜尼南上，熙先遣婢採藻隨之，付以牋書，陳說圖讖。法靜還，義康餉熙先銅匕、銅鑷、袍段、棊奩等物。熙先慮事泄，酖採藻殺之。湛之又謂曄等：「臧質見與異常，歲內當還，已報質，悉攜門生義故，其亦當解人此旨，故應得健兒數百。質與蕭思話款密，當仗要之，二人並受大將軍眷遇，必無異同。思話三州義故衆力，亦不減質。郡中文武，及合諸處偵邏，亦當不減千人。不憂兵力不足，但當勿失機耳。」乃略相署置，湛之爲撫軍將軍、揚州刺史，曄中軍將軍、南徐州刺史，熙先左衞將軍，其餘皆有選擬。凡素所不善及不附義康者，又有別簿，並入死目。

熙先使弟休先先爲檄文曰：

夫休否相乘，道無恒泰，狂狡肆逆，明哲是殛。故小白有一匡之勳，重耳有翼戴之

德。自景平肇始，皇室多故，大行皇帝天誕英姿，聰明叡哲，拔自藩國，嗣位統天，憂勞萬機，垂心庶務，是以邦內安逸，四海同風。而比年以來，姦豎亂政，刑罰乖淫，陰陽違舛，[四]致使釁起蕭牆，危禍萃集。賊臣趙伯符積怨含毒，遂縱姦凶，肆兵犯蹕，禍流儲宰，崇樹非類，傾墜皇基。罪百浞、獖，過十玄、莽，開闢以來，未聞斯比。率土叩心，華夷泣血，咸懷亡身之誠，同思糜軀之報。

湛之、曄與行中領軍蕭思話、行護軍將軍臧質、行左衞將軍孔熙先、建威將軍孔休先，忠貫白日，誠著幽顯，義痛其心，事傷其目，投命奮戈，萬殞莫顧，卽日斬伯符首，及其黨與。雖豺狼卽戮，王道惟新，而普天無主，羣萌莫係。彭城王體自高祖，聖明在躬，德格天地，勳溢區宇，世路威夷，勿用南服，龍潛鳳棲，于茲六稔，蒼生飢德，億兆渴化，豈唯東征有鴟鴞之歌，陝西有勿翦之思哉。靈祇告徵祥之應，讖記表帝者之符，上答天心，下愜民望，正位辰極，非王而誰。

今遣行護軍將軍臧質等，齎皇帝璽綬，星馳奉迎。百官備禮，駱驛繼進，並命羣帥，鎭戍有常。若干撓義徒，有犯無貸。昔年使反，湛之奉賜手勑，逆誡禍亂，預覩斯萌，令宣示朝賢，共拯危溺，無斷謀事，失於後機，遂使聖躬濫酷，大變奄集，哀恨崩裂，撫心摧哽，不知何地，可以厝身。輒督厲尪頓，死而後已。

熙先以既爲大事，宜須義康意旨，曄乃作義康與湛之書，宣示同黨曰：

吾凡人短才，生長富貴，任情用己，有過不聞，與物無恒，喜怒違實，致使小人多怨，士類不歸。禍敗已成，猶不覺悟，退加尋省，方知自招，刻肌刻骨，何所復補。然至於盡心奉上，誠貫幽顯，拳拳謹愼，惟恐不及，乃可恃寵驕盈，實不敢故爲欺罔也。豈苞藏逆心，以招灰滅，所以推誠自信，不復防護異同，率意信心，不顧萬物議論，遂致讒巧潛構，衆惡歸集。甲姦險好利，負吾事深；乙凶愚不齒，扇長無賴；丙、丁趨走小子，唯知諂進，伺求長短，共造虛說，致令禍陷骨肉，誅戮無辜。凡在過釁，竟有何徵，而刑罰所加，同之元惡，傷和枉理，感徹天地。

吾雖幽逼日苦，命在漏刻，義慨之士，時有音信。每知天文人事，及外間物情，土崩瓦解，必在朝夕。是爲釁起羣賢，濫延國家，夙夜憤踊，心腹交戰。朝之君子及士庶白黑懷義秉理者，寧可不識時運之會，而坐待橫流邪。除君側之惡，非唯一代，況此等狂亂罪骩，終古所無，加之翦戮，易於摧朽邪。可以吾意宣示衆賢，若能同心奮發，族裂逆黨，豈非功均創業，重造宋室乎。但兵凶戰危，或致侵濫，若有一豪犯順，誅及九族。處分之要，委之羣賢，皆當謹奉朝廷，動止聞啓。往日嫌怨，一時豁然，然後吾當謝罪北闕，就戮有司。苟安社稷，瞑目無恨。勉之勉之。

二十二年九月，征北將軍衡陽王義季、右將軍南平王鑠出鎭，上於武帳岡祖道，曄等期以其日爲亂，而差互不得發。於十一月，徐湛之上表曰：「臣與范曄，本無素舊，中忝門下，與之鄰省，屢來見就，故漸成周旋。比年以來，意態轉見，傾動險忌，富貴情深，自謂任遇未高，遂生怨望。非唯攻伐朝士，譏謗聖時，乃上議朝廷，下及藩輔，驅扇同異，恣口肆心，如此之事，已具上簡。近員外散騎侍郎孔熙先忽令大將軍府吏仲承祖騰曄及謝綜等意，欲收合不逞，規有所建。以臣昔蒙義康接盼，又去歲羣小爲臣妄生風塵，謂必嫌懼，深見勸誘。兼云人情樂亂，機不可失，讖緯天文，並有徵驗。曄尋自來，復具陳此，幷說臣論議轉惡，全身爲難。卽以啓聞，被敕使相酬引，究其情狀。於是悉出檄書、選事、及同惡人名、手墨翰跡，謹封上呈，凶悖之甚，古今罕比。由臣闇於交士，聞此逆謀，臨啓震惶，荒情無措。」詔曰：「湛之表如此，良可駭惋。曄素無行檢，少負瑕釁，但以才藝可施，故收其所長，頻加榮爵，遂參清顯。而險利之性，有過谿壑，不識恩遇，猶懷怨憤。每存容養，冀能悛革，不謂同惡相濟，狂悖至此。便可收掩，依法窮詰。」

其夜，先呼曄及朝臣集華林東閤，止於客省。先已於外收綜及熙先兄弟，並皆款服。于時上在延賢堂，遣使問曄曰：「以卿觕有文翰，故相任擢，名爵期懷，於例非少。亦知卿意難厭滿，正是無理怨望，驅扇朋黨而已，云何乃有異謀。」曄倉卒怖懼，不卽首款。上重遣問

曰：「卿與謝綜、徐湛之、孔熙先謀逆，並已答款，猶尚未死，徵據見存，何不依實。」曄對曰：「今宗室磐石，蕃嶽張跱，設使竊發僥倖，方鎭便來討伐，幾何而不誅夷。且臣位任過重，一階兩級，自然必至。如何以滅族易此。古人云：『左手據天下之圖，右手刎其喉，愚夫不爲。』臣雖凡下，[五]朝廷許其觕有所及，以理而察，臣不容有此。」上復遣問曰：「熙先近在華林門外，寧欲面辨之乎？」曄辭窮，乃曰：「熙先苟誣引臣，臣當如何。」熙先聞曄不服，笑謂殿中將軍沈邵之曰：「凡諸處分，符檄書疏，皆范曄所造及治定。云何於今方作如此抵蹋邪。」上示以墨迹，曄乃具陳本末，曰：「久欲上聞，逆謀未著，又冀其事消弭，故推遷至今。負國罪重，分甘誅戮。」

其夜，上使尚書僕射何尚之視之，問曰：「卿事何得至此？」曄曰：「君謂是何？」尚之曰：「卿自應解。」曄曰：「外人傳庾尚書見憎，計與之無惡。謀逆之事，聞孔熙先說此，輕其小兒，不以經意。今忽受責，方覺爲罪。君方以道佐世，使天下無寃。弟就死之後，猶望君照此心也。」明日，仗士送曄付廷尉，入獄，問徐丹陽所在，然後知爲湛之所發。熙先望風吐款，辭氣不橈，上奇其才，遣人慰勞之曰：「以卿之才，而滯於集書省，理應有異志。此乃我負卿也。」又詰責前吏部尚書何尚之曰：「使孔熙先年將三十作散騎郎，那不作賊。」

熙先於獄中上書曰：「囚小人猖狂，識無遠槪，徒狗意氣之小感，不料逆順之大方。與

第二弟休先首爲姦謀，干犯國憲，鳌膾脯醢，無補尤戾。陛下大明含弘，量苞天海，錄其一介之節，猥垂優逮之詔。恩非望始，沒有遺榮，終古以來，未有斯比。夫盜馬絕纓之臣，懷璧投書之士，其行至賤，其過至微，由識不世之恩，以盡軀命之報，卒能立功齊、魏，致勳秦、楚。囚雖身陷禍逆，名節俱喪，然少也慷慨，竊慕烈士之遺風。但墜崖之木，事絕升躋，覆盆之水，理乖收汲。方當身膏鈇鉞，詒誡方來，若使魂而有靈，結草無遠。然區區丹抱，不負夙心，貪及視息，少得申暢。自惟性愛羣書，心解數術，智之所周，力之所至，莫不窮攬，究其幽微。考論既往，誠多審驗。謹略陳所知，條牒如故別狀，願且勿遺棄，存之中書。若囚死之後，或可追存，庶九泉之下，少塞舋責。」所陳並天文占候，讖上有骨肉相殘之禍，其言深切。

曄在獄，與綜及熙先異處，乃稱疾求移考堂，欲近綜等。見聽，與綜等果得隔壁。遙問綜曰：「始被收時，疑誰所告？」綜云：「不知。」曄曰：「乃是徐童。」童，徐湛之小名仙童也。在獄爲詩曰：「禍福本無兆，性命歸有極。必至定前期，誰能延一息。在生已可知，來緣惜無識。好醜共一丘，何足異枉直。豈論東陵上，寧辨首山側。雖無嵇生琴，庶同夏侯色。寄言生存子，此路行復即。」

曄本意謂入獄便死，而上窮治其獄，遂經二旬，曄更有生望。獄吏因戲之曰：「外傳詹

事或當長繫。」曄聞之驚喜，綜、熙先笑之曰：「詹事嘗共疇昔事時，〔六〕無不攘袂瞋目。及在西池射堂上，躍馬顧盼，自以爲一世之雄。而今擾攘紛紜，畏死乃爾。設令今時賜以性命，人臣圖主，何顏可以生存。」曄謂衞獄將曰：「惜哉！薶如此人。」將曰：「不忠之人，亦何足惜。」曄曰：「大將言是也。」

將出市，曄最在前，於獄門顧謂綜曰：「今日次第，當以位邪？」綜曰：「賊帥爲先。」在道語笑，初無暫止。至市，問綜曰：「時欲至未？」綜曰：「勢不復久。」曄既食，又苦勸綜，綜曰：「此異病篤，何事强飯。」曄家人悉至市，監刑職司問：「須相見不？」曄問綜曰：「家人以來，幸得相見，將不暫別。」綜曰：「別與不別，亦何所存。來必當號泣，正足亂人意。」曄曰：「號泣何關人，向見道邊親故相瞻望，亦殊勝不見。吾意故欲相見。」於是呼前。曄妻先下撫其子，回罵曄曰：「君不爲百歲阿家，不感天子恩遇，身死固不足塞罪，奈何枉殺子孫。」曄乾笑云罪至而已。曄所生母泣曰：「主上念汝無極，汝曾不能感恩，又不念我老，今日奈何？」仍以手擊曄頸及頰，曄顏色不怍。妻云：「罪人，阿家莫念。」妹及妓妾來別，曄悲涕流漣，綜曰：「舅殊不同夏侯色。」曄收淚而止。綜母以子弟自蹈逆亂，獨不出視。曄語綜曰：「姊今不來，勝人多也。」曄轉醉，子藹亦醉，取地土及果皮以擲曄，呼曄爲別駕數十聲。曄問曰：「汝恚我邪？」藹曰：「今日何緣復恚，但父子同死，不能不悲耳。」曄常謂死者神滅，欲著無鬼論；至是與徐湛之書，云「當相訟地下」。其謬亂如此。又語人：「寄語何僕射，天下決無佛鬼。若有靈，自當相報。」收曄家，樂器服玩，並皆珍麗，妓妾亦盛飾，母住止單陋，唯有一廚盛樵薪，弟子冬無被，叔父單布衣。曄及子藹、遙、叔蔞、孔熙先及弟休先、景先、思先、熙先子桂甫、桂甫子白民、謝綜及弟約、仲承祖、許耀，諸所連及，並伏誅。曄時年四十八。曄兄弟子父已亡者及謝綜弟緯，徙廣州。藹子魯連，吳興昭公主外孫，請全生命，亦得遠徙，世祖即位得還。

曄性精微有思致，觸類多善，衣裳器服，莫不增損制度，世人皆法學之。撰和香方，其序之曰：「麝本多忌，過分必害；沈實易和，盈斤無傷。零藿虛燥，詹唐黏濕。甘松、蘇合、安息、鬱金、㮈多、和羅之屬，並被珍於外國，無取於中土。又棗膏昏鈍，甲煎淺俗，非唯無助於馨烈，乃當彌增於尤疾也。」此序所言，悉以比類朝士：「麝本多忌」，比庾炳之；「零藿虛燥」，比何尚之；「詹唐黏濕」，比沈演之；「棗膏昏鈍」，比羊玄保；「甲煎淺俗」，比徐湛之；「甘松、蘇合」，比慧琳道人；「沈實易和」，以自比也。

曄獄中與諸甥姪書以自序曰：

吾狂舋覆滅，豈復可言，汝等皆當以罪人棄之。然平生行己任懷，猶應可尋。至於能不，意中所解，汝等或不悉知。吾少懶學問，晚成人，年三十許，政始有向耳。〔七〕

自爾以來，轉爲心化，推老將至者，亦當未已也。往往有微解，言乃不能自盡。爲性不尋注書，心氣惡，小苦思，便憒悶，口機又不調利，以此無談功。至於所通解處，皆自得之於胸懷耳。文章轉進，但才少思難，所以每於操筆，其所成篇，殆無全稱者。常恥作文士。文患其事盡於形，情急於藻，義牽其旨，韻移其意。雖時有能者，大較多不免此累，政可類工巧圖績，竟無得也。常謂情志所託，故當以意爲主，以文傳意。以意爲主，則其旨必見；以文傳意，則其詞不流。然後抽其芬芳，振其金石耳。此中情性旨趣，千條百品，屈曲有成理。自謂頗識其數，嘗爲人言，多不能賞，意或異故也。

性別宮商，識清濁，斯自然也。觀古今文人，多不全了此處，縱有會此者，不必從根本中來。言之皆有實證，非爲空談。年少中，謝莊最有其分，手筆差易，文不拘韻故也。吾思乃無定方，特能濟難適輕重，所稟之分，猶當未盡。但多公家之言，少於事外遠致，以此爲恨，亦由無意於文名故也。

本未關史書，政恒覺其不可解耳。既造後漢，轉得統緒，詳觀古今著述及評論，殆少可意者。班氏最有高名，既任情無例，不可甲乙辨。後贊於理近無所得，唯志可推耳。博贍不可及之，整理未必愧也。吾雜傳論，皆有精意深旨，既有裁味，故約其詞句。至於循吏以下及六夷諸序論，筆勢縱放，實天下之奇作。其中合者，往往不減過

秦篇。嘗共比方班氏所作，非但不愧之而已。欲徧作諸志，前漢所有者悉令備。雖事不必多，且使見文得盡。又欲因事就卷內發論，以正一代得失，意復未果。贊自是吾文之傑思，殆無一字空設，奇變不窮，同合異體，乃自不知所以稱之。此書行，故應有賞音者。紀、傳例爲舉其大略耳，諸細意甚多。自古體大而思精，未有此也。恐世人不能盡之，多貴古賤今，所以稱情狂言耳。

吾於音樂，聽功不及自揮，但所精非雅聲，爲可恨。然至於一絕處，亦復何異邪。其中體趣，言之不盡，弦外之意，虛響之音，不知所從而來。雖少許處，而旨態無極。亦嘗以授人，士庶中未有一豪似者。此永不傳矣。吾書雖小小有意，筆勢不快，餘竟不成就，每愧此名。

曄自序並實，故存之。

藹幼而整潔，衣服竟歲未嘗有塵點。死時年二十。

曄少時，兄晏常云：「此兒進利，終破門戶。」終如晏言。

史臣曰：古之人云：「利令智昏。」甚矣，利害之相傾。劉湛識用才能，實苞經國之略，豈不知移弟爲臣，則君臣之道用，變兄成主，則兄弟之義殊乎。而義康數懷姦計，苟相崇說，與夫推長戟而犯魏闕，亦何以異哉。

校勘記

〔一〕高祖以爲太尉行參軍　各本並脫「以」字，孫虨宋書考論云：「高祖下當脫以字。」按孫說是，今補正。

〔二〕當今乏才　「乏」各本並作「之」，據殿本南史改。

〔三〕元嘉九年冬彭城太妃薨　「九年」各本及南史並作「元年」，孫虨宋書考論云：「彭城太妃卒在元嘉九年，此言元年，形近之誤。南史誤同。」按孫說是。上文有征南大將軍檀道濟北征，係元嘉七年事，此當在九年。今改正。

〔四〕刑罰乖淫陰陽違舛　「刑罰乖淫」文苑英華六四五作「刑法違衷」，文義較勝。「違」文苑英華作「滑」。

〔五〕臣雖凡下　「凡」三朝本、北監本、毛本作「尼」，殿本、局本作「泥」。張元濟校勘記云：「尼疑凡字之譌。」按張校是，今改正。

〔六〕詹事嘗共疇昔事時　「嘗」三朝本、北監本、毛本作「當可」二字，殿本、局本作「當前」二字，南史作「嘗」一字。今據南史改。「疇昔」各本作「疇」一字，通鑑作「詹事疇昔，攘袂瞋目」。今據通鑑補「昔」字。

〔七〕政始有向耳　「向」南史作「尙」，文義較勝。

宋書卷七十

列傳第三十

袁淑

袁淑字陽源，陳郡陽夏人，丹陽尹豹少子也。少有風氣，年數歲，伯父湛謂家人曰：〔一〕「此非凡兒。」至十餘歲，爲姑夫王弘所賞。不爲章句之學，而博涉多通，好屬文，辭采遒豔，縱橫有才辯。本州命主簿，著作佐郎，太子舍人，並不就。彭城王義康命爲司徒祭酒。〔二〕義康不好文學，雖外相禮接，意好甚疎。劉湛，淑從母兄也，欲其附己，而淑不以爲意，由是大相乖失，以久疾免官。補衡陽王義季右軍主簿，遷太子洗馬，以脚疾不拜。衞軍臨川王義慶雅好文章，請爲諮議參軍。頃之，遷司徒左西屬。出爲宣城太守，入補中書侍郎，以母憂去職。服闋，爲太子中庶子。元嘉二十六年，遷尚書吏部郎。其秋，大舉北伐，淑侍坐從容曰：「今當鳴鑾中岳，席卷趙、魏，檢玉岱宗，今

其時也。臣逢千載之會，願上封禪書一篇。」太祖笑曰：「盛德之事，我何足以當之。」出爲始興王征北長史、南東海太守。淑始到府，濬引見，謂曰：「不意舅遂垂屈佐。」淑答曰：「朝廷遣下官，本以光公府望。」還爲御史中丞。

時索虜南侵，遂至瓜步，太祖使百官議防禦之術，淑上議曰：

臣聞函車之獸，離山必斃；絕波之鱗，宕流則枯。羯寇遺醜，趨致畿甸，蟻萃螽集，閩已崩殪。天險嚴曠，地限深遐，故全魏戢其圖，盛晉輟其議，情屈力殫，氣挫勇竭，諒不虞於來臨，本無怵於能濟矣。乃者變定攜遠，阻違授律，由將有弛拙，故士少鬬志。圍潰之衆，匪寇傾淪，攻制之師，空自班散，濟西勁騎，急戰甓旅，淮上訓卒，簡備靡旗。是由綏整寡衷，戎昭多昧，遂使潞子入患，伊川來擾，〔三〕紛殄姬風，泯毒禹績，騰書有渭陰之迫，懸烽均咸陽之警。然而切揣虛實，伏匿先彰，校索伎能，譎詭既顯。綿地千里，彌行阻深，表裏躓硋，後先介逼。捨陵衍之習，競湍沙之利。今虹見萍生，土膏泉動，津陸陷溢，痁禍洊興，芻藁已單，米粟莫係，水宇衿帶，進必傾覆，河隘扃固，退亦墮滅。所謂栖烏於烈火之上，養魚於叢棘之中。

或謂損緩江右，寬繕淮內。竊謂拯扼閩城，舊史爲允，棄遠涼土，前言稱非。限此要荒，猶弗委割。況聯被京國，咫尺神甸，數州摧掃，列邑殲痍，山淵反覆，草木塗地。

今丘賦千乘，井算萬集，肩摩倍於長安，締袂百於臨淄，什一而籍，實慊氓願，履畝以稅，既協農和。戶競戰心，人含銳志，皆欲贏糧請奮，釋緯乘城。謂宜懸金鑄印，要壯果之士，重幣甘辭，招摧決之將，舉薦板築之下，抽登臺皁之間，賞之以焚書，報之以相爵，俄而昭才賀闕，異能間至。

戎貪而無謀，肆而不整，迷乎向背之次，謬於合散之宜，犯軍志之極害，觸兵家之甚諱。咸畜憤矣，僉策戰矣，稱願影從，謠言緡命。宜選敢悍數千，騖行潛掩，偃旗裹甲，鉗馬銜枚，檜稽而起，晨壓未陣，旌譟亂舉，火鼓四臨，使景不暇移，塵不及起，無不禽鏃獸讋，冰解霧散，掃洗噍類，〔四〕漂鹵浮山。如有決罕漏網，逡竄逗穴，命淮、汝戈船，遏其還逕，兗部勁卒，梗其歸塗。必剪元雄，懸首麾下，乃將隻輪不反，戰轉無旋矣。於是信臣騰威，武士繕力，緹組接陰，鞞柝聯響。

若其僞遁瀛漲，〔五〕出沒無際，楚言漢旆，顯默如神，固已日月蔽虧，川谷蕩貿。負塞殘孽，阻山燼黨，收險竊命，憑城借一，〔六〕則當因威席卷，乘機芟剿。泗、汴秀士，星流電燭，徐、阜嚴兵，雨湊雲集，蹷亂桑溪之北，搖潰瀚海以南，絕其心根，勿使能植，銜索之枯，幾何不蠹。是由涸澤而漁，焚林而狩，若浚風之儛輕籜，杲日之拂浮霜。既而尉洽荷掠之餘，望吊網悲之鬼。然後天行樞運，猋舉煙升，青蓋西巡，翠華東幸，經啓

州野，舉無遺策，〔七〕俾高闕再勒，燕然後銘。方乃奠山沉河，創禮輯策，闡燿炎、昊之遺則，貫軼商、夏之舊文。

今衆賈拳勇，而將術疎怯，意者稔泰日積，承平歲久，邑無驚赴之急，家緩餽戰之勤，闕閱訓之禮，簡參屬之飾，且亦薦採之法，庸未甄㪅。若乃邦造里選，擢論深切，躬擐盡幽，斬帶尋遠，設有沉明能照，俊偉自宜，誠感泉雨，流通金石，氣懾飛、賁，知窮苴、起，審邪正順逆之數，達昏明益損之宜，能睽合民心，愚叡物性，登丹墀而敷策，躡青蒲而揚謀，上說辰鑒，下弭素言，足以安民紓國，救災恤患。則宜拔過寵貴之上，褒升戚舊之右，別其旂章，榮其班祿，出得專譽，使不稟命，降席折節，同廣武之請，設壇致禮，均淮陰之授。必有要盟之功，竊符之捷。

夷裔暴很，內外侮棄，始附之衆，分茷無序，蠱以威利，勢必攜離，首順之徒，靡然自及。今浹繹故典，瀍土纓緌，翦焉幽播，折首凶狡。是猶眇者願明，痿之思步，動商遘會，功終易感。劫胥在於善覘，全鄭實寄良諜，多縱反間，汩惑心耳，發險易之前，抵興喪之術，衝其猜伏，拂其嫌嗜，汩以連率之貴，餌以析壤之資，罄筆端之用，展辭鋒之銳，振辯則堅圍可解，馳羽而巖邑易傾。必府鬲土崩，枝幹瓦裂，故燕、樂相悔，項、范交疑矣。

或乃言約功深，事邇應廣，齊國反駕，趙養還君，盡與誦之道，畢能事之効。臣幸得出內層禁，游息明代，[八]澤與身泰，恩隨年行，無以逢迎昌運，潤飾鴻法。今塗有遺鏃，蠆未息蜂，敢思涼識，少酬閎施。但坐幕既乏昭文，免胄不能致果，竊觀都護之邊論，屬國之兵謨，終、晁之抗辭，杜、耿之言事，咸云及經之棘，猶闕上算，燭邪之敬，裁收下策。自恥懦木，智不綜微，敢露昧見，無會昭採。

淑憙爲誇誕，每爲時人所謿。始興王濬嘗送錢三萬餉淑，一宿復遣追取，謂使人謬誤，欲以戲淑。淑與濬書曰：「袁司直之視館，敢寓書於上國之宮尹。日者猥枉泉賦，降委弊邑。弊邑敬事是遑，無或違貳。懼非郊贈之禮，覬饗之資，不虞君王惠之於是也，是有懵焉。弗圖且夕發咫尺之記，籍左右而請，以爲胥授失旨，爰速先幣。曾是附庸臣委末學孤聞者，如之何勿疑。且亦聞之前志曰，七年之中，一與一奪，義士猶或非之。況密邇旬次，何其哀益之亟也。藉恐二三諸侯，有以覲大國之政。是用敢布心腹。弊室弱生，砥節清廉，好是潔直，以不邪之故，而貧聞天下。寧有昧夫嗟金者哉。不腆供賦，束馬先璧以俟命。唯執事所以圖之。」

遷太子左衞率。元凶將爲弒逆，其夜淑在直，二更許，呼淑及蕭斌等流涕謂曰：「主上信讒，將見罪廢。內省無過，[九]不能受枉。明旦便當行大事，望相與勠力。」淑及斌並曰：

「自古無此，願加善思。」劭怒變色，左右皆動。斌懼，乃曰：「臣昔忝伏事，常思効節，況憂迫如此，輒當竭身奉令。」淑叱之曰：「卿便謂殿下眞有是邪？殿下幼時嘗患風，或是疾動耳。」劭愈怒，因問曰：「事當克不？」淑曰：「居不疑之地，何患不克。但既克之後，爲天地之所不容，大禍亦旋至耳。願急息之。」劭左右引淑〔衣曰：「此是何事，而可言罷。」因賜淑〕等袴褶，[一〇]又就主衣取錦，截三尺爲一段，又中破，分斌、淑及左右，使以縛袴。淑出還省，繞牀行，[一一]至四更乃寢。劭將出，已與蕭斌同載，呼淑甚急，淑眠終不起。劭停車奉化門，催之相續。徐起至車後，劭使登車，又辭不上。劭因命左右：「與手刃。」見殺於奉化門外，時年四十六。劭卽位，追贈太常，賜賵甚厚。

世祖卽位，使顏延之爲詔曰：「夫輕道重義，亟聞其教；世弊國危，希遇其人。自非達義之至，識正之深者，孰能抗心衞主，遺身固節者哉。故太子左衞率淑，文辯優洽，秉尚貞愨。當要逼之切，意色不橈，厲辭道逆，氣震凶黨。虐刃交至，取斃不移。古之懷忠隕難，未云出其右者。興言嗟悼，無廢乎心。宜在加禮，永旌宋有臣焉。可贈侍中、太尉，謚曰忠憲公。」又詔曰：「袁淑以身殉義，忠烈邈古。遺孤在疚，特所矜懷。可厚加賜卹，以慰存亡。」淑及徐湛之、江湛、王僧綽、卜天與四家，於是長給稟祿。文集傳於世。

子𣊓、敳、稜、凝、標。敳，世祖步兵校尉。凝，太宗世御史中丞，出爲晉陵太守。太宗初與四方同反，[一二]兵敗歸降，以補劉湛冠軍府主簿。[一三]淑諸子並早卒。

史臣曰：天長地久，人道則異於斯。蕣華朝露，未足以言也。其間夭遽，曾何足云。宜任心去留，不以存沒嬰心。徒以靈化悠遠，生不再來，雖天行路嶮，而未之斯遇，謂七尺常存，百年可保也。所以據洪圖而輕天下，吝寸陰而敗尺璧。若乃義重乎生，空炳前誥，投軀殉主，世罕其人。若無陽源之節，丹青何貴焉爾。

校勘記

[一] 伯父湛謂家人曰　各本並脫「父」字，據南史補。

[二] 彭城王義康命爲司徒祭酒　「司徒祭酒」各本並作「軍司祭酒」，據南史改。按時無軍司祭酒之官，而彭城王時爲司徒，據百官志司徒府有祭酒。

[三] 遂使潞子入患伊川來擾　「潞子」各本並作「栲潞」，「伊川」各本並作「泉伊」，據元龜四七一改。

[四] 掃洗嘸類　「嘸」各本並作「哨」，據元龜四七一改。

[五] 若其僞遁瀛漲　「瀛漲」各本並作「羸張」，今改正。瀛漲，喻大海。

[六] 憑城借一　「一」各本並作「土」，據元龜四七一改。

[七] 擧無遺策　各本並作「滌一軫策」，據元龜四七一改。

[八] 游息明代　「息」各本並作「心」，據元龜四七一改。

[九] 內省無過　「內省」各本並作「省內」，據通鑑乙正。

[一〇] 劭左右引淑衣曰此是何事而可言罷因賜淑等袴褶　各本並脫「衣曰此是何事而可言罷因賜淑」十三字，據南史補。

[一一] 淑出還省繞牀行　「還」各本作「環」，據南史改。

[一二] 凝太宗世御史中丞出爲晉陵太守太宗初與四方同反　「同反」各本並作「國反」，孫虨宋書考論云：「國反當爲同反。」按孫說是，今改正。孫虨又云：「據孔覬傳，則爲晉陵太守與四方同反者乃袁標非凝也。當有脫文，故世宗、太宗之云多誤。」按孫說是，但「太宗世」本不誤，因下敍袁標事，史有奪文，故前云「太宗世」，後云「太宗初」，語意不接。

[一三] 以補劉湛冠軍府主簿　孫虨宋書考論云：「考證云劉湛元嘉十七年誅，太宗時安得爲冠軍。南齊書李安民傳，安民宋明帝世爲劉韞冠軍參軍，韞本傳不言有此軍號，蓋略之也。『湛』字蓋『韞』字之譌。」

宋書卷七十一

列傳第三十一

徐湛之　江湛　王僧綽

徐湛之字孝源，東海郯人。司徒羨之兄孫，吳郡太守佩之弟子也。祖欽之，祕書監。父逵之，〔一〕尚高祖長女會稽公主，爲振威將軍、彭城沛二郡太守。高祖諸子並幼，以逵之姻戚，將大任之，欲先令立功。及討司馬休之，使統軍爲前鋒，配以精兵利器，事剋，當即授荆州。休之遣魯宗之子軌擊破之，於陣見害。追贈中書侍郎。

湛之幼孤，爲高祖所愛，常與江夏王義恭寢食不離於側。永初三年，詔曰：「永興公主一門嫡長，〔二〕早罹辛苦。外孫湛之，特所鍾愛。且致節之胤，情實兼常。可封枝江縣侯，食邑五百戶。」年數歲，與弟淳之共車行，牛奔車壞，左右馳來赴之。湛之先令取弟，衆咸歎其幼而有識。及長，頗涉文義，〔三〕善自位待。事祖母及母，並以孝謹聞。

元嘉二年，除著作佐郎，員外散騎侍郎，並不就。六年，東宮始建，起家補太子洗馬，轉國子博士，遷奮威將軍、南彭城沛二郡太守，徙黃門侍郎。祖母年老，辭以朝直，不拜。復授二郡，加輔國將軍，還祕書監，領右軍將軍，轉侍中，加驍騎將軍。復爲祕書監，加散騎常侍，驍騎如故。

會稽公主身居長嫡，爲太祖所禮，家事大小，必咨而後行。西征謝晦，使公主留止臺內，總攝六宮。忽有不得意，輒號哭，上甚憚之。初，高祖微時，貧陋過甚，嘗自往新洲伐荻，〔四〕有納布衫襖等衣，皆敬皇后手自作，高祖既貴，以此衣付公主，曰：「後世若有驕奢不節者，可以此衣示之。」湛之爲大將軍彭城王義康所愛，與劉湛等頗相附協。及劉湛得罪，事連湛之，太祖大怒，將致大辟。湛之憂懼無計，以告公主。公主卽日入宮，既見太祖，因號哭下牀，不復施臣妾之禮。以錦囊盛高祖納衣，擲地以示上曰：「汝家本貧賤，此是我母爲汝父作此納衣。今日有一頓飽食，便欲殘害我兒子！」上亦號哭，湛之由此得全也。遷中護軍，未拜，又遷太子詹事，尋加侍中。

湛之善於尺牘，音辭流暢。貴戚豪家，產業甚厚。室宇園池，貴遊莫及。伎樂之妙，冠絕一時。門生千餘人，皆三吳富人之子，姿質端妍，衣服鮮麗。每出入行遊，塗巷盈滿，泥雨日，悉以後車載之。太祖嫌其侈縱，每以爲言。時安成公何勗，無忌之子也，臨汝公孟靈休，昶之子也，並各奢豪，與湛之共以肴膳、器服、車馬相尚。京邑爲之語曰：「安成食，臨汝飾。」湛之二事之美，兼於何、孟。勗官至侍中，追諡荒公。靈休善彈棊，官至祕書監。

湛之遷冠軍將軍、丹陽尹，進號征虜將軍，加散騎常侍，以公主憂不拜。過葬，復授前職，湛之表啓固辭，又詣廷尉受罪，上詔獄官勿得受，然後就命。固辭常侍，許之。二十二年，范曄等謀逆，湛之始與之同，後發其事，所陳多不盡，爲曄等款辭所連，乃詣廷尉歸罪，上慰遣令還郡。湛之上表曰：

賊臣范曄、孔熙先等，連結謀逆，法靜尼宣分往還，與大將軍臣義康共相脣齒，備於鞫對。伏尋仲承祖始達熙先等意，便極言姦狀。而臣兒女近情，不識大體，上聞之初，不務指斥，紙翰所載，尤復漫略者，實以凶計既表，逆事歸露，又仰緣聖慈，不欲窮盡，故言勢依違，未敢縷陳。情旨無隱，已昭天鑒。及羣凶收禽，各有所列，曄等口辭，多見誣謗，承祖醜言，紛紜特甚。乃云臣與義康宿有密契，在省之言，期以爲定，潛通姦意，報示天文。末云熙先縣指必同，以誑於曄，或以智勇見稱，或以愚懦爲目。既美其信懷可覆，復駭其動止必啓。凡諸詭妄，還自違伐，多舉事端，不究源統，齎傳之信，無有主名，所徵之人，又已死沒，首尾乖互，自爲矛楯。卽臣誘引之辭，以爲始謀之證，銜臣糾告，並見怨咎，縱肆狂言，必規禍陷。〔五〕伏自探省，亦復有由。昔義康南出之始，

敕臣入相伴慰，晨夕覲對，經踰旬日。逆圖成謀，雖無顯然，懟容異意，頗形言旨。遣臣利刃，期以際會，臣苦相諫譬，深加距塞。以爲怨憤所至，不足爲慮，便以關啓，懼成虛妄，思量反覆，實經愚心，非爲納受，曲相蔽匿。又令申情范曄，釋中間之憾，致懷蕭思話，恨婚意未申，謂此僥幸，亦不宜違。陛下敦惜天倫，彰於四海，藩禁優簡，親理咸通，又昔蒙眷顧，不容自絕，音翰信命，時相往來。或言少意多，旨深文淺，辭色之間，往往難測。臣每懼異聞，皆略而不答，惟心無邪悖，故不稍以自嫌。悽悽丹實，具如此啓。至於法靜所傳，及熙先等謀，知實不早，見關之日，便卽以聞。雖晨光幽燭，曲昭窮款，裁以正義，無所逃刑。束骸北闕，請罪司寇，乾施含宥，未加治考，中旨頻降，制使還往，仰荷恩私，哀惶失守。

臣殃積罪深，丁罹酷罰，久應屏棄，永謝人理。況姦謀所染，忠孝頓闕，智防愚淺，闇於禍萌，士類未明其心，羣庶謂之同惡，朝野側目，衆議沸騰，專信讎隙之辭，不復稍相申體。臣雖駑下，情非木石。豈不知醜點難嬰，伏劍爲易。而靦然視息，忍此餘生，實非苟吝微命，假延漏刻。誠以負戾灰滅，貽惡方來，貪及視息，少自披訴。冀幽誠丹款，儻或昭然，雖復身膏草土，九泉無恨。顯居官次，垢穢朝班，厚顏何地，可以自處。乞蒙隳放，伏待鈇鑕。

上優詔不許。

二十四年，服闋，轉中書令，領太子詹事。出爲前軍將軍、南兗州刺史。善於爲政，威惠並行。廣陵城舊有高樓，湛之更加修整，南望鍾山。城北有陂澤，水物豐盛。湛之更起風亭、月觀，吹臺、琴室，果竹繁茂，花藥成行，招集文士，盡遊玩之適，一時之盛也。時有沙門釋惠休，善屬文，辭采綺豔，湛之與之甚厚。世祖命使還俗。本姓湯，位至揚州從事史。二十六年，復入爲丹陽尹，領太子詹事，將軍如故。二十七年，索虜至瓜步，湛之領兵置佐，與皇太子分守石頭。二十八年春，魯爽兄弟率部曲歸順，爽等，魯軌子也。湛之以爲廟算遠圖，特所獎納，不敢苟申私怨。乞屏居田里，不許。

轉尚書僕射，領護軍將軍。時尚書令何尚之以湛之國戚，任遇隆重，欲以朝政推之。凡諸辭訴，一不料省。湛之亦以職官記及令文，尚書令敷奏出內，事無不總，令缺則僕射總任。又以事歸尚之，互相推委。御史中丞袁淑並奏免官，詔曰：「令僕治務所寄，不共求體當，而互相推委，糾之是也。然故事殘舛，所以致茲疑執，特無所問，時詳正之。」乃使湛之與尚之並受辭訴。尚之雖爲令，而朝事悉歸湛之。初，劉湛伏誅，殷景仁卒，太祖委任沈演之、庾炳之、范曄等，後又有江湛、何瑀之，[六]曄誅，炳之免，演之、瑀之並卒，至是江湛爲吏部尚書，與湛之並居權要，世謂之江、徐焉。

上每有疾，湛之輒入侍醫藥。二凶巫蠱事發，上欲廢劭，賜濬死。而世祖不見寵，故累出外蕃，不得停京輦。南平王鑠、建平王宏並爲上所愛，而鑠妃卽湛妹，勸上立之。元嘉末，徵鑠自壽陽入朝，既至，又失旨，欲立宏，嫌其非次，是以議久不決。與湛之屏人共言論，或連日累夕。每夜常使湛之自秉燭，繞壁檢行，慮有竊聽者。劭入弒之旦，其夕，上與湛之屏人語，至曉猶未滅燭。湛之驚起趣北戶，未及開，見害。時年四十四。世祖卽位，追贈司空，加散騎常侍，本官如故，謚曰忠烈公。又詔曰：「徐湛之、江湛、王僧綽門戶荼酷，遺孤流寓，言念既往，感痛兼深。可令歸居本宅，厚加恤賜。」於是三家長給廩。

三子：聿之、謙之，爲元凶所殺。恒之嗣侯，尚太祖第十五女南陽公主，蚤卒，無子。聿之之子孝嗣紹封，齊受禪，國除。

江湛字徽淵，濟陽考城人，湘州刺史夷子也。居喪以孝聞。愛好文義，喜彈棊鼓琴，兼明算術。初爲著作佐郎，遷彭城王義康司徒行參軍，南譙王義宣左軍功曹，復爲義康司徒主簿，太子中舍人。司空檀道濟爲子求湛妹婚，不許。義康有命，又不從。時人重其立志。義康欲引與日夕，湛固求外出，乃以爲武陵內史，還爲司徒從事中郎，遷太子中庶子，尚書吏部郎。隨王誕爲北中郎將、南徐州刺史，以湛爲長史、南東海太守，政事悉委之。[七]

元嘉二十五年，徵爲侍中，任以機密，領本州大中正，遷左衞將軍。時改選學職，以太尉江夏王義恭領國子祭酒，湛及侍中何攸之領博士。二十七年，轉吏部尚書。家甚貧約，不營財利，餉饋盈門，一無所受，無兼衣餘食。嘗爲上所召，值澣衣，稱疾經日，衣成然後赴。牛餓，馭人求草，湛良久曰：「可與飲。」在選職，頗有刻覈之譏，而公平無私，不受請謁，論者以此稱焉。

上大舉北伐，舉朝爲不可，唯湛贊成之。索虜至瓜步，領軍將軍劉遵考率軍出江上，以湛兼領軍，軍事處分，一以委焉。虜遣使求婚，上召太子劭以下集議，衆並謂宜許，湛曰：「戎狄無信，許之無益。」劭怒，謂湛曰：「今三王在阨，詎宜苟執異議。」聲色甚厲。坐散俱出，劭使班劍及左右推之，殆將側倒。劭又謂上曰：「北伐敗辱，數州淪破，獨有斬江湛，可以謝天下。」上曰：「北伐自我意，江湛但不異耳。」劭後燕集，未嘗命湛。常謂上曰：「江湛佞人，不宜親也。」上乃爲劭長子偉之娉湛第三女，欲以和之。

上將廢劭，使湛具詔草。劭之入弒也，湛直上省，聞叫譟之聲，乃匿傍小屋中。劭遣收之，舍吏紿云：「不在此。」兵士卽殺舍吏，乃得湛。湛據窗受害，意色不撓。時年四十六。湛五子恁、恕、懋、愻、法壽，皆見殺。初，湛家數見怪異，未敗少日，所眠牀忽有數升血。世祖

卽位，追贈左光祿大夫、開府儀同三司，加散騎常侍，本官如故，謚曰忠簡公。

長子恁，尚太祖第九女淮陽長公主，爲著作佐郎。

王僧綽，琅邪臨沂人，左光祿大夫曇首子也。幼有大成之度，弱年衆以國器許之。好學有理思，[八]練悉朝典。年十三，太祖引見，下拜便流涕哽咽，上亦悲不自勝。襲封豫寧縣侯，[九]尚太祖長女東陽獻公主。初爲江夏王義恭司徒參軍，轉始興王文學，祕書丞，司徒左長史，太子中庶子。元嘉二十六年，徙尚書吏部郎，參掌大選。究識流品，諳悉人物，拔才舉能，咸得其分。二十八年，遷侍中，任以機密。僧綽沈深有局度，不以才能高人。先是，父曇首與王華並爲太祖所任，華子嗣人才既劣，位遇亦輕。僧綽嘗謂中書侍郎蔡興宗曰：「弟名位應與新建齊，超至今日，蓋由姻戚所致也。」新建者，嗣之封也。及爲侍中，時年二十九。始興王濬嘗問其年，僧綽自嫌蚤達，逡巡良久乃答，其謙虛自退若此。

元嘉末，太祖頗以後事爲念，以其年少，方欲大相付託，朝政小大，皆與參焉。從兄微，[一〇]清介士也，懼其太盛，勸令損抑。僧綽乃求吳郡及廣州，上並不許。

會二凶巫蠱事泄，上獨先召僧綽具言之。及將廢立，使尋求前朝舊典。劭於東宮夜饗

將士，僧綽密以啓聞，上又令撰漢魏以來廢諸王故事。撰畢，送與江湛、徐湛之。湛之欲立隨王誕，江湛欲立南平王鑠，太祖欲立建平王宏，議久不決。誕妃卽湛之女，鑠妃卽湛妹。太祖謂僧綽曰：「諸人各爲身計，便無與國家同憂者。」僧綽曰：「建立之事，仰由聖懷。臣謂唯宜速斷，不可稽緩。當斷不斷，反受其亂。願以義割恩，略小不忍，不爾便應坦懷如初，無煩疑論。淮南云：『以石投水，吳越之善沒取之。』事機雖密，易致宣廣，不可使難生慮表，取笑千載。」上曰：「卿可謂能斷大事。此事重，不可不殷勤三思。且庶人始亡，人將謂我無復慈愛之道。」僧綽曰：「臣恐千載之後，言陛下唯能裁弟，不能裁兒。」上默然。江湛同侍坐，出閤，謂僧綽曰：「卿向言，將不太傷切直。」僧綽曰：「弟亦恨君不直。」

及劭弒逆，江湛在尚書上省，聞變，歎曰：「不用僧綽言，以至於此。」劭旣立，轉爲吏部尚書，委以事任，事在二凶傳。頃之，劭料檢太祖巾箱及江湛家書疏，得僧綽所啓饗士并廢諸王事，乃收害焉，時年三十一。因此陷北第諸王侯，以爲與僧綽有異志，幷殺僧綽門客太學博士賈匪之、奉朝請司馬文穎、建平國常侍司馬仲秀等。世祖卽位，追贈散騎常侍、金紫光祿大夫，謚曰愍侯。

初，太社西空地一區，吳時丁奉宅，孫晧流徙其家。江左初爲周顗、蘇峻宅，其後爲袁悅宅，又爲章武王司馬秀宅，皆以凶終。後給臧燾，〔一一〕亦頗遇喪禍，故世稱爲凶地。僧綽常

以正達自居，謂宅無吉凶，請以爲第。始就造築，未及居而敗。

子儉嗣，昇明末，爲齊國尚書右僕射。

史臣曰：甚矣宋氏之家難也，讎釁所鍾，親地兼極，雖復傾天滅道，迹非嫌路，而災隙內兆，邪蠱外興，天性旣離，愛敬同盡，探雀請熊，非無前釁，猜防之道，有未足乎。世祖弱年輕躁，夙無朝寵，累任邊外，未嘗居中。當璧之重，將由愛立，臣主回疑，事無蚤斷。若使守器以長，命不待賢，則密禍自銷，危機可免。聖哲之訓，豈欺我哉。昔山濤舉羊祜爲太子太傅，蓋欲以後事委之，而羊公短世。僧綽綢繆主心，將任以國重，而宮車晏駕。二臣並以道德謙沖，名高兩代。胙未中年，功謝成日。惜矣哉！

校勘記

〔一〕父逵之　「逵之」各本並作「達之」，據南史及本書武帝紀改。下出「達之」，並改。

〔二〕永興公主一門嫡長　上云會稽公主，此云永興公主，疑永興爲會稽公主始封之縣。

〔三〕頡涉文義　「文義」各本並作「大義」，據南史、元龜三〇四、御覽一五三引改。

〔四〕嘗自往新洲伐荻　各本並脫「往」字，據御覽一五三引補。

〔五〕必規禍陷　「規」各本並作「見」，據元龜二〇九改。

〔六〕後又有江湛何瑀之　本書前廢帝何皇后傳：「父瑀字穉玉。」此作何瑀之，蓋六朝人名後之「之」字，有時可省去。又通鑑宋文帝元嘉二十八年胡三省注曰：「何瑀之恐當作何尚之。」蓋以何瑀雖官歷清顯，未嘗管機密，不如何尚之之當要任。

〔七〕政事悉委之　各本並脫「悉」字，據元龜七一六補。

〔八〕好學有理思　「理思」通鑑宋元嘉二十八年作「思理」。

〔九〕襲封豫寧縣侯　「豫寧」各本並作「豫章」，據南史及本書王曇首傳、御覽一五三引改。按晉書地理志有豫章縣無豫寧縣，宋書州郡志有豫寧縣無豫章縣。僧綽襲封在宋世，當作豫寧。

〔一〇〕從兄徽　「徽」各本並作「徵」，據南史、御覽七三四引改。殿本考證云：「徵字卽徽字之譌。」按王徽本書有傳。

〔一一〕後給臧燾　「燾」各本並作「壽」，據南史、建康實錄、御覽一八〇引改。孫虨宋書考論云：「壽當作燾。」

宋書卷七十二

列傳第三十二

文九王

南平穆王鑠　建平宣簡王宏　晉熙王昶　始安王休仁

晉平刺王休祐　鄱陽哀王休業　臨慶沖王休倩

新野懷王夷父　巴陵哀王休若

文帝十九男：元皇后生劭，潘淑妃生濬，路淑媛生孝武帝，吳淑儀生南平王鑠，高修儀生廬陵昭王紹，殷修華生竟陵王誕，曹婕妤生建平宣簡王宏，陳修容生東海王褘，謝容華生晉熙王昶，江修儀生武昌王渾，沈婕妤生明帝，楊修儀生建安王休仁，邢美人生晉平王休祐，蔡美人生海陵王休茂，董美人生鄱陽哀王休業，顏美人生臨慶沖王休倩，陳美人生新野懷王夷父，荀美人生桂陽王休範，羅美人生巴陵哀王休若。劭、濬、誕、褘、渾、休茂、休範別有傳。紹出繼廬陵孝獻王義眞。

南平穆王鑠字休玄，文帝第四子也。

元嘉十七年，都督湘州諸軍事、冠軍將軍、湘州刺史，不之鎭，領石頭戍事。二十二年，遷使持節、都督南豫豫司雍秦幷六州諸軍事、南豫州刺史。時太祖方事外略，乃罷南豫幷壽陽，卽以鑠爲豫州刺史，尋領安蠻校尉，給鼓吹一部。二十六年，進號平西將軍，讓不拜。

索虜大帥託跋燾南侵陳、潁，遂圍汝南懸瓠城。行汝南太守陳憲保城自固，賊晝夜攻圍之，憲且守且戰，矢石無時不交。虜多作高樓，施弩以射城內，飛矢雨下，城中負戶以汲。又毀佛浮圖，取金像以爲大鉤，施之衝車端，以牽樓堞。城內有一沙門，頗有機思，輒設奇以應之。賊多作蝦蟆車以塡塹，肉薄攻城，憲督厲將士，固女牆而戰，賊之死者，屍與城等，遂登屍以陵城，短兵相接，憲銳氣愈奮，戰士無不一當百，殺傷萬計，汝水爲之不流。相拒四十餘日，鑠遣安蠻司馬劉康祖與寧朔將軍臧質救之，虜燒攻具走。

二十七年，大舉北伐，諸蕃並出師。鑠遣中兵參軍胡盛之出汝南，到坦之出上蔡，〔一〕向長社，長社戍主魯爽委城奔走。旣克長社，遣幢主王陽兒、張略等進據小索。僞豫州刺史僕蘭於大索率步騎二千攻陽兒，陽兒擊大破之。到坦之等進向大索，滎陽民鄭德玄、張和各起義以應坦之，〔二〕僕蘭奔虎牢。會王陽兒等至，卽據大索，因向虎牢，鑠又遣安蠻司馬劉康祖繼坦之。虜永昌王宜勤庫仁眞救虎牢，〔三〕坦之敗走。虜乘勝逕進，於尉氏津逢康祖，〔四〕康祖戰敗見殺。賊進脅壽陽，因東過與燾會於江上。

二十八年夏，虜荆州刺史魯爽及弟秀等，率部曲詣鑠歸順。其年七月，鑠所生吳淑儀薨，鑠歸京師，葬畢，還攝本任。時江夏王義恭領南兗州刺史，鎭盱眙。〔五〕丁母憂，還京師。上以兗土彫荒，罷南兗幷南徐州，當別置淮南都督住盱眙，開創屯田，應接遠近，欲以授鑠。旣而改授散騎常侍、撫軍將軍，領兵戍石頭。

元凶弒立，以爲中軍將軍，護軍、常侍如故。〔六〕世祖入討，劭屯兵京邑，使鑠巡行撫勞。劭還立南兗，以鑠爲使持節、都督南兗徐兗青冀幽六州諸軍事、征北將軍、開府儀同三司、南兗州刺史，〔七〕常侍如故。柳元景至新亭，劭親自攻之，挾鑠自隨。江夏王義恭南奔，使鑠守東府，以腹心防之。進授侍中、驃騎將軍、錄尚書事，餘如故。劭迎蔣侯神於宮內，疏世祖年諱，厭祝祈請，假授位號，使鑠造策文。及義軍入宮，鑠與濬俱歸世祖，濬卽伏法，上迎鑠入營。當時倉卒失國璽，事寧，更鑄給之。進侍中、司空，領兵置佐，以國哀未闋，讓侍中。

鑠素不推事世祖，又爲元凶所任，上乃以藥內食中毒殺之，時年二十三，追贈侍中、司徒。

三子：敬猷、敬淵、敬先。敬猷嗣，官至黃門郎。敬淵初封南安縣侯，官至後軍將軍。敬先繼廬陵王紹。前廢帝景和末，召鑠妃江氏入宮，使左右於前逼迫之，江氏不受命。謂曰：「若不從，當殺汝三子。」江氏猶不肯。於是遣使於第殺敬猷、敬淵、敬先，鞭江氏一百。其夕廢帝亦殞。太宗卽位，追贈敬猷侍中，諡曰懷王。追贈敬淵黃門侍郎，諡曰悼侯。改封孝武帝第十八子臨賀王子產字孝仁爲南平王，繼鑠後，未拜，被殺。泰始五年，立晉平王休祐第七子宣曜爲南平王繼鑠。休祐死，宣曜被廢還本。後廢帝元徽元年，立衡陽恭王嶷第二子伯玉爲南平王繼鑠，後官至給事中。昇明二年，謀反誅，國除。

建平宣簡王宏字休度，文帝第七子也。早喪母。

元嘉二十一年，年十一，封建平王，食邑二千戶。少而閑素，篤好文籍。太祖寵愛殊常，爲立第於鷄籠山，盡山水之美。建平國職，高他國一階。二十四年，爲中護軍，領石頭成事。出爲征虜將軍、江州刺史。二十八年，徵爲中書令，領驍騎將軍。元凶弑立，以宏爲左將軍、丹陽尹。又以爲散騎常侍、鎭軍將軍、江州刺史。世祖入討，劭錄宏殿內。世祖先嘗以一手板與宏，宏遣左右親信周法道齎手板詣世祖。事平，以爲尙書左僕射，使奉迎太后，還加中軍將軍，〔八〕中書監，僕射如故。臧質爲逆，宏以仗士五十人入六門。

爲人謙儉周愼，禮賢接士，明曉政事，上甚信仗之。時普責百官讜言，宏議曰：

臣聞建國之道咸殊，興王之政不一。至於開諫致寧，防口取禍，固前王同軌，後主共則。秦、殷之敗，語戮刺亡；周、漢之盛，謗升箴顯。陛下以至德神臨，垂精思治，進儒禮而崇寬教，哀獄法而黜嚴刑，表忠行而舉貞節，辟處士而求賢異，修廢官而出滯賞，撤天膳而重農食，禁貴遊而弛榷酤，通山澤而易關梁，固已海內仰道，天下知德。今復開不諱之塗，獎直辭之路，四海希風，普天幸甚。舉蒙採問，敢不悉心，謹條鄙見，置陳如左。辭理違謬，伏用震讋。

夫用兵之道，自古所愼。頃干戈未戢，戰備宜修，而卒不素練，兵非夙習。且戎衛之職，多非其才，或以資厚素加，或以祿薄帶帖，或寵由權門，恩自私假，既無將領，虛尸榮祿。至於邊城舉燧，羽驛交馳，而望其擐甲推鋒，立功閫外，譬緣木求魚，不可得矣。常謂臨難命師，皆出倉卒，驅烏合之衆，隸造次之主，貌疏情乖，有若胡、越，豈能

使其同力，拔危濟難，故奔北相望，覆敗繼有。今欲改選將校，皆得其人，分臺見將，各以配給，領、護二軍，爲其總統。令撫養士卒，使恩信先加，農隙校獵，以習其事，三令五申，以齊其心，使動止應規，進退中律，然後畜銳觀釁，因時而動，摧敵陷堅，折衝于外。孫子曰：「視卒如赤子，故可與之共死。」所以張奮効爭先之心，吮癰致必盡之命，豈不由恩著者士輕其生，令明者卒畢其力。考心迹事，如或有在，妄陳膚知，追懼乖謬。

宏少而多病，大明二年疾動，求解尙書令，以本號開府儀同三司，加散騎常侍，中書監如故。轉尙書令，加散騎常侍，將軍如故，給鼓吹一部，尋進號衛將軍，中書監、尙書令如故。未拜，其年薨，時年二十五。追贈侍中、司徒，中書監如故，給班劍二十人。上痛悼甚至，每朔望輒出臨靈，自爲墓誌銘并序。與東揚州刺史顏竣詔曰：「宏夙情業尙，素心令績，雖年未及壯，願言兼申。謂天道可倚，輔仁無妄，雖寢患淹時，慮不至禍。豈圖祜善虛設，一旦永謝，驚惋摧慟，五內交殞。平生未遠，舉目如昨，而賞對遊娛，緬同千載，哀酷纏綿，實增痛切。卿情均休戚，重以周旋，乖拆少時，奄成今古，聞問傷惋，當何可言。」五年，益諸弟國各千戶，先薨者不在其例，唯宏追益。

子景素，少愛文義，有父風。大明四年，爲寧朔將軍、南濟陰太守，徙歷陽、南譙二郡太守，將軍如故。中書侍郎，不拜。監南豫豫二州諸軍事、輔國將軍、南豫州刺史，又不拜。太宗初，太子中庶子，領步兵校尉，太子左衞率，加給事中，冠軍將軍、南兗州刺史，丹陽尹，吳興太守，使持節、監湘州諸軍事、湘州刺史，將軍並如故。進號左將軍。泰始六年，都督荊湘雍益梁寧南北秦八州諸軍事、左將軍、荊州刺史，持節如故。徵爲散騎常侍、後將軍、太常，未拜。

授使持節、都督南徐南兗兗徐青冀六州諸軍事、鎭軍將軍、南徐州刺史。桂陽王休範爲逆，景素雖纂集兵衆，以赴朝廷爲名，而陰懷兩端。及事平，進號鎭北將軍。齊王爲南兗州，景素解都督。

時太祖諸子盡殂，衆孫唯景素爲長，建安王休祐諸子並廢徙，無在朝者。景素好文章書籍，招集才義之士，傾身禮接，以收名譽，由是朝野翕然，莫不屬意焉。而後廢帝狂凶失道，內外皆謂景素宜當神器，唯廢帝所生陳氏親戚疾忌之，而楊運長、阮佃夫並太宗舊隸，貪幼少以久其權，慮景素立，不見容於長主，深相忌憚。元徽三年，景素防閤將軍王季符失景素旨，怨恨，因單騎奔京邑，告運長、佃夫云「景素欲反」。運長等便欲遣軍討之，齊王及衞將軍袁粲以下並保持之，謂爲不然也。景素亦馳遣世子延齡還都，具自申理，運長等乃徙季符於梁州，又奪景素鎭北將軍、開府儀同三司。〔九〕

自是廢帝狂悖日甚，朝野並屬心景素，陳氏及運長等彌相猜疑。景素因此稍爲自防之計，與司馬廬江何季穆、錄事參軍陳郡殷濔、記室參軍濟陽蔡履、中兵參軍略陽垣慶延、左右賀文超等謀之。以參軍沈顒、毌丘文子、左暄、州西曹王潭等爲爪牙。季穆薦從弟豫之爲參軍。景素遣豫之、潭、文超等去來京邑，多與金帛，要結才力之士。由是冠軍將軍黃回、游擊將軍高道慶、輔國將軍曹欣之、前軍韓道清、長水校尉郭蘭之、羽林監垣祗祖，並皆響附，其餘武人失職不得志者，莫不歸之。

時廢帝單馬獨出，遊走郊野，曹欣之謀據石頭，韓道清、郭蘭之欲說齊王使同，若不回者圖之。候廢帝出行，因衆作難，事克奉景素。景素每禁駐之，未欲怱怱舉動。運長密遣傖人周天賜僞投景素，勸爲異計，景素知爲運長所遣，卽斬之，遣司馬孫謙送首還臺。元徽四年七月，垣祗祖率數百人奔景素，云京邑已潰亂，勸令速入。景素信之，卽便舉兵，負戈至者數千人。運長等常疑景素有異志，及聞祗祖叛走，便纂嚴備辦。齊王出屯玄武湖，冠軍將軍任農夫、黃回、左軍將軍李安民各領步軍，右軍將軍張保率水軍，並北討。冠軍將軍、南豫州刺史段佛榮爲都統，其餘衆軍相繼進。冠軍將軍齊王世子鎭東府城。齊王知黃回有異圖，故使安民、佛榮俱行以防之。

景素欲斷據竹里，以拒臺軍。垣慶延、祗祖、沈顒等曰：「今天時旱熱，臺軍遠來疲困，

中華書局

引之使至，以逸待勞，可一戰而克也。」殷瀰等固爭不能得。〔一〇〕農夫等既至，放火燒市邑，而垣慶延等各相顧望，並無鬭志。景素本乏威略，恇擾不知所爲。時張保水軍泊西渚，景素左右勇士數十人，並荊楚快手，自相要結，擊水軍，應時摧陷，斬張保，而諸將不相應赴，復爲臺軍所破。臺軍既薄城池，顯先衆叛走，垣祗祖次之，其餘諸軍相係奔敗。左暄驍果有膽力，欲爲景素盡節，而所配兵力甚弱，猶力戰不退，於萬歲樓下橫射臺軍，不能禁，然後退散。右衞殿中將軍張倪奴、前軍將軍周盤龍攻陷京城，倪奴禽景素斬之，時年二十五，卽葬京口。垣慶延、祗祖、左暄、賀文超並伏誅，殷瀰、蔡履徙梁州，何季穆先遷官，故不及禍，其餘皆逃亡，值赦得免。景素既敗，曹欣之反告韓道清、郭蘭之之謀，道清等並誅。黃回、高道慶等，齊王撫之如舊。景素子延齡及二少子，並從誅。其年冬，封長沙成王義欣子勰第三子恬爲秭歸縣侯，食邑千戶，繼宏後，順帝昇明二年卒，國除。張倪奴以禽景素功，封筑陽縣侯，食邑千戶。

景素敗後，故記室參軍王螭、故主簿何昌寓並上書訟景素之寃。齊受禪，建元初，故景素秀才劉璡又上書曰：

臣聞曾子孝於其親而沈乎水，介生忠於其主而焚於火，何則？仁也不必可依，信也不必可恃。昔者墨翟議雲梯於荊臺之下，宋人逐之；夷叔爲衞軍隱難於晉，公子殪

之；李牧北逝强胡之旗，南拒全秦之卒，趙王不圖其功，賜以利劍；陳蕃白首固義，忘生事主，漢靈不明其忠，卒被刑戮。彼數子者，皆身栖青雲之上，而困於泥塵之裏，誠以危行不容於衰世，孤立聚尤於衆人，加讒諂蛆蠱其中，謗隙蜂飛而至故也。臣聞浸潤之行，骨肉離絕，疑似一至，君臣易心，此中山所以獻歙奏樂，孟博所以慷慨囊頭者也。臣每惟故舉將宋建平王之禍，悲徹骨髓，氣凝霜霰。今琁鼎啓運，人神改物，生罪尚宥，死寃必申。臣誠不忍王之負謗而不雪，故敢明言其理。

臣聞孝悌爲志者，不以犯上，曾子不逆薪而爨，知其不爲暴也；秦仁獲麑，知其可爲傅也。臣聞王之事獻太妃也，朝夕不違養，甘苦不見色。帳下進珍饌，太妃未食，王投箸輟飯。太妃起居有不安，王傍行蓬髮。臣聞求忠臣者於孝子之門，安有孝如王而不忠者乎？其可明一也。

當泰始、元徽中，王公貴人無謁景寧陵者，王獨抗情而行，不以趨時捨義，出鎭入朝，必俛拜陵所。王尙不棄先君，豈背今君乎？其可明二也。

王博聞而容衆，與諫而愛士，與人言呴呴若有傷。聞人之善，譽而進之，見人之惡，掩而誨之。李蔚之，蓬廬之寒素也，王枉駕而訊之；何季穆等，宣簡王之舊也，王提挈以升之。王虛己以厚天下之士，尙不欲傷一人之心，何乃親戚圖相葅膾乎？其可明

三也。

臣昔以法曹參軍，奉訊於聽朝之末。王每斷獄，降聲辭，和顏色，以待士女之訟。時見夏伯以童子縲紮，王愴然改貌，用不加刑。徐州嘗歲飢，王散秩粟俸帛，以繼民之乏。蠲理寃疑，咸息繇務，所在皆有愛於民。臣聞善人，國之紀也，安有仁於民庶，而虐其宗國者乎？其可明四也。

王修身潔行，言無近雜，內去聲酌之娛，外無田弋之好。每所臨踐，不加穿築，直衞不繁，第宅無改。荊州高齋，刻楹柏構，王廢而不處。昔朝廷欲賜王東陵甲第，又辭而不當。兩宮所遺珍玩，塵於笥篋。無它嬖私，不耽內寵，姬嬙數人，皆詔令所賜。王身食不踰一肉，器用瓦素，時有獻鏤玉器，王顧謂何昌寓曰：「我持此安所用哉？」乃謝而反之。王恭己蹈義若此。其可明五也。

王之在荊州也，時獻太妃初薨，宋明帝新棄天下，京畿諸王又相繼非命，王乃徵入爲太常，楚下人士並勸勿下，王謂：「爲臣而距先皇之命，不忠；爲子不奉親之窀穸，不孝。」於是棄西州之重，而匍伏北闕。王若志欲倔强，便應高枕江漢，何爲屈折而受制於人乎？其可明六也。

王名高海內，義重泰山，耆幼懷仁，士庶慕德。故從昏者忌明，同枉者毀正，搦弦

爲鉤，張一作百，行坐欬噫，皆生風塵。會王季符負罪流謗，事會讒人之心，權醜相扇，鴟梟奮翼。王雖遘愍離凶，而誠分彌款，散情中孚，揮斥滿素。虞玩之銜使歸旋，世子入質京邑，續解徐州，請身東第，後求會稽，降階外撫。虞玩、殷煥實爲詮譯，誠心殷勤，備留聖聽。王若倘張跋扈，何事若斯？其可明七也。

自是以後，日同殊論，蒼梧之衰德既彰，羣小之姦慝彌廣，下盈其毒，上不可依。時長王並見誅鋤，公卿如蹈虎尾，衆人翕翕，莫不注仰於王。廂閤諸人，同謀異志，王心不從利，忠不背本，執周天賜而斬之，以距王宜與等，遣司馬孫謙歸款朝廷。王若欲擬非覬，寧當如此乎？其可明八也。

又是年五月以後，道路皆謂阮佃夫等欲潛圖宮禁，因兵北襲，而黃回、高道慶等傳構其事，武人獎亂，更相恐脅。至六月而京師徵賦車徒，將講衆北壘，都鄙疑駭，僉言釁作。垣祗祖因民情囂蕩，揚聲北奔，紿辭惑衆，竊亂極禍。會州人自都還，說：「掖門已閉，殊不知臺中安不？」王既素籍異論，謂爲信然，收率疲弱，志在投散，冰炭在懷，但恐遲後。何圖兵以順出，翻爲逆動乎？夫往來之人，諠譁幻惑，皆出輦轂，非從徐州起也。且臺以六月晦夜無何呼北兵已至，皆登陴抽刃，而朱方七月朔猶緩帶從容，其晚聞京都變亂，始乃鳩兵簡甲耳。王豈先造禍哉！其可明九也。

王聞京室有難，坐不安，食不甘，言及太后，未嘗不交巾掩泣。又臨危之際，撫檻而嘆曰：「吾恐三才於斯絕矣。」茲豈不誠在本朝，以天下爲憂乎。自非深忠遠概，孰能身滅之不恤，獨眷眷國家安危哉？其可明十也。

夫王起兵之日，止在匡救昏難，放殛姦盜，非它故也。請較言之。當時君臣之道，治亂云何？楊運長、阮佃夫爲有罪邪？爲無罪邪？若其無罪，何故爲戮？若其有罪，討之何辜？王豈不知君親之無將乎？顧以救火之家，豈遑先白丈人，非不恭也，徒以運屬陵喪，智力無所用之，蹉跌傾覆，此乃時也，豈謂反乎。果然今日王亡，明日宋亡，王何負於社稷，何愧於天下哉！

臣聞武王克商，未及下車，而封王子之墓；漢高定天下，過大梁，躡燕、代，修信陵之祀，存望諸之裔；晉世受命，亦追王淩之寃，而詔其孫爲郎。夫比干，殷辛之罪人也；無忌，魏之疑臣也；樂毅，燕之逃將也；彥雲，齊之賊而晉害也。適逢聖明之君，革運創制，昭功誠，蕩嫌怨，清議以天下之善也。或殊世而相明，故四賢咸濟其令問，三后馳光於萬葉，君子榮其輝，小人服其義。今陛下尊英雄之高軌，振逸世之奇聲，何至仍衰世之異議，以掩賢人之名哉。若王之中外不明，終始惛德，臣懼方今之人，不復爲善矣。且世之興衰，何代無有，今齊苗裔萬世之後，其能無汚隆乎。苟前良可廢，何以勸

後之能者。伏願上同周、漢、西晉之如彼，下爲來胤垂範之如此。儻能降明詔，箋枉道，使往王得洗謗議，拯冥魂，賜以王禮反葬，則民之從義，猶若回風之卷草也。臣聞鸖鳴皐埑，則降陰吐雨，騰蛇聳躍，而沈雲鬱冥。但傷臣言輕落毛，身如橫芥，神高聽邈，終焉莫省，直欲內不負心，庶將來知王之意耳。

又不省。至今上卽位，乃下詔曰：「宋建平王劉景素，名父之子，少敦清尚。雖末路失圖，而原心有本。年流運改，宜弘優澤，可聽以王禮還葬舊墓。」

晉熙王昶字休道，文帝第九子也。元嘉二十二年，年十歲，封義陽王，食邑二千戶。二十七年，爲輔國將軍、南彭城下邳二郡太守。元凶弒立，加散騎常侍。世祖踐祚，遷太常，出爲東中郎將、會稽太守，尋監會稽、東陽、臨海、永嘉、新安五郡諸軍事。孝建元年，立東揚州，拜昶爲刺史，〔二〕東中郎將如故，進號後將軍。大明元年，徵爲祕書監，領驍騎將軍，加散騎常侍，遷中軍將軍、南彭城下邳二郡太守。又出爲都督江州郢州之西陽豫州之新蔡晉熙三郡諸軍事、前將軍、江州刺史。三年，徵爲護軍將軍，給鼓吹一部，增邑千戶。轉中書令，中軍將軍，尋以本號開府儀同三司，加散騎常侍，太常。從世祖南巡，坐斥皇太后龍舟，免開府，尋又以加授。前廢帝卽位，出爲使持節、都督徐兗南兗青冀幽六州豫州之梁郡諸軍事、征北將軍、徐州刺史，加散騎常侍，開府如故。

昶輕訬褊急，不能祗事世祖，大明中常被嫌責，民間喧然，常云昶當有異志。永光、景和中，此聲轉甚。廢帝既誅羣公，彌縱狂悖，常語左右曰：「我卽大位來，遂未嘗戒嚴，使人邑邑。」江夏王義恭誅後，昶表入朝，遣典籤蘧法生銜使，帝謂法生曰：「義陽與太宰謀反，〔三〕我正欲討之，今知求還，甚善。」又屢詰問法生：「義陽謀反，何故不啓？」法生懼禍，叛走還彭城。帝因此北討，親率衆過江。法生既至，昶卽聚衆起兵。統內諸郡，並不受命，斬昶使。將佐文武，悉懷異心。昶知其不捷，乃夜與數十騎開門北奔索虜，棄母妻，唯攜愛妾一人，作丈夫服，亦騎馬自隨。昶家還都，二妾各生一子。時太宗已卽位，名長者曰思遠，小者曰懷遠，尋並卒。追封懷遠爲池陽縣侯，食邑千戶。

泰始六年，以第六皇子燮字仲綏繼昶，改昶封爲晉熙王。燮襲爵，食邑三千戶。

太宗既以燮繼昶，乃下詔曰：「夫虎狼護子，猴猨負孫，毒性薄情，亦有仁愛，故識念氣類，尚均羣品，況在人倫，可忘天屬。晉熙太妃謝氏，沈刻無親，物理罕比，征北公雖孝道無

替，而遭此不慈，自少及長，闕恩鞠之□，乃至休否莫關，寒溫不訪，晨昏屏塞，定省靡因。事無違忤，動致誚責，毒句發口，人所難聞。加惡備苦，過於讎隙，遂事憤於宗姻，義傷於行路。公故妃郗氏，婦禮無違，逢此嚴酷，遂以憂卒，用夭盛年。又謝氏食則豐珍，衣則文麗，奉己之餘，播覃羣下；而諸孫纊不溫體，食不充飢，付於姆嬭之手，縱以任軍之路。遇其所生，棄若糞土，繿縷比於重囚，窮困過於下使。誠皇規方遠，沙塞將一，公修短不諱，亦難豫圖。兼妾女累弱，一第領主，防閑之道，人理斯急。朕所以詔第六子燮奉公爲胤，欲以毗整一門，爲公繼紹。但謝氏待骨肉至親，尚相棄蔑；況以義合，免苦爲難。患萌防漸，危機須斷，便可還其本家，削絕蕃秩。」先是改謝氏爲射氏。

時主幼時艱，宗室寡弱。元徽元年，燮年四歲，以爲使持節、監郢州豫州之西陽司州之義陽二郡諸軍事、征虜將軍、郢州刺史，以黃門郎王奐爲長史，總府州之任。明年，太尉、江州刺史桂陽王休範舉兵逼朝廷，燮遣中兵參軍馮景祖襲尋陽，休範留中兵參軍毛惠連、州別駕程罕之居守，開門詣景祖降。進燮號安西將軍，加督江州諸軍事，復昶所生謝氏爲晉熙國太妃。四年，又進燮鎭西將軍，加鼓吹一部。順帝卽位，徵爲使持節、都督揚南徐二州諸軍事、撫軍將軍、揚州刺史。先是，齊世子爲燮安西長史，行府州事，時亦被徵爲左衞將軍，與燮俱下。會荊州刺史沈攸之舉兵反，世子因奉燮鎭尋陽之盆城，據中流，爲內外形

援。攸之平，變還京邑。齊王爲南徐州，變解督南徐，進督南豫、江州諸軍事，進號中軍將軍、開府儀同三司，遷司徒。齊受禪，解司徒，降封陰安縣侯，[一三]食邑千五百戶。謀反，賜死。

始安王休仁，文帝第十二子也。元嘉二十九年，年十歲，立爲建安王，食邑二千戶。孝建三年，爲祕書監，領步兵校尉。尋都督南兗徐二州諸軍事、冠軍將軍、南兗州刺史。大明元年，入爲侍中，領右軍將軍。四年，出爲湘州刺史，加散騎常侍，加號平南將軍。八年，遷使持節、督江州南豫州之晉熙新蔡郢州之西陽三郡諸軍事、安南將軍、江州刺史。未拜，徙爲散騎常侍、太常，又不拜。仍爲護軍將軍，常侍如故。前廢帝永光元年，遷領軍將軍，常侍如故。景和元年，又遷使持節、都督雍梁南北秦四州諸軍事、安西將軍、寧蠻校尉、雍州刺史，未之任，留爲散騎常侍、護軍將軍，[一四]又加特進、左光祿大夫，給鼓吹一部。

時廢帝狂悖無道，誅害羣公，忌憚諸父，並囚之殿內，毆捶淩曳，無復人理。休仁及太宗、山陽王休祐，形體並肥壯，帝乃以竹籠盛而稱之，以太宗尤肥，號爲「猪王」，號休仁爲

「殺王」，休祐爲「賊王」。以三王年長，尤所畏憚，故常錄以自近，不離左右。東海王禕凡劣，號爲「驢王」，桂陽王休範、巴陵王休若年少，故並得從容。嘗以木槽盛飯，內諸雜食，攪令和合，掘地爲坑穽，實之以泥水，裸太宗內坑中，和槽食置前，令太宗以口就槽中食，用之爲歡笑。欲害太宗及休仁、休祐前後以十數，休仁多計數，每以笑調佞諛悅之，故得推遷。常於休仁前使左右淫逼休仁所生楊太妃，左右並不得已順命，以至右衞將軍劉道隆，道隆歡以奉旨，盡諸醜狀。時廷尉劉曚妾孕，[一五]臨月，迎入後宮，冀其生男，欲立爲太子。太宗嘗忤旨，帝怒，乃倮之，縛其手脚，以杖貫手脚內，使人檐付太官，曰：「卽日屠猪。」休仁笑謂帝曰：「猪今日未應死。」帝問其故，休仁曰：「待皇太子生，殺猪取其肝肺。」帝意乃解，曰：「且付廷尉。」一宿出之。

帝將南遊荆、湘二州，明旦欲殺諸父便發。其夕，太宗克定禍難，殞帝於華林園。休仁卽日推崇太宗，便執臣禮。明旦，休仁出住東府。時南平、廬陵敬先兄弟，爲廢帝所害，[一六]猶未殯殮，休仁、休祐同載臨之，開帷歡笑，奏鼓吹往反，時人咸非焉。

先是，廢帝進休仁爲驃騎大將軍、開府儀同三司，常侍如故。未拜，太宗令書以爲使持節、侍中、都督揚南徐二州諸軍事、司徒、尚書令、揚州刺史，加班劍二十人，給三望十五乘。時劉道隆爲護軍，休仁請求解職，曰：「臣不得與此人同朝。」上乃賜道隆死。

尋諸方逆命，休仁都督征討諸軍事，增班劍三十人。出據虎檻，進據赭圻。尋領太子太傅，總統諸軍，隨宜應接。中流平定，休仁之力也。初行，與蘇侯神結爲兄弟，以求神助。及事平，太宗與休仁書曰：「此段殊得蘇侯兄弟力。」增休仁邑四千戶，固辭，乃受千戶。上流雖平，薛安都據彭城，招引索虜，復都督北討諸軍事，又增邑三千戶，不受。時豫州刺史殷琰據壽陽，未平。晉平王休祐先督征討諸軍事，休祐出領江陵，休仁代督西討諸軍事。泰始五年，進都督豫、司二州。

休仁年與太宗鄰亞，俱好文籍，素相愛友。及廢帝世，同經危難，太宗又資其權譎之力。泰始初，四方逆命，兵至近畿，休仁親當矢石，大勳克建，任總百揆，親寄甚隆。朝野四方，莫不輻湊。上漸不悅。休仁悟其旨，其冬，表解揚州，見許。六年，進位太尉，領司徒，固讓，又加漆輪車、劍履。太宗末年多忌諱，猜害稍甚，休仁轉不自安。及殺晉平王休祐，憂懼彌切。其年，上疾篤，與楊運長等爲身後之計，慮諸弟强盛，太子幼弱，將來不安。運長又慮帝宴駕後，休仁一旦居周公之地，其輩不得秉權，彌贊成之。上疾嘗暴甚，內外莫不屬意於休仁，主書以下，皆往東府詣休仁所親信，[一七]豫自結納，其或直不得出者，皆恐懼。上既宿懷此意，至是又聞物情向之，乃召休仁入見。既而又謂曰：「夕可停尚書下省宿，明可早來。」其夜，遣人齎藥賜休仁死，時年三十九。[一八]

上寢疾久，內外隔絕，慮人情有同異，自力乘轝出端門。休仁死後，乃詔曰：「夫無將之誅，諒惟通典，知咎自引，實有偏介。劉休仁地屬密親，位居台重，朕友寄特深，寵秩兼茂。不能弘贊國猷，裨宣政道，而自處相任，妄生猜嫌，側納羣小之說，內懷不逞之志，晦景蔽迹，無事陽愚。因近疾患沉篤，內外憂悚，休仁規逼禁兵，謀爲亂逆。朕曲推天倫，未忍明法，申詔詰礪，辨覈事原。休仁慚恩懼罪，遽自引決。追尋悲痛，情不自勝，思屈法科，以申矜悼。可宥其二子，幷全封爵。但家國多虞，釁起台輔，永尋既往，感慨追深。」

有司奏曰：「臣聞明罰無親，情屈於司綱，國典有經，威申於義滅。是以梁、趙之誅，跣出稱過，來言之罰，克入致動。謹案劉休仁苞蓄禍迹，事蔽於天明，竄匿沉姦，情宣於民聽。自以屬居戚近，早延恩睦，異禮殊義，望越常均。往歲授鉞南討，本非才命，啓行濃湖，特以親攝，仰遵廟略，俯藉衆効，屬承泰運，竊附成勳，而亟叨天功，多自臧伐。既聖明御宇，躬覽萬機，百司有紀，官方無越，而休仁矜勳怙貴，自謂應總朝權，遂妄生疑難，深自猜外。故司空晉平剌王休祐，少無令業，長滋貪暴，莅任陜荆，毒流西夏，編戶嗟散，列邑彫虛，聖澤含弘，未明正憲。亟與休仁論其愆迹，辭意既密，不宜傳廣，遂飾容旨，反相勸激。休祐以休仁位居朝右，任遇優崇，必能爲己力援，故深相黨結。休祐於是輸金薦寶，承顏接意，遣膝之間，必論朝政，遂無日不俱行，無時不同宿，聲酣聚集，密語淸閑。休仁含姦扇惑，善於

計數，說休祐使外託專愼之法，密行貪詐之心，謂朝廷不覺，人莫之悟。休祐遂乃外積怨懼，內協禍心，旣得贊激，凶慝轉熾，與休仁共爲姦謀，潛伺機隙，圖造釁變，規肆凶狡。休祐致殞倉卒，〔一九〕實維天誅，而晉平國太妃妾邢不能追慚子惡，上感曲恩，更懷不逞，巫蠱祝詛。休仁因聖躬不和，猥謀姦逆，滅道反常，莫斯爲甚，殛肆朝市，庶申國刑，而法網未加，自引厥命。天慈矜厚，滅法崇恩，賜全二息，及其爵封，斯誠弘風曠德，貫絕通古，然非所以棄惡流釁，懲懼亂臣者也。臣等參議，謂宜追降休仁爲庶人，絕其屬籍，見息悉徙遠郡。休祐惡謀始露，亦宜裁黜，徙削之科，一同舊準。收邢付獄，依法窮治。」詔曰：「邢亞婦狂愚，不足與計。休仁知釁自引，情有追傷，可特爲降始安縣王，食邑千戶，幷停伯融等流徙，聽襲封爵。伯猷先紹江夏國，令還本，賜爵鄉侯。」

上旣殺休仁，慮人情驚動，與諸方鎭及諸大臣詔曰：

休仁致殞，卿未具悉，事之始末，今疏以相示。

休祐貪恣非政，法網之所不容。昔漢梁孝王、淮南厲王無它釁悖，正以越漢制度耳。況休祐吞嚼聚斂，爲西數州之蝗，取與鄙虐，無復人情。屢得王景文、褚淵、沈攸之等啓，陳其罪惡，轉不可容。吾篤兄弟之恩，不欲致之以法，且每恨大明兄弟情薄，親見休祐屯苦之時，始得寬寧，彌不忍問。所以改授徐州，冀其去朝廷近，必應能自悛

革。及拜徐州，未及之任，便徵動萬端，暴濁愈甚，旣每爲民蠹，不可復全。休仁身粗有知解，兼爲宰相；又吾與其兄弟情昵，特復異常，頗與休仁論休祐釁狀。休祐以休仁爲吾所親，必應知吾意，又云休仁言對，能爲損益。遂多與財賂，深相結事，乃寢必同宿，行必共車。休仁性軟，易感說，遂成繾綣，共爲一家，是吾所吐密言，一時倒寫。吾與休仁，少小異常，唯虛心信之，初不措疑。雖爾猶慮淸閑之時，非意脫有聞者。吾近向休祐推情，戒訓嚴切，休祐更不復致疑。休祐死後，吾將其內外左右，問以情狀，方知言語漏泄幷具之由，彌日懊惋，心神萎孰。休仁又說休祐云：「汝但作佞，此法自足安。我常秉許爲家，從來頗得此力。但試用，看有驗不？」休祐從之，於是大有獻奉，言多乖實，積惡旣不可恕。

自休祐殞亡之始，休仁款曲共知。休仁旣無罪釁，主相本若一體，吾之推意，初無有間。休祐貪愚，爲天下所疾，致殞之本，爲民除患，兄弟無復多人，彌應思弔不咸，益相親信。休祐平生，狠抗無賴，吾慮休仁往哭，或生祟禍。且吾爾日本辦仗往哭，晚定不行。吾所以爲設方便，呼入在省。而休仁得吾召入，大自驚疑，遂入辭楊太妃，顏色狀意，甚與常異。旣至省，楊太妃驟遣監子去來參察。從此日生嫌懼，而吾之推情，初不疑覺。從休祐死後，吾再幸休仁第，飲噉極日，排閤入內，初無猜防，休仁坐生嫌畏。

一日，吾春中多期射雉，每休仁淸閑，多往雉場中，或敕使陪輦，及不行日，多不見之。每値宵，休仁輒語左右云：「我已復得今一日。」及在房內見諸妓妾，恒語：「我去不知朝夕見底，若一旦死去作鬼，亦不取汝，取汝正足亂人耳。」休祐死時，日已三晡，吾射雉，始從雉場出，休仁從騎在右，伏野中，吾遣人召之，稱云：「腹痛，不堪騎馬。」爾時諸王車皆停在朱雀門裏，日旣暝，不暇遠呼車，吾衣書車近在離門裏，敕呼來，下油幢絡，擬以載之。吾由來諳悉其體有冷患，聞腹痛，知必是冷，乃敕太醫上省送供御高梁薑飲以賜之。休仁得飲，忽大驚，告左右稱：「敗今日了。」左右答曰：「此飲是御師名封題。」休仁乃令左右先飲竟，猶不甚信，乃僶俛噬之，裁進一合許。妄生嫌貳，事事如是。由來十日五日，一就問太妃。自休祐死後，每吾詔，必先至楊太妃問，如分別狀。休仁由來自營府國興生文書，二月中，史承祖齎文書呈之，忽語承祖云：「我得成許那，何煩將來。」吾虛心如舊，不復見信，旣懷不安，大自嫌恐，惟以情理，不容復有善心。

休仁旣經南討，與宿衞將帥經習狎共事相識者，布滿外內。常日出入，於廂下經過，與諸相識將帥，都不交言。及吾前者積日失適，休仁出入殿省，諸衞主帥裁相悉者，無不和顏厚相撫勞。爾時吾旣甚惡，意不欲見外人，悠悠所傳，互言差劇。休仁規欲聞知方便，使曇度道人及勞彥遠屢求啓，闞覘吾起居。及其所啓，皆非急事，吾意亦

不厝疑。吾與休仁，親情實異，年少以來，恒相追隨，情向大趣，亦往往多同，難否之日，每共契闊。休仁南討爲都統，旣有勳績，狀之於心，亦何極已。但休仁於吾，望旣不輕，小人無知，亦多挾背向，旣生猜貳，不復自寧。夫禍難之由，皆意所不悟，如其意趣，人莫能測，事不獲已，反覆思惟，不得不有近日處分。夫於兄弟之情，不能無厚薄。休祐之亡，雖復悼念，猶可以理割遣；及休仁之殞，悲慼特深，千念不能已已，舉言傷心。事之細碎，旣不可曲載詔文，恐物不必卽解，兼欲存其兒子，不欲窮法。爲詔之辭，不得不云有兵謀，非事實也。故相報卿知。

上與休仁素厚，至於相害，慮在後嗣不安。休仁旣死，痛悼甚至，謂人曰：「我與建安年時相鄰，少便狎從。景和、泰始之間，勳誠實重。事計交切，不得不相除。痛念之至，不能自已。今有一事不如與諸侯共說，歡適之方，於今盡矣。」因流涕不自勝。

子伯融，妃殷氏所生。殷氏，吳興太守沖女也。范陽祖翻有醫術，姿貌又美，殷氏有疾，翻入視脉，說之，遂通好。事泄，遣還家賜死。伯融歷南豫州刺史，琅邪、臨淮二郡太守，寧朔將軍，廣州刺史，不之職。廢徙丹楊縣。後廢帝元徽元年，還京邑，襲封始興王。〔三〇〕弟伯猷，初出繼江夏愍王伯禽，封江夏王，邑二千戶。休仁死後還本，與伯融俱徙丹楊縣。後廢帝元徽元年，賜爵都鄉侯。建平王景素爲逆，楊運長等畏忌宗室，稱詔賜伯融等死。伯

融時年十九，偕猷年十一。

晉平剌王休祐，文帝第十三子也。孝建二年，〔二一〕年十一，封山陽王，食邑二千戶。大明元年，爲散騎常侍，領長水校尉，尋還東揚州刺史。未拜，徙湘州刺史，加號征虜將軍。四年，還爲祕書監，領右軍將軍，增邑千戶。還侍中，又遷左中郎將，都官尚書，又爲祕書監，領驍騎將軍，出爲使持節、都督豫司二州南豫州之梁郡諸軍事、右將軍、豫州刺史。景和元年，入朝，進號鎮西大將軍，仍還散騎常侍、鎮軍大將軍、開府儀同三司。

太宗定亂，以爲使持節、都督荆湘雍益梁寧南北秦八州諸軍事、驃騎大將軍、荆州刺史，開府、常侍如故。又改都督江郢雍湘五州、江州刺史。〔二二〕又改都督江南豫司州、南豫州刺史，改都督豫江司三州、豫州刺史。時豫州刺史殷琰據壽陽反叛，休祐出鎮歷陽，督劉勔等討琰，琰未平，勔築長圍守之。休祐復徙都督荆湘雍益梁寧南北秦八州諸軍事、荆州刺史，持節、常侍、將軍、開府並如故，增封二千戶，受五百戶。以山陽荒敝，改封晉平王。

休祐素無才能，强梁自用，大明之世，年尚少，未得自專，至是貪淫，好財色。在荆州，

裒刻所在，多營財貨。以短錢一百賦民，田登，就求白米一斛，米粒皆令徹白，若有破折者，悉刪簡不受。民間糴此米，一升一百。至時又不受米，評米責錢。凡諸求利，皆悉如此，百姓嗷然，不復堪命。泰始六年，徵爲都督南徐南兗徐兗青冀六州諸軍事、南徐州刺史，加侍中，持節、將軍如故。上以休祐貪虐不可莅民，留之京邑，遣上佐行府州事。

休祐佷戾强梁，前後忤上非一。在荆州時，左右苑景達善彈棊，〔二三〕上召之，休祐留不遣。上怒，詰責之曰：「汝剛戾如此，豈爲下之義。」積不能平。且慮休祐將來難制，欲方便除之。七年二月，車駕於巖山射雉，有一雉不肯入場，日暮將反，令休祐射之。語云：「不得雉，勿歸。」休祐時從在黃麾內，左右從者並在部伍後，休祐便馳去，上遣左右數人隨之。上旣還，前驅清道，休祐人從悉分散，不復相得，上因遣壽寂之等諸將追之。日已欲闇，與休祐相及，逼令墜馬。休祐素勇壯有氣力，奮拳左右排擊，莫得近。有一人後引陰，因頓地，卽共毆拉殺之。乃遣人馳白上，行唱：「驃騎落馬。」上曰：「驃騎體大，落馬殊不易。」卽遣御醫絡驛相係。頃之，休祐左右人至，久已絕。去車腳，輿以還第，時年二十七。追贈司空，持節、侍中、都督、刺史如故，給班劍二十人，〔二四〕望車一乘。時巴陵王休若在江陵，其日卽馳信報休若曰：「吾與驃騎南山射雉，驃騎馬驚，與直閤夏文秀馬相蹹，文秀墮地，驃騎失鞚，馬驚，觸松樹墮地，落礀中，時頓悶，不識人，故馳報弟。」其年五月，追免休祐爲庶人。

長子士蒨，早卒。次子宣翊爲世子，爲寧朔將軍、湘州刺史，未拜，免廢。次士弘，繼鄱陽哀王休業，襲封，被廢還本。次宣彥，封原豐縣侯，爲寧朔將軍、彭城太守，未拜，免廢。次宣諒。次宣曜，出繼南平穆王鑠封，被廢還本。次宣景，次宣梵，次宣覺，次宣受，次宣則，次宣直，次宣季，凡十三子，並徙晉平郡。太宗寢病，見休祐爲祟，乃遣前中書舍人劉休至晉平撫慰宣翊等，上遂崩。後廢帝元徽元年，聽宣翊等還都。順帝昇明三年，謀反，並賜死。

鄱陽哀王休業，文帝第十五子也。孝建二年，年十一，封鄱陽王，食邑二千戶。三年，薨，追贈太常。大明六年，以山陽王休祐次子士弘嗣封。被廢還本，國除。

臨慶沖王休倩，文帝第十六子也。孝建元年，年九歲，疾篤，封東平王，食邑二千戶，未拜，薨。

大明七年，立第二十七皇子子嗣爲東平王，紹休倩後。太宗泰始二年還本，國絕。六年，以第五皇子智井爲東平王，繼休倩，未拜薨。其年，追改休倩爲臨慶王，以臨賀郡爲臨慶國，立第八皇子躋爲臨慶王，食邑二千戶，繼休倩後。明年，還本國。休倩，太祖所愛，故前後屢加紹門嗣。

新野懷王夷父，文帝第十七子也。元嘉二十九年，薨，時年六歲。太宗泰始五年，追加封諡。

巴陵哀王休若，文帝第十九子也。孝建三年，年九歲，封巴陵王，食邑二千戶。大明二年，爲冠軍將軍、南琅邪臨淮二郡太守，徙南彭城、下邳二郡太守，將軍如故。四年，出爲都督徐州諸軍事、徐州刺史，〔二五〕將軍如故，增督豫州之梁郡，增邑千戶。明年，徵爲散騎常侍、左中郎將、吳興太守。〔二六〕復徵爲散騎常侍、太常。未拜，前廢帝永光元年，遷左衞將軍。太宗泰始元年，遷散騎常侍、中

書令，領衞尉。未拜，復爲左衞將軍，常侍、衞尉如故。又未拜，出爲使持節、都督會稽東陽永嘉臨海新安五郡諸軍事、領安東將軍、會稽太守，率衆東討。進督吳、吳興、晉陵三郡。尋加散騎常侍，進號衞將軍，給鼓吹一部。又進督晉安□□二郡諸軍事。

二年，遷雍梁南北秦四州郢州之竟陵隨二郡諸軍事、寧蠻校尉、雍州刺史，〔二六〕持節、常侍、將軍如故，增邑二千戶，受三百戶。前在會稽，錄事參軍陳郡謝沈以諂佞事休若，多受賄賂。時內外戒嚴，普著袴褶，沈居母喪，被起，聲樂酣飲，不異吉人，衣冠既無殊異，並不知沈居喪，嘗自稱孤子，衆乃駭愕。休若坐與沈褻黷，致有姦私，降號鎮西將軍。又進衞將軍。典籤夏寶期事休若無禮，繫獄，啓太宗殺之，慮不被許，啓未報，輒於獄行刑，信反果錮送，而寶期已死。上大怒，與休若書曰：「孝建、大明中，汝敢行此邪？」休若母加杖三百，降號左將軍，貶使持節都督爲監，行雍州刺史，使寧蠻校尉，削封五百戶。四年，遷使持節、都督湘州諸軍事、行湘州刺史，將軍如故。〔二七〕六年，荆州刺史晉平王休祐入，以休若監荆州事，進號征南將軍、湘州刺史。仍爲都督荆湘雍益梁寧南北秦八州諸軍事、征西將軍、荆州刺史，持節如故。尋加散騎常侍，又進號征西大將軍、開府儀同三司。

七年，晉平王休祐被殺，建安王休仁見疑，京邑謠言休若有至貴之表，太宗以言報之，休若內甚憂懼。會被徵，代休祐爲都督南徐南兗徐兗青冀六州諸軍事、征北大將軍、南徐

州刺史，持節、常侍、開府如故。休若腹心將佐咸謂還朝必有大禍，中兵參軍京兆王敬先固陳不宜入，勸割據荆楚以距朝廷，休若僞許之。敬先既出，執錄，馳使白太宗，敬先坐誅死。休若至京口，建安王休仁又見害，益懷危慮。上以休若和善，能諧緝物情，慮將來傾幼主，欲遣使殺之。慮不奉詔，徵入朝，又恐猜駭，乃僞遷休若爲都督江郢司廣交豫州之西陽新蔡晉熙湘州之始興四郡諸軍事、車騎大將軍、江州刺史，持節、常侍、開府如故。徵還召拜，手書殷勤，使赴七月七日，即於第賜死，時年二十四。贈侍中、司空，持節、都督、刺史如故，給班劍二十人，三望車一乘。

休若既死，上與驃騎大將軍桂陽王休範書曰：

外間有一師，姓徐名紹之，狀如狂病，自云爲塗步郎所使。去三月中，忽云：「神語道巴陵王應作天子，汝使巴陵王密知之。」於是師便訪覓休若左右人，不能得。東宮典書姓何者相識，數去來，師解神語，東宮典書具道神語，東宮典書答云：「我識巴陵間一左右，當爲汝向道。」數日，東宮典書復來語師云：「我已爲汝語巴陵左右，道因達巴陵，巴陵具知，云莫聲但聽。」又頃者史官奏天文占候，頗云休若應挾異端。神道芒昧，乃不可全信，然前後相准，略亦不無髣髴。且帖肆間，自大明以來有「若好」之謠，于今未止。詔若百重章句，皆配以美辭美事，諸不逞之徒，咸云必是休若。休若且知道路有異音，里巷有「若好」之謠，在西已奇懼，致王敬先吐猖狂之言。近休祐、休仁被誅，休若彌不自安，又左右多是不相當負罪之徒，恒說以道路之言叩動之，相與唱云：「萬民之心，屬在休若」，感激其意。

尋休若從來心迹，殊有可嫌。劉亮問高次祖，汝一應識此人，當給休若。休若在東縱恣羣下無本末，還朝被貶，爵位小退，次祖被亮使歸，過問訊，大泣，語次祖云：「我東行是一段功，在郡橫爲羣小輩過失，大被貶降，我實憤怨，不解劉輔國何意不作。」次祖答云：「劉輔國蒙朝廷生成之恩，豈容有此理。」推此已是有奇意。吾使諸王在蕃，正令優游而已，本不以武事，而休若在西，廣召弓馬健兒，都不啓聞。又戾道明等，昔親爲賊，罪應萬死，休若至西，大信遇之，乃潛將往不啓京。吾知汝意謂休若處奉因事事何如，心迹既不復可測，因其還朝在第與書，事事詰誚於內，許密自引分，狀如暴疾致故，差得於其名位及見子悉得全也。休若既是汝弟，使其狠心得申者，汝得守冶城邊作太尉公邪？非但事關計，亦於汝甚切，汝可密白荀太妃令知。

廬江王禕昔在西州，故上云冶城邊也。

休若子沖始襲封。順帝昇明三年薨，會齊受禪，國除。

史臣曰：詩云：「不自我先，不自我後。」古人畏亂世也。太宗晚途，疑隙內成，尋斧所加，先自至戚。晉剌以獷暴摧軀，巴哀由和良酖體，保身之路，未知攸適。昔之戒子，愼勿爲善，將遠有以乎。

校勘記

〔一〕到坦之出上蔡　各本並脫「到坦之出」四字。孫虨宋書考論云：「通鑑作『中兵參軍胡盛之出汝南，梁坦出上蔡，向長社。』考異曰：『鑠傳作到坦之，今從宋略。』據此則汝南下當有『到坦之出』四字。」今補。

〔二〕滎陽民鄭德玄張和各起義以應坦之　「滎陽民」各本並作「勞楊氏」。孫虨宋書考論謂「自昔無勞郡，楊氏雖漢縣名，又屬鉅鹿，不在河南」，而鄭又爲滎陽著姓，因疑「勞楊氏」爲「滎陽民」之譌。按孫說是，今據改。

〔三〕虜永昌王宜勤庫仁眞救虎牢　「宜勤」疑即「直勤」之誤。索虜傳又誤作「宜勒」。直勤或作直懃，又見索虜傳，亦即特勤之異譯。「庫仁眞」各本並作「仁庫眞」，據索虜傳改正。

〔四〕於尉氏津逢康祖　「尉氏」疑當改從索虜傳及通鑑宋元嘉二十七年作「尉武」。通鑑考異云：「宋

略及南平王鑠傳皆作尉氏。按康祖傳云去壽陽裁數十里，然則非尉氏也。今從康祖傳及索虜傳作尉武。」

〔五〕時江夏王義恭領南兗州刺史鎮盱眙　各本並脫「南」字。按州郡志，元嘉二十八年，南兗州徙治盱眙，是脫「南」字，今據補。

〔六〕護軍常侍如故　上云爲撫軍將軍，不云爲護軍，蓋護軍爲撫軍之譌。

〔七〕以鑠爲使持節都督南兗徐兗青冀幽六州諸軍事征北將軍開府儀同三司南兗州刺史　「征北將軍」各本並作「征虜將軍」，若稱征虜，則爲降號。今據二凶傳改正。

〔八〕還加中軍將軍　「中軍」各本作「冠軍」，據南史改。冠軍，小號，宏前已爲鎮軍，中鎮撫三號比四鎮，由鎮軍加號爲中軍，資序正合。

〔九〕又奪景素鎮北將軍開府儀同三司　「鎮北」各本並作「征北」。按上云「進號鎮北將軍」，則此「征北」亦當作「鎮北」，今改正。

〔一〇〕殷瀰等固爭不能得　各本並脫「得」字，據通鑑補。

〔一一〕拜昶爲刺史　「拜」各本並作「郡」，據元龜二七八改。

〔一二〕義陽與太宰謀反　各本並脫「與」字，據魏書劉昶傳、南史、通鑑宋泰始元年補。

〔一三〕降封陰安縣侯　「陰安」各本並作「隆安」，據南史改。按時無隆安縣。宋僑置陰安於今安徽桐城縣東南。宋書州郡志，南豫州晉熙郡領陰安縣。

〔一四〕留爲散騎常侍護軍將軍　各本並脫「爲」字，據元龜二七九補。

〔一五〕時廷尉劉曚妾孕　通鑑考異云：「宋書帝紀作少府劉勝，始安王休仁傳作廷尉劉曚，宋略、南史少帝紀作少府劉曚，休仁傳作廷尉劉蒙。」

〔一六〕時南平廬陵敬先兄弟爲廢帝所害　三朝本、北監本、毛本、局本並如此，殿本作「時南平廬陵敬猷兄弟爲廢帝所害」，亦有誤。按南平王鑠三子，長子敬猷，嗣封南平王，次子敬淵，封南安縣侯，三子敬先，出嗣廬陵王紹。若三子並言封爵，則當云「南平、南安、廬陵兄弟」。若但舉南平、廬陵二王，則當如南史云「南平王敬猷、廬陵王敬先兄弟」。今廬陵舉名，南平不舉名，又奪南安侯敬淵，疑文有脫譌。

〔一七〕皆往東府詣休仁所親信　各本並脫「詣」字，據南史補。

〔一八〕時年三十九　孫虨宋書考論云：「當作二十九。」按明帝是休仁之兄，同年明帝卒，年三十四，則休仁是弟不得是三十九，疑作二十九是。

〔一九〕休祐致殞倉卒　「休祐」各本並作「休仁」，張森楷校勘記、孫虨宋書考論並云休仁當作休祐。按下云「晉平國太妃妾邢不能追慚子惡」，邢太妃生晉平王休祐，則作休祐是，今改正。

〔二〇〕襲封始興王　張森楷校勘記云：「始興當作始安，休仁降封始安縣王，非始興也。」按州郡志，湘州始建內史領始安子相，卽此縣。

〔二一〕孝建二年　「二年」各本並作「三年」，據本書孝武帝紀、南史、元龜二六四改。

〔二二〕又改都督江郢雍湘五州江州刺史　五州止四州，奪去一州。或「五」是「四」之誤。

〔二三〕左右苑景達善彈棊　「苑景達」南史、元龜二九七、二九九作「范景達」。

〔二四〕四年出爲都督徐州諸軍事徐州刺史　各本並脫「徐州刺史」之「徐州」二字。孫虨宋書考論云：「脫徐州二字。」按前未言休若任刺史，孫說是，今補正。

〔二五〕明年徵爲散騎常侍左中郎將吳興太守　「左中郎將」各本並作「左右郎將」，孫虨宋書考論云：「當是左中郎將。」按孫說是，今改正。

〔二六〕遷雍梁南北秦四州郢州之竟陵隨二郡諸軍事寧蠻校尉雍州刺史　「郢州」各本並作「荆州」。孫虨宋書考論云：「荆州當是郢州。」按州郡志，孝武孝建元年立郢州，時荆州之竟陵、隨郡二郡卽自荆州度屬郢州，孫說是，今改正。

〔二七〕將軍如故　各本並脫「將軍」二字，孫虨宋書考論云：「謂仍爲左將軍如故也。脫將軍二字。」按孫說是，今訂補。

二十四史

宋書

梁　沈約　撰

第七册

卷七三至卷八四（傳）

中華書局

宋書卷七十三

列傳第三十三

顏延之

顏延之字延年，琅邪臨沂人也。曾祖含，右光祿大夫。祖約，零陵太守。父顯，護軍司馬。〔一〕

延之少孤貧，居負郭，室巷甚陋。好讀書，無所不覽，文章之美，冠絕當時。飲酒不護細行，年三十，猶未婚。妹適東莞劉憲之，穆之子也。〔二〕穆之既與延之通家，又聞其美，將仕之，先欲相見，延之不往也。後將軍、吳國內史劉柳以爲行參軍，因轉主簿，豫章公世子中軍行參軍。

義熙十二年，高祖北伐，有宋公之授，府遣一使慶殊命，參起居，延之與同府王參軍俱奉使至洛陽，道中作詩二首，文辭藻麗，爲謝晦、傅亮所賞。宋國建，奉常鄭鮮之舉爲博士，

仍遷世子舍人。高祖受命，補太子舍人。鴈門人周續之隱居廬山，儒學著稱，永初中，徵詣京師，開館以居之。高祖親幸，朝彥畢至，延之官列猶卑，引升上席。上使問續之三義，續之雅仗辭辯，延之每折以簡要。既連挫續之，上又使還自敷釋，言約理暢，莫不稱善。徙尚書儀曹郎，太子中舍人。

時尚書令傅亮自以文義之美，一時莫及，延之負其才辭，不爲之下，亮甚疾焉。廬陵王義眞頗好辭義，待接甚厚，徐羨之等疑延之爲同異，意甚不悅。少帝卽位，以爲正員郎，兼中書，尋徙員外常侍，出爲始安太守。領軍將軍謝晦謂延之曰：「昔荀勗忌阮咸，斥爲始平郡，今卿又爲始安，可謂二始。」黃門郎殷景仁亦謂之曰：「所謂俗惡俊異，世疵文雅。」

延之之郡，道經汨潭，爲湘州刺史張邵祭屈原文以致其意，〔三〕曰：

恭承帝命，建旟舊楚。訪懷沙之淵，得捐佩之浦。弭節羅潭，艤舟汨渚，敬祭楚三閭大夫屈君之靈：

蘭薰而摧，玉貞則折。〔四〕物忌堅芳，〔五〕人諱明潔。曰若先生，逢辰之缺。溫風迨時，飛霜急節。嬴、芊遘紛，昭、懷不端。謀折儀、尙，貞蔑椒、蘭。身絕郢闕，迹遍湘干。比物荃蓀，連類龍鸞。聲溢金石，志華日月。如彼樹芬，實穎實發。望汨心欷，瞻羅思越。藉用可塵，昭忠難闕。

中華書局

元嘉三年，羨之等誅，徵爲中書侍郎，尋轉太子中庶子，頃之，領步兵校尉，賞遇甚厚。延之好酒疏誕，不能斟酌當世，見劉湛、殷景仁專當要任，意有不平，常云：「天下之務，當與天下共之，豈一人之智所能獨了！」辭甚激揚，每犯權要。謂湛曰：「吾名器不升，當由作卿家吏。」湛深恨焉，言於彭城王義康，出爲永嘉太守。延之甚怨憤，乃作五君詠以述竹林七賢，山濤、王戎以貴顯被黜，詠嵇康曰：「鸞翮有時鎩，龍性誰能馴。」詠阮籍曰：「物故可不論，途窮能無慟。」詠阮咸曰：「屢薦不入官，一麾乃出守。」詠劉伶曰：「韜精日沉飲，誰知非荒宴。」此四句，蓋自序也。湛及義康以其辭旨不遜，大怒。時延之已拜，欲黜爲遠郡，太祖與義康詔曰：「降延之爲小邦不政，有謂其在都邑，豈動物情，罪過彰著，亦士庶共悉，直欲選代，令思愆里閭。猶復不悛，當驅往東土。乃志難恕，自可隨事錄治。殷、劉意咸無異也。」乃以光祿勳車仲遠代之。延之與仲遠世素不協，屏居里巷，不豫人間者七載。中書令王球名公子，遺務事外，延之慕焉，球亦愛其材，情好甚款。延之居常罄匱，球輒贍之。晉恭思皇后葬，應須百官，湛之取義熙元年除身，以延之兼侍中。〔六〕邑吏送札，延之醉，投札於地曰：「顏延之未能事生，焉能事死！」

閑居無事，爲庭誥之文。今刪其繁辭，存其正，著于篇。曰：

庭誥者，施於閨庭之內，謂不遠也。吾年居秋方，慮先草木，故遽以未聞，誥爾在

庭。若立履之方，規鑒之明，已列通人之規，不復續論。今所載咸其素蓄，〔七〕本乎性靈，而致之心用。夫選言務一，不尚煩密，而至於備議者，蓋以網諸情非。古語曰得鳥者羅之一目，而一目之羅，無時得鳥矣。此其積意之方。

道者識之公，情者德之私。公通，可以使神明加響；私塞，不能令妻子移心。是以昔之善爲士者，必捐情反道，合公屏私。

尋尺之身，而以天地爲心；數紀之壽，常以金石爲量。觀夫古先垂戒，長老餘論，雖用細制，每以不朽見銘；繕築末迹，咸以可久承志。況樹德立義，收族長家，而不思經遠乎。

曰身行不足遺之後人。欲求子孝必先慈，將責弟悌務爲友。雖孝不待慈，而慈固植孝；悌非期友，而友亦立悌。

夫和之不備，或應以不和；猶信不足焉，必有不信。儻知恩意相生，情理相出，可使家有參、柴，人皆由、損。

夫內居德本，外夷民譽，言高一世，處之逾默，器重一時，體之滋沖，不以所能干衆，不以所長議物，淵泰入道，與天爲人者，士之上也。若不能遺聲，欲人出己，知柄在虛求，不可校得，敬慕謙通，畏避矜踞，思廣監擇，從其遠猷，文理精出，而言稱未達，論問宣茂，而不以居身，此其亞也。若乃聞實之爲貴，以辯畫所克，見聲之取榮，謂爭奪可獲，言不出於戶牖，自以爲道義久立，才未信於僕妾，而曰我有以過人，於是感苟銳之志，馳傾觖之望，豈悟已挂有識之裁，入修家之誡乎。記所云「千人所指，無病自死」者也。行近於此者，吾不顧聞之矣。

凡有知能，預有文論，若不練之庶士，〔八〕校之羣言，通才所歸，前流所與，焉得以成名乎。若呻吟於牆室之內，喧囂於黨輩之間，竊議以迷寡聞，妲語以敵要說，是短算所出，而非長見所上。適值尊朋臨座，稠覽博論，而言不入於高聽，人見棄於衆視，則慌若迷塗失偶，黶如深夜撤燭，銜聲茹氣，腆默而歸，豈識向之夸慢，祇足以成今之沮喪邪。此固少壯之廢，爾其戒之。

夫以怨誹爲心者，未有達無心救得喪，多見誚耳。此蓋臧獲之爲，豈識量之爲事哉。是以德聲令氣，愈上每高，忿言懟議，每下愈發。有尚於君子者，寧可不務勉邪。雖曰恒人，情不能素盡，故當以遠理勝之，么算除之，豈可不務自異，而取陷庸品乎。

富厚貧薄，事之懸也。以富厚之身，親貧薄之人，非可一時同處。〔九〕然昔有守之無怨，安之不悶者，蓋有理存焉。夫既有富厚，必有貧薄，豈其證然，時乃天道。若人皆厚富，是理無貧薄。然乎？必不然也。若謂富厚在我，則宜貧薄在人。可乎？又不

可矣。道在不然，義在不可，而横意去就，謬生希幸，以爲未達至分。

蠶溫農飽，民生之本，躬稼難就，止以僕役爲資，當施其情願，庀其衣食，定其當治，遞其優劇，出之休饗，後之捶責，雖有勸恤之勤，而無霑曝之苦。

務前公稅，以遠吏讓，無急傍費，以息流議，量時發斂，視歲穰儉，省贍以奉己，損散以及人，此用天之善，御生之得也。

率下多方，見情爲上；立長多術，晦明爲懿。雖及僕妾，情見則事通；雖在畎畝，明晦則功博。若奪其常然，役其煩務，使威烈雷霆，猶不禁其欲；雖棄其大用，窮其細瑕，或明灼日月，將不勝其邪。故曰：「孱焉則差，的焉則闇。」是以禮道尚優，法意從刻。優則人自爲厚，刻則物相爲薄。耕收誠鄙，此用不忒，所謂野陋而不以居心也。

含生之氓，同祖一氣，等級相傾，遂成差品，遂使業習移其天識，世服沒其性靈。至夫願欲情嗜，宜無間殊，或役人而養給，然是非大意，不可侮也。隅奧有竈，齊侯蔑寒，犬馬有秩，管、燕輕饑。若能服溫厚而知穿弊之苦，明周之德；厭滋旨而識寡嗛之急，仁恕之功。豈與夫比肌膚於草石方手足於飛走者同其意用哉。罰慎其濫，惠戒其偏。罰濫則無以爲罰，惠偏則不如無惠。雖爾眇末，猶扁庸保之上，事思反己，動類念物，則其情得，而人心塞矣。

扑博蒲塞，會衆之事，諧調哂謔，適坐之方，〔一〇〕然失敬致侮，皆此之由。方其剋瞻，彌喪端儼，況遭非鄙，慮將醜折。豈若拒其容而簡其事，靜其氣而遠其意，使言必詳厭，賓友清耳，笑不傾撫，左右悦目。非鄙無因而生，侵侮何從而入，此亦持德之管籥，爾其謹哉。

嫌惑疑心，誠亦難分，豈唯厚貌蔽智之明，深情怯剛之斷而已哉。必使猜怨愚賢，則矉笑入戾，期變犬馬，則步顧成妖。〔一一〕況動容竊斧，束裝濫金，又何足論。是以前王作典，明慎議獄，而僭濫易意；朱公論璧，光澤相如，而倍薄異價。此言雖大，可以戒小。

遊道雖廣，交義爲長。得在可久，失在輕絶。久由相敬，絶由相狎。愛之勿勞，當扶其正性，忠而勿誨，必藏其枉情。輔以藝業，會以文辭，使親不可褻，疏不可間，每存大德，無挾小怨。率此往也，足以相終。

酒酌之設，可樂而不可嗜，嗜而非病者希，病而遂眚者幾。既眚既病，將蔑其正。若存其正性，紓其妄發，其唯善戒乎。聲樂之會，可簡而不可違，違而不背者鮮矣，背而非弊者反矣。既弊既背，將受其毀。必能通其礙而節其流，意可爲和中矣。

善施者豈唯發自人心，〔一二〕乃出天則。與不待積，取無謀實，並散千金，誠不可能。贍人之急，雖乏必先，使施如王丹，受如杜林，〔一三〕亦可與言交矣。

浮華怪飾，滅質之具；奇服麗食，棄素之方。動人勸慕，傾人顧盼，可以遠識奪，難用近欲從。若覩其淫怪，知生之無心，爲見奇麗，能致諸非務，則不抑自貴，不禁自止。

夫數相者，必有之徵，既聞之術人，又驗之吾身，理可得而論也。人者兆氣二德，稟體五常。二德有奇偶，五常有勝殺，及其爲人，寧無叶沴。亦猶生有好醜，死有夭壽，人皆知其懸天；至於丁年乖遇，中身迂合者，豈可易地哉。是以君子道命愈難，識道愈堅。

古人恥以身爲溪壑者，屏欲之謂也。欲者，性之煩濁，氣之蒿蒸，故其爲害，則熏心智，耗眞情，傷人和，犯天性。雖生必有之，而生之德，猶火含煙而煙妨火，桂懷蠹而蠹殘桂，〔一四〕然則火勝則煙滅，蠹壯則桂折。故性明者欲簡，嗜繁者氣惛，去明即惛，難以生矣。〔一五〕是以中外羣聖，〔一六〕建言所黜，儒道衆智，發論是除。然有之者不患誤深，〔一七〕故藥之者恒苦術淺，所以毀道多而於義寡。〔一八〕頓盡誠難，每指可易，能易每指，亦明之末。

廉嗜之性不同，故畏慕之情或異，從事於人者，無一人我之心，不以己之所善謀人，爲有明矣。不以人之所務失我，能有守矣。己所謂然，而彼定不然，奕棊之蔽；悦彼之可，而忘我不可，學顰之蔽。將求去蔽者，念通怍介而已。

流言謗議，有道所不免，況在闕薄，難用算防。接應之方，言必出己。或信不素積，嫌間所襲，或性不和物，尤怨所聚，有一于此，何處逃毀。苟能反悔在我，而無責於人，必有達鑒，昭其情遠，識迹其事。日省吾躬，月料吾志，寬默以居，潔靜以期，神道必在，何恤人言。

諺曰：富則盛，貧則病矣。貧之病也，不唯形色麤黶，或亦神心沮廢；豈但交友疎棄，必有家人誚讓。非廉深識遠者，何能不移其植。故欲蠲憂患，莫若懷古。懷古之志，當自同古人，見通則憂淺，意遠則怨浮，昔有琴歌於編蓬之中者，〔一九〕用此道也。

夫信不逆彰，義必幽隱，〔二〇〕交賴相盡，明有相照。一面見旨，則情固丘岳，一言中志，則意入淵泉。以此事上，水火可蹈，以此託友，金石可弊，豈待充其榮實，乃將議報，厚之篚篋，然後圖終。如或與立，茂思無忽。

禄利者受之易，易則人之所榮；蠶穡者就之艱，艱則物之所鄙。艱易既有勤倦之情，榮鄙又間向背之意，此二塗所爲反也。以勞定國，以功施人，則役徒屬而擅豐麗；自埋於民，自事其生，則督妻子而趨耕織。必使陵侮不作，懸企不萌，所謂賢鄙處宜，華野同泰。

人以有惜爲質，非假嚴刑；有恒爲德，不慕厚貴。有惜者，以理葬；有恒者，與物

終。世有位去則情盡，斯無惜矣。又有務謝則心移，斯不恒矣。又非徒若此而已，或見人休事，則懃蕲結納，及聞否論，則處彰離貳，附會以從風，隱竊以成釁，朝吐面譽，暮行背毀，昔同稽款，今猶叛戾，斯爲甚矣。又非唯若此而已，或憑人惠訓，藉人成立，與人餘論，依人揚聲，曲存稟仰，甘赴塵軌。衰沒畏遠，忌聞影迹，又蒙蔽其善，〔二一〕毀之無度，心短彼能，私樹己拙，自崇恒輩，罔顧高識，有人至此，實蠹大倫。每思防避，無通闒伍。

覩驚異之事，或涉流傳；〔二二〕遭卒迫之變，反思安順。若異從己發，將尸謗人，迫而又迕，愈使失度。能夷異如裴楷，處逼如裴遐，可稱深士乎。

喜怒者有性所不能無，常起於褊量，而止於弘識。然喜過則不重，怒過則不威，能以恬漠爲體，寬愉爲器，則爲美矣。〔二三〕大喜蕩心，微抑則定，甚怒煩性，小忍即歇。故動無愆容，〔二四〕舉無失度，則物將自懸，人將自止。

習之所變亦大矣，豈唯蒸性染身，乃將移智易慮。故曰：「與善人居，如入芷蘭之室，久而不知其芬。」與之化矣。「與不善人居，如入鮑魚之肆，久而不知其臭。」與之變矣。是以古人慎所與處。唯夫金眞玉粹者，乃能盡而不汙爾。故曰：「丹可滅而不能使無赤，石可毀而不可使無堅。」苟無丹石之性，必慎浸染之由。能以懷道爲念，〔二五〕必

存從理之心。道可懷而理可從，則不議貧，議所樂爾。或云：「貧何由樂？」此未求道意。道者，瞻富貴同貧賤，理固得而齊。[二六]自我喪之，未爲通議，苟議不喪，夫何不樂。

或曰，溫飽之貴，所以榮生，饑寒在躬，空曰從道，取諸其身，將非篤論，此又通理所用。凡養生之具，豈間定實，[二七]或以膏腴夭性，有以菽藿登年。中散云，所足在內，不由於外。[二八]是以稱體而食，貧歲愈嗛；量腹而炊，豐家餘飡。非粒實息耗，意有盈虛爾。況心得優劣，[二九]身獲仁富，明白入素，氣志如神，雖十旬九飯，不能令饑，業席三屬，不能爲寒。豈不信然。

且以己爲度者，無以自通彼量。渾四游而幹五緯，天道弘也。振河海而載山川，地道厚也。一情紀而合流貫，人靈茂也。昔之通乎此數者，不爲剖判之行，必廣其風度，無挾私殊，博其交道，靡懷曲異。[三〇]故望塵請友，則義士輕身，一遇拜親，則仁人投分。此倫序通允，禮俗平一，上獲其用，下得其和。

世務雖移，前休未遠，人之適主，吾將反本。夫人之生，[三一]暫有心識，[三二]幼壯驟過，衰耗騖及。其間夭鬱，既難勝言，假獲存遂，又云無幾。柔麗之身，亟委土木，剛清之才，遽爲丘壤，回遑顧慕，雖數紀之中爾。以此持榮，曾不可留，以此服道，亦何能平。進退我生，遊觀所達，得貴爲人，將在含理。含理之貴，惟神與交，幸有心靈，義無

自惡，偶信天德，逝不上慚。欲使人沈來化，志符往哲，勿謂是賒，日鑿斯密。著通此意，吾將忘老，如曰不然，[三三]其誰與歸。偶懷所撰，[三四]略布衆條，[三五]若備舉情見，顧未書一。贍身之經，別在田家節政；奉終之紀，自著燕居畢義。

劉湛誅，起延之爲始興王濬後軍諮議參軍，御史中丞。在任縱容，無所舉奏。遷國子祭酒、司徒左長史，坐啓買人田，不肯還直，尚書左丞荀赤松奏之曰：「求田問舍，前賢所鄙。延之唯利是視，輕冒陳聞，依傍詔恩，拒捍餘直，垂及周年，猶不畢了，昧利苟得，無所顧忌。延之昔坐事屏斥，復蒙抽進，而曾不悛革，怨誹無已。交遊闒茸，沈迷麴蘗，橫興譏謗，詆毀朝士。仰竊過榮，增憤薄之性；私恃顧盻，成强梁之心。外示寡求，內懷奔競，干祿祈遷，不知極已，預讌班觴，肆罵上席。山海含容，每存遵養，愛兼彫蟲，未忍遐棄，而驕放不節，日月彌著。臣聞聲問過情，孟軻所恥，況聲非外來，問由己出，雖心智薄劣，而高自比擬，客氣虛張，曾無愧畏，豈可復弼亮五教，增曜台階。請以延之訟田不實，妄干天聽，以强凌弱，免所居官。」詔可。

復爲祕書監，光祿勳，太常。時沙門釋慧琳，以才學爲太祖所賞愛，每召見，常升獨榻，延之甚疾焉。因醉白上曰：「昔同子參乘，袁絲正色。此三台之坐，豈可使刑餘居之。」上變色。延之性既褊激，兼有酒過，肆意直言，曾無遏隱，故論者多不知云。居身清約，不營財

利，布衣蔬食，獨酌郊野，當其爲適，傍若無人。

二十九年，上表自陳曰：「臣聞行百里者半於九十，言其末路之難也。愚心常謂爲虛，方今乃知其信。臣延之人薄寵厚，宿塵國言，而雪効無從，榮牒增廣，曆盡身彫，日叨官次，雖容載有塗，而妨穢滋積。早欲啓請餘算，屏蔽醜老。但時制行及，歸慕無賒，是以腆冒愆非，簡息干黷。耗歇難支，質用有限，自去夏侵暑，入此秋變，頭齒眩疼，根痼漸劇，手足冷痺，左胛尤甚。素不能食，頃向減半。本猶賴服食，[三六]比倦悸遠晚，[三七]年疾所催，顧景引日。臣班叨首卿，位尸封典，肅祗朝校，尚恧匪任，而陵廟衆事，有以疾怠，宮府覲慰，轉闕躬親。息㚟庸微，過宰近邑，回澤爰降，實加將監，乞解所職，隨就藥養。伏願聖慈，特垂矜許。稟恩明世，負報冥暮，仰企端闈，上戀罔極。」不許。明年致事。

元凶弒立，以爲光祿大夫。先是，子竣爲世祖南中郎諮議參軍。及義師入討，竣參定密謀，兼造書檄。劭召延之，示以檄文，問曰：「此筆誰所造？」延之曰：「竣之筆也。」又問：「何以知之？」延之曰：「竣筆體，臣不容不識。」劭又曰：「言辭何至乃爾。」延之曰：「竣尚不顧老父，何能爲陛下。」劭意乃釋，由是得免。

世祖登阼，以爲金紫光祿大夫，領湘東王師。子竣既貴重，權傾一朝，凡所資供，延之一無所受，器服不改，宅宇如舊。常乘羸牛笨車，逢竣鹵簿，卽屏往道側。又好騎馬，遨游

里巷，遇知舊輒據鞍索酒，得酒必頹然自得。常語竣曰：「平生不喜見要人，今不幸見汝。」竣起宅，謂曰：「善爲之，無令後人笑汝拙也。」表解師職，加給親信三十人。

孝建三年，卒，時年七十三。追贈散騎常侍、特進，金紫光祿大夫如故。謚曰憲子。延之與陳郡謝靈運俱以詞彩齊名，自潘岳、陸機之後，文士莫及也，江左稱顏、謝焉。所著並傳於世。

竣別有傳。竣弟測，[三八]亦以文章見知，官至江夏王義恭大司徒錄事參軍，[三九]蚤卒。太宗卽位，詔曰：「延之昔師訓朕躬，情契兼款。前記室參軍、濟陽太守㚟，伏勤蕃朝，綢繆恩舊。可擢爲中書侍郎。」㚟，延之第三子也。

史臣曰：出身事主，雖義在忘私，至於君親兩事，既無同濟，爲子爲臣，各隨其時可也。若夫馳文道路，軍政恒儀，成敗所因，非繫乎此。而據筆數罪，陵讎犯逆，餘彼慈親，垂之虎吻，以此爲忠，無聞前誥。夫自忍其親，必將忍人之親，自忘其孝，期以申人之孝，食子放鹿，斷可識矣。記云：「八十者一子不從政，九十者家不從政。」豈不以年薄桑榆，憂患將及，雖有職王朝，許以辭事，況顚沛之道，慮在未測者乎。自非延年之辭允而義愜，夫豈或免。

校勘記

〔一〕父顯護軍司馬　「顯」南史作「顒」。

〔二〕妹適東莞劉憲之穆之子也　洪頤煊諸史考異云：「案劉穆之傳，穆之三子，長子慮之，中子式之，少子貞之，無名憲之者。」按憲慮形似，「憲之」或「慮之」之譌。

〔三〕爲湘州刺史張邵祭屈原文以致其意　「張邵」各本並作「張紀」，據文選六〇顏延之祭屈原文及李善注引改，並參校南史。

〔四〕玉貞則折　「貞」文選六〇作「縝」。李善注：「禮記，縝密以栗知也。鄭玄曰：縝，緻也。」

〔五〕物忌堅芳　「芳」各本並作「方」，據文選六〇改。李善注：「堅芳卽玉及蘭。」

〔六〕以延之兼侍中　「兼侍中」各本並作「兼持」，據建康實錄改。時晉已亡，晉恭帝后死，葬時欲備百官，乃取晉義熙元年告身，除延之兼侍中，欲以虛應故事，故延之不受，投札於地。

〔七〕今所載咸其素蓄　「蓄」各本並作「畜」，據元龜八一六改。

〔八〕若不練之庶士　各本並脫「若」字，據元龜八一六補。

〔九〕非可一時同處　各本並脫「同」字，據元龜八一六補。

〔一〇〕諧調哂謔適坐之方　「適坐」元龜八一六作「適生」。

〔一一〕期變犬馬則步顧成妖　「期變」元龜八一六作「耽愛」。

〔一二〕善施者豈唯發自人心　各本並脫「豈」字，據御覽四七七引補。

〔一三〕使施如王丹受如杜林　「受」各本並作「愛」，據元龜八一六改。按此兩句事見後漢書王丹傳、杜林傳。

〔一四〕猶火含煙而煙妨火桂懷蠹而蠹殘桂　各本並作「猶火含煙而妨火桂懷蠹而殘桂」，今據藝文類聚二三引、元龜八一六訂正。

〔一五〕難以生矣　「生矣」各本作「主言」，下一字不成字，今據元龜八一六改正。

〔一六〕是以中外羣聖　「是」各本並作「其」，據元龜八一六改。

〔一七〕然有之者不患誤深　「誤」字三朝本脫去，北監本、毛本、殿本、局本作「誤」，元龜八一六作「不」。

〔一八〕所以毁道多而於義寡　各本並脫「於」字，據元龜八一六補。

〔一九〕昔有琴歌於編蓬之中者　各本並脫「有」字，據初學記一八引、藝文類聚三五引補。

〔二〇〕義必幽隱　「幽」各本並作「出」，據元龜八一六改。

〔二一〕又蒙蔽其善　各本作「又蒙之」，今據元龜八一六訂正。

〔二二〕或涉流傳　各本並作「或無涉傳」，據元龜八一六訂正。

〔二三〕能以恬漠爲體寬愉爲器則爲美矣　各本並無「則爲美矣」四字，有「者」字一字，今據御覽五九三引訂正。

〔二四〕故動無懲容　各本並脫「故」字，據御覽五九三引補。

〔二五〕能以懷道爲念　「念」各本並作「人」，據元龜八一六改。

〔二六〕理固得而齊　各本並脫「齊」字，據元龜八一六補。

〔二七〕凡養生之具豈間定實　各本並脫「養」字，據元龜八一六補。「間」，本集作「簡」。

〔二八〕所足在內不由於外　各本並作「所足與不由外」，據元龜八一六改正。

〔二九〕況心得優劣　「優」各本並作「復」，據元龜八一六改。

〔三〇〕靡懷曲異　「靡」三朝本、毛本作「唯」，北監本、殿本、局本作「無」，元龜八一六作「靡」。今從元龜改正。

〔三一〕夫人之生　各本並作「三人至生」，據元龜八一六改。

〔三二〕暫有心識　「心」各本並作「之」，據元龜八一六改。

〔三三〕如曰不然　「曰」各本並作「固」，據元龜八一六改。

〔三四〕偶懷所撰　「偶」各本並作「值」，據元龜八一六改。

〔三五〕略布衆條　「條」各本並作「脩」，據元龜八一六改。

〔三六〕本猶賴服食　各本並脫「食」字，據元龜八九九補。

〔三七〕比倦悸遠晚　各本並脫「遠」字，據元龜八九九補。遠晚，猶言日暮途遠。

〔三八〕竣弟測　「測」各本並作「惻」，據南史及本書顏竣傳改。

〔三九〕官至江夏王義恭大司徒錄事參軍　「江夏王」下，各本並衍「傳」字，今刪去。

宋書卷七十四

列傳第三十四

臧質　魯爽　沈攸之

臧質字含文，東莞莒人。父熹字義和，武敬皇后弟也。與兄燾並好經籍。隆安初，兵革屢起，熹乃習騎射，志在立功。嘗至溧陽，溧陽令阮崇與熹共獵，值虎突圍，獵徒並奔散，熹直前射之，應弦而倒。高祖入京城，熹族子穆斬桓脩。〔一〕進至京邑，桓玄奔走，高祖使熹入宮收圖書器物，封閉府庫。有金飾樂器，高祖問熹：「卿得無欲此乎？」熹正色曰：「皇上幽逼，播越非所。將軍首建大義，劬勞王家。雖復不肖，無情於樂。」高祖笑曰：「聊以戲卿爾。」行參高祖鎮軍事，員外散騎侍郎，重參鎮軍軍事，領東海太守。以建義功封始興縣五等侯。〔二〕又參高祖車騎、中軍軍事。高祖將征廣固，議者多不同。熹從容言曰：「公若凌威北境，拯其塗炭，寧一六合，未爲無期。」高祖曰：「卿言是也。」及行，熹求從，不許，以爲建威將軍、臨海太守。郡經兵寇，百不存一，熹綏緝綱紀，招聚流散，歸之者千餘家。孫季高海道襲廣州，路由臨海，熹資給發遣，得以無乏。徵拜散騎常侍，母憂去職。頃之討劉毅，起爲寧朔將軍，從征。事平，高祖遣朱齡石統大衆伐蜀，命熹奇兵出中水，以本號領建平、巴東二郡太守。蜀主譙縱遣大將譙撫之萬餘人屯牛脾，又遣譙小苟重兵塞打鼻。熹至牛脾，撫之戰敗退走，追斬之。小苟聞撫之死，即便奔散。成都既平，熹遇疾。義熙九年，卒於蜀郡牛脾縣，時年三十九。追贈光祿勳。

質少好鷹犬，善蒱博意錢之戲。長六尺七寸，出面露口，禿頂拳髮。年未二十，高祖以爲世子中軍行參軍。永初元年，爲員外散騎侍郎，從班例也。母憂去職。服闋，爲江夏王義恭撫軍參軍，〔三〕以輕薄無檢，爲太祖所知，〔四〕徙爲給事中。會稽宣長公主每爲之言，乃出爲建平太守，甚得蠻楚心。南蠻校尉劉湛還朝，稱爲良守。遷寧遠將軍、歷陽太守。仍遷竟陵、江夏內史，復爲建武將軍、巴東建平二郡太守，吏民便之。

質年始出三十，屢居名郡，涉獵史籍，尺牘便敏，既有氣幹，好言兵權。太祖謂可大任，欲以爲益州事，未行，徵爲使持節、都督徐兗二州諸軍事、寧遠將軍、徐兗二州刺史。在鎮奢費，爵命無章，爲有司所糾，遇赦。與范曄、徐湛之等厚善，曄謀反，量質必與之同，會事發，復爲建威將軍、義興太守。元嘉二十六年，太祖謁京陵，質朝丹徒，與何勗、檀和之並功臣子，時共上禮，太祖設燕盡歡，賜布千匹。

二十七年春，遷南譙王義宣司空司馬、寧朔將軍、南平內史。〔五〕未之職，會索虜大帥拓跋燾圍汝南，汝南戍主陳憲固守告急。太祖遣質輕往壽陽，即統彼軍，與安蠻司馬劉康祖等救憲。虜退走，因使質伐汝南西境刀壁等山蠻，大破之，獲萬餘口，遷太子左衞率。坐前伐蠻，枉殺隊主嚴祖，又納面首生口，不以送臺，免官。是時上大舉北討，質白衣與驃騎司馬王方回等率軍出許、洛，安北司馬王玄謨攻滑臺不拔，質請乘驛代將，太祖不許。

虜侵徐、豫，拓跋燾率大衆數十萬遂向彭城，以質爲輔國將軍、假節、置佐，率萬人北救。始至盱眙，燾已過淮，宂從僕射胡崇之領質府司馬，崇之副太子積弩〔將軍臧澄之、建威〕將軍毛熙祚亦受統於質。〔六〕盱眙城東有高山，質慮虜據之，使崇之、澄之二軍營於山上，質營城南。虜攻崇之、澄之二營，崇之等力戰不敵，衆散，並爲虜所殺。虜又攻熙祚，熙祚所領悉北府精兵，幢主李灌率厲將士，殺賊甚多。隊主周胤之、外監楊方生又率射賊，賊垂退，會熙祚被創死，軍遂散亂。其日質案兵不敢救，故三營一時覆沒。〔七〕初，仇池之平也，以崇之爲龍驤將軍、北秦州刺史，鎮百頃，〔八〕行至濁水，爲索虜所克，舉軍敗散，崇之及將佐以下，皆爲虜所執，後得叛還，至是又爲虜所敗焉。熙祚，司州刺史脩之兄子也。崇之、熙祚並贈正員郎，澄之事在祖父熹傳。

三營既敗，其夕質軍亦奔散，棄輜重器甲，單士百人投盱眙，〔九〕盱眙太守沈璞完爲守戰之備，城內有實力三千，質大喜，因共守。虜初南出，後無資糧，唯以百姓爲命。及過淮，食平越、石鼈二屯穀，至是抄掠無所，人馬饑困，聞盱眙有積粟，欲以爲歸路之資。既破崇之等，一攻城不拔，便引衆南向。城內增修守備，莫不完嚴。

二十八年正月初，燾自廣陵北返，便悉力攻盱眙，就質求酒，質封溲便與之。燾怒甚，築長圍，一夜便合，開攻道，趣城東北，運東山土石塡之。虜又恐城內水路遁走，乃引大船，欲於君山作浮橋，以絕淮道。城內乘艦逆戰，大破之。明旦，賊更方舫爲桁，桁上各嚴兵自衞。城內更擊不能禁，遂於君山立桁，水陸路並斷。

燾與質書曰：「吾今所遣鬭兵，盡非我國人，城東北是丁零與胡，南是三秦氐、羌。設使丁零死者，正可減常山、趙郡賊；胡死，正減并州賊；氐、羌死，正減關中賊。卿若殺丁零、胡，無不利。」質答書曰：「省示，具悉姦懷。爾自恃四脚，屢犯國疆，諸如此事，不可具說。王玄謨退於東，梁坦散於西，〔一〇〕爾謂何以不聞童謠言邪：『虜馬飲江水，佛貍死卯年。』此期未至，以二軍開飲江之徑爾，冥期使然，非復人事。寡人受命相滅，期之白登，師行未遠，爾自送死，豈容復令生全，饗有桑乾哉！但爾住攻此城，〔一一〕假令寡人不能殺爾，爾由我而死。爾若有幸，得爲亂兵所殺。爾若不幸，則生相鏁縛，載以一驢，直送都市。我本不圖全，若天地無靈，力屈於爾，齏之粉之，屠之裂之，如此未足謝本朝。爾識智及衆力，豈能勝苻堅邪！頃年展爾陸梁者，是爾未飲江，太歲未卯年故爾。斛蘭昔深入彭城，値少日雨，隻馬不返，爾豈憶邪？卽時春雨已降，四方大衆，始就雲集，爾但安意攻城莫走。糧食闕乏者告之，當出廩相飴。得所送劍刀，欲令我揮之爾身邪！甚苦，人附反，各自努力，無煩多云。」是時虜中童謠曰：「軺車北來如穿雉。不意虜馬飲江水。虜主北歸石濟死。虜欲渡江天不徙。」故質答引之。〔一二〕

燾大怒，乃作鐵床，於其上施鐵鑱，云破城得質，當坐之此上。質又與虜衆書曰：「示語虜中諸士庶：〔一三〕狸伐見與書如別，爾等正朔之民，〔一四〕何爲力自取如此。大丈夫豈可不知轉禍爲福邪！今寫臺格如別書，自思之。」時購斬燾封開國縣侯，食邑一萬戶，賜布絹各萬匹。

虜以鉤車鉤垣樓，城內繫以彄絙，數百人叫喚引之，車不能退。既夜，以木桶盛人，縣出城外，截其鉤獲之。〔一五〕明日，又以衝車攻城，城土堅密，每至，頹落不過數升。虜乃肉薄登城，分番相代，墜而復升，莫有退者，殺傷萬計，虜死者與城平。又射殺高梁王。〔一六〕如此三旬，死者過半。燾聞彭城斷其歸路，京邑遣水軍自海入淮，且疾疫死者甚衆。二月二日，乃解圍遁走。

上嘉質功，以爲使持節、監雍梁南北秦四州諸軍事、冠軍將軍、寧蠻校尉、雍州刺史，封開國子，食邑五百戶。明年，太祖又北伐，使質率所統見力向潼關，質頓兵近郊，不肯時發，獨遣司馬柳元景屯兵境上，不時進軍。質又顧戀嬖妾，棄營單馬還城，散用臺庫見錢六七百萬，爲有司所糾，上不問也。

元凶弒立，以質爲丹陽尹，加征虜將軍。質家遣門生師顗報質，具太祖崩問。質疏顗所言，馳告司空義宣，又遣州祭酒從事田穎起銜命報世祖，率衆五千，馳下討逆，自陽口進江陵見義宣。〔一七〕質諸子在都邑，聞質舉義，並逃亡。劭欲相慰悅，乃下書曰：「臧敦等無因自駭，急便竄逸，迷昧過甚，良可怪歎。質國戚勳臣，忠誠篤亮，方當顯位，贊翼京輦，而子弟波迸，傷其乃懷。可遣宣譬令還，咸復本位。」劭尋錄得敦，使大將軍義恭行訓杖三十，厚給賜之。義宣得質報，卽日舉兵，馳信報世祖，板進質號征北將軍。質逕赴尋陽，與世祖同下。世祖至新亭卽位，以質爲都督江州諸軍事、車騎將軍、開府儀同三司、江州刺史，加散騎常侍，持節如故。使質率所領自白下步上，直至廣莫門，門者不守。薛安都、程天祚等亦自南掖門入，與質同會太極殿，生禽元凶。仍使質留守朝堂，甲仗百人自防。封始興郡公，食邑三千戶。之鎭，舫千餘乘，部伍前後百餘里，六平乘並施龍子幡。

時世祖自攬威柄，而質以少主遇之，是事專行，多所求欲。及至尋陽，刑政慶賞，不復諮稟朝廷。盆口、鉤圻米，輒散用之，臺符屢加檢詰，質漸猜懼。自謂人才足爲一世英傑，始聞國禍，便有異圖，以義宣凡闇，易可制勒，欲外相推奉，以成其志。及至江陵，便致拜稱名。質於義宣雖爲兄弟，而年大近十歲，義宣驚曰：「君何意拜弟？」質曰：「事中宜然。」時義宣已推崇世祖，故其計不行。質每慮事泄，及至新亭，又拜江夏王義恭，義恭愕然，問質所以，質曰：「天下屯危，禮異常日，前在荆州，亦拜司空。」會義宣有憾於世祖，事在義宣傳，質因此密信說誘，陳朝廷得失。又謂：「震主之威，不可持久，主相勢均，事不兩立。今專據閫外，地勝兵强，持疑不決，則後機致禍。」質女爲義宣子採妻，〔一八〕謂質無復異同，納其說。且義宣腹心將佐蔡超、竺超民之徒，〔一九〕咸有富貴之情，願義宣得，欲倚質威名，以成其業，又勸獎義宣。義宣時未受丞相，質子敦爲黃門侍郎，奉詔敦勸，道經尋陽，質令敦具更譬說，幷言世祖短長，義宣乃意定。馳報豫州刺史魯爽，期孝建元年秋同舉。爽失旨，卽便起兵。遣人至京邑報弟瑜，瑜席卷奔叛。瑜弟弘爲質府佐，世祖遣報質，質於是執臺使，狼狽舉兵。上表曰：

臣聞執藥隨親，非情謬於甘苦；揮斤斬毒，豈忘痛於肌膚。蓋以先疑後順，忠焉必往；忍小存大，雖愛必從。丞相臣義宣，育哲台鉉，拊聲聯服，定主勤王之業，勳越乎齊、晉；宗戚懿親之寄，望崇於魯、衞。而惡直醜正，實繁有黨，或染凶作僞，疾害元功，

或藉勢挾寵，乘威縱戾。自知愆深釁重，必貽剿戮，乃成紫毁朱，交間忠輔。崇樹私徒，招聚羣惡，念舊愛老，無一而存，豈不由凶醜相扇，志肆讒惑。陛下垂慈弭違，不稍惟疑，遂令負扆席圖，蔽於流議，投杼市虎，成於十夫。鑒古揆今，實懷危逼，故投袂樊、葉，立節於本朝；揮戈晉陽，務清于君側。臣誠庸懦，奉教前朝，雖惡緇衣好賢之美，敢希巷伯惡惡之情，固已藉風聽而膂憤，撫短策而馳念。況乃宏命爰格，誠係宗社，今奉旨前邁，星言啓行。

臣本凡瑣，少無遠概，因緣際會，遂班槐鼎，素望既盈，愜心實足，豈應徼功非冀，更希異寵，直以蔓草難除，去惡宜速，是以無顧夷險，慮不及身。仰恃天眷，察亮丹款，苟血誠不照，甘心罪戮。伏願陛下先鑒元輔匪躬茂節，末錄庸瑣奉國微誠，不遂洪溛之情，以失四海之望，昭戮馬劍，顯肆市朝，則結旌向國，全鋒凱歸，九流凝序，三光並耀，斯則仰說宗廟，俯愜兆民。裁表感慨，涕言無已。

加魯弘輔國將軍，下戍大雷。馳報義宣，義宣遣諮議參軍劉諶之萬人就弘。

世祖遣撫軍將軍柳元景統豫州刺史王玄謨等水軍，屯梁山洲內，兩岸築偃月壘，水陸待之。殿中將軍沈靈賜領百舸，破其前軍於南陵，生禽軍主徐慶安、軍副王僧。質至梁山，亦夾陣兩岸。元景檄書宣告曰：

夫革道應運，基命之洪符；嗣業興邦，紹曆之明算。自非瑞積神衷，德充民極，孰能升臨寶位，景屬天居。大宋啓期，理高中世，皇根帝葉，永流無彊。夷陂遞來，遘茲凶難，國禍冤深，人綱鬱滅。主上聖略聰武，孝感通神，義變草木，哀動精緯，躬幸南鄙，親掃大逆，道援橫流，德模靈造，三光重照，七廟載興。

臧質少負疵釁，衣冠不齒，味利誣天，著於觸事。受任述職，不以宣効爲心；專方莅民，惟以侵剝爲務。官自賄至，族以貨傾。是以康周陁覆命屠宗，寃達蒼旻；郭伯、西門遺出自皁隸，寵越州朝。往莅東守，鬻爵三千。率卒西討，竊俘取黜。荷恩彭、泗，貪虐以逞，阬戮邊氓，忽若草芥，傾竭倉庾，割沒軍糧。作牧漢南，公盜府蓄，矯易文簿，專行欺妄。及受命北伐，憚役緩期，師出有辰，顧懷私愛，匹馬棄衆，宵行獨返，遂復攜嬪擁姬，淫宴軍幕。孔、范之變，顯於逆辭。凡此諸釁，皆彰著於憲簡，振曝於觀聽。去歲義舉，雖豫誠款，而淹留西楚，私相崇戴，奉書致命，形於心迹。新亭之捷，大難已夷，凶命假存，懸在晷刻，廣莫之軍，曾無遺矢，重關自開，僞衆已潰，質猶復盤桓衢巷，後騎陳師。勞不足甄，定於朝議，而虛張功伐，扇動怨辭，自謂斯舉，勳莫己若。初踐殿守，忘犬馬之情，奔趣帑藏，頓傾天府。山海弘量，苞荒藏疾，錄其一介之心，掩其不逞之釁。遂爵首元等，職班盛級，優榮溢寵，莫與爲疇。自恣醜薄，罔知涯

涘，干謁陳聞，曾無紀極，請樂窮大予之英，[二〇]求器盡官府之選。徐司空匪躬王室，遭罹凶禍，質與之少長，親交兼常，曾無撫孤之仁，惟聞陵侮之酷，尺田寸寶，靡有孑遺。及受命南徂，臨路滋甚，逼奪妻嬪，略市金帛，怨動京邑，醜聞都鄙。棄逐舊故，委蔑忠勤，魯尚期、尹周之徒，心腹所倚，泣訴於御筵；袁同、連子敬之疇，爪牙所仗，一逝而不反。雖上旨頻煩，屢求勞牒，質但稱伐在己，不逮僚隸，託咎朝廷，歸罪有司，國士解心，有識莫附。何文敬趨走廝養，天性愚狡，質迷其姦諂，寘懷委仗，遂外擅威刑，內遊房室。質生與釁俱，不可詳究，擢髮數罪，曾何足言。

丞相威重位尊，任居分陝，宗國倚賴，實兼恒情，而不及謙沖之塗，弗見逆順之訓，蔽同郤至，理乖范燮。遂乃遠忽世祀，近受欺構，杖納姦疏，還謀社稷。日者宴安上流，坐觀成敗，示遣疲卒，衆裁三千，戎馬不供，軍糧靡獻。皇朝直以親秩之重，酬寵兼極，近漸別子，禮越常均，苟識無所守，功弗由己，必爲義不全，終於敗德。今茲放命，恨心於本，推諸昔歲，迹是誠非矣。且家國夷險，情事異常，豫是臣子，孰不星赴，而玩寇忘哀，曾無奔拽。面蓄十稔，惠政蔑聞，重賦深掠，縱慾已甚，姬妾百房，尼僧千計，敗道傷俗，悖亂人神，民怨盈塗，國謗彌歲。又賊劭未禽，凶威猶强，將毁其私墳，戮其諸子，圖成駭機，垂賴義舉，捷期云速，不日告平，釋怨毒之心，解倒懸之急，論恩敍德，

造育爲重。援人自助，棄人快讒，怙亂疑功，未聞其比。

僕以不肖，過蒙榮私，荷佩升越，光絕倫伍。家本北邊，志存慷慨，常甘投生，以殉艱棘，惟恩思難，激氣衝襟，故以眺三湘而永慨，望九江而遐憤。若使身死國康，誓在殞命，況仰禀聖略，俯鞠義徒，萬全之形，愚夫所照。夫薛竟陵控率突騎，[二一]陸道步馳。檀右衞、申右率、垣游擊整勒銳師，飛輪構路。王豫州方舟繕甲，久已前驅。僕訓卒利兵，凌波電進。沈鎮軍、蕭安南接舳連旌，首尾風合。驃騎竟陵王懿親令譽，問望攸歸，大司馬江夏王道略明遠，徽猷茂世，並旆鉞臨塗，雲驅齊引。羣兵競邁，祕駕徐啓。八鑾搖響，五牛舒旆。千乘雷動，萬舳雲回。騰威發號，星流漢轉。以上臨下，易於轉圓。加以三謀協從，七緯告慶，幽顯同心，昭然易覩。

諸君或世荷恩幸，或身聞教義，當知君臣大節，誓不可犯，冠屨至誨，難用倒設。履安奉順，聲泰事全，孰與附逆居危，身害名醜，慈親垂白受戮，弱子嬰孩就誅。所以有詔遲回，未震雷霆者，正爲諸君身拘寇手，或懷乃心。吉凶由人，無謂爲遠，今而不變，後悔何及。授檄之日，心馳賊庭。

義宣亦相次係至。江夏王與義宣書曰：「昔桓玄借兵於仲堪，有似今日。」義宣由此與質相疑。質進計曰：「今以萬人取南州，則梁山中絕，萬人綴玄謨，必不敢動。質浮舟外江，

直向石頭，此上略也。」義宣將從之，腹心劉諶之曰：「質求前驅，此志難測。不如盡銳攻梁山，事剋然後長驅，萬安之計也。」

質遣將尹周之攻胡子反、柳叔政於西壘，[二二]時子反渡東岸就玄謨計事，聞賊至，馳歸。周之攻壘甚急，劉季之水軍殊死戰，賊勢盛，求救於玄謨，玄謨不遣，崔勳之固爭，乃遣勳之救之。比至，城已陷，勳之戰死，季之收衆而退。子反、叔政奔還東岸，玄謨斬子反軍副李文仲。

質欲仍攻東城，義宣黨顏樂之說義宣曰：「質若復拔東城，則大功盡歸之矣。宜遣麾下自行。」義宣遣劉諶之就質，陳軍城南。玄謨留羸弱守城，悉精兵出戰，薛安都騎軍前出，垣護之督諸將繼之。戰良久，賊陣小拔，騎得入。劉季之、宗越又陷其西北，衆軍乘之，乃大潰。因風放火，船艦悉見焚燒，延及西岸。質求義宣欲一計事，密已出走矣。質不知所爲，亦走，衆悉降散。

質至尋陽，焚燒府舍，載妓妾西奔。使所寵何文敬領兵居前，至西陽。西陽太守魯方平，質之黨也，至是懷貳，誑文敬曰：「傳詔宣敕，唯捕元惡一人，餘並無所問。」文敬棄衆而走。

質先以妹夫羊沖爲武昌郡，質往投之，既至，沖已爲郡丞胡庇之所殺。無所歸，乃入南

湖迯竄，無食，摘蓮噉之。追兵至，窘急，以荷覆頭，自沈於水，出鼻。軍主鄭俱兒望見，射之中心，兵刃亂至，腸胃縈水草，隊主裘應斬質首，傳京都，時年五十五。錄尚書江夏王臣義恭、左僕射臣宏等奏曰：「臧質底棄下才，而藉遇深重，窮愚悖常，構煽凶逆，變至滔天，志圖泯夏，違恩叛德，罪過恒科。梟首之憲，有國通典，懲戾思永，去惡宜深。臣等參議，須辜日限意，使依漢王莽事例，漆其頭首，藏于武庫。庶爲鑑戒，昭示將來。」詔可。

質初下，義宣以質子敦爲征虜將軍、雍州刺史。質留子敞爲監軍，將敦自隨，至是並爲武昌郡所執送。敦官至黃門郎，敦弟敷，司徒屬，敷弟敞，太子洗馬，敞弟斁，敦子仲璋，質之二子二孫未有名，同誅。

質之起兵也，豫章太守任薈之、臨川內史劉懷之、鄱陽太守杜仲儒並爲盡力，發遣郡丁，并送糧運，伏誅。任薈之字處茂，樂安人也。歷世祖、南平王鑠撫軍右軍司馬、長史行事。太祖稱之曰：「望雖不足，才能有餘。」杜仲儒，杜驥兄子也。

豫章望蔡子相孫沖之起義拒質，[二三]質遣將郭會膚、史山夫討之，爲沖之所破。世祖發詔以爲尚書都官曹郎中。沖之，太原中都人，晉祕書監盛曾孫也。官至右軍將軍，巴東太守。後事在鄧琬傳。[二四]沈靈賜以破質前軍於南陵功，封南平縣男，食邑三百戶。贈崔勳之通直郎。大司馬參軍劉天賜亦梁山戰亡，追贈給事中。

魯爽小名女生，扶風郿人也。祖宗之字彥仁，晉孝武太元末，自鄉里出襄陽，歷官至南郡太守。義熙元年起義，襲僞雍州刺史桓蔚，進向江陵。以功爲輔國將軍、雍州刺史，封霄城縣侯，食邑千五百戶。桓謙、荀林逼江陵，宗之率衆馳赴，事在臨川烈武王道規傳。進號平北將軍。高祖討劉毅，與宗之同會江陵，進號鎭北將軍，封南陽郡公，食邑二千五百戶。子軌一名象齒，爽之父也。便弓馬，筋力絕人，爲竟陵太守。宗之自以非高祖舊隸，屢建大功，有自疑之心。會司馬休之見討，猜懼，遂與休之北奔。善於撫御，士民皆爲盡力，衞送出境，盡室入羌，頃之病卒。高祖定長安，軌爲寧南將軍、荆州刺史、襄陽公，鎭長社。世祖鎭襄陽，軌遣親人程整奉書，規欲歸順，自拔致誠，以昔殺劉康祖、徐湛之父，故不歸。太祖累遣招納，許以爲司州刺史。

爽少有武藝，虜主拓跋燾知之，常置左右。元嘉二十六年，軌死，爽爲寧南將軍、荆州刺史、襄陽公，鎭長社。幼染殊俗，無復華風。粗中使酒，數有過失，燾將誅之。爽有七弟，秀，小字天念，頗有意略，才力過爽。燾以充宿衞，甚知待之。僞高梁王阿叔泥爲芮芮所圍甚急，[二五]使秀往救，燾自率大衆繼其後。燾未及至，秀已擊破之，拔阿叔泥而反。燾壯其功，以爲中書郎，封廣陵侯。或告燾，鄴民欲據城反，復遣檢察，幷燒石虎殘宮殿。秀常乘驛往反，是時病還遲，爲燾所詰讓，秀復恐懼。燾尋南寇，因從渡河。先是，程天祚爲虜所沒，燾引置左右，與秀相見，[二六]勸令歸降，秀納之。天祚，廣平人，爲殿中將軍，有武力。元嘉二十七年，助戍彭城，會世祖遣將劉泰之輕軍襲虜於汝陽，[二七]天祚督戰，戰敗被創，[二八]爲虜所獲。天祚妙善針術，燾深加愛賞，或與同輿，[二九]常不離於側，封爲南安公。燾北還蕃，[三〇]天祚因其沈醉，僞若受使督切後軍者，所至輕罰。天祚爲燾所愛，羣虜並畏之，莫敢問，因得逃歸，後爲山陽太守。太宗初，與四方同反，[三一]事在薛安都傳。

燾始南行，遣爽隨永昌王庫仁眞向壽陽，與弟瑜共破劉康祖於尉武，仍至瓜步，始得與秀定歸南之謀。燾還至湖陸，爽等請曰：「奴與南有讎，每兵來，常慮禍及墳墓，乞共迎喪，還葬國都。」虜羣下於其主稱奴，猶中國稱臣也。燾許之。長社戍虜有六七百人，爽譎之曰：「南更有軍，可遣三百騎往界上參聽。」騎去，爽率腹心夜擊餘虜，盡殺之，馳入虎牢。

爽唯第三弟在北，餘家屬悉自隨，率部曲及願從合千餘家奔汝南。遣秀從許昌還壽陽，奉辭於南平王鑠曰：「爽、秀得罪晉朝，[三二]負舋三世，生長絕域，遠身胡虜，兄弟闔門，淪點僞授，殞命不可，還國無因。近係南雲，傾屬東日，蓋猶痿人思步，盲者願明。嵩、霍咫尺，江、河匪遠，夷庚壅塞，隔同天地，痛心疾首，晝慨宵悲。虜主猖狂，豺豕其志，虐徧華、

戎，怨結幽顯。自盱眙旋軍，亡殪過半，昏酣沈湎，恣性肆身。爽、秀等因民之憤，藉將旅之願，齊契義奮，梟馘醜徒，馮恃皇威，肅清遺穢，牢、洛諸城，指期克定。規以涓塵，微雪夙負，方當束骸北闕，待戮司寇，懦節未申，伏心邊表。明大王殿下以叡茂居蕃，文武兼姿，遠邇欽傾，承風聞德，願垂援拯，以慰虔望。老弱百口，先遣歸庇。逼逼丹心，仰希懷遠。謹遣同義潁川聶元初奉詞陳聞。」

鑠馳驛以聞。上大說，下詔曰：「僞寧南將軍魯爽、中書郎魯秀，志榦列到，忠誠久著，撫茲福先，闔門效款，招集義銳，梟剪獯醜，肅定邊城，獻馘象魏。雖宣孟之去翟歸晉，頹當之出胡入漢，方之此日，曾何足云。朕實嘉之，宜卽授任，逞其忠略。爽可督司州豫州之陳留東郡濟陰濮陽五郡諸軍事、征虜將軍、司州刺史。[三三]秀可輔國將軍、滎陽潁川二郡太守。[三四]其諸子弟及同契士庶，委征虜府以時申言，詳加酬敘。」爽至汝南，加督豫州之義陽宋安二郡軍事，領義陽內史，將軍、刺史如故。秀參右將軍南平王鑠軍事、汝陰內史，將軍如故。餘弟姪並授官爵，賞賜資給甚厚。爽北鎭義陽。北來部曲凡六千八百八十三人，是歲二十八年也。虜毀其墳墓。

明年四月入朝，時燾已死，上更謀經略。五月，遣爽、秀、程天祚等率步騎幷荆州軍甲士四萬，出許、洛。八月，虜長社戍主永平公禿髮幡乃同棄城走。進向大索戍，戍主僞豫州

刺史跋僕蘭曰：「爽勇而無防，我今出城，必輕來據之，設伏檀山，必可禽也。」爽果夜進，秀諫不止，馳往繼之。比曉，虜騎夾發，賴秀縱兵力戰，虜乃退還虎牢。爽因進攻之，本期舟師入河，斷其水門，王玄謨攻碻磝不拔，敗退，水軍不至，爽亦收衆南還。轉鬭數百里，至曲强，虜候其饑疲，盡銳來攻，爽身自奮擊，虜乃退走。

三十年，元凶弒逆，南譙王義宣起兵入討，爽卽受命，率部曲至襄陽，與雍州刺史臧質俱詣江陵。義宣進爽號平北將軍，領巴陵太守，度支校尉，本官如故。留爽停江陵，事平，以爽爲使持節、督豫司雍秦幷五州諸軍事、左將軍、豫州刺史。爽至壽陽，便曲意賓客，爵命士人，蓄仗聚馬，如寇將至。

元凶之爲逆也，秀在京師，謂秀曰：「我爲卿誅徐湛之矣。方相委任。」以爲右軍將軍，配精兵五千，使攻新亭壘。將戰，秀命打退軍鼓，因此歸順。世祖卽位，以爲左軍將軍，出督司州豫州之新蔡汝南汝陽潁川義陽弋陽六郡諸軍事、輔國將軍、司州刺史，領汝南太守。

爽與義宣及質相結已久，義宣亦欲資其勇力，情契甚至。孝建元年二月，義宣報爽，秋當同舉。爽狂酒乖謬，卽日便起兵，馳信報弟瑜，將家奔叛，皆得西歸。爽使其衆載黃標，稱建平元年，竊造法服，登壇自號。疑長史韋處穆、中兵參軍楊元駒、治中庾騰之不與己同，殺之。義宣、質聞爽已處分，便狼狽反。進爽號征北將軍。爽於是送所造輿服詣江陵，

版義宣及臧質等並起。征北府戶曹版文曰：「丞相劉補天子，名義宣，車騎臧今補丞相，名質，平西朱今補車騎，名脩之，皆版到奉行。」義宣駭愕。爽所送法物，並留竟陵縣不聽進。

爽直出歷陽，自采石濟軍，與質水陸俱下。爽遣弟瑜守蒙蘢，歷陽太守張幼緒請擊瑜，世祖配以兵力。遣左軍將薛安都步騎爲前驅，別遣水軍入淵，分路並會。安都進次大峴，爽已立營，世祖以賊强壘固，未可輕拔，使量宜進止。幼緒便引軍退還，下獄。更遣驍騎將軍垣護之代幼緒據歷陽。鎭軍將軍沈慶之係安都進軍，與爽相遇於小峴。爽親自前，將戰，而飮酒過醉，安都刺爽倒馬，左右范雙斬首，傳送京都。瑜亦爲部下所斬送。進平壽陽，子弟並伏誅。

義宣初舉兵，召秀加節，進號征虜將軍，當繼譙之俱下。雍州刺史朱脩之起兵奉順，更遣秀擊脩之。王玄謨聞之，喜曰：「魯秀不來，臧質易與耳。」秀至襄陽，大敗而反。會益州刺史劉秀之遣軍襲江陵，秀擊破之。義宣還江陵，秀與共北走，衆叛且盡，秀向城，上射之，中箭，赴水死，軍人宗敬叔、康僧念斬首，傳京邑。

贈韋處穆、楊元駒給事中，庾騰之員外散騎侍郎。爽初南歸，秀以爽武人，不閑吏職，白太祖請處穆爲長史以輔爽，太祖以補司馬，後轉長史云。

沈攸之字仲達，吳興武康人，司空慶之從父兄子也。父叔仁，爲衡陽王義季征西長史，兼行參軍，領隊，又隨義季鎭彭城，度征北府。

攸之少孤貧，元嘉二十七年，索虜南寇，發三吳民丁，攸之亦被發。既至京都，詣領軍將軍劉遵考，求補白丁隊主，遵考謂之曰：「君形陋，不堪隊主。」因隨慶之征討。二十九年，征西陽蠻，始補隊主。巴口建義，南中郎府板長史，兼行參軍。新亭之戰，身被重創，事寧，爲太尉行參軍，封平洛縣五等侯。隨府轉大司馬行參軍。晉世京邑二岸，揚州舊置都部從事，分掌二縣非違，永初以後罷省，孝建三年，復置其職。攸之掌北岸，會稽孔璪掌南岸，[三五]後又罷。攸之遷員外散騎侍郎。又隨慶之征廣陵，屢有功，被箭破骨。世祖以其善戰，配以仇池步矟。事平，當加厚賞，爲慶之所抑，還太子旅賁中郎，攸之甚恨之。七年，遭母憂，葬畢，起爲龍驤將軍、武康令。

前廢帝景和元年，除豫章王子尙車騎中兵參軍，直閤，與宗越、譚金等並爲廢帝所寵，誅戮羣公，攸之等皆爲之用命。封東興縣侯，食邑五百戶。尋遷右軍將軍，增邑百戶。太宗卽位，以例削封。尋告宗越、譚金等謀反，[三六]攸之復召入直閤，除東海太守。未拜。會四方反叛，南賊已次近道，以攸之爲寧朔將軍、尋陽太守，率軍據虎檻。

時王玄謨爲大統，未發。前鋒有五軍在虎檻，五軍後又絡驛繼至，每夜各立姓號，不相稟受。攸之謂軍吏曰：「今衆軍姓號不同，若有耕夫漁父，夜相呵叱，便致駭亂，取敗之道也。」乃就一軍請號，衆咸從之。殷孝祖爲前鋒都督，而大失人情，攸之內撫將士，外諧羣帥，衆並倚賴之。時南賊前鋒孫沖之、薛常寶等屯據赭圻，[三七]殷孝祖率衆軍攻之，爲流矢所中死，軍主范潛率五百人投賊，人情震駭，並謂攸之宜代孝祖爲統。時建安王休仁屯虎檻，總統衆軍，聞孝祖死，遣寧朔將軍江方興、龍驤將軍劉靈遺各率三千人赴赭圻。攸之以爲孝祖既死，賊有乘勝之心，明日若不更攻，則示之以弱。方興名位相亞，必不爲己下，軍政不一，致敗之由。乃率諸軍主詣方興謂之曰：「四方並反，國家所保，無復百里之地。唯有殷孝祖爲朝廷所委賴，鋒鏑裁交，輿尸而反，文武喪氣，朝野危心。事之濟否，唯在明旦一戰，戰若不捷，則大事去矣。詰朝之事，諸人咸謂吾應統之，自卜懦薄，幹略不辦及卿，今輒相推爲統。但當相與勠力爾。」方興甚悅。攸之既出，諸軍主並尤之，攸之曰：「卿忘廉、藺、寇、賈之事邪？吾本以濟國活家，豈計彼此之升降。且我能下彼，彼必不能下我，[三八]共濟艱難，豈可自厝同異。」明旦進戰，自寅訖午，大破賊於赭圻城外，追奔至姥山，分遣水軍乘勢進討，又破其水軍，拔胡白二城。

尋假攸之節，進號輔國將軍，代孝祖督前鋒諸軍事。薛常寶在赭圻食盡，南賊大帥劉

胡屯濃湖，以囊盛米繫流查及船腹，陽覆船，順風流下，以餉赭圻。攸之疑其有異，遣人取
船及流查，大得囊米。攸之從子懷寶，爲賊將帥，在赭圻，遣親人楊公讚齎密書招誘攸之，
攸之斬公讚，封懷寶書呈太宗。尋剋赭圻。遷使持節、督雍梁南北秦四州郢州之竟陵諸軍
事、冠軍將軍、領寧蠻校尉、雍州刺史。

袁顗復率大衆來入鵲尾，相持既久，軍主張興世越鵲尾上據錢溪，劉胡自攻之。攸之
率諸將攻濃湖，顗遣人傳唱錢溪已平，衆並懼，攸之曰：「不然。若錢溪實敗，萬人中應有逃
亡得還者。必是彼戰失利，唱空聲以惑衆耳。」勒軍中不得妄動。錢溪信尋至，果大破賊。
攸之悉以錢溪所送胡軍耳鼻示之，顗駭懼，急追胡還。攸之諸軍悉力進攻，多所斬獲，日暮
引歸。鵲尾食盡，遣千人往南陵迎米，[三]爲臺軍所破，燒其資實，胡於是棄衆而奔，顗亦叛
走。赭圻、濃湖之平也，賊軍委棄資財，珍貨殷積，諸軍各競收斂，以强弱爲少多。唯攸之、
張興世約勒所部，不犯秋毫，諸將以此多之。攸之進平尋陽，徙監郢州諸軍事、前將軍、郢
州刺史，持節如故。不拜，還中領軍，封貞陽縣公，食邑二千戶。

時四方皆已平定，徐州刺史薛安都據彭城請降，上雖相酬許，而辭旨簡略。攸之前將
軍，置佐吏，假節，與鎭軍將軍張永以重兵徵安都，安都懼，要引索虜，索虜引大衆援之。攸
之等米船在呂梁，又遣軍主王穆之上民口，穆之爲虜攻覆米船，又破運車於武原，攸之等引

退，爲虜所乘，又値寒雪，士衆墮指十二三。留長水校尉王玄載守下邳，積射將軍沈韶守宿
豫，睢陵、淮陽亦置戍，攸之還淮陰。免官，以公領職。復求進討，上不聽，入朝面陳，又不
許，復歸淮陰。三年六月，自率運送米下邳，并鑿四周深塹，遣龍驤將軍垣護之領民口還
淮陰。

時軍主陳顯達當領千兵守下邳，攸之留待顯達至，虜遣淸泗間人詐告攸之云：「安都欲
降，求軍迎接。」攸之副吳喜納其說，咸謂宜遣千人參之，既而來者轉多，喜所執彌固。攸之
乃集來者告之，語曰：「薛徐州早宜還朝，今能爾，深副本望。但遣子弟一人來，便當遣大軍
相接。君諸人既有志心，若能與薛子弟俱來者，皆即假君以本鄉縣，唯意所欲。如其不爾，
無爲空勞往還。」自此一去不反。

其年秋，太宗復令攸之進圍彭城，攸之以淸泗旣乾，糧運不繼，固執以爲非宜，往反者
七。上大怒，詔攸之曰：「卿春中求伐彭城，吾恐軍士疲勞，且去冬奔散，人心未宜復用，不
許卿所啓。今便不肯爲吾行邪？卿若不行，便可使吳喜獨去。」攸之懼，乃奉旨進軍。行至
遲壚，[四]上悔，追軍令反。攸之還至下邳，而陳顯達於睢口爲虜所破，龍驤將軍姜產之、司
徒參軍高遵世戰沒。虜追攸之甚急，因交戰，被稍創，會暮，引軍入顯達壘，夕衆散，八月十
八日也。攸之棄衆南奔。初，吳興丘幼弼、丘隆先、沈誕、沈榮守、吳陸道量，並以文記之才

隨攸之，及張永北討，永一奔，攸之再敗，幼弼等並皆陷沒。攸之之還淮陰，以爲持節、假冠
軍將軍、行南兗州刺史。追贈姜產之左軍將軍，高遵世屯騎校尉。

四年，徵攸之爲吳興太守，辭不拜。乃除左衞將軍，領太子中庶子。五年，出爲持節、
監郢州諸軍、郢州刺史。爲政刻暴，或鞭士大夫，上佐以下有忤意，輒面加詈辱。將吏一人
亡叛，同籍符伍充代者十餘人。而曉達吏事，自强不息，士民畏憚，人莫敢欺。聞有虎，輒
自圍捕，往無不得，一日或得兩三。若逼暮不獲禽，則宿昔圍守，須曉自出。賦斂嚴苦，徵
發無度，繕治船舸，營造器甲。自至夏口，便有異圖。六年，進監豫州之西陽、司州之義陽
二郡軍事，進號鎭軍將軍。

泰豫元年，太宗崩，攸之與蔡興宗在外蕃，同豫顧命，進號安西將軍，加散騎常侍，給鼓
吹一部。未拜，會巴西民李承明反，執太守張澹，蜀土騷擾。時荆州刺史建平王景素被徵，
新除荆州刺史蔡興宗未之鎭，乃遣攸之權行荆州事。攸之旣至，會承明已平，乃以攸之都
督荆湘雍益梁寧南北秦八州諸軍事、鎭西將軍、荆州刺史，持節、常侍如故。至荆州，政治
如在夏口，營造舟甲，常如敵至。時幼主在位，羣公當朝，攸之漸懷不臣之迹，朝廷制度，無
所遵奉。

江州刺史桂陽王休範密有異志，以微旨動攸之，使道士陳公昭作天公書一函，題云「沈

丞相」，送付攸之門者，攸之不開書，推得公昭，送之朝廷。後廢帝元徽二年，休範舉兵襲京
邑，攸之謂僚佐曰：「桂陽今反朝廷，必聲云與攸之同。若不顚沛勤王，必增朝野之惑。」於
是遣軍主孫同、沈懷奧興軍馳下，受郢州刺史晉熙王燮節度。同等始過夏口，會休範平，
還。進攸之號征西大將軍、開府儀同三司，固讓開府。

攸之自擅閫外，朝廷疑憚之，累欲徵入，慮不受命，乃止。羣公稱皇太后令，遣中使問
攸之曰：「久勞于外，宜還京輦，然任寄之重，換代殊爲未易，還止之宜，一以相委。」欲以觀
察其意。攸之答曰：「荷國重恩，名器至此，自惟凡陋，本無廊廟之姿。至如戍防一蕃，撲討
蠻、蜒，可强充斯任。雖自上如此，豈敢厝心去留，歸還之事，伏聽朝旨。」朝廷逾慴憚，徵議
遂息。

四年，建平王景素據京城反，攸之復應朝廷。景素尋平。初元嘉中，巴東、建平二郡，
軍府富實，與江夏、竟陵、武陵並爲名郡。世祖於江夏置郢州，郡罷軍府，竟陵、武陵亦並殘
壞，巴東、建平爲峽中蠻所破，至是民人流散，存者無幾。其年春，攸之遣軍入峽討蠻帥田
五郡等。及景素反，攸之急追峽中軍，巴東太守劉攘兵、建平太守劉道欣並疑攸之自有異
志，阻兵斷峽，不聽軍下。時攘兵兄子天賜爲荆州西曹，[五]攸之遣天賜譬說之，令其解甲，
一無所問。攘兵見天賜，知景素實反，乃釋甲謝愆，攸之待之如故，後以攘兵爲府司馬。劉

道欣堅守建平，擐兵嚮說不回，乃與伐蠻軍攻之，破建平，斬道欣。

臺直閤高道慶家在江陵，攸之初至州，道慶時在家，牒其親戚十餘人，求州從事西曹，攸之爲用三人。道慶大怒，自入州取教，毀之而去。及還都，不詣攸之別。道慶至都，云：「攸之聚衆繕甲，姦逆不久。」楊運長等常相疑畏，乃與道慶密遣刺客，齎廢帝手詔，以金餅賜攸之州府佐吏，進其階級。時有象三頭至江陵城北數里，攸之自出格殺之，忽有流矢集攸之馬障泥，其後刺客事發。

廢帝既殞，順帝卽位，進攸之號車騎大將軍、開府儀同三司，加班劍二十人。遣攸之長子司徒左長史元琰齎廢帝刳斮之具以示攸之。元琰既至江陵，攸之便有異志，腹心議有不同，故其事不果。其年十一月，乃發兵反叛。攸之素蓄士馬，資用豐積，至是戰士十萬，鐵馬二千。遣使要雍州刺史張敬兒、梁州刺史范柏年、司州刺史姚道和、湘州行事庾佩玉、巴陵內史王文和等。敬兒、文和斬其使，馳表以聞；柏年、道和、佩玉懷兩端，密相應和。

十二月十二日，攸之遣其輔國將軍、中兵參軍、督前鋒軍事孫同，率寧朔將軍中兵參軍武寶、龍驤將軍騎兵參軍朱君拔、寧朔將軍沈慧眞、龍驤將軍中兵參軍王道起，又遣司馬、冠軍將軍劉攘兵，率寧朔將軍外兵參軍公孫方平、龍驤將軍騎兵參軍朱靈寶、龍驤將軍騎兵參軍沈僧敬、龍驤將軍高茂，又遣輔國將軍中兵參軍王靈秀、輔國將軍中兵參軍丁珍東、

率寧朔將軍中兵參軍王珍之、寧朔將軍外兵參軍楊景穆，相繼俱下。攸之自率輔國將軍錄事參軍兼司馬武茂宗、輔國將軍中兵參軍皇甫賢、寧朔將軍中兵參軍沈韶、寧朔將軍中兵參軍胡欽之、龍驤將軍中兵參軍東門道順，閏十二月四日至夏口。〔四二〕攸之將發江陵，使沙門釋僧粲筮之，〔四三〕曰：「不至京邑，當自郢州回還。」意甚不悅。初，江津有雲氣，狀如塵霧，從西北來，正蓋軍上。至沌口，云：「當問訊安西，暫泊黃金浦。」既登岸，郢城出軍擊之。攸之聞齊王世子據盆口，震懾不敢下，因攻郢城。

時齊王輔政，遣衆軍西討。尙書符征西府曰：

尊冠賤屨，君臣之位，奉順忌逆，成敗斯兆，未有憑凌我郊圻，侵軼我河縣，而不焚師殪甲，靡旗亂轍者也。沈攸之少長庸賤，擢自閭伍，邀百戰之運，乘一捷之功，鐫山裂地，腰金拖紫，窮貴於國，極富於家。擁旄蕃伯，便無北面之禮；受督志屛，卽有專征之釁。橘柚不薦，璆瑨罕入，箕賦深斂，毒被南郢，枉繩矯墨，害著西荆，饕餮其心，谿壑其性，從始至終，沿壯得老。今遂驅迫妖黨，繕集厖卒，結釁外城，送死中甸，是而可忍，孰不可懷。

今遣新除使持節督郢州司州之義陽諸軍事平西將軍郢州刺史聞喜縣開國侯黃回、〔四四〕員外散騎常侍冠軍驍騎將軍南臨淮太守重安縣開國子軍主王敬則、輔國將軍

屯騎校尉長壽縣開國男王宜與、輔國將軍南高平太守軍主陳承叔、〔四五〕輔國將軍左軍將軍南濮陽太守葛陽縣開國男軍主彭文之、〔四六〕龍驤將軍驃騎行參軍軍主召宰，〔四七〕精甲二萬，前鋒雲騰。又遣散騎常侍領游擊將軍湘南縣開國男新除使持節督湘州諸軍事征虜將軍湘州刺史軍主呂安國、屯騎校尉寧朔將軍崔慧景、輔國將軍軍主任候伯、〔四八〕輔國將軍驍騎將軍軍主蕭順之、輔國將軍游擊將軍軍主垣崇祖、〔四九〕寧朔將軍虎賁中郎將軍主尹略、〔五〇〕屯騎校尉南城令曹虎頭，舳艫二萬，駱驛繼邁。又遣輔國將軍後軍將軍右軍中兵參軍事軍主郭文孝、軍主苟元賓、〔五一〕寧朔將軍撫軍中兵參軍事軍主程隱儁，輕艓一萬，截其津要。新除持節督廣交越寧湘州之廣興諸軍事領平越中郎將征虜將軍廣州刺史統馬軍主沌陽縣開國子周盤龍、輔國將軍後軍統馬軍主張文愷、龍驤將軍軍主薛道淵、冠軍將軍游擊將軍幷州刺史南清河太守太原公軍主王敕勤、〔五二〕龍驤將軍射聲校尉王洪範、〔五三〕龍驤將軍宂從僕射軍主成買等，〔五四〕鐵馬五千，龍驤後陳。凡此諸帥，莫不勇力動天，勁志駕日，接衝拔距，鷹瞵鶚視，顧盼則前後風生，喑嗚則左右電起，以此攻城，何城不克，以此赴敵，何陳能堅。然後鑾戎薄臨，龍虎百萬，六軍齊軌，五輅舒旆，丹檻發照，素甲生波，樓煩白羽，投鑿成岳，漁陽墨騎，浴鐵爲羣，芝艾同焚，悔將何及。

符到之日，幸加三省。其鋒陳營壁之主，驅逼寇手之人，若有投命軍門，一無所問。或能因罪立績，終不爾欺，斬裾射玦，唯功是與。能斬送攸之首，封三千戶縣公，賜布絹各五千匹，信如河海，皎然無貳。飛火軍攝文書，千里驛行。

齊王出頓新亭，馳檄數攸之罪惡，曰：

夫彎弓射天，未見能至；揮戈擊地，多力安施。何則？逆順之勢定殊，禍福之驗易原也。是以違乎天者，鬼神不能使其成；會乎人者，聖哲不能令其毀。故劉濞賴七國連兵之勢，隗囂恃跨河據隴之資，毌丘儉伐其踰海越島之功，諸葛誕矜其待士愛民之德，彼四子者，皆當世雄傑，以犯順取禍，覆窟傾巢，爲豎子笑。況乎行陳凡才，斗筲小器，而懷問鼎之志，敢構無君之逆哉。

逆賊沈攸之，出自萊畝，寂寥累世，故司空沈公以從父宗蔭，〔五五〕愛之若子，卵翼吹噓，得升官秩。廢帝昏悖，猜畏柱臣，攸之貪競乘機，凶忍趨利，躬行反噬，請銜誅旨。又攸之與譚金、童太壹等並受寵任，朝爲牙爪，同功共體，世號三侯，當時親昵，情過管、鮑。仰遭革運，〔五六〕凶黨懼戮，攸之狡猾用數，圖全賣禍，旣殺從父，又害良朋。雖呂布販君，酈寄賣友，方之斯人，未足爲酷。此其不信不義，言詐翻覆，諸夏之所未有，夷狄之所不爲也。泰始開闢，網漏吞舟，略其凶險，取其搏噬，故得階亂獲全，因禍保

禍。攸之空淺，躁而無謀，濃湖崩挫，本非己力；及北伐彭泗，望賊宵奔；重討下邳，一鼓而遁；再鄙王師，又應肆法。先帝英聖，量深河海，宥其回谿之敗，冀收曲崤之捷，故得推遷幸會，頓升崇顯，內端戎禁，外臨方牧。聖靈鼎湖，遠頒顧命，託寄崇深，義感金石。而攸之始奉國諱，〔五七〕喜見于容，普天同哀，己以爲慶。此其樂禍幸災，大逆之罪一也。

又攸之累登蕃岳，〔五八〕自郢遷荆，晉熙殿下以皇弟代鎮，地尊望重，攸之肆情陵侮，斷割候迎，料擇士馬，簡算器甲，精器鋭士，並取自隨，郢城所留，十不遺一，專擅略虜，罔顧國典。此其苞藏禍志，不恭不虔，大逆之罪二也。

又攸之踐荆以來，恒用姦數，既欲發兵，宜有因假，遂乃蹙迫羣蠻，騷擾山谷，揚聲討伐，盡戶發上，蟻聚郭邑，伺國盛衰，從來積年，永不解甲。遂使四野百縣，路無男人，耕田載租，皆驅女弱，自古酷虐，未聞有此。其侮蔑朝廷，大逆之罪三也。

去昔桂陽奇兵猋起，〔五九〕京師內奰，宗廟阽危。攸之任居上流，兵强地廣，救援顛沛，實宜悉力，國家倒懸，方思身慮，裁遣弱卒三千，〔六〇〕並皆羸老，使就郢州，稟受節度，欲令判否之日，委罪晉熙。何其平日輈張，實輕周、邵，爾時恭謹，虛重皇戚。此其伏慝藏詐，持疑兩端，大逆之罪四也。

又攸之累據方州，跋扈滋甚，招誘輕狡，往者咸納，羈絆行侶，過境必留，仕子窮困，不得歸其鄉，商人畢命，無由還其土，叛亡入境，輒加擁護，逋逃出界，必遣窮追。此其大逆之罪五也。

又攸之自任專恣，恃行慘酷，視吏若讎，遇民如草，峻太半之賦，暴參夷之刑，鞭捶國士，全用虜法。一人逃亡，闔宗補代。毒徧嬰孩，虐加斑白。獄囚恒滿，市血常流。男不得耕，女不得織。奔馳道路，號哭動天。皇朝赦令，初不遵奉，欲殺欲擊，故曠蕩之澤，長隔彼州。此其無君陵上，大逆之罪六也。

蒼梧狂凶，釁深桀、紂，猜貳外蕃，鴟目西顧，留其長息元琰，以爲交質，父子分張，彌積年稔。賴社稷靈長，獨夫巡戮，攸之豫稟心靈，宜同歡幸。遂迷惑顛倒，深相嗟惜，舉言哀桀，揚聲吠堯。此其不辨是非，罔識善惡，違情背理，大逆之罪七也。

廢昏立明，先代盛典，交、廣先到，梁秦𧏙及，而攸之密邇內畿，川塗弗遠，驛書至止，晏若不聞，末遣章表，奄積旬朔。防風後至，夏典所誅，此其大逆之罪八也。

昇明肇曆，恩深澤遠，申其父子之情，矜其骨肉之恩，馳遣元琰，銜使西歸，並加崇授，寵貴重疊。元琰逹西，便應反命，攸之得此集聚，蒙誰之恩，不荀盛德，反生讎釁，此其大逆之罪九也。

攸之以谿壑之性，含梟鴆之腸，直置天壤，已稱醜穢。況乃舉兵內侮，逞肆姦回，斯實惡熟罪成之辰，決癰潰疽之日。幕府過荷朝寄，義百常憤，董司元戎，龔行天罰。今皇上聖明，將相仁厚，約法三章，輕刑緩賦，年登歲阜，家給人足，上有惠和之澤，下無樂亂之心。攸之不識天時，妄圖姦逆，舉無名之師，驅怨讎之黨。是以朝野審其易取，含識判其成禽，熊羆厲爪，蓄攫裂之心，虎豹摩牙，起吞噬之憤，鼓怒則冰原激電，奮發則霜野奔雷，以此定亂，豈移晷刻。雖復衆徒梗陸，舉郡阻川，何足以抗沸海之濤，當燒山之焰。

彼土士民，罹毒日久，逃竄無路，常所憫然。今復相逼，起接鋒刃，交戰之日，蘭艾難分。土崩倒戈，宜爲蚤計，無使一人迷昧，而九族就禍也。弘宥之典，有如皎日。

攸之盡鋭攻郢州，行事柳世隆隨宜距應，屢摧破之。攸之與武陵王贊牋曰：「江陵一總八州，地居形勝，鎮撫之重，宜以上歸，本欲仰移節蓋，改臨荆部，所以未具上聞者，欲待至止，面自咨申。不圖重關擊柝，覲接莫由。若使臣朝之誠，終蔽於聖察，襲遠之舉，近擁於郢都，則無以謝烈士之心，何用塞義夫之志，便不犯關陵漢，期一接奉。若夫斬蛟陷石之卒，裂骼卷鐵之將，煙騰飆迅，容或驚動左右，苟不獲已，敢不先布下情。」又曰：「下官位重分陝，富兼金穴，子弟勝衣，爵命已及，親黨辨菽，抽序便加，耳倦絃歌，口厭粱肉，布衣若

此，復欲何求。豈不知俛眉苟安，保養餘齒，何爲不計百口，甘冒危難。誠感歷朝之遇，欲報之於皇室爾。昧理之徒，謂下官懷無厭之願，既貫誠於白日，不復明心於殿下。若使天必喪道，忠節不立，政復闔門碎滅，百死無恨。但高祖王業艱難，太祖劬勞日昃，卜世不盡七百之期，宗社已成他人之有。家國之事，未審於聖心何如。」

攸之遣中兵參軍公孫方平馬步三千向武昌，太守臧煥棄郡投西陽太守王皝，〔六一〕奔于盆口，方平因據西陽。建寧太守張謨率二守千人攻之，方平破走。

攸之攻郢城久不決，衆心離沮。昇明二年正月十九日夜，劉攘兵燒營入降郢城，衆於是離散，不可復制。將曉，攸之斬劉天賜，率大衆過江，至魯山。諸軍因此散走。還向江陵，未百餘里，聞城已爲雍州刺史張敬兒所據，無所歸，乃與第三子中書侍郎文和至華容界，爲封人所斬送。〔六二〕

攸之初下，留元琰守江陵，張敬兒剋城，元琰逃走。第五子幼和、幼和弟靈和、元琰子法先、懿子□□、文和子法徵、幼和子法茂，〔六三〕並爲敬兒所禽，伏誅。初，文和尚齊王女義興憲公主，公主早薨，有二女，至是齊王迎還第內。今皇帝卽位，聽攸之及諸子喪還葬墓。攸之第二子懿，太子洗馬，先攸之卒。攸之弟登之，新安太守，去職在家，爲吳興太守沈文季所收斬。〔六四〕登之弟雍之，鄱陽太守，先攸之卒。詔以雍之孫僧照爲義興公主後。雍之與

攸之異生，諸弟中最和謹，尤見親愛。攸之性儉吝，子弟不得妄用財物，唯恣雍之所須，輒取齋中服飾，分與親舊，以此爲常。雍之弟榮之，尚書庫部郎，亦先攸之卒。

攸之晚好讀書，手不釋卷，史、漢事多所諳憶，常歎曰：「早知窮達有命，恨不十年讀書。」及攻郢城，夜遇風浪，米船沉沒，倉曹參軍崔靈鳳女幼適柳世隆子，攸之正色謂曰：「當今軍糧要急，而卿不以在意，將由與城內婚姻邪？」靈鳳答曰：「樂廣有言，下官豈以五男易一女。」攸之歡然意解。初，攸之招集才力之士，隨郡人雙泰眞有幹力，召不肯來。後泰眞至江陵賣買，有以告攸之者，攸之因留之，補隊副，厚加料理。泰眞無停志，少日叛走，攸之遣二十人被甲追之，逐討甚急，泰眞殺數人，餘者不敢近。欲過家將母去，事迫不獲，單身走入蠻，追者既失之，錄其母而去。泰眞既失母，乃出自歸，攸之不罪，曰：「此孝子也。」賜錢一萬，轉補隊主，其矯情任算皆如此。

初攸之賤時，與吳郡孫超之、全景文共乘小船出京都，三人共上引埭，有一人止而相之曰：「君三人皆當至方伯。」攸之曰：「豈有三人俱有此相。」相者曰：「骨法如此，若有不驗，便是相書誤耳。」其後攸之爲郢、荊二州，超之廣州，景文南豫州刺史。〔六五〕

攸之初至郢州，有順流之志。府主簿宗儼之勸攻郢城，功曹臧寅以爲：「攻守勢異，非旬日所拔，若不時舉，挫鋭損威。今順流長驅，計日可捷，既傾根本，則郢城豈能自固。」攸

之不從，既敗，諸將帥皆奔散，惟寅曰：「我委質事人，豈可苟免。我之不負公，猶公之不負朝廷也。」乃投水死。寅字士若，東莞莒人也。

先是，攸之在郢州，州從事輒與府錄事鞭，攸之免從事官，而更鞭錄事五十。謂人曰：「州官鞭府職，誠非體要，由小人凌侮士大夫。」倉曹參軍事邊榮爲府錄事所辱，攸之自爲榮鞭殺錄事。攸之自江陵下，以榮爲留府司馬，守城。張敬兒將至，人或說之使詣敬兒降，榮曰：「受沈公厚恩，共如此大事，一朝緩急，便改易本心，不能行也。」城敗，見敬兒，敬兒問曰：「邊公何不早來？」榮曰：「沈公見留守城，而委城求活，所不忍也。本不蘄生，何須見問。」敬兒曰：「死何難得。」命斬之，歡笑而去，容無異色。泰山程邕之者，素依隨榮，至是抱持榮曰：「與邊公周旋，〔六六〕不忍見邊公前死，乞見殺。」兵不得行戮，以告敬兒，敬兒曰：「求死甚易，何爲不許。」先殺邕之，然後及榮。三軍莫不垂泣，曰：「奈何一日殺二義士。」比之臧洪及陳容。榮，金城人也。

廢帝之殞也，攸之欲起兵，問其知星人葛珂之，珂之曰：「自古起兵，皆候太白。太白見則成，伏則敗。昔桂陽以太白伏時舉兵，一戰授首，此近世明驗。今蕭公廢昏立明，政值太白伏時，〔六七〕此與天合也。且太白尋出東方，東方利用兵，西方不利。」故攸之止不反。及後舉兵，珂之又曰：「今歲星守南斗，其國不可伐。」攸之不從。

凡同逆丁珍東、孫同、裴茂仲、武、宗儼之並伏誅。〔六八〕攸之表檄文疏，皆儼之詞也。臧煥詣盆城自歸，今皇帝命斬之。餘同惡或爲亂軍所殺，或遇赦得原。

史臣曰：臧質雖貪虐夙樹，問望多闕，奉義治流，本無呑噬之志也。徒欲以幼君弱政，期之於世祖，據有中流，嗣桓、庾之業。既主異穆、哀，臣皆代黨，雖禮秩外厚，而疑防內深，功高位重，終非自安之地，至於陵天犯順，其出於此乎。攸之伺隙西郢，年逾十載，擅命專威，無君已積。及天厭宋道，鼎運將離，不識代德之紀，獨迷樂推之數，公休既覆其族，攸之亦屠厥身，夫以釁亂自終，固異代如一也。

校勘記

〔一〕熹族子穆斬桓脩 「穆」武帝紀作「穆生」。

〔二〕以建義功封始興縣五等侯 各本並脫「建」字，據南史補。

〔三〕爲江夏王義恭撫軍參軍 各本並脫「參軍」二字，據南史補。

〔四〕以輕薄無檢爲太祖所知 「知」南史作「嫌」。按古人言「知」，猶言賞識，疑作「嫌」，文義較長。

〔五〕遷南譙王義宣司空司馬寧朔將軍南平內史 各本並脫「司空」二字，據南史補。

〔六〕崇之副太子積弩將軍臧澄之建威將軍毛熙祚亦受統於質 各本並無「將軍臧澄之建威」七字，按文帝紀時臧澄之爲太子積弩將軍，毛熙祚爲建威將軍。今據補。

〔七〕故三營一時覆沒 「三營」各本並作「二營」，據元龜四四二改。按胡崇之、臧澄之二營，加毛熙祚一營，是三營，下云「三營既敗」可證。

〔八〕鎮百頃 「鎮」各本並作「宋」，據劉懷肅傳改。

〔九〕單士百人投盱眙 「單士百人」，明弘治本、北監本、毛本、殿本、局本作「單七百人」。百衲本所據底本亦作「單士百人」，涵芬樓影印時，改從各本。按「單士百人」實不誤，上言質棄輜重器甲，故下言「單士」，單士猶言持輕兵器軍士。

〔一〇〕梁坦散於西 「梁坦」，通鑑宋元嘉二十八年作「申坦」。

〔一一〕但爾住攻此城 宋本、元龜三九九作「住」。弘治本、北監本、毛本、殿本、局本作「往」。涵芬樓影印百衲本時，此葉本據宋本殘葉，而又從誤本改「住」作「往」。今改回。

〔一二〕故質答引之 各本並脫「之」字，據元龜三九九補。

〔一三〕示語虜中諸士庶 「語」各本並作「詔」，據元龜三九九、通鑑改。

〔一四〕爾等正朔之民 各本並脫「爾」字，據通鑑補。

〔一五〕截其鉤獲之　各本並作「截鉤能獲之」，據通鑑改。

〔一六〕又射殺高梁王　孫虨宋書考論云：「魏書，高梁王那是年有罪賜死，不云死戰陣。」

〔一七〕自陽口進江陵見義宣　各本並脫「見」字，據南史補。

〔一八〕質女爲義宣子採妻　按義宣子無名採者，必有誤。通志作「悰」，疑是。

〔一九〕義宣腹心將佐蔡超竺超民之徒　各本並脫「竺超」二字，按時無「蔡超民」者，今據南史、通鑑宋孝武帝孝建元年訂正。

〔二〇〕請樂窮大予之英　「大予」各本並作「太子」，今改正。按後漢書明帝紀永平三年，「改大樂爲大予樂」。

〔二一〕夫葬竟陵控率突騎　孫虨宋書考論云：「夫當爲今。」

〔二二〕質遣將尹周之攻胡子反柳叔政於西壘　「胡子反」本書義宣傳作「胡子友」。

〔二三〕豫章望蔡子相孫沖之起義拒質　「拒」各本並作「招」，今改正。

〔二四〕後事在鄧琬傳　「鄧琬」各本並作「劉琬」。按孫沖之事在本書鄧琬傳中。「劉」蓋「鄧」之譌，今改正。

〔二五〕僞高梁王阿叔泥爲芮芮所圍甚急　「阿叔泥」索虜傳作「阿斗泥」，疑阿斗泥是。叔斗形近而譌。

〔二六〕與秀相見　各本作「與秀□寬」，據元龜七六一訂正。

〔二七〕會世祖遣將劉泰之輕軍襲虜於汝陽　「將」各本並作「府」，據元龜七六一改。

〔二八〕戰敗被創　「創」各本並作「罰」，據元龜七六一改。

〔二九〕或與同輿　「同」字，百衲本所據宋本殘葉空白，三朝本、北監本、毛本、殿本、局本作「共」字，元龜七六一作「同」字。今從元龜。

〔三〇〕燕北還蕃　孫虨宋書考論云：「當云燕北還至蕃。蕃，徐州彭城屬縣。」

〔三一〕太宗初與四方同反　「與」各本作「輿」，孫虨宋書考論云：「輿當作與。」按孫說是，今改正。

〔三二〕爽秀得罪晉朝　「晉」百衲本空白，三朝本、北監本、毛本、殿本、局本作「本」，元龜七六一作「晉」。今從元龜。按魯宗之、魯軌奔羌事，在義熙中，故稱晉朝。

〔三三〕爽可督司州豫州之陳留東郡濟陰濮陽五郡諸軍事征虜將軍司州刺史　各本並脫「豫州之」三字，據孫虨宋書考論說補。五郡止四郡，脫去一郡。

〔三四〕秀可輔國將軍滎陽潁川二郡太守　「滎陽」三朝本、北監本、毛本譌「管陽」，殿本、局本譌「營陽」，今從南史、元龜七六一改正。

〔三五〕會稽孔璪掌南岸　「孔璪」各本並作「孔璨」，據南史、建康實錄改。

〔三六〕尋告宗越譚金等謀反　各本並脫「尋告」二字，據南史補。

〔三七〕時南賊前鋒孫沖之薛常寶等屯據赭圻　「孫沖之」各本並作「鍾沖之」，據元龜三五一改。孫虨宋書考論云：「鍾當作孫。」按鄧琬傳有巴東、建平二郡太守孫沖之爲劉子勛諮議參軍，領中兵，加輔國將軍，統前軍。當即其人。

〔三八〕彼必不能下我　各本並脫「我」字，據通鑑宋泰始二年補。

〔三九〕遣千人往南陵迎米　「往」各本並作「在」，據元龜三六三改正。

〔四〇〕行至遲墟　「遲墟」通鑑宋明帝泰始三年作焦墟，云去下邳五十餘里。

〔四一〕時攘兵兄子天賜爲荆州西曹　「兄子」各本並作「元子」，據通鑑宋順帝昇明二年改。

〔四二〕閏十二月四日至夏口　「閏十二月」各本並作「閏十月」。按是年閏十二月，上文已有十一月、十二月，此當是閏十二月，今訂正。

〔四三〕使沙門釋僧粲笯之　「僧粲」各本並作「僧桀」，據南史改。

〔四四〕今遣新除使持節督郢州司州之義陽諸軍事平西將軍郢州刺史聞喜縣開國侯黄回　各本並脫「司州」二字，據南齊書柳世隆傳及本書黄回傳補。錢大昕廿二史考異云：「按黄回傳，督郢州司州之義陽諸軍事，此脫司州二字。」

〔四五〕輔國將軍南高平太守軍主陳承叔　南齊書柳世隆傳作「屯騎校尉陳承叔」。

〔四六〕輔國將軍左軍將軍南濮陽太守葛陽縣開國男軍主彭文之　「左軍將軍」南齊書柳世隆傳作「右軍將軍」。

〔四七〕龍驤將軍驃騎行參軍軍主召宰　「召宰」南齊書柳世隆傳作「邰宰」。「龍驤將軍」南齊書作「振武將軍」。

〔四八〕輔國將軍軍主任候伯　「輔國將軍」南齊書柳世隆傳作「寧朔將軍」。

〔四九〕輔國將軍游擊將軍軍主垣崇祖　「輔國將軍」南齊書柳世隆傳作「新除寧朔將軍」。按南齊書垣崇祖傳但云爲輔國將軍，不言進號寧朔將軍。

〔五〇〕寧朔將軍虎賁中郎將軍主尹略　「寧朔將軍」南齊書柳世隆傳作「龍驤將軍」。

〔五一〕又遣輔國將軍後軍將軍右軍中兵參軍事軍主苟元賓　南齊書柳世隆傳作「又遣屯騎校尉苟元賓」。

〔五二〕冠軍將軍游擊將軍弁州刺史南清河太守太原公軍主王敕勤　南齊書柳世隆傳作「輔國將軍王敕勤」。

〔五三〕龍驤將軍射聲校尉王洪範　「王洪範」各本並作「王洪軌」，據南齊書柳世隆傳改。按南齊書張沖傳、芮芮傳舊本並作「王洪軌」，新校本已改作「王洪範」。通鑑從齊紀作「王洪範」。

〔五四〕龍驤將軍冗從僕射軍主成買等　「成買」各本並作「成置」，據南齊書柳世隆傳改。柳世隆傳作「後將軍成買」。按成買見南齊書周盤龍傳。

〔五五〕故司空沈公以從父宗蔭　各本並脫「以」字，據南齊書柳世隆傳補。

〔五六〕仰遭革運 「仰遭」各本並作「遭仰」，據南齊書柳世隆傳乙正。

〔五七〕而攸之始奉國諱 「始」各本並作「知」，據南齊書柳世隆傳改。

〔五八〕又攸之累登蕃岳 「蕃岳」各本並作「蕃兵」，據永樂大典二〇八五一、南齊書柳世隆傳改。

〔五九〕去昔桂陽奇兵猋起 「猋」字各本空白，據永樂大典二〇八五一補。

〔六〇〕裁遣弱卒三千 「裁」各本並作「威」，據永樂大典二〇八五一、南齊書柳世隆傳改。

〔六一〕太守臧煥棄郡投西陽太守王鍼 「臧煥」各本並作「臧渙」，據本書臧燾傳改。

〔六二〕爲封人所斬送 「封人」南史作「村人」。 按本書沈慶之傳：「南新郡蠻帥田彥生率部曲十封六千餘人反叛。」封爲荆、豫蠻族之村落組織，「封人」不誤，不當改「村人」。

〔六三〕第五子幼和幼和弟靈和元琰子法先懿子□□文和子法徵幼和子法茂 「懿子」下各本無空白。按懿子名佚去，今空兩格。

〔六四〕爲吳興太守沈文季所收斬 「沈文季」各本並作「沈文秀」，據南齊書沈文季傳改。 按沈文秀明帝泰始初，已入北魏，沈文季爲吳興太守，收殺攸之弟登之，事見南齊書沈文季傳。

〔六五〕景文南豫州刺史 各本並脫「南」字，據南史、元龜八六〇及南齊書呂安國傳全景文附傳補。

〔六六〕與邊公周旋 「周旋」各本並作「周遊」，據元龜七六四改。

〔六七〕政值太白伏時 各本並脫「伏」字，據南史補。

〔六八〕凡同逆丁珍東孫同裴茂仲武宗儼之並伏誅 孫虨宋書考論云：「上文攸之僚佐有武茂宗、宗儼之。此『武』字下脫『茂宗』二字。」

宋書卷七十五

列傳第三十五

王僧達 顏竣

王僧達，琅邪臨沂人，太保弘少子。兄錫，質訥乏風采。太祖聞僧達蚤慧，召見於德陽殿，問其書學及家事，應對閑敏，上甚知之，妻以臨川王義慶女。

少好學，善屬文。年未二十，以爲始興王濬後軍參軍，遷太子舍人。坐屬疾，於楊列橋觀鬭鴨，爲有司所糾，原不問。性好鷹犬，與閭里少年相馳逐，又躬自屠牛。義慶聞如此，令周旋沙門慧觀造而觀之。僧達陳書滿席，與論文義，慧觀酬答不暇，深相稱美。與錫不協，訴家貧，求郡，太祖欲以爲秦郡，吏部郎庾炳之曰：「王弘子既不宜作秦郡，僧達亦不堪莅民。」乃止。尋遷太子洗馬，母憂去職。兄錫罷臨海郡還，送故及奉祿百萬以上，僧達一夕令奴輩取，無復所餘。服闋，爲宣城太守。性好游獵，而山郡無事，僧達肆意馳騁，或三五

日不歸，受辭訟多在獵所，民或相逢不識，問府君所在，僧達曰：「近在後。」元嘉二十八年春，索虜寇逼，都邑危懼，僧達求入衞京師，見許。賊退，又除宣城太守，頃之，徙任義興。

三十年，元凶弒立，世祖入討，普檄諸州郡，又符郡發兵，僧達未知所從。客說之曰：「方今釁逆滔天，古今未有，爲君計，莫若承義師之檄，移告傍郡，使工言之士，明示禍福，苟在有心，〔一〕誰不響應，此策上也。如其不能，可躬率向義之徒，詳擇水陸之便，致身南歸，亦其次也。」僧達乃自候道南奔，逢世祖於鵲頭，卽命爲長史，加征虜將軍。初，世祖發尋陽，沈慶之謂人曰：「王僧達必來赴義。」人問其所以，慶之曰：「虜馬飲江，王出赴難，見在先帝前，議論開張，執意明決，以此言之，其至必也。」

上卽位，以爲尚書右僕射，尋出爲使持節、南蠻校尉，加征虜將軍。時南郡王義宣求留江陵，南蠻不解，不成行。仍補護軍將軍。僧達自負才地，謂當時莫及。上初踐阼，卽居端右，一二年閒，便望宰相。及爲護軍，不得志，乃啓求徐州，曰：

臣衰索餘生，逢辰藉業，先帝追念功臣，眷及遺賤，飾短捐陋，布策稠采，從官委褐，十有一載。早憑慶泰，晚覩盛明，〔二〕而有志於學，無獨見之敏，有務在身，無偏鑒之識，固不足建言世治，備辨時宜。竊以天恩不可終報，尸素難可久處，故猖狂蕪謬，每陳所懷。

陛下孝誠發衷，義順動物，自龍飛以來，實應九服同歡，三光再朗，而臣假視巷里，借聽民謠，黎氓□□，未締其慼，遠近風議，不獲稍進，臣所用夙宵疾首，寤寐疚心者也。臣取之前載，譬之於今。當漢文之時，可謂藉已成之業，據既安之運，重以布衣菲食，憂勤治道，而賈誼披露迺誠，猶有歎哭之諫。況今承顛沛，萬機惟始，恩未及普，信未遑周。臣又聞前達有言，天下，重器也，一安不可卒危，一危亦不可卒安，陛下神思淵通，亦當鑒之聖慮。

竊謂當今之務，[三]惟在萬有爲己，家國同憂，允彼庶心，從民之欲。民有咨瘼之聲，君表納隍之志。下有愆弊之苦，上無侈豫之情。又應官酌其才，爵疇其望，與失不賞，寧失不刑。至若樞任重司，藩扞要鎮，治亂攸寄，動靜所歸，百度惟新，或可因而弗革，事在適宜，無或定其出處。天下多才，在所用之。

臣非惟寄覯世路，謬識其難，卽之於身，詳見其弊。何者？臣雖得免牆面，書不入於學伍，行無愆戾，自無近於才能，直以廕託門世，夙列榮齒。且近雖奔迸江路，歸命南闕，竟何功効，可以書賞。而頻出內寵，陛下綢繆數旬之中，累發明詔。自非才略有素，聲實相任，豈可聞而弗驚，履而無懼。固宜退省身分，識恩之厚，不知報答，當在何期。夫見危致命，死而後已，皆殷勤前誥，重其忘生。臣感先聖格言，思在必効之地，

使生獲其志，死得其所。如使臣享厚祿，居重榮，衣狐坐熊，而無事於世者，固所不能安也。今四夷猶警，國未忘戰，辮髮凶詭，尤宜裁防。間者天兵未獲，已肆其輕漢之心，恐戎狄貪悋，猶懷匪遜。脫以神州暫擾，中夏兵飢，容或遊魂塞內，重窺邊壘。且高秋在節，胡馬興威，宜圖其易，蚤爲之所。臣每一日三省，志在報效，遠近小大，顧其所安，受效偏方，得司者則慮之所辦，情有不疑。若首統軍政，董勒天兵，既才所不周，實誠亦非願。陛下矜諒已厚，顧復曲體此心。護軍之任，臣不敢處，彭城軍府，卽時過立。且臣本在驅馳，非希崇顯，輕智小號，足以自安。願垂鑑恕，特賜申奬，則內外榮荷，存沒銘分。

上不許。僧達三啓固陳，上甚不說。以爲征虜將軍、吳郡太守。朞歲五遷，僧達彌不得意。吳郭西臺寺多富沙門，僧達求須不稱意，乃遣主簿顧曠率門義劫寺內沙門竺法瑤，得數百萬。荆、江反叛，加僧達置佐領兵，臺符聽置千人，而輒立三十隊，隊八十人。又立宅於吳，多役公力。坐免官。初，僧達爲太子洗馬，在東宮，愛念軍人朱靈寶，及出爲宣城，靈寶已長，僧達詐列死亡，寄宣城左永之籍，注以爲己子，改名元序，啓太祖以爲武陵國典衞令，又以補竟陵國典書令，建平國中軍將軍。[四]孝建元年春，事發，又加禁錮。上表陳謝云：「不能因依左右，傾意權貴。」上愈怒。僧達族子確年少，美姿容，僧達與之私款。確叔父休爲永嘉太守，當將確之郡，僧達欲逼留之，確知其意，避不復往。僧達大怒，潛於所住屋後作大坑，欲誘確來別，因殺而埋之，從弟僧虔知其謀，禁呵乃止。御史中丞劉瑀奏請收治，上不許。

孝建三年，除太常，意尤不悅。頃之，上表解職，曰：

臣自審庸短，少闕宦情，兼宿抱重疾，年月稍甚，生平素念，願閑衡廬。先朝追遠之恩，早見榮齒。曩者以親貧須養，僶俛從祿，解褐後府，十有餘旬。俄遷舍人，殆不朝直。實無緣坐閱宸寵，尸爵家庭，情計二三，屢經聞啓，終獲允亮，賜反初服。還私未用，又擢爲洗馬，意旨優隆，其令且拜，許有郡缺，當務處置。會琅邪遷改，卽蒙敕往反神翰，慈誘殷勤，令裝成卽自隨。靈寶往年淪覆長溪，因彼散失，仰感沉恩，俯銘浮寵。臣釁積禍并，仍丁艱罰，聊及視息，卽蒙逮問，具啓以奉營情事，負舉猥多。賜莅宣城，極其窮躓。仲春移任，方冬便值虜南侵。臣忝同肺腑，情爲義動，苦求還都，侍衞輦轂。至止之日，戎旗已搴。在郡雖淺，而貪得分了，方拂農衣，還事耕牧，宣城民庶，詣闕見請。爾時敕亡從兄僧綽宣見留之旨。闇疾寡任，野心素積，仍附啓苦乞且旋任。還務未期，亡兄臣錫奄見棄背，啓解奔赴，賜帶郡還都，曾未淹積，復除義興。臣自天飛海泳，豈假鱗翼，徒思橫施，與日而深。自處官以來，未嘗有涓豪之積，嬴疾闇疢，又無

人一諾。而性狎林水，偏愛禽魚，議其所託，動乖治要，故收崖斂分，無忘俄頃，實由有待難供，上裝未立，東郡奉輕，西陝祿重。具陳蘄懇，備執初願，乞置江、湘遠郡，一二年中，庶反耕之日，糧藥有寄。卽蒙亮許，當賜矜擢。

遭逢厄運，天地崩離，世蒙聖朝門情之顧，及在臣身，復荷殊識，義雖君臣，恩猶父子。臣誠庸蔽，心過草木，奉諱之日，不覺捐身。單軀弱嗣，千里共氣，繼罹凶塗，動臨危盡，生微朝露，不察如絲，信順所扶，得獲全濟，再見天地，重覩三光。于時兄子僧亮等幽窘醜逆，盡室獄戶，山川崄岨，吉凶路塞，悠遠之思，誰能勿勞。嘗膽濡足，是其分願，[五]分心挂腹，實亦私苦。

幸屬聖武，剋復大業，宇宙廓清，四表靖晏。臣父子叔姪，同獲泰辰，造情追尋，歸骨之本，欲以死明心，誤有餘辰；情願已展，避逆向順，終古常節，智力無効，有何勳庸，而頻煩恩榮，動踰分次。但忽病之日，不敢固辭，故吞訴於鵲渚，飲愧於新亭。及元凶既殄，人神獲乂，端右之授，卽具陳請。天慈優渥，每越常倫，南蠻、護軍，旬月私授。臣三省非分，必致孤負，居常輕任，尚懼網墨，況參要內職，承寵外畿，其取覆折，不假識見。故披誠啓訴，表疏相屬，或乞輕高就卑，或願以閑易要，言誓致苦，播於辭牘，誠知固陋，當觸明科。去歲往年，累犯刑禁，理無申可，罪有恒典，虛穢朝序，慚累家業，臣

甘其終，物議其盡。陛下棄其身瑕，矜其膝貴，〔六〕迂略法憲，曲相全養。臣一至之感，口此何忘。利伊恩升，加以今位，當時震驚，收足失所，本忘閑情，不敢聞命。內慮於己，外訪於親，以爲天地之仁，施不期報，再造之恩，不可妄屬。故洗拂灰壤，登沐膏露，上處聖澤，下更生辰，合芳離蛻，退邇改觀。但偸榮託幸，忽移此歲，自見妨長，轉不可寧，宜其沈放，志事俱盡。

伏願陛下承太始之德，加成物之恩，及臣狂蔽未至，得於榮次自引，聖朝厚終始之惠，孤臣保不泯之澤。夫讓功爲高，臣無功而讓；專素爲美，臣榮采已積。以是求退，誠亦可愍。又妻子爲居，更無餘累，婢僕十餘，粗有田入，歲時是課，足繼朝昏。兼比日眩瞀更甚，風虛漸劇，湊理合閉，榮衞惛底，心氣忡弱，神志衰散，念此根疵，不支歲月。公私誠願，宜蒙諒許，乞徇餘辰，以終瑣運。白水皎日，不足爲譬，願垂矜鑑，哀申此請。

僧達文旨抑揚，詔付門下。侍中何偃以其詞不遜，啓付南臺，又坐免官。

頃之，除江夏王義恭太傅長史，臨淮太守，又徙太宰長史，太守如故。大明元年，遷左衞將軍，領太子中庶子。以歸順功，封寧陵縣五等侯。二年，遷中書令。

先是，南彭城蕃縣民高闍、沙門釋曇標、道方等共相誑惑，自言有鬼神龍鳳之瑞，常聞簫鼓音，與秣陵民藍宏期等謀爲亂。又要結殿中將軍苗允、員外散騎侍郎嚴欣之、司空參

軍闞千纂、太宰府將程農、王恬等，謀剋二年八月一日夜起兵攻宮門，晨掩太宰江夏王義恭，分兵襲殺諸大臣，以闍爲天子。事發覺，凡黨與死者數十人。僧達屢經狂逆，〔七〕上以其終無悛心，因高闍事陷之，下詔曰：「王僧達餘慶所鍾，早登榮觀，輕險無行，暴於世談。值國道中艱，盡室願效，甄其薄誠，貰其鴻慝，爵遍外內，身窮榮寵。曾無在泮，食椹懷音，乃協規西楚，志擾東區，公行剽掠，顯奪凶黨，倚結羣惡，誣亂視聽。朕每容隱，思加蕩雪，曾無犬馬感恩之志，而炎火成燎原之勢，涓流兆江河之形，遂脣齒高闍，契規蘇寶，搜詳妖圖，覘察象緯。遠賊長臨臯，餘黨就鞫，咸布辭獄牒，宣言虛市，猶欲隱忍，法爲情屈。小醜紛紜，人扇方甚，矯構風塵，志希非覬，固已達諸公卿，彰于朝野。朕焉得輕宗社之重，行匹夫之仁。殛山誅邪，聖典所同，戮諷篡律，漢法攸尙。便可收付廷尉，肅正刑書。故太保華容文昭公弘契闊歷朝，綢繆眷遇，豈容忘茲勳德，忽其世祀，門爵國姻，一不貶絕。」於獄賜死。時年三十六。

子道琰，徙新安郡，前廢帝卽位，得還京邑。後廢帝元徽中，爲廬陵國內史，未至郡，卒。

蘇寶者，名寶生，本寒門，有文義之美。元嘉中立國子學，爲毛詩助教，爲太祖所知，官至南臺侍御史，江寧令。坐知高闍反不卽啓聞，與闍共伏誅。

顏竣字士遜，琅邪臨沂人，光祿大夫延之子也。太祖問延之：「卿諸子誰有卿風？」對曰：「竣得臣筆，測得臣文，臭得臣義，躍得臣酒。」

竣初爲太學博士，太子舍人，出爲世祖撫軍主簿，甚被愛遇，竣亦盡心補益。元嘉中，上不欲諸王各立朋黨，將召竣補尙書郎，吏部尙書江湛以爲竣在府有稱，不宜回改，上乃止。遂隨府轉安北、鎭軍、北中郎府主簿。二十八年，虜自彭城北歸，復求互市，竣議曰：「愚以爲與虜和親無益，已然之明效。何以言其然？夷狄之欲侵暴，正苦力之不足耳。未嘗拘制信義，用輟其謀。昔年江上之役，乃是和親之所招。歷稔交聘，遂求國婚，朝廷羈縻之義，依違不絕，旣積歲月，漸不可誣，獸心無厭，重以忿怒，故至於深入。幸今因兵交之後，華、戎隔判，若言互市，則復開釁徹之萌。議者不過言互市之利在得馬，今棄此所重，得彼下駟，千匹以上，尙不足言，況所得之數，裁不十百邪。一相交關，卒難閉絕。寇負力玩勝，驕黠已甚，雖云互市，實覘國情，多贍其求，則桀慠罔已，通而爲節，則必生邊虞。不如塞其端漸，杜其觖望，內修德化，外經邊事，保境以觀其釁，於事爲長。」

初，沙門釋僧含粗有學義，謂竣曰：「貧道粗見讖記，當有眞人應符，名稱次第，屬在殿下。」竣在彭城嘗向親人敍之，言遂宣布，聞於太祖。時元凶巫蠱事已發，故上不加推治。世祖鎭尋陽，遷南中郎記室參軍。三十年春，以父延之致仕，固求解職，不許。賜假未發，而太祖崩問至，世祖舉兵入討。轉諮議參軍，領錄事，任總外內，幷造檄書。世祖發尋陽，便有疾，領錄事自沈慶之以下，並不堪相見，唯竣出入臥內，斷決軍機。時世祖屢經危篤，不任咨稟，凡厥衆事，竣皆專斷施行。世祖踐阼，以爲侍中，俄遷左衞將軍，加散騎常侍，辭常侍，見許。封建城縣侯，食邑二千戶。

孝建元年，轉吏部尙書，領驍騎將軍。留心選舉，自强不息，任遇旣隆，奏無不可。其後謝莊代竣領選，意多不行。竣容貌嚴毅，莊風姿甚美，賓客喧訴，常歡笑答之。時人爲之語曰：「顏竣嗔而與人官，謝莊笑而不與人官。」

南郡王義宣、臧質等反，以竣兼領軍。義宣、質諸子藏匿建康、秣陵、湖熟、江寧縣界，世祖大怒，免丹陽尹褚湛之官，收四縣官長，以竣爲丹陽尹，加散騎常侍。先是，竣未有子，而大司馬江夏王義恭諸子爲元凶所殺，至是並各產男，上自爲制名，名義恭子爲伯禽，以比魯公伯禽，周公旦之子也；名竣子爲辟强，以比漢侍中張良之子。

先是元嘉中，鑄四銖錢，輪郭形制，與五銖同，用費損，無利，故百姓不盜鑄。及世祖卽位，又鑄孝建四銖。三年，尙書右丞徐爰議曰：「貴貨利民，載自五政，開鑄流圜，法成九府，

民富國實，教立化光。及時移俗易，則通變適用，是以周、漢俶遷，隨世輕重。降及後代，財豐用足，因循前貫，[八]無復改創。年歷既遠，喪亂屢經，堙焚剪毀，日月銷滅，貨薄民貧，公私俱困，不有革造，將至大乏。謂應式遵古典，收銅繕鑄，納贖刊刑，著在往策，今宜以銅贖刑，隨罰爲品。」詔可。所鑄錢形式薄小，[九]輪郭不成就。[一〇]於是民間盜鑄者雲起，雜以鉛錫，並不牢固。又剪鑿古錢，以取其銅，錢轉薄小，稍違官式。雖重制嚴刑，民吏官長坐死免者相係，而盜鑄彌甚，百物踊貴，民人患苦之。乃立品格，薄小無輪郭者，悉加禁斷。

始興郡公沈慶之立議曰：「昔秦幣過重，高祖是患，普令民鑄，改造榆莢，而貨輕物重，又復乖時。太宗放鑄，賈誼致譏，誠以采山術存，銅多利重，耕戰之器，曩時所用，四民競造，爲害或多。而孝文弗納，民鑄遂行，故能朽貫盈府，天下殷富。況今耕戰不用，采鑄廢久，鎔冶所資，多因成器，功艱利薄，絕吳、鄧之資，農民不習，無釋耒之患。方今中興開運，聖化惟新，雖復偃甲銷戈，而倉庫未實，公私所乏，唯錢而已。愚謂宜聽民鑄錢，郡縣開置錢署，樂鑄之家，皆居署內，平其淮式，[一一]去其雜僞，官斂輪郭，藏之以爲永寶。去春所禁新品，一時施用，今鑄悉依此格。萬稅三千，嚴檢盜鑄，幷禁剪鑿。數年之間，公私豐贍，銅盡事息，姦僞自止。且禁鑄則銅轉成器，開鑄則器化爲財，翦華利用，於事爲益。」

上下其事公卿，太宰江夏王義恭議曰：「伏見沈慶之議，『聽民私鑄，樂鑄之室，皆入署

居。平其準式，去其雜僞』。愚謂百姓不樂與官相關，由來甚久，又多是人士，蓋不願入署。凡盜鑄爲利，利在僞雜，僞雜既禁，樂入必寡。云『斂取輪郭，藏爲永寶』。愚謂上之所貴，下必從之，百姓聞官斂輪郭，輪郭之價百倍，大小對易，誰肯爲之。强制使換，則狀似逼奪。又『去春所禁新品，一時施用』。愚謂此條在可開許。又云『今鑄宜依此格，萬稅三千』。又云『嚴檢盜鑄，不得更造』。愚謂禁制之設，非惟一旦，昧利犯憲，羣庶常情，不患制輕，患在冒犯。今入署必萬輸三千，私鑄無十三之稅，逐利犯禁，居然不斷。又云『銅盡事息，姦僞自禁』。愚謂赤縣內銅，非可卒盡，比及銅盡，姦僞已積。又云『禁鑄則銅轉成器，開鑄則器化爲財』。然頃所患，患於形式不均，加以剪鑿，又鉛錫衆雜止於盜鑄銅者，[一二]亦無須苦禁。」

竣議曰：「泉貨利用，近古所同，輕重之議，定於漢世，魏、晉以降，未之能改。誠以物貨既均，改之僞生故也。世代漸久，弊運頓至，因革之道，宜有其術。今云開署放鑄，誠所欣同。但慮採山事絕，器用日耗，銅既轉少，器亦彌貴。設器直一千，則鑄之減半，爲之無利，雖令不行。又云『去春所禁，一時施用』。是欲使天下豐財。若細物必行，而不從公鑄，利已既深，情僞無極，私鑄剪鑿，盡不可禁，[一三]五銖半兩之屬，不盈一年，必至於盡。財貨未贍，大錢已竭，數歲之間，悉爲塵土，豈可令取弊之道，基於皇代。今百姓之貨，雖爲轉少，而市井之民，未有嗟怨，此新禁初行，品式未一，須臾自止，不足以垂聖慮。唯府藏空匱，實爲重憂。

今縱行細錢，官無益賦之理，百姓雖贍，無解官乏。唯簡費去華，設在節儉，求贍之道，莫此爲貴。然錢有定限，而消失無方，剪鑄雖息，終致窮盡者，亡應官開取銅之署，絕器用之塗，定其品式，日月漸鑄，歲久之後，不爲世益耳。」

時議者又以銅轉難得，欲鑄二銖錢。竣又議曰：「議者將爲官藏空虛，宜更改鑄，天下銅少，宜減錢式，以救交弊，賑國紓民。愚以爲不然。今鑄二銖，恣行新細，於官無解於乏，而民姦巧大興，天下之貨，將靡碎至盡。空立嚴禁，而利深難絕，不過一二年間，其弊不可復救。其甚不可一也。今鎔鑄獲利，不見有頓得一二億之理，[一四]縱復得此，必待彌年。歲暮稅登，財幣暫革，日用之費，不贍數月，雖權徵助，何解乏邪，徒使姦民意騁，而貽厥愆謀。此又甚不可二也。民懲大錢之改，兼畏近日新禁，市井之間，必生喧擾，遠利未聞，切患猥及，富商得志，貧民困窘。此又甚不可三也。若使交益深重，尙不可行，況又未見其利，而衆弊如此，失算當時，取誚百代乎。」

前廢帝卽位，鑄二銖錢，形式轉細。官錢每出，民間卽模効之，而大小厚薄，皆不及也。無輪郭，不磨鑢，如今之剪鑿者，謂之耒子。景和元年，沈慶之啓通私鑄，由是錢貨亂敗，一千錢長不盈三寸，大小稱此，謂之鵝眼錢。劣於此者，謂之綖環錢。入水不沉，隨手破碎，市井不復料數，十萬錢不盈一掬，斗米一萬，商貨不行。太宗初，唯禁鵝眼、綖環，其餘皆通

用。復禁民鑄，官署亦廢工，尋復並斷，唯用古錢。

竣自散騎常侍、丹陽尹，加中書令，丹陽尹如故。表讓中書令曰：「虛竊國靈，坐玷禁要，[一五]聞命惭惶，形魂震越。臣東州凡鄙，生於微族，[一六]長自閭閻，不窺官轍，門無富貴，志絕華伍。直以委身蘢畝，飢寒交切，先朝陶均庶品，不遺愚賤，得免耕稅之勤，厠仕進之末。陛下盛德居蕃，總攬英異，越以不才，超塵淸軌，奉躬歷稔，勞效莫書，仰恃曲成之仁，畢願守宰之秩。豈期天地中閡，殷憂啓聖，倚附興運，擢景神塗，雲飛海泳，冠絕倫等，曾未三朞，殊命八萃。詳料賞典，則臣不應科；瞻言勤良，則臣與侔貴。[一七]方欲訴款皇朝，降階盛序，微已國言，少徹身謗，而制書猥下，爵樹彌隆。臣小人也，不及遠謀，寵利之來，何能居約，徒以上瀆天明，下汨彝議，災讁之興，懼必在邇。今之過授，以先微身，苟曰非據，危辱將及，十手所指，諭等膏肓，所以寤寐兢遽，維縈苦疾者也。伏願陛下察其丹誠，矜其疾願，絕會收恩，以全愚分，則造化之施，方茲爲薄。」見許。時歲旱民饑，竣上言禁餳一月，息米近萬斛。復代謝莊爲吏部尙書，領太子左衞率，未拜，丁憂。起爲右將軍，丹陽尹如故。

竣藉蕃朝之舊，極陳得失。上自卽吉之後，多所興造，竣諫爭懇切，無所回避，上意甚不說，多不見從。竣自謂才足幹時，恩舊莫比，當贊務居中，永執朝政，而所陳多不被納，疑上欲疏之，乃求外出，以占時旨。大明元年，以爲東揚州刺史，將軍如故。所求既許，便憂

懼無計。至州，又丁母艱，不許去職，聽送喪還都，恩待猶厚，竣彌不自安。每對親故，頗懷怨憤，又言朝事違謬，人主得失。及王僧達被誅，謂爲竣所讒構，臨死陳竣前後怨懟，每恨言不見從。僧達所言，頗有相符據。上乃使御史中丞庾徽之奏之曰：

臣聞人臣之奉主，毁家光國，竭情無私，若乃無禮陵人，怙富卑上，是以王叔作戒，子皙爲戮。未有背本塞原，好利忘義，而得自容盛世，溷亂清流者也。右將軍、東揚州刺史建城縣開國侯顏竣，因附風雲，謬蒙翼長，天地更造，拔以非次。聖朝親攬，萬務一歸，而窺覘國柄，潛圖秉執。受任選曹，驅扇滋甚，出尹京輦，形勢彌放。傳詔犯憲，舊須啓聞，而竣以通訴忤己，輒加鞭辱，罔顧威靈，莫此爲甚。嚴詔屢發，當官責效，竣權恣不行，怨懟彌起，懷挾姦數，苞藏陰慝。預聞中旨，罔不宣露，罰則委上，恩必歸己，苟遇之門，卽加謗辱，受譴之室，曲相哀撫。翻戾朝紀，狡惑視聽，脅懼上宰，激動閭閻。末慮上聞，〔一八〕內懷猜懼，僞請東牧，以卜天旨。既獲出蕃，怨詈方肆，反脣腹誹，方之已輕。且時有啓奏，必協姦私，宣示親朋，動作羣小。前冬母亡，詔賜還葬，事畢不去，盤桓經時，方構間勳貴，造立同異。又表示危懼，深營身觀，曲訪大臣，慮不全立，遂以己被斥外，國道將顚，釁積懷抱，惡窮辭色。兼行闕於家，早負世議，逮身居崇寵，奉兼萬金，榮以夸親，祿不充養。宿憾母弟，恃貴輒戮，天倫怨毒，親交震駭。凡所莅

任，皆闕政刑，輒開丹陽庫物，貸借吏下。多假資禮，解爲門生，充朝滿野，殆將千計。驕放自下，妨公害私，取監解見錢，以供帳下。賓旅酣歌，不異平月，街談道說，非復風聲。

竣代都文吏，特荷天私，棄瑕錄用，豫參要重，勞無汗馬，賞班河、山，出內寵靈，踰越倫伍。山川之性，日月彌滋，溪壑之心，在盈彌爹，虎冠狼貪，未足爲譬。今皇明開耀，品物咸亨，傷俗點化，實唯害焉，宜加顯戮，以彰盛化。請以見事免竣所居官，下太常削爵土，須事御收付廷尉法獄罪。

上未欲便加大戮，且止免官。竣頻啓謝罪，幷乞性命。上愈怒，詔答曰：「憲司所奏，非宿昔所以相期。卿受榮遇，故當極此，訕訐怨憤，已孤本望，乃復過煩思慮，懼不自全，豈爲下事上誠節之至邪！」及竟陵王誕爲逆，因此陷之，召御史中丞庾徽之於前爲奏，奏成，詔曰：「竣孤負恩養，乃可至此。於獄賜死，妻息宥之以遠。」子辟强徙送交州，又於道殺之。竣文集行於世。

史臣曰：世祖弱歲臨蕃，涵道未廣，披胸解帶，義止賓僚。及運鍾傾陂，身危慮切，擢膽抽肝，猶患言未盡也。至於馮玉負扆，威行萬物，欲有必從，事無暫失。既而憂歡異日，甘苦變心，主挾今情，臣追昔款，宋昌之報，上賞已行，同舟之慮，下望愈結，嫌怨既萌，誅責自起。竣之取釁於世，蓋由此乎。爲人臣者，若能事主而捐其私，立功而忘其報，雖求顚陷，不可得也。

校勘記

〔一〕苟在有心　「有」各本並作「其」，據通鑑改。

〔二〕晚親盛明　「晚」各本並作「脫」，據永樂大典六八三一改。

〔三〕竊謂當今之務　各本並脫「當」字，據建康實錄補。

〔四〕建平國中軍將軍　「中軍將軍」各本並作「中將軍」，據南史改。按百官志，大國又置上軍、中軍、下軍三將軍。

〔五〕是其分願　「分」各本並作「公」，據永樂大典六八三一改。

〔六〕矜其膝貴　「膝貴」百衲本作「貴膝」，弘治本、北監本、毛本、殿本、局本作「貴戚」。今據永樂大典六八三一改。

〔七〕僧達屢經狂逆　「狂逆」南史作「犯忤」。

〔八〕因循前貫　各本並作「因條前寶」，據元龜五〇〇改。

〔九〕所鑄錢形式薄小　各本並脫「所」字，據通典食貨典、元龜五〇〇補。

〔一〇〕輪郭不成就　各本並脫「就」字，據通典食貨典、元龜五〇〇補。

〔一一〕平其准式　「准式」各本並作「雜式」，據元龜五〇〇、通鑑宋孝武帝孝建三年改。

〔一二〕又鉛錫衆雜止於盜鑄銅者　各本作「□鉛錫衆玡越耳若止於盜鑄銅者」，殿本改「玡」作「訴」，其餘並同。殿本考證云：「字書無玡字，今定作訴。言錢法弊壞，衆人交訴之聲越耳也。」今據元龜五〇〇訂正。

〔一三〕盡不可禁　「盡」各本並作「書」，據元龜五〇〇、通鑑宋孝建三年改。

〔一四〕今鎔鑄獲利不見有頓得一二億之理　各本並脫「獲利不見」及「之」五字，據通典食貨典、元龜五〇〇補。「億」通典、元龜作「倍」。

〔一五〕坐玷禁要　「玷」各本並作「招」，據元龜四六三改。

〔一六〕生於微族　各本並作「生微於時」，據元龜四六三改。

〔一七〕則臣與侔貴　元龜四六三作「則臣當與責」。

〔一八〕末與上聞　各本並作「未上慮聞」，義不可通，據南史改。

宋書卷七十六 [一]

列傳第三十六

朱脩之　宗慤　王玄謨

朱脩之字恭祖，義陽平氏人也。曾祖燾，晉平西將軍。祖序，豫州刺史。父諶，益州刺史。

脩之自州主簿遷司徒從事中郎，文帝謂曰：「卿曾祖昔爲王導丞相中郎，卿今又爲王弘中郎，可謂不忝爾祖矣。」後隨到彥之北伐。[二]彥之自河南回，留脩之戍滑臺，爲虜所圍，數月糧盡，將士熏鼠食之，遂陷於虜。[三]初，脩之母聞其被圍既久，常憂之，忽一旦乳汁驚出，母號泣告家人曰：「吾今已老，忽復有乳汁，斯不祥矣。吾兒其不利乎。」後問至，脩之果以此日陷沒。[四]

託跋燾嘉其守節，以爲侍中，[五]妻以宗室女。脩之潛謀南歸，妻疑之，每流涕問其意，

脩之深嘉其義，竟不告也。後鮮卑馮弘稱燕王，治黃龍城，託跋燾伐之，脩之與同沒人邢懷明並從。又有徐卓者，復欲率南人竊發，事泄被誅。脩之、懷明懼奔馮弘，弘不禮。留一年，會宋使傳詔至，脩之名位素顯，傳詔見卽拜之，彼國敬傳詔，謂爲「天子邊人」，見其致敬於脩之，乃始加禮。時魏屢伐弘，或說弘遣脩之歸求救，遂遣之。泛海至東萊，遇猛風柁折，垂以長索，船乃復正。海師望見飛鳥，知其近岸，須臾至東萊。

元嘉九年，至京邑，以爲黃門侍郎，累遷江夏內史。雍州刺史劉道產卒，羣蠻大動，脩之爲征西司馬討蠻，失利。孝武初，爲寧蠻校尉、雍州刺史，加都督。脩之在政寬簡，士衆悅附。及荆州刺史南郡王義宣反，檄脩之舉兵，脩之僞與之同，而遣使陳誠於帝。帝嘉之，以爲荆州刺史，加都督。義宣聞脩之不與己同，乃以魯秀爲雍州刺史，擊襄陽。脩之命斷馬鞍山道，秀不得前，乃退。及義宣敗於梁山，單舟南走，脩之率衆南定遺寇。時竺超民執義宣，脩之至，乃殺之，以功封南昌縣侯。

脩之治身清約，凡所贈貺，一無所受，有餉，或受之，而旋與佐吏賭之，終不入己，唯以撫納羣蠻爲務。徵爲左民尚書，轉領軍將軍。去鎮，秋毫不犯，計在州然油及牛馬穀草，以私錢十六萬償之。然性儉剋少恩情，姊在鄉里，飢寒不立，脩之未嘗供贍。嘗往視姊，姊欲激之，爲設菜羹粗飯，脩之曰：「此乃貧家好食。」致飽而去。先是，新野庾彥達爲益州刺史，攜姊之鎮，分祿秩之半以供贍之，西土稱焉。

脩之後墜車折脚，辭尚書，領崇憲太僕，仍加特進、金紫光祿大夫。以脚疾不堪獨行，特給扶侍。卒，贈侍中，特進如故。謚貞侯。[六]

宗慤字元幹，南陽人也。叔父炳，高尚不仕。慤年少時，炳問其志，慤曰：「願乘長風破萬里浪。」炳曰：「汝不富貴，卽破我家矣。」[七]兄泌娶妻，始入門，夜被劫，慤年十四，挺身拒賊，賊十餘人皆披散，不得入室。時天下無事，士人並以文義爲業，炳素高節，諸子羣從皆好學，而慤獨任氣好武，故不爲鄉曲所稱。

江夏王義恭爲征北將軍、南兗州刺史，慤隨鎮廣陵。時從兄綺爲征北府主簿，綺嘗入直，而給吏牛泰與綺妾私通，慤殺泰，綺壯其意，不責也。[八]

元嘉二十二年，伐林邑，慤自奮請行。義恭舉慤有膽勇，乃除振武將軍，爲安西參軍蕭景憲軍副，隨交州刺史檀和之圍區粟城。林邑遣將范毗沙達來救區粟，和之遣偏軍拒之，爲賊所敗。又遣慤，慤乃分軍爲數道，偃旗潛進，討破之，拔區粟，入象浦。林邑王范陽邁傾國來拒，以具裝被象，前後無際，士卒不能當。慤曰：「吾聞師子威服百獸。」乃製其形，與

象相禦，象果驚奔，衆因潰散，遂克林邑。[九]收其異寶雜物，不可勝計。慤一無所取，衣櫛蕭然。文帝甚嘉之。

後爲隨郡太守，雍州蠻屢爲寇，建威將軍沈慶之率慤及柳元景等諸將，分道攻之，羣蠻大潰。又南新郡蠻帥田彥生率部曲反叛，焚燒郡城，屯據白楊山，元景攻之未能下，慤率其所領先登，衆軍隨之，羣蠻由是畏服。

三十年，孝武伐元凶，以慤爲南中郎諮議參軍，領中兵。孝武卽位，以爲左衞將軍，封洮陽侯，功次柳元景。孝建中，累遷豫州刺史，監五州諸軍事。先是，鄉人庾業，家甚富豪，方丈之膳，以待賓客，而慤至，設以菜葅粟飯，謂客曰：「宗軍人，慣噉粗食。」慤致飽而去。至是業爲慤長史，帶梁郡，慤待之甚厚，不以前事爲嫌。

大明三年，竟陵王誕據廣陵反，慤表求赴討，乘驛詣都，面受節度，上停輿慰勉，慤聳躍數十，左右顧盼，上壯之。及行，隸車騎大將軍沈慶之。初，誕誑其衆云：「宗慤助我。」及慤至，躍馬繞城呼曰：「我宗慤也。」事平，入爲左衞將軍。五年，從獵墮馬，脚折不堪朝直，以爲光祿大夫，加金紫。慤有佳牛堪進御，官買不肯賣，坐免官。明年，復職。廢帝卽位，爲寧蠻校尉、雍州刺史，加都督。卒，贈征西將軍，謚曰肅侯。泰始二年，詔以慤配食孝武廟。子羅雲，卒，子元寶嗣。

王玄謨字彥德，太原祁人也。六世祖宏，河東太守，綿竹侯，以從叔司徒允之難，棄官北居新興，仍爲新興、鴈門太守，其自敍云爾。〔一〇〕祖牢，仕慕容氏爲上谷太守，陷慕容德，居青州。父秀，早卒。

玄謨幼而不羣，世父蕤有知人鑒，常笑曰：「此兒氣概高亮，有太尉彥雲之風。」武帝臨徐州，辟爲從事史，與語異之。少帝末，謝晦爲荊州，請爲南蠻行參軍、武寧太守。〔一一〕晦敗，以非大帥見原。元嘉中，補長沙王義欣鎮軍中兵參軍，〔一二〕領汝陰太守。

時虜攻陷滑臺，執朱脩之以歸。玄謨上疏曰：「王途始開，隨復淪塞，非惟天時，抑亦人事。虎牢、滑臺，豈惟將之不良，抑亦本之不固。本之不固，皆由民憚遠役。臣請以西陽之魯陽，襄陽之南鄉，發甲卒，分爲兩道，直趣淆、澠，征士無遠徭之思，吏士有屢休之歌。若欲以東國之衆，經營牢、洛，道途既遠，獨克實難。」玄謨每陳北侵之策，上謂殷景仁曰：「聞王玄謨陳說，使人有封狼居胥意。」〔一三〕後爲興安侯義賓輔國司馬、彭城太守。義賓薨，玄謨上表，以彭城要兼水陸，請以皇子撫臨州事，乃以孝武出鎮。

及大舉北征，以玄謨爲寧朔將軍，前鋒入河，受輔國將軍蕭斌節度。玄謨向碻磝，戍主

奔走，遂圍滑臺，積旬不克。虜主託跋燾率大衆號百萬，鞞鼓之聲，震動天地。玄謨軍衆亦盛，器械甚精，而玄謨專依所見，多行殺戮。初圍城，城內多茅屋，衆求以火箭燒之，玄謨恐損亡軍實，不從。城中卽撤壞之，空地以爲窟室。及魏救將至，衆請發車爲營，又不從，將士多離怨。又營貨利，一疋布責人八百梨，以此倍失人心。及託跋燾軍至，乃奔退，麾下散亡略盡。蕭斌將斬之，沈慶之固諫曰：「佛狸威震天下，控弦百萬，豈玄謨所能當。且殺戰將以自弱，非良計也。」斌乃止。初，玄謨始將見殺，夢人告曰：「誦觀音經千遍，則免。」既覺，誦之得千遍，明日將刑，誦之不輟，忽傳呼停刑。遣代守碻磝，江夏王義恭爲征討都督，以爲碻磝不可守，召令還，爲魏軍所追，大破之，流矢中臂。二十八年正月，還至歷城，〔一四〕義恭與玄謨書曰：「聞因敗爲成，臂上金瘡，得非金印之徵也。」

元凶弒立，玄謨爲冀州刺史。〔一五〕孝武伐逆，玄謨遣濟南太守垣護之將兵赴義。事平，除徐州刺史，加都督。及南郡王義宣與江州刺史臧質反，朝庭假玄謨輔國將軍，拜豫州刺史，與柳元景南討，軍屯梁山，夾岸築偃月壘，水陸待之。義宣遣劉諶之就臧質，陳軍城南，玄謨留老弱守城，悉精兵接戰，賊遂大潰。加都督、前將軍，封曲江縣侯。中軍司馬劉沖之白孝武，言：「玄謨在梁山，與義宣通謀。」上意不能明，使有司奏玄謨多取寶貨，虛張戰艦，與徐州刺史垣護之並免官。

尋復爲豫州刺史。淮上亡命司馬黑石推立夏侯方進爲主，改姓李名弘，以惑衆，玄謨討斬之。遷寧蠻校尉、雍州刺史，加都督。雍土多僑寓，玄謨請土斷流民，當時百姓不願屬籍，罷之。其年，玄謨又令九品以上租，使貧富相通，境內莫不嗟怨。民間訛言玄謨欲反，時柳元景當權，元景弟僧景爲新城太守，以元景之勢，制令南陽、順陽、上庸、新城諸郡並發兵討玄謨。玄謨令內外晏然，以解衆惑，馳啓孝武，具陳本末。帝知其虛，馳遣主書吳喜公撫慰之，又答曰：「梁山風塵，初不介意，君臣之際，過足相保，聊復爲笑，伸卿眉頭。」玄謨性嚴，未嘗妄笑，時人言玄謨眉頭未曾伸，故帝以此戲之。後爲金紫光祿大夫，領太常。及建明堂，以本官領起部尚書，又領北選。

孝武狎侮羣臣，隨其狀貌，各有比類，多鬚者謂之羊。顏師伯缺齒，號之曰齴。劉秀之儉吝，呼爲老慳。黃門侍郎宗靈秀體肥，拜起不便，每至集會，多所賜與，欲其瞻謝傾踣，以爲歡笑。又刻木作靈秀父光祿勳叔獻像，送其家廳事。柳元景、垣護之並北人，而玄謨獨受「老傖」之目。凡所稱謂，四方書疏亦如之。嘗爲玄謨作四時詩曰：「菫荼供春膳，粟漿充夏飡。颵醬調秋菜，白醝解冬寒。」又寵一崐崘奴子，名白主。常在左右，令以杖擊羣臣，自柳元景以下，皆罹其毒。

玄謨尋遷平北將軍、徐州刺史，加都督。時北土飢饉，乃散私穀十萬斛、牛千頭以振

之。轉領軍將軍。

孝武崩，與柳元景等俱受顧命，以外監事委玄謨。時朝政多門，玄謨以嚴直不容，徙青、冀二州刺史，加都督。少帝既誅顏師伯、柳元景等，狂悖益甚，以領軍徵玄謨。子姪咸勸稱疾，玄謨曰：「吾受先帝厚恩，豈可畏禍苟免。」遂行。及至，屢表諫諍，又流涕請緩刑去殺，以安元元。少帝大怒。

明帝卽位，禮遇甚優。時四方反叛，以玄謨爲大統，領水軍南討，以脚疾，聽乘輿出入。尋除車騎將軍、江州刺史，〔一六〕副司徒建安王於赭圻，賜以諸葛亮筩袖鎧。頃之，爲左光祿大夫、開府儀同三司，〔一七〕領護軍。遷南豫州刺史，加都督。玄謨性嚴剋少恩，而將軍宗越御下更苛酷，軍士謂之語曰：「寧作五年徒，不逢王玄謨。玄謨猶自可，宗越更殺我。」年八十一薨，〔一八〕謚曰莊公。子深早卒，深子績嗣。〔一九〕

史臣曰：脩之、宗慤，皆以將帥之材，懷廉潔之操，有足稱焉。玄謨雖苛剋少恩，然觀其大節，亦足爲美。當少帝失道，多所殺戮，而能冒履不測，傾心輔弼，斯可謂忘身徇國者歟。

校勘記

〔一〕宋書卷七十六　此卷各傳記事多闕略，又於宋帝不稱廟號而稱謚法，蓋沈約原書此卷散佚，後人據他書輯補。

〔二〕後隨到彥之北伐　按御覽五一一引宋書，稱脩之時加建武將軍留戍滑臺。水經河水注又作建威將軍朱脩之，傳並不載。

〔三〕彥之自河南回至遂陷於虜　御覽三二〇引宋書：「朱脩之留戍滑臺，乃爲索虜所攻圍，脩之糧盡，救兵不至，將士燻鼠食之，城陷，爲虜所執，上嘉其節。」或爲沈約宋書原文。

〔四〕初脩之母聞其被圍既久至果以此日陷沒　御覽五一一引宋書云：「朱脩之留戍滑臺，爲索虜所攻，母悲憂，一旦乳汁驚出，因號慟告家人曰：『我老，非有乳汁之時，今忽如此，我兒必沒矣。』後數日，凶問至，脩之果其日陷沒。」或是沈約宋書原文而又有所删節。

〔五〕以爲侍中　「侍中」魏書毛脩之傳朱脩之附傳、南史作「雲中鎮將」。

〔六〕謚貞侯　建康實錄云：「大明八年二月辛丑，領軍朱脩之卒，子雍嗣。」此亦略之。

〔七〕汝不富貴卽破我家矣　御覽九、五一二引宋書云：「汝若不富貴，必破我門戶。」或爲沈約宋書原文。

〔八〕不責也　南史此下云：「後以補國上軍將軍。」建康實錄：「爲江夏國上將軍，十五年不改職。」御覽四三一引宋書：「爲江夏王國上將軍，十五年不徙官。」蓋後人輯補時，闕錄其事。御覽所引，或是沈約宋書原文。

〔九〕遂克林邑　通典兵典因機設權篇、初學記二九引宋書、御覽二八七引宋書云：「宗慤征林邑，圍區粟城。林邑王范陽邁遣將范毗沙達率萬餘人來救。慤謂諸將曰：『寇衆我寡，難與爭鋒。』乃分軍爲數道，偃旗臥鼓，慤潛進，令曰：『聽我鼓噪，乃出。』山路榛深，賊了不備，卒見軍至，驚懼退走，慤乘勝追討，敗歸林邑。仍攻區粟，拔之。汎海陵山，徑入象浦。有大渠南來注浦，宋軍阻渠置陣。林邑王傾國來逆，限渠不得渡。以具裝被象，諸將憚之，請待前後軍集然後擊。慤曰：『不然。吾已屠其堅城，破其銳衆。我氣方厲，彼已破膽。一戰可定，何疑焉。』慤以爲外國有師子，威服百獸，乃製其形，與象相禦。象果驚奔，衆因此潰亂，慤乃與馬軍主馬通厲渠直渡，步軍因之共奮擊，陽邁迸走，大衆一時奔散，遂克林邑。」或爲沈約宋書原文。

〔一〇〕六世祖宏至其自敍云爾　張森楷校勘記云：「王宏，謝承後漢書以爲允兄。范曄後漢書允傳但言允用同郡王宏爲右扶風。又二書皆言王宏爲右扶風，李傕矯詔殺之，不言宏北居新興，蓋譜牒自敍，有不足徵者。」

〔一一〕請爲南蠻行參軍武寧太守　「武寧」各本並作「武昌」，據南史改。洪頤煊諸史考異云：「武昌太守，南史作武寧太守。」按州郡志武寧郡屬荆州，武昌郡屬郢州，孝建以前屬江州。

〔一二〕補長沙王義欣鎮軍中兵參軍　「中兵參軍」各本並作「中兵將軍」，據南史改。孫虨宋書考論云：「義欣進號鎮軍，在元嘉十年。景平初，義眞爲車騎將軍、南豫州刺史。據索虜傳，玄謨時爲車騎參軍。又建康實錄稱，元嘉七年，到彥之遣揚武將軍王玄謨進逼虎牢。又符瑞志，元嘉十一年八月，北汝陰太守王玄謨獻嘉禾。又案沈慶之傳，征驛道蠻，王玄謨引荆州軍並會。時義宣爲荆州刺史，觀玄謨答義宣書有『昔因幸會，蒙國士顧』之言，則玄謨嘗爲義宣荆州府職也。」

〔一三〕使人有封狼居胥意　各本並脫「胥」字，據南史、元龜三八九、通鑑宋元嘉二十六年補。

〔一四〕二十八年正月還至歷城　孫虨宋書考論云：「元嘉二十九年又北伐索虜，張永、徐爰傳並言玄謨攻碻磝，不克，退還。此傳又略。」

〔一五〕玄謨爲冀州刺史　「冀州」各本並作「益州」，據南史改。

〔一六〕尋除車騎將軍江州刺史　「車騎將軍」各本並作「大將軍」，南史作「車騎大將軍」。孫虨宋書考論云：「大將軍號太崇，明帝紀及鄧琬傳並云車騎，蓋是也。」按通鑑宋泰始二年亦作「車騎將軍」，孫說是，今訂正。

〔一七〕爲左光祿大夫開府儀同三司　「左光祿」明帝紀作「右光祿」。

〔一八〕年八十一薨　「八十一」南史作「八十二」。

〔一九〕深子績嗣　各本並脫「深」字，據南史補。

宋書卷七十七

列傳第三十七

柳元景　顏師伯　沈慶之

柳元景字孝仁，河東解人也。曾祖卓，自本郡還於襄陽，官至汝南太守。祖恬，西河太守。父憑，馮翊太守。

元景少便弓馬，數隨父伐蠻，以勇稱。寡言有器質。荆州刺史謝晦聞其名，要之，未及往而晦敗。雍州刺史劉道產深愛其能，元景時居父憂，未得加命。會荆州刺史江夏王義恭召之，道產謂曰：「久欲見屈。〔一〕今貴王有召，難輒相留，乖意以爲惘惘。」服闋，補江夏王國中軍將軍，遷殿中將軍。復爲義恭司空行參軍，隨府轉司徒太尉城局參軍，太祖見又嘉之。

先是，劉道產在雍州有惠化，遠蠻悉歸懷，皆出緣沔爲村落，戶口殷盛。及道產死，羣蠻大爲寇暴。世祖西鎭襄陽，義恭以元景爲將帥，卽以爲廣威將軍、隨郡太守。既至，而蠻

斷驛道，欲來攻郡。郡內少糧，器仗又乏，元景設方略，得六七百人，分五百人屯驛道。或曰：「蠻將逼城，不宜分衆。」元景曰：「蠻聞郡遣重戍，豈悟城內兵少。且表裏合攻，於計爲長。」會蠻垂至，乃使驛道爲備，潛出其後，戒曰：「火舉馳進。」前後俱發，蠻衆驚擾，投鄖水死者千餘人，斬獲數百，郡境肅然，無復寇抄。朱脩之討蠻，元景又與之俱，後又副沈慶之征鄖山，進克太陽。除世祖安北府中兵參軍。

隨王誕鎭襄陽，爲後軍中兵參軍。及朝廷大舉北討，使諸鎭各出軍。二十七年八月，誕遣振威將軍尹顯祖出貲谷，奮武將軍魯方平、建武將軍薛安都、略陽太守龐法起入盧氏，廣威將軍田義仁入魯陽，加元景建威將軍，總統羣帥。後軍外兵參軍龐季明年已七十三，秦之冠族，羌人多附之，求入長安，招懷關、陝。乃自貲谷入盧氏，盧氏人趙難納之，弘農強門先有內附意，故委季明投之。十月，魯方平、薛安都、龐法起進次白亭，時元景猶未發。法起率方平、安都諸軍前入，自脩陽亭出熊耳山。季明進達高門木城，値永昌王入弘農，乃回，還盧氏，據險自固。頃之，招盧氏少年進入宜陽苟公谷，〔二〕以扇動義心。元景以其月率軍繼進。閏月，法起、安都、方平諸軍入盧氏，斬縣令李封，以趙難爲盧氏令，加奮武將軍。難驅率義徒，以爲衆軍鄉導。法起等度鐵嶺山，次開方口，季明出自木城，與法起相會。元景大軍次臼口，以前鋒深入，懸軍無繼，馳遣尹顯祖入盧氏，以爲軍援。元景以軍食

不足，難可曠日相持，乃束馬懸車，引軍上百丈崖，出溫谷，以入盧氏。

法起諸軍進次方伯堆，去弘農城五里。賊遣兵二千餘人覘候，法起縱兵夾射之，賊騎退走。諸軍造攻具，進兵城下，僞弘農太守李初古拔嬰城自固，法起、安都、方平諸軍鼓譟以陵城，季明、趙難並率義徒相繼而進，衝車四臨，數道俱攻，士皆殊死戰，莫不奮勇爭先。時初古拔父子據南門，督其處距戰，弘農人之在城內者三千餘人，於北樓豎白幡，或射無金箭。安都軍副譚金、薛係孝率衆先登，生禽李初古拔父子二人，魯方平入南門，生禽僞郡丞，百姓皆安堵。

元景引軍度熊耳山，安都頓軍弘農，法起進據潼關，季明率方平、趙難軍向陝西七里谷。殿中將軍鄧盛、幢主劉駼亂使人入荒田，招宜陽人劉寬虯率合義徒二千餘人，〔三〕共攻金門隖，屠之。殺戍主李買得，古拔子也，爲虜永昌王長史，勇冠戎類。永昌聞其死，若失左右手。

誕又遣長流行參軍姚範領三千人向弘農，受元景節度。十一月，元景率衆至弘農，營於開方口。仍以元景爲弘農太守，置吏佐。

初，安都留住弘農，〔四〕而諸軍已進陝，元景既到，謂安都曰：「無爲坐守空城，而令龐公深入，此非計也。宜急進軍，可與顯祖幷兵就之。吾須督租畢，尋後引也。」衆並造陝下，卽

入郭城，列營於城內以逼之，並大造攻具。賊城臨河爲固，恃險自守，季明、安都、方平、顯祖、趙難諸軍，頻三攻未拔。虜洛州刺史地河公張是連提衆二萬，〔五〕度崤來救，安都、方平各列陣城南以待之，顯祖勒精卒以爲後柱。季明率高明、宜陽義兵當南門而陣，趙難領盧氏樂從少年，與季明爲掎角。賊兵大合，輕騎挑戰。安都瞋目橫矛，單騎突陣，四向奮擊，左右皆辟易不能當，殺傷不可勝數，於是衆軍並鼓譟俱前，士皆殊死戰。虜初縱突騎，衆軍患之，安都怒甚，乃脫兜鍪，解所帶鎧，唯著絳納兩當衫，馬亦去具裝，馳奔以入賊陣，猛氣咆㘅，所向無前，當其鋒者，無不應刃而倒。賊忿之，夾射不能中，如是者數四，每一入，衆無不披靡。初，元景令將魯元保守函谷關，賊衆既盛，元保不能自固，乃率所領作函箱陣，多列旗幟，緣險而還，正會安都諸軍與賊交戰，虜三郎將見元保軍從山下，〔六〕以爲元景大衆至，日且暮，賊於是奔退，騎多得入城。

賊之將至也，方平遣驛騎告元景，時諸軍糧盡，〔七〕各餘數日食。元景方督義租，幷上驢馬，以爲運糧之計，而方平信至，元景遣軍副柳元怙簡步騎二千，以赴陝急。卷甲兼行，一宿而至。詰朝，賊衆又出，列陳於城外。方平諸軍並成列，安都幷領馬軍，方平悉勒步卒，左右掎角之，餘諸義軍並於城西南列陳。方平謂安都曰：「今勍敵在前，堅城在後，是吾取死之日。卿若不進，我當斬卿；我若不進，卿當斬我也。」安都曰：「善，卿言是也。」我豈惜

身命乎。」遂合戰。時元怙方至，悉偃旗鼓，士馬皆銜枚，潛師伏甲而進，賊未之覺也。方平等方與虜交鋒，而元怙勤衆從城南門函道直出，北向結陳，旌旗甚盛，鼓譟而前，出賊不意，虜衆大駭。元怙與幢主宗越，率手下猛騎，以衝賊陳，一軍皆馳之。安都、方平等督諸軍一時齊奮，士卒無不用命。安都不堪其憤，橫矛直前，出入賊陳，殺傷者甚多，流血凝肘，矛折，易之復入。軍副譚金率騎從而奔之。自詰旦而戰，至于日昃，虜衆大潰，斬張是連提，又斬三千餘級，投河赴塹死者甚衆，面縛軍門者二千餘人。

元景輕騎晨至，虜兵之面縛者多河內人，元景詰之曰：「汝等怨王澤不浹，請命無所，今並爲虜盡力，便是本無善心。順附者存拯，從惡者誅滅，欲知王師正如此爾。」皆曰：「虐虜見驅，後出赤族，以騎蹙步，未戰先死，此親將軍所見，非敢背中國也。」諸將欲盡殺之，元景以爲不可，曰：「今王旗北掃，當令仁聲先路。」乃悉釋而遣之，家在關裏者，符守關諸軍聽出，皆稱萬歲而去。誕以崤、陝既定，其地宜撫，以弘農劉寬虯行東弘農太守。給元景鼓吹一部。

法起率衆次于潼關。先是，建義將軍華山太守劉槐糾合義兵攻關城，拔之，力少不固。頃之，又集衆以應王師，法起次潼關，槐亦至。賊關城戍主婁須望旗奔潰，虜衆溺於河者甚衆。法起與槐卽據潼關。虜蒲城鎮主遣僞帥何難於封陵堆列三營以擬法起。法起長驅入

關，行王、檀故壘。虜謂直向長安，何難率衆欲濟河以截軍後，法起回軍臨河，縱兵射之，賊退散。關中諸義徒並處處鋒起，四山羌、胡咸皆請奮。誕又遣揚武將軍康元撫領二千人出上洛，受元景節度，援方平於函谷。元景去，賊衆向關。時軍中食盡，元景回據白楊嶺，賊定未至，更下山進弘農，入湖關口，虜蒲阪戍主泰州刺史杜道生率衆二萬至閿鄉水，〔八〕去湖關一百二十里。元景募精勇一千人，夜斫賊營，迷失道，天曉而反。道生率手下驍銳縱兵射之，鋒刃既交，虜又奔散。

時北討諸軍王玄謨等敗退，虜遂深入。太祖以元景不宜獨進，且令班師。元景乃率諸將自湖關度白楊嶺，出于長洲，安都斷後，宗越副之。法起自潼關向商城，與元景會，季明亦從胡谷南歸，並有功而入，士馬旌旗甚盛。誕登城望之，以鞍下馬迎元景。除寧朔將軍、京兆廣平二郡太守，於樊城立府舍，率所領居之，統行北蠻事。龐季明爲定蠻長，薛安都爲後軍行參軍，魯方平爲寧蠻參軍。

臧質爲雍州，除元景爲冠軍司馬、襄陽太守，將軍如故。魯爽向虎牢，復使元景率安都等北出至關城，關城棄戍走，卽據之。元景至洪關，欲進與安都濟河攻杜道生於蒲阪，會爽退，復還。再出北討，威信著於境外。〔九〕又使率所領進西陽，會伐五水蠻。

世祖入討元凶，以爲諮議參軍，領中兵，加冠軍將軍，太守如故。配萬人爲前鋒，宗慤、薛安都等十三軍皆隸焉。元景與朝士書曰：「國禍冤深，凶人肆逆，民神崩憤，若無天地。南中郎親率義師，剪討元惡，司徒、臧冠軍並同大舉，舳艫千里，購賞之利備之。元景不武，忝任行間，總勒精勇，先鋒道路，勢乘上流，衆兼百倍。諸賢弈世忠義，身爲國良，皆受遇先朝，荷榮日久，而拘逼寇廷，莫由申效，想聞今問，悲慶兼常。大行届道，廓淸惟始，企遲面對，展雪哀情。」

時義軍船率小陋，慮水戰不敵，至蕪湖，元景大喜，倍道兼行，聞石頭出戰艦，乃於江寧步上，於板橋立柵以自固。進據陰山，遣薛安都率馬軍至南岸，元景潛至新亭，依山建壘，東西據險。世祖復遣龍驤將軍、行參軍程天祚率衆赴之。天祚又於東南據高丘，屯砦柵。凡歸順來奔者，皆勸元景速進，元景曰：「不然。理順難恃，同惡相濟，輕進無防，實啓寇心。當倚我之不可勝，豈幸寇之不攻哉。」元景營壘未立，爲龍驤將軍詹叔兒覘知之，勸劭出戰，不許。經日，乃水陸出軍，劭自登朱雀門督戰。軍至瓦官寺，與義軍游邏相逢，游邏退走，賊遂薄壘。劭以元景壘塹未立，可得平地決戰，既至，柴柵已堅，倉卒無攻具，便使肉薄攻之。元景宿令軍中曰：「鼓繁氣易衰，叫數力易竭。但各銜枚疾戰，一聽吾營鼓音。」賊步將魯秀、王羅漢、劉簡之、騎將常伯與等及其士卒，皆殊死戰。劉簡之先攻西南，頻得燒草舫，略渡人。程天祚柴未立，亦爲所摧。王羅漢等攻壘北門，賊艦亦至。元景水陸受敵，意氣

彌強，麾下勇士悉遣出戰，左右唯留數人宣傳。分軍助程天祚，天祚還得固柴，因此破賊。元景察賊衰竭，乃命開壘，鼓譟以奔之，賊衆大潰，透淮死者甚多。劭更率餘衆自來攻壘，復大破之，其所殺傷，過於前戰。劭手斬退者不能禁，奔還宮，僅以身免，蕭斌被創。簡之收兵而止，陳猶未散。元景復出薄之，乃走，競投死馬澗，澗爲之滿，斬簡之及軍主姚叔藝、王江寶、朱明智、諸葛邈之等，水軍主褚湛之、副劉道存並來歸順。

上至新亭卽位，以元景爲侍中，領左衞將軍，轉使持節、監雍梁南北秦四州荊州之竟陵隨二郡諸軍事、前將軍、寧蠻校尉、雍州刺史。上在巴口，問元景：「事平，何所欲？」對曰：「若有過恩，願還鄉里。」故有此授。初，臧質起義，以南譙王義宣闇弱易制，欲相推奉，潛報元景，使率所領西還。元景卽以質書呈世祖，語其使曰：「臧冠軍當是未知殿下義舉爾。方應伐逆，不容西還。」質以此恨之。及元景爲雍州刺史，質慮其爲荊、江後患，建議爪牙不宜遠出。上重違其言，更以元景爲護軍將軍，領石頭戍事，不拜。徙領軍將軍，加散騎常侍，曲江縣公，食邑三千戶。

孝建元年正月，魯爽反，遣左衞將軍王玄謨討之，加元景撫軍，假節置佐，係玄謨。〔一〇〕復以爲都督雍梁南北秦四州荊州之竟陵隨二郡諸軍事、撫軍將軍、領寧蠻校尉、雍州刺史，持節如故。臧質、義宣並反，玄謨南據梁山，夾江爲壘，垣護之、薛安都渡據歷陽，元景出屯

采石。玄謨聞賊盛，遣司馬管法濟求益兵，上使元景進屯姑孰。元景使將武念前進，質遣將龐法起襲姑孰，値念至，擊破之，法起單船走。質攻陷玄謨西壘，玄謨使垣護之告元景曰：「今餘東岸萬人，賊軍數倍，强弱不敵，謂宜還就節下協力當之。」元景謂護之曰：「師有常刑，不可先退。賊衆雖多，猜而不整，今當卷甲赴之。」護之曰：「逆徒皆云南州有三萬人，[一一]而麾下裁十分之一，若往造賊，虛實立見，則賊氣成矣。」元景納其言，悉遣精兵助玄謨，以羸弱居守。所遣軍多張旗幟，梁山望之如數萬人，皆曰：「京師兵悉至。」於是衆心乃安，由是克捷。[一二]

上遣丹陽尹顏竣宣旨慰勞，與沈慶之俱以本號開府儀同三司，封晉安郡公，邑如故。固讓開府儀同，復爲領軍、太子詹事，加侍中。尋轉驃騎將軍、本州大中正，領軍、侍中如故。大明二年，復加開府儀同三司，又固讓。明年，遷尙書令，太子詹事、侍中、中正如故。以封在嶺南，秋輸艱遠，改封巴東郡公。五年，又命左光祿大夫、開府儀同三司，侍中、令、中正如故，又讓開府，乃與沈慶之俱依晉密陵侯鄭袤不受司空故事，事在慶之傳。六年，進司空，侍中、令、中正如故，又固讓，乃授侍中、驃騎將軍、南兗州刺史，留衞京師。世祖晏駕，與太宰江夏王義恭、尙書僕射顏師伯並受遺詔輔幼主。遷尙書令，領丹陽尹，侍中、將軍如故，給班劍二十人，固辭班劍。

元景起自將帥，及當朝理務，雖非所長，而有弘雅之美。時在朝勳要，多事產業，唯元景獨無所營。南岸有數十畝菜園，守園人賣得錢二萬送還宅，元景曰：「我立此園種菜，以供家中啖爾。乃復賣菜以取錢，奪百姓之利邪。」以錢乞守園人。

世祖嚴暴異常，元景雖荷寵遇，恒慮及禍。太宰江夏王義恭及諸大臣，莫不重足屏氣，未嘗敢私往來。世祖崩，義恭、元景等並相謂曰：「今日始免橫死。」義恭與義陽等諸王，元景與顏師伯等，常相馳逐，聲樂酣酒，以夜繼晝。

前廢帝少有凶德，內不能平，殺戴法興後，悖情轉露，義恭、元景等憂懼無計，乃與師伯等謀廢帝立義恭，日夜聚謀，而持疑不能速決。永光年夏，[一三]元景遷使持節、督南豫之宣城諸軍事、卽本號開府儀同三司、南豫州刺史，侍中、令如故。未拜，發覺，帝親率宿衞兵自出討之。先稱詔召元景，左右奔告兵刃非常，元景知禍至，整朝服，乘車應召。出門逢弟車騎司馬叔仁，戎服率左右壯士數十人欲拒命，元景苦禁之。既出巷，軍士大至，下車受戮，容色恬然，時年六十。

長子慶宗，有幹力，而情性不倫，世祖使元景遣還襄陽，於道中賜死。次子嗣宗，豫章王子尙車騎從事中郎。嗣宗弟紹宗、共宗、孝宗、文宗、仲宗、成宗、季宗，[一四]叔仁弟衞軍諮議參軍僧珍等諸弟姪在京邑及襄陽從死者數十人。元景少子承宗，[一五]及嗣宗子纂，並在孚獲全。

太宗卽位，令曰：「故侍中、尙書令、驃騎大將軍、巴東郡開國公、新除開府儀同三司、南豫州刺史元景，風度弘簡，體局深沈，正義亮時，恭素範物。幽明道盡，則首贊孝圖，盛運開曆，則毗燮皇化。方任孚漢輔，業懋殷衡，而蜂豺肆濫，顯加禍毒，寃動勳烈，悲深朝貫。朕承七廟之靈，纂臨寶業，情典既申，痛悼彌軫，宜崇賁徽册，以旌忠懿。可追贈使持節、都督南豫江二州諸軍事、太尉，侍中、刺史、國公如故。給班劍三十人，羽葆、鼓吹一部，謚曰忠烈公。」叔仁爲梁州刺史，黃門郎。以破臧質功，封宜陽侯，食邑八百戶。

元景從兄元怙，大明末，代叔仁爲梁州，與晉安王子勛同逆，事敗歸降。

元景從父弟先宗，[一六]大明初，爲竟陵王誕司空參軍，誕作亂，殺之，追贈黃門侍郎。

元景從祖弟光世，先留鄉里，索虜以爲折衝將軍、河北太守，封西陵男。光世姊夫僞司徒崔浩，虜之相也。元嘉二十七年，虜主拓跋燾南寇汝、潁，浩密有異圖，光世要河北義士爲浩應。浩謀泄被誅，河東大姓坐連謀夷滅者甚衆，光世南奔得免。太祖以爲振武將軍。前廢帝景和中，左將軍，直閤。太宗定亂，光世參謀，以爲右衞將軍，封開國縣侯，食邑千戶。既而四方反叛，同閤宗越、譚金又誅，光世乃北奔薛安都，安都使守下邳城。及安都招引索虜，光世率衆歸降，太宗宥之，以爲順陽太守。子欣慰謀反，光世賜死。

顏師伯字長淵，琅邪臨沂人，東揚州刺史竣族兄也。父邵，剛正有局力，爲謝晦所知。晦爲領軍，以爲司馬，廢立之際，與之參謀。晦鎭江陵，請爲諮議參軍，領錄事，軍府之務悉委焉。

邵慮晦將有禍，求爲竟陵太守，未及之郡，値晦見討，晦與邵謀起兵距朝廷，邵飲藥死。

師伯少孤貧，涉獵書傳，頗解聲樂。劉道產爲雍州，以爲輔國行參軍。弟師仲，妻，臧質女也。質爲徐州，辟師伯爲主簿。衡陽王義季代質爲徐州，質薦師伯於義季，義季卽命爲征西行參軍。興安侯義賓代義季，世祖代義賓，仍爲輔國、安北行參軍。王景文時爲諮議參軍，愛其諧敏，進之世祖。師伯因求杖節，乃以爲徐州主簿。善於附會，大被知遇。及去鎭，師伯以主簿送故。世祖鎭尋陽，啓太祖請爲南中郎府主簿。太祖不許，謂典籤曰：「中郎府主簿那得用顏師伯。」世祖啓爲長流正佐，太祖又曰：「朝廷不能除之，郎可自板，亦不宜署長流。」世祖乃板爲參軍事，署刑獄。及入討元凶，轉主簿。

世祖踐阼，以爲黃門侍郎，隨王誕驃騎長史、南郡太守。改爲驃騎大將軍長史、南濮陽太守，御史中丞。臧質反，出爲寧遠將軍、東陽太守，領兵置佐，以備東道。事寧，復爲黃門侍郎，領步兵校尉，改領前軍將軍，徙御史中丞，遷侍中。上以伐逆寧亂，事資羣謀，大明元年，下詔曰：「昔歲國難方結，疑懦者衆，故散騎常侍、太子右率龐秀之履嶮能貞，首暢義節，用使狡狀先聞，軍備夙固，醜逆時殄，頗有力焉。追念厥誠，無忘于懷。侍中祭酒顏師伯、侍中領射聲校尉袁愍孫、豫章太守王謙之、太子前中庶子領右衞率張淹，爰始入討，預參義謀，契闊大難，宜蒙殊報。秀之可封樂安縣伯，食邑六百戶，師伯平都縣子，愍孫興平縣子，謙之石陽縣子，淹廣晉縣子，食邑各五百戶。」

師伯遷右衞將軍，母憂去職。二年，起爲持節、督青冀二州徐州之東安東莞兗州之濟北三郡諸軍事、輔國將軍、青冀二州刺史。其年，索虜拓跋濬遣僞散騎常侍、鎮西將軍天水公拾賁敕文率衆寇清口，[一七]清口戍主振威將軍傅乾愛率前員外將軍周盤龍等擊大破之。世祖遣虎賁主龐孟虯、積射將軍殷孝祖等赴討，受師伯節度。師伯遣中兵參軍苟思達與孟虯合力。行達沙溝，虜窟瓌公、五軍公等馬步數萬，迎軍拒戰，孟虯等奮擊盡日，孟虯手斬五軍公，虜於是大奔。孝祖又斬窟瓌公，赴水死者千計。虜又遣河南公、黑水公、濟州公、青州刺史張懷之等屯據濟岸，師伯又遣中兵參軍江方興就傅乾愛擊破之，斬河南公樹蘭等。虜別帥它門又遣萬餘人攻清口戍城，乾愛、方興出城拒戰，卽斬它門，餘衆奔走。虜天水公又率二萬人復來逼城，乾愛等出戰，又破之，追奔至赤龍門，殺賊甚衆。上嘉其功，詔

曰：「虜驅率犬羊，規暴邊塞，輔國將軍、青冀二州刺史師伯宣略命師，合變應機，濟戍奮怒，一月四捷，支軍異部，騁勇齊效，頻梟名王，大殲羣醜。朕用嘉嘆，良深于懷。可遣使慰勞，并符輔國府詳考功最，以時言上。」

苟思達、龐孟虯等又追虜至杜梁，虜衆多，四面俱合，平南參軍童太壹及苟思達等並單騎出盪，應手披靡。孟虯等繼至，虜乃散走，透河死者甚多。既而虜更合衆大至，孟虯等又破之。世祖又遣司空參軍卜天生助師伯。張懷之據糜溝城，師伯遣天生等破之，懷之出城逆戰，天生率軍主劉懷珍、白衣客朱士義、殿中將軍孟繼祖等擊之。懷之敗走入城，僅以身免。繼祖於陳遇害，追贈郡守。又虜隴西王等屯據申城，背濟向河，三面險固，天生又率衆攻之，朱士義等貫甲先登，賊赴河死者無算，卽日陷城。虜天水公又攻樂安城，建威將軍、平原樂安二郡太守分武都與卜天生等拒擊，大破之，虜乃奔退，追戰克捷，直至清口。虜攻圍傅乾愛，乾愛隨方拒對，孝祖等既至，虜徹圍遁走。師伯進號征虜將軍。

三年，竟陵王誕反，師伯遣長史嵇玄敬率五千人赴難。四年，徵爲侍中，領右軍將軍，親幸隆密，羣臣莫二。遷吏部尚書，右軍如故。上不欲威柄在人，親監庶務，前後領選者，唯奉行文書，師伯專情獨斷，奏無不可。遷侍中，領右衞將軍。七年，補尚書右僕射。時分置二選，陳郡謝莊、琅邪王曇生並爲吏部尚書。師伯子舉周旋寒人張奇爲公車令，上以奇

資品不當，使兼市買丞，以蔡道惠代之。令史潘道栖、褚道惠、顏禕之、元從夫、任澹之、石道兒、黃難、周公選等抑道惠敕，使奇先到公車，不施行奇兼市買丞事。師伯坐以子領職，莊、曇生免官，道栖、道惠棄市，禕之等六人鞭杖一百。師伯尋領太子中庶子，雖被黜挫，受任如初。

世祖臨崩，師伯受遺詔輔幼主，尚書中事，專以委之。廢帝卽位，復還卽眞，領衞尉。師伯居權日久，天下輻輳，游其門者，爵位莫不踰分。多納貨賄，家產豐積，伎妾聲樂，盡天下之選，園池第宅，冠絕當時，驕奢淫恣，爲衣冠所嫉。又還尚書僕射，[一八]領丹陽尹。廢帝欲親朝政，發詔轉師伯爲左僕射，加散騎常侍，以吏部尚書王景文爲右僕射。奪其京尹，又分臺任，師伯至是始懼。尋與太宰江夏王義恭、柳元景同誅，時年四十七。六子並幼，皆見殺。

弟師仲，中書郎，晉陵太守。師叔，司徒主簿，南康相。

太宗卽位，詔曰：「故散騎常侍、僕射、領丹陽尹、平都縣子師伯，昔逢代運，豫班榮賞。遭罹厄會，隕命淫刑，宗嗣殄絕，良用矜悼。但其心瀆貨，宜貶贈典，可紹封社，以慰冤魂。諡曰荒子。」師仲子幹繼封。齊受禪，國除。

沈慶之字弘先，吳興武康人也。兄敞之，爲趙倫之征虜參軍、監南陽郡，擊蠻有功，遂卽眞。

慶之少有志力。孫恩之亂也，遣人寇武康，慶之未冠，隨鄉族擊之，由是以勇聞。荒擾之後，鄉邑流散，慶之躬耕壟畝，勤苦自立。年三十，未知名，往襄陽省兄，倫之見而賞之。倫之子伯符時爲竟陵太守，倫之命伯符版爲寧遠中兵參軍。竟陵蠻屢爲寇，慶之爲設規略，每擊破之，伯符由此致將帥之稱。伯符去郡，又別討西陵蠻，不與慶之相隨，無功而反。

永初二年，慶之除殿中員外將軍，又隨伯符隸到彥之北伐。伯符病歸，仍隸檀道濟。道濟還白太祖，稱慶之忠謹曉兵，上使領隊防東掖門，稍得引接，出入禁省。出戍錢唐新城，及還，領淮陵太守。領軍將軍劉湛知之，[一九]欲相引接，謂之曰：「卿在省年月久，比當相論。」慶之正色曰：「下官在省十年，自應得轉，不復以此仰累。」尋轉正員將軍。及湛被收之夕，上開門召慶之，慶之戎服履靺縛絝入，上見而驚曰：「卿何意乃爾急裝？」慶之曰：「夜半喚隊主，不容緩服。」遣收吳郡太守劉斌，殺之。遷始興王濬後軍行參軍，員外散騎侍郎。

元嘉十九年，雍州刺史劉道產卒，羣蠻大動，征西司馬朱脩之討蠻失利，以慶之爲建威將軍，率衆助脩之。脩之失律下獄，慶之專軍進討，大破緣沔諸蠻，禽生口七千人。進征湖

陽，又獲萬餘口。遷廣陵王誕北中郎中兵參軍，領南東平太守，又爲世祖撫軍中兵參軍。世祖以本號爲雍州，隨府西上。時蠻寇大甚，水陸梗礙，世祖停大隄不得進。分軍遣慶之掩討，大破之，降者二萬口。世祖至鎮，而驛道蠻反殺深式，遣慶之又討之。[三〇]王玄謨領荆州，王方回領臺軍並會，平定諸山，獲七萬餘口。郧山蠻最強盛，魯宗之屢討不能克，慶之剪定之，禽三萬餘口。還京師，復爲廣陵王誕北中郎中兵參軍，加建威將軍、南濟陰太守。

雍州蠻又爲寇，慶之以將軍、太守復與隨王誕入沔。既至襄陽，率後軍中兵參軍柳元景、隨郡太守宗慤、振威將軍劉顒、司空參軍魯尚期、安北參軍顧彬、馬文恭、左軍中兵參軍蕭景嗣、前青州別駕崔目連、安蠻參軍劉雍之、奮威將軍王景式等二萬餘人伐沔北諸山蠻，宗慤自新安道入太洪山，元景從均水據五水嶺，文恭出蔡陽口取赤係隖，景式由延山下向赤圻阪，目連、尚期諸軍八道俱進，慶之取五渠，頓破隖以爲衆軍節度。前後伐蠻，皆山下安營以迫之，故蠻得據山爲阻，於矢石有用，以是屢無功。慶之乃會諸軍於茹丘山下，謂衆曰：「今若緣山列旆以攻之，則士馬必損。去歲蠻田大稔，積穀重巖，未有饑弊，卒難禽剪。今令諸軍各率所領以營于山上，出其不意，諸蠻必恐，恐而乘之，可不戰而獲也。」於是諸軍並斬山開道，不與蠻戰，鼓譟上山，衝其腹心，先據險要，諸蠻震擾，因其懼而圍之，莫不奔潰。自冬至春，因糧蠻穀。

頃之，南新郡蠻帥田彥生率部曲十封六千餘人反叛，攻圍郡城，慶之遣元景率五千人赴之。軍未至，郡已被破，焚燒城內倉儲及廨舍蕩盡，并驅略降戶，屯據白楊山。元景追之至山下，衆軍悉集，圍山數重。宗慤率其所領先登，衆軍齊力急攻，大破之，[三一]威震諸山，羣蠻皆稽顙。慶之患頭風，好著狐皮帽，羣蠻惡之，號曰「蒼頭公」。每見慶之軍，輒畏懼曰：「蒼頭公已復來矣。」慶之引軍自茹丘山出檢城，大破諸山，斬首三千級，虜生蠻二萬八千餘口，降蠻二萬五千口，牛馬七百餘頭，米粟九萬餘斛。隨王誕築納降、受俘二城於白楚。

慶之復率衆軍討幸諸山犬羊蠻，緣險築重城，施門櫓，甚峻。山多木石，積以爲礧。立部曲，建旌旗，樹長帥，鐵馬成羣。慶之連營山下，營中開門相通，[三二]又命諸軍各穿池於營內，朝夕不外汲，兼以防蠻之火。頃之風甚，蠻夜下山，人提一炬以燒營。營內多幔屋及草菴，火至輒以池水灌滅，諸軍多出弓弩夾射之，蠻散走。慶之令諸軍斬山開道攻之，而山高路險，暑雨方盛，乃置東岡、蜀山、宜民、西柴、黃徼、上麦六戍而還。蠻被圍守日久，並饑乏，自後稍出歸降。慶之前後所獲蠻，並移京邑，以爲營戶。

二十七年，遷太子步兵校尉。其年，太祖將北討，慶之諫曰：「馬步不敵，爲日已久矣。請舍遠事，且以檀、到言之。道濟再行無功，彥之失利而返。今料王玄謨等未踰兩將，六軍之盛，不過往時。將恐重辱王師，難以得志。」上曰：「小醜竊據，河南修復，王師再屈，自別有以；亦由道濟養寇自資，彥之中塗疾動。虜所恃唯馬，夏水浩汗，河水流通，泛舟北指，則碻磝必走，滑臺小戍，易可覆拔。克此二戍，館穀弔民，虎牢、洛陽，自然不固。比及冬間，城守相接，虜馬過河，便成禽也。」慶之又固陳不可。丹陽尹徐湛之、吏部尚書江湛並在坐，上使湛之等難慶之，慶之曰：「治國譬如治家，耕當問奴，織當訪婢。陛下今欲伐國，而與白面書生輩謀之，事何由濟。」上大笑。

及北討，慶之副玄謨向碻磝，戍主棄城走，玄謨圍滑臺，慶之與蕭斌留碻磝，仍領斌輔國司馬。玄謨攻滑臺，積旬不拔。虜主拓跋燾率大衆南向，斌遣慶之率五千人救玄謨。慶之曰：「玄謨兵疲衆老，虜寇已逼，各軍營萬人，乃可進耳，少軍輕往，必無益也。」斌固遣令去，會玄謨退，斌將斬之，慶之固諫乃止。太祖後問：「何故諫斌殺玄謨？」對曰：「諸將奔退，莫不懼罪，自歸而死，將至逃散。且大兵至，未宜自弱，故以攻爲便耳。」

蕭斌以前驅敗績，欲死固碻磝，慶之曰：「夫深入寇境，規求所欲，退敗如此，何可久住。今青、冀虛弱，而坐守窮城，若虜衆東過，清東非國家有也。碻磝孤絕，復作朱脩之滑臺耳。」會詔使至，不許退，諸將並謂宜留，斌復問計於慶之，慶之曰：「閫外之事，將所得專，詔從遠來，事勢已異。節下有一范增而不能用，空議何施。」斌及坐者並笑曰：「沈公乃更學

問。」慶之厲聲曰：「衆人雖見古今，不如下官耳學也。」玄謨自以退敗，求戍碻磝，斌乃還歷城，申坦、垣護之共據清口。慶之乘驛馳歸，未至，上驛詔止之，使還救玄謨。會虜已至彭城，不得向北，太尉江夏王義恭留領府中兵參軍。拓跋燾至卯山，義恭遣慶之率三千拒之，慶之以爲虜衆強，往必見禽，不肯行。太祖後謂之曰：「河上處分，皆合事宜，惟恨不棄碻磝耳。卿在左右久，偏解我意，正復違詔濟事，亦無嫌也。」

二十八年，[三三]使慶之自彭城徙流民數千家於瓜步，征北參軍程天祚徙江西流民於南州，亦如之。

二十九年，復更北伐，慶之固諫不從，以立議不同，不使北出。是時亡命司馬黑石、廬江叛吏夏侯方進在西陽五水，誑動羣蠻，自淮、汝至于江沔，咸罹其患。十月，遣慶之督諸將討之，詔豫、荆、雍並遣軍，受慶之節度。三十年正月，世祖出次五洲，總統羣帥，慶之從巴水出至五洲，諮受軍略。會世祖典籤董元嗣自京師還，陳元凶弒逆，世祖遣慶之還山引諸軍，慶之謂腹心曰：「蕭斌婦人不足數，其餘將帥，並是所悉，皆易與耳。東宮同惡不過三十人，此外屈逼，必不爲用力。今輔順討逆，不憂不濟也。」衆軍既集，假慶之征虜將軍、武昌內史，領府司馬。世祖還至尋陽，慶之及柳元景等並以天下無主，勸世祖即大位，不許。賊劭遣慶之門生錢無忌齎書說慶之解甲，慶之執無忌白世祖。

世祖踐阼，以慶之爲領軍將軍，加散騎常侍，尋出爲使持節、督南兗豫徐兗四州諸軍事、鎮軍將軍、南兗州刺史，常侍如故，鎮盱眙。上伐逆定亂，思將帥之功，下詔曰：「朕以不天，有生罔二，泣血千里，志復深逆，鞠旅伐罪，義氣雲踴，羣帥仗節，指難如歸。故曾未積旬，宗社載穆，遂以眇身，猥纂大統。永念茂庸，思崇徽錫。新除使持節、散騎常侍、都督南兗豫徐兗四州諸軍事、鎮軍將軍、南兗州刺史沈慶之，新除散騎常侍、領軍將軍柳元景，新除散騎常侍、右衞將軍宗慤，督兗州諸軍事、輔國將軍、兗州刺史徐遺寶，寧朔將軍、始興太守沈法系，驃騎諮議參軍顧彬之，或盡誠謀初，宜綜戎略；或受命元帥，一戰寧亂；或稟奇軍統，協規効捷，偏師奉律，勢振東南。皆忠國忘身，義高前烈，功載民聽，誠簡朕心。定賞策勳，茲焉攸在，宜列土開邑，永蕃皇家。慶之可封南昌縣公，元景曲江縣公，並食邑三千戶。慤洮陽縣侯，食邑二千戶。遺寶益陽縣侯，食邑一千五百戶。法系平固縣侯，彬之陽新縣侯，並食邑千戶。」又特臨軒召拜。又使慶之自盱眙還鎮廣陵。

孝建元年正月，魯爽反，上遣左衞將軍王玄謨討之，軍泝淮向壽陽，總統諸將。尋聞荆、江二州並反，徵慶之入朝，率所領屯武帳岡，甲仗五十人入六門。魯爽先遣弟瑜進據蒙蘢，歷陽太守張幼緒率軍討瑜，值爽至，衆散而反。乃遣慶之濟江討爽。爽聞慶之至，連營稍退，自留斷後。慶之與薛安都等進與爽戰，安都臨陣斬爽。進慶之號鎮北大將軍，進督

青、冀、幽三州，給鼓吹一部。前軍破賊，轉位等後至追躡一階。〔二四〕尋與柳元景俱開府儀同三司，辭。改封始興郡公，戶邑如故。

慶之以年滿七十，固請辭事，上嘉其意，許之。以爲侍中、左光祿大夫、開府儀同三司，又固讓，上不許。表疏數十上，又面陳曰：「張良名賢，漢高猶許其退，臣有何用，必爲聖朝所須。」乃至稽顙自陳，言輒泣涕。上不能奪，聽以郡公罷就第，月給錢十萬，米百斛，衞史五十人。大明元年，又申前命，復固辭。

三年，司空竟陵王誕據廣陵反，復以慶之爲使持節、都督南兗徐兗三州諸軍事、車騎大將軍、開府儀同三司、南兗州刺史，率衆討之。至歐陽，誕遣客慶之宗人沈道愍齎書說慶之，餉以玉鐶刀，慶之遣道愍反，數以罪惡。慶之至城下，誕登樓謂之曰：「沈君白首之年，何爲來？」慶之曰：「朝廷以君狂愚，不足勞少壯，故使僕來耳。」上慮誕北奔，使慶之斷其走路。慶之移營白土，去城十八里。又進新亭，〔二五〕誕果出走，不得去，還城，事在誕傳。慶之進營洛橋西，焚其東門，值雨不克。慶之兄子僧榮，時爲兗州刺史，鎮瑕丘，遣子懷明率數百騎詣受慶之節度。慶之塞壍，造攻道，立行樓土山，并諸攻具。時夏雨，不得攻城，上使御史中丞庾徽之奏免慶之官以激之，詔無所問。誕餉慶之食，提挈者百餘人，出自北門，慶之不問，悉焚之。誕於城上授函表，倩慶之爲送，慶之曰：「我奉詔討賊，不得爲汝送表。汝

必欲歸死朝廷，自應開門遣使，吾爲汝送護之。」每攻城，輒身先士卒。上戒之曰：「卿爲統任，當令處分有方，何蒙楯城下，身受矢石邪。脫有傷挫，爲損不少。」自四月至于七月，乃屠城斬誕。進慶之司空，又固讓。於是與柳元景並依晉密陵侯鄭袤故事，朝會慶之位次司空，元景在從公之上，給卹吏五十人，門施行馬。

四年，西陽五水蠻復爲寇，慶之以郡公統諸軍討之，攻戰經年，皆悉平定，獲生口數萬人。

居清明門外，有宅四所，室宇甚麗。又有園舍在婁湖，慶之一夜攜子孫徙居之，以宅還官。悉移親戚中表於婁湖，列門同閈焉。廣開田園之業，每指地示人曰：「錢盡在此中。」身享大國，家素富厚，產業累萬金，奴僮千計。再獻錢千萬，穀萬斛。以始興優近，求改封南海郡，不許。妓妾數十人，並美容工藝。慶之優游無事，盡意歡愉，非朝賀不出門。每從遊幸及校獵，據鞍陵厲，不異少壯。太子妃上世祖金鏤匕箸及杅杓，上以賜慶之，曰：「卿辛勤匪殊，歡宴宜等，且觴酌之賜，宜以大夫爲先也。」上嘗歡飲，普令羣臣賦詩，慶之手不知書，眼不識字，上逼令作詩，慶之曰：「臣不知書，請口授師伯。」上卽令顏師伯執筆，慶之口授之曰：「微命值多幸，得逢時運昌。朽老筋力盡，徒步還南崗。辭榮此聖世，何媿張子房。」上甚悅，衆坐稱其辭意之美。

世祖晏駕，慶之與柳元景等並受顧命，遺詔若有大軍旅及征討，悉使委慶之。前廢帝卽位，加慶之几杖，給三望車一乘。慶之每朝賀，常乘猪鼻無幰車，左右從者不過三五人。騎馬履行園田，政一人視馬而已。每農桑劇月，或時無人，遇之者不知三公也。及加三望車，謂人曰：「我每遊履田園，有人時與馬成三，無人則與馬成二。今乘此車，安所之乎。」及賜几杖，並固讓。

廢帝狂悖無道，衆並勸慶之廢立，及柳元景等連謀，以告慶之。慶之與江夏王義恭素不厚，發其事，帝誅義恭、元景等，以慶之爲侍中、太尉，封次子中書郎文季建安縣侯，食邑千戶。義陽王昶反，慶之從帝度江，總統衆軍。帝凶暴日甚，慶之猶盡言諫爭，帝意稍不說。及誅何邁，慮慶之不同，量其必至，乃閉清谿諸橋以絕之。慶之果往，不得度而還。帝乃遣慶之從子攸之齎藥賜慶之死，時年八十。是年初，慶之夢有人以兩匹絹與之，謂曰：「此絹足度。」謂人曰：「老子今年不免。兩匹，八十尺也。足度，無盈餘矣。」及死，賜與甚厚，追贈侍中、太尉如故，給鑾輅輼輬車，前後羽葆、鼓吹，謚曰忠武公。未及葬，帝敗。太宗卽位，追贈侍中、司空，謚曰襄公。

長子文叔，歷中書黃門郎，景和末，爲侍中。慶之之死也，不肯飲藥，攸之以被揜殺之。

文叔密取藥藏鎂。或勸文叔逃避，文叔見帝斷截江夏王義恭支體，慮奔亡之日，帝怒，容致義恭之變，乃飲藥自殺。子祕書郎昭明，亦自縊死。泰始七年，改封蒼梧郡公。元徽元年，〔二六〕還復先封。時改始興爲廣興，昭明子曇亮，襲廣興郡公。齊受禪，國除。

慶之弟劭之，元嘉中，爲廬陵王紹南中郎行參軍，討建安揭陽諸賊，病卒。兄子僧榮，敞之之子也。孝建初，爲安成相。荆、江反叛，發兵拒臧質，質遣其安成相臧眇之討僧榮，擊破之。大明中，爲兗州刺史。景和中，徵爲黄門郎，未還，卒。子懷明，太宗泰始初，居父憂，起爲建威將軍，東征南討有功，封吳興縣子，食邑四百戶。歷位黄門侍郎，再爲南兗州刺史。元徽初，丁母艱，去職。桂陽王休範爲逆，起爲冠軍將軍，統水軍防固石頭，朱雀失守，懷明委軍奔走，頃之憂卒。

慶之從弟法系字體先，亦有將用。初爲趙伯符將佐，後隨慶之征五水蠻。世祖伐逆，以爲南中郎參軍，加寧朔將軍，領三千人前發，與柳元景旦至新亭。元景居中營，宗慤居西營，法系居東營。東營據岡，賊攻元景，法系臨射之，所殺甚衆。法系塹外樹悉伐之令倒，賊劭來攻，緣樹以進，彭排多開隙，選善射手，的發無不中，死者交橫。事平，以爲寧朔將軍、始興太守，討蕭簡於廣州。聞臺軍將至，簡誑其衆曰：「臺軍是賊劭所遣。」並信之。前

征北參軍顧邁被賊徙在城內，善天文，云「荆、江有大兵」。城內由此固守。初，世祖先遣鄧琬圍簡，唯治一攻道，法系至，曰：「宜四面並攻，若守一道，何時可拔。」琬慮功不在己，不從。法系曰：「更相申五十日。」日盡又不克，乃從之。八道俱攻，一日卽拔，斬蕭簡，廣州平。封庫藏付鄧琬而還。官至驍騎將軍、尋陽太守，新安王子鸞北中郎司馬。

劭之子文秀，別有傳。

慶之羣從姻戚，由之在列位者數十人。

史臣曰：張釋之云，用法一偏，天下獄皆隨輕重。縣衡於上，四海共稟其平，法亂於朝，民無所措手足。師伯藉寵代臣，勢震朝野，傾意厮臺，情以貨結，自選部至于局曹，莫不從風而靡。曲徇私請，因停詔敕，天震賣怒，仆者相望，師伯任用無改，而王、謝免職。君子謂是舉也，豈徒失政刑而已哉！

校勘記

〔一〕久欲見屈　三朝本、北監本、毛本作「久見屈」。殿本、局本作「久規相屈」。元龜六八七作「久欲見屈」。今從元龜改。

〔二〕招盧氏少年進入宜陽苟公谷　「苟公谷」水經洛水注作「荀公谷」。

〔三〕招宜陽人劉寬虯率合義徒二千餘人　「劉寬虯」各本並作「劉寬糾」，下文又作「劉寬虬」，今悉改作「劉寬虯」。

〔四〕初安都留住弘農　「住」三朝本、毛本、局本作「任」。北監本、殿本作「屯」，南史作「住」。今從南史。

〔五〕虜洛州刺史地河公張是連提衆二萬　「張是連提」各本並作「張是提」，通鑑宋元嘉二十七年作「張是連提」。通鑑考異曰：「宋略作張是連踶，今從宋書。」按據是宋書原本作張是連提。傳本脫「連」字，今據補。下並改。

〔六〕虜三郎將見元保軍從山下　「虜三郎」各本並作「三虜郎」，孫彪宋書考論云：「當乙爲虜三郎。」按孫說是，今訂正。

〔七〕時諸軍糧盡　各本並脫「諸」字，據南史補。

〔八〕虜蒲阪戍主秦州刺史杜道生率衆二萬至閿鄉水　「秦州」各本並作「沃州」。按北魏無沃州，魏書島夷劉裕傳作秦州刺史杜道生。然蒲坂之秦州，據錢大昕廿二史考異，謂係秦州之譌，今據改。

〔九〕威信著於境外　各本並脫「信」字，據南史補。

〔一〇〕係玄謨　「係」各本並作「後」，據南史、元龜四二一改。按「係」猶言「繼」。

〔一一〕逆徒皆云南州有三萬人　各本並脫「有」字，據元龜四二一、通鑑宋孝武帝孝建元年改。

〔一二〕於是衆心乃安由是克捷　各本並脫「衆心乃安由是」六字，據元龜四二一補。

〔一三〕永光年夏　「永光」下疑脫「元」字。

〔一四〕嗣宗弟紹宗共宗孝宗文宗仲宗成宗季宗　「共宗」殿本、南史作「茂宗」，「季宗」殿本、南史作「秀宗」。

〔一五〕元景少子承宗　各本並脫「宗」字，據南史補。

〔一六〕元景從父弟先宗　「先宗」竟陵王誕傳作「光宗」。

〔一七〕索虜拓跋濬遣僞散騎常侍鎮西將軍天水公拾賁敕文率衆寇清口　張森楷校勘記云：「魏書官氏志，拾賁氏後改封氏，此卽封敕文也。敕文封天水公，此云『清水公』，誤。」按張校是，下亦作天水公，今改正。

〔一八〕又遷尙書僕射　各本並作「尙書右僕射」，據南史删「右」字，說見本書卷七前廢帝紀校勘記第九條。

〔一九〕領軍將軍劉湛知之　「劉湛」各本並作「劉湛之」，下「及湛被收之夕」，各本亦作「及湛之被收之

夕」。錢大昕廿二史考異云：「之字衍。」按劉湛本書有傳，「之」字衍文，錢說是，今删去。

〔二〇〕遣慶之又討之　「遣」各本並作「還」，孫虨宋書考論云：「還當作遣。」按孫說是，今改正。

〔二一〕大破之　各本並脫「之」字，據元龜三五一、御覽二七九引補。

〔二二〕慶之連營山下營中開門相通　各本並脫「下營」二字，據南史補。

〔二三〕二十八年　各本並作二十七年。按上已有二十七年，下有二十九年，此當作二十八年，今改正。

〔二四〕轉位等後至追躡一階　句費解，疑有誤。

〔二五〕又進新亭　「又」北監本、毛本、殿本、局本作「夕」，三朝本作「夂」，據元龜三五一、通鑑宋孝武帝大明三年改。

〔二六〕元徽元年　各本並脫「元徽」二字，據南史補。

宋書卷七十八

列傳第三十八

蕭思話　劉延孫

蕭思話，南蘭陵人，孝懿皇后弟子也。父源之字君流，歷中書黃門郎，徐、兗二州刺史，冠軍將軍，南琅邪太守。永初元年卒，追贈前將軍。

思話年十許歲，未知書，以博誕遊遨爲事，好騎屋棟，打細腰鼓，侵暴鄰曲，莫不患毒之。自此折節，數年中，遂有令譽。好書史，善彈琴，能騎射。高祖一見，便以國器許之。年十八，除琅邪王大司馬行參軍，轉相國參軍。父憂去職。服闋，拜羽林監，領石頭戍事，襲爵封陽縣侯，轉宣威將軍、彭城沛二郡太守。涉獵書傳，頗能隸書，解音律，便弓馬。元嘉元年，〔一〕謝晦爲荊州，欲請爲司馬，思話拒之。

五年，遷中書侍郎，仍督青州徐州之東莞諸軍事、振武將軍、青州刺史，時年二十

七。〔二〕亡命司馬朗之、元之、可之兄弟，聚黨於東莞發干縣，〔三〕謀爲寇亂，思話遣北海太守蕭汪之討斬之，餘黨悉平。八年，除竟陵王義宣左軍司馬、南沛郡太守。未及就徵，索虜南寇，檀道濟北伐，既而迴師，思話懼虜大至，乃棄鎮奔平昌。思話先使參軍劉振之戍下邳，聞思話奔，亦委城走。虜定不至，而東陽積聚，已爲百姓所焚，由是徵下廷尉，仍繫尚方。初在青州，常所用銅斗，覆在藥厨下，忽於斗下得二死雀，〔四〕思話曰：「斗覆而雙雀殞，其不祥乎。」既而被繫。

九年，仇池大饑，益、梁州豐稔，梁州刺史甄法護在任失和，氐帥楊難當因此寇漢中。乃自徒中起思話督梁南秦二州諸軍事、橫野將軍、梁南秦二州刺史。既行，聞法護已委鎮北奔西城，遣司馬、建威將軍、南漢中太守蕭承之五百人前進，又遣西戎長史蕭汪之係之。承之緣路收合士衆，得精兵千人。十年正月，進據磝頭。難當焚掠漢中，引衆西還，留其輔國將軍、梁秦二州刺史趙溫守梁州，魏興太守薛健據黃金。承之進屯磝頭，遣陰平太守蕭坦赴黃金，薛健副姜寶據鐵城，鐵城與黃金相對，去一里，斫樹塞道。坦進攻二戍，拔之。二月，趙溫又率薛健及其寧朔將軍、馮翊太守蒲早子來攻坦營，〔五〕坦奮擊，大破之。坦被創，賊退保西水。承之司馬錫文祖進據黃金，蕭汪之步騎五百相繼而至。平西將軍臨川王義慶遣龍驤將軍裴方明三千人赴，承之等進黃金，早子、健等退保下桃。思話先遣行參軍

王靈濟率偏軍出洋川，因向南城。僞陵江將軍趙英堅守險，靈濟擊破之，生禽英。南城空虛，因資無所，復引軍還與承之合。

三月，承之率衆軍進據峨公固。難當遣其子和率趙溫、蒲早子及左衞將軍呂平、寧朔將軍司馬飛龍，步騎萬餘，跨漢津結柴，其間立浮橋，悉力攻承之，合圍數十重，短兵接戰，弓矢無復用。賊悉衣犀革，戈矛所不能加，承之乃截矟長數尺，以大斧椎之，一矟輒貫十餘賊。賊不能當，因大敗，燒柴奔走，退據大桃。閏月，承之及方明臺軍至，龍驤將軍楊平興、幢主殿中將軍梁坦直入角弩追之，賊又敗走，殺傷虜獲甚多。漢中平，悉收沒地，置戍葭萌水。

先是，桓玄篡晉，以桓希爲梁州。希敗走，〔六〕氐楊盛據有漢中，刺史范元之、傅歆悉治魏興，唯得魏興、上庸、新城三郡。其後索邈爲刺史，乃治南城。〔七〕爲賊所焚燒不可固，思話還鎭南鄭，〔八〕加節，進號寧朔將軍，徵承之爲太子屯騎校尉。法護，中山無極人，過江寓居南郡。弟法崇，元嘉十年，自少府爲益州刺史。法護委鎭之罪，統府所收，於獄賜死。太祖以法崇受任一方，令獄官言法護病卒。太祖使思話上平定漢中本末，下之史官。

十四年，遷使持節、臨川王義慶平西長史、南蠻校尉。太祖賜以弓琴，手敕曰："丈人頃何所作？事務之暇，故以琴書爲娛耳，所得不曰義邪。眷想常不忘情，想亦同之。前得此

琴，云是舊物，亦有名京邑，今以相借。因是戴顒意於彈撫，響韻殊勝，直爾嘉也。并往桑弓一張，材理乃快，先所常用，既久廢射，又多病，略不能制之，便成老公，令人歎息。良材美器，宜在盡用之地，丈人眞無所與讓也。"

十六年，衡陽王義季代義慶，又除安西長史，餘如故。十九年，徵爲侍中，領前軍將軍，未就徵，復先職。明年，遷持節、監雍州梁南北秦四州荆州之南陽竟陵順陽襄陽新野隨六郡諸軍事、寧蠻校尉、雍州刺史，襄陽太守。二十二年，除侍中，領太子右率。二十四年，改領左衞將軍。嘗從太祖登鍾山北嶺，中道有磐石清泉，上使於石上彈琴，因賜以銀鍾酒，謂曰："相賞有松石間意。"又領南徐州大中正。明年，復監雍梁南北秦四州荆州之竟陵隨二郡諸軍事、右將軍、寧蠻校尉、雍州刺史如故。〔九〕

二十六年，徵爲吏部尚書。詔思話曰："沈尚書暴病不救，其體業貞審，立朝盡公，年時尚可，方相委任，奄忽不永，痛惋特深。銓管要機，通塞所寄，丈人才用體國，一二惟允。"思話以去州無復事力，倩府軍身九人，太祖戲之曰："丈人終不爲田父於里閭，何應無人使邪？"未拜，二十七年，遷護軍將軍。

是年春，虜攻懸瓠，太祖將大舉北討，朝士僉同，莫或異議。思話固諫，不從。乃領精甲三千，助鎭彭城。虜退，卽代世祖爲持節、監徐兗青冀四州豫州之梁郡諸軍事、撫軍將

軍、兗徐二州刺史。二十九年，統揚武將軍、冀州刺史張永衆軍圍碻磝。初，鎭軍諮議參軍申坦與王玄謨圍滑臺，不克，免官。青州刺史蕭斌板坦行建威將軍、濟南平原二郡太守，守歷城，令任仲仁又爲坦副，並前鋒入河。五月，發沿口，永司馬崔訓、建武將軍齊郡太守胡景世率青州軍來會。七月，思話及衆軍並至碻磝，治三攻道。太祖遣員外散騎侍郎徐爰宣旨督戰。張永、胡景世當東攻道，申坦、任仲仁西攻道，崔訓南攻道。賊夜地道出，燒崔訓樓及蟆車，又燒胡景世樓及攻具，尋又毁崔訓攻道，城不可拔。思話馳來，退師。攻城凡十八日，解圍還歷下。崔訓以樓見燒，又不能固攻道，被誅於碻磝，〔一〇〕永、坦並繫獄。詔曰："得撫軍將軍思話啓事，碻磝不拔，士卒疲勞，且班師清濟，更圖進討。此鎭山川嚴阻，控臨河朔，形勝之要，擅名自古，宜除其授，以允望實。思話可解徐州爲冀州，餘如故。彭城文武，復量分配，卽鎭歷城。"尋爲江夏王義恭所奏免官。

元凶弑立，以爲使持節、監徐青兗冀四州豫州之梁郡諸軍事、徐兗二州刺史，將軍如故。思話卽率部曲還彭城，起義以應世祖。遣使奉牋曰："下官近在歷下，始奉國諱，所承使人，不知闊狹，既還在路，漸有所聞，猶謂人倫無容有此，私懷感慨，未敢在言。奉被今教，果出慮表，重增哀惋，不能自勝。此實天地所不覆載，人神所不容忍，率土民氓，莫不憤咽，況下官蒙荷榮渥，義兼常志。此月五日，被驛使追命騎還朝，切齒拊心，輒已鍾疾，雖百口

在都，一非所顧。正欲遣啓受規略，會奉今旨，悲懼兼情。伏承司徒英圖電發，殿下神武霜斷，臧質忠義並到，不謀同時，仗順沿流，席卷江甸，前驅風邁，已應在近。下官復練始集，遣輔國將軍申坦、龍驤將軍梁坦二軍，分配精甲五千，申坦爲統，便以卽日水陸齊下。下官悉率文武，駱驛繼發。憑威策懦，勢同振朽，開泰有期，悲欣交集。"世祖至新亭，坦亦進克京口。

上卽位，徵爲散騎常侍、尚書左僕射，固辭，不受拜。改爲中書令、丹陽尹，常侍如故。時京邑多有劫掠，二旬中十七發，引咎陳遜，不許。明年，出爲使持節、都督徐兗青冀幽五州豫州之梁郡諸軍事、安北將軍、徐州刺史，加鼓吹一部。未行而江州刺史臧質反，復以爲使持節、都督江州豫州之西陽晉熙新蔡三郡諸軍事、江州刺史。事平，分荆、江、豫三州置郢州，復都督郢湘二州諸軍事、鎭西將軍、郢州刺史，持節、常侍如故，鎭夏口。

孝建二年卒，時年五十。〔一一〕追贈征西將軍、開府儀同三司，持節、常侍、都督、刺史如故，謚曰穆侯。思話宗戚令望，蚤見任待，凡歷州十二，杖節監都督九焉。所至雖無皦皦清節，亦無穢黷之累。愛才好士，人多歸之。

長子惠開嗣，別有傳。次子惠明，亦有世譽，歷黃門郎，御史中丞，司徒左長史，吳興太守。後廢帝元徽末，卒官。第四子惠基，順帝昇明末，爲侍中。

源之從父弟摹之，丹陽尹，追贈征虜將軍。子斌，亦爲太祖所遇。彭城王義康鎭豫章，以爲大將軍諮議參軍、豫章太守。歷南蠻校尉，侍中，輔國將軍、青冀二州刺史。

元嘉二十七年，統王玄謨等衆軍北伐。斌遣將軍崔猛攻虜青州刺史張淮之於樂安，淮之棄城走。先是，猛與斌參軍傅融分取樂安及碻磝，樂安水道不通，先幷定碻磝，至是又克樂安。旣而攻圍滑臺不拔，斌追還歷下，事在王玄謨傳。

二十八年，亡命司馬順則詐稱晉室近屬，自號齊王，聚衆據梁鄒城。又有沙門自稱司馬百年，號安定王，亡命秦凱之、祖元明等各據村屯以應順則。初，梁鄒戍主、宣威將軍、樂安渤海二郡太守崔勳之出州，故順則因虛竊據。勳之司馬曹敬會拒戰不敵，出走。斌卽遣勳之率行建威將軍濟南平原二郡太守申坦、長流參軍羅文昌等諸軍討順則，攻之不克。勳之等始謂城內出於逼附，軍至卽應奔逃，而並爲賊堅守，殺傷官軍甚多。斌又遣府司馬、建武將軍、齊郡太守龐秀之總諸軍。祖元明又據安丘城，斌更遣振武將軍劉武之及軍主劉回精兵千人，討司馬百年，斬之。順則旣失據，衆稍離阻。文昌遣道連僞投賊，賊信納之，潛以官賞格示衆，城內賊黨李繼叔等並有歸順心。道連謀泄，爲賊所殺，繼叔踰城出降，賊黨於是大離。乃四面進攻，衝車所衝，輒三五丈崩落。時南門樓上擲下一級，幷垂繩鉤取外

人，外人上，賊並放仗，云向已斬順則，所投首是也。其後事迹在二凶傳。秦凱之走河北。斌坐滑臺退敗，免官。久之，復起爲南平王鑠右軍長史。

斌弟簡，歷位長沙內史。廣陵王誕爲廣州，未之鎭，以簡爲安南諮議參軍、南海太守，行府州事。東海王禕代誕，簡仍爲前軍諮議，太守如故。世祖入討元凶，遣輔國將軍、南海太守鄧琬討簡，〔二〕固守經時，城陷伏誅。斌、簡諸子並誅滅。

龐秀之，河南人也。以斌故吏，賊劭甚加信委，以爲遊擊將軍。奔世祖於新亭。時劭諸將未有降者，唯秀之先至，事平，以爲梁州刺史。秀之子弟爲劭所殺者將十人，而酣讌不廢，坐免官。後又爲徐州刺史，太子右衞率。孝建元年，卒，追贈本官，加散騎常侍。子彌之，順帝昇明末，廣興公相。秀之弟況之，太宗世，亦爲始興相。

劉延孫，彭城呂人，雍州刺史道產子也。

初爲徐州主簿，舉秀才，彭城王義康司徒行參軍，尚書都官郎，爲錢唐令，世祖撫軍、廣陵王誕北中郎中兵參軍、南清河太守。世祖爲徐州，補治中從事史。時索虜圍縣瓠，分軍送所掠民口在汝陽，太祖詔世祖遣軍襲之，議者舉延孫爲元帥，固辭無將用，舉劉泰之自代。泰之旣行，太祖大怒，免延孫官。爲世祖鎭軍北中郎中兵參軍，南中郎諮議參軍，領錄事。世祖伐逆，府缺上佐，轉補長史、尋陽太守，行留府事。

世祖卽位，以爲侍中，領前軍將軍。下詔曰：「朕藉羣能之力，雪莫大之恥，以眇眇之身，託于王公之上，思所以策勳樹良，永寧世烈。新除侍中、領前軍將軍延孫率懷忠敏，器局沈正，協贊義初，誠力俱盡。左衞將軍竣立志開亮，理思淸要，茂策忠謨，經綸惟始，俾積基更造，咸有勤焉。宜顯授龜社，大啓邦家。延孫可封東昌縣侯，竣建城縣侯，食邑各二千戶。」其年，侍中改領衞尉。

孝建元年，遷丹陽尹。臧質反叛，上深以東土爲憂，出爲冠軍將軍、吳興太守，置佐史。事平，徵爲尚書右僕射，領徐州大中正。遣至江陵，分判枉直，行其誅賞。三年，又出爲南兗州刺史，加散騎常侍。仍徙爲使持節、監雍梁南北秦四州郢州之竟陵隨二郡諸軍事、鎭軍將軍、寧蠻校尉、雍州刺史，以疾不行。留爲侍中、護軍，又領徐州大中正。素有勞患，其年增篤，詔遣黃門侍郎宣旨問疾。

大明元年，除金紫光祿大夫，領太子詹事，中正如故。其年，又出爲鎭軍將軍、南徐州刺史。先是高祖遺詔，京口要地，去都邑密邇，自非宗室近戚，不得居之。延孫與帝室雖同是彭城人，別屬呂縣。劉氏居彭城縣者，又分爲三里，帝室居綏輿里，左將軍劉懷肅居安上

里，豫州刺史劉懷武居叢亭里，及呂縣凡四劉。雖同出楚元王，由來不序昭穆。延孫於帝室本非同宗，不應有此授。時司空竟陵王誕爲徐州，上深相畏忌，不欲使居京口，遷之於廣陵。廣陵與京口對岸，欲使腹心爲徐州，據京口以防誕，故以南徐授延孫，而與之合族，使諸王序親。

三年，南兗州刺史竟陵王誕有罪，不受徵，延孫馳遣中兵參軍杜幼文率兵起討，旣至，誕已閉城自守，乃還。誕遣使劉公泰齎書要之，延孫斬公泰，送首京邑。復遣幼文率軍渡江，受沈慶之節度。其年，進號車騎將軍，加散騎常侍，給鼓吹一部。

五年，詔延孫曰：「舊京樹親，由來常準。卿前出所有別議，今此防久弭，當以還授小兒。」徵延孫爲侍中、尚書左僕射，領護軍將軍。延孫疾病，不任拜起，上使於五城受封版，乘船自青谿至平昌門，仍入尚書下舍。又欲以代朱脩之爲荆州，事未行，明年，卒，時年五十二。上甚惜之，下詔曰：「故侍中、尚書左僕射、領護軍將軍東昌縣開國侯延孫，風局簡正，體識沈明，綢繆心膂，自蕃升朝，契闊唯舊，幾將二紀。靈業中圮，則首贊宏圖，〔一三〕義令旣舉，則任均蕭、寇。器允棟幹，勳實佐時。歷事兩宮，〔一四〕出內尹牧，惠政茂績，〔一五〕著自民聽，忠謨令節，簡乎朕心。方變和台階，永毗國道，奄至薨殞，震慟兼深。考終定典，宜盡哀敬。可贈司徒，給班劍二十人，侍中、僕射、侯如故。」有司奏謚忠穆，詔爲文穆。又詔曰：

「故司徒文穆公延孫，居身寡約，家素貧虛，每念清美，良深悽歎。葬送資調，固當闕乏，可賜錢三十萬，米千斛。」

子質嗣，太宗泰始中，有罪，國除。

延孫弟延熙，義興太守，在孔覬傳。

史臣曰：延孫接歘蕃日，固出顏、袁矣。風飈局力，又無等級可言，而隆名盛寵，必擇而後授，何哉？良以休運甫開，沈疾方被，雖宿恩內積，而安私外簡。夫侮因事狎，敬由近疎，疎必相思，狎必相厭，厭思一殊，榮禮自隔，遂得爲一世宗臣，蓋由此也。子曰：「事君數，斯疏矣。」然乎！然乎！

校勘記

〔一〕元嘉元年　「元年」各本並作「三年」。孫虨宋書考論云：「謝晦爲荆州乃元嘉元年。」按孫說是，今改正。

〔二〕五年還中書侍郎仍督青州徐州之東莞諸軍事振武將軍青州刺史時年二十七　「五年」文帝紀

繫三年十二月癸丑，是。

〔三〕聚黨於東莞發干縣　錢大昕廿二史考異云：「按州郡志，發干屬東安，不屬東莞。」

〔四〕忽於斗下得二死雀　各本並脫「忽於斗下」四字，據南史、建康實錄、御覽九二二引補。

〔五〕趙溫又率薛健及其寧朔將軍馮翊太守蒲早子來攻坦晢　「馮翊」各本並作「馮冀」，今改正。按州郡志，秦州有馮翊郡，「三輔流民出漢中，文帝元嘉二年僑立」。卽此郡。

〔六〕以桓希爲梁州希敗走　「希」各本並作「布」，據晉書毛璩傳、通鑑宋文帝元嘉十一年改。

〔七〕其後索邈爲刺史乃治南城　各本「乃」上有「氐」字。按氐傳及州郡志，索邈爲梁州刺史，治南城，非氐治南城。今删「氐」字。

〔八〕爲賊所焚燒不可固思話還鎮南鄭　「思話」上各本有「卽」字，按「卽」字費解，今删去。「南鄭」各本並作「南城」，據州郡志改。州郡志：刺史蕭思話還治南鄭。

〔九〕復監雍梁南北秦四州荆州之竟陵隨二郡諸軍事寧蠻校尉雍州刺史如故　各本並脫「四」字，據張元濟校勘記說補。

〔一〇〕被誅於碻磝　各本並脫「於」字，據元龜四五〇補。

〔一一〕孝建二年卒時年五十　殿本考證云：「按思話年十八，除琅邪王大司馬行參軍，踰年，父源之卒，是爲永初元年。至元嘉五年，任青州刺史，稱年二十七是也。自元嘉六年己巳，至孝建二年乙未，又歷二十七年。思話卒時，年五十四，今云五十，蓋脫四字。」孫虨宋書考論云：「按思話任青州，依本紀實元嘉三年，年二十七。若五年年二十七，則其年十八時，當晉恭帝元熙元年，琅邪王已爲帝，何自除琅邪王大司馬參軍邪？以此推之，思話卒年蓋五十六也。」按文帝紀繫思話任青州於元嘉三年，是，傳云元嘉五年爲青州刺史，實誤。元嘉三年，思話年二十七，則其卒年亦當是五十六，而非五十或五十四。

〔一二〕遣輔國將軍南海太守鄧琬討簡　「鄧琬」各本並作「劉玩」，據本書鄧琬傳、孝武帝紀、沈慶之傳從弟法系附傳改正。通鑑考異曰：「蕭簡傳作劉玩，今從本紀。」

〔一三〕則首贊宏圖　「宏」各本並作「出」，據元龜四六一改。

〔一四〕歷事兩宮　各本並作「及累司馬兩官」，句費解，今據元龜四六一改。

〔一五〕惠政茂績　「績」各本並作「課」，據元龜四六一改。

宋書卷七十九

列傳第三十九

文五王

竟陵王誕　廬江王禕　武昌王渾　海陵王休茂

桂陽王休範

竟陵王誕字休文，文帝第六子也。

元嘉二十年，年十一，封廣陵王，食邑二千戶。二十一年，監南兗州諸軍事、北中郎將、南兗州刺史，出鎭廣陵。尋以本號徙南徐州刺史。

二十六年，出爲都督雍梁南北秦四州荊州之竟陵隨二郡諸軍事、後將軍、雍州刺史。以廣陵彫弊，改封隨郡王。上欲大擧北討，以襄陽外接關、河，欲廣其資力，乃罷江州軍府，文武悉配雍州，湘州入臺稅租雜物，悉給襄陽。及大擧北伐，命諸蕃並出師，莫不奔敗，唯

誕中兵參軍柳元景先克弘農、關、陝三城，多獲首級，關、洛震動，事在元景傳。會諸方並敗退，故元景引還。徵誕還京師，遷都督廣交二州諸軍事、安南將軍、廣州刺史，當鎭始興，未行，改授都督會稽東陽新安臨海永嘉五郡諸軍事、安東將軍、會稽太守，給鼓吹一部。

元凶弒立，以揚州浙江西屬司隸校尉，浙江東五郡立會州，以誕爲刺史。世祖入討，遣沈慶之兄子僧榮間報誕，又遣寧朔將軍顧彬之自魯顯東入，受誕節度。〔一〕誕遣參軍劉季之與彬之幷勢，自頓西陵，以爲後繼。劭遣將華欽、庾導東討，〔二〕與彬之等相逢於曲阿之奔牛塘，〔三〕路甚狹，左右皆悉入菰葑，彬之軍人多齎籃屐，於菰葑中夾射之，欽等大敗。事平，徵誕爲持節、都督荊湘雍益寧梁南北秦八州諸軍事、衞將軍、開府儀同三司、荊州刺史。誕以位號正與濬同，惡之，請求回改。乃進號驃騎將軍，加班劍二十人，餘如故。南譙王義宣不肯就徵，以誕爲侍中、驃騎大將軍、揚州刺史，開府如故。改封竟陵王，食邑五千戶。顧彬之以奔牛之功，封陽新縣侯，食邑千戶，季之零陽縣侯，食邑五百戶。

明年，義宣擧兵反，有荊、江、兗、豫四州之力，勢震天下。上卽位日淺，朝野大懼，上欲奉乘輿法物，以迎義宣，誕固執不可，然後處分。帝加誕節，〔四〕仗士五十人，出入六門。上流平定，誕之力也。初討元凶，與上同擧兵，有奔牛之捷，至是又有殊勳，上性多猜，頗相疑憚。而誕造立第舍，窮極工巧，園池之美，冠於一時。多聚才力之士，實之第內，精甲利器，

莫非上品，上意愈不平。

孝建二年，乃出爲使持節、都督南徐兗二州諸軍事、太子太傅、南徐州刺史，侍中如故。上以京口去都密邇，猶疑之，大明元年秋，又出爲都督南兗南徐兗青冀幽六州諸軍事、南兗州刺史，餘如故。誕既見猜，亦潛爲之備，至廣陵，因索虜寇邊，修治城隍，聚糧治仗。嫌隙既著，道路常云誕反。

三年，建康民陳文紹上書曰：「私門有幸，亡大姑元嘉中蒙入臺六宮，薄命早亡，先朝賜贈美人，又聽大姑二女出入問訊。父饒，司空誕取爲府史，恒使入山圖畫道路，勤劇備至，不敢有辭，不復聽歸，消息斷絕。姑二女去年冒啓歸訴，蒙陛下聖恩，賜敕解饒吏名。誕見符至，大怒，喚饒入交問：『汝欲死邪？訴臺求解。』饒卽答：『官比不聽通家信，消息斷絕。若是姊爲啓聞，所不知。』誕因問饒：『汝那得入臺？』饒被問，依實啓答。既出，誕主衣莊慶、書師王强語饒：『汝今年敗，汝姊誤汝。官云小人輩敢持臺家逼我。』饒因叛走歸，誕卽遣王强將數人逐，突入家內縛錄，將還廣陵。至京口客舍，乃隧死井中，託云『饒懼罪自殺』。抱痛懷冤，冒死歸訴。」吳郡民劉成又詣闕上書，告誕謀反，稱：「息道龍昔伏事誕，又見誕在石頭城內，修乘輿法物，習倡警蹕。道龍私獨憂懼，向伴侶言之，語頗漏泄，誕使大吏令監內執道龍，道龍逸走，誕怒鞭殺監，又捕殺道龍。」又豫章民陳談之上書訴枉，稱：

「弟詠之昔蒙誕采錄，隨從歷鎭，大駕南下，爲誕奉送賤書，經涉危險，時得上聞。聖明登阼，恩澤周普，回改小人，使命微勤，賜署臺位。詠之恒見誕與左右小人莊慶、傅元祀潛圖姦逆，言詞醜悖，每云：『天下方是我家有，汝等不憂不富貴。』又常疏陛下年紀姓諱，往巫鄭師憐家祝詛。詠之既聞此語，又不見其事，恐一旦事發，橫罹其罪，密以告建康右尉黃宣達，幷有啓聞，希以自免。元祀弟知詠之與宣達來往，自嫌言語漏泄，卽具以告誕。誕大怒，令左右飲詠之酒，逼使大醉，因言詠之乘酒罵詈，遂被害。自顧冤枉，事有可哀。」

其年四月，上乃使有司奏曰：

臣聞神極會明，大儀所以貞觀；皇天峻邈，玄化所以幽宣。故能經緯甿俗，大庇黔首。庶道被八紘，不遺疏賤之賞；威格天區，豈漏親貴之罰。此不刊之鴻則，古今之恒訓。

謹按元嘉之末，天綱崩褫，人神哀憤，含生喪氣。司空竟陵王誕義兼臣子，任居藩維。進不能泣血提戈，忘身徇節；退不能閉關拒險，焚符斬使。遂至拜受僞爵，欣承榮寵，沈淪姦逆，肆于昏放。以妻故司空臣湛之女，誅亡餘類，單舟遄遣，披猖千里，事哀行路，賊忍無親，莫此爲甚。故山陰令傅僧祐，〔五〕誠亮國朝，義均休戚。重門峻衞，不能拒折簡之使；巖險千里，不能庇匹夫之身。乃更助虐憑凶，抽兵勒刃，遂使頓仆牢

穽，死不旋踵，妻子播流，庭筵莫立，見之者流涕，聞之者含嘆。及神鋒首路，欃槍東指，風卷四嶽，電埽三江。誕猶持疑兩端，陰規進退。陛下頻遣書檄，告譬殷勤，方改姦圖，末乃奉順。分遣弱旅，永塞符文，宴安所莅，身不越境，悖禮忘情，不顧物議，彎弧躍馬，務是畋游，致奔牛有崩碎之陳，新亭無獨克之術。假威義銳，乞命皇旅，竟有何勞，而論功伐。既祅祲廓清，大明升曜，幽顯宅心，遠邇雲集。誕忽星行之悲，違開泰之慶，遲回顧望，淹踰旬朔。逆黨陳叔兒等，泉寶鉅億，資貨不貲，誕收籍所得，不歸天府，辭稱天軍，實入私室。又太官東傳，舊有獻御，喪亂既平，猶加斷遏，珍羞庶品，回充私膳。於號諱之辰，遽甘滋之品，當惟新之始，絕苞苴之貢，忠孝兩忘，敬愛俱盡。乃徵引巫史，潛考圖緯，自謂體應符相，富貴可期，悖意醜言，不可勝載。遂復遙諷朝廷，占求官爵，侮蔑宗室，詆毀公卿，不義不昵，人道將盡。荷任神州，方懷姦慝，每闚向宸御，妄生規幸，多樹淫祀，顯肆祅詛，遂在石頭，潛修法物，傳警稱蹕，擬則天行，皆已駭暴觀聽，彰布朝野。昔內難甫寧，珍瑋散佚，有御刀利刃，擅價諸夏，天府禁器，歷代所珍。誕密加購賞，頓藏私室。賊義宣初平，餘黨逃命，誕含縱罔忌，私竊招納，名工細巧，悉匿私第。又引義宣故將裘興爲己腹心，事既彰露，猶執欺罔，公文面啓，矯稱舊隸。加以營宇制館，〔六〕僭擬天居，引石徵材，專擅興發，驅迫士族，役同輿皁，殫

木土之姿，窮吞幷之勢。故會稽宣長公主受遇二祖，禮級尊崇，臣湛之亡身徇國，追榮典軍。誕以廣拓宅宇，〔七〕地妨蓺植，輒逼遺孤，頓相驅徙。遂令神主胥遷，改卜委巷，宗戚含傷，行路掩涕。又緣谿兩道，積代通衢，誕拓宇開垣，擅斷其一。致使徑塗擁隔，川陸阻礙，神怒民怨，毒徧幽顯。故丞相臨川烈武王臣道規，名德茂親，勳光常策，異禮殊榮，受自先旨者。嗣王臣義慶受任西夏，靈寢暫移，先帝親枉鑾輿，拜辭路左，恩冠終古，事絕常班。誕又以廟居宅前，固請毀換，詔旨不許，怨懟彌極。

有醜面目，豺狼爲性，規牧江都，希廣兵力，天德尙弘，甫申所請，仍謂應住東府，宜爲中台，貪冒無厭，人莫與比。雖聖慈全救，每垂容納，而虐戾不悛，姦詖彌甚。受命還鎭，猜怨愈深，忠規正諫，必加鴆毒，諂瀆膚躁，是與比周。又矯稱符勑，設牓開募，事發辭寢，委罪自下。及錄事徐靈壽以常署受坐，將就囚執，舀韓近恭，中護軍遣吏夏嗣伯密相屬請，求寬桎梏。且王僧達臨刑之啓事，高闍卽戮之辭，皆稱潛驛往來，遙相要契，醜聲穢問，宣著遐邇，含識能言，孰不憤歎。又獲吳郡民劉成、豫章民陳談之、建康民陳文紹等並如訴狀，則姦情猜志，歲月增積。

昔周德初升，公旦有流言之釁，魯道方泰，季子斷逵泉之誅。近則淮厲覆車於前，義康襲軌於後，變發柴奇，禍成范、謝，亦皆以義奪親，情爲憲屈。況乃上悖天經，下誣

政道，結釁於無妄之辰，希幸於文明之日，皇穹所不覆，厚土所不容。夫無禮之誡，臣子所宜服膺；干紀之刑，有國所應愼守。臣等參議，宜下有司，絕誕屬籍，削爵土，收付廷尉法獄治罪。諸所連坐，別下考論。伏願遠尋宗周之重，近監興亡之由，割恩棄私，俯順羣議，則卜世靈根，於茲克固，鴻勳盛烈，永永無窮。陛下如復隱忍，未垂三思，則覆皇基於七百，擠生民於塗炭。此臣等所以夙夜危懼，不敢避鈇鉞之誅者也。

上不許，有司又固請，乃貶爵爲侯，遣令之國。

上將誅誕，以義興太守垣閬爲兗州刺史，配以羽林禁兵，遣給事中戴明寶隨閬襲誕，使閬以之鎭爲名。閬至廣陵，誕未悟也。明寶夜報誕典籤蔣成，使明晨開門爲內應。成以告府舍人許宗之，宗之奔入告誕。誕驚起，呼左右及素所畜養數百人，執蔣成，勒兵自衞。明旦將曉，明寶與閬率精兵數百人卒至，天明而門不開，誕已列兵登陴，自在門上斬蔣成，焚兵籍，赦作部徒繫囚，開門遣腹心率壯士擊明寶等，破之。閬卽遇害，明寶奔逃，自海陵界得還。

上乃遣車騎大將軍沈慶之率大衆討誕。誕焚燒郭邑，驅居民百姓，悉使入城，分遣書檄，要結近遠。時山陽內史梁曠家在廣陵，誕執其妻子，遣使要曠，曠斬使拒之。誕怒，滅其家。誕奉表投之城外，曰：「往年元凶禍逆，陛下入討，臣背凶赴順，可謂常節。及丞相構

難，臧、魯協從，朝野恍惚，咸懷憂懼，陛下欲建百官羽儀，〔八〕星馳推奉，臣前後固執，方賜允俞，社稷獲全，是誰之力？陛下接遇慇懃，累加榮寵，驃騎、揚州，旬月移授，恩秩頻加，復賜徐、兗，仰屈皇儲，遠相餞送。臣一遇之感，感此何忘，庶希偕老，永相娛慰。豈謂陛下信用讒言，遂令無名小人來相掩襲，不任枉酷，卽加誅翦。雀鼠貪生，仰違詔勑。今親勒部曲，鎭扞徐、兗。先經何福，同生皇家；今有何愆，便成胡、越？陵鋒奮戈，萬沒豈顧，盪定之期，〔九〕冀在旦夕。右軍、宣簡，〔一〇〕爰及武昌，皆以無罪，並遇枉酷，臣有何過，復致於此。陛下宮帷之醜，豈可三緘。臨紙悲塞，不知所言。」世祖忿誕，左右腹心同籍朞親並誅之，死者以千數。或有家人已死，方自城內叛出者。

車駕出頓宣武堂，內外纂嚴。慶之進廣陵，誕幢主韓道元來降。豫州刺史宗愨、徐州刺史劉道隆率衆來會。誕中兵參軍柳光宗、參軍何康之、劉元邁、幢主索智朗謀開城北門歸順，未期而康之所鎭隊主石貝子先衆出奔，康之懼事泄，夜與智朗斬關而出。誕禽光宗殺之。光宗，柳元景從弟也。康之母在城內，亦爲誕所殺。

誕見衆軍大集，欲棄城北走，留中兵參軍申靈賜居守，自將騎步數百人，親信並隨，聲云出戰，邪趨海陵道。誕將周豐生馳告慶之，慶之遣龍驤將軍武念追躡。誕行十餘里，衆並不欲去，請誕還城。誕曰：「我還，卿能爲我盡力不？」衆皆曰：「願盡力。」左右楊承伯牽誕

馬曰：「死生且還保城，欲持此安之？速還尚得入，不然敗矣。」慶之所遣將戴寶之單騎前至，刺誕殆獲，誕懼，乃馳還。武念去誕遠，未及至，故誕得向城。既至，曰：「城上白鬚，非沈公邪？」左右曰：「申中兵。」誕乃入。以靈賜爲驃騎府錄事參軍，王璵之爲中軍長史，世子景粹爲中軍將軍，州別駕范義爲中軍長史，其餘府州文武，皆加秩。

先是，右衞將軍垣護之、左軍將軍崔道固、屯騎校尉龐孟虯、太子旅賁中郎將殷孝祖破索虜還，至廣陵，上並使受慶之節度。司州刺史劉季之，誕故佐也，驍果有膂力，梁山之役，又有戰功，增邑五百戶。在州貪殘，司馬翟弘業諫爭甚苦，季之積忿，置毒藥食中殺之。少年時，宗慤共蒱戲，曾手侮加慤，慤深銜恨。至是慤爲豫州刺史，都督司州，季之慮慤爲禍，乃委官間道欲歸朝廷。會誕反，季之至盱眙，盱眙太守鄭瑗以季之素爲誕所遇，疑其同逆，因邀道殺之，送首詣道隆。時誕亦遣間信要季之，及季之首至，沈慶之送以示誕。季之缺齒，垣護之亦缺，誕謂衆曰：「此垣護之頭，非劉季之也。」太宗初卽位，鄭瑗爲山陽王休祐驃騎中兵參軍。豫州刺史殷琰與晉安王子勛同逆，休祐遣瑗及左右邢龍符說琰，琰不受。鄭氏，壽陽强族。瑗卽使琰鎭軍。〔一〕子勛責琰舉兵遲晚，琰欲自解釋，乃殺龍符送首，瑗固爭不能得。及壽陽城降，瑗隨輩同出，龍符兄僧愍時在城外，謂瑗構殺龍符，輒殺瑗。卽爲劉勔所錄，後見原。僧愍尋擊虜於淮西戰死。此四人者，並由橫殺，旋受身禍，論者以爲有天道焉。

誕幢主公孫安期率兵隊出降。誕初閉城拒使，記室參軍賀弼固諫再三，誕怒，抽刃向之，乃止。或勸弼出降，弼曰：「公舉兵向朝廷，此事既不可從，荷公厚恩，又義無違背，唯當死明心耳。」乃服藥自殺。弼字仲輔，會稽山陰人也。有文才。贈車騎參軍、山陽海陵二郡太守，〔二〕長史如故。幢主王璵之賞募數百人，從東門出攻龍驤將軍程天祚營，斷其弩弦，天祚擊破之，卽走還城。誕又加申靈賜南徐州刺史。軍主馬元子踰城歸順，追及殺之。乃於城內建列立壇誓，誕將歃血，其所署輔國將軍孟玉秀曰：「陛下親歃。」羣臣皆稱萬歲。

初，誕使黃門呂曇濟與左右素所信者，將世子景粹藏於民間，謂曰：「事若濟，斯命全脫，如其不免，可深埋之。」分以金寶，齎送出門，並各散走。唯曇濟不去，攜負景粹，十餘日，乃爲沈慶之所捕得，斬之。

誕所署平南將軍虞季充又出降書。上使慶之於桑里置烽火三所。誕又遣千餘人自北門攻强弩將軍苟思達營，龍驤將軍宗越擊破之。開東門掩攻劉道隆營，復爲殷孝祖及員外散騎侍郎沈攸之所破。誕又加申靈賜左長史，王璵之右長史，范義左司馬、左將軍，孟玉秀右司馬、右將軍。范義母妻子並在城內，有勸義出降，義曰：「我人吏也，且豈能作何康活邪。」義字明休，濟陽考城人也。早有世譽。

五月十九日夜，有流星大如斗杆，尾長十餘丈，從西北來墜城內，是謂天狗。占曰：「天狗所墜，下有伏尸流血。」誕又遣二百人出東門攻劉道產營，別遣疑兵二百人出北門。沈攸之於東門奮短兵接戰，大破之。門者又爲苟思達所破。〔三〕誕又遣數百人出東門攻寧朔司馬劉勔營，攸之又破之。廣陵城舊不開南門，云開南門者，不利其主，至誕乃開焉。彭城邵領宗在城內，陰結死士，欲襲誕。先欲布誠於慶之，乃說誕求爲間諜，見許。領宗既出，致誠畢，復還城內，事泄，誕鞭二百，考問不服，遂支解之。

上遣送章二紐，其一曰竟陵縣開國侯，食邑一千戶，募賞禽誕；其二曰建興縣開國男，三百戶，募賞先登。若克外城，舉一烽；克內城，舉兩烽；禽誕，舉三烽。上又遣屯騎校尉譚金、前虎賁中郎將鄭景玄率羽林兵隸慶之。誕復遣三百人自南門攻劉勔土山，爲勔所破。慶之塡塹治攻道，值夏雨，不得攻城。上每璽書催督之，前後相繼。及晴，再怒，使太史擇發日，將自濟江。太宰江夏王義恭上表諫曰：「誕素無才略，畜養又寡，自拒王命，士庶離散。城內乏糧，器械不足，徒賴兎兵倉頭三四百人，造次相附，恩怨夙結。臣始短慮，謂一旬可殄，而假息流遷，七十餘日。上將受律，羣蕃岳峙，銳卒精旅，動以萬計，大威所震，未有成功。臣雖凡怯，猶懷憤踊。陛下入翦封豕，出討長蛇，兵不血刃，再興七百。而蕞爾小醜，遂延晷漏，致皇赫斯怒，將動乘輿。此實臣下素食駑鈍之責，行留百司，莫不仰慚俯

愧。今盛暑被甲，日費千金，天威一麾，孰不幸甚。臣伏尋晉文王征淮南，淹師出一百日，方能制寇。今誕糇糧垂竭，背逆者多；慶之等轉悟遲重之非，漸見乘機之利。且成旨頻降，必應旦夕夷殄。愚又以廣陵塗近，人信易達，雖爲江水，約示不難。且覩理者寡，闇塞者衆，忽見雲旗移次，京都既當祗悚，四方之志，必有未達。臣愚伏重思計，今寧不當計小醜，省生命，以安遐邇之情。又以長江險闊，風波難期，王者尚不乘危，況乃汎不測之水。昔魏文濟江，遂有遺州之名，今雖先天不違，動干休慶，龍舟所幸，理必利涉，然居安慮危，不可不懼。私誠款款，冒啓赤心，追用悚汗，不自宣盡。」

七月二日，慶之率衆軍進攻，剋其外城，乘勝而進，又剋小城。誕聞軍入，與申靈賜走趨後園。隊主沈胤之、義征客周滿、胡思祖馳至，誕執玉鐶刀與左右數人散走，胤之等追及誕於橋上，誕舉刀自衞，胤之傷誕面，因墜水，引出殺之，傳首京邑。時年二十七。因葬廣陵，貶姓留氏。同黨悉誅，殺城內男爲京觀，死者數千，女口爲軍賞。誕母殷、妻徐，並自殺。追贈殷長寧園淑妃。嘉梁曠誠節，擢爲後將軍。封周滿山陽縣侯，食邑四百五十戶，胤之耒陽子，食邑三百五十戶。胡思祖高平縣男，食邑二百戶。臨川內史羊璿之以先協附誕伏誅。〔一四〕

誕爲南徐州刺史，在京夜，大風飛落屋瓦，城門鹿床倒覆，誕心惡之。及遷鎭廣陵，入

城，衝風暴起揚塵，晝晦。又中夜閑坐，有赤光照室，見者莫不怪愕。左右侍直，眠中夢人告之曰：「官須髮爲矟毦。」既覺，已失髻矣，如此者數十人，誕甚怪懼。大明二年，發民築治廣陵城，誕循行，有人干輿揚聲大駡曰：「大兵尋至，何以辛苦百姓！」誕執之，問其本末，答曰：「姓夷名孫，家在海陵。天公去年與道佛共議，欲除此間民人，道佛苦諫得止。大禍將至，何不立六愼門。」誕問：「六愼門云何？」答曰：「古時有言，禍不入六愼門。」誕以其言狂悖，殺之。又五音士忽狂易見鬼，驚怖啼哭曰：「外軍圍城，城上張白布帆。」誕執錄二十餘日，乃赦之。城陷之日，雲霧晦冥，白虹臨北門，亘屬城內。

八年，前廢帝卽位，義陽王昶爲征北將軍、徐州刺史，道經廣陵，上表曰：「竊聞淮南中霧，眷求遺緒，楚英流殛，爰存丘墓。並難結兩臣，義開二主，法雖事斷，禮或情申。伏見故賊劉誕，稱戈犯節，自貽逆命，膏斧嬰戮，在憲已彰。但尋屬忝皇枝，位叨列辟，一以罪終，魂骸莫赦。生均宗籍，死同匹豎，旅窆委雜，封樹不修。今歲月愈邁，愆流彙往，踐境興懷，感事傷目。陛下繼明升運，咸與惟新，大德方臨，哀矜未及。夫欒布哭市，義犯雷霆；田叔鉗赭，志於夷戮。況在天倫，何獨無感。伏願稽若前准，降中丹志，乞薄改槅柎，微表窀穸。則朽骨知榮，窮泉識荷。臨紙哽慟，辭不自宣。」詔曰：「征北表如此。省以慨然。誕及妻女，並可以庶人禮葬，并置守衞。」太宗泰始四年，又更改葬，祭以少牢。

廬江王禕字休秀，文帝第八子也。元嘉二十二年，年十歲，封東海王，食邑二千戶。二十六年，以爲侍中、後軍將軍，領石頭戍事。遷冠軍將軍、南彭城下邳二郡太守、散騎常侍，領戍如故。出爲會稽太守，將軍如故。二十九年，遷使持節、都督廣交二州荊州之始興臨賀始安三郡諸軍事、車騎將軍、平越中郎將、廣州刺史。〔一五〕元凶弒立，進號安南將軍，未之鎭。世祖踐阼，復爲會稽太守，加撫軍將軍。明年，徵爲祕書監，加散騎常侍。尋出爲撫軍將軍、江州刺史，進號平南將軍，置吏。大明二年，徵爲散騎常侍、中書令，領驍騎將軍，給鼓吹一部，常侍如故。又出爲南豫州刺史，常侍、將軍如故。以本號開府儀同三司，領國子祭酒，常侍如故。五年，詔曰：「昔韓、衞異姓，宗周之明憲；三封殊級，往晉之令典。唯皇家創典，畫弘斯義。朕應天命，光宅四海，思所以憲章前式，崇建懿親，永垂晝一，著于甲令。諸弟國封，並可增益千戶。」七年，進司空，常侍、祭酒如故。前廢帝卽位，加中書監。太宗踐阼，進太尉，加侍中、中書監，給班劍二十人。改封廬江王。

太祖諸子，禕尤凡劣，諸兄弟蚩鄙之。南平王鑠蚤薨，鑠子敬淵婚，禕往視之，白世祖借伎，世祖答曰：「婚禮不舉樂，且敬淵等孤苦，倍非宜也。」至是太宗與建安王休仁詔曰：「人既不比數西方公，汝便爲諸王之長。」時禕住西州，故謂之西方公也。泰始五年，河東柳欣慰謀反，欲立禕，禕與相酬和。欣慰要結征北諮議參軍杜幼文、左軍參軍宋祖珍、前鄱令王隆伯等。禕使左右徐虎兒以金合一枚餉幼文，銅鉢二枚餉祖珍、隆伯。幼文具奏其事。上乃下詔曰：

昔周室既盛，二叔流言，漢祚方隆，七蕃迷叛，斯實事彰往代，難與自古。雖聖賢御極，宇內紓患。太尉廬江王禕慶皇枝，蚤升寵樹，幼無立德，長缺修聲，淡薄親情，厚結行路，狎昵羣細，疏遯人士。自朕撥亂定宇，受命應天，實尚敦睦，克敷友于，故崇殊爵，超居上台。而公常懷不平，表於事迹。公若德深望重，宜膺大統，朕初平暴亂，豈敢當璧，自然推符奉璽，天祚有歸。且朕雖居尊極，不敢自恃，宗室之事，無不諮公。不虞志欲難滿，妄生窺怨，積慝在衿，遂謀社稷。

曩者四方遘禍，兵斥畿甸，搢紳憂惶，親賢同憤。唯公獨幸厥災，深抃時難，晝則從禽遊肆，夜則縱酒弦歌，側耳視陰，企賊休問。司徒休仁等並各令弟，事兼家國，推鋒履險，各伐一方，蒙霜踐棘，辛勤已甚。況身被矢石，否泰難虞，悠悠之人，尙有信分。公未曾有一函之使，遺半紙之書，志棄五弟，以餌讎賊。自謂身非勳烈，義不參

謀，必期凶逆道申，以圖輔相。及皇威旣震，羣凶肅蕩，九有同慶，萬國含欣。而公容氣更沮，下帷晦迹，每覘天察宿，懷協左道，呪詛禱請，謹事邪巫，常被髮跣足，稽首北極，遂圖畫朕躬，勒以名字，或加之矢刃，或烹之鼎鑊。公在江州，得一漢女，云知吉凶，能行厭呪，大設供養，朝夕拜伏，衣裝嚴整，敬事如神，令其祝詛孝武，并及崇憲，祈皇室危弱，統天稱己，巫稱神旨，必得如願，後事發覺，委罪所生，徼幸赦膃，僅得自免。近又有道士張寶，爲公見信，事旣彰露，肆之于法。公不知慚懼，猶加營理，遣左右二人，主掌殯含。顯行邪志，罔顧吏司。又使府史徐虎兒招引邊將，要結禁旅，規害台輔，圖犯宮掖。又挾閹豎陳道明交關不逞，傳驛音意，投金散寶，以爲信誓。

公受性不仁，才非治用，昔忝江州，無稱被徵，前莅會稽，以罪左黜。公稽古寡聞，嚴而無理，言不暢寒暑，惠不及帷房，朝野所輕，搢紳同侮，豈堪輔相之地，寧任莅民之職，非唯一朝，有自來矣。

大明之世，迄于永光，公常留中，未嘗外撫，何以在今，方起嫌怨。公少卽長人，情無哀戚，侍拜長寧，從祀宗廟，顏無戚狀，淚不垂臉，兄弟長幼，靡有愛心。昔因孝武御筵置酒，心誠不著，于時義陽念遇本薄，遭公此譖，益被猜嫌。朕當時狼狽，不暇自理，賴崇憲太后譬解百端，少蒙申亮，得免殃責。景和狂主，醜毒橫流，初誅宰輔，豺志方

扇。於建章宮召朕兄弟，逼酒使醉，公因酒勢，遂肆苦言，云朕及休仁，與太宰親數，往必淸閑，贈貺豐厚。朕當時惶駭，五內崩墜，于其語次，劣得小止。往又經在尋陽長公主第，兄弟共集，忽中坐忿怒，厲色見指，以朕行止出入，每不能同，若得稱心，規肆忿憾。惟公此旨，蚤欲見滅，而天道愛善，朕獲南面，不長惡逆，挫公毒心。

自大明積費，國弊民凋，加景和奢虐，府藏罄盡。朕在位甫爾，卹義具瞻，仍值終阻蜂起，日耗萬金，公卿庶民，傾産歸獻。積受台奉，貲畜優廣。朕踐阼之初，公請故太宰東傳餘錢，見入數百萬，內不充養，外不助國，散賜諂諛，徧惠趨隸。推心考行，事類斯比。羣小交構，遂生異圖，籍籍之義，轉盈民口。公若地居衡寄，任專八柄，德育於民，勳高於物，勢不自安，於事爲可。公既才均櫟木，牽以曲全，因高無民，得守虛靜，而坐作凶咎，自□深釁。由朕誠感無素，爰至於此，永尋多難，惋慨實深。

凡人所行，各有本志，朕博愛尙仁，爲日已久，尙能含[illegible]恕罪，著于觸事，豈容於公，不相隱忍。但禍萌易漸，去惡宜疾，負荷之重，寧得坐觀。且蔓草難除，燎火須撲，狡扇之徒，宜時誅剪。已詔司戮，肅正典刑。公身居戚長，情禮兼至，準之常科，顧有惻怛，宜少申國憲，以弔不臧。今以淮南、宣城、歷陽三郡還立南豫州，降公爲車騎將軍、開府儀同三司、南豫州刺史，削邑千戶，侍中、王如故。

出鎭宣城，上遣腹心楊運長領兵防衞。〔一六〕同黨柳欣慰、徐虎兒、陳道明、甯敬之、閭丘邈之、樊平祖、孟敬祖並伏誅。明年六月，〔一七〕上又令有司奏：「褘忿懟有怨言，請免官，削爵土，付宛陵縣獄，依法窮治。」不許。乃遣大鴻臚持節，兼宗正爲副奉詔責褘，逼令自殺，時年三十五，卽葬宣城。

子充明，輔國將軍、南彭城東莞二郡太守。廢徙新安歙縣。後廢帝卽位，聽還京邑。順帝昇明二年卒，時年二十八，無子。

武昌王渾字休淵，文帝第十子也。元嘉二十四年，年九歲，封汝陰王，食邑二千戶。爲後軍將軍，加散騎常侍。索虜南寇，破汝陰郡，徙渾爲武昌王。少而凶戾，嘗出石頭，怨左右人，拔防身刀斫之。〔一八〕元凶弑立，以爲中書令。山陵夕，羸身露頭，往散騎省戲，因彎弓射通直郎周朗，中其枕，以爲笑樂。世祖卽位，授征虜將軍、南彭城東海二郡太守，出鎭京口。

孝建元年，遷使持節、監雍梁南北秦四州荆州之竟陵隨二郡諸軍事、寧蠻校尉、雍州刺史，將軍如故。渾至鎭，與左右人作文檄，自號楚王，號年爲永光元年，〔一九〕備置百官，以爲戲笑。長史王翼之得其手迹，封呈世祖。上使有司奏免爲庶人，下太常，絕其屬籍，徙付始安郡。上遣員外散騎侍郎戴明寶詰渾曰：「我與汝親則同氣，義則君臣，遣任西蕃，以同盤石，云何一旦反欲見圖？文檄處分，事迹炳然，不忠不義，乃可至此。豈唯天道助順，逆志難充，如其凶圖獲逞，天下誰當相容，前事不遠，足爲鑑戒。加以頻歲釁難，非起外人，唯應相與厲精，以固七百。汝忽復構此，良可悲惋。國雖有典，我亦何忍極法，好自將養，以保松、喬之壽。」逼令自殺，卽葬襄陽，時年十七。大明四年，聽還葬母江太妃墓次。太宗卽位，追封爲武昌縣侯。〔二〇〕

王翼之字季弼，琅邪臨沂人，晉黃門侍郎徽之孫也。官至御史中丞，會稽太守，廣州刺史。諡曰肅子。

海陵王休茂，文帝第十四子也。孝建二年，年十一，封海陵王，食邑二千戶。大明二年，以爲使持節、都督雍梁南北秦四州郢州之竟陵隨二郡諸軍事、北中郎將、寧蠻校尉、雍州刺史。進號左將軍，增邑千戶。時司馬庾深之行府事，休茂性急疾，欲自專，深之及主帥每禁之，〔二一〕常懷忿怒。左右張伯

超至所親愛，多罪過，主帥常加呵責，伯超懼罪，謂休茂曰：「主帥密疏官罪過，欲以啓聞，如此恐無好。」休茂曰：「爲何計？」伯超曰：「唯當殺行事及主帥，且舉兵自衞。此去都數千里，縱大事不成，不失入虜中爲王。」休茂從之。夜挾伯超及左右黃靈期、蔡捷世、滕穆之、王寶龍、來承道、彭叔兒、魏公子、陳伯兒、張駟奴、楊興、劉保、余雙等，率夾轂隊，於城內殺典籤楊慶，出金城，殺司馬庾深之、典籤戴雙。集徵兵衆，建牙馳檄，使佐吏上車騎大將軍、開府儀同三司，加黃鉞。侍讀博士荀詵諫爭，見殺。伯超專任軍政，殺害自己。休茂左右曹萬期挺身斫休茂，被創走，見殺。休茂出城行營，諮議參軍沈暢之等率衆閉門拒之，休茂馳還，不得入。義成太守薛繼考爲休茂盡力攻城，殺傷甚衆，暢之不能自固，遂得入城，斬暢之及同謀數十人。

其日，參軍尹玄慶起義，攻休茂，生禽之，將出中門斬首，時年十七。母妻皆自殺，同黨悉伏誅。城中撓亂，無相統領。時尙書右僕射劉秀之弟恭之爲休茂中兵參軍，衆共推行府州事。繼考以兵脅恭之，使作啓事云立義，自乘驛還都，上以爲永嘉王子仁北中郎諮議參軍、河南太守，封冠軍縣侯，食邑四百戶。尋事泄，伏誅。恭之坐繫尙方。以玄慶爲射聲校尉。有司奏絕休茂屬籍，貶姓爲留，上不許。卽葬襄陽。

庾深之字彥靜，新野人也。以事先朝見知。元嘉二十九年，自輔國長史爲長沙內史。

南郡王義宣爲荆、湘二州，加深之寧朔將軍，督湘州七郡。明年，義宣爲逆，深之據巴陵拒之。轉休茂司馬。見害之旦，子孫亦死。追贈深之冠軍將軍、雍州刺史，荀詵員外散騎侍郎，曹萬期始平太守。

桂陽王休範，文帝第十八子也。

孝建三年，年九歲，封順陽王，食邑二千戶。大明元年，改封桂陽王。爲冠軍將軍、南彭城下邳太守。三年，出爲江州刺史，尋加征虜將軍，邑千戶。入爲祕書監，領前軍將軍。七年，遷左衞將軍，加給事中。前廢帝永光元年，轉中護軍，領崇憲衞尉。太宗定亂，以爲使持節、都督南徐徐南兗兗四州諸軍事、鎮北將軍、南徐州刺史，給鼓吹一部。時薛安都據彭城反叛，遣從子索兒南侵，休範進據廣陵，督北討諸軍事，加南兗州刺史，進征北大將軍，加散騎常侍，還京口，解兗州，增邑二千戶，受五百戶。泰始五年，徵爲中書監、中軍將軍、揚州刺史，常侍如故。明年，出爲使持節、都督江郢司廣交五州豫州之西陽新蔡晉熙湘州之始興四郡諸軍事、征南大將軍、江州刺史。尋加開府儀同三司，未拜，改授都督南徐徐南兗兗青冀六州諸軍事、驃騎大將軍、南徐州刺史，持節、常侍、開府如故。未拜，以驃騎大將軍

還爲江州，進督越州諸軍事，給三望車一乘。太宗遺詔，進位司空，改常侍爲侍中，加班劍三十人。

休範素凡訥，少知解，不爲諸兄所齒遇。太宗常指左右人謂王景文曰：「休範人才不及此，以我弟故，生便富貴。釋氏願生王家，良有以也。」及太宗晚年，晉平王休祐以狠戾致禍，建安王休仁以權逼不見容，巴陵王休若素得人情，又以此見害。唯休範謹澀無才能，不爲物情所向，[二二]故得自保，而常懷憂懼，恒慮禍及。及太宗晏駕，主幼時艱，素族當權，近習秉政，休範自謂宗戚莫二，應居宰輔，事既不至，怨憤彌結。招引勇士，繕治器械，行人經過尋陽者，莫不降意折節，重加問遺，□□留則傾身接引，厚相資給，於是遠近同應，至者如歸。[二三]朝廷知其有異志，密相防禦，雖未表形迹，而釁難已成。母荀太妃薨，葬廬山，以示不還之志。解侍中。

時夏口闕鎮，朝議以居尋陽上流，欲樹置腹心，重其兵力。元徽元年，乃以第五皇弟晉熙王燮爲郢州刺史，長史王奐行府州事，配以資力，出鎮夏口。慮爲休範所擬留，自太子洑去，不過尋陽。休範大怒，欲舉兵襲朝廷，密與典籤新蔡人許公輿謀之。[二四]表治城池，修起樓堞，多解榜板，擬以備用。其年，進位太尉。明年五月，遂舉兵反。虜發百姓船乘，使軍隊稱力請受，付以榜解板，合手裝治，二三日間，便悉整辦。率衆二萬，鐵騎數百匹，發自尋陽，晝夜取道。書與袁粲、褚淵、劉秉曰：

夫治政任賢，宜親疎相輔，得其經緯，則結繩可及，失其規矩，則危亡可期。漢承戰國之餘，傷周室衰殄，立磐石之宗，而致七國之亂。魏革漢典，創於前失，遂使諸王絕朝聘之禮，是以根疎葉枯，政移異族。今宗室衰微，自昔未有，泰寧之世，足以爲譬。孤子忝枝皇族，預關興毀，雖欲忘言，其可得乎。

高祖武皇帝升叡三光，滌紛四表。太祖文皇帝欽明冠古，資乾承曆，秉鉞西服，鳴鑾東京，搜賢選能，納奇賞異。孝武皇帝歧嶷天縱，先機雷發，陵波靜亂，宏業中興，儲嗣不腆，遂貽禍難。于時建安王以家難頻遘，宜立長主，明皇帝恢朗淵懿，仁潤含遠，奉戴南面，允合天人。而太尉以年長居卑，怨心形色，柳欣慰等規行不軌，事迹披猖。驃騎以忤顏失旨，應對不順，在蕃刻削，怨結人鬼。先帝明於號令，豈枉法爲親，二王之釁，實自由己。但司徒巴陵王㧑謙爲國，中流事難，有不世之勳，奉時如天，事兄猶父，非唯令友，信爲國器。唐叔之忠，而受管、蔡之罪，親戚哀憤，行路嗟歎。王地籍光潔，德厭民望，並無寸罪，受斃讒邪。先帝穆於友于，留心親戚，去昔事平之後，面受詔誨，禮則君臣，樂則兄弟，升級賜賞，動不移年，撫慰孜孜，恒如不足，豈容一旦鬩牆，致此禍害，良有由也。先帝寢疾彌年，體疲膳少，雖神照無虧，而慮有失德，補闕拾遺，責

在左右。于時出入臥內，唯有運長、道隆，羣細無狀，因疾遘禍，見上不和，知無瘳拯，慮晏駕之日，長王作輔，奪其寵柄，不得自專。是以內假帝旨，外託朝議，諛辭詭貌，萬類千端，升進姦回，屠斥賢哲，外矯天則，內誣人鬼。是以星紀違常，羲望失度。昔魏顆擇命，春秋美之；秦穆殉良，詩有明刺。臣子之節，得失必書，不及匡諫，猶以爲罪。交間蒼蠅，驅扇禍戮，爵以貨重，才由貧輕，先帝舊人，無罪黜落，薦致鄉親，徧布朝省。諂諛親狎者，飛榮玉除；靜立貞粹者，柴門生草。事先關己，雖非必行；若不諮詢，雖是必抑。海內遠近，人誰不知，未解執事，不加斧鉞，遂致先帝有殺弟之名，醜聲遺於君父，格以古義，豈得爲忠。先帝崩殂，若無天地，理痛常情，便應赴泣。但兄弟枉酷，已陷讒細，孤子已下，復觸姦機。是以望陵墳而摧裂，想鑾旂而抽慟。雖復才違寄寵，而地屬負荷，顧命之辰，曾不見及。分崩之際，詔出兩豎，天誘其衷，得居乎外。若受制羣邪，則玉石同碎矣。以宇宙之基，一旦受制卑瑣，劉氏家國，使小人處分，終古以來，未有斯酷。昔石顯、曹節，方今爲優，而望之、仲舉，由以致弊。至於遭逢醜慝，豈有古今者乎。

諸賢冑籍冠冕，世歷忠貞，位非恩樹，勳豈寵結，憂國勤王，社稷之鎮，豈可含縱讒凶，坐觀傾覆。自惟宋室未殞，得以推移者，正內賴諸賢，防勒姦軌，外有孤子，跨據中

流。而人非金石，何能支久，使一虧落，則本根莫庇。當今主上沖幼，宜明典章，征虜之鎭，不見慰省，逆旅往來，尚有顧眄，骨肉何讎，逼使離隔。禽獸之心，橫生疑貳，經由此者，每加約截，同惡相求，有若市賈。以孤子知其情狀，恒恐以此乘之，鉗勒州郡，過見防禦。近遣西南二使，統內宣傳，不容恐懼，卽遣啓並有別書。若以孤子有過，便應鳴鼓見伐；如其不爾，宜令各有所歸。與殺不辜，憲有常辟，三公之使，無罪而斬，鄙雖不肖，天子之季父，卑小主者，敢不如是乎。孤子承奉今上，如事先朝，夙宵恭謹，散心雲日，晦望表驛，相從江衢，有何虧違，頓至於此。旣已甘心，其可再乎。如往來所說，以孤子納士爲尤，此輩懼其身罪，豈爲國計。在昔四豪，列國公子，猶博引廣納，門客三千。況孤子位居鼎司，捍衞畿甸，且今與昔異，咸所知也。狡虜陵掠，江、淮侵逼，主上年稚，宗室衰微，邪僭用命，親賢結舌，疆埸嬰塗炭之苦，征夫有勤役之勞，瓜時不代，齊猶致禍，況長淮戍卒，歷年怨思，不務拓遠强邊，而先事國君親戚，以此求心，何事非亂。又以繕治盆壘，復致囂聲。自晉、宋之災，積貯百萬，孤子到鎭，曾不數千里，〔二五〕且修城池，整郭邑，爲治常理，復何足致嫌邪。若以中流清蕩，則任農夫不應實力强兵，作鎭姑孰，俱防寇害，豈得獨嫌於此。昔成王之明，而爲流言致惑，若使金縢不開，則周公無以自保。樂毅歸趙，不忍謀燕，況孤子禮則君臣，恩猶父子者乎。所以枕戈泣血，祇以兄弟之讎爾。覩其不逞之意，豈可限量。設使遂其虐志，諸君欲安坐得乎？脣亡齒寒，理不難見。桂蠹必除，人邪必翦，枉突徙薪，何勞多力。望便執錄二豎，以謝冤魂，則先帝不失順悌之名，宋世無枉筆之史。

此州地居形要，路枕九江，控弦跨馬，越關而至。重氣輕死，排藪競出，練甲照水，總戈成林，剿此纖隸，何患不克。但千鈞之弩，不爲鼷鼠發機，欲使薰蕕內辨，晉陽外息爾，功有所歸，不亦可乎。便當投命有司，謝罪天闕，同奉溫凊，齊心庶事。伊、霍之任，非君而誰；周、邵之職，頗以自許。左提右挈，無愧古人。昔平、勃剛斷，產、祿蚤誅；張、溫赳趄，文臺扼腕。事之樞機，得失俄頃，往車今轍，庶無惑焉。近持此意，申之沈攸，其憤難不解諸王致此，旣知禍原，銳然奮發，蓄兵厲卒，以俟同舉。張興世發都日，受制凶黨，揚颿直逝，遂不見遇，孤子近遣信申述姦禍，方大惆惋，追恨前迷，比者信使，每申勤款。王奐佐郢，兵權在握，厥督屠枉，〔二六〕朝野嗟痛，猶父之怨，寧可與之比肩。孤子此舉，增其慷慨，義之所勸，其應猶響。諸君或未得此意，故先告懷。從倚一隅，遲及委問。孤子哀疾低毀，窮盡無日，庶規史鰌，死不忘本。臨紙荒哽，言不詮第。

大雷戍主杜道欣馳下告變。道欣至一宿，休範已至新林，朝廷震動。平南將軍齊王出

次新亭壘，領軍將軍劉勔、前兗州刺史沈懷明據石頭，征北將軍張永屯白下，衞將軍袁粲、中軍褚淵、尚書左僕射劉秉等入衞殿省。時事起倉卒，不暇得更處分，開南北二武庫，隨將士意取。

休範於新林步上，及新亭壘，自臨城南，於臨滄觀上，〔二七〕以數十人自衞。屯騎校尉黃回見其可乘，乃僞往請降，幷宣齊王意旨，休範大悅，以二子德宣、德嗣付回與爲質，至卽斬之。回與越騎校尉張敬兒直前斬休範首，持還，左右並奔散。

初休範自新林分遣同黨杜耳、丁文豪、杜墨蠡等，〔二八〕直向朱雀門。休範雖死，墨蠡等不相知聞。王道隆率羽林兵在朱雀門內，聞賊至，急召劉勔。勔自石頭來赴，仍進桁南，戰敗，死之。墨蠡等乘勝直入朱雀門，王道隆爲亂兵所殺。墨蠡等唱：「太尉至。」休範之死也，齊王遣隊主陳靈寶齎首詣臺，道逢賊，棄首於水，挺身得達，雖唱云「已平」，而無以爲據，衆愈疑惑。張永棄衆於白下，沈懷明於石頭奔散，撫軍典籤茅恬開東府納賊。〔二九〕墨蠡逕至杜姥宅，中書舍人孫千齡開承明門出降，〔三〇〕宮省恇擾，無復固志。時庫藏賞賜已盡，皇太后、太妃剔取宮內金銀器物以充用。羽林監陳顯達率所領於杜姥宅與墨蠡戰，破之。至宣陽御道，諸賊一時奔散，斬墨蠡、文豪及同黨姜伯玉、柳仲虔、任天助等。許公輿走還新蔡，〔三一〕村民斬送之。晉熙王燮自夏口遣軍平尋陽，德嗣弟青牛、智藏並伏誅。詔建康、秣陵二縣收斂諸軍死者，幷殺賊屍，並加藏埋。

史臣曰：語有之，投鼠而忌器，信矣。阮佃夫、王道隆專用主命，臣行君道，識義之徒，咸思戮以馬劍。休範馳兵象魏，矢及君屋，忠臣義士，莫不銜膽爭先。夫以邪附君，猶或自免，況於仗正順以爭主哉。

校勘記

〔一〕又遣寧朔將軍顧彬之自魯顯東入受誕節度　「魯顯」各本並作「曾顯」。孫虨宋書考論云：「『曾當作魯。鄧琬傳曰，太宗恐劉胡步向京邑，使廣德令王蘊防魯顯。按方輿紀要，寧國宣城縣南有魯山，其下爲魯顯水。』按孫說是，今改正。又宋本、弘治本、北監本、毛本無「誕節度」三字，殿本、局本有「節度」二字，無「誕」字，今據南史補。

〔二〕劭遣將華欽庾導東討　「華欽」二凶傳、通鑑宋元嘉三十年作「燕欽」。「庾導」南史作「庾遵」。

〔三〕與彬之等相逢於曲阿之奔牛塘　「等」各本並作「弟」。張森楷校勘記云：「上下皆不及彬之弟，此弟字疑係等字之誤。」按張校是，今改正。

〔四〕帝加誕節　三朝本、北監本、毛本無「帝加」二字，殿本有「加」字，無「帝」字。今據元龜二九〇補。

〔五〕故山陰令傅僧祐　各本並脫「令」字，今補。張森楷校勘記云：「脫令字，據臧燾傳，僧祐是山陰令。」

〔六〕加以營宇製館　「宇」各本作「于」，殿本作「干」。張元濟校勘記云：「于疑宇之譌。」按張校是，今改正。

〔七〕誕以廣拓宅宇　「拓」各本並作「託」，今改正。

〔八〕陛下欲建百官羽儀　各本並脫「建」字，據魏書島夷劉裕傳補。

〔九〕盪定之期　「之」各本並作「以」，據魏書島夷劉裕傳改。

〔一〇〕右軍宣簡　「宣簡」各本並作「宣蘭」，據魏書島夷劉裕傳改。按右軍謂南平王鑠，宣簡，建平王宏之謚。

〔一一〕瑗卽使琰鎭軍　句疑有誤。

〔一二〕贈車騎參軍山陽海陵二郡太守　「參軍」各本並作「將軍」。孫虨宋書考論云：「當作參軍。」按孫說是，今改正。

〔一三〕門者又爲荀思達所破　孫虨宋書考論云：「門者有脫文，蓋爲出北門者。」

〔一四〕臨川內史羊璿之以先協附誕伏誅　「羊璿之」各本並作「羊濬之」，據通鑑宋孝武帝大明三年改。

〔一五〕遷使持節都督廣交二州荊州之始興臨賀始安三郡諸軍事車騎將軍平越中郎將廣州刺史　「荊州之始興臨賀始安三郡諸軍事」各本並作「荊州之始興臨安二郡諸軍事」，據錢氏考異說改。錢大昕廿二史考異云：「按臨安非郡名，當云荊州之始興、臨賀、始安三郡，傳寫脫誤耳。州郡志於始興、臨賀、始安郡，並云晉成帝度荊州，宋元嘉二十九年度廣州。據此傳，知元嘉二十九年，特以廣州刺史兼督此三郡，其地猶屬荊州也。」

〔一六〕上遣腹心楊運長領兵防衞　「領」各本並作「鎭」，據南史、通鑑宋明帝泰始五年改。

〔一七〕明年六月　張森楷校勘記云：「據本紀卽在是年，不得云明年。」

〔一八〕拔防身刀斫之　「拔」各本並作「撥」，據南史、元龜二一九九改。

〔一九〕號年爲永光元年　「永光」通鑑同宋書。南史、建康實錄作「元光」，元龜二一九九作「允光」。

〔二〇〕追封爲武昌縣侯　「武昌」南史作「義昌」。

〔二一〕深之及主帥每禁之　「禁」各本並作「案」，據南史、通鑑宋孝武帝大明五年改。

〔二二〕不爲物情所向　各本並脫「情」字，據通鑑補。按通鑑宋後廢帝元徽元年原文作「物情亦不向之」。

〔二三〕於是遠近同應至者如歸　三朝本「應至者」三字空白；北監本、毛本、殿本、局本作「應從者」；南史作「應至者」。今據南史訂補。

〔二四〕密與典籤新蔡人許公輿謀之　「許公輿」南齊書高帝紀作「許公與」。

〔二五〕曾不數千里　李慈銘宋書札記云：「里字衍文。」孫虨宋書考論云：「此謂積貯，里字當衍。」

〔二六〕厥督屠杠　孫虨宋書考論云：「奐，景文兄子。厥督屠杠疑是厥叔，謂景文也。」

〔二七〕於臨滄觀上　各本「觀」字空白，據通鑑宋元徽二年補。胡三省注：「臨滄觀在勞山上，江寧縣南十五里。亦曰勞勞亭。」

〔二八〕初休範自新林分遣同黨杜耳丁文豪杜墨蠡等　「杜墨蠡」南齊書高帝紀作「杜黑蠡」；魏書島夷劉裕傳作「杜墨騾」，通鑑從宋略作「杜黑騾」。

〔二九〕撫軍典籤茅恬開東府納賊　「撫軍典籤茅恬」南齊書作「車騎典籤茅恬」，南史作「撫軍長史褚澄」，通鑑從宋略亦作「撫軍長史褚澄」。考異云：「宋書、南齊書蓋皆爲褚澄諱耳。」

〔三〇〕中書舍人孫千齡開承明門出降　各本「承」字空白，據通鑑塡補。

〔三一〕許公輿走還新蔡　「新蔡」各本作「新茶」，局本作「新茶」。龔道耕蛛隱廬日箋稿本云：「新茶當作新蔡。上文有新蔡人許公輿，是其證。」按龔說是，今改正。

宋書卷八十

列傳第四十

孝武十四王

豫章王子尚　晉安王子勛　松滋侯子房　臨海王子頊
始平孝敬王子鸞　永嘉王子仁　始安王子眞　邵陵王子元
齊敬王子羽　淮南王子孟　晉陵孝王子雲　南海哀王子師
淮陽思王子霄　東平王子嗣　武陵王贊

孝武帝二十八男：文穆皇后生廢帝子業、豫章王子尚，陳淑媛生晉安王子勛，阮容華生安陸王子綏，徐昭容生皇子子深，何淑儀生松滋侯子房，史昭華生臨海王子頊，殷貴妃生始平孝敬王子鸞，次永嘉王子仁，與皇子子深同生，何婕妤生皇子子鳳，謝昭容生始安王子

眞，江婕妤生皇子子玄，史昭儀生邵陵王子元，次齊敬王子羽，與始平孝敬王子鸞同生，江美人生皇子子衡，楊婕妤生淮南王子孟，次皇子子況，與皇子子玄同生，次南平王子產，與永嘉王子仁同生，次晉陵孝王子雲，次皇子子文，並與始平孝敬王子鸞同生，次廬陵王子輿，與淮南王子孟同生，次南海哀王子師，與始平孝敬王子鸞同生，次淮陽思王子霄，[一]與皇子子玄同生，次皇子子雍，與始安王子眞同生，次皇子子趨，與皇子子鳳同生，次皇子子期，與皇子子衡同生，次東平王子嗣，與始安王子眞同生，杜容華生皇子子悅。[二]安陸王子綏、南平王子產、廬陵王子輿並出繼。皇子子深、子鳳、子玄、子衡、子況、子文、子雍未封，早夭。子趨、子期、子悅未封，爲明帝所殺。

豫章王子尚字孝師，孝武帝第二子也。

孝建三年，年六歲，封西陽王，食邑二千戶。仍都督南徐兗二州諸軍事、北中郎將、南兗州刺史。[三]其年，遷揚州刺史。大明二年，加撫軍將軍。三年，分浙江西立王畿，以浙江東爲揚州，命子尚都督揚州江州之鄱陽晉安建安三郡諸軍事、揚州刺史，[四]將軍如故，給鼓吹一部。五年，改封豫章王，戶邑如先，領會稽太守。七年，加使持節，進號車騎將軍。其年，又加散騎常侍，以本號開府儀同三司。時東土大旱，鄞縣多曝田，世祖使子尚上表至鄞縣勸農。又立左學，召生徒，置儒林祭酒一人，學生師敬，位比州治中，文學祭酒一人，比西曹，勸學從事二人，比祭酒從事。前廢帝卽位，罷王畿復舊，徵子尚都督揚、南徐二州諸軍事，領尚書令，解督東揚州，餘如故。

初孝建中，世祖以子尚太子母弟，上甚留心。後新安王子鸞以母幸見愛，子尚之寵稍衰。既長，人才凡劣，凶慝有廢帝風。太宗殞廢帝，稱太皇后令曰：「子尚頑凶極悖，行乖天理。楚玉淫亂縱慝，義絕人經。並可於第賜盡。」子尚時年十六。

楚玉，山陰公主也。廢帝改封爲會稽郡長公主，食湯沐邑二千戶，給鼓吹一部，加班劍二十人。未及拜受而廢帝敗。楚玉肆情淫縱，以尚書吏部郎褚淵貌美，請自侍十日，廢帝許之。淵雖承旨而行，以死自固，楚玉不能制也。

晉安王子勛字孝德，孝武帝第三子也。

大明四年，年五歲，封晉安王，食邑二千戶。仍都督南兗州徐州之東海諸軍事、征虜將軍、南兗州刺史。七年，改督江州南豫州之晉熙新蔡郢州之西陽三郡諸軍事、前將軍、江州

刺史。八年，還使持節、都督雍梁南北秦四州郢州之竟陵隨二郡諸軍事、鎭軍將軍、寧蠻校尉、雍州刺史。未拜而世祖崩，以鎭軍將軍還爲江州，本官如故。眼患風，爲世祖所不愛。景和元年，加使持節。

時廢帝狂凶，多所誅害。前撫軍諮議參軍何邁少好武，頗招集才力之士。邁先尚太祖女新蔡公主，帝詐云主薨，殺宮人代之，顯加殯葬，而納主於後宮。深忌邁，邁慮禍及，謀因帝出行爲變，迎立子勛。事泄，帝自率宿衞兵誅邁，使八座奏子勛與邁通謀。又手詔子勛曰：「何邁殺我立汝，汝自計孰若孝武邪？可自爲其所。」遣左右朱景雲送藥賜子勛死。景雲至盆口，停不進，遣信使報長史鄧琬。琬等因奉子勛起兵，以廢立爲名。

太宗定亂，進子勛號車騎將軍，開府儀同三司。琬等不受命，傳檄京邑。泰始二年正月七日，奉子勛爲帝，卽僞位於尋陽城，年號義嘉元年，備置百官，四方並響應，威震天下。是歲四方貢計，並詣尋陽。遣左衞將軍孫沖之等下據赭圻，又遣豫州刺史劉胡率大衆來屯鵲尾，又遣安北將軍袁顗總統衆軍。臺軍屯據錢谿，[五]斷顗等糧援，胡遣將攻之，大敗，於是焚營遁走。顗聞胡去，亦棄衆南奔。沈攸之諸軍至尋陽，誅子勛及其母，同逆皆夷滅。子勛死時年十一，卽葬尋陽廬山。

松滋侯子房字孝良，孝武帝第六子也。

大明四年，年五歲，封尋陽王，食邑二千戶。仍爲冠軍將軍、淮南宣城二郡太守。五年，遷豫州刺史，將軍、淮南太守如故。六年，改領宣城太守。七年，進號右將軍，解宣城，餘如故。前廢帝永光元年，遷東揚州刺史，將軍如故。景和元年，罷東揚州，子房以本號督會稽東陽新安臨海永嘉五郡諸軍事、會稽太守。

太宗卽位，改督爲都督，進號安東將軍，太守如故。又徵爲撫軍，領太常。長史孔覬不受命，舉兵反，應晉安王。子勛卽僞位，進子房號車騎將軍、開府儀同三司。三吳晉陵並受命於覬。太宗遣衞將軍巴陵王休若督諸將吳喜等東討，戰無不捷，以次平定。上虞令王晏起兵殺覬，囚子房，送還京都，上宥之，貶爲松滋縣侯，食邑千戶。

司徒建安王休仁以子房兄弟終爲禍難，勸上除之。乃下詔曰：「不虞之釁，著自終古，情爲法屈，聖達是遵。朕埽穢定傾，再全寶業，遠惟鴻基，猥當負荷。思弘治道，務盡敦睦，而妖豎遘扇，妄造異圖。自西南阻兵，東夏侵斥，都邸羣凶，密相脣齒。路休之兄弟，專作謀主，規興禍亂，令舍人嚴龍覘覦宮省，以羽林出討，宿衞單罄，候隙伺間，將謀竊發。劉祗在蕃，規相應援，通言北寇，引令過淮。頃休範濟江，潛欲拒捍，賴卜祚靈長，姦回弗遑。陰

慝已露，宜盡憲辟，實以方難未夷，曲加遵養。今王化帖泰，宜辨忠邪，涓流不壅，燎火難滅。便可委之有司，肅正刑典。松滋侯子房等淪陷逆徒，協同醜悖，遂與籤帥羣小，潛通南釁，連結祗等，還圖朕躬。雖咎戾已彰，在法無宥，猶子之情，良所未忍。可廢爲庶人，徙付遠郡。」於是並殺之。子房時年十一。

路休之等以崇憲太后旣崩，自慮將來不立，不自安。劉祗在南兗州，有志爲逆。嚴龍，太祖元嘉中，已爲中書舍人，南臺御史，世祖又以爲舍人，甚見委信。景和、泰始之際，至越騎校尉，右軍將軍。至是懷異端，故及於誅。

臨海王子頊字孝列，〔六〕孝武帝第七子也。

大明四年，年五歲，封歷陽王，食邑二千戶。仍爲冠軍將軍、吳興太守。五年，改封臨海王，戶邑如先。其年，遷使持節、都督廣交二州湘州之始興始安臨賀三郡諸軍事、征虜將軍、平越中郎將、廣州刺史。未之鎮，徙荆州刺史，將軍如故。八年，進號前將軍。

前廢帝卽位，以本號都督荆、湘、雍、益、梁、寧、南北秦八州諸軍事，刺史如故。明帝卽位，解督雍州，以爲鎮軍將軍、丹陽尹。尋留本任，進督雍州，又進號平西將軍。長史孔道存不受命，舉兵反，以應晉安王子勛。子勛卽僞位，進號衞將軍、開府儀同三司。鵲尾奔敗，吳喜、張興世等軍至，子頊賜死，時年十一。葬巴陵。

始平孝敬王子鸞字孝羽，孝武帝第八子也。

大明四年，年五歲，封襄陽王，食邑二千戶。仍爲東中郎將、吳郡太守。其年，改封新安王，戶邑如先。五年，遷北中郎將、南徐州刺史，領南琅邪太守。母殷淑儀，寵傾後宮，子鸞愛冠諸子，凡爲上所盻遇者，莫不入子鸞之府、國。及爲南徐州，又割吳郡以屬之。〔七〕

六年，丁母憂。追進淑儀爲貴妃，班亞皇后，謚曰宣。葬給轀輬車，虎賁、班劍，鑾輅九旒，黃屋左纛，前後部羽葆、鼓吹。上自臨南掖門，臨過喪車，悲不自勝，左右莫不感動。上痛愛不已，擬漢武李夫人賦，其詞曰：

朕以亡事棄日，閱覽前王詞苑，見李夫人賦，悽其有懷，亦以嗟詠久之，因感而會焉。

巡靈周之殘冊，略鴻漢之遺篆。弔新宮之奄映，喟璧臺之蕪踐。賦流波以謠思，詔河濟以崇典。雖媛德之有載，竟滯悲其何遣。訪物運之榮落，訊雲霞之舒卷。念桂枝

之秋霣，惜瑤華之春翦。桂枝折兮沿歲傾，瑤華碎兮思聯情。彤殿閉兮素塵積，翠凥蕪兮紫苔生。寶羅暍兮春幌垂，珍簟空兮夏幬扃。秋臺惻兮碧煙凝，冬宮冽兮朱火清。流律有終，深心無歇。徙倚雲日，裵回風月。思玉步於鳳墀，想金聲於鸞闕。竭方池而飛傷，損園淵而流咽。端蚤朝之晨罷，泛輦路之晚清。轥南陸，蹕閶闔，轢北津，警承明。面縞館之酸素，造松帳之葱青。俛衆胤而慟興，撫藐女而悲生。雖哀終其已切，將何慰於爾靈。存飛榮於景路，沒申藻於服車。垂葆旒於昭術，竦鸞劍於清都。朝有儷於徽準，禮無替於粹圖。閟瑤光之密陛，宮虛梁之餘陰。俟玉羊之晨照，正金雞之夕臨。升雲轝以引思，鏘鴻鐘以節音。文七星於霜野，旗二燿於寒林。中雲枝之天秀，寓坎泉之曾岑。屈封嬴之自古，申反周乎在今。遣雙靈兮達孝思，附孤魂兮展慈心。伊鞠報之必至，諒顯晦之同深。予棄西楚之齊化，略東門之遙衿。淪漣兩拍之傷，奄抑七萃之箴。

又諷有司曰：〔八〕「典禮云，天子有后，有夫人。檀弓云，舜葬蒼梧，三妃不從。〔九〕昏義云，后立六宮，有三夫人。然則三妃則三夫人也。后之有三妃，猶天子之有三公也。按周禮，三公八命，諸侯七命。三公旣尊於列國諸侯，三妃亦貴於庶邦夫人。據春秋傳，仲子非魯惠公之元嫡，尚得考彼別宮。今貴妃蓋天秩之崇班，理應創立新廟。」尚書左丞徐爰之又議：「宜

貴妃既加殊命，禮絕五宮，考之古典，顯有成據。廟堂克構，宜選將作大匠卿。」

葬畢，詔子鸞攝職，以本官兼司徒，進號撫軍、司徒，給鼓吹一部，禮儀並依正公。又加都督南徐州諸軍事。八年，加中書令，領司徒。前廢帝卽位，解中書令，領司徒，加持節之鎭。

帝素疾子鸞有寵，既誅羣公，乃遣使賜死，時年十歲。子鸞臨死，謂左右曰：「願身不復生王家。」同生弟妹並死，仍葬京口。太宗卽位，詔曰：「夫紓寃申痛，雖往必追，緣情惻愛，感事彌遠。故使持節、都督南徐州諸軍事、撫軍將軍、南徐州刺史新安王子鸞，夙表成器，蚤延殊寵，方樹美業，克光蕃維。而凶心肆忌，奄羅橫禍，興言永傷，有兼常懷，宜旌夭秀，以雪沈魂。可贈使持節、侍中、都督南徐兗二州諸軍事、司徒、南徐州刺史，王如故。第十二皇女、第二十二皇子子師，〔一〇〕俱嬰謬酷，有增酸悼，皇女可贈縣公主，子師復先封爲南海王，並加徽謚。」又曰：「哀枉追遠，仁道所弘，興滅繼絕，盛典斯貴。朕務古思治，恩禮必敦，異族猶敦，況在近戚。故新除使持節、侍中、都督南徐兗二州諸軍事、司徒、南徐州刺史新安王子鸞，年雖沖弱，性識早茂，鍾慈世祖，冠寵列蕃。值景和凶虐，橫羅酷禍，國胤無主，寃祀莫寄，尋念痛悼，夙軫于懷。可以建平王景素息延年爲嗣。」追改子鸞封爲始平王，食邑千戶，改葬秣陵縣龍山。

延年字德沖，泰始四年薨，時年四歲，謚曰沖王。明年，復以長沙王纂子延之爲始平王，紹子鸞後。順帝昇明三年薨，國除。

永嘉王子仁字孝和，孝武帝第九子也。

大明五年，年五歲，監雍梁南北秦四州郢州之竟陵隨二郡諸軍事、北中郎將、寧蠻校尉、雍州刺史，封永嘉王，食邑二千戶。仍遷東中郎將、吳郡太守。六年，又遷丹陽尹。七年，兼衞尉。前廢帝卽位，加征虜將軍，領衞尉，丹陽尹如故。尋出爲左將軍、南兗州刺史。景和元年，遷南徐州刺史，將軍如故。泰始元年，又遷中軍將軍，領太常。未拜，徙護軍將軍。四方平定，以爲使持節、都督湘廣交三州諸軍事、平南將軍、湘州刺史。

太宗遺主書趙扶公宣旨於子仁曰：「汝一家門戶不建，幾覆社稷。天未亡宋，景命集我。上流迷愚相扇，四海同惡，若非我修德御天下，三祖基業，一朝墜地，汝輩便應淪於異族之手。我昔兄弟近二十人，零落相繼，存者無幾。唯司徒年長，令德作輔，皇家門戶所憑，唯我與司徒二人而已，尙未能厭百姓姦心，餘諸王亦未堪贊治。我惟有太子一人，司徒世子，年又幼弱，桂陽、巴陵並未有繼體，正賴汝輩兄弟，相倚爲强，庶使天下不敢闚覘王

室。汝輩始十餘歲，裁知俛仰，當今諸舍細弱，殆不免人輕陵。若非我爲主，劉氏不辦今日。汝諸兄弟沖眇，爲羣凶所逼誤，遂與百姓還圖骨肉，於汝在心，不得無愧。卽日四海就寧，恩化方始，方今處汝湘州。汝年漸長，足知善惡，當每思刻厲，奉朝廷爲心，爵秩自然與年俱進。我垂猶子之情，著於萬物，汝亦當知好，憶我敕旨。」時司徒建安王休仁南討猶未還，既還白上，以將來非社稷計，宜並爲之所。未拜，賜死，時年十歲。

始安王子眞字孝貞，孝武帝第十一子。

大明五年，年五歲，封始安王，食邑二千戶。仍爲輔國將軍、吳興太守。七年，遷使持節、監廣交二州湘州之始興始安臨賀三郡諸軍事、平越中郎將、廣州刺史，〔一一〕將軍如故，不之鎭。遷征虜將軍、南彭城太守，領石頭戍事。景和元年，爲丹陽尹，將軍如故。尋復爲南兗州刺史，將軍如故。泰始二年，遷左將軍、丹陽尹。未拜，賜死，時年十歲。

邵陵王子元字孝善，孝武帝第十三子也。

大明六年，年五歲，封邵陵王，食邑二千戶。八年，以爲度支校尉、秦南沛二郡太守。仍爲冠軍將軍、南琅邪泰山二郡太守。景和元年，出爲湘州刺史，將軍如故，未之鎭。至尋陽，值晉安王子勛爲逆，留不之鎭。進號撫軍將軍。事平，賜死，時年九歲。

齊敬王子羽字孝英，孝武帝第十四子也。大明二年生，三年卒，追加封謚。

淮南王子孟字孝光，孝武帝第十六子也。

大明七年，年五歲，封淮南王，食邑二千戶。時世祖改豫州之南梁郡爲淮南國，罷南豫州之淮南郡幷宣城。前廢帝卽位，二郡並復舊，子孟仍國名度食淮南郡。景和元年，爲冠軍將軍、南琅邪彭城二郡太守。泰始二年，改封安成王，戶邑如先。未拜，賜死，時年八歲。

晉陵孝王子雲字孝舉，孝武帝第十九子也。大明六年，年四歲，封晉陵王，食邑二千戶。未拜，其年薨。

南海哀王子師字孝友，孝武帝第二十二子也。大明七年，年四歲，封南海王，食邑二千戶。未拜，景和元年，爲前廢帝所害，時年六歲。太宗即位，追謚。

淮陽思王子霄，字孝雲，孝武帝第二十三子也。大明五年生，八年薨，追加封謚。

東平王子嗣字孝叔，孝武帝第二十七子也。大明七年生，仍封東平王，食邑二千戶。繼東平沖王休倩。休倩母顏性理嚴酷，泰始二年，子嗣所生母景寧園昭容謝上表曰：「故東平沖王休倩託荄璿極，岐嶷夙表，降年弗永，

遺胤莫傳。孝武皇帝敕妾子臣子嗣出繼爲後，既承國祀，方奉烝薦，庶覃遐慶，式延于遠。而妾顏訓養非恩，撫導乖理，情闕引進，義違負螟。昔世祖平日，詭申慈愛；崩背未幾，眞性便發，猶逼畏崇憲，少欲藏掩。自茲以後，專縱嚴酷，實顯布宗戚，宣灼宮闈，用傷人倫，爰惻行路。妾天屬冥至，感切實深，伏願乾渥廣臨，曲垂照賜，復改命還依本屬，則妾母子雖隕之辰，猶生之年。」許之。其年賜死，時年四歲。

武陵王贊字仲敷，明帝第九子也。泰始六年生。其年，詔曰：「世祖孝武皇帝雖恃尊懫惠，勳狹政弛，樂飲無饜，事因於寧泰，任威縱費，義緣於務寡。故以積怨動天，流殃胤嗣，景和肇亹，義嘉成禍，世祖繼體，陷憲無遺。昔皇家中圮，含生懼滅，賴英孝感奮，掃雪寃恥，勳纘墜歷，拯茲窮氓。繼絕追遠，禮訓攸尚，況既帝且兄，而缺斯典。今以第九子智隨奉世祖爲子，武陵郡大明之世，事均代邦，可封智隨武陵王，食邑五千戶。尋世祖一門女累不少，既無釐總，義須防閑，諸侯雖不得祖稱天子，而事有一家之切。且歸寧有所，疹疾相營，得失是任，閨房有稟。朕應天在位，恩深九族，庶此足申追睦之懷，敷愛之旨。」

後廢帝元徽四年，出爲使持節、督南徐兗青冀五州諸軍事、北中郎將、南徐州刺史。〔一二〕順帝昇明元年，遷持節、督郢州司州之義陽諸軍事、前將軍、郢州刺史。二年，爲沈攸之所圍，徙都督荆湘雍益梁寧南北秦八州諸軍事、安西將軍、荆州刺史，持節如故。攸之平，乃之鎭。其年薨，時年九歲，國除。

史臣曰：晉安諸王，提挈羣下，以成其亹亂，遂至九域沸騰，難結天下，而世祖之胤亦殲焉。强不如弱，義在於此也。

校勘記

〔一〕次淮陽思王子霄　各本並脫「次」字，據南史補。

〔二〕杜容華生皇子子悅　「杜容華」南史作「張容華」。

〔三〕仍都督南徐兗二州諸軍事北中郎將南兗州刺史　張森楷校勘記云：「子尙爲南兗州刺史，則當云都督南兗徐二州諸軍事。」

〔四〕命子尙都督揚州江州之鄱陽晉安建安三郡諸軍事揚州刺史　「子尙」上，各本並有「王」字，李慈銘宋書札記、張森楷校勘記、孫虨宋書考論並云「王」字衍。今删去。

〔五〕臺軍屯據錢谿　「錢谿」各本並作「前谿」，據本書張興世傳、鄧琬傳、袁顗傳改。

〔六〕臨海王子頊字孝列　「孝列」南史、元龜二六四作「孝烈」。

〔七〕又割吳郡以屬之　「吳郡」各本並作「吳都」，據南史、藝文類聚四〇引、元龜二七六改。

〔八〕又諷有司曰　「有司」下疑脫「奏」字。

〔九〕三妃不從　「三妃」各本並作「二妃」，據檀弓原文改。

〔一〇〕第二十二皇子子師　「第二十二皇子」各本並作「第二皇子」，按本傳云孝武帝第二十二子。今訂正。

〔一一〕遷使持節監廣交二州湘州之始興始安臨賀三郡諸軍事平越中郎將廣州刺史　各本並脫「湘州之」三字，據錢氏考異說補。錢大昕廿二史考異云：「按是時始興三郡屬湘州，當云『湘州之始興、始安、臨賀』，此脫去三字，以臨海王子頊傳證之可知也。」

〔一二〕後廢帝元徽四年出爲使持節督南徐兗青冀五州諸軍事北中郎將南徐州刺史　按五州數之祇有四州，疑「南徐」下脫「徐」字。

宋書卷八十一

列傳第四十一

劉秀之　顧琛　顧覬之

劉秀之字道寶，東莞莒人，司徒劉穆之從兄子也。世居京口。祖爽，尚書都官郎，山陰令。父仲道，高祖克京城，以補建武參軍，與孟昶留守，事定，以爲餘姚令，卒官。

秀之少孤貧，有志操。十許歲時，與諸兒戲於前渚，忽有大蛇來，勢甚猛，莫不顛沛驚呼，秀之獨不動，衆並異焉。東海何承天雅相知器，以女妻之。兄欽之爲朱齡石右軍參軍，隨齡石敗沒，秀之哀戚，不歡宴者十年。景平二年，除駙馬都尉、奉朝請。家貧，求爲廣陵郡丞。仍除撫軍江夏王義恭、平北彭城王義康行參軍，出爲無錫、陽羨、烏程令，並著能名。

元嘉十六年，遷建康令，除尚書中兵郎，重除建康。性纖密，善糾擿微隱，政甚有聲。吏部尚書沈演之每稱之於太祖。世祖鎭襄陽，以爲撫軍錄事參軍、襄陽令。襄陽有六門

堰，良田數千頃，堰久決壞，公私廢業。世祖遣秀之修復，雍部由是大豐。改領廣平太守。二十五年，除督梁南北秦三州諸軍事、寧遠將軍、西戎校尉、梁南秦二州刺史。時漢川饑儉，境內騷然，秀之善於爲政，躬自儉約。先是漢川悉以絹爲貨，秀之限令用錢，百姓至今受其利。

二十七年，大舉北伐，遣輔國將軍楊文德、巴西梓潼二郡太守劉弘宗受秀之節度，〔一〕震蕩汧、隴。秀之遣建武將軍錫千秋二千人向子午谷南口，府司馬竺宗之三千人向駱谷南口，威遠將軍梁尋千人向斜谷南口。氐賊楊高爲寇，秀之討之，斬高兄弟。

元凶弒逆，秀之聞問，卽日起兵，求率衆赴襄陽，司空南譙王義宣不許。事寧，遷使持節、督益寧二州諸軍事、寧朔將軍、益州刺史。折留俸祿二百八十萬，付梁州鎭庫，此外蕭然。梁、益二州土境豐富，前後刺史，莫不營聚蓄，〔二〕多者致萬金。所攜賓僚，並京邑貧士，出爲郡縣，皆以苟得自資。秀之爲治整肅，以身率下，遠近安悅焉。

南譙王義宣據荆州爲逆，遣參軍王曜徵兵於秀之，秀之卽日斬曜戒嚴。遣中兵參軍韋山松萬人襲江陵，出峽。竺超民遣將席天生逆之，山松一戰，卽梟其首。進至江陵，爲魯秀所敗，〔三〕山松見殺。其年，進號征虜將軍，改督爲監，持節、刺史如故。以起義功，封康樂縣侯，食邑六百戶。明年，遷監郢州諸軍事、郢州刺史，將軍如故。未就。

大明元年，徵爲右衞將軍。明年，遷丹陽尹。先是，秀之從叔穆之爲丹陽，與子弟於廳事上飲宴，秀之亦與焉。廳事柱有一穿，穆之謂子弟及秀之曰：「汝等試以栗遙擲此柱，若能入穿，後必得此郡。」穆之諸子並不能中，唯秀之獨入焉。時賒市百姓物，不還錢，市道嗟怨，秀之以爲非宜，陳之甚切，雖納其言，竟不從用。廣陵王誕爲逆，秀之入守東城。其年，遷尚書右僕射。四年，改定制令，疑民殺長吏科，議者謂值赦宜加徙送，秀之以爲：「律文雖不顯民殺官長之旨，若值赦但止徙送，便與悠悠殺人曾無一異。民敬官長，比之父母，行害之身，雖遇赦，謂宜長付尚方，窮其天命，家口令補兵。」從之。明年，領太子右衞率。

五年，雍州刺史海陵王休茂反，爲土人所誅，遣秀之以本官慰勞，分別善惡。事畢還都，出爲使持節、散騎常侍、都督雍梁南北秦四州郢州之竟陵隨二郡諸軍事、安北將軍、寧蠻校尉、雍州刺史。上車駕幸新亭視秀之發引，將徵爲左僕射，事未行，八年卒，時年六十八。上甚痛惜之，詔曰：「秀之識局明遠，才應通暢，誠著蕃朝，績宣累嶽。往歲逆臣交構，首義萬里，及職司端尹，贊戎兩宮，嘉謀徽譽，實彰朝野。漢南法繁民嗛，屬佇良牧，故暫輟心膂，外弘風規，出未踰朞，德庇西服。詳考古烈，旅觀終始，淳心忠概，無以尚茲。方式亮皇猷，入衞根本，奄至薨逝，震慟于朕心。生榮之典，未窮寵數，哀終之禮，宜盡崇飾。秉履謙守約，封社弗廣，與言悼往，益增痛恨。可贈侍中、司空，持節、都督、刺史、校尉如故，幷

增封邑爲千戶。謚爲忠成公。」秀之野率無風采，而心力堅正。上以其莅官清潔，家無餘財，賜錢二十萬，布三百匹。

子景遠嗣，官至前軍將軍。景遠卒，子儁，齊受禪，國除。

秀之弟粹之，晉陵太守。

顧琛字弘瑋，吳郡吳人也。曾祖和，晉司空。祖履之，父惔，並爲司徒左西掾。琛謹確不尚浮華，起家州從事，駙馬都尉，奉朝請。少帝景平中，太皇太后崩，除大匠丞。彭城王義康右軍驃騎參軍，晉陵令，司徒參軍，尚書庫部郎，本邑中正。元嘉七年，太祖遣到彥之經略河南大敗，悉委棄兵甲，武庫爲之空虛。後太祖宴會，有荒外歸化人在坐，上問琛：「庫中仗猶有幾許？」琛詭答：「有十萬人仗。」舊武庫仗祕不言多少，上既發問，追悔失言，及琛詭對，上甚喜。尚書寺門有制，八座以下門生隨入者各有差，不得雜以人士。琛以宗人顧碩頭寄尚書張茂度門名，而與碩頭同席坐。明年，坐遣出，免中正。凡尚書官，大罪則免，小罪則遣出。遣出者百日無代人，聽還本職。琛仍爲彭城王義康所請，補司徒錄事參軍，山陰令，復爲司徒錄事，遷少府。十五年，出爲義興太守。初，義康請琛入府，欲委

以腹心，琛不能承事劉湛，故尋見斥外。十九年，徙東陽太守，欲使琛防守大將軍彭城王義康，固辭忤旨，廢黜還家積年。

二十七年，索虜南至瓜步，權假琛建威將軍。尋除東海王禕冠軍司馬，行會稽郡事。隨王誕代禕，復爲誕安東司馬。元凶弒立，分會稽五郡置會州，以誕爲刺史，即以琛爲會稽太守，〔四〕加五品將軍，置將佐。誕起義，加冠軍將軍。事平，遷吳興太守。孝建元年，徵爲五兵尚書。未拜，復爲寧朔將軍、吳郡太守。以起義功，封永新縣五等侯。大明元年，吳縣令張闓坐居母喪無禮，下廷尉。錢唐令沈文秀判劾違謬，應坐被彈。琛宣言於衆：「闓被劾之始，屢相申明。」又云：「當啓文秀留縣。」世祖聞之大怒，謂琛賣惡歸上，免官。琛母老，仍停家。

琛及前西陽太守張牧，並司空竟陵王誕故佐，誕待琛等素厚。三年，誕據廣陵反，遣客陸延稔齎書板琛爲征南將軍，牧爲安東將軍，琛子前尚書郎寶素爲諮議參軍，寶素弟前司空參軍寶先爲從事中郎，牧兄前吳郡丞濟爲冠軍將軍，從弟前司空主簿晏爲諮議參軍。時世祖以琛素結事誕，或有異志，遣使就吳郡太守王曇生誅琛父子。會延稔先至，琛等即執斬之，遣二子送延稔首啓世祖曰：「劉誕猖狂，遂構釁逆，凡在含齒，莫不駭惋，臣等預荷國恩，特百常憤。忽以今月二十四日中獲賊誕疏，欲見邀誘。臣即共執錄僞使，幷得誕與撫

軍長史沈懷文、揚州別駕孔道存、撫軍中兵參軍孔璪、前司兵參軍孔桓之、前司空主簿張晏書，具列本郡太守王曇生。臣即日便應星馳歸骨輦轂，臣母年老，身在侍養，輒遣息寶素、寶先束骸詣闕。」世祖所遣誅琛使其日亦至，僅而獲免。上嘉之，召琛出，以爲西陽王子尚撫軍司馬，牧爲撫軍中兵參軍。琛母孔氏，時年百餘歲。晉安帝隆安初，琅邪王廞於吳中爲亂，以女爲貞烈將軍，悉以女人爲官屬，以孔氏爲司馬。及孫恩亂後，東土饑荒，人相食，孔氏散家糧以賑邑里，得活者甚衆，生子皆以孔爲名焉。

琛仍爲吳興太守。明年，坐郡民多翦錢及盜鑄，免官。六年，起爲大司農，都官尚書，新安王子鸞北中郎司馬、東海太守，行南徐州事，隨府轉撫軍司馬，太守如故。前廢帝即位，復爲吳郡太守。太宗泰始初，與四方同反，兵敗，奉母奔會稽，臺軍既至，歸降。寶素與琛相失，自殺。琛尋丁母憂，服闋，起爲員外常侍、中散大夫。後廢帝元徽三年，卒，時年八十六。

寶先大明中爲尚書水部郎。先是，琛爲左丞荀萬秋所劾，及寶先爲郎，萬秋猶在職，自陳不拜。世祖詔曰：「敕違糾慢，憲司之職，若理有不公，自當更有釐正。而自頃劾無輕重，輒致私絕。此風難長，主者嚴爲其科。寶先蓋依附世準，不足問。」

先是，宋世江東貴達者，會稽孔季恭，季恭子靈符，吳興丘淵之及琛，吳音不變。淵之字思玄，吳興烏程人也。太祖從高祖北伐，留彭城，爲冠軍將軍、徐州刺史，淵之爲長史。太祖即位，以舊恩歷顯官，侍中，都官尚書，吳郡太守。卒於太常，追贈光祿大夫。

顧覬之字偉仁，吳郡吳人也。高祖謙字公讓，晉平原內史陸機姊夫。祖崇，大司農。父黃老，司徒左西掾。

覬之初爲郡主簿。謝晦爲荆州，以爲南蠻功曹，仍爲晦衞軍參軍。晦愛其雅素，深相知待。王弘辟爲揚州主簿，仍爲弘衞軍參軍，鹽官令，衡陽王義季右軍主簿，尚書都官郎，護軍司馬。時大將軍彭城王義康秉權，殷、劉之隙已著，覬之不欲與殷景仁久接事，乃辭脚疾自免歸。在家每夜常於牀上行脚，家人竊異之，而莫曉其意。〔五〕後義康徙廢，朝廷多以異同受禍。復爲東遷、山陰令。山陰民戶三萬，海內劇邑，前後官長，晝夜不得休，事猶不舉。覬之理繁以約，縣用無事，晝日垂簾，門階閑寂，自宋世爲山陰，務簡而績修，莫能尚也。

還爲揚州治中從事史，廣陵王誕、廬陵王紹北中郎左軍司馬，〔六〕揚州別駕從事史，尚書吏部郎。嘗於太祖坐論江左人物，言及顧榮，袁淑謂覬之曰：「卿南人怯懦，豈辦作賊。」覬之正色曰：「卿乃復以忠義笑人！」淑有愧色。元凶弒立，朝士無不移任，唯覬之不徙官。

世祖即位，遷御史中丞。孝建元年，出爲義陽王昶東中郎長史、寧朔將軍、行會稽郡事。尋徵爲右衞將軍，領本邑中正。明年，出爲湘州刺史，善於莅民，治甚有績。大明元年，徵守度支尚書，領本州中正。二年，轉吏部尚書。四年致仕，不許。

時沛郡相縣唐賜往比郵朱起母彭家飲酒還，因得病，吐蠱蟲十餘枚。臨死語妻張，死後刳腹出病。後張手自破視，五藏悉糜碎。郡縣以張忍行刳剖，賜子副又不禁駐，事起赦前，法不能決。律傷死人，四歲刑，妻傷夫，五歲刑，子不孝父母，棄市，並非科例。三公郎劉勰議：「賜妻痛遵往言，〔七〕兒識謝及理，考事原心，非存忍害，謂宜哀矜。」覬之議曰：「法移路尸，猶爲不道，況在妻子，而忍行凡人所不行。不宜曲通小情，當以大理爲斷，謂副爲不孝，張同不道。」詔如覬之議。

加左軍將軍，出爲吳郡太守。八年，復爲吏部尚書，加給事中，未拜，欲以爲會稽，不果。還爲吳郡太守。幸臣戴法興權傾人主，而覬之未嘗降意。左光祿大夫蔡興宗與覬之善，嫌其風節過峻。覬之曰：「辛毗有云：孫、劉不過使吾不爲三公耳。」及世祖晏駕，法興遂以覬之爲光祿大夫，加金章紫綬。

太宗泰始初，四方同反，覬之家尋陽，尋陽王子房加以位號，覬之不受，〔八〕曰：「禮年六十不服戎，以其筋力衰謝，非復軍旅之日，況年將八十，殘生無幾，守盡家門，不敢聞命。」孔

覬等不能奪。時普天叛逆，莫或自免，唯覬之心迹清全，獨無所與。太宗甚嘉之，東土既平，以爲左將軍、吳郡太守，加散騎常侍。泰始二年，復爲湘州刺史，常侍、將軍如故。三年卒，時年七十六。追贈鎭軍將軍，常侍、刺史如故。謚曰簡子。

覬之家門雍睦，爲州鄉所重。五子約、緝、綽、縝、緄。綽私財甚豐，鄉里士庶多負其責，覬之每禁之不能止。及後爲吳郡，誘綽曰：「我常不許汝出責，定思貧薄亦不可居。民間與汝交關有幾許不盡，及我在郡，爲汝督之。將來豈可得。凡諸券書皆何在？」綽大喜，悉出諸文券一大廚與覬之，覬之悉焚燒，宣語遠近：「負三郎責，皆不須還，凡券書悉燒之矣。」綽懊歎彌日。

覬之常謂秉命有定分，非智力所移，唯應恭己守道，信天任運，而闇者不達，妄求僥倖，徒虧雅道，無關得喪。乃以其意命弟子愿著定命論，其辭曰：

仲尼云：「道之將行，命也；道之將廢，命也。」丘明又稱：「天之所支不可壞，天之所壞不可支。」卜商亦曰：「死生有命，富貴在天。」孟軻則以不遇魯侯爲辭。斯則運命奇偶，生數離合，有自來矣。馬遷、劉向、揚雄、班固之徒，著書立言，咸以爲首，世之論者，多有不同。嘗試申之曰：

夫生之資氣，清濁異源；命之稟數，盈虛乖致。是以心貌詭貿，性運舛殊，故有邪

正昏明之差，修夭榮枯之序，皆理定於萬古之前，事徵於千代之外，沖神寂鑒，一以貫之。至乃卜相末技，巫史賤術，猶能豫題興亡，逆表成敗。禍福指期，識照不能徙；吉凶素著，威衞不能防。若夏氓宅生於帝宮，豈蠲殘傷之祟；漢臣衍貨於天府，寧免餧斃之魂。且又善惡之理雖詳，而禍福之驗常昧；逆順之體誠分，而吉凶之効常隱。智絡天地，猶罹沈牖之災；明照日月，必嬰深匡之難。增信積德，離患於長飢；席義枕仁，徼禍於促算。何則？理運苟其必至，聖明其猶病諸。況乃蕞迹流惑之徒，投心顓蒙之域，而欲役慮以揣利害，策情以算窮通，其爲重傷，豈不惑甚。是以通人君子，閑泰其神，沖緩其度，不矯俗以延聲，不依世以期榮。審乎無假，自求多福，榮辱修夭，夫何爲哉。

問曰：夫書稱惠迪貽吉，易載履信逢祐，前哲餘議，亦以將迎有會，淪塞無兆，宣攝有方，夭閼無命。善游銷魂於深梁，工騎燼生於曠野，明珠招駭於闇至，蟠木取悅於先容。是以罕、樂以陽施長世；景、惠以陰德遐紀。彭、竇以繕衞延命；盈、忌以荒湎促齡。陳、張稱台鼎之祟；嚴、辛衍宰司之盛。若乃遊惡蹈凶，處逆踐禍，宣昭史策，易以研正。至如神仙所序，天竺所書，事雖難徵，理未易詰，留滯傾光，思聞通裁。

對曰：子可謂扶繩而辨，循刻而議。若乃宣攝有方，豈非吉運所屬；將迎有會，實亦凶數自挻。若夫陽施陰德，長世遐年，揆厥所原，孰往非命。研復來旨，讎校往說，起予惟商，未識所異。資生稟運，參差萬殊，逆順吉凶，理數不一。原夫飡椒非養生之術，咀劍豈衞性之經。命之所延，人肉其骨，而含嚼膏粱，時或嬰患。深淵乖徼寵之津，空谷絕探榮之轍，運之所集，物稊其枯，而俯仰竿牘，終然離沮。爾乃蹻、跖橫行，曾、原窘步。湯、周延世；謝、邑絕緒。吉凶徵應，糾纆若茲。畢萬保軀，宓賤殘領，〔八〕梁野之言，豈不或妄。轂南、魯北，甘此促生；彭翁、竇叟，將以何術。晉平、趙敬，淫放已該；漢主、魏相，奚獨傷夭。同異若斯，是非孰正。至如雷濱凝分，挫志遠圖；棘津陰拱，振功高世。樊生沖矯，鏘旌善之文，華子高抗，銘懲非之策，皆士衡所云「同川而異歸」者也。殊塗均致，實繁有徵。卽理易推，在言可略。昔兩都全盛，六合殷昌，霧集貴寵之閭，雲動權豪之術，鈞貿貽談，豈唯陳、張而已。觀夫二子，才未越衆，而此以藉榮揮價，彼獨擯景淪聲，通否之運，斷可知矣。嚴、辛不安時任命，而委罪亮直，亦地脈之徒歟。若神仙所序，顯明修習，齊强燕平，厥驗未著，李覃董芬，其効安在。喬、松之侶，雲飛天居，夷、列之徒，風行水息，良由理數懸挺，實乃鍾茲景命。天竺遺文，星華方策，因造前定，果報指期，貧豪莫差，修夭無爽，有允瑣辭，無忝鄙說，統而言之，孰往非命。冥期前定，各從所歸，善惡無所矯其趨，愚智焉能殊其理。若乃得議其工，失嗤

其拙，操之則慄，舍之則悲，斯固染情於近累，豈不貽誚於通識。

問曰：清論光心，英辯溢目，求諸鄙懷，良有未盡。若動止皆運，險易自天，理定前期，靡非闇至。玉門犁丘，叡識弗免。豈非聖愚齊致，仁虐同功。昏明之用，將何施而可？

對曰：夫聖人懷虛以涵育，凝明以洞照。惟虛也，故無往而不通；惟明也，故無來而不燭。涸海流金，弗染溫涼之岨；嚴兵猛兕，無累爪刃之災。忘生而生愈全，遺神而神彌暢。若玉門犁丘，蓋同迹於人，故同人有患，然而均心於天，亦均天無害。大賢則體備形器，慮盡藏假，靜默以居否，深拱以違殯，皆數在清全，故鍾茲妙識。是以稟仲尼之道，不在奔車之上；資伯夷之運，不處覆舟之下。若乃越難趨險，逡巡弗獲，履危踐機，僶俛從事，愚之所司，聖亦何爲。及中下之流，馳心妄動，是非舛幹，倚伏移貿，故北宮意逆而功順，東門心晦而迹明；宣應遺筮而逢吉，張松協數而遘禍。且智防有紀，患累無方。爾乃猘狗逐而華子奔，腐鼠遺而虞氏滅；匣猨逸而林木殘，櫝珠亡而池水竭。凡厥條流，曲難詳備，偽形役思，其効安徵。豈若澡雪靈府，洗練神宅，據道爲心，依德爲慮，使迹窮則義斯暢，身泰則理兼通，豈不美哉！何必遺此而取彼。

問曰：夫建極開化，樹聲貽則，典防之興，由來尚矣。必乃幽符懸兆，冥數指期，善

惡前徵，是非素定，名教之道，不亦幾乎息哉。

對曰：天生蒸民，樹之物則，教義所稟，豈非冥數。何則？形氣之具，必有待而存，顓蒙之倫，豈無因而立。必假纖紈以安生，藉粱豢以延祀，資信禮以繕性，秉廉義以劾情。聖人聰明深懿，履道測化，通體天地，同情日月，仰觀俯察，撫運裁風。於是乎昭日星之紀，正霜雨之度，張雲霞之明，衍風露之渥，浮舟翼滯，騰駕振幽。又乃甄理三才，辨綜五德，弘鋪七體之端，宣昭八經之緒。是以時雍在運，羣方自通，抱德煬和，全眞保性。故信食相資，代爲脣齒，富教相假，遞成輔車。今弛棄纖紈，損絕粱豢，必云徼生委命，豈不已曉其迷。至乎遲斥廉義，屛黜信禮，責以祈存推數，遂乃未辨其惑，連類若斯，乖妄滋甚。然則教義之道，生運所資，寵辱榮枯，常由此作。斯固命中之一物，非所以爲難也。

問曰：循復前旨，既以理命縣兆，生數冥期。研覆後文，又云依仗名教，帥循訓範。若葬數任天，則放情蕩思，拘訓馴範，則防慮檢喪。函矢殊用，矛戈異適，雙美之談，豈能兩遂。

對曰：夫性運乖舛，心貌詭殊，請布末懷，略言其要。若乃吉命所鍾，縱情蹈道，訓性而順，因心則靈。凶數所挺，率由蹊逆，閒言不信，長惡無悛。此愚智不移，馨訓所

遺者也。其有見善如不及，從諫如順流，是則命待教全，運須化立。譬以良醫之室，病者所存，至如澄神清魂，平心實氣，無妄之痾，勿藥有喜，所謂縱情蹈道，無假隱括。若膏肓之疾，長桑不治，體府之病，陽慶弗理，此則率由蹊逆，自絕調御。至乃趙儲之命宜永，須扁鵲而後全，齊后之數必延，待文摯而後濟。亦猶運鍾循獎，彝範所興，善惡無主，唯運所集而異。膏粱方丈，沈疾弗顧，瑤碧盈尺，阽危弗存。夫靜躁之容，造次必於是，曲直之性，顛沛不可移。是以夷、惠均聖而異方，遵、竦齊通而殊事。雖復鉗桎羿、奡，思服巢、許之情，捶勒曾、史，言膺蹻、跖之慮。不然之事，斷可知也。必幽符鑽仰，冥數修習，雖存陵惰，其可得乎。故運屬波流，勢無防慮，命徽山立，理無放情。用殊函矢，雙美奚躓，談異矛戈，兩濟何傷。

問曰：夫君臣恩深，師資義固，所以霑榮塗施，提飾荷聲。故剗心流腸，捐生以亢節，火妻灰子，埋名以償義。若幽期天兆，則明敎可遺，冥數自賓，則感効宜絕。豈其然乎？

對曰：論之所明，原本以爲理，難之所疑，即末以爲用。蓋陰閉之巧不傳，萌漸之調長絕。故知妄言賞理，古人所難。吾所謂命，固以綿絡古今，彌貫終始，爰及君臣父子，師友夫妻，皆天數冥合，神運玄至。逮乎睽愛離會，既命之所甄，昏爽順戾，亦運之所漸。爾乃松柳異質，薺荼殊性，故疾風知勁草，嚴霜識貞木，何異忠孝之質，資行夙昭。至於剗志酬生，題誠復施，殉節投命，馴義忘己。亦由石雖可毀，堅不可銷，丹雖可磨，赤不可滅。因斯而言，君臣師資，既幽期自賓，心力感効，亦冥數天兆。夫獨何怪哉。

愿字子恭，父淵之，散騎侍郎。愿好學，有文辭於世。大明中舉秀才，對策稱旨，擢爲著作佐郎，太子舍人。早卒。

史臣曰：孝建啓基，西楚放命，雖連淮、濟，勢盛江服。朱脩之著節漢南，劉秀之推鋒萬里，並誠載艱一，忠惟帝念。而踰峴之鋒，戰有獨克，出峽之師，舟無隻反，雖霜霰並時，而計功則異也。及定終之命，等數相懸，蓋由義結蕃朝，故恩有厚薄。雖故舊不遺，聞之前訓，隆名爽實，亦無取焉。

校勘記

〔一〕遣輔國將軍楊文德巴西梓潼二郡太守劉弘宗受秀之節度　各本並脫「西」字，據南史補。

〔二〕莫不營聚蓄　「營」字上元龜六七四有「經」字。

〔三〕爲魯秀所敗　「魯秀」各本並作「魯爽」，據本書魯爽傳改。孫虨宋書考論云：「案是魯秀。」

〔四〕即以琛爲會稽太守　各本並脫「以」字，據南史補。

〔五〕而莫曉其意　各本並脫「意」字，據元龜七九〇補。

〔六〕廣陵王誕廬陵王紹北中郎左軍司馬　各本並脫「軍」字，據孫虨說補。孫虨宋書考論云：「北中郎不得置司馬，蓋『左』下脫『軍』字。北中郎，竟陵王誕也。左軍，廬陵王紹也。」

〔七〕賜妻痛遵往言　「遵往」各本並作「往遵」，據通典刑典乙正。

〔八〕覬之家尋陽尋陽王子房加以位號覬之不受　孫虨宋書考論云：「覬之吳人，不家尋陽。又按時尋陽王子房爲會稽太守，鎭山陰，亦去尋陽遠也。疑是家富陽。」

〔九〕宓賤琖領　「琖」殿本作「喪」，局本作「傷」。

宋書卷八十二

列傳第四十二

周朗　沈懷文

周朗字義利，汝南安成人也。祖文，黄門侍郎。父淳，宋初貴達，官至侍中，太常。兄嶠，尚高祖第四女宣城德公主。二女適建平王宏、廬江王褘。以貴戚顯官，元嘉末，爲吴興太守。賊劭弒立，隨王誕舉義於會稽，劭加嶠冠軍將軍，誕檄又至。嶠素懼怯，回惑不知所從，爲府司馬丘珍孫所殺。朝庭明其本心，國婚如故。

朗少而愛奇，雅有風氣，與嶠志趣不同，嶠甚疾之。初爲南平王鑠冠軍行參軍，太子舍人，司徒主簿，坐請急不待對，除名。又爲江夏王義恭太尉參軍。元嘉二十七年春，朝議當遣義恭出鎮彭城，爲北討大統。朗聞之解職。及義恭出鎮，府主簿羊希從行，與朗書戲之，勸令獻奇進策。朗報書曰：

羊生足下：豈當適使人進哉，何卿才之更茂也。宅生結意，可復佳耳，屬華比綵，何更工邪。視已反覆，慰亦無已。觀諸紙上，方審卿復逢知己。動以何術，而能每降恩明，豈不爲足下欣邪，然更憂不知卿死所處耳。

夫匈奴之不誅有日，皇居之亡辱舊矣。天下孰不憤心悲腸，以忿胡人之患，靡衣媮食，以望國家之師。自智士鉗口，雄人蓄氣，不得議圖邊之事者，良淹歲紀。今天子以炎、軒之德，冢輔以姬、呂之賢，故赫然發怒，將以匈奴釁旗，惻然動仁，欲使餘氓被惠。及取士之令朝發，宰士暮登英豪；調兵之詔夕行，主公旦升雄俊。延賢人者，固非一日，況復加此焉。夫天下之士，砥行磨名，欲不辱其志氣；選奇蓄異，將進善於所天。非但有建國之謀不及，安民之論不與，至反以孝潔生議於鄉曲，忠烈起謗於君宋。身不絓王臣之籙，名不厠通人之班，顛倒國門，湮銷丘里者，自數十年以往，豈一人哉。若吾身無他伎，而出值明君，變官望主，歲增恩價，竟不能柔心飾帶，取重左右。校於向士，則榮已多，料於今識，則笑亦廣。而足下方復廣吾以馳志之時，求予以安邊之術，何足下不知言也。若以賢未登，則今之登賢如此；以才應進，則吾之非才若是。豈可欲以殞海之謦，望鼓鰓於豎鱗之肆；墜風之羽，覬振翮於軒翥之間。其不能俱陪淼水，並負青天，可無待於明見。若乃闕奇謀深智之術，無悦主狎俗之能，亦不可復稍爲卿說。但觀以上國再毁之臣，望府一逐之吏，當復是天下才否，此皆足下所親知。

吾雖疲冗，亦嘗聽君子之餘論，豈敢忘之。凡士之置身有三耳：一則雲戶岫寢，欒危桂棨，秫芝浮霜，鶵松沈雪，憐肌蓄髓，寶氣愛魂，非但土石侯卿，腐鴆梁錦，實迺竚意天后，睨目羽人。次則刳心掃智，剖命驅生，横議於雲臺之下，切辭於宣室之上，衍主德而批民患，[一]進貞白而黜姦猾，[二]委玉入而齊聲禮，揭金出而烹勍寇，使車軌一風，甸道共德，令功日濟而已無跡，道日富而君難名，致諸侯斂手，天子改觀。其末則鬈粘而出，望旂而入，結冕兩宮之下，[三]鼓袖六王之間，俛眉脅肩，言天下之道德，瞋目扼腕，陳從横於四海，理有泰則止而進，調覺迕則反而還，閑居違官，交造頓罷，捐遺憂，夷毁銷譽，呼噏以補其氣，繕嚼以輔其生。凡此三者，皆志士仁人之所行，非吾之所能也。若吾幸病不及死，役不至身，蓬藜既滿，方杜長者之轍；穀稼是諳，自絶世豪之顧。塵生牀帷，苔積堦月，又櫓中山木，時華月深，池上海草，歲榮日蔓。且室間軒左，幸有陳書十篋，席隅奥右，頗得宿酒數壺。按絃拭徽，鏟方校石，時復陳局露初，奠爵星晚，驩然不覺是羲、軒後也。近春田三頃，秋園五畦，若此無災，山裝可具。候振飲之罷，俟封勒之畢，當敬觀邪、酆，肅尋伊、鄗，傍眺燕、隴，邪履遼、衞，覜我周之軫迹，弔他賢之憂天。當其少涉，未休此欲，但理實詭固，物好交加，或徵勢而笑其言，或

觀謀而害其意。夫楊朱以此，猶見嗤於梁人，況才減楊子之器，物甚魏君之意者哉。若如漢宗之言李廣，此固許天下之有才，又知天下之時非也。豈若黨巷閭里之間，忌見貞士之遭遇，便謂是臧獲庸人之徒耳。士固願呈心於其主，露奇於所歸。卿相，末事也。若廣者，何用侯爲。至迺復有致謁於爲亂之日，被訕於害正之徒，心奇而無由露，事直而變爲枉，豈不痛哉！豈不痛哉！

若足下可謂冠負日月，籍踐淵海，心支身首，無不通照。今復出入燕、河，交關姬、衞，整笏振豪，已議於帷筵之上，提鞭鳴劍，復呵於軍場之間，身超每深恩之所集，心動必明主之所亮。可不直議正身，輔人君之過誤，明目張膽，謀軍家之得失，拔志勇之將，[四]薦俊正之士，此迺足下之所以報也。不爾，便擐甲修戈，徘徊左右，衞君王之身，當馬首之鏑，關必固之壘，交死進之戰，使身分而主豫，寇滅而兵全，此亦報之次也。如是，則繫匈奴於北闕無日矣。亡但默默，窺寵而坐。謂子有心，敢書薄意。

朗之辭意倜儻，類皆如此。

復起爲通直郎。世祖即位，除建平王宏中軍錄事參軍。時普責百官讜言，朗上書曰：

昔仲尼有言：「治天下若寘諸掌。」豈徒言哉。方策之政，息舉在人，蓋當世之君不爲之耳。況乃運鍾澆暮，世膺亂餘，重以宫廟遭不更之酷，江服被未有之痛，千里連

二十四史

死，萬井共泣。而秦、漢餘敝，尚行於今，魏、晉遺謬，猶布於民，是而望國安於今，化崇於古，卻行及前之言，積薪待然之譬，臣不知所以方。然陛下既基之以孝，又申之以仁，民所疾苦，敢不略薦。

凡治者何哉？爲教而已。今教衰已久，民不知則，又隨以刑逐之，豈爲政之道歟。欲爲教者，宜二十五家選一長，百家置一師。男子十三至十七，皆令學經；十八至二十，盡使修武。訓以書記圖律，忠孝仁義之禮，廉讓勤恭之則；授以兵經戰略，軍部舟騎之容，挽强擊刺之法。官長皆月至學所，以課其能。習經者五年有立，則言之司徒；用武者三年善藝，亦升之司馬。若七年而經不明，五年而勇不達，則更求其言政置謀，迹其心術行履，復不足取者，雖公卿子孫，長歸農畝，終身不得爲吏。其國學則宜詳考占數，部定子史，令書不煩行，習無糜力。凡學，雖凶荒不宜廢也。

農桑者，實民之命，爲國之本，有一不足，則禮節不興。若重之，宜罷金錢，以穀帛爲賞罰。然愚民不達其權，議者好增其異。凡自淮以北，萬匹爲市；從江以南，千斛爲貨。亦不患其難也。今且聽市至千錢以還者用錢，餘皆用絹布及米，其不中度者坐之。如此，則墾田自廣，民資必繁，盜鑄者罷，人死必息。又田非膠水，[五]皆播麥菽，地堪滋養，悉藝紵麻，蔭巷緣藩，必樹桑柘，列庭接宇，唯植竹栗。若此令既行，而善其

事者，庶民則叙之以爵，有司亦從而加賞。若田在草間，木物不植，則撻之而伐其餘樹，在所以次坐之。

又取稅之法，宜計人爲輸，不應以貲。云何使富者不盡，貧者不蠲。乃令桑長一尺，圍以爲價，田進一畝，度以爲錢，屋不得瓦，皆責貲實。民以此，樹不敢種，土畏妄墾，棟焚榱露，不敢加泥。豈有剝善害民，禁衣惡食，若此苦者。方今若重斯農，則宜務削茲法。

凡爲國，不患威之不立，患恩之不下；不患土之不廣，患民之不育。自華、夷爭殺，戎、夏競威，破國則積屍竟邑，屠將則覆軍滿野，海內遺生，蓋不餘半。重以急政嚴刑，天災歲疫，貧者但供吏，死者弗望埋，鰥居有不願娶，生子每不敢舉。又戍淹徭久，妻老嗣絕，及淫奔所孕，皆復不收。是殺人之日有數途，生人之歲無一理，不知復百年間，將盡以草木爲世邪，此最是驚心悲魂慟哭太息者。法雖有禁殺子之科，設蚤娶之令，然觸刑罪，忍悼痛而爲之，豈不有酷甚處邪。今宜家寬其役，戶減其稅。女子十五不嫁，家人坐之。特雉可以娉妻妾，大布可以事舅姑，若待禮足而行，[六]則有司加糾。凡宮中女隸，必擇不復字者。庶家內役，皆令各有所配。要使天下不得有終獨之生，無子之老。所謂十年存育，十年教訓，如此，則二十年間，長戶勝兵，必數倍矣。

又亡者亂郊，饉人盈甸，皆是不爲其存計，而任之遷流，故饑寒一至，慈母不能保其子，欲其不爲寇盜，豈可得邪。既御之使然，復止之以殺，彼於有司，何酷至是。且草樹既死，皮葉皆枯，是其梁肉盡矣。冰霜已厚，苫蓋難資，是其衣裘敗矣。比至陽春，生其餘幾。今自江以南，在所皆穰，有食之處，須官興役，宜募遠近能食五十口一年者，賞爵一級。不過千家，故近食十萬口矣。使其受食者，悉令就佃淮南，多其長帥，給其糧種。凡公私遊手，歲發佐農，令堤湖盡修，原陸並起。仍量家立社，計地設閭，檢其出入，督其游惰。須待大熟，可移之復舊。淮以北悉使南過江，東旅客盡令西歸。

故毒之在體，必割其緩處，函、渭靈區，閿爲荒窟，伊、洛神基，蔚成茂草，豈可不懷歟？歷下、泗間，何足獨戀。議者必以爲胡衰不足避，而不知我之病甚於胡矣。若謂民之既徙，狄必就之，若其來從，我之願也。胡若能來，必非其種，不過山東雜漢，則是國家由來所欲覆育。既華得坐實，戎空自遠，其爲來，利固善也。今空守孤城，徒費財役，亦行見淮北必非境服有矣，不亦重辱喪哉。使虜但發輕騎三千，更互出入，春來犯麥，秋至侵禾，水陸漕輪，居然復絕。於賊不勞，而邊已困，不至二年，卒散民盡，可蹻足而待也。設使胡滅，則中州必有興者，決不能有奉土地、率民人以歸國家矣。誠如

此，則徐、齊終逼，亦不可守。

且夫戰守之法，當恃人之不敢攻。頃年兵之所以敗，皆反此也。今人知不以羊追狼，蟹捕鼠，而令重車弱卒，與肥馬悍胡相逐，其不能濟，固宜矣。漢之中年能事胡者，以馬多也，胡之後服漢者，亦以馬少也。既兵不可去，車騎應蓄。今宜募天下使養馬一匹者，蠲一人役，三匹者，除一人爲吏，自此以進，階賞有差，邊亭徼驛，一無發動。

又將者，將求其死也。自能執干戈，幸而不亡，筋力盡於戎役，其於望上者，固已深矣。重有澄風掃霧之勳，驅波滌塵之力，此所自矜，尤復爲甚。近所功賞，人知其濃，然似頗謬虛實，怨怒實衆。垂臂而反脣者，往往爲部，耦語而觖望者，[七]處處成羣。凡武人意氣，特易崩沮，[八]設一旦有變，則向之怨者皆爲敵也。[九]今宜國財與之共竭，府粟與之同罄，去者應遣，濃加寵爵，發所在祿之，將秩未充，餘費宜闕，他事負韙，長不應與，唯可教以蒐狩之禮，習以鉦鼓之節。若假勇以進，務黜其身。老至而罷，賞延於嗣。

又緣淮城壘，皆宜興復，使烽鼓相達，兵食相連。若邊民請師，皆宜莫許。[一〇]遠夷貢至，止於報答，語以國家之未暇，示以何事而非君。須內教既立，徐料寇形，辦騎卒四十萬，而國中不擾，取穀支二十歲，而遠邑不驚，然後越淮窮河，跨隴出漠，亦何適而

不可。

又教之不敦，一至於是。今士大夫以下，父母在而兄弟異計，十家而七矣。庶人父子殊產，亦八家而五矣。凡甚者，乃危亡不相知，飢寒不相卹，又嫉謗讒害，其間不可稱數。宜明其禁，以革其風，先有善於家者，即務其賞，自今不改，則沒其財。

又三年之喪，天下之達喪，以其哀並衷出，故制同外興，日久均痛，故愈遲齊典。漢氏節其臣則可矣，薄其子則亂也。云何使衰苴之容盡，嗚號之音息。夫佩玉啓旒，深情弗忍，冕珠視朝，不亦甚乎。凡法有變於古而刻於情，則莫能順焉。至乎敗於禮而安於身，必遽而奉之，何乃厚於惡，薄於善歟。今陛下以大孝始基，宜反斯謬。

且朝享臨御，當近自身始，妃主典制，宜漸加矯正。凡舉天下以奉一君，何患不給。或帝有集皁之陋，后有帛布之鄙，亦無取焉。且一體炫金，不及百兩，[二]一歲美衣，不過數襲，而必收寶連櫝，集服累笥，目豈常視，身未時親，是爲櫝帶寶，笥著衣，空散國家之財，徒奔天下之貨，而主以此惰禮，妃以此傲家，是何糜蠹之劇，惑鄙之甚。逮至婢豎，皆無定科，一婢之身，重婢以使，一豎之家，列豎以役。塗金披繡，[三]漿酒藿肉者，故不可稱紀。至有列軿以遊遨，飾兵以驅叱，不亦重甚哉。若禁行賜薄，不容致此。且細作始并，以爲儉節，而市造華怪，即傳於民。如此，則遷也，非罷也。凡天

下得治者以實，而治天下者常虛，民之耳目，既不可誑，治之盈耗，立亦隨之。故凡厥庶民，制度日侈，商販之室，飾等王侯，傭賣之身，製均妃后。凡一袖之大，足斷爲兩，一裾之長，可分爲二，見車馬不辨貴賤，視冠服不知尊卑。尚方今造一物，小民明已睥睨。宮中朝制一衣，庶家晚已裁學。侈麗之原，實先宮閫。又妃主所賜，不限高卑，自今以去，宜爲節目。金魄翠玉，錦繡縠羅，奇色異章，小民既不得服，在上亦不得賜。若工人復造奇伎淫器，則皆焚之，而重其罪。

又置官者，將以燮天平氣，贊地成功，防姦御難，治煩理劇，使官稱事立，人稱官置，無空樹散位，繁進宂人。今高卑貿實，大小反稱，名之不定，是謂官邪。而世廢姬公之制，俗傳秦人之法，惡明君之典，好闇主之事，其憎聖愛愚，何其甚矣。今則宜先省事，從而并官，置位以周典爲式，變名以適時爲用，秦、漢末制，何足取也。當使德厚者位尊，位尊者祿重；能薄者官賤，官賤者秩輕。纓冕紱佩，稱官以服；車騎容衞，當職以施。

又寄土州郡，宜通廢罷，舊地民戶，應更置立。豈吳邦而有徐邑，揚境而宅兗民，上淆辰紀，下亂畿甸。其地如朱方者，不宜置州，土如江都者，應更建邑。

又民少者易理，君近者易歸，凡吏皆宜每詳其能，每厚其秩，爲縣不得復用恩家之貧，爲郡不得復選勢族之老。

又王侯識未堪務，不應强仕，須合冠而啓封，能政而議爵。且帝子未官，人誰謂賤。但宜詳置賓友，選擇正人，亦何必列長史、參軍、別駕、從事，然後爲貴哉。又世有先後，業有難易，明帝能令其兒不匹光武之子，馬貴人能使其家不比陰后之族，盛矣哉，此於後世不可忘也。至當輿抑碎首之忿，陛殿延辟戟之威，此亦復不可忘也。

內外之政，實不可雜。若妃主爲人請官者，其人宜終身不得爲官，若請罪者，亦終身不得赦罪。

凡天下所須者才，而才誠難知也。有深居而言寡，則蘊學而無由知；有卑處而事隔，則懷奇而無由進。或復見忌於親故，或亦遭讒於貴黨，其欲致車右而動御席，語天下而辯治亂，焉可得哉。漫言舉賢，則斯人固未得矣。宜使世之所稱通經達史、辨詞精數、吏能將謀、偏術小道者，使獵纓危膝，博求其用。制內外官與官之遠近及仕之類，令各以所能而造其室，降情以誘之，卑身以安之，然後察其擢脣吻，樹頰胲，動精神，發意氣，語之所至，意之所執，不過數四間，不亦盡可知哉。若忠孝廉淸之比，强正惇柔之倫，難以檢格立，不可須臾定，宜使鄉部求其行，守宰察其能，竟皆見之於選貴，呈之於相主，然後處其職宜，定其位用。如此，故應愚鄙盡捐，賢明悉舉矣。又俗好以

毁沈人，不知察其所以致毁；以譽進人，不知測其所以致譽。毁徒皆鄙，則宜擢其毁者；譽黨悉庸，則宜退其譽者。如此，則毁譽不妄，善惡分矣。又既謂之才，則不宜以階級限，不應以年齒齊。凡貴者好疑人少，不知其少於人矣。老者亦輕人少，不知其不及少矣。

自釋氏流教，其來有源，淵檢精測，固非深矣。舒引容潤，既亦廣矣。然習慧者日替其修，束誡者月繁其過，遂至糜散錦帛，侈飾車從。復假精醫術，[一三]託雜卜數，延姝滿室，[一四]置酒浹堂，寄夫託妻者不無，殺子乞兒者繼有。而猶倚靈假像，背親傲君，欺費疾老，震損宮邑，是乃外刑之所不容戮，內教之所不悔罪，而橫天地之間，莫之糾察。人不得然，豈其鬼歟。今宜申嚴佛律，裨重國令，其疵惡顯著者，悉皆罷遣，餘則隨其藪行，[一五]各爲之條，使禪義經誦，人能其一，食不過蔬，衣不出布。若應更度者，則令先習義行，本其神心，必能草腐人天，竦精以往者，雖侯王家子，亦不宜拘。

凡鬼道惑衆，妖巫破俗，觸木而言怪者不可數，寓采而稱神者非可算。其原本是亂男女，合飲食，因之而以祈祝，從之而以報請，是亂不誅，爲害未息。凡一苑始立，一神初興，淫風輒以之而甚，今修隄以北，置園百里，峻山以右，居靈十房，糜財敗俗，其可稱限。又針藥之術，世寡復修，診脈之伎，人鮮能達，民因是益徵於鬼，遂棄於醫，重

令耗惑不反，死夭復半。今太醫宜男女習教，在所應遣吏受業，如此故當愈於媚神之愚，懲艾腠理之敝矣。〔一六〕

凡無世不有言事，無時不有令下，〔一七〕然而升平不至，昏危是繼，何哉？蓋設令之本非實也。又病言不出於謀臣，事不便於貴黨，輕者抵訾呵駁，重者死壓窮擯，故西京有方調之誅，東都有黨錮之戮。〔一八〕陛下若欲申常令，循末典，則羣臣在焉；若欲改舊章，興王道，則微臣存矣。敢昧死以陳，唯陛下察之。

書奏忤旨，自解去職。

又除太子中舍人，出爲廬陵內史。郡後荒蕪，頻有野獸，母薛氏欲見獵，朗乃合圍縱火，令母觀之。火逸燒郡廨，朗悉以秩米起屋，償所燒之限，稱疾去官，遂爲州司所糾。還都謝世祖曰：「州司舉臣愆失，多有不允。臣在郡，虎三食人，蟲鼠犯稼，以此二事上負陛下。」上變色曰：「州司不允，或可有之。蟲虎之災，寧關卿小物。」朗尋丁母艱，有孝性，每哭必慟，其餘頗不依居喪常節。大明四年，上使有司奏其居喪無禮，請加收治。詔曰：「朗悖禮利口，宜令翦戮，微物不足亂典刑，特鏁付邊郡。」於是傳送寧州，於道殺之，時年三十六。

子仁昭，順帝昇明末爲南海太守。

沈懷文字思明，吳興武康人也。祖寂，晉光祿勳。父宣，新安太守。

懷文少好玄理，善爲文章，嘗爲楚昭王二妃詩，見稱於世。初州辟從事，轉西曹，江夏王義恭司空行參軍，隨府轉司徒參軍事，東閤祭酒。丁父憂，新安郡送故豐厚，奉終禮畢，餘悉班之親戚，一無所留。太祖聞而嘉之，賜奴婢六人。服闋，除尚書殿中郎。隱士雷次宗被徵居鍾山，後南還廬岳，何尚之設祖道，文義之士畢集，爲連句詩，懷文所作尤美，辭高一座。以公事例免，同輩皆失官，懷文乃獨留。隨王誕鎮襄陽，出爲後軍主簿，與諮議參軍謝莊共掌辭令，領義成太守。元嘉二十八年，誕當爲廣州，欲以懷文爲安南府記室，〔一九〕先除通直郎，懷文固辭南行，上不悅。

弟懷遠納東陽公主養女王鸚鵡爲妾，元凶行巫蠱，鸚鵡預之，事泄，懷文因此失調，爲治書侍御史。元凶弒立，以爲中書侍郎。世祖入討，劭呼之使作符檄，懷文固辭，劭大怒，投筆於地曰：「當今艱難，卿欲避事邪！」旨色甚切。值殷沖在坐，申救得免。託疾落馬，間行奔新亭。以爲竟陵王誕衞軍記室參軍，新興太守。又爲誕驃騎錄事參軍，淮南太守。時國哀未釋，誕欲起內齋，懷文以爲不可，乃止。尋轉揚州治中從事史。

時議省錄尚書，懷文以爲非宜，上議曰：「昔天官正紀，六典序職，載師掌均，七府成務，

所以翼平辰衡，經贊邦極。故總屬之原，著夫官典，和統之要，昭于國言。夏因虞禮，有深冢司之則，周承殷法，無損掌邦之儀。用乃調佐王均，緝亮帝度。而式憲之軌，弘正漢庭，述章之範，崇明魏室。雖條錄之名，立稱於中代，總釐之實，不愆於自古，比代相沿，歷朝罔貳。及乎爵以事變，級以時改，皆興替之道，無害國章，八統元任，靡或省革。按台輔之職，三曰禮典，以和邦國，以統百官。四曰政典，以平邦國，以正百官。鄭康成云：『冢宰之於庶僚，無所不總也。』考于茲義，備於典文，詳古準今，不宜虛廢。」不從。遷別駕從事史，江夏王義恭遷，西陽王子尚爲揚州，居職如故。

時熒惑守南斗，上乃廢西州舊館，使子尚移居東城以厭之。懷文曰：「天道示變，宜應之以德。今雖空西州，恐無益也。」不從，而西州竟廢矣。〔二〇〕大明二年，遷尚書吏部郎。時朝議欲依古制置王畿，揚州移治會稽，猶以星變故也。懷文曰：「周制封畿，漢置司隸，各因時宜，非存相反，安民寧國，其揆一也。苟民心所安，天亦從之，未必改今追古，乃致平壹。神州舊壤，歷代相承，異於邊州，或罷或置，既物情不說，容虧化本。」又不從。三年，子尚移鎮會稽，遷撫軍長史，行府州事。時囚繫甚多，動經年月，懷文到任，訊五郡九百三十六獄，衆咸稱平。

入爲侍中，寵待隆密，將以爲會稽，其事不行。竟陵王誕據廣陵反，及城陷，士庶皆裸

身鞭面，然後加刑，聚所殺人首於石頭南岸，謂之髑髏山。懷文陳其不可，上不納。揚州移會稽，上忿浙江東人情不和，欲貶其勞祿，唯西州舊人不改。懷文曰：「揚州徙治，既乖民情，一州兩格，尤失大體。臣謂不宜有異。」上又不從。

懷文與顏竣、周朗素善，竣以失旨見誅，朗亦以忤意得罪，上謂懷文曰：「竣若知我殺之，亦當不敢如此。」懷文默然。嘗以歲夕與謝莊、王景文、顏師伯被敕入省，未及進，景文因言次稱竣、朗人才之美，懷文與相酬和，師伯後因語次白上，叙景文等此言。懷文屢經犯忤，至此上倍不說。上又壞諸郡士族，以充將吏，並不服役，至悉逃亡，加以嚴制不能禁。乃改用軍法，得便斬之，莫不奔竄山湖，聚爲盜賊。懷文又以爲言。齋庫上絹，年調鉅萬匹，緜亦稱此。期限嚴峻，民間買絹一匹，至二三千，緜一兩亦三四百，貧者賣妻兒，甚者或自縊死。懷文具陳民困，由是緜絹薄有所減，俄復舊。子尚諸皇子皆置邸舍，逐什一之利，爲患偏天下。懷文又言之曰：「列肆販賣，古人所非，故卜式明不雨之由，弘羊受致旱之責。若以用度不充，頓止爲難者，故宜量加減省。」不聽。孝建以來，抑黜諸弟，廣陵平後，復欲更峻其科。懷文曰：「漢明不使其子比光武之子，前史以爲美談。陛下既明管、蔡之誅，願崇唐、衞之寄。」及海陵王休茂誅，欲遂前議，太宰江夏王義恭探得密旨，先發議端，懷文固謂不可，由是得息。

時游幸無度，太后及六宮常乘副車在後，懷文與王景文每陳不宜亟出。後同從坐松樹下，風雨甚驟。景文曰：「卿可以言矣。」懷文曰：「獨言無係，宜相與陳之。」江智淵臥草側，亦謂言之爲善。俄而被召俱入雉場，懷文曰：「風雨如此，非聖躬所宜冒。」景文又曰：「懷文所啓宜從。」智淵未及有言，上方注弩，作色曰：「卿欲效顏竣邪？何以恒知人事。」又曰：「顏竣小子，〔二二〕恨不得鞭其面！」上每宴集，在坐者咸令沈醉，懷文素不飲酒，又不好戲調，上謂故欲異己。謝莊嘗誡懷文曰：「卿每與人異，亦何可久。」懷文曰：「吾少來如此，豈可一朝而變。非欲異物，性所得耳。」

五年，乃出爲晉安王子勛征虜長史、廣陵太守。明年，坐朝正，事畢被遣還北，〔二三〕以女病求申。臨辭，又乞停三日，訖猶不去。爲有司所糾，免官，禁錮十年。既被免，賣宅欲還東。〔二四〕上大怒，收付廷尉，賜死，時年五十四。三子：淡、淵、沖。

弟懷遠，爲始興王濬征北長流參軍，深見親待。坐納王鸚鵡爲妾，世祖徙之廣州，使廣州刺史宗慤於南殺之。會南郡王義宣反，懷遠頗閑文筆，慤起義，使造檄書，幷銜命至始興，與始興相沈法系論起義事。事平，慤具爲陳請，由此見原。終世祖世不得還。懷文雖親要，屢請終不許。前廢帝世，流徙者並聽歸本，官至武康令。撰南越志及懷文文集，並傳於世。

史臣曰：昔婁敬戍卒，委輅而遷帝都；馮唐老賤，片詞以悟明主。素無王公卿士之貴，非有積譽取信之資，徒以一言合旨，仰感萬乘。自此山壑草萊之人，布衣韋帶之士，莫不踵闕縣書，煙霏霧集。自漢至魏，此風未爽。曁于晉氏，浮僞成俗，人懷獨善，仕貴遺務。降及宋祖，思反前失，雖革薄捐華，抑揚名教，而闢聽之路未啓，采言之制不弘。至於賤隸卑臣，義合朝算，徒以事非己出，知允莫從。昔之開之若彼，今之塞之若此，非爲徐樂、嚴安，偏富漢世，東方、主父，獨闕宋時，蓋由用與不用也。徒置乞言之旨，空下不諱之令，慕古飾情，義非側席，文士因斯，各存炫藻。周朗辯博之言，多切治要，而意在摛詞，文實忤主。文詞之爲累，一至此乎。

校勘記

〔一〕衍主德而批民患　「主」各本並作「王」，據元龜九〇五改。

〔二〕進貞白而黜姦猾　「猾」各本並作「猜」，據元龜九〇五改。

〔三〕結冕兩宮之下　「冕」各本並作「寃」，據元龜九〇五改。

〔四〕拔志勇之將　「拔」各本並作「操」，據元龜九〇五改。

〔五〕又田非嘐水　「嘐」各本並作「膠」，據元龜五二九改。說文：「嘐，燒種也。」漢律曰：「嘐田茠艸。」段玉裁注云：「篇、韻皆云田不耕火種也。謂焚其草木而下種，蓋治山田之法謂然。」史記曰：「楚、越之地或火耕。」

〔六〕若待禮足而行　各本並脫「禮」字，據元龜五二九補。

〔七〕耦語而觖望者　「觖」各本並作「呼」，據元龜五二九改。

〔八〕特易崩沮　「崩」元龜五二九作「摧」。

〔九〕則向之怨者皆爲敵也　各本並脫「皆」字，據元龜五二九補。

〔一〇〕皆宜莫許　元龜五二九作「皆莫允許」。

〔一一〕不及百兩　「百」各本並作「伯」，據元龜五二九、通鑑宋元嘉三十年改。

〔一二〕塗金披繡　各本並作「瓦金皮繡」，據元龜五二九改。

〔一三〕復假精醫術　「精」各本並作「粗」，據元龜五二九改。

〔一四〕延姝滿室　「姝」各本並作「妹」，據嚴可均輯全宋文改。

〔一五〕餘則隨其藝行　「餘」各本並作「除」，據廣弘明集、元龜五二九改。

〔一六〕懲艾勝理之獘矣　「懲艾」各本並作「徵正」，據元龜五二九改。

〔一七〕無時不有令下　「無」三朝本作「未」，各本作「末」，今據通鑑改。

〔一八〕東都有黨錮之戮　「東都」各本並作「東郡」，據元龜五二九改。東都言後漢都洛陽。

〔一九〕欲以懷文爲安南府記室　各本並脫「安」字，據南史補。

〔二〇〕而西州覓廢矣　各本並脫「西」字，據南史、元龜七一七補。

〔二一〕顏竣小子　「顏竣」各本並作「顏峻」，據竣本傳改正。

〔二二〕事畢被遣還北　「還」各本並作「遷」，據南史、通鑑宋孝武帝大明六年改。

〔二三〕賣宅欲還東　「賣」各本並作「買」，據南史改。

宋書卷八十三

列傳第四十三

宗越　吳喜　黃回

宗越，南陽葉人也。本河南人，晉亂，徙南陽宛縣，又土斷屬葉。本爲南陽次門，安北將軍趙倫之鎮襄陽，襄陽多雜姓，倫之使長史范覬之條次氏族，辨其高卑，覬之點越爲役門。〔一〕出身補郡吏。父爲蠻所殺，殺其父者嘗出郡，越於市中刺殺之，太守夏侯穆嘉其意，擢爲隊主。蠻有爲寇盜者，常使越討伐，往輒有功。家貧無以市馬，常刀楯步出，單身挺戰，衆莫能當。每一捷，郡將輒賞錢五千，因此得市馬。後被召，出州爲隊主。世祖鎮襄陽，以爲揚武將軍，領臺隊。元嘉二十四年，啓太祖求復次門，移戶屬冠軍縣，許之。二十七年，隨柳元景北伐，領馬幢，隸柳元怙，有戰功，事在元景傳。還補後軍參軍督護，隨王誕戲之

曰：「汝何人，遂得我府四字。」越答曰：「佛貍未死，不憂不得諮議參軍。」誕大笑。

隨元景伐西陽蠻，因値建義，轉南中郎長兼行參軍，新亭有戰功。世祖卽位，以爲江夏王義恭大司馬行參軍，濟陽太守，尋加龍驤將軍。臧質、魯爽反，越率軍據歷陽。爽遣將軍鄭德玄前據大峴，德玄分遣偏師楊胡興、劉蜀馬步三千，〔二〕進攻歷陽。越以步騎五百於城西十餘里拒戰，大破斬胡興、蜀等。爽平，又率所領進梁山拒質，質敗走，越戰功居多。因追奔至江陵。時荊州刺史朱脩之未至，越多所誅戮，又逼略南郡王義宣子女，坐免官繫尚方。尋被宥，復本官，追論前功，封筑陽縣子，食邑四百戶。遷西陽王子尙撫軍中兵參軍，將軍如故。大明三年，轉長水校尉。

竟陵王誕據廣陵反，越領馬軍隸沈慶之攻誕。及城陷，世祖使悉殺城內男丁，越受旨行誅，躬臨其事，莫不先加捶撻，或有鞭其面者，欣欣然若有所得，所殺凡數千人。四年，改封始安縣子，戶邑如先。八年，遷新安王子鸞撫軍中兵參軍，加輔國將軍。其年，督司州豫州之汝南新蔡汝陽潁川四郡諸軍事、寧朔將軍、司州刺史，尋領汝南、新蔡二郡太守。

前廢帝景和元年，召爲遊擊將軍，直閤。頃之，領南濟陰太守，進爵爲侯，增邑二百戶。又加冠軍將軍，改領南東海太守，游擊如故。帝凶暴無道，而越及譚金、童太壹並爲之用命，誅戮羣公及何邁等，莫不盡心竭力，故帝憑其爪牙，無所忌憚。賜與越等美女金帛，充

牣其家。越等武人，粗强識不及遠，咸一往意氣，〔三〕皆無復二心。帝將欲南巡，明旦便發，其夕悉聽越等出外宿，太宗因此定亂。明晨，越等並入，上撫接甚厚，越改領南濟陰太守，本官如故。

越等既爲廢帝盡力，慮太宗不能容之，上接待雖厚，內並懷懼。上亦不欲使其居中，從容謂之曰：「卿等遭罹暴朝，勤勞日久，〔四〕苦樂宜更，應得自養之地。兵馬大郡，隨卿等所擇。」越等素已自疑，及聞此旨，皆相顧失色，因謀作難。以告沈攸之，攸之具白太宗，卽日收越等下獄死。越時年五十八。

越善立營陣，每數萬人止頓，越自騎馬前行，使軍人隨其後，馬止營合，未嘗參差。及沈攸之代殷孝祖爲南討前鋒，時孝祖新死，衆並懼，攸之歎曰：「宗公可惜，故有勝人處。」而御衆嚴酷，好行刑誅，睚眦之間，動用軍法。時王玄謨御下亦少恩，將士爲之語曰：「寧作五年徒，不逐王玄謨。玄謨尙可，宗越殺我。」

譚金，荒中傖人也。在荒中時，與薛安都有舊，後出新野，居牛門村。及安都歸國，金常隨征討。自北入峭陝，及巴口建義，恒副安都，排堅陷陣，氣力兼人，平元凶及梁山破臧質，每有戰功。稍至建平王宏中軍參軍事，加建武將軍，尋轉龍驤將軍、南下邳太守，參軍

如故。孝建三年，遷屯騎校尉，直閤，領南清河太守。景和元年，前廢帝誅羣公，金等並爲之用。帝下詔曰：「屯騎校尉南清河太守譚金、强弩將軍童太壹、車騎中兵參軍沈攸之，誠略沈果，忠幹勇鷙，消蕩氛翳，首制鯨凶，宜裂河山，以酬勳義。金可封平都縣男，太壹宜陽縣男，攸之東興縣男，食邑各三百戶。」金遷驍騎將軍，增邑百戶。太壹，東莞人也。自强弩遷左軍將軍，增邑百戶。金、太壹並與宗越俱死。

越州里劉胡、武念、佼長生、蔡那、曹欣之，並以將帥顯。劉胡事在鄧琬傳。

武念，新野人也。本三五門，出身郡將。蕭思話爲雍州，遣土人龐道符統六門田，念爲道符隨身隊主。後大府以念有健名，且家富有馬，召出爲將。世祖臨雍州，念領隊奉迎。時沔中蠻反，世祖之鎮，緣道討伐，部伍至大堤巖洲，蠻數千人忽至，乘高矢射雨下。念馳赴奮擊，應時摧退，卽擢爲參軍督護。其後每軍旅，常有戰功。世祖孝建中，爲建威將軍、桂陽太守。竟陵王誕反，念以江夏王義恭太宰參軍、龍驤將軍，隸沈慶之攻廣陵城。誕出城走，既而復還，念追之不及，坐免官。復以爲冗從僕射，出爲龍驤將軍、南陽太守。前廢帝景和中，爲右軍將軍，直閤，封開國縣男，食邑三百戶。太宗初卽位，四方反叛，遣念乘驛還雍州，綏慰西土，因以爲南陽太守。念既至，人情並向之，劉胡遣腹心數騎詐詣念降，於坐

縛念，袁顗斬之，送首詣晉安王子勛。念黨袁處珍逃亡至壽陽，爲逆黨劉順所得，考楚備至，秉義不移，後得叛奔劉劭，太宗嘉之，以爲奉朝請。追贈念冠軍將軍、南陽新野二郡太守，封綏安縣侯，食邑四百戶。泰始四年，綏安縣省，改封邵陵縣。

佼長生，廣平人也。出身爲縣將，大府以其有膂力，召爲府將。朱脩之拒魯秀於峴南，長生有戰功，稍見任使。太宗初，爲建安王休仁司徒中兵參軍，加寧朔將軍。南討有功，封遷陵縣侯，食邑八百戶。後爲張悅寧遠司馬，寧蠻校尉。泰始五年，卒，追贈征虜將軍、雍州刺史。

蔡那，南陽冠軍人也。家素富，而那兄局善接待賓客，客至無少多，皆資給之，以此爲郡縣所優異，蠲其調役。那始爲建福戍主，漸至大府將佐。太宗初，爲建安王休仁司徒中兵參軍，南討。那子弟皆在襄陽，爲劉胡所執，胡每戰輒懸之城外，那進戰愈猛。以功封平陽縣侯，食邑五百戶。稍至劉韞撫軍司馬、寧蠻校尉，加寧朔將軍。泰豫元年，以本號爲益州刺史、宋寧太守，未拜，卒，追贈輔師將軍，餘如故，諡曰平侯。

晉欣之，新野人也。積勤勞，後廢帝元徽初，爲軍主。以平桂陽王休範功，封新市縣子，食邑五百戶。爲左軍驍騎將軍，加輔國將軍。元徽四年，以本號爲徐州刺史、鍾離太守，進號冠軍將軍。順帝昇明二年，徵爲散騎常侍、驍騎將軍。三年，卒。

吳喜，吳興臨安人也。本名喜公，太宗減爲喜。

初出身爲領軍府白衣吏。少知書，領軍將軍沈演之使寫起居注，所寫既畢，闇誦略皆上口。演之嘗作讓表，未奏，失本，喜經一見，卽便寫赴，無所漏脫，演之甚知之。因此涉獵史、漢，頗見古今。演之門生朱重民入爲主書，薦喜爲主書書史，〔五〕進爲主圖令史。太祖嘗求圖書，喜開卷倒進之，太祖怒，遣出。

會太子步兵校尉沈慶之征蠻，啓太祖請喜自隨，使命去來，爲世祖所知賞。世祖於巴口建義，喜遇病，不堪隨慶之下。事平，世祖以喜爲主書，稍見親遇，擢爲諸王學官令，左右尚方令，河東太守，殿中御史。大明中，黟、歙二縣有亡命數千人，攻破縣邑，殺害官長。豫章王子尚爲揚州，在會稽，再遣主帥，〔六〕領三千人水陸討伐，遂再往，失利，世祖遣喜將數十人至二縣，誘說羣賊，賊卽日歸降。

太宗初卽位，四方反叛，東兵尤急。喜請得精兵三百，致死於東，上大說，卽假建武將軍，簡羽林勇士配之。議者以喜刀筆主者，不嘗爲將，不可遣。中書舍人巢尚之曰：「喜昔隨沈慶之，屢經軍旅，性旣勇決，又習戰陳，若能任之，必有成績。諸人紛紛，皆是不別才耳。」喜乃率員外散騎侍郎竺超之、殿中將軍杜敬眞馬步東討。旣至永世，得庾業、劉延熙書，送尋陽王子房檄文。與喜書曰：「知統戎旅，已次近路，卿所在著名，今日何爲立忠於彼邪？想便倒戈，共受河、山之賞。」喜報書曰：「前驅之人，忽獲來翰，披尋狂惑，良深悵駭。聖主以神武撥亂，德盛勳高，羣逆交扇，滅在晷刻。君等勳義之烈，世荷國恩，事愧鳴鴞，不懷食椹。今練勒所部，星言進邁，相見在近，不復多陳。」喜孝武世見驅使，常充使命，性寬厚，所至人並懷之。及東討，百姓聞吳河東來，便望風降散，故喜所至克捷，事在孔覬傳。遷步兵校尉，將軍如故。封竟陵縣侯，食邑千戶。東土平定，又率所領南討，遷輔國將軍、尋陽太守。南賊退走，喜追討平定荆州，遷前軍將軍，增邑三百戶。泰始四年，改封東興縣侯，戶邑如先。

仍除使持節、督交州廣州之鬱林寧浦二郡諸軍事、輔國將軍、交州刺史。不行，又除右軍將軍、淮陵太守，假輔師將軍，兼太子左衞率。五年，轉驍騎將軍，假號、太守、兼率如故。其年，虜寇豫州，喜統諸軍出討，大破虜於荆亭，僞長社公遁走，戍主帛乞奴歸降。軍還，復

以本位兼左衞將軍。六年，又率軍向豫州拒索虜，加節、督豫州諸軍事，假冠軍將軍，驍騎、太守如故。明年，還京都。

初喜東征，白太宗得尋陽王子房及諸賊帥，卽於東梟斬。東土旣平，喜見南賊方熾，慮後翻覆受禍，乃生送子房還都，凡諸大主帥顧琛、王曇生之徒，皆被全活。上以喜新立大功，不問也，而內密銜之。及平荆州，恣意剽虜，贓私萬計，又嘗對賓客言漢高、魏武本是何人，上聞之，益不說。其後誅壽寂之，喜內懼，因啓乞中散大夫，上尤疑駭。至是會上有疾，爲身後之慮，以喜素得人情，疑其將來不能事幼主，乃賜死，時年四十五。喜將死之日，上召入內殿與共言譃，酬接甚款。旣出，賜以名饌，幷金銀御器，敕將命者勿使食器宿喜家。上素多忌諱，不欲令食器停凶禍之室故也。喜未死一日，上與劉劭、張興世、齊王詔曰：

吳喜出自卑寒，少被驅使，利口任詐，輕狡萬端。自元嘉以來，便充刀筆小役，賣弄威恩，苟取物情，處處交結，皆爲黨與，衆中常以正直爲詞，而內實阿媚。每仗計數，運其佞巧，甘言說色，曲以事人，不忠不平，彰於觸事。從來作諸署，主意所不協者，覓罪委頓之，以示清直，而餘人恣意爲非，一不檢問，故甚得物情。

昔大明中，黟、歙二縣有亡命數千人，攻破縣邑，殺害官長，劉子尚在會稽，再遣主帥，領三千精甲水陸討伐，再往失利。孝武以喜將數十人至二縣說誘羣賊，賊卽歸降。

詭數幻惑，乃能如此，故每豫驅馳，窮諸狡慝。及泰始初東討，正有三百人，直造三吳，凡再經薄戰，而自破岡以東至海十郡，無不清蕩。百姓聞吳河東來，便望風自退，若非積取三吳人情，何以得弭伏如此。其統軍寬慢無章，放恣諸將，無所裁檢，故部曲爲之致力。觀其意趣，止在賊平之後，應力爲國計。喜初東征發都，指天畫地，云得劉子房卽當屛除，袁標等皆加斬戮，使略無生口。既平之後，緩兵施恩，納罪人之貨，誘諸賊帥，令各逃藏，受賂得物，不可稱紀。聽諸賊帥假稱爲降，而擁衞子房遂得生歸朝庭。收羅羣逆，皆作爪牙，撫接優密，過於義士。推此意，正是聞南賊大盛，殷孝祖戰亡，人情大惡，慮逆徒得志，規以自免。喜善爲姦變，每以計數自將，於朝廷則三吳首獻慶捷，〔七〕於南賊則不殺其黨，頗著陰誠，當云東人恇怯，望風自散，皆是彼無處分，非其苦相逼迫，保全子房及顧琛等，足表丹誠，進退二塗，可以無患。

南賊未平，唯以軍糧爲急，西南及北道斷不通，東土新平，商運稀簡，朝廷乃至鬻官賣爵，以救災困，斗斛收斂，猶有不充。喜在赭圻，軍主者頓偸一百三十斛米，初不問罪，諸軍主皆云宜治，喜不獲已，止與三十鞭，又不責備，凡所曲意，類皆如此。

喜至荆州，公私殷富，錢物無復孑遺。喜乘兵威之盛，誅求推檢，凡所課責，既無定科，又嚴令驅蹙，皆使立辦。所使之人，莫非姦猾，因公行私，迫脅在所，入官之物，

侵竊過半，納資請託，不知厭已。西難既殄，便應還朝，而解故槃停，託云扞蜀。實由貨易交關，事未回展。又遣人入蠻，矯詔慰勞，賧伐所得，一以入私。又遣部下將吏，兼因土地富人，往襄陽或蜀、漢，屬託郡縣，侵官害民，興生求利，千端萬緒。從西還，大艑小艒，爰及草舫，錢米布絹，無船不滿。自喜以下，迨至小將，人人重載，莫不兼資。

喜本小人，多被使役，經由水陸，州郡殆徧，所至之處，輒結物情，妄竊善稱，聲滿天下，密懷姦惡，人莫之知。喜軍中諸將，非刼便賊，唯云：「賊何須殺，但取之，必得其用。」雖復羸弱，亦言：「健兒可惜，天下未平，但令以功贖罪。」處遇料理，反勝勞人，此輩所感唯喜，莫云恩由朝廷。凶惡不革，恒出醜聲，勞人義士，相與歎息，並云：「我等不愛性命，擊擒此賊，朝廷不肯殺去，反與我齊。今天下若更有賊，我不復能擊也。」此等既隨喜行，多無功効，或隱在衆後，或在幔屋中眠。賊既破散，與勞人同受爵賞。既被詰問，辭白百端，云：「此輩既見原宥，擊賊有功，那得不依例加賞。」褚淵往南選諸將卒，喜爲軍中經爲賊者，就淵求官，倍於義士。淵以喜最前獻捷，名位已通，又爲統副，難相違拒，是以得官受賞，反多義人。義人雖忿喜不平，又懷其寬弛。往歲竺超之閈四方反叛，人情畏賊，無敢求爲朝廷行者，乃慨然攘步，隨喜出征，爲其軍副。身經臨敵，自東還，失喜意，說超之多酒，不堪驅使，遂相委棄。高敬祖年雖少宿，氣力實健，

其有處分，爲軍中所稱，喜薄其衰老，云無所施。正以二人忠清，與己異行。超之爲人，乃多飲酒，計喜軍中主帥，豈無飲酒者，特是不利超之，故以酒致言耳。敬祖既無餘事，直云年老，託爲乞郡，潛相遣斥。其餘主帥，並貪濁諂媚之流，皆提攜東西，不相離捨。喜聞天壤間有罪人死或應繫者，必啓以入軍，皆得官爵，厚被處遇。應入死之人，緣己得活，非唯得活，又復如意，人非木石，何能不感。設令吾攻喜門，此輩誰不致力，但是喜不敢生心耳。喜軍中人皆是喜身爪牙，豈關於國。

喜自得軍號以來，多置吏佐，是人加板，無復限極。爲兄弟子姪及其同堂羣從，乞東名縣，連城四五，皆灼然巧盜，侵官奪私。亡命罪人，州郡不得討，崎嶇蔽匿，必也黨護，臺州符旨，殆不復行。船車牛犢，應爲公家所假借者，託之於喜，吏司便不敢問。它縣奴婢，入界便略。百姓牛犢，輒牽殺噉。州郡應及役者，並入喜家。喜兄茹公等悉下取錢，盈村滿里。諸吳姻親，就人間徵求，無復紀極，百姓嗷然，人人悉苦。喜具知此，初不禁呵。

索惠子罪不甚江悆，既已被恩，得免憲辟，小小忤意，輒加刑斬。張悅賊中大帥，逼迫歸降，沈攸之錄付喜，云：「殺活當由朝廷。」將帥征伐，既有常體，自應執歸之有司，喜卽便打鎖，解襦與著，對膝圍棊，仍造重義，私惠招物，觸事如斯。張靈度凶愚小

人，背叛之首，喜在西輒恕其罪，私將下都，與之周旋，情若同體。狠子野心，獨懷毒性，遂與柳欣慰等謀立劉禕，吾使喜錄之，而喜密報令去，去未得遠，爲建康所錄。喜背國親惡，乃至於是。

初從西反，圖兼右丞，貪因事物，以行私詐，吾患其諂曲，抑而不許，從此怨懟，意用不平。

喜西救汝陰，縱肆兵將，掠暴居民，姦人婦女，逼奪雞犬，虜略縱橫，緣路官長，莫敢呵問。脫誤有縛錄一人，喜輒大怒。百姓呼嗟，人人失望。近段佛榮〔八〕求還，乃欲用喜代之，西人聞其當來，皆欲叛走，云：「吳軍中人皆是生刼，若作刺史，吾等豈有活路。」既無他計，正當叛投虜耳。」夫伐罪弔民，用淸國道，豈有殘虐無辜，剝奪爲務，害政妨國，罔上附下，罪釁若此，而可久容。臧文仲有云：「見有善於其君，如孝子之養父母，見有惡於君，若鷹鸇之逐鳥雀。」耿弇不以賊遺君父，前史以爲美談。而喜軍中五千人，皆親經反逆，攜養左右，豈有奉上之心。

喜意志張大，每稱漢高、魏武，本是何人。近忽通啓，求解軍任，乞中散大夫。喜是何人，乃敢作此舉止。且當今邊疆未寧，正是喜輪蹄領之日，若以自處之宜，當節儉廉愼，靜掃閉門，不與外物交關，專心奉上，何得以其雌蝻，高自比擬。當是自顧愆釁，

事宜遐邇，又見壽寂之流徙，施脩林被擊，物惡傷類，內懷憂恐，故興此計，圖欲自安。

朝廷之士及大臣藩鎮，喜殆無所畏者，畏者唯吾一人耳。人生修短，不可豫量，若吾壽百年，世間無喜，何所虧損。若使吾四月中疾患不得治力，天下豈可有喜一人。尋喜心迹，不可奉守文之主，豈可遭國家間隙，有可乘之會邪。世人多云，「時可長，國政嚴」。歷觀有天下，御億兆，杖威齊衆，何代不然。故上古象刑，民淳不犯，後聖懲僞，易以剠墨。唐堯至仁，不赦四凶之罪；漢高大度，而急三傑之誅。且太公爲治，先華士之刑；宣尼作宰，肆少正之戮。自昔力安社稷，功濟蒼生，班劍引前，笳鼓陪後，不能保此者，歷代無數。養之以福，十分有一耳。至若喜之深罪，其得免乎。

夫富之與貴，雖以功績致之，必由道德守之，故善始者未足稱奇，令終者乃可重耳。凡置官養士，本在利國，當其爲利，愛之如赤子，及其爲害，畏之若仇讎，豈暇遠尋初功，而應忍受終敝耳。將之爲用，譬如餌藥，當人羸冷，資散石以全身，及熱勢發動，去堅積以止患。豈憶始時之益，不計後日之損，存前者之賞，抑當今之罰。非忘其功，勢不獲已耳。喜罪釁山積，志意難容，雖有功效，不足自補，交爲國患，焉得不除。且欲防微杜漸，憂在未萌，不欲方幅露其罪惡，明當嚴詔切之，令自爲其所。卿諸人將相大臣，股肱所寄，賞罰事重，應與卿等論之，卿意並謂云何？

及喜死，發詔賻賜。

子徽民襲爵。齊受禪，國除。

黃回，竟陵郡軍人也。出身充郡府雜役，稍至傳教。臧質爲郡，轉齋帥，及去職，將回自隨。質爲雍州，回復爲齋帥。質討元凶，回隨從有功，免軍戶。質在江州，擢領白直隊主。隨質於梁山敗走向豫章，爲臺軍主謝承祖所錄，付江州作部，遇赦得原。回因下都，於宣陽門與人相打，詐稱江夏王義恭馬客，鞭二百，付右尚方。會中書舍人戴明寶被繫，差回爲戶伯，性便辟勤緊，奉事明寶，竭盡心力。明寶尋得原赦，委任如初，啓免回，以領隨身隊，統知宅及江西墅事。性有功藝，〔八〕觸類多能，明寶甚寵任之。

回拳捷果勁，勇力兼人，在江西與諸楚子相結，屢爲劫盜。會太宗初卽位，四方反叛，明寶啓太宗使回募江西楚人，得快射手八百，假回寧朔將軍、軍主，隸劉勔西討。於死虎破杜叔寶軍，除山陽王休祐驃騎行參軍、龍驤將軍。攻合肥，破之，累遷至將校，以功封葛陽縣男，食邑二百戶。

後廢帝元徽初，桂陽王休範爲逆，回以屯騎校尉領軍隸齊王，於新亭創詐降之計，事在休範傳。回見休範可乘，謂張敬兒曰：「卿可取之，我誓不殺諸王。」敬兒卽日斬休範。事平，轉回驍騎將軍，加輔師將軍，進爵爲侯，改封聞喜縣，增邑千戶。四年，遷冠軍將軍、南琅邪濟陽二郡太守。建平王景素反，回又率軍前討，假節。城平之日，回軍先入，又以景素讓張倪奴。回增邑五百戶，進號征虜將軍，加散騎常侍，太守如故。明年，遷右衞將軍，常侍如故。

沈攸之反，以回爲使持節、督郢州司州之義陽諸軍事、平西將軍、郢州刺史，給鼓吹一部，率衆出新亭爲前鋒。未發，而袁粲據石頭爲亂，回與新亭諸將帥任候伯、彭文之、王宜興、孫曇瓘等謀應粲。粲事發，候伯等並乘船赴石頭，唯曇瓘先至得入，候伯等至，而粲已平。回本期詰旦率所領從御道直向臺門，攻齊王於朝堂，事既不果，齊王撫之如舊。回與宜興素不協，慮或反告，因其不從處分，斬之。宜興，吳興人也。形狀短小，而果勁有膽力。少年時爲劫不須伴，郡討逐圍繞數十重，終莫能擒。太宗泰始中，爲將，在壽陽間擊索虜，每以少制多，挺身深入，無所畏憚，虜衆値宜興，皆引避不敢當。稍至寧朔將軍，羽林監。以平建平王景素功，封長壽縣男，食邑三百戶。至是爲屯騎校尉，加輔國將軍。

回進軍未至郢州，而沈攸之敗走，回至鎭，進號鎭西將軍，改督爲都督。回不樂停郢州，固求南兗，遂率部曲輒還。改封安陸郡公，增邑二千戶，幷前三千七百戶。改都督南兗徐兗青冀五州諸軍事、鎭北將軍、南兗州刺史，加散騎常侍，持節如故。

齊王以回終爲禍亂，乃上表曰：「黃回出自廝伍，本無信行，仰值泰始，謬被驅馳，階藉風雲，累叨顯伍。及沈攸之作逆，事切戎機，臣闇於知人，冀其搏噬，遣統前鋒，竟不接刃。軍至郢城，乘威迫脅，陵掠所加，必先尊貴。武陵王馬器服咸被虜奪，城內文武，剝剔靡遺。及至還都，縱恣彌甚，先朝御服，猶有二輿，弓劍遺思，尚在車府，回遂啓求，以擬私用，僭侮無厭，罔顧天極。又廣納逋亡，多受劫盜，親信此等，並爲爪牙。觀其凶狡，憂在不測。惡積罪著，非可含忍，應加剝除，以明國憲。尋其釁狀，實宜極法，但嘗經將帥，微有塵露，罪疑從輕，事炳前策，請在降減，特原餘嗣。臣過荷隆寄，言必罄誠，謹陳管穴，式遵弘典，伏願聖明，特垂允鑒。臣思不出位，誠昧甄才，追言既往，伏增慚悳。」詔曰：「黃回擢自凡豎，夙負疵釁，貰以憲綱，收其搏噬。雖勤效累著，而屢懷干紀。新亭背叛，投拜寇場，異規既扇，廟律幾殆，幸得張敬兒提戈直奮，元惡受戮。及景素結逆，履霜歲久，乃密通音譯，潛送器杖，氛沴克霽，狡謀方顯。每存容掩，冀能悛革，故裂茅升爵，均榮勳寵。凶詖有本，險慝滋深，搆誘敬兒，志相攻陷，悖圖未遂，很戾彌甚。近軍次郢鎭，劫逼府主，兼挾私計，多所徵索，主局沓疑，便加捶楚，專肆暴慢，罔顧彝則。膺牧西蕃，徽賁惟厚，曾不知感，猶懷忿怨。李安民述任河、濟，星管未周，貪據襟要，苦祈回奪。黷諰弗已，叨侈無度，遂請求御與，僭擬私飾。又招萃賊黨，初不啓聞，傷風黷化，莫此之甚。宜明繩裁，肅正刑書，便收付廷尉，依法窮治。」

回死時，年五十二。子僧念，尚書左民郎，竟陵相，未發，從誅。

回既貴，祗事戴明寶甚謹，言必自名。每至明寶許，屏人獨進，未嘗敢坐。躬至帳下及入內，料檢有無，隨乏供送，以此爲常。

先是，王蘊爲湘州，潁川庾佩玉爲蘊寧朔府長史、長沙內史。蘊去職，南中郎將、湘州刺史南陽王翽未之任，權以佩玉行府州事。先遣中兵參軍、臨湘令韓幼宗領軍戍防湘州，與佩玉共事，不美。及沈攸之爲逆，佩玉、幼宗各不相信，幼宗密圖，佩玉知其謀，襲殺幼宗。回至郢州，遣輔國將軍任候伯行湘州事，候伯以佩玉兩端，輒殺之。湘州刺史呂安國之鎮，齊王使安國誅候伯。

彭文之，泰山人也。以軍功稍至龍驤將軍。討建平王景素功，封葛陽縣男，食邑三百戶。順帝初，爲輔國將軍、左軍將軍、南濮陽太守，直閤，領右細仗盪主。沈攸之平後，齊王收之下獄，賜死。

孫曇瓘，吳郡富陽人也。驍果有氣力，以軍功稍進，至是爲寧朔將軍、越州刺史。於石

頭叛走，逃竄經時，後於秣陵縣禽獲，伏誅。

回同時爲將者，臨淮任農夫，沛郡周寧民，南郡高道慶，並以武用顯。〔九〕農夫稍至强弩將軍。太宗初，以東討功，封廣晉縣子，食邑五百戶。東土平定，仍又南討，增邑二百戶。歷射聲校尉，左軍將軍。時桂陽王休範在江州，有異志，朝廷慮其下，以農夫爲輔師將軍、淮南太守，戍姑孰以防之。休範尋率衆向京邑，奄至近道，農夫棄戍還都。休範平，以戰功改封孱陵縣侯，增邑千戶，幷前千七百戶。出爲輔師將軍、豫州刺史，尋進號冠軍將軍。明年，入爲驍騎將軍，加通直散騎常侍。前世加官，唯散騎常侍，無通直員外之文。太宗以來，多因軍功至大位，資輕加常侍者，往往通直員外焉。五年，加征虜將軍，改通直爲散騎常侍，驍騎如故。其年卒，追贈左將軍，常侍如故，謚曰貞肅。候伯，即農夫弟也。

周寧民於鄉里起義討薛安都，亦以軍功至軍校。泰始初，封贛縣男，食邑三百戶。官至寧朔將軍、徐州刺史，鍾離太守。

高道慶亦至軍校驍游，以平桂陽王休範功，封樂安縣男，食邑三百戶。建平王景素反，道慶領軍北討，而與景素通謀。及事平，自啓求增邑五百戶，詔加二百，幷前五百戶。道慶凶險暴橫，求欲無已，有失其意，輒加捶拉，往往有死者，朝廷畏之如虎狼。齊王與袁粲等議，收付廷尉，賜死。

史臣曰：夫豎人匹夫，濟其身業，非世亂莫由也。以亂世之情，用於治日，其得不亡，亦爲幸矣。

校勘記

〔一〕覘之點越爲役門　「點」建康實錄作「黠」。

〔二〕德玄分遣偏師楊胡興劉蜀馬步三千　各本並脫「遣」字，據元龜三五一補。「楊胡興」薛安都傳作「楊胡與」，通鑑從越傳。

〔三〕咸一往意氣　「咸」南史作「感」。

〔四〕勤勞日久　「久」各本並作「夕」，據南史改。

〔五〕薦喜爲主書書史　「主書書史」南史作「主書吏」。本書恩倖王道隆傳有「爲主書書吏」。

〔六〕再遣主帥　「遣」下各本並衍「爲」字，據元龜二一五刪。下明帝與劉勔、張興世、齊王詔文亦有「劉子尙在會稽，再遣爲主帥」語，「爲」字並刪。

〔七〕於朝廷則三吳首獻慶捷　「則」各本並作「時」，孫虨宋書考論云：「時疑則譌。」按作「時」不可

通，作「則」則與下句相對成文。孫說是，今改正。

〔八〕性有功藝　「功藝」南史作「巧藝」。

〔九〕並以武用顯　「顯」各本並作「顧」，孫虨宋書考論云：「顧當爲顯。」按孫說是，今改正。

宋書卷八十四

列傳第四十四

鄧琬　袁顗　孔覬

鄧琬字元琬，〔一〕豫章南昌人也。高祖混，曾祖玄，並爲晉尚書吏部郎。祖潛之，鎭南長史。父胤之，世祖征虜長史，吏部郎，彭城王義康大將軍長史、豫章太守，光祿勳。

琬初爲州西曹主簿，南譙王義宣征北行參軍，轉參軍事，又隨府轉車騎參軍，仍轉府主簿，江州治中從事史。世祖起義，版琬爲輔國將軍、南海太守，率軍伐蕭簡於廣州，攻圍踰年，乃克。以臧質反，爲廣州刺史宗慤所執，〔二〕值赦原。琬弟璩，與臧質同逆，質敗從誅，琬弟環亦坐誅，琬在遠，又有功，免死遠徙，仍停廣州。久之得還，除給事中，尚書庫部郎，都水使者，丹陽丞，本州大中正。大明七年，車駕幸歷陽，追思在藩之舊，下詔曰：「故光祿勳、前征虜長史鄧胤之體局沈隱，累任著績。朕昔當藩重，首先佐務，心力款盡，弗忘于懷。

往歲息璩凶悖，自取誅翦，沿恩及琬，特免釁戮。今可擢爲給事黃門侍郎，以旌胤之宿誠。」

明年，出爲晉安王子勛鎭軍長史、尋陽內史，行江州事。前廢帝狂悖無道，以太祖、世祖並第數居三以登極位，子勛次第既同，深構嫌隙，因何邁之謀，乃遣使齎藥賜子勛死。使至，子勛典籤謝道遇、齋帥潘欣之、侍書褚靈嗣等馳以告琬，泣涕請計。琬曰：「身南土寒士，蒙先帝殊恩，以愛子見託，豈得惜門戶百口，其當以死報効。幼主昏暴，社稷危殆，雖曰天子，事猶獨夫。今便指率文武，直造京邑，與羣公卿士，廢昏立明。」景和元年十一月十九日，稱子勛教，即日戒嚴。子勛戎服出聽事，集僚佐，使潘欣之口宣旨曰：「少主昏狂悖戾，並是諸君所見聞。顧命重臣，悉皆誅戮。驅逼王公，幽辱太后。不逞之徒，共成其釁。京師諸王，並見囚逼，委厄虎口，思奮莫因。身義兼家國，豈可坐視橫流，今便欲舉九江之衆，馳檄近遠，以謀王室。於諸君何如？」四座未答，錄事參軍陶亮曰：「少主昏狂，醜毒已積。伊、霍行之於古，殿下當之於今。鄙州士子，世習忠節，況屬千載之會，請効死前驅。」衆並奉旨。文武普進位一階。轉亮爲諮議參軍事，領中兵，加寧朔將軍，總統軍事。功曹張沈爲諮議參軍，統作舟艦。參軍事顧昭之、沈伯玉、荀道林等參管書記。南陽太守沈懷寶、岷山太守薛常寶之郡，始至尋陽，與新蔡太守韋希直並爲諮議參軍，領中兵，及彭澤令陳紹宗並爲將帥。

初，廢帝使荆州錄送前軍長史、荆州行事張悅下至盆口，琬稱子勛命，釋其桎梏，迎以所乘之車，以爲司馬，加征虜將軍。加琬冠軍將軍，二人共掌內外衆事。遣將軍俞伯奇率五百人出斷大雷，禁絕商旅，及公私使命。遣使上諸郡民丁，收斂器械，十日之內，得甲士五千人，出頓大雷，於兩岸築壘。巴東、建平二郡太守孫沖之之郡，始至孤石，琬以沖之爲子勛諮議參軍，領中兵，加輔國將軍，與陶亮並統前軍。使記室參軍荀道林造檄文，馳告遠近。

會太宗定亂，進子勛號車騎將軍、開府儀同三司。令書至，諸佐吏並喜，造琬曰：「暴亂既除，殿下又開黃閤，實爲公私大慶。」琬以子勛次第居三，又以尋陽起事，有符世祖，理必萬克。乃取令書投地曰：「殿下當開端門，黃閤是吾徒事耳。」衆並駭愕。琬與陶亮等繕治器甲，徵兵四方。郢州刺史安陸王子綏、荆州刺史臨海王子頊、會稽太守尋陽王子房、雍州刺史袁顗、梁州刺史柳元怙、益州刺史蕭惠開、廣州刺史袁曇遠、徐州刺史薛安都、青州刺史沈文秀、冀州刺史崔道固、湘州行事何慧文、吳郡太守顧琛、吳興太守王曇生、晉陵太守袁標、義興太守劉延熙並同叛逆。

先是，廢帝以邵陵王子元爲冠軍將軍、湘州刺史，中兵參軍沈仲玉爲道路行事，至鵲頭，聞尋陽兵起，停住，白太宗進止之宜。太宗以子勛起兵，本在幼主，雖疑其不即解甲，不欲先彰同異，敕令進道。信未報，琬聞子元停鵲頭不進，遣數百人劫迎之。乃建牙於桑尾，

傳檄京師曰：

陽六數艱，雲雷相襲。高皇受歷，時乘雲轡，頓於促路。文祖定祥，係昭睿化，翦於中年。二凶縱禍，三綱理滅，宗王俛首，姑息逆朝，枕戈無聞，偸榮有秩。孝武皇帝釋位泣血，糾義入討，投袂戎首，親戮鯨鯢，九服還輝，兩儀更造。而穹旻不惠，棄離萬國，皇運重晉，嗣主荒淫。孤以不才，任居藩長，大懼宗稷，殲覆待日。故招徒楚郢，飛檄京甸，志遵前典，黜幽陟明，庶七廟復安，海昏有紹。豈圖宋未悔禍，弒亂奄臻，遂矯害明茂，纂竊天寶，反道効尤，蔑我皇德，干我昭穆，寡我兄弟，恣鴟鴞之心，蹈倫、穎之志，覆移鼎祚，誣罔天人。藐孤同氣，猶有十三，聖靈何辜，而當乏饗。

昔隆周弛御，晉、鄭是依；盛漢中陵，居、章抗節。支苗輕屬，猶或忘軀，況孤忝惟臣子，情地兼切，號感一隅，心與事痛。是用飲血衽金，誓復宗祀。今遣輔國將軍諮議領中直兵孫沖之、龍驤將軍陳紹宗，率螭虎之士，組甲二萬，沿流電發，逕取白下。龍驤將軍領中直兵薛常寶、建威將軍領中直兵沈懷寶，長戟萬刃，羽騎千羣，徑出南州，直造朱雀。寧朔將軍諮議領中直兵陶亮、龍驤將軍焦度，總中黃之旅，梟雄三萬，風掩江介，雲臨石頭。建威將軍張洌、龍驤將軍何休明，提育、獲之徒，勁悍之卒，邪趣金陵，北指閶闔。龍驤將軍張係伯、龍驤將軍陳慶，勒輕銳五千，強弩一萬，飛鋒班潰，齊

會西明。冠軍將軍、尋陽內史鄧琬，撮湘、雍之兵，勇敢四萬，授律總戚，飆集京邑。征虜將軍領府司馬張悅，蒼兕千艘，水軍五萬，大董羣校，絡繹繼道。冠軍將軍豫章內史劉衍、寧朔將軍武昌太守劉弼、寧朔將軍西陽太守謝稚、建威將軍領中直兵晉熙太守閻湛之，皆掃境勝兵，薦誠請効。後將軍、郢州刺史安陸王子綏懷恩纏慕，鞠旅先辰。冠軍將軍、湘州刺史邵陵王子元席飆陵波，整衆遄至。前將軍、荊州刺史臨海王子頊練甲陝西，獻徒萬數。輔國將軍、冠軍長史、長沙內史何慧文，見拔先皇，誠深投袂。冠軍將軍、雍州刺史袁顗，不謀同契，雷發漢南。建武將軍、順陽太守劉道憲，懷忠抱慨，不遠三千。梁、益、青、徐、兗、豫、吳、會，皆密介歸誠，誓爲表裏。孤親總烝徒，十有餘萬，白羽咽川，霜鋒照野，金聲振谷，鳴鼙聒天。凡諸將帥，皆忠無匿情，智無遺計，果榦剛鷙，譎略多奇。水陸長驅，數道並進，發舟踰險，背水爭先。以此衆戰，孰能斯禦，推此義銳，滄海可堙。

諸君或荷寵前朝，感恩舊日，或弈世貞淳，見危授命。而逼迫寇手，効節莫由。今大軍密邇，形援已接，見幾而作，豈俟終日。便宜轉禍趣福，因變立功。夫旦、奭與三監並時，金、霍與上官共主，邪正糅雜，何世無之。但績亮則名播，姦騁則道消耳。紀季入齊，陳平歸漢，身尊譽遠，明晢是哀，成範全規，殷監匪遠。若玩咎惟休，告舍罔

悟，則誅及五族，有殄無遺。軍科爵賞，信如皦日，巫山既燎，芝艾共焫，幸遵良塗，無守毀轍。檄到宣告，咸使聞知。

購太宗萬戶侯，布絹二萬匹，金銀五百斤，其餘各有差。

太宗遣荊州典籤邵宰乘驛還江陵，經過襄陽，袁顗馳書報琬，勸勿解甲，并奉表勸子勛即位。郢州承子勛初檄，及聞太宗定大事，即解甲下標。繼聞尋陽不息，而顗又響應，郢府行事錄事參軍荀卞之大懼，慮爲琬所咎責，即遣諮議領中兵參軍鄭景玄率軍馳下，并送軍糧。琬乃稱說符瑞，造乘輿御服，云松滋縣生豹自來，柴桑縣送竹有「來奉天子」字，又云青龍見東淮，白鹿出西岡。令顧昭之撰爲瑞命記。立宗廟，設壇埸，矯作崇憲太后璽，令羣僚上僞號於子勛。泰始二年正月七日，即位於尋陽城，改景和二年爲義嘉元年。以安陸王子綏爲司徒、驃騎將軍、揚州刺史，尋陽王子房車騎將軍，臨海王子頊衞將軍，並開府儀同三司。邵陵王子元撫軍將軍。其日雲雨晦合，行禮忘稱萬歲。取子勛所乘車，除脚以爲輦，置僞殿之西，其夕有鵂棲其中，鴞集其幰。又有禿鶖集城上。子綏拜司徒日，雷電晦冥，震其黃閤柱，鴟尾墮地，又有鵄棲其帳上。以鄧琬爲左將軍、尙書右僕射，張悅領軍將軍、吏部尙書，征虜將軍如故，進袁顗號安北將軍，加尙書左僕射。臨川內史張淹爲侍中。府主簿顧昭之、武昌太守劉弼並爲黃門侍郎，廬江太守王子仲委郡奔尋陽，亦爲黃門侍郎。鄱

陽內史丘景先，廬陵內史殷損、西陽太守謝稚、後軍府記室參軍孫詵、長沙內史孔靈產、參軍事沈伯玉、荀道林並爲中書侍郎。荀卞之爲尙書左丞，[三]府主簿江乂爲右丞。府主簿蕭寶欣爲通直郎。琬大息粹、悅息洵並正員郎，粹領衞尉，洵弟洌司徒主簿。建武將軍、領軍主、晉熙太守閻湛之加寧朔將軍。廬陵內史王僧胤爲祕書丞。桂陽太守劉卷爲尙書殿中郎。褚靈嗣、潘欣之、沈光祖，中書通事舍人。餘諸州郡，並加爵號。

琬性鄙闇，貪吝過甚，財貨酒食，皆身自量校。至是父子並賣官鬻爵，使婢僕出市道販賣，酣歌博弈，日夜不休。大自矜遇，賓客到門者，歷旬不得前。內事悉委褚靈嗣等三人，羣小橫恣，競爲威福，士庶忿怨，內外離心矣。

太宗遣散騎常侍、領軍將軍王玄謨領水軍南討，吳興太守張永爲其後繼。又遣寧朔將軍尋陽內史沈攸之、寧朔將軍江方興、龍驤將軍劉靈遺率衆屯虎檻。時東賊甚急，張永、江方興回軍東討。尙書下符曰：

夫晦明遞運，崇替相沿，帝宋之基，懋業維永，聖祖重光，氤氳上業。狂昏承祀，國維以紊，毒流九縣，釁穢三靈，搢紳戮辱，黔庶塗炭，人神同憤，朝野泣血。聖上明睿在躬，膺符握曜，眷懷家國，夙夜劬勞，懼社稷湮蕪，彝倫左衽。天威雷發，氛沴冰消，殄凶譙門，不俟鳴條之旅，殲虐牧野，無勞孟津之鉞。華、夷即晏，晷緯還光，鏗鏘聞於管

絃，趨翔被於冠冕，同軌仰化，異域懷風。劉子勛昏世稱兵，義同翦惡，明朝不戢，罔識邪正。窺窬畿甸，逼遏兩江，陵上無君，暴於遐邇。王赫斯怒，興言討違，命彼上將，治兵薄伐。

今遣寧朔將軍、尋陽內史沈攸之，輕銳七千，飛舟先邁。龍驤將軍劉靈遺，羽林虎旅，連鋒繼造。假節、督南討前鋒諸軍事、冠軍將軍、兗州刺史殷孝祖，驅濟、河勁卒，電擊雷動。使持節、車騎將軍、江州刺史曲江縣開國侯王玄謨，烝徒五萬，董統前師。使持節、侍中、司徒、揚州刺史建安王休仁，擁神州之衆，總督羣帥。龍驤將軍劉勔、寧朔將軍劉懷珍，步騎五千，直指大雷。寧朔將軍柳倫、司州刺史龐孟虯，淮、潁突騎，邪趣西陽。使持節、驃騎大將軍、豫州刺史山陽王休祐，總勒步師，連旗百萬，河舟代馬，遄鶩江濆，越棘吳鈎，交曜畿服，笳鼓動坤維，金甲震雲漢，犄角相望，水陸俱發。冠軍將軍武念，率雍、司之銳，已據樊、沔。徐州刺史申令孫，提彭、宋剽勇，陵塗猋奮。皇上當親馭六師，降臨江服，旌旆掩雲，舳艫咽海。

昔吳、楚連衡，燕、淮勁悍，塵擾區內，聲沸秦中，霧散埃滅，豈非先鑒。而嬰彼孤城，以待該天之網，迫此烏合，以抗絡宇之師。雲羅四掩，霜鋒交集，猶勁飆之拂細草，烈火之掃寒原，燋卷之形，昭然已著。朝廷惻愍我僚吏，哀矜我士民，並亦何辜，拘誤

迷黨。故加宣示，令得自新。如其淪惑不改，抵冒王威，同焚旣至，雖悔奚補。奉詔以四王幼弱，不幸陷難，兵交之日，不得妄加侵犯，若有逼損，誅翦無貸。左右主帥，嚴相衞奉，詿誤之罪，一無所問。

琬遣孫沖之率陳紹宗、胡靈秀、薛常寶、張繼伯、焦度等前鋒一萬，來據赭圻。沖之於道與子勛書曰：「舟檝已辦，器械亦整，三軍踴躍，人爭效命，便欲沿流挂颿，直取白下。願速遣陶亮衆軍，兼行相接，分據新亭、南州，則一麾定矣。」乃加沖之左衞將軍，以陶亮爲右衞將軍，統諸州兵俱下。郢州軍主鄭景玄、荆州軍主劉亮、湘州軍主何昌、梁州軍主柳登、雍州軍主宗庶等合二萬人，一時俱下。亮本無幹略，聞建安王休仁自上，殷孝祖又至，不敢進，屯軍鵲洲。

時琬遣閻湛之來寇廬江，臺軍主、龍驤將軍段佛榮受命討之。更使佛榮領鐵騎一千，回軍南討。三月三日，水陸攻赭圻，亮等率衆來救，殷孝祖爲流矢所中死，軍主朱輔之、申謙之、張靈符並失利，輔之副正員將軍皇甫仲遠、謙之副虎賁中郎將徐稚賓並沒。孝祖支軍主范濟率五百人投亮。時東軍已捷，江方興復還虎檻，建安王休仁遣方興、劉靈遣各領三千人助赭圻，以方興領孝祖軍，沈攸之代孝祖爲前鋒都督。沖之謂陶亮曰：「孝祖梟將，一戰便死。天下事定矣，不須復戰，便當直取京都。」亮不從。太宗遣員外散騎侍郎王道隆

至赭圻督戰。孝祖死之明日，建安王休仁又遣軍主郭季之馬步三千就攸之，攸之乃率季之及輔國將軍步兵校尉杜幼文、寧朔將軍屯騎校尉垣恭祖、龍驤將軍朱輔之、員外散騎侍郎高遵世、馬軍主龍驤將軍頓生、段佛榮等三萬人，詰旦進戰，奮擊，大破之，斬獲數千，追奔至姥山而反。沖之等於湖、白口築二城，爲軍主張興世所拔。陶亮聞湖、白二城陷沒，大懼，急呼沖之還鵲尾，留薛常寶代沖之守赭圻。先於姥山及諸岡分立營砦，亦悉敗還，共保濃湖。濃湖卽在鵲尾。

時軍旅大起，國用不足，募民上米二百斛，錢五萬，雜穀五百斛，同賜荒縣除。上米三百斛，錢八萬，雜穀千斛，同賜五品正令史；滿報，若欲署四品在家，亦聽。上米四百斛，錢十二萬，雜穀一千三百斛，同賜四品令史；滿報，若欲署三品在家，亦聽。上米五百斛，錢十五萬，雜穀一千五百斛，同賜三品令史；滿報，若欲署內監在家，亦聽。上米七百斛，錢二十萬，雜穀二千斛，同賜荒郡除；若欲署諸王國三令在家，亦聽。

琬又遣輔國將軍、豫州刺史劉胡率衆三萬，鐵騎二千，來屯鵲尾。胡宿將，屢有戰功，素多狡詐，爲衆推伏，攸之等甚憚之。時胡鄉人蔡那、佼長生、張敬兒各領軍隸攸之在赭圻，胡以書招之，那等並拒絕。胡因要那等共語，陳說平生，那等詰誚，說令歸順。胡回軍入鵲尾，無他權略。輔國將軍吳喜平定三吳，率所領五千人，并運資實，至于赭圻，於戰鳥山築壘，分遣千人，乘輕舸二百，與佼長生爲游軍。

薛常寶糧盡，告胡求援。三月二十九日，胡率步卒一萬，夜斫山開道，以布囊運米，來餉赭圻。平旦至城下，猶隔小塹，未能得入。沈攸之率衆軍攻之，軍主郭季之、荀僧韶、幢主韓欣宗等，[四]率衆三千，爲攸之勢援。胡發所由橋道，僧韶等接楯行戰，復橋得渡。軍主劉沙彌輕騎深入，至胡麾下，遂見殺。攸之策馬陷陳，回還，爲追騎所刺，馬軍主段佛榮、武保救之得免。並殊死戰，多所傷殺。胡衆大敗，捨糧棄甲，緣山遁走，乘勝追之，斬獲甚衆。胡被創，僅得還營。常寶惶懼無計，遣信告胡，欲突圍奔出。四月四日，胡自率數千人迎之，常寶等開城突圍走。攸之率輔國將軍沈懷明、軍主周普孫、江方興、申謙之等諸軍悉力擊之。吳喜率衆來赴，爲胡別軍所圍，甚急。有人來捉喜馬，將蔡保以刀斫之，斷手，然後得免。正員將軍幢主卜伯宗、江夏國侍郎幢主張渙力戰沒陳。伯宗，益州刺史天與子也。攸之、喜等苦戰移日，常寶、張繼伯、胡靈秀、焦度等皆被重創，走還胡軍。赭圻城陷，斬僞寧朔將軍南陽太守沈懷寶、僞奉朝請領中舍人督戰謝道遇，納降數千。陳紹宗單舸奔西岸，與其部曲俱還鵲尾。建安王休仁自虎檻進據赭圻。劉胡遣陳紹宗、陳慶率輕艓二百，大艦五十，出鵲外挑戰，吳喜、張興世、佼長生等擊之。喜支軍主吳獻之飛舸衝突，所向摧陷，斬獲及投水死甚多，追至鵲裏而還。太宗慮胡等或於步路向京邑，使寧朔將軍、廣德

令王蘊千人防魯顯。

時胡等兵衆强盛，遠近疑惑。太宗欲綏慰人情，遣吏部尚書褚淵至虎檻選用將帥以下，申謙之、杜幼文因此求黃門郎，沈懷明、劉亮求中書郎。建安王休仁卽使褚淵擬選，上不許，曰：「忠臣殉國，不謀其報，臨難以干朝典，豈臣下之節邪。」

始安內史王識之、建安內史趙道生、安成太守劉襲，並舉郡奉順。[五]琬遣龍驤將軍廖琰率數千人，并發廬陵白丁攻襲。襲與郡丞檀玢拒戰，大敗，玢臨陳見殺，襲棄郡走，據喻自守。琰虜掠而退，襲復出據郡。

時齊王衆東北征討，而齊王世子爲南康贛令，琬遣使收世子，世子腹心蕭欣祖、桓康等數十人，奉世子長子奔竄草澤，召募得百餘人，攻郡出世子。世子自號寧朔將軍，與南康相沈肅之、[六]前南海太守何曇直、晉康太守劉紹祖、北地傅浩、東莞童禽等，據郡起義。琬徵始興相殷孚爲御史中丞，幷令率郡人俱下。孚衆盛，世子避之於揭陽山。琬遣武昌戴凱之爲南康相，世子率衆攻之，凱之戰敗遁走。世子遣幢主檀文起千人戍西昌，與襲相應。琬又遣廖琰與其中兵參軍胡昭等築壘於西昌，堅壁相守。琬召豫章太守劉衍以爲右將軍、中護軍，殷孚代爲豫章太守，督上流五郡，以防襲等。

衡陽內史王應之率郡文武五百許人起義兵襲何慧文於長沙，徑至城下。慧文率左右

出城與戰，應之勇氣奮發，擊殺數人，遂與慧文交手戰，斫慧文八創，慧文斫應之斷足，遂殺之。時湘東國侍郎虞洽爲太宗督國秩，在湘東，勸太守顏躍發兵應朝廷，躍不從。洽乃投桂陽，收募得數百人，還欲攻躍，躍懼求和，許之。有衆二千。時琬徵慧文率衆下尋陽，發長沙，已行數百里，聞洽起兵，乃回還攻洽，洽尋戰敗奔走。

殷孚既去始興，以郡五官掾譚伯初留知郡事。士人劉嗣祖等斬伯初，據郡起義。琬遣始興太守韋希眞、鷹揚將軍楊弘之領衆一千討嗣祖。嗣祖亦遣衆出南康，與齊王世子合。希眞等以義徒强盛，住廬陵不敢進。廣州刺史袁曇遠聞始興起義，遣將李萬周、陳伯紹率衆討嗣祖。嗣祖遣兵戍湞陽，萬周亦築壘相守。嗣祖遣人誑萬周曰：「尋陽已平，臺遣劉勔爲廣州，垂至。」萬周信之，便回還襲番禺，夜以長梯入城，曇遠怯弱無防，聞萬周反，便徒跣出奔，萬周追斬之於城內。交州刺史檀翼被代還至廣州，資貨鉅萬，萬周誣以爲逆，襲而殺之。遂劫掠公私銀帛，藉略袁、檀珍寶，悉以自入。

袁顗悉雍州之衆，來赴尋陽。時孔道存爲衞軍長史，行荆州事。琬以黃門侍郎劉道憲代之，以道存爲侍中，行雍州事。柳元景之誅也，元景弟子世隆爲上庸太守，民吏共藏匿之。顗起兵，召世隆，不至。顗既下，世隆乃合率蠻、宋二千餘人，起義於上庸，來襲襄陽。道存遣將王式民、康元隆等迎擊於萬山，世隆大敗，還郡自守。

沈攸之等與劉胡相持久不決，上又遣强弩將軍任農夫、振武將軍武會倉、冗從僕射全景文、軍主劉伯符等領兵繼至。攸之繕治船舸，材板不周，計無所出。會琬送五千片榜供胡軍用，俄而風潮奔迅，榜捍突柵出江，胡等力不能制，自擁船艦，殺沒數十人，赴流而下，來泊攸之等營，於是材板大足。

琬進袁顗都督征討諸軍事，給鼓吹一部。六月十八日，顗率樓船千艘，來入鵲尾，張興世建議越鵲尾上據錢溪，斷其糧道。胡累攻之，不能剋，事在興世傳。劉亮率所領至胡砦下，胡遣其副孫犀及張靈、焦度鐵騎五匹，越磵取亮，不能得，犀回馬去，亮使左右善射者夾射之，墮馬，斬犀首。張繼伯副馬可率所領來降。劉亮營砦，深入賊地，袁顗畏憚之，曰：「賊入我肝臟裏，何由得活。」劉胡率輕舸四百，由鵲頭內路，欲攻錢溪。既而謂其長史王念叔曰：「吾少習步戰，未閑水鬬。若步戰，恒在數萬人中，水戰在一舸之上，舸舸各進，不復相關，正在三十人中取，此非萬全之計，吾不爲也。」乃託瘧疾，住鵲頭不進。遣龍驤將軍陳慶領三百舸向錢溪，戒慶不須戰：「張興世、武會倉，吾之所悉，自當走耳。」陳慶至錢溪，不敢攻。〔七〕越錢溪，於梅根立砦。胡別遣將王起領百舸攻興世，興世擊大破之。胡率其餘舸馳還，謂顗曰：「興世營砦已立，不可卒攻，昨日小戰，未足爲損。陳慶已與南陵、大雷諸軍共遏其上，〔八〕大軍在此，鵲頭諸將又斷其下流，已墮圍中，不足復慮。」顗怒胡不戰，謂曰：「糧運梗塞，當如此何？」胡曰：「彼尙得泝流越我而上，此運何以不得沿流越彼而下邪。」顗更使胡率步卒二萬，鐵馬一千，往攻興世。休仁因此命沈攸之、吳喜、佼長生、劉靈遺、劉伯符等進攻濃湖，造皮艦十乘，拔其營柵，苦戰移日，大破之。顗被攻既急，馳信召胡令還。

張興世既據錢溪，江路阻斷，胡軍乏食，琬大送資糧，畏興世不敢下。胡遣將迎之，爲錢溪所破，資實覆沒都盡，燒米三十萬斛，胡衆駭懼。胡副張喜來降，說胡欲叛。八月二十四日，胡誑顗云：「更率步騎二萬，上取興世，兼下大雷餘糧。」令顗悉度馬配之，其夜委顗奔走，徑趣梅根。先令薛常寶辦船舸，悉撥南陵諸軍，燒大雷諸城而走。顗聞胡走，亦棄衆西奔，至青林見殺。

胡率數百舸二萬人向尋陽，報子勛詐云：「袁顗已降，軍皆散，唯己率所領獨反。宜速處分，爲一戰之資，當停據盆城，誓死不貳。」乃於江外夜取沔口。琬聞胡去，惶擾無復計，呼褚靈嗣等謀之，並不知所出，唯云更集兵力，加賞五階，或云三階者。張悅始發兄子浩喪，乃稱疾呼琬計事，令左右伏甲帳後，戒之：「若聞索酒，便出。」琬既至，悅曰：「卿首唱此謀，今事已急，計將安出？」琬曰：「正當斬晉安王，封府庫，以謝罪耳。」悅曰：「今日寧可賣殿下求活邪。」因呼求酒，再呼，左右震慴不能應。第二子洵提刀走出，餘人續至，卽斬琬。琬死時，年六十。時中護軍劉衍在座，〔九〕驚起抱悅，左右人欲殺之，悅顧曰：「無關護軍。」乃止。

潘欣之聞琬死，勒兵而至，悅使人語之曰：「鄧琬謀反，卽已梟戮。」欣之乃回還，取琬兒並殺之。悅因單舸齎琬首馳下，詣建安王休仁降。蔡那子道淵，以父爲太宗効力，被繫作部，因亂脫鎖入城，執子勛囚之。沈攸之諸軍至江州，斬子勛於桑尾牙下，傳首京都。劉衍及餘同逆，並伏誅。吳喜、張興世進向荆州，沈懷明向郢州，劉亮、張敬兒向雍州，孫超之向湘州，沈思仁、任農夫向豫章，所至皆平定。

劉胡走入沔，衆稍散，比至石城，裁餘數騎。竟陵郡丞陳懷眞，憲子也，聞胡經過，率數十人斷道邀之。胡人馬既疲，自度不免，因隨懷眞入城，告渴，與之酒，胡飲酒畢，引佩刀自刺，不死，斬首送京邑。張興世弟僧產追胡，未至石城數十里，逢送胡首信，將還竟陵，殺懷眞，竊有其功。郢州行事張沈、僞竟陵太守丘景先聞敗，變形爲沙門逃走，追擒伏誅。

荆州聞濃湖平，議欲更遣軍與郢州合勢，又欲斷據巴陵，經日不決。乃遣將趙道始於江津築壘，任演戍沙橋，諸門津要，皆有屯兵。人情轉離，將士漸逃散。更議奉子頊奔益州，就蕭惠開，典籤阮道預、邵宰不同，曰：「近奉別詔，諸藩若改迷歸順者，悉復本爵。且任叔兒已斷白帝，楊僧嗣據梁州，雖復欲西，豈可得至。」道預、邵宰卽與劉道憲解遣白丁，遣使歸罪。荆州治中宗景、土人姚儉等勒兵入城，殺道憲、道預、記室參軍鮑照，〔一〇〕劫掠府庫，無復孑遺，執子頊以降。

初，鄧琬徵兵巴東，巴東太守羅寶稱辭以郡接凶蠻，兵力不足分。巴東人任叔兒聚徒起義，遣信要寶稱，寶稱持疑未決，暴疾死。叔兒乃自號輔國將軍，引兵據白帝，殺寶稱二子，阻守三陝。蕭惠開遣費欣壽等五千人攻叔兒，叔兒與戰，大破之，斬欣壽。子頊又遣中兵參軍何康之領宜都太守，討叔兒。軍至陝口，爲夷帥向子通所破，挺身走還。叔兒遂固白帝。

孔道存知尋陽已平，遣使歸順。尋聞柳世隆、劉亮當至，衆悉奔逃，道存及三子同時自殺。何慧文始謀同逆，其母禁之不從，母乃攜女歸江陵，遽嫁之。慧文才兼將吏，榦略有施，雖害王應之，上特加原宥，吳喜宣旨赦之。慧文曰：「既陷逆節，手害忠義，天網雖復恢恢，何面目以見天下之士。」和藥將飲，門生覆之，乃不食而死。

顏躍、盧虞洽還都，說其始時同逆，密使人殺之。

初，淮南定陵人賈襲宗本縣已爲劉胡所得，率二十人投沈攸之。攸之言之建安王休仁，休仁版爲司徒參軍督護，使還鄉里招集，爲胡所禽，以火炙之，問臺軍消息，一無所言，瞋目謂胡曰：「君稱兵內侮，窺覦神器，未聞奇謀遠略，而爲炮烙之刑。僕本以身奉義，死亦何有。」胡乃斬之。前軍典籤范道興志不同逆，爲琬所誅，其餘奉順見害者，並爲上所愍。詔曰：「前鎮軍參軍督護范道興，朕之舊隸，經從北蕃，徙役南畿，遭離命會，抱恩固節，受害羣凶，言念純誠，良有惻愴。可贈員外散騎侍郎。南城令鮑法度、後軍典籤馮次民、永新令應

生、新建令庫延寶、上饒令黃難等，違逆識順，同被誅滅，言念既往，宜在追榮。可贈生奉朝請，法度南臺御史，次民、延寶、難並員外將軍。」

有司奏：「寧朔將軍、督豫州之梁郡諸軍事、豫州刺史、領南梁郡太守竟陵張興世，都統水軍，屢戰剋捷，仍進斷賊上流錢溪，貴口苦戰，平定凶逆，今封南平郡作唐縣開國侯，食邑一千戶。寧朔將軍、參司徒中直兵軍事廣平佼長生，同統水軍屢戰，及興世上據錢溪，長生獨距賊衝要，功次興世，今封武陵郡遷陵縣開國侯，食邑八百戶。寧朔將軍試守西陽太守吳興全景文、尚書比部郎吳縣孫超之、假輔國將軍右衞將軍南彭城劉亮等三人，並經晉陵苦戰，景文、超之仍又北討破釜，水軍斷賊糧運，及經葛家、石梁二處破賊，亮南伐經大戰，又最處險劇，景文今封西陽郡孝寧縣，超之封長沙郡羅縣，亮封順陽縣，並開國侯，食邑各六百戶。假輔國將軍驃騎司馬劉靈遺、寧朔將軍右軍蔡那、寧朔將軍屯騎校尉段佛榮等三人，統治攻道，並經苦戰，靈遺今封新野郡新野縣，那封始平郡平陽縣，佛榮封湘東郡臨蒸縣，並開國伯，食邑各五百戶。假輔國將軍左軍吳興沈懷明、龍驤將軍積射將軍東平周盤龍、司徒參軍南彭城李安民等三人，懷明經晉陵破賊，又水軍南伐，統治攻道，盤龍雖不統軍，並經大戰，先登陷陳，安民又隨張興世遏斷錢溪，別統軍貴口破賊，今封懷明建安郡吳興縣，盤龍封晉安郡晉安縣，安民封建安郡邵武縣，並開國子，食邑各四百戶。假輔國將軍

游擊將軍彭城杜幼文、龍驤將軍羽林監太原王穆之、龍驤將軍羽林監濟北頓生、龍驤將軍羽林監沛郡周普孫、員外散騎侍郎朱重恩等五人，幼文經晉陵破賊，在軍統攻道，南伐濃湖，普孫副沈攸之都統衆軍，穆之、生、重恩並南伐有功，今封幼文邵陵郡邵陽縣，穆之封衡陽郡衡山縣，生封始平郡武功縣，普孫封順陽郡淸水縣，重恩封南海郡龍川縣，並開國男，食邑各三百戶。」

江方興以戰功爲太子左衞率，賊未平，病卒，追封武當縣侯，食邑五百戶。方興，濟陽考城人，衣冠之舊也。龍驤將軍、虎賁中郎將董凱之，隨張興世破胡、白城，先登，封河隆縣子，食邑四百戶。軍主張靈符，東南征討有功，封上饒縣男，食邑三百戶。前征北長兼行參軍楊覆，以貴口有功，封綏城縣男，食邑二百戶。追贈虞洽、檀玢給事中。以李萬周爲步兵校尉。陳懷眞以斬劉胡功，追封永豐縣男，食邑三百戶。

劉胡，南陽涅陽人也，本名坳胡，以其顏面坳黑似胡，故以爲名。及長，以坳胡難道，單呼爲胡。出身郡將，捷口，善處分，稍至隊主，討伐諸蠻，往無不捷，蠻甚畏憚之。太祖元嘉二十八年，爲振威將軍，率步騎三千，討上如南山就溪蠻，大破之。孝建元年，朱脩之爲雍州，以胡爲平西外兵參軍、寧朔將軍、建昌太守。[二]擊魯秀有功，除建武將軍、東平陽平二

郡太守。入爲江夏王義恭太宰參軍，加龍驤將軍。前廢帝景和中，建安王休仁嘗爲雍州，以胡爲休仁安西中兵參軍、馮翊太守，將軍如故，仍轉諮議參軍。太宗即位，除越騎校尉。蠻至今畏之，小兒啼，語之云「劉胡來！」便止。

段佛榮，京兆人也。泰始五年，自游擊將軍爲輔師將軍、豫州刺史，莅任淸謹，爲西土所安。後廢帝元徽二年，徵爲散騎常侍，領長水校尉。明年，遷衞尉，領右軍將軍，未拜，復出爲冠軍將軍、南豫州刺史、歷陽太守。四年，卒，追贈前將軍，改封雲杜縣，謚曰烈侯。

劉靈遺，襄陽人也。元徽元年，自輔師將軍、淮南太守，爲南豫州刺史、歷陽太守，將軍如故。明年，徵爲散騎常侍，領步兵校尉、南蘭陵太守。病卒，謚曰壯侯。

袁顗字景章，[三]陳郡陽夏人，太尉淑兄子也。父洵，吳郡太守。

顗初爲豫州主簿，舉秀才，不行。後補始興王濬後軍行參軍，著作佐郎，廬陵王紹南中郎主簿，世祖征虜、撫軍主簿，廬江太守，尚書都官郎，江夏王義恭驃騎記室參軍，汝陰王文學，太子洗馬。時顗父爲吳郡，顗隨父在官。值元凶弒立，安東將軍隨王誕舉兵入討，板顗

爲諮議參軍。事寧，除正員郎，晉陵太守。遭父憂，服闋，爲中書侍郎，又除晉陵太守，襲南昌縣五等子。大明二年，除東海王禕平南司馬、尋陽太守，行江州事。復爲義陽王昶前軍司馬，太守如故。昶尋罷府，司馬職解，加寧朔將軍，改太守爲內史。復爲尋陽王子房冠軍司馬，將軍如故，行淮南、宣城二郡事。五年，召爲太子中庶子，御史中丞，領本州大中正。七年，遷侍中。明年，除晉安王子勛鎮軍長史、襄陽太守，加輔國將軍。未行，復爲永嘉王子仁左軍長史、廣陵太守，將軍如故。未拜，復爲侍中，領前軍將軍。

大明末，新安王子鸞以母嬖有盛寵，太子在東宮多過失，上微有廢太子，立子鸞之意，從容頗言之。顗盛稱太子好學，有日新之美。世祖又以沈慶之才用不多，言論頗相蚩毀，顗又陳慶之忠勤有幹略，堪當重任。由是前廢帝深感顗，慶之亦懷其德。景和元年，誅羣公，欲引進顗，任以朝政，遷爲吏部尚書。又下詔曰：「宗社多故，釁因冢司，景命未淪，神祚再乂，自非忠謀密契，豈伊剋殄。侍中祭酒、領前軍將軍、新除吏部尚書顗，游擊將軍、領著作郎、兼尚書左丞徐爰，誠心內款，參聞嘉策，匡贊之効，實監朕懷。宜甄茅社，以獎義概。顗可封新淦縣子，〔一三〕爰可封吳平縣子，食邑各五百戶。」俄而意趣乖異，寵待頓衰。始令顗與沈慶之、徐爰參知選事，尋復反以爲罪，使有司糾奏，坐白衣領職。從幸湖熟，往反數日，不被喚召。

顗慮及禍，詭辭求出，沈慶之爲顗固陳，乃見許。除建安王休仁安西長史、襄陽太守，加冠軍將軍。休仁不行，卽以顗爲使持節、督雍梁南北秦四州郢州之竟陵隨二郡諸軍事、領寧蠻校尉、雍州刺史，將軍如故。顗舅蔡興宗謂之曰：「襄陽星惡，豈可冒邪？」顗曰：「白刃交前，不救流矢，事有緩急故也。今者之行，本願生出虎口。且天道遼遠，何必皆驗，如其有徵，當修德以禳之耳。」於是狼狽上路，恒慮見追，行至尋陽，喜曰：「今始免矣。」與鄧琬款狎相過，常請閒，必盡日窮夜。顗與琬人地本殊，衆知其有異志矣。

既至襄陽，便與劉胡繕修兵械，纂集士卒。會太宗定大事，進顗號右將軍。以荆州典籤邵宰乘驛還江陵，道由襄陽。顗反意已定，而糧仗未足，且欲奉表於太宗。顗子祕書丞戩曰：「一奉表疏，便爲彼臣，以臣伐君，於義不可。」顗從之。顗詐云被太皇太后令，使其起兵。便建牙馳檄，奉表勸晉安王子勛卽大位，與琬書，使勿解甲。子勛卽位，進顗號安北將軍，加尚書左僕射。

太宗使朝士與顗書曰：

夫夷陂相因，興革遞數，或多難而固其國，或殷憂而啓聖明，此既著於前史，亦彰於聞見。王室不造，昏凶肆虐，神鼎將淪，宗稷幾泯，幸天未亡宋，乾曆有歸。主上體自聖文，繼明作睿，而辱均牖里，屯踰夏臺。既天地俱憤，義勇同奮，剋殄鯨鯢，三靈更

造，應天順民，爰集寶命，四海屬息肩之歡，華戎見來蘇之泰。吾等獲免刀鋸，僅全首領，復身奉惟新，命承亨運，緩帶談笑，擊壤聖世。

汝雖劬勞于外，跡阻京師，然心期所寄，江、漢何遠。自九江告變，皆謂鄧氏狂惑，比日國言藉藉，頗塵吾子。道路之議，豈其或然，聞此之日，能無駭惋。

凶人反道敗德，日夜滋深，昵近狡慝，取謀豺虎，非惟毒流外物，惡積中朝，乃欲毀陵邑，虐崇憲，燒宗廟，鹵御物，然後蕩覆京都，必使蘭蕕俱盡。自非聖上廟算靈圖，俛眉遜避，維持內外，擁衞臣下，則赤縣爲戎，百姓其魚矣。此事此理，寧可孰念。

既天道輔順，謳歌有奉，高祖之孫，文皇之子，德洞九幽，功貫二曜，〔一四〕匡拯家國，提鉞黔首，若不子民南面，將使神器何歸。而羣小構慝，〔一五〕妄生窺覬，成軫惑燕，貫高亂趙，讒人罔極，自古有之。汝中京冠冕，儒雅世襲，多見前載，縣鑒忠邪，何遠遺郎中之清軌，近忘太尉之純概。相與，〔一六〕或羣從舅甥，或姻婭周款，一旦胡、越，能無悵恨。若疑謗所至，邪詖無窮，汝當誓衆奮戈，翦此朝食。若自延過聽，迷塗未遠，聖上臨物以仁，接下以愛，豈直雍齒先封，乃當射鉤見相矣。當由力窘跡屈，丹誠未亮邪。跂予南服，寤寐延首，若反棹沿流，歸誠鳳闕，錫珪開宇，非爾而誰。吾等並過荷曲慈，俱叨非服，紆金拖玉，改觀蓬門，入奉舜、禹之渥，出見羲、唐之化，雍容揄揚，信白駒空谷之

時也。奈何毀擲先基，自蹈凶戾，山門蕭瑟，松庭誰掃，言念楚路，豈不思父母之邦。幸納惡石，以錮美疹。裁書表意，爾其圖之。

時尚書右僕射蔡興宗是顗舅，領軍將軍袁粲是顗從父弟，故書云羣從舅甥也。

子勛徵顗下尋陽，遣侍中孔道存行雍州事，顗乃率衆馳下，使子戩領家累俱還。時劉胡屯鵲尾，久不決。泰始二年夏，加顗都督征討諸軍事，給鼓吹一部，率樓船千艘，戰士二萬，來入鵲尾。顗本無將略，性又怯橈，在軍中未嘗戎服，語不及戰陳，唯賦詩談義而已。不能撫接諸將，劉胡每論事，酬對甚簡，由此大失人情，胡常切齒恚恨。胡以南運未至，〔一七〕軍士匱乏，就顗換襄陽之資，顗答曰：「都下兩宅未成，亦應經理，不可損徹。」又信往來之言，京師米貴，斗至數百，以爲不勞攻伐，行自離散，於是擁甲以待之。太宗使顗舊門生徐碩奉手詔譬顗曰：「卿歷觀古今，嶮之與强，何嘗可恃。自朕踐阼，塗路梗塞，卿無由奉表，未經爲臣。今追蹤竇融，猶未爲晚也。」

及劉胡叛走，不告顗，顗至夜方知，大怒罵曰：「今年爲小子所誤！」呼取飛鸞，謂其衆曰：「我當自出追之。」因又遁走。至鵲頭，與戍主薛伯珍及其所領數千人步取青林，欲向尋陽。夜止山間宿，殺馬勞將士，顗顧謂伯珍曰：「我舉八州以謀王室，未一戰而散，豈非天邪。非不能死，豈欲草間求活，望一至尋陽，謝罪主上，然後自刎耳。」因慷慨叱左右索節，

無復應者。及旦，伯珍請以間言，乃斬顗首詣錢溪馬軍主襄陽俞湛之，湛之因斬伯珍，併送首以爲己功。顗死時年四十七。太宗忿顗違叛，流尸於江，弟子象微服求訪，四十一日乃得，密致喪瘞於石頭後岡，與一舊奴，躬共負土。後廢帝卽位，方得改葬。

顗子戩爲僞黃門侍郎，加輔國將軍，戍盆城。尋陽敗，戩棄城走，討禽伏誅。

孔覬字思遠，會稽山陰人，太常琳之孫也。父邈，揚州治中。

覬少骨梗有風力，以是非爲己任。口吃，好讀書，早知名。初舉揚州秀才，補主簿，長沙王義欣鎭軍功曹，衡陽王義季安西主簿，戶曹參軍，領南義陽太守，轉署記室，奉牋固辭，曰：「記室之局，實惟華要，自非文行秀敏，莫或居之。覬逐業之擧，無聞於鄉部；惰遊之貶，有緬於疲農。直山淵藏引，用不遐棄，故得抃風儛潤，憑附彌年。今日之命，非所敢冒。昔之學優藝富，猶尚斯難，況覬能薄質魯，亦何容易。覬聞居方辨物，君人所以官才；陳力就列，自下所以奉上。覬雖不敏，常服斯言。今寵藉惟舊，擧非尙德，恐無以提衡一隅，僉允視聽者也。伏願天明照其心請，乞改今局，授以閑曹，則鳧鶴從方，所憂去矣。」又曰：「夫以記室之要，宜須通才敏思，〔一八〕加性情勤密者。覬學不綜貫，性又疏惰，何可以屬知祕記，

秉筆文闈。〔一九〕假吹之尤，方斯非濫。覬少淪常檢，本無遠植，榮進之願，何能忘懷。若實有螢爝，增暉光景，固其騰聲之日，飛藻之辰也，豈敢自求從容，保其淡逸。伏願矜其魯拙，業之有地，則曲成之施，終始優渥。」義季不能奪，遂得免。召爲通直郎，太子中舍人，建平王友，祕書丞，中書侍郎，隨王誕安東諮議參軍，領記室，黃門侍郎，建平王宏中軍長史。復爲黃門，臨海太守。

初，晉世散騎常侍選望甚重，與侍中不異，其後職任閑散，用人漸輕。孝建三年，世祖欲重其選，詔曰：「散騎職爲近侍，事居規納，置任之本，實惟親要，而頃選常侍，陵遲未允，宜簡授時良，永置清轍。」於是吏部尚書顏竣奏曰：「常侍華選，職任俟才，新除臨海太守孔覬意業閑素，司徒左長史王或懷尙清理，並任爲散騎常侍。」世祖不欲威權在下，其後分吏部尚書置二人，以輕其任。侍中蔡興宗謂人曰：「選曹要重，常侍閑淡，改之以名而不以實，雖主意欲爲輕重，人心豈可變邪。」既而常侍之選復卑，選部之貴不異。

覬領本州大中正。大明元年，改太子中庶子，領翊軍校尉，轉祕書監。欲以爲吏部郎，不果。遷廷尉卿，御史中丞，坐鞭令史，爲有司所糾，原不問。六年，除義興太守，未之任，爲尋陽王子房冠軍長史，加寧朔將軍，行淮南、宣城二郡事。其年，復除安陸王子綏冠軍長史、江夏內史，復隨府轉後軍長史如故。

爲人使酒仗氣，每醉輒彌日不醒，僚類之間，多所凌忽，尤不能曲意權幸，莫不畏而疾之。不治產業，居常貧罄，有無豐約，未嘗關懷。〔二〇〕爲二府長史，典籤諮事，不呼不敢前，不令去不敢去。雖醉日居多，而明曉政事，醒時判決，未嘗有壅。衆咸云：「孔公一月二十九日醉，勝他人二十九日醒也。」世祖每欲引見，先遣人覘其醉醒。性眞素，不尙矯飾，遇得寶玩，服用不疑，而他物粗敗，終不改易。時吳郡顧覬之亦尙儉素，衣裘器服，皆擇其陋者。宋世言清約，稱此二人。覬弟道存，從弟徽，頗營產業。二弟請假東還，覬出渚迎之，輜重十餘船，皆是綿絹紙席之屬。覬見之，僞喜，謂曰：「我比困乏，得此甚要。」因命上置岸側，既而正色謂道存等曰：「汝輩忝預士流，何至還東作賈客邪！」命左右取火燒之，燒盡乃去。先是庾徽之爲御史中丞，性豪麗，服玩甚華，覬代之，〔二一〕衣冠器用，莫不粗率。蘭臺令史並三吳富人，咸有輕之之意，覬蓬首緩帶，風貌清嚴，皆重迹屏氣，莫敢欺犯。庾徽之字景猷，潁川鄢陵人也。自中丞出爲新安王子鸞北中郎長史、南東海太守，卒官。

八年，覬自郢州行眞，徵爲右衞將軍，未拜，徙司徒左長史，道存代覬爲後軍長史、江夏內史。時東土大旱，都邑米貴，一斗將百錢。道存慮覬甚乏，遣吏載五百斛米餉之。覬呼吏謂之曰：「我在彼三載，去官之日，不辦有路糧。二郎至彼未幾，那能便得此米邪。可載米還彼。」吏曰：「自古以來，無有載米上水者，都下米貴，乞於此貨之。」不聽，吏乃載米而

去。永光元年，遷侍中，未拜，復爲江夏王義恭太宰長史，復出爲尋陽王子房右軍長史，加輔國將軍，行會稽郡事。

太宗卽位，召覬爲太子詹事，遣故佐平西司馬庾業爲右軍司馬，代覬行會稽郡事。時上流反叛，上遣都水使者孔璪入東慰勞。璪至，說覬以：「廢帝侈費，倉儲耗盡，都下罄匱，資用已竭。今南北並起，遠近離叛，若擁五郡之銳，招動三吳，事無不克。」覬然其言，遂發兵馳檄。覬子長公，璪二子淹、玄並在都，馳信密報。泰始二年正月，並叛逃東歸。遣書要吳郡太守顧琛，琛以母年篤老，又密邇京邑，與長子寶素謀議，未判。〔二二〕少子寶先時爲山陰令，馳書報琛，以南師已近，朝廷孤弱，不時順從，必有覆滅之禍。覬前鋒軍已渡浙江，琛遂據郡同反。吳興太守王曇生、義興太守劉延熙、晉陵太守袁標，一時響應。庾業既東，太宗卽以代延熙爲義興，加建威將軍，以延熙爲巴陵王休若鎭東長史。業至長塘湖，卽與延熙合。

太宗遣建威將軍沈懷明東討，尙書張永係進，鎭東將軍巴陵王休若董統東討諸軍事。移檄東土曰：

蓋聞釁集有兆，禍至無門，倚伏之來，實惟人致。故囂、述貪亂，終殄宗祀；昌、憲構氛，旋潤斧鉞。斯則昭章記牒，炯戒今古者也。

自國步時艱，三綱道盡，神歇靈繹，璿業綴旒。皇上仁雄集瑞，英叡應歷，鳳儀熛昇，龍煇電舉。盪穢紫樞，不俟鳴條之誓；凝政中宇，不肆漂杵之威。是以墜維再造，虧天重構，幽明裁紀，標配斯光。而羣凶恣虐，協扇童孺，蕞爾東垂，復淪醜迹，邪回從慝，蜂動蟻附。聖圖霆發，神威四臨，羽駟所屆，義旅雲屬，欃鉞所麾，逆徒冰泮，勝負之效，皎然已顯。

司徒建安王英猷冠世，董率元戎。驃騎山陽王風略夙昭，撫厲中陣。或振霜江、蠡，或騰焱荆、河，金甲燭天庭，鼙聲震海浦。前將軍、吳興太守張永，東南標秀，協贊戎機。建威將軍沈懷明、鎮東中兵參軍劉亮、武衞將軍壽寂之，霜銳五千，熊騰虎步。龍驤將軍王穆之、龍驤將軍頓生，鐵騎連羣，風驅電邁。右軍將軍齊王、射聲校尉姚道和，樓艦千艘，覆川蓋汜。左軍垣恭祖、步兵校尉杜幼文、冗從僕射全景文、員外散騎侍郎孫超之，並率虎旅，駱驛雲赴。殿中將軍杜敬眞、殿中將軍陸攸之、建武將軍吳喜，甲楯一萬，分趣義興。予猥承人乏，總司戎統，聳劍東馳，〔二三〕中憤海曲。歕氣則白日盡晦，刷馬則淸江倒流。以此伐叛，何勍不剿，以此柔服，何順不懷。愍彼羣迷，弗辨堯、桀，螳黽微命，擬雷霆之衝，已枯之葉，當霜飆之際，尺豎所爲寒心，匹婦所爲歎息。夫因禍致慶，〔二四〕資敗爲成，前監不忘，後事明箴。若能相率歸順，投兵効款，則福

鍾當年，祉覃來裔，孰如身膏宗屠，鬼餧魂泣者哉。詳鏡安危，自求多福。購生禽覬千五百戶開國縣侯。生擒琛千戶開國縣侯。斬送者半賞。時將士多是東人，父兄子弟皆已附逆，上因送軍普加宣示曰：「朕方務德簡刑，使四罪不相及，助順同逆者，一以所從爲斷。卿等當深達此懷，勿以親戚爲慮也。」衆於是大悅。

覬所遣孫曇瓘等軍，頓晉陵九里，部陳甚盛。懷明至奔牛，所領寡弱，乃築壘自固。張永至曲阿，未知懷明安否，百姓驚擾，將士咸欲離散，永退還延陵，就休若。諸將帥咸勸退保破岡。其日大寒，風雪甚猛，塘埭決壞，衆無固心。休若宣令：「敢有言退者斬。」衆小定，乃築壘息甲。尋得懷明書，賊定未進。軍主劉亮又繼至，兵力轉加，人情乃安。

時永世令孔景宣復反，柵縣西江峴山，斷遏津徑，劉延熙加其寧朔將軍。杜敬眞、陸攸之、溧陽令劉休文攻景宣別砦，斬其中兵參軍史覽之等十五人。永世人徐崇之率鄉里起義，攻縣斬景宣，吳喜至，板崇之領縣事。太宗嘉休文等誠効，除休文寧朔將軍，縣如故，崇之殿中將軍，行永世縣事，並賜侯爵。喜、敬眞及員外散騎侍郎竺超之等至國山縣界，遇東軍於虎檻村，擊大破之，自國山進吳城，去義興十五里。劉延熙遣楊玄、孫矯之、沈靈秀、黃泰四軍拒喜。喜等兵力甚弱，衆寡勢懸，交戰盡日，臨陳斬楊玄、孫矯之、黃泰，〔二五〕餘衆一時奔走，因進義興南郭外。延熙屯軍南射堂，喜遣步騎擊之，卽退還水北，乃柵斷長橋，保

郡自守。喜築壘與之相持。庾業於長塘湖口夾岸築城，有衆七千餘人，器甲甚盛，與延熙遙相掎角。沈懷明、張永與晉陵軍相持，久不決。

太宗每遣軍，輒多所求須，不時上道。外監朱幼舉司徒參軍督護任農夫，驍果有膽力，性又簡率，資給甚易，乃以千人配之，使助東討。時庾業兵盛，農夫於延陵出長塘，雖云千兵，至者裁四百。未至數十里，遣人參候，云：「賊築城猶未合。」農夫率廣武將軍高志之、永興令徐崇之馳往攻之。〔二六〕因其城壘未立，農夫親持刀楯，赴城入陳，大破之，庾業棄城走義興。先是，龍驤將軍阮佃夫募得蜀人數百，多壯勇便戰，皆著犀皮鎧，執短兵。本應就佃夫向晉陵，未發，會農夫須人，分以配之。及戰，每先登，東人並畏憚，又怪其形飾殊異，舊傳狐獠食人，每見之輒奔走。農夫收其船杖，與高志之進義興援吳喜。二月一日，喜乃渡水攻郡，分兵擊諸壘柵。農夫雖至，衆力尚少，兵勢不敵。喜乃與數騎登高東西指麾，若招引四面俱進者。東軍大駭，諸營一時奔散，唯龍驤將軍孔叡一柵未拔。喜以殺傷者多，乃開圍緩之。其夜，庾業、孔叡相率奔走，義興平。劉延熙投水死，有人告之，乃斬尸，傳首京邑。義興諸縣唯綏安令巢邃秉節不移，不受僞爵。

時齊王率軍東討，與張永、劉亮、杜幼文、沈懷明等於晉陵九里西結營，與東軍相持。義興軍既爲吳喜等所破，奔散者多投晉陵，東軍震恐。上又遣積射將軍江方興、南臺御史

王道隆至晉陵視賊形勢。賊帥孫曇瓘、程扞宗、陳景遠凡有五城，互相連帶。扞宗城猶未固。其月三日，道隆與齊王、張永共議：「扞宗城既未立，可以藉手。上副聖旨，下成衆氣。」道隆便率所領急攻之，俄頃城陷，斬扞宗首。劉亮果勁便刀楯，朝士先不相悉，上亦弗聞，唯尙書左丞徐爰知之，白太宗稱其驍敢，至是每戰以刀楯直盪，往輒陷決，張永嫌其過銳，不令居前。賊連柵周亘，塘道迫狹，將士力不得展，亮乃負楯而進，直入重柵，衆軍因之，卽皆摧破。袁標遣千人繼至，齊王與永等乘勝馳擊，又大破之，屠其兩城。曇瓘率衆數百，鼓譟而至，標又遣千人繼之，衆軍駭懼，將欲散矣，江方興率勇士迎射之，應弦倒者相繼，曇瓘因此敗走。

吳喜軍至義鄉，僞輔國將軍、車騎司馬孔璪屯吳興南亭，太守王曇生諮璪計事，會信還，云：「臺軍已近。」璪大懼，墮牀，曰：「懸賞所購，唯我而已，今不遽走，將爲人禽。」左右聞之，並各散走。璪與曇生焚燒倉庫，東奔錢塘。喜至吳興，頓置郡城，倉廩遇雨不然，無所損失。初，曇生遣寧朔將軍沈靈寵率八千人向黃鵠嶠，欲從候道出蕪湖，迎接南軍。廣德令王蘊發兵據嶮，靈寵不得進，屯住故鄣。曇生既走，靈寵乃與弟靈昭、軍副姚天覆率偏裨以下十七軍歸順。太宗嘉之，擢爲鎭東參軍事，因率所領東討。喜分遣軍主沈思仁、吳係公追躡璪等。

陸攸之、任農夫自東遷進向吳郡，臺遣軍主張靈符卽晉陵。其月四日，齊王急攻之，其夜，孫曇瓘、陳景遠一時奔潰。諸軍至晉陵，袁標棄郡東走。晉陵旣平，吳中震動，吳興軍又將至，顧琛與子寶素攜其老母泛海奔會稽，海鹽令王孚邀討不及。

太宗以四郡平定，留吳喜統全景文、沈懷明、劉亮、孫超之、壽寂之等東平會稽，追齊王、張永、姚道和、杜幼文、垣恭祖、張靈符北討，王穆之、頓生、江方興南伐。

其月九日，喜等至錢唐，錢唐令顧昱及孔璪、王曇生等奔渡江東。喜仍進軍柳浦，諸暨令傅琰將家歸順。喜遣鎭北參軍沈思仁、强弩將軍任農夫、龍驤將軍高志之、南臺御史阮佃夫、揚武將軍盧僧澤等率軍向黃山浦。東軍據岸結砦，農夫等攻破之，乘風舉帆，直趣定山，破其大帥孫會之，於陳斬首。自定山進向漁浦，戍主孔叡率千餘人據壘拒戰。佃夫使隊主闞法炬射殺樓上弩手，叡衆驚駭，思仁縱兵攻之，斬其軍主孔奴，於是敗散。其月十九日，吳喜使劉亮由鹽官海渡，直指同浦，壽寂之濟自漁浦，邪趣永興，喜自柳浦渡，趣西陵。西陵諸軍皆悉散潰，斬庾業、顧法直、吳恭，傳首京都。東軍主卜道濟、督戰許天賜請降。庾業，新野人也。父彥達，以幹局爲太祖所知，爲益州刺史。世祖世，官至豫章太守，太常卿。劉亮、全景文、孫超之進次永興同市，遇覬所遣陸孝伯、孔豫兩軍，與戰破之，斬孝伯、豫首。

會稽聞西軍稍近，將士多奔亡，覬不能復制。二十日，上虞令王晏起兵攻郡，覬以東西交逼，憂遽不知所爲。其夕，率千餘人聲云東討，實趣石瀆，先已具船海浦，値潮涸不得去，[二七]衆叛都盡，門生載以小船，竄于嵴山村。僞車騎從事中郎張綏先遣人於錢唐詣喜歸誠，及覬走，綏閉封倉庫，以待王師。二十一日，晏至郡，入自北門，囚綏付作部，其夜殺之。執尋陽王子房於別署，縱兵大掠，府庫空盡。若邪村民錄送僞龍驤將軍、車騎中兵參軍軍主孔叡，將斬之，叡曰：「吾年已過立，未霑官伍，蒙知己之顧，以身許之，今日就死，亦何所恨。」含笑就戮。孔璪叛投門生陸林夫，林夫斬首送之。二十二日，嵴山民縛覬送詣晏，晏謂之曰：「此事孔璪所爲，[二八]無豫卿事。可作首辭，當相爲申上。」覬曰：「江東處分，莫不由身，委罪求活，便是君輩行意耳。」晏乃斬之東閤外，臨死求酒，曰：「此是平生所好。」時年五十一。顧琛、王曇生、袁標等並詣喜歸罪，喜皆宥之。琛子寶素與父相失，自縊死。東軍主凡七十六人，於陣斬十七人，其餘皆原宥。初遣庾業向會稽，追使奉朝請孫長度送仗與之，并令召募。行達晉陵，袁標就其求仗，長度不與，爲標所殺。追贈給事中。

先是，鄧琬遣臨川內史張淹自南路出東陽，淹遣龍驤將軍桂追、征西行參軍劉越緒屯據定陽縣。巴陵王休若遣沈思仁討之，思仁遣軍主崔公烈攻其營，斬幢主朱伯符首，桂追、劉越緒諸軍並奔逸。晉安太守劉瞻據郡同逆，建安內史趙道生起義討之，聚徒未合。七月，思仁遣軍主姚宏祖、鮑伯奮、應寄生等討破瞻，斬之於羅江縣。

鄧琬先遣新安太守陽伯子及軍主任獻子襲黟縣，縣令吳茹公固守，力不敵，棄城走，伯子等屯據縣城。茹公與臺軍主丘敬文、李靈賜、蕭柏壽等攻圍彌時，八月乃剋，斬伯子、獻子首。

張淹屯軍上饒縣，聞劉胡敗，軍副鄱陽太守費曇欲圖之，詐云：「得鄧琬信，急宜諮論。」欲因此斬淹。淹素事佛，方禮佛，不得時進。曇復詐云捕虎，借大鼓及仗士二百人，淹信而與之。曇因率衆入山，饗士約誓，揚言虎走城西，鳴鼓大呼，直來趣城，城門守衞，悉委仗觀之，曇率衆突入，淹正禮佛，聞難走出，因斬首。

史臣曰：自江左以來，舉干戈以圖宗國，十有一焉，其能克振者，四而已矣。元皇外守虛器，政由王氏；蘇峻事雖暫申，旋受屠磔；桓玄宣武之子，運屬橫流；世祖仗順入討，民無異望。其餘皆漆顏夷宗，作戒於後，何哉？夫勝敗之數，實由衆心，社廟尊嚴，民情所係，安以義動，猶或稱難，況長戟指闕，志在陵暴者乎。泰始交爭，逆順未辨，太宗身剿悖亂，事惟拯溺，國道屯詖，宜立長君，太祖之昭，義無不可。子勛體自世祖，家運已絕，當璧之命，屬有所歸。曲直二塗，未知攸適。徒以據有神甸，擅資天府，宗稷之重，威臨四方，以中制外，故能式淸區宇。夫帝王所居，目以衆大之號，名曰京師，其義趣遠有以也。

校勘記

〔一〕鄧琬字元琬　「元琬」南史、建康實錄作「元琰」。

〔二〕爲廣州刺史宗慤所執　「廣州」各本並作「江州」，據元龜九二五改。孫彪宋書考論云：「按宗慤時爲廣州刺史，非江州也。」

〔三〕荀卞之爲尙書左丞　張森楷校勘記云：「符瑞志有烏程令荀卞之於大明七年言甘露降，疑卽一人。『荀』『苟』未知孰是。」

〔四〕軍主郭季之荀僧韶幢主韓欣宗等　「郭季之」各本並作「郭秀之」，據上文「建安王休仁又遣軍主郭季之馬步三千就攸之」語改。

〔五〕始安內史王職之建安內史趙道生安成太守劉襲並舉郡奉順　「王職之」通鑑從宋略作「王識之」。「趙道生」各本並作「趙遁生」，本書孔覬傳、通鑑並作「趙道生」，按「道生」是，今據改。

〔六〕與南康相沈肅之　「沈肅之」各本並作「沈用之」，據通鑑考異引宋略、南齊書武帝紀、通鑑改。

〔七〕不敢攻　各本並脫「攻」字，據南史補。

〔八〕陳慶已與南陵大雷諸軍共遏其上　「共」各本並作「兵」，據通鑑改。

〔九〕時中護軍劉衍在座　「劉衍」各本並作「劉順」。張森楷校勘記云：「劉順，豫州之將，時爲劉緬破於宛唐、死虎，不得在此。疑是劉衍之誤。時劉衍爲中護軍，見上文及劉穆之傳。」按張校是，今改正。下劉順並改。

〔一〇〕殺道憲道預記室參軍鮑照　「道預」之「道」字，各本並脫。張森楷校勘記云：「上文無名『預』者，疑脫『道』字，卽上所云典籤阮道預」。

〔一一〕以胡爲平西外兵參軍寧朔將軍建昌太守　各本並脫「平」字。孫虨宋書考論云：「西上當脫平字。」按孫說是，今補正。

〔一二〕袁顗字景章　「景章」南史、建康實錄作「國章」。

〔一三〕顗可封新淦縣子　「新淦」各本並作「新隆」，據元龜四六一改。

〔一四〕功貫二曜　「二」各本並作「三」，據藝文類聚二一五改。

〔一五〕而羣小構慝　「小」各本並作「下」，據元龜二一五改。

〔一六〕相與　李慈銘宋書札記云：「相與上當有吾等二字。」

〔一七〕胡以南運未至　「運」各本並作「軍」，據通鑑改。

〔一八〕宜須通才敏思　「思」各本並作「忠」，據元龜八一四改。

〔一九〕秉筆文闈　「文闈」各本並作「文閨」，據御覽二四九引改。

〔二〇〕有無豐約未嘗關懷　「有無」各本並作「無有」，據元龜九一四改。

〔二一〕覬代之　「覬」各本並作「顗」，今改正。下誤並改。

〔二二〕未判　各本並作「未叛」，據南史改。

〔二三〕聳劍東馳　「馳」元龜四一六作「雲」。

〔二四〕夫因禍致慶　「致」各本並作「提」，據元龜四一六改。

〔二五〕臨陣斬楊玄孫矯之黃泰　「楊玄、孫矯之」各本並作「玄孫」二字。張森楷校勘記云：「按上有楊玄、孫矯之，此云『玄孫』，當有一誤。」按「玄孫」當是「楊玄、孫矯之」之脫文，今訂正。

〔二六〕農夫率廣武將軍高志之永興令徐崇之馳往攻之　「高志之」各本並作「高尚之」，據元龜三五一改。按下文云「與高志之進義興援吳喜」，亦作「高志之」。

〔二七〕值潮涸不得去　「潮」各本並作「湖」，據南史改。

〔二八〕此事孔璪所爲　「所」各本並作「之」，據通鑑改。

宋書

梁沈約撰

第八册

卷八五至卷一〇〇（傳）

中華書局

宋書卷八十五

列傳第四十五

謝莊　王景文

謝莊字希逸，陳郡陽夏人，太常弘微子也。年七歲，能屬文，通論語。及長，韶令美容儀，太祖見而異之，謂尚書僕射殷景仁、領軍將軍劉湛曰：「藍田出玉，豈虛也哉。」初爲始興王濬後軍法曹行參軍，轉太子舍人，廬陵王文學，太子洗馬，中舍人，廬陵王紹南中郎諮議參軍。又轉隨王誕後軍諮議，並領記室。分左氏經傳，隨國立篇，製木方丈，圖山川土地，各有分理，離之則州別郡殊，合之則宇內爲一。元嘉二十七年，索虜寇彭城，虜遣尚書李孝伯來使，與鎮軍長史張暢共語，孝伯訪問莊及王微，〔一〕其名聲遠布如此。二十九年，除太子中庶子。時南平王鑠獻赤鸚鵡，普詔羣臣爲賦。太子左衛率袁淑文冠當時，作賦畢，齎以示莊，莊賦亦竟，淑見而歎曰：「江東無我，

卿當獨秀。我若無卿，亦一時之傑也。」遂隱其賦。

元凶弒立，轉司徒左長史。世祖入討，密送檄書與莊，令加改治宣布。莊遣腹心門生具慶奉啓事密詣世祖曰：「賊劭自絕於天，裂冠毀冕，窮弒極逆，開闢未聞，四海泣血，幽明同憤。奉三月二十七日檄，聖迹昭然，伏讀感慶。天祚王室，叡哲重光。殿下文明在嶽，神武居陝，肅將乾威，龔行天罰，滌社稷之仇，雪華夷之恥，使弛墜之構，更獲締造，垢辱之甿，復得明目。伏承所命，柳元景、司馬文恭、宗慤、沈慶之等精甲十萬，已次近道。殿下親董銳旅，授律繼進。荆、鄢之師，岷、漢之衆，舳艫萬里，旌旆虧天，九土冥符，羣后畢會。今獨夫醜類，曾不盈旅，自相暴殄，省闥橫流，百僚屏氣，道路以目。檄至，輒布之京邑，朝野同欣，里頌塗歌，室家相慶，莫不望景聳魂，瞻雲佇足。先帝以日月之光，照臨區宇，風澤所漸，無幽不洽。況下官世荷寵靈，叨恩踰量，謝病私門，幸免虎口，雖志在投報，其路無由。今大軍近次，永清無遠，欣悲踊躍，不知所裁。」

世祖踐阼，除侍中。時索虜求通互市，上詔羣臣博議。莊議曰：「臣愚以爲獯獫棄義，唯利是視，關市之請，或以覘國，順之示弱，無明柔遠，距而觀釁，有足表强。且漢文和親，豈止彭陽之寇；武帝修約，不廢馬邑之謀。故有餘則經略，不足則閉關。何爲屈冠帶之邦，通引弓之俗，樹無益之軌，招塵黠之風。交易爽議，既應深杜；和約詭論，尤宜固絕。臣庸

管多蔽，豈識國儀，恩誘降逮，敢不披盡。」

時驃騎將軍竟陵王誕當爲荆州，徵丞相、荆州刺史南郡王義宣入輔，義宣固辭不入，而誕便克日下船。莊以：「丞相既無入志，驃騎發便有期，如似欲相逼切，於事不便。」世祖乃申誕發日，義宣竟亦不下。

上始踐阼，欲宣弘風則，下節儉詔書，事在孝武本紀。莊慮此制不行，又言曰：「詔云『貴戚競利，興貨廛肆者，悉皆禁制』。此實允愜民聽。其中若有犯違，則應依制裁糾。若廢法申恩，便爲令有所屈。此處分伏願深思，無緣明詔既下，而聲實乖爽。臣愚謂大臣在祿位者，尤不宜與民爭利，不審可得在此詔不？拔葵去織，實宜深弘。」

孝建元年，遷左衛將軍。初，世祖嘗賜莊寶劍，莊以與豫州刺史魯爽送別。爽後反叛，世祖因宴集，問劍所在，答曰：「昔以與魯爽別，竊爲陛下杜郵之賜。」上甚說，當時以爲知言。

于時搜才路陿，乃上表曰：

臣聞功照千里，非特燭車之珍；德柔鄰國，豈徒秘璧之貴。〔二〕故詩稱殄悴，誓述榮懷，用能道臻無積，化至恭己。伏惟陛下膺慶集圖，締宇開縣，夕爽選政，昃旦調風，采言廝輿，觀謠仄遠，斯實辰階告平，頌聲方製。臣竊惟隆陂所漸，治亂之由，何嘗不興

資得才，替因失士。故楚書以善人爲寶，虞典以則哲爲難。進選之軌，既弛中代，登造之律，未闡當今。必欲崇本康務，庇民濟俗，匪更惉懘，奚取九成。〔三〕升曆中陽，英賢起於徐、沛，受籙白水，茂異出於荆、宛。寧二都智之所產，七隩才之所集，〔四〕實遇與不遇，用與不用耳。今大道光亨，萬務俟德，而九服之曠，九流之艱，提鈞懸衡，委之選部。一人之鑒易限，而天下之才難原，以易限之鑒，鏡難原之才，使國罔遺授，野無滯器，其可得乎。昔公叔與僎同升，管仲取臣於盜，趙文非親士疎嗣，祁奚豈諂讎比子，茹茅以彙，作範前經，舉爾所知，式昭往牒。且自古任薦，賞罰弘明，成子舉三哲而身致魏輔，應侯任二士而己捐秦相，臼季稱冀缺而疇以田采，張勃進陳湯而坐以褫爵。此先事之盛準，亦後王之彝鑒。如臣愚見，宜普命大臣，各舉所知，以付尚書，依分銓用。若任得其才，舉主延賞；〔五〕有不稱職，宜及其坐。重者免黜，輕者左遷，被舉之身，加以禁錮，年數多少，隨愆議制。若犯大辟，則任者刑論。

又政平訟理，莫先親民，親民之要，實歸守宰，故黃霸治潁川累稔，杜畿居河東歷載，或就加恩秩，或入崇輝寵。今莅民之職，自非公私必應代換者，宜遵六年之制，進獲章明庸墮，退得民不勤擾。如此則下無浮謬之愆，上靡棄能之累，考績之風載泰，樵薪之歌克昌。臣生屬亨路，身漸鴻猷，遂得奉詔左右，陳愚於側，敢露芻言，懼氛恒典。

有詔莊表如此，可付外詳議，事不行。

其年，拜吏部尚書。莊素多疾，不願居選部，與大司馬江夏王義恭牋自陳，曰：

下官凡人，非有達概異識，俗外之志，實因羸疾，常恐奄忽，故少來無意於人間，豈當有心於崇達邪。頃年乘事回薄，遂果饕非次，既足貽誚明時，又亦取愧朋友。前以聖道初開，未遑引退，及此諸夏事寧，方陳微請。款志未伸，仍荷今授，被恩之始，具披寸心，非惟在己知尤，實懼塵穢彝序。

稟生多病，天下所悉，兩脅癖疾，殆與生俱，一月發動，不減兩三，每至一惡，痛來逼心，氣餘如綖。利患數年，遂成痼疾，吸吸惙惙，常如行尸。恒居死病，而不復道者，豈是疾痊，直以荷恩深重，思答殊施，牽課尪瘵，以綜所忝。眼患五月來便不復得夜坐，恒閉帷避風日，晝夜惽懵，爲此不復得朝謁諸王，慶弔親舊，唯被敕見，不容停耳。此段不堪見賓，已數十日，持此苦生，而使銓綜九流，應對無方之訴，實由聖慈罔已，然當之信自苦劇。若才堪事任，而體氣休健，承寵異之遇，處自效之塗，豈苟欲思閑辭事邪。家素貧弊，宅舍未立，兒息不免粗糲，而安之若命，寧復是能忘微祿，正以復有切於此處，故無復他願耳。今之所希，唯在小閑。下官微命，於天下至輕，在己不能不重。屢經披請，未蒙哀恕，良由誠淺辭訥，不足上感。

家世無年，亡高祖四十，[六]曾祖三十二，亡祖四十七，下官新歲便三十五，加以疾患如此，當復幾時見聖世，就其中煎懷若此，實在可矜。前時曾啓願三吳，敕旨云「都不須復議外出」。莫非過恩，然亦是下官生運，不應見一閑逸。今不敢復言此，當付之來生耳。但得保餘年，無復物務，少得養痾，此便是志願永畢。在衡門下有所懷，動止必聞，亦無假居職，患於不能裨補萬一耳。識淺才常，羸疾如此，孤負主上擢授之恩，私心實自哀愧。入年便當更申前請，以死自固。但庸近所訴，恐未能仰徹。公恩盼弘深，粗照誠懇，願侍坐言次，賜垂拯助，則苦誠至心，庶獲哀允。若不蒙降祐，下官當於何希冀邪。仰憑愍察，願不垂吝。

三年，坐辭疾多，免官。

大明元年，起爲都官尚書，奏改定刑獄，曰：

臣聞明慎用刑，厥存姬典，哀矜折獄，實暐呂命。罪疑從輕，既前王之格範，寧失弗經，亦列聖之恒訓。用能化致升平，道臻恭己。逮漢文傷不辜之罰，除相坐之令，孝宣倍深文之吏，立鞫訊之法，當是時也，號稱刑清。[七]陛下踐位，親臨聽訟，億兆相賀，以爲無冤民矣。而比囹圄未虛，頌聲尚缺。臣竊謂五聽之慈，弗宜於宰物，三宥之澤，未洽於民謠。頃年軍旅餘弊，劫掠猶繁，監司討獲，[八]多非其實，或規免身咎，[九]不慮國患，楚對之下，鮮不誣濫。身遭鈇鑕之誅，家嬰孥戮之痛，比伍同閈，莫不及罪，是則一人罰謬，坐者數十。昔齊女告天，臨淄臺殞，孝婦冤戮，東海愆陽，此皆符變靈祇，初感景緯。[一〇]臣近兼訊，見重囚八人，旋觀其初，死有餘罪，詳察其理，實並無辜。恐此等不少，誠可怵惕也。

舊官長竟囚畢，郡遣督郵案驗，仍就施刑。督郵賤吏，非能異於官長，有案驗之名，而無研究之實。愚謂此制宜革。自今入重之囚，縣考正畢，以事言郡，并送囚身，委二千石親臨覈辯，必收聲吞釁，然後就戮。若二千石不能決，乃度廷尉。神州統外，移之刺史，刺史有疑，亦歸臺獄。必令死者不怨，生者無恨。庶鬻棺之諺，輟歎於終古，兩造之察，流詠於方今。臣學闇申、韓，才寡治術，輕陳庸管，懼乖國憲。

上時親覽朝政，常慮權移臣下，以吏部尚書選舉所由，欲輕其勢力，二年，下詔曰：「八柄馭下，以爵爲先，九德咸事，政典居首。銓衡治樞，興替攸寄，頃世以來，轉失厥序，徒秉國鈞，終貽權謗。今南北多士，勳勤彌積，物情善否，實繫斯任。官人之詠，維聖克允，則哲之美，粵帝所難。加澆季在俗，讓議成風，以一人之識，當羣品之詣，望沈浮自得，庸可致乎。吏部尚書可依郎分置，并詳省閑曹。」又別詔太宰江夏王義恭曰：

分選詔旦出，在朝論者，亦有同異。誠知循常甚易，改舊生疑。但吏部尚書由來

與錄共選，良以一人之識，不辦洽通，兼與奪威權，不宜專一故也。前述宣先旨，敬從來奏，省錄作則，永貽後昆，自此選舉之要，唯由元、凱一人。若通塞乖衷，而訴達者尠，且違令與物，理至隔閡。前王盛主，猶或難之，況在寡闇，尤見其短。又選官裁病，卽嗟謗滿道，人之四體，會盈有虛，旬日之間，便至怨詈，況實有假託，不由寢頓者邪。一詣不前，貧苦交困，則兩邊致患，互不相體，校之以實，並有可哀。若職置二人，則無此弊。兼選曹樞要，歷代斯重，人經此職，便成貴塗，己心外議，咸不自限，故范曄、魯爽，舉兵滅門，以此言之，實由榮厚勢驅，殷繁所至。設可擬議此授，唯有數人，本積歲月，稍加引進，而理無前期，多生慮表，或嬰艱抱疾，事至回移。官人之任，決不可闕，一來一去，向人已周，非有黜貴，已貴難賤，既成妨長，置之無所，盛衰遞襲，便是一段世臣相處之方，臣主生疑，所以彌覺此職，宜在降階。監令端右，足處時望，無人則闕，異於九流。今但直銓選部，有減前資。物情好猜，橫立別解，本旨向意，終不外宜。唯有從郎分置，視聽自改。選既輕先，民情已變，有堪其任，大展遷回。兼常之宜，以時稍進，本職非復重官可得，不須帶帖數過，居之盡無詒怪。

自中分荆、揚，于時便有意於此，正訝改革不少，容生駭惑。爾來多年，欲至歲下處分，會何偃致故，應有親人，故近因此施行。本意詔文不得委悉，故復紙墨具陳。

於是置吏部尚書二人，省五兵尚書，莊及度支尚書顧覬之並補選職。遷右衞將軍，〔一〕加給事中。

時河南獻舞馬，詔羣臣爲賦，莊所上其詞曰：

天子馭三光，總萬宇，挹雲經之留憲，裁河書之遺矩。是以德澤上昭，天下漏泉，符瑞之慶咸屬，榮懷之應必躔。月晷呈祥，乾維效氣，賦景河房，承靈天駟，陵原郊而漸影，躍采淵而泳質，辭水空而南傃，去輪臺而東洎，乘玉塞而歸寶，奄芝庭而獻祕。及其養安騏校，進駕龍涓，輝大馭於國阜，貢上襄於帝閑，超益野而踰綠地，軼蘭池而轢紫燕。五王晦其術，十氏憎其玄，東門豈或狀，西河不能傳。既秣芭以均性，〔二〕又佩衡以崇躅，卷雄神於綺文，蓄奔容於帷燭，蘊爚雲之銳景，戢追電之逸足，方疊鎔於丹縞，亦聯規於朱鞍。覯其雙璧應範，三封中圖，玄骨滿，燕室虛，陽理竟，滔策紆，汗飛精，沬流朱。至於肆夏已升，采齊既薦，始徘徊而龍俛，終沃若而鸞眄，迎調露於飛鍾，赴承雲於驚箭，寫秦坰之彌塵，〔三〕狀吳門之曳練，窮虞庭之蹈蹀，究遺野之環枝。若夫雕實之態未卷，淩遠之氣方攄，歷岱野而過碣石，跨滄流而軼姑餘，朝送日於西坂，夕歸風於北都，尋瓊宮於倏瞬，望銀臺於須臾。

若乃日宣重光，德星昭衍，國稱梁、岱佇蹕，史言壇場望踐，鄗上之瑞彰，江間之

禎闡，榮鏡之運既臻，會昌之曆已辨，感五緐之程符，鑒羣后之薦典。聖主將有事於東嶽，禮也。於是順斗極，乘次躔，戒懸日於昭旦，命月題於上年。騑騑翼翼，泛修風而浮慶煙，肅肅雍雍，引八神而詔九仙。下齊郊而掩配林，集嬴里而降舫田，蒲軒次巘，瑄璧承巒，金檢茲發，玉牒斯刊，盛節之義洽，升中之禮殫，億兆悅，精祇歡，聆萬歲於曾岫，燭神光於紫壇。是以擊轅之蹈，撫埃之舞，相與而歌曰：聳朝蓋兮泛晨霞，靈之來兮雲漢華。山有壽兮松有茂，祚神極兮睨皇家。

然後悟聖朝之績，號慶榮之烈，比盛乎天地，爭明乎日月，茂實冠於胥、庭，鴻名邁於勛、發。業底於告成，道臻乎報謁，巍巍乎，蕩蕩乎，民無得而稱焉。

又使莊作舞馬歌，令樂府歌之。

五年，又爲侍中，領前軍將軍。于時世祖出行，夜還，敕開門，莊居守，以棨信或虛，執不奉旨，須墨詔乃開。上後因酒讌從容曰：「卿欲效郅君章邪？」對曰：「臣聞蒐巡有度，郊祀有節，盤于遊田，著之前誡。陛下今蒙犯塵露，晨往宵歸，容恐不逞之徒，妄生矯詐，臣是以伏須神筆，乃敢開門耳。」改領游擊將軍，又領本州大中正，晉安王子勛征虜長史、廣陵太守，加冠軍將軍。改爲江夏王義恭太宰長史，將軍如故。六年，又爲吏部尚書，領國子博士，坐還公車令張奇免官，事在顏師伯傳。

時北中郎將新安王子鸞有盛寵，欲令招引才望，乃使子鸞板莊爲長史，府尋進號撫軍，仍除長史、臨淮太守，未拜，又除吳郡太守。莊多疾，不樂去京師，復除前職。前廢帝即位，以爲金紫光祿大夫。初，世祖寵姬殷貴妃薨，莊爲誄云：「贊軌堯門。」引漢昭帝母趙婕妤堯母門事，廢帝在東宮，銜之。至是遣人詰責莊曰：「卿昔作殷貴妃誄，頗知有東宮不？」將誅之。或說帝曰：「死是人之所同，政復一往之苦，不足爲深困。莊少長富貴，今且繫之尚方，使知天下苦劇，然後殺之未晚也。」帝然其言，繫於左尚方。太宗定亂，得出。及即位，以莊爲散騎常侍、光祿大夫，加金章紫綬，領尋陽王師，頃之，轉中書令，常侍、王師如故。尋加金紫光祿大夫，給親信二十人，本官並如故。泰始二年，卒，時年四十六，追贈右光祿大夫，常侍如故，謚曰憲子。所著文章四百餘首，行於世。

長子颺，晉平太守。女爲順帝皇后，追贈金紫光祿大夫。

王景文，琅邪臨沂人也。名與明帝諱同。祖穆，臨海太守。伯父智，少簡貴，有高名，高祖甚重之，常云：「見王智，使人思仲祖。」與劉穆之謀討劉毅，而智在焉。它日，穆之白高祖曰：「伐國，重事也，公云何乃使王智知？」高祖笑曰：「此人高簡，豈聞此輩論議。」其見知

如此。爲太尉諮議參軍，從征長安，留爲桂陽公義眞安西將軍司馬、天水太守。還爲宋國五兵尚書，晉陵太守，加秩中二千石，封建陵縣五等子，追贈太常。父僧朗，亦以謹實見知。元嘉中，爲侍中，勤於朝直，未嘗違惰，太祖嘉之，以爲湘州刺史。世祖大明末，爲尚書左僕射。太宗初，以后父爲特進、左光祿大夫，又進開府儀同三司，固讓，乃加侍中、特進。尋薨，追贈開府，謚曰元公。

景文出繼智，幼爲從叔球所知。美風姿，好言理，少與陳郡謝莊齊名。太祖甚相欽重，故爲太宗娶景文妹，而以景文名與太宗同。高祖第五女新安公主先適太原王景深，離絕，當以適景文，固辭以疾，故不成婚。起家太子太傅主簿，轉太子舍人，襲爵建陵子。出爲江夏王義恭、始興王濬征北後軍二府主簿，武陵王文學，世祖撫軍記室參軍，南廣平太守，轉諮議參軍，仍度安北、鎭軍府，出爲宣城太守。

元凶弒立，以爲黃門侍郎，未及就，世祖入討，景文遣間使歸款。以父在都邑，不獲致身，及事平，頗見嫌責，猶以舊恩，除南平王鑠司空長史，不拜。出爲東陽太守，入爲御史中丞，祕書監，領越騎校尉，不拜，還司徒左長史。上以散騎常侍舊與侍中俱掌獻替，欲高其選，以景文及會稽孔覬俱南北之望，並以補之。尋復爲左長史。坐姊墓開不臨赴，免官。大明二年，復爲祕書監，太子右衞率，侍中。五年，出爲安陸王子綏冠軍長史、輔國將軍、江

夏內史，行郢州事。又徵爲侍中，領射聲校尉，右衞將軍，〔一四〕加給事中，太子中庶子，右衞如故。坐與奉朝請毛法因蒱戲，得錢百二十萬，白衣領職。尋復爲侍中，領中庶子，未拜。前廢帝嗣位，徙祕書監，侍中如故。以父老自解，出爲江夏王義恭太宰長史，輔國將軍，南平太守。永光初，爲吏部尚書。景和元年，遷右僕射。

太宗卽位，加領左衞將軍。時六軍戒嚴，景文仗士三十人入六門。諸將咸云：「平殄小賊，易於拾遺。」景文曰：「敵固無小，蜂蠆有毒，何可輕乎。諸軍當臨事而懼，好謀而成，先爲不可勝，乃制勝之術耳。」尋遷丹陽尹，僕射如故。遭父憂，起爲冠軍將軍，尚書左僕射，丹陽尹，固辭僕射，改授散騎常侍，中書令，中軍將軍，尹如故，又辭不拜。仍出爲使持節、散騎常侍、都督江州郢州之西陽豫州之新蔡晉熙三郡諸軍事、安南將軍、江州刺史。讓常侍，服闋乃受。

太宗翦除暴主，又平四方，欲引朝望以佐大業，乃下詔曰：「夫良圖宣國，賞崇彝命；殊績顯朝，策勳王府。安南將軍、江州刺史景文，風度淹粹，理懷清暢，體兼望實，誠備夷岨。寶曆方啓，密贊義機，妖徒干紀，預毗廟略。宜登茅社，永傳厥祚。朕澄氛寧樞，實資多士，疏爵疇庸，實膺徽烈。尚書右僕射、領衞尉興宗，識懷詳正，思局通敏。吏部尚書、領太子左衞率淵，器情閑茂，風業韶遠。並謀參軍政，績亮時艱，拓宇開邑，實允勳典。景文可封江安縣侯，食邑八百戶，興宗可始昌縣伯，淵可南城縣伯，食邑五百戶。」景文固讓，不許，乃受五百戶。進號鎮南將軍，尋給鼓吹一部。後以江州當徙鎮南昌，領豫章太守，餘如故。州不果遷。頃之，徵爲尚書左僕射，領吏部，揚州刺史，加太子詹事，常侍如故。不願還朝，求爲湘州刺史，不許。

時又謂景文在江州，不能潔己，景文與上幸臣王道隆書曰：〔一五〕「吾雖寡於行己，庶不負心，旣愧殊效，誓不上欺明主。竊聞有爲其貝錦者，云營生乃至巨萬，素無此能，一旦忽致異術，必非乎理。唯乞平心精檢，若此言不虛，便宜肆諸市朝，以正風俗。脫其妄作，當賜思罔昧之由。吾踰忝轉深，足以致謗，念此驚懼，何能自測。區區所懷，不願望風容貸。吾自了不作偷，猶如不作賊。故以密白，想爲申啓。」

景文屢辭內授，上手詔譬之曰：「尚書左僕射，卿已經此任，東宮詹事，用人雖美，職次正可比中書令耳。庶姓作揚州，徐干木、王休元、殷鐵並處之不辭。卿清令才望，何愧休元，毗贊中興，豈謝干木，綢繆相與，何後殷鐵邪？司徒以宰相不應帶神州，遠遵先旨，京口鄉基義重，密邇畿內，又不得不用驃騎，陝西任要，由來用宗室。驃騎旣去，巴陵理應居之，中流雖曰閑地，控帶三江，通接荊、郢，經塗之要，由來有重鎭。如此，則揚州自成闕刺史，卿若有辭，更不知誰應處之。此選大備，與公卿疇懷，非聊爾也。」固辭詹事領選，徙爲中書令，〔一六〕常侍、僕射、揚州如故。又進中書監，領太子太傅，常侍、揚州如故。景文固辭太傅，上遣新除尚書右僕射褚淵宣旨，以古來比例六事詰難之，不得已乃受拜。

時太子及諸皇子並小，上稍爲身後之計，諸將帥吳喜、壽寂之徒，慮其不能奉幼主，並殺之，而景文外戚貴盛，張永累經軍旅，又疑其將來難信，乃自爲謠言曰：「一士不可親，弓長射殺人。」一士，王字；弓長，張字也。景文彌懼，乃自陳求解揚州，曰：

臣凡猥下劣，方圓無算，特逢聖私，頻叨不次，乘非其任，理宜覆折，雖加恭謹，無補橫至，夙夜燋戰，無地容處。六月中，得臣外甥女殷恒妻蔡琉，欲令其兒啓聞乞祿，求臣署入，云凡外人通啓，先經臣署。于時驚怖，卽欲封琉上呈，更思此家落漠，庶非通謗，且廣聽察，幸無復所聞。比日忽得兗州都送迎西曹解季遜板云是臣屬，旣不識此人，卽問郗顒，方知虛託。比十七日晚，〔一七〕得征南參軍事謝儼口信，云臣使人略奪其婢。臣遣李武之問儼元由，答云「使人謬誤」。誤之與實，雖所不知，聞此之日，唯有憂駭。

臣之所知，便有此三變，臣所不覺，尤不可思。若守爵散輩，寧當招此，誠由闇拙，非復可防。自蒞州任，倐已七月，無德而祿，其殃將至。且傳職清峻，亢禮儲極，以臣凡走，豈可暫安。荷恩懼罪，不敢執固，焦魂褫氣，憂迫失常。況臣髮醜人羣，病絕力

劾，穢朝點列，顧無與等，獨息易駭，慚懼難持。伏願薄回矜愍，全臣身計，大夫之俸，足以自周，久懷欣羨，未敢干請，仰希慈宥，照臣款誠。

上詔答曰：

去五月中，吾病始差，未堪勞役，使卿等看選牒，署竟，請敕施行。此非密事，外間不容都不聞。然傳事好訛，由來常患。殷恒妻，匹婦耳，閨閤之內，傳聞事復作一兩倍落漠，兼謂卿是親故，希卿署，不必云選事獨關卿也。恒妻雖是傳聞之僻，大都非可駭異。且舉元凱，咸由疇諮，可謂唐堯不明，下干其政邪？悠悠好詐貴人及在事者，屬卿偶不悉耳，多是其周旋門生輩，作其屬託，貴人及在事者，永無由知。非徒止於京師，乃至州郡縣中，或有詐作書疏，灼然有文迹者。諸舍人右丞輩，及親近驅使人，慮有作其名，載禁物，求停檢校，强賣猥物與官，仍求交直，或屬人求乞州郡資禮，希蠲呼召及虜發船車，並啓班下在所，有卽駐錄。但卿貴人，不容有此啓。由來有是，何故獨驚。

人居貴要，〔一八〕但問心若爲耳。大明之世，巢、徐、二戴，位不過執戟，權亢人主；顏師伯白衣僕射，橫行尚書中。令袁粲作僕射領選，而人往往不知有粲。粲遷爲令，居之不疑。今旣省錄，令便居昔之錄任，置省事及幹童，並依錄格。粲作令來，亦不異爲

僕射。人情向粲，淡淡然亦復不改常。以此居貴位要任，當有致憂兢理不？卿今雖作揚州，太子傅位雖貴，而不關朝政，可安不懼，差於粲也。想卿虛心受榮，而不爲累。

貴高有危殆之懼，卑賤有溝壑之憂，張、單雙災，木雁兩失，有心於避禍，不如無心於任運。夫千仞之木，既摧於斧斤；一寸之草，亦瘁於踐蹋。高崖之修榦，〔二九〕與深谷之淺條，存亡之要，〔三〇〕巨細一揆耳。晉卿畢萬七戰皆獲，〔三一〕死於牖下；蜀相費禕從容坐談，斃於刺客。故甘心於履危，未必逢禍；縱意於處安，不必全福。但貴者自惜，故每憂其身；賤者自輕，故易忘其己。然爲教者，每誡貴不誡賤，言其貴滿好自恃也。凡名位貴達，人以在懷，泰則觸人改容，不則行路嗟愕。至如賤者，否泰不足以動人，存亡不足以絓數，死於溝瀆，死於塗路者，天地之間，亦復何限，人不以係意耳。

以此而推，貴何必難處，賤何必易安。但人生也自應卑愼爲道，行己用心，務思謹惜。若乃吉凶大期，正應委之理運，遭隨參差，莫不由命也。既非聖人，不能見吉凶之先，正是依俙於理，言可行而爲之耳。得吉者是其命吉，遇不吉者是其命凶。以近事論之，景和之世，晉平庶人從壽陽歸亂朝，人皆爲之戰慄，而乃遇中興之運；袁顗圖避禍於襄陽，當時皆羨之，謂爲陵霄駕鳳，遂與義嘉同滅。駱宰見幼主，語人云：「越王長頸鳥喙，可與共憂，不可與共樂。范蠡去而全身，文種留而遇禍。今主上口頸，頗有越

王之狀，我在尚書中久，不去必危。」遂求南江小縣。諸都令史住京師者，皆遭中興之慶，人人蒙爵級；宰值義嘉染罪，金木纆身，性命幾絕。卿耳眼所聞見，安危在運，何可預圖邪。

時上既有疾，而諸弟並已見殺，唯桂陽王休範人才本劣，不見疑，出爲江州刺史。慮一旦晏駕，皇后臨朝，則景文自然成宰相，門族強盛，藉元舅之重，歲暮不爲純臣。泰豫元年春，上疾篤，乃遣使送藥賜景文死，手詔曰：「與卿周旋，欲全卿門戶，故有此處分。」死時年六十。追贈車騎將軍、開府儀同三司，常侍、中書監、刺史如故，謚曰懿侯。

長子絢字長素。年七歲，讀論語至「周監於二代」，外祖何尚之戲之曰：「耶耶乎文哉。」絢卽答曰：「草翁風必偃。」〔三二〕少以敏惠見知。及長，篤志好學，官至祕書丞。年二十四，先景文卒，謚曰恭世子。子婼襲封，齊受禪，國除。

景文兄子蘊字彥深。父楷，太中大夫，人才凡劣，故蘊不爲羣從所禮，常懷恥慨。家貧爲廣德令，會太宗初卽位，四方叛逆，蘊遂感激爲將，假寧朔將軍，建安王休仁司徒參軍，令如故。景文甚不悅，語之曰：「阿益，汝必破我門戶。」阿益者，蘊小字也。〔三三〕事寧，封吉陽縣男，食邑三百戶。爲中書、黃門郎，晉陵、義興太守，所莅並貪縱。在義興應見收治，以太后

故，止免官。廢帝元徽初，復爲黃門郎，東陽太守。未之郡，值桂陽王休範逼京邑，蘊領兵於朱雀門戰敗被創，事平，除侍中，出爲寧朔將軍、湘州刺史。蘊輕躁，薄於行業，時沈攸之爲荆州刺史，密有異志，蘊與之結厚。及齊王輔朝政，蘊、攸之便連謀爲亂，會遭母憂，還都，停巴陵十餘日，更與攸之成謀。時齊王世子爲郢州行事，蘊至郢州，謂世子必下慰之，欲因此爲變，據夏口，與荆州連橫。世子覺其意，稱疾不往，又嚴兵自衞，蘊計不得行，乃下。及攸之爲逆，蘊密與司徒袁粲等結謀，事在粲傳。事敗，走鬬場，追禽，斬於秣陵市。

景文弟子孚，大明末，爲海鹽令。泰始初，天下反叛，唯孚獨不同逆，官至司徒記室參軍。

史臣曰：王景文弱年立譽，聲芳籍甚，榮貴之來，匪由勢至。若泰始之朝，身非外戚，與袁粲羣公方驂並路，傾覆之災，庶幾可免。庾元規之讓中書令，義在此乎。

校勘記

〔一〕孝伯訪問莊及王微　「王微」各本並作「王徽」，據南史改。按王微卒於元嘉三十年，故孝伯問

訊及之。參見本書卷六二王微傳校勘記第十八條。

〔二〕臣聞功照千里非特燭車之珍德柔鄰國豈徒祕璧之貴　南史作「臣聞功傾魏后，非特照車之珍；德柔秦客，豈徒祕璧之貴」。

〔三〕奚取九成　南史此下多「夫才生於時，古今豈貳，士出於世，屯泰焉殊」十七字。

〔四〕七隩才之所集　南史作「七隩愚之所育」。

〔五〕舉主延賞　「舉」各本及元龜四七一作「據」，據南史、建康實錄改。

〔六〕亡高祖四十　按謝莊高祖謝萬，卒年四十二，見晉書。此云四十，與晉書異。

〔七〕號稱刑清　各本並作「號令刑存」，據元龜四七一改。

〔八〕監司討獲　「討」各本並作「計」，據元龜四七一改。

〔九〕或規免身咎　各本並脫「身」字，據元龜四七一補。

〔一〇〕初感景緯　「感」各本並作「咸」，今改正。

〔一一〕遷右衞將軍　「右衞」南史作「左衞」。

〔一二〕既秣芑以均性　「芑」各本並作「苞」，據藝文類聚九三改。

〔一三〕寫秦坰之彌塵　「彌」藝文類聚九三作「弭」，疑是。

〔一四〕右衞將軍　「右衞」南史作「左衞」。

〔一五〕景文與上幸臣王道隆書曰　「道隆」各本並作「道龍」，據南史、元龜九二四改。殿本考證亦云：「道龍當作道隆。」按王道隆見恩倖傳。

〔一六〕固辭詹事領選從爲中書令　「領選從爲」各本並作「從領」二字，據南史訂正。

〔一七〕比十七日晚　「比」各本並作「此」，據元龜四六三改。

〔一八〕人居貴要　「人」各本並作「之」，據元龜四六三、通鑑宋明帝泰始七年改。

〔一九〕高崖之修榦　「崖」各本並作「涯」，據南史、元龜四六三改。

〔二〇〕存亡之要　「亡」各本並作「止」，據元龜四六三、通鑑宋明帝泰始七年改。

〔二一〕晉卿畢萬七戰皆獲　各本並脫「卿」字，據元龜四六三改。

〔二二〕草翁風必偃　論語原文「草上之風必偃」，南史作「草翁之風必舅」，旣爲尚之諱，又爲尚之子偃諱。偃於絢爲母舅，故南史云然。然古人父前子名，宋書作「草翁風必偃」，拜不誤。

〔二三〕阿益者蘊小字也　「阿益」南齊書、南史作「阿答」。

宋書卷八十六

列傳第四十六

殷孝祖　劉勔

殷孝祖，陳郡長平人也。曾祖羨，晉光祿勳。父祖並不達。

孝祖少誕節，好酒色，有氣幹。太祖元嘉末，爲奉朝請，員外散騎侍郎。世祖以其有武用，除奮武將軍、濟北太守。入爲積射將軍。大明初，索虜寇青州，上遣孝祖北援，受刺史顏師伯節度，累與虜戰，頻大破之，事在師伯傳。還授太子旅賁中郎將，加龍驤將軍。竟陵王誕據廣陵爲逆，孝祖隸沈慶之攻誕，又有戰功，遷西陽王子尚撫軍、寧朔將軍、南濟陰太守。〔一〕出爲盱眙太守，將軍如故。還爲虎賁中郎將，仍除寧朔將軍、陽平東平二郡太守。又遷濟南、南郡，將軍如故。

前廢帝景和元年，以本號督兗州諸軍事、兗州刺史。太宗初卽位，四方反叛，孝祖外甥

司徒參軍潁川葛僧韶建議銜命徵孝祖入朝，〔二〕上遣之。時徐州刺史薛安都遣薛索兒等屯據津逕，僧韶間行得至，說孝祖曰：「景和凶狂，開闢未有，朝野危極，假命漏刻。主上聖德天挺，神武在躬，曾不浹辰，夷凶翦暴，更造天地，未足爲言。國亂朝危，宜立長主，公卿百辟，人無異議，泰平之隆，非旦則夕。而羣小相煽，構造無端，貪利幼弱，競懷希望。使天道助逆，羣凶事申，則主幼時艱，權柄不一，兵難互起，豈有自容之地。舅少有立功之志，長以氣節成名，若便能控濟、河義勇，〔三〕還奉朝廷，非唯匡主靜亂，乃可以垂名竹帛。」孝祖具問朝廷消息，僧韶隨方酬譬，并陳兵甲精强，主上欲委以前驅之任。孝祖卽日棄妻子，率文武二千人隨僧韶還都。

時普天同逆，朝廷唯保丹陽一郡，而永世縣尋又反叛，義興賊垂至延陵，內外憂危，咸欲奔散。孝祖忽至，衆力不少，並傖楚壯士，人情於是大安。進孝祖號冠軍，假節、督前鋒諸軍事，遣向虎檻，拒對南賊。御仗先有諸葛亮筩袖鎧帽，二十五石弩射之不能入，上悉以賜孝祖。

孝祖負其誠節，凌轢諸將，臺軍有父子兄弟在南者，孝祖並欲推治，由是人情乖離，莫樂爲用。進使持節、都督兗州青冀幽四州諸軍事、撫軍將軍，刺史如故。時賊據赭圻，孝祖將進攻之，與大統王玄謨別，悲不自勝，衆並駭怪。泰始二年三月三日，與賊合戰，常以鼓

蓋自隨，軍中人相謂曰：「殷統軍可謂死將矣。〔四〕今與賊交鋒，而以羽儀自標顯，若善射者十手攢射，〔五〕欲不斃，得乎？」是日，於陣爲矢所中死，時年五十二。追贈散騎常侍、征北將軍，持節、都督如故。封秭歸縣侯，食邑千戶。四年，追改封建安縣，謚曰忠侯。孝祖子悉爲薛安都所殺，以從兄子慧達繼封。齊受禪，國除。

劉勔字伯猷，彭城人也。祖懷義，始興太守。父穎之，汝南、新蔡二郡太守，征林邑，遇疾卒。

勔少有志節，兼好文義。家貧，爲廣州增城令，廣州刺史劉道錫引爲揚烈府主簿。元嘉二十七年，索虜南侵，道錫遣勔奉使詣京都，太祖引見之，酬對稱旨，除寧遠將軍、綏遠太守。元嘉末，蕭簡據廣州爲亂，勔起義討之，燒其南門。廣州刺史宗慤又命爲軍府主簿，以功封大亭侯。除員外散騎侍郎。孝建初，荆、江反叛，宗慤以勔行寧朔將軍、湘東內史，領軍出安陸。會事平，以本號爲晉康太守，又徙鬱林太守。大明初還都，徐州刺史劉道隆請爲寧朔司馬。竟陵王誕據廣陵爲逆，勔隨道隆受沈慶之節度，事平，封金城縣五等侯。除西陽王子尚撫軍參軍，〔六〕入直閤。先是，遣費沈伐陳檀，不克，乃除勔龍驤將軍、西江督

護、鬱林太守。勔既至，率軍進討，隨宜翦定，大致名馬，幷獻珊瑚連理樹，上甚悅。還除新安王子鸞撫軍中兵參軍，遭母憂，不拜。前廢帝卽位，起爲振威將軍、屯騎校尉，入直閤。

太宗卽位，加寧朔將軍，校尉如故。江州刺史晉安王子勛爲逆，四方響應，勔以本官領建平王景素輔國司馬，進據梁山。會豫州刺史殷琰反叛，徵勔還都，假輔國將軍，率衆討琰，甲仗三十人入六門，復兼山陽王休祐驃騎司馬，餘如故。破琰將劉順於宛唐，杜叔寶於橫塘，事在琰傳。除輔國將軍、山陽王休祐驃騎諮議參軍、梁郡太守、假節，不拜。琰嬰城固守，自始春至于末冬，薛道標、龐孟虯並向壽陽，勔內攻外禦，戰無不捷。善撫將帥，以寬厚爲衆所依。將軍王廣之求勔所自乘馬，諸將帥並忿廣之叨冒，勸勔以法裁之，勔歡笑，卽時解馬與廣之。復除使持節、督廣交二州諸軍事、平越中郎將、廣州刺史，〔七〕將軍如故，不拜。及琰開門請降，勔約令三軍，不得妄動，城內士民，秋毫無所失，百姓感悅，咸曰來蘇。百姓生爲立碑。改督益寧二州諸軍事、益州刺史，持節、將軍如故。又不拜。還京都，拜太子左衞率，〔八〕封鄱陽縣侯，食邑千戶。

琰初求救索虜，虜大衆屯據汝南。泰始三年，以勔爲征虜將軍、督西討前鋒諸軍事，假節、置佐，本官如故。先是，常珍奇據汝南，與琰爲逆，琰降，因據戍降虜，事在琰傳。至是引虜西河公、長社公攻圍輔國將軍、汝陰太守張景遠，景遠與軍主楊文萇拒擊，大破之。景

遠尋病卒，太宗嘉其功，追贈冠軍將軍、豫州刺史，追封含洭縣男，食邑三百戶，以文萇代爲汝陰太守。除勔右衞將軍，仍以爲使持節、都督豫司二州諸軍事、征虜將軍、豫州刺史，餘如故。四年，除侍中，領射聲校尉，又不受。進號右將軍。其年，虜遣汝陽司馬趙懷仁步騎五百，寇武津縣，勔遣龍驤將軍曲元德輕兵進討，〔九〕虜衆驚散。虜子都公閼于拔又率三百人防運車□□千兩，〔一〇〕於汝陽臺東水上結營。元德單騎直入，斬拔首，因進攻汝陽臺，卽陷外壘，獲車一千三百乘，斬首一百五十級。勔又使司徒參軍孫曇瓘督弋陽以西，〔一一〕會虜寇義陽，曇瓘大破之。虜上其北豫州租，有車二千兩，勔招荒人，邀擊於許昌，虜衆奔散，焚燒米穀。

淮西人賈元友上書太宗，勸北攻懸瓠，可收陳郡、南頓、汝南、新蔡四郡之地。上以其所陳示勔，使具條答。勔對曰：

元友稱：「虜主幼弱，姦僞競起，內外規亂，天亡有期。」臣以爲獯醜侵縱，蹈藉王境，〔一二〕盤據州郡，百姓殘亡。去冬衆軍失耕，今春連城圍逼，國家復境之略，實有不遑，滅虜未及。元友又云：「有七千餘家，穀米豐積，可供二萬人數年資儲。」臣又以爲二萬人歲食米四十八萬斛，五年合須米二百四十萬斛，既理不容有，恐事難稱言。元友又云：「虜於懸瓠開驛保，虜已先據，若不足恃，此不須缺」。俱是攻城，便應先圖懸

瓠，何更越先取鄢，以受腹背之災。且七千餘家豐積，而虜猶當遠運爲糧，是威不制民，民非異計。元友又云：「虜欲水陸運糧，以救軍命，可襲之機，在於今日。」臣又以爲開立驛道，據守堅城，觀其形候，不似虧弱。可乘之機，恐爲難驗。元友又云：「四郡民人，遭虜二十七年之毒，皆欲雪讎報恥，伏待朝威。」臣又以爲垣式寶等受國重恩，今猶驅略車營，翻還就賊，蓋是戀本之情深，非報怨之宜，何可輕試。元友又云：「請敕荆、雍兩州，遣二千精兵，從義陽依西山北下，直據鄢城。」臣又以爲鄢城是賊驛路要戍，且經蠻接畛，數百里中，裹糧潛進，方出平地，攻賊堅城，自古名將，未有能以此濟者。假其剋捷，不知足南抗懸瓠，北捍長社與不？且賊擁據數城，水陸通便，而今使官以二千斷其資運，於事爲難。元友又云：「虜圍逼汝陰，遊魂二歲，爲張景遠所挫，不敢渡淮。」臣又以爲景遠兵力寡弱，不能自固，遠遣救援，方得少剋。今定是爲賊所畏不？景遠前所摧傷，裁至數百，虜步騎四萬，猶不敢前，而今必勸國家以輕兵遠討，指掌可克，言理相背，莫復過此。元友又云：「龍山雉水，魯奴、王景直等並受朝爵，馬步萬餘。進討之宜，唯須敕命。」臣以爲魯奴與虜交關，彌歷年世，去歲送誠朝廷，誓欲立功。自蒙榮爵，便卽逃遁，殊類姦猾，豈易闇期。兼王景直是一亡命，部曲不過數十人，既不可言，又未足恃。萬餘之言，似不近實。元友又云：「四郡恨忿此非類，車營連結，廢田二載，

生業已盡，賊無所資，糧儲已罄。斷其運道，最是要略。」臣又以斷運須兵，兵應資食，而當此過懸瓠二百里中，使兵食兼足，何處求辦。

臣竊尋元嘉以來，傖荒遠人，多干國議，負儋歸闕，皆勸討虜。魯爽誕說，實挫國威，徒失兵力，虛費金寶。凡此之徒，每規近說，從來信納，皆詒後悔。界上之人，唯視强弱，王師至境，必壺漿候塗，裁見退軍，便抄截蜂起。首領回師，何嘗不爲河畔所斃。

太宗納之，元友議遂寢。

勔與常珍奇書，勸令反虜，珍奇乃與子超越、羽林監垣式寶，於譙殺虜子都公費拔等凡三千餘人。勔馳驛以聞，太宗大喜，以珍奇爲使持節、都督司北豫二州諸軍事、平北將軍、司州刺史，汝南新蔡縣侯，〔三〕食邑千戶，超越輔國將軍、北豫州刺史，潁川汝陽□□三郡太守，安陽縣男，式寶輔國將軍、陳南頓二郡太守，眞陽縣男，食邑三百戶。珍奇爲虜所攻，引軍南出，虜追擊破之，珍奇走依山，得至壽陽，超越、式寶爲人所殺。

五年，汝陰太守楊文萇又頻破虜於荊亭及戍西。詔進勔號平西將軍、豫州刺史，餘如故，不拜。其年，徵拜散騎常侍、中領軍。勔以世路糾紛，有懷止足，求東陽郡。上以勔啓徧示朝臣，自尚書僕射袁粲以下，莫不稱贊，咸謂宜許。上曰：「巴陵、建平二王，並有獨往之志。若世道寧晏，皆當申其所請。」勔經始鍾嶺之南，以爲棲息，聚石蓄水，彷彿丘中，朝

士愛素者，多往游之。六年，改常侍爲侍中。其年，南兗州刺史齊王出鎮淮陰，以勔爲使持節、都督南徐兗青冀□五州諸軍事、平北將軍，〔四〕侍中、中領軍如故，出鎮廣陵。固辭侍中、軍號，許之，以爲假平北將軍。七年，解都督、假號，幷節。太宗臨崩，顧命以爲守尚書右僕射，〔五〕中領軍如故，給鼓吹一部。廢帝卽位，加兵五百人。

元徽初，月犯右執法，太白犯上將，或勸勔解職。勔曰：「吾執心行己，無愧幽明。若才輕任重，災眚必及，天道密微，避豈得免。」桂陽王休範爲亂，奄至京邑，加勔使持節、領軍，置佐史，鎮扞石頭。既而賊衆屯朱雀航南，右軍王道隆率宿衞向朱雀，聞賊已至，急信召勔。勔至，命閉航，道隆不聽，催勔渡航進戰。率所領於航南戰敗，臨陳死之，時年五十七。事平，詔曰：「夫義實天經，忠惟人則，篆素流采，金石宣煇，自非識洞情靈，理感生極，豈有捐軀衞主，〔六〕舍命匡朝者哉。故持節、鎮軍將軍、守尚書右僕射、中領軍鄱陽縣開國侯勔，思懷亮粹，體業淹明，弘勳樹績，譽洽華野。綢繆顧託，契闊屯夷，方倚謀猷，翌康帝道。逆蕃扇禍，逼擾京甸，援枹誓旅，奉律行師。身與事滅，名隨操遠。朕用傷悼，震慟于厥心。昔王允秉誠，卞壼峻節，均風往德，歸茂先軌。泉途戢永，寃逝無追，思崇徽策，式光惇史。可贈散騎常侍，司空，本官、侯如故，謚曰忠昭公。」

子悛嗣，順帝昇明末，爲廣州刺史。齊受禪，國除。

勔弟勰，泰始中，爲寧朔將軍、交州刺史，於道遇病卒。先有都鄉侯爵，謚曰質侯。

史臣曰：吳漢平蜀，城內流血霑踝，而其後無聞於漢。陸抗定西陵，步氏禍及嬰孩，而機、雲爲戮上國。劉勔克壽春，士民無遺錙委粒之歎，莫不扶老攜幼，歌唱而出重圍，美矣。

校勘記

〔一〕遷西陽王子尙撫軍寧朔將軍南濟陰太守　錢大昕廿二史考異云：「撫軍下當有脫文。是時子尙以撫軍將軍都督南徐、兗二州，南濟陰卽南徐州屬郡。孝祖蓋爲撫軍府僚佐，而帶南濟陰太守。」

〔二〕孝祖外甥司徒參軍潁川葛僧韶建議銜命徵孝祖入朝　「葛僧韶」元龜三七一同。南史作「荀僧韶」。按荀氏潁川大族，疑南史作「荀」是。

〔三〕若便能控濟河義勇　各本並脫「河」字，據南史補。濟，濟水；河，黃河。

〔四〕殷統軍可謂死將矣　各本並脫「將」字，據南史、建康實錄、御覽三一二引、元龜三九四及四五二、通鑑補。

〔五〕若善射者十手攢射　「十手」各本並作「十士」，據南史、建康實錄、御覽三二三引改。

〔六〕除西陽王子尙撫軍參軍　各本並脫「參軍」二字，據南史補。

〔七〕復除使持節督廣交二州諸軍事平越中郎將廣州刺史　各本並無「將」字，按百官志，有「平越中郎將」，無「平越中郎」，今補「將」字。

〔八〕拜太子左衞率　南史作「太子右衞率」。

〔九〕勔遣龍驤將軍曲元德輕兵進討　「曲元德」通鑑宋泰始四年作「申元德」。

〔一〇〕虜子都公閼于拔又率三百人防運車□□千兩　「子都公」通鑑宋泰始四年作「于都公」。

〔一一〕勔又使司徒參軍孫曇瓘督弋陽以西　「孫曇瓘」各本並作「孫臺瓘」。胡三省通鑑注云：「臺瓘當作曇瓘」。按胡注是，今改正。下出「臺瓘」，幷改。

〔一二〕蹈藉王境　「蹈」各本並作「乘」，據通鑑宋泰始四年改。

〔一三〕汝南新蔡縣侯　孫彪宋書考論云：「汝南下當有『太守』二字。」

〔一四〕以勔爲使持節都督南徐兗青冀□五州諸軍事平北將軍　按五州數之祇四州，少一州。疑闕「徐州」，當補於「南徐」之下。

〔一五〕顧命以爲守尚書右僕射　各本並脫「爲」字，據南史補。

〔一六〕豈有捐軀衞主　「軀」各本並作「驅」。龔道耕蛛隱廬日箋云：「驅當作軀。」按龔說是，今改正。

宋書卷八十七

列傳第四十七

蕭惠開　殷琰

蕭惠開，南蘭陵人，征西將軍思話子也。初名慧開，後改慧爲惠。

少有風氣，涉獵文史，家雖貴戚，而居服簡素。初爲祕書郎，著作並名家年少，惠開意趣與人多不同，比肩或三年不共語。外祖光祿大夫沛郡劉成戒之曰：「汝恩戚家子，當應將迎時俗，緝外內之歡。如汝自業，將無小傷多異，以取天下之疾患邪？」惠開曰：「人間宜相緝和，甚如慈旨。但不幸耿介，恥見作凡人，畫龍未成，故遂至於多忤耳。」轉太子舍人。與汝南周朗同官友善，以偏奇相尚。轉尚書水部郎，始興王濬征北府主簿，南徐州治中從事史，徙汝陰王友，又爲南徐州別駕，中書侍郎，江夏王義恭大將軍大司馬從事中郎。孝建元年，自太子中庶子轉黃門侍郎，與侍中何偃爭積射將軍徐沖之事。偃任遇甚

隆，惠開不爲之屈，偃怒，使門下推彈之。惠開乃上表解職曰：「陛下未照臣愚，故引參近侍。臣以職事非長，故委能何偃，凡諸當否，不敢參議。竊見積射將軍徐沖之爲偃命所黜，臣愚懷謂有可申，故聊設微異。偃恃恩使貴，欲使人靡二情，便訶脅主者，手定文案，割落臣議，專載己辭。雖天照廣臨，竟未見察臣理，違顏咫尺，致茲壅濫，則臣之受劾，蓋何足悲。但不順侍中，臣有其咎，當而行之，不知何過。且議之不允，未有彈科，省心揆天，了知在宥。臣不能謝愆右職，改意重臣，刺骨鑠金，將在朝夕，乞解所忝，保拙私庭。」時偃寵方隆，由此忤旨，別敕有司以屬疾多，免惠開官。思話素恭謹，操行與惠開不同，常以其峻異，每加嫌責。及見惠開自解表，自歎曰：「兒子不幸與周朗周旋，理應如此。」杖之二百。尋重除中庶子。

丁父艱，居喪有孝性，家素事佛，凡爲父起四寺，南岸南岡下，名曰禪岡寺，曲阿舊鄉宅，名曰禪鄉寺，京口墓亭，名曰禪亭寺，所封封陽縣，名曰禪封寺。謂國僚曰：「封秩蓋鮮，而兄弟甚多，若使全關一人，則在我所讓。若使人人等分，又事可悲恥。寺衆既立，自宜悉供僧衆。」由此國秩不復下均。服除，除司徒左長史。大明二年，出爲海陵王休茂北中郎長史、寧朔將軍、襄陽太守，行雍州州府事。善於爲政，威行禁止。襲封封陽縣侯。還爲新安王子鸞冠軍長史，行吳郡事。惠開妹當適桂陽王休範，女又當適世祖子，發遣之資，應須

二千萬。乃以爲豫章內史，聽其肆意聚納，由是在郡著貪暴之聲。入爲尚書吏部郎，不拜，徙御史中丞。世祖與劉秀之詔曰：「今以蕭惠開爲憲司，冀當稱職。但一往服領，〔一〕已自殊有所震。」及在任，百僚畏憚之。八年，入爲侍中。詔曰：「惠開前在憲司，奉法直繩，不阿權戚，朕甚嘉之。可更授御史中丞。」母憂去職。

起爲持節、督青冀二州諸軍事、輔國將軍、青冀二州刺史，不行。改督益寧二州刺史，持節、將軍如故。惠開素有大志，〔二〕至蜀，欲廣樹經略，善於述事，對賓僚及士人說收牂柯、越嶲以爲內地，綏討蠻、濮，闢地徵租，聞其言者，以爲大功可立。太宗即位，進號冠軍將軍，又進平西將軍，改督爲都督。晉安王子勛反，惠開乃集將佐謂之曰：「湘東太祖之昭，晉安世祖之穆，其於當璧，並無不可。但景和雖昏，本是世祖之嗣，不任社稷，其次猶多。吾奉武、文之靈，兼荷世祖之眷，今便當投袂萬里，推奉九江。」乃遣巴郡太守費欣壽領二千人東下，爲巴東人任叔兒起義所邀，欣壽敗沒，陜口道不復通。更遣州治中程法度領三千人步出梁州，又爲氐賊楊僧嗣所斷。

先是惠開爲治，多任刑誅，蜀土咸懷猜怨。及聞欣壽沒，法度又不得前，晉原一郡遂反，〔三〕於是諸郡悉應之，並來圍城。城內東兵不過二千，凡蜀人惠開疑之，皆悉遣出。子勛尋平，蜀人並欲屠城，以望厚賞。惠開每遣軍出戰，未嘗不捷，前後所摧破殺傷不可勝計。

外衆逾合，勝兵者十餘萬人。時天下已平，太宗以蜀土險遠，赦其誅責，遣惠開弟惠基步道使蜀，具宣朝旨。惠基既至涪，而蜀人志在屠城，不欲使王命遠達，遏留惠基不聽進。惠基率部曲破其渠帥馬興懷等，然後得前。惠開奉旨歸順，城圍得解。

時太宗遣惠開宗人寶首水路慰勞益州，寶首欲以平蜀爲功，更獎說蜀人，於是處處蜂起，凡諸離散者，一時還合。渠帥趙燕、句文章等，與寶首屯軍于上，去成都六十里，衆號二十萬人。惠開欲遣擊之，將佐咸曰：「攻破蜀賊，誠不爲難。但慰勞使至，未獲奉受，而遣兵相距，何以自明本心。」惠開曰：「今水陸四斷，表啓路絕，寶首或相誣陷，謂我不奉朝旨。我之欲戰，本在通使，使若得通，則誠心達矣。」乃作啓事，具陳事情，使腹心二人帶啓，戒之曰：「須賊破路開，便躍馬馳去。」遣宋寧太守蕭惠訓、別駕費欣業萬兵並進，〔四〕與戰，大破之，生禽寶首，囚於成都縣獄。所遣使至，上使執送寶首，除惠開晉平王休祐驃騎長史、南郡太守。不拜。泰始四年，還至京師。

初，惠開府錄事參軍到希微負蜀人債將百萬，〔五〕爲責主所制，未得俱還。惠開與希微共事不厚，以爲隨其同上，不能擕接得還，意恥之，廐中凡有馬六十匹，悉以乞希微償責，其意趣不常皆如是。先劉瑀爲益州，張悅代之，瑀去任，凡所擕將佐有不樂反者，必逼制將還，語人曰：「隨我上，豈可爲張悅作西門客邪。」惠開自蜀還，資財二千餘萬，悉散施道路，〔六〕

一無所留。

五年，又除桂陽王休範征北長史、南東海太守。其年，會稽太守蔡興宗之郡，而惠開自京口請假還都，相逢於曲阿。惠開先與興宗名位略同，又經情款，自以負釁摧屈，慮興宗不能詣己，戒勒部下：「蔡會稽部伍若借問，愼不得答。」惠開素嚴，自下莫敢違犯。興宗見惠開舟力甚盛，不知爲誰，遣人歷舫訊，惠開有舫十餘，事力二三百人，皆低頭直去，無一人答者。

復爲晉平王休祐驃騎長史，太守如故。六年，除少府，加給事中。惠開素剛，至是益不得志，寺內所住齋前，有嚮種花草甚美，惠開悉剗除，列種白楊樹。每謂人曰：「人生不得行胸懷，雖壽百歲，猶爲夭也。」發病歐血，吐如肝肺者甚多。除巴陵王休若征西長史、寧朔將軍、南郡太守，未拜，七年卒，時年四十九。子叡嗣，齊受禪，國除。

惠開與諸弟並不睦，惠基使益州，遂不相見。與同產弟惠明亦著嫌隙云。

殷琰，陳郡長平人也。父道鸞，衡陽王義季右軍長史。

琰少爲太祖所知，見遇與琅邪王景文相埒。初爲江夏王義恭征北行參軍，始興王濬後

軍主簿，出爲鄱陽、晉熙太守，豫州治中從事史，廬陵內史。臧質反，棄郡奔北皖。琰性有計數，欲進退保全，故不還都邑。事平，坐繫尙方，頃之被宥。除海陵王國郎中令，不拜。臨海王子頊爲冠軍將軍、吳興太守，以琰爲錄事參軍，行郡事。復爲豫州別駕，太宰戶曹屬，丹陽丞，尙書左丞，少府，尋陽王子房冠軍司馬，行南豫州，隨府轉右軍司馬，又從巴陵王休若左軍司馬。

前廢帝永光元年，除黃門侍郎，出爲山陽王休祐右軍長史、南梁郡太守。休祐入朝，琰仍行府州事。太宗泰始元年，以休祐爲荆州，欲以吏部郎張岱爲豫州刺史。會晉安王子勛反，卽以琰督豫司二州南豫州之梁郡諸軍事、建武將軍、豫州刺史，以西汝陰太守龐道隆爲琰長史，殿中將軍劉順爲司馬。順勸琰同子勛。琰家累在京邑，意欲奉順，而土人前右軍參軍杜叔寶、〔七〕前陳南頓二郡太守皇甫道烈、道烈從弟前馬頭太守景度、前汝南潁川二郡太守龐天生、前睢陽令夏侯季子等，並勸琰同逆。琰素無部曲，門義不過數人，無以自立，受制於叔寶等。太宗遣冗從僕射柳倫領軍助，〔八〕驃騎大將軍山陽王休祐又遣中兵參軍鄭瑗說琰令還。二人至，卽與叔寶合。叔寶者，杜坦之子，既土豪鄉望，內外諸軍事並專之。

弋陽太守卜天生據郡同逆，斷梁州獻馬得百餘匹。邊城令宿僧護起義斬天生，傳首京邑，太宗嘉之，以爲龍驤將軍，封建興縣侯，食邑三百戶。時綏戎將軍、汝南新蔡二郡太守周矜起義於懸瓠，收兵得千餘人。袁顗遣信誘矜司馬汝南人常珍奇，〔九〕以金鈴爲信，珍奇卽日斬矜，送首詣顗，顗以珍奇爲汝南、新蔡二郡太守。太宗追贈矜本官，以義陽內史龐孟虬爲司州刺史，領隨郡太守，孟虬不受命，起兵同子勛。子勛召孟虬出尋陽，而以孟虬子定光行義陽郡事。

太宗知琰逼迫土人，事不獲已，猶欲羈縻之。以琰兄前中書郎瑗爲司徒右長史，子邈爲山陽王休祐驃騎參軍。子勛遣使以琰爲輔國將軍、梁郡太守，後又加豫州，假節督南豫數郡。杜叔寶求琰上佐，龐道隆慮其爲禍，乃請奉表使尋陽，琰卽以叔寶爲長史、梁郡太守。休祐步入朝，家內猶分停壽陽，琰資給供贍，事盡豐厚。

二年正月，太宗遣輔國將軍劉勔率寧朔將軍呂安國西討，休祐出鎭歷陽，爲諸軍總統。時徐州刺史薛安都亦據彭城反，募能生禽琰、安都，封千戶縣侯，賜布絹各二千匹。二月，勔進軍小峴。初，合肥戍主、南汝陰太守薛元寶委郡奔子勛，前太守朱輔之據城歸順，琰遣攻輔之，輔之敗走。琰以前右軍參軍裴季爲南汝陰太守，〔一〇〕季又歸順，太宗卽而授之。琰所用象縣令許道蓮亦率二百人歸降，太宗以爲馬頭太守。三月，上又遣寧朔將軍劉懷珍、段僧愛、龍驤將軍姜產之馬步三軍助勔討琰。義軍主黃回募江西楚人千餘，斬子勛所置馬頭太守王廣元，以回爲龍驤將軍。淮西人前奉朝請鄭墨率子弟部曲及淮右郡起義於陳郡

城，〔一一〕有衆一萬，太宗以爲司州刺史，後虜寇淮西，戰敗見殺，追贈冠軍將軍。

是月，劉順、柳倫、皇甫道烈、龐天生等馬步八千人，東據宛唐，〔一二〕去壽陽三百里。勔率衆軍並進，去順數里立營。在道遇雨，且始至，壘塹未立，順欲擊之。時琰所遣諸軍並受節度，而以皇甫道烈、土豪柳倫，臺之所遣，順本卑微，不宜統督，唯二軍不受命，至是道烈、倫不同，順不能獨進，乃止。既而勔營壘漸立，不可復攻，因相持守。四月，勔錄事參軍王起、前部賊曹參軍甄澹等五人委勔奔順，順因此出軍攻勔。順幢主樊僧整與臺馬軍主驃騎中兵參軍段僧愛交稍鬬，僧整刺僧愛，殺之，追贈屯騎校尉。僧愛勇冠三軍，軍中並懼。太宗又遣太尉司馬垣閎率軍來會，〔一三〕步兵校尉龐沈之助裴季戍合肥。初，淮南人周伯符說休祐求起義兵，休祐不許，固請，乃遣之。杖策單行，至安豐，收得八百餘人，於淮西爲遊兵。珍奇所置弋陽太守郭確遣將軍郭慈孫擊伯符於金丘，琰又遣中兵參軍杜叔寶助之。慈孫等爲伯符所敗，並投水死。太宗以伯符爲驃騎參軍。

叔寶本謂臺軍停住歷陽不辦進，順等至，無不瓦解，唯齎一月日糧。既與勔相持，軍食盡，報叔寶送食，叔寶乃發車千五百乘載米餉順，自以五千精兵防送之。勔聞之，軍副呂安國曰：「劉順精甲八千，而我衆不能居半，相持既久，强弱勢殊，苟復推遷，則無以自立，所賴在彼糧將竭，我食有餘耳。若使叔寶米至，非唯難可復圖，我亦不能持久。今唯有間道襲

其米車，出彼不意，若能制之，將不戰走矣。」勔以爲然，乃以疲弱守營，簡選千百精手，配安國及軍主黄回等，間路出順後，於横塘抄之。安國始行，計叔寶尋至，止齎二日熟食，食盡，叔寶不至，將士並欲還。安國曰：「卿等旦已一食，今晚米車不容不至。若其不至，夜去不晚。」叔寶果至，以米車爲函箱陣，叔寶於外爲遊軍，幢主楊仲懷領五百人居前，與安國、回等相會。仲懷部曲並欲退就叔寶，并力擊安國。仲懷曰：「賊至不擊，復欲何待？且統軍在後，政三二里間，比吾交手，何憂不至。」卽便前戰，回所領並淮南楚子，天下精兵，衆力旣倍，合戰，便破之，於陣殺仲懷，仲懷所領五百人死盡。叔寶至，而仲懷及士卒伏尸蔽野，回等欲乘勝擊之，安國曰：「彼將自走，不假復擊。」退軍三十里止宿，夜遣騎參候，叔寶果棄米車奔走。安國卽復夜往，燒米車，驅牛二千餘頭而還。劉順聞米車見燒，叔寶又走，五月一日夜，衆潰，奔還壽陽，仍走淮西就常珍奇。勔於是方軌而進。

叔寶斂居民及散卒，嬰城自守。勔與諸軍分營城外，黄回立航渡肥水，叔寶遣馬步三千，欲破航，并柵斷小峴埭，回擊大破之，焚其船柵。

休祐與琰書曰：「君本文弱，素無武幹，是遠近所悉，且名器清顯，不應復有分外希覬。近者之事，當是劫於凶豎，不能守節。今大軍長驅，已造城下，勢孤援絕，禍敗交至，顧昔情款，猶有惻然。聖上垂天地之仁，開不世之澤，好生惡殺，遐邇所聞。顧琛、王曇生等皆軍

敗迸走，披草乞活，尚蒙恩恕，晏處私門。今神鋒所臨，前無横陳，況窮城弱衆，殘傷之餘，而欲自固乎。若開門歸順，自可不失富貴，將佐小大，並保榮爵。何故苟困士民，自求齏膾，身膏斧鑊，妻息并盡，老兄垂白，東市受刑邪。幸自思之。信言不爽，有如皎日。」

上又遣王道隆齎詔宥琰罪。勔又與琰書曰：「昔景和凶悖，行絕人倫，昏虐險穢，諫諍杜塞，遂殘毀陵廟，芟刈百僚，縱毒窮凶，靡有紀極。于時人神回遑，莫能自保，中外士庶，[一四]咸願一匡。予職在直衞，目所備覩。主上神機天發，指麾克定，横流塗炭，一朝太平，扶危拯急，實冠終古。而四方持疑，成此乖逆，資斧所臨，每從偃簡。足下以衣冠華胄，信概夙昭，附戾從違，猶見容養。賢兄長史，階升清列，賢子參軍，亦塞國網。間者進軍宛唐，計由劉順，退衆閉城，當時未了。過蒙朝恩，謬充將帥，蚤承風素，情有依然。今皇威遠申，三方蹙弱，勝敗之勢，皎然可覽。王御史昨至，主上敕、驃騎教、賢兄賢子書，今悉遣送。百代以來，未有弘恩曲宥，乃至於此。且朝廷方宣示大義，惟新王道，何容摽虛辭於士女，失國信於一州。以足下明識淵見，想必不俟終日。如其孤背亭毒，弗忌屠陷者，便當窮兵肆武，究法極刑，將恐貴門無復祭祀之主，墳壟乏掃灑之望，進謝忠臣，退慚孝子，名實兩喪，沒有餘責。扶力略白，幸加研覽。」

琰本無反心，事由力屈，叔寶等有降意，前後屢遣送誠牋，而衆心持疑，莫能相一，故歸

順之計，每多愆塞，嬰城愈固。

弋陽西山蠻田益之起義，攻郭確於弋陽，以益之爲輔國將軍，督弋陽西山事。六月，勔築長圍始合。田益之率蠻衆萬餘人攻龐定光於義陽，定光遣從兄文生拒之，爲益之所破，見殺，遂圍其城。定光求救於子勛，子勛以定光父孟虯爲司州刺史，率精兵五千救義陽，并解壽陽之圍。常珍奇又自懸瓠遣三千人援定光，屯軍柳水。益之不戰，望風奔散。孟虯乘勝進軍向壽陽。初，常珍奇遣周當、垣式寶率數百人送仗與琰。式寶驍勇絕衆，因留守北門，乃率所領，開門掩襲勔，入其營，勔逃避得免，式寶得勔衣帽而去。

勔於是乃豎長圍，治攻道於東南角，并塡塹。東南角有高樓，隊主趙法進計曰：「外若進攻，必先攻樓，樓頽落，旣傷將士，又使人情沮壞，不如先自毀之。」從其言。勔用草茅苞土，擲以塞塹，擲者如雲，城內乃以火箭射之，草未及燃，後土續至，一二日，塹便欲滿。趙法進復獻計，以鐵珠子灌之，珠子流滑，悉緣隙得入，草於是火燃，二日間草盡，塹中土不過二三寸。勔乃作大蝦蟆車載土，牛皮蒙之，三百人推以塞塹。琰戶曹參軍虞挹之造碻車，[一五]擊之以石，車悉破壞。

初，盧江太守王子仲棄郡奔尋陽，盧江人起義，休祐遣員外散騎侍郎陸悠之助之。[一六]劉胡遣其輔國將軍薛道標渡江煽動羣蠻，規自盧江掩襲歷陽，悠之衆弱，退保譙城。司徒

建安王休仁遣參軍沈靈寵馳據盧江，道標後一日方至，悠之自譙城來會，因與道標相持。七月，龐孟虯至弋陽，勔遣呂安國、垣閎、龍驤將軍陳顯達、驃騎參軍孟次陽拒之。孟虯軍副呂興壽與安國有舊，率所領降。安國進軍，破孟虯於蓼潭，義軍主陳胐又破之於汝水，孟虯走向義陽，義陽已爲王玄謨子曇善起義所據，乃逃於蠻中。淮西人鄭叔舉起義擊常珍奇，以爲北豫州刺史。

八月，皇甫道烈、柳倫等二十一人聞孟虯敗，並開門出降。勔因此又與琰書曰：「柳倫來奔，具相申述，方承足下迹纏穢亂，心秉忠誠，惘默窮愁，不親戎政。去冬開天之始，愚迷者多，如足下流比，進非社稷宗臣，退無顧命寄託，朝廷旣不偏相嫌責，足下亦復無所獨愧。程天祚已舉城歸順，龐孟虯又繼迹奔亡，劉胡困於錢溪，袁顗欲戰不得，推理揆勢，亦安能久。且南方初起，連州十六，擁徒百萬，仲春以來，無戰不北，摧陷殄滅，十無一二。南憑袁顗弱卒，北恃足下孤城，以茲定業，恐萬無一理。方今國網疎略，示舉宏維，比日相白，想亦已具矣。且倫等皆是足下腹心牙爪，所以攜手相捨，非有怨恨也，了知事不可濟，禍害已及故耳。夫擁數千烏合，抗天下之兵，傾覆之狀，豈不易曉。假令六蔽之人，猶當不爲其事，況復足下少祖名教，疾沒世無稱者邪。所以復有此白者，實惜華州重鎭，鞠爲茂草，兼傷貴門一日屠滅。足下若能封府庫，開四門，宣語文武，示以禍福，先遣咫尺之書，表達誠款，然

後素車白馬，來詣轅門，若令足下髮膚不全，兒姪彫耗者，皇天后土，實聞此言。至辭不華，寧復多白。」

薛道標猶在廬江，劉胡又分兵揚聲向壽陽及合肥。勔遣許道遵馳赴合肥，助裴季文，〔一七〕又遣黃回、孟次陽及屯騎校尉段佛榮、武衞將軍王廣之繼之。道標率其黨薛元寶等攻合肥，勔所遣諸軍未至，爲道標所陷，季文及武衞將軍葉慶祖力戰死之。勔馳遣垣閎總統諸軍攻合肥。是月，劉胡敗走，尋陽平定，太宗遣叔寶從父弟季文至琰城下，與叔寶語，說四方已定，勸令時降。叔寶曰：「我乃信汝，恐爲人所誑耳。」叔寶閉絕子勛敗問，有傳者卽殺之。時琰子邈東在京邑，繫建康，太宗送邈與琰，令說南賊已平之問，自建康出，便防送就道。議者以爲宜聽邈與伯父瑗私相見，不爾無以解城內之惑，不從。邈至，叔寶等果疑，守備方固。十月，薛道標突圍，與十餘騎走奔淮西，投常珍奇，薛元寶歸降。

先是，晉熙太守閻湛之據郡同逆，至是沈靈寵自廬江攻之，湛之未知尋陽已敗，固守不降。靈寵乃取諸將破劉胡文書置車中，攻城僞敗，棄車而走，湛之得書大駭，其夜奔逃。十一月，常珍奇乞降，慮不見納，又求救於索虜，太宗卽以珍奇爲司州刺史，領汝南、新蔡二郡太守。虜亦遣僞帥張窮奇騎萬匹救之。十二月，虜至汝南，珍奇開門納虜，淮西七縣民並連營南奔，劉順亦棄虜歸順。〔一八〕

南賊降者，太宗並送琰城下，令與城內交言，由是人情沮喪。琰將降，先送休祐內人出城，然後開門。時琰有疾，以板自輿，與諸將帥面縛請罪，勔並撫宥，無所誅戮，自將帥以下，財物資貨，皆以還之，纖毫無所失。虜騎救琰，至師水，聞城陷，乃破義陽，殺掠數千人而去。垣式寶尋復反叛，投常珍奇。以平琰功，劉懷珍封艾縣侯，食邑四百戶，垣閎樂鄉縣侯，孟次陽攸縣子，王廣之蒲圻縣子，陳顯達彭澤縣子，呂安國鍾武縣子，食邑各三百戶，黃回葛陽縣男，食邑二百戶。送琰及僞節還京都。

久之，爲王景文鎮南諮議參軍，兼少府。泰豫元年，除少府，加給事中。後廢帝元徽元年，卒，時年五十九。琰性和雅靜素，寡嗜欲，諳前世舊事，事兄甚謹，少以名行見稱。在壽陽被攻圍積時，爲城內所懷附。揚州刺史王景文、征西將軍蔡興宗、司空褚淵，並與之友善云。

史臣曰：夫求忠臣必於孝子之門，蓋以類得之也。昔啓方說主，迹表遺親，鄧攸淳行，愛兼猶子，雖稟分參差，情紀難一，而均薄等厚，未之或偏。惠開親禮雖篤，弟隙尤著，方寸之內，孝友異情，險於山川，有驗於此也。

校勘記

〔一〕但一往服領　「服領」南史、元龜五一二作「眼額」。

〔二〕惠開素有大志　「大志」各本並作「大意」，據南史改。

〔三〕晉原一郡遂反　「郡」各本並作「部」，據通鑑宋泰始二年改。按晉原郡屬益州，見州郡志。

〔四〕遣宋寧太守蕭惠訓別駕費欣業萬兵並進　「宋寧」各本並作「永寧」，據南史改。按州郡志，益州屬郡有「宋寧」無「永寧」。

〔五〕初惠開府錄事參軍到希微負蜀人債將百萬　「到希微」南史、御覽四七七引作「劉希微」。

〔六〕悉散施道路　「道路」南史作「道俗」。

〔七〕而土人前右軍參軍杜叔寶　「土人」各本並作「士人」，據南史改。

〔八〕太宗遣冗從僕射柳倫領軍助　按「助」下有脫文。孫彪宋書考論云：「助下疑脫琰字。」

〔九〕袁顗遣信誘矜司馬汝南人常珍奇　「遣信」各本並作「遺信」。張森楷校勘記云：「遺信當作遣信，遣信猶言遣使也。」按張校是，今改正。

〔一〇〕琰以前右軍參軍裴季爲南汝陰太守　「裴季」下文又作「裴季文」，通鑑宋泰始二年作「裴季之」。

〔一一〕淮西人前奉朝請鄭墨率子弟部曲及淮右郡起義於陳郡城　「鄭墨」通鑑宋泰始二年作「鄭黑」。考異云：「宋殷琰傳作鄭墨，今從宋本紀、宋略。」

〔一二〕東據宛唐　胡三省通鑑注云：「通典宛唐作死虎。水經肥水注作死零亭。」

〔一三〕太宗又遣太尉司馬垣閎率軍來會　「垣閎」各本並作「垣閔」，據垣護之傳改。下文亦有「垣閎」。

〔一四〕中外士庶　「外」各本並作「內」，據元龜四一六改。

〔一五〕琰戶曹參軍虞挹之造碻車　「碻車」御覽三三六引作「抛車」，元龜三六八作「礮車」。按古無礮字，故借碻字爲之。碻車卽礮車。

〔一六〕休祐遣員外散騎侍郎陸悠之助之　「陸悠之」沈慶之傳、孔覬傳作「陸攸之」，當卽一人。

〔一七〕助裴季文　上文作「裴季」，通鑑作「裴季之」。

〔一八〕劉順亦棄虜歸順　「順」字下各本並有「之」字。孫彪宋書考論謂「劉順，無之字」。孫說是，今刪。

宋書卷八十八

列傳第四十八

薛安都　沈文秀　崔道固

薛安都，河東汾陰人也。世爲强族，同姓有三千家。父廣爲宗豪，高祖定關、河，以爲上黨太守。

安都少以勇聞，身長七尺八寸，便弓馬。索虜使助秦州刺史北賀汨擊反胡白龍子，滅之，〔一〕由是爲僞雍、秦二州都統，州各有刺史，都總統其事。元嘉二十一年，索虜主拓跋燾擊芮芮大敗，安都與宗人薛永宗起義，永宗營汾曲，安都襲得弘農。會北地人蓋吳起兵，遂連衡相應。燾自率衆擊永宗，滅其族，進擊蓋吳。安都料衆寡不敵，率壯士辛靈度等，棄弘農歸國。太祖延見之，求北還構扇河、陜，招聚義衆。上許之，給錦百疋，雜繒三百疋。復襲弘農，虜已增戍，城不可克，蓋吳又死，乃退還上洛。世祖鎮襄陽，板爲揚武將軍、北弘農

太守。虜漸强盛，安都乃歸襄陽。從叔沈亦同歸國，官至綏遠將軍、新野太守。

二十七年，隨王誕版安都爲建武將軍，隨柳元景向關、陜，率步騎居前，所向克捷，事在元景傳。軍還，誕版爲後軍行參軍。二十九年，除始興王濬征北行參軍，加建武將軍。魯爽向虎牢，安都復隨元景北出，卽據關城，期俱濟河取蒲坂。會爽退，安都復率所領隨元景引還。仍伐西陽五水蠻。世祖伐逆，轉參軍事，加寧朔將軍，領馬軍，與柳元景俱發。四月十四日，至朱雀航，橫矛瞋目，叱賊將皇甫安民等曰：「賊弑君父，何心事之！」世祖踐阼，除右軍將軍。五月四日，率所領騎爲前鋒，直入殿庭，賊尚有數百人，一時奔散。以功封南鄉縣男，食邑五百戶。安都從征關、陜，〔二〕至臼口，夢仰頭視天，正見天門開，謂左右曰：「汝見天門開不？」至是歎曰：「夢天開，乃中興之象邪。」

從弟道生，亦以軍功爲大司馬參軍，犯罪，爲秣陵令庾淑之所鞭。安都大怒，乃乘馬從數十人，令左右執矟，欲往殺淑之，行至朱雀航，逢柳元景。元景遙問：「薛公何處去？」安都躍馬至車後曰：「小子庾淑之鞭我從弟，今指往刺殺之。」元景慮其不可駐，乃給之曰：「小子無宜適，卿往與手，甚快。」安都既回馬，復追呼之：「別宜與卿有所論。」令下馬入車。既入車，因責讓之曰：「卿從弟服章言論，與寒細不異，雖復人士，庾淑之亦何由得知？且人身犯罪，理應加罰，卿爲朝庭勳臣，宜崇奉法憲，云何放恣，輒欲於都邑殺人。非唯科律所不容，

主上亦無辭以相宥。」因載之俱歸，安都乃止。其年，以憚直免官。

孝建元年，復除左軍將軍。二月，魯爽反叛，遣安都及冗從僕射胡子反、龍驤將軍宗越率步騎據歷陽。爽遣將鄭德玄戍大峴，德玄使前鋒楊胡與輕兵向歷陽。〔三〕安都遣宗越及歷陽太守程天祚逆擊破之，斬胡與及其軍副。德玄復使其司馬梁嚴屯峴東，安都幢主周文恭晨往偵候，因而襲之，悉禽。賊未敢進。世祖詔安都留三百人守歷陽，渡還採石，遷輔國將軍、竟陵內史。

四月，魯爽使弟瑜率三千人出小峴，爽尋以大衆阻大峴。又遣安都步騎八千度江，與歷陽太守張幼緒等討爽。安都軍副建武將軍譚金率數十騎挑戰，斬其偏帥。幼緒恇怯，輒引軍退還，安都復還歷陽。臧質久不至，世祖復遣沈慶之濟江督統諸軍。爽軍食少，引退，慶之使安都率輕騎追之，四月丙戌，及爽於小峴，爽自與腹心壯騎斷後。譚金先薄之，不能入，安都望見爽，便躍馬大呼，直往刺之，應手而倒，左右范雙斬爽首。爽累世梟猛，生習戰陳，咸云萬人敵，安都單騎直入，斬之而反，時人皆云關羽之斬顏良，不是過也。進爵爲侯，增邑五百戶，并前千戶。

時王玄謨距南郡王義宣、臧質於梁山，安都復領騎爲支軍。賊有水步營在蕪湖，安都遣將呂興壽率數十騎襲之，賊衆驚亂，斬首及赴水死者甚衆。義宣遣將劉諶之及質攻玄

謨，〔四〕玄謨命衆軍擊之，使安都引騎出賊陣右。其副建武將軍譚金三歷賊陳，〔五〕乘其隙縱騎突之，諸將係進。是朝，賊馬軍發蕪湖，欲來會戰，望安都騎甚盛，隱山不敢出。賊陣東南猶堅，安都橫擊陷之，賊遂大潰。安都隊主劉元儒於艦中斬諶之首。轉太子左衞率。〔六〕

大明元年，虜向無鹽，東平太守劉胡出戰失利。二月，遣安都領馬軍北討，東陽太守沈法系水軍向彭城，並受徐州刺史申坦節度。上戒之曰：「賊若可及，便盡力殄之。若度已回，可過河耀威而反。」時虜已去，坦求回軍討任榛，見許。安都當向左城，左城去滑臺二百餘里，安都以去虜鎮近，軍少不宜分行。至東坊城，遇任榛三騎，討擒其一，餘兩騎得走。任榛聞知，皆得逃散。時天旱，水泉多竭，人馬疲困，不能遠追，安都、法系並白衣領職，坦繫尚方。任榛大抵在任城界，積世逋叛所聚，所在皆棘榛深密，難爲用師，故能久自保藏，屢爲民患。安都明年復職，改封武昌縣侯，加散騎常侍。七年，又加征虜將軍，爲太子左衞率十年，終世祖世不轉。

前廢帝卽位，遷右衞將軍，加給事中。永光元年，出爲使持節、督兗州諸軍事、前將軍、兗州刺史。景和元年，代義陽王昶督徐州豫州之梁郡諸軍事、平北將軍、徐州刺史。太宗卽位，進號安北將軍，給鼓吹一部。安都不受命，舉兵同晉安王子勛。初，安都從子索兒，

前廢帝景和中，爲前軍將軍，直閤，從誅諸公，封武安縣男，食邑三百戶。太宗卽位，以爲左將軍，[七]直閤如故。安都將爲逆，遣密信報之，又遣數百人至瓜步迎接。時右衞將軍柳光世亦與安都通謀。泰始二年正月，索兒、光世並在省，安都信催令速去，二人俱自省逃出，攜安都諸子及家累，席卷北奔。青州刺史沈文秀、冀州刺史崔道固並皆同反。文秀遣劉彌之、張靈慶、崔僧琁三軍，道固遣子景徵、傅靈越領衆，並應安都。彌之等南出下邳，靈越自泰山道向彭城。時濟陰太守申闡據睢陵城起義，[八]索兒率靈越等攻之。安都使同黨裴祖隆守下邳城，彌之等至下邳，改計歸順，因進軍攻祖隆，僧琁不同，率所領歸安都。索兒聞彌之有異志，舍睢陵馳赴下邳，彌之等未戰潰散，並爲索兒所執，見殺。

時太宗以申令孫爲徐州，代安都。令孫進據淮陽，密有反志，遣人告索兒曰：「欲相從順，而百口在都。可進軍見攻，若戰敗被執，家人可得免禍。」索兒乃遣靈越向淮陽，令孫出城，爲相距之形，既而奔散，北投索兒。索兒使令孫說闡令降，闡既降，索兒執闡及令孫，並殺之。索兒因引軍渡淮，軍糧不給，掠奪百姓穀食。太宗遣齊王率前將軍張永、寧朔將軍垣山寶、王寬、員外散騎侍郎張寘震、蕭順之、龍驤將軍張季和、黃文玉等諸軍北討。其年五月，軍次平原，索兒等率馬步五千，列陳距戰，擊大破之。索兒又虜掠民穀，固守石梁，齊王又率鎭北參軍趙曇之、呂湛之擊之。索兒軍無資實，所資野掠，既見攻逼，無以自守，於

是奔散，又追破之於葛家白鵠。索兒走向樂平縣界，爲申令孫子孝叔所斬。安都子道智大將范雙走向合肥，詣南汝陰太守裴季降。

時武衞將軍王廣之領軍隸劉勔，攻殷琰於壽陽，傅靈越奔逃，爲廣之軍人所生禽，厲聲曰：「我傅靈越也。汝得賊何不卽殺。」生送詣勔，勔躬自慰勞，詰其叛逆，對曰：「九州唱義，豈獨在我。」勔又問：「四方阻逆，無戰不禽，主上皆加以曠蕩，卽其才用。卿何不早歸天闕，乃逃命草間乎？」靈越答曰：「薛公舉兵淮北，威震天下，不能專任智勇，委付子姪，致敗之由，實在於此。然事之始末，備皆參豫，人生歸於一死，實無面求活。」勔壯其意，送還京師。太宗欲加原宥，靈越辭對如一，終不回改，乃殺之。靈越，清河人也。時輔國將軍、山陽內史程天祚據郡同安都，攻圍彌時，然後歸順。

子勛平定，安都遣別駕從事史畢衆愛、下邳太守王煥等奉啓書詣太宗歸款，曰：「臣庸隸荒萌，偸生上國，過蒙世祖孝武皇帝過常之恩，犬馬有心，實感恩遇。是以晉安始唱，投誠孤往，不期生榮，實存死報。今天命大歸，羣迷改屬，輒率領所部，束骸待誅，違拒之罪，伏聽湯鑊。」索兒之死也，安都使柳光世守下邳，至是亦率所領歸降。太宗以四方已平，欲示威於淮外，遣張永、沈攸之以重軍迎之。安都謂既已歸順，不應遣重兵，懼不免罪，乃遣信要引索虜。三年正月，索虜遣博陵公尉遲苟人、城陽公孔伯恭二萬騎救之。永等引退，

安都開門納虜，虜卽授安都徐州刺史、河東公。四年三月，召還桑乾。五年，死於虜中，時年六十。

初，安都起兵，長史蘭陵繖密欲圖之，見殺。安都未向桑乾，前軍將軍裴祖隆謀殺苟人，舉彭城歸順，事洩，見誅。員外散騎侍郎孫耿之擊索兒戰死，及劉彌之、張靈慶皆戰敗見殺，並爲太宗所哀，追贈繖光祿勳，祖隆寧朔將軍、兗州刺史，耿之羽林監，彌之輔國將軍、青州刺史，靈慶寧朔將軍、冀州刺史。

安都子伯令、環龍，亡命梁、雍二州之間。三年，率亡命數千人襲廣平，執太守劉冥虯，[九]攻順陽，克之，略有義成、扶風，置立守宰。雍州刺史巴陵王休若遣南陽太守張敬兒、新野太守劉攘兵擊破之，並禽。

先是，東安、東莞二郡太守張讜守團城，在彭城東北。始同安都，末亦歸順，太宗以爲東徐州刺史，復爲虜所沒。

沈文秀字仲遠，吳興武康人，司空慶之弟子也。父劭之，南中郎行參軍。文秀初爲郡主簿，功曹史，慶之貴後，文秀起家爲東海王褘撫軍行參軍，又度義陽王昶

東中郎府，東遷、錢唐令，西陽王子尙撫軍參軍，武康令，尙書庫部郎，本邑中正，建康令。坐爲尋陽王鞭殺私奴，免官，加杖一百。尋復官。前廢帝卽位，爲建安王休仁安南錄事參軍，射聲校尉。

景和元年，遷督青州徐州之東莞東安二郡諸軍事、建威將軍、青州刺史。[一〇]時帝狂悖無道，內外憂危，文秀將之鎭，部曲出屯白下，說慶之曰：「主上狂暴如此，土崩將至，而一門受其寵任，萬物皆謂與之同心。且此人性情無常，猜忌特甚，將來之禍，事又難測。今因此衆力，圖之易於反掌，千載一時，萬不可失。」慶之不從。文秀固請非一，言輒流涕，終不回。文秀既行，慶之果爲帝所殺。慶之死後，帝遣直閤江方興領兵誅文秀，方興未至，太宗已定亂，馳驛駐之。方興既至，爲文秀所執，尋見釋，遣還京師。

時晉安王子勛據尋陽反叛，六師外討，徵兵於文秀，文秀遣劉彌之、張靈慶、崔僧琁三軍赴朝廷。時徐州刺史薛安都已同子勛，遣使報文秀，以四方齊舉，勸令同逆，文秀卽令彌之等回應安都。彌之等尋歸順，事在安都傳。彌之青州强姓，門族甚多，諸宗從相合率奔北海，據城以拒文秀。平原、樂安二郡太守王玄默據琅邪，清河、廣川二郡太守王玄邈據盤陽城，高陽、勃海二郡太守劉乘民據臨濟城，並起義。文秀司馬房文慶謀應之，爲文秀所殺。文秀遣軍主解彥士攻北海陷之，乘民從弟伯宗合率鄉兵，復克北海，因率所領向青州

所治東陽城。文秀拒之，伯宗戰敗被創，弟天愛扶持將去，伯宗曰：「丈夫當死戰場，以身殉國，安能歸死兒女手中乎。弟可速去，無爲兩亡。」乃見殺，追贈龍驤將軍、長廣太守。太宗遣青州刺史明僧暠、東莞東安二郡太守李靈謙率軍伐文秀。玄邈、乘民、僧暠等並進軍攻城，每戰輒爲文秀所破，離而復合，如此者十餘。泰始二年八月，尋陽平定，太宗遣尚書度支郎崔元孫慰勞諸義軍，隨僧暠戰敗見殺，追贈寧朔將軍、冀州刺史。上遣文秀弟文炳詔文秀曰：「皇帝問前督青州徐州之東莞東安二郡諸軍事、建威將軍、青州刺史，〔一〕朕去歲撥亂，功振普天，於卿一門，特有殊澤，卿得延命至今，誰之力邪？何故背國負恩，遠同逆豎。今天下已定，四方寧壹，卿獨守窮城，何所歸奉？且卿百口在都，兼有墳墓，想情非木石，猶或顧懷。故指遣文炳具相宣示。凡諸逆節，〔二〕親爲戎首，一不加罪，文炳所具。卿獨何人，而能自立。便可速率部曲，同到軍門，別詔有司，一無所問。如其不爾，國有常刑，非惟戮及弟息，亦當夷卿墳壟，既以謝齊土百姓，亦以勞將士之心。故有今詔。」三年二月，文秀歸命請罪，卽安本任。

先是，冀州刺史崔道固亦據歷城同逆，爲土人起義所攻，與文秀俱遣信引虜，虜遣將慕輿白曜率大衆援之，〔三〕文秀已受朝命，乃乘虜無備，縱兵掩擊，殺傷甚多。虜乃進軍圍城，文秀善於撫御，將士咸爲盡力，每與虜戰，輒摧破之，掩擊營砦，往無不捷。太宗進文秀號

輔國將軍。其年八月，虜蜀郡公拔式等馬步數萬人入西郭，直至城下。文秀使輔國將軍垣諶擊破之。九月，又逼城東。十月，進攻南郭。文秀使員外散騎侍郎黃彌之等邀擊，斬獲數千。四年，又進文秀號右將軍，封新城縣侯，食邑五百戶。虜青州刺史王隆顯於安丘縣又爲軍主高崇仁所破，死者數百人。虜圍青州積久，太宗所遣救兵並不敢進，乃以文秀弟征北中兵參軍文靜爲輔國將軍，〔四〕統高密、北海、平昌、長廣、東萊五郡軍事，從海道救青州。〔五〕文靜至東萊之不其城，爲虜所斷遏，不得進，因保城自守，又爲虜所攻，屢戰輒剋，太宗加其東青州刺史。四年，不其城爲虜所陷，文靜見殺。

文秀被圍三載，外無援軍，士卒爲之用命，無離叛者，日夜戰鬭，甲胄生蟣虱。五年正月二十四日，遂爲虜所陷。城敗之日，解釋戎衣，緩服靜坐，命左右取所持節。虜既入，兵刃交至，問曰：「青州刺史沈文秀何在？」文秀厲聲曰：「身是。」因執之，牽出聽事前，剝取衣服。時白曜在城西南角樓，裸縛文秀至曜前，執之者令拜，文秀曰：「各二國大臣，無相拜之禮。」曜命還其衣，爲設酒食，鏁送桑乾。其餘爲亂兵所殺，死者甚衆。太宗先遣尚書功論郎何如眞選青州文武，亦爲虜所殺。文秀在桑乾凡十九年，齊之永明四年，病死，時年六十一。

崔道固，清河人也。世祖世，以幹用見知，歷太子屯騎校尉，左軍將軍。大明三年，出爲齊、北海二郡太守。民焦恭破古冢，得玉鎧，道固檢得，獻之，執繫恭。入爲新安王子鸞北中郎諮議參軍，永嘉王子仁左軍司馬。

景和元年，出爲寧朔將軍、冀州刺史，鎮歷城。泰始二年，進號輔國將軍，又進號征虜將軍。時徐州刺史薛安都同逆，上卽還道固本號爲徐州代之。道固不受命，遣子景微、軍主傅靈越率衆赴安都。〔六〕既而爲土人起義所攻，屢戰失利，閉門自守。會四方平定，上遣使宣慰，道固奉詔歸順。先是與沈文秀共引虜，虜既至，固守距之，因被圍逼。虜每進，輒爲道固所摧。三年，以爲都督冀青兗幽并五州諸軍事、前將軍、冀州刺史，加節，又進號平北將軍。其年，爲虜所陷，被送桑乾，死於虜中。

史臣曰：春秋列國大夫得罪，皆先致其邑而後去，唯邾、莒三臣，書以叛人之目，蓋重地也。安都勤王之略，義闕於藩屏，以地外奔，罪同於三叛。詩云：「誰生厲階，至今爲梗。」其此之謂乎。

校勘記

〔一〕索虜使助秦州刺史北賀汨擊反胡白龍子滅之　「汨」從三朝本、毛本、局本，北監本、殿本作「泊」。北賀汨，據魏書爲幷州刺史娥青。擊白龍，魏書在延和三年。

〔二〕安都從征關陝　「從」各本並作「後」。張森楷校勘記云：「後當作從。」按張校是，今改正。

〔三〕德玄使前鋒楊胡與輕兵向歷陽　「楊胡與」本書宗越傳作「楊胡興」，通鑑從宗越傳。

〔四〕義宣遣將劉諶之及質攻玄謨　「劉諶之」各本並作「劉湛」，據本書王玄謨傳改。下幷改。

〔五〕其副建武將軍譚金三歷賊陳　各本並脫「其副建武將軍」六字，據元龜三五一補。

〔六〕轉太子左衞率　「左衞率」南史作「右衞率」。

〔七〕以爲左將軍　「左將軍」南史作「左軍將軍」，疑是。

〔八〕時濟陰太守申闡據睢陵城起義　「濟陰」本書申恬傳作「濟陽」。

〔九〕執太守劉冥虬　孫虨宋書考論云：「按此疑卽柳元景傳之劉寬虬。」

〔一〇〕遷督青州徐州之東莞東安二郡諸軍事建威將軍青州刺史　各本並脫「徐州」二字，據錢氏考異說補。錢大昕廿二史考異云：「當云督青州徐州之東莞東安二郡，史脫徐州二字，下文詔書可證。」

〔一一〕皇帝問前督青州徐州之東莞東安二郡諸軍事建威將軍青州刺史　「問前」各本並作「前問」，據

元龜二一五乙正。

〔一二〕凡諸逆節 「節」各本並作「郎」，據元龜二一五改。

〔一三〕虜遣將慕輿白曜率大衆援之 「慕輿白曜」魏書及南史並作「慕容白曜」。慕輿氏雖爲慕容氏之支別，其實一家，疑此當作「慕容白曜」。

〔一四〕乃以文秀弟征北中兵參軍文靜爲輔國將軍 「文靜」本書明帝紀、通鑑作「文靖」。

〔一五〕從海道救青州 各本並脫「從」字，據元龜四四四補。通鑑宋泰始四年「海」字上有「自」字。

〔一六〕遣子景徵軍主傅靈越率衆赴安都 張森楷校勘記云：「景徵，薛安都傳作景徽，必有一誤。」

宋書卷八十九

列傳第四十九

袁粲

袁粲字景倩，陳郡陽夏人，太尉淑兄子也。父濯，揚州秀才，蚤卒。祖母哀其幼孤，名之曰愍孫。伯叔並當世榮顯，而愍孫饑寒不足，母琅邪王氏，太尉長史誕之女也，躬事績紡，以供朝夕。愍孫少好學，有清才，有欲與從兄顗婚者，伯父洵即顗父，曰：「顗不堪，政可與愍孫婚耳。」時愍孫在坐，流涕起出。

蚤以操立志行見知。初爲揚州從事，世祖安北、鎮軍、北中郎行參軍，南中郎主簿。〔一〕世祖伐逆，轉記室參軍。及即位，除尚書吏部郎，太子右衛率，侍中。孝建元年，世祖率羣臣並於中興寺八關齋，中食竟，愍孫別與黃門郎張淹更進魚肉食，尚書令何尚之奉法素謹，密以白世祖，世祖使御史中丞王謙之糾奏，並免官。二年，起爲廷尉，太子中庶子，領右軍

將軍。出爲輔國將軍、西陽王子尙北中郎長史、廣陵太守，行兗州事。仍爲永嘉王子仁冠軍長史，將軍、太守如故。大明元年，復爲侍中，領射聲校尉，封興平縣子，食邑五百戶，事在顏師伯傳。三年，坐納山陰民丁彖文貨，〔二〕舉爲會稽郡孝廉，免官。尋爲西陽王子尙撫軍長史，又爲中庶子，領左軍將軍。四年，出補豫章太守，加秩中二千石。五年，復還爲侍中，領長水校尉，遷左衞將軍，加給事中。七年，轉吏部尚書，左衞如故。其年，皇太子冠，上臨宴東宮，愍孫勸顏師伯酒，師伯不飲，愍孫因相裁辱，師伯見寵於上，上常嫌愍孫以寒素凌之，因此發怒，出爲海陵太守。前廢帝即位，除御史中丞，不拜。復爲吏部尚書。永光元年，徙右衞將軍，加給事中。景和元年，復入爲侍中，領驍騎將軍。太宗泰始元年，轉司徒左長史，冠軍將軍，南東海太守。

愍孫清整有風操，自遇甚厚，常著妙德先生傳以續嵇康高士傳以自況，曰：

有妙德先生，陳國人也。氣志淵虛，姿神清映，性孝履順，栖冲業簡，有舜之遺風。先生幼夙多疾，性疎懶，無所營尙，然九流百氏之言，雕龍談天之藝，皆泛識其大歸，而不以成名。

家貧嘗仕，非其好也，混其聲迹，晦其心用，故深交或迕，俗察罔識。所處席門常掩，三逕裁通，雖揚子寂漠，嚴叟沈冥，不是過也。修道遂志，終無得而稱焉。

又嘗謂周旋人曰：「昔有一國，國中一水，號曰狂泉。國人飲此水，無不狂，唯國君穿井而汲，獨得無恙。國人既並狂，反謂國主之不狂爲狂，於是聚謀，共執國主，療其狂疾，火艾針藥，莫不畢具。[三]國主不任其苦，於是到泉所酌水飲之，飲畢便狂。君臣大小，其狂若一，衆乃歡然。我既不狂，難以獨立，比亦欲試飲此水。」

愍孫幼慕荀奉倩之爲人，白世祖，求改名爲粲，不許。至是言於太宗，乃改爲粲，字景倩焉。

二年，遷領軍將軍，仗士三十人入六門。其年，徙中書令，領太子詹事，增封三百戶，固辭不受。三年，轉尚書僕射，尋領吏部。五年，加中書令，又領丹陽尹。六年，上於華林園茅堂講周易，粲爲執經。又知東宮事，徙爲右僕射。七年，領太子詹事，僕射如故。未拜，遷尚書令，丹陽尹如故。坐前選武衞將軍江柳爲江州刺史，柳有罪，降爲守尚書令。太宗臨崩，粲與褚淵、劉勔並受顧命，加班劍二十人，給鼓吹一部。後廢帝卽位，加兵五百人。帝未親朝政，下詔曰：「比亢序愆度，[四]留熏燿晷，有傷秋稼，方貽民瘼。朕以眇疚，未弘政道，囹圄尚繁，枉滯猶積，晨兢夕厲，每惻于懷。尚書令可與執法以下，就訊衆獄，使冤訟洗遂，困弊昭蘇。[五]頒下州郡，咸令無壅。」元徽元年，丁母憂，葬竟，攝令親職，加衞將軍，不受，敦逼備至，中使相望，粲終不受。性至孝，居喪毀甚，祖日及祥變，常發詔衞軍斷客。

二年，桂陽王休範爲逆，粲扶曳入殿，詔加兵自隨，府置佐史。時兵難危急，賊已至南掖門，諸將意沮，咸莫能奮。粲慷慨謂諸將帥曰：「寇賊已逼，而衆情離沮。孤子受先帝顧託，本以死報，今日當與褚護軍同死社稷！」因命左右被馬，辭色哀壯。於是陳顯達等感激出戰，賊卽平殄。事寧，授中書監，卽本號開府儀同三司，領司徒，以揚州解爲府，固不肯移。三年，徙尚書令，衞軍、開府如故，並固辭，服終乃受。加侍中，進爵爲侯，又不受。時粲與齊王、褚淵、劉秉入直，平決萬機，時謂之「四貴」。粲閑默寡言，不肯當事，主書每往諮決，或高詠對之，時立一意，則衆莫能改。宅宇平素，器物取給。好飲酒，善吟諷，獨酌園庭，以此自適。居負南郭，時杖策獨遊，素寡往來，門無雜客。及受遺當權，四方輻湊，閑居高臥，一無所接，談客文士，所見不過一兩人。

順帝卽位，遷中書監，司徒、侍中如故。時齊王居東府，故使粲鎭石頭。粲素靜退，每有朝命，多不卽從，逼切不得已，然後方就。及詔移石頭，卽便順旨。有周旋人解望氣，謂粲曰：「石頭氣甚乖，往必有禍。」粲不答。又給油絡通幰車，仗士五十人入殿。時齊王功高德重，天命有歸，粲自以身受顧託，不欲事二姓，密有異圖。丹陽尹劉秉，宋代宗室，前湘州刺史王蘊，太后兄子，素好武事，並慮不見容於齊王，皆與粲相結。將帥黃回、任候伯、孫曇瓘、王宜興、彭文之、卜伯興等，並與粲合。

昇明元年，荊州刺史沈攸之舉兵，齊王自詣粲，粲稱疾不見。粲宗人通直郎袁達以爲不宜示異同，粲曰：「彼若以主幼時艱，與桂陽時不異，劫我入臺，便無辭以拒。一如此，不復得出矣。」時齊王入屯朝堂，秉從父弟領軍將軍韞入直門下省，伯興爲直閤，黃回諸將皆率軍出新亭。粲謀克日矯太后令，使韞、伯興率宿衞兵攻齊王於朝堂，回率軍來應。秉、候伯等並赴石頭，本期夜發，其日秉恇擾不知所爲，晡後便束裝，未暗，載婦女席卷就粲，由此事洩。先是，齊王遣將薛淵、蘇烈、王天生等領兵戍石頭，云以助粲，實禦之也。又令腹心王敬則爲直閤，與伯興共總禁兵。王蘊聞秉已奔，歎曰：「今年事敗矣。」時齊王使蘊募人，已得數百，乃狼狽率部曲向石頭。本期開南門，時已暗夜，薛淵等據門射之，蘊謂粲已敗，卽便散走。齊王以報敬則，率所領收蘊殺之，幷誅伯興。又遣軍主戴僧靜向石頭助薛淵，自倉門得入。時粲與秉等列兵登東門，僧靜分兵攻府西門，粲與秉欲還赴府，既下城，列燭自照，僧靜挺身暗往，粲子最覺有異人，以身衞粲，僧靜直前斬之，父子俱殞，左右各分散。粲死時，年五十八。任候伯等其夜並乘輕舸，自新亭赴石頭，聞粲敗，乃馳還。其後並誅。秉事在宗室傳。

齊永明元年，詔曰：「昔魏矜袁紹，恩給丘墳；晉亮兩王，榮覃餘裔。斯蓋懷舊流仁，原心興宥，二代弘義，前載美談。袁粲、劉秉，並與先朝同奬宋室，[六]沈攸之於景和之世，特

有乃心，雖末節不終，而始誠可錄。歲月彌往，宜沾優隆，粲、秉前年改葬，塋兆未修，材官可爲經略，粗合周禮。攸之及其諸子喪柩在西，可符荊州以時致送，還反舊墓，在所營葬事。」

史臣曰：闢運創基，非機變無以通其務，世及繼體，非忠貞無以守其業。闢運之君，千載一有，世及之主，無乏於時，□□須機變之用短，資忠貞之路長也。故漢室□□，文舉不屈曹氏，魏鼎將移，夏侯義不北面。若悉以二子爲心，則兩代宜不亡矣。袁粲清標簡貴，任屬負圖，朝野之望雖隆，然未以大節許也。及其赴危亡，審存滅，豈所謂義重於生乎。雖不達天命，而其道有足懷者。昔王經被旌於晉世，粲等亦改葬於聖朝，盛代同符，美矣。

校勘記

[一] 南中郎主簿 「南中郎」各本並作「侍中郎」。孫虨宋書考論云：「侍字當作南，南中郎亦世祖府也。」按孫說是，今改正。

[二] 坐納山陰民丁彖文貨 「丁彖文」南史作「丁承文」。

〔三〕莫不畢具 「畢」各本並作「必」，據元龜九一七改。

〔四〕比亢序愆度 「亢序」各本並作「元序」，據後廢帝紀改。

〔五〕困弊昭蘇 「困弊」各本並作「痍弊」，據後廢帝紀改。若上是「痍」字，則下當作「斃」字。

〔六〕袁粲劉秉並與先朝同獎宋室 「宋室」各本並作「宗室」，據南史改。按上句先朝謂齊高帝蕭道成，則下句作宋室於義爲長。

宋書卷九十

列傳第五十

明四王

邵陵殤王友 隨陽王翽 新興王嵩 始建王禧

明帝十二子：陳貴妃生後廢帝。謝修儀生皇子法良。陳昭華生順帝。徐婕妤生第四皇子。鄭修容生皇子智井。次晉熙王燮，與皇子法良同生。泉美人生邵陵殤王友。次江夏王躋，與第四皇子同生。徐良人生武陵王贊。杜修華生隨陽王翽。次新興王嵩，與武陵王贊同生。又泉美人生始建王禧。智井、燮、躋、贊並出繼。〔一〕法良未封，第四皇子未有名，早夭。

邵陵殤王友字仲賢，明帝第七子也。後廢帝元徽二年，太尉、江州刺史桂陽王休範反誅，皇室寡弱，友年五歲，出爲使持節、督江州豫州之西陽新蔡晉熙三郡諸軍事、南中郎將、江州刺史，封邵陵王，食邑二千戶。府州文案及臣吏不諱有無之有。順帝卽位，進號左將軍，改督爲都督。昇明二年，徙都督南豫豫司三州諸軍事、安南將軍、南豫州刺史、歷陽太守。三年，薨，無子，國除。

隨陽王翽字仲儀，明帝第十子也。元徽四年，年六歲，封南陽王，食邑二千戶。昇明元年，爲使持節、督郢州司州之義陽諸軍事、西中郎將、郢州刺史。未拜，徙督湘州諸軍事、南中郎將、湘州刺史，持節如故。未之鎭，進號前將軍。二年，以南陽荒遠，改封隨陽王，以本號停京師。齊受禪，降封舞陰縣公，食邑千五百戶。謀反，賜死。

新興王嵩字仲岳，明帝第十一子。

元徽四年，年六歲，封新興王，食邑二千戶。齊受禪，降封定襄縣公，食邑千五百戶。謀反，賜死。

始建王禧字仲安，明帝第十二子也。元徽四年，年六歲，封始建王，食邑二千戶。齊受禪，降封荔浦縣公，[二]食邑千五百戶。謀反，賜死。

史臣曰：太宗負螟之慶，事非己出，枝葉不茂，豈能庇其本根。侯服于周，斯爲幸矣。

校勘記

[一] 智井燮躋贊並出繼　各本並脫「躋」字，據南史補。按此謂江夏王躋，躋事跡附見江夏文獻王義恭傳。

[二] 降封荔浦縣公　「荔浦」三朝本、北監本、毛本、殿本作「荔封」，今從局本。按州郡志無「荔封」，

有荔浦，湘州始建郡屬縣。

宋書卷九十一

列傳第五十一

孝義

易曰：「立人之道，曰仁與義。」夫仁義者，合君親之至理，實忠孝之所資，雖義發因心，情非外感，然企及之旨，聖哲詒言。至於風漓化薄，禮違道喪，忠不樹國，孝亦愆家，而一世之民，權利相引，仕以勢招，榮非行立，乏翺翔之感，棄舍生之分，霜露未改，大痛已忘於心，名節不變，戎車遽爲其首，斯並軌訓之理未弘，汲引之途多闕。若夫情發於天，行成乎己，捐軀舍命，濟主安親，雖乘理闇至，匪由勸賞，而宰世之人，曾微誘激。乃至事隱閭閻，無聞視聽，故可以昭被圖篆，百不一焉。今采綴湮落，以備闕文云爾。

龔穎，遂寧人也。少好學，益州刺史毛璩辟爲勸學從事。璩爲譙縱所殺，故佐吏並逃亡，穎號哭奔赴，殯送以禮。縱後設宴延穎，不獲已而至，樂奏，穎流涕起曰：「北面事人，亡不能死，何忍舉觴聞樂，[一]蹈跡逆亂乎。」縱大將譙道福引出，將斬之。道福母卽穎姑，跣出救之，故得免。縱旣僭號，備禮徵，又不至，乃收穎付獄，脅以兵刃，執志彌堅，終無回改，至于蜀平，遂不屈節。

其後刺史至，輒加辟引，歷府參軍，州別駕從事史。太祖元嘉二十四年，刺史陸徽上表曰：[二]「臣聞運纏明夷，則艱貞之節顯；時屬棟撓，則獨立之操彰。昔之元興，皇綱弛紊，譙縱乘釁，肆虐巴、庸，害殺前益州刺史毛璩，竊據蜀土，涪、岷士庶，怵迫受職。璩故吏龔穎，獨秉身貞白，抗志不撓，殯送舊君，哀敬盡禮，全操九載，不染僞朝。縱雖殘凶，猶重義概，遂延以旌命，劫以兵威，穎忠誠奮發，辭色方壯，雖桎梏在身，蹊危愈信其節，白刃臨頸，見死不更其守。若王蠋之抗辭燕軍，同周苛之肆詈楚王，方之於穎，蔑以加焉。誠當今之忠壯，振古之遺烈。而名未登於王府，爵猶齒於鄉曹，[三]斯實邊氓遠士，所爲於邑。臣過叨恩私，宣風萬里，志存砥竭，有懷必聞，故率愚懇，舉其所知。追懼紕妄，伏增悚栗。」穎遂不被朝命，終於家。

劉瑜，歷陽人也。七歲喪父，事母至孝。年五十二，又喪母，三年不進鹽酪，號泣晝夜不絕聲。勤身運力，以營葬事。服除後，二十餘年布衣蔬食，言輒流涕。常居墓側，未嘗暫違。太祖元嘉初卒。

賈恩，會稽諸暨人也。少有志行，爲鄉曲所推重。元嘉三年，母亡，居喪過禮。未葬，爲鄰火所逼，恩及妻桓氏號哭奔救，鄰近赴助，棺櫬得免。恩及桓俱見燒死。有司奏改其里爲孝義里，蠲租布三世。追贈天水郡顯親縣左尉。[四]

郭世道，[五]會稽永興人也。生而失母，父更娶，世道事父及後母，孝道淳備。年十四，又喪父，居喪過禮，殆不勝喪。家貧無產業，傭力以養繼母。婦生一男，夫妻共議曰：「勤身供養，力猶不足，若養此兒，則所費者大。」乃垂泣瘞之。母亡，負土成墳，親戚咸共賻助，[六]微有所受，葬畢，傭賃倍還先直。服除後，哀戚思慕，終身如喪者，以爲追遠之思，無

時去心，故未嘗釋衣帢。仁厚之風，行於鄉黨，鄰村小大，莫有呼其名者。嘗與人共於山陰市貨物，誤得一千錢，當時不覺，分背方悟。請其伴求以此錢追還本主，伴大笑不答，世道以己錢充數送還之，錢主驚嘆，以半直與世道，世道委之而去。

元嘉四年，遣大使巡行天下，散騎常侍袁愉表其淳行，太祖嘉之，勑郡牓表閭門，蠲其稅調，改所居獨楓里爲孝行焉。太守孟顗察孝廉，不就。

子原平字長泰，又稟至行，養親必己力。性閑木功，傭賃以給供養。性謙虛，每爲人作匠，取散夫價。主人設食，原平自以家貧，父母不辦有肴味，唯飡鹽飯而已。若家或無食，則虛中竟日，義不獨飽，要須日暮作畢，受直歸家，於里中買糴，然後舉爨。父抱篤疾彌年，原平衣不解帶，口不嘗鹽菜者，跨積寒暑。又未嘗睡臥。父亡，哭踊慟絕，數日方蘇。以爲奉終之義，情禮所畢，營壙凶功，不欲假人。本雖智巧，而不解作墓，乃訪邑中有營墓者，助人運力，經時展勤，久乃閑練。又自賣十夫，以供衆費。窀穸之事，儉而當禮，性無術學，因心自然。葬畢，詣所買主，執役無懈，與諸奴分務，每讓逸取勞，主人不忍使，每遣之，原平服勤，未曾暫替。所餘私夫，傭賃養母，有餘聚以自贖。本性智巧，既學構冢，尤善其事，每至吉歲，求者盈門。原平所赴，必自貧始，既取賤價，又以夫日助之。父喪既終，自起兩間

小屋，以爲祠堂。每至節歲烝嘗，於此數日中，哀思，絕飲粥。父服除後，不復食魚肉，於母前，示有所噉，在私室，未曾妄嘗，自此迄終，三十餘載。高陽許瑤之居在永興，罷建安郡丞還家，以緜一斤遺原平，原平不受，送而復反者前後數十，瑤之乃自往曰：「今歲過寒，而建安緜好，以此奉尊上下耳。」原平乃拜而受之。及母終，毀瘠彌甚，僅乃免喪。墓前有數十畝田，不屬原平，每至農月，耕者恒裸袒，原平不欲使人慢其墳墓，乃販質家貲，貴買此田。三農之月，輒束帶垂泣，躬自耕墾。

每出市賣物，人問幾錢，裁言其半，如此積時，邑人皆共識悉，輒加本價與之，彼此相讓，欲買者稍稍減價，要使微賤，然後取直。居宅下濕，遶宅爲溝，以通淤水。宅上種少竹，春月夜有盜其筍者，原平偶起見之，盜者奔走墜溝。原平自以不能廣施，至使此人顚沛，乃於所植竹處溝上立小橋，令足通行，又采筍置籬外。鄰曲慚愧，無復取者。

太祖崩，原平號哭致慟，日食麥粰一枚，如此五日。人或問之曰：「誰非王民，何獨如此？」原平泣而答曰：「吾家見異先朝，蒙褒贊之賞，不能報恩，私心感慟耳。」

又以種瓜爲業。世祖大明七年大旱，瓜瀆不復通船，縣官劉僧秀愍其窮老，下瀆水與之。原平曰：「普天大旱，百姓俱困，豈可減溉田之水，以通運瓜之船。」乃步從他道往錢唐貨賣。每行來，見人牽埭未過，輒迅檝助之，己自引船，不假旁力。若自船已渡，後人未及，

常停住須待，以此爲常。嘗於縣南郭鳳埭助人引船，遇有相鬭者，爲吏所錄，鬭者逃散，唯原平獨住。吏執以送縣，縣令新到，未相諳悉，將加嚴罰，原平解衣就罪，義無一言。左右小大咸稽顙請救，然後得免。由來不謁官長，自此以後，乃修民敬。

太守王僧朗察孝廉，不就。太守蔡興宗臨郡，深加貴異，以私米饋原平及山陰朱百年妻，教曰：「秩年之貺，著自國書，餼貧之典，有聞甲令。況高柴窮老，萊婦屯暮者哉。永興郭原平世禀孝德，洞業儲靈，深仁絕操，追風曠古，棲貞處約，華耈方嚴。山陰朱百年道終物表，妻孔耋齒孀居，窶迫殘日，欽風撫事，嗟慨滿懷。可以帳下米，各餉百斛。」原平固讓頻煩，誓死不受。人或問曰：「府君嘉君淳行，愍君貧老，故加此贍，豈宜必辭。」原平曰：「府君若以吾義行邪，則無一介之善，不可濫荷此賜。若以其貧老邪，耋齒甚多，屢空比室，非吾一人而已。」終不肯納。百年妻亦辭不受。

會稽貴重望計及望孝，盛族出身，不減祕、著。太宗泰始七年，興宗欲舉山陰孔仲智長子爲望計，原平次息爲望孝。仲智會土高門，原平一邦至行，欲以相敵。會太宗別勑用人，故二選並寢。泰豫元年，興宗徵還京師，表其殊行，宜舉拔顯選，以勸風俗。舉爲太學博士；會興宗薨，事不行。明年，元徽元年，卒於家。原平少長交物，無忤辭於人，與其居處者數十年，未嘗見喜慍之色。三子一弟，並有門行。長子伯林，舉孝廉，次子靈馥，儒林祭酒，

皆不就。

嚴世期，會稽山陰人也。好施慕善，出自天然。同里張邁三人，妻各產子，時歲飢儉，慮不相存，欲棄而不舉，世期聞之，馳往拯救，分食解衣，以贍其乏，三子並得成長。同縣俞陽妻莊年九十，莊女蘭七十，並各老病，單孤無所依，世期衣飴之二十餘年，死並殯葬。宗親嚴弘、鄉人潘伯等十五人，荒年並餓死，露骸不收，世期買棺器殯埋，存育孩幼。山陰令何曼之表言之。元嘉四年，有司奏牓門曰「義行嚴氏之閭」，復其身徭役，蠲租稅十年。

吳逵，吳興烏程人也。經荒飢饉，係以疾疫，父母兄弟嫂及羣從小功之親，男女死者十三人。逵時病困，鄰里以葦席裹之，埋於村側。既而逵疾得瘳，親屬皆盡，唯逵夫妻獲全。家徒壁立，冬無被絝，晝則庸賃，夜則伐木燒塼，此誠無有懈倦。逵夜行遇虎，虎輒下道避之。朞年中，成七墓，葬十三棺。鄰里嘉其志義，葬日悉出赴助，送終之事，亦儉而周禮。逵時逆取鄰人夫直，葬畢，衆悉以施之，逵一無所受，皆傭力報答焉。太守張崇之三加禮

命，太守王韶之擢補功曹史，逵以門寒，固辭不就，舉爲孝廉。

潘綜，吳興烏程人也。孫恩之亂，妖黨攻破村邑，綜與父驃共走避賊。驃年老行遲，賊轉逼，驃語綜：「我不能去，汝走可脫，幸勿俱死。」驃困乏坐地，綜迎賊叩頭曰：「父年老，乞賜生命。」賊至，驃亦請賊曰：「兒年少，自能走，今爲老子不走去。老子不惜死，乞活此兒。」賊因斫驃，綜抱父於腹下，賊斫綜頭面，凡四創，綜當時悶絕。有一賊從傍來，相謂曰：「卿欲舉大事，此兒以死救父，云何可殺。殺孝子不祥。」賊良久乃止，父子並得免。

綜鄉人祕書監丘繼祖、廷尉沈赤黔以綜異行，廉補左民令史，除遂昌長，歲滿還家。太守王韶之臨郡，發教曰：「前被符，孝廉之選，必審其人，雖四科難該，文質寡備，必能孝義邁俗，拔萃著聞者，便足以顯應明數，允將符旨。烏程潘綜守死孝道，全親濟難。烏程吳逵義行純至，列墳成行。咸精誠內淳，休聲外著，可並察孝廉，幷列上州臺，陳其行跡。」及將行，設祖道，贈以四言詩曰：

東寶惟金，南木有喬。發煇曾崖，竦幹重霄。美哉茲土，世載英髦。育翮幽林，養音九皋。其一

唐后明敭，漢宗蒲輪。我皇降鑒，思樂懷人。羣臣競薦，舊章惟新。余亦奚貢，曰義與仁。其二

仁義伊在，惟吳惟潘。心積純孝，事著艱難。投死如歸，淑問若蘭。吳實履仁，心力偕單。固此苦節，易彼歲寒。霜雪雖厚，松栢丸丸。其三

人亦有言，無善不彰。二子徽猷，彌久彌芳。拔叢出類，景行朝陽。誰謂道遐，弘之則光。咨爾庶士，無然怠荒。其四

江革奉摯，慶祿是荷。姜詩入貢，漢朝咨嗟。勗哉行人，敬爾休嘉。俾是下國，照煇京華。其五

伊余朽駘，竊服懼盜。無能禮樂，豈暇聲教。順彼康夷，懿德是好。聊綴所懷，以贈二孝。其六

元嘉四年，有司奏改其里爲純孝里，蠲租布三世。

張進之，永嘉安固人也。爲郡大族。少有志行，歷郡五官主簿，永寧、安固二縣領校尉。家世富足，經荒年散其財，救贍鄉里，遂以貧罄，全濟者甚多。進之爲太守王味之吏，

味之有罪當見收，逃避投進之家，供奉經時，盡其誠力。以本村淺近，移入池溪，味之墮水沈沒，進之投水拯救，相與沈淪，危而得免。時劫掠充斥，每入村抄暴，至進之門，輒相約勒，不得侵犯，其信義所感如此。元嘉初，詔在所蠲其繇役。

孫恩之亂，永嘉太守司馬逸之被害，妻子並死，兵寇之際，莫敢收藏。郡吏俞僉以家財買棺歛逸之等六喪，送致還都，葬畢乃歸鄉里。元嘉中，老病卒。

王彭，盱眙直瀆人也。少喪母。元嘉初，父又喪亡，家貧力弱，無以營葬，兄弟二人，晝則傭力，夜則號感。鄉里並哀之，乃各出夫力助作塼。塼須水而天旱，穿井數十丈，泉不出，墓處去淮五里，荷檐遠汲，困而不周。彭號天自訴，如此積日，一旦大霧，霧歇，塼竈前忽生泉水，鄉鄰助之者，並嗟歎神異，縣邑近遠，悉往觀之。葬事既竟，水便自竭。元嘉九年，太守劉伯龍依事表言，改其里爲通靈里，蠲租布三世。

蔣恭，義興臨津人也。元嘉中，晉陵蔣崇平爲劫見禽，云與恭妻弟吳晞張爲侶。晞張

先行不在，本村遇水，妻息五口避水移寄恭家，討錄晞張不獲，收恭及兄協付獄治罪。恭、協並款舍住晞張家口，而不知劫情。恭列晞張妻息是婦之親，親今有罪，恭身甘分，求遣兄協。協列協是戶主，延制所由，有罪之日，關協而已，求遣弟恭。兄弟二人，爭求受罪，郡縣不能判，依事上詳。州議之曰：「禮讓者以義爲先，自厚者以利爲上，末世俗薄，靡不自私。伏膺聖教，猶或不逮，況在野夫，未達誥訓，而能互發天倫之憂，甘受莫測之罪，若斯情義，實爲殊特。蔑爾恭、協，而能行之，茲乃終古之所希，盛世之嘉事。二子乘舟，無以過此。豈宜拘執憲文，〔七〕加以罪戮。且晞張封筒遠行，他界爲劫，造釁自外，贓不還家，所寓村伍，容有不知，不合加罪。」勤縣遣之，還復民伍。乃除恭義成令，協義招令。〔八〕

徐耕，晉陵延陵人也。自令史除平原令。元嘉二十一年，大旱民飢，耕詣縣陳辭曰：「今年亢旱，禾稼不登。氓黎飢餒，採掇存命，聖上哀矜，已垂存拯。但饉罄來久，困殆者衆，米穀轉貴，糴索無所。方涉春夏，日月悠長，不有微救，永無濟理。不惟凡瑣，敢憂身外，鹿鳴之求，思同野草，氣類之感，能不傷心。民糴得少米，資供朝夕，志欲自竭，義存分飡，今以千斛，助官賑貸。此境連年不熟，今歲尤甚，晉陵境特爲偏枯。〔九〕此郡雖弊，猶有富室，承

陂之家，處處而是，並皆保熟，所失蓋微。陳積之穀，皆有巨萬，旱之所弊，實鍾貧民，溫富之家，各有財寶。謂此等並宜助官，得過儉月，所損至輕，所濟甚重。今敢自勵，爲勸造之端。實願掘水揚塵，崇益山海。」縣爲言上。當時議者以耕比漢卜式，詔書褒美，酬以縣令。

大明八年，東土飢旱，東海嚴成、東莞王道蓋各以穀五百斛助官賑卹。

孫法宗，吳興人也。父遇亂被害，尸骸不收，母兄並餓死，法宗年小流迸，至年十六，方得還。單身勤苦，霜行草宿，營辦棺槨，造立冢墓，葬送母兄，儉而有禮。以父喪不測，於部境之內，尋求枯骨，刺血以灌之，如此者十餘年不獲，乃縗絰，終身不娶，饋遺無所受。世祖初，揚州辟爲文學從事，不就。

范叔孫，吳郡錢唐人也。少而仁厚，周窮濟急。〔一〇〕同里范法先父母兄弟七人，同時疫死，唯餘法先，病又危篤，喪尸經月不收。叔孫悉備棺器，親爲殯埋。又同里施淵夫疾病，父母死不殯，又同里范苗父子並亡，又同里危敬宗家口六人俱得病，二人喪沒，親隣畏遠，莫敢營視。叔孫並殯葬，躬卹病者，並皆得全。鄉曲貴其義行，莫有呼其名者。世祖孝建初，除竟陵王國中軍將軍，不就。

義興吳國夫，亦有義讓之美。人有竊其稻者，乃引還，爲設酒食，以米送之。

卜天與，吳興餘杭人也。父名祖，有勇幹，徐赤特爲餘杭令，祖依隨之。赤特死，〔一一〕高祖聞其有幹力，召補隊主，從征伐，封關中侯，歷二縣令。

天與善射，弓力兼倍，容貌嚴正，笑不解顏。太祖以其舊將子，使教皇子射。居累年，以白衣領東掖防閤隊。〔一二〕元嘉二十七年，臧質救懸瓠，劉興祖守白石，並率所領隨之，虜退罷。還領輦後第一隊，撫卹士卒，甚得衆心。二十九年，以爲廣威將軍，領左細仗，兼帶營祿。

元凶入弒，事變倉卒，舊將羅訓、徐罕皆望風屈附，天與不暇被甲，執刀持弓，疾呼左右出戰。徐罕曰：「殿下入，汝欲何爲？」天與罵曰：「殿下常來，云何卽時方作此語。只汝是賊。」手射賊劭於東堂，幾中。逆徒擊之，臂斷倒地，乃見殺。其隊將張泓之、朱道欽、陳滿與天與同出拒戰，並死。世祖卽位，詔曰：「日者逆豎犯蹕，釁變卒起，廣威將軍關中侯卜天

與提戈赴難，挺身奮節，斬殪凶黨，而旋受虐刃。勇冠當時，義侔古烈，興言追悼，傷痛于心。宜加甄贈，以旌忠節。可贈龍驤將軍、益州刺史，謚曰壯侯。」車駕臨哭。泓之等各贈郡守，給天與家長稟。

子伯宗，殿中將軍。太宗泰始初，領幢，擊南賊於赭圻，戰沒。

伯宗弟伯興，官至前將軍、南平昌太守，直閤，領細仗主。順帝昇明元年，與袁粲同謀，伏誅。

天與弟天生，少爲隊將，十人同火。屋後有一大阬，廣二丈餘，十人共跳之皆渡，唯天生墜阬。天生乃取實中苦竹，剡其端使利，交橫布阬內，更呼等類共跳，並畏懼不敢。天生曰：「我向已不渡，今者必墜此阬中。丈夫跳此不渡，亦何須活。」乃復跳之，往反十餘，曾無留礙，衆並歎服。以兄死節，爲世祖所留心，稍至西陽王子尙撫軍參軍，加龍驤將軍。隸沈慶之攻廣陵城，天生推車塞塹，率數百人先登西北角，徑至城上。賊爲重柵斷攻道，苦戰移日不拔，乃還。詔曰：「天生始受戎任，甫造寇壘，而投輪越塹，率果先騰，驍壯之氣，嘉歎無已。可且賜布千匹，以厲衆校。」大明末，爲弋陽太守。太宗泰始初，與殷琰同逆，邊城令宿僧護起義討斬之。

許昭先，義興人也。叔父肇之，坐事繫獄，七年不判。子姪二十許人，昭先家最貧薄，專獨料訴，無日在家。餉饋肇之，莫非珍新，家產既盡，賣宅以充之。肇之諸子倦怠，昭先無有懈息，如是七載。尚書沈演之嘉其操行，肇之事由此得釋。昭先舅夫妻並疫病死亡，家貧無以殯送，[一三]昭先賣衣物以營殯葬。舅子三人並幼，贍護皆得成長。昭先父母皆老病，家無僮役，竭力致養，甘旨必從。宗黨嘉其孝行。雍州刺史劉眞道板爲征虜參軍，昭先以親老不就。本邑補主簿，昭先以叔未仕，又固辭。

元嘉初，西陽董陽五世同財，爲鄉邑所美。

會稽姚吟事親至孝，孝建初，揚州辟文學從事，不就。

余齊民，晉陵晉陵人也。少有孝行，爲邑書吏。父殖，大明二年，在家病亡，家人以父病報之，信未至，齊民謂人曰：「比者肉痛心煩，有若割截，居常遑駭，必有異故。」信尋至，便歸，四百餘里，一日而至。至門，方詳父死，號踊慟絕，良久乃蘇。問母：「父所遺言。」母曰：

「汝父臨終，恨不見汝。」曰：「相見何難。」於是號叫殯所，須臾便絕。州郡上言，有司奏曰：「收賢旌善，萬代無殊，心至自天，古今豈異。齊民至性由中，情非外感，淳情凝至，深心天徹，跪訊遺旨，一慟殞亡。雖迹異參、柴，而誠均丘、趙。方今聖務彪被，移革華夏，實乃風淳以禮，治本惟孝，靈祥歸應，其道先彰。齊民越自氓隸，行貫生品，旌閭表墓，允出在茲。」改其里爲孝義里，蠲租布，賜其母穀百斛。

孫棘，彭城彭城人也。世祖大明五年，發三五丁，弟薩應充行，坐違期不至。依制，軍法，人身付獄。未及結竟，棘詣郡辭：「不忍令當一門之苦，乞以身代薩。」薩又辭列：「門戶不建，罪應至此，狂愚犯法，實是薩身，自應依法受戮。兄弟少孤，薩三歲失父，一生恃賴，唯在長兄，兄雖可垂愍，有何心處世。」太守張岱疑其不實，以棘、薩各置一處，語棘云：「已爲諮詳，聽其相代。」棘顏色甚悅，答云：「得爾，且則爲不死。」又語薩，亦欣然曰：「死自分甘，但令兄免，薩有何恨。」棘妻許又寄語屬棘：「君當門戶，豈可委罪小郎。且大家臨亡，以小郎屬君，竟未妻娶，家道不立，君已有二兒，死復何恨。」岱依事表上，世祖詔曰：「棘、薩匹隸，節行可甄，特原罪。」州加辟命，幷賜許帛二十匹。

先是，新蔡徐元妻許，年二十一，喪夫，子甄年三歲。父攬愍其年少，以更適同縣張買，許自誓不行，父逼載送買，許自經氣絕，家人奔赴，良久乃蘇。買知不可奪，夜送還攬。許歸徐氏，養元父季。元嘉中，年八十餘，卒。

太宗泰始二年，長城奚慶思殺同縣錢仲期，[一四]仲期子延慶屬役在都，聞父死，馳還，於庚浦埭逢慶思，[一五]手刃殺之，自繫烏程縣獄。吳興太守郗顒表不加罪，許之。

何子平，廬江灊人也。曾祖楷，晉侍中。祖友，會稽王道子驃騎諮議參軍。父子先，建安太守。

子平世居會稽，少有志行，見稱於鄉曲。事母至孝。揚州辟從事史，月俸得白米，輒貨市粟麥。人或問曰：「所利無幾，何足爲煩？」子平曰：「尊老在東，不辦常得生米，何心獨饗白粲。」每有贈鮮肴者，若不可寄致其家，則不肯受。

母本側庶，籍注失實，年未及養，而籍年已滿，便去職歸家。時鎮軍將軍顧覬之爲州上綱，謂曰：「尊上年實未八十，親故所知。州中差有微祿，當啓相留。」子平曰：「公家正取信黃籍，籍年既至，便應扶侍私庭，何容以實年未滿，苟冒榮利。且歸養之願，又切微情。」覬

之又勸令以母老求縣，子平曰：「實未及養，何假以希祿。」覬之益重之。既歸家，竭身運力，以給供養。

元嘉三十年，元凶弒逆，安東將軍隨王誕入討，以爲行參軍。子平以凶逆滅理，普天同奮，故廢己受職，事寧，自解。又除奉朝請，不就。末除吳郡海虞令，縣祿唯以養母一身，而妻子不犯一毫。人或疑其儉薄，子平曰：「希祿本在養親，不在爲己。」問者慚而退。母喪去官，哀毀踰禮，每至哭踊，頓絕方蘇。值大明末，東土飢荒，繼以師旅，八年不得營葬，晝夜號絕擗踊，不闋俄頃，叫慕之音，常如袒括之日。冬不衣絮，暑避清涼，日以數合米爲粥，不進鹽菜。所居屋敗，不蔽雨日，兄子伯與採伐茅竹，[一六]欲爲葺治，子平不肯，曰：「我情事未申，天地一罪人耳，屋何宜覆。」蔡興宗爲會稽太守，甚加旌賞。泰始六年，爲營冢槨。子平居喪毀甚，困瘠踰久，及至免喪，支體殆不相屬。幼持操檢，敦厲名行，雖處闇室，如接大賓。學義堅明，處之以默，安貧守善，不求榮進，好退之士，彌以貴之。順帝昇明元年，卒，時年六十。

史臣曰：漢世士務治身，故忠孝成俗，至乎乘軒服冕，非此莫由。晉、宋以來，風衰義

缺，刻身厲行，事薄膏腴。若夫孝立閨庭，忠被史策，多發溝畎之中，非出衣簪之下。以此而言聲教，不亦卿大夫之恥乎。

校勘記

〔一〕何忍舉觴聞樂　各本並作「何忍聞舉樂」，據南史、御覽四二一引宋書訂正。

〔二〕刺史陸徽上表曰　「陸徽」各本並作「陸徽」，據南史改。按陸徽見良吏傳，元嘉二十三年爲益州刺史，二十九年卒官。

〔三〕爵猶齒於鄉曹　「鄉曹」各本並作「卿曹」，據元龜六八八改。按龔穎歷府參軍、州別駕從事史，故稱鄉曹。穎官不至九卿，不得稱卿曹。

〔四〕追贈天水郡顯親縣左尉　「郡」各本並作「部」，據南史、元龜二一〇改。

〔五〕郭世道　南史作「郭世通」。

〔六〕親戚咸共賻助　「咸」各本及南史並作「或」，據通志改。

〔七〕豈宜拘執憲文　「拘」各本並作「惣」，據元龜八五一改。

〔八〕協義招令　「義招」各本並作「義怡」，據南史改。按州郡志，無「義怡縣」，有義招縣，屬廣州義安郡。

〔九〕晉陵境特爲偏枯　「枯」各本並作「祐」，據元龜四八五、八〇三改。

〔一〇〕周窮濟急　「周」各本並作「固」，據南史、御覽四七七引改。元龜八〇三作「拯」，亦通。

〔一一〕徐赤特爲餘杭令祖依隨之赤特死　「赤特」各本並作「赤將」，據武帝紀、通鑑晉義熙六年改。

〔一二〕以白衣領東掖防閤隊　「防閤」各本作「防關」，殿本作「防閣」，今改「防閤」。「東掖」，卽東掖門。

〔一三〕家貧無以殯送　各本並脫「殯」字，據南史補。

〔一四〕長城奚慶思殺同縣錢仲期　「奚慶思」南史作「吳慶恩」。

〔一五〕於庚浦埭逢慶思　「庚浦埭」南史作「庾浦埭」。「慶思」南史作「慶恩」。

〔一六〕兄子伯與採伐茅竹　「伯與」南史作「伯輿」。建康實錄亦作「伯輿」。

宋書卷九十二

列傳第五十二

良吏

高祖起自匹庶，知民事艱難，及登庸作宰，留心吏職，而王略外舉，未遑內務。奉師之費，日耗千金，播茲寬簡，雖所未暇，而絀華屏欲，以儉抑身，左右無幸謁之私，閨房無文綺之飾，故能戎車歲駕，邦甸不擾。太祖幼而寬仁，入纂大業，及難興陝方，六戎薄伐，命將動師，經略司、兗，費由府實，役不及民。自此區宇宴安，方內無事，三十年間，氓庶蕃息，奉上供徭，止於歲賦，晨出莫歸，自事而已。守宰之職，以六朞爲斷，雖沒世不徙，未及曩時，而民有所係，吏無苟得。家給人足，卽事雖難，轉死溝渠，於時可免。凡百戶之鄉，有市之邑，謌謠舞蹈，觸處成羣，蓋宋世之極盛也。暨元嘉二十七年，北狄南侵，戎役大起，傾資掃蓄，猶有未供，於是深賦厚斂，天下騷動。自茲至于孝建，兵連不息，以區區之江東，地方不至

數千里，戶不盈百萬，荐之以師旅，因之以凶荒，宋氏之盛，自此衰矣。晉世諸帝，多處內房，朝宴所臨，東西二堂而已。孝武末年，淸暑方構，高祖受命，無所改作，所居唯稱西殿，不制嘉名，太祖因之，亦有合殿之稱。及世祖承統，制度奢廣，犬馬餘菽粟，土木衣綈繡，追陋前規，更造正光、玉燭、紫極諸殿，雕欒綺節，珠窗網戶，嬖女幸臣，賜傾府藏，竭四海不供其欲，單民命未快其心。太宗繼阼，彌篤浮侈，恩不卹下，以至橫流。莅民之官，遷變歲屬，竈不得黔，席未暇煖，蒲、密之化，事未易階。豈徒吏不及古，民僞於昔，蓋由爲上所擾，致治莫從。今採其風迹粗著者，以爲良吏篇云。

王鎭之字伯重，琅邪臨沂人，徵士弘之兄也。曾祖廙，晉驃騎將軍。祖耆之，中書郎。父隨之，上虞令。

鎭之初爲琅邪王衞軍行參軍，出補剡、上虞令，並有能名。內史謝輶請爲山陰令，復有殊績。遷衞軍參軍，本國郎中令，加寧朔將軍。桓玄輔晉，以爲大將軍錄事參軍。時三吳飢荒，遣鎭之銜命賑卹，而會稽內史王愉不奉符旨，鎭之依事糾奏。愉子綏，玄之外甥，當時貴盛，鎭之爲所排抑，以母老求補安成太守。及玄敗，玄將苻宏寇亂郡境，鎭之拒戰彌

年，子弟五人，並臨陣見殺。母憂去職，在官清潔，妻子無以自給，乃棄家致喪還上虞舊墓。葬畢，〔一〕爲子標之求安復令，隨子之官。服闋，爲征西道規司馬、南平太守。徐道覆逼江陵，加鎭之建威將軍，統檀道濟、到彥之等討道覆，以不經將帥，固辭，不見聽。既而前軍失利，白衣領職，尋復本官。以討道覆功，封華容縣五等男，徵廷尉。晉穆帝何皇后山陵，領將作大匠。遷御史中丞，秉正不撓，百僚憚之。

出爲使持節、都督交廣二州諸軍事、建威將軍、平越中郎將、廣州刺史。高祖謂人曰：「王鎭之少著清績，必將繼美吳隱之。嶺南之弊，非此不康也。」在鎭不受俸祿，蕭然無所營，去官之日，不異始至。高祖初建相國府，以爲諮議參軍，領錄事。善於吏職，嚴而不殘。遷宋臺祠部尙書。高祖踐阼，鎭之以脚患自陳，出爲輔國將軍、琅邪太守，遷宣訓衞尉，領本州大中正。永初三年，卒官，時年六十六。弟弘之，在隱逸傳。

杜慧度，交阯朱䳒人也。本屬京兆。曾祖元，爲寧浦太守，遂居交阯。父瑗字道言，仕州府爲日南、九德、交阯太守。初，九眞太守李遜父子勇壯有權力，威制交土，聞刺史滕遯之當至，〔二〕分遣二子斷遏水陸津要，瑗收衆斬遜，州境獲寧。除龍驤將軍。遯之在州十餘

年，與林邑累相攻伐。遯之將北還，林邑王范胡達攻破日南、九德、九眞三郡，遂圍州城。時遯之去已遠，瑗與第三子玄之悉力固守，多設權策，累戰，大破之。追討於九眞、日南，連捷，故胡達走還林邑。乃以瑗爲龍驤將軍、交州刺史。義旗進號冠軍將軍。盧循竊據廣州，遣使通好，瑗斬之。義熙六年，年八十四，卒，追贈右將軍，本官如故。

慧度，瑗第五子也。初爲州主簿，流民督護，遷九眞太守。瑗卒，府州綱佐以交土接寇，不宜曠職，共推慧度行州府事，辭不就。七年，除使持節、督交州諸軍事、廣武將軍、交州刺史。詔書未至，其年春，盧循襲破合浦，徑向交州。慧度乃率文武六千人距循於石碕，交戰，禽循長史孫建之。循雖敗，餘黨猶有三千人，皆習練兵事，李遜子李弈、李脫等奔竄石碕，〔三〕盤結俚、獠，各有部曲。循知弈等與杜氏有怨，遣使招之，弈等引諸俚帥衆五六千人，受循節度。六月庚子，循晨造南津，命三軍入城乃食。慧度悉出宗族私財，以充勸賞。弟交阯太守慧期、九眞太守章民並督率水步軍，慧度自登高艦，合戰，放火箭雉尾炬，步軍夾兩岸射之，循衆艦俱然，一時散潰，循中箭赴水死。斬循及父嘏，幷循二子，親屬錄事參軍阮靜、中兵參軍羅農夫、李脫等，傳首京邑。封慧度龍編縣侯，食邑千戶。

高祖踐阼，進號輔國將軍。其年，率文武萬人南討林邑，所殺過半，前後被抄略，悉得還本。林邑乞降，輸生口、大象、金銀、古貝等，乃釋之。遣長史江悠奉表獻捷。

慧度布衣蔬食，儉約質素，能彈琴，頗好莊、老。禁斷淫祀，崇修學校，歲荒民饑，則以私祿賑給。爲政纖密，有如治家，由是威惠沾洽，姦盜不起，乃至城門不夜閉，道不拾遺。少帝景平元年，卒，時年五十，追贈左將軍。

以慧度長子員外散騎侍郎弘文爲振威將軍、刺史。初，高祖北征關、洛，慧度板弘文爲鷹揚將軍，流民督護，配兵三千，北係大軍。行至廣州，關、洛已平，乃歸。統府板弘文行九眞太守。及繼父爲刺史，亦以寬和得衆，襲爵龍編侯。太祖元嘉四年，以廷尉王徽爲交州刺史，弘文就徵。會得重疾，牽以就路，親舊見其患篤，勸表待病瘉，弘文曰：「吾世荷皇恩，杖節三世，常欲投軀帝庭，以報所荷。況親被徵命，而可宴然者乎，如其顚沛，此乃命也。」弘文母既年老，見弘文輿疾就路，不忍分別，相與俱行。到廣州，遂卒。臨死，遣弟弘猷詣京，朝廷甚哀之。

徐豁字萬同，東莞姑幕人也，中散大夫廣兄子。父邈，晉太子左衞率。〔四〕豁晉安帝隆安末，爲太學博士。桓玄輔政，爲中外都督，豁議：〔五〕「致敬唯內外武官，太宰、司徒，並非軍職，則琅邪王不應加敬。」玄諷中丞免豁官。玄敗，以爲祕書郎，尙書倉

部郎，右軍何無忌功曹，仍爲鎭南參軍，又祠部，永世令，〔六〕建武司馬，中軍參軍，尙書左丞。永初初，爲徐羨之鎭軍司馬，尙書左丞，山陰令。歷二丞三邑，精練明理，爲一世所推。元嘉初，爲始興太守。三年，遣大使巡行四方，幷使郡縣各言損益，豁因此表陳三事，其一曰：「郡大田，武吏年滿十六，便課米六十斛，十五以下至十三，皆課米三十斛，一戶內隨丁多少，悉皆輸米。且十三歲兒，未堪田作，或是單迥，無相兼通，年及應輸，便自逃逸，既遏接蠻、俚，去就益易。或乃斷截支體，產子不養，戶口歲減，實此之由。謂宜更量課限，使得存立。今若減其米課，雖有交損，考之將來，理有深益。」其二曰：「郡領銀民三百餘戶，鑿坑採砂，皆二三丈，功役既苦，不顧崩壓，一歲之中，每有死者。官司檢切，猶致逋違，老少相隨，永絕農業，千有餘口，皆資他食，豈唯一夫不耕，或受其饑而已。所以歲有不稔，便致甚困。尋臺邸用米，不異於銀，謂宜准銀課米，卽事爲便。」其三曰：「中宿縣俚民課銀，一子丁輸南稱半兩。尋此縣自不出銀，又俚民皆巢居鳥語，不閑貨易之宜，每至買銀，爲損已甚。又稱兩受入，易生姦巧，山俚愚怯，不辨自申，官所課甚輕，民以所輸爲劇。今若聽計丁課米，公私兼利。」

在郡著績，太祖嘉之，下詔曰：「始興太守豁，潔己退食，恪居在官，政事修理，惠澤沾被。近嶺南荒弊，郡境尤甚，拯卹有方，濟厥饑饉，雖古之良守，蔑以尙焉。宜蒙褒賁，以旌

中華書局

清續，可賜絹二百匹，穀千斛。」五年，以爲持節、督廣交二州諸軍事、寧遠將軍、平越中郎將、廣州刺史。未拜，卒，時年五十一。太祖又下詔曰：「豁廉淸勤恪，著稱所司，故擢授南服，申其才志。不幸喪殞，朕甚悼之。可賜錢十萬，布百匹，以營葬事。」

陸徽字休猷，吳郡吳人也。郡辟命主簿，仍除衞軍、車騎二府參軍，揚州主簿，王弘衞將軍主簿，除尚書都官郎，出補建康令，清平無私，爲太祖所善，遷司徒左西掾。

元嘉十四年，爲始興太守。明年，仍除使持節、交廣二州諸軍事、綏遠將軍、平越中郎將、廣州刺史。清名亞王鎮之，爲士民所愛詠。上表薦士曰：「臣聞陵霄褒穎，貞柯必振；鴽風賞流，清原斯挹。是以衣囊揮譽於西京，折轅延高於東帝。[七]伏見廣州別駕從事史朱萬嗣，年五十三，字少豫，理業沖夷，秉操純白，行稱私庭，能著官政。雖氏非世祿，宦無通資，而隨牒南服，位極僚首，九綜州綱，三端府職，頻掌蕃機，屢績符守。年暨知命，廉尚愈高，冰心與貪流爭激，霜情與晚節彌茂。歷宰金山，家無寶鏤之飾；連組珠海，室靡璫珥之珍。確然守志，不求聞達，實足以澄革汙吏，洗鏡貪氓。臣謬忝司牧，任專萬里，雖情祗慎擢，才闕豪露，敢罄愚陋，舉其所知。如得提名禮闈，抗迹朝省，搏嶺表之清風，負冰宇之潔望，則

恩融一臣，而施光萬物。敢緣天澤雲行，時德雨施，每甄外州，榮加遠國。是以獻其矕言，希垂聽覽。」

二十一年，徽以爲南平王鑠冠軍司馬、長沙內史，行湘州府事。母憂去職。張尋、趙廣爲亂於益州，兵寇之餘，政荒民擾。二十三年，乃追徽爲持節、督益寧二州諸軍事、寧朔將軍、益州刺史，[八]隱卹有方，威惠兼著，寇盜靜息，民物殷阜，蜀土安說，至今稱之。二十九年，卒，時年六十二。身亡之日，家無餘財，太祖甚痛惜之。詔曰：「徽厲志廉潔，歷任恪勤，奉公盡誠，克己無倦。褒榮未申，不幸夙殞，言念在懷，以爲傷恨。可贈輔國將軍，本官如故。」賜錢十萬，米二百斛。謚曰簡子。

子叡，正員外郎。弟展，臧質車騎長史、尋陽太守，質敗，從誅。

阮長之字茂景，陳留尉氏人也。祖思曠，金紫光祿大夫。父普，驃騎諮議參軍。

長之年十五喪父，有孝性，哀感傍人。服除，蔬食者猶積載。閑居篤學，未嘗有惰容。初爲諸府參軍，除員外散騎侍郎。母老，求補襄垣令，督郵無禮，鞭之，去職。尋補廬陵王義眞車騎行正參軍，平越長史，東莞太守。入爲尚書殿中郎，出爲武昌太守。時王弘爲江州，雅相知重，引爲車騎從事中郎。入爲太子中舍人，中書侍郎，以母老固辭朝直，補彭城王義康平北諮議參軍。元嘉九年，遷臨川內史，以南土卑濕，母年老，非所宜，辭不就。十一年，復除臨海太守。至郡少時而母亡，葬畢，不勝憂，十四年，卒，時年五十九。

時郡縣田祿，以芒種爲斷，[九]此前去官者，則一年秩祿皆入前人，[一〇]此後去官者，則一年秩祿皆入後人。[一一]始以元嘉末改此科，計月分祿。長之去武昌郡，代人未至，以芒種前一日解印綬。[一二]初發京師，親故或以器物贈別，得便緘錄，後歸，悉以還之。在中書省直，夜往鄰省，誤著屐出閤，依事自列門下，門下以闇夜人不知，不受列，長之固遣送之，曰：「一生不侮闇室。」前後所莅官，皆有風政，爲後人所思，宋世言善治者，咸稱之。

子師門，原鄉令。

江秉之字玄叔，濟陽考城人也。祖逌，晉太常。父纂，給事中。

秉之少孤，弟妹七人，並皆幼稚，撫育姻娶，罄其心力。初爲劉穆之丹陽前軍府參軍。高祖督徐州，轉主簿，仍爲世子中軍參軍。宋受禪，隨例爲員外散騎侍郎，補太子詹事丞。少帝卽位，入爲尚書都官郎，出爲永世、烏程令，以善政著名東土。徵建康令，爲治嚴察，京邑肅然。殷景仁爲領軍，請爲司馬。復出爲山陰令，民戶三萬，政事煩擾，訟訴殷積，階

庭常數百人，秉之御繁以簡，常得無事。宋世唯顧覬之亦以省務著績，其餘雖復刑政脩理，[一三]而未能簡事。以在縣有能，遷補新安太守。元嘉十二年，轉在臨海，並以簡約見稱。所得祿秩，悉散之親故，妻子常飢寒。人有勸其營田者，秉之正色曰：「食祿之家，豈可與農人競利。」在郡作書案一枚，及去官，留以付庫。十七年，卒，時年六十。

子徽，尚書都官郎，吳令。元凶殺徐湛之，徽以黨與見誅。子謐，昇明末爲尚書吏部郎。

元嘉初，太祖遣大使巡行四方，兼散騎常侍孔默之、王歆之等上言：「宣威將軍、陳南頓二郡太守李元德，清勤均平，姦盜止息。彭城內史魏恭子，廉恪修慎，在公忘私，安約守儉，久而彌固。前宋縣令成浦，治政寬濟，遺詠在民。前鮦陽令李熙國，在事有方，民思其政。山桑令何道，自少淸廉，白首彌厲。應加褒賚，以勸于後。」乃進元德號寧朔將軍，恭子賜絹五十四，穀五百斛，浦、熙國、道各賜絹三十匹，穀二百斛。

王歆之字叔道，河東人也。曾祖愆期，有名晉世，官至南蠻校尉。祖尋之，光祿大夫。父肇之，豫章公相。

歆之被遇於太祖，歷顯官左民尚書，光祿大夫，卒官。

元嘉九年，豫州刺史長沙王義欣上言：「所統威遠將軍、北譙梁二郡太守關中侯申季歷，自奉職邦畿，于茲五年，信惠並宣，威化兼著，外清姦暴，內輯民黎，役賦均平，閭井齊肅，綏穆初附，招攜荒遠，郊境之外，仰澤懷風，爵賞之授，績能是顯，宜升階秩，以崇獎勸。」進號寧朔將軍。

其後晉壽太守郭啓玄亦有清節，卒官。元嘉二十八年，詔曰：「故綏遠將軍、晉壽太守郭啓玄往銜命虜庭，秉意不屈，受任白水，盡勤靡懈，公奉私餼，纖毫弗納，布衣蔬食，飭躬惟儉，故超授顯邦，以甄廉績。而介誠苦節，終始匪貳，身死之日，妻子凍餒，志操殊俗，良可哀悼。可賜其家穀五百斛。」

時有北地傅僧祐、潁川陳珉、高平張祐，並以吏才見知。僧祐事在臧燾傳。珉爲吳令，善發姦伏，境內以爲神明。祐祖父湛，晉孝武世，以才學爲中書侍郎，光祿勳。祐歷臨安、武康、錢塘令，並著能名，宋世言長吏者，以三人爲首。

元嘉中，高平太守潘詞，有清節。子亮爲昌慮令，亦著廉名，大明中，爲徐州刺史劉道隆所表。

世祖世，吳郡陸法眞歷官有清節，嘗爲劉秀之安北錄事參軍。泰山羊希與安北諮議參軍孫詵書曰：「足下同僚似有陸錄事者，此生東南名地，又張玄外孫，持身至清，雅有志節。

年高官下，秉操不衰，計當日夕相與申意。」太宗初，爲南海太守，卒官。

太宗世，琅邪王悅，亦莅官清正見知。悅字少明，晉右將軍羲之曾孫也。父靖之，官至司徒左長史。靖之爲劉穆之所厚，就穆之求侍中，如此非一。穆之曰：「卿若不求，久自得也。」遂不果。悅泰始中，爲黃門郎，御史中丞。上以其廉介，賜良田五頃。遷尚書吏部郎，侍中，在門下，盡其心力。五年，卒官，追贈太常。初，悅爲侍中，檢校御府、太官、太醫諸署，得姦巧甚多。及悅死，衆咸謂諸署說詛之，上乃收典掌者十餘人，桎梏云送淮陰，密令渡瓜步江，投之中流。

史臣曰：夫善政之於民，猶良工之於埴也，用功寡而成器多。漢世戶口殷盛，刑務簡闊，郡縣治民，無所横擾，勸賞威刑，事多專斷，尺一詔書，希經邦邑，龔、黃之化，易以有成。降及晚代，情僞繁起，民減昔時，務多前世，立績垂風，艱易百倍。若以上古之化，治此世之民，今吏之良，撫前代之俗，則武城弦歌，將有未暇，淮陽臥治，如或可勉。未必今才陋古，蓋化有淳薄也。

校勘記

〔一〕乃棄家致喪還上虞舊墓葬畢 「墓」各本並作「基」，據南史、元龜六七九改。又各本並脫「葬」字，據南史補。

〔二〕聞刺史滕邃之當至 「滕」各本並作「騰」，據南史改。

〔三〕李邃子李弈李脫等奔竄石碕 「李邃子」各本並作「李子邃」，據南史改。按南史作「李邃子孫李弈、李移、李脫等」。張森楷校勘記云：「案下云循知弈等與杜氏有怨，則當是上杜瓊所誅李邃子也。」

〔四〕父邈晉太子左衞率 「太子左衞率」晉書、南史作「太子前衞率」。

〔五〕豁議 「豁」各本並作「諮」。殿本考證云：「諮當作豁，以字形相近而譌。」今改正。

〔六〕又祠部永世令 孫虨宋書考論云：「祠部下當有郎字」。

〔七〕是以衣囊揮譽於西京折轅延高於東帝 建康實錄作「是以袁盎揮譽於西京，韓延播德於東夏」。

〔八〕乃追徽爲持節督益寧二州諸軍事寧朔將軍益州刺史 「徽」各本並作「徵」，據元龜六九二改。

〔九〕以芒種爲斷 各本並脫「以」字，據南史、通典職官典、建康實錄、元龜六七九補。

〔一〇〕此前去官者則一年秩祿皆入後人 「後人」各本並作「前人」，據南史、建康實錄改正。

〔一一〕此後去官者則一年秩祿皆入前人 「前人」各本並作「後人」，據南史、建康實錄改正。

〔一二〕以芒種前一日解印綬 「前一日」各本並作「後一日」，據南史、建康實錄改。牛震運宋書糾謬云：「良吏阮長之傳，代人未至，以芒種後一日解印綬，按此正言長之解綬之早，俾秩祿歸於後人，以見長之之廉也。當依南史作前一日解印綬。」

〔一三〕其餘雖復刑政脩理 「脩」各本並作「循」，據南史改。

宋書卷九十三

列傳第五十三

隱逸

易曰：「天地閉，賢人隱。」又曰：「遯世無悶。」又曰：「高尚其事。」又曰：「幽人貞吉。」論語「作者七人」，表以逸民之稱。又曰：「子路遇荷蓧丈人，孔子曰：隱者也。」又曰：「賢者避地，其次避言。」又曰：「虞仲、夷逸，隱居放言。」品目參差，稱謂非一，請試言之。夫隱之爲言，迹不外見，道不可知之謂也。若夫千載寂寥，聖人不出，則大賢自晦，降夷凡品，止於全身遠害，非必穴處巖栖，雖藏往得二，鄰亞宗極，而舉世莫窺，萬物不覩。若此人者，豈肯洗耳潁濱，皦皦然顯出俗之志乎。遯世避世，卽賢人也。夫何適非世，而有避世之因，固知義惟晦道，非曰藏身。至於巢父之名，卽是見稱之號，號曰裘公，由有可傳之迹，此蓋荷蓧之隱，而非賢人之隱也。賢人之隱，義深於自晦，荷蓧之隱，事止於違人。論迹既殊，原心亦

異也。身與運閉，無可知之情，雞黍宿賓，示高世之美。運閉故隱，爲隱之跡不見，違人故隱，用致隱者之目。身隱故稱隱者，道隱故曰賢人。或曰：「隱者之異乎隱，既聞其說，賢者之同於賢，未知所異？」應之曰：「隱身之於晦道，名同而義殊，賢人之於賢者，事窮於亞聖，以此爲言，如或可辨。若乃高尚之與作者，三避之與幽人，及逸民隱居，皆獨往之稱，雖復漢陰之氏不傳，河上之名不顯，莫不激貪厲俗，秉自異之姿，猶負揭日月，鳴建鼓而趨也。」陳郡袁淑集古來無名高士，以爲眞隱傳，格以斯談，去眞遠矣。賢人在世，事不可誣，今爲隱逸篇，虛置賢隱之位，其餘夷心俗表者，蓋逸而非隱云。

戴顒字仲若，譙郡銍人也。父逵，兄勃，並隱遁有高名。顒年十六，遭父憂，幾於毀滅，因此長抱羸患。以父不仕，復修其業。父善琴書，顒並傳之，凡諸音律，皆能揮手。會稽剡縣多名山，故世居剡下。顒及兄勃，並受琴於父，父沒，所傳之聲，不忍復奏，各造新弄，勃五部，顒十五部。顒又制長弄一部，並傳於世。中書令王綏常攜賓客造之，勃等方進豆粥，綏曰：「聞卿善琴，試欲一聽。」不答，綏恨而去。

桐廬縣又多名山，兄弟復共游之，因留居止。勃疾患，醫藥不給，顒謂勃曰：「顒隨兄得閑，非有心於默語。兄今疾篤，無可營療，顒當干祿以自濟耳。」乃告時求海虞令，事垂行而勃卒，乃止。桐廬僻遠，難以養疾，乃出居吳下。吳下士人共爲築室，聚石引水，植林開澗，少時繁密，有若自然。乃述莊周大旨，著消搖論，注禮記中庸篇。三吳將守及郡內衣冠要其同游野澤，堪行便往，不爲矯介，衆論以此多之。

高祖命爲太尉行參軍，琅邪王司馬屬，並不就。宋國初建，令曰：「前太尉參軍戴顒、辟士韋玄，秉操幽遁，守志不渝，宜加旌引，以弘止退。並可散騎侍郎，在通直。」不起。太祖元嘉二年，詔曰：「新除通直散騎侍郎戴顒、太子舍人宗炳，並志託丘園，自求衡蓽，恬靜之操，久而不渝。顒可國子博士，炳可通直散騎侍郎。」東宮初建，又徵太子中庶子。十五年，徵散騎常侍，並不就。

衡陽王義季鎭京口，長史張邵與顒姻通，迎來止黃鵠山。山北有竹林精舍，林澗甚美，顒憩于此澗，義季亟從之遊，顒服其野服，不改常度。爲義季鼓琴，並新聲變曲，其三調游絃、廣陵、止息之流，皆與世異。太祖每欲見之，嘗謂黃門侍郎張敷曰：「吾東巡之日，當讌戴公山也。」以其好音，長給正聲伎一部。顒合何嘗、白鵠二聲，以爲一調，號爲清曠。

自漢世始有佛像，形制未工，逵特善其事，顒亦參焉。宋世子鑄丈六銅像於瓦官寺，既成，面恨瘦，工人不能治，乃迎顒看之。顒曰：「非面瘦，乃臂胛肥耳。」既錯減臂胛，瘦患卽除，無不歎服焉。

十八年，卒，時年六十四。無子。景陽山成，顒已亡矣，上歎曰：「恨不得使戴顒觀之。」

宗炳字少文，南陽湼陽人也。祖承，宜都太守。父繇之，湘鄉令。母同郡師氏，聰辯有學義，教授諸子。

炳居喪過禮，爲鄉閭所稱。刺史殷仲堪、桓玄並辟主簿，舉秀才，不就。高祖誅劉毅，領荊州，問毅府諮議參軍申永曰：「今日何施而可？」永曰：「除其宿釁，倍其惠澤，貫敍門次，顯擢才能，如此而已。」高祖納之，辟炳爲主簿，不起。問其故，答曰：「棲丘飲谷，三十餘年。」高祖善其對。妙善琴書，精於言理，每游山水，往輒忘歸。征西長史王敬弘每從之，未嘗不彌日也。乃下入廬山，就釋慧遠考尋文義。兄臧爲南平太守，逼與俱還，乃於江陵三湖立宅，閑居無事。高祖召爲太尉參軍，不就。二兄蚤卒，孤累甚多，家貧無以相贍，頗營稼穡。高祖數致餼賚，其後子弟從祿，乃悉不復受。

高祖開府辟召，下書曰：「吾忝大寵，思延賢彥，而兔罝潛處，考槃未臻，側席丘園，良增虛佇。南陽宗炳、雁門周續之，並植操幽棲，無悶巾褐，可下辟召，以禮屈之。」於是並辟太

尉掾，皆不起。宋受禪，徵爲太子舍人；元嘉初，又徵通直郎；東宮建，徵爲太子中舍人，庶子，並不應。妻羅氏，亦有高情，與炳協趣。羅氏沒，炳哀之過甚，既而輟哭尋理，悲情頓釋。謂沙門釋慧堅曰：「死生之分，未易可達，三復至教，方能遣哀。」衡陽王義季在荊州，親至炳室，與之歡讌，命爲諮議參軍，不起。

好山水，愛遠遊，西陟荊、巫，南登衡岳，因而結宇衡山，欲懷尚平之志。〔一〕有疾還江陵，歎曰：「老疾俱至，名山恐難徧覩，唯當澄懷觀道，臥以游之。」凡所游履，皆圖之於室，謂人曰：「撫琴動操，欲令衆山皆響。」古有金石弄，爲諸桓所重，桓氏亡，其聲遂絕，唯炳傳焉。太祖遣樂師楊觀就炳受之。〔二〕

炳外弟師覺授亦有素業，以琴書自娛。臨川王義慶辟爲祭酒，主簿，並不就，乃表薦之，會病卒。

元嘉二十年，炳卒，時年六十九。衡陽王義季與司徒江夏王義恭書曰：「宗居士不救所病，其清履肥素，終始可嘉，爲之惻愴，不能已已。」

子朔，南譙王義宣車騎參軍。次綺，江夏王義恭司空主簿。次昭，郢州治中。次說，正員郎。

周續之字道祖，鴈門廣武人也。其先過江居豫章建昌縣。續之年八歲喪母，哀戚過於成人，奉兄如事父。豫章太守范甯於郡立學，招集生徒，遠方至者甚衆，續之年十二，詣甯受業。居學數年，通五經并緯候，名冠同門，號曰「顏子」。既而閑居讀老、易，入廬山事沙門釋慧遠。時彭城劉遺民遁迹廬山，陶淵明亦不應徵命，謂之尋陽三隱。以爲身不可遣，餘累宜絕，遂終身不娶妻，布衣蔬食。

劉毅鎮姑孰，命爲撫軍參軍，〔三〕徵太學博士，並不就。江州刺史每相招請，續之不尚節峻，頗從之游。常以嵇康高士傳得出處之美，因爲之注。高祖之北討，世子居守，迎續之館于安樂寺，延入講禮，月餘，復還山。江州刺史劉柳薦之高祖曰：

臣聞恢耀和肆，必在兼城之寶；翼亮崇本，宜紆高世之逸。是以渭濱佐周，聖德廣運，商洛匡漢，英業乃昌。伏惟明公道邁振古，應天繼期，游外暢於冥內，體遠形于應近，雖汾陽之舉，輟駕於時艱，明揚之旨，潛感於穹谷矣。

竊見處士鴈門周續之，清眞貞素，思學鈎深，弱冠獨往，心無近事，性之所遣，榮華與饑寒俱落，情之所慕，巖澤與琴書共遠。加以仁心內發，義懷外亮，留愛昆卉，〔四〕誠著桃李。若升之宰府，必鼎味斯和；濯纓儒官，亦王猷遐緝。臧文不知，失在降賢；言偃得人，功由升士。願照其丹款，不以人廢言。

俄而辟爲太尉掾，不就。高祖北伐，還鎮彭城，遣使迎之，禮賜甚厚。每稱之曰：「心無偏吝，眞高士也。」尋復南還。高祖踐阼，復召之，乃盡室俱下。上爲開館東郭外，招集生徒。乘輿降幸，并見諸生，問續之禮記「傲不可長」、「與我九齡」、「射於矍圃」三義，辨析精奧，稱爲該通。續之素患風痺，不復堪講，乃移病鍾山。景平元年卒，時年四十七。通毛詩六義及禮論、公羊傳，皆傳於世。無子。兄子景遠有續之風，太宗泰始中，爲晉安內史，未之郡，卒。

王弘之字方平，琅邪臨沂人，宣訓衛尉鎮之弟也。少孤貧，爲外祖徵士何准所撫育。從叔獻之及太原王恭，並貴重之。晉安帝隆安中，爲琅邪王中軍參軍，遷司徒主簿。家貧，而性好山水，求爲烏程令，〔五〕尋以病歸。桓玄輔晉，桓謙以爲衛軍參軍。時琅邪殷仲文還姑孰，祖送傾朝，謙要弘之同行，答曰：「凡祖離送別，必在有情，下官與殷風馬不接，無緣扈從。」謙貴其言。母隨兄鎮之之安成郡，〔六〕弘之解職同行，荊州刺史桓偉請爲南蠻長史。義熙初，何無忌又請爲右軍司馬。高祖命爲徐州

治中從事史，除員外散騎常侍，並不就。家在會稽上虞。從兄敬弘爲吏部尚書，奏曰：「聖明司契，載德惟新，垂鑒仄微，表揚隱介，默語仰風，荒遐傾首。前員外散騎常侍琅邪王弘之，恬漠丘園，放心居逸。前衛將軍參軍武昌郭希林，素履純潔，嗣徽前武。並擊壤聖朝，未蒙表飾，宜加旌聘，賁于丘園，以彰止遜之美，以祛動求之累。臣愚謂弘之可太子庶子，希林可著作郎。」即徵弘之爲庶子，不就。太祖即位，敬弘爲左僕射，又陳：「弘之高行表於初筮，苦節彰於暮年，今內外晏然，當修太平之化，宜招空谷，以敦沖退之美。」元嘉四年，徵爲通直散騎常侍，又不就。敬弘嘗解貂裘與之，即着以采藥。

性好釣，上虞江有一處名三石頭，弘之常垂綸於此。經過者不識之，或問：「漁師得魚賣不？」弘之曰：「亦自不得，得亦不賣。」日夕載魚入上虞郭，經親故門，各以一兩頭置門內而去。

始寧沃川有佳山水，〔七〕弘之又依巖築室。謝靈運、顏延之並相欽重，靈運與廬陵王義眞牋曰：「會境既豐山水，是以江左嘉遁，並多居之。但季世慕榮，幽棲者寡，或復才爲時求，弗獲從志。至若王弘之拂衣歸耕，踰歷三紀，孔淳之隱約窮岫，自始迄今，阮萬齡辭事就閑，纂成先業，浙河之外，棲遲山澤，如斯而已。既遠同羲、唐，亦激貪厲競。殿下愛素好古，常若布衣，每意昔聞，虛想巖穴，若遣一介，〔八〕有以相存，眞可謂千載盛美也。」

弘之四年卒，時年六十三。顏延之欲爲作誄，書與弘之子曇生曰：「君家高世之節，有

識歸重，豫染豪翰，所應載述。況僕託慕末風，竊以敍德爲事，但恨短筆不足書美。」誄竟不就。

曇生好文義，以謙和見稱。歷顯位，吏部尚書，太常卿。大明末，爲吳興太守。太宗初，四方同逆，戰敗奔會稽，歸降被宥，終於中散大夫。

阮萬齡，陳留尉氏人也。祖思曠，左光祿大夫。父寧，黃門侍郎。萬齡少知名，自通直郎爲孟昶建威長史。時袁豹、江夷相係爲昶司馬，時人謂昶府有三素望。萬齡家在會稽剡縣，頗有素情，永初末，自侍中解職東歸，徵爲祕書監，加給事中，不就。尋除左民尚書，復起應命，遷太常，出爲湘州刺史，在州無政績。還爲東陽太守，又被免。復爲散騎常侍、金紫光祿大夫。元嘉二十五年卒，時年七十二。

孔淳之字彥深，魯郡魯人也。祖惔，尚書祠部郎。父粲，祕書監徵，不就。淳之少有高尚，愛好墳籍，爲太原王恭所稱。居會稽剡縣，性好山水，每有所游，必窮

其幽峻，或旬日忘歸。嘗游山，遇沙門釋法崇，因留共止，遂停三載。法崇嘆曰：「緬想人外，三十年矣，今乃傾蓋于茲，不覺老之將至也。」及淳之還反，不告以姓。除著作佐郎、太尉參軍，並不就。

居喪至孝，廬于墓側。服闋，與徵士戴顒、王弘之及王敬弘等共爲人外之游。敬弘以女適淳之子尚。會稽太守謝方明苦要入郡，終不肯往。茅室蓬戶，庭草蕪逕，唯牀上有數卷書。元嘉初，復徵爲散騎侍郎，乃逃于上虞縣界，家人莫知所之。弟默之爲廣州刺史，出都與別。司徒王弘要淳之集冶城，即日命駕東歸，遂不顧也。元嘉七年，卒，時年五十九。

默之儒學，注穀梁春秋。

默之子熙先，事在范曄傳。

劉凝之字志安，小名長年，南郡枝江人也。父期公，衡陽太守，兄盛公，高尚不仕。凝之慕老萊、嚴子陵爲人，推家財與弟及兄子，立屋於野外，非其力不食，州里重其德行。州三禮辟西曹主簿，舉秀才，不就。妻梁州刺史郭銓女也，遣送豐麗，凝之悉散之親屬。妻亦能不慕榮華，與凝之共安儉苦。夫妻共乘薄笨車，出市買易，周用之外，輒以施人。爲村里所誣，一年三輸公調，[九]求輒與之。有人嘗認其所著屐，笑曰：「僕著之已敗，令家中覓新者備君也。」[一〇]此人後田中得所失屐，送還之，不肯復取。

元嘉初，徵爲祕書郎，不就。臨川王義慶、衡陽王義季鎮江陵，並遣使存問，凝之答書頓首稱僕，不修民禮，人或譏焉。凝之曰：「昔老萊向楚王稱僕，嚴陵亦抗禮光武，未聞巢、許稱臣堯、舜。」時戴顒與衡陽王義季書，亦稱僕。

荊州年饑，義季慮凝之餒斃，餉錢十萬。凝之大喜，將錢至市門，觀有饑色者，悉分與之，俄頃立盡。性好山水，一旦攜妻子泛江湖，隱居衡山之陽。登高嶺，絕人跡，爲小屋居之，采藥服食，妻子皆從其志。元嘉二十五年，卒，時年五十九。

龔祈字孟道，武陵漢壽人也。從祖玄之，父黎民，並不應徵辟。祈年十四，鄉黨舉爲州迎西曹，不行。謝晦臨州，命爲主簿，彭城王義康舉秀才，除奉朝請，臨川王義慶平西參軍，皆不就。風姿端雅，容止可觀，中書郎范述見而嘆曰：「此荊楚仙人也。」衡陽王義季臨荊州，發教以祈及劉凝之、師覺授不應徵召，辟其三子。祈又徵太子舍人，不起。時或賦詩，言不及世事。元嘉十七年，卒，時年四十二。

翟法賜，尋陽柴桑人也。曾祖湯，湯子莊，莊子矯，並高尚不仕，逃避徵辟。矯生法賜。少守家業，立屋於廬山頂，喪親後，便不復還家。不食五穀，以獸皮結草爲衣，雖鄉親中表，莫得見也。州辟主簿，舉秀才，右參軍，[一一]著作佐郎，員外散騎侍郎，並不就。後家人至石室尋求，因復遠徙，違避徵聘，遁跡幽深。尋陽太守鄧文子表曰：「奉詔書徵郡民新除著作佐郎南陽翟法賜，補員外散騎侍郎。法賜隱跡廬山，于今四世，栖身幽巖，人罕見者。如當逼以王憲，束以嚴科，馳山獵草，以期禽獲，慮致顛殞，有傷盛化。」乃止。後卒於巖石之間，不知年月。

陶潛字淵明，或云淵明字元亮，尋陽柴桑人也。曾祖侃，晉大司馬。潛少有高趣，嘗著五柳先生傳以自況，曰：

先生不知何許人，不詳姓字，宅邊有五柳樹，因以爲號焉。閑靜少言，不慕榮利。好讀書，不求甚解，每有會意，欣然忘食。性嗜酒，而家貧不能恒得。親舊知其如此，

或置酒招之，造飲輒盡，期在必醉，既醉而退，曾不吝情去留。環堵蕭然，不蔽風日，裋褐穿結，〔一三〕簞瓢屢空，晏如也。嘗著文章自娛，頗示己志，忘懷得失，以此自終。

其自序如此，時人謂之實錄。

親老家貧，起爲州祭酒，不堪吏職，少日，自解歸。州召主簿，不就。躬耕自資，遂抱羸疾，復爲鎮軍、建威參軍，謂親朋曰：「聊欲弦歌，以爲三逕之資，可乎？」執事者聞之，以爲彭澤令。公田悉令吏種秫稻，妻子固請種秔，乃使二頃五十畝種秫，五十畝種秔。郡遣督郵至，縣吏白應束帶見之，潛嘆曰：「我不能爲五斗米折腰向鄉里小人。」卽日解印綬去職。賦歸去來，其詞曰：

歸去來兮，園田荒蕪，〔一二〕胡不歸。既自以心爲形役，奚惆悵而獨悲。悟已往之不諫，知來者之可追。實迷塗其未遠，覺今是而昨非。舟超遙以輕颺，〔一四〕風飄飄而吹衣。問征夫以前路，恨晨光之希微。〔一五〕

乃瞻衡宇，載欣載奔。僮僕歡迎，稚子候門。三徑就荒，松菊猶存。攜幼入室，有酒停尊。〔一六〕引壺觴而自酌，眄庭柯以怡顏。倚南窗而寄傲，審容膝之易安。園日涉而成趣，門雖設而常關。策扶老以流憩，時矯首而遐觀。雲無心以出岫，鳥勌飛而知還。景翳翳其將入，撫孤松以盤桓。

歸去來兮，請息交而絕遊。世與我以相遺，〔一七〕復駕言兮焉求。說親戚之情話，樂琴書以消憂。農人告余以上春，〔一八〕將有事于西疇。或命巾車，或棹扁舟。〔一九〕既窈窕以窮壑，亦崎嶇而經丘。木欣欣以向榮，泉涓涓而始流。善萬物之得時，感吾生之行休。

已矣乎，寓形宇內復幾時。奚不委心任去留，胡爲遑遑欲何之。富貴非吾願，帝鄉不可期。懷良辰以孤往，或植杖而耘耔。登東皋以舒嘯，臨清流而賦詩。聊乘化以歸盡，樂夫天命復奚疑。

義熙末，徵著作佐郎，不就。江州刺史王弘欲識之，不能致也。潛嘗往廬山，弘令潛故人龐通之齎酒具於半道栗里要之，潛有脚疾，使一門生二兒轝籃輿，既至，欣然便共飲酌，俄頃弘至，亦無忤也。先是，顏延之爲劉柳後軍功曹，在尋陽，與潛情款。後爲始安郡，經過，日日造潛，每往必酣飲致醉。臨去，留二萬錢與潛，潛悉送酒家，稍就取酒。嘗九月九日無酒，出宅邊菊叢中坐久，值弘送酒至，卽便就酌，醉而後歸。潛不解音聲，而畜素琴一張，無絃，每有酒適，輒撫弄以寄其意。貴賤造之者，有酒輒設，潛若先醉，便語客：「我醉欲眠，卿可去。」其眞率如此。郡將候潛，值其酒熟，取頭上葛巾漉酒，畢，還復著之。

潛弱年薄宦，不潔去就之迹，自以曾祖晉世宰輔，恥復屈身後代，自高祖王業漸隆，不復肯仕。所著文章，皆題其年月，義熙以前，則書晉氏年號，自永初以來唯云甲子而已。與子書以言其志，并爲訓戒曰：

天地賦命，有往必終，〔二〇〕自古賢聖，誰能獨免。子夏言曰：「死生有命，富貴在天。」四友之人，親受音旨，發斯談者，豈非窮達不可妄求，壽夭永無外請故邪。吾年過五十，而窮苦荼毒，以家貧弊，〔二一〕東西遊走。性剛才拙，與物多忤，自量爲己，必貽俗患，僶俛辭世，使汝幼而飢寒耳。常感孺仲賢妻之言，敗絮自擁，何慚兒子。此既一事矣。但恨鄰靡二仲，室無萊婦，抱茲苦心，良獨罔罔。

少年來好書，偶愛閑靜，開卷有得，便欣然忘食。見樹木交蔭，時鳥變聲，亦復歡爾有喜。嘗言五六月北窗下臥，遇涼風暫至，自謂是羲皇上人。意淺識陋，日月遂往，緬求在昔，眇然如何。

疾患以來，漸就衰損，親舊不遺，每以藥石見救，自恐大分將有限也。恨汝輩稚小，家貧無役，柴水之勞，何時可免，念之在心，若何可言。然雖不同生，當思四海皆弟兄之義。鮑叔、敬仲，分財無猜，歸生、伍舉，班荆道舊，遂能以敗爲成，因喪立功，他人尙爾，況共父之人哉。潁川韓元長，漢末名士，身處卿佐，八十而終，兄弟同居，至于沒齒。濟北氾稚春，晉時操行人也，七世同財，家人無怨色。詩云：「高山仰止，景行行

止。」汝其愼哉！吾復何言。

又爲命子詩以貽之曰：

悠悠我祖，爰自陶唐。邈爲虞賓，歷世垂光。御龍勤夏，豕韋翼商。穆穆司徒，厥族以昌。紛紜戰國，漠漠衰周。鳳隱于林，幽人在丘。逸虬撓雲，奔鯨駭流。天集有漢，眷予愍侯。於赫愍侯，運當攀龍。撫劍夙邁，顯茲武功。參誓山河，啓土開封。亹亹丞相，允迪前蹤。渾渾長源，蔚蔚洪柯。羣川載導，衆條載羅。時有默語，運固隆汙。在我中晉，業融長沙。桓桓長沙，伊勳伊德。天子疇我，專征南國。功遂辭歸，臨寵不惑。孰謂斯心，而可近得。肅矣我祖，愼終如始。直方二臺，惠和千里。於皇仁考，淡焉虛止。寄迹夙運，冥茲慍喜。嗟余寡陋，瞻望靡及。顧慚華鬢，負景隻立。三千之罪，無後其急。我誠念哉，呱聞爾泣。卜云嘉日，占爾良時。名爾曰儼，字爾求思。溫恭朝夕，念茲在茲。尙想孔伋，庶其企而。厲夜生子，遽而求火。凡百有心，奚待于我。既見其生，實欲其可。人亦有言，斯情無假。日居月諸，漸免于孩。福不虛至，禍亦易來。夙興夜寐，願爾斯才。爾之不才，亦已焉哉。

潛元嘉四年卒，時年六十三。

宗彧之字叔粲，南陽涅陽人，炳從父弟也。蚤孤，事兄恭謹，家貧好學，雖文義不逮炳，而眞澹過之。州辟主簿，舉秀才，不就。公私餽遺，一無所受。高祖受禪，徵著作佐郎，不至。元嘉初，大使陸子眞觀采風俗，三詣彧之，每辭疾不見也。告人曰：「我布衣草萊之人，少長壟畝，何枉軒冕之客。」子眞還，表薦之，徵員外散騎侍郎，又不就。元嘉八年，卒，時年五十。

沈道虔，吳興武康人也。少仁愛，好老、易，居縣北石山下。孫恩亂後飢荒，縣令庾肅之迎出縣南廢頭里，爲立小宅，臨溪，有山水之玩。時復還石山精廬，與諸孤兄子共釜庾之資，困不改節。受琴於戴逵，王敬弘深敬之。郡州府凡十二命，皆不就。

有人竊其園菜者，還見之，乃自逃隱，待竊者取足去後乃出。人拔其屋後笋，令人止之，曰：「惜此笋欲令成林，更有佳者相與。」乃令人買大笋送與之，盜者慚不取，道虔使置其門內而還。常以捃拾自資，同捃者爭穟，道虔諫之不止，悉以其所得與之，爭者愧恧，後每爭，輒云：「勿令居士知。」冬月無複衣，戴顒聞而迎之，爲作衣服，幷與錢一萬。既還，分身

上衣及錢，悉供諸兄弟子無衣者。鄉里年少，相率受學。道虔常無食，無以立學徒。武康令孔欣之厚相資給，受業者咸得有成。太祖聞之，遣使存問，賜錢三萬，米二百斛，悉以嫁娶孤兄子。徵員外散騎侍郎，不就。累世事佛，推父祖舊宅爲寺。至四月八日，每請像。請像之日，輒舉家感慟焉。道虔年老，菜食，恒無經日之資，而琴書爲樂，孜孜不倦。太祖敕郡縣令隨時資給。元嘉二十六年，卒，時年八十二。

子慧鋒，修父業，辟從事，皆不就。

郭希林，武昌武昌人也。曾祖翻，晉世高尚不仕。希林少守家業，徵州主簿，秀才，衛軍參軍，〔三〕並不就。元嘉初，吏部尚書王敬弘舉王弘之爲太子庶子，希林爲著作佐郎。後又徵員外散騎侍郎，並不就。十年，卒，時年四十七。

子蒙，亦隱居不仕。泰始中，郢州刺史蔡興宗辟爲主簿，不就。

雷次宗字仲倫，豫章南昌人也。少入廬山，事沙門釋慧遠，篤志好學，尤明三禮、毛詩，隱退不交世務。本州辟從事，員外散騎侍郎徵，並不就。與子姪書以言所守，曰：

夫生之修短，咸有定分，定分之外，不可以智力求，但當於所稟之中，順而勿率耳。吾少嬰羸患，事鍾養疾，爲性好閑，志棲物表，故雖在童稚之年，已懷遠迹之意。暨于弱冠，遂託業廬山，逮事釋和尚。于時師友淵源，務訓弘道，外慕等夷，內懷悱發，於是洗氣神明，玩心墳典，勉志勤躬，夜以繼日。爰有山水之好，悟言之歡，實足以通理輔性，成夫亹亹之業，樂以忘憂，不知朝日之晏矣。自游道餐風，二十餘載，淵匠既傾，良朋凋索，續以釁逆違天，備嘗荼蓼，疇昔誠願，頓盡一朝，心慮荒散，情意衰損，故遂與汝曹歸耕壟畔，山居谷飲，人理久絕。

日月不處，忽復十年，犬馬之齒，已踰知命。崦嵫將迫，前塗幾何，實遠想尚子五岳之舉，近謝居室瑣瑣之勤。及今耄未至惛，衰不及頓，尚可厲志於所託，棲誠來生之津梁，專氣莫年之攝養，玩歲日於良辰，偸餘樂於將除，在心所期，盡於此矣。汝等年各成長，冠娶已畢，修惜衡泌，吾復何憂。但願守全所志，以保令終耳。自今以往，家事大小，一勿見關，子平之言，可以爲法。

元嘉十五年，徵次宗至京師，開館於鷄籠山，聚徒教授，置生百餘人。會稽朱膺之、潁川庾蔚之並以儒學，監總諸生。時國子學未立，上留心藝術，使丹陽尹何尚之立玄學，太子

率更令何承天立史學，司徒參軍謝元立文學，凡四學並建。車駕數幸次宗學館，資給甚厚。又除給事中，不就。久之，還廬山，公卿以下，並設祖道。二十五年，詔曰：「前新除給事中雷次宗，篤尚希古，經行明修，自絕招命，守志隱約。宜加升引，以旌退素。可散騎侍郎。」後又徵詣京邑，爲築室於鍾山西巖下，謂之招隱館，使爲皇太子諸王講喪服經。次宗不入公門，乃使自華林東門入延賢堂就業。二十五年，卒於鍾山，時年六十三。太祖與江夏王義恭書道次宗亡，義恭答曰：「雷次宗不救所疾，甚可痛念。其幽棲窮藪，自賓聖朝，克己復禮，始終若一。伏惟天慈弘被，亦垂矜愍。」

子肅之，頗傳其業，官至豫章郡丞。

朱百年，會稽山陰人也。祖愷之，晉右衛將軍。父濤，揚州主簿。

百年少有高情，親亡服闋，携妻孔氏入會稽南山，以伐樵採箬爲業。每以樵箬置道頭，〔三〕輒爲行人所取，明旦亦復如此，人稍怪之，積久方知是朱隱士所賣，須者隨其所堪多少，留錢取樵箬而去。或遇寒雪，樵箬不售，無以自資，輒自擕船送妻還孔氏，天晴復迎之。有時出山陰爲妻買繒綵三五尺，好飮酒，遇醉或失之。頗能言理，時爲詩詠，往往有高勝之

言。郡命功曹，州辟從事，舉秀才，並不就。隱迹避人，唯與同縣孔覬友善。〔二四〕覬亦嗜酒，相得輒酣，對飲盡歡。百年家素貧，母以冬月亡，衣並無絮，自此不衣緜帛。嘗寒時就覬宿，衣悉裌布，飲酒醉眠，覬以臥具覆之，百年不覺也。既覺，引臥具去體，謂覬曰：「緜定奇溫。」因流涕悲慟，覬亦爲之傷感。

除太子舍人，不就。顏竣爲東揚州，發教餉百年穀五百斛，不受。時山陰又有寒人姚吟，亦有高趣，爲衣冠所重。義陽王昶臨州，辟爲文學從事，不起。竣餉吟米二百斛，吟亦辭之。

百年孝建元年卒山中，〔二五〕時年八十七。蔡興宗爲會稽太守，餉百年妻米百斛，百年妻遣婢詣郡門奉辭固讓，時人美之，以比梁鴻妻。

王素字休業，琅邪臨沂人也。高祖翹之，晉光祿大夫。素少有志行，家貧母老。初爲廬陵國侍郎，母憂去職。服闋，廬陵王紹爲江州，親舊勸素修完舊居，素不答，乃輕身往東陽，隱居不仕，頗營田園之資，得以自立。愛好文義，不以人俗累懷。世祖卽位，欲搜揚隱退，下詔曰：「濟世成務，咸達隱微，軌俗興讓，必表淸節。朕

昧旦求善，思惇薄風，琅邪王素、會稽朱百年，並廉約貞遠，與物無競，自足皐畝，志在不移。宜加褒引，以光難進。並可太子舍人。」大明中，太宰江夏王義恭開府辟召，辟素爲倉曹屬，太宗泰始六年，又召爲太子中舍人，並不就。素既屢被徵辟，聲譽甚高。山中有蚿蟲，聲淸長，聽之使人不厭，而其形甚醜，素乃爲蚿賦以自況。七年，卒，時年五十四。

時又有宋平劉睦之、汝南州韶、吳郡褚伯玉，亦隱身求志。睦之居交州，除武平太守，不拜。韶字伯和，黃門侍郎文孫也。築室湖熟之方山，徵員外散騎侍郎，征北行參軍，不起。伯玉居剡縣瀑布山三十餘載，揚州辟議曹從事，不就。

關康之字伯愉，河東楊人。世居京口，寓屬南平昌。少而篤學，姿狀豐偉。下邳趙繹以文義見稱，康之與之友善。特進顏延之見而知之。晉陵顧悅之難王弼易義四十餘條，康之申王難顧，遠有情理。又爲毛詩義，經籍疑滯，多所論釋。嘗就沙門支僧納學算，〔二六〕妙盡其能。竟陵王義宣自京口遷鎭江陵，要康之同行，距不應命。元嘉中，太祖聞康之有學義，除武昌國中軍將軍，蠲除租稅。江夏王義恭、廣陵王誕臨南徐州，辟爲從事、西曹，並不就。棄絕人事，守志閑居。弟雙之爲臧質車騎參軍，與質俱下，至赭圻病卒，瘞於水濱。康

之其春得疾困篤，小差，牽以迎喪，因得虛勞病，寢頓二十餘年。時有閑日，輒臥論文義。世祖卽位，遣大使陸子眞巡行天下，使反，薦康之「業履恒貞，操勗淸固，行信閭黨，譽延邦邑，棲志希古，操不可渝，宜加徵聘，以潔風軌」。不見省。太宗泰始初，與平原明僧紹俱徵爲通直郎，又辭以疾。順帝昇明元年，卒，時年六十三。

史臣曰：夫獨往之人，皆稟偏介之性，不能摧志屈道，借譽期通。若使值見信之主，逢時來之運，豈其放情江海，取逸丘樊，蓋不得已而然故也。且巖壑閑遠，水石淸華，雖復崇門八襲，高城萬雉，莫不蓄壤開泉，髣髴林澤。故知松山桂渚，非止素玩，碧澗淸潭，翻成麗矚。挂冠東都，夫何難之有哉。

校勘記

〔一〕欲懷尚平之志 「尚平」卽後漢書逸民傳之向子平。嵇叔夜與山巨源絕交書：「吾每讀尚子平、臺孝威傳，慨然慕之，想其爲人。」文選李善注引英雄記：「尚子平有道術，爲縣功曹，休歸，自入山擔薪，賣以供食飲。」謝靈運山居賦云：「慚尚子之晚研。」本注云：「尚平未能去累，故曰晚

研。」文選謝靈運初去郡詩：「畢娶類尚子，薄游似邴生。」李善注引嵇康高士傳：「尚長字子平，河內人。隱避不仕，爲子嫁娶畢，勑家事斷之，勿復相關，當如我死矣。」皆作「尚」，不作「向」。

〔二〕太祖遣樂師楊觀就炳受之 「楊觀」南史作「楊歡」。

〔三〕命爲撫軍參軍 各本並脫「參軍」二字，據南史補。

〔四〕留愛崑卉 殿本考證云：「崑當作昆，昆蟲、花卉也。」

〔五〕求爲烏程令 「烏程」南史、御覽四八七引宋書作「烏傷」。

〔六〕母隨兄鎭之之安成郡 「母」各本並作「毎」，據南史改。

〔七〕始寧沃川有佳山水 「沃川」各本並作「汰川」，據南史、建康實錄改。按沃川卽沃洲，在始寧縣境。

〔八〕若遣一介 「介」南史作「个」。禮大學：「若有一个臣。」

〔九〕一年三輪公調 三朝本作「三輪」，北監本、毛本、殿本、局本作「二輪」。張元濟校勘記云：「若是二輪，當云再輪。三輪不誤。」

〔一〇〕令家中寬新者備君也 「令」各本並作「今」，據通志改。「備」南史作「償」。李慈銘宋書札記云：「備卽俗賠字。」

〔一一〕右參軍 右字下或有脫文。

〔一二〕裋褐穿結　三朝本、北監本作「裋褐」，毛本、殿本、局本作「短褐」。按史記秦始皇本紀：「夫寒者利裋褐。」漢書貢禹傳：「裋褐不完。」顏師古注云：「裋者謂僮豎所著布長襦也。褐，毛布之衣也。」

〔一三〕園田荒蕪　文選四五、晉書、南史作「園田將蕪」。

〔一四〕舟超遙以輕颺　「超遙」局本、文選、晉書、南史作「遙遙」。

〔一五〕恨晨光之希微　「希」晉書同。文選、南史作「熹」。李善注云：「聲類曰，熹亦熙字也。熙，光明也。」

〔一六〕有酒停尊　「停尊」文選、晉書、南史作「盈罇」。按尊罇，古今字。

〔一七〕世與我以相遺　「遺」南史作「違」。

〔一八〕農人告余以上春　「上春」文選、南史作「春及」，晉書作「暮春」。

〔一九〕或命巾車或棹扁舟　「或命巾車」文選江文通擬陶徵君詩注引作「或巾柴車」。黃侃以爲「或巾柴車」是。「扁舟」，文選、晉書作「孤舟」。

〔二〇〕有往必終　「往」元龜八一六作「生」。

〔二一〕以家貧弊　各本並脫「以」字，據元龜八一六補。

〔二二〕衞軍參軍　各本並作「衞參軍」。孫彪宋書考論云：「衞下當有軍字。」按孫說是，今補。

〔二三〕每以樵箬置道頭　各本並脫「每」字，據御覽五〇四引補。

〔二四〕唯與同縣孔覬友善　「孔覬」各本並作「孔凱」，南史、元龜七五二又誤作「孔顗」。孫彪宋書考論云：「孔凱疑卽孔覬。」按孫說是，今改正。下並同改。

〔二五〕百年孝建元年卒山中　孫彪宋書考論云：「顏峻爲東揚州，在大明元年，百年尙存，蓋卽是年卒，史誤作孝建。」

〔二六〕嘗就沙門支僧納學算　各本並脫「算」字，據南史、御覽五〇四引補。

宋書卷九十四

列傳第五十四

恩倖

夫君子小人，類物之通稱。〔一〕蹈道則爲君子，違之則爲小人。屠釣，卑事也，版築，賤役也，太公起爲周師，傅說去爲殷相。非論公侯之世，鼎食之資，明揚幽仄，唯才是與。逮于二漢，茲道未革，胡廣累世農夫，伯始致位公相；黃憲牛醫之子，叔度名重京師。且任子居朝，咸有職業，雖七葉珥貂，見崇西漢，而侍中身奉奏事，又分掌御服，東方朔爲黃門侍郎，執戟殿下。郡縣掾史，〔二〕並出豪家，負戈宿衞，皆由勢族，非若晚代，分爲二塗者也。漢末喪亂，魏武始基，軍中倉卒，權立九品，蓋以論人才優劣，非爲世族高卑。因此相沿，遂爲成法。自魏至晉，莫之能改，州都郡正，以才品人，而舉世人才，升降蓋寡。徒以馮藉世資，用相陵駕，都正俗士，斟酌時宜，品目少多，隨事俯仰，劉毅所云「下品無高門，上品無賤族」者也。歲月遷譌，斯風漸篤，凡厥衣冠，莫非二品，自此以還，遂成卑庶。周、漢之道，以智役愚，臺隸參差，用成等級；魏晉以來，以貴役賤，士庶之科，較然有辨。夫人君南面，九重奧絕，陪奉朝夕，義隔卿士，階闥之任，宜有司存。既而恩以倖生，信由恩固，無可憚之姿，有易親之色。孝建、泰始，主威獨運，官置百司，權不外假，而刑政糾雜，理難徧通，耳目所寄，事歸近習。賞罰之要，是謂國權，出內王命，由其掌握，於是方塗結軌，輻湊同奔。人主謂其身卑位薄，以爲權不得重。曾不知鼠憑社貴，狐藉虎威，外無逼主之嫌，內有專用之功，勢傾天下，未之或悟。挾朋樹黨，政以賄成，鈇鉞創痏，構於筵笫之曲，〔三〕服冕乘軒，出乎言笑之下，南金北毳，來悉方艚，素縑丹魄，至皆兼兩，西京許、史，蓋不足云，晉朝王、庾，〔四〕未或能比。及太宗晚運，慮經盛衰，權幸之徒，慴憚宗戚，欲使幼主孤立，永竊國權，構造同異，興樹禍隙，帝弟宗王，相繼屠剿。民忘宋德，雖非一塗，寶祚夙傾，實由於此。嗚呼！漢書有恩澤侯表，又有佞倖傳，今採其名，列以爲恩倖篇云。

戴法興，會稽山陰人也。家貧，父碩子，販紵爲業。法興二兄延壽、延興並修立，延壽善書，法興好學。山陰有陳載者，〔五〕家富，有錢三千萬，鄉人咸云：「戴碩子三兒，敵陳載三千萬錢。」

法興少賣葛於山陰市，後爲吏傳署，入爲尚書倉部令史。大將軍彭城王義康於尚書中覓了了令史，得法興等五人，以法興爲記室令史。義康敗，仍爲世祖征虜、撫軍記室掾。上爲江州，仍補南中郎典籤。上於巴口建義，法興與典籤戴明寶、蔡閑俱轉參軍督護。上即位，並爲南臺侍御史，同兼中書通事舍人。法興等專管內務，權重當時。孝建元年，加建武將軍、南魯郡太守，解舍人，侍太子於東宮。大明二年，三典籤並以南下預密謀，封法興吳昌縣男，明寶湘鄉縣男，閑高昌縣男，食邑各三百戶。閑時已卒，追加爵封。法興轉員外散騎侍郎，給事中，太子旅賁中郎將，太守如故。

世祖親覽朝政，不任大臣，而腹心耳目，不得無所委寄。法興頗知古今，素見親待，雖出侍東宮，而意任隆密。魯郡巢尚之，人士之末，元嘉中，侍始興王濬讀書，亦涉獵文史，爲上所知，孝建初，補東海國侍郎，仍兼中書通事舍人。〔六〕凡選授遷轉誅賞大處分，上皆與法興、尚之參懷，內外諸雜事，多委明寶。上性嚴暴，睚眦之間，動至罪戮，尚之每臨事解釋，多得全免，殿省甚賴之。而法興、明寶大通人事，多納貨賄，凡所薦達，言無不行，天下輻湊，門外成市，家產並累千金。明寶驕縱尤甚，長子敬爲揚州從事，與上爭買御物。六宮嘗出行，敬盛服騎馬於車左右，馳驟去來，上大怒，賜敬死，繫明寶尚方，尋被原釋，委任如初。

世祖崩，前廢帝即位，法興遷越騎校尉。時太宰江夏王義恭錄尚書事，任同總己，而法興、尚之執權日久，威行內外，義恭積相畏服，至是懾憚尤甚。廢帝未親萬機，凡詔勑施爲，悉決法興之手，尚書中事無大小，專斷之，顏師伯、義恭守空名而已。廢帝年已漸長，凶志轉成，欲有所爲，法興每相禁制，每謂帝曰：「官所爲如此，欲作營陽耶？」帝意稍不能平。所愛幸閹人華願兒有盛寵，賜與金帛無算，法興常加裁減，願兒甚恨之。帝常使願兒出入市里，察聽風謠，而道路之言，謂法興爲眞天子，帝爲贗天子。〔七〕願兒因此告帝曰：「外間云宮中有兩天子，官是一人，戴法興是一人。官在深宮中，人物不相接，法興與太宰、顏、柳一體，吸習往來，門客恒有數百，內外士庶，莫不畏服之。法興是孝武左右，復久在宮闈，今將他人作一家，深恐此坐席非復官許。」帝遂發怒，免法興官，遣還田里，仍復徙付遠郡，尋又於家賜死，時年五十二。法興臨死，封閉庫藏，使家人謹錄鑰牡。死一宿，又殺其二子，截法興棺，焚之，〔八〕籍沒財物。法興能爲文章，頗行於世。

死後，帝敕巢尚之曰：「吾纂承洪基，君臨萬國，推心勳舊，著於遐邇。不謂戴法興恃遇負恩，專作威福，冒憲黷貨，號令自由，積釁累愆，遂至於此。卿等忠勤在事，吾乃具悉，但道路之言，異同紛糾，非唯人情駭愕，亦玄象違度，委付之旨，良失本懷。吾今自親覽萬機，留心庶事，卿等宜竭誠盡力，以副所期。」尚之時爲新安王子鸞撫軍中兵參軍、淮陵太守。乃

解舍人，轉爲撫軍諮議參軍，太守如故。

太宗泰始二年，詔曰：「故越騎校尉吳昌縣開國男戴法興，昔從孝武，誠懃左右，入定社稷，預誓河山。及出侍東儲，竭盡心力，嬰害凶悖，朕甚愍之。可追復削注，還其封爵。」有司奏以法興孫靈珍襲封。又詔曰：「法興小人，專權豪恣，雖虐主所害，義由國討，不宜復貪人之封，封爵可停。」

太宗初，復以尚之兼中書通事舍人、南清河太守。二年，遷中書侍郎，太守如故。未拜，改除前軍將軍，太守如故。侍太子於東宮。晉安王子勛平後，以軍守管內，封邵陵縣男，食邑四百戶，固辭不受。轉黃門侍郎，出爲新安太守，病卒。

戴明寶，南東海丹徒人也。亦歷員外散騎侍郎，給事中。世祖世，帶南清河太守。前廢帝即阼，權任悉歸法興，而明寶輕矣，以爲宣威將軍、南東莞太守。景和末，增邑百戶。太宗初，天下反叛，軍務煩擾，以明寶舊人，屢經戎事，復委任之，以爲前軍將軍。事平，遷宣威將軍、晉陵太守，進爵爲侯，增邑四百戶。泰始三年，坐參掌戎事，多納賄貨，削增封官爵，繫尚方，尋被宥。復爲安陸太守，加寧朔將軍，游擊、驍騎將軍，武陵內史，宣城太守，順

帝驃騎司馬。昇明初，年老，拜太中大夫，病卒。

武陵國典書令董元嗣，與法興、明寶等俱爲世祖南中郎典籤。元嘉三十年，奉使還都，值元凶弒立，遣元嗣南還，報上以徐湛之等反。上時在巴口，元嗣具言弒狀。上遣元嗣下都，奉表於劭，既而上舉義兵，劭責元嗣，元嗣答曰：「始下，未有反謀。」劭不信，備加考掠，不服，遂死。世祖事克，追贈員外散騎侍郎，使文士蘇寶生爲之誄焉。

大明中，又有奚顯度者，南東海郯人也。〔九〕官至員外散騎侍郎。世祖常使主領人功，而苛虐無道，動加捶撲，暑雨寒雪，不聽暫休，人不堪命，或有自經死者。人役聞配顯度，如就刑戮。時建康縣考囚，或用方材壓額及踝脛，民間謠曰：「寧得建康壓額，不能受奚度拍。」又相戲曰：「勿反顧，付奚度。」其酷暴如此。前廢帝嘗戲云：「顯度刻虐，爲百姓所疾，比當除之。」左右因倡「諾」。即日宣旨殺焉。時人比之孫晧殺岑昏。

徐爰字長玉，南琅邪開陽人也。本名瑗，後以與傅亮父同名，改爲爰。初爲晉琅邪王大司馬府中典軍，從北征。微密有意理，爲高祖所知。少帝在東宮，入侍左右。太祖初，又見親任，歷治吏勞，遂至殿中侍御史。元嘉十二年，轉南臺侍御史，始

興王濬後軍行參軍。〔一〇〕復侍太子於東宮，遷員外散騎侍郎。太祖每出軍行師，常懸授兵略。二十九年，重遣王玄謨等北伐，配爰五百人，隨軍向碻磝，銜中旨，臨時宣示。世祖至新亭，大將軍江夏王義恭南奔，爰時在殿內，誑劭追義恭，因得南走。時世祖將即大位，軍府造次，不曉朝章，爰素諳其事，既至，莫不喜說，以兼太常丞，撰立儀注。孝建初，補尚書水部郎，轉爲殿中郎，兼右丞。

孝建三年，索虜寇邊，詔問羣臣防禦之策，爰議曰：

詔旨「虜犯邊塞，水陸遼遠，孤城危棘，復不可置」。臣以戎虜猖狂，狡焉滋廣，列卒擬候，伺覘間隙，不勞大舉，終莫永寧。然連旍千里，〔一一〕費固巨萬，而中興造創，資儲未積，是以齊斧徘徊，朔氣稽掃。今皇運洪休，靈威遐懾，蠢爾遺燼，懼在誅剪，思肆蜂蠆，以表有餘，雖不敢深入濟、沛，或能草竊邊塞。羽林鞭長，太倉遂阻，救援之日，勢不相及。且當使緣邊諸戍，練卒嚴城，凡諸督統，聚糧蓄田，籌計資力，足相抗擬。小鎮告警，大督電赴，塢壁邀斷，州郡犄角，儻有自送，可使匹馬不反。

詔旨「胡騎倏忽，抄暴無漸，出耕見虜，野粒資寇，比及少年，軍實無擬，江東根本，不可俱竭，宜立何方，可以相贍」？臣以爲方鎮所資，實宜且田且守，若使堅壁而春墾輟耕，清野而秋登莫擬，私無生業，公成虛罄，遠引根本，二三非宜。救之之術，唯在盡

力防衞，來必拒戰，去則邀躡，據險保隘，易爲首尾。胡馬既退，則民豐廩實，比及三載，可以長驅。

詔旨「賊之所向，本無前謀，兵之所進，亦無定所。比歲戎戍，倉庫多虛，先事聚衆，則消費糧粟，敵至倉卒，又無以相應」。臣以爲推鋒前討，大須資力，據本應末，不俟多衆。今寇無傾國豕突，列城勢足脣齒，養卒得勇，所任得才，臨事而懼，應機無失，豈煩空聚兵衆，以待未然。

詔旨「戎狄貪婪，唯利是規，不挫凶圖，姦志歲結」。臣以爲不擊則必侵掠，侵掠不已，則民失農桑，農桑不收，則王戍不立，爲立之方，擊之爲要。

詔旨「若令邊地歲驚，公私失業，經費困於遙輪，遠圖決無遂事，寢弊貲略，逆應有方」。臣以爲威虜之方，在於積粟塞下。若使邊民失業，列鎮寡儲，非唯無以遠圖，亦不能制其侵抄。今當使小戍制其始寇，大鎮赴其入境，一被毒手，便自吹齏鳥逝矣。

尋即眞，遷左丞。先是元嘉中，使著作郎何承天草創國史，世祖初，又使奉朝請山謙之、南臺御史蘇寶生踵成之。六年，又以爰領著作郎，使終其業。爰雖因前作，而專爲一家之書。上表曰：

臣聞虙史炳圖，原光被之美，夏載昭策，先隨山之勤。天飛雖王德所至，終陟固有資田躍，神宗始於俾乂，上日兆於納揆。其在殷頌，長發玄王，受命作周，實唯雍伯，考行之盛則，振古之弘軌。降逮二漢，亦同茲義，基帝創乎豐郊，紹祚本於昆邑。魏以武命國志，晉以宣啓陽秋，明黃初非更姓之本，泰始爲造物之末，又近代之令準，式遠之鴻規。典謨緬邈，〔一二〕紀傳成準，善惡具書，成敗畢記。然餘分紫色，滔天泯夏，親所芟夷，而不序於始傳，涉、聖、卓、紹，煙起雲騰，非所誅滅，而顯冠乎首述，豈不以事先歸之前錄，功偕著之後撰。

伏惟皇宋承金行之澆季，鍾經綸之屯極，擁玄光以鳳翔，秉神符而龍舉，剿定鯨鯢，天人佇屬。晉籙數終，上帝臨宋，便應奄膺紘宇，對越神工，而恭服勤於三分，讓德邁於不嗣，其爲巍巍蕩蕩，赫赫明明，歷觀逖聞，莫或斯等。宜依銜書改文，登舟變號，起元義熙，爲王業之始，載序宣力，爲功臣之斷。其僞玄篡竊，同於新莽，雖靈武克殄，自詳之晉錄。及犯命干紀，受戮霸朝，雖揖禪之前，皆著之宋策。國典體大，方垂不朽，請外詳議，伏須遵承。

於是內外博議，太宰江夏王義恭等三十五人同爰議，宜以義熙元年爲斷。散騎常侍巴陵王休若、尚書金部郎檀道鸞二人謂宜以元興三年爲始。太學博士虞龢謂宜以開國爲宋公元年。詔曰：「項籍、聖公，編錄二漢，前史已有成例。桓玄傳宜在宋典，餘如爰議。」

七年，爰遷游擊將軍。其年，世祖南巡，權以本官兼尚書左丞，車駕還宮，罷。明年，又兼左丞，著作兼如故。世祖崩，營景寧陵，爰以本官兼將作大匠。爰便僻善事人，能得人主微旨。頗涉書傳，尤悉朝儀。元嘉初便入侍左右，預參顧問，既長於附會，又飾以典文，故爲太祖所任遇。大明世，委寄尤重，朝廷大禮儀注，非爰議不行，雖復當時碩學所解過人者，既不敢立異議，所言亦不見從。世祖崩，公除後，晉安王子勛侍讀博士咨爰宜習業與不？爰答：「居喪讀喪禮，習業何嫌。」少日，始安王子眞博士又咨爰，爰曰：「小功廢業，三年喪何容讀書。」其事斷乖謬皆如此。

前廢帝凶暴無道，殿省舊人，多見罪黜，唯爰巧於將迎，始終無迕。誅羣公後，以爰爲黃門侍郎，領射聲校尉，著作如故。封吳平縣子，食邑五百戶。寵待隆密，羣臣莫二。帝每出行，常與沈慶之、山陰公主同輦，爰亦預焉。太宗即位，例削封，以黃門侍郎改領長水校尉，兼尚書左丞。明年，除太中大夫，著作並如故。

爰秉權日久，上昔在藩，素所不說。及景和世，屈辱卑約，爰禮敬甚簡，益銜之。泰始三年，詔曰：

夫事君無禮，教道弗容；訕上衒己，人倫所棄。太中大夫徐爰拔迹厮猥，推斥鬢逢，遂宦參時望，門伍豪族，遷位轉榮，莫非超荷。而諂側輕險，與性自俱，利口讒妄，

自少及長，奉公在事，釐豪蔑聞，初無愧滿，常有闕進。先朝嘗以蜀輩之中，粗有學解，故得漸蒙驅策，出入兩宮。太初僞立，盡心佞事，義師已震，方得南奔。及孝武居統，唯極諂諛，附會承旨，專恣厥性，致使治政苛縱，興造乖法，損德害民，皆由此豎。景和悖險，深相贊協，苟取偷存，罔顧節義，任算設數，取合人主，斂嶇姦矯，所志必從，故歷事七朝，白首全貴。自以體含德厚，識鑑機先，迷塗遂深，罔知革悟。

朕撥亂反正，勳濟天下，靈祇助順，孽逆必夷，況爰恩養，而無輸效，遂內挾異心，著於形迹，陽愚杜口，罔所陳聞，惰事緩文，庶申詭略。當今朝列賢彥，國無佞邪，而秉心弗純，累蠹時政。以其自告之辰，用賜歸老之職，榮禮優崇，寧非饕過。不謂潛怨斥外，進競不已，勤言託意，觸遇斯發。小人之情，雖所先照，猶許其當改，未忍加法。遂恃朕仁弘，必永容貸。昨因觴宴，肆意譏毀，謂制詔所爲，皆資傍說，又宰輔無斷，朝要非才，恃老與舊，慢戾斯甚。比邊難未靜，安衆以惠，戎略是務，政網從簡，故得使此小物，乘寬自縱。乃合投畀豺虎，以清王猷，但朽頓將盡，不足窮法，可特原罪，徙付交州。

爰既行，又詔曰：「八議緩罪，舊在一條；五刑所抵，耆必加貸。徐爰前後釁迹，理無可申，廢棄海埵，實允國憲。但蚤蒙朕識，曲矜愚朽，既經大宥，思沾殊渥。可特除廣州統內郡。」有

司奏以爲宋隆太守。除命既下，爰已至交州，值刺史張牧病卒，土人李長仁爲亂，〔一三〕悉誅北來流寓，無或免者。長仁素聞爰名，以智計誑誘，故得無患。久之聽還，仍除南康郡丞。太宗崩，還京都，以爰爲南濟陰太守，復除中散大夫。元徽三年，卒，時年八十二。

阮佃夫，會稽諸暨人也。元嘉中，出身爲臺小史。太宗初出閤，選爲主衣。世祖召還左右，補內監。永光中，太宗又請爲世子師，甚見信待。景和末，太宗被拘於殿內，住在祕書省，爲帝所疑，大禍將至，惶懼計無所出。佃夫與王道隆、李道兒及帝左右琅邪淳于文祖謀共廢立。時直閤將軍柳光世亦與帝左右蘭陵繆方盛、丹陽周登之有密謀，未知所奉。登之與太宗有舊，方盛等乃使登之結佃夫，佃夫大說。先是帝立皇后，普暫徹諸王奄人，太宗左右錢藍生亦在其例。事畢未被遣，密使藍生候帝，慮事泄，藍生不欲自出，帝動止輒以告淳于文祖，令文祖報佃夫。

景和元年十一月二十九日晡時，帝出幸華林園，建安王休仁、山陽王休祐、山陰公主並侍側，太宗猶在祕書省，不被召，益憂懼。佃夫以告外監典事東陽朱幼，又告主衣吳興壽寂之、細鎧主南彭城姜產之，產之又語所領細鎧將臨淮王敬則，幼又告中書舍人戴明寶，並嚮應。明寶、幼欲取其日向曉，佃夫等勸取開鼓後。幼豫約勒內外，使錢藍生密報建安王休仁等。時帝欲南巡，腹心直閤將軍宗越等其夕並聽出外裝束，唯有隊主樊僧整防華林閤，是柳光世鄉人，光世要之，僧整卽受命。姜產之又要隊副陽平聶慶及所領壯士會稽富靈符、吳郡俞道龍、丹陽宋逵之、陽平田嗣，並聚於慶省。佃夫慮力少不濟，更欲招合，壽寂之曰：「謀廣或泄，不煩多人。」

時巫覡云：「後堂有鬼。」其夕，帝於竹林堂前，與巫共射之。建安王休仁等山陰主並從，帝素不說寂之，見輒切齒。寂之既與佃夫成謀，又慮禍至，抽刀前入，姜產之隨其後，淳于文祖、繆方盛、周登之、富靈符、聶慶、田嗣、王敬則、俞道龍、宋逵之又繼進。休仁聞行聲甚疾，謂休祐曰：「事作矣。」相隨奔景陽山。帝見寂之至，引弓射之，不中，乃走，寂之追而殞之。事定，宣令宿衞曰：「湘東王受太后令，除狂主。今已平定。」太宗卽位，論功行賞，壽寂之封應城縣侯，食邑千戶。姜產之汝南縣侯，佃夫建城縣侯，食邑八百戶。王道隆吳平縣侯，淳于文祖陽城縣侯，食邑各五百戶。李道兒新淦縣侯，〔一四〕繆方盛劉陽縣侯，周登之曲陵縣侯，食邑各四百戶。富靈符惠懷縣子，聶慶建陽縣子，田嗣將樂縣子，王敬則重安縣子，俞道龍茶陵縣子，宋逵之零陵縣子，食邑各三百戶。

佃夫遷南臺侍御史。薛索兒渡淮爲寇，山陽太守程天祚又反，佃夫與諸軍討之，破索

兒，降天祚。遷龍驤將軍、司徒參軍，率所領南助赭圻，轉太子步兵校尉、南魯郡太守，侍太子於東宮。泰始四年，以破薛索兒功，增封二百戶，幷前千戶。以本官兼游擊將軍，假寧朔將軍，與輔國將軍兼驍騎將軍孟次陽與二衞參員直。次陽字崇基，平昌安丘人也。泰始初，爲山陽王休祐驃騎參軍。薛安都子道標攻合肥，次陽擊破之，以功封攸縣子，食邑三百戶。歷右軍、驃騎參軍，〔一五〕六年，出爲輔師將軍、兗州刺史，戍淮陰，立北兗州，自此始也。進號冠軍將軍。元徽四年，卒。

時佃夫、王道隆、楊運長並執權柄，亞於人主。巢、戴大明之世方之蔑如也。嘗值正旦應合朔，尚書奏遷元會，佃夫曰：「元正慶會，國之大禮，何不遷合朔日邪。」其不稽古如此。大通貨賄，凡事非重賂不行。人有餉絹二百匹，嫌少，不答書。宅舍園池，諸王邸第莫及。妓女數十，藝貌冠絕當時，金玉錦繡之飾，宮掖不逮也。每製一衣，造一物，京邑莫不法效焉。於宅內開瀆，東出十許里，塘岸整絜，汎輕舟，奏女樂。中書舍人劉休嘗詣之，值佃夫出行，中路相逢，要休同反，就席，便命施設，一時珍羞，莫不畢備。凡諸火劑，並皆始熟，如此者數十種。佃夫嘗作數十人饌，以待賓客，故造次便辦，類皆如此，雖晉世王、石，不能過也。泰始初，軍功既多，爵秩無序，佃夫僕從附隸，皆受不次之位，捉車人虎賁中郎，傍馬者員外郎。朝士貴賤，莫不自結，而矜傲無所降意，入其室者，唯吳興沈勃、吳郡張澹數人

而已。

泰豫元年，除寧朔將軍、淮南太守，遷驍騎將軍，尋加淮陵太守。太宗晏駕，後廢帝卽位，佃夫權任轉重，兼中書通事舍人，加給事中、輔國將軍，餘如故。欲用張澹爲武陵郡，衞將軍袁粲以下皆不同，而佃夫稱敕施行，粲等不敢執。元徽三年，遷黃門侍郎，領右衞將軍，〔一六〕太守如故。明年，改領驍騎將軍。其年，遷使持節、督南豫州諸軍事、冠軍將軍、南豫州刺史、歷陽太守，猶管內任。以平建平王景素功，增邑五百戶。

時廢帝猖狂，好出游走，始出宮，猶整羽儀，引隊仗，俄而棄部伍，單騎與數人相隨，或出郊野，或入市廛，內外莫不懼憂。佃夫密與直閤將軍申伯宗、步兵校尉朱幼、于天寶謀共廢帝，立安成王。五年春，帝欲往江乘射雉。帝每北出，常留隊仗在樂遊苑前，棄之而去。佃夫欲稱太后令喚隊仗還，閉城門，分人守石頭、東府，遣人執帝廢之，自爲揚州刺史輔政。與幼等已成謀，會帝不成向江乘，故其事不行。于天寶因以其謀告帝，帝乃收佃夫、幼、伯宗於光祿外部，賜死。佃夫、幼罪止身，其餘無所問。佃夫時年五十一。

幼，泰始初爲外監，配張永諸軍征討，有濟辦之能，遂官涉三品，〔一七〕爲奉朝請、南高平太守，封安浦縣侯，食邑二百戶。

于天寶，其先胡人，預竹林堂功。元徽中，自陳功勞，求加封爵，乃封爲鄂縣子，食邑二百戶。發佃夫之謀，以爲清河太守，右軍將軍。昇明元年，出爲山陽太守。齊王以其反覆，賜死。

壽寂之，泰始初，以軍功增邑二百戶。爲羽林監，遷太子屯騎校尉，尋加寧朔將軍、南泰山太守。多納貨賄，請謁無窮，有一不從，切齒罵詈，常云：「利刀在手，何憂不辦。」鞭尉吏，斫邏將。七年，爲有司所奏，徙送越州，行至豫章，謀欲逃叛，乃殺之。

姜產之，泰始初，以軍功增邑二百戶。爲晉平王休祐驃騎中兵參軍，龍驤將軍、南濟陰太守。三年北伐，與虜戰，軍敗見殺。追贈左軍將軍，太守如故。

李道兒，臨淮人。本爲湘東王師，稍至湘東國學官令。太宗卽位，稍進至員外散騎侍郎，淮陵太守。泰始二年，兼中書通事舍人，轉給事中。四年，病卒。

王道隆，吳興烏程人。兄道迄，涉學善書，形貌又美，吳興太守王韶之謂人曰：「有子弟如王道迄，無所少。」始興王濬以爲世子師。以書補中書令史。

道隆亦知書，爲主書書吏，漸至主書。世祖使傳命，失旨，遣出，不聽復入六門。太宗鎮彭城，以補典籤，署內監。及卽位，爲南臺侍御史，稍至員外散騎侍郎，南蘭陵太守。泰始二年，兼中書通事舍人。以破晉陵功，增邑百戶，幷前六百戶。五年，出侍東宮，復兼中書通事舍人。後廢帝卽位，自太子翊軍校尉遷右軍將軍，太守、兼舍人如故。道隆爲太宗所委，過於佃夫，和謹自保，不妄毀傷人，執權既久，家產豐積，豪麗雖不及佃夫，而精整過之。

元徽二年，太尉桂陽王休範奄至新亭，佃夫留守殿內，而道隆領羽林精兵向朱雀門。時賊已至航南，道隆忽召鎮軍將軍劉勔於石頭，〔一八〕勔至，命開航，道隆怒曰：「賊至但當急擊，寧可開航自弱邪。」勔不敢復言。催勔進戰，勔度航便敗，賊乘勝逕進，道隆棄衆走向臺，所乘馬連聳踢不肯前，遂爲賊兵及，見殺。事平，車駕臨哭，贈輔國將軍、益州刺史。子法貞嗣。齊受禪，國除。

楊運長，宣城懷安人。初爲宣城郡吏，太守范曄解吏名。素善射，太宗初爲皇子，出

運長爲射師。性謹愨，爲太宗所委信。及卽位，親遇甚厚，與佃夫、道隆、李道兒等並執權要，稍至員外散騎侍郎，南平昌太守。泰始七年，出侍東宮。後廢帝卽位，與佃夫俱兼通事舍人，加龍驤將軍，轉給事中。以平桂陽王休範功，封南城縣子，食邑八百戶。元徽三年，自安成王車騎中兵參軍，遷後軍將軍，兼舍人如故。

運長質木廉正，治身甚清，不事園宅，不受餉遺，而凡鄙無識知，唯與寒人潘智、徐文盛厚善，動止施爲，必與二人量議。文盛爲奉朝請，預平桂陽王休範，封廣晉縣男，食邑四百戶。順帝卽位，出運長爲寧朔將軍、宣城太守，尋去郡還家。沈攸之反，運長有異志，齊王遣驃騎司馬崔文仲討誅之。

史臣曰：竭忠盡節，仕子恒圖；隨方致用，明君盛典。舊非本舊，因新以成舊者也；狎非先狎，因疏以成狎者也。而任隔疎情，殊塗一致，權歸近狎，異世同規。雖復漢高之簡易，光武之謹厚，猶豐、沛多顯，白水先華，況世祖之泥滯鄙近，太宗之拘攣愛習，欲不紛惑牀第，豈可得哉。

校勘記

〔一〕類物之通稱　各本並脫「通」字，據文選五〇、通鑑宋孝武帝大明二年補。

〔二〕郡縣掾史　「史」文選作「吏」。

〔三〕構於筵第之曲　「筵第」文選、藝文類聚三二作「牀第」。

〔四〕晉朝王庾　「庾」文選、藝文類聚三二作「石」。文選注：「石崇貪而好利，富擬王者。」按王、庾謂王導、庾亮；若言王、石，則謂王愷、石崇。

〔五〕山陰有陳載者　「陳載」南史作「陳戴」。

〔六〕仍兼中書通事舍人　「兼」各本作「並」，據南史、元龜二〇〇改。

〔七〕帝爲贋天子　「贋天子」各本作「應天子」。據南史改。通鑑考異引宋略作「鴈天子」，魏書島夷劉裕傳作「贋天子」，按鴈、贋、贗實一字。字書，贗，僞物也。

〔八〕截法興棺焚之　南史作「截法興棺兩和」。

〔九〕南東海郯人也　「郯」各本並作「剡」，據南史改。

〔一〇〕始興王濬後軍行參軍　各本並脫「行參軍」三字，據南史補。

〔一一〕然連旍千里　「旍」各本並作「於」。張元濟校勘記云：「於疑當作旍。」按張校是，今改正。

〔一二〕典謨緬邈　「謨」各本並作「謀」，今改正。

〔一三〕士人李長仁爲亂　「李長仁」各本並作「孝長仁」，據明帝紀改。

〔一四〕李道兒新淦縣侯　「新淦」各本並作「新塗」，據南史改。按州郡志有新淦，無「新塗」。

〔一五〕歷右軍驃騎參軍　「參軍」各本作「將軍」。張森楷校勘記云：「驃騎將軍位從公，非雜號將軍之比。此下云宂陽出爲輔師將軍、兗州刺史，進號冠軍將軍，是驃騎之號必有誤。」孫虨宋書考論云：「將軍當爲參軍譌。」按孫說是，今改正。

〔一六〕領右衞將軍　「右衞」各本並作「右軍」，據南史改。

〔一七〕遂官涉三品　「三品」各本作「二品」，據南史改。按朱幼封縣侯，官第三品，其餘奉朝請、南高平太守，皆不至三品，官無有涉二品者，南史作三品是。

〔一八〕道隆忽召鎭軍將軍劉劢於石頭　孫虨宋書考論云：「忽當作急。」

宋書卷九十五

列傳第五十五

索虜

索頭虜姓託跋氏，其先漢將李陵後也。陵降匈奴，有數百千種，各立名號，索頭亦其一也。

晉初，索頭種有部落數萬家在雲中。惠帝末，并州刺史東嬴公司馬騰於晉陽爲匈奴所圍，〔一〕索頭單于猗㐌遣軍助騰。懷帝永嘉三年，㐌弟盧率部落自雲中入雁門，就并州刺史劉琨求樓煩等五縣，琨不能制，且欲倚盧爲援，乃上言：「盧兄㐌有救騰之功，舊勳宜錄，請移五縣民於新興，以其地處之。」琨又表封盧爲代郡公。愍帝初，又進盧爲代王，增食常山郡。其後盧國內大亂，盧死，子又幼弱，部落分散。盧孫什翼鞬勇壯，衆復附之，號上洛公，北有沙漠，南據陰山，衆數十萬。其後爲苻堅所破，執還長安，後聽北歸。鞬死，子開字涉珪代立。〔二〕

先是，鮮卑慕容垂僭號中山，晉孝武太元二十一年，垂死，開率十萬騎圍中山。明年四月，剋之，遂王有中州，自稱曰魏，號年天賜。元年，治代郡桑乾縣之平城。立學官，置尚書曹。開頗有學問，曉天文。其俗以四月祠天，六月末率大衆至陰山，謂之却霜。陰山去平城六百里，深遠饒樹木，霜雪未嘗釋，蓋欲以暖氣却寒也。死則潛埋，無墳壟處所，至於葬送，皆虛設棺柩，立冢槨，生時車馬器用皆燒之以送亡者。開暴虐好殺，民不堪命。先是，有神巫誡開當有暴禍，唯誅清河殺萬民，乃可以免。開乃滅清河一郡，常手自殺人，欲令其數滿萬。或乘小輦，手自執劍擊檐輦人腦，一人死，一人代，每一行，死者數十。夜恒變易寢處，人莫得知，唯愛妾名萬人知其處。萬人與開子清河王私通，慮事覺，欲殺開，令萬人爲內應。夜伺開獨處，殺之。開臨死，曰：「清河、萬人之言，乃汝等也。」是歲，安帝義熙五年。嗣開次子齊王嗣字木末，執清河王，對之號哭，曰：「人生所重者父，云何反逆。」逼令自殺。嗣代立，謚開道武皇帝。

十三年，高祖西伐長安，嗣先娶姚興女，乃遣十萬騎屯結河北以救之，大爲高祖所破，事在朱超石等傳。於是遣使求和，自是使命歲通。高祖遣殿中將軍沈範、索季孫報使，反命已至河，未濟，嗣聞高祖崩問，追執範等，絕和親。太祖卽位，方遣範等歸。

永初三年十月，嗣自率衆至方城，遣鄭兵將軍揚州刺史山陽公達奚斤、吳兵將軍廣州刺史蒼梧公公孫表、尚書滑稽，〔三〕領步騎二萬餘人，於滑臺西南東燕縣界石濟南渡，輜重弱累自隨。滑臺戍主、寧遠將軍、東郡太守王景度馳告冠軍將軍、司州刺史毛德祖，戍虎牢，遣司馬翟廣率參軍龐諮、上黨太守劉談之等步騎三千拒之。軍次卷縣土樓，虜徙營滑臺城東二里，造攻具，日往脅城。德祖以滑臺戍人少，使翟廣募軍中壯士，遣寧遠將軍劉芳之率領，助景度守。芳之將八十餘人，突得入城。德祖又遣討虜將軍、弘農太守竇應明領五百人，建武將軍竇霸領二百五十人，並以水軍相繼發，咸受翟廣節度。

初，亡命司馬楚之等常藏竄陳留郡界，虜既南渡，馳相要結，驅扇疆埸，大爲民患。德祖遣長社令王法政率五百人據邵陵，將軍劉憐領二百騎至雍丘以防之。〔四〕楚之於白馬縣襲憐，爲憐所破。會臺送軍資至，憐往迎之，而酸棗民王玉知憐南，馳以告虜，虜將滑稽領千乘襲倉垣，兵吏悉踰城散走，陳留太守嚴稜爲虜所獲，〔五〕虜即用王玉爲陳留太守，給兵守倉垣。

十一月，虜悉力攻滑臺城，城東北崩壞，王景度出奔，景度司馬陽瓚堅守不動，衆潰，抗節不降，爲虜所殺。竇應明擊虜輜重於石濟，破之，殺賊五百餘人，斬其戍主□連內頭、張索兒等。應明自石濟赴滑臺，聞城已沒，遂進屯尹卯，竇霸馳就翟廣。虜既剋滑臺，幷力向

廣等，力不敵，〔六〕引退，轉鬭而前，二日一夜，裁行十許里。虜步軍續至，廣等矢盡力竭，大敗，廣、霸、談之等各單身迸還。

虜乘勝遂至虎牢，德祖出步騎欲擊之，虜退屯土樓，又退還滑臺。長安、魏昌、藍田三縣民居在虎牢下，德祖皆使入城。虜別遣黑矟公率三千人至河陽，欲南渡取金墉。德祖遣振威將軍、河陰令竇晃五百人戍小壘，緱氏令王瑜四百人據監倉，鞏令臣琛五百人固小平，參軍督護張季五百人屯牛蘭，又遣將領馬隊，與洛陽令楊毅合二百騎，緣河上下，隨機赴接。十二月，虜置守於洛川小壘，德祖遣翟廣馳往擊之，虜退走。廣安立守防，修治城塢，復還虎牢。豫州刺史劉粹遣治中高道瑾領步騎五百據項，又遣司馬徐瓊繼之，臺遣將輔伯遣、姚珍、杜坦、梁靈宰等水步諸軍續進。徐州刺史王仲德率軍次湖陸。黑矟公遣長史將千人逼竇晃、楊毅，晃等逆擊，禽之，生獲二百人。其後鄭兵將軍五千騎掩襲晃等，黑矟渡與幷力，四面攻壘，晃等力少衆散，晃、毅皆被重創。虜將安平公鵝青二軍七千人南渡，〔七〕於碻磝東下，至泗瀆口，去尹卯百許里。兗州刺史徐琰委軍鎮走，於是泰山諸郡並失守。

鄭兵與公孫表及宋兵將軍、交州刺史交阯侯普幾萬五千騎，〔八〕復向虎牢，於城東南五里結營，分步騎自成皋開向虎牢外郭西門，德祖逆擊，殺傷百餘人，虜退還保營。鎮北將軍檀道濟率水軍北救，車騎將軍廬陵王義眞遣龍驤將軍沈叔狸三千人就豫州刺史劉粹，量宜赴援。少帝景平元年正月，鄭兵分軍向洛，攻小壘，小壘守將竇晃拒戰，陷沒，河南太守王涓之棄金墉出奔。

自虜分軍向洛，德祖每戰輒破之。嗣自率大衆至鄴。鄭兵既剋金墉，復還虎牢，德祖於城內穴地，〔九〕入七丈，二道，出城外，又分作六道，出虜陣後。募敢死之士四百人，參軍范道基率二百人爲前驅，參軍郭王符、劉規等以二百人爲後係，出賊圍外，掩襲其後，虜陣擾亂，斬首數百級，焚燒攻具。虜雖退散，隨復更合。

虜又遣楚兵將軍徐州刺史安平公涉歸幡能健、越兵將軍青州刺史臨菑侯薛道千、陳兵將軍淮州刺史壽張子張模東擊青州，〔一〇〕所向城邑皆奔走。冠軍將軍、青州刺史竺夔鎮東陽城，聞虜將至，斂衆固守。龍驤將軍、濟南太守垣苗率二府郡文武奔就夔。夔與將士盟誓，居民不入城者，使移就山阻，燒除禾稼，令虜至無所資。虜衆向青州，前後濟河凡六萬騎。三月，三萬騎前逼城。城內文武一千五百人，而半是羌蠻流雜，人情駭懼。竺夔夜遣司馬車宗領五百人出城掩擊，虜衆披退。間二日，虜步騎悉至，繞城四圍，列陣十餘里，至晡退還安水結營，去城二十里，大治攻具，日日分步騎常來逼城。夔夜使殿中將軍竺宗之、參軍賈元龍等領百人，於楊水口兩岸設伏。虜將阿伏斤領三百人晨渡水，兩岸伏發，虜騎四迸，殺傷數十人，梟阿伏斤首。虜又進營水南，去城西北四里。

嗣自鄴遣兵益虎牢，增圍急攻，鄭兵於虎牢率步騎三千，攻潁川太守李元德於許昌，車騎參軍王玄謨領千人，〔一一〕助元德守，與元德俱散敗。虜即用潁川人庾龍爲潁川太守，領騎五百，幷發民丁以戍城。德祖出軍擊公孫表，大戰，從朝至晡，殺虜數百。會鄭兵軍從許昌還，合圍，德祖大敗，失甲士千餘人，退還固城。嗣又於鄴遣萬餘人從白沙口過河，於濮陽城南寒泉築壘。朝議以「項城去虜不遠，非輕軍所抗，使劉粹召高道瑾還壽陽。若沈叔狸已進，〔一二〕亦宜且追。」粹以虜攻虎牢，未復南向，若便攝軍捨項城，則淮西諸郡，無所憑依。沈叔狸已頓肥口，又不宜便退。時李元德率散卒二百人至項，劉粹使助高道瑾戍守，〔一三〕請宥其奔敗之罪，朝議並許之。

檀道濟至彭城，以青、司二州並急，而所領不多，不足分赴，青州道近，竺夔兵弱，先救青州。竺夔遣人出城作東西南塹，虜於城北三百餘步鑿長圍，夔遣參軍閻茂等領善射五十人，依牆射虜，虜騎數百馳來圍牆，牆內納射，固牆死戰。虜下馬步進，短兵接，城上弓弩俱發，虜乃披散。虜遂塡外塹，引高樓四所，蝦蟆車二十乘，置長圍內。夔先鑿城北作三地道，令通外塹，復鑿裏塹，內去城二丈作子塹，遣三百餘人出地道，欲燒虜攻具。時回風轉爛，火不得燃，虜兵矢橫下，士卒多傷，斂衆還入。虜塡三塹盡平，唯餘子塹，蝦蟆車所不及。虜以橦攻城，夔募人力，於城上係大磨石堆之，又出於子塹中，用大麻絙張骨骨，攻車近城，

從地道中多人力挽令折。虜復於城南掘長圍，進攻逾急。夔能持重，垣苗有膽幹，故能堅守移時。然被攻日久，城轉毁壞，戰士多死傷，餘衆困乏，旦暮且陷，檀道濟、王仲德兼行赴之。

劉粹遣李元德襲許昌，庾龍奔迸，將宋晃追躡，斬龍首。元德因留綏撫，[一四]并上租糧。虜悅勃大肥率三千餘騎，[一五]破高平郡所統高平、方與、任城、金鄉、亢父等五縣，殺略二千餘家，殺其男子，驅虜女弱。兗州刺史鄭順之戍湖陸，以兵卒不敢出。冠軍將軍申宣戍彭城，去高平二百餘里，懼虜至，移郭外居民，幷諸營署，悉入小城。

嗣又遣幷州刺史伊樓拔助鄭兵攻虎牢，填塞兩塹，德祖隨方抗拒，頗殺虜，而將士稍零落。

四月壬申，虜聞道濟將至，焚燒器械，棄青州走。竺夔上言東陽城被攻毁壞，不可守，移鎮長廣之不其城。[一六]夔以固守功，[一七]進號前將軍，封建陵縣男，食邑四百戶。夔字祖季，東莞人也。官至金紫光祿大夫。

嗣率大衆至虎牢，停三日，自督攻城，不能下，回軍向洛陽，留三千人益鄭兵。停洛數日，渡河北歸。虜安平公等諸軍從青州退還，逕趨滑臺，檀道濟、王仲德步軍乏糧，追虜不及。道濟於泰山分遣仲德向尹卯，道濟停軍湖陸。仲德未至尹卯，聞虜已遠，還就道濟，共

裴治水軍。虜安平公諸軍就滑臺，西就鄭兵，共攻虎牢。虎牢被圍二百日，[一八]無日不戰，德祖勁兵戰死殆盡，而虜增兵轉多。虜撞外城，德祖於內更築三重，仍舊爲四，賊撞三城已毁，德祖唯保一城，[一九]晝夜相拒，將士眼皆生創，死者太半。德祖恩德素結，衆無離心。德祖昔在北，與虜將公孫表有舊，表有權略，德祖患之，乃與交通音問，密遣人說鄭兵，云表與之連謀，每答表書，[二〇]輒多所治定。表以書示鄭兵，鄭兵倍疑之，言於嗣，誅表。虜衆盛，檀道濟諸救軍並不敢進。劉粹據項城，沈叔狸屯高橋。

二十一日，虜作地道偷城內井，井深四十丈，山勢峻峭，不可得防。至其月二十三日，人馬渴乏飢疫，體皆乾燥，被創者不復出血。虜因急攻，遂剋虎牢，自德祖及翟廣、竇霸，凡諸將佐及郡守在城內者，皆見囚執，唯上黨太守劉談之、參軍范道基將二百人突圍南還。城將潰，將士欲扶德祖出奔，德祖曰：「我與此城幷命，義不使此城亡而身在也。」嗣重其固守之節，勅衆軍生致之，故得不死。司空徐羨之、尚書傅亮、領軍將軍謝晦表曰：「去年逆虜縱肆，陵暴河南，司州刺史臣德祖竭誠盡力，抗對強寇，孤城獨守，將涉朞年，救師淹緩，舉城淪沒，聖懷垂悼，遠近嗟傷。陛下殷憂諒闇，委政自下，臣等謀猷淺蔽，託付無成，遂令致節之臣，抱忠傾覆，將士殲辱，王略虧挫，上墜先規，下貽國恥。稽之朝典，無所辭責。雖有司撓筆，未加准繩，豈宜尸祿，昧安殊寵，乞蒙屛固，以申國法。」不許。

德祖，滎陽陽武人也。[二一]晉末自鄉里南歸。初爲冠軍參軍、輔國將軍，道規爲荆州，德祖爲之將佐。復爲高祖太尉參軍。高祖北伐，以爲王鎮惡龍驤司馬，加建武將軍。爲鎮惡前鋒，斬賊寧朔將軍趙玄石於柏谷，破弘農太守尹雅於梨城，又破賊大帥姚難於涇水，斬其鎮北將軍姚强。鎮惡剋立大功，蓋德祖之力也。長安平定，以爲龍驤將軍、扶風太守，仍遷秦州刺史，將軍如故。時佛佛虜爲寇，復以德祖爲王鎮惡征虜司馬，尋復爲桂陽公義眞安西參軍、南安太守，將軍如故。復徙馮翊太守。高祖東還，以德祖督司州之河東平陽二郡諸軍、輔國將軍、河東太守，代幷州刺史劉遵考戍蒲坂。長安不守，合部曲還彭城，除世子中兵參軍，將軍如故。又除督司州之河東平陽河北雍州之京兆豫州之潁川兗州之陳留九郡軍事、滎陽太守，[二二]將軍如故，又加京兆太守。高祖踐阼，進號冠軍。論前後功，封觀陽縣男，食邑四百戶。又除督司雍幷三州豫州之潁川兗州之陳留諸軍事、司州刺史，將軍如故。太祖元嘉六年，死於虜中，時年六十五。世祖大明元年，以德祖弟子熙祚第二息謝之紹德祖封。

虜既剋虎牢，留兵居守，餘衆悉北歸。少帝曰：[二三]「故寧遠司馬、濮陽太守陽瓚，滑臺之逼，厲誠固守，投命均節，在危無撓，古之忠烈，無以加之。可追贈給事中，幷存卹遺孤，以慰存亡。」尚書令傅亮議瓚家在彭城，宜卽以入臺絹一百匹，粟三百斛賜給。文士顏延之

爲誄焉。龍驤將軍兗州刺史徐琰、東郡太守王景度並坐失守，[二四]鉗髡居作，琰五歲，景度四歲。

時宜威將軍、潁川太守李元德戍許昌，仍除滎陽太守，督二郡軍事。其年十一月，虜遣軍幷招集亡命，攻逼許昌城，以土人劉遠爲滎陽太守。李元德欲出戰，兵仗少，至夜，悉排女牆散潰，元德復奔還項城。虜又圍汝陽，太守王公度將十餘騎突圍奔項城。虜又破邵陵縣，殘害二千餘家，盡殺其男丁，驅略婦女一萬二千口。劉粹遣將姚聳夫率軍助守項城，又遣司馬徐瓊五百人繼之。虜掘破許昌城，又毁壞鍾離城，[二五]以立疆界而還。

嗣死，謚曰明元皇帝，子燾字佛貍代立。母杜氏，冀州人，入其宮內，生燾。燾年十五六，不爲嗣所知，遇之如僕隸。嗣初立慕容氏女爲后，又娶姚興女，並無子，故燾得立。壯健有筋力，勇於戰鬭，忍虐好殺，夷、宋畏之。攻城臨敵，皆親貫甲胄。元嘉五年，使大將吐伐斤西伐長安，[二六]生禽赫連昌于安定，[二七]封昌爲公，以妹妻之。昌弟赫連定在隴上，吐伐斤乘勝以騎三萬討定，定設伏於隴山彈箏谷破之，斬吐伐斤，盡坑其衆。定率衆東還，後剋長安，燾又自攻不剋，乃分軍戍大城而還。燾常使昌侍左右，常共單馬逐鹿，深入山澗。昌素有勇名，諸將咸謂昌不可親，燾曰：「天命有在，亦何所懼。」親遇如初。復攻長安，剋之，定西走，爲吐谷渾慕璝所禽。

赫連氏有名衞臣者，〔二八〕種落在朔方塞外，部落千餘戶。朔方以西，西至上郡，東西千餘里，漢世徙謫民居之，土地良沃。苻堅時，衞臣入塞寄田，春來秋去。堅雲中護軍賈雍掠其田者，獲生口馬牛羊，堅悉以還之，衞臣感恩，遂稱臣入居塞內，其後漸强盛。衞臣死，子佛佛驍猛有謀算，遠近雜種皆附之。姚興與相抗，興覆軍喪衆，前後非一，關中爲之傷殘。高祖入長安，佛佛震懾不敢動。高祖東還，卽入寇北地。安西將軍義眞之歸也，佛佛遣子昌破之青泥，俘囚諸將帥，遂有關中，自稱尊號，號年曰眞興元年。京兆人韋玄隱居養志，有高名，姚興備禮徵，不起，高祖辟爲相國掾，宋臺通直郎，又並不就。佛佛召爲太子庶子，玄應命。佛佛大怒，曰：「姚興及劉公相徵召，並不起，我有命卽至，當以我殊類，不可理其故耶。」殺之。元嘉二年，佛佛死，昌立，至是爲燾所兼。燾西定隴右，東滅黃龍，海東諸國，並遣朝貢。

太祖踐阼，便有志北略。七年三月，詔曰：「河南，中國多故，湮沒非所，遺黎荼炭，每用矜懷。今民和年豐，方隅無事，宜時經理，以固彊埸。可簡甲卒五萬，給右將軍到彥之，統安北將軍王仲德、兗州刺史竺靈秀舟師入河，驍騎將軍段宏精騎八千，直指虎牢，豫州刺史劉德武勁勇一萬，以相犄角，後將軍長沙王義欣可權假節，率見力三萬，監征討諸軍事。便速備辦，月內悉發。」先遣殿中將軍田奇銜命告燾：「河南舊是宋土，中爲彼所侵，今當修復

舊境，不關河北。」燾大怒，謂奇曰：「我生頭髮未燥，便聞河南是我家地，此豈可得河南。必進軍，今權當斂戍相避，須冬行地淨，河冰合，自更取之。」

後將軍長沙王義欣出鎭彭城，總統羣帥，告司、兗二州曰：

夫王者之兵，以義德相濟，非徒疆理土地，恢廣經略，將以大庇蒼生，保全黎庶。是以蒙踐霜雪，踰歷險難，匡國寧民，肅清四表。

昔我高祖武皇帝，誕膺明命，爰造區夏，內夷篡逆，外寧寇亂，靈武紛紜，雷動風舉，轡軼龍堆，聲浮雲、朔，陵天振地，拔山蕩海。於是華域肅清，謳歌允集，王綱帝典，煥哉惟文，太和烟熅，流澤洋溢。中葉諒闇，委政冢宰，黠虜乘釁，侵侮上國。遂令司、兗良民，復蹈非所，周、鄭遺黎，重隔王化。

聖皇踐阼，重光開朗，明哲柔遠，以隆中興，遐夷慕義，雲騰波涌。方將蹈德履信，被藝襲文，增修業統，作規于後，勤施洽於三方，惠和雍於北狄。夫養魚者除其猵獺，育禽者去其豺狼，故智士研其慮，勇夫厲其節，嘉謀動蒼天，精氣貫辰緯。

莫府忝任，稟承廟算，翦爪明衣，誓不顧命，提吳、楚之勁卒，總八州之銳士，紅旗絳天，素甲奪日，虎步中原，龍超河洛。輿雲散雨，慰大旱之思，弔民伐罪，積後己之情。師以順動，何征而不克，況乎遼養耆昧，綏復境土而已哉。

昔淮、泗初開，狡徒縱逸，王旅入關，羣豎飆扇，襄邑之戰，素旗授首，半城之役，伏尸蔽野，支解體分，羽翼摧挫。加以搆難西虜，結怨黃龍，控弦熠滅，首尾逼畏，蜂屯蟻聚，假息旦夕，豈復能超蹈長河，以當堂堂之陳哉。夫順從貴速，歸德惡晚，賞褒先附，威加後服。是以秦、趙羈旅，披榛委誠，施紱乘軒，剖符州郡。慕容、姚泓，恃强作禍，提挈萬里，卒嬰鈇鉞。皆目前之誠驗，往世之所知也。聖上明發愛恤，以道懷二州士民，〔二九〕若能審決安危，翻然革面，率其支黨，歸投軍門者，當表言天臺，隨才敍用。如其迷心不悛，竄首巢穴，長圍既周，臨衝四至，雖欲壺漿厥篚，其可得乎。幸加三思，詳擇利害。

彥之進軍，虜悉斂河南一戍歸河北。〔三〇〕太祖以前征虜司馬、南廣平太守尹沖爲督司雍并三州豫州之潁川兗州之陳留二郡諸軍事、奮威將軍、司州刺史，戍虎牢。十一月，虜大衆南渡河，彥之敗退，洛陽、滑臺、虎牢諸城並爲虜所沒，尹沖及司馬滎陽太守崔模抗節不降，投塹死。〔三一〕沖字子順，天水冀人也。先爲姚興吏部郎，與興子廣平公弼結黨，欲傾興太子泓，泓立，沖與弟弘俱逃叛南歸。至是追贈前將軍。太祖與江夏王義恭書曰：「尹沖誠節志概，繼蹤古烈，以爲傷惋，不能已已。」

上以滑臺戰守彌時，遂至陷沒，乃作詩曰：

逆虜亂疆埸，邊將嬰寇仇。堅城効貞節，攻戰無暫休。覆沈不可拾，離機難復收。勢謝歸塗單，於焉見幽囚。烈烈制邑守，舍命蹈前修。忠臣表年暮，貞柯見嚴秋。楚莊投袂起，終然報强讎。去病辭高館，卒獲舒國憂。戎事諒未殄，民患焉得瘳。撫劍懷感激，志氣若雲浮。願想凌扶搖，弭旆拂中州。爪牙申威靈，帷幄騁良籌。華裔混殊風，率土浹王猷。惆悵懼遷逝，北顧涕交流。

其後燾又遣使通好，并求婚姻，太祖每依違之。十七年，燾號太平眞君元年。十九年，虜鎭東將軍武昌王宜勤庫莫提移書益、梁二州，〔三二〕往伐仇池，侵其附屬，而移書越詣徐州曰：

我大魏之興，德配二儀，與造化並立。夏、殷以前，功業尙矣，周、秦以來，赫赫堂堂，垂耀先代。逮我烈祖，重之聖明，應運龍飛，廓清燕、趙。〔三三〕聖朝承王業之資，奮神武之略，遠定三秦，西及葱嶺，東平遼碣，海隅服從，北暨鍾山，萬國納貢，威風所扇，想彼朝野，備聞威德。往者劉、石、苻、姚，遞據三郡，司馬琅邪，保守揚、越，綿綿連連，綿歷年紀。數窮運改，宋氏受終，仍晉之舊，遠通聘享。故我朝庭解甲，息心東南之略，是爲不欲違先故之大信也。而彼方君臣，苞藏禍心，屢爲邊寇。去庚午年，密結赫連，侵我牢、洛，致師徒喪敗，舉軍囚俘。我朝庭仁弘，不窮人之非，不遂人之過，與彼交

和，前好無改。昔南秦王楊玄識達天運，於大化未及之前，度越赫連，遠歸忠款。玄既卽世，弟難當忠節愈固，上請納女，連婚宸極，任土貢珍，自比內郡，漢南白雉，登俎御羞，朝庭嘉之，授以專征之任。不圖彼朝計疆埸之小疵，不相關移，竊興師旅，亡我賓屬。難當將其妻子，及其同義，告敗闕下。聖朝憮然，顧謂羣臣曰：「彼之違信背和，與牢、洛爲三，一之爲甚，其可再乎。是若可忍，孰不可忍。」是以分命吾等磬聲之臣，助難當報復。

使持節、侍中、都督雍秦二州諸軍事、安西將軍、建興公吐奚愛弼，[三四]率南秦王楊難當自祁山南出，直衝建安，令南秦自遣信臣，招集舊戶。使持節侍中都督雍梁益四州諸軍事安西將軍開府儀同三司淮陰公皮豹子、[三五]員外散騎常侍平南將軍南益州刺史建德公庫拔阿浴河引出斜谷，阨白馬之險。散騎常侍、安南將軍、雍州刺史、南平公娥後延出自駱谷，[三六]直截漢水。冠軍將軍南蠻校尉荆州刺史建平公宗褁、使持節員外散騎常侍冠軍將軍梁州刺史順陽公劉買德、平遠將軍永安侯若干內亦千出自子午，東襲梁、漢。使持節侍中都督荆梁南雍三州諸軍事領護南蠻校尉征南大將軍開府儀同三司荆州刺史故晉譙王司馬文思、寧遠將軍荆州刺史襄陽公魯軌南趨荆州。使持節、都督洛豫州及河內諸軍事、鎭南大將軍、開府儀同三司、淮南王直勤它大翰爲其後

繼。[三七]使持節、侍中、都督梁益寧三州諸軍事、領護西戎校尉、鎭西大將軍、開府儀同三司、揚州刺史晉琅邪王司馬楚之南趣壽春。使持節、侍中、都督揚豫兗徐四州諸軍事、征南將軍、徐兗二州刺史、東安公刁雍東趣廣陵，南至京口。使持節、侍中、都督青兗徐三州諸軍事、征東將軍、青徐二州刺史、東海公故晉元顯子司馬天助直趣濟南。十道並進，連營五千，步騎百萬，隱隱桓桓。以此屠城，何城不潰，以此奮擊，何堅不摧。邵陵、踐土，區區齊、晉，尚能克勝强楚，以致一匡，況大魏以沙漠之突騎，兼咸、夏之勁卒哉。

若衆軍就臨，將令南海北汎，江湖南溢，高岸墊爲浦澤，深谷積爲丘陵，晉餘黎民，將雲集霧聚，仇池之師，敁嶇山谷之中，何能自固。彼之所謂肆忿於目前之小得，以至於敗亡之大失也。昔信陵君濟窮鳩之危，義士歸之，故我朝廷欲救難當投命之誠，爲此舉動。既而愛惜前好，猶復沈吟，多殺生生，在之一亡十，[三八]仁者之所不爲。吾等別愛後自馳檄相譬書。[三九]若攝兵還反，復南秦之國，則諸軍同罷，好穆如初。若距我義言，很愎遂往，敗國亡身，必成噬齊之悔。望所列上彼朝，惠以報告。

徐州答移曰：

知以楊難當投命告敗，比之窮鳩，欲動衆以相存拯。救危恤難，有國者之所用心。雖然，移書之言，亦已過矣。何者？楊氏先世以來，受晉爵號，修職守藩，爲我西服。十載之中，再造逆亂，號年建義，猖狂妄作，爲臣不忠，宜加誅討。又知難當稱臣彼國，宜是顧畏首尾，兩屬求全。果是純臣，服事於魏，何宜與人和親，而聽臣下縱逸。昔景平之末，國祚中微，彼乘我內難，侵我司、兗，是以七年治兵，義在經略，三師涉河，秋豪不犯，但崇此信誓，不負約言耳。彼伺我軍，仍相掩襲，俘我甲士，翦我邊民，是彼有兩曲，我有二直也。司馬楚、文思亡命竄伏，魯軌、刁雍實爲蠆尾，而擁其逋逃，開其疆埸。元顯無子，焉得天助，謬稱假託，何足以云。又譏竊興師旅，不相關移，若如來言，又非所受。黃龍國主受我正朔，且渠茂虔父子歸款，彼皆殘滅俘馘，豈有先言。況仇池奉晉十世，事宋三葉，九伐所加，何傷於彼。

僕聞師曲爲老，義作亂雄，言貴稱情，不在夸大。移書本詣梁、益，而謬來鄙府，大人不遠，幸無過談。

二十年，燾以國授其太子，下書曰：「朕承祖宗重光之緒，思闡洪基，恢隆萬世。自經營天下，平暴除逆，掃清不順，武功旣昭，而文敎未闡，非所以崇太平之治也。今者域內安逸，百姓富昌，軍國異容，宜定制度，爲萬世之法。夫陰陽有往復，四時有代序，授子任賢，安全相附，所以休息疲勞，式固長久，成其祿福，古今不易之典也。諸朕功臣，勤勞日久，皆當致

仕歸第，雍容高爵，頤神養壽，朝請隨時，饗宴朕前，論道陳謀而已，不須復親有司苦劇之職。其令皇太子嗣理萬機，總統百揆，更舉賢良，以被列職，皆取後進明能，廣啓選才之路，擇人授任而黜陟之。故孔子曰：『後生可畏，焉知來者之不如今。』主者明爲科制，宜勑施行。」於是王公以下上書太子皆稱臣，首尾與表同，唯用白紙爲異。是歲，燾伐芮芮虜，大敗而還，死者十六七。不聽死家發哀，犯者誅之。

二十三年，虜安南平南府又移書兗州，以南國僑置州，不依城土，多濫北境名號，又欲遊獵具區。兗州答移曰：

夫皇極肇建，實膺神明之符，生民初載，實稟沖和之氣。故司牧之功，宜於上代，仁義之道，興自諸華。在昔有晉，混一區宇，九譯承風，遐戎嚮附。永嘉失御，天網圮裂，石、容、苻、姚，遞乘非據，或棲息趙、魏，或保聚邠、岐。我皇宋屬當歸曆，受終晉氏，北臨河、濟，西盡咸、汧，弔民伐罪，流澤五都。魏爾時祇德悔禍，思用和輯，交通使命，以祈天衷，來移所謂分疆畫境，其志久定者也。俄而不恒其信，虞我國憂，侵牢及洛，至于清濟。往歲入河，且欲綏理舊城，是以頓兵南瀕，秋豪無犯。軍師不能奉遵廟算，保有成功，回旆之日，重失司、兗。

來移云「不因土立州，招引亡命」。夫古有分土，而無分民，德之休明，四方繦負。

中華書局

昔周道方隆，靈臺初構，民之附化，八十萬家。彼不思弘善政，而恐人之棄己，縱威肆虐，老弱無遺。詳觀今古，略聽輿誦，未有窮凶以延期，安忍而懷衆者也。若必宜因土立州，則彼立徐、揚，豈有其地？

往年貴主獻書云：「强者爲雄。」斯則棄德任力，逆行倒施，有一於此，何以能振。復加欲「游獵具區，觀化南國」。今治道方融，遠人必至，開館飾邸，則有司存。來歲元辰，「天人協慶，鸞旗省方，東巡稽嶺。若欲邀恩，宜赴兹會，懷德貴蚤，無或後期。又稱：「馳獵積年，野無飛伏。」此邦解網舍前，矜蚳育鷇，七澤八藪，禽獸豐碩，虞候蒐算，義非所吝。三代肆覲，其典雖缺，呼韓入漢，厥儀猶至，饋餼之秩，〔四〇〕每存豐厚。

先是，虜中謠言：「滅虜者吳也。」燾甚惡之。二十三年，北地瀘水人蓋吳，年二十九，於杏城天台舉兵反虜，諸戎夷普並響應，有衆十餘萬。燾聞吳反，惡其名，累遣軍擊之，輒敗。吳上表歸順，曰：

自靈祚南遷，禍纏神土，二京失統，豺狼縱毒，蒼元蹈犬噬之悲，舊都哀荼蓼之痛。臣以庸鄙，杖義因機，乘寇虜天亡之期，藉二州思奮之憤，故創迹天台，爰暨咸、雍，義風一鼓，率土響同，威聲既張，士卒効勇，師不崇朝，羣狡震裂，殄逆鱗於函關，掃凶迹於秦土，非仰恊宋靈，俯允羣願，焉能若斯者哉。

今平城遺虐，連兵大壇，〔四一〕東西狼顧，威形莫接，長安孤危，河、洛不戍，平陽二孽，世連土宇，擁率部落，控弦五萬，東屯潼塞，任質軍門。私署安西將軍常山白廣平練甲高平，進師汧、隴。北漠護軍結駟連騎，提戈載驅。胡蘭洛生等部曲數千，擬擊僞鎮，闔境顒顒，仰望皇澤。伏願陛下給一旅之衆，北臨河、陝，賜臣威儀，兼給戎械，進可以厭捍凶寇，覆其巢窟，退可以宣國威武，鎮御舊京。使中都有鳴鸞之響，荒餘懷來蘇之德。謹遣使人趙綰馳表丹誠。

燾遣軍屢敗，乃自率大衆攻之。吳又上表曰：

臣聞天無貳日，地無貳主。昔中都失統，九域分崩，羣凶丘列於天邑，飛鴞鴟目於四海。先皇慈懷內發，愍及戎荒，覊僞羌於長安，雪黎民之荼炭，政教既被，民始寧蘇。天未忘難，禍亂仍起，獫狁侏張，侵暴中國，使長安爲豺狼之墟，鄴、洛爲蜂蛇之藪，縱毒生民，虐流兆庶，士女能言，莫不歎憤。傾首東望，仰希拯接，咸同旱苗之待天澤，赤子之望慈親。

臣仰恩天時，以義伐暴，輒東西結連，南北樹黨，五州同盟，迭相要契。仰馮威靈，千里雲集，冀廓除榛莽，以待王師，義夫始臻，莫不瓦解。虜主二月四日傾資倒庫，與臣連營，接刃交鋒，無日不戰，獲賊過半，伏屍蔽野。伏願特遣偏師，賜垂拯接。若天

威既震，足使姦虜潰亡，遺民小大，咸蒙生造。

太祖詔曰：「北地蓋吳，起衆秦川，華戎響附，奮其義勇，頻煩克捷，屢遣表疏，遠效忠款，志梟逆虜，以立勳績。宜加爵號，褒獎乃誠，可以爲使持節、都督關隴諸軍事、安西將軍、雍州刺史、北地郡公。使雍、梁遣軍界上，以相援接。」

燾攻吳大小數十戰，不能剋。太祖遣使送雍、秦二州所統郡及金紫以下諸將印合一百二十一紐與吳，使隨宜假授。屠各反叛，吳自攻之，爲流矢所中，死。吳弟吾生率餘衆入木面山，皆尋破散。

其年，太原民顏白鹿私行入荒，爲虜所錄，相州刺史欲殺之，白鹿詐云「青州刺史杜驥使其歸誠」。相州刺史送白鹿至桑乾，燾喜曰：「我外家也。」使其司徒崔浩作書與驥，使司徒祭酒王琦齎書隨白鹿南歸。遣從弟高梁王以重軍延驥，入太原界，攻冀州刺史申恬於歷城，恬擊破之。杜驥遣其寧朔府司馬夏侯祖歡、中兵參軍吉淵馳往赴援，虜破略太原，得四千餘口，牛六千餘頭。尋又寇兗、青、冀三州，遂及清東，殺略甚衆。

太祖思弘經略，詔羣臣曰：

吾少覽篇籍，頗愛文義，遊玄翫采，未能息卷。自纓紼世務，情兼家國，徒存日昃，終有慚德。而區宇未一，師饉代有，永言斯瘼，彌干其慮。加疲疾稍增，志隨時往，屬

思之功，與事而廢。殘虐遊魂，齊民塗炭，乃眷北顧，無忘弘拯。思總羣謀，掃清逋逆，感慨之來，遂成短韻。卿等體國情深，亦當義篤其懷也。詩曰：

季父鑒禍先，辛生識機始。崇替非無徵，興廢要有以。自昔淪中畿，儵焉盈百祀。不覩南雲陰，但見胡風起。亂極治必形，塗泰由積否。方欲滌遺氛，矧乃穢邊鄙。眷言悼斯民，納隍良在己。逝將振宏羅，一麾同文軌。時乎豈再來？河清難久俟。騁駟安局步，騏驥志千里。梁傅畜義心，伊相抱深恥。賞契將誰寄，要之二三子。無令齊晉朝，取愧鄒魯士。

時疆埸之民，多相侵盜。二十五年，虜寧南將軍、豫州刺史北井侯若庫辰樹蘭移書豫州曰：

僕以不德，荷國榮寵，受任邊州，經理民物，宣播政化，鷹揚萬里，雖盡節奉命，未能令上化下布，而下情上達也。比者以來，邊民擾動，互有反逆，無復爲害，自取誅夷。死亡之餘，雉菟逃竄，南入宋界，聚合逆黨，頻爲寇掠，殺害良民，略取資財，大爲民患。此之界局，與彼通連，兩民之居，烟火相接，來往不絕，情僞繁興。是以南姦北入，北姦南叛，以類推之，日月彌甚。姦宄之人，數得侵盜之利，雖加重法，不可禁止。僕常申令境局，料其姦源，而彼國牧守，縱不禁御，是以遂至滋蔓，寇擾疆埸。譬猶蚤虱疥癬，

雖爲小狗，令人終歲不安。

當今上國和通，南北好合，唯邊境民庶，要約不明。自古列國，封疆有畔，各自禁斷，無復相侵，如是可以保之長久，垂之永世。故上表臺閣，馳書明曉，自今以後，魏、宋二境，宜使人迹不過。自非聘使行人，無得南北。邊境之民，烟火相望，雞狗之聲相聞，至老死不相往來，不亦善乎。又能此亡彼歸，彼亡此致，則自我國家所望於仁者之邦也。

右將軍、豫州刺史南平王鑠答移曰：

知以邊氓擾動，多有叛逆，欲杜絕姦宄，兩息民患；又欲迭送奔亡，禁其來往。申告嘉貺，實獲厥心。但彼和好以來，矢言每缺，侵軼之弊，屢違義舉，任情背畔，專肆暴略，豈唯竊犯王黎，乃害及行使。頃誅討蠻髦，事止畿服，或有狐奔鼠竄，逃首北境，而輒便苞納，待之若舊，資其糧仗，縱爲寇賊。往歲擅興戎旅，禍加孩耄，罔顧善隣之約，不惟疆域之限。來示所云，彼並行之，雖豐辭盈觀，卽事違實，興嫌長亂，實彼之由，反以爲言，將違躬厚之義。

疆埸之民，有自來矣，且相期有素，本不介懷。若於本欲消姦弭暴，永存匪石，宜先謹封守，斥遣諸亡，驚蹄逸鏃，不妄入境，則邊城之下，外戶不閉。王制嚴明，豈當獨

負來信。若亡命奔越，侵盜彼民，斯固刑之所取，無勞遠及。自荷閫外，思闡皇猷，每中勑守宰，務敦義讓。往誠未布，能不愧怍，當重約示，以副至懷。

二十七年，燾自率步騎十萬寇汝南。初，燾欲爲邊寇，聲云獵於梁川。太祖慮其侵犯淮、泗，迺勑邊戍：「小寇至，則堅守拒之；大衆來，則拔民戶歸壽陽。」諸戍偵候不明，虜奄來入境，宣威將軍陳南頓二郡太守鄭琨、綏遠將軍汝陽潁川二郡太守郭道隱並棄城奔走。〔四二〕虜掠抄淮西六郡，殺戮甚多。攻圍懸瓠城，城內戰士不滿千人。先是，汝南、新蔡二郡太守徐遵之去郡，南平王鑠時鎮壽陽，遣右軍行參軍陳憲行郡事。〔四三〕憲嬰城固守，燾盡銳以攻之，憲自登郭城督戰。起樓臨城，飛矢雨集，衝車攻破南城，憲於內更築扞城，立栅以補之。虜肉薄攻城，死者甚衆，憲將士死傷亦過半。燾唯恐壽陽有救兵，不以彭城爲慮。

燾遣從弟永昌王庫仁眞步騎萬餘，〔四四〕將所略六郡口，北屯汝陽。時世祖鎮彭城，太祖遣隊主吳香鑪乘驛勑世祖，遣千騎，齎三日糧襲之。世祖發百里內馬，得千五百匹。衆議舉別駕劉延孫爲元帥，延孫辭不肯行，舉參軍劉泰之自代。〔四五〕世祖以問司馬王玄謨、長史張暢，暢等並贊成之。乃分爲五軍，以泰之爲元帥，與安北騎兵行參軍垣謙之、田曹行參軍臧肇之、集曹行參軍尹定、武陵國左常侍杜幼文五人，各領其一。謙之領泰之軍副殿中將軍程天祚督戰，〔四六〕至譙城，更簡閱人馬，得精騎千一百匹，直向汝陽。虜不意奇兵從北來，大營在汝陽北，去城三里許。泰之等至，虜都不覺，馳入襲之，殺三千餘人，燒其輜重。營內有數區氈屋，屋中皆有帳，器仗甚精，食具皆是金銀，帳內諸大主帥，悉殺之。諸亡口悉得東走，大呼云：「官軍痛與手。」虜衆一時奔散，因追之，行已經日，人馬疲倦，引還汝南。城內有虜一幢，馬步可五百，登城望知泰之無後繼，又有別帥鉅鹿公餘嵩自虎牢至，因引出擊泰之，泰之軍未食，且戰已疲勞，結陣未及定，垣謙之先退，因是驚亂，棄仗奔走，行迷道趨溵水，水深岸高，人馬悉走水爭渡，泰之獨不去，曰：「喪敗如此，何面復還。」下馬坐地，爲虜所殺。肇之溺水死，天祚爲虜所執，謙之、定、幼文及將士免者九百餘人，馬至者四百匹。世祖降安北之號爲鎮軍將軍，玄謨、延孫免官，暢免所領沛郡，謙之伏誅，定、幼文付尙方。

燾初聞汝陽敗，又傳彭城有係軍，大懼，謂其衆曰：「但聞淮南遣軍，乃復有奇兵出。今年將墮人計中。」卽燒攻具，欲走。會泰之死問續至，乃停壽陽。遣劉康祖救懸瓠，燾亦遣任城公拒康祖，與戰破之，斬任城。燾攻城四十二日不拔，死者甚多，任城又死，康祖救軍漸進，乃委罪大將，多所斬戮，倍道奔走。太祖嘉憲固守，詔曰：「右軍行參軍、行汝南新蔡二郡軍事陳憲，盡力捍禦，全城摧寇，忠敢之効，宜加顯擢，可龍驤將軍、汝南新蔡二郡太守。」又以布萬匹委憲分賜汝南城內文武吏民戰守勤勞者。

燾雖不剋懸瓠，而虜掠甚多，南師屢無功，爲燾所輕侮。與太祖書曰：

彼前使間諜，誑略姦人，竊聞朱脩之、申謨，近復得胡崇之，敗軍之將，國有常刑，乃皆用爲方州，虞我之隙，以自慰慶。得我普鍾蔡一豎子，何所損益，無異得我舉國之民，厚加奉養。禽我卑將衞拔，非其身，各便鏁腰苦役以辱之。觀此所行，足知彼之大趣，辨校以來，非一朝一夕也。

頃關中蓋吳反逆，扇動隴右氐、羌，彼復使人就而誘勸之，丈夫遺以弓矢，婦人遺以環釧，是曹正欲譎誑取賂，豈有遠相順從。爲大丈夫之法，何不自來取之，而以貨誑引誘我邊民，募往者復除七年，是賞姦人也。我今來至此土，所得多少，孰與彼前後得我民戶邪。彼今若欲保全社稷，存劉氏血食者，當割江以北輸之，攝守南度，如此釋江南使彼居之。不然，可善勑方鎮、刺史、守宰，嚴供張之具，來秋當往取揚州，大勢已至，終不相縱。頃者往索眞珠璫，略不相與，今所馘截髑髏，可當幾許珠璫也。

彼往日北通芮芮，西結赫連、蒙遜、吐谷渾，東連馮弘、高麗。凡此數國，我皆滅之。以此而觀，彼豈能獨立。芮芮吳提已死，其子菟害眞襲其凶迹，以今年二月復死。我今北征，先除有足之寇。彼若不從命，來秋當復往取。以彼無足，故不先致討。諸方已定，不復相釋。

我往之日，彼作何方計，爲塹城自守，爲築垣以自鄣也。彼土小雨，水便迫掖，彼

能水中射我也。我顯然往取揚州，不若彼翳行竊步也。〔四七〕彼來偵諜，我已禽之放還，其人目所盡見，委曲善問之。彼前使裴方明取仇池，既得，疾其勇功，不能容。有臣如此，尚殺之，烏得與我校邪。彼非敵也。彼常願欲共我一過交戰，我亦不癡，復不是苻堅。何時與彼交戰，晝則遣騎圍繞，夜則離彼百里宿去，彼人民好，降我者驅來，不好者盡刺殺之。近有穀米，我都噉盡，彼軍復欲食噉何物，能過十日邪？彼吳人正有斫營伎，我亦知彼情，離彼百里止宿，雖彼軍三里安邏，使首尾相次，彼募人以來，〔四八〕裁五十里，天自明去，此募人頭何得不輸我也。彼謂我攻城日，當掘壍圍守，欲出來斫營；我亦不近城圍彼，止築隄引水，灌城取之。彼揚州城南北門有兩江水，此二水引用，自可如人意也。

知彼公時舊臣，都已殺盡，彼臣若在，年幾雖老，猶有智策，今已殺盡，豈不天資我也。取彼亦不須我兵刃，〔四九〕此有能祝婆羅門，使鬼縛彼送來也。

此後復求通和，聞太祖有北伐意，又與書曰：「彼此和好，居民連接，爲日已久，而彼無厭，〔五〇〕誘我邊民，其有往者，復之七年。去春南巡，因省我民，即使驅還。自天地啓闢已來，爭天下者，非唯我二人而已。今聞彼自來，設能至中山及桑乾川，隨意而行，來亦不迎，去亦不送。若厭其區宇者，可來平城居，我往揚州住，且可博其土地。傖人謂換易爲博。〔五一〕彼年已五十，未嘗出戶，雖自力而來，如三歲嬰兒，復何知我鮮卑常馬背中領上生活。更無餘物可以相與，今送獵白鹿馬十二匹幷氈藥等物。彼來馬力不足，可乘之。道里來遠，或不服水土，藥自可療。」

其年，大舉北討，下詔曰：

虜近雖摧挫，獸心靡革，驅逼遺氓，復規竊暴。比得河朔秦雍華戎表疏，歸訴困棘，跂望綏拯，潛相糾結，以候王師。幷陳芮芮此春因其來掠，掩襲巢窟，種落畜牧，所亡太半，連歲相持，于今未解。又猜虐互發，親黨誅殘，根本危𢿳，自相殘殄。芮芮間使適至，所說並符，遠輸誠款，誓爲犄角。遐邇注情，旣宜赴獎，且水雨豐澍，舟檝流通，經略之會，實在茲日。

可遣寧朔將軍王玄謨率太子步兵校尉沈慶之、鎮軍諮議參軍申坦等，戈船一萬，前驅入河。使持節、督青冀幽三州徐州之東安東莞二郡諸軍事、輔國將軍、青冀二州刺史胥城侯蕭斌，推三齊之鋒，爲之統帥。持節、都督徐兗青冀幽五州豫州之梁郡諸軍事、鎮軍將軍、徐兗二州刺史武陵王駿，總四州之衆，水陸並驅。太子左衞率始興縣五等侯臧質勒東宮禁兵，統驍騎將軍安復縣開國侯王方回、建武將軍安蠻司馬新康縣開國男劉康祖、右軍參軍事梁坦步騎十萬，逕造許、洛。使持節、督豫司雍秦幷五州諸軍事、右將軍、豫州刺史、領安蠻校尉南平王鑠悉荆、河之師，方軌繼進。東西齊舉，宜有董一，使持節、侍中、都督揚南徐二州諸軍事、太尉、領司徒、錄尚書、太子太傅、國子祭酒江夏王義恭，德望兼崇，風略遐被，卽可三府文武，幷被以中儀精卒，出次徐方，爲衆軍節度。別府司空府使所督諸鎮，各遣虎旅，數道爭先。督梁南北秦三州諸軍事、綏遠將軍、西戎校尉、梁南北秦三州刺史秀之，統輔國將軍楊文德、宣威將軍巴西梓潼二郡太守劉弘宗，〔五二〕連旗深入，震盪汧、隴。護軍將軍、封陽縣開國侯蕭思話，部龍驤將軍杜坦、寧遠將軍竟陵太守南城縣開國侯劉德願，〔五三〕籍荆雍之勁，攬羣師之銳，宜由武關，稜威震滲。〔五四〕指授之宜，委司空義宣議量。

是歲軍旅大起，王公妃主及朝士牧守，各獻金帛等物，以助國用，下及富室小民，亦有獻私財至數十萬者。又以兵力不足，尚書左僕射何尚之參議發南兗州三五民丁，父祖伯叔兄弟仕州居職從事、及仕北徐兗爲皇弟皇子從事、庶姓主簿、諸皇弟皇子府參軍督護國三令以上相府舍者，不在發例，其餘悉倩暫行征。符到十日裝束，緣江五郡集廣陵，緣淮三郡集盱眙。又募天下弩手，不問所從，若有馬步衆藝武力之士應科者，皆加厚賞。有司又奏軍用不充，揚、南徐、兗、江四州富有之民，家資滿五十萬，僧尼滿二十萬者，並四分換一，〔五五〕過此率計，〔五六〕事息卽還。

歷城建武府司馬申元吉率馬步□餘人向碻磝，取泗瀆口。虜碻磝戍主、濟州刺史王買德憑城拒戰，元吉破之，買德棄城走，獲奴婢一百四十口，馬二百餘匹，驢騾二百，牛羊各千餘頭，氈七百領，麁細車三百五十乘，地倉四十二所，粟五十餘萬斛，城內居民私儲又二十萬斛，虜田五穀三百頃，鐵三萬斤，大小鐵器九千餘口，餘器仗雜物稱此。

玄謨攻滑臺不剋，燾自率大衆渡河，玄謨敗走。燾從弟永昌王庫仁眞發關西兵趨汝、潁，從弟高梁王阿斗埿自青州道，〔五七〕燾自碻磝，並南出。諸鎮悉斂民保城。其十一月至鄒山，鄒山戍主、宣威將軍、魯陽平二郡太守崔耶利敗沒。燾登鄒山，見秦始皇刻石，使人排倒之。遣楚王樹洛眞、南康侯杜道儁進軍淸西，〔五八〕至蕭城，步尼公進軍淸東，至留城。世祖遣參軍馬文恭至蕭城，江夏王義恭遣軍主嵇玄敬至留城，並爲覘候。蕭城虜偃旗旌，文恭斥候不明，卒與相遇，乃捨汴趣南山，東至山而虜圍合，文恭戰敗，僅以身免。玄敬亦與留城虜相値，幢主華欽繼其後，虜望玄敬後有軍，引去，趨苞橋。至，欲渡淸西，〔五九〕沛縣民燒苞橋，夜於林中擊鼓。虜謂官軍大至，爭渡苞水，水深，溺死殆半。

先是，燾遣員外散騎侍郎王老壽乘驛就太祖乞黃甘，太祖餉甘十簿、甘蔗千挺。幷就求馬，曰：「自頃歲成民阜，朝野無虞，春末當東巡吳、會，以盡游豫。臨滄海，探禹穴，陟姑蘇之臺，搜長洲之苑，舟檝雖盛，寡於良駟，想能惠以逸足，令及此行。」老壽反命，未出境，

虜兵深入，乃錄還。

虜又破尉武戍，執戍主左軍長兼行參軍王羅漢。先是，南平王鑠以三百人配羅漢出戍，而尉武東北有小壘，因據之。或曰：「賊盛不足自固，南依卑林，寇至易以免。」羅漢以受命來此，不可輒去。是日虜攻之，矢盡力屈，遂沒。虜法，獲生將，付其三郎大帥，連鎖鎖頸後。羅漢夜斷三郎頭，抱鎖亡走，得入盱眙城。永昌王破劉康祖於尉武，引衆向壽陽，自青岡屯孫叔敖冢，脅壽陽城，又焚掠馬頭、鍾離。南平王鑠保城固守。

燾自彭城南出，十二月，於盱眙渡淮，破胡崇之等軍。留尙書韓元興數千人守盱眙，自率大衆南向，中書郎魯秀出廣陵，高梁王阿斗埿出山陽，永昌王於壽陽出橫江。凡所經過，莫不殘害。燾至瓜步，壞民屋宇，及伐蒹葦，於滁口造簞筏，聲欲渡江。太祖大具水軍，爲防禦之備。初，領軍將軍劉遵考率軍向彭城，至小澗，虜已斷道，召還，與左軍將軍尹弘守橫江，少府劉興祖守白下，建威將軍、黃門侍郎蕭元邕守裨洲，羽林左監孟宗嗣守新洲上，建武將軍泰容守新洲下，征北中兵參軍事向柳守貴洲，司馬到元度守蒜山，諮議參軍沈曇慶守北固，尙書褚湛之先行京陵，仍守西津，徐州從事史蕭尙之守練壁，征北參軍管法祖守譙山，徐州從事武仲河守博落，尙書左丞劉伯龍守採石，尋遷建武將軍、淮南太守，仍總守

事。遊邏上接于湖，下至蔡洲，陳艦列營，周亘江畔，自採石至于暨陽，六七百里，船艦蓋江，旗甲星燭。皇太子出戍石頭城，前將軍徐湛之守石頭倉城，都水使者樂詢、尙書水部郎劉淵之並以裝治失旨，付建康。乘輿數幸石頭及莫府山，觀望形勢。購能斬佛狸伐頭者，封八千戶開國縣公，賞布絹各萬匹，金銀各百斤；斬其子及弟、僞相、大軍主，封四百戶開國縣侯，布絹各五千疋；自此以下各有差。又募人賫冶葛酒置空村中，[六〇]欲以毒虜，竟不能傷。

燾鑿瓜步山爲盤道，於其頂設氈屋。燾不飲河南水，以駱駝負河北水自隨，一駱駝負三十斗。遣使餉太祖駱駝名馬，求和請婚。上遣奉朝請田奇餉以珍羞異味。燾得黃甘，卽噉之，并大進酃酒，左右有耳語者，疑食中有毒，燾不答，以手指天，而以孫兒示奇曰：「至此非唯欲爲功名，實是貪結姻援，若能酬酢，自今不復相犯秋毫。」又求嫁女與世祖。二十八年正月朔，燾會於山上，并及土人。會竟，掠民戶，燒邑屋而去。虜初緣江舉烽火，尹弘曰：「六夷如此必走。」正月二日，果退。

初，太祖聞虜寇逆，焚燒廣陵城府船乘，使廣陵、南沛二郡太守劉懷之率人民一時渡江。虜以海陵多陂澤，不敢往。山陽太守蕭僧珍亦斂居民及流奔百姓，悉入城。臺送糧仗給盱眙，賊逼，分留山陽。又有數萬人攻具，當往滑臺，亦留付郡。城內垂萬家，戰士五千

餘人。有白米陂，去郡數里，僧珍逆下諸處水，注令滿，須賊至，決以灌之。虜既至，不敢停，引去。自廣陵還。因攻盱眙，盡銳攻城，三十日不能剋，乃燒攻具退走。燾凡破南兗、徐、兗、豫、青、冀六州，殺略不可稱計，而其士馬死傷過半，國人並尤之。

是歲，燾病死，謚爲太武皇帝。初，燾有六子，長子晃字天眞，爲太子。次曰晉王。燾所住屠蘇爲疾雷擊，屠蘇倒，見壓殆死，左右皆號泣，晉王不悲，燾怒賜死。[六一]次曰秦王烏弈肝，[六二]與晃對掌國事，晃疾之，愬其貪暴，燾鞭之二百，遣鎮枹罕。次曰燕王。[六三]次曰吳王，名可博眞。次曰楚王，名樹洛眞。[六四]燾至汝南瓜步，晃私遣取諸營，鹵獲甚衆。燾歸聞知，大加搜檢。晃懼，謀殺燾，燾乃詐死，使其近習召晃迎喪，於道執之，及國，罩以鐵籠，尋殺之。以烏弈肝有武用，以爲太子。會燾死，使嬖人宗愛立博眞爲後，宗愛、博眞恐爲弈肝所危，矯殺之而自立，號年承平。博眞懦弱，不爲國人所附，晃子濬字烏雷直懃，素爲燾所愛，燕王謂國人曰：「博眞非正，不宜立，直懃嫡孫，應立耳。」乃殺博眞及宗愛，而立濬爲主，號年爲正平。

先是，虜寧南將軍魯爽兄弟率衆歸順。二十九年，太祖更遣張永、王玄謨及爽等北伐，青州刺史劉興祖建議伐河北，曰：「河南阻飢，野無所掠，脫意外固守，非旬月可拔，稽留大衆，轉輸方勞。伐罪弔民，事存急速，今僞帥始死，兼逼暑時，國內猜擾，不暇遠赴，關內

之衆，裁足自守。愚謂宜長驅中山，據其關要。冀州已北，民人尙豐，兼麥已向熟，資因爲易。[六五]向義之徒，必應響赴，若中州震動，黃河以南，自當消潰。臣城守之外，可有二千人，今更發三千兵，假別駕崔勳之振威將軍，領所發隊，幷二州望族，從蓋柳津直衝中山。申坦率歷城之衆，可有二千，駱驛俱進。較略二軍，可七千許人，既入其心腹，調租發車，以充軍用。若前驅乘勝，張永及河南衆軍，便宜一時濟河，使聲實兼舉。愚計謬允，宜並建司牧，撫柔初附。定州刺史取大嶺，冀州刺史向井陘，幷州刺史屯雁門，幽州刺史塞軍都，相州刺史備大行，因事指麾，隨宜加授。畏威欣寵，人百其懷，濟河之日，請大統版假。若能成功，淸一可待；若不克捷，不爲大傷。並催促裝束，伏聽敕旨。」上意止存河南，不納。玄謨攻碻磝，不克退還。

世祖卽位，索虜求互市，江夏王義恭、竟陵王誕、建平王宏、何尙之、何偃以爲宜許；柳元景、王玄謨、顏竣、謝莊、檀和之、褚湛之以爲不宜許。[六六]時遂通之。大明二年，虜寇青州，爲刺史顏師伯所破，退走。

前廢帝永光元年，濬死，謚文成皇帝。子弘之字第豆胤代立。

景和中，北討徐州刺史義陽王昶，昶單騎奔虜。太宗泰始初，江州刺史晉安王子勛爲逆，四方反，徐州刺史薛安都、青州刺史沈文秀、冀州刺史崔道固等，亦各舉兵。

虜謀欲納昶，下書曰：

易稱「利用行師」，書云「龔行天罰」，必觀時而後施，因機而後舉。故夏伐有扈，四海以平，晉定吳會，萬方以壹。今宋室衰微，凶難洊起，國有殺君之逆，邦罹崩離之難，起自蕭牆，釁流合境。僞使持節、散騎常侍、都督徐南北兗青冀幽七州豫州之梁郡諸軍事、征北將軍、儀同三司、徐州刺史義陽王昶，踵微子之蹤，蹈項伯之迹，知機體運，歸款闕庭，朕錫以顯爵，班同親舊。昶弟湘東王進不能扶危定傾，退不能降身高謝，阻兵安忍，篡位自立，既無闔閭靜亂之功，而有無知悖禮之變，怠棄三正，慢易天常，覆敗之徵既兆，危亡之應已著。僞江州刺史晉安王復稱大號，自立一隅，荆郢二州刺史安陸臨海王劉子綏子頊大擅威令，不相祗伏。徐州刺史彭城鎮主薛安都、青州刺史沈文秀、冀州刺史歷城鎮主崔道固等，皆彼之要藩，懼及禍難，擁衆獨據，各無定主。仰觀天象，俯察人謀，六軍變伐之期，率土同軌之日。

朕承休烈，屬當泰運，思播靈武，廓寧九服，豈可得臨萬乘之機，遘時來之遇，而不討其讎逆，振其艱患哉。今可分命諸軍，以行九伐。使持節征東大將軍安定王直懃伏玄、〔六七〕侍中尚書左僕射安西大將軍平北公直懃美晨、〔六八〕散騎常侍殿中尚書平北將軍山陽公呂羅漢，領隴右之衆五萬，沿漢而東，直指襄陽。使持節征南大將軍勃海王

直懃天賜、〔六九〕侍中尚書令安東大將軍始平王直懃渴言侯、散騎常侍殿中尚書令安西將軍西陽王直懃蓋戶千，領幽、冀之衆七萬，濱海而南，直指東陽。使持節征南將軍京兆王直懃子推、〔七〇〕侍中司徒安南大將軍新建王獨孤侯尼須、散騎常侍西平公韓道人，領江、雍之衆八萬，出洛陽，直至壽陽。使持節征南大將軍宜陽王直懃新成、〔七一〕侍中太尉征東大將軍直懃駕頭拔、羽直征東將軍北平公拔敦及義陽王劉昶，〔七二〕領定、相之衆十萬，出濟、兗，直造彭城，與諸軍剋期同到，會于秣陵。納昶反國，定其社稷，使荆、揚沾德義之風，〔七三〕江、漢被來蘇之惠。邊疆將吏，不得因宋衰亂，有所侵損，以傷我國家存救之義。主者明宣所部，咸使聞知，稱朕意焉。

既而晉安王子勛事平，太宗遣張永、沈攸之北討，薛安都大懼，遣使引虜。虜遣萬騎救之，永、攸之敗退，虜攻青、冀二州，並剋，執沈文秀、崔道固。又下書：

朕承天序，臨御兆民，思闡皇風，以隆治道。而荆吳僭傲，跨跱一方，天降其殃，以罰有罪，篡戮發於蕭牆，毒害嬰於羣庶。徐州刺史薛安都、司州刺史常珍奇，深體逆順，歸誠獻款。遭難已久，飢饉荐臻，或以糊口之功，私力竊盜，或不識王命，藏竄山藪，或爲囚徒，先被執繫，元元之命，甚可哀愍。其曲赦淮北三州之民，自天安二年正月三十日壬寅昧爽以前，諸犯死罪以下，繫囚見徒，一切原遣。唯子殺父母，孫殺祖父

母，弟殺兄，妻殺夫，奴殺主，不從赦例。若亡命山澤，百日不首，復其初罪。

今陽春之初，東作方興，三州之民，各安其業，以就農桑。有饑窮不自存，通其市糴之路，鎮統之主，懃加慰納，遵用輕典，以莅新化。若綏導失中，令民逃亡，加罪無縱。其普宣下，咸使聞知朕意焉。

此後虜復和親，信餉歲至，朝庭亦厚相報答。泰豫元年，虜狹石鎮主白虎公、安陽鎮主莫索公、貞陽鎮主鵜落生、襄陽王桓天生等，引山蠻馬步二萬餘人，攻圍義陽縣義陽戍。司州刺史王瞻遣從弟司空行參軍思遠、撫軍行參軍王叔瑜擊大破之，虜退走。

自索虜破慕容，據有中國，〔七四〕而芮芮虜有其故地，蓋漢世匈奴之北庭也。芮芮一號大檀，又號檀檀，亦匈奴別種。自西路通京師，三萬餘里。僭稱大號，部衆殷强，歲時遣使詣京師，與中國亢禮，西域諸國焉耆、鄯善、龜茲、姑墨東道諸國，並役屬之。無城郭，逐水草畜牧，以氈帳爲居，隨所遷徙。其土地深山則當夏積雪，平地則極望數千里，野無青草。地氣寒涼，馬牛齕枯噉雪，自然肥健。國政疎簡，不識文書，刻木以記事，其後漸知書契，至今頗有學者。去北海千餘里，與丁零相接。常南擊索虜，世爲仇讎，故朝庭每羈縻之。

其東有槃槃國、趙昌國，渡流沙萬里，又有粟特國，太祖世，並奉表貢獻。粟特大明中

遣使獻生師子、火浣布、汗血馬，道中遇寇，失之。

史臣曰：久矣，匈奴之與中國並也。自漢氏以前，綿跨年世，紛梗外區，驚震中宇。周無上算，漢收下策。魏代分離，種落遷散，數十年間，外郡無風塵之警，邊城早開晚閉，胡馬不敢南臨。至于晉始，姦黠漸著，密邇畿封，窺候疆埸，俘民略畜者，無歲月而闕焉。元康以後，風雅雕喪，五胡遞襲，翦覆諸華。及涉珪以鐵馬長驅，席卷趙、魏，負其衆力，遂與上國爭衡矣。高祖宏圖盛略，欲以苞括宇宙爲念，逮于懸旗清洛，飲馬長涇，北狄awaited

及魏、晉，而華戎戎落，衆力兼倍。至乃連騎百萬，南向而斥神華，胡旆映江，穹帳遵渚，京邑荷檐，士女喧惶。天子內鎭羣心，外御羣寇，役竭民徭，費殫府實，舉天下以攘之，而力猶未足也。旣而虜縱歸師，殲累邦邑，剪我淮州，俘我江縣，喋喋黔首，跼高天，蹐厚地，而無所控告。强者爲轉屍，弱者爲繫虜，自江、淮至于淸、濟，戶口數十萬，自免湖澤者，百不一焉。村井空荒，無復鳴雞吠犬。時歲惟暮春，桑麥始茂，故老遺氓，還號舊落，桓山之響，未足稱哀。六州蕩然，無復餘蔓殘搆，至於乳鷰赴時，銜泥靡託，一枝之間，連窠十數，春雨裁至，增巢已傾。雖事舛吳宮，而殲亡匪異，甚矣哉，覆敗之至於此也。太祖懲禍未深，復興外略，頓兵堅城，棄甲河上，是我有再敗，敵有三勝也。自此以後，通互市，納和親，而侵疆軼戍，于歲連屬。逮泰始搆紛，邊將外叛，致夷引寇，亡我四州。高祖劬勞日昃，思一區宇，旃旗卷舒，僅而後克。後主守文，刑德不樹，一舉而棄司、兗，再舉而喪徐方，華服蕭條，鞠爲茂草，豈直天時，抑由人事。夫地勢有便習，用兵有短長，胡負駿足，而平原悉車騎之地，南習水鬬，江湖固舟檝之鄉，代馬胡駒，出自冀北，楩柟豫章，植乎中土，蓋天地所以分區域也。若謂氈裘之民，可以決勝於荆、越，必不可矣；而曰樓船之夫，可以爭鋒於燕、冀，豈或可乎。虞翻所謂「走不逐飛」，蓋以我徒而彼騎也。因此而推勝負，殆可以一言蔽之。

校勘記

〔一〕幷州刺史東嬴公司馬騰於晉陽爲匈奴所圍　各本並脫「東」字，據晉書帝紀訂補。

〔二〕其後爲苻堅所破執還長安後聽北歸鞬死子開字涉珪代立　按據魏書序紀，什翼鞬爲苻堅將苻洛所破後，旋爲其庶長子寔君所殺，未嘗執送長安。拓跋涉珪爲什翼鞬之孫，亦非什翼鞬子。又魏書太祖紀，太祖道武皇帝諱珪，此云名開字涉珪，開珪音相近，蓋爲異譯。

〔三〕遣鄭兵將軍揚州刺史山陽公達奚斤吳兵將軍廣州刺史蒼梧公公孫表尙書滑稽　「鄭兵」魏書作「晉兵」。「蒼梧公」魏書作「固安子」。

〔四〕將軍劉憐領二百騎至雍丘以防之　各本並脫「軍」字，據通鑑宋武帝永初三年補。

〔五〕陳留太守嚴悛爲虜所獲　「嚴悛」各本並作「嚴慢」，據魏書改。通鑑作「嚴稜」。

〔六〕幷力向廣等力不敵　張森楷校勘記云：「當疊廣等二字。」

〔七〕虜將安平公鵝靑二軍七千人南渡　「鵝靑」魏書作「娥靑」。

〔八〕鄭兵與公孫表及宋兵將軍交州刺史交阯侯普幾萬五千騎　「普幾」卽魏書之「周幾」。魏書官氏志：「獻帝以次兄爲普氏，後改爲周氏。」

〔九〕德祖於城內穴地　「地」各本並作「城」，據元龜五九九、通鑑宋少帝景平元年改。

〔一〇〕虜又遣楚兵將軍徐州刺史安平公涉歸幡能健至東擊靑州　通鑑考異云：「索虜傳，涉歸幡能健。按後魏書無涉歸等姓名，蓋皆胡中舊名，卽叔孫建等也。」孫彪宋書考論云：「涉歸幡能健，卽叔孫建也。檀道濟傳作乙旃眷，皆語音轉譯，無定字。」按魏書官氏志：「獻帝又命叔父之胤曰乙旃氏，後改爲叔孫氏。」涉歸幡蓋乙旃之異譯。

〔一一〕車騎參軍王玄謨領千人　「參軍」各本並作「將軍」。孫彪宋書考論云：「玄謨時不得爲車騎將軍。蓋參軍之誤。」按孫說是，今改正。

〔一二〕若沈叔狸已進　「進」各本並作「追」，據通鑑改。

〔一三〕劉粹使助高道瑾戍守　「使」各本並作「便」，據通鑑改。又各本並脫「守」字，據通鑑補。

〔一四〕元德因留綏撫　「留」各本並作「苗」。孫彪宋書考論云：「苗當作留。」按孫說是，今改正。

〔一五〕虜悅勃大肥率三千餘騎　悅勃大肥卽閭大肥，魏書有傳。

〔一六〕移鎭長廣之不其城　「不其」各本並作「不期」，殿本考證云：「當作不其。」今改正。

〔一七〕夔以固守功　三朝本、北監本、殿本作「下以固守以功」，毛本、局本作「夔固守以功」。殿本考證云：「當作『夔以固守功』五字。」今據殿本考證訂正。

〔一八〕虎牢被圍二百日　各本並脫「虎牢」二字，據元龜三九九、通鑑補。

〔一九〕德祖唯保一城　三朝本作「一保一城」，北監本、毛本、殿本、局本作「共保一城」，元龜三九九、通鑑作「德祖唯保一城」。今據元龜、通鑑訂正。

〔二〇〕每答表書　「答」各本並作「益」，據通鑑改。

〔二一〕德祖榮陽陽武人也　「陽武」各本並作「南武陽」，據晉書毛寶傳改。洪頤煊諸史考異云：「南武陽當是陽武之譌。」

〔二二〕又除督司州之河東平陽河北雍州之京兆豫州之潁川兗州之陳留九郡軍事滎陽太守　按九郡數之祇六郡，疑「九」爲「六」字之譌。

〔二三〕少帝曰　「少帝」下蓋脫「詔」字。

〔二四〕龍驤將軍兗州刺史徐琰東郡太守王景度並坐失守　「東郡」各本並作「東陽」。按上文有滑臺戍主、寧遠將軍、東郡太守王景度，則作東陽太守者誤，今改正。

〔二五〕又毁壞鍾離城　「鍾離城」通鑑宋景平元年作「鍾城」。胡三省注云：「在泰山界。」按鍾離在今安徽鳳陽，魏兵時尙未能到此，似以作「鍾城」爲是。

〔二六〕使大將吐伐斤西伐長安　此吐伐斤卽達奚斤之異譯。

〔二七〕生禽赫連昌于安定　各本並作「生禽赫連昌中山王安定」十字。孫彪宋書考論云：「按斤時軍安定，中山王三字疑誤文。又按王當作于，中山二字衍。」按孫說是，今訂正。

〔二八〕赫連氏有名衞臣者　孫彪宋書考論云：「赫連氏上當有『初』字。」按衞臣魏書作衞辰，蓋音譯無定字。

〔二九〕以道懷二州士民　孫虨宋書考論云：「懷下蓋脫遠字。」

〔三〇〕虜悉斂河南一戍歸河北　孫虨宋書考論云：「一當作諸。」

〔三一〕尹沖及司馬榮陽太守崔模抗節不降投塹死　通鑑考異云：「宋書云模抗節不降，投塹死。按後魏書，模仕魏，爲武城男，宋書誤也。」

〔三二〕虜鎮東將軍武昌王宜勒庫莫提移書益梁二州　「宜勒」當是「直勤」之譌。據魏書，時武昌王提爲平原鎮都大將。

〔三三〕逮我烈祖重之聖明應運龍飛廓清燕趙　按此烈祖謂道武帝拓跋珪。魏書禮志：「高祖太和十五年四月，經始明堂，改營太廟。詔曰：『祖有功，宗有德，自非功德厚者，不得擅祖宗之名。……烈祖拓跋珪有創基之功，世祖拓跋燾有開拓之德，宜爲祖宗，百世不遷。而遠祖平文拓跋鬱律，功未多於昭成拓跋什翼犍，然廟號爲太祖。道武建業之勳，高於平文，廟號爲烈祖。比功校德，以爲未允。朕今奉尊道武爲太祖』」云云。據是則北魏道武帝廟號初爲烈祖，孝文帝太和十五年後，始改稱太祖，正位七室之首。魏收魏書於禮志載其事，而於本紀略之。或謂「烈祖」當作「太祖」，非是。

〔三四〕使持節侍中都督雍秦二州諸軍事安西將軍建興公吐奚愛弼　吐奚愛弼卽古弼。通鑑考異云：「吐古弼，宋索虜傳作吐奚愛弼，氏胡傳作吐奚弼，蓋其舊姓。今從後魏書。」按魏書官氏志：「吐奚氏後改爲古氏。」

〔三五〕使持節侍中都督雍梁益四州諸軍事安西將軍開府儀同三司淮陰公皮豹子　四州數之祇三州。孫虨宋書考論云：「雍上當有秦字。」「開府」上各本並衍「啓」字，今刪。

〔三六〕散騎常侍安南將軍雍州刺史南平公娥後延出自駱谷　娥後延，卽娥青子娥延。

〔三七〕使持節都督洛豫州及河內諸軍事鎮南大將軍開府儀同三司淮南王直勤它大翰爲其後繼　「直勤」各本並作「直勒」，今改正。下文亦作「直懃」，皆魏主子弟之稱。參見本書卷六五杜驥傳校勘記第十條、卷七二文九王傳校勘記第三條。

〔三八〕在之一亡十　句疑有誤。

〔三九〕吾等別愛後自馳檄相譬書　句疑有誤。

〔四〇〕饋餘之秩　「秩」各本並作「秋」，據通鑑宋文帝元嘉二十二年改。

〔四一〕連兵大壇　「大壇」，下文又云「芮芮一號大檀」。蓋譯音無定字。

〔四二〕綏遠將軍汝陽潁川二郡太守郭道隱並棄城奔走　「汝陽」各本並作「汝南」，據本書文帝紀改。

〔四三〕遣右軍行參軍陳憲行郡事　「右軍」各本並作「左軍」，按下文文帝詔稱「右軍行參軍陳憲」，今據改。時南平王鑠爲右將軍、豫州刺史，陳憲蓋爲其參佐。

〔四四〕燾遣從弟永昌王庫仁眞步騎萬餘　孫虨宋書考論云：「據魏書，永昌王仁，燾從子，非弟也。」

〔四五〕舉參軍劉泰之自代　通鑑考異云：「劉泰之，後魏紀作劉坦之，今從宋書。」

〔四六〕謙之領泰之軍副殿中將軍程天祚督戰　「軍副」各本並作「軍嗣」。孫虨宋書考論云：「按文義，嗣字疑副字之誤，連上爲句，泰之則軍主也。列傳軍副屢見。」按孫說是，今改正。

〔四七〕不若彼翳行竊步也　「不若」二字各本並作「否」一字，據通鑑訂正。

〔四八〕彼募人以來　各本並脫「彼」、「以來」三字，據通鑑補。

〔四九〕取彼亦不須我兵刃　各本並脫「不」字，據通鑑補。

〔五〇〕而彼無厭　「彼」字下通鑑有「志」字。

〔五一〕傖人謂換易爲博　此七字，各本並作正文。孫虨宋書考論云：「『傖人謂換易爲博』句，非魏主書中語，蓋史臣注文。沈書往往有小注，而傳寫誤爲大字。」按孫說是，今改爲注文。

〔五二〕統輔國將軍楊文德宣威將軍巴西梓潼二郡太守劉弘宗　「宣威將軍」各本並作「宣武將軍」，據魏書島夷劉裕傳改。按百官志，有宣威將軍，無宣武將軍。

〔五三〕部龍驤將軍杜坦寧遠將軍竟陵太守南城縣開國侯劉德願　「杜」各本並譌「枝」，據通鑑改。

〔五四〕稜威震滲　殿本考證云：「滲字不見字書，疑是殄字之誤。」

〔五五〕揚南徐兗江四州富有之民家資滿五十萬僧尼滿二十萬者並四分換一　「五十萬」各本作「五千萬」，「二十萬」各本作「二千萬」，並據通典食貨典、通鑑訂正。「換」通典、通鑑作「借」，義同。

〔五六〕過此率計　「計」各本並作「討」，據通典食貨典改。

〔五七〕從弟高梁王阿斗渥自青州道　高梁王阿斗渥魏書作高涼王那。

〔五八〕遣楚王樹洛眞南康侯杜道儁進軍清西　楚王樹洛眞魏書作楚王建。

〔五九〕趨苞橋至欲渡清西　「苞橋」水經泗水注作「泡橋」。泗水下納泡水，有清水之稱，卽所謂清泗。故泗水入淮之口稱清口。「清西」弘治本、北監本、毛本、殿本、局本作「清河」，百衲本作「淸西」，今從百衲本。

〔六〇〕又募人賫冶葛酒置空村中　「冶葛酒」通鑑作「野葛酒」。胡三省注云：「野葛有毒，食之殺人。」

〔六一〕燾怒賜死　按北史魏太武五王傳，晉王伏羅，太平眞君八年病死，非爲燾所殺。

〔六二〕次曰秦王烏弈肝　北史魏太武五王傳，東平王翰，初封秦王。烏弈肝卽翰之鮮卑名。

〔六三〕次曰燕王　北史魏太武五王傳，臨淮王譚，初封燕王。

〔六四〕次曰吳王名可博眞次曰楚王名樹洛眞　北史魏太武五王傳，南安王余，初封吳王，可博眞卽余之鮮卑名。廣陽王建，初封楚王，樹洛眞卽建之鮮卑名。據北史，建實爲兄，余實爲弟，宋書兄弟倒置，蓋鄰國傳聞之誤。

〔六五〕資因爲易　通鑑宋文帝元嘉二十九年作「因資爲易」。胡三省注云：「謂因敵取資，於事爲易。」

〔六六〕柳元景王玄謨顏竣謝莊檀和之褚湛之以爲不宜許　「顏竣」各本並作「顧竣」，今改正。

〔六七〕使持節征東大將軍安定王直懃伐伏玄　伐伏玄卽魏書之安定王休。

〔六八〕侍中尚書左僕射安西大將軍平北公直懃美晨　美晨卽魏書之宜都王目辰。初封南平公，此作平北公，封名不同。

〔六九〕使持節征南大將軍勃海王直懃天賜　卽魏書之汝陰王天賜，封名不同。

〔七〇〕使持節征南將軍京兆王直懃子推　各本並脫「推」字，據魏書補。

〔七一〕使持節征南大將軍宜陽王直懃新成　卽魏書之陽平王新成，封名不同。

〔七二〕羽直征東將軍北平公拔敦及義陽王劉昶　拔敦卽魏書之長孫敦。

〔七三〕使荆揚沾德義之風　「揚」各本並作「陽」。張元濟校勘記云：「陽當作揚。」按張校是，今改正。

〔七四〕自索虜破慕容據有中國　「慕容」下各本並衍「鐵馬二萬餘人攻圍義陽」十字，係上文重出，今刪去。

〔七五〕捐州亘水　張森楷校勘記云：「州當作舟。」

宋書卷九十六

列傳第五十六

鮮卑吐谷渾

阿柴虜吐谷渾，遼東鮮卑也。父弈洛韓，有二子，長曰吐谷渾，少曰若洛廆。〔一〕若洛廆別爲慕容氏。渾庶長，廆正嫡。父在時，分七百戶與渾，〔二〕渾與廆二部俱牧馬，馬鬭相傷，廆怒，遣信謂渾曰：「先公處分，與兄異部，牧馬何不相遠，而致鬭爭相傷？」渾曰：「馬是畜生，食草飲水，春氣發動，所以致鬭。鬭在於馬，而怒及人邪。乖別甚易，今當去汝萬里。」於是擁馬西行，日移一頓，頓八十里。經數頓，廆悔悟，深自咎責，遣舊父老及長史乙那樓追渾令還。〔三〕渾曰：「我乃祖以來，樹德遼右，又卜筮之言，先公有二子，福胙並流子孫。我是卑庶，理無並大，今以馬致別，殆天所啓。諸君試擁馬令東，馬若還東，我當相隨去。」樓喜拜曰：「處可寒。」虜言「處可寒」，宋言爾官家也。卽使所從二千騎共遮馬令回，不盈三百步，欻然悲鳴突走，聲若頹山。如是者十餘輩，一向一遠。樓力屈，又跪曰：「可寒，此非復人事。」渾謂其部落曰：「我兄弟子孫，並應昌盛，廆當傳子及曾孫玄孫，其間可百餘年，我乃玄孫間始當顯耳。」於是遂西附陰山。遭晉亂，遂得上隴。後廆追思渾，作阿干之歌。鮮卑呼兄爲「阿干」。廆子孫竊號，以此歌爲輦後大曲。

渾既上隴，出罕开、西零。西零，今之西平郡，罕开，今枹罕縣。自枹罕以東千餘里，暨甘松，西至河南，南界昴城、龍涸。自洮水西南，極白蘭，數千里中，逐水草，廬帳居，以肉酪爲糧。西北諸雜種謂之爲阿柴虜。

渾年七十二死，有子六十人，長吐延嗣。吐延身長七尺八寸，勇力過人，性刻暴，爲昂城羌酋姜聰所刺，劍猶在體，呼子葉延，語其大將絶拔渥曰：〔四〕「吾氣絶，棺斂訖，便遠去保白蘭。白蘭地既嶮遠，又土俗懦弱，易爲控御。葉延小，意乃欲授與餘人，恐倉卒終不能相制。今以葉延付汝，汝竭股肱之力以輔之，孺子得立，吾無恨矣。」抽劍而死。嗣位十三年，年三十五。有子十二人。

葉延少而勇果，年十歲，縛草爲人，號曰姜聰，每旦輒射之，射中則喜，不中則號叫泣涕。其母曰：「讎賊諸將已屠膾之，汝年小，何煩朝朝自苦如此。」葉延嗚咽不自勝，答母曰「誠知無益，然葉延罔極之心，不勝其痛耳。」性至孝，母病，三日不能食，葉延亦不食。頗視書傳，自謂曾祖弈洛韓始封昌黎公，曰：「吾爲公孫之子。案禮，公孫之子，得氏王父字。」命姓爲吐谷渾氏。嗣立二十三年，年三十三。[五]有子四人。

長子碎奚立。碎奚性純謹，三弟專權，碎奚不能制，諸大將共誅之。碎奚憂哀不復攝事，遂立子視連爲世子，委之事，號曰「莫賀郎」。「莫賀」，宋言父也。碎奚遂以憂死。在位二十五年，年四十二。有子六人。子視連以父憂卒，不遊娛，不酣宴。在位十五年，年四十二。有子二人，長曰視羆，次烏紇提。[六]視羆嗣立十一年，年四十二。子樹洛干等並小，弟烏紇提立。紇提立八年，年三十五。視羆子樹洛干立，自稱車騎將軍，義熙初也。

樹洛干死，弟阿豺自稱驃騎將軍。譙縱亂蜀，阿豺遣其從子西彊公吐谷渾敕來泥拓土至龍涸、平康。少帝景平中，阿豺遣使上表獻方物。詔曰：「吐谷渾阿豺介在遐表，慕義可嘉，宜有寵任。今酬其來款，可督塞表諸軍事、安西將軍、沙州刺史、澆河公。」未及拜受，太祖元嘉三年，又詔加除命。未至而阿豺死，弟慕璝立。[七]六年，表曰：「大宋應運，四海宅心，臣亡兄阿豺慕義天朝，款情素著。去年七月五日，謁者董湛至，宣傳明詔，顯授榮爵，而臣私門不幸，亡兄見背。臣以懦弱，負荷後任，然天恩所報，本在臣門，若更反覆，懼停信命。輒拜受寵任，奉遵上旨，伏願詳處，更授章策。」七年，詔曰：「吐谷渾慕璝兄弟慕義，至誠可嘉，宜授策爵，以甄忠款。可督塞表諸軍事、征西將軍、沙州刺史、隴西公。」

先是晉末，金城東允街縣胡人乞伏乾歸擁部衆據洮河、罕幵，自號隴西公。乾歸死，子熾磐立，遣使詣晉朝歸順，以爲使持節、都督河西諸軍事、平西將軍，公如故。高祖卽位，進號安西大將軍。熾磐死，子茂蔓立。[八]慕璝前後屢遣軍擊，茂蔓率部落東奔隴右，慕璝據有其地。是歲，赫連定於長安爲索虜拓跋燾所攻，擁秦戶口十餘萬西次罕幵，欲向涼州，慕璝距擊，大破之，生擒定。燾遣使求，慕璝以定與之。九年，慕璝遣司馬趙敍奉貢獻，幷言二萬人捷。太祖加其使持節、散騎常侍、都督西秦河沙三州諸軍事、征西大將軍、西秦河二州刺史、領護羌校尉，進爵隴西王。弟慕延爲平東將軍，慕璝兄樹洛干子拾寅爲平北將軍，阿豺子煒代鎮軍將軍。詔慕璝南國將士，昔沒在佛佛者，並悉致。慕璝遣送朱昕之等五十五戶，一百五十四人。

慕璝死，弟慕延立，[九]遣使奉表。十五年，除慕延使持節、散騎常侍、都督西秦河沙三州諸軍事、鎮西大將軍、領護羌校尉、西秦河二州刺史、隴西王。十六年，改封河南王。其年，以拾虔弟拾寅爲平西將軍，慕延庶長子繁暱爲撫軍將軍，慕延嫡子瑍爲左將軍、河南王世子。十九年，追贈阿豺本號安西、秦沙三州諸軍事、沙州刺史、領護羌校尉、隴西王。索虜拓跋燾遣軍擊慕延，大破之，慕延率部落西奔白蘭，攻破于闐國。慮虜復至，二十七年，遣使上表云：「若不自固者，欲率部曲入龍涸越嶲門。」幷求牽車，獻烏丸帽、女國金酒器、胡王金釧等物。太祖賜以牽車，若虜至不自立，聽入越嶲。虜竟不至也。

慕延死，拾寅自立。二十九年，以拾寅爲使持節、督西秦河沙三州諸軍事、安西將軍、領護羌校尉、西秦河二州刺史、河南王。拾寅東破索虜，加開府儀同三司。世祖大明五年，拾寅遣使獻善舞馬，四角羊。皇太子、王公以下上舞馬歌者二十七首。太宗泰始三年，進號征西大將軍。五年，拾寅奉表獻方物，以弟拾皮爲平西將軍、金城公。前廢帝又進號車騎大將軍。

其國西有黃沙，南北一百二十里，東西七十里，不生草木，沙州因此爲號。屈眞川有鹽池，甘谷嶺北有雀鼠同穴，或在山嶺，或在平地，雀色白，鼠色黃，地生黃紫花草，便有雀鼠穴。白蘭土出黃金、銅、鐵。其國雖隨水草，大抵治慕賀川。[一〇]

史臣曰：吐谷渾逐草依泉，擅强塞表，毛衣肉食，取資佃畜，而錦組繒紈，見珍殊俗，徒以商譯往來，故禮同北面。自昔哲王，雖存柔遠，要荒回隔，禮文弗被，大不過子，義著春秋。晉、宋垂典，不修古則，遂爵班上等，秩擬台光。辮髮稱賀，非尙簪冕，言語不通，寧敷衮職。雖復苞篚歲臻，事惟賈道，金罽氈毦，非用斯急，送迓煩擾，獲不如亡。若令肅愼年朝，越裳歲饗，固不容以異見書，取高前策。聖人謂之荒服，此言蓋有以也。

校勘記

〔一〕父弈洛韓有二子長曰吐谷渾少曰若洛廆　「弈洛韓」御覽一二一引十六國春秋前燕錄、晉書、通典作「涉歸」。「若洛廆」前燕錄作「弈洛瓌」。

〔二〕分七百戶與渾　晉書吐谷渾傳作一千七百家。

〔三〕遣舊父老及長史乙那樓追渾令還　「乙那樓」晉書作「那樓馮」。按魏書官氏志，一那蔞氏後改爲蔞氏。乙那樓蓋一那蔞之異譯。宋書但稱其姓，晉書則著其名曰馮。下云「樓喜拜曰」，沈約蓋誤以乙那爲姓，樓爲其名。

〔四〕語其大將絕拔渥曰　「絕拔渥」魏書作「紇拔渥」，晉書作「紇拔泥」。

〔五〕嗣立二十三年年三十三　「年三十三」各本並作「年四十三」，據晉書改。按上云年十歲，父死，此云嗣立二十三年，則當作年三十三。

〔六〕有子二人長曰視羆次烏紇提　晉書同。魏書吐谷渾傳以視羆爲視連之弟。

〔七〕未至而阿豺死弟慕璝立　據魏書吐谷渾傳，慕璝爲阿豺兄子，非其弟。宋書載慕璝表云「臣亡兄阿豺慕義天朝」，則沈書稱慕璝爲阿豺之弟，或有所據。

〔八〕子茂蔓立　「茂蔓」御覽一二七引十六國春秋西秦錄、魏書、晉書、通鑑並作「暮末」。通典邊防典作「茂蔓」。本注云：「茂音戎。」

〔九〕弟慕延立　「慕延」十六國春秋作「末利延」，魏書作「慕利延」。

〔一〇〕大抵治慕賀川　「慕賀川」各本並作「慕賀州」，南齊書作「慕駕川」。魏書吐谷渾傳原卷亡，北史吐谷渾傳作「伏羅川」。通典邊防典亦作「伏羅川」。「伏羅川」即「慕賀川」之異譯。「州」則爲「川」字之譌，今改正。

宋書卷九十七

列傳第五十七

夷蠻

南夷、西南夷，大抵在交州之南及西南，居大海中洲上，相去或三五千里，遠者二三萬里，乘船舉帆，道里不可詳知。外國諸夷雖言里數，非定實也。

南夷林邑國，高祖永初二年，林邑王范陽邁遣使貢獻，即加除授。太祖元嘉初，侵暴日南、九德諸郡，交州刺史杜弘文建牙聚衆欲討之，聞有代，乃止。七年，陽邁遣使自陳與交州不睦，求蒙恕宥。八年，又遣樓船百餘寇九德，入四會浦口，交州刺史阮彌之遣隊主相道生三千人赴討，攻區粟城不剋，引還。林邑欲伐交州，借兵於扶南王，扶南不從。十年，陽

邁遣使上表獻方物，求領交州，詔答以道遠，不許。十二、十五、十六、十八年，頻遣貢獻，而寇盜不已，所貢亦陋薄。

太祖忿其違傲，二十三年，使龍驤將軍、交州刺史檀和之伐之，遣太尉府振武將軍宗慤受和之節度。和之遣府司馬蕭景憲爲前鋒，慤仍領景憲軍副。陽邁聞將見討，遣使上表，求還所略日南民戶，奉獻國珍。太祖詔和之：「陽邁果有款誠，許其歸順。」其年二月，軍至朱梧戍，遣府戶曹參軍日南太守姜仲基、前部賊曹參軍蟜弘民隨傳詔畢願、高精奴等宣揚恩旨，陽邁執仲基、精奴等二十八人，遣弘民反命，外言歸款，猜防愈嚴。景憲等乃進軍向區粟城，陽邁遣大帥范扶龍大戍區粟，又遣水步軍徑至。景憲破其外救，盡銳攻城，五月，剋之，斬扶龍大首，獲金銀雜物不可勝計。乘勝追討，即剋林邑，陽邁父子並挺身奔逃，所獲珍異，皆是未名之寶。上嘉將帥之功，詔曰：「林邑介恃遐險，久稽王誅。龍驤將軍、交州刺史檀和之忠果到列，思略經濟，稟命攻討，萬里推鋒，法命肅齊，文武畢力，潔己奉公，以身率下，故能立勳海外，震服殊俗。宜加褒飾，參管近侍，可黃門侍郎，領越騎校尉、行建武將軍。龍驤司馬蕭景憲協贊軍首，勤捷顯著，總勤前驅，剋殄巢穴，必能威服荒夷，撫懷民庶。可持節、督交州廣州之鬱林寧浦二郡諸軍事、建威將軍、交州刺史。」龍驤司馬童林之、九眞太守傅蔚祖戰死，並贈給事中。

中華書局

世祖孝建二年，林邑又遣長史范龍跋奉使貢獻，除龍跋揚武將軍。大明二年，林邑王范神成又遣長史范流奉表獻金銀器及香布諸物。太宗泰豫元年，又遣使獻方物。

初，檀和之被徵至豫章，值豫章民胡誕世等反，因討平之，并論林邑功，封雲杜縣子，食邑四百戶。和之，高平金鄉人，檀憑子也。太祖元嘉二十七年，自太子左衞率爲世祖鎮軍司馬、輔國將軍、彭城太守。元凶弑立，以爲西中郎將、雍州刺史。〔一〕世祖入討，加輔國將軍，統豫州戍事，因出南奔。世祖卽位，以爲右衞將軍。孝建二年，除輔國將軍、豫州刺史，不行，復爲右衞，加散騎常侍。三年，出爲南兗州刺史，坐酣飲黷貨，迎獄中女子入內，免官禁錮。其年卒，追贈左將軍，謚曰襄子。

廣州諸山並俚、獠，種類繁熾，前後屢爲侵暴，歷世患苦之。世祖大明中，合浦大帥陳檀歸順，拜龍驤將軍。四年，檀表乞官軍征討未附，乃以檀爲高興太守，將軍如故。遣前朱提太守費沈、龍驤將軍武期率衆南伐，并通朱崖道，並無功，輒殺檀而反，沈下獄死。

扶南國，太祖元嘉十一、十二、十五年，國王持黎跋摩遣使奉獻。

西南夷訶羅陁國，元嘉七年，遣使奉表曰：

伏承聖主，信重三寶，興立塔寺，周滿國界。城郭莊嚴，清淨無穢，四衢交通，廣博平坦。臺殿羅列，狀若衆山，莊嚴微妙，猶如天宮。聖王出時，四兵具足，導從無數，以爲守衞。都人士女，麗服光飾，市廛豐富，珍賄無量，王法清整，無相侵奪。學徒遊集，三乘競進，敷演正法，雲布雨潤。四海流通，萬國交會，長江眇漫，清淨深廣，有生咸資，莫能銷穢，陰陽調和，災厲不行。誰有斯美，大宋揚都，聖王無倫，臨覆上國。有大慈悲，子育萬物，平等忍辱，怨親無二，濟乏周窮，無所藏積，靡不照達，如日之明，無不受樂，猶如淨月。宰輔賢良，羣臣貞潔，盡忠奉主，心無異想。

伏惟皇帝，是我眞主。臣是訶羅陁國王名曰堅鎧，今敬稽首聖王足下，惟願大王知我此心久矣，非適今也。山海阻遠，無緣自達，今故遣使，表此丹誠。所遣二人，一名毗紉，一名婆田，令到天子足下。堅鎧微蔑，誰能知者，是故今遣二人，表此微心，此情既果，雖死猶生。仰惟大國，藩守曠遠，我卽邊方藩守之一。上國臣民，普蒙慈澤，願垂恩逮，等彼僕臣。臣國先時人衆殷盛，不爲諸國所見陵迫，今轉衰弱，鄰國競侵。伏願聖王，遠垂覆護，并市易往反，不爲禁閉。若見哀念，願時遣還，令此諸國，不見輕侮，亦令大王名聲普聞，扶危救弱，正是今日。今遣二人，是臣同心，有所宣啓，誠實可信。願敕廣州時遣舶還，不令所在有所陵奪。願自今以後，賜年年奉使。今奉微物，願垂哀納。

呵羅單國治闍婆洲。元嘉七年，遣使獻金剛指鐶、赤鸚鵡鳥、天竺國白疊古貝、葉波國古貝等物。十年，呵羅單國王毗沙跋摩奉表曰：

常勝天子陛下：諸佛世尊，常樂安隱，三達六通，爲世間道，是名如來，應供正覺，遺形舍利，造諸塔像，莊嚴國土，如須彌山，村邑聚落，次第羅匝，城郭館宇，如忉利天宮，宮殿高廣，樓閣莊嚴，四兵具足，能伏怨敵，國土豐樂，無諸患難。奉承先王，正法治化，人民良善，慶無不利，處雪山陰，雪水流注，百川洋溢，八味清淨，周匝屈曲，順趣大海，一切衆生，咸得受用。於諸國土，殊勝第一，是名震旦，大宋揚都，承嗣常勝大王之業，德合天心，仁廕四海，聖智周備，化無不順，雖人是天，護世降生，功德寶藏，大悲救世，爲我尊主常勝天子。是故至誠五體敬禮。呵羅單國王毗沙跋摩稽首問訊。

其後爲子所篡奪。十三年，又上表曰：

大吉天子足下：離淫怒癡，哀愍羣生，想好具足，天龍神等，恭敬供養，世尊威德，身光明照，如水中月，如日初出，眉間白豪，〔二〕普照十方，其白如雪，亦如月光，清淨如

華，顏色照曜，威儀殊勝，諸天龍神之所恭敬，以正法寶，梵行衆僧，莊嚴國土，人民熾盛，安隱快樂。城閣高峻，如乾他山，衆多勇士，守護此城，樓閣莊嚴，道巷平正，著種種衣，猶如天服，於一切國，爲最殊勝吉。揚州城無憂天主，愍念羣生，安樂民人，律儀清淨，慈心深廣，正法治化，共養三寶，名稱遠至，一切並聞。民人樂見，如月初生，譬如梵王，世界之主，一切人天，恭敬作禮。呵羅單跋摩以頂禮足，猶如現前，以體布地，如殿陛道，供養恭敬，如奉世尊，以頂著地，曲躬問訊。

忝承先業，嘉慶無量，忽爲惡子所見爭奪，遂失本國。今唯一心歸誠天子，以自存命。今遣毗紉問訊大家，意欲自往，歸誠宣訴，復畏大海，風波不達。今命得存，亦由毗紉此人忠志，其恩難報。此是大家國，今爲惡子所奪，而見驅擯，意頗忿惋，規欲雪復。伏願大家聽毗紉買諸鎧仗袍襖及馬，願爲料理毗紉使得時還。前遣闍邪仙婆羅訶，蒙大家厚賜，悉惡子奪去，啓大家使知。今奉薄獻，願垂納受。

此後又遣使。二十六年，太祖詔曰：「訶羅單、媻皇、媻達三國，頻越遐海，款化納貢，遠誠宜甄，可並加除授。」乃遣使策命之曰：「惟爾慕義款化，效誠荒遐，恩之所洽，殊遠必甄，用敷典章，顯茲策授。爾其欽奉凝命，永固厥職，可不愼歟。」二十九年，又遣長史媻和沙彌獻方物。

中華書局

婆皇國，元嘉二十六年，國王舍利婆羅跋摩遣使獻方物四十一種，太祖策命之爲婆皇國王曰：「惟爾仰政邊城，率貢來庭，皇澤凱被，無幽不洽。宜班典策，授茲嘉命。爾其祗順禮度，式保厥終，可不愼歟。」二十八年，復貢獻。世祖孝建三年，又遣長史竺那婆智奉表獻方物。以那婆智爲振威將軍。大明三年，獻赤白鸚鵡。大明八年、太宗泰始二年，又遣使貢獻。太宗以其長史竺須羅達、前長史振威將軍竺那婆智並爲龍驤將軍。

婆達國，元嘉二十六年，國王舍利不陵伽跋摩遣使獻方物。太祖策命之爲婆達國王曰：「惟爾仰化懷誠，馳慕聲教，皇風遐暨，荒服來款，是用加茲顯策，式甄義順。爾其祗順憲典，永終休福，可不愼歟。」二十六年、二十八年，復遣使獻方物。

闍婆婆達國，[三]元嘉十二年，國王師黎婆達陁阿羅跋摩遣使奉表曰：[四]

宋國大主大吉天子足下：敬禮一切種智安隱，天人師降伏四魔，成等正覺，轉尊法輪，度脫衆生，教化已周，入于涅槃，舍利流布，起无量塔，衆寶莊嚴，如須彌山，經法流布，如日照明，無量淨僧，猶如列宿。國界廣大，民人衆多，宮殿城郭，如忉利天宮。名

大宋揚州大國大吉天子，安處其中，紹繼先聖，王有四海，閻浮提內，莫不來服。悉以茲水，普飲一切，我雖在遠，亦霑靈潤，是以雖隔巨海，常遙臣屬，願照至誠，垂哀納受。若蒙聽許，當年遣信，若有所須，惟命是獻，伏願信受，不生異想。今遣使主佛大陁婆、副使葛抵奉宣微誠，稽首敬禮大吉天子足下，陁婆所啓，願見信受，諸有所請，唯願賜聽。今奉微物，以表微心。

師子國，元嘉五年，[五]國王刹利摩訶南奉表曰：

謹白大宋明主，雖山海殊隔，而音信時通。伏承皇帝道德高遠，覆載同於天地，明照齊乎日月，四海之外，無往不伏，方國諸王，莫不遣信奉獻，以表歸德之誠，或泛海三年，陸行千日，畏威懷德，無遠不至。我先王以來，唯以修德爲正，不嚴而治，奉事三寶，道濟天下，欣人爲善，慶若在己，欲與天子共弘正法，以度難化。故託四道人遣二白衣送牙臺像以爲信誓，信還，願垂音告。

至十二年，又復遣使奉獻。

天竺迦毗黎國，元嘉五年，國王月愛遣使奉表曰：

伏聞彼國，據江傍海，山川周固，衆妙悉備，莊嚴清淨，猶如化城，宮殿莊嚴，街巷平坦，人民充滿，歡娛安樂。聖王出遊，四海隨從，聖明仁愛，不害衆生，萬邦歸仰，國富如海。國中衆生，奉順正法，大王仁聖，化之以道，慈施羣生，無所遺惜。帝修淨戒，軌道不及，無上法船，濟諸沈溺，羣僚百官，受樂無怨，諸天擁護，萬神侍衞，天魔降伏，莫不歸化。王身端嚴，如日初出，仁澤普潤，猶如大雲，聖賢承業，如日月天，於彼眞丹，最爲殊勝。

臣之所住，名迦毗河，東際于海，其城四邊，悉紫紺石，首羅天護，令國安隱。國王相承，未嘗斷絕，國中人民，率皆修善，諸國來集，共遵道法，諸寺舍子，皆七寶形像，衆妙供具，如先王法。臣自修檢，不犯道禁，臣名月愛，棄世王種。

惟願大王聖體和善，羣臣百官，悉自安隱。今以此國羣臣吏民，山川珍寶，一切歸屬，五體歸誠大王足下。山海遐隔，無由朝覲，宗仰之至，遣使下承。使主父名天魔悉達，使主名尼陁達，此人由來良善忠信，是故今遣奉使表誠。大王若有所須，珍奇異物，悉當奉送，此之境土，便是王國，王之法令，治國善道，悉當承用。願二國信使往來不絕，此反使還，願賜一使，具宣聖命，備勑所宜。款至之誠，望不空反，所白如是，願加哀愍。

奉獻金剛指環、摩勒金環諸寶物、赤白鸚鵡各一頭。太宗泰始二年，又遣使貢獻，以其使主竺扶大、竺阿彌並爲建威將軍。

元嘉十八年，蘇摩黎國王那羅跋摩遣使獻方物。世祖孝建二年，斤陁利國王釋婆羅那憐陁遣長史竺留陁及多獻金銀寶器。後廢帝元徽元年，婆黎國遣使貢獻。凡此諸國，皆事佛道。

佛道自後漢明帝，法始東流，自此以來，其教稍廣，自帝王至于民庶，莫不歸心，經誥充積，訓義深遠，別爲一家之學焉。元嘉十二年，丹陽尹蕭摹之奏曰：「佛化被于中國，已歷四代，形像塔寺，所在千數，進可以繫心，[六]退足以招勸。而自頃以來，情敬浮末，不以精誠爲至，更以奢競爲重。舊宇頹弛，曾莫之修，而各務造新，以相姱尚。甲第顯宅，於茲殆盡，材竹銅綵，糜損無極，無關神祇，有累人事。建中越制，宜加裁檢，不爲之防，流遁未息。[七]請自今以後，有欲鑄銅像者，悉詣臺自聞，興造塔寺精舍，皆先詣在所二千石通辭，郡依事列言本州，須許報，然後就功。其有輒造寺舍者，皆依不承用詔書律，銅宅林苑，悉沒入官。」詔可。又沙汰沙門，罷道者數百人。

世祖大明二年，有曇標道人與羌人高闍謀反，上因是下詔曰：「佛法訛替，沙門混雜，未足扶濟鴻教，而專成逋藪。加姦心頻發，凶狀屢聞，敗亂風俗，人神交怨。可付所在，精加

沙汰，後有違犯，嚴加誅坐。」於是設諸條禁，自非戒行精苦，並使還俗。而諸寺尼出入宮掖，交關妃后，此制竟不能行。

先是晉世庾冰始創議，欲使沙門敬王者，後桓玄復述其義，並不果行。大明六年，世祖使有司奏曰：「臣聞邃宇崇居，非期宏峻，拳跪槃伏，非止敬恭，將以施張四維，締制八宇。故雖儒法枝派，名墨條分，至於崇親嚴上，厥繇靡爽。唯浮圖爲教，逷自龍堆，反經提傳，訓遐事遠，練生瑩識，恒俗稱難，宗旨緬謝，微言淪隔，拘文蔽道，在末彌扇。遂乃陵越典度，偃倨尊戚，失隨方之眇迹，迷製化之淵義。夫佛法以謙儉自牧，忠虔爲道，不輕比丘，遭人斯拜，〔八〕目連桑門，遇長則禮，寧有屈膝四輩，而簡禮二親，〔九〕稽顙耆臘，而直體萬乘者哉。故咸康創議，元興載述，而事屈偏黨，道挫餘分。今鴻源遙洗，羣流仰鏡，九仙賁寶，百神聳職，而幾輦之內，舍弗臣之氓，陛席之間，延抗禮之客，懼非所以澄一風範，詳示景則者也。臣等參議，以爲沙門接見，比當盡虔禮敬之容，依其本俗，則朝徽有序，乘方兼遂矣。」詔可。前廢帝初，復舊。

世祖寵姬殷貴妃薨，爲之立寺，貴妃子子鸞封新安王，故以新安爲寺號。前廢帝殺子鸞，乃毀廢新安寺，驅斥僧徒，尋又毀中興、天寶諸寺。太宗定亂，下令曰：「先帝建中興及新安諸寺，所以長世垂範，弘宣盛化。頃遇昏虐，法像殘毀，師徒奔迸，甚以矜懷。妙訓淵

謨，有扶名教。可招集舊僧，普各還本，並使材官，隨宜修復。」

宋世名僧有道生。道生，彭城人也。父爲廣戚令。〔一〇〕生出家爲沙門法大弟子。幼而聰悟，年十五，便能講經。及長有異解，立頓悟義，時人推服之。元嘉十一年，卒於廬山。沙門慧琳爲之誄。

慧琳者，秦郡秦縣人，姓劉氏。少出家，住冶城寺，有才章，兼外內之學，爲廬陵王義眞所知。嘗著均善論，其詞曰：

有白學先生，以爲中國聖人，經綸百世，其德弘矣，智周萬變，天人之理盡矣，道無隱旨，教罔遺筌，聰叡迪哲，何負於殊論哉。有黑學道士陋之，謂不照幽冥之途，弗及來生之化，雖尙虛心，未能虛事，不逮西域之深也。於是白學訪其所以不逮云爾。

白曰：「釋氏所論之空，與老氏所言之空，無同異乎？」黑曰：「異。釋氏卽物爲空，空物爲一。老氏有無兩行，空有爲異。安得同乎。」白曰：「釋氏空物，物信空邪？」黑曰：「然。空又空，不翅於空矣。」白曰：「三儀靈長於宇宙，萬品盈生於天地，孰是空哉？」黑曰：「空其自性之有，不害因假之體也。今構羣材以成大廈，罔專寢之實，積一豪以致合抱，無檀木之體，有生莫俄頃之留，泰山蔑累息之固，興滅無常，因緣無主，所空在於性理，所難據於事用，吾以爲慨矣。」白曰：「所言實相，空者其如是乎？」黑曰：

「然。」白曰：「浮變之理，交於目前，視聽者之所同了邪？解之以登道場，重之以輕異學，誠未見其淵深。」黑曰：「斯理若近，求之實遠。夫情之所重者虛，事之可重者實。今虛其眞實，離其浮僞，愛欲之惑，不得不去。愛去而道場不登者，吾不知所以相曉也。」白曰：「今析豪空樹，無□垂蔭之茂，離材虛室，不損輪奐之美，明無常增其愒蔭之情，陳若偏篤其競辰之慮。貝錦以繁采發輝，和羹以鹽梅致旨，齊侯追爽鳩之樂，燕王無延年之術，恐和合之辯，危脆之教，正足戀其嗜好之欲，無以傾其愛競之惑也。」黑曰：「斯固理絕於諸華，墳素莫之及也。」白曰：「山高累卑之辭，川樹積小之詠，舟壑火傳之談，堅白唐肆之論，蓋盈於中國矣，非理之奧，故不舉以爲教本耳。子固以遺情遺累，虛心爲道，而據事剖析者，更由指掌之間乎。」黑曰：「周、孔爲教，正及一世，不見來生無窮之緣，積善不過子孫之慶，累惡不過餘殃之罰，報効止於榮祿，誅責極於窮賤，視聽之外，冥然不知，良可悲矣。釋迦關無窮之業，拔重關之險，陶方寸之慮，宇宙不足盈其明，設一慈之救，羣生不足勝其化，敍地獄則民懼其罪，敷天堂則物歡其福，指泥洹以長歸，乘法身以遐覽，神變無不周，靈澤靡不覃，先覺翻翔於上世，後悟騰翥而不紹，坎井之局，何以識大方之家乎。」白曰：「固能大其言矣，今効神光無徑寸之明，驗靈變罔纖介之異，勤誠者不覩善救之貌，篤學者弗剋陵虛之實，徒稱無量之壽，孰見期

頤之叟，咨嗟金剛之固，安覿不朽之質。苟於事不符，宜尋立言之指，遺其所寄之說也。且要天堂以就善，曷若服義而蹈道，懼地獄以敕身，孰與從理以端心。禮拜以求免罪，不由祗肅之意，施一以徼百倍，弗乘無吝之情。美泥洹之樂，生耽逸之慮，贊法身之妙，肇好奇之心，近欲未弭，遠利又興，雖言菩薩無欲，羣生固以有欲矣。甫救交敝之氓，永開利競之俗，澄神反道，其可得乎。」黑曰：「不然。若不示以來生之欲，何以權其當生之滯。物情不能頓至，故積漸以誘之。奪此俄頃，要彼無窮，若弗勤春稼，秋穡何期。端坐井底，而息意庶慮者，長淪於九泉之下矣。」白曰：「異哉！何所務之乖也。道在無欲，而以有欲要之，北行求郢，西征索越，方長迷於幽都，永謬滯於昧谷。遼遼閩、楚，其可見乎。所謂積漸者，日損之謂也。當先遺其所輕，然後忘其所重，使利欲日去，淳白自生耳。豈得以少要多，以粗易妙，俯仰之間，非利不動，利之所蕩，其有極哉。乃丹青眩媚綵之目，土木夸好壯之心，興靡費之道，單九服之財，樹無用之事，割羣生之急，致營造之計，成私樹之權，務勸化之業，結師黨之勢，苦節以要厲精之譽，護法以展陵競之情，悲矣。夫道其安寄乎。是以周、孔敦俗，弗關視聽之外，老、莊陶風，謹守性分而已。」黑曰：「三遊本於仁義，盜跖資於五善，聖跡之敝，豈有內外。且黃、老之家，符章之僞，水祝之誣，不可勝論。子安於彼，駭於此，玩於濁水，違於清淵耳。」白

曰：「有跡不能不敝，有術不能無僞，此乃聖人所以桎梏也。今所惜在作法於貪，遂以成俗，不正其敝，反以爲高耳。至若淫妄之徒，世自近鄙，源流蔑然，固不足論。」黑曰：「釋氏之教，專救夷俗，便無取於諸華邪？」白曰：「曷爲其然。爲則開端，宜懷屬緒，愛物去殺，尚施周人，息心遺榮華之願，大士布兼濟之念，仁義玄一者，何以尙之。惜乎幽旨不亮，末流爲累耳。」黑曰：「子之論善殆同矣，便事盡於生乎？」白曰：「幽冥之理，固不極於人事矣。周、孔疑而不辨，釋迦辨而不實，將宜廢其顯晦之跡，存其所要之旨。請嘗言之。夫道之以仁義者，服理以從化，帥之以勸戒者，循利而遷善。故甘辭興於有欲，而滅於悟理，淡說行於天解，而息於貪僞。是以示來生者，蔽虧於道、釋不得已，杜幽闇者，冥符於姬、孔閉其兌。由斯論之，言之者未必遠，知之者未必得，不知者未必失，但知六度與五教並行，信順與慈悲齊立耳。殊塗而同歸者，不得守其發輪之轍也。」

論行於世。舊僧謂其貶黜釋氏，欲加擯斥。太祖見論賞之，元嘉中，遂參權要，朝廷大事，皆與議焉。賓客輻湊，門車常有數十兩，四方贈賂相係，勢傾一時。注孝經及莊子逍遙篇、文論，傳於世。

又有慧嚴、慧議道人，並住東安寺，學行精整，爲道俗所推。時鬬場寺多禪僧，京師爲

之語曰：「鬬場禪師窟，東安談義林。」

世祖大明四年，於中興寺設齋。有一異僧，衆莫之識，問其名，答言名明慧，從天安寺來，忽然不見。天下無此寺名，乃改中興曰天安寺。大明中，外國沙門摩訶衍苦節有精理，於京都多出新經，勝鬘經尤見重內學。

東夷高句驪國，今治漢之遼東郡。高句驪王高璉，晉安帝義熙九年，遣長史高翼奉表獻赭白馬。以璉爲使持節、都督營州諸軍事、征東將軍、高句驪王、樂浪公。高祖踐阼，詔曰：「使持節、都督營州諸軍事、征東將軍、高句驪王、樂浪公璉，使持節、督百濟諸軍事、鎭東將軍、百濟王映，並執義海外，遠修貢職。惟新告始，宜荷國休，璉可征東大將軍，映可鎭東大將軍。持節、都督、王、公如故。」三年，加璉散騎常侍，增督平州諸軍事。少帝景平二年，璉遣長史馬婁等詣闕獻方物，遣使慰勞之，曰：「皇帝問使持節、散騎常侍、都督營平二州諸軍事、征東大將軍、高句驪王、樂浪公，纂戎東服，庸績繼軌，厥惠旣彰，款誠亦著，踰遼越海，納貢本朝。朕以不德，忝承鴻緒，永懷先蹤，思覃遺澤。今遣謁者朱邵伯、副謁者王邵子等，宣旨慰勞。其茂康惠政，永隆厥功，式昭往命，稱朕意焉。」

先是，鮮卑慕容寶治中山，爲索虜所破，東走黃龍。義熙初，寶弟熙爲其下馮跋所殺，跋自立爲主，自號燕王，以其治黃龍城，故謂之黃龍國。跋死，子弘立，〔二〕屢爲索虜所攻，不能下。太祖世，每歲遣使獻方物。元嘉十二年，賜加除授。十五年，復爲索虜所攻，弘敗走，奔高驪北豐城，表求迎接。太祖遣使王白駒、趙次興迎之，幷令高驪料理資遣，璉不欲使弘南，乃遣將孫漱、高仇等襲殺之。白駒等率所領七千餘人掩討漱等，生禽漱，殺高仇等二人。璉以白駒等專殺，遣使執送之，上以遠國，不欲違其意，白駒等下獄，見原。

璉每歲遣使。十六年，太祖欲北討，詔璉送馬，璉獻馬八百匹。世祖孝建二年，璉遣長史董騰奉表慰國哀再周，幷獻方物。大明三年，又獻肅愼氏楛矢石砮。七年，詔曰：「使持節、散騎常侍、督平營二州諸軍事、征東大將軍、高句驪王、樂浪公璉，世事忠義，作藩海外，誠係本朝，志剪殘險，通譯沙表，克宣王猷。宜加褒進，以旌純節。可車騎大將軍、開府儀同三司，持節、常侍、都督、王、公如故。」太宗泰始、後廢帝元徽中，貢獻不絕。

百濟國，本與高驪俱在遼東之東千餘里，其後高驪略有遼東，百濟略有遼西。百濟所治，謂之晉平郡晉平縣。

義熙十二年，以百濟王餘映爲使持節、都督百濟諸軍事、鎭東將軍、百濟王。〔三〕高祖踐

阼，進號鎭東大將軍。少帝景平二年，映遣長史張威詣闕貢獻。元嘉二年，太祖詔之曰：「皇帝問使持節、都督百濟諸軍事、鎭東大將軍、百濟王。累葉忠順，越海効誠，遠王纂戎，聿修先業，慕義旣彰，厥懷赤款，浮桴驪水，獻琛執贄，故嗣位方任，以藩東服，勉勗所莅，無墜前蹤。今遣兼謁者閭丘恩子、兼副謁者丁敬子等宣旨慰勞稱朕意。」其後每歲遣使奉表，獻方物。七年，百濟王餘毗復修貢職，以映爵號授之。二十七年，毗上書獻方物，私假臺使馮野夫西河太守，表求易林、式占、腰弩，太祖並與之。毗死，子慶代立。世祖大明元年，遣使求除授，詔許。二年，慶遣使上表曰：「臣國累葉，偏受殊恩，文武良輔，世蒙朝爵。行冠軍將軍右賢王餘紀等十一人，忠勤宜在顯進，伏願垂愍，並聽賜除。」仍以行冠軍將軍右賢王餘紀爲冠軍將軍。以行征虜將軍左賢王餘昆、行征虜將軍餘暈並爲征虜將軍。以行輔國將軍餘都、餘乂並爲輔國將軍。以行龍驤將軍沐衿、餘爵並爲龍驤將軍。以行寧朔將軍餘流、麋貴並爲寧朔將軍。以行建武將軍于西、餘婁並爲建武將軍。太宗泰始七年，又遣使貢獻。

倭國在高驪東南大海中，世修貢職。高祖永初二年，詔曰：「倭讚萬里修貢，遠誠宜甄，可賜除授。」太祖元嘉二年，讚又遣司馬曹達奉表獻方物。讚死，弟珍立，遣使貢獻。自稱

使持節、都督倭百濟新羅任那秦韓慕韓六國諸軍事、安東大將軍、倭國王。表求除正，詔除安東將軍、倭國王。珍又求除正倭隋等十三人平西、征虜、冠軍、輔國將軍號，詔並聽。二十年，倭國王濟遣使奉獻，復以爲安東將軍、倭國王。二十八年，加使持節、都督倭新羅任那加羅秦韓慕韓六國諸軍事，安東將軍如故。并除所上二十三人軍、郡。濟死，世子興遣使貢獻。世祖大明六年，詔曰：「倭王世子興，奕世載忠，作藩外海，稟化寧境，恭修貢職。新嗣邊業，宜授爵號，可安東將軍、倭國王。」興死，弟武立，自稱使持節、都督倭百濟新羅任那加羅秦韓慕韓七國諸軍事、安東大將軍、倭國王。

順帝昇明二年，遣使上表曰：「封國偏遠，作藩于外，自昔祖禰，躬擐甲胄，跋涉山川，不遑寧處。東征毛人五十五國，西服衆夷六十六國，渡平海北九十五國，王道融泰，廓土遐畿，累葉朝宗，不愆于歲。臣雖下愚，忝胤先緒，驅率所統，歸崇天極，道逕百濟，〔一三〕裝治船舫，而句驪無道，圖欲見吞，掠抄邊隸，虔劉不已，每致稽滯，以失良風。雖曰進路，或通或不。臣亡考濟實忿寇讎，壅塞天路，控弦百萬，義聲感激，方欲大舉，奄喪父兄，使垂成之功，不獲一簣。居在諒闇，不動兵甲，是以偃息未捷。至今欲練甲治兵，申父兄之志，義士虎賁，文武效功，白刃交前，亦所不顧。若以帝德覆載，摧此强敵，克靖方難，無替前功。竊自假開府儀同三司，其餘咸各假授，〔一四〕以勸忠節。」詔除武使持節、都督倭新羅任那加羅秦韓

慕韓六國諸軍事、安東大將軍、倭王。

荆、雍州蠻，槃瓠之後也。分建種落，布在諸郡縣。荆州置南蠻、雍州置寧蠻校尉以領之。世祖初，罷南蠻併大府，而寧蠻如故。蠻民順附者，一戶輸穀數斛，其餘無雜調，而宋民賦役嚴苦，貧者不復堪命，多逃亡入蠻。蠻無徭役，强者又不供官税，結黨連羣，動有數百千人，州郡力弱，則起爲盜賊，種類稍多，戶口不可知也。所在多深險，居武陵者有雄谿、樠谿、辰谿、酉谿、舞谿，〔一五〕謂之五谿蠻。而宜都、天門、巴東、建平、江北諸郡蠻，所居皆深山重阻，人跡罕至焉。前世以來，屢爲民患。

少帝景平二年，宜都蠻帥石寧等一百二十三人詣闕上獻。太祖元嘉六年，建平蠻張雍之等五十人，七年，宜都蠻田生等一百一十三人，並詣闕獻見。其後沔中蠻大動，行旅殆絕。天門漊中令宗矯之徭賦過重，〔一六〕蠻不堪命。十八年，蠻田向求等爲寇，破漊中，虜略百姓。荆州刺史衡陽王義季遣行參軍曹孫念討破之，獲生口五百餘人，免矯之官。二十四年，南郡臨沮當陽蠻反，縛臨沮令傅僧驥。荆州刺史南譙王義宣遣中兵參軍王諶討破之。

先是，雍州刺史劉道產善撫諸蠻，前後不附官者，莫不順服，皆引出平土，多緣沔爲居。及道產亡，蠻又反叛。及世祖出爲雍州，羣蠻斷道，擊大破之。臺遣軍主沈慶之連年討蠻，所向皆平殄，事在慶之傳。二十八年正月，龍山雉水蠻寇抄涅陽縣，南陽太守朱曇韶遣軍討之，失利，殺傷三百餘人，曇韶又遣二千人係之，蠻乃散走。是歲，溳水諸蠻因險爲寇，雍州刺史隨王誕遣使說之曰：「頃威懷所被，覃自遐遠，順化者寵蘇，逆命者無遺，此亦爾所知也。聖朝今普天肆眚，許以自新，便宜各還舊居，安堵復業，改過革心，於是乎始。」先是，蠻帥魯奴子擁龍山，屢爲邊患。魯軌在長社，奴子歸之，軌言於虜主，以爲四山王。軌子爽歸國，奴子亦求內附，隨王誕又遣軍討沔北諸蠻，襲濁山、如口、蜀松三柴，剋之，又圍升錢、柏義諸柴，〔一七〕蠻悉力距戰。軍以具裝馬夾射，大破之，斬首二百級，獲生蠻千口，牛馬八十頭。

世祖大明中，建平蠻向光侯寇暴峽川，巴東太守王濟、荆州刺史朱脩之遣軍討之，光侯走清江。清江去巴東千餘里。時巴東、建平、宜都、天門四郡蠻爲寇，諸郡民戶流散，百不存一，太宗、順帝世尤甚，雖遣攻伐，終不能禁，荆州爲之虛敝。

大明中，桂陽蠻反，殺荔令晏珍之，臨賀蠻反，殺開建令邢伯兒，〔一八〕振武將軍蕭沖之討之，獲少費多，抵罪。

豫州蠻，廩君後也。盤瓠及廩君事，並具前史。西陽有巴水、蘄水、希水、赤亭水、西歸水，謂之五水蠻，所在並深岨，種落熾盛，歷世爲盜賊。北接淮、汝，南極江、漢，地方數千里。

元嘉二十八年，西陽蠻殺南川令劉臺，并其家口。二十九年，新蔡蠻二千餘人破大雷戍，略公私船舫，悉引入湖。有亡命司馬黑石在蠻中，共爲寇盜。太祖遣太子步兵校尉沈慶之率江、荆、雍、豫諸州軍討之。世祖大明四年，又遣慶之討西陽蠻，大剋獲而反。司馬黑石徒黨三人，其一人名智，黑石號曰「太公」，以爲謀主；一人名安陽，號譙王；一人名續之，號梁王。蠻文小羅等討禽續之，〔一九〕爲蠻世財所篡，小羅等相率斬世財父子六人。豫州刺史王玄謨遣殿中將軍郭元封慰勞諸蠻，使縛送亡命，蠻乃執智黑石、安陽二人送詣玄謨，〔二〇〕世祖使於壽陽斬之。

太宗初卽位，〔二一〕四方反叛，及南賊敗於鵲尾，西陽蠻田益之、田義之、成邪財、田光興等起義攻郢州，剋之。以益之爲輔國將軍，都統四山軍事，〔二二〕又以蠻戶立宋安、光城二郡，以義之爲宋安太守，光興爲龍驤將軍、光城太守。封益之邊城縣王，食邑四百一十一戶，成邪財陽城縣王，食邑三千戶，益之徵爲虎賁中郎將，將軍如故。順帝昇明初，又轉射聲校尉、冠軍將軍。成邪財死，子婆思襲爵，爲輔國將軍、武騎常侍。晉熙蠻梅式生亦起義，斬

晉熙太守閻湛之、晉安王子勛典籤沈光祖，〔二三〕封高山侯，食所統牛岡、下柴二村三十戶。

史臣曰：漢世西譯遐通，兼途累萬，跨頭痛之山，越繩度之險，生行死徑，身往魂歸。晉氏南移，河、隴夐隔，戎夷梗路，外域天斷。若夫大秦、天竺，迥出西溟，二漢銜役，特艱斯路，而商貨所資，或出交部，汎海陵波，因風遠至。又重峻參差，氏衆非一，殊名詭號，種別類殊，山琛水寶，由茲自出，通犀翠羽之珍，蛇珠火布之異，千名萬品，並世主之所虛心，故舟舶繼路，商使交屬。太祖以南琛不至，遠命師旅，泉浦之捷，威震滄溟，未名之寶，入充府實。夫四夷孔熾，患深自古，蠻、蜑殊雜，種衆特繁，依深傍岨，充積畿甸，咫尺華氓，易興狡毒，略財據土，歲月滋深。自元嘉將半，寇慝彌廣，遂盤結數州，搖亂邦邑。於是命將出師，恣行誅討，自江漢以北，廬江以南，搜山盪谷，窮兵罄武，繫頸囚俘，蓋以數百萬計。至於孩年耋齒，執訊所遺，將卒申好殺之憤，干戈窮酸慘之用，雖云積怨，爲報亦甚。張奐所云：「流血于野，傷和致災。」斯固仁者之言矣。

校勘記

〔一〕以爲西中郎將雍州刺史　「雍」各本並作「雅」。張森楷校勘記、孫虨宋書考論並云「雅州當作雍州」。按張、孫二校是，今改正。

〔二〕如日初出眉間白豪　「出眉」二字各本並脫，「白豪」二字各本並作「自豪」。孫虨宋書考論云：「天竺表有云『如日初出』，此闕處疑亦是『出』字。又按梁書狼牙修國奉表有云『眉間白豪，其白如雪』。『自豪』卽『白豪』之誤，闕處更當有一『眉』字。」按孫說是，今改正。

〔三〕闍婆婆達國　文帝紀作「闍婆娑達國」。南史作「闍婆達國」。

〔四〕國王師黎婆達陁阿羅跋摩遣使奉表曰　「師黎婆達陁阿羅跋摩」南史作「師黎婆達呵陁羅跋摩」。

〔五〕元嘉五年　按文帝紀元嘉七年七月，有師子國遣使獻方物之記載，元嘉五年無。

〔六〕進可以繫心　「繫」各本並作「擊」，據元龜六八九改。

〔七〕流遁未息　「遁」各本並作「道」，據通鑑宋文帝元嘉十二年改。

〔八〕遭人斯拜　「人」上各本並有「道」字，據高僧傳删。

〔九〕而簡禮二親　「禮」各本並作「體」，據通鑑改。

〔一〇〕父爲廣戚令　「廣戚」各本並作「廣武」，據南史、高僧傳改。

〔一一〕跋死子弘立　馮弘爲馮跋之弟，見晉書載記，子當作弟，蓋沈約承鄭國傳聞而誤。

〔一二〕以百濟王餘映爲使持節都督百濟諸軍事鎭東將軍百濟王　「餘映」南史同。通典邊防典作扶餘映，本注映音陀典反。

〔一三〕道逕百濟　「逕」各本並作「遙」，據南史、通典邊防典改。

〔一四〕其餘咸各假授　各本並脫「各」字，據南史、通典邊防典補。

〔一五〕居武陵者有雄谿樠谿辰谿酉谿舞谿　「舞谿」南史作「武谿」。

〔一六〕天門漊中令宗矯之徭賦過重　「宗矯之」南史、通典邊防典作「宋矯之」。

〔一七〕又團升錢柏義諸柴　「升錢」南史作「斗錢」，古升斗字，形極相似，易致譌。

〔一八〕殺開建令邢伯兒　「開建」各本並作「關建」，據州郡志改。按湘州臨慶郡有開建縣。

〔一九〕蠻文小羅等討禽續之　「文小羅」南史作「文山羅」。

〔二〇〕蠻乃執智黑石安陽二人送詣玄謨　「智黑石安陽二人」南史作「智安陽二人」，疑當從南史。上云司馬黑石徒黨三人，一人名智，一人名安陽，一人名續之。此祇言二人，則從南史作「智、安陽二人」爲是。若從宋書，則是三人，非二人。且司馬黑石時爲其主，史列黑石之名，亦不當在智之後，疑「黑石」二字是衍文。

〔二一〕太宗初卽位　「太宗」各本並作「世宗」。按宋無「世宗」，南史作明帝，則宋書當云太宗，今改正。

〔二二〕都統四山軍事　「事」各本並作「人」，據南史改。

〔二三〕斬晉熙太守閻湛之晉安王子勛典籤沈光祖　「沈光祖」各本並作「沈光明祖」。孫虨宋書考論云：「自序篇見晉安王子勛典籤沈光祖，此衍明字。」

宋書卷九十八

列傳第五十八

氐胡

略陽清水氐楊氏，秦、漢以來，世居隴右，爲豪族。漢獻帝建安中，有楊騰者，爲部落大帥。騰子駒，勇健多計略，始徙仇池。仇池地方百頃，因以百頃爲號，四面斗絕，高平地方二十餘里，羊腸蟠道，三十六回。山上豐水泉，煮土成鹽。駒後有名千萬者，魏拜爲百頃氐王。千萬子孫名飛龍，漸强盛，晉武假征西將軍，[一]還居略陽。無子，養外甥令狐氏子爲子，名戊搜。[二]晉惠帝元康六年，避齊萬年之亂，率部落四千家，還保百頃，自號輔國將軍、右賢王。關中人士奔流者多依之，戊搜延納撫接，欲去者則衞護資遣之。愍帝以爲驃騎將軍、左賢王。時南陽王保在上邽，又以戊搜子難敵爲征南將軍。建興五年，戊搜卒，難敵襲位。與堅頭分部曲，[三]難敵號左賢王，屯下辯，堅頭號右賢王，屯河池。元帝太興四年，劉

曜伐難敵，與堅頭俱奔晉壽，臣於李雄，曜退，復還仇池。

成帝咸和九年，難敵卒，子毅立，自號使持節、龍驤將軍、左賢王、下辯公。以堅頭子槃爲使持節、冠軍將軍、右賢王、河池公。咸康元年，遣使稱蕃於晉，以毅爲征南，槃征東將軍。三年，毅族兄初襲殺毅，幷有其衆，自立爲仇池公，臣於石虎。後遣使稱蕃於穆帝。永和三年，以初爲使持節、征南將軍、雍州刺史、平羌校尉、仇池公。初子國爲鎭東將軍、武都太守。十年，改封初天水公。十一年，毅小弟宋奴使姑子梁式王因侍直手刃殺初，初子國率左右誅式王及宋奴，[四]復自立。征西將軍桓溫表國爲鎭北將軍、秦州刺史、平羌校尉，國子安爲振威將軍、武都太守。十二年，國從父楊俊復殺國自立，安奔苻生，俊遣使歸順。升平三年，以俊爲平西將軍、平羌校尉、仇池公。四年，俊卒，子世立，復以爲冠軍將軍、平羌校尉、武都太守、仇池公。海西公太和三年，遷征西將軍、秦州刺史，以世弟統爲寧東將軍、武都太守。五年，世卒，統廢世子纂自立。纂一名德，聚黨殺統，遣使詣簡文帝自陳，復以纂爲平羌校尉、秦州刺史、仇池公。咸安元年，苻堅遣楊安、苻雅等討纂克之，徙其民於關中，空百頃之地。纂後爲楊安所殺。

宋奴之死也，二子佛奴、佛狗奔逃關中，苻堅以佛奴爲右將軍，佛狗爲撫夷護軍。後以女妻佛奴子定，以定爲尙書、領軍將軍。孝武帝太元八年，苻堅敗於淮南，關中擾亂，定盡

力奉堅。堅死，乃將家奔隴右，徙治歷城，城在西縣界，去仇池百二十里。置倉儲於百頃。招合夷、晉，得千餘家，自號龍驤將軍、平羌校尉、仇池公，稱蕃於晉孝武帝，孝武帝卽以其自號假之。求割天水之西縣、武都之上祿爲仇池郡，見許。十五年，又以定爲輔國將軍、秦州刺史，定已自署征西將軍。又進持節、都督隴右諸軍事、輔國大將軍、開府儀同三司，校尉、刺史如故。其年，進平天水略陽郡，遂有秦州之地，自號隴西王。[五]至十九年，攻隴西虜乞佛乾歸，定軍敗見殺。無子，佛狗子盛先爲監國，守仇池，襲位，自號使持節、征西將軍、秦州刺史、平羌校尉、仇池公。謚定爲武王。分諸四山氐、羌爲二十部護軍，各爲鎭戍，不置郡縣。安帝隆安三年，遣使稱蕃，奉獻方物。安帝以盛爲輔國將軍、平羌校尉、仇池公。元興三年，桓玄輔晉，進盛平北將軍、涼州刺史、西戎校尉。義熙元年，姚興伐盛，盛懼，遣子難當爲質。興遣將王敏攻城，因梁州別駕呂瑩，求救於盛，盛遣軍次濜口，敏退。[六]以盛爲都督隴右諸軍事、征西大將軍、開府儀同三司。時益州刺史毛璩討桓玄所置梁州刺史桓希，敗走，漢中空虛，盛遣兄子平南將軍撫守漢中。三年，又假盛使持節、北秦州刺史。盛又遣將苻宣行梁州刺史代撫。九年，梁州刺史索邈鎭南城，宣乃還。[七]高祖踐阼，進盛車騎大將軍，加侍中。永初三年，改封武都王，以長子玄爲武都王世子，加號前將軍，難當爲冠軍將軍，撫爲安南將軍。盛嗣位三十年，太祖元嘉二年六月卒，時年六十二，

私謚曰惠文王。

玄字黃眉，自號使持節、都督隴右諸軍事、征西大將軍、開府儀同三司、平羌校尉、秦州刺史、武都王。雖爲蕃臣，猶奉義熙之號。善待士，爲流、舊所懷。安南將軍撫有文武智略，玄不能容，三年，因其子殺人，幷誅之。太祖卽以玄爲使持節、征西將軍、平羌校尉、北秦州刺史、武都王。[八]乃改義熙之號，奉元嘉正朔。初，盛謂玄曰：「吾年已老，當爲晉臣，汝善事宋帝。」故玄奉焉。追贈盛驃騎大將軍，餘如故。六年六月，玄卒，私謚曰孝昭王。

弟難當廢玄子保宗一名羌奴而自立，號使持節、都督雍涼諸軍事、秦州刺史、平羌校尉、武都王。太祖以爲冠軍將軍、秦州刺史、武都王。九年，進號征西將軍，加持節、都督、校尉之號。難當拜保宗爲鎭南將軍，鎭宕昌，以次子順爲鎭東將軍、秦州刺史，守上邽。保宗謀襲難當，事泄，收繫之。先是，四方流民有許穆之、郝恢之二人投難當，並改姓爲司馬。穆之自云名飛龍，恢之自云名康之，云是晉室近戚。康之尋爲人所殺。十年，難當以益州刺史劉道濟失蜀土人情，以兵力資飛龍，使入蜀爲寇，道濟擊斬之。時梁州刺史甄法護刑法不理，太祖遣刺史蕭思話代任。難當因思話未至，法護將下，[九]舉兵襲梁州，破白馬，獲晉昌太守張範。法護遣參軍魯安期、沈法慧等拒之，並各奔退。難當又遣建忠將軍趙進攻葭萌，獲晉壽太守范延朗。其年十一月，法護委鎭奔洋川，難當遂有漢中之地。以氐苻粟

持爲梁州刺史，又以其凶悍殺之，以司馬趙溫代爲梁州。十年正月，思話使司馬蕭承之先驅進討，所向剋捷，遂平梁州，事在思話傳。四月，難當遣使奉表謝罪，曰：

臣聞生成之德，含氣同係，而榮悴殊塗，遭遇異兆，至於恩降自然，誠無答謝。夫以狂聖道隔，猶存克念之誠，況君親莫二，不期自感者哉。每思自竭，奉遵光訓，丹誠未諒，大謗已臻。梁州刺史甄法護誣臣遣司馬飛龍擾亂西蜀，諸所譖引，言非一事，長塗萬里，無路自明，風塵之聲，日有滋甚。與其逆生，寧就淸滅，文武同憤，制不自由。遣參軍姚道賢齎書詣梁州刺史蕭思話，尋續又遣詣臺歸罪。道賢至西城，爲守兵所殺，行李蔽擁，日月莫照。法護恇擾，望風奔逃，臣卽回軍，秋毫無犯，權留少守，以俟會通。其後數旬，官軍尋至，守兵單弱，懼不自免，續遣輕兵，共相迎接。值秦流民，懷土及本，行將既旋，不容禁制，由臣約防無素，以致斯闕。

臣本歷代守蕃，世荷殊寵，王化始基，順天委命，要名期義，不在今日，豈可假託妖妄，毁敗成功，如此之形，灼然易見，仰恃聖明，必垂鑒察。但臣微心不達，迹違忠順，至乃聲聞朝庭，勞煩師旅，負辱之深，罪當誅責。遠隔遐荒，告謝無地，謹遣兼長史齊亮聽命有司，并奉送所授第十一符策，伏待天旨。

太祖以其邊裔，下詔曰：「楊難當表如此，悔謝前愆，可特恕宥，并特還章節。」

十二年，難當釋保宗，遣鎭童亭，[一〇]保宗奔，[一一]索虜主拓跋燾以爲都督隴西諸軍事、征西大將軍、開府儀同三司、平羌校尉、南秦王，遣襲上邽，難當子順失守退，以爲雍州刺史，守下辯。十三年三月，難當自立爲大秦王，號年曰建義，立妻爲王后，世子爲太子，置百官，具擬天朝，然猶奉朝庭，貢獻不絕。十七年，其國大旱，多災異，降大秦王復爲武都王。

十八年十月，傾國南寇，規有蜀土，虜漢中軍出，遣建忠將軍苻沖出東洛以防之。梁州刺史劉眞道擊斬沖。[一二]十一月，難當剋葭萌，獲晉壽太守申坦，遂圍涪城，巴西太守劉道錫嬰城固守，[一三]難當攻之十餘日，不剋，乃還。十九年正月，太祖遣龍驤將軍裴方明、太子左積弩將軍劉康祖、後軍參軍梁坦甲士三千人，又發荆、雍二州兵討難當，受劉眞道節度。五月，方明等至漢中，長驅而進。眞道到武興，攻僞建忠將軍苻隆，剋之。安西參軍韋俊、建武將軍姜道盛別向下辯，眞道又遣司馬夏侯穆季西取白水，難當子雍州刺史順、建忠將軍楊亮拒之，並望風奔走。閏月，方明至蘭臯，難當鎭北將軍苻義德、建節將軍苻弘祖萬餘人列陣拒戰，方明擊破之，斬弘祖，殺二千餘人，義德遁去。天水任愈之率部曲歸順。難當世子撫軍大將軍和據修城，方明又遣軍率愈之攻和，大破之。於是難當將妻子奔索虜，死于虜中。安西參軍魯尚期追難當出寒峽，[一四]生禽建節將軍楊保熾、安昌侯楊虎頭。初，難當遣第二子虎爲鎭南將軍、益州刺史，守陰平。聞父走，逃還，至下辯。方明使子肅之要之，

生禽虎，傳送京師，斬于建康市。仇池平。

以輔國司馬胡崇之爲龍驤將軍、秦州刺史、平羌校尉，守仇池。索虜拓跋燾遣安西大將軍吐奚弼、平北將軍拓跋齊等二萬人邀崇之。二十年二月，崇之至濁水，去仇池八十里，遇齊等，戰敗沒，餘衆奔還漢中。

三月，前鎭東司馬苻達、征西從事中郞任朏等舉義，立保宗弟文德爲主。拓跋齊聞兵起遁走，達追擊斬齊，[一五]因據白崖，分平諸戍。文德自號使持節、都督秦河涼三州諸軍事、征西大將軍、秦河涼三州牧、平羌校尉、仇池公，遣露板馳告朝廷。太祖詔曰：「近者校尉仇池公表虜縱逸，寇竊仇池，將士挫傷，民萌塗炭，眷言西顧，矜慨在懷。楊文德世篤忠順，誠感家國，糾率義徒，奄殄凶醜，鋒旗所向，殲潰無遺，氛祲澄淸，蕃境寧一，念功惟事，良有欣嘉。便可遣使慰勞，宣示朝旨，并勑梁州刺史申坦隨宜應援。」又詔曰：「顯錄勳効，蓋惟國典，施賞務速，無或踰時。楊文德志氣果到，文武兼全，乘機濳奮，殊功仍集，告捷歸誠，獻俘萬里，朝無暫土，樹難自肅，休烈昭著，朕甚嘉焉。楊氏世祖西勞，方忠累葉，[一六]宜紹先緒，膺受寵榮。可使持節、散騎常侍、都督北秦雍二州諸軍事、征西大將軍、平羌校尉、北秦州刺史，封武都王。」任朏祖父岐，伯父祚，父綜，並仕楊氏，爲諮議從事中郞。朏有志幹，文德以爲左司馬。

文德既受朝命，進戍茄蘆城。二十五年，爲索虜所攻，奔于漢中。時世祖鎭襄陽，執文德歸之于京師，以失守，免官，削爵土。二十七年，王師北討，起文德爲輔國將軍，率軍自漢中西入，搖動汧、隴。文德宗人楊高率陰平、平武羣氐，據唐魯橋以距文德，文德水陸俱攻，大破之，衆並奔散。高遁走奔羌，文德追之至黎印嶺，高單身投羌仇阿弱家，追斬之，陰平、平武悉平。又遣文德伐啖提氐，不剋，梁州刺史劉秀之執送荆州，使文德從祖兄頭戍茄蘆。荆州刺史南郡王義宣反，文德不同見殺，世祖追贈征虜將軍、秦州刺史。

孝建二年，以保宗子元和爲征虜將軍，以頭爲輔國將軍。元和既楊氏正統，羣氐欲相宗推，年小才弱，不能綏御所部，頭母妻子弟並爲索虜所執，頭至誠奉順，無所顧懷。朝廷既不正元和號位，部落未有定主，雍州刺史王玄謨上表曰：[一七]「被勑令臣遣使與楊元和、楊頭相聞，并致信餉。卽遣中軍行參軍呂智宗齎書幷信等，亦自遣使隨智宗。及頭語智宗，頃破家爲國，母妻子弟幷墜沒虜中，不顧孝道，陳力邊捍，竭忠盡誠，未爲朝廷所識。若以元和承統，宜授王爵；若以其年小未堪大任，則應別有所委。頃來公私紛紜，華、戎交構，皆此之由。臣伏尋頭元嘉以來，實有忠誠於國，棄親遺愛，誠在可嘉。氐、羌負遠，又與虜咫尺，急之則反，緩之則怨。觀頭使人言語，不敢便望仇池公，所希政在西秦州假節而已。如臣愚見，蕃捍漢川，使無虜患，頭實有力，四千戶荒州，殆不足吝。元和小弱，若未可專委，

復數年之後，必堪嗣業，用之不難。若才用不稱，則應歸頭。若茄蘆不守，漢川亦無立理。」上不許。其後立元和爲武都王，治白水，不能自立，復走奔索虜。

元和從弟僧嗣，復自立，還戍茄蘆，以爲寧朔將軍、仇池太守。太宗泰始二年，詔曰：「僧嗣遠守西疆，世篤忠款，宜加旌顯，以甄義概。可冠軍將軍、北秦州刺史、武都王，太守如故。」三年，加持節、都督北秦雍二州諸軍事，進號征西將軍，校尉，刺史如故。僧嗣卒，從弟文度復自立。泰豫元年，以爲龍驤將軍、略陽太守，封武都王，又改龍驤爲寧朔將軍。後廢帝元徽四年，加督北秦州諸軍事、平羌校尉、北秦州刺史，將軍如故。文度遣弟龍驤將軍文弘伐仇池，[一八]破戍兵於蘭皐。順帝昇明元年，詔曰：「茂賞有章，實昭國度，疇庸斯炳，載宣史册。督北秦州諸軍事、寧朔將軍、平羌校尉、北秦州刺史、武都王文度門乘輝寵，世槃邊邑，忠果既亮，才勁兼彰。龍驤將軍楊文弘肅協成規，躬提桴鼓，申稜百頃，席卷蘭皐，功烈之美，並足嘉歎，宜膺爵授，以酬勳緒。文度可使持節、都督北秦雍二州諸軍事、征西將軍，刺史、校尉悉如故。文弘輔國將軍、略陽太守。」其年，虜破茄蘆，文度見殺，追贈本官，加散騎常侍。以文弘督北秦州諸軍事、平羌校尉、北秦州刺史，襲封武都王，將軍如故。退治武興。

大且渠蒙遜，張掖臨松盧水胡人也。匈奴有左且渠、右且渠之官，蒙遜之先爲此職，羌之酋豪曰大，故且渠以位爲氏，而以大冠之。世居盧水爲酋豪。蒙遜高祖暉仲歸，曾祖遮，皆雄健有勇名。祖祁復延，封狄地王。[一九]父法弘襲爵，苻氏以爲中田護軍。

蒙遜代父領部曲，有勇略，多計數，爲諸胡所推服。呂光自王於涼州，使蒙遜自領營人配箱直，又以蒙遜叔父羅仇爲西平太守。[二〇]安帝隆安三年春，呂光遣子鎮東將軍纂率羅仇伐枹罕虜乞佛乾歸，爲乾歸所敗，光委罪羅仇，殺之。四月，蒙遜求還葬羅仇，因聚萬餘人叛光，殺臨松護軍，屯金山。五月，光揮纂擊破蒙遜，蒙遜將六七人，逃山中，[二一]家戶悉亡散。時蒙遜兄男成將兵西守晉昌，聞蒙遜反，引軍還，殺酒泉太守疊滕，[二二]推建康太守段業爲主。業自號龍驤大將軍、涼州牧、建康公，以男成爲輔國將軍。男成及晉昌太守王德圍張掖，剋之，業因據張掖。蒙遜率部曲投業，業以蒙遜爲鎮西將軍、臨池太守，[二三]王德爲酒泉太守。尋又以蒙遜領張掖太守。三年四月，業使蒙遜將萬人攻光弟子純於西郡，經旬不剋，乃引水灌城，窘急乞降，執之以歸。時王德叛業，自稱河州刺史，業使蒙遜西討，德焚城，將部曲走投晉昌太守唐瑤，蒙遜追德至沙頭，大破之，虜其妻子部落而還。轉西安太守，將軍如故。四年五月，蒙遜與男成謀殺業，男成不許，蒙遜反譖男成於業，業殺男成。

蒙遜乃謂其部曲曰：「段公無道，枉殺輔國。吾爲輔國報讎。」遂舉兵攻張掖，殺段業，自稱車騎大將軍，[二四]建號永安元年。

是月，敦煌太守李暠亦起兵，自號冠軍大將軍、西胡校尉、沙州刺史，太守如故。稱庚子元年。與蒙遜相抗。其冬，暠遣唐瑤及鷹揚將軍宋繇攻酒泉，獲太守大且渠益生，蒙遜從叔也。

呂光死，子纂立，元年，爲從弟隆所纂。姚興攻涼州，隆稱臣請降，蒙遜亦遣使詣興，興以爲鎮西將軍、沙州刺史、西海侯。二年二月，蒙遜與西平虜禿髮傉檀共攻涼州，爲隆所破。十月，傉檀復攻隆，三年三月，隆以蒙遜、傉檀交逼，遣弟超詣姚興求迎。七月，興遣將齊難迎隆，隆說難伐蒙遜，蒙遜懼，遣弟爲質，獻寶貨於難，乃止，以武衞將軍王尙行涼州刺史而還。

義熙元年正月，李暠改稱大將軍、大都督、涼州牧、護羌校尉、涼公；五月，移據酒泉。姚興假傉檀涼州刺史，代王尙屯姑臧。二年九月，蒙遜襲李暠，至安彌，去城六十里，暠乃覺。引軍出戰，大敗，退還，閉城自守，蒙遜亦歸。六年，蒙遜攻破傉檀，傉檀走屯樂都。武威人焦朗入姑臧，自號驃騎大將軍，臣于李暠。八年，蒙遜攻焦朗，殺之。[二五]據姑臧，自號大都督、大將軍、河西王，改稱玄始元年，立子正德爲世子。

十三年五月，李暠死，子歆立。六月，歆伐蒙遜，至建康，蒙遜拒之，歆退走，追到西支澗，[二六]蒙遜大敗，死者四千餘人，乃收餘衆，增築建康城，置兵戍而還。

十四年，蒙遜遣使詣晉，奉表稱蕃，以蒙遜爲涼州刺史。高祖踐阼，以歆爲使持節、都督高昌敦煌晉昌酒泉西海玉門堪泉七郡諸軍事、護羌校尉、征西大將軍、酒泉公。

永初元年七月，蒙遜東略浩亹，李歆乘虛攻張掖，蒙遜回軍西歸，歆退走，追至臨澤，斬歆兄弟三人，進攻酒泉，剋之。歆弟敦煌太守恂據郡，自稱大將軍。十月，蒙遜遣世子正德攻恂，不下。三年正月，蒙遜自往築長堤引水灌城，數十日，又不下。三月，恂武衞將軍宋承、廣武將軍張弘舉城降，[二七]恂自殺，李氏由是遂亡。於是鄯善王比龍入朝，西域三十六國皆稱臣貢獻。

高祖以蒙遜爲使持節、散騎常侍、都督涼州諸軍事、鎮軍大將軍、開府儀同三司、涼州刺史、張掖公。

十二月，晉昌太守唐契反，復遣正德攻契。景平元年三月，克之，契奔伊吾。

八月，芮芮來抄，蒙遜遣正德距之，正德輕騎進戰，軍敗見殺。乃以次子興國爲世子。

是歲，進蒙遜侍中、都督涼秦河沙四州諸軍事、驃騎大將軍、領護匈奴中郎將、西夷校尉、涼州牧，河西王，開府、持節如故。

太祖元嘉元年，枹罕虜乞佛熾槃出貂渠谷攻河西白草嶺、臨松郡，皆沒，執蒙遜從弟成都、從子日蹄、頗羅等而去。〔二八〕

三年，改驃騎爲車騎。世子興國遣使奉表，請周易及子集諸書，太祖並賜之，合四百七十五卷。蒙遜又就司徒王弘求搜神記，弘寫與之。

六年，蒙遜征枹罕，時乞佛熾槃死矣，子茂蔓大破蒙遜，生禽興國，殺三千餘人。蒙遜乃立興國母弟菩提爲世子，朝廷未知也。七年，以興國爲冠軍將軍、河西王世子。其年夏四月，西虜赫連定爲索虜拓跋燾所破，奔上邽。十一月，茂蔓聞定敗，將家戶及興國東征，欲移居上邽。八年正月至南安，定率衆禦茂蔓，大破之，殺茂蔓，執興國而還。四月，定避拓跋燾，欲渡河西擊蒙遜。五月，率部曲至治城峽口，渡河，濟未半，爲吐谷渾慕璝所邀，見獲，興國被創數日死。

九年，以菩提爲冠軍將軍、河西王世子。十年四月，蒙遜卒，時年六十六。私謚曰武宣王。菩提年幼，蒙遜第三子茂虔時爲酒泉太守，〔二九〕衆議推茂虔爲主，襲蒙遜位號。十一年，茂虔上表曰：「臣聞功以濟物爲高，非竹帛無以述德，名以當實爲美，非謚號無以休終。先臣蒙遜西復涼城，澤儈岷裔，芟夷羣暴，清灑區夏。暨運鍾有道，備大宋之宗臣，爵班九服，享惟永之丕祚，功名昭著，剋固貞節。考終由正，而請名之路無階，懿跡雖弘，而述敍之

美有缺。臣子痛感，咸用不安。謹案謚法，剋定禍亂曰武，善聞周達曰宣。先臣廓清河外，勳光天府，標牓稱迹，實兼斯義。輒上謚爲武宣王。若允天聽，垂之史筆，則幽顯荷榮，始終無恨。」詔曰：「使持節、侍中、都督秦河沙涼四州諸軍事、車騎大將軍、開府儀同三司、領護匈奴中郎將、西夷校尉、涼州牧河西王蒙遜，才兼文武，勳濟西服，爰自萬里，款誠夙著，方仗忠果，翼宣遠略，奄至薨隕，悽悼于懷。便遣使弔祭，并加顯謚。嗣子茂虔，纂戎前軌，乃心彌彰，宜蒙寵授，紹茲蕃業。可持節、散騎常侍、都督涼秦河沙四州諸軍事、征西大將軍、領護匈奴中郎將、西夷校尉、涼州刺史、河西王。」

河西人趙畋善歷算。十四年，茂虔奉表獻方物，并獻周生子十三卷，時務論十二卷，三國總略二十卷，俗問十一卷，十三州志十卷，文檢六卷，四科傳四卷，燉煌實錄十卷，涼書十卷，漢皇德傳二十五卷，亡典七卷，魏駮九卷，謝艾集八卷，古今字二卷，乘丘先生三卷，〔三〇〕周髀一卷，皇帝王歷三合紀一卷，趙畋傳并甲寅元歷一卷，孔子讚一卷，合一百五十四卷。茂虔又求晉、趙起居注諸雜書數十件，太祖賜之。

十六年閏八月，拓跋燾攻涼州，茂虔兄子萬年爲虜內應，茂虔見執。茂虔弟安彌縣侯無諱先爲征西將軍、沙州刺史、都督建康以西諸軍事、酒泉太守，第六弟武興縣侯儀德爲征東將軍、秦州刺史、都督丹嶺以西諸軍事、張掖太守。〔三一〕燾既獲茂虔，遣軍擊儀德，棄城奔無諱。於是無諱、儀德擁家戶西就從弟敦煌太守唐兒。燾使將守武威、酒泉、張掖而還。十七年正月，無諱使唐兒守敦煌，自與儀德伐酒泉，三月，剋之。攻張掖、臨松，得四萬餘戶，還據酒泉。十八年五月，唐兒反，無諱留從弟天周守酒泉，復與儀德討唐兒。唐兒將萬餘人出戰，大敗，執唐兒殺之，復據敦煌。七月，拓跋燾遣軍圍酒泉。十月，城中饑，萬餘口皆餓死，天周殺妻以食戰士，食盡，城乃陷，執天周至平城，殺之。于時虜兵甚盛，無諱衆饑，懼不自立，欲引衆西行。十一月，遣弟安周五千人伐鄯善，堅守不下。十九年四月，無諱自率萬餘家棄敦煌，西就安周，未至而鄯善王比龍將四千餘家走，因據鄯善。初，唐契自晉昌奔伊吾，是年攻高昌，高昌城主闞爽告急。〔三二〕八月，無諱留從子豐周守鄯善，自將家戶赴之。未至，而芮芮遣軍救高昌，殺唐契，部曲奔無諱。九月，無諱遣將衛寮夜襲高昌，〔三三〕爽奔芮芮，無諱復據高昌。

遣常侍氾儁奉表使京師，獻方物。太祖詔曰：「往年狡虜縱逸，侵害涼土，西河王茂虔遂至不守，淪陷寇逆，累世著誠，以爲矜悼。次弟無諱克紹遺業，保據方隅，外結鄰國，內輯民庶，係心闕庭，踐修貢職，宜加朝命，以褒篤勳。可持節、散騎常侍、都督涼河沙三州諸軍事、征西大將軍、領護匈奴中郎將、西夷校尉、涼州刺史、河西王。」

無諱卒，弟安周立。二十一年，詔曰：「故征西大將軍、河西王無諱弟安周，才略沈到，

世篤忠欵，統承遺業，民衆歸懷。雖亡士喪師，孤立異所，而能招率殘寡，攘寇自今，宜加榮授，垂軌先烈。可使持節、散騎常侍、都督涼河沙三州諸軍事、領西域戊己校尉、涼州刺史、河西王。」世祖大明三年，安周奉獻方物。

史臣曰：氐藉世業之資，胡因佩起之衆，結根百頃，跨有河西，雖戎夷猾夏，自擅荒服，而財力雄富，頗尚禮文。楊氏兵精地險，境接華漢，伺隙邊關，首鼠疆埸，遂西入白馬，東出黃金，乘晉壽之捷，構圍涪之釁，規呑黑水，志傾井絡，紀、郢之勢方危，樊、鄧之心屢駭。天子聽朝不怡，有懷辛、李之將，而齊之宣皇，率偏旅數百，定命先驅，推鋒直指，勢踰風電，雲徹席卷，致屆南城，遂北追奔，全勝萬里，敵人皆裹骨輿屍，越至險而自竄，其餘皆膏身山野，委骸川澤。既而裴、劉二將，藉其威聲，故使濁水靡旗，蘭皐失嶮，氐族轉徙奔亡，遺燼不滅者若綖，梁土獲乂，以迄于今。由此而言，功烈可謂盛矣。

校勘記

〔一〕晉武假征西將軍　「征西將軍」魏書氐傳、通典邊防典作「平西將軍」。

〔二〕名戊搜　「戊搜」，魏書氐傳、通典邊防典作「茂搜」。

〔三〕與堅頭分部曲　據魏書氐傳，堅頭，難敵弟。

〔四〕初子國率左右誅式王及宋奴　各本並脫「初」字，據魏書氐傳補。

〔五〕自號隴西王　各本並脫「隴」字，據魏書氐傳、晉書前秦載記補。

〔六〕興遣將王敏攻城因梁州別駕呂瑩求救於盛盛遣軍次澮口敏退　據晉書姚興載記：「晉義熙二年，平北將軍、梁州督護苻宣入漢中，興梁州別駕呂瑩、漢中徐逸、席難起兵應宣，求救於楊盛。盛遣軍臨澮口，南梁州刺史王敏退守武興。」通鑑晉安帝義熙三年：「氐王楊盛以平北將軍苻宣爲梁州督護，將兵入漢中，秦梁州別駕呂瑩等起兵應之。刺史王敏攻之，瑩等求援於盛。盛遣軍臨澮口，敏退屯武興。」可證宋書氐傳此段文有脫譌。

〔七〕宣乃還　北監本、毛本作「宜」，三朝本、殿本、局本作「寧」。按上文作「苻宣」，晉書姚興載記、通鑑亦作「苻宣」。作「宣」是，今訂正。

〔八〕太祖即以玄爲使持節征西將軍平羌校尉北秦州刺史武都王　「太祖」各本並作「明帝」。龔道耕蛛隱廬日箋云：「此段並述元嘉中事，明帝當作太祖。」按龔說是，今改正。

〔九〕法護將下　「將」字下各本並衍「軍」字，據通鑑宋元嘉十年刪。

〔一〇〕難當釋保宗遣鎭童亭　「童亭」，魏書氐傳、通鑑作「董亭」。水經渭水注：「涇谷水又東北歷董亭下。楊難當使兄子保宗鎭董亭，即此亭也。」

〔一一〕保宗奔　「奔」字下疑脫「索虜」二字。

〔一二〕梁州刺史劉眞道擊斬沖　「劉眞道」各本並作「劉道眞」，據本書劉懷肅傳眞道附傳乙正。下出並改。

〔一三〕巴西太守劉道錫嬰城固守　「劉道錫」各本並作「劉道鋃」，據建康實錄、通鑑宋元嘉十八年改。按劉道錫見本書卷六五劉道產傳。

〔一四〕安西參軍魯尚期追難當出寒峽　「寒峽」水經漾水注作「塞峽」。

〔一五〕達追擊斬齊　通鑑考異云：「後魏河間公齊傳云：『文德求援於宋，宋遣房亮之、苻昭、啖龍等帥衆助文德，斬龍，禽亮之，氐遂平，以功拜內都大官，卒。』然則宋書誤也。」

〔一六〕楊氏世祖西勞方忠累葉　張森楷校勘記云：「疑當作『楊氏世祖西方，勞忠累葉。』」

〔一七〕雍州刺史王玄謨上表曰　各本並脫「玄」字，據通鑑宋孝武帝孝建二年補。

〔一八〕文度遣弟龍驤將軍文弘伐仇池　「文弘」魏書本紀作「楊黽」，氐傳作「楊鼠」。蓋魏獻文帝名弘，魏史臣避諱改之。

〔一九〕封狄地王　晉書載記作「北地王」。

〔二〇〕又以蒙遜叔父羅仇爲西平太守　「叔父」晉書載記作「伯父」。

〔二一〕蒙遜將六七人逃山中　各本並脫「蒙遜」二字，據通鑑晉安帝隆安元年補。

〔二二〕殺酒泉太守壘滕　「壘滕」晉書載記、通鑑作「壘澄」。

〔二三〕業以蒙遜爲鎭西將軍臨池太守　「臨池太守」晉書載記、通鑑晉安帝隆安二年作「臨池侯」。

〔二四〕自稱車騎大將軍　御覽一二四引十六國春秋北涼錄作「大將軍、涼州牧」。晉書載記作「使持節、大都督、大將軍、涼州牧、張掖公」。並無「車騎大將軍」之稱。

〔二五〕蒙遜攻焦朗殺之　錢大昕廿二史考異云：「晉書云攻朗，克而宥之。與此傳不同。」

〔二六〕追到西支澗　「澗」各本並作「間」，據魏書盧水胡沮渠蒙遜傳、晉書載記改正。「西支」魏書、晉書作「解支」，錢大昕廿二史考異云：「解當作鮮，鮮西聲相近也。」

〔二七〕恂武衞將軍宋承廣武將軍張弘舉城降　各本並脫「張」字，據晉書涼武昭王傳補。

〔二八〕執蒙遜從弟成都從子日蹄頗羅等而去　「日蹄」通鑑宋文帝元嘉二年作「白蹄」。

〔二九〕蒙遜第三子茂虔時爲酒泉太守　「茂虔」御覽一二四引十六國春秋北涼錄、晉書載記同宋書。魏書、通鑑作牧健。錢大昕廿二史考異云：「茂虔，北史作牧犍。茂牧聲相近，犍與虔同音。」

〔三〇〕乘丘先生三卷　「乘丘」元龜二三二作「桑丘」。隋書經籍志雜家：「梁有桑丘先生書二卷，晉征南軍師楊偉撰，亡。」章宗源考證云：「案宋書大且渠蒙遜傳『乘丘先生』，即此『桑丘先生』也。生下當有書字。」

〔三一〕第六弟武興縣侯儀德爲征東將軍秦州刺史都督丹嶺以西諸軍事張掖太守　「儀德」魏書、通鑑作「宜得」。

〔三二〕高昌城主闞爽告急　「闞」各本並作「闕」，據北史改。北史西域傳：「太武時，有闞爽者，自爲高昌太守。」其後闞伯周爲高昌王。

〔三三〕無諱遣將衞寮夜襲高昌　「衞寮」魏書作「衞興奴」。

宋書卷九十九

列傳第五十九

二凶

元凶劭字休遠，文帝長子也。帝卽位後生劭，時上猶在諒闇，故祕之。三年閏正月，方云劭生。自前代以來，未有人君卽位後皇后生太子，唯殷帝乙旣踐阼，正妃生紂，至是又有劭焉。體元居正，上甚喜說。

年六歲，拜爲皇太子，中庶子二率入直永福省。更築宮，制度嚴麗。年十二，出居東宮，納黃門侍郎殷淳女爲妃。十三，加元服。好讀史傳，尤愛弓馬。及長，美須眉，大眼方口，長七尺四寸。親覽宮事，延接賓客，意之所欲，上必從之。東宮置兵，與羽林等。十七年，劭拜京陵，大將軍彭城王義康、竟陵王誕、尚書桂陽侯義融並從，司空江夏王義恭自江都來會京口。

二十七年，上將北伐，劭與蕭思話固諫，不從。索虜至瓜步，京邑震駭，劭出鎮石頭，總統水軍，善於撫御。上登石頭城，有憂色，劭曰：「不斬江湛、徐湛之，無以謝天下。」上曰：「北伐自我意，不關二人也。」

上時務在本業，勸課耕桑，使宮內皆蠶，欲以諷勵天下。有女巫嚴道育，本吳興人，自言通靈，能役使鬼物。夫爲劫，坐沒入奚官。劭姊東陽公主應閤婢王鸚鵡白公主云：「道育通靈有異術。」主乃白上，託云善蠶，求召入，見許。道育旣入，自言服食，主及劭並信惑之。始興王濬素佞事劭，與劭並多過失，慮上知，使道育祈請，欲令過不上聞。道育輒云：「自上天陳請，必不泄露。」劭等敬事，號曰天師。後遂爲巫蠱，以玉人爲上形像，埋於含章殿前。

初，東陽主有奴陳天興，鸚鵡養以爲子，而與之淫通。鸚鵡、天興及寧州所獻黃門慶國並預巫蠱事。劭以天興補隊主。東陽主薨，鸚鵡應出嫁，劭慮言語難密，與濬謀之。時吳興沈懷遠爲濬府佐，見待異常，乃嫁鸚鵡與懷遠爲妾，不以啓上，慮後事泄，因臨賀公主微言之。上後知天興領隊，遣閹人奚承祖詰讓劭曰：「臨賀公主南第先有一下人欲嫁，又聞此下人養他人奴爲兒，而汝用爲隊主，抽拔何乃速。汝間用主、副，並是奴邪？欲嫁置何處？」劭答曰：「南第昔屬天興，求將驅使，臣答曰：『伍那可得，若能擊賊者，可入隊。』當時蓋戲言耳，都不復憶。後天興道上通辭乞位，追存往爲者，不忍食言，呼視見其形容粗健，堪充驅使，脫爾使監禮兼隊副。比用人雖取勞舊，亦參用有氣幹者。謹條牒人名上呈。下人欲嫁者，猶未有處。」時鸚鵡已嫁懷遠矣。劭懼，馳書告濬，幷使報臨賀主：「上若問嫁處，當言未有定所。」濬答書曰：「奉令，伏深惶怖，啓此事多日，今始來問，當是有感發之者，未測源由耳。計臨賀故當不應翻覆言語，自生寒熱也。此姥由來挾兩端，難可孤保，正爾自問臨賀，冀得審實也。其若見問，當作依違答之。天興先署佞人府位，不審監上當無此簿領耳。急宜犍之。殿下已見王未？宜依此具令嚴自躬上啓聞。彼人若爲不已，〔二〕正可促其餘命，〔三〕或是大慶之漸。」凡劭、濬相與書疏類如此，所言皆爲名號，謂上爲「彼人」，或以爲「其人」，以太尉江夏王義恭爲「佞人」，東陽主第在西掖門外，故云「南第」，王卽鸚鵡姓，躬上啓聞者，令道育上天白天神也。

鸚鵡旣適懷遠，慮與天興私通事泄，請劭殺之。劭密使人害天興。慶國謂宜傳往來，唯有二人，天興旣死，慮將見及，乃具以其事白上。上驚惋，卽遣收鸚鵡，封籍其家，得劭、濬書數百紙，皆呪詛巫蠱之言，得所埋上形像於宮內。道育叛亡，討捕不得，上大怒，窮治其事，分遣中使入東諸郡搜討，遂不獲。上詰責劭、濬，劭、濬惶懼無辭，唯陳謝而已。道育變服爲尼，逃匿東宮，濬往京口，又載以自隨，或出止民張旿家。

江夏王義恭自盱眙還朝，上以巫蠱告之，曰：「常見典籍有此，謂之書傳空言，不意遂所

親覩。劭雖所行失道，未必便亡社稷，南面之日，非復我及汝事。汝兒子多，將來遇此不幸爾。」

先是二十八年，彗星起畢、昴，入太微，掃帝座端門，滅翼、軫。二十九年，熒惑逆行守氐，自十一月霖雨連雪，太陽罕曜。三十年正月，大風飛霰且雷。上憂有竊發，輒加劭兵衆，東宮實甲萬人。車駕出行，劭入守，使將白直隊自隨。

其年二月，濬自京口入朝，當鎮江陵，復載道育還東宮，欲將西上。有告上云：「京口民張旿家有一尼，服食，出入征北內，似是嚴道育。」上初不信，試使掩錄，得其二婢，云：「道育隨征北還都。」上謂劭、濬已當斥遣道育，而猶與往來，惆悵惋駭。乃使京口以船送道育二婢，須至檢覈，廢劭，賜濬死，以語濬母潘淑妃，淑妃具以告濬。濬馳報劭，劭因是異謀，每夜輒饗將士，或親自行酒，密與腹心隊主陳叔兒、詹叔兒、齋帥張超之、任建之謀之。

道育婢將至，其月二十一日夜，詐上詔云：「魯秀謀反，汝可平明守闕，率衆入。」因使超之等集素所畜養兵士二千餘人，皆使被甲，召內外幢隊主副，豫加部勒，云有所討。宿召前中庶子、右軍長史蕭斌，夜呼斌及左衞率袁淑、中舍人殷仲素、左積弩將軍王正見，並入宮，告以大事，自起拜斌等，因流涕，衆並驚愕，語在淑傳。明旦未開鼓，劭以朱服加戎服上，乘畫輪車，與蕭斌同載，衞從如常入朝之儀，守門開，從萬春門入。舊制，東宮隊不得入城，劭

與門衛云：「受敕，有所收討。」令後隊速來，張超之等數十人馳入雲龍、東中華門及齋閤，拔刃徑上合殿。上其夜與尚書僕射徐湛之屛人語，至旦燭猶未滅，直衞兵尚寢。超之手行弒逆，幷殺湛之。劭進至合殿中閤，太祖已崩，出坐東堂，蕭斌執刀侍直。呼中書舍人顧嘏，嘏震懼不時出，既至，問曰：「欲共見廢，何不蚤啓。」未及答，卽於前斬之。遣人於崇禮闥殺吏部尚書江湛。太祖左細杖主卜天與攻劭於東堂，見殺。又使人從東閤入殺潘淑妃，又殺太祖親信左右數十人。急召始興王濬，率衆屯中堂。又召太尉江夏王義恭、尚書令何尚之。

劭卽僞位，爲書曰：「徐湛之、江湛弒逆無狀，吾勒兵入殿，已無所及，號惋崩衄，肝心破裂。今罪人斯得，元凶克殄，可大赦天下。改元嘉三十年爲太初元年。文武並賜位二等，諸科一依丁卯。」初使蕭斌作詔，斌辭以不文，乃使侍中王僧綽爲之。使改元爲太初，劭素與道育所定。斌曰：「舊踰年改元。」劭以問僧綽，僧綽曰：「晉惠帝卽位，便改號。」劭喜而從之。百僚至者裁數十人，劭便遽卽位。卽位畢，稱疾還入永福省，然後遷大行皇帝升太極前殿。是日，以蕭斌爲散騎常侍、尚書僕射、領軍將軍，何尚之爲司空，前右衞率檀和之戍石頭，〔三〕侍中營道侯義綦爲征虜將軍、晉陵南下邳二郡太守，鎮京城，尚書殷沖爲侍中、中護軍。〔四〕大行皇帝大斂，劭辭疾不敢出。先給諸王及諸處兵仗，悉收還武庫。殺徐湛之、

江湛親黨新除始興內史荀赤松、新除尚書左丞臧凝之、山陰令傅僧祐、吳令江徽、前征北行參軍諸葛詡、右衞司馬江文綱。以殷仲素爲黃門侍郎，王正見爲左軍將軍，張超之及諸同逆聞人文子、徐興祖、詹叔兒、陳叔兒、任建之等，並將校以下龍驤將軍帶郡，各賜錢二十萬。遣人謂魯秀曰：「徐湛之常欲相危，我已爲卿除之矣。」使秀與屯騎校尉龐秀之對掌軍隊。以侍中王僧綽爲吏部尚書，司徒左長史何偃爲侍中。成服日，劭登殿臨靈，號慟不自持。博訪公卿，詢求治道，薄賦輕繇，損諸遊費。田苑山澤，有可弛者，假與貧民。

三月，遣大使分行四方，分浙以東五郡爲會州，省揚州立司隸校尉，以殷沖補之。以大將軍江夏王義恭爲太保，司徒南譙王義宣爲太尉，衞將軍、荆州刺史始興王濬進號驃騎將軍。王僧綽以先預廢立，見誅。長沙王瑾、瑾弟楷、臨川王燁、桂陽侯覬、新渝侯玠，〔五〕並以宿恨下獄死。禮官希旨，謚太祖不敢盡美稱，上謚曰中宗景皇帝。以雍州刺史臧質爲丹陽尹，進世祖號征南將軍，加散騎常侍，撫軍將軍南平王鑠中軍將軍，會稽太守隨王誕會州刺史。江夏王義恭以太保領大宗師，諮稟之科，依晉扶風王故事。

世祖及南譙王義宣、隨王誕諸方鎭並舉義兵。劭聞義師大起，悉聚諸王及大臣於城內，移江夏王義恭住尚書下舍，義恭諸子住侍中下省。自永初元年以前，相國府入齋、傳教、給使，免軍戶，屬南彭城薛縣。劭下書，以中流起兵，當親率六師，觀變江介，悉召下番

將吏。加三吳太守軍號，置佐領兵。四月，立妻殷氏爲皇后。

世祖檄京邑曰：

夫運不常隆，代有莫大之釁。爰自上葉，或因多難以成福，或階昏虐以兆亂，咸由君臣義合，理悖恩離，故堅冰之遘，每鍾澆末，未有以道御世，教化明厚，而當梟鏡反噬，難發天屬者也。先帝聖德在位，功格區宇，明照萬國，道洽無垠，風之所被，荒隅變識，仁之所動，木石開心。而賊劭乘藉冢嫡，夙蒙寵樹，正位東朝，禮絕君后，凶慢之情，發於齠齔，猜忍之心，成於幾立。賊濬險躁無行，自幼而長，交相倚附，共逞姦回。先旨以王室不造，家難亟結，故含蔽容隱，不彰其釁，訓誘啓告，冀能革音。何悟狂慝不悛，同惡相濟，肇亂巫蠱，終行弒逆，聖躬離荼毒之痛，社稷有翦墜之哀，四海崩心，人神泣血，生民以來，未聞斯禍。奉諱驚號，肝腦塗地，煩冤腷臆，容身無所。大將軍、諸王幽閉窮省，〔六〕存亡未測。徐僕射、江尚書、袁左率，皆當世標秀，一時忠貞，或正色立朝，或閑逆弗順，並橫分階闥，懸首都市。宗黨夷滅，豈伊一姓，禍毒所流，未知其極。

昔周道告難，齊、晉勤王，漢曆中圮，虛、牟立節，異姓末屬，猶或亡軀，況幕府職同昔人，義兼臣子，所以枕戈嘗膽，苟全視息，志梟元凶，少雪仇恥。今命冠軍將軍領諮

議中直兵柳元景、寧朔將軍領中直兵馬文恭等，統勁卒三萬，風馳徑造石頭，分趨白下。輔國將軍領諮議中直兵宗慤等，勒甲楯二萬，征虜將軍領司馬武昌內史沈慶之等，領壯勇五萬，相尋就路。支軍別統，或焚舟破釜，步自姑孰，或迅檝蕪湖，入據雲陽。凡此諸帥，皆英果權奇，智略深贍，名震中土，勳暢遐疆。幕府親董精悍一十餘萬，授律枕戈，駱驛繼邁。司徒叡哲淵謨，赫然震發，徵甲八州，電起荆郢。冠軍將軍臧質忠烈協舉，雷動漢陰。冠軍將軍朱脩之誠節亮款，悉力請奮。荆、雍百萬，稍次近塗，蜀、漢之卒，續已出境。又安東將軍誕、平西將軍遵考、前撫軍將軍蕭思話、征虜將軍魯爽、前寧朔將軍王玄謨，並密信俱到，不契同期，傳檄三吳，馳軍京邑，遠近俱發，揚旌萬里。樓艦騰川，則滄江霧咽，銳甲赴野，則林薄摧根。謀臣智士，雄夫毅卒，畜志須時，懷憤待用。先聖靈澤，結在民心，逆順大數，冥發天理，無父之國，天下無之。羽檄既馳，華夷響會，以此衆戰，誰能抗禦，以此義動，何往不捷。況逆醜無親，人鬼所背，計其同惡，不盈一旅，崇極羣小，是與比周，哲人君子，必加積忌。傾海注螢，頹山壓卵，商、周之勢，曾何足云。

諸君或奕世貞賢，身□皇渥，或勳烈肺腑，休否攸同。拘逼凶勢，俛眉寇手，含憤茹慼，不可爲心。大軍近次，威聲已接，便宜因變立功，洗雪滓累。若事有不獲，能背逆

歸順，亦其次也；如有守迷遂往，黨一凶類，刑茲無赦，戮及五宗。賞罰之科，信如日月。原火一燎，異物同灰，幸求多福，無貽後悔。書到宣告，咸使聞知。

劭自謂素習武事，語朝士曰：「卿等但助我理文書，勿措意戎陣。若有寇難，吾當自出，唯恐賊虜不敢動爾。」司隸校尉殷沖掌綜文符，左衞將軍尹弘配衣軍旅，蕭斌總衆事。中外戒嚴。防守世祖子於侍中下省，南譙王義宣諸子於太倉空屋。劭使濬與世祖書曰：「聞弟忽起狂檄，阻兵反噬，縉紳憤歎，義夫激怒。古來陵上內侮，誰不夷滅，弟洞覽墳籍，豈不斯具。今主上天縱英聖，靈武宏發，自登宸極，威澤兼宣，人懷甘死之志，物競舍生之節。弟蒙眷遇，著自少長，東宮之歡，其來如昨，而信惑姦邪，忘茲恩友，此之不義，人鬼同疾。今水步諸軍悉已備辦，上親御六師，太保又秉鉞臨統，吾與烏羊，相尋卽道。所以淹霆緩電者，猶冀弟迷而知返耳。故略示懷，言不盡意。主上聖恩，每厚法師，今在殿內住，想弟欲知消息，故及。」烏羊者，南平王鑠；法師，世祖世子小名也。

劭欲殺三鎮士庶家口，江夏王義恭、何尚之說之曰：「凡舉大事者，不顧家口。且多是驅逼，今忽誅其餘累，正足堅彼意耳。」劭謂爲然，乃下書一無所問。使褚湛之戍石頭，劉思考鎮東府。〔七〕濬及蕭斌勸劭勒水軍自上決戰，若不爾，則保據梁山。江夏王義恭慮義兵倉卒，船舫陋小，不宜水戰。乃進策曰：「賊駿少年未習軍旅，遠來疲弊，宜以逸待之。今遠出

梁山，則京都空弱，東軍乘虛，容能爲患。若分力兩赴，則兵散勢離。不如養銳待期，坐而觀釁。」劭善其議，〔八〕蕭斌厲色曰：「南中郎二十年少，業能建如此大事，豈復可量。三方同惡，勢據上流，沈慶之甚練軍事，柳元景、宗慤屢嘗立功。形勢如此，實非小敵。唯宜及人情未離，〔九〕尚可決力一戰。端坐臺城，何由得久。主相咸無戰意，此自天也。」劭不納。疑朝廷舊臣悉不爲己用，厚接王羅漢、魯秀，悉以兵事委之，多賜珍玩美色，以悅其意。羅漢先爲南平王鑠右軍參軍，劭以其有將用，故以心膂委焉。或勸劭保石頭城者，劭曰：「昔人所以固石頭，俟諸侯勤王爾。我若守此，誰當見救。唯應力戰決之，不然不剋。」日日自出行軍，慰勞將士，親督都水治船艦，焚南岸，驅百姓家悉渡水北。使有司奏立子偉之爲皇太子，以褚湛之爲後將軍、丹陽尹，置佐史，驃騎將軍始興王濬爲侍中、中書監、司徒、錄尚書六條事，中軍將軍南平王鑠爲使持節、都督南兗兗青徐冀五州諸軍事、征北將軍、開府儀同三司、南兗州刺史，新除左將軍、丹陽尹建平王宏爲散騎常侍、鎮軍將軍、江州刺史。

龐秀之自石頭先衆南奔，人情由是大震。以征虜將軍營道侯義綦卽本號爲湘州刺史，輔國將軍檀和之爲西中郎將、雍州刺史。

十九日，義軍至新林，劭登石頭烽火樓望之。二十一日，義軍至新亭。時魯秀屯白石，劭召秀與王羅漢共屯朱雀門。蕭斌統步軍，褚湛之統水軍。二十二日，使蕭斌率魯秀、王羅漢等精兵萬人攻新亭壘，劭登朱雀門躬自督率，將士懷劭重賞，皆爲之力戰。將克，而秀斂軍遽止，爲柳元景等所乘，故大敗。劭又率腹心同惡自來攻壘，元景復破之，劭走還朱雀門，蕭斌臂爲流矢所中。褚湛之攜二子與檀和之同共歸順。劭駭懼，走還臺城。其夜，魯秀又南奔。時江夏王義恭謀據石頭，會劭已令濬及蕭斌備守。劭並焚京都軍籍，置立郡縣，悉屬司隸爲民。以前軍將軍、輔國將軍王羅漢爲左衞將軍，輔國如故，左軍王正見爲太子左衞率。二十五日，義恭單馬南奔，自東掖門出，於冶渚過淮。東掖門隊主吳道興是臧質門人，冶渚軍主原稚孫是世祖故史，義恭得免。劭遣騎追討，騎至冶渚，義恭始得渡淮。義恭佐史義故二千餘人，隨從南奔，多爲追兵所殺。遣濬殺義恭諸子。以輦迎蔣侯神像於宮內，啓顙乞恩，拜爲大司馬，封鍾山郡王，〔一〇〕食邑萬戶，加節鉞。蘇侯爲驃騎將軍。使南平王鑠爲祝文，罪狀世祖。

加濬使持節、都督南徐會二州諸軍事、領太子太傅、南徐州刺史，給班劍二十人，征北將軍、南兗州刺史南平王鑠進號驃騎將軍，與濬並錄尚書事。二十七日，臨軒拜息偉之爲太子，百官皆戎服，劭獨衮衣。下書大赦天下，唯世祖、劉義恭、義宣、誕不在原例，餘黨一無所問。

先遣太保參軍庾道、員外散騎侍郎朱和之，〔一一〕又遣殿中將軍燕欽東拒誕。五月，世祖

所遣參軍顧彬之及誕前軍，並至曲阿，與道相遇，與戰，大破之。劭遣人焚燒都水西裝及左尚方，決破柏崗方山埭以絕東軍。又悉以上守家之丁巷居者，緣淮豎舶船爲樓，多設大弩。又使司隸治中監琅邪郡事羊希柵斷班瀆、白石諸水口。于時男丁既盡，召婦女親役。

其月三日，魯秀等募勇士五百人攻大航，鉤得一舶。王羅漢副楊恃德命使復航，羅漢昏酣作伎，聞官軍已渡，驚懼放仗歸降。緣渚幢隊，以次奔散，器仗鼓蓋，充塞街衢。是夜，劭閉守六門，於門內鑿塹立柵，以露車爲樓，城內沸亂，無復綱紀。丹陽尹尹弘、前軍將軍孟宗嗣等下及將吏，並踰城出奔。劭使詹叔兒燒輦及衮冕服。蕭斌聞大航不守，惶窘不知所爲，宣令所統，皆使解甲，自石頭遣息約詣闕請罪，尋戴白幡來降，卽於軍門伏誅。

四日，太尉江夏王義恭登朱雀門，總羣帥，遣魯秀、薛安都、程天祚等直趣宣陽門。劭軍主徐興祖、羅訓、虞丘要兒等率衆來降。劭先遣龍驤將軍陳叔兒東討，事急，召還。是日始入建陽門，遙見官軍，所領並棄仗走。劭腹心白直諸同逆先屯閶闔門外，並走還入殿。程天祚與安都副譚金因而乘之，卽得俱入。安都及軍主武念、宗越等相繼進，〔一二〕臧質大軍從廣莫門入，同會太極殿前，卽斬太子左衞率王正見。建平、東海等七王並號哭俱出。劭穿西垣入武庫井中，隊副高禽執之。濬率左右數十人，與南平王鑠於西明門出，俱共南奔。於越城遇江夏王義恭，濬下馬曰：「南中郎今何所作？」義恭曰：「四海無統，百司固請，上已

俯順羣心，君臨萬國。」又曰：「虎頭來得無晚乎？」義恭曰：「殊當恨晚。」又曰：「故當不死耶？」義恭曰：「可詣行闕請罪。」又曰：「未審猶能賜一職自効不？」義恭又曰：「此未可量。」勒與俱歸，於道斬首。

濬字休明，將產之夕，有鵩鳥鳴於屋上。元嘉十三年，年八歲，封始興王。十六年，都督湘州諸軍事、後將軍、湘州刺史。仍遷使持節、都督南豫豫司雍幷五州諸軍事、南豫州刺史，將軍如故。十七年，爲揚州刺史，將軍如故，置佐領兵。十九年，罷府。二十一年，加散騎常侍，進號中軍將軍。

明年，濬上言：「所統吳興郡，衿帶重山，地多汙澤，泉流歸集，疏決遲壅，時雨未過，已至漂沒。或方春輟耕，或開秋沈稼，田家徒苦，防遏無方。彼邦奧區，地沃民阜，一歲稱稔，則穰被京城，時或水潦，則數郡爲災。頃年以來，儉多豐寡，雖賑賚周給，傾耗國儲，公私之弊，方在未已。州民姚嶠比通便宜，以爲二吳、晉陵、義興四郡，同注太湖，而松江滬瀆壅噎不利，故處處涌溢，浸漬成災。欲從武康紵溪開漕谷湖，直出海口，一百餘里，穿渠浛必無閡滯。自去踐行量度，二十許載。去十一年大水，已詣前刺史臣義康欲陳此計，即遣主簿盛曇泰隨嶠周行，互生疑難，議遂寢息。既事關大利，宜加研盡，登遣議曹從事史虞長孫與吳興太守孔山士同共履行，准望地勢，格評高下，其川源由歷，莫不踐校，圖畫形便，詳加

算考，如所較量，決謂可立。尋四郡同患，非獨吳興，若此浛獲通，列邦蒙益。不有暫勞，無由永晏。然興創事大，圖始當難。今欲且開小漕，觀試流勢，輒差烏程、武康、東遷三縣近民，即時營作。若宜更增廣，尋更列言。昔鄭國敵將，史起畢忠，一開其說，萬世爲利。嶠之所建，雖則芻蕘，如或非妄，庶幾可立。」從之。功竟不立。

二十三年，給鼓吹一部。二十六年，出爲使持節、都督南徐兗二州諸軍事、征北將軍、開府儀同三司、南徐兗二州刺史，常侍如故。二十八年，遣濬率衆城瓜步山，解南兗州。三十年，徙都督荆雍益梁寧南北秦七州諸軍事、衞將軍、開府儀同三司、荆州刺史，領護南蠻校尉，持節、常侍如故。

濬少好文籍，姿質端妍。母潘淑妃有盛寵。時六宮無主，潘專總內政。濬人才既美，母又至愛，太祖甚留心。建平王宏、侍中王僧綽、中書侍郎蔡興宗並以文義往復。初，元皇后性忌，以潘氏見幸，遂以恚恨致崩，故劭深疾潘氏及濬。濬慮將來受禍，乃曲意事劭，劭與之遂善。多有過失，屢爲上所詰讓，憂懼，乃與劭共爲巫蠱。及出鎮京口，聽將揚州文武二千人自隨，優遊外藩，甚爲得意。在外經年，又失南兗，於是復願還朝。廬陵王紹以疾患解揚州，時江夏王義恭外鎮，濬謂州任自然歸己，而上以授南譙王義宣，意甚不悅。乃因員外散騎侍郎徐爰求鎮江陵，又求助於尚書僕射徐湛之。而尚書令何尚之等咸謂濬太子次弟，

不宜遠出。上以上流之重，宜有至親，故以授濬。時濬入朝，遣還京，爲行留處分。至京數日而巫蠱事發，時二十九年七月也。上惋歎彌日，謂潘淑妃曰：「太子圖富貴，更是一理。虎頭復如此，非復思慮所及。汝母子豈可一日無我耶。」濬小名虎頭。使左右朱法瑜密責讓濬，辭甚哀切，幷賜書曰：「鸚鵡事想汝已聞，汝亦何至迷惑乃爾。且沈懷遠何人，其詎能爲汝隱此耶？故使法瑜口宣，投筆惋慨。」濬慚懼，不知所答。濬還京，本暫去，上怒，不聽歸。其年十二月，中書侍郎蔡興宗問建平王宏曰：「歲無復幾，征北何當至？」宏歎息良久曰：「年內何必還。」在京以沈懷遠爲長流參軍，每夕輒開便門爲微行。上聞，殺其嬖人楊承先。明年正月，荆州事方行，二月，濬還朝。十四日，臨軒受拜。其日，藏嚴道育事發，明旦濬入謝，上容色非常。其夕，即加詰問，濬唯謝罪而已。潘淑妃抱持濬，泣涕謂曰：「汝始咒詛事發，猶冀刻己思愆，何意忽藏嚴道育耶。上責汝深，至我叩頭乞恩，意永不釋。今日用活何爲，可送藥來，當先自取盡，不忍見汝禍敗。」濬奮衣而去，曰：「天下事尋自當判，願小寬憂煎，必不上累。」

劭入弒之旦，濬在西州，府舍人朱法瑜奔告濬曰：「臺內叫喚，宮門皆閉，道上傳太子反，未測禍變所至。」濬陽驚曰：「今當奈何？」法瑜勸入據石頭。濬未得劭信，不知事之濟不，騷擾未知所爲。將軍王慶曰：「今宮內有變，未知主上安危，預在臣子，當投袂赴難。憑

城自守，非臣節也。」濬不聽，乃從南門出，徑向石頭，文武從者千餘人。時南平王鑠守石頭，兵士亦千餘人。俄而劭遣張超之馳馬召濬，濬屏人問狀，即戎服乘馬而去。朱法瑜固止濬，濬不從。出至中門，王慶又諫曰：「太子反逆，天下怨憤。明公但當堅閉城門，坐食積粟，不過三日，凶黨自離。公情事如此，今豈宜去。」濬曰：「皇太子令，敢有復言者斬。」既入，見劭，勸殺荀赤松等。劭謂濬曰：「潘淑妃遂爲亂兵所害。」濬曰：「此是下情由來所願。」其悖逆乃如此。

及劭將敗，勸劭入海，輦珍寶繒帛下船，與劭書曰：「船故未至，今晚期當於此下物令畢，願速敕謝賜出船艦。尼已入臺，願與之明日決也。臣猶謂車駕應出此，不爾無以鎮物情。」人情離散，故行計不果。濬書所云尼，即嚴道育也。

及劭入井，高禽於井中牽出之，劭問禽曰：「天子何在？」禽曰：「至尊近在新亭。」將劭至殿前，臧質見之慟哭，劭曰：「天地所不覆載，丈人何爲見哭。」質因辨其逆狀，答曰：「先朝當見枉廢，不能作獄中囚，問計於蕭斌，斌見勸如此。」又語質曰：「可得爲啓，乞遠徙不？」質答曰：「主上近在航南，自當有處分。」縛劭於馬上，防送軍門。既至牙下，據鞍顧望，太尉江夏王義恭與諸王皆共臨視之。義恭詰劭曰：「我背逆歸順，有何大罪，頓殺我家十二兒？」劭答曰：「殺諸弟，此事負阿父。」江湛妻庾氏乘車罵之，龐秀之亦加誚讓，劭厲聲曰：「汝輩復何

煩爾！」先殺其四子，謂南平王鑠曰：「此何有哉。」乃斬劭于牙下。臨刑歎曰：「不圖宗室一至於此。」〔一三〕

劭、濬及劭四子偉之、迪之、彬之，其一未有名，濬三子長文、長仁、長道，並梟首大航，暴尸於市。劭妻殷氏賜死於廷尉，臨死，謂獄丞江恪曰：「汝家骨肉相殘害，何以枉殺天下無罪人。」恪曰：「受拜皇后，非罪而何？」殷氏曰：「此權時爾，當以鸚鵡爲后也。」濬妻褚氏，丹陽尹湛之女，湛之南奔之始，即見離絕，故免於誅。其餘子女妾媵，並於獄賜死。投劭、濬尸首於江，其餘同逆，及王羅漢等，皆伏誅。張超之聞兵入，逆走至合殿故基，正於御床之所，爲亂兵所殺。割腸刳心，臠剖其肉，諸將生噉之，焚其頭骨。當時不見傳國璽，問劭，云：「在嚴道育處。」就取得之。道育、鸚鵡並都街鞭殺，於石頭四望山下焚其尸，揚灰于江。毁劭東宮所住齋，汙潴其處。

封高禽新陽縣男，食邑三百戶。追贈潘淑妃長寧園夫人，置守冢。

僞司隸校尉殷沖，丹陽尹尹弘，並賜死。沖爲劭草立符文，又妃叔父也。弘二月二十一日平旦入直，至西掖門，聞宮中有變，率城內禦兵至閤道下。及聞劭入，惶怖通啓，求受處分，又爲劭簡配兵士，盡其心力。弘，天水冀人，司州刺史沖弟也。爲太祖所委任。元嘉中，歷太子左右衞率、左右衞將軍，□人官爵高下，皆以委之。

史臣曰：甚矣哉，宋氏之家難也。自赫胥以降，立號皇王，統天南面，未聞斯禍。唯荆、莒二國，棄夏即戎，武靈胡服，亦背華典。戕賊之釁，事起肌膚，而因心之重，獨止此代。難興天屬，禍流牀第，愛敬之道，頓滅一時，生民得無左衽，亦爲幸矣。

校勘記

〔一〕彼人若爲不已　「若」字下通鑑宋元嘉二十九年有「所」字。

〔二〕正可促其餘命　「促」各本並作「保」，據南史、通鑑宋元嘉二十九年改。

〔三〕前右衞率檀和之戍石頭　「右衞率」林邑傳作「左衞率」。

〔四〕尙書殷沖爲侍中護軍　「殷沖」各本並作「殷仲景」。孫虨宋書考論云：「據殷淳傳，殷沖以度支尙書爲元凶侍中、護軍。此殷仲景又一人，按即沖字誤，又衍景字。」按孫說是，今改正。

〔五〕新渝侯玠　各本並作「新論侯球」，據南史、通鑑、本書長沙王道鄰傳改。

〔六〕大將軍諸王幽閉窮省　「閉」各本並作「閑」。龔道耕蛛隱廬日箋云：「閑當作閉。」按龔說是，今改正。

〔七〕劉思考鎭東府　「劉思考」各本並作「劉思孝」。張森楷校勘記云：「當作劉思考。」按劉思考見宗室營浦侯遵考傳，張校是，今改正。

〔八〕劭普其議　「議」各本並作「義」，據南史改。

〔九〕唯宜及人情未離　各本並脫「未離」二字，據通鑑補。

〔一〇〕封鍾山郡王　通鑑無「郡」字，是。鍾山，山名，非郡名。

〔一一〕先遣太保參軍庾道員外散騎侍郎朱和之　「庾道」竟陵王誕傳、元龜三七九作「庾導」，南史作「庾遵」。

〔一二〕安都及軍主武念宗越等相繼進　「宗越」各本並作「宋越」，據本書宗越傳改。

〔一三〕不圖宗室一至於此　「宗室」南史作「宋室」。

宋書卷一百

列傳第六十

自序

昔少皞金天氏有裔子曰昧，爲玄冥師，生允格、臺駘。臺駘能業其官，宣汾、洮，障大澤以處太原，帝顓頊嘉之，封諸汾川。其後四國，沈、姒、蓐、黄。沈子國，今汝南平輿沈亭是也。〔一〕春秋之時，列於盟會。定公四年，諸侯會召陵伐楚，沈子不會，晉使蔡伐沈，滅之，以沈子嘉歸。其後因國爲氏。自茲以降，譜諜罔存。秦末有沈逞，徵丞相，不就。漢初逞曾孫保，封竹邑侯。保子遵，自本國遷居九江之壽春，官至齊王太傅、敷德侯。遵子達，驃騎將軍。達子乾，尚書令。乾子弘，南陽太守。弘子勗，河內守。勗子奮，御史中丞。奮子恪，將作大匠。恪子謙，尚書、關內侯。謙子靖，濟陰太守。靖子戎字威卿，仕州爲從事，說降劇賊尹良，漢光武嘉其功，封爲海昏縣侯，辭不受。因避地徙居會稽烏程縣之餘不鄉，遂

世家焉。順帝永建元年，分會稽爲吳郡，復爲吳郡人。靈帝初平五年，分烏程、餘杭爲永安縣，吳孫晧寶鼎二年，分吳郡爲吳興郡，復爲郡人，雖邦邑屢改，而築室不遷。晉武帝平吳後，太康二年，改永安爲武康縣，史臣七世祖延始居縣東鄉之博陸里餘烏邨。王父從官京師，義熙十一年，高祖賜館于建康都亭里之運巷。

戎子酆字聖通，零陵太守，致黄龍芝草之瑞。第二子滸字仲高，安平相。少子景，河間相，演之、慶之、曇慶、懷文其後也。〔二〕滸子鸞字建光，少有高名，州舉茂才，公府辟州別駕從事史。時廣陵太守陸稠，鸞之舅也，以義烈政績，顯名漢朝，復以女妻鸞。年二十三，早卒。子直字伯平，州舉茂才，亦有清名，年二十八卒。

子儀字仲則，少有至行，兄瑜十歲儀九歲而父亡，居喪過禮，毀瘠過於成人。外祖會稽盛孝章，漢末名士也，深加憂傷，每撫慰之，曰：「汝並黄中沖爽，終成奇器，何爲逾制，自取殄滅邪。」三年禮畢，殆至滅性，故兄弟並以孝著。瑜早卒。儀篤學有雅才，〔三〕以儒素自業。時海內大亂，兵革並起，經術道弛，士少全行，而儀淳深隱默，守道不移，風操貞整，不妄交納，唯與族子仲山、叔山及吳郡陸公紀友善。州郡禮請，二府交辟，公車徵，並不屈，以壽終。

子憲字元禮，左中郎、新都都尉、定陽侯，才志顯於吳朝。子矯字仲桓，以節氣立名，仕

爲立武校尉、偏將軍，封列侯，建威將軍、新都太守。孫晧時，有將帥之稱。吳平後，爲鬱林、長沙太守，並不就。太康末卒。子陵字景高，太傅東海王越辟爲從事。元帝之爲鎮東將軍，命參軍事。徐馥作亂，殺吳興太守袁琇，陵討平之。子延字思長，桓溫安西參軍、潁川太守。子賀字子寧，桓沖南中郎參軍，圍袁眞於壽陽，遇疾卒。

子警字世明，惇篤有行業，學通左氏春秋。家世富殖，財產累千金，仕郡主簿，後將軍謝安命爲參軍，甚相敬重。警內足於財，爲東南豪士，無仕進意，謝病歸，安固留不止，乃謂警曰：「沈參軍，卿有獨善之志，不亦高乎。」警曰：「使君以道御物，前所以懷德而至，既無用佐時，故遂飲啄之願耳。」還家積載，以素業自娛。前將軍、青兗二州刺史王恭鎮京口，與警有舊好，復引爲參軍，手書慇懃，苦相招致，不得已而應之，尋復謝職。子穆夫字彥和，少好學，亦通左氏春秋。王恭命爲前軍主簿，與警書曰：「足下既執不拔之志，高臥東南，故屈賢子共事，非以吏職嬰之也。」初，錢唐人杜子恭通靈有道術，東土豪家及京邑貴望，並事之爲弟子，執在三之敬。警累世事道，亦敬事子恭。子恭死，門徒孫泰、泰弟子恩傳其業，警復事之。隆安三年，恩於會稽作亂，自稱征東將軍，三吳皆響應。穆夫時在會稽，恩以爲前部參軍、振武將軍、餘姚令。其年十二月二十八日，恩爲劉牢之所破，輔國將軍高素於山陰回踵埭執穆夫及僞吳郡太守陸瓌之、吳興太守丘尩，並見害，函首送京邑，事見隆安故事。先

是宗人沈預素無士行，爲警所疾，至是警聞穆夫預亂，逃藏將免矣，預以告官，警及穆夫、弟仲夫、任夫、預夫、佩夫並遇害，唯穆夫子淵子、雲子、田子、林子、虔子獲全。

淵子字敬深，少有志節，隨高祖克京城，封繁時縣五等侯。參鎮軍、車騎中軍事，又爲道規輔國、征西參軍，領寧蜀太守。與劉基共斬蔡猛於大簿，還爲太尉參軍，從征司馬休之，與徐逵之同沒。時年三十五。

子正字元直，淹詳有器度，美風姿，善容止，好老、莊之學。弱冠，州辟從事。宗人光祿大夫演之稱之曰：「此宗中千里駒也。」出爲始寧、烏傷、婁令，母憂去職。服闋，爲隨王誕後軍安南行參軍。誕鎮會稽，復參安東軍事。元嘉三十年，元凶弒立，分江東爲會州，以誕爲刺史。誕將受命，正說司馬顧琛曰：「國家此禍，開闢未聞，今以江東義銳之衆，爲天下倡始，若馳一介，四方詎不響應。以此雪朝庭冤恥，大明臣子之節，豈可北面凶逆，使殿下受其僞寵。」琛曰：「江東忘戰日久，士不習兵。雖云逆順不同，然强弱又異，當須四方有義舉者，然後應之，不爲晚也。」正曰：「天下若有無父之國，則可矣。苟其不爾，寧可自安讎恥，而責義於餘方。今正以弒逆冤醜，義不同戴，舉兵之日，豈求必全耶。馮衍有言，大漢之貴臣，將不如荆、齊之賤士乎。況殿下義兼臣子，事實家國者哉。」琛乃與正俱入說誕，誕猶預未決。會尋陽義兵起，世祖使至，誕乃加正寧朔將軍，領軍繼劉季之。誕入爲驃騎大將軍，正爲中

兵參軍，遷長水校尉。孝建元年，移青州鎮歷城，臨淄地空，除寧朔將軍、齊北海二郡太守，委以全齊之任。未拜，二年卒，時年四十三。正生好樂，厚自奉養，既終之後，家無餘財。

淵子弟雲子，元嘉中，爲晉安太守。

雲子子煥字士蔚，少爲駙馬都尉、奉朝請。元凶之入弑也，煥時兼中庶子，直坊，逼從入臺。劭既自立，以爲羽林監，辭不拜，拜員外散騎侍郎，使防南譙王義宣諸子，事在義宣傳。仍除丞相行參軍，員外散騎侍郎，南昌令，有能名。晉平王休祐驃騎中兵記室參軍，同僚皆以諂進，煥獨不。頃之，記室參軍周敬祖等爲太宗所責得罪，轉煥諮議參軍。後廢帝元徽中，以爲寧遠將軍、交州刺史，未至鎮，病卒，時年四十五。

田子字敬光，雲子弟也。從高祖克京城，進平京邑，參鎮軍軍事，封營道縣五等侯。義熙五年，高祖北伐鮮卑，田子領偏師，與龍驤將軍孟龍符爲前鋒。慕容超屯臨朐以距大軍，龍符戰沒，田子力戰破之。及盧循逼京邑，高祖遣田子與建威將軍孫季高由海道襲廣州，加振武將軍。循黨徐道覆還保始興，田子復與右將軍劉藩同共攻討。循尋還廣州圍季高，田子慮季高孤危，謂藩曰：「廣州城雖險固，本是賊之巢穴，今循還圍之，或有內變。且季高衆力寡弱，不能持久。若使賊還據此，凶勢復振。下官與季高同履艱難，汎滄海，於萬死之中，克平廣州，豈可坐視危逼，不相拯救。」於是率軍南還，比至，賊已收其散卒，還圍廣

州。季高單守危迫，聞田子忽至，大喜。田子乃背水結陳，身率先士卒，一戰破之。於是推鋒追討，又破循於蒼梧、鬱林、寧浦。還至廣州，而季高病死。既兵荒之後，山賊競出，攻沒城郭，殺害長吏，田子隨宜討伐，旬日平殄。除太尉參軍、振武將軍、淮陵內史，賜爵都鄉侯。復參世子征虜軍事，將軍、內史如故。八年，從討劉毅。十一年，復從討司馬休之，領別軍，與征虜將軍趙倫之，參征虜軍事、振武將軍、扶風太守。〔四〕

十二年，高祖北伐，田子與順陽太守傅弘之各領別軍，從武關入，屯據青泥。姚泓欲自禦大軍，慮田子襲其後，欲先平田子，然後傾國東出。乃率步軍數萬，奄至青泥。田子本爲疑兵，所領裁數百，欲擊之。傅弘之曰：「彼衆我寡，難可與敵。」田子曰：「師貴用奇，不必在衆。」弘之猶固執，田子曰：「衆寡相傾，勢不兩立。若使賊圍既固，人情喪沮，事便去矣。及其未整，薄之必克，所謂先人有奪人之志也。」便獨率所領鼓而進。合圍數重，田子撫慰士卒曰：「諸君捐親戚，棄墳墓，出矢石之間，正希今日耳。封侯之業，其在此乎。」乃棄糧毁舍，躬勒士卒，前後奮擊，所向摧陷。所殺萬餘人，得泓僞乘輿服御。高祖表言曰：「參征虜軍事、振武將軍、扶風太守沈田子，率領勁鋭，背城電激，身先士卒，勇冠戎陳，奮寡對衆，所向必摧，自辰及未，斬馘千數。泓喪旗棄衆，奔還霸西，咸陽空盡，義徒四合，清蕩餘燼，勢在跂踵。」天子慰勞高祖曰：「逋寇阻隘，

晏安假日，舉斧函谷，規延王誅，羣師勤王，將離寒暑。公躬秉鈇鉞，稜威首塗，戎輅載脂，則郊壘疊卷，崤陝甫踐，則潼塞開扃。姚泓窘逼，棄城送死，藍田偏師，覆之霸川，甲首成林，俘獲蔽野，僞首奔迸，華、戎雲集，積紀逋寇，旦夕夷殄。」長安既平，高祖燕于文昌殿，舉酒賜田子曰：「咸陽之平，卿之功也。」卽以咸陽相賞。田子謝曰：「咸陽之平，此實聖略所振，武臣效節，田子何力之有。」卽授咸陽、始平二郡太守。大軍既還，桂陽公義眞留鎮長安，以田子爲安西中兵參軍、龍驤將軍、始平太守。時佛佛來寇，田子與安西司馬王鎮惡俱出北地禦之。初，高祖將還，田子及傅弘之等並以鎮惡家在關中，不可保信，屢言之高祖。高祖曰：「今留卿文武將士精兵萬人，彼若欲爲不善，正足自滅耳。勿復多言。」及俱出北地，論者謂鎮惡欲盡殺諸南人，以數千人送義眞南還，〔五〕因據關中反叛。田子與弘之謀，矯高祖令誅之，併力破佛佛，安關中，然後南還謝罪。田子宗人沈敬仁驍果有勇力，田子於弘之營內請鎮惡計事，使敬仁於坐殺之，率左右數十人自歸義眞。長史王修收殺田子於長安稾倉門外，是歲義熙十四年正月十五日也。時年三十六。田子初以功應封，因此事寢。高祖表天子，以田子卒發狂易，不深罪也。無子，弟林子以第二子亮爲後。

亮字道明，清操好學，善屬文。未弱冠，州辟從事。會稽太守孟顗在郡不法，亮糾劾免官，又言災異，轉西曹主簿。時三吳水淹，穀貴民饑，刺史彭城王義康使立議以救民急，亮

議以：「東土災荒，民凋穀踊，富民蓄米，日成其價。宜班下所在，隱其虛實，令積蓄之家，聽留一年儲，餘皆勒使糶貨，爲制平價，此所謂常道行於百世，權宜用於一時也。又緣淮歲豐，邑富地穰，麥既已登，黍粟行就，可析其估賦，仍就交市，三吳饑民，卽以貸給，使强壯轉運，以贍老弱。且酒有喉脣之利，而非飡餌所資，尤宜禁斷，以息遊費。」卽並施行。世祖出鎮歷陽，行參征虜軍事。民有盜發冢者，罪所近村民，與符伍遭劫不赴救同坐。亮議曰：

尋發冢之情，事止竊盜，徒以侵亡犯死，故同之嚴科。夫穿掘之侶，必銜枚以晦其迹；劫掠之黨，必歡呼以威其事。故赴凶赫者易，應潛密者難。且山原爲無人之鄉，丘壟非恒塗所踐，至於防救，不得比之村郭。督實劾名，〔六〕理與劫異，則符伍之坐，居宜降矣。又結罰之科，雖有同符伍之限，而無遠近之斷。

夫冢無村界，當以比近坐之，若不域之以界，則數步之內，與十里之外，便應同罹其責。防民之禁，不可頓去，止非之憲，宜當其律。愚謂相去百步內赴告不時者，〔七〕一歲刑，自此以外，差不及罰。

又啓太祖陳府事曰：「伏見西府兵士，或年幾八十，而猶伏隸；或年始七歲，而已從役。衰耗之體，氣用湮微，兒弱之軀，肌膚未實，而使伏勤昏稚，騖苦傾晚，於理既薄，爲益實輕。書制休老以六十爲限，役少以十五爲制，若力不周務，故當粗存優減。」詔曰：「前已令卿兄改

革，尋值還回，竟是不施行耶，今更勑西府也。」時營創城府，功課嚴促，亮又陳之曰：

經始城宇，莫非造創，基築既廣，夫課又嚴，不計其勞，苟務其速，以歲月之事，求不日之成。比見役人未明上作，閉鼓乃休，呈課既多，理有不逮。至於息日，拘備關限，方涉暑雨，多有死病，頃日所承，亦頗有逃逸。竊惟此既內蕃，事殊外鎮，撫莅之宜，無繫早晚。若得少寬其工課，稍均其優劇，徒隸既苦，易以悅加，考其卒功，廢闕無幾。

臣聞不居其職，不謀其事，庖割有主，尸不越樽，豈臣疎小，所當預議。但臣泳恩歲厚，服義累世，苟是所懷，忘其常體。

詔答曰：「啓之甚佳。此亦由來常患，比屢敕之，猶復如此，甚爲無理。近復令孟休宣旨，想當不同，卿比可密觀其優劇也。」始興王濬臨揚州，復爲主簿、秣陵令，善擿姦伏，有非必禽。太祖稱其能，入爲尚書都官郎。

襄陽地接邊關，江左來未有皇子重鎮。元嘉二十二年，世祖出爲撫軍將軍、雍州刺史。天子甚留心，以舊宛比接二關，咫尺崤、陝，蓋襄陽之北扞，且表裏強蠻，盤帶疆埸，以亮爲南陽太守，加揚武將軍。邊蠻畏服，皆納賦調，有數村狡猾，亮悉誅之。遣吏巡行諸縣，孤寡老疾不能自存者，皆就餼養，耆年老齒，歲時有餼。時儒學崇建，亮開置庠序，訓授生徒。

民多發冢，幷婚嫁違法，皆嚴爲條禁。郡界有古時石堨，蕪廢歲久，亮籤世祖修治之，曰：「施生興業，首教農畝，立民崇政，訓本播穡，故能殷邦康俗，禮節用成。頃北洛侵蕪，南宛彫毀，獫狁肆凶，犬夷充疆，遠肅烽驛，近虞郊閈，遂使沃衍弗井，亘防莫修，窮力輟耕，闕於分地，凶荒無待，流冗及今。禮化孚內，威禁淸外，斯實去盜修甽，昭農緖稼之時，弘圖廣務，拓土祈年之日。殿下降心育物，振民復古，且方提封榛棘，綏入殊荒。竊見郡境有舊石堨，區野腴潤，實爲神皋，而蕪決稍積，久廢其利，凡管所見，謂宜創立。昔文翁守官，起沃成產，偉連撫民，開輿增業，惠昭二邦，庸列兩漢。雖効政圖功，不見所絕，聯事惟忝，憂同職同。」□□□□□□□□□□□□又修治馬人陂，民獲其利。在任四年，還南譙王義宣司空中兵參軍，詔曰：「陝西心膂須才，故授卿此職。」隨王誕鎮襄陽，復爲後軍中兵，領義成太守。亮莅官淸約，爲太祖所嘉，賜以車馬服玩，前後累積。每遠方貢獻絕國勳器，輒班賚焉。又賜書二千卷。二十七年，卒官，時年四十七。所著詩、賦、頌、讚、三言、誄、哀辭、祭告請雨文、樂府、挽歌、連珠、敎記、白事、牋、表、籤、議一百八十九首。

林子字敬士，田子弟也。少有大度，年數歲，隨王父在京口，王恭見而奇之，曰：「此兒王子師之流也。」與衆人共見遺寶，咸爭趣之，林子直去不顧。年十三，遇家禍，時雖逃竄，而哀號晝夜不絕聲。王母謂之曰：「汝當忍死強視，何爲空自殄絕。」林子曰：「家門酷橫，無復假日之心，直以至讎未復，故且苟存耳。」一門既陷妖黨，兄弟並應從誅，逃伏草澤，常慮及禍，而沈預家甚強富，志相陷滅。林子與諸兄晝藏夜出，卽貨所居宅，營墓葬父祖諸叔，凡六喪，儉而有禮。時生業已盡，老弱甚多，東土饑荒，易子而食，外迫國網，內畏強讎，沈伏山草，無所投厝。時孫恩屢出會稽，諸將東討者相續，劉牢之、高素之放縱其下，虜暴縱橫，獨高祖軍政嚴明，無所侵犯。林子乃自歸曰：「妖賊擾亂，僕一門悉被驅逼，父祖諸叔，同罹禍難，猶復偷生天壤者，正以仇讎未復，親老漂寄耳。今日見將軍伐惡旌善，是有道之師，謹率老弱，歸罪請命。」因流涕哽咽，三軍爲之感動。高祖甚奇之，謂曰：「君既是國家罪人，強讎又在鄉里，唯當見隨還京，可得無恙。」乃載以別船，遂盡室移京口，高祖分宅給焉。博覽衆書，留心文義，從高祖剋京城，進平都邑。時年十八，身長七尺五寸。沈預慮林子爲害，常被甲持戈。至是林子與兄田子還東報讎。五月夏節日至，預正大集會，子弟盈堂，林子兄弟挺身直入，斬預首，男女無長幼悉屠之，以預首祭父、祖墓。仍爲本郡所命，劉毅又板爲冠軍參軍，[八]並不就。林子以家門荼蓼，無復仕心，高祖敦逼，至彌年不起。及高祖爲揚州，辟爲從事，謂曰：「卿何由遂得不仕。頃年相申，欲令萬物見卿此心耳。」固辭不得已，然後就職，領建熙令，封資中縣五等侯，時年二十一。

義熙五年，從伐鮮卑，行參鎭軍軍事。大軍於臨朐交戰，賊遣虎班突騎馳軍後，林子率

精勇東西奮擊，皆大破之。慕容超退守廣固，復與劉敬宣攻其西隅。廣固既平，而盧循奄至。初，循之下也，廣固未拔，循潛遣使結林子及宗人叔長。林子卽密白高祖，叔長不以聞，反以循旨動林子。叔長素驍果，高祖以超未平，隱之，還至廣固，乃誅叔長。謂林子曰：「昔魏武在官渡，汝、兗之士，多懷貳心，唯李通獨斷大義，古今一也。」循至蔡洲，貴遊之徒，皆議遠徙，唯林子請移家京邑，高祖怪而問之，對曰：「耿純盡室從戎，李典舉宗居魏。林子雖才非古人，實受恩深重。」高祖稱善久之。林子時領別軍於石頭，屢戰摧寇。循每戰無功，乃僞揚聲當悉衆於白石步上，而設伏於南岸，故大軍初起白石，留林子與徐赤特斷拒查浦。[九]林子乃進計曰：「此言妖詐，未必有實，宜深爲之防。」高祖曰：「石頭城險，且淮柵甚固，留卿在後，[一〇]足以守之。」大軍既去，賊果上，赤特將擊之，林子曰：「賊聲往白石，而屢來挑戰，其情狀可知矣。賊養銳待期，而吾衆不盈二旅，難以有功。今距守此險，足以自固。若賊僞計不立，大軍尋反，君何患焉。」赤特曰：「今賊悉衆向白石，留者必皆羸老，以銳卒擊之，無不破也。」便鼓譟而出，賊伏兵齊發，赤特軍果敗，棄軍奔北岸，林子率軍收赤特散兵，進戰，摧破之。徐道覆乃更上銳卒，沿塘數里。林子策之曰：「賊沿塘結陣，戰者不過一隊。今我據其津而阨其要，彼雖銳師數里，不敢過而東必也。」於是乃斷塘而鬭。久之，會朱齡石救至，與林子幷勢，賊乃散走。大軍至自白石，殺赤特以殉，以林子參中軍軍事。

從征劉毅，轉參太尉軍事。十一年，復從討司馬休之。高祖每征討，林子輒摧鋒居前，雖有營部，至於宵夕，輒勑還內侍。賊黨郭亮之招集蠻衆，屯據武陵，武陵太守王鎮惡出奔，〔一一〕林子率軍討之，斬亮之於七里澗，納鎮惡。武陵既平，復討魯軌於石城，軌棄衆奔襄陽，復追躡之。襄陽既定，權留守江陵。

十二年，高祖領平北將軍，林子以太尉參軍，復參平北軍事。其冬，高祖伐羌，復參征西軍事，悉署三府中兵，加建武將軍，統軍爲前鋒，從汴入河。時襄邑降人董神虎有義兵千餘人，高祖欲綏懷初附，卽板爲太尉參軍，加揚武將軍，領兵從戎。林子率神虎攻倉垣，剋之，神虎伐其功，徑還襄邑。林子軍次襄邑，卽殺神虎而撫其衆。時僞建威將軍、河北太守薛帛先據解縣，林子至，馳往襲之，帛棄軍奔關中，林子收其兵糧。僞幷州刺史、河東太守尹昭據蒲坂，林子於陝城與冠軍檀道濟同攻蒲坂，龍驤王鎮惡攻潼關。姚泓聞大軍至，遣僞東平公姚紹爭據潼關。林子謂道濟曰：「今蒲坂城堅池深，不可旬日而剋，攻之則士卒傷，守之則引日久，不如棄之，還援潼關。且潼關天阻，所謂形勝之地，鎮惡孤軍，勢危力屈。若使姚紹據之，則難圖也。及其未至，當幷力爭之。若潼關事捷，尹昭可不戰而服。」〔一二〕道濟從之。既至，紹舉關右之衆，設重圍圍林子及道濟、鎮惡等。時懸師深入，糧輪艱遠，三軍疑阻，莫有固志。道濟議欲渡河避其鋒，或欲棄捐輜重，還赴高祖，林子按劍

曰：「相公勤王，志清六合，許、洛已平，關右將定，事之濟否，所係前鋒。今捨已捷之形，棄垂成之業，大軍尙遠，賊衆方盛，雖欲求還，豈可復得。下官受命前驅，誓在盡命，今日之事，自爲將軍辦之。然二三君子，或同業艱難，或荷恩罔極，以此退撓，亦何以見相公旗鼓耶。」塞井焚舍，示無全志，率麾下數百人犯其西北，紹衆小靡，乘其亂而薄之，紹乃大潰，俘虜以千數，悉獲紹器械資實。時諸將破賊，皆多其首級，而林子獻捷書至，每以實聞，高祖問其故，林子曰：「夫王者之師，本有征無戰，豈可復增張虛獲，以自夸誕。國淵以事實見賞，魏尙以盈級受罰，此亦前事之師表，後乘之良轍也。」高祖曰：「乃所望於卿也。」

初，紹退走，還保定城，留僞武衞將軍姚鸞精兵守嶮。林子銜枚夜襲，卽屠其城，劓鸞而坑其衆。高祖賜書曰：「頻再破賊，慶快無譬。既屢摧破，想不復久耳。」紹復遣撫軍將軍姚讚將兵屯河上，絕水道。讚壘壍未立，林子邀擊，連破之，讚輕騎得脫，衆皆奔散。紹又遣長史領軍將軍姚伯子、寧朔將軍安鸞、護軍姚默騾、平遠將軍河東太守唐小方率衆三萬，屯據九泉，〔一三〕憑河固險，以絕糧援。高祖以通津阻要，兵糧所急，復遣林子爭據河源。林子率太尉行參軍嚴綱、竺靈秀卷甲進討，累戰，大破之，卽斬伯子、默騾、小方三級，所俘馘及驢馬器械甚多。所虜獲三千餘人，悉以還紹，使知王師之弘。兵糧兼儲，三軍鼓行而西矣。或曰：「彼去國遠鬬，其鋒不可當。」林子白高祖曰：「姚紹氣蓋關右，而力以勢屈，外兵

屢敗，衰亡協兆，但恐凶命先盡，不得以釁齊斧耳。」尋紹〔疽發背死。高祖以林子言驗，乃賜書曰：「姚紹〕忽死，〔一四〕可謂天誅。」於是讚統後事，鳩集餘衆，復襲林子。林子率師禦之，旗鼓未交，一時披潰，讚輕騎遁走。既連戰皆捷，士馬旌旗甚盛，高祖賜書勸勉，幷致縑帛肴漿。

高祖至閿鄉，姚泓掃境內之民，屯兵嶢柳。時田子自武關北入，屯軍藍田，泓自率大衆攻之。高祖慮衆寡不敵，遣林子步自秦嶺，以相接援。比至，泓已摧破，兄弟復共追討，泓乃舉衆奔霸西。田子欲窮追，進取長安，林子止之，曰：「往取長安，如指掌耳。復剋賊城，便爲獨平一國，不賞之功也。」田子乃止。復參相國事，總任如前。林子威聲遠聞，三輔震動，關中豪右，望風請附。西州人李焉等並求立功，孫姐羌雜夷及姚泓親屬，盡相率歸林子。高祖以林子綏略有方，頻賜書褒美，幷令深慰納之。長安既平，殘羌十餘萬口，西奔隴上，林子追討至寡婦水，轉鬬達于槐里，剋之，俘獲萬計。

大軍東歸，林子領水軍於石門，以爲聲援。還至，〔朝議欲授以一州八〕郡，〔一五〕高祖器其才智，不使出也。故出仕以來，便管軍要，自非戎車所指，〔一六〕未嘗外典焉。後太祖出鎮荊州，議以林子及謝晦爲蕃佐，高祖曰：「吾不可頓無二人，林子行則晦不宜出。」乃以林子爲西中郎中兵參軍，領新興太守。林子思議弘深，有所陳畫，高祖未嘗不稱善。大軍還至

彭城，林子以行役既久，士有歸心，深陳事宜，幷言：「聖王所以戒愼祗肅，非以崇威立武，實乃經國長民，宜廣建蕃屏，崇嚴宿衞。」高祖深相訓納。〔一七〕俄而謝翼謀反，高祖歎曰：「林子之見，何其明也。」太祖進號鎮西，隨府轉，加建威將軍、河東太守。時高祖以二虜侵擾，復欲親戎，林子固諫，高祖答曰：「吾輒當不復自行。」

高祖踐阼，以佐命功，封漢壽縣伯，食邑六百戶，固讓，不許。傅亮與林子書曰：「班爵疇勳，歷代常典，封賞之發，簡自帝心。主上委寄之懷，實參休否，誠心所期，同國榮戚，政復是卿諸人共弘建內外耳。足下雖存挹退，豈得獨爲君子邪。」除府諮議參軍，將軍、太守如故。尋召暫下，以中兵局事副錄事參軍王華。上以林子淸公勤儉，賞賜重疊，皆散於親故。家無餘財，未嘗問生產之事，中表孤貧悉歸焉。遭母憂，還東葬，乘輿躬幸，信使相望。葬畢，詔曰：「軍國多務，內外須才，前鎮西諮議、建威將軍、河東太守沈林子，不得遂其情事，可輔國將軍起。」林子固辭，不許，賜墨詔，朔望不復還朝，每軍國大事，輒詢問焉。時領軍將軍謝晦任當國政，晦每疾寧，輒攝林子代之。林子居喪至孝，高祖深相憂愍。頃之有疾，上以林子孝性，不欲使哭泣減損，逼與入省，日夕撫慰。敕諸公曰：「其至性過人，卿等數慰視之。」小差乃出。上尋不豫，被敕入侍醫藥，會疾動還外。永初三年，薨，時年四十六。羣公知上深相矜重，恐以實啓，必有損慟，每見呼問，輒答疾病還家，或有中旨，亦假爲其答。

高祖尋崩，竟不知也。賜東園祕器，朝服一具，衣一襲，錢二十萬，布二百匹。詔曰：「故輔國將軍沈林子，器懷眞審，忠績允著，才志未遂，傷悼在懷。可追贈征虜將軍。」有司率常典也。元嘉二十五年，謚曰懷伯。

林子簡泰廉靖，不交接世務，義讓之美，著於閨門，雖在戎旅，語不及軍事。所著詩、賦、贊、三言、箴、祭文、樂府、表、牋、書記、白事、啓事、論、老子一百二十一首。太祖後讀林子集，歎息曰：「此人作公，應繼王太保。」子邵嗣。

邵字道輝，美風姿，涉獵文史。襲爵，駙馬都尉、奉朝請。太祖以舊恩召見，入拜，便流涕，太祖亦悲不自勝。會强弩將軍缺，上詔錄尚書彭城王義康曰：「沈邵人身不惡，吾與林子周旋異常，可以補選。」事見宋文帝中詔。於是拜强弩將軍。出爲鍾離太守，在郡有惠政，夾淮人民慕其化，遠近莫不投集。郡先無市，時江夏王義恭爲南兗州，啓太祖置立焉。事見宋文帝中詔。義恭又啓太祖曰：「盱眙太守劉顯眞求自解說，邵往莅任有績，彰於民聽，若重授盱眙，足爲良二千石。」上不許，曰：「其顧還經年，方復作此流遷，必當大罔罔也。」事見宋文帝中詔。上勅州辟邵弟亮，邵以從弟正蚤孤，乞移恩於正，上嘉而許之。在任六年，入爲衡陽王義季右軍中兵參軍。始興王濬初開後軍府，又爲中兵。義季在江陵，安西府中兵久缺，啓太祖求人，上答曰：「稱意才難得。沈邵雖未經軍事，既是腹心，作鍾離郡，及在後軍府，房

中甚修理，或欲遣之。」其事不果。事見宋文帝中詔。入爲通直郎。時上多行幸，還或侵夜，邵啓事陳論，卽爲簡出。前後密陳政要，上皆納用之，深相寵待，晨夕兼侍，每出游，或敕同輦。時車駕祀南郊，特詔邵兼侍中負璽，代眞官陪乘。大將軍彭城王義康出鎭豫章，申謨爲中兵參軍，掌城防之任，廬陵王紹爲江州，以邵爲南中郎府錄事參軍，行府州事，事未行，會謨丁艱，邵代謨爲大將軍中兵，加寧朔將軍。事見宋文帝中詔。邵南行，上遂相任委，不復選代，仍兼錄事，領城局。後義康被廢，邵改爲廬陵王紹南中郎參軍，將軍如故。義康徙安成，邵復以本號爲安成相。在郡以寬和恩信，爲南土所懷。郡民王孚有學業，志行見稱州里，邵莅任未幾，而孚卒，邵贈以孝廉，板教曰：「前文學主簿王孚，行潔業淳，棄華息競，志學修道，老而彌篤。方授右職，不幸暴亡，可假孝廉檄，薦以特牲。緬想延陵，以遂本懷。」邵慰䘏孤老，勸課農桑，前後累蒙賞賜。邵疾病，使命累續，遣御醫上藥，異味遠珍，金帛衣裘，相望不絕。元嘉二十六年，卒，時年四十三。上甚相痛悼。

子侃嗣，官至山陽王休祐驃騎中兵參軍、南沛郡太守。侃卒，子整應襲爵，齊受禪，國除。

璞字道眞，林子少子也。童孺時，神意閑審，有異於衆。太祖問林子：「聞君小兒器質不凡，甚欲相識。」林子令璞進見，太祖奇璞應對，謂林子曰：「此非常兒。」年十許歲，智度便

有大成之姿，好學不倦，善屬文，時有憶識之功。尤練究萬事，經耳過目，人莫能欺之。居家精理，姻族資賴。弱冠，吳興太守王韶之再命，不就。張邵臨郡，又命爲主簿，除南平王左常侍。太祖引見，謂曰：「吾昔以弱年出蕃，卿家以親要見輔，今日之授，意在不薄。王家之事，一以相委，勿以國官乖淸塗爲罔罔也。」

元嘉十七年，始興王濬爲揚州刺史，寵愛殊異，以爲主簿。時順陽范曄爲長史，行州事。曄性頗疏，太祖召璞謂曰：「神畿之政，旣不易理。濬以弱年臨州，萬物皆屬耳目，賞罰得失，特宜詳愼。范曄性疏，必多不同。卿腹心所寄，當密以在意。彼雖行事，其實委卿也。」璞以任遇旣深，乃夙夜匪懈，其有所懷，輒以密啓，每至施行，必從中出。曄正謂聖明留察，故深更恭愼，而莫見其際也。在職八年，神州大治，民無謗黷，璞有力焉。二十二年，范曄坐事誅，于時濬雖曰親覽，州事一以付璞。太祖從容謂始興王曰：「沈璞奉時無纖介之失，在家有孝友之稱，學優才贍，文義可觀，而沈深守靜，不求名譽，甚佳。汝但應委之以事，乃宜引與晤對。」濬旣素加賞遇，又敬奉此旨。璞嘗作舊宮賦，久而未畢，濬與璞疏曰：「卿常有速藻，舊宮何其淹耶，想行就耳。」璞因事陳答，辭義可觀。濬重教曰：「卿沈思淹日，向聊相敦問，[一八]還白斐然，遂兼紙翰。昔曹植有言，下筆成章，良謂逸才贍藻，誇其辭說，以今況之，方知其信。執省躊躇，三復不已。吾遠慚楚元，門盈申、白之賓，近愧梁孝，庭列

枚、馬之客，欣恧交至，諒唯深矣。薄因末牘，以代一面。」又與主簿顧邁、孔道存書曰：「沈璞淹思踰歲，卿研慮數旬，瓌麗之美，信同在昔。向聊問之，而還答累翰，辭藻豔逸，致慰良多。旣欣股肱備此髦楚，還慚予躬無德而稱。」此書眞本猶存。濬年旣長，璞固求辭事，上雖聽許，而意甚不悅。以璞爲濬始興國大農，尋除秣陵令。

時天下殷實，四方輻輳，京邑二縣，號爲難治。璞以淸嚴制下，端平待物，姦吏斂手，猾民知懼。其閭里少年，博徒酒客，或財利爭鬭，妄相誣引，前後不能判者，璞皆知其名姓，及巧詐緣由，探擿是非，各標證據，或辨甲有以知乙，或驗東而西事自顯，莫不厭伏，有如神明。以疾去職。太祖厚加存問，賞賜甚厚。濬出爲南徐州，謂璞曰：「濬旣出蕃，卿故當臥而護之。」與濬詔曰：「沈璞累年主簿，又經國卿，雖未嘗爲行佐，今故當正參軍耶。若爾，正當署餘曹，兼房住，不爾便宜行佐正署中兵，恐於選體如不多耳。」事見宋文帝中詔。乃爲正佐。

俄還宣威將軍、盱眙太守。時王師北伐，彭、汴無虞。璞以强寇對陣，事未可測，郡首淮隅，道當衝要，乃修城壘，浚重隍，聚材石，[一九]積鹽米，爲不可勝之算。衆咸不同，朝旨亦謂爲過。俄而賊大越逸，索虜大帥託跋燾自率步騎數十萬，陵踐六州，京邑爲之騷懼，百守千城，莫不奔駭。腹心勸璞還京師，璞曰：「若賊大衆，不盼小城，故無所懼。若肉薄來攻，

則成禽也。諸君何嘗見數十萬人聚在一處，〔三○〕而不敗者。昆陽、合淝，前事之明驗。此是吾報國之秋，諸君封侯之日。」衆既見璞神色不異，老幼在焉，人情乃定。收集得二千精手，謂諸將曰：「足矣。但恐賊不過耳。」賊既濟淮，諸軍將帥毛熙祚、胡崇之、臧澄之等，〔三一〕爲虜所覆，無不殄盡，唯輔國將軍臧質挺身走，收散卒千餘人來向城。衆謂璞曰：「若不攻則無所事衆，若其來也，城中止可容見力耳，地狹人多，鮮不爲患。且敵衆我寡，人所共知，雖云攻守不同，故當粗量强弱，知難而退，亦用兵之要。若以質衆法能退敵完城者，則全功不在我，〔三二〕若宜避賊歸都，會資舟檝，則更相蹂踐，正足爲患。今閉門勿受，不亦可乎。」璞歎曰：「不然。賊不能登城，爲諸君保之。舟檝之計，固已久息。賊之殘害，古今之未有，屠剝之刑，衆所共見，其中有福者，不過得驅還北國作奴婢耳。彼雖烏合，寧不憚此耶。所謂『同舟而濟，胡、越不患異心』也。今人多則退速，人少則退遲，吾寧欲專功緩賊乎。」乃命開門納質。質見城隍阻固，人情輯和，鮭米豐盛，器械山積，大喜，衆皆稱萬歲。及賊至，四面蟻集攻城，璞與質隨宜應拒，攻守三旬，殄其太半，燾乃遁走。有議欲追之者，璞曰：「今兵士不多，又非素附，雖固守有餘，未可以言戰也。但可整舟艫，示若欲渡岸者，以速其走計，不須實行。」咸以爲然。

臧質以璞城主，使自上露板。璞性謙虛，推功於質。既不自上，質露板亦不及焉。太

祖嘉璞功劾，遣中使深相褒美。太祖又別詔曰：「近者險急，老弱殊當憂迫耶。念卿爾時，難爲心想。百姓流轉已還，此遣部運尋至，委卿量所贍濟也。」始興王濬亦與璞書曰：「狡虜狂凶，自送近服，僞將卽斃，酋長傷殘，實天威所喪，卿諸人忠勇之劾也。吾式遏無素，致境蕪民瘠，負乘之愧，允當其責。近乞退謝愆，不蒙垂許，故以報卿。」宣城太守王僧達書與璞曰：「足下何如，想館舍平安，〔三三〕士馬無恙。離析有時，音旨無日，憂詠沈吟，增其勞望。聞者獯獫扈橫，掠剝邊鄙，郵販絕塵，埛介靡達，瞻江盼淮，眇然千里。吾聞涇陽梗棘，伊滑荐遁，鳥集絃絕，患深自古。承知廼昔寇苦城境，勝冑朝湌，伍甲宵舍，烽鼓交警，羽鏑驟合。而足下砥兵礪伍，總厲豪彥，師請一奮，氓無貳情。遂能固孤城，覆嚴對，陷死地，覿生光，古之田、孫，何以尚茲。商驛始通，粗知梗概，崇讚膽智，嘉賀文猛，甚善甚善。吾近以戎暴橫斥，規効情命，收龜落簪，星舍京里，既獲遄至，胡馬卷迹，支離霑德，復繼前緒，行葦之歡，實協初慮。但乖塗重隔，顧增慨涕，比恒疾臥，憂委兼疊，裁書送想，無斁久懷。」

徵還，淮南太守，賞賜豐厚，日夕讌見。朝士有言璞功者，上曰：「臧質姻戚，又年位在前，盱眙元功，當以歸之。沈璞每以謙自牧，唯恐賞之居前，此士燮之意也。」時中書郎缺，尚書令何尚之領吏部，舉璞及謝莊、陸展，事不行。事見文帝中詔。凡中詔今悉在臺，猶法書典書也。

三十年，元凶弒立，璞乃號泣曰：「一門蒙殊常之恩，而逢若斯之運，悠悠上天，此何人

哉。」日夜憂歎，以至動疾。會二凶逼令送老弱還都，璞性篤孝，尋聞奪老應幽執，輒哽咽不自勝，疾遂增篤，不堪遠迎，世祖義軍至界首，方得致身。先是，琅邪顏竣欲與璞交，不酬其意，竣以致恨。及世祖將至都，方有讒說以璞奉迎之晚，橫罹世難，時年三十八。所著賦、頌、讚、祭文、誄、七、弔、四五言詩、牋、表，皆遇亂零失，今所餘詩筆雜文凡二十首。璞有子曰約。〔三四〕

伯玉字德潤，虔子子也。溫恭有行業，能爲文章。少除世祖武陵國侍郎，轉右常侍，南中郎行參軍，自國入府，以文義見知，文章多見世祖集。世祖踐阼，除員外散騎郎，不拜。左衞顏竣請爲司馬。出補句容令，在縣有能名。復爲江夏王義恭太宰行參軍，與奉朝請謝超宗、何法盛校書東宮，復爲餘姚令，還爲衞尉丞。世祖舊臣故佐，普皆升顯，伯玉自守私門，朔望未嘗問訊。顏師伯、戴法興等並有蕃邸之舊，一不造問，由是官次不進。上以伯玉容狀似畫圖仲尼像，常呼爲孔丘。舊制車駕出行，衞尉丞直門，常戎服。張永謂伯玉曰：「此職乖卿志。」王景文亦與伯玉有舊，常陪輦出，指伯玉白上：「孔丘奇形容。」上於是特聽伯玉直門服玄衣。出爲晉安王子勛前軍行參軍，侍子勛讀書。隨府轉鎭軍行佐。前廢帝時，王景文領選，謂子勛典籤沈光祖曰：「鄧琬一旦爲長史行事，沈伯玉先帝在蕃□佐，今猶不改，民生定不應佳。」戴法興聞景文此言，乃轉伯玉爲參軍事。子勛初起兵，轉府功曹。

及卽僞位，以爲中書侍郎。初，伯玉爲衞尉丞，太宗爲衞尉，共事甚美。及子勛敗，伯玉下獄，見原，猶以在南無誠，被責，除南臺御史，尋轉武陵國詹事，又轉大農，母老解職。貧薄理盡，閑臥一室，自非弔省親舊，不嘗出門。司徒袁粲、司空褚淵深相知賞，選爲永世令，轉在永興，皆有能名。後廢帝元徽三年，卒，時年五十七。伯玉性至孝，奉親有聞，未嘗妄取於人，有物輒散之知故。溫雅有風味，和而能辨，與人共事，皆爲深交。

弟仲玉，泰始末，爲寧朔長史、蜀郡太守。益州刺史劉亮卒，仲玉行府州事。巴西李承明爲亂，仲玉遣司馬王天生討平之。廢帝詔以爲安成王撫軍中兵參軍，加建威將軍。沈攸之請爲征西諮議，未拜，卒。

史臣年十三而孤，少頗好學，雖棄日無功，而伏膺不改。常以晉氏一代，竟無全書，年二十許，便有撰述之意。泰始初，征西將軍蔡興宗爲啓明帝，有勑賜許，自此迄今，年逾二十，所撰之書，凡一百二十卷。條流雖舉，而採掇未周，永明初，遇盜失第五帙。建元四年未終，被勑撰國史。永明二年，又忝兼著作郎，撰次起居注。自茲王役，無暇搜撰。五年春，又被勑撰宋書。六年二月畢功，表上之，曰：

臣約言：臣聞大禹刊木，事炳虞書，西伯戡黎，功煥商典。伏惟皇基積峻，帝烈弘深，樹德往朝，立勳前代，若不觀風唐世，無以見帝嬀之美，自非覩亂秦餘，何用知漢祖

之業。是以掌言未記，爰動天情，曲詔史官，追述大典。臣實庸妄，文史多闕，以茲不才，對揚盛旨，是用夕惕載懷，忘其寢食者也。

臣約頓首死罪：竊惟宋氏南面，承歷統天，雖世窮八主，年減百載，而兵車亟動，國道屢屯，垂文簡牘，事數繁廣。若夫英主啓基，名臣建績，拯世夷難之功，配天光宅之運，亦足以勒銘鍾鼎，昭被方策。及虐后暴朝，前王罕二，國釁家禍，曠古未書，又可以式規萬葉，作鑒于後。

宋故著作郎何承天始撰宋書，草立紀傳，止於武帝功臣，篇牘未廣。其所撰志，唯天文、律歷，自此外，悉委奉朝請山謙之。謙之，孝建初，又被詔撰述，尋值病亡，仍使南臺侍御史蘇寶生續造諸傳，元嘉名臣，皆其所撰。寶生被誅，大明中，又命著作郎徐爰踵成前作。爰因何、蘇所述，勒爲一史，起自義熙之初，訖于大明之末。至於臧質、魯爽、王僧達諸傳，又皆孝武所造。自永光以來，至於禪讓，十餘年內，闕而不續，一代典文，始末未舉。且事屬當時，多非實錄，又立傳之方，取捨乖衷，進由時旨，退傍世情，垂之方來，難以取信。臣今謹更創立，製成新史，始自義熙肇號，終於昇明三年。桓玄、譙縱、盧循、馬、魯之徒，身爲晉賊，非關後代。吳隱、謝混、郗僧施，義止前朝，不宜濫入宋典。劉毅、何無忌、魏詠之、檀憑之、孟昶、諸葛長民，志在興復，情非造宋，今

並刊除，歸之晉籍。

臣遠愧南、董，近謝遷、固，以閭閻小才，述一代盛典，屬辭比事，望古慚良，鞠躬跼蹐，靦汗亡厝。本紀列傳，繕寫已畢，合七帙七十卷，〔二五〕臣今謹奏呈。所撰諸志，須成續上。謹條目錄，詣省拜表奉書以聞。

臣約誠惶誠恐，頓首頓首，死罪死罪。

校勘記

〔一〕封諸汾川其後四國沈姒蓐黄沈子國今汝南平輿沈亭是也　顧炎武日知錄云：「按沈、姒、蓐、黄四國，皆在汾水之上，爲晉所滅。黄非江、黄人之黄，則沈亦非沈子嘉之沈。休文乃並列而合之爲一，誤也。」

〔二〕演之慶之曇慶懷文其後也　「曇慶」之「慶」字各本脫去，今補。按沈曇慶，本書卷五四有傳。

〔三〕儀篤學有雅才　「雅才」各本作「雄才」，據元龜五六一改。按下云「以儒素自業」，則上不當云「雄才」。

〔四〕刺史楮叔度至　「叔」各本作「升」。錢大昕廿二史考異云：「升當作叔。」按本書卷五二有楮叔度傳，錢說是，今改正。

〔五〕以數千人送義眞南還　「數千人」通鑑晉義熙十四年作「數十人」，疑是。

〔六〕督實劾名　「劾」各本並作「效」，據通典刑典改。

〔七〕愚謂相去百步內赴告不時者　「內」各本並作「同」，據通典刑典改。

〔八〕劉毅又板爲冠軍參軍　各本並脫「劉」字。孫彪宋書考論云：「當著劉字。」按孫說是，今補。

〔九〕留林子與徐赤特斷拒查浦　「徐赤特」各本並作「徐赤將」，據本書武帝紀、通鑑改。下五出「赤將」，幷改。

〔一〇〕留卿在後　「卿」各本並作「鄉」，據通鑑改。

〔一一〕武陵太守王鎮惡出奔　「太守」王鎮惡傳作「內史」。

〔一二〕尹昭可不戰而服　「服」各本作「復」，據南史、元龜三九八改。

〔一三〕紹又遣長史領軍將軍姚伯子寧朔將軍安鸞護軍姚默騾至屯據九泉　「姚伯子」通鑑作「姚洽」。「姚默騾」本書武帝紀同。晉書載記、通鑑作「姚墨蠡」。「九泉」通鑑作「九原」。

〔一四〕尋紹疽發背死高祖以林子言驗乃賜書曰姚紹忽死　「疽發背死至姚紹」十七字，各本並脫，據元龜四二八補。

〔一五〕還至朝議欲授以一州八郡　各本並脫「朝議欲授以一州八」八字，據元龜二〇〇補。

〔一六〕自非戎車所指　「車」各本並作「軍」，據元龜二〇〇改。

〔一七〕高祖深相訓納　「訓」各本並作「訓」。殿本考證云：「訓疑當作訓。」按殿本考證說是，今改正。

〔一八〕向聊相敎問　各本並脫「問」字，據元龜二九二補。

〔一九〕聚材石　各本並作「聚財石」，據元龜三九改。

〔二〇〕諸君何嘗見數十萬人聚在一處　「諸君」各本並作「諸軍」，「軍」應爲「君」之誤，今改正。

〔二一〕諸軍將帥毛熙祚胡崇之臧澄之等　「毛熙祚」各本並作「毛遐祚」，據本書臧質傳及索虜傳改正。「臧澄之」各本並作「臧證之」，據本書文帝紀及臧質傳改正。

〔二二〕若以質衆法能退敵完城者則全功不在我　「質」各本作「今」，據通鑑宋元嘉二十七年改。又各本並脫「不」字，據通鑑補。

〔二三〕想館舍平安　「平安」各本並作「正安」，據元龜九〇五改。

〔二四〕璞有子曰約　各本「約」字空白，據南史、元龜五六一補。按沈穆夫五子，沈約自序中，淵子、雲子、田子、林子並有事蹟，獨無虔子事蹟。「璞有子曰約」下，又接敍虔子子伯玉、仲玉事蹟。疑其間有脫葉。司馬光溫國文正公文集卷六二與劉道原書：「今國家雖校定摹印正史，校得絕不精。只如沈約序傳，差郤數板亦不寤，其他可知也。」是則嘉祐初刻，蓋已殘闕不完。

〔二五〕本紀列傳繕寫已畢合七帙七十卷　「七帙」各本並作「志表」，據元龜五六一改正。按沈約宋書百卷，內本紀十卷，列傳六十卷先成。永明六年奏呈時，每十卷爲一帙，凡七十卷，故云七帙。

宋書無表，奏文下云：「所撰諸志，須成續上。」則時奏呈之七十卷中，既無志，又無表。舊本作「合志表七十卷」者，其誤顯然，故今據元龜訂正。

〔梁〕蕭子顯　撰

南齊書

中華書局

南齊書

梁 蕭子顯 撰

第 一 册

卷一至卷一五（紀 志）

中華書局

出版說明

南齊書是一部記載南齊封建割據政權歷史的書，齊梁皇族蕭子顯作。全書六十卷，現存五十九卷。

南齊是南北朝時期繼宋以後在南方割據的封建王朝。公元四七九年，蕭道成（南齊高帝）建立南齊，傳了三代。四九四年，蕭道成的侄子蕭鸞（南齊明帝）奪取了帝位，傳了兩代。五〇二年，蕭衍（梁武帝）滅了南齊，另建了梁朝。南齊的統治只有二十三年，是南北朝時期最短促的一個朝代。它建都在建康（今南京），統治的地區西到現在的四川，北到淮河、漢水，蕭鸞時期又在淮河以南失去一些地方。當時同南齊對立的，是割據北方的北魏封建政權（公元三八六到五三四），北魏的軍事力量要比南齊強些。

蕭子顯（約公元四八九到五三七），字景陽，南蘭陵郡南蘭陵縣（今江蘇常州西北）人，是蕭道成的孫子。他父親豫章王蕭嶷在南齊前期曾煊赫一時，他本人在梁做到吏部尚書。他雖然還是梁朝統治集團中的上層人物，但這時他家的政治地位已經衰落下來。

蕭子顯入梁以後，還是積極地爲鞏固梁朝政權效力。蕭衍曾當面向蕭子顯兄弟表示，

希望他們作梁朝的「忠臣」。蕭子顯也就特别利用了自己的文史才能爲梁朝的封建統治服務。他曾奏請編纂蕭衍的文集，贊美蕭衍掛名主編的通史，並在國學裏講解由蕭衍題名的五經義。他還編寫了五卷普通北伐記，這書雖已不可見，而顧名思義，應是頌揚蕭衍在普通年間（公元五二〇到五二六）的軍事活動的。他編寫南齊書，也是經過奏請的。蕭子顯還著有後漢書一百卷、貴儉傳三十卷、文集二十卷，都没有流傳下來。

南齊初年，蕭道成設置史官，命檀超、江淹等編集「國史」。在梁代，沈約著有齊紀，吴均著有齊春秋。蕭子顯的南齊書，多取材於檀超、江淹等的書稿，而他們的稿子没有傳下來。沈約、吴均的書約在十一世紀以後也散失了。關於南齊的最早的史書，現存的只有這部南齊書。

南齊書六十卷，見於梁書蕭子顯傳。到了舊唐書經籍志著録這部書，就只有五十九卷了。劉知幾史通序例曾説過南齊書原有序録，後人從而推論南齊書佚失的一卷就是序録。

蕭子顯雖然是以封建史臣的觀點來修史的，但他以當代人記當代事，在南齊書裏保留了一定數量的比較原始的史料。關於統治者對人民的殘酷壓榨及統治階級集團内部的傾軋殘殺，書中都有所記載。對當時唐寓之領導的農民起義，在豫章文獻王嶷傳、竟陵文宣

王子良傳、沈文季傳等裏，也提供了材料。此外對南齊一代的文學史、思想史、科學史方面的情況也有一定的反映。如科學家祖沖之，在南齊書裏就有一篇比較詳細的傳。總的來說，南齊書是一部研究南齊歷史的重要史書。

我們點校南齊書，是用商務印書館影印的宋大字本（簡稱百衲本）作底本，參校了明南監本、北監本、汲古閣本、清武英殿本、金陵書局本。另外，還參校了沈約宋書中的志，以及南史、通典、册府元龜、太平御覽、資治通鑑、資治通鑑考異等書的有關部分。對於前人校勘的成果，我們採用了周星詒、張元濟、張森楷的三種南齊書校勘記稿本，以及錢大昕的廿二史考異等書。全書的總目，是我們重編的。

本書由王仲犖同志點校，宋雲彬同志擔任編輯整理工作。錯誤及不妥之處，敬希讀者指正。

中華書局編輯部

南齊書目錄

卷一　本紀第一
高帝蕭道成上 …… 一
卷二　本紀第二
高帝下 …… 三一
卷三　本紀第三
武帝賾 …… 四三
卷四　本紀第四
鬱林王昭業 …… 六九
卷五　本紀第五
海陵王昭文 …… 七七
卷六　本紀第六
明帝鸞 …… 八三
卷七　本紀第七
東昏侯寶卷 …… 九七
卷八　本紀第八
和帝寶融 …… 一一一
卷九　志第一
禮上 …… 一一七
卷十　志第二
禮下 …… 一五七
卷十一　志第三
樂 …… 一六七
卷十二　志第四
天文上 …… 二〇三

卷十三　志第五
天文下 …… 二二三
卷十四　志第六
州郡上 …… 二四五
卷十五　志第七
州郡下 …… 二七三
卷十六　志第八
百官 …… 三一一
卷十七　志第九
輿服 …… 三三三
卷十八　志第十
祥瑞 …… 三四九
卷十九　志第十一
五行 …… 三六九
卷二十　列傳第一
皇后
宣孝陳皇后 …… 三九〇
高昭劉皇后 …… 三九〇
武穆裴皇后 …… 三九一
韓蘭英 …… 三九二
文安王皇后 …… 三九二
鬱林王何妃 …… 三九二
海陵王王妃 …… 三九三
明敬劉皇后 …… 三九三
東昏褚皇后 …… 三九四
和帝王皇后 …… 三九四
卷二十一　列傳第二
文惠太子長懋 …… 三九七
卷二十二　列傳第三
豫章文獻王嶷 …… 四〇五

子子廉……四一九
子操……四一九
孫元琳……四二〇

卷二十三　列傳第四
褚淵……四二五
子賁……四三一
蓁……四三三
弟澄……四三三
徐嗣……四三三
王儉……四三三
弟遜……四三八

卷二十四　列傳第五
柳世隆……四四五
張瓌……四五三

卷二十五　列傳第六
垣崇祖……四五九
張敬兒……四六四

卷二十六　列傳第七
王敬則……四七九
陳顯達……四八八

卷二十七　列傳第八
劉懷珍……四九九
子靈哲……五〇四
李安民……五〇四
王玄載……五〇九
從子瞻……五〇九
瞻兄寬……五一〇
玄載弟玄邈……五一〇
族人文和……五一二

卷二十八　列傳第九

崔祖思……五一七
宗人文仲……五二一
劉善明……五二二
從弟僧副……五二七
蘇侃……五二七
弟烈……五二九
垣榮祖……五二九
從父閎……五三一
從弟歷生……五三一

卷二十九　列傳第十
呂安國……五三七
全景文……五三九
周山圖……五四〇
周盤龍……五四三
子奉叔……五四五
世雄……五四六
王廣之……五四六

卷三十　列傳第十一
薛淵……五五三
戴僧靜……五五五
陳胤叔……五五七
桓康……五五七
尹略……五五九
焦度……五五九
曹虎……五六一

卷三十一　列傳第十二
江謐……五六九
荀伯玉……五七二

卷三十二　列傳第十三
王琨……五七七

張岱……五七九
褚炫……五八二
何戢……五八三
王延之……五八四
子倫之……五八六
阮韜……五八六

卷三十三　列傳第十四
王僧虔……五九一
子寂……五九八
張緒……六〇〇

卷三十四　列傳第十五
虞玩之……六〇七
孔逷……六一一
何憲……六一一
劉休……六一一
沈沖……六一三
庾杲之……六一五
王諶……六一六

卷三十五　列傳第十六
高祖十二王
臨川獻王映……六二一
子子晉……六二二
子游……六二三
長沙威王晃……六二三
武陵昭王曅……六二四
安成恭王暠……六二六
鄱陽王鏘……六二七
桂陽王鑠……六二八
始興簡王鑑……六二九
江夏王鋒……六三〇

南平王鋭……六三〇
宜都王鏗……六三一
晉熙王銶……六三一
河東王鉉……六三一

卷三十六　列傳第十七
謝超宗……六三五
劉祥……六三九
從兄彪……六四三

卷三十七　列傳第十八
到撝……六四七
弟賁……六四九
坦……六四九
劉悛……六四九
虞悰……六五四
從弟衮……六五六
胡諧之……六五六

卷三十八　列傳第十九
蕭景先……六六一
子毅……六六四
蕭赤斧……六六四
子穎胄……六六五

卷三十九　列傳第二十
劉瓛……六七七
弟璡……六八〇
陸澄……六八一
王摛……六八六

卷四十　列傳第二十一
武十七王
竟陵文宣王子良……六九二
子昭冑……七〇二

盧陵王子卿……七〇三
魚復侯子響……七〇四
安陸王子敬……七〇七
晉安王子懋……七〇八
隨郡王子隆……七一〇
建安王子眞……七一二
西陽王子明……七一二
南海王子罕……七一二
巴陵王子倫……七一三
邵陵王子貞……七一三
臨賀王子岳……七一三
西陽王子文……七一三
衡陽王子峻……七一四
南康王子琳……七一四
湘東王子建……七一四
南郡王子夏……七一四
卷四十一　列傳第二十二
張融……七二一
周顒……七三〇
卷四十二　列傳第二十三
王晏……七四一
弟詡……七四四
蕭諶……七四五
兄誕……七四七
弟誄……七四七
蕭坦之……七四八
江祏……七五〇
弟祀……七五二
劉暄……七五三
卷四十三　列傳第二十四

江斅……七五七
何昌寓……七五九
謝瀹……七六二
王思遠……七六四
卷四十四　列傳第二十五
徐孝嗣……七七一
沈文季……七七五
兄子昭略……七八〇
昭光……七八〇
卷四十五　列傳第二十六
宗室
衡陽元王道度……七八七
子鈞……七八七
孫子珉……七八八
始安貞王道生……七八八
子遙光……七八八
遙欣……七九一
遙昌……七九三
安陸昭王緬……七九四
子寶晊……七九五
卷四十六　列傳第二十七
王秀之……七九九
宗人僧祐……八〇一
王慈……八〇三
蔡約……八〇四
陸慧曉……八〇五
顧憲之……八〇七
蕭惠基……八〇九
弟惠休……八一一
惠朗……八一二

卷四十七　列傳第二十八
王融……八一七
謝朓……八二五
卷四十八　列傳第二十九
袁彖……八三三
孔稚珪……八三五
劉繪……八四一
弟瑱……八四三
卷四十九　列傳第三十
王奐……八四七
女壻殷叡……八五一
叡族父恒……八五一
奐從弟績……八五二
張沖……八五三
卷五十　列傳第三十一
文二王
巴陵王昭秀……八六一
桂陽王昭粲……八六二
明七王
巴陵隱王寶義……八六三
江夏王寶玄……八六三
廬陵王寶源……八六四
鄱陽王寶夤……八六四
邵陵王寶攸……八六五
晉熙王寶嵩……八六六
桂陽王寶貞……八六六
卷五十一　列傳第三十二
裴叔業……八六九
崔慧景……八七三
張欣泰……八八一

卷五十二　列傳第三十三
文學
丘靈鞠……八八九
檀超……八九一
卞彬……八九三
丘巨源……八九四
王智深……八九六
陸厥……八九七
崔慰祖……九〇一
王逡之……九〇二
從弟珪之……九〇三
祖沖之……九〇三
賈淵……九〇六
卷五十三　列傳第三十四
良政
傅琰……九一四
虞愿……九一五
劉懷慰……九一七
裴昭明……九一八
從祖弟顗……九一九
沈憲……九二〇
丘仲起……九二一
李珪之……九二一
毛惠素……九二二
孔琇之……九二三
卷五十四　列傳第三十五
高逸
褚伯玉……九二六
明僧紹……九二七
顧歡……九二八

盧度……九三五
臧榮緒……九三六
關康之……九三七
何求……九三七
弟點……九三八
胤……九三八
劉虯……九三九
庾易……九四〇
宗測……九四〇
宗人尚之……九四一
杜京產……九四二
沈驎士……九四三
吳苞……九四五
徐伯珍……九四五
卷五十五　列傳第三十六
孝義
崔懷愼……九五六
公孫僧遠……九五六
吳欣之……九五七
韓係伯……九五七
孫淡……九五八
華寶……九五八
韓靈敏……九五八
封延伯……九六〇
吳達之……九六一
王文殊……九六二
朱謙之……九六二
蕭叡明……九六三
樂頤……九六四
弟預……九六四

解仲恭……九六四
江泌……九六五
杜棲……九六五
陸絳……九六六
卷五十六　列傳第三十七
倖臣
紀僧眞……九七二
楊法持……九七五
劉係宗……九七五
茹法亮……九七六
呂文顯……九七七
呂文度……九七八
卷五十七　列傳第三十八
魏虜……九八三
卷五十八　列傳第三十九
蠻……一〇〇七
東南夷……一〇〇九
卷五十九　列傳第四十
芮芮虜……一〇二三
河南吐谷渾氏……一〇二五
氐仇池楊氏……一〇二七
羌宕昌……一〇三二
曾鞏南齊書目錄序……一〇三七

南齊書卷一

本紀第一

高帝上

太祖高皇帝諱道成，字紹伯，姓蕭氏，小諱鬭將，漢相國蕭何二十四世孫也。何子酇定侯延生侍中彪，彪生公府掾章，章生皓，皓生仰，仰生御史大夫望之，望之生光祿大夫育，育生御史中丞紹，紹生光祿勳閎，閎生濟陰太守闡，闡生吳郡太守永，〔一〕永生中山相苞，苞生博士周，周生蛇丘長矯，矯生州從事逵，逵生孝廉休，休生廣陵府丞豹，豹生太中大夫裔，裔生淮陰令整，整生卽丘令儁，儁生輔國參軍樂子，宋昇明二年九月贈太常，生皇考。蕭何居沛，侍中彪免官居東海蘭陵縣中都鄉中都里。晉元康元年，分東海爲蘭陵郡。中朝亂，淮陰令整字公齊，過江居晉陵武進縣之東城里。寓居江左者，皆僑置本土，加以南名，於是爲南蘭陵蘭陵人也。

皇考諱承之，字嗣伯。少有大志，才力過人，宗人丹陽尹摹之、北兗州刺史源之竝見知重。初爲建威府參軍，義熙中，蜀賊譙縱初平，皇考遷揚武將軍、安固汶山二郡太守，善於綏撫。

元嘉初，徙爲威烈將軍、〔二〕濟南太守。七年，右將軍到彥之北伐大敗，虜乘勝破青部諸郡國，別帥安平公乙旃眷寇濟南，皇考率數百人拒戰，退之。虜衆大集，皇考使偃兵開城門。衆諫曰：「賊衆我寡，何輕敵之甚！」皇考曰：「今日懸守窮城，事已危急，若復示弱，必爲所屠，惟當見彊待之耳。」虜疑有伏兵，遂引去。青州刺史蕭思話欲委鎭保險，皇考固諫不從，思話失據潰走。明年，征南大將軍檀道濟於壽張轉戰班師，滑臺陷沒，兗州刺史竺靈秀抵罪。宋文帝以皇考有全城之功，手書與都督長沙王義欣曰：「承之理民直亦不在武幹後，〔三〕今擬爲兗州，□□檀征南詳之。」〔四〕皇考與道濟無素故，事遂寢。遷輔國鎭北中兵參軍、員外郎。

十年，蕭思話爲梁州刺史，皇考爲其橫野府司馬、漢中太守。氐帥楊難當寇漢川，梁州刺史甄法護棄城走，思話至襄陽不進，皇考輕軍前行，攻氐僞魏興太守薛健於黃金山，剋之。黃金山，張魯舊戍，南接漢川，北枕驛道，險固之極。健旣潰散，皇考卽據之。氐僞梁、秦二州刺史趙溫先據州城，聞皇考至，退據小城，薛健退屯下桃城，立柴營，皇考引軍與對壘，相去二里。健與僞馮翊太守蒲(旱)〔早〕子悉力出戰，〔五〕皇考大破之，健等閉營自守不敢出，思話繼至，賊乃稍退。皇考進至峨公山，爲左衞將軍、沙州刺史呂平大衆所圍積日，建武將軍蕭汪之、平西督護段虯等至，表裏奮擊，大破之。難當又遣息和領步騎萬餘人，夾漢水兩岸，援趙溫，攻逼皇考。相拒四十餘日。賊皆衣犀甲，刀箭不能傷。皇考命軍中斷槊長數尺，以大斧搥其後，賊不能當，乃焚營退。皇考追至南城，衆軍自後而進，連戰皆捷，梁州平。詔曰：「承之稟命先驅，蒙險深入，全軍屢剋，奮其忠果，可龍驤將軍。」隨府轉寧朔司馬，太守如故。

入爲太子屯騎校尉。文帝以平氏之勞，青州缺，將欲授用。彭城王義康秉政，皇考不附，乃轉爲江夏王司徒中兵參軍、龍驤將軍、南泰山太守，封晉興縣五等男，邑三百四十戶。〔六〕元嘉二十四年殂，年六十四。梁土民思之，〔七〕於峨公山立廟祭祀。昇明二年，贈散騎常侍、金紫光祿大夫。

太祖以元嘉四年丁卯歲生。姿表英異，龍顙鍾聲，鱗文遍體。儒士雷次宗立學於鷄籠山，太祖年十三，受業，治禮及左氏春秋。十七年，宋大將軍彭城王義康被黜，鎭豫章，皇考領兵防守，太祖舍業南行。十九年，竟陵蠻動，文帝遣太祖領偏軍討沔北蠻。二十一年，伐

索虜，至丘檻山，竝破走。二十三年，雍州刺史蕭思話鎭襄陽，啓太祖自隨，戍沔北，討樊、鄧諸山蠻，破其聚落。初爲左軍中兵參軍。二十七年，索虜圍汝南戍主陳憲，臺遣寧朔將軍臧質、安蠻司馬劉康祖救之，文帝使太祖宣旨，授節度。聞虜主拓跋燾向彭城，質等回軍救援，至盱眙，太祖與質別軍主胡宗之等五軍，〔八〕步騎數千人前驅，燾已潛過淮，卒相遇於莞山下，合戰敗績，緣淮奔退，宗之等皆陷沒。太祖還就質固守，爲虜所攻圍，甚危急，事寧，還京師。二十九年，領偏軍征仇池。梁州西界舊有武興戍，晉隆安中沒屬氐；武興西北有蘭皋戍，去仇池二百里。太祖擊二壘，皆破之。遂從谷口入關，未至長安八十里，梁州刺史劉秀之遣司馬馬注助太祖攻談堤城，拔之，虜僞河閒公奔走。虜救兵至，太祖軍力疲少，又聞文帝崩，乃燒城還南鄭。襲爵晉興縣五等男。孝建初，除江夏王大司馬參軍，隨府轉太宰，遷員外郎、直閤中書舍人、西(陵)〔陽〕王撫軍參軍、〔九〕建康令。新安王子鸞有盛寵，簡選僚佐，爲北(軍)中郎中兵參軍。〔一〇〕陳太后憂，起爲武烈將軍，復爲建康令，中兵如故。景和世，除後軍將軍。値明帝立，爲右軍將軍。

時四方反叛，會稽太守尋陽王子房及東諸郡皆起兵，明帝加太祖輔國將軍，率衆東討。至晉陵，與賊前鋒將程捍、孫曇瓘等戰，一日破賊十二壘。分軍定諸縣，晉陵太守袁摽棄城走，東境諸城相繼奔散。

徐州刺史薛安都反彭城，從子索兒寇淮陰，山陽太守程天祚舉城叛，徐州刺史申令孫又降，徵太祖討之。時太祖平東賊還，又將南討，出次新亭，前軍已發，而索兒自睢陵渡淮，馬步萬餘人，擊殺臺軍主孫耿，縱兵逼前軍張永營，告急。明帝聞賊渡，遽追太祖往救之，屯破釜。索兒向鍾離，永遣寧朔將軍王寬據盱眙，遏其歸路。索兒擊破臺軍主高道慶，走之於石鼈，將西歸。王寬與軍主任農夫先據白鵠澗，張永遣太祖馳督寬，索兒東要擊太祖，使不得前。太祖鼓行結陣，直入寬壘，索兒望見不敢發。經數日，索兒引軍頓石梁，太祖追之至葛冢，候騎還云賊至，太祖乃頓軍引管，分兩馬軍夾營外以待之。俄頃，賊馬步奄至，又推火車數道攻戰。相持移日，乃出輕兵攻賊西，使馬軍合擊其後，賊衆大敗，追奔獲其器仗。進屯石梁澗北。索兒夜遣千人來斫營，營中驚，太祖臥不起，宣令左右案部不得動，須臾賊散。太祖議欲於石梁西南高地築壘通南道，斷賊走路，索兒果來爭之，太祖率軍擊破之，賊馬自相踐藉死。索兒走向鍾離，太祖追至黯黮而還。除驍騎將軍，封西陽縣侯，邑六百戶。

遷巴陵王衞軍司馬，隨鎭會稽。江州刺史晉安王子勛遣臨川內史張淹自鄱陽嶠道入三吳，臺軍主沈思仁與僞龍驤將軍任皇、鎭西參軍劉越緒各據險相守。明帝遣太祖領三千人討之。時朝廷器甲皆充南討，太祖軍容寡闕，乃編椶皮爲馬具裝，析竹爲寄生，〔一一〕夜舉

火進軍，賊望見恐懼，未戰而走。還除桂陽王征北司馬、南東海太守、行南徐州事。

初，明帝遣張永、沈攸之以衆喻降薛安都，謂太祖曰：「吾今因此北討，卿意以爲何如？」太祖對曰：「安都才識不足，狡猾有餘。若長轡緩御，則必遣子入朝；今以兵逼之，彼將懼而爲計，恐非國之利也。」帝曰：「衆軍猛鋭，何往不剋。卿每杖策，幸勿多言。」安都見兵至，果引索虜，永等敗於彭城。淮南孤弱，以太祖爲假冠軍將軍、持節、都督北討前鋒諸軍事，鎭淮陰。

泰始三年，沈攸之、吳喜北敗於睢口，諸城戍大小悉奔歸，虜遂(退)〔進〕至淮北，〔一二〕圍角城，戍主賈法度力弱不敵。諸將勸太祖渡岸救之，太祖不許，遣軍主高道慶將數百張弩浮艦淮中，遙射城外虜，弩一發數百箭俱去，虜騎相引避之，乃命進戰，城圍卽解。遷督南兗徐二州諸軍事、南兗州刺史，持節、假冠軍、督北討如故。五年，進督兗、青、冀三州。六年，除黃門侍郎，領越騎校尉，不拜。復授冠軍將軍，留本任。

明帝常嫌太祖非人臣相，而民間流言，云「蕭道成當爲天子」，明帝愈以爲疑，遣冠軍將軍吳喜以三千人北使，令喜留軍破釜，自持銀壺酒封賜太祖。太祖戎衣出門迎，卽酌飲之。喜還，帝意乃悅。七年，徵還京師，部下勸勿就徵，太祖曰：「諸卿闇於見事。主上自誅諸弟，爲太子稚弱，作萬歲後計，何關佗族。惟應速發，事緩必見疑。今骨肉相害，自非靈長

之運，禍難將興，方與卿等勠力耳。」拜散騎常侍、太子左衞率。時世祖以功當別封贛縣，太祖以一門二封，固辭不受，詔許之。加邑二百戶。

明帝崩，遺詔爲右衞將軍，領衞尉，加兵五百人。與尚書令袁粲、護軍褚淵、領軍劉勔共掌機事。又別領東北選事。尋解衞尉，加侍中，領石頭戍軍事。

明帝誅戮蕃戚，江州刺史桂陽王休範以人凡獲全。及蒼梧王立，更有窺窬之望，密與左右閹人於後堂習馳馬，招聚亡命。〔一三〕元徽二年五月，舉兵於尋陽，收略官民，數日便辦，衆二萬人，〔一四〕騎五百匹。發盆口，悉乘商旅船舫。〔一五〕大雷戍主杜道欣、鵲頭戍主劉譬期告變，朝廷惶駭。太祖與護軍褚淵、征北張永、領軍劉勔、僕射劉秉、游擊將軍戴明寶、驍騎將軍阮佃夫、右軍將軍王道隆、中書舍人孫千齡、員外郎楊運長集中書省計議，莫有言者。太祖曰：「昔上流謀逆，皆因淹緩，至於覆敗。休範必遠懲前失，輕兵急下，乘我無備。今應變之術，不宜念遠，若偏師失律，則大沮衆心。宜頓新亭、白下，堅守宮掖、東府、石頭以待。賊千里孤軍，後無委積，求戰不得，自然瓦解。我請頓新亭以當其鋒；征北可以見甲守白下；中堂舊是置兵地，領軍宜屯宣陽門爲諸軍節度；諸貴安坐殿中，右軍諸人不須競出，我自前驅，破賊必矣。」因索筆下議，竝注同。中書舍人孫千齡與休範有密契，獨曰：「宜依舊遣軍據梁山、魯顯閒，右衞若不出白下，則應進頓南州。」太祖正色曰：「賊今已近，梁山豈可得至。新亭既是兵衝，所以欲死報國耳。常日乃可屈曲相從，今不得也。」座起，太祖顧謂劉勔曰：「領軍已同鄙議，不可改易。」乃單車白服出新亭。加太祖使持節、都督征討諸軍、〔一六〕平南將軍，加鼓吹一部。

治新亭城壘未畢，賊前軍已至，太祖方解衣高臥，以安衆心。乃索白虎幡，登西垣，使寧朔將軍高道慶、羽林監陳顯達、員外郎王敬則浮舸與賊水戰，自新林至赤岸，大破之，燒其船艦，死傷甚衆。賊步上新林，太祖馳使報劉勔，急開大小桁，撥淮中船舫，悉渡北岸。

休範乘肩輿率衆至壘南，上遣寧朔將軍黃回、馬軍主周盤龍將步騎出壘對陣。休範分兵攻壘東，短兵接戰，自巳至午，衆皆失色。太祖曰：「賊雖多而亂，尋破也。」楊運長領三齊射手七百人，引彊命中，故賊不得逼城。未時，張敬兒斬休範首。太祖遣隊主陳靈寶送首還臺，靈寶路中遇賊軍，埋首道側。〔一七〕臺軍不見休範首，愈疑懼。賊衆亦不知休範已死，別率杜黑蠡急攻壘東。〔一八〕司空主簿蕭惠朗數百人突入東門，叫噪至堂下，城上守門兵披退。太祖挺身上馬，率數百人出戰，賊皆推楯而前，相去數丈，分兵橫射，太祖引滿將發，左右將戴仲緒舉楯扞之，箭應手飲羽，傷百餘人，賊死戰不能當，乃却。衆軍復得保城，與黑蠡拒戰，自晡達明旦，矢石不息。其夜大雨，鼓叫不復相聞，將士積日不得寢食，軍中馬夜驚，城內亂走，太祖秉燭正坐，厲聲呵止之，如此者數四。

賊帥丁文豪設伏破臺軍於皁莢橋，直至朱雀桁，劉勔欲開桁，王道隆不從，勔及道隆竝戰沒。初，勔高尙其意，託造園宅，名爲「東山」，頗忽世務。太祖謂之曰：「將軍以顧命之重，任兼內外，主上春秋未幾，諸王竝幼沖，上流聲議，遐邇所聞，此是將軍艱難之日，而將軍深尙從容，廢省羽翼，一朝事至，雖悔(可)〔何〕追。」〔一九〕勔竟不納。

賊進至杜姥宅，車騎典籤茅恬開東府納賊，〔二〇〕冠軍將軍沈懷明於石頭奔散，張永潰於白下，宮內傳新亭亦陷，太后執蒼梧王手泣曰：「天下敗矣！」太祖遣軍主陳顯達、任農夫、張敬兒、周盤龍等，從石頭濟淮，閒道從承明門入衞宮闕。

休範既死，典籤許公與詐稱休範在新亭，士庶惶惑，詣壘投名者千數，太祖隨得輒燒之，乃列兵登城北，謂曰：「劉休範父子先昨皆已卽戮，屍在南岡下，身是蕭平南，諸君善見觀！君等名皆已焚除，勿有懼也。」臺分遣衆軍擊杜姥宅、宣陽門諸賊，皆破平之。太祖振旅凱入，百姓緣道聚觀，曰：「全國家者此公也。」

太祖與袁粲、褚淵、劉秉引咎解職，不許。遷散騎常侍、中領軍、都督南兗徐兗青冀五州軍事、鎭軍將軍、南兗州刺史，持節如故。進爵爲公，增邑二千戶。太祖欲分其功，請益粲等戶，更日入直決事，號爲「四貴」。秦時有太后、穰侯、涇陽、高陵君，稱爲「四貴」，至是乃復有焉。四年，加太祖尙書左僕射，本官如故。

休範平後，蒼梧王漸行凶暴，南徐州刺史建平王景素少有令譽，朝野歸心。景素亦潛爲自全之計，布款誠於太祖，太祖拒而不納。七月，羽林監袁祗奔景素，〔二一〕便舉兵，太祖出屯玄武湖，遣衆軍北討，事平乃還。

太祖威名既重，蒼梧王深相猜忌，幾加大禍。陳太妃罵之曰：「蕭道成有功於國，今若害之，後誰復爲汝著力者？」乃止。

太祖密謀廢立。五年七月戊子，帝微行出北湖，常單馬先走，羽儀禁衞隨後追之，於堤塘相蹈藉，左右張互兒馬墜湖，〔二二〕帝怒，取馬置光明亭前，自馳騎刺殺之，因共屠割，與左右作羌胡伎爲樂。又於蠻岡賭跳。〔二三〕際夕乃還仁壽殿東阿氈屋中寢。語左右楊玉夫：「伺織女度，報我。」時殺害無常，人懷危懼。玉夫與其黨陳奉伯等二十五人同謀，於氈屋中取千牛刀殺蒼梧王，稱敕，使廂下奏伎，因將首出與王敬則，敬則送太祖。太祖夜從承明門乘常所騎赤馬入，殿內驚怖，既知蒼梧王死，咸稱萬歲。及太祖踐阼，號此馬爲「龍驤將軍」，世謂爲「龍驤赤」。

明日，太祖戎服出殿庭槐樹下，召四貴集議。太祖謂劉秉曰：「丹陽國家重戚，今日之事，屬有所歸。」秉讓不當。太祖次讓袁粲，粲又不受。太祖乃下議，備法駕詣東城，迎立順帝。於是長刀遮粲、秉等，各失色而去。甲午，太祖移鎭東府，與袁粲、褚淵、劉秉各甲仗五十人入殿。丙申，進位侍中、司空、錄尙書事、驃騎大將軍，持節、都督、刺史如故，封竟陵郡公，邑五千戶，給油幢絡車，班劍三十人。太祖固辭上台，〔二四〕卽驃騎大將軍、開府儀同三司。庚戌，進督南徐州刺史。封楊玉夫等二十五人爵邑各有差。十月戊辰，又進督豫、司二州。

初，荆州刺史沈攸之與太祖於景和世同直殿省，申以歡好，以長女義興公主妻攸之第三子元和。〔二五〕攸之爲郢州，値明帝晚運，陰有異圖。自郢州遷爲荆州，聚斂兵力，將吏逃亡，輒討質隣伍。養馬至二千餘匹，皆分賦戍邏將士，使耕田而食，廩財悉充倉儲。荆州作部歲送數千人仗，攸之割留，簿上供討四山蠻。裝治戰艦數百千艘，沈之靈溪裏，錢帛器械巨積，朝廷畏之。高道慶家在華容，假還過江陵，道慶素便馬，攸之與宴飲，於聽事前合馬槊，道慶槊中破攸之馬鞍，攸之怒，索刃槊，道慶馳馬而出。還都，說攸之反狀，請三千人襲之，朝議慮其事難濟，太祖又保持不許。太祖既廢立，遣攸之子司徒左長史元琰賫蒼梧王諸虐害器物示之，攸之未得卽起兵，乃上表稱慶，幷與太祖書推功。

攸之有素書十數行，常韜在裲襠角，云是明帝與己約誓。十二月，遂舉兵。其妾崔氏、許氏諫攸之曰：「官年已老，那不爲百口計！」攸之指裲襠角示之，稱太后令召己下都。京師恐懼。乙卯，太祖入居朝堂，〔二六〕命諸將西討，平西將軍黃回爲都督前驅。

前湘州刺史王蘊，太后兄子，少有膽力，以父揩名宦不達，〔二七〕欲以將途自奮。每撫刀

曰：「龍淵、太阿，汝知我者。」叔父景文誡之曰：「阿答，汝滅我門戶！」蘊曰：「答與童烏貴賤覺異。」童烏，景文子絢小字；答，蘊小字也。蘊遭母喪罷任，還至巴陵，停舟一月，日與攸之密相交構。時攸之未便舉兵，蘊乃下達郢州。世祖爲郢州長史，蘊期世祖出弔，因作亂據郢城，世祖知之，不出。蘊還至東府前，又期太祖出，太祖又不出弔，再計不行，外謀愈固。

司徒袁粲、尙書令劉秉見太祖威權稍盛，慮不自安，與蘊及黃回等相結舉事，殿內宿衞主帥，無不協同。攸之反問初至，太祖往石頭與粲謀議，粲稱疾不相見。剋壬申夜起兵據石頭，劉秉恇怯，晡時，從丹陽郡載婦女入石頭，朝廷不知也。其夜，丹陽丞王遜告變，秉從弟領軍（韜）〔韞〕〔二八〕及直閤將軍卜伯興等嚴兵爲內應。太祖命王敬則於宮內誅之。遣諸將攻石頭，王蘊將數百精手帶甲赴粲，城門已閉，官軍又至，乃散。衆軍攻石頭，斬粲，劉秉走雒檐湖，〔二九〕蘊逃鬭場，並禽斬之。

粲位任雖重，無經世之略，踈放好酒。步屧白楊郊野閒，道遇一士大夫，便呼與酣飲。明日，此人謂被知顧，到門求通，粲曰：「昨飲酒無偶，聊相要耳。」竟不與相見。嘗作五言詩云：「訪迹雖中宇，循寄乃滄州。」蓋其志也。

劉秉少以宗室清謹見知，孝武世，秉弟遐坐通嫡母殷氏養女，殷亡口中血出，衆疑行毒害，孝武使秉從弟祗諷秉啓證其事。秉曰：「行路之人，尙不應爾，今日迺可一門同盡，無容奉敕。」衆以此稱之。故爲明帝所任。蒼梧廢，秉出集議，於路逢弟韞，韞開車迎問秉曰：「今日之事，固當歸兄邪？」秉曰：「吾等已讓領軍矣。」韞槌胷曰：「君肉中詎有血！」

粲典籤莫嗣祖知粲謀，太祖召問嗣祖：「袁謀反，何不啓聞？」嗣祖曰：「事主義無二心，雖死不敢泄也。」蘊嬖人張承伯藏匿蘊。太祖竝赦而用之。黃回頓新亭，聞石頭鼓噪，率兵來赴之，朱雀桁有戍軍，受節度，不聽夜過，會石頭已平，因稱救援。太祖知而不言，撫之愈厚，遣回西上，流涕告別。

太祖屯閱武堂，馳結軍旅。閏月辛丑，詔假黃鉞，率大衆出屯新亭中興堂，治嚴築壘。教曰：「河南稱慈，諒由掩胔，廣漢流仁，實存殯朽。近袁製茲營，崇溝浚塹，古墟曩隧，時有湮移，深松茂草，或致刊薙。憑軒動懷，巡隍增愴。宜竝爲收改葬，幷設薄祀。」

二年正月，沈攸之攻郢城不剋，衆潰，自經死，傳首京邑。丙子，太祖旋鎭東府。二月癸未，進太祖太尉，增封三千戶，都督南徐、南兗、徐、兗、青、冀、司、豫、荆、雍、湘、郢、梁、益、廣、越十六州諸軍事。太祖解驃騎，辭都督，不許，乃表送黃鉞。三月己酉，增班劒爲四十人，甲仗百人入殿。丙子，加羽葆鼓吹，餘竝如故。

辛卯，太祖誅鎭北將軍黃回。

大明泰始以來，相承奢侈，百姓成俗。太祖輔政，罷御府，省二尙方諸飾玩。至是又上表禁民閒華僞雜物：不得以金銀爲箔，馬乘具不得金銀度，不得織成繡裙，〔三〇〕道路不得著錦履，不得用紅色爲幡蓋衣服，不得翦綵帛爲雜花，不得以綾作雜服飾，不得作鹿行錦及局脚檉柏床、牙箱籠雜物、綵帛作屛鄣、錦緣薦席，不得私作器仗，不得以七寶飾樂器又諸雜漆物，〔三一〕不得以金銀爲花獸，不得輒鑄金銅爲像。皆須墨敕，凡十七條。其中宮及諸王服用，雖依舊例，亦請詳衷。

九月丙午，進位假黃鉞、都督中外諸軍事、太傅、領揚州牧，〔三二〕劒履上殿，入朝不趨，贊拜不名。置左右長史、司馬、從事中郎、掾、屬各四人，使持節、太尉、驃騎大將軍、錄尙書、南徐州刺史如故。固辭，詔遣敦勸，乃受黃鉞，辭殊禮。甲寅，給三望車。

三年正月乙巳，太祖表蠲百姓逋負。丙辰，加前部羽葆鼓吹。丁巳，命太傅府依舊辟召。丁卯，給太祖甲仗五百人，出入殿省。甲午，重申前命，〔三三〕劒履上殿，入朝不趨，贊拜不名。三月甲辰，詔進位相國，總百揆，封十郡爲齊公，備九錫之禮，加璽紱遠遊冠，位在諸侯王上，加相國綠綟綬，其驃騎大將軍、揚州牧、南徐州刺史如故。太祖三讓，公卿敦勸固請，乃受。甲寅，策相國齊公曰：

天地變通，莫大乎炎涼，懸象著明，莫崇乎日月。嚴冬播氣，貞松之操自高，光景

時昏，若華之暎彌顯。是故英睿當亂而不移，忠賢臨危而盡節。自景和昏虐，王綱弛紊，太宗受命，紹開中興，運屬屯難，四郊多壘。蕭將軍震威華戎，寔資義烈，康國濟民，於是乎在。朕以不造，夙罹閔凶。嗣君失德，書契未紀。威侮五行，虔劉九縣，神歇靈繹，〔三四〕海水羣飛，彝器已塵，宗禋誰主，綴旒之殆，未足爲譬，豈直小宛興刺，黍離作歌而已哉。天贊皇宋，實啓明宰，爰登寡昧，纂承大業，〔三五〕鴻緒再維，閎基重造，高勳至德，振古絕倫。昔保衡翼殷，博陸匡漢，方斯蔑如也。今將授公典禮，其敬聽朕命。

乃者，袁（劉）〔鄧〕構禍，〔三六〕寔繁有徒，子房不臣，稱兵協亂，跨蹈五湖，憑陵吳、越，浮祲虧辰，沈氛晦景，桴鼓振於王畿，鋒鏑交乎天邑。顧瞻宮掖，將成茂草，言念邦國，翦爲仇讎。當此之時，人無固志。公投袂殉難，超然奮發，執金板而先馳，登寅車而戒路，軍政端嚴，卒乘輯睦，麾鉞一臨，凶黨冰泮。此則霸業之基，勤王之始也。安都背叛，竊據徐方，敢率犬羊，陵虐淮濟，索兒愚悖，同惡相濟，天祚無象，背順歸逆，北鄙黔黎，奄墜塗炭，均人廢職，邊師告警。公受命宗祊，精貫朝日，擁節和門，氣踰霄漢，破釜之捷，斬馘蔽野，石梁之戰，禽其渠帥，保境全民，江陽即序。此又公之功也。張淹迷昧，弗顧本朝，（受）〔爰〕自南區，〔三七〕志圖東夏，潛軍閒入，竊覬不虞。于時江服未夷，

皇塗荐阻。公忠誠慷慨，在險彌亮，深識九變，妙察五色，以寡制衆，所向風偃。朝廷無東顧之憂，閩越有來蘇之慶。此又公之功也。匈奴野心，侵掠疆埸，前師失律，王旅崩撓，灑血成川，伏尸千里。醜羯侜張，勢振彭、泗，乘勝長驅，窺覦京甸，冠帶之軌將湮，被髮之容行及。公奉辭伐罪，戒旦晨征，兵車始交，氛祲時蕩，弔死撫傷，弘宣皇澤，俾我淮、肥，復沾盛化。此又公之功也。自茲厥後，獫狁孔熾，封豕長蛇，重窺上國。而世故相仍，師出日老，戰士無臨陣之心，戎卒有懷歸之思。是以下邳精甲，望風振恐，角城高壘，指日淪陷。公眷言王事，發憤忘食，躬擐甲胄，視險若夷，短兵纔接，巨猾鳥散，分疆畫界，開創青、兖。此又公之功也。泰始之末，入參禁旅，任兼軍國，事同顧命。桂陽負衆，輕問九鼎，裂冠毀冕，拔本塞源，入兵萬乘之國，頓戟象魏之下，烈火焚於王城，飛矢集乎君屋。機變倏忽，終古莫二，羣后憂惶，元戎無主。公按劍凝神，則奇謀貫世，秉旄指麾，則懦夫成勇。曾不崇朝，新亭獻捷，信宿之閒，宣陽底定，雲霧廓清，區宇康乂。此又公之功也。皇室多難，釁起戚蕃，邗、晉、應、韓，翻爲讎敵，建平失圖，興兵內侮。公又指授六師，義形乎色，役未踰旬，朱方寧晏。此又公之功也。蒼梧肆虐，諸夏糜沸，淫刑以逞，誰則無罪，火炎崐岡，玉石俱焚，黔首相悲，朝不謀夕，高祖之業已淪，（大）〔文〕、明之軌誰嗣。〔三八〕公遠稽殷、漢之義，近遵魏、晉之典，猥以眇

身，入奉宗祏，七廟清謐，九區反政。此又公之功也。袁粲無質，劉秉擕貳，（韜）〔韞〕、述相扇，〔三九〕成此亂階，醜圖潛構，危機竊發，據有石頭，志犯應、路。公神謀內運，霜鋒外舉，妖沴載澄，國塗悅穆。此又公之功也。沈攸之萑禍，〔四〇〕歲月滋彰，蜂目豺聲，阻兵安忍。哀彼荆漢，獨爲匪民，乃眷西顧，緬同異域。而經綸維始，九伐未申，長惡不悛，遂逞凶逆。驅合姦回，勢過虓虎，朝野憂疑，三軍沮氣。公秉鉞出關，凝威江甸，正情與曒日同亮，明略與秋雲競爽。至義所感，人百其心，鼖鼓一麾，夏首寧謐，雲梯未舉，魯山剋定。積年逋誅，一朝顯戮，沮沛安流，章臺順軌。此又公之功也。公有濟天下之勳，重之以明哲，道庇生民，志匡宇宙，勠力肆心，劬勞王室，自東徂西，靡有寧晏，險阻艱難，備嘗之矣。若乃締構宗稷之勤，造物資始之澤，雲布霧散，光被六幽，弼予一人，永清四海。是以秬草騰芳於郊園，景星垂暉於清漢，遐方款關而慕義，荒服重譯而來庭，（注）〔汪〕哉邈乎！〔四一〕無得而名焉。

朕聞疇庸表德，前王盛典，崇樹侯伯，有國攸同。所以文命成功，玄珪顯錫，姬旦秉哲，曲阜啓蕃，或改玉以弘風，或胙土以宣化，禮絕常班，寵冠羣辟，爰逮桓文，車服異數。惟公勳業超於先烈，而褒賞闕於舊章，古今之道，何其爽歟？靜言欽歎，良有缺然。今進授相國，以青州之齊郡，徐州之梁郡，南徐州之蘭陵、魯郡、瑯邪、東海、晉陵、

義興，揚州之吳郡、會稽，凡十郡，封公爲齊公。錫茲玄土，苴以白茅，定爾邦家，用建冢社。斯實尙父故蕃，世作盟主，紀綱侯甸，率由舊則。往者周、邵建國，師保兼任，毛、畢執珪，入作卿士，內外之寄，〔四二〕同規在昔。〔今〕命使持節、兼太尉、侍中、中書監、司空、衞將軍、雩都縣開國侯淵授〔公〕相國印綬，〔四三〕齊公璽紱；持節、兼司空副、〔四四〕守尙書令僧虔授齊公茅土，金虎符第一至第五左，竹使符第一至第十左。相國位總百辟，秩踰三鉉，〔四五〕職以禮移，號隨事革。其以相國總百辟，〔四六〕去錄尙書之稱。送所假節，侍中貂蟬、中外都督太傅太尉印綬、竟陵公印策。其驃騎大將軍、揚州牧、南徐州刺史如故。又加公九錫，其敬聽後命：以公秉禮弘律，〔四七〕儀刑區宇，遐邇一體，民無異業，是用錫公大輅、戎輅各一，玄牡二駟。公崇脩南畝，所寶惟穀，王府充實，百姓繁阜，是用錫公袞冕之服，赤舄副焉。公居身以謙，導物以義，鎔鈞庶品，罔不和悅，是用錫公軒縣之樂，六佾之僻。公翼贊王猷，聲敎遠洽，蠻夷竭歡，回首內附，是用錫公朱戶以居。公明鑒人倫，澄辨涇渭，官方與能，英乂克舉，是用錫公納陛以登。公保佑皇朝，厲身化下，杜漸防萌，含生賫式，是用錫公虎賁之士三百人。公禦宄以刑，禦姦以德，君親無將，將而必誅，是用錫公鈇鉞各一。公鳳舉四維，龍驤八表，威靈所振，異域同文，是用錫公彤弓一，彤矢百，玈弓十，玈矢千。公明發載懷，肅恭禋祀，孝敬之重，

義感靈祇，是用錫公秬鬯一卣，珪瓚副焉。齊國置丞相以下，一遵舊式。往欽哉！其祗服朕命，經緯乾坤，宏亮洪業，茂昭爾大德，闡揚我高祖之休命。

太祖三讓，公卿敦勸固請，乃受之。

丁巳，下令赦國內殊死以下，今月十五日昧爽以前，一皆原赦，鰥寡孤獨不能自存者，賜穀五斛，府州所領，亦同蕩然。

宋帝詔齊公十郡之外，隨宜除用。以齊國初建，給錢五百萬，布五千匹，絹五千匹。四月癸酉，詔進齊公爵為王，以豫州之南梁、陳郡、潁川、陳留，南兗州之盱眙、山陽、秦郡、廣陵、海陵、南沛十郡增封。使持節、司空、衞將軍褚淵奉策授璽紱，金虎符第一至第五左，竹使符第一至第十左，錫茲玄土，苴白茅，〔四八〕改立王社。相國、揚州牧、驃騎大將軍、南徐州刺史如故。丙戌，命齊王冕十有二旒，建天子旌旗，出警入蹕，乘金根車，駕六馬，備五時副車，置旄頭雲罕，樂儛八佾，設鍾虡宮縣。王世子為太子，王女王孫爵命一如舊儀。

辛卯，宋帝禪位，下詔曰：

惟德動天，玉衡所以載序，窮神知化，億兆所以歸心，用能經緯乾坤，彌綸宇宙，闡揚鴻烈，大庇生民。晦往明來，積代同軌，前王踵武，世必由之。宋德湮微，昏毀相襲，景和騁悖於前，元徽肆虐於後，三光再霾，七廟將墜，璇極委馭，含識知泯，我文、武之

祚，眇焉如綴。靜惟此紊，夕惕疚心。

相國齊王，天誕叡聖，河嶽炳靈，拯傾提危，澄氛靜亂，匡濟艱難，功均造物。宏謀霜照，祕筭雲回，旌旆所臨，一麾必捷，英風所拂，無思不偃，表裏清夷，遐邇寧謐。既而光啓憲章，弘宣禮教，姦宄之類，覩隆威而隔情，慕善之儔，仰徽猷而增厲。道邁於重華，勳超乎文命，蕩蕩乎無得而稱焉。是以辮髮左衽之酋，款關請吏，木衣卉服之長，航海來庭，豈惟肅慎獻楛，越(嘗)〔裳〕薦翬而已哉。〔四九〕故四奧載宅，六府克和，川陸効珍，禎祥鱗集，卿煙玉露，旦夕揚藻，嘉穟芝英，晷刻呈茂。革運斯炳，代終彌亮，負扆握樞，允歸明哲，固以獄訟去宋，謳歌適齊。

昔金政既淪，水德締構，天之曆數，皎焉攸徵。朕雖寡昧，闇于大道，稽覽隆替，為日已久，敢忘列代遺則，人神至願乎？便遜位別宮，敬禪于齊，一依唐虞、魏晉故事。

是日宋帝遜于東邸，備羽儀，乘畫輪車，出東掖門，問今日何不奏鼓吹，左右莫有答者。

壬辰，策命齊王曰：

伊太古初陳，萬物紛綸，開耀靈以鑑品物，立元后以馭烝人。若夫容成、大庭之世，宓羲、五龍之辰，靡得而詳焉。自軒黃以降，墳素所紀，略可言者，莫崇乎堯舜。披金繩而握天鏡，開玉匣而總地維，德之休明，宸居靈極。期運有終，歸禪與能。所以大唐遜

位，謗然興歌，有虞揖讓，卿雲發采。亮符命之攸臻，坦至公以成務，懷生載懌，靈祇効祉，遺風餘烈，光被無垠。漢魏因循，弗敢失墜，爰逮晉氏，亦遵前儀。惟我祖宗英叡，勳格幽顯，從天人而齊七政，凝至德而撫四維。末葉不造，仍世多故，(難滅星謀)〔日蝕星隕〕，〔五〇〕山淪川竭。

惟王聖哲淵明，榮鏡寓宙，體望日之威，資就雲之澤，臨下以簡，御衆以寬，仁育羣生，義征不譓，國塗荐阻，弘五慮而乂寧，皇緒將湮，秉六術以匡濟。及至權臣內侮，蕃屏陵上，兵革雲翔，萬邦震駭，裁之以武風，綏之以文化，遐邇清夷，表裏肅穆。戢珮戈而事黼黻，委旌門而恭儒館，聲化遠洎，荒服無塵，殊類同規，華戎一揆。是以五光來儀於軒庭，九穗含芳於郊牧。象緯昭澈，布新之符已顯，圖讖彪炳，受終之義既彰。靈祇乃眷，兆民引領。朕聞至道深微，惟人是弘，天命無常，惟德是與。所以仰鑒玄情，俯察羣望，敬禪神器，授帝位于爾躬。四海困窮，天祿永終。於戲！王其允執厥中，儀刑前式，以副率土之欣望。命司裘而謁蒼昊，奏雲門而升圓丘，時膺大禮，永保洪業，豈不盛歟！

再命璽書曰：

皇帝敬問相國齊王。大道之行，與三代之英，朕雖闇昧，而有志焉。夫昏明相襲，

晷景之恆度，春秋遞運，時歲之常序。求諸天數，猶且隆替，矧伊在人，能無終謝。是故勛華弘風於上葉，漢魏垂式於後昆。

昔我高祖，欽明文思，振民育德，皇靈眷命，奄有四海。晚世多難，姦宄寔繁，鼖鼓宵聞，元戎旦警，億兆夷人，啓處靡厝。加以嗣君荒怠，敷虐萬方，神鼎將遷，寶策無主，實賴英聖，匡濟艱危。惟王體天則地，含弘光大，明竝日月，惠均雲雨。國步斯梗，則稜威外發，王猷不造，則淵謨內昭。重構閩、吳，再寧淮、濟，靜九江之洪波，卷海沂之氛沴，〔五一〕放斥凶昧，存我宗祀，舊物惟新，三光改照。逮至寵臣裂冠，則裁以廟略，荆漢反噬，則震以雷霆。麾旆所臨，風行草靡，神筭所指，龍舉雲屬。諸夏廓清，戎翟思韙，興文偃武，闡揚洪烈。明保沖昧，翊翔禮樂之場，撫柔黔首，咸(濟)〔躋〕仁壽之域。〔五二〕自霜露所墜，星辰所經，正朔不通，人跡罕至者，莫不踰山越海，北面稱蕃，款關重譯，脩其職貢。是以禎祥發采，左史載其奇，玄象垂文，保章審其度，鳳書表肆類之運，龍圖顯班瑞之期。重以珠衡日角，神姿特挺，君人之義，在事必彰。書不云乎，「皇天無親，惟德是輔」。民心無常，惟惠之懷。神祇之眷如彼，蒼生之願如此。笙管變聲，鍾石改調。朕所以擁璇持衡，傾佇明哲。

昔金德既淪，而傳祚于我有宋，曆數告終，寔在茲日，亦以水德而傳于齊。式遵前

典，廣詢羣議，王公卿士，咸曰惟宜。今遣使持節、兼太保、侍中、中書監、司空、衞將軍、雩都縣侯淵，兼太尉、守尚書令僧虔奉皇帝璽綬，受終之禮，一依唐虞故事。王其允副幽明，時登元后，寵綏八表，以酬昊天之休命。

太祖三辭，宋帝王公以下固請。兼太史令、將作匠陳文建奏符命曰：「六，亢位也。後漢自建武至建安二十五年，一百九十六年而禪魏；〔魏〕自黃初至咸熙二年，〔三〕四十六年而禪晉；晉自太始至元熙二年，一百五十六年而禪宋；宋自永初元年至昇明三年，凡六十年：咸以六終六受。六，亢位也。驗往揆今，若斯昭著。敢以職任，備陳管穴。伏願順天時，膺符瑞。」二朝百辟又固請。尚書右僕射王儉奏：「被宋詔遜位。臣等參議，宜剋日輿駕受禪，撰立儀注。」太祖乃許焉。

史臣曰：案太一九宮占推漢高五年，太一在四宮，主人與客俱得吉，計先舉事者勝，是歲高祖破楚。晉元興二年，太一在七宮，太一爲帝，天目爲輔佐，迫脅太一，是年安帝爲桓玄所逼出宮。大將在一宮，參相在三宮，格太一。經言格者，已立政事，上下格之，不利有爲，安居之世，不利舉動。元興三年，太一在七宮，宋武破桓玄。元嘉元年，太一在六宮，不利有爲，徐、傅廢營陽王。七年，太一在八宮，關囚惡歲，大小將皆不得立，其年到彥之北

伐，初勝後敗，客主俱不利。十八年，太一在二宮，客主俱不利，是歲氐楊難當寇梁、益，來年仇池破。十九年，大小將皆見關不立，凶，其年裴方明伐仇池，剋百頃，明年失之。泰始元年，太一在二宮，爲大小將奄擊之，其年景和廢。二年，太一在三宮，不利先起，主人勝，其年晉安王子勛反。元徽二年，太一在六宮，先起敗，是歲桂陽王休範反，竝伏誅。四年，太一在七宮，先起者客，西北走，其年建平王景素敗。昇明元年，太一在七宮，不利爲客，安居之世，舉事爲主人，應發爲客，袁粲、沈攸之等反，伏誅。是歲太一在杜門，臨八宮，宋帝禪位，不利爲客，安居之世，舉事爲主人，禪代之應也。

策文「難滅星謀」疑

校勘記

〔一〕闈生吳郡太守永　「永」梁書武帝紀作「冰」，新唐書宰相世系表同，未知孰是。

〔二〕徙爲威烈將軍　殿本改「威烈」爲「武烈」。按宋書百官志有武烈將軍，無威烈將軍。參閱卷七東昏侯紀校勘記第八條。

〔三〕承之理民直亦不在武幹後　「承之」二字原作「諱」，以齊高帝父名承之也。凡帝名宋本、毛本皆作「諱」，蓋子顯原文如此，今從殿本改，以便讀者。下皆仿此，不別出校記。

〔四〕今擬爲兗州□□檀征南詳之　南監本、毛本、殿本、局本闕文作「刺史」二字。張元濟校勘記云：「疑『□□檀征南詳之』七字爲句。」

〔五〕健與僞馮翊太守蒲(旱)〔早〕子悉力出戰　據殿本改。按宋書蕭思話傳作「蒲早子」，又作「蒲蚤子」，早蚤通用，則作「早子」是。

〔六〕遷右軍將軍　按文選五十九齊安陸昭王碑文注引作「冠軍將軍」，疑「右軍」爲「冠軍」之譌。承之先爲龍驤，稍遷冠軍，資序正合。若右軍將軍，爲四將軍之一，領宿衞營兵，非雜號將軍之比，時承之無殊勳，不當超遷居之也。

〔七〕梁土民思之　「土」殿本作「士」，張元濟校勘記云作「士」譌。按南史齊紀避唐諱，去「民」字，作「梁土思之」。

〔八〕太祖與質別軍主胡宗之等五軍　洪頤煊諸史考異云：「按宋書蕭思話傳作『胡崇之』，魏書世祖紀亦作『胡崇之』。」今按宋書文帝紀、劉懷肅傳、臧質傳並作「胡崇之」。册府元龜一百八十四作「胡宗之」。

〔九〕西(陵)〔陽〕王撫軍參軍　張森楷校勘記云：「終宋世無西陵王，『陵』當爲『陽』，各本並譌。」按宋書豫章王子尚傳，孝建三年，年六歲，封西陽王。大明二年，加撫軍將軍。作「西陽王」是，今據

改。

〔一〇〕爲北(軍)中郎中兵參軍　錢大昕廿二史考異云：「按子鸞以北中郎將領南徐州刺史，太祖爲其僚屬，當云北中郎中兵參軍，此多一『軍』字。」今據删。

〔一一〕析竹爲寄生　「析」太平御覽九百五十九引作「折」，南史齊紀同。

〔一二〕虜遂(退)〔進〕至淮北　據南監本、局本改。張森楷校勘記云：「局本作『進』是，是時魏兵轉南，安得云退。」

〔一三〕招聚亡命　南監本、毛本、殿本、局本作「招聚士衆」。

〔一四〕元徽二年五月舉兵於尋陽收略官民數日便辦衆二萬人　「便辦」南監本、殿本、局本作「得士」。毛本脫去「元徽二年」至「便辦衆」一行二十字。

〔一五〕悉乘商旅船舫　「舫」南監本、殿本、局本作「艦」。毛本闕「舫」字。

〔一六〕加太祖使持節都督征討諸軍　按毛本、局本「軍」下有「事」字。

〔一七〕埋首道側　通鑑宋蒼梧王元徽二年作「棄首於水」。考異云：「南齊書云『埋首道側』，宋略云『棄諸溝中』，今從宋書。」

〔一八〕別率杜黑蠡急攻壘東　「杜黑蠡」通鑑作「杜黑騾」。考異云：「宋書、南齊書作『黑蠡』，今從宋略。」按今本宋書桂陽王休範傳作「杜墨蠡」。

〔一九〕雖悔(可)〔何〕追　據毛本、殿本、局本改。

〔二〇〕車騎典籤茅恬開東府納賊　通鑑作「撫軍長史褚澄開東府納南軍」。考異云：「宋書作『撫軍典籤茅恬開東府納賊』，南齊書作『車騎典籤茅恬』，蓋皆爲褚澄諱耳，今從宋略。」

〔二一〕羽林監袁祇奔景素　張森楷校勘記云：「『袁祇』宋書景素本傳作『垣祇祖』，未詳孰是。」

〔二二〕左右張互兒馬墜湖　「張互兒」宋書後廢帝紀作「張五兒」。

〔二三〕又於蠻岡賭跳　「蠻岡」通鑑宋順帝昇明元年作「臺岡」。考異云：「南史作『蠻岡』，今從宋書。」胡三省注：「臺岡，意卽臺城之來岡。」

〔二四〕太祖固辭上台　「上台」南監本、毛本、殿本、局本作「上命」。按宋、齊以太尉、司徒、司空爲三公，稱上台，時道成固辭司空，故以爲言。元龜一百八十四亦作「上台」。

〔二五〕以長女義興公主妻攸之第三子元和　「元和」元龜一百八十四、宋書沈攸之傳並作「文和」，通鑑同。

〔二六〕乙卯太祖入居朝堂　殿本考證云：「宋順帝紀、宋略作『丁卯』，與此互異。」

〔二七〕以父楷名宜不達　張森楷校勘記云：「宋書王景文傳『楷』作『楷』，是。」

〔二八〕秉從弟領軍(韜)〔韞〕　據殿本改。

〔二九〕劉秉走雒檐湖　南史齊紀作「領檐湖」，通鑑同。

〔三〇〕不得織成繡裙　御覽一百二十九、四百三十一引作「不得織成繡衣裙」。

〔三一〕又諸雜漆物　御覽一百二十九引「漆」作「飾」，通鑑胡注引同。御覽四百三十引又作「漆」，與此同。

〔三二〕領揚州牧　按揚州之「揚」，相沿作「揚」。王念孫讀書雜志云：「凡楊州字，古皆從木，不從手。」本書各本皆作從手之「揚」，惟百衲本楊揚錯出，今悉改作揚。

〔三三〕甲午重申前命　按是年正月癸卯朔，無甲午，二月癸酉朔，二十二日甲午，疑上奪「二月」二字。

〔三四〕神歇靈繹　「歇」南監本、毛本、殿本、局本作「厭」，南史齊紀同。張元濟校勘記云：「宋書孔顗傳有『神歇靈繹，瓚業綴旒』語，宋本不誤。」

〔三五〕纂承大業　元龜一百八十四「承」作「兹」。按蕭道成父名承之，策文必不犯其家諱，疑作「兹」是。

〔三六〕乃者袁(劉)〔鄧〕構禍　張元濟校勘記云：「南史作『袁、鄧構禍』，袁、鄧指袁顗、鄧琬也，事具泰始元年。」今按元龜一百八十四亦作「袁、鄧構禍」，王欽若等注云「袁顗、鄧琬舉兵向闕」；又通鑑宋明帝泰始元年「既而閩江、雍治兵」，胡注云「江謂鄧琬，雍謂袁顗」。凡此俱足證「劉」當作「鄧」，今據改。

〔三七〕(受)〔爰〕自南區　據殿本改。按南史齊紀、元龜一百八十四俱作「爰」。

〔三八〕(大)〔文〕明之軌誰嗣　張森楷校勘記云：「南史『大明』作『文明』。按文、明二帝是蒼梧祖及父，故指言之。孝武，其伯父也，可不及；大明又是孝武再改之元，尤不當以爲稱。當從南史作『文明』爲是。」按元龜一百八十四正作「文明」，今據改。

〔三九〕(韜)〔韞〕述相扇　張森楷校勘記云：「『韜』當作『韞』，韞、述謂劉韞、劉述也。」按元龜一百八十四正作「韞」，今據改。

〔四〇〕沈攸之苞禍　按元龜一百八十四「苞禍」作「苞藏禍釁」，文義較順。

〔四一〕(注)〔汪〕哉邈乎　據南史齊紀改。按南監本、殿本、局本作「往」，元龜一百八十四作「遐」。

〔四二〕內外之寄　「寄」南監本、毛本、殿本、局本作「寵」，南史齊紀同。按元龜一百八十四作「寄」。

〔四三〕〔今〕命使持節至授〔公〕相國印綬　「今」字據南監本、毛本、殿本、局本補。按元龜一百八十四作「可」字。「公」字據南監本、毛本、殿本、局本補。

〔四四〕兼司空副　南監本、毛本、殿本、局本無「副」字，元龜一百八十四有。按兼司空副，言爲褚淵之副也，有「副」字是。

〔四五〕秩踰三鉉　「三鉉」南監本、毛本、殿本、局本作「三事」。

〔四六〕其以相國總百辟　「百辟」南監本、毛本、殿本、局本作「百揆」。

〔四七〕以公秉禮弘律　「秉」南監本、毛本、殿本、局本作「執」，南史齊紀同。元龜一百八十作「秉」。按南史「秉」作「執」，避唐諱改，毛本、殿本、局本又據南史改也。

〔四八〕金虎符第一至第五左竹使符第一至第十左錫兹玄土苴白茅　按南監本、局本删此二十五字。

〔四九〕越(旹)〔裳〕薦暈而已哉　據南監本、殿本、局本改。

〔五〇〕(難滅星謀)〔日蝕星隕〕　據南監本、殿本改。

〔五一〕卷海沂之氛沴　「沂」毛本、局本作「圻」。

〔五二〕咸(濟)〔躋〕仁壽之域　據南監本改。按張元濟校勘記云「濟當作躋」。

〔五三〕〔魏〕自黄初至咸熙二年　據南監本、殿本、局本補。

南齊書卷二

本紀第二

高帝下

建元元年夏四月甲午，上卽皇帝位於南郊，設壇柴燎告天曰：「皇帝臣道成敢用玄牡，昭告皇皇后帝。宋帝陟鑒乾序，欽若明命，以命于道成。夫肇自生民，樹以司牧，所以闡極則天，開元創物，肆茲大道。天下惟公，命不于常。昔在虞、夏，受終上代，粵自漢、魏，揖讓中葉，咸炳諸典謨，載在方册。水德既微，仍世多故，寔賴道成匡拯之功，以弘濟于厥艱。大造顚墜，再構區宇，宣禮明刑，締仁緝義。晷緯凝象，川岳表靈，誕惟天人，罔弗和會。乃仰協歸運，景屬與能，用集大命于茲。辭德匪嗣，至于累仍，而羣公卿士，庶尹御事，爰及黎獻，至于百戎，僉曰『皇天眷命，不可以固違，人神無託，不可以曠主』。畏天之威，敢不祗從鴻曆。敬簡元辰，虔奉皇符，升壇受禪，告類上帝，以永答民衷，式敷萬國。惟明靈是饗！」

禮畢，大駕還宮，臨太極前殿。詔曰：「五德更紹，帝迹所以代昌，三正迭隆，王度所以改耀。世有質文，時或因革，其資元膺曆，經道振民，固以異術同揆，殊流共貫者矣。朕以寡昧，屬值艱季，推肆勤之誠，藉樂治之數，賢能悉心，士民致力，用獲拯溺龕暴，一匡天下。業未參古，功殆侔昔。宋氏以陵夷有徵，曆數攸及，思弘樂推，永鑒崇替，爰集天祿于朕躬。惟志菲薄，辭弗獲昭，遂欽從天人，式繇景命，祗月正于文祖，升禋鬯于上帝。猥以寡德，光宅四海，纂革代之蹤，託王公之上，若涉淵水，罔知所濟。實祚初啓，洪慶惟新，思俾利澤，宣被億兆，可大赦天下。改昇明三年爲建元元年。賜民爵二級，文武進位二等，鰥寡孤獨不能自存者穀人五斛。逋租宿債勿復收。有犯鄉論清議，贓汙淫盜，一皆蕩滌，洗除先注，與之更始。長徒敕繫之囚，特皆原遣。亡官失爵，禁錮奪勞，一依舊典。」

封宋帝爲汝陰王，築宮丹陽縣故治，行宋正朔，車旗服色，一如故事，上書不爲表，答表不稱詔。〔降〕宋晉熙王燮爲陰安公，〔一〕江夏王躋爲沙陽公，隨王翽爲舞陰公，新興王嵩爲定襄公，建安王禧爲荔浦公，郡公主爲縣君，縣公主爲鄉君。詔曰：「繼世象賢，列代盛典，疇庸嗣美，前載令圖。宋氏通侯，乃宜隨運省替。但欽德懷義，尙表墳閭，況功濟區夏，道光民俗者哉。降差之典，宜遵往制。南康縣公華容縣公可爲侯，〔二〕萍鄉縣侯可爲伯，減戶有差，以繼劉穆之、王弘、何無忌後。」

以司空褚淵爲司徒，吳郡太守柳世隆爲南豫州刺史。詔曰：「宸運肇創，實命惟新，宜弘慶宥，廣敷蠲汰。劫賊餘口沒在臺府者，悉原放。諸負釁流徙，普聽還本。」〔三〕以齊國左衞將軍陳顯達爲中護軍，中領軍王敬則爲南兗州刺史，左衞將軍李安民爲中領軍。戊戌，以荆州刺史嶷爲尙書令、驃騎大將軍、開府儀同三司、揚州刺史，冠軍將軍映爲荆州刺史，西中郎將晃爲南徐州刺史，冠軍將軍垣崇祖爲豫州刺史，驃騎司馬崔文仲爲徐州刺史。

斷四方上慶禮。己亥，詔曰：「自廬井毀制，農桑易業，鹽鐵妨民，貨鬻傷治，歷代成俗，流蠹歲滋。援拯遺弊，革末反本，使公不專利，氓無失業。二宮諸王，悉不得營立屯邸，封略山湖。太官池籞，宮停稅入，〔四〕優量省置。」庚子，詔「宋帝后蕃王諸陵，宜有守衞」。有司奏帝陵各置長一人，兵有差，王陵五人，妃嬪三人。

五月丙午，進河南王吐谷渾拾寅號驃騎大將軍。詔曰：「宸運革命，引爵改封，宋氏第秩，雖宜省替，其有預効屯夷，宣力齊業者，一仍本封，無所減降。」有司奏留襄陽郡公張敬兒等六十二人，除廣興郡公沈曇亮等百二十二人。改元嘉曆爲建元曆，木德盛卯終未，以正月卯祖，十二月未臘。(辛)〔丁〕未，詔曰：〔五〕「設募取將，懸賞購士，蓋出權宜，非曰恆制。頃世艱險，浸以成俗，且長逋逸，開罪山湖。是爲黥刑不辱，亡竄無咎。自今以後，可斷衆募。」壬子，詔封佐命文武功臣新除司徒褚淵等三十一人，進爵增戶各有差。(己)〔乙〕卯，河

南王吐谷渾拾寅奉表貢獻。〔六〕丙辰，詔遣大使分行四方，遣兼散騎常侍十二人巡行。以交寧道遠，不遣使。己未，汝陰王薨，追謚爲宋順帝，終禮依魏元、晉恭帝故事。辛酉，陰安公劉燮等伏誅。追封謚上兄道度爲衡陽元王，道生爲始安貞王。丙寅，追尊皇考曰宣皇帝，皇妣爲孝皇后，妃爲昭皇后。

六月辛未，詔「相國驃騎中軍三府職，可依資勞度二官，若職限已盈，所餘可賜滿」。壬申，以游擊將軍周山圖爲兗州刺史。乙亥，詔曰：「宋末頻年戎寇，兼災疾凋損，或枯骸不收，毁櫬莫掩，宜速宣下埋藏營卹。若標題猶存，姓字可識，可卽運載，致還本鄉。」有司奏遣外監典事四人，周行離門外三十五里爲限。其餘班下州郡。無棺器標題者，屬所以臺錢供市。庚辰，七廟主備法駕卽于太廟。詔「諸將及客，戮力艱難，盡勤直衞，其從還宮者，普賜位一階」。辛巳，罷荆州刺史。甲申，立皇太子賾。斷諸州郡禮慶。見刑入重者，降一等，幷申前赦恩百日。立皇子嶷爲豫章王，映爲臨川王，晃爲長沙王，皞爲武陵王，暠爲安成王，鏘爲鄱陽王，鑠爲桂陽王，鑑爲廣陵王，皇孫長懋爲南郡王。乙酉，葬宋順帝于遂寧陵。

秋七月丁未，詔曰：「交阯比景，獨隔書朔，斯乃前運方季，負海不朝，因迷遂往，歸款莫由。曲赦交州部內李叔獻一人卽撫南土，文武詳才選用。幷遣大使宣揚朝恩。」以試守武

平太守行交州府事李叔獻爲交州刺史。丙辰，以虜僞茄蘆鎭主陰平公楊廣香爲沙州刺史。丁巳，詔「南蘭陵桑梓本鄉，長蠲租布；武進王業所基，復十年」。

九月辛丑，詔「二吳、義興三郡遭水，減今年田租」。乙巳，以新除尚書令、驃騎將軍豫章王嶷爲荆、湘二州刺史，平西將軍臨川王映爲揚州刺史。丙午，司空褚淵領尚書令。戊申，車駕幸宣武堂宴會，詔諸王公以下賦詩。

冬十月丙子，立彭城劉胤爲汝陰王，奉宋帝後。己卯，車駕殷祠太廟。辛巳，詔曰：「朕嬰綴世務，三十餘歲，險阻艱難，備嘗之矣。末路屯夷，戎車歲駕，誠藉時來之運，實資士民之力。宋元徽二年以來，諸從軍得官者，未悉蒙祿，可催速下訪，隨正卽給。才堪餘任者，訪洗量序。若四州士庶，本鄉淪陷，簿籍不存，尋校無所，可聽州郡保押，從實除奏。荒遠闕中正者，特許據軍簿奏除。或戍扞邊役，末由旋反，聽於同軍各立五保，所隸有司，時爲言列。」汝陰太妃王氏薨，追贈爲宋恭皇后。

十一月庚子，以太子左衞率蕭景先爲司州刺史。辛亥，立皇太子妃裴氏。甲申，封功臣驃騎長史江謐等十人爵戶各有差。

二年春正月戊戌朔，大赦天下。以司空、尚書令褚淵爲司徒，〔七〕中軍將軍張敬兒爲車

騎將軍，中領軍李安民爲領軍將軍，中護軍陳顯達爲護軍將軍。辛丑，車駕親祠南郊。癸卯，詔索虜寇淮、泗，遣衆軍北伐，內外纂嚴。

二月丁卯，虜寇壽陽，豫州刺史垣崇祖破走之。置巴州。壬申，以三巴校尉明慧照爲巴州刺史。戊子，以寧蠻校尉蕭赤斧爲雍州刺史，南蠻長史崔惠景爲梁、南秦二州刺史。辛卯，詔西境獻捷，解嚴。癸巳，遣大使巡慰淮、肥、徐、豫邊民尤貧遭難者，刺史二千石量加賑䘏。甲午，詔「江西北民避難流徙者，制遣還本，蠲今年租稅。單貧及孤老不能自存者，卽聽番籍，郡縣押領」。

三月丁酉，以侍中西昌侯鸞爲郢州刺史。戊戌，以護軍將軍陳顯達爲南兗州刺史，吳郡太守張岱爲中護軍。己亥，車駕幸樂遊〔苑〕宴會，〔八〕王公以下賦詩。辛丑，以征虜將軍崔(思)祖〔思〕爲青、冀二州刺史。〔九〕

夏四月丙寅，進高麗王樂浪公高璉號驃騎大將軍。

五月，立六門都牆。

六月癸未，詔「昔歲水旱，曲赦丹陽、二吳、義興四郡遭水尤劇之縣，元年以前，三調未充，虛列已畢，官長局吏應共償備外，詳所除宥」。

秋七月甲寅，以輔國將軍盧紹之爲青、冀二州刺史。戊午，皇太子妃裴氏薨。

閏月辛巳，遣領軍將軍李安民行淮、泗。庚寅，索虜攻朐山，青、冀二州刺史盧紹之等破走之。

冬十一月戊子，以氐楊後起爲秦州刺史。

十二月戊戌，以司空褚淵爲司徒。乙巳，車駕幸中堂聽訟。壬子，以驃騎大將軍豫章王嶷爲司空，揚州刺史、前將軍臨川王映爲荆州刺史。

三年春正月壬戌朔，詔王公卿士薦讜言。丙子，以平北將軍陳顯達爲益州刺史，貞陽公柳世隆爲南兗州刺史，皇子鋒爲江夏王。領軍將軍李安民等破虜於淮陽。

夏四月，以寧朔將軍沈景德爲廣州刺史。

六月壬子，大赦。逋租宿債，除減有差。

秋七月，以冠軍將軍(徐)〔垣〕榮祖爲徐州刺史。〔一〇〕

冬十月戊子，以河南王世子吐谷渾度易侯爲西秦河二州刺史、河南王。〔一一〕

四年春正月壬戌，詔曰：「夫膠庠之典，彝倫攸先，所以招振才端，啓發性緒，弘字黎甿，納之軌義，是故五禮之迹可傳，六樂之容不泯。朕自膺曆受圖，志闡經訓，且有司羣僚，奏

議咸集，蓋以戎車時警，文教未宣，思樂泮宮，永言多慨。今關燧無虞，時和歲稔，遠邇同風，華夷慕義。便可式遵前准，脩建敩學，精選儒官，廣延國胄。」以江州刺史王延之爲右光祿大夫。癸亥，詔曰：「比歲申威西北，義勇爭先，殞氣寇場，命盡王事。戰亡蠲復，雖有恆典，主者遵用，每傷簡薄。建元以來戰亡，賞蠲租布二十年，雜役十年。其不得收屍，主軍保押，亦同此例。」以後將軍長沙王晃爲護軍將軍，中軍將軍南郡王長懋爲南徐州刺史，冠軍將軍安成王暠爲江州刺史。

二月乙未，以冠軍將軍桓康爲青、冀二州刺史。上不豫，庚(辰)〔戌〕，〔一二〕詔原京師囚繫有差，元年以前逋責皆原除。

三月庚申，召司徒褚淵、左僕射王儉詔曰：「吾本布衣素族，念不到此，因藉時來，遂隆大業。風道沾被，升平可期。遘疾彌留，至于大漸。公等奉太子如事吾，柔遠能邇，緝和內外，當令太子敦穆親戚，委任賢才，崇尚節儉，弘宣簡惠，則天下之理盡矣。死生有命，夫復何言！」壬戌，上崩于臨光殿，年五十六。

四月庚寅，上謚曰太祖高皇帝。丙午，窆武進泰安陵。

上少沈深有大量，寬嚴清儉，喜怒無色。博涉經史，善屬文，工草隸書，弈棊第二品。雖經綸夷險，不廢素業。從諫察謀，以威重得衆。卽位後，身不御精細之物，敕中書舍人桓景

眞曰：「主衣中似有玉介導，此制始自大明末，後泰始尤增其麗。留此置主衣，政是興長疾源，可即時打碎。凡復有可異物，皆宜隨例也。」後宫器物欄檻以銅爲飾者，皆改用鐵，內殿施黃紗帳，宫人著紫皮履，華蓋除金花爪，用鐵迴釘。每曰：「使我治天下十年，當使黃金與土同價。」欲以身率天下，移變風俗。

上姓名骨體及期運曆數，竝遠應圖讖數十百條，歷代所未有，臣下撰錄，上抑而不宣，盛矣。

史臣曰：孫卿有言：「聖人之有天下，受之也，非取之也。」漢高神武駿聖，觀秦氏東遊，蓋是雅多大言，非始自知天命；光武聞少公之論讖，亦特一時之笑語；魏武初起義兵，所期「征西」之墓；晉宣不內迫曹爽，豈有定霸浮橋；宋氏屈起匹夫，兵由義立：咸皆一世推雄，卒開鼎祚。宋氏正位八君，卜年五紀，四絕長嫡，三稱中興，內難邊虞，兵革世動。太祖基命之初，武功潛用，泰始開運，大拯時艱，龍德在田，見猜雲雨之迹。及蒼梧暴虐，釁結朝野，百姓懍懍，命懸朝夕。權道既行，兼濟天下。元功振主，利器難以假人，羣才勠力，實懷尺寸之望。豈其天厭水行，固已人希木德。歸功與能，事極乎此。雖至公於四海，而運實時來，無心於黃屋，而道隨物變。應而不爲，此皇齊所以集大命也。

贊曰：於皇太祖，有命自天。同度宇宙，合量山淵。宋德不紹，神器虛傳。寧亂以武，黜暴資賢。庸發西疆，功興北翰。偏師獨克，孤旅霆斷。捘旆東夏，職司靜亂。指斧徐方，時惟伐叛。抗威京輦，坐清江漢。文藝在躬，芳塵淵塞。用下以才，鎭民以德。端己雄晬，君臨尊默。苞括四海，大造家國。

校勘記

〔一〕〔降〕宋晉熙王燮爲陰安公　據南監本、殿本補。

〔二〕南康縣公華容縣公可爲侯　南史齊紀作「南康郡公爲縣公，華容縣公可爲侯」。按劉祥傳云「從祖兄彪，祥曾祖穆之正胤，建元初降封南康縣公」，與南史齊紀降封縣公相應。然南史劉穆之傳謂穆之曾孫彪，建元初降封南康縣侯，則又與此相應。二書紀傳自相違戾，未知孰是。

〔三〕諸負釁流徙普聽還本　「負」原譌「貢」，「徙」原譌「徒」，各本不譌，今改正。又「本」字下各本並有「土」字，張元濟校勘記云「土」字衍。

〔四〕太官池籞宫停稅入　元龜一百九十一「宫」作「宜」。

〔五〕(辛)〔丁〕未詔曰　據南監本、毛本、殿本、局本及南史齊紀改。按是月壬寅朔，五日丙午，六日丁未，十一日壬子，此在丙午下，壬子上，當作「丁未」。

〔六〕(己)〔乙〕卯河南王吐谷渾拾寅奉表貢獻　據南監本、毛本、殿本、局本及南史齊紀改。按是月壬寅朔，十一日壬子，十四日乙卯，十五日丙辰，此在壬子下，丙辰上，當作「乙卯」。

〔七〕可依資勞度二(宫)〔官〕　據南監本、毛本、殿本、局本改。

〔八〕以司空尚書令褚淵爲司徒　通鑑建元二年正月，「以司空褚淵爲司徒，淵不受」。考異云：「齊書『建元二年正月，以淵爲司徒。十二月戊戌，以淵爲司徒』。蓋二年正月辭，十二月受耳。」今按考異說是。王鳴盛十七史商榷謂爲「一事重出，疵病之大者」，非也。

〔九〕車駕幸樂遊〔苑〕宴會　據殿本、元龜一百九十七補。按殿本「宴」下無「會」字。

〔一〇〕以征虜將軍崔(思)祖〔思〕爲青冀二州刺史　張森楷校勘記云：「本傳作『崔祖思』，此誤倒。」今據正。

〔一一〕以冠軍將軍(徐)〔垣〕榮祖爲徐州刺史　「徐榮祖」南監本、毛本、殿本、局本作「垣榮祖」，張元濟校勘記云作「垣」是。今據改。按垣榮祖本傳不言曾爲徐州刺史。

〔一二〕以河南王世子吐谷渾度易侯爲西秦河二州刺史河南王　「度易侯」殿本作「易度侯」。按南監本、毛本、局本及南史齊紀、通鑑皆作「度易侯」。河南傳作「易度侯」。

南齊書卷三

本紀第三

武帝

世祖武皇帝諱賾，字宣遠，[一]太祖長子也。小諱龍兒。生於建康青溪宅，其夜陳孝后、劉昭后同夢龍據屋上，故字上焉。

初爲尋陽國侍郎，辟州西曹書佐，出爲贛令。江州刺史晉安王子勛反，上不從命，南康相沈肅之縶上於郡獄。族人蕭欣祖、門客桓康等破郡迎出上。肅之率將吏數百人追擊，上與左右拒戰，生獲肅之，斬首百餘級，遂率部曲百餘人舉義兵。始興相殷孚將萬兵赴子勛於尋陽，或勸上擊之，上以衆寡不敵，避屯揭陽山中，聚衆至三千人。子勛遣其將戴凱之爲南康相，及軍主張宗之千餘人助之。上引兵向郡，擊凱之別軍主程超數百人於南康口，又進擊宗之，破斬之，遂圍郡城。凱之以數千人固守，上親率將士盡日攻之，城陷，凱之奔走，

殺僞贛令陶沖之。上卽據郡城，遣軍主張應期、鄧惠眞三千人襲豫章。子勛遣軍主談秀之等七千人，與應期相拒於西昌，築營壘，交戰不能決。聞上將自下，秀之等退散。事平，徵爲尚書庫部郎，征北中兵參軍，西陽縣子，帶南東莞太守，越騎校尉，正員郎，劉韞撫軍長史，襄陽太守。別封贛縣子，邑三百戶，固辭不受。轉寧朔將軍、廣興相。

桂陽王休範反，上遣軍襲尋陽，至北嶠，事平，除晉熙王安西諮議，不拜，復還郡。轉司徒右長史、黃門郎。沈攸之在荆楚，宋朝密爲之備，元徽四年，以上爲晉熙王鎭西長史、江夏內史、行郢州事。從帝立，[二]徵晉熙王燮爲撫軍、揚州刺史，以上爲左衞將軍，輔燮俱下。沈攸之事起，未得朝廷處分，上以中流可以待敵，卽據盆口城爲戰守之備。太祖聞之，喜曰：「此眞我子也！」上表求西討，不許，乃遣偏軍援郢。平西將軍黃回等皆受上節度。加上冠軍將軍、持節。昇明二年，事平，轉散騎常侍、都督江州豫州之新蔡晉熙二郡軍事、征虜將軍、江州刺史，持節如故。封聞喜縣侯，邑二千戶。其年，徵侍中、領軍將軍。給鼓吹一部。府置佐史。領石頭戍軍事。尋又加持節、督京畿諸軍事。三年，轉散騎常侍、尚書僕射、中軍大將軍、開府儀同三司，進爵爲公，持節、都督、領軍如故。給班劍二十人。

齊國建，爲齊公世子，改加侍中、南豫州刺史，給油絡車，羽葆鼓吹，增班劍爲四十人。[三]以石頭爲世子宮，官置二率以下，坊省服章，一如東宮。進爵王太子。太祖卽位，爲皇太子。

建元四年三月壬戌，太祖崩，上卽位，大赦。征鎭州郡令長軍屯營部，各行喪三日，不得擅離任，都邑城守防備幢隊，一不得還。乙丑，稱先帝遺詔，以司徒褚淵錄尚書事，尚書左僕射王儉爲尚書令，車騎將軍張敬兒爲開府儀同三司。詔曰：「喪禮雖有定制，先旨每存簡約，內官可三日一還臨，外官間一日還臨。[四]後有大喪皆如之。」丁卯，以右衞將軍呂安國爲司州刺史。庚午，以司空豫章王嶷爲太尉。癸酉，詔曰：「城直之制，歷代宜同，頃歲逋弛，遂以萬計。雖在憲宜懲，而原心可亮。積年逋城，可悉原蕩。自茲以後，申明舊科，有違糾裁。」庚辰，詔曰：「比歲未稔，貧窮不少，京師二岸，多有其弊。[五]遣中書舍人優量賑郵。」

夏四月丙午，以輔國將軍張倪爲兗州刺史。辛卯，追尊穆妃爲皇后。

五月乙丑，以丹陽尹聞喜公子良爲南徐州刺史。甲戌，以新除左衞將軍垣崇祖爲豫州刺史。癸未，詔曰：「頃水雨頻降，潮流荐滿，二岸居民，多所淹漬。遣中書舍人與兩縣官長優量賑郵。」

六月甲申，立皇太子長懋。詔申壬戌赦恩百日。乙酉，以鄱陽王鏘爲雍州刺史，臨汝公子卿爲郢州刺史。甲午，以寧朔將軍臧靈智爲越州刺史。丙申，立皇太子妃王氏。進封聞喜公子良爲竟陵王，臨汝公子卿爲廬陵王，應城公子敬爲安陸王，江陵公子懋爲晉安王，

枝江公子隆爲隨郡王，皇子子眞爲建安王，皇孫昭業爲南郡王。戊戌，詔曰：「水潦爲患，星緯乖序。京都囚繫，可剋日訊決；諸遠獄委刺史以時察判。[六]建康、秣陵二縣貧民加賑賜，必令周悉。吳興、義興遭水縣，蠲除租調。」癸卯，以司徒褚淵爲司空、驃騎將軍。

秋七月庚申，以衞尉蕭順之爲豫州刺史。壬戌，以冠軍將軍垣榮祖爲青、冀二州刺史。

八月癸卯，司徒褚淵薨。[七]

九月丁巳，以國哀故，罷國子學。己巳，以前軍將軍姜伯起爲秦州刺史。辛未，以征南將軍王僧虔爲左光祿大夫、開府儀同三司，尚書右僕射王奐爲湘州刺史。

冬十二月己丑，詔曰：「緣淮戍將，久處邊勞，三元行始，宜沾恩慶。可遣中書舍人宣旨臨會。後每歲皆如之。」庚子，以太子左衞率戴僧靜爲徐州刺史。

永明元年春正月辛亥，車駕祠南郊，大赦，改元。壬子，詔內外羣僚各舉朕違，肆心規諫。又詔王公卿士，各舉所知，隨方登敍。詔曰：「經邦之寄，寔資莅民，守宰祿俸，蓋有恆准。往以邊虞告警，故沿時損益，今區寓寧晏，庶績咸熙，念勤簡能，宜加優獎。郡縣丞尉，可還田秩。」太尉豫章王嶷領太子太傅，護軍將軍長沙王晃爲南徐州刺史，鎭北將軍竟陵王子良爲南兗州刺史。庚申，以侍中蕭景先爲中領軍。壬戌，立皇弟銳爲南平王，鏗爲宜都

王，皇子子明爲武昌王，子罕爲南海王。甲子，爲築青溪舊宮，詔槊仗瞻履。

二月辛巳，以征虜將軍楊炅爲沙州刺史。辛丑，以隴西公宕昌王梁彌機爲河、涼二州刺史，〔八〕東羌王像舒彭爲西涼州刺史。

三月癸丑，詔曰：「宋德將季，風軌陵遲，列宰庶邦，彌失其序，遷謝遄速，公私凋弊。泰運初基，草昧惟始，思述先範，永隆治根，莅民之職，一以小滿爲限。其有聲績剋舉，厚加甄異；理務無庸，隨時代黜。」丙辰，詔曰：「朕自丁荼毒，奄便周忌，瞻言負荷，若墜淵壑。而遠圖尙蔽，政刑未理，星緯失序，陰陽愆度。思播先澤，兼酬天眚，可申辛亥赦恩五十日，以期訖爲始。京師囚繫，悉皆原宥。三署軍徒，優量降遣。都邑鰥寡尤貧，詳加賑卹。」戊寅，詔「四方見囚，罪無輕重，及劫賊餘口長徒勑繫，悉原赦。逋負督贓，建元四年三月以前，皆特除」。

夏四月壬午，詔曰：「魏矜袁紹，恩洽丘墓，晉亮兩王，榮覃餘裔，二代弘義，前載美談。袁粲、劉秉與先朝同奬宋室，沈攸之於景和之世，特有迺心，雖末節不終，而始誠可錄。歲月彌往，宜特優降。〔九〕粲、秉前年改葬塋兆，未修材槨，可爲經理，令粗足周禮。攸之及其諸子喪柩在西者，可符荆州送反舊墓，在所爲營葬事。」

五月丁酉，車騎將軍張敬兒伏誅。

六月丙寅，詔「凡坐事應覆治者，在建元四年三月已前，皆原宥」。

秋七月戊戌，新除左光祿大夫王僧虔加特進。

九月己卯，以荆州刺史臨川王映爲驃騎將軍，冠軍將軍廬陵王子卿爲荆州刺史，吳郡太守安陸侯緬爲郢州刺史。

二年春正月乙亥，以司州刺史呂安國爲南兗州刺史，征北將軍竟陵王子良爲護軍將軍兼司徒，征北長史劉悛爲司州刺史。丙子，以右光祿大夫王延之爲特進。

三月乙亥，以吳興太守張岱爲南兗州刺史，前將軍王奐爲江州刺史，平北將軍呂安國爲湘州刺史。戊寅，以少府趙景翼爲廣州刺史。

夏四月甲辰，詔「揚、南徐、南兗、徐、兗五州統內諸獄，幷、豫、江三州府州見囚，江州尋陽、新蔡兩郡繫獄，竝部送還臺，須候克日斷枉直。緣江遠郡及諸州，委刺史詳察訊」。〔一〇〕己巳，以寧朔將軍程法勤爲寧州刺史。

六月癸卯，車駕幸中堂聽訟。乙巳，以安陸王子敬爲南兗州刺史。戊申，以黃門侍郎崔平仲爲青、冀二州刺史。

秋七月癸未，詔曰：「夫樂所自生，先哲垂誥，禮不忘本，積代同風。是以漢光遲回於南

陽，魏文殷勤於譙國。青溪宮體天含暉，則地栖寶，光定靈源，允集符命。在昔期運初開，經綸方遠，繕築之勞，我則未暇。時流事往，永惟哽咽，朕以寡薄，嗣奉鴻基，思存締構，式表王迹。考星創制，揆日興功，子來告畢，規摹昭備。宜申釁落之禮，以暢感慰之懷，可克日小會。」甲申，立皇子子倫爲巴陵王。

八月丙午，車駕幸舊宮小會，設金石樂，在位者賦詩。詔申「京師獄及三署見徒，量所降宥。領宮職司，詳賜幣帛」。戊申，車駕幸玄武湖講武。甲子，詔曰：「窆枯掩骼，義重前誥，卹老哀癃，寔惟令典。朕永思民瘼，弗忘鑒寐。聲惠未敷，物多乖所。京師二縣，或有久墳毀發，可隨宜掩埋。遺骸未櫬，竝加斂瘞。疾病窮困不能自存者，詳爲條格，竝加沾賚。」

冬十月丁巳，以桂陽王鑠爲南徐州刺史。

十一月丁亥，以始興王鑑爲益州刺史。〔一一〕

三年春正月丙辰，以大司農劉楷爲交州刺史，安西諮議參軍崔慶緒爲梁、南秦二州刺史。〔一二〕甲申，以晉安王子懋爲南豫州刺史。辛卯，車駕祠南郊，大赦。都邑三百里內罪應入重者，降一等，餘依赦制。劾繫之身，降遣有差。賑卹二縣貧民。又詔曰：「春秋國語云『生民之有學斆，猶樹木之有枝葉。』果行育德，咸必由茲。在昔開運，光宅華夏，方弘典謨，克隆敎思，命彼有司，崇建庠塾。甫就經始，仍離屯故，仰瞻徽猷，歲月彌遠。今遐邇一體，

車軌同文，宜高選學官，廣延冑子。」又詔「守宰親民之要，刺史案部所先，宜嚴課農桑，相土揆時，必窮地利。若耕蠶殊衆，足厲浮墮者，所在卽便列奏。其違方驕矜，佚事妨農，亦以名聞。將明賞罰，以勸勤怠。校覈殿最，歲竟考課，以申黜陟」。

二月辛丑，車駕祠北郊。

夏四月戊戌，以新除右衞將軍豫章王世子子響爲豫州刺史，輔國將軍桓敬爲兗州刺史。

五月乙未，詔曰：「氓俗凋弊，于茲永久，雖年穀時登，而歉乏比室。凡單丁之身及煢獨而秩養養孤者，竝蠲今年田租。」是月，省總明觀。

六月庚戌，進河南王度易侯爲車騎將軍。〔一三〕

秋七月辛丑，詔「丹陽所領及餘二百里內見囚，同集京師，自此以外，委州郡決斷」。甲戌，左光祿大夫開府儀同三司王僧虔薨。丁亥，以驃騎中兵參軍董仲舒爲寧州刺史。〔一四〕

八月乙未，車駕幸中堂聽訟。丁巳，以行宕昌王梁彌頡爲河、涼二州刺史。戊午，以尙書令王儉領太子少傅，太子詹事蕭順之爲領軍將軍。

冬十月壬戌，詔曰：「皇太子長懋講畢，當釋奠，王公以下可悉往觀禮。」

十一月乙丑，以冠軍將軍王文仲爲青、冀二州刺史。〔一五〕

十二月丁酉，詔曰：「九穀之重，八材爲末，是故潔粢豐盛，祝史無愧於辭，不籍千畝，周宣所以貽諫。昔期運初啓，庶政草昧，三推之典，我則未暇。朕嗣奉鴻基，思隆先軌，載耒躬親，率由舊式。可以開春發歲，敬簡元辰，鳴青鸞於東郊，冕朱紘而莅事，仰薦宗禋，俯勗黔阜。將使囷庾內充，遺秉外牣，既富而教，玆焉攸在。」

是夏，琅邪郡旱，百姓芟除枯苗，至秋擢穎大熟。

四年春正月甲子，以南琅邪、彭城二郡太守隨郡王子隆爲江州刺史，征虜長史張瓌爲雍州刺史，征虜將軍薛淵爲徐州刺史，護軍將軍兼司徒竟陵王子良進號車騎將軍。富陽人唐寓之反，聚衆桐廬，破富陽、錢塘等縣，害東陽太守蕭崇之。遣宿衞兵出討，伏誅。丁酉，冠軍將軍、馬軍主陳天福坐討唐寓之燒掠百姓，〔一六〕棄市。辛卯，車駕幸中堂策秀才。

閏月癸巳，立皇子子貞爲邵陵王，皇孫昭文爲臨汝公。丁未，以武都王楊集始爲北秦州刺史。辛亥，車駕籍田。詔曰：「夫耕籍所以表敬，親載所以率民。朕景行前規，躬執良耜，千畛咸事，六(仞)〔稔〕可期，〔一七〕敎義克宣，誠感兼暢。重以天符靈貺，歲月鱗萃，寶鼎開玉匣之祥，嘉禾發同穗之穎，甘露凝暉於坰牧，神爵騫翥於蘭囿。斯乃宗稷之慶，豈寡薄所臻。思俾休和，覃玆黔阜，見刑罪殊死以下，悉原宥。諸逋負在三年以前尤窮弊者，一皆蠲除。孝悌力田，詳授爵位，孤老貧窮，賜穀十石。凡欲附農而糧種闕乏者，並加給貸，務在優厚。」癸丑，以始興內史劉勅爲廣州刺史。甲寅，以籍田禮畢，車駕幸閱武堂勞酒小會，詔賜王公以下在位者帛有差。戊午，車駕幸宣武堂講武。詔曰：「今親閱六師，少長有禮，領馭羣帥，可量班賜。」

二月己未，立皇弟銶爲晉熙王，鉉爲河東王。庚寅，以光祿大夫王玄載爲兖州刺史。

三月辛亥，國子講孝經，車駕幸學，賜國子祭酒、博士、助教絹各有差。

夏四月丁亥，以尙書左僕射柳世隆爲湘州刺史。臨沂縣麥不登，刈爲馬芻，至夏更苗秀。

五月癸巳，詔「揚、南徐二州今年戶租，三分二取見布，一分取錢。來歲以後，遠近諸州輸錢處，並減布直，匹准四百，依舊折半，以爲永制」。丙午，以吳興太守西昌侯鸞爲中領軍。

秋八月辛酉，以鎭南長史蕭惠休爲廣州刺史。

九月甲寅，以征虜將軍王廣之爲徐州刺史。

冬十二月乙亥，以東中郞司馬崔惠景爲司州刺史。

五年春正月戊子，以太尉豫章王嶷爲大司馬，車騎將軍竟陵王子良爲司徒，驃騎將軍臨川王映、衞將軍王儉、中軍將軍王敬則並本號開府儀同三司，都官尙書沈文季爲郢州刺史，左將軍安陸王子敬爲荆州刺史，征虜將軍晉安王子懋爲南兖州刺史，輔國將軍建安王子眞爲南豫州刺史。辛卯，詔曰：「朕昧爽丕顯，思康民瘼。雖年穀亟登，而飢饉代有。今履端肇運，陽和告始，宜協時休，覃玆黎庶。諸孤老貧病，並賜糧餼，遣使親賦，每存均普。」雍、司二州蠻虜屢動，丁酉，遣丹陽尹蕭景先出平陽，護軍將軍陳顯達出宛、葉。

(二)〔三〕月戊子，車駕幸芳林園禊宴。丁未，以護軍將軍陳顯達爲雍州刺史。〔一八〕

夏四月〔庚午〕，車駕殷祠太廟。〔一九〕詔「繫囚見徒四歲刑以下，悉原遣，五年減爲三歲，京邑罪身應入重，降一等」。

六月辛酉，詔曰：「比霖雨過度，水潦洊溢，京師居民，多離其弊。遣中書舍人、二縣官長隨宜賑賜。」

秋七月戊申，詔「丹陽屬縣建元四年以來至永明三年所逋田租，殊爲不少。京甸之內，宜加優貸。其非中貲者，可悉原停」。

八月乙亥，詔「今夏雨水，吳興、義興二郡田農多傷，詳蠲租調」。

九月己丑，詔曰：「九日出商飇館登高宴羣臣。」辛卯，車駕幸商飇館。館，上所立，在孫陵崗，世呼爲「九日臺」者也。丙午，詔曰：「善爲國者，使民無傷，而農益勸。是以十一而稅，周道克隆，開建常平，漢載惟穆。岱畎絲枲，浮汶來貢，杞梓皮革，必緣楚往。自水德將謝，喪亂彌多，〔二〇〕師旅歲興，饑饉代有。貧室盡於課調，泉貝傾於絕域，軍國器用，動資四表，不因厥產，咸用九賦，雖有交貿之名，而無潤私之實，民咨塗炭，寔此之由。昔在開運，星紀未周，餘弊尙重。農桑不殷於曩日，粟帛輕賤於當年。工商罕兼金之儲，匹夫多飢寒之患。良由圜法久廢，上幣稍寡。所謂民失其資，能無匱乎？凡下貧之家，可蠲三調二年。京師及四方出錢億萬，糴米穀絲綿之屬，其和價以優黔首。遠邦嘗市雜物，非土俗所產者，皆悉停之。必是歲賦攸宜，都邑所乏，可見直和市，勿使逋刻。」

冬十月甲申，以中領軍西昌侯鸞爲豫州刺史，侍中安陸侯緬爲中領軍。初起新林苑。

六年春正月壬午，以祠部尙書安成王暠爲南徐州刺史。詔「二百里內獄同集京師，克日聽覽，自此以外，委州郡訊察。三署徒隸，詳所原釋」。

三月己亥，以豫章王世子子響爲巴東王。癸卯，以光祿大夫周盤龍爲行兖州刺史。

五月甲午，以宕昌王梁彌承爲河、涼二州刺史。

六月甲寅，以散騎常侍沈景德爲徐州刺史。丙子，以始興太守房法乘爲交州刺史。

秋七月乙巳，都官尚書呂安國爲領軍將軍。

八月乙卯，詔「吳興、義興水潦，被水之鄉，賜痼疾篤癃口二斛，老(落)〔疾〕一斛，〔二一〕小口五斗」。

九月壬寅，車駕幸琅邪城講武，習水步軍。

冬十月庚申，立冬，初臨太極殿讀時令。辛酉，以祠部尚書武陵王曅爲江州刺史。

閏月乙卯，詔曰：「北兗、北徐、豫、司、青、冀八州，〔二二〕邊接疆埸，民多懸磬，原永明以前所逋租調。」辛卯，以尚書僕射王奐爲領軍將軍。

十一月乙卯，以羽林監費延宗爲越州刺史。庚申，以後將軍晉安王子懋爲湘州刺史，西陽王子明爲南兗州刺史。

七年春正月丙午，以中軍將軍王敬則爲豫州刺史，中軍將軍陰智伯爲梁、南秦二州刺史。戊申，詔曰：「雍州頻歲戎役，兼水旱爲弊，原四年以前逋租。」辛亥，車駕祠南郊，大赦。又詔曰：「春頒秋斂，萬邦所以惟懷，柔遠能邇，兆民所以允殖。鄖渾京邑貧民，普加賑賜。今產子不育，雖炳常禁，比聞所在，猶或有之。誠復宰邑，因姓立名，王濬剖符，戶口殷盛。

禮以貧殺，抑亦情由俗淡。宜節以嚴威，敦以惠澤。主者尋舊制，詳量附定，蠲邺之宜，務存優厚。」壬戌，驃騎將軍、開府儀同三司臨川王映薨。戊辰，詔曰：「諸大夫年秩隆重，祿力殊薄，豈所謂下車惟舊，趨橋敬老。可增俸，詳給見役。」

二月丙子，以左衞將軍巴東王子響爲中護軍。己丑，詔曰：「宣尼誕敷文德，峻極自天，發輝七代，陶鈞萬品，英風獨舉，素王誰匹。功隱於當年，道深於日月，感麟厭世，緬邈千祀，川竭谷虛，丘夷淵塞，非但洙泗湮淪，至乃饗嘗乏主。前王敬仰，崇脩寢廟，歲月亟流，鞠爲茂草。今學斅興立，實稟洪規，撫事懷人，彌增欽屬。可改築宗祊，務在爽塏。量給祭秩，禮同諸侯，奉聖之爵，以時紹繼。」壬寅，以丹陽尹王晏爲江州刺史。癸卯，以巴陵王子倫爲豫州刺史。

三月丁未，以太子右衞率王玄邈爲兗州刺史。庚戌，以中護軍巴東王子響爲江州刺史，中書令隨郡王子隆爲中護軍。甲寅，立皇子子岳爲臨賀王，子峻爲廣漢王，子琳爲宣城王，子珉爲義安王。

夏四月戊寅，詔曰：「婚禮下達，人倫攸始，周官設媒氏之職，國風興及時之詠。四爵內陳，義不期侈，三鼎外列，事豈存奢。晚俗浮麗，歷茲永久，每思懲革，而民未知禁。乃聞同牢之費，華泰尤甚。膳羞方丈，有過王侯。富者扇其驕風，貧者恥躬不逮。或以供帳未具，動致推遷，年不再來，盛時忽往。宜爲節文，頒之士庶。並可擬則公朝，方樏供設，合巹之禮無虧，寧儉之義斯在。如故有違，繩之以法。」

五月乙巳，尚書令、衞將軍、開府儀同三司王儉薨。甲子，以新除尚書左僕射柳世隆爲尚書令。

六月丁亥，車駕幸琅邪。

秋八月庚子，以左衞將軍建安王子眞爲中護軍。

冬十月己丑，詔曰：「三季澆浮，舊章陵替，吉凶奢靡，動違矩則。或裂錦繡以競車服之飾，塗金鏤石以窮塋域之麗。至斑白不婚，露棺累葉，苟相姱衒，罔顧大典。可明爲條制，嚴勒所在，悉使畫一。如復違犯，依事糾奏。」

十二月己亥，以中護軍建安王子眞爲郢州刺史，江州刺史巴東王子響爲荊州刺史，前安西司馬垣榮祖爲兗州刺史。

八年春正月庚子，征西大將軍王敬則進號驃騎大將軍，左將軍沈文季爲領軍將軍，丹陽尹鄱陽王鏘爲江州刺史。詔放遣隔城虜俘，聽還其本。〔二三〕

〔二月〕壬辰，零陵王司馬藥師薨。〔二四〕

夏四月戊辰，詔「公卿已下各舉所知，隨才授職。進得其人，受登賢之賞；薦非其才，獲濫舉之罰」。

秋七月辛丑，以會稽太守安陸侯緬爲雍州刺史。癸卯，詔曰：「陰陽舛和，緯象愆度，儲胤嬰患，淹歷旬晷。思仰祗天戒，俯紓民瘼，可大赦天下。」癸亥，詔「司、雍二州，比歲不稔，雍州八年以前逋租悉原。汝南一郡復限更申五年」。

八月丙寅，詔「京邑霖雨既過，居民汎濫，遣中書舍人、二縣官長賑邺」。乙酉，以行河南王世子休留成爲秦、河二州刺史。〔二五〕壬辰，以左衞將軍隨郡王子隆爲荊州刺史。巴東王子響有罪，遣丹陽尹蕭順之率軍討之，子響伏誅。

冬十月丁丑，詔「吳興水淹過度，開所在倉賑賜」。癸巳，原建元以前逋租。

十一月乙卯，以建武將軍伏登之爲交州刺史。

十二月乙丑，以振威將軍陳僧授爲越州刺史。戊寅，詔「尚書丞郎職事繁劇，邺俸未優，可量增賜祿」。己卯，皇子子建爲湘東王。癸巳，以監青冀二州軍、行刺史事張沖爲青、冀二州刺史。

九年春正月甲午，以侍中江夏王鋒爲南徐州刺史，冠軍將軍劉悛爲益州刺史。辛丑，

車駕祠南郊，詔「京師見囚繫，詳量原遣」。

三月乙卯，以南中郎司馬劉楷爲司州刺史。辛丑，以太子左衞率劉纘爲廣州刺史。〔二六〕

夏四月乙亥，有司奏「舊格一年兩過行陵，三月十五日曹郎以下小行，九月十五日司空以下大行，今長停小行，唯二州一大行」。詔曰「可」。

六月甲戌，以尙書左僕射王奐爲雍州刺史。

秋九月戊辰，車駕幸琅邪城講武，觀者傾都，普頒酒肉。

十年春正月戊午，詔「諸責負衆逋七年以前，悉原除。高貲不在例。〔二七〕孤老六疾，人穀五斛。內外有務衆官增祿俸」。以左民尙書南平王銳爲湘州刺史，司徒竟陵王子良領尙書令，右衞將軍王玄邈爲北徐州刺史，中軍將軍廬陵王子卿進號車騎將軍，北中郎將南海王子罕爲兗州刺史，輔國將軍臨汝公昭文爲南豫州刺史，冠軍將軍王文和爲北兗州刺史。

二月壬寅，鎭軍將軍陳顯達領中領軍。

夏四月辛丑，大司馬豫章王嶷薨。

五月己巳，司徒竟陵王子良爲揚州刺史。

秋八月丙申，以新城太守郭安明爲寧州刺史。

冬十月乙丑，車駕幸玄武湖講武。甲午，車駕殷祠太廟。

十一月戊午，詔曰：「頃者霖雨，樵粮稍貴，京邑居民，多離其弊。遣中書舍人、二縣官長賑賜。」

十一年春正月癸丑，詔「京師見繫囚，詳所原遣」。以驃騎大將軍王敬則爲司空，〔二八〕江州刺史鄱陽王鏘爲領軍將軍，鎭軍大將軍陳顯達爲江州刺史，右衞將軍崔慧景爲豫州刺史。丙子，皇太子長懋薨。〔二九〕

二月壬午，以車騎將軍廬陵王子卿爲驃騎將軍、南豫州刺史，撫軍將軍安陸王子敬進號車騎將軍。己丑，輔國將軍曹虎爲梁、南秦二州刺史。癸卯，以新除中書監晉安王子懋爲雍州刺史。丙午，以冠軍將軍王文和爲益州刺史。

三月乙亥，雍州刺史王奐伏誅。

夏四月壬午，詔「東宮文武臣僚，可悉度爲太孫官屬」。甲午，立皇太孫昭業、太孫妃何氏。詔「賜天下爲父後者爵一級，孝子順孫義夫節婦粟帛各有差」。〔三〇〕癸卯，以驍騎將軍劉靈哲爲兗州刺史。

五月戊辰，詔曰：「水旱成災，穀稼傷弊，凡三調衆逋，可同申至秋登。京師二縣、朱方、姑孰，可權斷酒。」〔三一〕庚午，以輔國將軍蕭惠休爲徐州刺史。丙子，以左民尙書宜都王鏗爲南豫州刺史。

六月壬午，詔「霖雨既過，遣中書舍人、二縣官長賑賜京邑居民」。

秋七月丁巳，詔曰：「頃風水爲災，二岸居民，多離其患。加以貧病六疾，孤老稚弱，彌足矜念。遣中書舍人履行沾邺。」又詔曰：「水旱爲災，實傷農稼。江淮之閒，倉廩既虛，遂草竊充斥，互相侵奪，依阻山湖，成此逋逃。曲赦南兗、兗、豫、司、徐五州，南豫州之歷陽、譙、臨江、廬江四郡，三調衆逋宿債，並同原除。其緣淮及青、冀新附僑民，復除已訖，更申五年。」

是月，上不豫，徙御延昌殿，乘輿始登階，而殿屋鳴吒，上惡之。虜侵邊，戊辰，遣江州刺史陳顯達鎭雍州樊城。上慮朝野憂惶，乃力疾召樂府奏正聲伎。戊寅，大漸。詔曰：「始終大期，賢聖不免，吾行年六十，亦復何恨。但皇業艱難，萬機事重，不能無遺慮耳。太孫進德日茂，社稷有寄。子良善相毗輔，思弘治道；內外衆事無大小，悉與鸞參懷共下意。尙書中是職務根本，〔三二〕悉委王晏、徐孝嗣。軍旅捍邊之略，委王敬則、陳顯達、王廣之、王玄邈、沈文季、張瓌、薛淵等。百辟庶僚，各奉爾職，謹事太孫，勿有懈怠。知復何言。」又詔曰：「我識滅之後，身上著夏衣畫天衣，純烏犀導，應諸器悉不得用寶物及織成等，唯裝複

袂衣各一（本）通。〔三三〕常所服身刀長短二口鐵環者，隨我入梓宮。祭敬之典，本在因心，東鄰殺牛，不如西家禴祭。我靈上愼勿以牲爲祭，唯設餅、茶飲、干飯、酒脯而已。天下貴賤，咸同此制。未山陵前，朔望設菜食。陵墓萬世所宅，意嘗恨休安陵未稱，今可用東三處地最東邊以葬我，名爲景安陵。喪禮每存省約，不須煩民。百官停六時入臨，朔望祖日可依舊。諸主六宮，竝不須從山陵。內殿鳳華、壽昌、耀靈三處，是吾所治製。夫貴有天下，富兼四海，宴處寢息，不容乃陋，謂此爲奢儉之中，愼勿壞去。顯陽殿玉像諸佛及供養，具如別牒，可盡心禮拜供養之。應有功德事，可專在中。自今公私皆不得出家爲道，及起立塔寺，以宅爲精舍，竝嚴斷之。唯年六十，必有道心，聽朝賢選序，已有別詔。諸小小賜乞，及閤內處分，亦有別牒。內外禁衞勞舊主帥左右，悉付蕭諶優量驅使之，〔三四〕勿負吾遺意也。」是日上崩，年五十四。

上剛毅有斷，爲治總大體，以富國爲先。頗不喜遊宴、雕綺之事，言常恨之，未能頓遣。臨崩又詔「凡諸遊費，宜從休息。自今遠近薦獻，務存節儉，不得出界營求，相高奢麗。金粟繒纊，弊民已多，珠玉玩好，傷工尤重，嚴加禁絕，不得有違準繩」。

九月丙寅，葬景安陵。

史臣曰：世祖南面嗣業，功參寶命，雖爲繼體，事實艱難。御衮垂旒，深存政典，文武授任，不革舊章，明罰厚恩，皆由上出，義兼長遠，莫不肅然。外表無塵，內朝多豫，機事平理，職貢有恆，府藏內充，民鮮勞役，宮室苑囿，未足以傷財，安樂延年，衆庶所同幸。若夫割愛懷抱，同彼甸人，太祖羣昭，位後諸穆。昔漢武留情晚悟，追恨戾園，魏文侯克中山，不以封弟，英賢心迹，臣所未詳也。

贊曰：武帝丕顯，徽號止戈。韶嶺歇祲，彭派澄波。威承景曆，肅御金科。北懷戎款，南獻夷歌。市朝晏逸，中外寧和。〔二五〕

校勘記

〔一〕諱賾字宣遠　「遠」原譌「逺」，今據南監本、毛本、殿本、局本及南史齊紀改正。

〔二〕從帝立　「從帝」各本作「順帝」。按錢大昕廿二史考異云，梁武帝父名順之，故子顯修史，多易爲「從」字，宋順帝亦作「從帝」，作「順帝」者，蓋後人所改。

〔三〕增班劍爲四十人　南史齊紀作「三十人」。

〔四〕外官閒一日還臨　按上云「三日一還臨」，下當云「閒日一還臨」，「一日」二字譌倒，南史不譌。

〔五〕京師二岸多有其弊　「有」南監本、局本作「離」。按元龜一百九十五作「有」。

〔六〕諸遠獄委刺史以時察判　「判」原譌「剌」，今據南監本、毛本、殿本、局本及南史齊紀、元龜一百九十二改正。

〔七〕八月癸卯司徒褚淵薨　按是年六月已改授褚淵爲司空，則此當云「司空褚淵薨」。通鑑考異云：「四年六月癸卯，以司徒褚淵爲司空。八月癸卯，司徒褚淵薨。淵傳，三年爲司徒，又固讓。四年，寢疾遜位，改授司空。及薨，詔曰『司徒奄至薨逝』。紀傳前後各不相顧。」又按褚淵傳載贈謚褚淵詔稱「故侍中司徒錄尚書事新除司空領驃騎將軍南康公淵」，敍淵前後官位，此爲詳正。參閱卷二十三褚淵傳校勘記第二十三條。

〔八〕以隴西公宕昌王梁彌機爲河涼二州刺史　「涼」原譌「源」，今據南監本、殿本、局本改正。

〔九〕宜特優降　宋書袁粲傳作「宜沾優隆」，南史粲傳同。

〔一〇〕委刺史詳察訊　按「訊」字下元龜二百七有「鞫」字，疑此脫。

〔一一〕以始興王鑑爲益州刺史　「鑑」原譌「鑒」，各本並譌。按始興王鑑於永明二年爲益州刺史，見本傳，今據正。

〔一二〕安西諮議參軍崔慶緒爲梁南秦二州刺史　「梁南秦」原譌作「南梁秦」，各本並譌。按齊無南梁州，州郡志云「梁、南秦二刺史」，今據以乙正。

〔一三〕進河南王度易侯爲車騎將軍　「度易侯」殿本作「易度侯」，河南傳同。按通鑑亦作「度易侯」，殿本譌。

〔一四〕以驃騎中兵參軍董仲舒爲寧州刺史　州郡志：「寧州益寧郡，永明五年刺史董仲舒啓置。」南史齊魚復侯子響傳：「直閤將軍董蠻，粗有氣力，上曰：『人名蠻，復何容得蘊藉。』乃改名爲仲舒。謂曰：『今日仲舒，何如昔日仲舒？』答曰：『昔日仲舒，出自私庭，今日仲舒，降自天帝，以此言之，勝昔遠矣。』」又魏書田益宗傳後有董巒附傳，云「巒字仲舒，滎陽人。」董巒卽董蠻也。則作「仲舒」不誤。然崔慧景傳又有前寧州刺史董仲民，豈仲舒後又改名邪？而樂志永明六年，上遣主書董仲民案視云云，則又似爲二人。

〔一五〕以冠軍將軍王文仲爲青冀二州刺史　張森楷校勘記云：「『文仲』疑當作『文和』。王文和爲青、冀二州，見王玄邈傳。」

〔一六〕冠軍將軍馬軍主陳天福　按沈文季傳作「前軍將軍陳天福」，無「馬軍主」三字，通鑑同。

〔一七〕六(仞)〔稔〕可期　據南監本、局本改。

〔一八〕(二)〔三〕月戊子車駕幸芳林園禊宴丁未以護軍將軍陳顯達爲雍州刺史　按長曆，是年二月丁巳朔，無戊子、丁未。三月丙戌朔，三日戊子，二十二日丁未。「二月」當作「三月」，今改正。

〔一九〕夏四月〔庚午〕車駕殷祠太廟　按祀太廟例記日，今據南史齊紀、元龜一百八十九補。

〔二〇〕自水德將謝喪亂彌多　「彌」元龜五百二作「弘」。

〔二一〕賜癎疾篤癃口二斛老(落)〔疾〕一斛　「賜」字上元龜一百九十五有「賑」字。「老落」南監本、毛本、殿本、局本並作「老疾」，今據改。按元龜一百九十五作「老口」，疑本作「老疾口一斛」。

〔二二〕北兗北徐豫司青冀八州　錢大昕廿二史考異云：「當爲六州，或上有脫文。」按元龜四百八十九「司」下有「雍」字，亦祇七州，尙奪一州也。

〔二三〕詔放遣隔城虜俘聽還其本　「其本」各本作「本土」。張元濟校勘記云「其本」二字不譌。按高帝紀下「諸負釁流徙普聽還本」，各本「本」下亦有「土」字，張元濟亦云「土」字衍。

〔二四〕〔二月〕壬辰零陵王司馬藥師薨　南史齊紀作「二月辛卯零陵王司馬藥師薨」。按長曆，是年正月庚子朔，無壬辰。二月己巳朔，二十三日辛卯，二十四日壬辰，今補「二月」二字。

〔二五〕以行河南王世子休留成爲秦河二州刺史　「休留成」毛本、殿本、局本作「休留代」，梁書、南史同。河南傳作「休留茂」。通鑑從魏書作「伏連籌」。又「秦、河二州」當依河南傳作「西秦、河二州」。

〔二六〕三月乙卯以南中郎司馬劉楷爲司州刺史辛丑以太子左衞率劉纘爲廣州刺史　按長曆，是年三月癸巳朔，九日辛丑，二十三日乙卯，此敍辛丑事反在乙卯後，定有誤。

〔二七〕高貲不在例　「例」字上元龜四百八十九有「此」字。

〔二八〕以驃騎大將軍王敬則爲司空　「以」字上南史齊紀有「戊午」二字。

〔二九〕丙子皇太子長懋薨　「丙子」南史齊紀作「乙亥」。通鑑從齊書。按長曆，是年正月壬子朔，二十四日乙亥，二十五日丙子。按鬱林王追尊長懋爲文帝，廟號世宗。禮志下有「有司以世宗文皇帝今二年正月二十四日再忌日」語，則以作「乙亥」爲是。

〔三〇〕孝子順孫義夫節婦粟帛各有差　錢大昕廿二史考異云：「此紀及明帝紀俱有『順孫』，元本必作『從孫』，後來校書者以意改耳。」參閱本卷校勘記第二條。

〔三一〕京師二縣朱方姑熟可權斷酒　按京師二縣謂秣陵、建康也。洪頤煊諸史攷異云：「丹徒古朱方，南東海郡治，姑熟卽于湖，淮南郡治，皆京邑重鎮，故連言之。」

〔三二〕尙書中是職務根本　張森楷校勘記云：「南監本無『中』字。」按通鑑「是」作「事」。

〔三三〕唯裝複袟衣各一（本）通　據南監本、局本及南史齊紀删。按嚴可均輯全齊文亦依南史删「本」字。

〔三四〕悉付蕭諶優量驅使之　按「蕭諶」之「諶」字原作「諱」，蓋謂明帝蕭鸞諱也。然南監本、殿本及南史齊紀並作「蕭諶」，時蕭諶領殿內事，故遺詔及之。今據改爲「諶」。

〔三五〕中外寧和　「和」原譌「如」，各本不譌，今改正。按和與上戈、波、科、歌爲韻。

南齊書卷四

本紀第四

鬱林王

鬱林王昭業字元尙，文惠太子長子也。小名法身。世祖卽位，封南郡王，二千戶。永明五年十一月戊子，冠於東宮崇政殿。其日小會，賜王公以下帛各有差，給昭業扶二人。七年，有司奏給班劍二十人，鼓吹一部，高選友、學。十一年，給皁輪三望車。詔高選國官。文惠太子薨，立昭業爲皇太孫，居東宮。世祖崩，太孫卽位。

八月壬午，詔稱先帝遺詔，以護軍將軍武陵王曄爲衞將軍，征南大將軍陳顯達卽本號，並開府儀同三司，尙書左僕射西昌侯鸞爲尙書令，太孫詹事沈文季爲護軍將軍。癸未，以司徒竟陵王子良爲太傅。詔曰：「朕以寡薄，嗣膺寶政，對越靈命，欽若前圖，思所以敬守成規，拱揖羣后。哀荒在日，有懵大猷，宜育德振民，光昭睿範。凡逋三調及衆責，在今年七

月三十日前，悉同蠲除。其備償封籍貨鬻未售，亦皆還主。御府諸署池田邸治，興廢沿事，本施一時，於今無用者，詳所罷省。公宜權禁，一以還民，關市征賦，務從優減。」丙戌，詔曰：「近北掠餘口，悉充軍實。刑故無小，罔或攸赦，撫辜興仁，事深睿範。宜從蕩宥，許以自新，可一同放遣，還復民籍。已賞賜者，亦皆爲贖。」辛丑，詔曰：「往歲蠻虜協謀，志擾邊服，羣帥授略，大殲凶醜。革城克捷，及舞陰固守，二處勞人，未有沾爵賞者，可分遣選部，往彼序用。」

九月癸丑，詔「東西二省府國，長老所積，〔一〕財單祿寡，良以矜懷。選部可甄才品能，推校年月，邦守邑丞，隨宜量處，以貧爲先」。辛酉，追尊文惠皇太子爲世宗文皇帝。

冬十月壬寅，尊皇太孫太妃爲皇太后，立皇后何氏。

十一月辛亥，立臨汝公昭文爲新安王，曲江公昭秀爲臨海王，皇弟昭粲爲永嘉王。

隆昌元年春正月丁未，改元，大赦。加太傅竟陵王子良殊禮。驃騎將軍晉熙王銶爲郢州刺史，丹陽尹安陸王子敬爲南兗州刺史，征北大將軍晉安王子懋爲江州刺史，臨海王昭秀爲荆州刺史，永嘉王昭粲爲南徐州刺史，征南大將軍陳顯達進號車騎大將軍，郢州刺史建安王子眞爲護軍將軍。詔百僚極陳得失。又詔王公以下各舉所知。戊申，以護軍將軍

中華書局

沈文季為領軍將軍。己酉，以前將軍曹虎為雍州刺史，右衞將軍薛淵為司州刺史。庚戌，以寧朔將軍蕭懿為梁、南秦二州刺史，輔國長史申希祖為交州刺史。辛亥，車駕祠南郊。詔曰：「執耜蹔忘，懸磬比室，秉機或惰，無褐終年。非怠非荒，雖由王道，不稂不莠，實賴民和。頃歲多稼無爽，遺秉如積，而三登之美未臻，萬斯之基尙遠。且風土異宜，百民(姓)〔殊〕務，〔三〕刑章治緒，未必同源，妨本害政，事非一揆，晃旒屬念，無忘夙興。可嚴下州郡，務滋耕殖，相畝闢疇，廣開地利，深樹國本，克阜(天)民〔天〕。〔三〕又詢訪獄市，博聽謠俗，傷風損化，各以條聞，主者詳為條格。」戊午，車駕拜崇安陵。〔四〕己巳，以新除黃門侍郎周奉叔為青州刺史。

二月辛卯，車駕祠明堂。

夏四月辛巳，衞將軍、開府儀同三司武陵王曄薨。戊子，太傅竟陵王子良薨。戊戌，以前沙州刺史楊炅為沙州刺史。丁酉，以驃騎將軍廬陵王子卿為衞將軍，尙書右僕射鄱陽王鏘為驃騎將軍，竝開府儀同三司。

閏月乙丑，以南東海太守蕭穎冑為青、冀二州刺史。丁卯，鎭軍大將軍鸞即本號開府儀同三司。戊辰，以中軍將軍新安王昭文為揚州刺史。

六月丙寅，以黃門侍郎王思遠為廣州刺史。

秋七月庚戌，以中書郎蕭遙欣為兗州刺史，東莞太守臧靈智為交州刺史。

癸巳，皇太后令曰：「鎭軍、車騎、左僕射、前將軍、領軍、左衞、衞尉、八座：自我皇歷啓基，受終于宋，睿聖繼軌，三葉重光。太祖以神武創業，草昧區夏，武皇以英明提極，經緯天人。文帝以上哲之資，體元良之重，雖功未被物，而德已在民。三靈之眷方永，七百之基已固。嗣主特鍾沴氣，爰表弱齡，險戾著于綠車，愚固彰於崇正。〔五〕狗馬是好，酒色方湎。所務唯鄙事，所疾唯善人。世祖慈愛曲深，每加容掩，冀年志稍改，立守神器。自入纂鴻業，長惡滋甚。居喪無一日之哀，縗絰為歡宴之服。昏酣長夜，萬機斯壅，發號施令，莫知所從。閹豎徐龍駒專總樞密，奉叔、珍之互執權柄，自以為任得其人，表裏緝穆，邁蕭、曹而愈信、布，倚太山而坐平原。於是恣情肆意，罔顧天顯，二帝姬嬪，竝充寵御，二宮遺服，皆納玩府。內外混漫，男女無別，丹屏之北，為酤鬻之所，靑蒲之上，開桑中之肆。又微服潛行，信次忘反，端委以朝虛位，交戟而守空宮積旬矣。宰輔忠賢，盡誠奉主，誅鋤羣小，冀能悛革，曾無克己，更深怨憾。公卿股肱，以異己寘戮，文武昭穆，以德譽見猜，放肆醜言，將行屠膾，社稷危殆，有過綴旒。昔太宗克光於漢世，簡文代興於晉氏，前事之不忘，後人之師也。鎭軍居正體道，家國是賴，伊霍之舉，實寄淵謨，便可詳依舊典，以禮廢黜。中軍將軍新安王，體自文皇，睿哲天秀，宜入嗣鴻業，永寧四海。外即以禮奉迎。未亡人屬此多難，投筆增慨。」

昭業少美容止，好隸書，世祖勑皇孫手書不得妄出，以貴重之。進對音吐，甚有令譽。王侯五日一問訊，世祖常獨呼昭業至幄座，別加撫問，呼為法身，鍾愛甚重。文惠皇太子薨，昭業每臨哭，輒號咷不自勝，俄爾還內，歡笑極樂。在世祖喪，哭泣竟，入後宮，嘗列胡妓二部夾閤迎奏。為南郡王時，文惠太子禁其起居，節其用度，昭業謂豫章王妃庾氏曰：「阿婆，佛法言，有福德生帝王家。今日見作天王，便是大罪，左右主帥，動見拘執，不如作市邊屠酤富兒百倍矣。」及即位，極意賞賜，動百數十萬。每見錢，輒曰：「我昔時思汝一文不得，今得用汝未？」朞年之間，世祖齋庫儲錢數億垂盡。開主衣庫與皇后寵姬觀之，給閹人豎子各數人，隨其所欲，恣意輦取，取諸寶器以相剖擊破碎之，以為笑樂。居嘗躶袒，著紅縠褌雜采(相)〔袙〕服。〔六〕好鬥雞，密買雞至數千價。世祖御物甘草杖，宮人寸斷用之。毁世祖招婉殿，乞閹人徐龍駒為齋。龍駒尤親幸，為後閤舍人，日夜在六宮房內。昭業與文帝幸姬霍氏淫通，龍駒勸長留宮內，聲云度霍氏為尼，以餘人代之。嘗以邪諂自進，每謂人曰：「古時亦有監作三公者。」皇后亦淫亂，齋閤通夜洞開，內外淆雜，無復分別。

中書舍人綦毋珍之、朱隆之，直閤將軍曹道剛、周奉叔，竝為帝羽翼。高宗屢諫不納，先啓誅龍駒，次誅奉叔及珍之，帝竝不能違。既而尼媼外入，頗傳異語，乃疑高宗有異志。

中書令何胤以皇后從叔見親，使直殿省，嘗隨后呼胤為三父，與胤謀誅高宗，令胤受事，胤不敢當，依違杜諫，帝意復止。乃謀出高宗於西州，中勑用事，不復關諮。高宗慮變，定謀廢帝。

二十二日壬辰，使蕭諶、坦之等於省誅曹道剛、朱隆之等，率兵自尙書入雲龍門，戎服加朱衣於上。比入門，三失履。王晏、徐孝嗣、蕭坦之、陳顯達、王廣之、沈文季係進。帝在壽昌殿，聞外有變，使閉內殿諸房閤，令閹人登興光樓望，還報云：「見一人戎服，從數百人，急裝，在西鍾樓下。」須臾，蕭諶領兵先入宮，截壽昌閤，帝走向愛姬徐氏房，拔劒自刺不中，以帛纏頸，輿接出延德殿。諶初入殿，宿衞將士皆操弓楯欲拒戰，諶謂之曰：「所取自有人，卿等不須動！」宿衞信之，及見帝出，各欲自奮，帝竟無一言。出西弄，殺之，〔七〕時年二十二。〔八〕輿尸出徐龍駒宅，殯葬以王禮。餘黨亦見誅。

史臣曰：鬱林王風華外美，衆所同惑，伏情隱詐，難以皃求。立嫡以長，未知瑕釁，世祖之心，不變周道。既而嗇鄙內作，兆自宮闈，雖為害未遠，足傾社稷。春秋書梁伯之過，言其自取亡也。

贊曰：十嗇有一，無國不失。鬱林負荷，棄禮亡律。

校勘記

〔一〕東西二省府國長老所積　「老」毛本、殿本、局本作「屯」。按南監本亦作「老」，作「老」是。此言東西兩省冗官及諸王府國行事皆是勞舊，故云「長老所積」。

〔二〕且風土異宜百民(舛)〔殊〕務　「舛」元龜一百九十八作「殊」，今據改。

〔三〕克阜(天)民〔天〕　據殿本改。張森楷校勘記云：「民天是用民以食爲天義，天民無所施用，當以作『民天』爲是。」

〔四〕車駕拜崇安陵　「崇安陵」各本作「景安陵」。張元濟校勘記云：「景安陵爲武帝陵，崇安陵爲文惠太子陵，疑作『崇安陵』爲是。」

〔五〕愚固彰於崇正　「崇正」南監本作「宗正」。按崇正卽東宮崇政殿，正政通。此言居東宮時已甚愚固。作「宗正」譌。

〔六〕著紅縠褌雜采(相)〔袒〕服　據南監本、局本改。按殿本及南史齊紀作「袒」，亦譌。

〔七〕出西弄殺之　「殺」南監本、局本作「弒」。「弄」局本作「衖」。按弄衖音義並同。通鑑胡注云：

「此延德殿之西弄也。」

〔八〕時年二十二　「二十二」南監本、毛本、殿本、局本作「二十一」。按建元四年武帝卽位，時昭業年十歲，見南史齊紀，則至隆昌元年，爲二十二歲。通鑑胡注亦云「帝死時年二十二」。

南齊書卷五

本紀第五

海陵王

海陵恭王昭文字季尙，文惠太子第二子也。永明四年，封臨汝公，邑千五百戶。初爲輔國將軍、濟陽太守。十年，轉持節、督南豫州諸軍事、南豫州刺史，將軍如故。十一年，進號冠軍將軍。文惠太子薨，還都。鬱林王卽位，爲中軍將軍，領兵置佐。封新安王，邑二千戶。隆昌元年，爲使持節、都督揚南徐二州諸軍事、揚州刺史，將軍如故。其年，鬱林王廢，尙書令西昌侯鸞議立昭文爲帝。

延興元年秋七月丁酉，卽皇帝位。以尙書令鎭軍大將軍西昌侯鸞爲驃騎大將軍、錄尙書事、揚州刺史、宣城郡公。詔曰：「太祖高皇帝英謀光大，受命作齊；世祖武皇帝宏猷冠

世，繼曄下武；世宗文皇帝淸明懿鑠，四海宅心：竝德漏下泉，功昭上象，聲敎所覃，無思不洽。洪基式固，景祚方融，而天步多阻，運鍾否剝。嗣君昏忍，暴戾滋多，棄侮天經，悖滅人紀，朝野重足，遐邇側視，民怨神恫，宗祧如綴。賴忠謨肅舉，霄漢廓清，俾三后之業，絕而更紐，七百之慶，危而復安。猥以沖人，入纂乾緒，載懷馭朽，若墜諸淵，思與黎元，共綏戩福。」大赦，改元。文武賜位二等。

八月甲辰，以新除衞尉蕭諶爲中領軍，司空王敬則進位太尉，新除車騎大將軍陳顯達爲司空，尙書左僕射王晏爲尙書令，左衞將軍王廣之爲豫州刺史，驃騎大將軍鄱陽王鏘爲司徒。詔遣大使巡行風俗。丁未，詔曰：「新安國五品以上，悉與滿敍，自此以下，皆聽解遣。其欲仕者，適其所樂。」以驍騎將軍河東王鉉爲南徐州刺史，西中郎將臨海王昭秀爲車騎將軍，南徐州刺史永嘉王昭粲爲荆州刺史。戊申，以輔國將軍王詡爲廣州刺史，中書郎蕭遙欣爲兗州刺史。庚戌，以車騎板行參軍李慶綜爲寧州刺史。辛亥，以安西將軍王玄邈爲中護軍，新除後軍司馬蕭誕爲徐州刺史。壬子，以冠軍司馬臧靈智爲交州刺史。乙卯，申明織成、金薄、綵花、錦繡履之禁。

九月癸酉，詔曰：「頃者以淮關徭戍，勤瘁於行役，故覃以榮階，薄酬厥勞。勳狀淹留，未集王府，非所以急舍爵之典，趣報功之旨。便可分遣使部，往彼銓用。」辛巳，以前九眞太

守宋慈明爲交州刺史。癸未，誅新除司徒鄱陽王鏘、中軍大將軍隨郡王子隆。遣平西將軍王廣之誅南兗州刺史安陸王子敬。於是江州刺史晉安王子懋起兵，遣中護軍王玄邈討之。乙未，驃騎大將軍鸞假黃鉞，內外纂嚴。〔一〕又誅湘州刺史南平王銳、郢州刺史晉熙王銶、南豫州刺史宜都王鏗。丁亥，以衞將軍廬陵王子卿爲司徒，撫軍將軍桂陽王鑠爲中軍將軍、開府儀同三司。

冬十月癸巳，詔曰：「周設媒官，趣及時之制，漢務輕徭，在休息之典，所以布德弘教，寬俗阜民。朕君制八紘，志敷九德，而習俗之風，爲弊未改，靜言多愠，無忘昏昃。督勸婚嫁，宜嚴更申明，必使禽幣以時，摽梅息怨。正廚諸役，舊出州郡，徵吏民以應其數，公獲二旬，私累數朔。又廣陵年常遞出千人以助淮戍，勞擾爲煩，抑亦苞苴是育。今並可長停，別量所出。諸縣使村長路都防城直縣，爲劇尤深，亦宜禁斷。」丁酉，解嚴。進驃騎大將軍、揚州刺史宣城公鸞爲太傅，領大將軍、揚州牧，加殊禮，進爵爲王。戊戌，誅新除中軍將軍桂陽王鑠、撫軍將軍衡陽王鈞、侍中祕書監江夏王鋒、鎭軍將軍建安王子眞、左將軍巴陵王子倫。癸卯，以寧朔將軍蕭遙欣爲豫州刺史，新除黃門郎蕭遙昌爲郢州刺史，輔國將軍蕭誕爲司州刺史。

宣城王輔政，帝起居皆諮而後行。思食蒸魚菜，太官令荅無錄公命，竟不與。辛亥，皇

太后令曰：「司空、後將軍、丹陽尹、右僕射、中領軍、八座：夫明晦迭來，屯平代有，上靈所以瞻命，億兆所以歸懷。自皇家淳耀，列聖繼軌，諸侯官方，百神受職。而殷憂時啓，多難薦臻，隆昌失德，特紊人鬼，非徒四海解體，乃亦九鼎將移。賴天縱英輔，大匡社稷，崩基重造，墜典再興。嗣主幼沖，庶政多昧，且早嬰尫疾，弗克負荷，所以宗正內侮，〔二〕戚藩外叛，覘天視地，人各有心。雖〔三〕〔二〕祖之德在民，〔三〕而七廟之危行及。自非樹以長君，鎭以淵器，未允天人之望，寧息奸宄之謀。太傅宣城王胤體宣皇，鍾慈太祖，識冠生民，功高造物，符表夙著，謳頌有在，宜入承寶命，式寧宗祏。帝可降封海陵王，吾當歸老別館。昔宣帝中興漢室，簡文重延晉祀，庶我鴻基，於茲永固。言念家國，感慶載懷。」

建武元年，詔「海陵王依漢東海王彊故事，給虎賁、旄頭、畫輪車，設鍾虡宮縣，供奉所須，每存隆厚」。十一月，稱王有疾，數遣御師占視，乃殞之。給溫明祕器，衣一襲，斂以衮冕之服。大鴻臚監護喪事。葬給轀輬車，九旒大輅，黃屋左纛，前後部羽葆鼓吹，挽歌二部，依東海王故事。謚曰恭王。年十五。

史臣曰：郭璞稱永昌之名，有二日之象，而隆昌之號亦同焉。案漢中平六年，獻帝卽位，便改元爲光熹，張讓、段珪誅後，改元爲昭寧，董卓輔政，改元爲永漢，一歲四號也。晉惠帝太安二年，長沙王乂事敗，成都王穎改元爲永安，穎自鄴奔，河閒王顒復改元爲永興，一歲三號也。隆昌、延興、建武，亦三改年號。故知喪亂之軌迹，雖千載而必同矣。

贊曰：穆穆海陵，因亡代興。不先不後，遭命是膺。

校勘記

〔一〕乙未驃騎大將軍鸞假黃鉞內外纂嚴　按長曆，是年九月壬申朔，叙乙未事不當在丁亥前。通鑑作「乙亥」亦非，乙亥不當在癸未後也。癸未、丁亥閒有乙酉，疑「乙未」當作「乙酉」。

〔二〕所以宗正內侮　「宗正」建康實錄作「宗王」。

〔三〕雖〔三〕〔二〕祖之德在民　據毛本、局本改。按齊祇太祖、世祖，無三祖。

南齊書卷六

本紀第六

明帝

高宗明皇帝諱鸞，字景栖，始安貞王道生子也。小諱玄度。少孤，太祖撫育，恩過諸子。宋泰豫元年，爲安吉令，有嚴能之名。補武陵王左常侍，不拜。元徽二年，爲永世令。昇明二年，爲邵陵王安南記室參軍。未拜，仍遷寧朔將軍、淮南宣城二郡太守。尋進號輔國將軍。太祖踐阼，遷侍中，封西昌侯，邑千戶。建元二年，爲持節、督郢州司州之義陽諸軍事、冠軍將軍、郢州刺史，進號征虜將軍。世祖卽位，轉度支尚書，領右軍將軍。永明元年，遷侍中，領驍騎將軍。王子侯舊乘纏帷車，高宗獨乘下帷，儀從如素士。公事混撓，販食人擔火誤燒牛鼻，豫章王白世祖，世祖笑焉。轉爲散騎常侍、左衞將軍，清道而行，上甚悅。二年，出爲征虜將軍、吳興太守。四年，遷中領軍，常侍竝如故。五年，爲持節、監豫州

郢州之西陽司州之汝南二郡軍事、右將軍、豫州刺史。七年，爲尚書右僕射。八年，加領衞尉。十年，轉左僕射。十一年，領右衞將軍。世祖遺詔爲侍中、尙書令，尋加鎭軍將軍，給班劒二十人。隆昌元年，卽本號爲大將軍，給鼓吹一部，親兵五百人。尋又加中書監、開府儀同三司。鬱林王廢，海陵王立，爲使持節、都督揚南徐二州軍事、驃騎大將軍、錄尙書事、揚州刺史，開府如故，增班劒爲三十人，封宣城郡公，二千戶。〔一〕鎭東府城。給兵五千人，錢二百萬，布千匹。九江作難，假黃鉞，事寧，表送之。尋加黃鉞、都督中外諸軍事、太傅，領大將軍、揚州牧，增班劒爲四十人，給幢絡三望車，前後部羽葆鼓吹，劒履上殿，入朝不趨，贊拜不名，置左右長史、司馬、從事中郎、掾、屬各四人，封宣城王，邑五千戶，持節、侍中、中書監、錄尙書竝如故。未拜，太后令廢海陵王，以上入纂太祖爲第三子，羣臣三請，乃受命。

建武元年冬十月癸亥，卽皇帝位。詔曰：「皇齊受終建極，握鏡臨宸，神武重輝，欽明懿鑠，七百攸長，盤石斯固，而王度中蹇，天階荐阻，嗣命多違，蕃釁孔棘，宏圖景曆，將墜諸淵。宣德皇后遠鑒崇替，憲章舊典，疇咨台揆，允定靈策，用集寶命于予一人。猥以虛薄，纘戎大業，〔二〕仰繫鴻丕，顧臨兆民，永懷先構，若履春冰，寅憂夕惕，罔識攸濟，思與萬國播此惟新。大赦天下，改元。宿衞身普轉一階，其餘文武，賜位二等。逋租宿責，換負官物，在建武元年以前，悉原除。劫賊餘口在臺府者，可悉原放。負釁流徙，竝還本鄉。」太尉王敬則爲大司馬，司空陳顯達爲太尉，尙書令王晏加驃騎大將軍，中領軍蕭諶爲領軍將軍、南徐州刺史，皇子寶義爲揚州刺史，中護軍王玄邈爲南兗州刺史，新除右將軍張瓌爲右光祿大夫，平北將軍王廣之爲江州刺史。乙丑，詔斷遠近上禮。丁卯，詔「自今彫文篆刻，歲時光新，可悉停省。蕃牧守宰，或有薦獻，事非任土，嚴加禁斷」。追贈安陸昭侯緬爲安陸王。己巳，以安陸侯子寶晊爲湘州刺史。詔曰：「頃守職之吏，多違舊典，存私害公，實興民蠹。今商旅稅石頭後渚及夫鹵借倩，一皆停息。所在凡厥公宜，可卽符斷。主曹詳爲其制，憲司明加聽察。」

十一月癸酉，以西中郎長史始安王遙光爲揚州刺史，晉壽太守王洪範爲青、冀二州刺史，尙書令王晏領太子少傅。甲戌，大司馬尋陽公王敬則等十三人進爵邑各有差。詔省新林苑，先是民地，悉以還主，原責本直。庚辰，立皇子寶義爲晉安王，寶玄爲江夏王，寶源爲廬陵王，寶夤爲建安王，寶融爲隨郡王，寶攸爲南平王。甲申，詔曰：「邑宰祿薄俸微，不足代耕，雖任土恒貢，亦爲勞費，自今悉斷。」又詔「宣城國五品以上，悉與滿敍。自此以下，皆聽解遣。其欲仕，適所樂」。乙酉，追尊始安貞王爲景皇，妃爲懿后。丙戌，以輔國將軍聞喜

公遙欣爲荆州刺史，寧朔將軍豐城公遙昌爲豫州刺史。丁亥，詔「細作中署、材官、車府，凡諸工，可悉開番假，遞令休息」。戊子，立皇太子寶卷，賜天下爲父後者爵一級，孝子從孫，〔三〕義夫節婦，普加甄賜明揚。表其衡閭，賚以束帛。己丑，詔「東宮肇建，遠近或有慶禮，可悉斷之」。壬辰，以新除征虜將軍江夏王寶玄爲郢州刺史。永明中，御史中丞沈淵表百官年登七十，皆令致仕，竝窮困私門。庚子，詔曰：「日者百司耆齒，許以自陳，東西二省，猶沾微俸，辭事私庭，榮祿兼謝，興言愛老，實有矜懷。自縉紳年及，可一遵永明七年以前銓敍之科。」上輔政所誅諸王，是月復屬籍，各封子爲侯。

十二月壬子，詔曰：「上覽易遺，下情難達，是以甘棠見美，肺石流詠。自月一視黃辭，如有含枉不申，懷直未舉者，莅民之司，竝任厥失。」

二年春正月辛未，詔「京師繫囚殊死，可降爲五歲刑，三署見徒五歲以下，悉原散。王公以下，各舉所知。隨王公卿士，內外羣僚，各舉朕違，肆心極諫」。索虜寇司、豫、徐、梁四州。壬申，遣鎭南將軍王廣之督司州征討，右衞將軍蕭坦之督徐州征討，尙書右僕射沈文季督豫州征討。己卯，詔京師二縣有毀發墳壠，隨宜脩理。又詔曰：「食惟民天，義高姬載，蠶實生本，教重軒經。前哲盛範，後王茂則，布令審端，咸必由之。朕肅扆巖廊，思弘風

訓，〔四〕深務八政，永鑒在勤，靜言日昃，〔五〕無忘寢興。守宰親民之主，牧伯調俗之司，宜嚴課農桑，罔令游惰，揆景肆力，必窮地利，固脩堤防，考校殿最。若耕蠶殊衆，具以名聞；〔六〕游怠害業，即便列奏。主者詳爲條格。」乙未，虜攻鍾離，徐州刺史蕭惠休破之。丙申，加太尉陳顯達使持節、都督西北征討諸軍事。丁酉，內外纂嚴。

三月戊申，詔「南徐州僑舊民丁，多充戎旅，蠲今年三課」。己未，司州刺史蕭誕與衆軍擊虜，破之。詔「雍、豫、司、南兗、徐五州遇寇之家，悉停今年稅調。其與虜交通，不問往罪」。丙寅，停青州麥租。虜自壽春退走。甲申，解嚴。

夏四月己亥朔，〔詔〕「三百里內獄訟，〔七〕同集京師，克日聽覽。此以外委州郡訊察。三署徒隸，原遣有差」。索虜圍漢中，梁州刺史蕭懿拒退之。己未，以新除黃門郎裴叔業爲徐州刺史。

五月甲午，寢廟成，詔「監作長帥，可賜位一等，役身遣假一年，非役者蠲租同假限」。

六月壬戌，誅領軍將軍蕭諶，西陽王子明、南海王子罕、邵陵王子貞。乙丑，以右衞將軍蕭坦之爲領軍將軍。

秋七月辛未，以右將軍晉安王寶義爲南徐州刺史。壬申，以冠軍將軍梁王爲司州刺史。〔八〕辛卯，以氐楊馥之爲北秦州刺史、仇池公。

八月丁未，以右衞將軍廬陵王寶源爲南兗州刺史。庚戌，以新除輔國將軍申希祖爲兗州刺史。

九月己丑，改封南平王寶攸爲邵陵王，蜀郡王子文爲西陽王，廣漢王子峻爲衡陽王，臨海王昭秀爲巴陵王，永嘉王昭粲爲桂陽王。

冬十月(丁)〔癸〕卯，詔曰：「軌世去奢，事殷哲后，訓物以儉，理鏡前王。朕屬流弊之末，襲澆浮之季，雖恭己弘化，刻意隆平，而禮讓未興，侈華猶競。永覽玄風，兢言集愧，思所以還淳改俗，反古移民。可罷東田，毀興光樓。」〔九〕并詔水衡量省御乘。乙卯，納皇太子妃褚氏，大赦。〔一〇〕王公已下，班賜各有差。斷四方上禮。

十二月丁酉，詔曰：「舊國都邑，望之悵然。況乃自經南面，負扆宸居，或功濟當時，德覃一世，而塋壠欑穢，封樹不脩，豈直嗟深牧豎，悲甚信陵而已哉。昔中京淪覆，鼎玉東遷，晉元締構之始，簡文遺詠在民，而松門夷替，埏路榛蕪。雖年代殊往，撫事興懷。晉帝諸陵，悉加脩理，并增守衞。吳、晉陵二郡失稔之鄉，蠲三調有差。」

三年春正月丁(酉)〔卯〕，以陰平王楊炅子崇祖爲沙州刺史，〔一一〕封陰平王。北中郎將建安王寶夤爲江州刺史。己巳，詔申明守長六周之制。乙酉，詔「去歲索虜寇邊，緣邊諸州郡將士有臨陣及疾病死亡者，並送還本土」。

三月壬午，詔「車府乘輿有金銀飾校者，皆剔除」。

夏四月，虜寇司州，戍兵擊破之。

五月己巳，以征虜將軍蕭懿爲益州刺史，前軍將軍陰廣宗爲梁、南秦二州刺史，前新除寧州刺史李慶宗爲寧州刺史。

秋九月辛酉，以冠軍將軍徐玄慶爲兗州刺史。

冬十月，以輔國將軍申希祖爲司州刺史。

閏十二月戊寅，皇太子冠，賜王公以下帛各有差，爲父後者賜爵一級。斷遠近上禮。又詔「今歲不須光新，可以見錢爲百官供給」。

四年春正月庚午，大赦。〔一二〕詔曰：「嘉肴停俎，定方旨於必甘，良玉在攻，表珪璋於既就，是以陶鈞萬品，務本爲先，經緯九區，學斆爲大。往因時康，崇建庠序，屯虞荐有，權從省廢，謳誦寂寥，倏移年稔，永言古昔，無忘旰昃。今華夏乂安，要荒慕嚮，締脩東序，寔允適時。便可式依舊章，廣延國胄，弘敷景業，光被後昆。」壬寅，詔「民產子者，蠲其父母調役一年，又賜米十斛。新婚者，蠲夫役一年」。丙辰，尚書令王晏伏誅。

二月甲子，以左僕射徐孝嗣爲尚書令，征虜將軍蕭季敞爲廣州刺史。

三月乙未，右僕射沈文季領護軍將軍。

秋八月，追尊景皇所生王氏爲恭太后。索虜寇沔北。

冬十月，又寇司州，甲戌，遣太子中庶子梁王、右軍司馬張稷討之。

十一月丙辰，以氐楊靈珍爲北秦州刺史、仇池公、武都王。丁亥，詔「所在結課屋宅田桑，可詳減舊價」。

十二月甲子，以冠軍將軍裴叔業爲豫州刺史，冠軍將軍徐玄慶爲徐州刺史，寧朔將軍左興盛爲兗州刺史。丁丑，遣度支尚書崔慧景率衆救雍州。

永泰元年春正月癸未朔，大赦。逋租宿債在四年之前，皆悉原除。中軍大將軍徐孝嗣即本號開府儀同三司。沔北諸郡爲虜所侵，相繼敗沒。乙巳，遣太尉陳顯達持節救雍州。丁未，誅河東王鉉、臨賀王子岳、西陽王子文、衡陽王子峻、南康王子琳、永陽王子珉、湘東王子建、南郡王子夏、桂陽王昭粲、巴陵王昭秀。

二月癸丑，遣左衞將軍蕭惠休假節援壽陽。辛未，豫州刺史裴叔業擊虜於淮北，破之。辛巳，平西將軍蕭遙欣領雍州刺史。

三月丙午，蠲雍州遇虜之縣租布。[一三]戊申，詔曰：「仲尼明聖在躬，允光上哲，弘厥雅道，大訓生民，師範百王，軌儀千載，立人斯仰，忠孝攸出，玄功潛被，至德彌闡。雖反袂遐曠，而祧薦靡闕，[一四]時祭舊品，秩比諸侯。頃歲以來，祀典陵替，俎豆寂寥，牲奠莫舉，豈所以克昭盛烈，永隆風教者哉。可式循舊典，詳復祭秩，使牢餼備禮，欽饗兼申。」

夏四月甲寅，改元，赦三署囚繫原除各有差。文武賜位二等。丙戌，以鎮軍將軍蕭坦之爲侍中、中領軍。己未，立武陵昭王子子坦爲衡陽王。丙寅，以西中郎長史劉暄爲郢州刺史。丁卯，大司馬會稽太守王敬則舉兵反。[一五]

五月壬午，遣輔國將軍劉山陽率軍東討。乙酉，斬敬則傳首，曲赦浙東、吳、晉陵七郡。以後軍長史蕭穎胄爲南兗州刺史。丁酉，以北中郎將司馬元和爲兗州刺史。

秋七月，以輔國將軍王珍國爲青、冀二州刺史。癸卯，以太子中庶子梁王爲雍州刺史，太尉陳顯達爲江州刺史。

己酉，帝崩〔于〕正福殿，[一六]年四十七。遺詔曰：「徐令可重申八命，中書監本官悉如故，沈文季可左僕射，常侍護軍如故，江祏可右僕射，江祀可侍中，劉暄可衞尉。軍政大事委陳太尉。內外衆事無大小委徐孝嗣、遙光、坦之、江祏，其大事與沈文季、江祀、劉暄參懷。心膂之任，可委劉悛、蕭惠休、崔惠景。」葬興安陵。

帝明審有吏才，持法無所借，制御親幸，臣下肅清。[一七]驅使寒人不得用四幅繖，大存儉約。罷世祖所起新林苑，以地還百姓。廢文帝所起太子東田，斥賣之。永明中輿輦舟乘，悉剔取金銀還主衣庫。太官進御食，有裹蒸，帝曰：「我食此不盡，可四片破之，餘充晚食。」而世祖掖庭中宮殿服御，一無所改。

性猜忌多慮，故亟行誅戮。潛信道術，用計數，出行幸，先占利害，南出則唱云西行，東遊則唱云北幸。簡於出入，竟不南郊。上初有疾，無輟聽覽，祕而不傳。及寢疾甚久，勑臺省府署文簿求白魚以爲治，外始知之。身衣絳衣，服飾皆赤，以爲厭勝。巫覡云：「後湖水頭經過宮內，致帝有疾。」帝乃自至太官行水溝，左右啓：「太官若無此水則不立。」帝決意塞之，欲南引淮流。會崩，事寢。

史臣曰：高宗以支庶纂曆，據猶子而爲論，一朝到此，誠非素心，遺寄所當，諒不獲免。夫戕夷之事，懷抱多端，或出自雄忍，或生乎畏懾。令同財之親，[一八]在我而先棄，進引之愛，量物其必違。[一九]疑怯既深，猜似外入，流涕行誅，非云義舉，事苟求安，能無內愧。既而自樹本根，枝胤孤弱，貽厥不昌，終覆宗社。若令壓(鈕)〔紐〕之徵，[二〇]必委天命，盤庚之祀，亦繼陽甲，杖運推公，夫何譏爾。

贊曰：高宗傍起，宗國之慶。慕名儉德，垂文法令。兢兢小心，察察吏政。沔陽失土，南風不競。

校勘記

〔一〕封宣城郡公二千戶　按文選三十八任昉爲齊明帝讓宣城郡公第一表云「封宣城郡開國公，食邑三千戶」。

〔二〕猥以虛薄纘戎大業　「戎」各本並作「承」。按蕭鸞祖父名承之，故改「承」爲「戎」。作「承」者，蓋後人所改。元龜二百七亦作「戎」。

〔三〕孝子從孫　「從」毛本、殿本作「順」。按蕭子顯避梁武帝父蕭順之諱，「順」字皆改爲「從」字，作「順」者，蓋後人所改。

〔四〕思弘風訓　「弘」原作「引」，據元龜一百九十八改。按宋刻本避趙匡胤父弘殷諱，「弘」字缺筆，遂譌爲「引」也。

〔五〕靜言日昃　「昃」原譌「吳」，以「昃」或作「昊」，與吳形近而譌也。各本不譌，今改正。

〔六〕具以名聞　「以」原譌「而」，今據毛本、殿本、局本改正。

〔七〕(詔)三百里內獄訟　據元龜二百七補。

〔八〕以冠軍將軍梁王爲司州刺史　洪頤煊諸史考異云：「案梁書武帝紀，是時未封梁王，而稱梁王者，是史臣追書。」

〔九〕冬十月(丁)〔癸〕卯詔曰至可罷東田毀興光樓　「丁卯」南史齊紀作「癸卯」。按長曆，是年十月丙申朔，有癸卯，無丁卯，今據改。又按是年十一月丙寅朔，有丁卯，故通鑑繫此事於十一月，云「十一月丁卯，詔罷世宗東田，毀興光樓」。

〔一〇〕乙卯納皇太子妃褚氏大赦　按通鑑繫此事於十一月，「乙卯」作「己卯」，以是年十一月丙寅朔，無乙卯故也。

〔一一〕三年春正月丁(酉)〔卯〕以陰平王楊炅子崇祖爲沙州刺史　「丁酉」通鑑作「丁卯」。考異云：「齊本紀作『丁酉』。按長曆，是月乙丑朔，無丁酉，下有己巳，當作『丁卯』。」今據改。

〔一二〕四年春正月庚午大赦　通鑑作「春正月大赦」。考異云：「齊帝紀云『庚午大赦』。按長曆，是月己丑朔，無庚午，故不日。」

〔一三〕三月丙午蠲雍州遇虜之縣租布　「丙午」南史齊紀作「甲午」。按長曆，是年三月壬午朔，有甲午，亦有丙午，未知孰是。

〔一四〕雖反袂遐曠而祧薦靡闕　「反袂」百衲本譌「及袂」，今據南監本、毛本、殿本、局本改。按公羊傳哀十四年，西狩獲麟，孔子「反袂拭面」，作「反袂」是。「祧」局本作「祀」。

〔一五〕丁卯大司馬會稽太守王敬則舉兵反　「丁卯」南史齊紀作「丁丑」。按長曆，是年四月壬子朔，有丁卯，亦有丁丑，通鑑敍此事於庚午前，則似以作「丁卯」爲是。

〔一六〕帝崩〔于〕正福殿　據南監本、局本補。按御覽一百二十九引有「于」字。

〔一七〕臣下肅清　「臣」原譌「自」，今據南監本、殿本、局本改正。

〔一八〕令同財之親　「令」南監本、局本作「今」。

〔一九〕量物其必違　「違」南監本、殿本、局本作「遠」，張元濟校勘記云作「違」是。

〔二〇〕若令壓（鈕）〔紐〕之徵　張森楷校勘記云：「『鈕』當作『紐』，左氏傳可證。」今據改。按壓紐事見左昭十三年。

南齊書卷七

本紀第七

東昏侯

東昏侯寶卷字智藏，高宗第二子也。本名明賢，高宗輔政後改焉。建武元年，立爲皇太子。

永泰元年七月己酉，高宗崩，太子卽位。

八月丁巳，詔雍州將士與虜（賊）〔戰〕死者，〔一〕復除有差。又詔辨括選序，訪搜貧屈。庚申，鎭北將軍晉安王寶義進號征北大將軍、開府儀同三司。南中郎將建安王寶寅爲郢州刺史。

冬十月己未，詔删省科律。

十一月戊子，立皇后褚氏，賜王公以下錢各有差。

永元元年春正月戊寅，大赦，改元。詔研策秀、孝，〔二〕考課百司。辛卯，車駕祠南郊。詔三品清資官以上應食祿者，有二親或祖父母年登七十，並給見錢。癸卯，以冠軍將軍南康王寶融爲荆州刺史。

二月癸丑，以北中郎將邵陵王寶攸爲南兗州刺史。是月，太尉陳顯達敗績於馬圈。

夏四月己巳，立皇太子誦，大赦，賜民爲父後爵一級。甲戌，以寧朔將軍柳惔爲梁、南秦二州刺史。

五月癸亥，以撫軍大將軍始安王遙光爲開府儀同三司。

六月己酉，新除右衞將軍崔惠景爲護軍將軍。癸亥，以始興內史范雲爲廣州刺史。甲子，詔原雍州今年三調。

秋七月丁亥，京師大水，死者衆，詔賜死者材器，並賑卹。

八月乙巳，蠲京邑遇水資財漂蕩者今年調稅。又詔爲馬圈戰亡將士舉哀。丙（午）〔辰〕，揚州刺史始安王遙光據東府反，〔三〕詔曲赦京邑，中外戒嚴。尚書令徐孝嗣以下屯衞宮城。遣領軍將軍蕭坦之率六軍討之。戊午，斬遙光傳首。己未，以征北大將軍晉安王寶玄爲南徐、兗二州刺史。己巳，尚書令徐孝嗣爲司空，右衞將軍劉暄爲領軍將軍。

閏月丙子，以江陵公寶覽爲始安王。虜僞東徐州刺史沈陵降，以爲北徐州刺史。

九月丁未，以輔國將軍裴叔業爲兗州刺史，征虜長史張沖爲豫州刺史。壬戌，以頻誅大臣，大赦天下。辛未，以太子詹事王瑩爲中領軍。

冬十月乙未，誅尚書令新除司空徐孝嗣，右僕射新除鎮軍將軍沈文季。乙巳，以始興內史顏翻爲廣州刺史，征虜將軍沈陵爲越州刺史。

十一月丙辰，太尉江州刺史陳顯達舉兵於尋陽。乙丑，護軍將軍崔慧景加平南將軍、督衆軍南討事。丙寅，以冠軍將軍王鴻爲徐州刺史。

十二月癸未，以前輔國將軍楊集始爲秦州刺史。甲申，陳顯達至京師，宮城嚴警，六軍固守。乙酉，斬陳顯達傳首。丁亥，以征虜將軍郘陵王寶攸爲江州刺史。

二年春正月壬子，以輔國將軍張沖爲南兗州刺史。庚午，詔討豫州刺史裴叔業。

二月癸未，以黃門郎蕭寅爲司州刺史。丙戌，以衞尉蕭懿爲豫州刺史，征壽春。己丑，裴叔業病死，兄子植以壽春降虜。

三月癸卯，以輔國將軍張沖爲司州刺史。乙卯，遣平西將軍崔慧景率衆軍伐壽春。〔夏四月〕丁未，〔四〕以新除冠軍將軍張沖爲南兗州刺史。崔慧景於廣陵舉兵襲京師。壬子，右

衞將軍左興盛督京邑水步衆軍。南徐州刺史江夏王寶玄以京城納慧景。乙卯，遣中領軍王瑩率衆軍屯北籬門。〔五〕壬戌，慧景至，瑩等敗績。甲子，慧景入京師，宮內據城拒守。豫州刺史蕭懿起義救援。

〔夏四月〕癸酉，〔六〕慧景棄衆走，斬首。詔曲赦京邑、南徐兗二州。乙亥，以新除尚書右僕射蕭懿爲尚書令。丙子，以晉熙王寶嵩爲南徐州刺史。

五月乙巳，以虜僞豫州刺史王肅爲豫州刺史。戊申，以桂陽王寶貞爲中護軍。己酉，江夏王寶玄伏誅。壬子，大赦。乙丑，曲赦京邑、南徐兗二州。戊辰，以始安王寶覽爲湘州刺史。

六月庚寅，車駕於樂遊苑內會，如三元，京邑女人放觀。戊戌，以新除冠軍將軍張沖爲郢州刺史，守五兵尚書陸慧曉爲南兗州刺史。

秋七月甲辰，以驃騎司馬張稷爲北徐州刺史。

八月丁酉，以新除驃騎司馬陳伯之爲豫州刺史。甲申夜，宮內火。

冬十月己卯，害尚書令蕭懿。

十一月辛丑，以寧朔將軍張稷爲南兗州刺史。甲寅，西中郎長史蕭穎胄起義兵於荆州。

十二月，雍州刺史梁王起義兵於襄陽。〔七〕戊寅，以冠軍長史劉繪爲雍州刺史。

三年春正月丙申朔，合朔時加寅漏上八刻，事畢，宮人於閱武堂元會，皇后正位，閹人行儀，帝戎服臨視。丁酉，以驃騎大將軍晉安王寶義爲司徒，新除撫軍將軍建安王寶寅爲車騎將軍、開府儀同三司。甲辰，以寧朔將軍王珍國爲北徐州刺史。辛亥，車駕祠南郊，詔大赦天下，百官陳讜言。

二月丙寅，乾和殿西廂火。壬午，詔遣羽林兵征雍州，中外纂嚴。乙酉，以威烈將軍胡元進爲廣州刺史。〔八〕

三月己亥，以驃騎將軍沈徽孚爲廣州刺史。甲辰，以輔國將軍張欣泰爲雍州刺史。丁未，南康王寶融卽皇帝位於江陵。〔九〕癸丑，遣平西將軍陳伯之西征。

六月，京邑雨水，遣中書舍人、二縣官長賑賜有差。蕭穎胄弟穎孚起兵廬陵。戊子，曲赦江州安成、廬陵二郡。

秋七月癸巳，曲赦荆、雍二州。甲午，雍州刺史張欣泰、前南譙太守王靈秀率石頭文武奉建安王寶寅向臺，至杜姥宅，宮門閉，乃散走。己未，以征虜長史程茂爲郢州刺史，驍騎將軍薛元嗣爲雍州刺史。是日，元嗣以郢城降義師。

八月丁卯，以輔國將軍申胄監豫州事。辛巳，光祿大夫張瓌鎭石頭。辛未，以太子左率李居士總督西討諸軍事，屯新亭城。

九月甲辰，以居士爲江州刺史，新除冠軍將軍王珍國爲雍州刺史，車騎將軍建安王寶寅爲荆州刺史。以輔國將軍申胄監郢州，龍驤將軍馬仙琕監豫州，驍騎將軍徐元稱監徐州。是日，義軍至南州，申胄軍二萬人於姑熟奔歸。戊申，以後軍參軍蕭璝爲司州刺史，前輔國將軍魯休烈爲益州刺史，輔國長史趙越嘗爲梁、南秦二州刺史。〔一〇〕丙辰，李居士與義軍戰於新亭，敗績。

冬十月甲戌，王珍國與義軍戰於朱雀桁，敗績。戊寅，寧朔將軍徐元瑜以東府城降。青、冀二州刺史桓和入衞，屯東宮，己卯，〔以〕衆降。〔一一〕光祿大夫張瓌棄石頭還宮。於是閉宮城門自守。庚辰，以驍騎將軍胡虎牙爲徐州刺史，左軍將軍徐智勇爲益州刺史，游擊將軍牛平爲梁、南秦二州刺史。李居士以新亭降，琅邪城主張木亦降。義師築長圍守宮城。

十二月丙寅，新除雍州刺史王珍國、侍中張稷率兵入殿廢帝，〔一二〕時年十九。

帝在東宮便好弄，不喜書學，高宗亦不以爲非，但勗以家人之行。令太子求一日再入朝，發詔不許，使三日一朝。嘗夜捕鼠達旦，以爲笑樂。高宗臨崩，屬以後事，以隆昌爲戒，曰：「作事不可在人後！」故委任羣小，誅諸宰臣，無不如意。

性重澀少言，不與朝士接，唯親信閹人及左右御刀應敕等，自江祏、始安王遙光誅後，漸便騎馬。日夜於後堂戲馬，與親近閹人倡伎鼓叫。常以五更就臥，至晡乃起。王侯節朔朝見，晡後方前，或際闇遣出。臺閣案奏，月數十日乃報，或不知所在。二年元會，食後方出，朝賀裁竟，便還殿西序寢，自巳至申，百僚陪位，皆僵仆菜色，比起就會，忽遽而罷。

陳顯達事平，漸出遊走，所經道路，屏逐居民，從萬春門由東宮以東至于郊外，數十百里，皆空家盡室。巷陌懸幔爲高障，置仗人防守，謂之「屏除」。或於市肆左側過親幸家，環回宛轉，周遍京邑。每三四更中，鼓聲四出，幡戟橫路，百姓喧走相隨，士庶莫辨。出輒不言定所，東西南北，無處不驅人。高鄣之內，設部伍羽儀，復有數部，皆奏鼓吹羌胡伎，鼓角橫吹。夜出晝反，火光照天。拜愛姬潘氏爲貴妃，乘臥輿，帝騎馬從後。著織成袴褶，金薄帽，執七寶縛矟，戎服急裝，不變寒暑，陵冒雨雪，不避坑穽，馳騁渴乏，輒下馬解取腰邊蠡器酌水飮之，復上馬馳去。馬乘具用錦繡處，患爲雨所沾濕，織雜綵珠爲覆蒙，備諸雕巧。敎黃門五六十人爲騎客，又選無賴小人善走者爲逐馬，左右五百人，常以自隨，奔走往來，略不暇息。置射雉場二百九十六處，翳中帷帳及步鄣，皆袷以綠紅錦，金銀鏤弩牙，瑇瑁帖箭。郊郭四民皆廢業，樵蘇路斷，吉凶失時，乳婦婚姻之家，移產寄室，或輿病棄屍，不得殯葬。有棄病人於青溪邊者，吏懼爲監司所問，推置水中，泥覆其面，須臾便死，遂失骸骨。

後宮遭火之後，更起仙華、神仙、玉壽諸殿，刻畫雕綵，青莊金口帶，[一三]麝香塗壁，錦幔珠簾，窮極綺麗。縶役工匠，自夜達曉，猶不副速，乃剔取諸寺佛刹殿藻井仙人騎獸以充足之。世祖興光樓上施青漆，世謂之「青樓」。帝曰：「武帝不巧，何不純用瑠璃。」

潘氏服御，極選珍寶，主衣庫舊物，不復周用，貴市民閒金銀寶物，價皆數倍。虎魄釧一隻，直百七十萬。京邑酒租，皆折使輸金，以爲金塗。猶不能足，下揚、南徐二州橋桁塘埭丁計功爲直，斂取見錢，供太樂主衣雜費。由是所在塘瀆，多有隳廢。又訂出雉頭鶴氅白鷺縗，親幸小人，因緣爲姦利，課一輸十，郡縣無敢言者。

三年夏，於閱武堂起芳樂苑，山石皆塗以五采，跨池水立紫閣諸樓觀，壁上畫男女私褻之像。種好樹美竹，天時盛暑，未及經日，便就萎枯。於是徵求民家，望樹便取，毀徹牆屋以移致之，朝栽暮拔，道路相繼，花藥雜草，亦復皆然。

又於苑中立市，太官每旦進酒肉雜肴，使宮人屠酤，潘氏爲市令，帝爲市魁，執罰，爭者就潘氏決判。

帝有膂力，能擔白虎幢，[一四]自製雜色錦伎衣，綴以金花玉鏡衆寶，逞諸意態。所寵羣小黨與三十一人，黃門十人。初任新蔡人徐世檦爲直閣驍騎將軍，凡有殺戮，皆其用命。殺徐孝嗣後，封爲臨汝縣子。陳顯達事起，加輔國將軍。雖用護軍崔慧景爲都督，而兵權實在世檦。及事平，世檦謂人曰：「五百人軍主，能平萬人都督。」世檦亦知帝昏縱，密謂其黨茹法珍、梅蟲兒曰：「何世天子無要人，但阿儂貨主惡耳。」法珍等爭權，以白帝。帝稍惡其凶強，以二年正月，遣禁兵殺之，世檦拒戰而死。自是法珍、蟲兒用事，竝爲外監，口稱詔敕；中書舍人王咺之與相脣齒，專掌文翰。其餘二十餘人，皆有勢力。崔慧景平後，法珍封餘干縣男，蟲兒封竟陵縣男。

及義師起，江、郢二鎭已降，帝遊騁如舊，謂茹法珍曰：「須來至白門前，當一決。」義師至近郊，乃聚兵爲固守之計。召王侯朝貴分置尙書都座及殿省。又信鬼神，崔慧景事時，拜蔣子文神爲假黃鉞、使持節、相國、太宰、大將軍、錄尙書、揚州牧、鍾山王。至是又尊爲皇帝。迎神像及諸廟雜神皆入後堂，使所親巫朱光尙禱祀祈福。以冠軍將軍王珍國領三萬人據大桁，[一五]莫有鬬志，遣左右直長閹豎王寶孫督戰，呼爲「王長子」。[一六]寶孫切罵諸將帥，直閤將軍席豪發憤突陣死，豪，驍將，既斃，衆軍於是土崩，軍人從朱雀觀上自投及赴淮死者無數。於是閉城自守，城內軍事委王珍國。兗州刺史張稷入衞京師，以稷爲副，實甲猶七萬人。

帝烏帽袴褶，備羽儀，登南掖門臨望。又虛設鎧馬齋仗千人，皆張弓拔白，出東掖門，稱蔣王出盪。素好鬬軍隊，初使宮人爲軍，後乃用黃門。親自臨陣，詐被創，使人輿將去。

至是於閱武堂設牙門軍頓，每夜嚴警。帝於殿內騎馬從鳳莊門入徽明門，馬被銀蓮葉具裝鎧，雜羽孔翠寄生，逐馬左右衞從，晝眠夜起如平常。聞外鼓叫聲，被大紅袍登景陽樓屋上望，弩幾中之。衆皆怠怨，不爲致力。募兵出戰，出城門數十步，皆坐甲而歸。慮城外有伏兵，乃燒城傍諸府署，六門之內皆蕩盡。城中閤道西掖門內，相聚爲市，販死牛馬肉。帝初與羣小計議，陳顯達一戰便敗，崔慧景圍城退走，謂義師遠來，不過旬日，亦應散去，敕太官辦樵米爲百日糧而已。大桁敗後，衆情兇懼，法珍等恐人衆驚走，故閉城不復出軍。既而義師長圍既立，塹柵嚴固，然後出盪，屢戰不捷。

帝尤惜金錢，不肯賞賜，法珍叩頭請之，帝曰：「賊來獨取我邪？何爲就我求物？」後堂儲數百具榜，啓爲城防，帝云擬作殿，竟不與。又催御府細作三百人精仗，待圍解以擬屏除。金銀雕鏤雜物，倍急於常。

王珍國、張稷懼禍及，率兵入殿，分軍又從西上閤入後宮斷之，御刀豐勇之爲內應。是夜，帝在含德殿吹笙歌作女兒子，臥未熟。聞兵入，趨出北戶，欲還後宮。清曜閤已閉，閹人禁防黃泰平以刀傷其膝，仆地。顧曰：「奴反邪？」直後張齊斬首送梁王。

宣德太后令曰：「皇室受終，祖宗齊聖，太祖高皇帝肇基駿命，膺籙受圖，世祖武皇帝係明下武，高宗明皇帝重隆景業，咸降年不永，宮車係晏。[一七]皇祚之重，允屬儲元。而稟質凶

愚，發於稚齒。爰自保姆，迄至成童，忍戾昬頑，觸途必著。高宗留心正嫡，立嫡惟長，輔以羣才，閒以賢戚，內外維持，冀免多難，未及朞稔，便逞屠戮。密戚近親，元勳良輔，覆族殲門，旬月相係。凡所任仗，盡慝窮姦，皆營伍屠販，容狀險醜，身秉朝權，手斷國命，誅戮無辜，納其財產，睚眦之閒，屠覆比屋。身居元首，好是賤事，危冠短服，坐臥以之。晨出夜反，無復已極，驅斥氓庶，巷無居人，老細奔遑，寘身無所，東邁西屏，北出南驅，負疾輿屍，塡街塞陌。興築繕造，日夜不窮，晨構夕毀，朝穿暮塞，絡以隨珠，方斯已陋，飾以璧璫，曾何足道。時暑赫曦，流金鑠石，移竹藝果，匪日伊夜，根未及植，葉已先枯，畚鍤紛紜，勤倦無已。散費國儲，專事浮飾，逼奪民財，自近及遠，兆庶恇恇，流宂道路。〔一八〕府帑既竭，肆奪市道，工商裨販，行號道泣。屈此萬乘，躬事角抵，昂首翹肩，逞能橦木，觀者如堵，曾無怍容。芳樂、華林，竝立闤闠，踞肆鼓刀，手銓輕重。干戈鼓譟，昬曉靡息，無戎而城，豈足云譬。至於居喪淫讌之愆，三年載弄之醜，反道違常之釁，牝鷄晨鳴之慝，於事已細，故可得而略也。罄楚、越之竹，未足以言，校辛、癸之君，豈或能匹。征東將軍忠武奮發，投袂萬里，光奉明聖，翊成中興。乘勝席卷，掃清京邑，而羣小靡識，嬰城自固，緩戮稽誅，倏彌旬月，宜速勤定，寧我邦家。可潛遣閒介，密宣此旨，忠勇齊奮，遄加蕩撲，放斥昬凶，衞送外第。未亡人不幸，罹此百罹，感念存沒，心焉如割。奈何！奈何！」又令依漢海昬侯故事，追

封東昬侯。茹法珍、梅蟲兒、王咺之等伏誅。豐勇之原死。

史臣曰：漢宣帝時，南郡獲白虎，獲之者張武，言武張而猛服也。東昬侯亡德橫流，道歸拯亂，躬當翦戮，實啓太平，推闇豎之名字，亦天意也。

贊曰：東昬慢道，匹癸方辛。乃隳典則，乃棄彝倫，玩習兵火，終用焚身。

青䒗 疑

校勘記

〔一〕詔雍州將士與虜(賊)〔戰〕死者　據南監本、毛本、殿本、局本改。

〔二〕詔研策秀孝　「秀孝」南監本、殿本作「秀才」。張元濟云作「秀孝」是。

〔三〕丙(午)〔辰〕揚州刺史始安王遙光據東府反　「丙午」南史齊紀作「丙辰」，元龜二百七同。案長曆，是年八月甲辰朔，初三日丙午，十三日丙辰。遙光傳言遙光於八月十二日晡時收集二州部曲，則以作「丙辰」爲是。今據改。

〔四〕(夏四月)丁未　按下文有壬子、乙卯、壬戌、甲子、癸酉。通鑑考異云：「按長曆，是歲三月辛丑朔，四月庚午朔。丁未三月七日，壬子十二日，乙卯十五日，壬戌二十二日，甲子二十四日，四月皆無也。蓋四月當作三月。至癸酉，乃四月四日也。」今據刪「夏四月」三字。

〔五〕遣中領軍王瑩率衆軍屯北籬門　「王瑩」通鑑作「左興盛」，考異云從崔慧景傳。

〔六〕〔夏四月〕癸酉　據通鑑考異移上「夏四月」三字於此，說見本卷校勘記第四條。

〔七〕十二月雍州刺史梁王起義兵於襄陽　按通鑑繫此事於十一月乙巳。考異云：「齊帝紀『十二月，梁王起義兵於襄陽』，誤也。」

〔八〕以威烈將軍胡元進爲廣州刺史　「威烈」殿本作「武烈」。考證云：「諸本皆作『威烈』，按宋書百官志有武烈將軍，無威烈將軍，齊世官名多循宋制，今定從『武』。」

〔九〕丁未南康王寶融卽皇帝位於江陵　「丁未」南史齊紀作「乙巳」，通鑑同。考異云：「東昏侯紀云『丁未南康王寶融卽皇帝位』，蓋是日建康始聞之耳。今從和帝紀及梁武帝紀。」

〔一〇〕輔國長史趙越嘗爲梁南秦二州刺史　「趙越嘗」梁書劉季連傳作「趙越常」。

〔一一〕〔以〕衆降　據御覽一百二十九引補。

〔一二〕率兵入殿廢帝　「廢」南監本作「弑」。

〔一三〕青䒗金口帶　「青䒗」元龜二百十八作「青葩」，按「䒗」不成字，故舊校以爲疑。

〔一四〕能擔白虎橦　「橦」南監本、毛本、殿本、局本作「幢」。

〔一五〕以冠軍將軍王珍國領三萬人據大桁　「三萬人」毛本、局本作「萬人」。

〔一六〕呼爲王長子　「王長子」南史齊紀、梁書武帝紀並作「王倀子」。通鑑亦作「王倀子」，胡注云「倀，狂也」。

〔一七〕咸降年不永宮車係晏　「係晏」殿本作「早晏」。張元濟校勘記云：「係晏，猶言相繼晏駕也，承上文『咸』字言。」

〔一八〕流宂道路　「宂」南監本、殿本作「竄」。

南齊書卷八

本紀第八

和帝

和帝諱寶融，字智昭，高宗第八子也。建武元年，封隨郡王，邑二千戶。三年，爲冠軍將軍，領石頭戍軍事。永元元年，改封南康王，爲持節、督荆雍益寧梁南北秦七州軍事、西中郎將、荆州刺史。

二年十一月甲寅，長史蕭穎胄殺輔國將軍、巴西梓潼二郡太守劉山陽，奉梁王舉義。〔一〕乙卯，教纂嚴。又教曰：「吾躬率晉陽，翦此凶孽，戎事方勤，宜覃澤惠。所領內繫囚見徒，罪無輕重，殊死已下，皆原遣。先有位署，即復本職。將吏轉一階。從征身有家口停鎭，給廩食。凡諸雜役見在諸軍帶甲之身，克定之後，悉免爲民。其功効賞報，別有科條。」丙辰，以雍州刺史梁王爲使持節、都督前鋒諸軍事、左將軍。丁巳，以蕭穎胄爲右將軍、都督行留

諸軍事。戊午，梁王上表勸進。十二月乙亥，羣僚勸進，並不許。壬辰，驍騎將軍夏侯亶自京師至江陵，稱宣德太后令：「西中郎將南康王宜纂承皇祚，光臨億兆，方俟清宮，未即大號，可且封宣城、南琅邪、南東海、東陽、臨海、新安、尋陽、南郡、竟陵、宜都十郡爲宣城王，相國、荆州牧，加黃鉞，置僚屬，選百官，西中郎府南康國並如故。須軍次近路，主者詳依舊典，法駕奉迎。」三年正月乙巳，王受命，大赦，唯梅蟲兒、茹法珍等不在赦例。右將軍蕭穎胄爲左長史，進號鎭軍將軍，梁王進號征東將軍。甲戌，以冠軍將軍楊公則爲湘州刺史。甲寅，建牙于城南。二月乙丑，以冠軍長史王茂先爲江州刺史，〔二〕冠軍將軍曹景宗爲郢州刺史，右將軍邵陵王寶攸爲荆州刺史。己巳，羣僚上尊號，立宗廟及南北郊。甲申，梁王率大衆屯沔口，郢州刺史張沖拒守。三月丁酉，張沖死，驃騎將軍薛元嗣等固城。〔三〕

中興元年春三月乙巳，卽皇帝位，大赦，改元。文武賜位二等；鰥寡孤獨不能自存者穀，人五斛。卽永元三年也。以相國左長史蕭穎胄爲尙書令，晉安王寶義爲司空，廬陵王寶源爲車騎將軍、開府儀同三司，建安王寶寅爲徐州刺史，散騎常侍夏侯詳爲中領軍，領軍將軍蕭偉爲雍州刺史。〔四〕丙午，有司奏封庶人寶卷爲零陽侯，〔五〕詔不許。又奏爲涪陵王，詔可。乙酉，尙書令蕭穎胄行荆州刺史，假梁王黃鉞。壬子，以征虜將軍柳惔爲益、寧二州刺史。己未，以冠軍將軍莊丘黑爲梁、南秦二州刺史，冠軍將軍鄧元起爲廣州刺史。

夏四月戊辰，詔曰：「荆雍義舉所基，實始王迹。君子勞心，細人盡力，宜加酬獎，副其乃誠。凡東討衆軍及諸嚮義之衆，可普復除。」

五月乙卯，車駕幸竹林寺禪房宴羣臣。巴西太守魯休烈、巴東太守蕭惠訓子璝拒義軍。

秋七月，東軍主吳子陽十三軍救郢州，〔六〕屯加湖。丁酉，征虜將軍王茂先擊破之。辛亥，以茂先爲中護軍。丁卯，魯山城主孫樂祖以城降。己未，郢城主薛元嗣降。

八月丙子，平西將軍陳伯之降。乙卯，以伯之爲江州刺史，子虎牙爲徐州刺史。

九月乙未，〔七〕詔梁王若定京邑，得以便宜從事。

冬十一月乙未，以輔國將軍李元履爲豫州刺史。壬寅，尙書令、鎭軍將軍蕭穎胄卒，以黃門郎蕭澹行荆州府州事。〔八〕丁巳，蕭璝、魯休烈降。

十二月丙寅，建康城平。己巳，皇太后令以梁王爲大司馬、錄尙書事、驃騎大將軍、揚州刺史，封建安郡公，依晉武陵王遵承制故事，百僚致敬。壬申，改封建安王寶寅鄱陽王。癸酉，以司徒、揚州刺史晉安王寶義爲太尉，領司徒。甲戌，給大司馬錢二千萬，布絹各五千匹。乙酉，以輔國將軍蕭宏爲中護軍。

二年春正月戊戌，宣德太后臨朝，入居內殿。大司馬梁王解承制，致敬如先。己亥，以寧朔將軍蕭昺監南兗州。壬寅，以大司馬都督中外諸軍事，〔九〕加殊禮。己酉，以大司馬長史王亮爲守尙書令。甲寅，詔大司馬梁王進位相國，總百揆，揚州牧，封十郡爲梁公，備九錫之禮，加遠遊冠，位在諸王上，加相國綠綟綬。己未，以新除右將軍曹景宗爲郢州刺史。

二月壬戌，湘東王寶晊伏誅。戊辰，詔進梁公爵爲梁王，增封十郡。

三月乙未，皇太后令給梁國錢五百萬，布五千匹，絹千匹。辛丑，鄱陽王寶寅奔虜，邵陵王寶攸、〔一〇〕晉熙王寶嵩、桂陽王寶貞伏誅。甲午，命梁王冕十有二旒，建天子旌旗，出警入蹕，乘金根，駕六馬，備五時副車，置旄頭雲罕，樂舞八佾，設鍾虡宮懸。王子王女爵命一如舊儀。庚戌，以冠軍長史蕭秀爲南徐州刺史，新除中領軍蔡道恭爲司州刺史。車駕東歸至姑熟。丙辰，禪位梁王。丁巳，廬陵王寶源薨。

夏四月辛酉，禪詔至，皇太后遜外宮。丁卯，梁王奉帝爲巴陵王，宮于姑熟，行齊正朔，一如故事。戊辰，薨，年十五。追尊爲齊和帝，葬恭安陵。

史臣曰：夏以桀亡，殷隨紂滅，郊天改朔，理無延世。而皇符所集，重興西楚，神器暫來，

雖有冥數，徽名大號，斯爲幸矣。

贊曰：和帝晚隆，掃難清宮。達機覩運，高頌永終。

校勘記

〔一〕奉梁王舉義　周星詒校勘記云：「疑『梁』字譌。」按蕭穎胄爲荊州行事，當云奉南康王舉義，御覽一百二十九引作「奉王舉義」，南史齊紀同，王謂南康王，疑此「梁」字衍。

〔二〕以冠軍長史王茂先爲江州刺史　「王茂先」通鑑作「王茂」，無「先」字，下同。按王茂梁書有傳，通鑑蓋從梁書也。

〔三〕驃騎將軍薛元嗣等固城　「固城」南監本作「固守」。

〔四〕領軍將軍蕭偉爲雍州刺史　「領軍將軍」通鑑作「冠軍將軍」，梁書蕭偉傳同。

〔五〕有司奏封庶人寶卷爲零陽侯　殿本考證云：「『零陽』南史作『零陵』。」

〔六〕東軍主吳子陽十三軍救郢州　「十三軍」毛本、局本作「十二軍」。

〔七〕九月乙未　「乙未」南史齊紀作「己未」。按長曆，是年九月壬辰朔，初四日乙未，二十八日己未。

〔八〕以黃門郎蕭澹行荊州府州事　錢大昕廿二史考異云：「『澹』當作『憺』。」

〔九〕以大司馬都督中外諸軍事　按「大司馬」下疑奪「梁王爲」三字。御覽一百二十九引作「以大司馬梁王爲都督中外諸軍事」。

〔一〇〕邵陵王寶攸　「寶攸」南史作「寶修」。

南齊書卷九

志第一

禮上

禮儀繁博，與天地而爲量，紀國立君，人倫攸始。三代遺文，略在經誥，蓋秦餘所亡逸也。漢初叔孫通制漢禮，而班固之志不載。及至東京，太尉胡廣撰舊儀，左中郎蔡邕造獨斷，應劭、蔡質咸綴識時事，而司馬彪之書不取。魏氏籍漢末大亂，舊章殄滅，侍中王粲、尚書衞覬集創朝儀，而魚豢、王沈、陳壽、孫盛並未詳也。吳則太史令丁孚拾遺漢事，蜀則孟光、許慈草建衆典。晉初司空荀顗因魏代前事，撰爲晉禮，參考今古，更其節文，羊祜、任愷、庾峻、應貞並共刪集，成百六十五篇。後摯虞、傅咸纘續此製，未及成功，中原覆沒，今虞之決疑注，是遺事也。江左僕射刁協、太常荀崧，補緝舊文，光祿大夫蔡謨又踵修輯朝故。宋初因循改革，事係羣儒，其前史所詳，並不重述。永明二年，太子步兵校尉伏曼容表定禮樂。於是詔尚書令王儉制定新禮，立治禮樂學士及職局，置舊學四人，新學六人，正書令史各一人，幹一人，祕書省差能書弟子二人。因集前代，撰治五禮，吉、凶、賓、軍、嘉也。文多不載。若郊廟庠序之儀，冠婚喪紀之節，事有變革，宜錄時事者，備今志。其輿輅旗常，與往代同異者，更立別篇。

建元元年七月，有司奏：「郊殷之禮，未詳郊在何年？復以何祖配郊？殷復在何時？未郊得先殷與不？明堂亦應與郊同年而祭不？若應祭者，復有配與無配？不祀者，堂殿職僚毀置云何？」八座丞郎通關博士議。曹郎中裴昭明、儀曹郎中孔逷議：〔一〕「今年七月宜殷祠，來年正月宜南郊明堂，並祭而無配。」殿中郎司馬憲議：「南郊無配，饗祠如舊；明堂無配，宜應廢祀。其殷祠同用今年十月。」右僕射王儉議：

案禮記王制，天子先祫後時祭，諸侯先時祭後祫。春秋魯僖二年祫，明年春禘，自此以後，五年再殷。禮緯稽命徵曰「三年一祫，五年一禘」。經、記所論禘祫與時祭，其言詳矣，初不以先殷後郊爲嫌。

至於郊配之重，事由王迹，是故杜林議云「漢業特起，不因緣堯，宜以高帝配天」。魏高堂隆議以舜配天。蔣濟云「漢時奏議，謂堯已禪舜，不得爲漢祖，舜亦已禪禹，不得爲魏之祖。今宜以武皇帝配天」。晉、宋因循，卽爲前式。

又案禮及孝經援神契竝云「明堂有五室，天子每月於其室聽朔布教，祭五帝之神，配以有功德之君」。大戴禮記曰「明堂者，所以明諸侯尊卑也」。許慎五經異義曰「布政之宮，故稱明堂。明堂，盛貌也」。周官匠人職稱明堂有五室。鄭玄云「周人明堂五室，帝一室也」。初不聞有文王之寢。鄭志趙商問云「說者謂天子廟制如明堂，是爲明堂卽文廟邪」？鄭荅曰「明堂主祭上帝，以文王配耳，猶如郊天以后稷配也」。袁孝尼云「明堂法天之宮，本祭天帝，而以文王配，配其父於天位則可，牽天帝而就人鬼，則非義也」。太元十三年，〔二〕孫耆之議，稱「郊以祀天，故配之以后稷；明堂以祀帝，故配之以文王。由斯言之，郊爲皇天之位，明堂卽上帝之廟」。徐邈謂「配之爲言，必有神主；郊爲天壇，則堂非文廟」。史記云趙綰、王臧欲立明堂，于時亦未有郊配。漢又祀汾陰五時，卽是五帝之祭，亦未有郊配。

議者或謂南郊之日，已旅上帝，若又以無配而特祀明堂，則一日再祭，於義爲黷。案古者郊本不共日。蔡邕獨斷曰「祠南郊，祀畢，次北郊，又次明堂、高廟、世祖廟，謂之五供」。馬融云「郊天之祀，咸以夏正，五氣用事，有休有王，各以其時，兆於方郊，四時合歲，功作相成，亦以此月總旅明堂」。是則南郊、明堂各日之證也。近代從省，故

與郊同日，猶無煩黷之疑。何者？其爲祭雖同，所以致祭則異。孔晁云，言五帝佐天化育，故有從祀之禮，旅上帝是也。至於四郊明堂，則是本祀之所，譬猶功臣從饗，豈復廢其私廟。且明堂有配之時，南郊亦旅上帝，此則不疑於共日，今何故致嫌於同辰。又禮記「天子祭天地、四方、山川、五祀，歲徧」。尙書堯典「咸秩無文」。〔三〕詩云「昭事上帝，聿懷多福」。據此諸義，則四方、山川，猶必享祀，五帝大神，義不可略。魏文帝黃初二年正月，郊天地明堂，明帝太和元年正月，以武皇帝配天，文皇帝配上帝，然則黃初中南郊明堂，皆無配也。

又郊日及牲色，異議紛然。郊特牲云「郊之用辛，周之始郊也」。盧植云「辛之爲言自新絜也」。鄭玄云「用辛日者，爲人當齋戒自新絜也」。漢魏以來，或丁或己，而用辛常多。考之典據，辛日爲允。郊特牲又云，郊牲幣宜以正色。繆襲據祭法，云天地騂犢，周家所尙，魏以建丑爲正，牲宜尙白。白虎通云，三王祭天，一用夏正，所以然者，夏正得天之數也。魏用異朔，故牲色不同。今大齊受命，建寅創曆，郊廟用牲，一依晉、宋。

謂宜以今年十月殷祀宗廟。自此以後，五年再殷。來年正月上辛，有事南郊。宜以共日，還祭明堂。又用次辛，饗祀北郊。而竝無配。犧牲之色，率由舊章。

詔「可。明堂可更詳」。

有司又奏：「明堂尋禮無明文，唯以孝經爲正。竊尋設祀之意，蓋爲文王有配則祭，無配則止。愚謂既配上帝，則以帝爲主。今雖無配，不應闕祀。徐邈近代碩儒，每所折衷，其云『郊爲天壇，則堂非文廟』，此實明據。內外百司立議已定，如更詢訪，終無異說。傍儒依史，竭其管見。既聖旨惟疑，羣下所未敢詳，廢置之宜，仰由天鑒。」詔「依舊」。

建元四年，世祖卽位。其秋，有司奏：「尋前代嗣位，或（於）〔仍〕前郊年，〔四〕或別〔更〕始，〔五〕晉、宋以來，未有畫一。今年正月已郊，未審明年應南北二郊祀明堂與不？」依舊通關八座丞郎博士議。尙書令王儉議：「案秦爲諸侯，雜祀諸時，始皇并天下，未有定祠。漢高受命，因雍四時而起北時，始祠五帝，未定郊丘。文帝六年，新垣平議初起渭陽五帝廟。武帝初至雍郊見五時，後常三歲一郊祠雍。元鼎四年，始立后土祠於汾陰，明年，立太一祠於甘泉，自是以後，二歲一郊，與雍更祠。成帝初卽位，丞相匡衡於長安定南北郊。哀、平之際，又復甘泉、汾陰祠。平帝元始五年，王莽奏依匡衡議，還復長安南北二郊。光武建武二年，定郊祀兆於洛陽。魏、晉因循，率由漢典，雖時或參差，而類多閒歲。至於嗣位之君，參差不一。宜有定制。檢晉明帝太寧（五）〔二〕年南郊，〔六〕其年九月崩，成帝卽位，明年改元卽郊；簡文咸安二年南郊，其年七月崩，孝武卽位，明年改元亦郊；宋元嘉三十年正月南

郊，其年二月崩，孝武嗣位，明年改元亦郊。此則二代明例，差可依放。謂明年正月宜饗祀二郊，虔祭明堂，自茲厥後，依舊閒歲。」尙書領國子祭酒張緒等十七人竝同儉議。詔「可」。

永明元年當南郊，而立春在郊後，世祖欲遷郊。尙書令王儉啓：「案禮記郊特牲云『郊之祭也，迎長日之至也，大報天而主日也』。易說『三王之郊，一用夏正』。盧植云『夏正在冬至後，傳曰啓蟄而郊，此之謂也』。然則圜丘與郊各自行，不相害也。鄭玄云『建寅之月，晝夜分而日長矣』。王肅曰『周以冬祭天於圜丘，以正月又祭天以祈穀』。祭法稱『燔柴太壇』，則圜丘也。春秋傳云『啓蟄而郊』，則祈穀也。謹尋禮、傳二文，各有其義，盧、王兩說，有若合符。中朝省二丘以并二郊，卽今之郊禮，義在報天，事兼祈穀，既不全以祈農，何必俟夫啓蟄。史官唯見傳義，未達禮旨。又尋景平元年正月三日辛丑南郊，其月十一日立春，元嘉十六年正月六日辛未南郊，其月八日立春，此復是近世明例，不以先郊後春爲嫌。若或以元日合朔爲礙者，則晉成帝咸康元年正月一日加元服，二日親祠南郊，元服之重，百僚備列，雖在致齋，行之不疑。今齋內合朔，此卽前準。若聖心過恭，寧在嚴絜，合朔之日，散官備防，非預齋之限者，於止車門外別立幔省，若日色有異，則列於省前，望實爲允，謂無煩遷日。」從之。

永明二年，祠部郎中蔡履議：「郊與明堂，本宜異日。漢東京禮儀志『南郊禮畢，次北

郊、明堂、高廟、世祖廟，謂之五供』。蔡邕所據亦然。近世存省，故郊堂共日。來年郊祭，宜有定准。」

太學博士王祐議：「來年正月上辛，宜祭南郊，次辛，有事明堂，後辛，饗祀北郊。」

兼博士劉蔓議：「漢元鼎五年，以辛巳行事，自後郊日，略無違異。元封元年四月癸卯，登封泰山，坐明堂。五年甲子，以高祖配。漢家郊祀，非盡天子之縣，故祠祭之月，事有不同。後漢永平以來，明堂兆於國南，而郊以上丁，故供修三祀，得并在初月。雖郊有常日，明堂猶無定辰。何則？郊丁社甲，有說則從，經禮無文，難以意造，是以必算良辰，而不祭寅丑。且禮之奠祭，無同共者，唯漢以朝日合於報天爾。若依漢書五供，便應先祭北郊，然後明堂。則是地先天食，所未可也。」

兼太常丞蔡仲熊議：「鄭志云『正月上辛，祀后稷於南郊，還於明堂，以文王配』。故宋氏創立明堂，郊還卽祭，是用鄭志之說也。蓋爲志者失，非玄意也。玄之言曰『未審周明堂以何月，於月令則以季秋』。案玄注月令季秋大饗帝云『大饗，徧祭五帝』。又云『大饗於明堂，以文武配』。其時秋也，去啓蟄遠矣。又周禮大司樂『凡大祭祀，宿縣』。尋宿縣之旨，以日出行事故也；若日闇而後行事，則無假預縣。果日出行事，何得方俟郊還。東京禮儀志不記祭之時日，而志云『天郊夕牲之夜，夜漏未盡八刻進熟；明堂夕牲之夜，夜漏未盡七

刻進熟』。尋明堂之在郊前一刻，而進獻奏樂，方待郊還。魏高堂隆表『九日南郊，十日北郊，十一日明堂，十二日宗廟』。案隆此言，是審于時定制，是則周禮二漢及魏，皆不共日矣。禮以辛郊，書以丁祀，辛丁皆合，宜臨時詳擇。」

太尉從事中郎顧憲之議：「春秋傳以正月上辛郊祀，禮記亦云郊之用辛，尚書獨云丁巳用牲于郊。先儒以爲先甲三日辛，後甲三日丁，可以接事天神之日。後漢永平二年正月辛未，宗祀光武皇帝於明堂。辛旣是常郊之日，郊又在明堂之前，無容不郊而堂，則理應郊堂。」

司徒西閤祭酒梁王議：「孝經鄭玄注云『上帝亦天別名』。如鄭旨，帝與天亦言不殊。近代同辰，良亦有據。魏太和元年正月丁未，〔七〕郊祀武皇帝以配天，宗祀文皇帝於明堂以配上帝，此則已行之前准。」

驍騎將軍江淹議：「郊旅上天，堂祀五帝，非爲一日再黷之謂，無俟釐革。」

尚書陸澄議：「遺文餘事，存乎舊書，郊宗地近，勢可共日。不共者，義在必異也。元始五年正月六日辛未，郊高皇帝以配天，二十二日丁亥，宗祀孝文於明堂配上帝。永平二年正月辛未，宗祀五帝於明堂，光武皇帝配。章帝元和二年，巡狩岱宗，柴祭，翌日，祠五帝於明堂。柴山祠地，尚不共日，郊堂宜異，於例益明。陳忠奏事云『延光三年正月十三日南

郊，十四日北郊，十五日明堂，十六日宗廟，十七日世祖廟』。仲遠五祀，紹統五供，與忠此奏，皆爲相符。高堂隆表，二郊及明堂宗廟各一日，摯虞新禮議明堂南郊間三兆，禋天饗帝共日之證也。又上帝非天，昔人言之已詳。今明堂用日，宜依古在北郊後。漢唯南郊備大駕，自北郊以下，車駕十省其二，今祠明堂，不應大駕。」

尚書令王儉議：「前漢各日，後漢亦不共辰，魏、晉故事，不辨同異，宋立明堂，唯據自郊徂宮之義，未達祀天旅帝之旨。何者？郊壇旅天，甫自詰朝，還祀明堂，便在日昃，雖致祭有由，而煩黷斯甚，異日之議，於理爲弘。春秋感精符云『王者父天母地』。則北郊之祀，應在明堂之先。漢、魏北郊，亦皆親奉，晉泰寧有詔，未及遵遂。咸和八年，甫得營繕，太常顧和秉議親奉。康皇之世，已經遵用。宋氏因循，未追釐革。今宜親祠北郊，明年正月上辛祠昊天，次辛瘞后土，後辛祀明堂，御並親奉。車服之儀，率遵漢制。南郊大駕，北郊明堂降爲法駕。袞冕之服，諸祠咸用。」詔「可」。

建武二年，通直散騎常侍庾曇隆啓：「伏見南郊壇員兆外內，永明中起瓦屋，形製宏壯。檢案經史，無所准據。尋周禮，祭天於圜丘，取其因高之義，兆於南郊，就陽位也。故以高敞，貴在上昭天明，旁流氣物。自秦、漢以來，雖郊祀參差，而壇域中間，並無更立宮室。其意何也？政是質誠尊天，不自崇樹，兼事通曠，必務開遠。宋元嘉南郊，至時權作小陳帳以

爲退息，泰始薄加脩廣，〔八〕永明初彌漸高麗，往年工匠遂啓立瓦屋。前代帝皇，豈於上天之祀而昧營構，所不爲者，深有情意。記稱『埽地而祭，於其質也，器用陶匏，天地之性也』。故『至敬無文』，『以素爲貴』。竊謂郊事宜擬休偃，不俟高大，以明謙恭肅敬之旨。庶或仰允太靈，俯愜羣望。」詔「付外詳」。

國子助教徐景嵩議：「伏尋三禮，天地兩祀，南北二郊，但明祭取犧牲，器用陶匏，不載人君偃處之儀。今(棟)〔帳〕瓦之構雖殊，〔九〕俱非千載成例，宜務因循。」太學博士賀瑒議：「周禮『王旅上帝，張氈案，設皇邸』。國有故而祭，亦曰旅。氈案，以氈爲牀於幄中，不聞郊所置宮宇。」兼左丞王摛議，掃地而祭於郊，謂無築室之議。並同曇隆。

驍騎將軍虞炎議，以爲「誠慤所施，止在一壇，漢之郊祀，饗帝甘泉，天子自竹宮望拜，息殿去壇場旣遠，郊奉禮畢，旋幸於此。瓦殿之與帷宮，謂無簡格」。祠部郎李撝議：「周禮『凡祭祀張其旅幕，張尸次』。尸則有幄。仲師云『尸次，祭祀之尸所居更衣帳也』。凡祭之文，旣不止於郊祀，立尸之言，理應關於宗廟。古則張幕，今也房省。宗廟旅幕，可變爲棟宇；郊祀氈案，何爲不轉製檐甍？」曇隆議不行。

建武二年旱，有司議雩祭依明堂。祠部郎何佟之議曰：「周禮司巫云『若國大旱，則帥

巫而舞雩』。鄭玄云『雩，旱祭也。天子於上帝，諸侯以下於上公之神』。又女巫云『旱暵則舞雩』。鄭玄云『使女巫舞旱祭，崇陰也』。鄭衆云『求雨以女巫』。禮記月令云『命有司爲民祈祀山川百原，乃大雩帝，用盛樂。乃命百縣雩祀百辟卿士有益於民者，以祈穀實』。鄭玄云『陽氣盛而恆旱。山川百原，能興雲致雨者也。衆水所出爲百原，必先祭其本。雩，吁嗟求雨之祭也。雩帝，謂爲壇南郊之旁，祭五精之帝，配以先帝也。自鞉鞞至柷敔爲盛樂，他雩用歌舞而已。百辟卿士，古者上公以下，謂勾龍、后稷之類也』。春秋傳曰龍見而雩，〔雩之〕(止)〔正〕當以四月』。〔一〇〕王肅云『大雩，求雨之祭也。傳曰龍見而雩，謂四月也。若五月六月大旱，亦用雩，禮於五月著雩義也』。晉永和中，中丞啓，雩制在國之南爲壇，祈上帝百辟，舞童八列六十四人，歌雲漢詩，皆以孟夏。得雨，報太牢。于時博士議，舊有壇，漢、魏各自討尋。月令云『命有司祈祀山川百原，乃大雩』。又云『乃命百縣雩祀百辟卿士』。則大雩所祭，唯應祭五精之帝而已。勾芒等五神，既是五帝之佐，依鄭玄說，宜配食於庭也。鄭玄云『雩壇在南郊壇之旁』，而不辨東西。尋地道尊右，雩壇方郊壇爲輕，理應在左。宜於郊壇之東，營域之外築壇。既祭五帝，謂壇宜員。尋雩壇高廣，禮、傳無明文，案觀禮設方明之祀，爲壇高四尺，用珪璋等六玉，禮天地四方之神，王者率諸侯親禮，爲所以敎尊尊也。雩祭五帝，粗可依放。謂今築壇宜崇四尺，其廣輪仍以四爲度，徑四丈，周員十二

丈，而四階也。設五帝之位，各依其方，如在明堂之儀。皇齊以世祖配五精於明堂，今亦宜配饗於雩壇矣。古者孟春郊祀祈嘉穀，孟夏雩祭祈甘雨，〔一一〕二祭雖殊，而所爲者一。禮唯有冬至報天，初無得雨賽帝。今雖闕冬至之祭，而南郊兼祈報之禮，理不容別有賽荅之事也。禮祀帝於郊，則所尚省費，周祭靈威仰若后稷，各用一牲，今祀五帝、世祖，亦宜各用一犢，斯外悉如南郊之禮也。武皇遏密未終，自可不奏盛樂。至於旱祭舞雩，蓋是(呼)〔吁〕嗟之義，〔一二〕既非存懽樂，謂此不涉嫌。其餘祝史稱辭，仰祈靈澤而已。禮舞雩乃使無闕，今之女巫，竝不習歌舞，方就敎試，恐不應速。依晉朝之議，使童子，或時取舍之宜也。司馬彪禮儀志云雩祀著皁衣，蓋是崇陰之義。今祭服皆緇，差無所革。其所歌之詩，及諸供須，輒勒主者申攝備辦。」從之。

隆昌元年，有司奏，參議明堂，咸以世祖配。國子助敎謝曇濟議：「案祭法禘郊祖宗，竝列嚴祀。鄭玄注義，亦據兼饗。宜祖宗兩配，文、武雙祀。」助敎徐景嵩、光祿大夫王逡之謂宜以世(祖)〔宗〕文皇帝配。〔一三〕祠部郎何佟之議：「周之文、武，尚推后稷以配天，謂文皇宜推世祖以配帝。雖事施於尊祖，亦義章於嚴父焉。」左僕射王晏議，以爲「若用鄭玄祖宗通稱，則生有功德，沒垂尊稱，歷代配帝，何止於(郊)〔二邪〕？〔一四〕今殷薦上帝，允屬世祖，百代不

毀，其文廟乎！」詔「可」。

至永元二年，佟之又建議曰：「案祭法『有虞氏禘黃帝而郊嚳，祖顓頊而宗堯』。『周人禘嚳而郊稷，祖文王而宗武王』。鄭玄云『禘郊祖宗，謂祭祀以配食也。〔此〕禘謂祀昊天於圜丘也。〔一五〕祭上帝於南郊曰〔郊〕，祭(祀)五帝五神於明堂曰祖宗』。〔一六〕『郊祭一帝，而明堂祭五帝，小德配寡，大德配衆』。王肅云『祖宗是廟不毀之名』。果如肅言，殷有三祖三宗，竝應不毀，何故止稱湯、契？且王者之後存焉，舜寧立堯、頊之廟，傳世祀之乎？漢文以高祖配泰畤，至武帝立明堂，復以高祖配食，一人兩配，有乖聖典。自漢明以來，未能反者。故明堂無兼配之祀。竊謂先皇宜列二帝於文祖，尊新廟爲高宗，竝世祖而泛配，以申聖主嚴父之義。先皇於武皇，倫則第爲季，義則經爲臣，設配饗之坐，應在世祖之下，竝列，俱西向。」

國子博士王摛議：「孝經『周公郊祀后稷以配天，宗祀文王於明堂以配上帝』。不云武王。又周頌『思文，后稷配天也』。『我將，祀文王於明堂也』。武王之文，唯執競云『祀武王』。此自周廟祭武王詩，彌知明堂無矣。」

佟之又議：「孝經是周公居攝時禮，祭法是成王反位後所行。故孝經以文王爲宗，祭法以文王爲祖。又孝莫大於嚴父配天，則周公其人也，尋此旨，寧施成王乎？若孝經所說，審是成王所行，則爲嚴祖，何得云嚴父邪？且思文是周公祀后稷配天之樂歌，我將是祀文王

配明堂之樂歌。若如摛議，則此二篇，皆應在復子明辟之後。請問周公祀后稷、文王，爲何所歌？又國語云『周人禘嚳郊稷，祖文王，宗武王』。韋昭云『周公時，以文王爲宗，其後更以文王爲祖，武王爲宗』。尋文王以文治而爲祖，武王以武定而爲宗，欲明文亦有大德，武亦有大功，故鄭注祭法云『祖宗通言耳』。是以詩云『昊天有成命，二后受之』。注云『二后，文王、武王也』。且明堂之祀，有單有合。故鄭云『四時迎氣於郊，祭一帝，還於明堂，因祭一帝，則以文王配』。明一賓不容兩主也。『享五帝於明堂，則泛配文、武』。泛之爲言，無的之辭。其禮既盛，故祖宗竝配。」參議以佟之爲允。詔「可」。

太祖爲齊王，依舊立五廟。卽位，立七廟。廣陵府君、太中府君、淮陰府君、卽丘府君、太常府君、宣皇帝、昭皇后爲七廟。建元二年，太祖親祀太廟六室，如儀，拜伏竟，次至昭后室前，儀注應倚立，上以爲疑，欲使廟僚行事，又欲以諸王代祝令於昭后室前執爵。以問彭城丞劉瓛。瓛對謂：「若都不至昭后坐前，竊以爲薄。廟僚卽是代上執爵饋奠耳，祝令位卑，恐諸王無容代之。舊廟儀諸王得兼三公親事，謂此爲便。」從之。

及太子穆妃薨，卒哭，祔于太廟陰室。永明十一年，文惠太子薨，卒哭，祔于太廟陰室。太祖崩，毀廣陵府君。鬱林卽位，追尊文帝，又毀太中主，止淮陰府君。明帝立，復舊。及

崩，祔廟，與世祖爲兄弟，不爲世數。

史臣曰：先儒說宗廟之義，據高祖已下五世親盡，故親廟有四。周以后稷始祖，文、武二祧，所以云王立七廟也。禹無始祖，湯不先契，夏五殷六，其數如之。漢立宗廟，違經背古。匡衡、貢禹、蔡邕之徒，空有遷毀之議，亘年四百，竟無成典。魏氏之初，親廟止乎四葉，吳、蜀享祭，失禮已多。晉用王肅之談，以文、景爲共世，上至征西，其實六也。尋其此意，非以兄弟爲後，當以立主之義，可相容於七室。及楊元后崩，征西之廟不毀，則知不以元后爲世數。廟有七室，數盈八主。江左賀循立議以後，弟不繼兄，故世必限七，主無定數。宋臺初立五廟，以臧后爲世室。就禮而求，亦親廟四矣。義反會鄭，非謂從王。自此以來，因仍舊制。夫妻道合，非世葉相承，譬由下祭殤嫡，無關廟數，同之祖曾，義未可了。若據伊尹之言，必及七世，則子昭孫穆，不列婦人。若依鄭玄之說，廟有親稱，妻者言齊，豈或濫享。且閟宮之德，周七非數，楊元之祀，晉八無傷。今謂之七廟，而上唯六祀，使受命之君，流光之典不足。若謂太祖未登，則昭穆之數何繼，斯故禮官所宜詳也。

宋泰豫元年，明帝崩，博士周洽議：「權制：諒闇之內，不親奉四時祠。」建元四年，尚書令王儉採晉中朝諒闇議奏曰：「權典既行，喪禮斯奪，事與漢世，而源由甚遠。殷宗諒闇，非有服之稱，周王卽吉，唯宴樂爲譏。春秋之義，嗣君踰年卽位，則預朝會聘享焉。左氏云

『凡君卽位，卿出竝聘，踐修舊好』。又云『諸侯卽位，小國聘焉，以繼好結信，謀事補闕，禮之大者』。至於諒闇之內而圖婚，三年未終而吉禘，齊歸之喪不廢蒐，杞公之卒不徹樂，皆致譏貶，以明鑒戒。自斯而談，朝聘烝嘗之典，卒哭而備行，婚禘蒐樂之事，三載而後舉，通塞興廢，各有由然。又案大戴禮記及孔子家語竝稱武王崩，成王嗣位，明年六月既葬，周公冠成王而朝于祖，以見諸侯，命祝雍作頌。襄十五年十一月『晉侯周卒』，十六年正月『葬晉悼公』。平公既卽位，『改服脩官，烝于曲沃』。禮記曾子問『孔子曰，天子崩，國君薨，則（祝）取羣廟之主而藏諸祖廟，禮（乎）〔也〕』。〔一七〕卒哭成事，而後主各反其廟。春秋左氏傳『凡君卒哭而祔，祔而後特祀於主，烝嘗禘於廟』。先儒云『特祀於主者，特以喪禮奉新亡者（至）〔主〕於寢，不同於（古）〔吉〕』。〔一八〕烝嘗禘於廟者，卒哭成事，羣廟之主，各反其廟。則四時之祭，皆卽吉也。三年喪畢，吉禘於廟，躋羣主以定新主也』。凡此諸義，皆著在經誥，昭乎方册，所以晉、宋因循，同規前典，卒哭公除，親奉烝嘗，率禮無違，因心允協。爰至泰豫元年，禮官立議，不宜親奉，乃引『三年之制自天子達』。又據王制稱『喪三年不祭，唯祭天地社稷，越紼而行事』。曾不知自天子達，本在至情，既葬釋除，事以權奪，委衰襲袞，孝享宜申，越紼之旨，事施未葬，卒哭之後，何紼可越？復依范宣之難杜預，譙周之論士祭，竝非明據。晉武在喪，每欲存寧戚之懷，不全依諒闇之典，至於四時烝嘗，蓋以哀疾未堪，非便頓改舊

式。江左以來，通儒碩學所歷多矣，守而弗革，義豈徒然。又（宜）〔且〕卽心而言，〔一九〕公卿大夫，則負扆親臨，三元告始，則朝會萬國，雖金石輟響，而簨簴充庭，情深於恆哀，而跡降於凡制，豈曰能安，國家故也。宗廟烝嘗，孝敬所先，寧容吉事備行，斯典獨廢。就令必宜廢祭，則應三年永闕，乃復同之他故，有司攝禮，進退二三，彌乖典衷。謂宜依舊親奉。」從之。

永明九年正月，詔太廟四時祭，薦宣帝麪起餅、鴨臛；孝皇后筍、鴨卵、脯醬、炙白肉；高皇帝薦肉膾、葅羹；昭皇后茗、粣、炙魚：皆所嗜也。先是世祖夢太祖曰：「宋氏諸帝嘗在太廟，從我求食。可別爲吾祠。」上乃敕豫章王妃庾氏四時還青溪宮舊宅，處內合堂，奉祠二帝二后，牲牢服章，用家人禮。

史臣曰：漢氏之廟，徧在郡國，求祀已瀆，緣情又疎。重檐閟寢，不可兼建，故前儒抗議，謂之遷毀。光武入纂，南頓君已上四世，別祠舂陵。建武三年幸舂陵園廟是也。張衡南都賦曰「清廟肅以微微」。明帝至于章、和，每幸章陵，輒祠舊宅。建安末，魏氏立宗廟，皆在鄴都。魏文黃初二年，洛廟未成，親祠武帝於建始殿，用家人禮。〔二〇〕世祖發漢明之夢，肇祀故宮，孝享既申，義合前典，亦一時之盛也。

永明六年，太常丞何諲之議：「今祭有生魚一頭，干魚五頭。少牢饋食禮云『司士升魚

腊膚魚，用鮒十有五』。〔二一〕上既云『腊』，下必是『鮮』。其數宜同。稱『膚』足知鱗革無毀。記云『槁魚曰商祭，鮮曰脡祭』。鄭注『商，量；脡，直也』。尋『商』旨裁截，『脡』義在全。賀循祭義猶用魚十五頭。今鮮頓刪約，槁皆全用。謂宜鮮、槁各二頭，槁微斷首尾，示存古義。」國子助教桑惠度議：「記稱尙玄酒而俎腥魚。玄酒不容多，鮮魚理宜約。干魚五頭者，以其既加人功，可法於五味，以象酒之五齊也。今欲鮮、槁各雙，義無所法。」諲之議不行。

十年，詔故太宰褚淵、故太尉王儉、故司空柳世隆、（故）驃騎大將軍王敬則、（故）鎭東大將軍陳顯達、〔二二〕故鎭東將軍李安民六人，配饗太祖廟庭。祠部郎何諲之議「功臣配饗，累行宋世，檢其遺事，題列坐位，具書贈官爵謚及名，文不稱主，便是設板也。白虎通云『祭之有主，孝子以繫心也』。揆斯而言，升配廟廷，不容有主。宋時板度，既不復存，今之所制，大小厚薄如尙書召板，爲得其衷。」有司攝太廟舊人亦云見宋功臣配饗坐板，與尙書召板相似，事見儀注。

十一年，右僕射王晏、吏部尙書徐孝嗣、侍中何胤奏：「故太子祔太廟，既無先准。〔二三〕檢宋元后故事，太尉行禮，太子拜伏與太尉俱。臣等參議，依擬前典。太常主廟位，太尉執禮祔，太孫拜伏，皆與之俱。正禮既畢，陰室之祭，太孫宜親自進奠。」詔「可」。

建武二年，有司奏景懿后遷登新廟車服之儀。祠部郎何佟之議曰：「周禮王之六服，大

裘爲上，衮冕次之。五車，玉輅爲上，金輅次之。皇后六服，褘衣爲上，褕翟次之。首飾有三，副爲上，編次之。五車，重翟爲上，厭翟次之。上公(年)〔無〕大裘玉輅，〔二四〕而上公夫人有副及褘衣，是以祭統云『夫人副褘立于東房』也。又鄭云『皇后六服，唯上公夫人亦有褘衣』。詩云『翟茀以朝』。鄭以翟茀爲厭翟，侯伯夫人入廟所乘。今上公夫人副褘既同，則重翟或不殊矣。況景皇懿后禮崇九命。且晉朝太妃服章之禮，同於太后，宋代皇太妃唯無五牛旗爲異，其外侍官則有侍中、散騎常侍、黃門侍郎、散騎侍郎各二人，分從前後部，同於王者，內職則有女尚書、女長御各二人，棨引同於太后。又魏朝之晉王，晉之宋王，並置百官，擬於天朝。至於晉文王終猶稱薨，而太上皇稱崩，則是禮加於王矣。故前議景皇后悉依近代皇太妃之儀，則侍衞陪乘並不得異，后乘重翟，亦謂非疑也。尋齊初移廟，宣皇神主乘金輅，皇帝親奉，亦乘金輅，先往行禮畢，仍從神主至新廟，今所宜依准也。」從之。

永泰元年，有司議應廟見不？尚書令徐孝嗣議：「嗣君卽位，並無廟見之文，蕃支纂業，乃有虔謁之禮。」左丞蕭琛議：「竊闚祇見厥祖，義著商書，朝于武宮，事光晉册。豈有正位居尊，繼業承天，而不虔覲祖宗，格于太室。毛詩周頌篇曰『烈文，成王卽政，諸侯助祭也』。鄭注云『新王卽政，必以朝享之禮祭於祖考，告嗣位也』。又篇曰『閔予小子，嗣王朝廟也』。鄭注云『嗣王者，謂成王也。除武王之喪，將始卽政，朝於廟也』。則隆周令典，煥炳經記，

體嫡居正，莫若成王。又二漢由太子而嗣位者，西京七主，東都四帝，其昭、成、哀、和、從五君，並皆謁廟，文存漢史，其惠、景、武、元、明、章六君，前史不載謁事，或是偶有闕文，理無異說。議者乃云先在儲宮，已經致敬，卒哭之後，卽親奉時祭，則是廟見，故無別謁之禮。竊以爲不然。儲后在宮，亦從郊祀，若謂前虔可兼後敬，開元之始，則無假復有配天之祭矣。若以親奉時祭，仍爲廟見者，自漢及晉，支庶嗣位，並皆謁廟，既同有蒸嘗，何爲獨脩繁禮？且晉成帝咸和元年改號已，謁廟，咸康元年加元服，又更謁。夫時非異主，猶不疑二禮相因，況位隔君臣，而追以一謁兼敬。宜遠纂周、漢之盛範，近黜晉、宋之乖義，展誠一廟，駿奔萬國。」奏可。

永明元年十二月，有司奏：「今月三日，臘祠太社稷。一日合朔，日蝕既在致齋內，未審於社祠無疑不？曹檢未有前准。」尚書令王儉議：「禮記曾子問『天子嘗禘郊社五禮之祭，〔二五〕簠簋既陳』，唯大喪乃廢。至於當祭之日，火〔及〕日蝕則停。〔二六〕尋伐鼓用牲，由來尚矣，而簠簋初陳，問所不及。據此而言，致齋初日，仍值薄蝕，則不應廢祭。又初平四年，士孫瑞議以日蝕廢(社)〔冠〕而不廢郊，〔二七〕朝議從之。王者父天親地，〔二八〕郊社不殊，此則前准，謂不宜廢。」詔「可」。

永明十一年，兼祠部郎何佟之議：「案禮記郊特牲『社祭土而主陰氣也，君南向於北墉下，答陰之義也』。鄭玄云『答猶對也』。『北墉，社內北墻也』。王肅云『陰氣北向，故君南向以答之。答之爲言是相對之稱』。知古祭社，北向設位，齋官南向明矣。近代相承，帝社南向，太社及稷並東向，而齋官位在帝社壇北，西向，於神背後行禮。又名稷爲稷社，甚乖禮意。(及)〔乃〕未知失在何時，〔二九〕原此理當未久。竊以皇齊改物，禮樂惟新，中國之神，莫貴於社，若遂仍前謬，懼虧盛典。謂二社，語其義則殊，論其神則一，位並宜北向。稷若北向，則成相背。稷是百穀之總神，非陰氣之主，宜依先東向。齋官立社壇東北，南向立，東爲上，諸執事西向立，南爲上。稷依禮無兼稱，今若欲尊崇，正可名爲太稷耳，豈得謂爲稷社邪？臘祠太社日近，案奏事御，改定儀注。」

儀曹稱治禮學士議曰：「郊特牲又云『君之南向，答陽也，臣之北向，答君也』。若以陽氣在南，則位應向北，陰氣(向)〔在〕北，則〔位〕宜向南。〔三〇〕今南北二郊，一限南向，皇帝黑瓚階東西向，故知壇墠無繫於陰陽，設位寧拘於南北。羣神小祠，類皆限南面，薦饗之時，北向行禮，蓋欲申靈祇之尊，表求幽之義。魏世秦靜使社稷別營，稱自漢以來，相承南向。漢之於周，世代未遠，鄗上頹基，商丘餘樹，猶應尚存，迷方失位，未至於此，通儒達識，不以爲

非。庾蔚之昔已有此議，後徐爰、周景遠並不同，仍舊不改。」

佟之議：「來難引君南向答陽，臣北向答君。敢問答之爲言，爲是相對？爲是相背？相背則社位南向，君亦南向，可如來議。郊特牲云『臣之北向答君』。復是君背臣。今言君南臣北，向相稱答，則君南不得稱答矣，記何得云祭社君南向以答陰邪？社果同向，則君亦宜西向，何故在社南向？在郊西向邪？解則不然，記云，君之南向答陽，此明朝會之時，盛陽在南，故君南向對之，猶聖人南面而聽，向明而治之義耳，寧是祈祀天地之日乎？知祭社北向，君答故南向，祀天南向，君答宜北向矣。今皇帝黑瓚階東西向者，斯蓋始入之別位，非接對之時也。〔三一〕案記云『社所以神地之道也』。又云『社祭土而主陰氣』。又云『不用命，戮于社』。孔安國云『社主陰，陰主殺』。傳曰『日蝕，伐鼓于社』。杜預云『責羣陰也』。社主陰氣之盛，故北向設位，以本其義耳。餘祀雖亦地祇之貴，而不主此義，故位向不同。不得見餘陰祀不北向，便謂社應南向也。案周禮祭社南向，君求幽，宜北向，而記云君南向，答陰之義，求幽之論不乖歟？〔三二〕魏權漢社，社稷同營共門，稷壇在社壇北，皆非古制。後移宮南，自當〔如禮〕。〔三三〕如靜此言，乃是顯漢社失周法，見漢世舊事。爾時祭社南向，未審出何史籍。就如議者靜所言是祭社位向仍漢舊法，漢又襲周成規，因而不改者，則社稷三座，並應南向，今何改帝社南向，泰社及稷並東向邪？」

治禮又難佟之，凡三往反。至建武二年，有司議：「治禮無的然顯據。」佟之議乃行。

建武二年，祠部郎何佟之奏：「案周禮大宗伯『以蒼璧禮天，黃琮禮地』。鄭玄又云『皆有牲幣，各放其器之色』。〔三四〕知禮天圓丘用玄犢，禮地方澤用黃牲矣。牧人云『凡陽祀用騂牲，陰祀用黝牲』。鄭玄云『騂，赤；黝，黑也。陽祀，祭天南郊及宗廟。陰祀，祭地北郊及社稷』。祭法云『燔柴於泰壇，祭天也。瘞埋於泰折，祭地也。用騂犢』。鄭云『地，陰祀，用黝牲，與天俱用犢，故連言之耳』。知此祭天地卽南北郊矣。今南北兩郊同用玄牲，又明堂、宗廟、社稷俱用赤，有違昔典。又鄭玄云『祭五帝於明堂，勾芒等配食』。自晉以來，幷圓丘於南郊，是以郊壇列五帝勾芒等。今明堂祀五精，更闕五神之位，北郊祭地祇，而設重黎之坐，二三乖舛，懼虧盛則。」

前軍長史劉繪議：「語云『犂牛之子騂且角，雖欲勿用，山川其舍諸』。未詳山川合爲陰祀不？若在陰祀，則與黝乖矣。」

佟之又議：「周禮以天地爲大祀，四望爲次祀，山川爲小祀。周人尙赤，自四望以上牲色各依其方者，以其祀大，宜從本也。山川以下，牲色不見者，以其祀小，從所尙也。則論、禮二說，豈不合符？」參議爲允。從之。

永元元年，步兵校尉何佟之議曰：「蓋聞聖帝明王之治天下也，莫不尊奉天地，崇敬日月，故冬至祀天於圓丘，夏至祭地於方澤，春分朝日，秋分夕月，所以訓民事君之道，化下嚴上之義也。故禮云『王者必父天母地，兄日姊月』。周禮典瑞云『王搢大圭，執鎭圭，藻藉五采五就以朝日』。馬融云『天子以春分朝日，秋分夕月』。觀禮『天子出拜日於東門之外』。盧植云『朝日以立春之日也』。鄭玄云『端當爲冕，朝日春分之時也』。禮記朝事議云『天子冕而執鎭圭，尺有二寸，率諸侯朝日於東郊，所以敎尊尊也』。故鄭知此端爲冕也。禮記保傅云『三代之禮，天子春朝朝日，秋暮夕月，所以明有敬也』。而不明所用之定辰。馬、鄭云用二分之時，盧植云用立春之日。佟之以爲日者太陽之精，月者太陰之精。春分陽氣方永，秋分陰氣向長。天地至尊用其始，故祭以二至，日月禮次天地，(敬)〔故〕朝以〔二〕分，〔三五〕差有理據，則融、玄之言得其義矣。漢世則朝朝日，暮夕月。魏文帝詔曰『觀禮天子拜日東門之外，反禮方明。朝事議曰天子冕而執鎭圭，率諸侯朝日於東郊。以此言之，蓋諸侯朝，天子祀方明，因率朝日也。漢改周法，羣公無四朝之事，故不復朝於東郊，得禮之變矣。然旦夕常於殿下東向拜日，其禮太煩。今採周春分之禮，損漢日拜之儀，又無諸侯之事，無所出東郊，今正殿卽亦朝會行禮之庭也，宜常以春分於正殿之庭拜日。其夕月文不分明，其議奏』。魏祕書監薛循請論云『舊事朝日以春分，夕月以秋分。案周禮朝日無常日，鄭玄云用二分，故遂施行。秋分之夕，月多東潛，而西向拜之，背實遠矣。謂朝日宜用仲春之朔，夕月宜用仲秋之朔』。淳于睿駮之，引禮記云『祭日於東，祭月於西，以端其位』。周禮秋分夕月，竝行於上世。西向拜月，雖如背實，亦猶月在天而祭之於坎，不復言背月也。佟之案禮器云『爲朝夕必放於日月』。鄭玄云『日出東方，月出西方』。又云『大明生於東，月生於西，此陰陽之分，夫婦之位也』。鄭玄云『大明，日也』。知朝日東向，夕月西向，斯蓋各本其位之所在耳。猶如天子東西遊幸，朝堂之官及拜官者，猶北向朝拜，寧得以背實爲疑邪？佟之謂魏世所行，善得與奪之衷。晉初棄圓丘方澤，於兩郊二至輟禮，至於二分之朝，致替無義。江左草創，舊章多闕，宋氏因循，未能反古。竊惟皇齊應天御極，典敎惟新，謂宜使盛典行之盛代，以春分朝於殿庭之西，東向而拜日，秋分於殿庭之東，西向而拜月，此卽所謂必放日月以端其位之義也。使四方觀化者，莫不欣欣而頌美。〔服無〕旒藻之飾，〔三六〕蓋本天之至質也，朝日不得同昊天至質之禮，故玄冕三旒也。近代祀天，著衮十二旒，極文章之(義)〔美〕，〔三七〕則是古今禮之變也。禮天朝日，既服宜有異，頃世天子小朝會，著絳紗袍、通天金博山冠，斯卽今朝之服次衮冕者也，竊謂宜依此拜日月，〔三八〕甚得差降之宜也。佟之任非禮局，輕奏大典，寔爲侵官，伏追慚震。」從之。

永明三年，有司奏：「來年正月二十五日丁亥，可祀先農，卽日輿駕親耕。」宋元嘉、大明以來，竝用立春後亥日，尙書令王儉以爲亥日藉田，經記無文，通下詳議。

兼太學博士劉蔓議：「禮，孟春之月，立春迎春，又於是月以元日祈穀，又擇元辰躬耕帝藉。盧植說禮通辰日，日，甲至癸也，辰，子至亥也。郊天，陽也，故以日。藉田，陰也，故以辰。陰禮卑後，必居其末，亥者辰之末，故記稱元辰，(法)〔注〕曰吉亥。〔三九〕又據五行之說，木生於亥，以亥日祭先農，又其義也。」

太常丞何諲之議：「鄭注云『元辰，蓋郊後吉亥也』。亥，水辰也，凡在墾稼，咸存灑潤。五行說十二辰爲六合，寅與亥合，建寅月東耕，取月建與日辰合也。」

國子助敎桑惠度議：「尋鄭玄以亥爲吉辰者，陽生於子，元起於亥，取陽之元以爲生物，亥又爲水，十月所建，百穀賴茲沾潤畢熟也。」

助敎周山文議：「盧植云『元，善也。郊天，陽也，故以日。藉田，陰也，故以辰』。蔡邕月令章句解元辰云『日，幹也。〔四〇〕辰，支也。有事於天，用日。有事於地，用辰』。」

助敎何佟之議：「少牢饋食禮云『孝孫(其)〔某〕，〔四一〕來日丁亥，用薦歲事于皇祖伯某』。注云『丁未必亥也，直舉一日以言之耳。禘太廟禮日用丁亥，若不丁亥，則用己亥、辛亥，苟有亥可也』。鄭又云『必用丁、(巳)〔己〕者，〔四二〕取其令名，自丁寧自變改，皆爲謹敬』。如此，丁亥自是祭祀之日，不專施於先農。漢文用此日耕藉祠先農，故後王相承用之，非有別義。」

殿中郎顧暠之議：「鄭玄稱先郊後吉辰，而不說必亥之由。盧植明子亥爲辰，亦無常辰之證。漢世躬藉，肇發漢文，詔云『農，天下之本，其開藉田』。斯乃草創之令，未覩親載之吉也。昭帝癸亥耕于鉤盾弄田，明帝癸亥耕下邳，章帝乙亥耕定陶，又辛丑耕懷，魏之烈祖實書辛未，不繫一辰，徵於兩代矣。推晉之革魏，宋之因晉，政是服膺康成，非有異見者也。班固序亥位云『陰氣應亡射，該藏萬物，而雜陽閡種』。且亥既水辰，含育爲性，播厥取吉，其在茲乎？固序丑位云『陰大旅助黃鍾宣氣而牙物』。序未位云『陰氣受任，助蕤賓君主種物，使長大茂盛』。是漢朝迭選，魏室所遷，酌舊用丑，實兼有據。」參議奏用丁亥。詔「可」。

建元四年正月，詔立國學，置學生百五十人。其有位樂入者五十人。生年十五以上，二十以還，取王公已下至三將、著作郎、廷尉正、太子舍人、領護諸府司馬諮議經除敕者、諸州別駕治中等、見居官及罷散者子孫。悉取家去都二千里爲限。太祖崩，乃止。

永明三年正月，詔立學，創立堂宇，召公卿子弟下及員外郎之胤，凡置生二百人。〔四三〕其年秋中悉集。有司奏：「宋元嘉舊事，學生到，先釋奠先聖先師，禮又有釋菜，未詳今當行

何禮？用何樂及禮器？」尚書令王儉議：「周禮『春入學，舍菜合舞』。記云『始教，皮弁祭菜，示敬道也』。又云『始入學，必祭先聖先師』。中朝以來，釋菜禮廢，今之所行，釋奠而已。金石俎豆，皆無明文。方之七廟則輕，比之五禮則重。陸納、車胤謂宣尼廟宜依亭侯之爵；范寧欲依周公之廟，用王者儀，范宣謂當其爲師則不臣之，釋奠日，備帝王禮樂。〔四四〕此則車、陸失於過輕，二范傷於太重。喻希云『若至王者自設禮樂，則肆賞於至敬之所；若欲嘉美先師，則所況非備』。尋其此說，守附情理。皇朝屈尊弘教，待以師資，引同上公，卽事惟允。元嘉立學，裴松之議應儛六佾，以郊樂未具，故權奏登歌。今金石已備，宜設軒縣之樂，六佾之舞，牲牢器用，悉依上公。」其冬，皇太子講孝經，親臨釋奠，車駕幸聽。

建武四年正月，詔立學。永泰元年，東昏侯卽位，尚書符依永明舊事廢學。領國子助教曹思文上表曰：「古之建國君民者，必教學爲先，將以節其邪情，而禁其流欲，故能化民裁俗，習與性成也。是以忠孝篤焉，信義成焉，禮讓行焉，尊教宗學，其致一也。是以成均煥於古典，虎門炳於前經。陛下體睿淳神，纘承鴻業，今制書既下，而廢學先聞，將恐觀國之光者，有以擬議也。若以國諱故宜廢，昔漢成立學，爰洎元始，百餘年中，未嘗暫廢，其閒有國諱也。且晉武之崩，又其學猶存，斯皆先代不以國諱而廢學之明文也。永明以無太子故廢，斯非古典也。尋國之有學，本以興化致治也，天子於以諮謀焉，於以行禮焉。記云『天子出征，受命於祖，受成於學。執有罪反，釋奠於學』。又云『食三老五更於太學，天子袒而割牲，執爵而酳，以教諸侯悌也』。於斯學，是天子有國之基，教也或以之。所言皆太學事也。今引太學不非證也。據臣所見，今之國學，卽古之太學。晉初太學生三千人，既多猥雜，惠帝時欲辯其涇渭，故元康三年始立國子學，官品第五以上得入國學。天子去太學入國學，以行禮也。太子去太學入國學，以齒讓也。太學之與國學，斯是晉世殊其士庶，異其貴賤耳。然貴賤士庶，皆須教成，故國學太學兩存之也，非有太子故立也。然繫廢興於太子者，此永明之鉅失也。漢崇儒雅，幾致刑厝，而猶道謝三、五者，以其致教之術未篤也。古之教者，家有塾，黨有庠，術有序，國有學，以諷誦相摩。今學非唯不宜廢而已，乃宜更崇尚其道，望古作規，使郡縣有學，鄉閭立教。請付尚書及二學詳議。」有司奏。從之。學竟不立。

永明五年十月，有司奏：「南郡王昭業冠，求儀注未有前准。」尚書令王儉議：「皇孫冠事，歷代所無，禮雖有嫡子〔無〕嫡孫，〔四五〕然而地居正體，下及五世。今南郡王體自儲暉，實惟國裔，元服之典，宜異列蕃。案士冠禮『主人玄冠朝服，賓加其冠，贊者結纓』。鄭玄云『主人，冠者之父兄也』。尋其言父及兄，則明祖在，父不爲主也。大戴禮記公冠篇云公冠自爲

主，四加玄冕，以卿爲賓。此則繼體之君及帝之庶子不得稱子者也。小戴禮記冠義云『冠於阼，以著代也。醮於客位，三加彌尊，加有成也』。注稱『嫡子冠於阼，庶子冠於房』。記又云『古者重冠，故行之於廟，所以自卑而尊先祖也』。據此而言，彌與鄭注儀禮相會。是故中朝以來，太子冠則皇帝臨軒，司徒加冠，光祿贊冠。諸王則郎中加冠，中尉贊冠。今同於儲皇則重，依於諸王則輕。又春秋之義，『不以父命辭王父命』。禮『父在斯爲子，君在斯爲臣』。皇太子居臣子之節，無專用之道。南郡雖處蕃國，非支庶之列，宜稟天朝之命，微申冠阼之禮。晉武帝詔稱漢、魏遣使冠諸王，非古正典。此蓋謂庶子封王，合依公冠自主之義，至於國之長孫，遣使惟允。宜使太常持節加冠，〔四六〕大鴻臚爲贊，醮酒之儀，亦歸二卿，祝醮之辭，附准經記，別更撰立，不依蕃國常體。國官陪位拜賀，自依舊章。其日內外二品清官以上，詣止車集賀，并詣東宮南門通牋。別日上禮，宮臣亦詣門稱賀，如上臺之儀。既冠之後，剋日謁廟，以弘尊祖之義。此既大典，宜通關八座丞郎并下二學詳議。」僕射王奐等十四人議竝同，并撰立贊冠醮酒二辭。詔「可」。祝辭曰：「筮日筮賓，〔四七〕肇加元服。棄爾幼志，從厥成德。親賢使能，克隆景福。」醮酒辭曰：「旨酒既清，嘉薦既盈。兄弟具在，淑慎儀形。永屆眉壽，於穆斯寧。」

永明中，世祖以婚禮奢費，勑諸王納妃，上御及六宮依禮止棗栗腶脩，加以香澤花粉，其餘衣物皆停。唯公主降嬪，則止遺舅姑也。永泰元年，尚書令徐孝嗣議曰：「夫人倫之始，莫重冠婚，所以尊表成德，結歡兩姓。年代汙隆，古今殊則，繁簡之儀，因時或異。三加廢於士庶，六禮限於天朝，雖因習未久，事難頓改，而大典之要，深宜損益。案士冠禮，三加畢，乃醴冠者，醴則唯一而已，故醴辭無二。若不醴，則每加輒醮以酒，故醮辭有三。王肅云『醴本古，其禮重，〔四八〕酒用時味，其禮輕故也』。或醴或醮，二三之義，詳記於經文。〔四九〕今皇王冠畢，一酌而已，卽可擬古設（禮）〔醴〕。〔五〇〕而猶用醮辭，寔爲乖衷。尋婚禮實篚以四爵，加以合巹，既崇尙質之理，又象泮合之義。故三飯卒食，再酳用巹。先儒以禮成好合，事終於三，然後用巹合。儀注先酳巹，以再以三，有違旨趣。又郊特牲曰『三王作牢用陶匏』。言太古之時，無共牢之禮，三王作之，而用太古之器，重夫婦之始也。今雖以方樏示約，而彌乖昔典。又連巹以鏁，蓋出近俗。復別有牢燭，雕費采飾，亦虧曩制。方今聖政日隆，聲敎惟穆，則古昔以敦風，存餼羊以愛禮，沿襲之規，有切治要，嘉禮實重，宜備舊章。謂自今王侯已下冠畢一酌醴，以遵古之義。醴卽用舊文，於事爲允。婚亦依古，以巹酌終酳之酒，竝除金銀連鏁，自餘雜器，悉用埏陶。堂人執燭，足充熉燎，牢燭華侈，亦宜停省。庶斲雕可期，移俗有漸。」參議竝同。奏可。

晉武太始二年，有司奏，故事皇后諱與帝諱俱下。詔曰，禮內諱不出宮，近代諱之也。建元元年，太常上朝堂諱訓。僕射王儉議曰：「后諱依舊不立訓。禮天子諸侯諱羣祖，臣隸既有從敬之義，宜爲太常府君諱。至於朝堂榜題，本施至極，既（迫）〔追〕尊所不及，〔五一〕禮降於在三，晉之京兆，宋之東安，不列榜題。孫毓議稱京兆列在正廟，臣下應諱，而不上榜。宋初博士司馬道敬議東安府君諱宜上榜，何承天執不同，卽爲明據。」其有人名地名犯太常府君及帝后諱者，皆改。宣帝諱同。二名不偏諱，所以改承明門爲北掖，以榜有「之」字與「承」竝。東宮承華門亦改爲宣華云。

漢末，蔡邕立漢朝會志，竟不就。秦人以十月旦爲歲首，漢初習以大饗會，後用夏正，饗會猶未廢十月旦會也。東京以後，正旦夜漏未盡七刻，鳴鍾受賀，公侯以下執贄來庭，二千石以上升殿稱萬歲，然後作樂宴饗。張衡賦云「皇輿夙駕，登天光於扶桑」。然則雖云夙駕，必辨色而行事矣。魏武都鄴，正會文昌殿，用漢儀，又設百華燈。後魏文修洛陽宮室，權都許昌，宮殿狹小，元日於城南立氈殿，青帷以爲門，設樂饗會。後還洛陽，依漢舊事。晉武帝初，更定朝會儀，夜漏未盡十刻，庭燎起火，羣臣集。傅玄朝會賦云「華燈若乎火樹，熾百枝之煌煌」。此則因魏儀與庭燎竝設也。漏未盡七刻，羣臣入白賀，未盡五刻，就本位，至漏盡，皇帝出前殿，百官上賀，如漢儀。禮畢罷入，羣臣坐，謂之辰賀。晝漏上三刻更出，百官奉壽酒，大饗作樂，謂之晝會。別置女樂三十人於黃帳外，奏房中之歌。江左多虞，不復晨賀，夜漏未盡十刻，開宣陽門，至平旦始開殿門，晝漏上五刻，皇帝乃出受賀。宋世至十刻乃受賀。其餘升降拜伏之儀，及置立后妃王公已下祠祀夕牲拜授弔祭，皆有儀注，文多不載。

三月三日曲水會，古禊祭也。漢禮儀志云「季春月上巳，官民皆絜濯於東流水上，自洗濯祓除去宿疾爲大絜」。不見東流爲何水也。晉中朝云，卿已下至於庶民，皆禊洛水之側，事見諸禊賦及夏仲御傳也。趙王倫簒位，三日，會天淵池誅張林。懷帝亦會天淵池賦詩。陸機云「天淵池南石溝，引御溝水，池西積石爲禊堂，跨水，流杯飲酒」。亦不言曲水。元帝又詔罷三日弄具。今相承爲百戲之具，雕弄技巧，增損無常。

史臣曰：案禊與曲水，其義參差。舊言陽氣布暢，萬物訖出，姑洗絜之也。巳者祉也，言祈介祉也。一說，三月三日，清明之節，將脩事於水側，禱祀以祈豐年。應劭云：「禊者，絜也，言自絜濯也。或云漢世有郭虞者，以三月上辰生二女，上巳又生一女，二日中頻生皆

死，時俗以爲大忌，民人每至其日，皆適東流水祈祓自絜濯，浮酌清流，後遂爲曲水。」案高后祓霸上，馬融梁冀西第賦云「西北戌亥，玄石承輸。蝦蟇吐寫，庚辛之域」。卽曲水之象也。今據禊爲曲水事，應在永壽之前已有，祓除則不容在高后之後，祈農之說，於事爲當。

九月九日馬射。或說云，秋金之節，講武習射，像漢立秋之禮。

史臣曰：案晉中朝元會，設臥騎、倒騎、顚騎，自東華門馳往神虎門，〔五二〕此亦角抵雜戲之流也。宋武爲宋公，在彭城，九日出項羽戲馬臺，至今相承，以爲舊准。

校勘記

〔一〕曹郎中裴昭明儀曹郎中孔逷議　按「曹郎中」三字疑有譌，或「曹」上奪一字。元龜五百七十七「八座丞郎通關博士議」下疊一「議」字，然有儀曹郎中而無議曹郎中；且下云儀曹郎中孔逷，如裴昭明亦爲儀曹郎中，則當云「儀曹郎中裴昭明、孔逷」，不當在孔逷姓名上更著職位也。據良政裴昭明傳，但言泰始中爲太學博士，歷祠部通直郎，不及歷官郎中事。

〔二〕太元十三年　「太元」原譌「泰元」，各本並譌，今改正。按太元，晉孝武帝年號。

〔三〕尚書堯典咸秩無文　按「堯典」當作「洛誥」。

二十四史

〔四〕或(於)〔仍〕前郊年　據毛本、殿本、局本改。按通典禮典作「因」。

〔五〕或別〔更〕始　據通典禮典補。

〔六〕檢晉明帝太寧(五)〔三〕年南郊　按太寧無五年，晉明帝卒於太寧三年九月，下云「其年九月崩」，南史王儉傳載儉議，亦云「晉明帝太寧三年南郊，其年九月崩」，明「五」乃「三」之譌，今改正。

〔七〕魏太和元年正月丁未　「太和」原譌「泰和」，各本並譌，今改正。按太和，三國魏明帝年號。

〔八〕泰始薄加脩廣　「泰始」原譌「太始」，各本並譌，今改正，按泰始，宋明帝年號。

〔九〕今(棟)〔幔〕瓦之構雖殊　據元龜五百七十七改。按棟瓦不當云殊，幔幕與瓦屋始能云殊。

〔一〇〕春秋傳曰龍見而雩(雩之)(止)〔正〕當以四月　按原文有奪譌，今據禮記月令鄭注增改。

〔一一〕孟夏雩禜祈甘雨　「禜」原譌「滎」，據毛本改正。按南監本、殿本、局本作「祭」。

〔一二〕蓋是(呼)〔吁〕嗟之義　據南監本及通典禮典改。按：鄭玄月令注云：「雩，吁嗟求雨之祭也。」

〔一三〕光祿大夫王逡之謂宜以世(祖)〔宗〕文皇帝配　據元龜五百七十八改。按鬱林王即位，追尊其父文惠太子長懋爲世宗文皇帝。

〔一四〕歷代配帝何止於(郊)〔二邪〕　據通典禮典、元龜五百七十八改。按通典禮典作「歷代配帝何止於二」，無「邪」字。

〔一五〕〔此〕禘謂祀昊天於圜丘也　據元龜五百七十八補，與禮記祭法鄭注合。

〔一六〕祭上帝於南郊曰(郊)〔祭〕祭(祀)五帝五神於明堂曰祖宗　據局本及元龜五百七十八增刪，與禮記祭法鄭注合。

〔一七〕天子崩國君薨則(祝)取羣廟之主而藏諸祖廟禮(乎)〔也〕　據通典禮典增改，與禮記曾子問合。

〔一八〕特以喪禮奉新亡者(至)〔主〕於寢不同於(古)〔吉〕　據通典禮典改。按左傳僖三十三年「特祀於主」。杜注云：「以新死者之神，祔之於祖。尸柩已遠，孝子思慕，故造木主，立几筵焉。特用喪禮，祭祀於寢，不同之於宗廟。」至與主，古與吉，皆形近而譌。

〔一九〕又(宜)〔且〕即心而言　據毛本、局本改。

〔二〇〕用家人禮　「用」原譌「甲」，南監本、毛本、殿本、局本譌「申」。張元濟校勘記云：「按『甲』爲『用』之譌，前有『牲牢服章，用家人禮』可證。」今據張說改正。

〔二一〕司士升魚腊膚魚用鮒十有五　按儀禮原文作「司士三人升魚、腊、膚，魚用鮒十有五而俎」。何諲之議引儀禮有脫文，而又不知魚、腊、膚爲三物，誤讀「司士升魚腊膚魚」爲句，遂有腊魚、鮮魚之說。

〔二二〕(故)驃騎大將軍王敬則(故)鎭東大將軍陳顯達　錢大昕廿二史考異云：「按敬則、顯達二人此時見存，不應加『故』字。校刊者妄意配饗廟庭之人必已身故，謬加此字耳。」今據刪。按南史齊紀不誤。

〔二三〕旣無先准　按錢大昕廿二史考異云：「宋順帝諱準，故沈約史『準』皆作『准』，南齊書『先准』、『前准』、『舊准』等，皆『準』之省也。」

〔二四〕上公(年)〔無〕大裘玉輅　據元龜五百七十八改。按周禮，王祀天乃服大裘，乘玉輅，上公不得祭天，無此等車服。明「年」字乃「無」字之譌。各本作「有」，亦譌，蓋疑「年」字之譌而臆改也。

〔二五〕天子嘗禘郊社五禮之祭　按「五禮」禮記曾子問作「五祀」。

〔二六〕火〔及〕日蝕則停　據通典禮典、元龜五百七十七補。

〔二七〕士孫瑞議以日蝕廢(社)〔冠〕而不廢郊　據通典禮典、元龜五百七十七改。按下云「郊社不殊」，明不當廢社而不廢郊，作「冠」是。

〔二八〕王者父天親地　「親」通典禮典、元龜五百七十七並作「母」。按「父天母地」一語，見於緯書春秋感精符。

〔二九〕(及)〔乃〕未知失在何時　據元龜五百七十八改。

〔三〇〕陰氣(向)〔在〕北則〔位〕宜向南　據南監本、毛本、殿本、局本增改。

〔三一〕非接對之時也　「非」原譌「兆」，據殿本、局本改正。

〔三二〕求幽之論不乖歟　按元龜「不」下有「亦」字。

〔三三〕後移宮南自當〔如禮〕　據元龜五百七十八補。

〔三四〕鄭玄又云皆有牲幣各放其器之色　按此亦周禮大宗伯原文，「鄭玄」二字疑衍。

〔三五〕(敬)〔故〕朝以〔二〕分　據殿本改。按南監本、毛本、局本作「敬朝以二分」，通典禮典作「朝敬故以二分」。

〔三六〕〔服無〕旒藻之飾　據通典禮典補。

〔三七〕極文章之(義)〔美〕　據通典禮典改。

〔三八〕竊謂宜依此拜日月　按通典禮典「依」作「服」。

〔三九〕(法)〔注〕曰吉亥　據御覽五百三十七引及元龜五百七十七改。

〔四〇〕日幹也　「日」通典禮典作「甲」。下「有事於天用日」，通典「日」亦作「甲」。

〔四一〕孝孫(其)〔某〕「其」爲「某」之形譌，今據儀禮少牢饋食禮改。

〔四二〕鄭又云必用丁(巳)〔己〕者　按儀禮少牢饋食禮：「日用丁己。」賈疏云：「乙、丁、己、辛、癸爲柔日。」此丁己特標兩柔日，非日辰相配之丁巳也。各本並譌，今改正。

〔四三〕凡置生二百人　按通典禮典、元龜五百七十七並作「二百二十人」。

〔四四〕釋奠日備帝王禮樂　按元龜五百七十七「備」上有「宜」字。

〔四五〕禮雖有嫡子〔無〕嫡孫　據通典禮典補。按儀禮喪服云「有嫡子者無嫡孫」，爲此語所本，明脫一「無」字。

中華書局

〔四六〕宜使太常持節加冠　按「加冠」上通典禮典兩引皆有「一」字。

〔四七〕筮日筮賓　「筮賓」通典禮典作「戒賓」。

〔四八〕醴本古其禮重　「古」下元龜有「味」字。按下云「酒用時味，其禮輕」，時味對古味而言，有「味」字是。

〔四九〕詳記於經文　元龜無「記」字。按「記」原譌「計」，今據南監本、殿本改正。

〔五〇〕卽可擬古設（禮）〔醴〕　據南監本、局本及元龜五百七十七改。

〔五一〕既（追）〔迫〕尊所不及　錢大昕廿二史考異云「追」當作「迫」，今據改。按元龜亦作「迫」。

〔五二〕自東華門馳往神虎門　「往」原譌「皇」，據南監本、殿本、局本改正。

南齊書卷十

志第二

禮下

建元四年，高帝山陵，昭皇后應遷祔。祠部疑有祖祭及遣啓諸奠九飯之儀不？左僕射王儉議：「奠如大斂。賀循云『從墓之墓皆設奠，如將葬廟朝之禮』。范寧云『將窆而奠』。雖不稱爲祖，而不得無祭。」從之。

有司又奏：「昭皇后神主在廟，今遷祔葬，（廣）〔廟〕有虞以安神，〔一〕神既已處廟，改葬出靈，豈應虞祭？鄭注改葬云『從廟之廟，禮宜同從墓之墓』。事何容異！前代謂應無虞。」左僕射王儉議：「范寧云『葬必有魂車』。若不爲其歸，神將安舍？世中改葬，卽墓所施靈設祭，何得不祭而毀耶？賀循云『既窆，設奠於墓，以終其事』。雖非正虞，亦粗相似。晉氏脩復五陵，〔二〕宋朝敬后改葬，皆有虞。今設虞非疑。」從之。

建元二年，皇太子妃薨，前宮臣疑所服。左僕射王儉議：「禮記文王世子『父在斯爲子，君在斯爲臣』。且漢魏以來，宮僚充備，臣隸之節，具體在三。昔庾翼妻喪，王允、滕弘謂府吏宜有小君之服，〔三〕況臣節之重邪？宜依禮爲舊君妻齊衰三月，居官之身，竝合屬假，朝晡臨哭，悉繫東宮。今臣之未從官在遠者，於居官之所，屬寧二日半，仍行喪成服，遣牋表，不得奔赴。」從之。

太子妃斬草乘黃，議建銘旌。僕射王儉議：「禮，既塗棺，祝取銘置于殯東，大斂畢，便應建于西階之東。」

宋大明二年，太子妃薨，建九旒。有司又議：「斬草日建旒與不？若建旒，應幾旒？及晝龍升降云何？又用幾翣？」僕射王儉議：「旒本是命服，無關於凶事，今公卿以下，平存不能備禮，故在凶乃建耳。東宮秩同上公九命之儀，妃與儲君一體，義不容異，無緣未同常例，別立凶旒。大明舊事，是不經詳議，率爾便行耳。今宜考以禮典，不得効尤從失。吉部伍自有桁輅，〔四〕凶部別有銘旌，若復立旒，復置何處？翣自用八。」從之。

有司奏：「大明故事，太子妃玄宮中有石誌。參議墓銘不出禮典。近宋元嘉中，顏延作王球石誌。素族無碑策，故以紀德。自爾以來，王公以下，咸共遵用。儲妃之重，禮殊恆列，既有哀策，謂不須石誌。」從之。

有司奏：「穆妃卒哭後，靈還在道，遇朔望，當須設祭不？」王儉議：「既虞卒哭，祭之於廟，本是祭序昭穆耳，未全同卒吉四時之祭也，所以有朔望殷事。蕃國不行權制，宋江夏王妃卒哭以後，朔望設祭。帝室既以卒哭除喪，無緣方有朔望之祭。靈筵雖未升廟堂，而舫中即成行廟，猶如桓玄及宋高祖長沙、臨川二國，竝有移廟之禮。豈復謂靈筵在途，便設殷事耶？推此而言，朔望不復俟祭。宋懿后時舊事不及此，益可知時議。」從之。

建元三年，有司奏：「皇太子穆妃以去年七月薨，其年閏九月。未審當月數閏？爲應以閏附正月？若用月數數閏者，南郡王兄弟便應以此四月晦小祥，至於祥月，不爲有疑不？」左僕射王儉議：「三百六旬，尚書明義，文公納幣，春秋致譏。穀梁云『積分而成月』。公羊云『天無是月』。雖然，左氏謂告朔爲得禮。是故先儒咸謂三年朞喪，歲數沒閏，大功以下，月數數閏。夫閏者，蓋是年之餘日，而月之異朔，所以吳商云『含閏以正朞，允協情理』。今杖朞之喪，雖以十〔一〕月而小祥，〔五〕至於祥縞，必須周歲。凡厭屈之禮，要取象正服。祥縞相去二月，厭降小祥，亦以則之。又且求之名義，則小祥本以年限，考於倫例，則相去必應二朔。今以厭屈而先祥，不得謂此事之非朞，事既同條，情無異貫，沒閏之理，固在言先。設令祥在此晦，則去縞三月，依附准例，益復爲礙。謂應須五月晦乃祥。此國之大典，宜共精

詳。並通關八座丞郎，研盡同異。」

尚書令褚淵難儉議曰：「厭屈之典，由所尊奪情，故祥縞備制，而年月不申。今以十一月而祥，從朞可知。既計以月數，則應數閏以成典。若猶含之，何以異於縞制。疑者正以祥之當閏，月數相縣。積分餘閏，曆象所弘。計月者數閏，故有餘月，計年者苞含，故致盈積。稱理從制，有何不可？」

儉又荅淵難曰：「含閏之義，通儒所難。但祥本應朞，屈而不遂。語事則名體具存，論哀則情無以異。迹雖數月，義實計年，閏是年之歸餘，故宜總而苞之。朞而兩祥，緣尊故屈，祥則沒閏，象年所申，屈申兼著，二途具舉。經記之旨，〔六〕其在茲乎！如使五月小祥，六月乃閏，則祥之去縞，事成二月，是爲十一月以象前朞，二朔以放後歲，名有區域，不得相參。魯襄二十八年『十二月乙未，楚子卒』。唯書上月，初不言閏，此又附上之明義也。鄭、射、王、賀唯云朞則沒閏，初不復區別杖朞之中祥，將謂不俟言矣。成休甫云『大祥後禫，有閏別數之』。明杖朞之祥，不得方於縗縞之末。〔七〕即恩如彼，就例如此。」淵又據舊義難儉十餘問，儉隨事解釋。

祠部郎中王珪之議，謂「喪以閏施，功衰以下小祥值閏，則略而不言。今雖厭〔屈〕，〔八〕祥名猶存，異於餘服。計月爲數，屈追慕之心，以遠爲邇。日既餘分，月非正朔，含而全制，

於情唯允。僕射儉議，理據詳博，謹所附同。今司徒淵始雖疑難，再經往反，未同儉議。依舊八座丞郎通共博議爲允。以來五月晦小祥，其祥禫自依常限。奏御，班下內外。」詔「可」。

皇太子穆妃服，尚書左丞兼著作郎王逡問左僕射王儉：「中軍南郡王小祥，應待聞喜不？穆妃七月二十四日薨，聞喜公八月發哀，計十一月之限，應在六月。南郡王爲當同取六月，則大祥復申一月，應用八月，非復正月，在存親之義，若各自爲祥，盧堊相閒，玄素雜糅，未審當有此疑不？」儉曰：「送往有已，復生有節，罔極非服制所申，祥縞明示終之斷。相待之義，經記無聞。世人多以廬室衰麻，不宜有異，故相去一二月者，或申以俱除。此所謂任情徑行，未達禮旨。昔撰喪記，已嘗言之。遠還之人，自有爲而未祭，在家之子，立何辭以不變？禮有除喪而歸者，此則經記之遺文，不待之明據。假使應待，則相去彌年，亦宜必待，乃爲衰絰永服以窮生，吉禴長絕於宗廟，斯不可矣。苟曰非宜，則旬月之閒，亦不容申。何者？禮有倫序，義無徒設。今遠則不待，近必相須，禮例既乖，即心無取。若疑兄弟同居，吉凶舛雜，則古有異宮之義。設無異宮，則遠還之子，自應開立別門，以終喪事。靈筵祭奠，隨在家之人，再朞而毀。所以然者，奔喪禮云『爲位不奠』，鄭玄云『以其精神不存乎此也』。聞哀不時，寔緣在遠。爲位不奠，益有可安。此自有爲而然，不關嫡庶。庶子在家，亦不待嫡矣。而況儲妃正體王室，中軍長嫡之重，天朝又行權制，進退彌復非疑。謂不應相

待。中軍祥縞之日，聞喜致哀而已，不受弔慰。及至忌辰變除，昆弟亦宜相就寫情而不對客。此國之大典，宜通關八座丞郎，共盡同異，然〔後〕奏御。」〔九〕司徒褚淵等二十人竝同儉議爲允，請以爲永制。詔「可」。

建元三年，太子穆妃薨，南郡王聞喜公國臣疑制君母服。儉又議：「禮『庶人爲國君齊衰』，先儒云『庶人在官若府史之屬是也』。又諸侯之大夫妻爲夫人服繐衰七月，以此輕微疎遠，故不得盡禮。今皇孫自是蕃國之王公，太子穆妃是天朝之嫡婦。宮臣得申小君之禮，國官豈敢爲夫人之敬。當單衣白帢素帶哭于中門外，每臨輒入，與宮官同。」

永明十一年，文惠太子薨，右僕射王晏等奏：「案喪服經『爲君之父、長子，同齊衰朞』。今至尊既不行三年之典，止服朞制，羣臣應降一等，便應大功。九月功衰，是兄弟之服，不可以服尊。臣等參議，謂宜重其衰裳，減其月數，同服齊衰三月。至於太孫三年既申，南郡國臣，宜備齊衰朞服。臨汝、曲江既非正嫡，不得禰先儲，二公國臣，竝不得服。」詔依所議。

又奏：「案喪服經雖有『妾爲君之長子從君而服』，二漢以來，此禮久廢，請因循前准，不復追行。」詔曰：「既久廢，停便。」

又奏：「伏尋御服文惠太子朞內不奏樂，諸王雖本服朞，而儲皇正體宗廟，服者一同，釋

服，奏樂姻娶，便應竝通。竊謂二等誠俱是嘉禮，輕重有異。娶婦思嗣，事非全吉，三日不樂，禮有明文。宋世朞喪降在大功者，婚禮廢樂，以申私戚，通以前典。」詔「依議」。

又奏：「案禮，祥除皆先於今夕易服，明旦乃設祭。尋比世服臨然後改服，與禮爲乖。今東宮公除日，若依例皇太孫服臨方易服。臣等參議，謂先哭臨竟而後祭之。應公除者，皆於府第變服，而後入臨，行奉慰之禮。」詔「可」。

建武二年，朝會，時世祖遏密未終，朝議疑作樂不？祠部郎何佟之議：「昔舜受終文祖，義非胤堯，及放勛徂落，遏密三祀。近代晉康帝繼成帝，于時亦不作樂。懷帝永嘉元年，惠帝喪制未終，于時江充議云，〔一〇〕古帝王相承，雖世及有異，而輕重同禮。」從之。

建武二年正月，有司以世（祖）〔宗〕文皇帝今二年正月二十四日再忌日，〔一一〕二十九日大祥，三月二十九日祥禫，至尊及羣臣泄哀之儀，應定准。下二學八座丞郎。博士陶韶以爲「名立義生，自古之制。文帝正號祖宗，式序昭穆，祥忌禫日，皇帝宜服祭服，出太極泄哀，百僚亦祭服陪位」。太常丞李撝議曰：「尋尊號既追，重服宜正，但已從權制，故苴杖不說。至於鑽燧既同，天地亦變，容得無感乎。且晉景獻皇后崩，羣臣備小君之服。追尊之后，無違

后典，追尊之帝，固宜同帝禮矣。雖臣子一例，而禮隨時異，至尊龍飛中興，事非嗣武，理無深衣之變。但王者體國，亦應弔服出正殿舉哀，百寮致慟，一如常儀。」給事中領國子助教謝（墨）〔曇〕濟議：〔一二〕「夫喪禮一制，限節兩分。虞祔追亡之情，小祥抑存之禮，斯蓋至愛可申，極痛宜屈耳。文皇帝雖君德早凝，民化未洽，追崇尊極，寔緣于性。今言臣則無實，論己則事虛。聖上馭寓，更奉天眷，祗禮七廟，非從三后，周忌祥禫，無所依設。」太學博士崔偃同陶韶議，太常沈倓同李撝議，〔一三〕國子博士劉警等同謝（墨）〔曇〕濟議。

祠部郎何佟之議曰：「春秋之旨，臣子繼君親，雖恩義有殊，而其禮則一，所以敦資敬之情，篤方喪之義。主上雖仰嗣高皇，嘗經北面，方今聖曆御宇，垂訓無窮，在三之恩，理不容替。竊謂世（祖）〔宗〕祥忌，至尊宜弔服升殿，羣臣同致哀感，事畢，百官詣宣德宮拜表，仍致哀陵園，以弘追遠之慕。」尚書令王晏等十九人同佟之議。詔「可」。

海陵王薨，百官會哀，時纂嚴，朝議疑戎服臨會。祠部郎何佟之議：「羔裘玄冠不以弔。理不容以兵服臨喪。宋泰始二年，孝武大祥之日，于時百寮入臨，皆於宮門變戎服，著衣帢，入臨畢出外，還襲戎衣。」從之。

贊曰：姬制孔作，訓範百王。三千有數，四維是張。損益彝典，廢舉憲章。戎祀軍國，社廟郊庠。冠婚朝會，服紀凶喪。存爲盛德，戒在先亡。

校勘記

〔一〕（廣）〔廟〕有虞以安神　據殿本改。按「廟」字古作「庿」，廣乃庿之形譌。

〔二〕晉氏脩復五陵　「氏」原譌「民」，據南監本、殿本、局本改正。

〔三〕王允滕弘謂府吏宜有小君之服　「滕弘」南史王曇首傳作「滕含」。按滕含，滕脩孫，官至廣州刺史，曾爲庾冰輕車府長史，見晉書滕脩傳。

〔四〕吉部伍自有桁輅　通典禮典無「伍」字，「桁」作「旂」。

〔五〕今杖朞之喪雖以十〔一〕月而小祥　據通典禮典補。按禮記雜記下云：「期之喪十一月而練。」

〔六〕經記之旨　「記」原譌「紀」，通典禮典同譌，今據殿本、局本改正。

〔七〕不得方於縗縞之末　「縗」通典禮典作「緇」。

〔八〕今雖厭〔屈〕　據通典禮典補。

〔九〕然〔後〕奏御　據南監本、殿本、局本補。

〔一〇〕于時江充議云　「江充」南監本、局本作「何充」。按江充，漢武帝時人，西晉無江充，故南監本、局

本改「江」爲「何」。然何充晉書有傳，不言其曾仕中朝，預議喪制。惟著徙戎論之江統，永嘉初歷黃門侍郎、散騎常侍、國子博士，豈「江充」爲「江統」之譌歟？

〔一一〕有司以世（祖）〔宗〕文皇帝今二年正月二十四日再忌日　據元龜五百七十八改。下同。按鬱林王卽位，追尊其父文惠太子長懋爲世宗文皇帝。長懋卒於永明十一年正月二十四日，至建武二年正月二十四日爲再忌日也。

〔一二〕給事中領國子助教謝（墨）〔曇〕濟議　按上卷有國子助教謝曇濟。又周顒傳云「顒卒官時，王儉講孝經未畢，舉曇濟自代，學者榮之，官爲給事中」。蓋卽一人。「墨濟」爲「曇濟」之譌無疑，今改正。下同。

〔一三〕太常沈倓同李撝議　「倓」毛本、殿本、局本作「淡」。

南齊書卷十一

志第三

樂

南郊樂舞歌辭，二漢同用，見前漢志，五郊互奏之。魏歌舞不見，疑是用漢辭也。晉武帝泰始二年，郊祀明堂，詔禮遵用周室肇稱殷祀之義，〔一〕權用魏儀。後使傅玄造祠天地五郊夕牲歌詩一篇，迎神歌一篇。宋文帝使顏延之造郊天夕牲、迎送神、饗神歌詩三篇，是則宋初又仍晉也。建元二年，有司奏，郊廟雅樂歌辭舊使學士博士撰，搜簡採用，請敕外，凡義學者普令製立。〔二〕參議：太廟登歌宜用司徒褚淵，餘悉用黃門郎謝超宗辭。超宗所撰，多刪顏延之、謝莊辭以爲新曲，備改樂名。永明二年，太子步兵校尉伏曼容上表，宜集英儒，刪纂雅樂。詔付外詳，竟不行。

羣臣出入，奏肅咸之樂：

夤承寶命，〔三〕嚴恭帝緒。〔四〕奄受敷錫，升中拓宇。亘地稱皇，罄天作主。月域來賓，〔五〕日際奉土。開元首正，禮交樂舉。六典聯事，九官列序。此下除四句。皆顏辭。

牲出入，奏引牲之樂：

皇乎敬矣，恭事上靈。昭教國祀，肅肅明明。有牲在滌，有絜在俎。以薦王衷，以答神祜。此上四句，顏辭。陟配在京，降德在民。奔精望夜，高燎佇晨。

薦豆呈毛血，奏嘉薦之樂：

我恭我享，惟孟之春。以孝以敬，立我蒸民。青壇奄靄，翠幙端凝。嘉俎重薦，兼籍再升。設業設簴，〔六〕展容玉庭。肇禋配祀，克對上靈。此一篇增損謝辭。

右夕牲歌，並重奏。

迎神，奏昭夏之樂：

惟聖饗帝，惟孝饗親。此下除二句。禮行宗祀，敬達郊禋。金枝中樹，廣樂四陳。此下除八句。月御案節，星驅扶輪。遙興遠駕，曜曜振振。告成大報，受釐元神。

皇帝入壇東門，奏永至之樂：

紫壇望靈，翠幙佇神。率天奉贊，罄地來賓。神貺並介，泯祇合祉，〔七〕恭昭鑒享，肅光孝祀。威藹四靈，洞曜三光，皇德全被，大禮流昌。

皇帝升壇，奏登歌辭：

報惟事天，祭實尊靈。史正嘉兆，神宅崇禎。五時昭鬯，六宗彝序。介丘望塵，皇軒肅舉。

皇帝初獻，奏文德宣烈之樂：

營泰時，定天衷。思心緒，謀筮從。此下除二句。田燭置，權火通。〔八〕大孝昭，國禮融。此一句改，餘皆顏辭，此下又除二十二句。

次奏武德宣烈之樂：

功燭上宙，德燿中天。風移九域，禮飾八埏。四靈晨炳，五緯宵明。膺曆締運，道茂前聲。

太祖高皇帝配饗，奏高德宣烈之樂。此章永明二年造奏。尚書令王儉辭。

饗帝嚴親，則天光大。舄弈前古，榮鏡無外。日月宣華，卿雲流靄。五漢同休，六幽咸泰。

皇帝飲福酒，奏嘉胙之樂：

鬯嘉禮，承休錫。盛德符景緯，昌華應帝策。聖藹燿昌基，融祉暉世曆。聲正涵月軌，書文騰日迹。寶瑞昭神圖，靈貺流瑞液。我皇崇暉祚，重芬冠往籍。

送神，奏昭夏之樂：

薦饗洽，禮樂該。神娛展，辰旆回。洞雲路，拂璇階。紫霧藹，青霄開。睠皇都，顧玉臺。留昌德，結聖懷。

皇帝就燎位，奏昭遠之樂：

天以德降，帝以禮報。牲鐏俯陳，柴幣仰燎。事展司采，敬達瑄薌。煙贊青昊，震颺紫場。陳馨示策，肅志宗禋。禮非物備，福唯誠陳。

皇帝還便殿，奏休成之樂：〔九〕重奏。

昭事上祀，饗薦具陳。回鑾轉翠，拂景翔宸。綴縣敷暢，鍾石昭融。羽炫深晷，籥暄行風。肆序輟度，肅禮停文。四金聳衞，六馭齊輪。

右南郊歌辭

北郊樂歌辭，案周頌昊天有成命，郊祀天地也。是則周、漢以來，祭天地皆同辭矣。宋顏延之饗地神辭一篇，餘與南郊同。齊北郊羣臣入奏肅咸樂，牲入奏引牲，薦豆毛血奏嘉薦，皇帝入壇東門奏永至，飲福酒奏嘉胙，還便殿奏休成，辭並與南郊同。迎送神昭夏登歌異。

迎地神，奏昭夏之樂：

詔禮崇營，敬饗玄畤。靈正丹帷，月肅紫墀。展薦登華，風縣凝鏘。神惟戾止，鬱葆遙莊。昭望歲芬，環游辰太。穆哉尙禮，橫光秉藹。

皇帝升壇登歌：

佇靈敬享，禋肅彝文。縣動聲儀，薦絜牲芬。陰祇以貺，昭司式慶。九服熙度，六農祥正。

皇帝初獻，奏地德凱容之樂：

繕方丘，端國陰。掩珪晷，仰靈心。詔源委，遍丘林。〔此下除〕八句〔一〇〕禮獻物，樂薦音。此下除二十二句，餘皆顏辭。

次奏昭德凱容之樂：

慶圖濬邈，蘊祥祕瑤。侻天炳月，嬪光紫霄。邦化靈懋，閫則風調。儷德方儀，徽載以昭。

送神，奏昭夏之樂：

薦神升，享序栤。淹玉俎，停金奏。寶旆轉，旒駕旋。溢素景，鬱紫躔。靈心顧，留辰睠。洽外瀛，瑞中縣。

瘞埋，奏隸幽之樂：

后皇嘉慶，定祇玄畤。承帝休圖，祇敷靈祉。筵羃周序，軒朱凝會。牲幣芬壇，精明佇蓋。調川瑞昌，讐岳祥泰。

右北郊歌〔辭〕〔一一〕

明堂歌辭，祠五帝。漢郊祀歌皆四言，宋孝武使謝莊造辭，莊依五行數，木數用三，火數用七，土數用五，金數用九，水數用六。案鴻範五行，一曰水，二曰火，三曰木，四曰金，五曰土。月令木數八，火數七，土數五，金數九，水數六。蔡邕云：「東方有木三土五，故數八；南方有火二土五，故數七；西方有金四土五，故數九；北方有水一土五，故數六。」又納音數，一言得土，三言得火，五言得水，七言得金，九言得木。若依鴻範木數用三，則應水一火二金四也。若依月令金九水六，則應木八火七也。當以鴻範一二之數，言不成文，故有取捨，而使兩義竝違，未詳以數立言爲何依據也。周頌我將祀文王，言皆四，其一句五，一句七。謝莊歌宋太祖亦無定句。

建元初，詔黃門郎謝超宗造明堂夕牲等辭，並採用莊辭。建武二年，雩祭明堂，謝朓造辭，一依謝莊，唯世祖四言也。

賓出入奏肅咸樂，歌辭二章：

彝承孝典，恭事嚴聖。浹天奉賮，罄壤齊慶。司儀且序，〔一二〕羽容夙章。芬枝揚烈，黼構周張。助寶尊軒，〔一三〕酎珍充庭。璆縣凝會，(珆)〔瑂〕朱竚聲。〔一四〕先期選禮，肅若有承。祇對靈祉，皇慶昭膺。〔一五〕

尊事威儀，輝容昭序。迅恭明神，絜盛牲俎。肅肅嚴宮，藹藹崇基。皇靈降止，〔一六〕百祇具司。〔一七〕戒誠望夜，端烈承朝。依微昭旦，物色輕霄。〔一八〕

青帝歌：

參映夕，駟昭晨。靈乘震，司青春。鴈將向，桐始蘂。和風舞，〔一九〕暄光遲。萌動達，萬品親。〔二〇〕潤無際，澤無垠。

赤帝歌：

龍精初見大火中，朱光北至圭景同。帝在在離寔司衡，雨水方降木堇榮。庶物盛長咸殷阜，恩澤四溟被九有。

黃帝歌：

履艮宅中宇，司繩總四方。裁化徧寒燠，布政司炎涼。〔二一〕此以下除八句。至分乘經晷，〔二二〕閉啓集恒度。帝暉緝萬有，〔二三〕皇靈澄國步。

白帝歌：

百川若鏡，天地爽且明。雲沖氣舉，盛德在素精。此下除四句。庶類收成，歲功行欲寧。浹地奉渥，罄宇承帝靈。

黑帝歌：

歲既暮，日方馳。靈乘坎，德司規。玄雲合，晦鳥蹊。白雲繁，亘天崖。此下除四句。晨晷促，夕漏延。大陰極，微陽宣。此下除二句。

皇帝還東壁，受福酒，奏嘉胙樂歌辭：太廟同用

禮薦洽，福祚昌。聖皇膺嘉祐，帝業凝休祥。居極乘景運，宅德瑞中王。澄明臨四奧，精華延八鄉。洞海同聲憓，〔二四〕澈宇麗乾光。靈慶纏世祉，鴻烈永無疆。

送神，奏昭夏樂歌辭：宋謝莊辭

蘊禮容，餘樂度。靈方留，景欲暮。開九重，肅五達。鳳參差，龍已(秣)〔沫〕。〔二五〕雲既動，河既梁。萬里照，四空香。神之車，歸淸都。璇庭寂，玉殿虛。鴻化凝，〔二六〕孝風熾。顧靈心，結皇思。鴻慶遐邑，嘉薦令芳。並帝明德，〔二七〕永祚深光。增四句。

牲出入，奏引牲樂歌詩：

惟誠絜饗，維孝尊靈。〔二八〕敬芳黍稷，〔二九〕敬滌犧牲。騂繭在豢，載溢載豐。以承

宗祀，以肅皇衷。蕭芳四舉，華火周傳。神鑒孔昭，嘉足參牷。〔三〇〕

薦豆呈毛血，〔奏〕嘉薦樂歌詩二章：〔三一〕

肇禋戒祀，禮容咸舉。六典飾文，九司炤序。牲柔既昭，犧剛既陳。恭滌惟清，敬事惟神。加籩再御，兼俎兼薦。節動軒越，聲流金縣。

奕奕閟幄，亹亹嚴闈。絜誠夕鑒，端服晨暉。聖靈戾止，翊我皇則。上綏四寓，下洋萬國。永言孝饗，孝饗有容。儐僚贊列，肅肅雍雍。

右夕牲辭

迎神，奏昭夏樂歌辭：

地紐謐，乾樞回。華蓋動，紫微開。旌蔽日，車若雲。駕六氣，乘烟熅。燁帝景，耀天邑。聖祖降，五雲集。此下除八句 懋粢盛，絜牲牷。百禮肅，羣司虔。皇德遠，大孝昌。貫九幽，洞三光。神之安，解玉鑾。昌福至，〔三二〕萬寓歡。皆謝莊辭

皇帝升明堂，奏登歌辭：

雍臺辯朔，澤宮選辰。挈火夕炤，〔三三〕明水朝陳。六瑚賁室，八羽華庭。昭事先聖，懷濡上靈。肆夏式敬，升歌發德。永固洪基，以綏萬國。皆謝莊辭

初獻，奏凱容宣烈樂歌辭：太廟同

醼醴具登，嘉俎咸薦。饗洽誠陳，禮周樂徧。祝辭罷祼，序容輟縣。蹕動端庭，鑾回嚴殿。神儀駐景，華漢高虛。〔三四〕八靈案衞，三（代）〔祇〕解途。〔三五〕翠蓋澄耀，罼帟凝晨。玉鎮息節，〔三六〕金輅懷音。戒誠達孝，〔三七〕底心肅感。追馮皇鑒，思承淵範。神錫懋祉，四緯昭明。仰福帝徽，俯齊庶生。

右祠明堂歌辭，建元、永明中奏。

雩祭歌辭：

清明暢，禮樂新。候龍景，選貞辰。陽律亢，陰晷伏。秏下土，荐穜稑。震儀警，王度乾。嗟雲漢，望昊天。張盛樂，奏雲儛。集五精，延帝祖。雩有諷，禜有秩。膋芗芬，圭瓚瑟。靈之來，帝閽開。車煜燿，吹徘徊。停龍轙，徧觀此。凍雨飛，祥風靡。壇可臨，奠可歆。對泯祉，〔三八〕鑒皇心。

右迎神歌辭依漢來郊歌三言。宋明堂迎神八解。

濬哲維祖，長發其武。帝出自震，重光御寓。七德攸宣，九疇咸敍。靜難荆、舒，凝威蠡浦。昧旦丕承，夕惕刑政。化壹車書，德馨粢盛。昭星夜景，非雲曉慶。衢室成陰，璧水如鏡。禮充玉帛，樂被筦絃。於鑠在詠，陟配于天。自宮徂兆，靡愛牲牷。

我將我享，永祚豐年。

右歌世祖武皇帝依廟歌四言

營翼日，鳥殷宵。凝冰泮，玄蟄昭。景陽陽，風習習。女夷歌，東皇集。（樽）〔奠〕春酒，〔三九〕秉青珪。命田祖，渥羣黎。

右歌青帝木生數三

惟此夏德德恢台，（兩）〔雨〕龍既御炎精來。〔四〇〕火景方中南譌秩，靡草云黃含桃實。族雲蓊鬱溫風煽，興雨祁祁黍苗徧。

右歌赤帝火成數七

稟火自高明，毓金挺剛克。涼燠資成化，羣方載厚德。陽季勾萌達，炎徂溽暑融。商暮百工止，歲極凌陰沖。皇流疏已清，原隰甸已平。咸言祚惟億，敦民保高京。

右歌黃帝土成數五

帝悅于兌，執矩固司藏。百川收潦，精景應徂商。嘉樹離披，榆關命賓鳥。夜月如霜，秋風方嫋嫋。商陰肅殺，萬寶咸亦遒。勞哉望歲，場功冀可收。

右歌白帝金成數九

白日短，玄夜深。招搖轉，移太陰。霜鍾鳴，冥陵起。星回天，月窮紀。聽嚴風，來

不息。望玄雲，黝無色。曾冰洌，積羽幽。飛（雲）〔雪〕至，〔四一〕天山側。關梁閉，方不巡。合國吹，饗蜡賓。充微陽，究終始。百禮洽，萬（觀）〔祚〕臻。〔四二〕

右歌黑帝水成數六

敬如在，禮將周。神之駕，不少留。躧龍鑣，轉金蓋。紛上馳，雲之外。警七耀，詔八神。排閶闔，渡天津。有渰興，膚寸積。雨冥冥，又終夕。俾栖糧，惟萬箱。皇情暢，景命昌。

右送神歌辭

太廟樂歌辭，周頌清廟一篇，漢安世歌十七章是也。永平三年，東平王蒼造光武廟登歌一章二十六句，其辭稱述功德。建安十八年，魏國初建，侍中王粲作登歌安世詩，說神靈鑒饗之意。明帝時，侍中繆襲奏：「安世詩本故漢時歌名，今詩所歌，非往詩之文。襲案周禮（志）〔注〕云，〔四三〕安世樂猶周房中樂也。往昔議者，以房中歌后妃之德，宜改安世名正始之樂，後（續）〔讀〕漢安世歌，〔四四〕亦說神來宴饗，無有后妃之言。思惟往者謂房中樂爲后妃歌，恐失其意。方祭祀娛神，登歌先祖功德，下堂詠宴享，無事歌后妃之化也。」於是改安世樂曰饗神歌。散騎常侍王肅作

宗廟詩頌十二篇，不入於樂。

晉泰始中，傅玄造廟夕牲昭夏歌一篇，迎送神肆夏歌詩一篇，登歌七廟七篇。玄云：「登歌歌盛德之功烈，故廟異其文。至於饗神，猶周頌之有嘗及雍，但說祭饗神明禮樂之盛，七廟饗神皆用之。」夏侯湛又造宗廟歌十三篇。

宋世王韶之造七廟登歌七篇。昇明中，太祖爲齊王，令司空褚淵造太廟登歌二章。建元初，詔黃門侍郎謝超宗造廟樂歌詩十六章。

永明二年，尚書殿中曹奏：「太祖高皇帝廟神室奏高德宣烈之舞，未有歌詩，郊應須歌辭。穆皇后廟神室，亦未有歌辭。案傅玄云：『登歌廟異其文，饗神（十）〔七〕室同辭。』〔四五〕此議爲允。又尋漢世歌篇，多少無定，皆稱事立文，竝多八句，然後轉韻。時有兩三韻而轉，其例甚寡。張華、夏侯湛亦同前式。傅玄改韻頗數，更傷簡節之美。近世王韶之、顏延之竝四韻乃轉，得賒促之中。顏延之、謝莊作三廟歌，皆各三章，章八句，此於序述功業詳略爲宜，今宜依之。郊配之日，改降尊作主，禮殊宗廟，穆后母儀之化，事異經綸。此二歌爲一章八句，別奏事御奉行。」詔「可」。尚書令王儉造太廟二室及郊配辭。

羣臣出入，奏肅咸樂歌辭：

絜誠底孝，孝感煙霜。夤儀飾序，肅禮綿張。金華樹藻，肅哲騰光。殷殷升奏，嚴

嚴階庠。匪椒匪玉，是降是將。懋分神衷，翊祜傳昌。

牲出入，奏引牲樂歌辭：

肇禋嚴靈，恭禮尊國。達敬敷典，結孝陳則。芬滌既肅，犧牷既整。聳誠流思，端儀選景。肆禮佇夜，綿樂望晨。崇席皇鑒，用饗明神。

薦豆呈毛血，奏嘉薦樂歌辭：

清思眑眑，閟寢微微。恭言載感，肅若有希。芬俎具陳，嘉薦兼列。凝馨煙颺，分炤星晢。睿靈式降，協我帝道。上澄五緯，下陶八表。

右夕牲歌辭

迎神，奏昭夏樂〔歌〕辭：〔四六〕

涓辰選氣，展禮恭祇。重闈月洞，層牖煙施。載虛玉邑，載受金枝。天歌折饗，雲舞磬儀。神惟降止，泛景凝羲。帝華永藹，泯藻方摛。

皇帝入廟北門，奏永至樂歌辭：

戲縣惟則，姬經式序。九司聯事，八方承宇。鑾迦靜陳，縵樂具舉。凝旒若慕，傾璜載竚。振振璇衞，穆穆禮容。載藹皇步，式敷帝蹤。

太祝祼地，奏登歌辭：

清明既邑，大孝乃熙。天儀晬愴，皇心儼思。既芬房豆，載絜牷牲。鬱祼升禮，鋗玉登聲。茂對幽嚴，式奉徽靈。以享以祀，惟感惟誠。

皇祖廣陵丞府君神室奏凱容樂歌辭：

國昭惟茂，帝穆惟崇。登祥緯遠，締世景融。紛綸睿緒，奄蔚王風。明進厥始，濬哲文終。

皇祖太中大夫府君神室奏凱容樂歌辭：

璇條夤蔚，瓊源浚照。懋矣皇烈，載挺明劭。永言敬思，式恭惟敎。休途良乂，榮光有耀。

皇祖淮陰令府君神室奏凱容樂歌辭：

嚴宗正典，崇饗肇禋。九章既飾，三清既陳。昭恭皇祖，承假徽神。貞祐伊協，卿藹是鄰。

皇曾祖卽丘令府君神室奏凱容樂歌辭：

肅惟敬祀，絜事參薌。環衮像綴，緬密絲簧。明明烈祖，尙錫龍光。粵雅于姬，伊頌在商。

皇祖太常卿府君神室奏凱容樂歌辭：

神宮懋鄰，明寢昌基。德凝羽綴，道邑容辭。假我帝緒，懿我皇維。昭大之載，國齊之祺。

皇考宣皇神室奏宣德凱容樂歌辭：

道閟期運，義開藏用。皇矣睿祖，至哉攸縱。循規烈炤，襲矩重芬。德溢軒羲，道懋炎雲。

昭皇后神室奏凱容樂歌辭：

月靈誕慶，雲瑞開祥。道茂淵柔，德表徽章。粹訓宸中，儀形宙外。容蹈凝華，金羽傳藹。

皇帝還東壁上福酒，奏永祚樂歌辭：

構宸抗宇，合軫齊文。萬靈載溢，百禮以殷。朱絃繞風，翠羽停雲。桂樽既滌，瑤俎既薦。升薦惟誠，昭禮惟芬。降祉遙裔，集慶氤氳。

送神，奏肆夏樂歌辭：

禮既升，樂以愉。昭序溢，幽饗餘。人祇邑，敬敎敷。申光動，靈駕翔。芬九垓，鏡八鄉。福無屆，祚無疆。

皇帝詣便殿，奏休成樂歌辭：

中華書局

睿孝式𢀛，饗敬爰偏。諦容輟序，佾文靜縣。辰儀聳蹕，宵衞浮鑾。旒帝雲舒，翠華景搏。恭惟尙烈，休明再纚。國猷遠藹，昌圖聿宣。

太廟登歌辭二章：

惟王建國，設廟凝靈。月薦流典，時祀暉經。瞻辰僾思，雨露追情。簡日筮晷，閟奠升文。金罍渟桂，沖幄舒薰。備僚肅列，駐景開雲。

至饗攸極，睿孝惇禮。具物咸絜，聲香合體。氣昭扶幽，眇慕纏遠。迎絲驚促，迭佾留晚。聖衷踐候，節改增愴。妙感崇深，英徽彌亮。

太祖高皇帝神室奏高德宣烈樂歌辭：

悠悠草昧，穆穆經綸。乃文乃武，乃聖乃神。動龕危亂，靜比斯民。誕應休命，奄有八簒。握機肇運，光啓禹服。義滿天淵，禮昭地軸。澤靡不懷，威無不肅。戎夷竭歡，象來致福。偃風裁化，晅日敷祥。信星含曜，秬草流芳。七廟觀德，六樂宣章。惟先惟敬，是饗是將。

穆皇后神室奏穆德凱容之樂〔歌〕辭：〔四七〕

大姒嬪周，塗山儷禹。我后嗣徽，重規疊矩。肅肅閟宮，翔翔雲舞。有饗德馨，無絕終古。

高宗明皇帝神室奏明德凱容之樂歌辭：

多難固業，殷憂啓聖。帝宗纘武，惟時執競。起柳獻祥，百堵興詠。義雖祀夏，功符受命。遠無不懷，邇無不肅。其儀濟濟，其容穆穆。赫矣君臨，昭哉嗣服。允王維后，膺此多福。禮以昭事，樂以感靈。八簋陳室，六舞充庭。觀德在廟，象德在形。四海來祭，萬國咸寧。

藉田歌辭，漢章帝元和元年，玄武司馬班固奏用（商）〔周〕頌載芟祠先農。〔四八〕晉傅玄作祀先農先蠶夕牲歌詩一篇八句，迎送神一篇，饗社稷、先農、先聖、先蠶歌詩三篇，〔四九〕前一篇十二句，中一篇十六句，後一篇十二句，辭皆敍田農事。胡道安先農饗神詩一篇，竝八句。樂府相傳舊歌三章。永明四年藉田，詔驍騎將軍江淹造藉田歌。淹製二章，不依胡、傅，世祖口勑付太樂歌之。

祀先農迎送神升歌：

羽䘮從動，金駕時遊。敎騰義鏡，樂綴禮脩。率先丹耦，躬遵綠疇。靈之聖之，歲殷澤柔。

饗神歌辭：

瓊斝既飾，繡簋以陳。方燓嘉種，永毓宵民。

元會大饗四廂樂歌辭，晉泰始五年太僕傅玄撰。正旦大會行禮歌詩四章，壽酒詩一章，食舉東西廂樂十三章，黃門郎張華作。上壽食舉行禮詩十八章，中書監荀勗、侍郎成公綏，〔五〇〕言數各異。宋黃門郎王韶之造肆夏四章，行禮一章，上壽一章，登歌三章，食舉十章，前後舞歌一章。齊微改革，多仍舊辭。其前後舞二章新改。其臨軒樂，亦奏肆夏於鑠四章。

肆夏樂歌辭：

於鑠我皇，體仁苞元。齊明日月，比景乾坤。〔五一〕陶甄百王，稽則黃軒。訏謨定命，辰告四蕃。

右一曲，客入四廂奏。

將將蕃后，翼翼羣僚。盛服待晨，明發來朝。饗以八珍，樂以九韶。仰祗天顏，厥猷孔昭。

右一曲，皇帝當陽，四廂奏。皇帝入變服，四廂幷奏前二曲。

法章既設，初筵長舒。濟濟列辟，端委皇除。飲和無盈，威儀有餘。溫恭在位，敬終如初。

九功既歌，六代惟時。被德在樂，宣道以詩。穆矣大和，品物咸熙。慶積自遠，告成在茲。

右二曲，皇帝入變服，黃鍾太蔟二廂奏。

大會行禮歌辭：

大哉皇齊，長發其祥，祚隆姬夏，道邁虞唐。德之克明，休有烈光，配天作極，辰居四方。

皇矣我后，聖德通靈，有命自天，誕授休禎。龍飛紫極，造我齊京，光宅宇宙，赫赫明明。

右二曲，姑洗廂奏。

上壽歌辭：

獻壽爵，慶聖皇。靈祚窮二儀，休明等三光。

右一曲，黃鍾廂奏。

殿前登歌辭：

明明齊國，緝熙皇道。則天垂化，光定天保。天保既定，肆覲萬方。禮繁樂富，穆穆皇皇。

沔彼流水，朝宗天池。洋洋貢職，抑抑威儀。既習威儀，亦閑禮容。一人有則，作孚萬邦。

烝哉我皇，寔靈誕聖。履端惟始，對越休慶。如天斯崇，如日斯盛。介茲景福，永固洪命。

右三曲，別用金石，太樂令跪奏。

食舉歌辭：

晨儀載煥，萬物咸覩。嘉慶三朝，禮樂備舉。元正肇始，典章徽明。萬方來賀，〔五二〕華夷充庭。〔五三〕多士盈九德，〔五四〕俯仰觀玉聲。恂恂俯仰，載爛其暉。鍾鼓震天區，禮容塞皇闈。思樂窮休慶，福履同所歸。

五玉既獻，三帛是薦。爾公爾侯，鳴玉華殿。皇皇聖后，降禮南面。元首納嘉禮，萬邦同欽願。休哉休哉，君臣熙宴。建五旗，列四縣。樂有文，禮無勸。融皇風，窮一變。

禮至和，〔五五〕感陰陽，德無不柔，繫休祥。〔五六〕瑞徵辟，〔五七〕應嘉鍾。偁雲鳳，〔五八〕躍潛龍。景星見，甘露墜。木連理，禾同穗。玄化洽，仁澤敷。極禎瑞，窮靈符。

懷荒遠，〔五九〕綏齊民。荷天祐，靡不賓。靡不賓，長世盛。〔六〇〕昭明有融，繁嘉慶。繁嘉慶，熙帝載。含氣感和，蒼生欣戴。三靈協瑞，惟新皇代。

王道四達，流仁德。〔六一〕窮理詠乾元，垂訓從帝則。〔六二〕靈化侔四時，幽誠通玄默。德澤被八紘，禮章軌萬國。

皇猷緝，咸熙泰。禮儀煥帝庭，要荒服遐外。被髮襲纓冕，（右）〔左〕衽回衿帶。〔六三〕天覆地載，澤流汪濊。聲敎布濩，德光大。

開元辰，畢來王。奉貢職，朝后皇。鳴珩佩，觀典章。樂王慶，〔六四〕悅徽芳。陶盛化，遊大康。惟昌明，永克昌。

惟建元，德丕顯。齊七政，敷五典。彝倫序，洪化闡。

王澤流，太平始。樹靈祇，恭明祀。（匕）〔介〕景祚，〔六五〕膺嘉祉。禮有容，樂有儀。金石陳，干羽施。邁武濩，均咸池。歌南風，德永稱。〔六六〕文明煥，〔六七〕頌聲興。

王道純，德彌淑。寧八表，康九服。導禮讓，移風俗。移風俗，永克融。歌盛美，告成功。詠休烈，〔六八〕邈無窮。

右黃鍾先奏晨儀篇，太蔟奏五玉篇，餘八篇二廂更奏之。

前舞階步歌辭：新辭

天挺聖哲，三方維綱。川岳伊寧，七耀重光。茂育萬物，衆庶咸康。道用潛通，仁施遐揚。德厚巛極，功高昊蒼。舞象盛容，德以歌章。八音既節，龍躍鳳翔。皇基永樹，二儀等長。

前舞凱容歌詩：舊辭

於赫景命，天鑒是臨。樂來伊陽，禮作惟陰。歌自德富，舞由功深。庭列宮縣，陛羅瑟琴。翿籥繁會，笙磬諧音。簫韶雖古，九奏在今。〔六九〕導志和聲，德音孔宣。光我帝基，協靈配乾。儀形六合，化穆自宣。〔七〇〕如彼雲漢，爲章于天。熙熙萬類，陶和當年。〔七一〕擊轅中韶，永世弗騫。

後舞階步歌辭：新辭

皇皇我后，紹業盛明。滌拂除穢，宇宙載清。允執中和，以莅蒼生。玄化遠被，兆世軌形。何以崇德，乃作九成。妍步恂恂，雅曲芬馨。八風清鼓，應以祥禎。澤浩天下，功齊百靈。

後舞凱容歌辭：舊辭

假樂聖后，寔天誕德。積美自中，王猷四塞。龍飛在天，儀形萬國。欽明惟神，臨朝淵默。不言之化，品物咸得。告成于天，銘勳是勒。翼翼厥猷，亹亹其仁。從命創

制，〔七二〕因定和神。海外有截，九國無塵。〔七三〕冕旒司契，垂拱臨民。乃舞凱容，欽若天人。純嘏孔休，萬載彌新。

宣烈舞執干戚。郊廟奏，平冕，黑介幘，玄衣裳，白領袖、絳領袖中衣，絳合幅袴，絳絲，朝廷，則武冠，赤幘，生絳袍單衣，緗領袖，阜領袖中衣，虎文畫合幅袴，白布絲，皆黑韋鞮。周大武舞，秦改爲五行。漢高造武德舞，執干戚，象天下樂已除亂。桉禮云「朱干玉戚，冕而舞大武」。是則漢放此舞而立也。魏文帝改五行還爲大武，而武德曰武頌舞。明帝改造武始舞。晉世仍舊。傅玄六代舞歌有武辭，此武舞非一也。宋孝建初，朝議以凱容舞爲韶舞，宣烈舞爲武舞。據韶爲言，宣烈卽是古之大武，非武德也。今世諺呼爲武王伐紂。其冠服，魏明帝世尚書所奏定武始舞服，晉、宋承用，齊初仍舊，不改宋舞名。其舞人冠服，見魏尚書奏，後代相承用之。

凱容舞，執羽籥。郊廟，冠委貌，服如前。朝廷，進賢冠，黑介幘，生黃袍單衣，白合幅袴，餘如前。本舜韶舞，漢高改曰文始，魏復曰大韶。又造咸熙爲文舞。晉傅玄六代舞有虞韶舞辭。宋以凱容繼韶爲文舞。相承用魏咸熙冠服。

前舞、後舞，晉泰始九年造。正德大豫舞，傅玄、張華各爲歌辭。宋元嘉中，改正德爲前舞，大豫爲後舞。

右朝會樂辭

舞曲，皆古辭雅音，稱述功德，宴享所奏。傅玄歌辭云：「獲罪於天，北徙朔方，墳墓誰掃，超若流光。」如此十餘小曲，名爲舞曲，疑非宴樂之辭。然舞曲總名起此矣。

明君辭：

明君創洪業，盛德在建元。受命君四海，聖皇應靈乾。五帝繼三皇，三皇世所歸。聖德應期運，天地不能違。仰之彌已高，猶天不可階。將復結繩化，靜拱天下齊。

右一曲，漢章帝造鼙舞歌，云「關東有賢女」。魏明帝代漢曲云：「明明魏皇帝」。傅玄代魏曲作晉洪業篇云：「宣文創洪業，盛德存泰始。聖皇應靈符，受命君四海。」今前四句錯綜其辭，從「五帝」至「不可階」六句全玄辭，後二句本云「將復御龍氏，鳳皇在庭栖」，又改易焉。

聖主曲辭：

聖主受天命，應期則虞、唐。升旋綜萬機，端扆馭八方。盈虛自然數，揖讓歸聖明。北化陵河塞，南威越滄溟。廣德齊七政，敷教騰三辰。萬寓必承慶，百福咸來臻。聖皇應福始，昌德洞祜先。

明君辭：

明君御四海，總鑒盡人靈。仰成恩已洽，竭忠身必榮。聖澤洞三靈，德教被八鄉。草木變柯葉，川岳洞嘉祥。愉樂盛明運，舞蹈升太時。徽霜永昌命，軌心長歡怡。

鐸舞歌辭：

黃雲門，唐咸池，虞韶舞，夏夏殷濩，列代有五。振鐸鳴金，延太武。清歌發唱，形爲主。聲和八音，協律呂。身不虛動，手不徒舉。應節合度，周期序。時奏宮角，雜之以徵羽。樂以移風，禮相輔，安有出其所。

右一曲，傅玄辭，以代魏太和時。〔七四〕「徵羽」〔下〕除「下厭衆目，上從鍾鼓」二句。〔七五〕

白鳩辭：

翩翩白鳩，再飛再鳴。懷我君德，來集君庭。

右一曲，舞敍云：「白符或云白符鳩舞，出江南，吳人所造，其辭意言患孫皓虐政，慕政化也。其詩本云『平平白符，思我君惠，集我金堂』。言白者金行，符，合也，鳩亦合也。符鳩雖異，其義是同。」

濟濟辭：

暢飛暢舞，氣流芳。追念三五，大綺黃。

右一曲，晉濟濟舞歌，六解，此是最後一解。

獨祿辭：

獨祿獨祿，水深泥濁。泥濁尙可，水深殺我！

右一曲，晉獨鹿舞歌，六解，此是前一解。古辭明君曲後云：「勇安樂無慈，不問清與濁。清與無時濁，邪交與獨祿。」伎錄云：「求祿求祿，清白不濁。清白尙可，貪汙殺我！」晉歌爲鹿字，古通用也。疑是風刺之辭。

碣石辭：

東臨碣石，以觀滄海。水河淡淡，〔七六〕山嶋竦峙。樹木叢生，百草豐茂。秋風蕭瑟，洪波涌起。日月之行，若出其中，星漢粲爛，若出其裏。幸甚至哉！歌以言志。

右一曲，魏武帝辭，晉以爲碣石舞歌。詩四章，此是中一章。

淮南王辭：

淮南王，自言尊，百尺高樓與天連。我欲渡河河無梁，願作雙黃鵠還故鄉。

右一曲，晉淮南王舞歌。六解，前是第一，後是第五。

齊世昌辭：

齊世昌，四海安樂齊太平。人命長，當結久，〔七七〕千秋萬歲皆老壽。

右一曲，晉杯槃歌。十解，第三解云：「舞杯槃，何翩翩，舉坐翻覆壽萬年。」干寶云：「太康中有此舞。杯槃翻覆，至危之像。言晉世之士，苟貪飲食，智不及遠。」其第一解首句云「晉世寧」，宋改爲「宋世寧」。惡其杯槃翻覆，辭不復取。齊改爲「齊世昌」，餘辭同後一。

公莫辭：

吾不見公莫時 吾何嬰公來 嬰姥時吾 思君去時 吾何零 子以耶 思君去時 思來嬰 吾去時母那 何去吾

右一曲，晉公莫舞歌，二十章，無定句。前是第一解，後是第十九二十解。雜有三句，竝不可曉解。建武初，明帝奏樂至此曲，言是似永明樂，流涕憶世祖云。

白紵辭：

陽春白日風花香，趨步明月舞瑤堂。〔七八〕情發金石媚笙簧，〔七九〕羅袿徐轉紅袖揚。清歌流響繞鳳梁，如驚若思凝且翔。〔八〇〕轉盻流精豔輝光，將流將引雙（度）〔雁〕行。〔八一〕歡來何晚意何長，明君馭世永歌昌。

右五曲，尙書令王儉造。白紵歌，周處風土記云：「吳黃龍中童謠云『行白者君追汝句驪馬」。後孫權征公孫淵，浮海乘舶，舶，白也。今歌和聲猶云『行白紵』焉。」

俳歌辭：

俳不言不語，呼俳噏所。俳適一起，狼率不止。生拔牛角，〔三〕摩斷膚耳。馬無懸蹄，牛無上齒。駱駼無角，奮迅兩耳。

右侏儒導舞人自歌之。古辭俳歌八曲，此是前一篇。二十二句，今侏儒所歌，擿取之也。

角抵、像形、雜伎，歷代相承有也。其增損源起，事不可詳，大略漢世張衡西京賦是其始也。魏世則事見陳思王樂府宴樂篇，晉世則見傅玄元正篇、朝會賦。江左咸(和)〔康〕中，〔三〕罷紫鹿、跂行、鼈食、笮鼠、齊王卷衣、絕倒、五案等伎，中朝所無，見起居注，竝莫知所由也。太元中，〔四〕苻堅敗後，得關中檐橦胡伎，進太樂，今或有存亡，案此則可知矣。

永明六年，赤城山雲霧開朗，見石橋瀑布，從來所罕覩也。山道士朱僧標以聞，上遣主書董仲民案視，以爲神瑞。太樂令鄭義泰案孫興公賦造天台山伎，作莓苔石橋道士捫翠屏之狀，尋又省焉。

皇齊啓運從瑤璣。靈鳳銜書集紫微。和樂既洽神所依。超商卷夏耀英輝。永世壽昌聲華飛。

右鳳皇銜書伎歌辭，蓋魚龍之流也。元會日，侍中於殿前跪取其書。宋世辭云「大宋興隆膺靈符。鳳鳥感和銜素書。嘉樂之美通玄虛。惟新濟濟邁唐虞。巍巍蕩蕩道有餘」。齊初詔中書郎江淹改。

永平樂歌者，竟陵王子良與諸文士造奏之。人爲十曲。道人釋寶月辭頗美，上常被之管絃，而不列於樂官也。

贊曰：綜採六代，和平八風。殷薦宴享，舞德歌功。

校勘記

〔一〕詔禮遵用周室肇稱殷祀之義 「祀」晉書樂志作「禮」。

〔二〕凡義學者普令製立 「義學」各本作「肄學」。案後漢書召馴傳，帝嘉其義學。楊仁傳，由是義學大興。廣弘明集卷十，義學沙門。「義學」謂有辭義學術者，不譌。

〔三〕畜承寶命 「承」宋書樂志作「威」。案齊高帝父名承之，而齊南郊樂歌不諱，可疑。

〔四〕嚴恭帝緒 「緒」宋書樂志作「祖」。按文選顏延年宋郊祀歌亦作「嚴恭帝祖」，李善注「帝，上帝；祖，先祖也」。

〔五〕月域來賓 「域」宋書樂志作「竁」。按文選亦作「竁」。

〔六〕設業設簴 原譌「誤業詳簴」，各本不譌，今改正。

〔七〕泯祇合祉 張元濟校勘記云：「『祇』殿本作『祗』。疑『泯祇』當作『汦祗』。」

〔八〕權火通 「權火」南監本、殿本、局本作「爟火」，按史記封禪書、漢書郊祀志並作「權火」。周禮有司爟，爟，火官。「權」乃「爟」之借字。百衲本宋書樂志亦作「權」。

〔九〕皇帝還便殿奏休成之樂 「休成」通典禮典作「休和」。

〔一〇〕遍丘林(此下除)八句 按小注「八句」上當有「此下除」三字，各本並脫，今補。

〔一一〕右北郊歌(辭) 按「歌」下當有「辭」字，各本並脫，今補。

〔一二〕司儀且序 「且」南監本、局本作「具」，宋書樂志亦作「具」。

〔一三〕助寶尊軒 「尊」南監本、局本作「奠」，宋書樂志亦作「奠」。

〔一四〕(埍)〔琄〕朱竚聲 據南監本、局本改。

〔一五〕皇慶昭膺 「昭」南監本作「始」。

〔一六〕皇靈降止 「止」宋書樂志作「祉」。

〔一七〕百祇具司 「百祇」原譌「白紙」，據南監本、局本及宋書樂志改正。

〔一八〕物色輕霄 「霄」南監本作「宵」，宋書樂志亦作「宵」。

〔一九〕和風舞 「和」宋書樂志作「柔」。

〔二〇〕萬品親 「親」宋書樂志作「新」。

〔二一〕布政司炎涼 「司」宋書樂志作「周」。

〔二二〕至分乘經晷 「至分」宋書樂志作「分至」。

〔二三〕帝暉緝萬有 「暉」宋書樂志作「運」。

〔二四〕洞海同聲憓 「同」宋書樂志作「周」。

〔二五〕龍已(秣)〔沬〕 據南監本及宋書樂志改。

〔二六〕鴻化凝 「鴻」宋書樂志作「睿」。

〔二七〕並帝明德 「並」南監本作「翊」。

〔二八〕維孝尊靈 「尊」宋書樂志作「奠」。

〔二九〕敬芳黍稷 「芳」宋書樂志作「芬」。

〔三〇〕嘉足參牷 宋書樂志作「嘉是柔牷」。

〔三一〕薦豆呈毛血〔奏〕嘉薦樂歌詩二章　據毛本、殿本、局本補。

〔三二〕昌福至　「昌」宋書樂志作「景」。

〔三三〕挈火夕炤　「挈」宋書樂志作「絜」。案「絜火」與下「明水」相對成文，疑作「絜」是。

〔三四〕華漢高虛　「高」宋書樂志作「亭」。案「亭虛」與上「駐景」相對成文，疑作「亭」是。

〔三五〕三〔代〕〔祇〕解途　據南監本、局本改，與宋書樂志合。按殿本「祇」作「祗」，亦譌。

〔三六〕玉鑮息節　「鑮」南監本、殿本作「虡」。按宋書樂志作「鏞」，疑作「鏞」是。

〔三七〕戒誠達孝　「戒」南監本、局本作「式」，宋書樂志同。

〔三八〕對泯祉　「泯」南監本、局本作「氓」。

〔三九〕〔樽〕〔奠〕春酒　據南監本、局本改。

〔四〇〕〔雨〕〔雨〕龍既御炎精來　據南監本、毛本、殿本、局本改。

〔四一〕飛〔雲〕〔雪〕至　蛛隱廬日箋云當作「雪」。按上有「望玄雲」，此不當云「飛雲至」，作「雪」是，今改。

〔四二〕百禮洽萬〔觀〕〔祚〕臻　據南監本、毛本、殿本、局本改。

〔四三〕襲案周禮〔志〕〔注〕云　據宋書樂志改。

〔四四〕後〔續〕〔讀〕漢安世歌　據宋書樂志改。按自「侍中繆襲奏」至「於是改安世樂曰饗神歌」，皆襲用宋志舊文。宋志此句作「襲後又依歌省讀漢安世歌詠」。

〔四五〕饗神(十)〔七〕室同辭　按太廟七室，「十」當作「七」，各本並譌，今改正。

〔四六〕迎神奏昭夏樂〔歌〕辭　據殿本補。按毛本、局本有「歌」字，無「辭」字。

〔四七〕穆皇后神室奏穆德凱容之樂〔歌〕辭　按前後皆言「歌辭」，各本並脫「歌」字，今補。

〔四八〕玄武司馬班固奏用〔商〕〔周〕頌載芟祠先農　按載芟，周頌篇名，各本並譌，今改正。

〔四九〕饗社稷先農先聖先蠶歌詩三篇　按歌詩三篇，而所饗者有社稷、先農、先聖、先蠶凡四，且辭皆敍田農事，疑「先聖」二字衍。

〔五〇〕中書監荀勗侍郎成公綏　按「綏」下疑脫一「作」字。

〔五一〕比景乾坤　「景」宋書樂志作「量」。按「比量」與下「陶甄」相對成文，疑作「量」是。

〔五二〕萬方來賀　按宋書樂志「來」上有「畢」字，五字句。

〔五三〕華夷充庭　按宋書樂志作「華裔充皇庭」，五字句。

〔五四〕多士盈九德　「德」宋書樂志作「位」。

〔五五〕禮至和　「禮」宋書樂志作「體」。

〔五六〕繫休祥　「繫」宋書樂志作「繁」。

〔五七〕瑞徵辟　「徵辟」宋書樂志作「徽璧」。

〔五八〕儛雲鳳　「雲」宋書樂志作「靈」。

〔五九〕懷荒遠　「遠」宋書樂志作「裔」。

〔六〇〕長世盛　「盛」上宋書樂志有「弘」字，四字句。

〔六一〕流仁德　「德」上宋書樂志有「布」字，四字句。

〔六二〕垂訓從帝則　「從」宋書樂志作「順」，此蕭子顯避梁諱改。

〔六三〕(右)〔左〕衽回衿帶　據宋書樂志、樂府詩集改。

〔六四〕樂王慶　「慶」宋書樂志作「度」，疑作「度」是。

〔六五〕(匕)〔介〕景祚　據南監本、殿本改。宋書樂志作「衍」。

〔六六〕德永稱　宋書樂志作「舞德稱」。

〔六七〕文明煥　「明」宋書樂志作「武」。

〔六八〕詠休烈　「休」宋書樂志作「徽」。

〔六九〕九奏在今　「奏」宋書樂志作「成」。

〔七〇〕化穆自宣　「宣」宋書樂志作「然」。

〔七一〕陶和當年　「當」原譌「常」。據局本及宋書樂志改正。

〔七二〕從命創制　「從命」宋書樂志作「順命」，此蕭子顯避梁諱改。

〔七三〕九國無塵　「九國」宋書樂志作「九圍」。

〔七四〕以代魏太和時　按宋書樂志，魏鼓吹曲第十二爲「太和」，無「時」字。

〔七五〕徵羽〔下〕除下厭衆目上從鍾鼓二句　按宋書樂志「雜之以徵羽」下有「下厭衆目，上從鍾鼓」二句，此志删之，故云。「除」上當有一「下」字，今補。

〔七六〕水河淡淡　「河」宋書樂志作「何」。

〔七七〕人命長當結久　「久」宋書樂志作「友」。

〔七八〕趨步明月舞瑤堂　「堂」南監本、殿本作「裳」。按宋書樂志作「趨步明玉舞瑤璫」。

〔七九〕情發金石媚笙簧　「情」宋書樂志作「聲」。

〔八〇〕如鶩若思凝且翔　「鶩」宋書樂志作「矜」。

〔八一〕將流將引雙(度)〔雁〕行　據殿本改。按南監本作「將流將引鴈雙行」。宋書樂志作「將流將引雙雁翔」。

〔八二〕生扳牛角　「扳」南監本、毛本、殿本、局本作「拔」。

〔八三〕江左咸(和)〔康〕中　按咸和、咸康，皆晉成帝年號。宋書樂志作咸康七年。晉書成帝紀，咸康七年，除樂府雜伎，則作咸康爲是。今據改。

〔八四〕太元中　「太」原譌「泰」，各本並譌，今改正。

南齊書卷十二

志第四

天文上

易曰：「聖人仰觀象於天，俯觀法於地。」天文之事，其來已久。太祖革命受終，膺集期運。宋昇明三年，太史令將作匠陳文建陳天文，〔一〕奏曰：「自孝建元年至昇明三年，日蝕有十，虧上有七。占曰『有亡國失君之象』。一曰『國命絕，主危亡』。孝建元年至昇明三年，太白經天五。占曰『天下革，民更王，異姓興』。孝建元年至昇明三年，月犯房心四，太白犯房心五。占曰『其國有喪，宋當之』。孝建元年至永光元年，奔星出入紫宮有四。占曰『國去其君，有空國徙王』。大明二年至元徽四年，天再裂。占曰『陽不足，白虹貫日，人君惡之』。孝建二年至大明五年，月入太微。泰豫元年至昇明三年，〔二〕月又入太微。孝建元年至元徽二年，太白入太微各八，熒惑入太微六。占曰『七耀行不軌道，危亡之象。貴人失權勢，主

亦衰，當有王入爲主』。孝建二年至昇明二年，太白熒惑經羽林各三。占曰『國殘更世』。孝建二年四月十三日，熒惑守南斗，成句己。占曰『天下易正更元』。孝建三年十二月一日，塡星熒惑辰星合于南斗。占曰『改立王公』。大明二年十二月二十六日，太白犯塡星于斗。六年十一月十五日，太白塡星合于危。占曰『天子失土』。景和元年十月八日，熒惑守太微，成句己。占曰『王者惡之，主命無期，有徙主，若主王，天下更紀』。泰始三年正月十七日，白氣見西南，東西半天，名曰長庚。六年九月二十七日，白氣又見東南長二丈，竝形狀長大，猛過彗星。占曰『除舊布新易主之象，遠期一紀』。至昇明三年，一紀訖。泰始四年四月二十四日，太白犯塡星于胃。占曰『主命惡之』。泰始七年六月十七日，太白歲星塡星合于東井。占曰『改立王公』。元徽四年至昇明二年三月，日有頻食。占曰『社稷將亡，王者惡之』。元徽四年十月十日，塡星守太微宮，逆從行，歷四年。〔三〕占曰『有亡君之戒，易世立王』。元徽五年七月一日，熒惑太白辰星合于翼。占曰『改立王公』。昇明二年六月二十日，歲星守斗建。陰陽終始之門，大赦昇平之所起，律歷七政之本源，德星守之，天下更年，五禮更興，多暴貴者。昇明二年十月一日，熒惑守輿鬼。三年正月七日，熒惑守兩戒閒，成句己。占曰『尊者失朝，必有亡國去王』。昇明三年正月十八日，辰星孟劾西方。〔四〕占曰『天下更王』。昇明三年四月，歲星在虛危，徘徊玄枵之野，則齊國有福厚，爲受慶之符。」今所記三辰七曜之變，起建元訖于隆昌，以續宋史。建武世太史奏事，明帝不欲使天變外傳，竝祕而不出，自此闕焉。

日蝕

建元二年九月甲午朔，日蝕。

三年七月己未朔，日蝕。

永明元年十二月乙巳朔，日蝕。

十年十二月癸未朔，加時在午之半度，到未初見日始蝕，虧起西北角，蝕十分之四，申時光色復還。

隆昌元年五月甲戌合朔，巳時日蝕三分之一，午時光復還。

月蝕

建元四年七月戊辰，月在危宿蝕。

永明二年四月丁巳，月在南斗宿蝕。

三年十一月戊寅，月入東井曠中，因蝕三分之一。

五年三月庚子，月在氐宿蝕。

九月戊戌，月在胃宿蝕。

六年九月癸巳，月蝕在婁宿九度，加時在寅之少弱，虧起東北角，蝕十五分之十一。十五日子時，蝕從東北始，至子時末都既，到丑時光色還復。

七年八月丁亥，月在奎宿蝕。

十月庚辰，月奄蝕熒惑。

八年六月庚寅，月奄蝕畢左股第一星。

十年十二月丁酉，月蝕在柳度，加時在酉之少弱，到亥時月蝕起東角七分之二，至子時光色還復。

永泰元年四月癸亥，月蝕，色赤如血。三日而大司馬王敬則舉兵，衆以爲敬則禍烈所感。

永元元年八月己未，月蝕盡，色皆赤。是夜，始安王遙光伏誅。

史臣曰：日月代照，實重天行。上交下蝕，同度相掩。案舊說曰「日有五蝕」，謂起上下左右中央是也。交會舊術，日蝕不從東始，以月從其西，東行及日。於交中，交從外入內者，先會後交，虧西南角；先交後會，虧西北角；交從內出者，先會後交，虧西北角；先交

後會，虧西南角。日正在交中者，則虧於西，故不嘗蝕東也。若日中有虧，名爲〔西〕〔黑〕子，〔五〕不名爲蝕也。漢尙書令黃香曰：「日蝕皆從西，月蝕皆從東，無上下中央者。」春秋魯桓三年日蝕，貫中下上竟黑。疑者以爲日月正等，月何得小而見日中。鄭玄云：「月正掩日，日光從四邊出，故言從中起也。」王逸以爲「月若掩日，當蝕日西，月行既疾，須臾應過西崖既，復次食東崖，今察日蝕，西崖缺而光已復，過東崖而獨不掩」。逸之此意，實爲巨疑。先儒難「月以望蝕，去日極遠，誰蝕月乎」？說者稱「日有暗氣，天有虛道，常與日衡相對，月行在虛道中，則爲氣所弇，故月爲蝕也。雖時加夜半，日月當子午，正隔於地，猶爲暗氣所蝕，以天體大而地形小故也。暗虛之氣，如以鏡在日下，其光耀魄，乃見於陰中，常與日衡相對，故當星星亡，當月月蝕」。今問之曰：「星月同體，俱兆日耀，當月之蝕，星不必亡。若更有所當，星未嘗蝕，同稟異虧，其故何也？」荅曰：「月爲陰主，以當陽位，體敵勢交，自招盈損。星雖同類，而精景陋狹，小毀皆亡，無有受蝕之地，纖光可滿，亦不與弦望同形。」又難曰：「日之夜蝕，驗於夜星之亡，晝蝕既盡，晝星何故反不見？」答之曰：「夫言光有所衝，則有不衝之光矣；言有所當，亦有所不當矣。夜食度遠，與所當而同沒；晝食度近，由非衝而得明。」又問：「太白經天，實緣遠日。今度近更明，於何取喻？」荅曰：「向論二蝕之體，周衝不同，經與不經，自由星遲疾，難蝕引經，恐未得也。」

日光色

建元四年十一月午時，日色赤黃無光，至暮，在箕宿。

二年閏正月乙酉，日黃赤無光，至暮。

永明五年十一月丁亥，日出高三竿，朱色赤黃，日暈，虹抱珥直背。

建元元年十二月未時，日暈，帀，黃白色，至申乃消散。

永明二年正月丁酉，日交暈再重。

三年二月丁卯，日有半暈，暈上生一〔珥〕。〔六〕

四年五月丙午，日暈再重，仍白虹貫日，〔七〕在東井度。

六年三月甲申，日於蘭雲中薄半暈，須臾過帀，日東南暈外有一直，竝黃色。壬辰，日暈，須臾，日西北生虹貫日中。

八年十一月己亥，日半暈，南面不帀，日東西帶暈，各生珥，長三尺，白色，珥各長十丈許，正衝日，久久消散，背因成重暈，竝青絳色。

九年正月甲午，日半暈，南面不帀，北帶暈生一抱，東西各生一珥，抱北又有半暈，抱珥竝黃色，北又生白虹貫日，久久消散。

建元元年六月甲申，日南北兩珥，西有抱，黃白色。

永明二年十一月辛巳，日東北有一背。

三年十一月庚寅，日西北有一背。

四年正月辛巳，日南北各生一珥，又生一背。

十二月辛未，日西北生一直，黃白色。戊寅，日北生一背，青絳色。

五年八月己卯，日東南生一珥，並青絳色。

六年二月丁巳，日東北生黃色，北有一珥，黃赤色，久久並散。庚申，日西有一背，赤青色，東西生一直，南北各生一珥，並黃白色。

七年十月癸未，日東北生一背，青赤色，須臾消。

八年六月戊寅，日於蒼白雲中南北各生一珥，青黃絳雜色，澤潤，並長三尺許，至巳午消。

隆昌元年正月壬戌，日於蘭雲中暈，南北帶暈各生一直，同長一丈，須臾消。

永元元年十二月乙酉，日中有三黑子。

月暈犯

建元四年十月庚寅，月暈五車及參頭。

永明元年正月壬辰，是日至十五日，月三暈太微及熒惑。

三月庚申至十三日，月三暈太微及熒惑。

五年二月乙未，自九日至是日，月三暈太微。

六年二月壬戌甲夜、十三日甲夜、十五日甲夜，月並暈太微。

永明元年十一月己未，月南北各生一珥，又有一抱。

月犯列星　建元元年七月丁未，月犯心大星北一寸。丁卯，月入軒轅中犯第二星。

十月丙申，月在心大星西北七寸。

十一月壬戌，月在氐東南星五寸。

十二月乙酉，月犯太微西蕃南頭第一星。庚寅，月行房道中，無所犯。癸巳，月入南斗魁中，無所犯。

二年三月癸卯，月犯心大星，又犯後星。

五月庚戌，月入南斗。

七月己巳，月入南斗。

三年二月癸巳，月犯太微上將。

四年二月乙亥，月犯輿鬼西北星。丙子，月犯南斗魁第二星。辛未，月犯心大星，又犯後星。

四月壬辰，月犯軒轅左民星。庚子，月犯箕東北星。

五月丙寅，月犯心後星。戊寅，月掩昴西北星。

六月乙未，月犯箕東北星。

七月癸亥，月行南斗魁中，無所犯。庚辰，月犯軒轅女主。

八月庚子，月犯昴西南星。壬寅，月犯五車東南星。壬申，月犯軒轅少民星。

九月丁巳，月犯箕東北星。壬辰，月在營室度，入羽林中。二十日，月入輿鬼，犯積尸。

十一月甲戌，月犯五車南星。

十二月丁酉，月犯軒轅女主星，又掩女御。

永元元年正月己亥，月犯心後星。

三月乙未，月犯軒轅女主星。

六月癸酉，月犯輿鬼西南星。

八月乙丑，月犯南斗第四星，又犯輿鬼星。

九月庚辰，月犯太白左蕃度。〔八〕癸巳，月犯東井北轅西頭第一星。

十二月丁卯，月犯心前星，又犯大星。己巳，月犯南斗第五星。

二年二月甲子，月犯南斗第四星，又犯第三星。

三月丁丑，〔月〕犯東井北轅北頭第一星。〔九〕

四月戊申，月犯軒轅右角。

六月丙寅，月犯東井轅頭第一星。

八月丙午，月掩心大星。戊申，月犯南斗第三星。戊子，月犯東井北轅西頭第一星。

十一月庚辰，月犯昴星。丙戌，月犯軒轅左角。

十二月壬戌，月犯心前星，又犯大星。

三年二月己未，月犯南斗第五星。

三月壬申，月在東井，無所犯。

六月丙午，月掩心前星。

八月丙辰，月犯東井北轅第二星。

九月癸未，月犯東井南轅西頭第一星。

四年正月癸酉，月入東井，無所犯。乙亥，月犯輿鬼。

閏月辛亥，月犯房。

二月丁卯，月犯東井鉞。

三月乙未，月入東井，無所犯。

七月辛亥，月犯東井。

八月戊寅，月犯東井。

九月辛卯，月與太白於尾合宿。丙午，月入東井。

十一月辛丑，月入東井曠中。辛亥，月犯房北頭第二星。

十二月己巳，月犯東井北轅東頭第二星。辛巳，月犯南斗第六星。

五年正月丙午，月犯房鉤鈐。

二月癸亥，月犯東井南轅西頭第二星。

三月癸卯，月犯南斗第二星。

六月乙丑，月犯南斗第六星，在南斗七寸。丙寅，月犯西建星北一尺。

史臣曰：月令昏明中星，皆二十八宿。箕斗之閒，微爲疎闊。故仲春之與孟秋，建星再用，與宿度竝列，亟經陵犯，災之所主，未有舊占。石氏星經云：「斗主爵祿，褒賢進士，故置建星以爲輔。若犯建之異，不與斗同。」則據文求義，亦宰相之占也。

七月丁未，月行入東井曠中，無所犯。

八月壬申，月在畢，犯左股第二星西北三寸。

九月戊子，月在填星北二尺八寸，爲合宿。

十月戊寅，月入氐犯東南星西北一尺餘。

十一月戊寅，月入氐。

十二月戊午，月在東壁度，在熒惑北，相去二尺七寸，爲合宿。甲子，月在東壁度東南九寸，爲犯。癸酉，月在歲星南七寸，爲犯。

六年正月戊戌，月在角星南，相去三寸。

二月丁卯，月在氐西南六寸。

三月乙未，月入氐中，在歲星南一尺一寸，爲合宿。

四月癸丑，月犯東井南轅西頭第二星。壬戌，月在氐西南星東南五寸，爲犯。漸入氐中，與歲星同在氐度，爲合宿。癸亥，月行在房北頭第一星西南一尺，爲犯。

六月乙卯，月在角星東一寸，爲犯。丁巳，月行入氐，無所犯。在歲星東三寸，爲合宿。

七月乙酉，月入房北頭第二次相星西北八寸，爲犯。庚寅，月在牽牛中星南二寸，爲犯。庚子，月行在畢左股第一星七寸，爲犯。〔一〇〕又進入畢。

八月壬子，月行在歲星東二尺五寸，同在氐中，爲合宿。

九月庚辰，月在房北頭第一上相星東北一尺，爲犯。又掩犯關楗閉星。〔一一〕丁酉，月行入東井。甲辰，月在左角星西北九寸，爲犯。又在熒惑西南一尺六寸，爲合宿。

十月癸酉，月入氐中，在西南星東北三寸，爲犯。

閏月壬辰，月行入東井。

十一月丙戌，月行入羽林中，無所犯。乙未，月行在東井南轅西頭第二星南一尺，爲犯。丙寅，月在左角北八寸，爲犯。辛未，月行在太白東北一尺五寸，同在箕度，爲合宿。

十二月甲申，月行在畢左股第二星北七寸，爲犯。乙未，月行入氐西南星東北一尺，爲犯。丙申，月在房北頭上相星北一尺，爲犯。

七年正月甲寅，月入東井曠中，無所犯。戊辰，月掩犯牽牛中星。

二月辛巳，月掩犯東井北轅東頭第一星。

三月庚申，月在歲星西北三尺，同在箕度，爲合宿。

四月乙酉，月入氐中，無所犯。丙戌，月犯房星北頭第一上相星北一尺，在楗閉西北四寸，爲犯。

六月乙酉，月犯牽牛中星。乙未，月入畢，在左股第二星東八寸，爲犯。

七月丁未，月入氐中，無所犯。戊申，在楗閉星東北一尺，爲犯。

八月甲戌，月入氐，在西南星東北一尺，爲犯。庚寅，月在畢右股第一星東北一尺，爲犯。

九月丁巳，月掩犯畢右股第一星。庚申，月在東井北轅東頭第一星西北八寸，爲犯。

十月甲申，月行掩畢左股第三星。丁酉，月行在楗閉星西北八寸，爲犯。

十二月壬午，月在東井北轅東頭第一星北八寸，爲犯。

八年正月丁巳，月在亢南頭第二星南七寸，爲犯。

二月己巳，月行在畢右股第一星東北六寸，爲犯。

六月甲戌，月在亢南頭第二星西南七寸，爲犯。

八月乙亥，月在牽牛中星南九寸，爲犯。辛卯，月在軒轅女御南八寸，爲犯。

九月辛酉，月在太微左執法星南四寸，爲犯。

十月壬午，月入東井曠中，無所犯。戊子，月在太微右執法星東南六寸，爲犯。

十一月戊戌，月行在填星北二尺二寸，爲合宿。乙卯，月行在太微右執法星南二寸，爲犯。

十二月庚辰，月行在軒轅右角星南二寸，爲犯。癸未，月掩犯太微右執法。

九年正月辛丑，月在畢躔西星北六寸，爲犯。庚申，月在歲星西北二尺五寸，同在須女

度，爲合宿。

二月辛未，月入東井曠中，無所犯。壬申，月行東井北轅東頭第一星北九寸，爲犯。

三月丙申，月入畢，在左股第二星東北六寸，又掩大星。

四月庚午，月在軒轅女御星南八寸，爲犯。癸酉，月在太微東南頭上相星南八寸，爲犯。癸未，月在歲星北，爲犯，在危度。

五月庚子，月行掩犯太微，在執法。丁未，月掩犯東建西星。

七月癸巳，月在太白東五寸，爲犯。乙未，月在太微東蕃南頭上相星西南五寸，爲犯。壬寅，月掩犯東建星。癸卯，月在牽牛南星北五寸，爲犯。乙巳，月在歲星北六寸，爲犯。

閏七月辛酉，月在軒轅女御星西南三寸，爲犯。

八月，月在軒轅左民星東八寸，爲犯。

九月乙丑，月掩牽牛南星。癸未，月入太微，在右執法東北四寸，爲犯。甲申，月掩太微東蕃南頭上相星。

十月甲午，月行在填星西北八寸，爲犯，在虛度。戊申，月在軒轅女主星南四寸，掩女御，並爲犯。辛亥，月入太微左執法東北七寸，爲犯。

十一月壬戌，月行掩犯歲星。己巳，月在畢右股大星東一寸，爲犯。辛未，月在東井南轅西頭第二星南八寸，爲犯。又入東井曠中。丙子，月入在軒轅左民星東北七寸，爲犯。丁丑，月行在太微西蕃上將星南五寸，爲犯。

十二月庚寅，〔月行〕在歲星東南八寸，爲犯。〔一二〕丙午，月掩犯太微東蕃南頭上相星。

十年正月庚午，月在軒轅右角大民星南八寸，爲犯。

二月己亥，月行太微，在右掖門。甲辰，月行入氐中，掩犯東北星。壬子，月行入羽林。

三月己卯，月行入羽林，在填星東北七寸，爲犯。在危四度。

四月甲午，月行入太微，在右掖門內。丙午，月行在危度，入羽林。

五月己巳，月掩南斗第三星。甲戌，月行在危度，入羽林。

六月戊子，月在張度，在熒惑星東三寸，爲犯。己丑，月行入太微，在右掖門。丁酉，月掩西建星西。丁未，月行入畢，犯右股大赤星。

七月甲戌，月行在畢躔星西北六寸，爲犯。〔一三〕丁丑，月在東井北轅東頭第二星西南九寸，爲犯。

八月辛卯，月行西建星東一尺，又在東星西四寸，爲犯。壬寅，月行在畢右股大赤星東北四寸，爲犯。甲辰，月行入東井曠中，無所犯。戊申，月行在軒轅女主星西九寸，爲犯。辛亥，月入太微，在左執法星北二尺七寸，爲犯。

九月癸亥，月行掩犯填星一寸，在危度。

十月辛卯，月在危度，入羽林，無所犯。癸亥，月入東井曠中，無所犯。

十一月甲子，月入畢，進右股大赤星西北五寸，爲犯。壬申，月入太微，在右執法星東北一尺三寸，無所犯。丁丑，月入氐，無所犯。

十二月甲午，月入東井曠中，又進北轅東頭第二星四寸，爲犯。庚子，月入太微，在右執法星東北三尺，無所犯。

十一年正月辛酉，月入東井曠中，無所犯。乙丑，月在軒轅女主星北八寸，爲犯。壬申，月行在氐星東北九寸，爲犯。

二月甲午，月行入太微，在上將星東北一尺五寸，無所犯。壬寅，月行掩犯南斗第六星。癸卯，月掩犯西建中星，又掩東星。

四月乙丑，月入太微，在右執法西北一尺四寸，無所犯。壬寅，月行在危度，入羽林，無所犯。

五月丁巳，月行入太微左執法星北三尺，無所犯。甲子，月行在南斗第二星西七寸，爲犯。乙丑，月掩犯西建中星。又犯東星六寸。

六月辛丑，月行掩犯畢左股第三星。壬寅，月入畢。

七月壬子，月入太微，在左執法東三尺，無所犯。丙辰，月行入氐，在東北星西南六寸，爲犯。己未，月行南斗第六星南四寸，爲犯。庚申，月行在西建星東南一寸，爲犯。

九月庚寅，月行在哭星西南六寸，爲犯。壬辰，月行在營室度，〔一四〕入羽林，無所犯。丁酉，月入畢，在右股大赤星西北六寸，爲犯。己亥，月入東井曠中，無所犯。乙巳，月行太微，當右掖門內，在屏星西南六寸，爲犯。

十月壬午，月行在東建中星九寸，爲犯。

十一月壬子，月在哭星南五寸，爲犯。辛酉，月行在東井鉞星南八寸，又在東井南轅西頭第一星南五寸，並爲犯。進入井中。丁卯，月入太微。壬申，月行入氐，無所犯。

十二月辛巳，月入羽林，又入東井曠中，又入東井北轅西頭第二星南六寸，爲犯。乙未，月入太微，在右執法星東北二尺，無所犯。乙亥，月入氐，無所犯。

隆昌元年正月辛亥，月入畢，在左股第一星東南一尺，爲犯。

三月辛亥，月在東井北轅西頭第二星東七寸，爲犯。甲申，月入太微，在屏星南九寸，爲犯。

六月乙丑，月入畢，在右股第一星東北五寸，爲犯。又在歲星東南一尺，爲犯。丁卯，月入東井南轅西頭第一星東北七寸，爲犯。

泰元元年七月，〔一五〕月掩心中星。

校勘記

〔一〕太史令將作匠陳文建陳天文　「陳文建」百衲本及各本並作「文孝建」。錢大昕廿二史考異云：「『文孝建』似是人姓名，然『孝建』乃孝武年號，不應以命名，恐誤。」按高帝紀上，宋昇明三年兼太史令將作匠陳文建奏符命云云，當卽其人，「文孝建」蓋「陳文建」之譌，今改正。

〔二〕泰豫元年至昇明三年　「泰」原譌「太」，各本不譌，今改正。

〔三〕逆從行歷四年　殿本考證云：「按逆從行猶曰逆順行，梁世諱順故也。至謂歷四年，必係傳寫之誤，考填星逆行，從無歷四年之久者。」

〔四〕辰星孟効西方　殿本考證云：「按古法候辰星，惟四仲月當見，故劉向封事以辰星見於四孟爲異也。『効』與『耀』音同，疑『耀』字傳寫之誤。」

〔五〕若日中有虧名爲（西）〔黑〕子　據局本改。殿本考證云：「按歷朝天文志中，日中有黑子，每紀之於書，從無西子之名，疑『西』字係『黑』字之訛。」

〔六〕暈上生一〔珥〕　據南監本、殿本、局本補。

〔七〕仍白虹貫日　「仍」字下毛本、局本有「珥」字。

〔八〕月犯太白左蕃度　殿本考證云：「按太微則有左右蕃，太白只一星，何蕃之有？疑本係『太微』，訛爲『太白』。」

〔九〕〔月〕犯東井北轅北頭第一星　據殿本、局本補。

〔一〇〕月行在畢左股第一星七寸爲犯　「月」原譌「日」，據殿本改正。按殿本考證云：「『月』監本訛『日』，今改正。」

〔一一〕又掩犯關楗閉星　殿本考證云：「星圖有楗閉星，無關楗閉星，『關』字疑衍，或上下有脫字。」

〔一二〕十二月庚寅〔月行〕在歲星東南八寸爲犯　「月行」二字原本闕文，今據南監本、毛本、殿本、局本補。

〔一三〕月行在畢躔星西北六寸爲犯　殿本考證云：「『躔星』二字不可解，其閒恐有脫字。」

〔一四〕壬辰月行在營室度　「月」原譌「日」，今據南監本、殿本、局本改正。

〔一五〕泰元元年七月　殿本考證云：「齊世無『泰元』年號，疑必『永元』之訛。」今按永元乃東昏侯年號，明帝建武五年四月甲寅，改元永泰，「泰元」或「永泰」之譌。

南齊書卷十三

志第五

天文下

史臣曰：天文設象，宜備內外兩宮，但災之所躔，不必遍行景緯，五星精晷與二曜而爲七，妖祥是主，曆數攸司，蓋有殊於列宿也。若北辰不移，據在杠軸，衆星動流，實繫天體，五星從伏，〔一〕非關二義，故徐顯思以五星爲非星，虞喜論之詳矣。

五星相犯列宿雜災

建元元年八月辛亥，太白犯軒轅大星。

九月癸丑，太白從行於軫犯填星。

二年六月丙子，太白晝見。

四年二月丙戌，太白晝見在午上。

六(年)〔月〕辛卯，〔二〕太白晝見午上。庚子，太白入東井，無所犯。

七月己未，太白有光影。

八月戊子，太白從軒轅犯女主星。甲辰，太白從行犯軒轅少民星。

九月己卯，太白從行犯太微西蕃上將。辛酉，太白從行入太微，在右執法星西北一尺。〔三〕戊辰，太白從行犯太微左執法。

十二月壬子，太白從行犯填星，在氐度。丙辰，太白從行犯房北頭第一星。丁卯，太白犯楗閉星。

永明元年六月己酉，太白行犯太微上將星。辛酉，太白行犯太微左執法。

八月甲申，太白犯南斗第四星。

九月乙酉，太白犯南斗第三星。壬辰，太白熒惑合同在南斗度。

十月丁卯，太白犯哭星。

二年正月戊戌，太白晝見當午上。

三月甲戌，太白從行入羽林。

四月丙申，太白從行犯東井鉞星。

六月戊辰，太白熒惑合同在輿鬼度。己巳，太白從行輿鬼度犯歲星。

三年四月丁未，太白晝見。癸亥，太白晝見當午上。

五月戊子，太白犯少民星。

八月丁巳，太白晝見當午上。

十一月壬申，太白從行入氐。

十二月己酉，太白填星合在箕度。

四年九月壬辰，太白晝見當午。丙午，太白犯南斗。

十一月庚子，太白入羽林，又犯天關。

五年五月丁酉，太白晝見當午上。庚子，太白三犯畢左股第一星西南一尺。

六月甲戌，太白犯東井北轅第三星，在西一尺。

八月甲寅，太白從行入軒轅，在女主星東北一尺二寸，不爲犯。戊辰，太白從在太微西蕃上將星西南五寸。辛巳，太白從在太微左執法星西北四寸。

六年四月辛酉，太白從在熒惑北三寸，爲犯，並在東井度。

五月癸卯，太白晝見當午上。〔四〕

六月己巳，太白從在太微西蕃右執法星東南四寸，爲犯。

七月癸巳，太白在氐角星東北一尺，爲犯。

八月乙亥，太白從行在房南第二左股次將星西南一尺，爲犯。〔五〕

閏八月甲午，太白晝見當午。

十一月戊午，太白從在歲星西北四尺，同在尾度。又在熒惑東北六尺五寸，在心度，合宿。

十二月壬寅，太白從行在填星西南二尺五寸斗度。

七年二月辛巳，太白從行入羽林。

十月癸酉，太白在歲星南，相去一尺六寸，從在箕度爲合。

十一月丁卯，太白從行入羽林。

八年正月丁未，太白晝見當午上。

六(年)〔月〕戊子，〔六〕太白從行入東井。己丑，太白晝見當午。

八月庚辰，太白從在軒轅女主星南七尺，爲犯。

九月丙申，太白從行在太微西蕃上將星西南一尺，爲犯。丁未，太白從行入太微。辛酉，太白從行在進賢西五寸，爲犯。

十月乙亥，太白從行在亢南第二星西南一尺，爲犯。甲申，太白從行入氐。

十一月戊戌，太白從行在房北頭第二星東北一寸，又在楗閉星西南七寸，並爲犯。又在熒惑西北二尺，爲合宿。癸卯，太白從行在熒惑東北一尺，爲犯。

九年四月癸未，太白從歷，夕見西方，從疾參宿一度，比來多陰，至己丑開除，已見在日北，當西北維上，薄昏不見宿星，則爲先歷而見。

六月丙子，太白晝見當午上。

七月辛卯，太白從行入太微，在西蕃上將星北四寸，爲犯。

九月乙亥，太白從行在南斗第四星北二寸，爲犯。丁卯，太白在南斗第三星西一寸，爲犯。

十年二月甲辰，太白從行入羽林。

五月辛巳，太白從行入東井，在軒轅西第一星東六寸，爲犯。

七月乙丑，太白從行在軒轅大星東八寸，爲犯。〔七〕

十一年正月戊辰，太白從行在歲星西北六寸，爲犯，在奎度。

二月丁丑，太白從行東井北轅西頭第一星東北一尺，爲犯。

四月戊子，太白在五諸侯東第二星西北六寸，爲犯。辛丑，太白從行入輿鬼，在東北星西南四寸，爲犯。

五月戊午，太白晝見當午，名爲經天。癸亥，太白從行入軒轅大星北一尺二寸，無所犯。

九月己酉，太白晝見當午上。

十月丙戌，太白行在進賢星西南四寸，爲犯。

十一月戊戌，太白從行入氐。丁卯，太白從行在楗閉星西北六寸，爲犯。

十二月壬辰，太白從行在南斗第六星東南一尺，爲犯。辛丑，太白從行在西建東星西南一尺，爲犯。

建元元年五月己未，熒惑犯太微西蕃上將，又犯東蕃上將。

二年十月辛酉，熒惑守太微。

四年六月戊子，熒惑從行入東井，無所犯。戊戌，熒惑在東井度，形色小而黃黑不明。丁丑，熒惑太白同在東井度。

七月甲戌，熒惑從行入輿鬼，犯積尸。

十月癸未，熒惑從行犯太微西蕃上將星。丙戌，熒惑從入太微。

十一月丙辰，熒惑〔後〕〔從〕行在太微，〔八〕犯右執法。

永明元年正月己亥，熒惑逆犯上相。辛亥，熒惑守角。庚子，熒惑逆入太微。

三月丁卯，熒惑守太白。

六月戊申，熒惑從犯亢。己巳，熒惑從行犯氐東南星。

七月戊寅，熒惑塡星同在氐度。丁亥，熒惑行犯房北頭第二星。

八月乙丑，熒惑從行犯天江。甲戌，熒惑犯南斗第五星。

十一月丙申，熒惑入羽林。

二年八月庚午，熒惑犯太微西蕃上將。癸未，熒惑犯太微右執法。丁酉，熒惑犯太微右執法。〔九〕

十月庚申，熒惑犯進賢。

十一月壬辰，熒惑犯亢南第二星。丙申，熒惑犯亢南星。

十二月乙卯，熒惑入氐。

三年二月乙卯，熒惑在房北頭第一星西北一尺，徘徊守房。

四月戊戌，熒惑犯。〔一〇〕

六月乙亥，熒惑犯房。癸亥，熒惑犯天江南頭第二星。

八月丁巳，熒惑犯南斗第五星。

十一月丙戌，熒惑從行入羽林。

四年八月戊辰，熒惑入太微。癸酉，熒惑犯太微右執法。戊子，熒惑在太微。

九月戊申，熒惑犯歲星。己酉，熒惑犯歲星，芒角相接。

十月丁丑，熒惑犯亢南頭第一星。

十一月庚寅，熒惑犯氐西南星。

十二月己未，熒惑犯房北頭第一星。庚申，熒惑入房北犯鉤鈐星。

五年二月乙亥，熒惑塡星同在南斗度，爲合宿。

九月乙未，熒惑從行在哭星東，相去半寸。

六年四月癸丑，熒惑伏在參度，去太白二尺五寸，辰星去太白五尺，三星爲合宿。甲戌，熒惑在辰星東南二尺五寸，俱從行，入東井曠中，無所犯。

閏四月丁丑，熒惑從行在氐西南星北七寸，爲犯。己卯，熒惑從行入氐，無所犯。乙巳，熒惑從行在房北頭第一上將右驂星南六寸，爲犯。又在鉤鈐星西北五寸。

十一月丙寅，熒惑從行在歲星西，相去四尺，同在尾度，爲合宿。

七年二月丙子，熒惑從行在塡星西，相去二尺，同在牽牛度，爲合宿。

三月戊午，熒惑從在泣星西北七寸。戊辰，熒惑從行入羽林。

八月戊戌，熒惑逆入羽林。

九月乙丑，熒惑入羽林，成句己。

八年四月丙申，熒惑從行入輿鬼，在西北星東南二寸，爲犯。

十月乙亥，熒惑入氐。

十一月乙未，熒惑從入北落門，在第一星東南，去鉤鈐三寸，爲犯。

九年三月甲午，熒惑從在塡星東七寸，在歲星南六寸，同在虛度，爲犯，爲合宿。

四月癸亥，熒惑從行入羽林。

閏七月辛酉，熒惑從行在畢左股星西北一寸，爲犯。

八月十四日，熒惑應伏在昴三度，前先曆在畢度，二十一日始逆行北轉，垂及玄冬，熒惑囚死之時，而形色漸大於常。

十年二月庚子，熒惑從入東井北轅西頭第一星西二寸，爲犯。

三月癸未，熒惑從行在輿鬼西北七寸，爲犯。乙酉，熒惑從行入輿鬼。

六月壬寅，熒惑從行入太微。

十一年二月庚戌，熒惑從在塡星西北六寸，爲犯，〔一一〕同在營室。

五月戊午，熒惑從行在歲星西南六寸，爲犯，同在婁度。

八月辛巳，熒惑從行入東井，在南轅西第一星東北一尺四寸。

十一月丁巳，熒惑逆行在五諸侯東星北四寸，爲犯。

隆昌元年三月乙丑，熒惑從行入輿鬼西北星東一寸，爲犯。癸酉，熒惑從行在輿鬼積尸星東北七寸，爲犯。

閏三月甲寅，熒惑從入軒轅。

五月丁酉，熒惑從入太微，在右執法北二寸，爲犯。

建元四年正月己卯，歲星太白俱從行，同在婁度爲合〔宿〕。〔一二〕

六月丁酉，歲星晝見。

永明元年五月甲午，歲星入東井。

七月壬午，歲星晝見。

三年五月丙子，歲星與太白合。

六月辛丑，歲星與辰星合。

十月己巳，歲星從入太微。

十一月甲子，歲星從入太微，犯右執法。

四年閏二月丙辰，歲星犯太微上將。

三月庚申，歲星犯太微上將。

四月己未，歲星犯右執法。

八月乙巳，歲星犯進賢，又與熒惑於軫度合宿。

五年二月癸卯，歲星犯進賢。

六月甲子，歲星晝見在軫度。

十月己未，歲星從在氐西南星北七寸，又辰星從入氐，在歲星西四尺五寸，又太白從在辰星東，相去一尺，同在氐度，三星爲合宿。

十二月甲戌，歲星晝見。

六年三月甲申，歲星逆行入氐宿。

六月丙寅，歲星晝見在氐度。

八年三月庚申，歲星守牽牛。

九年二月壬午，歲星從在塡星西七寸，同在虛度爲合〔宿〕。〔一三〕

閏七月辛酉，歲星在泣星北五寸，爲犯，又守塡星。

九月辛卯，在泣星西一尺五寸，爲合〔宿〕。〔一四〕

永明元年六月，辰星從行入太微，在太白西北一尺。

二年八月甲寅，辰星於翼犯太白。

九年六月丙子，辰星隨太白於西方，在七星度，相去一尺四寸，爲合宿。

十一年九月丙辰，辰星依曆應夕見西方亢宿一度，至九月八日不見。

隆昌元年正月丙戌，辰星見危度，在太白北一尺，爲犯。

建元三年十月癸丑，塡星逆行守氐。

四年七月戊辰，塡星從行入氐。

永明元年正月庚寅，塡星守房心。

三月甲子，塡星逆行犯西咸星。

二年二月戊辰，塡星犯東咸星。

四年十二月辛巳，塡星犯建星。

七年十二月戊辰，塡星在須女度，又辰星從〔行〕在塡星西南一尺一寸，〔一五〕爲合宿。

八年三月庚申，塡星守哭尾。〔一六〕

九年七月庚戌，塡星逆在泣西星東北七寸，爲犯。

十月甲午，塡星從行在泣星西北五寸，爲犯。

流星災

建元元年十月癸酉，有流星大如三升塸，色白，尾長五丈，從南河東北二尺出，北行歷輿鬼西過，未至軒轅後星而沒，沒後餘中央，曲如車輪，俄頃化爲白雲，久乃滅。流星自下而升，名曰飛星。

三年十月丙午，有流星大如月，赤白色，尾長七丈，西北行入紫宮中，光照牆垣。

四年正月辛未，有流星大如三升塸，赤色，從北極第二星北一尺出，北行一丈而沒。

九月壬子，流星如鵝卵，從柳北出，入軒轅。又一枚如瓜大，出西行沒空中。

永明元年六月己酉，有流星如二升椀，從紫宮出，南行沒氐。

二年三月庚辰，有流星如二升椀，從天市中出，南行在心後。

四年二月乙丑，有流星大如一升器。戊辰，有流星大如五升器。

四月丁卯，有流星大如一升器，從南斗東北出，西行經斗入氐。

六月丙戌，有流星大如鴨卵，從匏瓜南出，至虛而入。

八月辛未，有流星大如三升塸，從觜星南出，西南行入天濛沒。

十一月戊寅，有流星大如二升塸，白色，從亢東北出，行入天市。

十二月丁巳，有流星大如三升椀，白色，從天市帝座出，東北行一丈而沒。

五年六月辛未，有流星大如三升器，沒後有痕。

九月丙申，有流星大如四升器，白色，有光照地。

十二月甲子，西北有流星大如鴨卵，黃白色，尾長六尺，西南行一丈餘沒。

六年三月癸酉，有流星大如鴨卵，赤色，無尾。

四月丙辰，北面有流星大如二升器，白色，北行六尺而沒。

七月癸巳，有流星大如鵝卵，白色，從匏瓜南出，西南行一丈沒空中。須臾，又有流星大如五升器，白色，從北河南出，東北行一丈三尺沒空中。

十月戊寅，南面有流星，大如雞卵，赤色，在東南行沒，沒後如連珠。

十二月壬寅，有流星大如鵝卵，黃白色，尾長三丈，有光，沒後有痕從梗河出，西行一丈許，沒空中。

七年正月甲寅，有流星如五升器，白色，尾長四尺，從坐旗星出，西行入五車而過，沒空中。

六月丁丑，流星大如二升器，黃赤色，有光尾長六尺許，從亢南出，西行入翼中而沒，沒後如連珠。

十月乙丑，有流星如三升器，赤黃色，尾長六尺，出紫宮內北極星，東南行三丈沒空中。壬辰，流星如三升器，白色，有光從五車北出，行入紫宮，抵北極第一第二星而過，落空中，尾如連珠，仍有音響似雷。太史奏名曰「天狗」。

八年四月癸巳，有流星如二升器，黃白色，有光，從心星南一尺許出，南行二丈沒，沒後如連珠。丁巳，流星如鵝〔卵〕，〔七〕白色，長五丈許，從角星東北二尺出，西北行沒太微西蕃上將星閒。

六月癸未，有流星如鴨卵，赤色，從紫宮中出，西南行未至大角五尺許沒。

七月戊申，有流星如五升器，赤白色，長七尺，東南行二丈，沒空中。

十月乙亥，有流星如鵝卵，白色，從紫宮中出，西北行三丈許，沒空中。

十一月乙未，有流星如鵝卵，赤白色，有光無尾，從氐北一丈出，南行入氐中沒。辛丑，流星如鵝卵，白色，從參伐出，南行一丈沒空中。又有一流星大如三升器，白色，從軫中出，東南行入婁中沒。

九年五月庚子，有流星如雞子，白色，無尾，從紫宮裏黃帝座星西二尺出，南行一丈沒空中。丁未，流星如李子，白色，無尾，從奎東北大星東二尺出，東北行至天將軍而沒。戊申，流星如鵝卵，黃白色，尾長二丈，從箕星東一尺出，南行四丈沒。

七月乙卯，西南有流星大如二升器，白色，無尾，西南行一丈餘沒。戊午，有流星如二升器，黃白色，有光從天江星西出，東北經天過入參中而沒，〔八〕沒後如連珠。

閏七月戊辰，流星如鵝卵，赤色，尾長二尺，從文昌西行入紫宮沒。己巳，西南有流星如二升器，白色，西南行一丈沒。

九月戊子，有流星大如雞卵，白色，從少微星北頭出，東行入太微抵帝座星而過，未至東蕃次相一尺沒，如散珠。

十年正月甲戌，有流星如五升器，白色，從氐中出，東南行經房道過，從心星南二尺沒。

三月癸未，有流星如雞卵，青白色，尾長四尺，從牽牛南八寸出，南行一丈沒空中。

十一年二月壬寅，東北有流星如一升器，白色，無尾，北行三丈而沒。

四月丙申，有流星如三升器，白色，有光，尾長一丈許，從箕星東北一尺出，行二丈許，入斗度，沒空中，臨沒如連珠。

五月壬申，有流星大如雞子，黃白色，從太微端門出，無所犯，西南行一丈許沒，沒後有痕。

七月辛酉，有流星如雞子，赤色，無尾，從氐中出，西行一丈五尺沒空中。戊寅，有流星如雞卵，黃白色，從紫宮東蕃內出，東北行一丈五尺，至北極第五星西北四尺沒。

九月乙酉，有流星如鴨卵，黃白色，從婁南一尺出，東行二丈沒。

十二月己丑，西南有流星如三升器，黃赤色，無尾，西南行三丈許沒，散如遺火。

永元三年夜，天開黃色明照，須臾有物絳色如小甕，漸漸大如倉廩，聲隆隆如雷，墜太湖中，野雉皆雊，世人呼爲「木殃」。史臣案春秋緯「天狗如大奔星，有聲，望之如火，見則四方相射」。漢史云：「西北有三大星，如日狀，名曰天狗。天狗出則人相食。」天官云：「天狗狀如大鏡星。」〔一九〕又云：「如大流星，色黃，有聲。其止地類狗所墜。望之如火光，炎炎衝天。其上銳，其下圓，如數頃田。見則流血千里，破軍殺將。」漢史又云：「照明下爲天狗，所下兵起血流。」昭明，星也。洛書云：「昭明見而霸者出。」運斗樞云：「昭明有芒角，兵徵也。」河圖云：「太白散爲天狗。」漢史又云：「有星出，其狀赤白有光，卽爲天狗，其下小無足，所下國易政。」衆說不同，未詳孰是。推亂亡之運，此其必天狗乎。

老人星

建元元年十一月戊辰，老人星見南方丙上。八月癸卯，祠老人星。〔二〇〕

永明三年八月丁酉，老人星見南方丙上。

六年八月壬戌，老人星見南方丙上。

七年七月壬戌，老人星見南方丙上。

九年閏七月戊寅，老人星見南方丙上。

十年八月乙酉，老人星見。

十一年九月丙寅，老人星見南方丙上。

白虹雲氣

建元四年二月辛卯，白虹貫日。

永明十年七月癸酉，西方有白虹，須臾滅。

十一年九月甲午，西方有白虹，南頭指申，北頭指戌上，久久消滅。

建元四年二月辛卯，黑氣大小二枚，東至卯，西至酉，廣五丈，久久消滅。

永明二年四月丁未，北斗第六第七星閒有一白氣。

四年正月辛未，黃白氣長丈五尺許，入太微。

永明四年正月癸未，南面有陣雲一丈許。

五年四月己巳，有雲色黑，廣五尺，東頭指丑，西頭指酉，竝至地。

十一月乙巳，東南有陣雲高一丈，北至卯，東南至巳，久久散漫。

六年二月癸亥，東西有一梗雲半天，曲向西，蒼白色。

三月庚辰，南面有梗雲，黑色，廣六寸。

七年十月辛未，有梗雲，蒼黑色，東頭至寅，西頭指酉，廣三尺，貫紫宮，久久消沒。

八年十一月乙未，有梗雲，黑色，六尺許，東頭至卯，西頭至酉，久久散漫。

十二月庚辰，南面有陣雲，黑色，高一丈許，東頭至巳，西頭至未，久久散漫。

十一年七月丙辰，東面有梗雲，蒼白色，廣二尺三寸，南頭指巳至地，北頭指子至地，久久漸散漫。

贊曰：陽精火鏡，陰靈水存。有稟有射，代爲明昏。垂光滿蓋，列景周渾。具位臣輔，備象街門。災生賈薄，祟起飛奔。弗忘人懼，瑜瑕辯論。若任天道，竈亦多言。

校勘記

〔一〕五星從伏　錢大昕廿二史考異云：「梁武帝父名順之，故子顯修史，多易爲『從』字。如天文志『五星從伏』、『熒惑從行』、『歲星太白俱從行』、『辰星從行』之類。」

〔二〕六(年)〔月〕辛卯　張森楷校勘記云：「年非所以繫日，且建元無六年，『年』必是『月』之譌。」今據改。

〔三〕在右執法星西北一尺　「右」永樂大典七千八百五十六引作「左」。

〔四〕五月癸卯太白晝見當午上　大典引此下有「己丑太白晝見當午」八字。

〔五〕太白從行在房南第二左股次將星西南一尺爲犯　殿本考證云：「『左股』係『左服』之訛。房四星主車駕，南星曰左驂，次左服，故曰第二左服。」

〔六〕六(年)〔月〕戊子　據毛本、局本改。

〔七〕七月乙丑太白從行在軒轅大星東八寸爲犯　大典引此下有「九月己酉太白晝見當午上」十一字。

〔八〕熒惑(後)〔從〕行在太微　據毛本、殿本、局本改。

〔九〕癸未熒惑犯太微右執法丁酉熒惑犯太微右執法　殿本考證云：「按癸未至丁酉計十五日，不書逆行，熒惑安能兩犯右執法。意者先犯左執法，次犯右執法耶？」

〔一〇〕四月戊戌熒惑犯　殿本考證云：「『犯』字下必有闕文。」

〔一一〕熒惑從在塡星西北六寸爲犯　「塡」原作「鎭」，今據毛本、局本改正。

〔一二〕同在婁度爲合〔宿〕　據南監本、毛本、殿本、局本補。

〔一三〕同在虛度爲合〔宿〕　據南監本、毛本、殿本、局本補。

〔一四〕在泣星西一尺五寸爲合〔宿〕　據南監本、毛本、殿本、局本補。

〔一五〕又辰星從〔行〕在塡星西南一尺一寸　據南監本、局本補。

〔一六〕塡星守哭尾　「哭尾」南監本、毛本、殿本、局本作「哭星」。

〔一七〕流星如鵝〔卵〕　據南監本、毛本、殿本、局本補。

〔一八〕東北經天過入參中而沒　毛本、殿本、局本無「過」字。

〔一九〕天官云天狗狀如大鏡星　殿本考證云：「大鏡星無考。天官書原文『狀如大奔星』爲是。」

〔二〇〕建元元年十一月戊辰老人星見南方丙上八月癸卯祠老人星　按是年八月庚午朔，無癸卯，且八月不應在十一月後，必有譌。

南齊書卷十四

志第六

州郡上

揚　南徐　豫　南豫　南兗　北兗　北徐　青　冀　江

廣　交　越

揚州京輦神臯。漢、魏刺史鎮壽春，吳置持節督州牧八人，不見揚州都督所治。晉太康元年，吳平，刺史周浚始鎮江南。元帝爲都督，渡江左，遂成帝畿，望實隆重。領郡如左：

丹陽郡

建康　秣陵　丹陽　溧陽　永世　湖熟　江寧　句容

會稽郡

山陰　永興　上虞　餘姚　諸暨　剡　鄮　始寧　句章　鄞

吳郡

吳　婁　海虞　嘉興　海鹽　錢唐　富陽　鹽官　新城　建德　壽昌　桐廬

吳興郡

烏程　武康　餘杭　東遷　長城　於潛　臨安　故鄣　安吉　原鄉

東陽郡

長山　太末　烏傷　永康　信安　吳寧　豐安　定陽　遂昌

新安郡

始新　黟　遂安　歙　海寧

臨海郡

章安　臨海　寧海　始豐　樂安

永嘉郡

永寧　安固　松陽　橫陽　樂成

南徐州，鎮京口。吳置幽州牧，屯兵在焉。丹徒水道入通吳會，孫權初鎮之。爾雅曰：「絕高爲京。」今京城因山爲壘，望海臨江，緣江爲境，似河內郡，內鎮優重。宋氏以來，桑梓帝宅，江左流寓，多出膏腴。領郡如左：

南東海郡

郯　祝其　襄賁　利成　西隰　丹徒　武進

晉陵郡

晉陵　無錫　延陵　曲阿　暨陽　南沙　海陽

義興郡 永明二年，割屬揚州，後復舊。

陽羨　臨津　國山　義鄉　綏安

南琅邪郡 本治金城，永明徙治白下。

臨沂　江乘　蘭陵　承 建武三年省　譙 建元二年，平陽郡流民在臨江郡者，立宣祚縣，尋改爲譙。永明元年，省懷化一縣并屬。

臨淮郡 自此以下，郡無實土。

海西　射陽　淩〔一〕　淮陰　東陽　淮浦 建武二年省〔二〕

淮陵郡

司吾　武陽 建武三年，省泰山郡屬。　甄城〔三〕　陽樂　徐 建武三年省

南東莞郡

東莞　莒　姑幕 建武三年省

南清河郡 南徐州領冀州

東武城　清河　貝丘　繹幕 建武二年省〔四〕

南彭城郡

彭城　武原　傅陽　蕃　薛　開陽　洨　僮　下邳 建武三年省　呂 建武四年省　杼秋 建武四年省　北陵 建武四年省

南高平郡 宋太始五年僑置，初寄治淮陰，復徙淮南當塗二縣僑屬南豫，後屬南徐。

金鄉　高平

南濟陰郡

城武　單父　城陽 建武三年省

南濮陽郡

廩丘　東燕　會　鄄城 建武三年，省濟陽郡度屬。　楡次 建武二年省〔五〕

南魯郡 建武二年省〔六〕

魯　樊　西安 建武二年省

南平昌郡 建武三年省

安丘 郡省，屬東莞。　新樂 郡省，屬東莞。　東武　高密

南泰山郡 建武三年省

南城 郡省，度屬平昌，尋又省。　廣平

南濟陽郡 建武三年省

考城 郡省，度屬魯，尋又省。

豫州，晉元帝永昌元年，刺史祖約避胡賊，自譙還治壽春。壽春，淮南一都之會，地方千餘里，有陂田之饒，漢、魏以來揚州刺史所治，北拒淮水，禹貢云「淮海惟揚州」也。咸和四年，祖約以城降胡，復以庾亮爲刺史，治蕪湖。蕪湖，浦水南入，亦爲險奥。劉備謂孫權曰：「江東先有建業，次有蕪湖。」庾亮經略中原，以毛寶爲刺史，治邾城，爲胡所覆。荆州刺史庾翼領州，在武昌。諸郡失土荒民數千無佃業，翼表移西陽、新蔡二郡荒民就陂田於尋陽。穆帝永和五年，胡僞揚州刺史王浹以壽春降，而刺史或治歷陽，進馬頭及譙，不復歸舊鎭也。哀帝隆和元年，袁眞還壽春。眞爲桓溫所滅，溫以子熙爲刺史，戍歷陽。孝武寧康元年，桓沖移姑熟，以邊寇未靜，分割譙、梁二郡見民，置之浣川，立爲南譙、梁郡。十二年，桓石虔還歷陽。庾准爲刺史，表省諸權置，皆還如本。義熙二年，劉毅復鎭姑熟。上表曰：

「忝任此州，地不爲曠，西界荒餘，密邇寇虜，北垂蕭條，土氣彊獷，民不識義，唯戰是習。逋逃不逞，不謀日會。比年以來，無月不戰，實非空乏之所能獨撫。請輔國將軍張暢領淮南、安豐、梁國三郡。」時豫州邊荒，至乃如此。十二年，劉義慶鎭壽春，後常爲州治。撫接遐荒，扞禦疆埸。領郡如左：

南汝陰郡 建元二年罷南陳左郡二縣并

愼　汝陰　宋　安陽　和城　南頓　陽夏　宋丘 永元元年地志無　樊 永元志無　鄭 永元志無　東宋 永元志無　南陳左縣 永元志無　邊水 永元志無

晉熙郡

新(治)〔冶〕〔七〕　陰安　懷寧　南樓煩　齊興　太湖左縣

潁川郡

臨潁　邵陵　南許昌 永元志無　曲陽

汝陽郡

武津　汝陽

梁郡 永元元年地志，南梁郡領睢陽、新汲、陳、蒙、崇義五縣。

北譙　梁　蒙　城父 永元志屬南譙

北陳郡

陽夏　西華　萇平　項

陳留郡

浚儀　小黃　雍丘

南頓郡永元元年地志無

和城　南頓

西南頓郡寄治州，永元元年地志無。

西南頓　和城　譙　平鄉

北梁郡永元元年地志無

北蒙　北陳

西汝陰郡

樓煩　汝陰　宋　陳永元志無　平豫永元志無　固始永元志無　新蔡永元志無　汝南永元志無　安城

北譙郡

寧陵　譙　蘄永元志屬南譙

汝南郡永元元年地志無

瞿陽　安城　上蔡

北新蔡郡

鮦陽　新蔡　固始　苞信

弋陽郡

期思　南新息　弋陽　上蔡　平輿

陳郡

南陳　萇平永元志無　項永元志無　西華永元志無　陽夏永元志無

安豐郡

雩婁　新化　史水　扶陽　開化　邊城　松滋永元志屬北新蔡　安豐

光城左郡

樂安　光城　茹(田)〔由〕〔八〕

邊城郡永元元年地志無

建寧郡

陽城　建寧

齊昌郡

陽塘　保城　齊昌　永興

右三郡，永明四年割郢州屬。

南豫州，晉寧康元年，豫州刺史桓冲始鎮姑熟，後遷徙，見晉書。宋永初二年，分淮東爲南豫州，治歷陽，而淮西爲豫州。元嘉七年省幷。大明元年復置，治姑熟。泰始二年治歷陽，三年治宣城，五年省。淮西沒虜。七年，復分淮東置南豫。建元二年，太祖以西豫吏民寡刻，分置兩州，損費甚多，省南豫。左僕射王儉啓：「愚意政以江西連接汝、潁，土曠民希，匈奴越逸，唯以壽春爲阻。若使州任得才，虜動要有聲聞，豫設防禦，此則不俟南豫。假令或慮一失，醜羯之來，聲不先聞，胡馬倏至，壽陽嬰城固守，不能斷其路，朝廷遣軍歷陽，己當不得先機。戎車初戒，每事草創，孰與方鎮常居，軍府素正。臨時配助，所益實少。安不忘危，古之善政。所以江左屢分南豫，意亦可求。如聞西豫力役尙復粗可，今得南譙等郡，民戶益薄，於其實益，復何足云。」太祖不從。永明二年，割揚州宣城、淮南，豫州歷陽、譙、廬江、臨江六郡，復置南豫州。四年，冠軍長史沈憲啓：「二豫分置，以桑堺子亭爲斷。潁川、汝陽在南譙、歷陽界內，悉屬西豫，廬江居晉熙、汝陰之中，屬南豫。求以潁川、汝陽

屬南豫，廬江還西豫。」七年，南豫州別駕殷瀰稱：「潁川、汝陽，荒殘來久，流民分散在譙、歷二境，多蒙復除，獲有郡名，租輸益微，府州絕無將吏，空受名領，終無實益。但寄治譙、歷，於方斷之宜，實應屬南豫。二豫亟經分置，廬江屬南豫，濱帶長江，與南譙接境，民黎租帛，從流送州，實爲便利，遠踰西豫，非其所願，郡領灊舒及始新左縣，村竹產，府州採伐，爲益不少。府州新創，異於舊藩。資役多闕，實希得廬江。請依昔分置。」尙書參議：「往年慮邊塵須實，故啓迴換。今淮、泗無虞，宜許所牒。」詔「可」。領郡如左：

淮南郡

于湖永明八年，省(甬)〔角〕城、高平、下邳三縣幷。〔九〕　繁昌　當塗　浚遒　定陵　襄垣

宣城郡

廣德　懷安　宛陵　廣陽　石城　臨城　寧國　宣城　建元　涇　安吳

歷陽郡

歷陽　龍亢　雍丘

南譙郡

山桑　蘄　北許昌永元志無　扶陽　曲陽　嘉平

廬江郡

舒建元二年爲郡治　灊　始新　和城永元志無　西華永元志無　呂亭左縣建元二年，割晉熙屬。

譙建元二年，割南譙屬。

臨江郡建元二年，罷并歷陽，後復置。

烏江　懷德　酇

南兗州鎭廣陵，漢故王國。有江都浦水，魏文帝伐吳出此，見江濤盛壯，歎云：「天所以限南北也。」晉元帝過江，建興四年，揚聲北討，遣宣城公裒督徐、兗二州，鎭廣陵。其後或還江南，然立鎭自此始也。時百姓遭難，流移此境，流民多庇大姓以爲客。元帝太興四年，詔以流民失籍，使條名上有司，爲給客制度，而江北荒殘，不可檢實。明帝太寧三年，郗鑒爲兗州，鎭廣陵，後還京口。是後兗州或治盱眙，或治山陽，桓玄以桓弘爲青州，鎭廣陵。義熙二年，諸葛長民爲青州，徙山陽。時鮮卑接境，長民表云：「此蕃十載釁故相襲，城池崩毁，荒舊散伏，邊疆諸戍，不聞鷄犬。且犬羊侵暴，抄掠滋甚。」乃還鎭京口。晉末以廣陵控接三齊，故青、兗同鎭。宋永初元年，罷青幷兗。三年，檀道濟始爲南兗州，廣陵因此爲州鎭。土甚平曠，刺史每以秋月多出海陵觀濤，與京口對岸，江之壯闊處也。永明元年，刺史柳世隆奏：「尙書符下土斷條格，幷省僑郡縣。凡諸流寓，本無定憇，十家五落，各自星處。

一縣之民，散在州境，西至淮畔，東届海隅。今專罷僑邦，不省荒邑，雜居舛止，與先不異。離爲區斷，無革游濫。謂應同省，隨堺幷帖。若鄉屯里聚，二三百家，井甸可脩，區域易分者，別詳立。」於是濟陰郡六縣，下邳郡四縣，淮陽郡三縣，東莞郡四縣，以散居無實土，官長無廨舍，寄止民村，及州治立，見省，民戶帖屬。領郡如左：

廣陵郡建元四年，罷北淮陽、北下邳、北濟陰、東莞四郡幷。

海陵　廣陵　高郵　江都　齊寧永明元年置〔一〇〕

海陵郡

建陵　寧海　如皐　臨江　蒲濤　臨澤　齊昌永明元年置　海安永明五年罷新郡，幷此縣度屬。

山陽郡

東城　山陽　鹽城　左鄉

盱眙郡

考城　盱眙　陽城　直瀆　長樂

南沛郡

沛　蕭　相

北兗州，鎭淮陰。地理志云淮陰縣屬臨淮郡，郡國志屬下邳國，晉太康地記屬廣陵郡。沃野有開殖之利，方舟運漕，無他屯阻」。乃營立城池。宋泰始二年失淮北，於此立州鎭。建元四年，移鎭盱眙，仍領盱眙郡。舊北對淸泗，臨淮守險，有（平）陽〔平〕石鼇，〔一一〕田稻豐饒。所領唯（平）陽〔平〕一郡，永明七年，光祿大夫呂安國啓稱：「北兗州民戴尙伯六十人訴『舊壤幽隔，飄寓失所，今雖創置淮陰，而陽平一郡，州無實土，寄山陽境內。竊見司、徐、靑三州，悉皆新立，並有實郡。東平旣是望邦，衣冠所係。希於山陽、盱眙二界閒，割小戶置此郡，始招集荒落。使本壤族姓，有所歸依』。臣尋東平郡旣是此州本領，臣賤族桑梓，願立此邦。」見許。領郡如左：

陽平郡寄治山陽〔一二〕

泰淸　永陽　安宜　豐國

東平郡

壽張割山陽官瀆以西三百戶置　淮安割直瀆、破釜以東，淮陰鎭下流雜一百戶置。」

高平郡

濟北郡

泰山郡

新平郡

魯郡

右荒。

北徐州，鎭鍾離。漢志鍾離縣屬九江郡，晉太康二年起居注置淮南鍾離，未詳此前所省令。晉地記屬淮南郡。宋泰始末年屬南兗。元徽元年置州，割爲州治，防鎭緣淮。永明元年，省北徐譙、梁、魏、陽平、彭城五郡。領郡如左：

鍾離郡

燕縣郡治　朝歌　虞永明元年，割馬頭屬。　零永明元年，割馬頭屬。

馬頭郡

已吾永明元年，罷譙郡屬。二年，刺史戴僧靜又以濟縣幷之。

濟陰郡

頓丘永明元年，罷定陶幷。　睢陵　樂平永明元年，割鍾離屬。　濟安永明元年，割鍾離屬。

新昌郡

頓丘　穀熟　尉氏

沛郡

相　蕭　沛

青州，宋泰始初淮北沒虜，六年，始治鬱州上。鬱州在海中，周迴數百里，島出白鹿，土有田疇魚鹽之利。劉善明爲刺史，以海中易固，不峻城雉，乃累石爲之，高可八九尺。後爲齊郡治。建元初，徙齊郡治瓜步，以北海治齊郡故治，州治如舊。流荒之民，郡縣虛置，至於分居土著，蓋無幾焉。建元四年，移鎮朐山，後復舊。領郡如左：

齊郡 永明元年，罷秦郡幷之，治瓜步。

臨淄 永明二年，省華城縣幷。　齊安 永明元年罷　西安　宿豫　尉氏　平虜　昌國　泰

益都

北海郡

都昌 宋鬱縣，建元改用漢名也。　廣饒　贛榆　膠東　劇　下密　平壽

東莞琅邪二郡 治朐山也

卽丘　南東莞 永明元年，以流戶置。　北東莞

冀州，宋元嘉九年分青州置。青州領齊、濟南、樂安、高密、平昌、北海、東萊、太原、長廣九郡，冀州領廣川、平原、淸河、樂陵、魏郡、河閒、頓丘、高陽、勃海九郡。泰始初，遇虜寇，竝荒沒。今所存者，泰始之後更置立也。二州共一刺史。郡縣十無八九，但有名存，案宋志自知也。建元初，以東海郡屬冀州。全領一郡：

北東海郡 治漣口

襄賁　僮　下邳　厚丘　曲城

江州，鎮尋陽，中流衿帶。晉元康元年，惠帝詔：「荆、揚二州，疆土曠遠。有司奏割揚州之豫章、鄱陽、廬陵、臨川、南康、建安、晉安爲新州。新安、東陽、宣城舊豫章封內，豫章之東北，相去懸遠，可如故屬揚州。又割荆州之武昌、桂陽、安成幷十郡，可因江水之名爲江州，宜治豫章。」庾亮領刺史，都督六州，云以荆、江爲本，校二州戶口，雖相去機事，[一三]實覺過半，江州實爲根本。臨終表江州宜治尋陽，以州督豫州新蔡、西陽二郡，治湓城，接近東江諸郡，往來便易。其後庾翼又還豫章。義熙後，還尋陽。何無忌表：「竟陵去治遼遠，去江陵正三百里，荆州所立綏安郡民戶，參入此境，郡治常在夏口左右，欲資此郡助江濱戍防，以竟陵還荆州。又司州弘農、揚州松滋二郡，寄尋陽，人民雜居，宜竝見督。」今九江在州鎮之北，彭蠡在其東也。領郡如左：

尋陽郡

柴桑　彭澤

豫章郡

南昌　新淦　艾　建城　建昌　望蔡　新吳　永脩　吳平　康樂　豫章[一四]　豐城

臨川郡

南城　臨汝　新建　永城　宜黃　南豐　東興　安浦　西豐

廬陵郡

石陽　西昌　東昌　吉陽　巴丘　興平　高昌　陽豐　遂興

鄱陽郡

鄱陽　餘干　葛陽　樂安　廣晉　上饒

安成郡

平都　新喩　永新　萍鄉　宜陽　廣興　安復

南康郡

贛　雩都　南野　寧都　平固　陂陽　虔化 永明八年，罷安遠縣幷。　南康

南新蔡郡

愼　苞信　陽唐左縣　宋

建安郡

吳興　建安　將樂　邵武　建陽　綏城[一五]　沙村

晉安郡

侯官　羅江　原豐　晉安　溫麻

廣州，鎮南海。濱際海隅，委輸交部，雖民戶不多，而俚獠猥雜，皆樓居山險，不肯賓服。西南二江，川源深遠，別置督護，專征討之。捲握之資，富兼十世。尉他餘基，亦有霸迹。江左以其遼遠，蕃戚未有居者，唯宋隨王誕爲刺史。領郡如左：

南海郡

番禺　熙安　博羅　增城　龍川　懷化　西平　綏寧　新豐　羅陽　高要　安遠

河源

東官郡

懷安[二六] 寶安 海安 欣樂 海豐 齊昌 陸安 興寧

義安郡

綏安 海寧 海陽 義招 潮陽 程鄉

新寧郡

博林 南興 臨沈[二七] 甘泉[二八] 新成 威平 單牒 龍潭 城陽 威化 歸順

初興 撫納 平鄉

蒼梧郡

廣信 寧新 封興 撫寧 遂城[二九] 丁留 懷熙 猛陵 廣寧 蕩康 僑寧

思安

高涼郡

安寧 羅州 莫陽 西鞏 思平 禽鄉 平定

永平郡

夫寧 安沂 歠安 盧平 員鄉 蘇平 逋寧 雷鄉 開城 毗平 武林 豐城

晉康郡

威城 都城 夫阮 元溪 安遂 晉化 永始 端溪 賓江 熙寧 樂城 武定

悅城 文招 義立

新會郡

盆允 新夷 封平 初賓 封樂 義寧 新熙 永昌 始康 招集 始成

廣熙郡

龍鄉 羅平 賓化 寧鄉 長化 定昌 永熙 賓寧

宋康郡

廣化 石門 化隆 遂度[三〇] 威覃 單城 開寧 海鄰 輿定 綏定

宋隆郡

平興 招興 崇化 建寧 熙穆 崇德

海昌郡

寧化 招懷 永建 始化 新建

綏建郡

新招 四會 化蒙 化注 化穆

樂昌郡

始昌 樂山 宋元 義立 安樂

鬱林郡

布山 鬱平 阿林 建安 始集 龍平 賓平 新林 綏寧 中胄 領方 懷安

歸化 晉平 威化

桂林郡

武熙 騰溪 潭平 龍岡 臨浦 中留[三一] 武豐 程安 威定 潭中 安遠

安化 龍定

寧浦郡

安廣 簡陽[三二] 平山 寧浦 興道 吳安

晉興郡

晉興 熙注 桂林 增翊 安廣 廣鬱 晉城 鬱陽

齊樂郡

希平 觀寧 臻安 宋平 綏南 封陵

齊康郡

樂康

齊建郡

初寧 永城

齊熙郡

交州，鎮交阯，在海漲島中。楊雄箴曰：「交州荒遰，水與天際。」外接南夷，寶貨所出，山海珍怪，莫與爲比。民恃險遠，數好反叛。領郡如左：

九眞郡

移風 胥浦 松原 高安 建初 常樂 津梧 軍安 吉龐[三三] 武寧

武平郡

武定 封溪 平道 武興 根寧 南移

新昌郡

范信 嘉寧 封山 西道 臨西 吳定 新道 晉化

九德郡

九德 咸驩 浦陽 南陵 都洨[三四] 越常 西安

日南郡

西捲[三五]　象林　壽泠　朱吾　比景　盧容　無勞

交阯郡

　龍編　武寧　望海　句漏　吳興　西于　朱鳶　南定　曲昜　海平　羸𨻻[三六]

宋平郡

　昌國　義懷　綏寧

宋壽郡 建元二年，割越州屬。

義昌郡 永元二年，改沃屯置。

越州，鎮臨漳郡，本合浦北界也。夷獠叢居，隱伏巖障，寇盜不賓，略無編戶。宋泰始中，西江督護陳伯紹獵北地，見二青牛驚走入草，使人逐之不得，乃誌其處，云「此地當有奇祥」。啓立爲越州。七年，始置百梁、隴蘇、永寧、安昌、富昌、南流六郡，割廣、交朱鳶三郡屬。元徽二年，以伯紹爲刺史，始立州鎮，穿山爲城門，威服俚獠。土有瘴氣殺人。漢世交州刺史每暑月輒避處高，今交土調和，越瘴獨甚。刺史常事戎馬，唯以貶伐爲務。

臨漳郡

　漳平　丹城　勞石　容城　長石　都幷　綏端

合浦郡

　徐聞　合浦　朱盧　新安　晉始　蕩昌　朱豐　宋豐　宋廣

永寧郡

　杜羅　金安　蒙　廖簡　留城

百梁郡

　百梁　始昌　宋西

安昌郡

　武桑　龍淵　石秋　撫林

南流郡

　方度

北流郡 永明六年立，無屬縣。

龍蘇郡

　龍蘇

富昌郡

　南立　義立　歸明

高興郡

　宋和　寧單　高興　威成　夫羅　南安　歸安　陳蓮　高城　新建

思築郡

鹽田郡

　杜同

定川郡

　興昌

隆川郡

　良國

齊寧郡 建元二年置，割鬱林之新邑、建初二縣幷。

　開城 建元二年置　延海　新邑　建初

越中郡

馬門郡

　鍾吳　田羅　馬陵　思寧

封山郡

　安金

吳春俚郡 永明六年立，無屬縣。

齊隆郡 先屬交州，中改爲□□。永泰元年，改爲齊隆，還屬□州。[三七]

校勘記

[一] 淩　南監本、局本作「廣陵」。按成孺宋州郡志校勘記云：「考異云『陵』當作『淩』，『廣』字衍。是也。南齊書正作『淩』。」

[二] 淮浦建武二年省　「二年」毛本、局本作「三年」。

[三] 甄城　錢大昕廿二史考異云：「按宋州郡志無此縣。若云鄄城之譌，則已見南濮陽，不當重出也。」

[四] 繹幕建武二年省　「二年」毛本、局本作「三年」。

[五] 榆次建武二年省　「二年」毛本、局本作「三年」。

[六] 南魯郡建武二年省　「二年」毛本、局本作「三年」。

[七] 新(治)[冶]　據宋書州郡志改。

[八] 茹(田)[由]　據宋書州郡志改。

〔九〕于湖永明八年省(甬)〔角〕城高平下邳三縣幷　通鑑齊建元三年胡注云「甬城」當作「角城」，今據改。按水經淮水注「淮泗之會卽角城也」，楊守敬疏證云各書「甬」「角」錯出。

〔一〇〕齊寧永明元年置　「永」原譌「元」，據殿本、局本改正。

〔一一〕有(平)陽〔平〕石鷩　據局本改。下同。按錢大昕廿二史考異云：「據下文，當爲陽平郡，轉寫傎倒耳。周山圖傳亦云於石鷩立陽平郡。」

〔一二〕陽平郡寄治山陽　錢大昕廿二史考異云：「按陽平郡治石鷩，在山陽境內。」

〔一三〕雖相去機事　「機」字原闕，據南監本、殿本、局本補。

〔一四〕豫章　晉書地理志同。宋書州郡志作「豫寧」。按王曇首追封豫寧縣侯，見宋書本傳。然宋書王僧綽傳、南齊書王儉傳均作襲封豫章縣侯，僧綽，曇首子，儉，曇首孫也。南史僧綽傳、儉傳則又並作襲封豫寧縣侯，與宋志合。又文選任昉王文憲集序稱儉襲爵豫寧縣侯，李善注引蕭子顯齊書亦作「豫寧」。則疑齊書舊本亦作豫寧。此豫章疑亦豫寧之譌。

〔一五〕綏城　南監本及宋書州郡志作「綏成」。

〔一六〕懷安　宋書州郡志作「安懷」。按梁書蘭欽傳云欽封安懷縣男，疑作「安懷」是。

〔一七〕臨沇　漢書地理志、晉書地理志、宋書州郡志並作「臨允」。

〔一八〕甘泉　宋書州郡志作「甘東」。

〔一九〕遂城　元和郡縣志同。宋書州郡志、隋書地理志作「遂成」。

〔二〇〕遂度　宋書州郡志作「逐度」。

〔二一〕中留　南監本、局本及續漢書郡國志作「中溜」。漢書地理志、宋書州郡志作「中留」。

〔二二〕簡陽　宋書州郡志作「澗陽」，云永初郡國作「簡陽」。按成孺宋州郡志校勘記云「澗」爲「澗」字之譌。

〔二三〕吉龐　南監本及漢書地理志、宋書州郡志作「都龐」。

〔二四〕都洨　宋書州郡志作「都洑」。

〔二五〕西捲　漢書地理志、隋書地理志同。殿本及續漢書郡國志、宋書州郡志並作「西卷」。

〔二六〕羸𨻻　南監本及宋書州郡志作「羸𨻻」。按成孺宋州郡志校勘記云：「漢志作『羸𨻻』，續志作『羸𨻻』，晉志作『羸𨻻』，南齊志同漢志。」

〔二七〕齊隆郡先屬交州中改爲□□永泰元年改爲齊隆還屬□州　張元濟百衲本南齊書跋云：「殿本志第六越州齊隆郡，注先屬交州，中改爲關，永泰元年改爲齊隆，還屬關州。按是本並無兩『關』字，原文漫漶不可辨。南監本同汲古閣本各空一格，北監本則各注『闕』字，殿本遂誤爲『關』。郡名豈有改爲關之理，而當時更無所謂關州。」

南齊書卷十五

志第七

州郡下

荆　巴　郢　司　雍　湘　梁　秦　益　寧

荆州，漢靈帝中平末刺史王睿始治江陵，吳時西陵督鎭之。晉太康元年平吳，以爲刺史治。愍帝建興元年，刺史周顗避杜弢賊奔建康，陶侃爲刺史，治沌口。王敦治武昌。其後或還江陵，或在夏口。桓溫平蜀，治江陵。以臨沮西界，水陸紆險，行逕裁通，南通巴、巫，東南出州治，道帶蠻、蜑，田土肥美，立爲汶陽郡，以處流民。屬氐陷襄陽，桓沖避居上明，頓陸遜樂鄉城上四十餘里，以田地肥良，可以爲軍民資實，又接近三峽，無西疆之虞，故重戍江南，輕戍江北。苻堅敗後，復得襄陽。太元十四年，王忱還江陵。江陵去襄陽步道五百，勢同脣齒，無襄陽則江陵受敵，不立故也。自忱以來，不復動移。境域之內，含帶蠻、蜑，土

地遼落，稱爲殷曠。江左大鎭，莫過荆、揚。弘農郡陝縣，周世二伯總諸侯，周公主陝東，召公主陝西，故稱荆州爲陝西也。領郡如左：

南郡

　江陵　華容　枝江　臨沮　編　當陽

南平郡

　孱陵　作唐　江安　安南

天門郡

　零陽　澧陽　臨澧　漊中

宜都郡

　夷道　佷山　夷陵　宜昌

南義陽郡

　平氏　厥西

河東郡

　聞喜　松滋　譙　永安

汶陽郡

僮陽　沮陽　高安

新興郡

定襄　新豐　廣牧

永寧郡

長寧　上黃

武寧郡

樂鄉　長林

巴州，三峽險隘，山蠻寇賊，宋泰始三年，議立三巴校尉以鎮之。後省，昇明二年，復置。建元二年，分荊州巴東、建(年)〔平〕、〔一〕益州巴郡爲州，立刺史，而領巴東太守，又割涪陵郡屬。永明元年省，各還本屬焉。

巴東郡

魚復　朐䏰　南浦　聶陽　巴渠　新浦　漢豐

建平郡

巫　秭歸　北井　秦昌〔二〕　沙渠　新鄉

巴郡

江州　枳　墊江　臨江

涪陵郡

漢平　涪陵　漢玫〔三〕

郢州，鎮夏口，舊要害也。吳置督將爲魯口屯，對魯山岸，因爲名也。晉永嘉中，荊州刺史都督山簡自襄陽避賊奔夏口，庾翼爲荊州，治夏口，並依地嶮也。太元中，〔四〕荊州刺史桓沖移鎮上明，上表言：「氐賊送死之日，舊郢以北，〔堅〕壁相望，〔五〕待以不戰。江州刺史桓嗣宜進屯夏口，據上下之中，於事爲便。」義熙元年，冠軍將軍劉毅以爲夏口二州之中，地居形要，控接湘川，邊帶涢、沔，請并州刺史劉道規鎮夏口。夏口城據黃鵠磯，世傳仙人子安乘黃鵠過此上也。邊江峻險，樓櫓高危，瞰臨沔、漢，應接司部，宋孝武置州於此，以分荊楚之勢。領郡如左：

江夏郡

沙陽　蒲圻　聶湯　汝南　沌陽　惠懷

竟陵郡

竟陵　雲杜　霄城　萇壽　新市　新陽

武陵郡

沅陵　臨沅　零陵　辰陽　酉陽　沅南　漢壽　龍陽　潾陽〔六〕　黚陽

巴陵郡

下雋　州陵　巴陵　監利

武昌郡

武昌　鄂　陽新　義寧寄治鄂　眞陽永明三年戶口簿無

西陽郡

西陵　蘄陽　西陽　孝寧　期思永明三年戶口簿無　義安左縣　希水左縣　東安左縣　蘄水左縣

齊興郡永明三年置

綏懷　齊康　茸波　綏平　齊寧　上蔡永明三年戶口簿無

東牂牁郡永明三年戶口簿云「新置，無屬縣」。

宜　南平陽　西新市　南新市　西平陽　東新市

方城左郡

城陽　歸義

北新陽郡

西新陽　安吉　長寧

義安左郡

綏安

南新陽左郡

南新陽　新興　北新陽　角陵　新安

北遂安左郡永明三年簿云「五縣皆缺」。

東城　綏化　富城　南城　新安

新平左郡

平陽　新市　安城

建安左郡

霄城

司州，鎮義陽。宋景平初，失河南地，元嘉(宋)〔末〕，〔七〕僑立州於汝南縣瓠，尋罷。泰始中，立州於義陽郡。有三關之隘，北接陳、汝，控帶許、洛。自此以來，常爲邊鎮。泰始既遷，領義陽，僑立汝南，領三郡。元徽四年，又領安陸、隨、安蠻三郡。領郡如左：

南義陽郡
孝昌　平興　義昌　平陽　南安　平春

北義陽郡
平陽　義陽　保城　鄳　鍾武　環水

隨郡
隨　永陽　闕西　安化

安陸郡 寄州治
安陸　應城　新市　新陽　宣化

汝南郡 寄州治
平輿　北新息　眞陽　安城　南新息　安陽　臨汝　汝南　上蔡

齊安郡
齊安　始安　義城　南安　義昌　義安

淮南郡

閣口　平氏

宋安左郡
仰澤　樂寧　襄城

安蠻左郡
木蘭　新化　懷　中聶陽　南聶陽　安蠻

永寧左郡
中曲陵　曲陵　孝懷　安德

東義陽左郡
永寧　革音　威淸　永平

東新安左郡
第五　南平林　始平　始安　平林　義昌　固城　新化　西平

新城左郡
孝懷　中曲　南曲陵　懷昌

圍山左郡
及剌　章平　北曲　洛陽　圍山　曲陵

建寧左郡
建寧　陽城

北淮安左郡
高邑

南淮安左郡
慕化　栢源

北隨安左郡
濟山　油潘〔八〕

東隨安左郡
西隨　高城　牢山

雍州，鎮襄陽，晉中朝荆州都督所治也。元帝以魏該爲雍州，鎮酇城，襄陽別有重戍。庾翼爲荆州，謀北伐，鎮襄陽。自永嘉亂，襄陽民戶流荒。咸康八年，尙書殷融言：「襄陽、石城，疆埸之地，對接荒寇。諸荒殘寄治郡縣，民戶寡少，可并合之。」朱序爲雍州，於襄陽立僑郡縣，沒苻氏。氐敗，復還南，復用朱序。襄陽左右，田土肥良，桑梓野澤，處處而有。

郗恢爲雍州，于時舊民甚少，新戶稍多。宋元嘉中，割荆州五郡屬，遂爲大鎮。疆蠻帶沔，阻以重山，北接宛、洛，平塗直至，跨對樊、沔，爲鄢郢北門。部領蠻左，故別置蠻府焉。領郡如左：

襄陽郡
襄陽　中廬　邔　建昌

南陽郡
宛　涅陽　冠軍　舞陰　酈　云陽　許昌

新野郡
新野　山都　池陽　穰　交木　惠懷

始平郡
武當　武陽〔九〕　始平　平陽

廣平郡
酇　比陽　廣平　(陽)〔陰〕〔一〇〕

京兆郡
鄧　新豐　杜　魏

扶風郡
　筑陽　酇　汎陽
馮翊郡
　鄀　蓮勺　高陸
河南郡
　河南　新城　棘陽　襄鄉　河陰
南天水郡
　略陽　華陰　西
義成郡
　萬年　義成
建昌郡
　永興　安寧
華山郡
　藍田　華山　上黃
南上洛郡建武中，此以下郡皆沒虜。

　上洛　商
北河南郡
　新蔡　汝陰　上蔡　緱氏　洛陽　新安　固始　苞信
弘農郡
　邯鄲　圉　盧氏
從陽郡〔一〕
　南鄉　槐里　清水　丹水　酇　從陽
西汝南郡
北上洛郡
齊安郡
齊康郡
招義郡
　　右五郡，不見屬縣。
　寧蠻府領郡如左：
西新安郡

　新安　汎陽　安化　南安
義寧郡
　筑　義寧　汎陽　武當　南陽〔二〕
南襄郡
　新安　武昌　建武　武平
北建武郡
　東莨秋　霸　北都　高羅　西莨秋　平丘
蔡陽郡
　樂安　東蔡陽　西蔡陽　新化　楊子　新安
永安郡
　東安樂　新安　西安樂　勞泉
安定郡
　思歸　歸化　阜亭　新安　士漢　士頃
懷化郡
　懷化　編　遂城　精陽　新化　遂寧　新陽

武寧郡
　新安　武寧　懷寧　新城　永寧
新陽郡
　東平林　頭章　新安　朗城　新市　新陽　武安　西林
義安郡
　郊鄉　東里　永明　山都　義寧　西里　義安　南錫　義清
高安郡
　高安　新集
左義陽郡
南襄城郡
廣昌郡
東襄城郡
北襄城郡
懷安郡
北弘農郡

西弘農郡
析陽郡
北義陽郡
漢廣郡
中襄城郡

右十二郡沒虜。

湘州，鎮長沙郡。湘川之奧，民豐土閑。晉永嘉元年，分荆州置，苟眺爲刺史。〔一三〕此後三省，輒復置。元嘉十(八)〔六〕年置，〔一四〕至今爲舊鎮。南通嶺表，脣齒荆區。領郡如左：

長沙郡
臨湘 羅 湘陰 醴陵 劉陽〔一五〕 建寧 吳昌
桂陽郡
郴 臨武 南平 耒陽 晉寧 汝城
零陵郡
泉陵 洮陽 零陵 祁陽 觀陽 永昌 應陽

衡陽郡
湘西 益陽 湘鄉 新康 衡山
營陽郡
營道 泠道 營浦 舂陵
湘東郡
茶陵 新寧 攸 臨蒸 重安 陰山
邵陵郡
都梁 邵陵 高平 武剛 建興 邵陽 扶
始興郡
曲江 桂陽 仁化 陽山 令階 含洭 靈溪 中宿 湞陽 始興
臨賀郡
臨賀 馮乘 富川 封陽 謝沐 興安 寧新 開建 撫寧
始安郡 本名始建，齊改。
始安 荔浦 建陵左縣 熙平 永豐 平樂
齊熙郡

梁州，鎮南鄭。魏景元四年平蜀所置也。晉永嘉元年，蜀賊沒漢中，刺史張光治魏興，三年，還漢中。建興元年，又爲氐楊難敵所沒。桓溫平蜀，復舊土。後爲譙縱所沒，縱平復舊。每失漢中，刺史輒鎮魏興。漢中爲巴蜀扞蔽，故劉備得漢中，云「曹公雖來，無能爲也」。是以蜀有難，漢中輒沒。雖時還復，而戶口殘耗。宋元嘉中，甄法護爲氐所攻，失守。蕭思話復還漢中。後氐虜數相攻擊，關隴流民，多避難歸化，於是民戶稍實。州境與氐、胡相隣，亦爲威御之鎮。領郡如左：

漢中郡
南鄭 城固 沔陽 西鄉 西上庸
魏興郡
西城 旬陽 興晉 廣昌 南廣城 永元志無 廣城
新興郡 永元二年志無
吉陽 東關
南新城郡
房陵 綏陽 昌魏 祁鄉 閬陽 樂平

上庸郡
上庸 武陵 齊安 北巫 上廉 微陽 新豐 新安 吉陽
晉壽郡
晉壽 邵歡 興安 白水
華陽郡
宕渠 華陽 興宋 嘉昌
新巴郡
新巴 晉城 晉安
北巴西郡
閬中 安漢 宋壽 南國 西國 平周 漢昌
巴渠郡
宣漢 晉興 始興 巴渠 東關 始安 下蒲
懷安郡
懷安 義存
宋熙郡

興平 宋安 陽安 元壽 嘉昌永元志無

白水郡

晉壽 新巴 漢德 益昌 興安 平周

南上洛郡

上洛 商 流〔風〕民〔一六〕 北豐陽 渠陽 義陽

北上洛郡

上洛 商 豐陽永元志無 流民 秬陽〔一七〕 陽亭 齊化 西豐陽 東鄰陽 齊寧永元志無 京兆 新寧永元志無 新附

安康郡

安康 寧都

南宕渠郡

宕渠 漢安 宣漢 宋康

懷安郡〔一八〕

永豐 綏成〔一九〕 預德

北陰平郡

陰平 平武

南陰平郡

陰平 懷舊

齊興郡

齊興永元志無 安昌永元志無 鄖鄉 錫〔二〇〕 安富 略陽

晉昌郡

安晉 宣漢 吉陽 長壽 東關 新興 延壽 安樂

東晉壽郡

右一郡，縣邑事亡。

弘農郡

東昌魏郡

略陽郡

北梓潼郡

廣長郡

武水郡

思安郡

宋昌郡

建寧郡

南泉郡

三巴郡

江陵郡

懷化郡

歸寧郡

東楗郡

北宕渠郡

宋康郡

南漢郡

南梓潼郡

始寧郡

江陽郡

南部郡

南安郡

建安郡

壽陽郡

南陽郡

宋寧郡

歸化郡

始安郡

平南郡

懷寧郡

新興郡

南平郡

齊兆郡

齊昌郡

新化郡

寧章郡

隣溪郡

京兆郡

義陽郡

歸復郡

安寧郡

東宕渠郡

宋安郡

齊安郡

凡四十五郡，荒或無民戶。

秦州，晉武帝泰始五年置。舊土有秦之富，跨帶壠坂。太康省，惠帝元康七年復置。中原亂，沒胡。穆帝永和八年，胡僞秦州刺史王擢降，仍以爲刺史，尋爲苻健所破。十一年，桓溫以氐王楊國爲秦州刺史，未有民土。至太元十四年，雍州刺史朱序始督秦州，則孝武所置也。寄治襄陽，未有刺史，是後雍州刺史常督之。隆安二年，郭銓始爲梁、南秦州刺

史，州寄治漢中。四年，桓玄督七州，但云秦州。元興元年，以苻堅子宏爲北秦州刺史。自此荊州都督常督秦州，梁州常帶南秦州刺史。義熙三年，以氐王楊國爲北秦州刺史。十四年，置東秦州，劉義眞爲刺史。郭恭爲梁州刺史，尹雅爲秦州刺史。宋文帝爲荊州都督，督秦州，又進督北秦州。州名雜出，省置不見。永明郡國志秦州寄治漢中南鄭，不曰南北。元嘉計偕亦云秦州，而荊州都督常督二秦，梁、南秦一刺史。是則志所載秦州爲南秦，氐爲北秦。領郡如左：

武都郡

下辯　上祿　陳倉

略陽郡

略陽　臨漢

安固郡

安固　南桓〔陵〕〔二一〕

西扶風郡

郿　武功

京兆郡

杜　藍田　鄠

南太原郡

平陶

始平郡

始平　槐里　宋熙

天水郡

新陽　河陽〔二二〕

安定郡

宋興　朝那

南安郡

桓道　中陶

金城郡

金城　榆中　臨洮　襄

馮翊郡

蓮勺　頻陽　下邽〔二三〕　萬年　高陵

隴西郡

河關　狄道　首陽　大夏

仇池郡

上辯　倉泉　白石　夷安

東寧郡

西安　北地　南漢

益州，鎭成都，起魏景元四年所治也。開拓夷荒，稍成郡縣，如漢之永昌，晉之雲山之類是也。蜀侯惲壯以來，〔二四〕四爲偏據，故諸葛亮云「益州險塞，沃野天府」。劉頌亦謂「成都宜處親子弟，以爲王國」。故立成都王穎，竟不之國。三峽險阻，蠻夷孔熾。西通芮芮河南，亦如漢武威張掖，爲西域之道也。方面疆鎭，塗出萬里，晉世以處武臣。宋世亦以險遠，諸王不牧。泰始中，成都市橋忽生小洲，始康人邵碩有術數，見之曰：「洲生近市，當有貴王臨境。」永明二年，而始興王鎭爲刺史。州土瓌富，西方之一都焉。領夷、齊諸郡如左：巴、涪陵二郡，見巴州。

蜀郡

成都　郫　牛鞞　繁　永昌

廣漢郡

雒　什方　新都　郪　伍城　陽泉

晉康郡

江原　臨邛　(從)〔徙〕陽〔二五〕　晉樂　漢嘉

寧蜀郡

廣漢　升遷　廣都　墊江

汶山郡

都安　齊基　湲官〔二六〕

南陰平郡

陰平　綿竹　南鄭　南長樂

東遂寧郡

巴興　小漢〔二七〕　晉興　德陽

始康郡

康晉　談　新成

永寧郡〔二八〕

欣平　永安　宜昌

安興郡〔二九〕

南漢　建昌

犍爲郡

僰道　南安　資中　冶官　武陽

江陽郡

江陽　常安　漢安　綿〔水〕〔三〇〕

安固郡

桓陵　臨渭　興固　南苞　清水　沔陽　南城固

懷寧郡

萬年　西平　懷道　始平

巴西郡

閬中　安漢　西充國　南充國　漢昌　平州　益昌　晉興　東關

梓潼郡

涪　梓潼　漢德　新興　萬安　西浦

東江陽郡

漢安　安樂　綿水

南晉壽郡

南晉壽　白水　南興

西宕渠郡

宕渠　宣漢　漢初　東關

天水郡

西　上邽　冀　宋興

南新巴郡 永元志，寄治陰平。

新巴　晉熙　桓陵

北陰平郡

陰平　南陽　北桓陵　扶風　愼陽　京兆　綏歸

新城郡

下辯　略陽　漢陽　安定

扶風郡 見永元三年志

武江　華陰　茂陵

南安郡 見永元三年志

南安　華陽　白水　樂安　桓道

東宕渠獠郡

宕渠　平州　漢初

北部都尉

越嶲獠郡

沈黎獠郡

蚕陵令，無戶數。

甘松獠郡

始平獠郡

齊開左郡

齊通左郡

右二左郡，建武三年置。

寧州，鎮建寧郡，本益州南中，諸葛亮所謂不毛之地也。道遠土塉，蠻夷衆多，齊民甚少，諸爨、氐彊族，恃遠擅命，故數有土反之虞。領郡如左：

建平郡
同樂　同瀨　牧靡　新興　新定　味　同竝　萬安　昆澤　漏江　談槀　毋單
存駏

南廣郡
南廣　常遷　晉昌　新興

南朱提郡
朱提　漢陽　堂狼　南秦

南牂牁郡
且蘭　萬壽　毋斂　晉樂　綏寧　丹南

梁水郡
梁水　西隨　(毋掇)〔毋棳〕〔三一〕　勝休〔三二〕　新豐　建安　驃封〔三三〕

建寧郡
新安　永豐　綏雲〔三四〕　逡安　廲雅〔三五〕　臨江

晉寧郡
建伶　連然　滇池　俞元　穀昌　秦臧　雙栢

雲南郡
東古復　西古復　雲平　邪龍

西平郡
西平　㬈江〔三六〕　都陽　西寧　晉綏　新城

夜郎郡
夜郎　談柏〔三七〕　談樂　廣談

東河陽郡
東河陽　楪榆

西河陽郡
比蘇　建安　成昌

平蠻郡
平蠻　(穀邑)〔鳖〕〔三八〕

興古郡
西中〔三九〕　宛暖　律高　句町　漏臥　南興

興寧郡
青蛉　弄棟

西阿郡
楪榆　新豐　逡〔段〕〔四〇〕

平樂郡
益寧　安寧

北朱提郡
河陽　義城

宋昌郡
江陽　安上　犍爲

永昌郡　有名無民曰空荒不立
永安　永〔四一〕　不建　犍瑱　雍鄉　西城　博南

益寧郡　永明五年，刺史董仲舒啓置，領二縣，無民戶，自此已後皆然也。

武陽　綿水

南犍爲郡　永明二年置

西益郡

江陽郡

犍爲郡

永興郡

永寧郡

安寧郡

右六郡，隆昌元年置。

東朱提郡　延興元年立

安上郡　建武三年，刺史郭安明啓置。

贊曰：郡國既建，因州而部。〔四二〕離過十三，合不踰九。分城列邑，名號殷阜。遷徙叛逆，〔四三〕代亡代有。

校勘記

〔一〕分荆州巴東建(年)〔平〕 「建年」爲「建平」之譌，今改正。

〔二〕秦昌 晉書地理志同。按宋書州郡志、水經江水注作「泰昌」。隋志、寰宇記作「大昌」，蓋北周爲宇文泰諱已改也。疑「秦昌」爲「泰昌」之譌。

〔三〕漢玫 按「漢玫」不見於他地志。華陽國志，劉璋立涪陵郡，屬縣有漢葭縣。晉書地理志，涪陵郡統縣五，有漢復縣，漢葭縣。此「漢玫」非「漢葭」之譌，卽「漢復」之譌。

〔四〕太元中 「太元」原譌「泰元」，各本並譌，下秦州序「太元十四年」亦同譌，今改正。

〔五〕舊郢以北〔堅〕壁相望 據殿本補。

〔六〕潕陽 南監本及晉書地理志、宋書州郡志作「舞陽」。

〔七〕元嘉(宋)〔末〕 據局本及宋書州郡志改。

〔八〕油潘 殿本考證云：「南監本無『潘』字。」

〔九〕武陽 宋書州郡志作「武功」。案武陽前漢屬東海郡，後漢省。東晉南渡，徐、兗屬邑，例僑置於江淮南北，甚少寄治襄陽附近者。晉書地理志，始平郡有武功縣。疑作「武功」爲是。

〔一〇〕(陽)〔陰〕 「陽」各本並同。宋書州郡志作「陰」，案陰爲漢舊縣，屬南陽，作「陰」是，今據改。

〔一一〕從陽郡 「從陽」毛本、殿本作「順陽」，下從陽縣同。按蕭子顯避梁諱，「順」字皆改作「從」。

〔一二〕南陽 毛本、局本作「武陽」。案武陽前漢屬東海郡，後漢省。東晉南渡，徐、兗屬邑，例僑置於江淮南北，甚少寄治雍州襄陽附近者，疑作「南陽」爲是。

〔一三〕苟眺爲刺史 「苟眺」晉書杜弢傳、通鑑晉永嘉五年作「荀眺」。晉書懷帝紀作「荀晀」。按殿本、局本又譌作「苟晞」，苟晞晉書有傳，未嘗爲湘州刺史也。

〔一四〕元嘉十(八)〔六〕年置 宋書文帝紀，元嘉十六年正月，分荆州爲湘州。今據改。

〔一五〕劉陽 「劉」各本作「瀏」，劉瀏古今字。倖臣傳呂文顯封劉陽縣侯。

〔一六〕流(風)民 據南監本删。按宋書州郡志亦作「流民」。此衍一「風」字，而以流風、民爲二縣，非也。

〔一七〕秬陽 宋書州郡志作「拒陽」。

〔一八〕懷安郡 南監本、殿本及宋書州郡志並作「懷漢郡」。

〔一九〕綏成 宋書州郡志作「綏來」。

〔二〇〕錫 續漢書郡國志、宋書州郡志同。漢書地理志作「鍚」。應劭曰音陽。如應音，字當作「鍚」。

〔二一〕南桓〔陵〕 據南監本、毛本、殿本、局本補。按宋書州郡志亦作「南桓陵」，蓋益州南新巴郡有桓陵，北陰平郡有北桓陵，故此云南桓陵也。

〔二二〕河陽 兩漢志、宋書州郡志、魏書地形志、水經漾水注並作「阿陽」。顏師古漢書高帝紀注云：「阿陽，天水之縣也。今流俗本或作河陽者非。」按阿陽之作河陽，最早見於此志。其後周書獨孤信傳、隋志、元和志、寰宇記並作「河陽」。寰宇記云：「河陽，漢置縣，在河之西北，故曰河陽。」

〔二三〕下邽 宋書州郡志作「下辯」。

〔二四〕蜀侯惲壯以來 「惲壯」，各本並作「煇杜」。按此謂蜀侯惲、相陳壯事，並見史記秦本紀及華陽國志，今改正。

〔二五〕(從)〔徙〕陽 各本及宋書州郡志並作「樅陽」。成孺宋州郡志校勘記云：「『樅』兩漢志、晉志並作『徙』，當以作『徙』爲是。南齊志作『樅』。『徙』之傳寫爲『樅』，未知誤自何時也。」今據改。

〔二六〕漫官 南監本及宋書州郡志作「晏官」。

〔二七〕小漢 南監本及宋書州郡志作「廣漢」。按廣漢，漢舊縣，屬廣漢郡。漢時縣名與郡名同者，往往加「小」字以別之，故廣漢亦稱小廣漢，疑此「小」字下脫一「廣」字。

〔二八〕永寧郡 「永寧」南監本、局本及宋書州郡志作「宋寧」。按蕭齊代宋，故改「宋寧」爲「永寧」。

〔二九〕安興郡 「安興」南監本及宋書州郡志作「宋興」。按蕭齊代宋，故改「宋興」爲「安興」。

〔三〇〕綿〔水〕 據宋書州郡志補。

〔三一〕(毋掇)〔毋棳〕 據漢書地理志改。按漢書顏注云：「毋讀與無同。棳音之悅反，其字從木。」又錢大昕廿二史考異云：「說文棳從木，從手誤。」又毋單、毋斂，百衲本並譌「母」，亦據續漢志、華陽國志改正。

〔三二〕勝休 宋書州郡志作「騰休」，成孺校勘記云：「『騰』兩漢志作『勝』，晉志作『滕』，南齊志亦作『勝』。」案水經溫水注亦作「勝休」。

〔三三〕驃封 兩漢志、華陽國志、宋本晉書地理志、宋書州郡志、水經溫水注並作「鐔封」。

〔三四〕綏雲 宋書州郡志作「經雲」。

〔三五〕麻雅 宋書州郡志作「麻應」。

〔三六〕暖江 宋書州郡志作「溫江」。

〔三七〕談柏 宋書州郡志同。漢書地理志、續漢書郡國志、華陽國志作「談指」。晉書地理志作「指談」。

〔三八〕(斂邑)〔鷩〕 漢書地理志、續漢書郡國志、華陽國志、晉書地理志、宋書州郡志皆作「鷩」。案宋本晉書地理志已譌鷩爲「敝邑」兩字，齊志又譌「鷩」爲「斂邑」，今改正。

〔三九〕西中 宋書州郡志作「西安」。

〔四〇〕遂〔段〕 宋書州郡志東河陽太守下云：「永初郡國又有西河陽，領楪榆、遂段、新豐三縣。遂段、新豐二縣，二漢、晉並無」。據此，「遂」下蓋奪「段」字。今據補。

〔四一〕永 各本並同，疑有奪字。華陽國志、晉書地理志永昌郡有永壽縣，此或「永」下脫「壽」字。

〔四二〕因州而部 「部」毛本、殿本作「剖」。

〔四三〕遷徙叛逆 「徙」毛本、局本作「移」。「叛逆」，初學記八引作「區併」。

二十四史

梁　蕭子顯　撰

南齊書

第　二　册

卷一六至卷三九（志　傳）

中　華　書　局

南齊書卷十六

志第八

百官

建官設職，興自炎昊，方乎隆周之册，表乎盛漢之書。存改回沿，〔一〕備於歷代，先賢往學，以之雕篆者衆矣。若夫胡廣舊儀，事惟簡撮，應劭官典，殆無遺恨。王朗奏議，屬霸國之初基；陳矯增曹，由軍事而補闕。今則有魏氏官儀、魚豢中外官也。山濤以意辯人，不□□□。荀勗欲去事煩，唯論并省。定制成文，本之晉令，後代承業，案爲前准。肇域官品，區別階資，〔二〕蔚宗選簿梗槩，欽明階次詳悉，虞通、劉寅因荀氏之作，矯舊增新，今古相校。齊受宋禪，事遵常典，既有司存，無所偏廢。其餘散在史注，多已筌拾，覽者易知，不重述也。諸臺府郎令史職吏以下，具見長水校尉王珪之職儀。

（國相）〔相國〕。〔三〕

蕭、曹以來，爲人臣極位。宋孝建用南譙王義宣。至齊不用人，以爲贈，不列官。

太宰。

宋大明用江夏王義恭，以後無人。齊以爲贈。

太傅。

太師、太保、太傅，〔四〕周舊官。漢末，董卓爲太師。晉惠帝初，衞瓘爲太保。自後無太師，而太保爲贈。齊唯置太傅。

大司馬。

大將軍。

宋元嘉用彭城王義康，後無人。齊以爲贈。

太尉。

司徒。

司空。

三公，舊爲通官。司徒府領天下州郡名數戶口簿籍。雖無，〔五〕常置左右長史、左西〔曹〕掾屬、〔六〕主簿、祭酒、令史以下。晉世王導爲司徒，右長史干寶撰立官府職儀已具。

特進。

位從公。

諸開府儀同三司。

驃騎將軍。

車騎將軍。

衞將軍。

鎭軍將軍。

中軍將軍。

撫軍將軍。

四征將軍。東、西、南、北。

四鎭將軍。

凡諸將軍加「大」字，位從公。開府儀同如公。凡公督府置佐：長史、司馬各一人，諮議參軍二人。諸曹有錄事、〔功曹〕、記室、戶曹、倉曹、中、直兵、外兵、騎兵、長流賊曹、城局、法曹、田曹、水曹、鎧曹、集曹、右戶，十八曹。〔七〕〔城〕局曹以上署正參

軍，〔八〕法曹以下署行參軍，各一人。其行參軍無署者，爲長兼員。其府佐史則從事中郎二人，倉曹掾、戶曹屬、東西閤祭酒各一人，主簿舍人御屬二人。加崇者，則左右長史四人，中郎掾屬竝增數。其未及開府，則置府亦有佐史，其數有減。小府無長流，置禁防參軍。

四安將軍。

四平將軍。

左、右、前、後將軍。

征虜將軍。

四中郎將。

晉世荀羨、王胡之竝居此官。宋、齊以來，唯處諸王，素族無爲者。

冠軍將軍。

輔國將軍。

寧朔將軍。

寧遠將軍。

龍驤將軍。

凡諸小號，亦有置府者。

太常。

府置丞一人，五官、功曹、主簿，九府九史皆然。領官如左：

博士，謂之太學博士。

國子祭酒一人。博士二人。助教十人。

建元四年，有司奏置國學，祭酒准諸曹尙書，博士准中書郎，助教准南臺御史。選經學爲先。若其人難備，給事中以還明經者，以本位領。其下典學二人，三品，准太常主簿；戶曹、儀曹各二人，五品；白簿治禮吏八人，六品；保學醫二人；威儀二人。其夏，國諱廢學，有司奏省助教以下。永明三年，立學，尙書令王儉領祭酒。八年，國子博士何胤單爲祭酒，疑所服，陸澄等皆不能據，遂以玄服臨試。月餘日，博議定，乃服朱衣。

總明觀祭酒一人。

右泰始六年，以國學廢，初置總明觀，玄、儒、文、史四科，科置學士各十人，正令史一人，書令史二人，幹一人，門吏一人，典觀吏二人。建元中，掌治五禮。永明三年，國

學建，省。

太廟令一人，丞一人。

明堂令一人，丞一人。

太祝令一人，丞一人。

太史令一人，丞一人。

廩犧令一人，丞一人。

置令丞以下皆有職吏。

太樂令一人，丞一人。

諸陵令。

永明末置，用二品三品勳。置主簿、戶曹各一人，六品保舉。

光祿勳。

府置丞一人。領官如左：

左右光祿大夫。

位從公，開府置佐史如公。

光祿大夫。

皆銀章青綬，詔加金章紫綬者，爲金紫光祿大夫。樂安任遐爲光祿，就王晏乞一片金，晏乃啓轉爲金紫，不行。

太中大夫。

中散大夫。

諸大夫官，皆處舊齒老年，重者加親信二十人。

衞尉。

府置丞一人。掌宮城管籥。張衡西京賦曰「衞尉八屯，警夜巡晝」。宮城諸却敵樓上本施鼓，持夜者以應更唱，太祖以鼓多驚眠，改以鐵磬云。

廷尉。

府置丞一人，正一人，監一人，評一人，律博士一人。

大司農。

府置丞一人。領官如左：

太倉令一人，丞一人。

導官令一人，丞一人。

籍田令一人，丞一人。

少府。

府置丞一人。領官如左：

左右尚方令各一人，丞一人。

鍛署丞一人。永明三年省，四年復置。

御府令一人，丞一人。

東冶令一人，丞一人。

南冶令一人，丞一人。

平準令一人，丞一人。

上林令一人，丞一人。亦屬尚書殿中曹。

將作大匠。

太僕。

大鴻臚。

三卿不常置。將作掌宮廟土木。太僕掌郊禮執轡。鴻臚掌導護贊拜。有事權置兼官，畢乃省。

乘黃令一人。

掌五輅安車，大行凶器轀輬車。

客館令。

掌四方賓客。

宣德衞尉，少府、太僕。

鬱林王立，文安太后即尊號，以宮名置之。

大長秋。

鬱林立皇后置。

錄尚書。

尚書令。

總領尚書臺二十曹，爲內臺主。行遇諸王以下，皆禁駐。左右僕射分道。無令，左僕射爲臺主，與令同。

左僕射。

領殿中主客二曹事，諸曹郊廟、園陵、車駕行幸、朝儀、臺內非違、文官舉補滿敍疾假事，其諸吉慶瑞應衆賀、災異賊發衆變、臨軒崇拜、改號格制、莅官銓選，凡諸除署、功論、封爵、貶黜、八議、疑讞、通關案，則左僕射主，右僕射次經，維是黃案，左僕射右僕射署朱符見字，經都丞竟，右僕射橫畫成目，左僕射畫，令畫。右官闕，則以次并畫。若無左右，則直置僕射在其中閒，總左右事。

吏部尚書。

領吏部、刪定、三公、比部四曹。

度支尚書。

領度支、金部、倉部、起部四曹。

左民尚書。

領左民、駕部二曹。

都官尚書。

領都官、水部、庫部、功論四曹。

五兵尚書。

領中兵、外兵二曹。

祠部尚書。

右僕射通職，不俱置。

起部尚書。

興立宮廟權置，事畢省。

左丞一人。

掌宗廟郊祠、吉慶瑞應、災異、立作格制、諸案彈、選用除置、吏補滿除遣注職。

右丞一人。

掌兵士百工補役死叛考代年老疾病解遣、其內外諸庫藏穀帛、刑辠創業諍訟、田地船乘、稟拘兵工死叛、考剔討補、差分百役、兵器諸營署人領、州郡租布、（人）民戶移徙、〔九〕州郡縣併帖、城邑民戶割屬、刺史二千石令長（丞）尉被收及免贈、〔一〇〕文武諸犯削官事。白案，右丞上署，左丞次署。黃案，左丞上署，〔右丞次署〕。〔一一〕諸立格制及詳讞大事宗廟朝廷儀體，左丞上署，右丞次署。自令僕以下五尚書八座二十曹，〔一二〕各置郎中令史以下，又置都令史分領之。僕射掌朝軌，尚書掌讞奏，都丞任碎，在彈違諸曹緣常及外詳讞事。應須命議相值者，皆郎先立意，應奏黃案及關事，以立意官為議主。凡辭訴有漫命者，曹緣辭如舊。〔一三〕若命有辭，則以立意者為議主。

武庫令一人。

屬庫部。

車（將）〔府〕令一人，〔一四〕丞一人。

屬獨部。

公車令一人。

大官令一人，丞一人。

大醫令一人，丞一人。

內外殿中監各一人。

內外驊騮廄丞各一人。

材官將軍一人，司馬一人。

屬起部，亦屬領軍。

侍中祭酒。高功者稱之。

侍中。

漢世為親近之職。魏、晉選用，稍增華重，而大意不異。宋文帝元嘉中，王華、王曇首、殷景仁等，並為侍中，情在親密，〔一五〕與帝接膝共語，貂拂帝手，拔貂置案上，語畢復手插之。孝武時，侍中何偃南郊陪乘，鑾輅過白門闔，〔一六〕偃將匐，帝乃接之曰：「朕乃陪卿。」齊世朝會，多以美姿容者兼官。永元三年，東昏南郊，不欲親朝士，以主璽陪乘，前代未嘗有也。侍中呼為門下。亦置令史。領官如左：

給事黃門侍郎。

亦管知詔令，世呼為小門下。

散騎常侍。通直散騎常侍。員外散騎〔常〕侍（郎）。〔一七〕

舊與侍中通官，其通直員外，用衰老人士，故其官漸替。宋大明雖華選比侍中，而人情久習，終不見重，尋復如初。

散騎侍郎。通直散騎侍郎。員外散騎侍郎。

給事中。

奉朝請。

駙馬都尉。

集書省職，置正書令史。朝散用衣冠之餘，人數猥積。永明中，奉朝請至六百餘人。

中書監一人，令一人，侍郎四人，通事舍人無員。

中書省職，置主書、令史、正書以下。

祕書監一人，丞一人。郎。著作佐郎。

晉祕書閣有令史，掌衆書，見晉令，令亦置令史、正書及弟子，皆典教書畫。

御史中丞一人。

晉江左中丞司隸分督百僚，傅咸所云「行馬內外」是也。今中丞則職無不察，專道而行，騶輻禁呵，加以聲色，武將相逢，輒致侵犯，若有鹵簿，至相毆擊。宋孝建二年制，中丞與尚書令分道，雖丞郎下朝相值，亦得斷之，餘內外衆官，皆受停駐。

治書侍御史二人。

侍御史十人。

蘭臺置諸曹內外督令以下。

謁者僕射一人。

謁者十人。

謁者臺，掌朝觀賓饗。

領軍將軍、中領軍。

護軍將軍、中護軍。

凡爲中，小輕，同一官也。諸爲將軍官，皆敬領、護。諸王爲將軍，道相逢，則領、護讓道。置長史、司馬、五官、功曹、主簿。

左右二衞將軍。

驍騎將軍。

游擊將軍。

晉世以來，謂領、護至驍、游爲六軍。二衞置司馬次官功曹主簿以下。

左右二中郎將。

前軍將軍、後軍將軍、左軍將軍、右軍將軍，號四軍。

屯騎、步兵、射聲、越騎、長水五校尉。

虎賁中郎將。

冗從僕射。

羽林監。

積射將軍。

彊弩將軍。

殿中將軍、員外殿中將軍。

殿中司馬督。

武衞將軍。

武騎常侍。

自二衞、四軍、五校已下，謂之「西省」，而散騎爲「東省」。

丹陽尹。

位次九卿下。

太子太傅。

少傅。

府置丞、功曹、五官、主簿。

太子詹事。

府置丞一人以下。

太子率更令。

太子家令。

置丞。

太子僕。

太子門大夫。

太子中庶子。

太子中舍人。

太子洗馬。

太子舍人。

太子左右衞率各一。

太子翊軍步兵屯騎三校尉。

太子旅賁中郎將一人。

太子左右積弩將軍。

太子殿中將軍、員外殿中將軍。

太子倉官令。

太子常從虎賁督。

右東宮職僚。

州牧、刺史。

魏、晉世州牧隆重，刺史任重者爲使持節都督，輕者爲持節督，起漢從帝時，〔八〕御史中丞馮赦討九江賊，督揚、徐二州軍事，而何、徐宋志云起魏武遣諸州將督軍，王珪之職儀云起光武，並非也。晉太康中，都督知軍事，刺史治民，各用人。惠帝末，乃幷任，非要州則單爲刺史。州朝置別駕、治中、議曹、文學祭酒、諸曹部從事史。

護南蠻校尉。

府置佐史。隸荊州。晉、宋末省。建元元年，復置，三年，省。延興元年置，建武省。

護三巴校尉。

宋置。建元二年，改爲刺史。

寧蠻校尉。

府亦置佐史，隸雍州。

平蠻校尉。

永明三年置，隸益州。

鎮蠻校尉。

隸寧州。

護西戎校尉。

護羌校尉。

右四校尉，亦置四夷。

平越中郎將。

府置佐史，隸廣州。

郡太守、內史。

縣令、相。

郡縣爲國者，爲內史、相。

鎮蠻護軍。

安遠護軍。

晉世雜號，多爲郡領之。

諸王師、友、文學各一人。

國官郎中令、中尉、大農爲三卿，左右常侍、侍郎，上軍、中軍、下軍三軍，典書、典祠、學官、典衛四令，食官、廄牧長、謁者以下。公侯置郎中令一卿。

贊曰：百司分置，惟皇命職。雲師鳥紀，各有其式。

校勘記

〔一〕存改回沿　「沿」百衲本作「沇」，據南監本、殿本改。

〔二〕區別階資　「資」字原闕，據各本補。

〔三〕(國相)〔相國〕　據局本改。按錢大昕廿二史考異云「國相」當作「相國」。

〔四〕太師太保太傅　永樂大典九百十九引作「太師太傅太保」。按三師位次，太傅當在太保前。

〔五〕雖無　按：此下疑有脫文。據宋書百官志：「司徒若無公，唯省舍人，其府常置。其職寮異於餘府，有左右長史、左西曹掾屬各一人，餘則同矣。餘府有公則置，無則省。」則此亦當云「雖無司徒公，其府不廢」，文義始足。

〔六〕左西〔曹〕掾屬　據宋書百官志、元龜七百十六補。

〔七〕諸曹有錄事〔功曹〕至十八曹　「功曹」據通典補。又按通典云：「宋武帝爲相，合中兵、直兵爲一參事，曹則猶二也。」錢大昕廿二史考異云「今數之，止十六曹」，今補「功曹」，尚缺一曹。

〔八〕〔城〕局曹以上署正參軍　據元龜七百十六補。

〔九〕(人)〔民〕戶移徙　「人」字衍，今刪。按通典職官典作「人戶移徙」，蓋避唐諱，改「民」爲「人」也。

〔一〇〕刺史二千石令長〔丞〕尉被收及免贈　據通典職官典補。

〔一一〕黃案左丞上署〔右丞次署〕　據通典職官典補。

〔一二〕自令僕以下五尙書八座二十曹　按尙書二十曹，左僕射領殿中、主客二曹，吏部尙書領吏部、刪定、三公、比部四曹，度支尙書領度支、金部、倉部、起部四曹，左民尙書領左民、駕部二曹，都官尙書領都官、水部、庫部、功論四曹，五兵尙書領中兵、外兵二曹，凡十八曹，尙闕二曹，據通典職官典，右僕射領祠部、儀部二曹，合之適得二十曹。

〔一三〕曹緣諮如舊　「緣」南監本、殿本、局本作「掾」。張元濟校勘記云：「案前數行有諸曹緣常及外詳讞事云云，則『緣』字不誤。」

〔一四〕車(將)〔府〕令一人　各本並誤，今據通典職官典、元龜四百五十七改。

〔一五〕情在親密　「在」御覽六百八十八引作「任」，通典職官典同。

〔一六〕鑾輅過白門闥　「闥」南監本、毛本、殿本、局本作「闕」。

〔一七〕員外散騎〔常〕侍(郎)　據元龜四百五十七改。按後有員外散騎侍郎，此當作員外散騎常侍。

〔一八〕起漢從帝時　「從」南監本、毛本作「順」。按作「從」，子顯避諱改；作「順」，後人回改也。

南齊書卷十七

志第九

輿服

昔三皇乘祇車出谷口，夏氏以奚仲爲車正，殷有瑞車，山車垂句是也。周禮匠人爲輿，以象天地。漢武天漢四年，朝諸侯甘泉宮，定輿服制，班于天下。光武建武十三年，得公孫述葆車，輿輦始具。蔡邕創立此志，馬彪勒成漢典，晉摯虞治禮，亦議五輅制度。江左之始，車服多闕，但有金戎，省充庭之儀。太興中，太子臨學，無高蓋車，元帝詔乘安車。元、明時，屬車唯九乘。永和中，石虎死後，舊工人奔叛歸國，稍造車輿。太元中，苻堅敗後，又得僞車輦，於是屬車增爲十二乘。義熙中，宋武平關、洛，得姚興僞車輦。宋大明改脩輦輅，妙盡時華，始備僞氏，復設充庭之制。永明中，更增藻飾，盛於前矣。案周禮以檢漢志，名器不同，晉、宋改革，稍與世異，今記時事而已。

玉輅，漢金根也。漆畫輪，金塗縱容後路受福輠。兩廂上望板前優遊，通緣金塗鏤鍱，碧紋屬，鑿鏤金薄帖。兩廂外織成衣，兩廂裏上施金塗鏤面釘，瑇瑁帖。望板廂上金薄帖，金博山，登仙紐，松精。優遊上和鸞鳥立花(扶)〔趺〕銜鈴，〔一〕銀帶瑇瑁筒瓦，金塗鏤鍱，刀格，織成手匡金花鈿錦衣。優遊下，隱膝，裏施金塗鏤面釘，織成衣。優遊横前，施瑇瑁帖，金塗花釘。優遊前，金塗倒龍，後梢鑿銀瑇瑁龜甲，金塗花沓。〔二〕望板，金塗受福望龍諸校飾。抗及諸末，皆螭龍首。〔三〕龍汗板，〔四〕在車前，銀帶花獸，金塗受福，緣裏邊，鏤鍱瑇瑁織成衣。裏，金塗鏤面花釘。外，金塗博山、辟邪虎、鳳皇銜花諸校飾。斗蓋，金塗鏤鍱，二十八爪支子花，黃錦斗衣，複碧絹𥻆布緣油頂，〔五〕絳系(終)〔絡〕，織成顏(毜)〔芼〕赭舌孔雀毛複錦，〔六〕綠紋隨陰，懸珠蚌佩，金塗鈴，雲朱結，仙人綬，雜色眞孔雀毦。一轅，漆畫車衡，銀花帶，衡上金塗博山，四和鸞鳥立花(扶)〔趺〕銜鈴，〔七〕所謂「鸞鳥立衡」也。又龍首銜軛，叉髦插翟尾，上下花沓，絳緣系的，望繩八枚。(旆)〔旂〕十二旒，〔八〕畫升龍，竿首金塗龍銜火燄幡，眞毦。棨戟，織成衣，金塗沓駐及受福，金塗鴈鏤鍱。漆案立牀，在車中，錦複黃紋，爲案立衣。錦複黃紋鄣泥。八幅，長九尺，緣紅錦(毜)〔芼〕帶，織成花(毜)〔芼〕的。〔九〕

五輅，江左相承駕四馬，左右騑爲六。施絳系游御繩，其重轂貳轄飛(絡)〔軨〕幡，〔一〇〕用赤油令，〔一一〕有紫眞毦。左纛，置左騑馬軛上。金鍐，〔一二〕金加冠，狀如(三)〔玉〕華(汗)〔形〕，在馬鍐上。〔一三〕方釳，鐵廣數寸，有三孔，插翟尾其中。繁纓，金塗紫皮，紫眞毦，横在馬膺前。鏤錫，〔一四〕刻金爲馬面當顱。皆如古制。世祖永明初，加玉輅爲重蓋，又作麒麟頭，采畫，以馬首戴之。竟陵王子良啓曰：「臣聞車旗有章，載自前史，器必依禮，服無舛法。凡蓋員象天，軫方法地，上無二天之儀，下設兩蓋之飾，求之志錄，恐爲乖衷。又假爲麟首，加乎馬頭，事不師古，鮮或可施。」建武中，明帝乃省重蓋等。

金輅。制度校飾如玉輅，而稍減少，亦以金塗。

象輅。如金輅而制飾又減。

木輅。制飾如象輅而尤減。

革輅，如大輅。建大麾。赤旗也。首施火燄幡。

宋昇明三年，錫齊王大輅、戎輅各一。乘黃五輅，無大輅、戎輅。左丞王逡之議：「大輅，殷之祭車，故不登周輅之名，而明堂位云『大輅，殷輅也』。注云『大輅，木輅也』。月令『中央土，乘大輅』。注云『殷輅也』。禮器『大輅繁纓一就』。注云『大輅，殷之祭天車也』。周禮五路，玉路、金路、象路、革路、木路。則周之木輅，殷之大路也。周革路建大白，以卽戎，此則戎路也。意謂國之大事，在祀與戎，故錫以殷祭天之車，與周之卽戎之路。祀則以殷，戎必以周者，明郊天義遠，建前代之禮，卽戎事近，故以今世之制。明堂位云『魯君孟春乘大路，載十有二旒日月之章，祀〔帝〕于(帝)郊』。〔一五〕夫必以大輅以錫諸侯，〔一六〕良有以也。今木路，卽大路也。」太尉左長史王儉議，宜用金輅九旒。時乘黃無副，借用五輅，大朝臨軒，權列三輅。

玉、金輅，建碧旂。象、木輅，建赤旂。永明初，太子步兵校尉伏曼容議，以爲「齊德尙青，五路五牛及五色幡旗，竝宜以先青爲次。軍容戎事之所乘，犧牲繭握之所薦，竝宜悉依尙色。三代服色，以姓音爲尙，漢不識音，故還尙其行運之色。今旣無善律，則大齊所尙，亦宜依漢道。若有善吹律者，便應還取姓尙」。太子僕周顒議：「三代姓音，古無前記，裁音配尙，起自曼容。則是曼容善識姓聲，不復方假吹律。何故能識遠代之宮商，而更迷皇朝之律呂，而云當今無知吹律以定所尙，宜附漢以從闕邪？皇朝本以行運爲所尙，非關不定於晉氏。如此，設有善律之知音，不宜遵聲以爲尙。」散騎常侍劉朗之等十五人竝議駮之，事不行。

皇太子象輅。校飾如御，旂九旒降龍。

皇太后皇后重翟車，金塗校具，白地人馬錦帖，廂隱膝後戶，白牙的帖，金塗面釘，漆畫輪，鐵鐺，金塗縱容後路輠，師子轄，抗檐皆施金塗螭頭及神龍雀等諸飾。軛衡上施金博山，又有金塗長角巴首。蓋，金塗，爪支子花二十八，青油俠碧絹黃紋蓋，漆布裏。紫顏(毛)〔芼〕，黃紋紫紋隨陰，〔一七〕碧(毛)芼。〔一八〕外上施絳紫系絡。碧旂九旒，棨戟。宋元嘉東宮儀記云中宮僕御重翟金根車，未詳得稱爲金根也。

皇太子妃厭翟車。如重翟，飾微減。

指南車。四周廂上施屋，指南人衣裙襦天衣，在廂中。上四角皆施龍子（干）〔竿〕，〔一九〕縣雜色眞孔雀眊，烏布皁複幔，漆畫輪，駕牛，皆銅校飾。

記里鼓車。制如指南，上施華蓋子，襟衣漆畫，〔二〇〕鼓機皆在內。

輦車，如犢車，竹蓬。廂外鑿鏤金薄，碧紗衣，織成（耄）〔芼〕，〔二一〕錦衣。廂裏及仰（項）〔頂〕隱膝後戶，〔二二〕金塗鏤面（釘），〔二三〕玳瑁帖，金塗松精，登仙花紐，綠四緣，四望紗萌子，上下前後眉，鏤鏁。轅枕長角龍，白牙蘭，玳瑁金塗校飾。漆鄣塵板在蘭前，金銀花獸攫天龍師子鏤面，榆花（細）〔鈿〕指子摩尼炎，金龍虎。〔二四〕扶轅，銀口帶，龍板頭。龍轅軛上，金鳳皇鈴鑷，（鎗）〔銀〕口帶，〔二五〕星後梢，玳瑁帖，金塗香沓，銀星花獸（慢）〔幔〕竿杖，〔二六〕金塗龍牽，縱橫長掤，背花香柒兆床副。〔二七〕自輦以下，二（官）〔宮〕御車，〔二八〕皆綠油幢，絳系絡。御所乘，雙棟。其公主則碧油幢云。司馬法曰「夏后氏輦曰金車，殷曰胡奴車，周曰（輜）〔輺〕車」，〔二九〕皆輦也。漢書叔孫通傳云「皇帝輦出房」，成帝輦過後宮，此朝宴竝用也。輿服志云「輦車具金銀丹青采轉雕畫蒲陶之文，乘人以行」。信陽侯陰就見井丹，左右人進輦，是爲臣下亦得乘之。晉武帝給安平獻王孚雲母輦。晉中朝又有香衣輦，江左唯御所乘。

臥輦。校飾如坐輦，不甚服用。

漆畫輪車，金塗校飾如輦，微有減降。金塗鑷，縱容後輮師子副也。御爲羣公舉哀臨哭所乘。皇后太子妃亦乘之。

漆畫牽車，小形如輿車，金塗縱容後路師子輮，鐵鑷，錦衣。廂裏隱膝後戶牙蘭，轅枕梢，幰竿成棟梁，〔三〇〕皆金塗校飾。御及皇太子所乘，卽古之羊車也。晉泰始中，中護軍羊琇乘羊車，爲司隸校尉劉毅所奏。武帝詔曰：「羊車雖無制，非素者所服，免官。」衞玠傳云：「總角乘羊車，市人聚觀。」今不駕羊，猶呼牽此車者爲羊車云。

輿車，形如軺車，柒畫，金校飾，〔三一〕錦衣。兩廂後戶隱膝牙蘭，皆玳瑁帖，刀格，鏤面花釘。幰竿成校棟梁，〔三二〕下施八棡，金塗沓，兆床副。人舉之。一曰小輿，小行幸乘之。皇太子亦得於宮內乘之。

衣（畫）〔書〕十二乘，〔三三〕積榆轂輪，箕子壁，綠油衣，廂外綠紗萌，油幢絡，通幰，竿剌代棟梁，柑欂眞形龍牽，支子花。轅後伏神抗、承泥，沓，金塗校具。古副車之象也。今亦曰五時副車。

青萌車，是謂搖幔車。〔三四〕

油絡畫安車，公主、王妃、三公特進夫人所乘。漢制，皇后貴人紫罽軿車。晉皇后乘雲母油畫安車，駕六，以兩轅安車駕五爲副。公主畫安車駕六，以兩轅安車駕三爲副。公主畫安車駕三，三夫人青交絡安車駕三，皆以紫絳罽軿車駕三爲副。九嬪世婦軿車駕二，王公妃特進夫人皁交絡爲副。漢賤軺車而貴軿車，晉賤輜軿而貴軺車，皆行禮所乘。

黃屋車，建碧旂九旒，九旒，鸞輅也。漢輿服志云：「金根車，蓋黃繒爲裏，謂之黃屋。」今金、玉輅皆以黃地錦，唯此車以黃繒。皆金塗校具，黃隱隨陰，青毛羽，二十八爪支子花，絳系絡。九命上公所乘。

青蓋安車，朱幡漆班輪，駕一，左右騑，通幰車爲副，諸王禮行所乘。凡車有幡者謂之軒。

皁蓋安車，朱幡漆班輪，駕一，通幰牛車爲副，三公禮行所乘。

安車，黑耳皁蓋馬車，朱幡，駕一，牛車爲副，國公列侯禮行所乘。

馬車，駕一，九卿、領、護、二衞、驍游、四軍、五校從郊陵所乘。晉制，三公下至九卿，又各安車黑耳一乘，公駕三，特進駕二，卿駕一，復各軺車施黑耳後戶皁輪一乘。

油絡軺車，尚書令、僕射、中書監、令、尚書、侍中、常侍、中黃門、中書、散騎侍郎，皆駕一牛，朝直所乘。晉制，尚書令施黑耳後戶皁輪，僕射、中書監、令直施後戶皁輪，尚書無後戶，皆漆輪轂，今猶然。

安車，赤屏，駕一，又軺車，施後戶，爲副，太子二傅禮行所乘。

四望車，通幰，油幢絡，班柒輪轂。〔三五〕亦曰皁輪，以加禮貴臣。晉武詔給魏舒陽燧四望小車。

三望車，制度如四望。或謂之夾望，亦以加禮貴臣。次四望。

油幢絡車，制似三望而減。王公加禮者之（爲）常乘，〔三六〕次三望。

平乘車，竹箕子壁仰，積榆爲輪，通幰，竿剌代棟梁，柑欂真形龍牽，金塗支子花紐，轅頭後梢沓伏神承泥。庶人亦然，但不通幰。三公諸王所乘。自四望至平乘，皆銅校飾。

輼輬車。四輪，飾如金根。四角龍首，施組衡璧，垂五采，析羽葆流蘇，前後雲氣錯畫帷裳，以素爲池而黼黻。〔三七〕駕四白駱馬，太僕執轡。貴臣薨，亦如之，羽飾駕御，微有減降。

虞書曰：「予欲觀古人之象，日、月、星辰、山、龍、華蟲作繢，宗彝、藻、火、粉米、黼、黻絺繡，以五采章施于五色。」天子服備日、月以下，公山、龍以下，侯伯華蟲以下，子男藻、火以下，卿大夫粉米以下。天子六冕，王后六服，著在周官。公侯以下，咸有名則，佩玉組綬，竝具禮文，後代沿革，見漢志晉服制令，其冠十三品，見蔡邕獨斷，竝不復具詳。宋明帝泰始四年，〔三八〕更制五輅，議脩五冕，朝會饗獵，各有所服，事見宋注。舊相承三公以下冕七旒，青玉珠，卿大夫以下五旒，黑玉珠。永明六年，太常丞何諲之議，案周禮命數，改三公八旒，卿六旒。尚書令王儉議，依漢三公服，山、龍九章，卿華蟲七章。從之。

平冕黑介幘，今謂平天冠。皁表朱綠裏，廣七尺，長尺二寸，垂珠十二旒，以朱組爲纓，如其綬色。衣皁上絳下，裳前三幅，後四幅。衣畫而裳繡，爲日、月、星辰、山、龍、華蟲、藻、火、粉米、黼、黻十二章。〔三九〕素帶廣四寸，朱裏，以朱綠裨飾其側，要中以朱，垂以綠，垂三尺。中衣，以絳緣其領袖，赤皮韍，絳袴襪，赤舄，郊廟臨朝所服也。漢世冕用白玉珠爲旒。魏明帝好婦人飾，改以珊瑚珠。晉初仍舊，後乃改。江左以美玉難得，遂用蚌珠，世謂之白璇珠。

衮衣，漢世出陳留襄邑所織。宋末用繡及織成，建武中，明帝以織成重，乃采畫爲之，加飾金銀薄，世亦謂爲天衣。

史臣曰：黼黻之設，經緯爲用，故五色六章十二衣還相爲質也。歷代龍衮，織以成文，今體不勝衣，變易舊法，豈致美黻冕之謂乎！

通天冠，黑介幘，金博山顏，絳紗袍，皁緣中衣，乘輿常朝所服。舊用駮犀簪導，東昏改用玉。其朝服，臣下皆同。

黑介幘，單衣，無定色，乘輿拜陵所服。其白帢單衣，謂之素服，以舉哀臨喪。

遠游冠，太子諸王所冠。太子朱纓，翠羽緌珠節。〔四〇〕諸王玄纓，公侯皆同。

平冕，各以組爲纓，王公八旒，衣山、龍九章，卿七旒，衣華蟲七章，並助祭所服。皆畫皁絳繒爲之。

進賢冠，諸開國公、侯、鄉、亭侯，卿，大夫，尚書，關內侯，二千石，博士，中書郎，丞、郎，祕書監、丞、郎，太子中舍人、洗馬、舍人，諸府長史，卿，尹、丞，下至六百石令長小吏，以三梁、二梁、一梁爲差，事見晉令。

武冠，侍臣加貂蟬，餘軍校武職、黃門、散騎、太子中庶子、二率、朝散、都尉，皆冠之。唯武騎虎賁服文衣，插雉尾於武冠上。

史臣曰：應劭漢官釋附蟬，及司馬彪志並不見侍中與常侍有異，唯言左右珥貂而已。案項氏說云「漢侍中蟬，刻爲蟬像，常侍但爲璫而不蟬」，未詳何代所改也。

法冠，廷尉等諸執法者冠之。

高山冠，謁者冠之。

樊噲冠，殿門衞士冠之。

黑介幘冠，文冠；平幘冠，武冠。尚書令、僕射、尚書納言幘，後飾爲異。

童子空頂幘，施假髻，貴賤同服。

救日蝕，文武官皆免冠，著赤介幘對朝服。赤幘，示威武也。

袴褶，車駕親戎、中外纂嚴所服。黑冠，帽綴紫標，以絡帶代鞶帶。中官紫標，外官絳標。其纂嚴戎服不綴標，行留悉同。校獵巡幸，從官戎服革帶鞶帶，文官不纓，武官脫冠。

袿欘大衣，謂之褘衣，皇后謁廟所服。公主會見大首髻，其燕服則施嚴雜寶爲佩瑞。袿欘用繡爲衣，裳加五色，鏁金銀校飾。

綬，乘輿黃赤綬，黃赤縹綠紺五采。太子朱綬，諸王纁朱綬，皆赤黃縹紺四采。妃亦同。〔四一〕相國綠綟綬，三采，綠紫紺。郡公玄朱，侯伯青朱，子男素朱，皆三采。公世子紫，侯世子青，鄉、亭、關內侯墨綬，皆二采。郡國太守、內史青，尚書令、僕、中書監、令、祕書監皆黑，丞皆黃，諸府丞亦黃。皇后與乘輿同赤，貴嬪、夫人、貴人紫，王太妃、長公主、封君亦紫綬，六宮青綬，青白紅，〔四二〕郡公、侯夫人青綬。

乘輿傳國璽，秦璽也。晉中原亂沒胡，江左初無之，北方人呼晉家爲「白板天子」。冉閔敗，璽還南。別有行信等六璽，皆金爲之，亦秦、漢之制也。皇后金璽，太子諸王金璽，皆龜鈕。公侯五等金章，公世子金印，侯銀印，貴嬪、夫人金章，公主、王太妃、封君金印，六宮以下公侯太夫人夫人銀印。其公、將軍金章，光祿大夫、卿、尹、太子傅、諸領護將軍、中郎將、校(書)〔尉〕、〔四三〕郡國太守內史、四品五品將軍，皆銀章，尚書令、僕、中書監、令、祕書〔監〕丞、〔四四〕太子二率、諸府長史、卿、尹、丞、尉、中丞、都水使者、諸州刺史，皆銅印。

三臺五省二品文官，皆簪白筆。王公五等及武官不簪，加內侍乃簪。

百官執手板，尚書令、僕、尚書，手板頭復有白筆，以紫皮裹之，名曰「笏」。漢末仲長統謂百司皆宜執之。其肩上紫袷囊，名曰「契囊」，世呼爲「紫荷」。

佩玉，自乘輿以下，與晉、宋制同。建元四年，制王公侯卿尹珠水精，其餘用牙蚌。太官宰人服離支衣，後定。

贊曰：文物煌煌，儀品穆穆。分別禮數，莫過輿服。

「漆畫牽車」注「戍棟梁」，一本「戍」作「戈」。「輿車」注「成校棟梁」，一本「成校」作「戈杖」。「衣書車」注「刺代棟梁」，「平乘車」注「刺代棟梁」，並疑。

校勘記

〔一〕優遊上和鸞鳥立花(扶)〔趺〕銜鈴　據毛本、殿本、局本及通典禮典改。

〔二〕後梢鋻銀瑇瑁龜甲金塗花沓　「梢」原作「捎」，通典禮典同，今從殿本改。

〔三〕抗及諸末皆螭龍首　「抗」局本作「軏」，通典禮典同。

〔四〕龍汗板　南監本、局本及通典禮典並作「龍形板」，毛本作「龍汙板」。

〔五〕複碧絹柒布緣油頂　「柒」各本並譌「染」，通典禮典作「漆」。柒乃漆之或字，形譌爲「染」。今改正。

〔六〕絳系(綹)〔絡〕織成顏(芼)〔芚〕豬舌孔雀毛複錦　張元濟校勘記云：「『綹』殿本、局本作『絡』，是。」

〔七〕四和鸞鳥立花(扶)〔趺〕銜鈴　據南監本、毛本、殿本、局本及通典禮典改。「芼」南監本作「芚」。通典禮典亦作「芚」，注云「徒昆反」。今據改。

〔八〕(旈)〔旒〕十二旒　據南監本、殿本、局本改。

〔九〕緣紅錦(芼)〔芚〕帶織成花(芼)〔芚〕的　據通典禮典改。按上「芼」字南監本作「芚」。

〔一〇〕其重轂貳轄飛(軨)[軨]幡　據南監本、局本及通典禮典改。按東京賦云「重輪貳轄，疏轂飛軨」，作「軨」是。

〔一一〕用赤油令　「令」南監本、毛本、殿本、局本作「金」。按文有脫譌。劉昭續漢志注引薛綜注東京賦云：「飛軨，以緹油廣八寸，長注地，畫左蒼龍右白虎，繫軸頭。」又文選東京賦李善注引蔡邕獨斷云：「飛軨以緹紬廣八尺，長注地，畫左青龍右白虎，繫軸頭，取兩邊飾。」又宋書禮志引東京賦「疏轂飛軨」，云「飛軨以赤油爲之，廣八寸，長注地，繫軸頭，謂之飛軨也」。皆依獨斷爲說，惟「赤油」二字薛綜注作「緹油」，李善注作「緹紬」，爲不同耳。

〔一二〕金鍐　「鍐」當依文選東京賦及李善注引獨斷作「鋄」。盧文弨校獨斷云：「鋄，亡犯切，馬頭飾也，舊譌從㚇。」

〔一三〕金加冠狀如(三)[玉]華(汗)[形]在馬鍐上　「玉」字據文選東京賦李善注引獨斷改。「形」字據南監本、局本改。東京賦李注引獨斷亦作「形」。「在馬鍐上」續漢志劉昭注及東京賦李注引獨斷，並作「在馬髦前」。

〔一四〕鏤錫　「錫」原譌「鍚」，據殿本、局本改正。

〔一五〕祀(帝)于(帝)郊　據元龜五百七十七改，與禮記明堂位原文合。

〔一六〕夫必以大輅以錫諸侯　按南監本作「天子以大輅以錫諸侯」，元龜作「夫必以大輅以錫諸侯」，

「天」「必」二字必有一譌。今從元龜改。

〔一七〕紫顏(芼)[芼]黃紋紫紋隨陰　據通典禮典改。

〔一八〕碧(毛)[芼]　據通典禮典改。按通典芼字下注云「徒昆反」。

〔一九〕上四角皆施龍子(干)[竿]　據南監本、局本改。

〔二〇〕繅衣漆畫　南監本改「繅」爲「襟」，局本從之。殿本考證萬承蒼云：「按字書，繅俗紺字。顏氏家訓『吳人呼紺爲禁，故以絲旁作繅代紺字』。據此，則南監本改『繅』爲『襟』，非是。」

〔二一〕織成(芼)[芼]　據南監本及通典禮典改。

〔二二〕廂裏及仰(項)[頂]隱膝後戶　據南監本、局本及通典禮典改。

〔二三〕金塗鏤面[釘]　據通典禮典補。

〔二四〕楡花(細)[鈿]指子摩尼炎金龍虎　據通典禮典改。

〔二五〕(錄)[銀]口帶　據殿本及通典禮典改。

〔二六〕銀星花獸(侵)[幔]竿杖　據毛本、局本及通典禮典改。

〔二七〕背花香柒兆床副　「柒」各本譌「染」，按應作「柒」，乃漆之或字，參閱本卷校記第五條。

〔二八〕二(官)[宮]御車　據局本改。

〔二九〕周曰(輜)[輜]車　據南監本改。按宋書禮志引傅玄子，亦作「輜車」。

〔三〇〕轅枕梢轞竿戍棟梁　「戍」南監本作「代」，通典禮典同。

〔三一〕柒畫金校飾　「柒」殿本、局本作「漆」。按柒乃漆之或字。

〔三二〕轞竿成校棟梁　「成」南監本、殿本、局本作「戍」。

〔三三〕衣(畫)[書]十二乘　據通典禮典改。按張元濟校勘記云：「當作『衣書十二乘』，宋本卷後校讐記有『衣書車注』云云，可正其譌。」

〔三四〕是謂撿幔車　「撿幔車」南監本、局本作「撿轞車」，通典禮典同。

〔三五〕班柒輪轂　「柒」南監本、殿本、局本作「漆」，通典禮典同。按柒乃漆之或字。

〔三六〕王公加禮者之(爲)常乘　據南監本刪。

〔三七〕以素爲池而黼黻　「池」南監本、毛本、殿本、局本作「地」。按轀輬車爲喪車，池，棺飾也，「池」字不譌。

〔三八〕宋明帝泰始四年　「泰始」原譌「太始」，各本不譌，今改正。

〔三九〕爲日月星辰山龍華蟲藻火粉米黼黻十二章　按十二章，卽虞書所云「日、月、星辰、山、龍、華蟲作繢，宗彝、藻、火、粉米、黼、黻絺繡」，今數之，止十一章，蓋「華蟲」下脫「宗彝」二字也。

〔四〇〕翠羽緌珠節　「節」疑「飾」之譌。按晉志云「太子則以翠羽爲緌，綴以白珠」。

〔四一〕妃亦同　「妃」南監本作「色」，通典禮典同。「亦」原譌「六」，今據南監本、殿本、局本改正。

〔四二〕六宮青綬青白紅　「六宮」下「青綬青白紅」五字疑衍，南監本無。

〔四三〕諸領護將軍中郎將校(書)[尉]　據通典禮典改。

〔四四〕祕書(監)丞　據通典禮典補。

南齊書卷十八

志第十

祥瑞

天符瑞命，遐哉邈矣。靈篇祕圖，固以蘊金匱而充石室，炳契決，陳緯候者，方策未書。啓覺天人之期，扶奬帝王之運，三五聖業，神明大寶，二謀協贊，罔不由茲。夫流火赤雀，實紀周祚，雕雲素靈，發祥漢氏，光武中興，皇符爲盛，魏膺當塗之讖，晉有石瑞之文，史筆所詳，亦唯舊矣。齊氏受命，事殷前典。黃門郎蘇偘撰聖皇瑞應記，永明中庾溫撰瑞應圖，其餘衆品，史注所載。今詳錄去取，以爲志云。

老子河洛讖曰：「年曆七七水滅緒，風雲俱起龍麟舉。」宋水德王，義熙十四年，元熙二年，永初三年，景平一年，元嘉三十年，孝建三年，大明八年，永光一年，泰始七年，泰豫一年，元徽四年，昇明三年，凡七十七年，故曰七七也。易曰：「雲從龍，風從虎。」關尹云：「龍

不知其乘風雲而上天也。」

讖又曰：「肅草成，道德懷書備出身，形法治吳出南京。」上卽姓諱也。南京，南徐州治京口也。

讖又曰：「壇堨河梁塞龍淵，消除水災泄山川。」壇堨河梁，爲路也，路卽道也。淵塞者，譬路成也。卽太祖諱也。消水災，言除宋氏患難也。

讖又曰：「上參南斗第一星，下立草屋爲紫庭。神龍之崗梧桐生，鳳鳥舒翼翔且鳴。」南斗第一星，吳分也。草屋，蕭字也。又簫管之器，〔一〕像鳳鳥翼也。

讖又曰：「蕭爲二士，天下大樂。」二士，主字也。

讖又曰：「天子何在草中宿。」宿，肅也。

尙書中候儀明篇曰：「仁人傑出，握表之象，曰角姓，合音之于。」蘇偘云：「蕭，角姓也。又八音之器有簫管也。」

史臣曰：案晉光祿大夫何禎解音之于爲曹字，謂魏氏也。王隱晉書云：「卯金音于，亦爲魏也。」候書章句，本無銓序，二家所稱，既有前釋，未詳偘言爲何推據。

孝經鉤命決曰：「誰者起，視名將。」君者羣也，理物爲雄，優劣相次以期興，將，太祖小諱也。征西將軍蕭思話見之曰：「此我家諱也。」

王子年歌曰：「金刀治世後遂苦，帝王昬亂天神怒，災異屢見戒人主，三分二叛失州土，三王九江一在吳，餘悉稚小早少孤，一國二主天所驅。」金刀，劉也。三分二叛，宋明帝世也。三王九江者，孝武於九江興，晉安王子勛雖不終，亦稱大號，後世祖又於九江基霸迹，此三王也。一在吳，謂齊氏桑梓，亦寄治南吳也。一國二主，謂太祖符運潛興，爲宋氏驅除寇難。

歌又曰：「三禾摻摻林茂孳，金刀利刃齊刈之。」刈，翦也。詩云：「實始翦商。」

歌又曰：「欲知其姓草肅肅。穀中最細低頭熟。鱗身甲體永興福。」穀，道；熟，成：又諱也。太祖體有龍鱗，斑駮成文，始謂是黑歷，治之甚至而文愈明。伏羲亦鱗身也。

金雄記曰：「鑠金作刀在龍里，占睡上人相須起。」又云：「當復有作肅入草。」蕭字也。易云：「聖人作之。」記又云：「草門可憐乃當悴，建號不成易運沸。」詩云不時，時也。不成，成也。建號，建元號也。易運，革命也。

讖曰：「周文王受命，千五百歲，河雒出聖人，受命於己未，至丙子爲十八周，旅布六郡東南隅，四國安定可久留。」案周滅殷後七百八十年，秦四十九年，漢四百二十五年，魏四十五年，晉百五十年，宋六十年，至建元元年，千五百九年也。

武進縣彭山，舊塋在焉。其山崗阜相屬數百里，上有五色雲氣，有龍出焉。宋明帝惡之，遣相墓工高靈文占視，靈文先與世祖善，〔二〕還，詭荅云：「不過方伯。」退謂世祖曰：「貴不可言。」帝意不已，遣人於墓左右校獵，以大鐵釘長五六尺釘墓四維，以爲厭勝。太祖後改樹表柱，柱忽龍鳴，響震山谷，父老咸志之云。

會稽剡縣刻石山，相傳爲名，不知文字所在。昇明末，縣民兒襲祖行獵，忽見石上有文凡三處，苔生其上，字不可識。刋苔去之，大石文曰：「此齊者，黃公之化氣也。」〔三〕立石文曰：「黃天星，姓蕭字某甲，〔四〕得賢帥，天下太平。」小石文曰：「刻石者誰？會稽南山李斯刻秦望之封也。」

益州齊后山，父老相傳，其名亦不知所起。昇明三年，有沙門玄暢於山丘立精舍，其日，太祖受禪日也。

嵩高山，昇明三年四月，滎陽人〔尹午〕於山東南澗見天雨石，〔五〕墜地石開，有璽在其中，方三寸。其文曰：「戊丁之人與道俱，肅然入草應天符。」又曰：「皇帝興運。」午〔奉璽〕詣雍州刺史蕭赤斧，〔赤斧〕表獻之。〔六〕

史臣案：昔大人見臨洮而銅人鑄，臨洮生董卓而銅人毀，有卓而世亂，世亂而卓亡，如有似也。晉末嵩高山出玉璧三十二，宋氏以爲受命之祥。今此山出璽，而水德云謝，終始

之徵，亦有類也。

元徽四年，太祖從南郊，望氣者陳安寶見太祖身上黃紫氣屬天，安寶謂親人王洪範曰：「我少來未嘗見軍上有如此氣也。」

太祖年十七，夢乘青龍西行逐日，日將薄山乃止，覺而恐懼，家人問占者，云「至貴之象也」。蘇侃云：「青，木色。日暮者，宋氏末運也。」

泰始七年，〔七〕明帝遣前淮南太守孫奉伯往淮陰監元會。奉伯與太祖同寢，夢上乘龍上天，於下捉龍脚不得。覺謂太祖曰：「兗州當大庇生民，弟不見也。」奉伯卒於宋。

清河崔靈運爲上府參軍，〔八〕夢天帝謂己曰：「蕭道成是我第十九子，我去年已授其天子位。」自三皇五帝至齊受命君，凡十九人也。

宋泰始中，童謠云「東城出天子」，故明帝殺建安王休仁。蘇侃云：「後從帝自東城卽位，論者謂應之，乃是武進縣上所居東城里也。」熊襄云：「上舊鄉有大道，相傳云秦始皇所經，呼爲『天子路』，後遂爲帝鄉焉。」案從帝實當授立，猶如晉之懷、愍，亦有徵符。齊運既無巡幸，路名或是秦舊，疑不能詳。

世祖年十三，夢舉體生毛，髮生至足。又夢人指上所踐地曰「周文王之田」。又夢虛空

中飛。又夢著孔雀羽衣。庾溫云：「雀，爵位也。」又夢鳳皇從天飛下青溪宅齋前，兩翅相去十餘丈，翼下有紫雲氣。及在襄陽，夢著桑屐行度太極殿階。庾溫云：「屐者，運應木也。」臣案桑字爲四十而二點，世祖年過此卽帝位，謂著屐爲木行也。屐有兩齒有聲，是爲明兩之齒至四十二而行卽眞矣。及在郢州，夢人從天飛下，頭插筆來畫上衣兩邊，不言而去。庾溫釋云：「畫者，山龍華蟲也。」

世祖宋元嘉十七年六月己未夜生，無火，婢吹灰而火自燃。

世祖於南康郡內作伎，有絃無管，於是空中有篪聲，調節相應。

世祖爲廣興相，嶺下積旱水涸不通船，上部伍至，水忽暴長。庾溫云：「易利涉大川之義也。」

世祖頓盆城，城內無水，欲鑿引江流，試掘井，得伏泉九處，皆湧出。

建元元年四月，有司奏：「延陵令戴景度稱所領季子廟，舊有涌井二所，廟祝列云舊井北忽聞金石聲，卽掘，深三尺，得沸泉。其東忽有聲錚錚，又掘得泉，沸湧若浪。泉中得一銀木簡，長一尺，廣二寸，隱起文曰『(盧)〔廬〕山道人張陵再拜謁詣起居』。〔九〕簡木堅白而字色黃。」謹案瑞應圖，「浪井不鑿自成，王者清靜，則仙人主之」。孔氏世錄云：「叶精帝道，孔書明巧，當在張陵。」宋均注云：「張陵佐封禪。一云陵，仙人也。」

元徽三年，太祖在青溪宅，〔一〇〕齋前池中忽揚波起浪，湧水如山，有金石響，須臾有青龍從池中出，左右皆見之。

昇明元年，青龍見齊郡。

建元四年，青龍見從陽郡清水縣平泉湖中。

永明七年，黃龍見曲江縣黃池中，一宿二日。

中興二年，山上雲障四塞，頃有玄黃五色如龍，長十餘丈，從西北升天。

宋泰始末，武進舊塋有獸見，一角，羊頭，龍翼，馬足，父老咸見，莫之識也。

永明十年，鄱陽郡獻一角獸，麟首，鹿形，龍鸞共色。瑞應圖云：「天子萬福允集，則一角獸至。」

十一年，白象九頭見武昌。

史臣曰：記云，升中于天，麟鳳至而龜龍格。則鳳皇巢乎阿閣，麒麟在乎郊藪，豈非馴之在庭，擾以成畜，其爲瑞也如此。今觀魏、晉已來，世稱靈物不少，而亂多治少，史不絕書。故知來儀在沼，遠非前事，見而不至，未辨其爲祥也。

昇明三年三月，白虎見歷陽龍亢縣新昌村。新昌村，嘉名也。瑞應圖云：「王者不暴白

虎仁。」

建元四年三月，白虎見安蠻虔化縣。

中興二年二月，白虎見東平壽張安樂村。

昇明二年，騶虞見安東縣五界山，師子頭，虎身，龍脚。詩傳云：「騶虞，義獸，白虎黑文，不食生物，至德則出。」

昇明三年，太祖爲齊王，白毛龜見東府城池中。

建元二年，休安陵獲玄龜一頭。

永明五年，武騎常侍唐潛上青毛神龜一頭。

七年六月，彭城郡田中獲青毛龜一頭。

八月，延陵縣前澤畔獲毫龜一枚。

八年四月，長山縣王惠獲六目龜一頭，腹下有「萬歡」字，幷有卦兆。

六月，建城縣昌城田獲四目龜一頭，下有「萬齊」字。

九年五月，長山縣獲神龜一頭，腹下有巽兌卦。

中興二年正月，邏將潘道蓋於山石穴中獲毛龜一頭。

昇明三年，世祖遣人詣宮亭湖廟還福，船泊渚，有白魚雙躍入船。

永明五年，南豫州刺史建安王子眞表獻金色魚一頭。

建元元年八月，男子王約獲白雀一頭。

九月，秣陵縣獲白雀一頭。

二年四月，白雀集郢州府館。

五月，白雀見會稽永興縣。

永明元年五月，郢州丁坡屯獲白雀一頭。

三年七月，安成王暠第獲白雀一頭。

九月，南郡江陵縣獲白雀一頭。

四年七月，白雀見臨汝縣。

七年六月，鹽官縣獲白雀一頭。

八年，天門臨澧縣獲白雀一頭。

九年七月，吳郡錢塘縣獲白雀一頭。

八月，豫州獲白雀一頭。

十年五月，齊郡獲白雀一頭。

建元元年五月，白烏見巴郡。

永明四年三月，三足烏巢南安中陶縣庭。

八年四月，陽羨縣獲白烏一頭。

隆昌元年四月，陽羨縣獲白烏一頭。

建元二年，江陵縣獲白鼠一頭。

永明六年，白鼠見芳林園。

十年九月，義陽郡獲白鼠一頭。

永明四年，丹楊縣獲白兔一頭。

昇明元年六月，慶雲見益都。

建元元年，世祖拜皇太子日，有慶雲在日邊。

三年，華林園醴泉堂東忽有瑞雲，周圓十許丈，高下與景雲樓平，五色藻密，光彩映山，徘徊良久，行轉南行，過長船入華池。

昇明二年，宣城臨成縣於藉山獲紫芝一枝。

永明八年五月，陽城縣獲紫芝一株。

隆昌元年正月，襄陽縣獲紫芝一莖。

昇明二年四月，昌國縣徐萬年門下棠樹連理。

九月，豫州萬歲澗廣數丈，有樹連理，隔澗騰枝相通，越壑跨水爲一榦。

建元二年九月，有司奏上虞縣楓樹連理，兩根相去九尺，雙株均聳，去地九尺，合成一榦。

故鄣縣楓樹連理，兩株相去七尺，大八圍，去地一丈，仍相合爲樹，泯如一木。

山陽縣界若邪村有一槻木，〔一〕合爲連理。

淮陰縣建業寺梨樹連理。

建康縣梨樹耀檴一本作耀擭五圍，連理六枝。

永明元年五月，木連理生安成新喻縣。又生南梁陳縣。

閏月，瑢明殿外閣南槐樹連理。

八月，鹽官縣內樂村木連理。

二年七月，烏程縣陳文則家榿樹連理。

七月，新冶縣槐栗二木合生異根連理，去地數尺，中央小開，上復爲一。

三年正月，安城縣楡樹二株連理。

二月，安陽縣梓樹連理。

九月，句陽縣之穀山榿樹連理，異根雙挺，共杪爲一。

十二月，永寧左郡楠木連理。

四年二月，秣陵縣喬天明園中李樹連理生，〔二〕高三尺五寸，兩枝別生，復高三尺，合爲一榦。

五年正月，秣陵縣華僧秀園中四樹連理。

六年四月，江寧縣北界賴鄉齊平里三成邏門外路東太常蕭惠基園棪樹二株連理，其高相去二尺，南大北小，小者傾柯南附，合爲一樹，枝葉繁茂，圓密如蓋。

七年，江寧縣李樹二株連理，兩根相去一丈五尺。

八年，巴陵郡樹連理四株。

三月，武陵白沙戍槻木連理，相去五尺，俱高三尺，東西二枝，合而通柯。

十二月，柴桑縣陶委天家樹連理。

永明五年，山陰縣孔廣家園榿樹十二層。會稽太守隨王子隆獻之，種芳林園鳳光殿西。

九年，秣陵縣鬬場里安明寺有古樹，衆僧改架屋宇，伐以爲薪，剖樹木裏，自然有「法大德」三字。

始興郡本無欓樹，調味有闕。世祖在郡，堂屋後忽生一株。

昇明二年十月，甘露降建康縣。

十一月，甘露降長山縣。

十二月，甘露降彭山松樹，至九日止。

建元元年九月，甘露降淮南郡桃石榴二樹。有司奏甘露降新汲縣王安世園樹。

永明二年四月，甘露降南郡桐樹。

四年二月，甘露降臨湘縣李樹。

三月，甘露降南郡桐樹。

四月，甘露降睢陽縣桃樹。

五年四月，甘露降荊州府中閤外桐樹。

六年，甘露降芳林園故山堂桐樹。

九年八月，甘露降上定林寺佛堂庭，中天如雨，遍地如雪，其氣芳，其味甘，耀日舞風，至晡乃止。爾後頻降鍾山松樹，四十餘日乃止。

十月，甘露降(大)〔泰〕安陵樹。〔一三〕

中興二年三月，甘露降茅山，彌漫數里。

元徽四年三月，醴泉出昌國白鹿山，其味甚甘。

永明元年正月，新蔡郡固始縣獲嘉禾，一莖五穗。

八月，新蔡縣獲嘉禾，二莖九穗，一莖七穗。

十一月，固始縣獲嘉禾，一莖九穗。

二年八月，梁郡睢陽縣界野田中獲嘉禾，一莖二十三穗。

五年九月，莒縣獲嘉禾一株。

十年六月，海陵齊昌縣獲嘉禾，一莖六穗。

十一年九月，睢陽縣田中獲嘉禾一株。

昇明二年九月，建寧縣建昌村民採藥於萬歲山，忽聞澗中有異響，得銅鍾一枚，長二尺一寸，邊有古字。

建元元年十月，(浩)〔涪〕陵郡蠻民田健所住巖閒，〔一四〕常留雲氣，有聲響澈若龍吟，求之積歲，莫有見者。去四月二十七日，巖數里夜忽有雙光，至明往，獲古鍾一枚，又有一器名淳于，蠻人以爲神物奉祠之。

永明四年四月，東昌縣山自比歲以來，恒發異響，去二月十五日，有一巖褫落，縣民方元泰往視，於巖下得古鍾一枚。

五年三月，豫寧縣長崗山獲神鍾一枚。

九年十一月，寧蜀廣漢縣田所墾地入尺四寸，獲古鍾一枚，形高三尺八寸，圍四尺七寸，縣柄長一尺二寸，合高五尺，四面各九孔。更於陶所瓦閒見有白光，窺尋無物，自後夜夜輒復有光，既經旬日，村民張慶宣瓦作屋，又於屋閒見光照內外，慶宣疑之，以告孔休先，乃共發視，獲玉璽一鈕，璧方八分，上有鼻，文曰「帝眞」。

曲阿縣民黃慶宅左有園，園東南廣袤四丈，每種菜，輒鮮異，雖加採拔，隨復更生。夜中恒有白光，皎質屬天，狀似縣絹，私疑非常，請師卜候，道士傅德占使掘之，深三尺，獲玉印一鈕，文曰「長承萬福」。

永明二年正月，冠軍將軍周普孫於石頭北廂將堂見地有異光照城堞，往獲玉璽一鈕，方七分，文曰「明玄君」。

十一月，虜國民齊祥歸入靈丘關，聞殷然有聲，仰視之，見山側有紫氣如雲，衆鳥回翔

其閒。祥往氣所，獲璽方寸四分，獸鈕，文曰「坤維聖帝永昌」。送與虜太后師道人惠度，欲獻虜主。惠度覩其文，竊謂「當今衣冠正朔，在於齊國」。遂附道人惠藏送京師，因羽林監崔士亮獻之。

三年七月，始興郡民龔玄宣云，去年二月，忽有一道人乞食，因探懷中出篆書眞經一卷，六紙，又表北極一紙，又移付羅漢居士一紙，云從兜率天宮下，使送上天子，因失道人所在。今年正月，玄宣又稱神人授皇帝璽，龜形，長五寸，廣二寸，厚二寸五分，上有「天地字，〔一五〕中央「蕭」字，下「萬世」字。〔一六〕

十年，蘭陵民齊伯生於六合山獲金璽一鈕，文曰「年予主」。

世祖治盆城，得五尺刀一十口，〔一七〕永明年曆之數。

昇明三年，左里村人於宮亭湖得敕戟二枚，傍有古字，文遠不可識。

泰始中，世祖於青溪宅得錢一枚，文有北斗七星雙節，〔一八〕又有人形帶劍。及治盆城，又得一大錢，文曰「太平百歲」。

永明七年，齊興太守劉元寶治郡城，於塹中獲錢百萬，形極大，以獻臺爲瑞，世祖班賜朝臣以下各有差。

十年，齊安郡民王攝掘地得四文大錢一萬二千七百十枚，品製如一。

建元元年，郢州監利縣天井湖水色忽澄清，出綿，百姓採以爲纊。

永明二年，護軍府門外桑樹一株，竝有蠶絲綿被枝莖。

史臣案：漢光武時有野蠶成繭，百姓得以成衣服。今則浮波幕樹，其亦此之類乎？

永明八年，始興郡昌樂村獲白鳩一頭。

二年，彭澤縣獲白雉一頭。

七年，欝林獲白雉一頭。

十年，青州洭液戍獲白雉一頭。

五年，望蔡縣獲白鹿一頭。

九年，臨湘獲白鹿一頭。

六年，蒲濤縣亮野村獲白麞一頭。

七年，荆州獲白麞一頭。

八年，餘干縣獲白麞一頭。

九年，義陽安昌縣獲白麞一頭。

十年，司州清激戍獲白麞一頭。

十一年，廣陵海陵縣獲白麞一頭。

七年，越州獻白珠，自然作思惟佛像，長三寸。上起禪靈寺，置刹下。

七年，吳郡太守江斅於錢塘縣獲蒼玉璧一枚以獻。

七年，主書朱靈讓於浙江得靈石，十人舉乃起，在水深三尺而浮，世祖親投于天淵池試之，刻爲佛像。

二年，從陽丹水縣山下得古鼎一枚。

三年，越州南高凉俚人海中網魚，獲銅獸一頭，銘曰「作寶鼎，齊臣萬年子孫承寶」。

贊曰：天降地出，星見先吉。造物百品，詳之載述。

校勘記

〔一〕又簫管之器　「簫」原譌「蕭」，據南監本、殿本、局本改。

〔二〕靈文先與世祖善　「世祖」南史齊紀作「太祖」。下「退謂世祖曰」，南史齊紀亦作「太祖」。

〔三〕黄公之化氣也　「黄公」南史齊紀作「黄石公」。

〔四〕姓蕭字某甲　「某甲」南史齊紀作「道成」，與上「星」下「平」爲韻，此蕭子顯避諱改也。

〔五〕滎陽人〔尹午〕於山東南澗見天雨石　據南監本、殿本、局本補。按「尹午」南史齊紀作「尹千」，下同。又「東南澗」南監本、局本作「東南隅」。

〔六〕午〔奉璽〕詣雍州刺史蕭赤斧〔赤斧〕表獻之　據南監本、殿本、局本補。

〔七〕泰始七年　「七年」南史齊紀作「三年」，元龜二百二作「二年」。按蕭道成自泰始二年鎮淮陰，七年徵還京師，此事當在二年後，七年前，疑南史作「三年」是。

〔八〕清河崔靈運爲上府參軍　「崔靈運」南史齊紀及元龜二百二並作「崔靈建」。

〔九〕(盧)〔廬〕山道人張陵再拜謁詣起居　據殿本改。

〔一〇〕太祖在青溪宅　「青溪」百衲本作「清溪」，今據殿本改。

〔一一〕山陽縣界若邪村有一槻木　按若邪村殆以若邪山得名，若邪山在山陰縣界，疑「山陽」當作「山陰」。

〔一二〕秣陵縣喬天明園中李樹連理生　「喬」毛本、殿本、局本並作「高」。按元龜二百二亦作「喬」。

〔一三〕甘露降(大)〔泰〕安陵樹　據高帝紀下及皇后傳改。

〔一四〕(浩)〔涪〕陵郡蜑民田健所住巖閒　張森楷校勘記云：「案州郡志無浩陵，疑『浩』字譌。」今按齊建元二年，置巴州，割涪陵郡屬焉。齊書高逸明僧紹傳，子惠照，爲巴州刺史，綏懷蠻蜑，是巴州有蜑民之證。「浩」乃「涪」之形譌，今據改。

〔一五〕上有天地字　「天地」元龜二百二作「天子」。

〔一六〕下萬世字　「下」字下元龜二百二有「有」字。

〔一七〕得五尺刀一十口　御覽六十五引作「得尺五刀十一口」。按永明凡十一年，既象徵永明年曆之數，則以作「十一口」爲是。

〔一八〕文有北斗七星雙節　「雙節」南史齊紀作「雙刀雙貝」。

南齊書卷十九

志第十一

五行

木傳曰：「東方，易經地上之木爲觀，故木於人，威儀容貌也。木者，春生氣之始，農之本也。無奪農時，使民歲不過三日，行什一之稅，無貪欲之謀，則木氣從。如人君失威儀，逆木行，田獵馳騁，不反宮室，飲食沈湎，不顧禮制，出入無度，多發繇役，以奪民時，作爲姦詐，以奪民財，則木失其性矣。蓋以工匠之爲輪矢者多傷敗，故曰木不曲直。」

宋泰豫元年，京師祗洹寺皂莢樹枯死。昇明末，忽更生花葉。京房易傳曰：「樹枯冬生，不出二年，國喪，君子亡。」其占同。宋氏禪位。

建元元年，朱爵桁華表柱生枝葉。

建元初，李子生毛。

二年，武陵沅頭都尉治有桑樹，方冬生葉。京房易傳曰：「木冬生花，天下有喪。」其占同。後二年，宮車晏駕。

四年，巴州城西古樓脚柏柱數百年，忽生花。

永明六年，(后)〔石〕子崗柏木長二尺四寸，〔一〕廣四寸半，化爲石。時車駕數游幸，應本傳木失其性也。

永明中，大桁一舶無故自沈，艚中無水。

隆昌元年，廬陵王子卿齋屋梁柱際無故出血。

建武初，始安王遙光治廟，截東安寺屋以直廟垣，截梁，水出如淚。

貌傳曰：「失威儀之制，怠慢驕恣，謂之狂，則不肅矣。下不敬，則上無威。天下既不敬，又肆其驕恣，肆之則不從。夫不敬其君，不從其政，則陰氣勝，故曰厥罰常雨。」

永明八年四月，己巳起陰雨，晝或暫晴，夜時見星月，連雨積霖，至十七日乃止。

十一年四月辛巳朔，去三月戊寅起，而其閒暫時晴，從四月一日又陰雨，晝或見日，夜乍見月，回復陰雨，至七月乃止。

永泰元年十二月二十九日雨，至永元元年五月二十一日乃晴。京房占曰：「冬雨，天下饑。春雨，有小兵。」時虜寇雍州，餘應本傳。

傳曰：「大雨雪，猶庶徵之常雨也，然有甚焉。雨，陰。大雨雪者，陰之畜積甚也。一曰與大水同象，曰攻爲雪耳。」

建元二年閏月己丑，雨雪。

三年十一月，雨雪，或陰或晦，八十餘日，至四年二月乃止。

傳曰：「雷於天地爲長子，以其首長萬物，與之出入，故雷出萬物出，雷入萬物入。夫雷者人君之象，入則除害，出則興利。雷之微氣以正月出，其有聲者以二月出，以八月入，其餘微者以九月入。冬三月雷無出者，若是陽不閉陰，則出涉危難而害萬物也。」

建元元年十月壬午，夜電光，因雷鳴。

十一月庚戌，電光，有頃雷鳴，久而止。

永明五年正月戊申，夜西北雷聲。

六年十月甲申，夜陰細雨，始聞雷鳴於西北上。

七年正月甲子，夜陰，雷鳴西南坤宮，隆隆一聲而止。

八年正月庚戌，夜雷起坎宮水門，其音隆隆，一聲而止。

九年二月丙子，西北有電光，因聞雷聲隆隆，仍續十聲而止。

十年二月庚戌，夜南方有電光，因聞雷聲隆隆相續，丁亥止。

十月庚子，電雷起西北。

十一月丁丑，西南有光，因聞雷聲隱隱，再聲而止。西南坤宮。

十二月甲申，陰雨，有電光，因聞西南及西北上雷鳴，頻續三聲。

丙申，夜聞西北上雷頻續二聲。

辛亥，雷雨。

傳曰：「雨雹，君臣之象也。陽之氣專爲雹，陰之氣專爲霰。陽專而陰脅之，陰盛而陽薄之。雹者，陰薄陽之象也。霰者，陽脅陰之符也。春秋不書霰者，猶月蝕也。」

建元四年五月戊午朔，雹。

永明元年九月乙丑，雹落大如蒜子，須臾乃止。

十一年四月辛亥，雹落大如蒜子，須臾滅。

貌傳又曰：「上失節而狂，下怠慢而不敬，上下失道，輕法侵制，不顧君上，因以荐飢。貌氣毁，故有雞旤。」一曰：「水歲雞多死及爲怪，亦是也。上下不相信，大臣姦宄，民爲寇盜，故曰厥極惡。」一曰：「民多被刑，或形貌醜惡，風俗狂慢，變節易度，則爲輕剽奇怪之服，故日時則有服妖。」

永明中，宮內服用射獵錦文，爲騎射兵戈之象。至建武初，虜大爲寇。

永明中，蕭諶開博風帽後裘之製，爲破後帽。世祖崩後，諶建廢立，誅滅諸王。

永明末，民閒制倚勸帽。及海陵廢，明帝之立，勸進之事，倚立可待也。

建武中，帽裘覆頂，東昏時，以爲裘應在下，而今在上，不祥，斷之。羣下反上之象也。

永元中，東昏侯自造遊宴之服，綴以花采錦繡，難得詳也。羣小又造四種帽，帽因勢爲名。一曰「山鵲歸林」者，詩云「鵲巢，夫人之德」，東昏寵嬖淫亂，故鵲歸其林藪。二曰「兔子度坑」，天意言天下將有逐兔之事也。三曰「反縛黃離喽」，黃口小鳥也，反縛，面縛之應也。四曰「鳳皇度三橋」，鳳皇者嘉瑞，三橋，梁王宅處也。

貌傳又曰：「危亂端見，則天地之異生。木者青，故曰青眚，爲惡祥。凡貌傷者，金沴木，木沴金，衝氣相通。」

延興元年，海陵王初立，文惠太子冢上有物如人，長數丈，青色，直上天，有聲如雷。

火，南方，揚光輝，出炎爓爲明者也。人君向明而治，蓋取其象。以知人爲分，讒佞既遠，羣賢在位，則爲明而火氣從矣。人君疑惑，棄法律，不誅讒邪，則讒口行，內閒骨肉，外疎忠臣，至殺世子，逐功臣，以妾爲妻，則火失其性，上災宗廟，下災府榭，內熯本朝，外熯闕觀，雖興師衆，不能救也。

永明三年正月，甲夜西北有野火，光上生精，西北有四，東北有一，竝長七八尺，黃赤色。

三月庚午，丙夜北面有野火，光上生精，長六尺，戊夜又有一枚，長五尺，竝黃赤色。

四年正月丁亥，夜有火精三處。

閏月丁巳，夜有火精四所。

十二月辛酉，夜東南有野火精二枚。

五年十二月丙寅，夜西北有野火，火上生精，一枚，長三尺，黃白色。

六年十一月戊申，夜西南及北三面有野火，火上生精，九枚，竝長二尺，黃赤色。

九年二月丙寅，甲夜北面有野火，火生精，二枚，西北又一枚，竝長三尺，須臾消。

永元二年八月，宮內火，燒西齋璿儀殿及昭陽、顯陽等殿，北至華林牆，西及祕閣，凡屋三千餘閒。〔二〕京房易傳曰：「君不思道，厥妖火燒宮。」祕閣與春秋宣榭火同，天意若曰，既無紀綱，何用典文爲也。

二年冬，京師民閒相驚云，當行火災，南岸人家往往於籬閒得布火纏者，云公家以此禳之。

三年正月，豫章郡天火燒三千餘家。京房易占曰：「天火下燒民屋，是謂亂治殺兵作。」是年，臺軍與義師偏衆相攻於南江諸郡。

三年二月，乾和殿西廂火，燒屋三十閒。是時西齋既火，帝徙居東齋，高宗所住殿也。與燒宮占同。

傳又曰：「犯上者不誅，則草犯霜而不死。或殺不以時，事在殺生失柄，故曰草妖也。」一曰：「草妖者，失衆之象也。」

永元中，御刀黃文濟家齋前種昌蒲，忽生花，光影照壁，成五采，其兒見之，餘人不見也。少時，文濟被殺。

劉歆視傳有羽蟲之孽，謂鷄禍也。班固案易鷄屬巽，今以羽蟲之孽類是也，依歆說附視傳云。

建武二年，有大鳥集建安，形如水櫝子。其年，郡大水。

三年，大鳥集東陽郡，太守沈約表云：「鳥身備五采，赤色居多。」案樂緯叶圖徵云：「焦明鳥質赤，〔三〕至則水之感也。」

永明二年四月，烏巢內殿東鴟尾。

三年，大鳥集會稽上虞。其年，縣大水。

傳曰：「維水沴火。」又曰：「赤眚赤祥。」

建武四年，王晏子德元所居帷屏，無故有血灑之，少日而散。〔晏尋被誅〕。〔四〕

思心傳曰：「心者，土之象也。思心不睿，〔五〕其過在瞀亂失紀。風於陽則爲君，於陰則爲大臣之象，專恣而氣盛，故罰常風。心爲五事主，猶土爲五行主也。」一曰：「陰陽相薄，偏氣陽多爲風，其甚也常風。陰氣多者，陰而不雨，其甚也常陰。」一曰：「風宵起而晝晦，以應常陰同象也。」

建元元年十一月庚戌，風夜暴起，雲雷合冥，從戌亥上來。

四年十一月甲寅，酉時風起小駃，至二更雪落，風轉浪津。

永明四年二月丙寅，巳時風迅急。

十一月己丑，戌時風迅急，從西北戌亥上來。

五年五月乙酉，子時風迅急，從西北戌亥上來。

七年正月丁卯，陽徵陰賊之日，時加子，風起迅急，從北方子丑上來，暴疾浪津，寅時止。

八年六月乙酉，〔時〕加子（時），〔六〕風起迅急，暴疾浪津，發屋折木，塵沙，從西南未上來，因雷雨，須臾，風徵雨止。

九年七月甲寅，陽羽廉貞之日，時加亥，風起迅急，從東方來，暴疾彭勃浪津，至乙卯陰賊時漸微，名羽動羽。

九月乙丑，時加未，雷，驟雨，風起迅急，暴疾浪津，從西北戌上來。

十月壬辰，陽羽姦邪之日，時加丑，風起從北方子丑上來，暴疾浪津，迅急，塵埃，五日寅時漸微，名羽動宮。

十年正月辛巳，陽商寬大之日，時加寅，風從西北上來，暴疾浪津，迅急，揚沙折木，酉

時止。

二月甲辰，陽徵姦邪之日，時加辰，風起迅急，從西北亥上來，暴疾彭勃浪津，至酉時止。

三月丁酉，陽徵廉貞之日，時加未，風從北方子丑上來，迅急，暴疾浪津，戌時止。

七月庚申，陰角貪狼之日，時加午，風從東北丑上來，迅急浪津，至辛酉巳時漸微。

十一年二月庚寅，陽角廉貞之日，時加亥，風從西北亥上來，迅疾浪津，丑時漸微，爲角動角。

七月甲寅，陽羽廉貞之日，時加巳，風從東北寅上來，迅疾浪津，發屋折木，戌夜漸微，爲羽動徵。己巳，陽角寬大之日，時加未，風從戌上來，暴疾，良久止，爲角動商及宮。凡時無專恣，疑是陰陽相薄。

建〔昌〕〔武〕元年三月乙酉，〔七〕未時風起，浪津暴急，從北方上來，應本傳昏亂。

建武二年、三年、四年，每秋七月、八月，輒大風，三吳尤甚，發屋折木，殺人。京房占「獄吏暴，風害人」。時帝嚴刻。

永元元年七月十二日，大風，京師十圍樹及官府居民屋皆拔倒，應本傳。

傳又曰：「山之於地，君之象也。山崩者，君權損，京陵易處，世將變也。陵轉爲澤，貴將爲賤也。」

建元二年夏，廬陵石陽縣長溪水衝激山麓崩，長六七丈，下得柱千餘口，皆十圍，長者一丈，短者八九尺，頭題有古文字，不可識。江淹以問王儉，儉云：「江東不閑隸書，此秦漢時柱也。」後年宮車晏駕，世變之象也。

永明二年秋，始興曲江縣山崩，壅底溪水成陂。京房占：「山崩，人主惡之。」

傳又曰：「雷電所擊，蓋所感也。皆思心有尤之所致也。」

建元二年閏六月丙戌，戌夜震電。

四年五月五日，雲雷闇都，〔八〕雷震于樂遊安昌殿，電火焚蕩盡。

永明八年四月六日，雷震，會稽山陰恒山保林寺刹上四破，電火燒塔，下佛面窗戶不異也。

永明中，〔雷〕震東宮南門，〔九〕無所傷毀，殺食官一人。

十一年三月，震于東齋，棟崩。左右密欲治繕，竟陵王子良曰：「此豈可治，留之志吾過，且旌天之愛我也。」明年，子良薨。

傳又曰：「土氣亂者，木金水火亂之。」

建武二年二月丁巳，地震。

永元元年七月，地日夜十八震。

九月十九日，地五震。

金者，西方，萬物既成，殺氣之始也。其於王事，兵戎戰伐之道也。王者興師動衆，建立旗鼓，仗旄把鉞，以誅殘賊，止暴亂，殺伐應義，則金氣從。工冶鑄化，革形成器也。人君樂侵陵，好攻戰，貪城邑，輕百姓之命，人民不安，內外騷動，則金失其性。蓋冶鑄不化，（水）〔冰〕滯固堅，〔一〇〕故曰金不從革，又曰維木沴金。

建武四年，明帝出舊宮送豫章王第二女綏安主降嬪，還上輦，輦上金翅無故自折落地。

言傳曰：「言易之道，西方曰兌，爲口。人君過差無度，刑法不一，斂從其重，或有師旅，炕陽之節，若動衆勞民，是言不從。人君既失衆，政令不從，孤陽持治，下畏君之重刑，陽氣勝則旱象至，故曰厥罰常陽也。」

中華書局

建元三年，大旱，時有虜寇。

永明三年，大旱，明年，唐寓之起。

建武二年，大旱，時虜寇方盛，皆動衆之應也。

言傳曰：「下既悲苦君上之行，又畏嚴刑而不敢正言，則必先發於歌謠。歌謠，口事也。口氣逆則惡言，或有怪謠焉。」

宋泰始既失彭城，江南始傳種消梨，先時所無，百姓爭欲種植。識者曰：「當有姓蕭而來者。」十餘年，齊受禪。

元徽中，童謠曰：「襄陽白銅蹄，郎殺荆州兒。」後沈攸之反，雍州刺史張敬兒襲江陵，殺沈攸之子元琰等。

永明元年元日，有小人發白虎樽，既醉，與筆扎，不知所道，直云「憶高帝」。敕原其罪。

世祖起青溪舊宮，時人反之曰「舊宮者，窮廄也」。及上崩後，宮人出居之。

永明初，百姓歌曰：「白馬向城啼，欲得城邊草。」後句閑云「陶郎來」。白者金色，馬者兵事。三年，妖賊唐寓之起，言唐來勞也。

世祖起禪靈寺初成，百姓縱觀，或曰：「禪者授也，靈非美名，所授必不得其人。」後太孫

立，見廢也。

永明中，宮內坐起御食之外，皆爲客食。世祖以客非家人名，改呼爲別食，時人以爲分別之象。少時，上晏駕。

文惠太子在東宮，作兩頭纖纖詩，後句云「磊磊落落玉山崩」。自此長王宰相相繼薨徂，二宮晏駕。

文惠太子作七言詩，後句輒云「愁和諦」。後果有和帝禪位。

永明中，虜中童謠云：「黑水流北，赤火入齊。」尋而京師人家忽生火，赤於常火，熱小微，貴賤爭取以治病。法以此火灸桃板七炷，七日皆差。敕禁之，不能斷。京師有病瘦者，以火灸數日而差。隣人笑曰：「病偶自差，豈火能爲。」此人便覺頤間癢，明日瘦還如故。後梁以火德興。

文惠太子起東田，時人反云「後必有癲童」。果由太孫失位。

齊宋以來，民間語云「擾攘建武上」。明帝初，誅害蕃戚，京師危駭。

永元元年，童謠曰：「洋洋千里流，流翣東城頭。[二]烏馬烏皮袴，三更相告訴。脚跛不得起，誤殺老姥子。」千里流者，江祏也。東城，遙光也。遙光夜舉事，垣歷生者烏皮袴褶往奔之。跛脚，亦遙光。老姥子，孝字之象，徐孝嗣也。

永元中，童謠云：「野豬雖嗃嗃，馬子空閭渠。不知龍與虎，飲食江南墟。七九六十三，廣莫人無餘。烏集傳舍頭，今汝得寬休。但看三八後，摧折景陽樓。」識者解云「陳顯達屬豬，崔慧景屬馬」，非也。東昏侯屬豬，馬子未詳，梁王屬龍，蕭穎胄屬虎。崔慧景攻臺，頓廣莫門死，時年六十三。烏集傳舍，卽所謂「瞻烏爰止，于誰之屋」。三八二十四，起建元元年，至中興二年，二十四年也。摧折景陽樓，亦高臺傾之意也。言天下將去，乃得休息也。

齊、宋之際，民間語云「和起」，言以和顔而爲變起也。後和帝立。

崔慧景圍臺城，有一五色幡，飛翔在雲中，半日乃不見，衆皆驚怪，[三]相謂曰：「幡者，事尋當翻覆也。」數日而慧景敗。

言傳曰：「言氣傷則民多口舌，故有口舌之痾。金者白，故有白眚，若有白爲惡祥。」

宋昇明二年，飆風起建康縣南塘里，吹帛一匹入雲，風止，下御路。紀僧真啓太祖當宋氏禪者，其有匹夫居之。

水，北方，冬藏萬物，氣至陰也，宗廟祭祀之象。死者精神放越不反(者)，故爲之廟以收〔其〕散，爲之貌以收其魂神，而孝子得盡禮焉。[四]敬之至，則神歆之，此則至陰之氣從，則

水氣從溝瀆隨而流去，不爲民害矣。人君不禱祀，簡宗廟，廢祭祀，逆天時，則霧水暴出，川水逆溢，壞邑軼鄉，沈溺民人，故曰水不潤下。

建元二年，吳、吳興、義興三郡大水。

二年夏，丹陽、吳二郡大水。

四年，大水。

永明五年夏，吳興、義興水雨傷稼。

六年，吳興、義興二郡大水。

建武二年冬，吳、晉陵二郡水雨傷稼。

永元元年七月，濤入石頭，漂殺緣淮居民。應本傳。

荆州城內有沙池，常漏水。蕭穎胄爲長史，水乃不漏，及穎胄亡，乃復竭。

傳曰：「極陰氣動，故有魚孽。魚孽者，常寒罰之符也。」

永明九年，鹽官縣石浦有海魚乘潮來，水退不得去，長三十餘丈，黑色無鱗，未死，有聲如牛，土人呼爲海燕，取其肉食之。

永元元年四月，有大魚十二頭入會稽上虞江，大者近二十餘丈，小者十餘丈，一入山陰

稱浦，一入永興江，皆暍岸側，百姓取食之。

聽傳曰：「不聽之象見，則妖生於耳，以類相動，故曰有鼓妖也。」一曰，聲屬鼓妖。

永明元年十一月癸卯，夜天東北有聲，至戊夜。

傳曰：「皇之不極，是謂不建，其咎在霿亂失聽，故厥咎霿。思心之咎亦霧。天者，正萬物之始，王者，正萬事之始，失中則害天氣，類相動也。天者轉於下而運於上，雲者起於山而彌於天，天氣動則其象應，故厥罰常陰。王者失中，臣下盛強，而蔽君明，則雲陰亦衆多而蔽天光也。

建元四年十月丙午，日入後土霧勃勃如火煙。

永明二年十一月己亥，四面土霧入人眼鼻，至辛丑止。

二年十一月丙子，日出後及日入後，四面土霧勃勃如火煙。

六年十一月庚戌，丙夜土霧竟天，昏塞濃厚，至六日未時小開，到甲夜(仍)後〔仍〕濃密，〔四〕勃勃如火煙，辛慘入人眼鼻。

八年十月壬申，夜土霧竟天，濃厚勃勃如火煙，氣入人眼鼻，至九日辰時開除。

九年十　月丙辰，晝夜恆昏霧勃勃如火煙，其氣辛慘入人眼鼻，兼日色赤黃，至四日甲夜開除。

十年正月辛酉，酉初四面土霧勃勃如火煙，其氣辛慘入人眼鼻。

傳曰：「易曰『乾爲馬』。逆天氣，馬多死，故曰有馬禍。」一曰，馬者，兵象也。將有寇戎之事，故馬爲怪。

建(昌)〔武〕四年，〔五〕王晏出至草市，馬驚走，鼓步從車而歸，十餘日，晏誅。

建武中，南岸有一蘭馬，走逐路上女子，女子窘急，走入人家牀下避之，馬終不置，發牀食女子股脚間肉都盡，禁司以聞，敕殺此馬，是後頻有寇賊。

京房易傳曰：「生子二胷以上，民謀其主。三手以上，臣謀其主。二口已上，國見驚以兵。三耳已上，是謂多聽，國事無定。二鼻以上，國主久病。三足三臂已上，天下有兵。」其類甚多，蓋以象占之。

永明五年，吳興東遷民吳休之家女人雙生二兒，胷以下齊以上合。

京房易傳曰：「野獸入邑，其邑大虛。」又曰：「野獸無故入邑朝廷門及宮府中者，邑逆且虛。」

永明中，南海王子罕爲南兗州刺史，有麏入廣陵城，投井而死，又有象至廣陵，是後刺史安陸王子敬於鎮被害。

建武四年春，當郊治(丘)圓〔丘〕，〔一六〕宿設已畢，夜虎攫傷人。

建武中，有鹿入景皇寢廟，皆爲上崩及禪代也。凡無占者，皆爲不應本傳。

贊曰：木怪夔魍，火爲水妃。土實載物，金作明威。形聲異迹，影響同歸。皆由象應，莫不類推。

校勘記

〔一〕(后)〔石〕子崗柏木　據南監本、殿本、局本改。

〔二〕北至華林牆西及祕閣凡屋三千餘間　「凡」南監本、毛本、殿本、局本並作「北」，連上讀。

〔三〕焦明鳥質赤　「明」原譌「朋」，各本不譌，今改正。按五方神鳥，南方曰焦明，見說文鳥部鷫字。

〔四〕〔晏尋被誅〕　據南監本、毛本、殿本、局本補。

〔五〕思心不睿　按「睿」當作「容」，說詳錢大昕廿二史考異及王念孫讀書雜志。

〔六〕〔時〕加子(時)　據殿本改。

〔七〕建(昌)〔武〕元年三月乙酉　據殿本改。按齊無「建昌」年號。

〔八〕雲雹闇都　「雲」殿本作「雷」。

〔九〕〔雷〕震東宮南門　據南監本、殿本、局本補。

〔一〇〕(水)〔冰〕滯固堅　據局本改。按漢書五行志作「冰」，補註引劉敞云「冰音凝」。

〔一一〕流婴東城頭　元龜八百九十四作「婴婴東城頭」。

〔一二〕半日乃不見衆皆驚怪　御覽八百七十引作「半日乃下，衆見皆驚怪」。

〔一三〕死者精神放越不反(者)故爲之廟以收〔其〕散爲之貌以收其魂神而孝子得盡禮焉　據毛本、殿本改。按南監本、局本作「死者精神放越不反，聖人爲之宗廟，以收其魂氣，春秋祭祀，而孝子得盡禮焉」。蓋參照漢書五行志改，文義較順，然恐非子顯原文也。

〔一四〕到甲夜(仍)後〔仍〕濃密　據南監本、殿本、局本改。

〔一五〕建(昌)〔武〕四年　據殿本改。

〔一六〕治(丘)圓〔丘〕　據南監本、毛本、殿本、局本改。按「圓」殿本作「圜」，圓圜通。

二十四史

南齊書卷二十

列傳第一

皇后

六宮位號，漢、魏以來，因襲增置，世不同矣。建元元年，有司奏置貴嬪、夫人、貴人爲三夫人，脩華、脩儀、脩容、淑妃、淑媛、淑儀、婕妤、容華、充華爲九嬪，美人、中才人、才人爲散職。永明元年，有司奏貴妃、淑妃竝加金章紫綬，佩于寘玉。淑妃舊擬九棘，以淑爲溫恭之稱，妃爲亞后之名，進同貴妃，以比三司。夫人之號，不殊蕃國。降淑媛以比九卿。七年，復置昭容，位在九嬪。建元三年，太子宮置三內職，良娣比開國侯，保林比五等侯，才人比駙馬都尉。

宣孝陳皇后諱道止，〔一〕臨淮東陽人，魏司徒陳矯後。〔二〕父肇之，郡孝廉。

后少家貧，勤織作，家人矜其勞，或止之，后終不改。嫁于宣帝，庶生衡陽元王道度、始安貞王道生，后生太祖。太祖年二歲，乳人乏乳，后夢人以兩甌麻粥與之，覺而乳大出，異而說之。宣帝從任在外，〔三〕后常留家治事敎子孫。有相者謂后曰：「夫人有貴子而不見也。」后歎曰：「我三兒誰當應之。」呼太祖小字曰：「正應是汝耳。」宣帝殂後，后親自執勤，婢使有過誤，恕不問也。太祖雖從官，而家業本貧，爲建康令時，高宗等冬月猶無縑纊，而奉膳甚厚，后每撤去兼肉，曰：「於我過足矣。」殂于縣舍，年七十三。昇明三年，追贈竟陵公國太夫人，〔四〕蜜印，畫青綬，祠以太牢。建元元年，追尊孝皇后。贈外祖父肇之金紫光祿大夫，謚曰敬侯。后母胡氏爲永昌縣靖君。

高昭劉皇后諱智容，廣陵人也。祖玄之，父壽之，竝員外郎。

后母桓氏夢吞玉勝生后，時有紫光滿室，以告壽之，壽之曰：「恨非是男。」桓曰：「雖女，亦足興家矣。」后每寢臥，家人常見上如有雲氣焉。年十餘歲，歸太祖，嚴正有禮法，家庭肅然。宋泰豫元年殂，年五十。歸葬宣帝墓側，今泰安陵也。門生王清與墓工始下鍤，有白兔跳起，尋之不得，及墳成，兔還栖其上。昇明二年，贈竟陵公國夫人。三年，贈齊國妃，印綬如太妃。建元元年，尊謚昭皇后。三年，贈后父金紫光祿大夫，母桓氏上〔虞〕都鄉君；〔五〕壽之子興道司徒屬，文蔚豫章內史，義徽光祿大夫，義倫通直郎。

武穆裴皇后諱惠昭，河東聞喜人也。祖朴之，〔六〕給事中。父璣之，左軍參軍。

后少與豫章王妃庾氏爲娣姒，庾氏勤女工，奉事太祖、昭后恭謹不倦，后不能及，故不爲舅姑所重，世祖家好亦薄焉。性剛嚴，竟陵王子良妃袁氏布衣時有過，后加訓罰。昇明三年，爲齊世子妃。建元元年，爲皇太子妃。三年，后薨。謚穆妃，葬休安陵。世祖卽位，追尊皇后。贈璣之金紫光祿大夫，后母檀氏餘杭廣昌鄉元君。

舊顯陽、昭陽〔二〕殿，〔七〕太后、皇后所居也。永明中無太后、皇后，羊貴嬪居昭陽殿西，范貴妃居昭陽殿東，寵姬荀昭華居鳳華柏殿。宮內御所居壽昌畫殿南閣，置白鷺鼓吹二部；乾光殿東西頭，置鍾磬兩廂：皆宴樂處也。上數遊幸諸苑囿，載宮人從後車，宮內深隱，不聞端門鼓漏聲，置鍾於景陽樓上，宮人聞鍾聲，早起裝飾，至今此鍾唯應五鼓及三鼓也。車駕數幸琅邪城，宮人常從，早發至湖北埭，鷄始鳴。

吳郡韓蘭英，〔八〕婦人有文辭。宋孝武世，獻中興賦，被賞入宮。〔宋〕明帝世，〔九〕用爲宮中職僚。世祖以爲博士，敎六宮書學，以其年老多識，呼爲「韓公」。

文安王皇后諱寶明，琅邪臨沂人也。祖韶之，吳興太守。父曄之，太宰祭酒。

宋世，太祖爲文惠太子納后，桂陽賊至，太祖在新亭，傳言已沒，宅復爲人所抄掠，文惠太子、竟陵王子良奉穆后、庾妃及后挺身送后兄昺之家，事平乃出。建元元年，爲南郡王妃。四年，爲皇太子妃，無寵。太子爲宮人製新麗衣裳及首飾，而后牀帷陳設故舊，釵鑷十餘枚。〔一〇〕永明十一年，爲皇太孫太妃。鬱林卽位，尊爲皇太后，稱宣德宮。贈后父金紫光祿大夫，母桓氏豐安縣君。其年十二月，備法駕謁太廟。高宗卽位，出居鄱陽王故第，爲宣德宮。永元三年，梁王定京邑，迎后入宮稱制，至禪位。天監十一年，薨，年五十八。葬崇安陵。謚曰安后。兄晃義興太守。

鬱林王何妃名婧英，廬江灊人，撫軍將軍戢之女也。永明二年，納爲南郡王妃。十一

年，爲皇太孫妃。鬱林王卽位，爲皇后。嫡母劉氏爲高昌縣都鄉君，所生母宋氏，爲餘杭廣昌鄉君。將拜，鏡在床無故墮地。其冬，與太后同日謁太廟。

后稟性淫亂，爲妃時，便與外人姦通。在後宮，復通帝左右楊珉之，與同寢處如伉儷。珉之又與帝相愛褻，故帝忞之。迎后親戚入宮，賞賜人百數十萬。以世祖耀靈殿處后家屬。帝被廢，后貶爲王妃。

海陵王王妃名韶明，琅邪臨沂人，太常慈女也。永明八年，納爲臨汝公夫人。鬱林卽位，爲新安王妃。延興元年，爲皇后。其年，降爲海陵王妃。

明敬劉皇后諱惠端，彭城人，光祿大夫道弘孫也。太祖爲高宗納之。建元三年，除西昌侯夫人。永明七年，卒，葬江乘縣張山。延興元年，贈宣城王妃。高宗卽位，追尊爲敬皇后。贈父通直郎景猷金紫光祿大夫，母王氏平陽鄉君。永泰元年，高宗崩，改葬，祔于興安陵。

東昏褚皇后名令璩，河南陽翟人，太常澄女也。建武二年，納爲皇太子妃。明年，謁敬后廟。東昏卽位，爲皇后。帝寵潘妃，后不被遇。黃淑儀生太子誦，東昏廢，竝爲庶人。〔一一〕

和帝王皇后名蕣華，琅邪臨沂人，太尉儉孫也。初爲隨王妃。中興元年，爲皇后。帝禪位，后降爲妃。

史臣曰：后妃之德，著自風謠，義起閨房，而道化天下。繰盆獻種，罔非耕織，佩管晨興，與子同事，可以光熙閫業，作儷公侯。孝、昭二后，竝有賢明之訓，不得母臨萬國。寶命方昌，椒庭虛位，有婦人焉，空慕周興，禎符顯瑞，徒萃徽名。若使掖作同休，〔一二〕陰敎遠燮，則馬、鄧風流，復存乎此。太祖創命，宮禁貶約，毀宋明之紫極，革前代之踰奢，衣不文繡，色無紅采，永巷貧空，有同素室。世祖嗣位，運藉休平，壽昌前興，鳳華晚搆，香柏文檉，花梁繡柱，雕金鏤寶，頗用房帷，〔一三〕趙瑟吳趨，承閑奏曲，歲費傍恩，足使充牣，事由私蓄，無損國儲。高宗仗數矯情，〔一四〕外行儉陋，內奉宮業，〔一五〕曾莫云改。東昏喪道，侈風大扇，銷糜海內，以贍浮飾，哲婦傾城，同符殷、夏。嗚呼！所以垂戒於方來〔也〕。〔一六〕

贊曰：宣武孝則，識有先知。高昭誕武，世載母儀。裴穆儲闈，位亦從隳。明敬典册，配在宗枝。秋宮亦遽，軒景前虧。文安廢主，百憂已離，中興秉制，揖讓弘規。

校勘記

〔一〕諱道止　「止」南監本、毛本、殿本、局本作「正」，御覽一百四十三引同。毛本、局本「正」字下有小注，云宋本作「止」。按南史后妃傳亦作「止」。

〔二〕魏司徒陳矯後　錢大昕廿二史考異云：「當云司徒矯，不宜更安『陳』字。」按南史后妃傳無「陳」字。

〔三〕宣帝從任在外　「任」南監本、殿本、局本作「仕」。毛本亦作「任」，下有小注，云一作「仕」。按御覽一百四十三引、元龜八百八十並作「任」，南史后妃傳亦作「任」。

〔四〕昇明三年追贈竟陵公國太夫人　「三年」南史后妃傳作「二年」。按蕭道成父蕭承之贈散騎常侍、金紫光祿大夫亦在昇明二年，疑作「二年」是。

〔五〕母桓氏上〔虞〕都鄉君　據南監本、局本補。按南史后妃傳亦作「上虞都鄉君」。

〔六〕祖朴之　「朴」南監本作「封」，南史同。

〔七〕舊顯陽昭陽〔二〕殿　據南監本、局本補。按南史亦有「二」字。

〔八〕吳郡韓藺英　「藺」南監本、毛本、殿本、局本並作「蘭」，南史同。按毛本、局本蘭字下有小注，云宋本作「藺」。

〔九〕〔宋〕明帝世　據南監本、局本補。按南史有「宋」字。

〔一〇〕而后牀帷陳設故舊釵鑷十餘枚　「牀」原作「宋」，據南監本、毛本、殿本、局本改正。按南史作「而后牀帷陳故，古舊釵鑷十餘枚」。御覽一百四十三、一百四十九、七百十八引南齊書略同南史。疑此「設」字乃「故」字之譌，「而后牀帷陳故」爲一讀，「故舊」二字屬下爲句。

〔一一〕黃淑儀生太子誦東昏廢竝爲庶人　按南史「誦」下有「而卒」二字，「竝」字上有「后及誦」三字。

〔一二〕若使掖作同休　「掖作」南監本、局本作「掖阼」。按掖作不辭，疑作「掖阼」是。

〔一三〕頗用房帷　「頗用」南監本作「燭照」。

〔一四〕高宗仗數矯情　「仗」南監本作「挾」。

〔一五〕內奉宮業　南監本作「奉己之制」。

〔一六〕所以垂戒於方來〔也〕　據殿本補。

南齊書卷二十一

列傳第二

文惠太子

文惠太子長懋字雲喬，世祖長子也。世祖年未弱冠而生太子，爲太祖所愛。姿容豐潤，小字白澤。宋元徽末，隨世祖在郢，世祖還鎮盆城拒沈攸之，使太子勞接將帥，親侍軍旅。除祕書郎，不拜。授輔國將軍，遷晉熙王撫軍主簿。事寧，世祖遣太子還都，太祖方創霸業，心存嫡嗣，謂太子曰：「汝還，吾事辦矣。」處之府東齋，令通文武賓客。勑荀伯玉曰：「我出行日，城中軍悉受長懋節度。我〔雖不行，內外直防及諸門甲兵，悉令長懋〕時時履行。」〔一〕轉祕書丞，以與宣帝諱同，不就，改除中書郎，遷黃門侍郎，未拜。昇明三年，太祖將受禪，世祖已還京師，以襄陽兵馬重鎮，不欲處他族，出太子爲持節、都督雍梁二州郢州之竟陵司州之隨郡軍事、左中郎將、寧蠻校尉、雍州刺史。建元元年，封南郡王，邑二千戶。

江左未有嫡皇孫封王，始自此也。進號征虜將軍。

先是，梁州刺史范柏年誘降晉壽亡命李烏奴討平氐賊楊城、蘇道熾等，〔二〕頗著威名。沈攸之事起，柏年遣將陰廣宗領軍出魏興聲援京師，而候望形勢，事平，朝廷遣王玄邈代之。烏奴勸柏年據漢中不受命，柏年計未決，玄邈已至，柏年遲回魏興不肯下，太子慮其爲變，乃遣說柏年，許啓爲府長史，柏年乃進襄陽，因執誅之。柏年，梓潼人，徙居華陽，世爲土豪，知名州里。宋泰始中，氐寇斷晉壽道，柏年以倉部郎假節領數百人慰勞通路，自益州道報命。除晉壽太守。討平氐賊，遂爲梁州。柏年彊立，善言事，以應對爲宋明帝所知。既被誅，巴西太守柳弘稱啓太祖，勑答曰：「柏年幸可不爾，爲之恨恨！」

時襄陽有盜發古塚者，相傳云是楚王塚，大獲寶物玉屐、玉屛風、竹簡書、青絲編。簡廣數分，長二尺，皮節如新。盜以把火自照，後人有得十餘簡，以示撫軍王僧虔，僧虔云是科斗書考工記，周官所闕文也。是時州遣按驗，頗得遺物，故有同異之論。

會北虜南侵，上慮當出樊、沔。二年，徵爲侍中、中軍將軍，置府，鎮石頭。穆妃薨，成服日，車駕出臨喪，朝議疑太子應出門迎。左僕射王儉曰：「尋禮記服問『君所主夫人妻、太子、嫡婦』，言國君爲此三人爲主喪也。今鑾輿臨降，自以主喪而至，雖因事撫慰，義不在弔，南郡以下不應出門奉迎。但尊極所臨，禮有變革，權去杖絰，移立戶外，足表情敬，無煩止哭。皇太子既一宮之主，自應以車駕幸宮，依常奉候。既當成服之日，吉凶不容相干，宜以衰幘行事。望拜止哭，率由舊章。尊駕不以臨弔，奉迎則惟常體，求之情禮，如爲可安。」解侍中。上以太子哀疾，不宜居石頭山障，移鎮西州。四年，遷使持節、都督南徐兗二州諸軍事、征北將軍、南徐州刺史。世祖即位，爲皇太子。

初，太祖好左氏春秋，太子承旨諷誦，以爲口實。既正位東儲，善立名尙，禮接文士，畜養武人，皆親近左右，布在省闥。永明三年，於崇正殿講孝經，少傅王儉以擿句令太〔子〕僕周顒撰爲義疏。〔三〕五年冬，太子臨國學，親臨策試諸生，於坐問少傅王儉曰：「曲禮云『無不敬』。尋下之奉上，可以盡禮，上之接下，慈而非敬。今總同敬名，將不爲昧？」儉曰：「鄭玄云『禮主於敬』，便當是尊卑所同。」太子曰：「若如來通，則忠惠可以一名，孝慈不須別稱。」儉曰：「尊卑號稱，不可悉同，愛敬之名，有時相次。忠惠之異，誠以聖旨，孝慈互舉，竊有徵據。禮云『不勝喪比於不慈不孝』，此則其義。」太子曰：「資敬奉君，資愛事親，兼此二塗，唯在一極。今乃移敬接下，豈復在三之義？」儉曰：「資敬奉君，必同至極，移敬逮下，不慢而已。」太子曰：「敬名雖同，深淺既異，而文無差別，彌復增疑。」儉曰：「繁文不可備設，略言深淺已見。傳云『不忘恭敬，民之主也』。書云『奉先思孝，接下思恭』。此又經典明文，互相起發。」太子問金紫光祿大夫張緒，緒曰：「愚謂恭敬是立身之本，尊卑所以竝同。」太子曰：「敬

雖立身之本，要非接下之稱。尙書云『惠鮮鰥寡』，何不言恭敬鰥寡邪？」緒曰：「今別言之，居然有恭惠之殊，總開記首，所以共同斯稱。」竟陵王子良曰：「禮者敬而已矣。自上及下，愚謂非嫌。」太子曰：「本不謂有嫌，正欲使言與事符，輕重有別耳。」臨川王映曰：「先舉必敬，以明大體，尊卑事數，備列後章，亦當不以總略而礙。」太子又以此義問諸學生，謝幾卿等十一人，竝以筆對。太子問王儉曰：「周易乾卦本施天位，而說卦云『帝出乎震』。震本非天，義豈相主？」〔四〕儉曰：「乾健震動，天以運動爲德，故言『帝出震』。」〔五〕太子曰：「天以運動爲德，君自體天居位，震雷爲象，豈體天所出？」儉曰：「主器者莫若長子，故受之以震，萬物出乎震，故亦帝所與焉。」儉又諮太子曰：「孝經『仲尼居，曾子侍』。夫孝理弘深，大賢方盡其致，何故不授顏子，而寄曾生？」太子曰：「曾生雖德慙體二，而色養盡禮，去物尙近，接引非隔，弘宣規教，義在於此。」儉曰：「接引非隔，弘宣雖易，去聖轉遠，其事彌輕。既云『人能弘道』，將恐人輕道廢。」太子曰：「理既有在，不容以人廢言，而況中賢之才，弘上聖之教，寧有壅塞之嫌。」臨川王映諮曰：「孝爲德本，常是所疑，德施萬善，孝由天性，自然之理，豈因積習？」太子曰：「不因積習而至，所以可爲德本。」映曰：「率由斯至，不俟明德，大孝榮親，〔六〕衆德光備，以此而言，豈得爲本？」太子曰：「孝有深淺，德有小大，因其分而爲本，何所稍疑。」〔七〕太子以長年臨學，亦前代未有也。

明年，上將訊丹陽所領囚，〔八〕及南北二百里內獄，詔曰：「獄訟之重，政化所先。太子立年作貳，宜時詳覽，此訊事委以親決。」太子乃於玄圃園宣猷堂錄三署囚，原宥各有差。上晚年好遊宴，尙書曹事亦分送太子省視。

太子與竟陵王子良俱好釋氏，立六疾館以養窮民。風韻甚和，〔九〕而性頗奢麗。宮內殿堂，皆雕飾精綺，過於上宮。開拓玄圃園，與臺城北塹等。其中樓觀塔宇，多聚奇石，妙極山水。慮上宮望見，〔一〇〕乃傍門列脩竹，內施高鄣，〔一一〕造游牆數百閒，〔一二〕施諸機巧，宜須鄣蔽，須臾成立，若應毀(撤)〔撤〕，〔一三〕應手遷徙。善製珍玩之物，織孔雀毛爲裘，光彩金翠，過於雉頭矣。〔一四〕以晉明帝爲太子時立西池，乃啓世祖引前例，求東田起小苑，上許之。永明中，二宮兵力全實，太子使宮中將吏更番役築，宮城苑巷，制度之盛，觀者傾京師。上性雖嚴，多布耳目，太子所爲，無敢啓者。後上幸豫章王宅，還過太子東田，見其彌亘華遠，壯麗極目，於是大怒，收監作主帥，太子懼，皆藏匿之，由是見責。

太子素多疾，體又過壯，常在宮內，簡於遨遊。玩弄羽儀，多所僭儗，雖咫尺宮禁，而上終不知。十年，豫章王嶷薨，太子見上友于既至，造碑文奏之，未及鐫勒。十一年春正月，太子有疾，上自臨視，有憂色。疾篤，上表曰：「臣地屬元良，業微三善，光道樹風，於焉蓋闕，晨宵忷懼，有若臨淵。攝生舛和，構離痾疾，大漸惟幾，顧陰待謝，守器雖永，視膳長違，

仰戀慈顏，內懷感哽。竊惟死生定分，理不足悲，伏願割無已之悼，損既往之傷，寶衞聖躬，同休七百，臣雖沒九泉，無所遺恨。」時年三十六。〔一五〕太子年始過立，久在儲宮，得參政事，內外百司，咸謂旦暮繼體，及薨，朝野驚惋焉。上幸東宮，臨哭盡哀，詔斂以衮冕之服，謚曰文惠，葬崇安陵。世祖履行東宮，見太子服翫過制，大怒，勑有司隨事毀除，以東田殿堂爲崇虛館。鬱林立，追尊爲文帝，廟稱世宗。

初太子內懷惡明帝，密謂竟陵王子良曰：「我意色中殊不悅此人，當由其福德薄所致。」子良便苦救解。後明帝立，果大相誅害。

史臣曰：上古之世，父不哭子，壽夭悠悠，尙嗟恆事。況夫正體東儲，方樹年德，重基累葉，載茂皇家，守器之君，已知耕稼，雖溫文具美，〔一六〕交弘盛迹，武運將終，先期夙殞，傳之幼少，以速顚危，推此而論，亦有冥數矣。

贊曰：二象垂則，三星麗天。樹嫡惟長，義匪求賢。方爲守器，植命不延。

校勘記

〔一〕我〔雖不行內外直防及諸門甲兵悉令長懋〕時時履行　據南監本、毛本、殿本、局本補。按毛本、局本「長懋」下有小注，云「宋本無已上一十六字」。

〔二〕討平氐賊楊城蘇道熾等　「楊城」通鑑齊高帝建元元年作「楊成」。

〔三〕少傅王儉以擿句令太〔子〕僕周顒撰爲義疏　據南史齊文惠太子傳補。按百官志東宮職僚有太子僕，顒本傳亦言文惠在東宮，顒爲太子僕。

〔四〕義豈相主　南監本、局本作「義豈相當」，南史齊文惠太子傳作「義當相左」。

〔五〕故言帝出震　南史「出」下有「乎」字。

〔六〕大孝榮親　「大」原譌「夫」，各本不譌，今改正。

〔七〕何所稍疑　「稍」元龜二百六十作「稱」。

〔八〕上將訊丹陽所領囚　「丹陽」百衲本原作「丹楊」，今據南監本、殿本改。按此丹陽指丹陽尹也。

〔九〕風韻甚和　按「風」字上應有「太子」二字，文義乃足。通鑑有「太子」二字。

〔一〇〕慮上宮望見　「宮」字下南監本、局本有「中」字，南史同。

〔一一〕內施高鄣　「內」南史作「外」。

〔一二〕造游牆數百閒　「牆」南監本、局本作「觀」，南史同。按此謂以游牆作鄣蔽也。「牆」作「觀」，或後人習見「游觀」字，以意改之耳。

〔一三〕若應毀(撤)〔撤〕　據殿本及南史改。

〔一四〕過於雉頭矣　御覽六百九十四、九百二十四引「頭」字下有「遠」字，南史同。

〔一五〕時年三十六　「時」字上南史有「薨於東宮」四字，文意乃足。

〔一六〕雖溫文具美　「溫文」二字原闕，據各本補。

南齊書卷二十二

列傳第三

豫章文獻王

豫章文獻王嶷字宣儼，太祖第二子。寬仁弘雅，有大成之量，太祖特鍾愛焉。起家爲太學博士、長城令，入爲尚書左民郎、錢唐令。太祖破薛索兒，改封西陽，以先爵賜爲晉壽縣侯。除通直散騎侍郎，以偏憂去官。桂陽之役，太祖出頓新亭壘，板嶷爲寧朔將軍，領兵衞從。休範率士卒攻壘南，嶷執白虎幡督戰，屢摧却之。事寧，遷中書郎。尋爲安遠護軍、武陵內史。時沈攸之責賧，伐荆州界內諸蠻，遂(反)〔及〕五溪，〔一〕禁斷魚鹽。羣蠻怒，西溪蠻王田頭擬殺攸之使，攸之責賧千萬，頭擬輸五百萬，發氣死。其弟婁侯簒立，頭擬子田都走入獠中，於是蠻部大亂，抄掠平民，至郡城下。〔嶷〕遣隊主張莫兒率將吏擊破之。〔二〕田都自獠中請立，而婁侯懼，亦歸附。嶷誅婁侯於郡獄，命田都繼其父，蠻衆乃安。

入爲宋從帝車騎諮議參軍、府掾，〔三〕轉驃騎，仍遷從事中郎。詣司徒袁粲，粲謂人曰：「後來佳器也。」

太祖在領軍府，嶷居(淸)〔青〕溪宅。〔四〕蒼梧王夜中微行，欲掩襲宅內，嶷〔令〕左右儛刀戟於中庭，〔五〕蒼梧從墻閒窺見，以爲有備，乃去。太祖帶南兖州，鎭軍府長史蕭順之〔六〕在鎭，憂危既切，期渡江北起兵。嶷諫曰：「主上狂凶，人下不自保，單行道路，易以立功。外州起兵，鮮有克勝。物情疑惑，必先人受禍。〔七〕今於此立計，萬不可失。」蒼梧王殞，太祖報嶷曰：「大事已判，汝明可早入。」從帝卽位，轉侍中，總宮內直衞。

沈攸之之難，太祖入朝堂，嶷出鎭東府，加冠軍將軍。袁粲舉兵夕，丹陽丞王遜告變，〔八〕先至東府，嶷遣帳內軍主戴元孫二千人隨薛道淵等俱至石頭，焚門之功，元孫預焉。先是王蘊薦部曲六十人助爲城防，實以爲內應也。嶷知蘊懷貳，不給其仗，散處外省。及難作搜檢，皆已亡去。遷中領軍，加散騎常侍。

上流平後，世祖自尋陽還，嶷出爲使持節、都督江州豫州之新蔡晉熙二郡軍事、左將軍、江州刺史，常侍如故。給鼓吹一部。以定策功，改封永安縣公，千五百戶。

仍徙都督荆湘雍益梁寧南北秦八州諸軍事、〔九〕鎭西將軍、荆州刺史，持節、常侍如故。時太祖輔政，〔嶷〕務在省約，〔一〇〕停府州儀迎物。初，沈攸之欲聚衆，開民相告，士庶坐執役者甚衆。嶷至鎭，一日遣三千餘人。見囚五歲刑以下不連臺者，皆原遣。以市稅重濫，更定槁格，〔一一〕以稅還民。禁諸市調及苗籍。二千石官長不得與人爲(公)〔市〕，(宜)〔諸〕曹吏聽分番假。〔一二〕百姓甚悅。禪讓之閒，世祖欲速定大業，嶷依違其事，默無所言。建元元年，太祖卽位，赦詔未至，嶷先下令蠲除(國)〔部〕內昇明二年以前逋負。〔一三〕遷侍中、尚書令、都督揚南徐二州諸軍事、驃騎大將軍、開府儀同三司、揚州刺史，持節如故。封豫章郡王，邑三千戶。僕射王儉牋曰：「舊楚蕭條，仍歲多故，荒民散亡，寔須緝理。公臨莅甫爾，英風惟穆，江、漢來蘇，八州慕義。自庾亮以來，荆楚無復如此美政。古人朞月有成，而公旬日致治，豈不休哉！」

會北虜動，上思爲經略。乃詔曰：「神牧總司王畿，〔一四〕誠爲治要；荆楚領馭遐遠，任寄弘隆。自頃公私凋盡，綏撫之宜，尤重恒日。」復以爲都督荆湘雍益梁寧南北秦八州諸軍事、南蠻校尉、荆湘二州刺史，持節、侍中、將軍、開府如故。晉宋之際，刺史多不領南蠻，別以重人居之，至是有二府二州。荆州資費歲錢三千萬，布萬匹，米六萬斛，又以江、湘二州米十萬斛給鎭府，湘州資費歲七百萬，布三千匹，米五萬斛，南蠻資費歲三百萬，布萬匹，綿千斤，絹三百匹，米千斛，近代莫比也。尋給油絡俠望車。

二年春，虜寇司、豫二州，嶷表遣南蠻司馬崔慧景北討，又分遣中兵參軍蕭惠朗援司州，屯西關。虜軍濟淮攻壽春，分騎當出隨、鄧，衆以爲憂，嶷曰：「虜入春夏，非動衆時，令豫、司彊守遏其津要，彼見堅嚴，自當潰散，必不敢越二鎭而南也。」是時纂嚴，嶷以荆州隣接蠻、蜑，慮其生心，令鎭內皆緩服。既而虜竟不出樊、鄧，於壽春敗走。尋給班劒二十人。

其夏，於南蠻園東南開館立學，上表言狀。置生四十人，取舊族父祖位正佐臺郎，年二十五以下十五以上補之，置儒林參軍一人，文學祭酒一人，勸學從事二人，行釋菜禮。以穀過賤，聽民以米當口錢，優評斛一百。

義陽劫帥張羣亡命積年，鼓行爲賊，義陽、武陵、天門、南平四郡界，被其殘破。沈攸之連討不能禽，乃首用之。攸之起事，羣從下郢，於路先叛，結寨於三溪，依據深險。嶷遣中兵參軍虞欣祖爲義陽太守，使降意誘納之，厚爲禮遺，〔一五〕於坐斬首，其黨數百人皆散，四郡獲安。

入爲都督揚南徐二州諸軍事、中書監、司空、揚州刺史，持節、侍中如故。加兵置佐。以前軍臨川王映府文武配司空府。嶷以將還都，脩治廨宇及路陌，東歸部曲不得齎府州物出城。發江津，士女觀送數千人，皆垂泣。嶷發江陵感疾，至京師未瘳，上深憂慮，爲之大赦，三年六月壬子赦令是也。疾愈，上幸東府設金石樂，敕得乘輿至宮六門。

太祖崩，嶷哀號，眼耳皆出血。世祖卽位，進位太尉，置兵佐，解侍中，增班劍爲三十人。建元(年)中，〔一六〕世祖以事失旨，太祖頗有代嫡之意，而嶷事世祖恭悌盡禮，未嘗違忤顏色，故世祖友愛亦深。永明元年，領太子太傅，解中書監，餘如故。手啓上曰：「陛下以叡孝纂業，萬寓惟新，諸弟有序，臣屢荷隆愛，叨授台首，不敢固辭，俛仰祇寵，心魂如失。負重量力，古今同規。臣窮生如浮，質操空素，任居鼎右，已移氣序，自頃以來，宿疾稍纏，心慮恍惚，表於容狀，視此根候，常恐命不勝恩。加以星緯屢見災祥，雖脩短有恒，能不耿介。比心欲從俗，啓解今職，但厝辭爲鄙，或貽物誚，所以息意緘嘿，一委時運，而可復加寵榮，增其顚墜。且儲傅之重，實非恒選，遂使太子見臣必束帶，宮臣皆再拜，二三之宜，何以當此。陛下同生十餘，今唯臣而已，友于之愛，豈當獨臣鍾其隆遇。〔一七〕別奉啓事，仰祈恩照。臣近亦侍言太子，告意子良，具因王儉申啓，未知粗上聞未？福慶方隆，國祚永始，若天假臣年，得預人位，〔一八〕唯當請降貂璫，以飾微軀，永侍天顏，以惟畢世，此臣之願也。服之不衷，猶爲身災，況寵爵乎！殊榮厚恩，必誓以命請。」上答曰：「事中恐不得從所陳。」

宋氏以來，州郡秩俸及(雜)〔雜〕供給，〔一九〕多隨土所出，無有定准。嶷上表曰：「循革貴宜，損益資用，治在(風)〔夙〕均，〔二〇〕政由一典。伏尋郡縣長尉俸祿之制，雖有定科，而其餘資給，復由風俗，東北異源，西南各緒，習以爲常，因而弗變，緩之則莫非通規，澄之則靡不入

罪。殊非約法明章，先令後刑之謂也。臣謂宜使所在各條公用公田秩石迎送舊典之外，守宰相承，有何供調，尙書精加洗覈，務令優衷。事在可通，隨宜開許，損公侵民，一皆(乙)〔止〕却，〔二一〕明立定格，班下四方，永爲恒制。」從之。

嶷不參朝務，而言事密謀，多見信納。服闋，加侍中。二年，詔曰：「漢之梁孝，寵異列蕃，晉之文獻，秩殊恒序。況乃地侔前准，勳兼往式，雖天倫有本，而因事增情。宜廣田邑，用申恩禮。」增封爲四千戶。

宋元嘉世，諸王入齋閤，得白服帬帽見人主，唯出太極四(廂)〔廂〕，乃備朝服，〔二二〕自(此)〔比〕以來，〔二三〕此事一斷。上與嶷同生相友睦，宮內曲宴，許依元嘉。嶷固辭不奉敕，唯車駕幸第，乃白服烏紗帽以侍宴焉。啓自陳曰：「臣自還朝，便省儀刀，捉刀左右十餘亦省，唯郊外遠行，或復暫有，入殿亦省。服身今所牽仗，二俠轂，二白直，共七八十人。事無大小，臣必欲上啓，伏度聖心脫未委曲，或有言其多少，不附事實，仰希卽賜垂敕。」又啓：「揚州刺史舊有六白領合扇，二白拂，臣脫以爲疑，不審此當云何？行園苑中乘轝，出籬門外乘轝鳴角，皆相仍如此，非止於帶神州者，未審此當云何？方有行來，不可失衷。」上答曰：「儀刀、捉刀，不應省也。俠轂、白直，乃可共百四五十以還正是耳。亦不曾聞人道此。吾自不使諸王無仗，況復汝耶。在私園苑中乘此非疑。郊外鳴角及合扇幷拂，先乃有，不復施用，此

來甚久。凡在鎭自異還京師，先廣州乃立鼓吹，交部遂有轝事，隨時而改，亦復有可得依舊者。汝若有疑，可與王儉諸人量衷，但令人臣之儀無失便行也。」

又啓曰：「臣拙知自處，闇於疑訪，常見素姓扶詔或著布屬，不意爲異。臣在西朝拜王，儀飾悉依宋武陵事例，有二鄣扇，仍此下都，脫不爲疑。小兒奴子，並青布袴衫，臣齋中亦有一人，意謂外庶所服，不疑與羊車相類。曲荷慈旨，今悉改易。臣昔在邊鎭，不無羽衞，自歸朝以來，便相分遣，俠轂、白直，格置三百許人，臣頃所引，不過一百。常謂京師諸王不煩牽仗，若郊外遠行，此所不論。有仗者非臣一人，所以不容方幅啓省，又因王儉備宣下情。臣出入榮顯，禮容優泰，第宇華曠，事乖素約，雖宋之遺製，恩處有在，猶深非服之慙。威衞之請，仰希曲照。」上答曰：「傳詔臺家人耳，不足涉嫌。鄣扇吾識及以來未見，故有敕耳。小兒奴子，本非嫌也。吾有所聞，豈容不敕汝知，令物致議耶。吾已有敕，汝一人不省俠轂，但牽之。吾昨不通仗事，儉已道，吾卽令荅，不煩有此啓。須閑言，自更一二。」

又啓曰：「違遠侍宴，將踰一紀，憂苦閑之。始得開顏。近頻侍座，不勝悲喜。(沾)〔沾〕飮過量，〔二四〕實欲仰示恩狎，令自下知見，以杜游塵。陛下留恩子弟，此情何異，外物政自彊生閒節，聲其厚薄。伏度或未上簡。臣前在東田，承恩過醉，實思歎往秋之謗，故言啓至切，亦令羣物聞之，伏願已照此心。前侍幸順之宅，〔二五〕臣依常乘車至仗後，監伺不能示臣可否，

便互競啓(閒)〔聞〕，〔二六〕云臣車逼突黃屋麾旆，如欲相中。推此用意，亦何容易。仰賴慈明，卽賜垂敕；不爾，臣終不知闇貽此累。比日禁斷整密，此自常理，外聲乃云起臣在華林，輒捉御刀，因此更嚴，度情推理，必不容爾，爲復上啓知耳。但風塵易至，和會實難，伏願猶憶臣石頭所啓，無生閒縫。比閑侍無次，略附茹亮口宣。臣由來華素，已具上簡，每欲存衷，意慮不周，或有乖當。〔二七〕且臣五十之年，爲翫幾時，爲此亦復不能以理內自(剝)〔制〕。〔二八〕北第舊邸，本自甚華，臣改脩正而已，小小製置，已自仰簡。往歲收合得少雜材，幷蒙賜故板，啓榮內許作小眠齋，始欲成就，皆補接爲辦，無乖格製，要是檉柏之華，一時新淨。東府又有齋，亦爲華屋。而臣頓有二處住止，下情竊所未安。訊訪東宮玄圃，乃有柏屋，製甚古拙，內中無此齋，臣乃欲壞取以奉太子，非但失之於前，且補接既多，不可見移，亦恐外物或爲異論，不審可有垂許送東府齋理否？臣公家住止，率爾可安，臣之今啓，實無意識，亦無言者，太子亦不知臣有此屋，政以東宮無，而臣自處之，體不宜爾爾。所啓蒙允，臣便當敢成第屋，安之不疑。陛下若不照體臣心，便當永廢不脩。臣自謂今啓非但是自處宜然，實爲微臣往事，伏願必垂降許。伏見以諸王舉貨，屢降嚴旨，少拙營生，已應上簡。府州郡邸舍，非臣私有，今巨細所資，皆是公潤，臣私累不少，未知將來罷州之後，或當不能不試學營覓以自贍。連年惡疾餘，顧影單回，無事畜聚，唯逐手爲樂耳。」上答曰：「茹亮今啓汝所懷

及見別紙，汝勞疾亦復那得不動，何意爲作煩長啓事！凡諸普敕，此意可尋，當不關汝一人也。宜有敕事，吾亦必道，頃見汝自更委悉，書不欲多及。屋事愼勿彊厝此意，白澤亦當不解何意爾。」

三年，文惠太子講孝經畢，〔嶷〕求解太傅，〔二九〕不許。皇孫婚竟，又陳解。詔曰：「公惟德惟行，無所厝辭。且魯且衞，其誰與二。方式範當時，流聲史籍。豈容屢秉撝謙，以乖期寄。」嶷常慮盛滿，又因〔言〕〔宮〕宴，〔三〇〕求解揚州授竟陵王子良。上終不許，曰：「畢汝一世，無所多言。」

世祖卽位後，頻發詔拜陵，不果行。遣嶷拜陵，還過延陵季子廟，觀沸井，有水牛突部伍，直兵執牛推問，不許，取絹一疋橫繫牛角，放歸其家。爲治存寬厚，故得朝野歡心。

四年，唐寓之賊起，啓上曰：「此段小寇，出於兇愚，天網宏罩，理不足論。但聖明御世，幸可不爾，比藉聲聽，〔三一〕皆云有由而然。豈得不仰啓所懷，少陳心款。山海崇深，臣獲保安樂，公私情願，於此可見。齊有天下，歲月未久，澤沾萬民，其實未多，百姓猶險，〔三二〕懷惡者衆。陛下曲垂流愛，每存優旨。但頃小大士庶，每以小利奉公，不顧所損者大，(摘)〔擿〕籍檢工巧，〔三三〕督卹簡小塘，藏丁匿口，凡諸條制，實長怨府。此目前交利，非天下大計。一室之中，尙不可精，寓宙之內，何可周(視)〔洗〕。〔三四〕公家何嘗不知民多欺巧，古今政以不可

細碎，故不爲此，實非乖理。但識理者百不有一，陛下弟兒大臣，猶不皆能伏理，況復天下悠悠萬品。怨積聚黨，兇迷相類，止於一處，何足不除，脫復多所，便成紜紜。久欲上啓，閑侍無因，謹陳愚管，伏願特留神思。」上荅曰：「欺巧那可容！宋世混亂，以爲是不？蚊蟻何足爲憂，已爲義勇所破，官軍昨至，今都應散滅。吾政恨其不辦大耳，亦何時無亡命邪。」後乃詔聽復籍注。五年，進位大司馬。八年，給皁輪車。尋加中書監，固讓。

嶷身長七尺八寸，善持容範，文物衞從，禮冠百僚，每出入殿省，皆瞻望嚴肅。自以地位隆重，深懷退素，北宅舊有園田之美，乃盛脩理之。七年，啓求還第，上令世子子廉代鎭東府。上數幸嶷第。宋長寧陵隧道出第前路，上曰：「我便是入他冢墓內尋人。」乃徙其表闕騏驎於東崗上。騏驎及闕，形勢甚巧，宋孝武於襄陽致之，後諸帝王陵皆模範而莫及也。永明末，車駕數游幸，唯嶷陪從，上出新林苑，同輦夜歸，至宮門，嶷下輦辭出，上曰：「今夜行，無使爲尉司所呵也。」嶷對曰：「京輦之內，皆屬臣州，願陛下不垂過慮。」上大笑。上謀北伐，以虜所獻氈車賜嶷。每幸第淸除，不復屏人。上敕外監曰：「我往大司馬第，是還家耳。」妃庾氏常有疾，瘳，上幸〔嶷邸〕，〔三五〕後堂設金石樂，宮人畢至。每臨幸，輒極日盡歡。嶷謂上曰：「古來言願陛下壽偕南山，或稱萬歲，此殆近貌言，如臣所懷，實願陛下極壽百年亦足矣。」上曰：「百年復何可得，止得東西一百，於事亦濟。」

十年，上封嶷諸子，舊例千戶，嶷欲五子俱封，啓減人五百戶。其年疾篤，表解職，不許，賜錢百萬營功德。嶷又啓曰：「臣自嬰今患，亟降天臨，醫徒術官，〔三六〕泉開藏府，慈寵優渥，備極人臣。生年疾迫，遽陰無幾。願陛下審賢與善，極壽蒼旻，彊德納和，爲億兆御。臣命違昌數，奄奪恩憐，長辭明世，伏涕嗚咽。」薨，年四十九。其日，上再視疾，至薨，乃還宮。詔曰：「嶷明哲至親，勳高業始，德懋王朝，道光區縣，奄至薨逝，痛酷抽割，不能自勝，奈何奈何！今便臨哭。九命之禮，宜備其制。斂以袞冕之服，溫明祕器，命服一具，衣一襲，喪事一依漢東平王故事，大鴻臚持節護喪事，大官朝夕送奠。大司馬、太傅二府文武悉停過葬。」

竟陵王子良啓上曰：「臣聞春秋所以稱王母弟者，以尊其所重故也。是以禮秩殊品，爵命崇異，在漢則梁王備出警入蹕之儀，在晉則齊王具殊服九命之贈。江左以來，尊親是闕，故致袞章之典，廢而不傳，寔由人缺其位，非禮虧省。齊王故事，與今不殊，緝構王業，功迹不異，凡有變革隨時之宜者，政緣恩情有輕重，德義有厚薄，若事籌前規，禮無異則。且梁、齊闕令終之美，猶饗褒贈之榮；況故大司馬仁和著於天性，孝悌終於立身，節義表於勤王，寬猛彰於御物，奉上無艱劬之貌，接下無毀傷之容，淡矣止於淸貞，無喜慍之色，悠然栖於靜默，絕馳競之聲。詩云『靡不有初，鮮克有終』。夫終之者，理實爲難，在於今行，無廢斯

德。東平樂於小善，河閒悅於詩書，勳績無聞，艱危不涉，尙致卓爾不羣，英聲萬代；況今協贊皇基，經綸霸始，功業高顯，淸譽逾彰，富貴隆重，廉潔彌峻，等古形今，孰類茲美。臣愚忖度，未有斯例。凡庶族同氣，愛睦尙少，豈有仰覩陛下垂友于之性若此者乎？共起布衣，俱登天貴，生平遊處，何事不同，分甘均味，何珍不等，未常覩貌而天心不懽，見形而聖儀不悅。爰及臨危捨命，親瞻喘息，萬分之際，沒在聖目，號哭動乎天地，感慟驚乎鬼神，乃至撤膳移寢，坐泣遷旦，神儀損耗，隔宿改容，奉瞻聖顏，誰不悲悚，歷古所未聞，記籍所不載。既有若斯之大德，實不可見典服之贈不彰，〔三七〕如其脫致虧忘，追改爲煩，不令千載之下，物有遺恨。其德不具美者，尙荷嘉隆之命；況事光先烈者，寧可缺茲盛典。臣恐有識之人，容致其議。且庶族近代桓溫、庾亮之類，亦降殊命，伏度天心，已當有在。」

又詔曰：「寵章所以表德，禮秩所以紀功。愼終追遠，前王之盛策，累行疇庸，列代之通誥。故使持節、都督揚南徐二州諸軍事、大司馬、領太子太傅、揚州刺史、新除中書監、豫章王嶷，體道秉哲，經仁緯義，挺淸譽於弱齡，發韶風於早日，締綸霸業之初，翼讚皇基之始，孝睦著於鄉閭，忠諒彰乎邦邑。及秉德論道，總牧神甸，七教必荷，六府咸理，振風潤雨，無僭於時候，卹民拯物，有篤於矜懷，雍容廊廟之華，儀形列郡之觀，神凝自遠，具瞻允集。天不憖遺，奄焉薨逝，朕友于之深，情兼家國，方授以神圖，委諸廟勝，緝頌九紘，陪禪五岳。

哀痛傷惜，震慟乎厥心。今先遠戒期，龜謀襲吉，宜加茂典，以協徽猷。可贈假黃鉞、都督中外諸軍事、丞相、揚州牧，綠綟綬，具九服錫命之禮，侍中、大司馬、太傅、王如故。給九旒鸞輅，黃屋左纛，虎賁班劒百人，轀輬車，前後部羽葆鼓吹，葬送儀依東平王故事。」

嶷臨終，召子子廉、子恪曰：「人生在世，本自非常，吾年已老，前路幾何。居今之地，非心期所及。性不貪聚，自幼所懷，政以汝兄弟累多，損吾暮志耳。無吾（欲）〔後〕，〔三八〕當共相勉厲，篤睦為先。才有優劣，位有通塞，運有富貧，此自然理，無足以相陵侮。若天道有靈，汝等各自修立，灼然之分無失也。勤學行，守基業，治閨庭，尚閑素，如此足無憂患。聖主儲皇及諸親賢，亦當不以吾沒易情也。三日施靈，唯香火、槃水、干飯、〔三九〕酒脯、檳榔而已。朔望菜食一盤，加以甘菓，此外悉省。葬後除靈，可施吾常所乘轝扇繖。朔望時節，席地香火、槃水、酒脯、干飯、檳榔便足。雖才愧古人，意懷粗亦有在，不以遺財為累。主衣所餘，小弟未婚，諸妹未嫁，凡應此用，本自茫然，當稱力及時，率有為辦。事事甚多，不復甲乙。棺器及墓中，勿用餘物為後患也。朝服之外，唯下鐵鐶刀一口。作冢勿令深，一一依格，莫過度也。後堂樓可安佛，供養外國二僧，餘皆如舊。與汝遊戲後堂船乘，吾所乘牛馬，送二宮及司徒，服飾衣裘，悉為功德。」子廉等號泣奉行。

世祖哀痛特至，至冬乃舉樂宴朝臣，上歔欷流涕。諸王邸不得起樓臨瞰宮掖，上後登

景陽，望見樓悲感，乃敕毀之。薨後，第庫無見錢，世祖敕貨雜物服飾得數百萬，起集善寺，月給第見錢百萬，至上崩乃省。

〔嶷〕性汎愛，〔四〇〕不樂聞人過失，左右有投書相告，置鞾中，竟不視，取火焚之。齋庫失火，燒荆州還資，評直三千餘萬，主局各杖數十而已。

羣吏中南陽樂藹、彭城劉繪、吳郡張稷最被親禮。藹與竟陵王子良牋曰：「道德以可久傳聲，風流以浸遠揮稱。〔四一〕雖復青簡締芳，未若玉石之不朽，飛翰圖藻，豈伊雕篆之無沬。丞相沖粹表於天眞，淵照殆乎機象。經邦緯民之範，體國成務之規。故以業茂惟賢，功高則哲。神輝眇邈，叡算不追，感纏奉車，恨百留滯。下官夙稟名節，恩義軫慕，〔四二〕望塋結哀，輒欲率荆、江、湘三州僚吏，建碑隴首，庶徽猷有述，茂則方存。昔子香淳德，留銘江介，鉅平遺烈，墮淚漢南，況道尊前往，惠積聯綿者哉。下官今便反假，無由躬事刊斲，須至西州鳩集所資，託中書侍郎劉繪營辦。」

藹又與右率沈約書曰：「夫道宣餘烈，竹帛有時先朽，德孚遺事，金石更非後亡。丞相獨秀生民，傍照日月。標勝丘園，素履穆於忠義，譽應華袞，功迹著於弼諧。無得而稱，理絕照載。若夫日用闃寂，雖無取於錙銖，歲功宏達，諒有寄於衡石。竊承貴州士民，或建碑表，俾我荆南，閟感無地。且作紀江、漢，道基分陝，衣冠禮樂，咸被後昆。若其望碑盡禮，

我州之舊俗，傾壜罷肆，鄗（士）〔土〕之遺風，〔四三〕庶幾弘烈或不泯墜。荆、江、湘三州策名不少，竝欲各率毫釐，少申景慕。斯文之託，歷選惟疑，必待文蔚辭宗，德僉茂履，非高明而誰？豈能聘無愧之辭，訓式瞻之望。吾西州窮士，一介寂寥，恩周榮譽，澤遍衣食，永惟道廕，日月就遠，緬尋遺烈，觸目崩心。常謂福齊南山，慶鍾仁壽，吾儕小人，貽塵帷蓋。豈圖一旦遂投此請。」約答曰：「丞相風道弘曠，獨秀生民，凝猷盛烈，方軌伊、旦。慭遺之感，朝野同悲。承當刊石紀功，傳華千載，宜須盛述，實允來談。郭有道漢末之匹夫，非蔡伯喈不足以偶三絕，謝安石素族之台輔，時無麗藻，迄乃有碑無文。況文獻王冠冕彝倫，儀形寓內，自非一世辭宗，難或與此。約闒冗鄙人，名不入第，欻酬今旨，便是以禮許人，聞命慙顏，已不覺汗之沾背也。」建武中，第二子子恪託約及太子詹事孔稚珪為文。

子廉字景藹。初，嶷養魚復侯子響為世子，子廉封永新侯，千戶。子響還本，子廉為世子。除寧朔將軍，淮陵太守，太子中（書）舍人，〔四四〕前軍將軍。〔四五〕善撫諸弟子。十一年卒，贈侍中，謚哀世子。

第三子子操，泉陵侯。王侯出身官無定，准素姓三公長子一人為員外郎。建武中，子操解褐為給事中，自此齊末皆以為例。永泰元年，南康侯子恪為吳郡太守，避王敬則難奔

歸，以子操為寧遠將軍、吳郡太守。永元中，為黃門郎。義師圍城，子操與弟宜陽侯子光卒於尚書都座。

第四子子行，洮陽侯，早卒。

子元琳嗣，〔四六〕今上受禪，詔曰：「褒隆往代，義炳彝則。朕當此樂推，思弘前典。豫章王元琳、故巴陵王昭（秀）冑子（周）〔同〕，〔四七〕齊氏宗國，高、武嫡胤，宜祚井邑，以傳世祀。降新淦縣侯，五百戶。」

史臣曰：楚元王高祖亞弟，無功漢世，東平憲王辭位永平，未及光武之業，〔四八〕梁孝惑於勝、詭，安平心隔晉運。蕃輔貴盛，地實高危，持滿戒盈，鮮能全德。〔豫章〕宰相之器，〔四九〕誠有天眞，因心無矯，率由遠度，故能光贊二祖，內和九族，實同周氏之初，周公以來，則未知所匹也。

贊曰：堂堂烈考，德邁前蹤。移忠以孝，植友惟恭。帝載初造，我王奮庸。邦家有闕，我王彌縫。道深日用，事緝民雍。愛傳餘祀，聲流景鍾。

校勘記

〔一〕遂（反）〔及〕五溪　據毛本、局本改。

〔二〕〔嶷〕遣隊主張莫兒率將吏擊破之　「嶷」字據南監本、殿本及南史齊豫章文獻王嶷傳補。按子顯此卷雖不諱其父名，然儘量避免，此「嶷」字及下「嶷務在省約」、「嶷求解太傅」、「嶷性泛愛」之「嶷」字，疑皆後人所加。又按「張莫兒」南史及通鑑宋明帝泰豫元年並作「張英兒」。

〔三〕入爲宋從帝車騎諮議參軍府掾　按順帝作「從帝」，乃蕭子顯避梁諱改，南監本、殿本並已改爲「順帝」。

〔四〕嶷居（清）〔青〕溪宅　據殿本改。按下王儉傳亦云「我今日以青溪爲鴻溝」。

〔五〕嶷〔令〕左右儛刀戟於中庭　據南監本、殿本補。

〔六〕鎮軍府長史蕭順之　「順之」二字原作「諱」，蓋子顯原文如此，今據殿本改。下同。

〔七〕必先人受禍　「禍」原譌「福」，今據南監本、殿本、局本及南史改正。

〔八〕丹陽丞王遜告變　「丹陽」，百衲本作「丹楊」，今據南監本、殿本改。

〔九〕仍徙都督荆湘雍益梁寧南北秦八州諸軍事　「湘」原譌「湖」，據局本及元龜二百六十七改正。

〔一〇〕〔嶷〕務在省約　據殿本補。按「在」南史及元龜六百八十九並作「存」。

〔一一〕更定榻格　張森楷校勘記云：「殿本作『榻格』，南監本、毛本、局本作『榻格』，二字形似，未知孰是。」按「榻」即「梟」字，「梟格」疑指稅收牌示之類。

〔一二〕二千石官長不得與人爲（公）〔市〕（宜）〔諸〕曹吏聽分番假　據南監本、殿本、局本改。

〔一三〕嶷先下令蠲除（國）〔部〕內昇明二年以前逋負　各本並譌，據南史改。

〔一四〕神牧總司王畿　按時嶷爲揚州刺史，揚州帝畿，所謂「京輦神皋」者，故稱揚州刺史爲「神牧」。同卷有「非止於帶神州者」、「總牧神甸」等語，「神州」、「神甸」，皆指揚州。文選任昉齊竟陵文宣王行狀「舊唯淮海，今則神牧」，義並同此。殿本依北監本改「神牧」爲「西關」，譌。

〔一五〕厚爲禮遺　「遺」原譌「遣」，據南監本、殿本及南史、元龜六百九十五改正。

〔一六〕建元（年）中　據殿本刪。按南史無「年」字。

〔一七〕豈當獨臣鍾其隆遇　「獨」原譌「不」，據南監本、殿本改正。

〔一八〕得預人位　「人位」元龜二百九十四作「人伍」，義較長。

〔一九〕州郡秩俸及〔雜〕供給　據南史及通典食貨典補。

〔二〇〕治在（風）〔夙〕均　據南監本、殿本及通典食貨典改。

〔二一〕一皆（乙）〔止〕却　據南監本、毛本、殿本、局本改。

〔二二〕唯出太極四（廂）〔廂〕乃備朝服　據南監本、毛本、殿本、局本及通鑑齊武帝永明二年改。

〔二三〕自（此）〔比〕以來　據南監本、毛本、殿本、局本改。

〔二四〕（沽）〔沾〕飲過量　據南監本、毛本、殿本、局本改。

〔二五〕前侍幸順之宅　「順之」二字原作「諱」，蓋子顯原文如此。今從殿本改。

〔二六〕便互競啓（閈）〔閧〕　「閧」當作「閧」，各本並譌。今據元龜二百七十四改。

〔二七〕或有乖當　「乖當」各本並作「乖常」。按元龜二百七十四作「乖當」。

〔二八〕爲此亦復不能以理內自（剝）〔制〕　據南監本改。

〔二九〕〔嶷〕求解太傅　據南監本、殿本補。

〔三〇〕又因（言）〔宮〕宴　據南監本、殿本改。元龜二百九十四作「宴言」。

〔三一〕比藉聲聽　「比」原譌「此」，今據殿本改正。按南史及元龜二百八十八並作「比」。

〔三二〕百姓猶險　「猶」南監本、局本作「恃」。

〔三三〕（擿）〔擿〕籍檢工巧　各本並譌，據元龜二百八十八改正。

〔三四〕何可周（覦）〔洗〕　「覦」南史及元龜二百八十八作「洗」，是。今據改。

〔三五〕上幸〔嶷邸〕　各本並奪「嶷邸」二字，今據御覽六百八十七引及南史齊豫章文獻王嶷傳補。

〔三六〕醫徙術官　「徙」毛本作「徒」，南監本、殿本、局本作「走」，元龜二百七十六作「降」。

〔三七〕實不可見曲服之贈不彰　南監本「實」作「而」，無「不可見」三字。

〔三八〕無吾（欲）〔後〕　據毛本、殿本、局本改。按無吾後言吾亡後也。

〔三九〕干飯　「干」南監本作「盂」，下同。據張元濟校勘記，知原本「干」作「于」，影印時據殿本改爲

「干」，毛本亦作「于」。

〔四〇〕〔嶷〕性汎愛　據殿本及南史齊豫章文獻王嶷傳補。

〔四一〕風流以浸遠揮稱　「揮」南監本、殿本作「摽」，元龜二百七十二作「摽」。

〔四二〕恩義彰纂　「恩義」南監本、局本作「思義」，元龜二百七十二作「懷恩」。

〔四三〕鄙（土）〔士〕之遺風　據毛本、殿本、局本及元龜二百七十七改。

〔四四〕太子中（書）舍人　據南史刪。按百官志，齊東宮職僚有太子中舍人、太子舍人，無太子中書舍人。

〔四五〕前軍將軍　南史作「前將軍」。

〔四六〕子元琳嗣　錢大昕廿二史考異云：「按嶷子十六人，長子子廉，諡哀世子，未及嗣爵。嗣豫章之封者，嶷孫元琳也。南史以元琳爲子廉之子，今乃係元琳於洮陽侯子行之下，似元琳爲子行之子，而嗣封洮陽矣。子顯，嶷之第八子，述其家事，不宜有誤，蓋文簡而意不達爾。」

〔四七〕故巴陵王昭（秀）冑子（周）〔同〕　「秀」字據南史刪。按竟陵王子良子昭冑，襲封竟陵王，改封巴陵王，校書者不知，以文惠太子第三子昭秀封巴陵王，遂妄添一「秀」字耳。昭冑子同，梁受禪，降封監利侯，見竟陵王子良傳，此作「周」，譌。今據南監本、殿本及南史改。

〔四八〕未及光武之業　「未」原譌「本」，今據南監本、殿本、局本改正。

〔四九〕〔豫章〕宰相之器　據南監本、殿本補。

南齊書卷二十三

列傳第四

褚淵 淵弟澄 徐嗣 王儉

褚淵字彥回，河南陽翟人也。祖秀之，宋太常。父湛之，驃騎將軍，尚宋武帝女始安哀公主。

淵少有世譽，復尚文帝女南郡獻公主，〔一〕姑姪二世相繼。拜駙馬都尉，除著作佐郎，太子舍人，太宰參軍，太子洗馬，祕書丞。湛之卒，淵推財與弟，唯取書數千卷。襲爵都鄉侯。〔歷〕中書郎，〔二〕司徒右長史，吏部郎。宋明帝卽位，加領太子屯騎校尉，不受。遷侍中，知東宮事。轉吏部尚書，尋領太子右衞率，固辭。司徒建安王休仁南討義嘉賊，屯鵲尾，遣淵詣軍，選將帥以下勳階得自專決。事平，加驍騎將軍。

薛安都以徐州叛，虜頻寇淮、泗，遣淵慰勞北討衆軍。淵還啓帝言：「盱眙以西，戎備單

寡，宜更配衣。汝陰、荆亭竝已圍逼，安豐又已不守，壽春衆力，止足自保，〔三〕若使遊騎擾壽陽，則江外危迫，歷陽、瓜步、鍾離、義陽皆須實力重戍，選有幹用者處之。」帝在藩，與淵以(凤)〔風〕素相善，〔四〕及卽位，深相委寄，事皆見從。改封雩都縣伯，邑五百戶。轉侍中，領右衞將軍，尋遷散騎常侍，丹陽尹。出爲吳興太守，〔五〕常侍如故，增秩千石，固辭增秩。

明帝疾甚，馳使召淵，付以後事。帝謀誅建安王休仁，淵固諫，不納。復爲吏部尚書，領常侍、衞尉如故，不受，乃授右僕射，衞尉如故。淵以母年高羸疾，晨昏須養，固辭衞尉，不許。

明帝崩，遺詔以爲中書令、護軍將軍，加散騎常侍，與尚書令袁粲受顧命，輔幼主。淵同心共理庶事，當奢侈之後，務弘儉約，百姓賴之。接引賓客，未嘗驕倦。王道隆、阮佃夫用事，姦賂公行，淵不能禁也。

遭庶母郭氏喪，有至性，數日中，毀頓不可復識。朞年不盥櫛，惟泣淚處乃見其本質焉。〔六〕詔斷哭，禁弔客。葬畢，起爲中軍將軍，本官如故。

元徽二年，桂陽王休範反，淵與衞將軍袁粲入衞宮省，鎭集衆心。淵初爲丹陽，與從弟炤同載出，道逢太祖，淵舉手指太祖車謂炤曰：「此非常人也。」出爲吳興，太祖餉物別，淵又謂之曰：〔七〕「此人材貌非常，將來不可測也。」及顧命之際，引太祖豫焉。

太祖既平桂陽，遷中領軍，領南兗州，增戶邑。太祖固讓，與淵及衞軍袁粲書曰：「下官常人，志不及遠。隨運推斥，妄踐非涯，才輕任重，夙宵冰惕。近值國危，含氣同奮，況在下官，寧吝身命。履冒鋒炭，報効恒理，而褒嘉之典，偏見甄沐，貴登端戎，秩加爵土，瞻言霄衢，魂神震墜。下官奉上以誠，率性無矯，前後忝荷，未嘗固讓。至若今授，特深恇迫。寔以銜恩先旨，義兼陵闕，識蔽防萌，宗戚構禍，引諐歸咎，既已靦顏，乃復乘災求幸，藉亂取貴，斯實國家之恥，非臣子所忍也。且榮不可濫，寵不可昧，乞錮中候，請停增邑，庶保止足，輸効淮湄。如使伐匈奴，凱歸反旆，以此受爵，不復固辭矣。」淵、粲荅曰：「來告穎亮，敬挹無已。謙貶居心，深承非飾，此誠此旨，久著言外，況復造席舒衿，迂翰緒意，推情顧己，信足書紳。但今之所宜商搉，必以輕重相推。世惟多難，事屬雕弊，四維恇擾，邊氓未安，國家費廣，府藏須備，北狄侵邊，憂虞交切。寓內含識，尚爲天下危心，相與共荷任寄若此，當可稍脩廉退不？求之懷抱，實謂不可。了其不可，理無固執。且勍寇窮凶，勢過原燎，舋逆倉卒，終古未聞，常時懼惑，當慮先定，結壘新亭，枕戈待敵，斷決之策，寔有由然。鋒鏑初交，元惡送首，總律制奇，判於此舉。裂邑萬戶，登爵槐鼎，亦何足少酬勳勞，粗塞物聽。今以近侍禁旅，進昇中候，乘平隨牒，取此非叨。濟、河昔所履牧，鎭軍秩不逾本，詳校階序，愧在未優，就加沖損，特虧朝制。奉職數載，同舟無幾，劉領軍峻節霜明，臨危不顧，音

迹未晞，奄成今古，迷途失偶，慟不及悲。戎謨內寄，恒務倍急，秉操辭榮，將復誰委？誠惟軍柄所期，自增茂圭社，誓貫朝廷，匹夫里語，尚欲信厚，君令必行，逡巡何路。凡位居物首，功在衆先，進退之宜，當與衆共。苟殉獨善，何以處物。受不自私，彌見至公。表裏詳究，無而後可。想體殊常，深思然納。」太祖乃受命。

其年，淵加尚書令、侍中，給班劒二十人，固讓令。三年，進爵爲侯，增邑千戶。服闋，改授中書監，侍中、護軍如故，給鼓吹一部。明年，淵後嫡母吳郡公主薨，毀瘠如初。葬畢，詔攝職，固辭。又以朞祭禮及，〔表〕解職，〔八〕並不許。

蒼梧酷暴稍甚，太祖與淵及袁粲言世事，粲曰：「主上幼年微過易改，伊、霍之事，非〔季〕代所行，〔九〕縱使功成，亦終無全地。」淵默然，歸心〔太祖〕。〔一〇〕及廢蒼梧，羣公集議，袁粲、劉秉既不受任，淵曰：「非蕭公無以了此。」手取書授太祖。太祖曰：「相與不肯，我安得辭！」事乃定。順帝立，〔一一〕改號衞將軍、開府儀同三司，侍中如故。甲仗五十人入殿。

沈攸之事起，袁粲懷貳，太祖召淵謀議，淵曰：「西夏舋難，事必無成；公當先備其內耳。」太祖密爲其備。事平，進中書監、司空，本官如故。

齊臺建，淵白太祖引何曾自魏司徒爲晉丞相，求爲齊官，太祖謙而不許。建元元年，進位司徒，侍中、中書監如故。封南康郡公，邑三千戶。淵固讓司徒。與僕射王儉書，欲依蔡

謨事例。儉以非所宜言，勸淵受命，淵終不就。

淵美儀貌，善容止，俯仰進退，咸有風則。每朝會，百僚遠國〔使〕莫不延首目送之。[一二]宋明帝嘗歎曰：「褚淵能遲行緩步，便持此得宰相矣。」尋加尚書令，本官如故。二年，重申前命爲司徒，又固讓。

是年虜動，上欲發王公已下無官者爲軍，[一三]淵諫以爲無益實用，空致擾動，上乃止。朝廷機事，多與諮謀，每見從納，禮遇甚重。上大宴集，酒後謂羣臣曰：「卿等並宋時公卿，亦當不言我應得天子。」王儉等未及答，淵斂板曰：「陛下不得言臣不早識龍顏。」[一四]上笑曰：「吾有愧文叔，知公爲朱(祜)〔祐〕久矣。」[一五]

淵涉獵談議，善彈琵琶。世祖在東宮，賜淵金鏤柄銀柱琵琶。性和雅有器度，不妄舉動，宅嘗失火，煙焰甚逼，左右驚擾，淵神色怡然，索轝來徐去。輕薄子頗以名節譏之，以淵眼多白精，謂之「白虹貫日」，言爲宋氏亡徵也。

太祖崩，遺詔以淵爲錄尚書事。江左以來，無單拜錄者，有司疑立優策。尚書王儉議，以爲「見居本官，別拜錄，推理應有策書，而舊事不載。中朝以來，三公王侯，則優策並設，官品第二，策而不優。優者褒美，策者兼明委寄。尚書職居天官，政化之本，〔故〕尚書令品雖第三，[一六]拜必有策。錄尚書品秩不見，而總任彌重，前代多與本官同拜，故不別有策。

即事緣情，不容均之凡僚，宜有策書，用申隆寄。既異王侯，不假優文」。從之。尋增淵班劍爲三十人，五日一朝。

頃之寢疾。上相星連有變，淵憂之，表遜位。又因王儉及侍中王晏口陳於世祖，世祖不許。又啓曰：「臣顧惟凡薄，福過災生，未能以正情自安，遠慙彥輔。既內懷耿介，便覺晷刻難推。叨職未久，首歲便嬰疾篤，爾來沈痼，頻經危殆，彌深憂震。陛下曲存遲回，或謂僉議同異，此出於留慈每過，愛欲其榮。臣年四十有八，叨忝若此，以疾陳遜，豈駭聽察。總錄之任，江左罕授，上隣亞台，升降蓋微。[一七]今受祿弗辭，退紲斯願，於臣名器，非曰貶少，萬物耳目，皎然共見，寧足仰延聖慮，稍垂矜惜。臣若內飾廉譽，外循謙後，[一八]此則憲書行劾，刑綱是肅。[一九]臣赤誠不能行，亦幽明所不宥。區區寸心，歸啓以實。自吝寸陰，寔願方倍堯世。[二〇]昔王弘固請，乃於司徒爲衞將軍，宋氏行之不疑，當時物無異議，以臣方之，曾何足說。伏願恢闡宏猷，賜開亭造，則臣死之日，猶生之年。」乃改授司空，領驃騎將軍，侍中、錄尚書如故。

上遣侍中王晏黃門郎王秀之問疾。薨，家無餘財，負債至數十萬。詔曰：「司徒奄至薨逝，痛怛慟懷，比雖尪瘵，便力出臨哭。給東園祕器，朝服一具，衣一襲，錢二十萬，布二百疋，蠟二百斤。」

時司空掾屬以淵未拜，疑應爲吏敬不？王儉議：「依禮，婦在塗，聞夫家喪，改服而入。今掾屬雖未服勤，而吏節稟於天朝，宜申禮敬。」司徒府史又以淵既解職，而未恭後授，府猶應上服以不？儉又議：「依中朝士孫德祖從樂陵遷爲陳留，未入境，〔卒〕，[二一]樂陵郡吏依見君之服，陳留迎吏依娶女有吉日齊衰弔，司徒府宜依居官制服。」

又詔曰：「夫褒德所以紀民，慎終所以歸厚。前王(習但)盛典，[二二]咸必由之。故侍中、司徒、錄尚書事、新除司(徒)〔空〕、[二三]領驃騎將軍、南康公淵，履道秉哲，鑒識弘曠。爰初弱齡，清風夙舉。登庸應務，具瞻允集。孝友著於家邦，忠貞彰於亮采。佐命先朝，經綸王化，契闊屯夷，綢繆終始。總錄機衡，四門惟穆，諒以同規往古，式範來今。謙光彌遠，屢陳降挹，權從高旨，用虧大猷。將登上列，永翼聲教。天不慭遺，奄焉薨逝，朕用震慟于厥心。其贈公太宰，侍中、錄尚書、公如故。給節，加羽葆鼓吹，增班劍爲六十人。葬送之禮，悉依宋太保王弘故事。謚曰文簡。」先是庶姓三公轜車，未有定格。王儉議官品第一，皆加幢絡，自淵始也。又詔淵妻宋故巴西主埏隧暫啓，宜贈南康郡公夫人。

長子賁，字蔚先。解褐祕書郎。昇明中，爲太祖太尉從事中郎，司徒右長史，太傅戶曹屬，黃門郎，領羽林監，齊世子中庶子，領翊軍校尉。建元初，仍爲宮官，歷侍中。淵薨，服

闋，見世祖，賁流涕不自勝，上甚嘉之，以爲侍中，領步兵校尉，(長史)左民尚書，[二四]散騎常侍，祕書監，不拜。六年，上表稱疾，讓封與弟蓁，世以爲賁恨淵失節於宋室，故不復仕。永明七年卒，詔賜錢三萬，布五十匹。

蓁字茂緒。永明中，解褐爲員外郎，出〔爲〕義興太守。[二五]八年，改封巴東郡侯。[二六]明年，表讓封還賁子霽，詔許之。建武末，爲太子詹事，度支尚書，領軍將軍。永元元年，卒，贈太常，謚穆。淵弟澄。

澄字彥道。初，湛之尚始安公主，薨，納側室郭氏，生淵，後尚吳郡公主，生澄。淵事主孝謹，主愛之，湛之亡，主表淵爲嫡。澄尚宋文帝女廬江公主，拜駙馬都尉。歷官清顯。善醫術，建元中，爲吳郡太守，豫章王感疾，太祖召澄爲治，立愈。尋遷左民尚書。淵薨，澄以錢萬一千，就招提寺贖太祖所賜淵白貂坐褥，壞作裘及纓，又贖淵介幘犀導及淵常所乘黃牛，永明元年，爲御史中丞袁彖所奏，免官禁錮，見原。遷侍中，領右軍將軍，以勤謹見知。其年卒。澄女爲東昏皇后。永元元年，追贈金紫光祿大夫。

時東陽徐嗣，[二七]醫術妙。有一傖父冷病積年，重茵累褥，牀下設鑪火，猶不差。嗣爲作治，盛冬月，令傖父髁身坐石，啓以百瓶水，從頭自灌。初與數十瓶，寒戰垂死，其子弟相

守垂泣，嗣令滿數。得七八十瓶後，舉體出氣如雲蒸，嗣令徹牀去被，明日立能起行，云此大熱病也。又春月出南籬門戲，聞笪屋中有呻吟聲，嗣曰：「此病甚重，更二日不治，必死。」乃往視。一姥稱舉體痛，而處處有黝黑無數，嗣還煑升餘湯送令服之，姥服竟，痛愈甚，跳投牀者無數，須臾，所黝處皆拔出長寸許，〔二八〕乃以膏塗諸瘡口，三日而復，云此名釘疽也。事驗甚多，過於澄矣。

王儉字仲寶，琅琊臨沂人也。祖曇首，宋右光祿。父僧綽，金紫光祿大夫。儉生而僧綽遇害，爲叔父僧虔所養。數歲，襲爵豫（章）〔寧〕侯，〔二九〕拜受茅土，流涕嗚咽。幼有神彩，專心篤學，手不釋卷。丹陽尹袁粲聞其名，言之於明帝，尙陽羨公主，拜駙馬都尉。帝以儉嫡母武康公主同太初巫蠱事，〔三〇〕不可以爲婦姑，欲開塚離葬，儉因人自陳，密以死請，故事不行。

解褐祕書郎，太子舍人，超遷祕書丞。上表求校墳籍，依七略撰七志四十卷，上表獻之，表辭甚典。又撰定元徽四部書目。母憂，服闋爲司徒右長史。晉令，公府長史著朝服，宋大明以來著朱衣。儉上〔言〕宜復舊，〔三一〕時議不許。

蒼梧暴虐，儉憂懼，告袁粲求出，引晉新安主婿王獻之爲吳興例，補義興太守。還爲黃門郎，轉吏部郎。昇明二年，遷長兼侍中，〔三二〕以父終此職，固讓。儉察太祖雄異，先於領府衣裾，〔三三〕太祖爲太尉，引爲右長史，恩禮隆密，專見任用。轉左長史。及太傅之授，儉所唱也。少有宰相之志，物議咸相推許。時大典將行，儉爲佐命，禮儀詔策，皆出於儉，褚淵唯爲禪詔文，〔三四〕使儉參治之。齊臺建，遷右僕射，領吏部，時年二十八。太祖從容謂儉曰：「我今日以青溪爲鴻溝。」對曰：「天應民從，〔三五〕庶無楚、漢之事。」建元元年，改封南昌縣公，食邑二千戶。明年，轉左僕射，領選如故。

上壞宋明帝紫極殿，以材柱起宣陽門。儉與褚淵及叔父僧虔連名上表諫曰：「臣聞德者身之基，儉者德之輿。春臺將立，晉卿秉議，北宮肇構，漢臣盡規。彼二君者，或列國常侯，或守文中主，尙使諫諍在義卽悅，況陛下聖哲應期，臣等職司隆重，敢藉前誥，竊乃有心。陛下登庸宰物，節省之敎既昭，龍袞琁極，簡約之訓彌遠。乾華外構，采椽不斲，紫極故材，爲宣陽門，臣等未譬也。夫移心疾於股肱，非良醫之美；貽影迹而馳騖，豈靜處之方？且又三農在日，千畛咸事，輟望歲之勤，興土木之役，非所以宣昭大猷，光示遐邇。若以門居宮南，重陽所屬，年月稍久，漸就淪胥，自可隨宜脩理而合度，改作之煩，於是乎息。所啓謬合，請付外施行。」上手詔酬納。宋世外六門設竹籬，是年初，有發白虎樽者，言「白門三重門，竹籬穿不完」。〔三六〕上感其言，改立都墻。儉又諫，上答曰：「吾欲令後世無以加也。」朝廷初基，制度草創，儉識舊事，問無不答。上歎曰：「詩云：『維嶽降神，生甫及申。』今亦天爲我生儉也。」

其年，儉固請解選，表曰：「臣遠尋終古，近察身事，邀恩幸藉，未見其倫。何者？子房之遇漢后，公達之逢魏君，史籍以爲美談，君子稱其高義。二臣才堪王佐，理非曲私，兩主專杖威武，有傷寬裕，豈與庸流之人，憑含弘之澤者，同年而語哉？預在有心，胡寧無感。如使傾宗殞元，有益塵露，猶當畢志驅馳，仰詶萬一，豈容稍在形飾，〔三七〕以徇常事。九流任要，風猷所先，玉石朱素，〔三八〕由斯而定。臣亦不謂文案之閒都無微解，至於品裁臧否，特所未閑。雖存自勗，識不副意，兼竊而任，彼此俱壅，專情本官，庶幾髣髴。且前代掌選，未必其在代來，〔三九〕何爲於今，非臣不可。傾心奉國，匪復退讓之典，預同休戚，寧俟位任爲親。陛下若不以此理賜期，豈仰望於殊眷。頻冒嚴威，分甘尤戾。」見許。加侍中，固讓，復散騎常侍。

上曲宴羣臣數人，各使効伎藝，褚淵彈琵琶，王僧虔彈琴，沈文季歌子夜，張敬兒舞，王敬則拍張。儉曰：「臣無所解，唯知誦書。」因跪上前誦相如封禪書。上笑曰：「此盛德之事，吾何以堪之。」後上使陸澄誦孝經，自「仲尼居」而起。儉曰：「澄所謂博而寡要，臣請誦

之。」乃誦「君子之事上」章。上曰：「善！張子布更覺非奇也。」

尋以本官領太子詹事，加兵二百人。〔四〇〕上崩，遺詔以儉爲侍中、尙書（令）〔左〕、鎭軍將軍。〔四一〕世祖卽位，給班劒二十人。永明元年，進號衞軍將軍，〔四二〕參掌選事。二年，領國子祭酒、丹陽尹，本官如故。給鼓吹一部。三年，領國子祭酒。叔父僧虔亡，儉表解職，不許。又領太子少傅，本州中正，解丹陽尹。舊太子敬二傅同，至是朝議接少傅以賓友之禮。

是歲，省總明觀，於儉宅開學士館，悉以四部書充儉家，又詔儉以家爲府。四年，以本官領吏部。儉長禮學，諳究朝儀，每博議，證引先儒，罕有其例。八坐丞郎，無能異者。令史諮事，賓客滿席，儉應接銓序，傍無留滯。十日一還學，監試諸生，巾卷在庭，劒衞令史儀容甚盛。作解散髻，斜插幘簪，朝野慕之，相與放効。儉常謂人曰：「江左風流宰相，唯有謝安。」蓋自比也。世祖深委仗之，士流選用，奏無不可。

五年，卽本號開府儀同三司，固讓。六年，重申前命。先是詔儉三日一還朝，尙書令史出外諮事，上以往來煩數，復詔儉還尙書下省，月聽十日出外。儉啓求解選，不許。七年，乃上表曰：「臣比年辭選，具簡天明，〔四三〕款言彰於侍接，丹誠布於朝野，物議不以爲非，聖心未垂矜納。臣聞知慧不如明時，求之微躬，實允斯義。妄庸之人，沈浮無取，命偶休泰，遂踐康衢。秋葉辭條，不假風飆之力；太陽躋景，無俟螢爝之暉。晦往明來，五德遞運，聖不

獨治，八元亮采。臣逢其時，而叨其位，常總端右，亟管銓衡。事涉兩朝，歲綿一紀。盛年已老，孫孺巾冠。人物徂遷，逝者將半。三考無聞，九流寂寞。能官之詠，輟響於當時；大車之刺，方興於來日。若夫珥貂衮之貴，四輔六教之華，誠知匪服，職務差簡，端揆雖重，猶可勉勵。至於品藻之任，尤懼其阻。夙宵罄竭，屢試無庸。歲月之久，近世罕比。非唯悔吝在身，故乃惟塵及國。方今多士盈朝，羣才競爽，選衆而授，古亦何人。冒陳微翰，必希天照。至敬無文，不敢煩黷。」見許。改領中書監，參掌選事。

其年疾，上親臨視，薨，年三十八。吏部尚書王晏啓及儉喪，上答曰：「儉年德富盛，志用方隆，豈意暴疾，不展救護，便爲異世，奄忽如此，痛酷彌深。其契闊艱運，義重常懷，言尋悲切，不能自勝。痛矣奈何！往矣奈何！」詔衞軍文武及臺所兵仗可悉停待葬。〔四四〕

又詔曰：「愼終追遠，列代通規，褒德紀勳，彌峻恒策。故侍中、中書令、〔四五〕太子少傅、領國子祭酒、衞軍將軍、開府儀同三司南昌公儉，體道秉哲，風宇淵曠。肇自弱齡，清猷自遠。登朝應務，民望斯屬。草昧皇基，協隆鼎祚；宏謨盛烈，載銘彝篆。及贊朕躬，徽績光茂。忠圖令範，造次必彰。四門允穆，百揆時序。宗臣之重，情寄兼常。方正位論道，永鼇衮職，弼茲景化，以贊隆平。天不憖遺，奄焉薨逝，朕用震慟于厥心。可追贈太尉，侍中、中書監，公如故。給節，加羽葆鼓吹，增班劍爲六十人。葬禮依故太宰文簡公褚淵故事。冢墓材官營辦。謚文憲公。」

儉寡嗜慾，唯以經國爲務，車服塵素，家無遺財。手筆典裁，爲當時所重。少撰古今喪服集記幷文集，並行於世。今上受禪，下詔爲儉立碑，降爵爲侯，千戶。

儉弟遜，昇明中，爲丹陽丞，告劉秉事，不蒙封賞。建元初，爲晉陵太守，有怨言，儉慮爲禍，因褚淵啓聞。中丞陸澄依事舉奏。詔曰：「儉門世載德，竭誠佐命，特降刑書，宥遜以遠。」徙永嘉郡，道伏誅。

史臣曰：褚淵、袁粲，俱受宋明帝顧託，粲既死節於宋氏，而淵逢興運，世之非責淵者衆矣。臣請論之：夫湯、武之迹，異乎堯、舜，伊、呂之心，亦非稷、契。降此風規，未足爲證也。自金、張世族，袁、楊鼎貴，委質服義，皆由漢氏，膏腴見重，事起於斯。魏氏君臨，年祚短促，服褐前代，宦成後朝。晉氏登庸，與之從事，名雖魏臣，實爲晉有，故主位雖改，臣任如初。自是世祿之盛，習爲舊準，羽儀所隆，人懷羨慕，君臣之節，徒致虛名。貴仕素資，皆由門慶，平流進取，坐至公卿，則知殉國之感無因，保家之念宜切。市朝亟革，寵貴方來，陵闕雖殊，顧眄如一。中行、智伯，未有異遇。褚淵當泰始初運，清塗已顯，數年之閒，不患無位，既以民望而見引，亦隨民望而去之。夫爵祿既輕，有國常選，恩非己獨，責人以死，斯故人主之所同謬，世情之過差也。

贊曰：猗歟褚公，德素內充。民譽不爽，家稱克隆。從容佐世，貽議匪躬。文憲濟濟，輔相之體。稱述霸王，綱維典禮。期寄兩朝，綢繆宮陛。

校勘記

〔一〕復尚文帝女南郡獻公主　按文選卷五十八王儉褚淵碑文云「還尚餘姚公主」，而本傳下文又云「淵妻宋故巴西主」。南史褚彥回傳亦云「又詔彥回妻宋故巴西主」。錢大昕廿二史考異云：「蓋初封餘姚公主，進封南郡，齊受禪，又例降封巴西，封號雖異，其實一人也。」

〔二〕〔歷〕中書郎　據南監本、毛本、殿本、局本補。按「中書郎」文選王儉褚淵碑文作「中書侍郎」。

〔三〕止足自保　「止」原譌「王」，據毛本、殿本、局本改正。

〔四〕與淵以（夙）〔風〕素相善　據南監本、殿本及南史褚彥回傳改。按通鑑宋明帝泰始七年亦作「風素」，胡注云「風素相善者，以其風標雅素而與之善也。蕭子顯齊書『風』作『夙』」。是胡氏所見本亦作「夙」也。

〔五〕出爲吳興太守　「吳興太守」南史、通鑑、元龜二百並作「吳郡太守」。通鑑胡注云：「蕭子顯齊書

淵傳云爲吳興太守。按吳郡，近畿大郡也，吳興，次郡也，淵以大尚書出守，當得大郡，吳郡爲是。」殿本考證據通鑑胡注，亦以作「吳興」爲誤。今按梁、陳之制，丹陽尹與會稽、吳郡、吳興太守品俱第五，胡氏大郡次郡之說不足據。且齊世如王敬則、張瓌、何戢、謝朏等皆以尚書、侍中出守吳興，非獨褚淵也。文選王儉褚淵碑文云：「丹陽京輔，遠近攸則，吳興襟帶，實惟股肱，頻作二守，並加蟬冕。」足證作「吳興」之不誤。

〔六〕惟泣淚處乃見其本質焉　「泣淚」毛本、局本作「沾淚」，殿本作「哭泣」。

〔七〕淵又謂之曰　「謂之曰」南監本、殿本作「謂人曰」，南史作「語人曰」。

〔八〕〔表〕解職　據殿本、局本及南史補。

〔九〕非〔季〕代所行　據南監本、殿本補。

〔一〇〕歸心〔太祖〕　據南監本、殿本補。

〔一一〕順帝立　按蕭子顯避梁武帝父順之諱，順字皆爲從，此「順帝」原文必作「從帝」，後來校書者以意改易耳。

〔一二〕百僚遠國〔使〕莫不延首目送之　據南監本、殿本及南史、元龜八百八十三補。

〔一三〕上欲發王公已下無官者爲軍　按南史「爲軍」作「從軍」。

〔一四〕陛下不得言臣不早識龍顏　「得」原譌「待」，據南監本、殿本、局本及南史改正。

〔一五〕知公爲朱(祜)〔祐〕久矣　據局本改。按今本後漢書朱祐傳章懷注云："東觀記『祐』作『福』，避安帝諱。"劉攽刊誤云："案注引東觀記安帝諱，則此人當名祐。"

〔一六〕〔故〕尚書令品雖第三　據元龜四百七十一、通典職官典補。

〔一七〕升降蓋微　元龜三百三十一作「升降紫微」。

〔一八〕外循謙後　元龜三百三十一作「外脩謙德」。

〔一九〕刑綱是肅　元龜三百三十一作「刑網是嬰」。

〔二〇〕寔願方倍堯世　「方」南監本、殿本、局本及元龜三百三十一作「萬」，毛本作「万」。

〔二一〕未入境〔卒〕　據元龜五百七十七補。

〔二二〕前王(習但)盛典　據元龜三百十八刪。

〔二三〕新除司(徒)〔空〕　據南監本改。殿本考證萬承蒼云："按褚淵新除之官乃司空，非司徒也。諸本並誤。"按萬氏未核對南監本，故云「諸本並誤」。元龜三百十八亦作「司空」。

〔二四〕領步兵校尉(長史)左民尚書　張森楷校勘記云："長史官無所繫，南史無之，疑是衍文。"今據刪。

〔二五〕出〔爲〕義興太守　據南監本、殿本、局本補。

〔二六〕改封巴東郡侯　南史褚蓁傳同。錢大昕廿二史考異云："彥回本封南康郡公，蓁初襲父爵，至是以南康爲王國，而改蓁爲巴東公，見齊武帝諸子傳。此云郡侯，恐誤。"

〔二七〕時東陽徐嗣　張森楷校勘記云："徐嗣卽徐嗣伯，南史附張劭傳。按『東陽』當作『東海』。"

〔二八〕所斆處皆拔出長寸許　按南史張邵傳附徐嗣伯傳述徐嗣伯醫術甚詳，云「所斆處皆拔出釘長寸許」，此脫一「釘」字。

〔二九〕襲爵豫(章)〔寧〕侯　南史王曇首傳云儉襲爵豫寧縣侯，文選任昉王文憲集序亦云儉襲封豫寧侯。按宋書州郡志，豫章太守領縣十二，有豫寧侯相，作「豫寧」是，今據改。

〔三〇〕帝以儉嫡母武康公主同太初巫蠱事　王鳴盛十七史商榷云："按儉父僧綽傳尚東陽獻公主，此云武康，恐誤。"張森楷校勘記云："宋書王僧綽傳及二凶傳並云僧綽尚東陽獻公主，此稱武康，豈改封歟？"今按文選任昉王文憲集序及元龜七百五十三並作「武康」，蓋始封武康，進封東陽耳。

〔三一〕儉上〔言〕宜復舊　據南監本、毛本、殿本、局本補。

〔三二〕遷長兼侍中　殿本「長」下有「史」字，考證云："監本脫『史』字，從南史增入。"按南史王儉傳："昇明二年，爲長史兼侍中。"錢大昕廿二史考異云："長兼者，未正授之稱。晉書劉隗傳『太興初，長兼侍中』，孔愉傳『長兼中書令』，是長兼之名，自晉已有之矣。南史添一『史』字，試問儉所授者，何府之長史乎？此傳前後多有『長史』字，當由後人轉寫相涉而誤，非延壽本文也。南齊書本無此字，或轉據南史增益之，不獨昧於官制，亦大非闕疑之旨。"

〔三三〕先於領府衣裾　錢大昕廿二史考異云："時齊祖爲中領軍，故曰領府。"洪頤煊諸史考異云："衣裾致敬，禮無明文，以南史王儉傳證之，此下當有脫文。"

〔三四〕褚淵唯爲禪詔文　按南史「文」作「又」，屬下讀。

〔三五〕天應民從　「民從」殿本作「民順」。按蕭子顯避梁諱，順字皆改作從，殿本作「順」，乃校書者以意改易也。

〔三六〕白門三重門竹籬穿不完　「三重門」通鑑齊高帝建元二年作「三重關」。按關與完古韵同部，作「關」是。

〔三七〕豈容稍在形飾　「在」元龜四百六十四作「存」。

〔三八〕玉石朱素　元龜四百六十四作「玉石朱紫」。

〔三九〕未必其在代來　「其」南監本、殿本、局本作「具」。

〔四〇〕加兵二百人　南監本及南史作「三百人」。

〔四一〕遺詔以儉爲侍中尚書〔令〕(左)鎭軍將軍　據南史及文選任昉王文憲集序增刪。按鎭軍將軍無左右之號。

〔四二〕進號衞軍將軍　「衞軍將軍」南史及元龜三百十八、三百三十一、文選任昉王文憲集序並作「衞將軍」。按百官志有衞將軍，無衞軍將軍。然下文領國子祭酒、衞軍將軍，元龜三百十八亦作「衞軍將軍」。

〔四三〕具簡天明　「天明」各本並作「天朝」，惟元龜四百六十四同作「天明」。按具簡天明卽簡在帝心之意，作「天朝」者譌。

〔四四〕詔衞軍文武及臺所兵仗可悉停待葬　按「衞軍」元龜三百十八作「衞將軍」。南史「所」下有「給」字，「仗」下無「可」字。

〔四五〕中書令　張森楷校勘記云："上云領中書監，不云領中書令，『令』當是『監』之譌。"

南齊書卷二十四

列傳第五

柳世隆　張瓌

柳世隆字彥緒,河東解人也。祖憑,馮翊太守。父叔宗,早卒。

世隆少有風器,伯父元景,宋大明中爲尚書令,獨賞愛之,異於諸子。言於孝武帝,得召見,帝曰:「三公一人,是將來事也。」海陵王休茂爲雍州,辟世隆爲迎主簿。除西陽王撫軍法曹行參軍,出爲虎威將軍、〔一〕上庸太守。帝謂元景曰:「卿昔以虎威之號爲隨郡,今復以授世隆,使卿門世不絕公也。」元景爲景和所殺,世隆以在遠得免。

泰始初,諸州反叛,世隆以門禍獲申,事由明帝,乃據郡起兵,遣使應朝廷。弘農人劉僧驎亦聚衆應之。收合萬人,奄至襄陽萬山,爲孔道存所破,衆皆奔散,僅以身免,逃藏民閒,事平乃出。還爲尚書儀曹郎,明帝嘉其義心,發詔擢爲太子洗馬,出爲寧遠將軍、巴西

梓潼太守。還爲越騎校尉,轉建平王鎭北諮議參軍,領南泰山太守,轉司馬、東海太守,入爲通直散騎常侍。

尋爲晉熙王安西司馬,加寧朔將軍。時世祖爲長史,與世隆相遇甚懽。太祖之謀渡廣陵也,令世祖率衆下,同會京邑,世隆與長流蕭景先等戒嚴待期,事不行。

是時朝廷疑憚沈攸之,密爲之防,府州器械,皆有素蓄。世祖將下都,劉懷珍白太祖曰:「夏口是兵衝要地,宜得其人。」太祖納之,與世祖書曰:「汝既入朝,當須文武兼資人與汝意合者,委以後事,世隆其人也。」世祖舉世隆自代。轉爲武陵王前軍長史、江夏內史、行郢州事。

昇明元年冬,攸之反,遣輔國將軍中兵參軍孫同、寧朔將軍中兵參軍武寶、龍驤將軍騎兵參軍朱君拔、寧朔將軍沈惠眞、龍驤將軍騎兵參軍王道起三萬人爲前驅,〔二〕又遣司馬冠軍劉攘兵領寧朔將軍外兵參軍公孫方平、龍驤將軍騎兵參軍朱靈眞、〔三〕沈僧敬、龍驤將軍高茂二萬人次之,又遣輔國將軍王靈秀、〔四〕丁珍東、寧朔將軍中兵參軍王彌之、〔五〕寧朔將軍外兵參軍楊景穆二千匹騎分兵出夏口,據魯山。攸之乘輕舸從數百人先大軍下住白螺洲,坐胡床以望其軍,有自驕色。既至郢,以郢城弱小不足攻,遣人告世隆曰:「被太后令,當暫還都。卿既相與奉國,想得此意。」世隆使人答曰:「東下之師,久承聲問。郢城小鎭,

自守而已。」攸之將去,世隆遣軍於西渚挑戰,攸之果怒,令諸軍登岸燒郭邑,築長圍攻道,顧謂人曰:「以此攻城,何城不剋!」晝夜攻戰,世隆隨宜拒應,衆皆披却。世祖初下,與世隆別,曰:「攸之一旦爲變,焚夏口舟艦沿流而東,則坐守空城,不可制也。雖留攻城,不可卒拔。卿爲其內,我爲其外,乃無憂耳。」至是世祖遣軍主桓敬、陳胤叔、苟元賓等八軍據西塞,令堅壁以待賊疲。慮世隆危急,遣腹心胡元直潛使入郢城通援軍消息,內外並喜。尚書符曰:

沈攸之出自壠畝,寂寥累世。故司空沈公,以從父宗廕,愛之若子,羽翼吹嘘,得昇官次。景和昏悖,猜畏柱臣,而攸之凶忍,趣利樂禍,請銜詔旨,躬行反噬。又攸之與譚金、童泰壹等暴寵狂朝,並爲心膂,同功共體,世號「三侯」。當時親昵,情過管、鮑,仰遭革運,凶黨懼戮,攸之反善圖全,用得自免。〔六〕既殺從父,又虐良朋,雖呂布販君,酈寄賣友,方之斯人,未足爲酷。泰始開闢,網漏吞舟,略其凶險,取其搏噬,故階亂獲全,〔七〕因禍興福。

攸之稟性空淺,躁而無謀,濃湖土崩,本非己力,彭城、下邳,望旗宵遁,再(紹)〔棄〕王師,〔八〕久應肆法,值先帝宥其回溪之恥,冀有封崤之捷,故得幸會推遷,頻煩顯授，內端戎禁，外綏萬里。聖去鼎湖，遠頒顧命，託寄崇深，義感金石。而攸之始奉國諱,

喜形于顏,普天同哀,己以爲慶。累登蕃岳,自郢遷荆。晉熙王以皇弟代鎭,地尊望重,攸之斷割候迎,肆意陵略。料擇士馬,簡算器械,權撥精銳,並取自隨。郢城所留,十不遺一。專恣鹵奪,罔顧國典。踐荆已來,恒用姦數,既懷異志,興造無端。乃蹙迫羣蠻,騷擾山谷,揚聲討伐,盡戶上丁。〔九〕蟻聚郭邑,伺國衰盛,從來積年,求不解甲。〔一〇〕遂四野百縣,路無男人,耕田載租,皆驅女弱。自古酷虐,未聞於此。

昔歲桂陽內奰,宗廟阽危。攸之任官上流,兵彊地廣,勤王之舉,寔宜悉行。裁遣羸弱,不滿三千,至郢州稟受節度,欲令判否之日,委罪晉熙。招誘劍客,羈絆行侶,竄叛入境,輒加擁護,逋亡出界,必遣窮追。視吏若讎,遇民如草,峻太半之賦,暴參夷之刑,鞭箠國士,全用虜法,一人逃亡,闔宗捕逮。〔一一〕皇朝赦令,初不遵奉,曠蕩之澤,長隔彼州,人懷怨望,十室而九。今乃舉兵內侮,姦回外熾,斯寔惡熟罪成之辰,決癰潰疽之日。幕府過荷朝寄,義百常憤,董御元戎,龔行天罰。

今遣新除使持節郢州司州之義陽諸軍事平西將軍郢州刺史聞喜縣開國侯黃回、員外散騎常侍輔國將軍驍騎將軍重安縣開國子軍主王敬則、屯騎校尉陳承叔、右軍將軍葛陽縣開國男彭文之、驃騎行參軍振武將軍邰宰,〔一二〕精甲二萬,銜其首旆。又遣散騎常侍游擊將軍(臨)湘〔南〕縣開國男呂安

國、〔一三〕持節寧朔將軍越州刺史孫曇瓘、屯騎校尉寧朔將軍崔慧景、寧朔將軍左軍將軍新亭侯任候伯、龍驤將軍虎賁中郎將尹略、屯騎校尉南城令曹虎頭、輔國將軍驍騎將軍蕭順之、〔一四〕新除寧朔將軍游擊將軍下邳縣開國子垣崇祖等，舳艫二萬，駱驛繼邁。又遣屯騎校尉苟元賓、撫軍參軍郭文考、撫軍中兵參軍程隱儁、奉朝請諸襲光等，輕艓一萬，截其(精)〔津〕要。〔一五〕驍騎將軍周盤龍、後將軍成買、輔國將軍王勑勤、屯騎校尉王洪範等，鐵騎五千，步道繼進，先據陸路，斷其走伏。持節、督雍梁二州郢州之竟陵司州之隨郡諸軍事、征虜將軍、寧蠻校尉、雍州刺史、襄陽縣開國侯、新除鎮軍將軍張敬兒，志節慷慨，卷甲樊、鄧，水步俱馳，破其巢窟。持節、督司州諸軍事、征虜將軍、司州刺史、領義陽太守、范陽縣侯姚道和，義烈梗槩，投袂方隅，風馳電掩，襲其輜重。萬里建旆，四方飛旆，莫不總率衆師，雲翔雷動。人神同憤，遠邇幷心。

今皇上聖明，將相仁愛，約法三章，寬刑緩賦，年登歲阜，家給人足，上有惠民之澤，下無樂亂之心。攸之不識天時，妄圖大逆，舉無名之師，驅讎怨之衆，是以朝野審其易取，含識判其成禽。彼土士民，罹毒日久，今復相逼迫，投赴鋒刃。交戰之日，蘭艾難分，去就在機，望思先曉，無使一人迷疑，而九族就禍也。弘宥之典，有如皦日。郢城既不可攻，而平西將軍黃回軍至西陽，乘三層艦，作羌胡伎，泝流而進。攸之素失

人情，本逼以威力，初發江陵，已有叛者，至是稍多。攸之日夕乘馬歷營撫慰，而去者不息。攸之大怒，召諸軍主曰：「我被太后令，建義下都，大事若剋，白紗帽共著耳；如其不振，朝廷自誅我百口，不關餘人。比軍人叛散，皆卿等不以爲意。我亦不能問叛身，自今軍中有叛者，軍主任其罪。」於是一人叛，遣十人追，竝去不反。莫敢發覺，咸有異計。劉攘兵射書與世隆請降，世隆開門納之。攘兵燒營而去，火起乃覺。攸之怒，銜鬚咀之。收攘兵兄子天賜、女壻張平虜斬之。〔一六〕軍旅大散。攸之渡魯山岸，猶有數十匹騎自隨。宣令軍中曰：「荆州城中大有錢，可相與還取，以爲資糧。」郢城未有追軍，而散軍畏蠻抄，更相聚結，可二萬人，隨攸之，將至江陵，乃散。世隆乃遣軍副劉僧驎道追之。

攸之已死，徵爲侍中。仍遷尚書右僕射，封貞陽縣侯，邑二千戶。出爲左將軍、吳郡太守，加秩中二千石。丁母憂。太祖踐阼，起爲使持節、都督南豫司二州諸軍事、平南將軍、南豫州刺史，進爵爲公。上手詔與司徒褚淵曰：「向見世隆毀瘠過甚，殆欲不可復識，非直使人惻然，實亦世珍國寶也。」淵答曰：「世隆至性純深，哀過乎禮。尋陛下在危盡忠，喪親居憂，杖而後起，立人之本，二理同極，加榮增寵，足以厲俗敦風。」

建元二年，進號安南將軍。是時虜寇壽陽，上敕世隆曰：「歷陽城大，恐不可卒治，正宜斷隔之，深爲保固。處分百姓，若不將家守城，單身亦難可委信也。」尋又敕曰：「吾更歷陽

外城，若有賊至，即勒百姓守之，故應勝割棄也。」

垣崇祖既破虜，上欲罷併二豫，敕世隆曰：「比思江西蕭索，二豫兩辦爲難。議者多云省一足一，於事爲便。吾謂非乃乖謬。卿以爲云何？可具以聞。」尋授後將軍、尚書右僕射，不拜。世隆性愛涉獵，啓太祖借祕閣書，上給二千卷。

三年，出爲使持節、督南兗兗徐青冀五州軍事、安北將軍、南兗州刺史。江北畏虜寇，搔動不安。上敕世隆曰：「比有北信，賊猶治兵在彭城，年已垂盡，或當未必送死。然豺狼不可以理推，爲備或不可懈。彼郭既無關要，用宜開除，使去金城三十丈政佳耳。發民治之，無嫌。若作三千人食者，已有幾米？可指牒付信還。民閒若有丁多而細口少者，悉令戍，非疑也。」又敕曰：「昨夜得北使啓，鍾離閒賊已渡淮，既審送死，便當制加剿撲。卿好參候之，有急令諸小戍還鎭，不可賊至不覺也。賊既過淮，不容遽退散，〔一七〕要應有處送死者，定攻壽陽，吾當遣援軍也。」又遣軍助世隆，幷給軍糧。

虜退，上欲土斷江北，又敕世隆曰：「呂安國近在西，土斷郢、司二境上雜民，大佳，民殆無驚恐。近又令垣豫州斷其州內，商得崇祖啓事，已行竟，近無云云，殊稱前代舊意。卿視兗部中可行此事不？若無所擾，春便就手也。」其見親委如此。

世祖即位，加散騎常侍。世隆善卜，別龜甲，價至一萬。永明建號，世隆題州齋壁曰

「永明十一年」。謂典籤李黨曰：「我不見也。」入爲侍中、護軍將軍，遷尚書右僕射，領太子右率，雍州大中正，不拜，改授散騎常侍，尚書左僕射，中正如故。

湘州蠻動，遣世隆以本官總督伐蠻衆軍，仍爲使持節、都督湘州諸軍事、鎭南將軍、湘州刺史，常侍如故。世隆至鎭，以方略討平之。在州立邸治生，爲中丞庾杲之所奏，詔原不問。復入爲尚書左僕射，領衞尉，不拜。仍轉尚書令。

世隆少立功名，晚專以談義自業。善彈琴，世稱柳公雙瑱，爲士品第一。常自云馬矟第一，清談第二，彈琴第三。在朝不干世務，垂簾鼓琴，風韻清遠，甚獲世譽。以疾遜位，改授侍中，衞將軍，不拜，轉左光祿大夫，侍中如故。

九年，卒，時年五十。詔給東園祕器，朝服一具，衣一襲，錢一十萬，布三百匹，蠟三百斤。又詔曰：「故侍中左光祿大夫貞陽公世隆，秉德居業，才兼經緯。少播清徽，長弘美譽。入參內禁，出贊西牧，專寄郢郊，剋挫巨猾，超越前勳，功著一代。及總任方州，民頌寬德，翼敎崇闈，朝稱元正。忠謨嘉猷，簡于朕心，雅志素履，邈不可踰。將登鉉味，用燮鴻化，奄至甍殞，震慟良深。贈司空，班劒三十人，〔一八〕鼓吹一部，侍中如故。謚曰忠武。」上又敕吏部尚書王晏曰：「世隆雖抱疾積歲，志氣未衰，冀醫藥有効，痊差可期。不謂一旦便爲異世，痛怛之深，此何可言。其昔在郢，誠心夙(開)〔悃〕，〔一九〕全保一蕃，勳業克著。尋准契闊，增

泣悲咽。卿同在情，亦當無已已耶！」

世隆曉數術，於倪塘創墓，與賓客踐履，十往五往，常坐一處。及卒，墓正取其坐處焉。〔一〇〕著龜經祕要二卷行於世。

長子悅，早卒。

張瓌，字祖逸，吳郡吳人也。祖裕，宋金紫光祿大夫。父永，右光祿大夫。曉音律，宋孝武問永以太極殿前鍾聲嘶，永答「鍾有銅滓」。乃扣鍾求其處，鑿而去之，聲遂清越。

瓌解褐江夏王太尉行參軍，署外兵，隨府轉爲太傅五官，爲義恭所遇。遷太子舍人，中書郎，驃騎從事中郎，司徒右長史。初，永拒桂陽賊於白下，潰散，阮佃夫等欲加罪，太祖固申明之，瓌由此感恩自結。轉通直散騎常侍，驍騎將軍。遭父喪，還吳持服。

昇明元年，劉秉有異圖，弟遐爲吳郡，潛相影響。因沈攸之事難，聚衆三千人，治攻具。太祖密遣殿中將軍卞白龍令瓌取遐。諸張世有豪氣，瓌宅中常有父時舊部曲數百。遐召瓌，瓌僞受旨，與叔恕領兵十八人入郡，與防郡隊主彊弩將軍郭羅雲進中齋取遐，遐踰窻而走，瓌部曲顧憲子手斬之，郡內莫敢動者。獻捷，太祖以告領軍張沖，〔一一〕沖曰：「瓌以百口

一擲，出手得盧矣。」卽授輔國將軍、吳郡太守，封瓌義成縣侯，邑千戶。太祖故以嘉名錫之。

除冠軍將軍、東海東莞二郡太守，不拜。建元元年，增邑（爲）二百戶。〔一二〕尋改封平都。遷侍中，加領步兵校尉。二年，遷都官尚書，領校尉如故。出爲征虜將軍、吳興太守。三年，烏程令顧昌玄有罪，瓌坐不糾，免官。明年，爲度支尚書。世祖卽位，爲冠軍將軍、鄱陽王北中郎長史、襄陽相、行雍州府州事，隨府轉征虜長史。四年，仍爲持節、督雍梁南北秦四州郢州之竟陵司州之隨郡軍事、輔國將軍、雍州刺史，尋領寧蠻校尉。還爲左民尚書，領右軍將軍，遷冠軍將軍、大司馬長史。

十年，轉太常。自陳衰疾，願從閑養，明年，轉散騎常侍、光祿大夫。頃之，上欲復用瓌，乃以爲後將軍、南東海太守，秩中二千石，行南徐州府州事，又行河東王國事。到官，復稱疾，還爲散騎常侍、光祿大夫。鬱林卽位，加金章紫綬。隆昌元年，給親信二十人。鬱林廢，朝臣到宮門參承高宗，瓌託脚疾不下。〔一三〕海陵立，加右將軍。高宗疑外蕃起兵，以瓌鎭石頭，督衆軍事。瓌見朝廷多難，遂恆臥疾。建武元年，轉給事中、光祿大夫，親信如故。月加給錢二萬。二年，虜盛，詔瓌以本官假節督廣陵諸軍事、行南兗州事，虜退乃還。

瓌居室豪富，伎妾盈房，有子十餘人，常云「其中要應有好者」。建武末，屢啓高宗還吳，見許。優游自樂，或有譏瓌衰暮畜伎，瓌曰：「我少好音律，老而方解。平生嗜欲，無復一存，唯未能遣此處耳。」

高宗疾甚，防疑大司馬王敬則，以瓌素著幹略，授平東將軍、吳郡太守，以爲之備。及敬則反，瓌遣將吏三千人迎拒於松江，聞敬則軍鼓聲，一時散走，瓌棄郡逃民閒。事平，瓌復還郡，爲有司所奏，免官削爵。

永元初，爲光祿大夫。尋加前將軍，金章紫綬。三年，義師下，東昏假瓌節，戍石頭。義師至新亭，瓌棄城走還宮。梁初復爲光祿。天監四年卒。

史臣曰：文以附衆，武以立威，元帥之才，稱爲國輔。沈攸之十年治兵，白首舉事，荆楚上流，方江東下。斯驅除之巨難，帝王之大敵。柳世隆勢居中夏，年淺位輕，首抗全師，孤城挑攻，臨埤授策，曾無汗馬，勍寇乖沮，力屈於高墉，亂轍爭先，降奔郢路，〔一四〕陸遜之破玄德，不是過也。及世道清寧，出牧內佐，體之以風素，居之以雅德，固興家之盛美也。

贊曰：忠武匡贊，實號兼資。廟堂析理，高壘搴旗。游藝善術，安絃拂龜。義成祚土，功立帝基。

校勘記

〔一〕出爲虎威將軍　錢大昕廿二史考異云：「『虎威』監本作『武威』。」今按南史亦避唐諱作「武威」。

〔二〕龍驤將軍騎兵參軍王道起三萬人爲前驅　「騎兵」宋書沈攸之傳作「中兵」。

〔三〕龍驤將軍騎兵參軍朱靈眞　「朱靈眞」宋書沈攸之傳作「朱靈寶」。

〔四〕又遣輔國將軍王靈秀　張熷讀史舉正云：「南史作中兵參軍王靈秀，此失『中兵參軍』四字。」

〔五〕寧朔將軍中兵參軍王彌之　「王彌之」宋書沈攸之傳作「王珍之」。疑當從宋書。

〔六〕攸之反善圖全用得自免　宋書沈攸之傳作「攸之狡猾用數，圖全賣禍」。

〔七〕故階亂獲全　宋書沈攸之傳「故」下有「得」字，文義較允。

〔八〕再（紹）〔棄〕王師　據南監本、毛本、殿本、局本改。

〔九〕盡戶上丁　南監本作「盡戶發上」，宋書沈攸之傳同。殿本作「盡戶土丁」，「土」乃「上」之形譌。局本作「盡戶發丁」。

〔一〇〕求不解甲　「求」宋書沈攸之傳作「永」。

〔一一〕閭宗捕逮　「捕逮」宋書沈攸之傳作「補代」。

〔一二〕驃騎行參軍振武將軍郤宰　「郤宰」南監本、殿本作「邵宰」。按宋書沈攸之傳作「召宰」。

〔一三〕又遣散騎常侍游擊將軍（臨）湘〔南〕縣開國男呂安國　據宋書沈攸之傳改。按呂安國傳，安國於

宋泰始四年改封湘南縣男。

〔一四〕輔國將軍驍騎將軍蕭順之　「順之」二字原作「諱」，毛本注「鸞」字，殿本依北監本改爲「鸞」。錢大昕廿二史考異云：「今以宋書沈攸之傳考之，乃蕭順之，非齊明帝也。」今改作「順之」。

〔一五〕截其(精)〔津〕要　據宋書沈攸之傳改。

〔一六〕女壻張平虜　「張平虜」南監本、毛本、殿本、局本並作「張平虜」。按通鑑宋順帝昇明二年亦作「張平虜」，疑作「虜」者誤。

〔一七〕不容邇退散　「邇」元龜二百作「爾」。按邇與爾通，然此當作「爾」，謂不容便爾退散也。

〔一八〕班劒三十人　「三十人」南史柳元景傳弟子世隆附傳及元龜四百六十一並作「二十人」。

〔一九〕誠心夙(閉)〔悃〕　據南監本、毛本、殿本、局本改。

〔二〇〕墓正取其坐處焉　御覽五百五十八引作「墓工圖墓，取其坐處焉」。殿本考證王祖庚云：「南史云『墓工圖墓，正取其坐處焉』，文義較明，此省『墓工圖』三字，未合。」

〔二一〕太祖以告領軍張沖　「領軍」南史作「左軍」，通鑑宋順帝昇明二年云「以告瓌從父領軍沖」。今按沖本傳但言沖爲左軍將軍，不云曾爲領軍將軍，疑作「左軍」爲是。

〔二二〕增邑(爲)二百戶　據元龜三百七十九刪。按張森楷校勘記云：「上既云邑千戶，此增邑，不當云爲二百戶，疑『爲』字衍文。」

〔二三〕瓌託脚疾不下　「不下」各本並作「不至」。

〔二四〕降奔郢路　周星詒校勘記云：「『降奔』下奪一字。」按上云「力屈於高墉」，此當云「降奔於郢路」，疑奪一「於」字。

南齊書卷二十五

列傳第六

垣崇祖　張敬兒

垣崇祖字敬遠，下邳人也。族姓豪彊，石虎世，自略陽徙之於鄴。曾祖敞，爲慕容德僞吏部尙書。祖苗，宋武征廣固，率部曲歸降，仍家下邳，官至龍驤將軍、汝南新蔡太守。父詢〔之〕，〔一〕積射將軍，宋孝武世死事，贈冀州刺史。

崇祖年十四，有幹略，伯父豫州刺史護之謂門宗曰：「此兒必大成吾門，汝等不及也。」刺史劉道隆辟爲主簿，厚遇之。除新安王國上將軍。景和世，道隆求出爲梁州，啓轉崇祖爲義陽王征北行參軍，與道隆同行，使還下邳召募。

明帝立，道隆被誅。薛安都反，明帝遣張永、沈攸之北討，安都使將裴祖隆、李世雄據下邳。祖隆引崇祖共拒戰，會青州援軍主劉(珍)〔彌〕之背逆歸降，〔二〕祖隆士衆沮敗，崇祖

與親近數十人夜救祖隆，與俱走還彭城。虜旣陷徐州，崇祖仍爲虜將游兵瑯邪閒不復歸，虜不能制。密遣人於彭城迎母，欲南奔，事覺，虜執其母爲質。崇祖妹夫皇甫肅兄婦，薛安都之女，故虜信之。肅仍將家屬及崇祖母奔朐山，崇祖因將部曲據之，遣使歸命。太祖在淮陰，板爲朐山戍主，送其母還京師，明帝納之。

朐山邊海孤險，人情未安。崇祖常浮舟舸於水側，有急得以入海。軍將得罪亡叛，具以告虜。虜僞圂城都將東徐州刺史成固公始得青州，聞叛者說，遣步騎二萬襲崇祖，屯洛要，去朐山城二十里。崇祖出送客未歸，城中驚恐，皆下船欲去。崇祖還，謂腹心曰：「賊比擬來，本非大舉，政是承信一說，易遣誑之。今若得百餘人還，事必濟矣。但人情一駭，〔三〕不可斂集。卿等可急去此二里外大叫而來，唱『艾塘義人已得破虜，須戍軍速往，相助逐退』。」船中人果喜，爭上岸，崇祖引入據城，遣羸弱入島。令人持兩炬火登山鼓叫。虜參騎謂其軍備甚盛，乃退。

崇祖啓明帝曰：「淮北士民，力屈胡虜，南向之心，日夜以冀。崇祖父伯並爲淮北州郡，門族布在北邊，百姓所信，一朝嘯吒，事功可立。〔第〕名位尙輕，〔四〕不足威衆，乞假名號，以示遠近。」明帝以爲輔國將軍、北琅邪蘭陵二郡太守。亡命司馬從之謀襲郡，〔五〕崇祖討捕斬之。數陳計算，欲剋復淮北。

時虜聲當寇淮南，明帝以問崇祖，崇祖因啓「宜以輕兵深入，出其不意，進可立不世之勳，退可絕其窺窬之患」。帝許之。崇祖將數百人入虜界七百〔里〕，〔六〕據南城，固蒙山，扇動郡縣。虜率大衆攻之，其別將梁湛母在虜，虜執其母，使湛告部曲曰：「大軍已去，獨住何爲！」於是衆情離阻，一時奔退。崇祖謂左右曰：「今若俱退，必不獲免。」乃住後力戰，大敗〔追者〕而歸。〔七〕以久勞，封下邳縣子。

泰豫(九)〔元〕年，〔八〕行徐州事，徙戍龍沮，在朐山南。崇祖啓斷水(清)〔注〕平地，〔九〕以絕虜馬。帝以問劉懷珍，云可立。崇祖率將吏塞之，未成。虜主謂僞彭城鎮將平陽公曰：「龍沮若立，國之恥也，以死爭之。」數萬騎掩至。崇祖馬槊陷陣不能抗，乃築城自守。會天雨十餘日，虜乃退。龍沮竟不立。歷盱眙、平陽、東海三郡太守，將軍如故。轉邵陵王南中郎司馬，復爲東海太守。

初，崇祖遇太祖於淮陰，太祖以其武勇，善待之。崇祖謂皇甫肅曰：「此眞吾君也，吾今逢主矣，所謂千載一時。」遂密布誠節。元徽末，太祖憂慮，令崇祖受旨即以家口託皇甫肅，勒數百人將入虜界，更聽後旨。會蒼梧廢，太祖召崇祖領部曲還都，除游擊將軍。

沈攸之事平，以崇祖爲持節、督兗青冀三州諸軍事，累遷冠軍將軍、兗州刺史。太祖踐阼，謂崇祖曰：「我新有天下，夷虜不識運命，必當動其蟻衆，以送劉昶爲辭。賊之所衝，必

在壽春。能制此寇，非卿莫可。」徙爲使持節、監豫司二州諸軍事、豫州刺史，將軍如故。封望蔡縣侯，〔一〇〕七百戶。

建元二年，虜遣僞梁王郁豆眷及劉昶，馬步號二十萬，寇壽春。崇祖召文武議曰：「賊衆我寡，當用奇以制之。當脩外城以待敵，城既廣闊，非水不固，今欲堰肥水卻淹爲三面之險，諸君意如何？」衆曰：「昔佛狸侵境，宋南平王士卒完盛，以郭大難守，退保內城。今日之事，十倍於前。古來相承，不築肥堰，皆以地形不便，積水無用故也。若必行之，恐非事宜。」崇祖曰：「卿見其一，不識其二。若捨外城，賊必據之，外脩樓櫓，內築長圍，四周無礙，表裏受敵，此坐自爲擒。守郭築堰，是吾不諫之策也。」乃於城西北立堰塞肥水，堰北起小城，周爲深塹，使數千人守之。崇祖謂長史封延伯曰：「虜貪而少慮，必悉力攻小城，圖破此堰。見塹狹城小，謂一往可剋，當以蟻附攻之。放水一激，急踰三峽，事窮奔透，自然沈溺。此豈非小勞而大利邪？」虜衆由西道集堰南，分軍東路肉薄攻小城。崇祖著白紗帽，肩轝上城，手自轉式。至日晡時，決小史埭。水勢奔下，虜攻城之衆，漂墜塹中，人馬溺死數千人，衆皆退走。

初，崇祖在淮陰，見上，便自比韓信、白起，咸不信，唯上獨許之，崇祖再拜奉旨。及破虜啓至，上謂朝臣曰：「崇祖許爲我制虜，果如其言。其恆自擬韓、白，今眞其人也。」進爲都督號平西將軍，增封爲千五百戶。崇祖聞陳顯達李安民皆增給軍儀，啓上求鼓吹橫吹。上敕曰：「韓、白何可不與衆異。」給鼓吹一部。

崇祖慮虜復寇淮北，啓徙下蔡戍於淮東。其冬，虜果欲攻下蔡，既聞內徙，乃揚聲平除故城。衆疑虜當於故城立戍，崇祖曰：「下蔡去鎮咫尺，虜豈敢置戍，實欲除此故城。政恐奔走殺之不盡耳。」虜軍果夷掘下蔡城，崇祖自率衆渡淮與戰，大破之，追奔數十里，〔一一〕殺獲千計。

上遣使入關參虜消息還，敕崇祖曰：「卿視吾是守江東而已邪？所少者食，卿但努力營田，自然平殄殘醜。」敕崇祖脩治(荀)〔芍〕陂田。〔一二〕

世祖即位，徵爲散騎常侍、左衞將軍。俄詔留本任，加號安西。仍遷五兵尚書，領驍騎將軍。初，豫章王有盛寵，世祖在東宮，崇祖不自附結。及破虜，詔使還朝，與共密議，世祖疑之，曲加禮待，酒後謂崇祖曰：「世間流言，我已豁諸懷抱，自今已後，富貴見付也。」崇祖拜謝。崇祖去後，上復遣荀伯玉口敕，以邊事受旨夜發，不得辭東宮，世祖以崇祖心誠不實，〔一三〕銜之。太祖崩，慮崇祖爲異，便令內轉。永明元年四月九日，詔曰：「垣崇祖凶詬險躁，少無行業。昔因軍國多虞，採其一夫之用。大運光啓，頻煩升擢，溪壑靡厭，(恐)〔浸〕以彌廣。〔一四〕去歲在西，連謀境外，無君之心，已彰遐邇。特加遵養，庶或悛革。而猜貳滋甚，

志興亂階，隨與荀伯玉驅合不逞，窺窬非覬，構扇邊荒，互爲表裏。寧朔將軍孫景育究悉姦計，具以啓聞。除惡務本，刑茲罔赦。便可收掩，肅明憲辟。」死時年四十四。子惠隆，徙番禺卒。

張敬兒，南陽冠軍人也。本名苟兒，宋明帝以其名鄙，改焉。父醜，爲郡將軍，官至節府參軍。

敬兒年少便弓馬，有膽氣，好射虎，發無不中。南陽新野風俗出騎射，而敬兒尤多膂力，求入隊爲曲阿戍驛將，州差補府將，還爲郡馬隊副，轉隊主。稍官寧蠻府行參軍。〔一五〕隨同郡人劉胡領軍伐襄陽諸山蠻，深入險阻，所向皆破。又擊湖陽蠻，〔一六〕官軍引退，蠻賊追者數千人，敬兒單馬在後，衝突賊軍，數十合，殺數十人，箭中左腋，賊不能抗。

平西將軍山陽王休祐鎮壽陽，求善騎射人。敬兒自占見寵，爲長(史)兼行參軍，〔一七〕領白直隊。泰始初，除寧朔將軍，隨府轉參驃騎軍事，署中兵。領軍討義嘉賊，與劉胡相拒於鵲尾洲，啓明帝乞本郡，事平，爲南陽太守，將軍如故。初，王玄謨爲雍州，土斷敬兒家屬舞陰，敬兒至郡，復還冠軍。

三年，薛安都子柏令、環龍等竊據順陽、廣平，〔八〕略義成、扶風界，刺史巴陵王休若遣敬兒及新野太守劉攘兵攻討，合戰，破走之。徙爲順陽太守，將軍如故。

南陽蠻動，復以敬兒爲南陽太守。遭母喪還家，朝廷疑桂陽王休範，密爲之備，乃起敬兒爲寧朔將軍、越騎校尉。桂陽事起，隸太祖頓新亭，賊矢石既交，休範白服乘轝往勞樓下，城中望見其左右人兵不多，敬兒與黃回白太祖曰：「桂陽所在，備防寡闕，若詐降而取之，此必可擒也。」太祖曰：「卿若能辦事，當以本州相賞。」敬兒相與出城南，放仗走，大呼稱降，休範喜，召至轝側，回陽致太祖密意，休範信之。回目敬兒，敬兒奪取休範防身刀，斬休範首，休範左右數百人皆驚散，敬兒馳馬持首歸新亭。除驍騎將軍，加輔國將軍。

太祖以敬兒人位既輕，〔九〕不欲便使爲襄陽重鎮，敬兒求之不已，乃微動太祖曰：「沈攸之在荆州，公知其欲何所作？不出敬兒以防之，恐非公之利也。」太祖笑而無言，乃以敬兒爲持節、督雍梁二州郢司二郡軍事、雍州刺史，〔一〇〕將軍如故，封襄陽縣侯，二千戶。部伍泊沔口，敬兒乘舴艋過江，詣晉熙王燮。中江遇風船覆，左右丁壯者各泅走，餘二小吏沒艙下，叫呼「官」，敬兒兩掖挾之，隨船覆仰，常得在水上，如此翻覆行數十里，方得迎接。失所持節，更給之。

沈攸之聞敬兒上，遣人伺覘。見雍州迎軍儀甚盛，慮見掩襲，密自防備。敬兒至鎮，厚

結攸之，信饋不絕。得其事迹，密白太祖。攸之得太祖書翰，論選用方伯密事，輒以示敬兒，以爲反間，敬兒終無二心。元徽末，襄陽大水，平地數丈，百姓資財皆漂沒，襄陽虛耗。太祖與攸之書，令賑貸之，攸之竟不歷意。

敬兒與攸之司馬劉攘兵情款，及蒼梧廢，敬兒疑攸之當因此起兵，密以問攘兵，攘兵無所言，寄敬兒馬鐙一隻，敬兒乃爲之備。昇明元年冬，攸之反，遣使報敬兒，敬兒勞接周至，爲設酒食，謂之曰：「沈公那忽使君來，君殊可命。」乃列仗於廳事前斬之，集部曲，（傾）〔偵〕攸之下，〔一一〕當襲江陵。

時攸之遺太祖書曰：

吾聞魚相忘於江湖，人相忘於道術，彼我可謂通之矣。大明之中，謬奉聖主，忝同侍衞，情存契闊，義著斷金，乃分帛而衣，等糧而食。值景和昏暴，心爛形燋，若斯之苦，寧可言盡。吾自分碎首於閤下，足下亦懼滅族於舍人。爾時盤石之心既固，義無貳計，賊迫時難，相引求全。天道矜善，此理不空。結姻之始，實關於厚。及明帝龍飛，諸人皆爲鬼矣。吾與足下，得豪大造，親過夙眷，遇若代臣，錄其心迹，復忝驅使，臨崩之日，吾豫在遺託，加榮授寵，恩深位高。雖復情謝古人，粗識忠節，誓心仰報，期之必死。此誠志竟未申遂，先帝登遐，徽願永奪。自爾已來，與足下言面殆絕，非唯分張形跡，自然至此，脫枉一告，未常不對紙流涕，豈願相諭於今哉。苟有所懷，不容不白。

初得賢子賾疏，〔一二〕云得家信，云足下有廢立之事，安國寧民，此功巍巍，非吾等常人所能信也。俄奉皇太后假令，云足下潛構深略，獨斷懷抱，一何能壯。但冠雖弊，不可承足，蓋共尊高故耳。足下交結左右，親行殺逆，以免身患。卿當謂龍逢、比干，癡人耳。凡廢立大事，不可廣謀，但袁、褚遺寄，劉又國之近戚，數臣地籍實爲膏腴，人位並居時望，若此不與議，復誰可得共披心膂者哉？昏明改易，自古有之，豈獨大宋中屯邪？

前代盛典，煥盈篇史，請爲足下言之。羣公共議，宜啓太后，奉令而行，當以王禮出第。足下乃可不通大理，要聽君子之言，豈可罔滅天理，一何若茲？孝經云：「資於事父以事君」。縱爲宗社大計，不爾，寧不識有君親之意邪？乃復慮以家危，啗以爵賞，小人無狀，遂行弒害。吾雖寡識，竊求古比，豈有爲臣而有近日之事邪？使一旦荼毒，身首分離，生自可恨，死者何罪？且有登齋之賞，此科出於何文？凡在臣隸，誰不惋駭。華夷扣心，行路泣血。乃至不殯，使流蟲在戶，自古以來，此例有幾？衞國微小，故有弘演，不圖我宋，獨無其人。撫膺惆悵，不能自已。足下與向之殺者何異？人情易反，

還成嗟悲，爲子君者，無乃難乎！蹊田之譬，豈復有異？管仲有言，君善未嘗不諫。足下諫諍不聞，甘崔杼之罪，〔一三〕何惡逆之苦！〔一四〕

昔太甲還位，伊不自疑，昌邑之過，不可稱數，霍光荷託，尚共議於朝班，然後廢之。由有湯沐之施，〔一五〕論者不以劫主爲名。桓溫之心，未忘於篡，海西失道，人倫頓盡，廢之以公，猶禮處之。當溫彊盛，誰能相抗，尚畏懼於形跡，四海不愜，未嘗有樂推之者。伊尹、霍光，名高於臣節，桓氏亦得免於脅奪，凡是諸事，布於書策，若此易曉，豈待指掌。卿常言比跡夷、叔，如何一旦行過桀、跖邪？

聖明啓運，蒼生重造，普天率土，誰不歌抃，實是披心罄節，奉公忘私之日。而卿大收宮妓，劫奪天藏，器械金寶，必充私室，移易朝舊，布置私黨，被甲入殿，內外宮閤管籥，悉關家人。吾不知子孟、孔明遺訓如此？王、謝、陶、庾行此舉止？

且朱方帝鄉，非親不授，足下非國戚也，一旦專縱自樹，云是兒守臺城，父居東府，一家兩錄，何以異此？知卿防固重複，猜畏萬端，言以禦遠，實爲防內。若德允物望，夷貊猶可推心共處，如其失理乖道，金城湯池無所用也。文長以戈戟自衞，何解滅亡。吳起有云：「義禮不脩，舟中之人皆讎也。」足下既無伍員之痛，苟懷貪惏，而有賊宋之心，吾寧捐申包之節邪？

闓求忠臣者必出孝子之門，卿忠孝於斯盡矣！今竊天府金帛以行姦惠，盜國權爵以結人情，且授非其理，合我則賞，此事已復不可恆用，用之既訖，恐非忠策。且受者不感，識者不知，不能遏姦折謀，誠節慨惋。隔硋數千，無因自對，不能知復何情顏，當與足下敍平生舊款？吾聞前哲絕交，不出惡言，但此自陳名節於胷心，因告別於千載。放筆增歎，公私潸淚，想不深怪往言。然天下耳目，豈伊可誣。抑亦當自知投杖無疆，爲必先及。

太祖出頓新亭，報攸之書曰：

辱足下誚書，交道不終，爲恥已足。欲下便來，何故多罔君子。

吾結髮入仕，豈期遠大，蓋感子路之言，每不擇官而宦。逮文帝之世，初被聖明鑒賞；及孝武之朝，復蒙英主顧眄。因此感激，未能自反。及與足下斂袂定交，款著分好，何嘗不勸慕古人國士之心，務重前良忠貞之節。至於契闊杯酒，殷勤攜袖，薦女成姻，志相然諾，義信之篤，誰與閒之。又乃景和陵虐，事切憂畏，明帝正位，運同休顯，啓臆論心，安危豈貳。元徽之季，聽高道慶邪言，欲相討伐，發威施敕，已行外內。于時臣子鉗口，道路以目。吾以分交義重，患難宜均，犯陵白刃，以相任保。悖主手敕，今封送相示。豈不畏威，念周旋之義耳。推此陰惠，何愧懷抱，不云足下猥含禍詖。前

遣王思文所牒朝事，蓋情等家國，共詳衷否，虛心小大，必以先輸。問張雍州遷代之日，將欲誰擬？本是逆論來事，非欲代張，乃封此示張，激使見怒。若張惑一言，果興怨恨，事負雅素，君子所不可爲，況張之奉國，忠亮有本，情之見與，意契不貳邪？又張雍州啓事，稱彼中蠻動，兼民遭水患，敕令足下思經拯之計。吾亦有白，論國如家，布情而往，每思盧達。事之相接，恆必猜離。反謂無故遣信，此乃覘察。平諒之襟，動則相阻，傷負心期，自誰作故？先時足下遣信，尋盟敦舊，厲以篤終，吾止附還白，申罄情本，契然遠要，方固金石。今日舉錯，定是誰愆久言邪？

元徽末德，埶亡禋祀，〔二六〕足下備聞，無待亟述。太后惟憂，式遵前誥，興毀之略，事屬鄙躬。黜昏樹明，實惟前則，寧宗靜國，何愧前脩。廢立有章，足下所允，冠弊之譏，將以何語？封爲郡王，寧爲失禮？景和無名，方之不愈乎？龍逢自匹夫之美，伊、霍則社稷之臣，同異相乘，非吾所受也。登齋有賞，壽寂已蒙之於前；同謀獲功，明皇亦行之於昔。此則接踵成事，誰敢異之。

謂其大收宮女，劫奪天藏，器械金寶，必充私室。必若虛設市虎，亦可不翅此言；若以此詐民，天下豈患無眼。心苟無瑕，非所耿介。甲杖之授，事既舊典，豈見有任鎮邦家，勳經定主，而可得出入輕單，不資寵衞！斯之患慮，豈直身憂。祗奉此恩，

職惟事理。

朱方之牧，公卿僉意，吾亦謂徽勳之次，無忝一州。且魏、晉舊事，帝鄉蕃職，何嘗豫州必曹，司州必馬？折膠受柱，在體非愧。袁粲據石頭，足下無不可；吾之守東府，來告便謂非。動容見疾，頻笑入戾，乃如是乎！

袁粲、劉秉，受遇深重，家國既安，不思撫鎮，遂與足下表裏潛規，據城之夜，豈顧社稷。幸天未長亂，宗廟有靈，卽與褚衞軍協謀義斷，以時殄滅。想足下聞之，悵然孤沮。小兒忝侍中，代來之澤，遇直上臺，便呼一家兩錄。發不擇言，良以太甚。吾之方寸，古列共言，〔二七〕乃以陶、庾往賢，大見譏責，足下自省，詎得以此見貽邪？比蹤夷、叔，論吾則可，行過桀、蹠，無乃近誣哉！

謂吾不朝，此則良誨，朝之與否，想更問之。足下受先帝之恩施，擁戎西州，鼎湖之日，率土載奔，而宴安中流，酣飲自若，卽懷狼望，陵侮皇朝。晉熙殿下，以皇弟代鎮，而斷割候迎，罔蔑宗子，驅略士馬，〔志〕〔悉〕以西上，〔二八〕郢中所遺，〔示〕〔僅〕餘劣弱。〔二九〕昔徵茅不入，猶動義師；況荊州物產，雍、崏、交、梁之會，自足下爲牧，薦獻何品？良馬勁卒，彼中不無，良皮美罽，商賂所聚，前後貢奉，多少何如？唯聞太官時納飲食耳。桂陽之難，坐觀成敗，自以雍容漢南，西伯可擬。賴原卽天世，〔三〇〕非望亦消。

又招集逋亡，斷遏行侶，治舟試艦，恆以朝廷爲旗的，秣馬按劍，常願天下有風塵，爲人臣者，固若是邪！至乃不遵制書，敕下如空，國恩莫行，命令擁隔，詔除郡縣，輒自板代，罷官去職，禁還京師。凶人出境，無不千里尋躡，而反募臺將，來必厚加給賞。太妃遣使市馬，齎寶往蜀，足下悉皆斷折，以爲私財，此皆遠邇共聞，暴於視聽。

主上叡明當璧，寓縣同慶，絕域奉贄，萬國通書，而盤桓百日，始有單騎，事存送往，於此可徵。不朝如此，誰應受誚？反以見呵，非所反側。今乃勒兵以闚象館，長戟以指魏闕，不亦爲忠臣孝子之所痛心疾首邪？賢子元琰獲免虎口，及淩波西邁，吾所發遣。猶推素懷，不畏嗤嗤。足下尙復滅君臣之紀，況吾布衣之交乎？遂事不諫，既往難咎。今六師西向，爲足下憂之。

（攸之與兼長史江乂別駕傅宣等守江陵城敬兒軍中力授因以爲別）敬兒告變使至，太祖大喜，進號鎮軍將軍，加散騎常侍，改爲都督，給鼓吹一部。〔三一〕攸之於郢城敗走，其子元琰〔與兼長史江乂、別駕傅宣等守江陵城。敬兒〕軍至白水，〔三二〕元琰聞城外鶴唳，謂是叫聲，心懼欲走。其夜，乂、宣開門出奔，城潰，元琰奔寵洲，見殺。百姓既相抄斂，敬兒至江陵，誅攸之親黨，沒入其財物數十萬，悉以入私。攸之於湯渚村自經死，居民送首荊州，敬兒使楯擊之，蓋以青繖，徇諸市郭，乃送京師。進號征西將軍，爵爲公，增邑爲四千戶。

敬兒於襄陽城西起宅，聚財貨。又欲移羊叔子墮淚碑，於其處立臺，綱紀諫曰：「羊太傅遺德，不宜遷動。」敬兒曰：「太傅是誰？我不識也。」敬兒弟恭兒，不肯出官，常居上保村中，與居民不異。敬兒呼納之甚厚，恭兒月一出視敬兒，輒復去。恭兒本名猪兒，隨敬兒改名也。

初，敬兒既斬沈攸之，使報隨郡太守劉道宗，聚衆得千餘人，立營頓。司州刺史姚道和不殺攸之使，密令道宗罷軍。及攸之圍郢，道和遣軍頓堇城爲郢援，事平，依例蒙爵賞。敬兒具以啓聞。建元元年，太祖令有司奏道和罪，誅之。道和字敬邕，羌主姚興孫也。父萬壽，僞鎮東大將軍，降宋武帝，卒於散騎侍郎。道和出身爲孝武安北行佐，有世名，頗讀書史。常誑人云：「祖天子，父天子，身經作皇太子。」元徽中爲游擊將軍，隨太祖新亭破桂陽賊有功，爲撫軍司馬，出爲司州，疑怯無斷，故及於誅。

三年，徵敬兒爲護軍將軍，常侍如故。敬兒武將，不習朝儀，聞當內遷，乃於密室中屛人學揖讓答對，空中俯仰，如此竟日，妾侍竊窺笑焉。太祖卽位，授侍中，中軍將軍。以敬兒秩窮五等，一仍前封。建元二年，遷散騎常侍，車騎將軍，置佐史。太祖崩，敬兒於家竊泣曰：「官家大老天子，可惜！太子年少，向我所不及也。」遺詔加敬兒開府儀同三司，將拜，謂其妓妾曰：「我拜後，應開黃閤。」因口自爲鼓聲。既拜，王敬則戲之，呼爲褚淵。敬兒曰：

「我馬上所得，終不能作華林閣勳也。」敬則甚恨。

敬兒始不識書，晚既爲方伯，乃習學讀孝經、論語。於新林慈姥廟爲妾乞兒呪神，自稱三公。然而意知滿足，初得鼓吹，羞便奏之。

初娶前妻毛氏，生子道文。後娶尙氏，尙氏有美色，敬兒棄前妻而納之。尙氏猶居襄陽宅不自隨，敬兒慮不復外出，乃迎家口悉下至都。啓世祖，不蒙勞問，敬兒心疑。及垣崇祖死，愈恐懼，妻謂敬兒曰：「昔時夢手熱如火，而君得南陽郡。元徽中，夢半身熱，而君得本州。今復夢舉體熱矣。」有閹人聞其言，說之。事達世祖。敬兒又遣使與蠻中交關，世祖疑其有異志。永明元年，敕朝臣華林八關齋，於坐收敬兒。敬兒左右雷仲顯知有變，抱敬兒而泣。敬兒脫冠貂投地曰：「用此物誤我。」少日，伏誅。詔曰：「敬兒蠢茲邊裔，昏迷不脩。屬值宋季多難，頗獲野戰之力。拔迹行伍，超登非分。而愚躁無已，矜伐滋深。往莅本州，久苞異志。在昔含弘，庶能懲革。位班三槐，秩窮五等，懷音靡聞，姦回屢構。去歲迄今，嫌貳滋甚。鎮東將軍敬則、丹陽尹安民每侍接之日，陳其凶狡，必圖反噬。朕猶謂恩義所感，本質可移。頃者已來，釁戾遂著，自以子弟在西，足動殊俗，招扇羣蠻，規擾樊、夏。假託妖巫，用相震惑，妄設徵祥，潛圖問鼎。履霜於開運之辰，堅冰於嗣業之世，此而可忍，孰不可容！天道禍淫，逆謀顯露。建康民湯天獲商行入蠻，備覩姦計，信驛書翰，證驗炳

明。便可收掩，式正刑辟；同黨所及，特皆原宥。」子道文，武陵內史，道暢，征虜功曹，道固弟道休，竝伏誅。少子道慶，見宥。後數年，上與豫章王嶷三日曲水內宴，舴艋船流至御坐前覆沒，上由是言及敬兒，悔殺之。

恭兒官至員外郎。在襄陽，聞敬兒敗，將數十騎走入蠻中，收捕不得。後首出，上原其罪。

史臣曰：平世武臣，立身有術，若非愚以取信，則宜智以自免，心迹無阻，乃見優容。崇祖恨結東朝，敬兒情疑鳥盡，嗣運方初，委骨嚴憲。若情非發憤，事無感激，功名之閒，不足爲也。

贊曰：崇祖爲將，志懷馳逐。規搔淮部，立勳豫牧。敬兒莅雍，深心防楚。豈不劬勞，實興師旅。烹犬藏弓，同歸異緒。

「賴原卽大世」，疑。

校勘記

〔一〕父詢〔之〕　據南監本、毛本、殿本、局本補。

〔二〕會青州援軍主劉(珍)〔彌〕之背逆歸降　據南監本、殿本改。洪頤煊諸史考異云：「案宋書薛安都傳『青州刺史沈文秀遣劉彌之、張靈慶、崔僧琁三軍應安都，彌之等至下邳，改計歸順』。『珍』是『彌』字之譌。」

〔三〕但人情一駭　原作「但一人情駭」，據各本並參考通鑑宋明帝泰始三年及元龜三百六十三乙正。

〔四〕〔第〕名位尙輕　據南監本、局本補。

〔五〕亡命司馬從之謀襲郡　張森楷校勘記云：「此卽司馬順之也，蕭子顯避梁諱改。」

〔六〕崇祖將數百人入虜界七百〔里〕　據南監本、殿本、局本及通鑑宋明帝泰始七年補。

〔七〕大敗〔追者〕而歸　據南監本、殿本、局本補。

〔八〕泰豫(九)〔元〕年　按泰豫止一年，明「九」乃「元」字之譌，今改正。

〔九〕崇祖啓斷水(淸)〔注〕平地　各本並譌，據元龜四百三十六改。

〔一〇〕封望蔡縣侯　「蔡」原譌「秦」，各本不譌，今改正。

〔一一〕追奔數十里　「里」原譌「百」，今據南監本、殿本、局本改正。

〔一二〕敕崇祖脩治(苟)〔芍〕陂田　據局本改。按錢大昕廿二史考異云「苟」當作「芍」，局本據錢說改。

又按御覽三百三十三引及元龜五百三並作「芍陂」。

〔一三〕世祖以崇祖心誠不實　「心誠不實」南監本、局本作「不盡誠心」。

〔一四〕(恐)〔浸〕以彌廣　據南監本、殿本改。

〔一五〕稍官寧蠻府行參軍　「官」原譌「宦」，各本不譌，今改正。

〔一六〕又擊湖陽蠻　「湖陽」南史張敬兒傳、元龜三百九十五作「胡陽」。

〔一七〕爲長(史)兼行參軍　據南史張敬兒傳刪。參閱卷二十三王儉傳校勘記第三十二條。

〔一八〕薛安都子柏令環龍等竊據順陽廣平　張森楷校勘記云：「據子顯齊書避諱例，『順陽』疑原作『從陽』。」

〔一九〕太祖以敬兒人位既輕　「位」原譌「依」，各本不譌，今改正。

〔二〇〕乃以敬兒爲持節督雍梁二州郢司二郡軍事雍州刺史　錢大昕廿二史考異云：「按雍州刺史常兼督郢州之竟陵，司州之隨郡，非盡督司、郢二州也。柳世隆傳稱『持節督雍梁二州郢州之竟陵司州之隨郡諸軍事、征虜將軍、寧蠻校尉、雍州刺史、新除鎮軍將軍張敬兒』，蓋得其實。此傳但云郢、司二郡，殊未核也。敬兒初鎮雍州，官征虜將軍，本傳亦未之及。」

〔二一〕(傾)〔偵〕攸之下　「傾」南監本、殿本作「頓」，皆「偵」字之形譌。今據通鑑改。按通鑑胡注云：「偵，候也。」

〔二二〕初得賢子賾疏　「賾」原作「諱」，據殿本改。

〔二三〕甘崔杼之罪　「甘」字原闕，據各本補。

〔二四〕何惡逆之苦　「苦」南監本、局本作「甚」。

〔二五〕由有湯沐之施　「由」南監本作「猶」。按由猶通。

〔二六〕埶亡禋祀　「埶」原譌「執」，今據南監本、殿本、局本改正。

〔二七〕古列共言　張森楷校勘記云：「『古列』疑當作『古烈』。」

〔二八〕(志)〔悉〕以西上　據南監本、殿本、局本改。

〔二九〕(示)〔僅〕餘劣弱　據南監本、殿本、局本改。

〔三〇〕賴原卽大世　「大世」殿本作「天世」，百衲本作「天世」，卷末曾鞏校語又作「大世」。按「大世」如云「大命」、「大故」之類。「賴原卽大世」，猶言幸賴桂陽王休範已死。

〔三一〕(攸之與兼長史江乂別駕傳宣等守江陵城敬兒軍中力授因以爲別)至給鼓吹一部　南監本無「攸之與兼長史江乂」至「給鼓吹一部」五十七字，今參照南史張敬兒傳刪去「攸之與兼長史江乂」至「因以爲別」二十七字。

〔三二〕〔與兼長史江乂別駕傳宣等守江陵城敬兒〕軍至白水　據南監本補。

南齊書卷二十六

列傳第七

王敬則　陳顯達

王敬則，晉陵南沙人也。母爲女巫，生敬則而胞衣紫色，謂人曰：「此兒有鼓角相。」敬則年長，兩腋下生乳各長數寸。夢騎五色師子。年二十餘，善拍張。補刀戟左右。景和使敬則跳刀，高與白虎幢等，如此五六，接無不中。補俠轂隊主，領細鎧左右。與壽寂之同斃景和。明帝卽位，以爲直閤將軍。坐捉刀入殿啓事，繫尙方十餘日，乃復直閤。除奮武將軍，封重安縣子，邑三百五十戶。敬則少時於草中射獵，有虫如烏豆集其身，擿去乃脫，其處皆流血。敬則惡之，詣道士卜，道士曰：「不須憂，此封侯之瑞也。」敬則聞之喜，故出都自効，至是如言。

泰始初，以敬則爲龍驤將軍、軍主，隨寧朔將軍劉懷珍征壽春，殷琰遣將劉從築四壘於

死虎，〔一〕懷珍遣敬則以千人繞後，直出橫塘，賊衆驚退。除奉朝請，出補(東武)暨陽令。〔二〕

敬則初出都，〔至〕陸主山下，〔三〕宗侶十餘船同發，敬則船獨不進，乃令弟入水推之，見一烏漆棺。敬則曰：「爾非凡器。若是吉善，使船速進。吾富貴，當改葬爾。」船須臾去。敬則既入縣，收此棺葬之。

軍荒之後，縣有一部劫逃紫山中爲民患，〔四〕敬則遣人致意劫帥，可悉出首，當相申論。治下廟神甚酷烈，百姓信之，敬則引神爲誓，必不相負。劫帥既出，敬則於廟中設會，於座收縛，曰：「吾先啓神，若負誓，還神十牛。今不違誓。」卽殺十牛解神，幷斬諸劫，百姓悅之。遷員外郎。

元徽二年，隨太祖拒桂陽賊於新亭，敬則與羽林監陳顯達、寧朔將軍高道慶乘舸艒於江中迎戰，大破賊水軍，焚其舟艦。事寧，帶南泰山太守，右俠轂主，轉越騎校尉，安成王車騎參軍。〔五〕

蒼梧王狂虐，左右不自保，敬則以太祖有威名，歸誠奉事。每下直，輒往領府。〔六〕夜著青衣，扶匐道路，爲太祖聽察蒼梧去來。太祖命敬則於殿內伺機，未有定日。既而楊玉夫等危急殞帝，敬則時在家，玉夫將首投敬則，敬則馳詣太祖。太祖慮蒼梧所誑，不開門。敬則於門外大呼曰：「是敬則耳。」門猶不開。乃於牆上投進其首，太祖索水洗視，視竟，乃戎

服出。

敬則從入宮，至承明門，門郎疑非蒼梧還，敬則慮人覘見，以刀環塞窐孔，呼開門甚急。衞尉丞顏靈寶窺見太祖乘馬在外，竊謂親人曰：「今若不開內領軍，天下會是亂耳。」門開，敬則隨太祖入殿。明旦，四貴集議，敬則拔白刃在床側跳躍曰：「官應處分，誰敢作同異者！」昇明元年，遷員外散騎常侍、輔國將軍、驍騎將軍、領臨淮太守，增封爲千三百戶，知殿內宿衞兵事。

沈攸之事起，進敬則號冠軍將軍。太祖入守朝堂，袁粲起兵夕，領軍劉韞、直閤將軍卜伯興等於宮內相應，戒嚴將發。敬則開關掩襲，皆殺之。殿內竊發盡平，敬則之力也。遷右衞將軍，常侍如故。增封爲二千五百戶，尋又加五百戶。又封敬則子元遷爲東鄉侯，邑三百七十戶。齊臺建，爲中領軍。

太祖將受禪，材官薦易太極殿柱，從帝欲避土，不肯出宮遜位。明日，當臨軒，帝又逃宮內。敬則將轝入迎帝，啓譬令出。帝拍敬則手曰：「必無過慮，當餉輔國十萬錢。」

建元元年，出爲使持節、散騎常侍、都督南兗兗徐青冀五州軍事、平北將軍、南兗州刺史，封尋陽郡公，邑三千戶。加敬則妻懷氏爵爲尋陽國夫人。二年，進號安北將軍。虜寇淮、泗，敬則恐，委鎭還都，百姓皆驚散奔走，上以其功臣，不問，以爲都官尚書、撫軍。

尋遷使持節、散騎常侍、安東將軍、吳興太守。郡舊多剽掠，有十數歲小兒於路取遺物，殺之以徇，自此道不拾遺，郡無劫盜。又錄得一偷，召其親屬於前鞭之，令偷身長掃街路，久之乃令偷舉舊偷自代，諸偷恐爲其所識，皆逃走，境內以清。出行，從市過，見屠肉枅，〔七〕歎曰：「吳興昔無此枅，是我少時在此所作也。」

遷護軍將軍，常侍如故，以家爲府。三年，以改葬去職，詔贈敬則母尋陽公國太夫人。改授侍中、撫軍將軍。太祖遺詔敬則以本官領丹陽尹。尋遷爲使持節、散騎常侍、都督會稽東陽新安臨海永嘉五郡軍事、鎭東將軍、會稽太守。永明二年，給鼓吹一部。

會土邊帶湖海，民丁無士庶皆保塘役，敬則以功力有餘，悉評斂爲錢，〔八〕送臺庫以爲便宜，上許之。竟陵王子良啓曰：

伏尋三吳內地，國之關輔，百度所資。民庶彫流，日有困殆，蠶農罕獲，饑寒尤甚，富者稍增其饒，貧者轉鍾其弊，可爲痛心，難以辭盡。頃錢貴物賤，殆欲兼倍，凡在觸類，莫不如茲。稼穡難劬，〔九〕斛直數〔十〕，〔一〇〕（今）機杼勤苦，〔一一〕匹裁三百。所以然者，實亦有由。年常歲調，既有定期，僮卹所上，咸是見直。〔一二〕東閒錢多剪鑿，〔一三〕鮮復完者，公家所受，必須員大，以兩代一，困於所貿，鞭捶質繫，益致無聊。

臣昔忝會稽，粗閑物俗，塘丁所上，本不入官。良由陂湖宜壅，橋路須通，均夫訂直，民自爲用。若甲分毀壞，則年一脩改；若乙限堅完，則終歲無役。今郡通課此直，悉以還臺，租賦之外，更生一調。致令塘路崩蕪，湖源泄散，害民損政，實此爲劇。

建元初，狡虜游魂，軍用殷廣。浙東五郡，丁稅一千，乃有質賣妻兒，以充此限，道路愁窮，不可聞見。所逋尚多，收上事絕，臣登具啓聞，〔一四〕卽蒙蠲原。而此年租課，三分逋一，明知徒足擾民，實自弊國。愚謂塘丁一條，宜還復舊，在所逋卹，優量原除。凡應受錢，不限大小，仍令在所，折市布帛。若民有雜物，是軍國所須者，聽隨價准直，不必（其）〔一〕應送錢，〔一五〕於公不虧其用，在私實荷其渥。

昔晉氏初遷，江左草創，絹布所直，十倍於今，賦調多少，因時增減。永初中，官布一匹，直錢一千，而民閒所輸，聽爲九百。漸及元嘉，物價轉賤，私貨則東直六千，〔一六〕官受則匹准五百，所以每欲優民，必爲降落。今入官好布，匹堪百餘，其四民所送，猶依舊制。昔爲刻上，今爲刻下，氓庶空儉，豈不由之。

救民拯弊，莫過減賦。時和歲稔，尙爾虛乏，儻値水旱，寧可熟念。且西京熾強，實基三輔，東都全固，寔賴三河，歷代所同，古今一揆。石頭以外，裁足自供府州，方山以東，深關朝廷根本。夫股肱要重，不可不卹。宜蒙寬政，少加優養。略其目前小利，取其長久大益，無患民貲不殷，國財不阜也。宗臣重寄，咸云利國，竊如愚管，未見可

安。

上不納。

三年，進號征東將軍。宋廣州刺史王翼之子妾路氏，剛暴，數殺婢，翼之子法明告敬則，〔一七〕敬則付山陰獄殺之，路氏家訴，爲有司所奏，山陰令劉岱坐棄市刑。敬則入朝，上謂敬則曰：「人命至重，是誰下意殺之？都不啓聞？」敬則曰：「是臣愚意。臣知何物科法，見背後有節，便言應得殺人。」劉岱亦引罪，上乃赦之。敬則免官，以公領郡。

明年，遷侍中、中軍將軍。尋與王儉俱卽本號開府儀同三司，儉既固讓，敬則亦不卽受。七年，出爲使持節、散騎常侍、都督豫州郢州之西陽司州之汝南二郡軍事、征西大將軍、豫州刺史，開府如故。進號驃騎。十一年，遷司空，常侍如故。世祖崩，遺詔改加侍中。高宗輔政，密有廢立意，隆昌元年，出敬則爲使持節、都督會稽東陽臨海永嘉新安五郡軍事、會稽太守，本官如故。海陵王立，進位太尉。

敬則名位雖達，不以富貴自遇，危拱傍遑，略不嘗坐，〔一八〕接士庶皆吳語，而殷勤周悉。初爲散騎使虜，於北館種楊柳，後員外郎虞長耀北使還，敬則問：「我昔種楊柳樹，今若大小？」長耀曰：「虜中以爲甘棠。」敬則笑而不答。

世祖御座賦詩，敬則執紙曰：「臣幾落此奴度內。」世祖問：「此何言？」敬則曰：「臣若知

書，不過作尚書都令史耳，那得今日？」敬則雖不大識書，而性甚警黠，臨州郡，令省事讀辭，下教判決，皆不失理。

明帝即位，進大司馬，增邑千戶。臺使拜授日，雨大洪注，敬則文武皆失色，一客在傍曰：「公由來如此，昔拜丹陽吳興時亦然。」敬則大悅，曰：「我宿命應得雨。」乃列羽儀，備朝服，道引出聽事拜受，意猶不自得，吐舌久之，至事竟。

帝既多殺害，敬則自以高、武舊臣，心懷憂恐。帝雖外厚其禮，而內相疑備，數訪問敬則飲食體幹堪宜，聞其衰老，且以居內地，故得少安。三年中，遣蕭坦之將齋仗五百人，行武進陵。敬則諸子在都，憂怖無計。上知之，遣敬則世子仲雄入東安慰之。仲雄善彈琴，當時新絕。江左有蔡邕焦尾琴，在主衣庫，上敕五日一給仲雄。仲雄於御前鼓琴作懊儂曲歌曰：「常歎負情儂，郎今果行許！」帝愈猜愧。

永泰元年，帝疾，屢經危殆。以張瓌為平東將軍、吳郡太守，置兵佐，密防敬則。內外傳言當有異處分。敬則聞之，竊曰：「東今有誰？秪是欲平我耳！」諸子怖懼，第五子幼隆遣正員將軍徐嶽密以情告徐州行事謝朓為計，若同者，當往報敬則。朓執嶽馳啓之。敬則城局參軍徐庶家在京口，其子密以報庶，庶以告敬則五官王公林。公林，敬則族子，常所委信。公林勸敬則急送啓賜兒死，單舟星夜還都。敬則令司馬張思祖草啓，既而曰：「若爾，

諸郎在都，要應有信，且忍一夕。」其夜，呼僚佐文武樗蒱賭錢，謂衆曰：「卿諸人欲令我作何計？」莫敢先荅。防閤丁興懷曰：「官秪應作耳。」敬則不作聲。明旦，召山陰令王詢、臺(侍)〔傳〕御史鍾離祖願，〔一九〕敬則橫刀跂坐，問詢等「發丁可得幾人？傳庫見有幾錢物？」詢荅「縣丁卒不可上」。祖願稱「傳物多未輸入」。敬則怒，將出斬之。王公林又諫敬則曰：「官是事皆可悔，惟此事不可悔！官詎不更思！」敬則唾其面曰：「小子！我作事，何關汝小子！」乃起兵。

上詔曰：「謝朓啓事騰徐嶽列如右。王敬則稟質凶猾，本謝人綱。直以宋季多艱，頗有膂力之用，驅獎所至，遂升榮顯。皇運肇基，預聞末議，功非匡國，賞實震主。爵冠執珪，身登衣袞，固以風雅作刺，〔二〇〕搢紳側目。而溪谷易盈，鴟梟難改，猜心內駭，醜辭外布。永明之朝，履霜有漸，隆昌之世，堅冰將著，從容附會，朕有力焉。及景歷惟新，推誠盡禮，中使相望，軒冕成陰。迺嫌跡愈興，禍圖茲構，收合亡命，結黨聚羣，外候邊警，內伺國隙。元遷兄弟，中萃淵藪，姦契潛通，將謀竊發。朓即姻家，嶽又邑子，取據匪他，昭然以信。方、郘之美未聞，韓、彭之釁已積。此而可容，孰寄刑典！便可即遣收掩，肅明國憲。大辟所加，其父子而已；凡諸詿誤，一從蕩滌。」收敬則子員外郎世雄、〔二一〕記室參軍季哲、太子洗馬幼隆、太子舍人少安等，於宅殺之。長子黃門郎元遷，為寧朔將軍，領千人於徐州擊虜，敕徐

州刺史徐玄慶殺之。

敬則招集配衣，二三日便發，欲劫前中書令何胤還為尚書令，長史王弄璋、司馬張思祖止之。乃率實甲萬人過浙江，謂思祖曰：「應須作檄。」思祖曰：「公今自還朝，何用作此。」敬則乃止。

朝廷遣輔國將軍前軍司馬左興盛、後軍將軍直閤將軍崔恭祖、輔國將軍劉山陽、龍驤將軍直閤將軍馬軍主胡松三千餘人，築壘於曲阿長岡，右僕射沈文季為持節都督，屯湖頭，備京口路。

敬則〔以〕舊將舉事，〔二二〕百姓檐篙荷鍤隨逐之，十餘萬衆。至晉陵，南沙人范脩化殺縣令公上延孫以應之。敬則至武進陵口，慟哭乘肩轝而前。遇興盛、山陽二砦，盡力攻之。興盛使軍人遙告敬則曰：「公兒死已盡，公持許底作？」官軍不敵欲退，而圍不開，各死戰。胡松領馬軍突其後，白丁無器仗，皆驚散，敬則軍大敗。敬則索馬，再上不得上，興盛軍(客)〔容〕袁文曠斬之，〔二三〕傳首。是時上疾已篤，敬則倉卒東起，朝廷震懼。東昏侯在東宮，議欲叛，使人上屋望，見征虜亭失火，謂敬則至，急裝欲走。有告敬則者，敬則曰：「檀公三十六策，走是上計。汝父子唯應急走耳。」敬則之來，聲勢甚盛，裁少日而敗，時年七十餘。〔二四〕

封左興盛新吳縣男，崔恭祖遂興縣男，劉山陽湘陰縣男，胡松沙陽縣男，各四百戶，賞

平敬則也。又贈公上延孫為射聲校尉。

陳顯達，南彭城人也。宋孝武世，為張永前軍幢主。景和中，以勞歷驅使。泰始初，〔二五〕以軍主隸徐州刺史劉懷珍北征，累至東海王板行參軍，員外郎。泰始四年，封彭澤縣子，邑三百戶。歷馬頭、義陽二郡太守，羽林監，濮陽太守。

隸太祖討桂陽賊於新亭壘，劉勔大桁敗，賊進杜姥宅，及休範死，太祖欲還衞宮城，或諫太祖曰：「桂陽雖死，賊黨猶熾，人情難固，不可輕動。」太祖乃止。遣顯達率司空參軍高敬祖自查浦渡淮緣石頭北道入承明門，屯東堂。宮中恐動，得顯達(乃)至，〔乃〕稍定。〔二六〕顯達出杜姥宅，大戰破賊。矢中左眼，拔箭而鏃不出，地黃村潘嫗善禁，先以釘釘柱，嫗禹步作氣，釘即時出，乃禁顯達目中鏃出之。封豐城縣侯，邑千戶。轉游擊將軍。

尋為使持節、督廣交越三州湘州之廣興軍事、輔國將軍、平越中郎將、廣州刺史，進號冠軍。沈攸之事起，顯達遣軍援臺，長史到遁、司馬諸葛導謂顯達曰：「沈攸之擁衆百萬，勝負之勢未可知，不如保境蓄衆，分遣信驛，密通彼此。」顯達於座手斬之，遣表疏歸心太祖。進使持節、左將軍。軍至巴丘，而沈攸之平。除散騎常侍、左衞將軍，轉前將軍、太祖太尉

左司馬。齊臺建，爲散騎常侍，左衞將軍，領衞尉。太祖卽位，遷中護軍，增邑千六百戶，轉護軍將軍。顯達啓讓，上答曰：「朝廷爵人以序。卿忠發萬里，信誓如期，雖屠城殄國之勳，無以相加。此而不賞，典章何在。若必未宜爾，吾終不妄授。於卿數士，意同家人，豈止於君臣邪？過明，與王、李俱祗召也。」上卽位後，御膳不宰牲，顯達上熊烝一盤，上卽以充飯。

建元二年，虜寇壽陽，淮南江北百姓搔動。上以顯達爲使持節、散騎常侍、都督南兗兗徐青冀五州諸軍事、平北將軍、南兗州刺史。之鎮，虜退。上敕顯達曰：「虜經破散後，當無復犯關理。但國家邊防，自應過存備豫。宋元嘉二十七年後，江夏王作南兗，徙鎮盱眙，沈司空亦以孝建初鎮彼，政當以淮上要於廣陵耳。卿謂前代此處分云何？今僉議皆云卿應據彼地，吾未能決。乃當以擾動文武爲勞。若是公計，不得憚之。」事竟不行。世祖卽位，進號鎮西。

遷都督益寧二州軍事、安西將軍、益州刺史，領宋寧太守，持節、常侍如故。益部山險，多不賓服。大度村獠，前後刺史不能制，顯達遣使責其租賧，獠帥曰：「兩眼刺史尚不敢調我！」遂殺其使。顯達分部將吏，聲將出獵，夜往襲之，男女無少長皆斬之。自此山夷震服。廣漢賊司馬龍駒據郡反，顯達又討平之。

永明二年，徵爲侍中、護軍將軍。顯達累任在外，經太祖之憂，及見世祖，流涕悲咽，上亦泣，心甚嘉之。

五年，荒人桓天生自稱桓玄宗族，與雍、司二州界蠻虜相扇動，據南陽故城。上遣顯達假節，率征虜將軍戴僧靜等水軍向宛、葉，雍、司衆軍受顯達節度。〔二七〕天生率虜衆萬餘人攻舞陰，舞陰戍主輔國將軍殷公愍擊殺其副張麒麟，天生被瘡退走。仍以顯達爲使持節、散騎常侍、都督雍梁南北秦郢州之竟陵司州之隨郡軍事、鎮北將軍，領寧蠻校尉、雍州刺史。顯達進據舞陽城，遣僧靜等先進，與天生及虜再戰，大破之，官軍還。數月，天生復出攻舞陰，殷公愍破之，天生還竄荒中，遂城、平氏、白土三城賊稍稍降散。〔二八〕

八年，進號征北將軍。其年，仍遷侍中、鎮軍將軍，尋加中領軍。出爲使持節、散騎常侍、都督江州諸軍事、征南大將軍、江州刺史，給鼓吹一部。顯達謙厚有智計，自以人微位重，每遷官，常有愧懼之色。有子十餘人，誡之曰：「我本志不及此，汝等勿以富貴陵人！」〔二九〕家既豪富，諸子與王敬則諸兒，竝精車牛，麗服飾。當世快牛稱陳世子青，王三郎烏，呂文顯折角，江瞿曇白鼻。顯達謂其子曰：「麈尾扇是王謝家（許）〔物〕，〔三〇〕汝不須捉此自逐。」

十一年秋，虜動，詔屯樊城。世祖遺詔，卽本號開府儀同三司。隆昌元年，遷侍中、車騎將軍，開府如故，置兵佐。豫廢鬱林之勳，延興元年，爲司空，進爵公，增邑千戶，甲仗五十人入殿。高宗卽位，進太尉，侍中如故，改封鄱陽郡公，邑三千戶，加兵二百人，給油絡車。建武二年，虜攻徐、司，詔顯達出頓，往來新亭白下，以爲聲勢。

上欲悉除高、武諸孫，微言問顯達，答曰：「此等豈足介慮。」上乃止。顯達建武世心懷不安，深自貶匿，車乘朽故，導從鹵簿，皆用羸小，不過十數人。侍宴，酒後啓上曰：「臣年已老，富貴已足，唯少枕枕死，特就陛下乞之。」上失色曰：「公醉矣。」以年禮告退，〔三一〕不許。

是時虜頻寇雍州，衆軍不捷，失沔北五郡。永泰元年，乃遣顯達北討。詔曰：「晉氏中微，宋德將謝，蕃臣外叛，要荒內侮，天未悔禍，左衽亂華，巢穴神州，逆移年載。朕嗣膺景業，踵武前王，靜言隆替，思乂區夏。但多難甫夷，恩化肇洽，興師擾衆，非政所先，用戢遠圖，權緩北略，冀戎夷知義，懷我好音。而凶醜剽狡，專事侵掠，驅扇異類，蟻聚西偏，乘彼自來之資，撫其天亡之會，軍無再駕，民不重勞，傳檄以定三秦，一麾而臣禹迹，在此舉矣。且中原士庶，久望皇威，乞師請援，結軌馳道。信不可失，時豈終朝。宜分命方嶽，因茲大號。侍中太尉顯達，可暫輟槐陰，指授羣帥。」中外纂嚴。加顯達使持節，向襄陽。

永元元年，顯達督平北將軍崔慧景衆軍四萬，圍南鄉堺馬圈城，去襄陽三百里，攻之四十日，虜食盡，噉死人肉及樹皮，外圍既急，虜突走，斬獲千計。官軍競取城中絹，不復窮追。顯達入據其城，遣軍主莊丘（果）〔黑〕進取南鄉縣，〔三二〕故從陽郡治也。〔三三〕虜主元宏自領十餘萬騎奄至，顯達引軍渡水西據鷹子山築城，人情沮敗。虜兵甚急，軍主崔恭祖、胡松以烏布幔盛顯達，數人檐之，逕道從分磧山出均水口，臺軍緣道奔退，死者三万餘人。左軍將

張千戰死，〔三四〕追贈游擊將軍。顯達素有威名，著於蠻虜，至是大損喪焉。御史中丞范岫奏免顯達官，朝議優詔答曰：「昔衞、霍出塞，往往無功，馮、鄧入關，有時虧喪。況公規謨肅舉，期寄兼深、見可知難，無損威略。方振遠圖，廓清朔土。雖執憲有常，非所得議。」顯達表解職，不許，求降號，又不許。

以顯達爲都督江州軍事、江州刺史，鎮盆城，持節本官如故。初，王敬則事起，始安王遙光啓明帝慮顯達爲變，欲追軍還，事尋平，乃寢。顯達亦懷危怖。及東昏立，彌不樂還京師，得此授，甚喜。尋加領征南大將軍，給三望車。

顯達聞京師大相殺戮，又知徐孝嗣等皆死，傳聞當遣兵襲江州，顯達懼禍，十一月十五日，舉兵。令長史庾弘遠、司馬徐虎龍與朝貴書曰：

諸君足下：我太祖高皇帝叡哲自天，超人作聖，屬彼宋季，綱紀自頓，應禪從民，遘此基業。世祖武皇帝昭略通遠，克纂洪嗣，四關罷嶮，三河靜塵。鬱林海陵，頓孤負荷。明帝英聖，紹建中興。至乎後主，行悖三才，琴横由席，繡積麻筵，淫犯先宮，穢興閨闈，皇陛爲市廛之所，雕房起征戰之門。任非華尙，寵必寒厮。

江僕射兄弟，忠言屬薦，正諫繁興，覆族之誅，於斯而至。故乃犴噬之刑，四剽於海路，家門之釁，一起於中都。蕭、劉二領軍，竝升御座，共稟遺詔，宗戚之苦，諒不足

談,渭陽之悲,何辜至此。徐司空歷葉忠榮,清簡流世,匡翼之功未著,傾宗之罰已彰。沈僕射年在懸車,將念机杖,歡歌園藪,絕影朝門,忽招陵上之罰,何万古之傷哉。遂使紫臺之路,絕縉紳之儔,纓組之閣,罷金、張之胤。悲哉!蟬冕爲賤寵之服。嗚呼!皇陛列劫豎之坐。

且天人同怨,乾象變錯,往歲三州流血,今者五地自動。昔漢池異色,胥王因之見廢;吳郡暫震,步生以爲姦倖。況事隆於往怪,釁倍於前虐,此而未廢,孰不可興?王僕射、王領軍、崔護軍,中維簡正,逆念剖心。蕭衞尉、蔡詹事、沈左衞,各負良家,共傷時嶮。先朝遺舊,志在名節,同列丹書,要同義舉。建安殿下秀德沖遠,寔允神器。昏明之舉,往聖流言。今忝役戎驅,亟請乞路。須京塵一靜,西迎大駕,歌舞太平,不亦佳哉!裴豫州宿遣誠言,久懷慷慨,計其勁兵,已登淮路;申司州志節堅明,分見迎合,總勒偏率,殿我而進;蕭雍州、房僧寄竝已纂邁,旌鼓將及;南兗州司馬崔恭祖壯烈超羣,嘉驛屢至,佇聽烽諜,[三五]共成脣齒;荆郢行事蕭、張二賢,莫不案劍滄風,橫戈待節;關畿蕃守之儔,孰非義侶。

我太尉公體道合聖,杖德脩文,神武橫於七伐,雄略震於九綱。是乃從彼英序,還抗社稷。本欲鳴笳細錫,無勞戈刃。但忠黨有心,節義難遺。信次之閒,森然十萬。

飛旆咽於九派,列艦迷於三川,此蓋捧海澆螢,烈火消凍耳。吾子其擇善而從之,無令竹帛空爲後人笑也。

朝廷遣後軍將軍胡松、驍騎將軍李叔獻水軍據梁山;左衞將軍左興盛假節,加征虜將軍,督前鋒軍事,屯新亭;輔國將軍驍騎將軍徐世摽領兵屯杜姥宅。顯達率衆數千人發尋陽,與胡松戰於採石,大破之,京邑震恐。十二月十三日,顯達至新林築城壘,左興盛率衆軍爲拒戰之計。其夜,顯達多置屯火於岸側,潛軍渡取石頭北上襲宮城,遇風失曉,十四日平旦,數千人登落星崗,新亭軍望火,謂顯達猶在,既而奔歸赴救,屯城南。宮掖大駭,閉門守備。顯達馬矟從步軍數百人,於西州前與臺軍戰,再合,大勝,手殺數人,矟折,官軍繼至,顯達不能抗,退走至西州(從)〔後〕烏榜村,[三六]爲騎官趙潭注矟刺落馬,斬之於籬側,血湧湔籬,似淳于伯之被刑也。時年七十二。顯達在江州,遇疾不治,尋而自差,意甚不悅。是冬連大雪,梟首於朱雀,而雪不集之。諸子皆伏誅。

史臣曰:光武功臣所以能終其身名者,非唯不任職事,亦以繼奉明、章,心尊正嫡,君安乎上,臣習乎下。王、陳拔迹奮飛,則建元、永明之運;身極鼎將,則建武、永元之朝。勳非往時,位踰昔等,禮授雖重,情分不交。加以主猜政亂,危亡慮及,舉手扞頭,人思自免。干戈既用,誠淪犯上之跡,敵國起於同舟,況又疏於此者也?

贊曰:糺糺敬則,臨難不惑。功成殿寢,誅我蝥賊。顯達孤根,應義南畨。威揚寵盛,鼎食高門。王虧河、兗,陳挫襄、樊。

鳴笳細錫 疑

校勘記

〔一〕殷琰遣將劉從築四壘於死虎 洪頤煊諸史考異云:「宋書殷琰傳『以殿中將軍劉順爲司馬』,又『是月,劉順、柳倫、皇甫道烈、龐天生等馬步八千人,東據宛唐,去壽陽三十里』。劉從卽劉順,蓋避梁諱而改。」

〔二〕出補(東武)暨陽令 據南監本刪。

〔三〕敬則初出都〔至〕陸主山下 據南監本、殿本、毛本、局本補。

〔四〕縣有一部劫逃紫山中爲民患 「紫」南監本作「入」。

〔五〕安成王車騎參軍 「安成」原作「安城」,據南史改。按宋順帝初封安成王,元徽二年進號車騎將軍,敬則時爲其參軍。

〔六〕每下直輒往領府 「領府」各本並作「領軍府」。按領軍府可省稱領府,王儉傳「儉察太祖雄異,先於領府衣裾」,垣榮祖傳「領府去臺百步」,皆其例也。

〔七〕見屠肉枅 桂馥札樸云:「廣韻枅,承衡木也。按南齊書王敬則傳云云,馥以爲屠家稱肉,用枅以承衡。」

〔八〕悉評斂爲錢 「評」通典作「課」。

〔九〕稼穡難劬 「難」通典作「艱」。

〔一〇〕斛直數〔十〕 據通典補。按南監本、毛本、殿本、局本作「斛直數倍」,「倍」字蓋涉上「殆欲兼倍」而譌。

〔一一〕(今)機杼勤苦 據通典刪。

〔一二〕僮卹所上咸是見直 「僮卹」通典作「僮貨」。

〔一三〕東閒錢多剪鑿 「東閒」南監本、殿本、局本作「民閒」。按通典亦作「東閒」,五朝人稱會稽諸郡爲東,此東閒指東五郡也。

〔一四〕臣登具啓聞 「登」殿本譌「等」。按登具啓聞,謂登時具啓以聞也。殿本作「等」,殆後人不曉登字之義,以意改之耳。

〔一五〕不必(其)〔一〕應送錢 據南監本、毛本、殿本、局本改。通典作「盡」,元龜二百八十八作「更」。

〔一六〕私貨則東直六千　通典作「私貨則匹直六百」。

〔一七〕翼之子法明告敬則　「法明」南史、元龜二百九作「法朗」。

〔一八〕危拱傍遑略不嘗坐　「嘗坐」南監本、毛本、殿本、局本作「衿裾」。

〔一九〕臺〔侍〕〔傳〕御史鍾離祖願　「臺侍御史」通鑑齊明帝永泰元年作「臺傳御史」，胡注云「臺傳御史，臺所遣督諸郡錢穀者」。今據改。

〔二〇〕固以風雅作刺　「固」原作「故」，各本並作「固」，今改正。

〔二一〕收敬則子員外郎世雄　通鑑胡注云：「此卽敬則世子仲雄也。『仲』『世』二字必有一誤。」

〔二二〕敬則〔以〕舊將舉事　各本並有「以」字，此脫，今據補。

〔二三〕興盛軍〔客〕〔容〕袁文曠斬之　據南監本、毛本、殿本、局本及南史改。按通鑑亦作「軍容」，胡注云：「齊書王敬則傳作『軍容』。南史有軍容、馬容，如桓康爲齊高帝軍容，蕭摩訶馬容陳智深斬陳叔陵，蓋皆簡拔魁健有武藝之士，使之前驅，以壯軍馬之容，故以爲名。」

〔二四〕時年七十餘　按南史作「時年六十四」。

〔二五〕泰始初　「泰始」原譌「太始」，今據殿本改正。

〔二六〕得顯達〔乃〕至〔乃〕稍定　據南監本、毛本、殿本、局本及元龜三百四十四改。

〔二七〕雍司衆軍受顯達節度　「受」原譌「授」，各本不譌，今改正。

〔二八〕遂城平氏白土三城賊稍稍降散　「遂城」原譌「萃城」，據南監本、殿本、局本改正。「平氏」原譌「平民」，據局本改正。「白土」原譌「日土」，據局本改正。

〔二九〕我本志不及此汝等勿以富貴陵人　「此汝」二字原譌倒，各本不譌，今乙正。

〔三〇〕麈尾扇是王謝家〔許〕〔物〕　據殿本及元龜八百十七改。

〔三一〕以年禮告退　「禮」殿本作「老」。按通鑑胡注云：「禮，大夫七十而致事，時顯達年已七十矣。」是作「禮」不譌，作「老」者，後人妄改也。

〔三二〕遣軍主莊丘〔累〕〔黑〕進取南鄉縣　據南監本、殿本、局本及南史、通鑑齊東昏侯永元元年改。按莊丘複姓，黑其名也。

〔三三〕故從陽郡治也　「從陽」殿本作「順陽」。按此蕭子顯避梁諱改。

〔三四〕左軍將張千戰死　「張千」各本並作「張干」。按通鑑齊東昏侯永元元年：「左將軍張千戰死。」考異云：「魏書作『張千達』，今從齊書。」

〔三五〕竹聽烽諜　「竹」原譌「所」，今據南監本、局本改正。

〔三六〕退走至西州〔從〕〔後〕烏榜村　據南監本、殿本、局本及南史、通鑑改。按通鑑作「走至西州後」，無「烏榜村」三字。胡注云：「據蕭子顯齊書，顯達走至西州後烏榜村。」

南齊書卷二十七

列傳第八

劉懷珍　李安民　王玄載 弟玄邈

劉懷珍字道玉，平原人，漢膠東康王後也。〔一〕祖昶，宋武帝平齊，以爲青州治中，至員外常侍。伯父奉伯，宋世爲陳南頓二郡太守。懷珍幼隨奉伯至壽陽，豫州刺史趙伯符獵，百姓聚觀，懷珍獨避不視，奉伯異之，曰：「此兒方興吾宗。」

本州辟主簿。元嘉二十八年，亡命司馬順則聚黨東陽，州遣懷珍將數千人掩討平之。〔二〕宋文帝召問破賊事狀，懷珍讓功不肯當，親人怪問焉，懷珍曰：「昔國子尼恥陳河間之級，吾豈能論邦域之捷哉！」時人稱之。

江夏王義恭出鎭盱眙，道遇懷珍，以應對見重，取爲驃騎長兼墨曹行參軍。〔三〕尋除振武將軍、長廣太守。孝建初，爲義恭大司馬參軍、直閤將軍。懷珍北州舊姓，門附殷積，啓

上門生千人充宿衞，孝武大驚，召取靑、冀豪家私附得數千人，士人怨之。〔四〕隨府轉太宰參軍。

大明二年，虜圍泗口城，靑州刺史顏師伯請援。孝武遣懷珍將步騎數千赴之，於麋溝湖與虜戰，破七城。拜建武將軍、樂陵河閒二郡太守，賜爵廣晉縣侯。明年，懷珍啓求還，孝武荅曰：「邊維須才，未宜陳請。」竟陵王誕反，郡豪民王弼勸懷珍應之，懷珍斬弼以聞，孝武大喜，除豫章王子尙車騎參軍，加龍驤將軍。

泰始初，除寧朔將軍、東安東莞二郡太守，率龍驤將軍王敬則、姜產步騎五千討壽陽。〔五〕廬江太守王仲子南奔，〔六〕賊遣僞廬江太守劉道蔚五千人頓建武澗，築三城。懷珍遣軍主段僧愛等馬步三百餘人掩擊斬之。引軍至晉熙，僞太守閻湛拒守，〔七〕劉子勛遣將王仲虬步卒萬人救之，懷珍遣馬步三千人襲擊仲虬，大破之於莫邪山，遂進壽陽。又遣王敬則破殷琰將劉從等四壘於橫塘死虎，懷珍等乘勝逐北，頓壽春長邏門。宋明帝嘉其功，除羽林監、屯騎校尉，將軍如故。懷珍請先平賊，辭讓不受。建安王休仁濃湖與賊相持，久未決。明帝召懷珍還，拜前將軍，加輔國將軍，領軍向靑山助擊劉胡，事平，除游擊將軍，輔國將軍如故。

靑州刺史沈文秀拒命，明帝遣其弟文炳宣喩，使懷珍領馬步三千人隨文炳俱行。未

至，薛安都引虜，徐、兗已沒，張永、沈攸之於彭城大敗。勑懷珍步從盱眙自淮陰濟淮救永等，而官軍爲虜所逐，相繼奔歸，懷珍乃還。三年春，敕懷珍權鎮山陽。

先是明帝遣青州刺史明僧暠北征，僧暠遣將於王城築壘，以逼沈文秀，塹壁未立，爲文秀所破，仍進攻僧暠。帝使懷珍率龍驤將軍王廣之五百騎，步卒二千人，沿海救援，至東海，而僧暠已退保東萊，懷珍進據朐城，衆心恟懼，或欲且保郁州。懷珍謂衆曰：「卿等傳文秀厚賂胡師，規爲外援，察其徒黨，何能必就左袵。齊士庶見於(民)〔名〕義積葉，〔八〕聲介一馳，東萊可飛書而下，何容阻軍綏邁止於此邪？」遂進至黔陬。僞高密、平昌二郡太守潰走，懷珍遣朝廷意，送致文炳，文秀終不從命，焚燒郭邑。百姓聞懷珍至，皆喜。僞長廣太守劉桃根領數(十)〔千〕人戍不其城，〔九〕懷珍引軍次洋水，衆皆曰：「文秀今遊騎〔滿〕境內，〔一〇〕宜堅壁伺隙。」懷珍曰：「今衆少糧單，我懸彼固，政宜簡精銳，掩其不備耳。」遣王廣之將百騎襲陷其城，桃根走。僞東萊太守鞠延僧數百人據城，劫留高麗獻使。懷珍又遣寧朔將軍明慶符與廣之擊降延僧，遣高麗使詣京師。文秀聞諸城皆敗，乃遣使張靈碩請降，懷珍乃還。

其秋，虜遂侵齊，圍歷城、梁鄒二城，游騎至東陽，擾動百姓。冀州刺史崔道固、兗州刺史劉休賓告急。休賓，懷珍從弟也。朝廷以懷珍爲使持節、都督徐兗二州軍事、輔國將軍、平胡中郎將、徐州刺史，封艾縣侯，邑四百戶，督水步四十餘軍赴救。二城既沒，乃止。

改授寧朔將軍、竟陵太守，轉巴陵王征西司馬，領南義陽太守。建平王景素爲荆州，仍徙右軍司馬，遷南郡太守，加寧朔將軍。明帝手詔懷珍曰：「卿性忠讜，平所(莽)〔仗〕賴。〔一一〕在彼與年少共事，不可深存受益。景素(而)〔兒〕乃佳，〔一二〕但不能接物，頗亦墮事，卿每諫之。」懷珍奉旨。帝寢疾，又詔懷珍曰：「卿不應乃作景素佐，才舊所寄，今徵卿參二衞直。」會帝崩，乃爲安成王撫軍司馬，領南高平太守。

朝廷疑桂陽王休範，中書舍人〔王〕道隆宣旨，〔一三〕以懷珍爲冠軍將軍、豫章太守。懷珍曰：「休範雖有禍萌，安敢便發，若終爲寇，必請奉律吞之。〔一四〕今者賜使，恐成猜迫。」固請不就，乃除黃門郎，領虎賁中郎將、青州大中正。桂陽反，加懷珍前將軍，守石頭。爲使持節、督豫司二州郢州之西陽軍事、冠軍將軍、豫州刺史。建平王景素反，懷珍遣子靈哲領兵赴京師。昇明元年，進號征虜將軍。

沈攸之在荆楚，朝議疑惑，懷珍遣冗從僕射張護使郢，致誠於世祖，并陳計策。及攸之起兵，衆謂當沿流直下，懷珍謂僚佐曰：「攸之矜躁夙著，虐加楚服，必當阻兵中流，聲劫幼主，不敢長驅決勝明矣。」遣子靈哲領馬步數千人衞京師。攸之遣使許天保說結懷珍，懷珍斬之，送首於太祖。太祖送示攸之。進號左將軍，徙封中宿縣侯，增邑六百戶。攸之圍郢城，懷珍遣建寧太守張謨、游擊將軍裴仲穆〔統〕蠻漢軍萬人出西陽，〔一五〕破賊前鋒公孫方平軍數千人，收其器甲。進平南將軍，增督南豫、北徐二州，增邑爲千戶。

初，孝武世，太祖爲舍人，懷珍爲直閤，相遇早舊。懷珍假還青州，上有白驄馬，齧人，不可騎，送與懷珍別。懷珍報上百匹絹。或謂懷珍曰：「蕭君此馬不中騎，是以與君耳。君報百匹，不亦多乎？」懷珍曰：「蕭君局量堂堂，寧應負人此絹。吾方欲以身名託之，豈計錢物多少。」

太祖輔政，以懷珍內資未多，二年冬，徵爲都官尚書，領前軍將軍，以第四子寧朔將軍晃代爲豫州刺史。或疑懷珍不受代，太祖曰：「我布衣時，懷珍便推懷投款，況在今日，寧當有異？」晃發經日，而疑論不止。上乃遣軍主房靈民領百騎追送晃，謂靈民曰：「論者謂懷珍必有異同，我期之有素，必不應爾。卿是其鄉里，故遣卿行，非唯衞新，亦以迎故也。」懷珍還，仍授相國右司馬。建元元年，轉左衞將軍，加給事中，改霄城侯，〔增〕邑二百戶。〔一六〕明年，加散騎常侍。

虜寇淮、肥，以本官加平西將軍，假節，西屯巢湖，爲壽春勢援，虜退乃還。懷珍年老，以禁旅辛勤，求爲閑職，轉光祿大夫，常侍如故。其冬，虜寇朐山，授使持節、安北將軍，本官如故，領兵救援。未至，事寧，解安北、持節。

四年，疾篤，上表解職，上優詔答許，別量所授。其夏，卒。年六十三。遺言薄葬。世

祖追贈散騎常侍、鎮北將軍、雍州刺史，謚曰敬侯。

子靈哲，字文明。解褐王國常侍、行參軍，尚書直郎，齊臺步兵校尉，建元初，歷寧朔將軍，臨川王前軍諮議，廬陵內史，齊郡太守，前軍將軍。

靈哲所生母嘗病，靈哲躬自祈禱，夢見黃衣老公曰：「可取南山竹笋食之，疾立可愈。」靈哲驚覺，如言而疾瘳。

嫡母崔氏及兄子景煥，泰始中沒虜，靈哲爲布衣，不聽樂。及懷珍卒，當襲爵，靈哲固辭以兄子在虜中，存亡未測，無容越當茅土，朝廷義之。靈哲傾產私贖嫡母及景煥，累年不能得。世祖哀之，令北使告虜主，虜主送以還南，襲懷珍封爵。

靈哲永明初歷護軍長史，東中郎諮議，領中直兵，出爲寧朔將軍、巴西梓潼二郡太守，西陽王左軍司馬。隆昌元年，卒，年四十九。

李安民，蘭陵承人也。祖嶷，〔一七〕衞軍參軍。父欽之，殿中將軍，補薛令。安民隨父之縣，元嘉二十七年沒虜，率部曲自拔南歸。

太(祖)初逆，〔一八〕使安民領支軍。降義師，板建威將軍，補魯爽左軍。及爽反，安民遁還

京師，除領軍行參軍，遷左衞殿中將軍。大明中，虜侵徐、兖，以安民爲建威府司馬、無鹽令。除殿中將軍，領軍討漢川互蠻賊。

晉安王子勛反，明帝除安民武衞將軍、領水軍，補建安王司徒城局參軍，擊赭圻、湖白、荻浦、獺窟，皆捷，除積射將軍、軍主。張興世據錢溪，糧盡，爲賊所逼。安民率舟乘數百，越賊五城，送米與興世。僞軍主沈仲、王張引軍自鱭口欲斷江，安民進軍合戰破之。又擊鵲尾、江城，皆有功。事平，明帝大會新亭，勞接諸軍主，樗蒲官賭，安民五擲皆盧，帝大驚，目安民曰：「卿面方如田，封侯狀也。」安民少時貧窶，有一人從門過，相之曰：「君後當大富貴，與天子交手共戲。」至是安民尋此人，不知所在。

從張永、沈攸之討薛安都於彭城，軍敗，安民在後拒戰，還保下邳。除寧朔將軍，戍淮陽城。論鱭口功，封邵武縣子，食邑四百戶。復隨吳喜、沈攸之擊虜，達睢口，戰敗，還保宿豫。淮北既沒，明帝敕留安民戍(甬)〔角〕城。〔一九〕除寧朔將軍、冗從僕射。戍泗口，領舟軍緣淮游防，至壽春。虜遣僞長社公連營十餘里寇汝陰，豫州刺史劉勔擊退之，虜荆亭戍主昇乞奴棄城歸降，〔二〇〕安民率水軍攻前，破荆亭，絕其津逕。遷寧朔將軍、冠軍司馬、廣陵太守、行南兖州事。太祖在淮〔陰〕，〔二一〕安民遙相結事，明帝以爲疑，徙安民爲劉韞冠軍司馬、寧遠將軍、京兆太守，又除寧朔將軍、司州刺史，領義陽太守，竝不拜，重除本職，又不拜，改

授寧朔將軍、山陽太守。泰始末，淮北民起義欲南歸，以安民督前鋒軍事，又請援接，不克，還。除越騎校尉，復爲寧朔將軍、山陽太守。

三巴擾亂，太守張澹棄涪城走，以安民假節、都督討蜀軍事、輔師將軍。五獠亂漢中，敕安民回軍至魏興，事寧，還至夏口。

元徽初，除督司州軍事、司州刺史，領義陽太守，假節、將軍如故。別敕安民曰：「九江須防，邊備宜重，今有此授，以增鄖郢之勢，無所致辭也。」及桂陽王休範起事，安民出頓，遣軍援京師。徵〔授〕左將軍，〔二二〕加給事中。建平王景素作難，冠軍黃回、游擊將軍高道慶、輔國將軍曹欣之等皆密遣致誠，而游擊將軍高道慶領衆出討，太祖慮其有變，使安民及南豫州刺史段佛榮行以防之。安民至京〔口〕，〔二三〕破景素軍於葛橋。景素誅，留安民行南徐州事。城局參軍王迴素爲安民所親，〔二四〕盜絹二匹，安民流涕謂之曰：「我與卿契闊備嘗，今日犯王法，此乃卿負我也。」於軍門斬之，厚爲斂祭，軍府皆震服。

授冠軍將軍，驍衞將軍，〔二五〕不拜。轉征虜將軍、東中郎司馬、行會稽郡事。安民將東，太祖與別宴語，淹留日夜。安民密陳宋運將盡，曆數有歸。蒼梧縱虐，太祖憂迫無計，安民白太祖欲於東奉江夏王躋起兵，太祖不許，乃止。蒼梧廢，太祖徵安民爲使持節督北討軍事、冠軍將軍、南兖州刺史。沈攸之反，太祖召安民以本官鎭白下，治城隍。加征虜將軍。

進軍西討，又進前將軍。行至盆城，沈攸之平，仍授督郢州司州之義陽諸軍事、郢州刺史，持節、將軍如故。昇明三年，遷左衞將軍，領衞尉。太祖卽位，爲中領軍，封康樂侯，邑千戶。

宋泰始以來，內外頻有賊寇，將帥已下，各募部曲，屯聚京師，安民上表陳之，以爲「自非淮北常備，其外餘軍，悉皆輸遣，若親近宜立隨身者，聽限人數。」上納之，故詔斷衆募。時王敬則以勳誠見親，至於家國密事，上唯與安民論議，謂安民曰：「署事有卿名，我便不復細覽也。」尋爲領軍將軍。

虜寇壽春，至馬頭。詔安民出征，加鼓吹一部。虜退，安民沿淮進壽春。先是宋世亡命王元初聚黨六合山僭號，自云垂手過膝。州郡討不能擒，積十餘年。安民遣軍偵候，生禽元初，斬建康市。加散騎常侍。

其年，虜又南侵，詔安民持節履行緣淮清泗諸戍屯軍。虜攻朐山、連口、(甬)〔角〕城，〔二六〕安民頓泗口，分軍應赴。三年，引水步軍入清，於淮陽與虜戰，〔二七〕破之。虜退。安民知有伏兵，乃遣族弟馬軍主長文二百騎爲前驅，自與軍副周盤龍、崔文仲係其後，分軍隱林。〔二八〕及長文至宿豫，虜見衆少，數千騎遮之。長文且退且戰，引賊向大軍，安民率盤龍等趨兵至，合戰於孫溪渚戰父彎側，虜軍大敗，赴清水死不可勝數。虜遣其菟頭公送攻車材至布

丘，左軍將軍孫文顯擊破之，燒其車材。

淮北四州聞太祖受命，咸欲南歸。至是徐州人桓摽之、兖州人徐猛子等，合義衆數萬，柴險求援。〔二九〕太祖詔曰：「青徐四州，〔三〇〕義舉雲集。安民可長轡遐馭，指授羣帥。」安民赴救留遲，虜急兵攻摽之等皆沒，上甚責之。

太祖崩，遺詔加侍中。世祖卽位，遷撫軍將軍、丹陽尹。永明二年，遷尚書左僕射，將軍如故。安民時屢啓密謀見賞，又善結尙書令王儉，故世傳儉啓有此授。尋上表以年疾求退，改授散騎常侍、金紫光祿大夫，將軍如故。四年，爲安東將軍、吳興太守，常侍如故。卒官，年五十八。賻錢十萬，布百匹。

吳興有項羽神護郡聽事，太守不得上。太守到郡，必須祀以軛下牛。安民奉佛法，不與神牛，著屐上聽事。又於聽上八關齋。〔三一〕俄而牛死，葬廟側，今呼爲「李公牛冢」。及安民卒，世以神爲祟。

詔曰：「安民歷位內外，庸績顯著。忠亮之誠，每簡朕心。敷政近畿，方申任寄。奄至殞喪，痛傷于懷。贈鎭東將軍，鼓吹一部，常侍、太守如故。謚曰肅侯。」

王玄載字彥休，下邳人也。〔三二〕祖宰，僞北地太守。〔三三〕父蕤，東莞太守。

玄載解褐江夏王國侍郎、太宰行參軍。泰始初，爲長水校尉。隨張永征彭城，臺軍大敗，玄載全軍據下邳城拒虜，假冠軍將軍。官軍新敗，人情恐駭，以玄載士望，板爲徐州刺史、持節、監徐州豫州梁郡軍事、寧朔將軍、平胡中郎將，尋又領山陽、東海二郡太守。五年，督青、兗二州刺史，將軍、東海郡如故。七年，復爲徐州，督徐兗二州、鍾離太守，將軍、郎將如故。遷左軍將軍。仍爲寧朔將軍、歷陽太守，改持節、都督二豫、冠軍將軍、南豫州刺史，太守如故。遷撫軍司馬。出爲持節、督梁南北秦三州軍事、冠軍將軍、西戎校尉、梁秦二州刺史。進號征虜將軍。尋徙督益寧二州、益州刺史、建寧太守，將軍、持節如故。

沈攸之〔之〕難，〔三四〕玄載起義送誠，進號後軍將軍，封鄂縣子。徵散騎常侍，領後軍，未拜，建元元年，爲左民尚書，鄂縣子如故。會虜動，南兗州刺史王敬則奔京師，上遣玄載領廣陵，加平北將軍、假節、行南兗州事，本官如故。事寧，爲光祿大夫、員外散騎常侍。永明四年，爲持節監兗州緣淮諸軍事、平北將軍、兗州刺史。六年，卒，時年七十六。謚烈子。

玄載夷雅好玄言，脩士操，在梁益有清績，西州至今思之。

從弟玄謨子瞻，〔三五〕宋明帝世，爲黃門郎，素輕世祖。世祖時在大牀寢，瞻謂豫章王曰：「帳中物亦復隨人寢興。」世祖銜之，未嘗形色。建元元年，爲冠軍將軍、永嘉太守，詣闕跪拜不如儀，爲守寺所列。有司以啓世祖，世祖召瞻入東宮，仍送付廷尉殺之。遣左右口啓上曰：「父辱子死，王瞻傲慢朝廷，臣輒以收治。」太祖曰：「語郎，此何足計！」既聞瞻已死，乃默無言。

瞻兄寬，宋世與瞻竝爲方伯，至是瞻雖坐事，而寬位待如舊也。寬泰始初爲隨郡，值西方反，父玄謨在都，寬棄郡歸，明帝加賞，使隨張永討薛安都。寬辭以母猶存，在西爲賊所執，請得西行。遂襲破隨郡，斬僞太守劉師念，拔其母。事平，明帝嘉之，使圖畫寬形。建元初，爲散騎常侍、光祿大夫，領前軍將軍。永明元年，爲太常。坐於宅殺牛，免官。後爲光祿大夫。三年，卒。

玄載弟玄邈，字彥遠，初爲驃騎行軍參軍，太子左積弩將軍，射聲校尉。泰始初，遷輔國將軍、清河廣（平）〔川〕二郡太守，〔三六〕幽州刺史。青州刺史沈文秀反，玄邈欲向朝廷，慮見掩襲，乃詣文秀求安軍頓。文秀令頓城外，玄邈卽立營壘，至夜拔軍南奔赴義，比曉，文秀追不復及。明帝以爲持節、都督青州、青州刺史，將軍如故。

太祖鎭淮陰，爲帝所疑，遣書結玄邈。玄邈長史房叔安勸玄邈不相答和。罷州還，太祖以經途〔令〕人要之，〔三七〕玄邈雖許，既而嚴軍直過，還都啓帝，稱太祖有異謀，太祖不恨也。昇明中，太祖引爲驃騎司馬，冠軍將軍、太山太守，玄邈甚懼，而太祖待之如初。遷散騎常侍、驍騎將軍，冠軍如故。

出爲持節、都督梁南秦二州軍事、征虜將軍、西戎校尉、梁南秦二州刺史，兄弟同時爲方伯。封河陽縣侯。建元元年，進號右將軍，侯如故。亡命李烏奴作亂梁部，陷白馬戍。玄邈率東從七八百人討之，不克，慮不自保，乃使人僞降烏奴，告之曰：「王使君兵衆羸弱，棄伎妾於城內，擕愛妾二人去已數日矣。」烏奴喜，輕兵襲州城，玄邈設伏擊破之，烏奴挺身走。太祖聞之，曰：「玄邈果不負吾意遇也。」

還爲征虜將軍、長沙王後軍司馬、南東海太守。遷都官尚書。世祖卽位，轉右將軍、豫章王太尉司馬，出爲冠軍將軍、臨川內史，秩中二千石。還爲前軍司徒司馬、散騎常侍、太子右率。永明七年，爲持節、都督兗州緣淮軍事、平北將軍、兗州刺史，未之任，轉大司馬，〔三八〕加後將軍。八年，轉太常，遷散騎常侍、右衞將軍，出爲持節、監徐州軍事、平北將軍、〔三九〕徐州刺史。

十一年，建康蓮華寺道人釋法智與州民周盤龍等作亂，四百人夜攻州城西門，登梯上城，射殺城局參軍唐穎，遂入城內。軍主耿虎、徐思慶、董文定等拒戰，至曉，玄邈率百餘人登城便門，奮擊，生擒法智、盤龍等。玄邈坐免官。鬱林卽位，授撫軍將軍，遷使持節、安西將軍、歷陽南譙二郡太守。延興元年，加散騎常侍，尋轉中護軍。

高宗使玄邈往江州殺晉安王子懋，玄邈苦辭不行，及遣王廣之往廣陵取安陸王子敬，玄邈不得已奉旨。給鼓吹置佐。建武元年，遷持節、都督南兗兗徐青冀五州軍事、平北將軍、南兗州刺史，轉護軍將軍，加散騎常侍。四年，卒，年七十二。贈安北將軍、雍州刺史。謚曰壯侯。

同族王文和，宋鎭北大將軍仲德兄孫也。景和中，爲義陽王昶征北府主簿。昶於彭城奔虜，部曲皆散，文和獨送至界上。昶謂之曰：「諸人皆去，卿有老母，何不去邪！」文和乃去。昇明中，爲巴陵內史。沈攸之事起，文和斬其使，馳白世祖告變，棄郡奔郢城。永明中，歷青、冀、兗、益四州刺史，平北將軍。

史臣曰：宋氏將季，離亂日兆，家懷逐鹿，人有異圖，故蕃岳阻兵之機，州郡觀釁之會。此數子皆宿將舊勳，與太祖比肩爲方伯，年位高下，或爲先輩。而薦誠君側，奉義萬里，以此知樂推之非妄，信民心之有歸。玄載兄弟門從，世秉誠烈，不爲道家所忌，斯今之耿氏也。

贊曰：胥城報馬，分義先推。靈哲守讓，方軌丁、韋。李佐東土，謀發天機。王爲清政，其風不衰。玄邈簡脫，早背同歸。

校勘記

〔一〕漢膠東康王後也　「康王」下南監本、殿本有「寄」字。

〔二〕亡命司馬順則聚黨東陽州遣懷珍將數千人掩討平之　「東陽」原譌「東揚」，今據局本及南史、元龜四百三十一改正。按東陽，城名，「州」字屬下讀。晉書地理志云羊穆之爲青州刺史，築東陽城而居之，元帝渡江，始置北青州，鎮東陽城。司馬順則聚黨東陽，即此東陽城也。殿本既譌「陽」爲「揚」，而萬承蒼作考證又誤以「州」字屬上讀，遂謂「司馬順則作亂在元嘉二十八年，不應有東揚州之稱，未詳所謂」，僨矣。洪頤煊諸史考異亦云「東揚」當作「東陽」，即晉書地理志所云之東陽城。然洪氏亦以「州」字屬上讀，則猶未達一閒也。

〔三〕取爲驃騎長兼墨曹行參軍　各本「長」下衍「史」字，南史、元龜七百二十七同。按長兼者，未正授之稱，參閱卷二十三王儉傳校勘記第三十二條。

〔四〕士人怨之　南監本、殿本作「土人怨之」。

〔五〕率龍驤將軍王敬則姜產步騎五千討壽陽　張森楷校勘記云：「『姜產』宋書恩倖傳作『姜產之』。」

〔六〕廬江太守王仲子南奔　張森楷校勘記云：「『王仲子』宋書鄧琬傳作『王子仲』。」

〔七〕僞太守閻湛拒守　張森楷校勘記云：「『閻湛』宋書鄧琬傳作『閻湛之』。」

〔八〕齊士庶見於(民)〔名〕義積葉　據南監本、局本及元龜三百六十三改。

〔九〕僞長廣太守劉桃根領數(十)〔千〕人戍不其城　據殿本及元龜三百六十三改。按殿本「不」譌「守」。

〔一〇〕文秀今遊騎〔滿〕境內　據南監本、局本及元龜三百六十三補。

〔一一〕平所(葬)〔仗〕賴　據南監本、殿本、局本改。按元龜二百作「委賴」。

〔一二〕景素(而)〔見〕乃住　據南監本、殿本、局本改。按元龜無「而」字。

〔一三〕中書舍人〔王〕道隆宣旨　據南監本、殿本、局本補。按王道隆於宋明帝泰始中爲通事舍人，見宋書恩倖傳。

〔一四〕必請奉律吞之　按「奉」字下元龜四百四有「命」字。

〔一五〕〔統〕蠻漢軍萬人出西陽　「統」字各本並脫，據元龜三百五十一補。按元龜「出」上有「步」字。

〔一六〕〔增〕邑二百戶　據南監本、殿本補。

〔一七〕祖嶷　錢大昕廿二史考異云：「子顯父名嶷，此書於『嶷』字亦不避。」

〔一八〕太(祖)初逆　據局本刪。按宋劉劭即位，改元太初，史敍劉劭時事，多稱「太初」。如周山圖傳「宋武帝伐太初」，王奐傳殷叡祖元素「坐染太初事誅」，顧歡傳「後太初弒逆」，皆是也。南監本、殿本作「太子劭逆」，乃後人以意改耳。參閱卷四十四徐孝嗣傳校記第一條引錢大昕說。

〔一九〕明帝敕留安民戍(甬)〔角〕城　各本並作「甬」，據通鑑胡注改，參閱卷十四州郡志上校記第九條。

〔二〇〕虜判亭戍主昇乞奴棄城歸降　「判亭戍主昇乞奴」宋書吳喜傳作「長社戍主帛乞奴」。

〔二一〕太祖在淮〔陰〕　據南史補。

〔二二〕徵〔授〕左將軍　據南監本、毛本、殿本、局本補。

〔二三〕安民至京〔口〕　據南監本、殿本、局本及元龜三百五十一補。

〔二四〕城局參軍王迴素爲安民所親　「迴」南史作「回」。御覽二百九十六引作「迴」，元龜四百一同。

〔二五〕驍衞將軍　張森楷校勘記云：「按百官志有驍騎將軍、衞將軍、衞軍將軍，而無驍衞將軍，此必有譌。」

〔二六〕虜攻朐山連口(甬)〔角〕城　據通鑑胡注改。

〔二七〕引水步軍入清於淮陽與虜戰　「清」南監本、局本作「屯」，連下讀。「於」殿本作「至」。

〔二八〕分軍蹳林　「林」字下元龜四百二十有「中」字。

〔二九〕柴險求援　張森楷校勘記云：「毛本、局本作『柴』，南監本、殿本作『砦』，按柴砦古今字。」

〔三〇〕青徐四州　「四」原譌「泗」，各本並誤，今據元龜四百四十五改正。按州郡志無「泗州」。

〔三一〕又於聽上八關齋　「上」字下御覽六百五十四、八百八十二引並有「設」字。

〔三二〕下邳人也　張森楷校勘記云：「宋書王玄謨傳云太原祁人，後徙新興，不云下邳人。玄謨自稱老傖，即是玄載從兄，宗從兄弟，不應郡地各異。」

〔三三〕祖宰僞北地太守　「宰」宋書王玄謨傳作「牢」，爲上谷太守。

〔三四〕沈攸之〔之〕難　據南監本、殿本、局本補。

〔三五〕從弟玄謨子瞻　張森楷校勘記云：「宋書王玄謨傳云玄謨以泰始四年卒，年八十一。此書云玄載以永明六年卒，年七十六。是玄載後玄謨二十年死，且少於玄謨二十五歲，當云『從兄』，不當云『從弟』也。」

〔三六〕清河廣(平)〔川〕二郡太守　張森楷校勘記云：「『廣平』宋書沈文秀傳作『廣川』。」按宋書州郡志，冀州有廣川郡，作「廣川」是，今據改。

〔三七〕太祖以經途〔令〕人要之　據南監本、殿本、局本補。按元龜二百十二、三百七十一並作「太祖以經途又要之」。

〔三八〕轉大司馬　張森楷校勘記云：「『大司馬』下有奪文。時豫章王嶷爲大司馬，玄邈蓋爲其參佐。」

〔三九〕平北將軍　此與下「遷持節都督南兗兗徐青冀五州軍事平北將軍」之「平北將軍」，原並譌「北平將軍」，各本不譌，今乙正。

南齊書卷二十八

列傳第九

崔祖思　劉善明　蘇侃　垣榮祖

崔祖思字敬元，清河東武城人，崔琰七世孫也。祖諲，宋冀州刺史。父僧護，州秀才。

祖思少有志氣，好讀書史。初州辟主簿，與刺史劉懷珍於堯廟祠神，〔一〕廟有蘇侯像。懷珍曰：「堯聖人，而與雜神爲列，欲去之，何如？」祖思曰：「蘇峻今日可謂四凶之五也。」懷珍遂令除諸雜神。

太祖在淮陰，祖思聞風自結，爲上輔國主簿，甚見親待，參豫謀議。除奉朝請，安成王撫軍行參軍，員外正員郎，冀州中正。宋朝初議封太祖爲梁公，祖思啓太祖曰：「讖書云『金刀利刃齊刈之』。今宜稱齊，實應天命。」從之。轉爲相國從事中郎，遷齊國內史。建元元年，轉長兼給事黃門侍郎。

上初卽位，祖思啓陳政事曰：「禮誥者，人倫之襟冕，帝王之樞柄。自古開物成務，必以教學爲先。世不習學，民忘志義，〔二〕悖競因斯而興，禍亂是焉而作。故篤俗昌治，莫先道教，不得以夷（禍）〔險〕革慮，〔三〕儉泰移業。今無員之官，空受祿力。三載無考績之効，九年闕登黜之序。國儲以之虛匱，民力爲之凋散。能否無章，涇渭混流。宜大廟之南，弘脩文序；〔四〕司農以北，廣開武校。臺〔府〕州國，〔五〕限外之職，問其所樂，依方課習，各盡其能。月供僮幹，如先充給。若有廢墮，遣還故郡。殊經奇藝，待以不次，士脩其業，必有異等，民識其利，能無勉勵。」

又曰：「漢文集上書囊以爲殿帷，身衣弋綈，以韋帶劒，愼夫人衣不曳地，惜中（民）〔人〕十家之產，〔六〕不爲露臺。劉備取帳鉤銅鑄錢以充國用。魏武遣女，皁帳，婢十人，東阿婦以繡衣賜死，王景興以淅米見誚。〔七〕宋武節儉過人，張妃房唯碧綃蚊幬，三齊苮席，五盞盤桃花米飯。殷仲文勸令畜伎，荅云『我不解聲』。仲文曰『但畜自解』，又荅『畏解，故不畜』。歷觀帝王，未嘗不以約素興，侈麗亡也。伏惟陛下，體唐成儉，踵虞爲樸。寢殿則素木卑構，膳器則陶瓢充御。瓊簪玉筯，碎以爲塵，珍裘繡服，焚之如草。斯實風高上代，民偃下世矣。然教信雖孚，氓染未革，宜加甄明，以速歸厚。詳察朝士，有柴車蓬館，高以殊等；雕牆華輪，卑其稱謂。馳禽荒色，長違清編，嗜音酣酒，守官不徙。物識義方，且懼且勸，則調風變俗，不俟終日。」

又曰：「憲律之重，由來尙矣。故曹參去齊，〔八〕唯以獄市爲寄，餘無所言。路溫舒言『秦有十失，其一尙在，治獄之吏是也』。寔宜清置廷尉，茂簡三官，寺丞獄主，彌重其選，研習律令，删除繁苛。詔獄及兩縣，一月三訊，觀貌察情，欺枉必達。使明愼用刑，無忝大易，寧失不經，靡愧周書。〔九〕漢來治律有家，子孫並世其業，聚徒講授，至數百人。故張、于二氏，絜譽文、宣之世；陳、郭兩族，流稱武、明之朝。決獄無冤，慶昌枝裔，槐衮相襲，蟬紫傳輝。今廷尉律生，乃令史門戶，族非咸、弘，庭缺于訓。刑之不措，抑此之由。如詳擇篤厚之士，〔一〇〕使習律令，試簡有徵，擢爲廷尉僚屬。苟官世其家而不美其績，〔一一〕鮮矣；廢其職而欲善其事，未之有也。若劉累傳守其業，庖人不乏龍肝之饌，斷可知矣。」

又曰：「樂者動天地，感鬼神，正情性，立人倫，其義大矣。按前漢編戶千萬，太樂伶官方八百二十九人，孔光等奏罷不合經法者四百四十一人，正樂定員，唯置三百八十八人。今戶口不能百萬，而太樂雅、鄭，元徽時校試千有餘人，後堂雜伎，不在其數，糜廢力役，〔一二〕傷敗風俗。今欲撥邪歸道，莫若罷雜伎，王庭唯置鍾虡、羽戚、登歌而已。如此，則官充給養，國反淳風矣。」

又曰：「論儒者以德化爲本；談法者以刻削爲體。道教治世之粱肉，刑憲亂世之藥石，

故以教化比雨露，名法方風霜。是以有恥且格，敬讓之樞紐；令行禁止，爲國之關楗。然則天下治者，賞罰而已矣。賞不事豐，所病於不均；罰不在重，所困於不當。如令甲勳少，乙功多，賞甲而捨乙，天下必有不勸矣；丙罪重，丁眚輕，罰丁而赦丙，天下必〔有〕不悛矣。〔一三〕是賞罰空行，無當乎勸沮。將令見罰者寵習之臣，受賞者仇讎之士，戮一人而萬國懼，賞匹夫而四海悅。」

又曰：「籍稅以厚國，國虛民貧；廣田以實廩，國富民贍。堯資用天之儲，實拯懷山之數。〔一四〕湯憑分地之積，以勝流金之運。近代魏置典農，而中都足食；晉開汝、潁，而汴河委儲。今將掃闢咸、華，題鏤龍漠，宜簡役敦農，開田廣稼。時罷山池之威禁，深抑豪右之兼擅，則兵民優贍，可以出師。」

又曰：「古者左史記言，右史記事，故君舉必書，盡直筆而不汚；上無妄動，知如絲之成綸。今者著作之官，起居而已；述事之徒，褒諛爲體。世無董狐，書法必隱；時闕南史，直筆未聞。」

又〔曰〕：「廢諫官，〔則〕聽納靡依。〔一五〕雖課勵朝僚，徵訪芻輿，莫若推舉質直，職思其憂。夫越任于事，在言爲難；當官而行，處辭或易。物議既以無言望己，己亦當以吞默慙人。中丞雖謝咸、玄，未有全廢劾簡；廷尉誠非釋之，寧容都無訊牒。故知與其謬人，寧不

廢職，目前之明効也。漢徵貢禹爲諫大夫，矢言先策，夏侯勝狂直拘繫，出補諷職，伐柯非遐，行之卽善。」

又曰：「天地無心，賦氣自均，寧得誕秀往古，而獨寂寥一代，將在知與不知，用與不用耳。夫有賢而不知，知賢而不用，用賢而不委，委賢而不信，此四者，古今之通患也。今誠重郭隗而招劇辛，任鮑叔以求夷吾，則天下之士，不待召而自至矣。」上優詔報答。

尋遷寧朔將軍、冠軍司馬，領齊郡太守，本官如故。是冬，虜動，遷冠軍將軍、軍主，屯淮上。二年，進號征虜將軍，軍主如故。仍遷假節、督青冀二州刺史，將軍如故。少時，卒。上歎曰：「我方欲用祖思，不幸，可惜。」詔賻錢三萬，布五十匹。

祖思宗人文仲，初辟州從事。泰始初，爲薛安都平北主簿，拔難歸國。元徽初，從太祖於新亭拒桂陽賊，著誠効，除游擊將軍。沈攸之事起，助豫章王鎭東府，歷驃騎諮議，出爲徐州刺史。建元初，封建陽縣子，三百戶。二年，虜攻鍾離，文仲擊破之。又遣軍主崔孝伯等過淮攻拔虜茬眉戍，殺戍主龍得侯及僞陽平太守郭杜羝，館陶令張德，濮陽令王明。時虜攻殺馬頭太守劉從，〔一六〕上曰：「破茬眉，足相補。」文仲又遣軍主陳靖攻虜竹邑戍主白仲都，又遣軍主崔延叔攻僞淮陽太守梁惡，竝殺之。三年，淮北義民桓磊磈於抱犢固與虜戰，大破之。文仲馳啓，上敕曰：「北閒起義者衆，深恐良會不再至，卿善獎沛中人，若能一時攘

袂，當遣一佳將直入也。」文仲在政，爲百姓所憚。除黃門郎，領越騎校尉，改封隨縣。嘗獻太祖纏鬚繩一枚，上爲納受。永明元年，爲太子左率，累至征虜將軍、冠軍司馬、汝陰太守。四年，卒。贈後將軍、徐州刺史。諡襄子。

劉善明，平原人。鎭北將軍懷珍族弟也。父懷民，宋世爲齊北海二郡太守。元嘉末，青州飢荒，人相食，善明家有積粟，躬食饘粥，開倉以救鄉里，多獲全濟，百姓呼其家田爲「續命田」。

少而靜處讀書，刺史杜驥聞名候之，辭不相見。年四十，刺史劉道隆辟爲治中從事。父懷民謂善明曰：「我已知汝立身，復欲見汝立官也。」善明應辟。仍舉秀才。宋孝武見其對策強直，甚異之。

泰始初，徐州刺史薛安都反，青州刺史沈文秀應之。時州治東陽城，善明家在郭內，不能自拔。伯父彌之詭說文秀求自効，文秀使領軍主張靈慶等五千援安都。彌之出門，密謂部曲曰：「始免禍坑矣。」行至下邳，起義背文秀。善明從伯懷恭爲北海太守，據郡相應。善明密契收集門宗部曲，得三千人，夜斬關奔北海。族兄乘民又聚衆渤海以應朝廷。而彌之尋爲薛安都所殺，明帝贈輔國將軍、青州刺史。以乘民爲寧朔將軍、冀州刺史，善明爲寧朔長史、北海太守，除尚書金部郎。乘民病卒，〔一七〕仍以善明爲綏遠將軍、冀州刺史。文秀既降，除善明爲屯騎校尉，出爲海陵太守。郡境邊海，無樹木，善明課民種榆檟雜菓，遂獲其利。還爲後軍將軍、直閤。

五年，青州沒虜，善明母陷北，虜移置桑乾。善明布衣蔬食，哀戚如持喪。明帝每見，爲之歎息，時人稱之。轉寧朔將軍、巴西梓潼二郡太守。善明以母在虜中，不願西行，涕泣固請，見許。朝廷多哀善明心事。元徽初，遣北使，朝議令善明舉人，善明舉州鄉北平田惠紹使虜，贖得母還。

幼主新立，羣公秉政，善明獨結事太祖，委身歸誠。二年，出爲輔國將軍、西海太守、行青冀二州刺史。至鎭，表請北伐，朝議不同。善明從弟僧副，與善明俱知名於州里。泰始初，虜暴淮北，僧副將部曲二千人東依海島，太祖在淮陰，壯其所爲，召與相見，引(至)〔爲〕安成王撫軍參軍。〔一八〕蒼梧肆暴，太祖憂恐，常令僧副微行伺察聲論。使僧副密告善明及東海太守垣崇祖曰：「多人見勸北固廣陵，恐一旦動足，非爲長算。今秋風行起，卿若能與垣東海微共動虜，則我諸計可立。」善明曰：「宋氏將亡，愚智所辨。故胡虜若動，反爲公患。公神武世出，唯當靜以待之，因機奮發，功業自定。不可遠去根本，自貽猖蹷。」〔一九〕遣部曲健

兒數十人隨僧副還詣領府，太祖納之。蒼梧廢，徵善明爲冠軍將軍、太祖驃騎諮議、南東海太守，行南徐州事。

沈攸之反，太祖深以爲憂。善明獻計曰：「沈攸之控引八州，縱情蓄斂，收衆聚騎，營造舟仗，苞藏賊志，於焉十年。性既險躁，才非持重，而起逆累旬，遲回不進。豈應有所待也？一則闇於兵機，二則人情離怨，三則有掣肘之患，四則天奪其魄。本慮其剽勇，長於一戰，疑其輕速，掩襲未備。今六師齊奮，諸侯同舉。昔謝晦失理，不鬬自潰；盧龍乖道，雖衆何施。且袁粲、劉秉，賊之根本，根本既滅，枝葉豈久。此是已籠之鳥耳。」事平，太祖召善明還都，謂之曰：「卿策沈攸之，雖復張良、陳平，適如此耳。」仍遷散騎常侍，領長水校尉，黃門郎，領後軍將軍、太尉右司馬。齊臺建，爲右衞將軍，辭疾不拜。

司空褚淵謂善明曰：「高尚之事，乃卿從來素意。今朝廷方相委待，詎得便學松、喬邪？」善明曰：「我本無宦情，〔二〇〕既逢知己，所以勠力驅馳，願在申志。今天地廓清，朝盈濟濟，〔二一〕鄙懷既申，不敢昧於富貴矣。」太祖踐阼，以善明勳誠，欲與善明祿，召謂之曰：「淮南近畿，國之形勢，〔二二〕自非親賢，不使居之。卿爲我臥治也！」代高宗爲征虜將軍、淮南宣城二郡太守，遣使拜授，封新淦伯，〔二三〕邑五百戶。

善明至郡，上表陳事曰：「周以三聖相資，再駕乃就。漢值海內無主，累敗方登。魏挾

主行令，實踰二紀。晉廢立持權，遂歷四世。景祚攸集，如此之難者也。陛下凝暉自天，照湛神極，睿周萬品，道洽無垠。故能高嘯閑軒，鯨鯢自翦，垂拱雲帝，九服載晏，靡一戰之勞，無半辰之棘，苞池江海，籠苑嵩岱，神祇樂推，普天歸奉，二三年閒，允膺寶命，胄臨皇曆，正位宸居，開闢以來，未有若斯之盛者也。夫常勝者無憂，恒成者好怠。故雖休勿休，姬且作誥；安不忘危，尼父垂範。今皇運草創，萬化始基，乘宋季葉，政多澆苛，億兆倒懸，仰齊蘇振。臣早蒙殊養，志輸肝血，徒有其誠，曾闕埃露。夙宵慙戰，如墜淵谷，不識忌諱，謹陳愚管，瞽言芻議，伏待斧鉞。」所陳事凡十一條：其一，以爲「天地開創，人神慶仰，宜存問遠方，宣廣慈澤」。其二，以爲「京師浩大，遠近所歸，宜遣醫藥，問其疾苦。年九十以上及六疾不能自存者，隨宜量賜」。其三，以爲「宋氏赦令，蒙原者寡。愚謂〔今〕下赦書，〔二四〕宜令事實相副」。其四，以爲「匈奴未滅，劉昶猶存，秋風揚塵，容能送死。境上諸城，宜應嚴備，特簡雄略，以待事機，資實所須，皆宜豫辦」。其五，以爲「宜除宋氏大明泰始以來諸苛政細制，〔二五〕以崇簡易」。其六，以爲「凡諸土木之費，且可權停」。其七，以爲「帝子王姬，宜崇儉約」。其八，以爲「宜詔百官及府州郡縣，各貢讜言，以弘唐虞之美」。其九，以爲「忠貞孝悌，宜擢以殊階，清儉苦節，應授以民政」。其十，以爲「革命惟始，天地大慶，宜時擇才辨，北使匈奴」。其十一，以爲「交州險夐，要荒之表，宋末政苛，遂至怨叛。今大化創始，宜

懷以恩德，未應遠勞將士，搖動邊氓。且彼土所出，唯有珠寶，實非聖朝所須之急。討伐之事，謂宜且停」。

又撰賢聖雜語奏之，託以諷諫。上答曰：「省所獻雜語，竝列聖之明規，衆智之深軌。卿能憲章先範，纂鏤情識，忠款既昭，淵誠肅著，當以周旋，無忘聽覽也。」又諫起宣陽門；表陳宜明守宰賞罰；立學校，制齊禮；廣開賓館，以接荒民。〔二六〕上又答曰：「具卿忠讜之懷。夫賞罰以懲守宰，飾館以待遐荒。皆古之善政，吾所宜勉。更撰新禮，或非易制。國學之美，已敕公卿。宣陽門今敕停。寡德多闕，思復有聞。」

善明身長七尺九寸，質素不好聲色，所居茅齋斧木而已，牀榻几案，不加剗削。少與崔祖思友善，祖思出爲青、冀二州，善明遺書曰：「昔時之遊，于今邈矣。或攜手春林，或負杖秋澗，逐清風於林杪，追素月於園垂，如何故人，徂落殆盡。足下方擁旄北服，吾剖竹南甸，相去千里，閒以江山，人生如寄，來會何時。嘗覽書史，數千年來，略在眼中矣。歷代參差，萬理同異。夫龍虎風雲之契，亂極必夷之幾，古今豈殊，此實一揆。日者沈攸之擁長蛇於外，粲、秉復爲異識所推；〔二七〕唯有京鎮，創爲聖基。遂乃擢吾爲首佐，授吾以大郡，付吾關中，委吾留任。既不辦有抽劍兩城之用，橫槊搴旗之能，徒以挈瓶小智，名參佐命，常恐朝露一下，深恩不酬。憂深責重，轉不可據，還視生世，倍無次緒。藿羹布被，猶篤鄙好，惡色

愔聲，暮齡尤甚。出蕃不與台輔別，入國不與公卿遊，孤立天地之閒，無猜無託，唯知奉主以忠，事親以孝，臨民以潔，居家以儉。足下今鳴笳舊鄉，衣繡故國，宋季荼毒之悲已蒙蘇泰，河朔倒懸之苦方須救拔。遣遊辯之士，爲鄉導之使，輕裝啓行，經營舊壤，(今)〔令〕泗上歸業，〔二八〕稷下還風，君欲誰讓邪？聊送諸心，敬申貧贈。」

建元二年卒，年四十九。遺命薄殯。贈錢三萬，布五十匹。又詔曰：「善明忠誠夙亮，幹力兼宣，豫經夷嶮，勤績昭著。不幸殞喪，痛悼于懷。贈左將軍、豫州刺史，謚烈伯。」子滌嗣。善明家無遺儲，唯有書八千卷。太祖聞其清貧，賜滌家葛塘屯穀五百斛。

善明從弟僧副，官至前將軍，封豐陽男，三百戶。永明四年，爲巴西梓潼二郡太守，〔二九〕卒。

蘇侃字休烈，〔三〇〕武邑人也。祖護，本郡太守。父端，州治中。

侃涉獵書傳，出身正員將軍，補長城令。薛安都反，引侃爲其府參軍，使掌書記。安都降虜，侃自拔南歸。除積射將軍。遇太祖在淮上，便自委結。上鎮淮陰，以侃詳密，取爲冠軍錄事參軍。是時張永、沈攸之(反)〔敗〕後，〔三一〕新失淮北，始遣上北戍，不滿千人，每歲秋

冬閒，邊淮騷動，恒恐虜至。上廣遣偵候，安集荒餘，又營繕城府。上在兵中久，見疑於時，乃作塞客吟以喻志曰：「寶緯紊宗，神經越序。德晦河、晉，力宣江、楚。雲雷兆壯，天山繇武。直髮指秦關，凝精越漢渚。秋風起，塞草衰，〔三二〕鵰鴻思，邊馬悲。平原千里顧，但見轉蓬飛。星嚴海淨，月澈河明。清輝映幕，素液凝庭。金笳夜厲，羽轊晨征。斡晴潭而悵泗，柮松洲而悼情。蘭涵風而瀉豔，菊籠泉而散英。曲繞首燕之歎，吹軫絕越之聲。欷園琴之孤弄，想庭藿之餘馨。青關望斷，白日西斜。恬源靚霧，壟首暉霞。戒旋鷁，躍還波，情綿綿而方遠，思裊裊而遂多。粵擊秦中之筑，因爲塞上之歌。歌曰：朝發兮江泉，日夕兮陵山。驚飆兮瀄汨，淮流兮潺湲。胡埃兮雲聚，楚旆兮星懸。愁墉兮思宇，惻愴兮何言。定寰中之逸鑒，審雕陵之迷泉。悟樊籠之或累，悵遐心以栖玄。」侃達上此旨，更自勤勵。委以府事，深見知待。

元徽初，巴西人李承明作亂，太祖議遣侃銜使慰勞，還除羽林監，加建武將軍。桂陽之難，上復以侃爲平南錄事，領軍主，從頓新亭，使分金銀賦賜諸將。事寧，除步兵校尉，出爲綏虜將軍、山陽太守，清脩有治理，百姓懷之。進號龍驤將軍，除前軍將軍。沈攸之事起，除侃游擊將軍，遷太祖驃騎諮議，領錄事，除黃門郎，復爲太祖太尉諮議。

侃事上既久，備悉起居，乃與丘巨源撰蕭太尉記，載上征伐之功。以功封新建縣侯，五

百戶。齊臺建，爲黃門郎，領射聲校尉，任以心膂。上卽位，侃撰聖皇瑞命記一卷奏之。建元元年，卒，年五十三。上惜之甚至，追贈輔國將軍、梁南秦二州刺史，諡質侯。

弟烈，字休文，初爲東莞令，張〔永〕鎭軍中兵，〔三三〕累至山陽太守，寧朔將軍，游擊將軍。袁粲起事，太祖先遣烈助防城，仍隨諸將平石頭，封吉陽縣男。建元中，爲假節、督巴州軍事、巴州刺史、巴東太守，寧朔將軍如故。永明中，至平西司馬、陳留太守，卒官。

垣榮祖字華先，〔三四〕下邳人，五兵尙書崇祖從父兄也。父諒之，宋北中郞府參軍。

榮祖少學騎馬及射，或謂之曰：「武事可畏，何不學書。」榮祖曰：「昔曹操、曹丕上馬橫槊，下馬談論，此於天下可不負飮食矣。君輩無自全之伎，何異犬羊乎！」

宋孝建中，州辟主簿，〔爲〕後軍參軍。〔三五〕伯父豫州刺史護之子襲祖爲淮陽太守，宋孝武以事徙之嶺南，護之不食而死。帝疾篤，又遣使殺襲祖，襲祖臨死，與榮祖書曰：「弟常勸我危行言遜，今果敗矣。」

明帝初卽位，四方反，除榮祖冗從僕射，遣還徐州說刺史薛安都曰：「天之所廢，誰能興之。使君今不同八百諸侯，如民所見，非計中也。」安都曰：「天命有在，今京都無百里地，莫

論攻圍取勝，自可拍手笑殺。且我不欲負孝武。」榮祖曰：「孝武之行，足致餘殃。今雖天下雷同，正是速死，無能爲也。」安都曰：「不知諸人云何，我不畏此。大蹄馬在近，急便作計。」榮祖被拘不得還，因收集部曲，爲安都將領。假署冠軍將軍。安都引虜入彭城，榮祖攜家屬南奔朐山，虜遣騎追之不及。榮祖懼得罪，乃逃遁淮上。太祖在淮陰，榮祖歸附，上保持之。及明帝崩，太祖書送榮祖詣僕射褚淵，除寧朔將軍、東海太守。淵謂之曰：「蕭公稱卿幹略，故以此郡相處。」

榮祖善彈，彈鳥毛盡而鳥不死。海鵠羣翔，榮祖登城西樓彈之，無不折翅而下。

除晉熙王征虜、安成王車騎中兵，左軍將軍。元徽末，太祖欲渡廣陵，榮祖諫曰：「領府去臺百步，公走，人豈不知。若單行輕騎，廣陵人一旦閉門不相受，公欲何之？公今動足下牀，便恐卽有扣臺門者，公事去矣。」及蒼梧廢，除寧朔將軍、淮南太守，進輔國將軍，除游擊將軍、太祖驃騎諮議，輔國將軍、西中郞司馬、汝陰太守，除冠軍將軍，給事中，驍騎將軍。預佐命勳，封將樂縣子，三百戶，以其祖舊封封之。〔三六〕出爲持節、督青冀二州刺史，冠軍如故。遷黃門郞。

永明二年，爲冠軍將軍、尋陽相、南新蔡太守。作大形棺材盛仗，〔三七〕使鄉人田天生、王道期載渡江北。監奴有罪，告之，有司奏免官削爵付東冶，案驗無實見原。爲安陸王平西諮議，帶江陵令，仍遷司馬、河東內史。遷持節、督緣淮諸軍事、冠軍將軍、兗州刺史，領東平太守、兗州大中正。

巴東王子響事，方鎭皆啓稱子響爲逆，榮祖曰：「此非所宜言。政應云劉寅等孤負恩獎，逼迫巴東，使至於此。」時諸啓皆不得通，事平後，上乃省視，以榮祖爲知言。九年，卒，年五十七。

（子）〔從父〕閎，〔三八〕宋孝建初，爲威遠將軍、汝南新蔡太守，據梁山拒丞相義宣賊，以功封西都縣子。累遷龍驤將軍、司州刺史。義嘉事起，明帝使閎出守盱眙，領兵北討薛道（樹）〔標〕，〔三九〕破之。封樂鄉縣男，〔四〇〕三百戶。昇明初，爲散騎常侍，領長水校尉，與豫章王對直殿省，遷右衞將軍。太祖卽位，以心誠封爵如舊，加給事中，領驍騎將軍。累遷金紫光祿大夫。〔四一〕年七十六，永明五年，卒，諡定（子）。〔四二〕

榮祖從弟歷生，亦爲驍騎將軍。宋泰始初，薛安都反，以女婿裴祖隆爲下邳太守，歷生時請假還北，謀殺祖隆，舉城應朝廷，事發奔走。歷官太子右率。性苛暴，好行鞭捶。與始安王遙光同反，伏誅。

史臣曰：太祖作牧淮、兗，始基霸業，恩威北被，感動三齊。青、冀豪右，崔、劉望族，先覩人雄，希風結義。夫諫江都之略，似任光之言，雖議不獨興，理成合契，蓋帷幙之臣也。

贊曰：淮鎭北州，獲在崔、劉。獻書上議，帝念忠謀。侃奉潛躍，皇瑞是鳩。垣方帶礪，削免虛尤。

校勘記

〔一〕與刺史劉懷珍於堯廟祠神　殿本考證云：「『刺史劉懷珍』南史作『刺史垣護之』。」

〔二〕民忘志義　「忘」殿本作「罔」。按元龜五百二十九亦作「忘」。

〔三〕不得以夷（嶮）〔險〕革慮　據元龜五百二十九改。按下云「儉泰移業」，夷與險，儉與泰，皆相對成文。

〔四〕弘脩文序　「弘」原譌「引」，各本皆由宋諱缺筆而譌，今據南史及元龜五百二十九改正。

〔五〕臺〔府〕州國　據通鑑齊高帝建元元年補。按南監本、殿本作「臺州列國」，亦譌。

〔六〕惜中（民）〔人〕十家之產　張森楷校勘記云：「『中民』原作『中人』，此後人妄改。」按張說是，各本皆未正，今據改。

〔七〕王景興以淅米見誚　「淅米」南史作「析米」，元龜五百二十九作「折米」。按景興，王朗字，三國

魏志王朗傳裴松之注引魏畧，太祖嘲朗曰「不能效君昔在會稽折秔米飯也」云云，字亦作「折」。

〔八〕故曹參去齊　「去」原譌「云」，今據南監本、殿本及元龜五百二十九改正。

〔九〕寧失不經靡愧周書　殿本考證云「寧失不經乃虞書文，非周書也。」

〔一〇〕如詳擇篤厚之士　「厚」字原闕，今據各本補。

〔一一〕苟官世其家　「家」毛本、局本作「守」。

〔一二〕糜廢力役　「廢」元龜五百二十九作「費」。

〔一三〕天下必〔有〕不悛矣　「有」字各本不脫，今補。

〔一四〕實拯懷山之數　「拯」原譌「極」，今據毛本、殿本、局本改正。

〔一五〕又〔曰〕廢諫官〔則〕聽納靡依　據元龜五百二十九補。按上條論史官，此條論諫官，補一「曰」字，則條例明晢矣。

〔一六〕時虜攻殺馬頭太守劉從　按劉從即劉順，子顯避梁諱改。

〔一七〕乘民病卒　錢大昕廿二史考異云：「按劉懷慰傳云父乘民死於義嘉事難，與此互異，當有一誤。」

〔一八〕引〔至〕〔爲〕安成王撫軍參軍　據南監本、殿本、局本改。

〔一九〕自貽猖蹷　「蹷」南監本、殿本作「獗」。

〔二〇〕我本無宦情　「宦」原譌「官」，今據南監本、殿本、局本改正。

〔二一〕朝盈濟濟　南史、元龜四百七作「朝廷濟濟」。按此「朝盈」二字疑譌倒。

〔二二〕國之形勢　「形勢」御覽二百五十九引作「形勝」，元龜二百亦作「形勝」，疑作「形勝」是。

〔二三〕封新淦伯　「新淦」原作「新塗」，據局本改。廿二史考異云「塗」當作「淦」。然按南史、元龜二百並作「新塗」。洪頤煊諸史考異云：「案宋書恩倖傳李道兒新塗縣侯，梁書簡文帝紀新塗公大成爲山陽郡公，南史袁顗傳景和元年封新塗縣子，此必有新塗縣，而宋、齊志失書。」今用錢說。

〔二四〕愚謂〔今〕〔令〕下赦書　據殿本及元龜四百七補。

〔二五〕以爲宜除宋氏大明泰始以來諸苛政細制　「泰始」原譌「太始」，今據毛本、殿本、局本改正。

〔二六〕廣開賓館以接荒民　「荒民」南監本作「鄰國」，南史同。

〔二七〕粲秉復爲異識所推　「秉」字下原本闕「復爲異」三字，「推」譌「祖」，今據各本補改。

〔二八〕〔今〕〔令〕泗上歸業　據南監本、殿本改。

〔二九〕爲巴西梓潼二郡太守　「潼」原譌「橦」，今據南監本、局本改正。

〔三〇〕蘇侃字休烈　錢大昕廿二史考異云：「祥瑞志『侃』作『偘』，偘即侃之俗體。侃字休烈，而弟名烈，亦可疑也。」

〔三一〕是時張永沈攸之〔反〕〔敗〕後　據南監本、殿本、局本及元龜二百改。

〔三二〕塞草衰　「塞」原譌「寒」，今據南監本、殿本、局本改正。

〔三三〕張〔永〕鎮軍中兵　「永」字原闕，今據各本補。

〔三四〕垣榮祖字華先　「垣」原譌「桓」，今據南監本、殿本、局本改正。

〔三五〕〔爲〕後軍參軍　據南監本、殿本、局本補。

〔三六〕以其祖舊封封之　「以其」二字原本漫漶，今據各本補。

〔三七〕作大形棺材盛仗　「仗」原譌「伏」，今據南監本、殿本、局本改正。

〔三八〕（子）〔從父〕閎　據南監本、殿本、局本改。

〔三九〕領兵北討薛道（樹）〔標〕　據毛本、殿本、局本改。

〔四〇〕封樂鄉縣男　張森楷校勘記云：「宋書殷琰傳作『樂鄉縣侯』。據上已封西都縣子，進爵應爲縣侯，當依宋書爲是。」

〔四一〕累遷金紫光祿大夫　王懋竑讀書記疑云：「齊書、南史敍垣閎事，自金紫光祿大夫外，所歷官無一同者。」

〔四二〕謚定（子）　張森楷校勘記云：「南史作『謚定，子憘伯襲爵』，『子』字屬下句，南史是，此文有脫誤。」今删「子」字。

南齊書卷二十九

列傳第十

呂安國 全景文 周山圖 周盤龍 王廣之

呂安國，廣陵廣陵人也。宋大明末，安國以將領見任，隱重有幹局，為劉勔所稱。泰始二年，勔征殷琰於壽春，安國以建威將軍為勔軍副。衆軍擊破琰長史杜叔寶軍於横塘，安國抄斷賊糧道，燒其運車，多所傷殺。琰衆奔退，勔遣安國追之，先至壽春。琰閉門自守，安國與輔國將軍垣閎屯據城南，於是衆軍繼至。安國勳第一，封彭澤縣男，未拜，明年，改封鍾武縣，加邑為四百戶。累至寧朔將軍、義陽太守。四年，又改封湘南縣男。虜陷汝南，司州失守，以安國為督司州諸軍事、寧朔將軍、司州刺史。六年，義陽立州治，仍領義陽太守。稍遷右軍將軍，假輔師將軍。元徽二年，為晉熙王征虜司馬，輔師將軍如故。轉游擊將軍。三年，出為持節、都督青兗冀三州緣淮前鋒諸軍事、輔師將軍、兗州刺史。明年，進

號冠軍將軍，還為游擊將軍，加散騎常侍、征虜將軍。

沈攸之事起，太祖以安國為湘州刺史，征虜將軍如故。先是王藴罷州，南中郎將南陽王翽未之鎮，藴寧朔長史庾佩玉權行州事，朝廷先遣南中郎將中兵參軍臨湘令韓幼宗領軍防州。沈攸之〔之〕難，〔一〕二人各相疑阻，佩玉輒殺幼宗。平西將軍黄回至郢州，遣軍主任候伯行湘州事，又殺佩玉。候伯與回同〔衛將〕軍袁粲謀石頭事，〔二〕回令候伯水軍乘舸往赴，會衆軍已至，不得入。太祖令安國至鎮，收候伯誅之。尋進號前將軍。〔太〕〔建〕元元年，〔三〕進爵，〔四〕增邑六百戶。轉右衞將軍，加給事中。

二年，虜寇邊，上遣安國出司州，安集民戶。詔曰：「郢、司之閒，流雜繁廣，宜並加區判，定其隸屬。參詳兩州，事無專任，安國可暫往經理。」以本官使持節、總荆郢諸軍北討事，屯義陽西關。虜未至，安國移屯沔口以俟應接。改封湘鄉。世祖卽位，授使持節、散騎常侍、平西將軍、司州刺史，領義陽太守。永明二年，徙都督南兗兗徐青冀五州諸軍事、平北將軍、南兗州刺史，仍為都督、湘州刺史。四年，湘川蠻動，安國督州兵討之。

有疾，徵為光祿大夫，加散騎常侍。安國欣有文授，謂其子曰：「汝後勿作袴褶驅使，單衣猶恨不稱，當為朱衣官也。」上遣中書舍人茹法亮敕安國曰：「吾恒憂卿疾病，應有所須，勿致難也。」明年，遷都官尚書，領太子左率。六年，遷領軍將軍。安國累居將率，在朝以宿舊見遇。尋遷散騎常侍、金紫光祿大夫、兗州中正，給扶。上又敕茹法亮曰：「吾見呂安國疾狀，自不宜勞，且脚中既恒惡，扶人至吾前，於禮望殊成有虧，吾難敕之。其人甚諱病，卿可作私意向，其若好差不復須扶人，依例入，幸勿牽勉。」八年，卒，年六十四。贈使持節、鎮北將軍、南兗州刺史，常侍如故。給鼓吹一部。謚肅侯。

時舊將帥又有吳郡全景文，字弘達。少有氣力，與沈攸之同載出都，到奔牛埭，於岸上息，有人相之：「君等皆方伯人，行當富貴也。」景文謂攸之曰：「富貴或可一人耳，今言皆然，此殆妄言也。」景文仍得將領為軍主。孝建初，為竟陵王驃騎行參軍，以功封漢水侯。除員外郎，積射將軍。

泰始二年，為假節、寧朔將軍、宂從僕射、軍主。隨前將軍劉亮討破東賊於晉陵，除長水校尉，假輔國將軍。北討薛索兒於破釜，領水軍斷賊糧運。仍隨太祖於葛冢石梁，再戰皆有功。南賊相持未決，敕景文隸劉亮拒劉胡，攻圍力戰，身被數十創，除前軍將軍，封孝寧縣侯，邑六百戶。除寧朔將軍，游擊將軍，假輔師將軍，高平太守，鎮軍、安西二府司馬，驍騎將軍。元徽末，出為南豫州刺史、歷陽太守，輔國將軍如故。遷征虜將軍、南琅邪濟陰二郡太守、軍主，尋加散騎常侍。

建元元年，以不預佐命，國除，授南琅邪太守，常侍、將軍如故。遷光祿大夫，征虜將軍、臨川王征西司馬、南郡太守。還，累遷為給事中、光祿大夫。永明九年，卒。

周山圖字季寂，義興義鄉人也。少貧微，傭書自業。有氣幹，〔五〕為吳郡晉陵防郡隊主。宋孝武伐太初，山圖豫勳，賜爵關中侯。兗州刺史沈僧榮鎮瑕丘，與山圖有舊，以為己建武府參軍。竟陵王誕據廣陵反，僧榮遣山圖領二百人詣沈慶之受節度，事平論勳，為中書舍人戴明寶所抑。泰始初，為殿中將軍。四方反叛，僕射王彧舉山圖將領，呼與語，甚悅，使領百舸為前驅。〔舉〕〔與〕軍主佼長生等攻破賊湖白、赭圻二城。〔六〕除員外郎，加振武將軍。豫平濃湖，追賊至西陽還，明帝賞之，賜苑西宅一區。

鎮軍將軍張永征薛安都於彭城，山圖領二千人迎運至武原，〔七〕為虜騎所追，合戰，多所傷殺。虜圍轉急，山圖據城自固，然後更結陣死戰，突圍出，虜披靡不能禁。衆稱其勇，呼為「武原將」。及永軍大敗，山圖收散卒得千餘人，守下邳城。還除給事中、宂從僕射、直閤將軍。

山圖好酒多失，明帝數加怒誚，後遂自改。出為錢唐新城戍。是時豫州淮西地新沒

虜，更於歷陽立鎮，五年，以山圖爲龍驤將軍、歷陽令，領兵守城。

初，臨海亡命田流，自號「東海王」，逃竄會稽鄞縣邊海山谷中，立屯營，分布要害，官軍不能討。明帝遣直後聞人襲說降之，授流龍驤將軍，流受命，將黨與出，行達海鹽，放兵大掠而反。是冬，殺鄞令耿猷，東境大震。六年，敕山圖將兵東屯浹口，廣設購募。流爲其副暨挐所殺，別帥杜連、梅洛生各擁衆自守。〔八〕至明年，山圖分兵掩討，皆平之。

豫章賊張鳳，聚衆康樂山，斷江劫抄。臺軍主李雙、蔡保數遣軍攻之，連年不禽。至是軍主毛寄生與鳳戰於豫章江，大敗。明帝復遣山圖討之。山圖至，先羸兵偃衆，遣幢主龐嗣厚遺鳳，要出會聚，聽以兵自備，鳳信之。行至望蔡，山圖設伏兵於水側，擊斬鳳首，衆百餘人東首降。〔九〕除寧朔將軍、漣口戍主。山圖遏漣水築西城，斷虜騎路，幷以溉田。

元徽三年，遷步兵校尉，加建武將軍。轉督高平下邳淮陽淮西四郡諸軍事、寧朔將軍、淮南太守。盜發桓溫塚，大獲寶物。客竊取以遺山圖，山圖不受，簿以還官。遷左中郎將。

太祖輔政，山圖密啓曰：「沈攸之久有異圖，公宜深爲之備。」太祖笑而納之。武陵王贊爲郢州，太祖令山圖領兵衞送。世祖與晉熙王燮自郢下，以山圖爲後防。攸之事起，世祖爲西討都督，啓山圖爲軍副。世祖留據盆城，衆議以盆城城小難固，不如還都。山圖曰：「今據中流，爲四方勢援，大衆致力，川岳可爲。城隍小事，不足難也。」世祖使城局參軍劉皆、

陳淵委山圖以處分事。山圖斷取行旅船板，以造樓櫓，立水栅，旬日皆辦。世祖甚嘉之。授前軍將軍，加寧朔將軍，進號輔國將軍。

攸之攻郢城，世祖令山圖量其形勢。山圖曰：「攸之見與隣鄉，亟同征伐，悉其爲人。性度險刻，無以結固士心。如頓兵堅城之下，適所以爲離散之漸耳。」攸之既敗，平西將軍黃回乘輕舸從白服百餘人在軍前下緣流叫，盆城中恐，須臾知是回凱歸，乃安。世祖謂山圖曰：「周公前言，可謂明於見事矣。」還都，太祖遣山圖領部曲，鎮京城，鎮戍諸軍，悉受節度。遷游擊將軍，輔國如故。建元元年，封廣晉縣男，邑三百戶。

出爲假節、督兗青冀三州徐州東海朐山軍事、寧朔將軍、兗州刺史。百姓附之。二年，進號輔國將軍。其秋，虜動，上策虜必不出淮陰，乃敕山圖曰：「知卿綏邊撫戎，甚有次第，應變算略，悉以相委。恐列醜未必能送死，卿丈夫無可藉手耳。」虜果寇朐山，爲玄元度、盧紹之所破。〔一〇〕虜於淮陽。〔一一〕是時淮北四州起義，上使山圖自淮入清，倍道應赴。敕山圖曰：「卿當盡相帥馭理，每存全重，天下事，唯同心力，山岳可摧。然用兵當使背後無憂慮；若後冷然無橫來處，閉目痛打，無不摧碎。吾政應鑄金，待卿成勳耳。若不藉此平四州，非丈夫也。努力自運，勿令他人得上功。」會義衆已爲虜所沒，山圖拔三百家還淮陰。表移東海郡治漣口，又於石鱉立陽平郡，皆見納。

世祖踐阼，遷竟陵王鎮北司馬，帶南平昌太守，將軍如故。以盆城之舊，出入殿省，甚見親信。義鄉縣長風廟神姓鄧，先經爲縣令，死遂發靈。山圖啓乞加神位輔國將軍。上答曰：「足狗肉便了事，何用階級爲？」轉黃門郎，領羽林四廂直衞。山圖於新林立墅舍，晨夜往還。上謂之曰：「卿罷萬人都督，而輕行郊外。自今往墅，可以仗身自隨，以備不虞。」及疾，上手敕參問，遣醫給藥。永明元年，卒，年六十四。詔賜朝服一具，衣一襲。

周盤龍，北蘭陵蘭陵人也。宋世土斷，屬東平郡。〔一二〕盤龍膽氣過人，尤便弓馬。泰始初，隨軍討赭圻賊，躬自鬬戰，陷陣先登。累至龍驤將軍，積射將軍，封晉安縣子，邑四百戶。元徽二年，桂陽賊起，盤龍時爲冗從僕射、騎官主、領馬軍主，隨太祖頓新亭，與屯(驟)〔騎〕校尉黃回出城南，〔一三〕與賊對陣，尋引還城中，合力拒戰。事寧，除南東莞太守，加前軍將軍，稍至驍騎將軍。昇明元年，出爲假節、督交廣二州軍事、征虜將軍、平越中郎將、廣州刺史，未之官，預平石頭。二年，沈攸之平，司州刺史姚道和懷貳被徵，以盤龍督司州軍事、司州刺史、假節，〔一四〕將軍如故。改封沌陽縣。太祖卽位，進號右將軍。〔一五〕

建元二年，虜寇壽春，以盤龍爲軍主、假節，助豫州刺史垣崇祖決水漂潰。〔一六〕盤龍率輔

國將軍張倪馬步軍於西澤中奮擊，殺傷數萬人，獲牛馬輜重。上聞之喜，詔曰：「醜虜送死，敢寇壽春，崇祖、盤龍正勤義勇，乘機電奮，水陸斬擊，塡川蔽野。師不淹晨，西蕃剋定。斯實將率用命之功，文武爭伐之力。〔一七〕凡厥勳勤，宜時銓序，可符列(言)〔上〕。」〔一八〕盤龍愛妾杜氏，上送金釵鑷二十枚，手敕曰「餉周公阿杜」。轉太子左率。改授持節，軍主如故。

明年，虜寇淮陽，圍(甬)〔角〕城。〔一九〕先是上遣軍主成買戍(甬)〔角〕城，〔二〇〕謂人曰：「我今作(甬)〔角〕城戍，我兒當得一子。」或問其故？買曰：「(甬)〔角〕城與虜同岸，危險具多，我豈能使虜不敢南向。我若不沒虜，則應破虜。兒不作孝子，便當作世子也。」至虜圍買數重，上遣領軍將軍李安民爲都督救之。敕盤龍曰：「(甬)〔角〕城漣口，賊始復進，〔二一〕西道便是無賊，卿可率馬步下淮陰就李領軍。〔二二〕鍾離船少，政可致衣仗數日糧，軍人扶淮步下也。」買與虜拒戰，手所傷殺無數。晨朝早起，手中忽見有數升血，其日遂戰死。

盤龍子奉叔單馬率二百餘人陷陣，虜萬餘騎張左右翼圍繞之，一騎走還，報奉叔已沒，盤龍方食，棄筯，馳馬奮矟，直奔〔虜陣，自稱「周公來！」〕〔二三〕虜素畏盤龍驍名，卽時披靡。時奉叔已大殺虜，得出在外，盤龍不知，乃衝東擊西，奔南突北，賊衆莫敢當。奉叔見其父久不出，復躍馬入陣。父子兩匹騎，縈攪數萬人，虜衆大敗。盤龍父子由是名播北國。形甚羸訥，而臨軍勇果，諸將莫逮。

永明元年，遷征虜將軍、南琅邪太守。三年，遷右衞將軍，加給事中。五年，轉大司馬，〔二四〕加征虜將軍、濟陽太守。世祖數講武，(帝)〔常〕令盤龍領(馬)〔軍〕，校(尉)騎騁稍。〔二五〕後以疾爲光祿大夫。尋出爲持節、都督兗州緣淮諸軍事、平北將軍、兗州刺史。進爵〔爲〕侯。〔二六〕

(甬)〔角〕城戍將張蒲，〔二七〕與虜潛相構結，因大霧乘船入清中採樵，載虜二十餘人，藏仗笭下，〔二八〕直向城東門，防門不禁，仍登岸拔白爭門。戍主皇甫仲賢率軍主孟靈寶等三十餘人於門拒戰，斬三人，賊衆被創赴水，而虜軍馬步至城外已三千餘人，阻塹不得進。淮陰軍主王僧(虔)〔慶〕等領五百人赴救，〔二九〕虜衆乃退。坐爲有司所奏，詔白衣領職。八座尋奏復位。加領東平太守。

盤龍表年老才弱，不可鎭邊，求解職，見許，還爲散騎常侍、光祿大夫。世祖戲之曰：「卿著貂蟬，何如兜鍪？」盤龍曰：「此貂蟬從兜鍪中出耳。」十一年，病卒，年七十九。贈安北將軍、兗州刺史。

子奉叔，勇力絕人，隨盤龍征討，所在爲暴掠。世祖使領軍東討唐寓之，奉叔畏上威嚴，檢勒部下，不敢侵斥。爲東宮直閤。鬱林在西州，奉叔密得自進。及卽位，與直閤將軍

曹道剛爲心膂。道剛驍騎將軍，加冠軍將軍；奉叔游擊將軍，加輔國將軍：竝監殿內直衞。少日，仍遷道剛爲黃門郎，高宗固諫不納。奉叔善騎馬，帝從其學騎射，尤見親寵，得入後宮。尋加領淮陵太守、兗州中正。道剛加南濮陽太守。隆昌元年，除黃門郎，未拜，仍出爲持節、都督青冀二州軍事、冠軍將軍、青州刺史。時帝謀誅宰輔，故出奉叔爲外援，除道剛中軍司馬、青冀二州中正，本官如故。

奉叔就帝求千戶侯，許之。高宗輔政，以爲不可，封曲江縣男，三百戶，奉叔大怒，於衆中攘刀厲目，高宗說喩之，乃受。奉叔辭畢將之鎭，部伍已出。高宗慮其一出不可復制，與蕭諶謀，稱敕召奉叔於省內殺之，勇士數人拳擊久之乃死。啓帝云：「奉叔慢朝廷。」帝不獲已，可其奏。高宗廢帝之日，道剛直閤省，蕭諶先入戶，若欲論事，兵人隨後奄進，以刀刺之，洞胸死，(同)〔因〕進宮內廢帝。〔三〇〕

奉叔弟世雄，永元中，爲西江督護。陳顯達事後，世雄殺廣州刺史蕭季敞，稱季敞同逆，送首京師。廣州刺史顏翻討殺之。

王廣之字林之，沛郡相人也。少好弓馬，便捷有勇力。初爲馬隊主。宋大明中，以功補本縣令，殿中，龍驤，強弩將軍，驃騎中兵，南譙太守。

泰始初，除寧朔將軍、軍主，隸寧朔將軍劉懷珍征殷琰於壽春。琰將劉從築壘拒守，臺軍相守移日。〔三一〕琰遣長史杜叔寶領五千人運車五百乘援從。懷珍遣廣之及軍主辛慶祖、黃回、千道連等要擊於橫塘。寶結營拒戰，廣之等肉薄攻營，自晡至日沒，大敗之，殺傷千餘人，遂退，燒其運車。從聞之，棄壘奔走。時合肥城反，官軍前後受敵，都督劉勔召諸軍主會議。廣之曰：「請得將軍所乘馬往平之。」勔以馬與廣之，廣之去三日，攻剋合肥賊。

仍隨懷珍討淮北。時明帝遣青州刺史明僧暠北征至三城，爲沈文秀所攻。廣之將步騎三千餘人，緣海救之，俱引退。廣之又進軍襲文秀所置長廣太守劉桃根，桃根棄城走。軍還，封安蠻縣子，三百戶。尋改蒲圻。除建威將軍、南陽太守，不之官。除越騎校尉，龍驤將軍、鍾離太守。遷爲左軍將軍，加寧朔將軍、高平太守。又除游擊將軍，寧朔如故。加給事中，冠軍將軍。討宋建平，先登京口，改封寧都縣子，五百戶。太祖廢蒼梧，出廣之爲假節、督徐州軍事、徐州刺史、鍾離太守，冠軍如故。

沈攸之事起，廣之留京師，豫平石頭，仍從太祖頓新亭，進號征虜將軍。太祖誅黃回。回弟駟及從弟馬、兄子奴亡逸。太祖與廣之書曰：「黃回雖有微勳，而罪過轉不可容。近遂啓請御大小二輿爲刺史服飾。吾乃不惜爲其啓聞，政恐得輿，復求畫輪車。此外罪不可勝

數，弟自悉之。今啓依法。」令廣之於江西搜捕駟等。建元元年，〔進〕爵〔爲〕侯，食邑(爲)千戶。〔三二〕轉散騎常侍、左軍將軍。

北虜動，明年，詔假廣之節，出淮上。廣之家在彭、沛，啓上求招誘鄕里部曲，北取彭城，上許之。以廣之爲使持節、都督淮北軍事、平北將軍、徐州刺史。廣之引軍過淮，無所剋獲，坐免官。尋除征虜將軍，加散騎常侍、太子右率。世祖卽位，遷長沙王鎭軍司馬，南東海太守，司徒司馬，尋陽相，〔三三〕南新蔡太守，安陸王北中郎左軍司馬、廣陵太守，將軍如故。出爲持節、都督徐州諸軍事、徐州刺史，將軍如故。還爲光祿大夫、左將軍、司徒司馬。遷右衞將軍，轉散騎常侍，前將軍。〔三四〕

世祖見廣之子珍國應堪大用，謂廣之曰：「卿可謂老蜂也。」廣之曰：「臣不敢辭。」上大笑。除游擊將軍，不拜。

十一年，虜動，假廣之節，招募。隆昌元年，遷給事中、左衞將軍。時豫州刺史崔慧景密與虜通，有異志。延興元年，以廣之爲持節、督豫州郢州之西陽司州之汝南二郡軍事、平西將軍、豫州刺史。預廢鬱林勳，增封三百戶。高宗誅害諸王，遣廣之征安陸王子敬於江陽，給鼓吹一部。事平，仍改授使持節、散騎常侍、都督江州諸軍事、鎭南將軍、江州刺史。進封應城縣公，食邑二千戶。建武二年，虜圍司州，遣廣之持節督司州征討，解圍。廣之未

至百餘里，虜退，乃還。明年，遷侍中、鎭軍將軍，給扶。四年，卒。年七十三。追贈散騎常侍、車騎將軍，謚曰莊公。〔三五〕

史臣曰：公侯扞城，守國之所資也。必須久習兵事，非一戰之力。安國等致効累朝，聲勤克舉，竝識時變，咸知附託。盤龍驍勇，獨冠三軍，匈奴之憚飛將，曾不若也。壯矣哉！

贊曰：安國舊將，協同遷社，同禅九江，翊從中夏。盤龍殺敵，洞開胡馬。廣之末年，旌旄騤杷。

校勘記

〔一〕沈攸之〔之〕難　張森楷校勘記云：「『難』字上奪『之』字。」按元龜四百四十九疊「之」字，今據補。

〔二〕候伯與回同〔衞將〕軍袁粲謀石頭事　據元龜四百四十七補。按時袁粲爲尙書令、衞將軍。

〔三〕(太)〔建〕元元年　據南史及元龜三百七十九改。

〔四〕進爵　南史下有「爲侯」二字。按安國前封鍾武縣男，進爵則爲侯矣，無「爲侯」二字，義亦自明。

〔五〕有氣幹　「氣」毛本、局本作「器」。

〔六〕(舉)〔與〕軍主佼長生等攻破賊湖白赭圻二城　據元龜三百五十一改。

〔七〕山圖領二千人迎運至武原　「運」御覽四百三十五引作「軍」，元龜三百九十二、三百九十五亦作「軍」。疑作「軍」是。

〔八〕別帥杜連梅洛生各擁衆自守　「杜連」毛本、局本作「杜運」。

〔九〕衆百餘人東首降　「東首」南監本、局本作「東手」。

〔一〇〕爲玄元度盧紹之所破　「玄元度」原譌「元玄度」，各本同譌，今據魏虜傳及魏書蕭道成傳乙正。按通鑑齊高帝建元二年「朐山戍主玄元度嬰城固守」，胡注引孫愐曰「玄，姓也」。

〔一一〕虜於淮陽　按下有脫文。

〔一二〕北蘭陵蘭陵人也宋世土斷屬東平郡　錢大昕廿二史考異云：「按史稱南蘭陵者，南徐州之蘭陵也；稱北蘭陵者，徐州之蘭陵也。宋志徐州蘭陵郡領昌慮、承、合鄉三縣，不見蘭陵縣，疑志有脫漏矣。宋泰始以後，淮北陷沒，僑立淮南，土斷改屬東平，故齊志無北蘭陵之名也。」

〔一三〕與屯(驤)〔騎〕校尉黄回出城南　殿本考證云：「百官志無屯驤校尉，南史黄回傳作『屯騎校尉』，當從之。」今據改。

〔一四〕假節　「假」字原闕，據各本補。

〔一五〕進號右將軍　「右」字原闕，據各本補。

〔一六〕助豫州刺史垣崇祖決水漂漬　「漬」局本及元龜三百五十一並作「潰」。

〔一七〕文武爭伐之力　「伐」原譌「乏」，各本不譌，今改正。

〔一八〕可符列(言)〔上〕　據南監本、殿本、局本改。

〔一九〕圍(甬)〔角〕城　據南史及元龜三百九十五、四百二十五、八百四十七、九百五十一改。

〔二〇〕上遣軍主成買戍(甬)〔角〕城　「甬城」南史及元龜並作「角城」，通鑑胡注亦云「甬城」當作「角城」，今據改。下同。

〔二一〕(甬)〔角〕城漣口賊始復進　「賊始復」三字原闕，據各本補。

〔二二〕卿可率馬步下淮陰就李領軍　「淮陰」南史作「淮陽」。「就李領」三字原闕，據元龜四百二十五補。按李安民爲領軍將軍，故稱李領軍，各本作「就安民軍」，恐非子顯原文，今從元龜。

〔二三〕馳馬奮矟直奔〔虜陣自稱周公來〕　據御覽四百三十五引補。

〔二四〕轉大司馬　南史云「爲大司馬」。錢大昕廿二史考異云：「此時豫章王嶷爲大司馬，盤龍何以得代之，蓋爲嶷府之僚佐，史脫其文耳。」

〔二五〕(帝)〔常〕令盤龍領〔馬〕軍校(尉)騎騁矟　據南監本、殿本、局本改。

〔二六〕進爵〔爲〕侯　據局本、南史補。

〔二七〕(甬)〔角〕城戍將張蒲　據元龜四百五十改。

〔二八〕藏仗笋下　「仗」南監本、殿本作「伏」。殿本考證云：「『伏』汲古閣本作『仗』。按字書，笋是竹器，但可藏仗，未可藏人，似當以仗爲是。」

〔二九〕淮陰軍主王僧(度)〔慶〕等領五百人赴救　據局本及元龜四百五十改。

〔三〇〕(同)〔因〕進宮內廢帝　據南監本、殿本、局本改。

〔三一〕臺軍相守移日　「守」南監本、毛本、殿本、局本作「拒」。

〔三二〕〔進〕爵〔爲〕侯食邑(爲)千戶　據南監本、殿本、局本改。

〔三三〕尋陽相　「相」原譌「柏」，各本並譌，今改正。按王敬則封尋陽郡公，故改太守爲相。曹虎傳「領尋陽相」，垣榮祖傳「爲尋陽相」，丘靈鞠傳「出爲鎭南長史、尋陽相」，皆是也。

〔三四〕轉散騎常侍前將軍　「前將軍」南史作「前軍將軍」。

〔三五〕謚曰莊公　「莊公」南監本、殿本、局本作「壯公」。

南齊書卷三十

列傳第十一

薛淵　戴僧静　桓康 尹略　焦度　曹虎

薛淵，河東汾陰人也。宋徐州刺史安都從子。本名道淵，避太祖偏諱改。安都以彭城降虜，親族皆入北。太祖鎮淮陰，淵遁來南，委身自結。果幹有氣力。太祖使領部曲，備衞帳内，從征伐。元徽末，以勳官至輔國將軍，右軍將軍，驍騎將軍、軍主，封竟陵侯。

沈攸之難起，太祖入朝堂，豫章王嶷代守東府，使淵領軍屯司徒左府，〔一〕分備京邑。袁粲據石頭，豫章王嶷夜登西門遥呼淵，淵驚起，率軍赴難，先至石頭焚門攻戰。事平，明旦衆軍還集杜姥宅，街路皆滿，宫門不開，太祖登南掖門樓處分衆軍各還本頓，至食後，城門開，淵方得入見太祖，且喜且泣。太祖即位，增邑爲二千五百户。除淮陵太守，〔二〕加寧朔將軍，驍騎將軍如故。尋爲直閤將軍，冠軍將軍。仍轉太子左率。

虜遣僞將薛道摽寇壽春，太祖以道摽淵之親近，敕齊郡太守劉懷慰曰：「聞道摽分明來，其兒婦竝在都，與諸弟無復同生者，凡此類，無爲不多方悮之，縱不全信，足使豺狼疑惑。」令爲淵書與道摽示購之之意，虜得書，果追道摽，遣他將代之。

世祖即位，遷左衞將軍。初，淵南奔，母索氏不得自拔，改嫁長安楊氏，淵私遣購贖，梁州刺史崔慧景報淵云：「索在界首，遣信拘引，已得拔難。」淵表求解職至界上迎之，見許。改授散騎常侍、征虜將軍。淵母南歸事竟無實。永明元年，淵上表解職送貂蟬。詔曰：「遠隔殊方，聲問難審。淵憂迫之深，固辭朝列。昔東關舊典，猶通婚宦；況母出有差，音息時至，依附前例，不容申許。便可斷表，速還章服。」淵以贖母既不得，又表陳解職，詔不許。後虜使至，上爲淵致與母書。

車駕幸安樂寺，淵從駕乘虜橋，先是勑羌虜橋不得入仗，爲有司所奏，免官，見原。四年，出爲持節、督徐州諸軍事、徐州刺史，將軍如故。明（帝）〔年〕，遷右軍司馬，〔三〕將軍如故，轉大司馬，濟陽太守，〔四〕將軍如故。七年，爲給事中、右衞將軍，以疾解職。歸家，不能乘車，去車脚，使人轝之而去，爲有司所糾，見原。

八年，爲右將軍、大司馬，〔五〕領軍討巴東王子響。子響軍主劉超之被捕急，以眠褥雜物十餘種賂淵自逃，淵匿之軍中，爲有司所奏，詔原。十年，爲散騎常侍，將軍如故。世祖崩，朝廷慮虜南寇，假淵節，軍主、本官如故。尋加驍騎將軍，假節、本官如故。隆昌元年，出爲持節、督司州軍事、司州刺史，右將軍如故。延興元年，進號平北將軍，未拜，卒。明帝即位，方有詔賻錢五萬，布五百匹，剋日舉哀。

戴僧静，會稽永興人也。祖飾，宋景平中，與富陽孫法先謀亂伏法，〔六〕家口徙青州。僧静少有膽力，便弓馬。事刺史沈文秀，俱没虜。後將家屬叛還淮陰，太祖撫畜之，常在左右。僧静於都載錦出，爲歐陽戍所得，繫兖州獄，〔七〕太祖遣薛淵餉僧静酒食，以刀子置魚腹中。僧静與獄吏飲酒，既醉，以刀刻械，手自折鏁，發屋而出。歸，太祖匿之齋内，以其家貧，年給穀千斛。虜圍角城，遣僧静戰盪，數捷，補帳内軍主。隨還京師，勳階至積射將軍、羽林監。

沈攸之事起，太祖入朝堂，僧静爲軍主從，袁粲據石頭。太祖遣僧静將腹心先至石頭，時蘇烈據倉城，僧静射書與烈，夜縋入城。粲登城西南門，（烈）〔列〕燭火處分，〔八〕臺軍至，射之，火乃滅，回登東門。其黨輔國將軍孫曇瓘驍勇善戰，每盪一合，輒大殺傷，官軍死者百餘人。軍主王天生殊死拒戰，故得相持。自亥至丑，有流星赤色照地墜城中，僧静率力攻

倉門，身先士卒，衆潰，僧静手斬粲，於是外軍燒門入。初，粲大明中與蕭惠開、周朗同車行，逢大桁開，駐車共語。惠開取鏡自照曰：「（元）〔無〕年可仕。」〔九〕朗執鏡良久曰：「視死如歸。」粲最後曰：「當至三公而不終也。」僧静以功除前軍將軍，寧朔將軍。將士戰亡者，太祖爲斂祭焉。

昇明二年，除游擊將軍。沈攸之平，論封諸將，以僧静爲興平縣侯，邑千户。太祖即位，增邑千二百户。除南濟陰太守，本官如故。除輔國將軍，改封建昌。建元二年，遷驍騎將軍，加員外常侍，轉太子左衞率。

世祖踐阼，出爲持節、督徐州諸軍事、冠軍將軍、北徐州刺史。買牛給貧民令耕種，甚得荒情。遷給事中、太子右率。尋加通直常侍。永明五年，隸護軍陳顯達，討荒賊桓天生於比陽。僧静與平西司馬韓孟度、華山太守康元隆前進，未至比陽四十里，頓深橋。天生引虜步騎十萬奄至，僧静合戰大破之，殺獲萬計。天生退還比陽，僧静進圍之。天生軍出城外，僧静又擊破之，天生閉門不復出，僧静力疲乃退。除征虜將軍、南中郎司馬、淮南太守。

八年，巴東王子響殺僚佐，世祖召僧静使領軍向江陵，僧静面啓上曰：「巴東王年少，長史捉之太急，忿不思難故耳。天子兒過誤殺人，有何大罪。官忽遣軍西上，〔一〇〕人情惶懼，

無所不至，僧靜不敢奉敕。」上不荅而心善之。

徙爲盧陵王中軍司馬、高平太守，將軍如故。九年，卒。詔曰：「僧靜志懷貞果，誠著艱難。剋殄西墉，勳彰運始。奄致殞喪，惻愴傷懷。賻錢五萬，布百匹。謚壯侯。」

僧靜同郡餘姚人陳胤叔，本名承叔，避宣帝諱改。彊辯果捷，便刀楯。初爲左夾轂隊將。泰始初，隨太祖東討，遂歸身隨從征伐，小心愼事，以功見賞。封當陽縣子。官至太子左率。啓世祖以鍜箭鏃用鐵多，不如鑄作。東冶令張候伯以鑄鏃鈍，不合用，事不行。永明三年，卒。

桓康，北蘭陵承人也。勇果驍悍。宋大明中，隨太祖爲軍容。從世祖在贛縣。泰始初，世祖起義，爲郡所繫，衆皆散。康裝擔，一頭貯穆后，一頭貯文惠太子及竟陵王子良，自負置山中。與門客蕭欣祖、楊璪之、皐分喜、潛三奴、向思奴四十餘人相結，破郡獄出世祖。郡追兵急，康等死戰破之。隨世祖起義，摧堅陷陣，膂力絕人，所經村邑，恣行暴害。江南人畏之，以其名怖小兒，畫其形以辟瘧，無不立愈。見擢爲世祖冠軍府參軍，除殿中將軍，武騎常侍，出補襄賁令。桂陽事起，康棄縣還都就太祖，會事平，除員外郎。

元徽五年七月六日夜，少帝微行至領軍府，帝左右人曰：「一府人皆眠，何不緣牆入。」帝曰：「我今夕欲一處作適，待明日夜。」康與太祖所養健兒盧荒、向黑於門閒聽得其語。明夕，王敬則將帝首至，扣門，康謂是變，與荒、黑曉下，拔白欲出。〔一〇〕仍隨入宮。〔一一〕太祖鎭東府，除康武陵王中兵、寧朔將軍，帶蘭陵太守，常衞左右。

太祖誅黃回，回時將爲南兗州，部曲數千，遣收，恐爲亂。〔一三〕召入東府，停外齋，使康將數十人數回罪，然後殺之。回初與屯騎校尉王宜興同石頭之謀，〔一四〕太祖隱其事，猶以重兵付回而配以腹心。宜與拳捷，善舞刀楯，回嘗使十餘人以水交灑，不能著。既慮宜與反己，乃先撤其軍將，宜與不與，回發怒不從處分，擅斬之。諸將因此白太祖，以回握彊兵，必遂反覆。康請獨往刺之，太祖曰：「卿等何疑(其使)〔甚，彼〕無能爲也。」〔一五〕及回被召上車，愛妾見赤光冠其頭至足，苦捉留，回不肯止。時人爲之語曰：「欲侜張，問桓康。」

除後軍將軍，直閤將軍，南濮陽太守，寧朔如故。建元元年，封吳平縣伯，〔一六〕五百戶。轉輔國將軍，左軍將軍，游擊將軍，太守如故。太祖謂康曰：「卿隨我日久，未得方伯，亦當未解我意，政欲與卿先共滅虜耳。」虜動，遣康行，假節。尋進冠軍將軍。三年春，於淮陽與虜戰，大破之，進兵攻陷虜樊諧城。太祖喜，敕康迎淮北義民，不剋。明年，以康爲持節、督青冀二州東徐之東莞琅邪二郡朐山戍北徐之東海漣口戍諸軍事、青冀二州刺史，冠軍如故。世祖卽位，轉驍騎將軍，復前軍郡。其年，卒。詔曰：「康昔預南勳，義兼常懷，倍深惻愴。凶事所須，厚加料理。」年五十七。

淮南人尹略，少伏事太祖，晚習騎射，以便捷見使爲將。昇明中，爲虎賁中郎、越騎校尉。建元初，封平固男，〔一七〕三百戶。永明八年，爲游擊將軍，討巴東王子響，見害。贈輔國將軍、梁州刺史。

焦度字文續，〔一八〕南安氐人也。祖文珪，避難至襄陽，宋元嘉中，僑立天水郡略陽縣，乃屬焉。

度以歸國，補北館客。孝武初，青州刺史顏師伯出鎭，臺差度領幢主送之。〔一九〕索虜寇青州，師伯遣度領軍與虜戰於沙溝杜梁，度身破陣，大捷。師伯板爲己輔國府參軍。虜遣清水公拾賁敕文寇清口，度又領軍救援，刺虜騎將豹皮公墮馬，獲其具裝鎧矟，手殺數十人。

師伯啓孝武稱度氣力弓馬並絕人，帝召還充左右。見度身形黑壯，謂師伯曰：「眞健物

也。」除西陽王撫軍長兼行參軍，補晉安王子勛夾轂隊主，隨鎭江州。子勛起兵，以度爲龍驤將軍，領三千人爲前鋒，屯赭圻。每與臺軍戰，常自排突，所向無不勝。事敗，逃宮亭湖中爲寇賊。朝廷聞其勇，甚憂患之，使江州刺史王景文誘降度等，〔度〕將部曲出首，〔二〇〕景文以爲己鎭南參軍，尋領中直兵，厚待之。隨景文還都，常在府州內。景文被害夕，度大怒，勸景文拒命，景文不從。明帝不知也。

〔以〕度武勇，〔二一〕補晉熙王燮防閤，除征虜鎧曹行參軍，隨鎭夏口。武陵王贊代燮爲郢州，度仍留鎭，爲贊前軍〔參軍〕。〔二二〕沈攸之事起，轉度中直兵，加寧朔將軍、軍主。太祖又遣使假度輔國將軍、屯騎校尉。攸之大衆至夏口，將直下都，留偏兵守郢城而已。度於城樓上肆言罵辱攸之，至自發露〔形體穢辱之〕，〔二三〕故攸之怒，改計攻城。度親力戰，攸之衆蒙楯將登，度令投以穢器，賊衆不能冒，至今呼此樓爲「焦度樓」。事寧，度功居多，轉後軍將軍，封東昌縣子，東宮直閤將軍。爲人朴澀，欲就太祖求州，比及見，意色甚變，竟不得一語。太祖以其不閑民事，竟不用。建元四年，乃除淮陵太守，本官如故。度見朝廷貴(賤)〔戚〕，〔二四〕說郢城事，宣露如初。好飲酒，醉輒暴怒。上常使人節之。年雖老，而氣力如故。尋除游擊將軍。永明元年，卒，年六十一。贈輔國將軍、梁秦二州刺史。

子世榮，永明中爲巴東王防閤。子響事，世榮避奔雍州，世祖嘉之，以爲始興中兵參

軍。

曹虎字士威，下邳下邳人也，本名虎頭。宋明帝末，爲直廂。桂陽賊起，隨太祖出新亭壘出戰，先斬一級持還，由是識太祖。太祖爲領軍，虎訴勳，補防殿隊主，直西齋。蒼梧廢明日，虎欲出外避難，遇太祖在東中華門，問虎何之？虎因曰：「故欲仰覓明公耳。」仍留直衞。

太祖鎮東府，以虎與戴僧靜各領白直三百人。累至屯騎校尉，帶南城令。豫平石頭，封羅江縣男，除前軍將軍。上受禪，增邑爲四百戶。直閤將軍，領細仗主。尋除寧朔將軍、東莞太守。建元元年冬，虎啓乞度封侯官，尚書奏侯官戶數殷廣，乃改封監利縣。二年，除游擊將軍，本官如故。

及彭、沛義民起，遣虎領六千人入渦。沈攸之橫吹一部，京邑之絕，虎啓以自隨。義民久不至，〔二五〕虎乃攻虜別營破之。將士貪取俘執，反爲虜所敗，死亡二千人。

世祖卽位，除員外常侍，遷南中郎司馬，加寧朔將軍、南新蔡太守。永明元年，徙爲安成王征虜司馬，餘官如故。明年，江州蠻動，敕虎領兵戍尋陽，板輔國將軍，伐蠻軍主。又

領尋陽相。尋除游擊將軍，輔國、軍主如故。世祖以虎頭名鄙，敕改之。

六年四月，荒賊桓天生復引虜出據隔城，遣虎督數軍討之。虎令輔國將軍朱公恩領騎百匹及前行踏伏，值賊遊軍，因合戰破之。遂進至隔城。賊黨拒守，虎引〔兵〕圍柵，〔二六〕絕其走路，須臾，候騎還報虜援已至，尋而天生率馬步萬餘人迎戰，虎奮擊大敗之，獲二千餘人。明日，遂攻隔城拔之，斬僞虎威將軍襄城太守帛烏祝，復殺二千餘人，賊棄平氏城退走。

（十一）〔七〕年，遷冠軍將軍，〔二七〕驍騎如故。明年，遷太子左率，轉西陽王冠軍司馬、廣陵太守。上敕虎曰：「廣陵須心腹，非吾意可委者，不可得處此任。」隨郡王子隆代巴東王子響爲荆州，備軍容西上，以虎爲輔國將軍、鎮西司馬、南平內史。十一年，收雍州刺史王奐，敕領步騎數百，步道取襄陽。仍除持節、督梁南北秦沙四州諸軍事、西戎校尉、梁南秦二州刺史，將軍如故。尋進號征虜將軍。鬱林卽位，進號前將軍。隆昌元年，遷督雍州郢州之竟陵司州之隨郡軍事、冠軍將軍、雍州刺史。建武元年，進號右將軍。二年，進督爲監，〔二八〕進號平北將軍，爵爲侯，增邑三百戶。

四年，虜寇沔北，虎聚軍襄陽，與南陽太守房伯玉不協，不急赴救，末乃移頓樊城。虜主元宏遺虎書曰：「皇帝謝僞雍州刺史：神運兆中，皇居闡洛。化總元天，方融八表。而南有未賓之吳，治爲兩主之隔。幽顯含嗟，人靈雍（泰）〔閼〕。〔二九〕且漢北江邊，密爾乾縣，故先動鳳駕，整我神邑。卿進無陳平歸漢之智，退闕關羽殉節之忠，嬰閉窮城，憂頓長沔，機勇兩缺，何其嗟哉。朕比乃欲造卿，逼亢未果，且還新都，饗厥六戎，入彼春月，遲遲揚旌，善脩爾略，以俟義臨。」虎使人答書曰：「自金精失道，皇居徙縣，喬木空存，茂草方鬱。七狄交侵，五胡代起，顧瞻中原，每用弔焉。知棄皐蘭，隨水瀍澗，伊川之象，爰在茲日。古人有云：『匪宅是卜，而鄰是卜。』樊、漢無幸，咫尺殊風，折膠入塞，乘秋犯邊，親屬窮於斬殺，士女困於虔劉。與彼蠢左，共爲脣齒，仁義弗聞，苛暴先露。乃復改易氈裘，妄自尊大。我皇開運，光宅區夏，而式亂逋逃，棄同卽異。每欲出車鞠旅，以征不庭，所冀干戚兩階，叛命來格，遂復遊魂不戢，乾沒孔熾。〔三〇〕孤總連率，任屬方邵，組甲十萬，雄戟千羣，以此戡難，何往不克。主上每矜率土，哀彼民黎，使不戰屈敵，兵無血刃。故部勒小戍，閉壁清野，抗威遵養，庶能懷音。若遂迷復，知進忘退，當金鉦戒路，雲旗北掃，長驅燕代，併羈名王，使少卿忽諸，頭曼不祀。兵交無遠，相爲憫然。」

永泰元年，遷給事中，右衞將軍，持節，隸都督陳顯達停襄陽伐虜。度支尚書崔慧景於鄧地大敗，虜追至沔北。元宏率十萬衆，從羽儀華蓋，圍樊城。虎閉門固守。虜去城數里立營頓，設氈屋，復再圍樊城，臨沔水，望襄陽岸乃去。虎遣軍主田安之等十餘軍出逐之，頗相傷殺。東昏卽位，遷前將軍，鎮軍司馬。永元元年，始安王遙光反，虎領軍屯青溪中

橋。〔三一〕事寧，轉散騎常侍、右衞將軍。

虎形幹甚毅，善於誘納，日食荒客常數百人。晚節好貨賄，吝嗇，在雍州得見錢五千萬，伎女食醬菜，無重肴。每好風景，輒開庫拍張向之。帝疑虎舊將，兼利其財，新除未及拜，見殺。時年六十餘。和帝中興元年，追贈安北將軍、徐州刺史。

史臣曰：解厄鴻門，資舞陽之氣；納降饗旅，仗虎侯之力。觀茲猛毅，藉以風威，未必投車挾輈，然後勝敵。故桓康之聲，所以震懾江蠡也。

贊曰：薛辭親愛，歸身淮涘。戴類千秋，興言帝子。桓勇焦壯，爪牙之士。虎守西邊，功虧北鄙。

校勘記

〔一〕使淵領軍屯司徒左府　「左府」南史作「右府」。

〔二〕除淮陵太守　「淮陵」南史作「淮陰」。

〔三〕明（帝）〔年〕遷右軍司馬　據殿本改。錢大昕廿二史考異云：「此時明帝尚未卽位，當有舛誤。考

明帝紀，永明五年爲右將軍、豫州刺史，淵殆爲其府司馬耳。當云遷明帝右軍司馬。」局本依錢說改爲「遷明帝右軍司馬」。今按上云「四年，出爲持節督徐州諸軍事徐州刺史」，下云「明年」，卽永明五年，正蕭鸞爲右將軍豫州刺史時，與錢說合。殿本據北監本作「明年」，錢氏殆未校北監本，故不悟「帝」字爲「年」字之譌耳。

〔四〕轉大司馬濟陽太守　錢大昕廿二史考異云：「按齊世除大司馬者，唯豫章王嶷、王敬則二人，非淵所得授此。蓋蒙上右軍司馬之文，由右軍司馬轉爲大司馬府之司馬也。」

〔五〕爲右將軍大司馬　按當亦爲大司馬參佐，史有奪文。元龜四百五十五作「右將軍左司馬」，然下文有「將軍如故」、「右將軍如故」語，則不當爲右將軍左司馬也。

〔六〕與富陽孫法先謀亂伏法　「孫法先」宋書文帝紀作「孫法光」，褚淡之傳作「孫法亮」。

〔七〕繫兗州獄　「兗州」南史作「南兗州」。

〔八〕(烈)〔列〕燭火處分　據殿本、局本及南史改。

〔九〕(元)〔無〕年可仕　據殿本、局本改。按南監本作「无年可仕」，元與无形近而譌也。

〔一〇〕宜忽遣軍西上　「宜」南監本、毛本、殿本、局本作「今」，譌。

〔一一〕拔白欲出　南監本、毛本、殿本、局本作「拔白刃欲出」。張元濟校勘記云：「拔白爭門，見周盤龍傳，不必加『刃』字。」

〔一二〕仍隨入宮　「隨」字下南監本有「太祖」二字。

〔一三〕遣收恐爲亂　「遣」南監本、毛本、殿本、局本作「欲」。

〔一四〕回初與屯騎校尉王宜與同石頭之謀　「王宜與」南監本、局本作「王宜興」，宋書袁粲傳亦作「王宜興」。

〔一五〕卿等何疑(其使)〔甚彼〕無能爲也　據南監本、殿本、局本改。

〔一六〕封吳平縣伯　「吳平縣伯」南史作「吳平縣侯」。

〔一七〕封平固男　「平固」南監本、毛本、殿本、局本並作「平周」，譌。按宋書州郡志江州南康郡領平固侯相，若平周，則爲梁州北巴西太守所領縣矣。

〔一八〕焦度字文續　「文續」南史作「文績」。

〔一九〕青州刺史顏師伯出鎭臺差度領幢主送之　「臺差」二字各本並作「滑臺」，屬上爲句，南史同。按青州不當治滑臺，顏師伯亦無出鎭滑臺事，作「滑臺」譌。

〔二〇〕〔度〕將部曲出首　據元龜四百二十二補。

〔二一〕〔以〕度武勇　據南監本、毛本、殿本、局本補。

〔二二〕爲贊前軍〔參軍〕　據南監本、殿本、局本補。按元龜三百五十一及南史焦度傳並有「參軍」二字。

〔二三〕至自發露〔形體穢辱之〕　據南監本、殿本、局本及南史補。

〔二四〕度見朝廷貴(賤)〔戚〕　據南監本、毛本、殿本、局本改。

〔二五〕義民久不至　「至」原譌「望」，各本不譌，今改正。

〔二六〕虎引〔兵〕圍柵　據元龜三百五十一補。

〔二七〕(十一)〔七〕年遷冠軍將軍　張森楷校勘記：「按下有十一年收王奐云云，則此不得云是十一年，疑是七年之譌。」按張說是。下云明年隨郡王子隆代巴東王子響爲荆州，備軍容西上，以虎爲輔國將軍云云，子隆代子響爲荆州在永明八年，明此爲「七年」之譌，今據改。

〔二八〕二年進督爲監　錢大昕廿二史考異云：「宋書百官志，晉世都督諸軍爲上，監諸軍次之，督諸軍爲下。」

〔二九〕人靈雍(泰)〔閼〕　據南監本、殿本、局本改。按「雍」南監本、殿本、局本作「壅」，雍與壅通，今不改。

〔三〇〕乾沒孔熾　「乾沒」南監本、局本作「亂猾」。按「乾沒」見史記酷吏張湯傳。

〔三一〕虎領軍屯青溪中橋　「青溪中橋」南史作「青溪大橋」。

南齊書卷三十一

列傳第十二

江謐　荀伯玉

江謐字令和，濟陽考城人也。祖秉〔之〕，〔一〕臨海太守，宋世清吏。父徽，尚書都官郎，吳令，爲太初所殺。謐繫尚方，孝武平京邑，乃得出。解褐奉朝請，輔國行參軍，于湖令，強濟稱職。宋明帝爲南豫州，〔二〕謐傾身奉之，爲帝所親待。卽位，以爲驃騎參軍。弟蒙貌醜，帝常召見狎侮之。

謐轉尚書度支郎，俄遷右丞，兼比部郎。泰始四年，江夏王義恭第十五女卒，年十九，未笄。禮官議從成人服，諸王服大功。左丞孫夐重奏：「禮記女子十五而笄，鄭云應年許嫁者也。〔三〕其未許嫁者，則二十而笄。射慈云十九猶爲殤。禮官違越經典，於禮無據。」博士太常以下結免贖論；謐坐杖督五十，奪勞百日。謐又奏：「夐先不研辨，混同謬議。准以事

例，亦宜及咎。」夐又結免贖論。詔「可」。

出爲建平王景素冠軍長史、長沙內史，行湘州事。政治苛刻。僧遵道人與謐情款，隨謐莅郡，犯小事，餓繫郡獄，僧遵裂三衣食之，既盡而死。爲有司所奏，徵還。明帝崩，遇赦得免。爲正員郎，右軍將軍。

太祖領南兗州，謐爲鎮軍長史、廣陵太守，入爲游擊將軍。性流俗，善趨勢利。元徽末，朝野咸屬意建平王景素，謐深自委結，景素事敗，僅得免禍。蒼梧王廢後，物情尚懷疑惑，謐獨竭誠歸事太祖，以本官領尚書左丞。昇明元年，遷黃門侍郎，左丞如故。沈攸之事起，議加太祖黃鉞，謐所建也。事平，遷吏部郎，稍被親待。遷太尉諮議，領錄事參軍。齊臺建，爲右衛將軍。建元元年，遷侍中，出爲臨川王平西長史、冠軍將軍、長沙內史、行湘州留事，先遣之鎭，既而驃騎豫章王嶷領湘州，以謐爲長史，將軍、內史、知州留事如故。封永新縣伯，四百戶。三年，爲左民尚書。諸皇子出閤用文武主帥，〔四〕皆以委謐。尋敕曰：「江謐寒士，誠當不得競等華儕。然甚有才幹，堪爲委遇，可遷掌吏部。」

謐才長刀筆，所在事辦。太祖崩，謐稱疾不入，衆頗疑其怨不豫顧命也。世祖卽位，謐又不遷官，以此怨望。時世祖不豫，謐詣豫章王嶷請閒曰：「至尊非起疾，東宮又非才，公今欲作何計？」世祖知之，出謐爲征虜將軍、鎭北長史、南東海太守。未發，上使御史中丞沈沖奏謐前後罪曰：「謐少懷輕躁，長習諂薄，交無義合，行必利動。特以奕世更局，見擢宋朝，而阿諛內外，貨賂公行，咎盈憲簡，戾彰朝聽，輿金輦寶，取容近習。以沈攸之地勝兵強，終當得志，委心託身，歲暮相結。以劉景素親屬望重，物應樂推，獻誠薦子，窺窬非望。時艱網漏，得全首領。太祖匡飭天地，方（知）〔弘〕遠圖，〔五〕薄其（艱）〔難〕洗之瑕，〔六〕許其革音之効，加以非分之寵，推以不次之榮，列迹勳良，比肩朝德。以往者微勤，刀筆小用，賞劇河山，任忝出入。輕險之性，在貴彌彰；貪昧之情，雖富無滿。重莅湘部，顯行斷盜；及居銓衡，肆意受納。連席同乘，皆詖黷舊侶；密筵閑讌，必貨賄常客。理合升進者，以爲己惠；事宜貶退者，竝稱中旨。謂販鬻威權，姦自不露，〔七〕欺主罔上，(奸)〔謗〕議可掩。〔八〕先帝寢疾彌留，人神憂震。謐〔託〕病私舍，〔九〕曾無變容。國諱經旬，甫暫入殿，參訪遺詔，覘忖時旨。以身列朝流，宜蒙兼帶，先顧不逮，舊位無加，遂崇飾惡言，肆醜縱悖，譏誹朝政，訕毀皇猷，遍訾忠賢，歷詆台相。至於蕃岳入授，列代恆規，勳戚出撫，前王彝則。而謐妄發樞機，坐構躝論。復敢貶謗儲后，不顧辭端，毀折宗王，每窮舌杪。皆云語誓乖禮，崇樹失宜，仰指天，俯畫地，希幸災故，以申積憤。犯上之跡既彰，反噬之情已著。請免官削爵土，收送廷尉獄治罪。」詔賜死，時年五十二。

子介，建武中，爲吳令，治亦深切。民閒榜死人髑髏爲謐首，〔介〕棄官而去。〔一〇〕

荀伯玉字弄璋，廣陵人也。祖永，南譙太守，父闡之，給事中。

伯玉少爲柳元景撫軍板行參軍，南徐州祭酒，晉安王子勛鎭軍行參軍。泰始初，子勛舉事，伯玉友人孫沖爲將帥，伯玉隸其驅使，封新亭侯。事敗，伯玉還都賣卜自業。建平王景素聞而招之，伯玉不往。

太祖鎭淮陰，伯玉歸身結事，爲太祖冠軍刑獄參軍。太祖爲明帝所疑，及徵爲黃門郎，深懷憂慮。伯玉勸太祖遣數十騎入虜界，安置標榜，於是虜游騎數百履行界上，太祖以聞，猶懼不得留，令伯玉卜，伯玉斷卦不成行，而明帝詔果復太祖本任，由是見親待。從太祖還都，除奉朝請。令伯玉看宅，知家事。世祖罷廣興還，立別宅，遣人於大宅掘樹數株，伯玉不與，馳以聞。太祖曰：「卿執之是也。」轉太祖平南府，晉熙王府參軍。太祖爲南兗州，伯玉轉爲上鎭軍中兵參軍，帶廣陵令。除羽林監，不拜。

初，太祖在淮南，伯玉假還廣陵，夢上廣陵城南樓上，有二青衣小兒語伯玉云：「草中肅，九五相追逐。」伯玉視城下人頭上皆有草。泰始七年，伯玉又夢太祖乘船在廣陵北渚，見上兩掖下有翅不舒。伯玉問何當舒，上曰：「却後三年。」伯玉夢中自謂是呪師，向上唾呪

中華書局

之，凡六呪，有六龍出，兩掖下翅皆舒，還而復斂。元徽二年，而太祖破桂陽，威名大震。五年而廢蒼梧。太祖謂伯玉曰：「卿時乘之夢，今且効矣。」

昇明初，仍爲太祖驃騎中兵參軍，除步兵校尉，不拜。仍帶濟陽太守，中兵如故。霸業既建，伯玉忠勤盡心，常衞左右。加前軍將軍。隨太祖太尉府轉中兵，將軍、太守如故。建元元年，封南豐縣子，四百戶。轉輔國將軍，武陵王征虜司馬，太守如故。徙爲安成王冠軍司馬，轉豫章王司空諮議，太守如故。

世祖在東宮，專斷用事，頗不如法。任左右張景真，使領東宮主衣食官穀帛，賞賜什物，皆御所服用。景真於南澗寺捨身齋，有元徽紫皮袴褶，餘物稱是。於樂遊設會，伎人皆著御衣。又度絲錦與崐崘舶營貨，輒使傳令防送過南州津。世祖拜陵還，景真白服乘畫舴艋，坐胡牀，觀者咸疑是太子。內外祗畏，莫敢有言。伯玉謂親人曰：「太子所爲，官終不知，豈得顧死蔽官耳目。我不啓聞，誰應啓者？」因世祖拜陵後密啓之。上大怒，檢校東宮。世祖還至方山，日暮將泊。豫章王於東府乘飛鷁東迎，具白上怒之意。世祖夜歸，上亦停門籥待之，二更盡，方入宮。上明日遣文惠太子、聞喜公子良宣敕，以景真罪狀示世祖。稱太子令，收景真殺之。世祖憂懼，稱疾月餘日。上怒不解。晝臥太陽殿，王敬則直入，叩頭啓上曰：「官有天下日淺，太子無事被責，人情恐懼，願官往東宮解釋之。」太祖乃幸宮，召諸

王以下於玄圃園爲家宴，致醉乃還。

上嘉伯玉盡心，愈見親信，軍國密事，多委使之。時人爲之語曰：「十敕五令，不如荀伯玉命。」世祖深怨伯玉。上臨崩，指伯玉謂世祖曰：「此人事我忠，我身後，人必爲其作口過，汝勿信也。可令往東宮長侍白澤，小却以南兖州處之。」

伯玉遭父憂，除冠軍將軍、南濮陽太守，未拜，除黃門郎，本官如故。世祖轉爲豫章王太尉諮議，太守如故。俄遷散騎常侍，太守如故。伯玉憂懼無計，上聞之，以其與垣崇祖善，慮相扇爲亂，加意撫之，伯玉乃安。永明元年，垣崇祖誅，伯玉并伏法。

初，善相墓者見伯玉家墓，謂其父曰：「當出暴貴而不久也。」伯玉後聞之，曰：「朝聞道，夕死可矣。」死時年五十。

史臣曰：君老不事太子，義烈之遺訓也。欲夫專心所奉，在節無貳，雖人子之親，尚宜自別，則偏黨爲論，豈或傍啓。察江、荀之行也，雖異術而同亡。以古道而居今世，難乎免矣。

贊曰：諡口禍門，荀言亟盡。時清主異，并合同殞。

校勘記

〔一〕祖秉〔之〕 據南監本、殿本、局本補。按江秉之宋書、南史並有傳。

〔二〕宋明帝爲南豫州 「南豫州」南史江秉之傳孫謐附傳作「兖州」。按宋明帝於大明元年出爲使持節都督徐兖二州豫州之梁郡諸軍事，永光元年又出爲南豫州刺史，其年即位。謐傾身奉之，當在明帝爲南豫州時。

〔三〕鄭云應年許嫁者也 「應年」二字原譌倒，各本同，今據南史乙正。按禮內則「十有五年而笄」，鄭注云「謂應年許嫁者」。

〔四〕諸皇子出閤用文武主帥 「帥」原譌「師」，今據南監本、殿本、局本改正。

〔五〕方(知)〔弘〕遠圖 據元龜四百七十九改。

〔六〕薄其(艱)〔難〕洗之瑕 據元龜四百七十九、四百八十二改。

〔七〕姦自不露 元龜四百八十二作「姦回不露」，四百八十九作「奸狀不露」。

〔八〕(奸)〔謗〕議可掩 據元龜四百八十二改。

〔九〕謐〔託〕病私舍 據南監本及元龜四百七十九補。

〔一〇〕〔介〕棄官而去 據南史及元龜七百七補。

南齊書卷三十二

列傳第十三

王琨　張岱　褚炫　何戢　王延之　阮韜

王琨，琅邪臨沂人也。祖薈，晉衞將軍。父懌，不慧，侍婢生琨，名爲崑崙。懌後娶南陽樂玄女，無子，改琨名，立以爲嗣。

琨少謹篤，爲從伯司徒謐所愛。宋永初中，武帝以其娶桓脩女，除郎中，駙馬都尉，奉朝請。元嘉初，從兄侍中華有權寵，以門戶衰弱，待琨如親，數相稱薦。爲尚書儀曹郎，州治中。累至左軍諮議，領錄事，出爲宣城太守，司徒從事中郎，義興太守。孝建初，遷廷尉卿，竟陵王驃騎長史，加臨淮太守，轉吏部郎。吏曹選局，貴要多所屬請，琨自公卿下至士大夫，例爲用兩門生。江夏王義恭嘗屬琨用二人，後復遣屬琨，答不許。

出爲持節、都督廣交二州軍事、建威將軍、平越將軍、〔一〕平越中郎〔將〕、〔二〕廣州刺史。南土沃實，在任者常致巨富，世云「廣州刺史但經城門一過，便得三千萬」也。琨無所取納，表獻祿俸之半。州鎮舊有鼓吹，又啓輸還。及罷任，孝武知其清，問還資多少？琨曰：「臣買宅百三十萬，餘物稱之。」帝悅其對。爲廷尉，加給事中，轉寧朔將軍長史、歷陽內史。

上以琨忠實，徙爲寵子新安王東中郎長史，〔三〕加輔國將軍，遷右衞將軍，度支尚書。出爲永嘉王左軍、始安王征虜二府長史，加輔國將軍、廣陵太守，皆孝武諸子。泰始元年，遷度支尚書，尋加光祿大夫。

初，從兄華孫長襲華爵爲新建侯，嗜酒多愆失。琨上表曰：「臣門姪不休，從孫長是故左衞將軍嗣息，少資常猥，猶冀晚進。頃更昏酣，業身無檢。故衞將軍華忠肅奉國，善及世祀；而長負釁承封，將傾基緒。嗣小息佟閑立保退，不乖素風，如蒙拯立，則存亡荷榮，私祿更搆。」

出爲冠軍將軍、吳郡太守，遷中領軍。坐在郡用朝舍錢三十六萬營餉二宮諸王及作絳襖奉獻軍用，〔左〕遷光祿大夫，〔四〕尋加太常及金紫，加散騎常侍。廷尉虞龢議社稷合爲一神，琨案舊糾駮。時龢深被親寵，朝廷多琨強正。

明帝臨崩，出爲督會稽東陽新安臨海永嘉五郡軍事、左軍將軍、會稽太守，常侍如故。

坐誤竟四，降號冠軍。元徽中，遷金紫光祿，(引)〔弘〕訓太僕，〔五〕常侍如故。本州中正，加特進。從帝卽位，〔六〕進右光祿大夫，常侍餘如故。從帝遜位，琨陪位及辭廟，皆流涕。太祖卽位，領武陵王師，加侍中，給親信二十人。

時王儉爲宰相，屬琨用東海郡迎吏。琨謂信人曰：「語郎，三臺五省，皆是郎用人；外方小郡，當乞寒賤，省官何容復奪之。」〔七〕遂不過其事。

琨性既古慎，而儉嗇過甚，家人雜事，皆手自操執。公事朝會，必夙夜早起，簡閱衣裳，料數冠幘，如此數四，世以此笑之。尋解王師。

建元四年，太祖崩，琨聞國諱，牛不在宅，去臺數里，遂步行入宮。朝士皆謂琨曰：「故宜待車，有損國望。」琨曰：「今日奔赴，皆應爾。」遂得病，卒。贈左光祿大夫，餘如故。年八十四。

張岱字景山，吳郡吳人也。祖敞，晉度支尚書，父茂度，宋金紫光祿大夫。

岱少與兄太子中舍人寅、〔八〕新安太守鏡、征北將軍永、弟廣州刺史辨俱知名，謂之張氏五龍。鏡少與光祿大夫顏延之鄰居，顏談議飲酒，喧呼不絕；而鏡靜翳無言聲。後延之

於籬邊聞其與客語，〔九〕取胡床坐聽，辭義清玄，延之心服，謂賓客曰：「彼有人焉。」由此不復酣叫。寅、鏡名最高，永、辨、岱不及也。

郡舉岱上計掾，不行，州辟從事。累遷南平王右軍主簿，尚書水部郎。出補東遷令。時殷沖爲吳興，謂人曰：「張東遷親貧須養，所以栖遲下邑。然名器方顯，終當大至。」

隨王誕於會稽起義，以岱爲建威將軍，輔國長史，行縣事。事平，爲司徒左西曹。母年八十，籍注未滿，岱便去官從實還養，有司以岱違制，將欲糾舉。宋孝武曰：「觀過可以知仁，不須案也。」累遷撫軍諮議參軍，領山陰令，職事閑理。

巴陵王休若爲北徐州，未親政事，以岱爲冠軍諮議參軍，領彭城太守，行府、州、國事。後臨海王爲征虜廣州，豫章王爲車騎揚州，晉安王爲征虜南兗州，岱歷爲三府諮議、三王行事，與典籤主帥共事，事舉而情得。或謂岱曰：「主王既幼，執事多門，而每能緝和公私，云何致此？」岱曰：「古人言一心可以事百君。我爲政端平，待物以禮，悔吝之事，無由而及。明闇短長，更是才用之多少耳。」

入爲黃門郎，遷驃騎長史，領廣陵太守。新安王子鸞以盛寵爲南徐州，割吳郡屬焉。高選佐史，孝武帝召岱謂之曰：「卿美效夙著，〔一〇〕兼資宦已多。今欲用卿爲子鸞別駕，總刺史之任，無謂小屈，終當大伸也。」帝崩，累遷吏部郎。

明帝初，四方反，帝以岱堪幹舊才，除使持節、督西豫州諸軍事、輔國將軍、西豫州刺史。尋徙爲冠軍將軍、北徐州刺史，都督北討諸軍事，並不之官。泰始末，爲吳興太守。元徽中，遷使持節、督益寧二州軍事、冠軍將軍、益州刺史。數年，益土安其政。徵侍中，領長水校尉，度支尚書，領左軍，遷吏部尚書。王儉爲吏部郎，時專斷曹事，岱每相違執，及儉爲宰相，以此頗〔不〕相善。〔二〕

兄子瓌、弟恕，誅吳郡太守劉遐。太祖欲以恕爲晉陵郡，岱曰：「恕未閑從政，美錦不宜濫裁。」太祖曰：「恕爲人，我所悉。且又與瓌同勳，自應有賞。」岱曰：「若以家貧賜祿，此所不論；語功推事，臣門之恥。」

尋加散騎常侍。建元元年，出爲左將軍、吳郡太守。太祖知岱歷任清直，至郡未幾，手敕岱曰：「大邦任重，乃未欲回換，但總戎務殷，宜須望實，今用卿爲護軍。」加給事中。岱拜竟，詔以家爲府。陳疾。明年，遷金紫光祿大夫，領鄱陽王師。

世祖卽位，復以岱爲散騎常侍、吳興太守，秩中二千石。岱晚節在吳興，更以寬恕著名。遷使持節監南兗兗徐青冀五州諸軍事、〔三〕後將軍、南兗州刺史，常侍如故。未拜，卒。年七十一。岱初作遺命，分張家財，封置箱中，家業張減，隨復改易，如此十數年。贈本官，謚貞子。

褚炫字彥緒，河南陽翟人也。祖秀之，宋太常。父法顯，鄱陽太守。兄炤，字彥宣，少秉高節，一目眇，官至國子博士，不拜。常非從兄淵身事二代，聞淵拜司徒，歎曰：「使淵作中書郎而死，不當是一名士〔邪！名〕德不昌，〔三〕遂令有期頤之壽。」

炫少清簡，爲從舅王景文所知。從兄淵謂人曰：「從弟廉勝獨立，乃十倍於我也。」宋義陽王昶爲太常，板炫補五官，累遷太子舍人，撫軍車騎記室，正員郎。

從宋明帝射雉，至日中，無所得。帝甚猜羞，召問侍臣曰：「吾旦來如臯，遂空行，可笑。」座者莫答。炫獨曰：「今節候雖適，而雲露尚凝，〔四〕故斯翬之禽，驕心未警。但得神駕游豫，羣情便爲載懽。」帝意解，乃於雉場置酒。遷中書侍郎，司徒右長史。

昇明初，炫以清尚，與劉俁、謝朏、江斅入殿侍文義，號爲「四友」。遷黃門郎，太祖驃騎長史，遷侍中，復爲長史。齊臺建，復爲侍中，領步兵校尉。以家貧，建元初，出補東陽太守，加秩中二千石。還，復爲侍中，領步兵。凡三爲侍中。出爲竟陵王征北長史，加輔國將軍，尋徙爲冠軍長史、江夏內史，將軍如故。

永明元年，爲吏部尚書。炫居身清立，非吊問不雜交遊，論者以爲美。及在選部，門

庭蕭索，賓客罕至。出行，左右捧黃紙帽箱，風吹紙剝僅盡。罷江夏還，得錢十七萬，於石頭幷分與親族，病無以市藥。表自陳解，改授散騎常侍，領安成王師。國學建，以本官領博士，未拜，卒，無以殯斂。時年四十一。贈太常，謚曰貞子。

何戢字慧景，廬江灊人也。祖尚之，宋司空。父偃，金紫光祿大夫，被遇於宋武。選戢尚山陰公主，拜駙馬都尉。解褐祕書郎，太子中舍人，司徒主簿，新安王文學，祕書丞，中書郎。

景和世，山陰主就帝求吏部郎褚淵入內侍己，淵見拘逼，終不肯從，與戢同居止月餘日，由是特申情好。明帝立，遷司徒從事中郎，從建安王休仁征赭圻，板轉戢司馬，除黃門郎，出爲宣威將軍、東陽太守，吏部郎。元徽初，褚淵參朝政，引戢爲侍中，時年二十九。戢以年未三十，苦辭內侍，表疏屢上，時議許之。改授司徒左長史。

太祖爲領軍，與戢來往，數置歡讌。上好水引麪，戢令婦女躬自執事以設上焉。久之，復爲侍中，遷安成王車騎長史，加輔國將軍、濟陰太守，行府、州事。出爲吳郡太守，以疾歸。爲侍中，祕書監，仍轉中書令，太祖相國左長史。建元元年，遷散騎常侍，太子詹事，尋

改侍中，詹事如故。上欲轉戢領選，問尚書令褚淵，以戢資重，欲加常侍。淵曰：「宋世王球從侍中中書令單作吏部尚書，資與戢相似。頃選職方昔小輕，〔五〕不容頓加常侍。聖旨每以蟬冕不宜過多，臣與王儉既已左珥，若復加戢，則八座便有三貂。若帖以驍、游，亦爲不少。」乃以戢爲吏部尚書，加驍騎將軍。

戢美容儀，動止與褚淵相慕，時人呼爲「小褚公」。家業富盛，性又華侈，衣被服飾，極爲奢麗。三年，出爲左將軍、吳興太守。

上頗好畫扇，宋孝武賜戢蟬雀扇，善畫者顧景秀所畫。時陸探微、顧彥先皆能畫，〔六〕歎其巧絕。戢因王晏獻之，上令晏厚酬其意。

四年，卒。時年三十六。贈散騎常侍、撫軍，太守如故。謚懿子。女爲鬱林王后，又贈侍中、光祿大夫。

王延之字希季，琅邪臨沂人也。祖裕，〔七〕宋左光祿儀同三司。父昇之，都官尚書。延之出繼伯父秀才粲之。

延之少而靜默，不交人事。州辟主簿，不就。舉秀才。〔除〕北中郎法曹行參軍，〔八〕轉

署外兵尚書外兵部，〔九〕司空主簿，竝不就。除中軍建平王主簿、記室，仍度司空、北中郎二府，轉祕書丞，西陽王撫軍諮議，州別駕，尋陽王冠軍、安陸王後軍司馬，加振武將軍，出爲安遠護軍，武陵內史，不拜。宋明帝爲衞軍，延之轉爲長史，加宣威將軍。司徒建安王休仁征赭圻，轉延之爲左長史，加寧朔將軍。

延之清貧，居宇穿漏。褚淵往候之，見其如此，具啓明帝，帝卽敕材官爲起三閒齋屋。遷侍中，領射聲校尉，未拜，出爲吳郡太守。罷郡還，家產無所增益。除吏部尚書，侍中，領右軍，竝不拜。復爲吏部尚書，領驍騎將軍，出爲後軍將軍、吳興太守。遷都督浙東五郡、會稽太守。轉侍中，祕書監，晉熙王師。遷中書令，師如故。未拜，轉右僕射。昇明二年，轉左僕射。

宋德既衰，太祖輔政，朝野之情，人懷彼此。延之與尚書令王僧虔中立無所去就，時人爲之語曰：「二王持平，不送不迎。」太祖以此善之。三年，出爲使持節、都督江州豫州之新蔡晉熙二郡諸軍事、安南將軍、江州刺史。建元二年，〔一〇〕進號鎭南將軍。

延之與金紫光祿大夫阮韜，俱宋領軍劉湛外甥，竝有早譽。湛甚愛之，曰：「韜後當爲第一，延之爲次也。」延之甚不平。每致餉下都，韜與朝士同例。太祖聞其如此，與延之書曰：「韜云卿未嘗有別意，當緣劉家月旦故邪？」在州祿俸以外，一無所納，獨處齋內，吏民罕

得見者。

四年，遷中書令，右光祿大夫，本州大中正。轉左僕射，光祿、中正如故。尋領竟陵王師。永明二年，陳疾解職，世祖許之。轉特進，右光祿大夫，王師、中正如故。其年卒，年六十四。追贈散騎常侍，右光祿大夫，特進如故。謚簡子。

延之家訓方嚴，不妄見子弟，雖節歲問訊，皆先克日。子倫之，〔一一〕見兒子亦然。永明中，爲侍中。世祖幸瑯邪城，倫之與光祿大夫全景文等二十一人坐不參承，爲有司所奏。詔倫之親爲陪侍之職，而同外慢，〔一二〕免官，景文等贖論。建武中，至侍中，領前軍將軍，都官尚書，領游擊將軍，卒。

阮韜字長明，陳留人，晉金紫光祿大夫裕玄孫也。韜少歷清官，爲南兗州別駕，刺史江夏王劉義恭逆求資費錢，韜曰：「此朝廷物。」執不與。

宋孝武選侍中四人，竝以風貌。王彧、謝莊爲一雙，韜與何偃爲一雙。常充兼假。泰始末，爲征南江州長史。桂陽王休範在鎭，數出行遊，韜性方峙，未嘗隨從。至散騎常侍，金紫光祿大夫，領始興王師。永明二年，卒。

史臣曰：內侍樞近，世爲華選，金璫頴耀，朝之麗服，久忘儒藝，專授名家。加以簡擇少姿，簪貂冠冕，基蔭所通，後才先貌，事同謁者，以形骸爲官，斯違舊矣。辟彊之在漢朝，幼有妙察；仲宣之處魏國，見貶容陋。何戢之讓，雖未能深識前古之美，與夫尸官靦服者，何等級哉！

贊曰：萬石祗愼，琨旣爲倫。五龍一氏，張亦繼荀。炫淸褚族，戢遺何姻。延之居簡，名峻王臣。

校勘記

〔一〕平越將軍　按宋書百官志有四平將軍，無平越將軍。廣州刺史往往帶平南將軍號，「平越」疑「平南」之譌。

〔二〕平越中郎〔將〕　張森楷校勘記云：「有平越中郎將，無平越中郎。」按通典職官典「平越中郎將，晉武帝置，理廣州，主護南越」。此脫一「將」字，今補。

〔三〕徙爲寵子新安王東中郎長史　「東中郎」南史作「北中郎」。按宋書始平孝敬王子鸞傳，大明四

年爲東中郎將、吳郡太守。五年，遷北中郎將、南徐州刺史。琨蓋並歷二府。

〔四〕〔左〕遷光祿大夫　據南監本、局本及南史、元龜六百七十九補。按殿本作「乃左遷光祿大夫」。

〔五〕〔引〕〔弘〕訓太僕　按宋明恭王皇后，元徽初爲皇太后，稱弘訓宮。「引訓」當作「弘訓」，各本並由宋諱缺筆而譌，今據改。

〔六〕從帝卽位　順帝作「從帝」，乃子顯避梁諱改，南監本、殿本已改爲「順帝」。下同。

〔七〕省官何容復奪之　「容」字原闕，據南監本、毛本、殿本、局本補。按「容」元龜四百五十九作「用」。

〔八〕俗少與兄太子中舍人寅　「寅」宋書張茂度傳、張敷傳並作「演」。此蓋子顯避梁武帝嫌名改。

〔九〕後延之於離邊聞其與客語　「聞」原譌「間」，今據南監本、殿本、局本改正。

〔一〇〕聊美效夙著　「效」御覽二百五十九引作「望」。

〔一一〕以此頗〔不〕相善　據南監本、毛本、殿本、局本及南史、元龜四百七十八補。

〔一二〕遷使持節監南兗兗徐青冀五州諸軍事　「徐」字原闕，今據各本補。

〔一三〕不當是一名士〔邪名〕德不昌　據南監本、毛本、殿本、局本及南史、通鑑齊高帝建元元年補。

〔一四〕而雲露尙凝　「露」南監本、殿本、局本作「霧」。

〔一五〕頃遷職方昔小輕　「頃」御覽六百八十八引作「領」，南史亦作「領」。

中華書局

〔一六〕時陸探微顧彥先皆能畫　「顧彥先」御覽九百四十四引梁書按當作齊書作「顧寶先」。按顧寶先，顧琛次子，見宋書、南史顧琛傳。南史云寶先大明中爲尚書水部郎。又南史王曇首傳子僧虔附傳云：「吳郡顧寶先卓越多奇，自以伎能，僧虔乃作飛白以示之。」蓋僧虔善書，寶先能書畫，故作飛白以示之也。或又作「顧寶光」，見法書要錄卷五竇臮述書賦注及歷代名畫記卷一、卷六。歷代名畫記云：「宋有陸探微、顧寶光。」又云：「顧寶光，吳郡人。善書畫，大明中爲尚書水部郎。」是寶先、寶光實一人也。疑此當依御覽引作「顧寶先」。或作「顧寶光」者，殆光與先形近致譌耳。若顧彥先，名榮，乃晉初人，陸機有代顧彥先贈婦詩，見文選，不得與陸探微同時也。

〔一七〕祖裕　按王延之祖南史有傳，作「王裕之」。

〔一八〕〔除〕北中郎法曹行參軍　據元龜六百五十補。

〔一九〕轉署外兵尚書外兵部　按轉署外兵謂轉爲北中郎將府外兵曹參軍也。「尚書外兵部」不可解，疑是衍文。

〔二〇〕建元二年　「二年」南史作「元年」。

〔二一〕子倫之　「倫之」南史作「綸之」。

〔二二〕而同外惰慢　「外」南監本、殿本、局本作「衆」。

南齊書卷三十三

列傳第十四

王僧虔　張緒

王僧虔，琅邪臨沂人也。祖珣，晉司徒。伯父太保弘，宋元嘉世爲宰輔。賓客疑所諱，弘曰：「身家諱與蘇子高同。」父曇首，右光祿大夫。曇首兄弟集會諸子孫，弘子僧達下地跳戲，僧虔年數歲，獨正坐採蠟燭珠爲鳳凰。弘曰：「此兒終當爲長者。」

僧虔弱冠，弘厚，善隸書。宋文帝見其書素扇，歎曰：「非唯跡逾子敬，方當器雅過之。」除祕書郎，太子舍人。退默少交接，與袁淑、謝莊善。轉義陽王文學，太子洗馬，遷司徒左西屬。

兄僧綽，爲太初所害，親賓咸勸僧虔逃。僧虔涕泣曰：「吾兄奉國以忠貞，撫我以慈愛，今日之事，苦不見及耳。若同歸九泉，猶羽化也。」孝武初，出爲武陵太守。兄子儉於中途得病，僧虔爲廢寢食。同行客慰喻之。僧虔曰：「昔馬援處兒姪之閒一情不異，鄧攸於弟子更逾所生，吾實懷其心，誠未異古。亡兄之胤，不宜忽諸。若此兒不救，便當回舟謝職，無復遊(官)〔宦〕之興矣。」〔一〕還爲中書郎，轉黃門郎，太子中庶子。

孝武欲擅書名，僧虔不敢顯跡。大明世，常用掘筆書，〔二〕以此見容。出爲豫章王子尚撫軍長史，遷散騎常侍，復爲新安王子鸞北中郎長史、南東海太守，行南徐州事，二蕃皆帝愛子也。

尋遷豫章內史。入爲侍中，遷御史中丞，領驍騎將軍。甲族向來多不居憲臺，〔三〕王氏以分枝居烏衣者，位官微減，僧虔爲此官，乃曰：「此是烏衣諸郎坐處，我亦可試爲耳。」復爲侍中，領屯騎校尉。泰始中，出爲輔國將軍、吳興太守，秩中二千石。王獻之善書，〔四〕爲吳興郡，及僧虔工書，又爲郡，論者稱之。

徙爲會稽太守，秩中二千石，將軍如故。中書舍人阮佃夫〔家〕在會(下)〔稽〕，〔五〕請假東歸。客勸僧虔以佃夫要倖，宜加禮接。僧虔曰：「我立身有素，豈能曲意此輩。彼若見惡，當拂衣去耳。」佃夫言於宋明帝，使御史中丞孫夐奏：「僧虔前莅吳興，多有謬命，檢到郡至遷，凡用功曹五官主簿至二禮吏署三傳及度與弟子，合四百四十八人。又聽民何係先等一百十家爲舊門。委州檢刪。」坐免官。

尋以白衣兼侍中，出監吳郡太守，遷使持節、都督湘州諸軍事、建武將軍、行湘州事，仍轉輔國將軍、湘州刺史。所在以寬惠著稱。巴峽流民多在湘土，僧虔表割益陽、羅、湘西三縣緣江民立湘陰縣，從之。

元徽中，遷吏部尚書。高平檀珪罷沅南令，僧虔以爲征北板行參軍。訴僧虔求祿不得，與僧虔書曰：「五常之始，文武爲先，文則經緯天地，武則撥亂定國。僕一門雖謝文通，乃忝武達。羣從姑叔，三媾帝室，祖兄二世，糜軀奉國，而致子姪餓死草壤。去冬今春，頻荷二敕，既無中人，屢見蹉奪。經涉五朔，踰歷四晦，書牘十二，接覲六七，遂不荷潤，反更曝鰓。九流繩平，自不宜獨苦一物，蟬腹龜腸，爲日已久。飢虎能嚇，人遽與肉；餓麟不噬，誰爲落毛。去冬乞豫章丞，爲馬超所爭；今春蒙敕南昌縣，爲史偃所奪。二子勳蔭人才，有何見勝。若以貧富相奪，則分受不如。〔身〕雖孤微，〔六〕百世國士，姻媾位宦，亦不後物。尚書同堂姊爲江夏王妃，檀珪同堂姑爲南譙王妃；尚書婦是江夏王女，檀珪祖姑嬪長沙景王；尚書伯爲江州，檀珪祖亦爲江州；尚書從兄出身爲後軍參軍，檀珪父釋褐亦爲中軍參軍。僕於尚書，人地本懸，至於婚宦，不肯殊絕。〔七〕今通塞雖異，猶忝氣類，尚書何事乃爾見苦？泰始之初，八表同逆，一門二世，粉骨衞主，殊勳異績，已不能甄，常階舊途，復見侵抑。」僧虔報書曰：「征北板比歲處遇小優，殷主簿從此府入崇禮，何儀曹卽代殷，亦不

見訴爲苦。足下積屈，一朝超升，政自小難。泰始初勤苦十年，自未見其賞，而頓就求稱，亦何可遂。吾與足下素無怨憾，何以相侵苦，直是意有佐佑耳。」珪又書曰：「昔荀公達漢之功臣，晉武帝方爵其玄孫。夏侯惇魏氏勳佐，金德初融，亦始就甄顯，方賞其孫，封樹近族。羊叔子以晉泰始中建策伐吳，至咸寧末，方加褒寵，封其兄子。卞望之以咸和初殞身國難，至興寧末，方崇禮秩，官其子孫。蜀郡主簿田混，黃初末死故君之難，咸康中方擢其子孫。似不以世代遠而被棄，年世疎而見遺。檀珪百罹六極，造化罕比，五喪停露，百口轉命，存亡披迫，本希小祿，無意階榮。自古以來有沐食侯，近代有王官。府佐非沐食之職，參軍非王官之謂。質非匏瓜，實羞空懸。殷、何二生，或是府主情味，或是朝廷意旨，豈與悠悠之人同口而語。使僕就此職，尚書能以郎見轉不？若使日得五升祿，則不恥執鞭。」僧虔乃用爲安城郡丞。珪，宋安南將軍韶孫也。

僧虔尋加散騎常侍，轉右僕射。昇明元年，遷尚書僕射，尋轉中書令，左僕射，二年，爲尚書令。僧虔好文史，解音律，以朝廷禮樂多違正典，民間競造新聲雜曲，時太祖輔政，僧虔上表曰：「夫懸鍾之器，〔八〕以雅爲用；凱容之禮，八佾爲儀。今總章羽佾，音服舛異。又歌鍾一肆，克諧女樂，以歌爲務，非雅器也。大明中，卽以宮懸合和鞞、拂，節數雖會，慮乖雅體，將來知音，或譏聖世。若謂鍾舞已諧，重違成憲，更立歌鍾，不參舊例。四縣所奏，

謹依雅條，卽義沿理，如或可附。又今之清商，實由銅爵，三祖風流，遺音盈耳，京、洛相高，江左彌貴。諒以金石干羽，事絕私室，桑、濮、鄭、衞，訓隔紳冕，中庸和雅，莫復於斯。而情變聽移，稍復銷落，十數年間，亡者將半。自頃家競新哇，人尚謠俗，務在嚾殺，不顧音紀，流宕無崖，未知所極，排斥正曲，崇長煩淫。士有等差，無故不可去樂；禮有攸序，長幼不可共聞。故喧醜之制，日盛於廛里；風味之響，獨盡於衣冠。宜命有司，務懃功課，緝理遺逸，迭相開曉，所經漏忘，悉加補綴。曲全者祿厚，藝妙者位優。利以動之，則人思刻厲。反本還源，庶可跂踵。」事見納。

建元元年，轉侍中、撫軍將軍，丹陽尹。二年，進號左衞將軍，固讓不拜。改授左光祿大夫，侍中、尹如故。郡縣獄相承有上湯殺囚，僧虔上疏言之曰：「湯本以救疾，而實行冤暴，或以肆忿。若罪必入重，自有正刑；若去惡宜疾，則應先啓。豈有死生大命，而潛制下邑。愚謂治下囚病，必先刺郡，求職司與醫對共診驗；遠縣，家人省視，然後處理。〔九〕可使死者不恨，生者無怨。」上納其言。

僧虔留意雅樂，昇明中所奏，雖微有釐改，尚多遺失。是時上始欲通使，僧虔與兄子儉書曰：「古語云『中國失禮，問之四夷』。計樂亦如。苻堅敗後，東〔晉〕始備金石樂，〔一〇〕故知不可全誣也。北國或有遺樂，誠未可便以補中夏之闕，且得知其存亡，亦一理也。但鼓吹

舊有二十一曲，今所能者十一而已，意謂北使會有散役，得今樂署一人粗別同異者，充此使限。雖復延州難追，其得知所知，亦當不同。若謂有此理者，可得申吾意上聞否？試爲思之。」事竟不行。

太祖善書，及卽位，篤好不已。與僧虔賭書畢，謂僧虔曰：「誰爲第一？」僧虔曰：「臣書第一，陛下亦第一。」上笑曰：「卿可謂善自爲謀矣。」示僧虔古迹十一袠，就求能書人名。僧虔得民間所有，袠中所無者，吳大皇帝、景帝、歸命侯書，桓玄書，及王丞相導、領軍洽、中書令珉、張芝、索靖、衞伯儒、張翼十二卷奏之。〔一一〕又上羊欣所撰能書人名一卷。

其年冬，遷持節、都督湘州諸軍〔事〕、〔一二〕征南將軍、湘州刺史，侍中如故。清簡無所欲，不營財產，百姓安之。世祖卽位，僧虔以風疾欲陳解，會遷侍中、左光祿大夫、開府儀同三司。僧虔少時羣從宗族竝會，客有相之者云：「僧虔年位最高，仕當至公，餘人莫及也。」及授，僧虔謂兄子儉曰：「汝任重於朝，行當有八命之禮，我若復此授，則一門有二台司，實可畏懼。」乃固辭不拜，上優而許之。改授侍中、特進、左光祿大夫。客問僧虔固讓之意，僧虔曰：「君子所憂無德，不憂無寵。吾衣食周身，榮位已過，所慙庸薄無以報國，豈容更受高爵，方貽官謗邪！」兄子儉爲朝宰，起長梁齋，制度小過，僧虔視之不悅，竟不入戶，儉卽毀之。〔一三〕

永明三年，薨。僧虔頗解星文，〔夜〕坐見豫章分野當有事故，〔一四〕時僧虔子慈爲豫章內史，慮其有公事。少時，僧虔薨，慈棄郡奔赴。僧虔時年六十。追贈司空，侍中如故。諡簡穆。

其論書曰：「宋文帝書，自云可比王子敬，時議者云『天然勝羊欣，功夫少於欣』。王平南廙，右軍叔，過江之前以爲最。〔一五〕亡曾祖領軍書，右軍云『弟書遂不減吾』。變古制，今唯右軍、領軍；不爾，至今猶法鍾、張。亡從祖中書令書，子敬云『弟書如騎騾，駸駸恆欲度驊騮前』。庾征西翼書，少時與右軍齊名，右軍後進，庾猶不分，在荊州與都下人書云：『小兒輩賤家雞，皆學逸少書，須吾下，當比之。』張翼，王右軍自書表，晉穆帝令翼寫題後答，右軍當時不別，久後方悟，云『小人幾欲亂眞』。張芝、索靖、韋誕、鍾會、二衞並得名前代，無以辨其優劣，唯見其筆力驚異耳。張澄當時亦呼有意。郗愔章草亞於右軍。郗嘉賓草亞於二王，緊媚〔過〕其父。〔一六〕桓玄自謂右軍之流，論者以比孔琳之。謝安亦入能書錄，亦自重，爲子敬書嵇康詩。羊欣書見重一時，親受子敬，行書尤善，正乃不稱名。孔琳之書天然放縱，極有筆力，規矩恐在羊欣後。丘道護與羊欣俱面受子敬，故當在欣後。范曄與蕭思話同師羊欣，後小叛，既失故步，爲復小有意耳。蕭思話書，羊欣之影，風流趣好，殆當不減，筆力恨弱。謝綜書，其舅云　緊生起，是得賞也，恨少媚好。謝靈運乃不倫，遇其合時，

亦得入流。賀道力書亞丘道護。庾昕學右軍，〔一七〕亦欲亂眞矣。」又著書賦，傳於世。

第九子寂，字子玄，性迅動，好文章，讀范滂傳，未常不歎挹。王融敗後，賓客多歸之。建武初，欲獻中興頌，兄志謂之曰：「汝膏粱年少，何患不達，不鎭之以靜，將恐貽譏。」寂乃止。初爲祕書郎，卒，年二十一。

僧虔宋世嘗有書誡子曰：

知汝恨吾不許〔汝〕學，〔一八〕欲自悔厲，或以闔棺自欺，或更擇美業，且得有慨，亦慰窮生。但亟聞斯唱，未覩其實。請從先師聽言觀行，冀此不復虛身。吾未信汝，非徒然也。往年有意於史，取三國志聚置牀頭，百日許，復徙業就玄，自當小差於史，〔一九〕猶未近彷彿。曼倩有云：「談何容易。」見諸玄，志爲之逸，腸爲之抽，專一書，轉誦數十家注，自少至老，手不釋卷，尙未敢輕言。汝開老子卷頭五尺許，〔二〇〕未知輔嗣何所道，平叔何所說，馬、鄭何所異，指例何所明，而便盛於麈尾，自呼談士，此最險事。設令袁令命汝言易，謝中書挑汝言莊，張吳興叩汝〔言〕老，〔二一〕端可復言未嘗看邪？談故如射，前人得破，後人應解，不解卽輸賭矣。且論注百氏，荊州八袠，又才性四本，聲無哀樂，皆言家口實，如客至之有設也。汝皆未經拂耳瞥目。豈有庖廚不脩，而欲延大賓者哉？就如張衡思侔造化，郭象言類懸河，不自勞苦，何由至此？汝曾未窺其題目，未辨其指歸；六十四卦，未知何名；莊子衆篇，何者內外；八袠所載，凡有幾家；四本之稱，以何爲長。而終日欺人，人亦不受汝欺也。由吾不學，無以爲訓。然重華無嚴父，放勳無令子，亦各由己耳。汝輩竊議亦當云：「何日不學？〔二二〕在天地閒可嬉戲，何忽自課謫？幸及盛時逐歲暮，何必有所減？」汝見其一耳，不全爾也。設令吾學如馬、鄭，亦必甚勝；復倍不如今，亦必大減。致之有由，從身上來也。〔汝〕今壯年，〔二三〕自勸數倍許勝，劣及吾耳。世中比例舉眼是，〔二四〕汝足知此，不復具言。

吾在世，雖乏德素，要復推排人閒數十許年，故是一舊物，人或以比數汝等耳。卽化之後，若自無調度，誰復知汝事者？舍中亦有少負令譽弱冠越超清級者，于時王家門中，優者則龍鳳，劣者猶虎豹，失蔭之後，豈龍虎之議？況吾不能爲汝蔭，政應各自努力耳。或有身經三公，蔑爾無聞；布衣寒素，卿相屈體。或父子貴賤殊，兄弟聲名異。何也？體盡讀數百卷書耳。吾今悔無所及，欲以前車誡爾後乘也。汝年入立境，方應從官，〔二五〕兼有室累，牽役情性，何處復得下帷如王郎時邪？爲可作世中學，取過一生耳。試復三思，勿諱吾言。猶捶撻志輩，冀脫萬一，未死之閒，望有成就者，不知當有益否？各在爾身己切，(身)豈復關吾邪？〔二六〕鬼唯知愛深松茂栢，寧知子弟毀譽事！因汝有感，故略敍胸懷矣。〔二七〕

張緒字思曼，吳郡吳人也。祖茂度，會稽太守。父寅，〔二八〕太子中舍人。

緒少知名，清簡寡欲，叔父鏡謂人曰：「此兒，今之樂廣也。」州辟議曹從事，舉秀才。建平王護軍主簿，右軍法曹行參軍，司空主簿，撫軍、南中郎二府功曹，尙書倉部郎。都令史諮郡縣米事，緒蕭然直視，不以經懷。除巴陵王文學，太子洗馬，北中郎參軍，太子中舍人，本郡中正，車騎從事中郎，中書郎，州治中，黃門郎。宋明帝每見緒，輒歎其清淡。轉太子中庶子，本州大中正，遷司徒左長史。吏部尙書袁粲言於帝曰：「臣觀張緒有正始遺風，宜爲宮職。」復轉中庶子，領翊軍校尉，轉散騎常侍，領長水校尉，尋兼侍中，遷吏部郎，參掌大選。元徽初，東宮罷，選曹擬舍人王儉格外記室，緒以儉人地兼美，宜轉祕書丞，從之。緒又遷侍中，(中)郎如故。〔二九〕

緒忘情榮祿，朝野皆貴其風，嘗與客閑言，一生不解作諾。時袁粲、褚淵秉政，有人以緒言告粲、淵者，卽出緒爲吳郡太守，緒初不知也。遷爲祠部尙書，復領中正，遷太常，加散騎常侍，尋領始安王師。〔三〇〕昇明二年，遷太(子)〔祖〕太傅長史，〔三一〕加征虜將軍。齊臺建，轉散騎常侍，世子詹事。建元元年，轉中書令，常侍如故。緒善言，素望甚重。

太祖深加敬異。僕射王儉謂人曰：「北士中覓張緒，過江未有人，不知陳仲弓、黄叔度能過之不耳？」車駕幸莊嚴寺聽僧達道人講，〔三二〕座遠，不聞緒言，上難移緒，乃遷僧達以近之。

尋加驍騎將軍。欲用緒爲右僕射，以問王儉，儉曰：「南士由來少居此職。」褚淵在座，啓上曰：「儉年少，或不盡憶。江左用陸玩、顧和，皆南人也。」儉曰：「晉氏衰政，不可以爲准則。」上乃止。四年，初立國學，以緒爲太常卿，領國子祭酒，常侍、中正如故。緒既遷官，上以王延之代緒爲中書令，時人以此選爲得人，比晉朝之用王子敬、王季琰也。

緒長於周易，言精理奧，見宗一時。常云何平叔所不解易中七事，〔三三〕諸卦中所有時義，是其一也。

世祖卽位，轉吏部尚書，祭酒如故。永明元年，遷金紫光祿大夫，領太常。明年，領南郡王師，加給事中，太常如故。三年，轉太子詹事，師、給事如故。緒每朝見，世祖目送之。謂王儉曰：「緒以位尊我，我以德貴緒也。」遷散騎常侍，金紫光祿大夫、師如故。給親信二十人。復領中正。長沙王晃屬選用吳興聞人邕爲州議曹，緒以資藉不當，執不許。晃遣書佐固請之，緒正色謂晃信曰：「此是身家州鄉，殿下何得見逼！」七年，竟陵王子良領國子祭酒，世祖敕王晏曰：「吾欲令司徒辭祭酒以授張緒，物議以爲云何？」子良竟不拜。以緒領國子祭酒，光祿、師、中正如故。

緒口不言利，有財輒散之。清言端坐，或竟日無食，門生見緒飢，爲之辨湌，然未嘗求也。卒時年六十八。遺命作蘆葭轜車，靈上置杯水香火，不設祭。從弟融敬重緒，事之如親兄，齎酒於緒靈前酌飲，慟哭曰：「阿兄風流頓盡！」追贈散騎常侍、特進、金紫光祿大夫。謚簡子。

子克，〔三四〕蒼梧世，正員郎，險行見寵，坐廢錮。

克弟允，永明中，安西功曹，淫通殺人，伏法。

允兄充，永明元年，爲武陵王友，坐書與尚書令王儉，辭旨激揚，爲御史中丞到撝所奏，免官禁錮。論者以爲有恨於儉也。

案建元初，中詔序朝臣，欲以右僕射擬張岱。褚淵謂「得此過優，若別有忠誠，特進升引者，別是一理，仰由裁照」。詔「更量」。說者既異，今兩記焉。

史臣曰：王僧虔有希聲之量，兼以藝業。戒盈守滿，（發）〔屈己〕自容，〔三五〕方軌諸公，〔三六〕實平世之良相。張緒凝衿素氣，自然標格，搢紳端委，朝宗民望。夫如緒之風流者，豈不謂之名臣！

贊曰：簡穆長者，其義恢恢。聲律草隸，奬理三台。思曼廉靜，自絕風埃。遊心爻繫，物允清才。

校勘記

〔一〕無復遊（官）〔宦〕之興矣　據局本及元龜八百五十一改。

〔二〕常用掘筆書　「掘」各本並作「拙」。按古「拙」字亦作「掘」，見史記貨殖列傳徐廣注，今不改。

〔三〕甲族向來多不居憲臺　「向來」殿本作「由來」。按御覽二百二十六、永樂大典六千八百三十二引並作「由來」，南史、通典食貨典亦作「由來」。

〔四〕王獻之善書　「王」字上南史有「始」字。

〔五〕中書舍人阮佃夫（家）在會（下）〔稽〕　據南監本、殿本、局本補改。

〔六〕（身）雖孤微　據南監本、毛本、殿本、局本補。

〔七〕不肯殊絕　「肯」南監本、殿本、局本作「至」。

〔八〕夫懸鍾之器　「懸鍾」元龜五百六十六、宋書樂志作「鍾懸」。按王僧虔此表宋書樂志引全文，此有刪節，文句亦多異。

〔九〕然後處理　「理」元龜四百七十一作「治」。

〔一〇〕東（晉）始備金石樂　據南監本、毛本、殿本、局本補。

〔一一〕吳大皇帝至十二卷奏之　張森楷校勘記云：「南史作『十一卷』，以上所述有十一人，疑作『十一卷』爲是。」今按法書要錄引此，無桓玄，有晉安帝，張芝前又列韋仲將名，正爲十二人也。

〔一二〕都督湘州諸軍〔事〕　據毛本、局本補。

〔一三〕儉卽毁之　「卽」下南監本有「日」字

〔一四〕（夜）坐見豫章分野當有事故　據南監本、殿本、局本補。

〔一五〕過江之前以爲最　元龜八百六十一「江」下有「右軍」二字，是。蓋謂在過江之後，右軍之前，以王廙爲最也。按法書要錄云：「王平南廙，是右軍叔，自過江東，右軍之前，惟廙爲最。」文較明析。

〔一六〕緊媚（過）其父　據元龜八百六十一及法書要錄補。

〔一七〕庾昕學右軍　「庾昕」法書要錄作「康昕」。又要錄引羊欣所撰古來能書人名，亦云「胡人康昕，工隸草」。按自漢以來，康居人之留居中國者，皆以康爲氏。既云「胡人康昕」，疑作「康」是。

〔一八〕知汝恨吾不許（汝）學　據南監本、殿本、局本及元龜八百十七補。

〔一九〕復從業就玄自當小差於史　按元龜八百十七疊「玄」字。

〔二〇〕汝開老子卷頭五尺許　按下云「馬鄭何所異」。梁玉繩瞥記云：「馬、鄭未嘗注老。王西莊光祿云『老子』當作『老易』，蓋是也。」

〔二一〕張吳興叩汝〔言〕老　據南監本、殿本、局本補。

〔二二〕何日不學　「何日」南監本、殿本及南史、元龜八百十七作「阿越」。

〔二三〕〔汝〕今壯年　據南史及元龜八百十七補。

〔二四〕世中比例舉眼是　「是」字上元龜八百十七有「皆」字。

〔二五〕方應從官　「官」南史作「宦」。

〔二六〕(身)豈復闚吾邪　據南史刪。按元龜八百十七、永樂大典六千八百三十二皆無「身」字。

〔二七〕故略敍胸懷矣　南監本、殿本無「矣」字，元龜八百十七作「耳」。

〔二八〕父寅　「寅」南監本、局本及南史並作「演」。此子顯避梁武帝嫌名改。

〔二九〕(中)郎如故　張森楷校勘記云：「上文未言爲中郎，疑衍『中』字，郎如故謂吏部郎如故也。」按張說是，今據刪。

〔三〇〕尋領始安王師　「安」原譌「建」，各本不譌，今改正。

〔三一〕昇明二年遷太(子)〔祖〕太傅長史　南史云：「昇明二年，自祠部尚書爲齊高帝太傅長史。」按蕭道成謚高皇帝，廟號太祖，明「太子」乃「太祖」之譌，各本皆未正，今改。

〔三二〕聽僧達道人講　「講」字下南史有「維摩」二字。

〔三三〕常云何平叔所不解易中七事　南史同。錢大昕廿二史考異云：「三國志注引管輅別傳，云『何尚書自言不解易九事』，南史伏曼容傳亦云『何晏疑易中九事』，此云七事，未知孰是。」

〔三四〕子克　「克」南史作「完」。

〔三五〕(發)〔屈己〕自容　據南監本、毛本、殿本、局本改。

〔三六〕方軌諸公　「軌」原譌「執」，今據毛本、殿本、局本改正。按南監本作「之」。

南齊書卷三十四

列傳第十五

虞玩之　劉休　沈沖　庾杲之　王諶

虞玩之字茂瑤，會稽餘姚人也。祖宗，晉庫部郎。父玫，通直常侍。

玩之少閑刀筆，汎涉書史，解褐東海王行參軍，烏程令。路太后外親朱仁彌犯罪，依法錄治。〔太后〕怨訴孝武，〔一〕坐免官。泰始中，除晉熙國郎中令，尚書起部郎，通直郎。元徽中，爲右丞。時太祖參政，與玩之書曰：「張華爲度支尚書，事不徒然。今漕藏有闕，吾賢居右丞，已覺金粟可積也。」玩之上表陳府庫錢帛，器械役力，所懸轉多，〔二〕興用漸廣，慮不支歲月。朝議優報之。遷安成王車騎錄事，轉少府。

太祖鎮東府，朝野致敬，玩之猶躡屐造席。太祖取屐視之，訛黑斜銳，蔑斷，以芒接之。問曰：「卿此屐已幾載？」玩之曰：「初釋褐拜征北行佐買之，著已二十年，貧士竟不辦易。」太

祖善之，引爲驃騎諮議參軍。霸府初開，賓客輻湊，太祖留意簡接，玩之與樂安任遐，俱以應對有席上之美，齊名見遇。遐字景遠，好學，有義行，兼與太祖素游，褚淵、王儉竝見親愛。官至光祿大夫，永元初卒。

玩之遷驍騎將軍，黃門郎，領本部中正。〔三〕上患民閒欺巧，及即位，敕玩之與驍騎將軍傅堅意檢定簿籍。建元二年，詔朝臣曰：「黃籍，民之大紀，國之治端。自頃氓俗巧僞，爲日已久，至乃竊注爵位，盜易年月，增損三狀，貿襲萬端。或戶存而文書已絕，或人在而反託死(板)〔叛〕，〔四〕停私而云隸役，身強而稱六疾。編戶齊家，少不如此。皆政之巨蠹，敎之深疵。比年雖却籍改書，終無得實。若約之以刑，則民僞已遠；若綏之以德，則勝殘未易。卿諸賢竝深明治體，可各獻嘉謀，以振澆化。又臺坊訪募，此制不近，優刻素定，閑劇有常。宋元嘉以前，茲役恆滿，大明以後，樂補稍絕。或緣寇難頻起，軍蔭易多，民庶從利，投坊者寡。然國經未變，朝紀恆存，相揆而言，隆替何速。此急病之洪源，晷景之切患，以何科算，革斯弊邪？」玩之上表曰：「宋元嘉二十七年八條取人，孝建元年書籍，衆巧之所始也。元嘉中，故光祿大夫傅隆，年出七十，猶手自書籍，躬加隱校。隆何必有石建之愼，高柔之勤，蓋以世屬休明，服道脩身故耳。今陛下日旰忘食，未明求衣，詔逮幽愚，謹陳妄說。古之共治天下，唯良二千石，今欲求治取正，其在勤明令長。凡受籍，縣不加檢合，但封送州，州檢

得實，方却歸縣。吏貪其賂，民肆其姦，姦彌深而却彌多，賂愈厚而答愈緩。自泰始三年至元徽四年，揚州等九郡四號黃籍，共却七萬一千餘戶。于今十一年矣，而所正者猶未四萬。神州奧區，尚或如此，江、湘諸部，倍不可念。愚謂宜以元嘉二十七年籍爲正。民惰法既久，今建元元年書籍，宜更立明科，一聽首悔，迷而不反，依制必戮。使官長審自檢校，必令明洗，然後上州，永以爲正。若有虛昧，州縣同咎。今戶口多少，不減元嘉，而板籍頓闕，弊亦有以。自孝建已來，入勳者衆，其中操干戈衞社稷者，三分殆無一焉。勳簿所領，而詐注辭籍，浮遊世要，非官長所拘錄，復爲不少。尋蘇峻平後，庾亮就溫嶠求勳簿，而嶠不與，以爲陶侃所上，多非實錄。尋物之懷私，無世不有，宋末落紐，此巧尤多。又將位既衆，舉卹爲祿，實潤甚微，而人領數萬，如此二條，天下合役之身，已據其太半矣。又有改注籍狀，詐入仕流，(苦)〔昔〕爲人役者，〔五〕今反役人。又生不長髮，便謂爲道〔人〕，〔六〕塡街溢巷，是處皆然。或抱子并居，竟不編戶，遷徙去來，公違土斷。屬役無滿，流亡不歸。寧喪終身，疾病長臥。法令必行，自然競反。又四鎭戍將，有名寡實，隨才部曲，無辨勇懦，署位借給，巫媪比肩，彌山滿海，皆是私役。行貨求位，其塗甚易，募役卑劇，何爲投補？坊吏之所以盡，百里之所以單也。今但使募制明信，滿復有期，民無逕路，則坊可立表而盈矣。爲治不患無制，患在不行，不患不行，患在不久。」上省玩之表，納之。乃別置板籍官，〔七〕置令史，限

人一日得數巧，以防懈怠。於是貨賂因緣，籍注雖正，猶強推却，以充程限。至世祖永明八年，謫巧者戍緣淮各十年，百姓怨望。世祖乃詔曰：「夫簡貴賤，辨尊卑者，莫不取信於黃籍。豈有假器濫榮，竊服非分。故所以澄革虛妄，式允舊章。然釁起前代，過非近失，既往之愆，不足追咎。自宋昇明以前，皆聽復注。其有謫役邊疆，各許還本。此後有犯，嚴加翦治。」

玩之以久(宦年)〔宦衰〕疾，〔八〕上表告退，曰：「臣聞負重致遠，力窮則困，竭誠事君，智盡必傾，理固然也。四十仕進，七十懸車，壯則驅馳，老宜休息。臣生於晉，長於宋，老於齊，世歷三代，朝市再易。臣以宋元嘉二十八年爲王府行佐，於玆三十年矣。自頃以來，衰耗漸篤。爲性不懶惰，而倦怠頓來。耳目本聰明，而聾瞶轉積。脚不支身，喘不緒氣。晷刻不推，朝晝不保。大功兄弟，四十有二人，通塞壽夭，唯臣獨存。朝露末光，寧堪長久。且知足不辱，臣已足矣。稟命飢寒，不求富貴，銅山由命，臣何恨焉，久甘之矣。直道事人，不免縲紲，屬遇聖明，知其非罪，臣之幸厚矣。授命於道消之晨，効節於百揆之日，臣忠之効也。慶降於文明之初，〔九〕荷澤於天飛之運，臣命之偶也。不謀巧宦而位至九卿，德慙李陵而忝居門下。〔一〇〕堯舜無窮，臣亦通矣。年過六十，不爲夭矣。榮期之三樂，東平之一善，臣俱盡之矣。經昏踐亂，涉艱履危，仰聖德以求全，憑賢輔以申節，未嘗厭屈於勳權，畏溺於狐鼠，臣立身之本，於斯不虧。在其壯也，當官不讓。及其衰矣，豪露靡因。伏願慈臨，賜臣骸骨。非爲希高慕古，愛好泉林。特以丁運孤貧，養禮多闕，風樹之感，夙自纏心，庶天假其辰，得二三年閑，掃守丘墓，以此歸全，始終之報遂矣。」上省玩之表，許之。

玩之於人物好臧否，宋末，王儉舉員外郎孔逷使虜，玩之言論不相饒，逷、儉並恨之。至是玩之東歸，儉不出送，朝廷無祖餞者。玩之歸家起大宅，數年卒。其後員外郎孔瑄就儉求會稽五官，儉方盥，投皂莢於地，曰：「卿鄉俗惡。虞玩之至死(治)〔煩〕人。」〔一一〕

孔逷字世遠，玩之同郡人。好典故學。與王儉至交。昇明中，爲齊臺尚書儀曹郎，太祖謂之曰：「卿儀曹才也。」儉爲宰相，逷常謀議帷幙，每及選用，頗失鄉曲情。儉從容啓上曰：「臣有孔逷，猶陛下之有臣也。」永明中，爲太子家令，卒。時人呼孔逷、何憲爲王儉三公。

憲字子思，廬江人也。以強學見知。母鎭北長史王敷之女，聰明有訓識。憲爲本州別駕。永明十年，使于虜中。

劉休字弘明，〔一二〕沛郡相人也。祖徽，正員郎。父超，九眞太守。

休初爲駙馬都尉，奉朝請，宋明帝〔湘〕東國常侍。〔一三〕好學諳憶，不爲帝所知。襲祖封南鄉侯。友人陳郡謝儼同丞相義宣反，休坐匿之，被繫尚方七年，孝武崩，乃得出。隨弟欽爲羅縣。太始初，諸州反，休筮明帝當勝，靜處不預異謀。數年，還投吳喜爲輔師府錄事參軍，喜稱其才，進之明帝，得在左右。板桂陽王征北參軍。

帝頗有好尚，尤嗜飲食，休多藝能，爰及鼎味，問無不解。後宮孕者，帝使筮其男女，無不如占。帝素肥，痿不能御內，諸王妓妾懷孕，使密獻入宮，生子之後，閉其母於幽房，前後十數。從帝，桂陽王休範子也。〔一四〕蒼梧王亦非帝子，陳太妃先爲李道兒妾，故蒼梧微行，嘗自稱爲李郎焉。帝憎婦人妬，尚書右丞榮彥遠以善棊見親，〔一五〕婦妬傷其面，帝曰：「我爲卿治之，何如？」彥遠率爾應曰：「聽聖旨。」其夕，遂賜藥殺其妻。休妻王氏亦妬，帝聞之，賜休妾，敕與王氏二十杖。令休於宅後開小店，使王氏親賣掃箒皂莢以辱之。其見親如此。

尋除員外郎，領輔國司馬、中書通事舍人，帶南城令。除尚書中兵郎，給事中，舍人、令如故。除安成王撫軍參軍，〔一六〕出爲都水使者，南康相。〔休〕善言治體，〔一七〕而在郡無異績。還爲正員郎，邵陵王南中郎錄事、建威將軍、新蔡太守。隨轉左軍府，加鎭蠻護軍，將軍、太守如故。遷諮議，司馬，進寧朔將軍，鎭蠻護軍、太守如故。徙尋陽太守，將軍、司馬如故。後遷長史。沈攸之難，〔一八〕世祖挾晉熙邵陵二王軍府鎭盆城，休承奉軍費，事寧，仍遷邵陵王

安南長史，除黃門郎，寧朔將軍，前軍長史，齊臺散騎常侍。

建元初，爲御史中丞。頃之，休啓曰：「臣自塵榮南憲，星晷交春，謬聞弱奏，劾無空月。豈唯不能使蕃邦斂手，豪右屏氣，乃遣聽已暴之辜，替網觸羅之鳥。而猶以此，里失鄉黨之和，〔一九〕朝絕比肩之顧，覆背騰其喉脣，武人厲其觜吻。怨之所聚，勢難久堪，議之所裁，孰懷其允。臣竊尋宋世載祀六十，歷職斯任者五十有三，校其年月，不過盈歲。於臣叨濫，宜請骸骨。」上曰：「卿職當國司，以威裁爲本，而忽憚世諧。卿便應辭之事始，何可獲惰晚節邪？」

宋末，上造指南車，以休有思理，使與王僧虔對共監試。元嘉世，羊欣受子敬正隸法，世共宗之，右軍之體微古，不復見貴。休始好此法，至今此體大行。四年，出爲豫章內史，加冠軍將軍。卒，年五十四。

沈沖字景綽，吳興武康人也。祖宣，新安太守。父懷文，〔廣陵太守〕。〔二〇〕沖解褐衞尉五官，轉揚州主簿。宋大明中，懷文有文名，沖亦涉獵文義。轉西陽王撫軍法曹參軍，尋舉秀才，還爲撫軍正佐，兼記室。及懷文得罪被繫，沖兄弟行謝，情哀貌苦，見者傷之。柳元

景欲救懷文，言於帝曰：「沈懷文三子塗炭不可見，願陛下速正其罪。」帝竟殺之。元景爲之歎息。沖兄弟以此知名。

泰始初，以母老家貧，啓明帝得爲永興令。遷巴陵王主簿，除尚書殿中郎。元徽中，出爲晉安王安西記室參軍，還爲司徒主簿，山陰令，轉司徒錄事參軍。世祖爲江州，沖爲征虜長史、尋陽太守，甚見委遇。世祖還都，使沖行府、州事。遷領軍長史。建元初，轉驃騎諮議參軍，領錄事，未及到任，轉黃門郎，仍遷太子中庶子。世祖在東宮，待以恩舊。及卽位，轉御史中丞，侍中，冠軍廬陵王子卿爲郢州，以沖爲長史、輔國將軍、江夏內史，行府、州事。隨府轉爲安西長史、南郡內史，行荆州府事，將軍如故。永明四年，徵爲五兵尚書。

沖與兄淡、淵名譽有優劣，世號爲「賽鼓兄弟」。淡、淵並歷御史中丞，兄弟三人，皆爲司直，晉、宋未有也。中丞案裁之職，被憲者多結怨。淵永明中彈吳興太守袁彖，建武中，彖從弟昂爲中丞，到官數日，奏彈淵子續父在儆白幰車，免官禁錮。沖母孔氏在東，鄰家失火，疑爲人所焚爇，大呼曰：「我三兒皆作御史中丞，與人豈有善者！」

世祖方欲任沖，沖西下至南州而卒。時年五十一。上甚惜之。喪還，詔曰：「沖喪柩至止，惻愴良深。以其昔在南蕃，特兼憫悼。」車駕出臨沖喪，詔曰：「沖貞詳閑理，志局淹正。誠著蕃朝，績彰出內。〔二一〕不幸早世，朕甚悼之。」追贈太(保)〔常〕，〔二二〕謚曰恭子。

庾杲之字景行，新野人也。祖深之，雍州刺史。父粲，司空參軍。

杲之少而貞立，學涉文義。起家奉朝請，巴陵王征西參軍。郢州舉秀才，除晉熙王鎮西外兵參軍，世祖征虜府功曹，尚書駕部郎。清貧自業，食唯有韮葅、瀹韮、生韮雜菜，或戲之曰：「誰謂庾郎貧，食鮭常有二十七種。」言三九也。仍爲世祖撫軍中軍記室，遷員外散騎常侍，正員郎，遷中書郎，領荆、湘二州中正。轉尚書左丞，常侍、領中正如故。

出爲王儉衞軍長史，時人呼儉府爲入芙蓉池。〔二三〕儉謂人曰：「昔袁公作衞軍，欲用我爲長史，雖不獲就，要是意向如此。今亦應須如我輩人也。」乃用杲之。遷黃門郎，兼御史中丞，尋卽正。

杲之風範和潤，善音吐。世祖令對虜使，兼侍中。〔二四〕上每歎其風器之美，王儉在座，曰：「杲之爲蟬冕所照，更生風采。陛下故當與其卽眞。」帝意未用也。永明中，諸王年少，不得妄與人接，敕杲之與濟陽江淹五日一詣諸王，使申遊好。尋又遷廬陵王中軍長史，遷尚書吏部郎，參大選事。轉太子右衞率，加通直常侍。

九年，卒。臨終上表曰：「臣昨夜及旦，更增氣疾，自省綿痼，頃刻危殆，無容復臥。任

居隆顯，玷塵明世，乞解所忝，待終私庭。臣以凡庸，謬徼昌運，獎擢之厚，千載難逢。且年踰知命，志事榮顯，脩夭有分，無所厝言。若天鑒微誠，暫借餘曆，傾宗殞元，陳力無遠。仰違庭闕，伏枕哽戀。送貂蟬及章。」詔不許。杲之歷在上府，以文學見遇。上造崇虛館，使爲碑文。卒時年五十一，上甚惜之。謚曰貞子。

時會稽孔廣，字淹源，亦美姿制。歷州治中，卒。

王諶字仲和，東海郯人也。祖萬慶，〔二五〕員外常侍。父元閔，護軍司馬。

宋大明中，沈曇慶爲徐州，辟諶爲迎主簿，又爲州迎從事，湘東王國常侍，鎮北行參軍，州、國、府主皆宋明帝也。除義陽王征北行參軍，又除度明帝衞軍府。諶有學義，累爲帝蕃佐。及卽位，除司徒參軍，帶薛令，兼中書舍人，見親遇，常在左右。諶見帝所行慘僻，屢諫不從，請退，坐此見怒，繫尚方，少日出。尋除尚書殿中郎，徙記室參軍，正員郎，薛令如故。遷兼中書郎，晉平王驃騎板諮議，出爲湘東太守，秩中二千石，未拜，坐公事免。復爲桂陽王驃騎府諮議參軍，中書郎。

明帝好圍棊，置圍棊州邑，以建安王休仁爲圍棊州都大中正，諶與太子右率沈勃、尚書

水部郎庾珪之、彭城丞王抗四人爲小中正，朝請褚思莊、傅楚之爲清定訪問。

出爲臨川內史，還爲尙書左丞。尋以本官領東觀祭酒，卽明帝所置總明觀也。遷黃門，轉正員常侍，輔國將軍，江夏王右軍長史，冠軍將軍。轉給事中，廷尉卿，未拜。建元中，武陵王曄爲會稽，以諶爲征虜長史行事，冠軍如故。永明初，遷豫章王太尉司馬，將軍如故。

世祖與諶相遇於宋明之世，欲委任，〔二六〕爲輔國將軍、晉安王南中郎長史、淮南太守，行府、州事。五年，除黃門郎，領驍騎將軍，遷太子中庶子，驍騎如故。諶貞正和謹，朝庭稱爲善人，多與之厚。八年，轉冠軍將軍、長沙王車騎長史，徙廬陵王中軍長史，將軍如故。西陽王子明在南兗州，長史沈憲去職，上復徙諶爲征虜長史，行南兗府、州事，將軍如故。

諶少貧，嘗自紡績，及通貴後，每爲人說之，世稱其志達。九年，卒。年六十九。

史臣曰：鶉居鷇飲，裁樹司牧，板籍之起，尙未分民，所以愛字之義深，納隍之意重也。季世以後，務盡民力，量財品賦，以自奉養。下窮而上不卹，世澆而事愈變。故有竊名簿閥，忍賊肌膚，生濫死乖，趨避繩網。積虛累謬，已數十年，欺蔽相容，官民共有，爲國之道，

良宜矯革。若令優役輕傜，則斯詐自弭；明糾羣吏，則茲僞不行。空閱舊文，徒成民幸。是以崔琰之識魏武，謝安之論京師，斷民之難，豈直遠在周世〔哉〕？〔二七〕

贊曰：玩之止足，爲論未光。劉休善篮，安臥南湘。沖獲時譽，杲信珪璋。諶惟舊序，並用輿王。

校勘記

〔一〕〔太后〕怨訴孝武　據南監本、殿本、局本及南史補。

〔二〕所縣轉多　「所縣」南監本、殿本及南史並作「州縣」，譌。按所縣轉多謂所縣欠轉多也，元龜四百六十七亦作「所縣」。

〔三〕領本部中正　張森楷校勘記云：「『部』疑『郡』字之譌。」

〔四〕或人在而反託死（板）〔叛〕　據南監本及南史改。言人在而在籍上妄注死叛也。

〔五〕（苦）〔昔〕爲人役者　按下云「今反役人」，則「苦」當作「昔」，形之譌也。各本並譌，今據通典食貨典、元龜四百八十六改。

〔六〕又生不長髮便謂爲道〔人〕　據通典食貨典補。按南北朝人稱僧爲道人，見南史梁弘景傳。

〔七〕乃別置板籍官　「板」南史、通典食貨典、元龜四百八十六作「校」。

〔八〕玩之以久（官年）〔宦衺〕疾　據南監本、殿本及南史改。

〔九〕慶降於文明之初　「慶降」殿本作「降慶」，元龜八百九十九作「慶隆」。

〔一〇〕德慙李陵而忝居門下　殿本考證云：「『李陵』二字有疑。」按張森楷校勘記云：「按太史公報任少卿書有『僕與李陵，俱居門下』之語，非誤也。」

〔一一〕虞玩之至死（治）〔煩〕人　據南監本、殿本、局本改。按御覽九百六十引及元龜四百七十八亦作「煩」。

〔一二〕劉休字弘明　「弘」宋本避諱缺筆作「引」，今據南監本、殿本、局本改正。

〔一三〕宋明帝〔湘〕東國常侍　據南監本、殿本、局本及南史補。

〔一四〕從帝桂陽王休範子也　從帝卽順帝，子顯避梁諱改，南監本、殿本已改爲「順帝」。

〔一五〕尙書右丞滎彥遠　「滎彥遠」南監本、局本作「羅彥遠」。

〔一六〕除安成王撫軍參軍　按「安成」原作「安城」。據宋書順帝紀改正。

〔一七〕〔休〕善言治體　據南監本、殿本、局本補。

〔一八〕沈攸之難　按「沈攸之」下當疊一之「字」。

〔一九〕里失鄉黨之和　「里」原譌「理」，今據毛本、殿本、局本改正。

〔二〇〕父懷文〔廣陵太守〕　據南監本、毛本、殿本、局本補。

〔二一〕績彰出內　「出內」南監本、殿本作「出守」。

〔二二〕進贈太（保）〔常〕　據南監本、殿本、局本及南史改。

〔二三〕時人呼儉府爲入芙蓉池　殿本作「時人呼入儉府爲芙蓉池」。

〔二四〕兼侍中　南史云「嘗兼侍中夾侍」。錢大昕廿二史考異云：「此『兼』字當讀去聲，蓋假職未眞授之稱，與一人兼兩職之兼有別。」

〔二五〕祖萬慶　殿本考證云：「南史無『萬』字。」

〔二六〕欲委任　「欲」元龜二百十一作「故」，義較長。

〔二七〕豈直遠在周世〔哉〕　據殿本、局本補。

南齊書卷三十五

列傳第十六

高帝十二王

高帝十九男：昭皇后生武帝、豫章文獻王嶷；謝貴嬪生臨川獻王映、長沙威王晃；羅太妃生武陵昭王曅；任太妃生安成恭王暠；陸脩儀生鄱陽王鏘、晉熙王銶；袁脩容生桂陽王鑠；何太妃生始興簡王鑑、宜都王鏗；區貴人生衡陽王鈞；張淑妃生江夏王鋒、河東王鉉；李美人生南平王銳；第九、第十三、第十四、第十七皇子早亡。衡陽王鈞出繼元王後。

臨川獻王映字宣光，太祖第三子也。宋元徽四年，解褐著作佐郎，遷撫軍行參軍，南陽

王文學。沈攸之事難，太祖時領南徐州，以映爲寧朔將軍，鎭京口。事寧，除中軍諮議、從事中郎、輔國將軍、淮南宣城二郡太守，並不拜。仍爲假節、（都）督南兗兗徐青冀五州諸軍事、行〔南〕兗州刺史，〔一〕將軍如故。尋除給事黃門侍郎，領前軍將軍，仍復爲冠軍將軍、南兗州刺史，假節（都）督，復爲監軍，〔二〕督五州如故。

齊臺建，宋帝詔封映及弟晃、曅、暠、鏘、鑠、鑑並爲開國縣公，各千五百戶，未及定上宇，而太祖踐阼。以映爲使持節、都督荆湘雍益梁寧南北秦八州諸軍事、平西將軍、荆州刺史。封臨川王，食邑例二千戶。又領湘州刺史。豫章王嶷既留鎭陜西，映亦不行。改授散騎常侍、都督揚南徐二州諸軍事、前將軍、揚州刺史，持節如故。國家初創，映以年少臨神州，吏治聰敏，府州曹局，皆重足以奉禁令，自宋彭城王義康以後未之有也。

出爲都督荆湘雍益梁巴寧南北秦九州諸軍事、鎭西將軍、荆州刺史，持節、常侍如故。給鼓吹一部。以國憂解散騎常侍，進號征西。永（興）〔明〕元年，〔三〕入爲侍中，驃騎將軍。二年，給油絡車。五年，卽本號開府儀同三司。七年，薨。映善騎射，解聲律，工左右書左右射，應接賓客，風韻韶美，朝野莫不惋惜焉。時年三十二。詔賜東園祕器，朝服一具，衣一襲。贈司空。九子，皆封侯。

長子子晉，歷東陽吳興二郡太守，祕書監，領後軍將軍。永元初，爲侍中，遷左民尙書。坐從妹祖日不拜，爲有司所奏，事留中，子晉遂不復拜。梁王定京邑，猶服侍中服。入梁爲輔國將軍、高平太守。第二子子游，州陵侯。解褐員外郎，太子洗馬，歷瑯邪、晉陵二郡太守，黃門侍郎。好音樂，解絲竹雜藝。梁初坐閨門淫穢及殺人，爲有司所奏，請議禁錮。〔四〕子晉謀反，兄弟並伏誅。

長沙威王晃字宣明，太祖第四子也。少有武力，爲太祖所愛。宋世解褐祕書郎邵陵王友，不拜。昇明二年，代兄映爲寧朔將軍、淮南宣城二郡太守。初，沈攸之事起，晃便弓馬，多從武容，〔五〕爊赫都街，時人爲之語曰：「煥煥蕭四繖。」

其年，遷爲持節、監豫司二州〔郢州〕之西陽諸軍事、〔六〕西中郎將、豫州刺史。太祖踐祚，〔七〕晃欲用政事，〔八〕輒爲典籤所裁，晃執殺之，上大怒，手詔賜杖。尋遷使持節、都督南徐兗二州諸軍事、後將軍、南徐州刺史。世祖爲皇太子，拜武進陵，於曲阿後湖鬭隊，使晃御馬軍，上聞之，又不悅。入爲侍中、護軍將軍，以國憂，解侍中，加中軍將軍。

太祖臨崩，以晃屬世祖，處以輦轂近蕃，勿令遠出。永明元年，上遷南徐州刺史竟陵王子良爲南兗州，以晃爲使持節、都督南徐兗二州諸軍事、鎭軍將軍、南徐州刺史。入爲散騎

常侍，中書監。諸王在京都，唯置捉刀左右四十人，晃愛武飾，罷徐州還，私載數百人仗還都，爲禁司所覺，投之江水。世祖禁諸王畜私仗，（上）聞之大怒，〔九〕將糾以法。豫章王嶷於御前稽首流涕曰：「晃罪誠不足宥。陛下當憶先朝念白象。」〔白象〕，晃小字也。〔一〇〕上亦垂泣。太祖大漸時，誡世祖曰：「宋氏若不骨肉相圖，他族豈得乘其衰弊，汝深戒之。」故世祖終無異意。然晃亦不見親寵。當時論者以世祖優於魏文，減於漢明。

尋加晃鎭軍將軍，轉丹陽尹，常侍、將軍如故。又爲侍中、護軍將軍，鎭軍如故。尋進號車騎將軍，侍中如故。給油絡車，鼓吹一部。八年，薨，年三十一。賜東園祕器，朝服一具，衣一襲。卽本號，贈開府儀同三司。

世祖嘗幸鍾山，晃從駕，以馬矟刺道邊枯蘗，上令左右數人引之，銀纏皆卷聚，而矟不出。乃令晃復馳馬拔之，應手便去。每遠州獻駿馬，上輒令晃於華林中調試之。太祖常曰：「此我家任城也。」世祖緣此意，故謚曰威。

武陵昭王曅字宣照，〔一一〕太祖第五子也。母羅氏，從太祖在淮陰，以罪誅，〔曅年四歲，思慕不異成人〕，故曅見愛。〔一二〕初除冠軍將軍，轉征虜將軍。曅剛穎儁出，工弈棊，與諸王

共作短句，詩學謝靈運體，以呈上，報曰：「見汝二十字，諸兒作中最爲優者。但康樂放蕩，作體不辨有首尾，安仁、士衡深可宗尚，顏延之抑其次也。」

建元三年，[三]出爲持節、都督會稽東陽新安永嘉臨海五郡軍事、會稽太守，將軍如故。上遣儒士劉瓛往郡，爲曅講五經。世祖卽位，進號左將軍，入爲中書令，將軍如故。轉散騎常侍，太常卿。又爲中書令，遷祠部尚書，常侍並如故。

曅無寵於世祖，未嘗處方嶽，數以語言忤旨。世祖幸豫章王嶷東田宴諸王，獨不召曅。嶷曰：「風景殊美，(令)[今]日甚憶武陵。」[四]上乃呼之。曅善射，屢發命中，顧謂四坐曰：「手何如？」上神色甚怪。嶷曰：「阿五常日不爾，今可謂仰藉天威。」帝意乃釋。後於華林賭射，上敕曅疊破，凡放六箭，五破一皮，賜錢五萬。又於御席上舉酒勸曅，曅曰：「陛下嘗不以此處許臣。」上回面不答。

久之，出爲江州刺史，常侍如故。上以曅方出外鎮，求曅宅給諸皇子。曅曰：「先帝賜臣此宅，使臣歌哭有所。陛下欲以州易宅，臣請〔不〕以宅易州。」[五]至鎮百餘日，典籤趙渥之啓曅得失，於是徵還爲左民尚書。

俄轉前將軍，太常卿，累不得志。冬節問訊，諸王皆出，曅獨後來，上已還便殿，聞曅至，引見問之。曅稱牛羸，不能取路。上敕車府給副御牛一頭。敕主客：「自今諸王來不隨

例者，不得復爲通。」

以公事還過竟陵王子良宅，冬月道逢乞人，脫襦與之。子良見曅衣單，薦襦於曅。曅曰：「我與向人亦復何異！」尚書令王儉詣曅，曅留儉設食，柈中菘菜鮑魚而已。又名後堂山爲「首陽」，蓋怨貧薄也。

尋爲丹陽尹，常侍、將軍如故。始不復置行事，得自親政。轉侍中，護軍將軍。給油絡車。又給扶二人。世祖臨崩，遺詔爲衞將軍，開府儀同三司，給鼓吹一部。大行在殯，竟陵王子良在殿內，太孫未立，衆論喧疑。曅衆中言曰：「若立長則應在我，立嫡則應在太孫。」鬱林既立，甚見憑賴。隆昌元年，年二十八，薨。賜東園祕器，朝服。贈司空，侍中如故。給節，班劍二十人。

安成恭王暠字宣曜，太祖第六子也。建元二年，除冠軍將軍，鎮石頭戍，領軍事。四年，出爲使持節、督江州豫州之晉熙諸軍事、南中郎將、江州刺史。永明元年，進號征虜將軍。明年，爲左衞將軍。尋遷侍中，領步兵校尉。轉中書令。五年，遷祠部尚書，領驍騎將軍。六年，出爲南徐州刺史。九年，遷散騎常侍，祕書監，領石頭戍事。暠性清和多疾，其

夏薨，年二十四。贈撫軍將軍，常侍如故。

鄱陽王鏘字宣韶，太祖第七子也。建元四年，世祖卽位，以鏘爲使持節、督雍梁南北秦四州郢州之竟陵司州之隨郡軍事、北中郎將、寧蠻校尉、雍州刺史。永明二年，進號征虜將軍。四年，爲左衞將軍，遷侍中，領步兵校尉。七年，轉征虜將軍，丹陽尹。尋加散騎常侍，進號撫軍。出爲江州刺史，常侍如故。九年，始親府、州事。加使持節、督江州諸軍事、安南將軍，置佐史，常侍如故。先是二年省江州府，至是乃復。十一年，爲領軍，常侍如故。

鏘和悌美令，有寵於世祖，領軍之授，齊室諸王所未爲。鏘在官理事無壅，當時稱之。車駕遊幸，常甲仗衞從，恩待次豫章王嶷。其年，給油絡車。隆昌元年，轉尚書右僕射，常侍如故。俄遷侍中、驃騎將軍、開府儀同三司，領兵置佐。

鏘雍容得物情，爲鬱林王所依信。鬱林心疑高宗，諸王問訊，獨留鏘謂之曰：「公聞鸞於法身何如？」[六]鏘曰：「臣鸞於宗戚最長，且受寄先帝。臣等年皆尚少，朝廷之幹，唯鸞一人，願陛下無以爲慮。」鬱林退謂徐龍駒曰：「我欲與公共計取鸞，公既不同，我不能獨辦，且復小聽。」及鬱林廢，鏘竟不知。

延興元年，進位司徒，侍中驃騎如故。高宗鎮東府，權勢稍異，鏘每往，高宗常屣履至車迎鏘。語及家國，言淚俱下，鏘以此推信之。而宮臺內皆屬意於鏘，勸鏘入宮發兵輔政。制局監謝粲說鏘及隨王子隆曰：「殿下但乘油壁車入宮，出天子置朝堂，二王夾輔號令，粲等閉城門上仗，誰敢不同？東城人政共縛送蕭令耳。」子隆欲定計，鏘以上臺兵力既悉度東府，且慮事難捷，意甚猶豫。馬隊主劉巨，世祖時舊人，詣鏘請閒，叩頭勸鏘立事。鏘命駕將入，復回還內與母陸太妃別，日暮不成行。數日，高宗遣二千人圍鏘宅害鏘，謝粲等皆見殺。鏘時年二十六。凡諸王被害，皆以夜遣兵圍宅，或斧關排牆叫噪而入，家財皆見封籍焉。

桂陽王鑠字宣朗，太祖第八子也。永明二年，出爲南徐州刺史，鎮京口。歷代鎮府，鑠出蕃，始省軍府。四年，加散騎常侍。六年，遷中書令，度支尚書。七年，轉中書令，加散騎常侍。時鄱陽王鏘好文章，鑠好名理，時人稱爲「鄱桂」。十年，遷太常，常侍如故。鑠清羸有冷疾，常枕臥。世祖臨視，賜床帳衾褥。隆昌元年，加前將軍。給油絡車，並給扶侍二人。海陵立，轉侍中、撫軍將軍，領兵置佐。

鄱陽王見害，鏘遷中軍將軍，開府儀同三司。鏘不自安，至東府詣高宗還，謂左右曰：「向錄公見接慇懃，流連不能已，而貌有慙色，此必欲殺我。」三更中，兵至見害。時年二十五。

始興簡王鑑字宣徹，太祖第十子也。初封廣興王，後國隨郡改名。永明二年，世祖始以鑑爲持節、都督益寧二州軍事、前將軍、益州刺史。

廣漢什邡民段祖以錞于獻鑑，古禮器也。高三尺六寸六分，圍二尺四寸，圓如筩，銅色黑如漆，甚薄。上有銅馬，以繩縣馬，令去地尺餘，灌之以水，又以器盛水於下，以芒莖當心跪注錞于，以手振芒，則其聲如雷，清響良久乃絕。古所以節樂也。五年，鑑獻龍角一枚，長九尺三寸，色紅，有文。八年，進號安西將軍。

明年，爲散騎常侍，祕書監，領石頭戍事。上以與鑑久別，車駕幸石頭宴會賞賜。尋遷左衞將軍，未拜，遇疾。上爲南康王子琳起青陽巷第新成，車駕與後宮幸第樂飲，其日鑑疾甚，上遣騎問疾相繼，爲之詔止樂。薨，年二十一。遺贈中軍將軍，本官新除悉如故。

江夏王鋒字宣穎，太祖第十二子。〔七〕永明五年，爲輔國將軍，南彭城、平昌二郡太守。轉散騎常侍。七年，遷左衞將軍，仍轉侍中，領石頭戍事。九年，出爲徐州刺史。鬱林卽位，加散騎常侍。隆昌元年，入爲侍中，領驍騎將軍，尋加祕書監。

鋒好琴書，有武力。高宗殺諸王，鋒遺書誚責，左右不爲通，高宗深憚之。不敢於第收鋒，使兼祠官於太廟，夜遣兵廟中收之。鋒出登車，兵人欲上車防勒，鋒以手擊却數人，皆應時倒地，於是敢近者遂逼害之。時年二十。

南平王銳字宣毅，太祖第十五子也。永明七年，爲散騎常侍，尋領驍騎將軍。明年，爲左民尚書。朝直勤謹，未嘗屬疾，上嘉之。十年，出爲持節、都督湘州諸軍事、南中郎將、湘州刺史，以此賞銳。鬱林卽位，進號前將軍。

延興元年，害諸王，遣裴叔業平尋陽，仍進湘州。銳防閤周伯玉勸銳拒叔業，而府州力弱不敢動，銳見害，年十九。伯玉下獄誅。

宜都王鏗字宣嚴，〔八〕太祖第十六子也。初除遊擊將軍。永明十年，遷左民尚書。十一年，爲持節、都督南豫司二州軍事、冠軍將軍、南豫州刺史，鎭姑熟。時有盜發晉大司馬桓溫女冢，得金蠶銀繭及珪璧〔等物〕。鏗使長史蔡約自往修復，纖毫不犯。」〔九〕鬱林卽位，進號征虜將軍。延興元年，見害，年十八。

晉熙王銶字宣攸，太祖第十八子也。永明十一年，除驍騎將軍。隆昌元年，出爲持節、督郢司二州軍事、冠軍將軍、郢州刺史。延興元年，進號征虜將軍。尋見害，年十六。

河東王鉉字宣胤，太祖第十九子也。隆昌元年，爲驍騎將軍。出爲徐州刺史，遷中書令。高宗誅諸王，以鉉年少才弱，故未加害。建武元年，轉爲散騎常侍，鎭軍將軍，置兵佐。

建武之世，高、武子孫憂危，鉉每朝見，常鞠躬俯僂，不敢平行直視。尋遷侍中、衞將軍。鉉年稍長。四年，誅王晏，以謀立鉉爲名，免鉉官，以王還第，禁不得與外人交通。永泰元年，上疾暴甚，遂害鉉，時年十九。二子在孩抱，亦見殺。太祖諸王，鉉獨無後，衆竊寃之。乃使揚州刺史始安王遙光、臨川王子晉、竟陵王昭胄、太尉陳顯達、尚書令徐孝嗣、右僕射沈文季、尚書沈淵、沈約、王亮奏論鉉，帝答不許，再奏，乃從之。

史臣曰：陳思王表云「權之所存，雖疏必重；勢之所去，雖親必輕」。若夫六代之興亡，曹冏論之當矣。分珪命社，實寄宗城，就國之典，旣隨世革，卿士入朝，作貴蕃輔。皇王託體，同稟尊極，仕無常資，秩有恆數，禮地兼隆，易生（推擬）〔猜疑〕。〔一〇〕世祖顧命，情深尊嫡，淵圖遠算，意在無遺。〔一一〕豈不以羣王少弱，未更多難，高宗清謹，同起布衣，故韜末命於近親，寄重權於疎戚，子弟布列，外有強大之勢，疎親中立，〔一二〕可息覬覦之謀，表裏相維，足固家國。曾不慮機能運衡，寡以制衆，〔宗族殲滅，一至於斯〕。〔一三〕曹植之言信之矣。

贊曰：高十二王，始建封植。獻、昭機警，威、江才力。恭、簡恬和，鄱、桂清識。四王少盛，同規謹敕。

校勘記

〔一〕仍爲假節（都）督南兗兗徐青冀五州諸軍事行（南）兗州刺史　「都」字據錢大昕說刪，錢說詳下條。「南」字據南史補。

〔二〕假節(都)督復爲監軍　按宋書百官志，晉世都督諸軍爲上，監諸軍次之，督諸軍爲下。故曹虎傳云建武二年，進督爲監。錢大昕廿二史考異云：「此亦進督爲監也。上文『假節都督』字兩見，俱當爲『假節督』，誤衍『都』字耳。」今據刪。

〔三〕永(興)〔明〕元年　據殿本及南史改。

〔四〕請議禁錮　張森楷校勘記云：「『請』疑當作『清』。」

〔五〕多從武容　「武容」御覽四百九十五引及元龜二百七十一並作「武客」。

〔六〕監豫司二州〔郢州〕之西陽諸軍事　錢大昕廿二史考異云「當云監豫司二州郢州之西陽諸軍事」。今據補。

〔七〕太祖踐祚　「祚」殿本、局本作「阼」。

〔八〕晃欲用政事　「用」南監本、局本作「親」，殿本作「陳」。按南史作「晃每陳政事」。

〔九〕(上)聞之大怒　據南監本刪。

〔一〇〕〔白象〕晃小字也　據南監本、殿本、局本補。

〔一一〕武陵昭王曅字宣照　「宣照」南史作「宣昭」。

〔一二〕〔曅年四歲思慕不異成人〕故曅見愛　據毛本、殿本、局本補。

〔一三〕建元三年　「三年」南史作「二年」。

〔一四〕(令)〔今〕日甚憶武陵　據南監本、毛本、殿本、局本及元龜二百七十四改。

〔一五〕臣請〔不〕以宅易州　據南監本、殿本、局本及南史補。

〔一六〕公聞鸞於法身何如　「鸞」原作「諱」，據南監本、殿本改。下同。

〔一七〕太祖第十二子　「二」原譌「三」，毛本同，它本不譌，今改正。按本傳敍云「第九、第十三、第十四、第十七皇子早亡」，明「三」乃「二」字之譌。

〔一八〕宜都王鏗字宣嚴　王鳴盛十七史商榷云：「案豫章王已字宣嚴，二王皆高帝子，不應同字，必有一誤。」

〔一九〕得金蠶銀繭及珪璧〔等物鑑使長史蔡約自往修復纖毫不犯〕　據南監本、毛本、殿本、局本補。

〔二〇〕易生(推擬)〔猜疑〕　據南監本、毛本、殿本、局本改。

〔二一〕意在無遺　南史作「意在求安」。

〔二二〕疎親中立　「疎親」南監本、殿本及南史並作「支庶」。

〔二三〕曾不慮機能運衡寡以制衆〔宗族殲滅一至於斯〕　據南監本、殿本、毛本、局本及南史補。按「寡以制衆」南監本、殿本、局本及南史並作「權可制衆」。「一至於斯」毛本、局本作「一至於此」。

南齊書卷三十六

列傳第十七

謝超宗　劉祥

謝超宗，陳郡陽夏人也。祖靈運，宋臨川內史。父鳳，元嘉中坐靈運事，同徙嶺南，早卒。超宗元嘉末得還。與慧休道人來往，好學，有文辭，盛得名譽。解褐奉朝請。新安王子鸞，孝武帝寵子，超宗以選補王國常侍。王母殷淑儀卒，超宗作誄奏之，帝大嗟賞。曰：「超宗殊有鳳毛，恐靈運復出。」轉新安王撫軍行參軍。

泰始初，爲建安王司徒參軍事，尚書殿中郎。三年，都令史駱宰議策秀才考格，五問竝得爲上，四、三爲中，二爲下，一不合與第。超宗議以爲「片辭折獄，寸言挫衆，魯史褒貶，孔論興替，皆無俟繁而後秉裁。夫表事之淵，析理之會，豈必委牘方切治道。非患對不盡問，患以恒文弗奇。必使一通峻正，寧劣五通而常；與其俱奇，必使一亦宜採。」詔從宰議。

遷司徒主簿，丹陽丞。建安王休仁引爲司徒記室，正員郎，兼尚書左丞中郎。以直言忤僕射劉康，〔一〕左遷通直常侍。太祖爲領軍，數與超宗共屬文，愛其才翰。衞將軍袁粲聞之，謂太祖曰：「超宗開亮迥悟，善可與語。」取爲長史、臨淮太守。粲既誅，太祖以超宗爲義興太守。昇明二年，坐公事免。詣東府門自通，其日風寒慘厲，太祖謂四座曰：「此客至，使人不衣自暖矣。」超宗既坐，飲酒數甌，辭氣橫出，太祖對之甚歡。板爲驃騎諮議。及卽位，轉黃門郎。

有司奏撰立郊廟歌，敕司徒褚淵、侍中謝朏、散騎侍郎孔稚珪、太學博士王咺之、總明學士劉融、何法冏、〔二〕何曇秀十人竝作，超宗辭獨見用。

爲人仗才使酒，多所陵忽。在直省常醉，上召見，語及北方事，超宗曰：「虜動來二十年矣，佛出亦無如何！」以失儀出爲南郡王中軍司馬。超宗怨望，謂人曰：「我今日政應爲司驢。」爲省司所奏，以怨望免官，禁錮十年。司徒褚淵送湘州刺史王僧虔，閣道壞，墜水；僕射王儉嘗牛驚，跣下車。超宗撫掌笑戲曰：「落水三公，墮車僕射。」前後言誚，稍布朝野。

世祖卽位，使掌國史，除竟陵王征北諮議參軍，領記室。愈不得志。超宗娶張敬兒女爲子婦，上甚疑之。永明元年，敬兒誅，超宗謂丹陽尹李安民曰：「往年殺韓信，今年殺彭越，尹欲何計？」安民具啓之。上積懷超宗輕慢，使兼中丞袁彖奏曰：

風聞征北諮議參軍謝超宗，根性浮險，率情躁薄。仕近聲權，務先諂狎。人裁疎黜，亟便詆賤。卒然面譽，旋而背毀。疑閒台賢，每窮詭舌。訕貶朝政，必聲凶言。腹誹口謗，莫此之甚；不敬不諱，罕與爲二。

輒攝白從王永先到臺辨問「超宗有何罪過，詣諸貴皆有不遜言語，並依事列對」。永先列稱：「主人超宗恒行來詣諸貴要，每多觸忤，言語怨懟。與張敬兒周旋，許結姻好，自敬兒死後，惋歎忿慨。今月初詣李安民，語論『張敬兒不應死』。安民道『敬兒書疏，墨迹炳然，卿何忽作此語』？其中多有不遜之言，小人不悉盡羅縷諳憶。」如其辭列，則與風聞符同。超宗罪自己彰，宜附常准。

超宗少無行檢，〔三〕長習民慝。狂狡之跡，聯代所疾；迷慠之釁，累朝點觸。〔四〕剗容掃轍，久埋世表。〔五〕屬聖明廣愛，忍禍舒慈，〔六〕捨之憲外，許以改過。野心不悛，在有方驕；才性無親，處恩彌戾。遂遘扇非端，〔七〕空生怨懟，恣囂毒於京輔之門，揚凶悖於卿守之席。此而不翦，國章何寄？此而可貸，孰不可容？請以見事免超宗所居官，解領記室。輒勒外收付廷尉法獄治罪。超宗品第未入簡奏，臣輒奉白簡以聞。

臣聞行父盡忠，無禮斯疾；農夫去草，見惡必耘。所以振纓稱良，登朝著績，未有

世祖雖可其奏，以彖言辭依違，大怒，使左丞王逡之奏曰：

尸位存私，而能保其榮名者也。

今月九日，治書侍御史臣司馬侃啓彈征北諮議參軍事謝超宗，稱「根性昏動，率心險放，悖議爽眞，囂辭犯實，親朋忍聞，衣冠掩目，輒收付廷尉法獄治罪」。處劾雖重，文辭簡略，事入主書，被却還外。其晚，兼御史中丞臣袁彖改奏白簡，始粗詳備。厥初隱衞，寔彖之由。尋超宗植性險戾，稟行凶詖，豺狼野心，久暴遐邇。張敬兒潛圖反噬，罰未塞嚳，而稱怨痛枉，形于言貌。協附姦邪，疑閒勳烈，構扇異端，譏議時政，行路同忿，有心咸疾。而阿昧苟容，輕文略奏。又彈事舊體，品第不簡，而釁戾殊常者，皆命議親奏，以彰深嚳。況超宗罪愈四凶，〔八〕過窮南竹，雖下輒收，而文止黃案，沈浮乎見，〔九〕輕重相乖，此而不糾，憲綱將替。

彖才識疎淺，質幹無聞，憑戚昇榮，因慈荷任。不能克己厲情，少酬恩獎，撓法容非，用申私惠。何以糾正邦違，式明王度？臣等參議，請以見事免彖所居官，解兼御史中丞，輒攝曹依舊下禁止視事如故。

治書侍御史臣司馬侃雖承稟有由，而初無疑執，亦合及咎。請杖督五十，奪勞百日。令史卑微，不足申盡，啓可奉行。

侃奏彈之始，臣等竝卽經見加推糾，案入主書，方被却檢，疎謬之嚳，伏追震悚。

詔曰：「超宗釁同大逆，罪不容誅。彖匿情欺國，愛朋罔主，事合極法，特原收治，免官如案，禁錮十年。」超宗下廷尉，一宿髮白皓首。詔徙越州，行至豫章，上敕豫章內史虞悰曰：「謝超宗令於彼賜自盡，勿傷其形骸。」

明年，超宗門生王永先又告超宗子才卿死罪二十餘條。上疑其虛妄，以才卿付廷尉辯，以不實見原。永先於獄自盡。

劉祥字顯徵，東莞莒人也。祖式之，吳郡太守。父歆，太宰從事中郎。

祥宋世解褐爲巴陵王征西行參軍，歷驃騎中軍二府，太祖太尉東閤祭酒，驃騎主簿。建元中，爲冠軍征虜功曹，爲府主武陵王曅所遇。除正員外。

祥少好文學，性韻剛疎，輕言肆行，不避高下。司徒褚淵入朝，以腰扇鄣日，祥從側過，曰：「作如此舉止，羞面見人，扇鄣何益？」淵曰：「寒士不遜。」祥曰：「不能殺袁、劉，安得免寒士？」永明初，遷長沙王鎮軍，板諮議參軍，撰宋書，譏斥禪代，尙書令王儉密以啓聞，上銜而不問。歷鄱陽王征虜，豫章王大司馬諮議，臨川王驃騎從事中郎。

祥兄整爲廣州，卒官，祥就整妻求還資，事聞朝廷。於朝士多所貶忽。王奐爲僕射，祥

與奐子融同載，行至中堂，見路人驅驢，祥曰：「驢！汝好爲之，如汝人才，皆已令僕。」著連珠十五首以寄其懷。辭曰：

蓋聞興敎之道，無尙必同；拯俗之方，理貴袪弊。故揖讓之禮，行乎堯舜之朝；干戈之功，盛於殷周之世。清風以長物成春，素霜以凋嚴戒節。

蓋聞鼓鼙懷音，待揚桴以振響；天地涵靈，資昏明以垂位。是以俊乂之臣，借湯、武而隆；英達之君，假伊、周而治。

蓋聞懸饑在歲，式羨藜藿之飽；重炎灼體，不念狐白之溫。故才以偶時爲劭；道以調俗爲尊。

蓋聞習數之功，假物可尋；探索之明，循時則缺。故班匠日往，繩墨之伎不衰；大道常存，機神之智永絕。

蓋聞理定於心，不期俗賞；情貫於時，無悲世辱。故芬芳各性，不待汨渚之哀；明白爲寶，無假荊南之哭。

蓋聞百仞之臺，不挺陵霜之木；盈尺之泉，時降夜光之寶。故理有大而乖權；物有微而至道。

蓋聞忠臣赴節，不必在朝；列士匡時，義存則幹。故包胥垂涕，不荷肉食之謀；

王歠投身，不主廟堂之算。

蓋聞智出乎身，理無或困；聲係於物，才有必窮。故陵波之羽，不能淨浪；盈岫之木，無以輟風。

蓋聞良寶遇拙，則奇文不顯；達士逢讒，則英才滅耀。故墜葉垂蔭，明月爲之隔輝；堂宇留光，蘭燈有時不照。

蓋聞跡慕近方，必勢遺於遠大；情係驅馳，固理忘於肥遯。是以臨川之士，時結羨網之悲；負肆之氓，不抱屠龍之歎。

蓋聞數之所隔，雖近則難；情之所符，雖遠則易。是以陟歎流霜，時獲感天之誠；泣血從刑，而無悟主之智。

蓋聞妙盡於識，神遠則遺；功接於人，情微則著。故鍾鼓在堂，萬夫傾耳；大道居身，有時不遇。

蓋聞列草深岫，不改先冬之悴；植松澗底，無奪後凋之榮。故展禽三黜，而無下愚之譽；千秋一時，而無上智之聲。

蓋聞希世之寶，違時則賤；偉俗之器，無聖必淪。故鳴玉黜於楚岫，章甫窮於越人。

蓋聞聽絕於聰，非疾響所握；〔一〇〕神閉於明，非盈光所燭。故破山之雷，不發聾夫之耳；朗夜之輝，不開矇叟之目。

有以祥連珠啓上者，上令御史中丞任遐奏曰：「祥少而狡異，長不悛徙，請謁絕於私館，反脣彰於公庭，輕議乘輿，歷貶朝望，肆醜無避，縱言自若。厥兄浮櫬，天倫無一日之悲，南金弗獲，嫂姪致其輕絕，孤舟負反，存沒相捐，遂令暴客掠奪骸柩，行路流歎，有識傷心。攝祥門生孫狼兒列『祥頃來飲酒無度，言語闌逸，道說朝廷，亦有不遜之語，實不避左右，非可稱紙墨。兄整先爲廣州，於職喪亡，去年啓求迎喪，還至大雷，聞祥與整妻孟爭計財物瞋忿，祥仍委前還，後未至鵲頭，其夜遭劫，內人並爲凶人所淫略』。如所列與風聞符同。請免官付廷尉。」

上別遣敕祥曰：「卿素無行檢，朝野所悉。輕棄骨肉，侮蔑兄嫂，此是卿家行不足，乃無關他人。卿才識所知，蓋何足論。位涉清途，於分非屈。何意輕肆口噦，詆目朝士，造席立言，必以貶裁爲口實。冀卿年齒已大，能自感厲，日望悛革。如此所聞，轉更增甚，誼議朝廷，不避尊賤，肆口極辭，彰暴物聽。近見卿影連珠，寄意悖慢，彌不可長。卿不見謝超宗，其才地二三，故在卿前，事殆是百分不一。我當原卿性命，令卿萬里思愆。卿若能改革，當令卿得還。」

獄鞫祥辭。祥對曰：「被問『少習狡異，長而不悛，頃來飲酒無度，輕議乘輿，歷貶朝望，每肆醜言，無避尊賤』。迂答奉旨。囚出身入官，二十餘年，沈悴草萊，無明天壤。皇運初基，便蒙抽擢，祭酒主簿，竝皆先朝相府。聖明御寓，榮渥彌隆，諮議中郎，一年再澤。廣筵華宴，必參末(例)〔列〕，〔一一〕朝半問訊，時奉天暉。囚雖頑愚，豈不識恩？有何怨望，敢生譏議？囚歷府以來，伏事四王：武陵功曹，凡涉二載；長沙諮議，故經少時；奉隸大司馬，竝被恩拂，驃騎中郎，親職少日；臨川殿下不遺蟲蟻，賜參辭華。司徒殿下文德英明，四海傾屬。囚不涯卑遠，隨例問訊，時節拜覲，亦沾眄議。自餘令王，未被祗拜，既不經伏節，理無厚薄。敕旨製書，令有疑則啓。囚以天日懸遠，未敢塵穢。私之疑事，衞將軍臣儉，宰輔聖朝，令望當世，囚自斷才短，密以諮儉，儉爲折衷，紙迹猶存。未解此理云何敢爲『歷貶朝望』。云囚『輕議乘輿』，爲向誰道？若向人道，則應有主甲，豈有事無髣髴，空見羅謗？囚性不耐酒，親知所悉，強進一升，便已迷醉。」其餘事事自申。乃徙廣州。

祥至廣州，不得意，終日縱酒，少時病卒，年三十九。

祥從祖兄彪，祥曾祖穆之正胤。建元初，降封南康縣公，〔一三〕虎賁中郎將。永明元年，坐廟墓不脩削爵。後爲羽林監。九年，又坐與亡弟母楊別居，不相料理，楊死不殯葬，崇聖寺尼慧首剃頭爲尼，以五百錢爲買棺材，以泥洹轝送葬劉墓。爲有司所奏，事寢不出。

史臣曰：魏文帝云「文人不護細行」，古今之所同也。由自知情深，在物無競，身名之外，一槩可蔑。既徇斯道，其弊彌流，聲裁所加，取忤人世。向之所以貴身，翻成害己。故通人立訓，爲之而不恃也。

贊曰：超宗蘊文，(粗)〔祖〕構餘芬。〔一三〕劉祥慕異，言亦不羣。違朝失典，流放南濆。

校勘記

〔一〕以直言忤僕射劉康　按時無僕射劉康，惟劉秉於後廢帝時爲尚書僕射，疑「劉康」乃「劉秉」之譌。

〔二〕何法冏　南史作「何法圖」。

〔三〕超宗少無行檢　「行檢」各本並作「士行」。

〔四〕累朝黜觸　「黜」各本並作「秉」。

〔五〕久埋世表　「埋」原譌「理」，今據南監本、殿本、局本改正。

〔六〕忍禍舒慈　「舒」各本並作「宣」。

〔七〕遂遘扇非端　「遘」原作「遻」，不成字，張元濟校勘記云恐是「遘」字，今據張說改。按遘通構。各本作「連」，非。

〔八〕況超宗罪愈四凶　「愈」殿本作「逾」。

〔九〕沈浮丂見　「丂」原譌「牙」，今據局本改正。按丂卽互字。南監本、殿本作「幷」，非。

〔一〇〕非疾響所握　「握」南監本、殿本、局本作「達」。

〔一一〕必參末(例)〔列〕　張森楷校勘記云當作「末列」，今據改。

〔一二〕降封南康縣公　「南康縣公」南史作「南康縣侯」，元龜二百九十三同。

〔一三〕(粗)〔祖〕構餘芬　殿本考證萬承蒼云：「『粗』疑當作『祖』，謂有靈運之餘芬也。祖構二字見三都賦序。」今據改。

南齊書卷三十七

列傳第十八

到撝　劉悛　虞悰　胡諧之

到撝字茂謙，彭城武原人也。祖彥之，宋驃騎將軍。父仲度，驃騎從事中郎。

撝襲爵建昌公。起家爲太學博士，除奉車都尉，試守延陵令，非所樂，去官。除新安王北中郎行參軍，坐公事免。除新安王撫軍參軍，未拜，新安王子鸞被殺，仍除長兼尚書左民郎中。明帝立，欲收物情，以撝功臣後，〔一〕擢爲太子洗馬。除王景文安南諮議參軍。

撝資籍豪富，厚自奉養，宅宇山池，京師第一，妓妾姿藝，皆窮上品。才調流贍，善納交遊，〔二〕庖廚豐腆，多致賓客。愛妓陳玉珠，明帝遣求，不與，逼奪之，撝頗怨望。帝令有司誣奏撝罪，付廷尉，將殺之。撝入獄，數宿鬚鬢皆白。免死，繫尚方，奪封與弟賁。撝由是屏斥聲玩，更以貶素自立。〔三〕

帝除撝爲羊希恭寧朔府參軍，〔四〕徙劉韞輔國、王景文鎭南參軍，並辭疾不就。尋板假明威將軍，仍除桂陽王征南參軍，轉通直郎，解職。帝崩後，弟賁表讓封還撝，朝議許之。遷司徒左西屬，又不拜。居家累年。

弟遁，元徽中爲寧遠將軍、輔國長史、南海太守，在廣州。昇明元年，沈攸之反，刺史陳顯達起兵以應朝廷，遁以猶預見殺。遁家人在都，從野夜歸，見兩三人持堊刷其家門，須臾滅，明日而遁死問至。撝追懼，詣太祖謝，卽板爲世祖中軍諮議參軍。建元初，遷司徒右長史，〔五〕出爲永嘉太守，爲黃門郎，解職。

世祖卽位，遷太子中庶子，不拜。又除長沙王中軍長史，司徒左長史。宋世，上數遊會撝家，同從明帝射雉郊野，渴倦，撝得早青瓜，與上對剖食之。上懷其舊德，意眄良厚。至是一歲三遷。

永明元年，加輔國將軍，轉御史中丞。車駕幸丹陽郡宴飲，撝恃舊，酒後狎侮同列，言笑過度，爲左丞庾杲之所糾，贖論。三年，復爲司徒左長史，轉左衞將軍。隨王子隆帶彭城郡，撝問訊，不修民敬，爲有司所舉，免官。久之，白衣兼御史中丞。轉臨川王驃騎長史，司徒左長史，遷五兵尚書，出爲輔國將軍、廬陵王中軍長史。母憂去官，服未終，八年，卒，年五十八。

中華書局

弟賁，初爲衞尉主簿，奉車都尉。昇明初，爲中書郎，太祖驃騎諮議。建元中，爲征虜司馬，卒。

賁弟坦，解褐本州西曹。昇明二年，亦爲太祖驃騎參軍。歷豫章王鎭西驃騎二府諮議。坦美鬚髯，與世祖豫章王有舊。坦仍隨府轉司空太尉〔參軍〕，〔六〕出爲晉安內史，還又爲大司馬諮議，中書郎，卒。

劉悛字士操，彭城安上里人也。彭城劉同出楚元王，分爲三里，以別宋氏帝族。祖穎之，汝南新蔡二郡太守。父勔，司空。

劉延孫爲南徐州，初辟悛從事，隨父勔征竟陵王誕於廣陵，以功拜駙馬都尉，轉宗慤寧蠻府主簿，建安王司徒騎兵參軍。復隨父勔征殷琰於壽春，於橫塘、死虎累戰皆勝。歷遷員外郎，太尉司徒二府參軍，代世祖爲尚書庫部郎。遷振武將軍、蜀郡太守，未之任，復從父勔征討，假寧朔將軍，拜鄱陽縣侯世子。轉桂陽王征北中兵參軍，與世祖同直殿內，爲明帝所親待，由是與世祖款好。

遷通直散騎侍郎，出爲安遠護軍、武陵內史。郡南江古堤，〔七〕久廢不緝。悛脩治未

畢，而江水忽至，百姓棄役奔走，悛親率厲之，於是乃立。漢壽人邵榮興六世同爨，表其門閭。悛強濟有世調，善於流俗。蠻王田僮在山中，年垂百餘歲，南譙王義宣爲荆州，僮出謁。至是又出謁悛。明帝崩，表奔赴，敕帶郡還都。吏民送者數千人，悛人人執手，係以涕泣，百姓感之，贈送甚厚。

仍除散騎侍郎。桂陽難，加寧朔將軍，助守石頭。父勔於大桁戰死，悛時疾病，扶伏路次，號哭求勔屍。〔勔屍〕項後傷缺，〔八〕悛割髮補之。持（哭）〔喪〕墓側，〔九〕冬月不衣絮。太祖代勔爲領軍，素與勔善，書譬悛曰：「承至性毀瘵，轉之危慮，深以酸怛。終哀全生，先王明軌，豈有去縗絰，徹溫席，以此悲號，得終其孝性邪？當深顧往旨，少自抑勉。」

建平王景素反，太祖總衆軍出頓玄武湖。悛初免喪，太祖欲使領支軍，召見悛兄弟，皆羸削改貌，於是乃止。除中書郎，行宋南陽八王事，轉南陽王南中郎司馬，長沙內史，行湘州事。未發，霸業初建，悛先致誠節。沈攸之事起，加輔國將軍。世祖鎭盆城，上表西討，求悛自代。世祖既不行，悛除黃門郎，行吳郡事。尋轉晉熙王撫軍中軍二府長史，行揚州事。出爲持節，督廣州，廣州刺史，將軍如故。襲爵鄱陽縣侯。世祖自尋陽還，遇悛於舟渚間，歡宴敍舊，停十餘日乃下。遣文惠太子及竟陵王子良攝衣履，脩父友之敬。

太祖受禪，國除。進號冠軍將軍。平西記室參軍夏侯恭叔上書，以柳元景中興功臣，劉勔殞身王事，宜存封爵。詔曰：「與運隆替，自古有之，朝議已定，不容復厝意也。」初，蒼梧廢，太祖集議中華門，見悛，謂之曰：「君昨直耶？」悛答曰：「僕昨乃正直，而言急在外。」至是上謂悛曰：「功名之際，人所不忘。卿昔於中華門答我，何其欲謝世事？」悛曰：「臣世受宋恩，門荷齊眷，非常之勳，非臣所及。進不遠怨前代，退不孤負聖明，敢不以實仰答。」

遷太子中庶子，領越騎校尉。時世祖在東宮，（再）〔每〕幸悛坊，〔一〇〕閑言至夕，賜屛風帷帳。世祖卽位，改領前軍將軍，中庶子如故。征北竟陵王子良帶南兖州，以悛爲長史，加冠軍將軍、廣陵太守。

轉持節、都督司州諸軍事、司州刺史，將軍如故。悛父勔討殷琰，平壽陽，無所犯害，百姓德之，爲立碑祀。悛步道從壽陽之鎭，過勔碑，拜敬泣涕。初，義陽人夏伯宜殺剛陵戍主叛渡淮，虜以爲義陽太守。悛設計購誘之，虜□州刺史謝景殺伯宜兄弟、北襄城太守李榮公歸降。悛於州治下立學校，得古禮器銅罍、銅甑、山罍樽、〔一一〕銅豆鍾各二口，獻之。

遷長兼侍中。車駕數幸悛宅。宅盛治山池，造甕牖。世祖著鹿皮冠，被悛菟皮衾，於牖中宴樂，以冠賜悛，至夜乃去。後悛從駕登蔣山，上數歎曰：「貧賤之交不可忘，糟糠之妻不下堂。」顧謂悛曰：「此況卿也。世言富貴好改其素情，吾雖有四海，今日與卿盡布衣之

適。」悛起拜謝。遷冠軍將軍，司徒左長史。尋以本官行北兖州緣淮諸軍事。徙始興王前軍長史、平蠻校尉、蜀郡太守，將軍如故，行益州府、州事。郡尋改爲內史。隨府轉安西。悛治事嚴辦，以是會旨。

宋代太祖輔政，有意欲鑄錢，以禪讓之際，未及施行。建元四年，奉朝請孔覬上鑄錢均貨議，〔一二〕辭證甚博。其略以爲「食貨相通，理勢自然。李悝曰『糴甚貴傷民，甚賤傷農』。民傷則離散，農傷則國貧。甚賤與甚貴，其傷一也。三吳國之關閫，比歲被水潦而糴不貴，是天下錢少，非穀穰賤，此不可不察也。鑄錢之弊，在輕重屢變。重錢患難用，而難用爲累輕；輕錢弊盜鑄，而盜鑄爲禍深。民所盜鑄，嚴法不禁者，由上鑄錢惜銅愛工也。惜銅愛工者，謂錢無用之器，以通交易，務欲令輕而數多，使省工而易成，不詳慮其爲患也。自漢鑄五銖錢，至宋文帝，歷五百餘年，制度世有廢興，而不變五銖錢者，明其輕重可法，得貨之宜。以爲宜開置泉府，方牧貢金，〔一三〕大興鎔鑄。錢重五銖，一依漢法。府庫已實，國用有儲，乃量奉祿，薄賦稅，則家給民足。頃盜鑄新錢者，皆效作翦鑿，不鑄大錢也。摩澤淄染，始皆類故；交易之後，渝變還新。良民弗皆淄染，〔一四〕不復行矣。所鬻賣者，皆徒失其物。盜鑄者，復賤買新錢，淄染更用，反覆生詐，循環起姦，此明主尤所宜禁而不可長也。若官鑄已布於民，（使）〔便〕嚴斷翦鑿，〔一五〕小輕破缺無周郭者，悉不得行，官錢細小者，稱合銖

兩，銷以爲大。利貧良之民，塞姦巧之路。錢貨既均，遠近若一，百姓樂業，市道無爭，衣食滋殖矣。」時議者多以錢貨轉少，宜更廣鑄，重其銖兩，以防民姦。太祖使諸州郡大市銅〔炭〕，〔一六〕會晏駕事寢。永明八年，悛啓世祖曰：「南廣郡界蒙山下，有城名蒙城，可二頃地，有燒鑪四所，高一丈，廣一丈五尺。從蒙城渡水南百許步，平地掘土深二尺，得銅。又有古掘銅坑，深二丈，并居宅處猶存。鄧通，南安人，漢文帝賜嚴道縣銅山鑄錢，今蒙山近青衣水南，青衣（在）〔左〕側並是故秦之嚴道地。〔一七〕青衣縣又改名漢嘉。且蒙山去南安二百里，案此必是通所鑄。近喚蒙山獠出，云『甚可經略』。此議若立，潤利無極。」并獻蒙山銅一片，又銅石一片，平州鐵刀一口。上從之。遣使入蜀鑄錢，得千餘萬，功費多，乃止。

悛仍代始興王鑑爲持節、監益寧二州諸軍事、益州刺史，將軍如故。悛既藉舊恩，尤能悅附人主，承迎權貴。賓客閨房，供費奢廣。罷廣、司二州，傾資貢獻，家無留儲。在蜀作金浴盆，餘金物稱是。罷任，以本號還都，欲獻之，而世祖晏駕，鬱林新立，悛奉獻減少，鬱林知之，諷有司收悛付廷尉，將加誅戮。高宗啓救之，見原，禁錮終身。雖見廢黜，而賓客日至。

悛婦弟王法顯同宋桂陽事，遂啓別居，終身不復見之。海陵王即位，以白衣除兼左民尚書，尋除正。高宗立，加領驍騎將軍，復故官，駙馬都

尉。建武二年，虜主侵壽陽，詔悛以本官假節出鎮濡湖，遷散騎常侍、右衞將軍。虜寇既盛，悛又以本官出屯新亭。

悛歷朝皆見恩遇。太祖爲鄱陽王鏘納悛妹爲妃，高宗又爲晉安王寶義納悛女爲妃，自此連姻帝室。王敬則反，悛出守琅邪城，轉五兵尚書，領太子左衞率。未拜，明帝崩，東昏即位，改授散騎常侍，領驍騎將軍，尚書如故。衞送山陵，卒，年六十一。贈太常，常侍、都尉如故。謚曰敬。

虞悰字景豫，會稽餘姚人也。祖嘯父，晉左民尚書。父秀之，黃門郎。

悰少而謹敕，有至性。秀之於都亡，悰東出奔喪，水漿不入口。州辟主簿，建平王參軍，尚書儀曹郎，太子洗馬，領軍長史，正員郎，累至州治中，別駕，黃門郎。

初，世祖始從官，家尚貧薄，悰推國士之眷，數相分與，每行，必呼上同載，上甚德之。昇明中，世祖爲中軍，引悰爲諮議參軍，遣吏部郎江謐持手書謂悰曰：「今因江吏郎有白，以君情顧，意欲相屈。」建元初，轉太子中庶子，遷後軍長史（領爲太子中庶子），〔一八〕領步兵校尉，鎮北長史、寧朔將軍、南東海太守。尋爲豫章內史，將軍如故。悰治家富殖，奴婢無游手，雖

在南土，而會稽海味無不畢致焉。遷輔國將軍、始興王長史、平蠻校尉、蜀郡太守。轉司徒司馬，將軍如故。

悰善爲滋味，和齊皆有方法。豫章王嶷盛饌享賓，謂悰曰：「今日肴羞，寧有所遺不？」悰曰：「恨無黃頷臛，何曾食疏所載也。」遷散騎常侍，太子右率。永明八年，大水，百官戎服救太廟，悰朱衣乘車鹵簿，於宣陽門外行馬內驅打人，爲有司所奏，見原。上以悰布衣之舊，從容謂悰曰：「我當令卿復祖業。」轉侍中，朝廷咸驚其美拜。遷祠部尚書。世祖幸芳林園，就悰求扁米粣。悰獻粣及雜肴數十轝，太官鼎味不及也。上就悰求諸飲食方，悰秘不肯出，上醉後體不快，悰乃獻醒酒鯖鮓一方而已。出爲冠軍將軍，車騎長史，轉度支尚書，領步兵校尉。

鬱林立，改領右軍將軍，揚州大中正，兼大匠卿。起休安陵，於陵所受局下牛酒，坐免官。隆昌元年，以白衣領職。鬱林廢，悰竊歎曰：「王、徐遂縛袴廢天子，天下豈有此理邪？」延興元年，復領右軍。明帝立，悰稱疾不陪位。帝使尚書令王晏齎廢立事示悰，以悰舊人，引參佐命。悰謂晏曰：「主上聖明，公卿勠力，寧假朽老以匡贊惟新乎？不敢聞命。」朝議欲糾之，僕射徐孝嗣曰：「此亦古之遺直。」衆議乃止。

悰稱疾篤還東，上表曰：「臣族陋海區，身微稽〔土〕，（屬）〔猥〕屬興運，〔一九〕荷竊稠私，徒越星紀，終慙報答。衞養乖方，抱疾嬰固，寢瘵以來，倏踰旬朔，頻加醫治，曾未瘳損。惟此朽頓，理難振復，乞解所職，盡療餘辰。」詔賜假百日。轉給事中，光祿大夫，尋加正員常侍。永元元年，卒。時年六十五。

悰性敦實，與人知識，必相存訪，親疎皆有終始，世以此稱之。從弟衮，矢志不仕。〔二〇〕王敬則反，取衮監會稽郡，而軍事悉付寒人張靈寶，郡人攻郡殺靈寶，衮以不豫事得全。

胡諧之，豫章南昌人也。祖廉之，治書侍御史。父翼之，州辟不就。

諧之初辟州從事主簿，臨賀王國常侍，員外郎，撫軍行參軍，晉熙王安西中兵參軍，南梁郡太守。以器局見稱。徙邵陵王南中郎中兵，領汝南太守，不拜。除射聲校尉，州別駕。除左軍將軍，不拜。仍除邵陵王左軍諮議。

世祖頓盆城，使諧之守尋陽城，及爲江州，復以諧之爲別駕，委以事任。文惠太子鎮襄陽，世祖以諧之心腹，出爲北中郎征虜司馬、扶風太守，爵關內侯。在鎮毗贊，甚有心力。建元二年，還爲給事中，驍騎將軍，本州中正，轉黃門郎，領羽林監。永明元年，轉守衞尉，

中正如故。明年，加給事中。三年，遷散騎常侍，太子右率。五年，遷左衞將軍，加給事中，中正如故。

諧之風形瓌潤，善自居處，兼以舊恩見遇，朝士多與交遊。六年，遷都官尚書。上欲遷諧之，嘗從容謂諧之曰：「江州有幾侍中邪？」諧之答曰：「近世唯有程道惠一人而已。」上曰：「當令有二。」後以語尚書令王儉，儉意更異，乃以爲太子中庶子，領左衞率。

諧之兄謨之亡，諧之上表曰：「臣私門罪釁，早備荼苦。兄弟三人，共相撫鞠，嬰孩抱疾，得及成人。長兄臣諶之，復早殞沒，與亡第二兄臣謨之銜戚家庭，得蒙訓長，情同極廕。何圖一旦奄見棄放，吉凶分違，不獲臨奉，乞解所職。」詔不許。改衞尉，中庶子如故。

八年，上遣諧之率禁兵討巴東王子響於江陵，兼長史行事。臺軍爲子響所敗，有司奏免官，權行軍事如故。復爲衞尉，領中庶子，本州中正。

諧之有識計，每朝廷官缺及應遷代，密量上所用人，皆如其言，虞悰以此稱服之。十年，轉度支尚書，領衞尉。明年，卒，年五十一。贈右將軍、豫州刺史。諡曰肅。

史臣曰：送錢贏兩，言此無忘，一箇之懷，報以都尉，千金可失，貴在人心。夫謹而信，

汎愛衆，其爲利也博矣。況乎先覺潛龍，結厚於布素，隨才致位，理固然也。

贊曰：到藉豪華，晚懷虛素。虞生富厚，侈不違度。劉實朝交，胡乃蕃故，頡頏亮采，康衢騁步。

校勘記

〔一〕以攜功臣後　「攜」原譌「爲」，今據南監本、殿本及南史改正。

〔二〕善納交遊　「交」原譌「文」，今據南監本、殿本、局本及南史、元龜九百四十六改正。

〔三〕更以貶素自立　「貶素」元龜八百九十七作「貞素」。

〔四〕帝除攜爲羊希恭寧朔府參軍　張森楷校勘記云：「『恭』字衍文，宋書紀傳可證。」

〔五〕建元初遷司徒右長史　「建元初」下南史有「國除」二字。蓋宋齊遞嬗之際，凡所受宋世封爵，例當廢除也。「右長史」南史作「左長史」。

〔六〕坦仍隨府轉司空太尉〔參軍〕　「參軍」二字原闕，據各本補。

〔七〕郡南江古堤　南史作「郡南古江堤」。

〔八〕〔劬屍〕項後傷缺　據南監本、殿本、局本補。按南監本「後」譌「復」。

〔九〕持(哭)〔喪〕墓側　據南監本、局本改。

〔一〇〕(再)〔每〕幸悛坊　據南監本、毛本、殿本、局本及南史改。

〔一一〕山罍樽　南監本、北監本、局本及南史均作「幽山銅罍樽」。宋本與殿本作「山罍樽」。按出土古器有山罍樽，無幽山銅罍樽，作山罍樽不誤。

〔一二〕奉朝請孔覬上鑄錢均貨議　「孔覬」南監本、殿本及南史、元龜五百並作「孔顗」。按通鑑齊武帝永明八年亦作「孔顗」。考異云「齊紀作『孔覬』，今從齊書、南史」，則所見本亦作「孔顗」也。

〔一三〕方牧貢金　「牧」原譌「收」，今據毛本、殿本、局本及南史改正。按通典食貨典作「督」。

〔一四〕良民弗皆淄染　「弗皆」通典食貨典作「不習」。

〔一五〕(使)〔便〕嚴斷翦鑿　各本並譌，據通鑑改。

〔一六〕太祖使諸州郡大市銅〔炭〕　據南監本、殿本及南史、通鑑補。

〔一七〕青衣(在)〔左〕側竝是故秦之嚴道地　據南史改。按張森楷校勘記云「在側」當作「左側」。

〔一八〕遷後軍長史(領爲太子中庶子)　據南監本、殿本、局本刪。按張森楷校勘記云：「此七字是衍文。」

〔一九〕身微稽〔士〕(屬)〔猥〕屬興運　據南監本、毛本、殿本、局本改。按毛本「稽」譌「相」。

〔二〇〕矢志不仕　「矢」原譌「失」，今據南監本、殿本、局本改正。

南齊書卷三十八

列傳第十九

蕭景先　蕭赤斧 子穎冑

蕭景先，南蘭陵蘭陵人，太祖從子也。祖爰之，員外郎。父敬宗，始興王國中軍。

景先少遭父喪，有至性，太祖嘉之。及從宦京邑，常相提攜。解褐爲海陵王國上軍將軍，補建陵令，還爲新安王國侍郎，桂陽國右常侍。

太祖鎮淮陰，景先以本官領軍主自隨，防衞城內，委以心腹。除後軍行參軍，邛縣令，員外郎。與世祖款暱，世祖爲廣興郡，啓太祖求景先同行，除世祖寧朔府司馬，自此常相隨逐。世祖爲鎮西長史，以景先爲鎮西長流參軍，除寧朔將軍，隨府轉撫軍中兵參軍，尋除諮議，領中兵如故。昇明初，爲世祖征虜府司馬，領新蔡太守，隨上鎮盆城。沈攸之事平，還都，除寧朔將軍，驍騎將軍，仍爲世祖撫軍中軍二府司馬，兼左衞將軍。建元元年，遷太子

左衞率，封新吳縣伯，邑五百戶。景先本名道先，乃改避上諱。

出爲持節、督司州軍(州)事、〔一〕寧朔將軍、司州刺史，領義陽太守。是冬，虜出淮、泗，增司部邊戍兵。義陽人謝天蓋與虜相構扇，景先言於督府，驃騎豫章王遣輔國將軍中兵參軍蕭惠朗二千人助景先。惠朗依山築城，斷塞關隘，討天蓋黨與。虜尋遣僞南部尚書頞跋屯汝南，洛州刺史昌黎王馮莎屯清丘。景先嚴備待敵。豫章王又遣寧朔將軍王僧炳、前軍將軍王應之、龍驤將軍莊明三千人屯義陽關外，爲聲援。虜退，進號輔國將軍。

景先啓稱上德化之美。上答曰：「風淪俗敗，二十餘年，以吾當之，豈得頓掃。幸得數載盡力救蒼生者，必有功於萬物也。治天下者，雖聖人猶須良佐，汝等各各自竭，不憂不治也。」

世祖卽位，徵爲侍中，領左軍將軍，尋兼領軍將軍。景先事上盡心，故恩寵特密。初西還，上坐景陽樓召景先語故舊，唯豫章王一人在席而已。轉中領軍。車駕射雉郊外行游，景先常甲仗從，廉察左右。尋進爵爲侯。領太子詹事，本官如故。遭母喪，詔超起爲領軍將軍。〔二〕遷征虜將軍、丹陽尹。

五年，荒人桓天生引蠻虜於雍州界上，司部以北，人情騷動。上以景先諳究司土，詔曰：「得雍州刺史張瓌啓事，蠻虜相扇，容或侵軼。蜂蠆有毒，宜時剿蕩。可遣征虜將軍丹陽尹景先總率步騎，直指義陽。可假節，司州諸軍皆受節度。」景先至鎮，屯軍城北，百姓乃安，牛酒來迎。

軍未還，遇疾，遺言曰：「此度疾病，異於前後，自省必無起理。但夙荷深恩，今謬充戎寄，闇弱每事不稱，上慙慈旨。便長違聖世，悲哽不知所言。可爲作啓事，上謝至尊，粗申愚心。毅雖成長，素闕訓範。貞等幼稚，未有所識。方以仰累聖明，非殘息所能陳謝。自丁荼毒以來，妓妾已多分張，所餘醜猥數人，皆不似事。可以明月、佛女、桂支、佛兒、玉女、美玉上臺，美滿、豔華奉東宮。私馬有二十餘匹，牛數頭，可簡好者十匹、牛二頭上臺，馬五匹、牛一頭奉東宮，大司馬、司徒各奉二匹，驃騎、鎮軍各奉一匹。應私仗器，亦悉輸臺。六親多未得料理，可隨宜溫卹，微申素意。所賜宅曠大，恐非毅等所居，須喪服竟，可輸還臺。劉家前宅，久閉其貨，可合率市之，直若短少，啓官乞足。三處田，勤作，自足供衣食。力少，更隨宜買麤猥奴婢充使。不須餘營生。周旋部曲還都，理應分張，其久舊勞勤者，應料理，隨宜啓聞乞恩。」卒，時年五十。上傷惜之，詔曰：「西信適至，景先奄至喪逝，悲懷切割，自不勝任。今便舉哀。賻錢十萬，布二百匹。」景先喪還，詔曰：「故假節征虜將軍丹陽尹新吳侯景先，器懷開亮，幹局通敏。綢繆少長，義兼勳戚。誠著夷險，績茂所司。方升寵榮，用申任寄。奄至喪逝，悲痛良深。可贈侍中、征北將軍、南徐州刺史。給鼓吹一部。假節、侯

如故。諡曰忠侯。」

子毅，以勳戚子，少歷清官。太子舍人，洗馬，隨王友，永嘉太守，大司馬諮議參軍，南康太守，中書郎。建武初，爲撫軍司馬，遷北中郎司馬。虜動，領軍守琅邪城。毅性奢豪，好弓馬，爲高宗所疑忌。王晏事敗，并陷誅之。遣軍圍宅，毅時會賓客奏伎，聞變，索刀未得，收人突進，挾持毅入與母別，出便殺之。

蕭赤斧，南蘭陵人，太祖從祖弟也。祖隆子，衞軍錄事參軍。父始之，冠軍中兵參軍。

赤斧歷官爲奉朝請，以和謹爲太祖所知。宋大明初，竟陵王誕反廣陵，赤斧爲軍主，隸沈慶之，圍廣陵城，攻戰有勳，事寧，封永安亭侯，食邑三百七十戶。除車騎行參軍，出補晉陵令，員外郎，丹楊令，還除晉熙王撫軍中兵參軍，出爲建威將軍、錢唐令。遷正員郎。赤斧治政爲百姓所安，吏民請留之，時議見許，改除寧朔將軍。

太祖輔政，以赤斧爲輔國將軍、左軍會稽司馬，輔鎮東境。遷黃門郎，淮陵太守。從帝遜位，〔三〕於丹陽故治立宮，上令赤斧輔送，至薨乃還。

建元初，遷武陵王冠軍長史，驃騎司馬，南東海太守，輔國將軍並如故。遷長兼侍中，

祖母喪去職。起爲冠軍將軍、寧蠻校尉。出爲持節、督雍梁南北秦四州郢州之竟陵司州之隨郡軍事、雍州刺史，本官如故。在州不營產利，勤於奉公。

遷散騎常侍，左衞將軍。世祖親遇與蕭景先相比。封南豐縣伯，邑四百戶。遷給事中，太子詹事。赤斧夙患渴利，永明三年會，世祖使甲仗衞三廂，赤斧不敢辭，疾甚，數日卒，年五十六。家無儲積，無絹爲衾，上聞之，愈加惋惜。詔賻錢五萬，上材一具，布百匹，蠟二百斤。追贈金紫光祿大夫。謚曰懿伯。子穎胄襲爵。

穎胄字雲長，弘厚有父風。起家祕書郎。太祖謂赤斧曰：「穎胄輕朱被身，覺其趨進轉美，足慰人意。」遷太子舍人。遭父喪，感脚疾，數年然後能行。世祖有詔慰勉，賜醫藥。除竟陵王司徒外兵參軍，晉熙王文學。

穎胄好文義，弟穎基好武勇，世祖登烽火樓，詔羣臣賦詩。穎胄詩合旨，上謂穎胄曰：「卿文弟武，宗室便不乏才。」除明威將軍、安陸內史。遷中書郎。上以穎胄勳戚子弟，除左將軍，知殿內文武事，得入便殿。出爲新安太守，吏民懷之。隆昌元年，永嘉王昭粲爲南徐州，以穎胄爲南東海太守，行南徐州事。轉持節、督青冀二州軍事、輔國將軍、青冀二州刺史。不行，除黃門郞，領四廂直。遷衞尉。

高宗廢立，穎胄從容不爲同異，乃引穎胄預功。建武二年，進爵侯，增邑爲六百戶。賜穎胄以常所乘白輪牛。

上慕儉〔約〕，[四]欲鑄壞太官元日上壽銀酒鎗，[五]尚書令王晏等咸稱盛德。穎胄曰：「朝廷盛禮，莫過三元。此一器既是舊物，不足爲侈。」帝不悅。後預曲宴，銀器滿席。穎胄曰：「陛下前欲壞酒鎗，恐宜移在此器也。」[六]帝甚有慙色。

冠軍江夏王寶玄鎭石頭，以穎胄爲長史，行石頭戍事。復爲衞尉。出爲冠軍將軍、廬陵王後軍長史、廣陵太守、行南兗州府州事。是年虜動，揚聲當飲馬長江。帝懼，敕穎胄移居民入城，百姓驚恐，席卷欲南渡。穎胄以賊勢尙遠，不卽施行，虜亦尋退。仍爲持節、督南兗〔兗〕徐青冀(荆)五州諸軍事、輔國將軍、南兗州刺史。[七]

和帝爲荆州，以穎胄爲冠軍將軍、西中郞長史、南郡太守、行荆州府、州事。東昏侯誅戮羣公，委任廝小，崔、陳敗後，方鎭各懷異計。永元二年十月，尙書令臨湘侯蕭懿及弟衞尉暢見害，先遣輔國將軍、巴西梓潼二郡太守劉山陽領三千兵受旨之官，就穎胄共襲雍州。雍州刺史梁王將起義兵，慮穎胄不識機變，遣使王天虎詣江陵，聲云山陽西上，並襲荆、雍。書與穎胄，(或)勸同義舉。[八]穎胄意猶未決。初，山陽出(爲)南州，[九]謂人曰：「朝廷以白虎幡追我，亦不復還矣。」席卷妓妾，盡室而行。至巴陵，遲回十餘日不進。梁王復遣天虎賫書與穎胄，陳設其略。是時或云山陽謀殺穎胄，以荆州同義舉，穎胄乃與梁王定契，斬王天虎首，送示山陽。發百姓車牛，聲云起步軍征襄陽。十一月十八日，山陽至江津，單車白服，從左右數十人，詣穎胄，穎胄使前汝陽太守劉孝慶、前永平太守劉熙曅、鎧曹參軍蕭文照、前建威將軍陳秀、輔國將軍孫末伏兵城內。山陽入門，卽於車中亂斬之。副軍主李元履收餘衆歸附。遣使蔡道猷馳驛送山陽首於梁王，乃發教纂嚴，分部購募。東昏聞山陽死，發詔討荆、雍。贈山陽寧朔將軍、梁州刺史。

穎胄有器局，既唱大事，虛心委己，衆情歸之。加穎胄右將軍，都督行留諸軍事，置佐史，本官如故。西中郞司馬夏侯詳加征虜將軍。遣寧朔將軍王法度向巴陵。穎胄獻錢二十萬，米千斛，鹽五百斛。諮議宗塞、別駕宗夬獻穀二千斛，[一〇]牛二頭。換借富貲，以助軍費。長沙寺僧業富，沃鑄黃金爲龍數千兩，埋土中，歷相傳付，稱爲下方黃鐵，莫有見者，乃取此龍，以充軍實。

十二月，移檄：

西中郞府長史、都督行留諸軍事、右軍將軍、南郡太守、南豐縣開國侯蕭穎胄，司馬、征虜將軍、新興太守夏侯詳告京邑百官，諸州郡牧守：

夫運不常夷，有時而陂；數無恒剝，否極則亨。昔商邑中微，彭、韋投袂；漢室方

昏，虛、牟効節。故風聲永樹，卜世長久者也。昔我太祖高皇帝德範生民，功格天地，仰緯彤雲，俯臨紫極。世祖嗣興，增光前業，雲雨之所沾被，日月之所出入，莫不舉踵來王，交臂納貢。鬱林昏迷，顚覆厥序，俾我大齊之祚，翦焉將墜。高宗明皇帝建道德之盛軌，垂仁義之至蹤，紹二祖之鴻基，繼三五之絕業。昧旦丕顯，不明求衣，故奇士盈朝，異人輻湊。若迺經禮緯樂之文，定鼎作洛之制，非雲如醴之祥，白質黑章之瑞，諒以則天比大，無德稱焉。而嗣主不綱，窮肆陵暴，十僁畢行，三風咸襲。喪初而無哀貌，在慼而有喜容。酣酒嗜音，罔懲其侮。讒賊狂邪，是與比周。遂令親賢嬰荼毒之誅，宰輔受葅醢之戮。江僕射，蕭、劉領軍，徐司空，沈僕射，曹右衞，或外戚懿親，或皇室令德，或時宗民望，或國之虎臣，竝勳彰中興，功比申、邵，[一一]秉鈞贊契，受遺先朝。咸以名重見疑，正直貽斃，害加黨族，虐及嬰孺。曾無渭陽追遠之情，不顧本枝殲落之痛。信必見疑，忠而獲罪，百姓業業，罔知攸暨。城無完守，人有異圖。賴蕭令君勳濟宗祏，[一二]業拯蒼氓，四海蒙一匡之德，億兆憑再造之功。江夏王拘迫威強，牽制巨力，迹屈當時，迺心可亮。竟不能內恕探情，[一三]顯加鴆毒。蕭令〔君〕自以親惟族長，[一四]任實宗臣，至誠苦言，朝夕獻入，讒醜交構，漸見疏疑，浸潤成災，奄離怨酷。用人之功，

以寧社稷，刈人之身，以騁淫濫。

台輔既誅，姦小競用，梅蟲兒、茹法珍妖忍愚戾，窮縱醜惡，販鬻主威，以爲家勢，營惑嗣主，恣其妖虐。宮女千餘，裸服宣婬，孽臣數十，袒裼相逐。帳飲闤肆之閒，宵遊街陌之上，提挈羣豎，以爲歡笑。

劉山陽潛受凶旨，規肆狂逆，天誘其衷，卽就梟翦。

夫天生蒸民，樹之以君，使司牧之，勿使失性。豈有尊臨寓縣，毒遍黔首，絕親戚之恩，無君臣之義，功重者先誅，勳高者速斃。九族內離，四夷外叛，封境日蹙，戎馬交馳，帑藏既空，百姓已竭，不卹不憂，慢遊是好。民怨於下，天懲於上，故熒惑襲月，孽火燒宮，妖水表災，震蝕告沴。七廟阽危，三才莫紀，大懼我四海之命，永淪于地。

南康殿下體自高宗，天挺英懿。食葉之徵，著於弱年；當璧之祥，兆乎綺歲。億兆顒顒，咸思戴奉。且勢居上游，任總連帥，家國之否，寧濟是當。莫府身備皇宗，忝荷顧託，憂深責重，誓清時難。今命冠軍將軍、西中郎諮議、領中直兵參軍、軍主楊公則，寧朔將軍、領中兵參軍、軍主王法度，冠軍將軍、諮議參軍、軍主龐翽，輔國將軍、諮議參軍、領別駕、軍主宗夬，輔國將軍、諮議參軍、軍主樂藹等，領勁卒三萬，陵波電邁，逕造秣陵。冠軍將軍、領諮議、中直兵參軍、軍主蔡道恭，輔國將軍、中直兵參軍、右軍

府司馬、軍主席闡文，輔國將軍、中直兵參軍、軍主任漾之，寧朔將軍、中直兵參軍、軍主韓孝仁，寧朔將軍、中直兵參軍、軍主朱斌，中直兵參軍、軍主宗冰之，建威將軍、中直兵參軍、軍主朱景舒，寧朔將軍、中直兵參軍、軍主庾域，寧遠將軍、軍主庾略等，被甲二萬，直指建業。輔國將軍、武寧太守、軍主鄧元起，輔國將軍、前軍將軍、軍主王世興等，鐵騎一萬，分趨白下。征虜將軍、領司馬、新興太守夏侯詳，寧朔將軍、諮議參軍、軍主柳忱，寧朔將軍、領中兵參軍、軍主劉孝慶，建威將軍、軍主、江陵令江詮等，帥組甲五萬，駱驛繼發。雄劍高麾，則五星從流；長戟遠指，則雲虹變色。天地爲之矞皇，山淵以之崩沸。莫府親貫甲冑，授律中權，董帥熊羆之士十有五萬，征鼓紛沓，雷動荊南。寧朔將軍、南康王友蕭穎達領虎旅三萬，抗威後拒。蕭雍州勳業蓋世，謀猷淵肅，既痛家禍，兼憤國難，泣血枕戈，誓雪怨酷，精卒十萬，已出漢川。張郢州節義慷慨，悉力齊奮。江州邵陵王、湘州張行事、王司州皆遠近懸契，不謀而同，並勒驍猛，指景風驅。舟艦魚麗，萬里蓋水，車騎雲屯，平原霧塞。以同心之士，伐倒戈之衆，盛德之師，救危亡之國，何征而不服，何誅而不克哉！

今兵之所指，唯在梅蟲兒、茹法珍二人而已。諸君德載累世，勳著先朝，屬無妄之時，居道消之運，[一五]受迫羣豎，念有危懼。大軍近次，當各思拔迹，來赴軍門。檄到之

日，有能斬送蟲兒、法珍首者，封二千戶開國縣侯。若迷惑凶黨，敢拒軍鋒，刑茲無赦，戮及宗族。賞罰之信，有如曒日，江水在此，余不食言。

遣冠軍將軍楊公則向湘州。王法度不進軍，免官。公則進剋巴陵，仍向湘州。[一六]遣寧朔將軍劉坦行湘州事。

穎胄遣人謂梁王曰：「時月未利，當須來年二月。今便進兵，恐非良策。」梁王曰：「今坐甲十萬，粮用自竭。況藉以義心，一時驍銳。且太白出西方，杖義而動，天時人謀，無有不利。昔武王伐紂，行逆太歲，豈復待年月邪？」穎胄乃從。遣西中郎參軍鄧元起率衆向夏口。

三年正月，和帝爲相國，穎胄領左長史，進號鎮軍將軍。於是始選用方伯。梁王屢表勸和帝卽尊號，梁州刺史柳惔、竟陵太守曹景宗並勸進。穎胄使別駕宗夬撰定禮儀，上尊號，改元，於江陵立宗廟、南北郊，州府城門悉依建康宮，置尚書五省，以城南射堂爲蘭臺，南郡太守爲尹。建武中，荊州大風雨，龍入柏齋中，柱壁上有爪足處，刺史蕭遙欣恐畏，不敢居之。至是以爲嘉祐殿。[一七]中興元年三月，穎胄爲侍中、尚書令，假節、都督如故。尋領吏部尚書，監八州軍事，行荊州刺史，本官如故。左丞樂藹奏曰：「敕旨以軍旅務殷，且停朝直。竊謂匪懈于位，義昭夙興，國容舊典，不可頓闕。與兼右丞江詮等參議，八座丞郎以下

宜五日一朝，有事郞坐侍下鼓，[一八]無事許從實還外。」奏可。

梁王義師出沔口，郢州刺史張沖據城拒守。楊公則定湘州，行事張寶積送江陵，率軍會夏口。巴西太守魯休烈、巴東太守蕭惠訓遣子璝拒義師。穎胄遣汶陽太守劉孝慶進峽口，與巴東太守任漾之、宜都太守鄭法紹禦之。時軍旅之際，人情未安，穎胄府長史張熾從絳衫左右三十餘人，入千秋門，城內驚恐，疑有同異。御史中丞奏彈熾，詔以贖論。

穎胄弟穎孚在京師，廬陵人脩靈祐竊將南上，[一九]於西昌縣山中聚兵二千人，襲郡，內史謝篹奔豫章。穎孚、靈祐據郡求援，穎胄遣寧朔將軍范僧簡入湘州南道援之。僧簡進剋安成，仍以爲輔國將軍、安成內史。拜穎孚爲冠軍將軍、廬陵內史。合二郡兵，出彭蠡口。東昏侯遣軍主彭盆、劉希祖三千人受江州刺史陳伯之節度，南討二郡義兵，仍進取湘州。南康太守王丹保郡應盆等。穎孚聞兵至，望風奔走。前內史謝篹復還郡。劉希祖至安成，攻戰七日，城陷，范僧簡見殺。希祖仍爲安成內史。穎孚收散卒據西昌，謝篹又遣軍攻之，衆敗，奔湘州。以穎孚爲督湘東衡陽零陵桂陽營陽五郡、湘東內史，假節、將軍如故。尋病卒。後脩靈祐又合餘衆攻篹，篹復敗走豫章，劉希祖亦以郡降。

湘東內史王僧粲亦拒義，自稱平西將軍、湘州刺史，以南平鎮軍主周敷爲長史，率前軍襲湘州，去州百餘里。楊公則長史劉坦守州城，遣軍主尹法略拒之，屢戰不勝。及聞建康

城平，僧粲散走，乃斬之。南康太守王丹亦爲郡人所殺。

郢城降，義師衆軍東下。八月，魯休烈蕭璝破汶陽太守劉孝慶等於峽口，巴東太守任漾之見殺，遂至上明，江陵大震。穎胄恐，馳告梁王曰：「劉孝慶爲蕭璝所敗，宜遣楊公則還援根本。」梁王曰：「公則今泝流上荆，鞭長之義耳。蕭璝、魯休烈烏合之衆，尋自退散。政須荆州少時持重。良須兵力，兩弟在雍，指遣往徵，不爲難至。」穎胄乃追贈任漾之輔國將軍、梁州刺史。遣軍主蔡道恭假節屯上明拒蕭璝。

時梁王已平郢、江二鎮。穎胄輔帝出居上流，有安重之勢。素能飲酒，噉白肉鱠至三升，既聞蕭璝等兵相持不決，憂慮感氣，十二月壬寅夜，卒。遺表曰：「臣疹患數日，不謂便至困篤，氣息綿微，待盡而已。臣雖庸薄，忝籍葭莩，過受先朝殊常之眷，循寵礪心，誓生以死。屬皇業中否，天地分崩，總率諸侯，翼奉明聖。賴社稷靈長，大明在運，故兵之所臨，無思不服。今四海垂平，干戈行戢，方希陪翠華，奉法駕，反東都，觀舊物。不幸遘疾，奄辭明世，懷此深恨，永結泉壤。竊惟王業至重，萬機甚大，登之實難，守之未易。陛下富於春秋，當遠尋祖宗創業艱難，殷鑒季末顛覆厥緒，思所以念始圖終，康此兆庶。征東大將軍臣衍，〔二〇〕元勳上德，光贊天下，陛下垂拱仰成，則風流日化，臣雖萬沒，無所遺恨。」時年四十。和帝出臨哭。詔贈侍中、丞相，本官如故。前後部羽葆鼓吹，班劍三十人。轀輬車，黄屋左纛。

梁王圍建康城，住在石頭，和帝密詔報穎胄凶問，祕不發喪。及城平，識者聞之，知天命之有在矣。

梁天監元年，詔曰：「念功惟德，歷代所同，追遠懷人，彌與事篤。齊故侍中、丞相、尚書令穎胄，風格峻遠，器宇淵邵，清猷盛業，問望斯歸。締構義始，肇基王迹，契闊屯夷，載形心事。朕膺天改命，光宅區宇，望岱瞻河，永言增慟。可封巴東郡公，邑三千戶，本官如故。」喪還，今上車駕臨哭渚次。詔曰：「齊故侍中、丞相、尚書令穎胄葬送有期，前代所加殊禮，依晉王導、齊豫章王故事，可悉給。謚曰獻武。」范僧簡贈交州刺史。

史臣曰：魏氏基於用武，夏侯諸曹，竝以戚族而爲將相。夫股肱爲義，既有常然，肺腑之重，兼存宗寄。豐沛之閑，貴人滿市，功臣所出，多在南陽。夫貞幹所以成務，非虛言也。

贊曰：新吳事武，簡在帝心。南豐治政，迹顯亡衾。鎮軍茂績，機識弘深，荆南立主，嚮義漢陰。

校勘記

〔一〕出爲持節督司州軍(州)事　據元龜三百七十九、三百九十刪。

〔二〕詔超起爲領軍將軍　「超起」元龜八百六十二作「起復」。

〔三〕從帝遜位　按從帝卽順帝，蕭子顯避梁諱改，南監本、殿本已改爲「順帝」。

〔四〕上慕儉〔約〕　據南監本、殿本補。

〔五〕欲鑄壞太官元日上壽銀酒鎗　「官」原譌「宮」，各本不譌，今改正。「銀酒鎗」御覽八百十二引作「銀酒鐺」。按說文「鎗，鎗鏓也」。集韻「鐺，斧屬，通作鎗」。蓋鎗卽鎗鏓，今之鐺也。說詳桂馥札樸。

〔六〕恐宜移在此器也　「在」原譌「左」，今據南監本、殿本、局本改正。

〔七〕仍爲持節督南兖〔兖〕徐青冀(荆)五州諸軍事輔國將軍南兖州刺史　按南兖州督五州，有兖州，無荆州，各本同譌，今改正。

〔八〕(或)勸同義舉　據南監本刪。

〔九〕山陽出(爲)南州　據南史刪。按南州卽姑孰，見通鑑考異。

〔一〇〕別駕宗夬獻穀二千斛　「夬」原譌「史」，各本並譌，今改正。下同。按宗夬，梁書、南史並有傳。

〔一一〕功比申邵　「申邵」南監本、毛本、殿本、局本作「周邵」。

〔一二〕賴蕭令君勳濟宗祏　「祏」原譌「祐」，今據南監本、殿本、局本改正。

〔一三〕覔不能內恕探情　「探」元龜四百十六作「深」。

〔一四〕蕭令〔君〕自以親惟族長　據元龜四百十六補。

〔一五〕居道消之運　「道消」南監本作「中否」。

〔一六〕仍向湘州　「州」原譌「川」，今據南監本、殿本、局本改正。

〔一七〕至是以爲嘉祐殿　「嘉祐殿」御覽一百七十五引作「嘉福殿」，南史及元龜二百三同。

〔一八〕有事郎坐侍下鼓　「郎」局本作「卽」。

〔一九〕廬陵人脩靈祐竊將南上　殿本考證云：「『靈祐』南史作『景智』。」按張森楷校勘記云：「按梁書蕭穎達傳作循景智及宗人靈祐，則靈祐、景祐是二人，館臣合以爲一，誤矣。循脩古寫形極相似。」

〔二〇〕征東大將軍臣衍　「衍」原作「諱」，殿本據北監本改「衍」，今從之。

南齊書卷三十九

列傳第二十

劉瓛 弟璡 陸澄

劉瓛字子珪，沛國相人，晉丹陽尹惔六世孫也。祖弘之，給事中。父惠，治書御史。瓛初州辟祭酒主簿。宋大明四年，舉秀才，兄璲亦有名，先應州舉，至是別駕東海王元曾與瓛父惠書曰：「比歲賢子充秀，〔一〕州閭可謂得人。」除奉朝請，不就。

少篤學，博通五經。聚徒教授，常有數十人。丹陽尹袁粲於後堂夜集，瓛在座，粲指庭中柳樹謂瓛曰：「人謂此是劉尹時樹，每想高風；今復見卿清德，可謂不衰矣。」薦爲祕書郎，不見用。除邵陵王郡主簿，安陸王國常侍，安成王撫軍行參軍，公事免。瓛素無宦情，自此不復仕。除車騎行參軍，南彭城郡丞，尚書祠部郎，並不拜。袁粲誅，瓛微服往哭，並致賻助。

太祖踐阼，召瓛入華林園談語，謂瓛曰：「吾應天革命，物議以爲何如？」瓛對曰：「陛下誡前軌之失，加之以寬厚，雖危可安；若循其覆轍，雖安必危矣。」既出，帝顧謂司徒褚淵曰：「方直乃爾！學士故自過人。」敕瓛使數入，而瓛自非詔見，未嘗到宮門。

上欲用瓛爲中書郎，使吏部尚書何戢喻旨。戢謂瓛曰：「上意欲以鳳池相處，恨君資輕，可且就前除，少日當轉國子博士，便即後授。」瓛曰：「平生無榮進意，今聞得中書郎而拜，豈本心哉！」後以母老闕養，重拜彭城郡丞。謂司徒褚淵曰：「自省無廊廟之才，所願唯保彭城丞耳。」上又以瓛兼總明觀祭酒，除豫章王驃騎記室參軍，丞如故，瓛終不就。武陵王曅爲會稽太守，上欲令瓛爲曅講，除會稽郡丞，學徒從之者轉衆。

永明初，竟陵王子良請爲征北司徒記室。瓛與張融、王思遠書曰：「奉教使恭召，會當停公事，但念生平素抱，有乖恩顧。吾性拙人間，不習仕進，昔嘗爲行佐，便以不能及公事免黜，此皆眷者所共知也。量己審分，不敢期榮。夙嬰貧困，加以疎懶，衣裳容髮，有足駭者。中以親老供養，褰裳徒步，脫爾逮今，二代一紀。先朝使其更自脩正，勉厲於階級之次，見其繿縷，或復賜以衣裳，袁、褚諸公咸加勸勵，終不能自反也。一不復爲，安可重爲哉？昔人有以冠一免不重加於首，每謂此得進止之儀。古者以賢制爵，或有秩滿而辭老，以庸制祿，或有（徐令上文長）〔身病而求歸〕者，〔二〕永瞻前良，在己何若。又上下年尊，益不願居官次，廢晨昏也。先朝爲此，曲申從許，故得連年不拜榮授，而帶帖薄祿。既習此歲久，又齒長疾侵，豈宜攝齋河閒之聽，廁迹東平之僚？本無絕俗之操，亦非能偃蹇爲高，此又諸賢所當深察者也。近奉初教，便自希得託迹於客遊之末，而固辭榮級，其故何耶？以古之王侯大人，或以此延四方之士，甚美者則有輻湊燕路，慕君王之義，驤鑣魏闕，高公子之仁，繼有追申、白而入楚，羨鄒枚而遊梁，吾非敢叨夫曩賢，庶欲從九九之遺蹤。既於聞道集泮不殊，而幸無職司拘礙，可得奉溫凊，展私計，志在此爾。」除步兵校尉，並不拜。

瓛姿狀纖小，儒學冠於當時，京師士子貴遊莫不下席受業。性謙率通美，不以高名自居。遊詣故人，唯一門生持胡床隨後，主人未通，便坐問答。住在檀橋，瓦屋數閒，上皆穿漏。學徒敬慕，不敢指斥，呼爲青溪焉。竟陵王子良親往脩謁。七年，表世祖爲瓛立館，以揚烈橋故主第給之，生徒皆賀。瓛曰：「室美爲人災，此華宇豈吾宅邪？幸可詔作講堂，猶恐見害也。」未及徙居，遇病，子良遣從瓛學者彭城劉繪、從陽范縝將廚於瓛宅營齋。〔三〕及卒，門人受學〔者〕並弔服臨送。〔四〕時年五十六。

瓛有至性，祖母病疽經年，手持膏藥，漬指爲爛。母孔氏甚嚴明，謂親戚曰：「阿稱便是今世曾子。」阿稱，瓛小名也。年四十餘，未有婚對。建元中，太祖與司徒褚淵爲瓛娶王氏女。王氏椓壁掛履，土落孔氏牀上，孔氏不悅，瓛即出其妻。及居父喪，〔五〕不出廬，足爲之

屈，杖不能起。今上天監元年，下詔爲瓛立碑，謚曰貞簡先生。所著文集，皆是禮義，行於世。

初，瓛講月令畢，謂學生嚴植曰：「江左以來，陰陽律數之學廢矣。吾今講此，曾不得其髣髴。」時濟陽蔡仲熊禮學博聞，謂人曰：「凡鍾律在南，不容復得調平。昔五音金石，本在中土；今既來南，土氣偏陂，音律乖爽。」〔瓛亦以爲然〕。〔六〕仲熊歷安西記室，尚書左丞。

瓛弟璡。

璡字子璥。方軌正直。宋泰豫中，爲明帝挽郎。舉秀才，建平王景素征北主簿，深見禮遇。邵陵王征虜安南行參軍。建元初，爲武陵王曅冠軍征虜參軍。曅與僚佐飲，自割鵝炙。璡曰：「應刃落俎，膳夫之事，殿下親執鸞刀，下官未敢安席。」因起請退。與友人孔澈同舟入東，〔七〕澈留目觀岸上女子，璡舉席自隔，不復同坐。豫章王太尉板行佐。兄瓛夜隔壁呼璡共語，璡不答，方下牀著衣立，然後應。瓛問其久，璡曰：「向東帶未竟。」其立操如此。文惠太子召璡入侍東宮，每上事，輒削草。尋署中兵，兼記室參軍大司馬軍事，〔八〕射聲校尉，卒官。

陸澄字彥淵，吳郡吳人也。祖邵，[九]臨海太守。父瑗，州從事。

澄少好學，博覽無所不知，行坐眠食，手不釋卷。起家太學博士，中軍衞軍府行佐，太宰參軍，補太常丞，郡主簿，北中郎行參軍。

宋泰始初，爲尚書殿中郎，議皇后諱及下外，[一〇]皆依舊稱姓。左丞徐爰案司馬孚議皇后不稱姓，春秋逆王后于齊，澄不引典據明，而以意立議，坐免官，白衣領職。郎官舊有坐杖，有名無實，澄在官積前後罰，一日并受千杖。轉通直郎，兼中書郎，尋轉兼左丞。

泰始六年，詔皇太子朝賀服袞冕九章，澄與儀曹郎丘仲起議：「服冕以朝，實著經文。秦除六冕，漢明還備。魏晉以來，不欲令臣下服袞冕，故位公者加侍官。今皇太子禮絕羣后，宜遵聖王盛典，革近代之制。」尋轉著作正員郎，兼官如故。除安成太守，轉劉韞撫軍長史，加綏遠將軍、襄陽太守，並不拜。仍轉劉秉後軍長史、東海太守。遷御史中丞。

建元元年，驃騎諮議沈憲等坐家奴客爲劫，子弟被劾，憲等晏然。左丞任遐奏澄不糾，請免澄官。澄上表自理曰：

周稱舊章，漢言故事，爰自河雒，降逮淮海，朝之憲度，動尚先准。若乃任情違古，率意專造，豈謂酌諸故實，擇其茂典？

案遐啓彈新除諮議參驃騎大將軍軍事沈憲、太子庶子沈曠幷弟息，敕付建康，而憲被使，曠受假，俱無歸罪事狀。臣以不糾憲等爲失。伏尋晉、宋左丞案奏，不乏於時，其及中丞者，從來殆無。王獻之習達朝章，近代之宗，其爲左丞，彈司徒屬王濛憚罰自解，屬疾遊行，初不及中丞。桓祕不奔山陵，左丞鄭襲不彈祕，直彈中丞孔欣時，又云別攝蘭臺檢校，此徑彈中丞之謂。唯左丞庾登之奏鎮北檀道濟北伐不進，致虎牢陷沒，蕃岳宰臣，引咎謝僁，而責帥之劾，曾莫奏聞，請收治道濟，免中丞何萬歲。夫山陵情敬之極，北伐專征之大，祕霸季之貴，道濟元勳之盛，所以咎及南司，事非常憲，然祕事猶非及中丞也。今若以此爲例，恐人之貴賤，事之輕重，物有其倫，不可相方。

左丞江奧彈段景文，又彈裴方明；左丞甄法崇彈蕭珍，又彈杜驥，又彈段國，又彈范文伯；左丞羊玄保又彈蕭汪；左丞殷景熙彈張仲仁；兼左丞何承天彈呂萬齡。並不歸罪，皆爲重劾。凡茲十彈，差是憲、曠之比，悉無及中丞之議。左丞荀萬秋、劉藏、江謐彈王僧朗、王雲之、陶寶度，不及中丞，最是近例之明者。謐彈在今龕虌之後，事行聖照。遠取十奏，近徵二案，自宜依以爲體，豈得捨而不遵？

臣竊此人乏，謬奉國憲。今遐所糾，既行一時，若默而不言，則向爲來准，後人被繩，方當追請，[一一]素飡之責，[一二]貽塵千載。所以備舉顯例，弘通國典，[一三]雖有愚心，不在微躬。請出臣表付外詳議。若所陳非謬，裁由天鑒。

詔委外詳議。尚書令褚淵奏：「宋世左丞荀伯子彈彭城令張道欣等，坐界劫累發不禽，免道欣等官；中丞王准不糾，[一四]亦免官。左丞羊玄保彈豫州刺史管義之譙梁羣盜，免義之官；中丞傅隆不糾，亦免隆官。左丞羊玄保又彈兗州刺史鄭從之濫上布及加課租緜，免從之官；中丞傅隆不糾，免隆官。左丞陸展彈建康令丘珍孫、丹陽尹孔山士劫發不禽，免珍孫、山士官；中丞何勗不糾，亦免勗官。左丞劉矇彈青州刺史劉道隆失火燒府庫，免道隆官；中丞蕭惠開不糾，免惠開官。左丞徐爰彈右衞將軍薛安都屬疾不直，免安都官；中丞張永結免。[一五]澄謏聞膚見，貽撓後昆，上掩皇明，下籠朝識，請以見事免澄所居官。」詔曰：「澄表據多謬，不足深劾，可白衣領職。」

明年，轉給事中，祕書監，遷吏部。四年，復爲祕書監，領國子博士。遷都官尚書。出爲輔國將軍、鎮北鎮軍二府長史，廷尉，領驍騎將軍。永明元年，轉度支尚書。尋領國子博士。時國學置鄭王易，杜服春秋，何氏公羊，麋氏穀梁，鄭玄孝經。澄謂尚書令王儉曰：「孝經，小學之類，不宜列在帝典。」乃與儉書論之曰：

易近取諸身，遠取諸物，彌天地之道，通萬物之情。自商瞿至田何，其閒五傳。年未爲遠，無訛雜之失；秦所不焚，無崩壞之弊。雖有異家之學，同以象數爲宗。數百

年後，乃有王弼。王濟云弼所悟者多，何必能頓廢前儒。若謂易道盡於王弼，方須大論，意者無乃仁智殊見。(四)〔且易〕道無體不可以一體求，[一六]屢遷不可以一遷執也。晉太興四年，太常荀崧請置周易鄭玄注博士，行乎前代，于時政由王、庾，皆儁神清識，能言玄遠，捨輔嗣而用康成，豈其妄然。太元立王肅易，[一七]當以在玄、弼之閒。元嘉建學之始，玄、弼兩立。逮顏延之爲祭酒，黜鄭置王，意在貴玄，事成敗儒。今若不大弘儒風，則無所立學，衆經皆儒，惟易獨玄，玄不可棄，儒不可缺。謂宜竝存，所以合無體之義。且弼於注經中已舉繫辭，故不復別注。今若專取弼易，則繫說無注。

左氏太元取服虔，而兼取賈逵經，(由)服傳無經，[一八]雖在注中，而傳又有無經者故也。今留服而去賈，則經有所闕。案杜預注傳，王弼注易，俱是晚出，竝貴後生。杜之異古，未如王之奪實，祖述前儒，特舉其違。又釋例之作，所弘惟深。[一九]

穀梁太元舊有糜信注，顏益以范寗，麋猶如故。顏論閏分范注，當以同我者親。常謂穀梁劣；公羊爲注者又不盡善。竟無及公羊之有何休，恐不足兩立。必謂范善，便當除麋。

世有一孝經，題爲鄭玄注，觀其用辭，不與注書相類。案玄自序所注衆書，亦無孝經。

儉答曰：「易體微遠，實貫羣籍，施、孟異聞，周、韓殊旨，豈可專據小王，便爲該備？依舊存鄭，高同來說。元凱注傳，超邁前儒，若不列學官，其可廢矣。賈氏注經，世所罕習，穀梁小書，無俟兩注，存麋略范，率由舊式。凡此諸義，竝同雅論。疑孝經非鄭所注，僕以此書明百行之首，實人倫所先，七略、藝文竝陳之六藝，不與蒼頡、凡將之流也。鄭注虛實，前代不嫌，意謂可安，仍舊立置。」

儉自以博聞多識，讀書過澄。澄曰：「僕年少來無事，唯以讀書爲業。且年已倍令君，令君少便鞅掌王務，雖復一覽便諳，然見卷軸未必多僕。」儉集學士何憲等盛自商略，澄待儉語畢，〔二〇〕然後談所遺漏數百千條，〔二一〕皆儉所未覩，儉乃歎服。儉在尚書省，出巾箱机案雜服飾，令學士隸事，事多者與之，人人各得一兩物，澄後來，更出諸人所不知事復各數條，并奪物將去。

轉散騎常侍，祕書監，吳郡中正，光祿大夫。加給事中，中正如故。尋領國子祭酒。以竟陵王子良得古器，小口方腹而底平，可將七八升，〔二二〕以問澄，澄曰：「北名服匿，〔二三〕單于以與蘇武。」子良後詳視器底，有字髣髴可識，如澄所言。隆昌元年，以老疾，轉光祿大夫，加散騎常侍，未拜，卒。年七十。謚靖子。

〔澄〕當世稱爲碩學，〔二四〕讀易三年不解文義，欲撰宋書竟不成，王儉戲之曰：「陸公，書

廚也。」家多墳籍，人所罕見。撰地理書及雜傳，死後乃出。

澄弟鮮，得罪宋世，當死。澄於路見舍人王道隆，叩頭流血，以此見原。揚州主簿顧測以兩奴就鮮質錢，鮮死，子晫誣爲賣券，〔二五〕澄爲中丞，測與書相往反，後又牋與太守蕭緬云：「澄欲遂子弟之非，〔二六〕未近義方之訓，此趣販所不爲，況搢紳領袖，儒宗勝達乎？」測遂爲澄所排抑，世以此少之。

時東海王攜，亦史學博聞，歷尚書左丞。竟陵王子良校試諸學士，唯攜問無不對。永明中，天忽黃色照地，衆莫能解。攜云是榮光。世祖大悅，用爲永陽郡。

史臣曰：儒風在世，立人之正道；聖哲微言，百代之通訓。洙泗既往，義乖七十；稷下橫論，屈服千人。自後專門之學興，命氏之儒起，石渠朋黨之事，白虎同異之說，六經五典，各信師言，嗣守章句，期乎勿失。西京儒士，莫有獨擅；東都學術，鄭賈先行。康成生炎漢之季，訓義優洽，一世孔門，褒成竝軌，故老以爲前脩，後生未之敢異。而王肅依經辯理，與碩相非，爰興聖證，據用家語，外戚之尊，多行晉代。江左儒門，參差互出，雖於時不絕，而罕復專家。晉世以玄言方道，宋氏以文章閑業，服膺典藝，斯風不純，二代以來，爲敎衰矣。建元肇運，戎警未夷，天子少爲諸生，(昊)〔端〕拱以思儒業，〔二七〕載戢干戈，遽詔庠序。永明纂襲，克隆均校，王儉爲輔，長於經禮，朝廷仰其風，胄子觀其則，由是家尋孔教，人誦儒書，執卷欣欣，此焉彌盛。建武繼立，因循舊緒，時不好文，輔相無術，學校雖設，前軌難追。劉瓛(成)〔承〕馬、鄭之(異)〔後，一〕時學徒以爲師範。〔二八〕虎門初闢，法駕親臨，待問無五更之禮，充庭闕蒲輪之御，身終下秩，道義空存，斯故進賢之責也。其餘儒學之士，多在卑位，或隱世辭榮者，別見他篇云。

贊曰：儒宗義肆，紛綸子珪。升堂受業，事越關西。璡居闇室，立操無攜。彥淵書史，疑問窮稽〔二九〕。

校勘記

〔一〕比歲賢子充秀　「比」原譌「此」，今據南監本、殿本改正。按南史亦作「此」，李慈銘南史札記云「此」當作「比」。又按「賢子」殿本、局本作「賢才」。

〔二〕或有(徐令上文長)〔身病而求歸〕者　據南監本、毛本、殿本、局本改。

「徐令上文」疑。

〔三〕從陽范縝　按從陽卽順陽，蕭子顯避梁諱改，南監本、毛本、殿本並已改爲「順陽」。

〔四〕門人受學〔者〕並弔服臨送　據南監本、殿本、局本補。

〔五〕及居父喪　「父喪」南史作「母憂」。

〔六〕〔瓛亦以爲然〕　據南監本、殿本補。按南史亦有此五字。

〔七〕與友人孔澈同舟入東　「孔澈」南史作「孔逷」。

〔八〕兼記室參軍大司馬軍事　張森楷校勘記云：「『參軍』之『軍』字疑衍。」

〔九〕祖邵　「邵」南史作「劭」。

〔一〇〕議皇后諱及下外　張森楷校勘記云：「南史作『議皇后諱班下』，無『外』字。」

〔一一〕方當追請　「請」元龜五百十九作「諳」。

〔一二〕素飡之責　「責」原譌「貴」，今據南監本、殿本、局本改正。

〔一三〕弘通國典　「弘」宋本避諱缺筆成「引」，各本皆未正，今據元龜五百十九改正。

〔一四〕中丞王准不糾　「准」南監本、殿本、局本並作「淮」。按元龜五百十九亦作「准」，准淮形近，未知孰是。

〔一五〕中丞張永結免　元龜五百十九作「中丞張永結不糾，亦免永結官」。按張永，宋書附張茂度傳，於孝武帝大明八年，召爲御史中丞。結免卽江謐傳「博士太常以下結免贖論」之「結免」。宋書

無張永結其人，元龜誤。

〔一六〕(四)〔且易〕道無體不可以一體求　據元龜五百九十九改。按「道」下原闕二字，各本作「異傳」。「四道異傳」不可解，當依元龜改。

〔一七〕太元立王肅易　「太元」各本譌作「泰元」，下「左氏太元取服虔」，「穀梁太元舊有麋信注」，亦譌作「泰元」，今並據晉書孝武帝紀改正。

〔一八〕〔由〕服傳無經　據元龜五百九十九補。

〔一九〕所弘惟深　「弘」宋本避諱缺筆成「引」，各本並譌，今據元龜五百九十九改正。

〔二〇〕澄待儉語畢　「待」原譌「侍」，今據南監本、殿本、局本及御覽六百十二引、元龜六百一改正。

〔二一〕然後談所遺漏數百千條　按「千」疑「十」之譌。

〔二二〕可將七八升　「將」元龜六百一、七百九十八作「容」，南史亦作「容」。

〔二三〕北名服匿　「北」殿本、局本作「此」。

〔二四〕〔澄〕當世稱爲碩學　據南監本及南史補。

〔二五〕子暐誣爲賣券　按「暐」各本並作「暉」，南史亦作「暉」，惟御覽五百引作「暐」，疑作「暉」是。「賣券」南史作「買券」。

〔二六〕澄欲遂子弟之非　「遂」字原闕，今據各本補。按御覽五百引「遂」作「成」。

〔二七〕(昊)〔端〕拱以思儒業　據南監本、毛本、殿本、局本改。

〔二八〕劉瓛(成)〔承〕馬鄭之(異)〔後一〕時學徒以爲師範　據南監本、殿本改。

〔二九〕彥淵書史疑問窮稽　殿本考證萬承蒼云：「按彥淵當是王摛字，齊書無摛傳，南史附摛於王湛傳後，不載其字，有云『竟陵王子良校書諸學士，唯摛問無不對』。此云『疑問窮稽』，想必謂摛也。」今按蕭子顯此贊前云「儒宗義肆，紛論子珪」，指劉瓛，後云「彥淵書史，疑問窮稽」，指陸澄，劉瓛字子珪，陸澄字彥淵也。萬說非是。

南齊書

梁　蕭子顯　撰

第三册

卷四〇至卷五九（傳）

中華書局

南齊書卷四十

列傳第二十一

武十七王

武帝二十三男：穆皇后生文惠太子、竟陵文宣王子良；張淑妃生廬陵王子卿、魚復侯子響；周淑儀生安陸王子敬、建安王子眞；阮淑媛生晉安王子懋、衡陽王子峻；王淑儀生隨郡王子隆；蔡婕妤生西陽王子明；樂容華生南海王子罕；傅充華生巴陵王子倫；謝昭儀生邵（陽）〔陵〕王子貞；〔一〕江淑儀生臨賀王子岳；庾昭容生西陽王子文；荀昭華生南康王子琳；顏婕妤生永陽王子珉；宮人謝生湘東王子建；何充華生南郡王子夏；第六、十二、十五、二十二皇子早亡。子珉建武中繼衡陽元王後。

竟陵文宣王子良字雲英，世祖第二子也。初，沈攸之難，〔二〕隨世祖在盆城，板寧朔將軍。仍爲宋邵陵王左軍行參軍，轉主簿，安南記室參軍，邵陵王友，王名友，不廢此官。〔三〕遷安南長史。

昇明三年，爲使持節、都督會稽東陽臨海永嘉新安五郡、輔國將軍、會稽太守。宋世元嘉中，皆責成郡縣；孝武徵求急速，以郡縣遲緩，始遣臺使，自此公役勞擾。太祖踐阼，子良陳之曰：

前臺使督逋切調，恒聞相望於道。及臣至郡，亦殊不疎。凡此輩使人，既非詳愼勲順，或貪險崎嶇，要求此役。朝辭禁門，情態卽異；暮宿村縣，威福便行。但令朱鼓裁完，鈹槊微具，顧眄左右，叱咤自專。擿宗斷族，排輕斥重，脅遏津埭，恐喝傳郵。破崗水逆，商旅半引，逼令到下，先過己船。浙江風猛，公私畏渡，脫舫在前，驅令俱發。呵蹙行民，固其常理。侮折守宰，出變無窮。既瞻郭望境，便飛下嚴符，但稱行臺，未顯所督。先訶彊寺，却攝羣曹，開亭正檐，便振荆革。其次絳標寸紙，一日數至；徵村切里，俄刻十催。〔四〕四鄉所召，莫辨枉直，孩老士庶，具令付獄。或尺布之逋，曲以當匹；百錢餘稅，且增爲千。或誑應質作尙方，寄繫東冶，萬姓駭迫，人不自固。遂漂衣敗力，競致兼漿。值今夕酒諧肉飫，卽許附申赦格；〔五〕明日禮輕貨薄，便

復不入恩科。筐貢微闕，（總）〔箠〕撻肆情，〔六〕風塵毀謗，隨忿而發。及其犹蒜轉積，鵝栗漸盈，遠則分鬻他境，近則託貿吏民。反請郡邑，助民（由）〔申〕緩，〔七〕回刺言臺，推信在所。如聞頃者令長守牧，離此每實，非復近歲。愚謂凡諸檢課，宜停遣使，密畿州郡，則指賜勑〔令〕，〔八〕遙外鎭宰，明下條源，既各奉別旨，人競自罄。雖復臺使盈湊，會取正屬所〔辦〕，〔九〕徒相疑償，反更淹懈。

凡預衣冠，荷恩盛世，多以闇緩貽譽，少爲欺猾入罪。若類以宰牧乖政，則觸事難委，不容課逋上綱，偏覺非才。但賒促差降，各限一期。如乃事速應緩，自依違糾坐之。坐之〔之〕科，〔一〇〕不必須重，但令必行，期在可肅。且兩裝之船，充擬千緒；三坊寡役，呼訂萬計。每一事之發，彌晨方辦，粗計近遠，率遣一部，職散人領，無減二十，舟船所資，皆復稱是。長江萬里，費固倍之。較略一年，脫得省者，息船優役，寔爲不少。兼折姦減竊，遠近暫安。

封聞喜縣公，邑千五百戶。〔一一〕

子良敦義愛古。郡民朱百年有至行，先卒，賜其妻米百斛，蠲一民給其薪蘇。郡閤下有虞翻舊牀，罷任還，乃致以歸。後於西邸起古齋，多聚古人器服以充之。夏禹廟盛有禱祀，子良曰：「禹泣辜表仁，菲食旌約，服翫果粽，足以致誠。」使歲獻扇簟而已。

建元二年，穆妃薨，去官。仍爲征虜將軍、丹陽尹。開私倉賑屬縣貧民。明年，上表曰：「京尹雖居都邑，而境壤兼跨，廣袤周輪，幾將千里。縈原抱隰，其處甚多，舊遏古塘，非唯一所。而民貧業廢，地利久蕪。近啓遣五官殷瀰、典籤劉僧瑗到諸縣循履，得丹陽、溧陽、永世等四縣解，幷村耆辭列，堪墾之田，合計荒熟有八千五百五十四頃，脩治塘遏，可用十一萬八千餘夫，一春就功，便可成立。」上納之。會遷官，事寢。

是年，始制東宮官僚以下官敬子良。世祖卽位，封竟陵郡王，邑二千戶。爲使持節、都督南徐兗二州諸軍事、鎭北將軍、南徐州刺史。永明元年，徙爲侍中、都督南兗兗徐青冀五州、征北將軍、南兗州刺史，持節如故。明年，入爲護軍將軍，兼司徒，領兵置佐，侍中如故。鎭西州。三年，給鼓吹一部。四年，進號車騎將軍。

子良少有淸尙，禮才好士，居不疑之地，傾意賓客，天下才學皆遊集焉。善立勝事，夏月客至，爲設瓜飮及甘果，著之文敎。士子文章及朝貴辭翰，皆發敎撰錄。

是時上新親政，水旱不時。子良密啓曰：

臣思水潦成患，良田沃壤，變爲汙澤；農政告祥，因高肆務，播植既周，繼以旱虐。黔庶呼嗟，相視褫氣。夫國資於民，民資於食，匪食匪民，何以能政？臣每一念此，寢不便席。本始中，郡國大旱，宣帝下詔除民租。今聞所在逋餘尙多，守宰嚴期，兼夜課

切，新稅力尙無從，故調於何取給？政當相驅爲盜耳。愚謂逋租宜皆原除，少降停恩，微紓民命。

自宋道無章，王風陵替，竊官假號，駢門連室。今左民所檢，動以萬數，漸漬之來，非復始適，一朝洗正，理致沸騰。小人之心，罔思前咎，〔二〕董之以威，〔三〕反怨後罰，獸窮則觸，事在匪輕。齊有天下日淺，恩洽未布，一方或飢，當加優養。愚謂自可依源削除，未宜便充猥役。且部曹檢校，誠存精密，令史奸黠，鮮不容情。情既有私，理或枉謬。耳目有限，羣狡無極。變易是非，居然可見。詳而後取，於事未遲。

明詔深矜獄圄，恩文累墜。今科網嚴重，稱爲峻察。負罪離譽，充積牢戶。暑時鬱蒸，加以金鐵。聚憂之氣，足感天和。民之多怨，非國福矣。

頃土木之務，甚爲殷廣，雖役未及民，勤費已積。炎旱致災，或由於此。皇明載遠，書軌未一，緣淮帶江，數州地耳，以魏方漢，猶一郡之譬，〔四〕以今比古，復爲遠矣。何得不愛其民，緩其政，救其危，存其命哉？

湘區奧密，蠻寇熾彊，如聞南師未能挫戮。百姓齊民，積年塗炭，疽食侵淫，邊虞方重。交州敻絕一垂，寔惟荒服，恃遠後賓，固亦恒事。自青德啓運，款關受職，置之度外，不足絓言。今縣軍遠伐，經途萬里，衆寡事殊，客主勢異，以逸待勞，全勝難必。

又緣道調兵，以足軍力，民丁烏合，事乖習銳。廣州積歲無年，越州兵糧素乏，加以發借，必致恇擾。愚謂叔獻所請，不宜聽從；取亂侮亡，更俟後會。雖緩歲月，必有可禽之理，差息發動費役之勞。劉楷見甲以助湘中，威力既舉，蟻寇自服。

詔折租布，二分取錢。子良又啓曰：

臣一月入朝，六登玟陛，廣殿稠人，裁奉顏色，縱有所懷，豈敢自達。比天旹亟見，地孽亟臻，民下妖訛，好生噂嗒。穀價雖和，比室飢嗛；縑纊雖賤，駢門躶質。臣一念此，每入心骨。三吳奧區，地惟河、輔，百度所資，罕不自出，宜在蠲優，使其全富。而守宰相繼，務在裒刻，圍桑品屋，以准貲課。致令斬樹發瓦，以充重賦，破民財產，要利一時。東郡使民，年無常限，在所相承，准令上直。每至州臺使命，切求懸急，應充猥役，必由窮困。乃有畏失嚴期，自殘軀命，亦有斬絕手足，以避傜役。生育弗起，殆爲恒事。守長不務先富民，而唯言益國，豈有民貧於下，而國富於上邪？

又泉鑄歲遠，類多翦鑿，江東大錢，十不一在。公家所受，必須輪郭〔完全〕，〔五〕遂買本一千，加子七百，猶求請無地，棰革相繼。尋完者爲用，既不兼兩，回復遷貿，會非委積，(縱)〔徙〕令小民每嬰困苦。〔六〕且錢帛相半，爲制永久，或聞長宰須令輸直，進違舊科，退容姦利。

八屬近縣，既在京畿，發借徵調，寔煩他邑，民特尤貧，連年失稔，草衣藿食，稍有流亡。今農政就興，宜蒙賑給，若逋課未上，許以申原。

兗豫二藩，雖曰舊鎮，往屬兵虞，累棄鄉土。密邇寇庭，下無安志。編草結菴，不違涼暑；扶淮聚落，〔七〕靡有生向。俱稟人靈，獨絕溫飽，而賦斂多少，尙均沃實。謂凡在荒民，應加蠲減。

又司市之要，自昔所難。頃來此役，不由才舉，並條其重貲，許以賈衒。前人增估求俠，後人加稅請代，如此輪回，終何紀極？兼復交關津要，共相脣齒，愚野未閑，必加陵誑，罪無大小，橫沒貲載。凡求試穀帛，類非廉謹，未解在事所以開容？

夫獄訟惟平，畫一在制，雖恩家得罪，必宜申憲，鼎姓貽譽，最合從網。若罰典惟加賤下，辟書必蠲世族，懼非先王立理之本。

尙書列曹，上應乾象。如聞命議所出，先諮於都，都既下意，然後付郎，謹寫關行。愚謂郎官尤宜推擇。

宋運告終，戎車屢駕，寄名軍牒，動竊數等。故非分充朝，資奉殷積。廣、越邦宰，梁、益郡邑，參差調補，寔允事機。〔八〕且此徒宂雜，罕遵王憲，嚴加廉視，隨違彈斥，一二年閒，可減太半。

五年，正位司徒，給班劍二十人，侍中如故。移居雞籠山邸，集學士抄五經、百家，依皇覽例爲四部要略千卷。招致名僧，講語佛法，〔九〕造經唄新聲，道俗之盛，江左未有也。

世祖好射雉，子良諫曰：

鑾轝亟動，天蹕屢巡，陵犯風烟，驅馳野澤。萬乘至重，一羽甚微。從甚微之懽，忽至重之誡。頃郊郛以外，科禁嚴重，匪直芻牧事罷，遂乃窀掩殆廢。且田月向登，桑時告至，士女呼嗟，易生噂議，棄民從欲，理未可安。曩時巡幸，必盡威防，領軍景先、詹事赤斧堅甲利兵，左右屯衞。今馳騖外野，交侍疎闊，晨出晚還，頓遺淸道，此實愚臣最所震迫。

狡虜玩威，甫獲款關，二漢全富，猶加曲待。如聞使臣，頻亦怨望，前會東宮，遂形言色。昔宋氏遣使，舊列階下，劉纘銜使，始登朝殿。今既反命，宜賜優禮。

伏謂中堂雲構，實惟峻絕，檐陛深嚴，事隔涼暑，而別爲一室，如或有疑。邊帶廣途，訛言孔熾，毁立之易，過於轉圓，若依舊制通敞，實允觀聽。

頃市司驅扇，租估過刻，吹毛求瑕，廉察相繼，被以小罪，責以重備。愚謂宜勅有司，更詳優格。

臣年方朝賢，齒未相及，以管窺天，猶知失得，廊廟之士，豈闇是非。未聞一人開一說爲陛下憂國家，非但面從，亦畏威耳。臣若不啓，陛下於何聞之？」先是六年，左衞、殿中將軍邯鄲超上書諫射雉，世祖爲止。久之，超竟被誅。永明末，上將射雉。子良諫曰：

忽聞外議，伏承當更射雉。臣下情震越，心懷憂悚，猶謂疑妄，事不必然。伏度陛下以信心明照，（故）所以傾金寶於禪靈，〔二〇〕仁愛廣洽，得使禽魚養命於江澤，豈惟國慶民懽，乃以翱翔治樂。夫衞生保命，人獸不殊；重軀愛體，彼我無異。故禮云「聞其聲不食其肉，見其生不忍其死」。且萬乘之尊，降同匹夫之樂，夭殺無辜，傷仁害福之本。菩薩不殺，壽命得長。施物安樂，自無恐怖。不惱衆生，身無患苦。臣見功德有此果報，所以日夜劬勤，厲身奉法，實願聖躬康御若此。每至寢夢，脫有異見，不覺身心立就燋爛。陛下常日捨財脩福，臣私心顒顒，尙恨其少，豈可今日〔有〕見此事？〔二一〕一損福業，追悔便難。臣此啓聞，私心實切。若是大事，不可易改，亦願陛下照臣此誠，曲垂三思。況此嬉遊之閒，非關當否，而動輒傷生，實可深愼。

臣聞子孝奉君，臣忠事主，莫不靈祇通感，徵祥證登。臣近段仰啓，賜希受戒，天心洞遠，誠未達勝善之途，而聖恩遲疑，尙未垂履曲降尊極，豈可今月復隨此事？臣不隱心，卽實上啓。

雖不盡納，而深見寵愛。

又與文惠太子同好釋氏，甚相友悌。子良敬信尤篤，數於邸園營齋戒，大集朝臣衆僧，至於賦食行水，或躬親其事，世頗以爲失宰相體。勸人爲善，未嘗厭倦，以此終致盛名。尋代王儉領國子祭酒，辭不拜。八年，給三望車。九年，京邑大水，吳興偏劇，子良開倉賑救，貧病不能立者於第北立廨收養，給衣及藥。十年，領尙書令。尋爲使持節、都督揚州諸軍事、揚州刺史，本官如故。尋解尙書令，加中書監。

文惠太子薨，世祖檢行東宮，見太子服御羽儀，多過制度，上大怒，以子良與太子善，不啓聞，頗加嫌責。

世祖不豫，詔子良甲仗入延昌殿侍醫藥。子良啓進沙門於殿戶前誦經，世祖爲感夢見優曇鉢華，子良按佛經宣旨使御府以銅爲華，插御床四角。日夜在殿內，太孫閒日入參承。〔二二〕世祖暴漸，內外惶懼，百僚皆已變服，物議疑立子良，俄頃而蘇，問太孫所在，因召東宮器甲皆入。遺詔使子良輔政，高宗知尙書事。子良素仁厚，不樂世務，乃推高宗。詔云：「事無大小，悉與鸞參懷。」〔二三〕子良所志也。太孫少養於子良妃袁氏，甚著慈愛，既懼前不得立，自此深忌子良。大行出太極殿，子良居中書省，帝使虎賁中郎將潘敞領二百人仗屯太極西階防之。成服後，諸王皆出，子良乞停至山陵，不許。

進位太傅，增班劍爲三十人，本官如故。解侍中。隆昌元年，加殊禮，劍履上殿，入朝不趨，贊拜不名。進督南徐州。其年疾篤，謂左右曰：「門外應有異。」遣人視，見淮中魚萬數，皆浮出水上向城門。尋薨，時年三十五。帝常慮子良有異志，及薨，甚悅。詔給東園溫明秘器，斂以衮冕之服。東府施喪位，大鴻臚持節監護，太官朝夕送祭。又詔曰：「褒崇明德，前王令典，追遠尊親，沿情所隆。故使持節、都督揚州諸軍事、中書監、太傅、領司徒、揚州刺史、竟陵王、新除督南徐州，體睿履正，神鑒淵邈。道冠民宗，具瞻允集。肇自弱齡，孝友光備。爰及贊契，協升景業。燮曜台階，五教克宣。敷奏朝端，〔二四〕百揆惟穆。寄重先顧，任均負圖。諒以齊暉二南，同規往哲。方憑保祐，永翼雍熙。天不憖遺，奄焉薨逝。哀慕抽割，震于厥心。今龜謀襲吉，先遠戒期。宜崇嘉制，式弘風烈。可追崇假黃鉞、侍中、都督中外諸軍事、太宰、領大將軍、揚州牧，綠綟綬，備九服錫命之禮。使持節、中書監、王如故。給九旒鸞輅，黃屋左纛，轀輬車，前後部羽葆鼓吹，挽歌二部，虎賁班劍百人，葬禮依晉安平王孚故事。」初，豫章王嶷葬金牛山，文惠太子葬夾石，子良臨送，望祖硎山，悲感歎曰：「北瞻吾叔，前望吾兄，死而有知，請葬茲地。」既薨，遂葬焉。

所著內外文筆數十卷，雖無文采，多是勸戒。建武中，故吏范雲上表爲子良立碑，事不行。子昭胄嗣。

昭胄字景胤。汎涉有父風。永明八年，自竟陵王世子爲寧朔將軍、會稽太守。鬱林初，爲右衞將軍，未拜，遷侍中，領右軍將軍。建武三年，復爲侍中，領驍騎將軍，轉散騎常侍，太常。以封境邊虜，（建）〔永〕元元年，〔二五〕改封巴陵王。

先是王敬則事起，南康侯子恪在吳郡，高宗慮有同異，召諸王侯入宮。晉安王寶義及江陵公寶覽等住中書省，高、武諸孫住西省，勑人各兩左右自隨，過此依軍法，孩抱者乳母隨入。其夜太醫煮藥，都水辦數十具棺材，須三更當悉殺之。子恪奔歸，二更達建陽門刺啓。時刻已至，而帝眠不起，中書舍人沈徽孚與帝所親左右單景雋共謀少留其事，須臾帝覺，景雋啓子恪已至，驚問曰：「未邪？」景雋具以事荅。明日悉遣王侯還第。建武以來，高、武王侯居常震怖，朝不保夕，至是尤甚。

及陳顯達起事，王侯復入宮。昭胄懲往時之懼，與弟永新侯昭穎逃奔江西，變形爲道人。崔慧景舉兵，昭胄兄弟出投之。慧景事敗，昭胄兄弟首出投臺軍主胡松，各以王侯還第。不自安，謀爲身計。子良故防閤桑偃爲梅蟲兒軍副，結前巴西太守蕭寅，謀立昭胄。昭胄許事克用寅爲尙書左僕射、護軍將軍。以寅有部曲，大事皆委之。時胡松領軍在新亭，寅遣人說之，云「須昏人出，〔二六〕寅等便率兵奉昭胄入臺，閉城號令。昏人必還就將軍，將軍但閉壘不應，則三公不足得也。」松又許諾。會東昏新起芳樂苑，月許日不復出遊，偃等議募健兒百餘人從萬春門入突取之，昭胄以爲不可。偃同黨王山沙慮事久無成，以事告御刀徐僧重。寅遣人殺山沙於路，吏於麝幐中得其事迹，昭胄兄弟與同黨皆伏誅。昭穎官至寧朔將軍、彭城太守。梁王定京邑，追贈昭胄散騎常侍、撫軍將軍，昭穎黃門郎。梁受禪，降封昭胄子同監利侯。[二七]

廬陵王子卿字雲長，世祖第三子也。建元元年，封臨汝縣公，千五百戶。兄弟四人同封。世祖卽位，爲持節、都督郢州司州之義陽軍事、冠軍將軍、郢州刺史。永明元年，徙都督荆湘益寧梁南北秦七州、安西將軍、荆州刺史，持節如故。始興王鑑爲益州，子卿解督。[二八]

子卿在鎭，營造服飾，多違制度。上勑之曰：「吾前後有勑，非復一兩過，道諸王不得作乖體格服飾，汝何意都不憶吾勑邪？忽作瑇瑁乘具，何意？已成不須壞，可速送下。純銀乘具，乃復可爾，何以作鐙亦是銀？可卽壞之。忽用金薄裹箭脚，何意？亦速壞去。凡諸服章，自今不啓吾知復專輒作者，後有所聞，當復得痛杖。」又曰：「汝比在都，讀學不就，年轉成長，吾日冀汝美，勿得勑如風過耳，使吾失氣。」

五年，入爲侍中、撫軍將軍，未拜，仍爲中護軍，侍中如故。六年，遷秘書監，領右衞將軍，尋遷中軍將軍，侍中並如故。十年，進號車騎將軍。俄遷使持節、都督南豫〔豫〕司三州軍事、[二九]驃騎將軍、南豫州刺史，侍中如故。子卿之鎭，道中戲部伍爲水軍，上聞之，大怒，殺其典籤。遣宜都王鏗代之。子卿還第，至崩，不與相見。

鬱林卽位，復爲侍中、驃騎將軍。隆昌元年，轉衞將軍、開府儀同三司，置兵佐。鄱陽王鏘見害，以子卿代爲司徒，領兵置佐。尋復見殺，時年二十七。

魚復侯子響字雲音，世祖第四子也。豫章王嶷無子，養子響，後有子，表留爲嫡。世祖卽位，爲輔國將軍、南彭城臨淮二郡太守，見諸王不致敬。子響勇力絕人，關弓四斛力，數在園池中帖騎馳走竹樹下，身無虧傷。既出繼，車服異諸王，每入朝，輒忿怒，拳打車壁。世祖知之，令車服與皇子同。

永明三年，遷右衞將軍。仍出爲使持節、都督豫州郢州之西陽〔司州之〕汝南二郡軍事、[三〇]冠軍將軍、豫州刺史。明年，進號右將軍。進〔督〕南豫州之歷陽、淮南、潁川、汝陽四郡。[三一]入爲散騎常侍，右衞將軍。六年，有司奏：「子響體自聖明，出繼宗國。大司馬臣嶷昔未有胤，所以因心鞠養。陛下弘天倫之愛，臣嶷深猶子之恩，遂乃繼體扶疏，世祚垂改，茅蔣菴蔚，冢嗣莫移，誠欣惇睦之風，實虧立嫡之教。臣等參議，子響宜還本。」乃封巴東郡王，遷中護軍，常侍如故。尋出爲江州刺史，常侍如故。

七年，遷使持節、都督荆湘雍梁寧南北秦七州軍事、鎭軍將軍、荆州刺史。子響少好武，在西豫時，自選帶仗左右六十人，皆有膽幹。至鎭，數在內齋殺牛置酒，與之聚樂。令內人私作錦袍絳襖，欲餉蠻交易器仗。長史劉寅等連名密啓，上勑精檢。寅等懼，欲秘之。子響聞臺使至，不見勑，召寅及司馬席恭穆、諮議參軍江愈、殷曇粲、中兵參軍周彥、典籤吳脩之、王賢宗、魏景淵於琴臺下詰問之。寅等無言。脩之曰：「既以降勑旨，政應方便答塞。」景淵曰：「故應先檢校。」子響大怒，執寅等於後堂殺之。以啓無江愈名，欲釋之，而用命者已加戮。上聞之怒，遣衞尉胡諧之、游擊將軍尹略、中書舍人茹法亮領齋仗數百人，檢捕羣小。勑：「子響若束首自歸，可全其性命。」

諧之等至江津，築城燕尾洲，遣傳詔石伯兒入城慰勞。子響曰：「我不作賊，長史等見負，今政當受殺人罪耳。」乃殺牛具酒饌，餉臺軍。而諧之等疑畏，執錄其吏。子響怒，遣所養數十人收集府州器仗，令二千人從靈溪西渡，克明旦與臺軍對陣南岸。子響自與百餘人袍騎，將萬鈞弩三四張，宿江堤上。明日，凶黨與臺軍戰，子響於堤上放弩，亡命王充天

等蒙楯陵城，[三二]臺軍大敗，尹略死之，官軍引退。上又遣丹陽尹蕭順之領兵繼至，[三三]子響部下恐懼，各逃散，子響乃白服降，賜死。時年二十二。

臨死，啓上曰：「劉寅等入齋檢仗，具如前啓。臣罪既山海，[三四]分甘斧鉞。奉勑遣胡諧之、茹法亮賜重勞，其等至，竟無宣旨，便建旗入津，對城南岸築城守。臣累遣書信喚法亮渡，乞白服相見，其永不肯，羣小懼怖，遂致攻戰，此臣之罪也。臣此月二十五日束身投軍，希還天闕，停宅一月，臣自取盡，可使齊代無殺子之譏，臣免逆父之謗。既不遂心，今便命盡，臨啓哽塞，知復何陳。」有司奏絕子響屬籍，削爵土，收付廷尉法獄治罪。賜爲蛸氏。諸所連坐，別下考論。贈劉寅侍中，席恭穆輔國將軍、益州刺史，江愈、殷〔雲〕〔曇〕粲黃門郎，[三五]周彥驍騎將軍。寅字景㩳，高平人也。有文義而學不閑世務。席恭穆，安定焉氏人，關隴豪族。

上憐子響死，後遊華林園，見猿對跳子鳴嘯，上留目久之，因嗚咽流涕。豫章王嶷上表曰：「臣聞將而必戮，炳自春秋，罄于甸人，著於經禮，猶懷不忍之言，尚有如倫之痛。豈不事因法往，情以恩留。故庶人蛸子響，識懷靡樹，見淪不逞，肆憤一朝，取陷凶德，遂使迹隣非孝，事近無君，身膏草野，未云塞釁。但軷矢倒戈，歸罪司戮，卽理原心，亦既迷而知返。釁骨不收，辜魂莫赦，撫事惟往，載傷心目。昔閔榮伏戾，愴動墳園；思荆就辟，側懷丘墓。

皆兩臣釁結於明時，二主議加於盛世，積代用之爲美，[三六]歷史不以云非。伏願一下天矜，爰詔蛸氏，使得安兆末郊，旋窆餘蘢，微列葦輤之容，[三七]薄申封樹之禮。豈伊窮骸被德，實且天下歸仁。臣屬忝皇枝，偏留友睦，以臣繼別未安，子響言承出命，提攜鞠養，俯見成人，雖輟胤蕃條，歸體琁萼，循執之念不移，傳訓之憐何已。敢冒宸嚴，布此悲乞。」上不許。先是貶爲魚復侯。[三八]

安陸王子敬字雲端，世祖第五子也。初封應城縣公。永明二年，出爲持節、監南兗兗徐青冀五州、北中郎將、南兗州刺史。四年，進號右軍。[三九]明年，徙都督荆湘梁雍南北秦六州軍事、平西將軍、荆州刺史，持節如故。尋進號安西將軍。七年，徵侍中，護軍將軍。十年，轉散騎常侍、撫軍將軍、丹陽尹。十一年，進車騎將軍。尋給鼓吹一部。隆昌元年，遷使持節、都督南兗兗徐青冀五州、征北大將軍、南兗州刺史。延興元年，加侍中。高宗除諸蕃王，遣中護軍王玄邈、征九江，王廣之襲殺子敬，[四〇]時年二十三。

晉安王子懋字雲昌，世祖第七子也。初封江陵公。永明三年，爲持節、都督南豫豫司三州、南中郎將、南豫州刺史。魚復侯子響爲豫州，子懋解督。四年，進號征虜將軍。南豫新置，力役寡少，加子懋領宣城太守。明年，爲監南兗兗徐青冀五州軍事、後將軍、南兗州刺史，持節如故。六年，徙監湘州、平南將軍、湘州刺史。明年，加持節、都督。八年，進號鎮南將軍。撰春秋例苑三十卷奏之，世祖嘉之，勑付秘閣。九年，親府州事。十年，入爲侍中，領右衞將軍。十一年，遷散騎常侍，中書監。未拜，仍爲使持節、都督雍梁南北秦四州郢州之竟陵司州之隨郡軍事、征北將軍、雍州刺史，給鼓吹一部。豫章王喪服未畢，上以邊州須威望，許得奏之。

鬱林卽位，卽本號爲大將軍。子懋見幼主新立，密懷自全之計。令作部造器仗。陳顯達時爲征虜，屯襄陽，欲脅取以爲將帥。顯達密啓，高宗徵顯達還。隆昌元年，遷子懋爲都督江州刺史，留西楚部曲助鎮襄陽，單將白直俠轂自隨。顯達入（朝）〔別〕，[四一]子懋謂曰：「朝廷令身單身而反，身是天王，豈可過爾輕率。今猶欲將二三千人自隨，公意何如？」顯達曰：「殿下若不留部曲，便是大違勑旨，其事不輕。且此閒人亦難可收用。」子懋默然，顯達因辭出便發去，子懋計未立，還鎮尋陽。

延興元年，加侍中。聞鄱陽隨郡二王見殺，欲起兵赴難。母阮在都，遣書欲密迎上，阮報其兄于瑤之爲計，[四二]瑤之馳告高宗。於是纂嚴，遣平西將軍王廣之南北討，使軍主裴叔業與瑤之先襲尋陽，聲云爲郢州行司馬。[四三]子懋知之，遣三百人守盆城。叔業泝流（下）〔直〕上，[四四]至夜回下襲盆城。城局參軍樂賁開門納之。子懋率府州兵力，先已具船於稽亭渚，聞叔業得盆城，乃據州自衞。子懋部曲多雍土人，皆踊躍願奮，叔業畏之，遣于瑤之說子懋曰：「今還都，必無過憂，政當作散官，不失富貴也。」〔子〕懋既不出兵攻叔業，[四五]衆情稍沮。中兵參軍于琳之，瑤之兄也。說子懋重賂叔業，子懋使琳之往。琳之因說叔業請取子懋，叔業遣軍主徐玄慶將四百人隨琳之入州城，僚佐皆奔散，琳之從二百人拔（日）〔白〕入齋，[四六]子懋罵曰：「小人何忍行此事。」琳之以袖鄣面，使人害之。時年二十三。

初，子懋鎮雍，世祖勑以邊略曰：「吾比連得諸處啓，所說不異，虜必無敢送死理，然爲其備，不可暫懈。今秋犬羊輩越逸者，其亡滅之徵。吾今亦行密纂集，須有分明指的，便當有大處分。今普勑鎮守，並部偶民丁，有事卽（使）〔便〕應接運，[四七]已勑更遣，想行有至者，汝共諸人量覓，可使人數往南（門）〔陽〕舞陰諸要處參覘。[四八]糧食最爲根本，更不憂人仗，常行視驛亭馬，不可有廢闕。並約語諸州，當其堺皆爾，不如法，卽問事。」[四九]又曰：「吾勑荆、郢二鎮，各作五千人陣，本擬應接彼耳。賊若送死者，更卽呼取之。已勑子眞，魚繼宗、殷公愍至鎮，[五〇]可以公愍爲城主，三千人配之便足。汝可好以階級在意，勿得人求，或超五三階。及文章詩筆，[五一]乃是佳事，然世務彌爲根本，可常憶之。汝所啓仗，此悉是吾左右御仗也，云何得用之。品格不可乖，吾自當優量覓送。」先是啓求所好書，上又曰：「知汝常以書讀在心，足爲深欣也。」賜子懋杜預手所定左傳及古今善言。

隨郡王子隆字雲興，世祖第八子也。有文才。初封枝江公。永明三年，爲輔國將軍、南琅邪彭城二郡太守。明年，遷江州刺史，未拜，唐寓之賊平，遷爲持節、督會稽東陽新安臨海永嘉五郡、東中郎將、會稽太守。遷長兼中書令。

子隆娶尙書令王儉女爲妃，上以子隆能屬文，謂儉曰：「我家東阿也。」儉曰：「東阿重出，實爲皇家蕃屏。」未及拜，仍遷中護軍，轉侍中、左衞將軍。八年，代魚復侯子響爲使持節、都督荆雍梁寧南北秦六州、鎮西將軍、荆州刺史，給鼓吹一部。其年，始興王鑑罷益州，進號督益州。九年，親府州事。十一年，晉安王子懋爲雍州，子隆復解督。鬱林立，進號征西將軍。隆昌元年，爲侍中、撫軍將軍，領兵置佐。延興元年，轉中軍大將軍，侍中如故。

子隆年二十一，而體過充壯，常服蘆茹丸以自銷損。高宗輔政，謀害諸王，世祖諸子中，子隆最以才皃見憚，故與鄱陽王鏘同夜先見殺。文集行於世。

建安王子眞字雲仙，世祖第九子也。永明四年，爲輔國將軍、南琅邪彭城二郡太守。遷持節、督南豫司二州軍事、冠軍將軍、南豫州刺史，領宣城太守。進號南中郎將。六年，以府州稍實，表解領郡。七年，進號右將軍，遷丹陽尹，將軍如故。轉左衞將軍。七年，遷中護軍，仍出爲持節、都督郢司二州軍事、平西將軍、郢州刺史。鬱林立，進號安西將軍。隆昌元年，爲散騎常侍、護軍將軍。延興元年，轉鎭軍將軍，領兵置佐，常侍如故。其年見殺，年十九。

西陽王子明字雲光，世祖第十子也。永明元年，封武昌王。三年，失國璽，改封西陽。六年，爲持節、都督南兗兗徐青冀五州軍事、冠軍將軍、南兗州刺史。八年，進號征虜將軍。十年，進左將軍，仍爲督會稽東陽臨海永嘉新安五郡軍事、會稽太守，將軍如故。子明風姿明淨，士女觀者，咸嗟嘆之。鬱林初，進號平東將軍。隆昌元年，爲右將軍、中書令。延興元年，遷侍中，領驍騎將軍，右軍如故。建武元年，轉撫軍將軍，領兵置佐。二年，誅蕭諶，

誣子明及弟子罕子貞與諶同謀，見害。年十七。

南海王子罕字雲華，世祖第十一子也。永明六年，爲北中郎將、南琅邪彭城二郡太守。上初以白下地帶江山，徙琅邪郡自金城治之，子罕始鎭此城。十年，爲持節、都督南兗兗徐青冀五州軍事、征虜將軍、南兗州刺史。鬱林卽位，進號後將軍。隆昌元年，遷散騎常侍、右衞將軍。建武元年，轉護軍將軍。二年，見殺。年十七。

巴陵王子倫字雲宗，世祖第十三子也。永明七年，爲持節、都督南豫司二州軍事、南中郎將、南豫州刺史。十年，遷北中郎將、南琅邪彭城（刺史）二郡太守。〔五二〕鬱林卽位，以南彭城祿力優厚，奪子倫與中書舍人綦母珍之，更以南蘭陵代之。隆昌元年，遷散騎常侍、左將軍。延興元年，遣中書舍人茹法亮殺子倫，子倫正衣冠出受詔，曰：「鳥之將死，其鳴也哀；人之將死，其言也善。先朝昔滅劉氏，今日之事，理數固然。君是身家舊人，今銜此使，當由事不獲已。」法亮不敢荅而退。年十六。

邵陵王子貞字雲松，世祖第十四子也。永明十年，爲東中郎將、吳郡太守。鬱林卽位，進號征虜將軍，還爲後將軍。建武二年，見誅。年十五。

臨賀王子岳字雲嶠，世祖第十六子也。永明七年封。高宗誅世祖諸子，唯子岳及弟六人在後，世呼爲七王。朔望入朝，上還後宮，輒歎息曰：「我及司徒諸兒子皆不長，高、武子孫日長大。」永泰元年，上疾甚，絕而復蘇。於是誅子岳等。延興建〔武〕中，〔五三〕凡三誅諸王，每一行事，高宗輒先燒香火，嗚咽涕泣，衆以此輒知其夜當相殺戮也。子岳死時，年十四。

西陽王子文字雲儒，世祖第十七子也。永明七年，封蜀郡王。建武中，改封西陽王。永泰元年，見殺。年十四。

衡陽王子峻字雲嵩，世祖第十八子也。永明七年，封（蜀）〔廣〕漢郡王。〔五四〕建武中，改封。永泰元年，見殺。年十四。

南康王子琳字雲璋，世祖第十九子也。母荀氏，盛寵。子琳鍾愛。永明七年，封宣城王。明年，上改南康公褚蓁以封子琳。永泰元年，見殺。年十四。

湘東王子建字雲立，世祖第二十一子也。母謝氏，無寵，世祖度爲尼。高宗卽位，使還母。子建，永泰元年見殺，年十三。

南郡王子夏字雲廣，世祖第二十三子也。上春秋高，子夏最幼，寵愛過諸子。初，世祖夢金翅鳥下殿庭，搏食小龍無數，乃飛上天。永泰元年，子夏誅。年七歲。

史臣曰：民之勞逸，隨所遭遇，習以成性，有識斯同。帝王子弟，生長尊(手)〔貴〕，〔五五〕薪禽之道未知，富厚之圖已極。齠年稚齒，養器深宮，習趨拜之儀，受文句之學，坐躡搢紳，傍絕交友，情僞之事，不經耳目，憂懼之道，未涉胷衿，雖卓爾天悟，自得懷抱，孤寡爲識，所陋猶多。朝出閨閫，暮司方岳，帝子臨州，親民尙小，年序次第，宜屏皇家，防驕翦逸，積代恒典，平允之情，操捶貽慮。故輔以上佐，簡自帝心，勞舊左右，用爲主帥，州國府第，先令後行，飲食遊(屈)〔居〕，〔五六〕動應聞啓，端拱守祿，遵承法度，張弛之要，莫敢厝言，行事執其權，典籤掣其肘，苟利之義未申，專違之咎已及。處地雖重，行己莫由，威不在身，恩未接下，倉卒一朝，艱難總集，望其釋位扶危，不可得矣。路溫舒云：「秦有十失，其一尙存。」斯宋氏之餘風，在齊而彌弊也。

贊曰：武十七王，文宣令望，愛才悅古，仁信溫良，宗英是寄，遺惠未忘。廬陵犯色，安陸括囊。晉安早悟，隨郡雕章。建賀湘海，二陵二陽，幼蕃盛寵，南郡南康。

校勘記

〔一〕謝昭儀生邵(陽)〔陵〕王子貞　據南史改。

〔二〕初沈攸之難　按「沈攸之」下當疊一「之」字。蓋六朝人名下之「之」字，往往可省略。

〔三〕不廢此官　「不」各本作「尋廢此官」。按南史云：「時宋道衰謝，諸王微弱，故不廢此官。」作「不廢」是。

〔四〕徵村切里俄刻十催　按通典食貨典作「遠村深里，頃刻十催」。

〔五〕即許附申赦格　「赦」字原闕，今據南監本、殿本、局本補。

〔六〕(總)〔籤〕捷肆情　據南監本、毛本、殿本、局本改。

〔七〕反請郡邑助民(由)〔申〕緩　據元龜二百八十八改。按宋本元龜作「反請郡邑助申容緩」。

〔八〕則指賜勑〔令〕　據元龜二百八十八補。

〔九〕會取正屬所〔辦〕　據通鑑齊高帝建元元年補。按通鑑胡注云：「謂使者雖多，亦當取辦於所屬也。」

〔一〇〕坐之〔之〕科　據南監本、殿本、局本補。

〔一一〕封聞喜縣公邑千五百戶　「千五百戶」當依文選任昉齊竟陵文宣王行狀作「千戶」，「五百」二字衍。按下云「世祖即位，封竟陵王，邑二千戶」，任昉齊竟陵王行狀云「武皇帝嗣位，進封竟陵郡王，食邑加千戶」。前封縣公，食邑千戶，進封郡王，加食千戶，正合二千戶之數。

〔一二〕罔思前咎　「咎」南監本、毛本、殿本、局本作「恩」。元龜二百八十八作「過」。

〔一三〕董之以威　「董」字原闕，據各本補。按元龜二百八十八作「申」。

〔一四〕猶一郡之譬　按「猶」字下元龜二百八十八有「有」字。

〔一五〕必須輪郭〔完全〕　據南監本及元龜五百補。

〔一六〕(縱)〔徒〕令小民每嬰困苦　據南監本、殿本、局本改。

〔一七〕扶淮聚落　南監本、毛本、殿本、局本作「扶淮聚洛」，元龜二百八十八作「扶攜流落」，未知孰是。

〔一八〕寔允事機　「允」原譌「充」，今據南監本、殿本、局本改正。

〔一九〕講語佛法　「語」南監本、局本作「論」。

〔二〇〕(故)所以傾金寶於禪靈　據南監本、殿本、局本刪。

〔二一〕豈可今日〔有〕見此事　據元龜二百八十八補。

〔二二〕太孫閒日入參承　按南監本無「承」字。

〔二三〕悉與鸞參懷　「鸞」原作「諱」，今據殿本改。

〔二四〕敷奏朝端　「朝端」二字原譌倒，各本同，今據文選任昉齊竟陵文宣王行狀乙正。

〔二五〕(建)〔永〕元元年　張森楷校勘記云：「建元是高帝年號，此當是永元之譌。」今據南史改。

〔二六〕云須昏人出　「云」原譌「法」，各本不譌，今改正。按通鑑胡注云：「以帝昏狂，指斥爲昏人。」

〔二七〕降封昭胄子同監利侯　「同」百衲本作「周」，據南監本、殿本及南史改。

〔二八〕始興王鑑爲益州子卿解督　南史云：「始興王爲益州，子卿解督。」錢大昕廿二史考異云：「按齊書本云都督荆、湘、益、寧、梁、南、北秦七州，則益州在所督之內，其云解督者，特解益州，非去都督之號也。」今按始興王鑑傳，鑑爲益州刺史，持節都督益寧二州軍事，則子卿解督當解益寧二州之督。

〔二九〕都督南豫〔豫〕司三州軍事　按南豫州刺史例兼督南豫、豫、司三州軍事，明此脫一「豫」字，今補。

〔三〇〕都督豫州郢州之西陽〔司州之〕汝南二郡軍事　錢大昕廿二史考異云：「按州郡志，郢州但有汝南縣，隸江夏郡，而無汝南郡。以明帝紀、崔慧景、王廣之、蕭遙欣、蕭遙昌諸傳證之，知當云司州之汝南，傳脫『司州之』三字。」今據補。

〔三一〕進〔督〕南豫州之歷陽淮南潁川汝陽四郡　錢大昕廿二史考異云「進」下當有「督」字，今據補。錢氏又云：「州郡志潁川、汝陽二郡皆屬豫州，不屬南豫。」

〔三二〕亡命王充天等蒙楯陵城　「王充天」殿本、局本及南史並作「王衝天」。

〔三三〕上又遣丹陽尹蕭順之領兵繼至　「順之」二字原作「諱」，今據殿本改。

〔三四〕臣罪旣山海　「旣」通鑑齊武帝永明八年作「踰」。

〔三五〕江愈殷(雲)〔曇〕粲黃門郎　據殿本、局本改。

〔三六〕積代用之爲美　「代」字原闕，今據南監本、殿本、局本補。「用」原譌「周」，今據南監本、殿本、局本改正。

〔三七〕微列葦輤之容　「輤」殿本作「帳」。張元濟校勘記云：「作『輤』是，見禮記雜記。」按禮記雜記：「其輤有裧。」鄭注云：「輤，載柩將殯之車飾也。」

〔三八〕先是貶爲魚復侯　「先是」二字南監本無。

〔三九〕進號右軍　「右軍」南監本、殿本、局本作「右將軍」。

〔四〇〕遣中護軍王玄邈征九江王廣之襲殺子敬　「征九江」，南監本作「江州刺史」，亦通。

〔四一〕顯達入(朝)〔別〕　據南監本、殿本、局本改。

〔四二〕阮報其兄于瑤之爲計　「兄」南監本、局本及南史並作「同產弟」。

〔四三〕磐云爲郢州行司馬　「行」原譌「衍」，今據殿本改正。按南監本、局本作「郢府行司馬」。通鑑齊明帝建武元年作「郢府司馬」。

〔四四〕叔業泝流(下)〔直〕上　據南監本、殿本、局本改。

〔四五〕〔子〕懋既不出兵攻叔業　「子」字各本並脫，據南史、通鑑補。

〔四六〕琳之從二百人拔(日)〔白〕入齋　據元龜九百四十三改。按拔白入齋謂拔白刃入齋也，周盤龍傳

有「拔白爭門」語可證，曰與白形近而譌。它本並作「拔刃」，疑後人以意改之。

〔四七〕有事卽(使)〔便〕應接運　據元龜一百九十六改。按各本「運」作「連」，譌。

〔四八〕可使人數往南(門)〔陽〕舞陰諸要處參覘　據南監本、殿本、局本及元龜一百九十六改。

〔四九〕不如法卽問事　「問事」南監本作「周章」。

〔五〇〕魚繼宗殷公愍至鎭　「殷公愍」原譌「設公愍」，各本並譌，今據元龜一百九十六改正。按殷公愍亦見陳顯達傳。

〔五一〕或超五三階及文章詩筆　按殿本、局本「階」下有「級」字，「及」字屬下讀。南監本及元龜一百九十六「階」下有「級」字，無「及」字。

〔五二〕遷北中郎將南琅邪彭城(刺史)二郡太守　錢大昕廿二史考異云：「『刺史』二字衍，蓋罷南豫而領二郡守也。」今據刪。

〔五三〕延興建(武)中　據南監本、毛本、殿本、局本補。

〔五四〕封(蜀)〔廣〕漢郡王　據毛本、殿本、局本及南史改。

〔五五〕生長(手)〔貴〕　據殿本、局本及南史改。

〔五六〕飲食遊(屈)〔居〕　據毛本、殿本、局本及南史改。

南齊書卷四十一

列傳第二十二

張融　周顒

張融字思光，吳郡吳人也。祖褘，晉琅邪王國郎中令。父暢，宋會稽太守。融年弱冠，道士同郡陸脩靜以白鷺羽麈尾扇遺融，曰：「此旣異物，以奉異人。」宋孝武聞融有早譽，解褐爲新安王北中郎參軍。孝武起新安寺，僚佐多儭錢帛，〔一〕融獨儭百錢。帝曰：「融殊貧，當序以佳祿。」出爲封溪令。從叔永出後渚送之，曰：「似聞朝旨，汝尋當還。」融曰：「不患不還，政恐還而復去。」廣越嶂嶮，獠賊執融，將殺食之，融神色不動，方作洛生詠，賊異之而不害也。浮海至交州，於海中作海賦曰：

蓋言之用也，情矣形乎。使天形寅內敷，情敷外寅者，〔二〕言之業也。吾遠職荒官，將海得地，行關入浪，宿渚經波，傅懷樹觀，長滿朝夕，東西無里，南北如天，反覆懸

烏，表裏菟色。壯哉水之奇也，奇哉水之壯也。故古人以之頌其所見，吾問翰而賦之焉。當其濟興絕感，豈覺人在我外，木生之作，君自君矣。

分渾始地，判氣初天。作成萬物，爲山爲川。總川振會，導海飛門。爾其海之狀也，之相也：〔三〕則窮區沒渚，萬里藏岸，控會河、濟，朝總江、漢。回混浩潰，巓倒發濤。浮天振遠，灌日飛高。摐(蠡江)撞則八紘摧隤，鼓怒則九紐折裂。擔(於活)長風以舉波，漷(音郭)天地而爲勢。瀊(音盤)澤(于及)湁(音沓)洽(音合)，來往相𩕳(蠡合)。汩(于突)湙(音突)㶁(於渤)渤，窐(紆狀)石成窟。西衝虞淵之曲，東振湯谷之阿。若木於是乎倒覆，折扶桑而爲渣(在牙)。湍漫瀿(音藥)㴢(音門)渾，涫(於官)湘(於和)碨(於磊)磈，渤(非勃)淬(音卒)淪(音崙)滸(音聳)，瀾淺𩖸崈(于拱)。湍轉則日月似驚，浪動而星河如覆。〔四〕旣烈太山與崑崙相壓而共潰，又盛雷車震漢破天以折轂。

渰(於員)漣涴(於卵)瀨(於㶑)，輾轉縱橫。揚珠起玉，流鏡飛明。是其回堆曲浦，欹關弱渚之形勢也。沙嶼相接，洲島相連。東西南北，如滿于天。梁禽楚獸，胡木漢草之所生焉。長風動路，深雲暗道之所經焉。苕苕蔕蔕，窅〔窅〕翳翳。〔五〕晨烏宿(音秀)於東隅，落河浪其西界。茫沆(于剛)汴河，汨(于突)磈(于磊)漫(無官)桓。旁踞委岳，横竦危巒。重彰岌岌，攢嶺聚立。崋(呂兀)礧(音窟)硃(呂今)嶔欽，架石相陰。嶐嶺(徒罪)陁陁，横出旁入。嵬

嵬支罪磊磊，若相追而下及。峯勢縱橫，〔六〕岫形參錯。或如前而未進，乍非遷而已却。天抗暉於東曲，日倒麗於西阿。嶺集雪以懷鏡，巖照春而自華。

江洚許江滔滔許百，潒于曷巖拍芬百嶺。觸山礧石，汙潟于各澳晉寒況于朗。碨於磊泱於朗瀼洞晉阿，流柴礫五感反屼五窟。頓浪低波，砮苦降磝苦交硠苦江，〔七〕折嶺挫峯，窣浪磈晉郎(拉)〔搚〕，〔八〕崩山相磕苦合。萬里藹藹，極路天外。電戰雷奔，倒地相礚。獸門象逸，魚路鯨奔。水遽龍魄，陸振虎兢。却瞻無後，向望(行)〔何〕前。〔九〕長尋高眺，唯水與天。若乃山橫蹴浪，風倒摧波。磊若驚山竭嶺以竦石，鬱若飛煙奔雲以振霞。〔一〇〕連瑤光而交綵，接玉繩以通華。

爾乎夜滿深霧，晝密長雲，高河滅景，萬里無文。山門幽暖，岫戶葐蒀。九天相掩，玉地交氛。〔一一〕汪汪橫橫音皇，沆沆于剛浩浩音害。〔一二〕淬鳥貴潰大人之表，泱於朗蕩君子之外。風沬相排，日閉雲開。浪散波合，岳起山隤。

若乃漉沙構白，熬波出素。積雪中春，飛霜暑路。爾其奇名出錄，詭物無書。高岸乳鳥，橫門產魚。〔一三〕則何儸音羅鱅音容鮨音詣，鯡音非魜音人鰈音果鮹音滑。哄日吐霞，吞河漱月。氣開地震，聲動天發。噴灑噦於月噫於戒，流雨而揚雲。喬髗壯脊，架岳而飛墳。蹠音挺動崩五山之勢，瞷矣簡睔矣鯇煥七曜之文。蠵蠵瑁蚌，〔一四〕綺貝繡螺。玄珠

互綵，綠紫相華。遊風秋瀨，泳景登春。伏鱗漬綵，昇魵洗文。

若乃春代秋緒，歲去冬歸。〔一五〕柔風麗景，晴雲積暉。起龍塗於靈步，翔螭道之神飛。浮微雲之如㬪，落輕雨之依依。觸巧塗而礙去紺遠，抵欒木以激揚。浪相礴傍各而起千狀，波獨湧乎驚萬容。蘋藻留映，荷茇提陰。扶容曼綵，秀遠華深。明藕移玉，清蓮代金。眄芬芳於遙渚，汎灼爍於長潯。浮艫雜軸，遊舶交艘。帷軒帳席，〔一六〕方遠連高。入驚波而箭絕，振排天之雄飆。越湯谷以逐景，渡虞淵以追月。徧萬里而無時，浹天地於揮忽。雕隼飛而未半，鯤龍趠貪教而不遠。舟人未及復其喘，已周流宇宙之外矣。

陰鳥陽禽，春毛秋羽。遠翅風遊，高翮雲舉。翔歸棲去，連陰日路。瀾漲波渚，陶玄浴素。長紘四斷，〔一七〕平表九絕。雉翥成霞，鴻飛起雪。合聲鳴侶，並翰翻羣。飛闕溢繡，流浦照文。

爾夫人微亮氣，小白如淋。涼空澄遠，增漢無陰。照天容於鮷渚，〔一八〕鏡河色於魦潯。括蓋餘以進廣，浸夏洲以洞深。形每驚而義維靜，跡有事而道無心。於是乎山海藏陰，雲塵入岫。天英偏華，日色盈秀。則若士神中，琴高道外。袖輕羽以衣風，逸玄裾於雲帶。筵秋月於源潮，帳春霞於秀瀨。曬蓬萊之靈岫，望方壺之妙闕。樹遏日

以飛柯，嶺回峯以蹴月。空居無俗，素館何塵。谷門風道，林路雲真。

若乃幽崖隕於夾隔倉夾，隈隩之窮，駭波虎浪之氣，激勢之所不攻。有卉有木，爲灌爲叢。絡糅綢雜，結葉相籠。通雲交拂，連韻共風。蕩洲礉去角岸，而千里若崩，衝崖沃島，其萬國如戰。振駭氣以擺雷，飛雄光以倒電。

若夫增雲不氣，流風斂聲。瀾文復動，波色還驚。明月何遠，沙裏分星。至其積珍全遠，架寶諭深。瓊池玉壑，珠岫珂岑。合日開夜，舒月解陰。珊瑚開縝，瑠璃竦華。丹文鏡色，雜照冰霞。洪洪潰潰，浴干日月。淹漢星墟，滲河天界。風何本而自生，雲無從而空滅。籠麗色以拂烟，〔一九〕鏡懸暉以照雪。

爾乃方員去我，混然落情。氣暄而濁，化靜自清。心無終故不滯，志不敗而無成。既覆舟而載舟，固以死而以生。弘芻狗於人獸，導至本以充形。雖萬物之日用，諒何緯其何經。道湛天初，機茂形外。亡有所以而有，非膠有於生末。亡無所以而無，信無心以入太。不動動是使山岳相崩，不聲聲故能天地交泰。行藏虛於用舍，應感亮於圓會。仁者見之謂之仁，達者見之謂之達。咕者幾於上善，吾信哉其爲大矣。

融文辭詭激，獨與衆異。後還京師，以示鎮(國)〔軍〕將軍顧覬之，〔二〇〕覬之曰：「卿此賦實超玄虛，但(恨)〔恨〕不道鹽耳。」〔二一〕融卽求筆注之曰：「漉沙構白，熬波出素。積雪中春，飛霜

暑路。」此四句，後所足也。

覬之與融兄有恩好，覬之卒，融身負墳土。在南與交阯太守卞展有舊，展於嶺南爲人所殺，融挺身奔赴。

舉秀才，對策中第，爲尙書殿中郎，不就，爲儀曹郎。〔二二〕泰始五年，明帝取荆、郢、湘、雍四州射手，叛者斬亡身及家長者，家口沒奚官。元徽初，郢州射手有叛者，融議家人家長罪所不及，亡身刑五年。

尋請假奔叔父喪，道中罰幹錢敬道鞭杖五十，寄繫延陵獄。大明五年制，二品清官行僮幹杖，不得出十。爲左丞孫緬所奏，免官。尋復位，攝祠、倉部二曹。領(事)〔軍〕劉勔戰死，〔二三〕祠曹議「上應哭勔不」，融議「宜哭」。於是始舉哀。倉曹又以「正月俗人所忌，太倉爲可開不」，融議「不宜拘束小忌」。尋兼掌正厨，融見宰殺，回車徑去，自表解職。

爲安成王撫軍倉曹參軍，轉南陽王友。融父暢先爲丞相長史，義宣事難，暢爲王玄謨所錄，將殺之。玄謨子瞻爲南陽王前軍長史，融啓求去官，不許。

融家貧願祿，初與從叔征北將軍永書曰：「融昔稱幼學，早訓家風，雖則不敏，率以成性。布衣葦席，〔二四〕弱年所安，簞食瓢飲，不覺不樂。但世業淸貧，民生多待，〔二五〕榛栗棗脩，女贄既長，束帛禽鳥，男禮已大。勉身就官，十年七仕，不欲代耕，何至此事。昔求三吳一

丞，雖屢舛錯。〔二六〕今聞南康缺守，願得爲之。融不知階級，階級亦可不知，融政以求丞不得，所以求郡，求郡不得，亦可復求丞。」又與吏部尚書王僧虔書曰：「融，天地之逸民也。進不辨貴，退不知賤，兀然造化，忽如草木。實以家貧累積，孤寡傷心，八姪俱孤，二弟頗弱，撫之而感，古人以悲。豈能山海陋祿，申融情累。〔二七〕阮籍愛東平土風，融亦欣晉平閑外。」時議以融非治民才，竟不果。

辟太祖太傅掾，歷驃騎豫章王司空諮議參軍，遷中書郎，非所好，乞爲中散大夫，不許。融風止詭越，坐常危膝，行則曳步，翹身仰首，意制甚多。隨例同行，常稽遲不進。太祖素奇愛融，爲太尉時，時與融款接，見融常笑曰：「此人不可無一，不可有二。」即位後，手詔賜融衣曰：「見卿衣服麤故，誠乃素懷有本；交爾藍縷，亦虧朝望。今送一通故衣，意謂雖故，乃勝新〔也〕。〔二八〕是吾所著，已令裁減稱卿之體。并履一量。」

融與吏部尚書何戢善，往詣戢，誤通尚書劉澄。融下車入門，乃曰：「非是。」至戶外，望澄，又曰：「非是。」既造席，視澄曰：「都自非是。」〔二九〕乃去。其爲異如此。

又爲長沙王鎭軍、竟陵王征北諮議，並領記室，司徒從事中郎。永明二年，總明觀講，敕朝臣集聽。融扶入就榻，私索酒飮之，難問既畢，乃長嘆曰：「嗚呼！仲尼獨何人哉！」爲御史中丞到撝所奏，免官，尋復。〔三〇〕融形貌短醜，精神清澈。王敬則見融革帶垂寬，殆將至

骼，〔三一〕謂之曰：「革帶太急。」融曰：「既非步吏，急帶何爲？」

融假東出，世祖問融住在何處？融答曰：「臣陸處無屋，舟居非水。」後日上以問融從兄緒，緒曰：「融近東出，未有居止，權牽小船，於岸上住。」上大笑。虜中聞融名，上使融接北使李道固，就席，道固顧之而言曰：「張融是宋彭城長史張暢子不？」融嚬蹙久之，曰：「先君不幸，名達六夷。」豫章王大會賓僚，融食炙始〔行〕畢，〔三二〕行炙人便去，融欲求鹽蒜，口終不言，〔三三〕方摇食指，〔三四〕半日乃息。出入朝廷皆拭目驚觀之。八年，朝臣賀衆瑞公事，〔三五〕融扶入拜起，復爲有司所奏，見原。遷司徒右長史。

竟陵張欣時爲諸暨令，坐罪當死。欣時父興世宋世討南譙王義宣，官軍欲殺融父暢，興世以袍覆暢而坐之，以此得免。興世卒，融著高履負土成墳。至是融啓竟陵王子良，乞代欣時死。子良答曰：「此乃是長史美事，恐朝有常典，不得如長史所懷。」遷黃門郎，太子中庶子，司徒左長史。融有孝義，忌月三旬不聽樂，事嫂甚謹。宋丞相〔義宣〕起事，〔三六〕父暢以不同將見殺，司馬竺超民諫免之。暢臨終謂諸子曰：「昔丞相事難，吾緣竺司馬得活，爾等必報其子弟。」後超民孫微冬月遭母喪，居貧，融往弔之，悉脫衣以爲賻，披牛被而反。常以兄事微。豫章王嶷、竟陵王子良薨，自以身經佐吏，哭輒盡慟。

建武四年，病卒。年五十四。遺令建白旐無旒，〔三七〕不設祭，令人捉麈尾登屋復魂。曰：「吾生平所善，自當凌雲一笑。」三千買棺，無製新衾。左手執孝經、老子，右手執小品法華經。妾二人，哀事畢，各遣還家。又曰：「以吾平生之風調，何至使婦人行哭失聲，不須暫停閨閤。」

融玄義無師法，而神解過人，白黑談論，鮮能抗拒。永明中，遇疾，爲(間)〔門〕律自序曰：〔三八〕「吾文章之體，多爲世人所驚，汝可師耳以心，不可使耳爲心師也。夫文豈有常體，但以有體爲常，政當使常有其體。丈夫當删詩書，制禮樂，何至因循寄人籬下。且中代之文，道體闕變，尺寸相資，彌縫舊物。吾之文章，體亦何異，何嘗顚溫涼而錯寒暑，綜哀樂而横歌哭哉？政以屬辭多出，比事不羈，不阡不陌，非途非路耳。然其傳音振逸，鳴節竦韻，或當未極，亦已極其所矣。汝若復別得體者，吾不拘也。吾義亦如文，造次乘我，顚沛非物。吾無師無友，不文不句，頗有孤神獨逸耳。義之爲用，將使性入清波，塵洗猶沐。無得釣聲同利，舉價如高，俾是道場，險成軍路。吾昔嗜僧言，多肆法辯，此盡遊乎言笑，而汝等無幸。」又云：「人生之口，正可論道說義，惟飮與食。此外如樹(銅爲)〔網焉〕。〔三九〕吾每以不爾爲恨，爾曹當振綱也。」

臨卒，又戒其子曰：「手澤存焉，父書不讀！況父音情，婉在其韻。吾意不然，別遺爾音。吾文體英絕，變而屢奇，既不能遠至漢魏，故無取嗟晉宋。豈吾天挺，蓋不隤家聲。汝

若不看，父祖之意欲汝見也。可號哭而看之。」融自名集爲玉海。司徒褚淵問玉海名，融答：「玉以比德，海崇上善。」文集數十卷行於世。

張氏知名，前有敷、演、鏡、暢，後有充、融、卷、稷。

周顒字彥倫，汝南安城人。晉左光祿大夫顗七世孫也。祖虎頭，員外常侍。父恂，歸鄉相。

顒少爲族祖朗所知。解褐海陵國侍郎。益州刺史蕭惠開賞異顒，攜入蜀，爲厲鋒將軍，帶肥鄉、成都二縣令。〔四〇〕轉惠開輔國府參軍，將軍、令如故。仍爲府主簿。常謂惠開性太險峻，每致諫，惠開不悅，答顒曰：「天險地險，王公設險，但問用險何如耳。」隨惠開還都。

宋明帝頗好言理，〔四一〕以顒有辭義，引入殿內，親近宿直。帝所爲慘毒之事，顒不敢顯諫，輒誦經中因緣罪福事，帝亦爲之小止。轉安成王撫軍行參軍。元徽初，出爲剡令，有恩惠，百姓思之。〔四二〕還歷邵陵王南中郎三府參軍。太祖輔政，引接顒。顒善尺牘，沈攸之送絕交書，太祖口授令顒裁答。轉齊臺殿中郎。

建元初，爲長沙王參軍，後軍參軍，山陰令。縣舊訂滂民，以供雜使。顒言之於太守聞喜公子良曰：「竊見滂民之困，困實極矣。役命有常，祇應轉竭，蹙迫驅催，莫安其所。險者或竄避山湖，困者自經溝瀆爾。亦有摧臂斮手，苟自殘落，販傭貼子，權赴急難。每至滂使發動，遵赴常促，輒有柤杖被錄，[四三]稽顙階垂，泣涕告哀，不知所振。[四四]下官未嘗不臨食罷筯，當書偃筆，爲之久之，愴不能已。交事不濟，不得不就加捶罰，見此辛酸，時不可過。山陰邦治，事倍餘城；然略聞諸縣，亦處處皆躓。唯上虞以百戶一滂，大爲優足，過此列城，不無凋罄。宜應有以普救倒懸，設流開便，則轉患爲功，得之何遠。」還爲文惠太子中軍錄事參軍，隨府轉征北。文惠在東宮，顒還正員郎，[四五]始興王前軍諮議。直侍殿省，復見賞遇。

顒音辭辯麗，出言不窮，宮商朱紫，發口成句。汎涉百家，長於佛理。著三宗論。立空假名，立不空假名。設不空假名難空假名，設空假名難不空假名。假名空難二宗，又立假名空。西涼州智林道人遺顒書曰：「此義旨趣似非始開，妙聲中絕六七十載。貧道年二十時，便得此義，竊每歡喜，無與共之。年少見長安耆老，多云關中高勝乃舊有此義，當法集盛時，能深得斯趣者，本無多人。過江東略是無一。貧道捉麈尾來四十餘年，東西講說，謬重一時，餘義頗見宗錄，唯有此塗白黑無一人得者，爲之發病。非意此音猥來入耳，始是眞實行道第一功德。」其論見重如此。

顒於鍾山西立隱舍，休沐則歸之。轉太子僕，兼著作，撰起居注。遷中書郎，兼著作如故。常遊侍東宮。少從外氏車騎將軍臧質家得衞恒散隸書法，學之甚工。文惠太子使顒書玄圃茅齋壁，國子祭酒何胤以倒薤書求就顒換之，顒笑而答曰：「天下有道，丘不與易也。」

每賓友會同，顒虛席晤語，辭韻如流，聽者忘倦。兼善老、易，與張融相遇，輒以玄言相滯，彌日不解。清貧寡欲，終日長蔬食，雖有妻子，獨處山舍。衞將軍王儉謂顒曰：「卿山中何所食？」顒曰：「赤米白鹽，綠葵紫蓼。」文惠太子問顒：「菜食何味最勝？」顒曰：「春初早韭，秋末晚菘。」時何胤亦精信佛法，無妻妾。太子又問顒：「卿精進何如何胤？」顒曰：「三塗八難，共所未免。然各有其累。」太子曰：「所累伊何？」對曰：「周妻何肉。」其言辭應變，皆如此也。

轉國子博士，兼著作如故。太學諸生慕其風，爭事華辯。後何胤言斷食生，[四六]猶欲食(肉)白魚、䱇脯、糖蟹，[四七]以爲非見生物。疑食蚶蠣，使學生議之。學生鍾岏曰：「䱇之就脯，驟於屈伸，蟹之將糖，躁擾彌甚。仁人用意，深懷如怛。至於車螯蚶蠣，眉目內闕，慙渾沌之奇，礦殼外緘，非金人之慎。不悴不榮，曾草木之不若；無馨無臭，與瓦礫其何算。故

宜長充庖廚，永爲口實。」竟陵王子良見岏議，大怒。

胤兄點，亦遁節清信。顒與書，勸令菜食。曰：「丈人之所以未極遐蹈，或在不近全菜邪？脫灑離析之討，鼎俎網罟之興，載〔之簡〕策，[四八]其來寔遠。誰敢干議？觀聖人之設膳脩，仍復爲之品節，蓋以茹毛飲血，與生民共始，縱而勿裁，將無厓畔。善爲士者，豈不以恕己爲懷？是以各靜封疆，罔相陵軼。[四九]況乃變之大者，莫過死生；生之所重，無踰性命。性命之於彼極切，滋味之在我可賒，而終身朝晡，資之以永〔歲〕，[五〇]彼就冤殘，莫能自列，[五一]我業久長，吁哉可畏。且區區微卵，脆薄易矜，[五二]歔彼弱麑，顧步宜愍。觀其飲喙飛沈，[五三]使人(物)憐悼，[五四]況可心心撲褫，[五五]加復恣忍吞嚼。[五六]至乃野牧盛羣，閉豢重圈，量肉揣毛，以俟枝剝，[五七]如土委地，僉謂常理，(百)〔可〕爲愴息，[五八]事豈一塗。若云三世理誣，則幸矣良快，如使此道果然，而〔受〕形未息，[五九]則一往一來，一生一死，輪迴是常事。[六〇]雜報如家，人天如客，遇客日尠，在家日多，吾儕信業，未足長免，則傷心之慘，行亦(息念)〔自及〕。[六一]丈人於血氣之類，雖無身踐，至於晨鳧夜鯉，[六二]不能不取備屠門。財貝之〔一〕經盜手，[六三]猶爲廉士所棄；生性之一啓鸞刀，寧復慈心所忍。騶虞雖飢，非自死之草不食，聞其風豈不使人多愧。[六四]衆生之稟此形質，以畜肌膂，皆由其積壅癡迷，沈流莫反，報受穢濁，歷苦酸長，此甘與肥，皆無明之報聚也。何至復引此滋腴，自汙腸胃。丈人得此有素，聊復寸言發起耳。」

顒卒官時，會王儉講孝經未畢，舉曇濟自代，[六五]學者榮之。官爲給事中。

史臣曰：弘毅存容，至仁表貌，汲黯剛戇，崔琰聲姿，然後能不憚雄桀，亟成讜犯。張融標心託旨，全等塵外，吐納風雲，不論人物，而干君會友，[六六]敦義納忠，誕不越檢，常在名教。若夫奇偉之稱，則虞翻、陸績不得獨擅於前也。

贊曰：思光矯矯，萬里千仞。升同應譜，黜同解擯。務在連衡，不謀銷印。彥倫辭辯，苦節清韻。白馬橫擒，雲梯獨振。

張融海賦文多脫誤，諸本同。

校勘記

〔一〕僚佐多儭錢帛　南史云「僚佐儭者，多至一萬」。錢大昕廿二史考異云：「儭與嚫同，廣韻嚫，嚫施也。」按釋氏要覽卷上嚫錢條云：「梵語達嚫拏，此云財施。今略達拏，但云嚫。」又五分律云：

「食後施衣物，名達嚫。」

〔二〕使天形寅內敷情敷外寅者　黃侃云：「『天』當作『夫』。兩『寅』字皆當作『演』，史避梁武嫌名。」

〔三〕爾其海之狀也之相也　藝文類聚八引無「之相也」三字。

〔四〕浪動而星河如覆　「而」藝文類聚引作「則」。

〔五〕窅〔窅〕翳翳　據南監本、毛本、殿本、局本補。

〔六〕峯勢縱橫　藝文類聚引作「峯勢崇高」。

〔七〕碆砐硊　按此句奪一字，各本並同。

〔八〕窂浪硠（拉）〔揞〕　據南監本、毛本、殿本、局本改。

〔九〕却瞻無後向望（行）〔何〕前　據藝文類聚改。按無後與何前相對成文，作「何」是。

〔一〇〕鬱若飛煙奔雲以振霞　「霞」藝文類聚引作「柯」。

〔一一〕九天相掩玉地交氛　「玉」各本作「王」。殿本考證云：「諸本同。按『王』疑作『五』。」黃侃亦云應作「五」。

〔一二〕沆沆浩浩　黃侃云「浩浩」應作「澔澔」。

〔一三〕橫門產魚　「門」藝文類聚作「開」。

〔一四〕蟕蠵瑁蚌　「瑁蚌」藝文類聚作「瑇瑁」。

〔一五〕歲去冬歸　「冬」字原闕，據各本補。

〔一六〕帷軒帳席　「帷」字原闕，據各本補。

〔一七〕長紘四斷　「四」原譌「而」，各本不譌，今改正。

〔一八〕照天容於鮷渚　「渚」字原闕，據各本補。

〔一九〕籠麗色以拂烟　「籠」字原闕，據南監本、殿本、局本補。

〔二〇〕以示鎮（國）〔軍〕將軍顧覬之　張森楷校勘記云：「百官志無鎮國將軍，疑有譌。」按宋書顧覬之傳，覬之死後，追贈鎮軍將軍。御覽五百九十九引、南史及元龜八百五十並作「鎮軍將軍」，今據改。又按「覬」各本並譌「凱」，今據南史改正，下同。

〔二一〕但（恨）〔恨〕不道鹽耳　據南監本、殿本、局本及南史改。

〔二二〕爲儀曹郎　南史「爲」上有「改」字。

〔二三〕領（事）〔軍〕劉勔戰死　據南史、元龜四百五十六改。

〔二四〕布衣韋席　「韋席」南史作「韋帶」。元龜九百作「韋帶」，九百五作「葦席」。

〔二五〕民生多待　「民」南史、元龜九百、九百五並作「人」。

〔二六〕雖屢舛錯　「屢」殿本作「屬」，南史、元龜九百、九百五亦作「屬」。

〔二七〕申融情累　「申」原譌「甲」，今據南監本、殿本、局本及南史改正。

〔二八〕乃勝新〔也〕　據南監本、殿本、局本及南史補。

〔二九〕都自非是　「自」原譌「目」，今據南監本、殿本、局本改正。

〔三〇〕兒官尋復　「復」下南監本、局本及南史、元龜九百四十四並有「職」字。

〔三一〕殆將至骼　「骼」南史及元龜九百四十四作「髀」。按疑作「髀」是。

〔三二〕融食炙始（行）畢　據南監本、殿本、局本及南史補。

〔三三〕口終不言　「口」原譌「白」，據南監本、殿本、局本及南史、元龜九百四十四改正。

〔三四〕方搖食指　「指」原譌「貨」，據南監本、殿本、局本及南史、元龜九百四十四改正。

〔三五〕朝臣賀衆瑞公事　「瑞」原譌「端」，今據南監本、殿本、局本及南史、元龜九百三十改正。

〔三六〕宋丞相〔義宣〕起事　據南監本、殿本、局本補。

〔三七〕遺令建白旌無旐　「旐」御覽五百四十九引作「旐」，南史同。按古喪禮有明旌，禮記檀弓「銘，明旌也」，謂書死者之銘於旌。此云白旌，謂不書名於旌也，「旌」字不譌。

〔三八〕爲（間）〔門〕律自序曰　據元龜八百十七改。按高逸顧歡傳云「司徒從事中郎張融作門律」，間與門形近而譌。各本皆未正，南史亦同譌。

〔三九〕此外如樹（銅爲）〔網焉〕　據南監本、殿本、局本改。

〔四〇〕帶肥鄉成都二縣令　錢大昕廿二史考異云：「按宋齊二志，成都無肥鄉縣。」

〔四一〕宋明帝頗好言理　「言理」南史作「玄理」。

〔四二〕百姓思之　「之」原譌「遠」，各本不譌，今改正。

〔四三〕輒有柤杖被錄　「錄」原譌「綠」，各本不譌，今改正。

〔四四〕不知所振　「振」原譌「侲」，今據毛本、殿本、局本改正。

〔四五〕顯還正員郎　「還」南史作「遷」。

〔四六〕後何胤言斷食生　「言斷食生」南監本作「亦斷食肉」。

〔四七〕猶欲食（肉）白魚䱇脯糖蟹　據南監本刪。按南史亦無「肉」字。

〔四八〕截〔之簡〕策　據元龜八百二十一補。

〔四九〕罔相陵軼　「軼」廣弘明集三十作「轢」。

〔五〇〕資之以永〔歲〕　據廣弘明集補。按南監本、殿本、局本作「資之以味」，殆原脫「歲」字，後人以「資之以永」不可解，遂改「永」爲「味」耳。

〔五一〕莫能自列　「列」廣弘明集作「伸」。

〔五二〕脆薄易矜　「矜」各本作「矜」。按段注說文「矜」字作「矝」，云从矛令聲。是矝有憐音，不必改作「矜」也。

〔五三〕觀其飲喙飛沈　「飛沈」南監本、殿本及元龜八百二十一並作「飛行」。

〔五四〕使人(物)憐悼　據元龜、廣弘明集刪。按南監本、殿本、局本作「人應憐悼」。

〔五五〕況可心心撲搋　「心心」元龜、廣弘明集作「甘心」。

〔五六〕加復恣忍吞嚼　「恣忍」廣弘明集作「恣意」。

〔五七〕以侯枝剝　「侯」毛本、殿本作「挨」，按元龜、廣弘明集並作「侯」，作「挨」非。「枝」元龜、廣弘明集作「支」。按枝支通，枝剝猶言支解，殿本考證謂「枝」疑作「披」，非。

〔五八〕(百)〔可〕爲愴息　據元龜、廣弘明集改。

〔五九〕而〔受〕形未息　據南史何尚之傳孫胤附傳及廣弘明集補。

〔六〇〕輪迴是常事　「輪迴是」三字原闕，今據南監本、毛本、殿本、局本補。按元龜作「斯爲常事」。廣弘明集作「一往一來，生死常事」。

〔六一〕行亦(息念)〔自及〕　據南監本、局本及南史、元龜改。按廣弘明集作「行亦自念」。

〔六二〕至於晨鳧夜鯉　「晨鳧夜鯉」廣弘明集作「升鳧沈鯉」。

〔六三〕財貝之〔一〕經盜手　據廣弘明集補。

〔六四〕聞其風豈不使人多愧　「風」字下南監本、殿本有「者」字。「愧」字下廣弘明集有「恥」字。

〔六五〕舉曇濟自代　按禮志上有國子助教謝曇濟，當卽其人，疑此脫一「謝」字。

〔六六〕而干君會友　「干」南監本、殿本、局本作「事」。

南齊書卷四十二

列傳第二十三

王晏　蕭諶　蕭坦之　江祏

王晏字士彥，琅邪臨沂人也。祖弘之，通直常侍。父普曜，祕書監。

晏，宋大明末起家臨賀王國常侍，員外郎，巴陵王征北板參軍，安成王撫軍板刑獄，隨府轉車騎。

晉熙王燮爲郢州，晏爲安西主簿。世祖爲長史，與晏相遇。府轉鎭西，板晏記室諮議。沈攸之事難，鎭西職僚皆隨世祖鎭盆城，上時權勢雖重，而衆情猶有疑惑，晏便專心奉事，軍旅書翰皆委焉。性甚便僻，漸見親侍。〔一〕乃留爲上征虜撫軍府板諮議，領記室。從還都，遷領軍司馬，中軍從事中郎。常在上府，參議機密。建元初，轉太子中庶子。世祖在東宮，專斷朝事，多不聞啓，晏慮及罪，稱疾自疏。尋領射聲校尉，不拜。世祖卽位，轉長兼侍

中，意任如舊。

永明元年，領步兵校尉，遷侍中祭酒，校尉如故。遭母喪，起爲輔國將軍、司徒左長史。晏父普曜藉晏勢宦，多歷通官。晏尋遷左衞將軍，加給事中。未拜，而普曜卒，居喪有稱。起冠軍將軍、司徒左長史、濟陽太守，未拜，遷衞尉，將軍如故。四年，轉太子詹事，加散騎常侍。六年，轉丹陽尹，常侍如故。晏位任親重，朝夕進見，言論朝事，自豫章王嶷、尙書令王儉皆降意以接之，而晏每以疎漏被上呵責，連稱疾久之。上以晏須祿養，七年，轉爲江州刺史，晏固辭不願出外，見許，留爲吏部尙書，領太子右衞率。終以舊恩見寵。時〔尙書〕令王儉雖貴而疎，〔二〕晏旣領選，權行臺閣，與儉頗不平。儉卒，禮官議謚，上欲依王導謚爲「文獻」，晏啓上曰：「導乃得此謚，但宋以來，不加素族。」出謂親人曰：「平頭憲事已行矣。」〔三〕八年，改領右衞將軍，陳疾自解。

上欲以高宗代晏領選，〔四〕手敕問之。晏啓曰：「鸞清幹有餘，〔五〕然不諳百氏，恐不可居此職。」上乃止。明年，遷侍中，領太子詹事，本州中正，又以疾辭。十年，改授散騎常侍、金紫光祿大夫，給親信二十人，中正如故。十一年，遷右僕射，領太孫右衞率。

世祖崩，遺旨以尙書事付晏及徐孝嗣，令久於其職。鬱林卽位，轉左僕射，中正如故。隆昌元年，加侍中。高宗謀廢立，晏便響應推奉。延興元年，轉尙書令，加後將軍，侍中、中

正如故。封曲江縣侯，邑千戶。給鼓吹一部，甲仗五十人入殿。高宗與晏宴於東府，語及時事，晏抵掌曰：「公常言晏怯，今定何如？」建武元年，進號驃騎大將軍，給班劍二十人，侍中、令、中正如故。又加兵百人，領太子少傅，進爵爲公，增邑爲二千戶。以虜動，給兵千人。

晏爲人篤於親舊，爲世祖所稱。至是自謂佐命惟新，言論常非薄世祖故事，衆始怪之。高宗雖以事際須晏，而心相疑斥，料簡世祖中詔，得與晏手敕三百餘紙，皆是論國家事，以此愈猜薄之。初卽位，始安王遙光便勸誅晏，帝曰：「晏於我有勳，且未有罪。」遙光曰：「晏尙不能爲武帝，安能爲陛下。」帝默然變色。時帝常遣心腹左右陳世範等出塗巷採聽異言，由是以晏爲事。晏輕淺無防慮，望開府，數呼相工自視，云當大貴。與賓客語，好屛人清閒，〔六〕上聞之，疑晏欲反，遂有誅晏之意。傖人鮮于文粲與晏子德元往來，密探朝旨，告晏有異志。世範等又啓上云：「晏謀因四年南郊，與世祖故舊主帥於道中竊發。」會虎犯郊壇，帝愈懼。未郊一日，敕停行。元會畢，乃召晏於華林省誅之。下詔曰：「晏閭閻凡伍，少無持操，階緣人乏，班齒官途。世祖在蕃，搜揚擢用，棄略疵瑕，遂升要重。而輕跳險銳，在貴彌著，猜忌反覆，觸情多端。故以兩宮所弗容，十手所共指。旣內愧于心，外懼憲牘，掩迹陳痾，多歷年載。頻授蕃任，輒辭請不行，事似謙虛，情實詭伏。隆昌以來，運集艱難，匡贊

之功，頗有心力。迺爵冠通侯，位登元輔，綢繆恩寄，朝莫均焉。谿壑可盈，無厭將及。視天畫地，遂懷異圖。廣求卜相，取信巫覡。論薦黨附，遍滿臺府。令大息德元淵藪亡命，同惡相濟，劒客成羣。弟詡凶愚，遠相脣齒，信驛往來，密通要契。去歲之初，奉朝〔請〕鮮于文粲備告姦謀。〔七〕朕以信必由中，義無與貳，推誠委任，覬能悛改。而長惡易流，構扇彌大，與北中郞司馬蕭毅、臺隊主劉明達等剋期竊發。以河東王鉉識用微弱，可爲其主，得志之日，當守以虛器。明達諸辭列，炳然具存。昔漢后以反脣致討，魏臣以蚪鬚爲戮，況無君之心旣彰，陵上之迹斯著，此而可容，誰寘刑辟。並可收付廷尉，肅明國典。」

晏未敗數日，於北山廟答賽，夜還，晏旣醉，部伍人亦飮酒，羽儀錯亂，前後十餘里中，不復相禁制，識者云「此勢不復久也」。

晏子德元，有意尙。至車騎長史。德元初名湛，世祖謂晏曰：「劉湛、江湛，並不善終，此非佳名也。」晏乃改之。至是與弟晉安王友德和俱被誅。

晏弟詡，永明中爲少府卿。六年，敕位未登黃門郞，不得畜女妓。詡與射聲校尉陰玄智坐畜妓免官，禁錮十年。敕特原詡禁錮。後出爲輔國將軍、始興內史。廣州刺史劉纘爲奴所殺，詡率郡兵討之。延興元年，授詡持節廣州刺史。詡亦篤舊。晏誅，上又遣南中郞司馬蕭季敞襲詡殺之。

蕭諶字彥孚，南蘭陵蘭陵人也。祖道清，員外郞。父仙伯，桂陽國（參）〔下〕軍。〔八〕諶初爲州從事，晉熙國侍郞，左常侍。諶於太祖爲絕服族子，元徽末，世祖在郢州，欲知京邑消息，太祖遣諶就世祖宣傳謀計，留爲腹心。昇明中，爲世祖中軍刑獄參軍，東莞太守。以勳勤封安復縣男，三百戶。建元初，爲武陵王冠軍、臨川王前軍參軍，除尙書都官郞，建威將軍，臨川王鎭西中兵。世祖在東宮，諶領宿衞。太祖殺張景眞，世祖令諶口啓乞景眞命，太祖不悅，諶懼而退。世祖卽位，出諶爲大末令，未之縣，除步兵校尉，領射陽令，轉帶南濮陽太守，領御仗主。

永明二年，爲南蘭陵太守，建威將軍如故。復除步兵校尉，太守如故。世祖齋內兵仗悉付之，心膂密事，皆使參掌。除正員郞，轉左中郞將，後軍將軍，太守如故。世祖臥疾延昌殿，敕諶在左右宿直。上崩，遺敕諶領殿內事如舊。鬱林卽位，深委信諶，諶每請急出宿，帝通夕不得寐，諶還乃安。轉衞軍司馬，兼衞尉，加輔國將軍。丁母憂，敕還復本任，守衞尉。高宗輔政，有所匡諫，帝旣在後宮不出，唯遣諶及蕭坦之遙進，〔九〕乃得聞達。諶回附高宗，勸行廢立，密召諸王典籤約語之，不許諸王外接人物。諶親要日久，衆皆憚而從

之。鬱林被廢日，初聞外有變，猶密爲手敕呼諶，其見信如此。諶性險進無計略，及廢帝日，領兵先入後宮，齋內仗身素隸服諶，莫有動者。

海陵立，轉中領軍，進爵爲公，二千戶。甲仗五十人。入直殿內，月十日還府。建武元年，轉領軍將軍，左將軍，南徐州刺史，給扶，〔一〇〕進爵衡陽郡公，食邑三千戶。高宗初許事克用諶爲揚州，及有此授，諶恚曰：「見炊飯熟，推以與人。」王晏聞之曰：「誰復爲蕭諶作（塸）〔甌〕筯者。」〔一一〕諶恃勳重，干豫朝政，諸有選用，輒命議尙書使爲申論。上新卽位，遣左右要人於外聽察，具知諶言，深相疑阻。

二年六月，上幸華林園，宴諶及尙書令王晏等數人盡歡。坐罷，留諶晚出，至華林閤，仗身執還入省，上遣左右莫智明數諶曰：「隆昌之際，非卿無有今日。今一門二州，兄弟三封，朝廷相報，政可極此。卿恒懷怨望，乃云炊飯已熟，合甑與人邪？今賜卿死。」諶謂智明曰：「天去人亦復不遠，我與至尊殺高、武諸王，是君傳語來去。我今死，還取卿。」於省殺之，至秋而智明死，見諶爲祟。詔曰：「蕭諶擢自凡庸，識用輕險，因藉倖會，早預驅馳。永明之季，曲頒恩紀。鬱林昏悖，頗立誠効。寵靈優渥，期遇兼隆，內總戎柄，外暢蕃威，兄弟榮貴，震灼朝野。曾不感佩殊荷，少答萬一。自以勳高伊、霍，事均難賞，才冠當時，恥居物後。矯制王權，與奪由己。空懷疑懼，坐構嫌猜。覘候宮掖，希覬非望。蔽上罔下之心，誣

君不臣之跡，固以彰暴民聽，喧聒遐邇。遂潛散金帛，招集不逞，交結禁衞，互爲脣齒，密契戚邸，將肆姦逆。朕以其任寄既重，爵列河山，每加彌縫，弘以大信，庶能懷音，翻然悛改。而豺狼其性，凶謀滋甚。夫無將必戮，陽秋明義，況舋積禍盈，若斯之大。可收付廷尉，速正刑書。罪止元惡，餘無所問。」

諶好左道，吳興沈文猷相諶云：「相不減高(宗)〔帝〕。」〔一二〕諶喜曰：「感卿意，無爲人言也。」至是文猷伏誅。

諶兄誕，字彥偉，初爲殿中將軍。永明中爲建康令，與秣陵令司馬迪之同乘行，車前導四卒，左丞沈昭略奏：「凡有鹵簿官，共乘不得兼列騶寺。請免誕等官。」詔贖論。延興元年，自輔國徐州爲持節督司州刺史，將軍如故。明帝立，封安德侯，〔一三〕五百戶。進號冠軍。建武二年春，虜攻司州，誕盡力拒守，虜退。增封四百戶。徵左衞將軍。上欲殺諶，以誕在邊鎮拒虜，故未及行。虜退六旬，諶誅，遣黃門郎梁王爲司州別駕，使誅誕，束身受戮，家口繫尚方。

諶弟誅，與諶同豫廢立，爲寧朔將軍、東莞太守，轉西中郎司馬。建武初，封西昌侯，千戶。轉太子左率。領軍解司州圍還，同伏誅。

諶伯父仙民，官至太中大夫，卒。

蕭坦之，南蘭陵蘭陵人也。祖道濟，太中大夫。父欣祖，有勳於世祖，至武進令。

坦之與蕭諶同族。初爲殿中將軍，累至世祖中軍板刑獄參軍。以宗族見驅使。除竟陵王鎮北征北參軍，東宮直閤，以勲直爲世祖所知。〔一四〕除給事中，淮陵令，又除蘭陵令，〔一五〕給事中如故。尚書起部郎，司徒中兵參軍。世祖崩，坦之隨太孫文武度上臺，除射聲校尉，令如故。未拜，除正員郎、南魯郡太守。

少帝以坦之世祖舊人，〔一六〕親信不離，得入內見皇后。〔帝〕於宮中及出後堂雜戲狡獪，〔一七〕坦之皆得在側。或值醉後躶袒，坦之輒扶持諫喻。見帝不可奉，乃改計附高宗，密爲耳目。除晉安王征北諮議。隆昌元年，追錄坦之父勳，封臨汝縣男，食邑三百戶。徙征南諮議。

高宗謀廢少帝，既與蕭諶及坦之定謀。帝腹心直閤將軍曹道剛疑外間有異，密有處分，諶未能發。始興內史蕭季敞、南陽太守蕭頴基(遷都尉)〔並應還都〕，〔一八〕諶欲待二蕭至，藉其勢力以舉事。高宗慮事變，以告坦之，坦之馳謂諶曰：「廢天子古來大事。比聞曹道剛、朱隆之等轉已猜疑。衞尉明日若不就事，無所復及。弟有百歲母，豈能坐聽禍敗，政應作餘計耳！」諶遑遽，明日遂廢帝，坦之力也。

海陵即位，除黃門郎、兼衞尉卿，進爵伯，增邑爲六百戶。建武元年，遷散騎常侍，右衞將軍，〔一九〕進爵侯，增邑爲千五百戶。明年，虜動，假坦之節，督徐州征討軍事。虜圍鍾離，春斷淮洲，〔二〇〕坦之擊破之。還加領太子中庶子，未拜，遷領軍將軍。永泰元年，爲侍中、領軍。

東昏立，爲侍中、領軍將軍。永元元年，遭母喪，起復職，加右將軍，置府。江祏兄弟欲立始安王遙光，密謂坦之，坦之曰：「明帝取天下，已非次第，天下人至今不服。今若復作此事，恐四海瓦解。我其不敢言。」持喪還宅。宅在東府城東，遙光起事，遣人夜掩取坦之，坦之科頭著褌踰牆走，從東冶僦渡南渡，間道還臺，假節督衆軍討遙光，屯湘宮寺。事平，遷尚書右僕射，丹陽尹，右〔將〕軍如故。〔二一〕進爵公，增邑千戶。

坦之肥黑無鬚，語聲嘶，時人號爲「蕭瘂」。剛佷專執，羣小畏而憎之。遙光事平二十餘日，帝遣延明主帥黃文濟領兵圍坦之宅，殺之。子賞，祕書郎。亦伏誅。

坦之從兄翼宗，爲海陵郡，將發。坦之謂文濟曰：「從兄海陵宅故應無他？」文濟曰：「海陵宅在何處？」坦之告。文濟曰：「應得罪。」仍遣收之。檢家赤貧，唯有質錢帖子數百，還以啓帝，原死，繫尚方。

和帝中興元年，追贈坦之中〔軍〕將軍、〔二二〕開府儀同三司。

江祏字弘業，濟陽考城人也。祖遵，寧朔參軍。父德驎，〔二三〕司徒右長史。

祏姑爲景皇后，少爲高宗所親，恩如兄弟。宋末，解褐晉熙國常侍，太祖徐州西曹，員外郎，高宗冠軍參軍，帶灄陽令，竟陵王征北參軍，尚書水部郎。高宗爲吳興，以祏爲郡丞，加宣威將軍，廬陵王中軍功曹記室，安陸王左軍諮議，領錄事，帶京兆太守。除通直郎，補南徐州別駕。

高宗輔政，委以心腹。隆昌元年，自正員郎補丹陽丞，中書郎。高宗爲驃騎，鎭東府，以祏爲諮議參軍，領南〔平〕昌太守，〔二四〕與蕭誄對直東府省內。時新立海陵，人情未服，高宗胛上有赤誌，常祕不傳，祏勸帝出以示人。晉壽太守王洪範罷任還，上袒示之，曰：「人皆謂此是日月相。卿幸無泄言。」洪範曰：「公日月之相在軀，如何可隱。轉當言之公卿。」上大悅。會直後張伯、尹瓚等屢謀竊發，祏、誄憂虞無計，每夕輒託事外出。及入纂議定，加祏寧朔將軍。高宗爲宣城王，太史密奏圖緯云「一號當得十四年」。祏入，帝喜以示祏曰：「得此復何所望。」及即位，遷守衞尉，將軍如故。封安陸縣侯，邑千戶。祏祖遵，以后父贈金紫光祿大夫；父德隣，以帝舅亦贈光祿大夫。

建武二年，遷右衞將軍，〔二五〕掌甲仗廉察。四年，轉太子詹事。祏以外戚親要，勢冠當時，遠致餉遺，或取諸王第名書好物。然家行甚睦，待子姪有恩意。

上寢疾，永泰元年，轉祏爲侍中、中書令，出入殿省。上崩，遺詔轉右僕射，祏弟衞尉祀爲侍中，敬皇后弟劉暄爲衞尉。東昏卽位，參掌選事。高宗雖顧命羣公，而意寄多在祏兄弟。至是更直殿內，動止關諮。永元元年，領太子詹事。劉暄遷散騎常侍，右衞將軍。祏兄弟與暄及始安王遙光、尙書令徐孝嗣、領軍蕭坦之六人，更日帖敕，時呼爲「六貴」。

帝稍欲行意，孝嗣不能奪，坦之雖時有異同，而祏堅意執制，帝深忿之。帝失德旣彰，祏議欲立江夏王寶玄。劉暄初爲寶玄郢州行事，〔二六〕執事過刻。有人獻馬，寶玄欲看之，暄曰：「馬何用看。」妃索煮肫，帳下諮暄，暄曰：「旦已煮鵞，不煩復此。」寶玄恚曰：「舅殊無渭陽之情。」暄聞之亦不悅。至是不同祏議，欲立建安王寶夤，密謀於遙光。遙光自以年長，屬當鼎命，微旨動祏。祏弟祀以少主難保，勸祏立遙光。暄以遙光若立，己失元舅之望，不肯同。故祏遲疑久不決。遙光大怒，遣左右黃曇慶於淸溪橋道中刺殺暄，曇慶見暄部伍人多，不敢發。事覺，暄告祏謀，帝處分收祏兄弟。祀時直在內殿，疑有異，遣信報祏曰：「劉暄似有異謀，今作何計？」祏曰：「政當靜以鎭之耳。」俄而召祏入見，停中書省。初，直齋袁文曠以王敬則勳當封，祏執不與。帝使文曠取祏，以刀環築其心曰：「復能奪我封否？」祏、祀同日見殺。

祀字景昌，初爲南郡王國常侍，歷高祖驃騎東閤祭酒，祕書丞，晉安王鎭北長史，南東海太守，行府州事。治下有宣尼廟，久廢不脩，祀更開掃構立。

祀弟禧，居喪早卒。有子廞，字偉卿，年十二，聞收至，謂家人曰：「伯旣如此，無心獨存。」赴井死。

後帝於後堂騎馬致適，顧謂左右曰：「江祏若在，我當復能騎此不？」

暄字士穆，出身南陽國常侍。遙光起事，以討暄爲名。事平，暄遷領軍將軍，封平都縣侯，千戶。其年，又見殺。和帝中興元年，贈祏衞將軍，暄散騎常侍、撫軍將軍，並開府儀同三司，祀散騎常侍、太常卿。

史臣曰：士死知己，蓋有生所共情，雖愚智之品有二，而逢迎之運唯一。夫懷可知之才，受知人之眄，無慙外物，此固天理，其猶藏在中心，銜恩念報。況乎義早蕃僚，道同遇合，踰越勝己，顧邁先流，棄子如遺，曾微舊德，使狗之喻，人致前識，慙包疚心，〔二七〕我無其事。嗚呼！陸機所以賦豪士也。

贊曰：王蕭提契，世祖基之。樂羊食子，里克無辭。江、劉后戚，明嗣是維。廢興異論，終用乖疑。

校勘記

〔一〕漸見親待　「待」南史作「侍」。

〔二〕時〔尙書〕令王儉雖貴而疎　據南監本、局本及南史補。按殿本無「尙書令」三字。

〔三〕平頭憲事已行矣　按通鑑胡注云：「平頭謂王字也。」

〔四〕上欲以高宗代晏領選　「高宗」原譌「高祖」，各本不譌，今改正。

〔五〕鸞淸幹有餘　「鸞」原作「諱」，今從殿本改。

〔六〕好屏人淸閑　「淸閑」各本皆作「請閒」。按請閒與淸閑義別。通鑑齊明帝建武四年亦作「淸閒」。遙光傳「每與上久淸閑」，義與此同。

〔七〕奉朝〔請〕鮮于文粲備告姦謀　據局本補。

〔八〕南蘭陵蘭陵人也至桂陽國(參)〔下〕軍　「南」下「蘭」字據各本補。「下」各本作「參」，據南史改。

〔九〕唯遣諶及蕭坦之遙進　「遙進」通鑑齊明帝建武元年作「逕進」，疑作「逕進」是。

〔一〇〕給扶　「扶」原譌「特」，今據南監本、殿本、局本改正。

〔一一〕誰復爲蕭諶作(壇)〔甌〕筯者　據南監本、殿本、局本改。

〔一二〕相不減高(宗)〔帝〕　據南史及通鑑齊明帝建武二年改。按高宗乃明帝廟號，時明帝未死，安得稱其廟號？

〔一三〕封安德侯　「安德侯」南史作「安復侯」。按宋書州郡志冀州平原郡有安德令，非侯國。江州安成郡有安復侯相，宋末蕭諶封此，及諶進爵衡陽郡公，復以此封諶兄誕也。作「安復」是。

〔一四〕以勳直爲世祖所知　殿本考證王祖庚云：「按通鑑云『嘗爲東宮直閤，爲世宗所知』。注云『旣爲東宮直閤，則從世宗爲是，東宮亦有直閤將軍』。據此，則『祖』字訛也。」今按南史云「以勤直爲文惠所知」，世宗卽文惠廟號。

〔一五〕又除蘭陵令　「除」南監本、局本作「遷」。

〔一六〕少帝以坦之世祖舊人　「世祖」南史作「文惠」，此亦當改「世宗」。

〔一七〕〔帝〕於宮中及出後堂雜戲狡獪　據南監本、殿本、局本及南史補。

〔一八〕始興內史蕭季敞南陽太守蕭穎基(遷都尉)〔並應還都〕　據南監本、殿本、局本及南史改。按通鑑作「皆內遷」。

〔一九〕右衞將軍　南史作「左衞將軍」。

〔三〇〕春斷淮洲　按文有譌奪，不可解。

〔三一〕右〔將〕軍如故　據元龜三百七十一補。按坦之前加右將軍，置府。

〔三二〕追贈坦之中〔軍〕將軍　據南監本、殿本、局本及南史補。

〔三三〕父德隣　殿本考證云：「南史作『德驎』。」

〔三四〕領南〔平〕昌太守　洪頤煊諸史考異云：「案南史作『領南平昌太守』。州郡志南昌，縣名，屬豫章郡，此當從南史作『南平昌』為正。」今據洪說補一「平」字。

〔三五〕遷右衞將軍　南史作「左衞將軍」。

〔三六〕劉暄初為寶玄郢州行事　洪頤煊諸史考異云：「案文選頭陀寺碑『寧遠將軍長史江夏內史行事彭城劉君，諱諠』，注引蕭子顯齊書亦作『劉諠』。」

〔三七〕慙包疢心　黃侃云：「『包』當作『色』。」

南齊書卷四十三

列傳第二十四

江斅　何昌寓　謝瀹　王思遠

江斅字叔文，濟陽考城人也。祖湛，宋左光祿大夫、儀同三司。父恁，著作郎，為太(祖)〔初〕所殺。〔一〕斅母文帝女淮陽公主。幼以戚屬召見，孝武謂謝莊曰：「此小兒方當為名器。」

少有美譽。桂陽王休範臨州，辟迎主簿，不就。尚孝武女臨汝公主，拜駙馬都尉。除著作郎，太子舍人，丹陽丞。時袁粲為尹，見斅歎曰：「風流不墜，政在江郎。」數與晏賞，留連日夜。遷安成王撫軍記室，祕書丞，中書郎。斅庶祖母王氏老疾，斅視膳嘗藥，七十餘日不解衣。及累居內官，每以侍養陳請，朝廷優其朝直。尋轉安成王驃騎從事中郎。初，湛娶褚秀之女，被遣，褚淵為衞軍，重斅為人，先通音意，引為長史。加寧朔將軍。從帝立，〔二〕

隨府轉司空長史，領臨淮太守，將軍如故。轉太尉從事中郎。齊臺建，為吏部郎。太祖即位，斅以祖母久疾連年，臺閣之職，永廢溫凊，啓乞自解。

初，宋明帝勑斅出繼從叔愻，為從祖(渟)〔淳〕後。〔三〕於是僕射王儉啓：「禮無(從)〔後〕小宗之文，〔四〕近世緣情，皆由父祖之命，未有既孤之後，出繼宗族也。雖復臣子一揆，而義非天屬。江忠簡胤嗣所寄，唯斅一人，傍無眷屬。斅宜還本。若不欲江愻絕後，可以斅小兒繼愻為孫。」尚書參議，謂「閒世立後，禮無其文。荀顗無子立孫，墜禮之始。何琦又立此論，〔五〕義無所據」。於是斅還本家，詔使自量立後者。

出為寧朔將軍、豫章內史，還除太子中庶子，領驍騎將軍。未拜，門客通贓利，世祖遣信檢覈，斅藏此客而躬自引咎，上甚有怪色。王儉從容啓上曰：「江斅若能治郡，此便是具美耳。」上意乃釋。永明初，仍為豫章王太尉諮議，領錄事，遷南郡王友，竟陵王司徒司馬。斅好文辭，圍棊第五品，為朝貴中最。遷侍中，領本州中正。司徒左長史，中正如故。五年，遷五兵尚書。明年，出為輔國將軍、東海太守，加秩中二千石，行南徐州事。

七年，徙為侍中，領驍騎將軍。尋轉都官尚書，領驍騎將軍。王晏啓世祖曰：「江斅今重登禮閣，兼掌六軍，慈渥所覃，寔有優忝。但語其事任，殆同閑輩。天旨既欲升其名位，愚謂以侍中領驍騎，望實清顯，有殊納言。」上曰：「斅常啓吾，為其鼻中惡。今既以何胤、王瑩遷門下，故有此回換耳。」鬱林即位，遷掌吏部。隆昌元年，爲侍中，領國子祭酒。鬱林廢，朝臣皆被召入宮，斅至雲龍門，託藥醉吐車中而去。明帝即位，改領祕書監，又改領晉安王師。

建武二年，卒，年四十四。遺令儉約葬，不受賻贈。詔賻錢三萬，布百匹。子蒨啓遵斅令，讓不受。詔曰：「斅貽厥之訓，送終以儉，立言歸善，益有嘉傷，可從所請。」贈散騎常侍、太常，謚曰敬子。

何昌寓字儼望，廬江灊人也。祖叔度，吳郡太守。父佟之，〔七〕太常。

昌寓少而淹厚，爲伯父司空尚之所遇。宋建安王休仁爲揚州，辟昌寓州主簿。遷司徒行參軍，太傅五官，司徒東閤祭酒，尚書儀曹郎。建平王景素爲征北南徐州，昌寓又爲府主簿，以(夙)〔風〕素見重。〔八〕母老求祿，出爲湘東太守，加秩千石。

爲太祖驃騎功曹。昌寓在郡，景素被誅，昌寓痛之。至是啓太祖曰：

伏尋故建平王，因心自遠，忠孝基性，徽和之譽，早布國言，勝素之情，夙洽民聽。世祖綢繆，太宗眷異，朝中貴人，野外賤士，雖聞見有殊，誰不悉斯事者？

元徽之間，政關羣小，構扇異端，共令傾覆。慇懃之非，古人所悼，況蒼梧將季，能無銜惑。一年之中，藉者再三，有必巔之危，無蹔立之安，行路寒心，往來跼蹐。而王夷慮坦然，委之天命，惟謙惟敬，專誠奉國，閨無執戟之衞，門闕衣介之夫，此五尺童子所見，不假關曲言也。一淪疑似，身名頓滅，寃結淵泉，酷貫穹昊。時經隆替，歲改三元，曠蕩之惠亟申，被枉之澤未流。俱沐溫光，獨酸霜露。

明公鋪天地之施，散雲雨之潤，物無巨細，咸被慶渥。若今日不蒙照滌，則爲萬代寃魂。昌寓非敢慕慷慨之士，激揚當世，實義切於心，痛入骨髓。瀝腸紓憤，仰希神照，辯明枉直，亮王素行，使還名帝籍，歸靈舊塋，死而不泯，豈忘德於黃墟。分軀碎首，不足上謝。

又與司空褚淵書曰：

天下之可哀者有數，而埋寃於黃泉者爲甚焉。何者？百年之壽，同於朝露，揮忽去留，寧足道哉！政欲闔棺之日，不隕令名，竹帛傳芳烈，鐘石紀清英。是以昔賢甘心於死所者也。若懷忠抱義，而負枉冥冥之下，時主未之矜，卿相不爲言，良史濡翰，將被以惡名，豈不痛哉！豈不痛哉！

竊尋故建平王，地屬親賢，德居宗望，道心惟沖，睿性天峻。散情風雲，不以塵務嬰衿，明發懷古，惟以琴書娛志。言忠孝，行惇慎，二公之所深鑒也。前者阮、楊連黨，搆此紛紜，雖被明於朝貴，愈結怨於羣醜。覘察繼蹤，疑防重著，小人在朝，詩史所歎，少一句 清議飲涕。王每永言終日，氣淚交橫。既推信以期物，故日去其備衞，朱門蕭條，示存典刑而已。求解徐州，以避北門要任，苦乞會稽，貪處東甌閑務，此竝彰於事迹。與公道味相求，期心有素，方共經營家國，勠勞王室，何圖時不我與，契闊屯昏，忠誠弗亮，罹此百殃。

歲朔亟流，已經四載。皇命惟新，人沾天澤，而幽然深酷，未蒙照明。封殯卑雜，窮魂莫寄，昭穆不序，松柏無行。事傷行路，痛結幽顯。吾等叩心泣血，實有望於聖時。公以德佐世，欲物得其所，豈可令建平王枉直不分邪？田叔不言梁事，袁絲諫止淮南，以兩國釁禍，尚回帝意，豈非親親之義，寧從敦厚。而今疑(以)〔似〕未辨，〔八〕爲世大戮。若使王心跡得申，亦示海內理寃枉，明是非。〔九〕〔夫〕存亡國，〔一〇〕繼絕世，周漢之通典，有國之所急也。昔叔向之理，恃祁大夫而獲亮，戾太子之寃，資車丞相而見察。幽靈有知，豈不眷眷於明顧？碎首抽脅，自謂不殞。

淵答曰：「追風古人，良以嘉歎。但事既昭晦，理有逆從。〔一一〕建平初阻，元徽未悖，專欲委咎阮、楊，彌所致疑。于時正亦謬參此機，若審如高論，其愧特深。」太祖嘉其義，轉爲記室，遷

司徒左西、太尉戶曹屬，中書郎，王儉衞軍長史。儉謂昌寓曰：「後任朝事者，非卿而誰？」

永明元年，竟陵王子良表置友、學官，〔一二〕以昌寓爲竟陵王文學，以清信相得，意好甚厚。轉揚州別駕，豫章王又善之。遷太子中庶子，出爲臨川內史。除廬陵王中軍長史，未拜，復爲太子中庶子，領屯騎校尉。遷吏部郎，轉侍中。

臨海王昭秀爲荊州，以昌寓爲西中郎長史、輔國將軍、南郡太守，行荊州事。明帝遣徐玄慶西上害蕃鎮諸王，玄慶至荊州，欲以便宜從事。昌寓曰：「僕受朝廷意寄，翼輔外蕃，何容以殿下付君一介之使。若朝廷必須殿下還，當更聽後旨。」昭秀以此得還京師。

建武二年，爲侍中，領長水校尉，轉吏部尚書。復爲侍中，領驍騎將軍。四年，卒。年五十一。贈太常，謚簡子。

昌寓不雜交遊，通和汎愛。歷郡皆清白，士君子多稱之。

謝瀹字義潔，陳郡陽夏人也。祖弘微，宋太常。父莊，金紫光祿大夫。瀹四兄颺、朏、顥、嵸，世謂謝莊名兒爲風、月、景、山、水。顥字仁悠，少簡靜。解褐祕書郎，累至太祖驃騎從事中郎。建元初，爲吏部郎，至太尉從事中郎。永明初，高選友、學，〔一三〕以顥爲竟陵王

友。至北中郎長史。卒。

瀹年七歲，王彧見而異之，言於宋孝武，孝武召見於稠人廣衆之中，瀹舉動閑詳，應對合旨，帝甚悅。詔尚公主，值景和敗，事寢。僕射褚淵聞瀹年少清正不惡，以女結婚，厚爲資送。

解褐車騎行參軍，遷祕書郎，司徒祭酒，丹陽丞，撫軍功曹。世祖爲中軍，引爲記室。齊臺建，遷太子中舍人。建元初，轉桂陽王友。以母老須養，出爲安成內史。還爲中書郎。衞軍王儉引爲長史，雅相禮遇。除黃門郎，兼掌吏部。尋轉太子中庶子，領驍騎將軍，轉長(史)兼侍中。〔一四〕瀹以晨昏有廢，固辭不受。世祖勑令速拜，別停朝直。

遷司徒左長史，出爲吳興太守。長城縣民盧道優家遭劫，誣同縣殷孝悌等四人爲劫，瀹收付縣獄考正。孝悌母駱詣登聞訴稱孝悌爲道優所誹謗，橫劾爲劫，一百七十三人連名保徵，在所不爲申理。瀹聞孝悌母訴，乃啓建康獄覆，道優理窮款首，依法斬刑。有司奏免瀹官。瀹又使典藥吏煑湯，失火，燒郡外齋南廂屋五閒。又輒鞭除身，爲有司所奏，詔並贖論。在郡稱爲美績。母喪去官。

服闋，爲吏部尚書。高宗廢鬱林，領兵入殿，左右驚走報瀹。瀹與客圍棊，每下子，輒云「其當有意」。竟局，乃還齋臥，竟不問外事也。明帝卽位，瀹又屬疾不視事。後上讌會，

功臣上酒，尚書令王晏等興席，瀹獨不起，曰：「陛下受命，應天從民，〔一五〕王晏妄叨天功以爲己力。」上大笑解之。座罷，晏呼瀹共載還令省，欲相撫悅。瀹又正色曰：「君巢窟在何處？」晏初得班劍，瀹謂之曰：「身家太傅裁得六人。君亦何事一朝至此。」晏甚憚之。

加領右軍將軍。兄朏在吳興，論啓公(齊)〔事〕稽晚，〔一六〕瀹輒代爲啓，上見非其手迹，被問，見原。轉侍中，領太子中庶子，豫州中正。永泰元年，轉散騎常侍，太子詹事。其年卒。年四十五。贈金紫光祿大夫。謚簡子。

初，兄朏爲吳興，瀹於征虜渚送別，朏指瀹口曰：「此中唯宜飲酒。」瀹建武之初，專以長酣爲事，與劉瑱沈昭略以觴酌交飲，各至數斗。

世祖嘗問王儉，當今誰能爲五言詩？儉對曰：「謝朏得父膏腴；江淹有意。」上起禪靈寺，勑瀹撰碑文。

王思遠，琅邪臨沂人。尚書令晏從弟也。父羅雲，平西長史。思遠八歲，父卒，祖弘之及外祖新安太守羊敬元，〔一七〕並栖退高尚，故思遠少無仕心。

宋建平王景素辟爲南徐州主簿，深見禮遇。景素被誅，左右離散，思遠親視殯葬，手種松柏。與廬江何昌寓、沛郡劉璡上表理之，事感朝廷。景素女廢爲庶人，思遠分衣食以相資贍，年長，爲備笄總，訪求素對，傾家送遣。

除晉熙王撫軍行參軍，安成王車騎參軍。建元初，爲長沙王後軍主簿，尚書殿中郎，出補竟陵王征北記室參軍，府遷司徒，仍爲錄事參軍。遷太子中舍人，文惠太子與竟陵王子良素好士，並蒙賞接。思遠求出爲遠郡，除建安內史。長兄思玄卒，思遠友于甚至，表乞自解，不許。及祥日，又固陳，世祖乃許之。除中書郎，大司馬諮議。

世祖詔舉士，竟陵王子良薦思遠及吳郡顧暠之、陳郡殷叡。邵陵王子貞爲吳郡，世祖除思遠爲吳郡丞，以本官行郡事，論者以爲得人。以疾解職，還爲司徒諮議參軍，領錄事，轉黃門郎。出爲使持節、都督廣交越三州諸軍事、寧朔將軍、平越中郎將、廣州刺史。高宗輔政，不之任，仍遷御史中丞。臨海太守沈昭略贓私，思遠依事劾奏，高宗及思遠從兄晏、昭略叔父文季請止之，思遠不從，案事如故。

建武中，遷吏部郎。思遠以從兄晏爲尚書令，不欲並居內臺權要之職，上表固讓。曰：「近頻煩歸啓，實有微槩。陛下矜遇之厚，古今罕儔。臣若孤恩，誰當勠力。既自誓輕(軀)命，〔一八〕不復以塵黷爲疑，〔一九〕正以臣與晏地惟密親，必不宜俱居顯要。慺慺丹赤，守之以死。臣實庸鄙，無足獎進。陛下甄拔之旨，要是許其一節。臣果不能以理自固，有乖則哲之

明。犯冒之尤，誅責在己，謬賞之私，惟塵聖鑒。權其輕重，寧守褊心。且亦緣陛下以德御下，故臣可得以禮進退。伏願思垂拯宥，不使零墜。今若祇膺所忝，三公不足爲泰，犯忤之後，九泉未足爲劇。而臣苟求刑戮，自棄富榮，愚夫不爲，臣亦庶免。此心此志，可怜可矜。如其上命必行，請罪非理，聖恩方置之通塗，而臣固求擯壓，自愍自悼，不覺涕流。謹冒鈇鉞，悉心以請。窮則呼天，仰祈一照。」〔二〇〕上知其意，乃改授司徒左長史。

初，高宗廢立之際，思遠與晏閑言，謂晏曰：「兄荷世祖厚恩，今一旦贊人如此事，彼或可以權計相須，未知兄將來何以自立。若及此引決，猶可不失後名。」晏不納。及拜驃騎，集會子弟，謂思遠兄思微曰：「隆昌之末，阿戎勸吾自裁，若從其語，豈有今日。」思遠遽應曰：「如阿戎所見，猶未晚也。」及晏敗，故得無他。

思遠清脩，立身簡潔。衣服牀筵，窮治素淨，賓客來通，輒使人先密覘視，衣服垢穢，方便不前，形儀新楚，乃與促膝。雖然，既去之後，猶令二人交帚拂其坐處。上從祖弟季敞性甚豪縱，上心非之。謂季敞曰：「卿可數詣王思遠。」

上既誅晏，遷爲侍中，掌優策及起居注。永元二年，遷度支尚書。未拜，卒。年四十九。贈太常，謚貞子。

思遠與顧暠之友善。暠之卒後家貧，思遠迎其兒子，〔二一〕經卹甚至。

嶠之字士明。少孤，好學有義行。初舉秀才，歷官府閤。永明末，爲太子中舍人，兼尚書左丞。隆昌初，爲安西諮議，兼著作，與思遠竝屬文章。建武初，以疾歸家，高宗手詔與思遠曰：「此人殊可惜。」就拜中散大夫。卒，年四十九。

思微，永元中爲江州長史，爲陳伯之所殺。

史臣曰：德成爲上，藝成爲下。觀夫二三子之治身，豈直淸體雅業，取隆基構；行禮蹈義，可以勉物風規云。君子之居世，所謂美矣！

贊曰：江纂世業，有聞時陂。何申舊主，辭出乎義。謝獻壽觴，載色載刺。思遠退食，冲心篤寄。

校勘記

〔一〕爲太(祖)〔初〕所殺　據局本改。南監本、殿本作「爲太子劭所殺」。按太子劭卽元凶劭，劭卽位，改元太初，史敍劭事，多稱「太初」。參閱徐孝嗣傳校記引錢大昕說。

〔二〕從帝立　按從帝卽順帝，子顯避梁諱改，南監本、殿本已改爲「順帝」。

〔三〕爲從祖(淳)〔淳〕後　據殿本改。按南史江夷傳曾孫斅附傳亦作「淳」，淳與淳形近而譌。

〔四〕禮無(從)〔後〕小宗之文　據南監本、殿本、局本及南史改。

〔五〕何琦又立此論　「何琦」南監本、局本作「何期」。按何琦晉書有傳，然傳中未載其曾立閒世立後之論。

〔六〕父佟之　張森楷校勘記云：「『佟之』梁書何敬容傳作『攸之』。宋書江湛傳有侍中何攸之，卽其人也。何尙之傳作『悠之』。」

〔七〕以(风)〔風〕素見重　據南監本、殿本、局本及南史、元龜二百九十二、七百二十七、八百三改。

〔八〕而今疑(以)〔似〕未辨　據局本及元龜八百七十五改。

〔九〕若使王心跡得申亦示海內理寃枉明是非　按元龜八百七十五作「若使王心跡弗申，亦示海內無以理寃枉，明是非」。

〔10〕〔夫〕存亡國　據元龜八百七十五補。

〔一一〕理有逆從　按「從」卽「順」字，蕭子顯避梁諱改。

〔一二〕竟陵王子良表置友學官　「友學」南監本、殿本作「文學」。按東晉、南朝有諸王友、諸王文學官，此謂蕭子良表置諸王友、諸王文學官也，「友」字不譌。

〔一三〕高選友學　「友學」各本並作「文學」，譌，說見上。

〔一四〕轉長(史)兼侍中　張森楷校勘記云：「『史』字衍文。」今據刪。參閱第二十三卷校記第三十二條。

〔一五〕應天從民　按「從」卽「順」字，蕭子顯避梁諱改。「民」毛本作「命」，與上「陛下受命」之「命」字複，譌。

〔一六〕論啓公(齊)〔事〕稽晚　據南監本、殿本、局本改。

〔一七〕祖弘之及外祖新安太守羊敬元　「弘」原作「引」，蓋因宋時刻書避弘字諱闕筆而譌，今據南監本、殿本、局本改正。

〔一八〕既自誓輕〔軀〕命　據南監本、殿本、局本補。

〔一九〕不復以塵黷爲疑　「黷」南監本、殿本作「點」。

〔二〇〕仰祈一照　「祈」原譌「斯」，各本不譌，今改正。

〔二一〕思遠迎其兒子　「兒子」南史及元龜八百三作「妻子」。

南齊書卷四十四

列傳第二十五

徐孝嗣　沈文季

徐孝嗣字始昌，東海郯人也。祖湛之，宋司空；父聿之，著作郎：並爲太(祖)〔初〕所殺。〔一〕孝嗣在孕得免。幼而挺立，風儀端簡。八歲，襲爵枝江縣公，〔二〕見宋孝武，升階流涕，迄于就席。帝甚愛之。尚康樂公主。泰始二年，西討解嚴，車駕還宮，孝嗣登殿不著靺，爲治書御史蔡准所奏，〔三〕罰金二兩。拜駙馬都尉，除著作郎，母喪去官。爲司空太尉二府參軍，安成王文學。〔四〕孝嗣姑適東莞劉舍，舍兄藏爲尚書左丞，孝嗣往詣之。藏退語舍曰：「徐郎是令僕人，三十餘可知矣。汝宜善自結。」

昇明中，遷太祖驃騎從事中郎，帶南彭城太守，隨府轉爲太尉諮議參軍，太守如故。齊臺建，爲世子庶子。建元初，國除，出爲晉陵太守，還爲太子中庶子，領長水校尉。未拜，

爲寧朔將軍、聞喜公子良征虜長史，遷尚書吏部郎，太子右衞率，轉長史。〔五〕善趨步，閑容止，與太宰褚淵相埒。世祖深加待遇。尚書令王儉謂人曰：「徐孝嗣將來必爲宰相。」轉充御史中丞。世祖問儉曰：「誰可繼卿者？」儉曰：「臣東都之日，其在徐孝嗣乎！」〔六〕出爲吳興太守，儉贈孝嗣四言詩曰：「方軌叔茂，追清彥輔。柔亦不(吐)〔茹〕，剛亦不(茹)〔吐〕。」〔七〕時人以比蔡子尼之行狀也。在郡有能名。會王儉亡，上徵孝嗣爲五兵尚書。

其年，上敕儀曹令史陳淑、王景之、朱玄眞、陳義民撰江左以來儀典，令諮受孝嗣。明年，遷太子詹事。從世祖幸方山。上曰：「朕經始此山之南，復爲離宮之所。故應有邁靈丘。」靈丘山湖，新林苑也。孝嗣答曰：「繞黃山，款牛首，乃盛漢之事。今江南未曠，〔八〕民亦勞止，願陛下少更留神。」上竟無所脩立。竟陵王子良甚善之。子良好佛法，使孝嗣及廬江何胤掌知齋講及衆僧。轉吏部尚書。尋加右軍將軍，轉領太子左衞率。臺閣事多以委之。

世祖崩，遺詔轉右僕射。隆昌元年，遷散騎常侍、前將軍、丹陽尹。高宗謀廢鬱林，以告孝嗣，孝嗣奉旨無所釐贊。高宗入殿，孝嗣戎服隨後。鬱林既死，高宗須太后令，孝嗣於袖中出而奏之，高宗大悅。以廢立功，封枝江縣侯，食邑千戶。給鼓吹一部，甲仗五十人入殿。轉左僕射，常侍如故。明帝卽位，加侍中、中軍大將軍，定策勳，進爵爲公，增封二千

戶。給班劍二十人，加兵百人。舊拜三公乃臨軒，至是帝特詔與陳顯達、王晏並臨軒拜授。北虜動，詔孝嗣假節頓新亭。時王晏爲令，民情物望，不及孝嗣也。晏誅，轉尚書令，領本州中正，餘悉如故。孝嗣愛好文學，賞託清勝。器量弘雅，不以權勢自居，故見容建武之世。恭己自保，朝野以此稱之。

初，孝嗣在率府，晝臥齋北壁下，夢兩童子遽云「移公床」。孝嗣驚起，聞壁有聲，行數步而壁崩壓床。建武四年，卽本號開府儀同三司。孝嗣聞有詔，斂容謂左右曰：「吾德慙古人，位登袞職，將何以堪之。明君可以理奪，必當死請。若不獲命，正當角巾丘園，待罪家巷耳。」固讓不受。

是時連年虜動，軍國虛乏。孝嗣表立屯田曰：「有國急務，兵食是同，一夫輟耕，於事彌切。故井陌疆里，長轂盛於周朝，屯田廣置，勝戈富於漢室。降此以還，詳略可見。但求之自古，爲論則賖；卽以當今，宜有要術。竊尋緣淮諸鎭，皆取給京師，費引既殷，漕運艱澀。聚糧待敵，每(若)〔苦〕不周，〔九〕利害之基，莫此爲急。臣比訪之故老及經彼宰守，淮南舊田，觸處極目，陂遏不脩，咸成茂草。平原陸地，彌望尤多。今邊備既嚴，戍卒增衆，遠資餽運，近廢良疇，士多飢色，可爲嗟歎。愚欲使刺史二千石躬自履行，隨地墾闢。精尋灌溉之源，善商肥确之異。州郡縣戍主帥以下，悉分番附農。今水田雖晚，方事菽麥，菽麥二種，

益是北土所宜，彼人便之，不減粳稻。開創之利，宜在及時。所啓允合，請卽使至徐、兗、司、豫，爰及荊、雍，各當境規度，勿有所遺。別立主曹，專司其事。田器耕牛，臺詳所給。歲終言殿最，明其刑賞。此功克舉，庶有弘益。若緣邊足食，則江南自豐，權其所饒，略不可計。」事御見納。時帝已寢疾，兵事未已，竟不施行。

帝疾甚，孝嗣入居禁中，臨崩受遺託，重申開府之命。加中書監。永元初輔政，自尚書下省出住宮城南宅，不得還家。帝失德稍彰，孝嗣不敢諫諍。及江祏見誅，內懷憂恐，然未嘗表色。始安王遙光反，衆情遑惑，見孝嗣入，宮內乃安。(然)羣小用事，〔一〇〕亦不能制也。進位司空，固讓。求解丹陽尹，不許。

孝嗣文人，不顯同異，名位雖大，故得未及禍。虎賁中郎將許准有膽力，〔一一〕領軍隸孝嗣，陳說事機，勸行廢立。孝嗣遲疑久之，謂必無用干戈理，須少主出遊，閉城門召百僚集議廢之，雖有此懷，終不能決。羣小亦稍憎孝嗣，勸帝召百僚集議，因誅之。冬，召孝嗣入華林省，遣茹法珍賜藥，孝嗣容色不異，少能飲酒，藥至斗餘，方卒。乃下詔曰：「周德方熙，『三監』迷叛，漢歷載昌，宰臣構戾，皆身膏斧鉞，族同煙燼。殷鑒上代，垂戒後昆。徐孝嗣憑藉世資，早蒙殊遇，階緣際會，遂登台鉉。匡翼之誠無聞，諂黷之迹屢著。沈文季門世〔一二〕原闕」

沈文季字(伯)〔仲〕達，〔一三〕吳興武康人。父慶之，宋司空。

文季少以寬雅正直見知。孝建二年，〔一四〕起家主簿，〔一五〕徵祕書郎。〔一六〕以慶之勳重，大明五年，封文季爲山陽縣五等伯。轉太子舍人，新安王北中郎主簿，西陽王撫軍功曹，江夏王太尉東曹掾，〔一七〕遷中書郎。慶之爲景和所殺，兵仗圍宅，收捕諸子。文季長兄文叔謂文季曰：「我能死，爾能報。」遂自縊。文季揮刀馳馬去，收者不敢追，遂得免。

明帝立，起文季爲寧朔將軍，遷太子右衞率，建安王司徒司馬。赭圻平，爲宣威將軍，廬江王太尉長史。出爲寧朔將軍、征北司馬、廣陵太守。轉黃門郎，領長水校尉。明帝宴會朝臣，以南臺御史賀臧爲柱下史，〔一八〕糾不醉者。文季不肯飲酒，被驅下殿。

晉平王休祐爲南徐州，帝問褚淵須幹事人爲上佐，淵舉文季。轉寧朔將軍、驃騎長史、南東海太守。休祐被殺，雖用甍禮，僚佐多不敢至。文季獨往省墓展哀。出爲臨海太守。元徽初，遷散騎常侍，領後軍將軍，轉祕書監。出爲吳興太守。文季飲酒至五斗，妻王氏，王錫女，飲酒亦至三斗。文季與對飲竟日，而視事不廢。

昇明元年，沈攸之反，太祖加文季爲冠軍將軍，督吳興錢塘軍事。攸之先爲景和衞使

殺慶之。至是文季收殺攸之弟新安太守登之，誅其宗族。加持節，進號征虜將軍，改封略陽縣侯，邑千戶。明年，遷丹陽尹，將軍如故。齊國初建，爲侍中，領祕書監。建元元年，轉太子右衞率，侍中如故。改封西豐縣侯，食邑千二百戶。

文季風采稜岸，善於進止。司徒褚淵當世貴望，頗以門戶裁之，文季不爲之屈。世祖在東宮，於玄圃宴會朝臣。文季數舉酒勸淵，淵甚不平，啓世祖曰：「沈文季謂淵經爲其郡，數加淵酒。」文季曰：「惟桑與梓，必恭敬止。豈如明府亡國失土，不識枌榆。」遂言及虜動，淵曰：「陳顯達、沈文季當今將略，足(要)委以邊事。」〔一九〕文季諱稱將門，因是發怒，啓世祖曰：「褚淵自謂是忠臣，未知身死之日，何面目見宋明帝？」世祖笑曰：「沈率醉也。」中丞劉休舉其事，見原。後豫章王北宅後堂集會，文季與淵並(喜)〔善〕琵琶，〔二〇〕酒闌，淵取樂器，爲明君曲。文季便下席大唱曰：「沈文季不能作伎兒。」豫章王嶷又解之曰：「此故當不損仲容之德。」淵顏色無異，曲終而止。

文季尋除征虜將軍，侍中如故。遷散騎常侍，左衞將軍，征虜如故。世祖卽位，轉太子詹事，常侍如故。永明元年，出爲左將軍、吳郡太守。三年，進號平東將軍。四年，遷會稽太守，將軍如故。是時連年檢籍，百姓怨望。富陽人唐寓之僑居桐廬，父祖相傳圖墓爲業。寓之自云其家墓有王氣，山中得金印，轉相誑惑。三年冬，寓之聚黨四百人，於新城水斷商

旅，黨與分布近縣。新城令陸赤奮、桐廬令王天愍棄縣走。寓之向富陽，抄略人民，縣令何洵告魚浦子邏主從係公，發魚浦村男丁防縣。永興遣西陵戍主夏侯曇羨率將吏及戍左右埭界人起兵赴救。寓之遂陷富陽。會稽郡丞張思祖遣臺使孔矜、王萬歲、張繇等配以器仗將吏白丁，防衞永興等十屬。文季亦遣器仗將吏救援錢塘。寓之至錢塘，錢塘令劉彪、戍主聶僧貴遣隊主張玕於小山拒之，力不敵，戰敗。寓之進抑浦登岸，焚郭邑，彪棄縣走。文季又發吳、嘉興、海鹽、鹽官民丁救之。賊分兵出諸縣，鹽官令蕭元蔚、諸暨令陵琚之並逃走，餘杭令樂琰戰敗乃奔。是春，寓之於錢塘僭號，置太子，以新城戍爲天子宮，縣廨爲太子宮。弟紹之爲揚州刺史。錢塘富人柯隆爲尚書僕射、中書舍人，領太官令。獻鋌數千口爲寓之作仗，加領尚方令。分遣其黨高道度徐寇東陽，東陽太守蕭崇之、長山令劉國重拒戰見害。崇之字茂敬，太祖族弟。至是臨難，貞正果烈。追贈冠軍將軍，太守如故。賊遂據郡。又遣僞會稽太守孫泓取山陰，時會稽太守王敬則朝正，故寓之謂乘虛可襲。泓至浦陽江，郡丞張思祖遣浹口戍主湯休武拒戰，大破之。上在樂遊苑，聞寓之賊，謂豫章王嶷曰：「宋明初，九州同反，鼠輩但作，看蕭公雷汝頭。」遣禁兵數千人，馬數百匹東討。賊衆烏合，畏馬。官軍至錢塘，一戰便散，禽斬寓之，進兵平諸郡縣。

臺軍乘勝，百姓頗被抄奪。軍還，上聞之，收軍主前軍將軍陳天福棄市，左軍將軍中宿

縣子劉明徹免官削爵付東冶。天福，上寵將也，既伏誅，內外莫不震肅。天福善馬矟，至今諸將法之。

御史中丞徐孝嗣奏曰：「風聞山東羣盜，剽掠列城，雖匪日而殄，要暫干王略。郡縣闕攻守之宜，倉府多侵耗之弊，舉善懲惡，應有攸歸。吳郡所領鹽官令蕭元蔚、桐廬令王天愍、新城令陸赤奮等，縣爲(百)〔白〕劫破掠，〔二一〕竝不經格戰，委職散走。〔二二〕元蔚、天愍還臺，赤奮不知所在。又錢塘令劉彪、富陽令何洵，乃率領吏民(相)〔拒〕戰不敵，〔二三〕未委歸臺。餘建德、壽昌，在劫斷上流，不知被劫掠不？吳興所領餘杭縣被劫破，令樂琰乃率吏民徑戰不敵，委走出都。會稽所領諸暨縣，爲劫所破，令陵琚之不經格戰，委城奔走，不知所在。案元蔚等妄藉天私，作司近服，昧斯隱慝，職啓虔劉。會稽郡丞張思祖謬因承乏，總任是尸，涓誠罔効，終焉無紀。平東將軍吳郡太守文季、征虜將軍吳興太守西昌侯鸞，〔二四〕任屬關、河，威懷是寄。輒下禁止彪、琰、洵，思祖、文季視事如故，鸞等結贖論。」〔二五〕詔元蔚等免，思祖、鸞、文季原。

文季固讓會稽之授，轉都官尚書，加散騎常侍。出爲持節、督郢州司州之義陽諸軍事、左將軍、郢州刺史。還爲散騎常侍，領軍將軍。世祖謂文季曰：「南士無僕射，多歷年所。」文季對曰：「南風不競，非復一日。」文季雖不學，發言必有辭采，當世稱其應對。尤善簺及

彈棊，簺用五子。

以疾遷金紫光祿大夫，加親信二十人，常侍如故。轉侍中，領太子詹事，遷中護軍，侍中如故。以家爲府。隆昌元年，復爲領軍將軍，侍中如故。豫廢鬱林，高宗欲以文季爲江州，遣左右單景雋宣旨，文季口自陳讓，稱年老不願外出，因問右執法有人未，景雋還具言之。延興元年，遷尙書右僕射。

明帝卽位，加領太子詹事，增邑五百戶。尙書令王晏嘗戲文季爲吳興僕射。文季荅曰：「琅邪執法，似不出卿門。」尋加散騎常侍，僕射如故。建武二年，虜寇壽春，豫州刺史豐城公遙昌嬰城固守，數遣輕兵相抄擊，明帝以爲憂，詔文季領兵鎭壽春。文季入城，止游兵(一)〔不〕聽出，〔二六〕洞開城門，嚴加備守，虜軍尋退，百姓無所傷損。增封爲千九百戶。尋加護軍將軍，僕射、常侍如故。

王敬則反，詔文季領兵屯湖頭，備京路。永元元年，轉侍中、左僕射，將軍如故。始安王遙光反，其夜，遣三百人於宅掩取文季，欲以爲都督，而文季已還臺。明日，與尙書令徐孝嗣守衞宮城，戎服共坐南掖門上。時東昏已行殺戮，孝嗣深懷憂慮，欲與文季論世事，〔二七〕文季輒引以他辭，終不得及。事寧，加鎭軍將軍，置府。侍中、僕射如故。

文季見世方昏亂，託以老疾，不豫朝機。兄子昭略謂文季曰：「阿父年六十爲員外僕

射，欲求自免，豈可得乎？」文季笑而不答。(見)〔同〕孝嗣被害。〔二八〕其日先被召見，文季知敗，舉動如常，登車顧曰：「此行恐往而不反也。」於華林省死，時年五十八。朝野寃之。中興元年，贈侍中、司空，謚忠憲。

兄子昭略，有剛氣。昇明末，爲相國西曹〔掾〕，〔二九〕太祖賞之，及卽位，謂王儉曰：「南士中有沈昭略，何職處之？」儉曰：「臣已有擬。」奏轉前軍將軍，上不欲違，可其奏。尋遷爲中書郎。永明初，歷太尉大司馬從事中郎，驃騎司馬，黃門郎。南郡王友、學華選，〔三〇〕以昭略爲友，尋兼左丞。元年，出爲臨海太守，御史中丞。昭略建武世嘗(酒)酣〔酒以自晦〕，與謝瀹善。〔三一〕累遷侍中，冠軍將軍，撫軍長史。永元元年，始安王遙光起兵東府，執昭略於城內。昭略〔潛自南出，濟淮還臺。至是與〕文季俱被召入華林省。〔三二〕茹法珍等進藥酒，昭略怒罵徐孝嗣曰：「廢昏立明，古今令典。宰相無才，致有今日。」以甌擲面破，曰「作破面鬼」。死時年四十餘。

弟昭光，聞收至，家人勸逃去，昭光不忍捨母，遂見獲，殺之。中興元年，贈昭略太常，昭光廷尉。

史臣曰：爲邦之訓，食惟民天，足食足兵，民信之矣。〔三三〕屯田之略，實重戰守。若夫充國耕殖，用殄羌戎，韓浩、棗祗，亦建華夏置典農之官，興大佃之議。金城布險，峻壘綿壃，飛芻輓粒，事難支繼。一夫不耕，或鍾飢餒，緣邊戍卒，坐甲千羣。故宜盡收地利，因兵務食。緩則躬耕，急則從戰。歲有餘粮，則紅食可待。前世達治，言之已詳。江左以來，不暇遠策，王旅外出，未嘗宿飽，四郊嬰守，懼等松芻。縣兵所救，經歲引日，淩風泙水，轉漕艱長。傾窖底之儲，盡倉敖之粟，流馬木牛，尙深前弊，田積之要，唯在江淮。郡國同興，遠不周急。故吳氏列戍南濱，屯農水右，魏世淮北大佃，而石橫開漕，〔三四〕皆輔車相資，易以待敵。〔三五〕孝嗣當蹙境之晨，薦希行之計，王無外略，民困首領，觀機而動，斯議殆爲空陳，惜矣！

贊曰：文忠作相，器範先標。有容有業，可以立朝。豐城歷仕，〔三六〕音儀孔昭。爲舟等溺，在運同消。

校勘記

〔一〕竝爲太(祖)〔初〕所殺　據局本改。南監本、殿本作「爲太子劭所殺」。錢大昕廿二史考異云：「予謂『太祖』乃『太初』之譌。元凶僭號，改元太初，史敘元凶朝事，多稱太初。王僧虔傳云兄僧綽爲太初所害，與此文同。刊本譌爲『太祖』，後人以意改爲『太子劭』耳。」

〔二〕襲爵枝江縣公　南史同。錢大昕廿二史考異云：「按湛之封枝江縣侯，身後亦未見加封之文，其子何以得襲公爵？又考宋書州郡志，枝江止云侯相，不云公相，疑此誤也。」

〔三〕爲治書御史蔡准所奏　「蔡准」殿本作「蔡準」。按「准」卽「準」字，蓋避宋順帝諱改。南監本、局本譌「蔡淮」。

〔四〕安成王文學　「成」原譌「武」，今據南監本、毛本、殿本、局本改正。

〔五〕轉長史　按云轉長史而不繫府名，明有奪譌。南史作「轉長史兼侍中」，亦有譌，疑當作「轉長兼侍中」，南史衍一「史」字也。參閱第二十三卷校記第三十二條。

〔六〕臣東都之日其在徐孝嗣乎　按東都之日卽謂致仕之日，蓋引漢二疏歸老故鄉，公卿大夫故人邑子爲設祖道供帳東都門故事。文選張協詠史詩「藹藹東都門，羣公祖二疏」，南史虞玩之傳中丞劉休與親知書「而東都之送，殊不藹藹」，皆是也。通鑑齊武帝永明七年胡三省注以周以洛陽爲東都釋之，恐非。

〔七〕柔亦不(吐)〔茹〕剛亦不(茹)〔吐〕　據南監本、局本改，與詩大雅烝民合。

〔八〕今江南未曠　「曠」殿本、局本作「廣」。

〔九〕聚粮待敵每(若)〔苦〕不周　各本同譌，據元龜五百三改。

〔一〇〕〔然〕羣小用事　據南監本、殿本、局本補。

〔一一〕虎賁中郎將許准有膽力　「許准」南監本、殿本、局本作「許準」。按「准」即「準」字，蓋避宋順帝諱改。

〔一二〕沈文季門世　此下原本缺一頁，各本同。原本每頁十八行，每行十八字。按南史徐羨之傳族孫孝嗣附傳未錄詔書全文，下云：「于時凡被殺者，皆取其蟬冕，剝其衣服，衆情素敬孝嗣，得無所侵。長子演，尙齊武帝女武康公主，位太子中庶子。第三子況，尙明帝女山陰公主，並拜駙馬都尉。俱見殺。孝嗣之誅，衆人懼，無敢至者，唯會稽魏溫仁奔赴，以私財營喪事，當時稱之。初，孝嗣復故封，使故吏吳興丘歠筮之，當傳幾世。歠曰：『恐不終尊身。』孝嗣容色甚惡，徐曰：『緣有此慮，故令卿決之。』中興元年，和帝贈孝嗣太尉。二年，改葬，宣德太后詔贈班劍四十人，加羽葆鼓吹，謚曰文忠，改封餘干縣公。」足補本書之缺。又元龜二百十：「和帝中興元年，以故侍中、中書監徐孝嗣謀廢東昏未決，並子演遇害，贈太尉，侍中、中書監如故。二年，孝嗣改葬，宣德太后詔贈班劍四十人，加羽葆鼓吹，謚文忠，改封餘干縣公。贈子演侍中，謚簡世子；況散騎侍郎。」疑所據乃齊書傳文。

〔一三〕沈文季字（伯）〔仲〕達　據南史、元龜二百十改。按沈文季爲沈文叔之弟，作「字仲達」是。

〔一四〕孝建二年　「二年」元龜二百十作「三年」。

〔一五〕起家主簿　元龜作「起家辟州主簿」。

〔一六〕徵秘書郎　「徵」元龜作「遷」。按自「沈文季字伯達」至「起家主簿徵」，凡三十六字，原本在闕頁內，今據各本補。

〔一七〕江夏王太尉東曹掾　「尉」原譌「祖」，各本不譌，今改正。

〔一八〕以南臺御史賀臧爲柱下史　「賀臧」南監本、殿本及南史並作「賀咸」。

〔一九〕足（要）委以邊事　據南監本、殿本、局本及元龜九百十七刪。

〔二〇〕文季與淵並（喜）〔善〕琵琶　據南監本、殿本、局本及元龜九百十七改。

〔二一〕爲（百）〔白〕劫破掠　南監本、局本作「爲首劫破掠」，今據元龜五百十九改。按「白劫」即倖臣劉係宗傳所云「白賊唐寓之起」之「白賊」，百與白形近而譌。

〔二二〕委職散走　「散走」二字原譌「故是」，各本不譌，今改正。

〔二三〕乃率領吏民（相）〔拒〕戰不敵　據元龜五百十九改。

〔二四〕征虜將軍吳興太守西昌侯鸞　「鸞」原作「諱」，今據殿本改。下同。

〔二五〕鸞等結贖論　「結」南監本、局本作「納」。

〔二六〕止游兵（一）〔不〕聽出　據元龜三百九十一、通鑑齊明帝建武二年改。

〔二七〕欲與文季論世事　「論」原譌「給」，今據南監本、殿本、局本及南史改正。

〔二八〕（見）〔同〕孝嗣被害　據南監本、殿本、局本改。

〔二九〕爲相國西曹（掾）　據南史、元龜二百十一補。

〔三〇〕南郡王友學華選　「友學華選」毛本、殿本、局本作「文學華選」，譌。參閱第四十三卷校記第十二條。

〔三一〕昭略建武世嘗（酒）酣（酒以自晦）與謝瀹善　據元龜八百三十六刪補。按南監本、殿本無「昭略建武世嘗酒酣與謝瀹善」十二字。又「善」字下原本空一字，毛本、局本注一「闕」字。

〔三二〕昭略（潛自南出濟淮還臺至是與）文季俱被召入華林省　據南監本、殿本補。

〔三三〕民信之矣　「信之」二字原譌倒，今據殿本乙正。按南監本、局本作「民斯信矣」。

〔三四〕魏世淮北大佃而石横開漕　按「石横」晉書食貨志作「横石」。

〔三五〕易以待敵　「敵」原譌「商」，今據南監本、毛本、殿本、局本改正。

〔三六〕豐城歷仕　沈文季傳云封西豐縣侯，而贊乃云「豐城歷仕」，必有譌。按宋書州郡志，西豐、豐城皆侯國。據宗室蕭遙昌傳，遙昌於建元元年封豐城縣公，則沈文季之封自當在西豐。「豐城」疑「西豐」之譌。

南齊書卷四十五

列傳第二十六

宗室

衡陽元王道度　始安貞王道生 遙光 遙欣 遙昌　安陸昭王緬

衡陽元王道度，太祖長兄也。與太祖俱受學雷次宗。宣帝問二兒學業，次宗答曰：「其兄外朗，其弟內潤，皆良璞也。」隨宣帝征伐，仕至安定太守，卒於宋世。建元二年，追加封謚。〔一〕無子，太祖以第十一子鈞繼道度後。

鈞字宣禮。永明四年，爲江州刺史，加散騎常侍。母區貴人卒，居喪盡禮。六年，遷爲征虜將軍。八年，遷驍騎將軍，常侍如故。仍轉左衞將軍。鈞有好尚，爲世祖所知。兄弟

中意遇次鄱陽王鏘。十年，轉中書令，領石頭戍事。遷散騎常侍，祕書監，領驍騎如故。不拜。隆昌元年，改加侍中，給扶。海陵立，轉撫軍將軍，侍中如故。尋遇害，年二十二。明帝即位，以永陽王子珉仍本國，繼元王爲孫。

子珉字雲興，世祖第二十子也。永明七年，封義安王，後改永陽。永泰元年見害，年十四。復以武陵昭王曄第三子子坦奉元王後。

始安貞王道生字孝伯，太祖次兄也。宋世爲奉朝請，卒。建元元年，追封謚。建武元年，追尊爲景皇，妃江氏爲后。立寢廟於御道西，陵曰脩安。生子鳳、高宗、安陸昭王緬。

鳳字景慈，官至正員郎。卒於宋世。謚靖世子。明帝建武元年，贈侍中、驃騎將軍，開府儀同三司，始安靖王。改華林鳳莊門爲望賢門，太極東堂(書)〔畫〕鳳鳥，〔二〕題爲神鳥，而改鸞鳥爲神雀。子遙光嗣。

遙光字元暉。生有躄疾，太祖謂不堪奉拜祭祀，欲封其弟，世祖諫，乃以遙光襲爵。初爲員外郎，轉給事郎，太孫洗馬，轉中書郎，豫章內史，不拜。高宗輔政，遙光好天文候道，密懷規贊。隆昌元年，除驍騎將軍、冠軍將軍、南東海太守，行南徐州事。仍除南彭城太守，將軍如故。又除輔國將軍、吳興太守。高宗廢鬱林，又除冠軍將軍、南蠻校尉、西(平)中郎長史，〔三〕南郡太守。一歲之內，頻五除，竝不拜。是時高宗欲即位，誅賞諸事唯遙光共謀議。

建武元年，以爲持節、都督揚南徐二州諸軍事、前將軍、揚州刺史。晉安王寶義爲南徐州，遙光求解督，見許。二年，進號撫軍將軍，〔四〕加散騎常侍，給通幰車鼓吹。遙光好吏事，稱爲分明。頗多慘害。足疾不得同朝(例)〔列〕，〔五〕常乘輿自望賢門入。每與上久清閑，言畢，上索香火，明日必有所誅殺。上以親近單少，憎忌高、武子孫，欲并誅之，遙光計畫參議，當以次施行。永泰元年，即本位爲大將軍，給油絡車。帝不豫，遙光數入侍疾，帝漸甚，河東王鉉等七王一夕見殺，遙光意也。

帝崩，遺詔加遙光侍中、中書令，給扶。永元元年，給班劒二十人，即本號開府儀同三司。遙光既輔政，見少主即位，潛與江祏兄弟謀自樹立。弟遙欣在荆楚，擁兵居上流，密相影響。遙光當據東府號令，使遙欣便星速急下。潛謀將發，而遙欣病死。江祏被誅，東昏侯召遙光入殿，告以祏罪，遙光懼，還省便陽狂號哭，自此稱疾不復入臺。先是遙光行還入城，風飄儀繖出城外。

遙光弟遙昌先卒壽春，豫州部曲皆歸遙光；及遙欣喪還葬武進，停東府前(洛)〔渚〕，〔六〕荆州衆力送者甚盛。帝誅江祏後，慮遙光不自安，欲轉爲司徒還第，召入喻旨。遙光慮見殺，八月十二日晡時，收集二州部曲，於東府門聚人衆，街陌頗怪其異，莫知指趣也。遙光召親人丹陽丞劉渢及諸傖楚，欲以討劉暄爲名。夜遣數百人破東冶出囚，尚方取仗。又召驍騎將軍垣歷生，歷生隨信便至，勸遙光令率城內兵夜攻臺，輦荻燒城門，〔曰〕：「公但乘轝隨後，〔七〕反掌可得。」遙光意疑不敢出。天稍曉，遙光戎服出聽事，停轝處分上仗登城行賞賜。歷生復勸出軍，遙光不肯，望臺內自有變。

至日中，臺軍稍至，尚書符遙光曰：「逆從之數，〔八〕皎然有徵，干紀亂常，刑茲罔赦。蕭遙光宗室蚩庸，才行鄙薄，緹裙可望，〔九〕天路何階。受遇自昔，恩加猶子，禮絕帝體，寵越皇季。旗章車服，窮千乘之尊；闉隍爽闓，踰百雉之制。及聖后在天，親受顧託，話言在耳，德音猶存，侮蔑天明，罔畏不義，無君之心，履霜有日。遂乃稱兵內犯，竊發京畿，自古巨釁，莫斯爲甚。今便分命六師，弘宣九伐。皇上當親御戎軒，弘此廟略。信賞必罰，有如大江。」於是戒嚴，曲赦京邑。領軍蕭坦之屯湘宮寺，鎮軍司馬曹虎屯清溪大橋，太子右衞率左興盛屯東府東籬門。

遙光遣垣歷生從西門出戰，臺軍屢北，殺軍主桑天愛。

初，遙光起兵，問諮議參軍蕭暢，暢正色拒折不從，十五日，暢與撫軍長史沈昭略潛自南出，濟淮還臺，人情大沮。十六日，垣歷生從南門出戰，因棄矟降曹虎軍，虎命斬之。遙光大怒，於牀上自竦踊，使殺歷生兒。

其晚，臺軍射火箭燒東北角樓，至夜城潰。遙光還小齋，帳中著衣帢坐，秉燭自照，令人反拒，齋閤皆重關。左右竝踰屋散出。臺軍主劉國寶、時當伯等先入，遙光聞外兵至，吹滅火，扶匐下牀，〔一〇〕軍人排閤入，於暗中牽出斬首，時年三十二。遙光未敗一夕，城內皆夢羣蚍緣城四出，各各共說之，咸以爲異。臺軍入城，焚燒屋宇且盡。

遙光府佐司馬端爲掌書記，曹虎謂之曰：「君是賊非？」端曰：「僕荷始安厚恩，今死甘心。」虎不殺，執送還臺，徐世檦殺之。劉渢遁走還家園，爲人所殺。端，河內人。渢，南陽人，事繼母有孝行，弟溓事渢亦謹。

詔斂葬遙光屍，原其諸子。追贈桑天愛輔國將軍、梁州刺史。以江陵公寶覽爲始安王，奉靖王後。永元二年，爲持節、督湘州、輔國將軍、湘州刺史。

遙欣字重暉。宣帝兄西平太守奉之無後，以遙欣繼爲曾孫。除祕書郎，太子舍人，巴陵王文學，中書郎。延興元年，高宗樹置，以遙欣爲持節、督兗州緣淮軍事、寧朔將軍、兗州

刺史。仍爲督豫州〔郢州〕之西陽司州之汝南二郡，〔一一〕輔國將軍、豫州刺史，持節如故。未之任。建武元年，進號西中郎將，封聞喜縣公。遷使持節、都督荆雍益寧梁南北秦七州軍事，〔一二〕右將軍、荆州刺史。改封曲江公。高宗子弟弱小，晉安王寶義有廢疾，故以遙光爲揚州居中，遙欣居陝西在外，權勢并在其門。遙欣好勇，聚畜武士，以爲形援。四年，進號平西將軍。永泰元年，以雍州虜寇，詔遙欣〔以〕本官領刺史，〔一三〕寧蠻校尉，移鎮襄陽，虜退不行。永元元年卒，年三十一。贈侍中、司空，謚康公。葬用王禮。

遙昌字季暉。解褐祕書郎，太孫舍人，給事中，祕書丞。〔延〕興〔元〕元年，〔一四〕除黃門侍郎，未拜，仍爲持節、督郢司二州軍事、寧朔將軍、郢州刺史。建武元年，進號冠軍將軍。封豐城縣公，千五百戶。未之鎮，徙督豫州郢州之西陽司州之汝南二郡軍事、征虜將軍、豫州刺史，持節如故。

二年，虜主元宏寇壽春，遣使呼城內人，遙昌遣參軍崔慶遠、朱選之詣宏。慶遠曰：「旌蓋飄颻，遠涉淮、泗，風塵慘烈，無乃上勞？」〔一五〕宏曰：「六龍騰躍，倏忽千里，經途未遠，不足爲勞。」慶遠曰：「川境既殊，遠勞軒駕。屈完有言：『不虞君之涉吾地也，何故？』」宏曰：「故當有故。卿欲使我含瑕依違，爲欲指斥其事？」慶遠曰：「君包荒之德，本施北政，未承來議，無所含瑕。」宏曰：「朕本欲有言，會卿來問。齊〔王〕〔主〕廢立，〔一六〕有其例不？」慶遠曰：「廢昏立明，古今同揆。中興克昌，豈唯一代？主上與先武帝，非唯昆季，有同魚水。武皇臨崩，託以後事。嗣孫荒迷，廢爲鬱林，功臣固請，爰立明聖。上逼太后之嚴令，下迫羣臣之稽顙，俯從億兆，踐登皇極。未審聖旨，獨何疑怪？」宏曰：「聞卿此言，殊解我心。但哲婦傾城，何足可用。果如所言，武帝子弟今皆何在？」慶遠曰：「七王同惡，皆伏管、蔡之誅，其餘列蕃二十餘國，內升清階，外典方牧。哲婦之戒，古人所惑；然十亂盈朝，實唯文母。」宏曰：「如我所聞，靡有孑遺。卿言美而乖實，未之全信。」

宏又曰：「雲羅所掩，六合宜一。故往年與齊武有書，言今日之事，書似未達齊主，命也。南使〔既〕反，〔一七〕情有愴然，朕亦〔保〕〔休〕兵。〔一八〕此段猶是本意，不必專爲問罪。若如卿言，便可釋然。」慶遠曰：「見可而進，知難而退，聖人奇兵。今旨欲憲章聖人，不失〔美無〕〔舊好〕，〔一九〕豈不善哉！」宏曰：「卿爲欲朕和親？爲欲不和？」慶遠曰：「和親則二國交歡，蒼生再賴；不和則二國交怨，蒼生塗炭。和與不和，裁由聖衷。」宏曰：「朕來爲復遊行靈境，北去洛都，率爾便至。亦不攻城，亦不伐塢，卿勿以爲慮。」宏設酒及羊炙雜果，又謂慶遠曰：「聽卿主克黜凶嗣，不違忠孝。何以不立近親，如周公輔成王，而苟欲自取？」慶遠答曰：「成王有亞聖之賢，故周公得輔而相之。今近蕃雖無悖德，未有成王之賢。霍光亦捨漢蕃

親而遠立宣帝。」宏曰：「若爾，霍光嚮自立爲君，當復得爲忠臣不？」慶遠曰：「此非其類，乃可言宣帝立與不立義當云何。皇上豈得與霍光爲匹？若爾，何以不言『武王伐紂，何意不立微子而輔之，苟貪天下？』」宏大笑。明日引軍向城東，遣道登道人進城內施衆僧絹五百匹，慶遠、選之各袴褶絡帶。

遙昌，永泰元年卒。上愛遙昌兄弟如子，甚痛惜之。贈車騎將軍、儀同三司。帝以問徐孝嗣，孝嗣曰：「豐城本資尙輕，贈以班台，如爲小過。」帝曰：「卿乃欲存萬代准則，此我孤兄子，不得與計。」謚憲公。

安陸昭王緬字景業。善容止。初爲祕書郎，宋邵陵王文學，中書郎。建元元年，封安陸侯，邑千戶。轉太子中庶子，遷侍中。世祖即位，遷五兵尙書，領前軍將軍，仍出爲輔國將軍、吳郡太守，少時，大著風績。竟陵王子良與緬書曰：「竊承下風，數十年來未有此政。」世祖嘉其能，轉持節、都督郢州司州之義陽軍事、冠軍將軍、郢州刺史。

永明五年，還爲侍中，領驍騎將軍，仍遷中領軍。明年，轉散騎常侍，太子詹事。出爲會稽太守，常侍如故。遷使持節、都督雍梁南北秦四州荆州之竟陵司州之隨郡軍事、左將軍、

寧蠻校尉、雍州刺史。緬留心辭訟，親自隱邺，劫抄度口，皆赦遣許以自新，再犯乃加誅，爲百姓所畏愛。

九年，卒。詔賻錢十萬，布二百匹。喪還，百姓緣沔水悲泣設祭，於峴山爲立祠。贈侍中、衞將軍，持節、都督、刺史如故。給鼓吹一部。謚昭侯。年三十七。高宗少相友愛，時爲僕射，領衞尉，表求解衞尉，私第展哀，詔不許。每臨緬靈，輒慟哭不成聲。建武元年，贈侍中、司徒，安陸王，邑二千戶。

子寶晊嗣，爲持節、督湘州軍事、輔國將軍、湘州刺史。弟寶覽爲江陵公，寶宏汝南公，邑各千五百戶。二年，寶晊進號冠軍將軍。三年，寶宏改封宵城。〔一〇〕永元元年，以安陸郡邊虜，寶晊改封湘東王。進號征虜將軍。二年，爲左衞將軍。高宗兄弟一門皆尚吏事，寶晊粗好文章。義師下，寶晊在城內，東昏廢，寶晊望物情歸己，坐待法駕，既而城內送首詣梁王。宣德太后臨朝，以寶晊爲太常。寶晊不自安，謀反，兄弟皆伏誅。

史臣曰：太祖膺期御世，二昆夙殞，慶命傍流，追序蕃胙。安陸王緬以宗子戚屬，弱年

進仕，典郡臨州，去有餘迹，遺愛在民。蓋因情而可感，學以從政，夫豈必然。

贊曰：太祖二昆，追樹雙蓍。元託繼胤，貞興子孫。竝用威福，自取亡存。安陸稱美，事表西魂。

校勘記

〔一〕建元二年追加封謚 「二年」南史作「元年」。

〔二〕太極東堂(書)〔畫〕鳳鳥 據御覽五百六十二引改。按南史亦作「畫」。

〔三〕西(平)中郎長史 據元龜二百六十九刪。

〔四〕二年進號撫軍將軍 「二年」南史作「三年」。

〔五〕足疾不得同朝(例)〔列〕 張森楷校勘記云：「『例』當作『列』，各本並譌。」今據改。

〔六〕停東府前〔渚〕 據南監本、殿本、局本及南史補。

〔七〕〔日〕公但乘轝隨後 據南監本、局本及南史補。

〔八〕逆從之數 按「從」即「順」字，蕭子顯避諱改。

〔九〕緹裙可望 錢大昕十駕齋養新錄卷六云：「『裙』當作『羣』。續漢書五行志：『王莽末，天水童謠曰：出吳門，望緹羣，見一塞人，言欲上天，令天可上，地上安得民。時隗囂起兵天水，欲爲天子，遂破滅。囂少病蹇。吳門，冀郭門也。緹羣，山名也。』遙光亦病蹇，故以隗囂況之。郡國志天水郡冀縣有緹羣山。」

〔一〇〕扶匐下牀 按通鑑作「扶匐牀下」。

〔一一〕仍爲督豫州〔郢州〕之西陽司州之汝南二郡 錢大昕廿二史考異云：「當云督豫州郢州之西陽司州之汝南二郡，傳有脫文。」今據補。

〔一二〕都督荆雍益寧梁南北秦七州軍事 「梁」原譌「深」，今據毛本、殿本、局本改正。

〔一三〕詔遙欣〔以〕本官領刺史 據南監本、局本補。

〔一四〕〔延〕興(元)元年 據元龜二百七十九改。

〔一五〕無乃上勞 元龜六百五十九作「無乃勞止」。按疑作「勞止」是。

〔一六〕齊(王)〔主〕廢立 據南監本、殿本、局本及元龜六百五十九、通鑑齊明帝建武二年改。

〔一七〕南使〔既〕反 據元龜六百五十九補。

〔一八〕朕亦(保)〔休〕兵 據元龜六百五十九改。

〔一九〕不失(美無)〔舊好〕 據南監本、毛本、殿本、局本改。按元龜作「不失其美」。

〔二〇〕寶宏改封宵城 「宵城」南監本、局本作「霄城」。按宋書州郡志作「宵城」，齊書州郡志作「霄城」。依齊志，當作「霄城」。

南齊書卷四十六

列傳第二十七

王秀之　王慈　蔡約　陸慧曉 顧憲之　蕭惠基

王秀之字伯奮，琅邪臨沂人也。祖裕，宋左光祿大夫、儀同三司。父瓚之，金紫光祿大夫。

秀之幼時，裕愛其風采。起家著作佐郎，太子舍人。父卒，爲菴舍於墓下持喪，服闋復職。吏部尚書褚淵見秀之正潔，欲與結婚，秀之不肯，以此頻轉爲兩府外兵參軍。遷太子洗馬，司徒左西屬，桂陽王司空從事中郎。秀之知休範將反，辭疾不就。出爲晉平太守。至郡朞年，謂人曰：「此邦豐壤，祿俸常充。吾山資已足，豈可久留以妨賢路。」上表請代，時人謂「王晉平恐富求歸」。

還爲安成王驃騎諮議，轉中郎。又爲太祖驃騎諮議。昇明二年，轉左軍長史、尋陽太

守，隨府轉鎮西長史、南郡太守。府主豫章王嶷既封王，秀之遷爲司馬、河東太守，辭郡不受。加寧朔將軍，改除黃門郎，未拜，仍遷豫章王驃騎長史。〔王〕於荆州立學，[一]以秀之領儒林祭酒。遷寧朔將軍、南郡王司馬。復爲黃門郎，領羽林監。遷長沙王中軍長史。世祖卽位，爲太子中庶子，吏部郎，出爲義興太守，遷侍中祭酒，轉都官尚書。

初，秀之祖裕，性貞正。徐羨之、傅亮當朝，裕不與來往。及致仕隱吳興，與子瓚之書曰：「吾欲使汝處不競之地。」瓚之歷官至五兵尚書，未嘗詣一朝貴。江湛謂何偃曰：「王瓚之今便是朝隱。」及柳元景、顏師伯令僕貴要，瓚之竟不候之。至秀之爲尚書，又不與令王儉款接。三世不事權貴，時人稱之。轉侍中，領射聲校尉。

出爲輔國將軍、隨王鎮西長史、南郡內史。州西曹苟丕遺秀之交知書，[二]秀之拒不答。丕乃遺書曰：「僕聞居謙之位，既刋于易；慠不可長，禮明其文。是以信陵致夷門之義，燕丹收荆卿之節，皆以禮而然矣。丈夫處世，豈可寂漠恩榮，空爲後代一丘土？足下業潤重光，聲居朝右，不脩高世之績，將何隔於愚夫？僕耿介當年，不通羣品，饑寒白首，望物嗟來。成人之美，春秋所善，薦我寸長，開君尺短，故推風期德，規於相益，實非碌碌有求於平原者也。僕與足下，同爲四海國士。夫盛衰迭代，理之恒數，名位參差，運之通塞，豈品德權行爲之者哉？第五之號，既無易於驃騎；西曹之名，復何推於長史？足下見答書題久之，以君若此非典，何宜施之於國士？如其循禮，禮無不答，謹以相還，亦何犯於〔逆〕鱗哉？[三]君子處人，以德不以位，相如不見屈於澠池，毛遂安受辱於郢門，造敵臨事，僕必先於二子。未知足下之貴，足下之威，孰若秦、楚兩王？僕以德爲寶，足下以位爲寶，各寶其寶，於此敬宜。常聞古人交絕，不泄惡言，僕謂之鄙。無以〔相〕貽(離)，[四]故薦貧者之贈。」丕，潁川人。豫章王嶷爲荆州時，丕獻書令減損奢麗，豫章王優教酬答。尚書令王儉當世，[五]丕又與儉書曰：「足下建高世之名，而不顯高世之迹，將何以書於齊史哉？」至是南郡綱紀啓隨王子隆請罪丕，丕上書自申。

秀之尋徵侍中，領游擊將軍。未拜，仍爲輔國將軍、吳興太守。秀之常云位至司徒左長史，可以止足矣。吳興郡隱業所在，心願爲之。到郡脩治舊山，移置輜重。隆昌元年，卒官。年五十三。謚曰簡子。

秀之宗人僧祐，太尉〔儉〕從祖兄也。[六]父遠，光祿勳。宋世爲之語曰：「王遠如屏風，屈曲從俗，能蔽風露。」而僧祐負氣不羣，儉常候之，辭不相見。世祖數閱武，僧祐獻講武賦，儉借觀，僧祐不與。竟陵王子良聞僧祐善彈琴，於座取琴進之，不肯從命。永明末，爲太子中舍人，在直屬疾，代人未至，僧祐委出，爲有司所奏，贖論。官至黃門郎。時衞軍掾

孔逭亦抗直，著三吳決錄，不傳。

王慈字伯寶，琅邪臨沂人，司空僧虔子也。年八歲，外祖宋太宰江夏王義恭迎之內齋，施寶物恣聽所取，慈取素琴石研，義恭善之。少與從弟儉共書學。除祕書郎，太子舍人，安成王撫軍主簿，轉記室。遷祕書丞，司徒左西屬，右長史，試守新安太守，黃門郎，太子中庶子，領射聲校尉，安成王冠軍，豫章王司空長史，司徒左長史，兼侍中。出爲輔國將軍、豫章內史，父憂去官。起爲建武將軍、吳郡太守。遷寧朔將軍，大司馬長史，重除侍中，領步兵校尉。

慈以朝堂諱榜，非古舊制，上表曰：「夫帝后之德，綢繆天地，君人之亮，蟬聯日月。至於名族不著，昭自方(篆)〔策〕，[七]號謚聿宣，載伊篇籍。所以魏臣據中以建議，晉主依經以下詔。朝堂榜誌，諱字懸露，義非綿古，事殷中世，[八]空失資敬之情，徒乖嚴配之道。若乃式功鼎臣，[九]贊庸元吏，或以勳崇，或由姓表。故孔悝見銘，謂標叔舅，子孟應圖，稱題霍氏。況以處一之重，列尊名以止仁；無二之貴，奮冲文而止敬。昔東平卽世，孝章巡宮而灑泣；新野云終，和熹見似而流涕。感循舊類，尙或深心；矧觀徽跡，能無惻隱？今扃禁

欻遂，動延車蓋，若使鑾駕紆覽，四時臨閱，豈不重增聖慮，用感宸衷？愚謂空彪簡第，〔一〇〕無益於匪躬；直(日)〔述〕朝堂，〔一一〕寧虧於夕惕。伏惟陛下保合萬國，齊聖羣生，當删前基之弊軌，啓皇齊之孝則。」詔付外詳議。博士李攜議：「據周禮，凡有新令，必奮鐸以警衆，乃退以憲之于王宮。注『憲，表懸之也』。」太常丞王僩之議：「尊極之名，宜率土同諱。目可得覩，口不可言。口不可言，則知之者絕，知之者絕，則犯觸必衆。」儀曹郎任昉議：「攜取證明之文，僩之即情惟允。直班諱之典，爰自漢世，降及有晉，歷代無爽。今之諱榜，兼明義訓，『邦』之字『國』，實爲前事之徵。名諱之重，情敬斯極，故懸諸朝堂，搢紳所聚，將使起伏晨昏，不違耳目，禁避之道，昭然易從。此乃敬恭之深旨，何情(興)〔典〕之或廢？〔一三〕尊稱霍氏，理例乖方。居下以名，故以不名爲重，在上必諱，故以班諱爲尊。因心則理無不安，卽事則習行已久，謂宜式遵，無所創革。」慈議不行。

慈患脚，世祖敕王晏曰：「慈在職未久，既有微疾，不堪朝，又不能騎馬，聽乘車在仗後。」江左來少例也。以疾從閑任，轉冠軍將軍、司徒左長史。慈妻劉秉女。子觀，尚世祖長女吳縣公主，脩婦禮，姑未嘗交答。江夏王鋒爲南徐州，妃，慈女也，以慈爲冠軍將軍、東海太守，加秩中二千石，行〔南〕徐州府事。〔一三〕還爲冠軍將軍、廬陵王中軍長史，未拜，永明九年，卒。年四十一。

謝超宗嘗謂慈曰：「卿書何當及虔公？」慈曰：「我之不得仰及，猶雞之不及鳳也。」時人以爲名答。追贈太常，謚懿子。

蔡約字景撝，濟陽考城人也。祖廓，宋祠部尚書。父興宗，征西、儀同。

約少尚宋孝武女安吉公主，拜駙馬都尉，祕書郎，不拜。從帝車騎驃騎行參軍，〔一四〕通直郎，不就。遷太祖司空東閤祭酒，太尉主簿。齊臺建，爲世子中舍人，仍隨度東宮。轉鄱陽王友，竟陵王鎮北征北諮議，領記室，中書郎，司徒右長史，黃門郎，領本州中正。出爲新安太守，復爲黃門郎，領射聲校尉，通直常侍，領驍騎將軍，太子中庶子，領屯騎校尉。永明八年八月合朔，約脫武冠，解劍，於省眠，至下鼓不起，爲有司所奏，贖論。太孫立，領校尉如故。

出爲宜都王冠軍長史、淮南太守，行府州事。世祖謂約曰：「今用卿爲近蕃上佐，想副我所期。」約曰：「南豫密邇京師，不治自理。臣亦何人，爝火不息。」時諸王行事多相裁割，約在任，主佐之間穆如也。

遷司〔徒〕左長史。〔一五〕高宗爲錄尚書輔政，百僚屣履到席，約躡屐不改。〔一六〕帝謂江祏曰：「蔡氏故是禮度之門，故自可悅。」祏曰：「大將軍有揖客，復見於今。」建武元年，遷侍中。明年，遷西陽王撫軍長史，加冠軍將軍，徙廬陵王右軍長史，將軍如故。轉都官尚書，遷邵陵王師，加給事中，江夏王車騎長史，加征虜將軍，並不拜。好飲酒，夷淡不與世雜。遷太子詹事。永(明)〔元〕二年，卒。〔一七〕年四十四。贈太常。

陸慧曉字叔明，吳郡吳人也。祖萬載，侍中。父子真，元嘉中爲海陵太守。時中書舍人秋當親幸，家在海陵，假還葬父，子真不與相聞。當請發民治橋，又以妨農不許。彭城王義康聞而賞焉。自臨海太守眼疾歸，爲中散大夫，卒。

慧曉清介正立，不雜交游。會稽內史同郡張暢見慧曉童幼，〔一八〕便嘉異之。張緒稱之曰：「江東裴、樂也。」初應州郡辟，舉秀才，衞尉史，歷諸府行參軍。以母老還家侍養，十餘年不仕。太祖輔政，除爲尚書殿中郎。鄰族來相賀，慧曉舉酒曰：「陸慧曉年踰三十，婦父領選，始作尚書郎，〔一九〕卿輩乃復以爲慶邪？」

太祖表禁奢侈，慧曉撰答詔草，爲太祖所賞，引爲太傅東閤祭酒。建元初，仍遷太子洗馬。武陵王曅守會稽，上爲精選僚吏，以慧曉爲征虜功曹，與府參軍沛國劉璡同從述職。

行至吳，璡謂人曰：「吾聞張融與陸慧曉竝宅，其間有水，此水必有異味。」遂往，酌而飲之。

廬江何點薦慧曉於豫章王嶷，補司空掾，加以恩禮。轉長沙王鎮軍諮議參軍。安陸侯緬爲吳郡，復禮異慧曉，慧曉求補緬府諮議參軍。遷始興王前將軍安西諮議，領冠軍錄事參軍，轉司徒從事中郎，遷右長史。時陳郡謝朏爲左長史，府公竟陵王子良謂王融曰：「我府二上佐，求之前世，誰可爲比？」融曰：「兩賢同時，便是未有前例。」子良於西邸抄書，令慧曉參知其事。

尋遷西陽王征虜、巴陵王後軍、臨汝公輔國三府長史，行府州事。〔二〇〕復爲西陽王左軍長史，領會稽郡丞，行郡事。隆昌元年，徙爲晉熙王冠軍長史、江夏內史，行郢州事。慧曉歷輔五政，治身清肅，僚佐以下造詣，趣起送之。或謂慧曉曰：「長史貴重，不宜妄自謙屈。」答曰：「我性惡人無禮，不容不以禮處人。」未嘗卿士大夫，或問其故，慧曉曰：「貴人不可卿，而賤者可卿。人生何容立輕重於懷抱！」終身常呼人位。

建武初，除西中郎長史，行事、內史如故。俄徵黃門郎，未拜，遷吏部郎。尚書令王晏選門生補內外要局，慧曉爲用數人而止，晏恨之。送女妓一人，欲與申好，慧曉不納。吏曹都令史歷政以來，諮執選事，慧曉任己獨行，未嘗與語。帝遣左右單景儁以事誚問，慧曉謂景儁曰：「六十之年，不復能諮都令史爲吏部郎也。上若謂身不堪，便當拂衣而退。」帝甚憚之。後欲用爲侍中，以形短小，乃止。出〔爲〕輔國將軍、[二一]晉安王鎮北司馬、征北長史、東海太守，行府州事。入爲五兵尚書，行揚州事。崔惠景事平，[二二]領右軍將軍，出監南徐州，少時，仍遷持節、督南兗兗徐青冀五州軍事、輔國將軍、南兗州刺史。至鎮俄爾，以疾歸，卒。年六十二。贈太常。

同郡顧憲之，字士思，宋鎮南將軍凱之孫也。[二三]性尤清直。永明六年，爲隨王東中郎長史、行會稽郡事。時西陵戍主杜元懿啓：「吳興無秋，會稽豐登，商旅往來，倍多常歲。西陵牛埭稅，官格日三千五百，元懿如卽所見，日可一倍，盈縮相兼，略計年長百萬。浦陽南北津及柳浦四埭，乞爲官領攝，一年格外長四百許萬。西陵戍前檢稅，無妨戍事，餘三埭自舉腹心。」世祖敕示會稽郡：「此詎是事？宜可訪察卽啓。」憲之議曰：

尋始立牛埭之意，非苟逼僦以納稅也。當以風濤迅險，人力不捷，屢致膠溺，濟急利物耳。旣公私是樂，所以輸直無怨。京師航渡，卽其例也。而後之監領者，不達其本，各務己功，互生理外。或禁遏別道，或空稅江行，或撲船倍價，或力周而猶責，凡如此類，不經埭煩牛者上詳，被報格外十條，竝蒙停寢。從來諠訴，始得暫弭。案吳興頻歲失稔，今茲尤饉，去之從豐，[二四]良由饑棘。或徵貨貿粒，[二五]還拯親累。或〔提〕攜老

弱，[二六]陳力餬口。埭司責稅，依格弗降。舊格新減，尚未議登，格外加倍，將以何術？[二七]皇慈恤隱，振廩蠲調，而元懿幸災搉利，重增困瘼，人而不仁，古今共疾。且比見加格置市者，前後相屬，非惟新加無贏，竝皆舊格猶闕。愚恐元懿今啓，亦當不殊。若事不副言，懼貽譴詰，便百方侵苦，爲公賈怨。元懿稟性苛刻，已彰往効，任以物土，譬以狼將羊，其所欲舉腹心，亦當虎而冠耳。書云：「與其有聚斂之臣，寧有盜臣。」此言盜公爲損蓋微，斂民所害乃大也。今雍熙在運，草木含澤，其非事宜，仰如聖旨。然掌斯任者，應簡廉平，廉則不竊於公，平則無害於民矣。愚又以便宜者，蓋謂便於公，宜於民也。竊見頃之言便宜者，非能於民力之外，用天分地者〔也〕。[二八]率皆卽日不宜於民，方來不便於公。名與實反，有乖政體。凡如此等，誠宜深察。

山陰一縣，課戶二萬，其民貲不滿三千者，殆將居半，刻又刻之，猶且三分餘一。凡有貲者，多是〔土〕〔士〕人復除。[二九]其貧極者，悉皆露戶役民。三五屬官，蓋惟分定，[三〇]百端輸調，又則常然。比衆局檢校，首尾尋續，橫相質累者，亦復不少。一人被攝，十人相追；一緒裁萌，千蘖互起。蠶事弛而農業廢，賤取庸而貴舉責，應公贍私，日不暇給，欲無爲非，其可得乎？死且不憚，矧伊刑罰；身且不愛，何況妻子。是以前檢未窮，後巧復滋，網辟徒峻，猶不能悛。竊尋民之多僞，實由宋季軍旅繁興，役賦殷重，不

堪勤劇，倚巧祈優，積習生常，遂迷忘反。四海之大，黎庶之衆，心用參差，難卒澄一。化宜以漸，不可疾責，誠存不擾，藏疾納汙，實增崇曠，務詳寬簡，則稍自歸淳。又被符簡，病前後年月久遠，具事不存，[三一]符旨旣嚴，不敢闇信。縣簡送郡，郡簡呈使，殊形詭狀，千變萬源。聞者忽不經懷，見者實足傷駭。兼親屬里伍，流離道路，時轉寒涸，事方未已。其士人婦女，彌難厝衷。不簡則疑其有巧，欲簡復未知所安。愚謂此條，宜〔委〕縣簡保，[三二]舉其綱領，略其毛目，[三三]乃囊漏，[三四]不出貯中，庶嬰疾沈痼者，重荷生造之恩也。

又永興、諸暨離唐寓之寇擾，公私殘盡，[三五]〔彌〕復特(彌)甚。[三六]儻値水旱，實不易念。[三七]俗諺云：「會稽打鼓送卹，吳興步擔令史。」會稽舊稱沃壤，今猶若此；吳興本是塉土，事在可〔知。因〕循餘弊，[三八]誠宜改張。沿元懿今啓，敢陳管見。

世祖竝從之。由是深以方直見委。仍行南豫、南兗二州事，籤典咨事，未嘗與色，動遵法制。歷黃門郎，吏部郎。永元中，爲豫章內史。

蕭惠基，南蘭陵蘭陵人也。祖源之，宋前將軍。父思話，征西將軍、儀同三司。

惠基幼以外戚見江夏王義恭，歎其詳審，以女結婚。解褐著作佐郎，征北行參軍，尚書水部，左民郎。出爲湘東內史，除奉車都尉，撫軍車騎主簿。

泰始初，兄益州刺史惠開拒命，明帝遣惠基奉使至蜀，宣旨慰勞。惠開降而益州土人反，引氐賊圍州城。惠基於外宣示朝廷威賞，於是氐人邵虎、郝天賜等斬賊帥馬興懷以降。還爲太子中舍人。惠基西使千餘部曲，竝欲論功，惠基毀除勳簿，競無所用。或問其此意，惠基曰：「我若論其此勞，則驅馳無已，豈吾素懷之本邪？」

出爲武陵內史，中書黃門郎。惠基善隸書及弈棊，太祖與之情好相得，早相器遇。桂陽之役，惠基姊爲休範妃，太祖謂之曰：「卿家桂陽遂復作賊。」太祖頓新亭壘，以惠基爲軍副，惠基弟惠朗親爲休範攻戰，惠基在城內了不自疑。出爲豫章太守。還爲吏部郎，遷長兼侍中。袁粲、劉秉起兵之夕，太祖以秉是惠基妹夫，時直在侍中省，遣王敬則觀其指趣，見惠基安靜不與秉相知，由是益加恩信。討沈攸之，加惠基輔國將軍，徙頓新亭。事寧，解軍號，領長水校尉。母憂去官。

太祖卽位，爲征虜將軍，衞尉。惠基就職少時，累表陳解，見許。服闋，爲征虜將軍、東陽太守，加秩中二千石。凡歷四郡，無所蓄聚。還爲都官尚書，轉掌吏部。永明三年，以久疾徙爲侍中，領驍騎將軍。尚書令王儉朝宗貴望，惠基同在禮閣，非公事不私覿焉。

五年，遷太常，加給事中。自宋大明以來，聲伎所尚，多鄭衞淫俗，雅樂正聲，鮮有好者。惠基解音律，尤好魏三祖曲及相和歌，每奏，輒賞悅不能已。當時能棊人琅邪王抗第一品，吳郡褚思莊、會稽夏赤松竝第二品。赤松思速，善於大行；思莊思遲，巧於鬬棊。宋文帝世，羊玄保爲會稽太守，帝遣思莊入東與玄保戲，因製局圖，還於帝前覆之。太祖使思莊與王抗交賭，自食時至日暮，一局始竟。上倦，遣還省，至五更方決。抗睡於局後，思莊達曉不寐。世或云：「思莊所以品第致高，緣其用思深久，人不能對也。」抗、思莊竝至給事中。永明中，敕抗品棊，竟陵王子良使惠基掌其事。

初，思話先於曲阿起宅，有閑曠之致。惠基常謂所親曰：「須婚嫁畢，當歸老舊廬。」立身退素，朝廷稱爲善士。明年卒，年五十九。追贈金紫光祿大夫。

弟惠休，永明四年，爲廣州刺史。罷任，獻奉傾資。上敕中書舍人茹法亮曰：「可問蕭惠休。吾先使卿宣敕答其勿以私祿足充獻奉。今段殊覺其下情厚於前後人。問之，故當不侵私邪？吾欲分受之也。」十一年，自輔國將軍、南海太守，爲徐州刺史。鬱林卽位，進號冠軍將軍。建武二年，虜圍鍾離，惠休拒守。虜遣使仲長文眞謂城中曰：「聖上方脩文德，何故完城拒命？」參軍羊倫答曰：「獫狁孔熾，我是用急。」虜攻城，惠休拒戰破之。遷侍中，

領步兵校尉，封建安縣子，五百戶。永元元年，徙吳興太守。徵爲右僕射。吳興郡項羽神舊酷烈，世人云「惠休事神謹，欲得美遷」。〔三九〕二年，卒。贈金紫光祿大夫。

惠休弟惠朗。善騎馬，同桂陽賊叛，太祖赦之，復加序用。永明九年，爲西陽王征虜長史，行南兗州事。典籤何益孫贓罪百萬，棄市，惠朗坐免官。

史臣曰：長揖上宰，廷折公卿，古稱遺直，希之未過。若夫根孤地危，峻情不屈，則其道雖行，其身永廢。故多借路求容，遜辭自貶。高流世業，不待旁通，直轡揚鑣，莫能天閼。王秀之世守家風，不降節於權輔，美矣哉！

贊曰：秀處邦朝，清心直己。伯寶世族，榮家爲美。約守先業，觀進知止。慧曉貞亮，斯焉君子。惠基惠和，時之選士。

校勘記

〔一〕〔王〕於荆州立學　據元龜七百十八補。

〔二〕州西曹苟平　「苟平」南監本、毛本、殿本、局本並譌「苟平」。元龜八百三十二作「苟丕」，丕卽平字。按御覽四百三引作「荀丕」，南史豫章王嶷傳同。元龜二百七十四亦作「荀丕」，前後互異。平，潁川人，荀氏爲潁川大族，疑作「荀」是。

〔三〕亦何犯於〔逆〕鱗哉　據南監本、局本補。

〔四〕無以〔相〕貽（離）　據南監本、殿本、局本改。

〔五〕尙書令王儉當世　「當世」南監本、殿本作「當事」。按元龜八百三十二亦作「當世」，南史豫章王嶷傳作「當朝」。

〔六〕太尉〔儉〕從祖兄也　據元龜七百八十一補。

〔七〕昭自方（篆）〔策〕　據南監本、毛本、殿本、局本改。

〔八〕事殷中世　「殷」元龜四百七十一作「啓」。

〔九〕若乃式功鼎臣　「式」各本並譌「武」，元龜不譌。按式功猶言表功，與下「贊庸」相對成文。

〔一〇〕懸諝空彪簡第　「彪」南監本、毛本、殿本、局本作「標」。按元龜作「彪」。

〔一一〕直（日）〔逝〕朝堂　據南監本、殿本、局本改。

〔一二〕何情（興）〔典〕之或廢　據南監本、毛本、殿本、局本及元龜四百七十一改。

〔一三〕行〔南〕徐州府事　張森楷校勘記云：「當云行南徐州府事，各本並奪『南』字。」今據補。

〔一四〕從帝車騎驃騎行參軍　從帝卽順帝，子顯避梁諱改。南監本、殿本已改爲「順帝」。

〔一五〕遷司〔徒〕左長史　據南監本、毛本、殿本、局本補。

〔一六〕百僚屣履到席約躡屐不改　「屣履到席」南監本作「脫屐到席」，南史同。按元龜八百七十七作「百僚脫履到席，約躡屐不改」。

〔一七〕永（明）〔元〕二年卒　據南史改。張森楷校勘記云：「上已有永明八年、建武元年，此當從南史。」

〔一八〕會稽內史同郡張暢　王鳴盛十七史商榷云：「暢爲會稽太守，南齊誤。」

〔一九〕婦父領選始作尙書郎　南史同。錢大昕廿二史考異云：「按婦父謂張岱也，子倕稱岱爲外祖可證。」按陸慧曉子倕南史有傳，云「幼爲外祖張岱所異」。

〔二〇〕尋遷西陽王征虜巴陵王後軍臨汝公輔國三府長史行府州事　南史同。錢大昕廿二史考異云：「按西陽王子明，永明六年除冠軍將軍、南兗州刺史，八年，進號征虜。臨汝公昭文，永明十年除輔國將軍、南豫州刺史。巴陵王子倫以永明七年除南中郎將、南豫州刺史，此云後軍，不同。蓋軍號遞遷，史家不能悉書也。」

〔二一〕出〔爲〕輔國將軍　據南監本、毛本、殿本、局本及南史補。

〔二二〕崔惠景事平　「崔惠景」南監本、殿本、局本作「崔慧景」。按慧惠古通用。

〔二三〕宋鎭南將軍凱之孫也　按「鎭南將軍」當作「鎭軍將軍」，「凱之」當作「覬之」。張森楷校勘記云：「梁書憲之本傳云『祖覬之，宋鎭軍將軍』，與宋書顧覬之傳『卒贈鎭軍將軍』文合，則非鎭南顧凱

之也。形近而誤。」

〔二四〕去之從豐　「之」南監本、殿本、局本及南史並作「乏」。張元濟校勘記云：「按『之』指吳興言，若用『乏』字，則與下『饑棘』犯複。」按元龜六百八十八作「之」。

〔二五〕或微貨貿粒　「貨」元龜五百四作「貸」。

〔二六〕或〔提〕攜老弱　據南監本、殿本、局本及元龜補。

〔二七〕將以何術　按元龜六百八十八作「將何以濟」。

〔二八〕用天分地者〔也〕　據南史及元龜五百四、六百八十八補。按殿本作「用天分地也」，無「者」字。

〔二九〕多是〔土〕〔士〕人復除　據南監本、殿本、局本及元龜五百四、六百八十八改。

〔三〇〕蓋惟分定　「定」字原闕，今據各本補。

〔三一〕具事不存　「具」南監本、毛本、殿本、局本及元龜並作「其」。按具事云云，乃當時習用語，如謝朓傳「並三表詔答，具事宛然」是也。作「其」譌。

〔三二〕宜〔委〕縣簡保　據南監本、殿本、局本及南史、元龜五百四補。

〔三三〕略其毛目　「毛目」二字原闕，據南監本、殿本、局本及南史補。

〔三四〕乃囊漏　南史、元龜六百八十八作「乃當有漏」。

〔三五〕公私殘盡　「盡」各本作「燼」，按盡燼通。

〔三六〕〔彌〕復特(彌)甚　據南監本、局本及南史、元龜改。

〔三七〕實不易念　「念」南監本及元龜並作「思」。

〔三八〕事在可〔知因〕循餘弊　據南監本、殿本、局本及南史、元龜五百四補。

〔三九〕欲得美遷　「欲」南監本、殿本、局本及南史並作「故」。

南齊書卷四十七

列傳第二十八

王融　謝朓

王融字元長，琅邪臨沂人也。祖僧達，中書令，曾高竝台輔。僧達答宋孝武云：「亡父亡祖，司徒司空。」父道琰，廬陵內史。母臨川太守謝惠宣女，惇敏婦人也。教融書學。

融少而神明警惠，博涉有文才。舉秀才。晉安王南中郎板行參軍，坐公事免。竟陵王司徒板法曹行參軍，遷太子舍人。融以父官不通，〔一〕弱年便欲紹興家業，啓世祖求自試。曰：「臣聞春庚秋蟀，集候相悲，露木風榮，臨年共悅。夫唯動植，且或有心；況在生靈，而能無感。臣自奉望宮闕，沐浴恩私，拔迹庸虛，參名盛列，纓劍紫複，趨步丹墀，歲時歸來，誇榮邑里。然無勳而官，昔賢曾議；不任而祿，有識必譏。臣所用慷慨憤懣，不遑自晏。〔二〕誠以深恩鮮報，聖主難逢，蒲柳先秋，光陰不待，貪及明時，展悉愚効，以酬陛下不世之仁。

若微誠獲信，短才見序，文武吏法，唯所施用。夫君道含弘，臣術無隱，翁歸乃居中自是，〔三〕充國曰『莫若老臣』。竊景前脩，敢蹈輕節。以冒不媒之鄙，式罄奉公之誠。抑又唐堯在上，不參二八，管夷吾恥之，臣亦恥之。願陛下裁覽。」遷祕書丞。

從叔儉，初有儀同之授，融贈詩及書，儉甚奇憚之，笑謂人曰：「穰侯印詎便可解？」尋遷丹陽丞，中書郎。虜使遣求書，朝議欲不與。融上疏曰：

臣側聞僉議，疑給虜書，如臣愚情，切有未喻。夫虜人面獸心，狼猛蜂毒，暴悖天經，虧違地義，逋竄燭幽，去來豳朔，綿周、漢而不悛，歷晉、宋其踰梗。豈有愛敬仁智，恭讓廉脩，慙犬馬之馴心，同鷹虎之反目。設稾秣有儲，筋竿足用，必以草竊關燧，寇擾邊疆；寧容款塞卑辭，承衣請朔。陛下務存遵養，不時侮亡，許其膜拜之誠，納裘之賚。況復願同文軌，儻見款遣，思奉聲教，方致猜拒。將使舊邑遺逸，未知所寘，衰胡餘噍，或能自推。一令蔓草難鉏，涓流泛酌，豈直疥癢輕痾，容爲心腹重患。

抑孫武之言也，困則數罰，窘則多賞，先暴而後畏其衆者，虜之謂乎？前中原士庶，雖淪懾殊俗，至於婚葬之晨，猶巾構爲禮。而禁令苛刻，動加誅轘。于時獯粥初遷，犬羊尚結，即心徒怨，困懼成逃。自其將卒奔離，資待銷闕，〔四〕北畏勍蠕，西逼南胡，民背如崩，勢絕防斷。於是曲從物情，僞竊章服，歷年將絕，隱蔽無聞。既南向而泣者，日夜以覬；北顧而辭者，江淮相屬。凶謀歲窘，淺慮無方，於是稽顙郊門，問禮求樂。若來之以文德，賜之以副書，漢家軌儀，重臨畿輔，司隸傳節，復入關河，無待八百之師，不期十萬之衆，固其提漿佇俟，揮戈願倒，三秦大同，六漢一統。

又虜前後奉使，不專漢人，必介以匈奴，備諸覘獲。且設官分職，彌見其情，抑退舊苗，扶任種戚。師保則后族馮晉國，總錄則邽姓直勒渴侯，〔五〕台鼎則丘頹、苟仁端，執政則目凌、鉗耳。至於東都羽儀，西京簪帶，崔孝伯、程虞虯久在著作，李元和、郭季祐上于中書，李思沖飾虜清官，游明根泛居顯職。今經典遠被，詩史北流，馮、李之徒，必欲遵尚；直勒等類，居致乖阻。何則？匈奴以氈騎爲帷牀，馳射爲餱糧，冠方帽則犯沙陵雪，服左衽則風驤鳥逝。若衣以朱裳，戴之玄(頗)〔頍〕，〔六〕節其揖讓，教以翔趨，必同艱桎梏，等懼冰淵，婆娑躑躅，困而不能前已。及夫春草水生，阻散馬之適，秋風木落，絕驅禽之歡，息沸脣於桑墟，別醍乳於冀俗，聽韶雅如聾聵，臨方丈若爰居，馮、李之徒，固得志矣，虜之凶族，其如病何？於是風土之思深，愎戾之情動，拂衣者連裾，抽鋒者比鏃，部落爭于下，酋渠危於上，我一舉而兼吞，卞莊之勢必也。且蕀寶薦虞，晉疆彌盛，大鍾出智，宿氏以亡。帝略遠孚，無思不服，鑾光幸岱，匪暮斯朝。臣請收籍伊瀍，茲書復掌，猶取之內府，藏之外籝，於理有愜，卽事何損。若狂言足採，請決

敕施行。

世祖答曰：「吾意不異卿。今所啓，比相見更委悉。」事竟不行。

永明末，世祖欲北伐，使毛惠秀畫漢武北伐圖，使融掌其事。融好功名，因此上疏曰：

臣聞情慉自中，事符則感，象構於始，機動斯彰。莊敬之道可宗，會揖讓其彌肅，勇烈之士足貴，應鼙鐸以增思。肇植生民，厥詳既緬，降及興運，維道有徵，莫不有所因循而升皇業者也。若夫膏腴既稱，天乙知五方之富，皮幣已列，帝劉測四海之尊。異封禪之文，則升中之典攸闓，嘆輿地之圖，乃席卷之庸是立。

伏惟陛下窮神盡聖，總極居中，偶化兩儀，均明二耀，拯玄綱於頹絕，反至道於澆淳，可謂區寓儀形，齊民先覺者也。臣亦遭逢，生此嘉運，鑿飲耕食，自幸唐年。而識用昏霾，經術疎淺，將蕩且軸，豈蕨與薇。皇鑒燭幽，天高聽下，賞片言之或善，矜一物之失時，湔拂塵蒙，霑飾光價，拔足草廬，廁身朝序，復得拜賀歲時，瞻望日月，於臣心願，曾已畢矣。但千祀一逢，休明難再，思策鉛駑，樂陳涓壒。竊習戰陣攻守之術，農桑牧藝之書，申、商、韓、墨之權，伊、周、孔、孟之道。常願待詔朱闕，俯對青蒲，請閑宴之私，談當世之務。位賤人微，徒深傾款。

方今九服清怡，三靈和晏，木有附枝，輪無異轍，東鞮獻舞，南辮傳歌，羌、僰踰山，秦、屠越海，舌象翫委體之勤，輶譯厭瞻巡之數，固將開桂林於鳳山，創金城於西守。而蠢爾獯狄，敢讎大邦，假息關河，竊命函谷，淪故京之爽塏，變舊邑而荒涼，息反坫之儒衣，久伊川之被髮。北地殘氓，東都遺老，莫不茹泣吞悲，傾耳戴目，翹心仁政，延首王風。若試馳咫尺之書，具甄戎旅之卒，徇其墮城，納其降虜，可弗勞弦鏃，無待干戈。眞皇王之兵，征而不戰者也。臣乞以執殳先邁，式道中原，澄瀁渚之恆流，〔七〕掃狼山之積霧，係單于之頸，屈左賢之膝，習呼韓之舊儀，拜鑾輿之巡幸。然後天移雲動，勒封岱宗，〔八〕咸五登三，〔九〕追蹤七十，百神肅警，萬國具僚，瑲弁星離，玉帛雲聚，集三燭於蘭席，聆萬歲之禎聲，豈不盛哉！豈不韙哉！

昔桓公志在伐莒，郭牙審其幽趣，魏后心存去漢，德祖究其深言。臣愚昧，忖誠不足以知微，然伏揆聖心，規模弘遠，旣圖載其事，必克就其功。臣不勝歡喜。

圖成，上置琅邪城射堂壁上，遊幸輒觀覽焉。

九年，上幸芳林園禊宴朝臣，〔一〇〕使融爲曲水詩序，文藻富麗，當世稱之。上以融才辯，十一年，使兼主客，接虜使房景高、宋弁。弁見融年少，問主客年幾？融曰：「五十之年，久踰其半。」因問：「在朝聞主客作曲水詩序。」景高又云：「在北聞主客此製，勝於顏延年，實願一見。」融乃示之。後日，宋弁於瑤池堂謂融曰：「昔觀相如封禪，以知漢

武之德；今覽王生詩序，用見齊王之盛。」〔一一〕融曰：「皇家盛明，豈直比蹤漢武；更慙鄙製，無以遠匹相如。」上以虜獻馬不稱，使融問曰：「秦西冀北，實多駿驥。而魏主所獻良馬，乃駑駘之不若。求名檢事，殊爲未孚。將旦旦信誓，有時而爽，駉駉之牧，〔一二〕不能復嗣？」宋弁曰：「不容虛僞之名，當是不習土地。」融曰：「周穆馬跡徧於天下，若騏驥之性，因地而遷，則造父之策，有時而躓。」弁曰：「王主客何爲勤勤於千里？」〔一三〕融曰：「卿國旣異其優劣，聊復相訪。若千里日至，聖上當駕鼓車。」弁曰：「向意旣須，必不能駕鼓車也。」融曰：「買死馬之骨，亦〔以〕郭隗之故。」〔一四〕弁不能答。

融自恃人地，三十內望爲公輔。直中書省，夜歎曰：「鄧禹笑人。」行逢大桁開，喧湫不得進。又歎曰：「車前無八騶卒，何得稱爲丈夫！」

朝廷討雍州刺史王奐，融復上疏曰：

臣每覽史傳，見憂國忘家，捐生報德者，未曾不撫卷歎息，以爲今古共情也。然或以片言微感，一飡小惠，參國士之眄，同布素之遊耳。豈有如臣，獨拔無聞之伍，過超非分之位，名器雙假，榮祿兩升，而宴安昊罷之晨，〔一五〕優游旰食之日。所以敢布丹愚，仰聞宸聽。

今議者或以西夏爲念，臣竊謂之不爾。其故何哉？陛下聖明，羣臣悉力，從以制

逆，〔一六〕上而御下，指開賞黜之言，微示生死之路，方域之人，皆相爲敵。既兵威遠臨，人不自保，雖窮鳥必啄，固等命於梁鶉，困獸斯驚，終並懸於廚鹿。凱師勞飲，固不待晨。臣之寸心，獨有微願。

自獫狁荐食，荒侮伊瀍，天道禍淫，危亡日至，母后內難，糧力外虛，〔一七〕謠言物情，屬當今會。若藉巫、漢之歸師，騁士卒之餘憤，取函谷如反掌，陵關塞若摧枯。但士非素蓄，無以卽用，不教民戰，是實棄之。特希私集部曲，豫加習校。若蒙垂許，乞隸監省拘食人身，權備石頭防衞之數。臣少重名節，早習軍旅，若試而無績，伏受面欺之誅；用且有功，仰訓知人之哲。

會虜動，竟陵王子良於東府募人，板融寧朔將軍、軍主。融文辭辯捷，尤善倉卒屬綴，有所造作，援筆可待。子良特相友好，情分殊常。晚節大習騎馬。才地既華，兼藉子良之勢，傾意賓客，勞問周款，文武翕習輻湊之。〔一八〕招集江西傖楚數百人，竝有幹用。

世祖疾篤暫絕，子良在殿內，太孫未入，融戎服絳衫，於中書省閤口斷東宮仗不得進，欲立子良。上既蘇，太孫入殿，朝事委高宗。融知子良不得立，乃釋服還省。歎曰：「公誤我。」鬱林深忿疾融，卽位十餘日，收下廷尉獄，然後使中丞孔稚珪倚爲奏曰：「融姿性剛險，立身浮競，動迹驚羣，抗言異類。近塞外微塵，苦求將領，遂招納不逞，扇誘荒傖。狡筭聲

勢，〔一九〕專行權利，反覆脣齒之閒，傾動頰舌之內。威福自己，無所忌憚，誹謗朝政，歷毁王公，謂己才流，無所推下，事曝遠近，使融依源據答。」融辭曰：「囚寔頑蔽，觸行多釁，但夙（恭）〔忝〕門素，〔二〇〕得奉教君子。爰自總髮，迄將立年，州閭鄉黨，見許愚慎，朝廷衣冠，謂無釁咎。過蒙大行皇帝奬育之恩，又荷文皇帝識擢之重，司徒公賜預士林，安陸王曲垂眄接。既身被國慈，必欲以死自効，前後陳伐虜之計，亦仰簡先朝。今段犬羊乍擾，紀僧眞奉宣先敕，賜語北邊動靜，令囚草撰符詔，于時卽因啓聞，希侍鑾輿。及司徒宣敕招募，同例非一，實以戎事不小，不敢承敎。續蒙軍號，賜使招集，銜敕而行，非敢虛扇。且格取亡叛，不限傖楚，『狡筭聲勢』，〔二一〕應有形迹。『專行權利』，又無贓賄。『反覆脣齒之閒』，未審悉與誰言？『（輕）〔傾〕動頰舌之內』，〔二二〕不容都無主此。〔二三〕但聖主膺敎，實所沐浴，自上甘露頌及銀甕啓、三日詩序、接虜〔使〕語辭，〔二四〕竭思稱揚，得非『誹謗』？且王公百司，唯賢是與，高下之敬，等秩有差，不敢踰濫，豈應『訾毁』？（因）〔囚〕才分本劣，〔二五〕謬被策用，悚怍之情，夙宵兢惕，未嘗誇示里閭，彰曝遠邇，自循自省，竝愧流言。良由緣淺寡虞，致貽囂謗。伏惟明皇臨宇，普天蒙澤，戊寅赦恩，輕重必宥。百日曠期，始蒙旬日，一介罪身，獨嬰憲劾。若事實有徵，爰對有在，九死之日，無恨泉壤。」詔於獄賜死。時年二十七。臨死歎曰：「我若不爲百歲老母，當吐一言。」融意欲指斥帝在東宮時過失也。

融被收，朋友部曲參問北寺，相繼於道。融請救於子良，子良憂懼不敢救。融文集行於世。

謝朓字玄暉，陳郡陽夏人也。祖述，吳興太守。父緯，散騎侍郎。

朓少好學，有美名，文章清麗。解褐豫〔章〕王太尉行參軍，〔二六〕度隨王東中郎府，〔二七〕轉王儉衞軍東閤祭酒，太子舍人、隨王鎭西功曹，轉文學。

子隆在荊州，好辭賦，數集僚友，朓以文才，〔二八〕尤被賞愛，流連晤對，不捨日夕。長史王秀之以朓年少相動，密以啓聞。世祖敕曰：「侍讀虞雲自宜恆應侍接。朓可還都。」朓道中爲詩寄西府曰：「常恐鷹隼擊，秋菊委嚴霜。寄言罻羅者，寥廓已高翔。」遷新安王中軍記室。朓牋辭子隆曰：「朓聞潢汙之水，思朝宗而每竭；〔二九〕駑蹇之乘，希沃若而中疲。何則？皐壤搖落，對之惆悵；岐路東西，〔三〇〕或以嗚悒。〔況〕乃服義徒擁，〔三一〕歸志莫從，邈若墜雨，飄似秋蔕。〔三二〕朓實庸流，行能無筭，屬天地休明，山川受納，褒採一介，搜揚小善，〔三三〕捨耒場圃，奉筆菟園。東亂三江，〔三四〕西浮七澤，契闊戎旃，從容讌語。長裾日曳，後乘載脂，榮立府廷，恩加顏色。沐髮晞陽，未測涯涘；撫臆論報，早誓肌骨。不悟滄溟（末）〔未〕

運，〔三五〕波臣自蕩；渤澥方春，旅翮先謝。清切蕃房，寂寥舊蓽。輕舟反泝，弔影獨留，白雲在天，龍門不見。去德滋永，思德滋深。唯待青江可望，候歸艎於春渚；朱邸方開，効蓬心於秋實。如其簪履或存，衽席無改，雖復身塡溝壑，猶望妻子知歸。攬涕告辭，悲來橫集。」

尋以本官兼尚書殿中郎。隆昌初，敕朓接北使，朓自以口訥，啓讓不當，不見許。〔三六〕高宗輔政，以朓爲驃騎諮議，領記室，掌霸府文筆。又掌中書詔誥，除祕書丞，未拜，仍轉中書郎。出爲宣城太守，以選復爲中書郎。

建武四年，出爲晉安王鎭北諮議、南東海太守，行南徐州事。啓王敬則反謀，上甚（善）〔嘉〕賞之。〔三七〕遷尚書吏部郎。朓上表三讓，中書疑朓官未及讓，以問祭酒沈約。約曰：「宋元嘉中，范曄讓吏部，朱脩之讓黃門，蔡興宗讓中書，竝三表詔答，具事宛然。近世小官不讓，遂成恆俗，恐此有乖讓意。王藍田、劉安西竝貴重，初（不）自〔不〕讓，〔三八〕今豈可慕此不讓邪？孫興公、孔覬竝讓記室，今豈可三署皆讓邪？謝吏部今授超階，讓別有意，豈關官之大小？撝讓之美，〔三九〕本出人情。若大官必讓，便與詣闕章表不異。例既如此，謂都自非疑。」〔四〇〕朓又啓讓，上優答不許。

朓善草隸，長五言詩，沈約常云「二百年來無此詩也」。敬皇后遷祔山陵，朓撰哀策文，齊世莫有及者。

東昏失德，江祏欲立江夏王寶玄，末更回惑，與弟祀密謂朓曰：「江夏年少輕脫，不堪負荷神器，不可復行廢立。始安年長入纂，不乖物望。非以此要富貴，政是求安國家耳。」遙光又(遺)〔遣〕親人劉渢密致意於朓，〔四一〕欲以爲肺腑。朓自以受恩高宗，非渢所言，不肯答。少日，遙光以朓兼知衞尉事，朓懼見引，卽以祏等謀告左興盛，〔四二〕興盛不敢發言。祏聞，以告遙光，遙光大怒，乃稱敕(見)〔召〕朓，〔四三〕仍回車付廷尉，與徐孝嗣、祏、暄等連名啓誅朓曰：「謝朓資性險薄，大彰遠近。王敬則往構凶逆，微有誠効，自爾昇擢，超越倫伍。而谿壑無厭，著於觸事。比遂扇動內外，處處姦說，妄貶乘輿，竊論宮禁，閒謗親賢，輕議朝宰，醜言異計，非可具聞。無君之心旣著，共棄之誅宜及。臣等參議，宜下北里，肅正刑書。」詔：「公等啓事如此，朓資性輕險，久彰物議。直以彫蟲薄伎，見齒衣冠。昔在渚宮，構扇蕃邸，日夜縱諛，〔四四〕仰窺俯畫。及還京師，飜自宣露，江、漢無波，以爲己功。素論於茲而盡，縉紳所以側目。去夏之事，頗有微誠，賞擢曲加，踰邁倫序，感悅未聞，陵競彌著。遂復矯構風塵，妄惑朱紫，詆貶朝政，疑閒親賢。巧言利口，見醜前志，涓流纖孽，作戒遠圖。宜有少正之刑，以申去害之義。便可收付廷尉，肅明國典。」又使御史中丞范岫奏收朓，下獄死。時年三十六。

朓初告王敬則，敬則女爲朓妻，常懷刀欲報朓，朓不敢相見。及爲吏部郎，沈昭略謂朓

曰：「卿人地之美，無忝此職。但恨今日刑于寡妻。」朓臨敗歎曰：「我不殺王公，王公由我而死。」

史臣曰：晉世遷宅江表，人無北歸之計，英霸作輔，芟定中原，彌見金德之不競也。元嘉再略河南，師旅傾覆，自此以來，攻伐寢議。雖有戰爭，事存保境。王融生遇永明，軍國寧息，以文敏才華，不足進取，經略心旨，殷懃表奏。若使宮車未晏，有事邊關，融之報効，或不易限。夫經國體遠，許久爲難，而立功立事，信居物右，其賈誼、終軍之流亞乎！

贊曰：元長穎脫，拊翼將飛。時來運往，身沒志違。高宗始業，乃顧玄暉。逢昏屬亂，先蹈禍機。

校勘記

〔一〕融以父官不通　「官」南史、元龜九百作「宦」。

〔二〕不遑自晏　「晏」南監本作「安」。

〔三〕翁歸乃居中自是　「是」南監本、毛本、殿本、局本作「見」。按永樂大典六千八百三十一引作「見」，藝文類聚五十三、元龜九百作「是」。

〔四〕資待錡闕　「待」南監本、殿本、局本作「峙」。嚴可均輯全齊文作「偫」。按字當作「偫」。說文：「偫，待也。」段注：「謂儲物以待用也。偫經典或作『峙』，或作『庤』。」

〔五〕總錄則邽姓直勒渴侯　按「直勒」依闕特勤碑當作「直勤」。

〔六〕戴之玄(頗)〔頍〕　據永樂大典六千八百三十一引改。張元濟校勘記云「『頗』疑『頍』字之譌。詩小雅『有頍者弁』」。按張說與大典引合。南監本、毛本、殿本、局本作「冕」，非。

〔七〕澄澣渚之恆流　「澣渚」南監本、局本作「瀚渚」，藝文類聚五十九作「澣海」。按澣卽瀚字。

〔八〕勒封岱宗　「勒」藝文類聚五十九作「升」。

〔九〕咸五登三　「咸」藝文類聚五十九、元龜四百八十二作「減」。按咸卽減字。

〔一〇〕上幸芳林薗禊宴朝臣　「薗」南監本、毛本、殿本、局本並作「園」，惟永樂大典六千八百三十一引作「薗」。按「薗」乃「園」之俗字，敦煌戶籍計帳中屢見之，今不改。

〔一一〕用見齊王之盛　「齊王」南史、元龜八百三十四作「齊主」。

〔一二〕駉駉之牧　南史同。洪頤煊諸史考異云：「案毛詩『駉駉牡馬』，釋文『牡本作牧』。顏氏家訓書證篇，『駉駉牡馬，江南書皆作牝牡之牡，河北本悉爲放牧之牧』。此同河北本。」

〔一三〕王主客何爲懃懃於千里　「懃懃」南監本、局本作「殷勤」。

〔一四〕亦(以)郭隗之故　據南史、元龜八百三十四補。

〔一五〕而宴安臭罷之晨　「臭」原譌「具」，今據殿本改正。按臭卽昃字，「臭」與「具」形近而譌。

〔一六〕從以制逆　「從」卽「順」字，子顯避梁諱改，南監本、殿本已改作「順」。

〔一七〕糧力外虛　「糧」南監本作「兵」。

〔一八〕文武翕習輻湊之　「翕習」南監本作「翕翕」。

〔一九〕狡筭聲勢　「筭」字元龜五百二十一同，南監本、毛本、殿本、局本及南史並作「弄」。按下王融答辭亦有「狡筭聲勢」語，筭卽筭字，則作「筭」不譌。又按說文，筭字從竹弄，言常弄乃不誤也，則筭字本含有弄義矣。

〔二〇〕但夙(恭)〔忝〕門素　據毛本、殿本、局本及南史、元龜五百二十一改。

〔二一〕狡筭聲勢　「筭」南監本、毛本、殿本作「弄」。元龜五百二十一作「筭」，永樂大典六千八百三十一引作「算」。按筭卽筭字，作「筭」不譌，說見上。

〔二二〕(輕)〔傾〕動頰舌之內　據南監本、局本及南史改。

〔二三〕不容都無主此　「主」南監本、局本作「彼」。

〔二四〕接虜〔使〕語辭　據南監本、殿本、局本及南史、元龜五百二十一補。

〔二五〕(因)〔囚〕才分本劣　據毛本、殿本、局本及南史、元龜五百二十一改。

〔二六〕解褐豫〔章〕王太尉行參軍　據南監本、毛本、殿本、局本補。

〔二七〕度隨王東中郎府　「度」南監本作「遷」，毛本、殿本、局本作「歷」。按張元濟校勘記云「度」字不誤。

〔二八〕朓以文才　「文才」文選二十六謝玄暉暫使都夜發新林至京邑贈西府同僚詩李善注引作「才文」，元龜二百九十二亦作「才文」。

〔二九〕思朝宗而每竭　「思」文選四十謝玄暉拜中軍記室辭隨王牋作「願」。

〔三〇〕岐路東西　「東西」文選作「西東」。

〔三一〕〔況〕乃服義徒擁　據南監本、殿本、局本及南史、文選補。

〔三二〕飄似秋蔕　「飄」文選作「翾」。

〔三三〕搜揚小善　「搜」文選作「抽」。

〔三四〕東亂三江　「亂」毛本、殿本、局本作「泛」。按文選作「亂」，李善注引僞孔傳「正絕流曰亂」。作「泛」譌。

〔三五〕不悟滄溟(末)〔未〕運　據南監本、局本及南史、文選、元龜八百五十改。

〔三六〕啓讓不當不見許　按南監本無「不當不」三字，南史同。殿本無下「不」字。

〔三七〕上甚(善)〔嘉〕賞之　據南監本、毛本、殿本、局本改。

〔三八〕初(不)自〔不〕讓　據御覽二百十六、四百十二引及通典職官典、元龜四百六十四改。

〔三九〕撝讓之美　「讓」毛本、殿本、局本作「謙」。

〔四〇〕謂都自非疑　南監本無「自」字。

〔四一〕遙光又(遺)〔遣〕親人劉渢密致意於朓　據殿本、局本及南史改。

〔四二〕卽以祏等謀告左興盛　張森楷校勘記云：「『左興盛』下，北監本、殿本有『劉暄』二字。」

〔四三〕乃稱敕(見)〔召〕朓　據南監本、毛本、殿本、局本改。

〔四四〕日夜縱諛　「縱諛」南監本、殿本作「從諛」。

南齊書卷四十八

列傳第二十九

袁彖　孔稚珪　劉繪

袁彖字偉才，陳郡陽夏人也。祖洵，吳郡太守。父覬，武陵太守。〔一〕彖少有風氣，好屬文及玄言。舉秀才，歷諸王府參軍，不就。覬臨終與兄顗書曰：「史公才識可嘉，足懋先基矣。」史公，彖之小字也。

服未闋，顗在雍州起事見誅，宋明帝投顗尸江中，不聽斂葬。彖與舊奴一人，微服潛行求尸，四十餘日乃得，密瘞石頭後崗，身自負土。懷其(父)〔文〕集，〔二〕未嘗離身。明帝崩後，乃改葬顗。從叔司徒粲、外舅征西將軍蔡興宗並器之。〔三〕

除安成王征虜參軍，主簿，尚書殿中郎，出爲廬陵內史，豫州治中，太祖太傅相國主簿，祕書丞。議駁國史，檀超以天文志紀緯序位度，五行志載當時祥沴，二篇所記，事用相懸，

日蝕爲災，宜居五行。超欲立處士傳。彖曰：「夫事關業用，方得列其名行。今栖遁之士，排斥皇王，陵轢將相，此偏介之行，不可長風移俗，故遷書未傳，班史莫編。一介之善，無緣頓略，宜列其(性)〔姓〕業，〔四〕附出他篇。」

遷始興王友，固辭。太祖使吏部尚書何戢宣旨令就。遷中書郎，兼太子中庶子。又以中書兼御史中丞。轉黃門郎，兼中丞如故。坐彈謝超宗簡奏依違，免官。尋補安西諮議、南平內史。除黃門，未拜，仍轉長史、南郡內史，行荊州事。還爲太子中庶子，本州大中正。出爲冠軍將軍、監吳興郡事。

彖性剛，甞以微言忤世祖，又與王晏不協。世祖在便殿，用金柄刀子治瓜，晏在側曰：「外間有金刀之言，恐不宜用此物。」世祖愕然，窮問所以。晏曰：「袁彖爲臣說之。」上銜怒良久，彖到郡，坐逆用祿錢，〔五〕免官付東冶。世祖遊〔孫〕陵，〔六〕望東冶，曰：「中有一好貴囚。」數日，車駕與朝臣幸冶，履行庫藏，因宴飲，賜囚徒酒肉，敕見彖與語，明日釋之。尋白衣行南徐州事，司徒諮議，衞軍長史，遷侍中。

彖形體充腴，有異於衆。每從車駕射雉在郊野，數人推扶，乃能徒步。幼而母卒，養於伯母王氏，事之如親。閨門中甚有孝義。隆昌元年，卒。年四十八。謚靖子。

孔稚珪字德璋，會稽山陰人也。祖道隆，位侍中。父靈產，泰始中，罷晉安太守。有隱遁之懷，於禹井山立館，事道精篤，吉日於靜屋四向朝拜，涕泗滂沲。東出過錢塘北郭，輒於舟中遙拜杜子恭墓，自此至都，東向坐，不敢背側。元徽中，爲中散、太中大夫。頗解星文，好術數。太祖輔政，沈攸之起兵，靈產密白太祖曰：「攸之兵衆雖彊，以天時冥數而觀，無能爲也。」太祖驗其言，擢遷光祿大夫。以簏盛靈產上靈臺，令其占候。餉靈產白羽扇、素隱几。曰：「君性好古，故遺君古物。」

稚珪少學涉，有美譽。太守王僧虔見而重之，引爲主簿。州舉秀才。解褐宋安成王車騎法曹行參軍，轉尚書殿中郎。太祖爲驃騎，以稚珪有文翰，取爲記室參軍，與江淹對掌辭筆。遷正員郎，中書郎，尚書左丞。父憂去官，與兄仲智還居父山舍。仲智妾李氏驕妬無禮，稚珪白太守王敬則殺之。服闋，爲司徒從事中郎，州治中，別駕，從事史，本郡中正。

永明七年，轉驍騎將軍，復領左丞。遷黃門郎，左丞如故。轉太子中庶子，廷尉。江左相承用晉世張杜律二十卷，世祖留心法令，數訊囚徒，詔獄官詳正舊注。先是七年，尚書刪定郎王植撰定律章表奏之，曰：「臣尋晉律，文簡辭約，旨通大綱，事之所質，取斷難釋。張斐杜預同注一章，而生殺永殊。自晉泰始以來，唯斟酌參用。是則吏挾威福之勢，民懷不

對之怨，所以溫舒獻辭於失政，絳侯忼慨而興歎。皇運革祚，道冠前王，陛下紹興，光開帝業。下車之痛，每惻上仁，滿堂之悲，有矜聖思。爰發德音，刪正刑律，敕臣集定張杜二注。謹礪愚蒙，盡思詳撰，削其煩害，錄其允衷。取張注七百三十一條，杜注七百九十一條。或二家兩釋，於義乃備者，又取一百七條。其注相同者，取一百三條。凡一千五百三十二條，〔七〕爲二十卷。請付外詳校，擿其違謬。」從之。於是公卿八座參議，考正舊注。有輕重處，竟陵王子良下意，多使從輕。其中朝議不能斷者，制旨平決。至九年，稚珪上表曰：

臣聞匠萬物者以繩墨爲正，馭大國者以法理爲本。是以古之聖王，臨朝思理，遠防邪萌，深杜姦漸，莫不資法理以成化，明刑賞以樹功者也。伏惟陛下躡曆登皇，乘圖踐帝，天地更築，日月再張，五禮裂而復縫，六樂穨而爰緝。乃發德音，下明詔，降恤刑之文，申慎罰之典，敕臣與公卿八座共刪注律。謹奉聖旨，諮審司徒臣子良，稟受成規，創立條緒。使兼監臣宋躬、兼平臣王植等抄撰同異，定其去取。詳議八座，裁正大司馬臣嶷。其中洪疑大議，衆論相背者，聖照玄覽，斷自天筆。始就成立律文二十卷，錄敍一卷，凡二十一卷。今以奏聞，請付外施用，宣下四海。

臣又聞老子、仲尼曰：「古之聽獄者，求所以生之；今之聽獄〔者〕，〔八〕求所以殺

之。」「與其殺不辜，寧失有罪。」是則斷獄之職，自古所難矣。今律文雖定，必須用之；用失其平，不異無律。律書精細，文約例廣，疑似相傾，故誤相亂，一乖其綱，枉濫橫起。法吏無解，既多謬僻，監司不習，無以相斷，則法書徒明於帙裏，冤魂猶結於獄中。今府州郡縣千有餘獄，如令一獄歲枉一人，則一年之中，枉死千餘矣。〔九〕冤毒之死，上干和氣，聖明所急，不可不防。致此之由，又非但律吏之咎，列邑之宰，亦亂其經。或以軍勳餘力，或以勞吏暮齒，獷(猜)〔情〕濁氣，〔一〇〕忍并生靈，昏心狠態，吞剝氓物，虐理殘其命，曲文被其罪，冤積之興，復緣斯發。獄吏雖良，不能爲用。使于公哭於邊城，孝婦冤於遐外。陛下雖欲宥之，其已血濺九泉矣。

尋古之名流，多有法學。故釋之、定國，聲光漢臺；〔一一〕元(帝)〔常〕、文惠，〔一二〕績映魏閣。〔一三〕今之士子，莫肯爲業，縱有習者，世議所輕。良由空勤永歲，不逢一朝之賞，積學當年，終爲閭伍所蚩。將恐此書永墜下走之手矣。今若弘其爵賞，開其勸慕，課業宦流，班習冑子，拔其精究，〔一四〕使處內局，簡其才良，以居外仕，〔一五〕方岳咸選其能，邑長並擢其術，則臯繇之(謀)〔謨〕，〔一六〕指掌可致，杜鄭之業，鬱焉何遠。然後姦邪無所逃其刑，〔一七〕惡吏不能藏其詐，如身手之相驅，若紘栝之相接矣。

臣以疎短，謬司大理。陛下發自聖衷，憂矜刑網，御(延)〔廷〕奉訓，〔一八〕遠照民瘼。

臣謹仰述天官，伏奏雲陛。所奏繆允者，宜寫律上，國學置律助教，〔一九〕依五經例，國子生有欲讀者，策試上過高第，卽便擢用，使處法職，以勸士流。

詔報從納，事竟不施行。

轉御史中丞，遷驃騎長史，輔國將軍。建武初，遷冠軍將軍、平西長史、南郡太守。稚珪以虜連歲南侵，征役不息，百姓死傷。乃上表曰：

匈奴爲患，自古而然，雖三代智勇，兩漢權奇，筭略之要，二塗而已。一則鐵馬風馳，奮威沙漠；二則輕車出使，通驛虜庭。榷而言之，優劣可覩。今之議者，咸以丈夫之氣，恥居物下，況我天威，寧可先屈？吳、楚勁猛，帶甲百萬，截彼鯨鯢，何往不碎？請和示弱，非國計也。臣以爲戎狄獸性，本非人倫，鴟鳴狼踞，不足喜怒，蜂目蠆尾，何關美惡。唯宜勝之以深權，制之以遠筭，弘之以大度，處之以蝨賊。豈足肆天下之忿，捐蒼生之命，發雷電之怒，爭蟲鳥之氣。百戰百勝，不足稱雄，橫尸千里，無益上國。而蟻聚蠶攢，〔二〇〕窮誅不盡，馬足毛羣，難與競逐。漢高橫威海表，窘迫長圍；孝文國富刑清，事屈陵辱；宣帝撫納安靜，朔馬不驚；光武卑辭厚禮，寒山無靄。是兩京四主，英濟中區，輸寶貨以結和，遣宗女以通好，長轡遠馭，子孫是賴。豈不欲戰，惜民命也。唯漢武藉五世之資，承六合之富，驕心奢志，大事匈奴。遂連兵積歲，轉戰千里，

長驅瀚海，飲馬龍城，雖斬獲名王，屠走凶羯，而漢之(棄)〔卒〕甲十亡其九。〔三一〕故衞霍出關，千隊不反，貳師入(漢)〔漠〕，〔三二〕百旅頓降，李廣敗於前鋒，李陵沒於後陣，其餘奔北，不可勝數。遂使國儲空懸，戶口減半，好戰之功，其利安在？戰不及和，相去何若？

自西朝不綱，東晉遷鼎，羣胡沸亂，羌狄交橫，荆棘攢於陵廟，豺虎咆於宮闈，山淵反覆，黔首塗地，逼迫崩騰，開闢未有。是時得失，略不稍陳。近至元嘉，多年無事，末路不量，復挑彊敵。遂廼連城覆徙，虜馬飲江，青、徐(州)之際，〔三三〕草木為人耳。建元之初，胡塵犯塞，永明之始，復結通和，十餘年間，邊候且息。

陛下張天造曆，駕日登皇，聲雷寓宙，勢壓河岳。而封豕殘魂，未屠劒首，長蛇餘喘，偷窺外甸，烽亭不靜，五載於斯。昔歲蟻壞，瘻食樊、漢，今茲蟲毒，浸淫未已。興師十萬，日費千金，五歲之費，寧可貲計。陛下何惜匹馬之驛，百金之賂，數行之詔，誘此凶頑，使河塞息肩，關境全命，蓄甲養民，以觀彼弊。我策若行，則為不世之福；若不從命，不過如戰失一隊耳。或云「遣使不受，則為辱命」。夫以天下為量者，不計細恥，以四海為任者，寧顧小節。一城之沒，尚不足惜；一使不反，曾何取慙？且我以權取貴，得我略行，何嫌其恥？所謂尺蠖之屈，以求伸也。臣不言遣使必得和，自有可和之理；猶如欲戰不必勝，而有可勝之機耳。今宜早發大軍，廣張兵勢，徵犀甲於岷峨，命

樓船於浦海。使自青徂豫，候騎星羅，沿江入漢，雲陣萬里。據險要以奪其魂，斷糧道以折其膽，多設疑兵，使精悉而計亂，〔三四〕固列金湯，使神茹而慮屈。然後發衷詔，馳輕驛，辯辭重幣，陳列吉凶。北虜頑而愛奇，貪而好(古)〔貨〕，〔三五〕畏我之威，喜我之賂，畏威喜賂，願和必矣。陛下用臣之啓，行臣之計，何憂玉門之下，而無款塞之胡哉？

彼之言戰既慇懃，臣之言和亦慊闊。伏願察兩塗之利害，檢二事之多少，聖照玄省，灼然可斷。所表謬奏，希下之朝省，使同博議。臣謬荷殊恩，奉佐侯岳，敢肆瞽直，伏奏千里。

帝不納。徵侍中，不行，留本任。

稚珪風韻清踈，好文詠，飲酒七八斗。與外兄張融情趣相得，又與琅邪王思遠、廬江何點、點弟胤並款交。不樂世務，居宅盛營山水，憑机獨酌，傍無雜事。門庭之內，草萊不剪，中有蛙鳴，或問之曰：「欲為陳蕃乎？」稚珪笑曰：「我以此當兩部鼓吹，何必期效仲舉。」永元元年，為都官尚書，遷太子詹事，加散騎常侍。三年，稚珪疾，東昏屏除，以牀轝走，因此疾甚，遂卒。年五十五。贈金紫光祿大夫。

劉繪字士章，彭城人，太常悛弟也。父勔，宋末權貴，門多人客，使繪與之共語，應接流暢。勔喜曰：「汝後若束帶立朝，可與賓客言矣。」解褐著作郎，太祖太尉行參軍。太祖見而歎曰：「劉公為不亡也。」

豫章王嶷為江州，以繪為左軍主簿。隨鎮江陵，轉鎮西外兵曹參軍，驃騎主簿。繪聰警有文義，善隸書，數被賞召，進對華敏，僚吏之中，見遇莫及。琅邪王詡為功曹，以吏能自進。嶷謂僚佐曰：「吾雖不能得應嗣陳蕃，然閤下自有二驥也。」復為司空記室錄事，轉太子洗馬，大司馬諮議，領錄事。時豫章王嶷與文惠太子以年秩不同，物論謂宮、府有疑，繪苦求外出，為南康相。郡事之暇，專意講說。上左右陳洪請假南還，問繪在郡何似？既而閑之曰：「南康是三州喉舌，應須治幹。豈可以年少講學處之邪？」徵還為安陸王護軍司馬，轉中書郎，掌詔誥。敕助國子祭酒何胤撰治禮儀。

永明末，京邑人士盛為文章談義，皆湊竟陵王西邸。繪為後進領袖，機悟多能。時張融、周顒並有言工，融音旨緩韻，顒辭致綺捷，繪之言吐，又頓挫有風氣。時人為之語曰：「劉繪貼宅，別開一門。」言在二家之中也。

魚復侯子響誅後，豫章王嶷欲求葬之，召繪言其事，使為表。繪求紙筆，須臾便成。

嶷(惟)足八字，〔三六〕云「提攜鞠養，俯見成人」。乃歎曰：「禰衡何以過此。」後北虜使來，繪以辭辯，敕接虜使。事畢，當撰語辭。繪謂人曰：「無論潤色未易，但得我語亦難矣。」

事兄悛恭謹，與人語，呼為「使君」。隆昌中，悛坐罪將見誅，繪伏闕請代兄死，高宗輔政，救解之。引為鎮軍長史，轉黃門郎。高宗為驃騎，以繪為輔國將軍，諮議，領錄事，典筆翰。高宗即位，遷太子中庶子，出為寧朔將軍、撫軍長史。

安陸王寶晊為湘州，以繪為冠軍長史、長沙內史，行湘州事，將軍如故。寶晊妃，悛女也。寶晊愛其侍婢，繪奪取，具以啓聞，寶晊以為恨，與繪不協。

遭母喪去官。有至性，持喪墓下三年，食饘粥。服闋，為寧朔將軍、晉安王征北長史、南東海太守，行南徐州事。繪雖豪俠，常惡武事，雅善博射，未嘗跨馬。兄悛之亡，朝議贈平北將軍、雍州刺史，詔書已出，繪請尚書令徐孝嗣改之。

及梁王義師起，朝廷以繪為持節、督雍梁南北秦四州郢州之竟陵司州之隨郡諸軍事、輔國將軍、領寧蠻校尉、雍州刺史。固讓不就。衆以朝廷昏亂，為之寒心，繪終不受。東昏改用張欣泰。繪轉建安王車騎長史，行府國事。義師圍城，南兗州刺史張稷總城內軍事，與繪情款異常，將謀廢立，閑語累夜。東昏殞，城內遣繪及國子博士范雲等送首詣梁王於石頭，轉大司馬從事中郎。中興二年，卒。年四十五。繪撰能書人名，自云善飛白，言論之

際，頗好矜知。〔二七〕

弟瑱，字士温。好文章，飲酒奢逸，不吝財物。滎陽毛惠遠善畫馬，瑱善畫婦人，世並爲第一。官至吏部郎。先繪卒。

史臣曰：刑禮相望，勸戒之道，淺識言治，莫辯後先，故宰世之堤防，御民之羈紲。端簡爲政，貴在畫一，輕重屢易，手足無從。律令之本，文約旨曠，據典行罰，各用情求。舒慘之意既殊，寬猛之利亦異，辭有出沒，義生增損。舊尹之事，政非一途，後主所是，卽爲成用。張弛代積，稍至遷訛。故刑開二門，法有兩路，刀筆之態深，舞弄之風起。承喜怒之機隙，挾千金之奸利，剪韭復生，寧失有罪，抱木牢戶，未必非冤。下吏上司，文簿從事，辯聲察色，莫用衿府，申枉理讞，急不在躬，案法隨科，幸無咎悔。至於郡縣親民，百務萌始，以情矜過，曾不待獄，以律定罪，無細非奮。蓋由網密憲煩，文理相背。夫懲恥難窮，盜賊長有，欲求猛勝，事在或然，掃墓高門，爲利孰遠。故永明定律，多用優寬，治物不患仁心，見累於弘厚，爲令貴在必行，而惡其舛雜也。

贊曰：袁徇厥戚，猶子爲情。稚珪夷遠，奏諫罷兵。士章機悟，立行砥名。

校勘記

〔一〕父覬武陵太守 「太守」南史作「內史」。按宋書州郡志，郢州武陵郡置太守。

〔二〕懷其（父）〔文〕集 據南史改。按謂懷其伯父顗之文集也。

〔三〕外舅征西將軍蔡興宗 「外舅」南史作「祖舅」。按宋書蔡廓傳子興宗附傳，袁彖爲興宗姊之孫，故得稱祖舅；其後興宗又以女妻彖，故得稱外舅。兩書皆不誤。

〔四〕宜列其（性）〔姓〕業 據南監本、毛本、殿本、局本改。

〔五〕坐逆用祿錢 「逆用」南監本、毛本、殿本、局本作「過用」。按「逆」字不譌。逆用猶今言預支也。御覽四百八十三引亦作「逆用」。

〔六〕世祖遊〔孫〕陵 據南監本、殿本、局本補。

〔七〕凡一千五百三十二條 周星詒校勘記云：「當作『凡一千七百三十二條』，方與上列之數符合。」

〔八〕今之聽獄〔者〕 據南監本、殿本、局本及御覽六百三十八引補。

〔九〕則一年之中枉死千餘矣 「矣」南監本作「人」。

〔一〇〕獷（猜）〔情〕濁氣 據南監本、毛本、殿本、局本改。

〔一一〕聲光漢臺 「光」藝文類聚五十四作「著」。

〔一二〕元（帝）〔常〕文惠 「元常」原譌「元帝」，各本不譌，今改正。按元常，鍾繇字。文惠，高柔字。

〔一三〕續映魏閣 「映」藝文類聚作「應」。

〔一四〕拔其精究 「究」原譌「寃」，今據南監本、殿本、局本改正。

〔一五〕簡其才良以居外仕 「才」原譌「身」，今據南監本、殿本、局本改正。「仕」局本作「任」。

〔一六〕則皐繇之（謀）〔謨〕 據藝文類聚五十四改。按嚴可均輯全齊文亦依藝文類聚作「謨」。

〔一七〕然後姦邪無所逃其刑 「姦邪」藝文類聚作「姦人」。

〔一八〕御（延）〔廷〕奉訓 據局本改。

〔一九〕國學置律助教 「律」下殿本有「學」字。

〔二〇〕而蟻聚蠶攢 「蠶」南監本作「蠹」。

〔二一〕而漢之（棄）〔卒〕甲十亡其九 據元龜四百七改。按南監本亦作「棄甲」，疑卒字譌刻爲弃，又轉刻爲棄也。毛本、殿本、局本作「器甲」，疑後人臆改。

〔二二〕貳師入（漢）〔漠〕 「漠」當作「漠」，各本並譌，今改正。按嚴可均輯全齊文已改正。

〔二三〕青徐（州）之際 據毛本、殿本、局本及元龜四百七刪。

〔二四〕使精悉而計亂 「悉」各本作「銷」。按悉，盡也，銷亦盡也，字異而義同。

〔二五〕貪而好（古）〔貨〕 據殿本、局本改。

〔二六〕嶷〔惟〕足八字 據殿本及御覽五百九十九引補。

〔二七〕頗好矜知 「矜知」南監本、殿本作「矜詡」，元龜八百六十一作「矜衒」。

南齊書卷四十九

列傳第三十

王奐 從弟繢 張沖

王奐字彥孫，琅邪臨沂人也。祖僧朗，宋左光祿、儀同。[一]父粹，黃門郎。奐出繼從祖中書令球，故字彥孫。

解褐著作佐郎，太子舍人，安陸王冠軍主簿，太子洗馬，本州別駕，中書郎，桂陽王司空諮議，黃門郎。元徽元年，爲晉熙王征虜長史、江夏內史，遷侍中，領步兵校尉。復出爲晉熙王鎮西長史，加冠軍將軍、江夏武昌太守。徵祠部尚書，轉掌吏部。

昇明初，遷冠軍將軍、丹陽尹。初，王晏父普曜爲沈攸之長史，常慮攸之舉事，不得還。時奐爲吏部，轉普曜爲內職，晏深德之。及晏仕世祖府，奐從弟蘊反，世祖謂晏曰：「王奐宋家外戚，王蘊親同逆黨，既其羣從，豈能無異意。我欲具以啓聞。」晏叩頭曰：「王奐脩謹，保

無異志。晏父母在都，請以爲質。」世祖乃止。

出爲吳興太守，秩中二千石，將軍如故。尋進號征虜將軍。建元元年，進號左將軍。明年，遷太常，領鄱陽王師，仍轉侍中，祕書監，領驍騎將軍。又遷征虜將軍、臨川王鎮西長史、領南蠻校尉、南郡內史。奐一歲三遷，上表固讓南蠻曰：「今天地初闢，萬物載新，荊蠻來威，巴濮不擾。但使邊民樂業，有司脩務，本府舊州，日就殷阜。臣昔遊西土，較見盈虛，曩日者戎燼之後，痍毀難復。雖復緝以善政，未及來蘇。今復割撤大府，制置偏校，崇望不足以助強，語實安能以相弊？且資力既分，職司增廣，衆勞務倍，文案滋煩。非獨臣見其難，竊以爲國計非允。」見許。於是罷南蠻校尉官。進號前將軍。

世祖卽位，徵右僕射。仍轉使持節監湘州軍事、前將軍、湘州刺史。永明二年，徙爲散騎常侍、江州刺史。初省江州軍府。四年，遷右僕射，本州中正。奐無學術，以事幹見處。遷尚書僕射，中正如故。校籍郎王植屬吏部郎孔琇之以校籍令史俞公喜求進署，矯稱奐意，植坐免官。

六年，遷散騎常侍，領軍將軍。奐欲請車駕幸府。上晚信佛法，御膳不宰牲。使王晏謂奐曰：「吾前去年爲斷殺事，不復幸詣大臣已判，無容欻爾也。」王儉卒，上用奐爲尚書令，[二]以問王晏。晏位遇已重，與奐不能相推，答上曰：「柳世隆有重望，[三]恐不宜在奐後。」乃轉爲左僕射，加給事中，出爲使持節、散騎常侍、都督雍梁南北秦四州郢州之竟陵司州之隨郡軍事、鎮北將軍、雍州刺史。上謂王晏曰：「奐於釋氏，實自專至。其在鎮或以此妨務，卿相見言次及之，勿道吾意也。」上以行北諸戍士卒多繿縷，送袴褶三千具，令奐分賦之。

十一年，奐輒殺寧蠻長史劉興祖，上大怒，使御史中丞孔稚珪奏其事曰：

雍州刺史王奐啓錄小府長史劉興祖，虛稱「興祖扇動山蠻，規生逆謀，誑言誹謗，言辭不遜」。敕使送興祖下都，奐慮所啓欺妄，於獄打殺興祖，詐啓稱自經死。止今體傷楗蒼皾，事暴聞聽。

攝興祖門生劉倪到臺辨問，列「興祖與奐共事，不能相和。自去年朱公恩領軍征蠻失利，興祖啓聞，以啓呈奐，奐因此便相嫌恨。若云興祖有罪，便應事在民間；民間恬然，都無事迹。去十年九月十八日，[四]奐使仗身三十人來，稱敕錄興祖付獄。安定郡蠻先在郡贓私，興祖既知其取與，卽牒啓，奐不問。興祖後執錄，奐仍令蠻領仗身於獄守視。興祖未死之前，於獄以物畫漆枰子中出密報家，道無罪，令啓乞出都一辨，萬死無恨」。又云：「奐駐興祖嚴禁信使，欲作方便，殺以除口舌。」又云：「奐意乃可。奐第三息彪隨奐在州，凡事是非皆干豫，[五]扇構密除興祖。」又云：「興祖家餉糜，中下藥，

食兩口便覺，回乞獄子，食者皆大利。興祖大叫道『糜中有藥』。近獄之家，無人不聞。」又云：「奐治著興祖日急，判無濟理。十一月二十一日，奐使獄吏來報興祖家，道興祖於獄自經死。尸出，家人共洗浴之，見興祖頸下有傷，肩胛烏皾，陰下破碎，實非興祖自經死。家人及門義共見，非是一人。」重攝檢雍州都留田文喜，列與倪符同狀。

興祖在獄，嗛苦望下，既蒙降旨，欣願始遂，豈容於此，方復自經？敕以十九日至，興祖以二十一日死，推理檢迹，灼然矯假。尋敕使送下，奐輒拒詔，所謗諸條，悉出奐意。毀故丞相若陳顯達，誹訕朝事，莫此之深。彪私隨父之鎮，敢亂王法，罪竝合窮戮。

上遣中書舍人呂文顯、直閤將軍曹道剛領齋仗五百人收奐。敕鎮西司馬曹虎從江陵步道會襄陽。

奐子彪素凶剽，奐不能制。女婿殷叡懼禍，謂奐曰：「曹、呂今來，既不見眞敕，恐爲姦變，政宜錄取，馳啓聞耳。」奐納之。彪輒令率州內得千餘人，開鎮庫，取仗，配衣甲，出南堂陳兵，閉門拒守。奐門生鄭羽叩頭啓奐，乞出城迎臺使。〔奐〕曰：[六]「我不作賊，欲先遣啓自申。政恐曹、呂輩小人相陵藉，故且閉門自守耳。」彪遂出與虎軍戰，其黨范虎領二百人降臺軍，彪敗走歸。土人起義攻州西門，彪登門拒戰，却之。奐司馬黃瑤起、寧蠻長史裴叔業於城內起兵攻奐。奐聞兵入，還內禮佛，未及起，軍人遂斬之。年五十九。執彪及弟爽、

蔣、殷叡，皆伏誅。

詔曰：「逆賊王奐，險詖之性，自少及長。外飾廉勤，內懷凶慝，貽戾鄉伍，取棄衣冠。拔其文筆之用，擢以顯任，出牧樊阿，政刑弛亂。第三息彪矯弄威權，父子均勢。故寧蠻長史劉興祖忠於奉國，每事匡執，奐忿其異己，誣以訕謗，肆怒囚錄，然後奏聞。朕察奐愚詐，詔送興祖還都，乃懼姦謀發露，潛加殺害。欺罔既彰，中使辯覈，遂授兵登陴，逆捍王命。天威電掃，義夫咸奮，曾未浹辰，罪人斯獲，方隅克殄，漢南肅清。自非犯官兼預同逆謀，爲一時所驅逼者，悉無所問。」

奐長子太子中庶子融，融弟司徒從事中郎琛，於都棄市。餘孫皆原宥。

殷叡字文子，陳郡人。晉太常融七世孫也。宋元嘉末，祖元素坐染太初事誅。叡遺腹亦當從戮，外曾祖王僧朗啓孝武救之，得免。叡解〔文〕義，〔七〕有口才，司徒褚淵甚重之，謂之曰：「諸殷自荆州以來，無出卿右者。」叡斂容答曰：「殷族衰悴，誠不如昔，若此旨爲虛，故不足降；此旨爲實，彌不可聞。」奐爲雍州，啓叡爲府長史。

叡族父恒，字昭度，與叡同承融後。宋司空景仁孫也。恒及父道矜，竝有古風，以是見蚩於世，其事非一。恒，宋泰始初，爲度支尚書，坐屬父疾及身疾多，爲有司所奏。明帝詔曰：「殷道矜有生便病，〔八〕比更無橫病。〔九〕恒因愚習惰，〔一〇〕久妨清敍。左遷散騎常侍，領校尉。」恒歷官清顯，至金紫光祿大夫。建武中，卒。

奐弟伷女爲長沙王晃妃，世祖詔曰：「奐自陷逆節，長沙王妃男女竝長，且奐又出繼，前代或當有准，〔一一〕可特不離絕。」奐從弟績。

績字叔素，宋車騎將軍景文子也。弱冠，爲祕書郎，太子舍人，轉中書舍人。景文以此授超階，令績經年乃受。景文封江安侯，績襲其本爵，爲始平縣五等男。〔一二〕遷祕書丞，司徒右長史。元徽末，除寧朔將軍、建平王征北長史、〔一三〕南東海太守，黃門郎，寧朔將軍、東陽太守。世祖爲撫軍，吏部尚書張岱選績爲長史，呈選牒。太祖笑謂岱曰：「此可謂素望。」遷散騎常侍，驍騎將軍。

出補義興太守。輒錄郡吏陳伯喜付陽羨獄，欲殺之，縣令孔逭不知何罪，不受績敎，爲有司所奏，績坐白衣領職。遷太子中庶子，領驍騎，轉長（史）兼侍中。〔一四〕世祖出射雉，績信佛法，稱疾不從駕。轉左民尚書，以母老乞解職，改授寧朔將軍、大司馬長史、淮陵太守。出爲宣城太守，秩中二千石。隆昌元年，遷輔國將軍、太傅長史，不拜。仍爲冠軍將軍、豫章內史。進號征虜。又坐事免官。除冠軍將軍，司徒左長史，散騎常侍，隨王師。除征虜將軍，驃騎長史，遷散騎常侍，太常。永元元年，卒。年五十三。謚靖子。

績女適安陸王子敬，世祖寵子。永明三年，納妃，脩外舅姑之敬。世祖遣文惠太子相隨往績家置酒設樂，公卿皆冠冕而至，當世榮之。

張沖字思約，吳郡吳人。父柬，通直郎。沖出繼從伯侍中景胤，〔一五〕小名查，父邵，小名梨。宋文帝戲景胤曰：「查何如梨。」景胤答曰：「梨是百果之宗，查何敢及。」

沖亦少有至性，辟州主簿，隨從叔永爲將帥，除綏遠將軍、盱眙太守。永征彭城，遇寒雪，軍人足脛凍斷者十七八，沖足指皆墮。除尚書駕部郎，桂陽王征南中兵，振威將軍。歷驃騎太尉南中郎參軍，不拜。遷征西從事中郎，通直郎，武陵王北中郎直兵參軍，長水校尉，除寧朔將軍，本官如故。遷左軍將軍，加寧朔將軍，輔國將軍。沖少從戎事，朝廷以幹力相待，故歷處軍校之官。出爲馬頭太守，徙盱眙太守，輔國將軍如故。永明六年，遷西陽王冠軍司馬。八年，爲假節、監青冀二州刺史事，〔一六〕將軍如故。沖父初卒，遺命曰：「祭我必以鄉土所產，無用牲物。」沖在鎭，四時還吳園中取果菜，流涕薦焉。仍轉刺史。

鬱林卽位，進號冠軍將軍。明帝卽位，以晉壽太守王洪（軌）〔範〕代沖。〔一七〕除黃門郎，加征虜將軍。建武二年，虜寇淮泗，假沖節，都督青冀二州北討諸軍事，本官如故。虜并兵攻司州，〔詔〕（除）青〔徐〕（右）出軍分其兵勢。〔一八〕沖遣軍主桑係祖由渣口攻拔虜建陵、驛馬、厚丘三城，多所殺獲。又與洪（軌）〔範〕遣軍主崔季延襲虜紀城，據之。沖又遣軍主杜僧護攻拔虜虎坑、馮時、卽丘三城，驅生口輜重還，至溘溝，虜救兵至，緣道要擊，僧護力戰，大破之。

其年，遷廬陵王北中郎司馬、加冠軍將軍。未拜，豐城公遙昌爲豫州，上慮寇〔難〕未已，〔一九〕徙沖爲征虜長史、南梁郡太守。永泰元年，除江夏王前軍長史。東昏卽位，出爲建安王征虜長史、輔國將軍、江夏內史，行郢州府州事。永元元年，遷持節、督豫州軍事、豫州刺史，代裴叔業。竟不行。明年，遷督南兗兗徐青冀五州、輔國將軍、南兗州刺史，持節如故。會司州刺史申希祖卒，以沖爲督司州軍事、冠軍將軍、司州刺史。裴叔業以壽春降虜，又遷沖爲督南兗兗徐青冀五州、南兗州刺史，持節、將軍如故。竝未拜。崔慧景事平，徵建安王寶夤還都，以沖爲督郢司二州、郢州刺史，持節、將軍如故。一歲之中，頻授四州，至此受任。其冬，進征虜將軍。封定襄侯，食邑千戶。

梁王義師起，東昏遣驍騎將軍薛元嗣、制局監暨榮伯領兵及粮運百四十餘船送沖，使拒西師。元嗣等懲劉山陽之敗，疑沖不敢進，停住夏口浦。聞義師將至，元嗣、榮伯相率入郢城。時竟陵太守房僧寄被代還至郢，東昏敕僧寄留守魯山，除驍騎將軍。僧寄謂沖曰：「臣雖未荷朝廷深恩，〔二〇〕實蒙先帝厚澤。蔭其樹者不折其枝，實欲微立塵効。」沖深相許諾，共結盟誓。乃分部拒守。遣軍主孫樂祖數千人助僧寄據魯山岸立城壘。

明年二月，梁王出沔口，圍魯山城。遣軍主曹景宗等過江攻郢城，未及盡濟，沖遣中兵參軍陳光靜等開門出擊，爲義師所破，光靜戰死，沖固守不出。景宗於是據石橋浦，連軍相續，下至加湖。東昏遣軍主巴西梓潼二郡太守吳子陽、光子衿、李文釗、陳虎牙等十三軍援郢，至加湖不得進，乃築城舉烽，城內亦舉火應之。而內外各自保，〔二一〕不能相救。

沖病死，元嗣、榮伯與沖子孜及長史江夏內史程茂固守。東昏詔贈沖散騎常侍、護軍將軍。假元嗣子陽節。

江水暴長，加湖城淹潰，義師乘高艦攻之，子陽等大敗散。〔二二〕魯山城乏粮，軍人於磯頭捕細魚供食，密治輕船，將奔夏口。梁王命偏軍斷其取路，防備越逸。房僧寄病死，孫樂祖窘，以城降。

郢城被圍二百餘日，士庶病死者七八百家。〔二三〕魯山既敗，程茂及元嗣等議降，使孜爲書與梁王。沖故吏青州治中房長瑜謂孜曰：「前使君忠貫昊天，操逾松竹。郎君但當端坐畫一，以荷析薪。若天運不與，幅巾待命，以下從使君。今若隨諸人之計，非唯郢州士女失高山之望，亦恐彼所不取也。」魯山陷後二日，元嗣等以郢城降。

東昏以程茂爲督郢司二州、輔國將軍、郢州刺史，元嗣爲督雍梁南北秦四州郢州之竟

陵司州之隨郡、冠軍將軍、雍州刺史，並持節。時郢魯二城（以）〔已〕降，〔二四〕死者相積，竟無叛散。時以沖及房僧寄比臧洪之被圍也。贈僧寄益州刺史。

時新蔡太守席謙，永明中爲中書郎王融所薦。父恭穆，鎮西司馬，爲魚復侯所害。至是謙鎮盆城，聞義師東下，曰：「我家世忠貞，殞死不二。」爲陳伯之所殺。

史臣曰：石碏棄子，弘滅親之戒；鮑永晚降，知事新之節。王奐誠在靡貳，迹允嚴科；張沖未達天心，守迷義運。致危之理異，爲亡之事一也。

贊曰：王居北牧，子未克家。終成干紀，覆此胄華。張壘窮守，死如亂麻。爲悟既晚，辯見方賒。

除青右疑

校勘記

〔一〕祖僧朗宋左光祿儀同　錢大昕廿二史考異云：「當云『左光祿大夫開府儀同三司』，史省文。」

〔二〕上用奐爲尚書令　「上」字下南史有「欲」字，是。

〔三〕柳世隆有重望　「重望」原譌「動望」，各本不譌，今改正。按南史作「動望」。

〔四〕去十年九月十八日　「去」南監本、殿本作「至」。張元濟校勘記云：「按稚珪奏在十一年，此追敍十年事，故云去。」

〔五〕凡事是非皆干豫　「事」毛本、局本作「州」。

〔六〕〔奐〕曰　據南監本、殿本、局本及南史補。

〔七〕叡解〔文〕義　據南監本、殿本、局本補。

〔八〕股道矜有生便病　「有生便病」南監本作「生便有病」。

〔九〕比無横病　「病」南監本、殿本、局本作「疾」。

〔一〇〕恆因愚督惰　「惰」原譌「情」，各本不譌，今改正。

〔一一〕前代或當有准　「准」原譌「淮」，今據南監本、殿本、局本改正。按准卽準字，乃避宋順帝諱改。

〔一二〕景文封江安侯續襲其本爵爲始平縣五等男　南史王續傳同，惟「江安侯」譌「曲安侯」。錢大昕廿二史考異云：「按景文傳云封江安縣侯，非曲安也。本爵之語，亦未詳。景文初襲伯父封建陵子，非始平男。」

〔一三〕建平王征北長史　「建」字原闕，今據各本補。

〔一四〕轉長（史）兼侍中　張森楷校勘記云「史」字衍文，今據刪。參閱第二十三卷校記第三十二條。

〔一五〕沖出繼從伯侍中景胤　張森楷校勘記云：「按景胤是張敷字，此不稱名而稱字，殊不可解。據宋書張邵傳，敷、柬並邵子，而此云從伯，亦非。南史張邵傳孫沖附傳作『伯父敷』，是。」

〔一六〕爲假節監青冀二州刺史事　「刺史事」上御覽五百二十六引有「行」字。

〔一七〕以晉壽太守王洪（軌）〔範〕代沖　按芮芮傳作「王洪軌」。南史循吏傳、蠕蠕傳亦作「王洪軌」。然明帝紀、柳世隆傳、江祏傳、魏虜傳及南史齊高帝紀、江祏傳皆作「王洪範」。通鑑齊高帝建元元年「帝遣王洪範約柔然寇魏」。考異云：「齊書作『王洪軌』，今從齊紀。」今依通鑑改爲「王洪範」。下同。

〔一八〕虜并兵攻司州〔詔〕（除）青〔徐〕（右）出軍分其兵勢　南監本、毛本、殿本、局本作「虜并兵攻司州徐青，詔出軍分其勢」。按「徐青」二字當在「詔」字下。通鑑齊明帝建武二年：「先是，上以義陽危急，詔都督青、冀二州軍事張沖出軍攻魏，以分其勢。」蓋是時魏并兵攻司州，故詔張沖出軍青、徐，以分魏之兵勢也。

〔一九〕上慮寇〔難〕未已　據元龜六百七十一補。

〔二〇〕臣雖未荷朝廷深恩　「臣」南監本作「下官」。

〔二一〕而內外各自保　「保」原譌「侵」，各本不譌，今改正。

〔三二〕子陽等大敗散　「散」南監本、局本作「走」。

〔三三〕士庶病死者七八百家　按通鑑齊和帝中興元年：「郢城民死者十七八。」考異云：「齊張沖傳云死者七八百家。按死者不可以家數，今從梁高祖紀及韋叡傳。」

〔三四〕時郢魯二城(以)〔已〕降　據南監本、殿本、局本改。

南齊書卷五十

列傳第三十一

文二王　明七王

文惠太子四男：安皇后生鬱林王昭業；宮人許氏生海陵恭王昭文；陳氏生巴陵王昭秀；褚氏生桂陽王昭粲。

巴陵王昭秀字懷尚，太子第三子也。永明中，封曲江公，千五百戶。十年，爲寧朔將軍、濟陽太守。鬱林卽位，封臨海郡王，二千戶。隆昌元年，爲使持節、都督荆雍益寧梁南北秦七州軍事、西中郎將、荆州刺史。延興元年，徵爲車騎將軍，衞京師，以永嘉王昭粲代之。

明帝建武二年，通直常侍庾曇隆啓曰：「周定雒邑，天子置畿內之民；漢都咸陽，三輔

爲社稷之衞。中晉南遷，事移威弛，近郡名邦，多有國食。宋武創業，依擬古典，神州部內，不復別封。而孝武末年，分樹寵子，苟申私愛，有乖訓准。隆昌之元，特開母弟之貴，竊謂非古。聖明御寓，禮舊爲先，畿內限斷，宜遵昔制，賜茅授土，一出外州。」詔付尚書詳議。其冬，改封昭秀爲巴陵王。永泰元年見殺，年十六。

桂陽王昭粲，太子第四子也。鬱林立，以皇弟封永嘉郡王，南徐州刺史。延興元年，出爲使持節、都督荆雍益寧梁南北秦七州軍事、西中郎將、荆州刺史。明帝立，欲以聞喜公遙欣爲荆州，轉昭粲爲右將軍，中書令。建武二年，改封桂陽王。四年，遷太常，將軍如故。永泰元年見殺，年八歲。

明帝十一男：敬皇后生東昏侯寶卷，江夏王寶玄，鄱陽王寶寅，〔一〕和帝；殷貴嬪生巴陵隱王寶義，晉熙王寶嵩；袁貴妃生廬陵王寶源；管淑妃生邵陵王寶攸；〔二〕許淑媛生桂陽王寶貞。餘皆早夭。

巴陵隱王寶義字智勇，明帝長子也。本名明基。建武元年，爲持節、都督揚南徐州軍事、前將軍、揚州刺史。封晉安郡王，三千戶。寶義少有廢疾，不堪出人間，故止加除授，仍以始安王遙光代之。轉寶義爲右將軍，領兵置佐，鎭石頭。二年，出爲使持節、都督南徐州軍事、鎭北將軍、南徐州刺史。東昏卽位，進征北大將軍，開府儀同三司，給(伏)〔扶〕。〔三〕永元元年，給班劒二十人。始安王遙光誅，爲都督揚南徐二州軍事、驃騎大將軍、揚州刺史，持節如故。東府被兵火，屋宇燒殘，帝方營宮殿，不暇修葺，寶義鎭西州。三年，進位司徒。和帝西臺建，以爲侍中、司空，使持節、都督、刺史如故。梁王定京邑，宣德太后令以寶義爲太尉，領司徒。詔云：「不言之化，形于自遠。」時人皆云此實錄也。梁受禪，封謝沐縣公，尋封巴陵郡王，奉齊後。天監中薨。

江夏王寶玄字智深，明帝第三子也。建武元年，爲征虜將軍，領石頭戍事，封江夏郡王。仍出爲持節、都督郢司二州軍事、西中郎將、郢州刺史。永泰元年，還爲前將軍，領石頭戍事。未拜，東昏卽位，進號鎭軍將軍。永元元年，又進車騎將軍，代晉安王寶義爲使持節、都督南徐兗二州軍事、南徐兗二州刺史，將軍如故。

寶玄娶尚書令徐孝嗣女爲妃，孝嗣被誅離絕，少帝送少姬二人與之，〔四〕寶玄恨望，密

有異計。明年，崔慧景舉兵，還至廣陵，遣使奉寶玄爲主。寶玄斬其使，因是發將吏防城。帝遣馬軍主戚平、外監黃林夫助鎭京口。慧景將渡江，寶玄密與相應，殺司馬孔矜、典籤呂承緒及平、林夫，開門納慧景。使長史沈佚之、諮議柳憕分部軍衆，乘八擱輿，手執絳麾幡，隨慧景至京師，住東城，百姓多往投集。慧景敗，收得朝野投寶玄及慧景軍名，帝令燒之，曰：「江夏尙爾，豈復可罪餘人。」寶玄逃奔數日乃出。帝召入後堂，以步鄣裹之，令羣小數十人鳴鼓角馳繞其外，遣人謂寶玄曰：「汝近圍我亦如此。」少日乃殺之。

廬陵王寶源字智淵，明帝第五子也。建武元年，爲北中郎將，鎭琅邪城，封廬陵郡王。遷右將軍，領石頭戍事，仍出爲使持節、都督南兗兗徐青冀五州軍事、後將軍、南兗州刺史。王敬則伏誅，徙寶源爲都督會稽東陽臨海永嘉新安五郡軍事、會稽太守，將軍如故。永元元年，進號安東將軍。和帝卽位，以爲侍中、車騎將軍、開府儀同三司，都督、太守如故。未拜，中興二年薨。

鄱陽王寶夤字智亮，明帝第六子也。建武初，封建安郡王。二年，爲北中郎將，鎭琅邪城。明年，出爲持節、都督江州軍事、南中郎將、江州刺史。東昏卽位，爲使持節、都督郢司二州軍事、征虜將軍、郢州刺史。尋進號前將軍。永元二年，徵爲撫軍，領石頭戍事，未拜。三年，爲車騎將軍、開府儀同三司，鎭石頭。

其秋，雍州刺史張欣泰等謀起事於新亭，殺臺內諸主帥，事在欣泰傳。難作之日，前南譙太守王靈秀奔往石頭，率城內將吏見力，去車脚載寶夤向臺城，百姓數千人皆空手隨後，京邑騷亂。寶夤至杜姥宅，日已欲暝，城門閉，城上人射之，衆棄寶夤逃走。寶夤逃亡三日，戎服詣草市尉，尉馳以啓帝，帝迎寶夤入宮問之。寶夤涕泣稱：「爾日不知何人逼使上車，仍將去，制不自由。」帝笑，乃復爵位。

和帝立，西臺以寶夤爲使持節、都督南徐兗二州軍事、衞將軍、南徐州刺史。少帝以爲使持節、都督荆益寧雍梁南北秦七州軍事、荆州刺史，將軍如故。宣德太后臨朝，梁王爲建安公，改封寶夤爲鄱陽王。中興二年，謀反誅。〔五〕

邵陵王寶攸字智宣，明帝第九子也。建武元年，封南平郡王。二年，改封。三年，爲北中郎將，鎭琅邪城。永元元年，爲持節、都督南北徐南兗青冀五州軍事、南兗州刺史，郎將如故。未拜，遷征虜將軍，領石頭戍事。丹楊尹，戍事如故。陳顯達事平，出爲持節、督江州軍事、左將軍、江州刺史。以本號還京師，授中〔軍〕將軍，〔六〕祕書監。中興二年，謀反，

宣德太后令賜死。

晉熙王寶嵩字智靖，明帝第十子也。永元二年，爲冠軍將軍、丹楊尹。仍遷持節、都督南徐兗二州軍事、南徐州刺史，將軍如故。中興元年，和帝以爲中書令。明年，謀反伏誅。

桂陽王寶貞，明帝第十一子也。永元二年，爲中護軍、北中郎將，領石頭戍事。中興二年，謀反伏誅。

史臣曰：春秋書「鄭伯克段于鄢」，兄弟之恩離，君臣之義正。夫逆從有勢，〔七〕況親兼一體，道窮數盡，或容觸啄。而寶玄自尋干戈，欣受家難。曾不悟執柯所指，跗蕚相從，以此而圖萬全，未知其髣髴也。

贊曰：文惠二王，于嗟天殤。明子七國，終亦衰亡。

校勘記

〔一〕鄱陽王寶寅　「寶寅」殿本作「寶夤」。按下文亦作「寶夤」，又作「寶寅」，寅夤錯出。錢大昕廿二史考異云：「魏書作『寶寅』，不從夕。據其字智亮，當以『寅』爲是。」

〔二〕管淑妃生邵陵王寶攸　「寶攸」南史作「寶修」。下同。

〔三〕給（仗）〔扶〕　據南史改。

〔四〕少帝送少姬二人與之　錢大昕廿二史考異云：「按江夏王寶玄、鄱陽王寶夤二傳，皆前稱東昏，後稱少帝。裴叔業傳稱東昏爲少主，魏虜傳亦稱少帝。蕭坦之傳稱鬱林王爲少帝。茹法亮傳『二少帝並居西殿』，謂鬱林與海陵也。梁書江淹傳前稱蒼梧王爲少帝，後稱鬱林王爲少帝。」

〔五〕中興二年謀反誅　「謀反誅」南監本、殿本作「奔魏」。按和帝紀中興二年「鄱陽王寶寅奔虜」。不云「謀反誅」，與此異。錢大昕廿二史考異云：「按寶夤起兵不克奔魏，事見魏史。此云誅者，據梁人之詞，以爲寶夤已死，其在魏者僞也。」

〔六〕授中〔軍〕將軍　張森楷校勘記云：「應作『中軍將軍』，史奪『軍』字。」今據補。按百官志有中軍將軍，無中將軍。

〔七〕夫逆從有勢　按「從」卽「順」字，子顯避梁諱改。南監本、殿本已改爲「順」字。

南齊書卷五十一

列傳第三十二

裴叔業　崔慧景　張欣泰

裴叔業，河東聞喜人，晉冀州刺史徽後也。徽子游擊將軍黎，遇中朝亂，子孫沒涼州，仕於張氏。黎玄孫先福，義熙末還南，至滎陽太守。叔業父祖晚渡。少便弓馬，有武幹。宋元徽末，累官爲羽林監，太祖驃騎行參軍。建元元年，除屯騎校尉。虜侵司豫二州，以叔業爲軍主征討，本官如故。

上初卽位，羣下各獻讜言。二年，叔業上疏曰：「成都沃壤，四塞爲固，古稱一人守險，萬夫趑趄。雍、齊亂於漢世，譙、李寇於晉代，成敗之迹，事載前史。頃世以來，綏馭乖術，地惟形勢，〔一〕居之者異姓，國實武用，鎭之者無兵，致寇掠充斥，賧稅不斷。宜遣帝子之尊，臨撫巴蜀，總益、梁、南秦爲三州刺史。率文武萬人，先啓嶓漢，分遣郡戍，皆配精力，搜

盪山源，糾虔姦蠹。威令既行，民夷必服。」除寧朔將軍，軍主如故。永明四年，累至右軍將軍，東中郎諮議參軍。

高宗爲豫州，叔業爲右軍司馬，加建威將軍、軍主，領陳留太守。七年，爲王敬則征西司馬，將軍、軍主如故。隨府轉驃騎。在壽春爲佐數年。九年，爲寧蠻長史、廣平太守。雍州刺史王奐事難，叔業率部曲於城內起義。上以其有幹用，仍留爲晉安王征北諮議，領中兵，扶風太守，遷晉熙王冠軍司馬。延興元年，加寧朔將軍，司馬如故。

叔業早與高宗接事，高宗輔政，厚任叔業以爲心腹，使領軍掩襲諸蕃鎭，叔業盡心用命。建武二年，虜圍徐州，叔業以軍主隸右衞將軍蕭坦之救援。叔業攻虜淮柵外二城，剋之，賊衆赴水死甚衆。除黃門侍郎。上以叔業有勳誠，封武昌縣伯，五百戶。仍爲持節、督徐州軍事、冠軍將軍、徐州刺史。

四年，虜主寇沔北，上令叔業援雍州。叔業啓：「北人不樂遠行，唯樂侵伐虜堺，〔二〕則雍司之賊，自然分張，無勞動民向遠也。」上從之。叔業率軍攻虹城，獲男女四千餘人。徙督豫州、輔國將軍、豫州刺史，持節如故。

永泰元年，叔業領東海太守孫令終、新昌太守劉思効、馬頭太守李僧護等五萬人圍渦陽，虜南兗州所鎭，去彭城百二十里。僞兗州刺史孟表固守拒戰，叔業攻圍之，積所斬級高

五丈，以示城內。又遣軍主蕭璝、成寶眞分攻龍亢戍，卽虜馬頭郡也。虜閉城自守。僞徐州刺史廣陵王率二萬人，騎五千匹，至龍亢，璝等拒戰不敵。叔業三萬餘人助之，數道攻虜。虜新至，營未立，於是大敗。廣陵王與數十騎走，官軍追獲其節。虜又遣僞將劉藻、高忽繼至，[三]叔業率軍迎擊破之，再戰，斬首萬級，獲生口三千人，器仗驢馬絹布千萬計。虜主閒廣陵王敗，遣僞都督王肅、大將軍楊大眼步騎十餘萬救渦陽，叔業見兵盛，夜委軍遁走。明日，官軍奔潰，虜追之，傷殺不可勝數，日暮乃止。叔業還保渦口，上遣使慰勞。

高宗崩，叔業還鎭。少主卽位，誅大臣，京師屢有變發。叔業登壽春城北望肥水，謂部下曰：「卿等欲富貴乎？我言富貴亦可辦耳。」永元元年，徙督南兗兗徐青冀五州軍事、南兗州刺史，將軍、持節如故。叔業見時方亂，不樂居近蕃，朝廷疑其欲反，叔業亦遣使參察京師消息，於是異論轉盛。叔業兄子植、颺竝爲直閤，殿內驅使。慮禍至，棄母奔壽陽，說叔業以朝廷必見掩襲。徐世檦等慮叔業外叛，遣其宗人中書舍人裴長穆宣旨，許停本任。叔業猶不自安，而植等說之不已，叔業憂懼，問計於梁王，梁王令遣家還都，自然無患。叔業乃遣子芬之等還質京師。明年，進號冠軍將軍。傳叔業反者不已，芬之愈懼，復奔壽春。於是發詔討叔業，遣護軍將軍崔慧景、征虜將軍豫州刺史蕭懿督水陸衆軍西討，頓軍小峴。叔業病困，植請救魏虜，送芬之爲質。叔業尋卒，虜遣大將軍李醜楊大眼二千餘騎入壽春。

初，虜主元宏建武二年至壽春，其下勸攻城。宏曰：「不須攻，後當降也。」植等皆還洛陽。

崔慧景字君山，〔清〕河東武城人也。[四]祖構，奉朝請。父系之，州別駕。

慧景初爲國子學生。宋泰始中，歷位至員外郎，稍遷長水校尉，寧朔將軍。太祖在淮陰，慧景與宗人祖思同時自結，太祖欲北渡廣陵，使慧景具船於陶家後渚，事雖不遂，以此見親。除前軍。沈攸之事平，仍出爲武陵王安西司馬、河東太守，使防扞陝西。昇明三年，豫章王爲荊州，慧景留爲鎭西司馬，兼諮議，太守如故。太祖受禪，封樂安縣子，三百戶。豫章王遣慧景奉表稱慶還京師，太祖召見，加意勞接。轉平西府司馬、南郡內史。仍遷爲南蠻長史，加輔國將軍，內史如故。先是蠻府置佐，資用甚輕，至是始重其選。

建元元年，虜動，豫章王遣慧景三千人頓方城，爲司州聲援。虜退，梁州賊李烏奴未平，以慧景爲持節、都督梁南北秦沙四州軍事、西戎校尉、梁南秦二州刺史，將軍如故。敕荊州資給發遣，配以實甲千人，步道從襄陽之鎭。初，烏奴屢爲官軍所破，走氐中，乘閒出，擾動梁、漢，據關城。遣使詣荊州請降，豫章王不許。遣中兵參軍王圖南率益州軍從劍閣掩討，大摧破之，烏奴還保武興。慧景發漢中兵衆，進頓白馬。遣支軍與圖南腹背攻擊，烏奴大敗，遂奔于武興。

世祖卽位，進號冠軍將軍。在州蓄聚，多獲珍貨。永明三年，以本號還。遷黃門郎，領羽林監。明年，遷隨王東中郎司馬，加輔國將軍。出爲持節、督司州軍事、冠軍將軍、司州刺史。母喪，詔起復本任。慧景每罷州，輒〔傾〕資獻奉，[五]動數百萬，世祖以此嘉之。九年，以本號徵還，轉太子左率，加通直常侍。明年，遷右衞將軍，加給事中。

是時虜將南侵，上出慧景爲持節、督豫州郢州之西陽司州之汝南二郡諸軍事、冠軍將軍、豫州刺史。鬱林卽位，進號征虜將軍。慧景以少主新立，密與虜交通，朝廷疑懼。高宗輔政，遣梁王至壽春安慰之，慧景遣密啓送誠勸進，徵還，爲散騎常侍，左衞將軍。建武二年，虜寇徐、豫，慧景以本官假節向鍾離，受王玄邈節度。尋加冠軍將軍。四年，遷度支尚書，領太子左率。

冬，虜主攻沔北五郡，假慧景節，率衆二萬，騎千匹，向襄陽。雍州衆軍竝受節度。永泰元年，慧景至襄陽，五郡已沒。加慧景平北將軍，置佐史，分軍助戍樊城。慧景頓渦口村，與太子中庶子梁王及軍主前寧州刺史董仲民、劉山陽、裴颺、傅法憲等五千餘人進行鄧城。前參騎還，稱虜軍且至。須臾，望數萬騎俱來，慧景據南門，梁王據北門，令諸軍上城上。時慧景等蓐食輕行，皆有饑懼之色。軍中北館客三人，走投虜，具告之。虜僞都督中

軍大將軍彭城王元勰分遣僞武衞將軍元蚪趣城東南，斷慧景歸路，僞司馬孟斌向城東，僞右衞將軍播正屯城北，交射城內。梁王欲出戰，慧景曰：「虜不夜圍人城，待日暮自當去也。」既而虜衆轉盛，慧景於南門拔軍，衆軍不相知，隨後奔退。虜軍從北門入，劉山陽與部曲數百人斷後死戰，虜遣鎧馬百餘匹突取山陽，山陽使射手射之，三人倒馬，手殺十餘人，不能禁，且戰且退。慧景南出過鬧溝，軍人蹈藉，橋皆斷壞，虜軍夾路射之，軍主傅法憲見殺，赴溝死者相枕。山陽取襖杖塡溝，乘之得免。虜主率大衆追之，晡時，虜主至沔北，圍軍主劉山陽。山陽據城苦戰，至暮，虜乃退。衆軍恐懼，其夕皆下船還襄陽。

東昏卽位，改領右衞將軍，平北、假節如故。未拜。永元元年，遷護軍將軍，尋加侍中。陳顯達反，加慧景平南將軍，都督衆軍事，屯中堂。時輔國將軍徐世檦專勢號令，慧景備員而已。帝既誅戮將相，舊臣皆盡，慧景自以年宿位重，轉不自安。

明年，裴叔業以壽春降虜，改授慧景平西將軍，假節、侍中、護軍如故，率軍水路征壽陽。軍頓白下，將發，帝長圍屏除出琅邪城送之。帝戎服坐城樓上，召慧景單騎進圍內，無一人自隨者。裁交數言，拜辭而去。慧景既得出，甚喜。子覺爲直閤將軍，慧景密與期：四月慧景至廣陵，覺便出奔。[六]

慧景過廣陵數十里，召會諸軍主曰：「吾荷三帝厚恩，當顧託之重。幼主昏狂，朝廷壞

亂，危而不扶，責在今日。欲與諸君共建大功，以安宗社，何如？」衆皆響應。於是回軍還廣陵，司馬崔恭祖守廣陵城，開門納之。帝聞變，以征虜將軍右衞將軍左興盛假節，督京邑水陸衆軍。慧景停二日，便收衆濟江集京口。江夏王寶玄又爲內應，合二鎭兵力，奉寶玄向京師。

臺遣驍騎將軍張佛護、直閤將軍徐元稱、屯騎校尉姚景珍、西中郎參軍徐景智、游盪〔軍〕主董伯珍、〔七〕騎官桓靈福等據竹里爲數城。寶玄遣信謂佛護曰：「身自還朝，君何意苦相斷遏？」佛護答曰：「小人荷國重恩，使於此創立小戍。殿下還朝，但自直過，豈敢干斷。」遂射慧景軍，因合戰。慧景子覺及崔恭祖領前鋒，皆傖楚善戰；又輕行不爨食，以數舫緣江載酒肉爲軍糧。每見臺軍城中煙火起，輒盡力攻擊，臺軍不復得食，以此饑困。元稱等議欲降，佛護不許。十二日，恭祖等復攻之，城陷，佛護單馬走，追得斬首，徐元稱降，餘軍主皆死。慧景至臨沂，令李玉之發橋斷路，慧景收殺之。

臺遣中領軍王瑩都督衆軍，據湖頭築壘，上帶蔣山西巖，實甲數萬。慧景至查硎，竹塘人萬副兒善射獵，能捕(虜)〔虎〕，〔八〕投慧景曰：「今平路皆爲臺軍所斷，不可議進。唯宜從蔣山龍尾上，出其不意耳。」慧景從之，分遣千餘人魚貫緣山，自西巖夜下，鼓叫臨城中。臺軍驚恐，卽時奔散。帝又遣右衞將軍左興盛率臺內三萬人，拒慧景於北籬門，〔九〕望風退走。

慧景引軍入樂遊〔苑〕，〔一〇〕恭祖率輕騎十餘匹突進北掖門，乃復出，宮門皆閉。慧景引衆圍之。於是東府、石頭、〔一一〕白下、新亭諸城皆潰。左興盛走，不得入宮，逃淮渚荻舫中，慧景擒殺之。宮中遣兵出盪，不剋。慧景燒蘭臺府署爲戰場，守衞尉蕭暢屯南掖門處分城內，隨方應擊，衆心以此稍安。

慧景稱宣德太后令，廢帝爲吳王。時巴陵王昭胄先逃民間，出投慧景，慧景意更向之，故猶豫未知所立。竹里之捷，子覺與恭祖爭勳，慧景不能決。恭祖勸慧景射火箭燒北掖樓，慧景以大事垂定，後若更造，費用功力，不從其計。性好談義，兼解佛理，頓法輪寺，對客高談。恭祖深懷怨望。

先是衞尉蕭懿爲征虜將軍、豫州刺史，自歷陽步道征壽陽。帝遣密使告之，懿率軍主胡松、李居士等數千人自采石濟岸，頓越城，舉火，臺城中鼓叫稱慶。恭祖先勸慧景遣二千人斷西岸軍，令不得渡，慧景以城旦夕降，外救自然應散。至是恭祖請擊義師，又不許。乃遣子覺將精手數千人渡南岸。義師昧旦進戰，數合，士皆致死，覺大敗，赴淮死者二千餘人，覺單馬退，開桁阻淮。其夜，崔恭祖與驍將劉〔靈〕運詣城降，〔一二〕慧景衆情離壞，乃將腹心數人潛去，欲北渡江，城北諸軍不知，猶爲拒戰。城內出盪，殺數百人。義軍渡北岸，慧景餘衆皆奔。慧景圍城凡十二日，軍旅散在京師，不爲營壘。及走，衆於道稍散，單馬至蠏浦，爲漁父所斬，以頭內鰌魚籃，檐送至京師，時年六十三。

追贈張佛護爲司州刺史，左興盛豫州刺史，並征虜將軍，徐景智桓靈福屯騎校尉，董伯珍員外郞，李玉之給事中，其餘有差。

恭祖者，慧景宗人，驍果便馬矟，氣力絕人，頻經軍陣。討王敬則，與左興盛軍容袁文曠爭敬則首，〔一三〕訴明帝曰：「恭祖禿馬絳衫，手刺倒賊。故文曠得斬其首。以死易勳，而見枉奪。若失此勳，要當刺殺左興盛。」帝以其勇，〔一四〕使謂興盛曰：「何容令恭祖與文曠爭功。」遂封二百戶。慧景平後，恭祖繫尚方，少時殺之。

覺亡命爲道人，見執伏法。臨刑與妹書曰：「捨逆旅，歸其家，以爲大樂；況得從先君遊太清乎。古人有力扛周鼎，而有立錐之歎，以此言死，亦復何傷！平生素心，士大夫皆知之矣。既不得附驥尾，安得施名於後世，慕古竹帛之事，今皆亡矣。」慧景妻女亦頗知佛義。

覺弟偃，爲始安內史，藏竄得免。和帝西臺立，以爲寧朔將軍。中興元年，詣公車門上書曰：

臣竊惟太祖、高宗之孝子忠臣，而昏主之賊臣亂子者，江夏王與陛下，先臣與鎭軍

是也。臣聞堯舜之心，常以天下爲憂，而不以位爲樂。彼孑然之舜，壟畝之人，猶尚若此；況祖業之重，家國之切？江夏既行之於前，陛下又蹈之於後，雖成敗異術，而所由同方也。

陛下初登至尊，與天合符。天下纖介之屈，尚望陛下申之，絲髮之寃，尚望陛下理之。況先帝之子，陛下之兄，所行之道，卽陛下所由哉？如此尚弗恤，其餘何幾哉？陛下德侔造化，仁育羣生，雖在昆蟲草木，有不得其所者，覽而傷焉。而況乎友愛天至，孔懷之深。夫豈不懷，將以事割。此實左右不明，未之或詳。惟陛下公聽竝觀，以詢之芻蕘。羣臣有以臣言爲不可，乞使臣廷辯之。則天人之意塞，四海之疑釋。必若不然，僥小民之無識耳。〔一五〕使其曉然知此，相聚而逃陛下，以責江夏之寃，朝廷將何以應之哉？若天聽沛然回光，發惻愴之詔，而使東牟朱虛東襃儀父之節，則何戈之士，〔一六〕誰不盡死？愚戇之言，萬一上合，事乞留中。

事寢不報。偃又上疏曰：

近冒陳江夏之寃，定承聖詔，已有襃贈，此臣狂踈之罪也。然臣所以諮問者，不得其實，罪在萬沒，無所復云。但愚心所恨，非敢以父子之親，骨肉之閒，而僥幸曲陛下之法，傷至公之義。誠不曉聖朝所以然之意。(何則)〔若以〕狂主雖狂，而實是天子，〔一七〕

江夏雖賢，實是人臣，先臣奉人臣逆人君，以爲不可申明詔，得矣；然未審陛下亦是人臣不？而鎭軍亦復奉人臣逆人君，今之嚴兵勁卒，方指於象魏者，其故何哉？臣所不死，苟存視息，非有他故，所以待皇運之開泰，申冤魂之枉屈。今皇運既已開泰矣，而死於社稷盡忠，反以爲賊，臣何用此生陛下世矣。

臣聞王臣之節，竭智盡公，以奉其上。居股肱之任者，申理冤滯，薦達羣賢。凡此衆臣，夙興夜寐，心未嘗須臾之閒而不在公。故萬物無不得其理，而頌聲作焉。臣謹案鎭軍將軍臣穎胄，宗室之親，股肱之重，身有伊、霍之功，荷陛下稷、旦之任。中領軍臣（諱）〔詳〕，〔一八〕受帷幄之寄，副宰相之尊。皆所以棟梁朝廷，社稷之臣，天下所當，遑遑匪懈，盡忠竭誠，欲使萬物得理，而頌聲大興者，豈復宜踰此哉？而同知先臣股肱江夏，匡濟王室，天命未遂，王亡與亡，而不爲陛下瞥然一言。知而不言，是不忠之臣；不知而言，乃不智之臣，此而不知，將何所知？

如以江夏心異先臣，受制臣力，則江夏同致死斃，聽可昏政淫刑，見殘無道。然江夏之異，以何爲明，孔、呂二人，誰以爲戮。手御麾幡，言輒任公，同心共志，心若膠漆，而以爲異，臣竊惑焉。如以先臣遣使，江夏斬之，則征東之驛，何爲見戮？陛下斬征東之使，寔詐山陽；江夏違先臣之請，實謀孔矜。天命有歸，故事業不遂耳。夫唯聖人，

乃知天命，守忠之臣，唯知盡死，安顧成敗。詔稱江夏遭時屯故，跡屈行令，內恕探情，無玷純節。今茲之旨，〔一九〕又何以處鎭軍哉？

臣所言畢矣，乞就湯鑊。然臣雖萬沒，猶願陛下必申先臣。何則？惻愴而申之，則天下伏；不惻愴而申之，天下之人北面而事陛下者，徒以力屈耳。先臣之忠，有識所知，南史之筆，千載可期，亦何待陛下屈申而爲褒貶。然小臣惓惓之愚，爲陛下計耳。臣之所言，非孝於父，實忠於君。唯陛下孰察，少留心焉。

臣頻觸宸嚴，而不彰露，所以每上封事者，非自爲戇地，猶以春秋之義有隱諱之意也。臣雖淺薄，然今日之事，斬足斷頭，殘身滅形，何所不能，爲陛下耳。臣聞生人之死，肉人之骨，有識之士，未爲多感。公聽竝觀，申人之冤，秉德任公，理人之屈，則普天之人，爭爲之死。何則？理之所不可以已也。陛下若引臣冤，免臣兄之罪，收往失，〔二〇〕發惻愴之詔，懷可報之意，則桀之犬實可吠堯，跖之客實可刺由，又何況由之犬，堯之客。臣非忝生，實爲陛下重此名於天下。已成之基，可惜之寶，莫復是加。寖明寖昌，不可不循，寖微寖滅，不可不愼。惟陛下熟察，詳擇其衷。

若陛下猶以爲疑，鎭軍未之允決，乞下征東共詳可否，無以向隅之悲，而傷陛下滿堂之樂。何則？陛下昏主之弟，江夏亦昏主之弟；鎭軍受遺託之恩，先臣亦荷顧命之重。情節無異，所爲皆同，殊者唯以成敗仰資聖朝耳。臣不勝愚忠，請使羣臣廷辯者，臣乞專令一人，精賜本語。僥幸萬一，天聽昭然，則軻沈七族，離燔妻子，人以爲難，臣豈不易。

詔報曰：「具卿冤切之懷。卿門首義，而旌德未彰，亦追以慨然，今當顯加贈謚。」偃尋下獄死。

張欣泰字義亨，竟陵人也。父興世，宋左衞將軍。

欣泰少有志節，不以武業自居，好隸書，讀子史。年十餘，詣吏部尚書褚淵，淵問之曰：「張郎弓馬多少。」欣泰答曰：「性怯畏馬，無力牽弓。」淵甚異之。辟州主簿，歷諸王府佐。元徽中，興世在家，擁雍州還資，見錢三千萬。蒼梧王自領人劫之，一夜垂盡，興世憂懼感病卒。欣泰兄欣華時任安成郡，欣泰悉封餘財以待之。

建元初，歷官寧朔將軍，累除尚書都官郎。世祖與欣泰早經款遇，及即位，以爲直閤將軍，領禁旅。除豫章王太尉參軍，出爲安遠護軍、武陵內史。還復爲直閤，步兵校尉，領羽林監。欣泰通涉雅俗，交結多是名素。下直輒遊園池，著鹿皮冠，衲衣錫杖，挾素琴。有以

啓世祖者，世祖曰：「將家兒何敢作此舉止！」後從車駕出新林，敕欣泰甲仗廉察，欣泰停仗，於松樹下飲酒賦詩。制局監呂文度過見，啓世祖。世祖大怒，遣出外，數日，意稍釋，召還，謂之曰：「卿不樂爲武職驅使，當處卿以清貫。」除正員郎。

永明八年，出爲鎭軍中兵參軍、南平內史。巴東王子響殺僚佐，上遣中庶子胡諧之西討，使欣泰爲副。欣泰謂諧之曰：「今太歲在西南，逆歲行軍，兵家深忌，不可見戰，戰必見危。今段此行，勝既無名，負誠可恥。彼凶狡相聚，所以爲其用者，或利賞逼威，無由自潰。若且頓軍夏口，宣示禍福，可不戰而禽也。」諧之不從，進屯江津，尹略等見殺。

事平，欣泰徙爲隨王子隆鎭西中兵，改領河東內史。子隆深相愛納，數與談宴，州府職局，多使關領，意遇與謝朓相次。典籤密以啓聞，世祖怒，召還都。屛居家巷，置宅南岡下，面接松山。欣泰負弩射雉，恣情閑放。衆伎雜藝，頗多閑解。

明帝即位，爲領軍長史，遷諮議參軍。上書陳便宜二十條，其一條言宜毀廢塔寺。帝竝優詔報答。

建武二年，虜圍鍾離城。欣泰爲軍主，隨崔慧景救援。欣泰移虜廣陵侯曰：「聞攻鍾離，是子之深策，可無謬哉！兵法云『城有所不攻，地有所不爭』。豈不聞之乎？我國家舟舸百萬，覆江橫海，所以案甲于今不至，欲以邊城疲魏士卒。我且千里運糧，行留俱弊，一

時霖雨，川谷涌溢，然後乘帆渡海，百萬齊進，子復奚以御之？乃令魏主以萬乘之重，攻此小城，是何謂歟？攻而不拔，誰之恥邪？假令能拔，子守之，我將連舟千里，舳艫相屬，西過壽陽，東接滄海，仗不再請，糧不更取，士卒偃臥，起而接戰，乃魚鱉不通，飛鳥斷絕，偏師淮左，其不能守，皎可知矣。如其不拔，吾將假法于魏之有司，以請子之過。若挫兵夷衆，攻不卒下，驅士塡隍，拔而不能守，則魏朝名士，其當別有深致乎，吾所未能量。昔魏之太武佛狸，傾一國之衆，攻十雉之城，死亡太半，僅以身返。既智屈於金墉，亦雖拔而不守，皆算失所爲，至今爲笑。前鑒未遠，已忘之乎？和門邑邑，戲載往意。」

虜既爲徐州軍所挫，更欲於邵陽洲築城。慧景慮爲大患。欣泰曰：「虜所以築城者，外示姱大，實懼我躡其後耳。今若說之以彼此各願罷兵，則其患自息。」慧景從之。遣欣泰至虜城下具述此意。及虜引退，而洲上餘兵萬人，求輸五百匹馬假道，慧景欲斷路攻之。欣泰說慧景曰：「歸師勿遏，古人畏之。死地之兵，不可輕也。勝之既不足爲武，敗則徒喪前功。不如許之。」慧景乃聽虜過。時領軍蕭坦之亦援鍾離，還啓明帝曰：「邵陽洲有死賊萬人，慧景、欣泰放而不取。」帝以此皆不加賞。

四年，出爲永陽太守。永元初，還都。崔慧景圍城，欣泰入城內，領軍守備。事寧，除輔國將軍、廬陵王安東司馬。義師起，以欣泰爲持節、督雍梁南北秦四州郢州之竟陵司州之隨郡軍事、雍州刺史，將軍如故。時少帝昏亂，人情咸伺事隙。欣泰與弟前始安內史欣時密謀結太子右率胡松、前南譙太守王靈秀、直閤將軍鴻選、含德主帥苟勵、直後劉靈運等十餘人，竝同契會。

帝遣中書舍人馮元嗣監軍救郢，茹法珍、梅蟲兒及太子右率李居士、制局監楊明泰等十餘人相送中興堂。欣泰等使人懷刀於座斫元嗣，頭墜果柈中，又斫明泰，破其腹，蟲兒傷刺數瘡，手指皆墮。居士踰牆得出，茹法珍亦散走還臺。靈秀仍往石頭迎建安王寶夤，率文武數百，唱警蹕，至杜姥宅。欣泰初聞事發，馳馬入宮，冀法珍等在外，城內處分，必盡見委，表裏相應，因行廢立。既而法珍得反，處分閉門上仗，不配欣泰兵，鴻選在殿內亦不敢發。城外衆尋散。少日事覺，詔收欣泰、胡松等，皆伏誅。

欣泰少時有人相其當得三公，而年裁三十。後屋瓦墮傷額，又問相者，云：「無復公相，年壽更增，亦可得方伯耳。」死時年四十六。〔一〕

史臣曰：崔慧景宿將老臣，憂危昏運，回董御之威，舉晉陽之甲，乘機用權，內襲少主，因樂亂之民，藉淮楚之剽，驍將授首，羣帥委律，鼓鼙讙於宮寢，〔二〕戈戟跱於城隍，陵埤負戶，士衰氣竭，屢發銅虎之兵，未有釋位之援，勢等易京，魚爛待盡。征虜將軍投袂以先國急，束馬旅師，橫江競濟，風驅電掃，制勝轉丸，越城之戰，旗獲蔽野，津舫之捷，獻俘象魏，瞻塵望烽，窮壘重關，戮帶定襄，曾未及此。盛矣哉，桓文異世也！

贊曰：叔業外叛，淮肥失險。慧景倒戈，宮門晝掩。欣泰倉卒，霜刃不染。實起時昏，堅冰互漸。

校勘記

〔一〕地惟形勢　「形勢」元龜四百作「形勝」。

〔二〕唯樂侵伐虜堺　文有脫譌。疑「唯樂」下脫「鈔略」二字，「侵伐虜堺」當作「若侵虜境」。通鑑齊明帝建武四年：「叔業啓稱：北人不樂遠行，唯樂鈔略，若侵虜境，則司、雍之寇自然分矣。」可證也。「堺」字殿本作「界」。堺與界同，然此堺字疑爲境字之形譌，亦原文本作「若侵虜境」之一證也。

〔三〕虜又遣僞將劉藻高忽繼至　按高忽魏書有傳，作「高聰」。通鑑亦作「高聰」。

〔四〕〔淸〕河東武城人也　據南監本、毛本、殿本、局本補。

〔五〕輒〔傾〕資獻奉　據南監本、毛本、殿本、局本補。

〔六〕四月慧景至廣陵覺便出奔　張森楷校勘記云：「慧景舉兵，在三月上旬。其攻京城敗散，在四月上旬。此『四月』疑當作『三月』。」按通鑑敍「慧景至廣陵，覺走從之」，在三月己亥後，壬子前。考異謂慧景傳四月至廣陵，蓋「四月」當作「三月」。參閱卷七東昏侯紀校記第四條。

〔七〕游盪〔軍〕主董伯珍　據南監本、殿本、局本補。

〔八〕善射獵能捕(虜)〔虎〕　據殿本、局本改。

〔九〕拒慧景於北籬門　「籬」原作「離」，今據南監本、殿本、局本改。

〔一〇〕慧景引軍入樂遊〔苑〕　據南監本、殿本、局本補。

〔一一〕石頭　二字原譌倒，今據南監本、殿本、局本乙正。

〔一二〕崔恭祖與驍將劉〔靈〕運詣城降　據南監本、殿本、局本及南史補。

〔一三〕與左興盛軍容袁文曠爭敬則首　「容」原譌「客」，各本不譌，今改正。

〔一四〕帝以其勇　「勇」下南監本、殿本及南史並有「健」字。

〔一五〕僥小民之無識耳　「僥」南監本、殿本、局本作「倖」。

〔一六〕則何戈之士　「何戈」南監本、殿本作「荷戈」。按說文「何，儋也」，段注「何，俗爲荷」。

〔一七〕(何則)〔若以〕狂主雖狂而實是天子　據南監本、殿本、局本及通鑑齊和帝中興元年改。

〔一八〕中領軍臣(諱)〔詳〕　據通鑑改。按諱與詳形近而譌。詳指夏侯詳，詳時爲中領軍。殿本依北監本改「諱」爲「衍」，不知蕭衍時爲征東將軍，崔偃疏中明稱之爲「征東」也。

〔一九〕今茲之旨 「茲」字原闕，今據南監本、殿本、局本補。

〔二〇〕陛下若引臣冤免臣兄之罪收往失 元龜八百七十作「陛下若俯鑒臣冤，深收往失」。

〔二一〕死時年四十六 「時」原譌「者」，各本不譌，今改正。「四十六」御覽七百三十引及南史並作「三十六」。

〔二二〕鼓鞞讙於宮寢 「宮」原譌「官」，今據南監本、殿本、局本改正。

南齊書卷五十二

列傳第三十三

文學

丘靈鞠 檀超 卞彬 丘巨源 王智深 陸厥 崔慰祖 王逡之

祖冲之 賈淵

丘靈鞠，吳興烏程人也。祖系，祕書監。

靈鞠少好學，善屬文。與上計，仕郡爲吏。州辟從事，詣領軍沈演之。演之曰：「身昔爲州職，詣領軍謝晦，賓主坐處，政如今日。卿將來或復如此也。」舉秀才，爲州主簿。累遷員外郎。

宋孝武殷貴妃亡，靈鞠獻挽歌詩三首，云「雲横廣階闇，霜深高殿寒」。帝摘句嗟賞。除

新安王北中郎參軍，出爲剡烏程令，不得志。泰始初，坐東賊黨錮數年。褚淵爲吳興，謂人曰：「此郡才士，唯有丘靈鞠及沈勃耳。」乃啓申之。明帝使著大駕南討紀論。久之，除太尉參軍，轉安北記室，帶扶風太守，不就。爲尚書三公郎，建康令，轉通直郎，兼中書郎。

昇明中，遷正員郎，領本郡中正，兼中書郎如故。時方禪讓，太祖使靈鞠參掌詔策。建元元年，轉中書郎，中正如故，敕知東宮手筆。尋又掌知國史。明年，出爲鎮南長史、尋陽相，遷尚書左丞。世祖即位，轉通直常侍，尋領東觀祭酒。靈鞠曰：「久居官不願數遷，〔一〕使我終身爲祭酒，不恨也。」永明二年，領驍騎將軍。靈鞠不樂武位，謂人曰：「我應還東掘顧榮冢。江南地方數千里，士子風流，皆出此中。顧榮忽引諸傖渡，妨我輩塗轍，死有餘罪。」改正員常侍。

靈鞠好飲酒，臧否人物，在沈淵座見王儉詩，淵曰：「王令文章大進。」靈鞠曰：「何如我未進〔時〕？」〔二〕此言達儉。靈鞠宋世文名甚盛，入齊頗減。蓬髮弛縱，無形儀，不治家業。王儉謂人曰：「丘公仕宦不進，才亦退矣。」遷長沙王車騎長史，太中大夫，卒。著江左文章錄序，起太興，訖元熙。文集行於世。

檀超字悅祖，高平金鄉人也。祖弘〔宗〕，〔三〕宋南琅邪太守。超少好文學，放誕任氣，解褐州西曹。嘗與別駕蕭惠開共事，不爲之下。謂惠開曰：「我與卿俱起一老姥，何足相誇？」蕭太后，惠開之祖姑，長沙王道憐妃，超祖姑也。舉秀才。孝建初，坐事徙梁州，板宣威府參軍。孝武聞超有文章，敕還直東宮，除驃騎參軍、寧蠻主簿，鎮北諮議。超累佐蕃職，不得志，轉尚書度支郎，車騎功曹，桂陽內史。入爲殿中郎，兼中書郎，零陵內史，征北驃騎記室，國子博士，兼左丞。超嗜酒，好言詠，舉止和靡，自比晉郗超，爲「高平二超」。謂人曰：「猶覺我爲優也。」太祖賞愛之。遷驍騎將軍，常侍，司徒右長史。

建元二年，初置史官，以超與驃騎記室江淹掌史職。上表立條例，開元紀號，不取宋年。封爵各詳本傳，無假年表。立十志：律曆、禮樂、天文、五行、郊祀、刑法、藝文依班固，朝會、輿服依蔡邕、司馬彪，州郡依徐爰。百官依范曄，合州郡。班固五星載天文，日蝕載五行；改日蝕入天文志。以建元爲始。帝女體自皇宗，立傳以備甥舅之重。又立處士、列女傳。詔內外詳議。左僕射王儉議：「金粟之重，八政所先，食貨通則國富民實，宜加編錄，以崇務本。朝會志前史不書，蔡邕稱先師胡廣說漢舊儀，此乃伯喈一家之意，曲碎小儀，无煩錄。宜立食貨，省朝會。洪範九疇，一曰五行。五行之本，先乎水火之精，是爲日

月五行之宗也。今宜憲章前軌，無所改革。又立帝女傳，亦非淺識所安。若有高德異行，自當載在列女，若止於常美，則仍舊不書。」詔：「日月災隸天文，餘如儉議。」超史功未就，卒官。〔四〕江淹撰成之，猶不備也。

時豫章熊襄著齊典，上起十代。其序云：「尚書堯典，謂之虞書，則附所述，故通謂之齊，名爲河洛金匱。」

卞彬字士蔚，濟陰宛句人也。祖嗣之，中領軍。父延之，有剛氣，爲上虞令。

彬才操不羣，文多指刺。州辟西曹主簿，奉朝請，員外郎。宋元徽末，四貴輔政。彬謂太祖曰：「外閒有童謠云：『可憐可念尸著服，孝子不在日代哭，列管暫鳴死滅族。』〔公頗聞不？〕」時王蘊居父憂，與袁粲同死，故云「尸著服」〔也。服者衣也〕，〔五〕褚字邊衣也，孝除子，以日代者，謂褚淵也。列管，蕭也。彬退，太祖笑曰：「彬自作此。」齊臺初建，彬又曰：「誰謂宋遠，跂予望之。」太祖聞之，不加罪也。除右軍參軍。家貧，出爲南康郡丞。

彬頗飲酒，擯棄形骸。作蚤虱賦序曰：「余居貧，布衣十年不制。一袍之縕，有生所託，資其寒暑，無與易之。爲人多病，起居甚疎，縈寢敗絮，不能自釋。兼攝性懈惰，嬾事皮膚，

澡刷不謹，澣沐失時，四體𣯶𣯶，加以臭穢，故葦席蓬纓之間，蚤虱猥流。淫癢渭濩，無時恕肉，探揣擭撮，日不替手。虱有諺言，朝生暮孫。若吾之虱者，無湯沐之慮，絕相弔之憂，宴聚乎久襟爛布之裳，〔六〕服無改換，掐齧不能加，脫略緩嬾，復不勲於捕討，孫孫息息，三十五歲焉。」其略言皆實錄也。

除南海王國郎中令，尚書比部郎，安吉令，車騎記室。彬性〔好〕飲酒，〔七〕以瓠壺瓢勺杬皮爲肴，著帛冠十二年不改易，以大瓠爲火籠，什物多諸詭異。自稱「卞田居」，婦爲「傅蠶室」。或諫曰：「卿都不持操，名器何由得升？」彬曰：「擲五木子，十擲輒鞬，豈復是擲子之拙。吾好擲，政極此耳。」永元中，爲平越長史、綏建太守，卒官。

彬又目禽獸云：〔八〕「羊性淫而狠，猪性卑而率，鵝性頑而傲，狗性險而出。」皆指斥貴勢。其蝦蟆賦云：「紆青拖紫，名爲蛤魚。」世謂比令僕也。又云：「科斗唯唯，羣浮闇水。維朝繼夕，聿役如鬼。」比令史諮事也。文章傳於閭巷。

永明中，琅邪諸葛勗爲國子生，作雲中賦，〔賦〕〔指〕祭酒以下，〔九〕皆有形似之目。坐繫東冶，〔一〇〕作東冶徒賦，世祖見，赦之。

又有陳郡袁嘏，自重其文。謂人云：「我詩應須大材迮之，不爾飛去。」建武末，爲諸暨令，被王敬則所殺。

丘巨源，蘭陵蘭陵人也。宋初土斷屬丹陽，後屬蘭陵。巨源少舉丹陽郡孝廉，爲宋孝武所知。大明五年，敕助徐爰撰國史。帝崩，江夏王義恭取〔爲〕掌書記。〔一一〕明帝即位，使參詔誥，引在左右。自南臺御史爲王景文鎮軍參軍，寧喪還家。元徽初，桂陽王休範在尋陽，以巨源有筆翰，遣船迎之，餉以錢物。巨源因太祖自啓，敕板起巨源使留京都。桂陽事起，使於中書省撰符檄，事平，除奉朝請。

巨源望有封賞，既而不獲，乃與尚書令袁粲書曰：

民信理推心，闇於量事，庶謂丹誠感達，賞報孱期；豈虞寂寥，忽焉三稔？議者必云筆記賤伎，非殺活所待；開勸小說，非否判所寄。然則先聲後實，軍國舊章，七德九功，將名當世。仰觀天緯，則右將而左相，俯察人序，則西武而東文，固非胥祝之倫伍，巫匠之流匹矣。

去昔奇兵，變起呼吸，雖凶渠即勦，而人情更迷。茅恬開城，千齡出叛，當此之時，心膂胡、越，奉迎新亭者，士庶塡路，投名朱雀者，愚智空閭，人惑而民不惑，人畏而民不畏，其一可論也。

臨機新亭，獨能抽刃斬賊者，唯有張敬兒；而中書省獨能奮筆弗顧者，唯有丘巨源。文武相方，誠有優劣，就其死亡以決成敗，當崩天之敵，抗不測之禍，請問海內，此膽何如？其二可論也。

又爾時顛沛，普喚文士，黃門中書，靡不畢集，摛翰振藻，非爲乏人，朝廷洪筆，何故假手凡賤？若以此賊彊盛，勝負難測，羣賢怯不染豪者，則民宜以勇獲賞；若云羽檄之難，必須筆傑，羣賢推能見委者，則民宜以才賜(外)〔列〕，〔一二〕其三可論也。

竊見桂陽賊賞不赦之條凡二十五人，而李恒、鍾爽同在此例，戰敗後出，罪並釋然，而吳邁遠族誅之。罰則操筆大禍而操戈无害，論以賞科，則武人超越而文人埋沒，其四可論也。

且邁遠置辭，無乃侵慢，民作符檄，肆言詈辱，放筆出手，即就齏粉。若使桂陽得志，民若不轘裂軍門，則應腰斬都市，嬰孩脯膾，伊可熟念，其五可論也。

往年戎旅，萬有餘甲，十分之中，九分冗隸，可謂衆矣。攀龍附驥，翻焉雲翔。至若民狂夫，可謂寡矣。徒關敕旨，空然泥沈。詎其荷䰟塵末，皆是白起，操牘事始，必非魯連邪？民傎，國算迅足，馳烽旆之機，帝擇逸翰，赴尉羅之會。既能陵敵不殿，爭先無負，宜其微賜存在，少沾飲齕。遂乃棄之溝間，如蜉如蟻，擲之言外，如土如灰。

絓隸帖戰，無拳無勇，並隨資峻級矣；凡豫臺內，不文不武，已坐拱清階矣。撫骸如此，瞻例如彼，既非草木，何能弭聲？

巨源竟不被申。

歷佐諸王府，轉羽林監。建元元年，爲尚書主客郎，領軍司馬，越騎校尉。除武昌太守，拜竟，不樂江外行，世祖問之，巨源曰：「古人云：『寧飲建業水，不食武昌魚。』臣年已老，寧死於建業。」以爲餘杭令。

沈攸之事，太祖使巨源爲尚書符荆州，巨源以此又望賞異，自此意常不滿。高宗爲吳興，巨源作秋胡詩，有譏刺語，以事見殺。

王智深字雲才，琅邪臨沂人也。少從陳郡謝超宗學屬文。好飲酒，拙澀乏風儀。宋建平王景素爲南徐州，作觀法篇，智深和之，見賞，辟爲西曹書佐。貧無衣，未到職而景素敗。後解褐爲州祭酒。太祖爲鎮軍時，丘巨源薦之於太祖，板爲府行參軍，除豫章王國常侍，遷太學博士，豫章王大司馬參軍，兼記室。

世祖使太子家令沈約撰宋書，擬立袁粲傳，以審世祖。世祖曰：「袁粲自是宋家忠臣。」

約又多載孝〔武〕、明帝諸鄙瀆事，〔一三〕上遣左右謂約曰：「孝武事迹不容頓爾。我昔經事宋明帝，卿可思諱惡之義。」於是多所省除。

又敕智深撰宋紀，召見芙蓉堂，賜衣服，給宅。智深告貧於豫章王，王曰：「須卿書成，當相論以祿。」〔一四〕書成三十卷，世祖後召見智深於璿明殿，令拜表奏上。表未奏而世祖崩。隆昌元年，敕索其書，智深遷爲竟陵王司徒參軍，坐事免。江夏王鋒、衡陽王鈞並善待之。

初，智深爲司徒袁粲所接，及撰宋紀，意常依依。粲幼孤，祖母名其爲愍孫，後慕荀粲，自改名，會稽賀喬譏之，智深於是著論。

家貧無人事，嘗餓五日不得食，掘莧根食之。司空王僧虔及子志分其衣食。〔一五〕卒於家。

先是陳郡袁炳，字叔明，有文學，亦爲袁粲所知。著晉書未成，卒。潁川庾銑，善屬文，見賞豫章王，引至大司馬記室參軍，卒。

陸厥字韓卿，吳郡吳人，揚州別駕閑子也。厥少有風槩，好屬文，五言詩體甚新變。〔一六〕永明九年，詔百官舉士，同郡司徒左西掾顧暠之表薦焉。州舉秀才，王晏少傅主簿，遷後軍行參軍。

永明末，盛爲文章。吳興沈約、陳郡謝朓、琅邪王融以氣類相推轂。汝南周顒善識聲韻。約等文皆用宮商，以平上去入爲四聲，以此制韻，不可增減，世呼爲「永明體」。沈約宋書謝靈運傳後又論宮商。厥與約書曰：

范詹事自序「性別宮商，識清濁，特能適輕重，濟艱難。古今文人，多不全了斯處，縱有會此者，不必從根本中來。」沈尚書亦云「自靈均以來，此祕未覩」。或「闇與理合，匪由思至。張蔡曹王，曾無先覺，潘陸顏謝，去之彌遠」。大旨鈞使「宮羽相變，低昂舛節。〔一七〕若前有浮聲，則後須切響，一簡之內，音韻盡殊，兩句之中，輕重悉異」。辭既美矣，理又善焉。但觀歷代衆賢，似不都闇此處，而云「此祕未覩」，近於誣乎？

案范云「不從根本中來」。尚書云「匪由思至」。斯可謂揣情謬於玄黃，擿句差其音律也。范又云「時有會此者」。尚書云「或闇與理合」。則美詠清謳，有辭章調韻者，雖有差謬，亦有會合，推此以往，可得而言。夫思有合離，前哲同所不免，文有開塞，即事不得無之。子建所以好人譏彈，士衡所以遺恨終篇。既曰遺恨，非盡美之作，理可詆訶。君子執其詆訶，便謂合理爲闇。豈如指其合理而寄詆訶爲遺恨邪？

自魏文屬論，深以清濁爲言，劉楨奏書，大明體勢之致，岨峿妥怙之談，操末續顛之說，與玄黃於律呂，比五色之相宣，苟此祕未覩，茲論爲何所指邪？故愚謂前英已早識宮徵，但未屈曲指的，若今論所申。至於掩瑕藏疾，合少謬多，則臨淄所云「人之著述，不能無病」者也。非知之而不改，謂不改則不知，斯曹、陸又稱「竭情多悔，不可力彊」者〔也〕。〔一八〕今許以有病有悔爲言，則必自知無悔無病之地，引其不了不合爲闇，何獨誣其一合一了之明乎？意者亦質文時異，古今好殊，將急在情物，而緩於章句。情物，文之所急，美惡猶且相半；章句，意之所緩，故合少而謬多。義兼於斯，必非不知明矣。

長門、上林，殆非一家之賦，洛神、池鴈，便成二體之作。孟堅精正，詠史無虧於東主，平子恢富，羽獵不累於憑虛。王粲初征，他文未能稱是；楊脩敏捷，暑賦彌日不獻。率意寡尤，則事促乎一日；翳翳愈伏，而理賒於七步。一人之思，遲速天懸；一家之文，工拙壤隔。何獨宮商律呂，必責其如一邪？論者乃可言未窮其致，不得言曾無先覺也。

約答曰：

宮商之聲有五，文字之別累萬，以累萬之繁，配五聲之約，高下低昂，非思力所舉。又非止若斯而已也。十字之文，顚倒相配，字不過十，巧歷已不能盡，何況復過於此者

乎？靈均以來，未經用之於懷抱，固無從得其髣髴矣。若斯之妙，而聖人不尙，〔何〕邪？〔一九〕此蓋曲折聲韻之巧，無當於訓義，非聖哲立言之所急也。是以子雲譬之「雕蟲篆刻」，云「壯夫不爲」。

自古辭人，豈不知宮羽之殊，商徵之別。雖知五音之異，而其中參差變動，所昧實多，故鄙意所謂「此祕未覩」者也。〔二〇〕以此而推，則知前世文士便未悟此處。

若以文章之音韻，同弦管之聲曲，則美惡妍蚩，不得頓相乖反。譬由子野操曲，安得忽有闡緩失調之聲，以洛神比陳思他賦，有似異手之作。故知天機啓，則律呂自調；六情滯，則音律頓舛也。

士衡雖云「炳若縟錦」，寧有濯色江波，其中復有一片是衞文之服？此則陸生之言，卽復不盡者矣。韻與不韻，復有精麤，輪扁不能言，老夫亦不盡辨此。

永元元年，始安王遙光反，厥父閑被誅，厥坐繫尙方，尋有赦令，厥恨父不及，感慟而卒，年二十八。文集行於世。

會稽虞炎，永明中以文學與沈約俱爲文惠太子所遇，意眄殊常。官至（驃）〔驍〕騎將軍。〔二一〕

崔慰祖字悅宗，清河東武城人也。父慶緒，永明中，爲梁州刺史。

慰祖解褐奉朝請。父喪不食鹽，母曰：「汝旣無兄弟，又未有子胤。毀不滅性，政當不進肴羞耳，如何絕鹽！吾今亦不食矣。」慰祖不得已從之。父梁州之資，家財千萬，散與宗族，漆器題爲日字，日字之器，流乎遠近。料得父時假貰文疏，〔二二〕謂族子紘曰：「彼有，自當見還；彼無，吾何言哉！」悉火焚之。

好學，聚書至萬卷，隣里年少好事者來從假借，日數十袠，慰祖親自取與，未常爲辭。

爲始安王撫軍墨曹行參軍，轉刑獄，兼記室。遙光好棊，數召慰祖對戲，慰祖輒辭拙，非朔望不見也。建武中，詔舉士，從兄慧景舉慰祖及平原劉孝標，竝碩學。帝欲試以百里，慰祖辭不就。

國子祭酒沈約、吏部郎謝脁嘗於吏部省中賓友俱集，各問慰祖地理中所不悉十餘事，慰祖口吃，無華辭，而酬據精悉，一座稱服之。脁歎曰：「假使班、馬復生，無以過此。」

慰祖賣宅四十五萬，買者云：「寧有減不？」答曰：「誠慚韓伯休，何容二價。」買者又曰：「君但責四十六萬，一萬見與。」慰祖曰：「是卽同君欺人，豈是我心乎？」

少與侍中江祀款，及祀貴，常來候之，而慰祖不往也。與丹陽丞劉渢素善，遙光據東府

反，慰祖在城內。城未潰一日，渢謂之曰：「卿有老母，宜其出矣。」命門者出之。慰祖詣闕自首，繫尙方，病卒。

慰祖著海岱志，起太公迄西晉人物，爲四十卷，半未成。臨卒，與從弟緯書云：「常欲更注遷、固二史，採史、漢所（泥）〔漏〕二百餘事，〔二三〕在廚簏，可檢寫之，以存大意。海岱志良未周悉，可寫數本，付護軍諸從事人一通，及友人任昉、徐夤、劉洋、裴揆。」又令「以棺親土，不須塼，勿設靈座」。時年三十五。

王逡之字宣約，琅邪臨沂人也。父祖皆爲郡守。

逡之少禮學博聞。起家江夏王國常侍，大司馬行參軍，章安令，累至始安內史。不之官，除山陽王驃騎參軍，兼治書御史，安成國郎中，吳令。

昇明末，右僕射王儉重儒術，逡之以著作郎兼尙書左丞，參定齊國儀禮。初，儉撰古今喪服集記，逡之難儉十一條。更撰世行五卷。轉國子博士。國學久廢，建元二年，逡之先上表立學，又兼著作，撰永明起居注。轉通直常侍，驍騎將軍，領博士、著作如故。出爲寧朔將軍、南康相，太中、光祿大夫，加侍中。〔二四〕逡之率素，衣裘不澣，机案塵黑，年老，手不釋

卷。建武二年，卒。

從弟珪之，有史學，撰齊職儀。永明九年，其子中軍參軍顥上啓曰：「臣亡父故長水校尉珪之，藉素爲基，依儒習性。以宋元徽二年，被敕使纂集古設官歷代分職，凡在墳策，必盡詳究。是以等級掌司，咸加編錄。黜陟遷補，〔悉〕該研記。[三五]述章服之差，兼冠佩之飾。屬値啓運，軌度惟新。故太宰臣淵奉宣敕旨，使速洗正。刊定未畢，臣私門凶禍。不揆庸微，謹冒啓上，凡五十卷，謂之齊職儀。仰希永升天閣，長銘祕府。」詔付祕閣。

祖冲之字文遠，范陽薊人也。祖昌，宋大匠卿。父朔之，奉朝請。冲之少稽古，有機思。宋孝武使直華林學省，賜宅宇車服。解褐南徐州迎從事，公府參軍。

宋元嘉中，用何承天所制歷，比古十一家爲密，冲之以爲尙疎，乃更造新法。上表曰：

臣博訪前墳，遠稽昔典，五帝躔次，三王交分，春秋朔氣，紀年薄蝕，談、遷載述，彪、固列志，魏世注歷，晉代起居，探異今古，觀要華戎。書契以降，二千餘稔，日月離

會之徵，星度疎密之驗。專功䚡思，咸可得而言也。加以親量圭尺，躬察儀漏，目盡毫氂，心窮籌筴，考課推移，又曲備其詳矣。

然而古曆疎舛，類不精密，羣氏糾紛，[三六]莫審其會。尋何承天所上，意存改革，而置法簡略，今已乖遠。以臣校之，三覩厥謬，日月所在，差覺三度，二至晷景，幾失一日，五星見伏，至差四旬，留逆進退，或移兩宿。分至失實，則節閏非正；宿度違天，則伺察無準。臣生屬聖辰，詢逮在運，敢率愚瞽，更創新曆。

謹立改易之意有二，設法之情有三。改易者一：以舊法一章，十九歲有七閏，閏數爲多，經二百年輒差一日。節閏既移，則應改法，曆紀屢遷，寔由此條。今改章法三百九十一年有一百四十四閏，令却合周、漢，則將來永用，無復差動。其二：以堯典云「日短星昴，以正仲冬」。以此推之，唐世冬至日，在今宿之左五十許度。〔漢〕(伐)〔代〕之初，卽〔用〕秦曆，[三七]冬至日在牽牛六度。漢武改立太初曆，冬至日在牛初。後漢四分法，冬至日在斗二十二。晉世姜岌以月蝕檢日，知冬至在斗十七。今參以中星，課以蝕望，冬至之日，在斗十一。通而計之，未盈百載，所差二度。舊法竝令冬至日有定處，天數既差，則七曜宿度，漸與舛訛。乖謬既著，輒應改易。僅合一時，莫能通遠。遷革不已，又由此條。今令冬至所在歲歲微差，却檢漢注，竝皆審密，將來久用，無煩屢改。又設法者，其一：以子爲辰首，位在正北，爻應初九升氣之端，虛爲北方列宿之中。元氣肇初，宜在此次。前儒虞喜，備論其義。今曆上元日度，發自虛一。其二：以日辰之號，甲子爲先，曆法設元，應在此歲。而黃帝以來，世代所用，凡十一曆，上元之歲，莫値此名。今曆上元歲在甲子。其三：以上元之歲，曆中衆條，竝應以此爲始。而景初曆交會遲疾，元首有差。又承天法，日月五星，各自有元，交會遲疾，亦竝置差，裁得朔氣合而已，條序紛錯，不及古意。今設法日月五緯交會遲疾，悉以上元歲首爲始，羣流共源，〔庶無乖誤〕。[三八]

若夫測以定形，據以實効。懸象著明，尺表之驗可推；動氣幽微，寸管之候不忒。今臣所立，易以取信。但綜覈始終，大存緩密，革新變舊，有約有繁。用約之條，理不自懼，用繁之意，顧非謬然。何者？夫紀閏參差，數各有分，分之爲體，非不細密，臣是用深惜毫氂，以全求妙之准，不辭積累，以成永定之製，非爲思而莫知，悟而弗改也。若所上萬一可採，伏願頒宣羣司，賜垂詳究。

事奏。孝武令朝士善曆者難之，不能屈。會帝崩，不施行。出爲婁縣令，謁者僕射。

初，宋武平關中，得姚興指南車，有外形而無機巧，每行，使人於內轉之。昇明中，太祖輔政，使冲之追修古法。冲之改造銅機，圓轉不窮，而司方如一，馬均以來未有也。[三九]時有

北人索馭驎者，亦云能造指南車，太祖使與冲之各造，使於樂遊苑對共校試，而頗有差僻，乃毀焚之。永明中，竟陵王子良好古，冲之造欹器獻之。

文惠太子〔在〕東宮，[四〇]見冲之曆法，啓世祖施行，文惠尋薨，事又寢。轉長水校尉，領本職。冲之造安邊論，欲開屯田，廣農殖。建武中，明帝使冲之巡行四方，興造大業，可以利百姓者，會連有〔軍〕事，[四一]事竟不行。

冲之解鍾律，博塞當時獨絕，莫能對者。以諸葛亮有木牛流馬，乃造一器，不因風水，施機自運，不勞人力。又造千里船，於新亭江試之，日行百餘里。於樂遊苑造水碓磨，世祖親自臨視。又特善筭。永元二年，冲之卒。年七十二。著易老莊義，釋論語孝經，注九章，造綴述數十篇。

賈淵字希鏡，平陽襄陵人也。祖弼之，晉員外郎。父匪之，驃騎參軍。世傳譜學。孝武世，青州人發古冢，銘云「青州世子，東海女郎」。帝問學士鮑照、徐爰、蘇寶生，竝不能悉。淵對曰：「此是司馬越女，嫁苟晞兒。」檢訪果然。由是見遇。敕淵注郭子。泰始初，[四二]辟丹陽郡主簿，奉朝請，太學博士，安成王撫軍行參軍，出爲丹徒令。昇明

中，太祖嘉淵世學，取爲驃騎參軍，武陵王國郎中令，補餘姚令。未行，仍爲義興郡丞。永明初，轉尙書外兵郎，歷大司馬司徒府參軍。竟陵王子良使淵撰見客譜，出爲句容令。

先是譜學未有名家，淵祖弼之廣集百氏譜記，專心治業。晉太元中，朝廷給弼之令史書吏，撰定繕寫，藏祕閣(乃)〔及〕(遷)左民曹。〔三三〕淵父及淵三世傳學，凡十八州士族譜，合百帙七百餘卷，該究精悉，當世莫比。永明中，衞軍王儉抄次百家譜，與淵參懷撰定。

建武初，淵遷長水校尉。荒傖人王泰寶買襲琅邪譜，尙書令王晏以啓高宗，淵坐被(求)〔收〕，〔三四〕當極法，子棲長謝罪，稽顙流血，朝廷哀之，免淵罪。數年，始安王遙光板撫軍諮議，不就，仍爲北中郎參軍。中興元年，卒。年六十二。撰氏族要狀及人名書，竝行於世。

史臣曰：文章者，蓋情性之風標，神明之律呂也。蘊思含毫，遊心內運，放言落紙，氣韻天成。莫不稟以生靈，遷乎愛嗜，機見殊門，賞悟紛雜。若子桓之品藻人才，仲治之區判文體，陸機辨於文賦，李充論於翰林，張眎摘句褒貶，顏延圖寫情興，各任懷抱，共爲權衡。屬文之道，事出神思，感召無象，變化不窮。俱五聲之音響，而出言異句；等萬物之情狀，而下筆殊形。吟詠規範，本之雅什，流分條散，各以言區。若陳思代馬羣章，王粲飛鸞諸製，四言之美，前超後絕。少卿離辭，五言才骨，難與爭騖。桂林湘水，平子之華篇，飛館玉池，魏文之麗篆，七言之作，非此誰先。卿、雲巨麗，升堂冠冕，張、左恢廓，登高不繼，賦貴披陳，未或加矣。顯宗之述傅毅，簡文之摛彥伯，分言制句，多得頌體。裴頠內侍，元規鳳池，子章以來，章表之選。孫綽之碑，嗣伯喈之後，謝莊之誄，起安仁之塵，顏延楊瓚，自比馬督，以多稱貴，歸莊爲允。王褒僮約，束皙發蒙，滑稽之流，亦可奇瑋。五言之製，獨秀衆品。習玩爲理，事久則瀆，在乎文章，彌患凡舊。若無新變，不能代雄。建安一體，典論短長互出；潘、陸齊名，機、岳之文永異。江左風味，盛道家之言，郭璞舉其靈變，許詢極其名理，仲文玄氣，猶不盡除，謝混情新，得名未盛。顏、謝竝起，乃各擅奇，休、鮑後出，咸亦標世。朱藍共妍，不相祖述。今之文章，作者雖衆，總而爲論，略有三體。一則啓心閑繹，託辭華曠，雖存巧綺，終致迂回。宜登公宴，本非准的。〔三五〕而疎慢闡緩，膏肓之病，典正可採，酷不入情。此體之源，出靈運而成也。次則緝事比類，非對不發，博物可嘉，職成拘制。或全借古語，用申今情，崎嶇牽引，直爲偶說。唯覩事例，頓失清采。〔三六〕此則傅咸五經，應璩指事，雖不全似，可以類從。次則發唱驚挺，操調險急，雕藻淫豔，傾炫心魂。亦猶五色之有紅紫，八音之有鄭、衞。斯鮑照之遺烈也。三體之外，請試妄談。若夫委自天機，參之史傳，應思悱來，勿先構聚。言尙易了，文憎過意，吐石含金，滋潤婉切。雜以風謠，輕脣利吻，不雅不俗，獨中胸懷。輪扁斲輪，言之未盡，文人談士，罕或兼工。非唯識有不周，道實相妨，談家所習，理勝其辭，就此求文，終然翳奪。故兼之者鮮矣。

贊曰：學亞生知，多識前仁。文成筆下，芬藻麗春。

校勘記

〔一〕久居官不願數遷　南監本、殿本及南史並作「人居官願數遷」，局本作「人居官不願數遷」，元龜七百八十五作「久居官願數遷」。

〔二〕何如我未進〔時〕　據南監本、殿本及南史補。

〔三〕祖弘〔宗〕　據南監本、毛本、殿本、局本補。按南史云「祖嶷之，字弘宗」。此子顯避家諱，故改稱其字也。

〔四〕超史功未就卒官　按南史云：「又制著十志，多爲左僕射王儉所不同。既與物多忤，史功未就，徙交州，於路見殺。」

〔五〕〔公頗聞不時王蘊居父憂與袁粲同死故云〕尸著服〔也服者衣也〕　據南監本、殿本、局本及南史補。按南監本脫「服者衣也」四字。殿本「云」譌「念」。

〔六〕宴聚乎久襟爛布之裳　「襟」南史作「袴」。

〔七〕彬性〔好〕飲酒　據御覽九百七十九引補。

〔八〕彬又目禽獸云　按「又」下南史有「爲禽獸決錄」五字。

〔九〕(賦)〔指〕祭酒以下　據南監本、毛本、殿本、局本及南史改。

〔一〇〕坐繫東冶　「坐」下南史有「事」字。

〔一一〕江夏王義恭取〔爲〕掌書記　據元龜七百二十七補。

〔一二〕則民宜以才賜(外)〔列〕　據南監本、毛本、殿本、局本改。

〔一三〕約又多載孝〔武〕明帝諸鄙瀆事　據南監本、殿本、局本補。

〔一四〕當相論以祿　「論」元龜五百五十五作「詶」。

〔一五〕司空王僧虔及子志分其衣食　「其」殿本及南史、元龜九百二並作「與」。

〔一六〕五言詩體甚新變　「新變」各本作「新奇」。

〔一七〕低昂舛節　宋書謝靈運傳論作「低昂互節」。

〔一八〕不可力彊者〔也〕　據南監本、殿本、局本及南史補。

〔一九〕而聖人不尙〔何〕邪　據南監本及南史補。

〔二〇〕故鄙意所謂此祕未覩者也　「此」原譌「志」，各本不譌，今改正。

〔二一〕官至(驃)〔驍〕騎將軍　據南史改。按驍騎將軍虞炎亦見禮志。

二十四史

中華書局

〔二二〕料得父時假貫文疏　「貫」原譌「貫」，今據毛本、殿本、局本及南史改正。

〔二三〕採史漢所(泥)〔漏〕二百餘事　據南監本、殿本、局本及南史改。

〔二四〕加侍中　按南史王准之傳從弟逡之附傳作「加給事中」。

〔二五〕(悉)〔該〕研記　據殿本、局本補。

〔二六〕羣氏糾紛　「氏」原譌「民」，今據殿本改正。

〔二七〕〔漢〕(伐)〔代〕之初即〔用〕秦曆　據局本補改。按錢大昕廿二史考異云：「宋志云漢代之初，即用秦曆。此誤『代』爲『伐』，又脫『漢』『用』二字。」

〔二八〕羣流共源〔庶無乖誤〕　「庶無乖誤」四字原本闕，據南監本、毛本、殿本、局本補。

〔二九〕馬鈞以來未有也　「鈞」各本作「均」，今據三國志改正。按「未」下元龜九百八有「之」字。

〔三〇〕文惠太子〔在〕東宮　據殿本、局本補。

〔三一〕會連有〔軍〕事　據殿本、局本補。

〔三二〕泰始初　「泰」原譌「太」，各本並譌，今改正。

〔三三〕藏祕閣(乃)〔及〕(遷)左民曹　據元龜五百六十、五百六十一改。按此言以寫定本藏祕閣及左民曹，非言淵遷官左民曹也。

〔三四〕淵坐被(求)〔收〕　據南史、元龜五百六十改。

〔三五〕本非准的　「非」原譌「凡」，今據毛本、殿本、局本改正。按南監本作「未爲准的」。

〔三六〕頓失清采　按「清采」各本並作「精采」。

南齊書卷五十三

列傳第三十四

良政

傅琰　虞愿　劉懷慰　裴昭明　沈憲　李珪之　孔琇之

太祖承宋氏奢縱，風移百城，輔立幼主，思振民瘼。爲政未朞，擢山陰令傅琰爲益州刺史。乃捐華反樸，恭己南面，導民以躬，意存勿擾。以山陰大邑，獄訟繁滋，建元三年，別置獄丞，與建康爲比。永明繼運，垂心治術。杖威善斷，猶多漏網，長吏犯法，封刃行誅。郡縣居職，以三周爲小滿。水旱之災，輒加賑卹。明帝自在布衣，曉達吏事，君臨億兆，專務刀筆，未嘗枉法申恩，守宰以之肅震。

永明之世，十許年中，百姓無雞鳴犬吠之警，都邑之盛，士女富逸，歌聲舞節，袨服華粧，桃花綠水之間，秋月春風之下，蓋以百數。及建武之興，虜難猋急，征役連歲，不遑啓

居，軍國糜耗，從此衰矣。

齊世善政著名表績無幾焉，位次遷升，非直止乎城邑。今取其清察有迹者，餘則隨以附焉。

傅琰字季珪，北地靈州人也。祖邵，員外郎。父僧祐，安東錄事參軍。琰美姿儀，解褐寧蠻參軍，本州主簿，寧蠻功曹。宋永光元年，補諸暨武康令，廣威將軍，除尚書左民郎，又爲武康令，將軍如故。除吳興郡丞。泰始六年，遷山陰令。山陰，東土大縣，難爲長官，僧祐在縣有稱，琰尤明察，又著〔能〕名。〔一〕其年爵新亭侯。元徽初，遷尚書右丞。遭母喪，居南岸，隣家失火，延燒琰屋，琰抱柩不動，隣人競來赴救，乃得俱全。琰股髀之閒，已被煙焰。服闋，除邵陵王左軍諮議，江夏王錄事參軍。

太祖輔政，以山陰獄訟煩積，復以琰爲山陰令。賣針賣糖老姥爭團絲，來詣琰，琰不辨覈，縛團絲於柱鞭之，密視有鐵屑，乃罰賣糖者。二野父爭雞，琰各問「何以食〔雞〕」，〔二〕一人云「粟」，一人云「豆」，乃破雞得粟，罪言豆者。縣內稱神明，無敢復爲偷盜。琰父子

並著奇績，江左鮮有。世云「諸傳有治縣譜，〔三〕子孫相傳，不以示人」。

昇明二年，太祖擢爲假節、督益寧二州軍事、建威將軍、益州刺史、宋寧太守。建元元年，進號寧朔將軍。四年，徵驍騎將軍，黃門郎。永明二年，遷建威將軍、安陸王北中郎長史，改寧朔將軍。明年，徙廬陵王安西長史、南郡內史，行荆州事。五年，卒。琰喪西還，有詔出臨。

臨淮劉玄明亦有吏能，爲山陰令，大著名績。琰子翻問〔之〕，〔四〕玄明曰：「我臨去當告卿。」將別，謂之曰：「作縣唯日食一升飰，而莫飲酒。」

虞愿字士恭，會稽餘姚人也。祖賚，給事中，監利侯。父望之，早卒。賚中庭橘樹冬熟，子孫競來取之，愿年數歲，獨不取，賚及家人皆異之。

元嘉末，爲國子生，再遷湘東王國常侍，轉潯陽王府墨曹參軍。明帝立，以愿儒吏學涉，兼蕃國舊恩，意遇甚厚。除太常丞，尚書祠部郎，通直散騎侍郎，領五郡中正，祠部郎如故。帝性猜忌，體肥憎風，夏月常著皮小衣，拜左右二人爲司風令史，風起方面，輒先啓聞。星文災變，不信太史，不聽外奏，勑靈臺知星二人給愿，常直內省，有異先啓，以相檢察。

帝以故宅起湘宮寺，費極奢侈。以孝武莊嚴刹七層，帝欲起十層，不可立，分爲兩刹，各五層。新安太守巢(向)〔尚〕之罷郡還，〔五〕見帝，曰：「卿至湘宮寺未？我起此寺，是大功德。」愿在側曰：「陛下起此寺，皆是百姓賣兒貼婦錢，佛若有知，當悲哭哀愍，罪高佛圖，有何功德？」尚書令袁粲在坐，爲之失色。帝乃怒，使人驅下殿，愿徐去無異容。以舊恩，少日中，已復召入。

帝好圍棊，甚拙，去格七八道，物議共欺爲第三品。與第一品王抗圍棊，依品賭戲，抗每饒借之，曰：「皇帝飛棊，臣抗不能斷。」帝終不覺，以爲信然，好之愈篤。愿又曰：「堯以此敎丹朱，非人主所宜好也。」雖數忤旨，而蒙賞賜，猶異餘人。遷兼中書郎。

帝寢疾，愿常侍醫藥。帝素能食，尤好逐夷，以銀鉢盛蜜漬之，一食數鉢。謂揚州刺史王景文曰：「此是奇味，卿頗足不？」景文曰：「臣夙好此物，貧素致之甚難。」帝甚悅。食逐夷積多，胷腹痞脹，氣將絕。左右啓飲數升酢酒，乃消。疾大困，一食汁滓猶至三升，水患積久，藥不復效。大漸日，正坐，呼道人，合掌便絕。愿以侍疾久，轉正員郎。

出爲晉平太守，在郡不治生產。前政與民交關，質錄其兒婦，愿遣人於道奪取將還。在郡立學堂敎授。郡舊出髯蛇膽，可爲藥，有餉愿蛇者，愿不忍殺，放二十里外山中，一夜蛇還床下。復送四十里外山，經宿，復還故處。愿更令遠，乃不復歸，論者以爲仁心所致

也。海邊有越王石，常隱雲霧。相傳云：「清廉太守乃得見。」愿往觀視，清徹無隱蔽。後琅邪王秀之爲郡，與朝士書曰：「此郡承虞公之後，善政猶存，遺風易遵，差得無事。」以母老解職，除後軍將軍。褚淵常詣愿，不在，見其眠床上積塵埃，有書數袠。淵歎曰：「虞君之清，〔六〕一至於此。」令人掃地拂床而去。

遷中書郎，領東觀祭酒。兄季，爲上虞令，卒。愿從省步還家，不待詔便歸東。除驍騎將軍，遷廷尉，祭酒如故。愿甞事宋明帝，齊初宋神主遷汝陰廟，愿拜辭流涕。建元元年，卒。年五十四。愿著五經論問，撰會稽記，文翰數十篇。

劉懷慰字彥泰，平原平原人也。〔七〕祖奉伯，元嘉中，爲冠軍長史。父乘民，冀州刺史。懷慰初爲桂陽王征北板行參軍。乘民死於義嘉事難，懷慰持喪，不食醢醬，冬月不絮衣。養孤弟妹，事寡叔母，皆有恩義。

復除邵陵王南中郎參軍，廣德令，尚書駕部郎。懷慰宗從善明等，太祖心腹，〔八〕懷慰亦豫焉。沈攸之有舊，令爲書戒喻攸之，太祖省之稱善。除步兵校尉。

齊國建，上欲置齊郡於京邑，議者以江右土沃，流民所歸，乃治瓜步，以懷慰爲輔國將

軍、齊郡太守。上謂懷慰曰：「齊邦是王業所基，吾方以爲顯任。經理之事，一以委卿。」又手勑曰：「有文事者，必有武備。今賜卿玉環刀一口。」懷慰至郡，修治城郭，安集居民，墾廢田二百頃，決沈湖灌溉。不受禮謁，民有餉其新米一斛者，懷慰出所食麥飯示之，曰：「且食有餘，幸不煩此。」因著廉吏論以達其意。太祖聞之，手勑褒賞。進督秦、沛二郡。妻子在都，賜米三百斛。兗州刺史柳世隆與懷慰書曰：「膠東淵化，〔九〕潁川致美，以今方古，曾何足云。」在郡二年，遷正員郎，領青冀二州中正。

懷慰本名聞慰，世祖卽位，以與舅氏名同，勑改之。出監東陽郡，爲吏民所安。還兼安陸王北中郎司馬。永明九年，卒。年四十五。明帝卽位，謂僕射徐孝嗣曰：「劉懷慰若在，朝廷不憂無清吏也。」懷慰與濟陽江淹、陳郡袁彖善，亦著文翰。永明初，獻皇德論云。

裴昭明，河東聞喜人，宋太中大夫松之孫也。父駰，南中郎參軍。

昭明少傳儒史之業。泰始中，爲太學博士。有司奏：「太子婚，納徵用玉璧虎皮，未詳何所準據。」昭明議：「禮納徵，儷皮爲庭實，鹿皮也。晉太子納妃注『以虎皮二』。太元中，公主納徵，虎豹皮各一。豈其謂婚禮不詳。王公之差，故取虎豹文蔚以尊其事。虎豹雖

文，而徵禮所不言，熊羆雖古，而婚禮所不及，珪璋雖美，或爲用各異。今宜準的經誥，凡諸僻謬，一皆詳正。」於是有司參議，加珪璋，豹熊羆皮各二。

元徽中，出爲長沙郡丞，罷任，刺史王蘊謂之曰：「卿清貧，必無還資。湘中人士有須一禮之命者，我不愛也。」昭明曰：「下官忝爲邦佐，不能光益上府，豈以鴻都之事仰累清風。」歷祠部通直郎。

永明三年，使虜，世祖謂之曰：「以卿有將命之才，使還，當以一郡相賞。」還爲始安內史。郡民龔玄宣，〔一〇〕云神人與其玉印玉板書，不須筆，吹紙便成字。自稱「龔聖人」，以此惑衆。前後郡守敬事之，昭明付獄治罪。及還，甚貧罄。世祖曰：「裴昭明罷郡還，遂無宅。我不諳書，不知古人中誰比？」遷射聲校尉。九年，復遣北使。

建武初，爲王玄邈安北長史、廣陵太守。明帝以其在事無所啓奏，代還，責之。昭明曰：「臣不欲競執關楗故耳。」昭明歷郡皆有勤績，常謂人曰：「人生何事須聚蓄，一身之外，亦復何須？子孫若不才，我聚彼散；若能自立，則不如一經。」故終身不治產業。中興二年，卒。

從祖弟顗，字彥齊。少有異操。泰始中，於總明觀聽講，不讓劉秉席，秉用爲參軍。昇

明末，爲奉朝請。齊臺建，世子裴妃須外戚譜，顗不與，遂分籍。太祖受禪，上表誹謗，掛冠去，伏誅。

沈憲字彥璋，〔一一〕吳興武康人也。祖說道，巴西梓潼二郡太守，父璞之，北中郎行參軍。憲初應州辟，爲主簿。少有幹局，歷臨首、餘杭令，〔一二〕巴陵王府佐，帶襄令，〔一三〕除駕部郎。宋明帝與憲棊，謂憲曰：「卿，廣州刺史才也。」補烏程令，甚著政績。太守褚淵歎之曰：「此人方員可施。」除通直郎，都水使者。長於吏事，居官有績。除正員郎，補吳令，尚書左丞。

昇明二年，西中郎將晃爲豫州，太祖擢憲爲晃長史，南梁太守，行州事。遷豫章王諮議，未拜，坐事免官。復除安成王冠軍、武陵王征虜參軍，遷少府卿。少府管掌市易，與民交關，有吏能者，皆更此職。遷王儉鎮軍長史。

武陵王曄爲會稽，以憲爲左軍司馬。太祖以山陰戶衆難治，欲分爲兩縣。世祖啓曰：「縣豈不可治，但用不得其人耳。」乃以憲帶山陰令，政聲大著。孔稚珪請假東歸，謂人曰：「沈令料事特有天才。」加寧朔將軍。王敬則爲會稽，憲仍留爲鎮軍長史，令如故。

遷爲冠軍長史，行南豫州事，晉安王後軍長史、廣陵太守。西陽王子明代爲南兗州，憲仍留爲冠軍長史，太守如故，頻行州府事。永明八年，子明典籤劉道濟取府州五十人役自給，又役子明左右，及船仗贓私百萬，爲有司所奏，世祖怒，賜道濟死。憲坐不糾，免官。尋復爲長史、輔國將軍，以疾去官。除散騎常侍，未拜，卒。當世稱爲良吏。

憲同郡丘仲起，先是爲晉平郡，清廉自立。褚淵歎曰：「見可欲心能不亂，此楊公所以遺子孫也。」仲起字子震，少爲憲從伯領軍寅之所知。〔一四〕宋元徽中，爲太子領軍長史，官至廷尉。卒。

李珪之字孔璋，江夏鍾武人也。父祖皆爲縣令。

珪之少辟州從事。宋泰始初，蔡興宗爲郢州，以珪之爲安西府佐，委以職事，清治見知。〔一五〕遷鎮西中郎諮議，右軍將軍，兼都水使者。珪之歷職稱爲清能，除游擊將軍，兼使者如故。轉兼少府，卒。

先是，四年，滎陽毛惠素爲少府卿，吏才強而治事清刻。敕市銅官碧青一千二百斤供御畫，用錢六十萬。有讒惠素納利者，世祖怒，敕尚書評賈，貴二十八萬餘，有司奏之，伏

誅。死後家徒四壁，上甚悔恨。

孔琇之，會稽山陰人也。祖季恭，光祿大夫，父靈運，著作郎。

琇之初爲國子生，舉孝廉。除衞軍行參軍，員外郎，尚書三公郎。出爲烏程令，有吏能。還遷通直郎，補吳令。有小兒年十歲，偷刈隣家稻一束，琇之付獄治罪，或諫之，琇之曰：「十歲便能爲盜，長大何所不爲？」縣中皆震肅。

遷尚書左丞，又以職事知名。轉前軍將軍，兼少府。遷驍騎將軍，少府如故。出爲寧朔將軍、高宗冠軍征虜長史、江夏內史。還爲正員常侍，兼左民尚書、廷尉卿。出爲臨海太守，在任清約，罷郡還，獻乾薑二十斤，世祖嫌少，及知琇之清，乃歎息。除武陵王前軍長史，未拜，仍出爲輔國將軍，監吳興郡，尋拜太守，治稱清嚴。

高宗輔政，防制諸蕃，致密旨於上佐。隆昌元年，遷琇之爲寧朔將軍、晉熙王冠軍長史，行郢州事，江夏內史。琇之辭，不許。未拜，卒。

史臣曰：琴瑟不調，必解而更張也。魏晉爲吏，稍與漢乖，苛猛之風雖衰，而仁愛之情

亦滅。局以峻法，限以常條，以必世之仁未及宣理，而朞月之望已求治術。先公後私，在己未易，割民奉國，於物非難，期之救過，所利苟免。且目見可欲，嗜好方流，貪以敗官，取與違義，吏之不臧，罔非由此。擿姦辯僞，誠俟異識，垂名著績，唯有廉平。今世之治民，未有出於此也。

贊曰：蒸蒸小民，吏職長親。棼亂須理，䘏隱歸仁。枉直交瞀，寬猛代陳。伊何導物，貴在清身。

校勘記

〔一〕又著〔能〕名　據南監本、殿本、局本補。

〔二〕琰各問何以食〔鷄〕　據南監本、殿本、局本及御覽二百六十八引補。

〔三〕江左鮮有世云諸傳有治縣譜　「世」南監本、殿本、局本及元龜七百七十一並作「匹」，屬上讀。按作「世」不誤，南史作「時云諸傳有理縣譜」可證。南史改「世」爲「時」，改「治」爲「理」，蓋避唐諱。

〔四〕琰子翽問〔之〕　據南監本、毛本、殿本、局本補。

〔五〕新安太守巢〔向〕〔尚〕之罷郡還　據南監本、殿本、局本及南史、元龜二百十八、四百六十、通鑑宋明帝泰始七年改。

〔六〕虞君之清　「君」原譌「長」，今據殿本、局本改正。按南監本作「虞愿之清」。

〔七〕平原平原人也　錢大昕廿二史考異云：「按劉懷珍、劉善明二傳俱云平原人，此獨書平原平原，於例亦未畫一。」

〔八〕懷慰宗從善明等太祖心腹　「太祖」上南監本、殿本有「爲」字。

〔九〕膠東淯化　「淯化」南監本、殿本、局本及南史劉懷珍傳從子懷慰附傳並作「流化」。

〔一〇〕郡民龔玄宣　「玄宣」南史作「玄宜」。

〔一一〕沈憲字彥璋　「彥璋」南監本、局本作「彥章」。

〔一二〕歷臨首餘杭令　按宋書州郡志無臨首縣。「臨首」當是「臨安」之譌，臨安、餘杭並屬吳興郡。

〔一三〕巴陵王府佐帶襄令　按宋書州郡志無襄縣。巴陵王休若曾鎮襄陽，憲爲其僚屬，當是帶襄陽令，史脫「陽」字耳。

〔一四〕少爲憲從伯領軍寅之所知　殿本考證萬承蒼云：「按寅之卽演之。梁時以演與武帝諱同音，故去水旁爲寅，如張縯止稱張寅，亦其例也。沈演之以元嘉二十一年爲中領軍，事見宋書本傳。」

〔一五〕〔珪之少辟州從事至清治見知〕　「父祖皆爲縣令」下明有脫文，今據元龜七百十六、七百二十七補「珪之少辟州從事至清治見知」，凡三十三字。南史循吏王洪軌傳附李珪之傳亦無其文，元龜當據齊書也。

南齊書卷五十四

列傳第三十五

高逸

褚伯玉　明僧紹　顧歡　臧榮緒　何求　劉虯　庾易　宗測

杜京產　沈驎士　吳苞　徐伯珍

易有君子之道四焉，語默之謂也。故有入廟堂而不出，徇江湖而永歸。隱避紛紜，情迹萬品。若道義內足，希微兩亡，藏景窮巖，蔽名愚谷，解桎梏於仁義，永形神於天壤，〔一〕則名教之外，別有風猷。故堯封有非聖之人，孔門謬鷄黍之客。次則揭獨往之高節，〔二〕重去就之虛名，激競違貪，與世爲異。或慮全後悔，事歸知殆；或道有不申，行吟山澤。〔三〕咸皆用宇宙而成心，借風雲以爲戒。果志〔遠〕〔達〕道，〔四〕未或非然。含貞養素，文以藝業。不然，與樵者之在山，何殊別哉？故樊英就徵，不稱李固之望；馮恢下節，見陋張華之語。期之塵外，庶以弘多。若今十餘子者，仕不求聞，退不譏俗，全身幽履，服道儒門，斯逸民之軌操，故綴爲高逸篇云爾。

褚伯玉字元璩，吳郡錢唐人也。高祖含，始平太守。父逿，征虜參軍。伯玉少有隱操，寡嗜欲。年十八，父爲〔之〕婚，〔五〕婦入前門，伯玉從後門出。遂往剡，居瀑布山。性耐寒暑，時人比之王仲都。在山三十餘年，隔絕人物。王僧達爲吳郡，苦禮致之，伯玉不得已，停郡信宿，裁交數言而退。寧朔將軍丘珍孫與僧達書曰：「聞褚先生出居貴館，此子滅景雲棲，不事王侯，抗高木食，有年載矣。自非折節好賢，何以致之。昔文舉棲冶城，安道入昌門，於茲而三焉。夫却粒之士，飡霞之人，乃可暫致，不宜久羈。君當思遂其高步，成其羽化。望其還策之日，暫紆清塵，亦願助爲譬說。」僧達答曰：「褚先生從白雲遊舊矣。古之逸民，或留慮兒女，或使華陰成市，而此子索然，唯朋松石。介於孤峯絕嶺者，積數十載。近故要其來此，冀慰日夜。比談討芝桂，借訪荔蘿，若已窺煙液，臨滄洲矣。知君欲見之，輒當申譬。」

中華書局

宋孝建二年，散騎常侍樂詢行風俗，表薦伯玉，加徵聘本州議曹從事，不就。太祖即位，手詔吳、會二郡，以禮迎遣，又辭疾。上不欲違其志，敕於剡白石山立太平館居之。建元元年，卒。年八十六。常居一樓上，仍葬樓所。孔稚珪從其受道法，爲於館側立碑。

明僧紹字承烈，平原鬲人也。祖玩，州治中。父略，給事中。

僧紹宋元嘉中再舉秀才，明經有儒術。永光中，鎭北府辟功曹，竝不就。隱長廣郡嶗山，聚徒立學。淮北沒虜，乃南渡江。明帝泰始六年，徵通直郎，不就。

昇明中，太祖爲太傅，敎辟僧紹及顧歡、臧榮緒以旍幣之禮，徵爲記室參軍，不至。僧紹弟慶符，爲青州，僧紹乏粮食，隨慶符之鬱洲，住弇榆山，栖雲精舍，欣玩水石，竟不一入州城。建元元年冬，詔曰：「朕側席思士，載懷塵外。齊郡明僧紹標志高栖，躭情墳素，幽貞之操，宜加賁飾。」徵爲正員(外)郎，〔六〕稱疾不就。其後與崔祖思書曰：「明居士標意可重，吾前旨竟未達邪？小凉欲有講事，卿可至彼，具述吾意，令與慶符俱歸。」又曰：「不食周粟而食周薇，古猶發議。在今寧得息談邪？聊以爲笑。」

慶符罷任，僧紹隨歸，住江乘攝山。太祖謂慶符曰：「卿兄高尚其事，亦堯之外臣。朕

雖不相接，有時通夢。」遺僧紹竹根如意，筍籜冠。僧紹聞沙門釋僧遠風德，往候定林寺，太祖欲出寺見之。僧遠問僧紹曰：「天子若來，居士若爲相對？」僧紹曰：「山藪之人，政當鑿坏以遁，(苦)〔若〕辭不獲命，〔七〕便當依戴公故事耳。」永明元年，世祖敕召僧紹，稱疾不肯見。詔徵國子博士，不就，卒。子元琳，字仲璋，亦傳家業。

僧紹長兄僧胤，能玄言。宋世爲冀州刺史。弟僧暠，亦好學，宋孝武見之，迎頌其名，〔八〕時人以爲榮。泰始初，爲青州刺史。

慶符，建元初，爲黃門。

僧胤子惠照，元徽中，爲太祖平南主簿，從拒桂陽，累至驃騎中兵，與荀伯玉對領直。建元元年，爲巴州刺史，〔九〕綏懷蠻蜑，上許爲益州，未遷，卒。

顧歡字景怡，吳郡鹽官人也。祖赳，晉隆安末，避亂徙居。歡年六七歲(晝)〔書〕甲子，有簡三篇，〔一〇〕歡析計，〔一一〕遂知六甲。家貧，父使驅田中雀，歡作黃雀賦而歸，雀食過半，〔一二〕父怒，欲撻之，見賦乃止。鄉中有學舍，歡貧無以受業，於舍壁後倚聽，無遺忘者。八歲，誦孝經、詩、論。及長，篤志好學。母年老，躬耕誦書，夜則燃糠自照。同郡顧覬之臨

縣，見而異之，遣諸子與遊，及孫憲之，竝受經句。歡年二十餘，更從豫章雷次宗諮玄儒諸義。母亡，水漿不入口六七日，〔一三〕廬于墓次，遂隱遁不仕。於剡天台山開館聚徒，受業者常近百人。歡早孤，每讀詩至「哀哀父母」，輒執書慟泣，學者由是廢蓼莪篇不復講。

太祖輔政，悅歡風敎，徵爲揚州主簿，遣中使迎歡。及踐阼，乃至。歡稱山谷臣顧歡上表曰：「臣聞舉網提綱，振裘持領，綱領既理，毛目自張。然則道德，綱也；物勢，目也。上理其綱，則萬機時序；下張其目，則庶官不曠。是以湯、武得勢師道則祚延，秦、項忽道任勢則身戮。夫天門開闔，自古有之，四氣相新，絺裘代進。今火澤易位，三靈改憲，天樹明德，對時育物，搜揚仄陋，野無伏言。是以窮谷愚夫，敢露偏管，謹删撰老氏，獻治綱一卷。伏願稽古百王，斟酌時用，不以芻蕘棄言，不以人微廢道，則率土之賜也，微臣之幸也。幸賜一疏，〔一四〕則上下交泰，雖不求民而民悅，不祈天而天應，應天悅民，則皇基固矣。臣志盡幽深，無與榮勢，自足雲霞，不須祿養。陛下既遠見尋求，敢不盡言。言既盡矣，請從此退。」

是時員外郎劉思効表陳讜言曰：「宋自大明以來，漸見凋弊，徵賦有增於往，天府尤貧於昔。兼軍警屢興，傷夷不復，戍役殘丁，儲無半菽，小民嗷嗷，無樂生之色。貴勢之流，貨室之族，車服伎樂，爭相奢麗，亭池第宅，競趣高華。至於山澤之人，不敢採飮其水草。貧富相輝，捐源尚末。陛下宜發明詔，吐德音，布惠澤，禁邪僞，薄賦斂，省傜役，絕奇麗之賂，

塞鄭、衞之倡，變曆運之化，應質文之用，不亦大哉！又彭、汴有鴟梟之巢，青丘爲狐兔之窟，虐害踰紀，殘暴日滋。鬼泣舊泉，人悲故壤，童孺視編髮而慙生，耆老看左衽而恥沒。陛下宜仰答天人引領之望，下弔甿黎傾首之勤，授鉞衞、霍之將，遺策蕭、張之師，萬道俱前，窮山蕩谷。此卽恆山不足指而傾，渤海不足飮而竭，豈徒殘寇塵滅而已哉！」

上詔曰：「朕夙旦惟夤，〔一五〕思弘治道，佇夢巖濱，垂精管庫，旰食(舊)〔縈〕懷，〔一六〕其勤至矣。吳郡顧歡、散騎郎劉思効，或至自丘園，或越在冗位，竝能獻書金門，薦辭鳳闕，辨章治體，有協朕心。今出其表，外可詳擇所宜，以時敷奏。歡近已加旍賁，思効可付選銓序，以顯讜言。」歡東歸，上賜麈尾、素琴。

永明元年，詔徵歡爲太學博士，同郡顧黯爲散騎郎。黯字長孺，有隱操，與歡俱不就徵。

歡晚節服食，不與人通。每旦出戶，山鳥集其掌取食。事黃老道，解陰陽書，爲數術多効驗。初元嘉末，出都寄住東府，忽題柱云：「三十年二月二十一日。」因東歸。後太初弒逆，果是此年月。自知將終，賦詩言志云：「精氣因天行，遊魂隨物化。」剋死日，卒於剡山，身體柔軟，時年六十四。還葬舊墓，木連理出墓側，縣令江山圖表狀。世祖詔歡諸子，撰歡文議三十卷。

佛道二家，立教既異，學者互相非毀。〔一七〕歡著夷夏論曰：

夫辨是與非，宜據聖典。尋二教之源，故兩標經句。道經云：「老子入關之天竺維衛國，國王夫人名曰淨妙，老子因其晝寢，乘日精入淨妙口中，後年四月八日夜半時，剖左腋而生，墜地卽行七步，於是佛道興焉。」此出玄妙內篇。佛經云：「釋迦成佛，有塵劫之數。」出法華无量壽。或「爲國師道士，儒林之宗」。出瑞應本起。

歡論之曰：五帝、三皇，莫不有師。〔一八〕國師道士，無過老、莊，儒林之宗，孰出周、孔。若孔、老非佛，〔一九〕誰則當之。然二經所說，如合符契。道則佛也，佛則道也。其聖則符，其跡則反。或和光以明近；或曜靈以示遠。道濟天下，故無方而不入；智周萬物，故無物而不爲。其入不同，其爲必異。各成其性，不易其事。是以端委搢紳，諸華之容；翦髮曠衣，羣夷之服。擎跽磬折，侯甸之恭；狐蹲狗踞，荒流之肅。棺殯槨葬，中夏之制；火焚水沈，西戎之俗。全形守禮，繼善之教；毀貌易性，絕惡之學。豈伊同人，爰及異物。鳥王獸長，往往是佛，無窮世界，聖人代興。或昭五典，或布三乘。在鳥而鳥鳴，在獸而獸吼。教華而華言，化夷而夷語耳。雖舟車均於致遠，而有川陸之節，佛道齊乎達化，而有夷夏之別，若謂其致既均，其法可換者，而車可涉川，舟可行陸乎？今以中夏之性，効西戎之法，既不全同，又不全異。下(育)〔棄〕妻孥，〔二〇〕上廢宗

祀。〔二一〕嗜欲之物，皆以禮伸；孝敬之典，獨以法屈。悖禮犯順，曾莫之覺。弱喪忘歸，孰識其舊？且理之可貴者，道也；事之可賤者，俗也。捨華効夷，義將安取？若以道邪？道固符合矣。若以俗邪？俗則大乖矣。

屢見刻舷沙門，守株道士，交諍小大，〔二二〕互相彈射。或域道以爲兩，或混俗以爲一。是牽異以爲同，破同以爲異。則乖爭之由，淆亂之本也。尋聖道雖同，而法有左右。始乎無端，終乎無末。泥洹仙化，各是一術。佛號正眞，道稱正一。一歸無死，眞會無生。在名則反，在實則合。但無生之教賒，無死之化切。切法可以進謙弱，賒法可以退夸強。佛教文而博，道教質而精。精非麤人所信，博非精人所能。佛言華而引，道言實而抑。〔二三〕抑則明者獨進，引則昧者競前。佛經繁而顯，道經簡而幽。幽則妙門難見，顯則正路易遵。此二法之辨也。

聖匠無心，方圓有體，器既殊用，教亦異施。佛是破惡之方，道是興善之術。興善則自然爲高，破惡則勇猛爲貴。佛跡光大，宜以化物；〔二四〕道跡密微，利用爲己。優劣之分，大略在茲。

夫蹲夷之儀，婁羅之辯，各出彼俗，自相聆解。〔二五〕猶蟲讙鳥聒，〔二六〕何足述効。

歡雖同二法，而意黨道教。宋司徒袁粲託爲道人通公駮之，其略曰：

白日停光，恒星隱照，誕降之應，事在老先，似非入關，方炳斯瑞。

又老、莊、周、孔，有可存者，依日末光，憑釋遺法，盜牛竊善，反以成蠹，檢究源流，終異吾黨之爲道耳。

西域之記，佛經之說，俗以膝行爲禮，不慕蹲坐爲恭，道以三繞爲虔，不尙踞傲爲肅。豈專戎土，爰亦茲方。襄童謁帝，膝行而進；趙王見周，三環而止。今佛法在華，乘者常安；戒善行交，蹈者恒通。文王造周，大伯創吳，革化戎夷，不因舊俗。豈若舟車，理無代用。佛法垂化，或因或革。清信之士，容衣不改；息心之人，服貌必變。變本從道，不遵彼俗，教風自殊，〔二七〕無患其亂。

孔、老、釋迦，其人或同，觀方設教，其道必異。孔、老治世爲本，釋氏出世爲宗。發軫既殊，其歸亦異。符合之唱，自由臆說。

又仙化以變形爲上，泥洹以陶神爲先。變形者白首還緇，而未能無死；陶神者使塵惑日損，湛然常存。泥洹之道，無死之(作)〔地〕，〔二八〕乖詭若此，何謂其同？

歡答曰：

案道經之作，著自西周，佛經之來，始乎東漢，年踰八百，代懸數十。若謂黃老雖久，而濫在釋前，〔二九〕是呂尙盜陳恒之齊，劉季竊王莽之漢也。

經云，戎氣強獷，乃復略人頰車邪？又夷俗長跽，法與華異，翹左跂右，全是蹲踞。故周公禁之於前，仲尼戒之於後。又舟以濟川，車以征陸，佛起於戎，豈非戎俗素惡邪？道出於華，豈非華風本善邪？今華風既變，惡同戎狄，佛來破之，良有以矣。佛道實貴，故戒業可遵；戎俗實賤，故言貌可棄。今諸華士女，民族弗革，〔三〇〕而露首(編)〔偏〕踞，〔三一〕濫用夷禮，云於翦落之徒，全是胡人，國有舊風，法不可變。

又若觀風流教，其道必異，佛非東華之道，道非西戎之法，魚鳥異淵，永不相關，安得老、釋二教，交行八表。今佛既東流，道亦西邁，故知世有精麤，教有文質。然則道教執本以領末，佛教救末以存本。請問所異，歸在何許？〔三二〕若以翦落爲異，則胥靡翦落矣。若以立像爲異，則俗巫立像矣。此非所歸，歸在常住。常住之象，常道孰異？

神仙有死，權便之說。神仙是大化之總稱，非窮妙之至名。至名無名，其有名者二十七品，仙變成眞，眞變成神，或謂之聖，各有九品，品極則入空寂，無爲無名。若服食茹芝，延壽萬億，壽盡則死，藥極則枯，此修考之士，非神仙之流也。

明僧紹正二教論以爲「佛明其宗，老全其生。守生者蔽，明宗者通。今道家稱長生不死，名補天曹，大乖老、莊立言本理」。文惠太子、竟陵王子良竝好釋法。吳興孟景翼爲道士，太子召入玄圃園。衆僧大會，子良使景翼禮佛，景翼不肯，子良送十地經與之。景翼造正一

論。大略曰：「寶積云『佛以一音廣說法』。老子云『聖人抱一以爲天下式』。『一』之爲妙，空玄絕於有(景)〔境〕，[三三]神化贍於無窮，爲萬物而无爲，處一數而無數，莫之能名，強號爲一。在佛曰『實相』，在道曰『玄牝』。道之大象，卽佛之法身。以不守之守守法身，以不執之執執大象。但物有八萬四千行，說有八萬四千法。法乃至於無數，行亦逮於無央。[三四]等級隨緣，須導歸一。歸一曰回向，向正卽無邪。邪觀既遣，億善日新。三五四六，隨用而施。獨立不改，絕學無憂。曠劫諸聖，共遵斯『一』。老、釋未始於嘗分，迷者分之而未合。億善遍修，修遍成聖，雖十號千稱，終不能盡。終不能盡，豈可思議。」司徒從事中郎張融作門律云：「道之與佛，逗極無二。[三五]吾見道士與道人戰儒墨，[三六]道人與道士獄是非。[三七]昔有鴻飛天首，[三八]積遠難亮。越人以爲鳧，楚人以爲乙，人自楚越，鴻常一耳。」[三九]以示太子僕周顒。顒難之曰：「虛無法性，其寂雖同，位寂之方，[四〇]其旨則別。論所謂『逗極無二』者，爲逗極於虛無，當無二於法性耶？足下所宗之本一物爲鴻乙耳。[四一]驅馳佛道，無免二末。[四二]未知高鑒緣何識本，輕而宗之，其有旨乎？」往復文多不載。

歡口不辯，善於著筆。著三名論，甚工，鍾會四本之流也。又注王弼易二繫，學者傳之。

始興人盧度，亦有道術。少隨張永北征。永敗，虜追急，阻淮水不得過。度心誓曰：

「若得免死，從今不復殺生。」須臾見兩楯流來，接之得過。後隱居西昌三顧山，鳥獸隨之。夜有鹿觸其壁，度曰：「汝壞我壁。」[四三]鹿應聲去。屋前有池養魚，〔皆名呼之〕，[四四]魚次第來，取食乃去。逆知死年月，與親友別。永明末，以壽終。

初，永明三年，徵驃騎參軍顧惠胤爲司徒主簿。惠胤，宋鎮軍將軍覬之弟子也。閑居養志，不應徵辟。

臧榮緒，東莞莒人也。祖奉先，建陵令，父庸民，國子助教。

榮緒幼孤，躬自灌園，以供祭祀。母喪後，乃著嫡寢論，掃灑堂宇，置筵席，朔望輒拜薦，[四五]甘珍未嘗先食。

純篤好學，括東西晉爲一書，紀、錄、志、傳百一十卷。隱居京口教授。南徐州辟西曹，舉秀才，不就。太祖爲揚州，徵榮緒爲主簿，不到。司徒褚淵少時嘗命駕尋之。建元中，啓太祖曰：「榮緒，朱方隱者。昔臧質在宋，以國戚出牧彭佁，引爲行佐，非其所好，謝疾求免。蓬廬守志，漏濕是安，灌蔬終老。與友關康之沈深典素，追古著書，撰晉史十袠，贊論雖無逸才，亦足彌綸一代。臣歲時往京口，早與之遇。近報其取書，始方送出，庶得備錄渠閣，採異甄善。」上答曰：「公所道臧榮緒者，吾甚志之。其有史翰，欲令入天祿，甚佳。」

榮緒惇愛五經，謂人曰：「昔呂尚奉丹書，武王致齋降位，李、釋教誡，竝有禮敬之儀。」因甄明至道，乃著拜五經序論。常以宣尼生庚子日，陳五經拜之。自號「被褐先生」。又以飲酒亂德，言常爲誡。永明六年，卒。年七十四。

初，榮緒與關康之俱隱在京口，世號爲「二隱」。康之字伯愉，河東人。世居丹徒。以墳籍爲務。四十年不出門。不應州府辟。宋太始中，徵通直郎，不就。晚以母老家貧，求爲嶺南小縣。性清約，獨處一室，稀與妻子相見。不通賓客。弟子以業傳受。尤善左氏春秋。太祖爲領軍，素好此學，送春秋五經，康之手自點定，并得論禮記十餘條。上甚悅，寶愛之。遺詔以經本入玄宮。宋末卒。

何求字子有，廬江灊人也。祖尚之，宋司空，父鑠，宜都太守。

〔求〕元嘉末爲宋文帝挽郎，[四六]解褐著作郎，中軍衛軍行佐，太子舍人，平南參軍，撫軍主簿，太子洗馬，丹陽、吳郡丞。清退無嗜欲。又除征北參軍事，司徒主簿，太子中舍人。泰始中，妻亡，還吳葬舊墓，除中書郎，不拜。仍住吳，居波若寺，足不踰戶，人莫見其面。

明帝崩，出奔國哀，除爲司空從事中郎，不就。乃除永嘉太守。求時寄住南澗寺，不肯詣臺，乞於寺拜受，見許。一夜忽乘小船逃歸吳，隱虎丘山，復除黃門郎，不就。永明四年，世祖以爲太中大夫，又不就。七年，卒。年五十六。

初，求母王氏爲父所害，求兄弟以此無宦情。

求弟點，少不仕。宋世徵爲太子洗馬，不就。隱居東離門卞望之墓側。[四七]性率到，鮮狎人物。[四八]建元中，褚淵、王儉爲宰相，點謂人曰：「我作齊書已竟，〔贊〕云：[四九]『淵既世族，儉亦國華。不賴舅氏，遑卹外家。』」儉欲候之，知不可見，乃止。永明元年，徵中書郎。豫章王命駕造門，點從後門逃去。竟陵王子良聞之，曰：「豫章王尚不屈，[五〇]非吾所議。」遺點嵇叔夜酒杯、徐景山酒鎗以通意。點常自得，遇酒便醉，交遊宴樂不隔也。永元中，京師頻有軍寇，點(欲)〔嘗〕結裳爲袴，[五一]與崔慧景共論佛義，其語默之迹如此。

點弟胤，有儒術，亦懷隱遁之志。所居宅名爲小山。隆昌中，爲中書令，以皇后從叔見親寵。明帝卽位，胤賣園宅，將遂本志。建武四年，爲散騎常侍、巴陵王師。聞吳興太守謝朏致仕，慮後之，於是奉表不待報而去，隱會稽山。上大怒，令有司奏彈胤，然發優詔焉。永元二年，徵散騎常侍，太常卿。

劉虯字靈預，南陽涅陽人也。舊族，徙居江陵。虯少而抗節好學，須得祿便隱。宋泰始中，〔五二〕仕至晉平王驃騎記室，當陽令。罷官歸家，靜處斷穀，餌朮及胡麻。

建元初，豫章王爲荆州，教辟虯爲別駕，〔五三〕與同郡宗測、新野庾易竝遺書禮請，〔五四〕虯等各修牋答，而不應辟命。永明三年，刺史廬陵王子卿表虯及同郡宗測、宗尚之、庾易、劉昭五人，請加蒲車束帛之命。詔徵爲通直郎，不就。

竟陵王子良致書通意。虯答曰：「虯四節臥病，三時營灌，暢餘陰於山澤，託暮情於魚鳥，寧非唐、虞重恩，周、邵宏施？虯進不研機入玄，無洙泗稷館之辯，退不凝心出累，非冢間樹下之節。遠澤既灑，仁規先著。謹收樵牧之嫌，敬加軾鼃之義。」

虯精信釋氏，衣麤布衣，禮佛長齋。注法華經，自講佛義。以江陵西沙洲去人遠，乃徙居之。建武二年，詔徵國子博士，不就。其冬虯病，正晝有白雲徘徊檐戶之內，又有香氣及磬聲，其日卒。年五十八。

劉昭與虯同宗。州辟祭酒從事，不就。隱居山中。

庾易字幼簡，新野新野人也。徙居屬江陵。祖玫，巴郡太守，父道驥，安西參軍。

易志性恬隱，不交外物。建元元年，刺史豫章王辟爲驃騎參軍，不就。臨川王映臨州，獨重易，上表薦之，餉麥百斛。易謂使人曰：「民樵採麋鹿之伍，終其解毛之衣，〔五五〕馳騁日月之車，得保自耕之祿，於大王之恩，亦已深矣。」辭不受。永明三年，詔徵太子舍人，不就。以文義自樂。安西長史袁彖欽其風，通書致遺。易以連理机竹翹書格報之。建武二年，詔復徵爲司徒主簿，不就。卒。

宗測字敬微，南陽人，宋徵士炳孫也。世居江陵。測少靜退，不樂人間。歎曰：「家貧親老，不擇官而仕，先哲以爲美談，余竊有惑。誠不能潛感地金，冥致江鯉，但當用天道，分地利。孰能食人厚祿，憂人重事乎？」

州舉秀才，主簿，不就。驃騎豫章王徵爲參軍，測答府召云：「何爲謬傷海鳥，橫斤山木？」母喪，身負土植松柏。豫章王復遣書請之，辟爲參軍。測答曰：「性同鱗羽，愛止山壑，眷戀松筠，輕迷人路。縱宕巖流，有若狂者，忽不知老至。而今鬢已白，豈容課虛責有，限魚慕鳥哉！」〔五六〕永明三年，詔徵太子舍人，不就。

欲遊名山，乃寫祖炳所畫尚子平圖於壁上。測長子宦在京師，〔五七〕知父此旨，便求祿還爲南郡丞，付以家事。刺史安陸王子敬、長史劉寅以下皆贈送之，測無所受。齎老子莊子二書自隨。子孫拜辭悲泣，測長嘯不視，遂往廬山，止祖炳舊宅。

魚復侯子響爲江州，厚遺贈。測曰：「少有狂疾，尋山採藥，遠來至此。量腹而進松朮，度形而衣薜蘿，淡然已足，豈容當此橫施！」子響命駕造之，測避不見。後子響不告而來，奄至所住，測不得已，巾褐對之，竟不交言，子響不悅而退。尚書令王儉餉測蒲褥。

頃之，測送弟喪還西，仍留舊宅永業寺，絕賓友，唯與同志庾易、劉虯、宗人尚之等往來講說。刺史隨王子隆至鎮，遣別駕宗哲致勞問，〔五八〕測咲曰：「貴賤理隔，何以及此。」竟不答。建武二年，徵爲司徒主簿，不就，卒。

測善畫，自圖阮籍遇蘇門於行障上，坐臥對之。又畫永業佛影臺，皆爲妙作。頗好音律，善易老，續皇甫謐高士傳三卷。又嘗遊衡山七嶺，著衡山、廬山記。

尚之字敬文，亦好山澤。與劉虯俱以驃騎記室不仕。宋末，刺史武陵王辟贊府，豫章王辟別駕，竝不就。永明中，與劉虯同徵爲通直郎，和帝中興初，又徵爲諮議，竝不就。壽終。

杜京產字景齊，吳郡錢唐人。杜子恭玄孫也。祖運，爲劉毅衛軍參軍，父道鞠，州從事，善彈棊，世傳五斗米道，至京產及子栖。

京產少恬靜，閉意榮宦。頗涉文義，專修黃老。會稽孔覬，清剛有峻節，一見而爲款交。郡召主簿，州辟從事，稱疾去。除奉朝請，不就。與同郡顧歡同契，始寧〔中〕東山開舍授學。〔五九〕建元中，武陵王曄爲會稽，太祖遣儒士劉瓛入東爲曄講說，京產請瓛至山舍講書，傾資供待，子栖躬自屣履，爲瓛生徒下食，其禮賢如此。孔稚珪、周顒、謝瀹竝致書以通殷懃。

永明十年，稚珪及光祿大夫陸澄、祠部尚書虞悰、太子右率沈約、司徒右長史張融表薦京產曰：「竊見吳郡杜京產，潔靜爲心，謙虛成性，通和發於天挺，敏達表於自然。學遍玄、儒，博通史、子，流連文藝，沈吟道奧。泰始之朝，掛冠辭世，遁捨家業，隱于太平。葺宇窮巖，採芝幽澗，耦耕自足，薪歌有餘。確爾不羣，淡然寡欲，麻衣藿食，二十餘載。雖古之志士，何以加之。謂宜釋巾幽谷，結組登朝，則嵒谷含懽，薜蘿起抃矣。」不報。建武初，徵員外散騎侍郎，京產曰：「莊生持釣，豈爲白璧所回。」辭疾不就。年六十四，永元元年，卒。

會稽孔道徵，[六〇]守志業不仕，京產與之友善。

永明中，會稽鍾山有人姓蔡，不知名。山中養鼠數十頭，呼來卽來，遣去便去。言語狂易，時謂之「謫仙」。不知所終。

沈驎士字雲禎，吳興武康人也。祖膺〔期〕，[六一]晉太中大夫。

驎士少好學，家貧，織簾誦書，口手不息。宋元嘉末，文帝令尚書僕射何尚之抄撰五經，訪舉學士，縣以驎士應選。尚之謂子偃曰：「山東故有奇士也。」[六二]少時，驎士稱疾歸鄉，更不與人物通。養孤兄子，義著鄉曲。

或勸驎士仕，答曰：「魚縣獸檻，天下一契，聖人玄悟，所以每履吉先。吾誠未能景行坐忘，何爲不希企日損。」乃作玄散賦以絕世。太守孔山士辟，不應。宗人徐州刺史曇慶、侍中懷文、左率勃來候之，驎士未嘗答也。隱居餘不吳差山，[六三]講經教授，從學者數十百人，各營屋宇，依止其側。驎士重陸機連珠，每爲諸生講之。

征北張永爲吳興，請驎士入郡。驎士聞郡後堂有好山水，乃往停數月。永欲請爲功曹，使人致意。驎士曰：「明府德履沖素，留心山谷，民是以被褐負杖，忘其疲病。必欲飾渾

沌以蛾眉，冠越客於文冕，走雖不敏，請附高節，有蹈東海而死爾。」永乃止。

昇明末，太守王奐上表薦之，詔徵爲奉朝請，不就。永明六年，吏部郎沈淵、中書郎沈約又表薦驎士義行，曰：「吳興沈驎士，英風夙挺，峻節早樹，貞粹稟於天然，綜博生乎篤習。家世孤貧，藜藿不給，懷書而耕，白首無倦，挾琴採薪，行歌不輟。長兄早卒，孤姪數四，攝尫鞠稚，吞苦推甘。年踰七十，業行無改。元嘉以來，聘召仍疊，玉質踰潔，霜操日嚴。若使聞政王庭，服道槐掖，必能孚朝規於邊鄙，播聖澤於荒垂。」詔又徵爲太學博士；建武二年，徵著作郎；永元二年，徵太子舍人，竝不就。

驎士負薪汲水，并日而食，守操終老。篤學不倦，遭火，燒書數千卷，驎士年過八十，耳目猶聰〔明〕，[六四]手以反故抄寫，火下細書，[六五]復成二三千卷，滿數十篋，時人以爲養身靜嘿之所致也。著周易兩繫、莊子內篇訓，注易經、禮記、春秋、尚書、論語、孝經、喪服、老子要略數十卷。以楊王孫、皇甫謐深達生死，而終禮矯僞，[六六]乃自作終制。年八十六，卒。

同郡沈儼之，字士恭，徐州刺史曇慶子，亦不仕。徵太子洗馬，永明元年，徵中書郎。

三年，又詔徵前南郡國常侍沈顗爲著作郎，建武二年，徵太子舍人，永元二年，徵通直郎。顗字處默，宋領軍寅之兄孫也。[六七]

吳苞字天蓋，濮陽鄄城人也。儒學，善三禮及老、莊。宋泰始中，過江聚徒教學。冠黃葛巾，竹麈尾，蔬食二十餘年。隆昌元年，詔曰：「處士濮陽吳苞，栖志穹谷，秉操貞固，沈情味古，白首彌厲。徵太學博士。」不就。始安王遙光、右衞江祏於蔣山南爲立館，自劉瓛卒後，學者咸歸之。以壽終。

魯國孔嗣之，字敬伯。宋世與太祖俱爲中書舍人，竝非所好，自廬陵郡去官，隱居鍾山，朝廷以爲太中大夫。建武三年，卒。

徐伯珍〔字文楚〕，[六八]東陽太末人也。祖父竝郡掾史。

伯珍少孤貧，書竹葉及地學書。山水暴出，漂溺宅舍，村鄰皆奔走，伯珍累床而止，讀書不輟。叔父璠之與顏延之友善，還祛蒙山立精舍講授，伯珍往從學，積十年，究尋經史，遊學者多依之。太守琅邪王曇生、吳郡張淹竝加禮辟，伯珍應召便退，如此者凡十二焉。徵士沈儼造膝談論，申以素交。吳郡顧歡擿出尚書滯義，伯珍訓答甚有條理，[六九]儒者宗之。

好釋氏、老莊，兼明道術，歲常旱，伯珍筮之，如期雨澍。舉動有禮，過曲木之下，趨而

避之。早喪妻，晚不復重娶，自比曾參。宅南九里有高山，班固謂之九巖山，後漢龍丘萇隱處也。山多龍鬚柏，[七〇]望之五采，世呼爲婦人巖。二年，伯珍移居之。[七一]門前生梓樹，一年便合抱。館東石壁夜忽有赤光洞照，俄爾而滅。白雀一雙栖其戶牖，論者以爲隱德之感焉。永明二年，刺史豫章王辟議曹從事，不就。家甚貧窶，兄弟四人，皆白首相對，時人呼爲「四皓」。建武四年，卒。年八十四。受業生凡千餘人。

同郡樓幼瑜，亦儒學。著禮捃遺三十卷。官至給事中。

又同郡樓惠明，有道術。居金華山，禽獸毒螫者皆避之。宋明帝聞之，勑出住華林園，除奉朝請，固乞不受，求東歸。永明三年，忽乘輕舟向臨安縣，[七二]衆不知所以。尋而唐寓之賊破郡。[七三]文惠太子呼出住蔣山，又求歸，見許。世祖勑爲立館。

史臣曰：顧歡論夷夏，優老而劣釋。佛法者，理寂乎萬古，迹兆乎中世，淵源浩博，無始無邊，宇宙之所不知，數量之所不盡，盛乎哉！眞大士之立言也。探機扣寂，有感必應，以大苞小，無細不容。若乃儒家之教，仁義禮樂，仁愛義宜，禮從樂和而已；[七四]今則慈悲爲本，常樂爲宗，施舍惟機，低舉成敬。儒家之教，憲章祖述，引古證今，於學易悟；今樹以前

因，報以後果，業行交酬，連璅相襲。陰陽之教，占氣步景，授民以時，知其利害；今則耳眼洞達，心智他通，身爲奎井，豈俟甘石。法家之教，出自刑理，禁姦止邪，明用賞罰；今則十惡所墜，五及無間，刀樹劍山，焦湯猛火，造受自貽，罔或差貳。墨家之教，遵上儉薄，磨踵滅頂，且猶非吝；今則膚同斷瓠，目如井星，授子捐妻，在鷹庇鴿。從橫之教，所貴權謀，天口連環，〔七五〕歸乎適變；今則一音萬解，無待戶說，四辯三會，咸得吾師。雜家之教，兼有儒墨；今則五時所宜，于何不盡。農家之教，播植耕耘，善相五事，以藝九穀；今則鬱單稉稻，已異閻浮，生天果報，自然飲食。道家之教，執一虛無，得性亡情，凝神勿擾；今則波若無照，萬法皆空，豈有道之可名，寧餘一之可得。道俗對校，眞假將讎，釋理奧藏，無往而不有也。能善用之，卽眞是俗。九流之設，用藉世教，刑名道墨，乖心異旨，儒者不學，無傷爲儒；佛理玄曠，實智妙有，一物不知，不成圓聖。若夫神道應現之力，感會變化之奇，不可思議，難用言象。而諸張米道，符水先驗，相傳師法，祖自伯陽。世情去就，有此二學，僧尼道士，矛楯相非。非唯重道，兼亦殉利。詳尋兩教，理歸一極。但迹有左右，故教成先後。廣略爲言，自生優劣。道本虛無，非由學至，絕聖棄智，已成有爲。有爲之無，終非道本。若使本末同無，曾何等級。佛則不然，具縛爲種，轉暗成明，梯愚入聖。途雖遠而可踐，業雖曠而有期。勸慕之道，物我無隔。而局情淺智，鮮能勝受。世途揆度，因果二門。雞鳴

爲善，未必餘慶；膾肉東陵，曾無厄禍。身才高妙，鬱滯而靡達；器思庸鹵，富厚以終生。忠反見遺；詭乃獲用。觀此而論，近無罪福，而業有不定，著自經文，三報開宗，斯疑頓曉。史臣服膺釋氏，深信冥緣，謂斯道之莫貴也。

贊曰：含貞抱樸，履道敦學。惟茲潛隱，棄鱗養角。

校勘記

〔一〕永形神於天壤　「永」南監本、毛本、殿本、局本及南史並作「示」。

〔二〕次則揭獨往之高節　「往」原譌「性」，各本不譌，今改正。

〔三〕行吟山澤　「吟」原譌「岑」，「山」原譌「出」，今據南監本、殿本、局本改正。

〔四〕果志（遠）〔達〕道　據南監本、殿本、局本及南史改。按「果志」南監本、殿本、局本作「求志」，南史同。

〔五〕父爲〔之〕婚　據南監本、殿本、局本及南史補。

〔六〕徵爲正員（外）郎　張森楷校勘記云：「南史無『外』字，是。」今據刪。

〔七〕（苦）〔若〕辭不獲命　據南監本、殿本、局本及南史改。

〔八〕迎頌其名　「迎」南監本作「逆」。

〔九〕建元元年爲巴州刺史　按州郡志，建元二年分荆州巴東、建平，益州巴郡爲州，立刺史。此云建元元年爲巴州刺史，疑。

〔一〇〕（書）〔書〕甲子有簡三篇　據御覽六百十一引及元龜七百七十四改。

〔一一〕歡析計　「析」御覽六百十一引作「推」。

〔一二〕雀食過半　「食」下御覽三百八十四、六百十一引，南史及元龜七百七十四、七百九十八，並有「稻」字。

〔一三〕水漿不入口六七日　「六七日」原譌「六十日」，今據南監本、殿本、局本改正。

〔一四〕幸賜一疏　「疏」元龜二百十二、八百十三作「覽」，疑作「覽」是。

〔一五〕朕夙且惟夤　「且」元龜五百二十九作「夜」。

〔一六〕旰食（舊）〔縈〕懷　據南監本、殿本、局本改。

〔一七〕學者互相非毀　「互」原作「牙」，乃「𠂰」字之形譌，𠂰卽互字，今依各本改作「互」。

〔一八〕莫不有師　南監本作「不聞有佛」，南史同。

〔一九〕若孔老非佛　「佛」南史作「聖」。

〔二〇〕下（育）〔棄〕妻孥　據弘明集七改。

〔二一〕上廢宗祀　「祀」原譌「禮」，各本不譌，今改正。

〔二二〕交諍小大　「交諍」弘明集七釋慧通駁顧道士夷夏論作「空爭」。

〔二三〕道言實而抑　「抑」弘明集七朱廣之諮顧道士夷夏論作「析」。下同。

〔二四〕宜以化物　「化」原譌「禮」，今據南監本、殿本、局本及南史、元龜八百三十改正。

〔二五〕自相聆解　「聆」原譌「矜」，今據毛本、殿本、局本及南史改正。按弘明集七釋慧通駁顧道士夷夏論作「領」。

〔二六〕猶蟲嚾鳥聒　「嚾」南監本及弘明集七、元龜八百三十並作「喧」。南史作「躍」。

〔二七〕敎風自殊　「敎風」南監本及南史並作「俗風」，元龜八百三十作「風俗」。

〔二八〕無死之（作）〔地〕　據南監本、毛本、殿本、局本及南史、元龜八百三十改。

〔二九〕而濫在釋前　「濫」原譌「盜」，各本不譌，今改正。

〔三〇〕民族弗革　「民」南監本及南史、元龜八百三十作「氏」。

〔三一〕而露首（編）〔偏〕踞　據南監本、毛本、殿本、局本及南史改。

〔三二〕請問所異歸在何許　南史作「請問所歸，異在何許」。

〔三三〕空玄絕於有（景）〔境〕　據南監本及南史、元龜八百三十改。

〔三四〕行亦逮於無央　「逮」南監本、毛本、殿本、局本及南史、元龜八百三十並作「達」。

〔三五〕逗極無二　「逗」南史作「遙」。

〔三六〕吾見道士與道人戰儒墨　按六朝呼僧爲道人，道人卽沙門之別稱，與道士有別。說詳錢大昕廿二史考異。

〔三七〕道人與道士獄是非　「獄」南監本作「辯」，殿本及南史作「辨」。按獄字不譌。獄，訟也。獄是非猶言爭是非也。弘明集亦作「獄」。

〔三八〕昔有鴻飛天首　「首」弘明集六作「道」。

〔三九〕人自楚越鴻常一耳　按弘明集六作「人自楚越耳，鴻常一鴻乎」。

〔四〇〕位寂之方　「位」弘明集六作「住」。

〔四一〕足下所宗之本一物爲鴻乙耳　按局本及弘明集六無「乙」字。

〔四二〕無兔二末　「末」局本及弘明集六並作「乖」。

〔四三〕汝壞我壁　御覽九百六引作「汝勿壞我壁」。

〔四四〕有池養魚〔皆名呼之〕　據南監本、殿本、局本及南史補。

〔四五〕朔望輒拜薦　「薦」原譌「席」，今據南監本、殿本、局本改正。按「薦」下南監本及南史並有「焉」字。

〔四六〕〔求〕元嘉末爲宋文帝挽郎　據南史補。

〔四七〕隱居東離門卞望之墓側　「東離門」局本作「東籬門」。按籬離古通用。

〔四八〕鮮狎人物　「鮮」南監本、殿本、局本作「好」。張元濟校勘記云：「下文王儉欲候之，知不可見，乃止，竟陵王子良謂非吾所議，則作『鮮狎人物』爲是。」

〔四九〕〔贊〕云　據南監本、殿本、局本補。

〔五〇〕豫章王尙不屈　「不」下元龜二百九十二有「能」字。

〔五一〕黜〔欲〕〔嘗〕結裳爲袴　據南監本改。

〔五二〕宋泰始中　「泰」原譌「太」，各本並譌，今據南史改正。

〔五三〕敎辟蚪爲別駕　元龜八百十同，敎字下有小注云「敎令也」。文選任昉齊竟陵文宣王行狀李善注引作「牧」，牧字屬上讀。

〔五四〕與同郡宗測新野庾易竝遣書禮請　「遣」南監本、局本及南史並作「遺」。

〔五五〕終其解毛之衣　南監本、局本及元龜八百五作「終歲鮮毛之衣」。

〔五六〕限魚慕鳥哉　南史作「限魚鳥慕哉」。元龜二百九十二、八百十作「恨魚慕鳥哉」。

〔五七〕測長子宦在京師　「長子」下南史有「賓」字。「宦」各本作「官」。

〔五八〕遣別駕宗哲致勞問　「宗哲」南史作「宗忻」。

〔五九〕始寧(中)東山開舍授學　據南史刪。

〔六〇〕會稽孔道徵　「孔道徵」南史作「孔道徹」。

〔六一〕祖膺〔期〕　據南監本、殿本、局本及南史補。

〔六二〕山東故有奇士也　「山東」南監本、殿本、局本及南史並作「山藪」。按五朝人常稱吳會爲山東。元龜八百十亦作「山東」，作「山東」不譌。

〔六三〕隱居餘不吳差山　「餘不吳差山」南監本、毛本、殿本作「餘干吳差山」，局本作「餘不吳羌山」。按餘不，溪名，在吳興，餘干乃江州鄱陽之屬縣，作「餘干」者譌。吳差山一作吳羌山，舊志引吳均入東記，云漢高士吳羌避王莽之亂，隱居此山，故名。

〔六四〕耳目猶聽〔明〕　據各本補。按御覽六百十一、六百十九引及南史、元龜七百九十八並有「明」字。

〔六五〕手以反故抄寫火下細書　南監本、殿本、局本作「以火故抄寫，燈下細書」，毛本作「以火故抄寫，火下細書」。周一良讀史雜識云：「火故乃反故之譌。反故者，猶言廢帋。南史侯景傳，稍至吏部尙書，非其好也。每獨曰『何當離此反故帋邪』。亦謂景不欲省文牘，故詈爲廢帋也。」今按近年敦煌發現之北朝及唐代寫經，往往利用舊官文書及戶籍册之反面以書佛經，卽所謂「反故」也。

〔六六〕而終禮矯僞　「僞」南監本及元龜八百九十五並作「俗」。

〔六七〕宋領軍寅之兄孫也　按「寅之」卽「演之」，參閱上良政沈憲傳校記第十四條。

〔六八〕徐伯珍〔字文楚〕　據毛本、殿本、局本及南史、元龜七百七十九補。

〔六九〕伯珍訓答甚有條理　「訓」南史作「訓」。

〔七〇〕山多龍鬚柏　「柏」上南監本、殿本及南史並有「檉」字。

〔七一〕二年伯珍移居之　張森楷校勘記云：「『二年』上疑有奪文。」

〔七二〕忽乘輕舟向臨安縣　「臨安」南史作「豐安」。按臨安屬吳興郡，豐安屬東陽郡。

〔七三〕尋而唐寓之賊破郡　按「寓」原譌「寓」，今據毛本、殿本、局本改正。

〔七四〕禮從樂和而已　按「從」卽「順」字，蕭子顯避梁諱改，殿本已改爲「順」字。

〔七五〕天口連環　「口」南監本、毛本、殿本、局本作「日」。按作「日」譌。張元濟校勘記云：「按田駢善談說，號天口駢，見漢書藝文志。」

南齊書卷五十五

列傳第三十六

孝義

崔懷慎　公孫僧遠　吳欣之　韓係伯　孫淡　華寶　韓靈敏
封延伯　吳達之　王文殊　朱謙之　蕭叡明　樂頤　江泌
杜栖　陸絳

子曰：「父子之道，天性也，君臣之義也。」人之含孝稟義，天生所同，淳薄因心，非俟學至。遲遇爲用，不謝始庶之法，驕慢之性，多慙水菽之享。夫色養盡力，行義致身，甘心壠畝，不求聞達，斯卽孟氏三樂之辭，仲由負米之歎也。通乎神明，理緣感召。情澆世薄，方表孝慈。故非內德者所以寄心，懷仁者所以標物矣。埋名韞節，鮮或昭著，紀夫事行，以列于篇。

崔懷慎，〔一〕清河東武城人也。父邪利，魯郡太守，宋元嘉中，沒虜。懷慎與妻房氏篤愛，聞父陷沒，卽日遣妻，布衣蔬食，如居喪禮。邪利後仕虜中書，戒懷慎不許如此，懷慎得書更號泣。懷慎從叔模爲滎陽太守，亦同沒虜，模子雖居處改節，而不廢婚宦。大明中，懷慎宗人冀州刺史元孫北使，虜問之曰：「崔邪利、模並力屈歸命，二家子姪，出處不同，義將安在？」元孫曰：「王尊驅驥，王陽回車，欲令忠孝並弘，臣子兩節。」〔二〕

泰始初，淮北陷沒，界上流奔者，多有去就。懷慎因此入北。至桑乾，邪利時已卒，懷慎絕而後蘇。載喪還青州，徒跣冰雪，土氣寒酷，而手足不傷，時人以爲孝感。喪畢，以弟在南，建元初，又逃歸，而弟亦已亡。懷慎孤貧獨立，宗黨哀之，日斂給其升米。永明中卒。

公孫僧遠，會稽剡人也。治父喪至孝，事母及伯父〔甚〕謹(節)，〔三〕年(穀)饑〔穀〕貴，〔四〕僧遠省飡減食，以供母、伯。〔五〕弟亡，無以葬，身販貼與鄰里，供斂送之費。躬負土，手種松柏。兄姊未婚嫁，乃自賣爲之成禮。名聞郡縣。太祖卽位，遣兼散騎常侍虞炎〔等〕十二部使行天下，〔六〕建元三年，表列僧遠等二十三人，詔並表門閭，蠲租稅。

吳欣之，晉陵利城人也。〔七〕宋元嘉末，弟尉之爲武進縣戍，隨王誕起義，太(祖)〔初〕遣軍主華欽討之，〔八〕吏民皆散，尉之獨留，見執將死。欣之詣欽乞代弟命，辭淚哀切，〔九〕兄弟皆見原。建元三年，〔一〇〕有詔蠲表。

永明初，廣陵民章起之二息犯罪爭死，〔一一〕太守劉悛表以聞。

韓係伯，襄陽人也。事父母謹孝。襄陽土俗，鄰居種桑樹於界上爲誌，係伯以桑枝蔭妨他地，遷界上開數尺，鄰畔隨復侵之，係伯輒更改種。久之，鄰人慙愧，還所侵地，躬往謝之。建元三年，蠲租稅，表門閭。以壽終。

孫淡，太原人也。居長沙，事母孝，母疾，不眠食，以差爲期。母哀之，後有疾，不使知也。豫章王領湘州，辟驃騎行參軍。建元三年，蠲租稅，表門閭。卒于家。

華寶，晉陵無錫人也。父豪，義熙末，戍長安，寶年八歲。臨別，謂寶曰：「須我還，當爲汝上頭。」長安陷虜，豪歿。寶年至七十，不婚冠，或問之者，輒號慟彌日，不忍答也。

同郡薛天生，母遭艱菜食，天生亦菜食，母未免喪而死，天生終身不食魚肉。與弟有恩義。

又同郡劉懷胤與弟懷則，年十歲，遭父喪，不〔衣〕絮帛，〔一二〕不食鹽菜。建元三年，並表門閭。

韓靈敏，會稽剡人也。早孤，與兄靈珍並有孝性，尋母又亡，家貧無以營凶，兄弟共種菰半畝，朝採菰子，〔一三〕暮已復生，以此遂辦葬事。靈珍亡，無子，妻卓氏守節不嫁，〔一四〕慮家人奪其志，未嘗告歸，靈敏事之如母。

晉陵吳康之妻趙氏，父亡弟幼，值歲饑，母老病篤，趙詣鄉里自賣，言辭哀苦，〔五〕鄉里憐之，人人分升米相救，遂得(以)免。〔六〕〔及〕嫁康之，〔七〕少時夫亡，家欲更嫁，誓死不貳。

義興蔣儁之妻黃氏，夫亡不重嫁，逼之，欲赴水自殺，乃止。建元三年，詔蠲租賦，表門閭。

永明元年，會稽永興倪翼之母丁氏，〔八〕少喪夫，性仁愛，遭年荒，分衣食以飴里中饑餓者，〔九〕隣里求借，未嘗違。同里陳穰父母死，孤單無親戚，丁氏收養之，及長，爲營婚娶。又同里王禮妻徐氏，荒年客死山陰，丁爲買棺器，自往斂葬。元徽末，大雪，商旅斷(行)，〔一〇〕村里比屋饑餓，丁自出鹽米，計口分賦。同里左儷家露四喪，無以葬，丁爲辦塚槨。有三調不登者，代爲輸送。丁長子婦王氏守寡執志不再醮。州郡上言，詔表門閭，蠲租稅。

又廣陵徐靈禮妻遭火救兒，與兒俱焚死。太守劉悛以聞。

又會稽人陳氏，〔一一〕有三女，無男。祖父母年八九十，老耄無所知，父篤癃病，母不安其室。値歲飢，三女相率於西湖採菱蓴，更日至市貨賣，未嘗虧怠。鄉里稱爲義門，多欲取爲婦，長女自傷煢獨，誓不肯行。祖父母尋相繼卒，三女自營殯葬，爲菴舍墓側。

又永興概中里王氏女，年五歲，〔一二〕得毒病，兩目皆盲。性至孝，年二十，父母死，臨屍一叫，眼皆血出，小妹娥舐其血，左目卽開，時人稱爲孝感。縣令何曇秀不以聞。

又諸暨東洿里屠氏女，父失明，母痼疾，親戚相棄，鄉里不容。女移父母遠住(紵)〔苧〕羅，〔一三〕晝樵采，夜紡績，以供養。父母俱卒，親營殯葬，負土成墳。忽聞空中有聲云：「汝至性可重，山神欲相驅使。汝可爲人治病，必得大富。」女謂是魃魅，〔一四〕弗敢從，遂得病。積時，隣舍人有中溪蜮毒者，女試治之，自覺病便差，遂以巫道爲人治疾，無不愈。家產日益，鄉里多欲娶之，以無兄弟，誓守墳墓不肯嫁，爲山賊劫殺。縣令于琳之具言郡，太守王敬則不以聞。

建武三年，吳興乘公濟妻姚氏生二男，而公濟及兄公願、乾伯竝卒，各有一子欣之、天保，姚養育之，賣田宅爲娶婦，自與二男寄止隣家。明帝詔爲其二子婚，表門閭，復徭役。

吳郡范法恂妻褚氏，亦勤苦執婦業。宋昇明中，孫曇瓘謀反亡命，褚謂其子僧簡曰：「孫越州先姑之姊子，與汝父親則從母兄弟，交則義重古人。逃竄脫不免，汝宜收之。」曇瓘尋伏法，褚氏令僧簡往斂葬。年七十餘，永明中卒。僧簡在都，聞病馳歸，未至而褚已卒，將殯，舉尸不起，尋而僧簡至焉。

封延伯字仲璉，渤海人也。有學行，不與世人交，事寡嫂甚謹。州辟主簿，舉秀才，不就。後乃仕。垣崇祖爲豫州，啓太祖用爲長史，帶梁郡太守。以疾自免，僑居東海，遂不至京師。三世同財，爲北州所宗附。豫章王辟中兵，不就，卒。

建元三年，大使巡行天下，義興陳玄子四世一百七十口同居。武陵郡邵榮興、文獻叔八世同居。東海徐生之、武陵范安祖、李聖伯、范道根五世同居。零陵譚弘寶、衡陽何弘、華陽陽黑頭疎從四世同居，並共衣食。詔表門閭，蠲租稅。又蜀郡王續祖、華陽郝道福竝累世同爨。建武三年，明帝詔表門閭，蠲調役。

吳達之，義興人也。(姨)〔嫂〕亡無以葬，〔一五〕自賣爲十夫客，以營冢槨。從祖弟敬伯夫妻荒年被略賣江北，達之有田十畝，貨以贖之，與之同財共宅。郡命爲主簿，固以讓兄。又讓世業舊田與族弟，弟亦不受，〔一六〕田遂閑廢。建元三年，詔表門閭。

河南辛普明僑居會稽，自少與兄共處一帳，兄亡，以帳施靈座，夏月多蚊，普明不以露寢見色。兄將葬，隣人嘉其義，賻助甚多，普明初受，後皆反之。贈者甚怪，普明曰：「本以兄墓不周，故不逆來意。今何忍亡者餘物以爲家財。」後遭母喪，幾至毀滅。揚州刺史豫章王辟爲(義)〔議〕曹從事。〔一七〕年五十，卒。

又有何伯璵，弟幼璵，俱厲節操。養孤兄子，及長爲婚，推家業盡與之。安貧枯槁，誨人不倦，鄉里呼爲人師。郡守下車，莫不修謁。永明十一年，伯璵卒。幼璵少好佛法，〔一八〕翦落長齋，持行精苦。梁初卒。兄弟年並八十餘。

王文殊，吳興故鄣人也。父沒虜，文殊思慕泣血，蔬食山谷三十餘年。太守謝瀹板爲功曹，不就。永明十一年，太守孔琇之表曰：「文殊性挺五常，心符三教。以父沒獯庭，抱終身之痛，專席恒居，銜罔極之卹。服紵縞以經年，餌蔬菽以俟命，婚義滅於天情，官序空於素抱。儻降甄異之恩，牓其閭里。」鬱林詔牓門，改所居爲「孝行里」。

朱謙之字處光，吳郡錢唐人也。父昭之，以學解稱於鄉里。謙之年數歲，所生母亡，昭之假葬田側，爲族人朱幼方燎火所焚。同產姊密語之，謙之雖小，便哀戚如持喪。年長不婚娶。永明中，手刃殺幼方，詣獄自繫。縣令申靈勗表上，別駕孔稚珪、兼記室劉璡、司徒左西掾張融牋與刺史豫章王曰：「禮開報仇之典，以申孝義之情；法斷相殺之條，以表權時之制。謙之揮刃(軒)〔斬〕寃，〔二九〕既申私禮；繫頸就死，又明公法。今仍殺之，則成當世罪人；宥而活之，即爲盛朝孝子。殺一罪人，未足弘憲；活一孝子，實廣風德。張緒陸澄，是其鄉舊，應具來由。融等與謙之竝不相識，區區短見，深有恨然。」豫章王言之世祖，時吳郡太守王慈、太常張緒、尚書陸澄竝表論其事，世祖嘉其義，慮相復報，乃遣謙之隨曹虎西行。將發，幼方子憚〔三〇〕於津陽門伺殺謙之，謙之兄選之〔三一〕又刺殺憚，有司以聞。世祖曰：「此皆是義事，不可問。」悉赦之。吳興沈顗聞而歎曰：「弟死於孝，兄殉於義。孝友之節，萃此一門。」選之字處林，有志節，著辯相論。幼時顧歡見而異之，以女妻焉。官至江夏王參軍。

蕭叡明，南蘭陵人。領軍將軍諶從祖兄弟也。父孝孫，左軍。叡明初仕員外殿中將軍。少有至性，奉親謹篤。母病躬禱，夕不假寐，及亡，不勝哀而卒。永明五年，世祖詔曰：「龍驤將軍、安西中兵參軍、松滋令蕭叡明，愛敬淳深，色養盡禮，喪過乎哀，遂致毀滅。雖未達聖教，而一至可愍。宜加榮命，以矜善人。可贈中書郎。」

樂頤字文德，〔三二〕南陽涅陽人。世居南郡。少而言行和謹，仕爲京府參軍。〔三三〕父在郢州病亡，頤忽思父涕泣，因請假還，中路果得父凶問。頤便徒跣號咷，出陶家後渚，遇商人附載西上，水漿不入口數日。嘗遇病，與母隔壁，忍痛不言，齧被至碎，恐母之哀己也。

湘州刺史王僧虔引爲主簿，以同僚非人，棄官去。吏部郎庾杲之嘗往候，頤爲設食，枯魚菜菹而已。杲之曰：「我不能食此。」母聞之，自出常膳魚羹數種。杲之曰：「卿過於茅季偉，我非郭林宗。」仕至郢州治中，卒。

弟預亦孝，〔三四〕父臨亡，執其手以託郢州行事王奐，預悲感悶絕，吐血數升，遂發病。官至驃騎錄事。隆昌末，預謂丹陽尹徐孝嗣曰：「外傳藉藉，似有伊周之事，君蒙武帝殊常之恩，荷託付之重，恐不得同人此舉。人咲褚公，至今齒冷。」孝嗣心甚納之。建武中，爲永世令，民懷其德。卒官。有一老嫗行擔斛蔌(若)〔葉〕將詣市，〔三五〕聞預死，棄擔號泣。

鴈門解仲恭，〔三六〕亦僑居南郡。家行敦睦，得纖豪財利，輒與兄弟平分。母病經時不差，入山採藥，遇一老父語之曰：「得丁公藤，病立愈。此藤近在前山際高樹垂下便是也。」忽然不見。仲恭如其言得之，治病，母即差。至今江陵人猶有識此藤者。

江泌字士清，濟陽考城人也。父亮之，員外郎。泌少貧，晝日斫屧，夜讀書，隨月光握卷升屋。性行仁義，衣弊，〔恐〕虱饑死，〔三七〕乃復取置衣中。數日間，終身無復虱。母亡後，以生闕供養，遇鮭不忍食。食菜不食心，以其有生意也。

歷仕南中郎行參軍，所給募吏去役，得時病，莫有舍之者，吏扶杖投泌，泌親自隱恤，吏死，泌爲買棺。無僮役，兄弟共輿埋之。領國子助教。乘牽車至染烏頭，見老翁步行，下車載之，躬自步去。

世祖以爲南康王子琳侍讀。建武中，明帝害諸王後，泌憂念子琳，詣誌公道人問其禍福。誌公覆香鑪灰示之，曰：「都盡。無所餘。」及子琳被害，泌往哭之，淚盡，繼之以血。親視殯葬，乃去。時廣漢王侍讀嚴桓之亦哭王盡哀。

泌尋卒。泌族人兗州治中泌，黃門郎悆子也，與泌同名。世謂泌爲「孝江泌」以別之。

杜栖字孟山，吳郡錢唐人，徵士京產子也。同郡張融與京產相友，每相造言論，栖常在側。融指栖曰：「昔陳太丘之召元方，方之爲劣。以今方古，古人何貴。」栖出京師，從儒士

劉瓛受學。善清言，能彈琴飲酒，名儒貴遊多敬待之。中書郎周顒與京產書曰：「賢子學業清標，後來之秀。嗟愛之懷，豈知云已。所謂人之英彥，若己有之也。」刺史豫章王聞其名，辟議曹從事，仍轉西曹佐。竟陵王子良數致禮接。國子祭酒何胤治禮，又重栖，以爲學士，掌婚冠儀。

以父老歸養，怡情壠畝。栖肥白長壯，及京產疾，旬日間便皮骨自支。京產亡，水漿不入口七日，晨夕不罷哭，〔三八〕不食鹽菜。每營買祭奠，身自看視，號泣不自持。朔望節歲，絕而復續，吐血數升。時何胤、謝朏竝隱東山，遺書敦譬，誡以毀滅。至祥禫，暮夢見其父，慟哭而絕。初，胤兄點見栖歎曰：「卿風韻如此，雖獲嘉譽，不永年矣。」卒時年三十六。當世咸嗟惜焉。

建武二年，剡縣有小兒，年八歲，與母俱得赤班病。母死，家人以小兒猶惡，不令其知。小兒疑之，問云：「母嘗數問我病，昨來覺聲羸，今不復聞，何謂也？」因自投下牀，匍匐至母尸側，頓絕而死。鄉隣告之縣令宗善才，求表廬，事竟不行。

陸絳字魏卿，吳郡人也。父閑，字遐業，有風槩，與人交，不苟合。少爲同郡張緒所知，

仕至揚州別駕。明帝崩，閑謂所親曰：「宮車晏駕，百司將聽於冢宰。主王地重才弱，〔三九〕必不能振，難將至矣。」乃感心疾，不復預州事。刺史始安王遙光反，事敗，閑以綱佐被召至杜姥宅，尚書令徐孝嗣啓閑不預逆謀，未及報，徐世(摽)〔檦〕令殺之。〔四〇〕緈時隨閑，抱閑頸乞代死，遂幷見殺。

史臣曰：澆風一起，人倫毀薄，抑引之教徒聞，珪璋之璞罕就。若令事長移忠，儻非行舉，薑桂辛酸，容遷本質。而旌閭變里，問餼存牢，不過鰥寡齊矜，力田等勸。其於扶獎名教，未爲多也。

贊曰：孝爲行首，義實因心。白華秉節，寒木齊心。

校勘記

〔一〕崔懷愼　張森楷校勘記云：「南史作『崔懷順』，魏書崔宏傳、崔逞傳同。蓋本作『懷順』，以子顒避梁武帝父諱，故齊書改作『懷愼』，非本名懷愼也。」

〔二〕臣子兩節　「節」南史作「遂」。

〔三〕事母及伯父〔甚〕謹(節)　據殿本及南史改。按南監本作「事母及伯父謹」，無「節」字。

〔四〕年(穀)饑〔穀〕貴　據南監本、局本改。

〔五〕以供母伯　「伯」上南監本、殿本、局本及南史並有「及」字。

〔六〕遣兼散騎常侍虞炎〔等〕十二部使行天下　據南史、元龜二百十補。

〔七〕晉陵利城人也　錢大昕廿二史考異云：「按利城縣本屬東海，晉南渡，僑立江南，宋、齊州郡志俱屬南東海郡。」

〔八〕太(祖)〔初〕遣軍主華欽討之　據局本改。按劉劭曾改元太初，故稱劭爲太初。南史作「元凶遣軍主華欽討之」。又按「華欽」宋書二凶傳作「燕欽」。

〔九〕辭淚哀切　「淚」元龜八百五十一作「旨」。

〔一〇〕建元三年　「三年」各本作「二年」。按南史作「三年」。

〔一一〕廣陵民章起之二息犯罪爭死　「章起之」南史作「童起之」。

〔一二〕不〔衣〕絮帛　據南史補。

〔一三〕兄弟共種苽半畝朝採苽子　兩「苽」字南監本、殿本、局本及南史並作「瓜」。按「瓜」之作「苽」，猶「園」之作「薗」也，唐代官文書尚如此。

〔一四〕妻卓氏守節不嫁　「卓氏」南史作「胡氏」。

〔一五〕言辭哀苦　「哀苦」各本並作「哀切」。

〔一六〕遂得(以)免　據殿本刪。

〔一七〕〔及〕嫁康之　據殿本補。

〔一八〕會稽永興倪翼之母丁氏　「倪翼之」南監本、殿本、局本及南史並作「吳翼之」。

〔一九〕分衣食以飴里中饑餓者　「飴」南殿本、殿本作「貽」。按飴貽古通用。

〔二〇〕商旅斷〔行〕　據南監本、殿本、局本及南史補。

〔二一〕又會稽人陳氏　「人」上南史有「寒」字。

〔二二〕年五歲　「五歲」毛本、局本作「八歲」。

〔二三〕女移父母遠佇(紵)〔苧〕羅　據南監本改。按諸暨有苧羅山。南史作「紵舍」，亦譌。

〔二四〕女謂是魅魅　「魅」南監本作「妖」。按字書無「魅」字，乃妖之俗寫。

〔二五〕(姨)〔嫂〕亡無以葬　據南監本、毛本、殿本、局本及南史改。

〔二六〕弟亦不受　「弟」字原譌倒在「受」字下，今依各本乙正。

〔二七〕揚州刺史豫章王辟爲(義)〔議〕曹從事　據元龜七百二十七改。按百官志，州朝置別駕、治中、議曹、文學、祭酒諸曹部從事史。

〔二八〕幼輿少好佛法　「少」南史作「末」，言幼輿晚年好佛法也，與此異。

〔二九〕謙之揮刃(軒)〔斬〕冤　據元龜八百九十六改。按軒與斬形近而譌。南監本、殿本、局本作「揮刃

酬冤」，疑後人以軒冤不辭而改之也。

〔三〇〕幼方子惲　「惲」梁書朱异傳作「懌」。

〔三一〕謙之之兄選之　「選之」梁書朱异傳、南史孝義傳並作「巽之」。

〔三二〕樂頤字文德　「樂頤」南史作「樂頤之」。

〔三三〕仕爲京府參軍　「京」原譌「原」，今據南監本、殿本、局本及南史改正。

〔三四〕弟預亦孝　「預」原作「豫」，各本及南史並作「預」。張元濟校勘記云：「作『預』是，樂頤兄弟名皆頁旁。」今從張說，皆改爲「預」。

〔三五〕有一老嫗行擔斛蔌(若)〔葉〕將詣市　據南監本、局本改。按南史云「有一嫗年可六七十，擔斛蔌葉造市貨之」。

〔三六〕雁門解仲恭　按南史孝義傳作「解叔謙」，仲恭、叔謙當是昆季。

〔三七〕〔恐〕虱饑死　據南監本、殿本、局本補。

〔三八〕晨夕不罷哭　「罷」原譌「能」，今據南監本、殿本、局本改正。

〔三九〕主王地重才弱　「主王」各本並作「主上」，南史亦作「主上」。按五朝人稱所佐諸王曰主王，諸公曰主公，此主王指始安王遙光也。作「主上」者譌。

〔四〇〕徐世(摽)〔檦〕令殺之　據南監本、局本及南史改。

南齊書卷五十六

列傳第三十七

倖臣

紀僧眞　劉係宗　茹法亮　呂文顯　呂文度

有天象，必有人事焉。倖臣一星，列于帝座。經禮立教，亦著近臣之服。親倖之義，其來已久。爰自衰周，侯伯專命，桓、文霸主，至于戰國，寵用近習，不乏於時矣。漢文幸鄧通，雖錢遍天下，位止郎中。孝武韓嫣、霍去病，遂至侍中大司馬。迄于魏、晉，世任權重，才位稍爽，而信倖唯均。

中書之職，舊掌機務。漢元以令僕用事，魏明以監令專權，及在中朝，猶爲重寄。陳淮歸任上司，〔一〕荀勗恨於失職。晉令舍人位居九品，江左置通事郎，管司詔誥。其後郎還爲

侍郎，而舍人亦稱通事。元帝用琅邪劉超，以謹慎居職。宋文世，秋當、周糾並出寒門。孝武以來，士庶雜選，如東海鮑照，以才學知名。又用魯郡巢尙之，江夏王義恭以爲非選。帝遣尙書二十餘牒，〔二〕宣敕論辯，義恭乃歎曰：「人主誠知人。」及明帝世，胡母顥、阮佃夫之徒，專爲佞倖矣。

齊初亦用久勞，及以親信。關讞表啓，發署詔敕。頗涉辭翰者，亦爲詔文，侍郎之局，復見侵矣。建武世，詔命殆不關中書，〔三〕專出舍人。省內舍人四人，所(置)〔直〕四省，〔四〕其下有主書令史，舊用武官，宋改文吏，人數無員。莫非左右要密，天下文簿板籍，入副其省，萬機嚴祕，有如尙書外司。領武官，有制局監，(內)〔領〕器仗兵役，〔五〕亦用寒人被恩幸者。今立倖臣篇，以繼前史之末云。

紀僧眞，丹陽建康人也。僧眞少隨逐征西將軍蕭思話及子惠開，皆被賞遇。惠開性苛，僧眞以微過見罰，既而委任如舊。及罷益州還都，不得志，僧眞事之愈謹。惠開臨終歎曰：「紀僧眞方當富貴，我不見也。」乃以僧眞託劉秉、周顒。初，惠開在益州，土反，被圍危急，有道人謂之曰：「城圍尋解。檀越貴門後方大興，無憂外賊也。」惠開密謂僧眞曰：「我子弟見在者，並無異才。政是道成耳。」〔六〕僧眞憶其言，乃請事太祖。隨從在淮陰，以閑書題，令荅遠近書疏。自寒官歷至太祖冠軍府參軍、主簿。僧眞夢蒿艾生滿江，驚而白之。太祖曰：「詩人採蕭，蕭卽艾也。蕭生斷流，卿勿廣言。」其見親如此。

元徽初，從太祖頓新亭，拒桂陽賊。蕭惠朗突入東門，僧眞與左右共拒戰。賊退，太祖命僧眞領親兵，遊邏城中。事寧，除南臺御史、太祖領軍功曹。上將廢立，謀之袁粲、褚淵，僧眞啓上曰：「今朝廷猖狂，人不自保，天下之望，不在袁、褚。明公豈得默己，坐受夷滅。存亡之機，仰希熟慮。」太祖納之。

太祖欲度廣陵起兵，僧眞又啓曰：「主上雖復狂釁，虐加萬民，而累世皇基，猶固盤石。今百口北度，何必得俱。縱得廣陵城，天子居深宮施號令，目明公爲逆，何以避此？如其不勝，則應北走胡中，竊謂此非萬全策也。」上曰：「卿顧家，豈能逐我行耶。」僧眞頓首稱無貳。昇明元年，除員外郎，帶東武城令。尋除給事中、邵陵王參軍。

太祖坐東府高樓，望石頭城，僧眞在側。上曰：「諸將勸我誅袁、劉，我意不欲便爾。」〔七〕及沈攸之事起，從太祖入朝堂。石頭反夜，太祖遣衆軍掩討。宮城中望石頭火光及叫聲甚盛，人懷不測。僧眞謂衆曰：「叫聲不絕，是必官軍所攻。火光起者，賊不容自燒其城，此必官軍勝也。」尋而啓石頭平。上出頓新亭，使僧眞領千人在帳內。初，上在領軍府，令僧眞

學上手迹下名，至是報荅書疏，皆付僧眞，上觀之，笑曰：「我亦不復能別也。」初，上在淮陰治城，得一錫(鉄)〔趺〕，大數尺，〔八〕下有篆文，莫能識者。僧眞曰：「何須辨此文字，此自久遠之物，九錫之徵也。」太祖曰：「卿勿妄言。」及上將拜齊公，已剋日，有楊祖之謀於臨軒作難。僧眞更請上選吉辰，尋而祖之事覺。上曰：「無卿言，亦當致小狼狽，此亦何異呼沲之冰。」轉齊國中書舍人。

建元初，帶東燕令，封新陽縣男，三百戶。轉羽林監，加建威將軍，遷尙書主客郎，太尉中兵參軍，令如故。復以本官兼中書舍人。太祖疾甚，令僧眞典遺詔。永明元年，寧喪，〔九〕起爲建威將軍，尋除南泰山太守，又爲舍人，本官如故。領諸王第事。

僧眞容貌言吐，雅有士風。世祖嘗目送之，笑曰：「人何必計門戶，紀僧眞常貴人所不及。」諸權要中，最被盼遇。除越騎校尉，餘官如故。出爲建武將軍，建康令。還除左右郎將，泰山太守。加先驅使。尋除前軍將軍。遭母喪，開冢得五色兩頭蛇。世祖崩，僧眞號泣思慕。明帝以僧眞歷朝驅使，建武元年，除游擊將軍，兼司農，待之如舊。欲令僧眞治郡，僧眞啓進其弟僧猛爲鎭蠻護軍、晉熙太守。永泰元年，除司農卿。明帝崩，掌山陵事。出爲廬陵(長)〔內〕史，〔一〇〕年五十五，卒。

宋世道人楊法持，與太祖有舊。元徽末，宣傳密謀。昇明中，以爲僧正。建元初，罷道，爲寧朔將軍，封州陵縣男，三百戶。二年，虜圍朐山，遣法持爲〔軍〕主，〔一〕領支軍救援。永明四年，坐役使將客，奪其鮭禀，削封。卒。

劉係宗，丹陽人也。少便書畫，爲宋竟陵王誕子景粹侍書。誕舉兵廣陵，城內皆死，敕沈慶之赦係宗，以爲東宮侍書。泰始中，爲主書。以寒官累遷至勳品。元徽初，爲奉朝請，兼中書通事舍人，員外郎。封始興南亭侯，食邑三百七十戶。帶秣陵令。

太祖廢蒼梧，明(日)〔旦〕，〔二〕呼正直舍人虞整，醉不能起，係宗歡喜奉命。太祖曰：「今天地重開，是卿盡力之日。」使寫諸處分敕令，及四方書疏。使主書(七)〔十〕人書吏二十人配之，〔三〕事皆稱旨。除羽林監，轉步兵校尉。仍除龍驤將軍，出爲海鹽令。太祖卽位，除龍驤將軍、建康令。永明元年，除寧朔將軍，令如故。尋轉右軍將軍、淮陵太守，兼中書通事舍人。母喪自解，起爲寧朔將軍，復本職。

四年，白賊唐寓之起，宿衞兵東討，遣係宗隨軍慰勞，遍至遭賊郡縣。百姓被驅逼者，悉無所問，還復民伍。係宗還，上曰：「此段有征無戰，以時平蕩，百姓安怗，甚快也。」賜係

宗錢帛。上欲脩治白下城，難於動役。係宗啓謫役東民丁隨寓之爲逆者，上從之。後車駕講武，上履行白下城，曰：「劉係宗爲國家得此一城。」

永明中，虜使書常令係宗題答，祕書書局皆隸之。再爲少府，遷游擊將軍、魯郡太守。鬱林卽位，除驍騎將軍，仍除寧朔將軍、宣城太守。係宗久在朝省，閑於職事。明帝曰：〔四〕「學士不堪治國，〔五〕唯大讀書耳。一劉係宗足持如此輩五百人。」〔六〕其重吏事如此。建武二年，卒官，年七十七。

茹法亮，吳興武康人也。宋大明世，〔七〕出身爲小史，〔八〕歷齋幹扶。〔九〕孝武末年，作酒法，鞭罰過度，校獵江右，選白衣左右百八十人，皆面首富室，從至南州，得鞭者過半。法亮憂懼，因緣啓出家得爲道人。明帝初，罷道，結事阮佃夫，用爲兗州刺史孟(吹)〔次〕陽典籤。〔一〇〕累至太祖冠軍府行參軍。元徽初，除殿中將軍，爲晉熙王郢州典籤，除長兼殿中御史。

世祖鎭盆城，須舊驅使人，法亮求留爲上江州典籤，除南臺御史，帶松滋令。法亮便辟解事，善於承奉，稍見委信。從還石頭。建元初，度東宮主書。除奉朝請，補東宮通事舍

人。世祖卽位，仍爲中書通事舍人。除員外郎，帶南濟陰太守。永明元年，除龍驤將軍。明年，詔曰：「茹法亮近在盆城，頻使銜命，內宣朝旨，外慰三軍。義勇齊奮，人百其氣。險阻艱難，心力俱盡。宜沾茅土，以甄忠績。」封望蔡縣男，食邑三百戶。轉給事中，羽林監。七年，除臨淮太守，轉竟陵王司徒中兵參軍。

巴東王子響於荆州殺僚佐，上遣軍西上，使法亮宣旨慰勞，安撫子響。法亮至江津，子響呼法亮，法亮疑畏不肯往。又求見傳詔，法亮又不遣。故子響怒，遣兵破尹略軍。事平，法亮至江陵，刑賞處分，皆稱敕斷決。軍還，上悔誅子響，法亮被責。少時，親任如舊。

鬱林卽位，除步兵校尉。延興元年，爲前軍將軍。延昌殿爲世祖陰室，藏諸御服。二少帝竝居西殿，高宗卽位住東齋，開陰室出世祖白紗帽防身刀，法亮歔欷流涕。除游擊將軍。(建)〔高〕武舊人鮮有存者，〔一一〕法亮以主署文事，故不見疑，位任如故。永泰元年，王敬則事平，法亮復受敕宣慰。出法亮爲大司農，中書勢利之職，法亮不樂去，固辭不受，既而代人已致，〔一二〕法亮垂涕而出。年六十四，卒官。

呂文顯，臨海人也。初爲宋孝武齋幹直長。昇明初，爲太祖錄尚書省事，累位至殿中侍御史，羽林監，帶蘭陵丞、令，龍驤將軍，秣陵令。封劉陽縣男。永明元年，除寧朔將軍，

中書通事舍人，本官如故。

文顯治事以刻覈被知。三年，帶南清河太守。與茹法亮等迭出入爲舍人，竝見親倖。四方餉遺，歲各數百萬，竝造大宅，聚山開池。五年，爲建康令，轉長水校尉，歷帶南泰山、南譙太守，尋爲司徒中兵參軍，淮南太守，直舍人省。累遷左中郎將，南東莞太守，右軍將軍。高宗輔政，以文顯守少府，見任使。歷建武、永元之世，尚書右丞，少府卿。卒。

呂文度，會稽人。宋世爲細作金銀庫吏，竹局匠。元徽中，爲射雉典事，隨監莫脩宗上郢。世祖鎭盆城拒沈攸之，文度仍留伏事，知軍隊雜役，以此見親。從還都，爲石頭城監，仍度東宮。世祖卽位，爲制局監，位至員外郎，帶南濮陽太守。殿內軍隊及發遣外鎭人，悉關之，甚有要勢。故世傳越州嘗缺，上覓一直事人往越州，文度啓其所知費延宗合旨，上卽以爲刺史。永明中，敕親近不得輒有申薦，人士免官，寒人鞭一百。

上性尊嚴，呂文顯嘗在殿側咳聲高，上使茹法亮訓詰之，以爲不敬，故左右畏威承意，非所隸莫敢有言也。時茹法亮掌雜驅使簿，及宣通密敕；呂文顯掌穀帛事；其餘舍人無別任。虎賁中郎將潘敞掌監功作。上使造禪靈寺新成，車駕臨視，甚悅。敞喜，要呂文顯

私登寺南門樓，上知之，繫敵上方，而出文顯爲南譙郡，久之乃復。

濟陽江瞿曇、吳興沈徽孚等，以士流舍人通事而已，無權利。徽孚粗有筆札。建武中文詔，多其辭也。官至黃門郎。

史臣曰：中世已來，宰御天下，萬機碎密，不關外司。尚書八座五曹，各有恒任，係以九卿六府，事存副職。咸皆冠冕搢紳，任疎人貴，伏奏之務既寢，趨走之勞亦息。關宣所寄，屬當有歸，通驛內外，切自音旨。若夫環纓斂笏，俯仰晨昏，瞻幄座而竦躬，(位)〔陪〕蘭檻而高眄，〔二三〕探求恩色，習覩威顏，遷蘭變鮑，久而彌信，因城社之固，執開壅之機。長主君世，振裘持領，賞罰事殷，能不踰漏，宮省咳唾，義必先知。故能窺盈縮於望景，獲驪珠於龍睡。坐歸聲勢，臥震都鄙。賄賂日積，苞苴歲通，富擬公侯，威行州郡。制局小司，專典兵力，雲陛天居，互設蘭錡，羽林精卒，重屯廣衞。至于元戎啓轍，式候還麾，遮迾清道，神行案轡，督察來往，馳騖輦轂，驅役分部，親承几案，領護所攝，示總成規。若徵兵動衆，大興民役，行留之儀，請託在手，斷割牢稟，賣弄文符，捕叛追亡，長戍遠謫，軍有千齡之壽，室無百年之鬼，害政傷民，於此爲蠹。況乎主幼時昏，其爲讒慝，亦何可勝紀也！

贊曰：恩澤而侯，親倖爲舊。便煩左右，既貴且富。

校勘記

〔一〕陳准歸任上司　按此卽晉書庾袞、嵇紹傳之廣陵公陳凖也，以避宋順帝諱，故改「凖」爲「准」。南監本、毛本、局本作「陳淮」，則因准淮形近而譌。

〔二〕帝遣尙書二十餘牒　按南史云「帝遣尙之送尙書四十餘牒」。

〔三〕詔命殆不關中書　「殆」南監本、局本及南史作「始」。

〔四〕所(置)〔直〕四省　據南監本及南史改。

〔五〕有制局監(內)〔領〕器仗兵役　據各本及南史改。按南史「監」下有「外監」二字。

〔六〕政是道成耳　「道成」二字原作「諱」，子顯原文如此。殿本改「蕭道成」三字，「蕭」字不應有，今改爲「道成」二字。

〔七〕我意不欲便爾　「爾」原譌「耳」，各本不譌，今改正。

〔八〕得一錫(鉄)〔趺〕大數尺　南監本作「得古錫趺九枚」，南史同。毛本、局本作「得古錫鉄大數尺」，殿本作「得古錫鐵大數尺」。今按字書無「鉄」字，亦無「鈇」字。北監本則作「鈇」，殿本據北監本刻，殆以「鈇」爲「鉄」字之譌，故改爲「鐵」耳。御覽六百九十二服章部玦門引又作「玦」。案顏師古匡謬正俗云：「『蕭子顯齊書云，『太祖在淮，修理城，得一錫趺，大數尺，趺下有篆文，莫能識者。』而顧野王撰符瑞圖，據子顯齊書，錄此一條，錫趺謂錫玦，亦具寫子顯書語，但易趺字爲玦字，乃畫作玦形。案此趺者，謂若簨簴之趺，今之鐘鼓格下並有之耳。故其大數尺而有篆文。安有論玦大小，直云數尺，爲道廣狹，爲舉麤細乎？又玦之體狀若半環，以何爲上？以何爲下？此之疏謬，不近人情。野王之於子顯，年載近接，非爲遼夐，且又趺之與玦，形用不同，若別據他書，容有異說，蕭氏乖戾，則失不在顧矣。豈書本乎？」據顏氏此說，則南齊書唐初寫本，字本作「趺」。御覽繫之玦門，蓋宋初寫本已有據顧野王符瑞圖改作玦者。今據南監本、南史及顏師古說改正。又案南監本同南史作「九枚」，下云「九錫之徵也」，南史又云「錫而有九，九錫之徵也」，則作「九枚」是。

〔九〕寧喪　南監本、殿本及南史並作「丁父喪」。張元濟校勘記云：「按寧喪猶言居父母喪，『予寧三年』見漢書哀帝紀。」案文學丘巨源傳亦有「寧喪還家」語。

〔一〇〕出爲廬陵(長)〔內〕史　張森楷校勘記云：「『長史』南史作『內史』，是。」今據改。按廬陵郡爲王國，其太守稱內史。

〔一一〕遣法持爲(軍)主　據南監本、毛本、殿本、局本及南史補。

〔一二〕明(日)〔旦〕　據南監本、毛本、局本及南史改。

〔一三〕使主書(七)〔十〕人書吏二十人配之　據南監本、毛本、殿本、局本及南史、元龜五百五十一改。

〔一四〕明帝曰　南史作「武帝常云」。

〔一五〕學士不堪治國　「學士」下南監本及南史並有「輩」字。

〔一六〕一劉係宗足持如此輩五百人　文有譌脫。南監本作「一劉係宗足恃，如此輩數人，於事何用」。南史作「一劉係宗足矣，沈約、王融數百人，於事何用」。「持」當依南監本改「恃」，「五百人」當依南史作「數百人」，「五百人」下當依南監本、南史補「於事何用」四字，文義乃順。

〔一七〕宋大明世　「世」各本及南史並作「中」。

〔一八〕出身爲小史　「小史」南監本作「小吏」。

〔一九〕歷齋幹扶　「扶」下各本有「侍」字，南史同。

〔二〇〕用爲兗州刺史孟(吹)〔次〕陽典籤　張森楷校勘記云：「『吹陽』當作『次陽』，宋書阮佃夫、殷琰傳可證。」今據改。

〔二一〕(建)〔高〕武舊人鮮有存者　張森楷校勘記云：「『時建武年，而曰建武舊人，疑當作『高武』。』」按南史正作「高武」，今據改。

〔二二〕既而代人已致　「致」毛本、殿本、局本作「至」，致至同。南監本及南史、元龜四百八十一作「到」。

〔二三〕(位)〔陪〕蘭檻而高眄　據南監本、殿本、局本及南史改。

南齊書卷五十七

列傳第三十八

魏虜

魏虜，匈奴種也，姓托跋氏。晉永嘉六年，并州刺史劉琨爲屠各胡劉聰所攻，索頭猗盧遣子曰利孫將兵救琨於太原，猗盧入居代郡，亦謂鮮卑。被髮左衽，故呼爲索頭。猗盧孫什翼犍，字鬱律旃，後還陰山爲單于，領匈奴諸部。太元元年，〔一〕苻堅遣僞并州刺史苻洛伐犍，破龍庭，禽犍還長安，爲立宅，敎犍書學。分其部黨居雲中等四郡，諸部主帥歲終入朝，并得見犍，差稅諸部以給之。

堅敗，子珪，字涉圭，隨舅慕容垂據中山，還領其部，後稍彊盛。隆安元年，珪破慕容寶於中山，遂有并州，僭稱魏，年號天（瑞）〔賜〕。〔二〕追諡犍烈祖文平皇帝。珪死，諡道武皇帝。子木末立，年號太常，死，諡明元皇帝。子燾，字佛狸代立，年號太平眞君。宋元嘉中，僞太

子晃與大臣崔氏、寇氏不睦，崔、寇譖之。玄高道人有道術，晃使祈福七日七夜，佛狸夢其祖父竝怒，手刃向之曰：「汝何故信讒欲害太子！」佛狸驚覺，下僞詔曰：「王者大業，纂承爲重，儲宮嗣紹，百王舊例。自今已往，事無巨細，必經太子，然後上聞。」晃後謀殺佛狸見殺。燾死，諡太武皇帝。立晃子濬，字烏雷直勤，年號和平。追諡晃景穆皇帝。濬死，諡文成皇帝。子弘字萬民立，〔三〕年號天安。景和九年，僞太子宏生，改年爲皇興。

什翼珪始都平城，猶逐水草，無城郭，木末始土著居處。佛狸破梁州、黃龍，徙其居民，大築郭邑。截平城西爲宮城，四角起樓，女墻，門不施屋，城又無塹。南門外立二土門，內立廟，開四門，各隨方色，凡五廟，一世一閒，瓦屋。其西立太社。佛狸所居雲母等三殿，又立重屋，居其上。飲食廚名「阿眞廚」，在西，皇后可孫恒出此廚求食。初，姚興以塞外虜赫連勃勃爲安北將軍，領五部胡，屯大城，姚泓敗後，入長安。佛狸攻破勃勃子昌，娶勃勃女爲皇后。義熙中，仇池公楊盛表云「索虜勃勃，匈奴正胤」是也。可孫昔妾媵之。殿西鎧仗庫屋四十餘閒，殿北絲綿布絹庫土屋一十餘閒。僞太子宮在城東，亦開四門，瓦屋，四角起樓。妃妾住皆土屋。婢使千餘人，織綾錦販賣，酤酒，養猪羊，牧牛馬，種菜逐利。太官八十餘窖，窖四千斛，半穀半米。又有懸食瓦屋數十閒，置尚方作鐵及木。其袍衣，使宮內婢爲〔之〕。〔四〕僞太子別有倉庫。

其郭城繞宮城南，悉築爲坊，坊開巷。坊大者容四五百家，小者六七十家。每南坊搜檢，〔五〕以備奸巧。城西南去白登山七里，於山邊別立父祖廟。城西有祠天壇，立四十九木人，長丈許，白幘、練裙、馬尾被，立壇上，常以四月四日殺牛馬祭祀，盛陳鹵簿，邊壇奔馳奏伎爲樂。城西三里，刻石寫五經及其國記，於鄴取石虎文石屋基六十枚，皆長丈餘，以充用。

國中呼內左右爲「直眞」，外左右爲「烏矮眞」，曹局文書吏爲「比德眞」，檐衣人爲「樸大眞」，帶仗人爲「胡洛眞」，通事人爲「乞萬眞」，守門人爲「可薄眞」，僞臺乘驛賤人爲「拂竹眞」，諸州乘驛人爲「咸眞」，殺人者爲「契害眞」，爲主出受辭人爲「折潰眞」，貴人作食人爲「附眞」。三公貴人，通謂之「羊眞」。佛狸置三公、太宰、尚書令、僕射、侍中，與太子共決國事。殿中尚書知殿內兵馬倉庫，樂部尚書知伎樂及角史伍伯，駕部尚書知牛馬驢騾，南部尚書知南邊州郡，北部尚書知北邊州郡。又有俟懃地何，比尚書；莫堤，比刺史；郁若，比二千石；受別官比諸侯。諸曹府有倉庫，悉置比官，皆使通虜漢語，以爲傳驛。蘭臺置中丞御史，知城內事。又置九豆和官，宮城三里內民戶籍不屬諸軍戍者，悉屬之。

其車服，有大小輦，皆五層，下施四輪，三二百人牽之，四施絚索，備傾倒。軺車建龍旂，尚黑。妃后則施雜綵幰，無幢絡。太后出，則婦女著鎧騎馬近輦左右。虜主及后妃常

行，乘銀鏤羊車，不施帷幔，皆偏坐垂脚轅中；在殿上，亦跂據。正殿施流蘇帳，金博山，龍鳳朱漆畫屏風，織成幌。坐施氍毹褥。前施金香罏，琉璃鉢，金椀，盛雜食器。設客長盤一尺，御饌圓盤廣一丈。爲四輪車，元會日，六七十人牽上殿。蜡日逐除，歲盡，城門磔雄雞，葦索桃梗，如漢儀。

自佛狸至萬民，世增雕飾。正殿西築土臺，謂之白樓。萬民禪位後，常遊觀其上。臺南又有伺星樓。正殿西又有祠屋，琉璃爲瓦。宮門稍覆以屋，猶不知爲重樓。竝設削泥采，畫金剛力士。胡俗尚水，又規畫黑龍相盤繞，以爲厭勝。

泰始五年，萬民禪位子宏，自稱太上皇。宏立，號延興元年。至六年，萬民死，諡獻文皇帝。改號爲承明元年，是歲元徽四年也。祖母馮氏，黃龍人，助治國事。初，佛狸母是漢人，爲木末所殺，佛狸以乳母爲太后，自此以來，太子立，輒誅其母。一云馮氏本江都人，佛狸元嘉二十七年南侵，略得馮氏，濬以爲妾，獨得全焉。明年丁巳歲，改號太和。

宋明帝末年，始與虜和好。元徽昇明之世，虜使歲通。建元元年，僞太和三年也。宏聞太祖受禪，其冬，發衆遣丹陽王劉昶爲太師，〔六〕寇司、豫二州。明年，詔遣衆軍北討。宏遣大將郁豆眷、叚長命攻壽陽及鍾離，爲豫州刺史垣崇祖、右將軍周盤龍、徐州刺史崔文仲等所破。

中華書局

宏又遣僞南部尚書托跋等向司州，分兵出兗、青界，十萬衆圍朐山，戍主玄元度嬰城固守。青冀二州刺史盧紹之遣子奐領兵助之。城中無食，紹之出頓州南石頭亭，隔海運糧柴供給城內。虜圍斷海道，緣岸攻城，會潮水大至，虜渰溺，元度出兵奮擊，大破之。臺遣軍主崔靈建、楊法持、房靈民萬餘人從淮入海，船艦至夜各舉兩火，虜衆望見，謂是南軍大至，一時奔退。

初，元度自云臂上有封侯志，宋世以示世祖，時世祖在東宮，書與元度曰：「努力成臂上之相也。」虜退，上議加封爵，元度歸功於紹之，紹之又讓，故並見寢。上乃擢紹之爲黃門郎。鬱州呼石頭亭爲平虜亭。紹之字子緒，范陽人，自云盧諶玄孫。宋大明中，預攻廣陵，勳上，紹之拔迹自投，上以爲州治中，受心腹之任。官至光祿大夫。永明八年，卒。

三年，領軍將軍李安民、左軍將軍孫文顯與虜軍戰於淮陽，大敗之。初，虜寇至，緣淮驅略，江北居民猶懲佛狸時事，皆驚走，不可禁止。乃於梁山置二軍，[七]南置三軍，慈姥置一軍，洌州置二軍，三山置二軍，白沙洲置一軍，蔡州置五軍，長蘆置三軍，菰浦置二軍，徐浦置一軍，內外悉班階賞，以示威刑。

僞昌黎王馮莎向司州，荒人桓天生說莎云：「諸蠻皆響應。」莎至，蠻竟不動。莎大怒，於淮邊獵而去。及壽春摧敗，朐山不拔，虜主出定州，大治道路，聲欲南行，不敢進。迺與

僞梁郡王計曰：「兵出彭、泗間，無復鬬志，要當一兩戰得還歸。」既於淮陽被破，一時奔走。青、徐間赴義民，先是或抄虜運車，更相殺掠，往往得南歸者數千家。

上未遑外略，以虜既摧破，且欲示以威懷，遣後軍參軍車僧朗北使。虜問僧朗曰：「齊輔宋日淺，何故便登天位？」僧朗曰：「虞、夏登庸，親當革禪；魏、晉匡(戰)[輔]，[八]貽厥子孫。豈二聖促促於天位，兩賢謙虛以獨善？時宜各異，豈得一揆？苟曰事宜，故屈己應物。」虜又問：「齊主悉有何功業？」僧朗曰：「主上聖性寬仁，天識弘遠。少爲宋文皇所器遇，入參禁旅。泰始之初，四方寇叛，東平劉子房、張淹，北討薛索兒，秉掌軍國，豫司顧命。宋桂陽、建平二王阻兵內侮，一麾殄滅。蒼梧王反道敗德，有過桀、紂，遠遵伊、霍，行廢立之事。袁粲、劉秉、沈攸之同惡相濟，又秉旄杖鉞，大定凶黨。戮力佐時，四十餘載，經綸夷險，十五六年，此功此德，可謂物無異議。」虜又問：「南國無復齊土，何故封齊？」僧朗曰：「營丘表海，實爲大國。宋朝光啓土宇，謂是呂尚先封。今淮海之間，自有青、齊，非無地也。」又問：「蒼梧何故遂加斬戮？」僧朗曰：「蒼梧暴虐，書契未聞，武王斬紂，懸之黃鉞，共是所聞，何傷於義？」昇明中，北使殷靈誕、苟昭先在虜，聞太祖登極，靈誕謂虜典客曰：「宋魏通好，憂患是同。宋今滅亡，魏不相救，何用和親？」及虜寇豫州，靈誕因請爲劉昶司馬，不獲。僧朗至北，虜置之靈誕下，僧朗立席言曰：「靈誕昔是宋使，今成齊民。實希魏主以禮見處。」靈誕交言，遂相忿詈，謂虜曰：「使臣不能立節本朝，誠自慙恨。」劉昶賂客解奉君於會刺殺僧朗，虜即收奉君誅之，殯斂僧朗，送喪隨靈誕等南歸，厚加賵賻。世祖踐阼，昭先具以啓聞，靈誕下獄死，贈僧朗散騎侍郎。

永明元年冬，遣驍騎將軍劉纘、前軍將軍張謨使虜。明年冬，虜使李道固報聘，[九]世祖於玄武湖水步軍講武，登龍舟引見之。自此歲使往來，疆場無事。

三年，初令鄰里黨各置一長，五家爲鄰，五鄰爲里，五里爲黨。四年，造戶籍。分置州郡，雍州、涼州、秦州、沙州、涇州、華州、岐州、河州、西華州、寧州、陝州、洛州、荆州、郢州、北豫州、東荆州、南豫州、西兗州、東兗州、南徐州、東徐州、青州、齊州、濟州二十五州在河南；[一〇](湘)[相]州、[一一]懷州、(秦)[汾]州、[一二]東雍州、肆州、定州、瀛州、朔州、幷州、冀州、幽州、平州、司州十三州在河北。凡分魏、晉舊司、豫、青、兗、冀、幷、幽、秦、雍、涼十州地，及宋所失淮北爲三十八州矣。

明年，邊人桓天生作亂，虜遣步騎萬餘人助之，至比陽，爲征虜將軍戴僧靜等所破。荒人胡丘生起義懸瓠，爲虜所擊，戰敗南奔。僞安南將軍遼東公、平南將軍上谷公又攻舞陰，[一三]舞陰戍主輔國將軍殷公愍拒破之。六年，虜又遣衆助桓天生，與輔國將軍曹虎戰，大敗於隔城。

至七年，遣使邢產、侯靈紹復通好。先是劉纘再使虜，太后馮氏悅而親之。馮氏有計略，作皇誥十八篇，僞左僕射李思沖稱史臣注解。是歲，馮氏死。八年，世祖還隔城所俘獲二千餘人。

佛狸已來，稍僭華典，胡風國俗，雜相揉亂。宏知談義，解屬文，輕果有遠略。遊河北至比干墓，作弔比干文云：「脫非武發，封墓誰因？嗚呼(分士)[介士]，[一四]胡不我臣！」宏以己巳歲立圓丘、方澤，置三夫人、九嬪。平城南有干水，出定襄堺，流入海，去城五十里，世號爲索干都。[一五]土氣寒凝，風砂恒起，六月雨雪。議遷都洛京。

九年，遣使李道固、蔣少游報使。少游有機巧，密令觀京師宮殿楷式。清河崔元祖啓世祖曰：「少游，臣之外甥，特有公輸之思。宋世陷虜，處以大匠之官。今爲副使，必欲模範宮闕。豈可令氈鄉之鄙，取象天宮？臣謂且留少游，令使主反命。」世祖以非和通意，不許。少游，安樂人。虜宮室制度，皆從其出。

初，佛狸討羯胡於長安，[一六]殺道人且盡。及元嘉南寇，獲道人，以鐵籠盛之。後佛狸感惡疾，自是敬畏佛教，立塔寺浮圖。宏父弘禪位後，黃冠素服，持戒誦經，居石窟寺。宏太和三年，[一七]道人法秀與苟兒王阿辱瑰王等謀反，[一八]事覺，囚法秀，加以籠頭鐵鎖，無故自解脫，虜穿其頸骨，使呪之曰：「若復有神，當令穿肉不入。」遂穿而殉之，三日乃死。僞咸

陽王復欲盡殺道人，〔一九〕太后馮氏不許。宏尤精信，粗涉義理，宮殿內立浮圖。

宏既經古洛，是歲下僞詔尙書思愼曰：「夫覆載垂化，必由四氣運其功；曦曜望舒，亦須五星助其暉。仰惟聖母，睿識自天，業高曠古，將稽詳典範，日新皇度。不圖罪逆招禍，奄丁窮罰，〔二〇〕追惟罔極，永無逮及。思遵先旨，勅造明堂之樣。卿所制體含六合，事越中古，理圓義備，可軌之千載。信是應世之材，先固之器也。羣臣瞻見模樣，莫不僉然欲速造，朕以寡昧，亦思造盛禮。卿可卽於今歲停宮城之作，營建此構，興皇代之奇制，遠成先志，近副朕懷。」又詔公卿參定刑律。又詔罷臘前儺，唯年一儺。又詔：「季冬朝賀，典無成文，以袴褶事非禮敬之謂，若置寒朝服，徒成煩濁，自今罷小歲賀，歲初一賀。」又詔：「王爵非庶姓所僭，伯號是五等常秩。烈祖之胄，仍本王爵，其餘王皆爲公，〔公〕轉爲侯，〔二一〕侯卽爲伯，子男如舊。雖名易於本，而品不異昔。公第一品，侯第二品，伯第三品，子第四品，男第五品。」

十年，上遣司徒參軍蕭琛、范雲北使。宏西郊，卽前祠天壇處也。宏與僞公卿從二十餘騎戎服繞壇，宏一周，公卿七匝，謂之蹋壇。明日，復戎服登壇祠天，宏又繞三匝，公卿七匝，謂之繞天。以繩相交絡，紐木枝根，覆以青繒，形制平圓，下容百人坐，謂之爲「繖」，一云「百子帳」也。於此下宴息。次祠廟及布政明堂，皆引朝廷使人觀視。每使至，宏親相應

接，申以言義。甚重齊人，常謂其臣下曰：「江南多好臣。」僞侍臣李元凱對曰：「江南多好臣，歲一易主；江北無好臣，而百年一主。」宏大慙，出元凱爲雍州長史，俄召復職。

世祖初，治白下，謂人曰：「我欲以此城爲上頓處。」後於石頭造(靈)〔露〕車三千乘，〔二二〕欲步道取彭城，形迹頗著。先是八年北使顏幼明、劉思斅反命，僞南部尙書李思沖曰：「二國之和，義在庇民。如聞南朝大造舟車，欲侵淮、泗，推心相期，何應如此？」幼明曰：「主上方弘大信於天下，不失臣妾。既與輯和，何容二三其德？壃場之言，差不足信。且朝廷若必(恭恕)〔赫怒〕，〔二三〕使守在外，亦不近相淮瀆。」思沖曰：「我國之彊，經略淮東，何患不蕩海東岳，政存於信誓耳。且和好既結，豈可復有不信？昔華元、子反，戰伐之際，尙能以誠相告，此意良慕也。」幼明曰：「卿未有子反之急，詎求登床之請？」

是後宏亦欲南侵徐、豫，於淮、泗間大積馬芻。十一年，遣露布幷上書，稱當南寇。世祖發揚、徐州民丁，廣設召募。北地人支酉，聚數千人，於長安城北西山起義。遣使告梁州刺史陰智伯。秦州人王度人起義應酉，攻獲僞刺史劉藻，秦、雍間七州民皆響震，衆至十萬，各自保壁，望朝廷救其兵。宏遣弟僞河南王幹、尙書盧陽烏擊秦、雍義軍，〔二四〕幹大敗。酉迎戰，進至咸陽北濁谷，圍僞司空長洛王繆老生，〔二五〕合戰，又大破之，老生走還長安。梁州刺史陰智伯遣軍主席德仁、張弘林等數千人應接酉等，進向長安，所至皆靡。

會世祖崩，宏聞關中危急，乃稱聞喪退師。太和十七年八月，使持節、安南大將軍、都督徐青齊三州諸軍事、南中郎將、徐州刺史、廣陵侯府長史、帶淮陽太守鹿樹生移齊兗州府長史府：「奉被行所尙書符騰詔：『皇師雷舉，〔二六〕搖旆南指，誓淸江禝，志廓衡靄。以去月下旬，濟次河洛。會前使人邢巒等至，審知彼有大艾。以春秋之義，聞喪寢伐。爰勅有司，輟鑾止軔，休馬華陽，戢戈嵩北。便肇經周制，光宅中區，永皇基于無窮，恢盛業乎萬祀。(辰)〔宸〕居重正，〔二七〕鴻化增新，四海承休，莫不銘慶。』故以往示如律令。」幷遣使弔國諱。遣僞大將楊大眼、張聽明等數萬人攻酉，酉、廣等竝見殺。〔二八〕

隆昌元年，遣司徒參軍劉斅、車騎參軍沈宏報使至北。宏稱字玄覽。其夏，虜平北將軍魯直淸率衆降，以爲督洛州軍事，領平戎校尉、征虜將軍、洛州刺史。是歲，宏徙都洛陽，改姓元氏。初，匈奴女名托跋，妻李陵，胡俗以母名爲姓，故虜爲李陵之後，虜甚諱之，有言其是陵後者，輒見殺，至是乃改姓焉。

宏聞高宗踐阼非正，既新移都，兼欲大示威力。是冬，自率大衆分寇豫、徐、司、梁四州。遣僞荆州刺史薛眞度、尙書郗祁阿婆出南陽，向沙堨，築壘開溝，爲南陽太守房伯玉、新野太守劉思忌所破。

建武二年春，高宗遣鎭南將軍王廣之出司州，右僕射沈文季出豫州，左衞將軍崔慧景

出徐州。宏自率衆至壽陽，軍中有黑氈行殿，容二十人坐，輦邊皆三郎曷刺眞，槊多白眞毦，鐵騎爲羣，前後相接。步軍皆烏楯槊，綴接以黑蝦蟆幡。牛車及驢駱駝載軍資妓女，三十許萬人。不攻城，登八公山，賦詩而去。別圍鍾離城，徐州刺史蕭惠休、輔國將軍申希祖拒守，出兵奮擊，宏衆敗，多赴淮死。乃分軍據邵陽州，柵斷水路，夾築二城。右衞將軍蕭坦之遣軍主裴叔業攻二城，拔之。惠休又募人出燒虜攻城車，虜力竭不能剋。

王奐之誅，子肅奔虜，〔二九〕宏以爲鎭南將軍、南豫州刺史。遣肅與劉昶號二十萬衆，圍義陽。司州刺史蕭誕拒戰，〔三〇〕虜築圍壍柵三重，燒居民淨盡，幷力攻城，城中負楯而立。王廣之都督救援，虜遣三萬餘人逆攻太子右率蕭季敞於下梁，季敞戰不利。司州城內告急，王廣之遣軍主黃門侍郎梁王閒道先進，與太子右率蕭誄、〔三一〕輔國將軍徐玄慶、荆州軍主魯休烈據賢首山，出虜不備。城內見援軍至，蕭誕遣長史王伯瑜及軍主崔恭祖出攻虜柵，因風放火，梁王等衆軍自外擊之，昶、肅棄圍引退，追擊破之。

輔國將軍桓和出西陰平，僞魯郡公鄭城戍主帶莫樓、僞東海太守江道僧設伏路側，和與合戰，大敗之。青、徐民降者百餘家。青、冀二州刺史王洪範遣軍主崔延攻虜紀城，竝拔之。宏先又遣僞尙書盧陽烏、華州刺史韋靈智攻赭陽城，〔三二〕北襄城太守成公期拒守。虜攻城百餘日，設以鉤衝，不捨晝夜，期所殺傷數千人。臺又遣軍主垣歷生、〔三三〕蔡道貴救援，

陽烏等退，官軍追擊破之。夏，虜又攻司州櫟城二戍，戍主魏僧岷、朱僧起拒敗之。

僞安南將軍、梁州刺史魏郡王元英十萬餘人通斜谷，寇南鄭。梁州刺史蕭懿遣軍主姜山安、趙超宗等數軍萬餘人，分據角弩、白馬、沮水拒戰，大敗。英進圍南鄭，土山衝車，晝夜不息。懿率東從兵二千餘人固守拒戰，隨手摧却。英攻城自春至夏六十餘日不下，死傷甚衆，軍中糧盡，擣麴爲食，畜菜葉直千錢。懿先遣軍主韓嵩等征獠，回軍援州城，至黃牛川，爲虜所破。懿遣氐人楊元秀還仇池，說氐起兵斷虜運道，氐卽舉衆攻破虜歷城、睪蘭、駱谷、仇池、平洛、蘇勒六戍。僞尚書北梁州刺史辛黑末戰死。英遣軍副仇池公楊靈珍據泥公山，武興城主楊集始遣弟集朗與歸國氐楊馥之及義軍主徐曜甫迎戰於黃亘，大敗奔歸。時梁州土豪范凝、梁季羣於家請英設會，伏兵欲殺英，事覺，英執季羣殺之，凝竄走。英退保濁水，聞氐衆盛，與楊靈珍復俱退入斜谷，會天大雨，軍馬含漬，截竹煮米，於馬上持炬炊而食。[三四]英至下辨，靈珍弟婆羅阿卜珍反，襲擊，英衆散，射中英頰。僞陵江將軍悅楊生領鐵騎死戰救之，得免。梁、漢平。武都太守杜靈瑗、奮武將軍望法憘、寧朔將軍望法泰、州治中皇甫耽竝拒虜戰死。追贈靈瑗、法憘羽林監，法泰積射將軍。

時僞洛州刺史賈異寇甲口，爲上洛太守李靜所破。三年，虜又攻司州櫟城，爲戍主魏僧岷所拒破。秋，虜遣軍襲漣口，東海太守鄭延祖棄西城走，東城猶固守，臺遣冠軍將軍兗

州刺史徐玄慶救援，虜引退，延祖伏罪。

初，僞太后馮氏兄昌黎王馮莎二女，大馮美而有疾，爲尼，小馮爲宏皇后，生僞太子詢。後大馮疾差，宏納爲昭儀。宏初徙都，詢意不樂，思歸桑乾。宏制衣冠與之，詢竊毁裂，解髮爲編服左衽。大馮有寵，日夜讒詢。宏出鄴城馬射，詢因是欲叛北歸，密選宮中御馬三千疋置河陰渚。皇后聞之，召執詢，馳使告宏，宏徙詢無鼻城，在河橋北二里，尋殺之，以庶人禮葬。立大馮爲皇后，便立僞太子恪，是歲，僞太和二十年也。

僞征北將軍恒州刺史鉅鹿公伏鹿孤賀鹿渾守桑乾，宏從叔平陽王安壽戍懷栅，在桑乾西北。渾非宏任用中國人，與僞定州刺史馮翊公目鄰、安樂公托跋阿幹兒謀立安壽，分據河北。期久不遂，安壽懼，告宏。殺渾等數百人，任安壽如故。

先是僞荆州刺史薛眞度、尚書郄祁阿婆爲房伯玉所破，宏怒，以南陽小郡，誓取滅之。[三五]四年，自率軍向雍州。宏先至南陽，房伯玉嬰城拒守。宏從數萬騎，罩黃繖，去城一里。遣僞中書舍人公孫雲謂伯玉曰：[三六]「我今蕩一六合，與先(後)行異。[三七]先行冬去春還，不爲停久；今誓不有所剋，終不還北，停此或三五年。卿此城是我六龍之首，無容不先攻取。遠一年，中不過百日，近不過一月，非爲難殄。若不改迷，當斬卿首，梟之軍門。闔城無貳，幸可改禍爲福。但卿有三罪，今令卿知。卿先事武帝，蒙在左右，不能盡節前主，而盡節今主，此是一罪。前歲遣偏師薛眞度暫來此，卿遂破傷，此是二罪。武帝之胤悉被誅戮，初無報効，而反爲今主盡節，違天害理，此是三罪。不可容恕。聽卿三思，勿令闔城受苦。」伯玉遣軍副樂稚柔答曰：「承欲見攻圍，期於必剋，卑微常人，得抗大威，眞可謂獲其死所。先蒙武帝(徒)採[拔]，[三八]賜預左右，犬馬知恩，寧容無感。但隆昌延興，昏悖違常，聖明纂業，家國不殊。此則進不負心，退不愧幽。前歲薛眞度導誘邊氓，遂見陵突，既荷國恩，聊耳撲掃。回己而言，應略此責。」宏引軍向城南寺前頓止，從東南角溝橋上過，伯玉先遣勇士數人著斑衣虎頭帽，從伏竇下忽出，宏人馬驚退，殺數人，宏呼善射將原靈度射之，應弦而倒。宏乃過。宏時大舉南寇，僞咸陽王元憘、彭城王元勰、常侍王元嵩、寶掌王元麗、廣陵侯元爕、都督大將軍劉昶、王肅、楊大眼、奚康生、長孫稚等三十六軍，前後相繼，衆號百萬。其諸王軍朱色鼓，公侯綠色鼓，伯子男黑色鼓，竝有鼙角，吹脣沸地。

宏留僞咸陽王憘圍南陽，進向新野，新野太守劉思忌亦拒守。臺先遣軍主直閤將軍胡松助北襄城太守成公期守赭陽城，軍主鮑舉助西汝南、北義陽二郡太守黃瑤起戍舞陰城。宏攻圍新野城，戰鬭不息。遣人謂城中曰：「房伯玉已降，汝南(爲)[何]獨自取糜碎？」[三九]思忌令人對曰：「城中兵食猶多，未暇從汝小虜語也。」雍州刺史曹虎遣軍至均口，不進。[四〇]永泰元年，城陷，縛思忌，問之曰：「今欲降未？」思忌曰：「寧爲南鬼，不爲北臣。」乃死。贈冠

軍將軍、梁州刺史。於是沔北大震，湖陽戍主蔡道福、赭陽城主成公期及軍主胡松、舞陰城主黃瑤起及軍主鮑舉、從陽太守席謙竝棄城走。[四一]虜追軍獲瑤起，王肅募人臠食其肉。追贈冠軍將軍、兗州刺史。數日，房伯玉以城降。伯玉，清河人。既降，虜以爲龍驤將軍，伯玉不肯受。高宗知其志，月給其子希哲錢五千，米二十斛。後伯玉就虜求南邊一郡，爲馮翊太守，生子幼，便教其騎馬，常欲南歸。永元末，希哲入虜，伯玉大怒曰：「我力屈至此，不能死節，猶望汝在本朝以報國恩。我若從心，亦欲間關求反。汝何爲失計？」遂卒虜中。

虜得沔北五郡。宏自將二十萬騎破太子率崔慧景等於鄧城，進至樊城，臨沔水而去。還洛陽，聞太尉陳顯達經略五郡，圍馬圈，宏復率大衆南攻，破顯達而死。喪還，未至洛四百餘里，稱宏詔，徵僞太子恪會魯陽。恪至，勰以宏僞法服衣之，始發喪。至洛，乃宣布州郡，舉哀制服，謚孝文皇帝。

是年，王肅爲虜制官品百司，皆如中國。凡九品，品各有二。肅初奔虜，自說其家被誅事狀，宏爲之垂涕。以第六妹僞彭城公主妻之。封肅平原郡公。爲宅舍，以香塗壁。遂見信用。恪立，號景明元年，永元二年也。

豫州刺史裴叔業以壽春降虜。先是僞東徐州刺史沈陵率部曲降。陵，吳興人，初以失志奔虜，大見任用，宏既死，故南歸，頻授徐、越二州刺史。時王肅僞征南將軍、豫州都

督。〔四二〕朝廷既新失大鎭，荒人往來，詐云肅欲歸國。少帝詔以肅爲使持節、侍中、都督豫徐司三州、右將軍、豫州刺史，西豐公，邑二千戶。

虜既得淮南，其夏，遣僞冠軍將軍南豫州刺史席法友攻北新蔡、安豐二郡太守胡景略於建安城，死者萬餘人，百餘日，朝廷無救，城陷，虜執景略以歸。其冬，虜又遣將桓道福攻隨郡太守崔士招，破之。

後僞咸陽王禧以恪年少，與氐楊集始、楊靈祐、乞佛馬居及虜大將支虎、李伯尙等十餘人，請會鴻池陂，因恪出北芒獵，襲殺之。禧猶豫不能發，欲更剋日。馬居說禧曰：「殿下若不至北芒，便可回師據洛城，閉四門。天子聞之，必走向河北（走）桑乾，〔四三〕仍斷河橋，爲河南天子。隔河而治，此時不可失也。」禧又不從。靈祐疑禧反己，卽馳告恪。禧聞事敗，欲走渡河，而天雨瞑迷道，至孝義驛，恪已得洛城。遣弟（度）〔廣〕平王領數百騎先入宮，〔四四〕知無變，乃還。遣直衞三郎兵討禧，〔四五〕執殺之。虜法，謀反者不得葬，棄尸北芒。王肅以疾卒。

史臣曰：齊、虜分，江南爲國歷三代矣。華夏分崩，舊京幅裂，觀釁阻兵，事興東晉。二庚藉元舅之盛，自許專征，元規臨郲城以覆師，稚恭至襄陽而反旆。褚裒以徐、兗勁卒，壹沒於鄴、魯。殷浩驅揚、豫之衆，大敗於山桑。桓溫弱冠雄姿，因平蜀之聲勢，步入咸關，野

戰洛、鄴。既而鮮卑固於負海，羌、虜割有秦、代，自爲敵國，情險勢分，宋武乘機，故能以次而行誅滅。及魏虜兼幷，河南失境，兵馬土地，非復曩時。宋文雖得之知己，未能料敵，故師帥無功，每戰必殆。泰始以邊臣外叛，遂亡淮北，經略不振，乃議和親。太祖創命，未及圖遠，戎塵先起，侵暴方牧，淮、豫剋捷，靑、海摧奔，以逸待勞，坐徼百勝。自四州淪沒，民戀本朝，國祚惟新，歌奉威德，提戈荷甲，人自爲鬬，深壘結防，想望南旗。天子習知邊事，取亂而授兵律，若前師指日，遠掃臨、彭，而督將逗留，援接稽（曉）〔晚〕，〔四六〕向義之徒，傾巢盡室。既失事機，朝議北寢，偃武脩文，更思後會。永明之世，據已成之策，職問往來，關禁寧靜。疆埸之民，竝安堵而息窺覦，百姓附農桑而不失業者，亦由此而已也。夫荆棘所生，用武之弊，寇戎一犯，傷痍難復，豈非此之驗乎？建武初運，獯雄南逼，豫、徐彊鎭，嬰高城，蓄士卒，不敢與之校武。胡馬蹈藉淮、肥，而常自戰其地。梯衝之害，鼓掠所亡，建元以來，未之前有。兼以穹廬華徙，卽禮舊都，雍、司北部，親近許、洛，平塗數百，通驛車軌，漢世馳道，直抵章陵，鑣案所騖，晨往暮返。虜懷兼弱之威，挾廣地之計，彊兵大衆，親自凌殄，旍鼓彌年，矢石不息。朝規懦屈，莫能救禦，故南陽覆壘，新野頹隍，民戶墾田，皆爲狄保。雖分遣將卒，俱出淮南，未解沔北之危，已深渦陽之敗。征賦內盡，民命外殫，比屋騷然，不聊生矣。夫休元之數，〔四七〕誠有天機，得失之迹，各歸人事。豈不由將率相臨，貪功昧賞，勝敗之急，不相救讓？號令不明，固中國之所短也。

贊曰：天立勍胡，竊有帝圖。卽安諸夏，建號稱孤。齊民急病，幷邑焚剟。

校勘記

〔一〕太元元年　「太元」百衲本及各本並作「泰元」，今據晉書孝武帝紀改正。

〔二〕年號天（瑞）〔賜〕　據南監本、局本改。按魏道武紀年有登國、皇始、天興、天賜，無「天瑞」。

〔三〕子弘字萬民立　「弘」原作「引」，因宋人刻字避諱闕筆而譌，今據殿本、局本改正。

〔四〕其袍衣使宮內婢爲〔之〕　據南監本、殿本、局本補。

〔五〕每南坊搜檢　按「南」字疑「閑」字之譌。

〔六〕其冬發衆遣丹陽王劉昶爲太師　按魏書劉昶傳，昶未嘗爲太師，疑有誤。

〔七〕乃於梁山置二軍　「二軍」元龜二百十七同，南監本、毛本、殿本作「一軍」。

〔八〕魏晉匡（戰）〔輔〕　據通鑑齊高帝建元三年改。

〔九〕虜使李道固報聘　殿本考證云：「魏紀作『李彪』。」今按道固，李彪字。

〔一〇〕雍州至濟州二十五州在河南　錢大昕廿二史考異云：「按自雍至濟，數之止廿四州，蓋脫一州也。據通鑑注，則濟州之下當有光州。然以魏收地形志考之，光州延興五年改爲鎭，景明元年

復，子顯所載者魏太和初之疆域，其時亦不當有光州矣。」

〔一一〕（湘）〔相〕州　據局本改。按錢大昕云「湘」當作「相」。

〔一二〕（秦）〔汾〕州　錢大昕云：「河南有秦州，河北又有秦州，亦必有譌。」按通鑑胡三省注，河北十三州中有汾州，無秦州。今據改。

〔一三〕僞安南將軍遼東公平南將軍上谷公又攻舞陰　通鑑齊武帝永明五年：「魏南部尙書公孫邃、上谷公張倫帥衆與桓天生復寇舞陰。」考異云：「齊書魏虜傳云『僞安南將軍遼東公、平南將軍上谷公又攻舞陰』。魏書帝紀云『詔南部尙書公孫文慶、上谷公張伏千南討舞陰』。按公孫邃傳，邃字文慶，與內都幢將上谷公張倏討蕭頤舞陰戍。蓋伏千亦倏字也。」

〔一四〕嗚呼（分土）〔介士〕　據南監本、殿本、局本改。洪頤煊諸史考異云：「按魏孝文弔比干墓碑今尙存，諦視之，作『介士』，『分土』是傳寫之譌。」

〔一五〕世號爲索干都　錢大昕廿二史考異云：「索干卽桑乾之轉。」

〔一六〕佛狸討羯胡於長安　「羯」原譌「及」，各本不譌，今改正。

〔一七〕太和三年　各本並同。據魏書帝紀當作太和五年。

〔一八〕道人法秀與苟兒王阿辱瑰王等謀反　「瑰王」各本並作「珮玉」。

〔一九〕僞咸陽王復欲盡殺道人　按通鑑齊高帝建元二年作「議者或欲盡殺道人」。考異云：「齊書魏虜

中華書局

傳『咸陽王欲盡殺道人』。按咸陽王禧時尚幼，太和九年始封，恐非也。」

〔二0〕奄丁窮罰　「奄」原譌「掩」，今據南監本、局本改正。殿本作「淹」，奄淹通。

〔二一〕〔公〕轉爲侯　據南監本、毛本、殿本、局本補。

〔二二〕後於石頭造〔靈〕〔露〕車三千乘　「靈車」通鑑齊武帝永明十一年作「露車」，是，今據改。

〔二三〕且朝廷若必〔恭怒〕〔赫怒〕　據南監本、毛本、殿本、局本改。

〔二四〕宏遣弟僞河南王幹尚書盧陽烏擊秦雍義軍　「秦」原譌「泰」，今據南監本、殿本、局本改正。

〔二五〕圍僞司空長洛王繆老生　按「繆老生」通鑑齊武帝永明十一年作「穆亮」。考異云：「齊書『穆亮』作『繆老生』，今從魏書。」

〔二六〕皇師雷舉　「雷」毛本、殿本、局本作「電」。

〔二七〕〔辰〕〔宸〕居重正　據南監本、毛本、殿本、局本改。按宸居，帝王之居也。帝居北辰宮，故从宀从辰，見正字通。

〔二八〕西廣等並見殺　張森楷校勘記云：「上有秦州人王度人起義應支酉，疑此『廣』係『度』字之譌。」

〔二九〕子肅奔虜　「肅」原譌「蕭」，今據南監本、殿本、局本改正。

〔三0〕司州刺史蕭誕拒戰　「誕」原譌「挺」，各本不譌，今改正。按蕭誕事迹見蕭諶傳。

〔三一〕與太子右率蕭誄　「蕭誄」原譌「肅誄」，各本作「蕭誅」，「誅」字亦譌，今據通鑑齊明帝建武二年

改正。按蕭誄事迹見蕭諶傳。「太子右率」蕭諶傳作「太子左率」。

〔三二〕宏先又遣僞尚書盧陽烏華州刺史韋靈智攻赭陽城　按通鑑考異云：「『陽烏』，淵小字；『靈智』，珍字也。」

〔三三〕臺又遣軍主垣歷生　「垣」原譌「桓」，今據南監本改正。按垣歷生，垣榮祖之從弟，見垣榮祖傳。

〔三四〕於馬上持炬炊而食　「食」字下御覽三百二十引有「之」字。按通鑑作「執炬火於馬上炊之」。

〔三五〕誓取滅之　「取」南監本、局本作「欲」。

〔三六〕遣僞中書舍人公孫雲謂伯玉曰　「公孫雲」通鑑齊明帝建武四年作「孫延景」。考異云：「齊書作『公孫雲』，今從魏書。」

〔三七〕與先〔後〕行異　據南監本、殿本、局本刪。

〔三八〕先豪武帝〔徒〕〔拔〕　據南監本、殿本、局本改。按毛本作「先豪武帝所拔」。

〔三九〕汝南〔僞〕〔何〕獨自取糜碎　據南監本、殿本、局本改。

〔四0〕雍州刺史曹虎遣軍至均口不進　通鑑齊明帝建武四年「雍州刺史曹虎與房伯玉不協，故緩救之，頓軍樊城」。考異云：「齊魏虜傳云『均口』，今從虎傳。」

〔四一〕從陽太守席謙並棄城走　按從陽卽順陽，子顯避梁諱改，南監本、殿本已改爲「順陽」。

〔四二〕時王肅僞征南將軍豫州都督　「僞」殿本作「爲」。疑「僞」上脫一「爲」字，殿本則「爲」下脫一「僞」字也。

〔四三〕必走向河北〔走〕桑乾　據南監本、局本刪。

〔四四〕遣弟〔度〕〔廣〕平王領數百騎先入宮　據南監本、局本改。

〔四五〕遣直衞三郎兵討憘　「郎」南監本、局本作「部」。

〔四六〕援接稽〔曉〕〔晚〕　張元濟校勘記云：「『稽曉』係『稽晚』之譌，謝瀹傳亦有論公事稽晚語。」今據改。按南監本、局本作「稽緩」，義與「稽晚」近。殿本作「稽繞」，繞乃緩字之形譌。

〔四七〕夫休旡之數　「休旡」南監本、殿本、局本作「休頹」。按旡乃否之古字，後人不曉，妄改爲「頹」耳。

南齊書卷五十八

列傳第三十九

蠻　東南夷

蠻，種類繁多，言語不一，咸依山谷，布荆、湘、雍、郢、司等五州界。宋世封西陽蠻梅蟲生爲高山侯，田治生爲威山侯，梅加羊爲扞山侯。太祖卽位，有司奏蠻封應在解例，參議以：「戎夷疏爵，理章列代；酋豪世襲，事炳前葉。今宸曆改物，舊册杓降，而梅生等保落奉政，事須繩總，恩命升贊，有異常品。謂宜存名以訓殊俗。」詔：「特留。」以治生爲輔國將軍、虎賁中郎，轉建寧郡太守，將軍、侯如故。

建元二年，虜侵豫、司，蠻中傳虜已近，又聞官盡發民丁，南襄城蠻秦遠以郡縣無備，寇潼陽，縣令焦文度戰死。司州蠻引虜攻平昌戍，戍主苟元賓擊破之。秦遠又出破臨沮百方砦，殺略百餘人。北上黃蠻文勉德寇汶陽，〔一〕太守戴元孫孤城力弱，慮不自保，棄戍歸江

陵。荆州刺史豫章王遣中兵參軍劉伾緒領千人討勉德，至當陽，勉德請降，收其部落，使戍汶陽所治城子，令保持商旅，付其清通，遠遂逃竄。

汶陽本臨沮西界，二百里中，水陸迂狹，魚貫而行，有數處不通騎，而水白田甚肥腴。桓溫時，割以爲郡。西北接梁州新城，東北接南襄城，南接巴、巫二邊，竝山蠻凶盛，據險爲寇賊。宋泰始以來，巴建蠻向宗頭反，刺史沈攸之斷其鹽米，連討不剋。晉（天）〔太〕興三年，〔二〕建平夷王向弘、向瓂等詣臺求拜除，尚書郎張亮議：「夷貊不可假以軍號。」元帝詔特以弘爲折衝將軍、當平鄉侯，竝親晉王，賜以朝服。宗頭其後也。太祖置巴州以威靜之。

其武陵酉溪蠻田思飄寇抄，內史王文和討之，引軍深入，蠻自後斷其糧。豫章王遣中兵參軍莊明五百人將湘州鎮兵合千人救之，思飄與文和拒戰，中弩矢死，蠻衆以城降。

永明初，向宗頭與黔陽蠻田豆渠等五千人爲寇，巴東太守王圖南遣府司馬劉僧壽等斬山開道，攻其砦，宗頭夜燒砦退走。

三年，湘川蠻陳雙、李答寇掠郡縣，刺史呂安國討之不克。四年，刺史柳世隆督衆征討，乃平。

五年，雍、司州蠻與虜通，助荒人桓天生爲亂。

六年，除督護北遂安左郡太守田駟路爲試守北遂安左郡太守，前寧朔將軍田驢王〔爲

試守宜人左郡太守，田何代〕爲試守新平左郡太守，〔三〕皆郢州蠻也。

九年，安隆內史王僧旭發民丁，遣寬城戍主萬民和助八百丁村蠻伐千二百丁村蠻，爲蠻所敗，民和被傷，失馬及器仗，有司奏免官。

西陽蠻田益宗，沈攸之時，以功勞得將領，遂爲臨川王防閤，叛投虜，虜以爲東豫州刺史。建武三年，虜遣益宗攻司州龍城戍，爲戍主朱僧起所破。

蠻俗衣布徒跣，或椎髻，或翦髮。兵器以金銀爲飾，虎皮衣楯，便弩射，皆暴悍好寇賊焉。

東夷高麗國，西與魏虜接界。宋末，高麗王樂浪公高璉爲使持節、散騎常侍、都督營平二州諸軍事、車騎大將軍、開府儀同三司。太祖建元元年，進號驃騎大將軍。〔四〕三年，遣使貢獻，乘舶汎海，使驛常通，亦使魏虜，然彊盛不受制。

虜置諸國使邸，齊使第一，高麗次之。永明七年，平南參軍顏幼明、冗從僕射劉思斆使虜。虜元會，與高麗使相次。幼明謂僞主客郎裴叔令曰：「我等銜命上華，來造卿國。所爲抗敵，在乎一魏。自餘外夷，理不得望我鑣塵。況東夷小貊，臣屬朝廷，今日乃敢與我躡

踵。」思斆謂僞南部尚書李思沖曰：「我聖朝處魏使，未嘗與小國列，卿亦應知。」思沖曰：「實如此。但主副不得升殿耳。此閒坐起甚高，足以相報。」思斆曰：「李道固昔使，正以衣冠致隔耳。魏國必纓冕而至，豈容見黜。」幼明又謂虜主曰：「二國相亞，唯齊與魏。邊境小狄，敢躡臣蹤。」

高麗俗服窮袴，冠折風一梁，謂之幘。知讀五經。使人在京師，中書郎王融戲之曰：「服之不衷，身之災也。頭上定是何物？」答曰：「此卽古弁之遺像也。」

高璉年百餘歲卒。隆昌元年，以高麗王樂浪公高雲爲使持節、散騎常侍、都督營平二州諸軍事、征東大將軍、高麗王、樂浪公。建武三年，原闕〔五〕

報功勞勤，實存名烈。假行寧朔將軍臣姐瑾等四人，振竭忠効，攘除國難，志勇果毅，等威名將，〔六〕可謂扞城，固蕃社稷，論功料勤，宜在甄顯。今依例輒假行職。伏願恩愍，聽除所假。寧朔將軍、面中王姐瑾，歷贊時務，武功竝列，今假行冠軍將軍、都將軍、都漢王。建威將軍、八中侯餘古，弱冠輔佐，忠効夙著，今假行寧朔將軍、阿錯王。建威將軍餘歷，忠款有素，文武列顯，今假行龍驤將軍、邁盧王。廣武將軍餘固，忠効時務，光宣國政，今假行建威將軍、弗斯侯。」

牟大又表曰：〔七〕「臣所遣行建威將軍、廣陽太守、兼長史臣高達，行建威將軍、朝鮮太守、兼司馬臣楊茂，行宣威將軍、兼參軍臣會邁等三人，志行清亮，忠款夙著。往泰始中，〔八〕比使宋朝，今任臣使，冒涉波險，尋其至効，宜在進爵，謹依先例，各假行職。且玄澤靈休，萬里所企，況親趾天庭，乃不蒙賴。伏願天監特愍除正。達邊効夙著，勤勞公務，今假行龍驤將軍、帶方太守。茂志行清壹，公務不廢，今假行建威將軍、廣陵太守。(萬)〔邁〕執志周密，〔九〕屢致勤効，今假行廣武將軍、清河太守。」詔可，竝賜軍號，除太守。爲使持節、都督百濟諸軍事、鎭東大將軍。〔一〇〕使兼謁者僕射孫副策命大襲亡祖父牟都爲百濟王。曰：「於戲！惟爾世襲忠懃，誠著遐表，滄路肅澄，要貢無替。式循彝典，用纂顯命。往欽哉！其敬膺休業，可不愼歟！制詔行都督百濟諸軍事、鎭東大將軍百濟王牟大今以大襲祖父牟都爲百濟王，卽位章綬等玉銅虎竹符四。〔一一〕〔王〕其拜受，〔一二〕不亦休乎！」

是歲，魏虜又發騎數十萬攻百濟，入其界，牟大遣將沙法名、贊首流、解禮昆、木干那率衆襲擊虜軍，大破之。建武二年，牟大遣使上表曰：「臣自昔受封，世被朝榮，忝荷節鉞，剋攘列辟。往姐瑾等竝蒙光除，臣庶咸泰。去庚午年，獫狁弗悛，舉兵深逼。臣遣沙法名等領軍逆討，宵襲霆擊，匈梨張惶，〔一三〕崩若海蕩。乘奔追斬，僵尸丹野。由是摧其銳氣，鯨暴韜凶。今邦宇謐靜，實名等之略，尋其功勳，宜在褒顯。今假沙法名行征虜將軍、邁羅王，

贊首流爲行安國將軍、辟中王，解禮昆爲行武威將軍、弗中侯，木干那前有軍功，又拔臺舫，爲行廣威將軍、面中侯。伏願天恩特愍聽除。」又表曰：「臣所遣行龍驤將軍、樂浪太守兼長史臣慕遺，行建武將軍、城陽太守兼司馬臣王茂，兼參軍、行振武將軍、朝鮮太守臣張塞，行揚武將軍陳明，在官忘私，唯公是務，見危授命，蹈難弗顧。今任臣使，冒涉波險，盡其至誠。實宜進爵，各假行署。伏願聖朝特賜除正。」詔可，竝賜軍號。

加羅國，三韓種也。建元元年，國王荷知使來獻。詔曰：「量廣始登，遠夷洽化。加羅王荷知款關海外，奉贄東遐。可授輔國將軍、本國王。」

倭國，在帶方東南大海島中，漢末以來，立女王。土俗已見前史。建元元年，進新除使持節、都督倭新羅任那加羅秦韓(慕韓)六國諸軍事、〔一四〕安東大將軍、倭王武號爲鎭東大將軍。

南夷林邑國，在交州南，海行三千里，北連九德，秦時故林邑縣也。漢末稱王。晉太康五年，始貢獻。宋永初元年，林邑王范楊邁初產，母夢人以金席藉之，光色奇麗。中國謂紫磨金，夷人謂之「楊邁」，故以爲名。楊邁死，子咄立，慕其父，復改名楊邁。

林邑有金山，金汁流出於浦。事尼乾道，鑄金銀人像，大十圍。元嘉二十二年，交州刺史檀和之伐林邑，〔一五〕楊邁欲輸金萬斤，銀十萬斤，銅三十萬斤，還日南地。大臣𦍏僧達諫，〔一六〕不聽。和之進兵破其北界犬戎區粟城，獲金寶無筭，毀其金人，得黃金數萬斤，餘物稱是。和之後病死，見胡神爲祟。孝建二年，始以林邑長史范龍跋爲揚武將軍。

楊邁子孫相傳爲王，未有位號。夷人范當根純攻奪其國，〔一七〕篡立爲王。永明九年，遣使貢獻金簟等物。詔曰：「林邑(蟲)〔雖〕介在遐外，〔一八〕世服王化。當根純乃誠款到，率其僚職，遠績克宣，良有可嘉。宜沾爵號，以弘休澤。可持節、都督緣海諸軍事、安南將軍、林邑王。」范楊邁子孫范諸農率種人攻當根純，復得本國。十年，以諸農爲持節、都督緣海諸軍事、安南將軍、林邑王。建武二年，進號鎭南將軍。永泰元年，諸農入朝，海中遭風溺死，以其子文款爲假節、都督緣海軍事、安南將軍、林邑王。

晉建興中，日南夷帥范稚奴文數商賈，見上國制度，敎林邑王范逸起城池樓殿。王服天冠如佛冠，身被香纓絡。國人凶悍，習山川，善鬬。吹海螽爲角。人皆裸露。四時暄暖，

無霜雪。貴女賤男，謂師君爲婆羅門。〔一九〕羣從相姻通，婦先遣娉求婿。女嫁者，迦藍衣橫幅合縫如井闌，首戴花寶。婆羅門牽婿與婦握手相付，呪願吉利。居喪剪髮，謂之孝。燔尸中野以爲葬。遠界有靈鷲鳥，知人將死，集其家食死人肉盡，飛去，乃取骨燒灰投海中水葬。人色以黑爲美，南方諸國皆然。區粟城建八尺表，日影度南八寸。

自林邑西南三千餘里，至扶南。

扶南國，在日南之南大海西(蠻)〔灣〕中，〔二〇〕廣袤三千餘里，有大江水西流入海。其先有女人爲王，名柳葉。又有激國人混塡，夢神賜弓一張，〔二一〕敎乘舶入海。混塡晨起於神廟樹下得弓，卽乘舶向扶南。柳葉見舶，率衆欲禦之。混塡舉弓遙射，貫船一面通中人。柳葉怖，遂降。混塡娶以爲妻。〔二二〕惡其裸露形體，乃疊布貫其首。〔二三〕遂治其國。子孫相傳。

至王槃況死，國人立其大將范師蔓。蔓病，姊子旃(慕)〔篡〕立，〔二四〕殺蔓子金生。十餘年，蔓少子長襲殺旃，以刃鑱旃腹曰：「汝昔殺我兄，今爲父兄報汝。」旃大將范尋又殺長，國人立以爲王，是吳、晉時也。晉、宋世通職貢。

宋末，扶南王姓僑陳如，名闍耶跋摩，遣商貨至廣州。天竺道人那伽仙附載欲歸國，遭風至林邑，掠其財物皆盡。那伽仙閒道得達扶南，具說中國有聖主受命。

永明二年，闍耶跋摩遣天竺道人釋那伽仙上表稱扶南國王臣僑陳如闍耶跋摩叩頭啓曰：「天化撫育，感動靈祇，四氣調適。伏願聖主尊體起居康(御)〔豫〕，〔二五〕皇太子萬福，六宮清休，諸王妃主內外朝臣普同和睦，隣境士庶萬國歸心，五穀豐熟，災害不生，土清民泰，一切安穩。臣及人民，國土豐樂，四氣調和，道俗濟濟，竝蒙陛下光化所被，咸荷安泰。」又曰：「臣前遣使齎雜物行廣州貨易，天竺道人釋那伽仙於廣州因附臣舶欲來扶南，海中風漂到林邑，國王奪臣貨易，并那伽仙私財。具陳其從中國來此，仰序陛下聖德仁治，詳議風化，佛法興顯，衆僧殷集，法事日盛，王威嚴整，朝望國軌，慈愍蒼生，八方六合，莫不歸伏。如聽其所說，則化隣諸天，非可爲喻。臣聞之，下情踊悅，若蹔奉見尊足，仰慕慈恩，澤流小國，天垂所感，率土之民，竝得皆蒙恩祐。是以臣今遣此道人釋那伽仙爲使，上表問訊奉貢，微獻呈臣等赤心，并別陳下情。但所獻輕陋，愧懼唯深。伏願天慈曲照，鑒其丹款，賜不垂責。」又曰：「臣有奴名鳩酬羅，委臣(免)〔逸〕走，〔二六〕別在餘處，構結兇逆，遂破林邑，仍自立爲王。永不恭從，違恩負義，叛主之諐，天不容載。伏尋林邑昔爲檀和之所破，久已歸化。天威所被，四海彌伏，而今鳩酬羅守執奴兇，自專很彊。且林邑扶南隣界相接，親又是臣奴，〔二七〕猶尚逆去，朝廷遙遠，豈復遵奉。此國屬陛下，故謹具上啓。伏聞林邑頃年表獻簡絕，便欲永隔朝廷，豈有師子坐而安大鼠。伏願遣軍將伐兇逆，臣亦自効微誠，助朝廷剪

撲，使邊海諸國，一時歸伏。陛下若欲別立餘人爲彼王者，伏聽勑旨。脫未欲灼然興兵伐林邑者，伏願特賜勑在所，隨宜以少軍助臣，乘天之威，殄滅小賊，伐惡從善。平蕩之日，上表獻金五婆羅。今輕此使送臣丹誠，表所陳啓，不盡下情。謹附那伽仙并其伴口具啓聞。伏願愍所啓。并獻金鏤龍王坐像一軀，白檀像一軀，牙塔二軀，古貝二雙，瑠璃蘇鉝二口，瑇瑁檳榔柈一枚。」

那伽仙詣京師，言其國俗事摩醯首羅天神，神常降於摩躭山。土氣恒暖，草木不落。其上書曰：「吉祥利世閒，感攝於羣生。所以其然者，天感化緣明。仙山名摩躭，吉樹敷嘉榮。摩醯首羅天，依此降尊靈。國土悉蒙祐，人民皆安寧。由斯恩被故，是以臣歸情。菩薩行忍慈，本迹起凡基。一發菩提心，二乘非所期。歷生積功業，六度行大悲。勇猛超劫數，財命捨無遺。生死不爲猒，六道化有緣。具脩於十地，遺果度人天。功業既已定，行滿登正覺。萬善智圓備，惠日照塵俗。衆生感緣應，隨機授法藥。佛化遍十方，無不蒙濟擢。皇帝聖弘道，興隆於三寶。垂心覽萬機，威恩振八表。國土及城邑，仁風化清皎。亦如釋提洹，衆天中最超。陛下臨萬民，四海共歸心。聖慈流無疆，被臣小國深。」詔報曰：「具摩醯降靈，流施彼土，雖殊俗異化，遙深欣讚。知鳩酬羅於彼背叛，竊據林邑，聚兇肆掠，殊宜剪討。彼雖介遐(休)〔阪〕，〔二八〕舊脩蕃貢，自宋季多難，海譯致壅，皇化惟新，習迷未革。朕方以文德來遠人，未欲便興干戈。王既欵列忠到，遠請軍威，今詔交部隨宜應接。伐叛柔服，寔惟國典，勉立殊效，以副所期。那伽仙屢銜邊譯，頗悉中土闊狹，令其具宣。」上報以絳紫地黃碧綠紋綾各五匹。

扶南人黠惠知巧，攻略傍邑不賓之民爲奴婢，貨易金銀綵帛。大家男子截錦爲橫幅，女爲貫頭，貧者以布自蔽。鍜金鐶鏆銀食器。伐木起屋，國王居重閣，以木柵爲城。海邊生大箬葉，長八九尺，編其葉以覆屋。人民亦爲閣居。爲船八九丈，廣裁六七尺，頭尾似魚。國王行乘象，婦人亦能乘象。鬭鷄及豨爲樂。無牢獄，有訟者，則以金指鐶若雞子投沸湯中，令探之，又燒鎖令赤，著手上捧行七步，有罪者手皆燋爛，無罪者不傷。又令沒水，直者入卽不沈，不直者卽沈也。有甘蔗、諸蔗、安石榴及橘，多檳榔，鳥獸如中國。人性善，不便戰，常爲林邑所侵擊，不得與交州通，故其使罕至。

交州斗絕海島，控帶外國，故恃險數不賓。宋泰始初，刺史張牧卒，交阯人李長仁殺牧北來部曲，據交州叛，數年病死。從弟叔獻嗣事，號令未行，遣使求刺史。宋朝以南海太守沈煥爲交州刺史，以叔獻爲煥寧遠司馬、武平新昌二郡太守。叔獻得朝命，人情服從，遂發兵守險不納煥，煥停鬱林病卒。太祖建元元年，仍以叔獻爲交州刺史，就安慰之。叔獻受

命，既而斷割外國，貢獻寡少。世祖欲討之，永明三年，以司農劉楷爲交州刺史，〔二九〕發南康、廬陵、始興郡兵征交州。叔獻聞之，遣使願更申數年，獻十二隊純銀兜鍪及孔雀毦，世祖不許。叔獻懼爲楷所襲，間道自湘川還朝。

六年，以始興太守房法乘代楷。法乘至鎮，屬疾不理事，專好讀書。長史伏登之因此擅權，改易將吏，不令法乘知。錄事房季文白之，法乘大怒，繫登之於獄。十餘日，登之厚賂法乘妹夫崔景叔得出，將部曲襲州執法乘，謂之曰：「使君既有疾，不宜勞。」囚之別室。法乘無事，復就登之求書讀，登之曰：「使君靜處猶恐動疾，豈可看書。」遂不與。乃啓法乘心疾動，不任視事，世祖仍以登之爲交州刺史。法乘還至嶺而卒。法乘，清河人。昇明中，爲太祖驃騎中兵，至左中郎將。性方簡，身長八尺三寸，行出人上，常自俯屈。青州刺史明慶符亦長與法乘等，朝廷唯此二人。

史臣曰：書稱「蠻夷猾夏」，蓋總而爲言矣。至於南夷雜種，分嶼建國，四方珍怪，莫此爲先，藏山隱海，瓌寶溢目。商舶遠屆，委輸南州，故交、廣富實，牣積王府。充斥之事差微，聲教之道可被。若夫用德以懷遠，其在此乎？

贊曰：司、雍分壃，荆及衡陽。參錯州部，地有蠻方。東夷海外，碣石、扶桑。南域憬遠，極泛溟滄。非要乃貢，並亦來王。

量廣始登 疑

校勘記

〔一〕北上黄蠻文勉德寇汶陽　通鑑齊高帝建元二年：「北上黄蠻文勉德寇汶陽。」考異云：「齊紀作『文施德』，今從齊書。」

〔二〕晉(天)〔太〕興三年　張森楷校勘記云：「『天興』當作『太興』，晉書本紀可證，各本並譌。」今據改。

〔三〕前寧朔將軍田驢王〔爲試守宜人左郡太守田何代〕爲試守新平左郡太守　據通典邊防典補。按齊州郡志郢州無宜人左郡，豈志有脱漏歟？

〔四〕太祖建元元年進號驃騎大將軍　按高帝紀繫此事於建元二年四月。

〔五〕建武三年原闕　此下缺一頁，脱高麗傳之下半篇，百濟傳之上半篇，各本同。原本每頁十八行，每行十八字。按元龜九百六十八：「明帝建武三年，高麗王、樂浪公遣使貢獻。」明帝紀不載，當亦爲高麗傳缺頁中佚文。又建康實錄南齊高麗傳有：「其官位加(?)長史、司馬、參軍之屬。拜

則申一脚，坐則跪，行則走，以爲恭敬。國有銀山，採爲貨，並人參貂皮。重中國綵纈，丈夫衣之。亦重虎皮。」疑亦南齊書高麗傳缺頁中佚文也。又元龜九百六十三：「齊高帝建元二年三月，百濟王牟都遣使貢獻。詔曰：『寶命維新，澤被絶域。牟都世藩東表，守職遐外，可即授使持節都督百濟諸軍事、鎮東大將軍。』」當亦爲百濟傳缺頁中佚文。

〔六〕等威名將　「威」原譌「葳」，各本不譌，今改正。

〔七〕牟大又表曰　按「牟大」通志及元龜並作「牟太」。又元龜九百六十三：「齊武帝永明八年正月，百濟王牟太遣使上表，遣謁僕射孫副策命」，知上此表在永明八年正月也。

〔八〕往泰始中　「泰始」原譌「太始」，各本並譌，今改正。

〔九〕(萬)〔邁〕執志周密　據南監本、殿本、局本改。按邁卽上所云之會邁也。

〔一〇〕爲使持節都督百濟諸軍事鎮東大將軍　按此句上有奪文。

〔一一〕卽位章綬等玉銅虎竹符四　按此句疑有脱誤。

〔一二〕〔王〕其拜受　據南監本、殿本、局本補。

〔一三〕匃梨張惶　「梨」南監本作「犁」。漢書匃奴傳，其國稱單于曰撐犂孤塗單于。匃奴謂天爲撐犂，謂子爲孤塗，單于者，廣大之貌也。匃黎猶言匃奴單于，黎犂通。

〔一四〕都督倭新羅任那加羅秦韓〔慕韓〕六國諸軍事　據南史補。按補一慕韓，方符六國之數。

〔一五〕元嘉二十二年交州刺史檀和之伐林邑　「二十二年」南史作「二十三年」。按宋書文帝紀繫此事於元嘉二十三年六月。

〔一六〕大臣蕃僧達諫　「諫」下南監本、局本有「止之」二字。

〔一七〕夷人范當根純攻奪其國　張森楷校勘記云：「梁書、南史並云扶南王子當根純，事在晉末，與此敍於永明元年者不同。」

〔一八〕林邑(蟲)〔雖〕介在遐外　各本作「林邑蠢爾，介在遐外」，元龜九百六十三作「林邑雖分當作介在遐外」。按詔賜林邑王爵號，不當引用「蠢爾」語，且下詔報扶南國王，亦有「彼雖介在遐陬」語，明「蟲」乃「雖」字之譌，今據元龜改。

〔一九〕謂師君爲婆羅門　「師君」南監本、局本作「師巫」。

〔二〇〕在日南之南大海西(豐)〔灣〕中　據南監本及御覽七百八十六引改。

〔二一〕夢神賜弓一張　「一張」各本並作「二張」。

〔二二〕混塡娶以爲妻　「娶」殿本作「遂」。

〔二三〕乃疊布貫其首　「乃」下御覽七百八十六引有「穿」字。按通典邊防典亦有「穿」字。

〔二四〕姊子旃(慕)〔纂〕立　據南史改。按旃名下屢見，不作「旃慕」，明「慕」乃「纂」字之形譌。

〔二五〕伏願聖主尊體起居康(御)〔豫〕　據南監本改。

〔二六〕委臣(免)〔逸〕走　據殿本、局本改。按南監本作「逃」。

〔二七〕親又是臣奴　「又」各本譌作「人」。

〔二八〕雖介遐(休)〔陬〕　據南監本、毛本、殿本、局本改。

〔二九〕永明三年以司農劉楷爲交州刺史　「三」字原闕，今據元龜六百九十八補。「三年」各本並作「元年」。按武帝紀，永明三年春正月，以大司農劉楷爲交州刺史，則元龜作「三年」是。

南齊書卷五十九

列傳第四十

芮芮虜 河南 氐 羌

芮芮虜，塞外雜胡也。編髮左衽。晉世什翼圭入塞內後，芮芮逐水草，盡有匈奴故庭，威服西域。土氣早寒，所居爲穹廬氈帳。刻木記事，不識文書。馬畜丁肥，種衆殷盛。常與魏虜爲讎敵。

宋世其國相希利垔解星筭數術，通胡、漢語，常言南方當有姓名齊者，其人當興。昇明二年，太祖輔政，遣驍騎將軍王洪（軌）〔範〕使芮芮，〔一〕剋期共伐魏虜。建元元年八月，芮芮主發三十萬騎南侵，去平城七百里，魏虜拒守不敢戰，芮芮主於燕然山下縱獵而歸。上初踐阼，不遑出師。

二年、三年，芮芮主頻遣使貢獻貂皮雜物。與上書欲伐魏虜，謂上「足下」，自稱「吾」。

獻師子皮袴褶，皮如虎皮，色白毛短。時有賈胡在蜀見之，云此非師子皮，乃扶拔皮也。國相邢基祇羅迴奉表曰：

夫四象稟政，二儀改度，而萬物生焉。斯蓋虧盈迭襲，曆數自然也。昔晉室將終，楚桓竊命，寔賴宋武匡濟之功，故能扶衰定傾，休否以泰。祚流九葉，而國嗣不繼。今皇天降禍於上，宋室猜亂于下。臣雖荒遠，粗闚圖書，數難以來，星文改度，房心受變，虛危納祉，宋滅齊昌，此其驗也。水運遘屯，木德應運，子年垂刈，劉穆之記，崤嶺有不衽之山，京房讖云「卯金十六，草肅應王」。歷觀圖緯，休徵非一，皆云慶鍾蕭氏，代宋者齊。會有使力法度及□此國使反，〔二〕採訪聖德，彌驗天縱之姿。故能挾隆皇祚，光權定之業，翼亮天功，濟悖主之難。樹勳京師，威振海外。杖義之功，侔縱湯、武。冥績既著，寶命因歸，受終之曆，歸于有道。況夫帝無常族，有德必昌，時來之數，唯靈是與。陛下承乾啓之機，因乘龍之運，計應符革祚，久已踐極，荒裔傾戴，莫不引領。設未龍飛，不宜沖挹，上違天人之心，下乖黎庶之望。

皇芮承緒，肇自二儀，拓土載民，地越滄海，百代一族，大業天固。雖吳（漢）〔漠〕殊域，〔三〕義同脣齒，方欲剋期中原，龔行天罰。治兵繕甲，俟時大舉。振霜戈於并、代，鳴和鈴於秦、趙，掃殄凶醜，梟剪元惡。然後皇輿遷幸，光復中華，永敦隣好，侔蹤齊、魯。使四海有奉，蒼生咸賴，荒餘歸仰，豈不盛哉！

永明元年，王洪（軌）〔範〕還京師，經途三萬餘里。洪（軌）〔範〕，齊郡臨淄人，爲太祖所親信。建武中，爲青冀二州刺史。私占丁侵虜堺，奔敗結氣卒。

芮芮王求醫工等物，〔四〕世祖詔報曰：「知須醫及織成錦工、指南車、漏刻，竝非所愛。南方治疾，與北土不同。織成錦工，竝女人，不堪涉遠。指南車、漏刻，此雖有其器，工匠久不復存，不副爲愧。」〔五〕

自芮芮居匈奴故庭，十年，丁零胡又南攻芮芮，得其故地，芮芮稍南徙。魏虜主元宏以其侵逼，遣僞平元王駕鹿渾、龍驤將軍楊延數十萬騎伐芮芮，大寒雪，人馬死者衆。

先是益州刺史劉悛遣使江景玄使丁零，宣國威德。道經鄯善、于闐，鄯善爲丁零所破，人民散盡。于闐尤信佛法。丁零僭稱天子，勞接景玄使，反命。

芮芮常由河南道而抵益州。

河南，匈奴種也。漢建武中，匈奴奴婢亡匿在涼州界雜種數千人，虜名奴婢爲貲，一謂之「貲虜」。鮮卑慕容廆庶兄吐谷渾爲氐王。在益州西北，亘數千里。其南界龍涸城，去成

都千餘里。大戍有四，一在清水川，一在赤水，一在澆河，一在吐屈眞川，皆子弟所治。其王治慕駕川。多畜，逐水草，無城郭。後稍爲宮屋，而人民猶以氈廬百子帳爲行屋。地常風寒，人行平沙中，沙礫飛起，行迹皆滅。肥地則有雀鼠同穴，生黃紫花；瘦地輒有鄣氣，使人斷氣，牛馬得之，疲汗不能行。

宋初始受爵命，至宋末，河南王吐谷渾拾寅爲使持節、散騎常侍、都督西秦河沙三州諸軍事、車騎大將軍、開府儀同三司、領護羌校尉、西秦河二州刺史。

建元元年，太祖卽本官進號驃騎大將軍。宋世遣武衞將軍王世武使河南，是歲隨拾寅使來獻。詔答曰：「皇帝敬問使持節、散騎常侍、都督西秦河沙三州諸軍事、車騎大將軍、開府儀同三司、領護羌校尉、西秦河二州刺史、新除驃騎大將軍、河南王：寶命革授，爰集朕躬，猥當大業，祗惕兼懷。（夏中）〔聞之〕增感。王世武至，得元徽五年五月二十一日表，（聞之）〔夏中〕濕熱，〔六〕想比平安。又卿乃誠遙著，保寧遐壃。今詔升徽號，以酬忠款。遣王世武銜命拜授。又仍使王世武等往芮芮，想卽資遣，使得時達。又奏所上馬等物悉至，今往別牒錦絳紫碧綠黃青等紋各十四。」

拾寅子易度侯好星文，嘗求星書，朝議不給。寅卒，三年，以河南王世子吐谷渾易度侯爲使持節、〔七〕都督西秦河沙三州諸軍事、鎭西將軍、領護羌校尉、西秦河二州刺史、河南

王。永明三年，詔曰：「易度侯守職西蕃，綏懷允緝，忠績兼舉，朕有嘉焉。可進號車騎大將軍。」遣給事中丘冠先使河南道，并送芮芮使。至六年乃還。得玉長三尺二寸，厚一尺一寸。

易度侯卒，八年，立其世子休留茂爲使持節、督西秦河沙三州諸軍事、[七]鎭西將軍、領護羌校尉、西秦河二州刺史。復遣振武將軍丘冠先拜授，并行弔禮。冠先至河南，休留茂逼令先拜，冠先厲色不肯，休留茂恥其國人，執冠先於絕巖上推墮深谷而死。冠先字道玄，吳興人，晉吏部郎傑六世孫也。上初遣冠先，示尙書令王儉，儉答上曰：「此人不䣕堪行。」乃再銜命。及死，世祖敕其子雄曰：「卿父受使河南，秉忠守死，不辱王命，我甚賞惜。喪屍絕域，不可復尋，於卿後宦塗無妨，甚有高比。」賜錢十萬，布三十匹。

氐楊氏，與苻氏同出略陽，漢世居仇池，地號百頃。建安中，有百頃氐王是也。晉世有楊茂搜，後轉彊盛，事見前史。仇池四方壁立，自然有樓櫓却敵狀，高竝數丈。有二十二道可攀緣而升，東西二門，盤道可七里。上有岡阜泉源。氐於上平地立宮室菓園倉庫，無貴賤皆爲板屋土牆，所治處名洛谷。

宋元嘉十九年，龍驤將軍裴方明等伐氐，剋仇池，後爲魏虜所攻，失地。氐王楊難當從兄子文德聚衆茄蘆，[八]宋世加以爵位。文德死，從弟僧嗣、文慶傳代之。[一〇]難當族弟廣香先奔虜，元徽中，爲虜攻殺文慶，以爲陰平公、茄蘆鎭主。文慶從弟文弘爲白水太守，屯武興，朝議以爲輔國將軍、北秦州刺史、武都王、仇池公。

太祖卽位，欲綏懷異俗。建元元年，詔曰：「昔絕國入贄，美稱前冊，殊俗內款，聲流往記。僞虜茄蘆鎭主、陰平郡公楊廣香，怨結同族，釁起親黨，當宋之世，遂舉地降敵。茄蘆失守，華陽暫驚。近單使先馳，宣揚皇威，廣香等追其遠世之誠，仰〔我〕惟新之化，[一〇]肉袒請附，復地千里，氐羌雜種，咸同歸從。[一一]宜時領納，厚加優卹。廣香翻迷反正，可特量所授。部曲酋豪，隨名酬賞。」以廣香爲督沙州諸軍事、平羌校尉、沙州刺史。尋進號征虜將軍。

梁州刺史范柏年被誅，其親將李烏奴懼奔叛，文弘納之。烏奴率亡命千餘人攻梁州，爲刺史王玄邈所破，復走還氐中。荆州刺史豫章王嶷遣兵討烏奴，檄梁州能斬送烏奴首，賞本郡，烏奴田宅事業悉賜之。與廣香書曰：

夫廢興無謬，逆順有恒，古今共貫；賢愚同察。梁州刺史范柏年懷挾詭態，首鼠兩端，既已被伐，[一二]盤桓稽命。遂潛遣李烏奴叛。楊文弘扇誘邊疆荒雜。柏年今已梟禽，烏奴頻被摧破，計其餘燼，行自消夷。今遣參軍行晉壽太守王道寶、參軍事行北巴西新巴二郡太守任湜之、行宕渠太守王安會領銳卒三千，遄塗風邁，浮川電掩。又命輔國將軍三巴校尉明惠照、巴郡太守魯休烈、南巴西太守柳弘稱、益州刺史傅琰，竝簡徒競鶩，選甲爭馳。雍州水步，行次魏興，幷山東僑舊，會于南鄭。或汎舟墊江，或飛旍劒道，腹背飆騰，表裏震擊。

文弘容納叛戾，專爲淵藪，外侮皇威，內凌國族。[一四]君弈世忠款，深識理順，想卽起義，應接大軍，共爲掎角，討滅烏奴，剋建忠勤，茂立誠節。沈攸之資十年之積，權百旅之衆，師出境而城潰，兵未戰而自屠，朝廷無遺鏃之費，士民靡傷痍之弊。況蕞爾小豎，方之篾如，其取殲殄，豈延漏刻。忝以寡昧，分陝司蕃，清氛蕩穢，諒惟任職。此府器械山積，戈旗林聳，士卒剽勁，蓄銳權威，[一五]除難剿寇，豈俟徵習！[一六]但以剪伐萌菌，弗勞洪斧，撲彼蚊蚋，無假多力。皇上聖哲應期，恩澤廣被，罪止首惡，餘無所問。賞罰之科，具寫如別。

使道寶步出魏興，分軍泝墊江，俱會晉壽。太祖以文弘背叛，進廣香爲持節、都督西秦州刺史。廣香子北部鎭將軍郡事炅爲征虜將軍、武都太守。以難當正胤楊後起爲持節、寧朔將軍、平羌校尉、北秦州刺史、武都王，鎭武興，卽文弘從兄子也。

三年，文弘歸降，復以爲征西將軍、北秦州刺史。先是廣香病死，氐衆半奔文弘，半詣梁州刺史崔慧景。文弘遣從子後起進據白水。白水居晉壽上流，西接涪界，東帶益路，北連陰平、茄蘆，爲形勝之地。晉壽太守楊公則啓經略之宜，上答曰：「文弘罪不可恕，事中政應且加恩耳。卿若能襲破白水，必加厚賞。」

世祖卽位，進後起號冠軍將軍。永明元年，以征虜將軍炅爲沙州刺史、陰平王，將軍如故。二年，八座奏，後起(勤)〔勤〕彰款塞，[一七]忠著邊城。進號征虜將軍。四年，後起卒，詔曰：「後起奄至殞逝，惻愴于懷。[一八]綏禦邊服，宜詳其選。行輔國將軍、北秦州刺史、武都王楊集始，幹局沈亮，乃心忠款，必能緝境寧民，宣揚聲教。可持節、輔國將軍、北秦州刺史、平羌校尉、武都王。」後起弟後明爲龍驤將軍、白水太守。集始弟集朗爲寧朔將軍。五年，有司奏集始驅狐剪棘，仰化邊服。母以子貴，宜加榮寵。除集始母姜氏爲太夫人，假銀印。九年，八座奏，楊炅嗣勤西牧，馳款內昭，宜增戎章，用輝遐外。進號前將軍。

十年，集始反，率氐、蜀雜衆寇漢川，梁州刺史陰智伯遣軍主寧朔將軍桓盧奴、梁季羣、宋□、王士隆等千餘人拒之，[一九]不利，退保白馬。賊衆萬餘人縱兵火攻其城栅，盧奴拒守死戰。智伯又遣軍主陰仲昌等馬步數千人救援。至白馬城東千溪橋，相去數里，集始等悉力攻之，官軍內外奮擊，集始大敗，十八營一時潰走，殺獲數千人。集始奔入虜堺。

隆昌元年，以前將軍楊炅爲使持節、督沙州諸軍事、平西將軍、平羌校尉、沙州刺史。

集始入武興，以城降虜，氐人苻幼孫起義攻之。

建武二年，氐、虜寇漢中。梁州刺史蕭懿遣前氐王楊後起弟子元秀收合義兵，氐衆響應，斷虜運道。虜亦遣僞南梁州刺史仇池公楊靈珍據泥功山以相拒格。元秀病死，苻幼孫領其衆。高宗詔曰：「仇池公楊元秀，氐王苗胤，乃心忠勇，醜虜凶逼，血誠彌厲，宣播朝威，招誘戎種，萬里齊契，響然歸從。誠効顯著，寔有可嘉。不幸殞喪，悽愴于懷。夫死事加恩，陽秋明義。宜追覃榮典，以弘勸獎。贈仇池公。持歸國。」

氐楊馥之聚義衆屯沮水關，城白馬北。集始遣弟集朗率兵迎拒州軍於黄亘，戰大敗。集始走下辯，馥之據武興。虜軍尋退。馥之留弟昌之守武興，自引兵據仇池。詔曰：「氐王楊馥之，世纂忠義，率厲部曲，樹績邊城，克殄姦醜。復内稟朝律，外撫戎荒，款心式昭，朕甚嘉之。以爲持節、督北秦雍二州諸軍事、輔國將軍、平羌校尉、北秦州刺史、仇池公。」

沙州刺史楊炅進號安西將軍。三年，炅死，以炅子崇祖爲假節、督沙州軍事、征虜將軍、平羌校尉、沙州刺史、陰平王。

四年，僞南梁州刺史楊靈珍與二弟婆羅、阿卜珍率部曲三萬餘人舉城歸附，送母及子雙健、阿皮於南鄭爲質。〔三〇〕梁州刺史陰廣宗遣中兵參軍(猷)王思考率衆救援，〔三一〕爲虜所

得，婆羅、阿卜珍戰死。靈珍攻集始於武興，殺其二弟集同、集衆。集始窮急，請降。以靈珍爲持節、督隴右軍事、征虜將軍、北梁州刺史、〔三二〕仇池公、武都王。永元二年，復以集始爲使持節、督秦雍二州軍事、輔國將軍、平羌校尉、北秦州刺史。靈珍後爲虜所殺。

自虜陷仇池以後，或得或失。宋以仇池爲郡，故以氐封焉。

宕昌，羌種也。各有酋豪，領部衆汧、隴閒。宋末，宕昌王梁彌機爲使持節、督河涼二州、安西將軍、東羌校尉、河涼二州刺史、隴西公。建元元年，太祖進號鎮西將軍。又征虜將軍、西涼州刺史羌王像舒彭亦進爲持節、平西將軍。後叛降〔虜〕。〔三三〕永明元年，八座奏，前使持節、都督河涼二州軍事、鎮西將軍、東羌校尉、河涼二州刺史、隴西公、宕昌王梁彌機，前使持節、平北將軍、西涼州刺史、羌王像舒彭，竝著勤西垂，寧安邊境，可復先官爵。詔又可以隴右都帥羌王劉洛羊爲輔國將軍。

機卒。三年，詔曰：「行宕昌王梁彌頡，忠款内附，著績西服，宜加爵命，式隆蕃屏。可使持節、督河涼二州諸軍事、安西將軍、東羌校尉、河涼二州刺史、隴西公、宕昌王。」頡卒。六年，以行宕昌王梁彌承爲使持節、督河涼二州諸軍事、安西將軍、東羌校尉、河涼二州刺史、宕昌王。使求軍儀及伎雜書，詔報曰：「知須軍儀等九種，竝非所愛。但軍器種甚多，致之未易。内伎不堪涉遠。祕閣圖書，例不外出。五經集注、論〔語〕，〔三四〕今特敕賜王各一部。」俗重虎皮，以之送死，國中以爲貨。

史臣曰：氐、胡獷盛，乘運迭起，秦、趙僭差，相係覆滅，餘類蠢蠢，被西疆而奄北際。芮芮地窮幽都，戎馬天隔。氐楊密邇華、夷，分民接境，侵犯漢、漾，浸逼狼狐，壃埸之心，窺望威德，梁部多難，於斯爲梗。殘羌遺種，際運肇昌，〔三五〕盡隴憑河，遠通南驛，據國稱蕃，竝受職命。晉氏衰(故)〔敗〕，〔三六〕中朝淪覆，滅餘四夷，庶雪戎禍，授以兵杖，升進軍麾，後代因仍，貪廣聲教，綏外懷遠，先名後實。貿易有無，世開邊利，羽毛齒革，无損於我。若夫九種之事，有□□至於此也。〔三七〕

贊曰：芮芮、河南，同出胡種。稱王僭帝，擅彊專(權)〔統〕。〔三八〕氐、羌孽餘，散出河、隴。來賓往叛，放命承宗。

校勘記

〔一〕遣驍騎將軍王洪(軌)〔範〕使芮芮　據通鑑改。下同。按通鑑齊高帝建元元年：「上之輔宋也，遣驍騎將軍王洪範使柔然，約與共攻魏。」考異云：「齊書作『王洪軌』，今從齊紀。」參閱張沖傳校記第十七條。

〔二〕會有使力法度及□此國僥反　各本竝缺一字。

〔三〕雖吳(漢)〔漠〕殊域　「漢」當作「漠」，各本竝譌，今改。

〔四〕芮芮王求醫工等物　「王」各本竝同，按子顯前後書例，當作「主」。

〔五〕不副爲惧　「惧」元龜九百九十九作「恨」。

〔六〕(夏中)〔聞之〕增慼至(聞之)〔夏中〕濕熱　原「夏中」、「聞之」錯簡，致不可解。今改正。

〔七〕以河南王世子吐谷渾易度侯爲使持節　「易度侯」魏書及通鑑作「度易侯」。

〔八〕立其世子休留茂爲使持節督西秦河沙三州諸軍事　「休留茂」本紀作「休留成」。

〔九〕氐王楊難當從兄子文德聚衆茄蘆　「茄蘆」南監本及南史竝作「葭蘆」。下同。

〔一〇〕從弟僧嗣文慶傳代之　「文慶」宋書、南史竝作「文度」。

〔一一〕仰〔我〕惟新之化　據元龜九百六十三補。

〔一二〕咸同歸從　「從」卽「順」字，子顯避梁諱改。殿本已改爲「順」字。

〔一三〕既已被伐　「伐」疑當作「代」，言朝廷已委新人來代其任也。

〔一四〕內凌國族 「國族」元龜四百十六作「同族」。

〔一五〕蓄銳權威 「權威」南監本、毛本、殿本、局本並作「積威」。

〔一六〕豈俟徵習 「徵習」南監本作「召集」，殿本、局本作「徵集」。

〔一七〕後起(勒)〔勤〕彰款塞 據南監本、殿本、局本改。

〔一八〕惻愴于懷 「于」南監本作「子」。按疑作「子」是，然下高宗詔亦有「悽愴于懷」語，「于」字南監本不作「子」。今仍之。

〔一九〕梁州刺史陰智伯遣軍主寧朔將軍桓盧奴梁季羣宋□王士隆等千餘人拒之 「宋」字下原缺一字，各本並缺。

〔二〇〕送母及子雙健阿皮於南鄭爲質 「雙健」毛本、局本作「雙犍」。

〔二一〕梁州刺史陰廣宗遣中兵參軍(猷)王思考率衆救援 據南監本、毛本、殿本、局本刪。

〔二二〕以靈珍爲持節督隴右軍事征虜將軍北梁州刺史 「北梁州」明帝紀作「北秦州」，通鑑從帝紀。

〔二三〕後叛降〔虜〕 據南監本、殿本、局本補。

〔二四〕五經集注論〔語〕 據元龜九百九十九補。

〔二五〕際運肇昌 「際運」二字原闕，今據各本補。

〔二六〕晉氏衰(故)〔敗〕 據南監本、局本改。

〔二七〕有□□至於此也 「有」字下原缺二字，各本並缺。

〔二八〕擅彊專(權)〔統〕 據毛本、殿本、局本改。

曾鞏南齊書目錄序

南齊書，八紀，十一志，四十列傳，合五十九篇，梁蕭子顯撰。始江淹已爲十志，沈約又爲齊紀，而子顯自表武帝，別爲此書。臣等因校正其訛謬，而敍其篇目，曰：

將以是非得失興壞理亂之故而爲法戒，則必得其所託，而後能傳於久，此史之所以作也。然而所託不得其人，則或失其意，或亂其實，或析理之不通，或設辭之不善，故雖有殊功韙德非常之迹，將闇而不章，鬱而不發，而檮杌嵬瑣姦回凶慝之形，可幸而掩也。

嘗試論之，古之所謂良史者，其明必足以周萬事之理，其道必足以適天下之用，其智必足以通難知之意，其文必足以發難顯之情，然後其任可得而稱也。何以知其然邪？昔者，唐虞有神明之性，有微妙之德，使由之者不能知，知之者不能名，以爲治天下之本，號令之所布，法度之所設，其言至約，其體至備，以爲治天下之具。而爲二典者，推而明之，所記者，豈獨其迹邪？并與其深微之意而傳之，小大精粗，無不盡也，本末先後，無不白也，使誦其說者，如出乎其時，求其指者，如即乎其人，是可不謂明足以周萬事之理，道足以適天下之用，智足以通難知之意，文足以發難顯之情者乎？則方是之時，豈特任政者皆天下之士

哉，蓋執簡操筆而隨者，亦皆聖人之徒也。兩漢以來爲史者，去之遠矣，司馬遷從五帝三王既歿數千載之後，秦火之餘，因散絕殘脫之經，以及傳記百家之說，區區掇拾，以集著其善惡之迹，興廢之端，又創己意以爲本紀世家八書列傳之文，斯亦可謂奇矣。然而蔽害天下之聖法，是非顛倒而采摭謬亂者，亦豈少哉！是豈可不謂明不足以周萬事之理，道不足以適天下之用，智不足以通難知之意，文不足以發難顯之情者乎？夫自三代以後爲史者如遷之文，亦不可不謂儁偉拔出之材、非常之士也，然顧以謂明不足以周萬事之理，道不足以適天下之用，智不足以通難知之意，文不足以發難顯之情者，何哉？蓋聖賢之高致，遷固有不能純達其情而見之於後者矣。故不得而與之也。遷之得失如此，況其他邪！至於宋、齊、梁、陳、後魏、後周之書，蓋無以議爲也。

子顯之於斯文，喜自馳騁，其更改破析刻彫藻繢之變尤多，而其文益下，豈夫材固不可以強而有邪？數世之史既然，故其事迹曖昧，雖有隨世以就功名之君，相與合謀之臣，未有赫然得傾動天下之耳目，播天下之口者也。而一時偸奪傾危悖理反義之人，亦幸而不暴著於世，豈非所託不得其人故邪？可不惜哉！蓋史者所以明夫治天下之道也，故爲之者亦必天下之材，然後其任可得而稱也。豈可忽哉！豈可忽哉！

臣恂、臣寶臣、臣穆、臣藻、臣洙、臣覺、臣彥若、臣鞏謹敍目錄昧死上。